Wolfgang Arens / Franz Tepper (Hrsg.)
Praxishandbuch Gesellschaftsrecht
De Gruyter Praxishandbuch

Praxishandbuch Gesellschaftsrecht

Herausgegeben von
Wolfgang Arens / Franz Tepper

2. Auflage

DE GRUYTER

Rechtsanwalt und Notar *Wolfgang Arens*, Spieker/Arens/Leiner GbR, Rechtsanwälte – Notare, Bielefeld;
Rechtsanwalt Dr. *Franz Tepper*, LL.M., Attorney at Law (New York), Brandi Rechtsanwälte, Gütersloh.

In 1. Auflage als *Arens/Tepper – Das gesellschaftsrechtliche Mandat* im AnwaltVerlag, Bonn erschienen.

ISBN 978-3-11-027080-8
e-ISBN 978-3-11-027090-7

Bibliografische Information der Deutschen Nationalbibliothek
Die Deutsche Nationalbibliothek verzeichnet diese Publikation in der Deutschen
Nationalbibliografie; detaillierte bibliografische Daten sind im Internet
über http://dnb.d-nb.de abrufbar.

© 2013 Walter de Gruyter GmbH, Berlin/Boston
Satz: jürgen ullrich typosatz, Nördlingen
Druck: Druckerei C.H. Beck, Nördlingen
♾ Gedruckt auf säurefreiem Papier
Printed in Germany

www.degruyter.com

Vorwort

Nach dem Erscheinen der ersten Auflage dieses Werks im AnwaltVerlag sind 5 Jahre vergangen – eine Ewigkeit für die Entwicklung des Gesellschaftsrechts. Deshalb war eine Neuauflage dringend erforderlich. In dieser haben wir versucht, die aktuellen Entwicklungen nachzuzeichnen. Das Recht der GmbH ist durch das MoMiG aus dem Jahr 2008 in einigen grundlegenden Bereichen neu gestaltet worden. Die dazu bereits vorliegende Rechtsprechung und Literatur ist erstaunlich umfangreich. Weitere Neuerungen sind durch das BilMoG, ARUG und ESUG – um nur einige zu nennen – hinzugetreten. Nicht zu vergessen auch der – endlich – vorliegende neue Umwandlungssteuererlass, der für die auf diesem Gebiet tätigen Kollegen von großer praktischer Bedeutung ist.

Trotz der vielen neuen Einflüsse hat auch die zweite Auflage dieses Werkes das Ziel, dem in diesem Rechtsgebiet tätigen Anwalt praktische Hilfestellung bei der täglichen Arbeit zu vermitteln und demjenigen, der sich nicht so häufig mit dem Gesellschaftsrecht befasst, einen ersten Einstieg in die Materie zu ermöglichen. Der Schwerpunkt liegt auf der Praxis, nicht der Wissenschaft.

Die bereits aus der Vorauflage bekannte Struktur des Handbuches wurde beibehalten und folgt im Wesentlichen den verschiedenen Herausforderungen beim Umgang mit Mandanten aus dem Leben einer Gesellschaft. Das im wesentlichen der Neuauflage treu gebliebene Autorenteam hat sich wiederum bemüht, den reichhaltigen Erfahrungsschatz langjähriger notarieller und anwaltlicher Tätigkeit auf dem Gebiet des Gesellschaftsrechts verständlich und durch optisch hervorgehobene Praxistipps erleichtert, zu vermitteln.

Das ebenfalls in der vierten Auflage neu erscheinende und von denselben Herausgebern verantwortete Praxisformularbuch Gesellschaftsrecht stellt die für die praktische Anwendung im Gesellschaftsrecht wichtigen Hilfsmittel zu Verfügung.

Die zweite Auflage wie auch die vierte Auflage des Formularbuchs wird nun vom Verlag DeGruyter betreut, dem wir für das Engagement und die Bereitschaft, die beiden Werke in das eigene Programm aufzunehmen danken. In erster Linie gilt allerdings unser Dank den Mitautoren. Den Herausgebern ist aus eigener Erfahrung bewusst, welche Belastung es bedeutet, neben der täglichen Arbeit an einem solchen Werk mitzuarbeiten. Unser Dank gilt aber auch denjenigen, die sich im Verlag für dieses Werk besonders eingesetzt haben. Ohne deren unermüdliches Nachfassen und Verbindlichkeit, wäre die Neuauflage nicht möglich gewesen.

Bielefeld und Gütersloh, im November 2012

Die Herausgeber

Wolfgang Arens
Dr. Franz Tepper, LL.M

Rechtsanwalt und Notar
Rechtsanwalt, Attorney at Law (New York)

Inhaltsübersicht

Autorenverzeichnis

Wolfgang Arens
Rechtsanwalt und Notar, Fachanwalt für Handels- und Gesellschaftsrecht, für Arbeitsrecht und für Steuerrecht, Bielefeld

Dr. Christian Behrendt
Rechtsanwalt, Fachanwalt für Steuerrecht, Detmold

Dr. Axel Brandi
Rechtsanwalt und Notar a.D., Fachanwalt für Steuerrecht, Bielefeld

Dr. Helmut Dröge
Rechtsanwalt, Fachanwalt für Steuerrecht, Detmold

Björn Fiedler, LL.M.
Rechtsanwalt, Köln

Markus Frank
Rechtsanwalt und Fachanwalt für Steuerrecht, Berlin

Dr. Josef Heimann, LL.M. Eur.
Rechtsanwalt, Paderborn

Dr. Per Hendrik Heerma
Rechtsanwalt, Hamburg

Dr. Oliver Knodel
Rechtsanwalt, Fachanwalt für Handels- und Gesellschaftsrecht, Bielefeld

Dr. Bernhard König
Rechtsanwalt, Detmold

Dr. Sören Kramer
Rechtsanwalt, Fachanwalt für Arbeitsrecht, Detmold

Dr. Christian Pelke, LL.M.
Rechtsanwalt, Bielefeld

Josefa Peter
Rechtsanwältin, Frankfurt a.M.

Hubert Salmen
Rechtsanwalt, Paderborn

Christoph Sandkühler
Rechtsanwalt, Geschäftsführer der Westfälischen Notarkammer, Hamm

Ulrich Spieker
Rechtsanwalt und Notar, Fachanwalt für Arbeitsrecht und Steuerrecht, Bielefeld

Dr. Franz Tepper, LL.M.
Rechtsanwalt, Attorney at Law (New York), Gütersloh

Christoph Weinert
Rechtsanwalt, Frankfurt a.M.

Dr. Nils Wigginghaus
Rechtsanwalt, Gütersloh

Abkürzungsverzeichnis

a.A.	anderer Auffassung
a.a.O.	am angegebenen Ort
a.E.	am Ende
a.F.	alte Fassung
a.M.	anderer Meinung
AAA	American Arbitration Association
abl.	ablehnend
Abl	Amtsblatt
Abs.	Absatz
Abschn.	Abschnitt
Abt.	Abteilung
abw.	abweichend
ÄndG	Änderungsgesetz
AfA	Absetzung bzw. Abschreibung für Abnutzung
AFG	Arbeitsförderungsgesetz
AG	Aktiengesellschaft; Amtsgericht; Die Aktiengesellschaft (Zeitschrift)
AGB	Allgemeine Geschäftsbedingungen
AGS	Anwaltsgebühren Spezial (Zeitschrift)
AHB	Allgemeine Bedingungen für die Haftpflichtversicherung
AKB	Allgemeine Bedingungen für die Kraftfahrtversicherung
AktG	Aktiengesetz
AktStR	Aktuelles Steuerrecht
allg.M.	allgemeine Meinung
Alt.	Alternative
Anh.	Anhang
Anm.	Anmerkung
AnSVG	Anlegerschutzverbesserungsgesetz
AnwBl	Anwaltsblatt
AO	Abgabenordnung
AP	Arbeitsrechtliche Praxis
ARB	Allgemeine Bedingungen für die Rechtsschutzversicherung
ArbG	Arbeitsgericht
ArbGG	Arbeitsgerichtsgesetz
ArbNErfG	Gesetz über Arbeitnehmererfindungen
ArbSchG	Arbeitsschutzgesetz
arg.	argumentum
Art.	Artikel
ARUG	Gesetz zur Umsetzung der Aktionärsrechterichtlinie
ASiG	Gesetz über Betriebsärzte, Sicherheitsingenieure und andere Fachkräfte für Arbeitssicherheit
AStG	Außensteuergesetz
AuA	Arbeit und Arbeitsrecht
Aufl.	Auflage
AuR	Arbeit und Recht
AVB	Allgemeine Versicherungsbedingungen
AWG	Außenwirtschaftsgesetz
Az.	Aktenzeichen
BA	Bundesanstalt/-agentur für Arbeit
BABl	Bundesarbeitsblatt
BAG	Bundesarbeitsgericht
BAGE	Entscheidungen des Bundesarbeitsgerichts

BAnz	Bundesanzeiger
BauGB	Baugesetzbuch
BaWü	Baden-Württemberg
BayObLG	Bayerisches Oberstes Landesgericht
BayVerfGH	Bayerischer Verfassungsgerichtshof
BayVGH	Bayerischer Verwaltungsgerichtshof
BB	Der Betriebs-Berater (Zeitschrift)
BBodSchG	Bundes-Bodenschutzgesetz
Bd.	Band
BDI	Bundesverband der Deutschen Industrie
Beschl.	Beschluss
BetrAVG	Gesetz zur Verbesserung der betrieblichen Altersversorgung
BetrVG	Betriebsverfassungsgesetz
BeurkG	Beurkundungsgesetz
BewG	Bewertungsgesetz
BfA	Bundesversicherungsanstalt für Angestellte
BFH	Bundesfinanzhof
BFH/NV	Sammlung der Entscheidungen des BFH
BFHE	Entscheidungen des Bundesfinanzhofs
BGB	Bürgerliches Gesetzbuch
BGBl	Bundesgesetzblatt
BGH	Bundesgerichtshof
BGHZ	Entscheidungen des Bundesgerichtshofs in Zivilsachen
BilMoG	Gesetz zur Modernisierung des Bilanzrechts
Bl	Blatt
BLZ	Bankleitzahl
BMF	Bundesministerium der Finanzen
BNotO	Bundesnotarordnung
BörsG	Börsengesetz
BORA	Berufsordnung der Rechtsanwälte
BPatG	Bundespatentgericht
BR	Bundesrat
BRAGO	Bundesrechtsanwaltsgebührenordnung
BRAK-Mitt	Mitteilung der Bundesrechtsanwaltskammer
BRAO	Bundesrechtsanwaltsordnung
BR-Drucks	Bundesrats-Drucksache
BReg	Bundesregierung
BRH	Bundesrechnungshof
BSG	Bundessozialgericht
BStBl	Bundessteuerblatt
BT	Bundestag
BT-Drucks	Bundestags-Drucksache
BuW	Betrieb und Wirtschaft (Zeitschrift)
BVerfG	Bundesverfassungsgericht
BVerfGE	Entscheidungen des Bundesverfassungsgerichts
BVerwG	Bundesverwaltungsgericht
BVerwGE	Entscheidungen des Bundesverwaltungsgerichts
BW	Baden-Württemberg
BWNotZ	Zeitschrift für das Notariat in Baden-Württemberg
CISG	United Nations Convention on Contracts for the International Sale of Goods
DAV	Deutscher Anwaltverein
DB	Der Betrieb (Zeitschrift)
DBA	Doppelbesteuerungsabkommen

DBW	Die Betriebswirtschaft (Zeitschrift)
DepotG	Depotgesetz
ders.	derselbe
DIS	Deutsche Institution für Schiedsgerichtsbarkeit e.V.
DJ	Deutsche Justiz (Zeitschrift)
DNotI	Deutsches Notarinstitut
DNotI-R	Informationsdienst des Deutschen Notarinstituts – Report
DNotZ	Deutsche Notarzeitschrift
Drucks	Drucksache
DStR	Deutsches Steuerrecht (Zeitschrift)
DStRE	DStR-Entscheidungsdienst
DStZ	Deutsche Steuer-Zeitung, Ausgabe A und B
DSWR	Datenverarbeitung Steuer, Wirtschaft, Recht
DÜG	Diskontsatzüberleitungsgesetz
DZWiR	Deutsche Zeitschrift für Wirtschaftsrecht
e.G.	eingetragene Genossenschaft
e.V.	eingetragener Verein
EFG	Entscheidungen der Finanzgerichte (Zeitschrift)
EG	Europäische Gemeinschaft, Einführungsgesetz
EGAktG	Einführungsgesetz zum Aktiengesetz
EGAO	Einführungsgesetz zur Abgabenordnung
EGBGB	Einführungsgesetz zum Bürgerlichen Gesetzbuch
EGGVG	Einführungsgesetz zum Gerichtsverfassungsgesetz
EGHGB	Einführungsgesetz zum Handelsgesetzbuch
EGInsO	Einführungsgesetz zur Insolvenzordnung
EGV	Einigungsvertrag
EGZPO	Einführungsgesetz zur Zivilprozessordnung
EGZVG	Einführungsgesetz zu dem Gesetz über die Zwangsversteigerung und die Zwangsverwaltung
Einf.	Einführung
Entsch.	Entscheidung
Entw.	Entwurf
EPÜ	Europäisches Patentübereinkommen
ErbSt	Erbschaftsteuer
ErbStB	Der Erbschaft-Steuer-Berater (Zeitschrift)
ErbStDV	Erbschaftsteuer-Durchführungsverordnung
ErbStG	Erbschaft- und Schenkungsteuergesetz
Erg.	Ergänzung
ESt	Einkommensteuer
EStB	Der Ertrag-Steuer-Berater (Zeitschrift)
EStDV	Einkommensteuer-Durchführungsverordnung
EStG	Einkommensteuergesetz
EStR	Einkommensteuer-Richtlinien
EU	Europäische Union
EuGH	Europäischer Gerichtshof
EuGVÜ	Europäisches Übereinkommen über die gerichtliche Zuständigkeit und die Vollstreckung gerichtlicher Entscheidungen in Zivil- und Handelssachen
EuGVVO	Verordnung (EG) über die gerichtliche Zuständigkeit und die Anerkennung und Vollstreckung von Entscheidungen in Zivil- und Handelssachen
Euro-EG	Euro-Einführungsgesetz
EuZW	Europäische Zeitschrift für Wirtschaftsrecht
EWG	Europäische Wirtschaftsgemeinschaft
EWiR	Entscheidungen zum Wirtschaftsrecht (Zeitschrift)
EWIV	Europäische Wirtschaftliche Interessenvereinigung
EWIV-VO	Verordnung zur Einführung einer Europäischen wirtschaftlichen Interessenvereinigung

EWS	Europäisches Wirtschafts- und Steuerrecht (Zeitschrift)
EzA	Entscheidungssammlung zum Arbeitsrecht
f., ff.	folgende, fortfolgende
FamFG	Gesetz über das Verfahren in Familiensachen und in den Angelegenheiten der Freiwilligen Gerichtsbarkeit
FamG	Familiengericht
FamRZ	Zeitschrift für das gesamte Familienrecht
FG	Finanzgericht, Freiwillige Gerichtsbarkeit
FGG	Gesetz betr. die Angelegenheiten der freiwilligen Gerichtsbarkeit
FGO	Finanzgerichtsordnung
FGPrax	Praxis der Freiwilligen Gerichtsbarkeit
FinMin	Finanzministerium
Fn	Fußnote
FR	Finanzrundschau (Zeitschrift)
FS	Festschrift
GBl	Gesetzblatt
GBO	Grundbuchordnung
GbR	Gesellschaft des bürgerlichen Rechts
GDV	Gesamtverband der Deutschen Versicherungswirtschaft e.V.
GebrMG	Gebrauchsmustergesetz
GenG	Genossenschaftsgesetz
GeschmMG	Geschmacksmustergesetz
GewO	Gewerbeordnung
GewSt	Gewerbesteuer
GewStDV	Gewerbesteuer-Durchführungsverordnung
GewStG	Gewerbesteuergesetz
GewStR	Gewerbesteuer-Richtlinien
GG	Grundgesetz
ggf.	gegebenenfalls
GKG	Gerichtskostengesetz
GmbH	Gesellschaft mit beschränkter Haftung
GmbH i.G.	Gesellschaft mit beschränkter Haftung in Gründung
GmbHG	GmbH-Gesetz
GmbHR	GmbH-Rundschau
GmbH-StB	Der GmbH-Steuer-Berater (Zeitschrift)
GMVO	Verordnung (EG) über die Gemeinschaftsmarke
GoA	Geschäftsführung ohne Auftrag
GoB	Grundsätze ordnungsgemäßer Buchführung
grds.	grundsätzlich
GrdstVG	Grundstückverkehrsgesetz
GrEStG, GrErwStG	Grunderwerbsteuergesetz
GroßK	Großkommentar
GüKG	Güterkraftverkehrsgesetz
GVG	Gerichtsverfassungsgesetz
GWB	Gesetz gegen Wettbewerbsbeschränkungen
h.M.	herrschende Meinung
HaustürWG	Gesetz über den Widerruf von Haustürgeschäften und ähnlichen Geschäften
HessStiftG	Hessisches Stiftungsgesetz
HGB	Handelsgesetzbuch
HR	Handelsregister
HRefG, HRRefG	Handelsrechts-Reformgesetz
HRegGeb-NeuOG	Handelsregistergebühren-Neuordnungsgesetz

Hrsg./hrsg.	Herausgeber/herausgegeben
HRV	Handelsregisterverfügung, Handelsregisterverordnung
Hs.	Halbsatz
HWO	Handwerksordnung
i.A.	im Auftrag
i.d.F.	in der Fassung
i.d.R.	in der Regel
i.E.	im Ergebnis
i.G.	in Gründung
i.L.	in Liquidation
i.S.d./v.	im Sinne des/der/von
i.Ü.	im Übrigen
i.V.	in Vertretung
i.V.m.	in Verbindung mit
i.W.	in Worten
IAS	International Accounting Standards
ICC	International Chamber of Commerce
IDW	Institut der Wirtschaftsprüfer in Deutschland
IHK	Industrie- und Handelskammer
INF	Die Information über Steuer und Wirtschaft (Zeitschrift)
insg.	insgesamt
InsO	Insolvenzordnung
InVo	Insolvenz und Vollstreckung (Zeitschrift)
IStR	Internationales Steuerrecht (Zeitschrift)
IWB	Internationale Wirtschaftsbriefe (Zeitschrift)
JbFAStR	Jahrbuch der Fachanwälte für Steuerrecht
JStG	Jahressteuergesetz
JuMiG	Justizmitteilungsgesetz und Gesetz zur Änderung kostenrechtlicher Vorschriften und anderer Gesetze
JuS	Juristische Schulung (Zeitschrift)
JVKostO	Verordnung über Kosten im Bereich der Justizverwaltung
JZ	Juristenzeitung
Kap.	Kapitel
KapCoRiLiG	Kapitalgesellschaften- u. Co-Richtlinie-Gesetz
KapErhG	Gesetz über steuerrechtliche Maßnahmen bei Erhöhung des Nennkapitals aus Gesellschaftsmitteln
KapMuG	Kapitalanleger-Musterverfahrensgesetz
KfH	Kammer für Handelssachen
Kfz	Kraftfahrzeug
KG	Kommanditgesellschaft; Kammergericht
KGaA	Kommanditgesellschaft auf Aktien
KGR	Kammergericht-Report
KindRG	Kindschaftsrechtsreformgesetz
KölnKomm	Kölner Kommentar
KonTraG	Gesetz zur Kontrolle und Transparenz im Unternehmensbereich
KÖSDI	Kölner Steuerdialog
KostO	Kostenordnung
krit.	kritisch
KSchG	Kündigungsschutzgesetz
KSt	Körperschaftsteuer
KStDV	Körperschaftsteuer-Durchführungsverordnung
KStG	Körperschaftsteuergesetz

KStR	Körperschaftsteuer-Richtlinien
KWG	Kreditwesengesetz
LBO	Landesbauordnung
LCIA	London Court of International Arbitration
LG	Landgericht
Lit.	Literatur
LSG	Landessozialgericht
m.w.N.	mit weiteren Nachweisen
MarkenG	Markengesetz
MBO-Ä	Musterberufsordnung für Ärzte
MDR	Monatsschrift für Deutsches Recht (Zeitschrift)
MHbeG	Minderjährigenhaftungsbeschränkungsgesetz
MinBl	Ministerialblatt
mind.	mindestens
Mio.	Million
MitBestErgG	Mitbestimmungsergänzungsgesetz
MitBestG	Mitbestimmungsgesetz
MittBayNot	Mitteilungen des Bayerischen Notarvereins, der Notarkasse und der Landesnotarkasse Bayern
MoMiG	Gesetz zur Modernisierung des GmbH-Rechts und zur Bekämpfung von Missbräuchen
MünchGesR	Münchener Handbuch des Gesellschaftsrechts
MüKo	Münchener Kommentar
MusterBO-Ä	Musterentwurf einer Berufsordnung für die deutschen Ärzte
MwSt	Mehrwertsteuer
n.F.	neue Fassung
n.r.	nicht rechtskräftig
n.v.	nicht veröffentlicht
NaStraG	Namensaktiengesetz
NJW	Neue Juristische Wochenschrift (Zeitschrift)
NJW-RR	NJW-Rechtsprechungs-Report (Zeitschrift)
NotBZ	Zeitschrift für die notarielle Beratungs- und Beurkundungspraxis
Nr.	Nummer
NVersZ	Neue Zeitschrift für Versicherung und Recht
NW	Nordrhein-Westfalen
NWB	Neue Wirtschaftsbriefe (Zeitschrift)
NZA	Neue Zeitschrift für Arbeitsrecht
NZG	Neue Zeitschrift für Gesellschaftsrecht
NZI	Neue Zeitschrift für Insolvenz und Sanierung
OFD	Oberfinanzdirektion
OFH	Oberfinanzhof
OHG	Offene Handelsgesellschaft
OLG	Oberlandesgericht
OLGR	OLG-Report
OWi	Ordnungswidrigkeit
OWiG	Ordnungswidrigkeitengesetz
p.a.	pro anno
PatG	Patentgesetz
PartGG	Partnerschaftsgesellschaftsgesetz
PBefG	Personenbeförderungsgesetz
Pkw	Personenkraftwagen

r+s	Recht und Schaden (Zeitschrift)
RAe	Rechtsanwälte
RBerG	Rechtsberatungsgesetz
RdA	Recht der Arbeit (Zeitschrift)
Reg.	Regierung, Register
REIT	Real Estate Investment Trust
RIW	Recht der internationalen Wirtschaft (Zeitschrift)
Rn	Randnummer
Rpfleger	Der Deutsche Rechtspfleger (Zeitschrift)
RPflG	Rechtspflegergesetz
Rspr.	Rechtsprechung
RVG	Rechtsanwaltsvergütungsgesetz
S.	Satz; Seite
s.	siehe
SCE	Societas Cooperativa Europaea (Europäische Genossenschaft)
SchuldRModG	Schuldrechtsmodernisierungsgesetz
SchwbG	Schwerbehindertengesetz
SE	Societas Europaea (Europäische Gesellschaft)
SFR	Schweizer Franken
SG	Sozialgericht
SGG	Sozialgerichtsgesetz
Slg.	Sammlung
sog.	so genannte, r/s
SprengG	Sprengstoffgesetz
SpruchG	Spruchverfahrensgesetz
SpTrUG	Gesetz über die Spaltung der von der Treuhand verwalteten Unternehmen
StB	Der Steuerberater (Zeitschrift)
StBerG	Steuerberatungsgesetz
Stbg	Steuerberatung (Zeitschrift)
StBGebVO	Steuerberatergebührenverordnung
StBp	Die steuerliche Betriebsprüfung (Zeitschrift)
StBV	Steuerbevollmächtigter
st.Rspr.	ständige Rechtsprechung
StEntlG	Steuerentlastungsgesetz
StGB	Strafgesetzbuch
str.	streitig
StSenkErgG	Steuersenkungsergänzungsgesetz
StuB	Steuern und Bilanzen
StückAG	Stückaktiengesetz
StuW	Steuer und Wirtschaft (Zeitschrift)
TransPuG	Transparenz- und Publizitätsgesetz
UG	Unternehmergesellschaft
UMAG	Gesetz zur Unternehmensintegrität und Modernisierung des Anfechtungsrechts
umstr.	umstritten
UmwBerG	Gesetz zur Bereinigung des Umwandlungsrechts
UmwG	Umwandlungsgesetz
UmwStErl	Umwandlungssteuererlass
UmwStG	Umwandlungssteuergesetz
UNCITRAL	United Nations Commission on International Trade Law
UntStFG	Unternehmenssteuerfortentwicklungsgesetz
UR.	Urkundenrolle
urspr.	ursprünglich

Urt.	Urteil
UStDV	Umsatzsteuer-Durchführungsverordnung
UStG	Umsatzsteuergesetz
UStR	Umsatzsteuer-Richtlinien
UVR	Umsatz- und Verkehrsteuer-Recht (Zeitschrift)
v.H.	vom Hundert
VAG	Versicherungsaufsichtsgesetz
vBP	vereidigter Buchprüfer
vEK	verwendbares Eigenkapital
VerBAV	Veröffentlichungen des Bundesaufsichtsamts für das Versicherungswesen
VereinsG	Gesetz zur Regelung des öffentlichen Vereinsrechts
Verz.	Verzeichnis
Vfg.	Verfügung
VG	Verwaltungsgericht; Verwertungsgesellschaft
vGA	verdeckte Gewinnausschüttung
VGH	Verwaltungsgerichtshof; Verfassungsgerichtshof
vgl.	vergleiche
VStG	Vermögensteuergesetz
VV	Vergütungsverzeichnis
VVaG	Versicherungsverein auf Gegenseitigkeit
VW	Versicherungswirtschaft (Zeitschrift)
WaffG	Waffengesetz
WEG	Wohnungseigentumsgesetz
WiB	Wirtschaftsrechtliche Beratung (Zeitschrift)
WIPO	Weltbehörde für Geistiges Eigentum
WiR	Wirtschaftsrecht
WiStG	Wirtschaftsstrafgesetz
wistra	Zeitschrift für Wirtschaft, Steuer, Strafrecht
WM	Wertpapier-Mitteilungen
Wpg	Die Wirtschaftsprüfung (Zeitschrift)
WpHG	Wertpapierhandelsgesetz
WPK	Wirtschaftsprüferkammer-Mitteilungen
WPO	Wirtschaftsprüferordnung
WpÜG	Wertpapiererwerbs- und Übernahmegesetz
WRP	Wettbewerb in Recht und Praxis (Zeitschrift)
WuB	Entscheidungssammlung zum Wirtschafts- und Bankenrecht
WuW	Wirtschaft und Wettbewerb (Zeitschrift)
z.B.	zum Beispiel
z.T.	zum Teil
ZAP	Zeitschrift für die Anwaltspraxis
Zerb	Zeitschrift für die Steuer- und Erbrechtspraxis
ZEV	Zeitschrift für Erbrecht und Vermögensnachfolge
ZfA	Zeitschrift für Arbeitsrecht
ZfgG	Zeitschrift für das gesamte Genossenschaftswesen
ZfV	Zeitschrift für Versicherungswesen
ZGR	Zeitschrift für Unternehmens- und Gesellschaftsrecht
ZHR	Zeitschrift für das gesamte Handels- und Wirtschaftsrecht
Ziff.	Ziffer
ZInsO	Zeitschrift für das gesamte Insolvenzrecht
ZIP	Zeitschrift für Wirtschaftsrecht und Insolvenzpraxis
zit.	zitiert
ZNotP	Zeitschrift für die Notarpraxis

ZPO	Zivilprozessordnung
zust.	zustimmend
ZVersWiss	Zeitschrift für die gesamte Versicherungswissenschaft
zzgl.	zuzüglich

Kapitel 1 Die Aufnahme des Mandats

Hubert Salmen

§ 1 Das anwaltliche Mandat

Literatur: *Hüffer*, Aktiengesetz, Kommentar, 10. Aufl. 2012; *Kleine-Cosack*, BRAO Kommentar, 5. Aufl. 2008; *Offermann-Burckart*, NJW 2010, 2489 ff.; *Schippel/Bracker*, Bundesnotarordnung Kommentar, 9. Aufl. 2011; *Schönke/Schröder*, Kommentar zum Strafgesetzbuch, 28. Aufl. 2010.

I. Einleitung

Das anwaltliche gesellschaftsrechtliche Mandat stellt ein abwechslungsreiches Feld der anwaltlichen Praxis dar und beinhaltet eine Querschnittsaufgabe. Es ergeben sich nicht nur zu anderen Rechtsmaterien (z.B. dem Steuerrecht, Erbrecht, Familienrecht, Insolvenzrecht, Kartellrecht etc.) sondern vielmehr auch zu anderen Berufsfeldern und Disziplinen (z.B. Notariat, Wirtschaftsprüfung, Steuerberatung, betriebswirtschaftliche Unternehmensberatung) unzählige Berührungspunkte und Überschneidungen. Die erfolgreiche Bearbeitung gesellschaftsrechtlicher Mandate erfordert deshalb die Fähigkeit, als interdisziplinärer Teamplayer gemeinsam mit Notaren, Steuerberatern, Wirtschaftsprüfern sowie Unternehmensberatern und Unternehmensmaklern zu agieren. Dies wiederum setzt voraus, dass der im Gesellschaftsrecht tätige Rechtsanwalt über die Kenntnisse des Gesellschaftsrechts hinaus Kenntnisse in den Querschnittsdisziplinen wie etwa dem Notariat, dem Rechnungswesen, der Unternehmensbewertung, der Finanzierung sowie weiteren Feldern der Betriebswirtschaftslehre Grundkenntnisse aufweist. Bei der Mandatsaufnahme **1** hat der Rechtsanwalt dieses zu berücksichtigen, zu prüfen und sich darüber bewusst zu sein, welchen Teil der gewünschten bzw. erforderlichen Tätigkeit er in einem gesellschaftsrechtlichen Projekt selbst übernehmen will und kann.

2   Geht es in dem Gesamtwerk des gesellschaftsrechtlichen Mandates in den Kapiteln 2 ff. darum, wie gesellschaftsrechtliche Mandate aus der Perspektive und *im Interesse der Mandanten* fachlich sinnvoll und bestmöglich bearbeitet werden, geht es in den folgenden Erläuterungen über die die Aufnahme des anwaltlichen gesellschaftsrechtlichen Mandates darum, ob und auf welche Weise aus der Sicht und *im Interesse des Rechtsanwaltes* das anwaltliche gesellschaftsrechtliche Mandat aufgenommen werden kann, kurzum, ob und wie das anwaltliche Mandat „eingestielt und gehandhabt" werden soll. Die sorgsame und fachgerechte Mandatsaufnahme ist der erste zwingende, wenngleich nicht allein ausreichende Schritt zur erfolgreichen Bearbeitung des gesellschaftsrechtlichen Mandates.

II. Begriff und Abgrenzung zur notariellen Tätigkeit

3 Bevor man sich den Besonderheiten der Aufnahme des anwaltlichen gesellschaftsrechtlichen Mandats nähert, soll der Begriff des anwaltlichen gesellschaftsrechtlichen Mandats vorab konturiert werden und insbesondere von der notariellen gesellschaftsrechtlichen Tätigkeit (dem notariellen Mandat)[1] abgegrenzt werden.

4   Erläutert man die Aufnahme des anwaltlichen gesellschaftsrechtlichen **Mandats,** beschreibt man den Prozess zur Entscheidung über die Mandatsannahme und damit über das „Ob" der Begründung oder Ablehnung eines **Anwaltsvertrages.** Bei dem Anwaltsvertrag handelt es sich um einen Geschäftsbesorgungsvertrag, durch den sich der Rechtsanwalt regelmäßig zu einer beruflichen Dienstleistung höherer Art (§§ 675 Abs. 1, 611 BGB) oder zu einer Werkleistung verpflichtet, wenn der Anwalt ein Gutachten bzw. einen Vertragsentwurf oder eine konkrete Stellungnahme zu einer einzelnen Frage abgegeben soll und damit einen Erfolg schuldet. Demgegenüber findet die notarielle Tätigkeit nicht aufgrund eines zivilrechtlichen Geschäftsbesorgungsvertrages sondern aufgrund eines **öffentlich-rechtlich geprägten Amtsverhältnisses** statt.[2]

5   Wann das anwaltliche Mandat **gesellschaftsrechtlich** ist, also von gesellschaftsrechtlicher Natur geprägt ist, hängt davon ab, ob der Schwerpunkt der nachgefragten anwaltlichen Tätigkeit auf dem Lebenszyklus, der Organisation einer bzw. mehrerer Gesellschaften bzw. Verbände, dem Verhältnis dieser ggf. einem übergeordneten Zweck dienenden Gesellschaften untereinander, dem Verhältnis der Gesellschaft bzw. des Verbandes zu ihren Gesellschaftern bzw. seinen Mitgliedern, dem Verhältnis der Mitgliedern bzw. Gesellschaftern untereinander oder dem Verhältnis der Gläubiger zu der Gesellschaft und insbesondere die Haftung der Mitglieder bzw. Gesellschafter oder Organ liegt. § 14 lit. i) der Fachanwaltsordnung (FAO) gibt zudem weitere Hinweise, was zum *„materiellen Gesellschaftsrecht"* zählt. Danach ist materielles Gesellschaftsrecht insbesondere das Recht der Personengesellschaften, das Recht der Kapitalgesellschaften, internationales Gesellschaftsrecht, insbesondere Grundzüge des europäischen Gesellschaftsrechts sowie der europäischen Aktiengesellschaft, Konzernrecht, insbesondere das Recht der verbundenen Unternehmen, Umwandlungsrecht, Grundzüge des Bilanz- und Steuerrechts, Grundzüge des Dienstvertrags- und Mitbestimmungsrechts.

6   **Anwaltlich** ist das gesellschaftsrechtliche Mandat typischerweise, wenn es dadurch geprägt und darauf ausgerichtet ist, die *Interessen* des bzw. der Mandanten wahrzunehmen und zu vertreten. Nach § 3 BRAO ist der Rechtsanwalt der berufene unabhängige Berater und Vertreter in allen

---

1 Vgl. dazu *Sandkühler,* § 2.
2 Vgl. dazu *Sandkühler,* § 2.

Rechtsangelegenheiten. Kurzum: Der Rechtsanwalt ist Parteivertreter und orientiert sich ausschließlich an den Interessen des Mandanten.

Der **Notar** hingegen ist kein Partei- bzw. Interessenvertreter sondern Teil der staatlichen 7 Rechtspflege, Träger eines öffentlichen Amtes und insbesondere unabhängig gegenüber dem Staat und gegenüber den Klienten.[3] Nach § 14 BNotO ist der Notar nicht Vertreter einer Partei sondern unabhängiger und unparteiischer Betreuer der Beteiligten.

Zwischen der anwaltlichen und der notariellen Tätigkeit kann es zu Überschneidungen kom- 8 men. Denn die Amtstätigkeit des Notars besteht nicht lediglich aus Beurkundungen und Beglaubigungen im Sinne von § 20 BNotO, Bescheinigungen im Sinne von § 21 BNotO und Abnahme und Aufnahme von Eiden bzw. eidesstattlicher Versicherungen im Sinne von § 22 BNotO oder Aufbewahrungstätigkeiten im Sinne von § 23 BNotO. Nach § 24 Abs. 1 S. 1 BNotO gehören zu dem Amt des Notars auch *die sonstige Betreuung der Beteiligten auf dem Gebiete vorsorgender Rechtspflege*, insbesondere die Anfertigung von Urkundenentwürfen und die Beratung der Beteiligten. Nach § 24 Abs. 1 S. 2 BNotO ist der Notar, soweit sich nicht aus anderen Vorschriften Beschränkungen ergeben, in diesem Umfange befugt, die Beteiligten vor Gerichten und Verwaltungsbehörden zu vertreten.

Da die in § 24 Abs. 1 BNotO aufgeführte Betreuungs- und Vertretungstätigkeit – sei es etwa 9 bei der Beratung und Gestaltung gesellschaftsrechtlicher Verträge – sowohl von Notaren als auch von Rechtsanwälten ausgeübt werden, ist bei der Tätigkeit von Anwaltsnotaren eine Abgrenzung zwischen ihrer notariellen und anwaltlichen Tätigkeit vorzunehmen. Die Abgrenzung ist notwendig, da der als Notar tätige Anwaltsnotar die Betreuung und Beratung nach § 14 BNotO unparteiisch vorzunehmen hat im Unterscheid zum Rechtsanwalt, der hierbei die Interessen seines bzw. seiner Mandanten wahrzunehmen hat und demnach ein unterschiedlicher Pflichtenkreis besteht. Weiter haftet der als Rechtsanwalt tätige Anwaltsnotar vertraglich nach § 280 BGB wohingegen der als Notar tätige Anwaltsnotar der Amtshaftung nach § 19 BNotO unterliegt. Der als Rechtsanwalt tätige Anwaltsnotar kann seine Haftung vertraglich beschränken, was dem Notar nicht möglich ist. Der als Rechtsanwalt tätige Anwaltsnotar kann seine Vergütung nach Maßgabe der BRAO und des RVG vereinbaren und muss diese notfalls gerichtlich einklagen. Demgegenüber hat der Notar zwingend gesetzlichen Gebühren zu berechnen und kann diese nach § 155 KostO vollstrecken.[4] Nicht zuletzt mit Blick auf ein künftiges anwaltliches Tätigkeitsverbot nach § 45 Abs. 1 Nr. 1 BRAO wegen notarieller Vorbefassung in derselben Sache (vgl. im Einzelnen unter 1 III Rn 45) ist zu klären, ob die betreuende und beratende Tätigkeit anwaltliche oder notarielle Tätigkeit ist.

Die Abgrenzung zwischen der notariellen Amtstätigkeit und anwaltlicher Tätigkeit in diesem 10 Bereich erfolgt nach § 24 Abs. 2 BNotO. Nimmt der Anwaltsnotar die Entwurfsfertigung von Urkunden und die Beratung der Beteiligten oder die Vertretung der Beteiligten vor, ist nach § 24 Abs. 2 S. 1 BNotO anzunehmen, dass er als Notar tätig geworden ist, wenn die Handlung bestimmt ist, Amtsgeschäfte der in §§ 20 bis 23 BNotO bezeichneten Art (Beurkundungen, Beglaubigungen, Bescheinigungen, eidesstattliche Versicherungen, Aufbewahrung, Ablieferung von Wertgegenständen) **vorzubereiten** oder **auszuführen.** Zu diesen Vorbereitungs- und Ausführungshandlungen gehören nicht nur die Formulierung und Gestaltung des zu beurkundenden Vertrages sondern auch die planende Beratung, soweit der Rechtsanwaltsnotar dieses übernommen hat.[5] Nach § 24 Abs. 2 S. 2 BNotO ist im Übrigen (d.h. bei sonstigen nicht vorbereitenden oder ausführenden Handlungen) im Zweifel anzunehmen, dass der Anwaltsnotar als Rechtsanwalt tätig geworden ist.

Eine weitere Überschneidung ergibt sich, wenn ein Anwaltsnotar als Verwahrer oder Mittel- 11 verwendungskontrolleur oder Treuhänder (etwa bei Publikumsfonds) eingeschaltet werden soll. Denn auch diese Tätigkeit kann sowohl notarielle Amtstätigkeit nach § 23 BNotO bzw. §§ 54a ff.

---

3 Vgl. hierzu nachfolgend *Sandkühler* zu § 2.
4 Vgl. Schippel/Bracker/*Reithmann*, § 24, Rn 132 ff.
5 Vgl. Schippel/Bracker/*Reithmann*, a.a.O.

BeurkG als auch anwaltliche Tätigkeit sein. Ist in der Tätigkeit eine Vorbereitungs- oder Ausführungshandlung zu einer notariellen Amtstätigkeit im Sinne der §§ 20-23 BNotO zu sehen, wie etwa die Verwahrung zur Sicherung des Verkäufers beim Grundstückskaufvertrag, liegt darin eine unselbständige Verwahrung und damit zwingend eine notarielle Tätigkeit. Besteht zwischen der Verwahrungs- bzw. Treuhandtätigkeit kein derartiger Vorbereitungs- oder Ausführungszusammenhang, liegt entweder eine – notarielle – selbständige Verwahrung i.S.v. § 23 BNotO oder eine – anwaltliche – Verwahrungs- oder Treuhandtätigkeit vor. Tritt der Anwaltsnotar als „Rechtsanwalt und Notar" auf, wird seine Tätigkeit nach Notarrecht behandelt.[6] Sollte der Anwaltsnotar die Tätigkeit angesichts der o.g. Unterschiede als anwaltliches Mandat ausführen, sollte er streng darauf achten, dass er keinen anderen „notariellen" Eindruck erweckt, etwa durch die Angabe „Rechtsanwalt und Notar".

III. Entscheidung über die Mandatsannahme (Mandatsaufnahme)

12 Die Mandatsaufnahme beschreibt den Prüfungsprozess zur Entscheidung über das „Ob" der Mandatsannahme. Bei der Prüfung muss der Anwalt (neben strategischen und betriebswirtschaftlichen Kriterien) vor allem die rechtlichen Vorschriften beachten, welche ihm eine Mandatsannahme, d.h. Mandatsbegründung untersagen.

Tätigkeitsverbote können folgen aus
- bestehender Interessenkollision (Parteiverrat § 356 StGB, Verbot der Vertretung widerstreitender Interessen, § 43a Abs. 4 BRAO, § 3 BORA)
  und
- Gefahr einer Interessenkollision aus Vorbefassung (§ 45 BRAO) oder aus fehlender Unabhängigkeit (§ 46 BRAO).

1. Tätigkeitsverbote wegen Interessenkollision

13 Eine Mandatsannahme hat zu unterbleiben, wenn eine Interessenkollision besteht. Interessenkollision bedeutet, dass der Rechtsanwalt keine widerstreitenden Interessen vertreten darf. Das Verbot der widerstreitenden Interessen ist in der Strafbestimmung des § 356 StGB (Parteiverrat), als berufsrechtliche Grundpflicht in § 43a Abs. 4 BRAO und in § 3 BORA geregelt.

14 Die Notwendigkeit besonderer Sorgfalt bei der Interessenkollisionsprüfung folgt im gesellschaftsrechtlichen Mandat daraus, dass die Interessen des jeweiligen Mandanten – sei dieser die Gesellschaft, ein oder mehrere Gesellschafter, die Verwaltung (Vorstand, Geschäftsführung) oder Aufsichtsgremien (Beiräte, Aufsichtsrat), die Mitglieder der Verwaltungs- bzw. Aufsichtsorgane – gegensätzlich sein oder nachträglich werden können.

15 Die Voraussetzungen dieser Verbotsvorschriften und die Unterschiede zwischen diesen sind Folgende:

a) Parteiverrat, § 356 StGB

> *§ 356 StGB Parteiverrat*
> *1) Ein Anwalt oder ein anderer Rechtsbeistand, welcher bei den ihm in dieser Eigenschaft anvertrauten Angelegenheiten in derselben Rechtssache beiden Parteien durch Rat oder Beistand pflichtwidrig dient, wird mit Freiheitsstrafe von drei Monaten bis zu fünf Jahren bestraft.*

---

6 Vgl. BGH v. 21.11.1996, DNotZ 1997, 221; OLG Frankfurt/M. v. 17.9.2003, DNotZ 2004, 203.

2) Handelt derselbe im Einverständnis mit der Gegenpartei zum Nachteil seiner Partei, so tritt Freiheitsstrafe von einem Jahr bis zu fünf Jahren ein.

Tauglicher **Täter** im Sinne des § 356 StGB (Prävarikation) ist der *Anwalt oder Rechtsbeistand*   **16** **und** ihm müssen in dieser Eigenschaft Rechtsangelegenheit *anvertraut* sein.[7] **Anwälte** sind Rechts- und Patentanwälte sowie auch als Rechtsanwalt zugelassenen Syndikusanwälte, soweit diese außerhalb ihrer weisungsgebundenen Tätigkeit als unabhängige Rechtsanwälte auftreten und handeln. Keine Anwälte sind hingegen die als Insolvenzverwalter, Testamentsvollstrecker oder Vormund tätigen und einer Aufsicht unterstehenden Rechtsanwälte, da der Täter gerade als Anwalt und damit als unabhängiger Sachwalter bzw. unabhängiges Organ der Rechtspflege tätig werden muss. Taugliche Täter sind zudem andere Rechtsbeistände. Dieses sind insbesondere die Rechtsbeistände nach dem früheren Rechtsberatungsgesetz bzw. Rechtsdienstleistungsgesetz, Prozessvertreter vor dem Arbeits- oder Sozialgerichten, zum Verteidiger bestellte Rechtskundige, Hochschullehrer als Verteidiger nach § 138 StPO sowie Verteidiger nach § 392 AO.

Weiterhin muss dem Anwalt eine Angelegenheit (persönlich) **anvertraut** worden **sein.** Unter   **17** Anvertrauen versteht man die Übertragung der Interessenwahrnehmung auf den Rechtsanwalt in seiner Funktion als unabhängiger Sachwalter. Es handelt sich um die Auftragserteilung, bei welcher weder ein besonderes Vertrauensverhältnis bestehen, noch ein Geheimnis offenbart werden muss. Die Rechtsprechung des Bundesgerichtshofes geht für die strafrechtliche Beurteilung im Rahmen des § 356 StGB davon aus, dass eine Rechtssache grundsätzlich nur einem Mitglied einer Sozietät *persönlich* anvertraut werden kann, wobei es auf den Willen des Mandanten ankommt **(keine strafrechtliche Sozietätserstreckung).** An einer solchen Mandatsbeschränkung auf das jeweilige Sozietätsmitglied ändert es auch nichts, dass die Prozessvollmacht auf die Namen aller Sozien lautet. Demgegenüber wird bei der berufsrechtlichen Beurteilung der Interessenkollision nach § 43a Abs. 4 BRAO und § 3 BORA eine zeitlich uneingeschränkte Sozietätserstreckung angenommen.

Als **Tathandlung** im Sinne von § 356 Abs. 1 StGB ist anzusehen, dass der Täter in derselben   **18** Rechtssache beiden Parteien pflichtwidrig dient.

Dienen ist eine Tätigkeit rechtlicher oder tatsächlicher Art, durch welche das Interesse des   **19** Auftraggebers gefördert werden soll. Darunter fallen außerprozessuale sowie prozessuale Tätigkeiten. Die Tätigkeit muss auf die Förderung der Parteiinteressen abzielen. Die bloße Mandatserteilung oder Annahme bzw. Ablehnung oder Widerruf des Mandats sowie rein vorbereitende Handlungen stellen noch kein Dienen im Sinne des § 356 StGB dar.[8]

Es muss zudem **dieselbe Rechtssache** vorliegen. Rechtssachen sind alle Angelegenheiten,   **20** bei denen mehrere Beteiligte (möglicherweise) entgegengesetzte Interessen haben könnten.[9] Dieselbe Rechtssache liegt vor, wenn der sachlich rechtliche Inhalt des anvertrauten Interesses, d.h. das materielle Rechtsverhältnis identisch bzw. teilidentisch ist.

Die **gleichen Parteien** müssen beteiligt sein. Zwischen den Parteien braucht noch kein   **21** Streit hervorgetreten zu sein. Ausreichend ist ein potentieller Interessengegensatz. Es ist nicht erforderlich, dass sie einander kennen oder von den widerstreitenden Belangen etwas wissen.

Pflichtwidrig ist das Dienen dann, wenn der Täter einer Partei Rat und Beistand leistet,   **22** nachdem er einer anderen Partei in derselben Sache, aber im entgegengesetzten Sinne, bereits Rat und Beistand gewährt hat.[10] Entscheidend ist insoweit der Interessengegensatz zwischen den Parteien, denen der Anwalt dient.

---

7 Schönke/Schröder/*Cramer*, § 356 StGB Rn 11.
8 Schönke/Schröder/*Cramer*, § 356 StGB Rn 11.
9 Vgl. Schönke/Schröder/*Cramer*, § 356 Rn 11 m.w.N.
10 Vgl. Schönke/Schröder/*Cramer*, § 356 Rn 17 m.w.N.

23   Ob der Interessengegensatz und damit die Interessen der Parteien objektiv, d.h. vom Standpunkt der Parteien, also nach der objektiven Interessenlage oder subjektiv zu bestimmen sind und damit aus der ggf. unvernünftigen Sicht des Mandanten, ist strittig.[11] Im Grundsatz dürfte das konstitutive Parteiinteresse im Ausgangspunkt subjektiv und damit aus Sicht des Mandanten zu bestimmen sein, da der Mandatsinhalt immer subjektiv von dem Mandanten vorgegeben wird und damit zwingend subjektiv sein muss. Jedoch ist die subjektive Sichtweise nur dann bestimmend, sofern und soweit der Mandant über die objektive Interessenlage aufgeklärt worden ist. Ob auf Grundlage der Interessenautonomie eine Beschränkung oder eine bestimmte inhaltliche Ausrichtung des Mandats den Interessengegensatz ausschließen bzw. von vorn herein nicht entstehen lassen, hängt damit davon ab, dass der Mandant sachgerecht informiert und urteilsfähig ist und frei entscheidet.

24   Eine den Interessengegensatz ausschließende Beschränkung – oder besser Zielausrichtung – des Mandats findet bei der Tätigkeit des Anwalts als Mediator statt. Dieser dient beiden Parteien und handelt durch die Begrenzung des Mandats im Rahmen eines weiteren Beurteilungsspielraumes zur Gewinnung von praktischen Konfliktlösungen. Ihm ist es aber untersagt, neben oder nach der Mediation in derselben Rechtssache eine der Parteien gegen die andere zu vertreten.

25   Für den subjektiven Tatbestand des § 356 StGB ist **vorsätzliches** Handeln erforderlich, wobei bedingter Vorsatz ausreicht. Eine bestimmte Absicht ist nicht erforderlich. Irrt der Anwalt über die tatsächlichen Voraussetzungen des Tatbestandsmerkmals „derselben Sache" und zwar über den Umfang, faktische Umstände von Auftrag und Sachverhalt sowie betroffenen Personen, schließt dies den Vorsatz als Tatbestandsirrtum gem. § 16 StGB aus. Verkennt der Anwalt trotz Kenntnis der Sachlage den rechtlichen Zusammenhang, liegt ein Verbotsirrtum im Sinne von § 17 StGB vor, der die Schuld ausschließt, sofern er unvermeidbar ist oder andernfalls zu einer möglichen Strafmilderung führen kann. Der Irrtum über die Pflichtwidrigkeit kann vorsatzausschließender Tatbestandsirrtum oder Verbotsirrtum sein. Ein Irrtum über die tatsächlichen Voraussetzungen eines bestehenden Interessengegensatzes sind vorsatzausschließend im Sinne von § 16 StGB. Nimmt der Anwalt hingegen eine rechtsirrige Bewertung vor und verkennt darauf hin den Interessengegensatz, liegt ein Verbotsirrtum im Sinne von § 17 StGB vor. Die Unvermeidbarkeit setzt allerdings die Erfüllung einer gesteigerten Prüfungs- und Sorgfaltspflicht des Rechtsanwalts voraus. Ein Verbotsirrtum ist insbesondere vermeidbar, wenn der Anwalt seinen Zweifeln nicht gründlich nachgegangen ist und weder den Rat der Rechtsanwaltskammer noch den Rat eines erfahrenen Kollegen eingeholt hat.

26   Die Einwilligung des bzw. der Mandanten vermag die Pflichtwidrigkeit und damit bereits die Tatbestandsmäßigkeit auszuschließen, sofern die Mandanten über die objektive Interessenlage aufgeklärt und urteilsfähig sind. Darüber hinaus hat die Einwilligung für die Frage der Rechtswidrigkeit der Tat keine weitere Bedeutung. Die Einwilligung schließt die **Rechtswidrigkeit** nicht aus und stellt damit auch keinen Rechtfertigungsgrund dar. Denn die von § 356 StGB geschützte Funktionsfähigkeit der Rechtspflege ist nicht disponibel.

b) Verbot der Vertretung widerstreitender Interessen, § 43a Abs. 4 BRAO

27   Gemäß § 43a Abs. 4 BRAO darf der Rechtsanwalt keine widerstreitenden Interessen vertreten.

28   Das ungeschriebene Tatbestandsmerkmal **derselben Rechtssache** liegt vor, wenn in beiden Sachverhalten ein- und derselbe historische Vorgang von rechtlicher Bedeutung sein kann. Ein längerer Zeitablauf oder ein Wechsel der beteiligten Personen ändert nichts an dem Vorliegen derselben Rechtssache.

---

11 Vgl. zum Meinungsbild *Offermann-Burckart*, NJW 2010, 2489, 2490 f.

Vertreten im Sinne von § 43a Abs. 4 BRAO meint jede rechtlich relevante berufliche gericht- 29
liche und außergerichtliche Tätigkeit des Rechtsanwalts, insbesondere die Vertretung und die
Beratung.[12] Hierunter fällt jede rechtlich relevante Tätigkeit des Rechtsanwalts.

Bei einem Rechtsanwalt, der als Mediator tätig ist, liegt kein Verstoß vor, soweit der Rechts- 30
anwalt nur als Mediator tätig bleibt. Das Verbot der Vertretung widerstreitender Interessen greift
allerdings dann, wenn der Rechtsanwalt anschließend eine der Parteien vertritt.[13] Gleiches dürfte für den Rechtsanwalt gelten, der von mehreren Gründern damit beauftragt wird, einen Gesellschaftsvertrag zu entwerfen. Soweit der Anwalt hier die Mandanten über möglicherweise auftretende objektive Interessengegensätze aufklärt und im gemeinsamen Interesse der Mandanten
tätig ist, dürfte kein Verstoß vorliegen. Tritt jedoch ein Interessenwiderstreit offen zu Tage, hat
der Rechtsanwalt das Mandat niederzulegen und darf für keinen der Gründer bei der Gründung
tätig sein. Demnach sollte der Rechtsanwalt von vornherein nur für einen Mandanten tätig werden.

Es müssten **widerstreitende Interessen** vorliegen. Die kollidierenden Interessen müssen 31
von rechtlich relevanter Art sein. Hingegen reicht der bloße Anschein eines Interessengegensatzes nicht aus. Zur Bestimmung der Interessenrichtung ist ebenso wie bei § 356 StGB nach stritti-
ger aber wohl überwiegender Auffassung vom subjektiven Standpunkt des Mandanten bzw. der
Partei auszugehen.

Instruktiv für die Beurteilung eines Interessengegensatzes im gesellschaftsrechtlichen Man- 32
dat ist der Fall des OLG Koblenz.[14] Danach war eine Rechtsanwaltssozietät sowohl für die Gründungsgesellschafter und Initiatoren eines Windkraftfonds als auch für den Windkraftfonds
selbst anwaltlich beratend tätig. Die Tätigkeit der Anwälte für den Windkraftfonds erstreckte
sich auf die Beratung bei dem Erwerb und dem Betrieb der Windkraftanlagen. Hierzu wurde ein
Vertrag zwischen der Fondsgesellschaft und einer Vertriebsgesellschaft, die mit den Gründungsgesellschaftern verbunden war, abgeschlossen. Nachdem der Fondsgesellschaft zahlreiche Anleger beigetreten waren und die Geschäftsführung ausgewechselt wurde, berief sich die
Fondsgesellschaft auf eine Unwirksamkeit des anwaltlichen Beratungsvertrages gem. § 134 BGB
i.V.m. § 43a Abs. 4 BRAO, da die Rechtsanwälte auch für die Gruppe der Initiatoren und Gründungsgesellschafter tätig waren und letztere andere Interessen verfolgen als die Anleger des
Fonds. Das OLG Koblenz verneinte einen Interessengegensatz. Denn bei Abschluss des Anwaltsvertrages bestand sowohl zwischen der ursprünglichen Fondsgesellschaft sowie deren Gründungsgesellschaftern und auch der mit diesen verbundenen Vertriebsgesellschaft eine Interes-
sengleichrichtung und zwar das einheitliche Interesse, den Windpark zu errichten und zu
betreiben und hierfür Anleger zu gewinnen. Demgemäß bestand zwischen der Fondsgesellschaft
und deren Vertragspartnerin in der damaligen Konzeptionsphase kein Interessengegensatz, da
diese ein einheitliches Ziel verfolgten.

Für eine Ahndung des Verstoßes reicht nach § 113 BRAO im Gegensatz zu § 356 **StGB Fahr-** 33
lässigkeit aus.

c) § 3 BORA/Sozietätserstreckung

§ 3 BORA
1) Der Rechtsanwalt darf nicht tätig werden, wenn er eine andere Partei in derselben Rechtssa-
che im widerstreitenden Interesse bereits beraten oder vertreten hat oder mit dieser Rechtssa-
che in sonstiger Weise im Sinne der §§ 45, 46 BRAO beruflich befasst war.

---

12 *Kleine-Cosack*, § 43a BRAO Rn 97.
13 *Kleine-Cosack*, § 43a BRAO Rn 102.
14 OLG Koblenz NJW-RR 2007, 1003, 1005.

2) *Das Verbot des Abs. 1 gilt auch für alle mit ihm in derselben Berufsausübungs- oder Bürogemein-*
   schaft gleich welcher Rechts- oder Organisationsform verbundenen Rechtsanwälte. S. 1 gilt
   nicht, wenn sich im Einzelfall die betroffenen Mandanten in den widerstreitenden Mandaten
   nach umfassender Information mit der Vertretung ausdrücklich einverstanden erklärt haben
   und die Belange der Rechtspflege nicht entgegenstehen. Informationen und Einverständniser-
   klärung sollen in Textform erfolgen.

3) *Die Abs. 1 und 2 gelten auch für den Fall, dass der Rechtsanwalt von einer Berufsausübungs-*
   oder Bürogemeinschaft zu einer anderen Berufsausübungs- oder Bürogemeinschaft wechselt.

4) *Wer erkennt, dass er entgegen den Abs. 1–3 tätig ist, hat unverzüglich seinen Mandanten da-*
   von zu unterrichten und alle Mandate in derselben Rechtssache zu beenden.

5) *Die vorstehenden Regelungen lassen die Verpflichtung zur Verschwiegenheit unberührt.*

34 Das nach § 43a Abs. 4 BRAO zunächst nur auf den Einzelanwalt zugeschnittene Tätigkeitsverbot
wird gemäß § 3 Abs. 2 S. 1 BORA auf die Berufsausübungsgemeinschaft und Bürogemeinschaft
unabhängig von ihrer Rechtsform erstreckt **(Sozietätserstreckung)**.[15] Die Erstreckung dürfte aufgrund der Ermächtigungsgrundlage des § 59 b BRAO gedeckt sein, wonach Einzelheiten der Be-
rufpflichten in der Berufsordnung und zwar mit Blick auf Interessenkollisionen in § 3 BORA näher geregelt werden.

35 Nach § 3 Abs. 2 S. 2 BRAO gilt die Sozietätserstreckung und ein daraus folgendes Tätigkeitsverbot nicht, wenn sich die betroffenen Mandanten nach umfassender Information mit der Vertretung
ausdrücklich einverstanden erklärt haben und die Belange der Rechtspflege nicht entgegenstehen.
Ein Einverständnis nah § 3 Abs. 2 S. 2 BRAO gilt nach h.M. nur für die Berufsausübungs- oder Bürogemeinschaft, nicht allerdings für den Einzelanwalt.[16] Ob bei diesem ein Interessenwiderstreit
dann ausscheidet, wenn der Mandant mit einer Tätigkeit einverstanden ist, hängt wiederum davon
ab, ob man zur Bestimmung des Interesses auf die objektive Sachlage oder auf das subjektive Interesse des Mandanten abstellt. Die Frage wird weiterhin nicht einheitlich behandelt. Eine nicht unbeachtliche Unsicherheit verbleibt. Der Rechtsanwalt sollte deshalb im Zweifel nicht auf ein Einverständnis und dessen Wirkung vertrauen und das Mandat eher ablehnen.

36 Weiterhin ordnet § 3 Abs. 4 BORA an, dass **alle Mandate in derselben Rechtssache zu beenden** sind, sobald der Anwalt seinen Verstoß erkannt hat. Hierbei hat der Rechtsanwalt gem.
§ 3 Abs. 5 BORA seine weiterhin fortbestehende Verschwiegenheitsverpflichtung zu beachten.
Dies bedeutet, dass der Rechtsanwalt die Mandanten jeweils über das Tätigkeitsverbot und die
Mandatsniederlegung informiert. Jedoch darf der Anwalt hierbei nicht im Einzelnen die Umstände und insbesondere nicht den anderen Mandanten und dessen Ziele etc. mitteilen. Bereits
die Benennung des anderen Mandanten dürfte die Verschwiegenheitsverpflichtung verletzen.

d) Fallbeispiele für Interessenkollisionen

37 Rechtsanwalt R wird von G1 und G2 gebeten, einen Gesellschaftsvertrag zu entwerfen und G1
und G2 bei der Auswahl der passenden Rechtsform zu beraten. Solange die Interessen von G1
und G2 übereinstimmend sind und damit gleichgerichtete Interessen vorliegen, steht einer Tätigkeit von R nichts entgegen, sofern er G1 und G2 über das Vorliegen eines objektiven Interessengegensatzes hinreichend aufgeklärt hat und beide urteilsfähig sind. R hat jedoch darauf Acht
zu geben, dass er das Mandat sowohl mit G1 als auch mit G2 sofort niederlegt, falls Interessengegensätze zwischen G1 und G2 entstehen. Sollte er nicht sicher sein, ob im Verlauf seiner Tätigkeit
über die Gründung der Gesellschaft Interessengegensätze zwischen G1 und G2 deutlich werden,

---

15 *Kleine-Cosack*, Anh. I 1, Rn 8.
16 Vgl. zum Meinungsbild *Offermann-Burckart*, a.a.O. S. 2491 m.w.N.

sollte er sich von vorn herein für die Beratung eines der Gesellschafter entscheiden und dies deutlich machen. Gleiche Überlegungen gelten, wenn der Rechtsanwalt von mehreren Gesellschaftern mandatiert wird, diese beim Verkauf ihrer Anteile an Dritte zu beraten bzw. zu vertreten. Auch hier können im Verlauf der Transaktion entgegenstehende Interessen zutage treten.

Rechtsanwalt R hat in der Vergangenheit die A-GmbH beraten. Geschäftsführer der A-GmbH **38** ist B. Da sich die A-GmbH in einer Krise befindet, bittet B den Rechtsanwalt R, ihn mit Blick auf seine Pflichten in der Krise bzw. Sanierung zu beraten. Der Rechtsanwalt R sollte das Mandat, das ihm von B angetragen wurde, nicht annehmen. Er hat in der Vergangenheit die rechtlichen Interessen der A-GmbH vertreten. Bei der gewünschten Tätigkeit für B im Zusammenhang mit der Sanierung der A-GmbH dürfte der historische Lebensvorgang der bisherigen Tätigkeit der A-GmbH relevant werden. Dieser historische Lebenssachverhalt dürfte auch für eine Beratung des B eine Rolle spielen. Denn es kann nicht ausgeschlossen werden, dass sich aufgrund der bisherigen Geschäftsführertätigkeit etwaige Schadensersatzansprüche der A-GmbH gegen B ergeben.

Ein weiteres Beispiel für den Verstoß gegen das Verbot widerstreitender Interessen aus § 43a **39** Abs. 4 BRAO bildet ein vom AG Duisburg in 2007 entschiedener Fall.[17] Danach verstößt ein Rechtsanwalt gegen das Verbot der Vertretung widerstreitender Interessen aus § 43a Abs. 4 BRAO, wenn er in einem Insolvenzverfahren zugleich einen Drittschuldner oder einen Interessenten für die Übernahme von Teilen der Insolvenzmasse und einen Insolvenzgläubiger vertritt. In dem Fall wurde über das Vermögen einer GmbH & Co. KG das Insolvenzverfahren eröffnet und Rechtsanwalt A zum Insolvenzverwalter bestellt. Rechtsanwalt A hatte Verhandlungen mit den Kommanditisten über die Übernahme von Gegenständen des schuldnerischen Vermögens geführt. Nach Eröffnung des Insolvenzverfahrens wurde ein Kaufvertrag zwischen dem Insolvenzverwalter und den Kommanditisten abgeschlossen. Hierbei wurden die Kommanditisten durch den Rechtsanwalt T vertreten. Rechtsanwalt T vertrat später zudem eine Gläubigerin der insolventen Gesellschaft. Rechtsanwalt T, der zugleich die Kommanditisten als auch eine Gläubigerin im Insolvenzverfahren vertritt, verstößt gegen das Verbot widerstreitender Interessen. In dem Beschluss führte dies dazu, dass die Stimmabgabe des Rechtsanwalts T für die Gläubigerin der Gläubigerversammlung unwirksam war, weil nicht nur der Anwaltsvertrag sondern auch die Stimmrechtsvollmacht gemäß § 134 BGB nichtig war.

2. Tätigkeitsverbote wegen Vorbefassung – § 45 BRAO

Neben dem Verbot der Vertretung widerstreitender Interessen ist das (nicht-) anwaltliche Tätig- **40** keitsverbot wegen (nicht-) anwaltlicher Vorbefassung aus § 45 BRAO bei der Mandatsaufnahme zu beachten.

> *§ 45 BRAO – Versagung der Berufstätigkeit*
> 1) *Der Rechtsanwalt darf nicht tätig werden:*
>   1. *wenn er in derselben Rechtssache als Richter, Schiedsrichter, Staatsanwalt, Angehöriger des öffentlichen Dienstes, Notar, Notarvertreter oder Notariatsverwalter bereits tätig geworden ist;*
>   2. *wenn er als Notar, Notarvertreter oder Notariatsverwalter eine Urkunde aufgenommen hat und deren Rechtsbestand oder Auslegung streitig ist oder die Vollstreckung aus ihr betrieben wird;*
>   3. *wenn er gegen den Träger des von ihm verwalteten Vermögens vorgehen soll in Angelegenheiten, mit denen er als Insolvenzverwalter, Nachlassverwalter, Testamentsvollstrecker, Betreuer oder in ähnlicher Funktion bereits befasst war;*

---

17 AG Duisburg, Beschl. v. 8.10.207, 62 IN 32/07, ZIP 2007, 2429, 2433.

> 4. wenn er in derselben Angelegenheit außerhalb seiner Anwaltstätigkeit oder einer sonstigen Tätigkeit im Sinne des § 59a Abs. 1 S. 1 BRAO bereits beruflich tätig war; dies gilt nicht, wenn die berufliche Tätigkeit beendet ist.
>
> 2) Dem Rechtsanwalt ist es untersagt:
>   1. in Angelegenheiten, mit denen er bereits als Rechtsanwalt gegen den Träger des zu verwaltenden Vermögens befasst war, als Insolvenzverwalter, Nachlassverwalter, Testamentsvollstrecker, Betreuer oder in **ähnlicher Funktion** tätig zu werden;
>   2. in Angelegenheiten, mit denen er bereits als Rechtsanwalt befasst war, außerhalb seiner Anwaltstätigkeit oder einer sonstigen Tätigkeit im Sinne des § 59a Abs. 1 S. 1 BRAO beruflich tätig zu werden.
>
> 3) Die Verbote der Absätze 1) und 2) gelten auch für die mit dem Rechtsanwalt in Sozietät oder in sonstiger Weise zur gemeinschaftlichen Berufsausübung verbundenen oder verbunden gewesenen Rechtsanwälte und Angehörige anderer Berufe und auch soweit einer von diesem im Sinne der Abs. 1) und 2) befasst war.

41 § 45 BRAO wirkt in zwei Richtungen. Zum einen verbietet er die anwaltliche Tätigkeit bei nichtanwaltlicher Vorbefassung des Anwalts, § 45 Abs. 1 BRAO. Zum anderen verbietet er dem Rechtsanwalt die nicht anwaltliche Tätigkeit wegen anwaltlicher Vorbefassung, vgl. § 45 Abs. 2 BRAO. § 45 Abs. 1 BRAO dient dem Zweck, die aus der Vorbefassung resultierende Gefahr von Interessenkollisionen zu vermeiden. § 45 Abs. 2 BRAO schützt die „Reinheit" des anwaltlichen Berufsbildes.

a) Notarielle Vorbefassung, § 45 Abs. 1 Nr. 1 und Nr. 2 BRAO

42 Das anwaltliche Tätigkeitsverbot wegen nichtanwaltlicher Vorbefassung hat insbesondere für Anwaltsnotare große Bedeutung. Sobald sich ein Rechtsanwaltsnotar als Notar – in welcher notariellen Amtstätigkeit auch immer[18] – mit einer Rechtssache befasst, ist diese für ihn anwaltlich gesperrt.[19] Der Rechtsanwaltsnotar sollte bei Tätigkeiten, welche nach § 24 Abs. 2 BNotO sowohl der notariellen Amtstätigkeit aber auch der anwaltlichen Tätigkeit zugeordnet werden können, genau abwägen und entscheiden, ob er als Rechtsanwalt oder als Notar handelt und dieses unmissverständlich nach außen klarstellen. Dieses hat – wie unter Ziffer II. erläutert erhebliche Auswirkungen auf seine Rechtsstellung.

43 Als Beispiel für das anwaltliche Tätigkeitsverbot gem. **§ 45 Abs. 1 Nr. 1 BRAO** wegen **notarieller Vorbefassung** ist der Fall eines Anwaltsnotars zu nennen, der die Satzung einer Gesellschaft mit beschränkter Haftung beurkundete und die Errichtung der Gesellschaft sowie die Bestellung des Geschäftsführers zum Handelsregister anmeldete und Jahre später von dem damaligen Gesellschafter mit der anwaltlichen Interessenvertretung zur Abwehr von etwaigen offenen Einlageansprüchen beauftragt wird. Der Anwaltsnotar durfte das anwaltliche Mandant, auch wenn zwischen der Gründung und der Abwehr der Ansprüche der GmbH ein langer Zeitraum liegen mag, wegen seiner notariellen Vorbefassung gemäß § 45 Abs. 1 Nr. 1 BRAO nicht annehmen.[20]

b) Vorbefassung als Vermögensverwalter, § 45 Abs. 1 Nr. 3 BRAO

44 § 45 Abs. 1 Nr. 3 BRAO will den Anschein vermeiden, der Rechtsanwalt wolle aus seiner Tätigkeit als Insolvenzverwalter etc. gewonnenes Insiderwissen für seine anwaltliche Tätigkeit ausnut-

---

18 Vgl. zu den Amtstätigkeiten: *Sandkühler* nachfolgend zu § 2.
19 Vgl. *Kleine-Cosack*, § 45 Rn 14 m.w.N.
20 Vgl. hierzu instruktiv BGH, Urt. v. 21.10.2010, IX ZR 48/10, NZG 2010, 1390.

zen.[21] Die Regelung ist verfassungskonform dahingehend einschränkend auszulegen und greift nicht ein, wenn keine Interessenkollision besteht und auch keine Gefahr der Ausnutzung besonderer Insiderkennnisse besteht und die Tätigkeit dem Vermögensträger dient oder der Rechtsanwalt als Insolvenzverwalter mit seiner anwaltlichen Tätigkeit seine Amtspflicht als Insolvenzverwalter erfüllt.[22]

c) Sonstige außeranwaltliche Vorbefassung, § 45 Abs. 1 Nr. 4 BRAO

Auch § 45 Abs. 1 Nr. 4 BRAO ist im Lichte von Art. 12 GG verfassungskonform und einschränkend 45 auszulegen. Danach reicht nicht jede nichtanwaltliche Vortätigkeit für das Tätigkeitsverbot aus § 45 Abs. 1 Nr. 4 BRAO aus. Hierfür muss die Gefahr bestehen, dass Weisungen und Richtlinien des Vertragspartners, denen der Anwalt aus seiner nichtanwaltlichen Tätigkeit unterworfen ist, in die anwaltliche Tätigkeit hineinwirken und mit der anwaltlichen Unabhängigkeit und Bindungsfreiheit kollidieren. Demnach kommt es darauf an, ob der Anwalt aus seiner nichtanwaltlichen Tätigkeit rechtlich und tatsächlich einer richtungsgebenden Einflussnahme unterliegt.[23]

Das OLG Koblenz hat in der oben zur Frage der Interessenkollision aufgeführten Entschei- 46 dung (Vgl. vorstehend Ziffer III 1 b Rn 32) das Tätigkeitsverbot aus § 45 Abs. 1 Nr. 4 BRAO für einen Rechtsanwalt verneint, dessen Sozius zugleich Aufsichtsratsmitglied war. Begründet hat das OLG dieses unter anderem damit, dass für ein selbständig tätiges Aufsichtsratsmitglied nicht ersichtlich ist, dass es Weisungen unterliegt, die in die Berufsausübung hineinwirken.

d) Anwaltliche Vorbefassung, § 45 Abs. 2 Nr. 1 und Nr. 2 BRAO

Ein Beispiel für das Tätigkeitsverbot nach § 45 Abs. 2 Ziff. 1 BRAO bildet der vom Anwaltsge- 47 richtshof Rostock am 27.3.2009 entschiedene Fall:[24] Rechtsanwalt A vertrat eine GmbH und erwirkte für diese ein Versäumnisurteil gegen eine GmbH & Co. KG. Die Zwangsvollstreckung war ebenso erfolglos wie der Insolvenzantrag über das Vermögen der GmbH & Co. KG. Rechtsanwalt A erreichte es, sich in der Folgezeit zum Nachtragsliquidator der GmbH & Co. KG bestellen zu lassen. Damit hat Rechtsanwalt A gegen das Tätigkeitsverbot aus § 45 Abs. 2 Ziff. 1 BRAO verstoßen. Denn der Rechtsanwalt sei zunächst als Prozessbevollmächtigter für die GmbH gegen die GmbH & Co. KG tätig geworden. Sodann ist der Rechtsanwalt als Nachtragsliquidator für die GmbH & Co. KG tätig geworden. Die Tätigkeit als Nachtragsliquidator ist eine Tätigkeit „in ähnlicher Funktion" im Sinne des § 45 Abs. 2 Nr. 1 BRAO. Weiterhin hat sich die Vertretung widerstreitender Interessen, die durch dieses Tätigkeitsverbot verhindert werden sollte, bereits verwirklicht. In ähnlicher Funktion, so der Anwaltsgerichtshof, handelt ein Rechtsanwalt, wenn er nicht als unabhängiger Sachwalter von Parteiinteressen tätig wird, sondern unter gerichtlicher oder behördlicher Kontrolle ein ihm übertragenes Amt ausübt.[25]

Exemplarisch für einen Verstoß gegen § 45 Abs. 2 Nr. 2 BRAO ist der vom OLG Köln am 48 20.12.2007[26] entschiedene Fall. Darin hatte ein Rechtsanwalt zunächst einzelne Gesellschafter gegenüber einer Gesellschaft bürgerlichen Rechts vertreten. Sodann übernahm dieser Rechtsanwalt die Funktion des geschäftsführenden Bevollmächtigten der Gesellschaft, wobei der frühere Mandant (Gesellschafter) mit der Übernahme dieser Tätigkeit sogar einverstanden war. Das OLG Köln entschied, dass die nichtanwaltliche Tätigkeit des Rechtsanwalts als geschäftsführen-

---

21 Vgl. *Kleine-Cosack*, § 45 BRAO Rn 187 m.w.N.
22 Vgl. *Kleine-Cosack*, zu § 45 BRAO Rn 22.
23 Vgl. OLG Koblenz NJW-RR 2007, 1003 ff.
24 AnwGH Rostock BRAK-Mitteilungen 2009, 242.
25 Vgl. AnwGH Rostock, a.a.O., m.w.N.
26 OLG Köln, Urt. v. 20.12.2007 – AZ: 18 U 214/06, NJW-RR 2008, 933–935.

der Bevollmächtigter der Gesellschaft gegen § 45 Abs. 2 Nr. 2 BRAO verstößt. Hingegen sei der Rechtsanwalt nicht gehindert, künftig die Gesellschaft anwaltlich gegenüber Dritten zu vertreten. Schlussendlich stellte das Gericht fest, dass – gegenüber dem aus § 45 Abs. 1 Ziff. 4 BRAO folgendem Tätigkeitsverbot – § 45 Abs. 2 Ziff. 2 BRAO nicht verlangt, dass die gem. § 45 Abs. 1 Nr. 4 BRAO vorherige Tätigkeit außerhalb der Anwaltstätigkeit noch nicht beendet ist.

3. Tätigkeitsverbote für Syndizi – § 46 BRAO

49 Für den „inhouse counsel" ist das Tätigkeitsverbot aus § 46 BRAO zu beachten. § 46 BRAO ordnet für den in einem ständigen Dienstverhältnis beschäftigten Rechtsanwalt, d.h. Syndikusanwalt Tätigkeitsverbote wegen möglicher fehlender anwaltlicher Unabhängigkeit an.

> *§ 46 BRAO – Rechtsanwälte in ständigen Dienstverhältnissen*
> *(1) Der Rechtsanwalt darf für einen Auftraggeber, dem er aufgrund eines ständigen Dienst- oder ähnlichen Beschäftigungsverhältnisses seine Arbeitszeit und -kraft zur Verfügung stellen muss, vor Gerichten oder Schiedsgerichten nicht in seiner Eigenschaft als Rechtsanwalt tätig werden.*
> *(2) Der Rechtsanwalt darf nicht tätig werden:*
> *1. wenn er in derselben Angelegenheit als sonstiger Berater, der in einem ständigen Dienst- oder ähnlichen Beschäftigungsverhältnis Rechtsrat erteilt, bereits rechtsbesorgend tätig geworden ist;*
> *2. als sonstiger Berater, der in einem ständigen Dienst- oder ähnlichen Beschäftigungsverhältnis Rechtsrat erteilt, wenn er mit derselben Angelegenheit bereits als Rechtsanwalt befasst war.*
> *(3) Die Verbote des Absatzes 2 gelten auch für die mit dem Rechtsanwalt in Sozietät oder in sonstiger Weise zur gemeinschaftlichen Berufsausübung verbundenen oder verbunden gewesenen Rechtsanwälte und Angehörigen anderer Berufe und auch insoweit einer von diesen im Sinne des Absatzes 2 befasst war.*

50 **§ 46 Abs. 1 BRAO** ist im Lichte von § 12 Abs. 1 GG verfassungskonform auszulegen, dass „ständiges Dienst- oder ähnliches Beschäftigungsverhältnis" nur eine solche Vertragsbeziehung fällt, bei der die Gefahr einer Interessenkollision bestehen kann.[27] Beispiel für eine Verletzung von § 46 Abs. 1 BRAO ist folgender vom Anwaltsgerichtshof München entschiedener Fall: RA1 und RA2 sind alleinige Gesellschafter und Geschäftsführer einer GmbH. Die Rechtsanwaltskammer belehrte RA 1 und RA 2 darüber, dass sie die GmbH als Rechtsanwälte vor Gerichten und Schiedsgerichten gemäß § 46 BRAO nicht vertreten dürfen. Der von RA 1 und RA 2 angerufene Anwaltsgerichtshof bestätigte die Ansicht der Rechtsanwaltskammer. RA 1 und RA 2 sind Geschäftsführer und damit gegenüber den Gesellschaftern weisungsabhängig und damit nicht unabhängig. Der Umstand, dass RA 1 und RA 2 alleinige Gesellschafter waren, ändert daran nichts. Denn zur Beurteilung der Weisungsabhängigkeit und damit der Gefährdung der anwaltlichen Unabhängig reiche bereits eine denkbare Einschränkung der Unabhängigkeit aus. Im vorliegenden Fall, so der Anwaltsgerichtshof, wäre es denkbar, dass RA1 und/oder RA 2 ihre Geschäftsanteile veräußern und dann ihre Unabhängigkeit durch Weisungen Dritter beeinträchtigt sein könnte.[28]

51 **§ 46 Abs. 2 BRAO** ist verfassungskonform dahingehend einzuschränken, dass nach Beendigung des Anstellungsverhältnisses ein anwaltliches Handeln für den früheren Arbeitgeber uneingeschränkt möglich sein muss.[29] Ein Beispiel für eine Verletzung des Tätigkeitsverbotes aus

---

27 BVerfG NJW 2002, 503 f.
28 Vgl. AnwGH München, Beschl. v. 24.3.2004 – BayAGH I – 14/03, GmbHR 2004, 1089.
29 BRAK-Mitteilungen 2009, 190 ff.

§ 46 Abs. 2 Nr. 1 BRAO ist der vom BGH am 25.2.1999 entschiedene Fall. Darin war ein Rechtsanwalt zunächst Angestellter und sodann freier Mitarbeiter eines Unternehmens, wobei er nebenberuflich als Rechtsanwalt tätig sein durfte und war. Für das Unternehmen erstellte er Rechtsgutachten und erhielt für seine Arbeitskraft eine feste monatliche Vergütung. Der Rechtsanwalt erstellte für ein bestimmtes Projekt ein internes Gutachten für das Unternehmen und sollte dann das Gutachten als unabhängiger Rechtsanwalt von seiner Kanzlei aus an einen Dritten versenden. Der Rechtsanwalt verlangte von dem Unternehmen hierfür – über seine Vergütung als freier Mitarbeiter hinaus – Rechtsanwaltsgebühren als Rechtsanwalt, allerdings ohne Erfolg, wie der BGH entschied.[30] Der Anwaltsauftrag ist nach § 134 BGB in Verbindung mit § 46 Abs. 2 Nr. 1 BRAO nichtig. Die Stellung als freier Mitarbeiter ändert nichts an der persönlichen Abhängigkeit des Rechtsanwalts.

4. Aufsichtsrats- und Anwaltsmandat, §§ 113, 114 AktG

Gerade das gesteigerte Vertrauensverhältnis zwischen Mandanten und Rechtsanwalt sowie dessen Kompetenz oder schlichtweg auch „Personalmangel" bei Gründung kleiner Aktiengesellschaften führen in gesellschaftsrechtlichen Mandaten dazu, dass der Rechtsanwalt gebeten wird, über seine Beratungsleistung hinaus Funktionen als Beirat bzw. Aufsichtsrat zu übernehmen. Hierbei sollte sich der Rechtsanwalt darüber im Klaren sein, dass die Wahrnehmung von derartigen Beirats- und Aufsichtsratsmandaten erhebliche Auswirkungen auf sein gesellschaftsrechtliches anwaltliches Mandat haben kann. **52**

a) Kein Tätigkeitsverbot

Die Wahrnehmung des Aufsichtsratsmandates für eine Aktiengesellschaft, für die das Aufsichtsratsmitglied außerhalb seiner Tätigkeit als Rechtsanwalt tätig ist, stellt weder einen Verstoß gegen § 45 Abs. 1 Nr. 4 BRAO noch gegen § 46 BRAO dar. Denn bei verfassungskonformer Auslegung der Begriffe der beruflichen Tätigkeit im Sinne von § 45 Abs. 1 Nr. 4 BRAO bzw. des ständigen Dienstes oder ähnlichen Beschäftigungsverhältnisses im Sinne von § 46 BRAO sind nur solche Vertragsbeziehungen relevant, bei der die Gefahr einer Interessenkollision bestehen kann. Es muss zu besorgen sein, dass die Weisungs- und Richtlinienkompetenz des Arbeitgebers des Zweitberufes in die ausgeübte anwaltliche Tätigkeit hineinwirkt. Danach ist ein Tätigkeitsverbot erst dann gerechtfertigt, wenn die Gefahr besteht, dass Weisungen und Richtlinien des Vertragspartners, denen der Anwalt in seinem Zweitberuf unterworfen ist, in die anwaltliche Tätigkeit hineinwirken und mit der anwaltlichen Unabhängigkeit und Bindungsfreiheit kollidieren.[31] Bei der Tätigkeit eines Aufsichtsratsmitglieds bzw. eines Aufsichtsratsvorsitzenden ist dies nicht der Fall. Das Aufsichtsratsmitglied ist unabhängig. Es unterliegt keinen Weisungen, welche in die anwaltliche Tätigkeit hineinwirken und ihre Unabhängigkeit könnten. **53**

b) „Hürden" aus §§ 113, 114 AktG

Zwar verbieten §§ 113, 114 AktG nicht das Mandat als Anwalt und Aufsichtsrat, jedoch können sie zu einem faktischen Tätigkeitsverbot führen bzw. stellen gewisse Hürden für die anwaltliche Tätigkeit bei gleichzeitiger Aufsichtsratstätigkeit auf. **54**

 Nach § 113 Abs. 1 AktG kann den Aufsichtsratsmitgliedern für ihre **Tätigkeit im Aufsichtsrat** eine Vergütung gewährt werden. Die Vergütung der Aufsichtsratsmitglieder kann *entweder* **55**

---

30 BGH NJW 1999, 1715 ff.
31 Vgl. BVerfG NJW 2002, 503; OLG Koblenz NJW-RR 2007, 1003; OLG Stuttgart, Urt. v. 16.12.2008, 12 U 136/08, juris.de, Rn 36; LG Köln a.a.O.

in der Satzung festgesetzt *oder* von der *Hauptversammlung beschlossen* werden. Gem. § 114 Abs. 1 AktG hängt die Wirksamkeit des Vertrages, mit welchem sich ein Aufsichtsratmitglied **außerhalb seiner Tätigkeit im Aufsichtsrat** durch einen Dienstvertrag, durch den ein Arbeitsverhältnis nicht begründet wird, oder durch einen Werkvertrag gegenüber der Gesellschaft zu einer Tätigkeit höheren Art verpflichtet, von der Zustimmung des Aufsichtsrates ab. Gewährt die Gesellschaft aufgrund eines solchen Vertrages dem Aufsichtsratsmitglied eine Vergütung, ohne dass der Aufsichtsrat diesem (Anwalts-) Vertrag zugestimmt hat, so hat das Aufsichtsratsmitglied die Vergütung zurück zu gewähren, es sei denn, dass der Aufsichtsrat den Vertrag genehmigt, vgl. § 114 Abs. 2 S. 1 AktG.

56   Daraus folgt:

Die Aufsichtsratstätigkeit als solche kann nicht zulässigerweise Gegenstand eines solchen Beratervertrages sein. Deshalb sind Beraterverträge, welche die Aktiengesellschaft mit einem Aufsichtsrat schließt, wegen Umgehung des § 113 AktG gem. § 134 BGB nichtig, wenn die übernommene anwaltliche Beratungstätigkeit von der im Rahmen der Überwachungsaufgabe des Aufsichtsrates bestehenden Beratungspflicht umfasst wird.[32]

57   Um Umgehungen des § 113 AktG zu vermeiden und dem Aufsichtsrat zu ermöglichen, eine verantwortliche Prüfung und Abgrenzung vorzunehmen, hat ein Beratungsvertrag im Sinne von § 114 AktG eindeutige Bestimmungen darüber zu enthalten, ob die zu erbringende Leistung außer- oder innerhalb der organschaftlichen Pflichten des Aufsichtsrats liegt und der Vertrag keine verdeckten Sonderzuwendungen enthält. Dazu müssen die speziellen Beratungsgegenstände und das dafür zu entrichtende Entgelt in dem Beratungsvertrag aufgeführt und niedergelegt werden, dass sich der Aufsichtsrat ein eigenständiges Urteil über die Art und den Umfang der Leistungen sowie über die Höhe und Angemessenheit der Vergütung bilden kann. Verträge, die diese Anforderungen nicht erfüllen, weil sie Beratungsgegenstände umfassen, die auch zur Organtätigkeit des Aufsichtsrates gehören oder gehören können, sind von vorn herein nicht von § 114 Abs. 1 AktG gedeckt.[33] Dies gilt auch für den Fall, dass die Aktiengesellschaft einen Beratungsvertrag mit einer Rechtsanwaltsgesellschaft schließt, an dem das Aufsichtsratsmitglied beteiligt ist und ihm deshalb mittelbar nicht nur ganz geringfügige Zuwendungen für Beratungstätigkeiten zufließen,[34] weil aus der Sicht der Gesellschaft die Gefahrenlage dieselbe ist.

58   Im Ergebnis bedeutet dies, dass ein Rechtsanwalt, der eine Aktiengesellschaft gesellschaftsrechtlich berät, durch die Annahme eines Aufsichtsratsmandates regelmäßig nicht mehr wirksam auf Grundlage einer anwaltlichen Vergütungsvereinbarung gesellschaftsrechtliche Beratung und damit vergütungsfähige Leistungen wird erbringen können. In diesen Fällen ist regelmäßig zu raten, das Aufsichtsratsmandat abzulehnen oder die Aufsichtsratsvergütung durch entsprechende Satzungsanpassung bzw. Hauptversammlungsbeschluss entsprechend dem tatsächlichen Aufwand des beratenden Aufsichtsratstätigkeit festzusetzen.

59   Demgegenüber ist es vor dem Hintergrund der §§ 113, 114 AktG unproblematisch, wenn sich die anwaltliche Tätigkeit des Aufsichtsratsmitglieds oder seine Sozietät nicht auf die grundsätzlichen und wichtigen Fragen des Unternehmens, sondern auf die Einzelheiten des Tagesgeschäftes oder die konkrete Umsetzung von Vorstandsbeschlüssen im Detail bezieht, also wenn die anwaltliche Tätigkeit nicht die grundlegenden Fragen der Unternehmenspolitik, sondern das operative Geschäft der Gesellschaft betrifft.[35] Da der Bundesgerichtshof die Frage, ob Vergütungen für außerhalb der Aufsichtsratstätigkeit liegenden Aufgaben nachträglich genehmigt werden können, offen gelassen hat, sollte der Anwalt an dieser Stelle besondere Vorsicht walten

---

32 BGHZ 114, 127 ff; BGHZ 168, 188 ff; BGHZ 170, S. 60 ff.; *Hüffer*, § 114 AktG, Rn7 m.w.N.
33 Vgl. BGH a.a.O.
34 Vgl. BGH a.a.O.
35 Vgl. OLG Frankfurt/M. ZIP 2005, 2322 ff; LG Köln BeckRS 2012, 02345, Urt. v. 12.1.2012, 91 O 77/11, sehr instruktiv.

lassen. Regelmäßig sollte sich der Anwalt für außerhalb des Aufsichtsrats liegende Tätigkeiten nur dann beauftragen lassen, wenn er zuvor die jeweilige und genau zu beschreibende Tätigkeit durch den Aufsichtsrat genehmigen lässt.

Ein solcher Beschluss kann auch in einem 3-köpfigen Aufsichtsrat trotz Stimmverbots des **60** „Anwaltsaufsichtsrates" getroffen werden. Der Ausschluss des Stimmrechts eines von drei Aufsichtsratsmitgliedern im Einzelfall entsprechend § 34 BGB führt nicht zur Beschlussunfähigkeit des Organs gem. § 108 Abs. 2 S. 3 AktG sondern nur dazu, dass das betreffende Aufsichtsratsmitglied sich bei der Abstimmung der Stimme zu enthalten hat.[36]

Zudem ist eindringlich darauf hinzuweisen, dass die Tätigkeit des Rechtsanwalts als Auf- **61** sichtsratsmitglied nicht von der anwaltlichen Berufshaftpflichtversicherung abgedeckt ist. Die marktgängigen Versicherungsbedingungen sehen insoweit regelmäßig keine Deckung vor. Wenn der Rechtsanwalt demnach eine derartige Aufsichtsratstätigkeit vornimmt, sollte er darauf achten, dass die Gesellschaft für den Aufsichtsrat bzw. die Aufsichtsratsmitglieder eine ausreichende D&O (Directors & Officers) Versicherung abschließt.

5. Rechtsfolgen der Verstöße gegen Tätigkeitsverbote

Der Parteiverrat sieht in seinem Grundtatbestand als Vergehen gemäß § 356 Abs. 1 StGB eine **62** Freiheitsstrafe von 3 Monaten bis zu 5 Jahren vor. In seiner Qualifikation nach § 356 Abs. 2 StGB stellt er ein Verbrechen dar und sieht Freiheitsstrafe von 1 Jahr bis zu 5 Jahren vor. In Betracht kommt zudem ein Berufsverbot nach §§ 61 Nr. 6, 70 ff. StGB.

Berufsrechtliche Konsequenzen der Verstöße gegen §§ 43a Abs. 4, 45 ff. BRAO sind die Rüge **63** des Vorstands der Rechtsanwaltskammer nach § 74 BRAO sowie Verhängung anwaltsgerichtlicher Maßnahmen nach §§ 13, 114 BRAO in Gestalt der Warnung, des Verweises, der Geldbuße bis zu 25.000,00 € des ein- bis fünfjährigen Tätigkeitsverbotes und schlussendlich der Ausschließung aus der Rechtsanwaltschaft.

Der Anwaltsvertrag, der einen Verstoß gegen die Tätigkeitsverbote aus § 356 StGB und/oder **64** §§ 43a Abs. 4, 45, 46 BRAO bzw. § 3 BORA beinhaltet, ist gemäß § 134 BGB nichtig. Jedoch besteht keine rückwirkende Nichtigkeit des ersten Mandatsvertrages, bevor der zweite Mandatsvertrag abgeschlossen wird, durch den das Tätigkeitsverbot verletzt wird.[37] Im Ergebnis geht der Rechtsanwalt bei Verletzung der genannten Tätigkeitsverbote das Risiko ein, „völlig leer" auszugehen. Denn aufgrund der Nichtigkeit des Anwaltsvertrages und damit auch der Honorarabrede entfallen vertragliche Vergütungsansprüche. Aufwendungsersatzansprüche des Rechtsanwalts aus Geschäftsführung ohne Auftrag gem. §§ 683, 670 BGB scheitern daran, dass der Rechtsanwalt die Aufwendungen und seine Tätigkeit nicht für erforderlich halten durfte. Bereicherungsrechtliche Ansprüche (§§ 812 BGB ff) scheitern ggf. an § 817 S. 2 BGB.

Der anwaltliche Beratungsvertrag eines Aufsichtsratsmitglieds, der sich auf eine Aufsichts- **65** ratstätigkeit bezieht, ist ebenfalls nach § 134 BGB nichtig und auch nicht etwa nach § 114 AktG genehmigungsfähig. Nach § 114 Abs. 1 AktG ist der Beratungsvertrag, der sich **nicht** auf eine Aufsichtsratstätigkeit bezieht, zunächst schwebend unwirksam und bei Versagung der Zustimmung endgültig unwirksam.[38] In beiden Fällen muss das Aufsichtsratsmitglied die Beratungsvergütung nach § 114 Abs. 2 AktG ohne Aufrechnungsmöglichkeit an die Gesellschaft zurückzahlen.[39]

Ein Verstoß des Rechtsanwaltes gegen ein Tätigkeitsverbot berührt nicht die Wirksamkeit **66** einer dem Rechtsanwalt erteilten Prozessvollmacht und der von ihm vorgenommenen Prozess-

---

36 BGH, Urt. v. 2.4.2007, II ZR 225/05.
37 Vgl. BGH, Urt. v. 23.4.2009, IX ZR 167/07.
38 *Hüffer*, § 114 AktG, Rn 7.
39 *Hüffer*, a.a.O.

handlungen.[40] Anderes gilt für den außerprozessualen Wirkungsbereich des Anwalts. Insoweit hat das Amtsgericht Duisburg überzeugend begründet, dass eine einfache Vollmacht, etwa eine Stimmrechtsvollmacht zu Gunsten eines „verhinderten" bzw. „inhabilen" Rechtsanwalts, unwirksam ist.[41]

6. Resümee

67 Die für den Anwalt im gesellschaftsrechtlichen Mandat zu beachtenden Interessen der Beteiligten und die daraus folgenden Tätigkeitsverbote und Besonderheiten sind oftmals nur schwer einzuschätzen und insbesondere für die Zukunft nur bedingt vorherzusehen. Sinnvoll ist es deshalb, dass sich der in gesellschaftsrechtlichen Mandaten tätige Anwalt von vorn herein entscheidet, wen er „gesellschaftsrechtlich" vertreten will. Die Grundentscheidung lautet dahin, ob der Rechtsanwalt die Gesellschaft selbst, deren Gläubiger, Schuldner, Gesellschafter oder deren Geschäftsführungs- oder Aufsichtsorgane bzw. deren Mitglieder vertreten will. Bei der einmal eingeschlagenen Marschrichtung sollte er bleiben. Verbleiben im Verlauf der Mandatsaufnahme bei der Beurteilung, ob ein Tätigkeitsverbot vorliegt, Zweifel, sollte er sich an erfahrene Kollegen sowie seine Rechtsanwaltskammer wenden und bei verbleibenden Zweifeln das Mandat im Zweifel nicht begründen bzw. niederlegen.

IV. Mandatsannahme

68 Entscheidet sich der Anwalt gegen die Mandatsannahme, ist § 44 BRAO zu beachten. Gem. § 44 BRAO hat der Rechtsanwalt, der in seinem Beruf in Anspruch genommen wird und den Auftrag nicht annehmen will, die **Mandatsablehnung** unverzüglich zu erklären. Er hat den Schaden zu ersetzen, der aus einer schuldhaften Verzögerung dieser Erklärung entsteht.

69 Bei **Annahme** des gesellschaftsrechtlichen Mandatsvertrages gelten folgende Besonderheiten:

1. Wer ist Mandant?

70 Bei der Mandatsannahme ist zu bestimmen, wer der Mandant und damit Vertragspartner sein soll. Als Mandanten kommen in Betracht die Gesellschaft selbst, Gesellschafter, die Organe, Gläubiger etc.

71 Insbesondere bei der Gründung und bei Struktur- bzw. Kapitalmaßnahmen von Kapitalgesellschaften stellt sich die Frage, ob und in welchem Umfang die anwaltliche Tätigkeit für die Gesellschaft ausgeübt und von dieser vergütet wird oder ob die Gesellschafter bzw. Gründer diese Tätigkeit beauftragen und vergüten. Die vom Gründer bzw. Gesellschafter zu tragenden Beratungskosten im Zusammenhang mit der Gründung der Gesellschaft stellen grundsätzlich Anschaffungskosten der Beteiligung dar und sind zu aktivieren. Werden sie von der Gesellschaft getragen könnten sie ggf. als sofort abzugsfähige Betriebsausgaben geltend gemacht werden. Demnach besteht oftmals der Wunsch, die im Zusammenhang einer Gründung anfallenden Beratungskosten der Gesellschaft möglichst weitestgehend aufzuerlegen. Bei der AG und GmbH sollte der Rechtsanwalt § 26 Abs. 3 AktG beachten, der für beide Gesellschaftsformen gilt. Danach ist der Gesamtaufwand, der zu Lasten der Gesellschaft an Aktionäre oder an andere Personen als Entschädigung oder als Belohnung für die Gründung oder ihre Vorbereitung gewährt

---

40 Vgl. BGH, Urt. v. 14.5.2009, IX ZR 60/08.
41 Vgl. AG Duisburg, 62 IN 32/07.

wird, in der Satzung gesondert festzusetzen. Wird die Festsetzung nicht vorgenommen, so sind die Verträge und die Rechtshandlungen zu ihrer Ausführung der Gesellschaft gegenüber unwirksam. Damit wäre also auch die Vergütungsvereinbarung unwirksam, wenn die daraus resultierende Vergütung nicht als Gründungsaufwand in der Satzung festgesetzt ist. Soll demnach die Gesellschaft die anwaltliche Vergütung tragen, sollten ggf. vorsorglich die Gründer mitverpflichtet werden.

Weiterhin ist steuerlich zu beachten, dass die Finanzverwaltung nur dann der Gesellschaft **72** den Abzug der Gründungskosten als laufenden Aufwand gewährt, wenn die Festsetzung betragsmäßig erfolgt ist. Anderenfalls läge eine verdeckte Gewinnausschüttung vor.[42] Für die anlässlich der Kapitalerhöhung einer GmbH anfallenden Kosten gilt das Veranlassungsprinzip. Übernimmt die GmbH die Kosten, die mit der eigentlichen Kapitalerhöhung zusammenhängen, liegt deswegen keine verdeckte Gewinnausschüttung vor, ohne dass es einer besonderen Satzungsregelung über die Kostenübernahme bedürfte. Anders verhält es sich, wenn die GmbH auch diejenigen Kosten trägt, die auf die Übernahme der neuen Kapitalanteile zurückzuführen sind.[43]

2. Vertretungsfragen bei Abschluss des Anwaltsvertrages
Bei der Mandatsannahme und damit bei Abschluss des Mandatsvertrages ist zu klären, wer im **73** Einzelnen die hierfür erforderlichen Willenserklärungen abgeben kann.

a) Auf Seiten des Anwalts
Schließt der Einzelanwalt im eigenen Namen den Anwaltsvertrag, stellen sich auf Anwaltsseite **74** keine Vertretungsfragen. Ist der Rechtsanwalt in einer Bürogemeinschaft tätig, gilt Gleiches. Handelt es sich um eine Anwaltssozietät in der Rechtsform der GbR, so müssten, soweit nichts anderes geregelt ist, nach §§ 714, 709 BGB alle Gesellschafter an dem Abschluss des Anwaltsvertrages mitwirken oder den Abschluss des Anwaltsvertrages durch nur einen Gesellschafter zustimmen bzw. genehmigen. Regelmäßig sehen die Sozietätsverträge jedoch vor, dass jeder Gesellschafter bzw. Sozius einzelvertretungsberechtigt sein soll, was die Annahme von Mandaten und damit den Abschluss des Anwaltsvertrages betrifft. Bei der Partnerschaftsgesellschaft sieht § 7 Abs. 3 PartGG i.V.m. § 125 Abs. 1 HGB Einzelvertretungsbefugnis des Gesellschafters vor, sofern nichts Abweichendes im Partnerschaftsgesellschaftsvertrag geregelt ist. Sind Rechtsanwälte in der Rechtsform der GmbH oder AG organisiert, so wird die Rechtsanwalts GmbH oder AG durch die Geschäftsführer oder Vorstände oder durch Bevollmächtigte, insbesondere Prokuristen oder Handlungsbevollmächtigte vertreten.

b) Auf Seiten des Mandanten
Beauftragt eine natürliche Person als Gesellschafter, Geschäftsführer, Aufsichtsratsmitglied, **75** Insolvenzverwalter oder Gläubiger den Anwalt mit der Wahrnehmung seiner eigenen Interessen, stellt sich die Frage nach der wirksamen Stellvertretung des Mandanten zumeist nicht. Gleiches gilt, wenn ein Mandant als Gesellschafter im eigenen Namen Ansprüche der Gesellschaft im Rahmen der actio pro socio verfolgen will. Der Gesellschafter wird Mandant und nicht die Gesellschaft.

Soll der Anwalt jedoch nach dem Wunsch des ihm gegenüber „Auftretenden und Handeln- **76** den" die Interessen einer Gesellschaft wahrnehmen und soll die Gesellschaft das anwaltliche

---

42 BFH DStR 1997, 595–596.
43 BFH GmbHR 2001, 117 f.

Mandat erteilen, hat der Anwalt zu prüfen und sicherzustellen, ob und von wem im Einzelnen die Gesellschaft bei Abschluss des Anwaltsvertrages ordnungsgemäß vertreten wird.

77   **Grundsätzlich** vertritt die Gesellschaft bzw. die Körperschaft das jeweilige gesetzliche Vertretungsorgan Dritten und damit auch dem Anwalt gegenüber. Das gesetzliche Vertretungsorgan ist nach Maßgabe der betreffenden Rechtsvorschriften grundsätzlich der/die geschäftsführungsbefugte(n) Gesellschafter, der/die Geschäftsführer, der/die Vorstand/Vorstände etc. Der Rechtsanwalt sollte nicht zuletzt im eigenen Interesse zur Begründung eines vollwirksamen Anwaltsvertrages wissen, dass es von dem vorstehenden Grundsatz Ausnahmen gibt, in denen die Gesellschaft nicht durch die Geschäftsführung sondern durch andere Organe vertreten wird.

(1) Vertretung durch Aufsichtsrat

78 Bei Gesellschaften, die über ein Aufsichtsgremium verfügen, kann die Zuständigkeit für die Vertretung der Gesellschaft für den Abschluss des Anwaltsvertrages bei dem Aufsichtsgremium liegen.

79   Regelungen über die Vertretung der Gesellschaft durch den Aufsichtsrat finden sich für die Aktiengesellschaft in den §§ 109, 111, 112 AktG. Gemäß § 109 Abs. 1 S. 2 AktG können zu Aufsichtsratssitzungen Sachverständige und Auskunftspersonen hinzugezogen werden. § 111 Abs. 2 S. 3 AktG sieht vor, dass der Aufsichtsrat dem Abschlussprüfer den Prüfungsauftrag erteilt. Nach § 111 Abs. 2 S. 2 AktG kann der Aufsichtsrat besondere Sachverständige, wozu auch Rechtsanwälte zählen, mit der Überprüfung der Bücher und Geschäftsunterlagen beauftragen. Gem. § 112 AktG vertritt Vorstandsmitgliedern gegenüber der Aufsichtsrat der Gesellschaft gerichtlich und außergerichtlich. Der Aufsichtsrat ist bei der Vornahme von Hilfsgeschäften zur Erfüllung seiner vorgenannten Aufgaben zur Vertretung der Gesellschaft befugt und in diesem Umfange auch zum Abschluss des Anwaltsvertrages.

80   Der Aufsichtsrat hat allerdings zuvor über die Beauftragung des Anwalts zu beschließen und darin jemanden – zumeist den Aufsichtsratsvorsitzenden oder ein anderes Aufsichtsratsmitglied – zum Abschluss des betreffenden Vertrages zu bevollmächtigen. Der Aufsichtsratsvorsitzende ist hierzu nicht bereits kraft Amts ermächtigt, soweit dieses nicht bereits per Satzung oder Geschäftsordnung generell angeordnet ist. Das „gut beratene Aufsichtsratsmitglied" wird vom Rechtsanwalt bei der Mandatsaufnahme hierüber aufgeklärt.

81   Die vorstehenden Besonderheiten gelten nicht nur für die Aktiengesellschaft sondern auch für andere Gesellschaften. Nach § 25 Abs. 1 S. 1 Nr. 2 MitbestG, § 3 Abs. 2 MontanMitbestG, § 3 Abs. 1 MitbestErgG und § 1 Abs. 1 Nr. 3 DrittelbG gelten die Vertretungsregelungen der §§ 111, 112 AktG für die *mitbestimmte GmbH*. Auf die mitbestimmungsfreie GmbH finden §§ 111, 112 nach § 52 GmbHG nur insoweit Anwendung, als im Gesellschaftsvertrag nicht ein anderes bestimmt ist. *Nach* Art. 9 Abs. 1 lit. c) (ii) SE-VO gelten die §§ 111, 112 AktG zudem für die dualistisch verfasste *SE*. Für die monistisch verfasste SE gilt nach § 41 Abs. 5 SEAG, dass der Verwaltungsrat die SE den geschäftsführenden Direktoren gegenüber gerichtlich und außergerichtlich vertritt. In der Genossenschaft enthält § 39 Abs. 1 S. 1 GenG eine § 112 entsprechende Vorschrift.

(2) Vertretung durch Gesellschafter

82 In der GmbH kommen trotz der Existenz einer Geschäftsführung die Gesellschafter als Vertreter der GmbH in Frage. Soll der Rechtsanwalt für eine **GmbH ohne Aufsichtsrat** gegenüber einem Geschäftsführer oder Gesellschafter tätig werden, so ist § 46 Nr. 8 GmbHG zu beachten. Danach unterliegt der Bestimmung der Gesellschafter:

–   die **Geltendmachung von Ersatzansprüchen**, welche der Gesellschaft aus der Gründung oder Geschäftsführung gegen Geschäftsführer oder Gesellschafter zustehen, sowie

Salmen

– die **Vertretung** der Gesellschaft in Prozessen, welche sie gegen Geschäftsführer zu führen hat.

Nach § 46 Nr. 8 Alt. 1 GmbH bestimmen die Gesellschafter durch Beschluss über die Geltend- **83** machung von Ersatzansprüchen gegen die Geschäftsführer und Gesellschafter. Gemäß § 46 Nr. 8 Alt. 2 GmbHG beschließen die Gesellschafter die Vertretung der Gesellschaft in Prozessen gegen die Geschäftsführer und bestimmen durch Beschluss den Prozessvertreter der GmbH für den Prozess gegen den Geschäftsführer. Damit sollte der Rechtsanwalt bei der Mandatsannahme im eigenen und Mandanteninteresse klären, ob eine Beschlussfassung vorliegt, die den Handelnden zur Mandatierung und insbesondere auch zur Vollmachterteilung ermächtigt.

3. Anforderungen an Anwaltsvertrag
a) Vergütungsregelung
Bei der Vereinbarung der Vergütung hat der Rechtsanwalt § 49b BRAO, §§ 21 ff. BORA sowie **84** §§ 3a ff. RVG zu beachten.

Gem. **§ 3a Abs. 1 RVG** bedarf eine Vereinbarung über die Vergütung der **Textform,** vgl. **85** § 126b BGB. Sie muss als Vergütungsvereinbarung oder in vergleichbarer Weise bezeichnet werden, von anderen Vereinbarungen mit Ausnahme der Auftragserteilung deutlich abgesetzt sein und darf nicht in der Vollmacht enthalten sein. Zudem hat sie einen Hinweis darauf zu enthalten, dass die gegnerische Partei, ein Verfahrensbeteiligter oder die Staatskasse im Falle der Kostenerstattung regelmäßig nicht mehr als die gesetzliche Vergütung erstatten muss. Aus einer Vergütungsvereinbarung, die nicht den Anforderungen des § 3a Abs. 1 S. 1 und S. 2 oder § 4a Abs. 1 und Abs. 2 RVG entspricht, kann der Rechtsanwalt keine höhere als die gesetzliche Vergütung fordern. Die Vorschriften des Bürgerlichen Rechts über die ungerechtfertigte Bereicherung bleiben unberührt (§ 4b RVG).

Nach § 4 Abs. 1 RVG kann in außergerichtlichen Angelegenheiten einer niedrigere als die **86** gesetzliche Vergütung vereinbart werden. Sie muss in einem angemessenen Verhältnis zu Leistung, Verantwortung und Haftungsrisiko des Rechtsanwalts stehen.

Weiterhin hat der Rechtsanwalt § 4a RVG und § 49b BRAO und §§ 21 BORA die Regelungen **87** über Erfolgshonorare zu beachten. Nicht nur im Bereich der Unternehmenskäufe besteht oftmals der Wunsch nach einer erfolgsorientierten Vergütung des Anwalts.

§ 4a RVG
(1) Ein Erfolgshonorar (§ 49b Abs. 2 S. 1 der Bundesrechtsanwaltsordnung) darf nur für den Einzelfall und nur dann vereinbart werden, wenn der Auftraggeber aufgrund seiner wirtschaftlichen Verhältnisse bei verständiger Betrachtung ohne die Vereinbarung eines Erfolgshonorars von der Rechtsverfolgung abgehalten würde. In einem gerichtlichen Verfahren darf dabei für den Fall des Misserfolgs vereinbart werden, dass keine oder eine geringere als die gesetzliche Vergütung zu zahlen ist, wenn für den Erfolgsfall ein angemessener Zuschlag auf die gesetzliche Vergütung vereinbart wird.
(2) Die Vereinbarung muss enthalten:
1. die voraussichtliche gesetzliche Vergütung und gegebenenfalls die erfolgsunabhängige vertragliche Vergütung, zu der der Rechtsanwalt bereit wäre, den Auftrag zu übernehmen, sowie
2. die Angabe, welche Vergütung bei Eintritt welcher Bedingungen verdient sein soll.
(3) In der Vereinbarung sind außerdem die wesentlichen Gründe anzugeben, die für die Bemessung des Erfolgshonorars bestimmend sind. Ferner ist ein Hinweis aufzunehmen, dass die Ver-

einbarung keinen Einfluss auf die gegebenenfalls vom Auftraggeber zu zahlenden Gerichtskosten, Verwaltungskosten und die von ihm zu erstattenden Kosten anderer Beteiligter hat.

§ 49b Abs. 2 BRAO

(2) Vereinbarungen, durch die eine Vergütung oder ihre Höhe vom Ausgang der Sache oder vom Erfolg der anwaltlichen Tätigkeit abhängig gemacht wird oder nach denen der Rechtsanwalt einen Teil des erstrittenen Betrages als Honorar erhält (Erfolgshonorar), sind unzulässig, soweit das Rechtsanwaltsvergütungsgesetz nichts anderes bestimmt. Vereinbarungen, durch die der Rechtsanwalt sich verpflichtet, Gerichtskosten, Verwaltungskosten oder Kosten anderer Beteiligter zu tragen, sind unzulässig. Ein Erfolgshonorar im Sinne des Satzes 1 liegt nicht vor, wenn lediglich vereinbart wird, dass sich die gesetzlichen Gebühren ohne weitere Bedingungen erhöhen.

88 Insoweit ist auf das Urteil des BGH vom 23.4.2009[44] hinzuweisen. Danach stellt die Vereinbarung einer Vergleichsgebühr oder Signing Fee für einen Rechtsanwalt, der mit der Führung der Vertragsverhandlungen eines Unternehmenskaufes beauftragt ist, für den Fall des Abschlusses ein unzulässiges Erfolgshonorar dar. In dem der Entscheidung zugrunde liegenden Sachverhalt hatte die Rechtsanwaltsgesellschaft mit ihrer Mandantin, die am Erwerb eines Unternehmens interessiert war, im Dezember 2001 folgende Vergütungsvereinbarung getroffen:

„Für die Vorbereitung der Kaufvertragsverhandlungen, die gesellschaftsrechtliche Beratung für möglicherweise noch vor dem Kaufvertrag oder mit dem Kaufvertrag im Zusammenhang stehende gesellschaftsrechtliche Maßnahmen sowie den Entwurf eines Konzepts oder Vertrages entsteht eine 10/10-Gebühr gemäß § 118 Abs. 1 Ziffer 1 BRAGO. Für die Führung der Verhandlungen und die Teilnahme an den Verhandlungen mit der Käuferin oder den Käufern entsteht eine 10/10-Gebühr gemäß § 118 Abs. 1 Ziffer 2 BRAGO. Für den rechtsverbindlichen Abschluss eines Unternehmenskaufvertrages entsteht die 15/10-Gebühr des § 23 BRAGO. Für die Mitwirkung bei der Abwicklung des Unternehmenskaufvertrages entsteht eine 7,5/10-Gebühr gemäß § 118 Abs. 1 Ziffer 1 BRAGO. Die Gebühren ergeben sich aus dem im Kaufvertrag in Ansatz gebrachten Wert der verkauften Vermögensgegenstände (Aktivseite der Bilanz), unabhängig davon, ob die verkauften Gegenstände sich im Vermögen der Gesellschaft befinden oder aber im Vermögen anderer Gesellschaften, jedoch von dem verkauften Unternehmen genutzt werden. ... Unser Honorar wird fällig mit Eintritt der Fälligkeit des für das Unternehmen zu zahlenden Kaufpreises; für den Fall, dass sich unterschiedliche Fälligkeiten ergeben, ist der zuletzt eintretende Fälligkeitstermin maßgebend. Wir sind berechtigt, bis zu 50 % des voraussichtlich entstehenden Honorars nach rechtswirksamem Abschluss des Unternehmenskaufvertrages geltend zu machen."

89 Der Bundesgerichtshof hat die vorstehende Vergütungsvereinbarung nicht als bloße Fälligkeitsregel angesehen, sondern dahin ausgelegt, dass sie einen Verstoß gegen die Vereinbarung eines Erfolgshonorars gem. § 49b Abs. 2 a.F. BRAO beinhaltete. Der BGH stellte jedoch zugleich klar, dass bei einer derartigen Vergütungsvereinbarung und Fallgestaltung auch nach aktueller Rechtslage ein unzulässiges Erfolgshonorar vorliegt. Denn die nach der Entscheidung des Bundesverfassungsgericht zur teilweisen Verfassungswidrigkeit von § 49b Abs. 2 BRAO a.F. [45] und der daraufhin geänderten Rechtslage der § 49b Abs. 2 BRAO bzw. § 4a RVG erforderliche Ausnahme, dass der Auftraggeber aufgrund seiner wirtschaftlichen Verhältnisse bei verständiger

44 BGH, Az.: IX ZR 167/07.
45 BVerfG NJW 2007, 979 ff.

Betrachtung ohne die Vereinbarung eines Erfolgshonorars von der Rechtsverfolgung abgehalten würde, lag in jenem Fall nicht vor.

b) Haftungsbeschränkungsregelungen

Haftungsbeschränkungsvereinbarungen haben sich an **§ 51a BRAO** auszurichten.   **90**

Nach § 51a Abs. 1 BRAO kann der Anspruch des Auftraggebers aus dem zwischen ihm und **91** dem Rechtsanwalt bestehenden Vertragsverhältnis auf Ersatz eines fahrlässig verursachten Schadens beschränkt werden:
1. durch schriftliche Vereinbarung im Einzelfall bis zur Höhe der Mindestversicherungssumme;
2. durch vorformulierte Vertragsbedingungen für Fälle einfacher Fahrlässigkeit auf den 4-fachen Betrag der Mindestversicherungssumme, wenn insoweit Versicherungsschutz besteht.

Die Mitglieder einer Sozietät haften nach § 51a Abs. 2 BRAO aus dem zwischen ihr und dem Auf- **92** traggeber bestehenden Vertragsverhältnis als Gesamtschuldner. Die persönliche Haftung auf Schadensersatz kann auch durch vorformulierte Vertragsbedingungen beschränkt werden auf einzelne Mitglieder einer Sozietät, die das Mandat im Rahmen ihrer eigenen beruflichen Befugnis bearbeiten und namentlich bezeichnet sind. Die Zustimmungserklärung zu einer solchen Beschränkung darf keine anderen Erklärungen enthalten und muss vom Auftraggeber unterschrieben sein.

4. Rechte und Pflichten aus der Mandatsannahme

Der Rechtsanwalt ist aus dem Mandatsvertrag verpflichtet, die ihm übertragenen Aufgaben **93** sorgfältig und im besten Interesse des Mandanten wahrzunehmen. Damit er hierzu imstande ist, muss der Rechtsanwalt den Sachverhalt aufklären. Der Rechtsanwalt muss sich dann von der Rechtslage eine sorgfältige Meinung bilden. Weiterhin hat der Rechtsanwalt den Mandanten umfassend aufzuklären und zu beraten und den Mandanten über die Erfolgsaussichten der beabsichtigten Vorgehensweise aufzuklären. Der Rechtsanwalt hat grundsätzlich den sichersten Weg einzuschlagen, wenn mehrere mögliche Vorgehensweisen zur Zielerreichung in Frage kommen. Verletzt der Rechtsanwalt eine Pflicht aus dem Anwaltsdienstvertrag, so haftet er nach §§ 280 Abs. 1, 611, 675 BGB für den daraus entstandenen Schaden. Den Rechtsanwalt treffen daneben die allgemeinen Berufspflichten und Grundpflichten des Rechtsanwalts aus §§ 43, 43a BRAO. Gem. § 43 BRAO hat der Rechtsanwalt seinen Beruf gewissenhaft auszuüben.

> *§ 43a BRAO*
> *Grundpflichten des Rechtsanwalts*
> 1. *Der Rechtsanwalt darf keine Bindungen eingehen, die seine berufliche Unabhängigkeit gefährden.*
> 2. *Der Rechtsanwalt ist zur Verschwiegenheit verpflichtet. Diese Pflicht bezieht sich auf alles, was ihm in Ausübung seines Berufes bekannt geworden ist. Dies gilt nicht für Tatsachen, die offenkundig sind oder ihrer Bedeutung nach keiner Geheimhaltung bedürfen.*
> 3. *Der Rechtsanwalt darf sich bei seiner Berufsausübung nicht unsachlich verhalten. Unsachlich ist insbesondere ein Verhalten, bei dem es sich um die bewusste Verbreitung von Unwahrheiten oder solche herabsetzenden Äußerungen handelt, zu denen andere Beteiligte oder der Verfahrensverlauf keinen Anlass gegeben haben.*
> 4. *Der Rechtsanwalt darf keine widerstreitenden Interessen vertreten.*

5. *Der Rechtsanwalt ist bei der Behandlung der ihm anvertrauten Vermögenswerte zu der erforderlichen Sorgfalt verpflichtet. Fremde Gelder sind unverzüglich an den Empfangsberechtigten weiterzuleiten oder auf ein Anderkonto einzuzahlen.*
6. *Der Rechtsanwalt ist verpflichtet, sich fortzubilden.*

94 Die Berufspflicht zur Verschwiegenheit ist von besonderer Wichtigkeit. Sie ist Voraussetzung und Grundlage des für die anwaltliche Beratung erforderlichen Vertrauensverhältnisses. Diese Verpflichtung ist zudem nach § 203 StGB strafbewährt und wird durch Zeugnisverweigerungsrechte geschützt.[46] Eine Gefahr der Verletzung ergibt sich im gesellschaftsrechtlichen Mandat daraus, dass bei diesem oftmals mehrere Personen neben dem eigentlichen Mandanten und/oder Gegner beteiligt sind. So hat der Rechtsanwalt oftmals nicht nur mit seinem Mandanten, der etwa Gesellschafter sein mag, Kontakt, sondern oftmals auch mit den Mitgliedern der Verwaltungs- und Aufsichtsorgane oder sonstigen Gesellschaftern. Dieses verlangt dem Anwalt bei seiner „Informationspolitik" ein gewisses Maß an Disziplin ab.

95 Für den im Gesellschaftsrecht tätigen Rechtsanwalt können zudem auch geldwäscherechtliche Vorschriften von Bedeutung sein. Nach § 2 Abs. 2 Nr. 7 Geldwäschegesetz (GWG – Gesetz über das Aufspüren von Gewinnen aus schweren Straftaten) sind Verpflichtete im Sinne des Geldwäschegesetzes, soweit sie in Ausübung ihres Geschäftes oder Berufes handeln, Rechtsanwälte, Kammerrechtsbeistände und Patentanwälte sowie Notare, wenn sie für ihren Mandanten an der Planung oder Durchführung von folgenden Geschäften mitwirken:
- Kauf- und Verkauf von Immobilien oder Gewerbebetrieben,
- Verwaltung von Geld, Wertpapieren oder sonstigen Vermögenswerten,
- Eröffnung oder Verwaltung Bank-, Spar- oder Wertpapierkonten,
- Beschaffung der zur Gründung, zum Betrieb oder zur Verwaltung von Gesellschaften erforderlichen Mitteln,
- Gründung, Betrieb oder Verwaltung von Treuhandgesellschaften, Gesellschaften oder ähnlichen Strukturen,
- oder wenn sie im Namen und auf Rechnung des Mandanten Finanz- oder Immobilientransaktionen durchführen.

96 Damit haben Rechtsanwälte bei Vornahme der entsprechenden Tätigkeiten die Pflichten nach dem Geldwäschegesetz zu erfüllen.[47] Verstöße gegen die Pflichten aus § 3 GWG können nach § 17 GWG als Ordnungswidrigkeiten bei vorsätzlicher oder leichtfertiger Verletzung einer Geldbuße von bis zu 100.000,00 € geahndet werden.

97 Aus dem Mandatsvertrag stehen dem Anwalt Vergütungsansprüche zu. Der Rechtsanwalt wird in gesellschaftsrechtlichen Mandaten regelmäßig auf den Abschluss einer Vergütungsvereinbarung hinwirken, bei der sich seine Vergütung nach dem Zeitaufwand bestimmt. Dies liegt daran, dass in gesellschaftsrechtlichen Mandanten oftmals ein Gegenstandswert bei Mandatsbegründung nur schwer oder überhaupt nicht prognostiziert werden kann. Zum anderen ist Grund für den Abschluss von zeitabhängigen Vergütungsvereinbarungen der Umstand, dass der zeitliche Aufwand oftmals nur sehr schlecht kalkuliert werden kann. Das Rechtsanwaltsvergütungsgesetz (RVG) sieht für die rein beratende Tätigkeit des Rechtsanwalts keine Gebührentatbestände vor.

---

46 Vgl. § 383 Abs. 1 Nr.6 ZPO, § 53 StPO, § 84 FGO, § 102 AO.
47 Vgl. Sandkühler, § 2 Rn 54, 55.

Salmen

V. Beendigung des Mandates

Der Anwaltsvertrag ist ein Dienst- bzw. Werkvertrag höherer Art, der eine Geschäftsbesorgung **98** zum Gegenstand hat. Es handelt sich um einen Vertrag, der nur aufgrund einer besonderen Vertrauensbeziehung zu Stande kommt. Der Mandant ist berechtigt, den Anwaltsvertrag jederzeit und ohne Vorliegen eines wichtigen Grundes gem. § 627 Abs. 1 BGB durch Kündigung zu beenden. Umgekehrt darf auch der Rechtsanwalt grundsätzlich gem. § 627 Abs. 1 den Vertrag durch Kündigung beenden. Jedoch muss der Rechtsanwalt insoweit beachten, dass er nicht zur Unzeit kündigt, da er sich andernfalls schadensersatzpflichtig macht. Eine Kündigung zur Unzeit ist nur zulässig, wenn hierfür ein wichtiger Grund vorliegt.[48] Eine Kündigung zur Unzeit wäre dann anzunehmen, wenn der Mandant sich nicht in ausreichender Zeit eine ersatzweise anwaltliche Dienstleistung bzw. Werkleistung beschaffen kann.

Der Anwalt muss den Mandatsvertrag nach § 3 BORA beenden, wenn er eine Interessenkolli- **99** sion feststellt.

---

48 Vgl. § 627 Abs. 2 S. 1 BGB.

Christoph Sandkühler
§ 2 Das notarielle Mandat

Literatur: *Altmeppen*, Die Grundfesten des deutschen Notarwesens kommen ins Wanken, NJW 2006, 3761; *Armbrüster/Preuss/Renner*, BeurkG, DONot, 5. Aufl. 2009; *Arndt/Lerch/G. Sandkühler*, Bundesnotarordnung, 7. Aufl. 2012; Beck'sches Notarhandbuch, 5. Aufl. 2009; *Eylmann/Vaasen* (Hrsg.), Bundesnotarordnung, Beurkundungsgesetz, 3. Aufl. 2011; *Feuerich/Weyland*, Bundesrechtsanwaltsordnung, 8. Aufl. 2012; *Gassen/Wegerhoff*, Elektronische Beglaubigung und elektronische Handelsregisteranmeldung in der Praxis, 2. Aufl. 2009; *Hartung/Römermann*, Berufs- und Fachanwaltsordnung, 4. Aufl. 2008; *Heckschen/Heidinger*, Die GmbH in der Gestaltungs- und Beratungspraxis, 2. Aufl. 2009; *Henssler/Prütting*, Bundesrechtsanwaltsordnung, 3. Aufl. 2010; *Kilian/Sandkühler/vom Stein*, Praxishandbuch Notarrecht, 2. Aufl. 2011; *Larenz/Wolf*, Allgemeiner Teil des Bürgerlichen Rechts, 9. Aufl. 2004; *Maaß*, Vorbefassung und Vorbefassungsvermerk – zum Geltungsbereich von § 3 Abs. 1 Nr. 7 BeurkG und von § 3 Abs. 1 Satz 2 BeurkG, ZNotP 1999, 178; *Meyding/Heidinger*, Notarielle Belehrungspflichten bei der GmbH-Gründung, ZNotP 1999, 190; *Mihm*, Die Mitwirkungsverbote gemäß § 3 BeurkG nach der Novellierung des notariellen Berufsrechts, DNotZ 1999, 8, 18; *Schippel/Bracker*, Bundesnotarordnung, 9. Aufl. 2011; *Vaasen/Starke*, Zur Reform des notariellen Berufsrechts, NJW 1998, 661; *Winkler*, Beurkundungsgesetz, 16. Aufl. 2008.

I. Der Notar im Gesellschaftsrecht

1 Das gesellschaftsrechtliche Mandat ist ohne die Amtstätigkeit von Notarinnen und Notaren nicht denkbar. Die Beurkundungspflichten im Gesellschaftsrecht machen die vertrauensvolle Zusammenarbeit zwischen Rechtsanwälten und Notaren unverzichtbar.

1. Beglaubigungen

Im Recht der Personengesellschaften spielt die notarielle Amtstätigkeit zunächst keine Rolle, **2** denn weder ihre Gründung noch ihr weiteres rechtliches Dasein erfordert die notarielle Form. Allerdings sind die OHG, deren Unternehmen einen nach Art und Umfang in kaufmännischer Weise eingerichteten Geschäftsbetrieb erfordert, nach §§ 105 Abs. 1, 106 HGB und die KG nach §§ 162 Abs. 1, 161 Abs. 2, 106 HGB zum Handelsregister anzumelden.

Die Anmeldung muss gem. § 12 Abs. 1 HGB elektronisch (vgl. dazu Rn 34) in öffentlich be- **3** glaubigter Form erfolgen. Notarielle **Beglaubigungen** erfordern keine verlesene Niederschrif-ten,[1] an ihre Stelle tritt vielmehr der Vermerk im Sinne der §§ 39, 39a BeurkG. Zuständig für Beglaubigungen sind gem. § 20 Abs. 1 BNotO, § 1 Abs. 2 BeurkG Notare.

2. Beurkundungen

Auch im Recht der Kapitalgesellschaften sind notwendige Handelsregisteranmeldungen in nota- **4** riell beglaubigter Form elektronisch vorzunehmen. Hier und im Umwandlungsrecht herrscht indes weitergehende Formstrenge. Insbesondere die auf die Gesellschaftsgründung gerichteten Willenserklärungen und wesentliche sonstige Strukturmaßnahmen nach der Gründung erfor-dern die notarielle Form.

Die notarielle Form ist die **Beurkundung** der Erklärungen des oder der Beteiligten. Dazu **5** muss gem. § 8 BeurkG eine Niederschrift[2] aufgenommen werden, deren notwendiger Inhalt sich aus §§ 9 ff. BeurkG ergibt. Die Niederschrift muss gem. § 13 Abs. 1, Abs. 3 BeurkG in Gegenwart des Notars[3] den Beteiligten vorgelesen, von ihnen genehmigt und sodann von den Beteiligten und dem Notar eigenhändig unterschrieben werden. Haben die Beteiligten die Niederschrift ei-genhändig unterschrieben, so wird gem. § 13 Abs. 1 S. 3 BeurkG (widerleglich) vermutet, dass sie in Gegenwart des Notars vorgelesen und von den Beteiligten genehmigt worden ist.

II. Praxisrelevante Beurkundungspflichten im Gesellschaftsrecht

- § 2 Abs. 1 GmbHG – Gesellschaftsvertrag der GmbH; **6**
- § 15 Abs. 3 GmbHG – Vertrag über die Abtretung von Gesellschaftsanteilen;
- § 15 Abs. 4 S. 1 GmbHG – Verpflichtungserklärung zur GmbH-Anteilsabtretung;
- § 53 Abs. 2 GmbHG – Beschluss über die Abänderung des Gesellschaftsvertrags;
- § 23 AktG – Feststellung der Satzung einer AG;
- § 130 Abs. 1 S. 1 AktG – Niederschrift der Beschlüsse der Hauptversammlung einer (börsen-notierten) AG;
- §§ 6, 36 UmwG – Verschmelzungsvertrag.

III. Bedeutung notarieller Beurkundungen im Gesellschaftsrecht

Nicht der Formzwang, sondern die Formfreiheit ist als Bestandteil der Privatautonomie die Re- **7** gel. Formzwänge bedürfen daher zu ihrer Rechtfertigung legitimer Zwecke.[4]

---

1 Vgl. zur Systematik notarieller Urkunden Kilian/Sandkühler/vom Stein/*Stuppi*, § 14 Rn 16.
2 Vgl. zu den Anforderungen an eine wirksamen Niederschrift die Übersicht bei Kilian/Sandkühler/vom Stein/*Stuppi*, § 14 Rn 60 ff.
3 Nicht notwendigerweise durch den Notar selbst.
4 Larenz/*Wolf*, § 27 Rn 3 ff.; Armbrüster/Preuß/*Renner*, Einl. Rn 15.

Sandkühler

1. Zweck von Formvorschriften

8 Mit unterschiedlichen Schwerpunkten verfolgen Formvorschriften im Wesentlichen folgende Ziele:[5]
– Übereilungsschutz/Warnfunktion
– Erschwerung des Geschäftsabschlusses (z.B. eingeschränkte Veräußerbarkeit von Geschäftsanteilen)
– Beratung und Belehrung
– Rechtmäßigkeits- und Lauterkeitskontrolle
– materielle Richtigkeitsgewähr
– Abschluss- und Inhaltsklarheit
– Beweissicherung
– Erkennbarkeit für Dritte.

9 Die notarielle Beurkundung, deren Verfahrensvorschriften vor allem im Beurkundungsgesetz zusammengefasst sind, dient den genannten Zwecken in besonderer Weise:

2. Die notarielle Form
a) Notarielle Pflichten im Beurkundungsverfahren

10 Nach § 4 BeurkG, § 14 Abs. 2 BNotO dürfen Notare nicht bei Handlungen mitwirken, bei denen erkennbar unerlaubte oder unredliche Zwecke verfolgt werden. Die Pflicht zur notariellen Beurkundung als solche dient dem Übereilungsschutz. Die Niederschrift (§§ 8, 9 Abs. 1 S. 2, 13 Abs. 1 S. 1 BeurkG) stellt sicher, dass die Beteiligten von den getroffenen Vereinbarungen und deren Verbindlichkeit eingehend Kenntnis erlangen; darüber hinaus dient sie der Beweissicherung.

11 Die verfahrensrechtlichen **Kardinalpflichten** der Notare sind in § 17 Abs. 1 BeurkG verankert. Es obliegt ihnen bei Beurkundungen
– den Willen der Beteiligten zu erforschen
– den Sachverhalt zu klären
– die Beteiligten über die rechtliche Tragweite des Geschäfts zu belehren sowie
– für klare und unzweideutige Formulierungen in der Niederschrift zu sorgen.

12 Dabei ist darauf zu achten, dass Irrtümer und Zweifel vermieden sowie unerfahrene und ungewandte Beteiligte nicht benachteiligt werden. Die materielle **Richtigkeitsgewähr** durch Notare, also eine vorgezogene Inhaltskontrolle, findet ihren Ausdruck in § 17 Abs. 2 S. 2 BeurkG, wonach die Urkundsperson Zweifel an der Wirksamkeit des Geschäfts in der Urkunde zu vermerken hat, sofern die Beteiligten trotz entsprechender Belehrung auf der Beurkundung bestehen.

13 Die notarielle Beurkundung nimmt Einfluss auf Abschluss und Inhalt des Rechtsgeschäfts. Dagegen hat die notarielle **Beglaubigung** im Sinne der §§ 39, 39a BeurkG insbesondere die Funktion, die Identität einer Person und die Echtheit seiner Unterschrift (§ 40 BeurkG) oder die Identität einer Abschrift mit dem Original (§ 42 BeurkG) amtlich festzustellen. Da die oben genannten Formzwecke mit der Beglaubigung nicht erreicht werden sollen, obliegt den Notaren bei Beglaubigungen auch nur die Prüfung,[6] ob sie die Amtshandlung gem. § 4 BeurkG wegen der Verfolgung unerlaubter oder unredlicher Zwecke durch die Beteiligten ablehnen müssen.

---

5 Vgl. Kilian/Sandkühler/vom Stein/*Stuppi*, § 14 Rn 12.
6 So ausdrücklich § 40 Abs. 2 BeurkG für die Unterschriftsbeglaubigungen.

b) Formzwecke im Gesellschaftsrecht

Bezogen auf das Gesellschaftsrecht dient die notarielle Beurkundung bei der Gründung und bei **14** Strukturmaßnahmen insbesondere der Beratung und der Betreuung der Beteiligten sowie der materiellen Richtigkeitsgewähr. Ohne die Vorkontrolle durch die Notare wären zudem die Belastungen der Registergerichte ungleich höher.

Ausgehend von den Formzwecken im Gesellschaftsrecht dürfen die einzelnen Formvor- **15** schriften nicht zu eng ausgelegt werden. Deshalb ist bei Anteilsübertragungen nicht nur die hierauf gerichtete Verpflichtung beurkundungsbedürftig, sondern sind es auch alle Nebenabreden, die nach dem Willen der Vertragspartner ein Bestandteil der Vereinbarung sein sollen.[7] Dieser **„Vollständigkeitsgrundsatz"** orientiert sich also an den Grundsätzen, die Rechtsprechung und Literatur zu § 313 BGB a.F., § 311b BGB n.F. entwickelt haben.[8]

c) Auslandsbeurkundungen

Deutsche Notare dürfen nur in Deutschland beurkunden; im Ausland von ihnen aufgenommene **16** Urkunden sind **unwirksam**.[9] Die nach § 11a BNotO zulässige Unterstützung ausländischer Notare in deren Heimatland ersetzt die Beurkundung nicht. Häufig sehen sich Berater dennoch mit der Frage konfrontiert, ob gesellschaftsrechtliche Rechtsgeschäfte im Ausland beurkundet werden können. Vornehmlich tauchen solche Überlegungen bei Anteilsübertragungen gem. § 15 Abs. 3 GmbHG auf.

Die Gründe für die **„Flucht ins Ausland"** sind vielfältig. Vielfach sind – bei hohen Werten – **17** Kostengründe ausschlaggebend, denn in Deutschland kann die Beurkundung eines Anteilsübertragungsvertrags bis zu 52.274 EUR kosten.[10] Oft geht es aber auch um die Umgehung von Steuerlasten oder schlicht um die Vermeidung der Verlesung umfangreicher Vertragswerke.

Nach herrschender Auffassung[11] ist die Beurkundung durch einen ausländischen Notar **18** wirksam, wenn sie mit einer deutschen Beurkundung gleichwertig ist. Das soll der Fall sein, wenn der ausländische Notar entsprechend seiner Notariatsverfassung nach Vorbildung und Stellung im Rechtsleben eine dem deutschen Notar vergleichbare Funktion ausübt und ein Beurkundungsrecht anwendet, dass dem deutschen Beurkundungsrecht vergleichbar ist.[12] Auf die individuellen Fähigkeiten der ausländischen Beurkundungsperson ist nicht abzustellen; eine von einem englischen notary public aufgenommene Urkunde ist nicht deshalb wirksam, weil er eine deutsche juristische Ausbildung vorweisen kann und – überobligatorisch – die Prinzipien des BeurkG anwendet, insbesondere die Urkunde verliest.[13]

Gleichwertigkeit wird von der herrschenden Auffassung den Notaren in der Schweiz,[14] in Ös- **19** terreich, in den Niederlanden sowie den Notaren des sog. Lateinischen Notariats (insbes. Belgien, Frankreich, Italien, Spanien) attestiert.[15]

Mit dem Inkrafttreten des MoMiG hatte die Frage nach der Anerkennung von Auslandsbeur- **20** kundungen, insbesondere durch Notare in der Schweiz, neue Brisanz bekommen. Das LG Frankfurt/M. bezweifelte in seinem Urteil vom 7.10.2009,[16] dass nach der GmbH-Reform Auslandsbeurkundungen noch als wirksam anerkannt werden können. Das Gericht führt aus:

---

7 Exemplarisch BGH, NJW 2002, 142.
8 Heckschen/*Heidinger*, § 13 Rn 6 ff.
9 BGH, NJW 1998, 2830 = BGHZ 138, 359.
10 Vgl. zu den Kostenbegrenzungen im Gesellschaftsrecht die Aufstellung bei Heckschen/*Heidinger*, § 2 Rn 33.
11 Vgl. *Heckschen/Heidinger*, § 2 Rn 36 ff. und § 13 Rn 24 ff.
12 BGHZ 80, 76; Baumbach/ Hueck/*Fastrich*, § 2 Rn 9.
13 Heckschen/*Heidinger*, § 2 Rn 40.
14 Zu Recht kritisch insoweit Heckschen/*Heidinger*, § 2 Rn 38 f.
15 Vgl. Baumbach/Hueck/*Fastrich*, § 2 Rn 9 mit allen erforderlichen Nachweisen.
16 BB 2009, 2500.

„Dabei verhehlt die Kammer allerdings nicht, dass unter der Geltung der jetzigen Fassung des § 40 Abs. 2 GmbHG eine andere Einschätzung [zur Wirksamkeit einer gesellschaftsrechtlichen Beurkundung in der Schweiz] nicht nur möglich, sondern sogar wahrscheinlich ist."

21 Im Kern stellt sich die Frage, ob die Beurkundung der dinglichen Abtretung von GmbH-Anteilen durch Notare in der Schweiz (oder in anderen Rechtsordnungen) von den deutschen Handelsregistern als wirksam behandelt werden dürfen. Diese Frage drängt sich deshalb auf, weil gem. § 16 GmbHG im Fall einer Veränderung in den Personen der Gesellschafter oder des Umfangs ihrer Beteiligung als Inhaber eines Geschäftsanteils nur gilt, wer als solcher in der im Handelsregister aufgenommenen Gesellschafterliste eingetragen ist. Die Gesellschafterliste, die nunmehr auch Rechtsscheinsträger ist, muss den Anforderungen des § 40 Abs. 1 GmbHG entsprechen. Hat ein Notar – wie üblich – an einer Veränderung im Gesellschafterbestand selbst mitgewirkt, ist er gem. § 40 Abs. 2 GmbHG verpflichtet, die Gesellschafterliste unverzüglich selbst zu unterschreiben und auf elektronischem Weg zum Handelsregister einzureichen. Die Liste hat er mit einer Bescheinigung zu versehen, dass die geänderten Eintragungen den Veränderungen entsprechen, an denen er als Notar mitgewirkt hat, und die übrigen Eintragungen mit dem Inhalt der zuletzt im Handelsregister aufgenommenen Liste übereinstimmen.

22 Das LG Frankfurt sah es als fraglich an, ob ein ausländischer Notar geeignete Urkundsperson für die Unterzeichnung und Bescheinigung der Gesellschafterliste und deren elektronische Einreichung beim elektronischen Handelsregister ist. Hiergegen könnte sprechen, dass der Gesetzesbefehl des § 40 Abs. 2 GmbHG wegen des Territorialitätsprinzips den ausländischen Notar nicht trifft; die Vorschrift konstituiere keine Amtspflicht des Notars z.B. in der Schweiz.[17] Andererseits bleibt es deshalb nicht bei einer „Erstzuständigkeit" des Geschäftsführers nach § 40 Abs. 1 GmbHG,[18] denn zwischen § 40 Abs. 1 und § 40 Abs. 2 GmbHG besteht kein Stufenverhältnis.[19]

23 Das OLG Düsseldorf hat mit seinem Beschluss vom 2.3.2011[20] diese Überlegungen verworfen. Ein in Basel residierender Schweizer Notar – so dass OLG Düsseldorf – könne bei einer von ihm wirksam beurkundeten Abtretung von Geschäftsanteilen einer deutschen Gesellschaft eine diese Änderung berücksichtigende Gesellschafterliste wirksam beim Handelsregister einreichen.

24 Eine höchstrichterliche Klärung dieser Rechtsfrage steht noch aus.[21] Bis dahin sind Auslandbeurkundungen im Gesellschaftsrecht mit Vorsicht zu behandeln.[22]

d) Urkundssprache

25 Die Urkundssprache in Deutschland ist gem. § 5 Abs. 1 BeurkG Deutsch. Auf Verlangen kann ein deutscher Notar gem. § 5 Abs. 2 BeurkG Urkunden indes auch in einer anderen Sprache aufnehmen, derer er kundig ist. Auch eine in einer fremden Sprache aufgenommene Urkunde muss vollständig verlesen werden. Ein sprachunkundiger Beteiligter hat nach § 16 BeurkG einen Anspruch auf Übersetzung; dies gilt auch für das Handelsregister.[23]

---

17 Vgl. dazu *Heckschen/Heidinger*, § 13 Rn 27.
18 So aber *Begemann/Galla*, GmbHR 2009, 1069.
19 *Böttcher*, ZNotP 2010, 6, 9.
20 NJW 2011, NJW 2011, 1370.
21 Gegen die Wirksamkeit von Auslandsbeurkundungen z.B. *Böttcher*, ZNotP 2010, 6; *Heckschen*, Das MoMiG in der notariellen Praxis, 2009, Rn 531, *Link*, RNotZ 2009, 199; *Preuß*, RNotZ 2009, 529; anderer Auffassung sind z.B. *Saenger/Scheuch*, BB 2008, 560; *Begemann/Galla*, GmbHR 2009, 1065; *Trendelnburg*, GmbHR 2008, 644.
22 *Heckschen/Heidinger*, § 13 Rn 27.
23 Baumbach/Hueck/*Fastrich*, § 2 Rn 9 a.E.

Sandkühler

Auch zweisprachige Urkunden, in denen der fremdsprachige Text dem deutschen Text bei- 26
gestellt wird, sind zulässig.[24] Verlesen werden muss der gesamte Text in beiden Sprachen, um
den Anforderungen des § 13 Abs. 1 BeurkG gerecht zu werden, es sei denn, eine der Sprachfas-
sungen nimmt nicht an der Beurkundung teil, sonder wird nur zu Beweis- und Dokumentations-
zwecke beigefügt. Das muss dann aber ausdrücklich in der Urkunde klargestellt werden. Es
empfiehlt sich eine Klarstellung, welche Sprache in **Zweifelsfällen** maßgeblich sein soll.

Hat der Notar eine Urkunde in fremder Sprache errichtet, kann er gem. § 50 Abs. 1 BeurkG 27
die deutsche Übersetzung der Urkunde mit der **Bescheinigung** der Richtigkeit und Vollständigkeit versehen. Er soll die Bescheinigung nur erteilen, wenn er der fremden Sprache hinreichend
kundig ist. Eine Übersetzung, die mit einer solchen Bescheinigung versehen ist, gilt gem. § 50
Abs. 2 BeurkG bis zum Beweis des Gegenteils als richtig und vollständig.

In der Literatur finden sich Hinweise auf fremdsprachige **Musterformulierungen**.[25] Das 28
Deutsche Notarinstitut (DNotI) hat auf seinen Internetseiten umfangreiche Arbeitshilfen für Fälle mit Auslandsberührung zusammengestellt.[26]

e) Verlesung der Urkunde

Nach § 13 BeurkG muss die gesamte Urkunde unabhängig von ihrem Umfang **vollständig** verle- 29
sen werden; das gilt auch für in Bezug genommene **Anlagen**. Die Vermutung des § 13 Abs. 1 S. 3
BeurkG (vgl. Rn 5) ist nicht dazu geeignet, auf die Verlesung von Anlagen zu verzichten.[27]
Erleichterungen bietet lediglich § 14 BeurkG, wonach auf das Verlesen von schriftlich fixierten
Bilanzen, Inventaren, Nachlassverzeichnissen oder sonstigen Bestandsverzeichnissen über Sachen, Rechte und Rechtsverhältnisse verzichtet werden kann, wenn dies dem Willen der Beteiligten entspricht. An Stelle des Vorlesens müssen die Urkundsbeteiligten jede Seite des Schrift-
stücks unterschreiben. In die verlesene Urkunde muss ein Vermerk aufgenommen werden, dass
die Beteiligten auf das Verlesen verzichtet haben; andernfalls ist die gesamte Urkunde unwirksam. Willenserklärungen der Beteiligten können nicht wirksam in ein Schriftstück im Sinne des
§ 14 BeurkG „ausgelagert" werden.[28]

f) Vermerke gem. § 39 BeurkG

Bei einfachen Zeugnissen tritt an die Stelle der Niederschrift der Vermerk gem. §§ 39 ff. BeurkG. 30
Einfache Zeugnisse im Sinne des § 39 BeurkG sind u.a. Beglaubigungen von Unterschriften im
Sinne des § 40 BeurkG oder von Zeichnungen einer Firma oder einer Namensunterschrift im Sin-
ne des § 41 BeurkG und die Beglaubigung einer Abschrift gem. § 42 BeurkG.

Praxistipp 31
Mit dem Gesetz über elektronische Handelsregister und Genossenschaftsregister sowie das Unternehmensregister[29] – EHUG – das am 1.1.2007 in Kraft getreten ist, ist die Pflicht zur Zeichnung der Firma oder der Namensunterschrift durch die anzumeldenden Personen bei allen handels- und gesellschaftsrechtlichen Anmeldungen entfallen.
Die Anmeldung bedarf jetzt nur noch der notariellen Beglaubigung der Unterschrift der Anmeldenden.

---

24 Armbrüster/*Preuß*/Renner, § 5 Rn 8; Beck'sches Notar-Handbuch/*Zimmermann*, H Rn 21.
25 Vgl. z.B. die Zusammenstellung bei Beck'sches Notar-Handbuch/*Zimmermann*, H Rn 26; vgl. auch das
Beck'sche Formularbuch Zivil-, Wirtschafts- und Unternehmensrecht: Deutsch – Englisch, 2. Aufl. 2010.
26 www.dnoti.de/arbeitshilfen.
27 So aber das völlig misslungene Urt. des KG v. 4.11.2005, NJW 2006, 3768; vgl. dazu die klaren Ausführungen
von *Altmeppen*, NJW 2006, 3761.
28 Vgl. zu den Anwendungsfällen Armbrüster/Preuß/*Renner*, § 14 Rn 11 ff.
29 Gesetz über elektronische Handelsregister und Genossenschaftsregister sowie das Unternehmensregister
(EHUG), BGBl I 2006, 2553.

32 Alle Vermerke gem. §§ 39 ff. BeurkG **müssen,** um wirksam zu sein, enthalten
- das Zeugnis des Notars,
- seine Unterschrift,
- sein Präge- oder Farbdrucksiegel.

33 Sie **sollen** darüber hinaus den Ort und den Tag der Ausstellung enthalten, wobei allerdings das Fehlen dieser Angaben die Wirksamkeit des notariellen Zeugnisses nicht berührt.[30]

g) Elektronische Beglaubigungen gem. § 39a BeurkG

34 Gem. § 39a BeurkG können Beglaubigungen und sonstige Zeugnisse im Sinne des § 39 BeurkG auch elektronisch errichtet werden. Das hierzu erstellte elektronische Dokument muss mit einer qualifizierten elektronischen Signatur nach dem Signaturgesetz (SigG) versehen sein, die auf einem Zertifikat beruht, das dauerhaft überprüfbar ist. Mit dem Zeugnis muss eine Bestätigung der Notareigenschaft durch die zuständige Stelle verbunden sein. Das Zeugnis soll Ort und Tag der Ausstellung angeben.

35 § 39a BeurkG ist die Grundlage für den **elektronischen Rechtsverkehr im Notariat.**[31] § 15 Abs. 3 BNotO verpflichtet alle Notare, technische Voraussetzungen für die Anfertigung elektronisch beglaubigter Abschriften vorzuhalten. Dazu müssen u.a. vorhanden sein:
- eine Signaturkarte mit Identitätsnachweis und berufsbezogenem Attribut zum Nachweis der Notareigenschaft,
- ein Signaturkartenlesegerät,
- ein Scanner,
- Software zur Anfertigung der Signatur.

36 Sowohl Signaturkarten als auch eine **Software** zur Anfertigung elektronischer Beglaubigungen mit dem Namen SigNotar stellt die Bundesnotarkammer bzw. ihre Tochter, die Notarnet GmbH, zur Verfügung.[32]

37 Die elektronische Signatur im Sinne des § 39a BeurkG ersetzt im Rechtsverkehr die Unterschrift und das Siegel des Notars. Der rechtliche Inhalt der notariellen Beglaubigungen, also das (inhaltliche) Zeugnis des Notars, wird durch die elektronische Form nicht berührt; § 39a BeurkG ist eine **Formvorschrift.**

38 **Unterschriftsbeglaubigungen** können nicht elektronisch errichtet werden, denn gem. § 40 Abs. 1 BeurkG soll eine Unterschrift nur beglaubigt werden, wenn sie in Gegenwart des Notars vollzogen oder anerkannt wird. Da also die Unterschrift als papiergebundener Identitätsnachweis nicht durch eine elektronische Form ersetzt werden kann, muss auch die Beglaubigung der Unterschrift in der Papierwelt erfolgen. Eine andere Frage ist, ob das unterschriftsbeglaubigte Dokument rechtswirksam als elektronisch beglaubigte Abschrift (im Sinne einer Leseabschrift ohne die Unterschriften der Beteiligen [„gez."]) im Rechtsverkehr Verwendung finden kann.

39 Die Beglaubigung einer **Abschrift**[33] im Sinne der §§ 39, 42 BeurkG ist das Zeugnis des Notars, dass die Abschrift mit der Hauptschrift inhaltlich[34] übereinstimmt. Auf die Qualität der Hauptschrift (der Vorlage) kommt es nicht an. Es kann sich dabei um eine Urschrift (ein „Origi-

---

30 Vgl. zu den „Muss- und Sollvorschriften" im Beurkundungsrecht Kilian/Sandkühler/vom Stein/*Stuppi*, § 14 Rn 23 ff.; Armbrüster/Preuß/*Renner*, Einl. Rn 25 ff.
31 Vgl. dazu Kilian/Sandkühler/vom Stein/*Püls*, § 17.
32 Alle notwendigen Informationen unter www.notarnet.de.
33 Abschriften sind nach der Legaldefinition des § 39 BeurkG „Abschriften, Abdrucke, Ablichtungen und dergleichen".
34 BGH, DNotZ 1960, 260 = BGHZ 31, 5; BGHZ 36, 204; Armbrüster/*Preuß*/Renner, § 42 Rn 5.

nal") um eine Ausfertigung im Sinne des § 49 BeurkG oder ihrerseits um eine einfache oder beglaubigte Abschrift handeln: gem. § 42 Abs. 1 BeurkG soll der Notar im Beglaubigungsvermerk feststellen, um was für eine Art von Vorlage es sich handelt.

Auch auf die Qualität der Abschrift kommt es nicht an, solange die **inhaltliche Überein-** **40** **stimmung** mit der Hauptschrift feststeht. Es muss sich deshalb nicht um eine fotomechanische Wiedergabe der Vorlage handeln. Deshalb kann in einer Abschrift, die das Bild einer Unterschrift nicht wiedergibt, der Name mit dem Zusatz „gez." eingesetzt werden.[35] Auf diese Weise kann auch die Unterschrift des Notars „ersetzt" werden; anstelle der bildlichen Wiedergabe des Siegels kann das gebräuchliche Kürzel „L.S."[36] Verwendung finden.[37] Anders ist dies bei der Erstellung einer Ausfertigung, denn der Ausfertigungsvermerk muss gem. § 49 Abs. 2 S. 2 BeurkG mit dem Siegel der erteilenden Stelle versehen sein.

Da also die Qualität von Hauptschrift und Abschrift nicht übereinstimmen müssen, ist allein **41** der **Beglaubigungsvermerk** des Notars entscheidend, der die inhaltliche Übereinstimmung von Hauptschrift und Abschrift feststellt und damit ggf. auch dokumentiert, dass ein unterschriebenes Original vorliegt.[38]

Diese für Abschriftbeglaubigungen in Papierform feststehenden Grundsätze gelten auch für **42** **elektronische Abschriftbeglaubigungen** gem. § 39a BeurkG, da diese Formvorschrift die Reichweite der notariellen Beglaubigungszuständigkeit unberührt lässt. Der Notar darf somit elektronisch beglaubigen, dass eine elektronische Leseabschrift („gez., L.S.") einer unterschriebenen Niederschrift oder eines unterschriftsbeglaubigten Dokuments mit der Hauptschrift inhaltlich übereinstimmt, dass also auf der Hauptschrift die Unterschriften der Beteiligten und des Notars und dessen Siegel aufgebracht sind.[39]

Praxistipp **43**
Ein solcher Beglaubigungsvermerk könnte lauten: „Hiermit beglaubige ich die Übereinstimmung der in dieser Datei enthaltenen Bilddaten mit der Urschrift".

---

h) Elektronische Handelsregisteranmeldungen

Diese Grundsätze gelten auch für elektronische Handelsregisteranmeldungen. In Umsetzung der **44** europäischen sog. SLIM-IV-Richtlinie[40] sind seit dem 1.1.2007 gem. § 12 Abs. 1 HGB in der Fassung des EHUG **Anmeldungen** zur Eintragung in das Handelsregister elektronisch in öffentlich beglaubigter Form einzureichen. § 12 Abs. 2 HGB bestimmt, dass auch **Dokumente**, also die Anlagen zu den HR-Anmeldungen, elektronisch einzureichen sind. Ist ein notariell beurkundetes Dokument oder eine öffentlich beglaubigte Abschrift einzureichen, ist die elektronische Beglaubigung erforderlich. Einzelheiten ergeben sich aus den Rechtsverordnungen der Bundesländer zur elektronischen Registerführung.[41]

Weder § 12 HGB noch die Rechtsverordnungen der Länder schreiben vor, dass die beglaubig- **45** ten Dokumente die Unterschriften der Beteiligten und des Notars und dessen Siegel **bildlich** darstellen müssen, dass also die Urschriften eingescannt werden müssen. Vielmehr genügt nach den dargestellten Grundsätzen auch bei der elektronischen HR-Anmeldung die Übermittlung

---

35 Armbrüster/*Preuß*/Renner, § 42 Rn 5; Eylmann/Vaasen/*Limmer*, § 42 BeurkG Rn 8.
36 L. S. steht für „loco sigilli" = statt des Siegels; nach anderer Lesart für „locum sigulum" = Ort des Siegels.
37 *Winkler*, § 42 Rn 9 ff.
38 OLG Frankfurt, DNotZ 1993, 757 mit Anmerkung *Kanzleiter*; Eylmann/Vaasen/*Limmer*, § 42 BeurkG Rn 6; Armbrüster/*Preuß*/Renner, § 42 Rn 5; *Winkler*, § 42 Rn 10 f.
39 *Gassen/Wegerhoff*, Rn 53 ff.
40 Abzurufen unter www.notarnet.de/pdf/SLIM-IV-Richtlinie.pdf.
41 Die Verordnungstexte sind unter www.egvp.de/rechtlicheGrundlagen/index.php abrufbar.

elektronischer Leseabschriften; handels- oder gesellschaftsrechtliche Sondervorschriften gibt es nicht.

46   Das Notariat und die Justizverwaltungen des Bundes und der Länder haben sich darauf ge-einigt, dass die Notariate die für die beantragte HR-Eintragung benötigten Daten zusätzlich zu der elektronischen Anmeldung und deren Anlagen in strukturierter Form im Format XML über-mitteln. Weil diese Daten bei Gericht unmittelbar weiterverarbeitet werden können, entfällt die manuelle Eingabe der Daten beim Handelsregister; der dadurch zu erzielende Zeitgewinn ist beträchtlich und stärkt insbesondere die GmbH im europäischen Wettbewerb der Gesellschafts-formen.[42] Das von der Bundesnotarkammer für diesen Zweck zur Verfügung gestellte Fachpro-gramm trägt die Bezeichnung **XNotar**.

IV. Die an Beurkundungen beteiligten Personen

1. Notarinnen und Notare

47 Öffentliche Urkunden werden in Deutschland primär durch Notare errichtet. Sie sind gem. § 20 Abs. 1 BNotO zuständig, Beurkundungen jeder Art vorzunehmen.

48   Unabhängig von ihrer Stellung als Anwaltsnotare (§ 3 Abs. 2 BNotO) oder als hauptberufli-che Notare (§ 3 Abs. 1 BNotO) definiert § 1 BNotO das notarielle **Berufsbild** wie folgt:

49   Notare sind Teil der staatlichen Rechtspflege. Sie sind Träger eines öffentlichen Amtes und Amtsträger des Bundeslandes, in dem sie bestellt sind. Notare sind unabhängig gegenüber dem Staat und gegenüber ihren Klienten.[43] Mit der Verleihung des Notaramts korrespondiert der Ur-kundsgewährungsanspruch der Beteiligten, der wiederum die in § 15 BNotO verankerte Pflicht der Notare zur Amtsbereitschaft voraussetzt.

50   Das Rechtsverhältnis zwischen den Notaren und ihren Klienten beruht nicht auf vertragli-cher Grundlage, sondern ist öffentlich-rechtlicher Natur. Ein Mandatsverhältnis im Sinne eines Geschäftsbesorgungsvertrags kommt mithin zwischen Notaren und ihren Klienten nicht zustan-de.

51   § 14 BNotO bündelt die **Pflichten** der Notare in den Grundsätzen der
– Unparteilichkeit
– Unabhängigkeit
– Redlichkeit sowie
– Achtungs- und Vertrauenswürdigkeit.

52 Die Würde des Amtes gebietet es, schon den Anschein eines Verstoßes gegen die gesetzlich auf-erlegten Pflichten zu vermeiden, § 14 Abs. 3 BNotO.

2. Klienten

53 Auf die Klienten im Notariat bezogen ist zwischen formeller Beteiligung und materieller Beteili-gung (auch Sachbeteiligung genannt) zu unterscheiden. Das BeurkG verwendet nur den Begriff der Beteiligung im **formellen** Sinn. Beteiligte sind gem. § 6 Abs. 2 BeurkG nur diejenigen Perso-nen, deren im eigenen oder im fremden Namen abgegebene Erklärungen beurkundet werden sollen; dies sind die Erschienenen.

54   **Sachlich** beteiligt sind diejenigen Personen, deren Rechte, Pflichten oder Verbindlichkeiten durch den Inhalt der Amtstätigkeit unmittelbar begründet, erweitert oder vermindert werden. Es

---

42 Vgl. zur strukturierten elektronischen Kommunikation zwischen Notariaten und Gerichten Beck'sches Notar-Handbuch/*Bettendorf*, M Rn 156.
43 Vgl. ausführlich zu den prägenden Elementen des Notaramts Kilian/Sandkühler/vom Stein/*Franz*, § 1.

genügt, dass die Rechte, Pflichten oder Verbindlichkeiten faktisch unmittelbar günstig oder ungünstig beeinflusst werden.[44] In der **Praxis** bedeutet dies:

– Willenserklärungen sind immer Angelegenheiten der Personen auf Erklärungs- und Empfängerseite.
– Willenserklärungen eines Vertreters oder gegenüber einem Vertreter sind Angelegenheiten sowohl des Vertreters als auch des Vertretenen (Ausnahme: Vollzugsvollmachten).
– Verwalter kraft Amtes (Insolvenzverwalter, Nachlaßverwalter, Testamentsvollstrecker) sind Beteiligte hinsichtlich der von ihnen verwalteten Vermögensmassen.
– Rechtsgeschäfte einer juristischen Person sind grundsätzlich deren Angelegenheit, nicht aber solche ihrer Mitglieder oder Gesellschafter.
– Rechtsgeschäfte eines nicht rechtsfähigen Vereins sind Angelegenheiten aller seiner Mitglieder. Für eine Gesellschaft bürgerlichen Rechts, eine OHG, eine KG und eine Partnerschaftsgesellschaft gilt dieser Grundsatz ebenfalls, obwohl der BGH der BGB-Gesellschaft mittlerweile Teilrechtsfähigkeit zuerkannt hat. Denn weiterhin sind die Gesellschafter an Gewinn und Verlust beteiligt; dies gilt auch für die Mitglieder einer BGB-Gesellschaft. Angelegenheiten einer Personengesellschaft sind also stets auch Angelegenheiten deren Gesellschafter.[45]
– Ebenso sind Willenserklärungen einer werdenden juristischen Person Angelegenheiten der Gründungsmitglieder.
– Bei der Beglaubigung von Unterschriften handelt es sich um Angelegenheiten des Unterzeichners und der Personen, deren Rechtsstellung nach dem Inhalt der Urkunde berührt wird.
– Versammlungsbeschlüsse einer rechtsfähigen Vereinigung (rechtsfähiger Verein, Kapitalgesellschaft, eingetragene Genossenschaft) sind Angelegenheiten der Vereinigung, ihrer Organe und der teilnehmenden Mitglieder.[46]

3. Anwendung des Geldwäschegesetzes

Der Notar unterliegt gem. § 2 Abs. 1 Nr. 7 Geldwäschegesetz (GwG)[47] der Pflicht zur Identifizierung der sachlich Beteiligten u.a. bei sämtlichen Vorgängen, bei denen er an der Gründung von **Gesellschaften** beteiligt ist, d.h. Beurkundung des Gesellschaftsvertrags im Zusammenhang mit der Gründung der Gesellschaft, Registeranmeldungen zur erstmaligen Eintragung der Gesellschaft in das zuständige Register, Umwandlungsvorgänge, die zum Entstehen eines neuen Rechtsträgers führen. **55**

Die **Identifizierung** erfolgt gem. § 4 Abs. 3 Nr. 1 GwG bei einer natürlichen Person durch die Feststellung von Namen, Geburtsort, Geburtsdatum, Staatsangehörigkeit und Anschrift, bei einer juristischen Person oder einer Personengesellschaft gem. § 4 Abs. 3 Nr. 2 GwG durch die Feststellung von Firma, Namen oder Bezeichnung, Rechtsform, Registernummer soweit vorhanden, Anschrift des Sitzes oder der Hauptniederlassung und Namen der Mitglieder des Vertretungsorgans oder der gesetzlichen Vertreter. Ist ein Mitglied des Vertretungsorgans oder der gesetzliche Vertreter eine juristische Person, so sind deren Firma, Namen oder Bezeichnung, Rechtsform, Registernummer soweit vorhanden und Anschrift des Sitzes oder der Hauptniederlassung zu erheben. Die Feststellungen müssen gem. § 4 Abs. 4 GwG auf der Grundlage eines gültigen Personalausweises oder Reisepasses oder auf der Grundlage von Registerauszügen er- **56**

---

44 *Arndt/Lerch/G. Sandkühler*, § 16 Rn 16; *Winkler*, § 3 Rn 24; differenzierend *Armbrüster*/Preuß/Renner, § 3 Rn 16 ff.
45 Beck'sches Notarhandbuch/*C. Sandkühler*, L II Rn 64.
46 Zur Frage, wann der Notar, der selbst Mitglied der Vereinigung ist, an der Beurkundung von Beschlüssen gehindert ist, vgl. *Arndt/Lerch/G. Sandkühler*, § 16 Rn 33 ff.
47 In der Fassung des Gesetzes vom 22.12.2011, BGBl I, 2959.

folgen. Nach § 4 Abs. 2 GwG kann von einer Identifizierung abgesehen werden, wenn der zu Identifizierende dem Notar persönlich bekannt **und** wenn er bei früherer Gelegenheit nach Maßgabe des § 1 Abs. 5 GwG identifiziert worden ist.[48]

V. Die notarielle Neutralitätspflicht

1. Grundsätze der notariellen Unparteilichkeit

57 § 14 Abs. 1 BNotO verpflichtet den Notar zu strikter Neutralität; die Unparteilichkeit prägt das Notaramt. Die Neutralitätspflicht gilt gem. § 16 BNotO **umfassend** bei allen notariellen Amtsgeschäften. Der Notar ist nicht Vertreter einer Partei, sondern unparteiischer Betreuer der Beteiligten. Deren Belange hat er in gleicher Weise zu wahren, ohne einem Beteiligten stärker zugeordnet werden zu können als dem anderen.

58 Zu vermeiden ist gem. § 14 Abs. 3 BNotO schon der **Anschein** der Parteilichkeit. Der Anschein der Parteilichkeit kann entstehen, wenn der Notar nicht dem Eindruck entgegentritt, als „Hausnotar" in die Organisation eines Beteiligten eingegliedert zu sein. So hat er darauf zu achten, dass sein Name nicht in Verkaufsprospekten z.B. für Kapitalanlagen erwähnt wird.

59 § 28 BNotO verpflichtet den Notar, durch geeignete **Vorkehrungen** die Wahrung der Unabhängigkeit und Unparteilichkeit seiner Amtsführung, insbesondere die Einhaltung der Mitwirkungsverbote sicherzustellen. Nach den berufsrechtlichen Richtlinien der Notarkammern[49] muss sich der Notar vor der Übernahme einer notariellen Amtstätigkeit in zumutbarer Weise vergewissern, dass Kollisionsfälle nicht bestehen. Zudem muss er **Beteiligtenverzeichnisse** oder sonstige zweckentsprechende Dokumentationen führen, die eine Identifizierung der in Betracht kommenden Personen ermöglichen. Dieselbe Verpflichtung enthält auch § 15 DONot.

60 Die notarielle Neutralitätspflicht manifestiert sich einerseits in **Mitwirkungsverboten**, die die notarielle Amtstätigkeit betreffen. Andererseits lösen notarielle Amtstätigkeiten **anwaltliche Tätigkeitsverbote** in derselben Sache aus. Die Mitwirkungs- und Tätigkeitsverbote stehen nicht zur Disposition der Klienten des Notars oder der Mandanten des Rechtsanwalts. Der übereinstimmende Wunsch der Beteiligten Klienten oder Mandanten, die nachgesuchte Amtshandlung trotz des Vorliegens eines Mitwirkungsverbots vorzunehmen oder das anwaltliche Mandat trotz des Vorliegens eines Tätigkeitsverbotes zu übernehmen, ist unerheblich.[50]

2. Mitwirkungsverbote
a) Absolute Mitwirkungsverbote, §§ 6 und 7 BeurkG

61 Die Mitwirkungsverbote des § 6 BeurkG regeln die Ausschließung des Notars wegen der eigenen formellen Beteiligung (vgl. Rn 53) oder der **formellen Beteiligung** ihm nahe stehender Personen an der Urkunde. § 7 BeurkG statuiert ein Mitwirkungsverbot, wenn die zu beurkundenden Willenserklärungen darauf gerichtet sind, dem Notar oder ihm nahestehenden Personen einen **rechtlichen Vorteil** zu verschaffen. Ein Verstoß gegen die Mitwirkungsverbote führt zur vollen (§ 6 BeurkG) oder zur teilweisen (§ 7 BeurkG) **Unwirksamkeit** der beurkundeten Willenserklärungen.

---

48 Vgl. zu den Einzelheiten der notariellen Pflichten nach dem Geldwäschegesetz die Anwendungsempfehlungen der BNotK, Rundschreiben Nr. 11/2009 vom 13.5.2009, abzurufen unter www.bnotk.de im internen Bereich.
49 Die Texte der Richtlinienempfehlungen der BNotK und der Richtlinien der regionalen Notarkammern stehen unter der Internetadresse www.bnotk.de/notar/berufsrecht/richtlinien zur Verfügung.
50 *Arndt/Lerch/G. Sandkühler*, § 16 Rn 5.

b) Relative Mitwirkungsverbote im Gesellschaftsrecht, § 3 BeurkG

§ 3 BeurkG als „Soll-Vorschrift" enthält im Unterschied zu §§ 6 und 7 BeurkG relative Mitwir- **62**
kungsverbote. Berufsrechtlich sind die Verbote strikt zu beachten, indes sind Beurkundungen,
die entgegen den Mitwirkungsverboten in § 3 BeurkG vorgenommen werden, dennoch **wirksam**.

aa) Anwendungsbereich

Der sachliche Anwendungsbereich des § 3 BeurkG umfasst die **gesamte Urkundstätigkeit** des **63**
Notars. Die Mitwirkungsverbote sind daher nicht nur bei der Niederschrift von Willenserklärungen gem. § 8 BeurkG, sondern auch bei Tatsachenbeurkundungen gem. §§ 36 ff. BeurkG (z.B. bei
der Protokollierung von Versammlungen) und bei allen Beglaubigungen im Sinne der §§ 39 ff.
BeurkG zu beachten.[51]

Die Mitwirkungsverbote in § 3 Abs. 1 S. 1 BeurkG knüpfen an „**Angelegenheiten**" verschie- **64**
dener Personenkreise an. Angelegenheit im Sinne der Vorschrift ist der Lebenssachverhalt[52] bzw.
das Rechtsverhältnis,[53] auf den sich die Beurkundungstätigkeit des Notars bezieht. Um Angelegenheiten einer Person handelt es sich, wenn sie sachlich an der Beurkundung beteiligt ist (vgl.
zur Sachbeteiligung Rn 54).[54]

bb) Mitwirkungsverbote in einer Berufsausübungsgemeinschaft

Nach § 3 Abs. 1 S. 1 Nr. 4 BeurkG sind Beurkundungen unter der sachlichen Beteiligung von Per- **65**
sonen, mit denen sich der Notar in welcher Art auch immer beruflich verbunden hat,[55] verboten.
Unzulässig ist somit z.B. die Beurkundung des Gesellschafsvertrags einer GmbH, deren Gesellschafter ein Sozius des Notars ist. Eine Person im Sinne des § 3 Abs. 1 S. 1 Nr. 4 BeurkG darf
grundsätzlich auch nicht als Vertreter von Beteiligten an Amtsgeschäften des Notars formell
beteiligt sein, weil es sich auch um eine eigene Angelegenheit des Vertreters handelt (vgl.
Rn 54).

Eine weitergehende **teleologische Reduktion** des § 3 Abs. 1 S. 1 Nr. 4 BeurkG hat das OLG **66**
Köln[56] vorgenommen. Das Gericht will das Mitwirkungsverbot auch dann nicht anwenden, wenn
der Sozius des Notars als rechtsgeschäftlicher Vertreter von Urkundsbeteiligten tätig wird, die
alle im selben Lager stehen; im entschiedenen Fall ging es um Beurkundungen im Binnenbe-
reich eines Konzerns. Das OLG Köln hielt in diesen Konstellationen Verstöße gegen Neutralitäts-
pflichten für ausgeschlossen. Dem Ergebnis kann gefolgt werden, denn es ist nicht einzusehen,
dass die Beurkundung solcher Geschäfte berufsrechtlich zulässig ist, wenn Fachangestellte des
Notars als Vertreter der Beteiligten auftreten, dagegen unzulässig ist, wenn ein Sozius vertritt.
Indes ist die Entscheidung dogmatisch abzulehnen, weil sie die Grenzen zulässiger Gesetzesaus-
legungen überschreitet; als zu weitgehend empfundene Mitwirkungsverbote können nur durch
den Gesetzgeber korrigiert werden.[57]

§ 3 Abs. 1 S. 1 Nr. 4 BeurkG enthält kein Verbot der Beurkundung unter Beteiligung nicht **67**
volljuristischer Angestellter des Notars. Auch ist es ihm nicht untersagt, Beurkundungen unter
Beteiligung der Ehegatten oder anderer naher Verwandter der Personen im Sinne des § 3 Abs. 1
S. 1 Nr. 4 BeurkG vorzunehmen.

---

51 *Winkler*, § 3 Rn 16; *Armbrüster/*Preuß/Renner, § 3 Rn 10.
52 *Arndt/Lerch/G. Sandkühler*, § 16 Rn 14; *Winkler*, § 3 Rn 24.
53 *Armbrüster/*Preuß/Renner, § 3 Rn 19.
54 BGH, RNotZ 2005, 56, 57.
55 Vgl. zu den Berufsverbindungen im Sinne des § 3 Abs. 1 S. 1 Nr. 4 BeurkG Beck'sches Notar-
Handbuch/*Sandkühler*, L II Rn 66 f.
56 NJW 2005, 2092.
57 So im Ergebnis auch *Armbrüster/*Preuß/Renner, § 3 Rn 62.

cc) Mitwirkungsverbote wegen gesetzlicher Vertretung oder wegen Organmitgliedschaft

68 Ist der Notar oder eine Person im Sinne des § 3 Abs. 1 S. 1 Nr. 4 BeurkG gesetzlicher **Vertreter** einer natürlichen oder juristischen Person (§ 3 Abs. 1 S. 1 Nr. 5 BeurkG) oder gehört er oder die Person im Sinne des § 3 Abs. 1 S. 1 Nr. 4 BeurkG dem vertretungsberechtigtem **Organ** einer juristischen Person an (§ 3 Abs. 1 S. 1 Nr. 6 BeurkG), so ist er unabhängig von der Reichweite der Vertretungsmacht an der Beurkundung aller Angelegenheiten gehindert, an denen die vertretene Person beteiligt ist. Die Mitgliedschaft in einem nicht zur Vertretung berechtigten Organ wie insbesondere einem Aufsichtsrat löst gem. § 3 Abs. 2 Nr. 1 BeurkG kein Mitwirkungsverbot aus.

dd) Mitwirkungsverbot wegen Vorbefassung

69 Im gesellschaftsrechtlichen Mandat von besonderer Bedeutung ist das Mitwirkungsverbot wegen Vorbefassung gem. § 3 Abs. 1 S. 1 Nr. 7 BeurkG. Es besteht in Angelegenheiten einer Person, für die der Notar selbst außerhalb seiner Amtstätigkeit oder eine mit ihm zur gemeinsamen Berufsausübung verbundene Person im Sinne von § 3 Abs. 1 S. 1 Nr. 4 BeurkG außerhalb ihrer Amtstätigkeit in derselben Angelegenheit bereits tätig war oder ist. Entscheidend ist der **Lebenssachverhalt**.

70 Erfasst wird **jede Vorbefassung** beruflicher, geschäftlicher oder sonstiger Art, etwa als Rechtsanwalt, Steuerberater oder Wirtschaftsprüfer. Auch abgeschlossene anwaltliche Mandate oder Vortätigkeiten lösen ein Mitwirkungsverbot aus; die Vorbefassung kann bereits vor der Bestellung zum Notar beendet gewesen sein.[58] Dabei ist es unerheblich, ob die Vorbefassung in parteilicher Interessenwahrnehmung erfolgt ist oder nicht. Es kommt auch nicht darauf an, ob ein parteiliches Verhalten des Notars unter Berücksichtigung der Vorbefassung überhaupt denkbar ist.[59]

71 Das Mitwirkungsverbot wegen Vorbefassung ist ausschließlich **mandatsbezogen**, nicht mandantenbezogen.[60] Die konkrete Angelegenheit muss Gegenstand anwaltlicher oder sonstiger beruflicher oder anderweitiger Vorbefassung gewesen sein. Allein der Umstand, dass ein Beteiligter in anderen Angelegenheiten z.B. anwaltlich oder steuerberatend betreut wird, ist für die Übernahme des notariellen Amtsgeschäftes unschädlich.

72 Im **Anwaltsnotariat** erfolgt die Vorbefassung regelmäßig im Rahmen der Berufe gem. §§ 8 Abs. 2, 9 Abs. 2 BNotO, die dem Notar zur eigenen Ausübung bzw. zur Eingehung einer Sozietät oder sonstigen beruflichen Verbindung offen stehen. Während die anwaltliche Vorbefassung häufig parteiliche Interessenwahrnehmung ist, muss dies bei einer Vorbefassung durch einen Steuerberater oder Wirtschaftsprüfer nicht sein. Dies ändert jedoch nichts an dem Entstehen des Mitwirkungsverbots (unbeschadet der Ausnahmeregelung des § 3 Abs. 1 S. 1 Nr. 7 BeurkG a.E.). Die Beurkundung von Geschäftsvorgängen, die mit der Festlegung wirtschaftlicher oder steuerlicher Ziele eines Unternehmens durch den Steuerberater oder Wirtschaftsprüfer korrespondieren, ist dem Anwaltsnotar vorbehaltlich der Ausnahmeregelung untersagt.[61]

73 Für **dauernde Beratungsverhältnisse**, wie sie für Steuerberater oder Wirtschaftsprüfer typisch sind, aber auch in der anwaltlichen Praxis nicht selten vorkommen, hat dies zur Folge, dass aus dem mandatsbezogenen Mitwirkungsverbot ein mandantenbezogenes werden kann. Letztlich hängt dies von der Intensität der Beratung ab.[62]

---

58 *Maaß*, ZNotP 1999, 178.
59 Beck'sches Notar-Handbuch/*Sandkühler*, L II Rn 75.
60 *Mihm*, DNotZ 1999, 8, 18.
61 *Eylmann/Vaasen*, § 3 BeurkG Rn 49.
62 *Arndt/Lerch/G. Sandkühler*, § 16 Rn 76; *Mihm*, DNotZ 1999, 8, 19, *Vaasen/Starke*, NJW 1998, 661.

Sandkühler

Praxistipp 74

Unbenommen ist es Anwaltsnotaren, zur Vorbereitung einer Beurkundung die Unterstützung eines Steuerberaters oder Wirtschaftsprüfers, der Mitglied der Berufsausübungsgemeinschaft ist, „konsiliarisch" – also nicht im Rahmen eines eigenen Mandats des Steuerberaters pp. – in Anspruch zu nehmen.

Das Mitwirkungsverbot wegen Vorbefassung besteht gem. § 3 Abs. 1 S. 1 Nr. 7 Hs. 2 BeurkG dann 75 nicht, wenn die Vorbefassung im Auftrag aller Personen stattgefunden hat, die formell und materiell an der Beurkundung beteiligt sein sollen.[63]

Beispiel 76

In folgenden Beispielsfällen (vgl. auch die Praxisbeispiele unter Rn 84) kann der Ausnahmetatbestand bejaht werden:
- Beurkundung von gesellschaftsrechtlichen Vorgängen einer Einpersonen-GmbH;
- gesellschaftsrechtliche Beurkundungen innerhalb eines Konzerns; sämtliche Vorstände oder Geschäftsführer pp. aller beteiligten Gesellschaften haben den Auftrag zur Vorbefassung erteilt.

ee) Vorbefassungsfrage und -vermerk

§ 3 Abs. 1 S. 2 BeurkG verpflichtet den Notar vor jeder Beurkundung – einschließlich der Unter- 77 schriftsbeglaubigungen – nach einer Vorbefassung im Sinne der § 3 Abs. 1 S. 1 Nr. 7 BeurkG zu fragen und die Antwort in der Urkunde bzw. im Beglaubigungsvermerk zu vermerken. Die Frage- und Vermerkpflicht läuft indes leer, wenn an der Beurkundung eine Vielzahl von Beteiligten mitwirkt, wie z.B. bei der Beurkundung von **Hauptversammlungen** oder **Gesellschafterversammlungen** großer Publikumsgesellschaften. Es kann dem Notar nicht zugemutet werden, alle erscheinenden Aktionäre nach einer Vorbefassung zu befragen. Zudem würde sich die Frage stellen, wie zu verfahren wäre, wenn ein Gesellschafter oder Aktionär mit dem Ziel der Störung der Hauptversammlung eine Vorbefassung lediglich behaupten würde, indem er z.B. eine Beratung durch einen Sozius des amtierenden Notars über die effektive Wahrnehmung seiner Minderheitenrechte in den Raum stellt. Das Justizministerium des Landes Nordrhein-Westfalen hat deshalb verfügt, dass das Fehlen des Vermerks im Sinne des § 3 Abs. 1 S. 2 BeurkG u.a. bei Tatsachenbeurkundungen nicht zu beanstanden ist.

3. Anwaltliches Tätigkeitsverbot nach vorangegangener notarieller Tätigkeit

Die in § 14 Abs. 1 S. 2 BNotO angeordnete strikte Neutralitätspflicht endet nicht mit Beendigung 78 der Amtstätigkeit, sondern **wirkt fort**. Ein Anwaltsnotar, der in einer Angelegenheit Amtstätigkeit entfaltet hat, darf nicht im Anschluss daran in derselben Angelegenheit ein anwaltliches Mandat übernehmen.

Gem. § 45 Abs. 1 Nr. 1 BRAO unterliegt der Rechtsanwalt deshalb einem anwaltlichen Tätig- 79 keitsverbot, wenn er in **derselben Rechtssache** bereits als Notar tätig geworden ist. Es muss sich nicht um eine Urkundstätigkeit gehandelt haben, sondern es genügt jede notarielle Amtstätigkeit im Sinne der §§ 21 bis 24 BNotO einschließlich einer Entwurfstätigkeit.[64]

Dieselbe Rechtssache im Sinne des § 45 Abs. 1 Nr. 1 BRAO liegt bereits dann vor, wenn der 80 historische Vorgang, der dem notariellen Amtsgeschäft einerseits und dem anwaltlichen Auftrag

---

63 Vgl. zum maßgeblichen Zeitpunkt des gemeinsamen Ersuchens der Beteiligten um die Beurkundung Schippel/Bracker/*Schäfer*, § 16 Rn 57a; *Armbrüster*/Preuß/Renner, § 3 Rn 77.
64 *Feuerich/Weyland*, § 45 Rn 9.

Sandkühler

andererseits zugrunde liegt, zumindest teilweise identisch ist. Es ist daher jeweils zu prüfen, ob eine **Identität der Lebenssachverhalte** bejaht werden muss.[65]

81   § 45 Abs. 1 Nr. 2 BRAO ordnet ein anwaltliches Tätigkeitsverbot an, wenn der Rechtsanwalt als Notar eine Urkunde aufgenommen hat und deren **Rechtsbestand oder Auslegung** streitig ist oder die Vollstreckung aus ihr betrieben wird.

82   Die anwaltlichen Tätigkeitsverbote gelten gem. § 45 Abs. 3 BRAO auch für die mit dem Rechtsanwalt in Sozietät oder in sonstiger Weise zur **gemeinschaftlichen Berufsausübung** verbundenen oder verbunden gewesenen Rechtsanwälte und Angehörige anderer Berufe. Das anwaltliche Tätigkeitsverbot bleibt somit auch nach Auflösung einer Berufsausübungs- oder Bürogemeinschaft bestehen. Der ausscheidende Rechtsanwalt hat die Tätigkeitsverbote wegen notarieller Vorbefassung gem. § 45 Abs. 1 Nr. 1 und 2 BRAO zeitlich unbeschränkt zu beachten.

83   Ein unter Verletzung der notariellen Neutralitätspflicht gegen das anwaltliche Tätigkeitsverbot abgeschlossener Anwaltsvertrag ist wegen Verstoßes gegen ein gesetzliches Verbot gem. § 134 BGB nichtig.[66] Deshalb erwachsen aus einem solchen anwaltlichen Mandat keine Gebührenansprüche. Das Gericht kann einen Prozessvertreter, der einem Tätigkeitsverbot unterliegt, zurückweisen.[67]

4. Praxisbeispiele zur notariellen Neutralitätspflicht im Gesellschaftsrecht
a) Notarielle Mitwirkungsverbote

---

84 **Fallbeispiel**
    Der Notar ist in einer Partnerschaft mit zwei Fachanwälten für Steuerrecht beruflich verbunden. Einer der Rechtsanwälte berät einen Mandanten anlässlich einer von diesem geplanten Existenzgründung in steuerlicher Hinsicht. Danach gründet der Mandant eine „Ein-Mann-Verwaltungs-GmbH" und eine „Ein-Mann-GmbH & Co. KG", in der die GmbH alleinige Komplementärin und der Mandant alleiniger Kommanditist der KG wird. Zudem ist der Gründer designierter Geschäftsführer der GmbH und wird als solcher bestellt.

---

85 Es stellt sich die Frage, ob der Notar für die erforderlichen Beurkundungen dem Mitwirkungsverbot nach § 3 Abs. 1 S. 1 Nr. 7 i.V.m. Nr. 4 BeurkG unterliegt.

86   Hinsichtlich der der Einpersonen-GmbH gilt, dass die (steuerliche) Gründungsberatung durch ein Mitglied der Sozietät und die zur Gründung erforderlichen Beurkundungen und Unterschriftsbeglaubigungen (z.B. unter den Handelsregister-Anmeldungen) durch den Notar ein und dieselbe Angelegenheit sind und ein und dieselbe natürliche Person, nämlich den Gründer, betreffen, so dass das Mitwirkungsverbot wegen Vorbefassung prinzipiell besteht. Jedoch greift der **Ausnahmetatbestand** des § 3 Abs. 1 S. 1 Nr. 7 BeurkG ein. Danach ist eine vorangegangene außernotarielle Tätigkeit unschädlich, wenn sie im Auftrag aller Personen ausgeübt worden ist, die an der Beurkundung bzw. Unterschriftsbeglaubigung beteiligt sein sollen. Dies ist jeweils der steuerlich vorberatene Mandant. Die Gründung einer Einpersonen-GmbH wird als klassisches Beispiel für den Ausnahmetatbestand des § 3 Abs. 1 S. 1 Nr. 7 BeurkG angesehen.

87   Auch hinsichtlich der Einpersonen-GmbH & Co. KG dürfte der Ausnahmetatbestand des § 3 Abs. 1 S. 1 Nr. 7 BeurkG eingreifen. Allerdings hängt die Existenz der KG nicht von ihrer Eintragung in das Handelsregister ab (§§ 161 Abs. 2, 123 HGB), so dass auch die Gesellschaft – anders als die noch zu gründende GmbH – formell und materiell an den zugehörigen Unterschriftsbeglaubigungen beteiligt sein könnte. Da sie aber nicht Auftraggeberin der steuerlichen Beratung

---

65 Henssler/Prütting/*Kilian*, § 45 Rn 14; *Feuerich/Weyland*, § 45 Rn 7; *Hartung/Römermann*, § 3 BORA Rn 52.
66 BGH NJW 2011, 373.
67 OLG Hamm, DNotZ 1989, 632, 634.

war, könnte es an den Voraussetzungen des Ausnahmetatbestands fehlen. Indes sollte unter Beachtung der Zielsetzung des Mitwirkungsverbots auf die **faktische Identität** der Beteiligten – Einpersonen-Gründer/Einpersonen-GmbH/Einpersonen-KG – abgestellt werden, so dass ein Mitwirkungsverbot grundsätzlich zu verneinen ist. Dies könnte allerdings eingreifen, wenn eine dritte Person – etwa ein designierter angestellter Geschäftsführer der Komplementär-GmbH – Einfluss auf die Gesellschaft hatte oder hat.

Fallabwandlung   88

Die GmbH & Co. KG und die Verwaltungs-GmbH haben nicht einen Kommanditisten bzw. Gesellschafter, sondern mehrere. Die Kommanditisten der GmbH & Co. KG sind zugleich die einzigen Gesellschafter der Verwaltungs-GmbH.

Es sprechen keine Gründe dagegen, die für die Einpersonen-Gesellschaften (GmbH und GmbH & **89** Co. KG) dargestellten Grundsätze auch auf Mehrpersonen-Gesellschaften anzuwenden, solange die faktische Identität zwischen den steuerlich vorberatenen Gesellschaftern und den an den Gründungsbeurkundungen beteiligten Gesellschaften bejaht werden kann.

b) Anwaltliche Tätigkeitsverbote

Wie dargestellt, erwachsen aus der notariellen Neutralitätspflicht anwaltliche Tätigkeitsverbote **90** zur Wahrung der fortdauernden Pflicht zur Unparteilichkeit. Es ist deshalb die Frage zu stellen, ob nach der Urkundstätigkeit des Notars im Ausgangsfall noch Raum für eine spätere anwaltliche Beratung z.B. hinsichtlich einer Umstrukturierung der Gesellschaften oder über eine Änderung von gesellschaftsvertraglichen Klauseln aufgrund geänderter Steuerrechtslage bleibt oder ob ein anwaltliches Tätigkeitsverbot gem. § 45 Abs. 1 Nr. 1 BRAO, ggf. in Verbindung mit § 45 Abs. 3 BRAO, eingreift.

Dies hängt davon ab, ob die anwaltliche Beratung dieselbe Rechtssache zum Gegenstand **91** hat wie die vorangegangene Urkundstätigkeit des Notars anlässlich der Gründung der Einpersonen-GmbH und der Einpersonen-GmbH & Co. KG. § 45 Abs. 1 Nr. 1, Abs. 3 BRAO verbietet sowohl dem Notar selbst als auch seinem Sozius ein Tätigwerden, wenn der Notar in derselben Rechtssache bereits notariell tätig geworden ist. Der Begriff „derselben Rechtssache" bezieht sich auf das der notariellen Tätigkeit zugrunde liegende Lebensverhältnis.

Die steuerliche Beratung über die Änderung von Klauseln in den Gesellschaftsverträgen **92** (GmbH-Vertrag, KG-Vertrag) dürfte dieselbe Rechtssache zum Gegenstand haben wie die frühere Beurkundung, denn der Lebenssachverhalt ist identisch.

Anders kann die Beurteilung ausfallen, wenn die steuerliche Beratung Umstrukturierungen **93** etwa im Sinne von § 1 UmwG (Verschmelzung, Spaltung, Vermögensübertragung, Formwechsel) zum Gegenstand hat. Hier wird man nicht mehr von einer Identität der Rechtssache sprechen müssen, weil die vor dem Notar gegründeten Gesellschaften ein Eigenleben entfaltet haben und dieses ohne Rückgriff auf den Gründungsakt gestalten. Ein innerer Zusammenhang der beiden Tätigkeiten, wie § 45 Abs. 1 Nr. 1 BRAO ihn voraussetzt, dürfte hier fehlen.

Eine dem Ausnahmetatbestand des § 3 Abs. 1 S. 1 Nr. 7 BeurkG entsprechende Sonderrege **94** lung für den Fall, dass alle früheren Urkundsbeteiligten den Rechtsanwalt mandatieren, kennt § 45 BRAO nicht.

Sandkühler

VI. Haftungsgefahren im Gesellschaftsrecht

Haftungsgrundsätze

95   Gemäß § 19 Abs. 1 BNotO haftet der Notar für fahrlässig (und vorsätzlich) begangene Amtspflichtverletzungen. Aus dem weiten Kreis zu beachtender Amtspflichten sind von besonderer Bedeutung die Prüfungs-, Belehrungs- und Hinweispflichten des Notars im Zusammenhang mit dem Entwurf und der Beurkundung von Willenserklärungen. Voraussetzung für eine vernünftige Urkunde ist zunächst die Erforschung des Willens der Beteiligten und die Klärung des Sachverhalts, wie von § 17 Abs. 1 S. 1 BeurkG gefordert. Der Notar muss darauf hinwirken, dass sich die Beteiligten vollständig und eindeutig über ihre Vorstellungen und ihre Willensrichtung äußern,[68] was in der Regel eine sachgerechte Befragung der Klienten voraussetzt.[69] Ebenso wichtig ist es, die von den Beteiligten vorgelegten Unterlagen und Urkundsentwürfe daraufhin zu prüfen, ob sie sachdienlich und ausreichend sind. Vorgelegte Entwürfe muss der Notar – soweit sie zielführend sind – bei der Errichtung der erbetenen Urkunde berücksichtigen.[70] Gerade im Gesellschaftsrecht ist es darüber hinaus wichtig, die Vertretungsmacht und die Verfügungsbefugnis der formell Beteiligten (vgl. Rn 53) zu prüfen und etwa bestehende Verfügungsbeschränkungen zu klären.[71]

96   Nach der Feststellung des Sachverhalts und des Willens der Beteiligten muss der Notar sie gem. § 17 Abs. 1 BeurkG über die rechtliche Tragweite des in Aussicht genommenen Geschäfts, d.h. über die allgemeine rechtliche Bedeutung des Geschäfts, seine rechtlichen Voraussetzungen und seine unmittelbaren Rechtsfolgen belehren.[72] Eine weitergehende betreuende Belehrungspflicht hat der Notar gegenüber Beteiligten zu beachten, die ihn im Vertrauen darauf aufgesucht haben, vor nicht bedachten Folgen ihrer Erklärungen bewahrt zu bleiben. Der Notar darf es nicht geschehen lassen, dass Beteiligten, die über die rechtlichen Folgen ihrer Erklärung falsche Vorstellungen haben, durch Abgabe der Erklärung ihr Vermögensinteresse vermeidbar gefährden.[73] Anders als die Rechtsbelehrungspflicht, die immer zu erfüllen ist, besteht die betreuende Belehrungspflicht nur dann, wenn der Notar aufgrund besonderer Umstände des Falles Anlass zu der Vermutung hat, einem Beteiligten drohe ein Schaden, weil er sich wegen mangelnder Kenntnisse der Rechts- oder Sachlage der Gefahr nicht bewusst ist. Die betreuende Belehrung findet ihre nicht immer einfach zu bestimmende Grenzen in der Pflicht des Notars zur Unparteilichkeit.

---

68 BGH DNotZ 1987, 450.
69 BGH DNotZ 1987, 450; BGH WM 1992, 1662.
70 BGH DNotZ 1989, 452.
71 Vgl. *Arndt/Lerch/G. Sandkühler*, § 14 Rn 118 m.w.N.
72 BGH DNotZ 1992, 813, 815.
73 BGHZ 58, 343, 348; BGH DNotZ 1987, 157; 1991, 759.

Sandkühler

Kapitel 2 Das Mandat im Rahmen der Gesellschaftsgründung

Dr. Josef Heimann, LL.M. Eur.

§ 3 Die Wahl der Gesellschaftsform

Literatur: *Arens*, Gesellschaftsrecht, 2. Aufl. 2005; *Baumbach/Hopt*, Handelsgesetzbuch, Kommentar, 35. Aufl. 2012; *Bayer/Hoffmann/Lieder*, Ein Jahr MoMiG in der Unternehmenspraxis, GmbHR 2010, 9; *Beck'sches Formularbuch Aktienrecht*, 2005; *Binz/Sorg*. Die GmbH & Co. KG, 11. Aufl. 2010; *Brandt*, Ein Überblick über die Europäische Aktiengesellschaft (SE) in Deutschland, BB-Special 3/2005, 1; *Cronauge/Westermann*, Kommunale Unternehmen, 5. Aufl. 2006; *Dierksmeier*, Die englische Ltd. in Deutschland – Haftungsrisiko für Berater, BB 2005, 1516; *Gummert*, Münchener Anwaltshandbuch Personengesellschaftsrecht, 2005; *Henssler*, Keine Organisationsfreiheit für Rechtsanwälte – Das Verbot der Rechtsanwalts-GmbH & Co. KG, NZG 2011, 1121; *Ivens*, Überlegungen zur Rechtsformwahl bei Gründung eines Familienpools, ZErb 2012, 65 (Teil 1) und 93 (Teil 2); *von Halen*, Das internationale Gesellschaftsrecht nach dem Überseering-Urteil des EuGH, WM 2003, 571; *Jäger*, Aktiengesellschaft, 2004; *Jannott/Frodermann*, Handbuch der Europäischen Aktiengesellschaft – Societas Europaea –, 2005; *Jung*, Die Kapitalaufbringung in der SE, EuZW 2012, 129; *Kessler/Schiffers/Teufel*, Rechtsformwahl – Rechtsformoptimierung, 2002; *Klunzinger*, Grundzüge des Gesellschaftsrechts, 15. Aufl. 2009; *Kornblum*, Bundesweite Rechtstatsachen zum Unternehmens- und Gesellschaftsrecht, GmbHR 2010, 739; *Korts/Korts*, Die steuerrechtliche Behandlung der in Deutschland tätigen englischen Limited, BB 2005, 1474; *Maul/C. Schmidt*, Inspire Art – Quo vadis Sitztheorie?, BB 2003, 2297; *Melchior*, Die englische Limited in der Praxis – zwei Jahre nach dem MoMiG, AnwBl 2011, 20; *Memento*, Private Limited Company; Gründung, Führung, Besteuerung in Deutschland, 2005; *Müller*, Die englische Limited in Deutschland – für welche Unternehmen ist sie tatsächlich geeignet?, BB 2006, 837; *von Oertzen/Cornelius*, Behandlung von Anteilen an einer englischen Limited im Nachlassvermögen eines deutschen Erblassers, ZEV 2006, 106; *Oetker*, Die Beteiligung der Arbeitnehmer in der Europäischen Aktiengesellschaft (SE) unter besonderer Berücksichtigung der leitenden Angestellten, BB-Special 1/2005, 2; *Palandt*, Bürgerliches Gesetzbuch, Kommentar, 71. Aufl. 2012; *Potsch*, Haftungsrisiken von Steuerberatungs- und Wirtschaftsprüfungsgesellschaften in der Rechtsform der GmbH & Co. KG, NZG 2012, 329; *Posegga*, Die Partnerschaftsgesellschaft mit beschränkter Berufshaftung als neue Organisationsform, Überblick und erste Bewertung des Referentenentwurfs zur Einführung einer PartG mdB, DStR 2012, 611; *Reimann*, Der Minderjährige in der Gesellschaft – Kautelarjuristische Überlegungen aus Anlass des Minderjährigenhaftungsbeschränkungsgesetzes, DNotZ 1999, 179; *Ries*, MoMiG und die Folgen: Praktische Probleme bei der GmbH, AnwBl 2011, 13; *Römermann*, Dogmatisches Chaos und unabsehbare Haftungsgefahren bei der Freiberufler-GmbH (& Co. KG), GmbHR 2012, 64; *Römermann*, Die Unternehmergesellschaft – manchmal die bessere Variante der GmbH, NJW 2010, 905; *Römermann*, PartG mbB – die anwaltliche Rechtsform der Zukunft?!, AnwBl. 2012, 288; *Saenger*, Gesellschaftsrecht, 2010; *Schmidt, K.*, Gesellschaftsrecht, 4. Aufl. 2002; *Schmidt, L.*, Einkommensteuergesetz, Kommentar, 30. Aufl. 2011; *Schneeloch*, Rechtsformwahl und Rechtsformwechsel mittelständischer Unternehmen, 2. Aufl. 2006; *Schnittker/Leicht*, Rechtsformwahl bei Anwaltssozietäten, BB 2010, 2971; *Schütz/Bürgers/Riotte*, Die Kommanditgesellschaft auf Aktien, 2004; *Stehle/Stehle/Leuz*, Die rechtlichen und steuerlichen Wesensmerkmale der verschiedenen Gesellschaftsformen, 20. Aufl. 2010; *Steinbeck*, Grundfälle zum Personengesellschaftsrecht, JuS 2012, 10 und 105; *Sudhoff*, Personengesellschaften, 8. Aufl. 2005; *Süß*, Muss die Limited sich vor Gründung einer Ltd. & Co. KG in das deutsche Handelsregister eintragen lassen?, GmbHR 2005, 673; *Tschöpe*, Anwalts-Handbuch Arbeitsrecht, 7. Aufl. 2011; *Zöllner*, Konkurrenz für inländische Kapitalgesellschaften durch ausländische Rechtsträger, insbesondere durch die englische Private Limited Company, GmbHR 2006, 1.

Inhalt

I. Einleitung

1 Mit der Wahl der Rechtsform stellen die Gesellschaftsgründer die Weichen für die Zukunft ihres Unternehmens u.a. in gesellschaftsrechtlicher, steuerlicher und erbrechtlicher Hinsicht. Die Kriterien, von denen sie sich dabei leiten lassen, sind vielfältig. Sie reichen von der Haftungsbegrenzung über die Reduzierung der Steuerlast bis hin zum Image einer Rechtsform. Die Gesellschaftsformen sind im Interesse des Verkehrsschutzes durch einen **Numerus clausus** gekennzeichnet. Dies darf aber nicht darüber hinwegtäuschen, dass einzelne Rechtsformen eine beachtliche Flexibilität aufweisen und teilweise miteinander kombinierbar sind (Musterbeispiele stellen die GmbH & Co. KG und die Betriebsaufspaltung dar). Darüber hinaus steht der Numerus clausus der Gesellschaftsformen nicht ein für alle Mal fest.[1] Die Entwicklung des Gesellschaftsrechts in der jüngeren Vergangenheit macht dies deutlich: Die Bandbreite der „wählbaren" Gesellschaftsformen ist durch die Rechtsprechung des Europäischen Gerichtshofs zur Niederlassungsfreiheit (Art. 49 Abs. 1 AEUV; früher Art. 43 EG) und durch den Gemeinschaftsgesetzgeber erheblich erweitert worden.

2   Als Folge der Entscheidungen des EuGH in den Rechtssachen **Centros**,[2] **Überseering**,[3] **Inspire Art**[4] und **Sevic**[5] können Gesellschaften, die nach dem Recht eines Mitgliedstaats gegründet worden sind, in einem anderen Mitgliedstaat aktiv werden, selbst wenn ihr effektiver Verwaltungssitz sich in diesem anderen Mitgliedstaat befindet. Damit stehen deutschen Unternehmensgründern theoretisch Gesellschaftsformen nach den Rechtsordnungen aller EU- und EWR-Mitgliedstaaten[6] zur Auswahl.

3   In der Praxis hat die EuGH-Rechtsprechung zunächst zu einem regelrechten Boom bei der Gründung von englischen Private Companies limited by shares (gebräuchlicher: **Limiteds**, Ltd.) geführt, die ausschließlich in Deutschland tätig werden. Die Limited ist damit in Konkurrenz zur GmbH und zur kleinen AG getreten.[7]

4   Mit dem am 1. November 2008 in Kraft getretenen Gesetz zur Modernisierung des GmbH-Rechts und zur Bekämpfung von Missbräuchen (MoMiG) reagierte der deutsche Gesetzgeber auf diesen Wettbewerb der Gesellschaftsformen mit der Schaffung der **Unternehmergesellschaft (haftungsbeschränkt)**, kurz UG (haftungsbeschränkt). Hierbei handelt es sich nicht um eine

---

1 *Schmidt*, Gesellschaftsrecht, § 5 II 1 a).
2 EuGH NJW 1999, 2027.
3 EuGH NJW 2002, 3614.
4 EuGH NJW 2003, 3331.
5 EuGH NJW 2006, 425.
6 *Zöllner*, GmbHR 2006, 1, 2.
7 *Melchior*, AnwBl 2011, 20.

neue Gesellschaftsform, sondern um eine Sonderform der GmbH. Für diese gilt das GmbH-Recht mit Ausnahme der Sonderregelungen in § 5a GmbHG.

Die Unternehmergesellschaft kann mit einem Stammkapital von unter 25.000 EUR gegründet werden. Theoretisch reicht ein Stammkapital von einem Euro aus.[8] Allerdings droht einer faktisch kapitallosen UG ein Löschungsverfahren wegen Vermögenslosigkeit nach § 394 FamFG.[9] Nach § 5a Abs. 3 GmbHG muss die Unternehmergesellschaft in ihrem Jahresabschluss eine gesetzliche Rücklage bilden. Hiermit wird eine kontinuierliche Verbesserung der Eigenkapitalausstattung angestrebt. Erhöht die Unternehmergesellschaft das Stammkapital (nicht die gesetzliche Rücklage) auf mindestens 25.000 €, finden die Sonderregeln des § 5a GmbHG keine Anwendung mehr (§ 5a Abs. 5 GmbHG). Die Gesellschaft darf (muss aber nicht) dann als GmbH firmieren.[10]

Die Unternehmergesellschaft ist insbesondere für neu gegründete Unternehmen ohne großen Kapitalaufwand interessant. Darüber hinaus kann sie sich zur Durchführung besonders riskanter Geschäfte eignen, als Vorratsgesellschaft und auch als Komplementärin einer Kommanditgesellschaft dienen.[11] Der Erfolg der UG führte zu einem Abbruch des bisher stetigen Anstiegs der Zahl der „deutschen" Limited-Gründungen.[12]

Auch der europäische Gesetzgeber hat mit der Europäischen wirschaftlichen Interessenver- **5** einigung (**EWIV**),[13] der Europäischen Gesellschaft (**SE**)[14] und der Europäischen Genossenschaft (**SCE**)[15] die Palette der Gesellschaftsformen erweitert. Während die EWIV seit ihrer Einführung ein Schattendasein fristet, wird die SE – das „Flaggschiff des europäischen Gesellschaftsrechts"[16] – in der Praxis positiv aufgenommen. Die Entwicklung der SCE, deren grundlegende Verordnung seit dem 18.8.2006 (Art. 80) gilt, bleibt abzuwarten. Das weitere Vorhaben, die europäischen Gesellschaftsformen um eine der GmbH vergleichbare Privatgesellschaft, die **SPE** (Societas Privata Europaea), zu ergänzen, konnte bisher nicht umgesetzt werden.[17]

Für einige Zwecke ist der Kreis der wählbaren Gesellschaftsformen von vornherein einge- **6** schränkt, z.B.:
- Für den Alleingesellschafter stehen nur die GmbH (einschließlich der UG), die GmbH & Co. KG (einschließlich der UG (haftungsbeschränkt) & Co. KG), die AG, die Limited und die Limited & Co. KG zur Auswahl.
- Das Investmentgeschäft kann nur in der Rechtsform der AG oder der GmbH betrieben werden (§ 6 Abs.1 InvG). Private Bausparkassen sind zwingend AGs (§ 2 Abs. 1 BausparkG), private Versicherungsunternehmen AGs, SEs oder VVaGs (§ 7 Abs. 1 VAG).
- Die Wahl der Gesellschaftsform kann durch das Standesrecht beschränkt sein. So dürfen z.B. Apotheken von mehreren Personen lediglich in der Rechtsform der GbR oder der OHG betrieben werden (§ 8 S. 1 ApG). Rechtsanwälte können sich in GbRs, Partnerschaften (§ 1 PartGG), GmbHs (§ 59c BRAO) und AGs[18] zusammenschließen.[19] Mittlerweile erfreut sich

---

8 *Saenger*, Rn 822.
9 *Ries*, AnwBl 2011, 13, 14.
10 *Saenger*, Rn 825.
11 *Saenger*, Rn 826. *Römermann*, NJW 2010, 905, 910 meint, die UG & Co. KG werde mittelfristig die GmbH & Co. KG ablösen.
12 *Kornblum*, GmbHR 2010, 739, 748.
13 Verordnung (EWG) Nr. 2137/85 des Rates v. 25.7.1985 über die Schaffung einer Europäischen wirtschaftlichen Interessenvereinigung (EWIV), ABl EG Nr. L 199 v. 31.7.1985, 1.
14 Verordnung (EG) Nr. 2157/2001 des Rates v. 8.10.2001 über das Statut der Europäischen Gesellschaft (SE), ABl EG Nr. L 294 v. 10.11.2001, 1.
15 Verordnung (EG) Nr. 1435/2003 des Rates v. 22.7.2003 über das Statut der Europäischen Genossenschaft (SCE), ABl EG Nr. L 207 v. 18.8.2003, 1.
16 Jannott/Frodermann/*Jannott/Frodermann*, Einl. Rn 1.
17 *Saenger*, Rn 837; zum Stand des Gesetzgebungsverfahrens *Jung*, EuZW 2012, 129.
18 Zur Zulässigkeit der Rechtsanwalts-AG BGH NJW 2005, 1568.
19 Weitere Beispiele bei Gummert/*Mutter*, § 1 Rn 8.

Heimann

aber auch die englische Limited Liability Partnership (LLP) zunehmender Beliebtheit bei deutschen Anwälten,[20] worauf das Bundesministerium der Justiz mit einem Referentenentwurf zur Einführung einer Partnerschaftsgesellschaft mit beschränkter Berufshaftung (PartG mbB) reagiert hat.[21] Die Rechtsanwalts-GmbH & Co. KG hat der BGH für unzulässig erklärt.[22]

– Die Partnerschaft steht nur Angehörigen Freier Berufe offen (§ 1 Abs. 1 S. 1 und 3 PartGG).
– Auch das Kommunalrecht übt Einfluss auf die Wahl der Gesellschaftsform aus: Will z.B. eine Gemeinde aus NRW ein Unternehmen oder eine Einrichtung in einer privatrechtlichen Rechtsform gründen oder sich hieran beteiligen, so muss sie eine Rechtsform wählen, welche ihre Haftung auf einen bestimmten Betrag begrenzt (§ 108 Abs. 1 S. 1 Nr. 3 GO NW). Aus diesem Grund werden kommunale Gesellschaften in der Praxis überwiegend in der Rechtsform der GmbH betrieben.[23]

7 Die folgende Darstellung konzentriert sich auf jene Gesellschaftsformen bzw. Rechtsformkombinationen, welche in der Praxis des beratenden Rechtsanwalts eine besonders wichtige Rolle spielen:[24]

– bei den Personengesellschaften:[25] GbR, Partnerschaft, OHG, KG und stille Gesellschaft;
– bei den Kapitalgesellschaften: GmbH (einschließlich UG), AG, Limited und SE;[26]
– bei den Mischformen: GmbH & Co. KG, Limited & Co. KG, KGaA und Betriebsaufspaltung.

II. Gesellschaftsrecht

8 In gesellschaftsrechtlicher Hinsicht sind insbesondere folgende, jeweils individuell zu gewichtende Kriterien bei der Wahl der Gesellschaftsform zu berücksichtigen:[27]

– Gesellschafterhaftung,
– Mindestkapital, Kapitalaufbringung und -erhaltung,
– Geschäftsführung und Vertretung,
– Rechnungslegung, Abschlussprüfung und Offenlegung,
– Anteilsübertragung,
– Gründungskosten und laufende Kosten,
– Handhabbarkeit und Flexibilität,
– Finanzierung,
– Mitbestimmung,
– Image.

---

20 *Schnittker/Leicht*, BB 2010, 2971, 2975 f.
21 Hierzu *Posegga*, DStR 2012, 611; *Römermann*, AnwBl 2012, 288.
22 BGH NJW 2011, 3036; hierzu *Henssler*, NZG 2011, 1121.
23 *Cronauge/Westermann*, Rn 135.
24 Von einer Darstellung der Besonderheiten der eingetragenen Genossenschaft, des VVaG, der Reederei und der EWIV wird abgesehen. Vgl. hierzu *Schmidt*, Gesellschaftsrecht, §§ 41, 42, 65 und 66. Gleiches gilt – abgesehen von der englischen Limited – für ausländische Rechtsformen.
25 Hierzu *Steinbeck*, JuS 2012, 10 und 105.
26 Die Größe der Unternehmen, die bisher in die Rechtsform der SE gewechselt sind (z.B. Allianz, BASF, Schering und Tchibo) verleitet zu der Annahme, die SE komme nur für große Konzerne in Betracht. Der europäische Gesetzgeber sieht dies anders: Nach dem 13. Erwägungsgrund der SE-VO soll die SE auch für kleine und mittlere Unternehmen eine realistische Option darstellen; siehe auch Jannott/Frodermann/*Frodermann*, Einl. Rn 9.
27 Übersicht zu den wesentlichen Unterschieden zwischen den Gesellschaftsformen in Tabellenform bei *Stehle/Stehle/Leuz*, S. 32 ff.

1. Gesellschafterhaftung

Gesellschaftsgründer, die die persönliche Haftung für Unternehmensschulden nicht scheuen **9** und den mit der Gründung und Führung einer Kapitalgesellschaft verbundenen Aufwand vermeiden wollen, werden, soweit möglich, die Rechtsform der **GbR, OHG, KG** oder der **Partnerschaft** wählen. Hier gilt (allerdings mit Einschränkungen bei der Partnerschaft) für die persönlich haftenden Gesellschafter der Grundsatz der unmittelbaren, unbeschränkten, unbeschränkbaren, primären, gesamtschuldnerischen und akzessorischen Haftung:[28]

– Unmittelbar: Jeder Gesellschafter kann von den Gläubigern der Gesellschaft ohne Umweg über die Gesellschaft (z.B. über eine Nachschusspflicht) in Anspruch genommen werden.
– Unbeschränkt: Jeder Gesellschafter haftet mit seinem gesamten Vermögen.
– Unbeschränkbar: Vereinbarungen zwischen den Gesellschaftern, wonach die Haftung gegenüber Dritten beschränkt sein soll, sind unwirksam.
– Gesamtschuldnerisch: Jeder Gesellschafter haftet in voller Höhe für sämtliche Gesellschaftsschulden (und nicht nur in Höhe seiner Quote am Vermögen der Gesellschaft).
– Akzessorisch: Der Umfang und die rechtliche Durchsetzbarkeit der Gesellschaftsverbindlichkeit wirken sich auf die Gesellschafterhaftung aus.

Gesellschaftern, die sich an einer Personengesellschaft beteiligen wollen, ohne persönlich zu haften, kann die Stellung eines Kommanditisten oder stillen Gesellschafters[29] eingeräumt werden.

Ein Haftungsausschluss persönlich haftender Gesellschafter gegenüber Gesellschaftsgläubigern ist nur durch einzelvertragliche Vereinbarung möglich. Die persönliche Haftung der Gesellschafter kann nicht durch einen Namenszusatz („GbR mbH") o.Ä. beschränkt werden.[30] Der persönlich haftende Gesellschafter kann nach Übertragung seines Anteils noch fünf Jahre lang durch Gesellschaftsgläubiger in Anspruch genommen werden (**Nachhaftung**, § 160 Abs. 1 HGB, ggf. i.V.m. § 161 Abs. 2 HGB, § 736 Abs. 3 BGB oder § 10 Abs. 2 PartGG).

Eine partielle Ausnahme vom Grundsatz der gesamtschuldnerischen Haftung aller Gesell- **11** schafter für sämtliche Gesellschaftsschulden gilt für die **Partnerschaft**. Auch das PartGG kennt zwar den Grundsatz der gesamtschuldnerischen Haftung der Partner für Verbindlichkeiten der Partnerschaft (§ 8 Abs. 1 PartGG i.V.m. §§ 129, 130 HGB). Waren jedoch nur einzelne Partner mit der Bearbeitung eines Auftrags befasst, so haften nur sie neben der Partnerschaft für berufliche Fehler (§ 8 Abs. 2 PartGG). Für Freiberufler wie z.B. Rechtsanwälte, die in einer GbR für berufliche Fehler ihrer Sozien mithaften, stellt die Partnerschaft daher eine sinnvolle Alternative dar. Dies gilt umso mehr, wenn der Referentenentwurf eines Gesetzes zur Einführung einer Partnerschaftsgesellschaft mit beschränkter Berufshaftung (PartG mbB) umgesetzt wird. Hiernach soll für Verbindlichkeiten der Partnerschaft aus Schäden wegen fehlerhafter Berufsausübung den Gläubigern nur das Gesellschaftsvermögen haften, wenn die Gesellschaft eine Berufshaftpflichtversicherung mit einer Mindestdeckungssumme unterhält und ihr Name den Zusatz „mit beschränkter Berufshaftung" oder eine allgemein verständliche Abkürzung dieser Bezeichnung enthält.[31]

Will keiner der Gesellschafter für die Verbindlichkeiten der Gesellschaft persönlich haften, **12** geht an einer **Kapitalgesellschaft** – als alleiniger Unternehmensträgerin oder zumindest als Komplementärin einer KG oder KGaA[32] – kein Weg vorbei. Dies erklärt, neben steuerlichen Gründen, die weite Verbreitung der GmbH, der GmbH & Co. KG, der Limited und der UG. Durch

---

28 *Klunzinger*, § 5 VI. 2 b).
29 Auch die stille Gesellschaft ist eine Personengesellschaft (in Gestalt einer Innengesellschaft), *Schmidt*, Gesellschaftsrecht, § 62 I 1 c).
30 BGH NJW 1999, 3483; Arens/*Arens*, § 1 Rn 135.
31 Hierzu *Posegga*, DStR 2012, 611; *Römermann*, AnwBl 2012, 288.
32 Zur Zulässigkeit der GmbH & Co. KGaA BGH, NJW 1997, 1923; *Schmidt*, Gesellschaftsrecht, § 32 IV.

die Gründung einer Kapitalgesellschaft wird das Risiko einer persönlichen Inanspruchnahme der Gesellschafter reduziert, jedenfalls soweit eine Haftung aus laufenden Geschäften oder außervertraglichen Ansprüchen Dritter (z.B. Produkthaftung) droht. Gleichwohl tut der beratende Anwalt gut daran, Unternehmensgründern den verbreiteten Glauben zu nehmen, die Rechtsform der Kapitalgesellschaft schütze stets vor persönlicher Haftung. Denn Kreditinstitute und mitunter auch andere Gläubiger verlangen häufig persönliche oder dingliche Sicherheiten von den Gesellschaftern, so dass in der Praxis die Vermeidung persönlicher Haftung häufig nur eingeschränkt möglich ist. Bei der Beratung von Wirtschaftsprüfern oder Steuerberatern, die sich zu einer (berufsrechtlich zulässigen, § 50 Abs. 1 S. 3 StBerG und § 28 Abs. 1 S. 2 WPO) GmbH & Co. KG zusammenschließen wollen, muss die Diskussion über die Zulässigkeit dieser Rechtsform für die genannten Berufsgruppen im Auge behalten werden, die sich im Anschluss an die Entscheidung des BGH zur Unzulässigkeit der Rechtsanwalts-GmbH & Co. KG[33] entwickelt hat.[34]

---

13 Praxistipp
Steht von vornherein fest, dass eine Fremdfinanzierung nötig wird, sollte der Haftungsvorteil von Kapitalgesellschaften nicht überbewertet werden.[35]

---

2. Mindestkapital, Kapitalaufbringung und -erhaltung

14 Bei **Personengesellschaften** besteht keine Pflicht zur Erbringung eines Mindestkapitals; auch die Haftsumme des Kommanditisten einer KG ist frei wählbar. Die Art der Einlage ist ebenfalls nicht reguliert.[36] Die Beitragspflicht der Gesellschafter (§ 705 BGB) unterliegt keiner behördlichen oder registergerichtlichen Überprüfung.[37] Dagegen wird die Beschränkung der Haftung auf das Gesellschaftsvermögen bei **Kapitalgesellschaften** nach deutschem Recht dadurch „erkauft", dass diese eine Mindestkapitalausstattung aufweisen und erhalten müssen. Bei der GmbH beträgt das Mindeststammkapital 25.000 EUR (§ 5 Abs. 1 GmbHG). Bei der UG muss das Stammkapital mindestens 1 Euro betragen (§§ 5a, 5 Abs. 2 GmbHG; siehe aber oben Rn 4). Der Nennbetrag des Grundkapitals der AG und der KGaA beläuft sich auf mindestens 50.000 EUR (§§ 7, 278 Abs. 3 AktG), das gezeichnete Kapital der SE auf mindestens 120.000 EUR (Art. 4 Abs. 2 SE-VO). Die Limited kennt kein vorgeschriebenes Mindestkapital.[38]

15 Verstöße gegen die **Kapitalerhaltungsvorschriften** führen zu einer persönlichen Haftung der Gesellschafter, näher hierzu § 15. Bei der Beratung hinsichtlich der Wahl der Gesellschaftsform spielt dieser Aspekt häufig eine untergeordnete Rolle, da die Gründungsgesellschafter regelmäßig davon ausgehen, sich rechtstreu zu verhalten. Gleichwohl muss berücksichtigt werden, dass die Handhabung der nicht leicht fassbaren Kapitalschutzregeln gerade in kleineren Kapitalgesellschaften mitunter schwer fällt. Auf die **Limited** finden die Kapitalerhaltungsvorschriften des englischen Rechts Anwendung, die z.T. zu einer strengeren Haftung als die des deutschen Rechts führen.[39]

---

33 BGH NJW 2011, 3036.
34 Zum Teil werden im Anschluss an das Urteil Zweifel an der Zulässigkeit der Steuerberater- oder Wirtschaftsprüfer-GmbH & Co. KG und zugleich an der wirksamen Haftungsbegrenzung der Kommanditisten angemeldet, vgl. *Römermann*, GmbHR 2012, 64 und *Potsch*, NZG 2012, 329.
35 Sudhoff/*van Randenborgh*, § 1 Rn 31.
36 Gummert/*Mutter*, § 1 Rn 174.
37 Sudhoff/*van Randenborgh*, § 1 Rn 25.
38 *Memento*, Rn 18.
39 *Maul/Schmidt*, BB 2003, 2297, 2298.

Heimann

3. Geschäftsführung und Vertretung

Hinsichtlich der Geschäftsführung und Vertretung der Gesellschaft müssen die Gesellschafts- 16
gründer zunächst die grundsätzliche Wahl zwischen Selbst- und Fremdorganschaft treffen und
diese anschließend dahingehend konkretisieren, ob eine Einzel- oder Gesamtgeschäftsführungs-
bzw. Vertretungsbefugnis gewünscht wird. Im **Personengesellschaftsrecht** herrscht das Prinzip der **Selbstorganschaft**, d.h. es sind nur Gesellschafter zur Geschäftsführung und Vertretung
befugt.[40] Während bei der GbR der (dispositive) Grundsatz der Gesamtgeschäftsführung und
-vertretung gilt (§§ 709 Abs. 1, 714 BGB), sind bei den sonstigen Personengesellschaften alle
persönlich haftenden Gesellschafter einzelgeschäftsführungs- und vertretungsbefugt, sofern
der Gesellschaftsvertrag keine anderweitige Regelung trifft (Partnerschaft: § 6 Abs. 3 PartGG
i.V.m. § 115 HGB, § 7 Abs. 3 PartGG i.V.m. § 125 HGB; OHG: §§ 115, 125 HGB; KG: §§ 161 Abs. 2, 115,
125 HGB).

Kommanditisten sind dagegen stets von der Geschäftsführung und Vertretung ausgeschlos- 17
sen (§§ 164, 170 HGB). Auch der stille Gesellschafter kann die Gesellschaft nicht vertreten. Die
Geschäftsführung liegt hier beim Geschäftsinhaber, der stille Gesellschafter hat lediglich Kontrollrechte. Durch den Gesellschaftsvertrag kann jedoch seine Mitwirkung erweitert werden, z.B.
durch die Zuweisung bestimmter Tätigkeitsbereiche.[41]

Dagegen kennt das Recht der **Kapitalgesellschaften** die Möglichkeit der **Fremdor-** 18
ganschaft. Die Gesellschafter können Dritte zu mit der Geschäftsführung und Vertretung
der Gesellschaft betrauten Organen machen. Bei der GmbH[42] – einschließlich UG – (§ 35 Abs. 2
S. 1 GmbHG) und der AG (§§ 77 Abs. 1, 78 Abs. 2 AktG) gilt der dispositive Grundsatz der Ge-
samtgeschäftsführungs- und Vertretungsbefugnis der Geschäftsführer (GmbH) bzw. des Vorstands (AG).

Wer bei der **SE** geschäftsführungs- und vertretungsbefugt ist, richtet sich danach, ob die Ge- 19
sellschaft dualistisch oder monistisch strukturiert ist. In der Satzung der SE können die Gesellschaftsgründer eines dieser Systeme wählen (Art. 38 lit. b SE-VO). Das **dualistische System**
kennt neben der Hauptversammlung das Aufsichtsorgan (bei der deutschen SE der Aufsichtsrat)
und das Leitungsorgan (bei der deutschen SE der Vorstand). Das Leitungsorgan führt die Geschäfte (Art. 39 Abs. 1 SE-VO). Bei der deutschen dualistischen SE gelten über die Verweisung in
Art. 9 Abs. 1 lit. c ii SE-VO die §§ 77 und 78 AktG mit dem dispositiven Grundsatz der Gesamtge-
schäftsführungs- und Vertretungsbefugnis des Vorstands.[43]

Im **monistischen System** obliegt die Geschäftsführung nach Art. 43 Abs. 1 SE-VO dem Ver- 20
waltungsorgan (in der Diktion des deutschen Gesetzgebers „Verwaltungsrat", § 20 SEAG). Nach
Art. 43 Abs. 1 S. 2 SE-VO können die Mitgliedstaaten vorsehen, dass ein oder mehrere Geschäftsführer die laufenden Geschäfte in eigener Verantwortung führen. Der deutsche Gesetzgeber hat
von dieser Ermächtigung Gebrauch gemacht und vorgeschrieben, dass der Verwaltungsrat einen
oder mehrere geschäftsführende Direktoren bestellen muss (§ 40 Abs. 1 S. 1 SEAG). Während der
Verwaltungsrat nach § 22 Abs. 1 SEAG die Gesellschaft leitet, die Grundlinien ihrer Tätigkeit bestimmt und deren Umsetzung überwacht, obliegt den geschäftsführenden Direktoren die Geschäftsführung der Gesellschaft (§ 40 Abs. 2 S. 1 SEAG). Gemeint ist hiermit die laufende Verwaltung ohne eigenverantwortliche Leitungsrechte.[44] Nach § 40 Abs. 2 S. 2 SEAG gilt der dispositive
Grundsatz der Gesamtgeschäftsführungsbefugnis aller geschäftsführenden Direktoren. Auch die
Vertretung der monistischen SE obliegt den geschäftsführenden Direktoren (§ 41 Abs. 1 SEAG).

---

40 Eine Ausnahme stellt die EWIV dar: Hier können sowohl Gesellschafter als auch Dritte mit der Geschäftsführung
und Vertretung betraut werden, Art. 16 Abs. 1, 20 EWIV-VO.
41 *Klunzinger*, § 7 VII 1 b) und 2 a).
42 Zur Gesamtgeschäftsführung Arens/*Lichtenwimmer*, § 5 Rn 66.
43 Jannott/Frodermann/*Frodermann*, 5. Kap. Rn 75 ff.
44 Jannott/Frodermann/*Frodermann*, 5. Kap. Rn 227.

Mehrere geschäftsführende Direktoren sind nur gemeinschaftlich vertretungsberechtigt, sofern die Satzung nichts anderes bestimmt (§ 41 Abs. 2, 3 SEAG).

21   Bei der **Limited** erfolgt die Geschäftsführung durch den **director**, bei mehreren durch das **board of directors**.[45] Der director bzw. das board of directors ist auch vertretungsbefugt. Regeln die **articles of association** nichts anderes, sind mehrere directors nur gemeinschaftlich vertretungsbefugt.[46]

22   Die **GmbH & Co. KG** wird durch den oder die Geschäftsführer der Komplementär-GmbH vertreten; diesen obliegt auch die Geschäftsführung. Bei der **KGaA** obliegt die Geschäftsführung und Vertretung den persönlich haftenden Gesellschaftern. Jeder ist (vorbehaltlich einer abweichenden Regelung im Gesellschaftsvertrag) einzelgeschäftsführungs- und vertretungsbefugt (§ 278 Abs. 2 AktG i.V.m. §§ 161 Abs. 2, 114, 125 HGB).

4. Rechnungslegung, Abschlussprüfung und Offenlegung

23   Für die **GbR** und die **Partnerschaft** – als Nichtkaufleute – besteht keine Rechnungslegungspflicht. Hier reicht daher die Erstellung einer Einnahmen- und Überschussrechnung aus (§ 4 Abs. 3 EStG). Kaufleute – also auch **Handelsgesellschaften** i.S.d. § 6 Abs. 1 HGB – sind dagegen zur Buchführung (§§ 238 ff. HGB), zur Erstellung eines Jahresabschlusses (§§ 242 ff. HGB) und deshalb auch einer Steuerbilanz verpflichtet (§ 5 Abs. 1 S. 1 EStG).

24   Für **Kapitalgesellschaften** (hierzu zählt das Gesetz nach der amtlichen Überschrift des zweiten Abschnitts des dritten Buches des HGB die AG, die KGaA und die GmbH; die UG ist als Unterform der GmbH miterfasst) gelten ergänzend die §§ 264 ff. HGB, wonach der Jahresabschluss um einen **Anhang** zu erweitern sowie zusätzlich ein **Lagebericht** aufzustellen ist. Für kleine und mittelgroße Kapitalgesellschaften (zur Klassifikation § 267 Abs. 1, 2 HGB) sind Erleichterungen vorgesehen (§§ 264 Abs. 1 S. 4, 266 Abs. 1 S. 3, 274a, 276, 288 HGB). Mittelgroße und große Kapitalgesellschaften sind verpflichtet, ihren Jahresabschluss und ihren Lagebericht durch einen **Abschlussprüfer** prüfen zu lassen (§ 316 Abs. 1 HGB). Kapitalgesellschaften müssen ihren Jahresabschluss und z.T. weitere Unterlagen beim Betreiber des elektronischen Bundesanzeigers in elektronischer Form einreichen und dort bekannt machen lassen (§ 325 Abs. 1, 2 HGB; Erleichterungen für kleine und mittelgroße Kapitalgesellschaften sehen die §§ 326 und 327 HGB vor). Der Betreiber des elektronischen Bundesanzeigers prüft, ob die einzureichenden Unterlagen fristgemäß und vollzählig eingereicht worden sind (§ 329 Abs. 1 S. 1 HGB). Bei Verstößen erfolgt eine Meldung an das Bundesamt für Justiz, das nach vorheriger Androhung ein Ordnungsgeld zwischen 2.500 und 25.000 Euro festsetzt (§§ 329 Abs. 4, 335, 340o, 341o HGB). Die Erfüllung der Offenlegungspflicht wird von Amts wegen geprüft. Für sog. Kleinstkapitalgesellschaften wir es künftig besondere Erleichterungen geben.[47]

25   Die Regeln zur Rechnungslegung, Abschlussprüfung und Offenlegung sind nach § 264a Abs. 1 HGB auch auf **OHGs und KGs** anzuwenden, bei welchen keine natürliche Person unbeschränkt haftet (d.h. vor allem auf die typische GmbH & Co. KG). Gleiches gilt für die **SE**, auf die nach Art. 61 SE-VO die Vorschriften des Sitzstaates für Aktiengesellschaften Anwendung finden.[48]

26   Nach h.M. sind die Regeln zur Rechnungslegung gesellschaftsrechtlich zu qualifizieren. Dies hat zur Konsequenz, dass auf die ausschließlich in Deutschland tätige **Limited** englisches

---

45 *Memento*, Rn 281.
46 *Memento*, Rn 283.
47 Referentenentwurf des Bundesministeriums der Justiz vom 17.7.2012 eines Gesetzes zur Umsetzung der Richtlinie 2012/6/EU des Europäischen Parlaments und des Rates vom 14.3.2012 zur Änderung der Richtlinie 78/660/EWG des Rates über den Jahresabschluss von Gesellschaften bestimmter Rechtsformen hinsichtlich Kleinstbetrieben (Kleinstkapitalgesellschaften – Bilanzrechtsänderungsgesetz – MicroBilG).
48 Lediglich für die monistisch verfasste SE sieht § 47 SEAG eine Sonderregelung vor, *Brandt*, BB-Special 3/2005, 1, 7.

Recht Anwendung findet (wobei allerdings gleichwohl beim zuständigen deutschen Finanzamt eine Steuerbilanz nach deutschem Recht einzureichen ist). Kraft Sachzusammenhangs soll auch auf die Abschlussprüfung und Offenlegung englisches Recht Anwendung finden. Hiernach müssen die directors innerhalb von zehn Monaten nach Ende des Geschäftsjahres den Jahresabschluss beim Companies House hinterlegen, wo jedermann ihn einsehen kann. Wird dies versäumt, drohen Geldbußen gegen die directors und die Löschung der Limited.[49] Nach § 325a Abs. 1 HGB muss der (nach englischem Recht aufgestellte) Jahresabschluss beim Betreiber des elektronischen Bundesanzeigers eingereicht werden.

5. Anteilsübertragung

Das Recht der **Personengesellschaften** macht den Gesellschafterwechsel von strengeren Vor- **27** aussetzungen abhängig als das Recht der Kapitalgesellschaften. Grund hierfür ist die engere persönliche Bindung der Personengesellschafter. Anteile an Personengesellschaften (einschließlich der stillen Gesellschaften) können nur mit Zustimmung aller Gesellschafter übertragen werden.[50]

Bei der Übertragung von **GmbH-Anteilen** ist keine Zustimmung der Gesellschafter oder der **28** Gesellschaft erforderlich, es sei denn, der Gesellschaftsvertrag verlangt eine solche (§ 15 Abs. 5 GmbHG). Die Abtretung von GmbH-Geschäftsanteilen bedarf (genauso wie die Verpflichtung hierzu) der notariellen Beurkundung (§ 15 Abs. 3, 4 GmbHG). Die Übertragung von **Aktien** bedarf (vorbehaltlich einer anderen Regelung in der Satzung) keiner Zustimmung und ist nicht formbedürftig.

Anteile an **Limiteds** sind frei übertragbar, sofern die articles of association keine Beschrän- **29** kungen vorsehen. Für die Anteilsübertragung wird ein bestimmtes Formular (**stock transfer form**) benötigt. Der Übertragende muss dem Übernehmer sein Anteilszertifikat übergeben. Der Übernehmer des Anteils hat sodann eine Stempelsteuer (**stamp duty**) an das zuständige englische Finanzamt zu zahlen. Anschließend muss der Übernehmer das abgestempelte Formular zusammen mit dem alten Anteilszertifikat an die Gesellschaft übersenden.[51] Dieses Procedere mag bei einer in England tätigen Limited einfach vonstatten gehen. Bei einer nur in Deutschland aktiven Limited stellt dies die deutschen Gesellschafter, wie die Praxis zeigt, mitunter vor gravierende Schwierigkeiten.

6. Gründungskosten und laufende Kosten

Gründungskosten entstehen zumindest dann, wenn die Errichtung der Gesellschaft der **notariel- 30 len Beurkundung** bedarf (GmbH, AG, SE). Die GmbH (und damit auch die UG) kann im sog. vereinfachten Verfahren unter Verwendung eines vom Gesetz vorgegebenen Musterprotokolls besonders „preisgünstig" gegründet werden, wenn sie höchstens drei Gesellschafter und einen Geschäftsführer hat (§ 2 Abs. 1a GmbHG i.V. m. der Anlage zum GmbHG).[52] Da die Gründung einer **SE** nur durch Verschmelzung, Holding-Gründung, Gründung einer Tochtergesellschaft oder formwechselnde Umwandlung möglich ist und (mit Ausnahme der SE-Gründung durch eine SE, Art. 3 Abs. 2 SE-VO) stets eine Mehrstaatlichkeit des Gründungsvorgangs voraussetzt (Art. 2 SE-VO),[53]

---

49 *Müller*, BB 2006, 837, 842; dort auch Hinweise zur Gegenmeinung, wonach deutsches Recht Anwendung finden soll.
50 Gummert/*Mutter*, § 1 Rn 180 f.
51 *Memento*, Rn 377.
52 Vgl. § 41d KostO; *Römermann*, NJW 2010, 905, 906, wonach die Gründungskosten bei ca. 120,– EUR für Notar und Registereintragung liegen.
53 *Brandt*, BB-Special 3/2005, 1.

ist der hierbei entstehende Aufwand erheblich. Laufende Kosten fallen u.a. infolge notwendiger Handelsregisteranmeldungen, der Prüfung von Jahresabschlüssen und deren Veröffentlichung an. Weiter sind die Kosten für Aufsichtsorgane (z.B. Aufsichtsrat bei der AG) zu berücksichtigen.

31   Eines der wichtigsten Argumente, mit denen für die Rechtsform der **Limited** geworben wird, sind die verhältnismäßig geringen Gründungskosten. Seit dem MoMiG kann indes auch eine GmbH im sog. **vereinfachten Verfahren** kostengünstig gegründet werden – wenn die Voraussetzungen von § 2 Abs. 1a GmbHG vorliegen und die Gründer bereit sind, auf einen individuellen Gesellschaftsvertrag zu verzichten. Bei der Entscheidung für eine Limited bleibt häufig die mitunter mühsame und aufwändige Eintragung der Zweigniederlassung in das deutsche Handelsregister[54] unberücksichtigt. Darüber hinaus entstehen erhebliche Folgekosten. Die Tätigkeit der Limited unterliegt z.T. deutschem und z.T. englischem Recht (so z.B. hinsichtlich der persönlichen Haftung des Geschäftsführers[55]). Eine seriöse Beratung im englischen Recht (z.B. bei Gesellschafterstreitigkeiten) ist nur durch englische oder spezialisierte einheimische Rechtsanwälte möglich und daher mit hohen Kosten verbunden.

32   Weitere Kosten entstehen dadurch, dass dem englischen Handelsregister jedes Jahr ein **annual account** in englischer Sprache einzureichen ist. Da die Zweigniederlassung der Limited ihren Jahresabschluss in Deutschland offen legen muss (§ 325a HGB), ist doppelt Korrespondenz zu führen.[56]

7. Handhabbarkeit und Flexibilität

33 Die Gesellschaftsformen unterscheiden sich auch hinsichtlich ihrer Flexibilität. Für die **Personengesellschaften** herrscht bei der Gestaltung des Gesellschaftsvertrages weitgehende Freiheit.[57] Gleiches gilt bei der **GmbH**, deren Innenrecht überwiegend dispositiv ist und viele Gestaltungsmöglichkeiten erlaubt („nach außen hin AG, nach innen OHG"[58]).

34   Dagegen unterliegt die **AG** dem Gebot der Satzungsstrenge.[59] Die Satzung kann von den Vorschriften des AktG nur abweichen, wenn dies ausdrücklich zugelassen ist. Ergänzende Bestimmungen in der Satzung sind zulässig, es sei denn, das AktG enthält eine abschließende Regelung (§ 23 Abs. 5 AktG). Damit bestehen bei der AG wesentlich weniger Gestaltungsspielräume als bei der GmbH oder gar bei den Personengesellschaften. Darüber hinaus verlangt die AG einen höheren Organisationsaufwand und ist weitaus komplizierter zu handhaben als die GmbH.[60] Erleichterung hat jedoch das Gesetz für kleine Aktiengesellschaften und zur Deregulierung des Aktienrechts vom 2.8.1994[61] geschaffen, welches eine Vielzahl von Bestimmungen des AktG mit dem Ziel geändert hat, die Rechtsform der AG insbesondere für den Mittelstand attraktiver zu machen. Die **„kleine AG"** stellt indes keine eigenständige Rechtsform dar.[62]

35   Flexibler als die AG ist die **SE** ausgestaltet. Die SE-VO lässt den Gesellschaftsgründern die Wahl zwischen dem monistischen und dem dualistischen System und damit zwischen zwei

---

54 *Müller*, BB 2006, 837.
55 BGH NJW 2005, 1648. Hier ging es um unbeglichene Verbindlichkeiten einer im englischen Handelsregister eingetragenen Limited, deren gesamte Geschäftstätigkeit von ihrem tatsächlichen Verwaltungssitz in Deutschland aus ausgeübt wurde und die keine Zweigniederlassung im deutschen Handelsregister hatte eintragen lassen. Der BGH lehnte unter Berufung auf die Niederlassungsfreiheit eine analoge Anwendung des § 11 Abs. 2 GmbHG ab und verwies auf eine evtl. Haftung nach materiellem englischem Recht oder deutschem Deliktsrecht.
56 Vgl. *Memento*, Rn 535 ff.
57 *Schmidt*, Gesellschaftsrecht, § 5 III 1 a).
58 *Klunzinger*, § 11 I 3 b).
59 Beck'sches Formularbuch Aktienrecht/*Baumeister*, vor C.
60 Arens/*Ihrig/Wagner*, § 6 Rn 7.
61 BGBl I 1994, 1961.
62 Arens/*Arens*, § 1 Rn 140 ff.; Arens/*Ihrig/Wagner*, § 6 Rn 8.

grundlegend unterschiedlichen Gesellschaftsverfassungen. Allerdings bewegt sich das Recht der SE in einem komplizierten Regelungsgeflecht, das sich aus unmittelbar wirksamem Gemeinschaftsrecht (SE-VO), der Richtlinie zur Beteiligung der Arbeitnehmer,[63] nationalen Ausführungsgesetzen, Weiterverweisungen auf nationales Aktien- und Arbeitsrecht und schließlich autonomen Bestimmungen (Satzung, Beteiligungsvereinbarung) zusammensetzt. Dies führt dazu, dass es nicht „die" SE gibt, sondern 30 verschiedene (nach dem Recht von 27 EU- und drei EWR-Mitgliedstaaten[64]). Ohne intensive Beratung ist das Recht der SE daher kaum zu handhaben.[65]

Bei der **KGaA** richtet sich die Führungsstruktur nach Personengesellschaftsrecht, die Kapitalstruktur dagegen nach Aktienrecht. Die Geltung des Rechts der KG für das Verhältnis zwischen Komplementären und Kommanditaktionären ermöglicht eine weite Gestaltungsfreiheit.[66] Von Nachteil ist dagegen die hohe Komplexität der KGaA, die ihre Handhabbarkeit erschwert und sie zu einer beratungsintensiven Rechtsform macht.[67]   **36**

Die Innenverfassung der **Limited** wird durch ihre articles of association geregelt. Das englische Recht sieht hierfür eine Mustersatzung (Table A) vor, die allerdings grundsätzlich frei änderbar ist.[68] Die Handhabbarkeit der Limited in Deutschland gestaltet sich vor allem angesichts der Anwendbarkeit zweier Rechtsordnungen mit unterschiedlichen Traditionen schwierig. Nach herrschender – und richtiger – Meinung ist zwar englisches Recht Gesellschaftsstatut.[69] Für viele Komplexe ist indes die gesellschaftsrechtliche Qualifikation umstritten, so z.B. hinsichtlich der Insolvenzverschleppungshaftung des directors.[70] In anderen Bereichen findet dagegen unstreitig deutsches Recht Anwendung, z.B. bei der betrieblichen Mitbestimmung.[71]   **37**

Hinsichtlich der Handhabbarkeit der **Limited & Co. KG** stellen sich ähnliche Probleme. In praktischer Hinsicht schafft darüber hinaus die satzungsmäßige Verzahnung der KG und ihrer Komplementär-Limited erhebliche Schwierigkeiten. Der nötige Gleichlauf ließe sich durch die Gründung einer Einheits-Limited & Co. KG (nach dem Vorbild der Einheits-GmbH & Co. KG[72]) herstellen, bei der die Anteile an der Limited in die KG eingebracht werden.[73]   **38**

Wer die Rechtsform der Limited oder der Limited & Co. KG für eine Gesellschaft wählt, die in Deutschland tätig werden soll, lässt sich auf ein juristisches Abenteuer mit ungewissem Ausgang ein. Die Haftungsbegrenzung ohne Mindestkapital sowie die vermeintlich einfache und kostengünstige Gründung lassen die Limited verlockend erscheinen. Angesichts der geschilderten Unwägbarkeiten und des hohen Beratungsbedarfs, die diese Gesellschaftsform mit sich bringt, kann jedoch gerade denjenigen, die sich in der Vergangenheit vielfach für die Limited entschieden haben (insbesondere Handwerker und Dienstleister) die Wahl der Limited regelmäßig nicht empfohlen werden.[74] In seltener vorkommenden Konstellationen (z.B. für kurzfristige Vorhaben, einzelne Kundenbeziehungen, als Akquisitionsvehikel oder als Konzernholding für   **39**

---

63 Richtlinie des Rates zur Ergänzung des Statuts der Europäischen Gesellschaft hinsichtlich der Beteiligung der Arbeitnehmer v. 8.10.2001, ABl EG Nr. L 294 v. 10.11.2001, 22.

64 Die SE-VO findet nach dem Beschluss Nr. 93/2002 des Gemeinsamen EWR-Ausschusses v. 25.6.2002 (ABl EG Nr. L 266 v. 3.10.2002, 69) auch in den drei EWR-Staaten Island, Norwegen und Liechtenstein Anwendung.

65 *Oetker*, BB-Special 1/2005, 2, 3.

66 Beck'sches Formularbuch Akt enrecht/*Lorz*, vor W.; *Jäger*, § 1 Rn 33, 35; Schütz/Bürgers/Riotte/*Göz*, § 2 Rn 2.

67 Beck'sches Formularbuch Akt enrecht/*Lorz*, vor W.; *Jäger*, § 1 Rn 38.

68 *Memento*, Rn 107, 109.

69 *Memento*, Rn 51; *Müller*, BB 2006, 837.

70 *Memento*, Rn 53; *Müller*, BB 2006, 837, 838 f. Das LG Kiel hat den director einer in Deutschland tätigen Limited nach § 64 GmbHG wegen Insolvenzverschleppung verurteilt (EuZW 2006, 478).

71 *Memento*, Rn 602; *Müller*, BB 2006, 837, 841.

72 Hierzu *Binz/Sorg*, § 8.

73 *Süß*, GmbHR 2005, 673, 674; er schlägt als Alternative darüber hinaus die Einbringung der Anteile in einen *trust* nach englischem Recht vor.

74 *Dierksmeier*, BB 2005, 1516 ff.; *Müller*, BB 2006, 837, 843.

große internationale Unternehmen) stellen die Limited und die Limited & Co. KG dagegen u.U. sinnvolle Alternativen zu den Gesellschaftsformen des deutschen Rechts dar.[75]

8. Finanzierung

40 Bei der Kapitalbeschaffung sind die Rechtsformen im Vorteil, deren Anteilsrechte sich durch hohe Fungibilität auszeichnen, namentlich die AG und die KGaA. Da Aktien leicht übertragbar sind, können Anleger bei ihrem Erwerb damit rechnen, sie einfach wieder veräußern zu können (eine Ausnahme stellen vinkulierte Namensaktien dar, § 68 Abs. 2 AktG).[76] Werden Aktien an der Börse gehandelt, erhöht dies die Fungibilität und damit die Möglichkeit der Eigenkapitalbeschaffung weiter.[77] Die Fungibilität von GmbH-Anteilen ist hingegen häufig beschränkt (§ 15 Abs. 5 GmbHG).[78]

41 Mit der KG kennt auch das Personengesellschaftsrecht eine Rechtsform, die gut zur Kapitalbeschaffung geeignet ist, da beliebig viele Kommanditanteile an ihr ausgegeben werden können. Die Publikums-KGs machen sich diesen Vorteil zunutze. Kapitalerhöhungen sind bei KGs durch Ausgabe von Kommanditanteilen sogar einfacher zu bewerkstelligen als bei Kapitalgesellschaften, die hierbei ein detailliert vorgeschriebenes Procedere einzuhalten haben (§§ 182ff., 278 Abs. 3 AktG, §§ 55ff. GmbHG).[79]

9. Mitbestimmung

42 Die **betriebliche Mitbestimmung,** welche die sozialen und personellen Angelegenheiten der Arbeitnehmer umfasst, ist **rechtsformneutral.**[80] Ein Betriebsrat wird nach § 1 Abs. 1 BetrVG in Betrieben mit mindestens fünf wahlberechtigten Arbeitnehmern gebildet. Dagegen betrifft die **unternehmerische Mitbestimmung** grundlegende unternehmerische Entscheidungen.[81] Sie spielt sich im Aufsichtsrat ab und betrifft grundsätzlich nur **Kapitalgesellschaften** (Ausnahme: §§ 4, 5 MitbestG).

43 Beschäftigt eine AG oder eine KGaA in der Regel mehr als **500 Arbeitnehmer,** so muss deren Aufsichtsrat zu mindestens einem Drittel aus Arbeitnehmervertretern bestehen (§ 1 Abs. 1 Nr. 1, 2, § 4 Abs. 1 DrittelbG). Entsprechendes gilt für eine GmbH, die zu diesem Zweck einen Aufsichtsrat bilden muss (§ 1 Abs. 1 Nr. 3 DrittelbG).[82] Der Einfluss des Aufsichtsrats ist von der jeweiligen Rechtsform abhängig und deshalb z.B. bei der AG stärker als bei der GmbH.[83] Beschäftigt eine AG, eine KGaA, eine GmbH oder eine Erwerbs- und Wirtschaftsgenossenschaft in der Regel mehr als **2.000 Arbeitnehmer,** muss der jeweilige Aufsichtsrat zur Hälfte mit Arbeitnehmervertretern besetzt sein (§§ 1 Abs. 1, 7 Abs. 1 MitbestG). Dem Vorstand bzw. der Geschäftsführung muss ein Arbeitsdirektor angehören; dies gilt allerdings nicht für die KGaA (§ 33 Abs. 1 MitbestG).

44 Besondere Zurechnungsgrundsätze sehen § 4 (für Kommanditgesellschaften, deren Komplementärin eine AG, KG, GmbH oder Genossenschaft ist) und § 5 MitbestG (wenn die Kapitalge-

---

75 *Memento,* Rn 7; *Müller,* BB 2006, 837, 843.
76 *Schneeloch,* II 4.1.3.; Sudhoff/*van Randenborgh,* § 1 Rn 27.
77 *Schneeloch,* II 4.1.3.
78 Sudhoff/*van Randenborgh,* § 1 Rn 27.
79 Sudhoff/*van Randenborgh,* § 1 Rn 28 f.
80 *Kessler/Schiffers/Teufel,* § 1 Rn 62.
81 Von einer Darstellung der Besonderheiten der Mitbestimmung in der Montanindustrie (Montan-MitbestG und MitbestErgG) wird abgesehen. Siehe hierzu Tschöpe/*Schaack,* Teil 4 B Rn 5 f, 17 ff.
82 Darüber hinaus gilt das DrittelbG für den VVaG und die Erwerbs- und Betriebsgenossenschaft, § 1 Abs. 1 Nr. 4 und 5.
83 Tschöpe/*Schaack,* Teil 4 B Rn 2.

sellschaft herrschendes Unternehmen eines Konzerns im Sinne des § 18 Abs. 1 AktG ist) vor. Mit Ausnahme dieser Sonderregelungen sind **Personengesellschaften** nicht von der betrieblichen Mitbestimmung erfasst. Hierin liegt aus Sicht von Gesellschaftsgründern ein bedeutender Vorteil dieser Rechtsformen.[84]

Die betriebliche Mitbestimmung der Arbeitnehmer einer **SE** regelt die Richtlinie des Rates **45** zur Ergänzung des Statuts der Europäischen Gesellschaft hinsichtlich der Beteiligung der Arbeitnehmer,[85] in Deutschland umgesetzt durch das Gesetz über die Beteiligung der Arbeitnehmer in einer Europäischen Gesellschaft (SEBG). Dessen komplexe Regelungen,[86] die primär auf die Herbeiführung einer Vereinbarung zur Mitbestimmung abzielen, sind von der Grundtendenz durchzogen, eine „Flucht aus der Mitbestimmung" zu verhindern. Gleichwohl kann im Wege einer einvernehmlichen, d.h. auch von den Arbeitnehmern mitgetragenen Regelung von den Mitbestimmungsgesetzen abgewichen werden.[87]

Bei der **Limited** unterfällt die betriebliche Mitbestimmung nicht dem englischen Gesell- **46** schaftsstatut. Vielmehr knüpft das BetrVG an den Ort der Betriebsstätte an und gilt daher auch für inländische Betriebe ausländischer Gesellschaften. Eine Limited, die in Deutschland einen Betrieb unterhält, muss daher einen Betriebsrat einrichten, sofern die Arbeitnehmer dies wünschen und die Voraussetzungen des BetrVG erfüllt sind.[88]

Dagegen finden das MitbestG und das DrittelbG schon von ihrem Wortlaut her keine An- **47** wendung, da diese nur für ausdrücklich genannte deutsche Gesellschaftsformen gelten.[89] Z.T. wird vertreten, die deutschen Regeln zur unternehmerischen Mitbestimmung seien analog anzuwenden.[90] Dagegen spricht jedoch, dass die unternehmerische Mitbestimmung gesellschaftsrechtlich zu qualifizieren ist und daher dem englischen Gesellschaftsstatut unterliegt, das keine Mitbestimmung kennt.[91] Im Übrigen würde eine Anwendung deutschen Mitbestimmungsrechts einen nicht gerechtfertigten Eingriff in die Niederlassungsfreiheit darstellen.[92] Die Limited – wie auch die Limited & Co. KG – ist daher zur Vermeidung der deutschen Regeln zur unternehmerischen Mitbestimmung geeignet.[93]

10. Image

Auch das Image spielt bei der Wahl der Gesellschaftsform eine Rolle.[94] Rechtsformen, denen **48** gemeinhin ein gutes Image zugesprochen wird, sind die Personenhandelsgesellschaften (OHG, KG) wegen der persönlichen Gesellschafterhaftung sowie die AG. Der gute Ruf der AG ist wohl z.T. darauf zurückzuführen, dass eine Vielzahl bedeutender Unternehmen in der Rechtsform der AG geführt wird und dieser Glanz ein wenig auf „kleine AGs" abfärbt. Auch der Klang des Titels „Vorstandsvorsitzender" mag das Seinige zur Entscheidung für die AG beitragen. Eine sachliche Rechtfertigung findet das gute Image dieser Rechtsform im Mindestkapital von 50.000 EUR.

Auch bei der Entscheidung für die SE spielt das Image dieser Rechtsform eine Rolle.[95] Ein **49** Unternehmen, das als SE firmiert, zeigt schon hierdurch seine internationale Ausrichtung. Die

---

84 Sudhoff/*van Randenborgh*, § 1 Rn 23 f.
85 ABl EG Nr. L 294 v. 10.11.2001, 22.
86 Hierzu *Oetker*, BB-Special 1/2005, 2 ff.; *Brandt*, BB-Special 3/2005, 1, 3 ff.
87 *Brandt*, BB-Special 3/2005, 1. 4 und 7.
88 *Memento*, Rn 602; *Müller*, BB 2006, 837, 841.
89 *Memento*, Rn 604.
90 *Von Halen*, WM 2003, 571, 577.
91 *Müller*, BB 2006, 837, 840.
92 *Memento*, Rn 606.
93 *Müller*, BB 2006, 837, 840 f.
94 *Schmidt*, Gesellschaftsrecht, § 5 II 2 b).
95 *Brandt*, BB-Special 3/2005, 1, 7.

Rechtsform wird so zum Marketinginstrument.[96] Daneben verspricht das Mindestkapital in Höhe von 120.000 EUR einen „Seriositätsbonus" (ohne aus Sicht kleinerer und mittlerer Unternehmen eine unüberwindbare Hürde darzustellen, siehe den 18. Erwägungsgrund der SE-VO). Unten auf der „Imageskala" rangiert die Limited. Dem Rechtsverkehr ist es nicht entgangen, dass Limiteds vielfach von solchen Gesellschaftern errichtet werden, die das für die Gründung einer GmbH notwendige Stammkapital nicht aufbringen wollen oder können.

Gleiches gilt heute auch für die Gründer einer Unternehmergesellschaft. Deren häufig geringes Stammkapital macht sie regelmäßig wenig kreditwürdig.[97] Als Unterform der GmbH wird sie auf der Imageskala zwischen der „klassischen" GmbH und der Limited anzusiedeln sein.

III. Steuerrecht

50 Neben Haftungserwägungen spielen steuerliche Gründe die wichtigste Rolle bei der Wahl der Gesellschaftsform. Gleichwohl ist stets zu hinterfragen, ob nicht eine steuerlich günstige Gestaltung Nachteile mit sich bringt, die einen zu hohen Preis für die angestrebten Vorteile darstellen.[98]

1. Besteuerung der laufenden unternehmerischen Tätigkeit
a) Personengesellschaften

51 Im Hinblick auf die **Einkommensteuer** sind nicht die Personengesellschaften selbst, sondern deren Gesellschafter Steuersubjekte und Steuerschuldner (§ 15 Abs. 1 S. 1 Nr. 2 EStG, **Transparenzprinzip**). Voraussetzung ist allerdings, dass die Gesellschafter im steuerlichen Sinne als **Mitunternehmer** anzusehen sind, also Mitunternehmerinitiative entfalten und Mitunternehmerrisiko tragen. Mitunternehmerrisiko trägt, wer am Gewinn und Verlust der Gesellschaft und an ihren stillen Reserven beteiligt ist. Mitunternehmerinitiative entfaltet, wer über Mitwirkungs- und Kontrollrechte verfügt.[99] Liegt keine Mitunternehmerschaft vor (was insbesondere bei Familiengesellschaften vorkommen kann), findet eine Zuordnung der Ergebnisse zu anderen Personen statt (z.B. steuerliche Zurechnung der Gewinnanteile der Kinder an Familiengesellschaften bei einem Elternteil).[100]

52 Der von der Personengesellschaft erzielte Gewinn oder Verlust wird unter Anpassung an die steuerlichen Vorschriften den Gesellschaftern zugewiesen und ist von ihnen zu versteuern bzw. kann zur Verlustverrechnung genutzt werden. Die Zurechnung der Einkünfte erfolgt im Jahr ihrer Entstehung (unabhängig vom Zeitpunkt der Entnahme). Die Gewinnanteile der Gesellschafter unterliegen deren jeweiliger Einkommensteuer.[101] **Leistungsvergütungen** an Gesellschafter von Personengesellschaften führen nicht zu einer Minderung des steuerlichen Gewinns, sondern stellen für die Gesellschafter zu versteuernde Einkünfte aus Gewerbebetrieb dar.[102]

53 Stellt ein Gesellschafter einer Personengesellschaft in seinem Eigentum stehende Wirtschaftsgüter zur Verfügung (z.B. durch Verpachtung des Betriebsgrundstücks), werden diese als sog. **Sonderbetriebsvermögen I** dem steuerlichen Vermögen der Gesellschaft zugerechnet.

---

96 Jannott/Frodermann/*Jannott/Frodermann*, Einl. Rn 6.
97 *Bayer/Hoffmann/Lieder*, GmbHR 2010, 9,13; *Ries*, AnwBl 2011, 13, 14.
98 *Schmidt*, Gesellschaftsrecht, § 5 II 2 b).
99 *Binz/Sorg*, § 16 Rn 60 ff.
100 *Binz/Sorg*, § 16 Rn 135.
101 Gummert/*Mutter*, § 1 Rn 193 ff.
102 Arens/*Arens*, § 1 Rn 94 f.; Gummert/*Mutter*, § 1 Rn 198.

Zum **Sonderbetriebsvermögen II** und damit ebenfalls zum betrieblichen Bereich zählen Wirtschaftsgüter, die der Förderung der eigenen Beteiligung des Gesellschafters an der Mitunternehmerschaft dienen (z.B. die dem Kommanditisten einer GmbH & Co. KG gehörenden Anteile an der Komplementär-GmbH). Wichtig ist diese Zuordnung vor allem bei der Veräußerung oder Entnahme dieser Wirtschaftsgüter. Ein etwaiger Gewinn ist als Teil der gewerblichen Einkünfte zu versteuern.[103] **Gewerbesteuerpflichtig** ist wegen des Objektsteuercharakters der Gewerbesteuer die Personengesellschaft selbst (§ 5 Abs. 1 S. 3 GewStG). Die gezahlte Gewerbesteuer wird nach § 35 EStG auf die von den Gesellschaftern zu zahlende Einkommensteuer angerechnet. Steuerschuldnerin der **Umsatzsteuer** und der **Grunderwerbsteuer** ist ebenfalls die Personengesellschaft.[104]

b) Kapitalgesellschaften

Im Gegensatz zu den Personengesellschaften unterscheidet das Steuerrecht bei Kapitalgesellschaften zwischen der Besteuerung der Gesellschaft und der Gesellschafter (**Trennungsprinzip**). Die Besteuerung der Kapitalgesellschaft richtet sich nach dem KStG. Der Gewinn der Gesellschaft unterliegt in dem Jahr der **Körperschaftsteuer**, in dem er als wirtschaftlich entstanden gilt. Die an der Kapitalgesellschaft beteiligten Gesellschafter unterliegen bei Ausschüttungen der Einkommensteuer, soweit es sich bei ihnen um natürliche Personen handelt. Ist eine Kapitalgesellschaft Gesellschafterin, kann diese die Dividenden ihrer Tochtergesellschaft nach § 8b Abs. 1 KStG weitgehend steuerfrei vereinnahmen. **54**

Wegen des Trennungsprinzips können Verluste der Kapitalgesellschaft nicht unmittelbar von den Gesellschaftern genutzt werden. Verluste können vielmehr mit späteren Gewinnen der Gesellschaft verrechnet bzw. (begrenzt) auf das Vorjahr zurückgetragen werden. Wird daher mit Anlaufverlusten gerechnet, kann vor diesem Hintergrund – jedenfalls in den Anfangsjahren – die Rechtsform der Personengesellschaft steuerlich günstiger sein.[105] **55**

Schuldrechtliche Beziehungen zwischen der Kapitalgesellschaft und ihren Gesellschaftern erkennt das Steuerrecht grundsätzlich an. Gehälter der Gesellschafter-Geschäftsführer, Miete und Pacht sowie Zinsen für Gesellschafterdarlehen mindern daher die körperschaftsteuerliche Bemessungsgrundlage.[106] **56**

Der Körperschaftsteuersatz beläuft sich derzeit einheitlich auf 15% (§ 23 Abs. 1 KStG). Zur Abmilderung der Doppelbesteuerung der Erträge (zum einen durch die Körperschaftsteuer auf der Ebene der Gesellschaft und zum anderen durch die Einkommensteuer auf der Ebene der Gesellschafter) sieht der Gesetzgeber Folgendes vor: **57**

Sofern eine natürliche Person die Beteiligung an einer Kapitalgesellschaft im Privatvermögen hält, sind die an sie ausgeschütteten Gewinne Einkünfte aus Kapitalvermögen (§ 20 Abs. 1 Nr. 1 EStG), welche grundsätzlich in voller Höhe der 25%igen **Abgeltungsteuer** unterliegen (§ 32d Abs. 1 S. 1 EStG). Auf Antrag wird der individuelle Steuersatz angewendet (sog. Günstigerprüfung, § 32d Abs. 6 EStG). Nach § 32d Abs. 2 Nr. 3 EStG findet auf Antrag das Teileinkünfteverfahren Anwendung, wenn der Steuerpflichtige unmittelbar oder mittelbar zu mindestens 25% an der Kapitalgesellschaft beteiligt oder zu mindestens 1% beteiligt und beruflich für die Gesellschaft tätig ist (sog. unternehmerische Beteiligung). Das Abgeltungsteuersystem verhindert eine ungemilderte Doppelbelastung, indem Gewinne auf der Ebene der Kapitalgesellschaft mit 15% und Ausschüttungen auf der Ebene der Anteilseigner mit 25% besteuert werden.[107]

---

103 Gummert/*Mutter*, § 1 Rn 198.
104 Gummert/*Mutter*, § 1 Rn 199.
105 *Schneeloch*, IV 2.2.8.
106 Gummert/*Mutter*, § 1 Rn 205.
107 *Saenger*, Rn 1054.

Hält eine natürliche Person die Beteiligung an einer Kapitalgesellschaft im Betriebsvermögen, stellen die ausgeschütteten Gewinne keine Einkünfte aus Kapitalvermögen, sondern aus Land- und Forstwirtschaft, Gewerbebetrieb oder selbständiger Arbeit dar (§ 20 Abs. 8 EStG). Hierfür gilt das **Teileinkünfteverfahren**, das Ausschüttungen zu 40% steuerfrei stellt (§ 3 Nr. 40 S. 1 lit. d EStG). Dieses Verfahren verhindert eine ungemilderte Doppelbelastung, indem Gewinne auf der Ebene der Kapitalgesellschaft mit 15% besteuert werden und Ausschüttungen zu 40% steuerfrei sind. Betriebsausgaben können zu 60% in Abzug gebracht werden (§ 3c Abs. 2 EStG).[108]

58 Die Besteuerung der allein in Deutschland tätigen **Limited** und ihrer im Inland ansässigen Anteilseigner richtet sich nach deutschem Steuerrecht. Die steuerliche Behandlung entspricht der einer deutschen Kapitalgesellschaft.[109] Gleiches gilt für die laufende Besteuerung der **SE**.[110]

c) Rechtsformkombinationen

59 Bei der **GmbH & Co. KG** unterliegt die Komplementär-GmbH der für Kapitalgesellschaften geltenden Besteuerung, die KG dagegen dem Besteuerungsregime der Personengesellschaften. Die typische GmbH & Co. KG, bei der allein die Komplementär-GmbH persönlich haftet und nur diese oder Personen, die nicht Gesellschafter sind, geschäftsführungsbefugt sind (**gewerblich geprägte Personengesellschaft**), erzielt nach § 15 Abs. 3 Nr. 2 EStG gewerbliche Einkünfte. Dies ist häufig erbschaftsteuerlich erwünscht,[111] mitunter jedoch einkommensteuerlich unerwünscht[112] und bedarf daher einer Abwägung im Einzelfall.

60 Bei der stillen Gesellschaft (§§ 230 ff. HGB) wird in steuerlicher Hinsicht zwischen der typischen und der atypischen stillen Gesellschaft unterschieden, näher hierzu § 7 Rn 1 ff. Bei der **typischen stillen Gesellschaft** erhält der Stille eine kapitalistische Beteiligung mit einer gewinnabhängigen Verzinsung ohne gesellschaftsrechtliche Mitspracherechte. Der **atypische stille Gesellschafter** nimmt dagegen maßgeblichen Einfluss auf die Geschäftsführung und/oder erhält eine Beteiligung an den stillen Reserven.[113]

61 Der typische stille Gesellschafter wird von § 20 Abs. 1 Nr. 4 EStG erfasst und erzielt daher Einkünfte aus Kapitalvermögen. Ziel der typischen stillen Beteiligung ist es häufig, die Einkünfte auf möglichst viele Köpfe zu verteilen. Bei der Beteiligung Minderjähriger oder sonstiger Personen, die ansonsten keine Einkünfte erzielen, kann so eine Steuerersparnis realisiert werden. Der atypische stille Gesellschafter ist dagegen Mitunternehmer i.S.d. § 15 Abs. 1 Nr. 2 EStG und erzielt somit Einkünfte aus Gewerbebetrieb.[114]

Die **Betriebsaufspaltung** (näher hierzu § 6) dient vorrangig der Begrenzung des Haftungsrisikos und weniger der Steuerersparnis. Eine Betriebsaufspaltung liegt vor, wenn ein Besitzunternehmen (regelmäßig ein Personenunternehmen) Wirtschaftsgüter, die zu den wesentlichen Grundlagen des Betriebs gehören (insbesondere Grundstücke und Maschinen), dem mit ihm personell und sachlich verbundenen Betriebsunternehmen (regelmäßig eine Kapitalgesellschaft) überlässt.[115] Sie führt dazu, dass die Besteuerung des Besitzunternehmens nach dem Ein-

---

108 *Saenger*, Rn 1055.
109 *Memento*, Rn 450 ff.; *Müller*, BB 2006, 837, 842; *Korts/Korts*, BB 2005, 1474 ff.
110 *Brandt*, BB-Special 3/2005, 1, 6 f.
111 Ziel ist es, durch die gewerblich geprägte GmbH & Co. KG Betriebsvermögen zu schaffen, um so in den Genuss der Freibeträge der §§ 13a, 19a ErbStG zu gelangen.
112 Bisheriges Privatvermögen wird durch die Einbringung in eine gewerblich geprägte GmbH & Co. KG zu Betriebsvermögen – mit allen daraus resultierenden Konsequenzen, z.B. der Steuerpflichtigkeit der Entnahme aus dem Betriebsvermögen sowie jeder Veräußerung.
113 Arens/*Arens*, § 12 Rn 25 ff.
114 *Schmidt*, Einkommensteuergesetz, § 15 Rn 340 ff.
115 Arens/*Arens*, § 1 Rn 55 ff.

kommensteuergesetz und der Betriebsgesellschaft nach dem Körperschaftsteuergesetz erfolgt. So werden z.B. die Verluste einer Besitzgesellschaft unmittelbar deren Gesellschaftern zugerechnet. Geschäftsführergehälter der Gesellschafter-Geschäftsführer der Betriebsgesellschaft sind abzugsfähig.[116]

2. Anteilsveräußerungen und Unternehmensnachfolge (Erbfolge und vorweggenommene Erbfolge)

Generelle Aussagen zur Vor- oder Nachteilhaftigkeit von Personen- oder Kapitalgesellschaften im Hinblick auf die Besteuerung von **Anteilsveräußerungen** sind nicht möglich.[117] Bei der **Vererbung oder Schenkung von Betriebsvermögen** sieht das ErbStG Begünstigungen vor, um Unternehmen nicht durch Liquiditätsentzug zu gefährden. § 13a ErbStG unterscheidet zwischen zwei Modellen: **62**

Nach dem **Grundmodell** erfolgt ein Verschonungsabschlag in Höhe von 85% des Wertes (§ 13a Abs. 1 i.V.m. § 13b Abs. 4 ErbStG). Dazu muss ein nach § 13b Abs. 1 ErbStG begünstigtes Vermögen vorliegen. Anteile an **Kapitalgesellschaften** gehören nur dann zum begünstigten Vermögen, wenn der Erblasser oder Schenker am Nennkapital der Gesellschaft zu mehr als 25% beteiligt war (§ 13b Abs. 1 Nr. 3 ErbStG). Der Abschlag geht verloren, wenn eine Behaltensfrist von fünf Jahren (§ 13a Abs. 5 ErbStG) nicht eingehalten oder eine Mindestlohnsumme von 400% der Ausgangslohnsumme innerhalb dieser Frist (§ 13a Abs. 1 S. 2 ErbStG) nicht erreicht wird. Bei Kleinbetrieben sieht § 13a Abs. 2 ErbStG zusätzlich einen Abzugsbetrag von höchstens 150.000 Euro vor. Darüber hinaus gewährt § 19a ErbStG für den nicht steuerfreien Teil des begünstigten Vermögens in den Steuerklassen II und III eine Tarifbegrenzung durch Abzug eines Entlastungsbetrages. § 13a Abs. 8 ErbStG ermöglicht einen Verschonungsabschlag von 100%, wenn der Erwerber unwiderruflich u. a. zu einer Behaltensfrist von sieben Jahren und einer Mindestlohnsumme innerhalb dieser Frist von 700% der Ausgangslohnsumme optiert (**Optionsmodell**).[118]

IV. Familien- und Erbrecht

1. Familienrecht

Die Aufnahme Minderjähriger in Gesellschaften zielt häufig darauf ab, Steuern zu sparen. Durch die frühzeitige Beteiligung der eigenen Kinder sollen vor allem die verfügbaren Freibeträge im 10-Jahres-Rhythmus des § 14 Abs. 1 ErbStG möglichst oft genutzt werden.[119] Im Rahmen der Wahl der Gesellschaftsform sind jedoch, sofern Minderjährige beteiligt sind, die besonderen Regeln zu deren Schutz zu beachten.   **63**

a) Beschränkung der Minderjährigenhaftung nach § 1629a BGB

Ein minderjähriger Gesellschafter haftet zwar grundsätzlich nicht anders als jeder andere (volljährige) Gesellschafter auch.[120] Nach § 1629a Abs. 1 BGB beschränkt sich die Haftung für während der Minderjährigkeit erworbene Verbindlichkeiten jedoch auf den Bestand des bei Eintritt der   **64**

---

116 Gummert/*Mutter*, § 1 Rn 213; zu erbschaft- und schenkungsteuerlichen Vorteilen Arens/*Arens*, § 1 Rn 57.
117 Hierzu Arens/*Arens*, § 1 Rn 46 ff.
118 *Saenger*, Rn 1010.
119 *Reimann*, DNotZ 1999, 179 und 189.
120 *Reimann*, DNotZ 1999, 179, 203.

Volljährigkeit vorhandenen Vermögens des Kindes.[121] Der volljährig gewordene Gesellschafter kann die **Dürftigkeitseinrede** erheben (§§ 1629a Abs. 1 S. 2, 1990, 1991 BGB). Diese Einrede betrifft nur die Altgläubiger, nicht die nach Eintritt der Volljährigkeit hinzukommenden Neugläubiger.[122] Die in § 1629a BGB vorgesehene Möglichkeit der Haftungsbeschränkung gilt für alle Arten von Verbindlichkeiten und somit auch solche, die aus der Beteiligung an einer **Personen- oder Kapitalgesellschaft** herrühren.

65 Ist der Minderjährige persönlich haftender Gesellschafter, führt die Erhebung der Einrede dazu, dass es die Gläubiger hinsichtlich der bis zum Erreichen der Volljährigkeit entstandenen Verbindlichkeiten faktisch nur mit einem beschränkt haftenden Gesellschafter zu tun haben. Ist der Minderjährige Kommanditist einer KG, wird seine Haftung nicht durch die Hafteinlage gemäß § 171 HGB begrenzt, sondern durch sein bei Volljährigkeit vorhandenes Vermögen, wenn dieses geringer ist.[123]

66 Bei der Gesellschaftsgründung muss darüber hinaus berücksichtigt werden, dass § 1629a BGB nicht nur Auswirkungen auf die Außenhaftung des volljährig gewordenen Gesellschafters hat: Ist der Minderjährige Kommanditist und war seine Hafteinlage bis zum Erreichen der Volljährigkeit nicht vollständig erbracht oder unzulässigerweise zurückgewährt worden, so führt die Erhebung der Einrede des § 1629a BGB u.a. dazu, dass der Anspruch der KG auf vollständige Leistung der Pflichteinlage durch das Altvermögen des Minderjährigen begrenzt wird. Entsprechendes gilt für Ansprüche von Kapitalgesellschaften gegen ihre minderjährigen Gesellschafter.[124]

b) Außerordentliches Kündigungsrecht nach § 723 Abs. 1 S. 3 Nr. 2 BGB

67 Bei der Abwägung des Für und Wider der Gründung einer Personengesellschaft unter Beteiligung von Minderjährigen ist Folgendes zu beachten: Das Erreichen des **18. Lebensjahres** des Gesellschafters einer GbR stellt einen wichtigen Grund zur Kündigung der Gesellschaft dar (§ 723 Abs. 1 S. 3 Nr. 2 BGB). Der volljährig gewordene Gesellschafter kann die Kündigung binnen drei Monaten von dem Zeitpunkt an erklären, in welchem er von seiner Gesellschafterstellung Kenntnis hatte oder haben musste (§ 723 Abs. 1 S. 4 BGB).[125]

Auf die OHG und die KG findet § 723 Abs. 1 S. 3 Nr. 2 BGB keine Anwendung. Stattdessen soll diese Vorschrift nach dem Willen des Gesetzgebers auf § 133 HGB „ausstrahlen" und die Vollendung des 18. Lebensjahres daher einen wichtigen Grund zur Auflösung der Gesellschaft darstellen.[126]

68 Dieses außerordentliche Kündigungs- bzw. Auflösungsrecht gilt nur für persönlich haftende Gesellschafter von **Personengesellschaften**, nicht aber für Beteiligungen an **Kapitalgesellschaften**. Es führt zu einer mittelfristigen, wenngleich zeitlich absehbaren Liquiditätsgefährdung. Gesellschaftsgründer, die Minderjährige beteiligen wollen, aber die aus § 723 Abs. 1 S. 3 Nr. 2 BGB resultierende Liquiditätsgefährdung scheuen und sich auch nicht auf das ungewisse Wagnis von kündigungsbeschränkenden Vereinbarungen einlassen wollen,[127] sollten daher

---

121 Dies gilt allerdings nicht für Verbindlichkeiten aus dem selbständigen Betrieb eines Erwerbsgeschäfts, soweit der Minderjährige hierzu nach § 112 BGB durch den gesetzlichen Vertreter mit Genehmigung des Vormundschaftsgerichts ermächtigt war, und für Verbindlichkeiten aus Rechtsgeschäften, die allein der Befriedigung seiner persönlichen Bedürfnisse dienten (§ 1629a Abs. 1 BGB).
122 *Reimann*, DNotZ 1999, 179, 203.
123 *Reimann*, DNotZ 1999, 179, 203.
124 *Reimann*, DNotZ 1999, 179, 203 f.
125 Das Kündigungsrecht gilt jedoch nicht, wenn der Gesellschafter bezüglich des Gegenstands der Gesellschaft zum selbständigen Betrieb eines Erwerbsgeschäfts gemäß § 112 BGB ermächtigt war oder der Zweck der Gesellschaft allein der Befriedigung seiner persönlichen Bedürfnisse diente (§ 723 Abs. 1 S. 3 und 4 BGB).
126 BT-Drucks 13/5624, S. 10. Kritisch hierzu Baumbach/Hopt/*Hopt*, § 133 Rn 7, der ein Kündigungsrecht nach § 131 Abs. 3 Nr. 3 HGB ohne Auflösung der Gesellschaft für sachgerechter hält.
127 Hierzu *Reimann*, DNotZ 1999, 179, 207 f.

Heimann

Minderjährige lediglich als Kommanditisten beteiligen oder gleich die Rechtsform einer Kapitalgesellschaft wählen.

2. Erbrecht

Die Vererbung von Anteilen an Personengesellschaften und an Kapitalgesellschaften folgt un- **69**
terschiedlichen Regeln, ausführlich hierzu § 26 Rn 242ff. Hierüber sowie über die gesellschaftsvertraglichen Steuerungsmöglichkeiten müssen sich die Gesellschaftsgründer bei der Wahl der
Rechtsform, der Formulierung des Gesellschaftsvertrages und bei ihrer individuellen Nachlass-
planung im Klaren sein. Dies gilt insbesondere, wenn Vermögen zu Zwecken der vorweggenommenen Erbfolge in einen sog. Familienpool eingebracht werden soll.[128]

a) Personengesellschaften

Der Tod des Gesellschafters einer **GbR** hat, sofern der Gesellschaftsvertrag nichts anderes regelt, **70**
die **Auflösung** der Gesellschaft zur Folge (§ 727 Abs. 1 BGB). Der oder die Erben treten in der Li-
quidationsgesellschaft an die Stelle des verstorbenen Gesellschafters. Der Gesellschaftsvertrag
kann jedoch stattdessen die Fortsetzung der Gesellschaft unter den übrigen Gesellschaftern vorsehen (§§ 727 Abs. 1, 736 Abs. 1 BGB, **Fortsetzungsklausel**[129]). In diesem Fall steht den Erben ein
Abfindungsanspruch nach §§ 738 bis 740 BGB zu, der allerdings durch den Gesellschaftsvertrag
ausgeschlossen werden kann.[130]

Stirbt der Gesellschafter einer **OHG** oder der **Komplementär** einer KG, so folgt hieraus im Ge- **71**
gensatz zur GbR nach dem gesetzlichen Leitbild nicht die Auflösung der Gesellschaft, sondern –
mangels abweichender gesellschaftsvertraglicher Bestimmungen – das **Ausscheiden** des Gesellschafters (§ 131 Abs. 3 S. 1 Nr. 3 HGB). Die Gesellschaft wird mit den verbleibenden Gesellschaftern
fortgesetzt. Verbleibt nur einer, wächst ihm das vollständige Gesellschaftsvermögen an. Bei einer
mehrgliedrigen Gesellschaft wächst der Anteil des verstorbenen Gesellschafters den verbleibenden Gesellschaftern im Verhältnis ihrer Beteiligung an. Scheidet ein Gesellschafter einer OHG bzw.
ein KG-Komplementär durch Tod aus der Gesellschaft aus, steht seinen Erben ein Abfindungsanspruch zu. Der Gesellschaftsvertrag kann jedoch die Abfindung wirksam ausschließen.[131]

Beim Tod des Kommanditisten einer KG wird die Gesellschaft mangels abweichender vertrag- **72**
licher Bestimmung mit dessen Erben fortgesetzt (§ 177 HGB). Dieselbe Rechtsfolge können die Gesellschafter auch für den Tod des persönlich haftenden Gesellschafters einer GbR, OHG
oder KG durch die Vereinbarung einer Nachfolgeklausel im Gesellschaftsvertrag erreichen.[132]

Die **einfache Nachfolgeklausel** entspricht der Regelung des § 177 HGB. Der Gesellschafts- **73**
anteil wird uneingeschränkt vererblich gestellt. Wird der Gesellschafter von einer Erbengemeinschaft beerbt, teilt sein Anteil sich im Wege der **Sondererbfolge** entsprechend der Erbquote auf
die einzelnen Miterben auf.[133] Bei Erwerb einer Beteiligung als persönlich haftender Gesellschafter einer OHG oder KG kann der Erbe sein Verbleiben in der Gesellschaft davon abhängig machen, dass ihm unter Belassung des bisherigen Gewinnanteils die Stellung eines Kommanditisten eingeräumt wird (§§ 139 Abs. 1, 161 Abs. 2 HGB). Weigern sich die übrigen Gesellschafter,
kann der Erbe mit sofortiger Wirkung sein Ausscheiden aus der Gesellschaft erklären (§ 139
Abs. 2 HGB).

---

128 Hierzu *Ivens*, ZErb 2012, 65 und 93.
129 *Schmidt*, Gesellschaftsrecht. § 45 V 1 b) aa).
130 *Schmidt*, Gesellschaftsrecht. § 45 V 3 b).
131 BGHZ 22, 186, 194.
132 *Schmidt*, Gesellschaftsrecht. § 45 V 4.
133 *Schmidt*, Gesellschaftsrecht. § 45 V 4 a).

74   Durch eine **qualifizierte Nachfolgeklausel** im Gesellschaftsvertrag wird der Gesellschaftsanteil für einen oder mehrere ausgewählte Erben vererblich gestellt. Der oder die ausgewählten
Erben erwerben unabhängig von ihrer Erbquote den Gesellschaftsanteil im Wege der Sonderrechtsnachfolge.[134]

---

75 **Wichtig**
Eine qualifizierte Nachfolgeklausel sollte stets durch eine korrespondierende Verfügung von Todes wegen flankiert
werden, mit der sichergestellt wird, dass der Begünstigte auch tatsächlich Erbe wird.

---

76 Im Gegensatz zu den Nachfolgeklauseln erwirbt bei einer **Eintrittsklausel** der Begünstigte das
Recht, durch einseitige Erklärung in die Gesellschaft einzutreten.[135]

77   Nach § 9 Abs. 4 S. 1 PartGG ist die Beteiligung an einer **Partnerschaft** nicht vererblich. Gemäß § 9 Abs. 1 PartGG i.V.m. § 131 Abs. 3 Nr. 1 HGB scheidet der verstorbene Partner aus; die Gesellschaft wird unter den übrigen Partnern fortgesetzt.[136] Der Partnerschaftsvertrag kann jedoch
bestimmen, dass die Beteiligung an Dritte vererblich ist, die als Freiberufler Partner sein können
(§ 9 Abs. 4 S. 2 PartGG).

78   Der Tod des Geschäftsinhabers führt bei der **stillen Gesellschaft** grundsätzlich zu deren
Auflösung (§ 727 Abs. 1 BGB), der Tod des stillen Gesellschafters dagegen nicht (§ 234 Abs. 2
HGB); die Gesellschaft wird im Zweifel mit dessen Erben fortgeführt.[137] Der Gesellschaftsvertrag
kann abweichende Regeln vorsehen.[138]

b) Kapitalgesellschaften

79 Nach § 15 Abs. 1 GmbHG sind Geschäftsanteile an einer **GmbH** vererblich. Anders als bei Personengesellschaften kann die Vererblichkeit nicht ausgeschlossen werden. Der Geschäftsanteil
eines verstorbenen Gesellschafters geht somit stets auf dessen Erben über. Anders als im Personengesellschaftsrecht findet **keine Sondererbfolge** statt. Der in den Nachlass fallende Geschäftsanteil kann daher auch einer Erbengemeinschaft zustehen. Die Miterben sind dann Mit-
berechtigte i.S.d. § 18 Abs. 1 GmbHG und können ihre Rechte nur gemeinschaftlich ausüben.[139]
Um die daraus drohende Lähmung bei der Entscheidungsfindung zu vermeiden, empfiehlt es
sich, die (künftigen) Miterben dazu zu verpflichten, einen gemeinsamen Vertreter zu bestellen,
der ihre Rechte aus dem Geschäftsanteil wahrnimmt. Bis zur Bestellung des gemeinsamen Vertreters sollte das Stimmrecht aus dem Geschäftsanteil ruhen, siehe Klauselvorschlag in § 26
Rn 288.

80   Die entsprechend beratenen Gründungsgesellschafter einer GmbH wünschen regelmäßig
nicht die freie Vererblichkeit von Geschäftsanteilen, sondern wollen Einfluss darauf ausüben, wer
als Nachfolger eines Gesellschafters dessen Geschäftsanteil erwirbt. Dies kann durch **Einziehungsklauseln** im Gesellschaftsvertrag erfolgen, die vorsehen, dass nur ein bestimmter Personenkreis nachfolgeberechtigt ist (z.B. der Ehegatte, ein Mitgesellschafter oder eheliche Abkömmlinge). Für den Fall, dass der Geschäftsanteil auf einen oder mehrere nicht nachfolgeberechtigte
Erben übergeht, sind die verbleibenden Gesellschafter befugt, die Einziehung zu beschließen.[140]

---

134 *Schmidt*, Gesellschaftsrecht, § 45 V 5.
135 *Schmidt*, Gesellschaftsrecht, § 45 V 6 a).
136 Zur Frage, ob im Gesellschaftsvertrag eine Abfindung ausgeschlossen werden kann *Schmidt*,
Gesellschaftsrecht, § 64 III. 3 a).
137 Baumbach/Hopt/*Hopt*, § 234 Rn 4.
138 *Klunzinger*, § 7 IX 1 c).
139 *Schmidt*, Gesellschaftsrecht, § 35 II 3 a).
140 *Schmidt*, Gesellschaftsrecht, § 35 II 3 a).

Die Vererblichkeit von **Aktien** kann nicht ausgeschlossen werden. Die Satzung kann aber **81** der Gesellschaft das Recht vorbehalten, bei Eintritt gewisser Umstände (z.B. Erbfall oder Erbfall an bestimmte Personen) die Einziehung der vom Erbfall betroffenen Aktien vorzunehmen (§§ 237 ff., 278 Abs. 3 AktG). Mehrere Miterben erben eine Aktie als Erbengemeinschaft, können ihre Rechte aber nur durch einen gemeinschaftlichen Vertreter ausüben (§ 69 Abs. 1 AktG).[141]

Der Tod des Gesellschafters einer **Limited** führt nicht zu deren Auflösung. Die **Erbfolge** des **82** deutschen Gesellschafters richtet sich nach deutschem materiellem Erbrecht. Zu diesem Ergebnis kommt sowohl das deutsche (Art. 25 Abs. 1 EGBGB) als auch das englische IPR (**lex domicilii**).[142] Dagegen richtet sich das **Nachlassverfahren** nach englischem Recht (Art. 3 Abs. 3 EGBGB).[143] Der Geschäftsanteil geht zunächst auf einen vom zuständigen englischen Nachlassgericht (probate court) bestellten Nachlassabwickler (personal representative) über (bei testamentarischer Ernennung: executor, ansonsten: administrator). Dieser kann über die in den Nachlass fallenden Geschäftsanteile verfügen (wobei er regelmäßig ein dem deutschen Erbrecht entsprechendes Ergebnis herbeiführen wird).[144]

Bei der **Limited & Co. KG** kann ein englisches Nachlassverfahren durch die Errichtung einer **83** Einheitsgesellschaft vermieden werden, bei der die Anteile an der Limited in die KG eingebracht werden.[145] Dem Gesellschafter einer allein in Deutschland tätigen Limited ist dagegen zu empfehlen, ergänzend zu einem Testament nach deutschem Recht ein separates Testament vor dem Hintergrund des englischen Rechts zu errichten. Der dabei entstehende Aufwand stellt einen weiteren Grund dar, potenziellen Gesellschaftsgründern im Regelfall von der Rechtsform der Limited abzuraten.[146]

Praxistipp **84**
Für das Gros der Interessenten (insbesondere Handwerker und Dienstleister) ist die Rechtsform der Limited angesichts des unklaren Nebeneinanders zweier Rechtsordnungen und der damit verbundenen Risiken ungeeignet.

---

141 Palandt/*Edenhofer*, § 1922 BGB Rn 23, § 2032 BGB Rn 10.
142 *Von Oertzen/Cornelius*, ZEV 2006, 106 ff.
143 *Von Oertzen/Cornelius*, ZEV 2006, 106, 108; *Süß*, GmbHR 2005, 673, 674.
144 *Von Oertzen/Cornelius*, ZEV 2006, 106, 108; *Süß*, GmbHR 2005, 673, 674; *Memento*, Rn 379.
145 *Süß*, GmbHR 2005, 673, 674.
146 *Von Oertzen/Cornelius*, ZEV 2006, 106, 108 f.

Wolfgang Arens
§ 4 Die Gründung der Personengesellschaft

Literatur: *Bergmann*, Die BGB-Gesellschaft als persönlich-haftender Gesellschafter in oHG und KG, ZIP 2003, 2231; *Bestelmeyer*, Die unsinnige (Nicht-)Zuständigkeit des Familiengerichts für die Anordnung von Ergänzungspflegschaften, FamRZ 2000, 1068; *Binz/Mayer*, Beurkundungspflicht bei der GmbH & Co KG, NJW 2002, 3055; *Binz/Sorg*, Die GmbH & Co. KG, 11. Aufl. 2010; *Binz/Mayer/Sorg*, Die ausländische Kapitalgesellschaft & Co. KG im Aufwind?, GmbHR 2003, 249; *Breuninger*, Die BGB-Gesellschaft als Rechtssubjekt im Wirtschaftsverkehr, 1991; *Brodersen*, Die Beteiligung der BGB-Gesellschaft an den Personenhandelsgesellschaften, 1988; *Damrau*, Kein Erfordernis der gerichtlichen Genehmigung bei Schenkungen von Gesellschaftsbeteiligungen an Minderjährige, ZEV 2000, 209; *Erman/Westermann*, BGB, 12. Aufl. 2008; *Grauel*, Praktische Fälle, ZNotP 2000, 152; *Groh*, Sondervergütung oder Gewinnvorab?, DStR 2001, 358; *Grunewald*, Haftungsbeschränkungs- und Kündigungsmöglichkeiten für volljährig gewordene Personengesellschafter, ZIP 1999, 597; *Gummert*, Münchner HdB des Gesellschaftsrechts, Bd. I, 3. Aufl. 2009; *Haas/Dittrich*, Eigenkapitalersetzende Dienstleistungen, DStR 2001, 623; *Heymann/Emmerich*, HGB, 2. Aufl. 1995–2005; *Huber*, Gesellschafterkonten in der Personengesellschaft, ZGR 1988, 1; *Jebens/Wagner*, Die eigenkapitalersetzende Nutzungseinlage – Einschränkung der Risiken durch Vertragsgestaltung und Vertragsdurchführung, DB 1998, 2253; *Krafka/Willer/Kühn*, Registerrecht, 8. Aufl. 2010; *Keidel*, FamFG, 16. Aufl. 2009; *Klamroth*, Beteiligung einer BGB-Gesellschaft an einer Personenhandelsgesellschaft, BB, 1983, 796; *Koller/Roth/Morck*, HGB, 7. Aufl. 2011; *Ley*, Rechtsnatur aktivischer Gesellschafterkonten, DStR 2003, 957; *Müther*, Das Handelsregister in der Praxis, 2003; *Reimann*, Der Minderjährige in der Gesellschaft – Kautelarjuristische Überlegungen aus Anlass des Minderjährigenhaftungsbeschränkungsgesetzes, DNotZ 1999, 179; *Röhricht/Graf v. Westphalen* (Hrsg.), HGB, 3. Aufl. 2008; *Röhrig/Doege*, Das Kapital der Personengesellschaften im Handels- und Ertragsteuerrecht, DStR 2006, 489; *Schlegelberger*, HGB, 5. Aufl.; *K. Schmidt*, Gesellschaftsrecht, 4. Aufl.; *K. Schmidt*, Die Schenkung von Personengesellschaftsanteilen durch Einbuchung, BB 1990, 1992; *Schöner/Stöber*, Grundbuchrecht, 15. Aufl., 2012; *Soergel*, BGB, 13. Aufl., 2002; *Staub/Ulmer*, HGB, 4. Aufl.; *Sundermeier/Wilhelm*, Die eigenkapitalersetzende Gebrauchsüberlassung – Nutzungsüberlassung in der Krise?, DStR 1997, 1454; *Treffer*, Eigenkapitalersetzende Dienstleistungen eines GmbH-Gesellschafters, GmbHR 2002, 22; *Weisemann/Smid*, Handbuch der Unternehmensinsolvenz, Kap. 11, S. 362ff. (zit.: *Bearbeiter*, in: Weisemann/Smid); *Werner*, Die Ltd. & Co. KG – eine Alternative zur GmbH & Co. KG?, GmbHR 2005, 288; *Wiesner*, Beurkundungspflicht und Heilungswirkung bei Gründung von Personengesellschaften und Unternehmensveräußerungen, NJW 1984, 95.

Inhalt

I. Entstehen und Registrierung von Personengesellschaften

1. Die Gesellschaften

Bei den Personengesellschaften ist zunächst zwischen den sog. **Außengesellschaften** und den **1** sog. **Innengesellschaften** (siehe dazu § 7) zu unterscheiden. Bei den Außengesellschaften wiederum bilden
- die im Handelsregister einzutragenden Personenhandelsgesellschaften, nämlich die OHG (Offene Handelsgesellschaft) und die KG (Kommanditgesellschaft),
- die nach § 2 EWIV-AG ebenfalls in das Handelsregister einzutragende Europäische Wirtschaftliche Interessenvereinigung (EWIV)
- sowie die in das Partnerschaftsregister einzutragende Partnerschaftsgesellschaft

im Hinblick auf dieses Registrierungserfordernis eine besondere Gruppe.

Innerhalb dieser besonderen Gruppe der Personengesellschaften, die zu registrieren sind, **2** bestehen wiederum erhebliche Unterschiede. Während die **Personenhandelsgesellschaften** (OHG und KG, insbesondere GmbH & Co. KG) auch außerhalb des Handelsregisters durch die **Aufnahme ihrer Tätigkeit** bereits **entstehen** können, die Eintragung im Handelsregister also nur deklaratorisch ist, ist sowohl die Eintragung der EWIV im Handelsregister gem. Art. 1 Abs. 2 EWIV-VO konstitutiver Teil des Gründungsakts als auch bei der Partnerschaftsgesellschaft die Eintragung im Partnerschaftsregister.[1]

2. Die Gesellschafter
a) Gesellschafterfähigkeit

Gesellschafter einer Personengesellschaft können regelmäßig **neben natürlichen und juristi-** **3** **schen Personen** – mit Einschränkungen für die Genossenschaft nach § 1 Abs. 2 GenG – auch andere Personen- und Personenhandelsgesellschaften sein. Dies gilt auch für Partnerschaftsgesellschaften und für die EWIV. Es handelt sich dann um die **sog. „doppelstöckige Personengesellschaft".**

Praxistipp **4**

Demgegenüber ist im Einzelnen – nach deutschem Recht – zu prüfen, ob eine **ausländische Gesellschaft** Gesellschafterin einer inländischen Personengesellschaft sein kann (sog. passive Beteiligungsfähigkeit).[2]

Eine **Beteiligung einer Personengesellschaft an sich selbst** ist demgegenüber **nicht zulässig.** **5** Der Erwerb eigener Anteile ist nur im Kapitalgesellschaftsrecht vorgesehen (§ 33 GmbHG, § 71 AktG).

Erbengemeinschaften werden wegen des Grundsatzes der sog. **Sonderrechtsnach-** **6** **folge** in den Personengesellschaftsanteil (siehe dazu § 26 Rn 329 ff.) nicht Gesellschafter einer Personengesellschaft.[3] Auch eine **Bruchteilsgemeinschaft** kann nicht Gesellschafterin einer Personengesellschaft werden.[4]

---

1 Vgl. Gummert/*Pathe*, § 14 Rn 60; Gummert/*Johansson*, § 2 Rn 418; § 7 Abs. 1 PartGG.
2 Vgl. Gummert/*Johansson*, § 2 Rn 28; MüKo-BGB/*Kindler*, Internationales Gesellschaftsrecht Rn 436 m.w.N.
3 BGH BGHZ 22, 186, 192; BGH NJW 1999, 571, 572.
4 MünchGesR/*Happ*, Bd. 1, § 5 Rn 25.

b) Besonderheiten bei der Kommanditgesellschaft
aa) GbR als Kommanditistin

7 Eine **Gesellschaft bürgerlichen Rechts** konnte schon bisher – zumindest nach Auffassung des BayObLG[5] – als **Kommanditistin** in eine Kommanditgesellschaft eintreten. Die Frage, ob und unter welchen Voraussetzungen eine Gesellschaft bürgerlichen Rechts Gesellschafterin einer Personenhandelsgesellschaft sein kann, war allerdings bisher umstritten. Die frühere Rechtsprechung hatte sie überwiegend verneint.[6] Auch im Schrifttum wurde eine Gesellschafterstellung der Gesellschaft bürgerlichen Rechts überwiegend abgelehnt.[7] Die Gegenmeinung[8] hielt die Beteiligung jedenfalls einer Außengesellschaft bürgerlichen Rechts an einer Personenhandelsgesellschaft für zulässig, sei es ohne wesentliche Einschränkungen,[9] sei es beschränkt auf Gesellschaften mit einem bestimmten Typus[10] (z.B. mit eigener Identitätsausstattung), sei es beschränkt auf bestimmte Gesellschafterstellungen (Stellung als Kommanditist).[11]

8 Der **BGH** hat sich der Rechtsauffassung zur Kommanditistenfähigkeit einer GbR dann auch angeschlossen,[12] unabhängig von der Frage ihrer Rechts- oder Teilrechtsfähigkeit. Die GbR könne als Teilnehmerin am Rechtsverkehr grundsätzlich jede Rechtsposition einnehmen, es sei denn, es stünden spezielle Rechtsvorschriften entgegen.[13] Unter anderem kann sie **Mitglied einer juristischen Person** oder deren **Vorgesellschaft** sein,[14] ebenso aber auch Gesellschafterin einer anderen BGB-Gesellschaft.[15] Der Stellung einer Gesellschaft bürgerlichen Rechts als Kommanditistin stehen nach Auffassung des BGH derart spezielle Rechtsvorschriften nicht entgegen.

Der **Gesetzgeber** ist dem inzwischen mit der Neufassung des **§ 162 Abs. 1 S. 2 HGB** gefolgt.

9 Bei der Eintragung einer solchen Gesellschaft als Gesellschafterin einer Personenhandelsgesellschaft – und bei Veränderungen in ihrer Gesellschafterzusammensetzung – können und müssen im **Handelsregister**, ähnlich wie schon bisher im **Grundbuch** (vgl. § 47 GBO),[16] neben der GbR auch die einzelnen Gesellschafter mit dem Zusatz „in Gesellschaft bürgerlichen Rechts" eingetragen werden.[17] Nachdem der BGH entschieden hatte, dass die (Außen-) GbR als Teilnehmerin am Rechtsverkehr jede Rechtsposition einnehmen kann,[18] soweit nicht spezielle rechtliche Gesichtspunkte dem entgegenstehen[19] war die Folgerechtsprechung des BGH und die Anerken-

---

5 BayObLG, Beschl. v. 18.10.2000 – 3Z BR 164/00 – n.v.; mit Vorlage an den BGH wegen Abweichung von OLG Zweibrücken, OLGZ 1982, 155.
6 Vgl. BGH BGHZ 46, 291, 296; BGH NJW-RR 1987, 416; BGH ZIP 1990, 505, 507 = WM 1990, 586, 587; OLG Zweibrücken OLGZ 1982, 155.
7 *Staub/Ulmer*, HGB, § 105 Rn 96; MünchGesR/*Happ/Brunkhorst*, Bd. 1, § 41 Rn 32; *Heymann/Emmerich*, HGB, § 105 Rn 46; *Röhricht/Graf v. Westphalen/v. Gerkan*, § 161 Rn 18, § 105 Rn 65; *Koller/Roth/Morck*, HGB, § 105 Rn 19; *Keidel/Stöber/Schmatz*, Rn 283; *Palandt/Sprau*, BGB, § 705 Rn 24.
8 *K. Schmidt*, Gesellschaftsrecht, § 45 I 2.
9 Schlegelberger/*K. Schmidt*, HGB, § 105 Rn 67 ff.; Soergel/*Hadding*, BGB, § 718 Rn 6; Erman/*Westermann*, BGB, § 705 Rn 21; *K. Schmidt*, Gesellschaftsrecht, S. 1306 ff.; *Brodersen*, Die Beteiligung der BGB-Gesellschaft an den Personenhandelsgesellschaften, 1988; *Klamroth*, BB 1983, 796, 803.
10 *Breuninger*, S. 64 ff.
11 Nachweise bei Schlegelberger/*K. Schmidt*, HGB, § 105 Rn 71.
12 BGH BB 2001, 1966 = DStR 2001, 2221 m. Anm. *Goette*.
13 Vgl. nur BGH BGHZ 136, 254, 257 = ZIP 1997, 1496, 1497, dazu EWiR 1997, 1125 (*Prütting*); BGH ZIP 1997, 2120 = NJW 1998, 376, dazu EWiR 1998, 59 (*Günther*).
14 Vgl. für die Aktiengesellschaft BGH BGHZ 118, 83 = ZIP 1992, 995; für die GmbH BGH BGHZ 78, 311 = ZIP 1981, 183; für die Genossenschaft BGH BGHZ 116, 86 = ZIP 1992, 114, dazu EWiR 1992, 271 (*K. Müller*).
15 BGH ZIP 1997, 2120 = NJW 1998, 376.
16 BayObLGZ 1985, 212, 213.
17 Vgl. BGH BGHZ 148, 291; Baumbach/*Hopt*, HGB, § 162 Rn 2; *K. Schmidt*, Gesellschaftsrecht, S. 1307; *Breuninger*, S. 69; *Klamroth*, BB 1983, 801.
18 Zur Markenrechtsfähigkeit vgl. *Wertenbruch*, DB 2001, 419; zur Arbeitgeberfähigkeit der GbR: *Lessner/Klebeck*, ZIP 2002, 1385.
19 BGH DNotZ 2001, 234.

nung der Eintragungsfähigkeit einer GbR in das Handelsregister folgerichtig und konsequent.[20] In der fehlenden Registerpublizität hat der BGH kein Hindernis gesehen. Dem bestehenden Publizitätsbedürfnis ist nach der Rechtsprechung des BGH dadurch Rechnung zu tragen, dass § 162 Abs. 1 und 3 sowie § 106 Abs. 2 HGB analog in einer Weise anzuwenden sind, die dem Sinn und Zweck der Publizitätsregeln auch für die als Kommanditistin in eine KG eintretende GbR gerecht werden. Danach sind nicht nur der Eintritt und das Ausscheiden der GbR, vielmehr sind auch diejenigen Personen mit Name, Geburtstag und Wohnort in das Handelsregister einzutragen, die der GbR im Zeitpunkt ihres Eintritts in die KG angehören. Darüber hinaus ist jeder spätere Wechsel in der Zusammensetzung der GbR zur Eintragung in das Handelsregister anzumelden.[21] Die einzelnen Gesellschafter sind mit dem Zusatz „in Gesellschaft bürgerlichen Rechts" einzutragen; und zwar auch dann, wenn die GbR einen speziellen Namen führt.[22]

Praxistipp   **10**
Scheidet die Gesellschaft bürgerlichen Rechts aus der Personenhandelsgesellschaft aus, ist dies gemäß § 143 Abs. 2 i.V.m. Abs. 1 S. 1, §162 Abs. 3 i.V.m. Abs. 1 HGB beim Handelsregister **anzumelden und einzutragen**.

---

bb) GbR als Komplementärin
Noch nicht obergerichtlich geklärt ist dagegen die Komplementärfähigkeit einer GbR. Nach der **11** Auffassung des **LG Berlin** kann eine GbR auch persönlich haftende Gesellschafterin einer KG sein.[23] Dem entspricht es, wenn auch die Fähigkeit einer GbR zur Übernahme der Stellung einer Gesellschafterin in einer OHG bejaht wird.[24] Dabei müsse aber wegen § 106 Abs. 2 HGB die **konkrete Vertretungsbefugnis** innerhalb der GbR und **jeder Wechsel von Gesellschaftern** bzw. von Vertretungsbefugnissen in der GbR in das Handelsregister **eingetragen** werden.[25] Die **Firmierung** müsse darüber hinaus den Rechtsformzusatz „GbR & Co. KG" enthalten. Das OLG Celle ist zu derselben Rechtsauffassung gelangt.[26]

cc) Englische Limited als Komplementärin
Nach ganz h.M., insbesondere auch nach der Auffassung des BayObLG, kann auch eine engli- **12** sche private limited company persönlich haftende Gesellschafterin einer KG sein.[27]

Wichtig   **13**
Dabei muss wegen § 19 Abs. 2 HGB die **Firmierung** darauf hinweisen, dass die Haftung auf das Vermögen der Limited als Komplementärin beschränkt ist und die **Geschäftsbriefbögen** müssen die nach §§ 177a, 125a HGB erforderlichen Angaben über die Limited enthalten, so dass die Geschäftspartner die Möglichkeit haben, sich beim englischen „companies house"[28] nähere Informationen über die Komplementärin zu verschaffen.

---

20 BGH DNotZ 2002, 57.
21 BGH DNotZ 2002, 57.
22 BGH DNotZ 2002, 57; der Gesetzgeber hat diese Rechtsprechung des BGH nachträglich durch Einführung des neuen § 162 Abs. 1 S. 2 HGB legitimiert (ERJuKOG v. 10.12.2001, BGBl I, 3422).
23 LG Berlin DStR 2003, 1585 m. Anm. *Wälzholz*; dazu auch *Bergmann*, ZIP 2003, 2231.
24 Baumbach/*Hopt*, HGB, § 106 Rn 6.
25 LG Berlin DStR 2003, 1585 m. Anm. *Wälzholz*.
26 OLG Celle ZIP 2012, 766.
27 BayObLG ZIP 1986, 840; *Binz/Mayer*, GmbHR 2003, 249; *Werner*, GmbHR 2005, 288.
28 S. www.companieshouse.gov.uk.

14 Das AG Bad Oeynhausen wollte demgegenüber die Ltd. & Co. KG als unzulässige Vermischung von nationalen Rechtsnormen für nicht zulässig und damit auch für nicht eintragungsfähig ansehen.[29] Diese Rechtsauffassung wurde schon in der Beschwerdeinstanz verworfen[30] und hat sich in der Praxis zu Recht nicht durchgesetzt.

3. Der Vertragsabschluss

15 Bei **Abschluss des Gesellschaftsvertrages** sind die allgemeinen Regeln über die Abgabe von Willenserklärungen zu beachten, wobei auch die **allgemeinen Vertretungsregelungen** hinsichtlich der gesetzlichen Vertretung und der gewillkürten Stellvertretung gelten.[31] Das Verbot der Mehrvertretung bzw. des Selbstkontrahierens gemäß § 181 BGB ist ebenso zu beachten wie die einschränkenden Vorgaben der gesetzlichen Vertretung Minderjähriger und der damit verbundenen gerichtlichen Genehmigungserfordernisse.

---

16 **Wichtig**

Bei Publikumsgesellschaften können insbesondere auch die **Verbraucherschutzbestimmungen** zu beachten sein, so dass der Abschluss des Gesellschaftsvertrages bzw. der Beitritt zur Gesellschaft den **Rechtsregeln des Haustür-Widerrufsgeschäfts** unterliegen kann.[32] Das haben inzwischen auch der BGH[33] und der EuGH[34] bestätigt.

Wird die Beteiligung fremdfinanziert, können auch die Vorschriften über das **Verbraucherdarlehen** nach §§ 491ff. BGB einschlägig sein.

17 Üblicherweise erfolgt der Vertragsabschluss durch eine **Einigung** und ggf. **Unterzeichnung** in einer Gründungsversammlung. Ebenso kann der Gründungsvorgang – wenn keine anderslautenden gesetzlichen Vorgaben dagegen sprechen – durch **getrennte bzw. nacheinander abzugebende Erklärungen** der einzelnen Gründungsgesellschafter erfolgen. Auch eine sog. **Stufengründung** durch Beitritt weiterer Gesellschafter zu einer schon gegründeten Gesellschaft kommt in Betracht.[35]

4. Der Gesellschaftszweck

18 Die inhaltlichen Anforderungen für eine Personengesellschaft in der Rechtsform der Gesellschaft bürgerlichen Rechts ergeben sich aus § 705 BGB. Es bedarf der **Verabredung zur Förderung eines gemeinsamen Zwecks**. Die Erreichung des gemeinsamen Zwecks kann nach § 726 BGB auch zugleich als Beendigungstatbestand für die Gesellschaft vereinbart werden.

19 Bei **Personenhandelsgesellschaften** ist es erforderlich, dass die Gesellschaft auf den **Betrieb eines Handelsgewerbes unter gemeinschaftlicher Firma** gerichtet ist. Dazu muss ein kaufmännisch eingerichteter Geschäftsbetrieb vorhanden sein (§§ 105 Abs. 1, 161 Abs. 1 HGB). Die Vereinbarung des Betriebes eines Handelsgewerbes, das einen **kaufmännischen Geschäftsbetrieb** erfordert, macht die Gesellschaft auch gegen den Willen bzw. auch ohne Eintragung im Handelsregister zur Personenhandelsgesellschaft.

---

29 AG Bad Oeynhausen GmbHR 2005, 692, dazu EWiR 2005, 541 (*Wachter*).
30 LG Bielefeld GmbHR 2006, 89.
31 Palandt/*Sprau*, BGB, § 705, Rn 11; Gummert/*Johansson*, § 2 Rn 45.
32 OLG Hamm NZG 2003, 228, 229; vgl. auch BGH NJW 1996, 3414 zum Widerrufsrecht nach § 312 BGB.
33 BGH ZIP 2008, 1022.
34 EuGH v. 15.4.2010 – C 215/08, DStR 2010, 878.
35 Gummert/*Johansson*, § 2 Rn 42.

Arens

Wichtig 20

Eine als Gesellschaft bürgerlichen Rechts bezeichnete Personengesellschaft kann insoweit „Schein-GbR" sein bzw. durch allmähliches Wachstum unerkannt zur Offenen Handelsgesellschaft werden.[36]

Eine Personenhandelsgesellschaft setzt jedoch den Betrieb eines Handelsgewerbes, also eine 21 gewerbliche Tätigkeit voraus, wobei seit der Handelsrechtsreform per 1.7.1998 auch **private Vermögensverwaltung** „gewillkürt" zum Gegenstand einer solchen gewerblichen Tätigkeit gemacht werden kann und dann zur Eintragung in das Handelsregister berechtigen kann. Eine gewisse Ausnahme lassen seit dem Jahr 2007 die Wirtschaftsprüferordnung und seit dem Jahr 2008 das Steuerberatungsgesetz zu, wonach inzwischen auch die Zulässigkeit einer Steuerberatungs-GmbH & Co.KG gegeben ist. Trotz der berufsrechtlichen Zulässigkeit wird die handelsrechtliche Zulässigkeit bzw. die Eintragungsfähigkeit solcher Gesellschaften im Handelsregister aber angezweifelt.[37] **Land- und forstwirtschaftliche Tätigkeit** und sonstige **freiberufliche Tätigkeit** schließen dagegen die Gründung bzw. die Annahme einer Personenhandelsgesellschaft aus.

Umgekehrt kann **für bestimmte Geschäftstätigkeiten** einer Gesellschaft ein **Rechtsform-** 22 **zwang** bestehen. So kann für bestimmte Tätigkeiten die Rechtform der VVaG, der Aktiengesellschaft oder der GmbH vorgeschrieben sein (vgl. § 7 VAG, § 2 Abs. 1 Bausparkassengesetz, § 2 Hypothekenbankgesetz, § 1 Abs. 3 KAGG (Gesetz über Kapitalanlagegesellschaften) §§ 6, 96 InvG (Investmentgesetz), § 27 WPO, § 2a KWG).

5. Die Organisation der Personengesellschaft und die Gesellschafterrechte

Die **gesetzlichen Regelungen** über die Gesellschaftsorganisation und die Gesellschafterrechte 23 im Personengesellschaftsrecht sind weitgehend **dispositiv**, können also durch die Gesellschafter abbedungen werden.

Die **Rechtsprechung** hat jedoch einige zwingende Regeln für Personengesellschaften ent- 24 wickelt, die nur bedingt (mittelbar) aus den gesetzlichen Vorschriften abzuleiten sind:

– **Grundsatz der Selbstorganschaft**
   Personengesellschaften können zwar interne Geschäftsführungs- und Vertretungsregelungen treffen, als unzulässig gilt es aber, wenn sämtliche Gesellschafter von der **Geschäftsführung und Vertretung** ausgeschlossen werden und diese ausschließlich auf Dritte übertragen werden sollen.[38]

– **Gleichbehandlungsgebot**
   Wenngleich im Gesellschaftsvertrag die Rechte und die Pflichten der Gesellschafter auch unterschiedlich ausgestaltet werden dürfen, gilt es jedoch als unzulässig, einzelne Gesellschafter willkürlich ungleich zu behandeln, also eine **Ungleichbehandlung ohne sachlichen Grund** herbeizuführen.[39]

– **Kernbereichslehre**
   Veränderungen der **wesentlichen Grundlagen** des Gesellschaftsvertrages allein durch Mehrheitsbeschluss sind danach nicht zulässig. Im Kernbereich der Mitgliedschaftsrechte bedarf es für Veränderungen vielmehr der **Einstimmigkeit**.[40]

---

36 Vgl. OLG Dresden NZG 2003, 124; OLG Brandenburg NZG 2002, 909.
37 Dazu *Arens*, DStR 2011, 1825.
38 BGH NJW 1982, 877.
39 Beck'sches Handbuch des Personengesellschaftsrechts/*Sauter*, § 2 Rn 55.
40 Vgl. Gummert/*Plückelmann*. § 4 Rn 15; BGH NJW 1995, 194, 195; BGH BGHZ 132, 263, 268 = NJW 1996, 1673; dazu auch *Arens*, steuerjournal 2007, 56.

– **Abspaltungsverbot**
Eine **isolierte Abtretung von Verwaltungsrechten** der Gesellschafter (Stimmrecht, Informationsrecht, Recht zur Geschäftsführung) ohne gleichzeitige Übertragung der Gesellschaftsbeteiligung selbst gilt als unzulässig (vgl. § 717 S. 1 BGB). Dies betrifft jedoch nicht die Abtretung von vermögensrechtlichen Ansprüchen (Gewinnansprüche/Abfindungsguthaben).[41]
– **Bestimmtheitsgrundsatz**
Vertragsänderungen, die durch Mehrheitsbeschlüsse herbeigeführt werden sollen, müssen eine hinreichend bestimmte **Grundlage im Gesellschaftsvertrag** haben.[42]

Ausnahmen vom Bestimmtheitsgrundsatz gelten im Bereich der Publikumspersonengesellschaften und der Personengesellschaften mit kapitalistischer Struktur und Organisation.[43]

6. Die Gesellschafterbeiträge

25 Die Verpflichtung der Gesellschafter, die Erreichung des gemeinsamen Zwecks zu fördern (**Förderungspflicht**) richtet sich in erster Linie nach den dazu getroffenen Vereinbarungen. Wesentlichster Gegenstand der Förderungspflicht ist die Vereinbarung über die **Gesellschafterbeiträge**.

a) Einlagen

26 Der wichtigste Gesellschafterbeitrag ist üblicherweise die Einlage des Gesellschafters. Die Einlage, die in das Vermögen der Gesellschaft geleistet wird und – bei Außengesellschaften – deren Haftungsmasse vermehrt, muss ein **einlagefähiger Leistungsgegenstand** sein. Üblicherweise handelt es sich um **Geldleistungen und/oder Sachleistungen**. Nicht einlagefähig sind – zumindest bei Außengesellschaften – Dienstleistungen der Gesellschafter.

27   Bei den **Innengesellschaften**, bei denen üblicherweise kein gesamthänderisch gebundenes Gesellschaftsvermögen gebildet wird, wird dagegen die Einlage vom Innenbeteiligten (stiller Gesellschafter/Unterbeteiligter) in das Vermögen des Hauptbeteiligten geleistet. Insoweit kommt auch eine Dienstleistung als Einlage, zumindest als Gesellschafterbeitrag, in Betracht.

---

28 **Wichtig**
Wenngleich **Dienstleistungen** der Gesellschafter – zumindest bei Außengesellschaften – nicht taugliche Einlage in das Gesellschaftsvermögen sind, können sie dennoch **als Gesellschafterbeitrag** vereinbart werden.

---

29 Von besonderer praktischer Bedeutung im Zusammenhang mit den Beiträgen bzw. Einlagen der Gesellschafter ist die **Bildung der Gesellschafterkonten** und die Abgrenzung zwischen Kapital- und Darlehenskonten, ferner aber auch die Bestimmung, ob **Tätigkeitsvergütungen** der tätigen Mitgesellschafter als Vorabgewinne oder als Sondervergütungen (Aufwand der Gesellschaft vor Gewinnverteilung) sein sollen.[44]

---

41 Vgl. BGH BGHZ 3, 354; MüKo-BGB/*Ulmer,* § 717 Rn 7.
42 Vgl. Gummert/*Plückelmann,* § 4 Rn 10, 12.
43 Vgl. BGH BGHZ 71, 53; BGH BGHZ 85, 350; Gummert/*Johansson,* § 2 Rn 148.
44 Dazu umfassend *Röhrig/Doege,* DStR 2006, 489; *Arens,* Steueranwaltsmagazin 2003, 34.

b) Tätigkeitsvergütungen

Aufgrund der Regelung in § 15 Abs. 1 S. 1 Nr. 2 Hs. 2 EStG werden Vergütungen, die der Gesell- **30** schafter von der Gesellschaft für seine Tätigkeit im Dienst der Gesellschaft bezieht, den Einkünften aus Gewerbebetrieb zugerechnet, obwohl möglicherweise zivilrechtlich ein Dienstverhältnis zwischen dem Gesellschafter und der Gesellschaft vorliegt.[45] Dies gilt über die Verweisung des § 18 Abs. 4 EStG entsprechend auch für Personengesellschaften (Mitunternehmerschaften) von selbständig Tätigen (Freiberuflern). Nur wenn Tätigkeitsvergütungen (oder Zinsen) als Vorabgewinne zu qualifizieren sind, sind sie mit **verrechenbaren Verlustanteilen** i.S.v. § 15a EStG zu verrechnen.[46]

aa) Einkommensteuerliche Folgen der Qualifizierung

Ergibt sich auf der Ebene der Gesellschaft ein **Verlust**, sind solche Tätigkeitsvergütungen bei **31** einer Qualifizierung als Sonderbetriebseinnahmen dem steuerpflichtigen Einkünften des Gesellschafters zuzurechnen, wobei der Verlust selbst bzw. die Beteiligung des Gesellschafters an dem Verlust auf Ebene der Gesellschaft gemäß § 15a EStG nur mit künftigen Gewinnen bzw. Gewinnanteilen verrechenbar ist.

Wichtig **32**

Auf der Ebene des Gesellschafters kommt es dann also auch in Verlustjahren zu entsprechenden steuerpflichtigen Einkünften in Form der Sonderbetriebseinnahmen. Diese Sonderbetriebseinnahmen sind mit dem Verlust auf Ebene der Gesellschaft also nicht verrechenbar (sog. **Saldierungsverbot**).[47] In Betracht kommt nur ein sog. Verlustausgleich, also eine Saldierung mit positiven Einkünften aus anderen Einkunftsquellen.

Das galt nach früherer Praxis unabhängig davon, ob die Tätigkeitsvergütung nach den gesell- **33** schaftsrechtlichen Vereinbarungen im Innenverhältnis der Gesellschafter zueinander als **Aufwand** zu behandeln ist oder ob der Komplementär-GmbH als **Vorab-Vergütung** ein Gewinnanteil für die Geschäftsführung zusteht, den sie als Gehalt an ihren Geschäftsführer weiterleitet. Besonderheiten galten allenfalls dann, wenn die Komplementär-GmbH neben ihrer Funktion als Geschäftsführerin der GmbH & Co. KG noch einen eigenen wirtschaftlichen Geschäftszweig hat. In diesem Fall kann eine Aufteilung der Tätigkeitsvergütung an den Geschäftsführer dieser Komplementär-GmbH geboten sein.

bb) Neuere Rechtsprechung des BFH

Der BFH hat diese Auffassung inzwischen allerdings relativiert.[48] Die Qualifizierung als **Sonder- 34 betriebseinnahmen** soll danach nur dann in Betracht kommen, wenn die Vergütung nach dem Gesellschaftsvertrag als Kosten (vor Gewinnverteilung) zu behandeln sein soll und insbesondere auch dann zu bezahlen sein soll, wenn kein (entsprechender) Gewinn erwirtschaftet wird. Fehle es an einer unmissverständlichen Vereinbarung, so handele es sich – im Zweifel – um eine bloße Gewinnverteilungsabrede.[49]

---

45 Zur Hinzurechnung einer durch eine beherrschte GmbH an den Kommanditisten der beherrschenden GmbH & Co. KG gezahlten Tätigkeitsvergütung zum Gewinn der KG und zur Behandlung als Sondervergütung nach § 15 Abs. 1 S. 1 Nr. 2 EStG siehe FG Rheinland-Pfalz DStRE 2002, 1383.
46 BFH BStBl II 1992, 167 = GmbHR 1992, 541.
47 BFH BStBl II 2001, 621.
48 BFH BStBl II 1999, 720; ähnlich auch zuvor bereits *Groh*, DStZ 2001 358 m.w.N.
49 So auch FG Nürnberg DStRE 2003, 1354.

35   Entsprechendes gilt nach dieser Rechtsprechung im Übrigen auch für **Zinsansprüche** des Gesellschafters. Entscheidend für die Einordnung (als Vorabgewinn und nicht als Sonderbetriebseinnahme) soll dabei sein, dass es sich nicht um ein Darlehenskonto handelt, sondern um ein Kapitalkonto.

---

36 **Wichtig**

Der Zinsanspruch muss also nach dem Saldo des (positiven) Kapitalkontos I und dem (ggf. negativen) Saldo des Kapitalkontos II als eines echten Kapitalkontos zu bestimmen sein.[50]

---

37 Die Abgrenzung zwischen Vorabgewinnen und Sonderbetriebseinnahmen dürfte ab 2001 an Bedeutung gewonnen haben, da der Anteil des Mitunternehmers am **Gewerbesteueranrechnungsvolumen** i.S.v. § 35 EStG n.F. nur nach dem Gewinnanteil und nicht auch unter Berücksichtigung von Sonderbetriebseinnahmen zu bemessen ist.

38   Über die Frage, ob Tätigkeitsvergütungen und Zinsen als Sonderbetriebseinnahmen zu erfassen sind, ist im Rahmen der **einheitlichen und gesonderten Gewinnfeststellung** mit bindender Wirkung auch für den Feststellungsbescheid nach § 15a Abs. 4 EStG zu entscheiden.[51]

---

39 **Praxistipp**

Die gesonderte und einheitliche Feststellung der Einkünfte einer KG (hier: Zurechnung von Tätigkeitsvergütungen zum Verlust der KG oder zum Sonderbetriebsgewinn) und die Feststellung der verrechenbaren Verluste (§ 15a Abs. 4 EStG) sind allerdings zwei Verwaltungsakte mit der Folge, dass im finanzgerichtlichen Verfahren zwei **selbständige Klagebegehren** vorliegen.[52]

---

cc) Insolvenzfestigkeit bezogener Tätigkeitsvergütungen der Gesellschafter

40 Während in einer Kapitalgesellschaft, insbesondere in der **GmbH**, die vom Geschäftsführer bezogenen Dienstvergütungen letztlich zumindest im Grundsatz als insolvenzfest gelten, also auch im Insolvenzfall nicht zurückgezahlt werden müssen, ist bei der **GmbH & Co. KG** die Insolvenzfestigkeit bezogener Tätigkeitsvergütungen der Gesellschafter nicht sichergestellt.

41   Selbst bei der GmbH ist aber – zumindest unter der Geltung des bisherigen Eigenkapitalersatzrechts – auch nicht auszuschließen, dass entsprechend der Rechtsfigur der eigenkapitalersetzenden Nutzungsüberlassung (siehe dazu § 44 Rn 126 ff.) auch die Rechtsfigur der **eigenkapitalersetzenden Dienstleistung** zu einer entsprechenden insolvenzrechtlichen Haftung führen kann. Wenn nämlich nach den sog. „Lagergrundstücks-Entscheidungen" des BGH die während der „Krise" im Sinne des Eigenkapitalersatzrechts gezahlten Mieten oder Pachten im Zusammenhang mit der sog. **eigenkapitalersetzenden Nutzungsüberlassung**[53] von Gesellschaftern oder den Gesellschaftern nahe stehenden Personen als Vermietern/Verpächtern an die Gesell-

---

50 BFH BStBl II 2001, 621.
51 BFH BStBl II 2001, 621.
52 BFH BStBl II 1999, 592.
53 BGH ZIP 1989, 1542, dazu EWiR 1990, 371 (*Fabritius*); BGH ZIP 1993, 1874, dazu EWiR 1994, 77 (*Eckert*); BGH ZIP 1994, 1441, dazu EWiR 1994, 1107 (*Fleck*); BGH ZIP 1994, 1261, dazu EWiR 1994, 1201 (*Timm*); BGH ZIP 1997, 1375, dazu EWiR 1997, 753 (*v. Gerkan*); dazu auch Weisemann/Smid/*Arens*, Handbuch der Unternehmensinsolvenz, Kap.11, S. 362 ff.; *Sundermeier/Wilhelm*, DStR 1997, 1454; *Jebens/Wagner*, DB 1998, 2253.

Arens

schaft ggf. zurückgezahlt werden müssen, stellt sich die Frage, ob nicht Gleiches auch für während der „Krise" im eigenkapitalersatzrechtlichen Sinne gezahlte Tätigkeitsvergütungen gelten muss.[54] Die zivilrechtliche Rechtsprechung hat diese Rechtsfigur der Kapitalersatzhaftung bislang allerdings noch nicht übernommen.

Bei der **GmbH & Co. KG** stellt sich diese Frage dagegen sehr deutlich. Die von den Gesell- **42** schaftern bezogenen Tätigkeitsvergütungen, insbesondere die vom Gesellschafter-Geschäftsführer in der Komplementär-GmbH bezogene Dienstvergütung, stellt regelmäßig handelsrechtlich eine Vorwegentnahme auf den Gewinnanteil des Gesellschafters für das betreffende Jahr dar. Ist aber aufgrund der wirtschaftlichen Situation des Unternehmens kein entsprechender entnahmefähiger Gewinn zu verzeichnen, so entsteht oder erweitert sich ein entsprechendes **negatives Kapitalkonto** des Gesellschafters.[55]

Nach § 169 Abs. 1 S. 2 HGB hat der Gesellschafter in der Kommanditgesellschaft aber keinen **43** Anspruch auf Auszahlung von Gewinnen, solange sein **Kapitalanteil durch Verlust unter den auf die bedungene Einlage geleisteten Betrag herabgemindert** ist oder durch die Auszahlung unter diesen Betrag herabgemindert würde.

Wichtig   **44**
Nach § 172 Abs. 4 S. 2 HGB gilt – mit der Rechtsfolge des **Wiederauflebens der Kommanditistenhaftung** im Außenverhältnis – die Einlage des Kommanditisten gegenüber den Gläubigern der Gesellschaft als nicht geleistet, soweit ein Kommanditist Gewinnanteile entnimmt, während sein Kapitalanteil durch Verlust unter den Betrag der geleisteten Einlage herabgemindert ist oder soweit durch die Entnahme der Kapitalanteile unter den bezeichneten Betrag herabgemindert wird.

Soweit also durch die Auszahlung von Tätigkeitsvergütungen an Gesellschafter oder Gesell- **45** schafter-Geschäftsführer in der GmbH & Co. KG entsprechende **negative Kapitalkontenentwicklungen** geschaffen werden, riskieren die Gesellschafter im Falle der späteren Insolvenz der Gesellschaft, vom Insolvenzverwalter über das Vermögen der Gesellschaft auf Rückzahlung derjenigen Tätigkeitsvergütungen in Anspruch genommen zu werden, die nicht von einem entsprechenden Gewinnanteil getragen waren.

Wichtig   **46**
Zwar trifft nach § 167 Abs. 3 HGB den Kommanditisten **keine Nachschusspflicht für Verluste** und nach § 169 Abs. 2 HGB ist der Kommanditist auch nicht verpflichtet, zu Recht bezogene Gewinne früherer Jahre wegen späterer Verluste zurückzuzahlen, nach den Vorschriften der §§ 169 Abs. 1 S. 2, 172 Abs. 4 S. 2 HGB ist der Kommanditist aber verpflichtet, sog. **Überentnahmen**, also nicht von einem entsprechenden Gewinn in den jeweiligen Jahren getragene Entnahmen, zurückzugewähren.

Es stellt sich also letztlich die Frage, ob Tätigkeitsvergütungen, die nicht von einer entsprechen- **47** den Gewinnbeteiligung getragen sind, insbesondere aber in Verlustjahren bezogene Tätigkeitsvergütungen, als solche „Überentnahmen" anzusehen sind oder ob sie außerhalb des Gesellschaftsverhältnis liegende Dienstvergütungen nach §§ 611 ff. BGB sind, die vor dem Hintergrund des **Gegenleistungscharakters** insolvenzfest sind.

---

54 Vgl. *Haas/Dittrich*, DStR 2001, 621; *Treffer*, GmbHR 2002, 22.
55 *Arens*, Steueranwaltsmagazin 2003, 34.

Arens

48 Wichtig

Zumindest dann, wenn die Tätigkeitsvergütungen der Kommanditisten gesellschaftsvertraglich und nicht durch einen schuldrechtlich vereinbarten **Dienstvertrag** geregelt sind, besteht die dringende Gefahr, dass im Insolvenzfall Rückzahlung solcher Tätigkeitsvergütungen an die Gesellschaft, vertreten durch den Insolvenzverwalter, zu leisten sind.

49 Nach einer **Literaturmeinung** soll zumindest eine **„angemessene Tätigkeitsvergütung"**, wenn sie nicht von einer entsprechenden Gewinnbeteiligung getragen ist, nicht zu einem Wiederaufleben der Kommanditistenhaftung nach § 172 Abs. 4 HGB führen; nur für eine „unangemessene", weil überhöhte Tätigkeitsvergütung soll dies gelten.[56]

50 Nach anderer Auffassung soll dagegen zwischen einer gesellschaftsrechtlich gewährten und einer dienstvertraglich geregelten Tätigkeitsvergütung zu unterscheiden sein; nur eine **angemessene dienstvertraglich geregelte Tätigkeitsvergütung** soll danach keine Einlagenrückgewähr i.S.v. § 172 Abs. 4 HGB darstellen.[57] Während der werbenden Tätigkeit der Gesellschaft soll aber ggf. die Gesellschaft nicht berechtigt sein, den Rückforderungsanspruch geltend zu machen.[58]

51 Nach § 171 Abs. 2 HGB werden **Einlageansprüche** der Gesellschaft gegen die Kommanditisten **nach Eröffnung des Insolvenzverfahrens** ausschließlich durch den Insolvenzverwalter geltend gemacht. Entsprechende Regelungen sind seit dem 1.1.1999 auch in §§ 92, 93 InsO enthalten.[59] Vor dem Hintergrund des sog. **Konzentrationsprinzips** im Insolvenzverfahren soll die Geltendmachung von Haftungsansprüchen während des Insolvenzverfahrens allein durch den Insolvenzverwalter erfolgen und zwar zur Vermeidung einer Konkurrenz unter den Gläubigern.

7. Die Dauer der Gesellschaft

52 Weiterer wesentlicher Regelungsgegenstand der Gründungsvereinbarung ist die **Dauer der Gesellschaft** und in diesem Rahmen insbesondere der **Beginn der Gesellschaft**. Spätestens mit der **Aufnahme ihrer Tätigkeit** entsteht die Gesellschaft, auch wenn beispielsweise – bei Personenhandelsgesellschaften – die Eintragung in das Register noch nicht erfolgt ist.

53 Wichtig

Daraus können Probleme im Hinblick auf die **Haftungsbeschränkung**, die möglicherweise angestrebt wird, verbunden sein (vgl. § 176 HGB: Unbeschränkte Kommanditistenhaftung bei Aufnahme der Tätigkeit der Kommanditgesellschaft vor Eintragung im Handelsregister).

54 Personengesellschaften werden regelmäßig **auf unbestimmte Dauer errichtet**. Dann stellt sich einerseits die Frage nach den Kündigungsmöglichkeiten der einzelnen Gesellschafter, andererseits die Frage nach den **Wirkungen des Ausscheidens** eines Gesellschafters aus der Gesellschaft, insbesondere bei Tod, auf den Fortbestand der Gesellschaft. Während bei der Gesellschaft bürgerlichen Rechts nach dem gesetzlichen Regelungsstatut der §§ 705 ff. BGB das Ausscheiden eines Gesellschafters, und sei es durch Tod, als **Beendigungstatbestand** gilt und die Gesellschaft in das Liquidationsstadium überleitet, führt bei Personenhandelsgesellschaften nach dem gesetzlichen Regelungsstatut das Ausscheiden eines Gesellschafters nicht (mehr) die

---

56 *Binz/Sorg*, § 5 Rn 53.
57 OLG Celle OLGZ 1973, 343; vgl. auch *Ley*, DStR 2003, 957.
58 Vgl. auch *Huber*, ZGR 1988, 1, 61.
59 Dazu Weisemann/Smid/*Arens*, Handbuch der Unternehmensinsolvenz, Kap. 11, S. 342 ff.

Arens

Beendigung der Gesellschaft herbei (siehe dazu § 26 Rn 329 ff.). Insoweit besteht jedoch weitgehend **Gestaltungsfreiheit der Gesellschafter**.

Praxistipp 55

Vor diesem Hintergrund ist im Rahmen der **Gründungsberatung** die Regelung über das Ob und das Wie des Fortbestandes der Gesellschaft bei Ausscheiden eines Gesellschafters, insbesondere durch Tod, ein ganz wesentlicher Aspekt. Auch sollten die verschiedenen Tatbestände eines Ausscheidens unter Lebenden und von Todes wegen differenziert geprüft, besprochen und ggf. geregelt werden.

Während nach der ständigen Rechtsprechung des BGH bei Kapitalgesellschaften die Vererblich- 56 keit des Gesellschaftsanteils grundsätzlich nicht ausgeschlossen werden kann, kann dies bei Personengesellschaften sehr wohl vereinbart werden. Durch die Verwendung der sog. **Fortsetzungsklausel** bzw. **qualifizierten Nachfolgeklausel** bzw. **qualifizierten Eintrittsklausel** kann das Einrücken der Erben eines verstorbenen Gesellschafters gänzlich ausgeschlossen werden bzw. für einzelne Personen aus dem Kreis der Erben des Gesellschafters ausgeschlossen werden (siehe dazu § 26 Rn 341 ff.).

Praxistipp 57

Im Hinblick auf die daraus resultierenden einkommensteuerlichen und erbschaftsteuerlichen Folgen, ist dieser Aspekt im Rahmen der Gründungsberatung regelmäßig mit den Beteiligten intensiv zu erörtern.

In der Praxis seltener finden sich Vereinbarungen über die Gründung einer **Gesellschaft auf** 58 **bestimmte Dauer**. Dabei ist zunächst zu klären, ob nicht letztlich nur der Ausschluss der ordentlichen Kündigung für den betreffenden Zeitraum vereinbart sein soll, die Gesellschaft also mangels einer Kündigung sich auf unbestimmte Dauer fortsetzen soll (unbefristeter Ausschluss des Rechts zur ordentlichen Kündigung).

Der Gesellschaftsvertrag kann aber auch eine **echte Befristung der Dauer der Gesellschaft** 59 vorsehen bzw. den Bestand der Gesellschaft unter eine **auflösende Bedingung** stellen. Mit dem Ablauf der Befristung bzw. mit dem Eintritt der auflösenden Bedingung endet die Gesellschaft dann durch Fristablauf bzw. wegen Zweckerreichung.

Weiterer Beendigungstatbestand kann die sog. **Zweckverfehlung** werden, wenn also fest- 60 steht, dass der angestrebte Zweck der Gesellschaft endgültig nicht mehr erreicht werden kann.

Die Vereinbarungen über die Dauer der Gesellschaft unterliegen nur wenigen gesetzlichen 61 Begrenzungen. Auch die Vereinbarung einer Dauer von 30 Jahren ist prinzipiell als unbedenklich anzusehen.[60]

Wichtig 62

Ausnahmsweise kann aber eine **übermäßig lange Bindung** auch unwirksam sein (vgl. § 724 S. 1 BGB) bzw. als **sittenwidrig** (§ 138 Abs. 1 BGB) anzusehen sein.

Unter dem Gesichtspunkt der Sittenwidrigkeit werden insbesondere auch sog. „**unzulässige** 63 **Kündigungserschwerungen**" bewertet. Es handelt sich dabei um die Fallgestaltungen, in denen das Recht zum Austritt (durch Kündigung) eines Gesellschafters faktisch dadurch unbillig erschwert wird, dass die Bedingungen seines Ausscheidens in anstößiger Weise zu seinen Las-

---

60 Vgl. BGH WM 1967, 315; einschränkend für Freiberufler-Sozietäten aber BGH DB 2006, 2739.

ten geregelt werden. Dies betrifft insbesondere die Fallgestaltungen, in denen die **Höhe oder** die **Fälligkeit des Abfindungsguthabens** in unangemessener Weise eingeschränkt wird.

8. Die Namensführung/Firmierung

64 Weiterer wesentlicher Regelungsgegenstand bei der Gründung einer Personengesellschaft ist üblicherweise die **Namensführung** der Gesellschaft. Bei der Gesellschaft bürgerlichen Rechts werden üblicherweise die Namen der Gesellschafter, ggf. mit einem Rechtsformzusatz „GbR" verwendet. Selbstverständlich kann aber auch hier eine auf die Gesellschaftstätigkeit bzw. den Gesellschaftszweck bezogene Namensführung verwendet werden.

65 **Wichtig**
Nicht verwendet werden dürfen dabei aber Zusätze, die eine **Verwechselungsgefahr** hinsichtlich der Rechtsform heraufbeschwören können, insbesondere den Eindruck einer tatsächlich nicht existierenden Personenhandelsgesellschaft oder Partnerschaftsgesellschaft erwecken können.[61]

66 **Praxistipp**
§ 15b GewO a.F. beinhaltete bisher Vorgaben für die Namensverwendung auf **Geschäftsbriefen**. Gewerbetreibende, für die keine Firma im Handelsregister eingetragen ist, mussten danach ihren Familiennamen mit mindestens einem ausgeschriebenen Vornamen sowie die Familiennamen aller Gesellschafter angeben. Die Vorschrift ist durch das sog. Dritte Mittelstandsentlastungsgesetz vom 17.3.2009[62] inzwischen gestrichen worden. Die Vorgaben für die Geschäftsbriefbögen enthält nun abschließend **§ 37a HGB**.

67 Für Personenhandelsgesellschaften und Partnerschaftsgesellschaften gelten ergänzende gesetzliche Regelungen. Die **Firma**, also der **Name des Kaufmanns im Rechtsverkehr**, ist notwendigerweise in das Register einzutragen. Sie ist im Geschäftsverkehr auch zu verwenden.

68   Für die **Bildung der Firma** sind bei Personenhandelsgesellschaften die §§ 17 ff. HGB zu beachten, wobei die Firma einerseits einen den Kaufmann bzw. das kaufmännische Unternehmen **kennzeichnenden Teil** und andererseits einen **Rechtsformzusatz** enthalten muss (§§ 18, 19 HGB).[63]

69   Die Firmierung muss zunächst **hinreichende Kennzeichnungskraft** besitzen, also als Name zur Kennzeichnung geeignet sein. Seit der Handelsrechtsreform zum 1.7.1998 kann sie aus aussprechbaren Wörtern oder Zeichenfolgen, die im Geschäftsverkehr als Namen verstanden werden, bestehen oder aber als Personen- oder Sachfirma gebildet werden. Gemäß dem **Grundsatz der Firmenwahrheit** darf sie nicht unzutreffende geschäftliche Verhältnisse suggerieren.

70   Neben dieser Kennzeichnungskraft muss sie auch **hinreichende Unterscheidungskraft** besitzen, sich also von anderen Firmen im Registerbezirk deutlich unterscheiden (§§ 18 Abs. 1, 30 Abs. 1 HGB). Schließlich muss sie nach § 19 HGB einen die **Rechtsform kennzeichnenden Zusatz** enthalten.

9. Der Sitz der Gesellschaft

71 Schließlich gehört zu den wesentlichen Regelungen des Gesellschaftsvertrages die Regelung über den **Sitz der Gesellschaft**. Zu unterscheiden sind der **gesellschaftsvertragliche Sitz** und der **tatsächliche Verwaltungssitz**, also der Ort, an dem die Geschäftsleitung tatsächlich erreichbar ist.

---

61 Vgl. Gummert/*Johansson*, § 2 Rn 90 ff.
62 BGBl I 2009, 550.
63 *Müther*, § 7 Rn 7 ff.

Vom Sitz hängen wichtige Rechtsfolgen, insbesondere hinsichtlich der **Zuständigkeitsfragen** ab.[64] Dies betrifft etwa:
- die Zuständigkeit des Registergerichts (vgl. §§ 106 Abs. 1, 13 HGB),
- den allgemeinen Gerichtsstand (vgl. § 17 Abs. 1 ZPO),
- das sog. Gesellschaftsstatut,
- das international anwendbare Recht.

Seit 2008 ist bei Personenhandelsgesellschaften und Partnerschaftsgesellschaften neben der **72** Angabe über den Sitz der Gesellschaft auch die Angabe über die inländische Geschäftsanschrift Teil der **Anmeldung zum Handels- bzw. Partnerschaftsregister.** Auch die **Lage der Geschäftsräume** ist nunmehr also in der Anmeldung anzugeben und wird im Interesse einer Zustellungserleichterung für die Gläubiger in der Handelsregistereintragung aufgenommen (§ 106 Abs. 2 Nr. 2 HGB, § 4 Abs. 1 PartGG, siehe bisher § 24 HRV a.F.).[65] Änderungen der Geschäftsanschrift müssen daher ebenfalls formgerecht zur Eintragung in das Handelsregister angemeldet werden.

Wichtig **73**
Allerdings wurde bisher von der wohl h.M. vertreten, dass bei der Personenhandelsgesellschaft (OHG bzw. KG) der Sitz der **Ort der tatsächlichen Hauptverwaltung,** also der Geschäftsführung sei. Anders als bei Kapitalgesellschaften (vgl. §§ 5, 23 Abs. 3 Nr. 1 AktG; § 3 Abs. 1 Nr. 1 GmbHG) könne eine Personenhandelsgesellschaft keinen davon abweichenden vertraglichen bzw. satzungsmäßigen Sitz haben. Auch bei einer davon **abweichenden vertraglichen Sitzbestimmung und Handelsregistereintragung** sei der Ort der Geschäftsführung der zutreffende und zuständigkeitsbegründende Sitz.[66] Unter der Geltung des MoMiG wird aber nun verbreitet vertreten, dass auch für Personen(handels)gesellschaften ein vom tatsächlichen Sitz verschiedener gesellschaftsvertraglicher Sitz in Betracht komme.[67] Für die Zulässigkeit eines sog. **Doppelsitzes** wird jedoch weiterhin kein Bedürfnis gesehen.[68]

Besondere praktische Bedeutung hat bei der KG in den letzten Jahren die Frage des **Verwal-** **74** **tungssitzes einer ausländischen Komplementärgesellschaft** erlangt. Nach der früher in der deutschen Rechtsprechung und Literatur vertretenen Sitztheorie konnte eine ausländische Kapitalgesellschaft im Inland als juristische Person – und somit die damit verbundene Haftungsbeschränkung auf das Gesellschaftsvermögen – nicht anerkannt werden, wenn sie den Ort ihrer Geschäftsleitung im Inland hatte. Durch die neue Rechtsprechung des EuGH[69] zur sog. **Gründungstheorie** ist diese Rechtsauffassung zumindest für Kapitalgesellschaften aus EU-Staaten obsolet geworden.[70]

10. Das Geschäftsjahr
Das **Geschäftsjahr** einer Gesellschaft ist im Zweifel das Kalenderjahr. Abweichende Regelungen **75** **(sog. abweichendes Geschäftsjahr)** sind unter Beachtung der handelsrechtlichen und der steuerrechtlichen Vorgaben möglich. Das Geschäftsjahr einer Handelsgesellschaft darf nach § 240 Abs. 2 S. 2 HGB die **Dauer von zwölf Monaten** jedoch nicht überschreiten.

---

64 Vgl. Baumbach/*Hopt*, HGB, § 106, Rn 8; *Müther*, § 7 Rn 9, § 8 Rn 10 m.w.N.
65 *Müther*, § 7 Rn 9.
66 Vgl. BGH BB 1957, 799; BGH MDR 1969, 662; Ebenroth/*Bippus*, JZ 1988, 677.
67 Baumbach/*Hopt*, § 106, Rn 8; *Zimmer/Naendrup*, NJW 2009, 548.
68 Baumbach/*Hopt*, § 106, Rn 9.
69 EuGH BB 2002, 2402 „Überseering"; EuGH NJW 2003, 3331 „Inspire Art".
70 Dazu umfassend *Binz/Sorg*, § 25 Rn 90 ff. m.w.N.

Arens

76 **Wichtig**
Während bei der Gründung einer Gesellschaft die Wahl des Geschäftsjahres weitgehend freigestellt ist, bedarf die **spätere Umstellung** des Geschäftsjahres steuerlich der **Zustimmung des Finanzamts** gem. § 4a Abs. 1 Nr. 2 EStG, § 8b EStDV.

11. Die Beendigungsregelungen

77 Typischerweise enthalten Gesellschaftsverträge auch Regelungen über die „gewillkürte" Beendigung der Gesellschaft oder zumindest der Mitgliedschaft, also **Kündigungsregelungen** für die ordentliche Kündigung.

78 Das Recht zur ordentlichen Kündigung ist nach § 723 Abs. 3 BGB nicht abdingbar, die Modalitäten der Kündigung können jedoch abweichend vom Gesetz geregelt werden, also hinsichtlich

– der Verkürzung oder der Verlängerung der **Kündigungsfristen**,
– der zulässigen **Endtermine** der Kündigung bzw.
– auch hinsichtlich eines **Ausschlusses der ordentlichen Kündigung für eine bestimmte Zeit**.

79 Das **Recht zur außerordentlichen Kündigung** kann ohnehin nicht eingeschränkt werden, wobei allerdings für Personenhandelsgesellschaften es unter der Besonderheit steht, dass nach § 133 HGB die **Auflösungsklage** vorgesehen ist.

II. Die Form und Wirksamkeit des Gesellschaftsvertrages

1. Grundsatz der Formfreiheit

80 Der Gesellschaftsvertrag der **Gesellschaft bürgerlichen Rechts (GbR)** und der **Personenhandelsgesellschaften** (OHG und KG) kann **grundsätzlich formfrei** abgeschlossen werden; Ausnahmen gelten beispielsweise für Umwandlungsvorgänge nach dem Umwandlungsgesetz.

81 Demgegenüber bedarf der Abschluss des **Partnerschaftsvertrages** nach § 3 Abs. 1 PartGG aus Beweisgründen der **Schriftform** nach § 126 BGB, und zwar seinem gesamten Inhalt nach, einschließlich aller Nebenabreden.[71]

82 Entsprechendes gilt für den Gründungsvertrag der **EWIV**, wobei zwar aus der EWIV-VO das Schriftformerfordernis nicht zwingend abzuleiten ist, sich jedoch mittelbar daraus ergibt, dass Art. 7 EWIV-VO die **Hinterlegung des Gründungsvertrages bei dem nationalen Register** vorschreibt, was voraussetzt, dass der Vertrag schriftlich abgefasst wurde. Der Schriftform nach § 126 BGB mit eigenhändiger Unterschrift bedarf es insoweit allerdings nicht, da nur die Existenz eines hinterlegungsfähigen Dokuments vorausgesetzt wird.[72]

83 **Notarielle Form** ist für die jeweiligen Gesellschaftsverträge **grundsätzlich nicht vorgeschrieben**, jedoch besteht gem. § 12 HGB das Erfordernis der **Anmeldung zur Eintragung in das Register in notariell beglaubigter Form** (§ 2 Abs. 1 EWIV-AG bzw. § 4 Abs. 1 PartGG i.V.m. § 106 Abs. 2 HGB, § 108 Abs. 2 HGB bzw. § 5 Abs. 2 PartGG i.V.m. § 12 Abs. 1 HGB).

---

71 Vgl. Gummert/*Johansson*, § 2 Rn 433 f. m.w.N.
72 Vgl. Gummert/*Pathe*, § 14 Rn 47; MünchGesR/*Salger*/*Neye*, Bd. 1, § 95 Rn 2.

2. Ausnahmsweise Formerfordernisse

Ausnahmsweise bedarf der Gesellschaftsvertrag einer Personengesellschaft der notariellen **84** Form, wenn

- die Personengesellschaft aus einer Umwandlung nach dem Umwandlungsgesetz hervorgehen soll (vgl. §§ 6, 234 Nr. 3 UmwG),
- einer der Gesellschafter im Rahmen der Gründung verpflichtet sein soll, ein Grundstück in die Gesellschaft einzubringen (§ 311b Abs. 1 BGB),
- der Gesellschaftsvertrag bzw. die Beitrittserklärung eines Gesellschafters die Verpflichtung enthält, ein Grundstück zu erwerben,[73]
- nach dem Gesellschaftsvertrag bzw. der Beitrittserklärung ideelle Miteigentumsanteile an Grundstücken, Erbbaurechte oder Wohnungseigentum in die Gesellschaft eingebracht bzw. von einem Gesellschafter zu erwerben sein sollen (§ 747 BGB, § 11 Abs. 2 ErbbauVO, § 4 Abs. 3 WEG);
- die Beteiligung an der Personengesellschaft im Wege einer reinen oder einer gemischten Schenkung schenkweise eingeräumt werden soll,[74]
- ein Gesellschafter nach dem Gesellschaftsvertrag verpflichtet ist, sein gegenwärtiges Vermögen oder einen Bruchteil seines gegenwärtigen Vermögens zu übertragen oder mit einem Nießbrauch zu belasten (§ 311b Abs. 3 BGB).

Die Vorschrift des **§ 311b Abs. 3 BGB,** die die notarielle Form bei Verpflichtung zur vollständigen **85** oder teilweisen Übertragung des derzeitigen Vermögens bzw. der Einräumung eines Nießbrauchs daran vorschreibt, spielt in der Praxis **für natürliche Personen** als Gesellschafter **keine Rolle**, sie kann jedoch **für juristische Personen** als Mitgesellschafter **von Bedeutung** sein.[75]

Wichtig   **86**
Besteht nach einer der vorstehend genannten Vorschriften ein **Formzwang**, so gilt dieser **für den gesamten Gesellschaftsvertrag bzw. die gesamte Beitrittsvertrag.** Grundstücksbezogene Verpflichtungen machen demgemäß i.d.R. den gesamten Gesellschaftsvertrag beurkundungspflichtig.[76]

Wichtig   **87**
Unter dem **Gesichtspunkt des sog. „Gesamtwillens"** sind demgemäß alle Vereinbarungen der Beteiligten der vorgegebenen Form unterworfen, wenn die Vereinbarungen miteinander „stehen und fallen" sollen, also ein **einheitliches Rechtsgeschäft** darstellen sollen. Insoweit genügt es für den Formzwang, wenn ein entsprechender Wille einer der Gründungsparteien vorhanden ist und den anderen Parteien bekannt ist.[77]

Beispiel   **88**
In seinem Beschluss vom 20.10.2009[78] hat sich der BGH (auch) mit der Beurkundungspflichtigkeit der **Anteilsübertragung an einer GmbH & Co. KG** auseinandergesetzt. Werden sowohl Kommanditanteile einer GmbH & Co. KG als auch Geschäftsanteile der Komplementär-GmbH an eine dritte Person übertragen, ist eine rechtswirksame Vereinbarung nur in notarieller Form möglich. Wenn nach dem Willen der Beteiligten die Geschäftsanteile der Komplemen-

---

73 BGH NJW 1978, 2505, 2506.
74 BGH BGHZ 112, 40, 45; *K. Schmidt*, BB 1990, 1992; Lutter/Hommelhoff/*Bayer*, GmbHG, § 15 Rn 17, 19.
75 Vgl. Gummert/*Johansson*, § 2 Rn 57; *Binz/Mayer*, NJW 2002, 3055.
76 Vgl. RG v. 5.2.1902 – Rep.V. 282/01, RGZ 50, 163, 168; MünchGesR/*Happ/Brunkhorst*, Bd. 1, § 5 Rn 53; *Wiesner*, NJW 1984, 95.
77 BGH BGHZ 76, 43, 48; BGH BGHZ 78, 346, 349; BGH BGHZ 101, 393, 396; Gummert/*Johansson*, § 2 Rn 58; *Binz/Mayer*, NJW 2002, 3055, 3059.
78 BGH ZIP 2010, 250.

tär-GmbH – wie regelmäßig – nicht ohne die Kommanditanteile veräußert werden sollen, ist unter dem Gesichtspunkt der Beurkundungsbedürftigkeit des „Gesamtwillens" die notarielle Form für alle Teile des insgesamt gewollten Übertragungstatbestandes erforderlich. Würde in einem solchen Fall – so der BGH – nur die Übertragung der
Geschäftsanteile der Komplementär-GmbH beurkundet, dann hätte dies die Gesamtnichtigkeit des Rechtsgeschäfts
zur Folge. Deshalb unterliege auch die Übertragung der Kommanditanteile in solchen Fällen dem notariellen Formerfordernis des § 15 Abs. 4 S. 1 GmbHG. Daran ändere auch die Heilungswirkung im Sinne von § 15 Abs. 4 S. 2
GmbHG nichts.

3. Wirksamkeitserfordernisse

a) Allgemeine Wirksamkeitserfordernisse

89 Darüber hinaus können weitere **Wirksamkeitsvoraussetzungen** bzw. Wirksamkeitsvorbehalte
bestehen. Diese können zivilrechtlicher und öffentlich-rechtlicher Natur sein.

90 **In zivilrechtlicher Hinsicht** ist zunächst an das Erfordernis der **Pflegerbestellung** und der
betreuungsgerichtlichen bzw. familiengerichtlichen Genehmigung bei Beteiligung minderjähriger Gesellschafter zu denken.

91 Ferner können **Zustimmungserfordernisse nach familienrechtlichen Vorschriften** bestehen, wenn ein Ehegatte als Gesellschafter bei Gesellschaftsgründungen über sein Vermögen
im Ganzen (§ 1365 BGB) verfügt, falls er im gesetzlichen Güterstand der Zugewinngemeinschaft
lebt. Ferner kann ein Zustimmungsvorbehalt bei Gütergemeinschaft im Hinblick auf das Gesamtgut bestehen (zur Abbedingung siehe § 26 Rn 293).

92 Soweit beteiligte Gründungsgesellschafter **juristische Personen oder andere Personengesellschaften** sind, können **interne Zustimmungsvorbehalte** (der Gesellschafterversammlung, eines Beirats oder eines Aufsichtsrats) zu beachten sein, die – wenn entsprechende Vertretungsmacht im Außenverhältnis bestand – aber möglicherweise nicht auf die Wirksamkeit des
Gründungsvorgangs durchschlagen, sondern lediglich zu gesellschaftsinternen Sanktionen gegen die handelnden Vertretungsorgane wegen Überschreitens der Geschäftsführungsbefugnisse
führen können.

93 **In öffentlich-rechtlicher Hinsicht** können **gewerberechtliche Wirksamkeitsvoraussetzungen** zu beachten sein, wie etwa handwerksrechtliche Vorgaben.

94 Entsprechendes gilt für **berufsrechtliche Vorschriften im Bereich der Freiberufler** (Ärz-
te, Steuerberater, Wirtschaftsprüfer, vereidigte Buchprüfer, Rechtsanwälte etc.). Zu nennen sind
etwa die Vorschriften der §§ 32, 40, 49 StBerG, §§ 1, 8, 9, 27 WPO und § 4 BRAO.

b) Beteiligung minderjähriger Kinder

95 Besondere Probleme ergeben sich bei der Beteiligung minderjähriger Kinder, weil diese nicht
voll geschäftsfähig sind. Damit der Gesellschaftsvertrag und seine spätere etwaige Änderung
zivilrechtlich wirksam ist, muss bei eigener Beteiligung der Eltern aufgrund des **Selbstkontra-
hierungsverbotes gem. § 181 BGB** als ordnungsgemäßer Vertreter für jedes Kind je ein **Ergänzungspfleger** gem. § 1909 BGB bestellt werden.[79]

96 Wenn ein In-sich-Geschäft vorliegt, können nämlich die Eltern regelmäßig auch im Rahmen
schenkweiser Begründung das Kind nicht vertreten (vgl. § 1795 Abs. 2 BGB). Das gilt auch dann,
wenn nur ein Elternteil das Rechtsgeschäft mit dem Kind abschließen will, beide Elternteile aber
die Vermögenssorge für das Kind gemeinsam haben. Es ist deshalb auch in diesem Fall gem.
§ 1909 BGB ein Ergänzungspfleger zu bestellen.

---

79 BFH BStBl II 1973, 307.

Arens

Ferner muss die **familiengerichtliche Genehmigung** gem. §§ 1822 Nr. 3, 1643 Abs. 1 BGB **97** eingeholt werden.[80] Die Beteiligung an einer gewerblich tätigen Personengesellschaft gilt nämlich als „Beteiligung an einem **Erwerbsgeschäft**" im Sinne dieser Vorschrift.

Die Beteiligung eines Minderjährigen an einer Gesellschaft, in der Regel einer GbR, deren **98** Zweck die **Verwaltung** eines eingebrachten Grundstücks ist, bedarf der familiengerichtlichen Genehmigung gemäß §§ 1643, 1821 Abs. 1 Nr. 5 BGB.

Spätere Geschäfte der Gesellschaft, die **durch den Gesellschaftszweck gedeckt** sind, **99** sind dabei grundsätzlich von der familiengerichtlichen Genehmigung erfasst und bedürfen keiner eigenen Genehmigung. Handelt aber der geschäftsführende Gesellschafter außerhalb seiner im Gesellschaftsvertrag beschränkten Vertretungsmacht, bedarf das Geschäft ausnahmsweise doch der familiengerichtlichen Genehmigung.[81]

Praxistipp **100**
Bei der Einräumung der Stellung eines persönlich haftenden Gesellschafters bzw. eines eingetragenen Kaufmanns zugunsten eines Minderjährigen ist die Möglichkeit der **Eintragung einer Haftungsbeschränkung** im Handelsregister nach dem Minderjährigenhaftungsbeschränkungsgesetz[82] per 1.1.1999 zu beachten.[83]

Bei einer **Schenkung** ist die Formvorschrift des § 518 Abs. 1 BGB zu beachten, deren Nicht- **101** beachtung jedoch durch Vollzug der Schenkung geheilt werden kann gem. § 518 Abs. 2 BGB. Auch bei schenkweiser Einräumung ist aber die Beteiligung eines **Ergänzungspflegers** erforderlich.[84]

Wichtig **102**
Vollzogen ist die Schenkung, wenn der Gesellschaftsvertrag abgeschlossen wurde und die **Einlage** auf dem Kapitalkonto des beschenkten Neugesellschafters **verbucht** ist.[85]

Bei Rechtsgeschäften, die der gesetzliche Vertreter, Pfleger oder Betreuer für den Minderjährigen **103** abschließt, die der Genehmigung des Familiengerichts bedürfen, wird die nach Vertragsabschluss erteilte gerichtliche Genehmigung erst wirksam, wenn das Gericht sie dem gesetzlichen Vertreter, Pfleger, Betreuer oder den Eltern **erteilt** hat und der Vertreter sie dem anderen Vertragsteil **mitgeteilt** hat.[86]

Wichtig **104**
Handelt es sich um **Grundstücksangelegenheiten**, ist die Mitteilung der Genehmigung an den Vertragsgegner mindestens **in öffentlich beglaubigter Form** (§ 29 GBO) dem Grundbuchamt nachzuweisen.

Die betreuungsgerichtliche bzw. familiengerichtliche **Genehmigung** ist **unverzüglich** einzuho- **105** len; wird sie alsbald erteilt, kann der Gesellschaftsvertrag auch steuerlich ab dem Zeitpunkt des

---

80 A.A. *Damrau*, ZEV 2000, 209; OLG Zweibrücken FamRZ 2001, 181. Dauerergänzungspflegschaft ist aber nicht erforderlich: BFH BStBl II 1976, 328, 330; BGH GmbHR 1975, 272; OLG Hamm DB 1974, 815.
81 OLG Hamm DStR 2001, 1538 m. Anm. *Hergeth*.
82 MHbeG, BGBl I 1998, 2487 f.
83 Dazu *Grunewald*, ZIP 1999, 597; *Reimann*, DNotZ 1999,179.
84 BFH BStBl II 1980, 242.
85 MüKo-BGB/*Kollhosser*, § 618 Rn 27; BMF v. 8.12.1975, BStBl I 1975, 1130.
86 Dazu umfassend *Grauel*, ZNctP 2000, 152 ff.; *Schöner/Stöber*, Grundbuchrecht, Rn 3680 ff.

Vertragsabschlusses anerkannt werden.[87] Andernfalls erfolgt die **steuerliche Anerkennung** ab Erteilung der betreuungs-bzw. familiengerichtlichen Genehmigung nur für die Zukunft.[88]

106 Das gilt auch dann, wenn dem beurkundenden Notar die Vollmacht erteilt wird, die Genehmigung sowohl für den Schenker als auch für das beschenkte minderjährige Kind entgegen zu nehmen.[89] Ein Erwerbsvorgang, der der betreuungs- bzw. familiengerichtlichen Genehmigung bedarf, ist nämlich auch in steuerlicher Hinsicht nicht vor deren Erteilung verwirklicht, wenn die Vertragsbeteiligten den beurkundenden Notar beauftragen und ermächtigen, die Genehmigung für den Vormund (gesetzlichen Vertreter eines Minderjährigen) entgegen zu nehmen und den anderen Vertragsbeteiligten mitzuteilen sowie zugleich diese Mitteilung für die anderen Vertragsbeteiligten zu empfangen (sog. **Doppelvollmacht**).

107 Wenn die Bevollmächtigung des Notars, den Erwerbern die Genehmigung des Familiengericht mitzuteilen, jederzeit **widerruflich** ist, lässt sie den Eltern als gesetzlichen Vertretern weiterhin die volle Entscheidungsfreiheit darüber, ob der Vertrag wirksam werden soll. Erzeugt das genehmigungsbedürftige Rechtsgeschäft während der **Schwebezeit** keine Bindungswirkung, so ist der Erwerbsvorgang vor dem Wirksamwerden der familiengerichtlichen Genehmigung nicht verwirklicht.[90]

108 Dabei ist es notwendig, dass der Notar den inneren Willen, die Genehmigung sich selbst als Vertreter des Vertragsgegners mitzuteilen und für diesen entgegen zu nehmen, als Doppelbevollmächtigter **nach außen hin erkennbar** macht.

---

109 **Praxistipp**
In der Praxis geschieht dies regelmäßig durch die **Erteilung einer beglaubigten Abschrift oder Ausfertigung** einschließlich einer beglaubigten Abschrift der Ausfertigung des Genehmigungsbeschlusses des Gerichts oder durch die **Anbringung eines entsprechenden Vermerks** des Notars auf dem Genehmigungsbeschluss.

---

110 Nach wohl herrschender Auffassung handelt es sich bei dem Vermerk, den der Notar auf dem Genehmigungsbeschluss anbringt, um eine **Eigenurkunde** des Notars, die er mit seinem Amtssiegel versehen muss. Eine solche Eigenurkunde soll dabei den Formerfordernissen des § 29 GBO genügen.

---

111 **Formulierungsbeispiel (*nach* Grauel[91])**
Doppelvollmacht/Empfangnahme/Mitteilung
Der gesetzliche Vertreter (Eltern, Pfleger, Betreuer), der sich die Genehmigung des Familiengerichts oder Betreuungsgerichts vorbehält und Sie hiermit beantragt, bevollmächtigt den amtierenden Notar, diese Genehmigung vom Familiengericht bzw. Betreuungsgericht für ihn in Empfang zu nehmen und sie den anderen Vertragsbeteiligten mitzuteilen. Diese bevollmächtigen den Notar zur Empfangnahme der Mitteilung.
(Variante 1)
Die Empfangnahme und die Mitteilung sollen durch die Einreichung einer Ausfertigung/beglaubigten Abschrift dieser Urkunde mit einer beglaubigten Abschrift des Genehmigungsbeschlusses zu den Grundakten als bewirkt gelten.
(Variante 2)
Die Empfangnahme und die Mitteilung sollen als bewirkt gelten durch Unterzeichnung eines diesbezüglichen Vermerks unter der Genehmigungsurkunde durch den Notar.

---

87 BFH BStBl II 1981, 435.
88 BFH BStBl II 1968, 671 und 1973, 287.
89 BFH DStR 2000, 775, dazu auch *Grauel*, ZNotP 2000, 152.
90 BFH DStR 2000, 775; BFH BStBl II 1999, 606.
91 *Grauel*, ZNotP 2000, 152.

Formulierungsbeispiel   **112**
Vermerk des Notars auf dem Genehmigungsbeschluss
Diese mir als dem Bevollmächtigten des gesetzlichen Vertreters (Eltern, Pfleger/Betreuer) zugegangene Genehmigung habe ich heute in dieser Eigenschaft mir selbst als gleichzeitigem Bevollmächtigten des Vertragsgegners mitgeteilt und für ihn in Empfang genommen.

...

(Ort/Datum)

...

(Unterschrift des Notars)

In einer nachlassgerichtlichen Angelegenheit hat das **BVerfG** mit Beschluss vom 18.1.2000[92]   **113**
unter der Geltung des Verfahrens nach dem FGG entschieden, dass die §§ 62, 55 FGG mit
Art. 19 Abs. 4 GG unvereinbar seien, soweit sie den in ihren Rechten Betroffenen jede Möglichkeit verwehren, Entscheidungen des Rechtspflegers der Prüfung durch den Richter zu unterziehen. Bis zur Neuregelung, für die nach Auffassung des BVerfG verschiedene Möglichkeiten
bestehen, hält das BVerfG den Rechtspfleger für verpflichtet, eine Verfügung, die in den Anwendungsbereich der §§ 55, 62 FGG fällt, zunächst durch einen **beschwerdefähigen Vorbescheid** anzukündigen, wenn erkennbar ist, dass die beabsichtigte Entscheidung Rechte Dritter berührt, denen sonst der Rechtsweg gegen die Entscheidung zumindest faktisch versperrt
wäre.

Mit Inkrafttreten des FamFG zum 1.9.2009 ist auch inhaltlich das Verfahren für die gerichtli- **114**
che Genehmigung von Rechtsgeschäften deutlich geändert worden. Die neuen Regelungen sind
für alle Verfahren anwendbar, deren Einleitung ab dem 1.9.2009 beantragt wird (Eingang des
Antrags bei Gericht). Für die bis zum 31.8.2009 beantragten Genehmigungen gilt das FGG-
Reformgesetz.

Gemäß § 40 Abs. 2 S. 1 FamFG gilt für abgeschlossene Rechtsgeschäfte unter Beteiligung **115**
Minderjähriger bzw. zu betreuender Personen das Erfordernis einer **Endentscheidung mit aufgeschobener Wirksamkeit**. Nach Vorliegen der familien- bzw. betreuungsgerichtlichen Genehmigung bedarf es zum registerlichen Vollzug eines sog. **Rechtskraftzeugnisses** (§ 46
FamFG). Dazu muss die **formelle Rechtskraft** eingetreten sein (§ 45 FamFG).

Gegen Familien- bzw. Betreuungsgerichtsentscheidungen gem. § 63 FamFG besteht nach **116**
Bekanntgabe der Genehmigungsentscheidung durch das Familien- bzw. Betreuungsgericht
eine **zweiwöchige Beschwerdefrist**. Diese verlängert sich ggf. um weitere fünf Monate, wenn
keine Bekanntgabe möglich ist. Streitig ist, ob diese Regelungen auch einschlägig sind bei Entscheidungen, die Minderjährige oder Mündel betreffen, da ihnen gegenüber eine wirksame Bekanntgabe nicht erfolgen kann. In der Praxis empfiehlt es sich, den Weg über § 158 FamFG zu
gehen, also für den Minderjährigen bzw. Mündel einen **Verfahrensbeistand** bestellen zu lassen, demgegenüber dann die Bekanntgabe erfolgen kann.

Um das für den registerlichen Vollzug erforderliche Rechtskraftzeugnis schneller zu erlan- **117**
gen, bietet sich ein **förmlicher Rechtsmittelverzicht** an, um nicht die zweiwöchige bzw. fünf
Monate zzgl. zwei Wochen währende Beschwerdefrist abwarten zu müssen.

Für die notarielle Praxis bleibt es in diesem Rahmen bei dem **Erfordernis der Doppelvoll- 118
macht** zur Beschleunigung und Vereinfachung des weiteren registerlichen Vollzugs. In diese
Vollmacht sollte auch die Befugnis des Notars aufgenommen werden, die Entscheidung des Gerichts und das Rechtskraftzeugnis für die Beteiligten entgegen zu nehmen.

---

92 BVerfG DNotZ 2000, 387; dazu auch OLG Schleswig DNotZ 2001, 648 m. Anm. *Waldner.*

4. Fehlerhafte Gründungsvorgänge

119 Sind **Wirksamkeitsvorbehalte** bei der Gründung der Personengesellschaft **missachtet** worden und ist auch keine Heilung erfolgt, stellt sich die **Frage nach den Rechtsfolgen**, insbesondere ob die Grundsätze der „fehlerhaften Gesellschaft" gelten. Anders als im Kapitalgesellschaftsrecht (vgl. §§ 75–77 GmbHG; §§ 275–277 AktG) hat der Gesetzgeber im Personengesellschaftsrecht die Folgen einer nichtigen Gesellschaftsgründung **nicht explizit geregelt**.

120 Schon früh hat die Rechtsprechung erkannt, dass die allgemeinen Nichtigkeitsfolgen bei Personengesellschaften zu unbefriedigenden Ergebnissen führen. Im Wege der richterlichen Rechtsfortbildung wurde die **Lehre von der fehlerhaften Gesellschaft** entwickelt. Die Nichtigkeitsfolgen mit einer bereicherungsrechtlichen Rückabwicklung werden danach nicht angewandt. Vielmehr wird sog. **Verkehrsschutz** im Hinblick auf die schutzwürdigen Gläubiger der Gesellschaft und **Bestandschutz** im Hinblick auf das Schutzbedürfnis der Gesellschafter untereinander gewährt.[93]

---

121 **Wichtig**

Die Rechtsregeln gelten praktisch **für alle Personengesellschaften**, einschließlich der EWIV.[94]

---

122 **Voraussetzung** für die Anwendbarkeit der Rechtsregeln der „fehlerhaften Personengesellschaft" ist zunächst, dass die Gesellschafter Erklärungen abgegeben haben, die auf den **Abschluss eines Gesellschaftsvertrags** gerichtet waren.[95] Nicht ausreichend ist eine faktische Zusammenarbeit der Gesellschafter ohne vertragliche Vereinbarung.

---

123 **Wichtig**

Unmaßgeblich ist jedoch, ob die Gesellschafter in **Kenntnis oder** in **Unkenntnis** des zur Unwirksamkeit führenden Mangels gehandelt haben.

---

124 Liegt dagegen eine **Scheingesellschaft** vor, wollten also die Gesellschafter übereinstimmend kein Gesellschaftsverhältnis begründen, gelten diese Rechtsregeln nicht. In diesem Falle greift die **Nichtigkeitsfolge des § 117 BGB**.[96]

125 Die **Fehlerhaftigkeit** des Gesellschaftsvertrages kann auf verschiedenen Mängeln beruhen, die nach allgemeinen Regeln eigentlich zur Nichtigkeit oder Anfechtbarkeit des Vertragsschlusses führen würden, wie etwa:
– Irrtum (§ 119 BGB)
– Arglistige Täuschung/Drohung (§ 123 BGB)
– Formmangel (§ 125 BGB)
– Verstoß gegen ein gesetzliches Verbot (§ 134 BGB) oder gegen die guten Sitten (§ 138 BGB)
– Verstoß gegen § 181 BGB
– Verstoß gegen Zustimmungserfordernisse (z.B. § 1365 BGB)
– Offener oder verdeckter Dissens (§§ 154, 155 BGB)
– Beteiligung geschäftsunfähiger oder minderjähriger Personen (§ 104 BGB).

---

93 Vgl. Beck'sches Handbuch der Personengesellschaften/*Sauter*, § 2 Rn 113; Gummert/*Johansson*, § 2 Rn 157 ff.; *Goette*, DStR 1996, 266.
94 Vgl. dazu Gummert/*Pathe*, § 14 Rn 74 ff.
95 BGH BGHZ 11, 190; BGH WM 1961, 1024; BGH WM 1976, 180, *Goette*, DStR 1996, 268.
96 BGH BGHZ 11, 190, 191.

Arens

Weitere Voraussetzung für die Anwendbarkeit dieser Rechtsregeln ist aber, dass der **Gesell-** 126 **schaftsvertrag in Vollzug gesetzt** wurde, wobei jedes Tätigwerden nach außen, insbesondere der Abschluss von Verträgen ausreichend ist.[97]

Ausnahmsweise reicht auch ein bloßes **Handeln im Innenverhältnis,** wenn die Gesellschafter ihre **Einlagen geleistet** und auf diese Weise Gesamthandsvermögen gebildet haben.[98]

Die fehlerhafte Gesellschaft wird dann so lange **als wirksam behandelt, bis** ein davon Be- 127 troffener den **Rechtsfehler geltend macht.** Bis dahin können die Gesellschafter ihre Gesellschafterrechte ausüben, also insbesondere das Stimmrecht, das Geschäftsführungsrecht und das Recht zur Vertretung der Gesellschaft. Umgekehrt sind die **Gesellschafterpflichten** bis dahin zu beachten, etwa die Pflicht zur Leistung der Einlagen, Tätigkeitsverpflichtungen oder die gesellschafterliche Treuepflicht.[99]

Wichtig 128
Macht ein Betroffener den Rechtsfehler geltend, zeitigt dies nur **Wirkungen für die Zukunft.**

Die Geltendmachung des Rechtsfehlers berechtigt zur Erhebung der **Auflösungsklage** nach 129 § 133 HGB bzw. zur **fristlosen Kündigung** aus wichtigem Grund.[100] Die Auflösung bzw. das Ausscheiden des Gesellschafters richten sich dabei in erster Linie nach den Regelungen des – fehlerhaften – Gesellschaftsvertrages.

Praxistipp 130
Anstelle einer solchen Auflösung oder Abwicklung können die Gesellschafter aber auch – unter Vermeidung des Mangels – den bisher rechtsfehlerhaften **Gesellschaftsvertrag** wiederholen bzw. **gem. § 141 BGB bestätigen.**[101]

Stehen allerdings **höherrangige rechtliche Interessen** der Allgemeinheit oder einzelner Perso- 131 nen der Anwendung der Grundsätze über die fehlerhafte Gesellschaft entgegen, wird der Vertrag ausnahmsweise **nicht als wirksam behandelt.**[102]

Dies gilt etwa
– bei einem Verstoß gegen ein **gesetzliches Verbot** oder
– gegen die **guten Sitten** bzw.
– bei Beteiligung **nicht vollgeschäftsfähiger Personen** an der Gesellschaft[103] und
– wohl auch für die Fälle der **arglistigen Täuschung** und der **Drohung.**[104]

III. Die gewerblich geprägte Personengesellschaft

Mit der am 3.4.1998 vom Deutschen Bundestag beschlossenen und am 8.5.1998 vom Bundesrat 132 bestätigten Neuregelung im Rahmen des **Handelsrechtsreformgesetzes** hat der Gesetzgeber

---

97 Vgl. Gummert/*Johansson*, § 2 Rn 164.
98 Vgl. BGH BGHZ 13, 320, 321.
99 Beck'sches Handbuch der Personengesellschaft/*Sauter*, § 2 Rn 122.
100 Vgl. Baumbach/*Hopt*, HGB, § 105 Rn 88; Gummert/*Johansson*, § 2 Rn 167.
101 Gummert/*Johansson*, § 2 Rn 168.
102 Vgl. BGH BGHZ 62, 234, 241; BGH BGHZ 75, 214, 217; BGH DStR 1992, 725, 726; BGH DStR 1995, 1722, 1723; BGH BB 2004, 2147; BGH DB 2004, 2418.
103 BGH BGHZ 62, 234, 241; BGH BGHZ 75, 214, 218; BGH DStR 1995, 1722.
104 Vgl. BGH BGHZ 13, 323; BGH BGHZ 55, 5, 9.

mit Wirkung ab 1.7.1998 wichtige Gestaltungsmöglichkeiten für die Gründung, die Umstrukturierung und die Umwandlung von Unternehmen eröffnet.

133   Bekanntlich ist der frühere **Kaufmannsbegriff** mit seinen Unterbegriffen „Musskaufmann", „Sollkaufmann", „Kann-Kaufmann" und „Minderkaufmann" **reformiert** worden. Kaufmann ist nunmehr jeder Gewerbetreibende, wobei nach § 1 Abs. 2 HGB n.F. als Handelsgewerbe jeder Gewerbebetrieb gilt, es sei denn, dass das Unternehmen nach Art und Umfang einen in kaufmännischer Weise eingerichteten Geschäftsbetrieb nicht erfordert.

134   Jeder Gewerbetreibende wird also ohne Rücksicht auf den Umfang seiner gewerblichen Tätigkeit oder seine konkrete Branchenzugehörigkeit als Kaufmann angesehen. Ist ein in kaufmännischer Weise eingerichteter Geschäftsbetrieb nicht erforderlich, kann sich der Gewerbetreibende dennoch **freiwillig ins Handelsregister eintragen** lassen. Dies betrifft insbesondere auch sog. Dienstleistungsunternehmen. Freie Berufe fallen dagegen nach wie vor nicht unter den Kaufmannsbegriff, ebenso wenig land- und forstwirtschaftliche Betriebe, wenngleich seit 2007 die Gründung einer Wirtschaftsprüfungs-GmbH & Co.KG und seit 2008 die Gründung einer Steuerberatungs-GmbH & Co.KG zugelassen wurde.

135   Für **gewerblich tätige und nicht gewerblich tätige Personenunternehmen** bedeutet dies, dass sich der Spielraum für Gestaltungsüberlegungen durch freiwillige Handelsregistereintragung enorm vergrößert. Dienstleistungsunternehmen bzw. minderkaufmännische Einzelunternehmen können **freiwillige Handelsregistereintragung** herbeiführen; ebenso können bisherige Gesellschaften bürgerlichen Rechts sich seit dem in der Rechtsform der Kommanditgesellschaft, der OHG oder der GmbH & Co. KG etablieren. So kann beispielsweise die Rechtsform einer vermögensverwaltenden GmbH & Co. KG zur Erlangung einer **gewerblichen Prägung i.S.d. Einkommensteuerrechts** (§ 15 Abs. 3 Nr. 2 EStG) verwendet werden.

136   Eine Eintragung in das Handelsregister für Einzelunternehmer bzw. für Personengesellschaften ist in diesem Zusammenhang von besonderer Wichtigkeit, weil eine solche vorherige Handelsregistereintragung **Voraussetzung für** verschiedene **Umwandlungsmöglichkeiten** nach dem Umwandlungsgesetz ist. Die (freiwillige) Eintragung ins Handelsregister ist also häufig erste notwendige Voraussetzung für eine weitergehende Umstrukturierung durch einen Umwandlungsvorgang nach dem Umwandlungsgesetz 1995.

137   Darüber hinaus kann durch diese gewerbliche Prägung kraft Rechtsform aber auch ein ungewollter **Entnahme- bzw. Aufgabetatbestand** in einkommensteuerlicher Hinsicht **vermieden** werden. Die Gründung einer gewerblich geprägten Personengesellschaft bzw. die Umstrukturierung in eine solche Rechtsform ist daher in der Gestaltungspraxis ein ganz wichtiger Aspekt einer „Vermeidungsgestaltung" im Zusammenhang mit drohenden ertragsteuerlichen Entnahme- bzw. sonstigen Realisierungstatbeständen.

IV. Checkliste: Gründung einer Personengesellschaft und den Abschluss des Gesellschaftsvertrages

138 **Grundlagen der Gesellschaft**
  – Gesellschaftszweck
  – Name/Firma der Gesellschaft
  – Rechtsform der Gesellschaft
  – Sitz der Gesellschaft/der tatsächlichen Geschäftsleitung
  – Beginn der Gesellschaft
  – Geschäftsjahr

Gesellschafter   139
– Bezeichnung der Gesellschafter
– Beteiligungsverhältnisse (Kapitalbeteiligung/Ergebnisbeteiligung/Stimmrechtsbeteiligung)
– Beitragspflichten der Gesellschafter, insbesondere Einlagen (Pflichteinlagen im Innenver-
   hältnis/Hafteinlagen im Außenverhältnis)
– Haftungsregelungen im Innenverhältnis/im Außenverhältnis
– Gesellschafterkonten

Vertretungsregelungen   140
– Bestimmung der Vertretungsbefugnis der Gesellschafter
– Konkretisierung der Vertretungsbefugnis: Einzelvertretung/Gesamtvertretung (echte und
   unechte Gesamtvertretung), Befreiung von den Beschränkungen des § 181 BGB
– Handelsrechtliche Vollmachten: Prokura (Einzelprokura, echte und unechte Gesamtproku-
   ra, Niederlassungsprokura), Handlungsvollmacht

Geschäftsführung   141
– Bestimmung der geschäftsführenden Gesellschafter
– Umfang der Geschäftsführungskompetenz
– Etwaiger Katalog der zustimmungspflichtigen Maßnahmen
– Regelungen über Art und Höhe einer etwaigen Geschäftsführungsvergütung und deren
   rechtliche Qualifizierung (Gewinn-Vorab oder Dienstvergütung als Aufwand der Gesell-
   schaft vor Ergebnisverteilung)
– Informations- und Mitteilungspflichten gegenüber den Gesellschaftern
– Konsultationspflichten gegenüber anderen Gesellschaftsorganen (Beirat, Ausschüsse)

Gesellschafterversammlung   142
– Allgemeine und spezielle Kompetenzen der Gesellschafterversammlung
– Regelungen zur Einberufung (Vorgaben für ordentliche und außerordentliche Gesellschaf-
   terversammlungen, Einberufungsrecht, Einberufungsfrist, Förmlichkeiten der Einberufung,
   Ort der Gesellschafterversammlungen)
– Beschlussfähigkeit der Gesellschafterversammlung und Regelungen/Vorgaben für den Fall
   der fehlenden Beschlussfähigkeit
– Versammlungsleitung
– Teilnahmeberechtigung (Gesellschafterstämme, gemeinsame Vertreter; Zulassung von Ver-
   tretern und Beratern und sonstigen externen Dritten)
– Art und Umfang eines etwaigen Protokollierungszwangs
– Stimmrechtsregelung für Gesellschafterbeschlüsse
– Mehrheitserfordernisse für einzelne Beschlussfassungsgegenstände (einfache Mehrheit,
   qualifizierte Mehrheit, Einstimmigkeit/Vetorecht)
– Beschlussfassungen außerhalb von förmlichen Gesellschafterversammlungen (Zulässigkeit,
   Form- und Verfahrensfragen, Protokollierungserfordernisse)

Vermögensverfassung der Gesellschaft   143
– Kapitalbeteiligungsregelungen
– Beteiligung am Ergebnis (Gewinn und Verlust)
– Etwaige Nachschusspflichten
– Ergebnisverteilung
– Ergebnisverwendung (Regelungen über Thesaurierung/Ausschüttung, Bildung von Rückla-
   gen und Gewinnvorträgen, Entnahmerechte, insbesondere Recht zur Entnahme der Perso-
   nensteuern)

– Gesellschafterkonten (Festkapitalkonto, variables Gesellschafterkonto, Verlustvortragskonten, Darlehenskonten, einschließlich Verzinsungsfragen)
– Vorgaben für die Rechnungslegung/Gewinnermittlung

144 Fungibilität der Anteile
– Zulassung von Verfügungen über die Gesellschaftsbeteiligung
– Zustimmungserfordernisse (interne/externe)
– Vorgaben für die Einräumung von Unterbeteiligungen/Nießbrauchsrechte an Gesellschaftsanteilen
– Abtretbarkeit/Übertragbarkeit von Vermögensansprüchen (Gewinnbeteiligung/Abfindungsguthaben)

145 Beendigung der Gesellschaft/Änderungen im Gesellschafterbestand
– Dauer der Gesellschaft (auf bestimmte oder unbestimmte Zeit)
– Kündigungsregelungen, insbesondere Form und Fristen
– Ausschließung von Gesellschaftern
– Tod eines Gesellschafters
– Sonstige Auflösungstatbestände (insbesondere Zweckerreichung, Zweckverfehlung, Auflösungsbeschluss)
– Abfindungsregelungen (Wertermittlung, Fälligkeits-, Stundungs- und Verzinsungsregelungen)

146 Ergänzende Regelungen
– Kostentragung
– (Einfache oder strenge) Schriftformklausel
– Gerichtsstand
– Ggf. Schiedsklauseln
– Salvatorische Klausel

Wolfgang Arens/Dr. Christian Pelke, LL.M.
§ 5 Die Gründung der Kapitalgesellschaft

Literatur: *Adler/Düring/Schmalz* (Hrsg.), Rechnungslegung und Prüfung der Unternehmen, 6. Aufl. 1995; *Altmeppen*, Grundlegend Neues zum „qualifiziert faktischen" Konzern und Gläubigerschutz in der Einmann-GmbH, ZIP 2001, 1837; *Altmeppen*, Zur Verwendung eines alten GmbH-Mantels, DB 2003, 2050; *Altrichter-Herzberg*, Die Vorgründungsgesellschaft als Unternehmerin im Sinne des Umsatzsteuerrechts, GmbHR 2004, 768; *Ammelung/Kaeser*, Cash-Management-Systeme in Konzernen, DStR 2003, 655; *Autenrieth*, Die Behandlung der verschleierten Sachgründung im Handels- und Steuerrecht, DStZ 1991, 112; *Banerjea*, Das Stammkapital und die Verwertung von Vorratsgesellschaften, NZG 1999, 817; *Bärwaldt*, Der Zeitpunkt der Richtigkeit der Versicherung der Geschäftsführung über die Leistung der Stammeinlagen und deren endgültige freie Verfügbarkeit, GmbHR 2003, 524; *Bärwaldt/Balda*, Praktische Hinweise für den Umgang mit Vorratsgesellschaften, GmbHR 2004, 50 u. 350; *Bärwaldt/Schabacker*, Keine Angst vor Mantel- und Vorratsgesellschaften, GmbHR 1998, 1005; *Baumbach/Hueck* (Hrsg.), Kommentar GmbHG, 19. Aufl. 2010; *Bayer*, Unwirksame Leistungen auf die Stammeinlage und nachträgliche Erfüllung, GmbHR 2004, 445; *Bergmann*, Die Handelnden-Haftung als Ausgleich für fehlende Registerpublizität, GmbHR 2003, 563; *Bloching/Kettinger*, Stellt die BGH-Entscheidung v. 24.11.2004 das Kapitalschutzsystem der GmbH wieder auf die Füße?, GmbHR 2005, 1098; *Blochinger/Kettinger*, Kapitalerhaltung oder Kapitalrückzahlung, BB 2006, 172; *Blöse*, Darlegungs- und Beweislast bei Ansprüchen aus Eigenkapitalersatz, ZIP 2003, 1687; *Blöse*, Cash-Management-Systeme als Problem des Eigenkapitalersatzes, GmbHR 2002, 675; *Boehme*, Sacheinlagefähigkeit von Lizenzen, GmbHR 2000, 841; *Bohrer*, Kann eine GmbH wirtschaftlich neu gegründet werden?, DNotZ 2003, 888; *Braun*, Spezialfragen zu Gründungsfehlern bei GmbH und AG, DZWIR 2003, 316; *v. Bredow/Schumacher*, Registerkontrolle und Haftungsrisiken bei der Verwendung von GmbH-Mantelgesellschaften, DStR 2003, 1032; *Cebulla*, Haftungsmodelle bei der GmbH-Gründung, NZG 2001, 972; *Claussen*, Aktienrechtsreform, AG 1996, 481, 490; *Ekkenga*, Kapitalaufbringung im konzernweiten Cash-Pool: ungelöste Probleme und verbleibende Spielräume, GmbHR 2010, 2469; *Ellers*, Die Zurechnung von Gesellschafterwissen an die GmbH, GmbHR 2004, 934; *Engert*, Kreditgewährung an GmbH-Gesellschafter und bilanzorientierter Kapitalschutz, BB 2005, 1951; *Ettinger/Reiff*, Heilungsmöglichkeiten der fehlerhaften Kapitalaufbringung bei der Vorrats-GmbH, GmbHR 2005, 324; *Fleck*, Neueste Entwicklungen in der Rechtsprechung zur Vor-GmbH, GmbHR 1983, 11; *Flore*, Kapitalaufbringung und -verwendung vor Eintragung der GmbH, GmbH-StB 2003, 230; *Freitag*, §§30, 31 GmbHG, „Bremer Vulkan-Urteil" und „Limitation Language", WM 2003, 805; *Gärtner*, Keine verschleierte Sachgründung bei Bargründung und unmittelbar folgendem Umsatzgeschäft, GmbHR 2003, 1417; *Gätsch*, Ausfallhaftung von Mitgesellschaftern für rückständige Einlagen und verbotswidrige Ausschüttungen – summenmäßige Beschränkung?, BB 1999, 701; *Germann*, Die GmbH, 2. Aufl. 1998; *Görner/Kling*, Die Ausfallhaftung des GmbH-Gesellschafters, GmbHR 2004, 714 (Teil I) und GmbHR 2004, 778 (Teil II); *Goette*, Aktuelle Rechtsprechung zur GmbH – Kapitalschutz und Organhaftung, DStR 2003, 887; *Goette*, Aus der neueren Rechtsprechung des BGH zum GmbH-Recht, ZIP 2005, 1481; *Goette*, Anforderung an die Erfüllung der Stammeinlageforderung durch eine Konzernobergesellschaft: Zahlung und Verrechnung von Konten der Tochtergesellschaften, DStR 1999, 1451; *Göz/Gehlich*, Die Haftung von Gesellschaftern und Geschäftsführern bei Verwendung eines GmbH-Mantels, ZIP 1999, 1653; *Grett*, Vorsteuerabzug im Gründungsstadium einer Kapitalgesellschaft: Widerspruch zwischen nationalem Recht und Anforderungen des Gemeinschaftsrechts nach der 6. EG-Richtlinie, DStR 2001, 968; *Gronstedt*, Vorratsgesellschaften: Praktische Konsequenzen nach der neueren BGH-Rechtsprechung, BB 2003, 860; *Gronstedt*, Auf die Neugründung durch Wiederverwendung einer inaktiv gewordenen „leeren" Mantelgesellschaft finden die Gründungsvorschriften des GmbH-Gesetzes analoge Anwendung, BB 2003, 2082; *Grothaus/Halberkamp*, Probleme des Cash Poolings nach der neuen Rechtsprechung des BGH zur Stammkapitalrückgewähr, GmbHR 2005, 1317; *Grunewald/Noack*, Zur Zukunft des Kapitalsystems der GmbH, GmbHR 2005, 189; *Gummert*, Die Haftungsverfassung der Vor-GmbH nach der jüngsten Rechtsprechung des BGH, DStR 1997, 1007; *Gustavus*, Handelsregisteranmeldungen, 7. Aufl. 2009; *Heckschen*, Die GmbH in der Gestaltungspraxis, 2005; *Heidinger*, Die Haftung und die Vertretung in der Gründungsphase der GmbH im Vergleich zur (kleinen) Aktiengesellschaft, GmbHR 2003, 189; *Heidinger*, Die Rechtsgeschäfte der Vor-AG mit Dritten, ZNotP 2000, 182; *Heidinger*, Der Kapitalschutz der GmbH auf dem Prüfstand, DNotZ 2005, 97; *Heidinger*, Der Zeitpunkt der Richtigkeit der Geschäftsführerversicherung, Rpfleger 2003, 545; *Heidinger*, Neues zur Kapitalaufbringung bei der Kapitalerhöhung, GmbHR 2003, 1045; *Heidinger*, Neues zur Verwendung von Vorratsgesellschaften und zum Mantelkauf, ZNotP 2003, 82; *Helmreich*, Die Gewährung von Darlehen durch die GmbH in der Situation der Unterbilanz ihrer Gesellschafter, GmbHR 2004, 457; *Henkel*, Die Rechtsprechung zum Nachweis der Einzahlung der Stammeinlage in der Insovenz der GmbH, NZI 2005, 649; *Henkel,* Die verdeckte Sacheinlage im GmbH-Recht unter Beteiligung von den Gesellschaftern nahestehenden Personen, GmbHR 2005, 1589; *Henkel,* Die entgeltliche Tätigkeit des Gesellschafter-Geschäftsführers als verdeckte Sacheinlage im GmbH-Recht, GmbHR 2005, 438; *Henn,* Handbuch des Aktienrechts, 8. Aufl. 2009; *Hennrichs,* Vorbelastungshaftung und Unternehmensbewertung nach der Ertragswertmethode, ZGR 1999, 837; *Henze,* Die Rechtsprechung des BGH zu den Kapitalaufbringungsgrundsätzen im GmbH- und Aktienrecht, DB 2001, 1469; *Herchen,* Vorratsgründung, Mantelverwendung und geräuschlose Beseitigung der GmbH, DB 2003, 2211; *Hey,* Die Bewertung der Vermögensgegenstände in der „Vorbelastungsbilanz" einer GmbH, GmbHR 2001, 905; *Hiort,* Kapitalerhöhung in der GmbH durch (Teil-) Einlage obligatorischer Nutzungsrechte, BB 2004, 2760; *Hüffer,* Kommentar zum AktG, 10. Aufl. 2012; *Ihrig,* Die Verwertung von GmbH-Mänteln, BB 1988, 1197; *Jacobs,* Die Verwendung eines GmbH-Mantels als wirtschaftliche Neugründung, DZWIR 2004, 309; *Jäger,* Kapitalaufbringung und Haftungsrisiken in Cash-Management-Systemen von GmbH-Konzernen, DStR 2000, 1653 u. 1736; *Jula/Breitbarth,* Liquiditätsausgleich im Konzern durch konzerninterne Darlehen, AG 1997, 256; *Kiethe,* Haftungs- und Ausfallrisiko beim Cash Pooling, DStR 2005, 1573; *Köhl,* Die Ausfallhaftung von Hintermännern bzw. Treugebern für nicht geleistete Stammeinlagenzahlungen, GmbHR 1998, 119; *Krafka,* Die wirtschaftliche Neugründung von Kapitalgesellschaften, ZGR 2003, 577; *Kugelberg,* Umsatzsteuerfreiheit der ausgegliederten Leistungen von Zahlungsverkehrszentren, DB 2003, 1296; *Kupjetz/Peter,* Die Kapitalaufbringung der GmbH in Gründung in einem physischen Cash-Pooling-System, GmbHR 2012, 498; *Kurz,* Die registerrechtliche Prüfungskompetenz bei „gemischten Sacheinlagen" MittBayNot 1996, 172; *Lachmann,* Risikobeschränkung bei Gründung von Kapitalgesellschaften, NJW 1998, 2263; *Langenbucher,* Zur Rechtsfolge der verschleierten Sacheinlage bei der GmbH, DStR 2003, 1838; *Langenfeld,* GmbH-Praktikum, 5. Aufl. 2006; *Langner,* Cash Pooling auf dem Prüfstand der BGH-Rechtsprechung zum Ausschüttungsverbot gemäß § 30 GmbHG, GmbHR 2005, 1017; *Langner,* Verdeckte Sacheinlagen bei der GmbH – die unendliche Geschichte des richtigen Einbringungsgegenstands, GmbHR 2004, 298; *Langner/Mentgen,* Aufsteigende Darlehen im physischen Cash Pooling und die neue Rechtsprechung des BGH, GmbHR 2004, 1121; *Leske,* Zu den Belehrungspflichten des Notars bei der (effektiven) Barkapitalerhöhung einer GmbH, NotBZ 2002, 284; *Lösler,* Konsortialkredit, Sicherheitenpool und Kapitalersatzrecht, ZInsO 2003, 773; *Maurer,* Vorbelastungshaftung und Eintragungshindernis bei Kapitalgesellschaften, BB 2001, 2537; *Mayer,* in: FS Schippel 1996, S. 473; *Mayer,* Mantelkauf und Mantelverwendung – (k)ein Problem?, NJW 2000, 175; *Meilicke,* Droht Überregulierung für Vorratsgesellschaften?, BB 2003, 857; *Meller-Hannich,* Verwendung von Vorrats- und Mantelkapitalgesellschaften und Prüfung durch das Registergericht, ZIP 2000, 345; *Meyer,* Die Abhängigkeit der Haftung des Handelnden von der Vertretungsmacht für die Vor-GmbH, GmbHR 2002, 1176; *Michalski* (Hrsg.), Kommentar zum GmbHG, 2. Aufl. 2010; *Michalski/Sixt,* in: FS Boujong 1996, S. 349; *Mödl,* Pflichten des einzigen Gesellschafters gegenüber seiner GmbH, JuS 2002, 14; *Mohr,* Praxisrelevante Probleme und Gestaltungshinweise bei der GmbH-Gründung, GmbHR 2003, 347; *Morsch,* Probleme der Kapitalauffindung im Cash-Pool, NZG 2003, 97; *Mülbert,* Die Anwendung der allgemeinen Formvorschriften bei Sachgründungen, AG 2003, 281; *Müller/Hense* (Hrsg.), Beck'sches Handbuch der GmbH, 4. Aufl. 2009; *Müther,* Vor-GmbH – Die häufigsten Praxisprobleme, MDR 2001, 366; *Müther,* Der Umfang der registerrechtlichen Prüfungspflicht bei Kapitalerhöhungen einer GmbH, BB 1997, 2234; *Nolting,* Registerrechtliche Gründungsprüfung beim Erwerb von Mantel- und Vorratsgesellschaften, ZIP 2003, 651; *Peetz,* Die Ertragsbesteuerung der Vor-GmbH, GmbHR 2000, 1083; *Peetz,* Noch einmal – die Mantelverwendung, GmbHR 2004, 1429; *Pentz,* Zur beabsichtigten Änderung des § 52 AktG im RefE des Gesetzes zur Namensaktie und zur Erleichterung der Stimmrechtsausübung – Namensaktiengesetz (NaStrG), NZG 2000, 225; *Peus,* Mantelverwendung – Bundesrichterrecht und Landesfiskushaftung, NZG 2003, 610; *Prager/Geßler/Heidrich,* Uneingeschränkte Geltung des § 19 II 1 GmbHG in der Insolvenz?, NZI 2000, 63; *Priester,* Das Gesellschaftsverhältnis im Vorgründungsstadium – Einheit oder Dualismus, GmbHR 1995, 481; *Priester,* Gesellschafterdarlehen in der Vorbelastungsbilanz, ZIP 1994, 413; *Priester,* Gläubigerbefriedigung – Bar- oder Sacheinlage?, BB 1987, 210; *Priester,* in FS GmbHG, Köln 1992, S. 159; *Priester,* Mantelverwendung und Mantelgründung bei der GmbH, DB 1983, 2291; *Pröpper,* Fälligkeit bei Bar- und Sacheinlagen – Musterregelungen für GmbH-Satzung und Einforderungsbeschluss, GmbH-StB 2003, 298; *Reiner/Brakemeier,* Darlehen der GmbH an ihre Gesellschafter als verbotene Einlagenrückgewähr?, BB 2005, 1458; *Reinersdorf,* Handeln im Namen einer GmbH vor deren Errichtung: Handelndenhaftung – Rechtsübergang; (Vorweg-) Zustimmung des Gläubigers zur Schuldenübernahme der (Vor-) GmbH, NZG 1998, 382; *Rendels,* Ist die Aufrechnungsbefugnis kraft Konzern-Netting-Abrede insolvenzfest?, ZIP 2003, 1583; *Reuter,* Unternehmensbewertung bei Sacheinlagen, BB 2000, 2298; *Ries,* Gewerblicher Mantelverkauf und Nachgründungs-Risiko, GmbHR 2000, R 105; *Robrecht,* Auszahlungen an Gesellschafter zu Lasten ihres gebundenen Vermögens und Haftungsgefahren,GmbHR 2005, 923; *Rodewald/Scheel,* Kapitalaufbringung in der GmbH durch Einlage von Dienstleistungen?, GmbHR 2003, 1478; *Römermann/Schröder,* Aufgabe des qualifiziert faktischen GmbH-Konzerns, GmbHR 2001, 1015; *Roth/Altmeppen,* Kommentar zum GmbHG, 7. Aufl. 2012; *Ruhser,* Zweifelsfragen des § 8a KStG bei Cash Pooling im Konzern, DStR 2004, 2034; *Schäfer,* Darlehensgewährung an Gesellschafter als verbotene Ausschüttung i.S.v. § 30 GmbHG, GmbHR 2005, 133; *Schaub*, Vorratsgesellschaften vor dem Aus?, NJW 2003, 2125; *Schiffer*, Mantelkauf: Risiko der Nachgründung, StuB 2000, 420; *K. Schmidt*, Gesellschaftsrecht, 4. Aufl., 2002; *K. Schmidt*, Zurechnungsprobleme um das Zwerganteilsprivileg des § 32a Abs. 3 S. 2 GmbHG, GmbHR 1999, 1269; *K. Schmidt*, Die Gesellschafterhaftung bei gescheiterter GmbH-Sachgründung, NJW 2000, 1521; *K. Schmidt/Uhlenbruck* (Hrsg.), Die GmbH in Krise, Sanierung und Insolvenz, 4. Aufl. 2009; *Schmidt/Hageböke*, Offene Sacheinlagen als entgeltliche Anschaffungsvorgänge?, DStR 2003, 1813; *Scholz* (Hrsg.), GmbHG, 10. Aufl. 2006/2007/2010; *Schubert*, Wirtschaftliche Mantelverwendung bei der GmbH in der notariellen Praxis, NotBZ 2003, 383; *Schulz*, Registergerichtliche Kontrolle bei der Verwendung einer Vorrats-GmbH, BuW 2003, 331; *Schumacher*, Verwendung „gebrauchter" GmbH-Mäntel?, DStR 2003, 1884; *Schwarz*, Offene Fragen bei der sogenannten unechten Vor-GmbH, ZIP 1996, 2005; *Seibert*, Einschränkung des Kapitalersatzrechts bei nichtunternehmerischer Beteiligung – zum Entwurf eines Kapitalaufnahmeerleichterungsgesetzes, DStR 1997, 35; *Seibert*, Aktienrechtsnovelle NaStraG tritt in Kraft – Übersicht über das Gesetz und Auszüge aus dem Bericht des Rechtsausschusses, ZIP 2001, 53; *Seibt*, Haftungsrisiken bei Vorratsgründung und Mantelkauf, NJW-Spezial 2004, 75; *Seidel*, Cash-Pooling nur noch im Vertragskonzern, DStR 2004, 1130; *Sieger/Hasselbach*, Konzernfinanzierung durch Cash Pools und Kapitalerhöhung, BB 1999, 645; *Sieger/Wirtz*, Cash-Pool: Fehlgeschlagene Kapitalmaßnahmen und Heilung im Recht der GmbH, ZIP 2005, 2277; *Simon/Leuering*, Kapitalaufbringung und Darlehensgewährung im GmbH-Recht, NJW-Spezial 2005, 219; *Spiegelberger/Walz*, Die Prüfung der Kapitalaufbringung im Rahmen der GmbH-Gründung, GmbHR 1998, 761; *Stein*, Kapitalerhaltung bei GmbH und AG, DZWIR 2004, 493; *Streck*, KStG, 8. Aufl., 2012; *Swoboda*, Die Anwendung der Vorschriften zur „verschleierten Sachgründung" im Zusammenhang mit der „wirtschaftlichen Neugründung" von Vorratsgesellschaften, GmbHR 2005, 649; *Thaeter/Meyer*, Vorratsgesellschaften – Folgerungen für die Praxis aus der Entscheidung des BGH v. 9.12.2002, DB 2003, 539; *Tipke/Lang*, Steuerrecht, 20. Aufl. 2009; *Ulmer*, Die wirtschaftliche Neugründung einer GmbH unter Verwendung eines GmbH-Mantels, BB 1983, 1123; *Ulrich*, Verwendung von gebrauchten GmbH-Mänteln, GmbHR 2005, 900; *Vallender*, Typische Haftungs- und Erstattungsansprüche gegen Geschäftsführer und Gesellschafter im Konkurs einer GmbH, Teil 1, InVo 1997, Heft 6, E 1, 2 und Teil 2, InVo 1997, Heft 7, E 1, 2 sowie Teil 3, InVo 1997, Heft 8, E 1; *Vetter/Stadler*, Haftungsrisiken beim konzernweiten Cash Pooling, 2003; *Wahlers*, Fallstricke bei der Gründung und Handhabung der kleinen AG, DStR 2000, 973; *Waldner*, Handelsregisteranmeldung auf Vorrat, ZNotP 2000, 188; *Weisemann/Smid*, Handbuch der Unternehmensinsolvenz, 1999; *Werner*, Voreinzahlungen auf Stammeinlagen bei GmbH-Gründung und Kapitalerhöhung: Zulässigkeit – Zweifelsfragen – Konsequenzen, GmbHR 2002, 530; *Werner*, Aktuelle Probleme beim Einsatz von Vorratsgesellschaften, DStR 2005, 525; *Westermann*, in: FS Oppenhoff 1995, S. 535; *Westermann*, Haftungsrisiken eines „beherrschenden" GmbH-Gesellschafters, NZG 2002, 1129; *Widmann/Mayer*, Umwandlungsrecht, UmwStG, Loseblatt (Stand 2012); *Wilhelmi*, Zur Begründung und den Konsequenzen der analogen Anwendung der Gründungsvorschriften auf die Verwendung eines gebrauchten GmbH-Mantels, DZWIR 2004, 177; *Zöllner/Noack* (Hrsg.), Kölner Kommentar zum Aktienrecht, 4. Aufl. 2012 (zit.: Kölner Komm-AktG/*Bearbeiter*); *Zugmaier*, Die Unternehmereigenschaft einer sog. Vorgründungsgesellschaft, DStR 2000, 2176; *Zwissler*, Umgründung statt Neugründung – Überlegungen zum Einsatz von Vorratsgesellschaften, GmbHR 1999, 856.

Inhalt

I. Neuerungen durch das EHUG und das MoMiG

1. Neuerungen durch das EHUG

Durch das **Gesetz über elektronische Handelsregister und Genossenschaftsregister sowie** **1**
das Unternehmensregister (EHUG) wurde eine Modernisierung des Handelsregisters eingeleitet.[1] Dadurch wurden Handels-, Genossenschafts- und Partnerschaftsregister zum 1.1.2007 auf
den elektronischen Betrieb umgestellt. Die zur Gründung einer Handelsgesellschaft oder Genossenschaft erforderlichen Unterlagen können seitdem grundsätzlich nur noch elektronisch beim
Handels- bzw. Genossenschaftsregister eingereicht werden.

Eine notarielle Beglaubigung der Anmeldungen bleibt erforderlich. Der Notar übermittelt **2**
die Anmeldung und die weiteren Dokumente über das elektronische Gerichtspostfach elektronisch mit seiner Signatur an das zuständige Registergericht. Dort können die Daten unmittelbar
in die Register übernommen werden, was erheblich zur Beschleunigung beitragen soll. Über
Anmeldungen zur Eintragung soll „unverzüglich" entschieden werden.

Falls erforderlich, wird die **IHK elektronisch beteiligt**. **3**

Handelsregistereintragungen werden **nur noch elektronisch bekannt** gemacht. Die Daten **4**
sind für jedermann über das Internet einsehbar.

2. Neuerungen durch das MoMiG

Mit dem „Gesetz zur Modernisierung des GmbH-Rechts und zur Bekämpfung von Missbräuchen" **5**
(MoMiG) sollte die Rechtsform der GmbH für den deutschen Mittelstand attraktiver gemacht und
so der Wirtschaftsstandort Deutschland gestärkt werden. Das Gesetz ist am 1.11.2008 in Kraft
getreten.

Die **Eintragungsverfahren** sollten **beschleunigt** werden. Der gutgläubige Erwerb von **6**
GmbH-Geschäftsanteilen wurde eingeführt. **Missbräuche** der GmbH-Rechtsform in der Krise
durch sog. „Firmenbestatter", die angeschlagene GmbHs durch Abberufung von Geschäftsführern und durch Aufgabe des Geschäftslokals einer ordnungsgemäßen Insolvenz zu entziehen
suchen, sollten **verhindert** werden.

Um die Handelsregistereintragung von Gesellschaften zu erleichtern, deren **Unterneh-** **7**
mensgegenstand genehmigungspflichtig ist, ist das **Eintragungsverfahren von der verwaltungsrechtlichen Genehmigung abgekoppelt**. Das betrifft z.B. Handwerks- und Restaurantbetriebe oder Bauträger, die eine gewerberechtliche Erlaubnis brauchen. Früher konnte eine
solche Gesellschaft nur dann in das Handelsregister eingetragen werden, wenn bereits bei der
Anmeldung zur Eintragung die staatliche Genehmigungsurkunde vorliegt (§ 8 Abs. 1 Nr. 6
GmbHG). Heute genügt anstelle der Genehmigung die **Versicherung, dass die Genehmigung**
bei der zuständigen Stelle beantragt worden ist.

Damit keine Gesellschaften ohne Betriebsgenehmigung dauerhaft im Handelsregister **8**
verzeichnet sind, muss die Erteilung der Genehmigung nach der Eintragung beim Registergericht nachgewiesen werden. Andernfalls ist die Gesellschaft von Amts wegen zu löschen.

Außerdem können die Gesellschafter individueller über die jeweilige Höhe ihrer Stammeinlagen **9**
bestimmen und sie dadurch nach ihren Bedürfnissen und finanziellen Möglichkeiten ausrichten. Früher musste die Stammeinlage **mindestens 100 EUR EUR** betragen und durfte nur in
Einheiten von **mindestens 50 EUR aufgeteilt** werden. Jeder Geschäftsanteil muss heute nur
noch auf einen Betrag von **mindestens 1 EUR** lauten. Vorhandene Geschäftsanteile können dadurch auch leichter gestückelt werden.

---

1 Siehe dazu *Höfner/Bäumler*, GmbHR 2006, R 205.

10   Die Übertragung von Geschäftsanteilen wird erleichtert. Das Verbot, **bei der Errichtung** der Gesellschaft **mehrere Geschäftsanteile** zu übernehmen (§ 5 Abs. 2 GmbHG), ist aufgehoben worden.

11   Auch das **Verbot, mehrere Teile von Geschäftsanteilen** gleichzeitig an denselben Erwerber zu übertragen (§ 17 GmbHG), ist entfallen.

12   Überdies wurde die Gründung von **Ein-Personen-GmbH** erleichtert. Hier wird auf die Stellung besonderer **Sicherheitsleistungen** (§ 7 Abs. 2 S. 3, § 19 Abs. 4 GmbHG) **verzichtet.** Nach bisherigem Recht durfte eine Ein-Personen-GmbH erst dann in das Handelsregister eingetragen werden, wenn der Gesellschafter für den noch nicht erbrachten Teil seiner Geldeinlage eine Sicherung bestellt hat. Diese besonderen Sicherungen sind verzichtbar und bedeuteten lediglich eine unnötige Komplizierung der Gründung einer Ein-Personen-GmbH.

13   Nach dem **Vorbild des Aktienregisters** gilt nur derjenige als Gesellschafter, der in die **Gesellschafterliste** eingetragen ist. So können Geschäftspartner der GmbH nachvollziehen, wer als Inhaber hinter der Gesellschaft steht.

14   Der eintretende Gesellschafter hat nun einen **Anspruch** darauf, **in die Liste eingetragen zu werden**.

15   Die Gesellschafterliste dient auch als **Anknüpfungspunkt für** einen **gutgläubigen Erwerb** von Geschäftsanteilen. Wer einen Geschäftsanteil erwirbt, soll künftig darauf vertrauen dürfen, dass die in der Gesellschafterliste verzeichnete Person auch wirklich Gesellschafter ist. Ist eine unzutreffende Eintragung in die Gesellschafterliste für **mindestens drei Jahre unbeanstandet** geblieben, so gilt der Inhalt der Liste dem Erwerber gegenüber als richtig.

16   **In das Handelsregister** muss eine **zustellungsfähige inländische Geschäftsanschrift** eingetragen werden. Dies gilt auch für Aktiengesellschaften, Einzelkaufleute, Personenhandels-gesellschaften sowie Zweigniederlassungen (auch von Auslandsgesellschaften). Wenn unter dieser eingetragenen Anschrift eine Zustellung (auch durch Niederlegung) faktisch unmöglich ist, wird die Möglichkeit verbessert, eine **öffentliche Zustellung im Inland** zu bewirken.

17   Im Falle der **Führungslosigkeit der Gesellschaft** sind nun die **Gesellschafter verpflichtet**, bei Zahlungsunfähigkeit und Überschuldung einen **Insolvenzantrag zu stellen**. Hat die Gesellschaft keinen Geschäftsführer mehr, muss jeder Gesellschafter an deren Stelle Insolvenzantrag stellen, es sei denn, er hat vom Insolvenzgrund und von der Führungslosigkeit keine Kenntnis.

18   Die bisherigen Ausschlussgründe für Geschäftsführer (§ 6 Abs. 2 S. 3 GmbHG, § 76 Abs. 3 S. 3 AktG) wurden um Verurteilungen wegen der Straftatbestände der §§ 399 bis 401 Abs. 1 AktG und §§ 82, 84 Abs. 1 GmbHG und vieler anderer Wirtschaftsstraftaten erweitert. Zum Geschäftsführer kann nunmehr nicht mehr bestellt werden, wer gegen zentrale Bestimmungen des Wirtschaftsstrafrechts verstoßen hat.

II. Gründung und Kapitalaufbringung bei der GmbH

19   Gerade in der **Gründungsphase** können schon so schwerwiegende **Fehler** durch die beteiligten Personen begangen werden, dass dadurch Probleme für die Gesellschaft, ihre Geschäftsführer und ihre Gründer vorprogrammiert werden bzw. die **Haftung** der Beteiligten im Rahmen einer – ggf. viele Jahre später aus anderen Gründen eintretenden – Insolvenz begründet wird. Gerade in dieser Phase besteht deshalb für den Notar, den beratenden Rechtsanwalt und den Steuerberater die Veranlassung zu einer besonders sorgfältigen Prüfung des Gründungsvorgangs und zur intensiven Beratung der beteiligten Personen (Gründungsgesellschafter, Vertretungsorgane).

1. Entstehungsstufen: Vorgründungsgesellschaft, Vorgesellschaft, GmbH
a) Vorgründungsgesellschaft

Bis zur **notariellen Gründungsbeurkundung** mit dem Abschluss des Gesellschaftsvertra- 20
ges der GmbH (**Satzung**) befindet sich die GmbH im sog. Vorgründungsstadium. Durch die Abrede, eine GmbH zu gründen, entsteht zwischen den Gesellschaftern eine sog. „Vorgründungsgesellschaft"[2] bzw. ein „Gründungsvorvertrag".[3] Bei einer Ein-Personen-Gesellschaft kann eine
solche Konstruktion allerdings nicht zum Tragen kommen, eine praktische Relevanz hat dies
aber auch kaum, da kein Interessengegensatz von Vorgründungsgesellschaftern entstehen
kann.

Nach herrschender Meinung bedarf ein derartiger **Gründungsvorvertrag** – soll er die 21
Gründungsbeteiligten schon rechtlich binden – zu seiner Wirksamkeit ebenfalls der notariellen
Form gemäß § 2 GmbHG. Lediglich in seltenen Fällen wird ein solcher Gründungsvorvertrag in
notarieller Form abgeschlossen werden; zu denken ist etwa an entsprechende Abreden in sog.
Konsortialverträgen.

Wichtig

Liegt ein nicht in notarieller Form vereinbarter Gründungsvorvertrag vor, dann besteht zumindest **kein Erfüllungsanspruch** der Vorgründungsgesellschafter untereinander auf Gründung der GmbH.

Praxistipp 22

Allenfalls auf der Anspruchsgrundlage der sog. **culpa in contrahendo** (c.i.c) i.S.v. § 311 Abs. 2 BGB kann ein Vorgründungsgesellschafter deshalb Ersatz seines negativen Interesses verlangen, wenn er Vermögensnachteile im
Vertrauen auf die Gründung der GmbH erlitten hat (Aufwendungen oder Einkommenseinbußen).

Nach der Rechtsprechung des BGH[4] kann aber nur ausnahmsweise bei **Abbruch von Vertrags-** 23
verhandlungen ohne triftigen Grund eine solche Haftung auf das **negative Interesse** in Betracht kommen, wenn eine vorher als sicher hingestellte Unternehmensgründung unterbleibt
und schuldhaft ein schutzwürdiges Vertrauen verletzt wird.

Wichtig 24

Nehmen die Vorgründungsgesellschafter die Unternehmenstätigkeit bereits auf, unterliegt ihr Handeln den Regeln
des BGB und ggf. des HGB, insbesondere den **Haftungsregeln, der Gesellschaft bürgerlichen Rechts** oder der **Offenen Handelsgesellschaft.** Dabei haften nicht nur die handelnden Gesellschafter wie in der Vorgesellschaft nach § 11
Abs. 2 GmbHG, sondern alle Gesellschafter **persönlich, unbeschränkt und gesamtschuldnerisch.**[5]

Diese Gesellschaft bürgerlichen Rechts endet wegen **Zweckerreichung** gemäß § 726 BGB mit
dem Abschluss des notariellen GmbH-Vertrages.[6] Zu klären ist dann, inwieweit die bis dahin
begründete persönliche (gesamtschuldnerische) Haftung der Gesellschafter mit schuldbefreiender Wirkung auf die GmbH übergeht. Dem entgegen endet die Offene Handelsgesellschaft ge-

---

2 *K. Schmidt*, Gesellschaftsrecht, S. 299; *Germann*, GmbH, S. 33 ff.; *Mohr*, GmbHR 2003, 347 ff.; *Heidinger*, GmbHR
2003, 189 ff.
3 *Priester*, GmbHR 1995, 481; *Michalski/Sixt*, FS Boujong, S. 349.
4 BGH ZIP 1988, 89.
5 BGH ZIP 1998, 646 dazu EWiR 1998, 417 *(Dreher/Kreiling)*; *Reinersdorf*, NZG 1998, 382; LAG Köln NZI 1999, 508;
Ghassemi-Tabar/Eckner, NJW 2012, 806 zur Haftung bei Abschluss eines Gewerberaummietvertrages.
6 *Lutter*, JuS 1998, 1073, 1075.

mäß §§ 105, 131ff. HGB nicht ohne weiteres durch eine Zweckerreichung i.S.v. § 726 BGB. Zu ihrer Auflösung bedarf es eines gesonderten Aktes der Gesellschafter.[7]

25   Nach der Rechtsprechung des BGH haften die Gesellschafter der Vorgründungsgesellschaft auch persönlich, wenn Sie unter der Firma der noch nicht existierenden GmbH **betriebsbezogene Geschäfte** tätigen. An dieser persönlichen Haftung und deren Fortbestand ändert auch die Eintragung der GmbH im Handelsregister nichts.[8] Das OLG Koblenz[9] folgert diese persönliche **Haftung aus § 179 BGB.**

26   Selbst eine spätere **Genehmigung** der GmbH nach § 177 BGB führt nicht zu einer entsprechenden Haftungsüberleitung.[10] Eine Ausnahme soll nur dann gelten, wenn mit Zustimmung des Geschäftspartners (Gläubiger) eine **befreiende Schuldübernahme** nach §§ 414, 415 BGB vereinbart wird.[11] Dies soll auch gelten, wenn der Geschäftspartner (Gläubiger) bei Abschluss des Geschäfts im Vorgründungsstadium glaubte, ein Vertragsverhältnis mit einer bereits bestehenden GmbH einzugehen.[12]

---

27 **Praxistipp**

Richtigerweise sollten also die Gesellschafter der Vorgründungsgesellschaft, wenn sie schon im Vorgründungsstadium betriebsbezogene Geschäfte tätigen, dabei sogleich **ausdrücklich** mit dem Geschäftspartner **vereinbaren**, dass ihre persönliche Haftung nur aufschiebend bedingt bis zur Eintragung der GmbH im Handelsregister besteht und die Verpflichtung zu diesem Zeitpunkt auf die GmbH übergeht.

---

b) Vorgesellschaft

28 Auch mit der notariellen Gründungsbeurkundung mit Abschluss des GmbH-Gesellschaftsvertrages (Satzung) entsteht die GmbH noch nicht. Der **Entstehungszeitpunkt** liegt vielmehr bei Kapitalgesellschaften erst in der **Eintragung** der Gesellschaft im Handelsregister (§ 11 Abs. 1 GmbHG). In der Phase zwischen der notariellen Beurkundung und der Eintragung der Gesellschaft im Handelsregister besteht die sog. Vor-Gesellschaft (Vor-GmbH).

29   Der Schutz des Kapitals der Gesellschaft und der Gläubiger in diesem Stadium wird einerseits durch die **Handelnden-Haftung** nach § 11 Abs. 2 GmbHG und andererseits durch die sog. **Verlustdeckungshaftung** der Gründungsgesellschafter gewährleistet.[13]

30   Eine im Zeitpunkt der Eintragung nicht ausgeglichene **Vorbelastung** (Unterbilanz) des Vermögens der Gesellschaft ist ein **Eintragungshindernis**; deshalb muss sich die Versicherung der Geschäftsführer im Rahmen der Anmeldung zum Handelsregister auch darauf beziehen, dass die Einlagen der Gesellschafter – mit Ausnahme der nach der Satzung zulässigerweise von der Gesellschaft übernommenen Gründungskosten – nicht vorbelastet bzw. aufgezehrt sind.[14] Zu differenzieren ist im Rahmen einer ggf. eine Vorbelastung ausschließenden Mithaftung.

31   So soll nach der Rechtsprechung des OLG Brandenburg eine in einem Kontoeröffnungsantrag für eine GmbH i.G. enthaltene **formularmäßige Mitverpflichtung** eines (mit-)beantragenden Minderheitsgesellschafters für alle künftigen Verpflichtungen der GmbH gegen **§§ 305c,**

---

7 Baumbach/*Hopt,* HGB, § 131 Rn 10, so zumindest die herrschende Meinung, vgl. § 133 Rn 10.
8 BGH GmbHR 2001, 293.
9 OLG Koblenz GmbHR 2002, 1239; *Roth/Altmeppen,* GmbHG, § 11 Rn 71.
10 BGH ZIP 1998, 646, dazu EWiR 1998, 417 (Dreher/Kreiling).
11 BGH ZIP 1998, 646, dazu EWiR 1998, 417 (*Dreher/Kreiling*).
12 Roth/*Altmeppen,* GmbHG, § 13 Rn 7.
13 Zur Haftungsverfassung der Vor-GmbH *Gummert,* DStR 1997, 1007; *Cebulla,* NZG 2001, 972; *Heidinger,* GmbHR 2003, 189ff.; zur Vor-AG siehe *Heidinger,* ZNotP 2000, 182ff.; zur entsprechenden Anwendung auf die Vor-GmbH &Co. KG siehe ArbG Berlin, GmbHR 2003, 469.
14 BGH BGHZ 80, 129 = NJW 1981, 1373; OLG Düsseldorf ZIP 1996, 1705; einschränkend *Fleck,* GmbHR 1983, 11.

307 BGB; (vormals: §§ 3, 9 AGBG) verstoßen.[15] Andererseits soll die gesondert unterschriebene Klausel „mithaftender Gesellschafter" zu einer gesamtschuldnerischen persönlichen Mithaftung über das Gründungsstadium und den Eintragungszeitpunkt der Gesellschaft hinaus führen.[16]

Als dogmatisch problematisch stellt sich auch eine **Bürgschaft** des Gesellschafters der Vor- **32** GmbH für die Gesellschaft bei einer **Ein-Personen-Gründung** im Hinblick auf die Identität von Hauptschuldner und Bürge dar. Der BGH nimmt dabei aber eine wirksame Haftungsbegründung nach den Grundsätzen „beiderseits interessengerechter Vertragsauslegung" an.[17]

Die Vor-GmbH ist im Zivilprozess **passiv und aktiv parteifähig**.[18] Vereinzelt wird sogar die **33** Auffassung vertreten, die Vor-GmbH könne die in ihrem Namen geführte Prozessführung einer Vorgründungsgesellschaft genehmigen und das Verfahren fortführen.[19] Andererseits soll bei deren **Erlöschen** ein bereits anhängiger Prozess analog §§ 239, 246 ZPO von den Gründungsgesellschaftern der Vor-GmbH fortzuführen sein.[20] **Allgemeiner Gerichtsstand** soll der in der Satzung gewählte Sitz sein.[21]

Für die Vor-GmbH sollen aber bei obligatorischem Aufsichtsrat nach **mitbestimmungs- 34 rechtlichen Regeln** (über 500 Arbeitnehmer) noch nicht die Vorschriften über die gerichtliche Bestellung von Aufsichtratmitgliedern (§ 104 AktG, § 77 BetrVG 1952 a.F./§§ 1, 6 MitbestG 1976) gelten.[22]

c) Handelnden-Haftung

Der Geschäftsführer, der in der Regel bereits im Rahmen der Gründungsbeurkundung bestellt **35** wird, muss häufig schon vor Registereintragung tätig werden. Hier haftet der Geschäftsführer, wie andere für die Vor-GmbH handelnde Personen auch, als „Handelnder" persönlich (§ 11 Abs. 2 GmbHG), allerdings nur **bis zur Eintragung** ins Handelsregister. Kommt es nicht zur Eintragung, weil die Gesellschaft schon vorher zahlungsunfähig wird, so bleibt der Handelnde persönlich haftbar. Kommt es dagegen zur Eintragung der GmbH, dann endet die Handelnden-Haftung; an ihre Stelle tritt dann gegebenenfalls die nachstehend dargestellte Differenz- oder Unterbilanzhaftung, welche sodann wieder die Gesellschafter als Haftungssubjekt trifft.[23]

Wichtig **36**
§ 11 Abs. 2 GmbHG findet auch auf rechtsgeschäftliches, zu Ansprüchen aus ungerechtfertigter Bereicherung führendes Handeln für die Vorgesellschaft Anwendung.[24]

Beauftragt der bestellte Geschäftsführer einer Vor-GmbH einen anderen mit ihm obliegenden **37** Aufgaben, muss er sich dessen Handeln gem. § 11 Abs. 2 GmbHG zurechnen lassen:[25]

Ein zukünftiger Geschäftsführer einer GmbH, der einem anderen eigene Geschäftsführer-Aufgaben in Bezug auf das GmbH-Konto überlässt, muss für dessen Handeln nach § 11 Abs. 2

---

15 OLG Brandenburg GmbHR 2002, 109 = ZIP 2001, 2126, dazu EWiR 2002, 15 (*Mues*).
16 OLG Brandenburg GmbHR 2002, 1244.
17 BGH DStR 2001, 1395 m. Anm. *Goette*.
18 BGH BGHZ 134, 333 = ZIP 1997, 679; BGH BB 1998, 862 m. Anm. *Demuth*, BB 1998, 966.
19 OLG Köln DB 2000, 866.
20 LG Berlin GmbHR 2001, 391.
21 Stein/Jonas/*Schumann*, ZPO, § 17 Rn 3 Fn 4; OLG Brandenburg GmbHR 2003, 1488.
22 BayObLG ZIP 2000, 1445; dazu EWiR 2001, 21 (*Kort*).
23 Dazu *Meyer*, GmbHR 2002, 1176; *Bergmann*, GmbHR 2003, 563; Heidel/Pauly/Amend/*Heidel*, AnwaltFormulare, § 15, Rn 13 ff. m.w.N.
24 OLG Karlsruhe BB 1998, 497.
25 OLG Hamm GmbHR 1997, 602.

GmbHG so einstehen, als ob er selbst unmittelbar tätig geworden wäre. War im Zeitpunkt der Eröffnung des GmbH-Kontos der Gesellschaftsvertrag noch nicht geschlossen, lag zwar nur eine „Vorgründungsgesellschaft" vor. Deren Rechte und Pflichten aus dem **Kontokorrentverhältnis** sollen durch die Weiterführung des Kontos auf die „Vorgesellschaft" konkludent übertragen worden sein, so dass § 11 Abs. 2 GmbHG gleichwohl eingreift.[26]

d) Haftung der Gründungsgesellschafter

38 Ob bei einer Vor-GmbH die Gesellschafter für vor Eintragung begründete Schulden der Gesellschaft den Gläubigern gegenüber unmittelbar im Sinne einer **Außenhaftung** haften, ob sie unbeschränkt oder nur entsprechend ihrer **Beteiligungsquote** haften, ob der Haftungsmaßstab sich ändert, wenn die Eintragungsabsicht aufgegeben wird oder wenn die Gesellschaft vermögenslos geworden ist, ist in der obergerichtlichen Rechtsprechung – insbesondere zwischen den verschiedenen Gerichtsbarkeiten – streitig.[27]

39   Nach der **früheren Rechtsprechung des BGH** sollten die Gesellschafter für Verbindlichkeiten der Vor-GmbH, die nicht in das Handelsregister eingetragen wird, sondern liquidiert wird, grundsätzlich nur bis zur Höhe ihrer Einlageverpflichtung haften. Wird die Einlage entsprechend der im Gesellschaftsvertrag getroffenen Regelung bereits vor Eintragung der Gesellschaft vollständig eingezahlt, scheidet danach eine weitere Inanspruchnahme der Gesellschafter aus.[28]

40   Allerdings ging der BGH dabei auch von einem sog. **Vorbelastungsverbot** aus, also von einem Verbot, das Vermögen der Gesellschaft überhaupt vor der Eintragung im Handelsregister zu belasten.[29] Dieses Vorbelastungsverbot hat der BGH bereits im Jahr 1981 aufgegeben und durch die nachstehend beschriebenen Haftungsregeln ersetzt.[30] Danach soll das **Gesellschaftsvermögen** bis zum Zeitpunkt der Eintragung nicht mehr gegenständlich, sondern **wertmäßig geschützt** werden. Mit der Eintragung der GmbH gehen deshalb die mit Ermächtigung der Gesellschafter begründeten Verbindlichkeiten ebenso auf die GmbH über wie die Forderungen.[31]

41   Nach der **neueren Rechtsprechung des BGH** haften die Gesellschafter einer Vor-GmbH – zumindest soweit sie einvernehmlich der **Aufnahme der Unternehmenstätigkeit** zugestimmt haben[32] – für die Verbindlichkeiten dieser Gesellschaft unbeschränkt wie die Gesellschafter einer GbR.[33] Es besteht eine **einheitliche Gründerhaftung** in Form
– einer bis zur Eintragung der Gesellschaft andauernden **Verlustdeckungshaftung** und
– einer an die Eintragung geknüpfte **Vorbelastungshaftung bzw. Unterbilanzhaftung**.

42 Diese Verlustdeckungshaftung und diese Vorbelastungshaftung ist eine Innenhaftung (gegenüber dem Insolvenzverwalter).[34] Dieser Rechtsprechung haben sich das **BAG** und das **BSG** ange-

---

26 OLG Hamm GmbHR 1997, 602.
27 BGH ZIP 1996, 590 = NJW 1996, 1210; BSG ZIP 1996, 1549 = NJW 1996, 3165; BAG ZIP 1996, 1548 = NJW 1996, 3165; BAG ZIP 1997, 2199, dazu EWiR 1998, 373 (Kohte); BAG ZIP 1997, 1544; LSG Baden-Württemberg ZIP 1997, 1651 m. Anm. *Altmeppen*; OLG Dresden GmbHR 1998, 186; KG GmbHR 1998, 739; OLG Thüringen GmbHR 1999, 772; LAG Köln GmbHR 1997, 1148 = ZIP 1997, 1921, dazu EWiR 1998, 123 *(Kort)*; LAG Berlin GmbHR 1999, 181.
28 BGH BGHZ 65, 378 = NJW 1976, 419 und BGH BGHZ 72, 45 = BB 1978, 1132.
29 BGH BGHZ 45, 338, 347; BGH, BGHZ 65, 378, 383 = NJW 1976, 419.
30 BGH BGHZ 80, 129; dazu auch *Flore*, GmbH-StB 2003, 230.
31 OLG Celle NZI 2001, 35.
32 Dazu *Goette*, DStR 2003, 887 ff. m.w.N.; zu Gründungsfehlern auch *Braun*, DZWIR 2003, 316.
33 So auch für die Haftung der Mitglieder eines Vor-Vereins BGH DStR 2001, 452 und einer Vor-Genossenschaft BGH BB 2002, 321.
34 BGH BGHZ 65, 378 = DStR 1996, 515, dazu EWiR 1996, 359 *(Wilken)*; BGH BGHZ 134, 333 = BB 1997, 905; BGH NZG 2006, 64 = BB 2005, 2773 m. Anm. *Gehrlein*; dazu NJW-Spezial 2006, 77; OLG Thüringen GmbHR 1999, 772; OLG Bremen EWiR 2000, 1015 *(Münnich)*; anders, für eine unbeschränkte Außenhaftung *Schmidt*, ZIP 1996, 353.

schlossen.[35] Gegen Ansprüche der Gesellschaft wegen einer solchen Verlustdeckungshaftung darf der Gesellschafter auch **nicht aufrechnen.**[36]

Die Schärfe der **Unterbilanzhaftung** hat der BGH[37] inzwischen klar definiert: **43**

„Im Rahmen der Ermittlung der Unterbilanzhaftung kann auch bei einem sog. „Start-up"-Unternehmen von einer als bewertbares Unternehmen anzusehenden strukturierten Organisationseinheit während des Stadiums der Vor-GmbH nur in engen Ausnahme-fällen und erst dann ausgegangen werden, wenn das von den Gründungsgesellschaftern verfolgte innovative Geschäftskonzept seine Bestätigung am Markt gefunden hat (vgl. BGHZ 140, 35). Der Anspruch aus Unterbilanzhaftung ist grundsätzlich wie ein Anspruch auf Leistung fehlender Bareinlagen zu behandeln und unterliegt deshalb denselben strengen Regeln der Kapitalaufbringung wie die ursprüngliche Einlageschuld (vgl. BGHZ 124, 282, 286). Auch bei der Unterbilanzhaftung ist nach dem entsprechend geltenden Grundsatz der realen Kapitalaufbringung ein automatisches Erlöschen des Anspruchs durch faktische Zweckerreichung infolge anderweitiger Auffüllung des Haftungsfonds ausge-schlossen."

Der BGH[38] hat aber noch weiter differenziert: **44**

„Scheitert die Gründung einer GmbH, die im Einverständnis ihrer Gesellschafter schon vor der Eintragung in das Handelsregister die **Geschäfte aufgenommen** hat, finden die Grund-sätze der Verlustdeckungshaftung allein dann Anwendung, wenn die Geschäftstätigkeit so-fort beendet und die Vorgesellschaft abgewickelt wird. Werden demgegenüber die **Geschäf-te** nach diesem Zeitpunkt **fortgeführt**, haben die Gründer für sämtliche Verbindlichkeiten der Vorgesellschaft, auch für die bis zum Scheitern entstandenen, nach personengesell-schaftsrechtlichen Grundsätzen einzustehen."

Wichtig **45**
Die **Darlegungs- und Beweislast** für das Bestehen von Unterbilanzhaftungsansprüchen trifft grundsätzlich die Ge-sellschaft bzw. im Falle ihrer Insolvenz den **Insolvenzverwalter.**[39]

Ist keine **Vorbelastungsbilanz** erstellt worden oder sind nicht einmal geordnete Geschäftsauf- **46** zeichnungen vorhanden, aufgrund derer die Gesellschaft bzw. der Insolvenzverwalter der Darle-gungspflicht nachkommen kann, ergeben sich aber Anhaltspunkte dafür, dass das Stammkapi-tal der Gesellschaft schon im Gründungsstadium angegriffen oder verbraucht worden ist oder dass darüber hinausgehende Verluste entstanden sind, ist es Sache der Gesellschafter darzule-gen, dass eine Unterbilanz nicht bestanden hat.[40]

---

35 BAG ZIP 1996, 1548 = NJW 1996, 3165; BSG ZIP 1996, 1549 = NJW 1996, 3165.
36 OLG Köln GmbHR 2002, 1066; so auch BGH DStR 2006, 714 m. Anm. *Goette* = BB 2006, 910 m. Anm. *Gehrlein*.
37 BGH ZIP 2006, 668.
38 BGH DNotZ 2003, 212 m. Anm. *Priester* = GmbHR 2003, 97 in Ergänzung zu BGH BGHZ 134, 333, 341. Zur vorzeitigen Aufnahme der Geschäfte in einer Vor-AG ohne Kenntnis und Billigung eines Gründungsgesellschafters siehe auch OLG Hamm Urt. v. 29.5.2002 – 8 U 140/01 – n.v.; zur Haftung in einer unechten Vor-GmbH, wenn nicht alle Gründungsgesellschafter die Eintragungsabsicht aufgegeben haben siehe FG Mecklenburg-Vorpommern EFG 2002, 1131 m. Anm. *Braun*.
39 BGH DStR 1997, 1857.
40 BGH ZIP 2003, 625 = DStR 2003, 650 m. Anm. *Goette*; dazu *Blöse*, ZIP 2003, 1687.

47 Wichtig
Die Verlustdeckungshaftung der Gesellschafter der Vor-GmbH bezieht sich nicht nur auf rechtsgeschäftlich begründete Verbindlichkeiten, sondern auch auf Verbindlichkeiten kraft Gesetzes, also auch auf Verbindlichkeiten gegenüber der **Finanzverwaltung** oder gegenüber **Sozialversicherungsträgern**,[41] ferner aber auch auf deliktische Ansprüche gegen die Vor-GmbH.[42]

48 Der Anspruch aus der Unterbilanz wird wie eine nicht geleistete Einlage auf das Stammkapital behandelt. Damit unterliegt die Einzahlungsverpflichtung den strengen Regeln der Kapitalaufbringung (vgl. §§ 19, 22, 24 GmbHG). Für die Haftung gilt gemäß § 19 Abs. 6 S. 1 GmbHG eine **Verjährungsfrist** von zehn Jahren ab Eintragung. Im Rahmen eines **eröffneten Insolvenzverfahrens** ist zugunsten des Insolvenzverwalters überdies die vom Zeitpunkt der Eröffnung des Insolvenzverfahrens bis zu sechs Monate währende Ablaufhemmung des § 19 Abs. 6 S. 2 GmbHG zu beachten.

49 Die Vor-GmbH wird bereits durch ihre Geschäftsführer vertreten. Ob deren **Vertretungsmacht** sich aus § 37 Abs. 2 GmbHG ergibt, ist dabei streitig. Nach einer Meinung können die Gründungsgesellschafter den Umfang der Vertretungsmacht der Geschäftsführer der Vor-GmbH noch selbst bestimmen, also auch begrenzen.[43] Daraus wird teilweise abgeleitet, dass durch eine **interne Beschränkung** der Vertretungsmacht durch die Gründungsgesellschafter deren Verlustdeckungshaftung beschränkt werden könne.[44] Diese Auffassung wird aber von der wohl herrschenden Meinung abgelehnt.[45]

50 Zur Prüfung, ob bzw. inwieweit eine Vorbelastung des Vermögens der Gesellschaft gegeben ist, ist in der Regel eine sog. **Vorbelastungsbilanz** auf den Stichtag der Eintragung aufzustellen.[46] Der Umfang der sog. **Vorbelastungshaftung bzw. Unterbilanzhaftung** entspricht dem Unterschiedsbetrag zwischen dem Stammkapital und dem Wert des GmbH-Vermögens aus der entsprechenden Vorbelastungsbilanz[47] auf den Zeitpunkt der Handelsregistereintragung.

51 Ist eine **negative Fortbestehensprognose** anzustellen, sind in der Vorbelastungsbilanz Veräußerungs-/Fortführungs- bzw. Liquidationswerte anzusetzen.[48] Ob bei einer **positiven Fortbestehensprognose** die Ertragswertmethode angewandt werden kann, hängt davon ab, ob die Ingangsetzung der Vorgesellschaft schon so erfolgreich war, dass eine Organisationseinheit vorhanden ist, die einen über die einzelnen Vermögenswerte hinausgehenden Vermögenswert darstellt.[49]

52 Zulässiger **Gründungsaufwand** ist bei der Unterbilanzhaftung nicht zu berücksichtigen. **Eigenkapitalersetzende Gesellschafterdarlehen** sind im Rahmen einer solchen Vorbelastungsbilanz zu passivieren.[50] Auch die Gewährung eines Gesellschafterdarlehens mit **Rangrücktritt** soll die Unterdeckung durch Vorbelastung nicht entfallen lassen.[51]

---

41 Siehe dazu aber BAG GmbHR 2001, 919, dazu EWiR 2001, 759 (*Henze*): nur pro-rata-Haftung.
42 BSG DB 1986, 1291; LAG Frankfurt/M. GmbHR 1992, 178; OLG Saarbrücken GmbHR 1992, 307; *Lutter,* JuS 1998, 1073, 1075.
43 Baumbach/Hueck/*Schulze-Osterloh,* GmbHG, § 11 Rn 18; Lutter/Hommelhoff/*Fastrich,* GmbHG, § 11 Rn 6.
44 *Lachmann,* NJW 1998, 2263.
45 *K. Schmidt,* Gesellschaftsrecht, S. 1029; *Roth,* ZGR 1984, 596, 609.
46 *K. Schmidt,* Gesellschaftsrecht, S. 1029; Hachenburg/*Ulmer,* GmbHG, § 11 Rn 87; *Hey,* GmbHR 2001, 905; OLG Celle NZI 2001, 35.
47 Zur Vorbelastungsbilanz siehe auch OLG Celle NZI 2001, 35.
48 BGH ZIP 1997, 2008; dazu *Roth/Altmeppen,* GmbHG, § 64 Rn 12 f.; *Hennrichs,* ZGR 1999, 837.
49 BGH GmbHR 1999, 31 = NZI 1999, 75; dazu auch Baumbach/Hueck/*Schulze-Osterloh,* GmbHG, § 41 Rn 44; Hachenburg/*Ulmer,* GmbHG, § 11 Rn 89.
50 BGH ZIP 1994, 295; zustimmend *Priester,* ZIP 1994, 413; kritisch zur neuen Rechtslage nach § 39 Abs. 1 Nr. 5 InsO *K. Schmidt,* GmbHR 1999, 9, 12 ff.
51 OLG Naumburg NZG 1999, 316 = GmbHR 1999, 665; anders *Roth/Altmeppen,* GmbHG, § 11 Rn 17, wonach die 10-jährige Verjährung entsprechend § 9 Abs. 2 GmbHG anzuwenden sei.

Ist die Vor-GmbH **vermögenslos**, können nach Auffassung des BAG und des BSG die Gläu- 53
biger die Gesellschafter unmittelbar in Anspruch nehmen (**Außenhaftung**).[52] Eine **Ausnahme** vom Grundsatz der Innenhaftung der Gesellschafter ließ auch der BGH bisher dann zu, wenn die Vorgesellschaft vermögenslos ist, wenn es sich um eine **Ein-Personen-Vor-GmbH** handelt oder wenn weitere Gläubiger nicht vorhanden sind, d.h. in den Fällen, in denen eine Inanspruchnahme der Vorgesellschaft offensichtlich aussichtslos oder unzumutbar ist.[53]

Der **BGH** ist inzwischen aber anderer Meinung. Die nach Eintragung der GmbH in das Han- 54
delsregister eingreifende Unterbilanzhaftung ist danach auch dann als **reine Innenhaftung** ausgestaltet, wenn die GmbH vermögenslos ist oder nur einen Gesellschafter hat.[54] Nach Auffassung des **BAG** sollen die Gesellschafter dabei aber nicht unbeschränkt, sondern nur **„pro-rata"**, also entsprechend ihrer Beteiligung am Gesellschaftsvermögen haften.[55]

Vor diesem Hintergrund sind die Ansprüche der Vor-GmbH gegen ihren alleinigen Gesell- 55
schafter in dessen **persönlicher Insolvenz** auch von dem **Insolvenzverwalter** über das Vermögen der Vor-GmbH geltend zu machen, also – analog § 93 InsO – **anzumelden**.[56]

Wichtig 56

Werden die Geschäfte nach **Aufgabe der Eintragungsabsicht** fortgeführt, haften die Gesellschafter ebenfalls unmittelbar. Ihre Haftung ist nicht verhältnismäßig (pro rata) entsprechend ihrer Beteiligung am Gesellschaftsvermögen beschränkt.[57]

Dabei soll die Haftung aus der Vor-GmbH ausgeschiedener Gesellschafter entsprechend § 160 57
Abs. 1 HGB erst in fünf Jahren nach Ausscheiden wegen **Verjährung** ausgeschlossen sein.[58]

Praxistipp 58

Als unmittelbarer Haftungsschuldner kommt auch ein, hinter dem Vor-GmbH-Gründer als **Treuhänder** stehender, **Treugeber** in Betracht, wenn der Treuhänder seinen **Freistellungsanspruch** aus dem Treuhandverhältnis an die Gläubiger abtritt. Dann wandelt sich der Freistellungsanspruch in einen unmittelbaren Zahlungsanspruch der Gläubiger um.[59]

Bei einer **sog. unechten Vor-GmbH**, deren Eintragung endgültig gescheitert ist bzw. schon ur- 59
sprünglich nicht beabsichtigt war, soll auch nach der Rechtsprechung des BFH eine unmittelbare und unbeschränkte Außenhaftung der Gesellschafter bestehen.[60] Nach der Auffassung des BAG sollen die Gesellschafter in diesen Fällen allerdings nur ihren Beteiligungsverhältnissen entsprechend anteilig haften.[61]

---

52 BAG ZIP 1997, 1544, dazu EWiR 1997, 849 *(Goette)*; BAG BB 2000, 1944 = GmbHR 2000, 425 m. Anm. *Emde*, dazu EWiR 2000, 915 *(Goette)*; BSG DStR 2000, 741 = NZI 2000, 389, dazu EWiR 2000, 1055 *(Kort)* und BSG DStR 2000, 744; LG Braunschweig BB 2001, 1703.
53 BGH BGHZ 134, 333 = BB 1997, 905.
54 BGH NZG 2006, 64 = BB 2005, 2773 m. Anm. *Gehrlein*; dazu NJW-Spezial 2006, 77.
55 BAG GmbHR 2001, 919, dazu EWiR 2001, 759 *(Henze)* für Sozialversicherungsbeitragshaftung.
56 OLG Hamm ZIP 2012, 338.
57 BAG ZIP 1997, 2199; OLG Dresden GmbHR 1998, 186; zur Haftung der Gründungsgesellschafter bei Aufgabe der Eintragungsabsicht und Fortführung ohne Liquidationsbemühung siehe auch LG Dresden GmbHR 2002, 549, dazu EWiR 2002, 285 *(Saenger)*; a.A. OLG Bremen GmbHR 2000, 25 m. Anm. *K. Schmidt*.
58 OLG Thüringen GmbHR 1999, 772; BGH BGHZ 105, 300; Lutter/Hommelhoff/*Bayer*, GmbHG, § 11 Rn 12.
59 BGH DStR 2001, 858 m. Anm. *Goette* = GmbHR 2001, 432.
60 BFH BB 1998, 2299 = ZIP 1998, 1149; dazu EWiR 1998, 745 *(Bork)*.
61 BAG ZIP 1997, 1544, dazu EWiR 1997, 849 *(Goette)*.

60   Entgegen der Rechtsprechung der obersten Bundesgerichte gehen verschiedene **Landesar-beitsgerichte** in jedem Fall von einer **unbeschränkten und unmittelbaren Außenhaftung** der Gesellschafter der Vor-GmbH gegenüber den Gläubigern aus.[62]

61   Bei einer gescheiterten Sachgründung durch Einbringung eines bisher einzelkaufmänni-schen Unternehmens in eine Vor-GmbH kommt schließlich auch eine **Haftung nach §§ 25, 28 HGB** in Betracht.[63]

e) Insolvenzantragspflicht/Insolvenzfähigkeit der Vor-GmbH

62   Schon nach früherem Konkursrecht wurde die Auffassung vertreten, dass die Vor-GmbH im Zi-vilprozess **parteifähig** und auch **insolvenzfähig** sei.[64] Daraus wurde teilweise auch eine ent-sprechende Konkursantragspflicht gemäß § 64 GmbHG abgeleitet. Dementsprechend wird ver-schiedentlich eine **Insolvenzantragspflicht** nach neuem Insolvenzrecht angenommen.[65]

63   Nach anderer Auffassung scheidet aber zumindest eine Insolvenzantragspflicht im Hinblick auf den Insolvenzgrund der **Überschuldung** aus. Wie sich aus §§ 17, 19 InsO ergibt, sollen näm-lich bei einer Gesellschaft oder einem Personenverbund, bei der bzw. dem eine persönliche Haf-tung natürlicher Personen gegeben ist, als Insolvenzgrund nur die Zahlungsunfähigkeit in Be-tracht kommen.[66]

---

64 **Wichtig**

Dass Personengesellschaften – und damit auch Vor-GmbH – **insolvenzfähig** sind, ergibt sich aus § 11 Abs. 2 Nr. 1 InsO.[67] Aus der Insolvenzfähigkeit folgt aber nicht zugleich auch eine Insolvenzantragspflicht. Wie sich aus §§ 130a, 177a HGB/§ 15a Abs. 2 InsO ergibt, soll eine Insolvenzantragspflicht bei Personengesellschaften nämlich nur dann bestehen, wenn keine natürliche Personen als Gesellschafter vorhanden ist, die unbeschränkt und persönlich haf-tet.

Wichtig

Selbst wenn man eine **Insolvenzantragspflicht** für die Vor-GmbH annimmt, folgt aber aus deren Verletzung neben der zivilrechtlichen Haftung nicht zugleich auch eine strafrechtliche Haftung nach § 84 Abs. 1 GmbHG, da aus ver-fassungsrechtlichen Gründen (Rechtsstaatsprinzip gem. Art. 103 Abs. 2 GG) im Strafrecht ein **Analogieverbot** be-steht.[68]

---

f) Besteuerung der Vorgründungsgesellschaft und der Vor-GmbH

65   Das Steuerrecht folgt dem Zivilrecht inhaltlich und sprachlich nur teilweise. Im Steuerrecht wird mitunter die Vorgründungsgesellschaft als Vorgesellschaft bezeichnet und die Vorgesellschaft als Gründungsgesellschaft.[69]

---

62 LAG Köln DStR 1998, 178 = GmbHR 1997, 1148; LAG Köln NZI 1999, 508; LAG Hessen GmbHR 1998, 785 und GmbHR 1998, 782, so auch, zumindest bei Vermögenslosigkeit, LSG Stuttgart BB 1997, 1852 = ZIP 1997, 1651; a.A. LAG Berlin GmbHR 1999, 181, wenn schon der Gründungsvorgang fehlerhaft und unwirksam ist.
63 Einschränkend BGH BB 2000, 477 = NJW 2000, 1193, dazu *K. Schmidt*, NJW 2000, 1521.
64 Baumbach/Hueck/*Schulze-Osterloh*, GmbHG, § 11 Rn 16; Hachenburg/*Ulmer*, GmbHG, § 64 Rn 4; Lutter/Hommelhoff/*Bayer*, GmbHG, § 11 Rn 4; so auch BGH BB 2003, 2477 = GmbHR 2003, 1488 m.w.N.
65 Baumbach/ *Hueck/Fastrich*, GmbHG, § 11 Rn 17ff.; *Haas*, § 64 Rn 16; Hachenburg/*Ulmer*, GmbHG, 8. Aufl., § 64 Rn 4; offen gelassen in BGH BB 2003, 2477 = GmbHR 2003, 1488.
66 *Roth/Altmeppen*, GmbHG, vor § 64 Rn 10.
67 Bestätigend für die Vor-GmbH auch BGH InVo 2004, 185.
68 *Roth/Altmeppen*, GmbHG, § 84 Rn 2.
69 BFH BStBl II 1983, 247; *Streck*, KStG, § 1 Rn 8; *Tipke/Lang*, Steuerrecht, § 11 Rn 9; präziser aber BMF v. 20.12.1999, GmbHR 2000, 54.

Die **Vorgründungsgesellschaft** wird als Personengesamtheit behandelt, also als Gesell- **66**
schaft nach § 15 Abs. 1 S. 1 Nr. 2 EStG. Für den Zeitraum bis zum notariellen Gründungsakt wird
deshalb eine **einheitliche Gewinnfeststellung** durchgeführt. Die Gewinne bzw. Verluste werden ertragsteuerlich ausschließlich den Gesellschaftern zugerechnet.[70]

Hinweis **67**
Dagegen wurde und wird ihre **umsatzsteuerrechtliche Unternehmereigenschaft** von der instanzgerichtlichen
Rechtsprechung weitgehend anerkannt,[71] gegebenenfalls auch deren Investitionszulageberechtigung.[72]

Der **EuGH** hat in der sog. Faxworld-Entscheidung dementsprechend auch die **Vorsteuerab-** **68**
zugsberechtigung einer Vorgründungsgesellschaft **bejaht:**[73]
„Eine allein mit dem Ziel der Gründung einer Kapitalgesellschaft errichtete Personengesellschaft ist zum Abzug der Vorsteuer für den Bezug von Dienstleistungen und Gegenständen berechtigt, wenn entsprechend ihrem Gesellschaftszweck ihr einziger Ausgangsumsatz die Übertragung der bezogenen Leistungen mittels eines Aktes gegen Entgelt an die Kapitalgesellschaft
nach deren Gründung war und wenn, weil der betreffende Mitgliedstaat von der in den Artikeln
5 Absatz 8 und 6 Absatz 5 der Sechsten Richtlinie 77/388/EWG des Rates vom 17. Mai 1977 zur
Harmonisierung der Rechtsvorschriften der Mitgliedstaaten über die Umsatzsteuern – Gemeinsames Mehrwertsteuersystem: einheitliche steuerpflichtige Bemessungsgrundlage in der Fassung der Richtlinie 95/7/EG des Rates vom 10. April 1995 vorgesehenen Möglichkeit Gebrauch
gemacht hat, die Übertragung des Gesamtvermögens so behandelt wird, als ob keine Lieferung
oder Dienstleistung vorliegt.“
Dieser Ansicht folgt inzwischen auch der BFH:[74] **69**
„Eine zur Gründung einer Kapitalgesellschaft errichtete Personengesellschaft (sog. Vorgründungsgesellschaft), die nach Gründung der Kapitalgesellschaft die bezogenen Leistungen
in einem Akt gegen Entgelt an diese veräußert und andere Ausgangsumsätze von vornherein
nicht beabsichtigt hatte, ist zum Abzug der Vorsteuer für den Bezug von Dienstleistungen und
Gegenständen ungeachtet dessen berechtigt, dass die Umsätze im Rahmen einer Geschäftsver-
äußerung nach § 1 Abs. 1a UStG nicht der Umsatzsteuer unterliegen. Maßgebend sind insoweit
die beabsichtigten Umsätze der Kapitalgesellschaft.“
Demgegenüber wurde nach bisheriger Rechtsprechung des BFH ab dem Zeitpunkt der nota- **70**
riellen Gründung für die **Vor-GmbH Körperschaftsteuerrecht** angewandt, obwohl die GmbH
rechtlich als Kapitalgesellschaft erst mit der Eintragung im Handelsregister entsteht.[75] Der Zeitpunkt der Eintragung hat für das Steuerrecht dann keine Bedeutung mehr. Vielmehr wird eine
Identität zwischen der Vor-GmbH und der GmbH angenommen.
Wie zweifelhaft diese Handhabung ist, zeigt sich beim **Scheitern der Vor-GmbH**, wenn **71**
also die Eintragung in das Handelsregister nicht weiter betrieben wird oder aus anderen Gründen nicht erfolgt. Es stellt sich dann die Frage, ob ab dem Zeitpunkt des Scheiterns eine Liquidationsbesteuerung nach Körperschaftsteuerrecht erfolgen muss oder aber – zumindest bei Fortsetzung der geschäftlichen Tätigkeit durch die Gesellschafter – nunmehr eine **Einkommen-**

---

70 *Streck,* KStG, § 1 Rn 7; *Mohr,* GmbHR 2003, 347 ff.
71 Hessisches FG DStRE 2000, 763, Niedersächs. FG DStRE 2001, 1048; a.A. OFD Erfurt v. 21.7.1997, GmbHR 1998,
205; dazu *Zugmaier,* DStR 2000, 2176; *Grett,* DStR 2001, 968; zur Unternehmereigenschaft und zur
Vorsteuerabzugsberechtigung einer Vorgründungsgesellschaft siehe BFH GmbHR 2002, 560 = DStRE 2002, 698
(Vorlage an den EuGH).
72 BMF v. 20.12.1999, GmbHR 2000, 54.
73 EuGH DStRE 2004, 772 = GmbHR 2004, 818; dazu *Altrichter-Herzberg,* GmbHR 2004, 768.
74 BFH GmbHR 2005, 1481 = DStR 2005, 1870.
75 BFH BStBl II 1993, 352 = DStR 1993, 126; dazu *Peetz,* GmbHR 2000, 1083; *Mohr,* GmbHR 2003, 347.

besteuerung der Personengesamthand mit einheitlicher und gesonderter Gewinnfeststellung einsetzen muss.[76]

72　　Der BFH hat inzwischen seine Rechtsprechung angepasst und wendet nunmehr zumindest auf eine Vor-GmbH, deren Eintragung scheitert, nicht mehr Körperschaftsteuerrecht an.[77]

73　**Praxistipp**
Zumindest sollte auch schon nach der bisherigen Auffassung des BFH bei einer gescheiterten Vor-GmbH das **Einspruchsrecht gegen Gewinnfeststellungsbescheide** auf die betroffenen Gesellschafter übergehen.[78]

74　Hatte die **Vor-GmbH** bereits ein Grundstück i.S.d. GrEStG erworben, soll nach Auffassung des BFH bei deren **Auflösung** wegen des damit verbundenen Rechtsträgerwechsels auf den/die Gründungsgesellschafter i.S.v. § 1 Abs. 1 Nr. 3 GrEStG **Grunderwerbsteuer** zu dessen/deren Lasten anfallen.[79]

75　　Wird ein **notarieller Grundstückskaufvertrag** von einem **vollmachtlosen Vertreter** für eine noch nicht gegründete GmbH abgeschlossen, fällt im Falle der – für den Vollzug erforderlichen – **Genehmigung** des Kaufvertrages durch die Vorgründungsgesellschafterin die **Grunderwerbsteuer doppelt** an. Nach der Gründung der (Vor-)Gesellschaft und der Übereignung des Grundstückes an diese fällt sodann nach § 1 Abs. 1 Nr. 2 GrEStG ein zweites Mal Grunderwerbsteuer an. Der einmal mit dem „wahren Rechtsträger" zustande gekommene Vertrag geht mit der Gründung der GmbH nicht in dem Sinne auf diese über, dass nunmehr die GmbH anstelle des wahren Rechtsträgers in den Kaufvertrag eingetreten wäre. Das Vermögen des „wahren Rechtsträgers" der Vorgründungsgesellschaft – hierzu gehören auch vertragliche Ansprüche – geht nicht automatisch auf die später existent gewordene Gesellschaft über.[80]

2. Bargründung

76　Das GmbH-Recht unterscheidet bekanntlich zwischen Bargründungen (§§ 5 Abs. 1–3, 19 Abs. 1, 2 GmbHG) und Sachgründungen (§§ 5 Abs. 4, 19 Abs. 4 GmbHG) bzw. zwischen Barkapitalerhöhungen und Sachkapitalerhöhungen (§ 56 GmbHG).[81] Die problematischere Alternative ist dabei sicherlich die Sachgründung bzw. die Sachkapitalerhöhung. Von einer sog. **Stufengründung** spricht man, wenn nach dem Konzept der Gründungsgesellschafter der Bargründung (i.d.R. mit dem gesetzlichen Mindestkapital) alsbald eine Sachkapitalerhöhung folgt.

a) Mehr-Personen-Gründung und Ein-Personen-Gründung

77　Bei der Mehr-Personen-Gründung muss die Hälfte des Mindeststammkapitals von 25.000 EUR eingezahlt sein und jeder Gründungsgesellschafter muss mindestens ein Viertel der von ihm zu erbringenden Stammeinlagen eingezahlt haben. Bei der Ein-Personen-Gründung muss ebenfalls die Hälfte des Mindeststammkapitals von 25.000 EUR eingezahlt sein. Besonderheiten gelten bei der Unternehmergesellschaft (haftungsbeschränkt) (dazu Rn 306).

---

76 *Streck,* KStG, § 1 Rn 8; *Schwarz,* ZIP 1996, 2005; so nunmehr auch FG Berlin, GmbHR 2000, 834 m. Anm. *Peetz* und FG Berlin GmbHR 2002, 450 m. Anm. *Peetz;* FG Brandenburg DStR 2003, 1223; offen gelassen in BFH BStBl III 1973, 319.
77 BFH DStR 2010, 1072; dazu NJW-Spezial 2010, 431.
78 BFH GmbHR 2005, 124.
79 BFH DStRE 2002, 387 = DB 2002, 357, dazu EWiR 2003, 221 (*Priester*).
80 OLG Zweibrücken, Beschl. v. 17.8.2011 – 3 W 92/11, n.v.
81 Dazu umfassend und mit Mustern Arens/Tepper/*Lichtenwimmer,* Formularbuch Gesellschaftsrecht, § 5 Rn 334 ff.

b) Geschäftsführerversicherung und Prüfung des Registergerichts
aa) Inhalt der Versicherung

Die Gründungsprüfung umfasst im Besonderen auch die Prüfung, ob die notwendigen Einlagen **78** erbracht worden sind.[82] Zu diesem Zweck sieht § 8 Abs. 2 GmbHG die Abgabe einer **Versicherung über die Einlageleistungen** vor. Anhand dieser Versicherung hat das Registergericht u.a. auch zu prüfen, ob die Voraussetzungen des § 7 Abs. 2 GmbHG erfüllt worden sind, so dass in der Versicherung angegeben werden muss, welcher Gesellschafter welchen Betrag geleistet hat.[83] Auch wenn keine Bindung in der Formulierung besteht, muss aber die Versicherung unzweifelhaft eine **endgültige** Übertragung zur **freien Verfügung** der Geschäftsführer ergeben.[84]

Nach der Rechtsprechung des BGH ist die Versicherung nach § 8 Abs. 2 GmbHG um Angaben **79** zu etwaigen **Vorbelastungen** des Gesellschaftsvermögens zu ergänzen.[85] Fehlt eine entsprechende Erklärung, ist diese Ergänzung vom Registergericht nachzufordern. Eine derartige Vorbelastung stellt auch die Verpflichtung der Gesellschaft dar, die Gründungskosten zu tragen. Eine Vorbelastung ist überhaupt schon dann gegeben, wenn eine Zahlungspflicht entstanden ist, ohne dass es einer Leistung bedarf.

Bei der Mehr-Personen-Gründung muss der Geschäftsführer bzw. müssen die Geschäftsfüh- **80** rer der gegründeten Gesellschaft versichern, dass die **Mindesteinzahlungen** auf die versprochenen Geldeinlagen gemäß § 7 Abs. 2 GmbHG erfolgt sind und sich **endgültig in der freien Verfügung** der Geschäftsführer befinden und nicht durch Verbindlichkeiten vorbelastet oder aufgezehrt ist.[86] Die Versicherung ist, wie die Erstanmeldung nach § 78 GmbHG überhaupt, durch **alle Geschäftsführer** abzugeben, also auch durch später neu bestellte Geschäftsführer.[87]

Wichtig **81**

Die Versicherung ist auch wegen der mit ihr verbundenen Strafandrohung höchstpersönlicher Art. Eine Vertretung kommt damit insoweit nicht in Betracht.[88]

---

bb) Versicherung zur Vorbelastung des Stammkapitals

Die **Versicherung des Geschäftsführers** bzw. der Geschäftsführer, dass die eingezahlten **82** Stammeinlagen vollständig zur freien Verfügung der Geschäftsführung stehen, muss nach überwiegender Auffassung auch zum **Zeitpunkt** der Eintragung in das Handelsregister noch zutreffend sein. Daraus folgt, dass die Versicherung des Geschäftsführers bzw. der Geschäftsführer auch darauf zu erstrecken ist, inwieweit das Stammkapital der Gesellschaft bereits durch Verbindlichkeiten vorbelastet ist.

Dementsprechend wird auch ein **Prüfungsrecht des Registergerichts** hinsichtlich der Fra- **83** ge, inwieweit das Stammkapital im Zeitpunkt der Eintragung vorbelastet ist, angenommen.[89] Ob

---

82 Scholz/*Winter*, GmbHG, § 9c Rn 28; Lutter/Hommelhoff/*Bayer*, GmbHG, § 9c Rn 4; *Roth*/*Altmeppen*, GmbHG, § 9c Rn 3a; siehe auch Arens/Tepper/*Müther*, Formularbuch Gesellschaftsrecht, § 33 Rn 10 ff.

83 Scholz/*Winter*, § 8 Rn 23; Lutter/Hommelhoff/*Bayer*, GmbHG, § 8 Rn 11.

84 LG Berlin, Beschl. v. 29.3.2000 – 98 T 78/99, n.v.

85 BGH BGHZ 80, 129, 143 = NJW 1981, 1373; OLG Düsseldorf BB 1996, 2114 = ZIP 1996, 1705; Lutter/Hommelhoff/*Bayer*, GmbHG, § 8 Rn 12; Roth/*Altmeppen*, GmbHG, § 8 Rn 15.

86 BGH BGHZ 80, 129 = NJW 1981, 1373; OLG Düsseldorf ZIP 1996, 1705; einschränkend *Fleck*, GmbHR 1983, 11; zum Zeitpunkt der Richtigkeit der Versicherung des Geschäftsführers bei der Gründung einer GmbH siehe auch LG Gießen GmbHR 2003, 543, dazu *Bärwaldt*, GmbHR 2003, 524.

87 Streitig, a.A: Lutter/Hommelhoff/*Fastrich*, § 8 Rn 10; Roth/*Altmeppen*, § 8 Rn 19.

88 Scholz/*Winter*, § 8 Rn 10; Lutter/Hommelhoff/*Bayer*, § 8 Rn 10; *Roth*/*Altmeppen*, § 8 Rn 18.

89 BayObLG GmbHR 1992, 109; BayObLG GmbHR 1998, 1225 unter Hinweis auf BGH BGHZ 80, 129, 143 = NJW 1981, 1373.

aus einer Vorbelastung des Stammkapitals zur Zeit der Eintragung ein **Eintragungshindernis** folgt, ist aber streitig.[90]

cc) Allgemeine und besondere Nachweise, Einzahlungsbelege

84 Diese Versicherung des Geschäftsführers bzw. Versicherungen der Geschäftsführer sieht der Gesetzgeber als ausreichenden Nachweis über die ordnungsgemäße Einzahlung des Stammkapitals an. Da das Gesetz die **Versicherung** nach § 8 Abs. 2 GmbHG als Nachweis über die Einlageleistung vorsieht, können weitere Nachweise wie z.B. die Vorlage eines **Kontoauszugs** oder einer **Quittung** – anders § 37 Abs. 1 S. 3 AktG – nur bei begründeten Zweifeln an der Richtigkeit der Angaben verlangt werden.[91]

85 Nach den gesetzlichen Vorgaben besteht daher keine Notwendigkeit, zusammen mit der Registeranmeldung dem Registergericht Einzahlungsbelege vorzulegen.[92] Auch nach der obergerichtlichen Rechtsprechung kann eine Bankbestätigung nur verlangt werden, wenn aufgrund der konkreten Umstände ein begründeter Anlass zu **erheblichen Zweifeln an der Richtigkeit der Versicherung** der Geschäftsführer gegeben ist (siehe nunmehr auch § 8 Abs. 2 S. 2 GmbHG).[93]

86 Von einigen Registergerichten wird dies allerdings nicht beachtet, sondern sie machen generell die Vorlage entsprechender Bankbestätigungen bzw. Kontobelege zur Eintragungsvoraussetzung.

87 Soweit allerdings **Kontoauszüge** unaufgefordert eingereicht werden, sind auch diese in die Prüfung durch das Gericht einzubeziehen. Dabei kann sich aus dem Kontoauszug etwa ergeben, dass die Gesellschaft ihren Geschäftsbetrieb bereits aufgenommen hat, weil dort bereits Abbuchungen für Gehälter oder Einzahlungen von Kunden vorhanden sind. Die Aufnahme der Tätigkeit ist der Gesellschaft vor der Eintragung nicht untersagt.

88 Aus einem Kontoauszug ergibt sich mitunter auch, dass das Konto für die GmbH vor der Gründung der Gesellschaft eröffnet worden ist. Eine solche Kontoeröffnung ist unzulässig, weil die Bank nach dem **Grundsatz der Kontenwahrheit** (vgl. § 154 AO) ein Konto nur für eine existierende Person eröffnen darf. Die Vor-GmbH ist zwar kontofähig, sie entsteht aber erst mit dem notariell beurkundeten Abschluss des Gesellschaftsvertrags.[94] Hat die Bank ein Konto für eine nicht existente Person eröffnet, ist sie nach § 154 Abs. 3 AO an einer Auszahlung des Betrags gehindert; die Einzahlungen stehen den Geschäftsführern damit nicht zur **freien Verfügung**, so dass das Registergericht eine Neueinzahlung der Einlagen verlangen wird.

---

89 **Praxistipp**
Auch eine Einzahlung bei einer Gläubigerbank der KG auf die Einlageschuld der **Komplementär-GmbH** einer GmbH & Co. KG soll die Einlageverpflichtung des Gesellschafters dann nicht erfüllen, wenn das Vermögen der GmbH nicht zur vollen Befriedigung ihrer Eigengläubiger und der KG-Gläubiger ausreicht.[95]

---

90 Dazu *Maurer*, BB 2001, 2537 ff.
91 BayObLG GmbHR 1994, 116 und 329; OLG Düsseldorf DB 1996, 2122 = BB 1996, 2114; OLG Frankfurt/M. DB 1992, 1282 = WM 1992, 1317.
92 *Spiegelberger/Walz*, GmbHR 1998, 761, 762.
93 OLG Düsseldorf DB 1996, 2122; BayObLG GmbHR 1994, 116; OLG Frankfurt/M. DB 1992, 1282; BGH NJW 1991, 1754 = GmbHR 1991, 255; so auch für Barkapitalerhöhungen KG BB 1998, 1548.
94 Zum fehlenden Übergang von der Vorgründungsgesellschaft zur Vor-GmbH: Scholz/*K. Schmidt*, § 11 Rn 20; Lutter/Hommelhoff/*Bayer*, § 11 Rn 2; *Müther*, MDR 2001, 366, 367.
95 OLG Hamm GmbHR 2000, 386 = ZIP 2000, 358, dazu EWiR 2000, 527 (*Kort*); ähnlich bereits BGH ZIP 1986, 161 = NJW 1986, 989.

Der Wegfall des sog. Vorbelastungsverbots aufgrund der Änderung der BGH-Rechtsprechung 90
(siehe dazu Rn 40) ist mit einer sog. **Vorbelastungshaftung** kompensiert worden. Die Gesellschafter haben dafür einzustehen, dass der Gesellschaft das vereinbarte Stammkapital zum Zeitpunkt der Eintragung als Reinvermögen zur Verfügung steht. Ist dies nicht der Fall, steht der
Gesellschaft ein entsprechender Anspruch auf Ausgleich gegen die Gesellschafter zu. Entgegen
einer in der Literatur[96] vertretenen Auffassung verlangt die Rechtsprechung[97] aber diesen Ausgleich bereits vor der Eintragung.

Wichtig   91
Ist das Stammkapital vorbelastet, ist eine Eintragung nur vorzunehmen, wenn die Vorbelastungen bereits ausgeglichen sind. Ist dies nicht der Fall, ist die Eintragung abzulehnen.

Erfährt das Registergericht – etwa durch die Einholung einer Auskunft aus dem **Schuldnerver-** 92
zeichnis –, dass einer der Gesellschafter bereits die eidesstattliche Versicherung abgegeben hat,
wird es mindestens Nachweise über die tatsächliche Erbringung der behaupteten Einlageleistungen verlangen. Teilweise wird aber auch die Volleinzahlung aller Stammeinlagen vor der
Eintragung verlangt, um den Wegfall des bei der Vermögenslosigkeit eines Beteiligten sinnlosen
Rückgriffs nach § 24 GmbHG auszugleichen.

Die **Beweislast** dafür, dass er seiner Einlageverpflichtung ordnungsgemäß nachgekommen 93
ist, trifft den Gesellschafter.[98] Bei unstreitiger oder bewiesener Einzahlung der Einlage auf ein
Gesellschaftskonto ist von der Erfüllung der Einlageschuld solange auszugehen, als nicht von
demjenigen, welcher die offene Einlageschuld behauptet, konkrete Anhaltspunkte dazu vorgetragen werden, dass die Geschäftsführung der Gesellschaft seinerzeit daran gehindert war, über
den eingezahlten Betrag zu verfügen.[99]

Nach ständiger Rechtsprechung des 2. Senats des BGH[100] ist zwar in einem Rechtsstreit um 94
die Erfüllung einer Einlageschuld (§ 19 Abs. 1 GmbHG, § 362 BGB) grundsätzlich der betreffende
Gesellschafter darlegungs- und beweispflichtig dafür, dass die Einlage erbracht ist. Dem Tatrich-
ter ist es insbesondere nicht verwehrt, den einer Partei obliegenden Nachweis der Einlagenzahlung aufgrund einer **Gesamtbeurteilung** unstreitiger oder erwiesener **Indiztatsachen** als geführt anzusehen[101] und auf die Erhebung weiteren Hauptbeweises zu verzichten, wenn nicht
gegenteilige Indizien dargelegt oder ersichtlich sind oder der Prozessgegner nicht seinerseits
Gegenbeweis anbietet.[102]

Im Rahmen der Beweislast des Gesellschafters für die Erfüllung seiner Einlageverpflichtung 95
reichen **Eigenbelege**, die nicht erkennen lassen, dass tatsächlich die entsprechenden Zahlungen zur freien Verfügung der GmbH erfolgt sind, nicht aus.[103]

---

96 Scholz/*Winter*, § 9c Rn 29; Lutter/Hommelhoff/*Bayer*, § 8 Rn 10.
97 BGHZ 80, 129, 143 = NJW 1981, 1373; BGHZ 80, 182, 184 f. = NJW 1981, 1452.
98 Dazu umfassend *Henkel*, NZI 2005, 649 m.w.N.
99 BGH DStR 2005, 297 m. Anm. *Goette*; dazu auch schon BGH DStR 2004, 2112 = ZIP 2005, 28, dazu EWiR 2005,
21 (*Henkel*).
100 Z.B. BGH NJW 1992, 2698; EGH ZIP 2005, 28.
101 Vgl. BGH NJW 2004, 3423.
102 Vgl. dazu BGH, Urt. v. 19.3.2002 – XI ZR 193/01, NJW-RR 2002, 1073.
103 LG Bonn ZInsO 2001, 972; siehe zur Nachweisproblematik auch Flögel/Verspay, „Ewige" Aufbewahrung der
Nachweise für die Einzahlung der Stammeinlage bei der GmbH!, DStR 2003, R 205.

96 **Wichtig**
Die Beweislast des sich auf die Erfüllung seiner Einlageforderung berufenden Gesellschafters entfällt nicht und die Anforderungen an diesen Beweis ermäßigen sich nicht allein dadurch, dass seit Gründung der Gesellschaft **längere Zeit verstrichen** ist.[104]

97 Auch in der **Insolvenz** der Gesellschaft soll den Gesellschafter die volle Beweislast für die Erbringung der Einlage treffen.[105] Er kann und wird sich im Rahmen eines solchen Verfahrens dem gemäß darauf berufen, dass ein längerer Zeitraum verstrichen ist und aufgrund von Indizien, etwa einer im Jahresabschluss der Schuldnerin nicht (mehr) ausgewiesenen Einlageschuld nicht davon ausgegangen werden kann, dass die Einlageforderungen nicht bereits erfüllt wurden. Die seinerzeitige **Anmeldeversicherung** der Geschäftsführung gegenüber dem Registergericht oder die Angabe in einem **Anteilsübertragungsvertrag** über die Einzahlung der Stammeinlage soll kein Leistungsnachweis sein.[106] Eine **Quittung** als Privaturkunde i.S.v. § 416 ZPO, § 368 S. 1 BGB erfüllt auch nicht die volle Beweislast, sie unterliegt vielmehr der freien Beweiswürdigung.[107]

dd) Vorbelastungsbilanz

98 Zur Ermittlung einer etwaigen Vorbelastung ist dem Registergericht regelmäßig eine sog. **Vorbelastungsbilanz** mit einem zeitnahen Stichtag zum beabsichtigten Eintragungszeitpunkt vorzulegen, aus der sich Aktiva und Passiva ergeben.[108] Dabei wird auch die Frage der Notwendigkeit einer **externen Prüfung** dieser Bilanz nach den Vorschriften des HGB zu entscheiden sein, so dass sie bei einer Standard-GmbH mit 25.000 EUR Stammkapital im Normalfall von den Geschäftsführern selbst aufgestellt werden kann. Eine Prüfung dürfte entsprechend § 316 HGB nicht erforderlich sein.

99 **Praxistipp**
Alternativ kann – zumindest nach entsprechender Abstimmung mit dem Registergericht – die Vorlage einer Bestätigung über die Vermögensverhältnisse eines Steuerberaters (**Steuerberaterbescheinigung**) ausreichen.

ee) Einzahlung nach Beurkundung

100 In der Praxis erfolgt allerdings die Einzahlung der Stammeinlagen durch die Gründungsgesellschafter regelmäßig erst nach dem Notartermin, in dem einerseits die Gesellschaftsgründung beurkundet wird und andererseits die Anmeldung der Gesellschaft mit den entsprechenden Versicherungen des oder der Geschäftsführer(s) beglaubigt wird. Einige Gerichte beanstanden deshalb solche auf den Gründungstag datierten Versicherungen des oder der Geschäftsführer(s), wenn ausweislich der vorgelegten Kontoauszüge die Einzahlungen auf das Stammkapital erst in den Tagen danach vorgenommen wurden.[109]

---

104 OLG Frankfurt/M. DB 2006, 205 = ZIP 2006, 187; dazu NJW-Spezial 2005, 511; im Anschluss an OLG Koblenz NZG 2002, 821; a.A. noch OLG Frankfurt/M. NJW-RR 2001, 402f.; OLG Frankfurt/M. NZG 2002, 822.
105 OLG Dresden InVo 2002, 186 = ZInsO 2002, 328; einschränkend im Hinblick auf den Zeitablauf allerdings OLG Frankfurt/M. NJW-RR 2001, 402; dazu umfassend *Henkel*, NZI 2005, 649 m.w.N.
106 OLG Düsseldorf, Beschl. v. 15.3.2002– 17 Wx 9/02; ähnlich LG Köln ZInsO 2002, 247.
107 OLG Dresden InVo 2000, 302 = ZInsO 2000, 673.
108 Vgl. LG Berlin, Beschl. v. 7.8.2000 – 98 T 30/00 – n.v.; LG Berlin, Beschl. v. 3.3.1998 – 98 T 1/98 – n.v.; LG Berlin, Beschl. v. 7.11.1997 – 98 T 104/97 – n.v.; LG Berlin, Beschl. v. 10.9.1997 – 98 T 78/97 – n.v.
109 OLG Düsseldorf DB 1996, 2122.

Eine solche Diskrepanz zwischen Datum der Versicherung der Geschäftsführer und Ein- **101** zahlung der Stammeinlagen auf das **Konto der „GmbH in Gründung"** ist aber nach der herrschenden Meinung dann unschädlich, wenn der Eintragungsantrag der Geschäftsführer unter Beifügung der Gründungsurkunde und des Kontoauszugs mit den darin nachgewiesenen Einzahlungen erst anschließend bei dem Registergericht eingereicht wird.[110]

Unterstellt wird sodann, dass die Anmeldung mit der Versicherung über die Einzahlung der **102** Stammeinlagen von den Geschäftsführern mit dem **stillschweigenden Treuhandauftrag an den Notar** unterzeichnet werde, dieser möge erst nach Vorliegen der Einzahlungsbelege oder auf gesonderte Anweisung hin dem Registergericht die Anmeldung mit der Versicherung des oder der Geschäftsführer(s) einreichen.[111] Maßgeblicher Zeitpunkt für die „objektive Richtigkeit" der Versicherung des oder der Geschäftsführer(s) soll also der Zeitpunkt sein, zu dem die Anmeldung mit der Versicherung und den Anlagen (Gründungsurkunde, Kontoauszug) dem Registergericht zugeht.[112] Die Versicherung gegenüber dem Registergericht wird als eine **Verfahrenshandlung der freiwilligen Gerichtsbarkeit** gesehen, die erst mit ihrem Eingang bei dem Registergericht wirksam wird.

ff) Voreinzahlungen

Problematisch erscheinen deshalb nicht die Einzahlungen im Nachhinein (nach Gründungspro- **103** tokollierung und Aufnahme der Versicherungen der Geschäftsführer in der Anmeldung zum Handelsregister), sondern die sog. **Voreinzahlungen.** Häufig legen nämlich die Gründungsgesellschafter bei der Gründungsbeurkundung dem Notar bereits Kontoauszüge vor, aus denen sich die bereits erfolgte Einzahlung der Stammeinlagen der Gründungsgesellschafter in der erforderlichen Höhe ergibt.[113]

Ist die Voreinzahlung dabei auf ein Konto erfolgt, das nicht auf die „GmbH in Gründung" lautet, **104** sondern auf einen anderen Rechtsträger, beispielsweise einzelne Gründungsgesellschafter, ist dieser Beleg völlig untauglich. Er dokumentiert letztendlich, dass eine **unwirksame Voreinzahlung** auf die Stammeinlagenverpflichtungen der noch gar nicht gegründeten Gesellschaft erfolgt ist.[114]

Wichtig **105**

Selbst wenn in einer solchen Fallgestaltung die Gesellschafter die GmbH zur Eintragung in das Handelsregister bringen sollten, tritt nicht etwa eine **Heilung** dieser unwirksamen Voreinzahlungen ein, sondern die Gesellschafter riskieren, später – insbesondere im Rahmen eines Insolvenzverfahrens über das Vermögen der Gesellschaft – auf ihre Einzahlungsverpflichtung nochmals in Anspruch genommen zu werden.

Die Geschäftsführer riskieren außerdem, wegen **falscher eidesstattlicher Versicherung** über die **106** ordnungsgemäße Erbringung der Stammeinlagen bei Gründung zusätzlich zu ihrer **zivilrechtlichen** Haftung aus § 9a GmbHG auch mit einer **strafrechtlicher Haftung** belangt zu werden (§ 82

---

110 Michalski/*Heyder*, GmbHG, § 7 Rn 23, 25; Lutter/Hommelhoff/*Bayer*, GmbHG, § 7 Rn 1; Baumbach/Hueck/*Fastrich*, GmbHG, § 8 Rn 13a; *Langenfeld*, GmbH-Praktikum, Rn 190; *Spiegelberger/Walz*, GmbHR 1998, 761f.; *Bärwaldt*, GmbHR 2003, 524.
111 Zur Abgrenzung zur unzulässigen Anmeldung zukünftiger Tatsachen zum Handelsregister aus notarieller Sicht siehe *Waldner*, ZNotP 2000, 188.
112 So auch LG Gießen GmbHR 2003, 543 m. Anm. *Manger*, dazu auch *Bärwaldt*, GmbHR 2003, 524; *Heidinger*, Rpfleger 2003, 545; *Heidinger*, GmbHR 2003, 1045, 1047; LG Gießen DNotI-Report 2003, 42; dazu DNotI-Report 2003, 115; a.A. *Fritsche*, Rpfleger 2002, 552.
113 Zur Haftung bei Wechsel der Gesellschafter vor Eintragung und Wiederholung der Gründungsbeurkundung siehe OLG Celle GmbHR 2000, 775; dazu umfassend *Werner*, GmbHR 2002, 530 ff.
114 *Heidinger*, DNotZ 2005, 97, 104 m.w.N.

Abs. 1 Nr. 1 GmbHG). Die Strafsanktion des § 9a GmbHG ist auch dann verwirklicht, wenn die Falsch-angaben sich auf Tatsachen beziehen, die das Registergericht nicht zu prüfen hat.[115] Dabei kommt in „Strohmann-Fällen" auch die Strafbarkeit eines faktischen Geschäftsführers in Betracht.[116]

107　　　　Lautet aber der Kontoauszug auf ein kurz vor der Gründungsbeurkundung errichtetes **Konto der „GmbH in Gründung"**, stellt sich die Frage, ob eine solche Voreinzahlung durch die Gesellschafter als wirksam anerkannt werden kann. Das rechtliche Problem liegt darin, dass vor der Gründungsbeurkundung eine GmbH in Gründung noch gar nicht bestanden hat, sondern nur eine sog. Vorgründungsgesellschaft, die letztlich eine Gesellschaft bürgerlichen Rechts der Gründungsgesellschafter ist, mit dem Zweck der Gründung der GmbH (siehe Rn 24 ff.).

108　　　　Unterstellt, dass angesichts der Bezeichnung des Kontoinhabers „GmbH i.G." eine **still-schweigende Abtretung** der Ansprüche der Vorgründungsgesellschafter gegenüber der Bank an die GmbH in Gründung gewollt ist, stellt sich aber die Frage, ob eine solche stillschweigende Abtretung der Ansprüche gegen die Bank als wirksame Erfüllung der Bareinlageverpflichtung durch die Gründungsgesellschafter anerkannt und als ausreichend angesehen werden kann.[117] Letztlich handelt es sich bei den Ansprüchen aus dem neu begründeten Konto der Vorgründungsgesellschafter gegen die Bank um eine Forderung, so dass in der Abtretung einer solchen Forderung letztlich eine **verschleierte Sachgründung** gesehen werden könnte.

109　　　　Der **BGH** hat zumindest für solche Fallgestaltungen, in denen die Einzahlung bereits **mehrere Monate** vor der Beurkundung erfolgte, eine solche verschleierte Sachgründung angenommen, da letztlich ein bereits werbend tätiges Unternehmen eingebracht worden sei.[118]

110　　　　Nach **Literaturmeinung** soll bei Einzahlungen zeitlich unmittelbar vor der Gründungsbeurkundung auf ein solches Konto eine wirksame Erfüllung der Bareinlageverpflichtung gesehen werden können, zumal wenn die Gesellschaft noch nicht werbend tätig geworden ist und damit die **Vollwertigkeit der Einzahlung** feststehe. Empfohlen wird dabei weiterhin, im Rahmen der Handelsregisteranmeldung darauf hinzuweisen, dass eine solche Voreinzahlung (wenige Tage) vor der Gründungsprotokollierung bzw. Registeranmeldung erfolgt sei. Wolle das Registergericht dann eine wirksame Bargründung verneinen, müsse es von den Beteiligten einen Sach-gründungsbericht anfordern; wenn dagegen das Registergericht bei Kenntnis des Sachverhalts die Eintragung vornehme, liege endgültig eine ordnungsgemäße Bargründung mit wirksamer Einzahlung vor.[119]

111　　　　In der Praxis muss aber dennoch vor solchen Handhabungen gewarnt werden, weil letzt-lich keine hinreichende Sicherheit besteht, ob das Registergericht bei einer solchen Fallkon-stellation die Gesellschaft einträgt oder ob nicht – nach erfolgter Eintragung – im Falle einer späteren Insolvenz der GmbH der Insolvenzverwalter wegen angeblicher Nichterfüllung der Einlageverpflichtungen die Stammeinlagen noch einmal von den Gesellschaftern einfordern wird.[120]

gg) Checkliste: Wirksame Kapitalaufbringung

112　– 　Ergibt sich aus der abgegebenen Versicherung, dass die Voraussetzungen des § 7 Abs. 2 GmbHG eingehalten sind?

– 　Enthält die Versicherung die notwendigen Angaben zu Vorbelastungen?

---

115 LG Flensburg, Urt. v. 9.10.2000 – 5 O 211/98 – n.v.
116 BGH ZIP 2000, 1390.
117 Siehe BGH GmbHR 1995, 113 = DStR 1995, 498 m. Anm. *Goette* zur Unwirksamkeit von Voreinzahlungen bei Kapitalerhöhungen.
118 BGH GmbHR 1992, 601, 602 = NJW 1992, 2698.
119 *Spiegelberger/Walz*, GmbHR 1998, 761, 763; *Mayer*, FS *Schippel*, S. 473, 479.
120 Siehe auch OLG Köln ZInsO 2000, 239 = GmbHR 2000, 720, dazu EWiR 1999, 1123 (*Hasselbach*).

- Ist die Versicherung über die Einlagen und die Vorbelastungen durch alle Geschäftsführer persönlich abgegeben worden?
- Ist der vorzulegende Kontoauszug widerspruchsfrei (Konto erst nach der Gründung eröffnet und ohne Vorbelastungen)?
- Sind bei einer Sachgründung die Sacheinlagen sachenrechtlich bestimmt im Gesellschaftsvertrag aufgeführt und liegen die notwendigen und zeitnahen Nachweise für ihre Werthaltigkeit vor?
- Ist die Frage einer verschleierten Sachgründung geklärt worden?
- Ist gegebenenfalls eine Versicherung über das Nichtvorliegen einer verschleierten Sachgründung eingeholt worden?

hh) Steuerliche Folgen von Gründungskosten

Nach der Rechtsprechung des BFH sind die Gründungskosten nicht als **Betriebsausgaben** zu **113** behandeln, sondern als **andere Ausschüttung** i.S.v. § 27 Abs. 3 S. 2 KStG, wenn eine Kapitalgesellschaft die eigenen Gründungskosten begleicht, die zivilrechtlich von den Gesellschaftern zu tragen sind. Dies ist dann der Fall, wenn die Satzung der Gesellschaft die Übernahme zu Lasten der Gesellschaft nicht vorsieht.[121]

Praxistipp   **114**

Ausreichend – zumindest bei einer GmbH – ist dabei allerdings, dass die Übernahme der Kosten **im Gesellschaftsvertrag** bis zu einer bestimmten **Gesamtsumme** geregelt ist. Nicht erforderlich ist, dass die einzelnen Positionen der Gründungskosten im Gesellschaftsvertrag festgelegt sein müssen.[122]

Ob die vorstehend wiedergegebenen Grundsätze auch für **Kapitalerhöhungen** gelten, ist strei- **115** tig. Auch ohne ausdrückliche Regelung in der Satzung oder dem Gesellschaftsvertrag soll eine Kapitalgesellschaft nicht gehindert sein, sich zu Aufwendungen für eine Kapitalerhöhung zu verpflichten und diese alleine zu tragen. Dadurch werde den Gesellschaftern weder direkt noch mittelbar etwas zugewendet, so dass diese Aufwendungen steuerlich als Betriebsausgaben abziehbar seien, da sie betrieblich veranlasst seien. Es liege somit keine verdeckte Gewinnausschüttung (bzw. keine andere Ausschüttung) vor.[123] Diese Auffassung hat der BFH inzwischen eingeschränkt; danach gilt dies nur für die Kosten, die mit der eigentlichen Kapitalerhöhung zusammenhängen, nicht jedoch für die Kosten, die auf die Übernahme der neuen Anteile zurückzuführen sind.[124]

c) Pflicht zur „realen" Aufbringung des Stammkapitals

Die reale Aufbringung des Stammkapitals wird durch verschiedene Vorschriften des GmbH- **116** Gesetzes sichergestellt.[125] Die Rechtsprechung hat diesen Schutz dabei über den Wortlaut des Gesetzes hinaus noch deutlich verschärft.

---

121 BFH GmbHR 1990, 313; BFH NV 1997, 711.
122 FG Baden-Württemberg GmbHR 1999, 632; OFD Kiel v. 22.9.1999, BB 1999, 2340.
123 FG Baden-Württemberg EFG 1999, 493 = DStRE 1999, 753; Hess. FG v. 22.6.1999 – 4 K 499/98, n.v.
124 BFH GmbHR 2000, 439 = DStR 2000, 585, dazu DNotI-Report 2000, 195 f. (*Reich*); *Tiedtke/Wälzholz*, GmbHR 2001, 223; a.A. FG Düsseldorf DStRE 2000, 699 bei einer AG.
125 Müller/Hense/*Gnadenberg*, Beck'sches Handbuch der GmbH, § 2 Rn 117; *Hauser*, BuW 2000, 688; *Henze*, DB 2001, 1469, auch zur AG.

---

117 | **Wichtig**

Auch den beurkundenden Notar kann ggf. eine Prüfungs- und Aufklärungspflicht und den anwaltlichen oder steuerlichen Berater[126] kann eine diesbezügliche Haftung aus **Beratungsverschulden** treffen. So muss sich insbesondere der beurkundende Notar darüber vergewissern, ob die Beteiligten die zutreffende Bedeutung des Begriffs „Einzahlen" kennen und er muss notfalls darüber aufklären.[127]

---

aa) Pflicht zur Einzahlung bzw. Erbringung

118 Zu nennen ist hier insbesondere zunächst die Pflicht zur Einzahlung der Stammeinlagen bzw. zur vollständigen Erbringung der Sacheinlagen.[128] Dabei muss eine klare **Tilgungsbestimmung** zugrunde liegen. Einzahlungen mit abweichender oder unklarer Zweckbestimmung können eine Zahlung auf ausstehende Einlagen nicht belegen.[129] Andererseits soll bei einer entsprechenden klaren Tilgungsbestimmung bei Einzahlung auf ein **debitorisches Bankkonto** der Gesellschaft die Bank gehindert sein, die Zahlung zur Tilgung ihrer Kreditforderungen zu verwenden.[130]

119 Leistet ein Gesellschafter einer Vor-GmbH eine Bareinlage auf sein **eigenes Konto**, das zugleich als Geschäftskonto der GmbH genutzt wird, so führt das nach einer sehr liberalen Entscheidung des BGH zumindest dann, aber auch erst dann zur Tilgung der Einlageschuld, wenn und soweit der Geschäftsführer das Guthaben tatsächlich zur Begleichung von Gesellschaftsverbindlichkeiten einsetzt.[131] Da der Kontoinhaber über das Guthaben auf dem Konto jederzeit ohne Mitwirkung der Geschäftsführerin verfügen konnte, stand nach der Entscheidung des BGH das Kontoguthaben noch nicht endgültig zur freien Verfügung der Geschäftsführung, wie es für die Erfüllung der Einlageschuld erforderlich wäre. Vielmehr kommt eine solche Erfüllung der Einlageschuld nach Ansicht des BGH erst dann in Betracht, wenn über das Kontoguthaben nicht mehr der Kontoinhaber (Gesellschafter = Einlageschuldner) verfügen kann, sondern die Geschäftsführer verfügen und es zur Begleichung originärer Gesellschaftsverbindlichkeiten eingesetzt haben.[132]

120 Ist der alleinige **Gründungsgesellschafter** zugleich **Alleingeschäftsführer**, genügt es nicht, wenn die Stammeinlage in bar erbracht wird, dass der Gesellschafter den Geldbetrag des Stammkapitals in seinen privaten Safe legt und ihn von seinem übrigen in dem Safe aufbewahrten Vermögen räumlich separiert.[133]

---

126 Zur Haftung des beratenden Anwalts BGH NJW 2000, 725 m. Anm. *Jungk* = GmbHR 2000, 130 m. Anm. *Schick* und zur Steuerberaterhaftung in diesem Zusammenhang BGH NJW 1993, 1139.
127 BGH NJW 1996, 524 = DStR 1996, 273 m. Anm. *Goette*; *Leske*, NotBZ 2002, 284 zu Kapitalerhöhungen.
128 Dazu *Pröpper* mit Musterregelungen für GmbH-Satzung und Einforderungsbeschluss, GmbH-StB 2003, 298 ff.
129 LG Bonn ZInsO 2001, 972 zur Zweckbestimmung „Zwischenfinanzierung/Zwischendeckung"; a.A. OLG Köln BB 2001, 1423 = GmbHR 2001, 627, dazu EWiR 2001, 1093 (*v. Gerkan*), wonach es nur auf die Sicht des Geschäftsführers der GmbH bei Entgegennahme der Zahlung ankomme; a.A. auch OLG München GmbHR 2006, 935; dazu siehe auch Baumbach/ *Hueck*/*Fastrich*, GmbHG, § 19 Rn 12 m.w.N.
130 AG Leipzig ZInsO 2001, 281 m. Anm. *Striewe*.
131 BGH ZIP 2001, 513 = GmbHR 2001, 339, dazu EWiR 2001, 361 (*Heckschen*).
132 Vgl. auch *Heckschen*/*Heidinger*, § 2 Rn 94.
133 OLG Hamburg NZG 2002, 53 = GmbHR 2001, 972.

Praxistipp 121

Ausreichend ist demgegenüber, zumindest nach verbreiteter Auffassung, die Einzahlung auf ein für die Gesellschaft geführtes Treuhandkonto.[134] Dies gilt wohl auch dann, wenn es sich dabei um ein vom Geschäftsführer selbst geführtes Treuhandkonto handelt.[135] Fraglich ist dann nur, wie in diesem Fall die freie Verfügungsbefugnis des Geschäftsführers im Verhältnis zum Treuhänder gesichert ist.[136]

Im Rahmen der **Beweislast** des Gesellschafters für die Erfüllung seiner Einlageverpflichtung 122 reichen Eigenbelege, die nicht erkennen lassen, dass tatsächlich die entsprechenden Zahlungen zur freien Verfügung der GmbH erfolgt sind, nicht aus.[137]

Nach der Auffassung des OLG Hamburg ist aber auch bei der Ein-Personen-Gründung die 123 Zahlung der Stammeinlage in bar durch den Gründungsgesellschafter an sich selbst als Geschäftsführer möglich, wenn das Stammkapital aus seinem Vermögen ausscheidet und objektiv erkennbar in das Vermögen der GmbH überführt wird.[138] Zahlt ein Gesellschafter, der zugleich einziger Geschäftsführer ist, auf seine Stammeinlagenverpflichtung, so kommt es für die Frage der **freien Verfügbarkeit** allein auf seine Person an. Auf Seiten der Gesellschaft muss ein **effektiver Mittelzufluss** zu verzeichnen sein.[139]

Wichtig 124

Vereinigen sich innerhalb von drei Jahren nach der Eintragung der Gesellschaft alle Geschäftsanteile in der Hand eines Gesellschafters (oder daneben in der Hand der Gesellschaft), so hat der Gesellschafter innerhalb von drei Monaten seit der **Vereinigung der Geschäftsanteile** alle fehlenden Einlagen voll einzuzahlen oder der Gesellschaft für die noch ausstehenden Beträge Sicherung zu bestellen (§ 19 Abs. 4 GmbHG). Dies gilt auch, wenn die Vereinigung sich nur mittelbar vollzieht, also auch andere Personen im Rahmen eines **Treuhandverhältnisses** für den dahinter stehenden treugeberischer Gesellschafter auftreten.

Sacheinlagen müssen bei Gründung bzw. Kapitalerhöhung sofort vollständig geleistet werden 125 und dem Geschäftsführer zur endgültigen freien Verfügung stehen (§ 7 Abs. 3 GmbHG).[140]

bb) Verbot der Befreiung von der Einlageverpflichtung

Nach § 19 Abs. 2 S. 1 GmbHG können die Gesellschafter von der Verpflichtung zur Leistung der 126 Einlage nicht befreit werden. Das gilt allgemein für Bareinlagen und für Sacheinlagen. Jede Beeinträchtigung der Einlagepflicht ist unzulässig, wobei unmaßgeblich ist, ob sich die Beeinträchtigung auf die **Höhe** oder die **rechtliche Ausgestaltung** der Einlagepflicht bezieht oder auf ihre **Durchsetzbarkeit** (einschließlich ihrer **Fälligkeit**).[141] Neben einem Erlassvertrag ist auch jedes andere Rechtsgeschäft, mit dem der Gesellschafter von der Bareinzahlungsverpflichtung befreit wird, unwirksam.[142]

---

134 OLG Naumburg GmbHR 1998, 239; Baumbach/*Hueck/ Fastrich*, GmbHG, § 7 Rn 8; Lutter/Hommelhoff/*Bayer*, GmbHG, § 7 Rn 9; Ulmer/*Habersack*, GmbHG, § 7 Rn 37.

135 OLG Naumburg GmbHR 1998, 239; Baumbach/Hueck/*Fastrich*, § 7 Rn 6; Michalski/*Heyder*, § 7 Rn 27.

136 Vgl. Ulmer/*Habersack*, GmbHG, § 7 Rn 37.

137 LG Bonn ZInsO 2001, 972; siehe zur Nachweisproblematik auch *Flögel/Verspay*, „Ewige" Aufbewahrung der Nachweise für die Einzahlung der Stammeinlage bei der GmbH!, DStR 2003, R 205.

138 OLG Hamburg BB 2001, 2182 = GmbHR 2001, 972.

139 OLG Dresden BB 1999, 2211.

140 Zu deren Pfändbarkeit siehe OLG Celle GmbHR 2000, 240.

141 Baumbach/ *Hueck/Fastrich*, GmbHG, § 19 Rn 16 ff.; Scholz/*Schneider*, GmbHG, § 19 Rn 30.

142 LG Bonn ZInsO 2001, 972: Verrechnung mit Geschäftsführergehältern.

cc) Kapitalaufbringung in sog. „Cash-Management-Systemen" nach bisherigem Recht

127 Sog. „Cash-Management-Systeme" sind in Konzernen und sonstigen größeren Unternehmensverbindungen inzwischen sehr weit verbreitet. Sie dienen der **Optimierung der Binnenfinanzierung** der verbundenen Unternehmen durch **Poolung der liquiden Mittel.**[143] Zweck dieser Systeme ist es insbesondere, in Form des Cash-Poolings einen **Ausgleich des Liquiditätsniveaus** bei den teilnehmenden Unternehmen herbeizuführen und damit Finanzierungskosten und Kosten der Kassenhaltung zu reduzieren und zugleich Anlageerlöse zu steigern.

128 Andererseits dienen diese Systeme in Form des **Nettings der Abrechnung** des konzerninternen Liefer- und Leistungsverkehrs[144] und tragen damit zu einer Reduzierung der Transaktionskosten bei.

129 Die **Vorteile** eines Cash-Management-Systems liegen so lange auf der Hand, wie die am Cash-Pool beteiligten Unternehmen (in der Regel Konzernmuttergesellschaft und Konzerntöchter) wirtschaftlich gesund sind:
– Sicherstellung der Zahlungsfähigkeit der beteiligten Gesellschaften
– Gestärkte Verhandlungsposition gegenüber den Banken bei Kreditaufnahme bzw. Geldanlage
– Geringere Fremdfinanzierungsquote und damit niedrigere Zinsbelastung
– Schonung der im Unternehmensverbund vorhandenen Kreditsicherheiten
– Reduzierung der Kosten des Zahlungsverkehrs und der Kassenhaltung.

130 Trotz der Verbreitung des Cash-Managements im Wirtschaftsleben besteht nur ein geringes Bewusstsein hinsichtlich der Haftung und der sich unter dem Gesichtspunkt der **Kapitalaufbringung und -erhaltung** bzw. des **Eigenkapitalersatzes** stellenden Fragen.[145] Probleme ergeben sich dann, wenn einzelne am Cash-Pool beteiligte Unternehmen in wirtschaftliche Schwierigkeiten geraten sind. Dadurch können sich sowohl Liquiditätsschwierigkeiten für die am Cash-Pool beteiligten Unternehmen insgesamt ergeben, als auch eine Überschuldungsproblematik.

131 Auf die Cash-Management-Systeme sind die Kapitalaufbringungsvorschriften der §§ 5 ff. GmbHG und die **Kapitalerhaltungsvorschriften** der §§ 30, 31 GmbH-Gesetz anwendbar. Ausnahmen von den Grundsätzen der Kapitalaufbringung sind nach der BGH-Rechtsprechung im Hinblick auf das Cash-Pool-Verfahren nicht gerechtfertigt.[146] Nach der Auffassung des BGH sind die Leistungen der am Cash-Pool beteiligten Gesellschaften im Zweifel wie **Leistungen an die Muttergesellschaft** selbst zu behandeln.[147] Eine Überweisung eines Liquiditätsüberschusses an den Cash-Pool stellt eine Auszahlung im Sinne von § 30 Abs. 1 GmbH-Gesetz dar. Sind die am Cash-Pool beteiligten Unternehmen wirtschaftlich gesund, handelt es sich um einen neutralen Aktivtausch, da der Liquiditätsabfluss auf der Aktivseite der Bilanz durch eine entsprechend werthaltige Forderung gegen den Cash-Pool ersetzt wird.

132 Diese Auffassung vertritt auch das **OLG München.**[148] Ein Finanzierungs- und Liquiditätsausgleich zwischen verbundenen Unternehmen (Cash-Pool-Management) unter Einbeziehung

---

143 Ertl, S. 47 ff.; Jula/Breitbarth, AG 1997, 256; Sieger/Hasselbach, BB 1999, 645; Jäger, DStR 2000, 1653; Ammelung/Kaeser, DStR 2003, 655; Seidel, DStR 2004, 1130; zur umsatzsteuerlichen Behandlung Kugelberg, DB 2003, 1296; zum Sicherheiten-Pool Lösler, ZInsO 2003, 773.
144 Zur Frage der Insolvenzfestigkeit von Aufrechnungsbefugnissen im Rahmen von Konzern-Netting-Abreden im Hinblick auf § 94 Alt. 2 InsO siehe Rendels, ZIP 2003, 1583.
145 Dazu zuletzt auch Blöse, GmbHR 2002, 675; umfassend Vetter/Stadler, Haftungsrisiken beim konzernweiten Cash Pooling, 2003.
146 Zuletzt BGH DB 2006, 772 und BGH DNotZ 2006, 543 = ZIP 2006, 665.
147 BGH BGHZ 81, 311,315 = GmbHR 1982, 133; Sieger/Hasselbach, BB 1999, 645; Römermann/Schröder, GmbHR 2001, 1015, 1020; Benecke, BB 2003, 1190; Bruns, WM 2003, 815; Freitag, WM 2003, 805; Janert, MDR 2003, 724; Morsch, NZG 2003, 97; Schaumberger, BuW 2003, 594.
148 OLG München GmbHR 2006, 144 = BB 2006, 286 m. Anm. Habersack/Schürnbrand.

gebundenen Vermögens verstößt jedenfalls dann gegen § 30 Abs. 1 GmbHG, wenn die **Erhaltung des Stammkapitals** nicht hinreichend abgesichert ist. Das OLG München sieht auch keine Rechtfertigung, die dort im Streit stehenden Zahlungen von der Anwendbarkeit des § 30 GmbHG mit Rücksicht auf ein praktiziertes Cash-Pool-Verfahren auszunehmen.

Ob abgesehen davon nach der bestehenden Gesetzeslage überhaupt eine **Privilegierung** des **Cash-Pool-Verfahrens** gerechtfertigt werden könne, erscheine zweifelhaft. Das OLG München sieht insoweit keinen entscheidenden Unterschied zu dem vom BGH mit seinem Urteil vom 24.11.2003[149] entschiedenen Fall der Kreditgewährung an einen Gesellschafter. Ein funktionierendes Cash-Pool-Verfahren könne zwar unter Umständen auch im Interesse der Gesellschaft liegen. Dies genüge jedoch keinesfalls, um eine Gefährdung des Kapitalerhaltungsgrundsatzes zu rechtfertigen, zumal es regelmäßig an ausreichenden Sicherheiten und angemessenen Kreditbedingungen fehle. **133**

In seinem Urteil vom 24.11.2003[150] hatte der BGH die Vorschriften des Kapitalerhaltungsrechts auf den Fall angewandt, in dem die Gesellschaft in der Situation der **Unterbilanz** ein Darlehen an einen Gesellschafter gewährt (**upstream loan**). Der BGH hat sich dabei insbesondere unter dem Gesichtspunkt des Umgehungsschutzes einer neueren Literaturansicht angeschlossen, die die Gewährung von upstream loans auch dann als unzulässig ansieht, wenn der **Rückzahlungsanspruch vollwertig** ist und die Darlehensvergabe nach fremdüblichen Konditionen erfolgte. **134**

Das Urteil passt in eine Folge von Entscheidungen, in denen der BGH die Grundsätze der Kapitalaufbringung und -erhaltung gegen die verschiedensten Formen möglicher Umgehungen hochgehalten und ausgeweitet hat.[151] Mit den herkömmlichen Instrumentarien des Kapitalerhaltungsrechts des GmbHG lässt sich das vorliegende Ergebnis des BGH allerdings nicht mehr begründen. **135**

Eine Vermögensminderung ist dann anzunehmen, wenn die Forderung gegen den Cash-Pool nicht mehr werthaltig ist und entsprechend im Wert berichtigt werden muss. Der BGH hat in der **„Bremer Vulkan"-Entscheidung** vom 17.9.2001 bereits festgestellt, dass nicht nur eine Kapitalerhaltungshaftung nach §§ 30, 31, 43 GmbHG der Geschäftsführungen der betroffenen Konzerntochtergesellschaften in Betracht kommt, sondern auch eine zivilrechtliche und deliktische Haftung der Geschäftsführungsorgane der Muttergesellschaft, insbesondere nach § 823 Abs. 2 BGB i.V.m. §§ 263, 266 StGB.[152] Ähnlich hat der BGH auch im sog. *Kindl Backwaren*-Fall entschieden.[153] **136**

Zur **Steuerhaftung** des GmbH-Geschäftsführers für aufgrund des Cash-Managements des Unternehmensverbunds nicht gezahlte Lohnsteuer hat das FG Bremen entschieden (Bremer Vulkan):[154] **137**

> „1. Die steuerlichen Pflichten des Geschäftsführers einer GmbH als deren gesetzlicher Vertreter (§ 34 AO) bleiben bei einem vertraglich vereinbarten Cash-Management-System in vollem Umfang als seine eigenen bestehen.

---

149 BGH BGHZ 157, 72 = GmbHR 2004, 302 mit Anm. *Bähr/Hoos;* dazu EWiR 2004, 911 *(Schöne/Stolze);* dazu auch *Blochinger/Kettinger*, BB 2006, 172.

150 BGH BGHZ 157, 72 = GmbHR 2004, 302 mit Anm. *Bähr/Hoos;* dazu EWiR 2004, 911 *(Schöne/Stolze);* dazu *Seidel*, DStR 2004, 1130.

151 Dazu *Stein*, DZWIR 2004, 493; *Helmreich*, GmbHR 2004, 457; *Schäfer*, GmbHR 2005, 133; *Robrecht*, GmbHR 2005, 923; *Langner*, GmbHR 2005, 1017; *Langner/Mentgen*, GmbHR 2004, 1121; *Bloching/Kettinger*, GmbHR 2005, 1098; *Grothaus/Halberkamp*, GmbHR 2005, 1317; *Sieger/Wirtz*, GmbHR 2005, 2277; *Reiner/Brakemeier*, BB 2005, 1458; *Engert*, BB 2005, 1951; *Kiethe*, DStR 2005, 1573; *Goette*, ZIP 2005, 1481, 1483; zur Anwendbarkeit des § 8a KStG siehe *Ruhser*, DStR 2004, 2034.

152 BGH GmbHR 2001, 1036 = ZIP 2001, 1074; ergänzt durch BGHZ 150, 61 = NJW 2002, 3024; dazu *Römermann/Schröder*, GmbHR 2001, 1015; *Ulmer*, ZIP 2001, 2021; *Altmeppen*, ZIP 2001, 1837; *Mödl*, JuS 2002, 14; *Westermann*, NZG 2002, 1129; *Vetter*, ZIP 2003, 601; *Wilhelm*, NJW 2003, 175; *Bruns*, WM 2003, 815.

153 BGH BGHZ 150, 61 = NJW 2002, 3024; dazu *Benecke*, BB 2003, 1190; *Janert*, MDR 2003, 724.

154 FG Bremen GmbHR 2005, 1640 = ZIP 2005, 2159; dazu EWiR 2005, 851 *(Hey).*

2. Der Geschäftsführer einer am Cash-Management eines Unternehmensverbundes beteiligten GmbH haftet nach § 69 AO für durch das Cash-Management bzw. deren Bank an das Finanzamt für die GmbH nicht ausgeführte Überweisung der Lohnsteuer, wenn der Geschäftsführer den beim Cash-Management verantwortlich handelnden Personen vertraglich den unbeschränkten Zugriff auf die gesamte Liquidität seiner GmbH eingeräumt hat und diese Personen grob fahrlässige Pflichtverletzungen begehen; die Pflichtverletzungen dieser Personen muss sich der Geschäftsführer als seine eigenen zurechnen lassen.

3. Nimmt der Geschäftsführer einer am Cash-Management eines Unternehmensverbundes beteiligten GmbH die ihm obliegenden Überwachungspflichten nicht wahr oder ist ihm nach seinem eigenen Bekunden die auszuübende Kontrolle gar nicht möglich, so ist ihm bei Aufrechterhaltung seiner Geschäftsführertätigkeit eine grob fahrlässige Pflichtverletzung anzulasten.

4. Es besteht keine Verpflichtung des Finanzamts, zum Ausschluss eines Mitverschuldens bei Inanspruchnahme des GmbH-Geschäftsführers zur LSt-Haftung zuvor gegen die GmbH selbst einen eigenen Konkursantrag zu stellen oder aber vor bzw. anstatt der Haftungsinanspruchnahme des GmbH-Geschäftsführers den streitigen LSt-Anspruch zur Konkurstabelle anzumelden."

138 Die **Schenkungsanfechtung** nach Zahlung der Gemeinschuldner-GmbH im Rahmen eines konzernweiten Cash-Pooling hat der BGH unter dem Gesichtspunkt der Zahlung auf eine **wertlose Forderung** bejaht.[155] Eine Leistung, die der spätere Gemeinschuldner zur Tilgung einer nicht werthaltigen Forderung des Leistungsempfängers gegen einen Dritten erbringt, sei auch dann als **unentgeltlich** anfechtbar, wenn der Leistungsempfänger von der Wertlosigkeit seiner Forderung keine **Kenntnis** hat. Eine Leistung, die der spätere Gemeinschuldner zur Tilgung einer nicht werthaltigen Forderung des Empfängers gegen einen Dritten erbringt, sei nicht schon deshalb entgeltlich, weil der Empfänger seinerseits Leistungen an den Dritten erbracht hat. Maßgeblich für die Beurteilung der Frage, ob der Leistungsempfänger an den Dritten eine werthaltige Gegenleistung erbracht hat, sei der Zeitpunkt der Vollendung seines Rechtserwerbs.

139 Der 5. Strafsenat des BGH hat auch die Voraussetzungen einer **strafrechtlichen Untreue bei Cash-Management-Systemen** festgestellt.[156] In einem Konzern verletzten die Vorstandsmitglieder der beherrschenden Gesellschaft jedenfalls dann ihre **Vermögensbetreuungspflicht** gegenüber einer abhängigen GmbH, wenn deren Vermögenswerte in einem solchen Umfang ungesichert im Konzern angelegt werden, dass im Fall ihres Verlustes die Erfüllung von Verbindlichkeiten der Tochtergesellschaft oder deren Existenz gefährdet wäre. Zwar sei die Errichtung eines entsprechenden Cash-Management-Systems nicht an sich pflichtwidrig. Werden aber automatisch ohne Rücksicht auf bestehende Verbindlichkeiten Gelder in dieses System eingespeist, löst dies dann gesteigerte Sicherungspflichten aus, wenn auf diese Weise Vermögenswerte das Unternehmen verlassen und innerhalb des Konzerns transferiert werden. Erreicht der Vermögenstransfer ein solches Ausmaß, dass die Erfüllung der eigenen Verbindlichkeiten des einlegenden Konzernmitglieds im Falle eines Verlusts der Gelder gefährdet wäre, dann treffe die Muttergesellschaft eine Vermögensbetreuungspflicht, die Rückzahlung der Gelder – etwa durch **ausreichende Besicherung** – zu gewährleisten. Sie hat dann die wirtschaftlichen Eigeninteressen ihrer Tochtergesellschaft (und deren Gläubiger) zu wahren. Diese **Pflicht der Konzernmutter** wird nach § 14 Abs. 1 Nr. 1 StGB den Mitgliedern des Organs der Muttergesellschaft zugerechnet. Sie haften deshalb strafrechtlich, soweit die von ihnen geleitete Konzernmutter eine ordnungsgemäße Sicherung der Einzahlungen der Tochtergesellschaften unterlassen hat. Eine entsprechende Pflicht, die Gesell-

---

155 BGH NZI 2005, 323 = ZIP 2005, 767.
156 BGH ZIP 2004, 1200; dazu EWiR 2004, 723 (*Eisner*).

schaft nicht Existenz bedrohend zu beeinträchtigen, trifft nicht nur den Geschäftsführer als das vertretungsberechtigte Organ, sondern in gleicher Weise den beherrschenden Alleingesellschafter.

Demgegenüber soll – zumindest im faktischen Ein-Personen-GmbH-Konzern – eine Kon- **140** zernhaftung entsprechend §§ 291 ff., 311 ff. Aktiengesetz nicht einschlägig sein.[157] Diese Auffassung vertritt auch das OLG München.[158] Für die Anwendbarkeit des **§ 291 Abs. 3 AktG** sei zumindest dann kein Raum, wenn kein **Beherrschungs- oder Gewinnabführungsvertrag** bestanden hat. Die §§ 311 ff. AktG seien nicht analog auch auf eine GmbH anwendbar.[159]

Leistet eine Konzernobergesellschaft die übernommenen Stammeinlagen bei einer Tochter- **141** gesellschaft durch Einzahlung in der Weise, dass der geschuldete Einlagebetrag zwar zunächst auf ein Konto der Tochtergesellschaft überwiesen wird, im engen **zeitlichen Zusammenhang** damit jedoch wieder auf ein zentrales Verrechnungskonto der Konzernobergesellschaft beziehungsweise der konzerneigenen Finanzierungsgesellschaft zurück überwiesen wird, so liegt nach der Rechtsprechung des BGH keine ordnungsgemäße Kapitalaufbringung vor. Vielmehr ist der Vorgang als bloßes **Hin- und Herzahlen** anzusehen.[160] Die Konzernobergesellschaft muss deshalb in der Insolvenz der Tochtergesellschaft die Bareinlageverpflichtung gegenüber dem Insolvenzverwalter noch einmal erfüllen. Etwas anderes soll nur gelten, wenn die Geschäftsführer der neu gegründeten GmbH ungehinderten Zugriff auf das Zielkonto haben sowie einen eigenen Anspruch auf Kontoausgleich, der genauso sicher ist wie eine Bareinlage selbst.[161]

Die Respektierung der **Zweckbindung des Gesellschaftsvermögens** zur vorrangigen Be- **142** friedigung der Gesellschaftsgläubiger während der Lebensdauer der GmbH ist unabdingbare Voraussetzung für die Inanspruchnahme des Haftungsprivilegs des § 13 Abs. 2 GmbHG. Zugriffe der Gesellschafter auf das Gesellschaftsvermögen, welche die aufgrund dieser Zweckbindung gebotene angemessene Rücksichtnahme auf die Erhaltung der Fähigkeit der Gesellschaft zur Bedienung ihrer Verbindlichkeiten in einem ins Gewicht fallenden Maße vermissen lassen, stellen deshalb einen **Missbrauch der Rechtsform der GmbH** dar, der zum Verlust des Haftungsprivilegs führt, soweit nicht der GmbH durch den Eingriff insgesamt zugefügte Nachteil bereits nach §§ 30, 31 GmbHG ausgeglichen werden kann. Bei Vorliegen der vorstehend genannten Voraussetzungen sind die Gesellschaftsgläubiger deshalb außerhalb des **Insolvenzverfahrens** grundsätzlich berechtigt, ihre Forderungen unmittelbar gegen die an den Eingriffen in das Gesellschaftsvermögen mitwirkenden Gesellschafter geltend zu machen, soweit sie von der Gesellschaft keine Befriedigung erlangen können.[162]

dd) „Verschleierte Sacheinlage" beim „Cash Pooling" nach neuem Recht

GmbH-Gesellschafter erbringen ihre aufgrund einer Gründungseinlage oder einer Kapitalerhö- **143** hung bestehende Einlageschuld nicht vorschriftsmäßig, wenn der eingezahlte Betrag im Rahmen eines Cash-Pool-Verfahrens sofort wieder vom Konto der Gesellschaft abgebucht wird. Der

---

157 BGH GmbHR 2001, 1036 = ZIP 2001, 1074; ergänzt durch BGHZ 150, 61 = NJW 2002, 3024; dazu *Bruns*, WM 2003, 815; *Freitag*, WM 2003, 805; *Lutter/Banerjea*, ZGR 2003, 402; *Nassall*, ZIP 2003, 969; *Westermann*, NZG 2002, 1129; *Wilhelm*, NJW 2003, 175.
158 OLG München GmbHR 2006, 144 = BB 2006, 286 m. Anm. *Habersack/Schürnbrand*.
159 Vgl. auch *Hüffer*, AktG, § 311 Rn 51.
160 BGH DStR 1999, 1451, dazu EWiR 1999, 1123 *(Hasselbach)*; OLG Hamm GmbHR 1997, 213, dazu *Goette*, DStR 1999, 1451; siehe auch OLG Köln ZInsO 2000, 239; zur Erwerberhaftung nach § 16 Abs. 3 GmbHG siehe auch LG Flensburg, GmbHR 2001, 863 m. Anm. *Barn*; siehe nun auch wieder BGH DB 2006, 772 und BGH ZIP 2006, 665.
161 LG Flensburg GmbHR 2001, 861.
162 BGH BGHZ 150, 61 = DNotZ 2003, 205 in Ergänzung zu BGHZ 149, 10 – „Bremer Vulkan" – sowie zu BGH ZIP 2002, 848; dazu auch *Goette*, DStR 2003, 887.

Bundesgerichtshof sah in dieser Einlageform in mehreren früheren Entscheidungen ein unwirksames Umgehungsgeschäft in Form einer **verdeckten Sacheinlage**.

144   Der BGH hat auch für das neue GmbH-Recht entschieden, dass die Einzahlung der Einlage auf ein Konto, das in einem dem Inferenten (Gesellschafter) zuzurechnenden Cash-Pool einbezogen ist, eine verdeckte Sacheinlage darstellen kann.[163] Dies ist dann der Fall, wenn der Saldo auf dem **Zentralkonto** des Cash-Pools im Zeitpunkt der Weiterleitung zulasten der Gesellschaft **negativ** ist. Ist dies nicht der Fall, liegt ein „Hin- und Herzahlen" vor.

145   Inwieweit bei einer als verdeckte Sacheinlage zu behandelnden Einzahlung der Inferent die nicht wirksam erbrachte Einlage noch einmal leisten muss, hängt davon ab, ob und in welcher Höhe die Gesellschaft durch die Einlagezahlung von einer Forderung des Inferenten befreit wird, die sie – ohne diese Einlagezahlung – aus ihrem Vermögen erfüllen könnte.

146   Ferner hat der BGH ausgeführt, unter welchen Voraussetzungen der Inferent bei einer als verdeckte Sacheinlage zu behandelnden Einzahlung die nicht wirksam erbrachte Einlage erneut leisten muss. Bei einem „Hin- und Herzahlen" wird der Inferent von seiner Einlageverpflichtung nur dann befreit, wenn die **besonderen Voraussetzungen des § 19 Abs. 5 GmbHG n.F.** erfüllt sind. Erforderlich ist eine die Einlagepflicht ersetzende Vereinbarung. Ferner müssen die auf ihrer Grundlage erbrachten Leistungen durch einen vollwertigen, jederzeit fälligen oder durch fristlose Kündigung fällig werdenden Rückzahlungsanspruch gegen den Inferenten gedeckt sein. Zudem muss der Geschäftsführer diese Umstände bei der Anmeldung gemäß § 8 GmbHG angeben.

147   Wird bei Gründung einer GmbH oder im Rahmen einer Kapitalerhöhung die eingezahlte Stammeinlage sofort oder in engem zeitlichen Zusammenhang in den Cash-Pool des Unternehmensverbundes weitergeleitet, gilt die Einlage weiterhin als „nicht erbracht". Im Insolvenzfall besteht also die Gefahr, dass der Gesellschafter die Stammeinlage noch einmal aufbringen muss.

ee) Ausschluss des Zurückbehaltungsrechts

148 Dem gleichen Zweck der realen Kapitalaufbringung wie das Verbot der Befreiung von der Verpflichtung zur Leistung der Einlage dient auch der Ausschluss eines Zurückbehaltungsrechts nach § 19 Abs. 2 S. 3 GmbHG. Der zur Sacheinlage verpflichtete Gesellschafter kann nämlich ein Zurückbehaltungsrecht an dem Gegenstand der **Sacheinlage** nicht geltend machen, wenn sich seine Forderung gegen die Gesellschaft nicht auf diesen Gegenstand selbst bezieht. Ein Zurückbehaltungsrecht des Gesellschafters hinsichtlich einer Bareinlage ist nach herrschender Meinung ohnehin unzulässig, da sie einer unzulässigen Aufrechnung gleich käme.[164]

ff) Aufrechnungsverbot

149 § 19 Abs. 2 S. 2 GmbHG schließt darüber hinaus für die Gesellschafter einseitig eine Aufrechnung gegen die **Einlageforderung** der Gesellschaft aus. Das gilt auch für eine Aufrechnung gegen Einlageforderungen im Rahmen der Ausfallhaftung nach § 24 GmbHG. Damit soll der Austausch von gesetzlich intensiv gesicherten Einlagen gegen „weniger gute Gesellschafterforderungen" verhindert werden.[165] Das Aufrechnungsverbot soll aber auch greifen, wenn ein Gesellschafter

---

163 BGH DB 2009, 1755 = DNotZ 2009, 941 m. Anm. *Priester*; siehe auch Ekkenga, ZIP 2010, 2469; *Kupjetz/Peter*, GmbHR 2012, 498.
164 Baumbach/*Hueck/Fastrich*, GmbHG, § 19 Rn 30.
165 Müller/Hense/*Schneider*, Beck'sches Handbuch der GmbH, § 2 Rn 119; Scholz/*Schneider*, GmbHG, § 19 Rn 71 ff.; Roth/*Altmeppen*, GmbHG, § 19 Rn 29 ff.

der Gesellschaft verspricht, ihr ein gewährtes Darlehen endgültig zu belassen, das er der Gesellschaft zur Überbrückung eines Liquiditätsengpasses gewährt hatte.[166]

Ein Beschluss der Gesellschafterversammlung, den Gewinn zur Erhöhung des Stammkapitals zu verwenden, stellt eine solche unzulässige Aufrechnung durch die Gesellschafter dar und ist nicht etwa als zulässige Verrechnung durch die Gesellschaft anzusehen.[167] **150**

Eine Aufrechnung seitens der Gesellschaft mit der Einlageforderung gegen Ansprüche des **151** Gesellschafters ist nach dem Wortlaut des § 19 Abs. 2 GmbHG zwar nicht ausgeschlossen. Nach der ganz herrschenden Meinung ist aber auch jede **Aufrechnung der Gesellschaft** unzulässig und gar unwirksam, wenn sie wirtschaftlich nicht zur vollen Erbringung der Einlage durch den Gesellschafter führt, sondern nur zu einer teilweisen Befriedigung der Einlageforderung führt.

Wichtig **152**
Deshalb ist die Aufrechnung der Gesellschaft mit der Einlageforderung nur dann zulässig, wenn die Gegenforderung des Gesellschafters, gegen die die Aufrechnung mit der Einlageforderung erklärt wird, **vollwertig, fällig und liquide** ist.[168]

Vollwertigkeit setzt voraus, dass das Gesellschaftsvermögen nach Höhe und Liquidität im **153** Zeitpunkt der Aufrechnungserklärung zur Befriedigung aller fälligen Gesellschaftsschulden einschließlich der zur Aufrechnung stehenden Gesellschafterforderung sicher ausreicht.[169]

Wichtig **154**
Maßgebend ist also die **objektive Sachlage**, nicht die Auffassung der Beteiligten.

Das Umgehungsverbot erfasst die (einvernehmliche) Verrechnung einer Einlageschuld mit einer **155** nach dem Kapitalerhöhungsbeschluss entstandenen Forderung des Gesellschafters auf Gewinnausschüttung sowie eine dem gleichstehende Abwicklung im Wege des „Ausschüttungs-Rückhol-Verfahrens" aber nach der neueren Rechtsprechung des BGH nur dann, wenn dieses Vorgehen vor oder bei Fassung des Kapitalerhöhungsbeschlusses unter den Beteiligten definitiv **vorher abgesprochen** worden ist.[170]

Eine **Vermutung** spricht dafür nur dann, wenn die Verrechnung in engem **zeitlichen Zusammenhang** mit dem Kapitalerhöhungsbeschluss vorgenommen worden ist.[171]

Streitig war früher, ob die Gegenforderung des Gesellschafters, gegen die die Gesellschaft **156** mit der Einlageforderung aufrechnen will, bereits zur **Zeit des Entstehens** der Einlageschuld entstanden sein musste, oder ob eine Aufrechnung der Gesellschaft auch gegen eine erst später entstehende Forderungen des Gesellschafters aus dem Gesellschaftsverhältnis erfolgen kann,

---

166 OLG Bremen GmbHR 2004, 259.
167 LG Dresden NJW-RR 2000, 1423 = GmbHR 2000, 1205.
168 Ständige Rechtsprechung des BGH BGHZ 125, 141, 145 = NJW 1994, 1477 = ZIP 1994, 701; dazu EWiR 1994, 467 (*v. Gerkan*); OLG Dresden InVo 2002, 186 = ZInsO 2002, 328; OLG Schleswig, Urt. v. 14.12.2000 – 5 U 182/98 – n.v.; Baumbach/*Hueck/Fastrich*, GmbHG,, § 19 Rn 33; Scholz/*Schneider*, GmbHG, § 19 Rn 71ff.
169 BGH BGHZ 125, 141; OLG Köln ZIP 1986, 569; *Priester*, BB 1987, 210.
170 BGH DNotZ 2003, 207 m. Anm. *Priester* = DStR 2002, 2088, dazu EWiR 2003, 63 (*Saenger/Scharf*) in Ergänzung zu BGHZ 132, 141 = ZIP 1996, 668 m. Anm. *Priester*, dazu EWiR 1996, 509 (*Weipert*); vgl. auch OLG Celle ZInsO 2004, 93.
171 BGH DStR 2002, 2088 in Klarstellung zu BGHZ 125, 141, 143f. = NJW 1994, 1477 = ZIP 1994, 701; dazu EWiR 1994, 467 (*v. Gerkan*); BGHZ 132, 133, 138 = ZIP 1996, 595; dazu EWiR 1996, 595 (*Trölitzsch*).

beispielsweise auf später entstehende Gewinn- oder Vergütungsansprüche, Aufwendungsersatzansprüche oder dergleichen.[172]

157   Fehlt es an einer (zu vermutenden) Vorabsprache, so ist nach der neueren Rechtsprechung des BGH die Verrechnung der Einlageschuld gegen **Neuforderungen des Gesellschafters** (auf Gewinnauszahlung) im Einvernehmen mit der Gesellschaft gemäß § 19 Abs. 2 S. 2 GmbH wirksam, wenn die Gesellschafterforderung **fällig, liquide und vollwertig** ist.[173] Das Erfordernis, dass die Mindesteinlage zu freier Verfügung des Geschäftsführers eingezahlt werden muss (§§ 7 Abs. 2 S. 1, 56a, 57 Abs. 2 GmbHG), ist bei Verwendung tatsächlich erzielten Gewinns zur Einlagenzahlung nicht berührt.

158   Akzeptiert man das, dann kann die Gesellschaft grundsätzlich auch gegen einen Rückzahlungsanspruch des Gesellschafters aus einem gewährten Gesellschafterdarlehen aus der Zeit nach der Begründung der Einlagepflicht aufrechnen. Dies gilt jedoch keinesfalls, wenn die Darlehensrückzahlungsansprüche des Gesellschafters den Eigenkapitalersatzregeln unterliegen[174] bzw. wenn die Gesellschaft bereits **überschuldet** oder **zahlungsunfähig** ist.[175]

---

159 **Praxistipp**
Die Aufrechnung seitens der Gesellschaft ist grundsätzlich durch deren Geschäftsführer gegenüber dem Gesellschafter zu erklären. Handelt es sich allerdings um einen **Gesellschafter-Geschäftsführer**, dessen Gesellschaftereinlage offen steht, kann der Geschäftsführer nach der herrschenden Meinung nicht eine Aufrechnung namens der Gesellschaft erklären, und zwar auch dann nicht, wenn er nach der Satzung von den Beschränkungen des § 181 BGB befreit ist.[176]

---

160 Das OLG Bremen will das Aufrechnungsverbot des § 19 Abs. 2 S. 2 GmbHG auch auf Gesellschafterdarlehen anwenden, die der Gesellschafter der Gesellschaft zur Behebung eines Liquiditätsengpasses mit dem Versprechen endgültiger Belassung überlassen hat.[177]

gg) Verbot der verschleierten Sachgründung nach bisherigem Recht

161 Weil der Gesetzgeber Sachgründungen und Sachkapitalerhöhungen erheblich erschwert hat, wird in der Praxis häufig versucht, diese strengen gesetzlichen Vorschriften zu umgehen und zunächst formal den einfacheren Weg einer Bargründung zu gehen, um nach der Eintragung der GmbH anschließend den eigentlich gewollten Sacheinlagevorgang nachzuholen. Die wirtschaftlich eigentlich gewollte Sachgründung wird also zunächst durch eine Bargründung umgangen und durch ein sich anschließendes Sacheinlage- bzw. Umsatzgeschäft nachgeholt. Daraus erklären sich die Bezeichnungen **verschleierte oder verdeckte Sacheinlage**.[178]

162   Die **Erscheinungsformen** sind vielfältig. Zunächst sind zu nennen die verschiedensten Varianten des sog. **Hin- und Herzahlen**,[179] etwa

---

172 Baumbach/*Hueck/Fastrich*, GmbHG, § 19 Rn 33; Scholz/*Schneider*, GmbHG, 8. Aufl., § 19 Rn 138; Hachenburg/*Ulmer*, GmbHG, § 19 Rn 96.
173 BGH DStR 2002, 2088 in Bestätigung von BGHZ 132, 141, 147 = ZIP 1996, 668 m. Anm. *Priester*, dazu EWiR 1996, 509 (*Weipert*).
174 BGH BGHZ 90, 370; Hachenburg/*Ulmer*, GmbHG, § 19 Rn 107; *H.P. Westermann*, FS Oppenhoff, S. 535.
175 BGH ZIP 1994, 701.
176 OLG Hamm ZIP 1988, 1057; OLG Düsseldorf BB 1989, 1711; OLG Düsseldorf GmbHR 1993, 292.
177 OLG Bremen GmbHR 2004, 259.
178 Zu den Rechtsfolgen der verdeckten Sacheinlage siehe auch *Langenbucher*, DStR 2003, 1838; *Langner*, GmbHR 2004, 298.
179 Grundlegend BGH BGHZ 113, 335 = GmbHR 1991, 255; BGH BB 2006, 624 m. Anm. *Stephan* = GmbHR 2006, 306 m. Anm. *Emde*.

- die Rückgewährung der Einlage als Darlehen an die Gesellschafter,[180]
- die Darlehensrückzahlung an einen Gesellschafter und Wiedereinzahlung als Einlage,[181]
- die Rückgewährung der Einlage als Darlehen an Schwestergesellschaften[182]
- oder – in der GmbH & Co. KG – die Weiterleitung der Einlage als Darlehen an die Kommanditgesellschaft,[183]
- die Bareinzahlung der Stammeinlage mit anschließender Begleichung rückständiger Mieten an die Eltern des Gesellschafters aus dem Gesellschaftsvermögen,[184]
- die unmittelbar vor der Einzahlung liegende Erfüllung von Gesellschaftsverpflichtungen gegenüber dem Gesellschafter,[185]
- die Aufrechnung mit Gegenansprüchen, bis hin zur formalen Einschaltung Dritter.[186]

Ob auch die **entgeltliche Tätigkeit** des Gesellschafter-Geschäftsführers als verschleierte Sacheinlage zu bewerten sein kann, ist noch nicht abschließend geklärt.[187]

Gewöhnliche Umsatzgeschäfte zwischen Gesellschaft und Gesellschaftern im Rahmen des **163** laufenden Geschäftsverkehrs stellen dagegen keine **Umgehung der Sachgründungsvorschriften** dar, die zu einer verdeckten Sacheinlage führen.

Beispiel **164**
Dies gilt etwa bei der Gründung für die Übernahme eines für den Geschäftsbetrieb notwendigen Warenlagers im Rahmen der **Erstausstattung** des Betriebs.[188]

Ob ein gewöhnliches Umsatzgeschäft vorliegt, beurteilt das OLG Hamm danach, inwieweit im **165** Rahmen des vereinbarten Rechtsgeschäfts vergleichbare Konditionen vorliegen, wie sie auch mit einem außen stehenden Dritten vereinbart worden wären (**Fremdvergleich**). Gegen eine verdeckte Sacheinlage könne außerdem sprechen, dass der Kaufpreis für das Warenlager den Einlagebetrag erheblich übersteigt.[189]

Beispiel **166**
Nach einer neueren BGH-Entscheidung soll ein **Hin- und Herüberweisen** des Einlagebetrages **binnen weniger Tage** (dort: elf Tage) offenbar generell nicht geeignet sein, die Einlageschuld zu tilgen.[190] Ähnlich hat das OLG Celle[191] bei einer Zurückzahlung nach weniger als einer Woche entschieden.

---

180 LG Flensburg, Urt. v. 9.10.2000 – 5 O 211/98.
181 OLG Celle ZInsO 2004, 93.
182 OLG Rostock, Urt. v. 28.2.2001 – 6 U 187/99 – n. rk.; dazu *Simon/Leuering*, NJW-Spezial 2005, 219; dazu auch Centrale-Gutachten, GmbHR 2000, 30 bzw. zur verdeckten Gewinnausschüttung bei Forderungsverzicht Centrale-Gutachten, GmbHR 2000, 84.
183 LG Osnabrück ZInsO 2000, 228; OLG Oldenburg ZInsO 2002, 1186 = GmbHR 2003, 233; a.A. OLG Köln GmbHR 2002, 968; OLG Thüringen BB 2006, 1647 m. Anm. *Wächter* = GmbHR 2006, 940 m. Anm. *Werner*.
184 LG Dresden GmbHR 2001, 29.
185 OLG Stuttgart DB 2002, 2263; dazu EWiR 2002, 1067 (*v. Gerkan*).
186 *Müller/Hense/Schwaiger*, Beck'sches Handbuch der GmbH, § 2 Rn 109 ff.; *Hachenburg/Ulmer*, GmbHG, § 19 Rn 148 ff.; *Langenfeld*, GmbH-Praktikum, S. 45 ff. Rn 97 ff.; *Henkel*, GmbHR 2005, 1589 m.w.N.; Centrale-Gutachten, GmbHR 2003, 895; zur Steuerberaterhaftung in diesem Zusammenhang BGH NJW 1993, 1139.
187 Offen gelassen von BGH, WM 1956, 1029, 1030; BGH GmbHR 1978, 268, bejahend für eine Verrechnung der Einlageschuld mit Arbeitslohn; dazu *Henkel*, GmbHR 2005, 438.
188 OLG Hamm NJW-Spezial 2005, 174 = NZG 2005, 184; dazu EWiR 2005, 411 (*G. Reiff*).
189 OLG Hamm NJW-Spezial 2005, 174 = NZG 2005, 184; dazu EWiR 2005, 411 (*G. Reiff*).
190 BGH GmbHR 2001, 1114 m. Anm. *Müller* = ZIP 2001, 1997, dazu EWiR 2001, 1149 (*Keil*).
191 OLG Celle GmbHR 2003, 898; *Heidinger*, DNotZ 2005, 97, 105.

167 Nach der Auffassung des **OLG Oldenburg** soll schon keine Erfüllung der Bareinlageverpflichtung bei Hin- und Herüberweisung der Stammeinlage einer Beteiligungs-GmbH **(Komplementärin)** an die KG innerhalb von **40 Tagen** vorliegen können.[192]

168 Allerdings hat der **BGH** mit Urteil vom 21.11.2005 die Problematik im Fall der **Rückzahlung des Darlehens** herausgereichten Stammkapitals schon für das damals geltende Recht entschärft. Zwar leiste beim Hin- und Herzahlen eines Bareinlagebetrages der Inferent unter dem Gesichtspunkt der Kapitalaufbringung nichts. Das gelte auch, wenn die „Herzahlung" als „Darlehen" bezeichnet wird; eine entsprechende „Darlehensabrede" sei unwirksam. Mit der (Rück-) Zahlung auf die vermeintliche „Darlehensschuld" an die GmbH erfülle der Inferent jedoch die offene **Einlageschuld**.[193]

169 Schon mit dem vorausgegangenen Urteil vom 2.12.2002 hatte der BGH ähnlich entschieden: Eine für die Erfüllung der Einlageschuld (§ 19 Abs. 1 GmbHG) erforderliche Leistung zu freier Verfügung der Geschäftsführung liege nicht vor, wenn der eingezahlte Einlagebetrag absprachegemäß umgehend als Darlehen an den Inferenten oder an ein mit ihm verbundenes Unternehmen zurückfließt. Eine spätere Tilgung der „Darlehensschuld" durch den Gesellschafter oder das mit ihm verbundene Unternehmen im Wege der **Aufrechnung** tilge aber auch die Einlageschuld, soweit § 19 Abs. 2, 5 GmbHG nicht entgegensteht.

170 Zwar sind **schuldrechtliche Verwendungsabsprachen**, durch welche die Geschäftsführung verpflichtet wird, mit den einzuzahlenden Einlagemitteln in bestimmter Weise zu verfahren, aus der Sicht der Kapitalaufbringung unschädlich, wenn sie allein der Umsetzung von **Investitionsentscheidungen** der Gesellschafter oder sonstiger ihrer Weisung unterliegender geschäftspolitischer Zwecke dienen. Anderes gilt aber, wenn die Abrede (auch) dahin geht, die Einlagemittel unter (objektiver) Umgehung der Kapitalaufbringungsregeln mittelbar wieder an den Einleger zurückfließen zu lassen. Das gilt auch im Fall einer Darlehensgewährung an den Inferenten, weil damit die Einlage im wirtschaftlichen Endergebnis von der Gesellschaft finanziert wird (**verdeckte Finanzierung**). Zwar verbleibt der Gesellschaft in bilanzieller Hinsicht ein Aktivum in Form des Rückzahlungsanspruchs gemäß § 488 Abs. 1 S. 2 BGB, das aber weder der geschuldeten Bareinlage gleichsteht, noch den primären Einlageanspruch der Gesellschaft (§ 19 Abs. 1 GmbHG) ersetzen kann. Durch den Zusammenhang mit der Kapitalaufbringung des Inferenten unterscheidet sich die Darlehensgewährung in diesem Fall von entsprechendem Verkehrsgeschäft mit dem Gesellschafter oder mit Dritten. Das gilt auch dann, wenn sie zur Finanzierung von Gesellschafterleistungen dient, die der Gesellschaft zugute kommen sollen, weil dann der Gesichtspunkt der verdeckten Sacheinlage (§ 19 Abs. 5 GmbHG) eingreift.

171 Diese Rechtsprechung hat der BGH dann auch auf **Treuhandverhältnisse** ausgedehnt:[194] Mit der Auskehrung des vermeintlich treuhänderisch zurückgewährten Bareinlagebetrages an die Gesellschaft tilgt der Inferent die offene Einlageschuld. Da das Hin- und Herzahlen wirtschaftlich als ein einheitlicher, sich selbst neutralisierender Vorgang anzusehen ist, hat der einzahlende Gesellschafter nichts geleistet und die Gesellschaft nichts erhalten; eine in diesem Zusammenhang für das „Herzahlen" getroffene „Treuhand-" oder „Darlehensabrede" ist rechtlich unwirksam. Da der Sachverhalt so anzusehen ist, als habe der Gesellschafter den Einlagebetrag in seinem Vermögen behalten, ist auf keiner Seite eine Bereicherung eingetreten. Offen ist ausschließlich die Einlageschuld, die durch die spätere Einzahlung getilgt worden ist. Dass sie mit einer rechtlich falschen Tilgungsbestimmung versehen worden ist, ändert daran nichts und

---

192 OLG Oldenburg ZInsO 2002, 1186 = GmbHR 2003, 233; a.A. offenbar OLG Köln GmbHR 2002, 968 und OLG Thüringen BB 2006, 1647 m. Anm. *Wächter* = GmbHR 2006, 940 m. Anm. *Werner*.
193 BGH DStR 2006, 104 = GmbHR 2006, 43 m. Anm. *Werner*; dazu EWiR 2006, 33 (*Tillmann*), in Klarstellung zu BGH BGHZ 153, 107 = DB 2003, 387.
194 BGH ZIP 2006, 331.

führt vor allem nicht dazu, dass der Gesellschafter – gerade in der Insolvenz verwirklicht sich diese Gefahr – zweimal zahlen muss, nämlich auf die unwirksame „Treuhandabrede" oder das unwirksame „Darlehen" und außerdem auf die Einlageschuld. Dem Sinn der Kapitalaufbringungsregeln zuwider ist derjenige Gesellschafter besser gestellt, der den Fehler bei der Einlagezahlung nicht alsbald behebt, sondern zuwartet, bis er von dem Insolvenzverwalter zwangsweise zur Einlagezahlung veranlasst wird: Er muss nur einmal leisten, während der gesetzestreu vorgehende Gesellschafter im Nachteil ist, der – ohne Aufrechnungsmöglichkeit – ein zweites Mal an den Insolvenzverwalter zahlen muss.

Wichtig	172

Voraussetzung für die Annahme einer verschleierten Sacheinlage ist ein **zeitlicher und sachlicher Zusammenhang** zwischen der Erfüllung der Geldeinlagepflicht im Rahmen der Bargründung bzw. Barkapitalerhöhung und dem Umsatzgeschäft. Die Rechtsprechung knüpft den erforderlichen zeitlichen Zusammenhang regelmäßig an eine Sechs-Monats-Frist zwischen den beiden Ereignissen.[195]

Ein **sachlicher Zusammenhang** liegt insbesondere dann vor, wenn das vereinbarte Entgelt für 173
das Umsatzgeschäft der Höhe nach der Einlageverpflichtung nahe kommt oder wenn der Gegenstand, der im Rahmen des Umsatzgeschäfts der Gesellschaft übertragen wird, schon bei der Begründung der Einlageverpflichtung des Gesellschafters, also bei GmbH-Gründung bzw. zur Zeit des Kapitalerhöhungsbeschlusses zur Verfügung stand.

Wichtig 174

Nicht erforderlich ist in subjektiver Hinsicht eine **Umgehungsabsicht** bzw. ein Täuschungswille[196] oder in objektiver Hinsicht ein **messbarer wirtschaftlicher Nachteil** der Gesellschaft.[197]

Nach der Rechtsprechung trägt der Gesellschafter die **Beweislast** dafür, dass keine verschleierte Sacheinlage vorliegt, wenn der vorstehend beschriebene zeitliche und sachliche Zusammenhang festgestellt ist. Rechtsfolge ist, dass der Gesellschafter weiterhin zur Erfüllung 175
der Bareinlage verpflichtet ist und seinerseits nur einen – in der Insolvenz regelmäßig wertlosen – Rückübertragungsanspruch hinsichtlich des eingebrachten Vermögensgegenstandes hat.[198]

Darüber hinaus sind aber auch die **zivilrechtlichen und strafrechtlichen Haftungsfolgen** 176
gemäß §§ 9, 9a, 43, 57 Abs. 4, 82 Abs. 1 Nr. 1 und Nr. 3 GmbHG und die **steuerlichen Folgen** zu beachten.[199]

Auch der spätere Erwerber eines Geschäftsanteils, der durch eine verschleierte Sacheinlage 177
erbracht wurde, bleibt im Rahmen seiner **Erwerberhaftung** nach § 16 Abs. 2 GmbHG selbst dann

195 Müller/Hense/*Schwaiger,* Beck'sches Handbuch der GmbH, § 2 Rn 143; *Hüffer,* AktG, § 27 Rn 15; Lutter/Hommelhoff/*Bayer,* GmbHG, § 19 Rn 35; *Bayer,* GmbHR 2004, 445, 456; siehe auch OLG Hamm GmbHR 1997, 213; OLG Celle GmbHR 2000, 240; LG Regensburg, Urt. v. 6.4.2001 – 2 HKO 2505/00 – n.v.; einschränkend *Gärtner,* GmbHR 2003, 1417.
196 OLG Saarbrücken NotBZ 2004, 161; dazu EWiR 2004, 1031 (*Undritz*).
197 Müller/Hense/*Schwaiger,* Beck'sches Handbuch der GmbH, § 2 Rn 110; OLG Saarbrücken NotBZ 2004, 161; dazu EWiR 2004, 1031 (*Undritz*).
198 Zum gutgläubigen Erwerb der als Sacheinlage zur Gründung einer GmbH geleisteten Sachen bei Gutgläubigkeit des Geschäftsführers bzw. der Mitgesellschafter siehe OLG Köln GmbHR 2002, 549 = ZIP 2002, 713, dazu EWiR 2002, 481 (*Thöni*).
199 Müller/Hense/*Schwaiger,* Beck'sches Handbuch der GmbH, § 2 Rn 111 f.; ob offene Sacheinlagen als entgeltliche Anschaffungsvorgänge zu bewerten sind erörtern *Schmidt/Hageböke,* DStR 2003, 1813 ff.

zur Einlage verpflichtet, wenn er den Geschäftsanteil gutgläubig erworben hat.[200] Der eigene Regressanspruch gegenüber dem früheren Gesellschafter ist in solchen Situationen im Zusammenhang mit der Insolvenz des Unternehmens häufig wirtschaftlich wertlos.

178　　Allerdings haftet ein Erwerber im Rahmen eines unwirksamen Übertragungsvertrages mangels wirksamen Erwerbs eines Geschäftsanteils nicht nach § 16 Abs. 3 GmbHG a.F. für rückständige Einzahlungen auf das Stammkapital. Die „Fiktion" der Gesellschafterstellung in § 16 Abs. 1 GmbHG a.F. und die damit gemäß § 16 Abs. 3 GmbHG a.F. verbundene Haftung für rückständige Stammeinlagen setzt den wirksamen Erwerb eines bestimmten Geschäftsanteils voraus.[201]

179　　Besonders problematisch ist der Fall der verschleierten Sacheinlage auch dann, wenn der Gegenstand der verdeckten Sacheinlage in einem **Unternehmen** besteht. Nach der Rechtsprechung des BFH stellt nämlich die verdeckte Sacheinlage eines Unternehmens eine **Betriebsaufgabe** im Sinne von § 16 Abs. 3 EStG dar und nicht etwa eine Sacheinlage zu Buchwerten im Sinne von § 20 Abs. 1 UmwStG.[202]

hh) „Verschleierte Sacheinlage" nach neuem Recht

180　Die Neufassung des § 19 Abs. 4 GmbHG durch das am 1. November 2008 in Kraft getretene MoMiG hat die Rechtslage nur in einigen Punkten geändert.[203] Durch das MoMiG wurden im Bereich der Kapitalaufbringung zwar neue Regelungen für die Fälle der **„verdeckten Sacheinlage"** (§ 19 Abs. 4 GmbHG) und des **„Hin- und Herzahlens"** (§ 19 Abs. 5 GmbHG) geschaffen. Danach droht im Unterschied zum früheren Recht im Fall der Insolvenz der GmbH bei verschleierten Sacheinlagen nicht mehr, dass immer der gesamte Einlagebetrag nochmals zu zahlen ist. Vielmehr wird der tatsächliche Wert der Sacheinlage auf die offen stehende Einlageschuld angerechnet (§ 19 Abs. 4 S. 3 GmbHG).

181　　Wird jedoch eine Bareinlage durch eine Geldzahlung erbracht, die sodann gleich wieder an den Gesellschafter zurückgezahlt wird, handelt es sich auch nach der Neuregelung um einen Fall des unzulässigen „Hin- und Herzahlens". Ist dies nicht gegenüber dem **Handelsregister offen gelegt** worden, muss der Gesellschafter den gesamten Einlagebetrag nochmals erbringen.[204]

182　　Diese Rechtsregeln will das **OLG Stuttgart** auch auf die **AG** übertragen:[205]

In Anlehnung an § 19 Abs. 5 GmbHG regelt § 27 Abs. 4 AktG erstmals das so genannte Hin- und Herzahlen. Die Privilegierung nach § 27 Abs. 4 S. 1 AktG erfordert entsprechend dem Wortlaut des § 27 Abs. 4 S. 2 AktG die **Offenlegung** der Vereinbarung gegenüber dem Registergericht bei der Erstanmeldung bzw. der Anmeldung über die Kapitalerhöhung. Die **Nachholung** einer unterlassenen Offenlegung ist allenfalls möglich, solange die AG bzw. die Kapitalerhöhung noch nicht in das Handelsregister eingetragen ist.

183　　Im Fall der Rückzahlung der Einlage gegen Rückgewähranspruch kann das Registergericht zur Überprüfung der Befreiung von der Einlageverpflichtung regelmäßig Nachweise für die Angaben zu Liquidität und Vollwertigkeit des Rückgewähranspruchs verlangen. Soweit der Rückgewährschuldner (hier: eine international tätige börsennotierte Aktiengesellschaft) über positive Bewertungen durch international anerkannte Rating-Agenturen verfügt, kann dies als Bonitätsnachweis nicht zurückgewiesen werden. Allerdings genügt es nicht, pauschal auf aktuelle, öf-

---

200 BGH WM 1982, 787; *Langenfeld,* GmbH-Praktikum, 2. Aufl. 1995, S. 25.
201 BGH GmbHR 2010, 918.
202 BFH BStBl 1991, 512; *Autenrieth,* DStZ 1991, 112.
203 Vgl. BegrRegE mit Hinweis auf die Rechtsprechung; abgedruckt bei *Goette,* Einführung in das neue GmbH-Recht, S. 244.
204 Zur Offenlegungspflicht bei sog. „Altfällen" siehe LG Erfurt EWiR 2010, 781 (*Winstel*).
205 OLG Stuttgart DStR 2011, 2307; dazu EWiR 2012, 99 (Henkel).

fentlich zugängliche Ratings zu verweisen. Denn das Registergericht ist nicht gehalten, sich die benötigten Informationen selbst zu verschaffen. Vielmehr obliegt es dem Rückgewährschuldner, das Rating konkret vorzutragen und zu belegen.[206]

Wird ein **durch einen Gesellschafter der Gesellschaft gewährtes Darlehen** zunächst zu- **184** rückgezahlt und umgehend der als Bareinlage geschuldete Betrag wieder eingezahlt, hat der Gesellschafter seine Einlage verdeckt als Sacheinlage erbracht. Denn im wirtschaftlichen Ergebnis hat die Gesellschaft durch ein solches Her- und Hinzahlen von ihrem Einleger anstelle des im Kapitalerhöhungsbeschluss versprochenen Barkapitals lediglich ein Surrogat in Form der **Befreiung von der Darlehensverbindlichkeit** erhalten. Die Regelungen über die Rechtsfolgen der verdeckten Sacheinlage mit Rückwirkung befreien den Gesellschafter zwar nicht von seiner Einlageverpflichtung, führen aber zur **Anrechnung des Wertes der Vermögensgegenstände**, die der Gesellschafter aufgrund der nunmehr als schuldrechtlich und dinglich wirksam angesehenen Verträge über die verbotene Sacheinlage tatsächlich erbracht hat.[207]

Wenn mit der **Bareinlage** ein **Darlehen abgelöst** wird, für dessen Rückzahlung sich der In- **185** ferent **verbürgt** hat, leistet er nicht verdeckt eine Sacheinlage. In der Tilgung eines vom **Ehegatten** des Inferenten gewährten Darlehens mit der Bareinlage liegt eine verdeckte Sacheinlage, wenn das Darlehen wirtschaftlich vom Inferenten gewährt wurde oder die Einlage mit Mitteln bewirkt wird, die dem Inferenten vom Ehegatten zur Verfügung gestellt worden sind. Das Näheverhältnis des Inferenten zum Darlehensgeber genügt nicht.[208]

ii) „Verschleierte Sacheinlage" bei entgeltlichen Dienstleistungen des Gesellschafters an die Gesellschaft

Wie der BGH schon zum früheren Recht mehrfach betont hat, kann Gegenstand einer verdeckten **186** Sacheinlage – im Unterschied zum Umgehungstatbestand eines Hin- und Herzahlens (vgl. § 19 Abs. 5 GmbHG n.F.) – nur eine **sacheinlagefähige Leistung** sein.[209]

Unter der Geltung des MoMiG hat der BGH dazu erneut entschieden:[210] Die Grundsätze der **187** verdeckten Sacheinlage (§ 19 Abs. 4 GmbHG n.F.) finden auf Dienstleistungen, welche ein GmbH-Gesellschafter nach Leistung einer Bareinlage entgeltlich erbringen soll, keine Anwendung. Ebenso wenig liegt in diesem Fall ein der Erfüllung der Einlageschuld entgegenstehendes Hin- und Herzahlen der Einlagemittel (§ 19 Abs. 5 GmbHG n.F.) vor, sofern der Inferent (Gesellschafter) diese nicht für die Vergütung seiner Dienstleistungen „reserviert".

Dienstleistungsverpflichtungen eines Gesellschafters können als solche auch nicht in Ei- **188** genkapitalersatz umqualifiziert werden; jedoch können **stehen gelassene Vergütungsansprüche** eigenkapitalersetzenden Charakter erlangen.

Diese Rechtsprechung hat der BGH auch auf **Aktiengesellschaften** ausgedehnt:[211] **189**

Die Grundsätze der verdeckten Sacheinlage finden auf Dienstleistungen, die der Bezieher neuer Aktien im zeitlichen Zusammenhang mit einer Kapitalerhöhung entgeltlich für die Aktiengesellschaft erbracht hat oder durch eine von ihm abhängige Gesellschaft hat erbringen lassen, keine Anwendung. **Entgeltliche Dienstverträge** zwischen der Gesellschaft und dem Inferenten sind im Aktienrecht **nicht verboten**. Die Bezahlung von Beratungsleistungen vor Leistung der Einlage ist **keine verdeckte Finanzierung** durch die Gesellschaft im Sinn eines

---

206 OLG München GmbHR 2011, 422 m. Anm. Wachter = ZIP 2011, 567; dazu EWiR 2011, 383 *(Hangebrauck)*.
207 OLG Köln GmbHR 2010, 1213; dazu EWiR 2011, 81 *(Wachter)*; *Hermanns*, DNotZ 2011, 325.
208 BGH GmbHR 2011, 705 m. Anm. *Podewils*.
209 Vgl. BGHZ 165, 113; 116 f.; BGHZ 165, 352, 356; *Bayer*, GmbHR 2004, 445, 451, 453.
210 BGH DNotZ 2009, 766 m. Anm. *Häublein* = NZG 2009, 463; dazu *Gehrlein*, BB 2011, 3; *Goette*, DStR 2010, 2579; *Wachter*, DStR 2010, 1240; *Hermanns*, DNotZ 2011, 325.
211 BGH ZIP 2010, 423.

rechtlich dem Hin- und Herzahlen gleichstehenden Her- und Hinzahlens, wenn eine tatsächlich erbrachte Leistung entgolten wird, die dafür gezahlte Vergütung einem Drittvergleich standhält und die objektiv werthaltige Leistung nicht aus der Sicht der Gesellschaft für sie unbrauchbar und damit wertlos ist.

3. Sachgründungen
a) Gründungs-, Anmeldungs- und Eintragungsvorgang
aa) Gesetzliche Vorgaben zur Sachgründung

190 Bei der Vereinbarung von Sacheinlagen im Rahmen der GmbH-Gründung muss die Sacheinlage **im Gesellschaftsvertrag** genau **festgelegt** und zweifelsfrei bestimmt[212] sein, ferner aber auch der Betrag der Stammeinlagen, auf die sich die Sacheinlagen beziehen (§ 5 Abs. 4 S. 1 GmbHG).

---

191 **Wichtig**
Für eine derartige Bezeichnung reicht die Bezugnahme auf eine Bilanz allein nicht aus, weil die Sacheinlage im Gesellschaftsvertrag **sachenrechtlich bestimmt** bezeichnet werden muss.[213] Aus einer Bilanz ergibt sich eine solche sachenrechtlich bestimmte Bezeichnung regelmäßig nicht.

---

192 Dazu muss ein **Sachgründungsbericht** erstellt und durch alle Gründungsgesellschafter unterzeichnet werden. In dem Sachgründungsbericht müssen die Umstände dargelegt werden, die näheren Aufschluss über den Wert der einzubringenden Sache bzw. die Angemessenheit der Leistungen geben (§ 5 Abs. 4 S. 2 GmbHG).[214]

193 Wird ein Unternehmen eingebracht, sind die **Jahresergebnisse** des eingebrachten Unternehmens der letzten beiden Geschäftsjahre anzugeben (§ 5 Abs. 4 S. 2 Alt. 2 GmbHG), wobei die beiden letzten Jahresergebnisse sich aber ohnehin aus der Gegenüberstellung in der regelmäßig beizufügenden Vorjahres-Bilanz ergeben werden.

194 Die Sacheinlagen müssen bereits **vor der Eintragung vollständig geleistet** sein (vgl. § 7 Abs. 2 GmbHG). Eine **Vor-GmbH** kann allerdings nach Auffassung des BGH eine **Sacheinlage** nach den Vorschriften über den **gutgläubigen Erwerb** von beweglichen Sachen zu Eigentum erlangen.[215]

195 Ist eine Geldeinlage eines Gesellschafters bei wirtschaftlicher Betrachtung und aufgrund einer im Zusammenhang mit der Übernahme der Geldeinlage getroffenen Abrede vollständig oder teilweise als Sacheinlage zu bewerten (**verdeckte Sacheinlage**), so befreit dies den Gesellschafter nicht von seiner Einlageverpflichtung. Jedoch sind die Verträge über die Sacheinlage und die Rechtshandlungen zu ihrer Ausführung nicht unwirksam. Auf die **fortbestehende Geldeinlagepflicht** des Gesellschafters wird der Wert des Vermögensgegenstandes im Zeitpunkt der Anmeldung der Gesellschaft zur Eintragung in das Handelsregister oder im Zeitpunkt seiner Überlassung an die Gesellschaft, falls diese später erfolgt, angerechnet. Die **Anrechnung** erfolgt nicht vor Eintragung der Gesellschaft in das Handelsregister. Die Beweislast für die Werthaltigkeit des Vermögensgegenstandes trägt der Gesellschafter (§ 19 Abs. 4 GmbHG n.F.).[216]

---

212 BGH DStR 2000, 2002 m. Anm. *Goette*, dazu DNotI-Report 2000, 186.
213 Lutter/Hommelhoff/*Bayer*, § 5 Rn 27; Scholz/*Winter*, § 5 Rn 88; Baumbach/*Hueck*/*Fastrich*, § 5 Rn 21; das OLG Dresden GmbHR 2003, 41 = ZInsO 2003, 662, will eine Ausnahme zulassen, wenn dies aus dem Gesichtspunkt des Gläubigerschutzes vertretbar ist; zum Aktienrecht siehe *Mülbert*, AG 2003, 281.
214 Musterformulierungen bei *Reinhardt*, GmbH-StB 2003, 173; zur Steuerberaterhaftung bei Nicht- bzw. Falschberatung des Mandanten insoweit siehe OLG Düsseldorf GmbHR 2003, 1440.
215 BGH DStR 2003, 44 = GmbHR 2003, 39; dazu *Ellers*, GmbHR 2004, 934.
216 Roth/*Altmeppen*, GmbHG, § 19, Rn 72 ff.

bb) Registergerichtliche Prüfung bei Sachgründungen

Mit der Vereinbarung einer Sacheinlage werden auch die Prüfungsanforderungen durch das **196** Registergericht erhöht. Nach § 9c Abs. 1 S. 2 GmbHG hat das Registergericht nämlich nunmehr auch die von den Gesellschaftern behauptete **Werthaltigkeit** zu prüfen und ggf. bei nicht unwesentliche **Überbewertung** einer Sacheinlage die Eintragung abzulehnen.

Da es dem Registergericht fast immer an der erforderlichen Sachkunde fehlen wird, werden **197** entsprechende **Sachverständigengutachten** einzuholen sein. Dies macht die Sachgründung nicht nur teuer; ist sie nicht gut vorbereitet, vergeht auch ein erheblicher Zeitraum bis zur Eintragung. Dies wiederum führt häufig wieder zu Beanstandungen durch das Registergericht, weil die von den Gesellschaftern angenommenen Werte mitunter veraltet sind, so dass weitere Bareinlagen und damit auch eine Änderung des Gesellschaftsvertrags, der den Umfang der entsprechenden Verpflichtungen anzugeben hat, notwendig werden.

Die Schwierigkeiten der **Sachgründung** können nicht dadurch umgangen werden, dass **198** Bareinlagen vereinbart werden und der Gesellschafter sodann Sachgüter auf die GmbH gegen Verrechnung überträgt oder gegen Wiederauszahlung bereits geleisteter Einlagen an die Gesellschaft veräußert. Derartige Handlungen führten nach § 19 Abs. 5 GmbHG a.F. zur Unwirksamkeit;[217] die Einlage war mit anderen Worten dann nicht erbracht. Nach § 19 Abs. 4 GmbHG n.F. führt dies zumindest zu einer Unterdeckungshaftung.

Beispiel **199**

Die Vermutung derartiger verschleierter Sachgründungen durch das Registergericht ist immer dann gerechtfertigt, wenn es erfährt, dass einer der Gesellschafter bereits vorher ein **Unternehmen mit dem Unternehmensgegenstand der GmbH** betrieben hat. Ein Hinweis hierauf ergibt sich mitunter durch eine Voreintragung im Handelsregister A oder durch Eintragungen im Telefonbuch oder anhand einer Internetrecherche.

Besteht dieser Verdacht, müssen ihn die Beteiligten ausräumen. Dies kann unter Umständen **200** auch durch eine **Versicherung** erfolgen, dass nicht beabsichtigt sei, aus der entsprechenden Einzelunternehmung Anlage- oder Umlaufvermögen auf die GmbH durch Wiederauszahlung geleisteter Einlagen oder durch Verrechnung mit bisher nicht geleisteten Einlagen zu erbringen.[218]

Auch die **Übertragung eines Einzelunternehmens** auf die GmbH schließt eine **Bargrün- 201** **dung** aber nicht in jedem Fall aus. Die Übertragung darf jedoch nicht zur Zurückzahlung von Einlagen erfolgen, so dass eine Kaufvereinbarung denkbar ist, nach der der Kaufpreis nur aus erwirtschafteten Gewinnen erbracht wird.[219]

Formulierungsbeispiel **202**

„Der Kaufpreis wird allein durch sich aus dem festgestellten Jahresabschluss ergebende künftige Gewinne der Gesellschaft beglichen. Bis dahin ist er gestundet."

---

217 Dazu auch *Müther*, Der Umfang der registerrechtlichen Prüfungspflicht bei Kapitalerhöhungen einer GmbH, BB 1997, 2234.
218 Ebenso *Gustavus*, A 91, S. 84.
219 AG Charlottenburg GmbHR 1996, 685.

b) Bewertung der Sacheinlagen
aa) Bewertungsmethoden

203 Eine bestimmte Methode für die Bewertung von Sacheinlagen ist im Gesetz nicht vorgeschrieben. Die Bewertung bzw. die Festlegung der Bewertungsmethode unterliegt somit dem **Ermessen des Registerrichters**.[220]

bb) Wertnachweise

204 Ebenfalls dem Ermessen des Registerrichters unterliegt die Frage, welche Wertnachweise für die Werthaltigkeit der Sacheinlage gefordert werden. Ein generelles Erfordernis der **Vorlage einer testierten Bilanz** besteht dabei sicherlich nicht. Dieses Erfordernis kann insbesondere auch nicht aus dem Beschluss des BGH zur Heilung einer verschleierten Sacheinlage durch Umwidmung hergeleitet werden. Wenn der BGH in jenem Beschluss vom 4.3.1996[221] für den Fall der Heilung einer verschleierten Sacheinlage durch Umwidmungsbeschluss der Gesellschafterversammlung ausdrücklich das Erfordernis einer testierten Bilanz als Werthaltigkeitsnachweis aufgestellt hat, ergibt vielmehr ein Umkehrschluss, dass es sich dabei um einen Sonderfall handelt, der gerade nicht verallgemeinerungsfähig ist.[222]

205 Vielmehr soll, wie sich aus dem gesetzlichen Wortlaut ergibt, zunächst der von den Gesellschaftern aufzustellende **Sachgründungsbericht** (§ 5 Abs. 4 S. 2 GmbHG) Aufschluss über die Angemessenheit der Leistungen für die Sacheinlagen geben. Bei hinreichender **Plausibilität** des Sachgründungsberichts der Gesellschafter wird deshalb in der Praxis in aller Regel vom Registergericht kein zusätzlicher Werthaltigkeitsnachweis verlangt werden können, sofern nicht begründeter Zweifel an den Angaben der Gesellschafter besteht.

206 Liegt der Wert der Sacheinlage im Zeitpunkt der Anmeldung bzw. der Eintragung unter dem Betrag der übernommenen Stammeinlage, steht jede noch so geringfügige Unterdeckung der Eintragung entgegen. Im Falle der Eintragung bleibt der Sacheinleger gemäß § 9 Abs. 1 GmbHG verpflichtet, den Fehlbetrag in Geld auszugleichen. Daneben besteht die **gesamtschuldnerische Haftung** der übrigen Gesellschafter auf diesen Fehlbetrag gemäß § 24 GmbHG im Verhältnis ihrer Geschäftsanteile.[223]

cc) Sog. Annahmewert

207 Im Regelfall überschreitet der tatsächliche Wert der Sacheinlage des Gesellschafters den Wert, mit dem die Sacheinlage in der Gründungsurkunde bzw. in der Satzung der Gesellschaft angesetzt ist. Es stellt sich demgemäß die Frage, wie der **Mehrwert** im Rahmen des Gründungsvorgangs und im Verhältnis zum Gesellschafter zu berücksichtigen ist. Dem Wertnachweis, der dem Handelsregister im Rahmen des Anmeldevorgangs vorgelegt wird, ist ein bestimmter „Annahmewert" zugrunde zu legen, also der Wert, der der Sacheinlage zugemessen wird.

208 Einer ausdrücklichen Bezeichnung dieses Annahmewertes und damit auch des darüber möglicherweise hinausgehenden Mehrwertes in der Gründungsurkunde bedarf es grundsätzlich nicht. Eine solche sog. **„gemischte Sacheinlage"** kann hinsichtlich des überschießenden Teils unterschiedlichste Behandlung erfahren, z.B. als

– Gesellschafterdarlehen
– Sofortige Vergütung an den Gesellschafter in Geld
– Übernahme von Schulden der Gesellschaft in entsprechender Höhe

---

220 Siehe dazu etwa Baumbach/ *Hueck/Fastrich*, GmbHG, § 19 Rn 64.
221 BGH GmbHR 1996, 351; dazu *Groß*, GmbHR 1996, 721.
222 *Spiegelberger/Walz*, GmbHR 1998, 761, 764, Fn 23.
223 Heidel/Pauly/Amend/*Heidel*, AnwaltFormulare, Kap.15 Rn 40 und Rn 309 m.w.N.

- Behandlung als Aufgeld i.S.v. § 272 Abs. 2 Nr. 1 HGB
- Freiwillige Zuzahlung i.S.v. § 272 Abs. 2 Nr. 4 HGB
- Über-Pari-Ausgabe oder
- Unterbewertung der Sacheinlage[224]

Wichtig   **209**
Soll allerdings ein solcher Mehrwert, der über den Betrag der Stammeinlage des Gesellschafters hinausgeht, dem Gesellschafter gutgebracht werden, bedarf es dazu einer ausdrücklichen Regelung in der **Satzung**, einschließlich einer Regelung über die Art und Weise der Vergütung, die der Gesellschafter dafür erhalten soll.

Ausreichend ist es dabei, wenn in der Satzung vorgesehen wird, dass die später **noch festzu-** **210**
stellende Wertdifferenz dem Gesellschafter in bestimmter Weise gut zu bringen ist.

Wichtig   **211**
Eine entsprechende Regelung findet sich bekanntlich auch im Umwandlungsgesetz, wonach auch bei Umwandlungen das Erfordernis besteht, in der **Umwandlungsurkunde** eine klare Aussage darüber zu treffen, wie ein solcher Mehrwert zu verbuchen ist (vgl. etwa § 5 Abs. 1 Nr. 4 UmwG).[225]

---

dd) Bilanzielle Behandlung der Sacheinlage
Eine **Unterbewertung** der Sacheinlage ist nach herrschender Meinung zulässig und entspricht, **212**
wie vorstehend ausgeführt, auch der ständigen Praxis.[226] Übersteigt der Wert der Sacheinlage den Betrag der dafür übernommenen Stammeinlage, hat der einbringende Gesellschafter nur dann einen Anspruch auf Erstattung des überschießenden Betrages, wenn der Gesellschaftsvertrag dies ausdrücklich vorsieht.

Ist dies nicht der Fall, ist der **überschießende Betrag** gemäß § 272 Abs. 2 Nr. 1 HGB in die **213**
Kapitalrücklage einzustellen.[227] Nach anderer Auffassung ist ein entsprechender Erstattungsanspruch des Gesellschafters zu passivieren.[228] Nach wiederum anderer Auffassung entstehen stille Reserven im Vermögen der Gesellschaft[229] bzw. es soll ein **Wahlrecht** zwischen den vorstehend beschriebenen Alternativen einer Behandlung des überschießenden Betrages bestehen.[230]

ee) Aufgeld und freiwillige Zuzahlungen
Ist nach der Satzung von den Gesellschaftern ein Aufgeld (vgl. § 272 Abs. 2 Nr. 1 HGB) oder eine **214**
sonstige Zuzahlung (vgl. § 272 Abs. 2 Nr. 4 HGB) zur Stammeinlage zu leisten, die in die **Kapital-**
rücklage eingestellt wird, stellt sich die Frage, ob auch insoweit ein Prüfungsrecht des Registergerichts besteht. Für Aufgeld- bzw. sonstige freiwillige Zuzahlungen, die in bar erbracht werden müssen, wird dies zutreffend verneint.

---

224 Dazu *Kurz*, MittBayNot 1996, 172; zur Abgrenzung der gemischten Sacheinlage von Einlagenunterbewertung und Überpariausgabe siehe auch DNotI-Report 1999, 182.
225 Heidel/Pauly/Amend/*Arens/Spieker*, AnwaltFormulare, 7. Aufl. 2012, Kap.45 Rn 20 Fn 62; *Arens/Spieker*, Umwandlungsrecht in der Beratungspraxis, 1996, 131.
226 Hachenburg/*Ulmer*, GmbHG, § 5 Rn 67; *Spiegelberger/Walz*, GmbHR 1998, 761, 765.
227 BayObLG GmbHR 1979, 139; OLG Zweibrücken GmbHR 1981, 214; Heidel/Pauly/Amend/*Heidel*, AnwaltFormulare, Kap.15 Rn 37.
228 Lutter/Hommelhoff/*Bayer*, GmbHG, § 5 Rn 26.
229 Scholz/*Winter*, GmbHG, 8. Aufl., § 5 Rn 56.
230 *Adler/Düring/Schmalz*, HGB, § 255 Rn 96 f.

215　　Ist das Aufgeld bzw. die Zuzahlung aber durch Sacheinlagen zu erbringen, soll nach wohl herrschender Meinung das **Prüfungsrecht des Registergerichts** sich auch darauf erstrecken. Bei gemischten Sacheinlagen ergibt sich das schon daraus, dass ohnehin ein einheitliches Rechtsgeschäft vorliegt, dass nur umfassend geprüft werden kann und nicht nur hinsichtlich des auf die Stammkapitalziffer entfallenden Betrages. Das Prüfungsrecht des Registergerichts soll sich also nicht nur darauf beziehen, dass durch die Sacheinlage jedenfalls das nominelle Stammkapital erbracht ist.[231]

216　　Im Übrigen wird das umfassende Prüfungsrecht auch damit begründet, dass die Kapitalaufbringung insgesamt zu prüfen sei und bei einer Aufgeldzahlung oder sonstigen Zuzahlung in die Kapitalrücklage der Gesellschaft die Gesellschafter es in der Hand haben, sogleich nach der Eintragung der Gesellschaft die Kapitalrücklage aufzulösen und den durch die Auflösung entstehenden Betrag auszuschütten oder die Rücklage in ein Gesellschafterdarlehen umzuwandeln. Läge aber hinsichtlich des Aufgeldes bzw. der Zuzahlung eine **Überbewertung** vor, dann würde sich durch einen solchen Auszahlungs- bzw. Umbuchungsvorgang sogleich eine Unterbilanz ergeben.[232]

ff) Bewertungsstichtag

217　Maßgeblicher Stichtag für die Bewertung bzw. für die Richtigkeit der Werthaltigkeitsnachweise ist nach der Rechtsprechung der Tag der Eintragung der Gesellschaft im Handelsregister. Der Wortlaut des § 9c S. 2 GmbHG ist insoweit zwar nicht eindeutig, die Praxis hat sich aber inzwischen auf den **Eintragungstag** als maßgeblichen Stichtag festgelegt.[233] Die Anmeldung der Gesellschaft zum Handelsregister und die in diesem Rahmen von den Geschäftsführern abzugebende Versicherung beinhaltet somit letztlich immer auch eine gewisse Prognose. Das ist insbesondere in den Fällen problematisch, in denen sich die Eintragung aus von den Gesellschaftern bzw. den Geschäftsführern nicht zu vertretenden Gründen verzögert.

218　　Letztlich stellt sich vor diesem Hintergrund auch die Frage, ob nicht die Geschäftsführer von sich aus gehalten sind, bei eingetretenen **Wertverlusten** zwischen der Anmeldung und in dem Eintragungszeitpunkt eine ergänzende Anmeldung mit erneuter Versicherung abzugeben.

c) Gegenstand der Sacheinlage
aa) Betriebe oder Teilbetriebe

219　Besteht die Sacheinlage in der **Einbringung eines Unternehmens,** dann muss nach § 5 Abs. 4 S. 2 GmbHG der Sachgründungsbericht die Jahresergebnisse der letzten beiden Geschäftsjahre des einzubringenden Unternehmens enthalten. Regelmäßig ist eine **„bescheinigte Bilanz"** mit einzureichen, also eine Bilanz mit einem Vermerk des Steuerberaters oder Wirtschaftsprüfers über die Richtigkeit der Wertansätze. Dagegen ist eine von einem Wirtschaftsprüfer testierte Bilanz nicht zwingend erforderlich.[234] Bei der Unternehmensbewertung im Rahmen der Sacheinlage ist zu beachten, dass das Institut der Wirtschaftsprüfer (**IdW**) am 28.6.2000 den neuen **Standard S 1** zur Unternehmensbewertung in Kraft gesetzt hat, der die früheren Bewertungs-

---

231 *Spiegelberger/Walz,* GmbHR 1998, 761, 764.
232 *Spiegelberger/Walz,* GmbHR 1998, 761, 764; *Kurz,* MittBayNot 1996, 172; Scholz/*Winter,* GmbHG, § 5 Rn 82.
233 BGH GmbHR 1981, 114; *Spiegelberger/Walz,* GmbHR 1998, 761, 764; anders inzwischen
Lutter/Hommelhoff/*Bayer,* GmbHG, § 9c Rn 17; Heidel/Pauly/Amend/*Heidel,* AnwaltFormulare, Kap. 15 Rn 46,
Fn 179: Anmeldetag, was auch aus § 19 Abs. 4 S. 3 GmbHG folgt, sofern der Vermögensgegenstand nicht erst nach
dem Anmeldetag auf die Gesellschaft übertragen wird.
234 *Spiegelberger/Walz,* GmbHR 1998, 761, 764; Scholz/*Winter,* GmbHG, § 8 Rn 13.

empfehlungen des Hauptfachausschusses von 1983 (HFA 2/83) und für kleinere und mittlere Unternehmen von 1997 (HFA 6/97) ersetzt.[235]

Um die Aufstellung einer besonderen **Einbringungsbilanz** zu vermeiden, wird in der Praxis **220** häufig der Sachgründungsvorgang zeitnah zum Bilanzstichtag des vorangegangenen Geschäftsjahres des einzubringenden Unternehmens gewählt. Das Geschäft soll dann in der Zwischenzeit als für Rechnung der neu entstehenden Gesellschaft geführt gelten.[236] Feste Regeln darüber, wie zeitnah der Gründungsvorgang zum vorangegangenen **Bilanzstichtag** des einzubringenden Unternehmens stehen muss, sind nicht bekannt.

Praxistipp **221**

Eine solche Verfahrensweise sollte deshalb in jedem Fall im Vorhinein mit dem Registergericht abgestimmt sein.

Da das Umwandlungsgesetz nach den gesetzgeberischen Motiven gerade nicht analogiefähig **222** sein soll,[237] wird man sicherlich nicht die achtmonatige Rückwirkung gemäß § 20 Abs. 1 UmwStG i.V.m. § 2 UmwG in Anspruch nehmen können. Der **Zeitraum zulässiger Rückwirkung** wird also deutlich kürzer sein und beträgt nach der dem Verfasser bekannten Praxis vieler Registergerichte nur wenige Wochen.

Wichtig **223**

Die Einbringung von Betriebsvermögen in eine Kapitalgesellschaft gegen Gewährung von Gesellschaftsanteilen ist nach der Auffassung des BFH[238] ein tauschähnlicher und damit **entgeltlicher Vorgang**, der bei Ansatz von **Teil- oder Zwischenwerten** zur **Aufdeckung des Geschäftswertes** und dessen **Aktivierung** gemäß § 5 Abs. 2 EStG führt.

---

bb) Einzelwirtschaftsgüter

Tauglicher Gegenstand einer Sacheinlage sind selbstverständlich nur solche Gegenstände, die **224** **im unbelasteten Eigentum** des einbringenden Gesellschafters stehen.[239] Der Gesellschafter, der einen Gegenstand als Sacheinlage in das Vermögen der Gesellschaft leistet, trägt die volle **Darlegungs- und Beweislast** dafür, dass das Eigentum daran zur Zeit der Einbringung besteht. Das gilt insbesondere, wenn der Gegenstand zuvor für andere geschäftliche Zwecke sicherungsübereignet gewesen war.[240] Auch muss der als Sacheinlage vorgesehene Gegenstand, wenn er schon zuvor der Gesellschaft zur Nutzung zur Verfügung stand, im Zeitpunkt des Kapitalerhöhungsbeschlusses der Gesellschaft noch **gegenständlich** zur Verfügung stehen.[241]

Praxistipp **225**

Als **Nachweis** für den Wert von Einzelgegenständen aus dem privaten Vermögen der Gesellschafter kommen Rechnungen und sonstige Anschaffungsbelege, Kaufverträge, Preislisten und dergleichen nur dann in Betracht, wenn diese Gegenstände unmittelbar zuvor von einem fremden Dritten erworben worden waren. Sollen dagegen nicht neue Privatgegenstände eingebracht werden, verlangen die Registergerichte in aller Regel ausführliche Wertgutachten.[242]

---

235 Veröffentlicht in FN – IdW 2000, 415 ff.; dazu *Reuter,* BB 2000, 2298.
236 Hachenburg/*Ulmer,* GmbHG, § 5 Rn 105.
237 *Arens/Spieker,* Umwandlungsrecht in der Beratungspraxis, S. 25.
238 BFH DStRE 2003, 37; so auch *Widmann/Mayer,* Umwandlungsrecht, vor § 1 UmwStG Rn 44, 46 ff.
239 Zum gutgläubigen Erwerb der als Sacheinlage zur Gründung einer GmbH geleisteten Sachen bei Gutgläubigkeit des Geschäftsführers bzw. der Mitgesellschafter siehe OLG Köln GmbHR 2002, 549 = ZIP 2002, 713.
240 LG Bonn EWiR 1999, 953 *(v. Gleichenstein).*
241 BGH DStR 2000, 1963 = ZInsO 2001, 37, dazu DNotI-Report 2000, 201.
242 *Spiegelberger/Walz,* GmbHR 1998, 761, 764.

226 **Praxistipp**
Sollen einzelne **Gegenstände aus dem Betriebsvermögen** eingebracht werden, lassen die Registergerichte regelmäßig bei einer Einbringung zu Buchwerten einen **Bestätigungsvermerk des Steuerberaters** im Zusammenhang mit dem Sachgründungsbericht ausreichen; soll die Einbringung aber zu Werten oberhalb des letzten Buchwertes erfolgen, werden regelmäßig Sachverständigengutachten verlangt.[243]

227 Bei der Einbringung von **Immobilien**, insbesondere Grundstücken, kommt einerseits der Nachweis durch eine Bescheinigung des örtlichen Gutachterausschusses hinsichtlich des Grundstückswertes in Betracht, andererseits auch möglicherweise ein Wertnachweis durch Vorlage des notariellen Kaufvertrages und etwa vorhandener Miet- oder Pachtverträge. In der Praxis verlangen die Registergerichte allerdings auch insoweit regelmäßig die Vorlage des Gutachtens eines öffentlich bestellten und vereidigten Sachverständigen.

228 **Wichtig**
Zu beachten ist, dass die Einlage von Immobilien **Grunderwerbsteuerpflicht** auslöst, wobei allerdings wegen der **Bemessungsgrundlage** Besonderheiten gelten (§ 8 Abs. 2 GrErwStG).[244]

cc) Lizenzen, Forderungen und Beteiligungen

229 Die Einbringung von Lizenzen, Forderungen oder von Beteiligungen im Rahmen einer Sachgründung (oder Sachkapitalerhöhung) stellt letztlich lediglich einen Sonderfall der Einbringung von Einzelwirtschaftsgütern dar.[245] Unproblematisch ist dabei zunächst sicherlich der Fall der Einbringung von Beteiligungen, wenn es sich um **Beteiligungen an börsennotierten Unternehmen** handelt.[246]

230 Problematischer ist jedoch die Einbringung von **Forderungen gegen Dritte** oder gegen die Gesellschaft selbst, von Beteiligungen an nicht börsennotierten Unternehmen und von sonstigen Rechtspositionen. Das betrifft zunächst die Frage der Einlagefähigkeit überhaupt, aber insbesondere – bejahendenfalls – der Bewertung dieser Forderungen bzw. Rechte und Rechtspositionen. Wird eine Forderung nur teilweise abgetreten, fehlt es an der erforderlichen **Bestimmbarkeit**, wenn nicht erkennbar ist, wie sich die Forderung auf Zedent und Zessionar aufteilt.[247]

231 Da Gegenstand der Sacheinlage Rechte und sonstige vermögenswerte Positionen sein können, sind im Rahmen einer Sacheinlage grundsätzlich alle gegenwärtig erfassbaren Vermögenswerte einlagefähig, wenn sie auf die Gesellschaft so übertragen werden können, dass sie zu ihrer freien Verfügung stehen.

232 **Wichtig**
Nicht ausreichend ist aber die Begründung **schuldrechtliche Ansprüche gegen den einlagenpflichtigen Gesellschafter** selbst, weil damit nur eine Forderung (die gesellschaftsrechtliche Einlageforderung) durch eine andere Forderung (neu begründete Verpflichtung des Gesellschafters) ersetzt werden würde. Nicht einlagefähig sind auch **Verpflichtungen zu Dienstleistungen,** diese können allerdings als Nebenpflicht gemäß § 3 Abs. 2 GmbHG geregelt werden.[248]

---

243 *Spiegelberger/Walz*, GmbHR 1998, 761, 764.
244 BFH BStBl II 1990, 186; BFH GmbHR 2003, 669.
245 Baumbach/Hueck/*Fastrich*, GmbHG, § 5 Rn 25.
246 Dazu *Pataki*, GmbHR 2003, 404 ff.; zur Einbringung eines KG-Anteils zum Buchwert siehe Centrale-Gutachten, GmbHR 2001, 1113.
247 OLG Rostock, Urt. v. 28.2.2001 – 6 U 187/99 – n.v.
248 Dazu *Rodewald/Scheel*, GmbHR 2003, 1478.

Arens/Pelke

Demgegenüber sind **Mitgliedschaftsrechte und Gesellschaftsbeteiligungen** regelmäßig ein- 233
lagefähig. Allerdings können im Rahmen einer Kapitalerhöhung nicht Gesellschaftsanteile an
der Gesellschaft selbst Gegenstand einer Sacheinlage sein.

Forderungen gegen die Gesellschaft selbst können aber prinzipiell Gegenstand einer 234
Sacheinlage sein. § 19 Abs. 2 GmbHG (Aufrechnungsverbot) steht dem nicht entgegen. Diese
Vorschrift untersagt die Erfüllung der Einlageverpflichtung durch Aufrechnung, verbietet aber
nicht eine Sacheinlage in Form einer der werthaltigen Forderung gegen die Gesellschaft selbst.

Die Sacheinlagefähigkeit von obligatorischen Nutzungsrechten (hier: **Lizenzen** an Logos 235
und Namen) hat der BGH im sog. *Adidas*-Fall erstmals zu behandeln gehabt und grundsätzlich
positiv entschieden.[249] Diese Rechtsprechung hat er inzwischen dahin gehend konkretisiert, dass
obligatorische Nutzungsrechte sacheinlagefähig sind, wenn eine **Nutzungsdauer** mit fester
Laufzeit bzw. eine bestimmte Mindestdauer feststeht.[250]

4. Gründungshaftung gem. §§ 9, 9a GmbHG

Gesellschafter können im Wege der sog. Gründungshaftung gem. §§ 9, 9a GmbHG von der Ge- 236
sellschaft, und damit auch in der Insolvenz der Gesellschaft vom **Insolvenzverwalter**, für verschiedene Fehlverhaltensweisen im Rahmen der Gründung der Gesellschaft haftbar gemacht
werden.[251] Das gilt auch für Personen, für deren Rechnung die Gesellschafter Stammeinlagen
übernommen haben, also für **Treugeber**, für die Treuhand-Gesellschafter auftreten (§ 9a Abs. 4
S. 1 GmbHG). Diese haften neben den **Treuhand-Gesellschaftern** gesamtschuldnerisch.[252]

Wichtig   237
Der Treugeber muss sich dabei das Verhalten und auch den subjektiven Tatbestand (Kennen oder Kennenmüssen)
des Treuhänders zurechnen lassen (§ 9a Abs. 4 S. 2 GmbHG).[253]

---

a) Falsche Angaben bei der Errichtung der Gesellschaft

Zunächst enthält § 9a Abs. 1 GmbHG eine Haftungsregelung für den Fall, dass zum Zwecke der 238
Errichtung der Gesellschaft falsche Angaben gemacht werden. Die Gesellschafter und die Geschäftsführer haften dabei als Gesamtschuldner für **fehlende Einzahlungen**, für sonst entstehenden Schaden der Gesellschaft oder für Vergütungen, die nicht unter den zulässigen Gründungsaufwand aufgenommen sind.[254]

Beispiel   239
In Betracht kommen insbesondere falsche Angaben zur tatsächlichen **Erbringung von Einlagen**, insbesondere auch
zur **Werthaltigkeit von Sacheinlagen**.

Weiterhin erfasst werden die häufigen Fälle der Einzahlungen von Stammeinlagen, die kurzfris- 240
tig danach an den oder die Gesellschafter zurückgezahlt werden (sog. **Hin-und-her-Zahlen**).

---

249 BGH GmbHR 2000, 870, dazu *Boehme*, GmbHR 2000, 841 = ZIP 2000, 1162, dazu EWiR 2000, 941 (*Hirte*).
250 BGH BB 2004, 1925; dazu *Hiort*, BB 2004, 2760.
251 Dazu umfassend Weisemann/Smid/*Arens*, HdB der Unternehmensinsolvenz, Kap.11, Rn 136 ff. m.w.N.
252 OLG Hamm EWiR 1999, 559 (*v. Gerkan*), vgl auch Roth/*Altmeppen*, GmbHG, § 9a Rn 19.
253 Dazu umfassend *Köhl*, GmbHR 1998, 119.
254 Vgl. *Vallender*, InVo 1997, Hefte 6, 7, 8, Einlage 1; OLG Köln ZIP 1999, 399; zum Prüfungsrecht des
Registergerichts hinsichtlich der Vorbelastung des Stammkapitals im Zeitpunkt der Eintragung siehe BayObLG
GmbHR 1998, 1225 = DNotZ 1999, 439; *Spiegelberger/Walz*, GmbHR 1998, 761.

Ein typischer Fall ist die **verdeckte Sachgründung** in der Form, dass schon vor der Eintragung im Handelsregister eine Absprache darüber erfolgt, dass die Gesellschaft nach deren Eintragung aus dem Stammkapital **Wirtschaftsgüter**, z.B. Warenbestände, von einem Gesellschafter erwerben soll. Insoweit entsteht eine gesamtschuldnerische Haftung der verschiedenen Beteiligten, nicht nur des handelnden Gesellschafters oder Geschäftsführers.[255]

241   In subjektiver Hinsicht ist zur Haftungsbegründung Kennen oder Kennenmüssen erforderlich (§ 9a Abs. 3 GmbHG), wobei den Gesellschafter bzw. den Geschäftsführer die Pflicht zur Entlastung trifft, er also die **Darlegungs- und Beweislast** für das Fehlen des subjektiven Tatbestandes trägt.[256]

b) Haftung gem. § 9a Abs. 2 GmbHG

242 Nach § 9a Abs. 2 GmbHG trifft die Gesellschafter als Gesamtschuldner auch eine Schadenersatzpflicht, soweit durch Einlagen oder durch unzulässigen Gründungsaufwand der Gesellschaft ein Schaden zugefügt wird.

243 **Beispiel**
Typische Fallgestaltungen insoweit sind die Erbringung **wertloser Sacheinlagen**, die **Überbewertung von Sacheinlagen**[257] und die nur zum Schein getätigten Bareinlagen. Auch Gründungsaufwand, der von den Gesellschaftern selbst zu übernehmen gewesen wäre, oder die Auslösung **unangemessen hohen Gründungsaufwandes** fallen darunter. In subjektiver Hinsicht ist Vorsatz oder grobe Fahrlässigkeit erforderlich.

c) Sacheinlagendifferenzhaftung gem. §§ 9, 19 Abs. 4 GmbHG

244 Auch die Differenzhaftung gem. § 9 GmbHG dient der Sicherung der Kapitalaufbringung bei Gründung der GmbH. In dem Umfang, in dem der Wert der Sacheinlage eines Gesellschafters hinter dem Betrag der von ihm übernommenen Stammeinlage zurückbleibt, haftet er auf den Differenzbetrag. Diese Haftung ist **verschuldensunabhängig**; im Falle des Verschuldens kommt möglicherweise die gesamtschuldnerische Haftung der anderen Beteiligten wegen falscher Angaben nach § 9a Abs. 1 GmbHG bzw. alle anderen Gesellschafter bei Vorsatz oder grober Fahrlässigkeit nach § 9a Abs. 2 GmbHG in Betracht.

245   Der Anspruch ist auf der Grundlage einer **Beschlussfassung der Gesellschafterversammlung** nach § 46 Nr. 2 GmbHG von der Gesellschaft geltend zu machen; im Falle der **Insolvenz** ohne eine solche Beschlussfassung unmittelbar vom Insolvenzverwalter. Dagegen besteht dieser Anspruch nicht zugunsten der Gesellschaftsgläubiger, da § 9 GmbHG schon nach der Rechtsprechung des Reichsgerichtes kein Schutzgesetz im Sinne des § 823 Abs. 2 BGB zugunsten der Gesellschaftsgläubiger ist.[258]

d) Haftung bei Kapitalerhöhung

246 Die vorstehend dargestellten Haftungsvorschriften gelten in gleicher Weise auch bei Kapitalerhöhungen (§§ 56 Abs. 2, 9 GmbHG, bzw. §§ 57 Abs. 4, 9a GmbHG).

---

255 OLG Köln GmbHR 1999, 663.
256 Vgl. *Vallender*, InVo 1997, Hefte 6, 7, 8, Einlage 1.
257 Dazu BGH DStR 1998, 1884.
258 RG RGZ 159, 211, 223; *Vallender*, InVo 1997, Hefte 6, 7, 8, Einlage 1.

e) Verjährung

Die vorstehend dargestellten Schadenersatzansprüche gegen die verschiedenen Beteiligten (Ge- **247** sellschafter, Treugeber, Geschäftsführer) verjähren in **zehn Jahren** ab Eintragung der Gesellschaft in das Handelsregister bzw. in **fünf Jahren** ab Vornahme der zum Schadenersatz verpflichtenden Handlung (§§ 9 Abs. 2, 9b Abs. 2 GmbHG). Die Einlagenansprüche der Gesellschaft gegen die Gesellschafter verjähren in **zehn Jahren** ab ihrem Entstehen (§ 19 Abs. 6 GmbHG).

Gemäß § 19 Abs. 6 S. 2 GmbHG tritt bei Eröffnung des **Insolvenzverfahrens** über das Ver- **248** mögen der Gesellschaft vor Ablauf der Verjährungsfrist des S. 1 (zusätzlich) eine **Ablaufhemmung** von sechs Monaten ein.

f) Einlagenhaftung gem. §§ 19 ff. GmbHG

Auch die Vorschriften der §§ 19 ff. GmbHG dienen der Aufbringung und Erhaltung des Stammka- **249** pitals. Sie begründen die **Pflicht zur realen Bildung des Stammkapitals.**[259] § 19 GmbHG gilt dabei für alle Stammeinlageverpflichtungen, also sowohl für Bar- als auch für Sacheinlagen, und zwar sowohl bei der Gründung als auch bei Kapitalerhöhungen (vgl. §§ 56 Abs. 2, 19 Abs. 4 und Abs. 5 GmbHG).[260] Soweit der Zeitpunkt der Leistung der Stammeinlage in der Satzung geregelt ist, begründet dieser Zeitpunkt die Fälligkeit.

Nach § 7 Abs. 2 GmbHG darf ohnehin die Anmeldung der GmbH zum Handelsregister erst er- **250** folgen, wenn bei einer Bargründung jeweils **mindestens ein Viertel der Stammeinlagen** eingezahlt ist und **mindestens die Hälfte des Stammkapitals** erreicht sind. **Sacheinlagen** müssen dagegen immer insgesamt zur **endgültigen freien Verfügung** der Geschäftsführung stehen (§ 7 Abs. 3 GmbHG).

Soweit bezüglich darüber hinausgehender Stammeinlagen eine Fälligkeit in der Satzung **251** nicht bestimmt ist, tritt die Fälligkeit mit der Einforderung der restlichen Stammeinlage durch die Geschäftsführung auf der Grundlage eines entsprechenden Gesellschafterbeschlusses gem. § 46 Nr. 2 GmbHG ein. Die Pflicht zur realen Erbringung des Stammkapitals nach § 19 GmbHG ist insbesondere dann verletzt, wenn der Gesellschafter seine Bareinlageschuld durch **Verrechnung mit eigenen Forderungen** gegen die Gesellschaft verrechnet oder wenn der Gesellschafter seine Sacheinlageverpflichtung nicht dergestalt bewirkt, dass die Sacheinlage zur uneingeschränkten freien Verfügung der Gesellschaft steht, er insbesondere beispielsweise ein **Zurückbehaltungsrecht** daran geltend macht (§ 19 Abs. 2 S. 2, 3 GmbHG).

Das **Aufrechnungsverbot** (§ 19 Abs. 2 S. 2 GmbHG) gilt nicht uneingeschränkt auch für eine **252** Aufrechnung der Gesellschaft mit dem Anspruch auf Erbringung der Bareinlage gegen eine Forderung des Gesellschafters gegen die Gesellschaft.[261] Eine Aufrechnungserklärung durch die Gesellschaft gegenüber dem Gesellschafter ist nach herrschender Meinung nur zulässig, wenn die Gegenforderung des Gesellschafters **vollwertig, fällig, liquide und unbestritten** ist.[262]

Im Rahmen der Insolvenz ist der **Insolvenzverwalter** nicht gehalten, vor Einforderung der **253** fehlenden Stammeinlagen oder der nicht wirksam erbrachten Stammeinlagen einen Gesellschafterbeschluss nach § 46 Nr. 2 GmbHG herbeizuführen. Er muss allerdings den Grundsatz der gleichmäßigen Behandlung aller Gesellschafter beachten.[263]

---

259 Baumbach/ *Hueck/Fastrich*, GmbHG, § 19 Rn 1; *Priester*, FS GmbHG, S. 159; zur Leistung der Bareinlage auf ein debitorisches Konto der Gesellschaft siehe BayObLG, GmbHR 1998, 736; zum Nachweis der Tilgung der Einlageschuld siehe OLG Schleswig EWiR 1998, 1035 *(v. Gerkan)*.
260 Baumbach/ *Hueck/Fastrich*, § 19 Rn 3; Scholz/*Schneider*, GmbHG, § 19 Rn 5, 8; Lutter/Hommelhoff/*Bayer*. GmbHG, § 19 Rn 1.
261 Für eine eingeschränkte Anwendung in der Insolvenz *Prager/Geßler/Heidrich*, NZI 2000, 63.
262 BGH BGHZ 15, 52; BGH BGHZ 42, 93; BGH BGHZ 90, 370; BGH BGHZ 125, 141, 143; Lutter/Hommelhoff/*Bayer*, GmbHG, § 19 Rn 16 ff.; Baumbach/ *Hueck/Fastrich*, § 19 Rn 33.
263 RG RGZ 138, 106, 111; *Vallender*, InVo 1997, Hefte 6, 7, 8, Einlage 1.

254 **Wichtig**
Die **Beweislast** dafür, dass die Stammeinlageverpflichtung ordnungsgemäß erbracht ist, trifft den einzelnen Gesellschafter.

255 **Rückständige Einlagen** sind gem. § 20 GmbHG ab Fälligkeit zu verzinsen und zwar mit dem gesetzlichen **Zinssatz** gem. §§ 246, 288 BGB.[264] Der Wortlaut des § 20 GmbHG legt aber nahe, dass die Gesellschaft bzw. im Falle der Insolvenz der Verwalter für die Gesellschaft bei Nachweis eines höheren Zinsschadens auch einen höheren Zinsanspruch geltend machen kann.

256   Zwar hat der Gesetzgeber inzwischen in § 19 Abs. 6 GmbHG die **Verjährungsfrist** für die Verpflichtung zur Erbringung der Stammeinlagen auf zehn Jahre „von seiner Entstehung an" bemessen, die h.M. geht aber unter Hinweis auf die Motive[265] davon aus, dass damit der Beginn der Verjährung – abweichend vom Wortlaut der Vorschrift – nicht mit der Entstehung sondern mit der Fälligkeit gleichzusetzen sei.[266] Während die satzungsmäßigen Mindesteinlagen und die Sacheinlagen somit mit der Gründungsbeurkundung fällig werden, werden die weitergehenden Einlageverpflichtungen erst mit ihrer Einforderung durch die Geschäftsführung auf der Grundlage eines entsprechenden Gesellschafterbeschlusses fällig.[267]

257 **Praxistipp**
Angesichts dessen empfiehlt es sich für jeden GmbH-Gesellschafter, die Belege für die Einzahlung der Stammeinlage sicher bei sich – nicht in der Gesellschaft – aufzubewahren. Ansonsten droht insbesondere im **Insolvenzfall** ein Unterliegen gegenüber einer Klage des Insolvenzverwalters auf erneute Einlagenzahlung.

258 Die Vorschrift des § 19 GmbHG ist deshalb besonders rigide, weil nach § 22 GmbHG auch **ausgeschiedene Gesellschafter** eine **Ausfallhaftung** trifft, wenn bei dem Rechtsnachfolger des ausgeschiedenen Gesellschafters gem. § 16 Abs. 2 GmbHG die Einlageverpflichtung nicht zu realisieren ist. Die **fehlende Realisierbarkeit** wird nach dem Gesetzeswortlaut schon dann widerleglich vermutet, wenn der Rechtsvorgänger die Zahlung nicht binnen eines Monats nach Zahlungsaufforderung geleistet hat und der Rechtsnachfolger darüber informiert worden ist (§ 22 Abs. 2 GmbHG).

259 **Praxistipp**
Die Haftung des ausgeschiedenen Rechtsvorgängers erstreckt sich allerdings nur auf diejenigen eingeforderten Leistungen auf die Stammeinlage, die innerhalb einer Frist von fünf Jahren seit der Anmeldung des Überganges des Geschäftsanteils auf den Rechtsnachfolger erfolgen (§ 22 Abs. 3 GmbHG).

g) Ausfallhaftung gem. § 24 GmbHG

260 § 24 GmbHG begründet eine **gesamtschuldnerische Mithaftung aller Mitgesellschafter** für den Fall, dass eine Stammeinlageverpflichtung von dem zahlungspflichtigen Gesellschafter nicht eingezogen werden kann und auch nicht durch den Verkauf seines Geschäftsanteils ge-

---

264 Baumbach/ *Hueck/Fastrich*, § 20 Rn 6; Scholz/*Winter*, § 20 Rn 17 f.
265 RegBegr. BT-Drucks, 15/3653, 20.
266 Baumbach/ *Hueck/Fastrich*, § 19 Rn 86; *Roth/Altmeppen*, GmbHG, § 19 Rn 119 m.w.N.
267 Vgl. zur Nachweispflicht OLG Koblenz NZG 2002, 821 = GmbHR 2002, 968 (LS); OLG Frankfurt/M. NJW-RR 2001, 402 f. = GmbHR 2001, 725 (LS); OLG Frankfurt/M. NZG 2002, 822 f. = GmbHR 2002, 968.

deckt werden kann.[268] Zwar ist der Fehlbetrag zunächst nach dem Verhältnis ihrer Geschäftsanteile von den anderen Mitgesellschaftern aufzubringen. Ist aber von einzelnen Mitgesellschaftern wiederum deren anteiliger Haftungsbeitrag nicht zu erlangen, ist auch dieser Haftungsanteil von den übrigen Mitgesellschaftern nach dem genannten Verhältnis aufzubringen (§ 24 S. 2 GmbHG).

Haftungsbegründend ist dabei die Zugehörigkeit zur GmbH bei **Fälligkeit der Einlage-** 261 **schuld** des zahlungspflichtigen Gesellschafters.[269]

Nach anderer Ansicht soll die **Gesellschaftereigenschaft** zu dem **Zeitpunkt** entscheidend 262 sein, in dem die Versuche, gem. §§ 21, 23 GmbHG die fehlende Einlage aufzubringen, gescheitert sind und die Haftung nach § 24 GmbHG geltend gemacht wird.[270]

Im Rahmen der **Insolvenz** fordert der Insolvenzverwalter die Beträge bzw. die Haftungsan- 263 teile in dem Umfang ein, in dem sie zur Befriedigung der Gläubiger nötig sind.[271]

Die Haftung nach § 24 GmbHG trifft alle Gesellschafter, also auch diejenigen, die lediglich 264 eine Sacheinlageverpflichtung übernommen haben. Dagegen wird keine **Haftung des Rechts-nachfolgers** eines ausgeschiedenen Gesellschafters in Betracht kommen, da eine Verweisung auf § 22 GmbHG in § 24 GmbHG nicht enthalten ist.[272]

Auch Gesellschafter, die vor Eintragung der GmbH im Handelsregister ihren Anteil an der 265 (Vor-) GmbH bereits abgetreten haben, sollen nicht nach § 24 GmbHG haften.[273]

5. Besonderheiten bei Vorratsgründung und „Mantelverwendung"
a) Haftungsfragen und registergerichtliche Prüfungspflicht
aa) Bisheriger Streitstand zur Gesellschafter- und Geschäftsführerhaftung

Streitig war früher, ob nach Vorratsgründung bzw. Verwendung eines GmbH-Mantels bei Aufnah- 266 me der neuen Unternehmenstätigkeit vor Eintragung der entsprechenden Satzungsänderung im Handelsregister die Verwendung eines erworbenen GmbH-Mantels, insbesondere eines „leeren GmbH-Mantels" als **Umgehung der GmbH-Gründungsvorschriften** anzusehen ist und zu einer registergerichtlichen Prüfung der Kapitalaufbringung wie bei Gründung oder Kapitalerhöhung führt oder „nur" zur Haftung auf die (nochmalige) Erbringung der Stammeinlage, zumindest aber eines Stammkapitals in Höhe der gesetzlichen Mindesteinlage gemäß § 5 Abs. 1 GmbHG.[274]

Auch nicht abschließend geklärt war der genaue Umfang der Gesellschafterhaftung beim 267 Kauf einer „Vorrats"-GmbH bzw. beim Kauf eines GmbH-"Mantels". Streitig war insbesondere, ob die handelnden Personen entsprechend § 11 Abs. 2 GmbHG persönlich für die im Namen der Gesellschaft eingegangenen Verpflichtungen haften.[275]

---

268 Dazu *Görner/Kling*, GmbHR 2004, 714.
269 BGH ZIP 1996, 1248, dazu EWiR 1996, 743 *(v. Gerkan)*; OLG Köln ZIP 1993, 1389, 1392; Lutter/Hommelhoff/*Bayer*, § 24 Rn 6.
270 Scholz/*Emmerich*, § 24 Rn 15; LG Aachen GmbHR 1992, 751.
271 Baumbach/ Hueck/*Fastrich*, § 24 Rn 9; Scholz/*Emmerich*, § 24 Rn 7; *K. Schmidt/Uhlenbruck*, Die GmbH in Krise, Sanierung und Insolvenz, Rn 65 S. 711; *K. Schmidt*, DB 1995, 529; streitig ist, ob eine summenmäßige Haftungsbeschränkung besteht, dazu *Gätsch*, BB 1999, 701 m.w.N.
272 Hachenburg/*Müller*, GmbHG, § 24 Rn 28, 35; a.A. Lutter/Hommelhoff/*Bayer*, § 24 Rn 6, 7.
273 OLG Köln ZNotP 1997, 72.
274 OLG Frankfurt/M. GmbHR 1999, 32, dazu EWiR 1999, 359 *(Keil)*; OLG Stuttgart GmbHR 1999, 610; LG Dresden ZIP 2000, 1834, dazu EWiR 2000, 821 *(Hasselbach)*; LG Düsseldorf ZIP 2002, 2215; *Ulmer*, BB 1983, 1123; *Priester*, DB 1983, 2291, 2295; *Ihrig*, BB 1988, 1197, 1200; ablehnend *Bommert*, GmbHR 1983, 209, 212; *Bärwaldt/ Schabacker*, GmbHR 1998, 1005 1008; *Lutter*, JuS 1998, 1073, 1074; *Zwissler*, GmbHR 1999, 856; dazu umfassend *Göz/Gehlich*, ZIP 1999, 1653; *Mayer*, NJW 2000, 175; *Meller-Hannich*, ZIP 2000, 345; zur Steuerschädlichkeit eines Verlustmantelkaufs nach § 8 Abs. 4 KStG siehe auch FG Baden-Württemberg DStRE 2002, 962.
275 Bejahend KG GmbHR 1998, 739; OLG Stuttgart GmbHR 1999, 610; verneinend OLG Brandenburg ZIP 1998, 2095; dazu umfassend *Göz/Gehlich*, ZIP 1999, 1653.

268   Der Geschäftsführer einer durch Mantelkauf und Mantelverwertung aktivierten GmbH, die mit der Unternehmenstätigkeit beginnt, bevor die Satzungsänderungen im Handelsregister eingetragen sind, sollte zumindest nach instanzgerichtlicher Rechtsprechung in entsprechender Anwendung der **Handelnden-Haftung** des § 11 Abs. 2 GmbHG für die namens der Gesellschaft eingegangenen Verpflichtungen haften.[276] Ist bei der Verwendung eines GmbH-Mantels das gesetzliche Mindestkapital nicht mehr vorhanden, soll es sich um eine materielle Neugründung handeln, die zu einer **Unterbilanzhaftung** der Gesellschafter zumindest auf das gesetzliche Mindestkapital führen soll.[277]

269   Das OLG Düsseldorf hält vor diesem Hintergrund allerdings die **Erwerberhaftung nach § 16 Abs. 3, 19 GmbHG** auch im Falle des Anteilserwerbs nach entsprechender Mantelverwendung für analog anwendbar.[278]

bb) Bisheriger Streitstand zur registergerichtlichen Prüfungspflicht

270   Allerdings sollten nach früherer Literatur- und instanzgerichtlicher Meinung Eintragungen in das Handelsregister anlässlich der Verwertung einer Mantel- bzw. Vorrats-GmbH nicht die registergerichtliche Kontrolle der **Unversehrtheit des Stammkapitals** rechtfertigen und auch nicht von einer Versicherung der (neuen) Geschäftsführer abhängig gemacht werden müssen, dass die Stammeinlagen eingezahlt sind und ohne Vorbelastungen der Geschäftsführung zur Verfügung stehen.[279]

cc) Neuere BGH-Rechtsprechung zur offenen Vorratsgründung

271   Dem ist der **BGH** dann zunächst für die **offene Vorratsgründung** entschieden entgegengetreten:[280]

Die Verwendung des Mantels einer zunächst „auf Vorrat" gegründeten Gesellschaft mit beschränkter Haftung stellt **wirtschaftlich** eine **Neugründung** dar. Auf diese wirtschaftliche Neugründung durch Ausstattung der Vorratsgesellschaft mit einem Unternehmen und erstmalige Aufnahme ihres Geschäftsbetriebes sind die der Gewährleistung der Kapitalausstattung dienenden **Gründungsvorschriften** des GmbHG einschließlich der registergerichtlichen Kontrolle entsprechend anzuwenden.

272   Damit findet insbesondere eine registergerichtliche Prüfung (analog § 9c GmbHG) der vom Mantelverwender in der **Anmeldung** der mit der wirtschaftlichen Neugründung verbundenen Änderungen (vgl. § 54 GmbHG) gemäß §§ 8 Abs. 2, 7 Abs. 2, 3 GmbHG abzugebenden Versicherung statt.[281]

---

276 KG GmbHR 1998, 739.
277 BGH NJW 1992, 1824, 1827.
278 OLG Düsseldorf ZIP 2003, 1501 = GmbHR 2003, 1062.
279 BayObLG DNotZ 2000, 227 = GmbHR 1999, 607 = DStR 1999, 1036 m. Anm. *Ammon*, dazu EWiR 1999, 647 (*Heublein*); OLG Frankfurt/M. GmbHR 1992, 456; LG Berlin NZG 2002, 786; *Banerjea*, NZG 1999, 817; a.A. AG Erfurt GmbHR 1997, 74; AG Duisburg GmbHR 1998, 87; LG Frankfurt/Oder DB 2001, 692; LG Dresden NJW 2001, 2185; OLG Brandenburg GmbHR 2002, 851; OLG Celle GmbHR 2002, 1066; *Germann*, Die GmbH, S. 48 f.; *Langenfeld*, GmbH-Vertragspraxis, S. 212 ff.
280 BGH BB 2003, 324 = DNotZ 2003, 443 m. Anm. *Schaub* = DStR 2003, 298 m. Anm. *Goette* = GmbHR 2003, 227 m. Anm. *Peetz* = NJW 2003, 892 = ZIP 2003, 251, dazu EWiR 2003, 327 (*Keil*) = ZNotP 2003, 105; dazu *Bohrer*, DNotZ 2003, 888; v. *Bredow/Schumacher*, DStR 2003, 1032; *Gronstedt*, BB 2003, 860; *Heidinger*, ZNotP 2003, 82; *Krafka*, ZGR 2003, 577; *Meilicke*, BB 2003, 857; *Nolting*, ZIP 2003, 651; *Peus*, NZG 2003, 610; *Schulz*, BuW 2003, 331; *Thaeter/Meyer*, DB 2003, 539; *Herchen*, DB 2003, 2211; *Schaub*, NJW 2003, 2125; *Schubert*, NotBZ 2003, 383; *Schumacher*, DStR 2003, 1884; *Seibt*, NJW-Spezial 2004, 75; *Swoboda*, GmbHR 2005, 649; *Werner*, DStR 2005, 525.
281 *Ettinger/Reiff*, GmbHR 2005, 324 zu den Heilungsmöglichkeiten bei fehlerhaften Vorratsgründungen.

Der 2. Senat des BGH hatte bereits im Beschluss vom 16.3.1992[282] zum vergleichbaren Fall der **273** **Vorratsgründung einer Aktiengesellschaft** ausgesprochen, dass Bedenken gegen die Zulassung derartiger Gründungen in erster Linie auf der Befürchtung beruhen, dass bei einer späteren Verwendung des Mantels die Gründungsvorschriften umgangen werden könnten. Die Umgehung der Gründungsvorschriften könne zur Folge haben, dass die gesetzliche und gesellschaftsvertragliche **Kapitalausstattung** bei Aufnahme der wirtschaftlichen Tätigkeit nicht gewährleistet sei. Das rechtfertige zwar kein generelles präventiv wirkendes Verbot der Gründung von Vorratsgesellschaften; im Interesse eines wirksamen Schutzes der Gläubiger sei aber bei der späteren Verwendung des Mantels, die als wirtschaftliche Neugründung anzusehen sei, die sinngemäße Anwendung der Gründungsvorschriften geboten. Offen gelassen hatte der 2. Senat seinerzeit lediglich die – damals nicht entscheidungserheblichen – Einzelheiten der rechtlichen Ausgestaltung dieser Analogie einschließlich der registergerichtlichen Kontrolle.

Diese für die Vorratsaktiengesellschaft aufgestellten unmissverständlichen Grundsätze[283] **274** sind auf den Fall der Verwendung einer auf Vorrat gegründeten GmbH uneingeschränkt übertragbar.[284] Die mit der Vorratsgründung und späterer wirtschaftlichen Neugründung bei der Mantelverwendung verbundenen Probleme eines wirksamen **Gläubigerschutzes** stellen sich bei der GmbH in gleicher Weise; daher ist auch bei dieser Kapitalgesellschaft dem vornehmlichen Zweck der Gründungsvorschriften, die **reale Kapitalaufbringung** der gesetzlich vorgeschriebenen Kapitalausstattung der Gesellschaft im Zeitpunkt ihres Entstehens als Voraussetzung für die Beschränkung ihrer Haftung auf das Gesellschaftsvermögen sicherzustellen, durch deren analoge Anwendung bei der späteren wirtschaftlichen Neugründung Rechnung zu tragen.

Die in der Entscheidung BGHZ 117, 323 offen gelassene Frage, wie der Gläubigerschutz aus **275** Anlass der Mantelverwendung nach Vorratsgründung im Wege der analogen Anwendung der Gründungsvorschriften im Einzelnen auszugestalten ist, betrifft sowohl den durch die formalrechtliche **registergerichtliche Präventivkontrolle** abgesicherten Mindestschutz als auch den weitergehenden Schutz auf der (materiell-rechtlichen) **Haftungsebene**, aufgrund etwa der Handelnden-Haftung (§ 11 Abs. 2 GmbHG) oder der vom Senat entwickelten **Unterbilanzhaftung**.[285]

Da die Verwendung des Mantels einer auf Vorrat gegründeten GmbH als wirtschaftliche **276** Neugründung anzusehen ist, ist sie in vollem Umfang in die mit den Gründungsvorschriften verfolgte Regelungsabsicht des Gesetzgebers einzubeziehen, die Ausstattung der Gesellschaft mit dem gesetzlich vorgeschriebenen Haftungsfonds sicherzustellen. Das Registergericht hat daher entsprechend § 9c GmbHG in eine **Gründungsprüfung** einzutreten, die sich jedenfalls auf die **Erbringung der Mindeststammeinlagen** und im Falle von **Sacheinlagen** auf deren **Werthaltigkeit** zu beziehen hat (§ 7 Abs. 2, 3, § 8 Abs. 2 GmbHG).

Entscheidender verfahrensrechtlicher **Anknüpfungspunkt** für die Kontrolle durch das Re- **277** gistergericht ist auch bei der Verwendung des Mantels einer Vorrats-GmbH die anlässlich der wirtschaftlichen Neugründung abzugebende **Anmeldeversicherung** nach § 8 Abs. 2 GmbHG. Danach ist zu versichern, dass die in § 7 Abs. 2 und 3 GmbHG bezeichneten Leistungen auf die Stammeinlagen bewirkt sind und dass der Gegenstand der Leistungen sich endgültig in der freien Verfügung der Geschäftsführer befindet. Die dem Geschäftsführer nach § 8 Abs. 2 GmbHG obliegende Versicherung, dass die **geleisteten Mindesteinlagen** zu seiner endgültigen freien Verfügung stehen, beinhaltet von Gesetzes wegen, dass im Anmeldezeitpunkt derartige Min-

---

282 BGH NJW 1992, 1824 = BGHZ 117, 323.
283 Vgl. dazu *Ammon*, DStR 1999, 1040 – Anm. zu BayObLG GmbHR 1999, 607 = DStR 1999, 1036 m. Anm. *Ammon*, dazu EWiR 1999, 647 (*Heublein*).
284 So die h.M., vgl. Baumbach/ *Hueck/Fastrich*, GmbHG, § 3 Rn 11 ff. mit umfangreichen Rechtsprechungs- und Literaturnachweisen hinsichtlich des Meinungsstandes.
285 Vgl. BGH BGHZ 80, 129, 140; BGH, BGHZ 105, 300, 303; BGH, BGHZ 134, 303.

desteinlagen nicht durch schon entstandene Verluste ganz oder teilweise aufgezehrt sind. Nur wenn zureichende Anhaltspunkte dafür bestehen, dass dies – entgegen der Versicherung – nicht der Fall ist, darf und muss das Registergericht seine Prüfung auch auf die Frage erstrecken, ob die GmbH im Zeitpunkt der Anmeldung der Mantelverwendung nicht bereits eine **Unterbilanz** aufweist.[286]

278   Die gegen eine derartige registergerichtliche Kontrolle der wirtschaftlichen Neugründung bei Verwendung eines auf Vorrat gegründeten GmbH-Mantels vorgebrachten Bedenken, die sich vor allem auf die Begrenztheit der Erkenntnismöglichkeiten des Registerrichters und die Schwierigkeiten der Abgrenzung der wirtschaftlichen Neugründung von der – nicht zu beanstandenden – Umorganisation einer bereits vorhandenen GmbH beziehen,[287] hält der 2. Senat des BGH nicht für durchgreifend.

279   Die vom Registergericht vorzunehmende Prüfung ist bei der wirtschaftlichen Neugründung einer **Vorrats-GmbH** grundsätzlich nicht schwieriger als bei einer „normalen" Neugründung. Die mit der Mantelverwendung im Anschluss an eine offene Vorratsgründung regelmäßig einhergehenden, gemäß § 54 GmbHG eintragungspflichtigen Änderungen des Unternehmensgegenstandes, der Neufassung der Firma, Verlegung des Gesellschaftssitzes und/oder Neubestimmung der Organmitglieder liefern dem Registerrichter – sei es kumulativ, sei es auch nur einzeln – ein hinreichendes Indiz dafür, dass sich die Verwendung des bisher „unternehmenslosen" Mantels vollziehen soll.

280   Abgrenzungsschwierigkeiten – wie sie bei der Verwendung sog. gebrauchter, leerer GmbH-Mäntel auftreten können – sind gerade bei der Übernahme einer als **offene Vorratsgesellschaft** gegründeten GmbH, die keine Geschäftstätigkeit aufgenommen hat und deren Unternehmensgegenstand offen als „Verwaltung eigener Vermögenswerte" bezeichnet ist,[288] für den Registerrichter typischerweise nicht zu erwarten.

281   Die registergerichtliche **Nachprüfung der Mindestkapitalaufbringung** wird auch nicht dadurch überflüssig, dass in der Regel bei der Verwendung des Mantels einer Vorratsgesellschaft das satzungsmäßige Stammkapital, wenn es bar eingezahlt worden ist, noch unversehrt – allenfalls geringfügig vermindert um Verwaltungskosten und Steuern – vorhanden sein wird. Es ist nämlich – gerade unter Umgehungsgesichtspunkten – nicht auszuschließen, dass die Gesellschaft, insbesondere aufgrund **vorzeitiger Geschäftsaufnahme** unter dem neuen Unternehmensgegenstand, bereits zum Zeitpunkt der Anmeldung **Verluste** erlitten hat oder das ursprünglich eingezahlte Kapital wieder entnommen worden ist. Sie muss daher wie jede andere neu gegründete GmbH die Auffüllung ihres Vermögens auf die gesetzlich mit der Anmeldeversicherung gemäß § 8 Abs. 2 GmbHG vorgeschriebene Mindestziffer gewährleisten.

282   Schließlich unterläuft eine registergerichtliche Kontrolle der Kapitalausstattung bei der Verwendung von Vorratsgesellschaften auch nicht das als berechtigt anerkannte Motiv, den mit der Dauer des Eintragungsvorgangs bei einer Neugründung „normalerweise" verbundenen Zeitverlust zu vermeiden. Für den (neuen) Geschäftsführer ist die Abgabe der Versicherung nach § 8 Abs. 2 GmbHG in der Regel unschwer möglich, da bei der offenen Vorratsgesellschaft – unter Beachtung des bisherigen „Gesellschaftszwecks" – ein **Kapitalabfluss**, abgesehen von nicht nennenswerten Gebühren und sonstigen Kosten, nicht stattgefunden haben sollte; zeitliche Verzögerungen sind daher insoweit nicht zu befürchten. Kann die Versicherung hingegen nicht abgegeben werden, weil – aus welchen Gründen auch immer – das Mindestkapital nicht (mehr) gedeckt ist, so ist es ohnehin geboten, die Eintragung abzulehnen.

---

286 Vgl. BGH BGHZ 80, 129, 143.
287 Vgl. dazu BayObLG GmbHR 1999, 607.
288 Vgl. zu diesem Erfordernis: BGH BGHZ 117, 323, 335 = NJW 1992, 1824, 1826, dazu EWiR 1992, 673 (*Kraft*).

Wichtig   **283**

Die **Gründer** einer „Vorrats-GmbH" haften allerdings nicht für die **Entnahme** des von ihnen ordnungsgemäß eingezahlten Stammkapitals durch die Erwerber der Geschäftsanteile nach Anmeldung des Erwerbs bei der Gesellschaft (§ 16 Abs. 2, 3 GmbHG).[289]

---

dd) Neuere BGH-Rechtsprechung zur „Mantelverwendung"

In seinem **Beschluss vom 7.7.2003**[290] hat der BGH seine Rechtsprechung zur analogen Anwen-   **284** dung des Gründungsrechts hinsichtlich der Nutzung einer Vorrats-GmbH auf die **„Reaktivierung"** eines „alten" bzw. „gebrauchten" **GmbH-Mantels** erstreckt. Darüber hinaus ordnete er eine Haftungsfolge an, wenn die verantwortlichen Personen den gebrauchten GmbH-Mantel ein neues Unternehmen betreiben lassen, ohne das Gründungsrecht zu beachten.

Die Leitsätze lauten: **285**

„a) Auf die wirtschaftliche Neugründung durch Verwendung des „alten" Mantels einer existenten, im Rahmen ihres früheren Unternehmensgegenstand tätig gewesen, jetzt aber unternehmenslosen GmbH sind die der Gewährleistung der Kapitalausstattung dienenden Gründungsvorschriften des GmbHG einschließlich der registergerichtlichen Kontrolle entsprechend anzuwenden.[291]

b) Die Tatsache der Wiederverwendung eines zwischenzeitlich leer gewordenen Gesellschaftsmantels ist gegenüber dem Registergericht offen zu legen. Diese Offenlegung der wirtschaftlichen Neugründung ist mit der – am satzungsmäßigen Stammkapital auszurichtenden – Versicherung gemäß § 8 Abs. 2 GmbHG zu verbinden.

c) Die reale Kapitalaufbringung ist sowohl bei der Mantelverwendung als auch bei der Aktivierung einer Vorratsgesellschaft durch entsprechende Anwendung des Haftungsmodells der Unterbilanzhaftung – bezogen auf den Stichtag der Offenlegung der wirtschaftlichen Neugründung gegenüber dem Registergericht sicherzustellen.

d) Neben der Unterbilanzhaftung kommt auch eine Handelndenhaftung analog § 11 Abs. 2 GmbHG in Betracht, wenn vor Offenlegung der wirtschaftlichen Neugründung die Geschäfte aufgenommen werden, ohne dass alle Gesellschafter dem zugestimmt haben."

Der BGH sieht in der Mantelverwendung das **Vorliegen einer wirtschaftlichen Neugründung** **286** auch bei „Wiederbelebung" eines leeren Mantels durch Ausstattung mit einem (neuen) Unternehmen und deshalb:
– die Übertragbarkeit der für die Verwendung des Mantels einer Vorratsgesellschaft aufgestellten Grundsätze
– das Erfordernis der Offenlegung der wirtschaftlichen Neugründung
– das Erfordernis einer Versicherung des Geschäftsführers betreffend die freie Verfügbarkeit der geleisteten Mindesteinlagen,
– das Eingreifen der Unterbilanzhaftung und Handelndenhaftung analog § 11 Abs. 2 GmbHG bei Geschäftsaufnahme vor Offenlegung der wirtschaftlichen Neugründung ohne Zustimmung aller Gesellschafter.

---

289 BGH ZIP 2006, 331 und BGH BB 2006, 626.
290 BGH BB 2003, 2080 = DB 2003, 2055 m. Anm. *Kesseler*, dazu EWiR 2003, 967 *(Keil)*; *Altmeppen*, DB 2003, 2050; *Schumacher*, DStR 2003, 1384; *Gronstedt*, BB 2003, 2082; *Bohrer*, DNotZ 2003, 888; *Bärwaldt/Balda*, GmbHR 2004, 50; *Wilhelmi*, DZW R 2004, 177; *Jacobs*, DZWIR 2004, 309; *Peetz*, GmbHR 2004, 1429; *Seibt*, NJW-Spezial 2004, 75.
291 Fortführung von BGH ZIP 2003, 251.

287 Praxistipp

Zumindest nach Auffassung des **OLG Thüringen** ist diese BGH-Rechtsprechung auch auf **Altfälle** anzuwenden.[292]

288 Als **wirtschaftliche Neugründung** ist es nach der jüngsten Rechtsprechung des BGH[293] auch anzusehen, wenn die in einer GmbH verkörperte juristische Person als unternehmensloser Rechtsträger besteht und sodann mit einem Unternehmen ausgestattet wird. Hierbei macht es keinen Unterschied, ob eine bewusst für eine spätere Verwendung „auf Vorrat" gegründete Gesellschaft aktiviert oder ob wie im entschiedenen Fall ein leer gewordener Gesellschaftsmantel wiederverwendet wird.

289 Nach ständiger Rechtsprechung des BGH haften im Falle einer wirtschaftlichen Neugründung die Gesellschafter für die Auffüllung des Gesellschaftsvermögens bis zur Höhe des in der Satzung ausgewiesenen Stammkapitals (**Unterbilanzhaftung**). Außerdem ist die wirtschaftliche Neugründung gegenüber dem Registergericht offenzulegen.[294]

290 In Rechtsprechung und Literatur war bisher umstritten, wie die Haftung ausgestaltet ist, wenn die erforderliche Offenlegung der wirtschaftlichen Neugründung unterbleibt. Der BGH ist der Auffassung, dass die Gesellschafter in diesem Fall einer zeitlich unbegrenzten Verlustdeckungshaftung unterliegen, nicht gefolgt. Er hat vielmehr entschieden, dass es im Fall für eine etwaige Unterbilanzhaftung darauf ankommt, ob **im Zeitpunkt der wirtschaftlichen Neugründung eine Deckungslücke zwischen dem Vermögen der Gesellschaft und dem satzungsmäßigen Stammkapital** bestanden hat.

291 Es besteht allerdings das Erfordernis einer Definition der Mantelverwendung bzw. der Abgrenzung der Mantelverwendung von der **Umorganisation oder Sanierung** einer (noch) aktiven GmbH.[295] Nach Auffassung des LG Berlin[296] liegt bei der Umorganisation einer bestehenden, bereits (oder noch?) im operativen Geschäft tätigen GmbH keine solche Mantelverwendung vor, die eine erneute präventive registergerichtliche Prüfung der Kapitalausstattung rechtfertigt.

292 Bei der notwendigen **Abgrenzung** der **wirtschaftlichen Neugründung** von der bloßen **Umorganisation** oder **Sanierung** einer noch aktiven GmbH kommt es nach der Auffassung des OLG Schleswig letztlich auf die Würdigung von äußeren Anzeichen an, etwa die Veräußerung der Geschäftsanteile, Änderung des Unternehmensgegenstandes, Sitzverlegung, Umfirmierung und Neubestellung von Geschäftsführern. Ist das Stammkapital bei einer solchen wirtschaftlichen Neugründung nicht mehr erhalten, besteht nach der Auffassung des OLG Schleswig die **Rechtsfolge** nicht in einem Anspruch der GmbH auf nochmalige Leistung der Stammeinlagen, sondern es kommen die Grundsätze über die **Unterbilanzhaftung** zur Anwendung.[297]

293 Eine Mantelverwendung, auf die die Regeln der sog. „wirtschaftlichen Neugründung" anwendbar sind, kommt auch nach der Auffassung des BGH nur in Betracht, wenn die Gesellschaft eine **„leere Hülse"** ist, also kein aktives Unternehmen betreibt, an das die Fortführung des Geschäftsbetriebs – sei es auch unter wesentlicher Umgestaltung, Einschränkung oder Erweiterung seines Tätigkeitsgebiets – in irgendeiner wirtschaftlich noch gewichtbaren Weise anknüpfen kann. Eine „leere Hülse" in diesem Sinne liegt dann nicht vor, wenn die Gesellschaft nach Gründung und Eintragung **konkrete Aktivitäten zur Planung und Vorbereitung der** Aufnahme

---

292 OLG Thüringen GmbHR 2004, 1468; dazu *Ulrich*, GmbHR 2005, 900.
293 BGH, Urt. v.6.3.2012 – II ZR 56/10, vgl. auch Baumbach/ *Hueck/Fastrich*, GmbHG, § 3 Rn 12.
294 Siehe auch Roth/*Altmeppen*, GmbHG, § 3 Rn 13a.
295 Dazu auch *Wilhelmi*, DZWIR 2004, 177, 183.
296 LG Berlin BB 2003, 1404 = GmbHR 2003, 1062.
297 OLG Schleswig ZIP 2007, 279; OLG Schleswig ZIP 2007, 822; dazu NJW-Spezial 2007, 78.

ihrer nach außen gerichteten **Geschäftstätigkeit** im Rahmen des statutarischen Unternehmens-gegenstandes entfaltet.[298]

Altmeppen[299] hält diese Rechtsfortbildung des BGH für nicht haltbar. Schon aus verfas- *294* sungsrechtlicher Sicht müsse das Ergebnis korrigiert werden, dass „unschuldige" Gesellschafter und Geschäftsführer in eine zeitlich und sachlich unendliche **Haftungsfalle** geraten. Außerdem sei die Rechtsfortbildung unschlüssig, weil sie entscheidend von einer hinsichtlich ihrer Länge ungewissen Zeitspanne der „Leere" des Geschäftsmantels abhängig gemacht werde.

b) Vorratsgründung und verschleierte Sachgründung

Eine in der Praxis bislang häufig gewählte Form der Gründung von Vorratsgesellschaften be- *295* stand darin, dass die im Wege der Bargründung gegründete Gesellschaft alsbald das eingezahlte Stammkapital als **verzinsliches Darlehen** an den oder die Gründungsgesellschafter zurück ge-währte. Das OLG Schleswig sah unter der Geltung des GmbHG vor dem MoMiG in dieser Form der Konzeption von Vorratsgesellschaften eine verschleierte Sachgründung.[300] Zur Begründung wurde insbesondere angeführt, dass es sich aus Sicht der Gesellschaft nicht um ein übliches **„Verkehrsgeschäft"**, sondern um unzulässiges „Hin- und Herzahlen" handele.[301] Dies hat zu-nächst zur Folge, dass die Einlage der Gründungsgesellschafter als nicht erbracht gilt.

Das OLG Schleswig kam dabei weiterhin zu dem Ergebnis, dass auch die spätere Darlehens- *296* rückzahlung an die Gesellschaft nicht zu einer **Heilung** führe.[302] Nach Literaturmeinung sollte aber die nochmalige Einzahlung der Einlage Heilungswirkung haben und der Gesellschafter soll seinen Rückgewähranspruch aus der ersten, fehlgeschlagenen Einzahlung mit der Verbindlich-keit gegenüber der Gesellschaft aus der Darlehensgewährung durch Aufrechnung gegenüber der Gesellschaft befriedigen können.[303]

Wichtig *297*

Selbst wenn dem so war, bliebt dennoch die **Strafbarkeit** gemäß § 82 Abs. 1 Nr. 1 GmbHG wegen falscher Angaben bei der Anmeldung zur Eintragung.

Der **BGH** hat diese Rechtsauffassung in Fallgestaltungen, bei denen das eingezahlte Stammkapi- *298* tal absprachegemäß sofort an die Einzahlenden bzw. an ein mit ihnen verbundenes Unterneh-men als Darlehen zurückfließt, im Grundsatz bestätigt, kam allerdings dazu, dass die spätere Tilgung der Darlehensschuld auch die Einlageschuld tilge.[304] Ob er diese Rechtsprechung aller-dings nach seinem Beschluss vom 7.7.2003[305] zur Nichtigkeit sowohl des schuldrechtlichen Grundgeschäfts als auch des dinglichen Erfüllungsgeschäfts analog § 27 Abs. 3 AktG bei einer verschleierten GmbH-Sachgründung aufrecht erhalten würde, erschien zunächst fraglich.

---

298 BGH GmbHR 2010, 474; dazu EWiR 2010, 611 (*Schmitz-DuMont*).

299 *Altmeppen*, DB 2003, 2050.

300 OLG Schleswig, DZWIR 2000, 510 m. Anm. *Keil* = GmbHR 2000, 1045; dazu EWiR 2000, 1057 (*Keil*); OLG Schleswig GmbHR 2002, 1135; OLG Schleswig, GmbHR 2003, 1058; dazu *Bormann/Halaczinsky*, GmbHR 2000, 1022; *Emde*, GmbHR 2000, 1193; *Emde*, GmbHR 2003, 1034; *Johlke/Bormann*, ZInsO 2000, 486; so auch schon OLG Hamm GmbHR 1997, 213, 214.

301 So auch OLG Oldenburg NZG 2000, 316.

302 OLG Schleswig GmbHR 2000, 1047 = BB 2000, 2014.

303 *Bormann/Halaczinsky*, GmbHR 2000, 1022.

304 BGH BGHZ 153, 107 = GmbHR 2003, 231 = ZIP 2003, 211, dazu EWiR 2003, 223 (*Blöse*); dazu Lutter/Hommelhoff/*Bayer*, GmbHG, § 19 Rn 35; *Bayer*, GmbHR 2004, 445.

305 BGH BB 2003, 1917 m. Anm. *Dißars* = GmbHR 2003, 1051, m. Anm. *Bormann*; dazu EWiR 2003, 1243 (*Priester*); *Langenbucher*, DStR 2003, 1838; *Pentz*, ZIP 2003, 2093.

299   Dies hat er aber dann bestätigt:[306]

> „Auch bei dem mit einer ‚Treuhandabrede' verbundenen Hin- und Herzahlen eines Barein-
> lagebetrages leistet der Inferent unter dem Gesichtspunkt der Kapitalaufbringung nichts.
> Die,Treuhandabrede' ist unwirksam. Mit der Auskehrung des vermeintlich treuhänderisch
> zurückgewährten Bareinlagebetrages an die Gesellschaft tilgt der Inferent die offene Einla-
> geschuld. Die Gründer einer,Vorrats-GmbH' haften nicht für die Entnahme des von ihnen
> ordnungsgemäß eingezahlten Stammkapitals durch die Erwerber der Geschäftsanteile nach
> Anmeldung des Erwerbs bei der Gesellschaft (§ 16 Abs. 1, 3 GmbHG)."

300   Mit der Neufassung des § 19 Abs. 4 GmbHG (verschleierte Sachgründung) und des § 19 Abs. 5
GmbHG (Hin- und Herzahlen) durch das MoMiG haben sich die Rechtsgrundlagen zumindest für
die zuletzt dargestellte Fallgestaltung der Vorratsgründung mit Rückgewähr der Stammeinlage
als Darlehen an die Gründer geändert (siehe Rn 180).

III. Gründung einer Unternehmergesellschaft (haftungsbeschränkt)

1. Rechtliche Grundlagen

301   Um Unternehmungsgründungen zu erleichtern und gegenüber der Gesellschaftsform der britischen Limited eine inländisches Alternative zu schaffen, wurde durch das „Gesetz zur Modernisierung des GmbH-Rechts und zur Bekämpfung von Missbräuchen" (MoMiG) als besondere Form
der GmbH die sog. Unternehmergesellschaft (haftungsbeschränkt) zugelassen.[307] Das Gesetz ist
am 1.11.2008 in Kraft getreten.

302   Das **Mindeststammkapital** der GmbH von bisher 25.000 EUR wurde bei der UG (haftungsbeschränkt) auf 1 EUR herabgesetzt, um Gründungen insbesondere für Dienstleistungsgewerbe
zu erleichtern. Mit der Absenkung des Mindeststammkapitals soll dem Wandel des Wirtschaftslebens Rechnung getragen werden und eine Alternative zur britischen Limited zur Verfügung
gestellt werden. Der Gesetzgeber hat mit der UG (haftungsbeschränkt) eine **GmbH** schaffen, die
ohne bestimmtes Mindestkapital gegründet werden kann (§ 5a GmbHG).

303   Die Mehrzahl der Neugründungen sind nicht mehr Produktionsunternehmen, sondern Unternehmen aus dem Dienstleistungssektor, die oft weniger Startkapital benötigen. Gerade Klein-
unternehmen und Existenzgründer können durch das Gesetz leichter eine Gesellschaft gründen
als bisher.

304   **Faktisch** wurde damit die **„1-Euro-GmbH"** eingeführt, obwohl sich das bestehende Haft-
kapitalsystem bewährt hat. Bei der „Unternehmergesellschaft (haftungsbeschränkt)" handelt es
sich aber nicht um eine neue Rechtsform, sondern um eine **„Einstiegsvariante der GmbH"**, die
sich (angeblich) nahtlos in das bestehende GmbH-Recht einfügt. Ein Mindeststammkapital von 1
EUR unterschreitet aber andererseits die **Seriösitätsschwelle** deutlich.

305   Die Gründung einer haftungsbeschränkten Unternehmergesellschaft (UG) wird insbesondere dann in Betracht kommen, wenn das sonst erforderliche **Mindeststammkapital von
25.000 EUR nicht einmal zur Hälfte** im Wege der Bar- oder Sachgründung aufgebracht werden
kann.

306   Das **Stammkapital** der „UG (haftungsbeschränkt)" muss vor Eintragung der Gesellschaft in
voller Höhe bar einbezahlt werden. Die Gesellschafter müssen ihre **Einlagen einheitlich vollständig erbringen**. Die Einzahlung nur der Hälfte der Einlage (§ 7 Abs. 2 S. 1 GmbHG) ist nicht
ausreichend.

---

306 BGH DStR 2006, 104 = ZIP 2005, 2203; BGH DStR 2006, 382 m. Anm. *Goette*.
307 Roth/*Altmeppen*, GmbHG, § 5a, Rn 1ff.; *Pelke*, NWB 2009, 632.

Die **Sachgründung** ist jedoch gemäß § 5a Abs. 2 S. 2 GmbHG bei der Unternehmergesell- 307
schaft **ausgeschlossen. Sacheinlagen** sind generell ausgeschlossen.

Die Neugründung einer **Unternehmergesellschaft (haftungsbeschränkt)** durch **Abspal-** 308
tung verstößt gegen das Sacheinlagenverbot nach § 5a Abs. 2 S. 2 GmbHG.[308] Das Sacheinlagenverbot nach § 5a Abs. 2 S. 2 GmbHG gilt jedoch für eine den Betrag des **Mindestkapitals nach**
§ 5 Abs. 1 GmbHG erreichende oder übersteigende Erhöhung des Stammkapitals einer Unternehmergesellschaft (haftungsbeschränkt) nicht.[309]

Um das Stammkapital der UG sukzessive auf den Betrag von 25.000 EUR aufzustocken, 309
schreibt das Gesetz eine **Rücklagenbildung** vor: Danach muss ein Viertel des Jahresüberschusses in eine entsprechende Kapitalrücklage eingestellt werden (§ 5a Abs. 3 S. 1).[310]

Zum **Schutz des Rechtsverkehrs** muss die Gesellschaft stets den **Rechtsformzusatz „Un-** 310
ternehmergesellschaft (haftungsbeschränkt)" oder „UG (haftungsbeschränkt)" führen.
Allein diese Bezeichnung dürfte die neue Rechtsform weder für Gründer noch für Geschäftspartner als besonders attraktiv erscheinen lassen. Der Gesetzgeber weist zu Recht darauf hin, dass
dem Mindeststammkapital die „Funktion einer **Seriositätsschwelle"** zukommt, das für das
„Prestige der GmbH" von entscheidender Bedeutung ist. Unter diesen Umständen ist nicht auszuschließen, dass Gesellschaften, die diese Hürde nicht überspringen können oder wollen, von
vornherein als „unseriös" angesehen werden.

2. Unternehmergesellschaft mit individueller Satzung oder mit Mustersatzung

Eine Unternehmergesellschaft kann **sowohl** mit einer **individuellen Satzung als auch** mit der 311
vom Gesetzgeber vorgesehenen **Mustersatzung** gegründet werden. Es besteht dadurch nun eine
neue Dreiklassengesellschaft im deutschen GmbH-Recht („klassische" GmbH, haftungsbeschränkte Unternehmergesellschaft mit individueller Satzung und haftungsbeschränkte Unternehmergesellschaft mit Mustersatzung).

Neben der „klassischen" GmbH oder UG mit **individueller Satzung** haben Unternehmens- 312
gründer nun insbesondere die Möglichkeit, eine UG (haftungsbeschränkt) mit einer vom Gesetzgeber vorgegebenen **Mustersatzung** zu errichten (§ 2 Abs. 1a GmbHG). Eine notarielle Beurkundung des Mustergesellschaftsvertrags ist nicht erforderlich, doch müssen die **Unterschriften** der
Gesellschafter **öffentlich beglaubigt** werden.

Die Verwendung der Mustersatzung ist nicht auf die Fälle der Ein-Personen-Gründung be- 313
schränkt. Die „Standard-UG" kann vielmehr durch einen, zwei oder drei Gründer errichtet werden.

Hinweis 314

Allerdings finden sich in der Mustersatzung keinerlei Regelungen, die das Verhältnis der Gesellschafter untereinander regeln. Diese können dort auch nicht an- oder eingefügt werden.

Hinweis 315

Nach der Mustersatzung kann die Gesellschaft auch dann **nur einen Geschäftsführer** haben, wenn sie von mehreren
Gesellschaftern gegründet worden ist. Der Geschäftsführer ist **stets einzelvertretungsberechtigt und von den Be-**
schränkungen des § 181 BGB befreit.

---

308 BGH NJW 2011, 1883 = GmbHR 2011, 701 m. Anm. *Bremer*; dazu *Lieder/Hoffmann*, GmbHR 2011, R 193; EWiR
2011, 419 (*Priester*); *Wachter*, NJW 2011, 2620.
309 BGH GmbHR 2011, 699 m. Anm. *Bremer*; dazu *Lieder/Hoffmann*, GmbHR 2011, R 193; EWiR 2011, 349
(*Berninger*)); *Lieder/Hoffmann*, GmbHR 2011, 561 gegen OLG München DNotZ 2011, 313.
310 *Pelke*, NWB 2009, 632.

316 Hinweis
Die Verwendung des Musterprotokolls hindert jedoch nicht die **spätere Bestellung weiterer Geschäftsführer.**[311]

317 Die **Registeranmeldung** weist bei einer Gründung im vereinfachten Verfahren gegenüber einer Anmeldung im „Normalverfahren" keine Besonderheiten auf. Anderweitige Überlegungen sind im Gesetzgebungsverfahren fallen gelassen worden. Im Anschluss an eine Entscheidung des Oberlandesgerichts Stuttgart hat sich in der obergerichtlichen Rechtsprechung der Standpunkt durchgesetzt, das **Musterprotokoll** enthalte **keine allgemeine Vertretungsregelung**, sondern **nur die besondere Vertretungsbefugnis** des bei der Gründung bestellten Geschäftsführers.[312]

318 Wichtig
Erfährt das **Musterprotokoll** entgegen § 2 Abs. 1a S. 3 GmbHG **Abänderungen und Ergänzungen**, liegt eine „normale" GmbH-Gründung vor, für die die Erleichterungen im Sinne des § 2 Abs. 1 a GmbHG nicht gelten.[313]

319 Hinweis
Allerdings sind Änderungen und Ergänzungen des Musterprotokolls, die **durch das Beurkundungsgesetz geboten** sind, stets zulässig.[314] Auch stellen völlig **unbedeutende Abwandlungen** bei Zeichensetzung, Satzstellung und Wortwahl, die keinerlei Auswirkungen auf den Inhalt haben, keine unzulässigen Änderungen und Ergänzungen des Musterprotokolls dar.[315]

320 Die Verwendung des Musterprotokolls **ersetzt** sowohl die **Gründungsbeurkundung** nebst Gründungssatzung als auch eine separate **Geschäftsführerbestellung** als auch eine **Liste der Gesellschafter** (§ 2 Abs. 1a S. 4 GmbHG).

321 Dabei kann auch eine **Fremdgeschäftsführerbestellung** erfolgen, wobei dieser das Musterprotokoll mitunterzeichnet. Einer gesonderten **Liste der Gesellschafter** bedarf es auch in diesem Fall nicht.[316]

322 Der **Unternehmensgegenstand** kann von den Gesellschaftern **nicht frei gewählt** werden. Vielmehr müssen sie zwischen einer der folgenden **drei Alternativen** wählen:
–   Handel mit Waren,
–   Produktion von Waren und
–   Dienstleistungen.

323 Wichtig
Eine nähere **Konkretisierung des Unternehmensgegenstandes** ist weder möglich noch erforderlich. Soll die Gesellschaft eine **andere Tätigkeit** ausüben (z.B. Verwaltung eigenen Vermögens oder Verfolgung gemeinnütziger Zwecke) kann die **Mustersatzung nicht verwendet** werden.

---

311 OLG Rostock DNotZ 2011, 308 = GmbHR 2010, 872.
312 OLG Stuttgart ZIP 2009, 1011; Hanseat. OLG Bremen NJW 2010, 542; OLG Hamm ZIP 2009, 2246; OLG Rostock GmbHR 2010, 872; OLG Hamm GmbHR 2011, 87; OLG Celle, Beschl. v. 26.1.2011 – 9 W 12/11, n.v.; OLG Hamm, Beschl. v. 14.4.2011 – I-15 Wx 499/10, n.v.; OLG Düsseldorf GmbHR 2011, 1319; *Herrler/König*. DStR 2010, 2138.
313 OLG München GmbHR 2010, 755 m. Anm. *Wachter*; OLG Düsseldorf GmbHR 2011, 1319.
314 OLG Düsseldorf GmbHR 2011, 1319; *Wachter*, EWiR 2010, 19.
315 OLG München GmbHR 2010, 1262.
316 DNotI-Gutachten v. 29.8.2011.

Nach der Mustersatzung hat die **Gesellschaft die Gründungskosten stets bis zu einem Gesamt-** **324** **betrag von 300 EUR zu bezahlen** (z.B. für Beratungskosten). Bei einer Unternehmergesellschaft mit einem Kapital von beispielsweise 1 Euro stellt sich die Frage, woher dieser Betrag kommen soll.

Hinweis   **325**
Der mit der Gründung einer Unternehmergesellschaft (haftungsgeschränkt) verbundene Kostenaufwand, den die Gesellschaft tragen soll, muss nach einer Entscheidung des OLG Hamburg **im Gesellschaftsvertrag gesondert und ausdrücklich festgesetzt** werden.[317] Der Gründungsaufwand ist nach Ansicht des OLG Hamburg nur aus dem Grund festzusetzen, dass **im Interesse des Gläubigerschutzes offenzulegen** ist, wie weit das Stammkapital bereits durch die Gründung vorbelastet ist (§ 26 Abs. 2 AktG analog). Dabei sind die **Kosten im Einzelnen aufzuführen**.

Zu den relevanten Gründungskosten können gehören: **326**
- Die mit der Gründung verbundenen **Steuern und Gebühren**
- **Beratungskosten** (Rechtsanwalt, Steuerberater, Unternehmensberater)
- Vergütungen an die Gesellschafter für den mit der Gründung verbundenen Aufwand (sog. **Gründerlohn**).

Hinweis   **327**
Auch wenn die **Kosten** genau beziffert (ggf. auch geschätzt) werden müssen, besteht keine starre Obergrenze. Jedoch ist es rechtens, wenn die Registergerichte bei Überschreiten der Kennziffer von 10% des Stammkapitals prüfen, ob der von der GmbH (UG) zu tragende Gründungsaufwand zulässig vereinbart wurde. Es kann aber nicht zu Lasten der Gründer davon ausgegangen werden, dass der sich im Musterprotokoll befindliche Anhaltspunkt von 300 EUR dazu führe, dass bei einer Überschreitung dieses Betrags ein bestimmtes prozentuales Verhältnis gewährt werden müsse. Dies ist insbesondere für die Unternehmergesellschaft nicht tragbar, da durch ihre Bezeichnung selbst schon sichtbar ist, dass die Gesellschaft über ein geringes Stammkapital verfügt.

Bei der Gründung einer GmbH (UG) besteht die Möglichkeit, dass Gründungskosten von der Ge- **328** sellschaft statt von den Gründungsgesellschaftern von ihrem persönlichen und bereits versteuerten Vermögen getragen werden. Hierfür ist unbedingt notwendig, dass der Gründungsaufwand in der Gründungsurkunde (Gesellschaftsvertrag/Satzung) möglichst genau beschrieben wird. Stets handelt es sich um die Kosten für die Eintragung, die Kosten der öffentlichen Bekanntmachung der Eintragung und die Notarkosten. Sofern die GmbH **weitere Kosten** übernehmen soll, sind auch diese **ausdrücklich aufzunehmen**.

Der Gesetzgeber geht davon aus, dass die Gründung einer „Standard-UG" „sehr **kos-** **329** **tengünstig, unbürokratisch** und **schnell** erfolgen kann". Dies mag durchaus zutreffen, doch bietet die „Standard-UG" im Vergleich zur „klassischen" GmbH oder UG insoweit kaum Vorteile:
- Der wesentliche Teil der Gründungskosten entfiel früher auf die **Bekanntmachung** in den Tageszeitungen (Art. 61 Abs. 4 EGHGB), die bei beiden GmbH-Formen anfielen und zum 1.1.2009 ohnehin entfallen sind.
- Die **Kosten** für die bloße Beglaubigung der Unterschriften der Gründer sind zwar niedriger als die Kosten für die Beurkundung des Gesellschaftsvertrags. Allerdings dürfte die geringfügige Kostenersparnis in vielen Fällen durch **anderweitig anfallende Beratungskosten** überkompensiert werden.
- Die **Mitwirkung des Registergerichts** ist **in beiden Fällen** in gleicher Weise gegeben.
- Der **Prüfungsaufwand des Registergerichts** unterscheidet sich faktisch nicht.

---

317 OLG Hamburg GmbHR 2011. 766.

- Die Verwendung der **Mustersatzung** kann sogar zu einer Mehrbelastung der Registergerichte führen, da die Gründer im Vorfeld nicht unbedingt rechtlich beraten worden sind.
- Die Verwendung der Mustersatzung führt zu einer erheblichen **Einschränkung der Satzungsautonomie.**

IV. Gründung und Kapitalaufbringung bei der AG

1. Die Gründung der Aktiengesellschaft
a) Die Gründungsphasen
330 Auch die Gründung einer Aktiengesellschaft verläuft – zumindest – in den drei Phasen:
- Vorgründungsgesellschaft
- Vorgesellschaft (Vor-AG)
- Aktiengesellschaft.[318]

Ggf. kommt noch die im Aktiengesetz gesetzlich geregelte, auf zwei Jahre ab Eintragung der AG im Handelsregister bemessene Phase der
- **Nachgründung** (§§ 52, 53 AktG) hinzu (dazu nachfolgend Rn 310 ff.).[319]

331 In der **Vorgründungsphase** treffen die Gründer die Absprachen zur Gründung der Gesellschaft und bereiten die für die Gründung erforderlichen Maßnahmen bis hin zur Abstimmung eines Termins zur notariellen Beurkundung gem. § 23 Abs. 1 S. 1 AktG vor. Insoweit gelten personengesellschaftsrechtliche Regeln.
332 Ein **einklagbarer Anspruch** auf Durchführung des Gründungsakts durch notarielle Beurkundung der Gesellschaft und Anmeldung zur Eintragung im Handelsregister resultiert aus den Vereinbarungen und Absprachen nicht.

b) Der notarielle Gründungsvorgang
333 Mit der **notariellen Gründungsbeurkundung** entsteht die Vorgesellschaft (Vor-AG). Voraussetzung ist, dass
- die Satzung in der notariellen Gründungsurkunde festgestellt wird und
- alle Aktien durch die Gründer übernommen werden (§ 23 Abs. 1 und Abs. 2 AktG).

---

334 **Praxistipp**
Streitig ist, ob die **Feststellung der Gründungssatzung** und die **Übernahme aller Aktien** notwendigerweise in einer notariellen Urkunde erfolgen müssen.[320] Um die Gefahr eines Eintragungshindernisses zu vermeiden, sollte somit beides in einer notariellen Urkunde erfolgen.

---

335 **Praxistipp**
Vertretung bei der Gründung durch Bevollmächtigte ist zulässig, setzt aber eine notariell **beglaubigte Gründungsvollmacht** voraus (§ 23 Abs. 1 S. 2 AktG).

---

318 Siehe dazu Arens/Tepper, Formularbuch Gesellschaftsrecht/*Ihrig/Wagner*, § 6, Rn 10 ff.; *Henn*, Handbuch des Aktienrechts, § 3 Rn 81 ff.
319 Vgl. Beck'sches Handbuch der AG/*Zätzsch*, § 3 Rn 8 ff.
320 Bejahend: MüKo-AktG/*Pentz*, Bd. I, § 23, Rn 28 m.w.N.; a.A.: Beck'sches Handbuch der AG/*Zätzsch*, § 3 Rn 10; GK-AktG/*Röhricht*, § 23 Rn 36 ff., 40, 70.

Die **Mindestinhalte der Satzung** ergeben sich zunächst aus § 23 Abs. 3, Abs. 4 AktG.[321] In be- **336**
sonderen Fallgestaltungen kommen noch weitere Anforderungen an den Inhalt hinzu, nämlich
etwa:

–   die Vorgaben des § 27 Abs. 1 S. 1 AktG für Sacheinlagen/Sachübernahme
–   die Vorgaben des § 26 Abs. 1 AktG bei Gewährung von Sondervorteilen für einzelne Aktionä-
    re oder Dritte
–   die Vorgaben des § 26 Abs. 2 AktG bei Übernahme von Gründungsaufwand durch die Gesell-
    schaft, also von nicht aktivierungsfähigen Gründungskosten wie z.B. Notar- und Gerichts-
    kosten, Bankspesen, im Gegensatz zum Aufwand für Ingangsetzung des eigentlichen Ge-
    schäftsbetriebs im Sinne von § 269 HGB, der nicht unter § 26 Abs. 2 AktG fällt[322]
–   die Vorgaben der §§ 202 Abs. 1 AktG, 205 AktG im Falle der Aufnahme genehmigten Kapitals
    mit der Ermächtigung zur Ausgabe von Aktien gegen Sacheinlagen.

Die Regelungen des Aktiengesetzes bezüglich der Inhalte der Satzung sind weitgehend **zwin-** **337**
gendes Recht. Die Satzung kann von diesen Vorgaben nur abweichen, wenn es im Gesetz ausdrücklich zugelassen ist (§ 23 Abs. 5 S. 1 AktG), wobei die Zulassung abweichender Bestimmungen sich sowohl aus dem Aktiengesetz selbst als auch aus anderen gesetzlichen Vorschriften
ergeben kann.[323] Die ausdrückliche Zulassung einer Abweichung von den Vorgaben des Aktiengesetzes muss sich aber eindeutig aus dem Gesetz ergeben, Schweigen des Gesetzes kann nicht
als Zulassung einer Abweichung gedeutet werden.[324]

Wie bei einer GmbH-Gründung bedarf auch die **Änderung der Satzung** und/oder der Über- **338**
nahmeerklärungen der Gründer bis zur Eintragung der Gesellschaft im Handelsregister der erneuten Beurkundung durch sämtliche Gründungsgesellschafter. Dies bedeutet, dass auch bei
Ausscheiden eines Gründungsgesellschafters in der **Gründungsphase** dieser an der Ände-
rungsbeurkundung mitwirken muss.

Praxistipp **339**
In der Praxis empfiehlt sich die **völlige Wiederholung** der den Änderungen angepassten Wortlaute, zumindest eine
notarielle Bescheinigung über den für die Eintragung maßgebenden Wortlaut von Satzung und Übernahmeerklä-
rungen analog § 181 Abs. 1 S. 1 AktG.[325]

In der notariellen Gründungsurkunde sind hinsichtlich der **Übernahme der Aktien** nach § 23 **340**
Abs. 2 AktG folgende **Mindestangaben** zu machen:

–   die Gründer (§§ 2, 28 AktG)
–   bei Nennbetragsaktien gem. § 8 Abs. 2 AktG der Nennbetrag
–   bei Stückaktien gem. § 8 Abs. 3 AktG die Zahl, der Ausgabebetrag (§ 9 AktG) und – wenn
    mehrere Gattungen bestehen, § 11 AktG – die Gattung der Aktien, die jeder Gründer über-
    nimmt (§ 29 AktG)
–   der eingezahlte Betrag des Grundkapitals, wobei es sich insoweit nicht um den bis zur Han-
    delsregisteranmeldung zwingend einzufordernden und zu leistenden Betrag der Gründer
    nach §§ 36 Abs. 2 S. 1, 36a Abs. 1 AktG handelt, sondern um etwaige freiwillige Einzahlungen
    bis zur Beurkundung.[326]

---

321 Dazu AnwK-AktR/*Braunfels*, § 23 Rn 18 ff.
322 Vgl. *Hüffer*, AktG, § 26 Rn 5.
323 Vgl. *Hüffer*, AktG, § 23 Rn 35 m.w.N.; Beck'sches Handbuch der AG/*Zätzsch*, § 3 Rn 352.
324 Vgl. *Hüffer*, AktG, § 23 Rn 35; GK-AktG/*Röhricht*, § 23 Rn 170 m.w.N.
325 Vgl. GK-AktG/*Röhricht*, § 23 Rn 42; Beck'sches Handbuch der AG/*Zätzsch*, § 3 Rn 10.
326 Vgl. Beck'sches Handbuch der AG/*Zätzsch*, § 3 Rn 13.

341 Mit der notariellen Gründungsbeurkundung entsteht die Vor-AG, aus der für die Gründer die gesetzlich geregelten **Gründerpflichten** entstehen:
- Pflicht zur Kapitalaufbringung, §§ 36 Abs. 2 S. 1, 36a AktG
- Pflicht zur Förderung der Eintragung
- Pflicht zur Kapitalerhaltung bis zum Zeitpunkt der Eintragung der AG im Handelsregister
- Pflicht zur Erfüllung der Aufgaben gem. §§ 30–32, 35–37 AktG.

342 Zu den gesetzlich geregelten Gründerpflichten gehören ferner insbesondere
- die **Bestellung des ersten Aufsichtsrats** in notarieller Urkunde (§ 30 Abs. 1 AktG), wobei dies nicht zwingend in der Gründungsurkunde selbst erfolgen muss, sich aber in der Praxis regelmäßig anbietet
- **Bestellung des ersten Abschlussprüfers** für das erste Voll- und Rumpfgeschäftsjahr in notarieller Urkunde (§ 30 Abs. 1 AktG), falls die Satzung eine Abschlussprüfung vorschreibt oder zumindest damit zu rechnen ist, dass schon für den ersten Abschlussstichtag eine gesetzliche Prüfungspflicht bestehen wird (§ 316 Abs. 1 HGB) [327]
- höchst persönliche und damit vertretungsfeindliche Verpflichtung zur **Erstellung eines Gründungsberichts** über den Hergang der Gründung in Schriftform (§ 32 Abs. 1 AktG). [328]

343 Der Gründungsbericht hat insbesondere zu beinhalten:
- Angaben über den Hergang der Gründung, § 32 Abs. 1 AktG
- Angaben darüber, ob und ggf. welche Sonderbeziehungen der Gesellschaft zu Vorstands- und Aufsichtsratsmitgliedern im Sinne von § 32 Abs. 3 AktG bestehen;
- im Falle von Sacheinlagen bzw. Sachübernahmen die im Gesetz geforderten Angaben, insbesondere zur Angemessenheit der Leistungen und zu deren Werthaltigkeit. [329]

344 Das Fehlen oder offensichtliche **Mängel des Gründungsberichts** führen zur Ablehnung der Eintragung (§ 38 Abs. 2 S. 1 AktG), wenn die Mängel nicht auf Anforderung des Gerichts nach § 26 S. 2 HRV behoben werden.

345 Ferner führt die Unrichtigkeit oder Unvollständigkeit des Gründungsberichts ggf. zur **Haftung der Gründer** auf Schadenersatz (§ 46 AktG), ferner aber zu **strafrechtlichen Sanktionen** (§ 399 Abs. 1 Nr. 2 AktG).

---

346 **Wichtig**

Haben sich die Verhältnisse seit dem Zeitpunkt der Erstattung des Gründungsberichts verändert, ist ein **Nachtrag zum Gründungsbericht** zu erstatten, wenn die Veränderung vor der Eintragung der AG im Handelsregister eingetreten ist und diese Veränderung den ursprünglichen Gründungsbericht nunmehr unrichtig oder unvollständig macht. [330]

---

347 **Haftungs- und strafrechtlich sanktionierte Pflichten** im Gründungsvorgang (§ 399 AktG) treffen auch
- die ersten Mitglieder des Aufsichtsrats (§§ 30 Abs. 4, 33, 34, 36 ff. AktG)
- den Vorstand (§§ 33, 34, 36 ff. AktG)
- die Gründungsprüfer (§§ 33 ff. AktG). [331]

---

327 Dazu *Henn*, Handbuch des Aktienrechts, § 3 Rn 94.
328 Vgl. AnwK-AktR/*Braunfels*, § 32 Rn 2; *Hüffer*, AktG, § 32 Rn 2; MüKo-AktG/*Pentz*, Bd. I, § 32 Rn 6 m.w.N.
329 Vgl. im Einzelnen Beck'sches Handbuch der AG/*Zätzsch*, § 3 Rn 22.
330 Vgl. *Hüffer*, AktG, § 32 Rn 7 m.w.N.; Beck'sches Handbuch der AG/*Zätzsch*, § 3 Rn 18.
331 Dazu AnwK-AktR/*Bernsmann*, § 399 Rn 2 ff.

Die Mitglieder des Vorstands und des Aufsichtsrats haben den Hergang der Gründung ihrerseits **348** ebenfalls zu prüfen (**Gründungsprüfung**, § 33 Abs. 1 AktG). Dies gilt unabhängig davon, ob auch eine Prüfung durch den Gründungsnotar im Auftrag der Gründer (vgl. § 33 Abs. 2 Nr. 1 AktG) oder eine Prüfung durch einen gerichtlich bestellten **Gründungsprüfer** (vgl. § 33 Abs. 2 AktG) erfolgt.[332] Der Gründungsprüfer wird durch das Gericht bestellt (§ 33 Abs. 3 AktG).

Wichtig **349**

Im Zusammenhang mit der Gründungsprüfung ist die Vorschrift des § 33 Abs. 2 AktG zu beachten, wonach insbesondere dann eine Prüfung durch einen oder mehrere Gründungsprüfer stattzufinden hat,

- wenn ein Mitglied des Vorstands oder des Aufsichtsrats zu den Gründern gehört (§ 33 Abs. 2 Nr. 1 AktG) oder
- wenn für deren Rechnung Aktien übernommen worden sind (Nr. 2) oder
- für deren Beteiligung an der Gründung oder Vorbereitung besondere Entschädigungen oder Belohnungen ausbedungen wurden (Nr. 3).
- ferner aber auch, wenn Sacheinlagen oder Sachübernahmen bei der Gründung vorliegen (Nr. 4).

Auch dieser **Prüfungsbericht** der Mitglieder des Vorstands und des Aufsichtsrats muss in **350** Schriftform erfolgen und von ihnen unterschrieben werden (§ 34 Abs. 2 S. 1 AktG i.V.m. § 126 BGB). Er ist der **Handelsregisteranmeldung** beizufügen (§ 37 Abs. 4 Nr. 4 AktG) und wird vom Gericht seinerseits auf offensichtliche Mängel geprüft.

Der **erste Aufsichtsrat** wird von den Gründern bestellt. Der Aufsichtsrat seinerseits bestellt **351** den **ersten Vorstand** (vgl. § 30 Abs. 4 AktG). Falls also der erste Aufsichtsrat nicht bzw. nicht vollständig besetzt ist, können die weiteren Schritte des Gründungsvorgangs nicht vollzogen werden und somit kann die Eintragung im Handelsregister nicht erfolgen.

c) Handelsregisteranmeldung und -eintragung

Zur ordnungsgemäßen **Anmeldung** der Aktiengesellschaft **zum Handelsregister** bedarf es so- **352** mit in materieller Hinsicht:

- der Bestellung sämtlicher vom Gesetz oder der Satzung geforderten Mitglieder des ersten Aufsichtsrats (§ 30 Abs. 1 AktG) und
- der Bestellung sämtlicher vom Gesetz oder der Satzung geforderten Mitglieder des ersten Vorstands durch den ersten Aufsichtsrat (§ 30 Abs. 4 AktG)
- der Erstattung des ordnungsgemäßen Gründungsberichts durch die Gründer (§ 32 AktG)
- der Erstattung der Prüfungsberichte des Vorstands und des Aufsichtsrats (§§ 33 Abs. 1, 34 AktG)
- der Erstattung des Prüfungsberichts durch den Gründungsprüfer (§§ 33 Abs. 2, 34 AktG) oder den mit der Prüfung beauftragten Gründungsnotar (§§ 33 Abs. 3, 34 AktG), sofern dies gesetzlich vorgesehen ist
- der ordnungsgemäßen Einzahlung der Geldeinlagen des auf jede Aktie eingeforderten Betrages, mindestens in der gesetzlich vorgeschriebenen Höhe (§§ 54 Abs. 3, 36 Abs. 2, 36a Abs. 1 AktG)
- der vollständigen Leistung der etwa geschuldeten Sacheinlagen (§ 36a Abs. 2 AktG)
- und – bei staatlichen Genehmigungserfordernissen – der Vorlage der erforderlichen Genehmigungsurkunden (§ 37 Abs. 4 Nr. 5 AktG).[333]

Anmeldepflichtig sind alle Gründer und alle Mitglieder des Vorstands und des Aufsichtsrats **353** (§ 36 Abs. 1 AktG). Hintergrund dieser gemeinsamen Mitwirkungspflicht sind die haftungs-

---

332 Dazu auch Arens/Tepper/*Müther*, Formularbuch Gesellschaftsrecht, § 34 Rn 18.
333 Dazu *Henn*, Handbuch des Aktienrechts, § 3 Rn 99 ff.

und **strafrechtlichen Verantwortlichkeiten** dieser Gründungsbeteiligten nach §§ 46 ff., 399 AktG.

354 Sind auch **stellvertretende Vorstandsmitglieder** im Sinne von § 94 AktG bestellt (dazu § 10 Rn 67 ff.), sind auch diese anmeldepflichtig.[334] Nicht anmeldepflichtig sind demgegenüber **noch nicht nachgerückte Ersatzmitglieder des Aufsichtsrats** im Sinne von § 101 Abs. 3 AktG.[335]

355 **Praxistipp**
Da aus dem Gründungsvorgang rechtlich verbindliche **Mitwirkungspflichten** resultieren, kann die Mitwirkungspflicht der einzelnen Gründungsbeteiligten nach herrschender Meinung auch im Klagewege durchgesetzt werden. **Klagebefugt** sind insoweit jeder Gründer einzeln, aber auch die durch die Gründungsbeurkundung entstandene Vor-AG.[336]

356 Demgegenüber besteht keine **öffentlich-rechtliche Verpflichtung** zur Anmeldung, so dass das Registergericht selbst die Anmeldung nicht erzwingen kann (vgl. § 407 AktG).

357 **Wichtig**
Wegen der persönlichen Verantwortlichkeiten und Haftungen ist der Anmeldevorgang für die Gründungsbeteiligten **vertretungsfeindlich**, so dass die Anmeldung nicht durch bevollmächtigte Vertreter erfolgen kann.[337]

358 Die Anmeldung erfolgt nach § 12 Abs. 2 HGB in elektronischer **Form (§ 37 Abs. 5 AktG)**.
359 Der **Inhalt der Anmeldung** ergibt sich insbesondere aus § 37 AktG. Obwohl der Gesetzgeber in dieser Vorschrift insoweit unterschiedlich formuliert – „zu erklären", „zu versichern", „anzugeben" oder „nachzuweisen" – ist nach herrschender Meinung jeweils trotz der verschiedenen Begriffe der gleiche Begriffsinhalt gemeint.[338]
360 Die Anmeldung besteht im Wesentlichen aus
– dem Antrag auf Eintragung (§ 36 Abs. 1 AktG, § 11 FGG)
– Mitteilungen und Nachweisen über die Kapitalaufbringung (§ 37 Abs. 1 AktG) und
– Angaben über die Vorstandsmitglieder (§ 37 Abs. 1, Abs. 2 AktG).[339]

361 Im Zusammenhang mit der **Kapitalaufbringung** ist insbesondere zu erklären, dass die Voraussetzungen der §§ 36 Abs. 2, 36a AktG erfüllt sind, wobei die Einzelheiten für Bareinlagen einerseits und Sacheinlagen andererseits im Gesetz vorgegeben sind.[340] Bezüglich der Bareinlagen kommen **Nachweispflichten** in Form der Belegpflicht hinzu (§ 37 Abs. 1, S. 3, S. 5 AktG). Der Nachweis der Einzahlung der Bareinlagen durch Gutschrift auf einem Konto der Gesellschaft gem. § 54 Abs. 3 AktG wird im Regelfall durch eine schriftliche Bestätigung des kontoführenden Bankinstituts erfüllt.
362 Anzugeben ist auch die inländische Geschäftsanschriftnach § 37 Abs. 3 Nr. 1AktG.

---

334 Vgl. Beck'sches Handbuch der AG/*Zätzsch*, § 3 Rn 36.
335 MüKo-AktG/Bd. I/*Pentz*, § 36 Rn 17, 19; Großkommentar AktG/*Röhricht*, § 36 Rn 12.
336 Vgl. *Hüffer*, AktG, 7. Aufl., § 36 Rn 5; Großkommentar AktG/*Röhricht*, § 36 Rn 12; Beck'sches Handbuch der AG/*Zätzsch*, § 3 Rn 37.
337 Vgl. Beck'sches Handbuch der AG/*Zätzsch*, § 3 Rn 38.
338 Vgl. *Hüffer*, AktG, § 37 Rn 2.
339 Siehe dazu die Muster von Arens/Tepper/*Ihrig/Wagner*, Formularbuch Gesellschaftsrecht, § 6 Rn 53 M 89 und von Arens/Tepper/*Müther*, Formularbuch Gesellschaftsrecht, § 34 Rn 28 M 355.
340 Vgl. dazu umfassend Beck'sches Handbuch der AG/*Zätzsch*, § 3 Rn 42 ff.

Beizufügen sind der Anmeldung die erforderlichen **Anlagen** in Urschrift, Ausfertigung oder 363
öffentlich beglaubigter Abschrift (§ 37 Abs. 4, § 38 AktG) zur Prüfung durch das Gericht, nämlich:

- die Gründungsbeurkundung mit Feststellung der Satzung und Übernahme der Aktien durch
  die einzelnen Übernehmer, einschließlich der Festsetzungen in der Gründungssatzung über
  die Gewährung von Sondervorteilen, über die Übernahme von Gründungsaufwand sowie
  über Sacheinlagen und Sachübernahmen nebst den zugrunde liegenden oder zur Ausführung geschlossenen Verträgen
- die Urkunde über die Bestellung des Aufsichtsrats
- die Urkunde über die Bestellung des Vorstands
- der Gründungsbericht der Gründer
- der Prüfungsbericht des Vorstands und des Aufsichtsrats
- der etwaige Gründungsbericht eines Gründungsprüfers oder Notars als Gründungsbeauf-
  tragter, einschließlich etwaiger Anlagen und Berichte
- eine gesonderte **Berechnung des Gründungsaufwands** zu Lasten der Gesellschaft unter
  Angabe von Art, Höhe und Empfänger[341]

Die Eintragung der Aktiengesellschaft durch das Registergericht mit dem **Inhalt** gemäß § 39 364
AktG erfolgt in dem von der Landesjustizverwaltung bestimmten **elektronischen Informationssystem**. (§§ 10 HGB).

Jedoch entsteht die Aktiengesellschaft schon mit ihrer Eintragung im Handelsregister (§ 41 365
Abs. 1 S. 1 AktG). Die **Bekanntmachung** hat keine konstitutive Rechtswirkung, sie führt nur die
Publizitätswirkung des Handelsregisters herbei (vgl. insbesondere § 15 HGB).[342]

2. Kapitalaufbringung und Gläubigerschutz bei der Aktiengesellschaft

Da den Gläubigern der Aktiengesellschaft nur das Vermögen der Gesellschaft haftet, beinhaltet 366
das Aktiengesetz zum **Schutz der Gläubiger** strenge Regeln über die Kapitalaufbringung und
die Kapitalerhaltung. Während bei der GmbH nach § 30 GmbHG nur das Stammkapital vor dem
Zugriff der Gesellschafter geschützt wird, wird bei der Aktiengesellschaft das gesamte **Gesellschaftsvermögen** geschützt.

a) Sicherung der Kapitalaufbringung

Der Sicherung der Kapitalaufbringung dienen insbesondere   367

- das Verbot der **Unter-Pari-Emission**, § 9 Abs. 1 AktG
- die Rechtsregeln über den Gründungsaufwand, die Sacheinlagen und die Sachübernahmen,
  §§ 26, 27 AktG
- Regelungen über die Einlageleistung, §§ 36 Abs. 2, 36a, 54 Abs. 2 AktG
- die Verpflichtung zur Satzungspublizität bei **Sondervorteilen**, §§ 26, 27 AktG
- die Verpflichtung zur Gründungsprüfung, §§ 32 Abs. 2, 33 Abs. 2 Nr. 4, 34 AktG
- die gerichtliche Prüfung des Gründungsvorgangs, § 38 Abs. 1, 2 AktG
- die Nachgründungsprüfung, § 52 AktG.

Diesem **Schutz des Vermögens** der Aktiengesellschaft vor dem Zugriff ihrer Aktionäre dienen 368
insbesondere:

---

341 Siehe auch die Checkliste für das Registergericht von Arens/Tepper/*Müther*, Formularbuch
Gesellschaftsrecht, § 34 Rn 21.
342 Siehe dazu *Hüffer*, AktG, § 40 Rn 5 m.w.N.; Beck'sches Handbuch der AG/*Zätzsch*, § 3 Rn 65.

- das Verbot der Einlagenrückgewähr (§ 57 Abs. 1 S. 2 AktG)
- das grundsätzliche Verbot des Erwerbs eigener Aktien (§§ 71–71e AktG)
- das Verbot, mehr als den Bilanzgewinn zu verteilen, solange die Gesellschaft nicht aufgelöst ist (§ 57 Abs. 3 AktG).

b) Gläubigerschutz

369 Dem **Gläubigerschutz** dienen auch die Regelungen
- der §§ 300–303 AktG (Vertragskonzern),
- der §§ 311–318 (sog. faktischer Konzern) und
- des § 322 AktG (Eingliederung),

wenn eine Aktiengesellschaft als abhängige Gesellschaft in einem **Abhängigkeits- oder Konzernverhältnis** i.S.d. §§ 17, 18 AktG steht.[343]

370 Gläubigerschützend sind selbstverständlich auch die Vorschriften der §§ 46 ff. AktG zur **Gründerhaftung**. Gläubigerschützend sind darüber hinaus auch die allgemeinen **Bilanzierungs- und Bewertungsvorschriften** der §§ 252 ff. HGB. Weiterhin entfalten auch die aktienrechtlichen Vorschriften der §§ 150, 300 AktG zu den **gesetzlichen Rücklagen** und den **Kapitalrücklagen** gläubigerschützende Wirkung.

371 Besonderheiten zur Kapitalaufbringung bzw. Vermögensbindung bestehen bei der KGaA.[344]

c) Besonderheiten bei der Ein-Personen-Gesellschaft

372 § 54 Abs. 3 AktG geht davon aus, dass bei der Bargründung einer Aktiengesellschaft der Einlagebetrag nur durch Kontogutschrift auf einem Konto der Gesellschaft oder des Vorstandes erbracht werden kann. § 54 Abs. 3 S. 1 AktG spricht insoweit davon, dass der eingeforderte Betrag auf einem solchen **Konto der Gesellschaft oder des Vorstandes** „eingezahlt" und dass im Falle der Einzahlung auf ein Konto des Vorstandes diese „zu seiner freien Verfügung" stehen muss.

373 Wenn der alleinige Aktionär gleichzeitig zum alleinigen Vorstand der Gesellschaft bestellt wird, stellt sich die Frage, wie der alleinige Aktionär seine **Einlageleistung** erbringen kann. Bei der Gründung einer Ein-Personen-Gesellschaft kann dies problemlos dadurch bewirkt werden, dass zum Zwecke der Erbringung der Einlageleistung ein neues **Konto auf den Namen der Vor-Gesellschaft** eröffnet wird, auf das dann die Bareinlage eingezahlt werden kann (§ 54 Abs. 3 S. 1 Alt. 1 AktG).

374 Wie auch die übrigen Vorschriften des AktG enthält § 54 Abs. 3 AktG keinerlei Sondervorschriften für den Fall einer **Ein-Personen-AG**. Desgleichen behandelt diese Vorschrift nicht den Sonderfall, dass der Einlageschuldner und der Vorstand als möglicher Kontoinhaber identisch sind. Von daher erscheint es zweifelhaft, ob die beiden Alternativen des § 54 Abs. 3 S. 1 AktG im Rahmen der Gründung einer Ein-Personen-AG und Erbringung der Einlageleistung uneingeschränkt Anwendung finden.[345]

375 Vergleichbar ist die Situation mit der zu § 54 Abs. 3 AktG diskutierten Frage, wie die Einlageleistung zu erbringen ist, wenn Einlageschuldner ein **Kreditinstitut i.S. des § 54 Abs. 3 AktG** ist und die kontoführende Stelle mit dem Einlageschuldner identisch ist. Diese Frage ist umstritten:

---

343 Vgl. dazu Beck'sches Handbuch der AG/*Müller*, § 8 Rn 6.
344 Vgl. dazu Beck'sches Handbuch der AG/*Müller*, § 8 Rn 13 ff.; Arens/Tepper/*Ihrig*/*Wagner*, Formularbuch Gesellschaftsrecht, § 6 Rn 422.
345 So auch DNotI-Report 2006, 53.

- Soweit ersichtlich, hat der BGH zu dieser Streitfrage noch nicht ausdrücklich Stellung genommen, wenngleich sein *Beton- und Monierbau*-Urteil[346] den Schluss nahe legt, es bestehe eine Möglichkeit der **schuldtilgenden Einzahlung** durch Gutschrift auf einem vom Einlageschuldner selbst geführten Konto.
- Nach einer Ansicht kann die kontoführende Stelle Einzahlungen auf ihre eigene Einlage auch dadurch leisten, dass sie dem bei ihr geführten Konto der Gesellschaft oder des Vorstandes den entsprechenden Betrag gutschreibt.[347]
- Demgegenüber ist es nach **anderer Auffassung** nicht möglich, dass sich ein Kreditinstitut von seiner eigenen Einlagepflicht durch Gutschrift auf ein bei ihm geführtes Konto befreit.[348] Argumentiert wird damit, dass die Erteilung einer Gutschrift rechtlich nichts anderes als ein abstraktes Schuldanerkenntnis oder Schuldversprechen darstelle. § 54 Abs. 3 S. 1 AktG verlange jedoch eine „Einzahlung". Sinn und Zweck des § 54 Abs. 3 AktG sei es, die reale Kapitalaufbringung zu sichern. Damit sei es nicht vereinbar, wenn die Möglichkeit bestehe, eine Einlageforderung bereits durch das Eingehen einer neuen Verbindlichkeit zu tilgen. Insoweit fehle es an dem für eine Einzahlung i.S. dieser Vorschrift wesensbestimmenden Erfordernis der **endgültigen Aussonderung des Einlagebetrages** von dem eigenen Vermögen.[349]

Das DNotI neigt zu der zweiten Auffassung.[350] Es gehe um den Grundsatz der realen Kapitalauf- **376** bringung sowie insbesondere darum, dass die Einlageleistung letztlich aus dem Vermögen des zur Einlage Verpflichteten gleichsam „ausgesondert" und in die Einflusssphäre der Gesellschaft bzw. ihres Vorstandes überführt wird. Eine bloße „Umbuchung" genüge danach nicht. Mit dem **Grundsatz der realen Kapitalaufbringung** sei es nicht vereinbar, wenn man eine Einzahlung des Einlageschuldners auf sein eigenes Konto mit schuldbefreiender Wirkung zulassen würde. Eine „Aussonderung" aus dem Vermögen des Einlageschuldners und eine „Überführung" der Einlageleistung in die Einflusssphäre der Gesellschaft bzw. ihres Vorstandes wäre nicht mehr feststellbar.

Aber auch dann, wenn man im Grunde jedenfalls eine solche Einzahlung auf ein eigenes **377** Konto des Einlageschuldners noch mit § 54 Abs. 3 AktG für vereinbar hielte, scheitere eine wirksame Tilgung der Einlageforderung an der weiteren Voraussetzung des § 54 Abs. 3 AktG, dass nämlich die Einzahlungen auf ein solches Konto des Vorstandes „zu seiner **freien Verfügung**" erfolgen müssen. Denn wenn der Vorstand als Kontoinhaber gleichzeitig Schuldner der Einlageleistung ist, könne nicht unterschieden werden, ob der Vorstand bei einer Kontoabhebung von seinem Konto in seiner Eigenschaft als Vorstand der Gesellschaft handelt oder als Privatperson nur über sein Guthaben auf dem Konto verfügt. Die Einlageleistung würde nicht aus dem Herrschaftsbereich des Einlegers ausgesondert.

Anders sei die Rechtslage nur, wenn es sich um ein vom Vorstand für die Gesellschaft ge- **378** führtes **Treuhandkonto** handelt (uneigennützige Verwaltungstreuhand) und gesichert ist, dass dem Vorstand im Verhältnis zum Treuhänder die freie Verfügung über das Konto zusteht.[351]

d) Verbot der Einlagenrückgewähr

Das grundsätzliche Verbot der Einlagenrückgewähr gemäß § 57 Abs. 1 S. 1 AktG verbietet jegliche **379** Leistung aus dem Gesellschaftsvermögen an die Aktionäre, aber auch jede sonstige wertmäßige

---

346 BGH BGHZ 96, 231 = DNotZ 1986, 369.
347 Vgl. statt aller *Hüffer*, AktG, § 54 Rn 17 m.w.N.
348 MüKo-AktG/*Bungeroth*, § 54 Rn 64; Kölner Komm-AktG/*Lutter*, 2. Aufl. 1995, § 54 Rn 37.
349 Kölner Komm-AktG/*Lutter*, § 54 Rn 37; MüKo-AktG/*Bungeroth*, § 54 Rn 64.
350 DNotI-Report 2006, 53.
351 Ulmer/*Habersack*, GmbHG, § 7 Rn 37.

Minderung, die sich nicht als ordnungsgemäße **Verteilung des Bilanzgewinns** darstellt oder als **Gewinnabschlag** i.S.v. § 59 Abs. 1 AktG.[352]

---

380 **Beispiel**

Gewinnausschüttungen auf der Grundlage eines **nichtigen Gewinnfeststellungs- bzw. Gewinnverwendungsbeschlusses** stellen eine (offene) Einlagenrückgewähr dar.

---

381 Ob schon „**unterlassene Vermögensmehrungen**", also beispielsweise der Verzicht auf eine Geschäftschance, als unzulässige Einlagenrückgewähr anzusehen ist, ist noch nicht abschließend geklärt. Zumindest kann darin eine **Pflichtverletzung** des Vorstands gemäß § 93 AktG liegen, ferner aber auch eine **verdeckte Gewinnausschüttung** (vGA) im steuerrechtlichen Sinne.[353]

e) Erwerb eigener Aktien

382 Das prinzipielle **Verbot des Erwerbs eigener Aktien** gemäß § 71 Abs. 1 AktG hat zwei Grundlagen.
– Zum einen käme es beim Erwerb (Rückkauf) nicht voll eingezahlter eigener Aktien wirtschaftlich zu einem **Verzicht auf die noch offene Einlageforderung**.
– Zum anderen würden auch bei dem Erwerb voll eingezahlter Aktien die veräußernden Aktionäre letztlich in Form des Kaufpreises ihre Einlage von der Gesellschaft zurückerhalten.[354]

383 In jedem Fall unzulässig ist der Erwerb eigener Aktien bei **Gründung**, also die originäre Übernahme eigener Aktien. Entsprechendes gilt für **Kapitalerhöhungen**. Unzulässig ist aber auch der Erwerb von Aktien des herrschenden oder mehrheitlich beteiligten Unternehmens durch die in Mehrheitsbesitz stehende bzw. **abhängige Gesellschaft** (§§ 56, 16, 17 AktG).[355]

384 Das Gesetz lässt den Erwerb eigener Aktien jedoch ausnahmsweise in folgenden Fallgestaltungen zu:
– Erwerb eigener Aktien zur **Schadensabwehr** (§ 71 Abs. 1 Nr. 1 AktG);[356]
– Erwerb eigener Aktien zur Ausgabe als **Belegschaftsaktien** an eigene Arbeitnehmer bzw. an Arbeitnehmer eines verbundenen Unternehmens (§ 71 Abs. 1 Nr. 2 AktG), jedoch auch an Betriebsrentner und Ruheständler;[357]
– Zur Abfindung von ausscheidenden Aktionären einer Untergesellschaft bei Abschluss eines **Beherrschungs- oder Gewinnabführungsvertrages** oder bei **Eingliederung** (§ 71 Abs. 1 Nr. 3 AktG i.V.m. §§ 305 Abs. 2, 320b Abs. 1 AktG)
– Erwerb eigener Aktien in bestimmten **Umwandlungsfällen** (§§ 29 Abs. 1, 125 Abs. 1, 207 Abs. 1 S. 1 UmwG);[358]
– Im Falle des **unentgeltlichen Erwerbs** eigener Aktien, soweit sie voll eingezahlt sind.
– Im Falle der **Einziehung** von Aktien im Rahmen einer Kapitalherabsetzung (§§ 71 Abs. 1 Nr. 6, 37 ff. AktG)

---

352 Vgl. MünchGesR/*Wiesner*, Bd. 4, § 16 Rn 42; *Hüffer*, AktG, § 57 Rn 2.
353 Vgl. Beck'sches Handbuch der AG/*Müller*, § 8 Rn 20.
354 Vgl. Beck'sches Handbuch der AG/*Zätzsch/Maul*, § 4 Rn 143.
355 Vgl. Beck'sches Handbuch der AG/*Müller*, § 8 Rn 25.
356 Dazu *Hüffer*, AktG, § 71 Rn 7; MünchGesR/*Wiesner*, Bd. 4, § 15 Rn 11.
357 Beck'sches Handbuch der AG/*Zätzsch/Maul*, § 4 Rn 148; *Butzke*, WM 1995, 1389.
358 Dazu Beck'sches Handbuch der AG/*Zätzsch/Maul*, § 4 Rn 150; Kölner Komm-AktG/*Lutter*, § 71 Rn 51.

- In Fällen der **Gesamtrechtsnachfolge** im Erbgang bzw. bei Verschmelzungen und Vermögensübertragungen nach dem Umwandlungsgesetz.
- Bei einer **Ermächtigung zum Eigenerwerb** nach § 71 Nr. 8 AktG.[359]

Streitig ist, ob der Erwerb eigener Aktien zur **Kurspflege**, insbesondere zur Abwehr einer drohenden Übernahme zulässig ist.[360]   **385**

f) Besonderheiten bei der Aufnahme von Fremdkapital

Neben der Aufbringung bzw. Beschaffung des Eigenkapitals regelt das Aktiengesetz auch Sonderformen der **Beschaffung von Fremdkapital**. Zu nennen sind: **386**
- Wandelschuldverschreibungen,[361]
- Gewinnschuldverschreibungen gemäß § 221 Abs. 1 AktG,[362]
- Genussrechte.[363]

Eine weitere Möglichkeit der Beschaffung von Fremdkapital ist die Begründung einer **Stillen**   **387**
Gesellschaft.[364] Hinzuweisen ist dabei darauf, dass nach der herrschenden Meinung eine solche Stille Gesellschaft aus Sicht der Aktiengesellschaft einen **Teilgewinnabführungsvertrag** i.S.v. § 292 Abs. 1 Nr. 2 AktG darstellt und damit zu seiner Wirksamkeit die Förmlichkeiten der §§ 293, 294 AktG auslöst.[365]

3. Vorratsgründung und Nachgründungsproblematik bei der Aktiengesellschaft

Besondere Probleme ergeben bzw. ergaben sich bei der – nur als „**offene**" **Vorratsgründung**   **388**
zulässigen – Vorratsgründung von Aktiengesellschaften bzw. der Verwendung von AG-Mänteln aus einer Vorratsgründung.[366] Auch bei Vorratsaktiengesellschaften wird die Vorratsgründung mit angeblichen Zeitvorteilen und einer Haftungsreduzierung begründet.

Die bei Verwendung des AG-Mantels damit verbundene Satzungsänderung und die Aus-   **389**
wechslung der Vertretungsorgane verursachen häufig aber einen ähnlichen **Zeit- und Kostenaufwand** wie die Neugründung selbst.[367] Die Namensunbedenklichkeitsbescheinigung der IHK und staatliche Genehmigungen, die ggf. für die neue Tätigkeit erforderlich sind, müssen wie bei der Ersteintragung beigebracht werden. Auch für die Eintragung der Satzungsänderung ist ein Kostenvorschuss an das Handelsregister zu leisten. Häufig werden in diesem Zusammenhang auch Fehler bei der Beschlussfassung und der Anmeldung gemacht, wie z.B. die unzulässige Änderung der Gründungskostenregelung unter Verstoß gegen § 26 Abs. 4 AktG.[368]

Darüber hinaus wird bzw. wurde beim Erwerb von Vorrats-AG häufig auch die **Nachgrün-**   **390**
dungsproblematik gemäß § 52 AktG übersehen.[369] Nach § 52 AktG werden nach der Eintragung

---

359 Vgl. dazu umfassend Beck'sches Handbuch der AG/*Zätzsch/Maul*, § 4 Rn 156 ff.
360 Vgl. *Claussen*, AG 1996, 481, 490; *Wolf*, AG 1998, 212, 218; *Ekkenga*, WM 2002, 317, 320; *Hüffer*, AktG, § 71 Rn 10; Beck'sches Handbuch der AG/*Müller*, § 8 Rn 24.
361 Vgl. *Henn*, Handbuch des Aktienrechts, § 36 Rn 1289; Beck'sches Handbuch der AG/*Gotthardt*, § 9 Rn 176 ff.
362 Vgl. *Henn*, Handbuch des Aktienrechts, § 36 Rn 1293 ff.; Beck'sches Handbuch der AG/*Gotthardt*, § 9 Rn 186 ff.
363 Vgl. *Hüffer*, AktG, § 221 Rn 22 ff.; *Henn*, Handbuch des Aktienrechts, § 36 Rn 1294 f.; Beck'sches Handbuch der AG/*Gotthardt*, § 9 Rn 188 f.
364 Vgl. dazu Beck'sches Handbuch der AG/*Gotthardt*, § 9 Rn 191 ff. und für die GmbH § 7 Rn 26 ff.
365 Vgl. BGH DB 2006, 1366 = DStR 2006, 1292; Kölner Komm-AktG/*Koppensteiner*, § 292 Rn 53; *Hüffer*, AktG, § 292 Rn 15; Beck'sches Handbuch der AG/*Gotthardt*, § 9 Rn 192 und für die GmbH § 7 Rn 29 ff.
366 Zu deren Zulässigkeit BGH DStR 1992, 876; *Wahlers*, DStR 2000, 973.
367 *Ries*, GmbHR 2000, R 105.
368 *Ries*, GmbHR 2000, R 105.
369 *Schiffer*, StuB 2000, 420; *Wahlers*, DStR 2000, 973, 978.

der AG im Handelsregister Verträge der Gesellschaft, nach denen die Gesellschaft vorhandene oder herzustellende Anlagen oder andere Vermögensgegenstände für eine den zehnten Teil des Grundkapitals übersteigende Vergütung erwerben soll, nur mit Zustimmung der Hauptversammlung und Eintragung in das Handelsregister wirksam. Dabei ist ein **Nachgründungsbericht** und eine **Nachgründungsprüfung** (§ 52 Abs. 3 AktG) erforderlich.

391   Beim Erwerb eines AG-Mantels innerhalb der noch laufenden Zwei-Jahres-Frist ab Gründung ergibt sich diese Problematik für die Erwerber, zumal auf Vorrat gegründete AG-Mäntel in aller Regel nur mit dem gesetzlichen Mindestgrundkapital von 50.000 EUR ausgestattet sind und Investitionen mit einem Wert von über 5.000 EUR regelmäßig unmittelbar nach dem Erwerb des AG-Mantels anstehen dürften.

392   Der Schutz der **Ausnahmevorschrift des § 52 Abs. 9 AktG**, wonach die strengeren Nachgründungsvorschriften bei Erwerb von Gegenständen und Akquisitionen, die den Gegenstand des Unternehmens bilden, kommt bei Vorratsgründungen gerade nicht in Betracht, da der ursprüngliche Gegenstand der Vorrats-AG regelmäßig die Verwaltung eigenen Vermögens ist und eine nachträgliche Änderung des Gegenstands der Gesellschaft nicht zu der Privilegierung des § 52 Abs. 9 AktG führt.[370]

393   Im Rahmen des am 1.1.2001 in Kraft getretenen **Namenaktiengesetzes** (NaStraG) ist der als zu streng empfundene § 52 AktG mit Rückwirkung auf den 1.1.2000 dahingehend eingeschränkt worden, dass die Nachgründungsproblematik nur noch auf Verträge der Gesellschaft mit Gründern oder Aktionären, die mit mehr als 10 % des Grundkapitals an der Gesellschaft beteiligt sind, anwendbar sein soll.[371] Nach § 52 Abs. 9 AktG ist der Erwerb von Vermögensgegenständen „im Rahmen der laufenden Geschäfte der Gesellschaft" nicht mehr von den Nachgründungsvorschriften betroffen.

394   Nach Auffassung des OLG Oldenburg[372] soll ein Nachgründungsverfahren analog § 52 AktG auch dann durchzuführen sein, wenn eine **Kapitalerhöhung gegen Sacheinlage** in den ersten zwei Jahren nach der Eintragung der Gesellschaft im Handelsregister erfolgt. In diesem Fall soll der Einbringungsvertrag der Zustimmung der Hauptversammlung und der Eintragung in das Handelsregister bedürfen.

---

370 *Hüffer*, AktG, § 52 Rn 14.
371 BGBl I 2001, 123, dazu *Pentz*, NZG 2000, 225; *Wilm*, NZG 2000, 234; *Seibert*, ZIP 2001, 53, 54; siehe dazu auch die Heilungsvorschrift des § 11 EGAktG.
372 OLG Oldenburg EWiR 2003, 297 (*Schwab*).

Wolfgang Arens
§ 6 Betriebsaufspaltung

Literatur: *Arens/Tepper*, Praxisformularbuch Gesellschaftsrecht, 4. Aufl. 2012, § 11; *Brandmüller*, Praxishandbuch Betriebsaufspaltung, Loseblatt; *Braun/Günther*, Das Steuer-Handbuch, Loseblatt (Stand: Juni2010); *Carlé/Carlé*, Betriebsaufspaltung, 2003; *Engelsing/Sievert*, Aktuelle Entwicklungen bei der Betriebsaufspaltung, Teil I, Steuer-Stud 2003, 624; *Engelsing/Sievert*, Aktuelle Entwicklung bei der Betriebsaufspaltung, Teil II, SteuerStud 2004, 26; *Grützner*, Bedeutung von Einstimmigkeitsabreden bei Besitzunternehmen für das Vorliegen einer personellen Verflechtung im Rahmen einer Betriebsaufspaltung, StuB 2002, 1106; *Heidel/Pauly*, Steuerrecht in der anwaltlichen Praxis, 3. Aufl. 2003; *Hermanns*, Einstimmigkeitsabrede und Betriebsaufspaltung, GmbHR 1999, 469; *Jacobs*, Unternehmensbesteuerung und Rechtsform, 4. Aufl. 2009; *Kempermann*, Leistungen bei Übertragung von Betriebs- oder Privatvermögen, NWB 2003 Fach 3, 12501; *Kessler/Teufel*, Die klassische Betriebsaufspaltung nach der Unternehmenssteuerreform, BB 2001, 17; *Kiesel*, Die „richtige" Betriebsaufspaltung ist sehr zeitgemäß, DStR 1998, 962; *Korn/Strahl*, NWB, Fach 2, 8005; *Ley/Strahl*, Steuerlicher Handlungsbedarf zum Jahreswechsel 2002/2003, DStR 2002, 2057; *Mitsch*, Einstimmigkeitsabreden bei Besitzunternehmen, INF 2002, 746; *Peter/Crezelius*, Gesellschaftsverträge und Unternehmensformen, 6. Aufl. 1995; *Rödder*, Nutzung des Mitunternehmererlasses und der Betriebsaufspaltungsgrundsätze für Umstrukturierungsvorhaben, FR 1998, 401; *Schmidt*, EStG-Kommentar, 31. Aufl. 2012; *Schulze zur Wiesche*, Die Betriebsaufspaltung unter Berücksichtigung des StSenkG und des UntStFG sowie der neueren Rechtsprechung, Wpg 2003, 90; *Schulze zur Wiesche*, GmbHR 1989, 815; *Söffing*, Mitunternehmerische Betriebsaufspaltung, DStR 2001, 158; *Söffing/Micker*, Betriebsaufspaltung, 4. Aufl. 2010; *Tiedtke/Szczesny*, Gesetzlicher Vertrauensschutz und Billigkeitsregelung der Finanzverwaltung, NJW 2002, 3733; *Tiedtke/Szczesny*, Gesetzlicher Vertrauensschutz bei Beendigung einer Betriebsaufspaltung, DStR 2003, 757; *Wachter*, Betriebsaufspaltung mit einer Aktiengesellschaft, DStR 2011, 1599.

Inhalt

I. Rechtsgrundlagen der Betriebsaufspaltung

1. Definition der Betriebsaufspaltung

1 Unter einer Betriebsaufspaltung versteht man die Aufteilung eines Betriebes bzw. einer unternehmerischen Tätigkeit in ein Besitz- und ein Betriebsunternehmen. Bei der Betriebsaufspaltung überlässt das Besitzunternehmen **wesentliche Betriebsgrundlagen** miet- oder pachtweise bzw. auch unentgeltlich einer von ihm bzw. seinen Anteilseignern beherrschten Betriebsgesellschaft zum Zwecke der Betriebsführung bzw. Betriebsfortführung:

- Die **Betriebsgesellschaft** führt das operative Geschäft des (ggf. ursprünglich einheitlichen) Unternehmens,
- das **Besitzunternehmen** überlässt wesentliche Betriebsgrundlagen (insb. bebaute und/oder unbebaute Grundstücke) an das Betriebsunternehmen.

2 Das Besitzunternehmen kann dabei
- ein Einzelunternehmen (natürliche Person als Inhaber),
- eine Personen- oder Personenhandelsgesellschaft,
- eine Kapitalgesellschaft oder
- eine sonstige Personenmehrheit, insbesondere etwa eine Erbengemeinschaft, Bruchteils-gemeinschaft, Wohnungseigentümergemeinschaft, eheliche Gütergemeinschaft oder sonstige Gesamthand

sein.[1] Weil auch ein Einzelunternehmen als Besitzunternehmen fungieren kann, ist es geboten, vom Besitzunternehmen, nicht von der Besitzgesellschaft zu sprechen.

3 Zum Teil werden in der Literatur zur Begriffsabgrenzung für diesen Sachverhalt anstelle der Bezeichnung „Betriebsaufspaltung" auch die Bezeichnungen „**Doppelgesellschaft**" oder „**Doppelunternehmen**" gebraucht. Im Umwandlungsgesetz 1995 wird das Besitzunterneh-

---

1 Dazu *Schmidt/Wacker,* EStG, § 15 Rn 800, 807 m.w.N.

men für eine besondere Spaltungssituation auch als **Anlagengesellschaft** bezeichnet (§ 134 UmwG).

Vielfach anzutreffen ist auch die Aufspaltung in drei Unternehmen, und zwar in ein Besitz- **4** unternehmen, eine Betriebsgesellschaft und eine **Vertriebsgesellschaft**. Dabei sind die Gesellschaften, insbesondere bei mehrfacher Aufspaltung, untereinander und aneinander beteiligt, bzw. es besteht ganz oder teilweise Gesellschafteridentität.

Die bloße **Verwaltung eigenen Vermögens** stellt regelmäßig keine gewerbliche Tätigkeit **5** dar. Vermietung und Verpachtung von Immobilien und sonstigem Anlagevermögen und/oder die Verpachtung eines Gewerbebetriebes sind deshalb grundsätzlich ihrerseits nicht als Gewerbebetrieb anzusehen.[2] Nach den allgemeinen steuerlichen Grundsätzen wäre zu unterstellen, dass das Besitzunternehmen nicht (mehr) gewerblich tätig ist, weil es nicht (mehr) am allgemeinen wirtschaftlichen Verkehr teilnimmt, sondern nur noch für das Betriebsunternehmen tätig ist. Dies hätte für das Besitzunternehmen u.a. den Vorteil, dass seine Vermögensbestandteile ggf. als **Privatvermögen** zu qualifizieren wären, es nicht gewerbesteuerpflichtig wäre und seine Einkünfte wären einkommensteuerrechtlich als Einkünfte aus Vermietung und Verpachtung anzusehen.

Allerdings betrachtet die finanzgerichtliche Rechtsprechung unter den nachstehend ge- **6** nannten Voraussetzungen im Rahmen der sog. **wirtschaftlichen Betrachtungsweise** das Betriebs- und das Besitzunternehmen als Einheit.[3]

Die Vermietung von Wirtschaftsgütern wird nach ständiger Rechtsprechung des BFH dann **7** als eine über eine reine Vermögensverwaltung hinausgehende **gewerbliche Tätigkeit** angesehen, wenn das vermietende Unternehmen (Besitzunternehmen) mit dem mietenden Unternehmen (Betriebsgesellschaft) sachlich und personell verflochten ist (Betriebsaufspaltung).[4]

Zwischen Besitz- und Betriebsunternehmen muss dafür kumulativ sowohl **8**
- eine sachliche Verflechtung als auch
- eine personelle Verflechtung (Beherrschungsidentität)

gegeben sein, so dass ein einheitlicher geschäftlicher Betätigungswille unterstellt werden kann. Wesensmerkmal ist also, dass das Besitzunternehmen und die Betriebsgesellschaft zwar rechtlich getrennt aber tatsächlich mit gleichgerichteten wirtschaftlichen Interessen unter einem **einheitlichen geschäftlichen Betätigungswillen** geführt werden.[5]

2. Arten der Betriebsaufspaltung

Die verschiedenen Arten und Formen der Betriebsaufspaltung[6] lassen sich sowohl hinsichtlich **9** ihres Entstehens als auch hinsichtlich ihrer wirtschaftlichen oder gesellschaftsrechtlichen Konstruktion klassifizieren, also nach dem **Entstehungsweg** und -zeitpunkt der beteiligten Unternehmen/Gesellschaften oder nach deren **Rechtsform**:
- Echte Betriebsaufspaltung
- Unechte Betriebsaufspaltung
- Klassische Betriebsaufspaltung
- Umgekehrte Betriebsaufspaltung
- Kapitalistische Betriebsaufspaltung
- Mitunternehmerische Betriebsaufspaltung

---

2 Vgl. Abschn. 137 Abs. 1 EStR 1996; R 15.7 EStR 2006.
3 Grundlegender Beschluss des BFH v. 8.11.1971 – GrS 2/71, BFH GS BStBl II 1972, 63.
4 Siehe etwa BFH BFHE 191, 295 = BStBl II 2000, 417; BFH BStBl II 2005, 340.
5 BFH BStBl II 1972, 63; H 137 Abs. 6 EStR 1996.
6 Dazu *Braun/Günther*, Das Steuer-Handbuch, „Betriebsaufspaltung", Rn 2ff.; *Heidel/Pauly*, § 4 Rn 30f., 43ff.; Peter/Crezelius/*Glade*, Kap.E. „Betriebsaufspaltung", Rn 1142ff.

– Überlagerte Betriebsaufspaltung
– Qualifizierte Betriebsaufspaltung.

10 Eine **unechte Betriebsaufspaltung** liegt vor, wenn die Aufteilung schon vor dem Beginn der betrieblichen Tätigkeit erfolgt ist, eine **echte Betriebsaufspaltung**, wenn dies erst später erfolgt ist; rechtliche Konsequenzen sind an diese Unterscheidung nicht geknüpft (siehe aber Rn 141 ff.).[7] Teilweise wird auch dann von „unechter" Betriebsaufspaltung gesprochen, wenn das Besitzunternehmen erst nach Gründung des Betriebsunternehmens entstanden ist.[8]

11 Die **klassische Betriebsaufspaltung** liegt vor, wenn das Besitzunternehmen ein Personenunternehmen und das Betriebsunternehmen eine Kapitalgesellschaft ist, also eine GmbH, UG (haftungsbeschränkt), eine Limited, eine Aktiengesellschaft[9] oder eine Genossenschaft[10]. Sie galt bis zur Unternehmenssteuerreform „regelmäßig als steueroptimale Rechtsform".[11] Die Unternehmenssteuerreform hat aber viele Vorteile zunichte gemacht.[12]

12 Nach Auffassung des BFH liegt eine **umgekehrte Betriebsaufspaltung** vor, wenn eine Beherrschung der Besitzkapitalgesellschaft durch die Betriebspersonengesellschaft nachzuweisen ist, eine direkte gesellschaftsrechtliche Beteiligung ist dazu nicht zwangsläufig erforderlich.[13] Üblicherweise wird bei einer umgekehrten Betriebsaufspaltung eine vorhandene Kapitalgesellschaft gespalten bzw. aufgeteilt.[14] Die Gesellschafter gründen eine Personengesellschaft, an die das Anlage- und/oder das Umlaufvermögen verpachtet wird. Besitzgesellschaft ist also eine Kapitalgesellschaft (i.d.R. GmbH), Betriebsgesellschaft eine Personengesellschaft. Hat die Betriebsgesellschaft die Rechtsform einer Personengesellschaft, ist eine Betriebsaufspaltung dann gegeben, wenn die Anteile an der Besitzkapitalgesellschaft **Sonderbetriebsvermögen** der Gesellschafter der Betriebspersonengesellschaft sind.[15]

13 Unter einer **kapitalistischen Betriebsaufspaltung** versteht man die Aufspaltung einer bestehenden Kapitalgesellschaft, insbesondere GmbH oder AG, in eine Besitz- und in eine Betriebskapitalgesellschaft.[16] Zu beachten ist jedoch, dass eine sog. kapitalistische Betriebsaufspaltung nur dann vorliegen kann, wenn die Kapitalgesellschaft selbst an der anderen Kapitalgesellschaft als Gesellschafterin beherrschend beteiligt ist.

---

14 Wichtig

Daher ist keine Betriebsaufspaltung gegeben, wenn nur die Gesellschafter der Besitzkapitalgesellschaft an der Betriebskapitalgesellschaft beteiligt sind, also sog. **Schwestergesellschaften** vorliegen. In der ständigen Rechtsprechung des BFH wird dies damit begründet, dass bei einer Besitzkapitalgesellschaft das Abstellen auf ihre Gesellschafter einem steuerlich unzulässigen Durchgriff durch die Kapitalgesellschaft gleichkommen würde.[17]

---

7 *Braun/Günther*, Das Steuer-Handbuch, „Betriebsaufspaltung", Rn 3; Peter/Crezelius/*Glade*, Kap.E. „Betriebsaufspaltung", Rn 1143.
8 *Braun/Günther*, Das Steuer-Handbuch, „Betriebsaufspaltung", Rn 4; dazu auch BFH BStBl II 1991, 773.
9 BFH GmbHR 2011, 887; dazu EWiR 2011, 741 (*Jungbluth*); *Wachter*, DStR 2011, 1599.
10 BFH DStR 2011, 2236; dazu *Stoschek/Sommerfeld*, DStR 2012, 215.
11 *Kessler/Teufel*, BB 2001, 17.
12 *Kessler/Teufel*, BB 2001, 17, 25.
13 Vgl. BFH BStBl II 1995, 75; Carlé/Carlé/*Bauschatz*, Betriebsaufspaltung, S. 191.
14 Peter/Crezelius/*Glade*, Kap.E. „Betriebsaufspaltung", Rn 1186.
15 Vgl. BFH BStBl II 1993, 723.
16 *Heidel/Pauly*, § 4 Rn 42; dazu BFH NV 1998, 1258.
17 Vgl. BFH BStBl II 1980, 77.

Bei der **mitunternehmerischen Betriebsaufspaltung** hat die Betriebsgesellschaft und auch die 15
Besitzgesellschaft die Rechtsform eines Personenunternehmens.[18] Im Unterschied zur klassischen Betriebsaufspaltung wird also die mitunternehmerische Betriebsaufspaltung so ausgestaltet, dass auch die Betriebsgesellschaft als Personengesellschaft geführt wird. Die Anerkennung
der mitunternehmerischen Betriebsaufspaltung durch den BFH erfolgte erst in den neunziger
Jahren.[19] Möglich sind dabei auch Schwestergesellschaften sowie die Beteiligung der Besitz- an
der Betriebsgesellschaft. Bei einer 100%igen Beteiligung entsteht unter Einsatz einer GmbH &
Co. KG als Besitzgesellschaft eine **Einheits-Betriebsaufspaltung**.[20]

Bei der **überlagerten Betriebsaufspaltung** unterhält das Besitzunternehmen selbst auch 16
noch einen eigenen Gewerbebetrieb.[21]

Bei der **qualifizierten Betriebsaufspaltung** – die insoweit als echte oder als unechte Be- 17
triebsaufspaltung entstehen kann – überlässt das Besitzunternehmen der Betriebsgesellschaft
alle wesentlichen Betriebsgrundlagen.[22]

Schließlich gibt es in der Gestaltungspraxis auch die sog. **funktionale Betriebsaufspal-** 18
tung: Dabei wird die unternehmerische Tätigkeit in eine Produktions- und in eine Vertriebsgesellschaft aufgespalten.

3. Gründe für die Betriebsaufspaltung

Die Betriebsaufspaltung beruht üblicherweise zunächst auf **haftungsrechtlichen Motiven**. Sie 19
dient der Trennung des unternehmerischen Risikos vom werthaltigen unternehmensgebunde-
nen Vermögen.

Darüber hinaus ist das werthaltige Vermögen des Besitzunternehmens, insbesondere das 20
Immobilienvermögen, häufig für **lebzeitige Übertragungen** im Familienkreis vorgesehen. Familienangehörigen kann so erbschaft- und schenkungteuerlich privilegiert im Wege der „gestreckten" Übertragung schon vorzeitig etwas zugewandt werden und einkommensteuerlich
kann dabei sogleich eine Aufteilung der Einkommensquelle erreicht werden.

Ferner wird durch die Betriebsaufspaltung eine isolierte **Fremdgeschäftsführung** in der 21
Betriebsgesellschaft ermöglicht.

Praxistipp 22

Die Betriebsgesellschaft ist i.d.R. eine kleine Kapitalgesellschaft (§§ 267, 325 ff. HGB). Sie unterliegt dann einer
erleichterten **Publizitätsverpflichtung**. Hinsichtlich des als Personenunternehmens geführten Besitzunternehmens
besteht regelmäßig überhaupt keine Publizitätsverpflichtung, es sei denn, es wird als GmbH & Co. KG geführt.

Engelsing/Sievert[23] nennen fünf wesentliche Beweggründe, die außerhalb des unmittelbaren 23
Bereiches der Steuerplanung von Bedeutung sein können:

– Beschränkte Haftung durch Trennung von Besitz und Betriebsrisiko
– Vermiedene Auflösungsgefahr aus persönlichen Gründen (siehe u.a. § 131 HGB)
– Kontinuität des Unternehmens bei gleichzeitiger Vermeidung von Risiken
– Erleichterter Generationenwechsel
– Nichtanwendbarkeit von Mitbestimmungs- und Publizitätsregelungen.

---

18 Dazu BFH DStR 1996, 1521; BFH DStRE 1999, 215; dazu auch *Söffing*, DStR 2001, 158.
19 Siehe etwa BFH BStBl II 1998, 325; BFH BStBl II 1999, 483; kritisch *Söffing*, Betriebsaufspaltung, S. 179; *Söffing*,
DStR 2001, 158.
20 Vgl. Carlé/Carlé/*Bauschatz*, Betriebsaufspaltung, S. 172 f.
21 *Schmidt*, EStG, § 15 Rn 803 m.w.N.; *Rödder*, FR 1998, 401, 409.
22 BFH BStBl II 2002, 527; *Schmidt*, EStG, § 15 Rn 803 m.w.N.
23 *Engelsing/Sievert*, SteuerStud 2003, 624.

24 Andererseits bleiben einige **steuerliche Vorteile** erhalten, die die Betriebsaufspaltung als interessant erscheinen lassen. Die steuerlichen Vorteile der Betriebsaufspaltung liegen weniger im ertragsteuerlichen Bereich, sondern vor allem **im gewerbesteuerlichen Bereich**.[24] Diese ergeben sich dort durch
- die Abzugsfähigkeit des Geschäftsführergehaltes als Betriebsausgabe bei der Betriebs-GmbH und
- die Abzugsfähigkeit der Rückstellungen bzw. sonstigen Leistungen zur Altersversorgung der geschäftsführenden Gesellschafter.

4. Personelle Verflechtung
a) Einheitlicher geschäftlicher Betätigungswille durch Beherrschung
25 Besitzunternehmen und Betriebsgesellschaft müssen von einem **einheitlichen geschäftlichen Betätigungswillen** getragen sein.[25] Dieser liegt vor, wenn die Person oder die Personenmehrheit, die das Besitzunternehmen tatsächlich beherrscht, in der Lage ist, auch in der Betriebsgesellschaft ihren Willen durchzusetzen. Beherrschung bedeutet, dass der Inhaber bzw. die Gesellschafter des Besitzunternehmens ihren Willen auch bei der Betriebsgesellschaft durchsetzen können.

26 Die Entscheidung der Frage der Beherrschung richtet sich nach Gesellschaftsrecht. Dazu bedarf es der **Mehrheit der Stimmen**. Die Anzahl der Stimmen richtet sich grundsätzlich – wenn nichts anderes vereinbart ist – nach dem Umfang der Anteile. In der Regel bedarf es also der Mehrheit der Anteile, d.h. bei einer Betriebs-GmbH mehr als 50 % der Anteile. Die Beherrschung kraft Stimmenmehrheit indiziert dann das Vorliegen eines einheitlichen geschäftlichen Betätigungswillens.

27 Für die personelle Verflechtung ist nicht erforderlich, dass an beiden Unternehmen die gleichen **Beteiligungsquoten** derselben Personen bestehen. Es genügt, dass die Personen, die das Besitzunternehmen tatsächlich beherrschen, tatsächlich in der Lage sind, auch in dem Betriebsunternehmen ihren Willen durchzusetzen (und umgekehrt). Eine tatsächliche Nutzung der Stimmenmehrheit zur Beherrschung durch den Mehrheitsgesellschafter ist dabei nicht erforderlich.[26] Sog. Beteiligungsidentität ist also nicht erforderlich, es reicht sog. **Beherrschungsidentität** aus.[27] Besonderheiten gelten bei **Nießbrauchsgestaltungen**.[28]

---

28 **Beispiel**
Das FG Niedersachsen bejaht auf der Grundlage der Beherrschungsidentität auch ohne weiteres das Vorliegen des Merkmals einer **finanziellen Eingliederung** i.S. einer umsatzsteuerlichen Organschaft.[29]

---

29 Bei der Beteiligung mehrerer Gesellschafter lassen sich folgende **Fallgruppen** unterscheiden:
- Beteiligung nur derselben Personen an Besitz- und Betriebsgesellschaft („Sowohl-als-auch-Gesellschafter"): Personelle Verflechtung ist in aller Regel gegeben.
- Besonderheiten sind bei den Mischformen zu beachten (etwa bei einem Stimmrechtsverbot und bei einem Einstimmigkeitsprinzip):

---

24 Dazu im Einzelnen Arens/Tepper/*Arens*, Praxisformularbuch Gesellschaftsrecht, § 11 Rn 9 ff. m.w.N.
25 BFH GS v. 8.11.1971, BStBl II 1972, 63; BFH BStBl II 1994, 466; BFH BStBl II 1997, 437; *Heidel/Pauly*, Steuerrecht in der anwaltlichen Praxis, § 4 Rn 37 f.
26 FG München DStRE 2004, 806; zum Hinzuerwerb von Anteilen im Erbgang FG München DStRE 2005, 806.
27 Vgl. BFH BStBl II 1987, 858; BFH BB 1994, 1195 = DB 1994, 1222; BFH DStR 1997, 64; BFH GmbHR 2000, 575; FG Schleswig-Holstein DStRE 2001, 626.
28 Dazu *Rund*, GmbHR 2006, 1325.
29 FG Niedersachsen DStRE 2006, 1136.

- Einzelne Beteiligte sind nur Gesellschafter des Besitzunternehmens (sog. Nur-Besitz-gesellschafter).
- Einzelne Beteiligte sind nur Gesellschafter des Betriebsunternehmens (sog. Nur-Betriebsgesellschafter).
- Beteiligung von Nur-Besitzgesellschaftern und von Nur-Betriebsgesellschaftern, neben weiteren, an beiden Unternehmen beteiligten Gesellschaftern.
- Keinerlei Identität der an beiden Gesellschaften beteiligten Gesellschafter (dann kommt nur bei einer mittelbaren Beherrschung oder faktischen Beherrschung ausnahmsweise die Annahme einer steuerlichen Betriebsaufspaltung in Betracht).

Von besonderer Bedeutung ist die **Personengruppentheorie**.[30] Beherrschung liegt danach **30** auch vor, wenn die beiden Unternehmen von einer durch gleichgerichtete Interessen verbundenen „geschlossenen Personengruppe" dominiert werden (können). Das gilt auch dann, wenn die Gesellschafter in jeweils unterschiedlicher Höhe an den beiden Unternehmen beteiligt sind.[31]

Die Personengruppentheorie **gilt ausnahmsweise nicht** **31**
- bei extrem konträren Beteiligungsverhältnissen in beiden Gesellschaften, weil dann aufgrund dieser konträren Beteiligungsrelation divergierende wirtschaftliche Interessen vermutet werden müssen,[32]
- wenn das Bestehen einer Gruppe mit einheitlichem Betätigungswillen durch wirksame besondere Stimmrechtsvereinbarungen zugunsten Dritter widerlegt wird oder
- wenn nachweisbare Interessengegensätze bestehen. Die Interessengegensätze dürfen dabei aber nicht nur möglich erscheinen, sondern müssen durch konkrete Tatsachen nachgewiesen werden (z.B. durch Rechtsstreitigkeiten). Es genügt nicht, dass irgendwelche Streitigkeiten bestehen, sondern die Interessenkollision muss so beschaffen sein, dass der auf Besitz- und Betriebsgesellschaft bezogene einheitliche Betätigungswille nicht mehr besteht.

Die Personengruppentheorie gilt auch für **Familienangehörige**[33] (wegen der Zusammenrech- **32** nung der Anteile von Eheleuten siehe Rn 92 ff.)

Das Handeln eines **Testamentsvollstreckers** (hier: Dauervollstreckung) ist den Erben auch **33** im Rahmen der Beurteilung der personellen Verflechtung von Besitz- und Betriebsunternehmen zuzurechnen.[34] Nach Auffassung des FG Münster soll auch eine Testamentsvollstreckung, die nur eines der an der Betriebsaufspaltung beteiligten Unternehmen betrifft (hier: Betriebsgesellschaft), der Annahme einer personellen Verflechtung und damit einer Betriebsaufspaltung nicht entgegenstehen, weil die Erben sich das Verhalten des Testamentsvollstreckers als eigenes zurechnen lassen müssten.[35]

b) Beherrschung beim Besitzunternehmen
Bei Besitzunternehmen in der Rechtsform der GbR, Bruchteilsgemeinschaft oder Personenhan- **34** delsgesellschaft (OHG, KG oder GmbH & Co. KG) liegt eine Beherrschung unter folgenden Voraussetzungen vor:

---

30 Dazu *Schmidt*, EStG, § 15 Rn 820 ff.; zuletzt BFH BStBl II 2000, 417.
31 BFH BStBl II 2000, 417.
32 BFH BStBl II 1989, 152.
33 Siehe etwa *Brandenburg/Künn*, NZG 2002, 904.
34 BFH DStR 2008, 1679 = GmbHR 2008, 1043; dazu *Knatz*, DStR 2009, 27.
35 FG Münster v. 3.3.2005 – 5 K 3631/03 F, 5 K 3724/03 F, 5 K 3722/03 F, 5 K 3711/03 F, ZErb 2005, 13; ähnlich BFH DStR 1995, 1423 zur Rolle des Treuhänders.

– Die Personen, die die Mehrheit der Stimmen in der Betriebsgesellschaft haben, müssen auch in der Besitzgesellschaft **mindestens** über die **einfache Mehrheit der Stimmen** verfügen und

– bei der Besitzgesellschaft muss zumindest für Entscheidungen über die „Geschäfte des täglichen Lebens" die einfache Mehrheit der Stimmen dieser Person oder Personengruppe genügen. Falls eine qualifizierte Mehrheit erforderlich ist, müssen die für eine Beherrschung in Frage kommenden Personen über diese qualifizierte Mehrheit bei der Besitzgesellschaft verfügen. Dann genügt die **Stimmenmacht für die Geschäfte des täglichen Lebens** der Gesellschaft, d.h. eine Beherrschung liegt auch dann vor, wenn Grundlagenentscheidungen (wie etwa Satzungsänderungen, Aufnahme neuer Gesellschafter, Umwandlungen etc.) einer größeren Mehrheit bedürfen. Wer über die Geschäfte des täglichen Lebens entscheidet, ergibt sich aus Gesetz (vgl. etwa § 745 BGB) oder dem Gesellschaftsvertrag (vgl. § 709 BGB).

35 Allerdings hat der BFH trotz eines **Einstimmigkeitserfordernisses** nach dem Gesellschaftsvertrag einer Besitz-GbR eine Beherrschung durch den alleinigen **geschäftsführenden Gesellschafter** angenommen.[36]

36 Diese Ausnahmerechtsprechung hat der BFH inzwischen fortgeführt: Ein Besitzunternehmer beherrscht die Betriebskapitalgesellschaft auch dann personell, wenn er zwar über die einfache Stimmrechtsmehrheit und nicht über die im Gesellschaftsvertrag vorgeschriebene qualifizierte Mehrheit verfügt, er aber als Gesellschafter-Geschäftsführer deren **Geschäfte des täglichen Lebens** beherrscht, zumindest sofern ihm die Geschäftsführungsbefugnis nicht gegen seinen Willen entzogen werden kann.[37]

37 Probleme entstehen, wenn an der Besitzgesellschaft Gesellschafter beteiligt sind, die nicht gleichzeitig Anteile an der Betriebsgesellschaft halten („**Nur-Besitzgesellschafter**"). Zivilrechtlich ist umstritten, ob für die an beiden Unternehmen beteiligten Gesellschafter („Sowohl-als-auch-Gesellschafter") ein **Stimmrechtsverbot** für die Geschäfte mit der Betriebsgesellschaft besteht. Aus Sicht der Finanzverwaltung ist das mögliche Stimmrechtsverbot aber ohnehin unbeachtlich, wenn es tatsächlich nicht praktiziert wird und Interessenkonflikte tatsächlich nicht aufgetreten sind.

38 Besonderheiten gelten bei **Stimmrechtsvereinbarungen**[38] und bei Geltung eines **Einstimmigkeitsprinzips**.[39] Zunächst bedarf es einer Klärung der jeweiligen Rechtsregeln zur Beschlussfassung:

– Beschlussfassung bei **Personengesellschaften**: Grundsätzlich gilt nach dem gesetzlichen Regelungsstatut bei Personengesellschaften das **Einstimmigkeitsprinzip**: GbR (§ 709 Abs. 1 BGB), OHG (§ 119 Abs. 1 HGB), KG (§§ 161 Abs. 1, 119 HGB).

– Beschlussfassung bei **sonstigen Gemeinschaften**: Grundsätzlich gilt bei sonstigen Gemeinschaften bezüglich einer ordnungsgemäßen Verwaltung und Nutzung das **Mehrheitsprinzip**: Bruchteilsgemeinschaft (§ 745 Abs. 1 BGB), Wohnungseigentümergemeinschaften (§ 21 Abs. 3 WEG), Erbengemeinschaft (§ 2058 BGB).

39 Gilt für das Besitzunternehmen gesetzlich oder (gesellschafts-)vertraglich das **Einstimmigkeitsprinzip** für die Geschäfte des täglichen Lebens und ist ein Nur-Besitzgesellschafter an dem

---

36 BFH DStR 2003, 1431 = GmbHR 2003, 1020.
37 BFH BB 2006, 920, in Fortführung von BFH BFHE 181, 284 = BStBl II 1997, 44; zur Abgrenzung der laufenden Geschäfte von außergewöhnlichen Geschäften in diesem Zusammenhang siehe FG Schleswig-Holstein GmbHR 2011, 1053.
38 Zu Formerfordernissen insoweit siehe OLG Köln GmbHR 2003, 416; dazu EWiR 2003, 121 *(Frey)*.
39 BFH BStBl II 1999, 622; dazu auch BMF v. 7.10.2002, GmbHR 2002, 1088; dazu auch *Grützner*, StuB 2002, 1106; *Tiedtke/Szczesny*, DStR 2003, 757.

Besitzunternehmen beteiligt, liegt nach Auffassung des BFH[40] keine Beherrschung vor. Der Nur-Besitzgesellschafter kann durch seine **Sperrminorität** (Vetorecht) die Absichten der anderen Gesellschafter blockieren. Ebenso ist es, wenn vertraglich vereinbart ist, dass die Beschlüsse der Besitzgesellschaft nur mit qualifizierter Mehrheit erfolgen können und die Sowohl-als-auch-Gesellschafter nur die einfache Mehrheit haben. Das FG Nürnberg geht aber dann von einer anderen Rechtsauffassung aus, wenn zwar eine Einstimmigkeitsabrede vorliegt, aber einer **langjähriger, sich automatisch verlängernder Miet- bzw. Pachtvertrag** besteht.[41] Allerdings nimmt auch der BFH an, dass ein **alleiniger geschäftsführender Gesellschafter** in der Besitzgesellschaft trotz einer Einstimmigkeitsabrede diese beherrscht.[42]

Im Regelfall schließen aber nach der **Rechtsauffassung der Finanzverwaltung** das bloße **40** Vorhandensein eines Nur-Besitzgesellschafters oder die Vereinbarung einer Einstimmigkeitsklausel bei der Besitzgesellschaft die Beherrschung der Betriebsgesellschaft durch die übrigen Gesellschafter nicht aus. Der oder die beherrschenden Gesellschafter müssen nur in der Lage sein, ihren unternehmerischen Willen im Besitzunternehmen trotz der Einstimmigkeitsabrede tatsächlich zu verwirklichen. Indizien dafür sollen sich aus der Handhabung in der Vergangenheit ergeben können.[43]

In einem BMF-Schreiben vom 7.10.2002[44] vertritt die Finanzverwaltung unter Abkehr von **41** der früher vertretenen Ansicht die Auffassung, dass eine Beherrschungsidentität im Sinne der Rechtsprechung zur Betriebsaufspaltung nicht gegeben ist, wenn an einer Besitzgesellschaft neben der mehrheitlich bei der Betriebsgesellschaft beteiligten Person oder Personengruppe mindestens ein weiterer Gesellschafter beteiligt ist (sog. **Nur-Besitzgesellschafter**) und Beschlüsse der Gesellschafterversammlung wegen vertraglicher oder gesetzlicher Bestimmungen **einstimmig** gefasst werden müssen.

Zugleich enthält das BMF-Schreiben **Übergangsregelungen**. In den Fällen, in denen in der **42** Vergangenheit von einer echten Betriebsaufspaltung ausgegangen worden ist, die personelle Verflechtung aber nach der BFH-Rechtsprechung zu keinem Zeitpunkt bestanden hat, sollen die der „Betriebsgesellschaft" überlassenen Wirtschaftsgüter – sofern sie nicht aus anderen Gründen dem Betriebsvermögen zuzurechnen sind – in dem Zeitpunkt als entnommen angesehen werden, ab dem die Betriebsaufspaltung angenommen worden ist. Sind die Bescheide des entsprechenden Veranlagungszeitraums bereits bestandskräftig, sollen sie nach § 174 Abs. 3 AO 1977 zu ändern sein. Zur Begründung heißt es, vor dem Ergehen der einschlägigen BFH-Urteile hätten die Finanzämter aufgrund der bisherigen Rechtsauffassung auf die Besteuerung erkennbar in der Annahme verzichtet, die stillen Reserven seien in späteren Veranlagungszeiträumen steuerwirksam zu erfassen. Diese Annahme habe sich nachträglich als unzutreffend erwiesen.

Im Schrifttum wird die Richtigkeit dieser Aussage einhellig bezweifelt.[45] Der BFH hält diese **43** Zweifel für berechtigt.[46]

---

40 BFH DStR 1999, 604; BFH DStR 1999, 1184; BFH DStR 2000, 1136; BFH NV 2000, 601; BFH BStBl II 2002, 771; H 137 Abs. 6 EStR 1996; dazu auch BMF v. 7.10.2002, GmbHR 2002, 1088; dazu auch *Grützner*, StuB 2002, 1106; *Tiedtke/Szczesny*, DStR 2003, 757.
41 FG Nürnberg GmbH-Stp 2006. 343, n. rk.
42 BFH DStR 2003, 1431 = GmbHR 2003, 1020; zuvor bereits FG Nürnberg DStRE 2002, 673; ähnlich FG Münster GmbHR 2003, 668 = EFG 2003, 528; siehe zum umgekehrten Fall eines nicht von den Beschränkungen des § 181 BGB befreiten GmbH-Geschäftsführers der Betriebsgesellschaft auch BFH DStR 2007, 21.
43 BMF v. 23.1.1989, BStBl I 1989, 39.
44 BMF v. 7.10.2002, BStBl I 2002, 1028.
45 *Tiedtke/Szczesny*, NJW 2002, 3733, 3735, und *Tiedtke/Szczesny*, DStR 2003, 757, 758; *Mitsch*, INF 2002, 746, 750; *Ley/Strahl*, DStR 2002, 2057, 2060; *Kempermann*, NWB 2003 Fach 3, 12501, 12509; Schmidt/*Wacker*, EStG, § 15 Rn 825.
46 BFH BStBl II 2006, 158.

44   Allerdings hat auch der BFH trotz eines **Einstimmigkeitserfordernisses** nach dem Gesellschaftsvertrag einer Besitz-GbR eine Beherrschung durch den alleinigen **geschäftsführenden Gesellschafter** angenommen.[47]

45   Diese Ausnahmerechtsprechung hat der BFH inzwischen fortgeführt: Ein Besitzunternehmer beherrscht die Betriebskapitalgesellschaft auch dann personell, wenn er zwar über die einfache Stimmrechtsmehrheit und nicht über die im Gesellschaftsvertrag vorgeschriebene qualifizierte Mehrheit verfügt, er aber als Gesellschafter-Geschäftsführer deren **Geschäfte des täglichen Lebens** beherrscht, zumindest sofern ihm die Geschäftsführungsbefugnis nicht gegen seinen Willen entzogen werden kann.[48]

c) Beherrschung bei der Betriebsgesellschaft

46 Es genügt die **einfache Mehrheit der Stimmen**, wenn die Betriebsgesellschaft eine GmbH ist. Das ggf. aus § 47 Abs. 4 GmbHG resultierende Stimmrechtsverbot für Sowohl-als-auch-Gesellschafter für Geschäfte mit der Besitzgesellschaft hat hier keine besondere Bedeutung. Das wird mit folgender Überlegung begründet: Maßgeblich ist auch hier die Beherrschung der Geschäfte des täglichen Lebens. Diese werden vom Geschäftsführer entschieden. Über die Bestellung des Geschäftsführers entscheidet aber regelmäßig die Stimmenmehrheit der Sowohl-als-auch Gesellschafter.[49]

47   Die Vereinbarung, dass GmbH-Beschlüsse nur einstimmig gefasst werden dürfen, verhindert nach der Rechtsauffassung der Finanzverwaltung i.d.R. die Beherrschung auch dann nicht, wenn neben den Sowohl-als-auch-Gesellschaftern auch Nur-Betriebsgesellschafter vorhanden sind. Wenn sich aus der praktischen Handhabung ergebe, dass das Einstimmigkeitsprinzip nur formaler Natur und praktisch bedeutungslos sei, sei die Beherrschung also auch dann anzunehmen, wenn neben den Sowohl-als-auch-Gesellschaftern auch Nur-Betriebsgesellschafter beteiligt sind. Entsprechendes gelte bei der Vereinbarung qualifizierter Abstimmungsmehrheiten.[50]

48   Die Beherrschung kann sich auch bei nur **mittelbarer Beteiligung** ergeben, also dadurch, dass ein Gesellschafter nicht unmittelbar an einem Betriebsunternehmen beteiligt ist, sondern über Mehrheitsbeteiligungen an zwischengeschalteten Gesellschaften.[51] Entsprechendes gilt bei Zwischenschaltung einer Zwischenvermietungsgesellschaft, die der Allein- oder Mehrheitsgesellschafter als Zwischen(ver)mieterin einsetzt.[52]

49   Normalerweise erfordert die „Beherrschung" eine Stimmrechtsmehrheit bei Besitz- und Betriebsgesellschaft. In extremen Ausnahmefällen kann sich die Beherrschung – ohne Stimmenmehrheit – aufgrund einer durch die Besonderheiten des Einzelfalles bedingten tatsächlichen Machtstellung eines Beteiligten oder einer Beteiligtengruppe ergeben (**faktische Beherrschung**).[53]

d) Besonderheiten bei der Beteiligung von Ehegatten

50 Nach früherer Rechtsprechung und Auffassung der Finanzverwaltung sollte eine zumindest **widerlegbare Vermutung** bestehen, dass Ehegatten zumindest bei intakter Ehe einen einheitli-

---

47 BFH DStR 2003, 1431 = GmbHR 2003, 1020.
48 BFH BB 2006, 920, in Fortführung von BFH BFHE 181, 284 = BStBl II 1997, 44; zur Abgrenzung der laufenden Geschäfte von außergewöhnlichen Geschäften in diesem Zusammenhang siehe FG Schleswig-Holstein GmbHR 2011, 1053.
49 BFH BStBl II 1991, 405; BFH BStBl II 1993, 876.
50 BMF v. 23.1.1989, BStBl I 1989, 39; vgl. auch BFH BStBl II 1997, 44.
51 BFH BStBl II 1982, 60; BFH BStBl II 1993, 134.
52 BFH DStR 2002, 260.
53 Siehe H 137 Abs. 6 EStR 1996 unter „Faktische Beherrschung" mit Beispielen; BFH BStBl II 1997, 437; BFH BStBl II 1999, 445; BFH BStBl II 2000, 417; FG Düsseldorf GmbHR 1997, 559.

chen geschäftlichen Betätigungswillen haben und deshalb zur Ermittlung, ob eine Beherrschungsidentität vorliegt, ihre Gesellschaftsanteile zusammengerechnet werden können.

Dem ist das **BVerfG** mit Beschluss vom 12.3.1985 entgegengetreten.[54] Danach kommt eine Zusammenrechnung der Anteile der Eheleute nur noch dann in Betracht, wenn dafür zusätzliche, konkrete Umstände vorliegen. Dies gilt zumindest dann, wenn nur an einem der beiden Unternehmen ein Ehegatte mehrheitlich beteiligt ist und im anderen Unternehmen lediglich beide Ehegatten zusammen die Mehrheit der Anteile halten.[55] Allein der Umstand, dass die Vertragsparteien Eheleute sind, führt also nicht (mehr) zu der Annahme, sie verfolgten gemeinsame Interessen.[56]   51

Allerdings will das FG Niedersachsen schon dann einen solchen einheitlichen geschäftlichen Betätigungswillen von Ehegatten annehmen, wenn sie schon beim **Begründungsvorgang** der Betriebsaufspaltung – Errichtung der Besitz- und der Betriebsgesellschaft und Anschaffung der Betriebsimmobilie – zusammengewirkt haben.[57]   52

Sind beide Eheleute an jeweils beiden Unternehmen zusammen mehrheitlich beteiligt, so wird nach der **Personengruppentheorie** ohnehin – wie bei mehrheitlicher Beteiligung fremder Dritter in beiden Unternehmen – eine Beherrschungsidentität grundsätzlich angenommen, da zumindest die Möglichkeit besteht, durch koordiniertes Abstimmungsverhalten bei gleichgerichteten Interessen beide Unternehmen zu beherrschen.[58] Das gilt auch dann, wenn die Beteiligungsverhältnisse in Besitz- und Betriebsgesellschaft umgekehrt gestaltet sind[59] bzw. keiner der beiden Ehegatten, jeweils für sich gesehen, in der Besitz- und der Betriebsgesellschaft die Mehrheit der Anteile hält.[60]   53

Andererseits ist aber eine Betriebsaufspaltung aufgrund **faktischer Beherrschung** der Betriebsgesellschaft durch die Gesellschafter des Besitzunternehmens nicht bereits deshalb anzunehmen, weil die das Besitzunternehmen beherrschenden Ehemänner der an der Betriebsgesellschaft beteiligten Gesellschafterinnen in der Betriebsgesellschaft angestellt sind, und der Gesellschaftsvertrag der Betriebsgesellschaft vorsieht, dass die Geschäftsanteile der Ehefrauen bei Beendigung der Anstellungsverträge der Ehemänner eingezogen werden können.[61]   54

Als Konsequenz aus dem Beschluss des BVerfG vom 12.3.1985 und der sich daran anschließenden Rechtsprechung des BFH[62] hat sich in der Praxis das sog. **Wiesbadener Modell** entwickelt. Das Wiesbadener Modell beschreibt eine Gestaltung, bei der sich an dem Besitzunternehmen der eine Ehegatte und an dem Betriebsunternehmen der andere Ehegatte beteiligt. Die Rechtsprechung[63] geht in diesen Fällen davon aus, dass keine personelle Verflechtung vorliegt; damit können auch keine negativen gewerbesteuerlichen Folgen entstehen. Derjenige Ehegatte, der das Besitzunternehmen beherrscht, erzielt also Einkünfte aus Vermietung und Verpachtung und unterliegt damit nicht der Gewerbesteuer.   55

Praxistipp   56
Mögliche Probleme bei Trennung bzw. Scheidung der Ehegatten sollten durch frühzeitige vertragliche Regelungen vermieden bzw. gemildert werden.

---

54 BVerfG BStBl II 1985, 475; vgl. aber auch BVerfG v. 13. und 20.1.1995, GmbHR 1995, 308 f.
55 Vgl. BFH BStBl II 1986, 362 und BFH BStBl II 1986, 913.
56 St.Rspr., BFH BFHE 187, 260 = BStBl II 1999, 445, m.w.N; BFH BStBl II 2005, 340.
57 FG Niedersachsen DStRE 1999, 177.
58 Vgl. BFH BStBl II 1986, 364 und BFH BB 1993, 2354 bei ehelicher Gütergemeinschaft; zuletzt FG Schleswig-Holstein DStRE 2001, 626.
59 FG Niedersachsen GmbHR 1998, 1246.
60 BFH GmbHR 2000, 575.
61 BFH BStBl II 1999, 445.
62 BFH BStBl II 1986, 359; BFH BStBl II 1987, 28.
63 BFH BStBl II 1986, 359 und BFH BStBl II 1987, 28; siehe dazu auch H 137 Abs. 7 zu EStR 1996.

5. Sachliche Verflechtung
a) Wesentliche Betriebsgrundlage

57 Sachliche Verflechtung ist gegeben, wenn das Besitzunternehmen dem Betriebsunternehmen mindestens eine wesentliche Betriebsgrundlage zur Nutzung überlässt.[64] Die **Überlassung wenigstens einer für den Betrieb der Betriebsgesellschaft wesentlichen Betriebsgrundlage** genügt. Es müssen also nicht alle wesentlichen Betriebsgrundlagen von dem Besitzunternehmen überlassen werden. Ob der überlassene Gegenstand auch für das Besitzunternehmen eine wesentliche Betriebsgrundlage darstellt, ist unerheblich. Die Überlassung kann sowohl entgeltlich als auch teilentgeltlich oder unentgeltlich durch das Besitzunternehmen erfolgen.[65] Es ist nicht erforderlich, dass das Besitzunternehmen Eigentümer der wesentlichen Betriebsgrundlagen ist. Auch die Untervermietung bzw. -verpachtung durch das Besitzunternehmen kann also ausreichend sein.[66] Der BFH hat auch die Überlassung eines unbebauten Grundstücks im Wege der **Erbbaurechtsgewährung** durch das Besitzunternehmen an die Betriebsgesellschaft zum Zwecke der Bebauung mit einem Betriebsgebäude für die Besitzgesellschaft als „sachliche Verflechtung" angesehen.[67]

58 Die **Wesentlichkeit** richtet sich nach den sachlichen Betriebserfordernissen im konkreten Betriebsunternehmen (sog. funktionale Betrachtungsweise). Wesentlich sind die Wirtschaftsgüter, die **zur Erreichung des Betriebszweckes erforderlich** sind und **besondere Bedeutung für die Betriebsführung** besitzen.[68] Das ist vor allem bei Wirtschaftsgütern des Anlagevermögens anzunehmen, die für den Betriebsablauf unerlässlich sind, so dass ein gedachter Erwerber den Betrieb nur mit ihrer Hilfe in der bisherigen Form fortführen könnte; sie werden benötigt, um den Betrieb als intakte Wirtschafts- und Organisationseinheit zu erhalten. Bei der Beurteilung der Betriebsaufspaltung ist ein Wirtschaftsgut aber nicht allein wegen seiner stillen Reserven „wesentlich".

59 Die höchstrichterliche Rechtsprechung hat eine **absolute oder relative Unwesentlichkeitsgrenze** bisher nicht festgelegt hat. Der BFH hat mit Urt. v. 21.6.2000[69] bei einem Größenverhältnis von 16 v.H. zur gesamten von der Betriebsgesellschaft genutzten Fläche eine untergeordnete wirtschaftliche Bedeutung verneint; zugleich lässt er in dieser Entscheidung dahinstehen, ob es insoweit eine absolute Untergrenze gibt und wo sie ggf. anzusetzen wäre. Bei den Einkünften aus Land- und Forstwirtschaft vertritt hingegen der BFH seit langem die Auffassung, dass Flächen von **nicht mehr als 10 v.H.** im Allgemeinen nicht als wesentliche Betriebsgrundlagen angesehen werden können.[70]

60 Auch in anderen Bereichen existiert im Steuerrecht eine 10 v.H.-Grenze, wenn es um die Frage geht, ob eine „untergeordnete Bedeutung" vorliegt.[71] Der BFH spricht in seiner Entscheidung vom 2.10.2003[72] von einer auch „sonst im Steuerrecht allgemein anerkannten Geringfügigkeitsgrenze" bei weniger als 10 v.H. Auch nach Auffassung des FG Köln[73] liegt jedenfalls dann keine wesentliche Betriebsgrundlage vor, wenn das überlassene Grundstück sowohl hinsicht-

---

64 H 137 Abs. 5 EStR; Peter/Crezelius/*Glade*, E. „Betriebsaufspaltung", Rn 1177; zur Bedarfsbewertung nach § 146 BewG siehe OFD Rheinland und OFD Münster v. 4.5.2006, DStR 2006, 1551.
65 *Schmidt*, EStG, § 15 Rn 809; zur leihweisen Überlassung siehe BFH BStBl II 1991, 713.
66 BFH BStBl II 1989, 1014; BFH NV 1993, 95; *Schmidt*, EStG, § 15 Rn 809.
67 BFH GmbHR 2002, 593 m. Anm. *Bitz*.
68 BFH BStBl II 1993, 718; *Schmidt*, EStG, § 15 Rn 808.
69 BFH BFHE 196, 59 = BStBl II 2002, 537.
70 BFH NV 2005, 1062 m.w.N.; vgl. auch BFH NV 2006, 53.
71 Vgl. BFH NV 2005, 203; BFH BFHE 203, 373 = BStBl II 2004, 985 mit weiteren Hinweisen zur Geringfügigkeitsgrenze 10 v.H.: Zuordnung zum gewillkürten Betriebsvermögen, Vorsteuerabzug, begünstigte Praxisveräußerung, schädliche Nebentätigkeit bei der erweiterten Kürzung nach § 9 Nr. 1 S. 2 GewStG.
72 BFH BFHE 203, 373 = BStBl II 2004, 985; vgl. auch BFH BStBl II 2005, 130.
73 FG Köln DStR 2006, 1254.

Arens

lich des Ertrages und des Umsatzes als auch der Größe im Verhältnis zum Gesamtbetrieb der Betriebsgesellschaft nicht mehr als 10 v.H. ausmacht.

b) Einzelaspekte

Bewegliche Wirtschaftsgüter, wie z.B. Maschinen, Betriebsvorrichtungen, Einrichtungen beim 61
Produktionsunternehmen, auch wenn es sich nicht um Sonderanfertigungen handelt, sind wesentliche Betriebsgrundlage, soweit sie für die Fortsetzung des Betriebes unentbehrlich oder sie zumindest nicht jederzeit ersetzbar sind. Deshalb ist eine jederzeit ersetzbare Maschine keine wesentliche Betriebsgrundlage.[74] Eine Produktionsstraße oder eine Produktionslinie, also ein aufeinander abgestimmtes Ensemble von (Serien-)Maschinen, dürfte eine wesentliche Betriebsgrundlage sein.[75]

Für die Frage des Vorliegens einer steuerlichen Betriebsaufspaltung ist in aller Regel die 62
„Wesentlichkeit" von **Immobilien** (Grund und Boden, Gebäude, Gebäudeteile) von entscheidender Bedeutung. Die Rechtsprechung hierzu in den vergangenen Jahren war sehr uneinheitlich und wechselhaft. Unerheblich ist nach neuer Rechtsprechung, dass das Unternehmen am Markt jederzeit ein vergleichbares Grundstück erwerben könnte.[76] Bei einem Grundstück ist die erforderliche wirtschaftliche Bedeutung für das Betriebsunternehmen nach der neueren Rechtsprechung des BFH bereits dann gegeben, wenn die Betriebsführung durch die Lage des Grundstücks bestimmt wird, das Grundstück bzw. seine Bebauung auf die Bedürfnisse des Betriebs zugeschnitten ist oder das Betriebsunternehmen aus anderen innerbetrieblichen Gründen ohne ein Grundstück dieser Art den Betrieb nicht fortführen könnte.[77]

Nur ausnahmsweise wesentlich sind **unbebaute Grundstücke**. Sie sind nur dann eine we- 63
sentliche Betriebsgrundlage, wenn sie quantitativ von Gewicht und Funktion sind, z.B. als Bauplatz, oder wenn sie notwendig sind wegen eines Funktionszusammenhanges mit sonstigen Betriebsgebäuden oder wegen ihrer besonderen Lage, z.B. als Abstellflächen.[78]

Nach der **Rechtsauffassung der Finanzgerichte**[79] wird die **Wesentlichkeit** eines 64
vom Besitzunternehmen an die Betriebsgesellschaft überlassenen Grundstückes **indiziert**
durch:
- spezielle Gestaltung für die Bedürfnisse des Betriebes, etwa besondere Fundamente, Wände, Träger für Maschinen; besondere Einrichtungen (z.B. Gleisanschluss), Ausbauten für bestimmte Maschinen (Dachanhebung); Neubau durch das Besitzunternehmen speziell passend auf die individuellen Bedürfnisse dieser Betriebsgesellschaft zugeschnitten
- besondere Lage (Verkehrsanbindung, Erreichbarkeit für die Kunden oder Lieferanten)
- Größe (z.B. nutzbare Fläche)
- Aufteilung, Bauart und Grundriss eines Grundstückes/Gebäudes für bestimmte Zwecke.

Besonders schwierig ist die Beurteilung der Wesentlichkeit bei reinen **Büro- und Verwaltungs-** 65
gebäuden, zumal die Auffassung des BFH in dieser Rechtsfrage in den vergangenen Jahren oft geändert wurde.[80] Nach der Auffassung des BFH können Bürogebäude bei Unternehmen mit

---

74 BFH BStBl II 1968, 354 (Druckereieinrichtung).
75 FG Düsseldorf GmbHR 2004, 375 = EFG 2004, 41 m. Anm. *Claßen*.
76 BFH BStBl II 1992, 830; BFH BStBl II 1993, 719.
77 BFH BStBl II 1993, 718 = DB 1993, 1903, dazu OFD München v. 21.12.1994, DB 1995, 118 f. und OFD Cottbus v.
30.1.1995, GmbHR 1995, 319 = FR 1995, 288; BFH DStRE 2003, 787; BFH DStR 2003, 1292.
78 BFH BStBl II 1989, 1014.
79 BFH BStBl II 1989, 1014; BFH BStBl II 1991, 405.
80 BFH BStBl II 1997, 565 = DStR 1997, 1199 (Agentur für Werbe- und Verkaufsförderung), ähnlich FG Düsseldorf
EFG 1997, 530 (GmbH mit Planungs- und Zeichnungsarbeiten); BFH GmbHR 1998, 843 = GmbH-StB 1998, 217
(Bürogebäude einer Steuerberater-GmbH).

ausschließlich büromäßiger Tätigkeit eine wesentliche Betriebsgrundlage darstellen, so dass auch im Freiberufler- und im Dienstleistungsbereich Betriebsaufspaltungen nicht ausgeschlossen sind. Es soll ausreichen, dass das Bürogebäude „die räumliche und funktionale Grundlage für die Geschäftstätigkeit der Betriebsgesellschaft bildet".[81] Wird ein Teil eines **normalen Einfamilienhauses** von den Gesellschaftern der Betriebs-GmbH an diese als **einziges Büro** (Sitz der Geschäftsleitung) vermietet, so stellen die Räume auch dann eine wesentliche, die sachliche Verflechtung begründende Betriebsgrundlage im Sinne der Rechtsprechung zur Betriebsaufspaltung dar, wenn sie nicht für Zwecke des Betriebsunternehmens besonders hergerichtet und gestaltet sind. Das gilt jedenfalls dann, wenn der Gebäudeteil nicht die in § 8 EStDV genannten Grenzen unterschreitet.[82]

66   Nach der bisherigen Auffassung der Finanzverwaltung[83] sind Büro- und Verwaltungsgebäude zwar grundsätzlich keine wesentliche Betriebsgrundlage, im Einzelfall sollten aber Ausnahmen möglich sein. Die Finanzverwaltung hat sich der nunmehrigen Rechtsauffassung des BFH[84] inzwischen allerdings angeschlossen, wobei auf Antrag die Grundsätze aus dem BFH-Urteil – nach zweimaliger Verlängerung der Übergangsfrist – erst ab 1.1.2003 herangezogen werden.[85]

67   **Immaterielle Wirtschaftsgüter** wie Erfindungen, Patente, Lizenzen, Warenzeichen, Rezepte, Herstellungsverfahren etc. sind dann „wesentliche Betriebsgrundlage", wenn die Produktion in erheblichem Umfang darauf basiert.[86] Weitgehend ungeklärt ist allerdings noch die Frage, ob die alleinige Überlassung eines Geschäftswertes ausreichend für die Begründung einer Betriebsaufspaltung sein kann. Wird der **Geschäfts- oder Firmenwert** unentgeltlich auf das Betriebsunternehmen übertragen, so liegt hierin eine verdeckte Einlage, da der Geschäfts- oder Firmenwert ein einlagefähiges Wirtschaftsgut darstellt.[87]

68   Allein in der **Identität der Firmierung** einer Tochtergesellschaft liegt zumindest noch keine Überlassung einer wesentlichen Betriebsgrundlage.[88]

69   Pachteinnahmen, die ein Steuerberater aus der **Verpachtung des Mandantenstamms** seiner freiberuflichen Einzelpraxis an die von ihm beherrschte Steuerberatungs-GmbH erzielt, unterliegen der Gewerbesteuer, weil insoweit eine freiberufliche Betriebsaufspaltung anzunehmen ist.[89]

70   Der BFH hat in der dazu ergangenen Entscheidung über die Nichtzulassungsbeschwerden die Auffassung des FG München bestätigt:[90] In der Rechtsprechung des BFH ist geklärt, dass der **Mandantenstamm** eines Steuerberaters als **eigenständiges Wirtschaftsgut** Gegenstand eines Pachtvertrags sein kann und dass es sich dabei um „den wesentlichsten und werthaltigsten" Teil des Betriebsvermögens handelt.[91] Anerkannt ist ebenfalls, dass die vermietende oder verpach-

---

81 BFH GmbHR 2000, 1205 = DStR 2000, 1864.
82 BFH DStR 2006, 1829.
83 H 137 Abs. 5 EStR 1997; OFD Cottbus v. 30.1.1995, GmbHR 1995, 319 = FR 1995, 288; OFD München v. 21.12.1994, DB 1995, 118; geändert durch Vfg. v. 21.8.1997, DB 1999, 1878.
84 BFH GmbHR 2000, 1205 = DStR 2000, 1864.
85 BMF v. 18.9.2001, BStBl I 2001, 634 = DStR 2001, 1703: ab 1.1.2002, dann verlängert bis 1.7.2002 durch BMF v. 20.12.2001, BStBl I 2002, 88; dazu auch OFD Frankfurt/M. v. 21.2.2002 – S 2240 A – 28 St II 21; und zuletzt nochmals verlängert bis zum 31.12.2002 durch BMF v. 11.6.2002, BStBl I 2002, 647 = GmbHR 2002, 663; dazu auch *Stapelfeld*, DStR 2002, 112.
86 FG Münster DStRE 2003, 77, n.rk. (Az. d. BFH: X R 22/02).
87 Zur Behandlung des Firmenwerts bei verdeckter Einlage BFH BStBl II 1970, 553, dazu Nichtanwendungserlass des BMF v. 4.8.1976, BStBl I 1976, 418 sowie das diesen Nichtanwendungserlass bestätigende Urteil in BFH BStBl II 1987, 705.
88 BFH GmbHR 2011, 263.
89 FG München DStRE 2011, 1447.
90 BFH v. 8.4.2011 – VIII B 116/10, NV 2011, 1135.
91 BFH BFHE 182, 366 = BStBl. II 1997, 546.

Arens

tende Tätigkeit einer freiberuflichen Besitzgesellschaft im Rahmen einer freiberuflichen Betriebsaufspaltung zu Einkünften aus Gewerbebetrieb.[92]

Im Pachtvertrag sollte daher eindeutig geregelt werden, ob der Firmen- bzw. Praxiswert **71** mitverpachtet ist oder nicht. Ist der Firmen- bzw. Praxiswert mitverpachtet, sollten auch hinsichtlich des hierauf entfallenden Pachtzinses Aussagen mit in den **Pachtvertrag** aufgenommen werden. Bei Verpachtung von nur einer wesentlichen Betriebsgrundlage wird in aller Regel kein Anteil eines Firmenwertes mitverpachtet werden, sofern nicht der Firmenwert die wesentliche Betriebsgrundlage (z.B. Kundenstamm, Patente) darstellt.[93] Hinsichtlich der Pachthöhe sind im Pachtvertrag eindeutige Regelungen zu treffen. Unmissverständlich sollte auch definiert werden, ob der vereinbarte Pachtzins sich auch auf die Überlassung des Firmenwerts bezieht.

Wurde von der Betriebsgesellschaft für den Geschäftswert ein Pachtzins gezahlt, stellt sich **72** die Frage nach der Entschädigungspflicht bei Beendigung der Überlassung. Der BFH hat in diesem Zusammenhang entschieden,[94] dass in der **entschädigungslosen Rückgabe** des verpachteten Geschäftswerts, für den ein angemessener Pachtzins bezahlt wurde, selbst dann keine verdeckte Gewinnausschüttung zu sehen sei, wenn sich inzwischen beim Betriebsunternehmen nach Verbrauch des alten ein neuer originärer, unter Umständen sogar höherer Geschäftswert gebildet hat.[95]

Bloße **Darlehensgewährungen** oder **Dienstleistungen** zugunsten der Betriebsgesellschaft **73** sind nach der Rechtsprechung des BFH keine wesentlichen Betriebsgrundlagen, die (für sich gesehen) eine sachliche Verflechtung und damit eine Betriebsaufspaltung begründen könnten.[96]

c) Besonderheiten bei mehrstufigen bzw. mittelbaren Überlassungsverhältnissen

Zum notwendigen Betriebsvermögen des Besitzunternehmens gehören alle Wirtschaftsgüter, die **74** das Besitzunternehmen der Betriebsgesellschaft überlässt, denn die Vermietung von Wirtschaftsgütern an die Betriebsgesellschaft prägt die Tätigkeit des Besitzunternehmens. Werden daher dem Besitzunternehmen von einer **Eigentümergemeinschaft**, an der der Besitz-Einzelunternehmer beteiligt ist, Wirtschaftsgüter zur Weitervermietung an die Betriebsgesellschaft überlassen, sind diese in Höhe des **Miteigentumsanteils** des Besitzunternehmers als Betriebsvermögen auszuweisen.[97]

Zum notwendigen Betriebsvermögen der Besitzgesellschaft gehören nicht nur Wirtschafts- **75** güter, die dem Besitzunternehmen unmittelbar dienen, sondern auch solche, die dazu bestimmt sind, die **Vermögens- und Ertragslage der Betriebsgesellschaft** zu **verbessern** und damit den Wert der Beteiligung daran zu erhalten oder zu erhöhen.[98]

Vermietet eine Eigentümergemeinschaft, an der der Besitz-Einzelunternehmer beteiligt ist, **76** Wirtschaftsgüter an die Betriebs-GmbH, kann dies aus Sicht des Besitz-Einzelunternehmers dazu dienen, die Vermögens- und Ertragslage der Betriebsgesellschaft zu verbessern und damit den Wert der Beteiligung daran zu erhalten oder zu erhöhen. Ist dies der Fall, ist sein Miteigentumsanteil am vermieteten Wirtschaftsgut beim Besitzunternehmen als **notwendiges Betriebsvermögen** zu erfassen, und zwar als ideeller Anteil an dem Sachwert (§ 39 Abs. 2 Nr. 2 AO 1977).[99]

---

92 BFH BFHE 184, 512 = BStBl. II 1998, 254.
93 FG Rheinland-Pfalz DStRE 2003, 452 = EFG 2003, 240 m. Anm. *Braun*; FG Düsseldorf DStR 2004, 123.
94 BFH BStBl II 1971, 536.
95 Dazu auch BFH BStBl II 2001, 771; BFH BStBl II 2002, 387.
96 BFH BStBl II 1989, 455.
97 BFH BStBl II 2005, 340.
98 BFH BFHE 124, 533 = BStBl II 1978, 378; BFH BFHE 187, 36 = BStBl II 1999, 281, m.w.N.; BFH BFHE 193, 354 = BStBl II 2001, 335.
99 BFH BFHE 160, 443 = BStBl II 1994, 559; BFH BStBl II 2005, 340.

77 Der Besitz-Einzelunternehmer kann mit der Vermietung jedoch auch einen anderen Zweck verfolgen, etwa möglichst hohe Einkünfte aus Vermietung und Verpachtung zu erzielen. In diesem Fall ist das anteilige Eigentum des Besitzunternehmers am Wirtschaftsgut nicht dem Betriebsvermögen seines Einzelunternehmens, sondern seinem **Privatvermögen** zuzuordnen.[100]

78 Entsprechendes gilt, wenn der Gesellschafter einer Besitzpersonengesellschaft der Betriebs-GmbH ein Grundstück überlässt. Auch hier hält die Rechtsprechung einen gleichrangigen, neben dem Interessenbereich der Gesellschaft stehenden eigenen Interessenbereich des Gesellschafters für möglich und zählt das Grundstück nur dann zum **Sonderbetriebsvermögen II** des Gesellschafters bei der Besitzpersonengesellschaft, wenn die Überlassung des Wirtschaftsgutes durch den Betrieb der Besitzpersonengesellschaft veranlasst ist.[101]

79 Ob die Überlassung des Grundstücks dem betrieblichen oder privaten Bereich zuzuordnen ist, ist nach der Auffassung des BFH unter Heranziehung aller Umstände des einzelnen Falles zu beurteilen.[102] Indizien für den **Veranlassungszusammenhang der Nutzungsüberlassung** mit den betrieblichen Interessen des Besitzunternehmens können sich daraus ergeben, dass das Nutzungsverhältnis eindeutig durch die Interessen der Betriebskapitalgesellschaft bestimmt wird. Dies trifft z.B. zu, wenn der Betriebs-GmbH ein Wirtschaftsgut zu Bedingungen überlassen wird, die nicht dem unter Fremden Üblichen entsprechen oder wenn das Wirtschaftsgut seiner Zweckbestimmung nach nur an das Betriebsunternehmen vermietet werden kann oder wenn es für das Betriebsunternehmen unverzichtbar ist. Indizien für eine **betriebliche Veranlassung** können aber auch aus Umständen hergeleitet werden, die mit dem Besitzunternehmen selbst zusammenhängen, z.B. wenn die Nutzungsüberlassung in engem zeitlichen Zusammenhang mit der Begründung der Betriebsaufspaltung steht.[103]

80 Für die **private Veranlassung der Gebrauchsüberlassung** kann sprechen, dass der Mietvertrag erst längere Zeit nach der Betriebsaufspaltung geschlossen wird oder der Besitzunternehmer zivilrechtlich keinen oder nur geringen Einfluss auf die Beschlüsse der Grundstücksgemeinschaft nehmen kann. Bei einer Miteigentumsquote von 50 % kann der Besitzunternehmer seinen Willen in der Grundstücksgemeinschaft zwar nicht durchsetzen, aber ein Tätigwerden des anderen Miteigentümers gegen seine Interessen verhindern. Ferner kann er, wenn das Grundstück der Betriebs-GmbH auf unbestimmte Zeit vermietet wird, verhindern, dass der Mietvertrag gekündigt wird.

---

81 **Praxistipp**

Je geringer die Beteiligung des Besitzunternehmers an der Grundstücksgemeinschaft ist, umso eher ist – falls nicht abweichende Vereinbarungen den Einfluss des Besitzunternehmers sicherstellen – davon auszugehen, dass mit der Grundstücksüberlassung ein von der Betriebsaufspaltung losgelöster eigenständiger Zweck, etwa die Erzielung von hohen Einkünften aus Vermietung und Verpachtung, verfolgt wird.

---

d) ABC der Wesentlichkeit von Wirtschaftsgütern

82 In folgenden Fällen wurde von den Finanzgerichten eine wesentliche Betriebsgrundlage bejaht:
   – Ausstellungsgebäude einer Möbelhandlung[104]
   – Ausstellungshallen eines Kfz-Handels[105]

---

100 BFH BStBl II 2005, 340; a.A. *Schmidt*, EStG, § 15 Rn 873.
101 BFH BFHE 187, 425 = BStBl II 1999, 357, BFH BFHE 189, 117 = BStBl II 1999, 715.
102 BFH BStBl II 2005, 340.
103 BFH BFHE 187, 425 = BStBl II 1999, 357; BFH BFHE 189, 117 = BStBl II 1999, 715; BFH BStBl II 2005, 340.
104 BFH BStBl II 1991, 337.
105 BFH BStBl II 1991, 337.

- Erfinderrechte[106]
- Fabrikhalle, Fabrikgebäude für Fertigungsbetrieb[107]
- Gebäude mit Betriebs-, Büro- und Lagerräumen[108]
- Grundstück, unbebautes, das besonders hergerichtet wurde[109]
- Halle eines Metallbearbeitungsbetriebes[110]
- Hotelgrundstück mit Tiefgarage und Bürokeller[111]
- Kaufhaus mit Lager und Bürohaus[112]
- Konzession (hier: Taxikonzession)[113]
- Ladenlokal eines Getränkehandels[114]
- Laboreinrichtung und Räume; vermietet von Eheleuten (Kieferorthopäden) an „eigene" Labor-GmbH[115]
- Lager, Fabrikationsräume, Ausstellungs- und Büroräume, Garagen auf zwei Grundstücke verteilt bei Textilhersteller[116]
- Lager-, Büro-, Werkstatt-, Sozialräume[117]
- Lagerhalle bei Dachdeckerbetrieb ohne Produktion[118]
- Lagerhalle für eine Spedition[119]
- Lagerhalle für einen Möbelhandel[120]
- Maschinen und maschinelle Anlagen, soweit sie nicht jederzeit kurzfristig anderweitig wiederbeschaffbar sind[121]
- Supermärkte (Lebensmittel), Beurteilung eines von fünf gleichartig genutzten Grundstücken[122]
- Systemhalle, die nach Größe, Grundriss, Gliederung auf die Bedürfnisse eines Fertigungsbetriebes zugeschnitten ist[123]
- Werberechte.[124]

6. Gründung der Betriebsaufspaltung
a) Allgemeines zur Gründung der Betriebsaufspaltung
Bei Gründung einer Betriebskapitalgesellschaft im Rahmen einer echten Betriebsaufspaltung **83** kommen folgende Möglichkeiten in Betracht:
- Bargründung
- Sachgründung

---

106 BFH GmbHR 1989, 385; BFH DStR 1992, 353; BFH BStBl II 1988, 537; zu Markenrechten *Schweiger*, BB 1995, 453.

107 BFH BStBl II 1973, 247; BFH BStBl II 1992, 830.

108 BFH NV 2000, 1084.

109 BFH BStBl II 1989, 1014.

110 BFH BStBl II 1992, 830.

111 BFH BStBl II 1974, 613.

112 BFH BStBl II 1970, 17.

113 FG Münster EFG 1996, 434.

114 BFH BStBl II 1992, 723.

115 BFH NV 1998, 530.

116 BFH BStBl II 1993, 233.

117 BFH BStBl II 1993, 118.

118 BFH BStBl II 1993, 118.

119 FG Düsseldorf DStRE 2000, 748.

120 BFH NV 1995, 597; zur Lagerhalle noch BFH BStBl II 1993, 718 (bejaht); Hess. FG EFG 1997, 741.

121 BFH BStBl II 1997, 460; FG Düsseldorf DStR 2004, 123.

122 BFH BStBl II 1993, 245; dazu *Gosch*, StBp 1993, 116.

123 BFH BStBl II 1992, 349; kritisch dazu *Söffing*, FR 1992, 73.

124 BFH NV 1997, 825.

– Bargründung der Betriebsgesellschaft und anschließende Kapitalerhöhung durch Sacheinlage (sog. gemischte Sachgründung).

Steuerlicher Ausgangspunkt ist dabei, dass es sich regelmäßig um die **Übertragung von Einzelwirtschaftsgütern** auf die Betriebsgesellschaft handelt.

84 Die **Bargründung** der Betriebsgesellschaft und die Gewährung von Gesellschaftsrechten (GmbH-Anteile) gegen eine Bareinlage ist die schnellste und einfachste Methode, eine Betriebsaufspaltung zu begründen. Das Umlaufvermögen wird i.d.R. bei dem Besitzunternehmen verbleiben. Nach Auffassung der Finanzverwaltung[125] verbleibt außerdem der Geschäftswert, sofern keine anderen Regelungen getroffen werden, bei dem Besitzunternehmen, so dass insoweit ebenfalls keine stillen Reserven aufgedeckt werden und zu versteuern sind.

85 Im Unterschied zur Betriebsverpachtung muss bei der Betriebsaufspaltung nicht der gesamte Betrieb, sondern lediglich (mindestens) eine wesentliche Betriebsgrundlage von dem Besitzunternehmen an die Betriebsgesellschaft überlassen werden. Das bedeutet, dass auch bei einer **Sachgründung** einer Betriebskapitalgesellschaft nicht die Einbringung eines Betriebes als Ganzes i.S.v. § 20 UmwStG stattfinden kann, da hierfür alle wesentlichen Betriebsgrundlagen eingebracht werden müssen.

86 Auch wenn nach dem Wortlaut des UmwStG deshalb die Begründung einer Betriebsaufspaltung nicht steuerneutral zu gestalten ist, führte die Rechtsauffassung der Finanzverwaltung,[126] der auch die Rechtsprechung gefolgt ist,[127] früher i.d.R. nicht zur Aufdeckung stiller Reserven, solange und soweit die steuerliche Erfassung der auf die GmbH-Anteile übergehenden stillen Reserven infolge der Zugehörigkeit der Anteile zum Betriebsvermögen des Besitzunternehmens gesichert ist. Die Versteuerung der stillen Reserven konnte bei einem **bis zum 31.12.1998** rechtswirksam abgeschlossenen obligatorischen Vertrag durch den Buchwertansatz der Wirtschaftsgüter, die auf die Betriebsgesellschaft übergehen, gesichert werden. Dies galt bis zum Steuerentlastungsgesetz, obwohl i.d.R. kein Einbringungsvorgang nach § 20 UmwStG vorliegt. Obwohl keine gesetzliche Regelung existiert, ließ die Verwaltung die Übertragung von Einzelwirtschaftsgütern auf die Betriebsgesellschaft zu Buchwerten zu.[128]

87 Nach § 6 Abs. 6 S. 1 EStG i.d.F. des Steuerentlastungsgesetzes 1999/2000/2002 vom 24.3.1999[129] führt der unentgeltliche Übergang von Einzelwirtschaftsgütern eines Steuerpflichtigen auf einen anderen Steuerpflichtigen **ab 1.1.1999** zur Aufdeckung der stillen Reserven, wobei der Ansatz des gemeinen Wertes des übertragenen Wirtschaftsgutes vorgeschrieben wird.[130] Bei der Begründung einer echten Betriebsaufspaltung durch Sacheinlage bedeutet dies, dass die Betriebs-GmbH das auf sie übergegangene Wirtschaftsgut mit dem gemeinen Wert ansetzen muss. Eine Buchwertfortführung scheidet seitdem also aus.[131]

88 Der BMF nimmt mit einem Schreiben vom 7.12.2006[132] Stellung zur **unentgeltlichen Übertragung von Mitunternehmeranteilen mit Sonderbetriebsvermögen** und fasst die Tz. 22 und 23 des BMF-Schreibens vom 3.3.2005[133] zur Entstehung einer mitunternehmerischen Betriebsauf-

125 BFH DStR 1998, 887; kritisch *Schneeloch,* DStR 1991, 804.
126 BMF v. 22.1.1985, BStBl I 1985, 97; OFD Münster v. 16.8.1990, DB 1990, 1797; OFD Hamburg v. 16.1.1996, DStR 1996, 427 m. Anm. *Rödder,* DStR 1996, 414; OFD Frankfurt/M. v. 23.7.1996, DB 1996, 1753.
127 BFHE 171, 282; siehe auch BFH BStBl II 2002, 722 zu einem Fall der gescheiterten Begründung einer Betriebsaufspaltung.
128 BMF v. 22.1.1985, BStBl I 1985, 97.
129 BStBl I, 402.
130 *Schmidt,* EStG, § 15 Rn 877 m.w.N.; FG Düsseldorf DStRE 2003, 1425.
131 Siehe aber BFH GmbHR 2001, 1174 zum Fall der Vermietung eines bisher zum Umlaufvermögen eines gewerblichen Grundstückshandels gehörenden Gebäudeteils an eine Betriebskapitalgesellschaft.
132 BMF v. 7.12.2006, GmbHR 2007, 111.
133 BMF v. 3.3.2005, BStBl I 2005, 458 = GmbH-StB 2005, 104.

spaltung neu. Das vorliegende Schreiben nimmt dabei Bezug auf ein nach dem Schreiben ergangenes Urteil.[134] Diese Regelung ist auf alle Übertragungen nach dem 31.12.2000 anzuwenden. In **Erbfällen mit sog. qualifizierter Nachfolgeklausel** sind die Tz.72-74 i.d.F. des BMF-Schreibens vom 14.3.2006 zur ertragsteuerlichen Behandlung der Erbengemeinschaft und ihrer Auseinandersetzung[135] weiter anzuwenden.

Ist die GmbH-Gründung bereits durch Bareinlage erfolgt und gehen – insbesondere im Wege **89** der Sachkapitalerhöhung (sog. **gemischte Sachgründung**) – anschließend Wirtschaftsgüter vom Besitzunternehmen auf die Betriebs-GmbH über, würde ein Buchwertansatz dieser Wirtschaftsgüter durch den Steuerpflichtigen bei der Betriebs-GmbH eine verdeckte Einlage darstellen. Nach § 6 Abs. 6 S. 2 EStG erhöhen sich die Anschaffungskosten der Beteiligung um den Teilwert des übergegangenen Wirtschaftsgutes. Daraus lässt sich indirekt ableiten, dass das übertragene Wirtschaftsgut nicht mit dem Buchwert, sondern ebenfalls mit dem Teilwert zu bilanzieren ist. Jedenfalls sind auch in diesem Fall die **stillen Reserven** des übertragenen Wirtschaftsgutes beim Besitzunternehmen **aufzudecken und zu versteuern**. Es handelt sich dabei um laufenden Gewinn, da die Vermietung des Grundstückes infolge der vorliegenden Betriebsaufspaltung als Gewerbebetrieb gilt, also keine Betriebsaufgabe vorliegt. Allerdings bleiben die stillen Reserven, die möglicherweise im Betriebsgrundstück liegen, erhalten, Besitzunternehmen und Ursprungsunternehmen sind identisch.

b) Beteiligung von Angehörigen

Im Erlasswege sind aber auch schon nach der bisherigen Anweisungslage Ausnahmen von der **90** Erfolgsneutralität der Gründung einer Betriebsaufspaltung gemacht worden (**Aufdeckung der stillen Reserven**). Erfolgsneutral sollte auch früher die Betriebsaufspaltung nur dann vollzogen werden können, wenn die stillen Reserven des aufzuspaltenden Unternehmens voll steuerverhaftet bleiben.[136] Die Ausnahmen beziehen sich auf Fälle der Angehörigenbeteiligung, in denen Angehörige lediglich an der Betriebskapitalgesellschaft und nicht an dem Besitzunternehmen beteiligt werden und die GmbH-Anteile nicht zum Betriebsvermögen gehören ("Nur-Betriebsgesellschafter"). Werden die Anteile an einer Kapitalgesellschaft, die im Zuge einer Betriebsaufspaltung gegründet wurde, zunächst vom Besitzunternehmen gehalten und zu einem späteren Zeitpunkt auf Angehörige unentgeltlich oder zu einem Preis übertragen, der niedriger ist als der unter Fremden erzielbare Veräußerungspreis, liegt eine Entnahme aus dem Besitzunternehmen vor.

Entsprechendes gilt, wenn die Anteile an der GmbH erst anlässlich einer **Kapital-** **91** **erhöhung** auf einen Angehörigen übergehen. Auch in diesem Fall muss der Teil der stillen Reserven, die unentgeltlich auf den oder die Angehörigen übergehen, von dem Besitzunternehmen als Entnahmegewinn versteuert werden.[137] Das Vorliegen einer "Entnahme" wird damit begründet, dass der oder die Altgesellschafter ihr dem Gesellschaftsanteil anhaftendes Bezugsrecht nicht selbst ausüben, sondern es zulassen, dass die Anteile zu einem unangemessen niedrigen Entgelt auf Angehörige übergehen. Es wird also eine "Entnahme" fingiert, obwohl die "neuen" GmbH-Anteile nie Betriebsvermögen der Besitzgesellschaft waren. Die unentgeltliche Übertragung von Betriebsvermögen wird nicht schon durch den der Vereinbarung zugrunde liegenden Vertrag bewirkt, sondern erst durch die sachenrechtliche

---

134 BFH BStBl II 2005, 830 = GmbH-StB 2005, 364.
135 BMF v. 14.3.2006, BStBl I 2006, 253 = EStB 2006, 139.
136 *Heidel/Pauly*, Steuerrecht in der anwaltlichen Praxis, § 4 Rn 43 m.w.N.; BMF v. 22.1.1985, BStBl I 1985, 97; OFD Münster v. 16.8.1990, DB 1990, 1797; a.A. FG München DStRE 2004, 391, n.rk. (Az. d. BFH: X R 37/03) unter Hinweis auf BFH NV 1998, 1160.
137 *Schmidt*, EStG, § 15 Rn 876.

Übereignung der beweglichen Wirtschaftsgüter sowie der Abtretung der entsprechenden Rechte.[138]

c) Besonderheiten bei der Beteiligung von Ehegatten

92 Nach früherer Rechtsprechung und Auffassung der Finanzverwaltung sollte eine zumindest widerlegbare Vermutung bestehen, dass Ehegatten zumindest bei intakter Ehe einen einheitlichen geschäftlichen Betätigungswillen haben und deshalb sollten zur Ermittlung, ob eine Beherrschungsidentität vorliegt, ihre Gesellschaftsanteile zusammengerechnet werden können.

93   Dem ist das BVerfG mit Beschluss vom 12.3.1985 entgegengetreten.[139] Danach kommt eine **Zusammenrechnung der Anteile der Eheleute** nur noch dann in Betracht, wenn dafür zusätzliche konkrete Umstände vorliegen. Dies gilt zumindest dann, wenn nur an einem der beiden Unternehmen ein Ehegatte mehrheitlich beteiligt ist und im anderen Unternehmen lediglich beide Ehegatten zusammen die Mehrheit der Anteile halten.[140]

94   Allerdings will das FG Niedersachsen schon dann einen solchen einheitlichen geschäftlichen Betätigungswillen von Ehegatten annehmen, wenn sie schon beim Begründungsvorgang der Betriebsaufspaltung – Errichtung der Besitz- und der Betriebsgesellschaft und Anschaffung der Betriebsimmobilie – zusammengewirkt haben.[141]

95   Das FG Rheinland-Pfalz sieht in einer Gütergemeinschaft eine ausreichende Grundlage für eine personelle Verflechtung.[142] Diese Rechtsprechung hat der BFH inzwischen bestätigt.[143]

96   Sind beide Eheleute an jeweils beiden Unternehmen zusammen mehrheitlich beteiligt, so wird ohnehin – wie bei mehrheitlicher Beteiligung fremder Dritter an beiden Unternehmen – eine Beherrschungsidentität grundsätzlich angenommen, da zumindest die Möglichkeit besteht, durch gleichgerichtete Interessen beide Unternehmen zu beherrschen.[144] Das gilt auch dann, wenn die Beteiligungsverhältnisse in Besitz- und Betriebsgesellschaft umgekehrt gestaltet sind[145] bzw. keiner der beiden Ehegatten, jeweils für sich gesehen, in der Besitz- und der Betriebsgesellschaft die Mehrheit der Anteile hält.[146]

97   Andererseits ist aber eine Betriebsaufspaltung aufgrund faktischer Beherrschung der Betriebsgesellschaft durch die Gesellschafter des Besitzunternehmens nicht bereits deshalb anzunehmen, weil die das Besitzunternehmen beherrschenden Ehemänner der an der Betriebsgesellschaft beteiligten Gesellschafterinnen angestellt sind und der Gesellschaftsvertrag der Betriebsgesellschaft vorsieht, dass die Geschäftsanteile der Ehefrauen bei Beendigung der Anstellungsverträge der Ehemänner eingezogen werden können.[147]

98   Als Konsequenz aus dem Beschluss des BVerfG vom 12.3.1985 und der sich daran anschließenden Rechtsprechung des BFH[148] hat sich in der Praxis das sog. **Wiesbadener Modell** entwickelt. Dabei ist der eine Ehegatte nur am Besitzunternehmen und der andere Ehegatte nur am Betriebsunternehmen beteiligt.[149] Im Rahmen von Scheidungsvereinbarungen muss selbstver-

---

138 FG München DStRE 2006, 967.
139 BVerfG BStBl II 1985, 475; vgl. aber auch BVerfG v. 13.1.1995 und 20.1.1995, GmbHR 1995, 308 f.
140 Vgl. BFH BStBl II 1986, 362 und BFH BStBl II 1986, 913; FG Düsseldorf DStRE 2004, 131 für die Verpachtung durch eine eheliche Grundstücksgemeinschaft.
141 FG Niedersachsen DStRE 1999, 177.
142 FG Rheinland-Pfalz DStRE 2002, 741.
143 BFH DStR 2006, 2207.
144 Vgl. BFH BStBl II 1986, 364 und BFH BB 1993, 2354 bei ehelicher Gütergemeinschaft; zuletzt FG Schleswig-Holstein DStRE 2001, 626.
145 FG Niedersachsen GmbHR 1998, 1246.
146 BFH GmbHR 2000, 575.
147 BFH BStBl II 1999, 445.
148 BFH BStBl II 1986, 359; 1987, 28.
149 Vgl. BFH BStBl II 1997, 28.

ständlich darauf geachtet werden, dass durch Anteilsübertragungen zwischen den Ehegatten dabei nicht die ungewollte Situation der Betriebsaufspaltung entsteht.

Von der Frage der Gewerblichkeit der Tätigkeit der Besitzgesellschaft im Rahmen einer steu- **99** erlichen Betriebsaufspaltung zu trennen ist die Frage der **Unternehmereigenschaft** im Sinne des Umsatzsteuerrechts, wenn Ehegatten in Mit- bzw. Bruchteilseigentum stehende Grundstücke verpachten. Mehrere Grundstücke bilden dann ein einheitliches Unternehmen, wenn eine einheitliche Willensbildung der Ehegatten gewährleistet ist und sie bei der Verpachtung/Vermietung nach außen im Wesentlichen gleich auftreten; andernfalls bildet jede Bruchteilsgemeinschaft ein gesondertes Unternehmen.[150]

7. Beendigung der Betriebsaufspaltung
a) Wegfall der Voraussetzungen der Betriebsaufspaltung

Entfallen beabsichtigt oder unbeabsichtigt die Voraussetzungen der Betriebsaufspaltung, also **100** der sachlichen oder personellen Verflechtung von Besitzunternehmen und Betriebsgesellschaft (sog. sachliche oder personelle „Entflechtung"), liegt in aller Regel eine **Betriebsaufgabe des Besitzunternehmens** vor, mit der Folge des Zwangs zur Aufdeckung der stillen Reserven. Soweit es sich um die **Geschäftsanteile an der Betriebs-GmbH** handelt, gelten diese als **zum Teilwert entnommen**, auch wenn sie in eine andere Kapitalgesellschaft eingelegt werden.[151] Da die **Betriebsgesellschaft** i.d.R. weiter gewerblich tätig bleibt, wird zumeist bei ihr **keine Betriebsaufgabe** vorliegen.

Die Besteuerung erfolgt i.d.R. dabei nach §§ 16, 34 EStG, d.h. mit Gewährung des Freibetra- **101** ges und der Progressionsmilderung. Dennoch ist häufig – gerade in den Fällen der unbeabsichtigten Beendigung der Voraussetzungen der Betriebsaufspaltung – die **Liquiditätsbelastung** durch die Steuerzahlungsverpflichtungen kaum zu tragen.

Diese „Zwangsentnahme" kann in der Regel nur dadurch verhindert werden, dass das Be- **102** sitzunternehmen seinerseits **kraft Rechtsform als „gewerblich" gilt**, etwa als „gewerblich geprägte" Personengesellschaft i.S.v. § 15 Abs. 3 S. 2 EStG organisiert ist (siehe Rn 137 f.) oder tatsächlich eine **gewerbliche Tätigkeit** unabhängig von der Vermietung bzw. Verpachtung der Wirtschaftsgüter an die Betriebsgesellschaft ausübt.

Eine **Teilbetriebsaufgabe** eines Besitzunternehmens ist rechtlich **möglich**.[152] Neuerdings **103** hält es der BFH auch für möglich, dass die Grundsätze der **Betriebsunterbrechung** zum Tragen kommen.[153] Auch hält der BFH die Vermeidung einer Betriebsaufgabe bei dem Besitzunternehmen bei Wegfall der Merkmale der personellen oder der sachlichen Verflechtung für möglich, wenn zu diesem Zeitpunkt die Voraussetzungen einer Verpachtung des Betriebes im ganzen vorliegen, solange keine Betriebsaufgabe erklärt wird.[154] Eine Betriebsunterbrechung im engeren Sinne und keine Aufgabe des Gewerbebetriebes kann bei dem vormaligen Besitzunternehmen auch dann vorliegen, wenn das **Betriebsunternehmen** die **werbende Geschäftstätigkeit endgültig eingestellt** hat. Von der Absicht, den Betrieb innerhalb eines überschaubaren Zeitraums in gleichartiger oder ähnlicher Weise wieder aufzunehmen, ist auszugehen, solange die Fortsetzung objektiv möglich ist und eine eindeutige Aufgabeerklärung nicht abgegeben wird; die Fortsetzung ist objektiv möglich, solange das vormalige Besitzunternehmen sämtliche für den Betrieb wesentlichen Betriebsgrundlagen unverändert zurückbehält.[155]

---

150 Vgl. BFH BStBl II 1993, 729 und 734 = DB 1993, 2216.
151 FG Münster DStRE 2003, 77 (Az. d. BFH: X R 22/02).
152 *Heidel/Pauly*, Steuerrecht in der anwaltlichen Praxis, § 4 Rn 50; *Schmidt*, EStG, § 15 Rn 865 m.w.N.
153 BFH BStBl II 1998, 325; dazu *Braun/Günther*, Das Steuer-Handbuch, „Betriebsaufspaltung", Rn 28.
154 BFH GmbHR 2005, 947.
155 BFH GmbHR 2006, 778; BFH GmbHR 2006, 888.

b) Gründe für den Wegfall der Betriebsaufspaltung

104 Häufig ist festzustellen, dass die Voraussetzungen unbeabsichtigt wegfallen (siehe § 1 Rn 107 ff.). Das gilt etwa in den folgenden **Fallgestaltungen**:

- Anteile an Besitz- oder Betriebsgesellschaft werden isoliert an nahe Angehörige übertragen oder
- in der Betriebsgesellschaft wird im Rahmen einer nicht verhältniswahrenden Kapitalerhöhung ein Dritter als neuer Mehrheitsgesellschafter zur Übernahme – unmittelbar oder mittelbar (als Treugeber) – zugelassen[156] oder
- die Stimmrechtsverhältnisse werden im Besitzunternehmen oder in der Betriebsgesellschaft einseitig geändert, ohne die Auswirkungen auf die Beherrschung zu berücksichtigen oder
- aus Gründen der vorweggenommenen Erbfolge wird das Betriebsgrundstück (wesentliche Betriebsgrundlage) auf Kinder übertragen („personelle Entflechtung")[157] bzw. umgekehrt, die Anteile an der Betriebsgesellschaft werden isoliert übertragen oder
- an der Betriebsgesellschaft bereits beteiligte Kinder werden volljährig – die Vermögenssorge der Eltern erlischt – und die Stimmrechte für die Betriebsgesellschaft gehen auf die Kinder über[158] oder
- im Rahmen eines Erbfalles gehen Anteile am Besitzunternehmen bzw. das Betriebsgrundstück oder die Anteile an der Betriebsgesellschaft infolge nicht harmonisierter Nachfolgeregelungen (insbesondere Nachfolgeklauseln in den Gesellschaftsverträgen) so über, dass die personelle/sachliche Verflechtung entfällt oder die Voraussetzungen für das sog. „Wiesbadener Modell" dadurch entfallen oder
- eine Ehescheidung führt zur Widerlegung der Personengruppentheorie (siehe Rn 50 ff., 92 ff.) oder
- die Eröffnung des Insolvenzverfahrens über das Vermögen der Betriebsgesellschaft beendet die personelle Verflechtung mit dem Besitzunternehmen;[159] ggf. gilt dies aber auch nur als bloße Betriebsunterbrechung, wenn der Betrieb der GmbH nach Insolvenzeröffnung weiter fortgesetzt wird.

105 Selbstverständlich gilt es auch als Beendigung der Betriebsaufspaltung, wenn bewusst und gewollt das zwischen dem Besitzunternehmen und der Betriebsgesellschaft bestehende Überlassungsverhältnis (Leih-, Miet- oder Pachtverhältnis) beendet wird.[160]

c) Aufdeckung der stillen Reserven

106 Bei Beendigung einer Betriebsaufspaltung gelten für das nunmehr nicht mehr als „gewerblich" geltende Besitzunternehmen die allgemeinen Folgen der **Betriebsaufgabe**.[161] Je nach Art und Umfang des Betriebsvermögens sowie der Dauer der Betriebsvermögenseigenschaft können sich bedeutende Steuerbelastungen aus der Aufdeckung der stillen Reserven in Grund und Boden, aufstehenden Gebäuden, Maschinen und Anlagen, Umlaufvermögen und **Anteilen an der Betriebsgesellschaft** (GmbH-Anteilen) ergeben. Auch die GmbH-Anteile verlieren nach h.M.[162]

---

156 FG Bremen EFG 2003, 119 m. Anm. *Braun* = GmbHR 2003, 669; BFH DStRE 2006, 312.

157 Dies gilt aber nicht bei einer Übertragung unter Nießbrauchvorbehalt: BFH DStRE 2002, 740.

158 Wenn die personelle Verflechtung deshalb entfällt, weil Kinder als Anteilseigner volljährig werden, besteht aus Billigkeitsgründen ein Wahlrecht entsprechend dem Verpächterwahlrecht, das Besitzunternehmen weiterhin als gewerblich zu behandeln: siehe § 1 Rn 70 und die dortigen Nachweise sowie H 137 Abs. 8 EStR, R 139 Abs. 2 S. 3 ff. EStR.

159 BFH BStBl II 1997, 460; dazu *Schmidt*, EStG, § 15 Rn 842 m.w.N.; kritisch *Wendt*, FR 1998, 264, 277.

160 *Schmidt*, EStG, § 15 Rn 867; *Brandmüller*, DStZ 1998, 4, 8 ff.

161 *Heidel/Pauly*, Steuerrecht in der anwaltlichen Praxis, § 4 Rn 50 f.; *Schmidt*, EStG, § 15 Rn 865 ff.

162 BFH NV 2000, 559; *Schmidt*, EStG, § 15 Rn 865 m.w.N.

nämlich die Betriebsvermögenseigenschaft und **gelten** ebenfalls **als entnommen**. Soweit es sich um die Geschäftsanteile an der Betriebs-GmbH handelt, gelten diese als **zum Teilwert** entnommen, auch wenn sie in eine andere Kapitalgesellschaft eingelegt werden.[163]

d) Ungewollte Beendigung der Betriebsaufspaltung

Gerade bei Betriebsaufspaltungssituationen, die durch familiäre Verhältnisse geprägt sind, kann 107
es besonders häufig zu ungewollten Beendigungstatbeständen mit der Folge der steuerpflichtigen Betriebsaufgabe des Besitzunternehmens kommen.

aa) Beteiligung minderjähriger Kinder

Neben dem Fall, dass beide Ehegatten sowohl in der Besitz- als auch in der Betriebsgesellschaft 108
beherrschend sind, ist insbesondere die Beherrschung auf der Grundlage der Zusammenrechnung der Stimmrechte aus den Anteilen von Eltern und minderjährigen Kindern zu beachten.
Eine die Betriebsaufspaltung begründende personelle Verflechtung (Beherrschungsidentität)
wird nämlich angenommen, wenn einem oder beiden Elternteilen und einem minderjährigen
Kind an beiden Gesellschaften jeweils zusammen die Mehrheit der Stimmrechte zuzurechnen ist
(vgl. Abschn. 137 Abs. 8 EStR 1996; Abschn. 139 Abs. 2 S. 3 EStR 1996). Ebenfalls wird personelle
Verflechtung angenommen, wenn beiden Elternteilen an einem Unternehmen zusammen die
Mehrheit der Stimmrechte zuzurechnen ist und sie am anderen Unternehmen nur zusammen mit
einem minderjährigen Kind die Mehrheit der Stimmrechte halten, sofern das Vermögenssorgerecht beiden Elternteilen zusteht.

Hält ein Elternteil an dem einen Unternehmen die Mehrheit der Stimmrechte und hält er zu- 109
sammen mit einem minderjährigen Kind die Mehrheit der Stimmrechte an dem anderen Unternehmen, so liegt eine personelle Verflechtung zumindest dann vor, wenn er das alleinige Vermögenssorgerecht hat oder wenn für den Fall, dass das Vermögenssorgerecht bei beiden Elternteilen liegt, zusätzlich zur ehelichen Lebensgemeinschaft gleichgerichtete wirtschaftliche Interessen der Ehegatten festgestellt werden können (vgl. Abschn. 137 Abs. 8 S. 4 und 5 EStR 1996).

Mit Eintritt der Volljährigkeit des Kindes endet die personelle Verflechtung mit den oben be- 110
schriebenen steuerlichen Folgen (siehe Rn 100 f.).

bb) Beendigung der Betriebsaufspaltung in Scheidungsfällen

Werden im Rahmen der Ehescheidung die Voraussetzungen der Betriebsaufspaltung, insbeson- 111
dere durch eine entsprechende Scheidungsfolgenvereinbarung, beseitigt, so endet die gewerbliche Betätigung der Besitzgesellschaft, und die damit verbundene **Überführung der Beteiligung
an der Besitzgesellschaft in das Privatvermögen** führt bei beiden Ehegatten zu einer **Entnahme mit Aufdeckung und Besteuerung der stillen Reserven**.[164] Das kann auch nicht dadurch vermieden werden, dass das bisherige Besitzunternehmen anschließend sein unbewegliches Betriebsvermögen an den Erwerber der Betriebsgesellschaft verpachtet.[165]

Es ist deshalb zu empfehlen, dass entweder trotz der Scheidung die Beteiligungsverhältnis- 112
se in der Besitz- und der Betriebsgesellschaft nicht verändert werden, oder aber einheitlich der
ausscheidende Ehepartner seine Beteiligung sowohl an der Besitz- als auch an der Betriebsgesellschaft auf den anderen Ehepartner überträgt, damit bei diesem nach wie vor wegen Beherrschungsidentität in beiden Gesellschaften die Voraussetzungen der Betriebsaufspaltung erhal-

---

163 FG Münster DStRE 2003, 77.
164 BFHE 140, 526; BFHE 155, 538; BFH BB 1993, 2356 m.w.N.
165 BFHE 140, 526; BFHE 155, 538; BFH BB 1993, 2356 m.w.N.

ten bleiben. Umgekehrt können durch unbedachte Vermögensübertragungen im Rahmen von Trennung oder Scheidung auch „ungewollte" Betriebsaufspaltungen entstehen, also bisheriges Privatvermögen Betriebsvermögen werden.

cc) Beendigung der Betriebsaufspaltung im Rahmen der Generationenfolge

113 Zu Fällen der sog. „**Zwangsentnahme**" durch Auflösung der Voraussetzungen einer steuerlichen Betriebsaufspaltung kann es, insbesondere in Folge der neueren Rechtsprechung des BFH zur Erbfolgebesteuerung,[166] bei Erbfällen kommen, wenn im Rahmen des Erbfalls bzw. der Erbauseinandersetzung die Beteiligungsidentität aufgelöst wird.[167]

8. Gefahr des Haftungsdurchgriffs auf das Vermögen des Besitzunternehmens wegen eigen kapitalersetzender Nutzungsüberlassung

a) Problemstellung

114 Die regelmäßig mit der Betriebsaufspaltung gewünschte Haftungsbegrenzung (Beschränkung des unternehmerischen Risikos auf das Vermögen in der Betriebsgesellschaft) ließ sich – zumindest unter der Geltung des bisherigen Eigenkapitalersatzrechts – aufgrund der ausufernden Rechtsprechung des BGH zur **Eigenkapitalersatzhaftung** regelmäßig nicht mehr erreichen. Inwieweit die obergerichtliche Rechtsprechung diese Haftungsregelungen auch unter der Geltung des neuen Eigenkapitalersatzrechts noch anwenden wird, bleibt abzuwarten.

115　　Unter den Tatbestand des Eigenkapitalersatzes fielen nicht nur die Kreditgewährung oder die Kreditbesicherung, sondern gem. § 32a Abs. 3 GmbHG a.F. auch wirtschaftlich gleichstehende Maßnahmen. Der BGH sah in ständiger Rechtsprechung auch **eigenkapitalersetzende Nutzungsüberlassungen** als durch § 32a GmbHG a.F. erfasst an.[168] Ob diese Regeln auch noch galten, wenn über das Vermögen der vermietenden Gesellschaft auch das Insolvenzverfahren eröffnet wurde, war heftig umstritten.[169]

b) Voraussetzungen der eigenkapitalersetzenden Nutzungsüberlassung

116 Eine Gebrauchsüberlassung (Miete, Pacht, Leihe oder Leasing) durch Gesellschafter an die Gesellschaft kann eigenkapitalersetzend sein, wenn die Gesellschaft nicht in der Lage ist, die Investitionskosten für das Wirtschaftsgut aufzubringen und das überlassene Wirtschaftsgut gerade den **Bedürfnissen des Unternehmens besonders angepasst** ist und somit für den oder die Gesellschafter nicht oder nur schwerlich anderweitig vermietbar ist.[170]

117　　Das gilt auch bei der Nutzungsüberlassung im Rahmen des „**sale-and-lease-back-Verfahrens**".[171] Auch insoweit gelten neben den Kapitalersatzregeln im engeren Sinne die Re-

---

166　Vgl. BFH GrS 2/89, BStBl II 1990, 837; dazu BMF-Schreiben v. 11.1.1993, BB 1993, 558.
167　Vgl. dazu *Bohlmann*, BB 1994, 189; *Wassermeyer*, BB 1994, 1; vgl. zur Entnahmebesteuerung bei Beteiligung naher Angehöriger an der Betriebskapitalgesellschaft auch BMF v. 22.1.1985, GmbHR 1985, 136; OFD Frankfurt/M. v. 6.9.1996, GmbHR 1997, 96; BFH GmbHR 1998, 692.
168　BGHZ 109, 55; BGH BB 1994, 240; BGH DB 1994, 1715; dazu Weisemann/Smid/*Arens*, Handbuch der Unternehmensinsolvenz, § 11 Rn 58 ff.; *Sundermeier/Wilhelm*, DStR 1997, 1454; *Eilers/Sieger*, Die Finanzierung der GmbH, S. 104 ff., Rn 298; *Jebens/Wagner*, DB 1998, 2253; kritisch *K. Schmidt*, ZIP 1990, 69; siehe auch *Lutter/Hommelhoff*, GmbHG, §§ 32a, 32b Rn 99 ff.; *Kallmeyer*, GmbHR 1999, 59; *Henkel*, GmbHR 2007, 139; *Schädel*, InVo 2007, 44.
169　OLG Brandenburg GmbHR 2006, 937; *Henkel*, GmbHR 2007, 139 m.w.N.
170　BGH WM 1989, 1844 = ZIP 1989, 1542; OLG Dresden NZG 1999, 309 = GmbHR 1999, 620; LG Cottbus InVo 2001, 23.
171　OLG Düsseldorf BB 1997; vgl. auch BGH NJW 1990, 516 = ZIP 1989, 1542; a.A. *K. Schmidt*, ZIP 1990, 69.

geln der Finanzplannutzung. Obligatorische Nutzungsüberlassungen aus Gesellschafterhand gehören zum materiellen Eigenkapital der Gesellschaft, wenn die Gesellschaft nach ihrer Finanz- und Investitionsplanung **auf die überlassenen Gegenstände angewiesen** ist.[172] Ob diese Auffassung allerdings noch zu halten ist, nachdem der BGH für sog. Finanzplankredite entschieden hat, dass diese **nicht** ohne weiteres als **eigenständige Kategorie des Eigenkapitalersatzrechts** anzusehen seien, ist zweifelhaft.[173]

c) Rechtsfolgen der eigenkapitalersetzenden Nutzungsüberlassung

Streitig war lange Zeit, welches die Rechtsfolgen einer eigenkapitalersetzenden Nutzungsüberlassung sind, insbesondere ob die **Sachsubstanz** in die Insolvenzmasse fällt. Der BGH hat in dem Urteil „Lagergrundstück III"[174] hierzu folgende **Leitsätze** aufgestellt: **118**

Für die eigenkapitalersetzende Nutzungsüberlassung gelten grundsätzlich die im Überlassungsvertrag vereinbarten zeitlichen Grenzen. Wäre jedoch ein inhaltsgleicher Vertrag mit einem außenstehenden Dritten unter Vereinbarung einer längeren **Überlassungsdauer** oder längerer Kündigungsfristen geschlossen worden, dann hat der Gesellschafter der Gesellschaft das Nutzungsrecht für den sich daraus ergebenden Mindestzeitraum zu überlassen.[175] **119**

Im Insolvenzverfahren ist der Insolvenzverwalter befugt, **für die Vergangenheit** entgegen dem Auszahlungsverbot des § 30 GmbHG gezahlte Mieten oder Pachten vom Gesellschafter als Vermieter/Verpächter zurückzufordern. Ob bei einer Unterverpachtung mit Übererlös durch die Gesellschaft dieser Rückerstattungsanspruch ausgeschlossen ist, ist noch nicht abschließend geklärt.[176] **120**

Dem Anspruch auf Rückgewähr des in der Krise der GmbH gezahlten Entgelts für eine eigenkapitalersetzend wirkende Gebrauchsüberlassung steht nicht entgegen, dass der Gesellschafter der Gesellschaft Mittel (hier: „Untermietzinsen") überlassen hat, durch welche ein Aufwendungsersatzanspruch erfüllt werden sollte, den die GmbH gegen ihn besaß.[177] **121**

Außerdem ist der Verwalter berechtigt, für die Zukunft das Nutzungsrecht durch **eigene Nutzung**, durch **Überlassung an Dritte** zur Ausübung oder durch Weiterübertragung zu verwerten. Eine Verwertung der Sachsubstanz ist nicht gestattet. **122**

Der Gesellschafter ist **grundsätzlich nicht verpflichtet**, anstelle der weiteren Überlassung der Gegenstände den **Wert des Nutzungsrechts in Geld zu ersetzen**. Ein Anspruch auf Wertersatz besteht jedoch dann, wenn die weitere Nutzungsüberlassung dadurch unmöglich wird, dass der Gesellschafter die Gegenstände gegen den Willen der Gesellschaft oder des Insolvenzverwalters veräußert oder wenn diese einverständlich veräußert werden und zwischen den Beteiligten Einigkeit darüber besteht, dass der Erlös in Höhe des Restwertes des Nutzungsrechts der Gesellschaft oder der Insolvenzmasse zufließen soll. **123**

Ähnlich formuliert der BGH auch in der Entscheidung „Lagergrundstück IV".[178] Danach ist der Insolvenzverwalter berechtigt, das der Gemeinschuldnerin in eigenkapitalersetzender Weise überlassene Grundstück zugunsten der Insolvenz durch **Weiternutzung** innerhalb des Gemeinschuldnerbetriebes **oder** durch **anderweitige Vermietung oder Verpachtung** weiter zu verwerten. **124**

---

172 OLG Karlsruhe ZIP 1996, 918 m. Anm. *Altmeppen*, ZIP 1996, 909; dazu EWiR 1996, 553 (*Fleischer*), rechtskräftig geworden durch Nichtannahme der Revision durch BGH ZIP 1997, 1292; dazu *Oppenländer*, GmbHR 1998, 505; *Kallmeyer*, GmbHR 1998, 307.
173 BGH DStR 1999, 1198 m. Anm. *Goette*.
174 BGH DB 1994, 1715 = ZIP 1994, 1265.
175 So auch OLG Dresden NZG 1999, 309 = GmbHR 1999, 620.
176 So OLG Hamm NZG 1999, 1007.
177 BGH DStR 2001, 139 m. Anm. *Goette*.
178 BGHZ 127, 17 = ZIP 1994, 1441, dazu EWiR 1994, 1107 (*Fleck*).

125   Liegt eine solche eigenkapitalersetzende Gebrauchsüberlassung vor, hat der Gesellschafter dem Insolvenzverwalter für die vereinbarte Zeit bzw. für die Zeit, die mit einem außenstehenden Dritten vereinbart worden wäre, den Gebrauch zu gestatten.[179] Der Insolvenzverwalter kann dann durch die Weitervermietung des Gegenstandes Einnahmen erzielen. Eine Gegenleistung in Form einer **Miete bzw. Pacht** kann der Gesellschafter dagegen **nicht verlangen**, denn der Geldwert der Nutzungsüberlassung stellt gerade die kapitalersetzende Leistung des Gesellschafters dar.

126   Die Umqualifizierung eines Miet- oder Pachtverhältnisses in eigenkapitalersetzende Nutzungsüberlassung erstreckt sich nach Auffassung des BGH auf **alle** in dem Gebrauchsüberlassungsvertrag **eingegangenen Verpflichtungen** des Gesellschafters. Soweit er nach diesem Vertrag etwa verpflichtet ist, die **Versorgung des Grundstücks**, etwa mit Strom, Wasser, Wärme, zu gewährleisten, muss er die dafür entstehenden Kosten während der Krise der Gesellschaft tragen, ohne sich auf rückständige oder laufende Erstattungsansprüche berufen zu können.[180]

127   Die Wirkungen der eigenkapitalersetzenden Nutzungsüberlassung an einem mit einem **Grundpfandrecht** belastetem Grundstück enden jedoch, sobald der im Wege der Zwangsverwaltung erlassene Beschlagnahmebeschluss wirksam geworden ist.[181] Das soll allerdings **nicht** für die Beschlagnahme durch **Pfändung der Miet- oder Pachtzinsforderung** gelten.[182] Allerdings muss nach der jüngeren Rechtsprechung des BGH der Insolvenzmasse Ersatz in Höhe des Wertes des **verloren gehenden Nutzungsrechts** – ggf. orientiert an der vereinbarten bisherigen Miete – gewährt werden, wenn ein solches Mietobjekt (Betriebsgrundstück) der insolventen Gesellschaft durch die vorrangigen Rechte des Grundpfandrechtsgläubigers entzogen wird.[183]

d) Nachteile bei Betriebsaufspaltungsfällen

128 Die Rechtsprechung des BGH zur eigenkapitalersetzenden Nutzungsüberlassung hatte nach der Entscheidung „Lagergrundstück II"[184] gerade auch für die Gestaltungsform der Betriebsaufspaltung sehr nachteilige Auswirkungen. Sind die Gesellschafter der Besitz- und der Betriebsgesellschaft identisch, bilden nach der Rechtsprechung des BGH das Besitz- und das Betriebsunternehmen auch haftungsrechtlich eine **wirtschaftliche Einheit**, die es rechtfertigt, zumindest die **Verantwortung für die ordnungsgemäße Finanzierung der Betriebsgesellschaft** auch der von denselben Gesellschaftern getragenen Besitzgesellschaft aufzuerlegen.[185] Folglich unterlag die Gebrauchsüberlassung der Besitzgesellschaft an die Betriebsgesellschaft den Haftungsregeln der eigenkapitalersetzenden Nutzungsüberlassung.

129   Das OLG Düsseldorf hat ebenfalls für den Fall einer Betriebsaufspaltung entschieden, dass die **Stundung von Pachtzinsforderungen** seitens der Besitzgesellschaft bei Eintritt der Kreditunwürdigkeit der Betriebsgesellschaft eine eigenkapitalersetzende Gesellschafterleistung sei und eine Verrechnung derartiger Ansprüche mit Gegenforderungen der Gesellschaft eine anfechtbare Rechtshandlung in der Insolvenz darstellen kann.[186]

---

179 BGH ZIP 1994, 1441; zur Darlegungslast des Insolvenzverwalters BGH DStR 1999, 553.
180 BGH DStR 2000, 1401 m. Anm. *Goette*.
181 BGH InVo 2000, 218 = GmbHR 2000, 325 = ZIP 2000, 455 = DStR 2000, 527 m. Anm. *Goette*; zum Vorrang der Rechte aus §§ 1123, 1124 BGB auch bereits BGH ZIP 1999, 65, dazu EWiR 2000, 31 (*v. Gerkan*) = DZWIR 1999, 246, dazu *Welsch*, DZWIR 2000, 139.
182 OLG München GmbHR 2002, 65.
183 BGH ZInsO 2005, 653.
184 BGH BB 1993, 240 = ZIP 1993, 189; einschränkend OLG Hamm GmbHR 1998, 834.
185 BGH WM 1986, 1556; BGH WM 1992, 270 = ZIP 1992, 242, dazu EWiR 1992, 279 (*Joost*); *Sundermeier/Wilhelm*, DStR 1997, 1455.
186 OLG Düsseldorf ZIP 1995, 1907.

Mit der Entscheidung „Lagergrundstück V"[187] hat der BGH die Rechtsprechung zur eigenka- **130** pitalersetzenden Nutzungsüberlassung bei Betriebsaufspaltungen noch verschärft. Auch dann, wenn von mehreren Gesellschaftern der Besitzgesellschaft bzw. **von mehreren Miteigentümern** des Grundstücks nur einer der Gesellschafter an der Betriebsgesellschaft (Betriebs-GmbH) beteiligt ist, stellt sich die Vermietung zumindest bezogen auf diesen Gesellschafter als eigenkapitalersetzende Gesellschafterhilfe dar. Die anderen Mitgesellschafter bzw. Miteigentümer müssen sich mit Rücksicht auf das Eingreifen der Kapitalersatzregeln die fehlende Durchsetzbarkeit des Mietzinsanspruches zumindest quotal in der Höhe entgegenhalten lassen, die der internen Berechtigung dieses Gesellschafters an dem Mietzinsanspruch entspricht.

Unerheblich ist grundsätzlich, dass der Gebrauchsüberlassungsvertrag möglicherweise lan- **131** ge vor dem Eintritt der Krise der Gesellschaft geschlossen wurde.[188]

e) Vermeidung der Rechtsfolgen der eigenkapitalersetzenden Nutzungsüberlassung durch Ausübung der Kündigungsmöglichkeit

Bei der Rückforderungsmöglichkeit kommt es entscheidend auf die Kündigungsmöglichkeiten **132** des Nutzungsüberlassungsvertrages an. Wenn der Gesellschafter den **Eintritt der Krise** der Gesellschaft erkennen kann, muss er zu dem **nächstmöglichen Termin** den Nutzungsüberlassungsvertrag kündigen, um nicht den Regeln über den Eigenkapitalersatz zu unterfallen. Nicht maßgeblich soll dagegen sein, ob die Gesellschaft tatsächlich Nutzungsentgelt gezahlt hat oder nicht. Auch die vertraglich noch geschuldeten Pachtzinsen sollen bei der Gesellschaft verbleiben, sofern sie nicht aus freiem, das Stammkapital übersteigenden Vermögen gezahlt werden können.

II. Wesentliche Steuerfolgen der Betriebsaufspaltung

Die Betriebsaufspaltung ist eine Gestaltungsform, die Wesensmerkmale aus dem Bereich der **133** **Besteuerung** sowohl der Personen- als auch der Kapitalgesellschaften hat und in ihrer häufigsten Gestaltungsform – nämlich der Spaltung in ein Besitz-Personenunternehmen und eine Betriebs-Kapitalgesellschaft – letztlich weitgehend den steuerlichen **Regeln für Personenunternehmen** unterliegt.[189]

Das wesentliche steuerliche Argument für die Betriebsaufspaltung ist die **Kombinations-** **134** **und Variationsmöglichkeit** der vorteilhaften Aspekte sowohl der Personen- als auch der Kapitalgesellschaftsbesteuerung. Damit ergeben sich Möglichkeiten zur Steuerplanung im Hinblick vor allem auf **Geschäftsführergehälter** sowie auf **Miet- und Pachtzinsen**, die von der Betriebsgesellschaft zum Besitzunternehmen fließen und damit in der typischen Betriebsaufspaltung von der Belastung durch Körperschaftsteuer und **Teileinkünfteverfahren** in die –häufig vorteilhafte – einkommensteuerliche Belastung wechseln.

Wichtig **135**
Dieser Vorteil führt aber auch zur Gefahr der Entstehung **verdeckter Gewinnausschüttungen**, wenn unangemessene Vergütungen an das Besitzunternehmen und über diese an die Gesellschafter fließen.

---

187 BGH ZIP 1997, 1375, dazu EWiR 1997, 753 (*v. Gerkan*).
188 BGH NJW 1990, 516 = ZIP 1989, 1542; *Sundermeier/Wilhelm*, DStR 1997, 1455, 1456.
189 Siehe daneben zur sog. mitunternehmerischen Betriebsaufspaltung BFH DStR 1996, 1521; BFH DStRE 1999 215; dazu auch *Söffing*, DStR 2001, 158.

136 **Wichtig**
Wegen des **einheitlichen Betätigungswillens** in beiden Unternehmen kann für das Besitzunternehmen nichts anderes gelten als für die Betriebsgesellschaft. Infolgedessen unterliegt das Besitzunternehmen auch der **Gewerbesteuerpflicht** und das ihm zugehörige Vermögen – einschließlich der Anteile an der Betriebsgesellschaft – gilt steuerlich als **Betriebsvermögen**, dessen Wertsteigerungen sind daher steuerlich verstrickt und somit bei Realisierung steuerbar.

137 Auch durch die Aufgabe der **Geprägerechtsprechung** des BFH[190] hat sich an der steuerrechtlichen Beurteilung der Betriebsaufspaltung nichts geändert. Durch die Rechtsprechung zur Betriebsaufspaltung wird nämlich die gewerbliche Tätigkeit der Betriebsgesellschaft nicht dem Besitzunternehmen zugerechnet. Die gewerbliche Tätigkeit des Besitzunternehmens beruht vielmehr darauf, dass die Vermietung und/oder Verpachtung bei Vorliegen besonderer Umstände nicht mehr als Vermögensverwaltung, sondern als **gewerbliche Tätigkeit** anzusehen ist. Die besonderen Umstände, die es im Fall der Betriebsaufspaltung rechtfertigen, die Vermietung und/oder Verpachtung durch das Besitzunternehmen als gewerbliche Tätigkeit zu beurteilen, sind die sachliche und personelle Verflechtung. Das Abstellen auf die Tätigkeit des Besitzunternehmens bedeutet nicht, dass die besonderen Umstände ausschließlich in dem Besitzunternehmen vorhanden sein müssen. Diese sind nicht Teil dieser Tätigkeit, sondern verleihen ihm lediglich die Eigenschaft eines Gewerbebetriebs.[191]

138 Eine vom Gesetzgeber seinerzeit geplante klarstellende **gesetzliche Regelung** des Rechtsinstituts der Betriebsaufspaltung[192] ist bisher im Hinblick darauf unterblieben, dass der BFH auch nach der Aufgabe der Geprägerechtsprechung die Grundsätze über die steuerrechtliche Beurteilung der Betriebsaufspaltung beibehalten hat.[193] Das BVerfG hat die Rechtsprechung zum Rechtsinstitut der Betriebsaufspaltung als (noch) **zulässige Rechtsfortbildung** durch die dritte Gewalt anerkannt, bei Ehegattenbeteiligung aber auch Grenzen gezogen.[194] Dennoch erscheint das steuerliche Rechtsinstitut der Betriebsaufspaltung ohne jegliche gesetzliche Grundlage verfassungsrechtlich als bedenklich, da daran erhebliche – auch belastende – Steuerfolgen hängen.

139 Das steuerliche Rechtsinstitut der „Betriebsaufspaltung" setzt nicht voraus, dass eine besondere **Entstehungsform** eingehalten werden muss.[195] Auch muss zur Annahme der Betriebsaufspaltung nicht die „klassische" Aufteilung in Besitzunternehmen und Betriebskapitalgesellschaft gegeben sein. Im Rahmen der steuerlich zu berücksichtigenden Betriebsaufspaltung sind grundsätzlich alle **Kombinationen** insbesondere zwischen Personen- und Kapitalgesellschaften, aber auch Bruchteilsgemeinschaften und Einzelunternehmen möglich. Die häufigste Form der Betriebsaufspaltung ist jedoch die der Aufspaltung in ein Personenunternehmen (Einzelunternehmen oder Besitzpersonengesellschaft) und in eine Betriebskapitalgesellschaft.

140 **Wichtig**
Die Betriebsgesellschaft kann aber ebenso in der Form der Aktiengesellschaft geführt werden, auch wenn die Hauptversammlung einer AG im Gegensatz zur Gesellschafterversammlung einer GmbH grundsätzlich nicht befugt ist, durch Einzelweisungen gegenüber dem Vorstand Einfluss auf die Geschäftsführung zu nehmen (§§ 76 Abs. 1,

---

190 BFH GS BStBl II 1984, 751.
191 Vgl. BFH BStBl II 1986, 296.
192 BR-Drucks 165/85; siehe auch BT-Drucks 10/4513, 63.
193 Vgl. BFH BStBl II 1989, 152.
194 BVerfG BVerfGE 69, 188 = BStBl II 1985, 475.
195 Vgl. BFH BStBl II 1982, 60.

111, 119 Abs. 2 AktG).[196] Dieser Unterschied rechtfertigt es nach Auffassung des BFH nicht, das Vorliegen eines einheitlichen geschäftlichen Betätigungswillens als personelle Voraussetzung einer Betriebsaufspaltung bei der AG anders zu beurteilen als bei der GmbH.[197]

1. Steuerfragen bei Entstehen der Betriebsaufspaltung

Im einfachsten Fall entsteht aus zwei selbständigen Unternehmen die Konstruktion einer Betriebsaufspaltung so, dass die Voraussetzungen der personellen und sachlichen Verflechtung erfüllt sind, z.B. durch **Eigentümerwechsel** wesentlicher Wirtschaftsgüter oder durch **Inhaberwechsel** von Anteilen. Dieser Vorgang bleibt für sich gesehen ohne ertragsteuerliche Folgen. Er führt jedoch – sofern nicht auch zuvor schon gegeben – regelmäßig zur „steuerlichen Verstrickung" des Vermögens des Besitzunternehmens. **141**

Vom Einzelunternehmen ausgehend kann die **Übertragung von Einzelwirtschaftsgütern** des Umlaufvermögens ggf. frei von stillen Reserven erfolgsneutral erfolgen. Stille Reserven müssen aber realisiert werden, wenn bewegliches Anlagevermögen auf die künftige Betriebs-GmbH übertragen wird, denn weder § 20 UmwStG noch § 6 Abs. 5 EStG sind einschlägig. Erfolglos bleibt wegen § 6 Abs. 5 EStG auch der Versuch, Einzelwirtschaftsgüter auf eine Personengesellschaft zu übertragen und diese in eine Kapitalgesellschaft umzuwandeln.[198] **142**

Nach § 6 Abs. 6 S. 1 EStG i.d.F. des Steuerentlastungsgesetzes 1999/2000/2002 vom 24.3.1999[199] führt der unentgeltliche Übergang von Einzelwirtschaftsgütern eines Steuerpflichtigen auf einen anderen Steuerpflichtigen seit dem 1.1.1999 zur Aufdeckung der stillen Reserven, wobei der **Ansatz des gemeinen Wertes** der übertragenen Wirtschaftsgüter vorgeschrieben wird.[200] Bei der Begründung einer echten Betriebsaufspaltung durch Sacheinlagen bedeutet das, dass die Betriebs-GmbH das auf sie übergegangene Wirtschaftsgut mit dem gemeinen Wert ansetzen muss. Eine Buchwertfortführung scheidet also aus. **143**

Erfolgt die Betriebsaufspaltung ausgehend von einer bestehenden Kapitalgesellschaft, so muss zur Erreichung der Steuerbegünstigung ein **Betrieb, Teilbetrieb oder Mitunternehmeranteil** übergehen. Einzelwirtschaftsgüter können nicht ohne Aufdeckung stiller Reserven übertragen werden. **144**

2. Laufende Besteuerung der Besitzgesellschaft
a) Buchführung und Geschäftsjahr des Besitzunternehmens

Betreibt das Besitzunternehmen ein Handelsgewerbe, ergibt sich die **Buchführungs- und Bilanzierungspflicht** aus § 140 AO i.V.m. §§ 238 ff. HGB. Überschreitet das Besitzunternehmen die Gewinn- und Umsatzgrenzen nach § 141 AO, ergibt sich die Buchführungspflicht nach entsprechender Aufforderung durch das Finanzamt.[201] **145**

Ist die Betriebsaufspaltung erst im Nachhinein entdeckt worden, ist ebenfalls zu bilanzieren.[202] Ein Wahlrecht, den Gewinn nach § 4 Abs. 3 EStG ermitteln zu dürfen, besteht dabei nicht: Nach der neueren Rechtsprechung zur Bilanzierung beim gewerblichen Grundstückshandel setzt das Wahlrecht voraus, dass der Steuerpflichtige selbst davon ausgeht, dass er einen Ge- **146**

---

196 BFH GmbHR 2011, 887; dazu EWiR 2011, 741 (*Jungbluth*); *Wachter*, DStR 2011, 1599.
197 Vgl. BFH BStBl II 1982, 479.
198 Dazu Arens/Tepper/*Arens*, Praxisformularbuch Gesellschaftsrecht, § 11 Rn 54 ff. m.w.N.
199 BStBl I 1999, 402.
200 *Schmidt*, EStG, § 15 Rn 877 m.w.N.
201 *Schmidt*, EStG, § 15 Rn 869; BFH NV 1998, 1202.
202 BFH BStBl II 1989, 714.

werbebetrieb betreibt.[203] Die **Wahlentscheidung** setzt das Bewusstsein zur Erzielung von Gewinneinkünften voraus. Das Bewusstsein, als Gewerbetreibender zu handeln, hat der Steuerpflichtige bei einer zunächst unentdeckt gebliebenen Betriebsaufspaltung zwangsläufig nicht, da er anfangs davon ausgeht, Einkünfte aus Vermietung und Verpachtung zu erzielen und erst später, infolge der Anwendung der Betriebsaufspaltungsgrundsätze, die Gewerblichkeit offenbar wird.

147   Das Besitzunternehmen darf seinen Gewinn nur dann in einem vom Kalenderjahr abweichenden **Wirtschaftsjahr** ermitteln, wenn es im Handelsregister eingetragen ist und das Finanzamt zustimmt (§ 4a Abs. 1 Nr. 2 EStG).

b) Einkunftsart: Einkünfte aus Gewerbebetrieb

148 Die **Vermietungs- bzw. Verpachtungserträge** des Besitzunternehmens führen trotz des Bestehens eines zivilrechtlich gültigen Miet- oder Pachtvertrages zwischen dem Besitzunternehmen und der Betriebsgesellschaft nicht zu Einkünften aus Vermietung und Verpachtung (§ 21 EStG), sondern zu Einkünften aus Gewerbebetrieb (§ 15 EStG).[204] Die gewerbliche Tätigkeit der Betriebsgesellschaft „prägt" im Rahmen der wirtschaftlichen Betrachtungsweise auch die Einkünfte (und das Vermögen) des Besitzunternehmens (sog. **Abfärbetheorie**). Dies gilt auch, soweit nichtwesentliche Wirtschaftsgüter mitverpachtet werden. Auch der Nur-Besitzgesellschafter erzielt Einkünfte aus Gewerbebetrieb.[205]

149   Wenn die Besitzgesellschaft in der Rechtsform der Personengesellschaft geführt wird, liegen Einkünfte aus Gewerbebetrieb selbst insoweit vor, als daneben auch **Gegenstände an Dritte verpachtet** werden (§ 15 Abs. 3 Nr. 1 EStG).[206] Die Bestimmung gilt aber nicht für reine Miteigentümer-, Bruchteils- oder Erbengemeinschaften.

c) Offene Ausschüttungen aus der Betriebs-GmbH

150 Offene Gewinnausschüttungen führen zu gewerblichen Einkünften. Der sog. **Sparerfreibetrag** für Einkünfte aus Kapitalvermögen (§ 20 Abs. 4 EStG) kann also nicht in Anspruch genommen werden. Offene Ausschüttungen sind auch insoweit als gewerbliche Einkünfte zu behandeln, als sie aus einem Zeitraum vor der Begründung der Betriebsaufspaltung resultieren.[207]

151   Nach der neueren Rechtsprechung des BFH[208] sind **Gewinnansprüche** gegen die Betriebskapitalgesellschaft **nicht phasengleich zu aktivieren**. Durch diese Möglichkeit kann die Erfassung der Ausschüttung als Ertrag nach wie vor begrenzt gesteuert werden, z.B. um Progressionsunterschiede auszunutzen.

d) Verdeckte Gewinnausschüttungen

152 Für die Erfassung verdeckter Gewinnausschüttungen (vGA) ergeben sich im Vergleich zur Behandlung offener Ausschüttungen **grundsätzlich keine Besonderheiten**. Die vGA führt zu gewerblichen Einkünften bei dem Besitzunternehmen, da die GmbH-Anteile notwendiges Betriebsvermögen bei dem Besitzunternehmen sind und eine vGA immer im Hinblick auf die

---

203 BFH NV 1997, 403; BFH NV 1999, 577; dazu *Schmidt*, EStG, § 15 Rn 52.
204 *Heidel/Pauly*, Steuerrecht in der anwaltlichen Praxis, § 4 Rn 44 f.
205 BFH BStBl II 1972, 796; BFH BStBl II 1986, 296.
206 BFH BStBl II 1998, 254.
207 *Schmidt*, EStG, § 15 Rn 869; BFH BStBl II 2000, 255.
208 BFH GS BStBl II 2000, 632; dazu BMF BStBl I 2000, 1510; siehe auch schon BFH BStBl II 1989, 714 in Abgrenzung zu BFH BStBl II 1975, 700; dazu *Braun/Günther*, Das Steuer-Handbuch, „Betriebsaufspaltung", Rn 23.

gesellschaftsrechtliche Bindung über die GmbH-Anteile erfolgt. Nach § 20 Abs. 1 Nr. 1, Abs. 3 EStG liegen keine Einkünfte aus Kapitalvermögen vor. Hinsichtlich der Gewerbesteuer tritt wegen § 9 Nr. 2a GewStG kein zusätzlicher Nachteil ein.

e) Anteile an der Betriebsgesellschaft als Betriebsvermögen

Nach ganz herrschender Meinung gehören die Anteile an einer Betriebs-GmbH zum **notwendi-** 153 **gen Betriebsvermögen** des Besitzunternehmens.

Dies gilt auch dann, wenn die Gesellschaftsanteile zivilrechtlich den einzelnen Gesellschaf- 154 tern gehören. In diesem Fall zählen die Anteile zum **notwendigen Sonderbetriebsvermögen II** der jeweiligen Gesellschafter. Die Anteile dienen der Durchsetzung des einheitlichen geschäftlichen Betätigungswillens im Verhältnis zur Betriebsgesellschaft und sichern damit die Vermögensnutzung des Besitzunternehmens durch das Instrument der GmbH. Anteile von Personen, die den Besitzgesellschaftern nahe stehen, gehören jedoch nicht zum Betriebsvermögen, wenn sie nicht selbst Mitglied der Personengesellschaft sind.

f) Teilwertabschreibungen

Folge der Betriebsvermögenseigenschaft der GmbH-Anteile ist, dass Teilwertabschreibungen 155 auf den GmbH-Anteil vorgenommen werden können, wenn eine **dauerhafte Wertminderung** festzustellen ist.[209] Zwar rechtfertigen Verluste der GmbH in der Anlaufphase (ein bis ca. drei Jahre) noch keine Abschreibung, werden aber auch danach noch Verluste erzielt, kann das Instrument der Teilwertabschreibung genutzt werden. Nach In-Kraft-Treten des Steuerentlastungsgesetzes 1999/2000/2002 vom 24.3.1999[210] ist allerdings zwingend eine **Wertaufholung** vorzunehmen, wenn eine teilwertberichtigte Beteiligung wieder werthaltig wird (§ 6 Abs. 1 Nr. 1 S. 4 EStG).

g) Anteilsveräußerung

Veräußerungsgewinne, die aus dem Verkauf der GmbH-Anteile erzielt werden, gehören zum 156 laufenden Gewinn. Die GmbH-Anteile sind **kein Teilbetrieb** i.S.v. § 16 Abs. 1 Nr. 1 EStG. Eine tarifermäßigte Besteuerung kommt nur in Betracht, wenn alle Anteile an der GmbH zum Betriebsvermögen einer Einzelperson oder Personengesellschaft gehören und die Anteile insgesamt veräußert werden.

h) Gesellschafterdarlehen/Gesellschafterbürgschaften

Darlehen **des Besitzunternehmens** an die Betriebsgesellschaft gehören i.d.R. zwingend zu ih- 157 rem Betriebsvermögen, wenn es sich um notwendiges Betriebsvermögen handelt. Notwendiges Betriebsvermögen liegt vor, wenn ein Wirtschaftsgut dem Betrieb der Personengesellschaft dergestalt dient, dass es objektiv erkennbar zum unmittelbaren Einsatz im Betrieb bestimmt ist, es sei denn, es gehört zum notwendigen Privatvermögen. Wenn die Darlehensforderung zum Betriebsvermögen gehört, sind die Zinszahlungen an das Besitzunternehmen als gewerbliche Einkünfte zu erfassen.

Wird der Betriebsgesellschaft das **Darlehen von einem ihrer Gesellschafter** gewährt, ist 158 zu unterscheiden:

---

209 Dazu auch *Schmidt*, EStG, § 15 Rn 873; *Küting/Kessler*, GmbHR 1995, 345; FG München EFG 1998, 1188.
210 BStBl I, 402.

– Gewährt nur ein Gesellschafter ein Darlehen unmittelbar an die Betriebsgesellschaft, liegt möglicherweise **Sonderbetriebsvermögen II** vor. Das ist der Fall, wenn das Darlehen ein Mittel ist, um besonderen Einfluss auf die Personengesellschaft auszuüben und damit unmittelbar die Stellung des Gesellschafters in der Personengesellschaft zu stärken. Die Einordnung in das Sonderbetriebsvermögen I kommt nicht in Betracht, da hier nur Wirtschafts-
güter erfasst werden, die ein Gesellschafter unmittelbar der Besitzpersonengesellschaft überlässt.
– Gewährt ein Gesellschafter der Betriebsgesellschaft ein Darlehen, liegt **Sonderbetriebsvermögen II** vor, wenn dessen Laufzeit an die Dauer der Beteiligung gebunden ist.[211]
– Gewährt ein Gesellschafter der Betriebsgesellschaft ein Darlehen, bei dem die Gewährung auf privaten Erwägungen beruht, z.B. dem Wunsch nach einer günstigen Kapitalanlage, soll die Darlehensrückzahlungsforderung **Privatvermögen** sein.[212]

159 Gewähren alle Gesellschafter unmittelbar an die Betriebsgesellschaft ein Darlehen, liegt jeweils bei ihnen insoweit **Sonderbetriebsvermögen II** vor.

160 Die aus den Darlehen jeweils erzielten oder gutgeschriebenen **Zinsen** sind im Falle der Betriebsvermögenseigenschaft des Darlehens wiederum bei den Gesellschaftern gewerbliche Einkünfte i.S.v. § 15 EStG, nämlich sog. **Sonderbetriebseinnahmen** gem. § 15 Abs. 1 S. 1 Nr. 2 EStG.

161 **Bürgschaften**, die die Gesellschafter der Besitzpersonengesellschaft für Verbindlichkeiten der Betriebskapitalgesellschaft übernehmen, können durch den Betrieb der Besitzpersonengesellschaft veranlasst sein und damit zum passiven **Sonderbetriebsvermögen II** der Gesellschafter-Bürgen bei der Besitzpersonengesellschaft gehören, wenn die Übernahme der Bürgschaften zu nicht marktüblichen (fremdüblichen) Bedingungen erfolgt. Die Inanspruchnahme der Gesellschafter aus solchen Bürgschaften führt nicht zu nachträglichen Anschaffungskosten für die zum Sonderbetriebsvermögen II der Gesellschafter bei der Besitzpersonengesellschaft gehörenden Anteile an der Betriebskapitalgesellschaft. Der Umstand, dass Verbindlichkeitsrückstellungen nur für solche künftigen Aufwendungen gebildet werden dürfen, die zu sofort abziehbaren Betriebsausgaben führen und nicht als Anschaffungs- oder Herstellungskosten zu aktivieren sind, steht deshalb einer **Rückstellung wegen drohender Inanspruchnahme** aus solchen Bürgschaften nicht entgegen.[213]

3. Laufende Besteuerung der Betriebsgesellschaft
a) Behandlung der Pacht und der Geschäftsführervergütung

162 Die **Betriebsgesellschaft bleibt** trotz der von der Finanzverwaltung im Rahmen der Betriebsaufspaltung zugrunde gelegten „wirtschaftlichen Betrachtungsweise" bzw. „Abfärbetheorie" **selbstständiges Besteuerungssubjekt.**

163 Besteht die Betriebsgesellschaft in der Rechtsform der GmbH wirken sich die **Pachtzahlungen** hier als Aufwand aus. Angemessene **Dienstvergütungen** für den Gesellschafter-Geschäftsführer sind Betriebsausgaben. Diese Vergütungen sind beim Geschäftsführer seinerseits Einkünfte aus nichtselbständiger Tätigkeit (§ 19 EStG). Darin besteht ein wesentlicher Vorteil der Betriebsaufspaltung gegenüber der reinen **Personengesellschaft**, da dort Nutzungsentschädigungen und Tätigkeitsvergütungen der Gesellschafter (Mitunternehmer) als **Sonderbetriebseinnahmen** nach § 15 Abs. 1 S. 1 Nr. 2 EStG gelten.

---

211 BFH BStBl II 1995, 452.
212 Dazu *Heidel/Pauly*, Steuerrecht in der anwaltlichen Praxis, § 4 Rn 45; BFH BStBl II 1978, 378.
213 BFH BStBl II 2002, 733 = DStR 2001, 4444; dazu EWiR 2002, 479 (*Korn*).

Es besteht allerdings auch in den Fällen der Betriebsaufspaltung die übliche Problematik **164**
der **Angemessenheit** der Leistungsbeziehungen zwischen GmbH und Geschäftsführer und der
daran anknüpfenden Gefahr der verdeckten Gewinnausschüttung.[214] Zahlt die Betriebs-GmbH
eine **überhöhte Pacht** oder **unangemessen hohe Tätigkeitsvergütungen** an den Gesellschafter-Geschäftsführer (oder an den Gesellschaftern nahe stehende Empfänger), liegt darin eine
verdeckte Gewinnausschüttung (Abschn. 31 Abs. 3 Nr. 8 KStR).

b) Angemessenheit von Pachtzahlungen

Die Angemessenheit der Pacht richtet sich nach den örtlichen Marktverhältnissen. Der Verpäch- **165**
ter muss eine Vergütung für die Abnutzung der von ihm überlassenen Gegenstände erhalten.[215]
Hierfür wird die übliche **lineare AfA** zugrunde gelegt. Ist der Pächter zur Erhaltung der Substanz
verpflichtet, wird der Wertverzehr bei der Kalkulation der angemessenen Pacht nicht berücksichtigt.

Aus Sicht des Verpächters muss bei der Kalkulation der angemessenen Pacht eine **ausrei-** **166**
chende Verzinsung des eingesetzten Kapitals erzielt werden. Für Immobilien wird ein Zinssatz zwischen 5 und 8 %, für das übrige Vermögen von 6 bis 10 % zuzüglich eines individuellen
Risikozuschlages für ausreichend erachtet.[216] Für die Verpachtung des Geschäftswertes kann
zusätzlich eine Umsatzpacht von 0,5 bis 1 % gerechtfertigt sein. Teile der Literatur[217] verlangen
darüber hinaus, dass der GmbH noch ein Mindestgewinn zur Verzinsung des bei ihr eingesetzten
Stammkapitals bleibt (ca. 15 %).

4. Weitere steuerliche Konsequenzen für Einkünfte und Vermögen
a) Allgemeine Konsequenzen

Die Anwendung der Grundsätze der Betriebsaufspaltung hat weit reichende Folgen für die steu- **167**
erliche Qualifizierung der Einkünfte und des Vermögens des Besitzunternehmens:
– die Einkünfte des Besitzunternehmens gelten dann auch als Einkünfte aus Gewerbebetrieb
  i.S.v. § 15 EStG,
– das Vermögen der Besitzunternehmung gilt als Betriebsvermögen mit der entsprechenden
  steuerlichen Verhaftung[218] und
– die Anteile der Gesellschafter des Besitzunternehmens an der Betriebsgesellschaft gelten
  ebenfalls als Betriebsvermögen.

Wichtig **168**

Die Ausstrahlung der Gewerblichkeit auf das Besitzunternehmen umfasst dabei auch die Einkünfte und die Anteile
der Personen, die nur am Besitzunternehmen beteiligt sind (sog. **Nur-Besitzgesellschafter**).

Auch die Besitzgesellschaft ist gewerbesteuerpflichtig und zwar mit ihren gesamten Einkünften, **169**
wenn sie in der Rechtsform der Personengesellschaft betrieben wird. Die **sachliche Gewerbe-**
steuerpflicht beginnt aber erst, wenn sämtliche tatbestandlichen Merkmale eines Gewerbebe-

---

214 Dazu *Braun/Günther*, Das Steuer-Handbuch, „Betriebsaufspaltung", Rn 22; BFH BStBl II 2000, 255.
215 BFH BStBl II 1977, 679; BFH NV 1999, 672; FG München EFG 1999, 883; dazu *Braun/Günther*, Das Steuer-
Handbuch, „Betriebsaufspaltung", Rn 22; *Schmidt*, EStG, § 15 Rn 819, 870.
216 *Fichtelmann*, INF 1994, 396; *ders.*, INF 1998, 431; *Märkle*, BB 2000, Beilage zu Nr. 31, S. 15.
217 *Vorwold/Schiffler*, BB 1999, 1743; *Reiser*, DStR 2000, Beilage zu Nr. 33, S. 13.
218 Zur Zurechnung der Gewinne aus Zeiträumen vor der Betriebsaufspaltung zu den Einkünfte nach § 15 EStG bei
späteren Gewinnausschüttungsbeschlüssen siehe BFH BB 2000, 443.

triebes erfüllt sind und der Gewerbebetrieb in Gang gesetzt ist. Bloße Vorbereitungshandlungen begründen im Unterschied zum Einkommensteuerrecht noch keine Steuerpflicht.

---

170 Praxistipp

In aller Regel ist es aber am Günstigsten, den Betrieb in eine „Besitzgesellschaft" und eine „Betriebsgesellschaft" aufzuspalten, ohne dass die Voraussetzungen einer Betriebsaufspaltung im steuerlichen Sinne erfüllt werden, weil dann die „Umqualifizierung" der Einkünfte in gewerbliche Einkünfte und des Vermögens des Besitzpersonenunternehmens in Betriebsvermögen vermieden wird.

---

171 Wichtig

Generell besteht bei der Betriebsaufspaltung eine besondere Notwendigkeit zur Beobachtung der aktuellen Entwicklungen, denn die Gefahr von **Rechtsprechungsänderungen** beim „Rechtsinstitut" der Betriebsaufspaltung ist ständig gegeben.[219]

---

172 Liegt bereits eine Betriebsaufspaltung vor, so wird es in aller Regel geboten sein, diese zu erhalten oder zumindest die **Aufdeckung etwaiger stiller Reserven** im Vermögen des Besitzunternehmens zu vermeiden. Regelmäßig bietet es sich dabei an, das Besitzunternehmen in eine „gewerblich geprägte Personengesellschaft" umzustrukturieren.

173 Festzuhalten bleibt aber auch, dass steuerliche Aspekte in den Gestaltungsüberlegungen in der Regel einen zwar sicherlich bedeutenden, aber nicht den dominierenden Raum einnehmen sollten. Vor allem **Haftungsaspekte** und die bessere **Steuerbarkeit von Einzelrisiken** durch die Trennung von Besitzunternehmen und Betriebsgesellschaft müssen abgewogen werden und sprechen unabhängig von steuerlichen Vorteilen tendenziell für die Betriebsaufspaltung als Gestaltungsform mittelständischer Unternehmen.[220] Umgekehrt können aber die Rechtsregeln des Eigenkapitalersatzrechts bzw. der **Gesellschafterfremdfinanzierung** die erwünschten Haftungsvorteile ganz oder teilweise zunichte machen.

b) Steuerfolgen der klassischen Betriebsaufspaltung

174 Die steuerlichen Resultate einer klassischen Betriebsaufspaltung differieren stark in Abhängigkeit vom Erfolg des betrachteten Unternehmensverbundes. Grundsätzlich wird ein Teil des Gewinns im Rahmen der Personenunternehmens-, ein anderer Teil im Rahmen der Kapitalgesellschaftsbesteuerung abgewickelt. Die Betriebsaufspaltung hat häufig bei hohen Gewinnen, bei hohen Geschäftsführergehältern und insbesondere im Verlustfall, Nachteile gegenüber anderen Unternehmensformen, während sich die Gewinnthesaurierung in der Kapitalgesellschaft positiv auswirkt. Ein großer Teil der Steuerbelastung fällt im Rahmen der Einkommensteuer an, die allerdings durch die Gewerbesteueranrechnung seit 2002 durch § 35 EStG vermindert wird.

175 Erzielt das Unternehmen **Gewinne**, so ist die klassische Betriebsaufspaltung häufig die zweitbeste Alternative. Bei niedrigen Gewinnen wird die einheitliche Personen-, bei hohen Gewinnen die einheitliche Kapitalgesellschaft, insbesondere im Thesaurierungsfall, eine günstige Alternative darstellen.[221]

176 Fallen **Verluste** an, sind die Nachteile der Betriebsaufspaltung schwerwiegend, da diese i.d.R. nur die Betriebsgesellschaft betreffen und nicht mit positiven Einkünften des Besitzunternehmens oder dessen Gesellschaftern verrechnet werden können, feste Miet- bzw. Pachtzahlungen verstärken den Effekt.

---

219 Vgl. *Engelsing/Sievert*, SteuerStud 2004, 26.
220 Vgl. *Engelsing/Sievert*, SteuerStud 2003, 624.
221 Vgl. *Jacobs*, Unternehmensbesteuerung, S. 562.

Arens

Praxistipp 177
Eine Möglichkeit, die negativen steuerlichen Auswirkungen der klassischen Betriebsaufspaltung zu vermeiden, ist ein **Organschaftsverhältnis** zwischen den beiden beteiligten Gesellschaften.[222] Durch die Organschaft findet eine weitere Verschiebung der Gewinne statt, die Betriebsaufspaltung gleicht dann weitgehend einer Personengesellschaft, insbesondere die **Verlustverrechnung** wird möglich.[223]

Im Regelfall kann aber davon ausgegangen werden, dass die außersteuerlichen Folgen einer **178** Organschaft dazu führen werden, dass man auf eine solche Konstruktion verzichtet. Voraussetzung der Organschaft ist nämlich die **Ergebnisabführung.** Damit verbunden ist aber zwingend eine Verpflichtung zum **Verlustausgleich** entsprechend § 302 AktG. Diese soll durch die Betriebsaufspaltung jedoch gerade vermieden werden.[224]

Soll eine (klassische) Betriebsaufspaltung neu begründet werden, so hat das UntStFG 2001 **179** die Bedingungen durch das Verbot der steuerneutralen **Übertragung von Einzelwirtschaftsgütern** auf die Betriebs-GmbH verschlechtert.[225]

Praxistipp 180
Die **umgekehrte Betriebsaufspaltung** kann besonders bei ertragsstarken Unternehmen im Thesaurierungsfall die einkommensteuerlichen Anrechnungsfolgen seit 2002 durch § 35 EStG optimal ausnutzen.

c) Steuerfolgen der mitunternehmerischen Betriebsaufspaltung

Die mitunternehmerische Betriebsaufspaltung kommt hinsichtlich ihrer steuerlichen Folgen **181** weiterhin der üblichen Personengesellschaftsbesteuerung sehr nah, dabei können **doppelte Freibeträge** in gewerbesteuerlicher Hinsicht, aber auch Gewinnsteuerungsmöglichkeiten genutzt werden.

Ertragsteuerlich sind diese Fälle allerdings nicht ganz einfach gelagert. Die mitunternehme- **182** rische Betriebsaufspaltung unterliegt im Grundsatz den gesetzlichen Regelungen der Personengesellschaftsbesteuerung. Aus § 15 Abs. 1 Nr. 2 EStG ergibt sich zwar regelmäßig die weitere Erfassung der überlassenen Wirtschaftsgüter als Betriebsvermögen. Jedoch sind hiermit allein die Kollisionsprobleme zwischen § 15 EStG und dem Rechtsinstitut der Betriebsaufspaltung noch nicht gelöst.

Voraussetzung für die Annahme einer Betriebsaufspaltung, unabhängig davon, in wie viele **183** Unternehmen und Gesellschaften aufgespalten wird, warum und wann eine Betriebsaufspaltung erfolgt, ist auch in diesen Fallgestaltungen:
– Das Betriebsunternehmen/Vertriebsunternehmen muss überhaupt einen **Gewerbebetrieb** i.S.v. § 15 Abs. 2 EStG betreiben.
– Zwischen Besitzunternehmen und Betriebs-/Vertriebsgesellschaft muss ein einheitlicher geschäftlicher Betätigungswille gegeben sein (sog. **personelle Verflechtung**).
– Zwischen Besitzunternehmen und Betriebs-/Vertriebsgesellschaft muss mindestens eine wesentliche Betriebsgrundlage überlassen werden (sog. **sachliche Verflechtung**).

Nach der Rechtsprechung ist es dabei weder erforderlich, dass das Besitzunternehmen schon **184** vorher gewerblich tätig war,[226] noch, dass die Betriebsgesellschaft eigengewerblich tätig ist; es

---

222 Vgl. *Jacobs*, Unternehmensbesteuerung, S. 565.
223 Zur Frage einer umsatzsteuerlichen Organschaft zwischen den von einer Personengruppe beherrschten Schwestergesellschaften im Rahmen einer Betriebsaufspaltung siehe BFH DStR 2010.1277.
224 Vgl. Carlé/Carlé/*Bauschatz*, Betriebsaufspaltung, S. 134 f.
225 Vgl. *Schulze zur Wiesche*, Wpg 2003, 90.
226 BFH BStBl II 1989, 455.

reicht auch ein Gewerbebetrieb kraft Rechtsform nach § 8 Abs. 2 KStG bei Kapitalgesellschaften bzw. nach § 15 Abs. 3 Nr. 2 EStG für gewerblich geprägte Personengesellschaften aus (sog. **gewerblich geprägte Betriebsaufspaltung**).[227]

185   Außerdem dürfen die Wirtschaftsgüter im Fall sog. **Schwester-Personengesellschaften** nicht unentgeltlich überlassen werden, weil es dann an einer **Gewinnerzielungsabsicht** und damit an einer eigenen gewerblichen Tätigkeit der Besitzpersonengesellschaft fehlt.[228] Auch im Fall einer lediglich teilentgeltlichen Nutzungsüberlassung muss deshalb bei der Besitzpersonengesellschaft Gewinnerzielungsabsicht vorliegen, um eine mitunternehmerische Betriebsaufspaltung annehmen zu können. Andernfalls ist § 15 Abs. 1 Nr. 2 EStG anzuwenden. Liegen die genannten Voraussetzungen gleichzeitig vor, ist allerdings eine Betriebsaufspaltung gegeben.

d) Steuerfolgen der kapitalistischen Betriebsaufspaltung

186 Die steuerlichen Folgen der kapitalistischen Betriebsaufspaltung orientieren sich weitgehend an der GmbH & Co. KG.

e) Unternehmensnachfolge in Betriebsaufspaltungsfällen

187 Soll eine bestehende Betriebsaufspaltung in der Unternehmensnachfolge im Wege der **vorweggenommenen Erbfolge** übertragen werden, so liegt ein wesentliches Problem in der Vermeidung der Aufdeckung stiller Reserven, die vor allem in der Besitzgesellschaft vorhanden sein können. Soll eine vorweggenommene Erbfolge stattfinden, ist es von entscheidender Bedeutung, dass trotz des Generationenwechsels kein **Wegfall der personellen Verflechtung** erfolgt, auch wenn Erträge aus der Besitzgesellschaft als Altersversorgung dienen sollen.

---

188 Praxistipp

Empfehlenswert ist in diesem Fall die Fortführung des Besitzunternehmens als **gewerblich geprägte Personengesellschaft** (siehe dazu § 4 Rn 132 ff.) unter Beteiligung des Nachfolgers (Kindes).[229] Zur Vermeidung von Erbfolgeproblemen müssen die Regelungen zur Erhaltung der Betriebsaufspaltung rechtzeitig getroffen werden. Eine durch plötzliche Ereignisse eingetretene Gewinnrealisierung kann im Nachhinein nicht mehr ungeschehen gemacht werden.[230]

---

227 Vgl. BFH NV 1992, 333.
228 Vgl. BFH BStBl II 1998, 325.
229 Vgl. Brandmüller/*Schoor*, Praxishandbuch Betriebsaufspaltung, Gruppe 5.1, S. 27.
230 Vgl. *Engelsing/Sievert*, SteuerStud 2004, 26; *Kiesel*, DStR 1998, 962, 963.

Wolfgang Arens
§ 7 Innengesellschaften und Nießbrauch als Gestaltungsalternativen

Literatur: *Arens/Tepper*, Praxisformularbuch Gesellschaftsrecht, 4. Aufl. 2012; *Baumbach/Hopt*, HGB, 35. Aufl. 2012; *Beck'sches Handbuch des Personengesellschaftsrechts*, hrsg. v. W. Müller/Hoffmann, 3. Aufl. 2009; *Blaurock*, Handbuch der stillen Gesellschaft, 7. Aufl. 2009; *Blümich*, EStG, Loseblatt (Stand: 2012); *Brandi/Mühlmeier*, Übertragung von Gesellschaftsanteilen im Wege vorweggenommener Erbfolge und Vorbehaltsnießbrauch, GmbHR 1997, 734; *Braun/Günther*, „Innengesellschaft", in: Das Steuer-Handbuch, Stand: 2012; *Bülow*, Nießbrauch an Unternehmen und Unternehmensbeteiligungen, Heidelberger Mustertexte, Heft 53, 2. Aufl. 1986; *Christoffel/Geckle/Harnischfeger/Hild/Pahlke/Weinmann*, ErbStG, 1998 (zit.: *Christoffel/Geckle/Pahlke*); *Czisz/Krane*, Die Besteuerung von Einkünften aus typisch stillen Gesellschaften unter der Abgeltungsteuer, DStR 2010, 226; *Damrau*, Kein Erfordernis der gerichtlichen Genehmigung bei Schenkungen von Gesellschaftsbeteiligungen an Minderjährige, ZEV 2000, 209; *Esch/Baumann/Schulze zur Wiesche*, Handbuch der Vermögensnachfolge, 7. Aufl. 2009; *Fichtelmann*, Beteiligung von Angehörigen, 1993; *Fricke*, Der Nießbrauch an einem GmbH-Geschäftsanteil – Zivil- und Steuerrecht, GmbHR 2008, 739; *Götz/Jorde*, Nießbrauch an Personengesellschaftsanteilen, ZErb 2005, 365; *Götz/Hülsmann*, Surrogation beim Vorbehaltsnießbrauch: Zivilrechtliche und schenkungsteuerliche Aspekte, DStR 2010, 2377; *Gummert* (Hrsg.), Münchener Anwaltshandbuch Personengesellschaftsrecht, 2005 (zit.: *Gummert/Bearbeiter*); *Gundlach/Frenzel/Schmidt*, Der Auseinandersetzungsanspruch des stillen Gesellschafters in der Insolvenz des Unternehmensträgers, ZIP 2006, 501; *Heymann*, HGB, 6. Aufl. 2005, Band II; *Jansen/Jansen*, Der Nießbrauch im Zivil- und Steuerrecht, 8. Aufl. 2009; *Kempermann*, Unterbeteiligte als „andere Unternehmer" i.S. des § 15a Abs. 5 EStG, FR 1998, 248; *Kempermann*, Nicht gezahlte Einlagen, zurückgezahlte Aufgelder und falsch bezeichnete Kapitalkonten, DStR 2008, 191; *Koller/Roth/Morck*, HGB, 7. Aufl. 2011; *Korn*, Nießbrauchsgestaltungen auf dem Prüfstand, DStR 1999, 1461; *Largenfeld/Gail*, Handbuch der Familienunternehmen, Loseblatt (Stand: 2012); *Liedel*, Pflichtteilsergänzung nach aktueller Rechtsprechung, MittBayNot 1992, 238; *Meincke*, ErbStG, 15. Aufl. 2009; *Meincke*, Freigebige Zuwendung bei Verzicht auf Nutzungsrecht, ZEV 1993, 406; *Milatz/Sonneborn*, Nießbrauch an GmbH-Geschäftsanteilen: Zivilrechtliche Vorgaben und ertragsteuerliche Folgen, DStR 1999, 137; *Moog*, Die zivilrechtliche Sicherung des Nießbrauchers, DStR 2002, 180; *Münchener Handbuch zum Gesellschaftsrecht, Band 2*, 3. Aufl. 2009 (zit.: MünchGes/Bearbeiter, Bd. 2); *Münchener Kommentar zum HGB, Bd. III*, 2. Aufl. 2007 (zit.: MüKo-HGB/Bearbeiter); *Palandt*, BGB, 71. Aufl. 2012; *Paus*, Der Unternehmensnießbrauch, BB 1990, 1675; *Paus/Eckmann*, Steuersparende Gestaltungen mit Kindern, 1991; *Peter/Crezelius*, Gesellschaftsverträge und Unternehmensformen, 1995; *Petzoldt*, Nießbrauch an Kommanditanteilen und GmbH-Geschäftsanteilen – Zivil- und Steuerrecht (1), GmbHR 1987, 381; *Reichert/Schlitt/Düll*, Die gesellschafts- und steuerrechtliche Gestaltung des Nießbrauchs an GmbH-Anteilen, GmbHR 1998, 565; *Schindhelm/Stein*, Unterbeteiligung als Instrument der vorweggenommenen Erbfolge, ErbStB 2003, 32; *Schlegelberger*, HGB, 5. Aufl. 1992; *Schmidt*, EStG-Kommentar, 31. Aufl. 2012; *Schön*, Der Nießbrauch am Gesellschaftsanteil, ZHR 1994, 229; *Schulze zur Wiesche*, Vereinbarungen unter Familienangehörigen und ihre steuerlichen Folgen, 9. Aufl. 2006; *Schulze zur Wiesche*, Der Nießbrauch am Gesellschaftsanteil einer Personengesellschaft, DStR 1995, 318; *Schulze zur Wiesche*, Die atypische Unterbeteiligung an einem GmbH-Anteil, GmbHR 2006, 630; *Schulze zur Wiesche*, Die GmbH & Still unter Berücksichtigung des Unternehmensteuerreformgesetzes 2008 ab 2009, GmbHR 2008, 1140; *Schwetlik*, Veräußerung nießbrauchsbelasteter Personengesellschaftsanteile, GmbHR 2006, 1096; *Spiegelberger*, Vermögensnachfolge, 2. Aufl. 2010; *Staub/Canaris* (Hrsg.), Großkommentar HGB, 4. Aufl. 1995; *Sterzenbach*, GmbH & Still: Vorzüge einer beliebten Rechtsform und ihre steuerlichen Besonderheiten, DStR 2000, 1669; *Stollenwerk*, Schenkung-/Erbschaftsteuer bei Nießbrauch an GmbH-Anteilen, GmbH-StB 2001, 198; *Stuhrmann*, Einkommensteuerrechtliche Behandlung des Nießbrauchs und der obligatorischen Nutzungsrechte bei den Einkünften aus Vermietung und Verpachtung, DStR 1998, 1405; *Viskorf/Glier/Hübner/Knobel/Schuck*, ErbStG/BewG, Kommentar, 2. Aufl. 2004; *Tebben*, Gesellschaftsvertraglicher Schutz gegen Treuhand- und Unterbeteiligungen an Geschäftsanteilen, GmbHR 2007, 63; *Tettinger*, Die fehlerhafte stille Gesellschaft, DStR 2006, 849; *Wachter*, GmbH-Musterformulierungen Nießbrauch an GmbH-Geschäftsanteilen, NotBZ 2000, 33 und 78; *Wälzholz*, Aktuelle Gestaltungsprobleme des Nießbrauchs am Anteil einer Personengesellschaft, DStR 2010, 1786; *Ziegeler*, Nießbrauchsverzicht bei erhöhten Grundstückswerten nach dem ErbStG 1996, DB 1998, 1056.

Inhalt

I. Stille Gesellschaft

1. Rechtliche Grundlagen

Die stille Gesellschaft ist eine sog. **Innengesellschaft** und somit eine besondere Form der **1**
Personengesellschaften. Die Regelungen über die stille Gesellschaft finden sich in den §§ 230
bis 237 HGB.[1] Die stille Gesellschaft ist somit die einzige Innengesellschaft, für die eine positive gesetzliche Regelung gegeben ist. Wesentliche Rechtsregeln der anderen Innengesellschaften leiten sich aus den Vorschriften der §§ 230 bis 237 HGB ab. Ergänzend gelten die Vorschriften der §§ 705 ff. BGB, soweit sie nicht ausschließlich für Außengesellschaften anwendbar
sind.

a) Gesellschafter

Bei der stillen Gesellschaft existieren zwei Gesellschaftertypen, nämlich **2**
– der sog. **Hauptbeteiligte** und
– der **stille Gesellschafter**.

3

Bei der stillen Gesellschaft nach dem HGB muss der Hauptbeteiligte **Kaufmann** gem. §§ 1 bis 6
HGB, also Inhaber eines Handelsgewerbes sein. Bei anderen Formen der Innengesellschaft, etwa
der Unterbeteiligung, ist dies nicht erforderlich.

Als **Hauptbeteiligte** einer stillen Gesellschaft nach dem HGB kommen demgemäß **4**
– Einzelkaufleute,
– Personenhandelsgesellschaften,
– Kapitalgesellschaften und
– eingetragene Genossenschaften
in Betracht.

Geht ein kaufmännisches Handelsunternehmen auf eine **Erbengemeinschaft** über, kann auch **5**
sie Hauptbeteiligte sein bzw. bleiben.[2]

Soweit **Körperschaften des öffentlichen Rechts** Unternehmen mit Gewinnerzielungsab- **6**
sicht betreiben, können auch sie Hauptbeteiligte einer stillen Gesellschaft sein.[3]

Mangels Kaufmannseigenschaft kann die **Gesellschaft bürgerlichen Rechts** oder eine **7**
Partnerschaftsgesellschaft nicht Hauptbeteiligte einer stillen Gesellschaft im Sinne des HGB
sein. Eine entsprechende vertragliche Regelung unterliegt demgemäß den Vorschriften der
§§ 705 ff. BGB und den Regelungen der §§ 230 ff. HGB nur insoweit entsprechend, als diese sinngemäße Anwendung finden können.[4]

Obwohl die **EWIV** nach § 1 EWIV-AG Formkaufmann ist, werden Zweifel daran geäußert, ob **8**
sie Hauptbeteiligte einer stillen Gesellschaft sein kann, weil sie nach § 3 Abs. 1 EWIV-VO nicht
auf Gewinnerzielung gerichtet ist.[5]

Entsprechendes gilt für den **Versicherungsverein auf Gegenseitigkeit**, auf den die Vor- **9**
schriften des HGB entsprechend anzuwenden sind, dem aber ebenfalls die Gewinnerzielungsabsicht fehlt.[6]

---

1 Siehe dazu die Muster von Arens/Tepper/*Arens*, Praxisformularbuch Gesellschaftsrecht, § 12 Rn 216 ff.
2 Vgl. Heymann/*Horn*, HGB, § 230 Rn 4; Großkommentar HGB/*Zutt*, § 230 Rn 39.
3 Vgl. MüKo-HGB/*K. Schmidt*, § 230 Rn 31; *Blaurock*, Handbuch der stillen Gesellschaft, Rn 205.
4 Vgl. *Blaurock*, Handbuch der stillen Gesellschaft, Rn 364; Gummert/*Johansson*, § 2 Rn 370; a.A. OLG Köln NJW-RR
1996, 27.
5 Vgl. *Blaurock*, Handbuch der stillen Gesellschaft, Rn 204; MüKo-HGB/*K. Schmidt*, § 230 Rn 33;
Gummert/*Johansson*, § 2 Rn 369.
6 Vgl. MünchGesR/*Bezzenberger*, Bd. 2, § 5 Rn 12.

10   Eine stille Gesellschaft mit einem **Freiberufler** als Hauptbeteiligten kommt ohnehin dann nicht in Betracht, wenn berufsrechtliche Zulassungsvoraussetzungen dem entgegenstehen bzw. wenn gesetzliche Verbote dem entgegenstehen (Vgl. etwa § 8 S. 2 ApothekenG).

11   Ein Hauptbeteiligter (Kaufmann) kann auch mit mehreren stillen Gesellschaftern stille Gesellschaften begründen, wobei dann zwischen **zweigliedrigen** stillen Gesellschaften und sog. **mehrgliedrigen stillen Gesellschaften** unterschieden wird:
- Bei zweigliedrigen stillen Gesellschaften bestehen die stillen Gesellschaftsverhältnisse jeweils unabhängig voneinander,
- während bei den mehrgliedrigen stillen Gesellschaften mehrere stille Beteiligte zusammen nur eine stille Gesellschaft mit dem Hauptbeteiligten bilden.[7]

12 Der Hauptbeteiligte (Inhaber) selbst kann sich ebenso wenig an seinem Unternehmen als stiller Gesellschafter beteiligen, wie eine stille Gesellschaft ihrerseits keine Beteiligung als stiller Gesellschafter eingehen kann.[8]

b) Rechtlicher Status

13 Als reine Innengesellschaften treten stille Gesellschaften als solche im Rechtsverkehr nicht auf. Es fehlt ihnen die **Rechtsfähigkeit**. Da sie auch kein gesamthänderisch gebundenes **Vermögen** bilden, kann die stille Gesellschaft selbst auch keine Rechte oder Pflichten begründen. **Vertretungsregelungen** sind demgemäß nicht erforderlich, da ein Auftreten im Rechtsverkehr im Namen der stillen Gesellschaft bzw. für Rechnung der stillen Gesellschaft nicht erfolgt und nicht erfolgen kann.

14   Daher fehlt es der stillen Gesellschaft auch an der **Parteifähigkeit** und auch an der **Insolvenzfähigkeit**.[9] Dementsprechend fehlt ihnen auch die **Registerfähigkeit**, d.h. sie können auch nicht – zumindest als Gesellschaften – im Handelsregister eingetragen werden.

---

15 **Wichtig**

Davon ist zu unterscheiden, ob bei einer Kapitalgesellschaft & Still (Aktiengesellschaft & Still bzw. GmbH & Still) zur Wirksamkeit ein **Eintragungserfordernis** unter dem Gesichtspunkt des **Teilgewinnabführungsvertrages** besteht (siehe dazu Rn 39 ff.).

---

16 Der **Zeitpunkt des Entstehens** der stillen Gesellschaft ist dispositiv. Werden keine anderen Wirksamkeitszeitpunkte vereinbart, entsteht die stille Gesellschaft mit dem Wirksamwerden des Gesellschaftsvertrages.[10] Die stille Gesellschaft kann auch schon vor Aufnahme des Geschäftsbetriebes des Hauptbeteiligten bzw. vor Leistung der Einlage des stillen Gesellschafters in das Vermögen des Hauptbeteiligten begründet werden.[11]

c) Inhalt des Gesellschaftsvertrages

17 Da die stille Gesellschaft als Innengesellschaft letztlich ein Sonderfall der Gesellschaft bürgerlichen Rechts im Sinne der §§ 705 ff. BGB ist, bedarf auch die stille Gesellschaft eines gemeinsa-

---

7 Vgl. BGH WM 1958, 1336; BGH NJW 1972, 338; *Baumbauch/Hopt*, HGB, § 230 Rn 7; Gummert/*Johansson*, § 2, Rn 378.
8 Vgl. Gummert/*Johansson*, § 2 Rn 375 f. m.w.N.
9 Vgl. BGH NJW 1992, 2696; Beck'sches Handbuch der Personengesellschaften/*Neu*, § 13 Rn 4.
10 Vgl. MüKo-HGB/*K. Schmidt*, § 230 Rn 119.
11 Vgl. *Blaurock*, Handbuch der stillen Gesellschaft, Rn 415.

Arens

men Zwecks. **Gemeinsamer Zweck** muss die Erzielung von Gewinnen durch den Geschäftsbetrieb des Hauptbeteiligten sein.[12]

Für die Entstehung der Innengesellschaft ist es also erforderlich, dass – konkludent, mündlich oder schriftlich – ein **Gesellschaftsvertrag** abgeschlossen wird, d.h. zwei oder mehrere Personen müssen die Förderung eines gemeinsamen Zwecks vereinbaren. Die Annahme einer Innengesellschaft bürgerlichen Rechts erfordert, dass sich die Beteiligten mit gesellschaftsrechtlicher Bindung zur Förderung eines gemeinsamen Zwecks verpflichten.[13] Eine Innengesellschaft bürgerlichen Rechts liegt daher nur vor, wenn zwischen den Beteiligten ein Gesellschaftsvertrag geschlossen worden ist, der jedenfalls die Einigkeit darüber enthält, einen gemeinsamen Zweck zu verfolgen und diesen durch vermögenswerte Leistungen (**Beiträge**) zu fördern.[14] **18**

Liegt kein gemeinsamer Zweck zugrunde bzw. fehlt es an der Gewinnerzielungsabsicht[15], so kann das Rechtsverhältnis nicht als stille Gesellschaft qualifiziert werden. Ggf. handelt es sich dann um ein **partiarisches Darlehen** bzw. um eine **ideelle Förderungsvereinbarung**. **19**

Abzugrenzen ist die stille Gesellschaft auch von **Genussrechten**. Ein Genussrecht liegt vor, wenn dem Rechtsinhaber zwar **schuldrechtliche Ansprüche**, nicht aber gesellschaftsrechtlich geprägte Mitgliedschaftsrechte vermittelt werden, ihm Vermögensrechte zugestanden werden, die typischerweise nur Gesellschaftern zustehen, die Rechte in großer Zahl und nicht nur vereinzelt begeben und dem Rechtsinhaber keine aktiven Mitverwaltungsrechte eingeräumt werden. Einnahmen aus Genussrechten, mit denen sowohl eine Beteiligung am Gewinn als auch am Aufgabe- bzw. Liquidationserlös verbunden ist, fallen unter § 20 Abs. 1 Nr. 1 EStG.[16] **20**

Ebenso wie eine Gesellschaft bürgerlichen Rechts kann die stille Gesellschaft sowohl **21**
– auf **bestimmte Zeit** als auch
– auf **unbestimmte Zeit** abgeschlossen werden oder auch
– unter eine **auflösende Bedingung** gestellt werden.[17]

Praxistipp **22**
Grundsätzlich ist der Vertragsabschluss **formfrei**. Schon allein für steuerliche Zwecke wird man allerdings regelmäßig einen schriftlichen Gesellschaftsvertrag erwarten.[18] Ist kein ausdrücklicher **Gesellschaftsvertrag** geschlossen worden, so muss im Einzelnen geprüft werden, ob die Parteien eine Gesellschaft bilden oder eine andere oder gar keine rechtliche Bindung eingehen wollten.

Für die Annahme einer stillen Gesellschaft können – vor allem in Grenzfällen – von den Vertragsparteien **gewählte Formulierungen indizielle Bedeutung** haben; entscheidend ist, was die Vertragsparteien wirtschaftlich gewollt haben und ob der – unter Heranziehung aller Umstände zu ermittelnde – Vertragswille auf die Merkmale einer (stillen) Gesellschaft gerichtet ist. Dabei darf der für eine stille Gesellschaft erforderliche **gemeinsame Zweck** der Gesellschafter nicht mit deren Motiven für ihre Beteiligung vermengt werden.[19] **23**

---

12 Vgl. KG NZG 2002, 818, 820.
13 BGH BB 2008, 132 = ZIP 2008, 24.
14 BGH ZIP 2008, 2311.
15 Zum Erfordernis der Gewinnerzielungsabsicht bei einer stillen Beteiligung an einer Verlustzuweisungsgesellschaft siehe FG Hamburg GmbHR 2002, 557.
16 BFH BStBl. II 2008, 852.
17 Vgl. *Blaurock*, Handbuch der stillen Gesellschaft, Rn 433; MüKo-HGB/*K. Schmidt*, § 230 Rn 93.
18 Vgl. Peter/Crezelius/*Fichtelmann*, Kap.B, Rn 433/1.
19 BFH BStBl. II 2008, 852.

d) Arten der stillen Gesellschaft

24 Um eine **typische stille Gesellschaft** handelt es sich, wenn sich der Gesellschaftsvertrag im Wesentlichen an §§ 230 ff. HGB orientiert und den typischen stillen Gesellschafter **kein** Unternehmerrisiko trifft.

25   Bei der **atypischen stillen Gesellschaft** handelt es sich um eine rechnerische Beteiligung des stillen Gesellschafters am Vermögen des Unternehmens des Hauptbeteiligten einschließlich der stillen Reserven[20] und des Firmenwertes[21], in der Regel auch verbunden mit einer Teilnahme des stillen Gesellschafters an der Geschäftsführung des Unternehmens.[22] Eine dingliche Berechtigung an der Vermögenssubstanz ist aber auch dabei nicht gegeben.

---

26 **Praxistipp**

Eine Beteiligung auch an den **Verlusten** ist – zumindest nach instanzgerichtlicher Auffassung – unabdingbare Voraussetzung für eine atypische stille Gesellschaft, da sonst kein hinreichendes **Mitunternehmerrisiko** des stillen Gesellschafters und somit keine Mitunternehmerschaft vorliege.[23]

---

e) Einlage des stillen Gesellschafters/Ergebnisbeteiligung/Haftung

27 Während bei Außengesellschaften die Einlage des Gesellschafters zwar auch als **Sacheinlage** gestaltet werden kann, aber **Dienstleistungen** des Gesellschafters nicht als einlagefähig gelten, weil sie das Vermögen der Gesellschaft nicht vermehren, ist bei stillen Gesellschaften anerkannt, dass auch Dienstleistungen einlagefähig sind, weil ein gesamthänderisch gebundenes Gesellschaftsvermögen ohnehin nicht besteht bzw. entsteht. Die Leistungen des stillen Gesellschafters werden vielmehr in das Vermögen des Hauptbeteiligten erbracht.[24]

---

28 **Wichtig**

Der Betriebsinhaber weist die Beteiligung des stillen Gesellschafters in seiner Handelsbilanz als **Fremdkapital** aus.[25]

---

29 Die **Gewinnbeteiligung** ist eine zwingende Voraussetzung einer stillen Gesellschaft.[26] Gewinn und Verlust des Unternehmens des Hauptbeteiligten sind nach Abschluss des Geschäftsjahres vom Inhaber zu ermitteln. Auf die Ermittlung und Auszahlung des Gewinns hat der stille Gesellschafter einen klagbaren Anspruch.[27] Anstelle einer Gewinnauszahlung kann der Gewinn dem stillen Gesellschafter auf einem Darlehenskonto gutgeschrieben werden.

30   Die Vereinbarung einer Beteiligung am Gewinn gilt im Zweifel auch für die Beteiligung am Verlust.[28] Die **Verlustbeteiligung** kann aber ausgeschlossen werden (§ 231 Abs. 2 Hs. 1 HGB). Besteht eine Verlustbeteiligung, so haftet der stille Gesellschafter nur bis zur Höhe seiner Einlage, soweit nichts anderes vereinbart ist.

---

20 Nach Auffassung des FG Münster v. 25.1.2001 – 1 K 1560/99 – n.v., und des FG Rheinland-Pfalz DStRE 2002, 604 ist aber eine Beteiligung an den stillen Reserven nicht zwingend erforderlich.

21 Darauf stellt entscheidend das FG Münster ab im Urt. v. 25.1.2001 – 1 K 1560/99 – n.v.

22 Vgl. BGH BGHZ 7, 174; BGH BGHZ 18, 157.

23 FG Münster DStRE 2004, 501; ähnlich Sächsisches FG DStRE 2005, 1258; siehe auch FG Baden-Württemberg DStRE 2005, 1185, für die Annahme einer verdeckten Mitunternehmerschaft von Ehegatten.

24 Vgl. Beck'sches Handbuch der Personengesellschaften/*Neu*, § 13 Rn 16.

25 *Carlé*, KÖSDI 1999, 12190; *Sterzenbach,* DStR 2000, 1669.

26 BGH BB 1976, 1030.

27 Vgl. zur Gewinnermittlung BGH DStR 1995, 1843 m. Anm. *Goette*.

28 BFH BB 2002, 2317.

Zur Außenhaftung des stillen Gesellschafters und zur Frage der Verjährung im Innen- 31
verhältnis zwischen der Gesellschaft und dem stillen Gesellschafter hat das OLG Schleswig[29] entschieden, dass der atypisch stille Gesellschafter einer KG, der im Innenverhältnis die Rechte und Pflichten eines Kommanditisten hat, nicht analog § 171 Abs. 2 HGB haftet. Der BGH hat dies bestätigt. Eine solche Außenhaftung erfordere einen besonderen Haftungsgrund.[30]

f) Gesellschaftsrechtliche Gründungsvoraussetzungen

Wird eine stille Gesellschaft mit einer Personenhandelsgesellschaft oder Kapitalgesellschaft als 32
Hauptbeteiligte abgeschlossen, gelten für den Abschluss des Vertrages auf Seiten der Hauptbeteiligten die allgemeinen **Vertretungsregelungen**, wonach die Hauptbeteiligte dann durch ihre geschäftsführenden Gesellschafter bzw. Vertretungsorgane vertreten wird.

Wichtig 33

Allerdings stellt die Aufnahme eines stillen Gesellschafters im Personengesellschaftsrecht ein **außergewöhnliches Geschäft** im Sinne der §§ 116 Abs. 2, 164 HGB dar, so dass auf Geschäftsführungsebene (im Innenverhältnis) nach zutreffender Ansicht die **Zustimmung der Gesellschafterversammlung** erforderlich ist.[31]

Dabei wird für die Begründung einer **typisch stillen Gesellschaft** mit einer Personengesell- 34
schaft als Hauptbeteiligter die Zustimmung der Gesellschafterversammlung mit der für außergewöhnliche Geschäfte erforderlichen **qualifizierten Mehrheit** verlangt,[32] während für die Begründung einer **atypisch stillen Gesellschaft** mit einer Personengesellschaft die Zustimmung aller Gesellschafter, also **Einstimmigkeit**, verlangt wird, weil es sich um ein sog. Grundlagengeschäft handeln soll.[33]

Nach der Rechtsprechung des BGH[34] und auch nach instanzgerichtlicher Auffassung sollen 35
aber etwaige **Mängel** bei der Begründung einer atypisch stillen Gesellschaft, die zur schwebenden Unwirksamkeit führen, nicht zu einem Anspruch des stillen Gesellschafters auf Rückzahlung seiner Einlage berechtigen, sondern nur zu einem Recht auf fristlose Kündigung und zu einer Behandlung nach den Grundsätzen der **fehlerhaften Gesellschaft** für die Zeit bis dahin.[35] Etwas anderes soll ausnahmsweise dann gelten können, wenn der Inhaber verpflichtet ist, den stillen Gesellschafter im Wege des Schadenersatzes so zu stellen, wie er stehen würde, wenn er nicht beigetreten wäre.[36]

---

29 OLG Schleswig DStR 2009, 238 = ZIP 2009, 421.
30 BGH DStR 2010, 1489 = ZIP 2010, 1341; dazu EWiR 2010, 643 (*Bürk/Seidl*) und *Berninger*, DStR 2010, 2359.
31 Vgl. BGH NJW 1957, 672; *Baumbauch/Hopt*, HGB, § 230 Rn 15; MüKo-HGB/*K. Schmidt*, § 230 Rn 105ff.
32 Gummert/*Johansson*, § 2 Rn 387.
33 Vgl. MüKo-HGB/*K. Schmidt*, § 230 Rn 112f.
34 BGH NJW 2005, 1784 und BGH DB 2005, 2573 = BGH-Report 2006, 102; Bestätigung von BGH ZIP 2004, 1706 und BGH ZIP 2005, 254.
35 OLG Stuttgart ZIP 2003, 763, dazu EWiR 2003, 505 (*Wagner*); OLG Braunschweig DStR 2003, 749; OLG Hamm BB 2003, 653; OLG Frankfurt/M. DStR 2003, 2131 = ZIP 2004, 32; OLG Braunschweig ZIP 2004, 28; OLG Bamberg NJW-RR 2004, 974, 975 = NZG 2004, 129, 130; dazu *Armbrüster/Joos*, ZIP 2004, 189; so schon für typische und für atypisch stille Gesellschaften auch BGH BGHZ 55, 5, 8; BGH BGHZ 62, 234, 237; BGH NJW 1992, 1552; a.A. noch OLG Schleswig NZG 2003, 166; OLG Jena ZIP 2003, 1444.
36 BGH BB 2004, 2147, dazu EWiR 2004, 1093 (*Lürken*); BGH DStR 2005, 295; BGH ZIP 2005, 753, 759, 763; dazu *Kiethe*, DStR 2005, 924.

2. Stille Gesellschaftsverhältnisse mit Angehörigen

36 Beteiligt ein Gesellschafter, insbesondere ein beherrschender Gesellschafter, seine Angehörigen in der GmbH als stille Gesellschafter (und nicht als unmittelbare Mitgesellschafter), behält er einerseits seine beherrschende Stellung, muss andererseits die wirtschaftliche Beteiligung der Familienangehörigen – außer gegenüber der Finanzverwaltung – in keiner Form nach außen verlautbaren und kann dennoch eine Einkunfts- und Vermögensverlagerung erzielen.

37 Allerdings ist gerade bei beherrschenden Gesellschaftern einer GmbH die Ausgestaltung des stillen Gesellschaftsverhältnisses mit Angehörigen unter dem Gesichtspunkt der **verdeckten Gewinnausschüttung** kritisch zu prüfen.[37] Eine solche Gestaltung führt regelmäßig zu einer GmbH & atypisch Still.[38] Ausnahmen sind aber möglich.[39] Eine – zur Annahme einer Mitunternehmerinitiative führende – wesentliche Einflussnahme kann aber in solchen Konstellationen auch mittelbar über schuldrechtliche Verträge, wie etwa Miet- oder Pachtverträge, vermittelt werden.[40]

38 Bei schenkweiser Einräumung der stillen Beteiligung ist das Erfordernis der **notariellen Form** gem. § 518 Abs. 1 BGB zu beachten. Zwar heilt der Vollzug der Schenkung den Formmangel (§ 518 Abs. 2 BGB). Ebenso wie bei der **Unterbeteiligung** (siehe dazu Rn 104) – und anders als bei der schenkweisen Einräumung einer Beteiligung an einer Personenhandelsgesellschaft – ist aber ein Vollzug der Schenkung noch nicht anzunehmen, wenn eine Umbuchung vom Kapitalkonto des Inhabers auf das Einlagekonto des stillen Gesellschafters erfolgt. Nach der Auffassung des BGH liegt darin kein Vollzug, weil nur die eine schuldrechtliche Forderung (Anspruch auf Einräumung der stillen Gesellschaft) durch eine andere, ebenfalls nur schuldrechtliche Forderung (Anspruch auf die Einlage) ersetzt wird.[41]

3. Stille Gesellschaftsverhältnisse mit Kapitalgesellschaften

39 Auch Kapitalgesellschaften können – etwa mit ihren Gesellschaftern selbst oder mit deren Angehörigen, aber auch mit Dritten – stille Gesellschaftsverhältnisse begründen. Dies wird häufig praktiziert bei der GmbH; es entsteht die sog. „GmbH & Still".[42] Hintergrund ist einerseits die Absicht, etwa aus zivilrechtlichen oder aus steuerrechtlichen Gründen, das haftende Kapital so gering wie möglich zu halten, wenngleich die stille Beteiligung eines GmbH-Gesellschafters **Kapitalersatzfunktion** nach § 32a GmbHG a.F. erlangen konnte.[43] Andererseits trägt die Leistung einer Einlage als stiller Gesellschafter mit gewinnabhängiger Beteiligung der Liquiditätslage der Gesellschaft besser Rechnung als ein Darlehen mit fester Verzinsung.

40 Ein an einer GmbH beteiligter stiller Gesellschafter ist in Bezug auf die **Kapitalerhaltungsregeln** wie ein GmbH-Gesellschafter zu behandeln, wenn er aufgrund der vertraglichen Ausgestaltung des stillen Gesellschaftsverhältnisses hinsichtlich seiner vermögensmäßigen Beteiligung und seines Einflusses auf die Geschicke der GmbH weitgehend einem GmbH-Gesellschafter gleichsteht. Ob diese Voraussetzung im Einzelfall erfüllt ist, kann das Revisionsgericht nur ein-

---

37 Vgl. Peter/Crezelius/*Fichtelmann*, Kap.B, Rn 495.
38 BFH NV 2000, 555; BFH NV 2001, 1550; BFH GmbHR 2004, 436.
39 OFD Erfurt GmbHR 2004, 209 m.w.N.
40 BFH GmbHR 1991, 217.
41 BGH BGHZ 7, 179, 187; Peter/Crezelius/*Fichtelmann*, Kap.B, Rn 433/3; a.A. *Baumbach/Hopt*, HGB, Anm. 4 B zu § 230 HGB.
42 Dazu *Sterzenbach*, DStR 2000, 1669; *Flore*, GmbH-StB 2003, 102.
43 Vgl. Peter/Crezelius/*Fichtelmann*, Kap.B, Rn 494/1; BGH GmbHR 2006, 531; zum Gestaltungsmissbrauch bei Umwandlung eines Darlehens in eine stille Beteiligung siehe FG Saarland, GmbHR 2003, 1446.

geschränkt überprüfen.[44] Ein atypisch stiller Beteiligter ist auch nach der Neuregelung durch das MoMiG als **nachrangiger Insolvenzgläubiger** zu behandeln.[45]

Wichtig 41

Als atypische GmbH & Still bzw. als **Mitunternehmerschaft** im ertragsteuerlichen Sinn ist die Beteiligung des stillen Gesellschafters dann anzusehen, wenn ihm Kontroll- und Informationsrechte i.S.v. § 716 BGB, eine – wenn auch der Höhe nach beschränkte – Gewinn- und Verlustbeteiligung und bei Beendigung eine Abfindung zustehen.[46]

Wird eine stille Gesellschaft mit einer Aktiengesellschaft als Hauptbeteiligter vereinbart, handelt 42 es sich nach herrschender Meinung um einen **Teilgewinnabführungsvertrag** zu Lasten der Aktiengesellschaft im Sinne von § 292 Abs. 1 Nr. 2 AktG.[47] Dementsprechend kann der Vertrag auf Seiten der AG zwar in **Schriftform** durch den Vorstand als organschaftlichem Vertreter der Aktiengesellschaft abgeschlossen werden, er bedarf zu seiner Wirksamkeit aber der **Zustimmung der Hauptversammlung** der AG mit einer Mehrheit von drei Viertel des in der Hauptversammlung vertretenen Grundkapitals sowie in formeller Hinsicht der **Eintragung** in das Handelsregister der Aktiengesellschaft nach § 293 Abs. 1, Abs. 3 und § 294 AktG.[48]

Vor diesem Hintergrund stellt sich die Frage, ob diese materiellen und formellen Wirksam- 43 keitserfordernisse entsprechend gelten, wenn eine stille Gesellschaft mit einer GmbH als Hauptbeteiligter (sog. „**GmbH & Still**") vereinbart wird. Auch in diesem Fall wird die GmbH bei Vertragsabschluss zunächst durch ihre Geschäftsführungsorgane, also die Geschäftsführer in vertretungsberechtigter Zahl, vertreten.[49] Fraglich ist aber, ob auch die **Zustimmungs- und Formerfordernisse der §§ 293, 294 AktG analog** gelten.

Nach einer Auffassung soll die **Kompetenz** zum Abschluss von stillen Gesellschaftsverträ- 44 gen bei dem Geschäftsführer bzw. der **Geschäftsführung** liegen und es soll insoweit nur ein **einfacher Zustimmungsbeschluss** der Gesellschafterversammlung der GmbH erforderlich sein,[50] zumindest bei der Begründung einer atypisch stillen Gesellschaft.

Nach anderer Auffassung soll dagegen die Vertretungsmacht der Geschäftsführungsorgane 45 der GmbH nicht ausreichend sein, um Verträge über eine stille Gesellschaft mit der GmbH abzuschließen. Die organschaftliche Vertretungsmacht beziehe sich nur auf die **schuldrechtlichen Austauschbeziehungen** zu Dritten, nicht aber auf solche Vertragsbeziehungen, die sich auf die Verbandsorganisation der GmbH auswirken und „satzungsgleich den rechtlichen Status der Gesellschaft verändern".[51]

Bei solchen Vertragsverhältnissen, die auf die Verbandsorganisation der GmbH Auswirkung 46 haben, bedürfe es deshalb der Zustimmung der Gesellschafterversammlung mindestens mit **satzungsändernder Mehrheit**, ggf. sogar der Zustimmung aller Gesellschafter; wegen dieser satzungsähnlichen Wirkung des Vertrages seien in Anlehnung an § 53 Abs. 2 GmbHG notarielle

---

44 BGH DStR 2006, 860 = GmbHR 2006, 531; Bestätigung von BGHZ 106, 7.
45 OLG Köln ZIP 2011, 2208.
46 FG München DStRE 1998, 468; BFH GmbHR 2000, 293.
47 Vgl. BFH NV 1998, 1339, 1340; OLG Stuttgart NZG 2000, 93; LG Berlin DB 2000, 2466; OLG Celle NZG 2000, 85; OLG Hamm NZG 2003, 228; OLG Braunschweig ZIP 2003, 1793; *Blaurock*, Handbuch der stillen Gesellschaft, Rn 344; Großkommentar HGB/*Zutt*, § 230 Rn 58; Gummert/*Johansson*, § 2 Rn 388.
48 BGH DB 2006, 1366 = DStR 2006, 1292.
49 Vgl. OLG Frankfurt/M. NZG 2001, 270.
50 Vgl. Scholz/*Emmerich*, GmbHG, Anhang Konzernrecht, Rn 337; *Schneider/Reusch*, DB 1989, 713, 715; *K. Schmidt*, ZGR 1983, 295, 310.
51 Vgl. *Jebens*, BB 1996, 701, 702; *Weigl*, GmbHR 2002, 778.

Beurkundung der Beschlussfassung darüber erforderlich und ferner auch Eintragung im Handelsregister mit der konstitutiven Wirkung analog § 54 Abs. 3 GmbHG.[52]

47   Hergeleitet wird diese Rechtsauffassung insbesondere auch aus dem sog. *Supermarkt*-Beschluss des BGH vom 24.10.1988[53] und dem sog. *Siemens*-Beschluss vom 30.1.1992[54], in denen der BGH für den Abschluss von Beherrschungs- und Gewinnabführungsverträgen mit einer abhängigen GmbH ähnliche **Zustimmungs- und Formerfordernisse** aufgestellt hat, wie sie in §§ 293–299 AktG geregelt sind. Teilweise wird auch noch weiter dahin gehend differenziert, ob es sich um eine der Aktiengesellschaft ähnliche **Publikums-GmbH** handelt bzw. ob es sich um eine atypische oder um eine typische stille Gesellschaft handelt.

48   Das BayObLG[55] und das AG Charlottenburg[56] und nunmehr auch das OLG München[57] lehnen dagegen die Eintragungsfähigkeit einer Stillen Gesellschaft (und einer gewinnabhängigen „Genussrechtsvereinbarung") mit einer GmbH in deren Handelsregister ab, zumindest solange nicht der gesamte Gewinn der GmbH abzuführen ist, da nur die im Gesetz dafür vorgesehenen Tatsachen eintragungsfähig seien bzw. solche Tatsachen, für deren Eintragung nach Sinn und Zweck der Registerführung ein erhebliches Bedürfnis des Rechtsverkehrs bestehe. Das AG Charlottenburg sieht insoweit bei solchen stillen Gesellschaftsverhältnissen letztlich keinen wesentlichen Unterschied zu schuldrechtlichen Austauschverträgen, bei denen die gewinnabhängige Vergütung schon als Aufwand und nicht erst nach Gewinnfeststellung abgeführt werden muss. Andererseits hat das BayObLG in einer Parallelentscheidung sich zu den Voraussetzungen bzw. zum Zeitpunkt der Löschung eines GmbH-Beherrschungs- und Gewinnabführungsvertrages bei dessen Beendigung im Handelsregister geäußert.[58]

49   Nach Auffassung des Kammergerichts eignen sich als **Abgrenzungskriterien von Unternehmensverträgen** i.S.d. §§ 291 ff. AktG nicht[59]
–   die Bedeutung des Vertrages für die Gesellschaft,
–   die Frage, ob der Vertrag zu einer Änderung der Struktur der Gesellschaft führt,
–   die Änderung des Gesellschaftszwecks durch den Vertrag.

Der Annahme eines Unternehmensvertrages stehe auch nicht entgegen, dass der **Schwerpunkt** des zu beurteilenden Vertrages ganz andere Verpflichtungen zum Inhalt habe und lediglich in einer **Nebenbestimmung** eine Verpflichtung beispielsweise zu Abführungen eines Teils des Gewinns durch die Gesellschaft begründet werde. In solchen Fällen genügten auch geringe Teile der Gewinnabführungsverpflichtung, da es insoweit weder einen Höchst- noch einen Mindestbruchteil gebe. Ausgehend vom Gesetzeszweck sei **jede Abführung von Gewinnen** des Unternehmens oder einzelner Betriebe des Unternehmens ohne Rücksicht auf deren genaue Berechnung grundsätzlich an die Zustimmung der Anteilseignerversammlungen gebunden, auch wenn der Vertrag ggf. weitere Abreden enthalte.

50   Mit der Neufassung des § 294 AktG durch das „Gesetz über elektronische Register und Justizkosten für Telekommunikation" vom 10.12.2001 ist aber zumindest der **Inhalt der Eintragungen im Handelsregister** auf „das Bestehen und die Art des Unternehmensvertrages sowie den

---

52 Vgl. die Nachweise bei *Jebens*, BB 1996, 701, 702; *Weigl*, GmbHR 2002, 778; und DNotI-Report 2004, 57; a.A. *Schmidt-Ott*, GmbHR 2001, 182; BayObLG ZIP 2003, 845 = DStR 2003, 1218 m. Anm. *Wälzholz*; dazu auch *Schulte/Waechter*, GmbHR 2002, 189; LG Darmstadt ZIP 2005, 402; AG Charlottenburg GmbHR 2006, 258.
53 BGH BGHZ 105, 324 = BB 1989, 95.
54 BGH NJW 1992, 1452 = BB 1992, 662.
55 BayObLG RPfleger 2000, 504; BayObLG GmbHR 2003, 534 m. Anm. Weigl = DStR 2003, 1218 m. Anm. Wälzholz; ähnlich LG Darmstadt ZIP 2005, 402; kritisch *Weigl*, GmbHR 2003, 536.
56 AG Charlottenburg v. 29.11.2005 – HRB 96299 B, GmbHR 2006, 258.
57 OLG München DStR 2011, 1139 = ZIP 2011, 811; dazu EWiR 2011, 447 (*Berninger*).
58 BayObLG GmbHR 2003, 476 = ZIP 2003, 798.
59 Vgl. KG DStR 1999, 2133.

Namen des anderen Vertragsteils" beschränkt und damit auch der Umfang der richterlichen Überprüfungspflicht reduziert worden.[60]

Ist dagegen eine **Personengesellschaft** die beherrschte Gesellschaft, kann – wohl unstrei- **51** tig – die Eintragung eines Unternehmensvertrages in das Handelsregister weder auf eine ausdrückliche gesetzliche Bestimmung gestützt noch aus einer entsprechenden Anwendung der für eine Satzungsänderung geltenden Vorschriften hergeleitet werden.[61]

4. Ertragsteuerliche Behandlung der stillen Gesellschaft
Bei der Besteuerung des stillen Gesellschafters wird danach unterschieden, ob es sich um eine **52** typische oder atypische stille Gesellschaft handelt.[62]

a) Typische stille Beteiligung
Beim typisch stillen Gesellschafter sind die **Gewinnanteile Einkünfte aus Kapitalvermögen**, **53** die der **Abgeltungssteuer** bzw. dem **Kapitalertragsteuerabzug** unterliegen.[63] Der Geschäftsinhaber muss diese also für Rechnung des Stillen einbehalten und mit entsprechender steuerlicher Haftung abführen. Diese vorausbezahlte Kapitalertragsteuer wird dem Stillen im Rahmen seiner Ertragsteuerermittlung angerechnet.

Wichtig   **54**
Ein beim Erwerb der stillen Beteiligung an den Geschäftsinhaber gezahltes **Aufgeld** gehört zu den **Anschaffungskosten** der stillen Beteiligung und ist nicht als Werbungskosten bei den Einkünften aus Kapitalvermögen abziehbar.[64]

Beim Geschäftsinhaber ist die **Vermögenseinlage** des typisch stillen Gesellschafters steuer- und **55** bilanzrechtlich **Fremdkapital** und als (sonstige) Verbindlichkeit zu passivieren.[65] Bei ihm sind die an den typisch stillen Gesellschafter geleisteten **Gewinnanteile Betriebsausgaben**. Etwas anderes gilt nur insoweit, wie der Geschäftsinhaber die Vermögenseinlage des Stillen zu privaten Zwecken verwendet hat, weil die Aufwendungen für die Fremdfinanzierung einer Entnahme nicht zum Betriebsausgabenabzug zuzulassen sind.[66]

Verlustanteile eines **typisch stillen Gesellschafters** können nur bis zur Höhe der geleiste- **56** ten Einlage berücksichtigt werden; eine schuldrechtliche Verpflichtung des stillen Gesellschafters gegenüber dem Geschäftsinhaber, nach der der Geschäftsinhaber von allen Risiken und Verbindlichkeiten aus einem Darlehensverhältnis freigestellt wird, steht einer tatsächlich geleisteten Einlage nicht gleich. Verluste des typisch stillen Gesellschafters können auch vor Feststellung der Bilanz der Kapitalgesellschaft nicht berücksichtigt werden.[67]

Diese Rechtsprechung hat der BFH inzwischen bestätigt:[68]   **57**

---

60 Dazu *Schulte/Waechter*, GmbHR 2002, 189.
61 OLG München GmbHR 2011, 376.
62 Vgl. *Bitz*, DStR 1997, 769; zur Abgrenzung und zur steuerlichen Behandlung der GmbH & Still siehe sehr ausführlich OFD Frankfurt/M. v. 14.9.2000, GmbHR 2000, 1276.
63 Vgl. OFD Rostock DStR 2000, 591, 592.
64 BFH DStR 2000, 2037 = BB 2000, 2504.
65 BFH DStR 2003, 1116 unter Hinweis auf BFH BStBl II 1993, 289; BFH DStR 1993, 43.
66 BFH DStR 2003, 1116 unter Hinweis auf BFH BStBl II 1998, 193; BFH DStR 1998, 159; BFH NV 2002, 908; a.A. FG Niedersachsen EFG 2003, 71; aufgehoben durch BFH BStBl II 2003, 656.
67 FG München v. 26.4.2006 – 5 K 1490/03, Az. d. BFH: VIII R 21/06.
68 BFH DStR 2008, 35 = GmbHR 2008, 157.

Verlustanteile eines typisch stillen Gesellschafters dürfen erst dann als Werbungskosten bei seinen Einkünften aus Kapitalvermögen abgezogen werden, wenn
- auf der **Ebene der Gesellschaft** ein dem stillen Gesellschafter anteilig zuzurechnender Verlust entstanden ist
- die Gesellschafter den **Jahresabschluss** festgestellt haben,
- der Verlustanteil des stillen Gesellschafters **berechnet** wurde und – im Regelfall –
- der Anteil am Verlust von seiner Einlage **abgebucht** worden ist.[69]

58 Von der Rechtsprechung ist nur unter engen Voraussetzungen **ausnahmsweise** eine **Schätzung** eines laufenden Verlustes durch das Finanzamt zugelassen worden.[70]

59 Eine **zeitlich vorverlagerte Verlustzurechnung** aufgrund gesellschaftsvertraglicher Vereinbarungen ist steuerrechtlich **nicht anzuerkennen,** da für den Werbungskostenabzug nach § 11 Abs. 2 EStG die tatsächlichen Gegebenheiten, nämlich die Erstellung des Jahresabschlusses, maßgebend sind. Erst wenn die Gesellschaft endgültig von einer Schuld befreit wird, handelt es sich im Falle der **Übernahme einer Gesellschaftsschuld** durch den stillen Gesellschafter um die allein maßgebliche „geleistete Einlage" i. S. von § 15a Abs. 1 EStG. Eine erst später erteilte Genehmigung einer Schuldübernahme durch den Gläubiger wirkt steuerrechtlich nicht auf den Zeitpunkt zurück, in dem der stille Gesellschafter sich dazu verpflichtet hatte.[71]

---

60 **Hinweis**

Die Verpflichtung zur Schuldübernahme begründet auch keinen „erweiterten Verlustausgleich" nach § 15a EStG bei dem stillen Gesellschafter.[72]

---

b) Atypische stille Beteiligung

61 Bei der atypischen stillen Gesellschaft ist der stille Gesellschafter steuerlich **Mitunternehmer.** Die Gewinnanteile stellen deshalb Einkünfte aus einem Gewerbebetrieb oder aus selbständiger Arbeit dar und werden genauso behandelt wie die zugrunde liegenden Gewinne beim Geschäftsinhaber.[73] Die ggf. parallel dazu gehaltene unmittelbare GmbH-Beteiligung stellt im Regelfall Sonderbetriebsvermögen II dar.[74]41

Bei der **Verlustzurechnung** ist § 15a EStG zu berücksichtigen. Einlagen des atypisch stillen Gesellschafters bewirken, dass bis zu ihrer Höhe im Einlagejahr entstehende Verluste auch bei einem negativen Kapitalkonto ausgleichsfähig sind, nicht jedoch, dass ein für einen früheren Veranlagungszeitraum festgestellter verrechenbarer Verlust ausgleichsfähig wird.[75] Im Regelfall muss der Verlustanteil noch **von der Einlage des stillen Gesellschafters abgebucht** worden sein.[76] Die darüber hinausgehenden Verluste sind lediglich als verrechenbare Verluste i.S.v. § 15a Abs. 2 i.V.m. Abs. 4 EStG gesondert festzustellen.

---

69 Siehe grundlegend BFH, BFHE 151, 434 = BStBl II 1988, 186; bestätigt durch BFH BFHE 199, 477 = BStBl II 2002, 858; BFH, BFHE 184, 21 = BStBl II 1997, 755; BFH, NV 2001, 415.

70 Vgl. dazu BFH NV 2007, 1118, m.w.N.; BFHDStR 2008, 35 = GmbHR 2008, 157.

71 BFH DStR 2008, 35 = GmbHR 2008, 157.

72 BFH DStR 2008, 35 = GmbHR 2008, 157.

73 A.A. FG Münster EFG 1998, 560 bei einer ausschließlich vermögensverwaltenden GmbH.

74 BFH BB 1999, 94.

75 BFH DStRE 1998, 624; zur Zurechnung eines Verlustanteils über die Einlage hinaus bei dem stillen Gesellschafter siehe BFH BB 2002, 2317.

76 BFH, BFHE 183, 407 = BStBl II 1997, 724; bestätigt durch BFH, BFH NV 1998, 300; BFH, DStR 2008, 35 sowie BFH BFHE 199, 477 = BStBl II 2002, 858, dort auch zur Ausnahme, wenn durch den Verlustanteil ein negatives Einlagenkonto entsteht.

Verluste des nach außen nicht auftretenden Gesellschafters, die zu einem negativen Kapi- **62** talkonto geführt haben, sind nicht ausgleichsfähig, sondern nur **nach § 15a EStG verrechenbar**.[77]

Das gilt auch dann, wenn sich der stille Gesellschafter gegenüber dem tätigen Gesellschafter **63** zum Verlustausgleich verpflichtet hat, er eine Gesellschaftsschuld befreiend übernommen hat[78] bzw. er im Außenverhältnis durch Eingehung von Kreditverbindlichkeiten oder Bürgschaften eine **„überschießende" Haftung** herbeigeführt hat.[79]

Auch Einlagen eines atypisch stillen Gesellschafters, die er zum Ausgleich seines negativen **64** Kapitalkontos geleistet hat und die nicht durch ausgleichsfähige Verluste verbraucht wurden (sog. **vorgezogene Einlagen**), sind geeignet, die Verluste späterer Wirtschaftsjahre als ausgleichsfähig zu qualifizieren. Der IV. Senat des hat sich mit Urteil vom 26. Juni 2007[80] der Rechtsprechung des VIII. Senats des BFH[81] angeschlossen, nach der Einlagen, die zum Ausgleich eines negativen Kapitalkontos geleistet und im Wirtschaftsjahr der Einlage nicht durch ausgleichsfähige Verluste verbraucht werden, (grundsätzlich) zum **Ansatz eines Korrekturpostens** mit der weiteren Folge führen, dass – abweichend vom Wortlaut des § 15a Abs. 1 S. 1 EStG – Verluste späterer Wirtschaftsjahre bis zum Verbrauch dieses Postens auch dann als ausgleichsfähig zu qualifizieren sind, wenn hierdurch (erneut) ein negatives Kapitalkonto entsteht oder sich erhöht. Diese Rechtsprechung hat der IV. Senat auch auf Verluste eines atypisch stillen Gesellschafters ausgedehnt.[82]

Dagegen ist eine **zeitlich vorverlagerte Verlustzurechnung** aufgrund gesellschaftsver- **65** traglicher Vereinbarungen steuerlich nicht anzuerkennen. Denn für den Werbungskostenabzug sind nach § 11 Abs. 2 EStG die tatsächlichen Gegebenheiten und damit die Erstellung des Jahresabschlusses maßgebend.[83]

Im Regelfall muss der **Verlustanteil** noch **von der Einlage des stillen Gesellschafters ab-** **66** **gebucht** worden sein.[84] Die darüber hinausgehenden Verluste sind lediglich als verrechenbare Verluste i.S.v. § 15a Abs. 2 i.V.m. Abs. 4 EStG gesondert festzustellen.

Nach der Auffassung des BFH handelt es sich bei der Leistung eines **Agios nicht** um eine **67** Einlage des atypisch stillen Gesellschafters in die **Kapitalrücklage** der Kapitalgesellschaft. Eine solche Einlage kann nur von Personen vorliegen, die eine Leistung in das Gesellschaftsvermögen im Hinblick auf eine bestehende oder angestrebte Beteiligung an der Gesellschaft erbringen.[85]

Die Zahlung des **Agios** durch den atypisch stillen Gesellschafter kann andererseits auch **68** nicht zu einem zu verteilenden Aufwand des betreffenden Gesellschafters führen. Wird angenommen, dass das Agio in das eigene Kapitalkonto geleistet wird und dort zum **Ausgleich von Verlusten** zur Verfügung steht, kommt es nicht zu einer sofortigen Minderung der Einkünfte des Gesellschafters. Vielmehr wirkt sich die Leistung des Agios später entweder durch die **Zuweisung verrechenbarer Verluste** oder aber spätestens durch **Minderung des Gewinns bei Aus-**

---

77 BFH BB 2002, 2317.
78 BFH DStRE 2002, 1363.
79 FG München EFG 1998, 1262; BFH ZIP 2001, 1765, dazu EWiR 2001, 1143 (*Himmelmann*) für eine Innengesellschaft; ebenso FG Niedersachsen v. 15.8.2001 – 2 K 363/01 für die Verlustbeteiligung eines stillen Gesellschafters; FG Nürnberg v. 1.2.2001 – IV 282/97, bestätigt durch BFH DStR 2003, 1288.
80 BFH NV 2007, 1982.
81 BFH, BFHE 203, 462 = BStBl II 2004, 359.
82 BFH BStBl. II 2008, 118 = BB 2008, 370 m. Anm. *Behrens*; so zuvor auch schon FG Hamburg DStRE 2007, 825 = EFG 2007, 1236.
83 BFH DStR 2008, 35 = GmbHR 2008, 157.
84 BFH v. 28.5.1997 – VIII R 25/96, BFHE 183, 407 = BStBl II 1997, 724; bestätigt durch BFH v. 22.7.1997 – VIII R 73/95, BFH NV 1998, 300; BFH v. 16.10.2007 – VIII R 21/06, DStR 2008, 35 sowie BFH BFHE 199, 477 = BStBl II 2002, 858, dort auch zur Ausnahme, wenn durch den Verlustanteil ein negatives Einlagenkonto entsteht.
85 BFH GmbHR 2010, 1223; anders im Fall des BFH-Urteils in BFHE 211, 339 = BStBl II 2008, 809.

scheiden des Gesellschafters auf dessen einkommensteuerliche Bemessungsgrundlage aus. Beurteilt man demgegenüber das Agio als für fremde Rechnung geleistet, kommt entweder die **Bildung einer Ergänzungsbilanz** mit ggf. abzuschreibenden Mehrwerten zu Wirtschaftsgütern des mitunternehmerischen Vermögens oder ein sofortiger Abzug als Sonderbetriebsausgabe des Gesellschafters in Betracht.[86]

69   Nach Ansicht der **Finanzverwaltung** wird von § 15 Abs. 4 S. 6 bis 8 EStG – die Nachfolgeregelung zu § 15 Abs. 4 S. 6 und 7 EStG 2002 – nur den laufenden Verlust aus der Beteiligung, nicht aber den Verlust der Beteiligung selbst erfasst.[87] Das erstreckt sich nach der genannten Verwaltungsanweisung auf einen bei der Veräußerung der Beteiligung entstehenden Verlust, könnte aber ebenso für den Fall der Teilwertabschreibung gelten.[88]

70   Das BMF wird daher nunmehr vom 1. Senat des BFH aufgefordert[89], dem dort anhängigen Revisionsverfahren beizutreten und zu folgenden Fragen Stellung zu nehmen:

1. Schließt § 15 Abs. 4 S. 6 und 7 i.V.m. § 20 Abs. 1 Nr. 4 S. 2 EStG 2002 i.d.F. des StVergAbG den Abzug eines Verlustes aus, der darauf beruht, dass eine Kapitalgesellschaft eine stille Beteiligung am Unternehmen einer anderen Kapitalgesellschaft in ihrer Bilanz gemäß § 6 Abs. 1 Nr. 2 S. 2 EStG 2002 mit dem niedrigeren Teilwert bewertet?

2. Ist es mit Art. 3 Abs. 1 GG vereinbar, dass § 15 Abs. 4 S. 6 und 7 i.V.m. § 20 Abs. 1 Nr. 4 S. 2 EStG 2002 i.d.F. des StVergAbG einen Abzug von Verlusten nur für die Beteiligung einer Kapitalgesellschaft ausschließen?

3. Ist es mit den Regeln zum verfassungsrechtlichen Vertrauensschutz vereinbar, § 15 Abs. 4 S. 6 und 7 i.V.m. § 20 Abs. 1 Nr. 4 S. 2 EStG 2002 i.d.F. des StVergAbG auf Verluste anzuwenden, die auf einer im Februar 2002 vereinbarten stillen Beteiligung beruhen und im Veranlagungszeitraum 2003 entstanden sind?

71 Steuerverfahrensrechtlich wird eine **einheitliche und gesonderte Gewinnfeststellung** des Gewinns der **atypischen stillen Gesellschaft** durchgeführt. Es muss dabei auf der Ebene der stillen Gesellschaft die Feststellungserklärung im Rahmen der einheitlichen und gesonderten Gewinnfeststellung gem. § 180 Abs. 1 Nr. 2 AO beim Betriebsfinanzamt erfolgen mit anschließender Erteilung eines Gewinnfeststellungsbescheides und Feststellung des Gewinnanteils der Gesellschafter für die Besteuerung bei deren Wohnsitzfinanzamt.[90]

---

72 **Praxistipp**

Bei mehreren stillen Gesellschaftern kann dies bei Zustimmung aller Beteiligten ggf. in einem gemeinsamen Verfahren erfolgen.[91]

---

73 Eine darauf bezogene **Prüfungsanordnung** ist nach Auffassung des BFH an den Geschäftsinhaber zu richten, und zwar auch dann, wenn die atypisch stille Gesellschaft bereits beendet ist.[92]

---

86 BFH GmbHR 2010, 1223.
87 BMF v. 19.11.2008, BStBl I 2008, 970 = GmbHR 2009, 110, Rn 3; ebenso z.B. Kirchhof/*Reiß*, a.a.O., § 15 Rn 428.
88 So z.B. *Intemann/Nacke*, DStR 2004, 1149, 1153; *Lüdicke/Kempf/Brink/Kempf/Balgar*, a.a.O., S. 89 f.; a.A. wohl *Kirchhof/Reiß*, a.a.O., § 15 Rn 428.
89 BFH DStR 2010, 2619.
90 Zur richtigen Adressierung – an den Inhaber – einer Betriebsprüfungsanordnung BFH DStR 2000, 1091; zur Stellung des atypisch stillen Gesellschafters im Verfahren beim Betriebsstättenfinanzamt BFH DStRE 2001, 494.
91 BFH DStRE 2002, 1339, auch zur fehlenden Gewinnerzielungsabsicht und zu unterschiedlich hohen Verlustzuweisungen.
92 BFH DStRE 2003, 944.

Ist eine (atypisch) stille Gesellschaft mit der Komplementär-GmbH einer GmbH & Co. KG be- **74** gründet, hat – bei **gewerblicher Prägung** i.S.v. § 15 Abs. 3 S. 2 EStG – diese den Vorrang vor der Zuordnung von Vermögen bzw. Einkünften als Sonderbetriebsvermögen bzw. Sonderbetriebseinkünften.[93]

c) Steuerliche Behandlung eines Abfindungsguthabens

Nach der Beendigung der stillen Gesellschaft hat sich der Inhaber des Handelsgeschäfts mit dem **75** stillen Gesellschafter auseinanderzusetzen (§ 235 HGB) und dessen Guthaben in Geld auszuzahlen.[94]

Hinweis **76**
In der Kündigung einer typischen stillen Gesellschaft und der Vereinnahmung des Auseinandersetzungsguthabens liegt keine entgeltliche Veräußerung i.S.d. § 23 EStG.[95]

Wird eine typische stille Gesellschaft vorzeitig aber vereinbarungsgemäß aufgelöst, wird neben **77** der Rückzahlung der Kapitaleinlage häufig auch ein zusätzlicher Betrag an den scheidenden Gesellschafter gezahlt, das so genannte Aufgeld. Für gewöhnlich handelt es sich hierbei um Einkünfte aus Kapitalvermögen. Dies gilt allerdings nicht, sofern das Aufgeld als Vergütung für die Einwilligung in die vorzeitige Auflösung der Gesellschaft gezahlt wurde. In diesem Fall steht die Zahlung nicht im Zusammenhang mit der Kapitalgewährung.[96]

Bei der **atypischen stillen Gesellschaft** bedarf es der Aufstellung eine **Abschichtungs-** **78** **oder Vermögensbilanz zum Auflösungstag**, die die Grundlage für die Feststellung des Anteils des stillen Gesellschafters an dem tatsächlichen **Geschäftswert** des Unternehmens abgibt.[97]

Die Beendigung der atypisch stillen Gesellschaft als **Mitunternehmerschaft** führt i.d.R. zu **79** einer steuerpflichtigen Betriebsveräußerung oder -aufgabe auf Seiten des stillen Gesellschafters, wenn nicht ein Fall des § 6 Abs. 3 EStG n.F. vorliegt. Ein solcher Fall liegt aber nur dann vor, wenn alle für den Erwerber wesentlichen Wirtschaftsgüter des Sonderbetriebsvermögens mit übertragen werden. Dies betrifft bei der GmbH & atypisch Still insbesondere die GmbH-Anteile des Stillen, die Sonderbetriebsvermögen II sind.[98]

Da der atypisch stille Gesellschafter schuldrechtlich am Betriebsvermögen beteiligt ist, er- **80** hält er in der Regel einen Betrag ausgezahlt, der über den Buchwert seines Einlagenkontos hinausgeht und das Entgelt für die in dem Unternehmen vorhandenen **stillen Reserven** oder den **Geschäftswert** darstellt. Wenn der Mehrwert für die in dem Unternehmen vorhandenen stillen Reserven gezahlt worden ist, sind die Werte derjenigen Wirtschaftsgüter, bei denen stille Reserven offen gelegt wurden, entsprechend zu erhöhen, mit der Maßgabe, dass sich die Absetzung für Abnutzung nach diesem Betrag bemisst.

Der auf den **Firmenwert** entfallende Abfindungsbetrag ist auf dem Konto „Geschäfts- oder **81** Firmenwert" **zu aktivieren** und gemäß § 7 Ab. 1 S. 3 EStG innerhalb von 15 Jahren **abzuschreiben**. Nach der Rechtsprechung des BFH ist der Mehrbetrag (Abfindungsbetrag für die stillen Reserven und den Firmenwert) aktivierungspflichtig.[99] Der BFH begründet dies damit, dass der

---

93 BFH DStR 1997, 815 = GmbHR 1997, 554.
94 BGH BB 1961, 583.
95 BFH GmbHR 2007, 167.
96 FG Niedersachsen DStRE 2006, 1517.
97 Blaurock, Stille Gesellschaft, 6. Aufl., 2003, Anm. 1037; *Langholz/Vahle*, DStR 2000, 763, 764.
98 FG Nürnberg EFG 2001, 566 = DStRE 2001, 573; dazu auch *Sender/Weilbach*, StuB 2001, 1171.
99 BFH BStBl. II 1979, 74; dazu auch BFH BB 2002, 2494.

Inhaber des Handelsgeschäfts mit dieser Abfindungszahlung einen **betrieblichen Vorteil** erlangt, nämlich die Befreiung von einer befristeten Verpflichtung zur Abführung von Teilen des laufenden Gewinns an den stillen Gesellschafter, der als abnutzbares Vermögensgegenstand im handelsrechtlichen Sinne und als abnutzbares Wirtschaftsgut im einkommensteuerlichen Sinne zu beurteilen ist und demgemäß mit den Anschaffungskosten zu aktivieren sei.

5. Steuerliche Anerkennungsfähigkeit von stillen Gesellschaften mit Angehörigen

82 Damit eine stille Gesellschaft unter Angehörigen steuerlich anerkannt wird, müssen verschiedene Voraussetzungen erfüllt sein.

a) Allgemeine Anerkennungskriterien

83 Zunächst muss es sich um ein **zivilrechtlich wirksam** zustande gekommenes Rechtsverhältnis handeln, welches so auch zwischen Dritten geschlossen worden wäre (**Fremdvergleich**),[100] und welches auch entsprechend den getroffenen Vereinbarungen **tatsächlich durchgeführt** wird.[101] Allerdings soll aber eine abredewidrige Verwendung der Einlage durch den Geschäftsinhaber dem Abzug der Gewinnanteile des stillen Gesellschafters als Betriebsausgabe nicht entgegenstehen.[102]

b) Freie Verfügung über Gewinnanteile

84 Der stille Gesellschafter muss nach dem Gesellschaftsvertrag frei über seine Gewinnanteile verfügen können. Das ist insbesondere bei der **schenkweisen Einräumung** der stillen Gesellschaft nötig, da ansonsten das Eigentum des Beschenkten zugunsten des Schenkers ausgehöhlt werden kann.

85 Als **schädlich** erweisen sich daher bspw. folgende Regelungen im Gesellschaftsvertrag:
- 10-jährige Verfügungssperre[103]
- Entnahmen nur mit Zustimmung Dritter, meist des Geschäftsinhabers[104]
- Jederzeit widerrufliche Gewinnbeteiligung[105]
- Auszahlungsverbot bis zur Beendigung der stillen Gesellschaft mit minderjährigem Kind.[106]

c) Kontrollrechte gem. § 233 HGB

86 Dem stillen Gesellschafter müssen zumindest die Kontrollrechte gem. § 233 HGB eingeräumt werden.

d) Kündigungsrechte

87 Der Ausschluss von Kündigungsrechten ist für die steuerliche Anerkennung nicht schädlich, wenn alle Gesellschafter davon gleichmäßig betroffen werden.[107] Sollten sich jedoch Kündi-

---

100 BFH BStBl II 1988, 245; BFH BStBl II 1990, 10; zur gewerbesteuerlichen Behandlung BFH GmbHR 1986, 363; BMF v. 26.11.1987, GmbHR 1988, 125; zur Behandlung im Rahmen von Doppelbesteuerungsabkommen *Kaminski*, Stbg. 2003, 253.
101 BFH BStBl I 1975, 34.
102 Niedersächsisches FG EFG 2003, 79; a.A. inzwischen aber BFH DStR 2003, 1116.
103 BFH BStBl II 1970, 114.
104 BFH BStBl II 1970, 416; BFH BStBl II 1975, 569; BFH BStBl II 1996, 269; BFH DStRE 1997, 18.
105 BFH BStBl II 1975, 34.
106 FG Baden-Württemberg DStRE 2000, 2.
107 BFH BStBl II 1987, 54; BFH BStBl II 1990, 10.

gungsrechte, etwa durch **zeitliche oder faktische Beschränkungen**, einseitig zuungunsten des stillen Gesellschafters auswirken, so ist das für die steuerliche Anerkennung schädlich.[108]

e) Sicherung der Einlage des stillen Gesellschafters

Bei nahen Angehörigen wird bei langfristigen Einlagen wie bei **Darlehen** eine Besicherung des **88** Guthabens des stillen Gesellschafters verlangt, um im Sinne eines **Fremdvergleichs** dem Sicherungsinteresse des Stillen zu genügen.[109]

f) Rückzahlungsbeschränkung nach Beendigung der Gesellschaft

Nach Beendigung der Gesellschaft hat der stille Gesellschafter einen Anspruch auf Rückzahlung **89** seiner Einlage, der auch sofort fällig ist. Eine **Stundung** der Rückzahlung ist durchaus üblich und steht der steuerlichen Anerkennung nicht entgegen. Von Bedeutung ist jedoch, ob eine **Verzinsung** vorzunehmen ist. Unverzinslichkeit oder unangemessen niedrige Verzinsung steht bei längerer Laufzeit der Stundungsregelung einer steuerlichen Anerkennung entgegen. Weiterhin ist es wichtig, dass diese **Abfindungsguthaben gesichert** sind.

g) Angemessenheit der Gewinnbeteiligung

Zur steuerlichen Anerkennungsfähigkeit muss der Gewinnanteil, der dem stillen Gesellschafter **90** eingeräumt wird, angemessen sein.[110]

Der BFH unterscheidet dabei zwischen den folgenden Fallgestaltungen:

– Ist die **Kapitalbeteiligung** des stillen Gesellschafters in vollem Umfang vom Unternehmer **geschenkt** worden, so ist im Regelfall die Gewinnverteilungsabrede als angemessen zu betrachten, wenn im Zeitpunkt der Vereinbarung bei vernünftiger kaufmännischer Beurteilung eine **jährliche Durchschnittsrendite von 15 %** der Einlage zu erwarten ist, sofern der Beschenkte am Gewinn und Verlust beteiligt ist. Ist die Beteiligung am Verlust ausgeschlossen, ist eine durchschnittliche Rendite von bis zu 12 % p.a. angemessen.[111]

– Ist die Kapitaleinlage des stillen Gesellschafters **aus eigenen Mitteln erbracht** worden, so ist in der Regel eine Gewinnverteilungsabrede noch angemessen, wenn im Zeitpunkt der Vereinbarung bei vernünftiger kaufmännischer Beurteilung eine **durchschnittliche Rendite von 25 %** p.a. der Einlage zu erwarten ist, sofern der stille Gesellschafter nicht am Verlust beteiligt ist.[112]

– Ist der stille Gesellschafter **am Verlust beteiligt**, ist in der Regel ein Satz von bis zu 35% p.a. noch angemessen.[113]

Bei Überschreiten dieser Grenzen wird der Teil, der den angemessenen Betrag übersteigt, steuer- **91** rechtlich als **unbeachtliche Zuwendung** nach §12 Nr. 2 EStG dem Geschäftsinhaber zugerech-

---

108 BFH BStBl II 1975, 569; BFH BStBl II 1979, 513; BFH BStBl II 1979, 670; BFH BStBl II 1990, 1.
109 BFH BStBl II 1991, 18; BFH BStBl II 1991, 391; BFH BStBl II 1991, 882.
110 Vgl. Abschn. 138a Abs. 6 und Abs. 7 EStR 1993; OFD Rostock DStR 2000, 591; *Sterzenbach*, DStR 2000, 1669; zur Angemessenheit bei Beteiligung einer Schwestergesellschaft BFH DStR 2001, 115.
111 Vgl. BFH BStBl II 1973, 650; abweichend für eine Unterbeteiligung BFH BB 2001, 2561 = DStR 2001, 2108.
112 Vgl. BFH BStBl II 1973, 395; anders BFH DStR 1988, 513 bei Partnern einer eheähnlichen Lebensgemeinschaft, dazu *List*, DStR 1997, 1101, 1106.
113 Vgl. BFH BStBl II 1982, 387; so auch BFH BStBl II 2001, 299 = DStR 2001, 115 bei Schwestergesellschaften.

net.[114] Allerdings hat der BFH diese Rechtsprechung inzwischen in den Fallgestaltungen eingeschränkt, in denen die Gesellschaft mit fremden Dritten besteht.[115]

92   Nach der Meinung der FG Bremen muss eine **Verzinsungsvereinbarung**, die sich ursprünglich im vorgezeichnet erlaubten Rahmen hielt, **in späteren Jahren überprüft** werden. Im Streitfall hatte sich die Gewinnsituation so ändert, dass die von Rechtsprechung vorgegebenen Höchstverzinsungen überschritten wurden.[116] Dass die Gewinnentwicklung zum Abschlusszeitpunkt der stillen Gesellschaftsvereinbarung nicht vorhersehbar war, war nach der Auffassung des FG Bremen nicht maßgeblich. Diese Rechtsauffassung hat der BFH inzwischen bestätigt.[117]

93   Eines der wesentlichen Probleme im Rahmen der Feststellung der angemessenen Gewinnverteilung ist sicherlich die **Ermittlung des tatsächlichen Wertes** der stillen Beteiligung als Bezugsgröße für den Gewinnanteil des stillen Gesellschafters:
–   Bei der typischen stillen Beteiligung entspricht der tatsächliche Wert ihrem Nennwert.[118]
–   Bei der atypischen stillen Beteiligung entspricht der Wert des Gesellschaftsanteils des stillen Gesellschafters nicht dem Nominalwert. Vielmehr ist der Wert unter Einbeziehung aller stillen Reserven einschließlich eines Geschäftswerts zu ermitteln, wobei auch wertmindernde Faktoren zu berücksichtigen sind. Wertmindernde Faktoren können insbesondere Abfindungsbeschränkungen sein.[119]

6. Checkliste: Begründung einer stillen Gesellschaft/Gesellschaftsvertrag über eine stille Gesellschaft:

94 **Gesellschaftsvertragliche Grundlagen**
–   Bezeichnung der Beteiligten (Hauptbeteiligter/stiller Gesellschafter)
–   Gegenstand/Zweck der stillen Gesellschaft
–   Beginn der Gesellschaft
–   Bestimmungen über Gegenstand/Höhe/Inhalt und Fälligkeit der Einlage des stillen Gesellschafters.

95 **Rechte des stillen Gesellschafters**
–   Zustimmungserfordernisse/Katalog der zustimmungspflichtigen Maßnahmen
–   Widerspruchsrechte
–   Auskunftsrechte
–   Einsichtsrechte
–   Sonstige Kontrollrechte.

96 **Rechnungslegung**
–   Geschäftsjahr des Inhabers als Geschäftsjahr der stillen Gesellschaft
–   Regelungen über die Ergebnisbeteiligung (Berechnung, Anteilsquote, Vorab-Gewinn für den Hauptbeteiligten für Geschäftsführung, Haftung, Überlassung von Wirtschaftsgütern etc.)
–   Regelungen über etwaige Verlustbeteiligung des stillen Gesellschafters (insbesondere Begrenzungsregelung, Nachschusspflicht)
–   Gesellschafterkonten und Verzinsung
–   Entnahmeregelungen/Entnahmebeschränkungen

---

114 Vgl. *Braun/Günther*, „Innengesellschaft", Rn 11; Peter/Crezelius/*Geck*, Kap.F, Rn 1458 ff.
115 BFH BStBl II 2002, 460.
116 FG Bremen DStRE 2007, 939.
117 BFH DStR 2009, 959 = GmbHR 2009, 672.
118 Vgl. BFH BStBl II 1973, 650; Abschn. 138a Abs. 7 S. 5 EStR 1993.
119 Vgl. Peter/Crezelius/*Geck*, Rn 1460.

– Änderungen des Kapitals des Hauptbeteiligten/der Beteiligung des stillen Gesellschafters.

Rechte und Pflichten der Gesellschafter **97**
– Verfügungen über die Beteiligungen
– Verschwiegenheits- und sonstige Treuepflichten
– Zulässigkeit von Wettbewerbstätigkeit/Wettbewerbsverbote
– Andere stille Beteiligungen der stillen Gesellschafter/Aufnahme weiterer stiller Gesellschafter durch den Hauptbeteiligten.

Tod eines Beteiligten **98**
– Tod des Hauptbeteiligten
– Tod des stillen Gesellschafters.

Beendigung der stillen Gesellschaft **99**
– Dauer der stillen Gesellschaft (auf bestimmte Zeit, auf unbestimmte Zeit, auflösende Bedingung, Zweckverfehlung, Zweckerreichung)
– Kündigungsregelungen (Formen, Fristen)
– Einlagenrückgewähr/Abfindung des stillen Gesellschafters.

Ergänzende Regelungen **100**
– Gründungskosten
– Schiedsvereinbarung
– Salvatorische Klausel
– (Einfache oder strenge) Schriftformklausel
– Zustimmungserfordernisse/Genehmigungserfordernisse.

II. Unterbeteiligung an Gesellschaftsanteilen

1. Rechtliche Grundlagen
a) Definition und Abgrenzung

Die Unterbeteiligung ist eine Beteiligung, die ein Gesellschafter (Hauptbeteiligter) einer anderen **101** Person (Unterbeteiligter) an einer ihm zustehenden Gesellschaftsbeteiligung (Hauptbeteiligung) einräumt, wodurch der Unterbeteiligte zumindest am Gewinn bzw. dem Gewinnanteil der Hauptbeteiligung beteiligt ist.[120]
– **Hauptbeteiligter** kann sein, wer Gesellschafter der Hauptgesellschaft ist, d.h. eine natürliche oder juristische Person; die Hauptgesellschaft kann verschiedenste Rechtsformen haben.
– **Unterbeteiligter** kann jede natürliche oder juristische Person sein, sowie jede Personenvereinigung, sofern sie Träger von Rechten und Pflichten sein kann.

Abzugrenzen ist die Unterbeteiligung vom **Treuhandverhältnis** und anderen **partiarischen** **102** **Rechtsverhältnissen**. Eine **Umdeutung** des (form-) unwirksamen Treuhandverhältnisses über einen GmbH-Anteil in eine – formfrei mögliche – Unterbeteiligung ist nicht möglich, wenn die Parteien nicht nur eine Mitberechtigung an den Vermögenswerten der GmbH vereinbaren wollten, sondern auch einen Zugriff auf die GmbH-Anteile als Ganzes.[121]

---

120 Siehe dazu die Muster von Arens/Tepper/*Arens*, Praxisformularbuch Gesellschaftsrecht, § 12 Rn 221 ff.;
Schindhelm/Stein, ErbStB 2003, 32 ff.
121 OLG Bamberg NZG 2001, 509.

103   Dem Unterbeteiligten wird in der Regel die Unterbeteiligung nur gegen Gewährung einer Einlage eingeräumt. Dabei stellt diese **Einlage** keine Gegenleistung für die Einräumung der Gesellschafterstellung dar, sondern einen Beitrag i.S.v. § 705 BGB.[122] Diese Einlage ist in das Vermögen des Hauptbeteiligten zu leisten.

104   Bei **schenkweiser Einräumung** ist § 518 BGB (notarielle Form) zu beachten. **Heilung** durch Vollzug der Schenkung wird nach der bisherigen Rechtsprechung – anders als bei Personenhandelsgesellschaften – nicht schon dann angenommen, wenn eine kapitalmäßige Umbuchung der geschenkten Beteiligung erfolgt.[123]

105   Bei der schenkweisen Einräumung einer Unterbeteiligung an einem Gesellschaftsanteil will der BFH in seiner neuen Rechtsprechung[124] aber nunmehr differenzieren:

– Wird schenkweise eine **typische Unterbeteiligung** an einem Gesellschaftsanteil eingeräumt, wird **kein Vermögensgegenstand zugewendet**, über den der Empfänger schon tatsächlich und rechtlich verfügen kann. Ihm werden vielmehr lediglich Rechtsansprüche in Gestalt eines Bündels schuldrechtlicher Ansprüche gegen den Zuwendenden eingeräumt. Bereichert ist der Zuwendungsempfänger erst, wenn ihm aus der Unterbeteiligung tatsächlich Gewinnausschüttungen und Liquidationserlöse zufließen. Zivilrechtlich zeigt sich dies in dem Formerfordernis des § 518 Abs. 1 BGB. Weder der Abschluss eines Vertrages über die unentgeltliche Einräumung einer typischen Unterbeteiligung noch die Einbuchung einer solchen Unterbeteiligung bewirkt bereits einen Schenkungsvollzug i.S.d. § 518 Abs. 2 BGB.[125]

– Bei der Zuwendung einer **atypischen Unterbeteiligung** dagegen ist die Schenkung bereits mit **Abschluss des Gesellschaftsvertrages oder** doch **spätestens mit der Einbuchung der atypischen Unterbeteiligung** vollzogen.[126] Denn bei einer atypischen Unterbeteiligung ist der Unterbeteiligte vermögensrechtlich über eine Teilhabe an den Betriebsergebnissen hinaus am Anteil des Hauptbeteiligten beteiligt und wirkt dergestalt an der Geschäftsführung der Innengesellschaft mit, dass er, ohne Inhaber oder Mitinhaber des Anteils zu werden, **maßgeblichen Einfluss** auf die Innengesellschaft nehmen kann.[127] Diese Verknüpfung **mitgliedschaftlicher Rechte wie Stimm-, Verwaltungs- und Kontrollrechte** mit den vermögensrechtlichen Ansprüchen auf Teilhabe am Gewinn und Liquidations- oder Abfindungserlös begründet eine **Rechtsposition**, über die der Zuwendungsempfänger als Gesellschafter der Innengesellschaft **vergleichbar einem Stammrecht** bereits rechtlich und tatsächlich verfügen kann.

106 Eine **Unterbeteiligung** ist auch wiederum **an einer anderen** (typischen oder atypischen) **Unterbeteiligung** möglich, ebenso an einer mittelbaren Beteiligung durch **Treuhand**.[128]

107   (Auch) die Vereinbarung einer Unterbeteiligung an einer – etwa durch ein Treuhandverhältnis vermittelten – mittelbaren Beteiligung an einer GmbH bedarf der **notariellen Beurkundung**.[129]

108   Ob bei Verträgen zwischen nahen Angehörigen der **Mangel der zivilrechtlichen Form** als Beweisanzeichen mit verstärkter Wirkung den Vertragsparteien anzulasten ist, beurteilt sich

---

122 Schlegelberger/*K. Schmidt*, HGB, § 335 Rn 217.
123 BFH BStBl II 1975, 141; BFH BStBl II 1982, 646; BFH NV 1986, 91; *Fichtelmann*, Beteiligung von Angehörigen, Rn 1562/2.
124 BFH, BStBl. II 2008, 631 = GmbHR 2008, 501.
125 Vgl. MüKo-BGB/*Ulmer*, § 705 Rn 46; MüKo-HGB/*K. Schmidt*, § 230 Rn 103; *K. Schmidt*, Gesellschaftsrecht, 4. Aufl., § 63 III 1, jeweils m.w.N.
126 MüKo-BGB/*Kollhosser*, § 518 Rn 32; MüKo-BGB/*Ulmer*, § 705 Rn 45; MüKo-HGB/*K. Schmidt*, § 230 Rn 224; Baumbach/*Hopt*, HGB, § 230 Rn 10; *Blaurock*, Unterbeteiligung und Treuhand an Gesellschaftsanteilen, 1981, S. 156, jeweils m.w.N.; a.A. aber BGH, BGHZ 7, 174; BGH, BGHZ 7, 378.
127 Vgl. MüKo-HGB/*K. Schmidt*, § 230 HGB Rn 208 f.
128 BFH GmbHR 2008, 1229.
129 BFH GmbHR 2008, 1229.

Arens

nach der **Eigenqualifikation des Rechtsverhältnisses durch die Parteien.** Vereinbaren Ehegatten die Unterbeteiligung an einem von einem Dritten treuhänderisch für einen der Ehegatten als Treugeber gehaltenen Kapitalgesellschaftsanteil in einer zivilrechtlich nicht hinreichenden Form und behaupten sie, den Vertrag entsprechend dem Vereinbarten auch tatsächlich vollzogen zu haben, so können sie zum Beweis nicht lediglich ihre eigene Schilderung des Verfahrensablaufs mit Blick auf die zwischen Ehegatten intern üblichen Gepflogenheiten (keine schriftliche Kommunikation) anbieten.[130]

Praxistipp   **109**

Bei der schenkweisen Einräumung einer Unterbeteiligung an einem GmbH-Geschäftsanteil an einen Minderjährigen ist bei insgesamt voll und wirksam eingezahlten Einlagen aller Gesellschafter zumindest dann familiengerichtliche Genehmigung nicht erforderlich, wenn auch eine Ausfallhaftung (§§ 16 Abs. 3, 24 GmbHG) nicht mehr in Betracht kommt.[131]

---

b) Anwendung

Die Unterbeteiligung ist eine mittelbare Beteiligung an der Hauptgesellschaft und wird dort ver- **110** wandt, wo eine direkte Beteiligung vermieden werden soll oder nicht möglich ist: Die Unterbeteiligung kann

- als Ersatz für die Einräumung der vollen oder eines Teils der Beteiligung verwendet werden, da die Gesellschafter der Hauptgesellschaft von einer Unterbeteiligung keine Kenntnis zu haben brauchen,
- kann geeignet sein, um eine Dauerbeteiligung zu begründen, vor allem für Fälle, in denen der Unterbeteiligte nicht nach außen in Erscheinung treten will. Dadurch können Kapitalgeber am Gewinn und Verlust der Gesellschaft beteiligt werden, ohne deren Gesellschafter zu sein,
- in Familiengesellschaften, deren Gesellschaftsvertrag die Anzahl der Gesellschafter begrenzt, genutzt werden,
- als Instrument zur Regelung der Rechtsnachfolge in Form der vorweggenommenen Erbfolge eingesetzt werden,
- dabei ggf. auch unerwünschte Pflichtteilsforderungen abwenden.

Allerdings darf eine Unterbeteiligungs- oder eine Treuhandregelung nicht gegen die Beschrän- **111** kungen und die Vorgaben des Gesellschaftsvertrages verstoßen. Eine nach dem Gesellschaftsvertrag unzulässige Unterbeteiligung ist unwirksam.[132]

2. Arten der Unterbeteiligung

Es wird zwischen typischer und atypischer Unterbeteiligung unterschieden, wobei sich diese **112** Unterscheidung vor allem im Steuerrecht auswirkt (siehe Rn 141 ff.).

a) Typische Unterbeteiligung

Eine typische Unterbeteiligung liegt vor, wenn der Unterbeteiligte ausschließlich einen schuld- **113** rechtlichen Anspruch auf eine **Quote des Ertrages** der Beteiligung hat.

---

130 BFH FamRZ 2010, 1438 = GmbHR 2010, 946.
131 BGH BGHZ 107, 23, 28; *Damrau*, ZEV 2000, 209, 212.
132 BGH DB 2006, 1672 = GmbHR 2006, 875; dazu *Tebben*, GmbHR 2007, 63.

b) Atypische Unterbeteiligung

114 Um eine atypische Unterbeteiligung handelt es sich, wenn der Unterbeteiligte wirtschaftlich auch an der **Substanz** beteiligt ist, d.h. auch an den Wertveränderungen des Gesellschaftsanteils. Dabei steht ihm bei Beendigung des (Unterbeteiligungs-)Gesellschaftsverhältnisses gegen den Hauptbeteiligten nicht nur ein Anspruch auf Rückzahlung seiner nominellen **Kapitaleinlage**, sondern auch ein Anspruch auf die anteiligen **stillen Reserven** und ggf. am **Firmenwert** zu.

---

115 **Praxistipp**

Die atypische Unterbeteiligung kann auch bei einer nur kurzzeitigen Beteiligung genutzt werden.[133]

---

3. Gesellschaftsvertrag

116 Die Unterbeteiligung wird durch **Gesellschaftsvertrag** zwischen dem Haupt- und dem Unterbeteiligten begründet zu dem **gemeinsamen Zweck** des Haltens und der Nutzung der Hauptbeteiligung.[134] Durch den Gesellschaftsvertrag verpflichten sich die Parteien, diesen Zweck in der Weise zu fördern, dass der Hauptbeteiligte die Hauptbeteiligung auch im Interesse des Unterbeteiligten hält, während der Unterbeteiligte einen Anteil an der Hauptbeteiligung hält, d.h. eine Beteiligung mit einer bilanzmäßig darstellbaren **Einlage**.[135]

117 Der Unterbeteiligungsvertrag sollte folgenden **Mindestinhalt** haben:
– Bezeichnung der Vertragspartner
– Vereinbarung, dass der Unterbeteiligte an dieser Hauptbeteiligung eine Unterbeteiligung erhalten soll
– Festlegung des Anteils der Unterbeteiligung an der Hauptbeteiligung
– Festlegung der absoluten Höhe der Einlage
– Regelung der Gewinnbeteiligung.

118 Zu den **zusätzlichen Regelungen**, die ein solcher Vertrag sinnvollerweise enthalten sollte, gehören:
– Ausgestaltung der Geschäftsführung
– Informations- und Kontrollrechte
– Rechnungslegung und Ergebnisverteilung, besonders Verlustbeteiligung
– Entnahmerecht des Unterbeteiligten
– Zulässigkeit von Verfügungen über Gesellschafterrechte, und zwar beider Beteiligter
– Vertragsdauer und Kündigung
– Rechtsfolgen im Falle des Todes eines Vertragspartners
– Rechtsfolgen der Beendigung.

---

119 **Praxistipp**

Bei der Ausgestaltung des Unterbeteiligungsvertrages ist in jedem Fall darauf zu achten, dass diese Regelungen nicht mit den Regelungen des Gesellschaftsvertrages der Hauptbeteiligung kollidieren.

---

133 BFH GmbHR 2005, 1633.
134 Siehe die Muster von Arens/Tepper/*Arens*, Praxisformularbuch Gesellschaftsrecht, § 12 Rn 221ff.
135 Schlegelberger/*K. Schmidt*, HGB, § 335 Rn 186, 216.

Arens

4. Geschäftsführung und Vertretung

Da die Unterbeteiligungsgesellschaft eine Innengesellschaft ist, findet **keine Vertretung** statt. **120** Der Hauptbeteiligte handelt **im Außenverhältnis** im eigenen Namen.

Abweichend vom gesetzlichen Regelfall gem. § 709 Abs. 1 BGB steht die Geschäftsführung **121** grundsätzlich dem **Hauptbeteiligten** zu. Die Geschäftsführung umfasst die Wahrnehmung der Rechte und Pflichten aus der Hauptbeteiligung sowie die Erledigung von Angelegenheiten, die sich aus dem Unterbeteiligungsverhältnis selbst ergeben.

Damit steht der Hauptbeteiligte bei der Verwaltung der Hauptbeteiligung in einem dop- **122** pelten Gesellschaftsverhältnis, zum einen zur Hauptgesellschaft und zum anderen zur Unterbeteiligungsgesellschaft. Er hat daher zum einem die gesellschaftsvertraglichen Grundsätze und Vereinbarungen, vor allem die **Treuepflicht**, in der Hauptgesellschaft zu beachten und zum anderen Rücksicht auf die Interessen des Unterbeteiligten zu nehmen.

Der Unterbeteiligungsvertrag kann die Geschäftsführung auch abweichend regeln in der **123** Form, dass dem Unterbeteiligten **Mitwirkungsrechte** eingeräumt werden, etwa Stimmbindungsrechte, Zustimmungsvorbehalte und Weisungsrechte.

5. Kontroll- und Informationsrechte

Gem. § 233 Abs. 1 HGB analog kann der Unterbeteiligte vom Hauptbeteiligten eine jährliche **Ab- 124 rechnung** über die Hauptbeteiligung verlangen.[136] Ferner steht ihm auch das **außerordentliche Informationsrecht** des § 233 Abs. 3 HGB zu. Weitergehende Kontroll- und Informationsrechte stehen dem Unterbeteiligten ohne besondere Vereinbarung nicht zu.[137]

Wichtig **125**
Grundsätzlich richten sich die Kontroll- und Informationsrechte des Unterbeteiligten nur gegen den Hauptbeteiligten, nicht jedoch gegen die Hauptgesellschaft.

---

6. Treuepflichten, insbesondere Wettbewerbsverbote

Auch in der Unterbeteiligungsgesellschaft gilt die gesellschaftsrechtliche Treuepflicht. Danach **126** kann der Unterbeteiligte vom Hauptbeteiligten keinen Treuepflichtverstoß gegen die Hauptgesellschaft verlangen und der Hauptbeteiligte muss bei der Hauptbeteiligung auf die Interessen des Unterbeteiligten achten.

Ob ein **Wettbewerbsverbot** gegenüber der Hauptgesellschaft existiert, richtet sich für den **127** Hauptbeteiligten nach dem Gesellschaftsvertrag der Hauptgesellschaft und für den Unterbeteiligten nach dem Unterbeteiligungsvertrag.

Praxistipp **128**
Da der Unterbeteiligte in keinem **Rechtsverhältnis zur Hauptgesellschaft** steht, muss ein solches Wettbewerbsverbot, wenn es gewollt ist, ausdrücklich im Unterbeteiligungsvertrag vereinbart werden.

Praxistipp **129**
Auch ein Wettbewerbsverbot zwischen den Parteien wonach der Hauptbeteiligte **keine weiteren Unterbeteiligungen** einräumen darf und der Unterbeteiligte an keiner anderen Hauptbeteiligung beteiligt sein darf, existiert grundsätzlich nicht, kann jedoch vereinbart werden.

---

136 BGH BGHZ 50, 316, 323.
137 BGH BGHZ 50, 316, 323; MüKo-BGB/*Ulmer*, vor § 705 Rn 67.

7. Ergebnisbeteiligung
a) Ergebnisermittlung

130 Grundlage der Ergebnisermittlung im Rahmen der Unterbeteiligung ist das **Ergebnis der Hauptbeteiligung,** welches sich aus der **Handelsbilanz** der Hauptgesellschaft ergibt, falls nichts anderes vereinbart ist. Sollte die Hauptgesellschaft nur eine Steuerbilanz oder eine Einnahme-Überschussrechnung erstellen, so gilt diese.

---

131 **Wichtig**

Entscheidungen der Hauptgesellschaft zur **Bilanzgestaltung** und zur **Bildung stiller Reserven** hat der Unterbeteiligte hinzunehmen. Eine Ausnahme kann gelten, wenn der Hauptbeteiligte als beherrschender Gesellschafter in der Hauptgesellschaft die Bilanzierung dort willkürlich gestalten kann.

---

132 Streitig ist jedoch, ob der Unterbeteiligte bei **Auflösung vorvertraglich gebildeter stiller Reserven** in der Hauptgesellschaft daran beteiligt werden muss. Im Zweifel ist das zu bejahen, da regelmäßig diese stillen Reserven bereits bei der Bemessung der Einlage mitberücksichtigt werden.[138]

133   Ferner ist fraglich, ob der Unterbeteiligte an **Tätigkeits-, Haftungs- und Nutzungsvergütungen** des Hauptbeteiligten beteiligt werden muss. Bei nur kapitalmäßiger Beteiligung kommt eine solche Beteiligung nicht in Betracht. Anders verhält es sich, wenn der Unterbeteiligte auch das wirtschaftliche Risiko mit trägt. Dann dürfte ihm die Haftungsvergütung des Hauptbeteiligten zugute kommen. Eine Beteiligung an der Tätigkeitsvergütung des Hauptbeteiligten dürfte regelmäßig nicht gewollt sein.[139]

---

134 **Praxistipp**

Sollte es zu den Pflichten des Hauptbeteiligten in der Hauptgesellschaft gehören, Gegenstände zur Nutzung zu überlassen, so ist im Zweifel anzunehmen, dass der Unterbeteiligte an der Nutzungsvergütung partizipieren soll.

---

b) Verteilungsschlüssel

135 Der Verteilungsschlüssel richtet sich vorrangig nach dem Unterbeteiligungsvertrag, ergänzend nach § 231 Abs. 1 HGB. Die Beteiligung des Unterbeteiligten am **Gewinn** ist zwingend. Häufig wird ein bestimmter Prozentsatz des Gewinnes der Hauptbeteiligung festgelegt.

---

136 **Praxistipp**

Möglich ist es allerdings, den Gewinnanteil des Unterbeteiligten der **Höhe** nach **zu begrenzen** oder dem Hauptbeteiligten einen **Vorzugsgewinnanteil** einzuräumen.

---

137 Die **Verlustbeteiligung** ist hingegen fakultativ. Üblich ist die Begrenzung der Verlustbeteiligung auf die **Höhe der Einlage.** Eine darüber hinaus gehende Verlustbeteiligung muss im Unterbeteiligungsvertrag ausdrücklich geregelt sein.

---

138 MüKo-GesR/*Riegger*, Bd. II, § 24 Rn 42.
139 Großkommentar HGB/*Zutt*, § 232 Rn 37.

Arens

c) Entnahmen

Das Entnahmerecht des Unterbeteiligten ergibt sich aus dem Vertrag, ergänzend aus § 232 **138** Abs. 1 HGB. Danach hat der Hauptbeteiligte am Geschäftsjahresende dem Unterbeteiligten seinen Gewinnanteil, vermindert um den anteiligen Verlust, auszuzahlen. Es ist jedoch möglich, anstelle der Auszahlung eine Gutschrift auf ein **Darlehens- oder Privatkonto** zu vereinbaren.

Entnahmebeschränkungen des Hauptbeteiligten gegenüber der **Hauptgesellschaft** gelten **139** ebenso für den Unterbeteiligten.

Praxistipp **140**
Wichtig ist für die steuerliche Anerkennung, dass das Verfügungsrecht über den ausgeschütteten Gewinnanteil, vor allem bei unterbeteiligten Angehörigen, erhalten bleibt.[140]

---

8. Steuerliche Behandlung der Unterbeteiligung

Für die steuerliche Behandlung ist entscheidend, ob es sich um eine typische oder atypische **141** Unterbeteiligung handelt:
- Der **typisch Unterbeteiligte** wird steuerlich als Gläubiger einer Geldforderung angesehen, erzielt also Einkünfte aus Kapitalvermögen,
- der **atypisch Unterbeteiligte** gilt als Mitunternehmer.

Eine Unterbeteiligung unter nahen **Angehörigen oder Ehegatten** wird nur dann steuerlich an- **142** erkannt, wenn
- eindeutige und klare Vereinbarungen im Vorhinein getroffen sind,
- die auch tatsächlich vollzogen werden und
- einem Fremdvergleich standhalten, ferner
- muss die Gewinnbeteiligung aus einer **geschenkten Unterbeteiligung** den von der Rechtsprechung aufgestellten **Angemessenheitskriterien** entsprechen.[141]

a) Typische Unterbeteiligung

Bei der typischen Unterbeteiligung im Privatvermögen sind die Gewinnanteile des Unterbeteilig- **143** ten **Einkünfte aus Kapitalvermögen**, von denen die **Kapitalertragsteuer** abzuziehen ist und Verluste sind abzugsfähige **Werbungskosten** (§ 20 Abs. 1 Nr. 4 EStG) bilden.[142] Auf Verluste ist § 15a EStG entsprechend anwendbar.

Sollte die Unterbeteiligung beim Unterbeteiligten zu einem **Betriebsvermögen** gehören, **144** liegen aber **gewerbliche Einkünfte** vor (§ 15 Abs. 1 Nr. 1 EStG).

Die Gewinnanteile des Unterbeteiligten sind beim Hauptbeteiligten von seinem Gewinnan- **145** teil abzugsfähige **Sonderbetriebsausgaben** oder **Werbungskosten**, je nachdem, welcher Einkunftsart bei ihm die Erträge der Hauptgesellschaft zuzuordnen sind und ob der Hauptbeteiligte seine Beteiligung im Privat- oder im Betriebsvermögen hält.[143]

---

140 BFH DB 1959, 751; BFH BStBl II 1970, 114; BFH BStBl II 1976, 332; BFH DStRE 1997, 18.
141 BFH BStBl II 1974, 676; BFH NV 1991, 35; abweichend BFH BB 2001, 2561 = DStR 2001, 2108.
142 BFH BStBl II 1988, 86; BFH BStBl II 1997, 406.
143 BFH BStBl II 1989, 34.

b) Atypische Unterbeteiligung

146 Handelt es sich um eine atypische Unterbeteiligung, so sind die Einkünfte beim Unterbeteiligten derselben Einkunftsart zuzurechnen wie beim Hauptbeteiligten:

– Stellt der Gewinn des Hauptbeteiligten gewerbliche Einkünfte dar, so handelt es sich beim Unterbeteiligten auch um gewerbliche Einkünfte gem. § 15 Abs. 1 Nr. 2 EStG.

– Stellt der Gewinn des Hauptbeteiligten freiberufliche Einkünfte i.S.v. § 18 EStG dar, gilt dies auch für den Unterbeteiligten.

– **Tätigkeitsvergütungen**, die der atypisch still Unterbeteiligte erhält, sind gem. § 15 Abs. 1 Nr. 2 EStG dem Gesamtgewinn zuzurechnen.[144]

147 In einer **gesonderten Feststellung der Einkünfte** aus der Unterbeteiligungsgesellschaft wird das Ergebnis der Gesellschaft ermittelt und beiden Gesellschaftern ihr Anteil direkt zuge-rechnet.

---

148 **Praxistipp**

Wenn alle Beteiligten einverstanden sind, kann die Unterbeteiligung auch im **Feststellungsverfahren** für die **Haupt-gesellschaft** mitberücksichtigt werden.[145]

---

149 Die steuerrechtliche Anerkennung eines Unterbeteiligungs- oder eines Treuhandverhältnisses setzt nicht eine entsprechende **Mitteilung an das** für die Besteuerung **zuständige Finanzamt** voraus.[146]

150 Bei der Unterbeteiligung eines **zusammenveranlagten Ehegatten** an der Gesellschaftsbe-teiligung des anderen Ehepartners soll eine gesonderte und einheitliche Gewinnfeststellung ausnahmsweise nicht erforderlich sein.[147]

151 Ein an einem **Kapitalgesellschaftsanteil** Unterbeteiligter ist nur dann **wirtschaftlicher Ei-gentümer,** wenn er nach dem Inhalt der getroffenen Abrede alle mit der Beteiligung verbunde-nen **wesentlichen Vermögens- und Verwaltungsrechte** ausüben und im **Konfliktfall** effektiv durchsetzen kann. Da es für die Besteuerung unabhängig von der äußeren Rechtsform auf die **tatsächlichen Verhältnisse** ankommt, ist auch bei der Bestimmung des wirtschaftlichen Eigen-tums nicht das formal Erklärte oder formal-rechtlich Vereinbarte, sondern das wirtschaftlich Gewollte und das tatsächlich Bewirkte ausschlaggebend.[148]

152 Ob die Unterbeteiligung in den **Feststellungsbescheid der Hauptgesellschaft** aufgenom-men wird oder ob eine **besondere gesonderte Feststellung** für diese Unterbeteiligung durchzu-führen ist, liegt im **Ermessen der Finanzbehörde.** Bei der Ermessensausübung ist zu berück-sichtigen, dass die Durchführung der besonderen gesonderten Feststellung die Regel ist. Die Zusammenfassung mit der Hauptfeststellung ist die Ausnahme, die nur zulässig ist, wenn alle Beteiligten damit einverstanden sind.[149]

153 Eine besondere gesonderte Feststellung muss hingegen durchgeführt werden, wenn die Un-terbeteiligung vor den anderen Beteiligten geheim gehalten werden soll. Bei **neu gegründeten Unterbeteiligungen** muss es den Beteiligten überlassen bleiben, ihre Wünsche hinsichtlich

---

144 BFH DStR 1998, 203.
145 BFH BStBl II 1989, 343; BFH DStRE 1999, 465; zur Anwendung des § 15a EStG, FG Düsseldorf DStRE 1997, 710; *Kempermann,* FR 1998, 248.
146 BFH GmbHR 2008, 1229.
147 FG Düsseldorf DStRE 2001, 1208.
148 BFH GmbHR 2008, 1229 unter Hinweis auf BFH BStBl. II 2005, 857 = GmbHR 2005, 1633 m. Anm. *Heinz/Hageböke.*
149 BFH BFHE 177, 198 = BStBl. II 1995, 531.

einer besonderen gesonderten Feststellung vorzubringen. Wird die Unterbeteiligung in der Feststellungserklärung für die Hauptgesellschaft geltend gemacht, kann sie in das Feststellungsverfahren der Hauptgesellschaft aufgenommen werden. Wird die Unterbeteiligung dagegen in der Feststellungserklärung für die Hauptgesellschaft nicht erwähnt, hat in der Regel eine besondere gesonderte Feststellung zu erfolgen.

Ist für die vergangenen Besteuerungszeiträume eine **besondere gesonderte Feststellung** 154 vorgenommen worden, darf die Unterbeteiligung nicht ohne vorherige Anhörung der Beteiligten (des Unterbeteiligten und der Beteiligten, an deren Beteiligung die Unterbeteiligung besteht) in die Feststellung für die Hauptgesellschaft aufgenommen werden.[150]

III. Nießbrauch an Gesellschaftsanteilen

1. Zivilrechtliche Grundlagen

Zivilrechtlich wird unterschieden zwischen dem 155
- Nießbrauch an Sachen (§ 1030 BGB) bzw. an einem Inbegriff von Sachen (§ 1035 BGB) einerseits,
- dem Nießbrauch an Rechten (§ 1068 BGB) andererseits und schließlich
- dem Nießbrauch an einem Vermögen (§ 1085 BGB).

Durch die Nießbrauchsbestellung entstehen zwischen dem Eigentümer und dem Nießbraucher 156 ein **dingliches Rechtsverhältnis** und ein **gesetzliches Schuldverhältnis**.[151]

Als schuldrechtliches **Grundgeschäft** für die Bestellung des Nießbrauchs kommen in Betracht: 157
- Überlassungsvertrag
- Verfügung von Todes wegen
- Kaufvertrag
- Sicherungsvertrag oder ein ähnliches Rechtsgeschäft.[152]

Insoweit unterscheidet man bzgl. des schuldrechtlichen Grundgeschäfts den **unentgeltlichen** 158 vom **entgeltlichen Nießbrauch**.

Bestellungsformen des Nießbrauchs sind:
- sog. Zuwendungsnießbrauch
- sog. Vorbehaltsnießbrauch.

Beim sog. **Zuwendungsnießbrauch** bleibt der Eigentümer oder Inhaber des Nießbrauchs- 159 gegenstandes (belastete Sache bzw. Sachgesamtheit, belastetes Recht oder belastetes Vermögen) Eigentümer bzw. Inhaber und wendet dem Nießbraucher das Nießbrauchsrecht daran zu.

Beim sog. **Vorbehaltsnießbrauch** überträgt der Eigentümer das Eigentum bzw. die Inha- 160 berschaft an dem Nießbrauchsgegenstand und behält sich den Nießbrauch daran vor.

---

150 FG Berlin-Brandenburg DStRE 2010, 627.
151 Vgl. statt aller Palandt/*Bassenge*, BGB, vor § 1030 Rn 1 m.w.N.; *Korn*, DStR 1999, 1461; Formulierungsbeispiele bei *Wachter*, NotBZ 2000, 33 und 78.
152 Vgl. Palandt/*Bassenge*, BGB, vor § 1030 Rn 3; zur Annahme einer gemischten Schenkung siehe OLG Koblenz FamRZ 2002, 1029.

---

161 Praxistipp

Begründet werden kann auch ein sog. **Quotennießbrauch**.[153] Dabei wird ein bestimmter Bruchteil des Nießbrauchsgegenstandes mit dem Nießbrauchsrecht belastet, so dass zwischen dem Eigentümer und dem Nießbraucher (und/oder anderen Quotennießbrauchern) eine Nutzungs- und Verwaltungsgemeinschaft entsteht, für die §§ 741 ff. BGB entsprechend gelten.[154]

---

162 Praxistipp

Ein solcher Teil- oder Quotennießbrauch ist ein übliches Gestaltungsmittel für die **Beteiligung mehrerer (minderjähriger) Kinder** am Familienunternehmen.

---

2. Gestaltungsformen: Unternehmens- und Beteiligungsnießbrauch, Vollrechts- und Ertragsnießbrauch

163 Tauglicher Gegenstand einer Nießbrauchsbestellung sind auch **Unternehmen** oder **Unternehmensbeteiligungen**,[155] also
- Einzelunternehmen
- Gesellschaftsanteile an Personengesellschaften und
- Gesellschaftsanteile an Kapitalgesellschaften[156]

164 Dabei ist wiederum weiterhin zu unterscheiden zwischen
- dem sog. **Vollrechtsnießbrauch**, auch als Unternehmensnießbrauch bezeichnet,
- und dem sog. **Ertragsnießbrauch**.

Beim **Ertragsnießbrauch**[157] wird dem Nießbraucher nur ein Nießbrauch an den Vermögensrechten des Gesellschaftsanteils, nämlich am **Auseinandersetzungsguthaben** und am **Gewinnanspruch**, eingeräumt.

Beim **Vollrechts- oder Unternehmensnießbrauch** werden ihm darüber hinaus auch die mit der Gesellschafterstellung verbundenen **Verwaltungs- und Stimmrechte** übertragen.

3. Gestaltungsüberlegungen

165 Auch bei der Nießbrauchsbestellung an einem Gesellschaftsanteil sind zweckmäßigerweise genaue Regelungen über die wechselseitigen Rechte und Pflichten bzw. die interne **Abgrenzung** der Rechte und Pflichten zwischen **Anteilsinhaber und Nießbraucher** zu treffen.[158]

---

153 BGH DNotZ 2004, 140.
154 Vgl. Palandt/*Bassenge*, BGB, Rn 2 zu § 1030 BGB.
155 Dazu umfassend *Langenfeld/Gail*, Handbuch der Familienunternehmen, Kap. II, Rn 430; *Fichtelmann*, Beteiligung von Angehörigen, Rn 1261 ff., 1351 ff.; *Paus/Eckmann*, Rn 441 ff.; *Schulze zur Wiesche*, Rn 254 ff.; *Bülow*, Nießbrauch an Unternehmen und Unternehmensbeteiligungen, Heidelberger Mustertexte, Heft 53; *Brandi/Mühlmeier*, GmbHR 1997, 734; *Reichert/Schlitt/Düll*, GmbHR 1998, 565; *Korn*, DStR 1999, 1461 ff., 1512 ff.
156 *Koller/Roth/Morck*, HGB,, § 105 Rn 22; *Schön*, ZHR 1994, 229 ff.
157 Vgl. dazu etwa *Jansen/Jansen*, S. 54; *Fichtelmann*, Beteiligung von Angehörigen, Rn 1279, 1329; *Milatz/Sonneborn*, DStR 1999, 137.
158 Vgl. dazu die Muster von *Arens/Tepper/Arens*, Praxisformularbuch Gesellschaftsrecht, § 13 Rn 60 ff.; Musterformulierungen auch bei *Wachter*, NotBZ 2000, 33 ff. und 78 ff.

a) Inhalt des Nießbrauchsvertrages

Insbesondere sollten vertragliche Vereinbarungen getroffen werden über: **166**
-   Gewinn- und Verlustverteilung
-   Entnahmerecht des Nießbrauchers bzw. des Nießbrauchsbestellers bzgl. des Gewinns
-   etwaige vorzeitige Beendigung des Nießbrauchs bei dauernder Arbeitsunfähigkeit des Nießbrauchers (bei Tod des Nießbrauchers erlischt ohnehin das Nießbrauchsrecht, § 1061 BGB)
-   konkrete Regelung sonstiger Tatbestände für eine vorzeitige Beendigung des Nießbrauchsrechts
-   Sicherungsinstrumente zugunsten des Nießbrauchsbestellers[159]
-   etwaige Schiedsgerichtsvereinbarungen bzw. Wertermittlungsvereinbarungen
-   Vereinbarungen über das Abstimmungsverhalten in der Gesellschaft betreffend Investitionspolitik, Entnahme- bzw. Ausschüttungspolitik etc.
-   Voraussetzungen und Folgen für den Nießbrauch bei Beendigung der Gesellschaft.[160]

b) Formerfordernisse und sonstige Wirksamkeitserfordernisse

Nach § 1069 Abs. 1 BGB richtet sich die Bestellung des Nießbrauchs nach den für die Übertra- **167** gung des Rechts geltenden Vorschriften. Die Form der Nießbrauchsbestellung richtet sich somit nach der Form einer **Abtretung** des Gesellschaftsanteils:
-   die Bestellung des Nießbrauchs an Gesellschaftsanteilen an **Personengesellschaften** bedarf daher nicht der notariellen Form, sofern nicht eine Schenkung vorliegt,[161]
-   die Bestellung des Nießbrauchs an dem Gesellschaftsanteil einer **Kapitalgesellschaft** richtet sich nach den dortigen Formvorschriften für die Abtretung von Gesellschaftsanteilen. Dies bedeutet bei einem GmbH-Anteil das Erfordernis der notariellen Form entsprechend § 15 Abs. 3 GmbHG.

Wenn der Gesellschaftsanteil selbst nach dem Gesellschaftsvertrag **frei übertragbar** ist, ist auch **168** eine Nießbrauchseinräumung ohne weiteres möglich. Bedarf die Übertragung des Anteils der **Zustimmung** der Gesellschafterversammlung, gilt dies auch für die Einräumung eines Nießbrauchs daran.[162]

Soweit **Minderjährige** an der Nießbrauchsbestellung beteiligt sind, ist die Mitwirkung eines **169** Pflegers erforderlich.[163] **Dauerergänzungspflegschaft** soll aber nach einer Entscheidung des BFH nicht erforderlich sein. Nach einem anderen Urteil des BFH[164] soll für die steuerliche Anerkennungsfähigkeit ein Ergänzungspfleger selbst dann erforderlich sein, wenn das zuständige Vormundschaftsgericht (heute: Familiengericht) die Bestellung eines Ergänzungspflegers für nicht notwendig angesehen hat.[165]

Familien- bzw. **betreuungsgerichtliche Genehmigung** ist nicht erforderlich.[166] **170**

---

159 *Moog*, DStR 2002, 180.
160 Vgl. OLG Düsseldorf NJW-RR 1999, 619, dazu EWiR 1998, 1023 m. Anm. *Aderhold*.
161 Vgl. *Paus*, BB 1990, 1675, 1679.
162 Vgl. BGH DStR 1996, 713 m. Anm. *Goette*; OLG Koblenz NJW 1992, 2163 = ZIP 1992, 844; Palandt/*Bassenge*, § 1068 BGB Rn 4; *Schulze zur Wiesche*, DStR 1995, 318; *Blümich/Stuhrmann*, EStG, § 15 Rn 259; *Petzoldt*, GmbHR 1987, 381.
163 Vgl. BFH BStBl II 1981, 297 = BB 1980, 1562; OFD Düsseldorf v. 24.6.1981, BB 1981, 1257.
164 BFH FR 1990, 462.
165 A.A. aber BMF v. 9.2.2001, DStR 2001, 441.
166 So auch noch BFH BStBl II 1981, 295 = BB 1980, 1562; OFD Düsseldorf v. 24.6.1981, BB 1981, 1257.

4. Ertragsteuerliche Behandlung des Nießbrauchs an Kapitalgesellschaftsanteilen
a) Unentgeltliche Einräumung des Nießbrauchs

171 Die OFD Düsseldorf hat mit einer Verfügung vom 24.6.1981 beim Nießbrauch an Wertpapieren dessen einkunftsverlagernde Wirkung nicht anerkannt. Die Nießbrauchsbestellung an solchen Kapitalerträgen stelle ertragsteuerrechtlich lediglich Einkommensverwendung in der Form der Vorausabtretung von Kapitalerträgen dar. Die Einkünfte sollen danach dem Inhaber bzw. Eigentümer zuzurechnen sein, obwohl sie dem Nießbraucher zufließen. Er soll sie aber als **dauernde Last** abziehen können und der Nießbraucher soll sie als **wiederkehrende Bezüge nach § 22 Nr. 1 EStG** seinerseits versteuern.[167] Zumindest nach dem Wortlaut der vorstehend zitierten Verfügung der OFD Düsseldorf muss also davon ausgegangen werden, dass bei unentgeltlich bestelltem Nießbrauch an Kapitalgesellschaftsanteilen die einkunftsverlagernde Wirkung ertragsteuerlich nicht anerkannt wird.

172 Allerdings ist die Praxis darüber hinweggegangen. Auch der BFH erkennt weitgehend die einkunftsverlagernde Wirkung des Nießbrauchs an Kapitalgesellschaftsanteilen an.

173 Die Übertragung einer wesentlichen Beteiligung i.S.v. § 17 EStG unter Vorbehalt eines Nießbrauchsrechts im Wege der vorweggenommenen Erbfolge ist als **unentgeltliche Vermögensübertragung** keine Veräußerung i.S.v. § 17 Abs. 1 EStG. Eine Anteilsveräußerung liegt auch dann nicht vor, wenn später das **Nießbrauchsrecht abgelöst** wird und der Nießbraucher für seinen Verzicht eine Abstandszahlung erhält, sofern der Verzicht auf einer neuen Entwicklung der Verhältnisse beruht (Ablehnung des sog. Surrogationsprinzips).[168]

---

174 **Wichtig**
Dieses Ergebnis kann regelmäßig auch nicht über § 175 Abs. 1 S. 1 Nr. 2 AO korrigiert werden. Ein rückwirkendes Ereignis i.S.v. § 175 Abs. 1 S. 1 Nr. 2 AO liegt bei einem abgeschlossenen Rechtsgeschäft nur dann vor, wenn der Rechtsgrund für die später geleisteten Zahlungen bereits in diesem Rechtsgeschäft angelegt ist.

---

b) Entgeltliche Einräumung

175 Zumindest für den **Vorbehaltsnießbrauch** geht die instanzgerichtliche Rechtsprechung von einer Zurechnung der Einkünfte bei dem Nießbraucher aus.[169] Erträge aus nießbrauchsbelastetem Kapitalvermögen sollen – zumindest beim Vorbehaltsnießbrauch – dem Nießbraucher zuzurechnen sein, da ihm zivilrechtlich die Berechtigung zustehe, die Nutzungen aus dem Vermögen zu ziehen. Dementsprechend stehe aber dem Nießbrauchsbesteller keine **Werbungskostenabzugsberechtigung** zu.[170]

5. Ertragsteuerliche Behandlung des Nießbrauchs an Personengesellschaftsanteilen
a) Nießbraucher als Mitunternehmer

176 Für die ertragsteuerliche Anerkennung der einkunftsverlagernden Wirkung des Nießbrauchs auf den Nießbraucher ist nach der Rechtsprechung des BFH dessen Mitunternehmerstellung erforderlich. Es müssen die Kriterien beim Nießbraucher erfüllt sein, die für eine Mitunternehmerschaft i.S.v. § 15 Abs. 1 S. 2 EStG von der finanzgerichtlichen Rechtsprechung gefordert werden.

---

167 Vgl. OFD Düsseldorf v. 24.6.1981, BB 1981, 1257.
168 BFH BB 2005, 2386 = GmbHR 2005, 1574.
169 Niedersächsisches FG EFG 1980, 482; BMF v. 23.11.1983, BStBl I 1983, 508, Tz. 55; vgl. auch *Petzoldt*, GmbHR 1987, 438.
170 FG Düsseldorf DStRE 2000, 731, für nießbrauchsbelasteten Aktienbesitz und Schuldzinsen im Zusammenhang mit deren Anschaffung.

Arens

Es müssen **Mitunternehmerinitiative** und **Mitunternehmerrisiko** beim Nießbraucher vorhanden sein.

Wichtig 177
Der Nießbraucher muss über das **Stimmrecht** im Rahmen der laufenden Geschäftsführung, sowie über das Widerspruchsrecht gegen Geschäfte, die über die laufende Geschäftsführung hinausgehen, verfügen[171] und seine Bezüge müssen in gleicher Weise wie die eines Anteilseigners **erfolgsabhängig** sein.[172]

Wichtig 178
Der bloße Nießbrauch am Gewinnstammrecht (**Ertragsnießbrauch**) ist insoweit nicht ausreichend.[173]

Nach herrschender Auffassung muss der Nießbraucher – zumindest bei ausreichend starker 179
Mitunternehmerinitiative – in diesem Rahmen nur am **entnahmefähigen Gewinn** beteiligt sein, nicht aber an dem Gewinn, der durch Auflösung von **stillen Reserven** realisiert wird.[174]
  Dem Nießbraucher stehen die entnahmefähigen Gewinne zu, also alle Erträge, die mit sei- 180
nem Beteiligungsrecht verbunden und das **Ergebnis der ordnungsgemäßen Wirtschaftsführung** sind, und zwar soweit sie als Vorabgewinn und als Restgewinn in der Gesellschaft verteilt werden.[175]

Wichtig 181
Gesellschaftsvertragliche Entnahmebeschränkungen muss auch der Nießbraucher gegen sich gelten lassen. Soweit solche Gewinne nach dem Gesetz oder dem Gesellschaftsvertrag zur **Auffüllung des (negativen) Kapitalkontos** aus vorausgegangenen Verlusten verwandt werden müssen, können sie dem Nießbraucher nicht zugerechnet werden. Gleiches gilt für Gewinne, die einer gesamthänderisch gebundenen Rücklage oder dem Kapitalkonto II gutgeschrieben werden.[176]

Diese Auffassung ist allerdings nicht unbestritten. Nach anderer Auffassung sollen solche **Ver-** 182
luste, soweit sie die Einlage übersteigen, dem Nießbraucher zugerechnet werden, weil dieser dadurch künftige entnahmefähige Gewinnanteile verliert.[177]

Praxistipp 183
Gerade hinsichtlich der **Regelung der Gewinn- und Verlustbeteiligung** sollte deshalb eine **klare Vereinbarung** zwischen Nießbraucher und Nießbrauchsbesteller getroffen werden.

Wichtig 184
Der Gewinnanteil des Nießbrauchers soll sich regelmäßig auf den entnahmefähigen Teil des Anteils am festgestellten **Handelsbilanzgewinn** erstrecken, der restliche Teil des Steuerbilanzgewinnanteils soll dem Nießbrauchsbesteller zustehen.[178]

---

171 BFH GS BStBl II 1984, 51; BFH DStR 1984, 669; FG Köln, EFG 1984, 462.
172 BFH BStBl II 1973, 528; BFH DStR 1994, 1803.
173 *Schmidt*, EStG, § 15 Rn 314; *Blümich/Stuhrmann*, EStG, § 15 Rn 442; zur AfA-Befugnis beim Vorbehalts- bzw. Zuwendungsnießbrauch BFH DStR 1997, 707.
174 Vgl. *Schulze zur Wiesche*, DStR 1995, 318, 320; *Schmidt*, EStG, § 15 Rn 306; *Petzoldt*, DStR 1992, 1171, 1175.
175 Vgl. *Schulze zur Wiesche*, DStR 1995, 318, 320.
176 Vgl. *Schulze zur Wiesche*, DStR 1995, 318, 320.
177 Vgl. *Langenfeld/Gail*, Rn 440; *Biergans*, DStR 1985, 327, 333.
178 Vgl. *Schmidt*, EStG, § 15 Rn 306; *Blümich/Stuhrmann*, EStG, § 15 Rn 261a m.w.N.

185 Die erforderliche Beteiligung des Nießbrauchers am **Verlustrisiko** realisiert sich üblicherweise in dem Umfang, wie der Gesellschafter (Nießbrauchsbesteller) eine Haftung trägt (der Kommanditist bspw. nach § 167 HGB: Verrechnung des Verlustanteils mit zukünftigen Gewinnansprüchen).

b) Nießbrauchsbesteller als Mitunternehmer

186 Nach der Rechtsprechung des BFH und der herrschenden Lehre bleibt auch der Nießbrauchsbesteller – neben dem Nießbraucher – Mitunternehmer.[179] Es liegen also **zwei Mitunternehmerschaften parallel** zueinander vor.

187   Wegen seiner nach wie vor bestehenden Beteiligung an den **Wertveränderungen** des Anteils (Bildung und Auflösung von stillen Reserven) und wegen seines nach wie vor bestehenden **Haftungsrisikos** in seiner Eigenschaft als Gesellschafter soll auch das Tatbestandsmerkmal des Mitunternehmerrisikos nach wie vor bei dem Nießbrauchsbesteller verwirklicht sein.[180]

188   Alle **nicht entnahmefähigen Gewinne** (Wertsteigerungen einschl. Firmen- und Geschäftswert) fallen dem Nießbrauchsbesteller zu, ebenso **außerordentliche Erträge** aus Anlagenabgängen.[181]

189   Ausreichende **Mitunternehmerinitiative** soll darüber hinaus auch vorliegen, weil der Nießbraucher die Gesellschafterrechte nur im Rahmen der laufenden Geschäft wahrnehmen darf, er aber Maßnahmen, die Auswirkung auf den wesentlichen Inhalt der Beteiligung haben, gegen den Willen des Gesellschafters nicht beschließen bzw. mitbeschließen darf und weil schließlich im Rahmen des Nießbrauchsverhältnisses der Nießbrauchsbesteller auch weiterhin Mitwirkungs- und Informationsrechte, zumindest gegenüber dem Nießbraucher, hat.

c) Ergebnisverteilung zwischen Nießbrauchsbesteller und Nießbraucher

190 Wegen der bestehenden parallelen Mitunternehmerschaften von Nießbrauchsbesteller und Nießbraucher ist auch **ertragsteuerlich** eine entsprechende **interne Aufteilung** vorzunehmen.

191 **Wichtig**

Diese Aufteilung ist wegen der beiden Mitunternehmerschaften im Verfahren der **einheitlichen und gesonderten Gewinnfeststellung** für die Gesellschaft vorzunehmen.[182]

192 Soweit der Nießbraucher dem Nießbrauchsbesteller ein **Entgelt für die Nießbrauchsbestellung** zahlt, stellt dieses bei ihm Sonderbetriebsausgaben und beim Nießbrauchsbesteller Sonderbetriebseinnahmen dar.[183]

193   Soweit der Nießbraucher oder der Nießbrauchsbesteller jeweils **Sondervergütungen** i.S.v. § 15 Abs. 1 S. 1 Nr. 2 EStG erzielen bzw. Aufwand und Ertrag im Rahmen ihres Sonderbetriebsvermögens haben, sind diese ihren jeweiligen gewerblichen Einkünften hinzuzurechnen.[184]

---

179 BFH DStR 1994, 1803; *Blümich/Stuhrmann*, EStG, § 15 Rn 438; *Bitz*, DB 1987, 1506; *Petzoldt*, GmbHR 1987, 433 und DStR 1992, 1171; *Schulze zur Wiesche*, DStR 1995, 318; *Brandi/Mühlmeier*, GmbHR 1997, 734.
180 BFH DStR 1994, 1803; *Schulze zur Wiesche*, DStR 1995, 318, 320.
181 Vgl. *Schulze zur Wiesche*, DStR 1995, 318, 320; *Schmidt*, EStG, § 15 Rn 307; *Biergans*, DStR 1985, 327, 332; *Bitz*, DB 1987, 1506, 1508.
182 Vgl. *Blümich/Stuhrmann*, EStG, § 15 Rn 261a.
183 Vgl. *Schmidt*, EStG, § 15 Rn 308 und Rn 312; *Bitz*, DB 1987, 1506, 1509.
184 Vgl. *Schmidt*, EStG, § 15 Rn 307 bzw. Rn 311; *Biergans*, DStR 1985, 327, 333; *Paus*, BB 1990, 1675, 1680.

d) Sonderbetriebsvermögen

Soweit der Gesellschafter (Nießbrauchsbesteller) Sonderbetriebsvermögen innehat, wird dieses **194** nicht automatisch von der Nießbrauchsbestellung erfasst. Da der Nießbrauchsbesteller nach den vorstehenden Grundsätzen seinerseits Mitunternehmer bleibt, scheidet das Wirtschaftsgut im Sonderbetriebsvermögen mit der Nießbrauchsbestellung auch nicht aus dem Betriebsvermögen aus.[185]

Praxistipp   **195**

Selbstverständlich kann durch eine Vereinbarung aber der Nießbrauch an dem Gesellschaftsanteil auch auf das Sonderbetriebsvermögen des Gesellschafters erstreckt werden. Auch in diesem Falle bewirkt die Bestellung des Nießbrauchs nicht die Entnahme des Sonderbetriebsvermögens.[186]

---

6. Nießbrauchbestellung zugunsten Angehöriger

Die steuerliche Anerkennung von Nießbrauchsgestaltungen unter Familienangehörigen erfor- **196** dert die Beachtung der **zivilrechtlichen Wirksamkeitsvoraussetzungen**:

– Beachtung der zivilrechtlichen **Formvorschriften**
– Beachtung der zivilrechtlichen **Zustimmungserfordernisse**,
– die **tatsächliche Durchführung** entsprechend den getroffenen Vereinbarungen.[187]

Wichtig   **197**

Darüber hinaus muss bei der Nießbrauchsbestellung zugunsten von **Unterhaltsberechtigten** das **Separierungsprinzip** des § 12 Nr. 2 EStG beachtet werden. Das bedeutet insbesondere, dass die Vermögenskreise der Beteiligten getrennt sein müssen.

Wichtig   **198**

Steuerschädlich dürften Nießbrauchsgewährungen zugunsten minderjähriger Kinder mit **freier Widerruflichkeit** durch die Eltern sein.[188]

Als unterhaltsberechtigt i.S.v. § 12 Nr. 2 EStG werden von der Finanzverwaltung alle Personen **199** angesehen, die nach bürgerlichem Recht gegen den Steuerpflichtigen oder seinen Ehegatten einen **gesetzlichen Unterhaltsanspruch** haben können.[189]

Für den Fall der Nießbrauchsbestellung hatte die Finanzverwaltung früher nur deren zivil- **200** rechtliche Wirksamkeit und die tatsächliche Durchführung gefordert, sowie die Bestellung auf eine **Mindestdauer** von in der Regel **mehr als fünf Jahren**.[190] Die finanzgerichtliche Rechtsprechung hat die Anforderungen aber weiter verschärft. Für die Anerkennungsfähigkeit soll nicht allein das dingliche Nutzungsrecht des Nießbrauchers ausreichend sein, sondern es wird für die steuerliche Anerkennungsfähigkeit „das tatsächliche Innehaben der Einkunftsquelle" gefordert.

---

185 Vgl. BFH DStR 1994, 1803; *Schulze zur Wiesche*, DStR 1995, 318, 322.
186 BFH DStR 1994, 1803; *Schulze zur Wiesche*, DStR 1995, 318, 322.
187 Vgl. *Langenfeld/Gail*, Rn 430.
188 Vgl. Niedersächsisches FG v. 27.1.2000 – 5 K 53/98 – n.v. bei Einkünften aus VuV; einschränkend BFH ZfIR 2004, 835.
189 Vgl. BFH BStBl III 1961, 535; BStBl II 1973, 86; zur erbschaft- und schenkungsteuerlichen Belastung im Rahmen der Einräumung des Nießbrauchsrechts *Reichert/Schlitt/Düll*, GmbHR 1998, 565, 570 und *Stollenwerk*, GmbH-StB 2001, 198; zur einkommensteuerlichen Behandlung bei Einkünften aus VuV zuletzt BMF v. 24.7.1998, BStBl I 1998, 914 = DStR 1998, 1175; dazu *Stuhrmann*, DStR 1998, 1405.
190 Vgl. Abschn. 123 Abs. 1 Satz 6 EStR 1978; Nießbraucherlass vom 23.11.1983, BStBl I 1983, 509 ff. unter Tz. 9.

Der Nießbraucher darf also nicht nur das Recht zur Fruchtziehung haben, er muss vielmehr „in seiner Person den Tatbestand der Einkunftserzielung erfüllen".[191]

---

201 Wichtig

Deshalb kann etwa bei der Bestellung eines (Zuwendungs-) Nießbrauchs an einem GmbH-Anteil die Gestaltung steuerlich nur anerkannt werden, wenn dem Nießbraucher neben dem **Gewinnbezugsrecht** auch wesentliche **Mitverwaltungsrechte** wie etwa das Stimmrecht des Gesellschafters übertragen werden.[192]

---

202 Die steuerliche **Nichtanerkennungsfähigkeit** bedeutet, dass die Einkünfte aus dem Gesellschaftsanteil ertragsteuerrechtlich weiterhin dem Eigentümer bzw. Gesellschafter zugerechnet werden, bei ihm liegt sog. verdeckte Einkommensverwendung vor.[193]

7. Erbschaftsteuerliche Behandlung

203 § 25 Abs. 1 ErbStG gab bis zum 31.12.2008 dem Steuerpflichtigen zunächst das **Wahlrecht**
– auf eine **sofortige Besteuerung** des unter Nießbrauchsvorbehalt erworbenen Vermögensgegenstandes **ohne Abzug des Nießbrauchs als Belastung** oder aber
– auf eine **zinslose Stundung** der auf den Kapitalwert des Nutzungsrechts entfallenden, bereits festgesetzten Steuer bis längstens zum Erlöschen des Nießbrauchsrechts.[194]

Durch das ErbStRG ist § 25 ErbStG mit Wirkung zum 1.1.2009 **ersatzlos gestrichen** worden. Nunmehr ist in Erb- und Schenkungsfällen die Belastung des Übertragungsgegenstandes mit dem Nießbrauch (Kapitalwert des Nutzungsrechts) als **Wertminderung** abzuziehen.[195]

204 Beim Vorbehaltsnießbrauch überträgt der Schenker den Vermögensgegenstand, behält sich aber gleichzeitig die Nutzungen und Früchte daran zurück. Die Einräumung des Nießbrauchs stellt kein Entgelt dar, sondern ist eine die Bereicherung der Beschenkten mindernde **Belastung**,[196] die wegen § 25 Abs. 1 S. 1 ErbStG nicht steuermindernd zu berücksichtigen war.

205 Der mit dem **Tod des Nießbrauchers** verbundene Wegfall des Nießbrauchs ist dann allerdings kein nach § 3 ErbStG steuerpflichtiger Erwerb[197] und unterliegt damit nicht der Besteuerung.

206 Bei der Übertragung eines zwar **belasteten Gegenstandes** unter Nießbrauchsvorbehalt soll schenkungsteuerlich von einer reinen Schenkung auszugehen sein, wenn der Vorbehaltsnießbraucher verpflichtet ist, die Belastungen weiterhin zu tragen bzw. zu tilgen.[198]

---

191 Vgl. BFH BStBl II 1977, 115; BFH BStBl II 1981, 369; siehe auch BFH DStR 1999, 372 und FG Düsseldorf DStRE 1999, 486 zur Frage des wirtschaftlichen Eigentums des Vorbehaltsnießbrauchers bei dinglich gesichertem Rückforderungsrecht.
192 FG Münster EFG 2003, 690 m. Anm. *Braun* = GmbHR 2003, 911.
193 Vgl. *Schmidt*, EStG, § 15 Rn 314; kritisch *Paus*, BB 1990, 1675, 1681; *Blümich/Stuhrmann*, EStG § 15 Rn 261a, 262.
194 Dazu *Meincke*, ErbStG, § 7 Anm. 55, § 25 Anm. 15; *Meincke*, ZEV 1998, 406; *Viskorf/Glier/Hübner/Knobel/Schuck*, ErbStG/BewG, § 25 ErbStG Rn 46; *Christoffel/Geckle/Pahlke*, ErbStG, § 25 Rn 33; *Ziegeler*, DB 1998, 1056.
195 Dazu *Geck*, DStR 2009, 1005.
196 Wenngleich aus zivilrechtlicher Sicht umstritten ist, ob die Nießbrauchseinräumung noch der Übertragende selbst vornimmt und mithin nur das Eigentumsrecht ohne das Nutzungsrecht überträgt (*Flume*, Allgemeiner Teil BGB, Bd. 2, S. 192; BFH BStBl II 1983, 627) oder der Erwerber den Nießbrauch erst zu bestellen hat (so wohl Staudinger/*Dilcher*, § 107 Rn 16; *Liedel*, MittBayNot 1992, 238, 240) spielt dies doch für das Steuerrecht keine Rolle, zusammenfassend *Spiegelberger*, Vermögensnachfolge, Rn 102.
197 *Esch/Schulze zur Wiesche*, Handbuch der Vermögensnachfolge, II. Rn 88.
198 BFH BB 2002, 399.

Wichtig   **207**

Trägt der Schenker auch die Schenkungsteuer, ist diese dem **schenkungsteuerpflichtigen Erwerb** hinzuzurechnen und sofort fällig.[199]

Der **vorzeitige unentgeltliche Verzicht** auf ein vorbehaltenes Nießbrauchsrecht erfüllt nach **208** der Auffassung des BFH[200] als Rechtsverzicht den Tatbestand des § 7 Abs. 1 Nr. 1. § 25 Abs. 1 ErbStG a.F. stand der Tatbestandsmäßigkeit nicht entgegen. Eine Doppelerfassung des Nieß- brauchsrechts – sowohl bei der Nichtberücksichtigung als Abzugsposten nach § 25 Abs. 1 S. 1 ErbStG a.F. als auch beim späteren Verzicht des Berechtigten – ist bei der Besteuerung des Nieß- brauchsverzichts durch den Abzug des bei der Besteuerung des nießbrauchsbelasteten Gegen- standes tatsächlich unberücksichtigt gebliebenen (Steuer-) Werts des Nutzungsrechts von der Bemessungsgrundlage (Steuerwert) für den Rechtsverzicht zu beseitigen.

Wichtig   **209**

Wenden Eltern Teile ihrer Beteiligungen an einer gewerblich geprägten Personengesellschaft unentgeltlich ihren Kindern zu und behalten sie sich dabei den lebenslänglichen Nießbrauch vor, fehlt es den Kindern an der für die Anwendung des § 13a ErbStG a.F. erforderlichen **Mitunternehmerinitiative**, wenn vereinbart ist, dass die Nießbrau- cher die Gesellschafterrechte der Kinder wahrnehmen und die Kinder den Eltern „vorsorglich" Stimmrechtsvoll- macht erteilen.[201]

---

199 BFH DStR 2002, 493 = NJW 2002, 1447.
200 BFH BStBl II 2004, 429 = DStR 2004, 722.
201 BFH, BStBl. II 2009, 312 = FamRZ 2009, 696.

Dr. Axel Brandi
§ 8 Stiftungsrecht

Literatur: *Andrick/Suerbaum*, Stiftung und Aufsicht, 2001; Bertelsmann Stiftung (Hrsg.), Handbuch Stiftungen 2. Aufl. 2003; *Burgard*, Gestaltungsfreiheit im Stiftungsrecht, Köln 2006; *Damrau/Wehinger*, Übersicht zum Mindeststiftungsvermögen nach dem Recht der Bundesländer, ZEV 1998, 178; *Hannes*, Formularbuch Vermögens- und Unternehmensnachfolge, Zivilrecht, Gesellschaftsrecht, Steuerrecht, München 2011; *Hof/Hartmann/Richter*, Stiftungen – Errichtung, Gestaltung, Geschäftätigkeit, 2. Aufl. 2010; *Hüffer*, Aktiengesetz, 9. Aufl., München 2010; *Lutz/Förster*, Stiftung und Nachlass, 3. Aufl., Berlin 2010, *Mecking*, Das Gesetz zur weiteren steuerlichen Förderung von Stiftungen, NJW 2001, 203; *Münchner Kommentar zum Bürgerlichen Gesetzbuch*: Band 1, Allgemeiner Teil, 6. Aufl., München 2012; *Pauli*, Die Familienstiftung, FamRZ 2012, 344 ff.; *Reichert*, Handbuch des Vereins- und Verbandsrechts, 10. Aufl., München 2005; *Riehmer*, Körperschaften als Stiftungsorganisation, 1993; *Schauhoff*, Handbuch der Gemeinnützigkeit, Verein – Stiftung – GmbH, 3. Aufl., München 2010; *Schindler/Steinsdörfer*, Treuhänderische Stiftungen, 7. Aufl. 2002; *Schlüter*, Die gemeinnützige GmbH, Gründungsverfahren, Satzungsgestaltung und steuerliche Anerkennung, GmbHR 2002, 535, 578; *Schlüter*, Bürgerstiftungen, eine neue Form bürgerschaftlichen Engagements auf kommunaler Ebene, DVP 2001, 1; *Schlüter*, Stiftungsrecht zwischen Privatautonomie und Gemeinwohlbindung, 2004; *Seifart/v. Campenhausen* (Hrsg.), Handbuch des Stiftungsrechts, 3. Aufl. 2008; *Sontheimer*, Das neue Stiftungsrecht, Die Stiftung des privaten Rechts im Zivil- und Steuerrecht, 2002; *Strachwitz/Mercker* (Hrsg.), Stiftungen in Theorie und Praxis – Ein Handbuch, 2005; *Stumpf/Suerbaum/Schulte/Pauli*, Stiftungsrecht, Kommentar zum BGB-Stiftungsrecht, zu den Landesstiftungsgesetzen und zum Stiftungssteuerrecht, München 2011; *Twehues*, Örtliche Stiftungen in Nordrhein-Westfalen (Materialien aus dem Deutschen Stiftungszentrum Bd. 22), 2. Aufl. 1997; *Wachter*, Stiftungen – Zivil- und Steuerrecht in der Praxis, 2001; *Westebbe*, Die Stiftungstreuhand, Eine Untersuchung des Privatrechts der unselbständigen gemeinnützigen Stiftung mit rechtsvergleichenden Hinweisen auf den charitable trust, 1993; *Wochner*, Die unselbständige Stiftung, ZEV 1999, 125.

Inhalt

I. Typologie und Stiftungszwecke

1. Merkmale der Stiftung

Wesentliche Merkmale der Stiftung sind der vom Stifter festgelegte Zweck der Stiftung, ein selb- **1** ständiges Vermögen und eine eigenständige Organisation. Der Inhalt dieser drei Merkmale wird ausschließlich von dem oder den Stiftern festgelegt.[1] Grundlage ist das **Stiftungsgeschäft** und die Stiftungssatzung.[2]

Wichtig   **2**

Das Stiftungsgeschäft bestimmt
- den Stiftungszweck
- das Stiftungsvermögen
- die Stiftungsorganisation.

Die Stiftung bedarf zu ihrer wirksamen Errichtung einer **staatlichen Anerkennung**.[3] Damit un- **3** terscheidet sich die Stiftung von anderen Körperschaften wie beispielsweise der GmbH, dem

---

1 Bertelsmann Stiftung/*Weger*, S. 809.
2 *Strachwitz/Mercker*, S. 210; Seifart/v. Campenhausen/*v. Campenhausen*, § 1 Rn 6.
3 Bertelsmann Stiftung/*Weger*, S. 819; Bertelsmann Stiftung/*Büermann*, S. 840; Seifart/v. Campenhausen/*Hof*, § 6 Rn 236 ff.

eingetragenen Verein oder der Aktiengesellschaft, bei denen sich die staatliche Mitwirkung auf die Registereintragung beschränkt.[4]

4   Gleichwohl lassen sich stiftungsartige Strukturen auch in Formen der Körperschaft (Verein und GmbH) sowie der nicht rechtsfähigen Stiftung realisieren.[5] Insoweit kann man von einem doppelten Stiftungsbegriff sprechen: Mit Stiftung ist einmal die Rechtsform der Stiftung im Sinne der §§ 80 ff. BGB gemeint; zum anderen bezeichnet Stiftung den Vorgang des Stiftens, d.h. der Verselbständigung von Vermögen zu einem eigenständigen Zweck, der auch in anderen Gestaltungsformen umgesetzt werden kann.

2. Vorfragen

5   Der Wunsch, eine Stiftung zu gründen, wird häufig an den Berater herangetragen, in der Mehrzahl der Fälle geht es um eine gemeinnützige Stiftung. Familienstiftungen und Unternehmensstiftungen spielen quantitativ eine geringere Rolle; qualitativ erfordert deren Begleitung besondere Sorgfalt. Ehe man mit der Konkretisierung der Stiftungserrichtung beginnt, ist eine Reihe von Vorfragen zu klären, die auf die Wahl der Rechtsform, die Struktur und die Organisation erheblichen Einfluss haben.[6] Hierzu zählen u.a.:

a) Versorgung der Stifterfamilie

6   Bevor in größerem Umfang Vermögen auf eine Stiftung übertragen wird, sollte geklärt werden, welche sonstigen Überlegungen für die Angehörigen des Stifters zu berücksichtigen sind.[7] Mit der Errichtung der Stiftung geht das Vermögen endgültig auf die Stiftung über. Die Erträge des Vermögens dürfen nur noch für den Stiftungszweck, d.h. nicht mehr die Versorgung der Familienmitglieder,[8] verwendet werden. Eine **Rückübertragung** oder eine Übertragung auf Abkömmlinge des Stifters ist nicht möglich, wenn sie nicht ausdrücklich im Stiftungsgeschäft vorbehalten ist.

b) Beteiligung an Unternehmen

7   Besteht das übertragene Vermögen zum Teil oder zum Ganzen aus einer Beteiligung an einem Unternehmen,[9] muss darüber hinaus berücksichtigt werden, wie dieses Unternehmensvermögen mit der Stiftung verknüpft wird.[10] Auch bei einer Übertragung anderer Vermögenswerte, z.B. wertvollem Kunstbesitz, ist zunächst zu klären, wie die künftige Verwaltung dieses Besitzes erfolgen soll.

c) Unternehmensnachfolge

8   Die Stiftung kann als **Instrument der Unternehmensnachfolge** genutzt werden, wenn bei mehreren Erbberechtigten eine Zerstückelung der Unternehmensanteile auf lange Sicht verhindert werden soll.[11] Gleichzeitig ermöglicht eine solche Konstruktion die Bestellung von **Fremdgeschäftsführern** unter Ausschluss der Erbberechtigten.

---

4 Bertelsmann Stiftung/*Schlüter*, S. 868.
5 Bertelsmann Stiftung/*Schlüter*, S. 879 ff.
6 *Bundesverband Deutscher Stiftungen*, S. 16.
7 Näher dazu Bertelsmann Stiftung/*Weger*, S. 817.
8 Strachwitz/Mercker/*Schlüter*, S. 328.
9 Strachwitz/Mercker/*Schlüter*, S. 315.
10 Im Einzelnen siehe Strachwitz/Mercker/*Schlüter*, S. 315–327.
11 *Wachter*, Teil C Rn 1.

Brandi

d) Marketinginstrument

Stiftungen spielen zunehmend eine Rolle im Rahmen einer Marketingkonzeption, die auch die **9** gemeinnützigen Aktivitäten des Unternehmens einbezieht. Stiftungen werden Instrument einer modernen „Corporate Social Responsibility" oder eines unternehmerischen Engagements in Form der „Corporate Citizenship".[12]

e) Beteiligung mehrerer Stifter

Viele Stiftungen werden nicht von einer Einzelperson, sondern von einer Vielzahl von Stiftern **10** errichtet. Ihr Grundkonzept basiert auf der Gewinnung einer möglichst großen Zahl von späteren **Zustiftern** (Beispiel: die regional tätigen Bürger- oder Gemeinschaftsstiftungen).[13] Den Gründungsstiftern und späteren Zustiftern soll ein möglichst großer Einfluss auf die operative Stiftungsarbeit und die Umsetzung und ggf. Anpassung der Stiftungsziele gewährt werden. Dies erfordert mitgliedschaftliche Strukturen, die solche Prozesse zulassen. Besondere Form dieser Art von Stiftungen sind die Bürger- oder Gemeinschaftsstiftungen.[14]

f) Rechtsform der Stiftung

Neben der Rechtsform der Stiftung i.S.d. §§ 80 ff. BGB gibt es weitere Rechtsformen, in denen **11** stifterisches Engagement realisiert werden kann. Hierzu zählen insbesondere die so genannten Ersatzformen der Stiftung.[15] Dies sind der **Stiftungsverein**, die **Stiftungs-GmbH** und in zunehmendem Maße auch die **Stiftungs-AG**.

g) Rechtsfähige oder nicht rechtsfähige Organisation

Die Stiftung kann als rechtlich selbständige Organisation und in einer nicht rechtsfähigen Form **12** gegründet werden. Die unselbständige oder nicht rechtsfähige Stiftung ist wesentlich einfacher zu errichten, untersteht nicht der staatlichen Aufsicht, ist aber in ihrer dauerhaften Existenz im Wesentlichen von einer ordnungsgemäßen Verwaltung durch den Stiftungstreuhänder abhängig.[16]

h) Zweckbestimmung

Besondere Bedeutung hat der vom Stifter für die Stiftung vorgesehene Zweck. In einer groben **13** Unterteilung lassen sich **gemeinnützige** und **sonstige**, d.h. im Allgemeinen privatnützige Zwecke, unterscheiden.[17] Der Stiftungszweck bindet die Stiftung für den gesamten Zeitraum ihrer Existenz bis zu einer möglichen Beendigung. Er bleibt oberste und bestimmende Richtschnur der Stiftungstätigkeit und ist nur in wenigen Fällen und unter besonderen Voraussetzungen nachträglich zu ändern. Gerade wegen der verselbständigten und auf Dauer angelegten Verwirklichung des Stifterwillens liegt in der Zweckbestimmung das **entscheidende Charakteristikum** der Stiftung.

---

12 Näher dazu Strachwitz/Mercker/*Reimer*, S. 613–620.
13 Strachwitz/Mercker/*Hinterhuber*, S. 337–342; Strachwitz/Mercker/*Schmied*, S. 343–350.; Bertelsmann Stiftung/*Schmied*, S. 227–246.
14 Strachwitz/Mercker/*Hinterhuber*, S. 337.
15 Bertelsmann Stiftung/*Schlüter*, S. 868.
16 Dazu ausführlich *Schindler/Steinsdörfer*; Bertelsmann Stiftung/*Hof*, S. 771; Seifart/v. Campenhausen/*Hof*, § 36 Rn 1 ff.
17 *Wachter*, Teil B Rn 51.

i) Dauer der Stiftung

14 Wenn das stifterische Engagement nicht auf Dauer angelegt ist, scheiden eine Reihe von Gestaltungsformen von Beginn an aus (insbesondere die rechtsfähige Stiftung des BGB). **Temporäre Stiftungsformen** lassen sich ohne größere Schwierigkeiten nur in der unselbständigen Stiftung oder einer Stiftungskörperschaft realisieren. Ob eine rechtsfähige Stiftung des bürgerlichen Rechts nur auf Zeit errichtet werden darf, war früher streitig. Nach der Änderung des Stiftungsrechts zum 1.9.2002 scheint sich auch die zeitlich begrenzte Stiftung durchzusetzen, sofern sich ihr Vermögen verbraucht oder später zu bereits vom Stifter bestimmten Zwecken außerhalb der Stiftung eingesetzt wird.[18]

j) Art der Aufgabenerfüllung

15 In einer groben Unterteilung lassen sich drei Arten der Aufgabenerfüllung von Stiftungen unterscheiden: **Förderstiftungen** verfolgen ihre Zwecke durch eine Ausschüttung der Stiftungserträge an die in der Satzung vorgesehenen Personen oder Organisationen.[19] Im Gegensatz dazu betreiben die so genannten **Anstaltsstiftungen** eigene Einrichtungen, für die sie unmittelbar ihre Stiftungsmittel einsetzen (z.B. Museen, Pflegeheime, Bildungseinrichtungen). Daneben tritt zunehmend die Form der **operativen Stiftung** auf, die keine Einrichtungen betreibt, gleichwohl ihre Mittel nicht an Dritte ausschüttet, sondern für eigendefinierte Vorhaben einsetzt.[20]

k) Internationale Aktivitäten

16 Ein grenzüberschreitendes Stiftungsengagement erfordert eine besondere Struktur der Programmarbeit. Da ein unmittelbares Tätigwerden im Ausland im Regelfall ausscheidet, sind besondere Formen der Zweckverfolgung vorzusehen, die bereits in der Ausgestaltung der Organisation und der geplanten Abläufe angelegt sein müssen.[21]

l) Sitz der Stiftung

17 Der Sitz einer Stiftung entscheidet darüber, durch welches **Landesstiftungsgesetz** das Anerkennungsverfahren geregelt wird und welche Aufsichtsbehörde örtlich zuständig ist.[22] In der Praxis ist es nicht unüblich, den Sitz einer Stiftung bewusst danach zu wählen, wie viele Gestaltungsfreiheiten ein Landesstiftungsgesetz einräumt. Dies ermöglicht die Auswahl eines Regelungspakets, das den individuellen Bedürfnissen der Stiftung entgegenkommt – man spricht in diesem Zusammenhang auch von „forum shopping". Der Stifter genießt bei der Wahl des Stiftungssitzes ein hohes Maß an Flexibilität, denn es sind verschiedene Anknüpfungspunkte für die Sitzwahl denkbar: Der Verwaltungssitz der Stiftung,[23] ein etwaiger geographischer Förderschwerpunkt[24] oder aber die schlichte Regelung in der Satzung.[25]

---

18 Strachwitz/Mercker/*Hartmann*, S. 389.

19 Strachwitz/Mercker/*Adloff*, S. 135.

20 Strachwitz/Mercker/*Adloff*, S. 135–140.

21 Strachwitz/Mercker/*Schlüter*, S. 855–864; Strachwitz/Mercker/*Hoffmann*, S. 865–873.

22 Seifart/v. Campenhausen/*Hof*, § 6 Rn 143 ff.

23 Dies ist aber nicht zwingend, vgl. OLG Hamburg IPRspr. 1977, Nr. 3 m.w.N. Das bedeutet, dass der Verwaltungssitz und der Rechtssitz auseinander fallen können, Palandt/*Heinrichs*, § 80 Rn 6.

24 Seifart/v. Campenhausen/*Hof*, § 6 Rn 131, der auf den Stiftungszweck abstellt und in diesem Zusammenhang für Stifterfreiheit plädiert.

25 Ob der reine Stifterwille ausreicht und ein sachlicher Anknüpfungspunkt verzichtbar ist, ist umstritten, vgl. MüKo-BGB/*Reuter*, § 80 Rn 9. Für die Praxis dürfte jedenfalls davon abzuraten sein, einen „rein fiktiven" Sitz ohne den geringsten sachlichen Anknüpfungspunkt zu wählen.

Die Landesstiftungsgesetze weisen derzeit **erhebliche Unterschiede** auf.[26] Diese sind neben **18** dem Bestehen unterschiedlicher Traditionszusammenhänge auch darauf zurückzuführen, dass manche Bundesländer die Anforderungen des im Jahr 2002 in Kraft getretenen Gesetzes zur Modernisierung des Stiftungsrechts[27] noch heute nicht vollständig umgesetzt haben. Versucht man, die Landesstiftungsgesetze im Hinblick auf das Maß, in dem sie dem Stifter Freiheiten und Gestaltungsmöglichkeiten einräumen, einem Ranking zu unterziehen, kann man sich an verschiedenen Kriterien orientieren, wie sie etwa der Stifterverband für die Deutsche Wissenschaft in seinen zehn Empfehlungen für eine moderne Stiftungskultur in Deutschland, formuliert hat.[28]

Für den mit der Stiftungserrichtung befassten Berater – Rechtsanwalt, Notar oder Steuerberater – spielen hier insbesondere die folgenden Parameter eine Rolle: **19**
- die in der Behördenpraxis erfolgte Anerkennung des nach Bundesrecht bestehenden Rechtsanspruchs auf Errichtung einer Stiftung,
- die freie Wahl des Stiftungszwecks,
- die Möglichkeit nachträglicher Satzungsänderungen
- das Ruhen der Stiftungsaufsicht auf Wunsch und zu Lebzeiten des Stifters
- Regeln über die Transparenz der Tätigkeit und Rechnungslegung einer Stiftung
- Rücksicht auf die unterschiedlichen Größen und Volumina unterschiedlicher Stiftungen.

Positiv hervorzuheben ist in diesem Kontext insbesondere das Hamburgische Stiftungsgesetz,[29] **20** aber auch das Stiftungsgesetz Nordrhein-Westfalen[30] sowie das Stiftungsgesetz des Landes Rheinland-Pfalz.[31]

Praxistipp **21**
Nach § 5 Abs. 3 des Hamburgischen Stiftungsgesetzes besteht die Pflicht zur Vorlage eines Jahresberichts bei der Stiftungsaufsichtsbehörde nur auf Wunsch des Stifters, und sie kann generell ausgeschlossen werden. Dies gilt auch für „ewig lebende" Stifter, d.h. juristische Personen.

Ein überdurchschnittliches Maß an Stifterfreiheit erreicht das Stiftungsgesetz für das Land **22** **Nordrhein-Westfalen**, indem durch seine jüngste Reform einige Genehmigungsvorbehalte der Aufsichtsbehörde entfallen sind. Inzwischen sind auch die Stiftungsgesetze der Länder Bayern,[32] Mecklenburg-Vorpommern,[33] Sachsen,[34] Sachsen-Anhalt[35] und Thüringen[36] sehr viel stifterfreundlicher geworden. Der Unterschiedlichkeit der Stiftungen in Größe und Tätigkeit trägt die in den Stiftungsgesetzen für Berlin[37] und für Niedersachsen[38] enthaltene Klausel nicht genü-

---

26 Eine Übersicht der jeweils aktuellen Fassungen der Landesstiftungsgesetze findet sich auf den Internetseiten des Bundesverbandes Deutscher Stiftungen, www.stiftungen.org.
27 Gesetz vom 15.7.2002, BGBl I, 2634.
28 Die Publikation ist erhältlich unter www.stifterverband.de.
29 Hamburgisches Stiftungsgesetz vom 14.12.2005, HmbGVBl 2005, 521.
30 Stiftungsgesetz für das Land Nordrhein-Westfalen vom 15.2.2005, GV NRW 2005, 52.
31 Landesstiftungsgesetz Rheinland-Pfalz vom 19.7.2004, GVBl, 385.
32 Bayerisches Stiftungsgesetz in der Fassung der Bekanntmachung vom 26.9.2008, GVBl 2008, 834.
33 Stiftungsgesetz für das Land Mecklenburg-Vorpommern vom 7.6.2006, GVBl 2006, 366.
34 Sächsisches Stiftungsgesetz vom 7.8.2007, GVBl 2007, 386.
35 Stiftungsgesetz des Landes Sachsen-Anhalt vom 20.1.2011, GVBl 2011, 14.
36 Gesetz zur Neuregelung des Stiftungswesens vom 16.12.2008, GVBl 2008, 561 ff.
37 § 8 Abs. 2 S. 2 Berliner Stiftungsgesetz in der Fassung vom 11.12.1997, geändert durch Gesetz vom 3.7.2003, Berliner GVBl 2003, 253.
38 § 11 Abs. 4 S. 2 Niedersächsisches Stiftungsgesetz vom 24.7.1964, zuletzt geändert durch Gesetz vom 23.11.2004, Nds. GVBl 2004, 514.

gend Rechnung, dass die Stiftungsaufsichtsbehörde die **generelle Prüfung** einer Stiftung **durch einen Wirtschaftsprüfer** anordnen kann.

II. Erscheinungsformen

23 In der Praxis der Stiftungserrichtung haben sich eine Reihe unterschiedlicher Typen von Stiftungen herausgebildet. Die wesentlichen Formen sind im Folgenden dargestellt.

1. Gemeinnützige Stiftungen

24 Die anerkannte Stiftung bürgerlichen Rechts zur Verfolgung gemeinnütziger, mildtätiger und kirchlicher Zwecke bildet den Haupttypus der Stiftungen in Deutschland. Über 95 % der vom Bundesverband Deutscher Stiftungen erfassten Stiftungen gehören zu diesem Typ.[39]

25   Soll die Stiftung einen gemeinnützigen Zweck verfolgen, sind die besonderen Anforderungen der Abgabenordnung an die Satzungsgestaltung zu beachten. Der Zweck ist so zu formulieren, dass er den Anforderungen der Gemeinnützigkeit entspricht. Auch die Art der Zweckverfolgung muss aus der Satzung hervorgehen. Darüber hinaus muss durch die Satzungsgestaltung sichergestellt sein, dass die Stiftung ausschließlich und unmittelbar gemeinnützige Zwecke erfüllt sowie selbstlos tätig ist.[40] Zuwendungen in den Vermögensstock einer Stiftung können auf Antrag des Stifters im Veranlagungszeitraum oder in den folgenden 9 Veranlagungszeiträumen bis zu einem Gesamtbetrag von 1 Mio. € als Sonderausgaben geltend gemacht werden (§ 10b Abs. 1a EStG). Darüber hinaus können über den allgemeinen Spendenabzug (§ 10b Abs. 1 EStG) jährlich Zuwendungen in Höhe von 20 % des Gesamtbetrages der Einkünfte abgezogen werden.

2. Öffentliche Stiftungen

26 Der Begriff der öffentlichen Stiftung ist in den Landesrechten von Bayern und Rheinland-Pfalz enthalten. Er umfasst die rechtsfähigen Stiftungen des bürgerlichen Rechts, die nicht ausschließlich private Zwecke verfolgen, und die rechtsfähigen Stiftungen des öffentlichen Rechts. Als öffentlich gelten die dem Gemeinwohl dienenden Zwecke.[41]

3. Öffentlich-rechtliche Stiftungen

27 Rechtsfähige Stiftungen des öffentlichen Rechts sind auf einem Stiftungsakt aufgrund öffentlichen Rechts errichtete oder anerkannte Verwaltungseinheiten mit eigener Rechtspersönlichkeit, die mit einem Kapital oder Sachbestand Aufgaben der öffentlichen Verwaltung erfüllen. Für die Stiftung des öffentlichen Rechts ist charakteristisch, dass sie eine öffentlich-rechtlich gestaltete Institution ist und als solche zum öffentlich-rechtlichen Verwaltungssystem der mittelbaren staatlichen oder kommunalen Verwaltung gehört. Sie erfüllt unmittelbar öffentliche Aufgaben.[42] Mit dieser Stiftungsart wird der Berater vergleichsweise selten befasst.

---

39 Jeweils aktuelle Daten finden sich in den vom Bundesverband Deutscher Stiftungen herausgegebenen Verzeichnissen Deutscher Stiftungen sowie unter www.stiftungen.org.
40 Vgl. §§ 51–68 Abgabenordnung.
41 *Wachter*, Teil B Rn 52.
42 *Wachter*, Teil C Rn 53.

Brandi

4. Familienstiftungen

Unter Familienstiftung versteht man eine (rechtsfähige oder nicht rechtsfähige) Stiftung, die in **28** besonderem Maße den Interessen oder dem Wohl einer oder mehrerer bestimmter Familien ganz oder teilweise gewidmet ist.[43] Nach der Rechtsprechung des BFH liegt eine Familienstiftung dann vor, wenn das Wesen der Stiftung nach der Satzung und ggf. nach dem Stiftungsgeschäft darin besteht, es den Familienmitgliedern zu ermöglichen, das Stiftungsvermögen zu nutzen und die Stiftungserträge einzuziehen. Ob von dieser Möglichkeit Gebrauch gemacht wird, ist nicht entscheidend.[44] Das einzige Unterscheidungskriterium zur allgemeinen Stiftung liegt in der besonderen **Zweckbestimmung** der Familienstiftung. Dies ist ausschließlich oder neben anderen Stiftungszwecken die **Versorgung der Mitglieder** einer oder mehrerer Familien. Die Familienstiftung ist die Haupterscheinungsform der privatnützigen Stiftung. Sie ist steuerlich nicht privilegiert.

Bei der Errichtung einer Familienstiftung sind im Regelfall drei Aspekte für den Stifter von **29** besonderer Bedeutung.

a) Sicherung des Familienvermögens

Hauptzweck der Familienstiftung ist die Versorgung der Mitglieder einer Familie aus den Erträ- **30** gen des Vermögens, das der Stiftung übertragen wurde.[45] Dies ist bei der Familienstiftung häufig der Nachlass des Stifters und damit des Gründers der Familienstiftung. Das Gründungskapital besteht vielfach aus Einzelunternehmen oder Beteiligungen hieran. Zivilrechtlich zielt die Familienstiftung auf eine wirtschaftliche Absicherung der Familie (allerdings nur soweit das Vermögen der Stiftung und seine Erträge dazu ausreichen).

b) Zusammenfassung des Vermögens

Neben der wirtschaftlichen Absicherung der Familienangehörigen und der Mitglieder der kom- **31** menden Generation sind weitere Motivationen mit der Errichtung einer Familienstiftung verbunden. Dies ist in erster Linie der Wunsch des Stifters, das von ihm geschaffene Vermögen zusammenzuhalten und einer **wirtschaftlichen Zerschlagung** durch kommende Generationen vorzubeugen.[46] Dies ist häufig verbunden mit der gleichzeitigen Übertragung der **Verwaltungsbefugnisse** über das Vermögen auf andere Personen als Mitglieder der eigenen Familie oder deren Abkömmlinge. Die Übertragung des Vermögens auf eine Familienstiftung verhindert insoweit das Auseinanderfallen des Vermögens. Die Stiftung ist eine einheitliche und selbständige Vermögensmasse, an der keine Beteiligungsrechte in Form von Gesellschafteranteilen bestehen, die ggf. selbständig veräußert werden könnten. Damit ist das Auseinanderfallen des Vermögens durch Verkauf von Teilen am Gesamtvermögen nahezu ausgeschlossen.

In der Rechtsform der Familienstiftung kann der Stifter **Anordnungen** treffen, die die Ver- **32** waltung des übertragenen Vermögens im Detail festlegen. Dazu gehören die Grundsätze der Vermögensverwaltung sowie einzelne Weisungen in Bezug auf konkrete Vermögensgegenstände. Der Stifter kann u.a. festlegen, dass einzelne Beteiligungen nicht veräußert werden können oder eine Veräußerung nur unter bestimmten eng definierten Voraussetzungen möglich ist. Eine derartige, nicht mehr änderbare Festlegung von Grundsätzen der Vermögensverwaltung ist nur in der Rechtsform der Stiftung möglich.

---

43 Seifart/v. Campenhausen/*Pöllath*, § 14 Rn 1; *Pauli*, Die Familienstiftung, FamRZ 2012, 344 ff.
44 BFH, BStBl II 1998, 114 = BB 1998, 466.
45 Seifart/v. Campenhausen/*Pöllath/Richter*, § 13 Rn 9 ff.
46 Seifart/v. Campenhausen/*Pöllath/Richter*, § 13 Rn 15.

33   Andere Konstruktionen, wie etwa die Einsetzung eines **Testamentsvollstreckers** wirken nur für einen Zeitraum von max. 30 Jahren; die Übertragung auf eine GmbH schließt nicht aus, dass zu einem späteren Zeitpunkt Anteile an dieser GmbH veräußert oder die GmbH insgesamt aufgelöst wird. Insoweit bietet die Familienstiftung einen nahezu absoluten Schutz gegen das Auseinanderfallen von Vermögen im Wege des Erbgangs.[47]

c) Nachfolgeregelungen in Familienunternehmen

34 Befinden sich Unternehmen oder mehrheitliche Unternehmensbeteiligungen im Besitz der Stiftung, werden diese von der Stiftung verwaltet. Eine unmittelbare Einflussnahme der Familienangehörigen auf das Unternehmen ist damit nur so weit möglich, wie der Stifter dies über die Stiftungssatzung gestattet. Er kann die Familienmitglieder in die Organe der Stiftung einbeziehen und ihnen so Einfluss auf das Unternehmen zuweisen; er kann auch eine rein externe Besetzung der Stiftungsorgane vorsehen und damit die Familienmitglieder auf den Status eines Leistungsempfängers der Stiftung ohne eigene Einflussmöglichkeiten reduzieren.[48]

5. Kommunale Stiftungen

35 Grundsätzlich können interessierte Stifter auch eine kommunale Stiftung errichten. Es kommt nicht nur die jeweilige Kommune für die Stiftungserrichtung in Betracht, sondern auch jede andere natürliche oder juristische Person.[49] Dies ist auch der Regelfall für die Errichtung einer kommunalen Stiftung, die von Bürgern gegründet wird, die mit ihrer Zuwendung einen wohltätigen Zweck **im Aufgabenbereich der Kommune** unterstützen wollen. In der Beratungspraxis spielen kommunale Stiftungen, die nach den Regeln des Kommunalrechts verwaltet werden, eine untergeordnete Rolle.

6. Kirchliche Stiftungen

36 Kirchliche Stiftungen sind nach den wesentlichen Übereinstimmungen und Begriffsbestimmungen der Landesstiftungsgesetze solche Stiftungen, deren Zweck es ist, ausschließlich oder überwiegend kirchliche Aufgaben zu erfüllen, und die gleichzeitig eine besondere **organisatorische Verbindung** zu einer Kirche aufweisen.[50] Weitere Kriterien für eine kirchliche Stiftung sind die **Gründung** der Stiftung durch eine Kirche, die satzungsmäßige Unterstellung der Stiftung unter die kirchliche Aufsicht und eine Zwecksetzung, die sinnvoll nur in Verbindung mit einer Kirche erfüllt werden kann.[51] Auf die Darstellung weiterer Details wird in diesem Handbuch verzichtet.

III. Die Errichtung einer Stiftung nach §§ 80 ff. BGB

1. Die Errichtung einer Stiftung zu Lebzeiten

37 Eine Stiftung wird im Regelfall vom Stifter zu dessen Lebzeiten errichtet. Der Stifter kann die Stiftung aber auch erst mit seinem Tode wirksam werden lassen.

---

47 Seifart/v. Campenhausen/*Pöllath*/*Richter*, § 13 Rn 36 ff.
48 Strachwitz/Mercker/*Mercker*, S. 332 f.
49 Seifart/v. Campenhausen/*v. Campenhausen*, § 32 Rn 3.
50 Seifart/v. Campenhausen/*v. Campenhausen*, § 23 Rn 1.
51 Seifart/v. Campenhausen/*v. Campenhausen*, § 23 Rn 10 ff., 16.

a) Stiftungsgeschäft

Eine Stiftung entsteht 38
- durch das Stiftungsgeschäft einschließlich
- einer Stiftungssatzung oder einer anders bezeichneten Verfassung und
- durch staatliche Anerkennung.

Rechtsgrundlage sind das BGB (§§ 80–88 BGB) und die Landesstiftungsgesetze. 39

Das eigentliche **Stiftungsgeschäft** ist schriftlich abzufassen und vom Stifter zu unterschrei- 40
ben.[52] Zum Nachweis der Identität des Stifters ist die notarielle Beglaubigung der Unterschrift
zwar nicht erforderlich, aber empfehlenswert.[53]

Die Stiftung erwirbt durch die **Anerkennung** neben der **Rechtsfähigkeit** zugleich einen 41
schuldrechtlichen Anspruch auf Übertragung des im Stiftungsgeschäft zugesicherten Vermögens.[54] Wenn die Übertragung bestimmter Vermögensteile (z.B. eines Grundstücks oder von Geschäftsanteilen an einer GmbH) auf die Stiftung vorgesehen ist, muss eine **notarielle Beurkundung** des Stiftungsgeschäfts[55] erfolgen; allerdings sind solche Übertragungen auch neben dem
Stiftungsgeschäft in gesonderten Urkunden möglich. Die dingliche Vermögensübertragung bedarf der Annahmeerklärung der Stiftung; diese Erklärung kann naturgemäß erst nach Anerkennung der Stiftung durch deren berufene Organe abgegeben werden.

b) Inhalt des Stiftungsgeschäfts

Das Stiftungsgeschäft muss die Erklärung des Stifters enthalten, eine Stiftung (des bürgerlichen 42
Rechts) unter Angabe des Namens und des Sitzes der Stiftung zu errichten.

Formulierungsbeispiel 43
Ich, der Unterzeichner, errichte hierdurch unter Bezugnahme auf das Stiftungsgesetz des Landes [...] vom [...] als
selbständige Stiftung im Sinne des § [...] Stiftungsgesetz des Landes [...] die [...]-Stiftung mit Sitz in [...].[56]

Es folgen die Festlegung der **Stiftungszwecke** und die Bezifferung des der Stiftung zugewand- 44
ten **Vermögens**, aus dessen Erträgen die Stiftungszwecke erfüllt werden sollen.

Formulierungsbeispiel 45
Zweck der Stiftung ist [...]. Als Anfangsvermögen sichere ich der Stiftung [...] EUR (in Worten: [...] EUR) zu. Darüber
hinaus übertrage ich ihr das Eigentum an [...].

Im Stiftungsgeschäft werden ferner die **Organe** der Stiftung benannt. Rechtlich zwingend ist die 46
Bestellung eines Vorstandes.

Formulierungsbeispiel 47
Die Stiftung soll durch einen aus mindestens [...] und höchstens [...] Personen bestehenden Vorstand verwaltet
werden.

---

[52] Bertelsmann Stiftung/*Weger*, S. 800.
[53] Ob die Beurkundung zwingend ist, wenn der Stiftung als Stiftungsvermögen ein Grundstück übertragen werden
soll, ist umstritten; dafür *Wachter*, Teil B Rn 12 m.w.N., ablehnend mit der wohl h.M. Bertelsmann Stiftung/*Weger*,
S. 800, Seifart/v. Campenhausen/*Hof*, § 6 Rn 17 m.w.N.
[54] Bertelsmann Stiftung/*Weger*, S. 820.
[55] *Wachter*, Teil B Rn 12 ff.; a.A. Seifart/v. Campenhausen/*Hof*, § 6 Rn 17.
[56] Formulierungsbeispiele aus der Mustersatzung des Innenministeriums des Landes Nordrhein-Westfalen,
abrufbar unter www.im.nrw.de/bue/doks/muster.pdf.

48 Aber auch andere Organe, z.B. ein Kuratorium (Stiftungs- oder Verwaltungsrat), können bereits im Stiftungsgeschäft vorgesehen werden.[57]

49 Wesentlicher Bestandteil des Stiftungsgeschäfts ist die **Satzung** der Stiftung. In der Praxis wird die Satzung dem Stiftungsgeschäft zumeist als Anlage beigefügt. Stiftungsgeschäft und Satzung können aber auch in einem Schriftstück vereinigt sein.

---

50 Formulierungsvorschlag
Näheres regelt die anliegende Satzung, die Bestandteil dieses Stiftungsgeschäftes ist.

---

51 Für das Stiftungsgeschäft und die Satzung sind folgende Einzelheiten wesentlich:

52 Das Stiftungsgeschäft unter Lebenden bedarf der **schriftlichen Form**. Es muss die verbindliche[58] Erklärung des Stifters enthalten, ein Vermögen zur Erfüllung eines von ihm vorgegebenen Zweckes zu widmen.

---

53 **Wichtig**
Durch das Stiftungsgeschäft muss die Stiftung eine Satzung erhalten mit Regelungen über:
– den Namen der Stiftung,
– den Sitz der Stiftung,
– den Zweck der Stiftung,
– das Vermögen der Stiftung,
– die Bildung des Vorstandes der Stiftung.

---

54 Genügt das Stiftungsgeschäft den Erfordernissen des § 83 S. 3 nicht und ist der Stifter verstorben, findet § 83 S. 2 bis 4 BGB entsprechende Anwendung.

55 Bis zur Anerkennung der Stiftung als rechtsfähig ist der Stifter zum **Widerruf** des Stiftungsgeschäftes berechtigt (§ 81 Abs. 2 BGB).[59] Ist die Anerkennung bei der zuständigen Behörde beantragt, so kann der Widerruf nur dieser gegenüber erklärt werden. Der Erbe des Stifters ist zum Widerruf nicht berechtigt, wenn der Stifter den Antrag bei der zuständigen Behörde gestellt oder im Fall der notariellen Beurkundung des Stiftungsgeschäftes den Notar bei oder nach der Beurkundung mit der Antragstellung betraut hat.[60]

c) Stiftungsvermögen

56 Weder das BGB noch die Landesstiftungsgesetze schreiben vor, in welcher Höhe Stiftungsvermögen (auch Grundstockvermögen genannt) zur Errichtung einer Stiftung erforderlich ist. Die Stiftungsbehörden gehen jedoch im Allgemeinen davon aus, dass ein Ertrag bringendes Stiftungsvermögen von mindestens 50.000 EUR vorhanden sein muss. Dies ergibt sich aus § 81 Abs. 1 BGB bzw. aus § 87 BGB arg. e contrario, wonach eine Stiftung, die ihre Zwecke nicht mehr erfüllen kann, aufgehoben werden kann.

57 Das der Stiftung vom Stifter zugewandte Vermögen sollte so hoch sein, dass die daraus fließenden Erträge ausreichen, um die Stiftungszwecke **dauerhaft und nachhaltig** zu erfüllen.[61]

---

57 § 81 Abs. 1 BGB.
58 Aus Gründen der Rechtssicherheit kann das Stiftungsgeschäft nicht von Bedingungen abhängig gemacht werden, vgl. Seifart/v. Campenhausen/*Hof*, § 6 Rn 14 m.w.N., zu den Ausnahmen, insbesondere der aufschiebenden Bedingung der staatlichen Anerkennung s. Bertelsmann Stiftung/*Weger*, 800.
59 Bertelsmann Stiftung/*Weger*, S. 802.
60 § 81 Abs. 2 S. 3 BGB.
61 *Bundesverband Deutscher Stiftungen*, S. 18.

Brandi

Dazu ist ein Anfangsvermögen von 50.000 EUR möglicherweise zu gering. Es kann sein, dass der Stifter sich im Stiftungsgeschäft zur Übertragung weiteren Vermögens oder zu laufenden Zuwendungen (z.B. in Form von Geld oder Wertpapieren) verpflichtet. Möglich ist auch, dass ein Dritter (z.B. die öffentliche Hand) laufende Zuschüsse in Aussicht stellt, die die nachhaltige und dauerhafte Erfüllung der Stiftungszwecke ermöglichen. Schließlich ist es auch denkbar, dass die Erfüllung des Stiftungszwecks nur geringe jährliche Aufwendungen an Stiftungsmitteln erfordert (z.B. zum Gedenken an einen bestimmten Jahrestag). Diese besonderen Gründe müssen ggf. der Genehmigungsbehörde im Einzelnen dargelegt werden, um die Anerkennung zu erreichen.

Aus welchen **Werten** das zugewandte Stiftungsvermögen bestehen soll, ist ebenfalls nicht gesetzlich geregelt. In Betracht kommen vor allem: **58**
- Geld
- Wertpapiere
- bebaute und unbebaute Grundstücke
- Beteiligungen
- Nießbrauch
- Patente
- Lizenzen
- Urheberrechte

Immer muss es sich um **übertragbare Rechte** handeln; ggf. ist die Zustimmung Dritter zur Übertragung einzuholen. Wegen der Form der Übertragung sind die jeweiligen gesetzlichen Bestimmungen zu beachten. **59**

Auch Kunstsammlungen oder einzelne **Kunstgegenstände** sowie Baudenkmäler können in eine Stiftung eingebracht werden. Jedoch ist zu bedenken, dass der Stiftung genügend Mittel – seien es eigene Erträge, seien es Zuwendungszusagen von dritter Seite – zur Verfügung stehen müssen, um der Allgemeinheit die Kunstsammlung oder das Baudenkmal zu erhalten oder um den durch die Aufwendungen für die Kulturgüter entstehenden Vermögensschwund zu vermeiden.[62] **60**

Die vorstehenden Hinweise gelten im Grundsatz auch für spätere Zuwendungen (Zustiftungen) seitens des Stifters oder Dritter. Stets muss bedacht werden, ob und wie das zugewandte Vermögen erhalten und möglichst ertragbringend für die Stiftungszwecke eingesetzt werden kann. In diesem Zusammenhang kann schon der Stifter **Vermögensumschichtungen** vorsehen (z.B. im Stiftungsgeschäft, in der Satzung oder in sonstiger Weise, die den Stifterwillen zum Ausdruck bringt); ist dies nicht der Fall, müssen die Stiftungsorgane nach pflichtgemäßem Ermessen die notwendigen Entscheidungen treffen, die unter Umständen auch der Zustimmung der Stiftungsaufsichtsbehörde bedürfen. **61**

d) Stiftungszweck

In der Stiftungssatzung ist der Stiftungszweck festzulegen. Für die Wirksamkeit des Stiftungsgeschäfts ist ein Stiftungszweck erforderlich, der über die bloße Existenz der Stiftung hinausgeht. Eine Stiftung, der lediglich die Erhaltung ihres Vermögens vorgegeben ist, weist keinen Stiftungszweck i.S.d. BGB aus und ist daher nicht anerkennungsfähig.[63] In Deutschland können Stiftungen für alle Arten von Zwecken errichtet werden, solange sie nicht dem Gemeinwohl entgegenstehen, also gegen Gesetze oder die guten Sitten verstoßen (Prinzip der „gemeinwohlkon- **62**

---

62 Bertelsmann Stiftung/*Weger*, S. 811f.
63 Seifart/v. Campenhausen, Stiftungsrechtshandbuch, § 7 Rn 58; Stumpf/Suermann/Schulte/Pauli, Stiftungsrecht, Kommentar Teil B, Rn 27.

formen Allzweckstiftung").[64] Dieser Grundsatz schließt nicht aus, dass Stiftungen für eigennützige Zwecke errichtet werden, z.B. als Familienstiftungen.

63   Zumeist werden Stifter die Errichtung einer Stiftung im Auge haben, die die Voraussetzungen der **Steuerbegünstigung** erfüllt (§§ 51–68 Abgabenordnung).[65] Die Stiftung muss dann gemeinnützige, mildtätige oder kirchliche Zwecke verfolgen; sie muss selbstlos tätig sein, sie muss ihre Zwecke ausschließlich und unmittelbar verfolgen. Aus diesen steuerlichen Anforderungen ergeben sich für die Ausformulierung der Stiftungssatzung bestimmte Folgerungen, die zu beachten sind (z.B. genaue Umschreibung der Stiftungszwecke, Form ihrer Verwirklichung, Vermögensbindung bei Auflösung der Stiftung).

64   **Formulierungsbeispiel**
Die Stiftung verfolgt ausschließlich und unmittelbar [...] (gemeinnützige/mildtätige/kirchliche) Zwecke im Sinne des Abschnitts „Steuerbegünstigte Zwecke" der Abgabenordnung. Zweck der Stiftung ist [...]. Der Stiftungszweck wird verwirklicht insbesondere durch [...]. Die Stiftung ist selbstlos tätig; sie verfolgt nicht in erster Linie eigenwirtschaftliche Zwecke. Die Mittel der Stiftung dürfen nur für die satzungsmäßigen Zwecke verwendet werden. [...]

e) Stiftungsorganisation

65   Zwingend ist, dass die Stiftung einen **Vorstand** hat (§§ 86, 26 BGB). Die Bezeichnung „Vorstand" ist als solche nicht vorgeschrieben. Aus der Satzung muss sich aber ergeben, wer Vorstand im Sinne des § 26 BGB ist. Der erste Vorstand wird meist im Stiftungsgeschäft bestellt (mit oder ohne Angabe einer Amtsdauer); auch der Stifter kann sich, ggf. auf Lebenszeit, zum Stiftungsvorstand bestellen.

66   **Formulierungsbeispiel**
Die Bestellung des ersten Vorstandes erfolgt durch den Stifter. Der Stifter ist auf Lebenszeit Vorsitzender des Vorstandes. Nach seinem Ausscheiden bestimmt der Vorstand aus seiner Mitte den Vorsitzenden.

67   Die Stiftungssatzung muss Vorsorge treffen, wie die folgenden Stiftungsvorstände bestellt werden. Der Stifter kann sich zu seinen Lebzeiten das Recht zur Bestellung vorbehalten. Bei einem mehrköpfigen Vorstand ist im Einzelnen festzulegen, nach welchen Regeln er sich von Fall zu Fall ergänzt.

68   Die Bestellung des Vorstandes kann aber auch einem anderen Organ (z.B. dem Kuratorium) **übertragen** werden. Der Stifter sollte gerade diese Regelung in der Satzung genau festlegen, da es im Wesentlichen der Vorstand ist, der die Ideen des Stifters umzusetzen hat.[66]

69   **Formulierungsvorschlag**
Bei Ausscheiden von Vorstandsmitgliedern werden ihre Nachfolger unverzüglich vom Kuratorium bestellt.

70   Zu empfehlen ist, für die Vorstandmitglieder eine bestimmte **Amtsdauer** vorzusehen mit der Möglichkeit der Wiederbestellung. Gelegentlich wird das Erreichen eines bestimmten Lebensalters als automatisches Ende der Amtszeit vorgesehen; es gibt aber auch die Regelung, nach der Vorstandsmitglieder bis zur Bestellung eines Nachfolgers im Amt bleiben oder solange sie willens und fähig sind.

---

64   Bertelsmann Stiftung/*Weger*, S. 809.
65   Strachwitz/Mercker/*Hartmann*, S. 381.
66   Bertelsmann Stiftung/*Weger*, S. 814.

Brandi

Ebenfalls in der Stiftungssatzung sollten Grundsätze für die **Beschlussfassung** im Vorstand enthalten sein. Einzelheiten können in einer Geschäftsordnung geregelt werden.

Die Tätigkeit im Vorstand kann ehrenamtlich (unentgeltlich) oder entgeltlich sein; dies **71** hängt von den zu erfüllenden Aufgaben und dem hierfür notwendigen Zeitaufwand ab. Auf jeden Fall hat der Vorstand Anspruch auf **Ersatz seiner Auslagen** (§§ 86, 27 Abs. 3, 670 BGB).

Formulierungsbeispiel   **72**
Die Mitglieder des Vorstandes sind ehrenamtlich für die Stiftung tätig. Ihnen dürfen keine Vermögensvorteile zugewendet werden. Die ihnen entstandenen angemessenen Auslagen und Aufwendungen können nach Maßgabe eines entsprechenden Vorstandsbeschlusses erstattet werden.

Sollte trotz der in der Satzung vorgesehenen Regelung der Vorstand einer Stiftung ganz ausfal- **73** len, so ist nach §§ 86, 29 BGB durch das für den Sitz der Stiftung zuständige Amtsgericht ein **Notvorstand** zu bestellen, soweit nicht die Stiftungsaufsichtsbehörde nach Landesrecht eine entsprechende Maßnahme trifft (vgl. § 15 NiedersStG; § 9 Abs. 3 StiftG NRW; § 15 SaarlStG).

Je nach Größenordnung oder Bedeutung der Stiftung wird häufig ein **weiteres Stiftungsor-** **74** **gan** (Kuratorium, Stiftungs- oder Verwaltungsrat) in der Satzung vorgesehen. Diesem Organ werden in der Satzung zumeist übergeordnete oder kontrollierende Funktionen eingeräumt, z.B. Festlegung der Grundsätze der Stiftungsmittelvergabe, Entgegennahme und Billigung der Jahresrechnung, Bestellung und Entlastung des Vorstandes.[67] Das erste Kuratorium wird in der Regel durch den Stifter bestellt (meist im Stiftungsgeschäft).

Formulierungsbeispiel   **75**
Die Stiftung soll durch ein aus mindestens [...] und höchstens [...] Personen bestehendes Kuratorium verwaltet werden. Dem ersten Kuratorium sollen folgende Personen angehören: 1. [...], 2. [...], 3. [...].

Die spätere Ergänzung, Amtszeiten und Grundsätze für die Beschlussfassung im Kura- **76** torium sollten in der Satzung ausreichend geregelt sein. Weitere Einzelheiten können auch in einer **Geschäftsordnung** geregelt werden, sofern die Satzung diese Möglichkeit vorsieht. Wichtig sind die genaue Festlegung der Amtsdauer und deren Dokumentation in den Protokollen.

Will sich der Stifter zu Lebzeiten **Einflussmöglichkeiten** auf die Stiftung vorbehalten, ist **77** bei dem Entwurf der Satzung insbesondere auf die Ausgestaltung der Beziehungen zwischen Vorstand und Stiftungsrat zu achten. Ist die Stiftung genehmigt, müssen sich die Organmitglieder strikt an den in der genehmigten Satzung zum Ausdruck kommenden Stifterwillen halten. Dessen Einhaltung ist von der **Stiftungsaufsicht** auch gegenüber dem als Stiftungsorgan bestellten Stifter zu überwachen.[68]

f) Anerkennung der Stiftung
Nach dem im Stiftungsgeschäft angegebenen rechtlichen Sitz richtet sich, welches Bundesland **78** mit seinen Behörden[69] für die Anerkennung der Stiftung **zuständig** ist.[70] Bei dieser Behörde hat der Stifter das Stiftungsgeschäft zur Anerkennung einzureichen. Zweckmäßigerweise wird die

---

67 Bertelsmann Stiftung/*Weger*, S. 814.
68 Bertelsmann Stiftung/*Büermann*, S. 844 ff.
69 *Bundesverband Deutscher Stiftungen*, Anhang XVII.
70 Bertelsmann Stiftung/*Weger*, S. 819 f.

Absicht der Stiftungserrichtung mit den Entwürfen für das Stiftungsgeschäft und die Stiftungssatzung vorher mit der Anerkennungsbehörde abgestimmt.

79 Bei Stiftungen, die steuerlich als **gemeinnützig** anerkannt werden sollen, ist auch die vorherige Abstimmung mit der zuständigen **Finanzbehörde** (Finanzamt) anzuraten. In einigen Bundesländern (z.B. in Nordrhein-Westfalen und Niedersachsen) ist der Verwaltungsweg durch interne Anordnungen eingehend geregelt; hierüber geben die zuständigen Behörden bereitwillig Auskunft und sind bei der Durchführung des Verfahrens behilflich.

---

80 Praxistipp

Der Behördenweg ist zusätzlich erleichtert, wenn mit dem Antrag auf Anerkennung, dem Stiftungsgeschäft und der Satzung auch eine Bescheinigung des Finanzamtes – als Ergebnis der vorangegangenen Vorabstimmung[71] – vorgelegt wird, die der Stiftung die **Steuerbegünstigung in Aussicht stellt**.

Beigefügt werden sollte ferner eine Erklärung der vorgesehenen Organmitglieder, dass sie im Falle ihrer Wahl das Amt annehmen, sowie ggf. eine Einverständniserklärung der Körperschaft, der im Falle der Auflösung der Stiftung deren Vermögen zufallen soll, dass sie das Vermögen unter den satzungsgemäßen Auflagen zu übernehmen bereit ist.

---

g) Mitwirkung der Finanzbehörden

81 Bezüglich des Wortlauts der Satzung haben die Anerkennungsbehörden einiger Länder, z.T. im Benehmen mit der zuständigen Finanzbehörde (sofern die steuerliche Gemeinnützigkeit angestrebt wird), eigene **Mustersatzungen** entwickelt.[72]

---

82 Praxistipp

Begreiflicherweise legen die Stiftungsaufsichtsbehörden als Anerkennungsbehörden wie auch die Finanzämter großen Wert auf die möglichst wortgetreue Übernahme dieser Mustersatzungen. Der Stifter und seine Berater sind hieran zwar nicht gebunden, sofern von ihnen die jeweiligen gesetzlichen Vorschriften (BGB, Landesstiftungsgesetz, AO) eingehalten werden. Andererseits verkürzt und erleichtert die Befolgung der Mustersatzungen das Stiftungsanerkennungsverfahren und das Verfahren der vorläufigen Anerkennung der Gemeinnützigkeit.

---

h) Recht auf Stiftung, Stiftungsurkunde

83 Die für die Anerkennung einer Stiftung zuständige Behörde hat bei ihrer Entscheidung **keinen Ermessensspielraum**. Sie muss die Anerkennung aussprechen, wenn die im Gesetz genannten Gründungsvoraussetzungen erfüllt sind.[73] Sie erteilt die Anerkennung in Schriftform; dabei wird auf das Stiftungsgeschäft (einschließlich der Stiftungssatzung) Bezug genommen. Die Anerkennungsurkunde wird in der Regel an den Stifter sowie an den im Stiftungsgeschäft benannten ersten Stiftungsvorstand zugestellt. Je nach Landesrecht wird die Errichtung (wie auch die Aufhebung) einer Stiftung in einem Amtsblatt bekannt gemacht. In Bayern werden nach Art. 8 des Stiftungsgesetzes die allgemeinen Angaben über die Stiftung in einem vom Landesamt für Statistik und Datenverarbeitung geführten **Verzeichnis** veröffentlicht. Eine allgemeine bundesweite Publizitätsvorschrift oder ein entsprechendes Register gibt es nicht.

---

71 *Wachter*, Teil B Rn 130 f.
72 Weitere Mustersatzungen hat der *Bundesverband Deutscher Stiftungen* entwickelt, vgl. www.stiftungen.org.
73 *Hof/Hartmann/Richter*, S. 152.

i) Widerruf der Stiftungserrichtung

Bei einem Stiftungsgeschäft zu Lebzeiten kann der Stifter sich eines anderen besinnen und bis **84** zur Anerkennung sein Stiftungsgeschäft widerrufen. Nach Einreichung des Antrags bei der zuständigen Behörde kann er nur noch dieser gegenüber widerrufen. Sollte der Stifter nach der Antragstellung versterben, so kann sein Erbe nicht widerrufen. Der Stifter kann für diesen Fall sicher sein, dass sein auf die Errichtung einer Stiftung zielender Wille nicht mehr verfälscht oder zurückgenommen werden kann (§ 81 BGB).

j) Aufnahme der Stiftungstätigkeit

Nach Anerkennung der Stiftung, die damit zugleich **juristische Person** geworden ist, sollte sich **85** der Stiftungsvorstand die in den meisten Stiftungsgesetzen vorgesehene Vertretungsbescheinigung durch die Aufsichtsbehörde ausstellen lassen, damit er die notwendigen weiteren Rechtshandlungen vornehmen kann. Hierzu gehören:

- die Übernahme bzw. Annahme des im Stiftungsgeschäft der Stiftung zugewandten **Vermögens** (z.B. notariell beurkundete Annahme von abzutretenden Geschäftsanteilen an einer GmbH, Auflassungserklärung bei Grundstücken, Erbschein im Falle von Todes wegen errichteter Stiftungen);
- die Eröffnung eines **Bankkontos**, auf das die zugewandten Barbeträge zu überweisen sind;
- die Sicherstellung, dass alles im Stiftungsgeschäft zugewandte Vermögen der **Verfügungsbefugnis** der Stiftung und ihres Vorstandes unterliegt; hierzu gehört aber auch die Beachtung der vom Stifter etwa gemachten Auflagen (z.B. Rentenvorbehalt für den Stifter und seine Angehörigen);
- die Einrichtung einer **Buchhaltung** für die Stiftung;
- je nach Größenordnung der Stiftung die Einrichtung einer sachgerechten **Geschäftsstelle**;
- die Konstituierung der im Stiftungsgeschäft benannten **Organe** (Kuratorium, Beirat oder Verwaltungsrat), verbunden mit der Bitte, die Annahme der Organmitgliedschaft zu erklären;
- die Feststellung, welche Behörde die **Stiftungsaufsicht** ausübt; diese muss mit der Anerkennungsbehörde nicht übereinstimmen;[74]
- soweit nicht in den Vorbereitungen zur Stiftungserrichtung bereits geklärt, muss bei dem zuständigen Finanzamt der Antrag auf Erteilung eines vorläufigen **Körperschaftsteuer-Freistellungsbescheides** gestellt werden, wenn die Stiftung von der Besteuerung freigestellt werden soll. Wichtig ist die Steuerbefreiung der Stiftung bei Stiftungserrichtung vor allem wegen der Freistellung des übergegangenen Vermögens von der Schenkung-/Erbschaftsteuer (§ 13 Abs. 1 Nr. 16b ErbStG) und wegen des Spendenabzugs für den Stifter.[75]
- soweit der Stifter sich nicht selbst zum Stiftungsvorstand bestellt hat, sollten, wenn möglich, die Unterlagen über die Vorüberlegungen zur Stiftungserrichtung, aus denen sich der **Stifterwille** ergibt oder entnehmen lässt, bei der Stiftung gesammelt werden, um die später etwa notwendige Nachvollziehung des Stifterwillens (z.B. bei einer Satzungsänderung) zu erleichtern.

Soweit sich bei der Wahrnehmung dieser Aufgaben Probleme ergeben sollten, ist die Begleitung **86** durch das Einholen sachverständigen Rates zu empfehlen.

---

74 Übersicht der Anerkennungs- und Aufsichtsbehörden bei *Bundesverband Deutscher Stiftungen*, Anhang XVII.
75 *Schauhoff*, § 3 Rn 57 f.

2. Die Errichtung einer Stiftung von Todes wegen

87 Eine Stiftung kann auch durch Testament oder ggf. durch Erbvertrag errichtet werden; die spätere Anerkennung der Stiftung wirkt auf den Todestag zurück (§ 84 BGB).

88   Besteht das Stiftungsgeschäft in einer Verfügung von Todes wegen, so hat das Nachlassgericht nach § 83 BGB dies der zuständigen Behörde zur Anerkennung mitzuteilen, sofern sie nicht von dem Erben oder dem Testamentsvollstrecker beantragt wird. Genügt das Stiftungsgeschäft nicht den Erfordernissen des § 81 Abs. 1 S. 3, wird der Stiftung durch die zuständige Behörde vor der Anerkennung eine Satzung gegeben oder eine **unvollständige Satzung** ergänzt; dabei soll der Wille des Stifters berücksichtigt werden.

89   Die durch das Testament errichtete Stiftung kann **Erbe oder Vermächtnisnehmer** werden. Der Testator (Stifter) muss hierbei die Regeln des Erbrechts beachten; insbesondere muss er die Pflichtteilsrechte der Kinder, des Ehegatten und der Eltern berücksichtigen, die andernfalls gegen die errichtete Stiftung einen **Pflichtteilsanspruch** (§ 2303 BGB) oder einen Pflichtteilsergänzungsanspruch (§ 2325 BGB) geltend machen können.

a) Stiftungserrichtung und Testament

90 Wird eine Stiftung durch Testament errichtet, sollte der Stifter insoweit eine klare Verfügung treffen. Er kann alle Einzelheiten des Stiftungsgeschäfts und der Stiftungssatzung sowie die Vermögensausstattung und die Besetzung der Stiftungsorgane regeln; wird das Testament **handschriftlich** errichtet (§ 2247 BGB), so müssen grundsätzlich auch diese Einzelheiten handschriftlich niedergelegt sein.[76] Allerdings hat das OLG Stuttgart in einer jüngeren Entscheidung[77] trotz fehlender eigenhändiger (handschriftlicher) Abfassung der Satzung eine letztwillige Stiftungserrichtung als wirksam angesehen, weil in der maschinenschriftlich beigefügten Satzung in Verbindung mit dem handschriftlichen Testament Stiftungszweck, Vermögenswidmung sowie der Wille zur Stiftungserrichtung hinreichend deutlich zum Ausdruck kamen. Auf eine derartig wohlwollende Meinung sollte man sich jedoch nicht verlassen.

---

91 **Formulierungsbeispiel**

Zu meinem Alleinerben bestimme ich, [...], die hiermit errichtete [...]-Stiftung. Diese soll als rechtsfähige Stiftung des bürgerlichen Rechts nach dem Stiftungsgesetz des Landes [...] anerkannt werden und ihren Sitz in [...] haben. Zweck der Stiftung soll die Förderung von [...] sein. Die Stiftung soll durch einen aus [...] Personen bestehenden Vorstand verwaltet werden. Als ersten Vorstand bestimme ich [...]. Die Stiftung soll nachfolgende Satzung erhalten, die Bestandteil dieses Stiftungsgeschäfts ist. [...].

---

92 Der Testator kann sich aber auch damit begnügen, im Testament lediglich festzulegen, dass eine zu errichtende Stiftung mit bestimmten Zwecken Erbe bzw. Vermächtnisnehmer mit bestellten Vermögensteilen werden soll. Die so im Testament enthaltenen Anordnungen sind dann von den Erben durchzuführen. Ein im Testament ggf. vorgesehener Testamentsvollstrecker hat die weiteren Schritte zur Stiftungserrichtung, u.a. die Einholung der staatlichen Anerkennung, einzuleiten.[78] Ist kein Testamentsvollstrecker vorgesehen, so hat das **Nachlassgericht** den Antrag auf Anerkennung zu stellen (§ 83 BGB). Es empfiehlt sich aus steuerlichen Gründen bereits von Beginn an eine Satzung vorzusehen, die den Anforderungen der Gemeinnützigkeit genügt.

93   Häufig werden Testamentsvollstrecker im Rahmen eines letztwilligen Stiftungsgeschäfts zum Stiftungsorgan – i.d.R. zum Vorstand der Stiftung – bestellt. Dies ist dann Ausdruck eines

---

76 Seifart/v. Campenhausen/*Hof*, § 7 Rn 70.
77 OLG Stuttgart, Urt. v. 10.6.2009, 8 W 501/08, ZEV 2010, 200.
78 Seifart/v. Campenhausen/*Hof*, § 7 Rn 101.

besonderen Vertrauensverhältnisses zwischen Erblasser und Testamentsvollstrecker. Der Testamentsvollstrecker bleibt Stiftungsorgan, auch wenn sein Amt als Testamentsvollstrecker gem. § 2210 BGB oder aus anderen Gründen erloschen sein sollte.[79] Der Erblasser sollte den Testamentsvollstrecker für Geschäfte zwischen dem Nachlass und der Stiftung vom Verbot des § 181 BGB befreien.

Einem von ihm eingesetzten Testamentsvollstrecker sollte der Testator (Stifter) die Befugnis **94** einräumen, Bestimmungen der Stiftungssatzung nach pflichtgemäßem Ermessen so zu ändern, dass die staatliche Anerkennung erteilt und ggf. die steuerliche Gemeinnützigkeit zuerkannt werden kann.[80]

Im BGB ist ausdrücklich der Fall geregelt, in dem die Errichtung einer Stiftung zu Lebzeiten **95** eingeleitet worden ist, der Stifter jedoch **nach Antragstellung**, aber vor Erteilung der staatlichen Anerkennung **verstirbt** (§ 81 Abs. 2 BGB). Im Übrigen haben die Erben, der Testamentsvollstrecker oder das Nachlassgericht die staatliche Anerkennung einzuholen (§ 83 BGB); sie können den bereits gestellten Antrag auf Anerkennung nicht zurücknehmen.[81]

b) Stellung der Erben

Auch wenn keine Stiftungserrichtung von Todes wegen vorliegt, können sich die Erben ihrer- **96** seits entschließen, das Nachlassvermögen oder Teile hiervon in eine **Stiftung einzubringen**. Geschieht dies innerhalb von 24 Monaten nach dem Eintritt des Erbfalls und dient die inländische Stiftung als Empfängerin nach der Satzung, dem Stiftungsgeschäft oder der sonstigen Verfassung und nach ihrer tatsächlichen Geschäftsführung ausschließlich und unmittelbar als gemeinnützig anzuerkennenden steuerbegünstigten Zwecken im Sinne der §§ 52–54 AO, so unterliegt dieses Stiftungsvermögen, obwohl es nicht unmittelbar vom Erblasser stammt, ebenfalls nicht der Erbschaftsteuer (§ 29 Abs. 1 Nr. 4 ErbStG). Eine Ausnahme gilt für die Zwecke, die nach § 52 Abs. 2 Nr. 23 AO gemeinnützig sind (so genannte **Freizeitzwecke**).

Die Übertragung von Vermögen des Stifters und Erblassers auf eine Stiftung lässt die Rechte **97** der gesetzlichen Erben unberührt. Es bleibt ihnen ein Anspruch auf den **Pflichtteil**.[82] Liegt die Übertragung nicht länger als zehn Jahre vor dem Erbfall, so wird ihr Wert bei vor dem 1.1.2010 eingetretenen Erbfällen der Bemessungsgrundlage für den Pflichtteilsergänzungsanspruch hinzugerechnet.[83] Bei Erbfällen nach dem 1.1.2010 schmilzt der Hinzurechnungsbetrag pro Jahr um 1/10 seit der Übertragung auf die Stiftung ab. Sind 10 Jahre seit der Übertragung verstrichen, bleibt diese bei der Bemessung der Pflichtteilsergänzungsansprüche unberücksichtigt.[84] Dies gilt auch, wenn die Stiftung ausschließlich gemeinnützige Zwecke verfolgt.

c) Anerkennung der Stiftung

Ist die von Todes wegen errichtete Stiftung von der zuständigen Behörde anerkannt, so gelten **98** die oben empfohlenen Schritte auch für den Vorstand einer solchen Stiftung, die sich auch im Übrigen von einer zu Lebzeiten errichteten Stiftung nicht unterscheidet. Für den Stiftungsvorstand kann allerdings – neben anderen Unterlagen – auch das Testament Anhaltspunkte über den Stifterwillen geben. Hat der Testator (Stifter) die Stiftungsorgane namentlich nicht benannt, so haben die Erben oder der Testamentsvollstrecker dies im Rahmen der Stiftungserrichtung

---

79 *Wochner*, Mitteilung RhNotK 1994, 89, 98.
80 *Hof/Hartmann/Richter*, S. 66.
81 Seifart/v. Campenhausen/*Hof*, § 7 Rn 95.
82 Bertelsmann Stiftung/*Weger*. S. 806.
83 § 2325 Abs. 3 BGB alter Fassung.
84 Neufassung des § 2325 Abs. 3 BGB, eingefügt durch Art. 1 des Gesetzes vom 24.9.2009 (BGBl I, 3142).

nachzuholen; sie müssen sich hierbei an den **erkennbaren oder mutmaßlichen Willen des Stifters** halten.[85]

3. Zustiftungen
a) Begriff der Zustiftung

99 Zustiftungen können der Stifter selbst oder Dritte vornehmen. Zustiftungen sind nicht für die zeitnahe Verwendung zur Verwirklichung des Stiftungszwecks bestimmt; sie sollen vielmehr dem **Stiftungsvermögen zufließen**.[86] Ob die Stiftung die Zustiftung annehmen und ihrem Vermögen zuführen kann, hängt von der Stiftungssatzung ab.[87] Zweckmäßigerweise wird diese Möglichkeit ausdrücklich in der Satzung vorgesehen.

100 Nach Landesstiftungsrecht kann es erforderlich sein, dass die Zulässigkeit von Zustiftungen zum Stiftungsvermögen ausdrücklich in der Satzung geregelt ist oder dass die Stiftungsaufsicht die Annahme der Zustiftung genehmigen muss, insbesondere wenn mit der Zustiftung Auflagen oder andere Belastungen verbunden sind. Steuerlich kommt es auf die Erklärung des Zustifters an, dass die Zustiftung dem Vermögen der Stiftung zugeführt werden soll.

---

101 **Praxistipp**

Wird um **Spenden** geworben, die als Zuwendung nicht der zeitnahen Mittelverwendung unterliegen, sondern als Zustiftung dem Vermögen der Stiftung zugeführt werden sollen, so ist dies ausdrücklich im Spendenaufruf zu vermerken. Solche Zustiftungen für eine gemeinnützige Stiftung kann der Spender im gesetzlichen Rahmen steuerlich geltend machen; ggf. wird ihm darüber eine Spendenbescheinigung ausgestellt.

---

b) Verwaltung unselbständiger Stiftungen

102 Soweit die Zustiftung eine eigene Zweckbindung verfolgen soll, die über den eigentlichen Stiftungszweck hinausgeht oder mit besonderen Auflagen verbunden ist, etwa im Hinblick auf die Vermögensverwaltung oder die Ausschüttung der Erträge, kann es sich um eine unselbständige Stiftung handeln, die von der rechtsfähigen Stiftung **als Treuhänder verwaltet** wird.[88]

103 Eine treuhänderische Verwaltung von unselbständigen Stiftungen ist grundsätzlich zulässig; gleichwohl ist zu empfehlen, die Befugnisse der Stiftungsorgane zum Abschluss eines Treuhandvertrages über eine unselbständige Stiftung in der Satzung ausdrücklich vorzusehen. Darüber hinaus sollte die Verwaltung davon abhängig gemacht werden, dass die unselbständige Stiftung die von ihr verursachten **Verwaltungskosten** an die selbständige Stiftung erstattet.

IV. Stiftungsaufsicht

104 Die rechtsfähigen Stiftungen des bürgerlichen Rechts unterliegen grundsätzlich einer staatlichen Aufsicht. Die Stiftungsaufsichtsbehörden haben darüber zu wachen, dass das Stiftungsvermögen und seine Erträge entsprechend der gesetzlichen Regelung und dem stifterischen Programm in der Satzung verwaltet und ausgeschüttet werden. Die Aufsichtsbehörde hat damit die Funktion, die Beachtung des Stifterwillens durch die handelnden Stiftungsorgane zu kontrollie-

---

85 Seifart/v. Campenhausen/*Hof*, § 6 Rn70 ff.
86 Seifart/v. Campenhausen/*Hof*, § 9 Rn 11.
87 Seifart/v. Campenhausen/*Hof*, § 9 Rn 15 ff.
88 Seifart/v. Campenhausen/*Hof*, § 36 Rn 44.

ren und die Arbeit und den Fortbestand der Stiftung im Sinne des Stifters zu sichern.[89] Einige Landesstiftungsrechte (z.B. Art. 18 Abs. 1 BayStG) beschränken die Stiftungsaufsicht auf die öffentlichen Stiftungen, d.h. auf solche, die nicht ausschließlich privatnützige Zwecke verfolgen.

1. Rechtsaufsicht und Fachaufsicht

Die Aufsicht durch die Stiftungsbehörden ist eine reine **Rechtsaufsicht**. Sie kontrollieren lediglich die Übereinstimmung des Stiftungshandelns und die Entscheidung der Stiftungsorgane mit den Vorgaben von Gesetz und Satzung.[90] Die Stiftungsaufsicht ist nicht in der Lage, im Rahmen ihrer Kontrolle eigene Zweckmäßigkeitsentscheidungen zu treffen. Soweit der Stifter den handelnden Organen durch die Satzung einen Ermessensspielraum eingeräumt hat, ist die Stiftungsaufsicht an die Ausübung des Ermessens durch die Stiftungsverwaltung gebunden.[91]   **105**

2. Aufsichtsrechte der Behörde

Die Behörden der Stiftungsaufsicht verfügen über eine Reihe unterschiedlicher Überwachungs- und Eingriffsmöglichkeiten. Zunächst ist die Stiftungsaufsicht regelmäßig über die Finanzlage und die Aufgabenerfüllung zu unterrichten.   **106**

In begründeten Fällen kann sie besondere Auskünfte verlangen. Welche Eingriffsrechte die Behörde nutzt, wenn sie im Einzelfall einen Verstoß gegen Gesetz oder Satzung festgestellt hat, hängt vom Umfang des beanstandeten Vorgangs, seinen Folgen und insbesondere der Frage ab, ob in Zukunft weitere Verstöße zu befürchten sind.   **107**

a) Informationsrechte

Grundlage für eine wirksame Stiftungskontrolle sind zunächst die in den Stiftungsgesetzen der Länder vorgesehenen Informationsrechte der Aufsichtsbehörde. Dazu gehört insbesondere die Vorlage einer **Jahresrechnung** samt einer Vermögensrechnung sowie eines **Berichtes** über die Erfüllung der Stiftungsaufgaben. Er hat sich auf die wesentlichen Entwicklungen zu konzentrieren und die wesentlichen Kennzahlen zusammenzustellen. Je nach den Stiftungsgesetzen der Länder beträgt die **Frist** für die Abgabe dieser Berichte drei bis zwölf Monate nach Ablauf des jeweiligen Tätigkeitsjahres. Dies ist im Regelfall das Kalenderjahr. Für Stiftungen, die ausschließlich oder überwiegend privaten Zwecken dienen, braucht nach einer Reihe von Landesstiftungsgesetzen der Aufsichtsbehörde weder eine Jahresrechnung noch ein Bericht eingereicht zu werden.[92]   **108**

Der Stiftungsaufsicht sind alle Änderungen in der Zusammensetzung der vertretungsberechtigten **Organe** mitzuteilen. Darüber hinaus kann die Stiftungsaufsicht durch konkrete Nachfragen die Offenlegung weiterer Informationen verlangen, soweit dies zur Durchführung einer wirksamen Aufsicht geboten ist. Außerdem ist die Stiftungsaufsichtsbehörde berechtigt, unter Beachtung des Grundsatzes der Verhältnismäßigkeit die **Verwaltung der Stiftung** zu überprüfen.[93] Maßstab sind auch hier die Anforderungen von Gesetz und Satzung. Eine Zweckmäßigkeitskontrolle ist ausgeschlossen.   **109**

---

89 Bertelsmann Stiftung/*Büermann*, S. 844 f.
90 *Hof/Hartmann/Richter*, S. 164.
91 *Hof/Hartmann/Richter*, S. 161.
92 Z.B. § 7 Abs. 4 Stiftungsgesetz NRW vom 15.2.2005, zuletzt geändert durch Gesetz vom 9.2.2010 (GV NRW, 112.
93 *Hof/Hartmann/Richter*, S. 163.

b) „Ruhen" der Aufsicht

110 Die Stiftungsaufsicht bezieht sich auf alle Arten von rechtsfähigen Stiftungen. In Ausnahmefällen kommt ein „Ruhen der Aufsicht" in Betracht, wenn nach Ansicht der Aufsichtsbehörde bereits durch **stiftungsinterne Kontrollmechanismen** gewährleistet ist, dass die Verwaltung des Stiftungsvermögens und die Verwendung der Stiftungserträge entsprechend Satzung und Gesetz erfolgen.[94] Ein Ruhen der Stiftungsaufsicht kommt nur in Betracht, wenn in der Satzung entsprechende Kontrollorgane vorgesehen sind und diese auch tatsächlich überwachend tätig werden.

---

111 **Formulierungsbeispiel**

Das Kuratorium überwacht als unabhängiges Kontrollorgan die Beachtung des Stifterwillens durch den Vorstand.

---

c) Aufsichtsmaßnahmen

112 Soweit die Stiftungsaufsicht Verstöße gegen Gesetz oder Satzung feststellt, steht ihr ein abgestufter Katalog von Eingriffsrechten zur Verfügung.

aa) Beanstandungen

113 Zunächst kann die Aufsichtsbehörde die Durchführung der Maßnahme beanstanden. Hierbei handelt es sich um einen Hinweis an die Stiftungsorgane mit dem Inhalt, dass ein näher bezeichnetes Verhalten der Stiftungsorgane nach Auffassung der Stiftungsaufsicht gegen Gesetz oder Satzung verstößt.

114　　Mit der Beanstandung wird den Stiftungsorganen aufgegeben, innerhalb einer angemessenen oder von der Stiftungsaufsicht festgesetzten Frist die beanstandete Maßnahme rückgängig zu machen oder inhaltlich zu ändern. Soweit eine nachträgliche Aufhebung nicht möglich ist, werden die Stiftungsorgane angehalten, bei den zukünftigen Entscheidungen die von der Stiftungsaufsicht in der Beanstandung genannten Grundsätze zu beachten.[95]

bb) Aufhebung von Maßnahmen

115 Einige Stiftungsgesetze sehen die Möglichkeit vor, einzelne Entscheidungen der Stiftungsorgane aufzuheben. Die Stiftungsaufsicht hat dies ausdrücklich gegenüber den Stiftungsorganen zu erklären. Mit der **Aufhebungsverfügung** wird die beanstandete Entscheidung der Stiftungsorgane rechtsunwirksam. Die Aufhebung wirkt allerdings nur in den Fällen, in denen das beanstandete Rechtsgeschäft tatsächlich sowie rechtlich rückabgewickelt werden kann.[96]

cc) Anordnung an die Stiftungsorgane

116 Die Aufhebungsverfügung bezieht sich auf eine bereits getroffene Maßnahme. Ist zu befürchten, dass die Stiftungsorgane mit zukünftigem Verhalten gegen Gesetz oder Satzung verstoßen, kann die Aufsichtsbehörde die Stiftungsorgane verpflichten, eine bestimmte geplante Maßnahme zu unterlassen oder ihnen die Durchführung einer bestimmten Maßnahme aufgeben. Soweit die Stiftungsorgane einer Aufforderung zur Vornahme einer Maßnahme nicht nachkommen, kann

---

94 *Hof/Hartmann/Richter*, S. 162.
95 *Hof/Hartmann/Richter*, S. 174 f.; Seifart/v. Campenhausen/*Hof*, § 10 Rn 192 ff.
96 Seifart/v. Campenhausen/*Hof*, § 10 Rn 198 ff.

die Stiftungsaufsicht in eigener Verantwortung die **Ersatzvornahme** anordnen. Die Ersatzvornahme ist vorher anzukündigen.[97]

dd) Zwangsgeld

Darüber hinaus besteht die Möglichkeit, im Rahmen des Allgemeinen Verwaltungsvollstreckungsgesetzes Zwangsgelder gegenüber der Stiftung festzusetzen, wenn Anordnungen der Stiftungsaufsicht nicht befolgt werden.[98] **117**

ee) Abberufung von Organmitgliedern

Bei schwerwiegenden Verstößen der Stiftungsorgane gegen Gesetz oder Satzung kann die Aufsichtsbehörde einzelne Organmitglieder der Stiftung abberufen. Erforderlich für eine solche Maßnahme, die nur in wenigen Ausnahmefällen in Betracht zu ziehen sein wird, ist eine **grobe Pflichtverletzung** durch das jeweilige Organmitglied oder aber seine **Unfähigkeit** zur ordnungsgemäßen Geschäftsführung. Bevor die Stiftungsaufsicht einzelne Organmitglieder abberuft, wird sie die Stiftung anweisen, durch Vornahme der notwendigen internen Maßnahmen das betreffende Organmitglied von seinen Pflichten zu entbinden. Erst wenn die Stiftung innerhalb einer festgesetzten Frist dieser Aufforderung nicht nachkommt, kann die Stiftungsaufsicht unmittelbar tätig werden. Als **milderes Mittel** ist immer zu prüfen, ob es zum Erreichen des angestrebten Zweckes ausreichend ist, das betreffende Organmitglied nur für einen vorübergehenden Zeitraum von seinen Pflichten zu entbinden. **118**

Mit der Abberufung von Organmitgliedern kann gleichzeitig die Entscheidung verbunden sein, neue **Ersatzmitglieder** zu bestellen. Hierbei sind jedoch vorrangig die stiftungsinternen Besetzungsregeln zu beachten. Danach muss zunächst versucht werden, ein von der Stiftungsaufsicht abberufenes Organmitglied durch Ergänzung der entsprechenden Stiftungssatzung als Nachfolger zu benennen.[99] **119**

ff) Schadensersatzansprüche gegen Organmitglieder

Ein Teil der Landesstiftungsgesetze ermächtigt die Stiftungsaufsichtsbehörde zur Geltendmachung von Schadensersatzansprüchen der Stiftung gegen ihre Organe. **120**

Teilweise ist in den Landesstiftungsgesetzen vorgesehen, dass die Stiftungsaufsicht hierfür einen besonderen Vertreter ernennen kann. Dieser Vertreter hat im Namen der Stiftung zu klären, ob und welche Schadensersatzansprüche bestehen. Er kann sie dann im Namen der Stiftung notfalls auch gerichtlich geltend machen.[100] **121**

d) Genehmigungsvorbehalte

Die praktisch wichtigste Aufsichtskompetenz liegt neben der Überwachung der laufenden Stiftungstätigkeit in der Notwendigkeit, einzelne Rechtsgeschäfte durch die Stiftungsaufsicht zu genehmigen.[101] **122**

Ohne eine entsprechende Genehmigung der Stiftungsaufsicht werden die Rechtsgeschäfte **nicht wirksam**. Die Genehmigungsvorbehalte sind Teil der Rechtsaufsicht. Dabei darf die **123**

---

97 Seifart/v. Campenhausen/*Hof*, § 10 Rn 210 ff.
98 Seifart/v. Campenhausen/*Hof*, § 10 Rn 208 ff.
99 Seifart/v. Campenhausen/*Hof*, § 10 Rn 232 ff.
100 Seifart/v. Campenhausen/*Hof*, § 10 Rn 247.
101 Zum Folgenden näher Seifart/v. Campenhausen/*Hof*, § 10 Rn 145 ff.

Stiftungsaufsicht keine eigenen Ermessensentscheidungen an die Stelle der Stiftungsorgane setzen.

124 Zu den genehmigungsbedürftigen Rechtsgeschäften gehören regelmäßig Geschäfte, die die Stiftung besonders belasten, weil sie mit Auflagen oder Folgekosten verbunden sind oder die Stiftung auf andere Weise in ihrer Dispositionsfreiheit erheblich beeinträchtigen.

---

125 Beispiel

Die Stiftungsgesetze der Länder nennen als Beispiele:
- die Aufnahme von Darlehen,
- die Übernahme von Bürgschaften,
- die Gewährung unentgeltlicher Zuwendungen, die nicht zur Erfüllung des Stiftungszwecks vorgenommen werden,
- Vermögensumschichtungen, die die Stiftung in ihrer Leistungsfähigkeit beschränken.

---

126 Darüber hinaus unterliegen die Rechtsgeschäfte einem Genehmigungsvorbehalt, die von besonderer Tragweite für den **Bestand des Stiftungsvermögens** sind. Dazu gehören insbesondere die Belastung und Veräußerung von Gegenständen des Grundstockvermögens sowie von Grundstücken und Grundstücksrechten oder Sachen, die einen bedeutenden wissenschaftlichen, künstlerischen oder geschichtlichen Wert besitzen. Zu den genehmigungspflichtigen Geschäften können auch die Rechtsgeschäfte gehören, die die Stiftung mit ihren Organmitgliedern abschließt.

127 Bis zur Erteilung der stiftungsrechtlich notwendigen Genehmigung ist das Rechtsgeschäft **schwebend unwirksam**. Dies gilt sowohl für das vertragliche Verpflichtungsgeschäft als auch den dinglichen Vollzug des Geschäftes. Die Erteilung der Genehmigung wirkt auf den Zeitpunkt der Vornahme des Geschäftes zurück.

128 Bei einseitigen Rechtsgeschäften (z.B. Kündigung) ist das Geschäft unwirksam, wenn nicht zuvor die Genehmigung der Aufsichtsbehörde eingeholt wurde. Genehmigt die Stiftungsaufsicht das Geschäft **nachträglich**, so wird das Rechtsgeschäft nur dann von Beginn an wirksam, wenn dem Vertragspartner von der Stiftung über die Genehmigung Mitteilung gemacht wird. Die Stiftung ist nicht gezwungen, von der erteilten Genehmigung Gebrauch zu machen.

e) Satzungsänderungen und Aufhebungen durch die Stiftungsbehörde

129 In Ausnahmefällen ist die Stiftungsaufsicht berechtigt, den Stiftungszweck zu ändern oder die Stiftung aufzulösen.[102] Nach § 87 BGB kann die zuständige Behörde der Stiftung eine andere Zweckbestimmung geben oder sie aufheben, wenn die Erfüllung des Stiftungszwecks unmöglich geworden ist oder das Gemeinwohl gefährdet.

130 Bei der Umwandlung des Zwecks soll der Wille des Stifters berücksichtigt werden, insbesondere soll dafür gesorgt werden, dass die Erträge des Stiftungsvermögens dem Personenkreis, dem sie zugutekommen sollten, im Sinne des Stifters erhalten bleiben. Die Behörde kann die Verfassung der Stiftung ändern, soweit die Umwandlung des Zwecks es erfordert (§ 87 Abs. 2 BGB). Vor der Umwandlung des Zwecks und der Änderung der Verfassung soll der Vorstand der Stiftung gehört werden.[103]

---

102 Seifart/v. Campenhausen, *Hof,* § 10 Rn 349 ff.
103 § 87 Abs. 3 BGB. Vielfach bestehen Anhörungsrechte auch nach Landesrecht; subsidiär gilt insoweit jedenfalls § 28 VwVfG.

f) Widerruf der Stiftungserrichtung

Ein Widerruf der Stiftungsanerkennung durch die Aufsichtsbehörde ist nicht möglich. Auch die **131** fehlerhaft errichtete Stiftung erwirbt mit ihrer Anerkennung eine **uneingeschränkte Rechtsfähigkeit**. Ein Mangel des Stiftungsgeschäfts führt nicht dazu, dass die Anerkennung der Stiftungserrichtung unwirksam ist.

Als ultima ratio und unter engen Voraussetzungen ist allerdings nach § 87 Abs. 1 BGB die Auf- **132** hebung der Stiftung durch Hoheitsakt möglich. Grundsätzlich scheint die Aufhebung das meiste Gewicht unter den aufsichtlichen Maßnahmen zu haben, so dass eine hoheitliche **Satzungsänderung** nach § 87 Abs. 2 BGB als milderes, und damit vorrangig anzuwendendes Mittel denkbar wäre; andererseits könnte für den Stifter die Auflösung der Stiftung akzeptabler sein, als eine Verwendung des Vermögens für einen von ihm nicht gebilligten Zweck. Bislang nicht ausreichend geklärt ist allerdings, ob die **Eingriffsintensität** aus der **Sicht des Stifters**[104] oder im Hinblick auf den **grundrechtlich geschützten Bestand** der Stiftung selbst[105] zu bestimmen ist.

3. Gebühren

Das Tätigwerden der Stiftungsaufsicht ist im Regelfall gebührenpflichtig. Dabei werden aller- **133** dings Stiftungen, die als steuerbegünstigt im Sinne der Abgabenordnung anerkannt sind, vielfach von den Gebühren der Stiftungsaufsicht befreit.

4. Rechtsschutz

Für den Rechtsschutz gegenüber Maßnahmen der Stiftungsaufsichtsbehörde gelten die allge- **134** meinen Grundsätze des **Verwaltungsrechts**. Soweit die Verfügung der Aufsichtsbehörde an die Stiftung einen Belastungs- und Verwaltungsakt darstellt, kann **Widerspruch** eingelegt werden. Hilft die Aufsichtsbehörde dem Widerspruch nicht ab, kann eine Anfechtungsklage vor dem Verwaltungsgericht erhoben werden. Der Widerspruch gegen eine Entscheidung der Stiftungsaufsichtsbehörde hat im Regelfall aufschiebende Wirkung.[106]

Wird die Stiftungsbehörde nicht tätig, obwohl sie nach Gesetz dazu verpflichtet wäre, kann **135** die Stiftung vor den Verwaltungsgerichten Verpflichtungsklage erheben. Auch hierfür ist zunächst die Durchführung eines Widerspruchverfahrens notwendig. Soweit der Vorgang eilbedürftig ist, stehen der Stiftung die Möglichkeiten eines **einstweiligen Rechtsschutzverfahrens** offen.

In Einzelfällen kann auch der **Stifter** gegen die Stiftungsaufsichtsbehörde gerichtlich vor- **136** gehen. Dies gilt insbesondere dann, wenn er bei Entscheidungen der Stiftungsaufsichtsbehörde über die Zweckänderung oder die Auflösung der Stiftung in seinen eigenen Rechten beeinträchtigt ist. Das Recht des Stifters geht auf dessen Erben über. Auch sie haben die Möglichkeit, im Klagewege auf die Stiftungsaufsichtsbehörde einzuwirken, soweit durch deren Maßnahmen Rechte des Stifters verletzt werden.

5. Haftung der Aufsichtsbehörde

Soweit die Stiftungsaufsicht schuldhaft ihre Aufsichtspflicht verletzt und die Stiftung dadurch **137** einen Schaden erleidet, kann das jeweilige Bundesland als Träger der Stiftungsaufsicht nach Art. 34 i.V.m. § 839 BGB auf Schadensersatz in Anspruch genommen werden.[107]

---

104 MüKo-BGB/*Reuter*, § 87 Rn 8; Staudinger/*Rawert*, § 87 Rn 13.
105 Seifart/v. Campenhausen/*Hof*, § 10 Rn 349.
106 Seifart/v. Campenhausen/*Hof*, § 10 Rn 370; MüKo-BGB/*Reuter*, § 87 Rn 6.
107 *Hof/Hartmann/Richter*, S. 190.

138   Voraussetzung ist ein Verstoß gegen **Aufsichtspflichten**, die ihr gegenüber der Stiftung selbst obliegen. Dazu gehört insbesondere die Pflicht zum Einschreiten, wenn die Stiftungsaufsichtsbehörde erfährt, dass der Stiftung ein Schaden droht und sie trotz erkennbaren Schadenseintritts nicht tätig wird. Dabei muss sich die Stiftung ein Fehlverhalten ihrer eigenen Organe nicht als Mitverschulden anrechnen lassen, da die Stiftungsaufsicht gerade den Zweck hat, die Stiftung vor einem Fehlverhalten ihrer Stiftungsorgane zu schützen.[108]

139   Die Stiftungsaufsichtsbehörden haben darüber zu wachen, dass das Stiftungsvermögen und seine Erträge entsprechend der gesetzlichen Regelung und dem stifterischen Programm in der Satzung verwaltet und ausgeschüttet werden. Die Aufsichtsbehörde hat damit die Funktion, die Beachtung des Stifterwillens durch die handelnden Stiftungsorgane zu kontrollieren und die Arbeit und den Fortbestand der Stiftung im Sinne des Stifters zu sichern.

V. Ersatzformen der Stiftung

140 Die regelmäßige Form zur Widmung von Vermögen mit einer dauerhaften Zweckbindung ist die Gründung einer rechtsfähigen Stiftung bürgerlichen Rechts. Die Übertragung von Vermögen zur dauerhaften Umsetzung stifterischer Ziele lässt sich neben der Errichtung einer selbständigen Stiftung auch in anderen Rechtsformen realisieren.[109]

141   Neben dem Verzicht auf die Erlangung der Rechtsfähigkeit und der Gründung einer unselbständigen Stiftung stehen unterschiedlich ausgestaltete Strukturen des Gesellschaftsrechts zur Verfügung. Die Kautelarpraxis hat Gestaltungsformen entwickelt, mit denen die GmbH, der Verein und in zunehmenden Maße auch die Aktiengesellschaft stiftungsähnliche Formen annehmen. Die Körperschaften werden durch eine **Anpassung der Satzung** zu einer Stiftungsorganisation.

142   Neben der Körperschaft als Stiftungsorganisation steht eine weitere Ersatzform der Stiftung: die **Körperschaft als Stiftungsträger**. Sie wird gebildet durch eine Körperschaft, der eine nicht rechtsfähige Stiftung zugeordnet ist.

1. Kriterien der Rechtsformwahl

143 In der Praxis möglicher Stiftungsgründungen wird eine Vielzahl unterschiedlicher Gründe genannt, auf eine der so genannten Ersatzformen auszuweichen. Die wesentlichen Aspekte für den Stifter, die seine Rechtswahl beeinflussen, liegen in Fragen des Gründungsverfahrens, der Flexibilität der Organisation für spätere Anpassungen und nicht zuletzt in steuerlichen Überlegungen. In der Regel spielt einer oder eine Kombination aus mehreren der folgenden Aspekte eine Rolle.

2. Unterscheidungsmerkmale

144 Die rechtsfähige Stiftung bedarf zu einer wirksamen Errichtung der staatlichen Anerkennung. Die Kompetenz zur Erteilung der Anerkennung wird von den Stiftungsbehörden der Länder ausgeübt. Das hierfür teilweise zeitaufwändige Anerkennungsverfahren ist bei allen Ersatzformen der Stiftung nicht erforderlich.

---

108 Seifart/v. Campenhausen/*Hof*, § 10 Rn 388 ff.
109 Die folgenden Ausführungen folgen Bertelsmann Stiftung/*Schlüter*, S. 865–887.

Brandi

a) Staatliche Anerkennung[110]

Die nicht rechtsfähige Stiftung wird durch rein schuldrechtliche Absprachen errichtet und bedarf **keiner staatlichen Anerkennung**. Auch die Körperschaften in Form des eingetragenen Vereins, der GmbH sowie der Aktiengesellschaft sind nicht von einer staatlichen Anerkennung abhängig. Das Errichtungsverfahren aller drei Körperschaften basiert auf dem so genannten System der Normativbestimmungen. Es besteht ein Anspruch auf Eintragung der Körperschaft in das Handels- bzw. Vereinsregister, wenn die gesetzlichen Voraussetzungen für die Errichtung der jeweiligen Körperschaft vorliegen. Weitere staatliche Mitwirkungsakte sind nicht erforderlich. Die Stiftungskörperschaft erlangt ihre Rechtsfähigkeit mit der Eintragung in das **Vereins-, bzw. das Handelsregister**. 145

b) Staatliche Aufsicht

Die Stiftungen bürgerlichen Rechts unterliegen der laufenden Staatsaufsicht. Inhalt und Umfang dieser hoheitlichen Kontrolle ist in den Stiftungsgesetzen der Länder geregelt. Sie enthalten eine Reihe – teilweise umfangreicher – Vorgaben für die Aufgabenerfüllung durch die Stiftung sowie Eingriffsbefugnisse der zuständigen Behörde über einen Verstoß gegen Gesetz oder Satzung. Die Stiftungen sind in der Regel verpflichtet, gegenüber der Stiftungsaufsicht über die Art ihrer Aufgabenerfüllung zu berichten; einzelne Geschäfte werden nur mit Zustimmung der zuständigen Behörde wirksam. 146

Die Ersatzformen der Stiftung unterliegen **keiner staatlichen Aufsicht**. Eine hoheitliche Kontrolle findet nicht statt. Es bestehen keine spezifisch für Körperschaften geltenden Aufsichts- und Eingriffsbefugnisse. Auch die **nicht rechtsfähige Stiftung** untersteht nicht der staatlichen Stiftungsaufsicht. 147

c) Nachträgliche Satzungsänderung

Eng verbunden mit der laufenden Stiftungsaufsicht ist die Flexibilität der Stiftungsgründer und Stiftungsbeteiligten (Gesellschafter der Stiftungs-GmbH) im Hinblick auf mögliche Änderungen der zugrunde liegenden Statuten. Für die Änderung in einer Stiftungskörperschaft ist hierfür eine Beschlussfassung der zuständigen Gremien (Mitgliederversammlung, Gesellschafterversammlung, Aktionärsversammlung) erforderlich. Der Beschluss ist anschließend im Vereins- bzw. Handelsregister einzutragen, ohne dass hierfür eine weitere Genehmigung erforderlich ist. Demgegenüber bedarf eine nachträgliche Satzungsänderung bei der rechtsfähigen Stiftung wiederum der Genehmigung durch die Stiftungsaufsicht. 148

d) Aufbringung des Stiftungskapitals

In vielen Fällen wird die Entscheidung zur Wahl einer Ersatzform maßgeblich von den Regeln über die Aufbringung des Stiftungskapitals beeinflusst. 149

Ein rechtsfähiger Verein kann ohne die Aufbringung eines Mindestkapitals gegründet werden. Die nicht rechtsfähige Stiftung setzt zwar begrifflich ein Stiftungsvermögen voraus, hierfür ist jedoch **keine Mindestgrenze** vorgeschrieben. 150

Auch die GmbH liegt mit einem gesetzlich vorgeschriebenen Mindestkapital von 25.000 EUR deutlich unter den Anforderungen an die Kapitalausstattung einer rechtsfähigen Stiftung. Hier ist zwar keine gesetzliche Mindestgröße vorgeschrieben; eine Anerkennung der Stiftungserrichtung durch die Stiftungsbehörden wird jedoch nur dann erteilt, wenn die Stiftung in der Lage ist, 151

---

110 Bertelsmann Stiftung/*Schlüter*, S. 868.

mit den Erträgen ihres Grundstockvermögens die Stiftungsziele dauerhaft und nachhaltig zu erfüllen.

---

152 **Praxistipp**

In der Praxis der Stiftungsbehörden hat sich dabei eine Mindestgrenze von ca. 50.000 EUR herausgebildet. Eine Stiftung mit einem geringeren Grundstockvermögen wird in der Regel nicht anerkannt.[111] Soll erst Kapital angesammelt werden, kann zunächst ein Verein gegründet werden, der das Ziel hat, Vermögen zu sammeln, um damit eine rechtsfähige Stiftung zu gründen.

---

e) Stiftungsinterne Willensbildung[112]

153 Die Willensbildung innerhalb einer rechtsfähigen Stiftung erfolgt durch die nach der Satzung dafür vorgesehenen Organe. Diese haben bei dem Prozess der Willensbildung die satzungsmäßigen Verfahren einzuhalten. Die Stiftung ist insoweit in Bezug auf die Aufgabenerfüllung und die Vermögensverwaltung an den Stifterwillen gebunden. Das Gleiche gilt für spätere Anpassungen der Satzung selber. Auch sie sind nur im Rahmen der vom Stifter zugelassenen Grenzen möglich.

154 In der Körperschaft gilt das Prinzip der **Verbandsautonomie**. Hier sind die Gesellschafter, bzw. Mitglieder oder Aktionäre, die maßgeblichen Entscheidungsträger für alle wesentlichen Fragen der Aufgabenerfüllung und der inneren Struktur und Organisation. Diese Befugnis ist unabhängig davon, ob die Gesellschafter bzw. Mitglieder zum Kreis der Gründer der Körperschaft gehören oder später als Mitglieder oder Gesellschafter in diesen Kreis eingetreten sind.

155 Die Versammlung der Mitglieder oder Gesellschafter ist durch ihre Kompetenz, die Geschäftsführer bzw. Vorstände der Körperschaft zu ernennen und ihnen Weisungen zu erteilen, gleichzeitig oberstes Entscheidungsgremium in Bezug auf die Geschäftspolitik wie auch das Gremium, das über eine Änderung der der Körperschaft zugrunde liegenden Statuten entscheidet.

156 Die Körperschaft kennt **keinen auf Dauer festgeschriebenen Stifterwillen**, sondern überlässt die Fragen der Geschäftspolitik und Satzungsanpassung einem laufenden Willensbildungsprozess. Steht die dauerhafte Bindung an den Stifterwillen bei den Überlegungen zur Errichtung der Organisation im Vordergrund, wird dieses Gestaltungsziel eher im Rahmen einer rechtsfähigen Stiftung zu realisieren sein. Sollen einzelne Entscheidungen über die Art der Aufgabenerfüllung und auch über die zugrunde liegenden Organisationsregeln der Organisation selber überlassen werden, ist die Wahl einer Stiftungskörperschaft der hierfür geeignete Weg. Der letzte Aspekt wird immer dann eine Rolle spielen, wenn an der Errichtung der Stiftung eine große Zahl von Personen beteiligt ist und die Statuten der Organisation einen laufenden Prozess der Willensbildung unter den Beteiligten ermöglichen sollen.

157 Vor dieser Frage stehen regelmäßig die in jüngerer Zeit entstehenden **Bürgerstiftungen**.[113] Die Ziele dieser Organisationen gehen in zwei Richtungen: Auf der einen Seite wollen sie Vermögen für eine dauerhafte Umsetzung der Ziele ansammeln, auf der anderen Seite soll ein großer Kreis von Bürgern und „Stiftern" am Willensbildungsprozess der Organisation beteiligt werden. Steht der letzte Aspekt im Vordergrund, wählt eine große Zahl von Bürgerstiftungen für ihre Organisation statt der rechtsfähigen Stiftung eine Körperschaft in Form eines Stiftungsvereins.

---

111 Vgl. insoweit die Untersuchung der stiftungsbehördlichen Praxis bei *Damrau/Wehinger*, ZEV 1998, 178 f.
112 Bertelsmann Stiftung/*Schlüter*, S. 870.
113 Näher hierzu siehe Bertelsmann Stiftung/*Schmied*, S. 227–246; Strachwitz/Mercker/*Schmied*, S. 343–350.

f) Dauer der Organisation[114]

Ein letzter Aspekt für die Wahl der Rechtsform kann schließlich in der möglichen Dauer der Or- **158** ganisation liegen. Die Stiftung wird geprägt durch den im Stiftungsgeschäft niedergelegten und perpetuierten Willen des Stifters. Sie unterliegt der Stiftungsaufsicht, die die prinzipiell zeitlich nicht begrenzte Einhaltung und Umsetzung des Stifterwillens kontrolliert. Eine Auflösung oder Aufhebung der Stiftung kommt nur in wenigen Ausnahmefällen in Betracht. Sollte sich herausstellen, dass die Erreichung des Stiftungszwecks unmöglich geworden ist, kann dies zwar zu einer Aufhebung der Stiftung führen, gleichwohl wird damit nicht die Zweckbindung des Vermögens aufgehoben. Im Falle einer gemeinnützigen Stiftung ist das Stiftungsvermögen weiterhin für gemeinnützige Zwecke zu nutzen. Auch bei einer nicht gemeinnützigen Stiftung ist im Zweifel der Fiskus, an den das Stiftungsvermögen fällt, verpflichtet, das Vermögen für Zwecke einzusetzen, die den ursprünglichen Zwecken entsprechen (§ 88 i.V.m. § 46 BGB). Im Übrigen besteht die Stiftung, sofern die Satzung keine abweichende Regelung enthält, zeitlich unbegrenzt fort.

Dagegen ist die Stiftungskörperschaft grundsätzlich **jederzeit auflösbar**. Die Gesellschafter **159** einer GmbH und die Mitglieder eines Vereins können durch qualifizierten Mehrheitsbeschluss die Auflösung ihrer Körperschaft beschließen. Auch die unselbständige Stiftung kann für eine begrenzte Dauer errichtet oder mit dem Willen der Beteiligten (Stifter und Treuhänder) wieder aufgehoben werden.

Die Stiftungstypen „**Verbrauchsstiftung**" und „**Stiftung auf Zeit**" können durch eine ent- **160** sprechende kautelarjuristische Ausgestaltung des Stiftungsgeschäfts bei der nicht rechtsfähigen Stiftung oder Satzungsgestaltung innerhalb der Stiftungskörperschaft umgesetzt werden. Das Ziel einer Verbrauchsstiftung wird erreicht, wenn der Treuhänder der Stiftung verpflichtet wird, das Vermögen der Stiftung in dem vom Stifter vorgegebenen Zeitraum für die Stiftungszwecke zu verwenden. Die Stiftung auf Zeit basiert auf einer schuldrechtlichen Abrede zwischen Stifter und Treuhänder, die von Beginn an zeitlich befristet ist[115] oder vom Stifter widerrufen werden kann (im Rahmen eines Auftrages nach § 671 Abs. 1 BGB).

3. Besteuerung als gemeinnützige Einrichtung[116]

Sobald die in den §§ 51–68 AO genannten Voraussetzungen erfüllt sind, ist der Stiftung auf **161** entsprechenden Antrag der Status der Gemeinnützigkeit „zu verleihen". Dies wird dadurch vollzogen, dass das zuständige Finanzamt zunächst eine vorläufige Bescheinigung und später im Veranlagungsverfahren einen endgültigen Freistellungsbescheid erteilt und zugleich die Berechtigung zur Ausstellung von Zuwendungsbescheinigungen bestätigt.[117] Im Vordergrund wird i.d.R. die Erbschafts- und Schenkungssteuer stehen. Lebzeitige und letztwillige Zuwendungen an inländische gemeinnützige Stiftungen sind nach § 13b Abs. 1 Nr. 16 lit. b ErbStG von der Erbschafts- bzw. Schenkungssteuer befreit. Nach § 10b Abs. 1 EStG sind Zuwendungen an gemeinnützige Stiftungen in Höhe von bis zu 20% des Gesamtbetrags der Einkünfte des Zuwendenden steuerlich als Sonderausgaben abzugsfähig. Daneben können Zuwendungen in den Vermögensstock einer Stiftung im Zuwendungsjahr und in den folgenden 9 Veranlagungszeiträumen bis zu einem Betrag von 1 Mio. € abgezogen werden.[118] Bei zusammen veranlagten Ehegatten verdoppelt sich dieser Betrag.

---

114 Bertelsmann Stiftung/*Schlüter*, S. 871f.
115 *Wochner*, ZEV 1999, 131.
116 Bertelsmann Stiftung/*Schlüter*, S. 869.
117 Vgl. Tz 4–8 zu § 59 AEAO.
118 Auch vom 8.4.2010, BGBl I, 386.

4. Der Stiftungsverein[119]

162 Der Verein bürgerlichen Rechts ist eine nicht kapitalisierte Körperschaft, d.h., der Verein ist einerseits körperschaftlich verfasst, andererseits verfügt er über kein Organisationsgefüge, das auf dem Erfordernis eines in der Satzung festgelegten Grund- oder Stammkapitals beruht.[120] Der Verein ist ein körperschaftlicher Zusammenschluss mehrerer Personen, der einen einheitlichen Namen führt, auf eine gewisse Dauer berechnet und vom Wechsel seiner Mitglieder unabhängig ist.

163 Zu unterscheiden ist zwischen dem rechtsfähigen und dem nicht rechtsfähigen Verein. Der **rechtsfähige Verein** (e.V.) ist eine zur Erreichung eines gemeinsamen Zweckes privatautonom gegründete, körperschaftlich verfasste, rechtsfähige Personenvereinigung. Er muss in das Vereinsregister eingetragen werden. Der **nicht rechtsfähige Verein** unterscheidet sich vom rechtsfähigen Verein dadurch, dass er keine juristische Person geworden, sondern Gesamthandsgemeinschaft geblieben ist.

164 Organe des rechtsfähigen Vereins sind:
– Mitgliederversammlung
– Vorstand

165 Das rechtliche Strukturgefüge des Vereins wird als seine **Verfassung** bezeichnet. Die Verfassung regelt dabei die Rechtsstellung der Vereinsmitglieder und bestimmt die Funktionsweise und den Aufgabenbereich der Mitgliederversammlung und des Vorstandes. Diese Verfassung beruht auf Gesetz und auf der **Satzung** des Vereins.

166 Handlungsfähig ist der rechtsfähige Verein durch seinen **Vorstand**. Der Vorstand ist zur gerichtlichen und außergerichtlichen Vertretung des Vereins berufen. Der Verein haftet dabei für die zum Schadensersatz verpflichtenden Handlungen, die der Vorstand oder einzelne seiner Mitglieder oder andere satzungsmäßig berufene Vertreter im Zusammenhang mit der Ausführung der ihnen aufgetragenen Verrichtungen begehen.

167 **Beispiel**

Diese Regelung gilt nach § 86 BGB auch für die rechtsfähige Stiftung. Bekannte Stiftervereine sind:
– *Stifterverband für die Deutsche Wissenschaft*, Essen
– *Friedrich-Ebert-Stiftung*, Berlin
– *Konrad-Adenauer-Stiftung*, Bonn
– *Studienstiftung des Deutschen Volkes*, Bonn

5. Die Stiftungs-Aktiengesellschaft[121]

168 Die Aktiengesellschaft (AG) ist eine juristische Person und damit eine Einrichtung, die von der Rechtsordnung als eigenständiger Zuordnungspunkt von Rechten und Pflichten ausgestaltet worden ist. Auch sie wird immer mehr zur Gestaltung einer Stiftungsstruktur gewählt.

169 Die Aktiengesellschaft wird in das Handelsregister eingetragen. Dazu muss sie von sämtlichen Gründern, Vorstands- und Aufsichtsratsmitgliedern beim Registergericht ihres Sitzes angemeldet werden. Der **Anmeldung** sind u.a. die Satzung und ein Gründungsbericht beizulegen. Erst ab Eintragung können Anteilsrechte übertragen und Aktien ausgegeben werden.

170 Die **Haftung** der Mitglieder der Aktiengesellschaft (Aktionäre) ist für Schulden der Gesellschaft ausgeschlossen. Dadurch beschränkt sich das Risiko des Aktionärs auf den für den Erwerb der Aktien aufgewendeten Betrag. Wie der eingetragene Verein handelt auch die Aktienge-

---

119 Bertelsmann Stiftung/*Schlüter*, S. 882 f.
120 Strachwitz/Mercker/*Koss*, S. 251.
121 Bertelsmann Stiftung/*Schlüter*, S. 883.

schaft durch ihre Organe, wobei eine Zurechnung dieser Handlungen stattfindet (Organhaftung, § 31 BGB).[122]

Der **Vorstand** ist das zur Geschäftsführung und zur Vertretung der Aktiengesellschaft berufe- 171 ne Organ. Die Bestellung, Anstellung und Abberufung des Vorstandes ist Sache des Aufsichtsrates. Der **Aufsichtsrat** ist das zur sachverständigen Kontrolle der Geschäftsleitung berufene Organ.

Die Aktionäre üben ihre Rechte in der Hauptversammlung aus. Die Möglichkeit der Ein- 172 flussnahme in der Hauptversammlung bestimmt sich dabei nach der Kapitalbeteiligung.

Organe der Aktiengesellschaft sind: 173
- der Vorstand
- der Aufsichtsrat
- die Hauptversammlung

Die Aktiengesellschaft kann als **gemeinnützig** anerkannt werden, wenn der Gegenstand des 174 Unternehmens nicht auf den Betrieb eines Handelsgewerbes ausgerichtet ist und die Gesellschaft gemeinnützige Zwecke im Sinne der Abgabenordnung verfolgt.

Der Mindestnennbetrag des Grundkapitals ist 50.000 EUR. In dieser Höhe steht den Gläubi- 175 gern ein **Mindesthaftungsstock** zu. Ansonsten haftet für Verbindlichkeiten der Gesellschaft den Gläubigern nur das Gesellschaftsvermögen. U.a. zum Gläubigerschutz ist die Aktiengesellschaft verpflichtet, aus dem Jahresüberschuss eine gesetzliche Rücklage zu bilden.

Die gesetzlichen Vertreter einer Kapitalgesellschaft, bei der Aktiengesellschaft also der Vor- 176 stand, haben in den ersten drei Monaten des Geschäftsjahres für das vergangene Geschäftsjahr die Jahresbilanz, die Gewinn- und Verlustrechnung und den Anhang (so genannter **Jahresabschluss**) sowie einen Lagebericht aufzustellen und den Abschlussprüfern vorzulegen. Der Jahresabschluss ist bei großen Gesellschaften mit dem Bestätigungsvermerk oder dem Vermerk über dessen Versagung zusammen mit dem Lagebericht, dem Bericht des Aufsichtsrates und ggf. dem Vorschlag und Beschluss über die Verwendung des Ergebnisses im Bundesanzeiger bekannt zu machen. Anschließend sind diese Unterlagen mit der Bekanntmachung zum Handelsregister anzumelden. Bei kleinen und mittelgroßen Kapitalgesellschaften finden hier Erleichterungen statt.

Das Aktiengesetz sieht bei der Aktiengesellschaft zudem **Kapitalerhöhungen und -he-** 177 **rabsetzungen** vor. Dabei unterscheidet man zwischen effektiven und nominellen Kapitalerhöhungen/Kapitalherabsetzungen. Unter effektiv versteht man, dass realiter zusätzliches Kapital von außen zugeführt wird (Erhöhung) bzw. ein Teil des Grundkapitals an die Aktionäre ausgezahlt wird (Herabsetzung). Bei der nominellen Erhöhung oder Herabsetzung handelt es sich um eine Kapitalberichtigung aus Gesellschaftsmitteln. Damit ist es möglich, in der **Stiftungs-AG** den Betrag des Grundkapitals im Zeitablauf anzupassen.

Als Aktiengesellschaft kann die Stiftung u.a. **aufgelöst** werden: 178
- durch Ablauf der in der Satzung bestimmten Zeit,
- durch Beschluss der Hauptversammlung mit Dreiviertelmehrheit,
- durch die Eröffnung des Insolvenzverfahrens über das Vermögen der Gesellschaft,
- mit Rechtskraft einer registergerichtlichen Verfügung, durch welche ein Mangel der Satzung festgestellt worden ist.

6. Die Stiftungs-GmbH[123]

Die Gesellschaft mit beschränkter Haftung (GmbH) ist eine Handelsgesellschaft mit eigener 179 Rechtspersönlichkeit, die zu jedem gesetzlich zulässigen Zweck errichtet werden kann und für

---

122 Hüffer, Aktiengesetz, 9. Aufl. 2010, § 78 Rn 23.
123 Bertelsmann Stiftung/*Schlüter*, S. 880; *Schlüter*, GmbHR 2002, 535 ff., 578 ff.

deren Verbindlichkeiten den Gläubigern nur das Gesellschaftsvermögen haftet.[124] Eine große Zahl von Stiftungen wird als GmbH errichtet. Die bekanntesten Beispiele sind die *Robert Bosch Stiftung*, Stuttgart oder die *Klaus Tschira Stiftung*, Heidelberg.

180   Die Gesellschaft mit beschränkter Haftung weist insoweit als Kapitalgesellschaft gewisse Ähnlichkeiten zur Aktiengesellschaft auf:
–   juristische Person,
–   Kapitalgesellschaft,
–   grundsätzlich keine persönliche Haftung der Mitglieder.

181 Als Kapitalgesellschaft verfügt die GmbH über ein Mindestkapital von 25.000 EUR (Stammkapital). Das Stammkapital muss im Gesellschaftsvertrag in Stammeinlagen zerlegt werden: Sie bezeichnen die Beträge, mit denen sich die Gesellschafter an der von ihnen gegründeten Gesellschaft beteiligen. Die durch die Stammeinlage erworbene Beteiligung wird als Geschäftsanteil bezeichnet.

182   Im Unterschied zur Aktiengesellschaft ist die GmbH jedoch stärker personalistisch strukturiert. So ist die Gesellschaft mit beschränkter Haftung nicht als Publikumsgesellschaft, sondern als Organisationsform einer gemeinnützigen Einrichtung mit geringerem Kapitalbedarf und einer beschränkten Zahl von Gesellschaftern geeignet. Insoweit zielen die gesetzlichen Regelungen nicht auf den Schutz der Anleger (des Publikums) ab.

183   Wie jede juristische Person handelt auch die GmbH durch ihre Organe. Diese sind:
–   der oder die Geschäftsführer,
–   die Gesellschafterversammlung,
–   in bestimmten Fällen der Aufsichtsrat.

184 Die **Geschäftsführer** führen dabei die Geschäfte der Gesellschaft und vertreten die Gesellschaft mit beschränkter Haftung gerichtlich und außergerichtlich.

185   Die **Gesellschafterversammlung** stellt das oberste Willensorgan der Gesellschaft mit beschränkter Haftung als Gesamtheit der Gesellschafter dar. Sie fasst ihre Beschlüsse in der Regel in Versammlungen. Von **Satzungsänderungen** abgesehen kann die Willensbildung aber auch schriftlich im Umlaufverfahren erfolgen. Die Gesellschafter können sogar den Geschäftsbereich der Geschäftsführer festlegen.

7. Die nicht rechtsfähige Stiftung[125]

186 Die nicht rechtsfähige (oder auch unselbständige) Stiftung[126] ist im bürgerlichen Recht nicht ausdrücklich geregelt, dennoch anerkannt und in der Praxis weit verbreitet.

a) Definition

187 Nach einer allgemeinen Definition versteht man unter einer nicht rechtsfähigen (unselbständigen) Stiftung die Übertragung von Vermögenswerten durch den Stifter an eine natürliche oder juristische Person mit der Maßgabe, diese übertragenen Werte dauerhaft zur Verfolgung des vom Stifter festgelegten Zweckes zu verwalten.[127]

---

124 Strachwitz/Mercker/*Mues*, S. 241.
125 Bertelsmann Stiftung/*Schlüter*, S. 872 ff.
126 Strachwitz/Mercker/*Beckmann*, S. 220.
127 Seifart/v. Campenhausen/*Hof*, § 36.

b) Errichtung

Auch die nicht rechtsfähige Stiftung kann entweder durch Rechtsgeschäft unter Lebenden oder **188** durch Verfügung von Todes wegen begründet werden. Die Errichtung unter Lebenden erfordert einen Errichtungsvertrag zwischen dem Stifter und dem Stiftungsträger. In dem Vertrag verpflichtet sich der Stifter, dem Träger die zur Erfüllung des Stiftungszwecks erforderlichen Vermögensgegenstände zu übertragen. Der Träger verpflichtet sich, diese Gegenstände entsprechend dem Stiftungszweck zu verwalten und zu verwenden. Von Todes wegen kann die unselbständige Stiftung entweder durch Testament oder durch Erbvertrag begründet werden. Inhaltlich kann es sich bei dem Stiftungsgeschäft um eine Erbeinsetzung unter Auflage oder um die Einräumung eines Vermächtnisses unter Auflage handeln. Im ersteren Falle wird der Stiftungsträger Erbe, im letzteren Falle Vermächtnisnehmer. Inhalt der Auflage, die grundsätzlich keine Rechte, sondern nur Verpflichtungen schafft (§ 1940 BGB), ist die Verfolgung des Stiftungszwecks mit den in der letztwilligen Verfügung vorgesehenen Mitteln.

Die unselbständige Stiftung wird als **selbständiges Steuersubjekt** behandelt. Zuwendun- **189** gen an eine gemeinnützige unselbständige Stiftung führen für den Stifter zu den gleichen steuerlichen Vorteilen wie bei einer rechtsfähigen Stiftung. Die unselbständige Stiftung kann über Zuwendungen entsprechende Spendenquittungen ausstellen.

Für die **Gründung** ist kein Mindestkapital vorgeschrieben. Die unselbständige Stiftung **190** kann daher schon mit einem Euro gegründet werden.

Praxistipp **191**
In der Praxis der Stiftungsgründungen dient die unselbständige Stiftung häufig als **Vorstufe zu einer rechtsfähigen Stiftung**, insbesondere dann, wenn in der Gründungsphase noch nicht das für die Errichtung der selbständigen Stiftung notwendige Mindestkapital aufgebracht werden konnte. Einziger Zweck dieser unselbständigen Stiftung ist die Vorbereitung einer späteren Stiftungsgründung.

Der Verzicht auf eine gesetzliche Regelung bedeutet nicht, dass die Form einer nicht rechtsfähi- **192** gen Stiftung unzulässig ist; der Gesetzgeber wollte vielmehr die Ausgestaltung der unselbständigen Stiftung der Rechtswissenschaft und Gestaltungspraxis überlassen, sie aber nicht ausdrücklich ausschließen.

Eine nicht rechtsfähige Stiftung kommt immer dann in Betracht, wenn **193**
– die Stiftungsverwaltung nicht selbst ausgeführt werden soll,
– die Stiftungsarbeit von einem Dritten übernommen werden soll,
– keine ausreichend qualifizierte Besetzung der Gremien gewährleistet ist,
– eine staatliche Anerkennung und nachfolgende Aufsicht nicht erwünscht ist,
– die Gründung innerhalb kurzer Zeit erfolgen soll, oder
– die Stiftung auf Verbrauch oder auf Zeit angelegt sein soll.

Die rechtsfähige Stiftung oder eine Stiftungskörperschaft ist immer dann vorzuziehen, wenn **194**
– ein stark differenziertes Stiftungsvermögen zur Verfügung steht,
– die Stiftung operativ tätig werden soll,
– unter dem Dach der Stiftung weitere Zustiftungen oder nicht rechtsfähige Stiftungen verwaltet werden sollen,
– eine Zweckbetrieb errichtet wird, oder
– die staatliche Aufsicht ausdrücklich gewünscht ist.

c) Die nicht rechtsfähige Stiftung im System des Zivilrechts

195 Trotz der grundsätzlichen Einigkeit über die Definition einer nicht rechtsfähigen Stiftung bestehen erhebliche Differenzen bei der Einordnung dieser Rechtsfigur in das System des Privatrechts.

196   Teilweise wird die Auffassung vertreten, auf die nicht rechtsfähige Stiftung seien die Regeln über die rechtsfähige Stiftung **analog** anzuwenden.[128] Die nicht rechtsfähige Stiftung zeichnet sich ebenso wie die selbständige Stiftung durch eine nicht verbandsmäßige Struktur, ein selbständiges Vermögen und die Dauerhaftigkeit des mit ihr verfolgten Zweckes aus.

197   Die nicht rechtsfähige Stiftung wird entweder als **Auftragsverhältnis** nach §§ 662 ff. BGB oder als **Schenkung unter Auflagen** im Sinne der §§ 516, 525 BGB eingeordnet. Die überwiegende Meinung sieht in der unselbständigen Stiftung ein Auftragsverhältnis nach §§ 662 ff. BGB. Nach einer anderen Ansicht ist die unselbständige Stiftung eine Schenkung unter Auflagen nach §§ 516, 525 BGB.[129]

198   Eine unselbständige Stiftung kann nachträglich in eine selbständige Stiftung umgewandelt werden. Sie kann insoweit als „Vorstufe" zur rechtsfähigen Stiftung genutzt werden, wenn zum Zeitpunkt der Errichtung noch kein ausreichendes Kapital für eine staatliche Anerkennung aufgebracht wurde. Die Anerkennung als Steuersubjekt und damit die Abzugsfähigkeit der Zuwendungen wirkt ab der Gründung der unselbständigen Stiftung.

d) Organisation der nicht rechtsfähigen Stiftung

199 Die Satzung der unselbständigen Stiftung beruht auf einem privatrechtlichen Rechtsgeschäft (Auftragsverhältnis oder Schenkung unter Auflage) und ist als Vertrag das Ergebnis der Verhandlungen zwischen Stifter und Stiftungsträger. Dieser Organisationsvertrag konkretisiert insbesondere die Pflichten des Stiftungsträgers. Trotz seiner Rechtsnatur als schuldrechtlicher Vertrag hat er **satzungsähnlichen Charakter**. Er enthält einzelne Bestandteile, die regelmäßig Gegenstand der Satzung einer Körperschaft oder der einer rechtsfähigen Stiftung sind. Dazu zählen die Festlegung des Namens und des Sitzes der Stiftung sowie Einzelheiten zum Stiftungszweck.

200   Bei einer unselbständigen Stiftung mit einer **gemeinnützigen** Zwecksetzung, die eine Anerkennung als steuerbegünstigte Einrichtung anstrebt, hat die Satzung darüber hinaus die Anforderungen der §§ 51 ff. AO zu beachten. Für die Anerkennung als gemeinnützige Einrichtung kommt es nicht auf die Gemeinnützigkeit des Trägers, sondern darauf an, ob die nicht rechtsfähige Stiftung als selbständiges Steuersubjekt die Anforderungen der Gemeinnützigkeit erfüllt.

e) Stellung des Treuhänders

201 Das Stiftungsvermögen wird durch den Träger der Stiftung verwaltet.[130] Er ist in dieser Funktion nicht Vertreter der Stiftung, da die unselbständige Stiftung keine eigene Rechtspersönlichkeit darstellt. Der Treuhänder handelt bei allen Geschäften für die Stiftung **in eigenem Namen** und **für Rechnung des Stiftungsvermögens**.

202   Sein Auftreten nach außen ist häufig mit der eines Organs einer rechtsfähigen Körperschaft oder rechtsfähigen Stiftung vergleichbar. So wird der Stiftungsträger in der Satzung der Stiftung häufig als „Vorstand" der Stiftung bezeichnet. Gleichwohl ändert dies nichts an der Zuordnung der Rechte und Pflichten.

---

128 Soergel/*Neuhoff*, vor § 80 BGB Rn 23 ff.; dagegen Staudinger/*Rawert*, vor §§ 80 ff. BGB Rn 153; grundlegend RG RGZ 105, 306.
129 Zum Meinungsstand vgl. *Westebbe*, S. 69 ff.
130 Strachwitz/Mercker/*Meyer*, S. 228; Hopt/Reuter/*K. Schmidt*, Europäisches Stiftungsrecht, S. 175 ff.

Ähnlich wie die rechtsfähige Stiftung können in der Satzung der nicht rechtsfähigen Stif- **203** tung weitere Organisationsregeln aufgestellt werden.[131] Insbesondere ist es möglich, Organe zu bestellen, die die Arbeit des Stiftungsträgers überwachen und eine Bindung an den Stifterwillen sicherstellen. Werden in der Satzung solche Gremien wie Beirat oder Stiftungskuratorium vorgesehen, ist nicht nur ein besonderes Gewicht zu legen auf die Festlegung der Kompetenzen und Besetzungsregeln für diese Organe.

f) Satzungsänderungen

Ist vorgesehen, dass der Stiftungsträger nachträglich die Satzung ändern kann, so sind die Vor- **204** aussetzungen hierfür in der Satzung ausdrücklich anzugeben.

Formulierungsbeispiel **205**

Wenn aufgrund einer wesentlichen Veränderung der Verhältnisse die Erfüllung des Stiftungszwecks nicht mehr sinnvoll erscheint, kann (Name des Stiftungsträgers) den Stiftungszweck ändern oder einen neuen Stiftungszweck beschließen. Der neue Stiftungszweck muss ebenfalls steuerbegünstigt sein.

Der Treuhänder als Stiftungsträger ist zu nachträglichen Änderungen nur dann befugt, wenn **206** dies im ursprünglichen Stiftungsgeschäft vorgesehen ist. Die Änderungskompetenz kann an eine Reihe von Voraussetzungen geknüpft werden. Dies ist neben einer Veränderung der tatsächlichen Verhältnisse, das vom Stiftungsträger einzuhaltende Verfahren. Hier kann vorgesehen werden, dass die Satzungsänderung nur dann wirksam wird, wenn Dritte an ihr mitgewirkt haben und einer Satzungsänderung zustimmen. Anders als Zustimmungserfordernisse in Bezug auf die Vermögensverwaltung handelt es sich bei den **Zustimmungsvoraussetzungen** für Satzungsänderungen um echte Wirksamkeitsvoraussetzungen. Ohne die entsprechende Mitwirkung Dritter wird eine nachträgliche Änderung der Satzung (als schuldrechtliche Vereinbarung zwischen Stifter und Treuhänder) nicht wirksam.

g) Vergleich rechtsfähige – nicht rechtsfähige Stiftung

	Rechtsfähige Stiftung	Nicht rechtsfähige Stiftung	**207**
Rechtsnatur	Juristische Person des Zivilrechts, §§ 80 ff. EGB	Vertragskonstruktion; keine entsprechende Anwendung der §§ 80 ff. BGB	
Vertretung	Vorstand als gesetzlicher Vertreter	Treuhänder handelt im eigenen Namen; wirtschaftlichfür die nicht rechtsfähige Stiftung; keine „Vertretung" im Rechtssinne	
Eigentum am Stiftungsvermögen	Stiftung ist Eigentümer des Vermögens	Eigentümer ist der Treuhänder mit treuhänderischer Bindung	
Haftung	Die Stiftung haftet mit ihrem gesamten Vermögen	Der Treuhänder haftet mit seinem Vermögen; die Haftung kann auf das Stiftungsvermögen beschränkt werden (umstritten)	
Entstehung	Durch staatliche Anerkennung	Durch privatrechtlichen Vertrag	
Aufsicht	Staatliche Stiftungsaufsicht	Aufsichtsfrei	

---

131 Seifart/v. Campenhausen/*Hof*, § 36 Rn 97 ff.

	Rechtsfähige Stiftung	Nicht rechtsfähige Stiftung
Steuerliche Behandlung	Selbständiges Steuersubjekt	Selbständiges Steuersubjekt
Mindestkapital	Abhängig vom Stiftungszweck, in der Regel mind. 50.000 EUR	Kein Mindestkapital
Vermögens- erhaltung	Pflicht zur ungeschmälerten Bestandserhaltung, sofern sich aus dem Stiftungsgeschäft nicht etwas anderes ergibt	Zeitliche Befristung und Aufzehrung des Stiftungs- kapitals möglich

h) Vergleich rechtsfähige Stiftung – Stiftungskörperschaft

208

	Rechtsfähige Stiftung	Stiftungskörperschaft
Staatliche Anerkennung	Zwingend erforderlich	Errichtung lediglich durch schuldrechtliche Ab- sprache und Gründungsakt nebst Eintragung ins Vereins- oder Handelsregister; keine Anerkennung
Staatliche Aufsicht	Einer laufenden Aufsicht unter- worfen	Keine Aufsicht, keine hoheitliche Kontrolle
Satzungsänderun- gen	Genehmigung durch die Stiftungs- aufsicht	Beschlussfassung der zuständigen Gremien erforderlich
Aufbringung des Stiftungskapitals	Keine gesetzliche Mindestgröße vorgeschrieben; allerdings muss die Stiftung in der Lage sein, mit den Erträgen ihres Grundstockver- mögens die Stiftungsziele dauer- haft und nachhaltig zu erfüllen	Kein Mindestkapital vorgeschrieben, bzw. bei der GmbH Mindestkapital von 25.000 EUR
Interne Willensbildung	Willensbildung erfolgt durch die nach der Satzung vorgesehenen Organe	Verbandsautonomie; hier sind Gesellschafter bzw. Mitglieder die maßgeblichen Entscheidungsträger
Dauer der Organisation	Prinzipiell zeitlich nicht begrenzt	Grundsätzlich jederzeit durch Mehrheitsbeschluss auflösbar

VI. Beratungsvergütung

209 Grundsätzlich kann die Vergütung eines mit der Errichtung einer Stiftung befassten Rechtsan- walts nach dem Rechtsanwaltsvergütungsgesetz (RVG) oder aufgrund einer Honorarvereinba- rung bestimmt werden. Die Höhe der gesetzlichen Gebühr, die der Gebührentabelle (Anlage zu § 13 RVG) zu entnehmen ist, ist abhängig vom **Gegenstandswert**. Wie auch bei anderen gesell- schaftsrechtlichen Mandaten, wo oft überdurchschnittlich hohe Gegenstandswerte in Rede ste- hen, wird in der Regel eine **Honorarvereinbarung** getroffen, welche die Höhe der Vergütung nach RVG nicht erreicht.

210 Sinnvoll dürfte die Vereinbarung eines **Stundensatzes** sein. Über dessen Höhe können hier keine Angaben gemacht werden; er ist abhängig von der Komplexität der Stiftungserrichtung, dem Stiftungsvermögen, und natürlich auch dem Grad der Spezialisierung und Expertise des jeweiligen Rechtsanwalts.

211 Zu beachten ist, dass bei der Errichtung von Stiftungen zunehmend Banken und Unterneh- mensberater sowie selbständige Stiftungsberater den Markt betreten, was tendenziell keinen güns-

tigen Einfluss auf die Höhe der rechtsanwaltlichen Vergütung haben dürfte. Ausgesprochen erfolgreich in diesem Geschäftsfeld ist seit über fünfzig Jahren die DSZ – *Deutsches Stiftungszentrum GmbH* im *Stifterverband für die Deutsche Wissenschaft*. Durch die Beratung und Administration einer hohen Zahl an Stiftungen verfügt das Deutsche Stiftungszentrum über ein hohes Maß an Professionalität und Erfahrung und kann seine Dienstleistungen ausgesprochen günstig anbieten.[132]

---

132 Weitere Informationen finden sich unter www.stifterverband.de.

Dr. Axel Brandi

§ 9 Aufsichtsgremien

Literatur: *Arens*, Gesellschaftsrecht, 2. Aufl. 2005; *Bacher*, Errichtung eines schuldrechtlichen Beirates, GmbHR 2005, 465; *Baumbach/Hueck*, GmbHG, 19. Aufl. 2010; *Deilmann*, Abgrenzung der Überwachungsbefugnisse von Gesellschafterversammlung und Aufsichtsrat einer GmbH unter besonderer Berücksichtigung des mitbestimmten Aufsichtsrats, BB 2004, 2253 ff.; *Ebenroth/Boujong/Joost/Strohn*, HGB Kommentar, 2. Aufl. 2008/2009; *Feddersen*, Neue gesetzliche Anforderungen an den Aufsichtsrat, AG 2000, 385; *Gaugler/Heimburger*, Beiräte mittelständischer Unternehmen, 1985; *Großfeld/Bondics*, Die Stellung des fakultativen Aufsichtsrates (Beirat) in der Gesellschaft mit beschränkter Haftung und in der GmbH & Co. KG, AG 1987, 293; *Haack*, Der Beirat der GmbH & Co. KG, BB 1993, 1607; *Hachenburg*, Großkommentar zum GmbHG, 8. Aufl. 1992 ff.; *Henze*, Neuere Rechtsprechung zu Rechtsstellung und Aufgaben des Aufsichtsrats, WR 2005, 165 ff.; *Keiluweit*, Unterschiede zwischen obligatorischen und fakultativen Aufsichtsgremien – Ein Vergleich zwischen Aktiengesellschaft und GmbH, BB 2011, S. 1795 ff.; *Koeberle-Schmid/Groß/Lehmann-Tolkmitt*, Der Beirat als Garant guter Governance im Familienunternehmen, BB 2011, S. 899 ff.; *Lutter/Hommelhoff*, GmbHG, 17. Aufl. 2009; *Michalski*, GmbHG, 2. Auf. 2010; *Müller/Wolf*, Verlagerung von Zuständigkeiten auf den Beirat der GmbH, GmbHR 2003, 810; *Münchener Handbuch des Gesellschaftsrechts*, *Band 2*, 3. Aufl. 2009; *Münchener Handbuch des Gesellschaftsrechts*, *Band 3*, 3. Aufl. 2009; *Münchener Kommentar zum GmbHG, Band 1*, §§ 1–34, 2010; *Notthoff*, Rechtliche Fragestellungen im Zusammenhang mit dem Abschluss einer Director's & Officer's-Versicherung, NJW 2003, 1350 ff.; *Oetker*, Handelsgesetzbuch, Kommentar, 2. Aufl. 2011, § 161 Rn 44–60; *Oppenländer/Trölitzsch*, Praxishandbuch der GmbH-Geschäftsführung, 2. Aufl., München 2011; *Rinze*, Die Haftung von Beiratsmitgliedern einer persönlichen GmbH & Co. KG, NJW 1992, 2790; *Schlegelberger*, HGB Kommentar, 1973–1992; *Scholz*, GmbHG, 10. Aufl. 2006–2010; *Schulze-Osterloh*, Die Regelungen des Anstellungs-verhältnisses der Mitglieder des Beirats einer Personengesellschaft, ZIP 2006, 49; *Staub*, Großkommentar zum HGB, 4. Aufl. 1983 ff.; *Sudhoff*, GmbH & Co. KG, 6. Auflage 2005; *Teubner*, Der Beirat zwischen Verbandssouveränität und Mitbestimmung, ZGR 1986, 565; *Voormann*, Der Beirat im Gesellschaftsrecht, 2. Aufl. 1990; *Wälzholz*, Der Beirat im mittelständischen Unternehmen – Chancen, Grenzen und Probleme, DStR 2003, 511 f.; *Weiss*, Beratungsverträge mit Aufsichtsrats- und Beiratsmitgliedern in der Aktiengesellschaft unsd der Gesellschaft mit beschränkter Haftung, BB 2007, 1853 ff.; *Wiedemann*, Verbandssouveränität und Außeneinfluss, in: FS Schilling 1973, S. 105 ff.; *Wiedemann/Kögel*, Beirat und Aufsichtsrat in Familienunternehmen, München 2008.

Inhalt

I. Aufsichtsrat und Beirat: Bestellung, Abberufung und Aufgaben

1. Allgemeines
a) Gesetzliche Grundlagen

Unabhängig von den Mitbestimmungsgesetzen ist ein besonderes Aufsichtsgremium gesetzlich **1** lediglich für AGs und Genossenschaften vorgeschrieben. Bei anderen Gesellschaftsformen sind Aufsichtsräte erst ab einer bestimmten Größenordnung vorgesehen.[1] Ein Aufsichtsrat muss außerdem bei GmbHs eingerichtet werden, die Kapitalanlagegesellschaften (§§ 1 Abs. 1, 4 KAGG) oder gemeinnützige Wohnungsunternehmen[2] betreiben. Im Übrigen ist die Bildung eines Aufsichtsorgans weitestgehend den Gesellschaftern überlassen (vgl. § 52 GmbHG). Aus Gründen des Anlegerschutzes wird allerdings für Publikumskommanditgesellschaften die Auffassung vertreten, es sei ein Überwachungsorgan einzurichten, das gewisse Mindestbefugnisse habe und von den Kommanditisten ein- und abberufen werde.[3]

b) Zweck des Aufsichtsorgans

Ein unabhängig von gesetzlichen Vorschriften freiwillig auf der Grundlage des Gesellschaftsvertrages eingerichtetes Aufsichtsgremium muss nicht unbedingt als Aufsichtsrat bezeichnet sein. **2** In der Praxis finden sich Bezeichnungen wie z.B. Beirat, Verwaltungsrat, Gesellschafterausschuss und anderes mehr. Von einem Aufsichtsrat sollte man im Interesse der Rechtsklarheit nur sprechen, wenn zu den Aufgaben des betreffenden Gremiums die Überwachung der Ge-

---

1 Dies gilt insbesondere für die GmbH und die GmbH & Co. KG mit mehr als 500 Arbeitnehmern nach dem Gesetz über die Drittelbeteiligung der Arbeitnehmer im Aufsichtsrat (DrittelbG v. 18.5.2004 [BGBl I, 974]). Bei den gleichen Gesellschaften ist – sofern mehr als 2.000 Arbeitnehmer beschäftigt werden – das Mitbestimmungsgesetz (MitbestG v. 4.5.1976 [BGBl I, 1530]) und bei Montangesellschaften mit über 1.000 Arbeitnehmern das Montanmitbestimmungsgesetz (MontanMitbestG v. 21.5.1951 [BGBl I, 347]) anwendbar. Bei GmbHs mit mehr als 500 Arbeitnehmern, die aus einer grenzüberschreitenden Verschmelzung hervorgegangen sind, ist ebenfalls ein Aufsichtsrat zwingend erforderlich.
2 § 2 der Verordnung zur Durchführung des Wohnungsgemeinnützigkeitsgesetzes i.d.F. v. 24.11.1969 (BGBl I, 2142).
3 Befugnis zur Abberufung der Komplementärin aus wichtigem Grunde, Informationsrecht entsprechend § 118 Abs. 1 HGB und Mitspracherecht bei außergewöhnlichen Geschäften gem. § 164 HGB (vgl. MünchGesR/*Mutter*, Bd. 2, § 8 Rn 2, 11 und 17.

schäftsführung gehört. Ein die Geschäftsführung lediglich beratendes Gremium wird sinnvollerweise als Beirat oder Verwaltungsrat bezeichnet. Allerdings ist es in der Praxis schon fast die Regel geworden, dass dem Beirat neben der Beratung der Geschäftsführung auch Überwachungsfunktionen zugewiesen werden. Ist nach gesetzlichen Vorschriften ein Aufsichtsrat zu bilden, kann daneben grundsätzlich noch ein Beirat oder ein Gesellschafterausschuss eingerichtet werden. Dies kann z.B. sinnvoll sein, wenn ein beratender Beirat gewünscht ist und dieser mit fachkundigen Dritten besetzt werden soll.[4]

c) Gründe für die Installation

3 Die überwiegende Zahl der Mandate im Rahmen der Gesellschaftsgründung – um die es im vorliegenden Zusammenhang geht – wird die Gestaltung mittelständischer Unternehmen betreffen.[5] Dabei wird in der Regel nicht etwa ein nach gesetzlichen Vorschriften zu bildender Aufsichtsrat, sondern ein freiwillig zu errichtendes Aufsichtsgremium zur Diskussion stehen, das als Aufsichtsrat bezeichnet werden sollte, sofern ihm Überwachungspflichten obliegen oder – darüber hinausgehend – die Kompetenz zur Bestellung und Abberufung der Geschäftsführung eingeräumt wird.[6] In anderen Fällen geht es darum, der Geschäftsführung lediglich ein Gremium mit Beratungskompetenz zur Seite zu stellen, also einen Beirat einzusetzen. In der ersten Generation eines Unternehmens sind derartige Institutionen allerdings häufig unerwünscht. Der oder die Gründer wünschen keine Verwässerung ihres Einflusses und auch keine externe Kontrolle oder gar Mitspracherechte Dritter.[7] Sofern ein Aufsichtsgremium installiert wird, sind in der Regel folgende Motive maßgebend:
– Überwachung/Kontrolle der Geschäftsführung,
– Nutzung externen Wissens,
– Verminderung des Risikos von Fehlentscheidungen durch ständige Beratung,
– Familienkommunikation; Ausgleich unterschiedlicher Gesellschafterinteressen,
– Versachlichung der Zusammenarbeit zwischen Gesellschaftern und Geschäftsführung,
– Vorbereitung der Unternehmensnachfolge,
– Einrichtung einer sachkundigen Entscheidungsinstanz bei Meinungsverschiedenheiten unter den Geschäftsführern,
– Herstellung bzw. Absicherung von Geschäftsbeziehungen und sonstigen Kontakten, sog. Networking,
– Übertragung von Zustimmungsvorbehalten bei bestimmten Geschäftsführungsmaßnahmen.[8]

d) Errichtung

4 Die Errichtung des Aufsichtsrates/Beirates, die Bestimmung seiner Aufgaben und seiner personellen Zusammensetzung müssen ihre Rechtsgrundlage im Gesellschaftsvertrag haben.[9] Das Gleiche gilt für die Regelungen seiner Beschlussfassung, d.h. die Bestimmungen der Beschlussfähigkeit, der für die Beschlüsse erforderlichen Mehrheit und der Anzahl der Stimmen, die das Mitglied hat. Im Folgenden ist, um den Fluss der Darstellung nicht unnötig einzuschränken, unabhängig vom Bestehen von Überwachungsbefugnissen vom Beirat die Rede. Bestimmungen,

---

4 MünchGesR/*Marsch-Barner*/*Diekmann*, Bd. 3, § 48 Rn 6.
5 Lesenswert: *Wälzholz*, DStR 2003, 511 ff.
6 *Koeberle-Schmid*/*Groß*/*Lehmann-Tolkmitt*, BB 2011, 899 ff.
7 Meistens wird damit die Chance vertan, externen Sachverstand von Anfang an in das Unternehmen einzubinden.
8 *Gaugler*/*Heimburger*, S. 48; *Voormann*, S. 6 ff.; MünchGesR/*Mutter*, Bd. 2, § 8 Rn 1.
9 BGH WM 1968, 98.

die den formellen Ablauf der Beiratstätigkeit regeln, können und sollten in einer vom Gesellschaftsvertrag unabhängigen Beiratsordnung enthalten sein. Dies hat den Vorteil, dass nicht jede Änderung der Details über die Beiratstätigkeit einer Änderung des Gesellschaftsvertrages bedarf.

Häufig haben die Gesellschafter den Wunsch, dass ein Beirat erst bei Eintritt bestimmter **5** Voraussetzungen errichtet werden soll, z.B. nach dem Tod des Gesellschaftsgründers.

Formulierungsvorschlag   **6**
Nach dem Tod des Gesellschafters X ist auf Verlangen von Gesellschaftern, die mindestens... % der Stimmen auf sich vereinigen, ein dreiköpfiger Beirat zu berufen.

---

2. Der fakultative Aufsichtsrat oder Beirat bei Personenhandelsgesellschaften (OHG, KG – insbesondere GmbH & Co. KG) und bei der GmbH
a) der Gesellschaft oder einer Gesellschaftergruppe

Im Grundsatz ist zwischen dem **Beirat der Gesellschaft** und dem einer **Gesellschaftergruppe** **7** zu unterscheiden. Der Beirat der Gesellschaft ist stets vorrangig dem Interesse der Gesellschaft verpflichtet. Ein Beirat, der Repräsentant einer Gesellschaftergruppe ist, hat in erster Linie deren Interesse zu wahren.[10] Sowohl der Beirat der Gesellschaft wie derjenige einer Gesellschaftergruppe können entweder auf gesellschaftsvertraglicher Grundlage oder auf rein schuldrechtlicher Grundlage durch Verträge der Gesellschaft bzw. der Gesellschaftergruppe mit den einzelnen Beiratsmitgliedern gebildet werden.[11] Der Beirat auf schuldrechtlicher Grundlage ist in der Praxis eher selten anzutreffen. Sollen dem Beirat Befugnisse übertragen werden, die nach dispositivem Gesetzesrecht den Gesellschaftern vorbehalten sind, z.B. Kontrollrechte oder Mitwirkungsrechte bei der Geschäftsführung, ist die Einrichtung auf **gesellschaftsvertraglicher Grundlage** unumgänglich. Rechte und Pflichten von Gesellschaftern können nämlich nur durch den Gesellschaftsvertrag selbst beschränkt oder ausgeschlossen werden.

Für einen lediglich beratenden Beirat ist u.U. die Einrichtung auf schuldrechtlicher Grund- **8** lage in Verbindung mit entsprechenden Dienstverträgen mit den einzelnen Beiratsmitgliedern ausreichend.[12]

b) Sondersituation GmbH & Co. KG

Bei der GmbH & Co. KG kann der Beirat bei der KG, der Komplementär-GmbH oder bei beiden **9** gebildet werden. Die Anknüpfung hängt in erster Linie von den Funktionen des Beirates ab. Soll er Aufgaben wahrnehmen, die nach zwingendem Recht einem Organ der Komplementär-GmbH obliegen, wie z.B. die Bestellung und Abberufung ihrer Geschäftsführer, so muss er bei der GmbH errichtet werden. Sofern sich die Aufgaben auf solche beschränken, die – wie z.B. die Feststellung der Bilanz – nach dispositivem Recht den Gesellschaftern der KG[13] oder einer Gruppe von ihnen zustehen, empfiehlt sich die Errichtung bei der KG. Für letzteren Anknüpfungspunkt sprechen auch steuerliche Gesichtspunkte. Während die KG die den Beiratsmitgliedern geleisteten Vergütungen in voller Höhe als Betriebsausgabe absetzen kann, ist die Abziehbarkeit bei der Komplementär-GmbH auf die Hälfte der Vergütungen beschränkt (§ 10 Nr. 4 KStG). Die

---

10 MünchGesR/*Mutter*, Bd. 2, § 8 Rn 3 und Rn 8.
11 MünchGesR/*Mutter*, Bd. 2, § 8 Rn 4 und 6; *Bacher*, GmbHR 2005, 465 ff.
12 *Bacher*, GmbHR 2005, 465 ff. mit konkreten Formulierungsvorschlägen.
13 BGHZ 76, 338; 80, 358; 132, 266. Nur die Feststellung der Bilanz obliegt sämtlichen Gesellschaftern, die Aufstellung und Vorbereitung bis zur Beschlussfassung ist Angelegenheit der Geschäftsführer.

Vergütungen des Beirats der Komplementär-GmbH werden nicht nur zur Hälfte dem steuerlichen Gewinn der GmbH zugerechnet, sie führen gleichzeitig bei den Mitgliedern selbst zu steuerlichen Einkünften.[14]

10 Sofern dem Beirat umfassende Weisungs- oder Entscheidungsbefugnisse in Geschäftsführungsfragen eingeräumt werden und er zugleich überwiegend mit Nichtgesellschaftern besetzt werden soll, sollte er bei der Komplementär-GmbH eingerichtet werden.[15]

11 Sind dem Beirat Kompetenzen bei beiden Gesellschaften zugewiesen, die jeweils nur von einem Organ der betroffenen Gesellschaft wahrgenommen werden können, ist er auch bei beiden Gesellschaften zu errichten. Rechtlich handelt es sich dann um (zwei) Organe verschiedener Gesellschaften. Mit Rücksicht auf die enge Verzahnung der beiden Gesellschaften ist es unbedingt zweckmäßig, Personenidentität der Beiratsmitglieder anzuordnen.

c) Kompetenzen des Beirats
aa) Grundsatz und Grenzen

12 Die Gesellschafter sind hinsichtlich der Einräumung der Rechte und Pflichten des Beirates grundsätzlich frei, soweit nicht zwingende gesetzliche Vorschriften oder allgemeine Grundsätze des Gesellschaftsrechts entgegenstehen.[16] Gewisse Grenzen ergeben sich aus dem Grundsatz der **Verbandssouveränität** und dem Grundsatz der **Selbstorganschaft** bei Personenhandelsgesellschaften.

13 Das Prinzip der **Verbandssouveränität**, das sowohl bei Personengesellschaften wie im Recht der Kapitalgesellschaften gilt, verbietet es den Gesellschaftern, das Schicksal der Gesellschaft Dritten zu überlassen.[17] Die Gesellschafter sind berechtigt und verpflichtet, die Grundlagen der Gesellschaft selbst zu bestimmen. Sie können zwar den Beirat ermächtigen, den Gesellschaftsvertrag zu ändern, diese Ermächtigung ist aber keine verdrängende; die Gesellschafterversammlung muss vielmehr neben dem Beirat für Vertragsänderungen zuständig bleiben.[18] Entsprechend können die Gesellschafter unter den Voraussetzungen, unter denen sie den Gesellschaftsvertrag ändern und den Beirat abschaffen können, auch seine Beschlüsse aufheben.[19]

14 Der Grundsatz der **Selbstorganschaft** verbietet es, sämtliche Gesellschafter von der Geschäftsführung und sämtliche Komplementäre von der Vertretung auszuschließen und diese auf Dritte zu übertragen. Es ist deshalb auch nicht zulässig, einen Beirat, dem ausschließlich oder überwiegend Gesellschaftsfremde angehören, umfassende Weisungsrechte gegenüber den geschäftsführenden Gesellschaftern einzuräumen.[20]

bb) Beratung

15 Die Beratung der geschäftsführenden Gesellschafter gehört in jedem Fall zu den Rechten und Pflichten der Beiratsmitglieder, auch wenn dem Gremium keine weiteren Aufgaben zugewiesen

---

14 MünchGesR/*Mutter*, Bd. 2, § 8 Rn 76.

15 Vgl. Sudhoff/*Reichert*, GmbH & Co. KG, § 18 Rn 41; MünchGesR/*Mutter*, Bd. 2, § 8 Rn 5 m.w.N. Der innere Grund für diese Zuordnung liegt darin, dass eine Kollision mit dem für die KG geltenden Grundsatz der Selbstorganschaft nach Möglichkeit vermieden werden muss.

16 Für die Personenhandelsgesellschaften folgt dies aus §§ 161 Abs. 2, 109 HGB; für die GmbH aus § 45 Abs. 2 GmbHG.

17 Vgl. *Wiedemann*, FS Schilling 1973, S. 105, 111; *Teubner*, ZGR 1986, 565 f.; GroßKomm/*Ulmer*, HGB, § 109 Rn 31, 35; MünchGesR/*Mutter*, Bd. 2, § 8 Rn 13.

18 Vgl. BGH WM 1985, 256, 257.

19 Vgl. BGH WM 1970, 249, 250.

20 MünchGesR/*Mutter*, Bd. 2, § 8 Rn 14 und Rn 24.

Brandi

worden sind. Für den Beirat einer Publikumsgesellschaft ist allerdings zu beachten, dass diese die Geschäftsführung zusätzlich auch dann zu überwachen hat, wenn dies im Gesellschaftsvertrag nicht ausdrücklich bestimmt ist.[21] Die Rechte und Pflichten eines solchen Beirats entsprechen im Wesentlichen denen eines satzungsmäßig bestellten Aufsichtsrates einer GmbH (§ 52 GmbHG, § 111 AktG). Der Aufgabenkreis des Beirats einer Publikumsgesellschaft besteht neben der Prüfung des Jahresabschlusses darin, sich von der Geschäftsführung regelmäßig Bericht erstatten zu lassen, die hierzu notwendigen Unterlagen einzusehen und etwaigen Bedenken nachzugehen.[22]

Das Motiv für die Errichtung eines lediglich beratenden Beirats besteht in der Praxis regelmäßig in dem Wunsch nach Gedankenaustausch mit kompetenten Gesprächspartnern, um die eigene Betriebsblindheit zu überwinden, auf Chancen hingewiesen oder vor Risiken gewarnt zu werden.[23]   **16**

cc) Überwachung

Die Überwachung der Geschäftsführung ist in der Praxis die wichtigste Aufgabe des Aufsichtsorgans. Diese Aufgabenstellung sollte im Gesellschaftsvertrag ausdrücklich hervorgehoben werden. Bei Personenhandelsgesellschaften ist dies insbesondere dann erforderlich, wenn zugleich mit der Einräumung dieser Befugnis die ordentlichen Kontrollrechte der Gesellschafter eingeschränkt werden sollen.[24] Für den Aufsichtsrat einer GmbH ergibt sich die Überwachungspflicht bereits aus § 52 Abs. 1 GmbHG, der seinerseits auf zahlreiche Vorschriften des Aktiengesetzes verweist.[25] Die Überwachung der Geschäftsführung kann ins Leere laufen, wenn dem Aufsichtsrat nicht auch die Entscheidungskompetenz über Bestellung, Anstellung und Abberufung der Geschäftsführung eingeräumt wird. Die Personalkompetenz ist neben der noch zu erörternden Zustimmung zu besonders wichtigen Geschäftsführungsmaßnahmen die stärkste Waffe eines Beirates.[26]   **17**

Zur Überwachung gehört die Kontrolle der Rechtmäßigkeit, der Ordnungsmäßigkeit und der Wirtschaftlichkeit der Geschäftsführung.[27] Dazu zählt insbesondere die **Überprüfung** der Einhaltung **wirtschaftsrechtlicher**, **steuerrechtlicher** und **arbeitsrechtlicher** Vorschriften sowie die Kontrolle der Einhaltung der Satzung.[28] Die Ordnungsmäßigkeit der Geschäftsführung erfordert Nachweis über eine angemessene **Unternehmungsplanung** und eine **entsprechende** interne **Kontrolle** aufgrund eines effektiven Rechnungs- und Betriebswesens, das sich seinerseits an der Größe und der Struktur der Gesellschaft zu orientieren hat.[29] Im Rahmen der **Kontrolle der Wirtschaftlichkeit** geht es um die **Sicherung** der **Lebensfähigkeit** der **Gesellschaft**, wozu wiederum die Sicherstellung der Zahlungsfähigkeit gehört. Die **Überwachung** bezieht sich auf **Vergangenheit und Zukunft**.[30] Je nach Größe des Unternehmens sind Vorkehrungen zur Früherkennung Existenz gefährdender Risiken (vgl. § 91 Abs. 2 AktG) zu treffen. Sofern es im Gesellschaftsvertrag lediglich heißt, der Beirat habe die Geschäftsführung zu überwachen, ist der Um-   **18**

---

21 BGH WM 1979, 1425, 1426.
22 Vgl. BGH WM 1977, 1446, 1448.
23 Vgl. MünchGesR/*Mutter*, Bd. 2, § 8 Rn 17.
24 Z.B. die Rechte aus §§ 118 oder 166 HGB; vgl. MünchGesR/*Mutter*, Bd. 2, § 8 Rn 18.
25 Die Anwendung aktienrechtlichen Vorschriften kann abbedungen werden, § 52 Abs. 1 letzter Hs. GmbHG.
26 *Koeberle-Schmid, Groß, Lehmann-Tolkmitt,* Der Beirat als Garant guter Governance im Familienunternehmen, BB 2011, S. 911.
27 *Lutter/Hommelhoff,* § 52 Rn 11; MünchGesR/*Marsch-Barner/Diekmann*, Bd. 3, § 48 Rn 49.
28 *Lutter/Hommelhoff,* § 52 Rn 11.
29 MünchGesR/*Marsch-Barner/Diekmann*, Bd. 3, § 48 Rn 49.
30 *Lutter/Hommelhoff,* § 52 Rn 13; MünchGesR/*Marsch-Barner/Diekmann*, Bd. 3, § 48 Rn 49.

fang der Überwachungsrechte und -pflichten durch Auslegung zu ermitteln.[31] Durch den Gesellschaftsvertrag bzw. die Satzung können Aufgaben des Aufsichtsorgans erheblich ausgeweitet werden, jedoch kann dem Gremium nicht etwa die Geschäftsführung im Ganzen übertragen werden.[32] Eingeräumt werden können ihm aber wichtige Zuständigkeiten der Gesellschafterversammlung, wie z.B. die Bestellung, Anstellung, Abberufung und Kündigung der Geschäftsführer sowie die Vertretung der Gesellschaft gegenüber ausgeschiedenen Geschäftsführern.[33] Die Überwachung betrifft auch die Beziehungen zu verbundenen Unternehmen (§ 52 Abs. 1 GmbHG i.V.m. § 90 Abs. 3 S. 1 AktG).

19   Der wohl wesentlichste Bestandteil der Überwachung der Geschäftsführung besteht in der Prüfung der Rechnungslegung. Soweit der Jahresabschluss nach Gesetz oder Gesellschaftsvertrag von einem Abschlussprüfer zu prüfen ist, darf sich der Beirat grundsätzlich an dem Prüfungsbericht orientieren und auf dessen Richtigkeit verlassen. Ist der Jahresabschluss dagegen nicht von einem Abschlussprüfer zu prüfen, so muss das Aufsichtsgremium nach eigenem pflichtgemäßem Ermessen entscheiden, ob es selbst zur Prüfung in der Lage ist oder sich dazu eines Sachverständigen bedienen muss.[34]

dd) Geschäftsführung

20 Die Beteiligung eines Beirates an der Geschäftsführung enthält eine Änderung der gesetzlichen Regelung, wonach bei der Personenhandelsgesellschaft die Geschäftsführung den Komplementären und bei der GmbH den Geschäftsführern obliegt. Ein im weitesten Sinne mit Geschäftsführungsaufgaben betrauter Beirat kann deshalb nur auf gesellschaftsrechtlicher, nicht aber auf schuldrechtlicher Grundlage errichtet werden. Der in der Praxis häufigste und wichtigste Fall der Beteiligung des Aufsichtsorgans an der Geschäftsführung besteht in der Einführung eines Katalogs von Zustimmungsvorbehalten.[35]

21   Es ist deshalb in der Regel zweckmäßig, im Gesellschaftsvertrag zu bestimmen, dass die geschäftsführenden Gesellschafter bestimmte Handlungen nur mit Zustimmung des Beirats vornehmen dürfen.[36] Sofern Zustimmungsvorbehalte bestehen, ist der Beirat verpflichtet, vor einer Entscheidung notfalls auch von dritter Seite die für eine Abwägung der Chancen und Risiken erforderlichen Informationen einzuholen.[37] Der Beirat selbst ist zur Aufstellung eines Katalogs zustimmungspflichtiger Geschäfte, zu dessen Erweiterung oder Einschränkung nur berechtigt, wenn der Gesellschaftsvertrag ihm diese Befugnis ausdrücklich einräumt. Sie ergibt sich nicht schon aus dem Recht des Beirats, die Geschäftsführung zu überwachen. Der Zustimmungsvorbehalt sollte sich auf Handlungen beschränken, die über den gewöhnlichen Betrieb des betreffenden Handelsgewerbes der Gesellschaft hinausgehen.

---

22 **Formulierungsbeispiele**

Die Geschäftsführer haben für alle Geschäfte, die über den gewöhnlichen Geschäftsbetrieb der Gesellschaft hinausgehen, die vorherige Zustimmung des Beirats einzuholen,

---

31 Beim Aufsichtsrat der GmbH ergibt sich das Notwendige aus § 52 Abs. 1 GmbHG, der u.a. auf die Vorschriften des § 90 Abs. 3, 4 und 5 S. 1 und 2 AktG verweist.
32 *Lutter/Hommelhoff*, § 52 Rn 10; Scholz/*Schneider*, § 52 Rn 94; Baumbach/Hueck/*Zöllner*, § 52 Rn 64.
33 BGH WM 1990, 629, 630; NZG 1999, 1215 f.
34 MünchGesR/*Mutter*, Bd. 2, § 8 Rn 19.
35 Man kann insoweit auch von negativer Geschäftsführung sprechen.
36 Siehe Schlegelberger/*Martens*, § 164 Rn 35; GroßKomm/*Ulmer*, HGB, § 109 Rn 56; *Haack*, BB 93, 1607, 1609; Ebenroth/*Mayen*, § 114 Rn 22 f.; MünchGesR/*Mutter*, Bd. 2, § 8 Rn 22, 23.
37 BGH, Urt. v. 11.12.2006, II ZR 273/05, DZWIR 2007, 327 mit zustimmender Anmerkung Stein.

Brandi

oder:

Die folgenden Handlungen bedürfen der vorherigen Zustimmung des Beirats:
- Aufnahme neuer oder Aufgabe bestehender Geschäftszweige,
- Erwerb von oder Verfügungen über Beteiligungen an anderen Unternehmen,
- ...[38]

Der Zustimmungskatalog kann aber auch gewöhnliche Geschäftsführungshandlungen erfas- **23** sen.[39] Sehr häufig wird vorgesehen, dass die Zustimmung des Beirates zu außergewöhnlichen Handlungen der Personengesellschaft den nach § 116 Abs. 2 HGB erforderlichen Beschluss aller Komplementäre und/oder die nach § 164 S. 1 Hs. 2 HGB erforderliche Zustimmung aller Kommanditisten ersetzt. Durch diese Gestaltung lässt sich bei einer größeren Zahl von Gesellschaftern die Handlungsfähigkeit der Geschäftsführung nicht unerheblich steigern. Wird die Zustimmung vom Aufsichtsorgan verweigert, kann die Gesellschafterversammlung diese mit einfacher Mehrheit ersetzen.[40]

ee) Vertragsänderungen und Grundlagenentscheidungen

Sofern dem Beirat das Recht eingeräumt werden soll, den Gesellschaftsvertrag zu ändern, ist **24** Vorsicht geboten. Zunächst kann selbstredend die Ermächtigung des Beirats zu Änderungen des Gesellschaftsvertrags nur im Vertrag selbst festgelegt werden. Sie bedarf auch bei nachträglicher Ermächtigung grundsätzlich der Zustimmung aller Gesellschafter. Die Zulässigkeit einer solchen Ermächtigung hat aber weitere Grenzen: So darf durch Beiratsentscheidungen nicht in den Kernbereich der Gesellschafterrechte eingegriffen werden.[41] Durch die Ermächtigung darf die Zuständigkeit der Gesellschafter nicht verdrängt werden, sie bleiben also in jedem Falle neben dem Beirat für Vertragsänderungen zuständig. Es ist deshalb generell davon abzuraten, die Zuständigkeit für Änderungen des Gesellschaftsvertrags auf den Beirat zu übertragen.

Etwas anderes gilt für Grundlagengeschäfte, zu denen z.B. die Feststellung des Jahresab- **25** schlusses zu rechnen ist. Dient sie doch dazu, das Jahresergebnis des abgelaufenen Geschäftsjahres und die Basis für die Berechnung des Jahresergebnisses des neuen Geschäftsjahres im Verhältnis der Gesellschafter untereinander verbindlich festzulegen.[42] Das Gleiche gilt für die Bestellung des Abschlussprüfers.[43] Diese Akte können dem Beirat zugewiesen werden. Dies muss ausdrücklich im Gesellschaftsvertrag geschehen,[44] ist aber bei einer großen Anzahl von wirtschaftlich unerfahrenen Gesellschaftern zweckmäßig.

ff) Schiedsgerichtliche Funktionen

Häufig weisen Gesellschaftsverträge dem Beirat die Aufgabe eines Schlichters mit der Maßgabe **26** zu, dass bei Streitigkeiten aus dem Gesellschaftsverhältnis der Rechtsweg erst beschritten werden darf, nachdem der Beirat einen Schlichtungsversuch unternommen hat.

---

38 Eine praktikable Checkliste für zustimmungsbedürftige Geschäfte findet sich bei Arens/*Schiffer*, § 16 Rn 72.

39 So weit sollte man nur gehen, wenn erhebliche Zweifel an der Kompetenz der Geschäftsführung bestehen.

40 *Lutter*/*Hommelhoff*, § 52 Rn 10a; MünchGesR/*Marsch-Barner*/*Diekmann*, Bd. 3, § 48 Rn 52 jeweils für die GmbH. Ob dies auch für eine Personenhandelsgesellschaft gilt, ist zweifelhaft. M.E. ist die Frage zu bejahen, sofern der Gesellschaftsvertrag generell Entscheidungen mit einfacher Mehrheit zulässt.

41 Dazu würde z.B. die Entziehung oder Einschränkung des Stimmrechts oder des Rechts auf Ergebnisbeteiligung zählen.

42 Vgl. BGHZ 132, 263, 266.

43 Vgl. BGHZ 76, 338, 342.

44 Dies gilt für Personenhandelsgesellschaften und für GmbHs, beim Aufsichtsrat folgt sich dies aus § 52 GmbHG, der nicht auf § 72 AktG verweist.

27 Formulierungsbeispiel

Die Anrufung eines Gerichts ist erst zulässig, wenn zuvor der Beirat um Vermittlung ersucht worden ist; dies gilt nicht, wenn Maßnahmen und Unterlassungen oder Entscheidungen des Beirats selbst oder eines seiner Mitglieder Gegenstand des Streites sind. Der Beirat hat nach pflichtgemäßem Ermessen Maßnahmen zur Beilegung der aufgetretenen Streitigkeiten zu treffen.

28 Die Übertragung der Aufgabe eines Schiedsgerichts, d.h. eines Gremiums, das Rechtsfragen aus dem Gesellschaftsverhältnis abschließend entscheidet, auf den Beirat ist ebenfalls denkbar. In diesem Fall muss neben dem Gesellschaftsvertrag ein Schiedsvertrag abgeschlossen werden, der der Formvorschrift des § 1031 Abs. 5 ZPO genügt, sofern auch nur ein Gesellschafter Verbraucher im Sinne des § 13 BGB ist. Der Beirat nimmt die diesbezüglichen Aufgaben nicht als Gesellschaftsorgan, sondern als Schiedsgericht im Sinne der §§ 1025 f. ZPO wahr. Der Verfasser rät allerdings von einer solchen Gestaltung ab. Es ist in der Praxis nur schwer zu gewährleisten, dass die Beiräte in einer jeden Zweifel ausschließenden Weise dem Gebot der Überparteilichkeit genügen.[45] Dies aber ist Voraussetzung für ihre Qualifikation als Schiedsrichter.

29 Die Zuweisung von schiedsgutachterlichen Aufgaben an den Beirat, wie z.B. die Bestimmung der Höhe des Auseinandersetzungsguthabens eines ausscheidenden Gesellschafters, gilt zwar ebenfalls als zulässig.[46] Von einer derartigen Gestaltung wird aber aus ähnlichen Gründen abgeraten.

d) Zusammensetzung
aa) Mitgliederzahl

30 Die personelle Zusammensetzung des Beirats muss im Gesellschaftsvertrag ihre Rechtsgrundlage haben.[47] In der Bestimmung der Zahl der Mitglieder sind die Gesellschafter frei. Die Mindestzahl von drei Mitgliedern, die § 95 Abs. 1 AktG für den Aufsichtsrat und § 108 Abs. 2 S. 3 AktG für dessen Beschlussfähigkeit vorschreiben, gilt nicht für den fakultativen Beirat. Die Zahl der Beiratsmitglieder sollte der Größe und Bedeutung des Unternehmens entsprechen. Dabei ist letztlich entscheidend, dass der Beirat seine Aufgaben kompetent und effizient erledigen kann.[48] Sofern die Aufgabe des Beirats über die Beratung hinausgeht, sollte seine Mitgliederzahl ungerade sein, um bei den zu treffenden Entscheidungen Pattsituationen zu vermeiden. In der Praxis dominiert die Mitgliederzahl 3, allerdings sind auch 5-köpfige Beiräte in mittelständischen Unternehmen nicht selten anzutreffen.

bb) Persönliche Voraussetzungen

31 In den Gesellschaftsverträgen wird häufig der Personenkreis, der dem Beirat angehören kann, in irgendeiner Weise eingeschränkt. Für die Art der Einschränkungen sollten der Zweck und die Aufgaben des Beirats maßgeblich sein. Danach sollte sich insbesondere bestimmen, ob dem Beirat nur Gesellschafter oder nur Gesellschaftsfremde angehören dürfen, welche Befähigung sie haben müssen und welche anderweitigen Tätigkeiten mit dem Beiratsmandat unvereinbar sind, z.B. die wie auch immer geartete Tätigkeit für ein Konkurrenzunternehmen.[49]

---

45 Vgl. BGHZ 65, 59 f.
46 MünchGesR/*Mutter*, Bd. 2, § 48 Rn 40.
47 Vgl. BGH WM 1968, 98.
48 MünchGesR/*Mutter*, Bd. 2, § 8 Rn 46 ff.
49 Vgl. BGH WM 1977, 476 f.

Der in § 105 AktG zum Ausdruck kommende Grundsatz gilt auch für den Beirat: Niemand **32** kann sich im Rechtssinne selbst kontrollieren. Hat der Beirat (auch) die Aufgabe, die Geschäftsführung zu überwachen, so darf keiner der geschäftsführenden Gesellschafter oder leitenden Mitarbeiter der Gesellschaft dem Beirat angehören. Bei der GmbH & Co. KG dürfen Geschäftsführer der Komplementär-GmbH auch dann nicht dem (überwachenden) Beirat angehören, wenn dieser bei der KG gebildet ist.[50] Gegen die Mitgliedschaft geschäftsführender Gesellschafter im Beirat bestehen keine Bedenken, wenn dieser ausschließlich beratende Funktionen hat.

cc) Besetzung des Beirats

Interessengerecht ist im Allgemeinen eine Regelung dahingehend, dass die Beiratsmitglieder **33** von (allen) Gesellschaftern gewählt werden. Beim Aufbau des Gesellschaftsvertrags nach Stämmen bietet es sich an, dass jeder Gesellschafterstamm ein (oder mehrere) Beiratsmitglied(er) wählt. Der Gesellschaftsvertrag kann aber auch vorsehen, dass einzelne Gesellschafter, Gesellschaftergruppen oder Gesellschafterstämme das Recht haben, eine oder mehrere Persönlichkeiten in den Beirat zu entsenden. Häufig wird weiterhin bestimmt, dass ausgeschiedene Beiratsmitglieder durch Kooptationen ersetzt werden. Ist bei der GmbH & Co. KG der Beirat Organ der Komplementär-GmbH, so können seine Mitglieder selbst dann von den Kommanditisten bestellt werden, wenn diese nicht zugleich Gesellschafter der Komplementär-GmbH sind.[51] Im Unterschied zur Bestellung und Abberufung von Geschäftsführern werden Rechte Dritter – die Kommanditisten sind im Hinblick auf die Komplementär-GmbH Dritte –, Beiratsmitglieder zu bestellen oder abzuberufen, ganz überwiegend für zulässig gehalten.[52] Ein Beirat, dessen Aufgabe (auch) in der Überwachung der Geschäftsführung besteht, kann nicht allein oder überwiegend von den geschäftsführenden Gesellschaftern bestellt werden.[53] Etwas anderes gilt für den Beirat, dessen Aufgabe ausschließlich in der Beratung der Geschäftsführung besteht. Ein solcher Beirat kann von den geschäftsführenden Gesellschaftern allein bestellt werden.

Im Übrigen sollte in der Satzung eindeutig festgelegt werden, mit welcher Mehrheit Bei- **34** ratsmitglieder zu wählen sind. Auf diese Weise wird die insbesondere bei Personengesellschaften strittige Frage eliminiert, ob grundsätzlich Einstimmigkeit notwendig ist oder ob die einfache Mehrheit ausreicht.[54]

dd) Amtszeit

Die Amtszeit der Beiratsmitglieder bestimmt sich nach dem Gesellschaftsvertrag. Er kann die **35** Bestellung auf bestimmte oder auf unbestimmte Zeit vorsehen. Sofern der Vertrag keine Regelung enthält, werden die Beiratsmitglieder auf unbestimmte Zeit bestellt und können in der gleichen Weise, in der sie bestellt wurden, durch Gesellschafterbeschluss, Abberufung bei Entsendungsrecht etc. abberufen und durch neue Mitglieder ersetzt werden. Sofern der Beirat ein selbständiges Gesellschaftsorgan mit eigenen Entscheidungskompetenzen ist, sollten feste Amtszeiten vorgesehen werden.

---

50 Strittig wie hier MünchGesR/*Muitter*, Bd. 2, § 8 Rn 48; a.A. Scholz/*Schneider*, § 52 Rn 160; Hachenburg/*Raiser*, § 52 Rn 326, die für die betreffenden Personen ein Stimmrechtsverbot als ausreichend bezeichnen.
51 MünchGesR/*Mutter*, Bd. 2, § 8 Rn 49.
52 MünchGesR/*Mutter*, Bd. 2, § 8 Rn 49; Hachenburg/*Raiser*, § 52 Rn 324; Scholz/*Schneider*, § 52 Rn 137.
53 Hachenburg/*Raiser*, § 52 Rn 325; MünchGesR/*Mutter*, Bd. 2, § 8 Rn 50.
54 Vgl. MünchGesR/*Mutter*, Bd. 2, § 8 Rn 51 m.w.N.

36 Formulierungsbeispiel

Die Amtsdauer der Beiratsmitglieder beläuft sich auf vier Jahre. Sie beginnt für alle Beiratsmitglieder mit dem Schluss der ordentlichen Gesellschafterversammlung, in der die Wahl erfolgt, und endet mit dem Schluss der ordentlichen Gesellschafterversammlung vier Jahre später. Wenn Kontinuität gewahrt und ein zeitliches Ausscheiden aller Beiratsmitglieder vermieden werden soll, kann sich für die ersten Mitglieder eine Staffelung empfehlen, in dem z.B. je ein Beiratsmitglied für 5, 4, 3, 2, 1 Jahr gewählt wird.

37 Außerdem sollte der Gesellschaftsvertrag bestimmen, dass die bisherigen Beiratsmitglieder über den Ablauf ihrer Wahlperiode hinaus bis zur Wahl neuer Beiräte im Amt bleiben.

ee) Beendigung des Amtes

38 Das Amt des Beiratsmitglieds endet mit Ablauf der Zeit, für die es bestellt wurde, dem Wegfall der persönlichen Voraussetzung für die Amtsübernahme, durch Tod, Abberufung oder Niederlegung.

(1) Abberufung

39 Beiratsmitglieder, die für eine bestimmte Amtszeit gewählt oder durch Kooptation in den Beirat berufen wurden, können vorzeitig nur aus wichtigem Grunde von den wahl- oder berufungsberechtigten Personen abberufen werden.[55] Ein allgemeines Recht der Gesellschafter, ein Beiratsmitglied vorzeitig durch Beschluss mit einfacher Mehrheit abzuberufen, besteht nur, wenn dies im Gesellschaftsvertrag vorgesehen ist. Allerdings können die Gesellschafter einzelne Beiratsmitglieder auch ohne wichtigen Grund vor Ablauf der Amtszeit durch einen Gesellschafterbeschluss abberufen, der den Voraussetzungen für die Änderung des Gesellschaftsvertrages genügt, da sie auf diese Weise sogar den Beirat insgesamt abschaffen könnten.[56]

(2) Amtsniederlegung

40 Sieht der Gesellschaftsvertrag feste Amtszeiten vor, kann ein Beiratsmitglied – gleichgültig, ob es sich um einen Gesellschafter handelt oder nicht – sein vorbehaltlos angenommenes Amt vorzeitig nur aus wichtigem Grund niederlegen.[57] Es macht allerdings wenig Sinn, ein Beiratsmitglied gegen seinen Willen länger als unbedingt nötig im Amt zu halten. Der Gesellschaftsvertrag sollte deshalb die Amtsniederlegung jederzeit mit einer Frist zulassen, die für die Bestellung eines neuen Beiratsmitglieds ausreicht.

41 Sofern sich aus dem Gesellschaftsvertrag keine Regelung ergibt, gilt Folgendes: Aus dem parallel bestehenden Geschäftsbesorgungsverhältnis folgt, dass ein unentgeltlich tätiges Beiratsmitglied sein Amt jederzeit – auch zur Unzeit – allerdings mit der Verpflichtung zum Schadensersatz – niederlegen kann.[58]

---

55 Strittig, vgl. MünchGesR/*Mutter*, Bd. 2, § 8 Rn 55 m.w.N.
56 Sudhoff/*Reichert*, GmbH & Co. KG, § 18 Rn 96; MünchGesR/*Mutter*, Bd. 2, § 8 Rn 55.
57 MünchGesR/*Mutter*, Bd. 2, § 8 Rn 56.
58 § 671 Abs. 1 BGB. Im Falle einer entgeltlichen Amtsführung gelten die Vorschriften der §§ 675, 620 f., 624, 626, 627 BGB; MünchGesR/*Mutter*, Bd.2, § 8 Rn 56 m.w.N.

Brandi

e) Rechte und Pflichten der Beiratsmitglieder

Beim organschaftlichen Beirat tritt das Beiratsmitglied in ein unmittelbares Rechtsverhältnis zur **42** Gesellschaft,[59] beim Beirat, der die Interessen einer Gesellschaftergruppe repräsentiert, zu den Gesellschaftern dieser Gruppe. Aufgrund dieses Rechtsverhältnisses hat das Beiratsmitglied die Aufgaben zu erfüllen, die der Gesellschaftsvertrag dem Beirat aufgibt. Bei unentgeltlicher Beiratstätigkeit handelt es sich rechtlich um einen Auftrag, bei entgeltlicher um einen Dienstvertrag, der Geschäftsbesorgungen zum Gegenstand hat.[60] Ist das Beiratsmitglied Gesellschafter, steht das Geschäftsbesorgungsverhältnis neben dem Gesellschaftsverhältnis.[61] Die einzelnen Rechte und Pflichten der Beiratsmitglieder ergeben sich aus der Rechtsstellung des Beirats und den Aufgaben, die ihm im Gesellschaftsvertrag zugewiesen worden sind.

Formulierungsbeispiel[62] **43**

Neben anderen ihm im Gesellschaftsvertrag zugewiesenen Aufgaben hat der Beirat die Komplementärin zu überwachen. Zu diesem Zweck kann er von ihr jederzeit Auskunft über alle Angelegenheiten der Gesellschaft verlangen und sich auch selbst darüber informieren; er kann insbesondere die Bücher und Schriften der Gesellschaft sowie deren Vermögensgegenstände einsehen und prüfen. Er kann mit dieser Prüfung auch einzelne seiner Mitglieder oder – sofern erforderlich – auf Kosten der Gesellschaft besondere Sachverständige beauftragen. Die Mitglieder der Geschäftsführung der Komplementärin sind verpflichtet, dem Beirat jede gewünschte Auskunft über alle geschäftlichen Verhältnisse zu erteilen.

Der organschaftliche Beirat ist bei allen seinen Maßnahmen dem Interesse der Gesamtheit aller **44** Gesellschafter, d.h. also dem Gesellschaftsinteresse verpflichtet.[63] Das Gesellschaftsinteresse ergibt sich aus dem Gesellschaftszweck und wird regelmäßig in der Sicherung und Förderung des Unternehmens liegen, welches die Gesellschaft betreibt. Der Beirat, der nicht Gesellschaftsorgan, sondern lediglich Repräsentant einer Gesellschaftergruppe ist, hat in erster Linie die Interessen dieser Gruppe wahrzunehmen.[64]

Dabei unterliegt dieser Beirat aber den gleichen Schranken, denen die von ihm repräsentier- **45** ten Gesellschafter unterliegen. Die Grenzen, die die gesellschaftsrechtliche Treuepflicht dem einzelnen Gesellschafter bei der Ausübung seiner Rechte setzt, gelten auch für den Beirat.[65]

Beiratsmitglieder – gleichgültig, ob es sich um ein Gesellschaftsorgan handelt oder nicht – **46** haben die gleichen Treue- und Sorgfaltspflichten zu beachten, die den Gesellschaftern obliegen.[66] Aus der Treuepflicht folgt die Verpflichtung der Beiratsmitglieder zur Verschwiegenheit.[67] Danach haben die Beiratsmitglieder über vertrauliche Angaben und Geheimnisse der Gesellschaft, insbesondere über Betriebs- und Geschäftsgeheimnisse, die ihnen durch die Tätigkeit im Beirat bekannt geworden sind, Stillschweigen zu bewahren. Der Gesellschaftsvertrag kann die Verschwiegenheitspflicht einschränken, im Gegensatz zur Verschwiegenheitspflicht von Aufsichtsratsmitgliedern kann er sie aber auch verschärfen.[68] Ob das einzelne Beiratsmitglied allein aufgrund seiner Mitgliedschaft im Beirat einem Wettbewerbsverbot unterliegt, hängt von den Funktionen ab, die der Gesellschaftsvertrag dem Beirat zuweist. Beschränkt sich die Tätigkeit des Beirats auf die Mitwirkung bei außergewöhnlichen Geschäften (Zustimmungsvorbehalt) und

---

59 Vgl. BGH WM 1968, 98; 1977, 1221, 1222; 1984, 1640, 1641.
60 Vgl. BGH WM 1984, 1640, 1641; GroßKomm/*Schilling*, HGB, § 163 Rn 23.
61 Vgl. BGH WM 1977, 1221, 1222.
62 Für Beirat einer GmbH & Co. KG.
63 Vgl. MünchGesR/*Mutter*, Bd. 2, § 8 Rn 70 m.w.N.
64 *Wiedemann*, FS Schilling 1973, S. 105 f., 109; *Voormann*, S. 148.
65 MünchGesR/*Mutter*, Bd. 2, § 8 Rn 71.
66 MünchGesR/*Mutter*, Bd. 2, § 8 Rn 73.
67 *Voormann*, S. 155.
68 BGHZ 64, 325, 327.

die Beratung der Gesellschaft, so ergibt sich aus der Mitgliedschaft im Beirat allein noch kein Wettbewerbsverbot.[69]

---

47 Praxistipp

Im Zweifel sollte den Beiratsmitgliedern vorsorglich ein Wettbewerbsverbot auferlegt werden.

---

f) Vergütung und zusätzliche Beraterverträge

48 In aller Regel können Beiratsmitglieder eine angemessene Vergütung verlangen. Der diesbezügliche Anspruch beruht auf dem Geschäftsbesorgungsverhältnis in Verbindung mit § 612 Abs. 1 BGB, weil die Beiratstätigkeit den Umständen nach nur gegen eine Vergütung zu erwarten ist.[70] Schuldner der Beiratsvergütung ist beim organschaftlichen Beirat die Gesellschaft, beim Beirat, der lediglich eine Gesellschaftergruppe repräsentiert, sind es die Gesellschafter dieser Gruppe. Um Meinungsverschiedenheiten zu vermeiden, sollte der Gesellschaftsvertrag den Umstand, dass eine Vergütung zu zahlen ist und die Art ihrer Ermittlung festlegen. In dieser Hinsicht sind die Gesellschafter grundsätzlich frei. Üblich sind jährliche Festvergütungen, am Jahresgewinn (manchmal auch am Jahresumsatz) orientierte Vergütungen, zeitabhängige Vergütungen (Sitzungsgeld) oder Kombinationen daraus.

---

49 Praxistipp

Die Höhe der Vergütung ist durch die Gesellschafterversammlung im Anschluss an die Feststellung des Jahresabschlusses festzulegen; für die Bemessung gelten folgende Kriterien:
a) handelsrechtliches Ergebnis
b) Anzahl der Sitzungen
c) ...

Im Anschluss an zwei Entscheidungen des Bundesgerichtshofs[71] ist in jüngerer Zeit eine umfangreiche Diskussion über die Frage entstanden, ob die §§ 113 und 114 AktG auf fakultative Aufsichtsräte anwendbar sind.[72] Die Ratio der beiden Vorschriften besteht darin, eine Selbstbedienung des Aufsichtsrats und verdeckte Sonderzuwendungen sowie eine funktionsunangemessene Beziehung zwischen Vorstand und Aufsichtsrat zu verhindern. Im Ergebnis muss zwischen den vom Aufsichtsrat aufgrund des Mandats geschuldeten Beratungsleistungen und weitergehenden zusätzlichen Beratungsleistungen sorgfältig unterschieden werden. Eine abschließende Entscheidung zur Anwendung der aktienrechtlichen Vorschriften auf den fakultativen Aufsichtsrat/Beirat steht noch aus.

g) Haftung der Beiratsmitglieder

50 Sofern die Haftung eines Beirats nicht durch entsprechende Vertragsbestimmungen eingeschränkt wird, können sich nach den gesetzlichen Vorschriften folgende Konstellationen ergeben: Ist der Beirat Gesellschaftsorgan einer gesetzestypischen KG und beruhen die Pflichten der

---

69 Nicht ganz unstreitig vgl. MünchGesR/*Mutter*, Bd. 2, § 8 Rn 74.
70 Vgl. BGH WM 1981, 1218, 1219.
71 BGH v. 3.7.2006, II ZR 151/04, BB 2006, 1581 ff., und v. 20.11.2006, II ZR 249/04, BB 2007, 230 ff.
72 *Weiss*, Beratungsverträge mit Aufsichtsrats- und Beiratsmitgliedern in der Aktiengesellschaft und der Gesellschaft mit beschränkter Haftung in BB 2007, 1853 ff.

Beiratsmitglieder allein auf dem Gesellschaftsverhältnis,[73] so richtet sich der Haftungsmaßstab nach § 708 BGB,[74] wenn es sich bei dem Beiratsmitglied um einen Gesellschafter handelt. Gesellschaftsfremde Beiräte haben die Sorgfalt eines ordentlichen und gewissenhaften Überwachers und Beraters anzuwenden (§§ 116, 93 Abs. 1 S. 1 AktG). Soweit das Gesellschaftsvermögen geschädigt ist, ist die Gesellschaft – im Insolvenzfall der Konkursverwalter – Anspruchsberechtigter. Daneben können auch die Gesellschafter im Wege der actio pro socio Ersatzleistung an die Gesellschaft verlangen.[75] In der Regel werden die Pflichten der Beiratsmitglieder aber nicht nur auf dem Gesellschaftsverhältnis, sondern auch auf dem parallel laufenden Geschäftsbesorgungsverhältnis beruhen. Dies gilt insbesondere für Beiratsmitglieder, die nicht Gesellschafter sind. Die entsprechenden Verletzungen sind dann Verletzungen von Beiratspflichten aus dem Geschäftsbesorgungsverhältnis. Haftungsmaßstab ist § 276 BGB. Der Gesellschaftsvertrag bzw. der Geschäftsbesorgungsvertrag können etwas anderes bestimmen. Auch kann der Haftungsumfang, der sich nach den §§ 249 f. BGB bemisst, vertraglich eingeschränkt werden, es kann sogar ein Haftungsausschluss vereinbart werden.[76] Nach eigenen Erfahrungen des Verfassers wächst in Kreisen potentieller wie realer Mandatsträger(innen) die Furcht vor Inanspruchnahme wegen angeblicher oder wirklicher Pflichtverletzungen. In der Regel ist den Beiratsmitgliedern – die ja nicht permanent mit den Geschäften der Gesellschaft befasst sind – eine Haftung wegen leichter Fahrlässigkeit kaum zuzumuten.

Praxistipp   **51**
Die Haftung der Beiratsmitglieder wird auf Vorsatz und grobe Fahrlässigkeit beschränkt. Die Regelung sollte entweder in den Gesellschaftsvertrag oder in den zwischen der Gesellschaft und den einzelnen Beiratsmitgliedern abzuschließenden Geschäftsbesorgungsvertrag aufgenommen werden.

Für die Mitglieder des fakultativen Aufsichtsrats/Beirats einer GmbH gilt § 52 GmbHG. Nach dieser Vorschrift in Verbindung mit §§ 116, 93 Abs. 1 und 2 AktG haben die Aufsichtsratsmitglieder bei ihrer Tätigkeit die Sorgfalt eines ordentlichen und gewissenhaften Geschäftsleiters anzuwenden. Dieser Maßstab gilt grundsätzlich auch dann, wenn das betreffende Aufsichtsratsmitglied die zur Ausübung seiner Tätigkeit erforderlichen Kenntnisse und Fähigkeiten nicht mitbringt.[77] Das Aufsichtsratsmitglied trägt die Beweislast für ordentliches und gewissenhaftes Handeln. In der Krise der GmbH ist das Haftungsrisiko der Aufsichtsratsmitglieder von besonderer Bedeutung. Stellt der Aufsichtsrat die Insolvenzreife der Gesellschaft fest, muss er darauf hinwirken, dass die Geschäftsführer rechtzeitig Insolvenzantrag stellen und keine Zahlungen leisten, die mit einer ordentlichen und gewissenhaften Geschäftsleitersorgfalt unvereinbar sind.[78] Schadensersatzpflichtig sind die Mitglieder des fakultativen Aufsichtsrats nach der sog. Doberlug-Entscheidung des BGH vom 10.9.2010[79] nur dann, wenn durch die nach Eintritt der Insolvenzreife vorgenommene Zahlung die Gesellschaft selbst einen Schaden erlitten hat. In der **52**

---

73 Weil die Beiratsmitgliedschaft als Mitverwaltungsrecht des Gesellschafters ausgestaltet ist.
74 GroßKomm/*Ulmer*, HGB, § 109 Rn 60; *Rinze*, NJW 1992, 2790, 2793; MünchGesR/*Mutter*, Bd. 2, § 8 Rn 84. Anders Oppenländer/Trölitzsch/*Jaeger*, § 20, Rn 53.
75 BGH WM 1975, 767, 768.
76 MünchGesR/*Mutter*, Bd. 2, § 8 Rn 85 m.w.N.
77 MünchGesR/*Marsch-Barner*/*Diekmann*, Bd. 3, § 48 Rn 88.
78 § 52 GmbHG i.V.m. §§ 116, 93, 92 AktG; BGH GmbHR 2009, 654 ff.; OLG Brandenburg GmbHR 2009, 657 ff.; die Haftung des Aufsichtsrats wird auch nicht durch den Umstand eingeschränkt, dass die Aufsichtsratsmitglieder keine Vergütung für ihre Tätigkeit erhalten.
79 BGH, II ZR 78/09. Der BGH begründet dies damit, dass § 52 GmbHG lediglich auf § 93 Abs. 1 und Abs. 2 AktG, nicht aber auf § 93 Abs. 3 AktG verweist, der die Ersatzpflicht bei gem. § 92 Abs. 2 AktG verbotenen Zahlungen regelt.

Regel sind lediglich die Insolvenzgläubiger durch Verkürzung der Verteilungsmasse geschädigt. Auch für Aufsichtsräte einer gesetzestypischen GmbH sollte die Haftung in der Satzung beschränkt werden. In welchem Umfang und vor allem auf welchen Maßstab Haftungsbeschränkungen des überwachungspflichtigen Aufsichtsrats zulässig sind, ist – soweit ersichtlich – obergerichtlich noch nicht entschieden. Es dürfte jedoch zulässig sein, die Sorgfaltspflicht auf diligentia quam in suis (§ 708 BGB) beschränken oder sich von den Gesellschaftern im Hinblick auf potentielle Schadensersatzansprüche freistellen zu lassen.[80]

53   Die Zulässigkeit einer solchen Haftungsbegrenzung wird – soweit ersichtlich – nicht ernsthaft bestritten.[81] Etwas anderes gilt allerdings für Publikumsgesellschaften, insbesondere in der Form der Publikums-GmbH & Co. KG. Wegen der Vergleichbarkeit der Funktionen eines Beirats der Publikumsgesellschaft mit denen eines Aufsichtsrats einer AG sind an ihn entsprechende Anforderungen zu stellen. Selbst wenn das Beiratsmitglied zugleich Gesellschafter ist, kann es sich nicht auf § 708 BGB berufen. Es hat vielmehr bei der Erfüllung seiner Verpflichtungen die im Verkehr erforderliche Sorgfalt zu beachten und nach dem Maßstab der §§ 116, 93 AktG zu haften.[82] Wegen der zwingenden Natur der Haftung – die mit der entsprechenden Anwendung der §§ 116, 93 Abs. 1 AktG vorgegeben wird – sind einschneidende Haftungsbeschränkungen, etwa eine Begrenzung auf Vorsatz und grobe Fahrlässigkeit oder auf einen bestimmten Höchstbetrag, unzulässig.[83]

54   Jedes Beiratsmitglied haftet grundsätzlich nur für eigenes Verschulden. Eine Zurechnung des Verschuldens anderer Beiratsmitglieder kommt nicht in Betracht, da die Beiratsmitglieder untereinander nicht in einer besonderen Rechtsbeziehung stehen.[84]

55   Die Haftung kann dadurch entfallen, dass die Gesellschafter dem Beirat Entlastung erteilen. Dies gilt jedenfalls dann, wenn den Gesellschaftern im Zeitpunkt der Entlastung die Ersatzansprüche bekannt sind oder sie bei sorgfältiger Prüfung aller Vorlagen und Berichte erkennbar waren.[85]

---

56 Praxistipp

In den Gesellschaftsvertrag aufnehmen: Die Mitglieder des Beirats haben Anspruch auf Entlastung.

---

57 Die Beiratsmitglieder sollten darauf bestehen, dass ihnen jeweils im Anschluss an die Gesellschafterversammlung, die den Jahresabschluss für das vorausgegangene Geschäftsjahr entgegennimmt, Entlastung erteilt wird. Gerichtlich durchsetzbar ist ein dahingehender Anspruch allerdings nicht.[86]

58   Sofern vertragliche Haftungsbeschränkungen – aus welchen Gründen auch immer – nicht in Betracht kommen oder als nicht ausreichend angesehen werden sollten, ist an den Abschluss einer Haftpflichtversicherung zu denken.[87] Entsprechende Verträge werden auch in Deutschland von verschiedenen in- und ausländischen Versicherern angeboten.[88] Selbstredend müssen entsprechende Angebote sorgfältig geprüft werden. Dies gilt insbesondere für den Deckungsumfang

---

80 *Bormann*, GmbHR 2009, 263.
81 MünchGesR/*Marsch-Barner*/*Diekmann*, Bd. 3, § 48 Rn 89; *Lutter*/*Hommelhoff*, § 52 Rn 19; *Großfeld*/*Brondics*, AG 1987, 293, 305 m.w.N.
82 BGH WM 1977, 1221, 1222; 1977, 1446, 1447.
83 Ebenroth/*Henze*, § 177a Anh. B Rn 8; MünchGesR/*Mutter*, Bd. 2, § 8 Rn 90 m.w.N.
84 MünchGesR/*Mutter*, Bd. 2, § 8 Rn 86.
85 Vgl. BGH WM 1985, 1200; MünchGesR/*Mutter*, Bd. 2, § 8 Rn 87.
86 BGHZ 94, 324 = NJW 86, 129; von manchen Autoren wird sogar bestritten, dass es einen Anspruch auf Entlastung gibt, z.B. Michalski/*Römermann*, § 46 Rn 300 ff.
87 D&O-Police (Director`s and Officer`s Liability Insurance); dazu eingehend: *Notthoff*, NJW 2003, 1350 ff.
88 Arens/*Schiffer*, § 16 Rn 63 ff. m.w.N.

der entsprechenden Policen (Ausschlüsse, Rückwärtsversicherung, Nachhaftung) sowie die Angemessenheit der Deckungssumme.

3. Der Aufsichtsrat nach den Mitbestimmungsgesetzen

a) Der Aufsichtsrat nach dem Gesetz über die Drittelbeteiligung der Arbeitnehmer[89]

Nach § 1 Abs. 1 DrittelbG haben GmbHs, AGs, KGaA und einige weitere Gesellschaftsformen, die **59** in der Regel mehr als 500 Arbeitnehmer beschäftigen und weder nach dem MitbestG noch nach sonstigen gesetzlichen Vorschriften mitbestimmungspflichtig sind, einen Aufsichtsrat zu bilden. Dabei verweist § 1 Abs. 1 Nr. 3 DrittelbG auf verschiedene Bestimmungen des Aktiengesetzes. Diese Verweisung ist zwingend.[90] Abweichungen von den aktienrechtlichen Vorschriften sind nur zulässig, soweit sie das Aktienrecht selbst zulässt.[91]

aa) Voraussetzung für Bildung des Aufsichtsrats

Bei der Berechnung der Arbeitnehmerzahl werden alle in einem Arbeitsverhältnis zur Gesell- **60** schaft stehenden Personen berücksichtigt, mit Ausnahme der Geschäftsführer und der leitenden Angestellten (§ 3 Abs. 1 DrittelbG). Die Arbeitnehmerzahl richtet sich nach dem regelmäßigen Stand der Belegschaft.[92] Bei einer Veränderung der Anzahl der Arbeitnehmer ist entscheidend, ob diese dauerhaft und nicht nur kurzfristig ist. Die im Ausland Beschäftigten sind zu berücksichtigen, wenn sie sich dort nur vorübergehend, z.B. als Montagearbeiter, aufhalten. Dauerhaft im Ausland Beschäftigte sind dagegen nicht mitzuzählen.[93] Der Zahl der Arbeitnehmer sind die bei abhängigen Unternehmen Beschäftigen hinzuzurechnen, sofern mit dem abhängigen Unternehmen ein Beherrschungsvertrag besteht oder das abhängige Unternehmen in das beherrschende Unternehmen eingegliedert ist (§ 2 Abs. 2 DrittelbG).

Umstritten ist die Frage, ob ein nach den Mitbestimmungsgesetzen obligatorische Aufsichtsrat bereits im Gründungsstadium einer GmbH bestellt werden muss. Im GmbH-Gesetz ist insoweit im Gegensatz zum Aktiengesetz (§§ 30, 31 AktG) keine Regelung enthalten. Nach h.M. muss der obligatorische Aufsichtsrat erst nach der Eintragung der GmbH gebildet werden.[94]

bb) Zusammensetzung und Größe

Mindestens ein Drittel der Aufsichtsratsmitglieder muss aus Vertretern der Arbeitnehmer beste- **61** hen (§ 4 Abs. 1 DrittelbG). Der Aufsichtsrat besteht aus mindestens drei Mitgliedern (§ 52 Abs. 1 GmbHG, § 95 S. 1 AktG). Befindet sich im Aufsichtsrat nur ein Arbeitnehmervertreter, so muss dieser im Unternehmen beschäftigt sein (§ 4 Abs. 2 S. 1 DrittelbG). Bei zwei oder mehr Arbeitnehmervertretern müssen mindestens zwei den Unternehmen angehören. Im Übrigen sind auch Externe als Arbeitnehmervertreter wählbar.[95]

---

89 Das Gesetz v. 18.5.2004 (BGBl I, 974) ersetzt das Betriebsverfassungsgesetz in der Fassung der Bekanntmachung v. 11.10.1952 (BGBl I, 681); zuletzt geändert durch Gesetz vom 23.7.2001 (BGBl I, 1852). Es handelt sich nach Auffassung des Gesetzgebers im Wesentlichen um eine redaktionelle Überarbeitung unübersichtlich gewordener Regelungen, ohne dass damit der bisherige Inhalt und Geltungsbereich des Gesetzes geändert wurde (BT-Drucks 15/2739, 1).
90 Baumbach/Hueck/*Zöllner*, § 52 Rn 89; MünchGesR/*Marsch-Barner/Diekmann*, Bd. 3, § 48 Rn 92.
91 Baumbach/Hueck/*Zöllner*, § 52 Rn 89.
92 Allg.M. MünchGesR/*Marsch-Barner/Diekmann*, Bd. 3, § 48 Rn 94 m.w.N.
93 MünchGesR/*Marsch-Barner/Diekmann*, Bd. 3, § 48 Rn 94; Hachenburg/*Raiser*, § 52 Rn 157 m.w.N.
94 Vgl. MüKo-GmbHG/*Merkt* 2010, § 11 Rn 30.
95 MünchGesR/*Marsch-Barner/Diekmann*, Bd. 3, § 48 Rn 102 m.w.N.

cc) Bestellung und Amtszeit

62 Die Anteilseignervertreter werden von der Gesellschafterversammlung gewählt. Sie können auch – wie beim fakultativen Aufsichtsrat – entsandt werden. Das Entsendungsrecht kann in diesem Fall aber nur Gesellschaftern zustehen.[96] Die Arbeitnehmervertreter werden nach den Vorschriften des DrittelbG gewählt (§§ 5 f. DrittelbG). Wahlberechtigt sind die Arbeitnehmer des Unternehmens, die das 18. Lebensjahr vollendet haben (§ 5 Abs. 2 S. 1 DrittelbG). Sind dem Unternehmen Arbeitnehmer eines anderen Arbeitgebers zur Arbeitsleistung überlassen, so sind diese wahlberechtigt, wenn sie länger als 3 Monate in dem der Mitbestimmung unterliegenden Betrieb eingesetzt werden (§ 5 Abs. 2 S. 2 DrittelbG i.V.m. § 7 BetrVG). An der Wahl der Aufsichtsratsmitglieder der Arbeitnehmer des herrschenden Unternehmens eines Konzerns (§ 18 Abs. 1 AktG) nehmen auch die Arbeitnehmer der übrigen Konzernunternehmen teil (§ 2 Abs. 1 DrittelbG).

dd) Aufgaben

63 Der Aufsichtsrat hat die Geschäftsführung zu überwachen. Hinsichtlich des Umfangs der Überwachungspflichten ist auf die Ausführungen zum fakultativen Beirat zu verweisen (vgl. Rn 15–29).

ee) Persönliche Voraussetzungen und Anforderungen an die Qualifikation der Aufsichtsrats-/Beiratsmitglieder

64 Die persönlichen Voraussetzungen ergeben sich zunächst einmal aus § 100 Abs. 1–3 AktG. Es handelt sich im Wesentlichen um formale Qualifikationsmerkmale. Nach § 100 Abs. 4 AktG kann die Satzung für die von den Anteilseignern gewählten Aufsichtsratsmitglieder besondere Voraussetzungen vorsehen. Häufigster Anwendungsfall ist die Einfügung einer Altersgrenze.[97] Durch das Gesetz zur Modernisierung des Bilanzrechts vom 25.5.2009 (BilMoG, BGBl I, 1102) ist in das Aktiengesetz § 100 Abs. 5 neu eingefügt worden. Nach dieser Vorschrift muss in kapitalmarktorientierten Kapitalgesellschaften (§ 264 d HGB) mindestens ein unabhängiges[98] Mitglied des Aufsichtsrats über Sachverstand auf den Gebieten Rechnungslegung oder Abschlussprüfung verfügen. Die Tendenz, materielle Anforderungen an die Qualifikation der Aufsichtsratsmitglieder zu stellen, wird sich aller Voraussicht nach in Zukunft verstärken.[99] Wenn man von diesem vorsichtigen ersten Ansetzen des Gesetzgebers absieht, enthält das Gesetz bislang keine fachlichen Qualifikationsvoraussetzungen für die Übernahme von Aufsichtsratsmandaten.[100] Demgegenüber ergeben sich aus der Rechtsprechung schon seit längerem gewisse Qualifikationsanforderungen. Von Bedeutung ist vor allem die Entscheidung des BGH vom 15.11.1982.[101] Danach muss ein Aufsichtsratsmitglied diejenigen Mindestkenntnisse und -fähigkeiten besitzen oder sich aneignen, die es braucht, um alle normalerweise anfallenden Geschäftsvorgänge auch ohne fremde Hilfe verstehen und sachgerecht beurteilen zu können. Weitergehende Empfehlungen und Anregungen gibt der Deutsche Corporate Governance Kodex. Der Kodex ist jedoch kein Gesetz und enthält auch keine verbindliche Interpretation gesetzlicher Vorschriften.[102]

---

96 Baumbach/Hueck/*Zöllner*, § 52 Rn 96; *Lutter/Hommelhoff*, § 52 Rn 25; Scholz/*Schneider*, § 52 Rn 144.
97 Vgl. 5.4.1 Deutscher Corporate Governance Kodex i.d.F. vom 18.6.2009.
98 Zum Begriff „unabhängig" i.S.d. § 105 Abs. 5 AktG eingehend *Diekmann/Bidmon*: Das unabhängige Aufsichtsratsmitglied nach dem BilMoG, NZG 2009, 1087 ff.
99 Vgl. schon jetzt § 7 Abs. 4 S. 1 VAG.
100 Vgl. Semler, FS Karsten Schmidt 2009, „Anforderungen an die Befähigung eines Aufsichtsratsmitglieds", S. 1490.
101 BGHZ 85, 293, 295 ff.
102 Vgl. *Semler*, a.a.O., S. 1493.

b) Der Aufsichtsrat nach dem Gesetz über die Mitbestimmung der Arbeitnehmer[103]

Nach § 1 Abs. 1 Nr. 1 MitbestG haben AGs, KGaA und GmbHs, die in der Regel mehr als 2.000 Ar- **65** beitnehmer beschäftigen und weder dem MontanMitbestG noch dem MitbestErgG unterliegen, einen Aufsichtsrat nach dem MitbestG zu bilden. Die Zahl der Arbeitnehmer ist grundsätzlich nach den gleichen Kriterien zu bestimmen, die auf das DrittelbG anwendbar sind. Anders als beim DrittelbG zählen jedoch auch leitende Angestellte zu den Arbeitnehmern (§ 3 Abs. 3 Nr. 2 MitbestG). Arbeitnehmer einer KG werden der Komplementär-GmbH zugerechnet, wenn die Mehrheit der Kommanditisten die Mehrheit der Anteile oder Stimmen in der GmbH innehat. Dies gilt wiederum nicht, wenn die GmbH einen eigenen Geschäftsbetrieb mit in der Regel mehr als 500 Arbeitnehmern betreibt (§ 4 Abs. 1 MitbestG).

Der Aufsichtsrat setzt sich bei Unternehmen mit nicht mehr als 10.000 Arbeitnehmern aus je **66** 6 Aufsichtsratsmitgliedern der Anteilseigner und der Arbeitnehmer zusammen. Bei mehr als 10.000, aber nicht mehr als 20.000 Arbeitnehmern sind es je 8 Aufsichtsratsmitglieder und darüber hinaus bei noch größeren Unternehmen (mehr als 20.000 Arbeitnehmer) je 10 Aufsichtsratsmitglieder der Anteilseigner und der Arbeitnehmer (§ 7 Abs. 1 MitbestG).

Zur Amtszeit gilt im Wesentlichen das Gleiche wie beim Aufsichtsrat nach dem DrittelbG. **67**

Zu den Aufgaben des Aufsichtsrats gehört die Überwachung der Geschäftsführung,[104] die **68** Prüfung des Jahresabschlusses, des Lageberichts und des Vorschlags für die Gewinnverwendung, außerdem die Einberufung der Gesellschafterversammlung, wenn das Wohl der Gesellschaft dies erfordert.[105] Der Aufsichtsrat kann die Vornahme bestimmter Arten von Geschäften von seiner Zustimmung abhängig machen (§ 25 Abs. 1 Nr. 2 MitbestG i.V.m. § 111 Abs. 4 AktG). Der Aufsichtsrat hat außerdem die Geschäftsführer zu bestellen und abzuberufen (§ 31 MitbestG i.V.m. § 84 AktG).[106] Die Bestellung erfolgt mit einer Mehrheit, die mindestens zwei Drittel der Stimmen der Mitglieder des Aufsichtsrats umfasst (§ 31 Abs. 2 MitbestG).[107]

Weitere Einzelheiten können in diesem Handbuch nicht dargestellt werden, insoweit wird **69** auf die einschlägige Fachliteratur verwiesen.

II. Satzungsbestimmungen und Geschäftsordnungen für Aufsichtsrat und Beirat; Vereinbarungen zwischen Gesellschaft und Mitglied des Aufsichtsorgans

Detaillierte Formulierungsvorschläge für die Installation eines freiwillig zu bildenden Aufsichts- **70** organs finden sich in dem im gleichen Verlag erscheinenden Werk „Anwaltsformulare Gesellschaftsrecht".[108] Enthalten sind Muster für den Beirat betreffende Satzungsbestimmungen,[109] für die Beiratsordnung im engeren Sinne[110] sowie für den zwischen Gesellschaft und Beiratsmitglied abzuschließenden Geschäftsbesorgungsvertrag.[111]

1. Rechtsgrundlagen

Die Rechtsstellung des Beirats, insbesondere seine Aufgaben, sollten im Gesellschaftsvertrag **71** selbst verankert werden. Geschäftsordnungen regeln die innere Ordnung des Überwachungsor-

---

103 Gesetz über die Mitbestimmung der Arbeitnehmer (MitbestG) v. 4.5.1976 (BGBl I, 1153).
104 *Deilmann*, BB 2004, 2253 ff.; *Henze*, WR 2005, 265 ff.
105 MünchGesR/*Marsch-Barner*/*Diekmann*, Bd. 3, § 48 Rn 149.
106 § 31 MitbestG i.V.m. § 84 AktG.
107 § 31 Abs. 2 MitbestG.
108 Arens/*Schiffer*, § 16.
109 Arens/*Schiffer*, § 16 Muster 224, 225.
110 Arens/*Schiffer*, §16 Muster 226.
111 Arens/*Schiffer*, § 16 Muster 221.

gans, also des Beirats oder des Aufsichtsrats der Gesellschaft. In der Geschäftsordnung ist gemeinhin festgelegt, wie das Aufsichtsorgan einzuberufen ist, wer die Sitzungen leitet, welche Beschlüsse zu fassen sind und welche Mehrheiten gelten.

72   Grundsätzlich fällt die Regelung der inneren Ordnung des Aufsichtsrats in die Zuständigkeit der Gesamtheit der Gesellschafter. Dies gilt nicht nur für den Beirat, der Gesellschaftsorgan ist sondern auch für den, der die Interessen einer Gesellschaftergruppe repräsentiert.[112] Die Gesellschafter können die innere Ordnung des Aufsichtsrats im Gesellschaftsvertrag selbst regeln. Zweckmäßigerweise wird das Statut der Gesellschaft jedoch nicht mit reinen Ordnungsvorschriften belastet. Deshalb empfiehlt es sich, den Erlass einer Beiratsordnung diesem Organ selbst zu überlassen, d.h., den Beirat/Aufsichtsrat zu ermächtigen, sich eine Geschäftsordnung zu geben.

73   Für deren Gestaltung gilt der Grundsatz der Vertragsfreiheit mit den oben angegebenen Einschränkungen (vgl. Rn 12–14). Grenzen ergeben sich außerdem aus den Funktionen, die der Beirat/Aufsichtsrat zu erfüllen hat. Sofern die Funktionen des Beirats mit denen des Aufsichtsrats einer AG vergleichbar sind – dies gilt bekanntlich für Publikumsgesellschaften –, sind die Bestimmungen des AktG über den Aufsichtsrat ergänzend heranzuziehen.[113] Falls die Gesellschafter die innere Ordnung bereits im Gesellschaftsvertrag selbst festgelegt haben, sind die entsprechenden Regelungen durch den Beirat nicht abänderbar, sofern er nicht ausdrücklich zur Abänderung ermächtigt ist. Der Geschäftsbesorgungsvertrag enthält Vereinbarungen zwischen dem einzelnen Beiratsmitglied und der Gesellschaft.

2. Einzelne Aspekte der Ausgestaltung
a) Regelung im Gesellschaftsvertrag

74 Die Rechtsstellung der Beiratsmitglieder gegenüber den Gesellschaftern und gegenüber den Geschäftsführern sollte im Gesellschaftsvertrag festgelegt sein. In die Satzung gehört insbesondere die Bestimmung der Zahl der Beiratsmitglieder, evtl. persönliche oder sachliche Voraussetzungen der Mitgliedschaft,[114] des Weiteren gehören in den Gesellschaftsvertrag die Art der Berufung der Beiratsmitglieder[115] und die Amtsdauer sowie die Voraussetzung der Beendigung der Beiratstätigkeit.[116] Im Gesellschaftsvertrag selbst sollte auch die Aufgabenstellung des Beirats möglichst präzise beschrieben sein (vgl. Rn 42).

b) Regelung in der Beiratsordnung

75 Einzelheiten der Durchführung der Beiratstätigkeit sollten in einer gesonderten Beiratsordnung zusammengefasst werden. Ob die Beiratsordnung von den Gesellschaftern verabschiedet oder der Beirat ermächtigt wird, sich selbst eine Beiratsordnung zu geben, hängt von den Umständen des Einzelfalls ab. Sofern auch juristisch erfahrene Beiratsmitglieder gewonnen worden sind, kann es sich durchaus empfehlen, ihnen die Konzeption der Beiratsordnung (im Rahmen der gesellschaftsvertraglichen Vorgaben) zu überlassen.

---

112 Begründung: auch die Errichtung des letztgenannten Beirats ist Teil der Organisation der Gesellschaft. Allerdings nicht ganz unzweifelhaft, vgl. MünchGesR/*Mutter*, Bd. 2, § 8 Rn 60.
113 MünchGesR/*Mutter*, Bd. 2, § 8 Rn 60.
114 Positive Voraussetzung: die der Bedeutung des Amtes entsprechende Sachkenntnis und wirtschaftliche Erfahrung. Ausschlussgründe wie z.B. Tätigkeit im Unternehmen der Gesellschaft; Tätigkeit in Konkurrenzunternehmen oder interessenmäßige Verbindung mit einem solchen; Geschäftsbeziehung zum Unternehmen als Abnehmer oder Lieferant; sonstige die Unabhängigkeit gefährdende Positionen wie z.B. die des Abschlussprüfers der Gesellschaft.
115 Vorschlagsrecht bestimmter Gesellschaftergruppen, Entsendungsrechte, notwendige Mehrheit in der Gesellschafterversammlung.
116 Niederlegung des Amtes, Abwahl etc.

c) Regelung in der Vereinbarung zwischen Gesellschaft und Mitglied des Aufsichtsorgans

Letztlich ist in diesem Zusammenhang das Rechtsverhältnis zwischen dem einzelnen Beirats- **76** mitglied und der Gesellschaft anzusprechen. Rechtlich handelt es sich um einen Geschäftsbesorgungsvertrag (vgl. Rn 50). Einige Autoren sprechen auch von einem Anstellungsverhältnis.[117] Sofern sich aus dem Gesellschaftsvertrag nichts anders Lautendes ergibt, obliegt der Abschluss dieser Vereinbarung dem Gremium, das auch für die Bestellung der Beiratsmitglieder zuständig ist.[118] In der Vereinbarung wird in der Regel die Höhe der Vergütung, der Haftungsumfang sowie Laufzeit und Kündbarkeit geregelt. Nach den langjährigen Erfahrungen des Verfassers verzichten viele mittelständische Unternehmen auf den Abschluss gesonderter Vereinbarungen und begnügen sich mit den Regelungen im Gesellschaftsvertrag und – falls gesondert formuliert – in der Beiratsordnung.

d) Einzelheiten

In der Geschäftsordnung kann weiter geregelt werden, ob und ggf. welche sonstigen Personen an **77** den Sitzungen des Aufsichtsgremiums teilnehmen können oder sogar müssen. Im Allgemeinen empfiehlt sich eine Regelung dahingehend, dass andere Personen als Beiratsmitglieder nur teilnahmeberechtigt sind, wenn der Beirat sie zulässt. In diesem Zusammenhang kann auch geregelt werden, inwieweit geschäftsführende Gesellschafter oder sonstige Geschäftsführer an den Sitzungen des Beirats teilnehmen. Des Weiteren sollte die Geschäftsordnung Bestimmungen darüber enthalten, in welcher Weise Beschlussfassungen des Gremiums herbeigeführt werden. Aus Gründen der Rechtssicherheit und wegen der Verantwortung der Beiratsmitglieder können weder Beiratsbeschlüsse noch Aufsichtsratsbeschlüsse stillschweigend gefasst werden. Erforderlich ist vielmehr eine ausdrückliche Beschlussfassung. Da Beirats- wie Aufsichtsratsmandate grundsätzlich höchstpersönlich wahrzunehmen sind, ist Stellvertretung nur dann möglich, wenn dies im Gesellschaftsvertrag oder in der Beiratsordnung ausdrücklich zugelassen wird. Eine generelle Zulassung ist nicht empfehlenswert. Die Beschlüsse sind in der Regel in Sitzungen des Aufsichtsgremiums zu fassen. Schriftliche Beschlussfassungen durch Brief, Telefax oder E-Mail sollten nur für den Fall zugelassen werden, dass kein Mitglied des Gremiums einer solchen Beschlussfassung widerspricht und sich alle Mitglieder an dieser Art der Abstimmung beteiligen. Außerdem sollte festgelegt werden, dass die Beschlussfassungen außerhalb von Sitzungen dokumentiert und das Dokument vom Vorsitzenden des Beirats oder seinem Vertreter unterzeichnet wird.

Des Weiteren sollte geregelt werden, welche Mehrheiten für das Zustandekommen eines Be- **78** schlusses des Bei- bzw. Aufsichtsrates notwendig sind. In aller Regel sollte die einfache Mehrheit der abgegebenen Stimmen ausreichen. Bei Stimmengleichheit sollte die Stimme des Vorsitzenden den Ausschlag geben. Für den Ausschluss des Stimmrechts von Beiratsmitgliedern in Fällen der Interessenkollision gelten die gleichen Grundsätze, die für den Ausschluss eines Gesellschafters vom Stimmrecht gelten.[119] Eine ausdrückliche Aufnahme des Inhalts der diesbezüglichen Bestimmungen in den Text der Geschäftsordnung ist nicht notwendig.

In die Beiratsordnung gehört die Festlegung der Sitzungsfrequenz. Das Aufsichtsgremium **79** muss so oft zusammentreten, wie es die ordnungsgemäße Erfüllung seiner Aufgaben erfordert. Es empfiehlt sich, eine Mindestzahl[120] von Sitzungen vorzugeben, nicht aber eine Höchstzahl, da

---

117 So z.B. *Schulze-Osterloh*, ZIP 2006, 49 ff.
118 So z.B. *Schulze-Osterloh*, ZIP 2006, 49, 51 f.
119 Vgl. § 34 BGB, § 47 Abs. 4 GmbHG, § 136 Abs. 1 AktG.
120 Eine Richtschnur bildet der durch das Gesetz zur Verbesserung der Kontrolle und Transparenz im Unternehmensbereich (KoNTraG (BGBl I 1998, 786)) eingeführte § 110 Abs. 3 AktG. Danach muss der Aufsichtsrat bei börsennotierten Gesellschaften im Kalenderhalbjahr zwei Sitzungen abhalten. In nicht börsennotierten Gesellschaften kann der Aufsichtsrat beschließen, dass eine Sitzung im Kalenderhalbjahr abzuhalten ist.

sich dies als Einschränkung der Funktionsfähigkeit des Gremiums erweisen könnte. In der Beiratsordnung sollte weiter geregelt werden, wer zu den Beiratssitzungen einzuladen hat und wer ggf. zusätzlich die Einberufung verlangen kann. Um unnötige Diskussionen zu vermeiden, sollten die zwischen Ladung und Sitzung liegenden Fristen festgelegt werden. Sie sollte so bemessen werden, dass für alle Beiratsmitglieder eine angemessene Vorbereitung möglich ist. Im Übrigen liegt eine Anlehnung an die Vorschriften des AktG[121] nahe.

80   Für Großunternehmen wird in der gesellschaftsrechtlichen Literatur die Frage erörtert, inwieweit aufgrund der gesteigerten Anforderungen an Aufsichtsräte bestimmte weitergehende Aufgaben in die Geschäftsordnung aufzunehmen sind.[122] Dazu gehören

– Einsetzung von Ausschüssen sowie deren Befugnisse,
– zeitlich und sachlich erweiterte Informationspflichten des Vorstandes,
– Berichtspflichten der Aufsichtsratsausschüsse gegenüber dem gesamten Aufsichtsrat.

81 Bei kleinen und mittleren Unternehmen wird die Einrichtung von Ausschüssen des Aufsichtsorgans nur selten notwendig sein. Regelungen über eine erweiterte Informationspflicht führen tendenziell zu einer Überbürokratisierung. Gesellschaftsverträge oder Geschäftsordnungen werden sich in der Regel mit der Bestimmung begnügen, dass das Aufsichtsgremium von den Geschäftsführern jederzeit Auskunft über alle Angelegenheiten der Gesellschaft verlangen kann und sich auch selbst darüber informieren kann.[123]

III. Kompetenzabgrenzungen zwischen Gesellschafterversammlung, Geschäftsführung und Aufsichtsorganen

1. Allgemeines

82 Weder die gesetzestypische KG noch die – gewöhnliche – GmbH verfügen über ein besonderes Aufsichtsorgan. Probleme der Kompetenzabgrenzung ergeben sich bei diesen Gesellschaftsformen nur, wenn ein fakultativer Beirat gebildet oder ein Aufsichtsrat nach den Vorschriften des Drittelbeteiligungsgesetzes oder des MitbestG notwendig ist.[124] Es stellt sich dann die Frage, wie die Kompetenzen der drei Gesellschaftsorgane gegeneinander abzugrenzen sind. In diesem § 9 geht es vornehmlich um die jeweiligen Trennlinien zum Aufsichtsorgan. Deren Bestimmung erfordert einen Blick auf diejenigen Zuständigkeiten, die **zwingend** der Gesellschafterversammlung einerseits und andererseits **unabdingbar der Geschäftsführung** vorbehalten sind.

2. Zwingende Zuständigkeiten der Gesellschafterversammlung

83 Zu den zwingenden Zuständigkeiten der Gesellschafterversammlung der KG[125] und der GmbH gehört das Recht zur Änderung des Gesellschaftsvertrages bzw. der Satzung. Für die GmbH wird

---

121 Vgl. § 110 Abs. 1, 2 AktG.
122 Vgl. *Feddersen*, AG 2000, 385 ff.
123 In diesem Zusammenhang findet sich regelmäßig die Bestimmung, dass das Aufsichtsgremium die Bücher und Schriften der Gesellschaft sowie deren Vermögensgegenstände einsehen und prüfen kann. Außerdem ist regelmäßig die Verpflichtung enthalten, dass die Geschäftsführer jede gewünschte Auskunft über alle geschäftlichen Verhältnisse zu erteilen haben und auf Anforderung zu den Sitzungen des Gremiums erscheinen müssen.
124 Genossenschaften und AGs, bei denen schon nach der Rechtsform zwingend ein Aufsichtsrat zu bilden ist, sollen in diesem Zusammenhang außer Betracht bleiben.
125 Für die KG wird allerdings die Auffassung vertreten, dass dem Beirat die Befugnis zur Änderung des Gesellschaftsvertrags zugewiesen werden kann, sofern die Befugnis nicht eine die Zuständigkeit der Gesellschafterversammlung verdrängende ist (vgl. MünchGesR/*Mutter*, Bd. 2, § 8 Rn 28).

in diesem Zusammenhang auf den Wortlaut des § 53 Abs. 1 GmbHG verwiesen. Danach kann eine Abänderung des Gesellschaftsvertrags **nur durch Beschluss der Gesellschafter** erfolgen. Daraus ist zu entnehmen, dass es sich um eine ausschließliche Gesellschafterkompetenz handelt und dass diese Kompetenzzuweisung zwingenden Charakter hat.[126] **Unabdingbar** ist auch die Zuständigkeit der Gesellschafter für **Beschlüsse** über die unterschiedlichsten Arten[127] **der Umwandlung** nach dem UmwG.[128] Das gleiche gilt für die Zuständigkeit der Gesellschafter einer – künftig – beherrschten GmbH für den Abschluss eines Unternehmensvertrags im Sinne des § 291 Abs. 1 AktG.[129] Die Zuständigkeit zur Auflösung einer GmbH durch Gesellschafterbeschluss gem. § 60 Abs. 1 Nr. 2 GmbHG soll konkurrierend auf den Beirat übertragen werden können.[130] Das Gleiche gilt für die Entscheidung über die Fortsetzung einer bereits aufgelösten Gesellschaft als actus contrarius zur Auflösung der Gesellschaft.

Keine ausschließliche und unabdingbare Zuständigkeit der Gesellschafter besteht für die **84** Berufung und Abberufung der Geschäftsführer. Dies gilt auch für die Abberufung aus wichtigem Grund.[131] Bei den dem MitbestG und dem MontanMitbestG unterliegenden Gesellschaften ist das Recht auf Berufung und Abberufung der Geschäftsführer allerdings dem Aufsichtsrat vorbehalten.[132] Insoweit ist auch eine konkurrierende Übertragung der Zuständigkeit auf die Gesellschafterversammlung nicht möglich. Etwas anderes gilt wiederum für die dem DrittelbG unterliegenden Gesellschaften, bei denen die Zuständigkeit für Berufung und Abberufung der Geschäftsführung abdingbar bei der Gesellschafterversammlung liegt.

Von den Individualrechten der Gesellschafter ist vor allem das Auskunfts- und Einsichts- **85** recht gem. § 51a GmbHG unabdingbar den Gesellschaftern zugewiesen.[133] Allerdings kann der Beirat mit einem inhaltsgleichen konkurrierenden Recht ausgestattet werden.[134]

3. Zwingende Zuständigkeit der Geschäftsführer

Bei der GmbH gibt es nur wenige zwingende gesetzliche Zuständigkeiten für die Geschäftsführer. **86** Dies ist letztlich auf das für die gesetzestypische GmbH geltende Prinzip der „Allmacht" der Gesellschafterversammlung zurückzuführen. Auch nicht konkurrierend übertragen werden kann die Zuständigkeit der Geschäftsführer zur Vornahme von Anmeldungen zum Handelsregister (§ 78 GmbHG), zur ordnungsgemäßen Buchführung und zur Aufstellung und Vorlage des Jahresabschlusses und des Lageberichts (§§ 41, 42a GmbHG), zur Information des Handelsregisters über Veränderungen im Bereich der Gesellschafter (§ 40 GmbHG) sowie zur Stellung des Insolvenzantrags (§ 64 Abs. 1 GmbHG). Die organschaftliche Befugnis der Geschäftsführer, die Gesellschaft zu vertreten, kann ebenfalls nicht auf einen Beirat übertragen werden.[135]

4. Möglichkeiten der Übertragung von Zuständigkeiten auf das Aufsichtsorgan

Die Frage, ob und ggf. welche Kompetenzen auf das Aufsichtsorgan übertragen werden sollten, **87** stellt sich i.d.R. nur für den fakultativen Beirat. Sofern nach den Vorschriften des DrittelbG oder

---

126 RGZ 169, 65, 80; BGHZ 43, 261, 264; Baumbach/Hueck/*Zöllner*, § 53 Rn 26; Michalski/*Hoffmann*, § 53 Rn 57.
127 §§ 13 Abs. 1 (Verschmelzung), 125 Abs. 1 (Spaltung), 176 Abs. 1 (Vermögensübertragung), 193 Abs. 1 UmwG (Formwechsel).
128 Dies ergibt sich aus § 1 Abs. 3 Satz 1 UmwG.
129 BGHZ 105, 324, 331 ff. = GmbHR 1989, 25, 27; *Müller/Wolff*, GmbHR 2003, 810 ff.
130 Vgl. *Müller/Wolff*, GmbHR 2003, 810, 811.
131 Strittig wie hier *Müller/Wolff*, GmbHR 2003, 812 m.w.N.
132 § 31 MitbestG, § 12 MontanMitbestG.
133 Vgl. *Müller/Wolff*, GmbHR 2003, 810, 812 ff.
134 *Lutter/Hommelhoff*, § 52 Rn 73.
135 Michalski/*Römermann*, § 45 Rn 34.

der Mitbestimmungsgesetze ein Aufsichtsrat bestellt werden muss, werden die Gesellschafter kaum jemals das Bedürfnis haben, dem Aufsichtsgremium zusätzliche Kompetenzen einzuräumen.

88 Bei der Verlagerung von Zuständigkeiten auf den Beirat geht es im Wesentlichen um Zuständigkeiten der Gesellschafterversammlung. Sowohl bei der Personenhandelsgesellschaft wie bei der GmbH liegt die Zuständigkeit zur Überwachung der Geschäftsführer (GmbH) oder der geschäftsführenden Gesellschafter (Personenhandelsgesellschaft) bei der Gesellschafterversammlung. Diese Zuständigkeit kann problemlos auf den Beirat übertragen werden. Dies muss durch unmissverständliche Satzungsbestimmung geschehen.[136]

89 Dem Beirat kann auch das Recht auf Bestellung und Abberufung der Geschäftsführung eingeräumt werden.[137] Ob sich diese Zuständigkeitsverlagerung empfiehlt, hängt sehr von der Zusammensetzung der Gesellschafterversammlung ab. Sofern dem Gesellschafterkreis viele unternehmerisch unerfahrene Personen angehören, bietet es sich an, für die Berufung und Abberufung des Managements den Beirat vorzusehen. Entsprechende Überlegungen gelten für die Zuständigkeit zur Feststellung der Bilanz und zur Entscheidung über die Gewinnverwendung. Obwohl es sich insoweit um Grundlagengeschäfte handelt, ist die Übertragung der Zuständigkeit auf den Beirat praktisch unstreitig zulässig. Das Gleiche gilt für die Vorbereitung der Entlastung der Geschäftsführung.[138] Problematisch ist die Übertragung der Zuständigkeit für die Veränderungen des Gesellschaftsvertrags. Sowohl bei der Personenhandelsgesellschaft wie bei der GmbH ist eine Übertragung insoweit nicht möglich.[139] Sofern Änderungen des Gesellschaftsvertrags lediglich von einer Zustimmung des Beirats abhängig gemacht werden sollen, ist zu differenzieren: Die Bindung an die Zustimmung des Beirats ist dann unzulässig, wenn dieses Erfordernis nicht durch Beschluss der Gesellschafter beseitigt werden kann.

90 Verlagerungen zu Lasten der Geschäftsführung erfolgen in der Regel dadurch, dass bestimmte Arten von Geschäften nur mit Zustimmung des Beirates erfolgen dürfen. Im Allgemeinen geht es in diesem Zusammenhang um die Zustimmung zu außergewöhnlichen Geschäften, die entweder generell oder durch einen Katalog an ein entsprechendes Votum des Beirats geknüpft werden können. Auch für gewöhnliche Geschäfte kann ein Zustimmungserfordernis des Beirats im Gesellschaftsvertrag verankert werden. Im Interesse der Handlungsfähigkeit der Geschäftsführung sollte in der Regel davon abgesehen werden.[140]

---

136 H.M., statt vieler: Scholz/*K. Schmidt*, § 46 Rn 112 m.w.N.
137 BGHZ 69, 2007.
138 Vgl. BGHZ 84, 214 für die bergrechtliche Gewerkschaft.
139 Für die Personenhandelsgesellschaft ergibt sich dies aus dem Grundsatz der Verbandssouveränität, bei der GmbH zusätzlich aus dem Wortlaut des § 53 Abs. 1 GmbHG.
140 MünchGesR/*Mutter*, Bd. 2, § 8 Rn 23 ff.

Brandi

Wolfgang Arens

§ 10 Bestellung und Anstellung der Vertretungsorgane

Literatur: *Arens/Beckmann*, Die anwaltliche Beratung des GmbH-Geschäftsführers, 2006; *Arens*, Der GmbH-Geschäftsführer im Arbeits-, Sozialversicherungs- und Steuerrecht – aktuelle Entwicklungen, DStR 2010, 115; *Baumbach/ Hueck*, GmbHG, 19. Aufl., 2009; *Beck'sches Handbuch der AG*, hrsg. v. W. Müller/Rödder, 2. Aufl. 2009; *Böcker*, Anmeldung einer in Zukunft liegenden Geschäftsführerbestellung, MittRhNotK 2000, 61; *Britz*, Noch einmal: Anmeldung einer in der Zukunft liegenden Geschäftsführerbestellung, MittRhNotK 2000, 197; *Dach/Pfüller*, Die Vertretung der GmbH gegenüber ihrem Geschäftsführer, GmbHR 1998, 64; *Daumke/Kessler*, Der GmbH-Geschäftsführer, 3. Aufl. 2010; *Dinkhoff*, Der faktische Geschäftsführer in der GmbH, 2003; *Fichtelmann*, Wann darf der Gesellschafter einer GmbH sein Recht zur Benennung eines Geschäftsführers ausüben?, GmbHR 1999, 813; *Geilert/Schnathmeier*, Pensionszusagen gegenüber beherrschenden Gesellschafter-Geschäftsführern, DStR 2010, 87; *Goette*, Das Organverhältnis des GmbH-Geschäftsführers in der Rechtsprechung des Bundesgerichtshofs, DStR 1998, 938; *Götze*, „Selbstkontrahieren" bei der Geschäftsführerbestellung in der GmbH, GmbHR 2001, 217; *Gundlach/Müller*,Die Verurteilung wegen Insolvenzverschleppung als Hindernis der Geschäftsführerbestellung, NZI 2011, 480; *Haase/Torwegge*, Zwangsliquidation einer GmbH bei im Ausland ansässigem Geschäftsführer?, DZWIR 2006, 57; *Hilmschrott*, Der Notgeschäftsführer – eine notleidende Regelung, ZIP 2001, 636; *Hüffer*, AktG, 10. Aufl. 2012; *Kögel*, Die Not mit der Notgeschäftsführung bei der GmbH, NZG 2000, 20; Kölner Kommentar zum AktG, Zöllner/Noack (Hrsg.), 3. Aufl. 2004/2009 (zit.: Kölner Komm-AktG/*Bearbeiter*); *Kothe-Heggemann/Dahlbender*, Ist der GmbH-Geschäftsführer nach Abberufung weiterhin zur Arbeitsleistung verpflichtet?, GmbHR 1996, 650; *Lutter/Hommelhoff*, GmbHG, 17. Aufl. 2009; *Meier/Pech*, Bestellung und Anstellung von Vorstandsmitgliedern in Aktiengesellschaften und Geschäftsführern in einer GmbH, DStR 1995, 1195; *Meier*, Der fehlerhafte Anstellungsvertrag von Organmitgliedern und die Rückabwicklung der Vergütung, NZA 2011, 267; *Melchior*, Interessenkollision bei Bestellung und Abberufung von Geschäftsführern, Der Rechtspfleger 1997, 505; *Mohr*, Auswirkungen einer Umwandlung auf die Stellung des GmbH-Geschäftsführers, GmbH-StB 2000, 313; *Neelmeier/Huth*, Ausländer als Geschäftsführer einer GmbH, GmbHR 2005, 1409; *Oppenländer*, Praxishandbuch der GmbH-Geschäftsführung,2. Aufl. 2010; *Rowedder*, GmbHG, 4. Aufl. 2002; *Scholz*, GmbHG, 10. Aufl. 2006/2007/2010; *Sigle*, Die Entlastung des GmbH-Geschäftsführers und ihre Wirkung, DStR 1992, 469; *Van Venrooy*, Bestellung und Funktion von Stellvertretenden Geschäftsführern, GmbHR 2010, 169.

Inhalt

I. Bestellung der Vertretungsorgane

1. Bestellung des GmbH-Geschäftsführers
a) Grundlagen der Bestellung

1   Eine GmbH muss mindestens einen Geschäftsführer haben. Mitunter schreiben Satzungen mehrere Geschäftsführer vor. Nach oben ist für die **Zahl der Geschäftsführer** jedenfalls vom Gesetz
her keine Grenze gesetzt.

2   Zu unterscheiden ist zwischen **Bestellung und Anstellung** des Geschäftsführers. Der
GmbH-Geschäftsführer hat eine Doppelstellung einerseits als Angestellter bzw. Dienstnehmer
der Gesellschaft und andererseits als Organ der Gesellschaft. Rechtlich sind beide Verhältnisse
zu trennen (**Trennungsprinzip**).[1]

3   Die **Bestellung** des Geschäftsführers stellt einen körperschaftlichen Akt dar, der mit **Annahme** des Bestellten wirksam wird und ihn zu einem Organ der GmbH macht.

4   Das **Verfahren** der Bestellung ist untergliedert in

---

1 BGH BGHZ 79, 38, 41; BGH WM 1992, 691; OLG Karlsruhe NZG 2003, 480, 481.

– die Beschlussfassung,
– die Erklärung gegenüber dem zu Bestellenden und
– die Annahmeerklärung durch den Geschäftsführer.[2]

Das Amt des Geschäftsführers als Organ beginnt mit der Annahme der Bestellung,[3] die übli- **5** cherweise unabhängig von der Eintragung in das Handelsregister sofort wirksam ist. Die **Eintragung im Handelsregister** ist also **nicht konstitutiv.**

Praxistipp   **6**
Wird im Zusammenhang mit der Übertragung der Geschäftsanteile der Gesellschaft der Übergang auch der Geschäftsführung vereinbart, so bedarf auch diese Vereinbarung der **notariellen Beurkundung**; andernfalls ist sie formnichtig.[4]

Die **Dauer** der Bestellung kann in der Satzung bzw. bei der Bestellung geregelt werden. Erfolgt **7** dies nicht, besteht die Bestellung auf unbestimmte Dauer.

Wichtig   **8**
Bei der „paritätisch" mitbestimmten GmbH gilt eine gesetzlich vorgeschriebene Höchstdauer von fünf Jahren (§ 84 Abs. 1 AktG).

Der Geschäftsführer einer GmbH kann – nach nunmehriger Rechtsprechung des BGH und ent- **9** gegen der bisher h.M.[5] – **unter einer auflösenden Bedingung** bestellt werden. Sieht der Bestellungsakt vor, dass das Amt endet, wenn der Geschäftsführer ab einem bestimmten Zeitpunkt der GmbH nicht seine volle Arbeitskraft zur Verfügung stellt, so verliert der Geschäftsführer automatisch sein Amt, wenn er zu dem genannten Zeitpunkt diese Voraussetzung nicht erfüllt, etwa weil er außerdem immer noch einer weiteren Tätigkeit nachgeht.[6] Dementsprechend kann die Bestellung auch unter einer **aufschiebenden Bedingung** oder **auf einen bestimmten späteren Zeitpunkt** beschlossen werden.

b) Zuständigkeit für die Bestellung
aa) Bestellung in der Gründungssatzung
Weil der Geschäftsführer schon vor Eintragung der GmbH im Register tätig werden muss, hat **10** seine **Bestellung schon im Gründungsstadium** zu erfolgen.[7] Dies geschieht üblicherweise durch einen Bestellungsbeschluss der Gründungsgesellschafter im unmittelbaren Anschluss an die Beurkundung der Gründungssatzung. Allerdings kann der Geschäftsführer auch bereits im Gesellschaftsvertrag (**Satzung**) durch die Gründungsgesellschafter bestellt werden (§ 6 Abs. 3 S. 2 GmbHG).
    Fraglich ist in diesen Fällen, ob es sich dabei um eine echte körperschaftsrechtliche Rege- **11** lung (**echter Satzungsbestandteil**) handelt, was zur Folge hat, dass eine Abberufung nur im Wege der Satzungsänderung erfolgen kann oder ob eine sog. **fakultative (unechte) Satzungs-**

---

2 Rowedder/*Koppensteiner*, GmbHG, § 46 Rn 19.
3 BGH ZIP 1995, 1983.
4 OLG Düsseldorf GmbHR 1997, 742.
5 Lutter/Hommelhoff/*Kleindiek*, GmbHG, § 6 Rn 25 m.w.N.; Scholz/*Schneider*, GmbHG, § 6 Rn 27.
6 BGH GmbHR 2006, 46 = BB 2006, 14; dazu EWiR 2006, 113 (*Theusinger/Liese*); dazu auch NJW-Spezial 2006, 76.
7 BGH BGHZ 80, 212.

bestimmung vorliegt, die nur anlässlich der Errichtung der Satzung in die Urkunde aufgenommen worden ist, ohne dass ihre Abänderung von der Einhaltung der Regeln (Beschlussfassungsmehrheit und notarielle Form) über Satzungsänderungen abhängen soll.

12   In Zweifelsfällen ist vom Vorliegen eines unechten Satzungsbestandteils auszugehen.[8] Einen echten Satzungsbestandteil stellt die Bestellung dann dar, wenn einzelnen Gesellschaftern ein gegen ihren Willen **unentziehbares Sonderrecht** auf Geschäftsführung eingeräumt wird oder eine Geschäftsführerbestellung auf Lebenszeit erfolgen soll.[9]

---

13 **Praxistipp**

Dessen ungeachtet ist die Bestellung eines Geschäftsführers jederzeit durch **Gesellschafterbeschluss** gem. §§ 6 Abs. 3 S. 2, 45 Abs. 2, 46 Nr. 5 GmbHG immer dann möglich, wenn der Gesellschaftsvertrag nichts anderes bestimmt.

---

bb) Zuständigkeit der Gesellschafterversammlung

14 Zuständig für die Bestellung der Geschäftsführer ist kraft Gesetzes die **Gesellschafterversammlung**.[10] Sie erfolgt durch Beschluss der Gesellschafter (§ 46 Nr. 5 GmbHG). Ausnahmsweise erfolgt sie in mitbestimmten Gesellschaften nach dem Gesetz gemäß § 31 Abs. 2 MitbestG, § 12 MontanMitbestG i.V.m. § 84 AktG durch Beschluss des Aufsichtsrates.

15   Die Gesellschafterversammlung entscheidet durch **Beschlussfassung** mit einfacher Mehrheit der abgegebenen Stimmen (§ 47 Abs. 1 GmbHG), soweit die Satzung nichts anderes vorsieht. Sämtliche Gesellschafter, auch der als Geschäftsführer vorgesehene Gesellschafter, sind stimmberechtigt.[11] In Einzelfällen kann die Stimmabgabe wegen **Verletzung der Treuepflicht** rechtsmissbräuchlich und damit unwirksam sein, so etwa im Falle der Wiederbestellung eines aus wichtigem Grund abberufenen Geschäftsführers.[12] Ausnahmsweise kann sich aus der Treuepflicht auch eine **positive Stimmpflicht** ergeben.[13]

---

16 **Praxistipp**

Beachtet werden muss bei der Bestellung des Geschäftsführers auch das **Verbot des Selbstkontrahierens** bzw. der Mehrvertretung (§ 181 BGB). Daher ist ein Beschluss, durch den sich der organschaftliche Vertreter eines Allein- oder Mehrheitsgesellschafters selbst zum Geschäftsführer bestellt, unwirksam, wenn dieser Vertreter in der von ihm vertretenen Gesellschaft nicht von den Beschränkungen des § 181 BGB befreit ist.[14]

---

17 Bei der **Ein-Personen-GmbH** kann sich der alleinige Gesellschafter allerdings unter Beachtung der Formvorschrift des § 48 Abs. 3 GmbHG selbst zum Geschäftsführer bestellen.[15] Im Hinblick darauf, dass es sich bei dem Beschluss um einen körperschaftlichen Bestellungsakt handelt, sind die Vorschriften über das In-sich-Geschäft dort nicht anwendbar.[16]

---

8 BGH BGHZ 18, 205, 206.

9 BGH GmbHR 1982, 129, 130; Oppenländer/*Trölitzsch*, Praxishandbuch der GmbH-Geschäftsführung, § 11 Rn 14.

10 BGH DB 1968, 847.

11 BGH BGHZ 51, 209, 215; BGH NJW 1991, 172, 173.

12 BGH NJW 1991, 846.

13 BGH BGHZ 98, 276.

14 BayObLG DStR 2001, 496; Oppenländer/*Trölitzsch*, Praxishandbuch der GmbH-Geschäftsführung, § 11 Rn 10.

15 Oppenländer/*Trölitzsch*, Praxishandbuch der GmbH-Geschäftsführung, § 11 Rn 13.

16 Vgl. Baumbach/Hueck/*Fastrich*, GmbHG, § 6 Rn 17; Oppenländer/*Trölitzsch*, Praxishandbuch der GmbH-Geschäftsführung, § 11 Rn 13 m.w.N.

cc) Bestellung durch andere Organe

Die Bestellung kann gemäß § 45 Abs. 2 GmbHG durch Gesellschaftsvertrag auch auf ein **anderes** 18
Organ der GmbH übertragen werden.[17] Als anderes Organ, dem die Bestellungskompetenz zugewiesen werden kann, kommen
- ein nach der Satzung freiwillig gebildeter **Aufsichtsrat** (fakultativer Aufsichtsrat),
- ein **Beirat**,
- ein Gesellschafterausschuss oder
- einzelne Gesellschafter in Betracht.

Wichtig 19
Nicht zulässig ist die Verlagerung der Zuständigkeit auf vorhandene Geschäftsführer zur Bestellung eines weiteren Geschäftsführers.

Die Bestellungskompetenz der Gesellschafterversammlung lebt wieder auf, wenn das andere 20
Bestellungsorgan funktionsunfähig ist.[18]

dd) Bestellung nach mitbestimmungsrechtlichen Vorschriften

Unterliegt die GmbH dem Geltungsbereich des **MitbestG 1976**, was dann der Fall ist, wenn in 21
der Regel mehr als 2.000 Arbeitnehmer beschäftigt sind, so tritt eine Verlagerung der Zuständigkeit von der Gesellschafterversammlung auf den Aufsichtsrat ein, der gem. § 31 Abs. 1 MitbestG
für die Bestellung des Geschäftsführers zuständig ist. Entsprechendes gilt für den Bereich der
Montanmitbestimmung. Die förmlichen Anforderungen der Bestellung ergeben sich aus § 31
MitbestG sowie § 27 Abs. 3 MitbestG.

Die Kompetenz des **Aufsichtsrats** der GmbH für die Bestellung folgt dort aus §§ 31 Abs. 1 22
MitbestG, § 12 MontanMitbestG, § 13 MitbestErgG i.V.m. § 84 AktG und umfasst als **Annex-
Zuständigkeit** auch den Abschluss des Anstellungsvertrages.[19]

Wichtig 23
Diese Zuständigkeit kann weder durch die Satzung noch durch Gesellschafterbeschluss auf Dritte, etwa eine Konzernobergesellschaft, übertragen werden.[20]

In einer GmbH, für welche ein Aufsichtsrat gem. dem sog. **Drittelbeteiligungsgesetz** (früher: 24
§ 77 BetrVG 1952) zu bilden ist, was dann der Fall ist, wenn in der Regel mehr als 500 Arbeitnehmer beschäftigt sind, verbleibt dagegen die **Zuständigkeit** für die Bestellung des Geschäftsführers bei der **Gesellschafterversammlung**.

ee) Gesellschaftsvertragliches Sonderrecht auf Bestellung eines Geschäftsführers

Gelegentlich regeln die Gesellschaftsverträge, dass einzelne Gesellschafter oder Gesellschafter- 25
stämme ein **Sonderrecht auf Bestellung** (und Abberufung) eines Geschäftsführers oder des

---

17 BGH GmbHR 1973, 279.
18 BGH BGHZ 12, 337, 340; OLG Brandenburg NZG 2000, 143, 144; Oppenländer/*Trölitzsch*, Praxishandbuch der GmbH-Geschäftsführung, § 11 Rn 27.
19 BGH BGHZ 89, 48, 50.
20 H.M.: Hachenburg/*Stein*, GmbHG, § 35 Rn 183; Oppenländer/*Trölitzsch*, Praxishandbuch der GmbH-Geschäftsführung, § 11 Rn 21.

oder der Geschäftsführer haben. Insbesondere bei Familiengesellschaften mit unterschiedlichen Stämmen kommt eine derartige Regelung in Betracht.

26   Zu unterscheiden sind echte Sonderrechte auf unmittelbare Bestellung sowie bloße **Benennungsrechte.** Derartige Bestellungs- oder Benennungsrechte dienen vor allem der Sicherung der **Unternehmensnachfolge.** Häufig werden daran bestimmte Eignungsvoraussetzungen geknüpft.

27   Innerhalb des jeweiligen Stammes wird mangels abweichender Regelung mit einfacher Mehrheit entschieden.[21] Für die Bestellung ist noch ein **ausführender Gesellschafterbeschluss** erforderlich. Ob die Bestellung auch Dritten oder Mitgesellschaftern bzw. -geschäftsführern übertragen werden kann, ist umstritten.[22]

28   Die Mitgesellschafter sind verpflichtet, an dem Bestellungsbeschluss mitzuwirken, falls dem nicht sachliche Gründe entgegenstehen.[23] Die **rechtskräftige Verurteilung** von Gesellschaftern, der Bestellung eines Geschäftsführers zuzustimmen (§ 894 ZPO), ersetzt dabei nur die Stimmabgabe dieser Gesellschafter, nicht den Gesellschafterbeschluss als solchen.

---

29 **Wichtig**
Dieser Gesellschafterbeschluss liegt erst vor, wenn alle Stimmen abgegeben und der **Beschluss** durch den Versammlungsleiter **festgestellt** wird. Dies setzt den Zugang der durch § 894 ZPO ersetzten Willenserklärung beim Versammlungsleiter voraus.[24]

---

ff) Bestellung eines Notgeschäftsführers

30 Nach allgemeiner Auffassung kann durch das **Gericht am Sitz des Handelsregisters** für die GmbH in entsprechender Anwendung des § 29 BGB ein **Notgeschäftsführer** bestellt werden. § 29 BGB beschränkt die Bestellung durch das Gericht auf dringende Fälle bis zur Zeit der Behebung des Mangels.

31   Es muss ein **dringender Fall** gegeben sein, der nur anzunehmen ist, wenn die Gesellschaftsorgane selbst nicht in der Lage sind, innerhalb einer angemessenen Frist den Mangel zu beseitigen. Ein dringender Fall ist auch anzunehmen, wenn der Gesellschaft oder einem Beteiligten ohne Notgeschäftsführerbestellung Schaden drohen würde oder eine alsbald erforderliche Handlung nicht vorgenommen werden könnte.[25] Voraussetzung für eine Notgeschäftsführer-Bestellung ist, dass ein für die organschaftliche Vertretung der GmbH unentbehrlicher Geschäftsführer fehlt oder aus rechtlichen oder tatsächlichen Gründen an der Geschäftsführung gehindert ist.

---

32 **Wichtig**
Treuwidrige und unzweckmäßige Ausübung der Geschäftsführertätigkeit reichen grundsätzlich nicht aus.

---

33 Allein die Möglichkeit der Bestellung eines **Verfahrenspflegers nach § 57 ZPO** schließt im Regelfall nicht das Erfordernis der Bestellung eines Notgeschäftsführers aus. Der Bestellung eines

---

21 BGH GmbHR 1990, 75.
22 Vgl. zum Meinungsstand: Oppenländer/*Trölitzsch*, Praxishandbuch der GmbH-Geschäftsführung, § 11 Rn 18, Fn 39.
23 Oppenländer/*Trölitzsch*, Praxishandbuch der GmbH-Geschäftsführung, § 11 Rn 18.
24 Oppenländer/*Trölitzsch*, Praxishandbuch der GmbH-Geschäftsführung, § 11 Rn 18 unter Hinweis auf BGH NJW 1989, 2697 und BGH BGHZ 48, 163, 174.
25 OLG Frankfurt/M. GmbHR 1986, 432; BayObLG GmbHR 1995, 896 und GmbHR 1997, 1002 = BB 1997, 2546.

Notgeschäftsführers bedarf es aber nicht mehr, wenn für das Insolvenzverfahren über das Vermögen der Gesellschaft bereits ein Verfahrenspfleger nach § 57 ZPO bestellt ist.[26] Nach anderer Auffassung geht die **Bestellung eines Prozesspflegers** gemäß § 57 ZPO der Bestellung eines Notgeschäftsführers als „milderes Mittel" vor.[27]

Ein dringender Fall für die Bestellung eines Notgeschäftsführers liegt nicht vor, wenn an- **34** zunehmen ist, dass die Gesellschafter in der Lage sind, rechtzeitig einen Geschäftsführer zu bestellen; das soll insbesondere bei **Vorhandensein eines Mehrheitsgesellschafters** der Fall sein.[28]

Differenzen zwischen Gesellschaftern über die Bestellung eines Geschäftsführers reichen **35** nicht aus. Bei einem Streit zwischen den Gesellschaftern bezüglich der Bestellung eines Geschäftsführers ist es nicht Aufgabe des Verfahrens über die Bestellung eines Notgeschäftsführers, diese Differenzen zu entscheiden.[29]

Praxistipp **36**
Kann nach der Satzung der GmbH ein Geschäftsführer die Gesellschaft einzeln vertreten, so ist die Bestellung eines Notgeschäftsführers nicht mehr zulässig, wenn feststeht, dass die Gesellschafterversammlung einen Geschäftsführer nicht wirksam abberufen hat.[30]

Eine Verpflichtung zur Übernahme des Amtes des Notgeschäftsführers besteht nicht.[31] Der Ge- **37** sellschafter einer Mehr-Personen-GmbH ist daher **zur Übernahme des Amtes** eines Notgeschäftsführers gegen seinen Willen **nicht verpflichtet**. Die gegen seinen Willen erfolgte Bestellung ist aufzuheben.[32]

Die Bestellung erfolgt auf Antrag. **Antragsberechtigt** ist jeder, dessen Rechte und Pflichten **38** durch die Bestellung unmittelbar beeinflusst werden, insbesondere also
– Gesellschafter,
– nicht einzelvertretungsbefugte Geschäftsführer
– Gläubiger der GmbH und
– Behörden (Finanzämter).[33]

Der Gesellschafter-Geschäftsführer einer Zwei-Personen-GmbH mit hälftiger Beteiligung ist zur **39** Anfechtung der Bestellung eines Notgeschäftsführers **beschwerdeberechtigt**, wenn er den Abberufungsbeschluss der Gesellschafterversammlung angefochten hat.[34]

Die Bestellung eines Notgeschäftsführers einer GmbH kann auch auf eine bestimmte Aufga- **40** be oder auf einen **bestimmten Wirkungskreis** beschränkt werden.[35]

Die **Nichtbestellung eines Notgeschäftsführers** durch einen (Mit-)Gesellschafter der **41** GmbH erfüllt nicht den Tatbestand des **§ 266a StGB** und führt demgemäß auch nicht zu einer entsprechenden Schadensersatzhaftung, weil dieses **Sonderdelikt** nur durch den Arbeitgeber selbst bzw. seine Organe begangen werden kann.[36]

---

26 OLG Zweibrücken GmbHR 2001, 571 = NZI 2001, 378.
27 OLG Dresden GmbHR 2002, 163.
28 BayObLG GmbHR 1995, 896.
29 OLG Frankfurt/M. GmbHR 2001, 436 m. Anm. *Hohlfeld*.
30 BayObLG ZIP 1999, 1845 = GmbHR 1999, 1292 m. Anm. *Hohlfeld*.
31 KG, GmbHR 2000, 660; Lutter/*Hommelhoff*, GmbHG, vor § 35 Rn 23.
32 BayObLG DB 2000, 1017; KG DB 2000, 1018.
33 Oppenländer/*Trölitzsch*, Praxishandbuch der GmbH-Geschäftsführung, § 11 Rn 23.
34 BayObLG BayObLGZ 1998, Nr. 47.
35 LG Frankenthal GmbHR 2003, 586 m. Anm. *Emde*.
36 OLG Naumburg GmbHR 2002, 1237.

---

42 **Wichtig**
Dem Notgeschäftsführer steht ein Anspruch auf **Vergütung** einschließlich Auslagenersatz zu, der sich mangels einer konkreten Regelung aus § 612 BGB ergibt.[37]

---

43 Prozessual nimmt der Notgeschäftsführer keine Sonderstellung ein. Auch der Notgeschäftsführer erhält für seinen **allgemeinen Prozessvorbereitungsaufwand** keine Erstattung im Kostenfestsetzungsverfahren.[38]

44 Bei der **mitbestimmten GmbH** erfolgt die Notbestellung gemäß § 31 Abs. 1 S. 1 MitbestG nach Maßgabe des § 85 AktG.

c) Anmeldung und Eintragung

45 Die **Eintragung im Handelsregister** ist – wie bereits ausgeführt – **nicht konstitutiv**. Bei der Anmeldung zum Handelsregister ist der Gesellschafterbeschluss im Original oder in beglaubigter Abschrift vorzulegen bzw. nunmehr im Rahmen des elektronischen Registerverfahrens versehen mit qualifizierter Signatur.

46 Zur ordnungsgemäßen Anmeldung einer GmbH gehört die **Versicherung der Geschäftsführer**, dass keine Umstände vorliegen, die ihrer Bestellung nach § 6 Abs. 2 S. 3 und 4 GmbHG entgegenstehen (§ 8 Abs. 3 S. 1 GmbHG). Die pauschale Versicherung des Geschäftsführers, ihm sei die Tätigkeit „auf dem Gebiet der Gesellschaft" nicht durch Gericht oder Verwaltungsbehörde untersagt, reicht dazu nicht aus.[39] Durch die Neufassung des GmbHG im Rahmen des MoMiG zum 1.11.2008 sind die Inhalte der erforderlichen Registerversicherungen des neu bestellten Geschäftsführers deutlich erweitert worden.

d) Persönliche Voraussetzungen

47 Gemäß § 6 Abs. 2 S. 1 GmbHG können **nur unbeschränkt geschäftsfähige natürliche Personen** Geschäftsführer sein. Minderjährige sind demzufolge auch bei Zustimmung ihrer gesetzlichen Vertreter amtsunfähig.[40] Gleiches gilt für Personen die unter Betreuung stehen bzw. die bei Besorgung ihrer Vermögensangelegenheiten ganz oder teilweise einem Einwilligungsvorbehalt nach § 1903 BGB unterliegen.48

Personen, die in den letzten 5 Jahren rechtskräftig wegen einer der in § 6 Abs. 2 S. 3 und 4 GmbHG aufgeführte **Wirtschaftsstraftat im In- oder im Ausland**, insbesondere einer **Insolvenzstraftat** nach §§ 283 – 283d StGB, verurteilt worden sind, können nicht wirksam zu Geschäftsführern bestellt werden.[41] Eine anderweitige Verurteilung steht der Bestellung aber grundsätzlich nicht entgegen.

48 Eine Versicherung, in der ein Geschäftsführer nur auf den **Zeitpunkt der Verurteilung** selbst abstellt und nicht auf den der **Rechtskraft des Urteils**, vermittelt dem Registergericht nicht die nach dem Gesetz erforderlichen Angaben über das Vorliegen eines Ausschlussgrundes nach § 6 Abs. 2 S. 2 Nr. 3 GmbHG.[42]

49 Besteht ein **Berufs- oder Gewerbeverbot**, scheidet eine Bestellung zumindest aus, wenn der Unternehmensgegenstand ganz oder teilweise mit dem Gegenstand des Verbots überein-

---

37 Oppenländer/*Trölitzsch*, Praxishandbuch der GmbH-Geschäftsführung, § 11 Rn 25.
38 OLG Karlsruhe GmbHR 2003, 39.
39 OLG Düsseldorf DB 1996, 2381.
40 OLG Hamm BB 1992, 1231.
41 Dazu Gundlach/Müller, NZI 2011, 480.
42 BGH GmbHR 2011, 864 = DNotZ 2011, 790 m. Anm. Wohlrab; dazu EWiR 2011, 599 (Melchior).

Arens

stimmt.[43] Ein **vorläufiges Berufsverbot** nach § 132a StPO oder ein Berufsverbot nach § 70a StGB steht der Bestellung nicht entgegen.[44]

Leitende Angestellte, die ein Unternehmen in den Ruin geführt und erhebliche Steuerschul-   50
den hinterlassen haben, sind nicht nur als Geschäftsführer eines fremden Unternehmens ungeeignet, sondern dürfen ggf. auch wegen ihrer **gewerberechtlichen Unzuverlässigkeit** kein eigenes Gewerbe ausüben.[45]

e) Besonderheiten bei ausländischen Geschäftsführern

Der Bestellung von Ausländern zu Geschäftsführern stehen grundsätzlich keine Hinderungs-   51
gründe entgegen. Dies gilt im Grundsatz selbst dann nicht, wenn der **Wohnsitz im Ausland**
liegt.[46]

Wichtig   52
Besonderheiten können aber aufgrund **berufsrechtlicher Vorgaben** bestehen.[47] Etwa wegen einer nach der Berufsordnung bestehenden sog. **Residenzpflicht**.

---

aa) Problem der Einreisemöglichkeiten

Bislang ist höchstrichterlich nicht entschieden, ob der Geschäftsführer die Voraussetzung zu   53
erfüllen hat, jederzeit nach Deutschland einreisen zu können. Verschiedene Gerichte vertreten
eine strenge Auffassung:

Aus § 6 Abs. 2 S. 3 GmbHG a.F. ergab sich eine **Prüfungspflicht des Registergerichts**, ob   54
dem Geschäftsführer die Erfüllung seiner Aufgaben im Inland möglich ist. Bei Zweifeln an der
Einreisemöglichkeit kann vom Geschäftsführer der **Nachweis verlangt** werden, dass er eine
Erlaubnis zum ständigen Aufenthalt im Inland hat oder jederzeit eine Aufenthaltserlaubnis zur
Durchführung von Geschäftsreisen erhalten kann.[48]

Zum Geschäftsführer einer GmbH kann rechtswirksam nur bestellt werden, wer jederzeit die   55
Möglichkeit zur Einreise in die BRD hat. Das gilt auch, wenn neben diesem Geschäftsführer
noch ein weiterer inländischer Geschäftsführer bestellt ist.[49]

Ein Ausländer, dem wegen bestehender **Visumspflicht** und einer restriktiven Erteilungs-   56
praxis die Möglichkeit fehlt, jederzeit ins Inland einzureisen, kann nicht zum alleinigen
Geschäftsführer einer GmbH bestellt werden. Ein unter Verstoß gegen § 6 Abs. 2 GmbHG a.F.
eingetragener Geschäftsführer kann sogar durch das Registergericht **von Amts wegen im Handelsregister gelöscht** werden.[50] Ob an dieser Rechtsauffassung auch noch festgehalten werden
kann, nachdem die Vorschrift des § 6 GmbHG n.F. keine solche Vorgabe mehr enthält, ist umstritten, zumal die Belehrung nach § 8 Abs. 3 GmbHG nun auch durch einen ausländischen Notar erfolgen kann.[51]

Andere Gerichte haben auch schon bisher liberaler entschieden: 57

---

43 BayObLG GmbHR 1987, 20; OLG Frankfurt/M. NJW-RR 1995, 298.
44 Oppenländer/*Trölitzsch*, Praxishandbuch der GmbH-Geschäftsführung, § 11 Rn 30.
45 VG Braunschweig ZAP 1998, Fach 19 R, 31f.
46 LG Hildesheim GmbHR 1995, 655, 656; *Wachter*, GmbHR 2003, 540.
47 Siehe etwa § 28 Abs. 1 WPO, § 50 Abs. 1 StBerG.
48 OLG Köln DStR 1999, 430, dazu EWiR 1999, 461 (*Rawert*); dazu auch *Neelmeier/Huth*, GmbHR 2005, 1409.
49 LG Bielefeld, DStR 1999, 1746; OLG Hamm ZIP 1999, 1919; OLG Köln NJW-RR 1999, 1637; OLG Hamm NJW-RR
2000, 37; OLG Frankfurt/M. FGPrax 2000, 124; dazu auch *Wachter*, ZIP 1999, 1577.
50 OLG Köln GmbHR 1999, 182; dazu EWiR 1999, 261 (*Mankowski*); OLG Zweibrücken GmbHR 2001, 435.
51 Siehe dazu Hueck/*Fastrich*, § 6 Rn 9 mw.N.

Eine Versagung der Eintragung einer GmbH im Handelsregister wegen eines ausländischen Geschäftsführers ohne **Aufenthalts- und Gewerbeberechtigung** ist unzulässig.[52] Die Eintragung eines **Nicht-EU-Ausländers** als Geschäftsführer einer GmbH setzt nicht voraus, dass er jederzeit legal in die Bundesrepublik Deutschland einreisen kann.[53]

58   Wiederum andere Gerichte vertreten eine differenzierende Auffassung:

Die Eintragung eines **ausländischen Geschäftsführers** von außerhalb der EU mit Wohnsitz im Inland kann nur zurückgewiesen werden, wenn er keine Aufenthaltsgenehmigung bzw. kein Negativattest der Ausländerbehörde bzgl. eines eventuellen Arbeitsverbotes vorlegt. Es können auch Ausländer zum Geschäftsführer eine GmbH bestellt werden, und zwar auch dann, wenn sie im Ausland wohnen, Voraussetzung ist nur, dass sie von dort aus ihren gesetzlichen Verpflichtungen gerecht werden. Davon ist bei einem **Wohnsitz innerhalb der EU** auszugehen.[54]

59   Ausländer, die aufgrund ihrer **Staatsangehörigkeit** gemäß §§ 12 Abs. 5, 1 Abs. 1 **DVAuslG** i.V.m. Anlage I (**Positivliste**) nach deutschem Recht für Aufenthalte bis zu drei Monaten keiner Visumspflicht unterliegen, können ohne ausländerbehördlichen Nachweis über die Möglichkeit zur Erlangung einer Aufenthaltserlaubnis oder zur jederzeitigen Einreise zum Geschäftsführer einer GmbH bestellt und in das Handelsregister **eingetragen** werden.[55]

---

60 **Praxistipp**
Die Voraussetzungen der Eintragungsfähigkeit sollten zuvor mit dem **Registergericht abgeklärt** werden.

Vorsorglich sollte ggf. ein **weiterer inländischer Geschäftsführer** bestellt werden, damit die GmbH unabhängig von einem etwaigen Streit um die Eintragung des ausländischen Geschäftsführers eingetragen wird bzw. handlungsfähig bleibt.

61   Ob aus der **Neuregelung des § 4a Abs. 2 GmbHG** das Erfordernis einer Zwangsliquidation einer GmbH mit einem im Ausland ansässigen Geschäftsführer folgen kann, ist noch nicht abschließend geklärt.[56]

bb) Sonstige Hinderungsgründe

62 Die Eintragung einer GmbH, deren ausländischem Alleingesellschafter eine **selbständige Erwerbstätigkeit** mit der Aufenthaltserlaubnis **untersagt** ist, ist unzulässig, da der Gesellschaftsvertrag wegen der Umgehung eines gesetzlichen Verbotes nichtig ist.[57]

63   Das Registergericht darf nach der Auffassung des BGH wegen eines im Inland gegen den director einer englischen Private Limited Company durch vollziehbare Entscheidung der Verwaltungsbehörde verhängten Gewerbeverbots (§ 6 Abs. 2 S. 4 GmbHG) die beantragte **Eintragung einer Zweigniederlassung der Limited in das Handelsregister verweigern.**[58] Der director steht dem Geschäftsführer einer GmbH insoweit gleich. Eine solche Ablehnung der Eintragung der Zweigniederlassung der Limited im Inland verstößt weder gegen die 11. (Zweigniederlas-

---

52 OLG Düsseldorf DB 1977, 1840; OLG Dresden NZG 2003, 628; LG Rostock NZG 2004, 398; LG Berlin GmbHR 2004, 951.
53 OLG München GmbHR 2010, 210 = DNotZ 2010, 156.
54 LG Köln GmbH-Stpr 1995, 407; a.A. OLG Dresden GmbHR 2003, 537 m. Anm. *Wachter,* GmbHR 2003, 538 zur Wirksamkeit der Bestellung eines Bürgers der russischen Förderation, auch wenn er seinen gesetzlichen Pflichten als Geschäftsführer nicht ohne weiteres nachkommen kann.
55 OLG Frankfurt/M. GmbHR 2001, 433 = NZG 2001, 757, dazu EWiR 2001, 813 (*Mankowski*).
56 Dazu *Haase/Torwegge,* DZWIR 2006, 57.
57 KG BB *1997,* 178, dazu EWiR 1997, 245 (*Mankowski*).
58 BGH DStR 2007, 1356.

sungs-) Richtlinie des Rates vom 21.12.1989 (89/666/EWG) noch – nach Maßgabe des sog. Vier-Kriterien-Tests – gegen die Niederlassungsfreiheit gemäß Art. 43, 48 EG.

Die Entscheidung des BGH betrifft nur einen kleinen Teilausschnitt der Problematik, inwie- **64** weit nach deutschem Recht der director einer britischen Limited dem Geschäftsführer einer inländischen GmbH gleichsteht. Im vorliegenden Zusammenhang wurde dies vom BGH bejaht. In anderen Zusammenhängen wird die entsprechende Anwendung deutschen Zivilrechts aber auch abgelehnt. So soll etwa keine Eintragungsfähigkeit gegeben sein hinsichtlich des **Selbstkontrahierungsverbots** des ständigen Vertreters der Zweigniederlassung einer englischen Limited bei Personenidentität mit deren Geschäftsführer.[59]

Entsprechendes soll auch im **Ordnungswidrigkeitenrecht** gelten. Ein Betroffener, dem **65** nach § 35 Abs. 1 S. 1 und S. 2 GewO die Ausübung eines Gewerbes einschließlich der Tätigkeit als Vertretungsberechtigter eines Gewerbetreibenden oder als mit der Leitung eines Gewerbebetriebes beauftragte Person untersagt ist, verstößt auch dann gegen die Untersagungsverfügung, wenn er die untersagte Tätigkeit als Geschäftsführer der im Inland errichteten Zweigniederlassung einer im europäischen Ausland gegründeten Gesellschaft ausübt. Europäisches Gemeinschaftsrecht steht dem nicht entgegen. Das OLG Dresden hat den dortigen Beschwerdeführer wegen fahrlässigen Verstoßes gegen eine vollziehbare Anordnung nach § 35 GewO (Untersagung der Gewerbeausübung wegen Unzuverlässigkeit) zu einer Geldbuße verurteilt.[60]

Wird dem Handelsregister im Zusammenhang mit einer Anmeldung die **Vertretungsbefug-** **66** **nis einer ausländischen Gesellschaft nachgewiesen**, so hat das Register auch bei einer drei Jahre später erfolgenden weiteren Anmeldung davon auszugehen, dass die seinerzeitigen Vertretungsverhältnisse weiter bestehen, sofern keine Anhaltspunkte für eine Änderung vorliegen.[61]

f) Stellvertretender Geschäftsführer (§ 44 GmbHG)

Nach § 44 GmbHG kann auch ein sog. stellvertretender Geschäftsführer bestellt werden. Im **Au-** **67** **ßenverhältnis** sind für ihn einschränkungslos alle gesetzlichen Vorschriften für einen GmbH-Geschäftsführer gültig. Seine **Vertretungsbefugnis** im Außenverhältnis richtet sich ebenfalls nach § 37 Abs. 2 GmbHG.[62] Er unterliegt insbesondere auch allen **Verantwortlichkeiten** und **Haftungstatbeständen** eines Geschäftsführers.

Im **Innenverhältnis** ist seine Geschäftsführungskompetenz subsidiär, beschränkt sich also **68** auf Vertretungsfälle. Schon allein aus der Bestellung „nur" zum stellvertretenden Geschäftsführer ergibt sich „im Zweifel" seine **auf Vertretungsfälle beschränkte Geschäftsführungskompetenz**.[63] Solche Vertretungsfälle sollten – in einer Geschäftsordnung und/oder in seinem Dienstvertrag – dennoch im Vorhinein klar definiert und schriftlich dokumentiert werden, um künftige Streitigkeiten über die Berechtigung der Aufnahme und den Inhalt der Geschäftsführertätigkeit zu vermeiden.

Das BayObLG hat entschieden, dass der „stellvertretende Geschäftsführer"[64] einer GmbH **69** auch dann nur als „Geschäftsführer" in das Handelsregister einzutragen ist, wenn die Anmelder die **Eintragung des Stellvertreterzusatzes** ausdrücklich beantragen. Wegen der insoweit abweichenden Rechtsprechung von einer Entscheidung des OLG Düsseldorf vom 28.2.1969[65] ist die Rechtsfrage dem BGH vorgelegt worden. Der BGH hat die Auffassung des BayObLG bestätigt.[66]

---

59 OLG München GmbHR, 2006, 603 m. Anm. *Wachter*.
60 OLG Dresden Beschl. v. 7.2.2006 – Ss (OWi) 955/05, n.v.
61 LG Berlin DNotI- Report 1998, 73.
62 Baumbach/Hueck/*Noack*, GmbHG, § 44 Rn 7; *Van Venrooy*, GmbHR 2010, 169.
63 Baumbach/Hueck/*Noack*, GmbHG, § 44 Rn 4 m.w.N.
64 BayObLG BayObLGZ 1997, Nr. 16; dazu EWiR 1997, 523 m. Anm. *Bokelmann* = BB 1997, 851 BGH.
65 OLG Düsseldorf NJW 1969, 1259.
66 BGH GmbHR 1998, 181 = ZIP 1998, 152.

2. Bestellung des Vorstands einer Aktiengesellschaft
a) Zuständigkeit und Bestellungsverfahren

70 Die Zuständigkeit für die Bestellung des Vorstands einer Aktiengesellschaft liegt zwingend und ausschließlich beim **Aufsichtsrat** (§ 84 Abs. 1 S. 1 AktG), so dass eine Übertragung der **Bestellungskompetenz** nicht in Betracht kommt. Selbst durch eine Satzungsregelung kann der Hauptversammlung keine Bestellungskompetenz bzw. Einflussnahme auf die Vorstandswahl eröffnet werden.[67]

---

71 **Wichtig**

Die Bestellung von Vorstandsmitgliedern ist Sache des gesamten Aufsichtsrats, eine Übertragung der Kompetenz innerhalb des Aufsichtsrates, beispielsweise auf einen **Ausschuss** gemäß § 107 Abs. 3 S. 2 AktG, ist daher auch ausgeschlossen.[68]

---

72 Gegebenenfalls kann es aber zum Erfordernis der **Bestellung eines Notvorstands** durch das Gericht am Sitz der Gesellschaft nach § 85 Abs. 1 AktG auf der Grundlage der Verfahrensvorschriften der §§ 1 bis 34, 145 FGG a.F. bzw. §§ 23 ff. FamFG in Verbindung mit § 14 AktG kommen.[69] Die Bestellung eines Notvorstands kommt auch in allen anderen Fällen in Betracht, in denen ein notwendiges Vorstandsmitglied fehlt bzw. kein Vorstand bestellt ist.

73 Eine Regelung über das Bestellungs- bzw. **Wahlverfahren** ist im AktG nicht enthalten. Soweit die Satzung keine höheren **Mehrheitserfordernisse** regelt, erfolgt die Bestellung der Vorstandsmitglieder durch einfachen Aufsichtsratbeschluss mit einfacher Mehrheit.

74 Im **Mitbestimmungsgesetz 1976** sind dagegen für mitbestimmte Aktiengesellschaften Regelungen für das Wahlverfahren enthalten (§§ 27, 31 MitbestG). Das dortige **Wahlverfahren** kann bis zu vier Stufen mit bis zu drei Wahlgängen und einem Vermittlungsverfahren durchlaufen. Da im ersten Wahlgang eine Mehrheit von zwei Drittel der vorhandenen Aufsichtsratmitgliedsstimmen erforderlich ist, haben die Arbeitnehmervertreter im Aufsichtsrat letztlich eine **Sperrminorität**, so dass ein besonderes **Schlichtungsverfahren** über einen ständigen Vermittlungsausschuss erforderlich werden kann (§§ 27 Abs. 3, 31 Abs. 2 MitbestG).

b) Zusammensetzung des Vorstands

75 In der mitbestimmten Aktiengesellschaft besteht die Besonderheit, dass ein **Arbeitsdirektor** als gleichberechtigtes Vorstandsmitglied zu bestellen ist (§ 13 Montanmitbestimmungsgesetz, § 13 MitbestErgG, § 33 MitbestG). Dem Arbeitsdirektor sind die Kernzuständigkeiten im Bereich **Personal- und Sozialwesen** zugeordnet.

76 Ferner können auch **stellvertretende Vorstandsmitglieder** bestellt werden. Wie sich aus § 94 AktG ergibt, handelt es sich dabei um Vorstandsmitglieder, die über alle Vorstandsrechte verfügen, aber auch alle Vorstandspflichten haben. Anders als stellvertretende Geschäftsführer im GmbH-Recht sind diese nicht Vertreter von ordentlichen Vorstandsmitgliedern im Verhinderungsfalle; vielmehr handelt es sich um Vorstandsmitglieder, die lediglich intern in der **Vorstandshierarchie** hinter den anderen Vorstandsmitgliedern zurückstehen, etwa durch kleinere Verantwortungsbereiche oder Ressorts.[70]

77 Zu unterscheiden sind **Vorstandsvorsitzende** und (bloße) **Vorstandssprecher**. Nach § 84 Abs. 2 AktG kann der Aufsichtsrat einen Vorstandsvorsitzenden ernennen. Auch insoweit ist

---

67 Kölner Komm-AktG/*Mertens*, § 84 Rn 8 und § 108 Rn 46; Beck'sches Handbuch der AG/*Liebscher*, § 6 Rn 26.
68 Vgl. Beck'sches Handbuch der AG/*Liebscher*, § 6 Rn 25; MünchGesR/*Wiesner*, Bd. 4, § 20 Rn 8 f.
69 Vgl. Beck'sches Handbuch der AG/*Liebscher*, § 6 Rn 26 f.
70 Vgl. Beck'sches Handbuch der AG/*Liebscher*, § 6 Rn 20.

Arens

eine **Delegation** der Aufsichtsratbefugnis nach § 107 Abs. 3 S. 2 AktG nicht möglich. In mitbestimmten Gesellschaften erfolgt die Wahl des Vorstandsvorsitzenden durch Mehrheitsbeschluss nach § 29 MitbestG.

Der Vorstandsvorsitzende ist nach § 8 Abs. 1 S. 2 AktG auf den **Geschäftsbriefen** der Ge- 78
sellschaft namhaft zu machen. Entsprechendes gilt für den **Anhang zum Jahresabschluss** nach § 285 Nr. 10 S. 2 HGB. Einer Anmeldung des Vorstandsvorsitzenden zum Handelsregister bedarf es nicht, nach § 43 Nr. 4 HRV ist seine Eintragung aber registerrechtlich zumindest zulässig.[71]

Der Vorstandsvorsitzende repräsentiert den Vorstand als Kollegialorgan. Er koordiniert die 79
Vorstandsarbeit und leitet die Vorstandssitzungen. In mitbestimmten Gesellschaften steht ihm der so genannte „Stichentscheid" zu, was auch in nicht-mitbestimmten Gesellschaften durch **Satzungsregelung** oder **Geschäftsordnung** geregelt werden kann, ebenso wie ihm ein **Vetorecht** gegen Vorstandsbeschlüsse eingeräumt werden kann.[72]

Ist kein Vorstandsvorsitzender bestellt worden, kann der Vorstand im Rahmen seiner **Ge-** 80
schäftsordnungskompetenz nach § 77 Abs. 2 S. 1 AktG aus seiner Mitte ein Mitglied des Vorstands zum Sprecher ernennen. Dem **Vorstandssprecher** obliegen nur allgemeine Repräsentations- und Organisationsrechte, nicht jedoch die Befugnis eines Vorstandsvorsitzenden.[73]

c) Eignungsvoraussetzungen

Nach § 76 Abs. 3 AktG kann Vorstand einer AG nur eine natürliche, unbeschränkt geschäftsfähi- 81
ge Person werden, die nicht unter Betreuung steht. Ferner muss jedes Vorstandsmitglied über die erforderliche **Zuverlässigkeit** verfügen, darf also insbesondere nicht wegen einer Insolvenzstraftat gemäß §§ 283–283d StGB oder einer der sonst dort erwähnten Wirtschaftsstraftaten im In- oder Ausland verurteilt sein oder einem gerichtlichen oder behördlichen **Berufs- oder Gewerbeverbot** unterliegen.[74]

Darüber hinaus kann die Satzung – auch in mitbestimmten Aktiengesellschaften – zusätzli- 82
che **persönliche und sachliche Eignungsvoraussetzung**en postulieren:[75]
– In Betracht kommen insbesondere bestimmte **Ausbildungs- und Qualifikationsmerkmale**.
– Darüber hinaus soll in Familiengesellschaften auch auf die **Familienzugehörigkeit** oder **Aktionärseigenschaft** abgestellt werden können, zumindest dann, wenn diese Kriterien bei gleichwertigen Bewerbern den Ausschlag geben sollen.[76]

Ausschlusskriterium für die Zugehörigkeit zum Vorstand ist dagegen die Zugehörigkeit zum 83
Aufsichtsrat. Wegen des so genannten **dualistischen Konzepts der Verwaltung** einer AG müssen Aufsichtsrat und Vorstand personell strikt voneinander getrennt sein (sog. **Inkompatibilität**).[77]

---

71 Vgl. Beck'sches Handbuch der AG/*Liebscher*, § 6 Rn 17.
72 Vgl. BGH BGHZ 89, 48, 59; *Hüffer*, AktG, § 84 Rn 21; Beck'sches Handbuch der AG/*Liebscher*, § 6 Rn 18; a.A. *Bezzenberger*, ZGR 1996, 661, 665.
73 Vgl. *Hüffer*, AktG, § 84 Rn 22; Beck'sches Handbuch der AG/*Liebscher*, § 6 Rn 18.
74 Vgl. Beck'sches Handbuch der AG/*Liebscher*, § 6 Rn 23.
75 Vgl. *Hüffer*, AktG, § 76 Rn 26; Kölner Komm-AktG/*Mertens*, § 76 Rn 16.
76 Vgl. Beck'sches Handbuch der AG/*Liebscher*, § 6 Rn 23; MünchGesR/*Wiesner*, Bd. 4, § 20 Rn 7; a.A. *Fitting/Wlotzke/Wißmann*, Mitbestimmungsgesetz, § 31 Rn 12.
77 Vgl. §§ 100 Abs. 2 S. 1 Nr. 2, Nr. 3, 105 AktG; zeitlich befristete Ausnahme in § 105 Abs. 2 AktG; dazu Beck'sches Handbuch der AG/*Liebscher*, § 6 Rn 24.

d) Amtszeit

84 § 84 Abs. 1 S. 1 AktG schreibt die Amtszeit der Vorstandsmitglieder zwingend auf höchstens 5 Jahre fest, wobei eine (auch mehrfache) **Wiederwahl** für jeweils höchstens 5 weitere Jahre möglich ist (§ 84 Abs. 2 S. 2 AktG).

---

85 **Wichtig**
Automatische Verlängerungen der Amtszeit des Vorstands über die Fünf-Jahresgrenze hinaus sind unzulässig. Unzulässig sind auch vorzeitige Verlängerungen der Vorstandsbestellung mehr als ein Jahr vor Ablauf der Amtsperiode.[78]

---

e) Fehlerhafte Bestellung eines Vorstands

86 Ist die Bestellung des Vorstands oder eines Vorstandsmitglieds aufgrund eines **Formfehlers** oder eines materiellen **Beschlussmangels** fehlerhaft, stellt sich die Frage nach den Rechtsfolgen eines solchen Fehlers.

87 Nach der **Lehre von der fehlerhaften Organstellung** soll die fehlerhafte Bestellung für die Zeit bis zur Geltendmachung des Mangels als wirksam behandelt werden, wenn der betreffende Vorstand in der Zwischenzeit sein Amt ausgeübt hat. Der Bestellungsmangel soll also nur mit Wirkung für die Zukunft (ex nunc) geltend gemacht werden können.[79]

---

88 **Wichtig**
Voraussetzung für die Anwendung der Lehre von der fehlerhaften Organstellung ist jedoch, dass ein **fehlerhafter Bestellungsakt** stattgefunden hat; die Anmaßung des Vorstandsamts ohne einen solchen Bestellungsakt wird davon nicht erfasst.

---

89 Schließlich darf auch die Anwendung der Lehre von der fehlerhaften Organstellung nicht dazu führen, dass ein Verstoß gegen Rechtsvorschriften zum **Schutz höherrangiger Rechtsgüter** erfolgt.[80]

f) Handelsregisteranmeldung und -eintragung

90 Die Bestellung zum Vorstand ist gemäß §§ 39 Abs. 1 S. 1, 81 AktG zum Handelsregister **anzumelden**. Dies betrifft auch jede künftige Änderung in der Person der Vorstandsmitglieder und ihrer Vertretungsbefugnisse. Die Eintragung im Handelsregister ist jedoch lediglich deklaratorisch.

91 Anmeldepflichtig ist der Vorstand in vertretungsberechtigter Zahl, wobei die Anmeldung nach § 12 Abs. 1 HGB im Rahmen des elektronischen Registerverfahrens versehen mit qualifizierter Signatur in öffentlich beglaubigter Form unter Beifügung der signierten zugrunde liegenden Urkunden im Original oder in öffentlich beglaubigten Abschriften zu erfolgen hat (vgl. § 81 Abs. 2 AktG).

---

78 Vgl. BGH BGHZ 10, 187, 194; *Hüffer*, AktG, § 84 Rn 6.
79 Vgl. *Hüffer*, AktG, § 84 Rn 10; Kölner Komm-AktG/*Mertens*, § 84 Rn 29; MünchGesR/*Wiesner*, Bd. 4, § 20 Rn 35; Beck'sches Handbuch der AG/*Liebscher*, § 6 Rn 30.
80 Vgl. Beck'sches Handbuch der AG/*Liebscher*, § 6 Rn 30.

II. Die Anstellung der Vertretungsorgane

1. Anstellung des GmbH-Geschäftsführers

Im **Regelfall** wird das Beschäftigungsverhältnis des GmbH-Geschäftsführers durch einen **92** Dienstvertrag geregelt (§§ 611, 675 BGB).[81]

Praxistipp   **93**

Der Vertrag bedarf ausnahmsweise der **notariellen Form,** wenn der Geschäftsführer danach gleichzeitig einen Geschäftsanteil übernehmen soll (vgl. § 15 Abs. 3, 4 GmbHG).

---

a) Abschlusskompetenz

Der Vertragsabschluss erfolgt zwischen dem Geschäftsführer und der GmbH, vertreten durch die **94** **Gesellschafterversammlung** aufgrund einer **Annexkompetenz,** da ihr auch die Bestellung der Geschäftsführer obliegt. Die Gesellschafterversammlung hat die Kompetenz zum Abschluss, zur Änderung und zur Beendigung des Anstellungsvertrages.[82]

Praxistipp   **95**

Die Satzung kann die Zuständigkeit jedoch in gleicher Weise verlagern, wie es bei der organschaftlichen Bestellung des Geschäftsführers möglich ist. Der **Vollzug** der Beschlussfassung ist ohnehin **delegierbar.** Im Beschluss über die Zustimmung zum Anstellungsvertrag sollte also eine entsprechende Bevollmächtigung erfolgen.

Besonderheiten gelten bei **mitbestimmten Gesellschaften.** Gesellschaften mit mehr als 2.000 **96** Arbeitnehmern sind durch die Arbeitnehmervertreter im obligatorischen Aufsichtsrat nach § 1 MitbestG (paritätisch) mitbestimmt. Da § 31 MitbestG auf § 84 AktG verweist, ist für die Bestellung der Geschäftsführer und deren Anstellung der Aufsichtsrat zuständig. Gleiches gilt nach § 12 MontanMitbestG und nach § 15 MitbestErgG für die GmbH, die der Montanmitbestimmung unterliegt.

Demgegenüber ist in der (drittel-paritätisch) mitbestimmten GmbH (mehr als 500 Arbeit- **97** nehmer) nach dem **Drittelbeteiligungsgesetz** (früher: BetrVG 1952) der Aufsichtsrat nur zur Kontrolle der Geschäftsführung gemäß § 77 Abs. 1 BetrVG 1952 i.V.m. § 112 AktG befugt.

b) Form des Geschäftsführerdienstvertrages

Der Abschluss des Geschäftsführer-Dienstvertrages **bedarf keiner Form.** Er kann auch münd- **98** lich oder durch konkludentes Handeln zustande kommen. Dies gilt selbst dann, wenn zuvor, beispielsweise in einem Geschäftsanteilsübertragungsvertrag, Schriftform vereinbart worden ist; er wird rechtsverbindlich, wenn die Parteien den nur mündlich abgeschlossenen Vertrag einvernehmlich durchführen.[83]

---

81 Dazu umfassend und mit Mustern Arens/Tepper/*Lichtenwimmer*, Praxisformulare Gesellschaftsrecht, § 5 Rn 175 ff.
82 BGH BB 1991, 927 = DB 1991, 1065.
83 BGH GmbHR 1997, 547.

c) Inhalt des Geschäftsführerdienstvertrages

99 In den Vertrag sollten insbesondere aufgenommen werden:

aa) Vertragsdauer/Kündigungsregelung/Suspendierungsrecht

100 – Beginn und Ende des Anstellungsvertrages;
 – Kündigungsmöglichkeiten und -fristen;
 – etwaige Festlaufzeit;
 – auflösende Bedingungen etc.;
 – ggf. das Recht der Gesellschaft, den Geschäftsführer – zumindest im gekündigten Vertragsverhältnis – unter Anrechnung auf seine Urlaubsansprüche unter Fortzahlung der Bezüge
  freizustellen.

bb) Vergütung

101 – Höhe der Vergütung,
 – Voraussetzungen und Umfang der Vergütungsfortzahlung im Verhinderungsfall, insbesondere bei Arbeitsunfähigkeit,
 – Vergütungsnebenbestandteile,
 – variable Vergütung/Tantieme,
 – Zahlungen an Hinterbliebene etc.
 – etwaige Invaliditäts-, Alters- und Hinterbliebenenversorgung;
 – sonstige Vergütungsnebenbestandteile.

cc) Urlaub

102 – **Umfang** des Urlaubsanspruchs und
 – Abstimmung der **zeitlichen Lage** des Urlaubs.

dd) Dienstwagen

103 – Fahrzeugklasse,
 – Versicherungsschutz,
 – Umfang der Privatnutzung (Inland/Ausland),
 – vorzeitige Rückgabe bei Kündigung oder Suspendierung.

104 Wird einem GmbH-Geschäftsführer ein betrieblicher Pkw gem. Dienstvertrag auch zur privaten
Nutzung, und wird der geldwerte Vorteil aus der privaten Nutzung typisierend nach der sog. 1%-
Regelung besteuert, so ist der geldwerte Vorteil um monatlich 0,03% des Listenpreises für jeden
Kilometer der Entfernung zwischen Wohnung und Arbeitsstätte zu erhöhen, wenn das Fahrzeug
auch für die Fahrten zwischen Wohnung und Arbeitsstätte genutzt werden kann (vgl. § 8 Abs. 2
S. 3 EStG). Nach der Auffassung des BFH ist diese Erhöhung des geldwerten Vorteils um monatlich 0,03% jedoch nur dann gerechtfertigt, wenn der Arbeitnehmer das Fahrzeug auch für die
Fahrten zwischen Wohnung und Arbeitsstätte tatsächlich nutzt. Dafür besteht nach der Auffassung des BFH angesichts der Regelung im Anstellungsvertrag eine Vermutung, die jedoch widerlegt werden kann.[84] Wird das Dienstfahrzeug für die Strecke zwischen Wohnung und Arbeitsstätte jedoch nicht oder nur auf einer Teilstrecke eingesetzt, soll dies beispielsweise durch die

---

84 BFH DStR 2008, 1185 und BFH DStR 2008, 1182.

Vorlage einer Jahres-Bahnfahrkarte nachgewiesen werden können. Die Finanzverwaltung hat mit einem Nichtanwendungserlass auf diese Rechtsprechung reagiert.[85]

Ist einem Gesellschafter-Geschäftsführer im Anstellungsvertrag die private Nutzung eines **105** betrieblichen Pkw ausdrücklich gestattet, wird jedoch diese Vorteilsgewährung dennoch nicht der Lohnsteuer unterworfen, so liegt nach der Rechtsprechung des BFH in einem solchen Fall immer (lohnsteuerpflichtiger) Sachlohn vor und es nicht etwa eine verdeckte Gewinnausschüttung anzunehmen.[86]

Ist dagegen umgekehrt die private Nutzung eines betrieblichen Pkw im Anstellungsvertrag **106** ausdrücklich untersagt, findet jedoch nachhaltig eine „vertragswidrige" private Nutzung des Pkw statt, dann muss nach der zitierten Rechtsprechung des BFH im Rahmen einer „wertenden Betrachtung im Einzelfall" geprüft werden, ob die private Nutzung unter dem Gesichtspunkt der verdeckten Gewinnausschüttung oder als Arbeitslohn behandeln werden muss. Der BFH führt in diesem Zusammenhang noch einmal aus, dass die sozialversicherungsrechtliche Behandlung eines Gesellschafter-Geschäftsführers nicht übereinstimmen müsse mit der lohnsteuerlichen Behandlung eines Gesellschafter-Geschäftsführers als Arbeitnehmer im Sinne von § 1 Abs. 2 S. 1 und 2 LStDV.

Bei der Vereinbarung eines **Widerrufsvorbehalts** für die Überlassung eines betrieblichen **107** Pkw auch zur privaten Nutzung für einen **Fremd-Geschäftsführer** sind die Vorschriften der §§ 305 ff. BGB, insbesondere § 308 Nr. 4 BGB, zu beachten. Ein Widerrufsvorbehalt, der den Entzug der Privatnutzung in das alleinige **wirtschaftliche Ermessen** des Arbeitgebers bzw. Dienstherrn stellt, hält nach der Auffassung des BAG einer **AGB-Kontrolle** nicht stand.[87] Für die Auslegung eines Anstellungsvertrages eines Fremd-Geschäftsführer sind jedoch die Vorschriften über **Verbraucherverträge** maßgeblich (§ 310 Abs. 3 BGB).[88]

Bei einer länger als sechs Wochen andauernden Arbeitsunfähigkeit besteht im Zweifel ein **108** Anspruch der Gesellschaft auf Rückgabe des Fahrzeuges bis zur Wiedergenesung. Schon für Arbeitnehmer gilt der Grundsatz, dass ein Dienst-PKW nur solange zur Verfügung gestellt bleiben muss, bis die **Frist der Entgeltfortzahlung von 6 Wochen** endet.[89]

ee) Wettbewerbsverbot

Mit der Beendigung des Geschäftsführeramtes endet auch das sich aus der Treuepflicht ergebende **vertragliche Wettbewerbsverbot**. Selbst wenn der Dienstvertrag infolge fristloser **109** Kündigung geendet hat, gilt das vertragliche Wettbewerbsverbot nicht aufgrund nachwirkender **Loyalitätsverpflichtungen** bis zum Ende der vereinbarten Kündigungsfrist für eine ordentliche Kündigung weiter.[90] Während des bestehenden Dienstverhältnisses hat der Geschäftsführer allerdings die Verpflichtung, **Geschäftschancen**, von denen er im privaten Rahmen Kenntnis erlangt, an die Gesellschaft weiterzugeben; er darf sie nicht als Eigengeschäfte wahrnehmen. Er darf solche Geschäftschancen auch nicht bei Wechsel in die Selbständigkeit mitnehmen.[91]

Beim nachvertraglichen Wettbewerbsverbot ist Folgendes zu beachten: **110**

Zwar ist § 74 Abs. 2 HGB nicht anwendbar auf Gesellschafter- oder Fremdgeschäftsführer einer GmbH, und ein karenzentschädigungsloses nachvertragliches Wettbewerbsverbot, das zum Schutz der berechtigten Interessen der GmbH die Berufsausübung des Geschäftsführers

---

85 BMF GmbHR 2008, 1343.
86 BFH DStR 2009, 1355; BFH DStRE 2009, 779.
87 BAG DB 2010, 1943; dazu NJW-Spezial 2010, 530.
88 BAG NJW 2010, 2827; dazu NJW-Spezial 2010, 530.
89 BAG NJW 2011, 1469 = DB 2011, 939.
90 Dazu *Diller*, ZIP 2007, 201.
91 BGH NJW 1986, 585; OLG Frankfurt/M. GmbHR 1998, 376.

nicht unbillig erschwert, verstößt auch nicht gegen **§ 138 BGB**,[92] jedoch kann im Einzelfall der Ausschluss einer Karenzentschädigung unzulässig sein.[93]

111 Art. 12 GG und § 138 BGB ziehen zumindest nach instanzgerichtlicher Rechtsprechung einem nachvertraglichen Wettbewerbsverbot enge Grenzen, so dass gegebenenfalls auch bei einem GmbH- Geschäftsführer eine unzulässige Einschränkung der **Berufsfreiheit** aus Art. 12 GG durch ein nachvertragliches Wettbewerbsverbot anzunehmen ist. Es muss dem **Schutz eines berechtigten Unternehmensinteresses** dienen und darf nach Ort, Zeit und Gegenstand die Berufsausübung und wirtschaftliche Betätigung des Geschäftsführers nicht unbillig erschweren.[94] Inwieweit diese instanzgerichtliche Rechtsprechung verallgemeinerungsfähig ist und von den anderen Obergerichten aufgenommen wird, bleibt abzuwarten.

112 Ihre Wirksamkeit hängt davon ab, dass sie das notwendige Maß **in räumlicher, gegenständlicher und zeitlicher Hinsicht** nicht überschreiten.[95]

113 Zuvor hatte der BGH bereits eine **zeitliche Erstreckung** eines solchen Verbots auf **mehr als zwei Jahre** für rechtswidrig erklärt. Nur wenn eine solche Wettbewerbsklausel ausschließlich die zeitlichen Grenzen überschreitet, im Übrigen aber unbedenklich ist, kommt nach der Rechtsprechung des II. Senats des BGH eine **geltungserhaltende Reduktion** in Betracht; die Missachtung der gegenständlichen und räumlichen Grenzen dagegen hat die Nichtigkeit des Verbots zur Folge.[96]

114 Inwieweit diese Rechtsprechung des BGH verallgemeinerungsfähig ist und auf **GmbH-Geschäftsführer** erstreckt werden kann, bleibt ebenfalls abzuwarten.

115 Mit Beschluss vom 7.7.2008 hat der BGH aber entschieden, dass – Unabhängigkeit von der Wirksamkeit oder Unwirksamkeit einer solchen Vereinbarung – aus einer in einem Geschäftsführer-Anstellungsvertrag getroffenen Vereinbarung eines nachvertraglichen **Wettbewerbsverbotes ohne Karenzentschädigung** jedenfalls kein Anspruch auf Karenzentschädigung abgeleitet werden könne.[97] Als **Sanktion** eines – unterstellt: unzulässigen – nachvertraglichen Wettbewerbsverbotes ohne Karenzentschädigung kann im Falle eines GmbH-Geschäftsführers also nur die Nichtigkeitsfolge abgeleitet werden. Insofern sind nicht die Grundsätze der §§ 74 Abs. 2, 74 a Abs. 1 HGB heranzuziehen, wonach der Handlungsgehilfe (oder Arbeitnehmer) ein – mangels Karenzentschädigung – unverbindliches Wettbewerbsverbot durch Karenz wirksam machen kann und somit den Anspruch auf die Karenzentschädigung erwerben kann.

116 Ist in einem GmbH-Geschäftsführeranstellungsvertrag ein Wettbewerbsverbot gegen Karenzentschädigung enthalten, kann die Gesellschaft, sofern nichts anderes vereinbart ist, auch nach Beendigung des Vertragsverhältnisses auf das Wettbewerbsverbot verzichten – mit der Folge, dass die Karenzentschädigung entfällt. Allerdings muss gegebenenfalls berücksichtigt werden, dass der ehemalige Geschäftsführer davon ausgehen durfte, er müsse seinen Lebensunterhalt auf einem anderen Geschäftssektor suchen und könne insoweit auf die Karenzentschädigung zurückgreifen. In einem derartigen Fall kann der **Verzicht auf das Wettbewerbsverbot erst nach Ablauf einer der Kündigungsfrist entsprechenden Dispositionsfrist ausgeübt** werden. Bis dahin bleibt der Anspruch auf Zahlung der Karenzentschädigung bestehen.[98]

---

92 BGH GmbHR 2008, 930; BGH DStR 1997, 1413 = NJW 1997, 3089; BGH DStR 1992, 512 = ZIP 1992, 543; BGH GmbHR 1984, 234 = BGHZ 91, 1; BGH NJW 1968, 1717.
93 BVerfG, NJW 1990, 1471 für den Ausschluss einer Karenzentschädigung gem. § 90a Abs. 2 HGB bei einem Handelsvertreter.
94 OLG Düsseldorf GmbHR 1993, 581; OLG Düsseldorf GmbHR 1999, 120 = ZIP 1999, 311, dazu EWiR 1999, 361 *(Zimmermann)*.
95 BGH DStR 2005, 1657.
96 BGH WM 2000, 1496, 1498.
97 BGH DStR 2008, 1842 = ZIP 2008, 1719.
98 OLG München GmbHR 2010, 1031.

Arens

ff) Schiedsklausel, Schiedsvertrag und Gerichtsstandsvereinbarung

Gerade in Unternehmensführungen wird – aus verschiedenen Gründen – Wert darauf gelegt, **117** dass Streitigkeiten nicht vor der ordentlichen Gerichtsbarkeit ausgetragen werden müssen, sondern in Schiedsverfahren bereinigt und erledigt werden. Gelegentlich wird auch eine Gerichtsstandsvereinbarung gewünscht.

Wegen der Formulierung solcher Schiedsvereinbarungen und etwaiger Gerichtsstandsver- **118** einbarungen muss auf die Spezialliteratur verwiesen werden.[99]

gg) Salvatorische Klausel

Um der Rechtsfolge des **§ 139 BGB** entgegen zu wirken, wonach aus der Teilnichtigkeit einer **119** Bestimmung „im Zweifel" die Vollnichtigkeit der gesamten Regelung folgt, empfiehlt sich auch in Anstellungsverträgen die Aufnahme einer sog. salvatorischen Klausel.

Formulierungsbeispiel　　　　　　　　　　　　　　　　　　　　　　　　　　　　　　　**120**

Sollten einzelne oder mehrere Bestimmungen des vorstehenden Vertrages sich als unwirksam oder unvollständig herausstellen oder undurchführbar werden, so wird dadurch die Wirksamkeit des Vertrages im Übrigen nicht berührt. In einem solchen Fall ist die unwirksame, unvollständige oder undurchführbare Bestimmung durch eine solche Bestimmung zu ersetzen, welche die Beteiligten im Zeitpunkt des Vertragsabschlusses gewählt hätten, wenn sie den Fall der Unwirksamkeit, Unvollständigkeit oder Undurchführbarkeit bedacht und unter billiger Berücksichtigung der Interessen aller Teile gelöst hätten.

---

d) Arbeitnehmerstellung des Geschäftsführers?

Der Anstellungsvertrag eines GmbH-Geschäftsführers ist grundsätzlich als ein **Dienstvertrag** zu **121** qualifizieren, der eine Geschäftsbesorgung zum Gegenstand hat.[100] Ob im Falle einer Entgeltlichkeit der Anstellungsvertrag materiell-rechtlich auch ein **Arbeitsvertrag**, der Geschäftsführer also Arbeitnehmer sein kann, ist **umstritten**:

- Der **BGH** verneint dies in ständiger Rechtsprechung mit der Begründung, der Geschäftsführer nehme als Vertretungsorgan der Gesellschaft **Arbeitgeberfunktion** wahr.[101]
- Das **BAG** vertritt dagegen die Auffassung, dass der GmbH-Geschäftsführer ausnahmsweise auch Arbeitnehmer oder eine arbeitnehmerähnliche Person sein kann, wenn ein über das gesellschaftsrechtliche Weisungsrecht hinausgehendes **arbeitsrechtliches Weisungsrecht** vorliegt.[102] Ein Dienstnehmer, der zum Geschäftsführer bestellt werden soll, wird aber auch nach Auffassung des BAG nicht dadurch zum Arbeitnehmer, dass die **Bestellung zum Geschäftsführer unterbleibt**.[103]

Maßgebend für die Frage, ob ein Arbeitsverhältnis vorliegt, ist in erster Linie der **Grad der per- 122 sönlichen Abhängigkeit**. Persönliche Abhängigkeit erfordert **Eingliederung** in den Betrieb und

---

99 Siehe etwa das Muster von Heidel/Pauly/Amend/*Bühler*, AnwaltFormulare, 6. Aufl. 2009, Kap.38, Rn 17f., und die Formulierungsbeispiele von *Stichler*, BB 1998, 1531ff.

100 BAG GmbHR 1993, 35.

101 BGH BGHZ 12, 1, 8; BGH BGHZ 49, 30, 31; BGH BGHZ 79, 291; LAG Berlin GmbHR 1997, 839.

102 BAG BAGE 39, 16 = AP Nr. 1 zu § 14 KSchG 1969; BAG BB 1999, 1437 = GmbHR 1999, 816; dazu EWiR 1999, 1093 (*Wank*); verneinend für eine stellvertretende Geschäftsführerin, die Sonderkündigungsschutz nach § 9 MuSchG geltend gemacht hat.

103 BAG GmbHR 1997, 837 = ZIP 1997, 1930.

Unterordnung unter das **Weisungsrecht** des Arbeitgebers in Bezug auf Zeit, Dauer, Ort und Art der Arbeitsausführung.[104]

123   Besonderheiten gelten, wenn das **Dienstverhältnis** des Geschäftsführers nicht mit der GmbH selbst, sondern mit ihrer **Muttergesellschaft** bzw. einer Obergesellschaft abgeschlossen wurde:

–   Eine GmbH ist nicht Arbeitgeberin ihrer **von einer Obergesellschaft entlohnten** Geschäftsführer, wenn diese vorübergehend entsandt sind und nur im Rahmen ihres mit der Obergesellschaft abgeschlossenen Anstellungsvertrages tätig werden.[105]

–   Die **Arbeitsgerichte** sind nicht zuständig, wenn der vertretungsberechtigte Geschäftsführer den Geschäftsführeranstellungsvertrag mit der Muttergesellschaft geschlossen hat.[106]

124   Der Geschäftsführer einer **GmbH & Co. KG** ist nach bisheriger Rechtsprechung zumindest dann kein Arbeitnehmer der KG, wenn er zugleich Gesellschafter der KG oder GmbH ist und nach seiner Kapitalbeteiligung einen so erheblichen Einfluss auf die Beschlussfassung der Gesellschafter hat, dass er jede ihm unangenehme Entscheidung verhindern kann.

125   Diese Rechtsprechung hat das **BAG** inzwischen verschärft:

Der Geschäftsführer der Komplementär-GmbH einer KG ist kraft Gesetzes zur Vertretung dieser Personengesamtheit berufen und gilt daher nach § 5 Abs. 1 S. 3 ArbGG zumindest nicht als Arbeitnehmer i.S.d. Arbeitsgerichtsgesetzes.[107]

126   Nach **§ 5 Abs. 1 S. 3 ArbGG** gelten solche Personen, die in Betrieben einer juristischen Person kraft Gesetzes oder Satzung allein oder als Mitglied des Vertretungsorgans zur Vertretung der juristischen Person berufen sind, nicht als Arbeitnehmer. Dieses gilt auch für den **Stellvertreter des Geschäftsführers** (§ 44 GmbHG).[108]

127   Der EuGH vertritt aber für Fremdgeschäftsführer und für Minderheits-Gesellschafter-Geschäftsführer einen davon abweichenden Arbeitnehmerbegriff, zumindest, soweit es im Arbeitnehmerschutz aus europarechtlichen Richtlinien geht.[109] Danach sind etwa Mutterschutzvorschriften auch auf schwangere Geschäftsführerinnen anwendbar.

128   Wegen des europarechtlichen Einschlags muss daher auch das Diskriminierungsverbotsrecht des **AGG** gelten. Ferner wird möglicherweise auch das Transparenzerfordernis aus § 307 BGB gelten, so dass etwa **pauschalierte Überstundenabgeltungsklauseln** – wie bei Arbeitnehmern[110] – unwirksam sein könnten. Das OLG Karlsruhe hat wegen der **nicht „geschlechtsneutral" ausgeschriebenen Stelle** „Geschäftsführer gesucht" zugunsten einer – später nicht eingeladenen – Bewerberin (Rechtsanwältin) eine pauschalierte Entschädigung gemäß § 15 Abs. 2 AGG in Höhe von 13.000 EUR zugesprochen.[111]

129   Wird der Geschäftsführer außerhalb seiner **organschaftlichen Tätigkeit** für die GmbH im Rahmen eines separaten Arbeitsverhältnisses tätig (z.B. als Buchhalter nach seiner Dienstzeit), so kann er in diesem Arbeitsverhältnis, das von der Geschäftsführertätigkeit getrennt zu sehen ist, als Arbeitnehmer angesehen werden.[112]

---

104 BSG BSGE 49, 22, 25.
105 BFH GmbHR 2004, 829.
106 LAG Hamm ZIP 2004, 2251, im Anschluss an BAG ZIP 2003, 1722; ähnlich LAG Rheinland-Pfalz GmbHR 2005, 1294.
107 BAG GmbHR 2003, 1208, unter Aufgabe von BAG BAGE 39, 16 = AP Nr. 1 zu § 14 KSchG 1969; BAG AP Nr. 23 zu § 5 ArbGG 1979.
108 BAG NZA 1986, 68.
109 EuGH NZA 2011, 143 („Danosa").
110 BAG NZA 2011, 575 einerseits und BAG NZA 2011, 1335 andererseits für gut verdienende Associates (Junganwälte) in Großkanzleien.
111 OLG Karlsruhe GmbHR 2011, R 315.
112 BAG AP § 5 ArbGG 1953 Nr. 14.

Der Anstellungsvertrag eines GmbH-Geschäftsführers geht nicht nach **§ 613a BGB** auf einen 130
Betriebserwerber über. § 613a BGB erfasst nur Arbeitsverhältnisse. § 613a BGB findet auf GmbH-
Geschäftsführer keine Anwendung.[113]

Ungeklärt ist noch, ob das **Schriftformerfordernis** des **§ 623 BGB n.F. für Beendigungs-** 131
tatbestände auf GmbH-Geschäftsführer Anwendung findet.

2. Gehaltsvereinbarungen mit GmbH-Geschäftsführern, insbesondere Gesellschafter-Geschäftsführern

Literatur: *Altendorf,* Die Angemessenheit der Gesamtbezüge eines Gesellschafter-Geschäftsführers, NWB 2003, Fach 4, 4695; *Arens/Beckmann,* Die anwaltliche Beratung des GmbH-Geschäftsführers, 2006; *Arens/Finkbeiner,* Pensionszusagen an Gesellschafter-Geschäftsführer einer GmbH, Steuer-Journal 2005, 18; *Arens/Finkbeiner,* (Un)angemessene Tantiemen für Gesellschafter-Geschäftsführer, Steuer-Journal 2006, 17; *Arens,* Der GmbH-Geschäftsführer im Arbeits-, Sozialversicherungs- und Steuerrecht – aktuelle Entwicklungen, DStR 2010, 115; *Ax/Harle,* Die „unangemessene" Gesellschafter-Geschäftsführer-Vergütung – Hat die verdeckte Gewinnausschüttung im neuen Besteuerungssystem ihren Schrecken verloren?, GmbHR 2001, 763; *Bilsdorfer,* Die Angemessenheit der Bezüge von Geschäftsführern einer Steuerberatungsgesellschaft, INF 1999, 298; *Böth,* Die Angemessenheitsprüfung bei Gesellschafter-Geschäftsführer-Vergütungen, StBp 2002, 134; *Daumke/Kessler,* Der GmbH-Geschäftsführer, 2. Aufl. 2003; *Dörner,* Prüfung der Angemessenheit bei der Vereinbarung der Gesamtbezüge eines Gesellschafter-Geschäftsführers, INF 2003, 67; *Evers/Grätz/Näser,* Die Gehaltsfestsetzung bei GmbH-Geschäftsführern, 5. Aufl., Köln 2001; *Feldkamp,* Die Angemessenheit der Geschäftsführervergütung – Betriebliche Zusatzleistungen, Stbg. 2001, 277; *Flore/A. Schmidt,* Checkbuch Geschäftsführer-Vergütungen, Köln 2000; *Hansmann,* Angemessenheit von Geschäftsführer-Gehältern, EStB 2003, 143; *Huber,* Angemessenheit von Gesellschafter-Geschäftsführerbezügen einer GmbH, StuB 2003, 13; *Janssen,* Die Verwendung von Gehaltsstrukturuntersuchungen zur Ermittlung der Angemessenheit der Gesamtvergütung von Gesellschafter-Geschäftsführern, GmbHR 2007, 749; *Langohr-Plato/Spiecker,* Zeitwertkonten – ein Vergütungsmodell auch für Gesellschafter-Geschäftsführer?, INF 2005, 827; *Meyer/Ball,* Verfahrensrechtliche Fallstricke bei der verdeckten Gewinnausschüttung nach neuem Recht – Mehrfachbesteuerung im Falle unangemessener Geschäftsführergehälter?, DStR 2002, 1285; *Mohr,* Die Angemessenheit der Gesamtvergütung des GmbH-Geschäftsführers im Gesellschaftsrecht, GmbHR 2011, 402; *Ott,* Zur Angemessenheit von Vergütungen für Gesellschafter-Geschäftsführer nach dem BMF-Schreiben vom 14.10.2002, StuB 2003, 289; *Peetz,* Die Angemessenheit der Vergütung von (Gesellschafter-)Geschäftsführern in der Aufbauphase einer GmbH, GmbHR 2001, 699; *Prühs,* Überstundenvergütungen für GmbH-Geschäftsführer, DB 2002, 114; *Richter,* Die Angemessenheit der Geschäftsführervergütung, Die Steuerberatung 1998, 131 und 182; *Rischar,* Der Bundesfinanzhof und die Frage der Angemessenheit von GmbH-Geschäftsführervergütungen, BB 1997, 2302; *Rischar,* Neue (alte) Fallstricke zu den Gesellschafter-Geschäftsführergehältern, StB 2002, 335; *Rischar,* Geschäftsführerentgelte und verdeckte Gewinnausschüttung, GmbHR 2003, 15; *A. Schmidt,* Checkliste zur Höhe der Geschäftsführer-Bezüge, GmbH-StB 2001, 262; *Schuhmann,* Der Mehrfachgeschäftsführer und seine Vergütung, GmbHR 2009, 1271; *Schwedhelm,* Die richtige Gestaltung des GmbH-Geschäftsführervertrages zur Vermeidung verdeckter Gewinnausschüttungen, GmbH-StB 1997, 144; *Tänzer,* Aktuelle Geschäftsführervergütung in kleinen GmbH, Was darf ein Geschäftsführer in kleinen GmbH verdienen, GmbHR 1997, 16 und GmbHR 1997, 1085; *Tänzer,* Aktuelle Geschäftsführervergütung in der kleinen GmbH, GmbHR 2000, 596; *Tänzer,* Aktuelle Geschäftsführervergütung 2005, GmbHR 2005, 1256; *Zimmermann,* Prüfung der Angemessenheit der Vergütung von (Gesellschafter-)Geschäftsführern in kleineren GmbHs, GmbHR 2002, 353; *Zimmermann,* Die Angemessenheit der Gesamtbezüge eines GmbH-Gesellschafter-Geschäftsführers, DB 2003, 786.

Verwaltungsanweisungen: OFD Karlsruhe v. 17.4.2001, Angemessenheit der Gesamtbezüge eines Gesellschafter-Geschäftsführers, BB 2001, 1339 = GmbHR 2001, 538; BMF v. 14.10.2002, DStR 2002, 1861 = GmbHR 2002, 1152, dazu Krupske, GmbHR 2003, 208; OFD Düsseldorf/Köln v. 17.6.2004, GmbHR 2004, 1114.

---

113 Ständige Rechtsprechung des BAG zuletzt BAG DB 2003, 942 für den Fall einer fehlgeschlagenen Verschmelzung.

a) Zivilrechtliche Wirksamkeits- und steuerrechtliche Anerkennungsvoraussetzungen

132 Nach der ständigen Rechtsprechung des BFH besteht keine Vermutung, dass ein Gesellschafter-Geschäftsführer stets als Angestellter der GmbH anzusehen ist. Sollen die Zahlungen an den Gesellschafter-Geschäftsführer als **Betriebsausgaben** in der Form von Vergütungszahlungen den Unternehmensgewinn mindern, muss entweder ein Anstellungsvertragsverhältnis oder ein freies Dienstverhältnis vorliegen.

133 Zivilrechtlich ist zwar nicht vorgeschrieben, dass der Anstellungsvertrag mit dem Geschäftsführer schriftlich abgeschlossen werden muss und auch unter steuerlichen Aspekten reicht eine mündliche Vereinbarung aus, sofern die Existenz der Vereinbarung nachgewiesen werden kann. Allerdings empfiehlt sich aufgrund des **Beweisrisikos** ein schriftlicher Vertrag, da ansonsten die steuerliche Anerkennung fehlschlagen kann. Insbesondere bei **beherrschenden Gesellschaftern** sind die Anforderungen an die zu treffenden Vereinbarungen besonders hoch.

134 Bei **Alleingesellschaftern** ist für einen wirksamen Vertragschluss darüber hinaus eine satzungsmäßige Befreiung vom **Verbot des Selbstkontrahierens (§ 181 BGB)** erforderlich.

135 Wichtig ist daneben, dass der Anstellungsvertrag auch **tatsächlich durchgeführt** wird, da anderenfalls unterstellt wird, dass die schuldrechtliche Vereinbarung nicht ernsthaft gewollt ist und lediglich die gesellschaftsrechtlich veranlassten Leistungen verdecken soll. Dies bedeutet, dass der Gesellschafter-Geschäftsführer eine **vergütungsfähige Geschäftsführertätigkeit** erbringen muss, die sich an den getroffenen Vereinbarungen orientiert.

136 Werden Geschäftsführergehälter, Tantiemen, Beraterhonorare und Versorgungsleistungen **an die Beteiligungsquote gekoppelt**, so stellen die Leistungen der Gesellschaft kein Entgelt für Arbeitsleistungen der Geschäftsführer dar, sondern sind Gewinnverteilung in Form der verdeckten Gewinnausschüttung.[114]

b) Klarheitsgebot

137 Bei allen Formen von Gehaltsvereinbarungen ist dringend das sog. Klarheitsgebot zu beachten. Im Allgemeinen ist von einer verdeckten Gewinnausschüttung auszugehen, wenn die Kapitalgesellschaft und ihr beherrschender Gesellschafter die **Bemessungsgrundlage** für eine zu zahlende Vergütung nicht dergestalt **festlegen**, dass diese allein durch Rechenvorgänge ermittelt werden kann.

---

138 **Beispiel 1**

Wenn lediglich vereinbart wird, der Gesellschafter solle eine „angemessene Vergütung" erhalten bzw. die Festlegung der angemessenen Vergütung solle dem gemeinsamen Steuerberater überlassen werden, so ist eine solche Gestaltung steuerlich nicht anzuerkennen.[115]

---

139 **Beispiel 2**

Ist im Anstellungsvertrag einer GmbH mit einem nicht beherrschenden Gesellschafter-Geschäftsführer die Auszahlung des Gehalts erst vorgesehen, „sobald die Firma dazu in der Lage ist", so spricht das für einen durch das Gesellschaftsverhältnis veranlassten Gehaltsaufwand und wird als verdeckte Gewinnausschüttung behandelt. Ein fremder Arbeitnehmer würde einer Regelung nicht zustimmen, die ihn einseitig benachteiligt und vom Inhalt aller üblicherweise geschlossenen Arbeitsverträge abweicht.[116]

---

114 FG Hamburg GmbHR 1997, 223; BFH BB 1998, 81 = GmbHR 1998, 47; FG Niedersachsen GmbHR 1999, 85.
115 BFH NJW 1998, 2846 = DStR 1998, 847.
116 BFH BStBl II 1990, 454.

Beruht die Zahlung von **Urlaubs- und Weihnachtsgeld** an die Gesellschafter-Geschäftsführer 140
einer GmbH nicht auf klaren, im Voraus getroffenen Vereinbarungen, so steht auch durch die
wiederholte Leistung der Sonderzahlungen keine **betriebliche Übung**, die nach arbeitsrechtlichen Grundsätzen einen Anspruch darauf gegeben hätte, so dass ebenfalls verdecke Gewinnausschüttungen anzunehmen sind.[117]

Allerdings ist das Fehlen einer klaren, eindeutigen und im Voraus getroffenen Vereinbarung 141
der GmbH mit ihrem beherrschenden Gesellschafter-Geschäftsführer nur Beweisanzeichen bzw.
widerlegliche Vermutung für eine vGA.[118]

Schließt eine GmbH zeitgleich zwei **sich widersprechende Vereinbarungen** mit ihrem be- 142
herrschenden Gesellschafter-Geschäftsführer ab, so kann es an einer klaren und von vornherein
abgeschlossenen Vereinbarung fehlen, wenn nicht zu erkennen ist, welche von den beiden maßgeblich ist.[119]

c) Zuständigkeit für die Vergütungsregelung

Nach der Rechtsprechung des BGH ist die **Gesellschafterversammlung** einer GmbH – im Sinne 143
einer **Annexkompetenz** zur Bestellungsbefugnis – sowohl für den Abschluss und die Beendigung des Anstellungsvertrages eines Geschäftsführers als auch für dessen Änderungen zuständig, soweit keine anderweitige Zuständigkeit (z.B. nach der Satzung oder nach mitbestimmungs-
rechtlichen Vorschriften) bestimmt ist.

Vertragsänderungen, die nicht vom zuständigen Organ vorgenommen worden sind, sind 144
danach zivilrechtlich nicht wirksam zustande gekommen. An seiner früheren Rechtsprechung,
nach der die Änderung des Anstellungsvertrages in den Aufgabenbereich des Mitgeschäftsführers fällt, soweit ein solcher vorhanden und dieser einzelvertretungsberechtigt ist, hat der BGH
nicht mehr festgehalten.[120]

Ist eine Vereinbarung über die Änderung der Bezüge eines Gesellschafter-Geschäftsführers 145
nach den Grundsätzen des vorstehend zitierten BGH-Urteils **zivilrechtlich nicht wirksam** zustande gekommen, sind vereinbarte Gehaltserhöhungen steuerlich als verdeckte Gewinnausschüttungen (vGA) anzusehen. Dies betrifft auch die betriebliche Altersversorgung. Die steuerlichen Folgen einer vGA werden von der **Finanzverwaltung** für diese Fälle aber erst für nach dem
31.12.1996 gezahlte Bezüge gezogen (**Übergangsfrist**).[121]

d) Tatsächliche Durchführung

Weichen die GmbH und ihr beherrschender Gesellschafter-Geschäftsführer **mehrfach von den** 146
vertraglichen Vergütungsvereinbarungen ab, so ist nach Auffassung des BFH[122] das Vorliegen
einer verdeckten Gewinnausschüttung zwar nicht zwingend insgesamt, sondern ggf. nur für den
Zeitraum zu bejahen, in dem die Vereinbarung tatsächlich nicht durchgeführt wurde. Allerdings
kann die mehrfache Nichtdurchführung in Einzelfällen auch für eine im Gesamten nicht ernst
gemeinte Vereinbarung sprechen.

---

117 FG Hamburg GmbHR 2000, 291.
118 BFH NJW 1998, 2159 = DStR 1998, 522 im Anschluss an BVerfG NJW 1996, 833; siehe etwa BFH GmbHR 1999,
987 m. Anm. *Fritsche*.
119 BFH GmbHR 1998, 1048.
120 BGH GmbHR 1991, 363.
121 BGH GmbHR 1991, 363; BMF v. 16.5.1994, BStBl I 1994, 868 und BFH BB 1996, 151 = GmbHR 1996,
147.
122 BFH GmbHR 2002, 272; BFH GmbHR 2005, 940.

---

147 | **Beispiel 1**

Krasse Erhöhungen der Bezüge, Erhöhungen noch während der **festen Laufzeit** des Vertrages und **mehrfache Erhöhungen** innerhalb eines Jahres können zur Annahme gesellschaftsrechtlicher Veranlassung und damit zu der Annahme einer vGA führen.[123]

---

148 | **Beispiel 2**

Ebenfalls können **unregelmäßige Gehaltsauszahlungen** an den Geschäftsführer eine vGA auslösen. Grund hierfür ist die Annahme der **mangelnden Ernstlichkeit** der mit dem Geschäftsführer getroffenen Regelung.[124]

---

149 Der BFH[125] hat auf der Basis und in Fortführung seiner ständigen Rechtsprechung im Falle **nicht ausgezahlter Geschäftsführervergütungen**ausgeführt, dass sich ein fremder Geschäftsführer nicht darauf eingelassen hätte, dass die Auszahlung der Gehälter in die freie Entscheidung der Gesellschafterversammlung der GmbH gestellt wird. Es sei schon schädlich, dass die Verträge zur Höhe der Gehälter keine klare und eindeutige Regelung enthielten und somit sei das Vorliegen einer verdeckten Gewinnausschüttung zu bejahen. Die **Nichtdurchführung** des Vertrages über einen langen Zeitraum spricht gegen die Ernsthaftigkeit und führt damit zu der Annahme einer vGA.[126]

150 Allein das Vorliegen einer **Aufrechnungslage** insoweit reicht nicht aus.[127] Werden entgegen einer Vergütungsvereinbarung an den Gesellschafter-Geschäftsführer weder tatsächlich Bezüge ausgezahlt, noch die Zahlung gestundet oder sonst als Schulden umgeformt und auch nicht durch Aufrechnung mit fälligen Gegenforderungen der GmbH erfüllt sowie daraus zeitnah keine **lohnsteuerlichen Folgen** gezogen, so zeigt das die **mangelnde Ernstlichkeit** der Vereinbarung an. Eine **Verrechnung** zwischen Vergütungsansprüchen und Forderungen der GmbH wird nicht tatsächlich durchgeführt, wenn keine regelmäßige Verminderung der Forderungen bei der Berechnung der vereinbarten Zinsen berücksichtigt wird.[128]

151 Eine **Stundung** von Gehältern fremder Geschäftsführer wegen **Liquiditätsschwierigkeiten** der GmbH ist dagegen nicht unüblich und daher auch bei Gesellschafter-Geschäftsführern nicht ohne weiteres als vGA anzusehen.[129] Wird eine Gehaltsvereinbarung mit einem Gesellschafter-Geschäftsführer wegen Liquiditätsschwierigkeiten nur **teilweise durchgeführt** und werden gleichzeitig Stundungs-Vereinbarungen getroffen, so ist diese Vereinbarung im Rahmen ihrer tatsächlichen Durchführung daher steuerlich anzuerkennen.[130]

152 Die Vereinbarung über die „**Stundung**" einer Gehaltszahlung ist steuerlich aber nur dann anzuerkennen, wenn sie den Anforderungen entspricht, die an einen **Fremdvergleich** zu stellen sind. Ein fremder Arbeitnehmer wird grundsätzlich angemessene **Abschlagszahlungen** verlangen und ständig den Fortbestand der Liquidität des Arbeitgebers überprüfen; er wird ferner um ggf. vorhandene **Sicherheiten** besorgt sein.[131]

153 Das FG München hat dazu entschieden, dass der Betriebsausgabenabzug für eine Tantieme nicht allein deshalb versagt werden könne, weil die Auszahlung bei Fälligkeit aus betrieblichen Gründen (**wirtschaftlichen Schwierigkeiten der Gesellschaft**) nicht erfolge.[132] Allerdings empfiehlt es sich in solchen Fällen dringend, eine Stundungsvereinbarung oder die Umwandlung

---

123 FG Saarland GmbHR 1994, 635; FG Saarland, GmbHR 1995, 70; Centrale-Gutachten, GmbHR 2003, 95.
124 BFH GmbHR 1996, 299; BFH GmbHR 1997, 414 = DStR 1997, 697.
125 BFH GmbHR 2005, 494 m. Anm. *Hoffmann*.
126 BFH BStBl II 1996, 383 = NJW-RR 1996, 1057 m. Anm. *Becker*, DB 1996, 1439.
127 BFH GmbHR 2001, 678.
128 FG Baden-Württemberg GmbHR 2000, 343.
129 BFH GmbHR 1997, 414 m. Anm. *Gosch* = DStR 1997, 697; BFH GmbHR 2002, 272.
130 FG München GmbHR 2000, 828.
131 BFH GmbHR 1997, 414 m. Anm. *Gosch* = DStR 1997, 697.
132 FG München DStRE 2009, 281.

des Tantiemeanspruchs in ein Darlehen im Vorhinein (vor Eintritt der Fälligkeit) zu Bedingungen zu vereinbaren, die auch ein fremder Dritter (Fremd-Geschäftsführer) in dieser Situation akzeptiert hätte.

Wird für eine Beratungstätigkeit des Gesellschafter-Geschäftsführers zwar ein angemesse- **154** nes Honorar im Beratungsvertrag vereinbart, dann jedoch wegen schlechter Liquiditätslage der Gesellschaft elf Jahre lang kein Honorar ausbezahlt, sondern werden stattdessen entsprechende Rückstellungen für Verbindlichkeiten gebildet, und wird auf dieser Grundlage erst später – teilweise – Auszahlung geleistet, spricht diese **Nichtdurchführung** des Vertrages über einen so langen **Zeitraum** gegen die Ernsthaftigkeit und führt damit zu der Annahme einer vGA.[133]

Ist eine Vergütungsregelung über längere Zeit **vertragsgemäß durchgeführt** worden (hier: **155** 30 Monate), kann bei anschließender teilweiser Nichtdurchführung die Vereinbarung für den **Zeitraum der tatsächlichen Durchführung** anerkannt werden.[134]

Wichtig **156**

Ist für Änderungen eines Geschäftsführer-Dienstvertrages einfache **Schriftform** vereinbart, so ist ein **formloser Verzicht** auf Gehaltsforderungen dennoch wirksam. Nachzahlungen darauf stellen dann vGA dar.[135]

---

e) Angemessenheit der Vergütung
aa) Kriterien für die Höhe der Vergütung

Für die **Angemessenheit** kommt es darauf an, ob auch ein an der GmbH nicht als Gesellschafter **157** beteiligter **Dritter** solche Bezüge erhalten würde. Unangemessene Bezüge von Gesellschafter-Geschäftsführern stellen in dem **übersteigenden Teil** eine verdeckte Gewinnausschüttung dar.[136]

Für die Beurteilung, ob Leistungen der Gesellschaft an ihren Gesellschafter-Geschäftsführer **158** angemessen sind, werden dessen **Gesamtbezüge** überprüft,[137] das heißt geprüft werden:

– Festgehalt (einschließlich Überstundenvergütung)
– Feste jährliche Einmalzahlungen (wie etwa Urlaubsgeld, Weihnachtsgeld)
– Variable Gehaltsbestandteile (zum Beispiel Tantiemen und Gratifikationen)
– Zusagen über Leistungen der betrieblichen Altersvorsorge (zum Beispiel Pensionszusagen)
– Sachbezüge (zum Beispiel Nutzung von Firmenfahrzeugen für Privatfahrten, D&O-Versicherung)
– Wohnungsüberlassungen
– Ausrichtung von privaten Feiern (z.B. Geburtstagsfeiern) auf Unternehmenskosten
– Preisnachlässe.

Für die Bemessung der angemessenen Bezüge eines Gesellschafter-Geschäftsführers gibt es **kei-** **159** **ne festen Regeln**. Der angemessene Betrag ist vielmehr **im Einzelfall durch Schätzung zu ermitteln**. Bei dieser Schätzung ist zu berücksichtigen, dass häufig nicht nur ein bestimmtes Gehalt als angemessen angesehen werden kann, sondern der Bereich des Angemessenen sich auf eine gewisse Bandbreite von Beträgen erstreckt. **Unangemessen** im Sinne einer vGA sind dann nur die **Bezüge, die den oberen Rand dieser Bandbreite übersteigen**.[138]

---

133 BFH BStBl II 1996, 383 = NJW-RR 1996, 1057 m. Anm. *Becker*, DB 1996, 1439.
134 BFH GmbHR 2002, 272.
135 FG Niedersachsen GmbHR 1998, 797.
136 BFH BStBl II 1968, 809 und BStBl II 1972, 320; BFH NV 1998, 883.
137 Dazu *Mohr*, GmbHR 2011, 402.
138 Vgl. BFH GmbHr 2010, 828; BFH BFHE 202, 241 = BStBl II 2004, 132; BFH BFH/NV 2003, 1346; BFH BFHE 202, 494 = BStBl II 2004, 136; BFH BFHE 202, 500 = BStBl II 2004, 139; BFH BFH/NV 2005, 77.

160   Wo im konkreten Einzelfall die hiernach zu bestimmende (Ober-)Grenze zwischen (noch) angemessenen und (schon) unangemessenen Gesamtbezügen verläuft, ist eine Frage, deren **Beantwortung dem FG vorbehalten** ist (§ 96 Abs. 1 S. 1 FGO). Dabei zählt es zum Bereich der vom FG zu treffenden Sachverhaltsfeststellungen, welchen Kriterien der Vorrang zur Beurteilung der Angemessenheit der Geschäftsführervergütung im Einzelfall beizumessen ist Vorausgesetzt, die Erkenntnisse des FG sind nicht verfahrensfehlerhaft zustande gekommen und verstoßen **nicht gegen Denkgesetze oder gegen allgemeine Erfahrungssätze**, ist das Revisionsgericht hieran gebunden (vgl. § 118 Abs. 2 FGO). Das gilt unabhängig davon, ob sich aus den vorhandenen Schätzungsgrundlagen gleichermaßen andere Beträge hätten ableiten lassen.

161   Unklare bzw. nicht in allen Einzelkriterien einem **Fremdvergleich** entsprechende Vereinbarungen zwischen der GmbH und dem beherrschenden Gesellschafter (bzw. ihm nahe stehende Personen) führen nicht zwingend zur Annahme einer vGA, sondern nur zu einer entsprechenden **widerleglichen Vermutung** für eine vGA; (dennoch geht die Praxis der Instanzgerichte weitgehend in diese Richtung).[139]

162   Umgekehrt kann aber auch bei einer der Höhe nach noch **angemessenen Vergütung** ggf. dennoch eine vGA anzunehmen sein. Wie der BFH mit Urteil vom 6.4.2005[140] festgestellt hat, können auch Gehaltserhöhungen – selbst wenn sie im Voraus vereinbart wurden und ungeachtet der letzlichen Höhe des Festgehalts – als **verdeckte Gewinnausschüttung** zu qualifizieren sein. Entscheidendes Kriterium ist nach der Auffassung des BFH, ob die Gehaltserhöhungen bei einem Fremdvergleich üblich sind. So ging das Gericht im entschiedenen Fall davon aus, dass gegenüber einem fremden Dritten auch bei einer sehr positiven Geschäftsentwicklung einer neuen GmbH das **Festgehalt** nicht innerhalb weniger Monaten **verdoppelt** werde.

163   Die Prüfung der Angemessenheit der Höhe einer Geschäftsführervergütung findet im Rahmen des **Fremdvergleichs** statt; dieser Maßstab ist jedoch unabhängig davon anzulegen, ob es sich um Bezüge eines beherrschenden Gesellschafters handelt oder nicht. Von einem krassen Missverhältnis der Vergütung der Arbeitsleistung kann – zumindest nach instanzgerichtlicher Rechtsprechung – erst dann gesprochen werden, wenn die Grenze der Angemessenheit um mehr als 20% überschritten wird.[141]

164   Die Prüfung der **Angemessenheit der Gesamtausstattung** eines Gesellschafter-Geschäftsführers kann auch dann zum Ansatz von verdeckten Gewinnausschüttungen führen, wenn sich die Höhe der Gesamtvergütung (bei unterschiedlichen Einzelkomponenten) im **Vergleich zu den Vorjahren** nur unwesentlich verändert hat. Einem im Bereich der Veranlassungsprüfung bei der verdeckten Gewinnausschüttung maßgebenden Fremdvergleich entspricht es nicht, dem als Vertragspartner der Kapitalgesellschaft auftretenden Gesellschafter-Geschäftsführer das Risiko einer steuerrechtlichen Anerkennung einer Vereinbarung durch einen **Ausgleich von nachträglich entstandenen Einkommensteuerschulden** abzunehmen.[142]

165   Für die Beurteilung, ob in der Zahlung von Vergütungen an Gesellschafter-Geschäftsführer einer Kapitalgesellschaft eine verdeckte Gewinnausschüttung liegt, ist die **Angemessenheit** der Vergütung bzgl. aller einzelnen Vergütungsbestandteile und bzgl. der Gesamthöhe zu prüfen.[143] Bei einem außerbetrieblichen Fremdvergleich können für die Angemessenheitsprüfung Durchschnittswerte vergleichbarer Unternehmen herangezogen werden. Einer **besonders guten Ertragslage** des Unternehmens ist durch den Umstand hinreichend Rechnung getragen, dass von

---

139 BFH GmbHR 1997, 1070; BFH DStR 1998, 522; BFH GmbHR 1998, 1048; FG NiedersachenGmbHR 1998, 895; FG Saarland GmbHR 1998, 102.
140 BFH GmbHR 2005, 1143 m. Anm. *Hoffmann*.
141 FG Köln GmbHR 1996, 781.
142 BFH GmbHR 2010, 828.
143 Vgl. etwa FG Saarland EFG 2001, 1233.

einer unangemessen hohen Geschäftsführervergütung erst bei einem **krassen Missverhältnis** der Vergütung zur durchschnittlichen Vergütungshöhe auszugehen ist.[144]

Damit stellt die **Ertragssituation** ein wichtiges Kriterium für die Festlegung der Ange- 166 messenheitsgrenze dar. Eine Geschäftsführervergütung ist im Regelfall als unangemessen anzusehen, wenn sie den **Gewinn** zugunsten der Gesellschafter-Geschäftsführer weitgehend **abschöpft**.[145] Maßgebend ist hierbei vor allem das Verhältnis der Gesamtausstattung des Geschäftsführergehalts zum Gesamtgewinn der Gesellschaft und zur **verbleibenden Eigenkapitalverzinsung**. Wird nahezu der gesamte Gewinn einer Kapitalgesellschaft durch die Gesamtvergütung „**abgesaugt**", stellt dies ein wesentliches Indiz für die Annahme einer unangemessenen Gesamtvergütung dar.

Schlechte **Ertragssituation** und mangelnde **Liquidität** der GmbH schon im Jahr der Verein- 167 barung der bezahlten Geschäftsführertätigkeit sind bei der Angemessenheitsprüfung zu berücksichtigen. Es ist nicht allein auf die Höhe der leistungsorientierten bzw. funktionsbezogenen Vergütung aller Geschäftsführer abzustellen, wenn die GmbH selbst keine **angemessene Teilhabe am Gewinn** hat.[146]

Praxistipp 168

Im Regelfall kann von einer Angemessenheit der Gesamtausstattung der Geschäftsführerbezüge ausgegangen werden, wenn der Gesellschaft nach Abzug der Geschäftsführervergütungen noch ein Jahresüberschuss vor Ertragsteuern in mindestens gleicher Höhe verbleibt. Bei **mehreren Gesellschafter-Geschäftsführern** ist hierbei auf die Gesamtsumme der Vergütungen aller Geschäftsführer abzustellen.

Beispiel 169

Das Gehalt des Geschäftsführers einer GmbH, die eine personenbezogene Tätigkeit ausübt, ist in der Regel angemessen, wenn der Gesellschaft ein Gewinn von **15% des gezeichneten Kapitals** (vor Ertragsteuern) und darüber hinaus **5% der Summe der** an den Geschäftsführer gezahlten **Tantieme** verbleibt.

Der Gesellschaft muss eine angemessene **Verzinsung** aber nicht nur des Stammkapitals, son- 170 dern des **Eigenkapitals** einschließlich der stillen Reserven verbleiben.

Bei besonders großem **persönlichen Arbeitseinsatz** des Geschäftsführers kann die Ober- 171 grenze für ein angemessenes Gehalt bei drei Viertel des Geschäftserfolges der Gesellschaft liegen, der dann ein Viertel des Geschäftserfolgs verbleiben muss.[147] Auch bei einer **personenbezogenen GmbH** darf aber der erwirtschaftete Ertrag nicht in voller Höhe als Tätigkeitsvergütung des Gesellschafter-Geschäftsführers ausgekehrt werden. Der Gesellschaft muss etwa ein Viertel ihres Geschäftserfolges verbleiben, gerade auch um Rücklagen für Zeiten eines eventuellen Betriebsausfalles oder der Verpflichtung eines Vertreters ihres Geschäftsführers bilden zu können.[148]

Bei Bewertung des Verhältnisses von Gewinn und Geschäftsführergehalts ist nicht nur auf 172 die **Verzinsung des nominellen Stammkapitals** abzustellen, sondern auch darauf, dass bei einer stark personenbezogenen GmbH die „**Geschäftsidee**", die der Geschäftsführer veranlasst hat, sich bei der Gesellschaft auszahlen muss.[149]

Bei der Prüfung der Angemessenheit von Tätigkeitsvergütungen von Gesellschafter-Ge- 173 schäftsführern lässt sich neben dem betriebsexternen Gehaltsvergleich aus den **Gewinnaus-**

---

144 FG Düsseldorf DStRE 2001, 978 = EFG 2001, 1069 m. Anm. *Neu.*
145 BFH DStR 1994, 718; BFH NV 1994, 740; FG Niedersachsen GmbHR 1997, 713.
146 BFH GmbHR 2002, 272.
147 Niedersächsisches FG DStRE 2000, 862 = GmbHR 2000, 779.
148 FG Hamburg EFG 2001, 160 = GmbHR 2001, 310; FG Münster DStRE 2003, 668.
149 FG Hamburg EFG 2001, 160 = GmbHR 2001, 310.

schüttungen eine **zweite selbständige Angemessenheitsgrenze** ableiten; in den Beurteilungszeitraum kann dabei auch die Gewinn-, Umsatz- und Kostenentwicklung der Folgejahre, wertend und indiziell mit einbezogen bzw. geprüft werden, ob die weitere Entwicklung die ursprüngliche Einschätzung bestätigt.

174   Noch weitgehend unklar ist nach der obergerichtlichen Rechtsprechung, in welcher konkreten **Gesamthöhe** Dienstvergütungen einschließlich aller Nebenbestandteile für Gesellschafter-Geschäftsführer steuerlich akzeptiert werden können, insbesondere bezogen auf die Größenverhältnisse bzw. wirtschaftlichen Verhältnisse der Gesellschaft.[150]

---

175 **Wichtig**

Die in der Literatur vertretene **Faustregel**, wonach das Geschäftsführergehalt angemessen ist, wenn es 300% des **Gehalts des bestbezahlten Angestellten** in dem Betrieb nicht übersteigt, ist kein geeigneter Beurteilungsmaßstab.[151]

---

176 Für die Angemessenheit der Bezüge eines Gesellschafter-Geschäftsführers gibt es **keine festen Regeln**. Die obere Grenze ist im Einzelfall durch Schätzung zu ermitteln. Inner- und außerbetriebliche Merkmale können Anhaltspunkte für die Schätzung bieten. Erforderlich ist nach der Auffassung des **BFH** eine **Gesamtabwägung**; diese umfasst u.a.
- Art und den Umfang der Tätigkeit
- künftige Ertragsaussichten des Unternehmens
- Verhältnis des Geschäftsführergehalts zum Gesamtgewinn und zur verbleibenden Kapitalverzinsung sowie
- Art und Höhe der Vergütung, die gleichartige Betriebe ihren Geschäftsführern für entsprechende Leistungen gewähren.

177 Bei der Prüfung der Angemessenheit ist grundsätzlich zunächst auf die **Gesamtvergütung** abzustellen.[152]

178   **Kriterien** im Rahmen einer Schätzung der angemessenen Vergütung eines Gesellschafter-Geschäftsführers sollen nach Auffassung der **Finanzverwaltung** u.a. sein:
- sog. Gesamtbezüge (gesamte Vermögensvorteile, die der Geschäftsführer als Entgelt für seine Tätigkeit erhält, insbesondere Gehälter, Gratifikationen, Tantiemen, Prämien, Ruhegeldzusagen, geldwerte Nutzungsmöglichkeiten)
- Art und der Umfang der Tätigkeit
- voraussichtliche Ertragsentwicklung des Unternehmens
- Steigerung des Unternehmenswertes
- Verhältnis der Gesamtbezüge zum erwarteten Gesamtgewinn und zur voraussichtlichen Kapitalverzinsung
- Art und die Höhe der Vergütung, die gleichartige Betriebe für entsprechende Tätigkeit leisten.[153]

179 Die Vereinbarung **unangemessen hoher Gesamtbezüge** oder unangemessener Einzelvergütungsbestandteile an den Gesellschafter einer Kapitalgesellschaft für seine Vorstands- oder Geschäftsführertätigkeit führt zu einer verdeckten Gewinnausschüttung.

---

150 FG Brandenburg DStRE 1997, 639; FG Saarland GmbHR 1998, 105.
151 FG Hessen EFG 2000, 1032.
152 BFH DStR 1994, 718; BFH DB 1993, 865; BFH NV 1992, 341; BFH BB 1978, 345; BMF v. 14.10.2002, DStR 2002, 1861; dazu auch OFD Chemnitz v. 14.6.2004, GmbHR 2005, 507.
153 OFD Frankfurt/M. v. 23.8.1999, BB 1999, 2015 in Abgrenzung zu OFD Stuttgart v. Mai 1995, BB 1997, 243; FG Hessen EFG 2002, 490 = GmbHR 2002, 605.

Arens

Wichtig	**180**

Sowohl die Gesamtausstattung als auch die einzelnen Vergütungsbestandteile müssen angemessen sein. Auch wenn die Gesamtausstattung insgesamt angemessen ist, können einzelne Vergütungsbestandteile unangemessen sein. Ein **Ausgleich zwischen einzelnen Bestandteilen** ist insoweit regelmäßig nicht möglich.

Hierzu hat die Finanzverwaltung Baden-Württemberg[154] im Jahr 2001 auf Basis verschiedener **181** marktwirtschaftlicher Studien sowie **verwaltungsinterner Sammlungen** nach Branchen und Größenklassen differenzierte Tabellen veröffentlicht. Die hierin enthaltenen Werte sind Richtschnur, an denen sich die Geschäftsführer-Gehälter von GmbH-Gesellschaftern messen lassen müssen. Sie gelten unmittelbar allerdings nur für Baden-Württemberg, für die anderen Bundesländer können sie aber indiziell berücksichtigt werden.

Praxistipp	**182**

Wird in der Gesellschaft neben dem Gesellschafter-Geschäftsführer ein **Fremdgeschäftsführer** beschäftigt, stellt dessen Vergütungshöhe ein wesentliches **Indiz** dar bei der Festlegung der Angemessenheitsgrenze.
Daneben ist ein **externer Betriebsvergleich** möglich unter Heranziehung von neutralen Statistiken.

Bei der Beurteilung der Frage, ob die Gesamtvergütung eines beherrschenden Gesellschafter- **183** Geschäftsführers im Hinblick auf die Ertragskraft des Unternehmens als angemessen anzusehen ist, sind die Ergebnisse des Unternehmens zum einen um **Sondereinflüsse**, wie z.B. steuerliche Sonderabschreibungen zu bereinigen, zum anderen ist bei der Beurteilung der Gewinnsituation die **zukünftige Geschäftsentwicklung** mit einzubeziehen.[155]

Die erforderliche Überprüfung der Gesamtausstattung von Gesellschafter-Geschäftsführern **184** bezieht sich nach der Auffassung des BFH zwar regelmäßig auf die **Gesamtgeschäftsführung**. Daher seien bei der Bestellung mehrerer Gesellschafter-Geschäftsführer, insbesondere bei einer kleineren GmbH, im Hinblick auf eine etwa geminderte Verantwortung oder geminderte Beanspruchung des einzelnen Geschäftsführers ggf. **Vergütungsabschläge** vorzunehmen. Es sei jedoch nicht zulässig, bei der Bemessung der angemessenen Gesamtvergütung pauschal von Vergleichswerten auszugehen, die sich für nur einen Geschäftsführer und nur einen leitenden Angestellten ergeben. Ausnahmsweise könnten sogar Vergütungszuschläge gerechtfertigt sein. Die Sache wurde zwecks erneuter Prüfung an das FG zurückverwiesen.[156]

bb) Bedeutung von Gehaltsstrukturuntersuchungen

Liegen branchenspezifische Erfahrungswerte nicht vor, kann – ggf. mit abweichender individu- **185** eller Beurteilung – auf die **Gehaltsstrukturuntersuchungen** der Wirtschaft zurückgegriffen werden.[157] Es bestehen dabei weder Höchst- noch **Nichtaufgriffsgrenzen**.[158]

---

154 OFD Karlsruhe v. 17.4.2001, GmbHR 2001, 538 mit umfangreicher Darstellung der einzelnen Kriterien der Angemessenheit der Einzelbezüge und der Gesamtbezüge.
155 FG Brandenburg DStR 1997, 639; FG Saarland GmbHR 1998, 105.
156 BFH GmbHR 2003, 1369 m. Anm. *Hoffmann*; vgl. auch BFH BStBl II 1992, 690.
157 Siehe etwa die Darstellung der aktuellen Geschäftsführervergütungen 2005 von *Tänzer*, GmbHR 2005, 1256 ff., *Prühs*, GmbH-Stpr 2005, 325 ff. und *Holst*, GmbH-Stpr. 2006, 4 ff.; siehe auch *Janssen*, GmbHR 2007, 749.
158 OFD Frankfurt/M. v. 23.8.1999, BB 1999, 2015 in Abgrenzung zu OFD Stuttgart v. Mai 1995, BB 1997, 243; FG Hessen EFG 2002, 490 = GmbHR 2002, 605; a.A. offenbar auch OFD Chemnitz v. 14.6.2004, GmbHR 2005, 507.

186 Praxistipp

Der BFH hat aber auch für eine nur durchschnittlich erfolgreiche GmbH die Festsetzung der Geschäftsführervergütung im oberen Bereich der Bandbreite des Fremdvergleichs nicht beanstandet.[159]

187 Bei einem in der **Expansion** befindlichen Unternehmen rechtfertigt überdurchschnittlicher Arbeitseinsatz ein überdurchschnittliches Geschäftsführergehalt des Gesellschafter-Geschäftsführers. Bei der Überprüfung der Angemessenheit der Gesamtausstattung anhand von **externen Gehaltsstudien** ist eine Relativierung der statistischen Zahlen im Hinblick auf die Besonderheiten des jeweiligen Falles geboten. Bei der Angemessenheitsprüfung ist ein großzügiger Maßstab anzulegen.

188 Praxistipp

Bei großzügiger Ermittlung ist – zumindest nach instanzgerichtlicher Auffassung – ggf. die Angemessenheitsgrenze bei 150.000 EUR bis 170.000 EUR (seinerzeit: 300.000,00 DM) zu ziehen.[160]

189 Allerdings können – wie bereits ausgeführt – die Höchstwerte aus **Gehaltsstrukturuntersuchungen** nicht ohne Berücksichtigung der Umstände des Einzelfalles als Vergleichsmaßstab für die Angemessenheit herangezogen werden.[161] Gegen eine Heranziehung von Gehaltsstrukturuntersuchungen zur Ermittlung der Angemessenheit von Gehältern beherrschender Gesellschafter-Geschäftsführer, bei denen es sich im Wesentlichen um Schätzungen handelt, bestehen aber auch nach Auffassung des BFH **keine grundsätzlichen Bedenken.**[162] Gehaltsstrukturuntersuchungen bieten auch nach seiner Meinung einen einigermaßen repräsentativen und verlässlichen Überblick über die im jeweiligen Untersuchungszeitraum gezahlten Geschäftsführergehälter, so dass im Rahmen eines **Fremdvergleichs** darauf zurückgegriffen werden kann.[163]

190 Wichtig

Allerdings sollen dabei als Schätzungsgrundlage nicht die **Zahlen für** Gesellschafter-, sondern für **Fremdgeschäftsführer** zugrunde zu legen sein.[164]

cc) Besonderheiten bei zusätzlicher oder anderweitiger Tätigkeit

191 Die angemessene Vergütung eines Gesellschafter-Geschäftsführers einer GmbH als **Subunternehmer** stellt keine vGA dar.[165] Das Zusammentreffen von Subunternehmertätigkeit bzw. Beratertätigkeit und Geschäftsführertätigkeit des GmbH-Gesellschafters führt nicht dazu, dass für die Subunternehmertätigkeit stets die gleichen Vergütungsgrundsätze gelten wie für die Geschäftsführertätigkeit.

---

159 BFH GmbHR 2005, 635.
160 FG Brandenburg DStR 1997, 639; FG Saarland GmbHR 1998, 105.
161 FG Köln GmbHR 1998, 1238.
162 BFH GmbHR 2002, 752.
163 BFH GmbHR 2003, 549 für einen Minderheits-Gesellschafter-Geschäftsführer.
164 FG Hessen GmbHR 2000, 444.
165 BFH GmbH-StB 1997, 28.

Arens

192

Beispiel
Die Vergütung von **Beratungsleistungen** des (Allein-)Gesellschafter-Geschäftsführers **nach Tagessätzen** kann im Einzelfall dem Grunde nach auch dann anerkennungsfähig sein, wenn er gleichzeitig der einzige Geschäftsführer ist. Allerdings muss dabei auch bei einer personenbezogenen GmbH der Gesellschaft i.d.R. zumindest etwa ein Viertel des Geschäftserfolges verbleiben.[166]

Arbeitet ein Gesellschafter-Geschäftsführer zusätzlich für weitere Unternehmen, so ist dies bei **193** der Bestimmung des angemessenen Gehalts in der Regel mindernd zu berücksichtigen.[167] Wird der Geschäftsführer einer GmbH neben seiner ursprünglichen Tätigkeit für eine weitere GmbH tätig, so darf seine Gesamtvergütung also nicht ausschließlich erhöht werden. Vielmehr muss auch der **Rückgang seines Arbeitseinsatzes** im bisherigen Tätigkeitsbereich Berücksichtigung finden.[168] Für die Prüfung der Angemessenheit ist dabei nicht auf ein fiktives Gehalt aus einem „zusammengefassten Unternehmen" abzustellen. Dieses kann nur Ausgangspunkt für eine Schätzung sein. Zur Schätzung des angemessenen Gehalts kann auf den jeweiligen **zeitlichen Einsatz in den einzelnen Unternehmen** zurückgegriffen werden.[169]

Erhält ein Gesellschafter aus allen GmbHs seiner Unternehmensgruppe Geschäftsführerbe- **194** züge, so kann allerdings für die Beurteilung der Angemessenheit aus den einzelnen Vergütungen ein **Gesamtbetrag** gebildet werden, wobei **von den** als angemessen angesehenen **Einzelvergütungen Abschläge** vorzunehmen sind.[170]

Bleibt allerdings bei Hinzutreten einer anderen Aufgabe der **bisherige Arbeitseinsatz un- 195 verändert**, so bedarf es einer Vergütungsanpassung im bisherigen Geschäftsführerdienstverhältnis auch dann nicht, wenn im Dienstvertrag eine Gehaltsanpassungsklausel vorgesehen ist.[171]

Bei der Aufnahme einer zweiten bzw. weiteren Geschäftsführertätigkeit ist somit eine vGA **196** nicht ohne weiteres anzunehmen, wenn das Erst-Gehalt in unveränderter Höhe bestehen bleibt. Dies ergibt sich aus auch zwei **BFH-Entscheidungen vom 26.5.2004.** In beiden Fällen verlangte das Finanzamt eine Kürzung des Erst-Gehalts, weil die Gesellschafter nach der Aufnahme einer weiteren Geschäftsführertätigkeit nicht mehr den von ihnen geschuldeten vollen Arbeitseinsatz erbringen konnten. Der BFH stimmte der abweichenden Ansicht des Finanzamts nur bedingt zu. Zwar führe die Aufnahme einer weiteren Geschäftsführertätigkeit **„im Normalfall"** bei einem Fremdgeschäftsführer dazu, dass ihm das Erst-Gehalt wegen verminderter Arbeitsleistung **gekürzt** wird. Dies müsse auch für einen Gesellschafter-Geschäftsführer gelten. Bringe dessen anderweitige Tätigkeit aber z.B. **besondere Vorteile** für die erste GmbH mit sich, könne die Parität von Leistung und Gegenleistung weiterhin gewahrt sein.[172] In beiden Entscheidungen zeigte der BFH die Grundsätze für steuerliche Beurteilung von Mehrfachtätigkeiten wie folgt auf:

197

Wichtig
1. Dafür, dass und inwieweit die Tätigkeit für die zweite GmbH der ersten GmbH **Vorteile** bringt und daher den Nachteil eines geringeren zeitlichen Arbeitseinsatzes kompensiert, ist die erste GmbH **darlegungs- und beweispflichtig.** Solche Vorteile müssen also konkret benannt werden, sonst scheitert die Gestaltung „mangels Beweisen".

---

166 FG Münster GmbHR 2003, 552 = EFG 2003, 411; a.A. FG München GmbHR 2002, 1206 = EFG 2002, 1251, weil es an einer Kontrollperson für das Einhalten der abgerechneten Zeiten fehle.
167 BFH NV 2003, 1346 = DStR 2003, 1567.
168 FG Köln GmbHR 1999, 555; FG Köln GmbHR 2003, 600 = EFG 2003, 488 m. Anm. *Neu.*
169 FG Brandenburg GmbHR 2003, 122 = EFG 2002, 1405 m. Anm. *Neu.*
170 FG Nürnberg GmbHR 1999, 1308; dazu auch *Schuhmann*, GmbHR 2009, 1271.
171 BFH DStRE 2000, 26.
172 So auch BFH GmbHR 2005, 697.

2. Letztlich entscheidend aber ist, ob das **Gesamtgehalt** (aus beiden Geschäftsführer-Tätigkeiten) sich noch in einer bestimmten, angemessenen Bandbreite bewegt.
3. Ein **Teilreduzierung** des Erst-Gehalts, welche die steuerliche Anerkennung sichert, kann auch darin bestehen, dass nach Aufnahme der weiteren Tätigkeit auf bestimmte **Gehalts-Extras verzichtet** wird.[173]

f) Einzelne Vergütungsbestandteile

198 Welche Vergütungs- und Vergütungsnebenbestandteile an Geschäftsführer gewährt werden und wie sie steuerlich zu behandeln sind, kann hier nur im Überblick dargestellt werden. Insoweit ist wegen der Details auf die Spezialliteratur zu verweisen.[174]

aa) Umsatztantiemen

199 Nach der Rechtsprechung des BFH sind Umsatztantiemen für einen Gesellschafter-Geschäftsführer **grundsätzlich** als **vGA** zu beurteilen; das gilt selbst dann, wenn der Gesellschafter-Geschäftsführer sie nicht geltend macht.[175]

200   **Ausnahmsweise** kann aber auch nach Auffassung des BFH die Angemessenheit einer Umsatztantieme aufgrund der Umstände im Einzelfall **bejaht** werden.[176] Anerkannt hat der BFH Umsatztantiemen ausnahmsweise:
- wenn **besondere Gründe** für deren Vereinbarung vorlagen, beispielsweise wenn sich die Gesellschaft in einer Aufbau- oder Umstellungsphase oder in einer schwierigen Sanierungsphase befindet und wegen fehlender Gewinne ein gewinnabhängiger Vergütungsanteil möglicherweise keine hinreichende Motivation gewähren würde, also eine Leistungssteigerung durch eine Gewinntantieme nicht zu erreichen ist. Allerdings sollte die Umsatztantieme dabei auf diesen **Zeitraum begrenzt** bleiben und auch die **Höhe limitiert** sein, und zwar auch bei Minderheits-Gesellschafter-Geschäftsführern;[177]
- wenn einem ausschließlich für den Vertrieb zuständigen Geschäftsführer eine **Vertriebsprovision** gewährt wird;[178]
- wenn eine Provision in Abhängigkeit von dem Erreichen bestimmter Unternehmensziele – ggf. auch eines vorgegebenen Umsatzes – zugesagt wird.[179]

201 Die Vereinbarung einer Umsatz-Tantieme lässt der BFH auch in einem jüngeren Urteil vom 28.6.2006 nur in Ausnahmefällen zu:[180]
- Wenn das angestrebte Ziel mit einer Gewinntantieme nicht erreichbar ist,
- in der Gründerphase,
- wenn die Gründungsgesellschafter, die nicht beherrschend sein dürfen, sehr geschäftserfahren sind,

---

173 BFH DStR 2004, 1919 = GmbHR 2004, 1539; BFH GmbHR 2004, 1400; dazu auch *Schuhmann*, GmbHR 2009, 1271.
174 Dazu etwa Beck'sches Handbuch der GmbH/*Axhausen*, § 5 S. 233 ff., Rn 49 ff.; *Daumke/Kessler*, Der GmbH-Geschäftsführer, S. 128 ff.; *Arens*/Beckmann, Die anwaltliche Beratung des GmbH-Geschäftsführers, 2006, S. 63 ff. Rn 59 ff.
175 BFH NV 1996, 365; BFH GmbHR 1998, 148; BFH GmbHR 2005, 111.
176 BFH GmbHR 2004, 1160.
177 BFH NV 1994, 124; BFH NV 1996, 265; so wiederum auch BFH GmbHR 1999, 484 = DStR 1999, 667; ähnlich FG Niedersachen DStRE 1998, 225 bei Ausschluss der Tantieme im Verlustfall; FG Berlin GmbHR 1998, 1138 für das Beitrittsgebiet seit 1990.
178 BFH NV 1996, 508.
179 BFH BStBl II 2003, 329.
180 BFH, GmbHR 2006, 1339; dazu *Zimmers*, GmbH-Stp. 2007, S. 101; siehe auch BFH NV 2004, 1424.

- Umsatztantiemen in verbundenen Unternehmen üblich sind oder
- wenn ein Geschäftsführer ausschließlich für den Vertrieb zuständig ist.

Wird dem Gesellschafter-Geschäftsführer einer GmbH dagegen neben dem Festgehalt eine **wei-** **202** **tere Festvergütung** bei Erreichen einer bestimmten **Umsatzgrenze** zugesagt, ist eine vGA nur dann anzunehmen, wenn die **Gesamtvergütung** der Höhe nach unangemessen wird.[181]

bb) Gewinntantiemen

Ob eine Gewinntantieme der Höhe nach angemessen ist, muss grundsätzlich anhand der **Um-** **203** **stände** und Erwägungen zum **Zeitpunkt ihrer Zusage** beurteilt werden. Hielt die Vereinbarung im Zeitpunkt ihres Abschlusses einem Fremdvergleich stand und erhöhte sich die Bemessungsgrundlage später in unerwartetem Maße, so führt die **(sprunghafte) Erhöhung** der Tantieme nur dann zur Annahme einer vGA, wenn die GmbH die Tantiemevereinbarung zu ihren Gunsten hätte anpassen können und darauf aus im Gesellschaftsverhältnis liegenden Gründen verzichtete.[182]

Der **BFH** hat für die Annahme von vGA bei Gewinntantiemen zwei richtungweisende **Krite-** **204** **rien** aufgestellt:
- Erstens dürfen die Tantiemeversprechen an einen oder mehrere Gesellschafter insgesamt den Satz von **50% des Jahresüberschusses** nicht überschreiten. Ist dies doch der Fall, so spricht der Beweis des ersten Anscheins für die Annahme einer verdeckten Gewinnausschüttung. Denn derartige Gewinntantiemen schöpfen den Gewinn der Kapitalgesellschaft übermäßig ab.
- Ferner sind die **Jahresgesamtbezüge** des Geschäftsführers nach Ansicht des BFH wenigstens zu 75% aus einem festen und **höchstens zu 25% aus einem erfolgsabhängigen Be-** **standteil** festzusetzen. Der sich aus der Aufteilung ergebende absolute Betrag der variablen Komponente (Gewinntantieme) ist in eine Beziehung zu dem durchschnittlich erwarteten Jahresgewinn zu setzen. Aus diesem Vergleich ergibt sich letztendlich der angemessene Tantieme-Prozentsatz.

Wollen die Vertragspartner von diesen Sätzen **abweichen**, kann von ihnen eine **Erläuterung** **205** verlangt werden, aus der sich die Veranlassung außerhalb des Gesellschaftsverhältnisses ergibt.[183]

Inzwischen ist der BFH in seiner neueren Rechtsprechung zumindest von der **75%–25%** **206** **Rechtsprechung abgerückt**, hat jedoch insoweit die 50%-Grenze bestätigt:

Die Entscheidung darüber, wie ein ordentlicher Geschäftsführer eine gewinnabhängige Ver-**207** gütung bemessen und ggf. nach oben begrenzt hätte, obliegt im gerichtlichen Verfahren danach grundsätzlich dem Finanzgericht. Dessen Würdigung ist im Revisionsverfahren nur eingeschränkt nachprüfbar. Ist die **Gesamtausstattung** eines Gesellschafter-Geschäftsführers **ange-** **messen**, so muss nicht schon deshalb eine vGA vorliegen, weil die Vergütung zu mehr als 25% aus variablen Anteilen besteht. Die Zahlung einer Gewinntantieme zugunsten eines Gesellschafter-Geschäftsführers ist insoweit, als sie **50% des Jahresgewinns** übersteigt, in der Regel

---

181 BFH GmbHR 2002, 1148 = DStR 2003, 1856.
182 BFH DStR 2003, 23 = GmbHR 2003, 120.
183 BFH BStBl II 1995, 449 ff. = DStR 1995, 718; BMF v. 3.1.1996, DStR 1996, 182 = GmbHR 1996, 147; BMF v. 13.10.1997, DStR 1997, 1766; BMF v. 5.1.1998, DStR 1998, 248 = GmbHR 1998, 256; OFD Koblenz v. 9.1.1997, DStR 1997, 202; OFD Hannover v. 28.10.1996, GmbHR 1997, 94; zu Zweifelsfragen, insbesondere bei Korrektur des handelsrechtlichen Jahresüberschusses um Sonderabschreibungen als Bemessungsgrundlage s. auch OFD Magdeburg v. 30.10.1998, GmbHR 1998, 1251.

vGA.[184] Bemessungsgrundlage dieser Regelvermutung ist der steuerliche Gewinn vor Abzug der Steuern und der Tantieme.[185]

208   Unklar war zunächst dabei, ob damit der handelsrechtliche Jahresüberschuss gemeint ist, bei dem bereits Steuern und Tantieme abgezogen sind, oder ob die in der Praxis verwendete **Tantieme-Bemessungsgrundlage** „Jahresüberschuss vor Steuern und Tantieme" für die 50%-Grenze maßgebend ist. Inzwischen hat der **BMF** klargestellt, dass es sich um den **handelsrechtlichen Jahresüberschuss** vor Abzug der Gewinntantieme und der ertragsabhängigen Steuern handele.[186]

---

209 **Praxistipp**
Zur Ermittlung, ob die **50%-Grenze** eingehalten wurde, soll aus Praktikabilitätsgründen auf den **Jahresüberschuss vor Abzug von Steuern und Tantieme** abgestellt werden können, (wenn handelsrechtlich kein Gewinn ausgewiesen wurde).[187]

---

210 Wird als **Bemessungsgrundlage** für eine Tantieme der Jahresüberschuss vor Körperschaftsteuer und Gewerbesteuer genannt, die **Tantieme** selbst als **Abzugsbetrag** jedoch nicht erwähnt, kann aufgrund der erkennbaren, sich in der Buchführung dokumentierten langjährigen anderweitigen Berechnungsweise, im Wege der **Auslegung** davon ausgegangen werden, dass die Vertragsparteien trotz des Wortlauts der Vereinbarung bei Vertragsschluss den übereinstimmenden Willen hatten, dass die Tantieme nicht ihre eigene Bemessungsgrundlage mindern sollte.[188]

211   Der BFH hat demgegenüber entschieden, dass eine Tantiemevereinbarung nur dann dem Klarheitsgebot genüge, wenn nach ihr der Tantiemebetrag **allein aus Rechenvorgängen bestimmt** werden könne.[189]

---

212 **Wichtig**
Eine Gewinntantieme kann auch dann eine vGA darstellen, wenn sie trotz **nicht ausgeglichener Verluste** der Vorjahre gezahlt wird.[190]

---

213 Knüpft die vereinbarte Bemessungsgrundlage für eine Gewinntantieme nur isoliert an einen Jahresüberschuss an, ohne die von demselben Geschäftsführer in früheren Wirtschaftsjahren erzielten und vorzutragenden Verluste zu berücksichtigen, so beruht sie grundsätzlich auf dem Gesellschaftsverhältnis und führt zur vGA.[191]

214   Der BFH hat diese Rechtsprechung präzisiert: Verspricht eine Kapitalgesellschaft ihrem Gesellschafter-Geschäftsführer eine Gewinntantieme, so muss ein bei ihr bestehender **Verlustvortrag** jedenfalls dann in die Bemessungsgrundlage der Tantieme einbezogen werden, wenn der

---

184 So auch BMF v. 14.10.2002, BStBl I 2002, 972 = GmbHR 2002, 1152 unter Tz. 16; die Vorgaben in diesem BMF-Schreiben geben sog. Nichtaufgriffsgrenzen an. Sie lassen aber auch abweichende Beurteilung bei Vorliegen besonderer Umstände zu: OFD Chemnitz v. 14.6.2004, GmbHR 2005, 507.
185 BFH BStBl II 2004, 136 = GmbHR 2003, 1365 m. Anm. *Hoffmann*; dazu EWiR 2003, 1261 (*Vogt*); BFH GmbHR 2004, 512 m. Anm. *Hoffmann*; BFH GmbHR 2004, 1536.
186 BMF v. 5.1.1998, DStR 1998, 248 = GmbHR 1998, 256; dazu *Fritsche/Köhl*, GmbHR 1996, 677; einschränkend zur Übergangsregelung OFD Koblenz v. 9.1.1997, DStR 1997, 202.
187 FG München DStRE 2002, 1018; bestätigt durch BFH DB 2003, 2258; offen gelassen in BFH BStBl II 2000, 547 und BFH NV 2001, 342.
188 Niedersächsisches FG GmbHR 2001, 585, gegen FG Nürnberg GmbHR 2000, 988.
189 BFH GmbHR 2003, 1502 m. Anm. *Fritsche*.
190 FG Saarland GmbHR 1997, 808 = DStRE 1997, 964; FG Saarland GmbHR 1998, 792.
191 FG Hessen GmbHR 2000, 1160 m. Anm. *Fritsche*; ähnlich bereits FG Saarland GmbHR 1997, 808; offen gelassen durch BFH NV 1999, 974.

Arens

tantiemeberechtigte Geschäftsführer für den Verlust **verantwortlich** oder zumindest mitverant-
wortlich ist. Anderenfalls liegt in Höhe des Differenzbetrags zwischen der tatsächlich zu zahlenden Tantieme und derjenigen, die sich bei Berücksichtigung des Verlustvortrags ergeben hätte,
eine vGA vor.[192]

Mit Schreiben vom 1.2.2002 hat der **BMF** noch strengere Anforderungen an die Anerken- **215**
nungsfähigkeit von Abweichungen vom Regelaufteilungsverhältnis von 75:25 festgelegt und die
Regeln für die – weitgehende – (Nicht-)Anerkennung von **„Nur-Gewinntantiemen"** weiter festgeschrieben. Bei Nichterfüllung dieser Vorgaben soll die **gesamte** Tantieme in eine vGA umgedeutet werden, also keine **„geltungserhaltende Reduktion"** zugestanden werden.[193]

Die **OFD Hannover** hat zu dem BMF-Schreiben vom 1.2.2002 einen Zusatz veröffentlicht: **216**
„‚**Nur-Tantiemen**‘ können dem Grunde nach anerkannt werden, wenn ein Ausnahmefall
(z.B. Gründungsphase) vorliegt. Diese Tantiemezusagen an einen oder mehrere Gesellschafter-Geschäftsführer dürfen insgesamt grundsätzlich nicht mehr als 50% des Jahresüberschusses vor Abzug der Tantieme und der ertragsabhängigen Steuern betragen. Es ist zusätzlich erforderlich, dass die ‚Nur-Tantiemen‘
– zeitlich begrenzt und
– bei Wegfall der **Ausnahmesituation** zwingend durch Vereinbarung einschließlich fester
  Vergütungsbestandteile in angemessenem Verhältnis ersetzt werden."

Werden diese Voraussetzungen nicht erfüllt, ist die „Nur-Tantieme" in vollem Umfang nicht an- **217**
zuerkennen. Ist die „Nur-Tantieme" ausnahmsweise dem Grunde nach anzuerkennen, ist die
„Nur-Tantieme" der **Höhe** nach zu 25% angemessen und zu 75% unangemessen. Von diesem
Regelaufteilungsmaßstab kann zugunsten der Beteiligten abgewichen werden, wenn sie darlegen, dass die Abweichung außerhalb des Gesellschaftsverhältnisses veranlasst ist.[194]

Der Anspruch auf Tantiemen wird **mit Feststellung des Jahresabschlusses fällig**, sofern **218**
nicht zivilrechtlich wirksam und fremdüblich eine andere Fälligkeit vertraglich vereinbart ist.[195]

cc) Checkliste für Tantiemezusagen

Fasst man die vorstehenden Überlegungen zusammen, ergibt sich folgende Checkliste für die **219**
steuerliche Anerkennungsfähigkeit von Tantiemen zugunsten von Gesellschafter-Geschäfts-
führern:
– Liegt der erforderliche Gesellschafterversammlungsbeschluss vor?
– Ist ggf. § 181 BGB beachtet worden?
– Gewinntantieme oder Umsatz- bzw. Rohgewinntantieme?
– Tantieme neben **Festvergütung von mindestens 75% der Gesamtvergütung** oder Nur-
  Tantieme bzw. Tantieme von mehr als 25% der Gesamtvergütung?
– Tantieme (aller Geschäftsführer) **nicht mehr 50% des Jahresüberschusses** oder Gefahr
  der Gewinnabsaugung?
– Tantieme nur nach **Verrechnung mit Verlustvorträgen** oder ohne Berücksichtigung vorge-
  tragener Verluste?
– **Vereinbarung im Vorhinein** (vor Geschäftsjahresbeginn) oder Verstoß gegen das Rück-
  wirkungsverbot?
– **Klare, eindeutige**, nur nach vorgegebenen **mathematischen Schritten** zu ermittelnde
  Tantieme oder Ermessens- bzw. Willkürspielräume bzgl. der Höhe der Tantieme?

---

192 BFH BStBl II 2004, 524 = GmbHR 2004, 808.
193 BMF v. 1.2.2002, DStR 2002, 219; dazu *Derlien*, DStR 2002, 622 ff.
194 OFD Hannover v. 23.4.2002, GmbHR 2002, 759.
195 BFH GmbHR 2011, 599.

– **Berechnung und Auszahlung** streng nach den vereinbarten Regelungen oder Verstoß gegen das Durchführungsgebot?
– **Zeitnahe Auszahlung bei Fälligkeit** (nach Feststellung des maßgeblichen Jahresabschlusses) oder unangemessen verzögerte Auszahlung?

dd) Pensionszusagen
(1) Schriftformerfordernis und Klarheitsgebot

220 Die GmbH kann einem Gesellschafter-Geschäftsführer ebenso wie einem Fremd-Geschäftsführer eine Pensionszusage erteilen und sodann eine Pension zahlen. Für die steuerliche Anerkennung von Versorgungszusagen ist zunächst das **Schriftformerfordernis** in steuerlicher Hinsicht aus § 6a Abs. 1 Nr. 3 EStG zu beachten, obwohl zivilrechtlich eine Pensionszusage auch formlos erteilt werden könnte.[196]

221 Nach Auffassung des BFH[197] genügt es dem Schriftformerfordernis i.S.v. § 6a Abs. 1 Nr. 3 EStG, wenn die **Pensionszusage** der Gesellschaft **in Schriftform** erfolgt und der Pensionsberechtigte das darin liegende **Angebot mündlich annimmt**.

---

222 **Praxistipp**

Auf diese Rechtsprechung sollten sich die Beteiligten aber nicht verlassen, sondern auch die Annahme des GmbH-Gesellschafter-Geschäftsführers durch dessen Unterschrift dokumentieren.

---

223 **Strenge Schriftformklauseln** in den Geschäftsführerverträgen zwischen GmbH und Geschäftsführer, die auch für einvernehmliche Aufhebung des Schriftformerfordernisses die Schriftlichkeit vorschreiben, verhindern in jedem Falle die steuerliche Anerkennung mündlicher Vereinbarungen, auch bezüglich Erhöhungen.

224 Inzwischen geht der BFH noch weiter:

Der Gesetzgeber hat das Schriftformerfordernis eingeführt, um die **Nachprüfbarkeit** der Pensionszusage, insbesondere durch die Finanzbehörden, zu erleichtern. Den einschlägigen Materialien (BT-Drucks 7/1281, 38) lässt sich entnehmen, dass die Schriftform in erster Linie der **Beweissicherung** über den Umfang der Pensionszusage dienen soll. Dadurch soll vermieden werden, dass über den Inhalt der Pensionszusage, insbesondere über die für die Bemessung wesentlichen Faktoren (Zusagezeitpunkt, Leistungsvoraussetzungen, Art und Höhe der Leistungen, Widerrufsvorbehalte), Unklarheiten bestehen oder später Streit entsteht. Erforderlich ist damit, dass sich im Zusammenhang mit den Voraussetzungen einer verdeckten Gewinnausschüttung gemäß § 8 Abs. 3 S. 2 KStG 1996 der Inhalt der Zusage zweifelsfrei feststellen lässt, und zwar sowohl über Grund (Art, Form, Voraussetzungen, Zeitpunkt) als auch über Höhe der Zusage; durch § 6a Abs. 1 Nr. 3 Hs. 2 EStG 1997 i.d.F. des Steueränderungsgesetzes 2001 wird dies ausdrücklich klargestellt.[198] Das so verstandene Gebot der Schriftlichkeit bezieht sich auf den jeweiligen Bilanzstichtag; es betrifft daher nicht nur das Ursprungsversprechen, sondern auch spätere Änderungen der Zusage.[199]

---

196 Siehe Abschn. 41 Abs. 7 EStR 1996; OLG Stuttgart GmbHR 1998, 1034, auch zum Protokollierungserfordernis der Beschlussfassung und zum Widerruf der Zusage bei schweren Verfehlungen; a.A. offenbar FG Düsseldorf GmbHR 2003, 600 = EFG 2003, 484 m. Anm. *Neu* für eine tatsächlich durchgeführte Direktversicherung.
197 BFH GmbHR 2005, 1311 = DStR 2005, 1524.
198 BFH BFHE 204, 96 = BStBl II 2004, 121, m.w.N.; BFH BFHE 189, 45 = BStBl II 2001, 612.
199 BFH GmbHR 2011, 270.

Wichtig   **225**
Zu beachten ist ferner, dass die Gesellschafterversammlung das **zuständige Organ** für vertragliche Vereinbarungen zwischen der Gesellschaft und dem Geschäftsführer ist. Pensionszusagen und daraus resultierende Pensionsrückstellungen, die unter Verstoß gegen diese Zuständigkeits- und Formerfordernisse erteilt bzw. gebildet werden, werden in verdeckte Gewinnausschüttungen umqualifiziert, die Pensionsrückstellungen sind also entsprechend aufzulösen.[200]

Nach Auffassung der Finanzverwaltung ist Voraussetzung für die steuerliche Anerkennung einer **226** Pensionsrückstellung nach § 6a EStG u.a. eine schriftlich erteilte Pensionszusage, die neben dem **Zusagezeitpunkt** auch eindeutige und präzise Angaben zu **Art, Form, Voraussetzungen und Höhe** der in Aussicht gestellten künftigen Leistungen enthalten. Falls solche genauen Angaben nicht vorhanden sind, soll die Pensionsrückstellung zumindest einkommensteuerlich nicht anzuerkennen sein.[201]

Wichtig   **227**
Sofern es zur eindeutigen Ermittlung der in Aussicht gestellten Leistungen erforderlich ist, sollen nach der Auffassung des BMF dabei auch Angaben für die **versicherungsmathematische Ermittlung** der Höhe der **Versorgungsverpflichtung**, z.B. anzuwendender Rechnungszinsfuß oder anzuwendende biometrische Ausscheidenswahrscheinlichkeit, schriftlich festzulegen sein.

Der **BFH** hat allerdings bei Verträgen zwischen einer Kapitalgesellschaft und ihrem beherr- **228** schenden Gesellschafter-Geschäftsführer im Zusammenhang mit einer Pensionszusage ausgeführt, dass eine Vereinbarung, die nicht klar und eindeutig ist, anhand der allgemein geltenden **Auslegungsregeln** zu beurteilen ist. Danach soll ggf. über den Inhalt der Vereinbarungen auch Beweis erhoben werden können.[202]

(2) Angemessenheit der Versorgungszusage

Weiterhin sind sowohl die Angemessenheit der **Versorgungszusage** als auch die Angemessen- **229** heit der **Gesamtbezüge** von Bedeutung. Bezüge von Gesellschafter-Geschäftsführern sind dann nicht anzuerkennen, wenn sie als unangemessen anzusehen sind. Grundsätzlich wird dabei aber nur der die Angemessenheit übersteigende Teil als vGA behandelt.[203]

Praxistipp   **230**
Wird auch einem **Mitgeschäftsführer** als **Nicht-Gesellschafter** eine inhaltlich übereinstimmende Pensionszusage gegeben, spricht dies im Rahmen des anzustellenden **Fremdvergleichs** dafür, dass die Pensionszusage an den Gesellschafter-Geschäftsführer gleichermaßen nicht gesellschaftsrechtlich, sondern betrieblich begründet ist.[204]

Schon bei Arbeitnehmern wird eine steuerlich nicht anerkennungsfähige „**Überversorgung**" **231** angenommen, soweit die zugesagten Leistungen aus der betrieblichen Altersversorgung und der

---

200 FG Hessen EFG 1995, 384 = GmbHR 1995, 746.
201 BMF v. 28.8.2001, GmbHR 2001, 881.
202 BFH GmbHR 1999, 987 m. Anm. *Fritsche*.
203 BFH BB 1995, 966; BFH BB 1996, 150.
204 BFH GmbHR 1999, 487.

zu erwartenden Sozialversicherungsrente höher sind als 75% der letzten Aktiven-Bezüge des Pensionsberechtigten.[205]

---

232 **Wichtig**

Das gilt auch, wenn es sich um **Direktversicherungen** oder **Pensionskassen** bzw. **Pensionsfonds** handelt (siehe aber Rn 238 ff.).[206] Das gilt auch für Zuführungen an eine **Unterstützungskasse**. Zuwendungen an die Unterstützungskasse sind nicht als Betriebsausgaben zu berücksichtigen, soweit sie zu einer Überversorgung führen.[207]

---

233 Unter Bezugnahme auf die BFH-Rechtsprechung zur 75%-Grenze hat das FG München entschieden, dass bei einer **dauerhaften Gehaltsreduzierung** auch eine entsprechende Anpassung der Pensionszusage gegenüber einem GmbH-Geschäftsführer erfolgen müsse, damit künftig nicht die 75%-Grenze überschritten werde.[208]

234 Das Hessische Finanzgericht hat – ebenfalls unter Bezugnahme auf die BFH-Rechtsprechung – entschieden, dass bei der Ermittlung der 75%-Grenze **umgewandelte Entgelte und der Arbeitgeberanteil zur Sozialversicherung** in die Berechnung der Aktivbezüge nicht mit einzubeziehen seien.[209] Das Urteil bestätigt die dazu vertretene Auffassung der Finanzverwaltung.[210] Der BFH hat diese Rechtsfrage bisher offen gelassen.[211]

235 Allerdings soll nach der Rechtsprechung des BFH eine Überversorgung dann **nicht** anzunehmen sein, wenn die **Aufwendungen** des Pensionsverpflichteten – nämlich Arbeitgeber- und Arbeitnehmeranteil der Beiträge zur gesetzlichen Rentenversicherung, Beiträge zu einer Direktversicherung oder Zuführungen zur Pensionsrückstellung – **30% der Stichtagsbezüge** des Pensionsberechtigten nicht übersteigen.[212]

236 Bei der Angemessenheitsprüfung ist die Versorgungszusage mit der **fiktiven Jahresnettoprämie** nach dem Alter des Gesellschafter-Geschäftsführers im Zeitpunkt der Pensionszusage anzusetzen, die er selbst für eine entsprechende Versicherung zu zahlen hätte, abzüglich etwaiger Abschluss- und Verwaltungskosten.[213]

---

237 **Praxistipp**

Die Berechnung der fiktiven Jahresnettoprämie erfolgt bei einem nicht beherrschenden Gesellschafter-Geschäftsführer stets auf den **Diensteintritt**, bei einem beherrschenden Gesellschafter-Geschäftsführer demgegenüber als Folge des Verbots rückwirkender Zusagen erst auf den Zeitpunkt der **Zusage**.[214]

---

238 Die Voraussetzungen für das Vorliegen einer sog. **Übermaßrente** hat der BFH mit Urteilen vom 31.3.2004[215] und vom 15.9.2004[216] noch einmal bestätigt und konkretisiert. Nach dem dazu ergan-

---

205 BFH DStR 1995, 1544 = GmbHR 1995, 830; inzwischen bestätigt durch BFH GmbHR 2007, 722.
206 BFH BStBl II 1995, 873; dazu auch FinMin Saarland v. 7.3.2005, DStR 2005, 829.
207 FG Münster DStRE 2005, 805.
208 FG München DStRE 2009, 521.
209 Hessisches FG BB 2009, 1747 m. Anm. *Weppler*.
210 BMF-Schreiben v. 3.11.2004, BStBl I 2004, 1045.
211 Vgl. BFH, BStBl II 2004, 937, BFH, BStBl II 2004, 940 und BFH, BStBl II 2008, 523.
212 BFH BStBl II 1995, 873 = DStR 1995, 1789; dazu BMF v. 7.1.1998, DStR 1998, 531 = GmbHR 1998, 563.
213 Abschn. 36 Abs. 3 S. 2 KStR; FG Brandenburg EFG 2001, 1568 m. Anm. *Neu* = GmbHR 2002, 122.
214 Abschn. 36 Abs. 3 S. 2 KStR.
215 BFH DStR 2004, 1209 = GmbHR 2004, 1227.
216 BFH DStR 2005, 63.

genen BMF-Schreiben vom 3.11.2004 kommt bilanzsteuerrechtlich eine sog. Überversorgung nur bei **Pensionszusagen und Unterstützungskassen** in Betracht.[217]

In seinem Urteil vom 14.1.2009 hatte der BFH nun für den umgekehrten Fall einer durch ei- **239** nen Rechenfehler **zu niedrig gebildeten Pensionsrückstellung** zu entscheiden. Der erste Senat hat dazu entschieden, dass insoweit das sog. „Nachholungsverbot" für Pensionsrückstellungen gelte und deshalb nicht etwa eine entsprechende Erhöhung zum nächsten Bilanzstichtag erfolgen dürfe. Vielmehr ist nach dieser Rechtsprechung bis zum Eintritt in die Leistungsphase der zu niedrige Bilanzansatz für die Pensionsrückstellung fortzuführen.[218]

Erteilt eine GmbH ihrem Gesellschafter-Geschäftsführer eine sog. **Nur-Pensionszusage**, **240** ohne dass dem eine **Umwandlung anderweitig vereinbarten Barlohns** zugrunde liegt, zieht die Zusage der Versorgungsanwartschaft eine sog. Überversorgung nach sich. Den Beteiligten ist aber unbenommen, einen (Bar-)Lohn vertraglich in eine Anwartschaft in Gestalt der zugesagten Nur-Pension umzuwandeln.[219] Man kann also daraus schlussfolgern, dass umgekehrt eine aus einer Barlohnvereinbarung durch Umwandlung in eine Pension resultierende Nur-Pensionszusage ggf. anerkennungsfähig sein kann. Der BMF hat dazu jedoch einen **Nichtanwendungserlass** herausgegeben.[220]

(3) Hinterbliebenenversorgung

Wird eine Pensionszusage für den Gesellschafter einer GmbH mit der Zusage auch einer Hinter- **241** bliebenenversorgung nicht durch eine sog. **Spätehenklausel** und/oder eine **Altersdifferenzklausel** eingeschränkt, so können die zur Erfüllung der Zusage gebildeten Rückstellungen zu verdeckten Gewinnausschüttungen führen.

Bei einer **Spätehenklausel** erfolgt eine Einschränkung der Witwen-Pension dahingehend, **242** dass kein Versorgungsanspruch entsteht, wenn der unmittelbar Pensionsberechtigte erst wenige Jahre vor Erreichen der beruflichen Altersgrenze eine Ehe eingeht. Eine solche einschränkende Klausel ist auch in Versorgungszusagen im Rahmen eines Arbeitsverhältnisses nach der Rechtsprechung des BAG zulässig.[221]

Bei einer sog. **Altersdifferenzklausel** erfolgt eine Einschränkung der Witwen-Pension, **243** wenn der Altersunterschied zwischen dem unmittelbar pensionsberechtigten und seinem verwitwetem Ehepartner zu groß ist. Dabei soll die Gesellschaft wirtschaftlich vor zu lange andauernden Witwen-Pensionsansprüchen geschützt werden. Der **Europäische Gerichtshof** hat entschieden, dass solche Altersabstandsklauseln in Versorgungsordnungen nicht europarechtswidrig seien (Verbot der Diskriminierung aus Gründen des Alters), wenn sie keinen gemeinschaftsrechtlichen Bezug aufweisen.[222]

Von der **Finanzverwaltung** wurde zunächst die Auffassung vertreten, dass die Zusagen auf **244** Leistungen der betrieblichen Altersversorgung an einen **Familienangehörigen** bzw. Gesellschafter-Geschäftsführer zugunsten dessen **Lebensgefährten** steuerlich nicht anzuerkennen sind.[223] Der **BFH** hat diese Auffassung verworfen. Danach ist im Einzelfall zu prüfen, ob die Zusage der Hinterbliebenenversorgung durch das Gesellschaftsverhältnis oder durch das Anstellungsverhältnis veranlasst ist.[224]

---

217 BMF v. 3.11.2004, DB 2004, 2501 = GmbHR 2005, 126, dazu *Höfer*, DB 2005, 132 f. und *Pitzke*, NWB 2004, Fach 17, 1913.
218 BFH, DStR 2009, 791.
219 BFH, BStBl II 2008, 523 = DStR 2006, 83 im Anschluss an BFH, BFHE 178, 203 = BStBl II 1996, 204.
220 BMF v. 16.6.2008, BStBl I 2008, 681 = GmbHR 2008, 840.
221 BAG, DB 2006, 2018 = NZA-RR, 2006, 591.
222 EuGH, NJW 2008, 3417; dazu *Bauer/Arnold*, NJW 2008, 3377.
223 FinMin. Sachsen v. 2.2.2000, GmbHR 2000, 350 unter Bezugnahme auf FG Münster EFG 1999, 1305.
224 BFH BB 2001, 554.

245 Der **BMF** verlangt für die Anerkennungsfähigkeit solcher Versorgungsregelungen
– eine von der Lebenspartnerin oder dem Lebenspartner **schriftlich bestätigte Kenntnisnahme** der in Aussicht gestellten Versorgungsleistungen,
– eine **zivilrechtliche Unterhaltspflicht** des Geschäftsführers gegenüber dem Lebenspartner oder
– eine gemeinsame Haushaltsführung.

246 Die versorgungsberechtigte Lebenspartnerin bzw. der versorgungsberechtigte Lebenspartner muss in der schriftlich erteilten Zusage **namentlich** mit Anschrift und Geburtsdatum **genannt** sein. Pensionsrückstellungen nach § 6a EStG sind entsprechend dem Geschlecht der begünstigen Hinterbliebenen zu bewerten.[225]

(4) Ernsthaftigkeit, Finanzierbarkeit und Rückdeckung der Versorgungszusage

247 Ist eine GmbH, die ihrem Gesellschafter-Geschäftsführer eine Pension zusagt, **wirtschaftlich** nicht in der Lage, bei Eintritt des Versorgungsfalles den Pensionsanspruch auch zu erfüllen, liegt in Höhe der Zuführung zur Pensionsrückstellung eine verdeckte Gewinnausschüttung vor.[226]

248 Fehlende Finanzierbarkeit sollte nach der früheren Auffassung der Finanzverwaltung dann anzunehmen sein, wenn bei einem unmittelbar nach dem Bilanzstichtag eintretendem Versorgungsfall (sog. **fiktiver vorzeitiger Versorgungsfall**, z.B. wegen Invalidität oder Witwenversorgung) der Barwert der Pensionsleistungen am Ende des Wirtschaftsjahres auch nach Berücksichtigung einer Rückdeckungsversicherung zu einer **Überschuldung** in der Bilanz führen würde.

249 Die Rechtsauffassung der Finanzverwaltung hat der **BFH** in seiner jüngeren Rechtsprechung nur teilweise bestätigt, aber auch teilweise gelockert:
– Sagt eine Kapitalgesellschaft ihrem Gesellschafter-Geschäftsführer eine Alters- und/oder Invaliditätsversorgung zu, so ist diese Zusage im Gesellschaftsverhältnis veranlasst, wenn die Versorgungsverpflichtung im **Zeitpunkt der Zusage** für die Gesellschaft **nicht finanzierbar** ist. In diesem Fall stellen die Zuführungen zu der Pensionsrückstellung eine vGA dar.
– Eine Versorgungszusage ist nicht finanzierbar, wenn die **Passivierung des Barwertes** der Pensionsverpflichtung zu einer **Überschuldung** der Gesellschaft **im insolvenzrechtlichen Sinne** führen würde.
– Für die Prüfung der insolvenzrechtlichen Überschuldung sind diejenigen Bilanzansätze maßgeblich, die in eine **Überschuldungsbilanz** aufzunehmen wären. Dabei ist die Pensionsverpflichtung grundsätzlich mit dem nach § 6a Abs. 3 S. 2 Nr. 2 EStG zu bestimmenden **Barwert** der Pensionsanwartschaft anzusetzen. Weist jedoch die GmbH nach, dass der handelsrechtlich maßgebliche **Teilwert** der Pensionsverpflichtung niedriger ist als der Anwartschaftsbarwert, so ist dieser Teilwert anzusetzen.
– Auch bei der Beurteilung der Finanzierbarkeit einer im **Invaliditätsfall** eintretenden Versorgungsverpflichtung ist nur deren im Zusagezeitpunkt gegebener **versicherungsmathematischer Barwert** (§ 6a Abs. 3 S. 2 Nr. 2 EStG) anzusetzen. Es ist nicht von demjenigen Wert auszugehen, der sich bei Eintritt des Versorgungsfalles ergeben würde.
– Die Finanzierbarkeit einer Zusage, die sowohl Altersversorgung als auch vorzeitige Versorgungsfälle abdeckt, ist für jedes **einzelne Risiko** gesondert zu prüfen.

---

225 BMF v. 25.7.2002, DStR 2002, 1352 = GmbHR 2002, 939, ergänzt am 8.1.2003.
226 FG Düsseldorf EFG 1992, 38; FG Rheinland-Pfalz EFG 1996, 832; FG Köln EFG 1997, 1138 = DStRE 1997, 718; FG Niedersachsen GmbHR 1998, 388; Abschn. 32 Abs. 1 S. 3 KStR, dazu BMF vom 14.5.1999, BStBl I 1999, 512 = GmbHR 1999, 735 unter Tz. 2.

- Ist eine Versorgungsverpflichtung in ihrer Gesamtheit nicht finanzierbar, so ist im Allgemeinen davon auszugehen, dass ein ordentlicher und gewissenhafter Geschäftsleiter statt der unfinanzierbaren eine finanzierbare Verpflichtung eingegangen wäre (Zulässigkeit einer **geltungserhaltenden Reduktion**).
- War die Erteilung der Pensionszusage nicht durch das Gesellschaftsverhältnis veranlasst, so führt die spätere **Aufrechterhaltung** der Zusage nicht allein deshalb zu einer vGA, weil die wirtschaftlichen Verhältnisse der Gesellschaft sich verschlechtert haben. Eine vGA kann vielmehr nur dann vorliegen, wenn ein ordentlicher und gewissenhafter Geschäftsleiter in der gegebenen Situation eine einem **Fremdgeschäftsführer** erteilte Zusage an die veränderten Verhältnisse angepasst hätte.
- Ein ordentlicher und gewissenhafter Geschäftsleiter ist nicht schon dann zur Anpassung einer Pensionszusage verpflichtet, wenn die zusagebedingten Rückstellungen zu einer **bilanziellen Überschuldung** der Gesellschaft führen.
- Die Zusage einer **Altersversorgung** ist nicht allein deshalb durch das Gesellschaftsverhältnis veranlasst, weil eine zusätzlich bestehende **Invaliditätsversorgungszusage** im Invaliditätsfall nicht finanzierbar wäre.[227]

Dazu hat der **BFH** in seinem Urteil vom 4.9.2002 ein entsprechendes **Prüfungsschema** entwickelt. Eine **positive Ertragslage** könne jedoch dazu führen, dass auf der Aktivseite der „hypothetischen Überschuldungsbilanz" die Wirtschaftsgüter der GmbH nicht mit Liquidationswerten, sondern mit **Fortführungswerten** anzusetzen seien.[228]   **250**

Das **BMF** hat mit Schreiben vom 6.9.2005 zu mehreren Entscheidungen des BFH zu den Voraussetzungen für die Annahme einer vGA bei fehlender **Finanzierbarkeit** einer Pensionszusage gegenüber dem Gesellschafter-Geschäftsführer Stellung genommen.[229] Das BMF-Schreiben bezieht sich auf die Urteile des BFH vom 8.11.2000,[230] vom 20.12.2000,[231] vom 07.11.2001,[232] vom 4.9.2000[233] und vom 31.3.2004.[234] Das BMF hat sich diesen Grundsätzen angeschlossen und entschieden, dass diese in allen **noch offenen Fällen** anzuwenden sind.   **251**

Praxistipp   **252**

Auch bei der **Nichtanerkennung der Pensionsrückstellung** sind die Pensionsverpflichtung einerseits und der Versicherungsanspruch aus der **Rückdeckungsversicherung** andererseits getrennt zu bilanzieren. Liegt eine zivilrechtlich wirksame Pensionszusage vor, ist es für die Beurteilung der Rückdeckungsversicherung unerheblich, ob die Pensionszusage steuerlich anerkannt wird oder ganz oder teilweise als verdeckte Gewinnausschüttung qualifiziert wird. Die Aufwendungen für die Rückdeckungsversicherung sind daher grundsätzlich betrieblich veranlasst und nicht in eine verdeckte Gewinnausschüttung wegen Nichtanerkennung der Pensionszusage einzubeziehen. Die Ansprüche aus der Rückdeckungsversicherung haben ebenfalls keine Auswirkung auf die Höhe einer etwaigen vGA.[235]

---

227 BFH DStR 2001, 571 = BB 2001, 765; BFH GmbHR 2001, 524 m. Anm. *Fritsche*; BFH BB 2002, 394 = GmbHR 2002, 118; BFH GmbHR 2002, 446; dazu auch Centrale-Gutachten, GmbHR 2002, 586; zu teilfinanzierbaren Zusagen siehe BFH GmbHR 2004, 1034. Siehe zuletzt auch BFH GmbHR 2010, 924.
228 BFH BStBl II 2005, 662 = BB 2003, 467 m. Anm. *Hommel*; so auch FG Rheinland-Pfalz DStRE 2003, 416; Az. d. BFH: I B 12/03.
229 BMF v. 6.9.2005, DStR 2005, 1691 = GmbHR 2005, 1581; siehe auch BMF v. 16.12.2005, BB 2006, 40; OFD Hannover v. 9.3.2005, GmbHR 2005, 573.
230 BFH DStR 2001, 571 = BB 2001, 765.
231 BFH GmbHR 2001, 524 m. Anm. *Fritsche*.
232 BFH DStR 2002, 127 = GmbHR 2002, 118.
233 BFH GmbHR 2002, 446.
234 BFH GmbHR 2004, 1034.
235 OFD Chemnitz v. 9.8.1999, DStR 1999, 1696; bestätigt durch BFH DStR 2002, 2215 = GmbHR 2003, 118; a.A. FG Köln DStRE 2002, 634.

(5) Wartezeit

253 Voraussetzung für die Erteilung einer Pensionszusage ist zunächst der Ablauf einer angemessenen Wartezeit. Handelt es sich um eine **neu gegründete Gesellschaft**, ist die Zusage erst zu erteilen, wenn die künftige wirtschaftliche Entwicklung der Gesellschaft verlässlich abgeschätzt werden kann (**Wartezeit**).[236] Eine Wartezeit von einem Jahr hat der BFH dabei in einer neu gegründeten GmbH als zu kurz bewertet. Eine Wartezeit von fünf Jahren ist jedoch nach der Rechtsprechung des BFH in jedem Fall ausreichend.[237]

254 Der BFH hat diese Rechtsprechung insbesondere mit der erforderlichen **Prüfung der wirtschaftlichen Leistungsfähigkeit** der neu gegründeten Gesellschaft begründet. Die Finanzgerichte fordern daher teilweise insgesamt ausreichende Sicherheiten im Betriebsvermögen der GmbH bei Erteilung einer Versorgungszusage, so dass sich in der Regel der Abschluss einer Rückdeckungsversicherung empfiehlt.[238]

255 **Wichtig**

Nach der Auffassung der Finanzverwaltung soll für die Prüfung der wirtschaftlichen Leistungsfähigkeit in der Regel ein Zeitraum von wenigstens **fünf Jahren** erforderlich sein.[239]

(6) Probezeit

256 Die Erteilung einer Pensionszusage an den Gesellschafter-Geschäftsführer einer Kapitalgesellschaft setzt im Allgemeinen die Einhaltung einer Probezeit voraus, um die **Leistungsfähigkeit** des neu bestellten Geschäftsführers beurteilen zu können. Aus dem Gesichtspunkt der **Erprobung** fordert der BFH bei neu angestellten (beherrschenden) Gesellschafter-Geschäftsführern stets eine Probezeit zur Prüfung der Befähigung und Eignung.[240]

257 **Praxistipp**

Dabei sollen Zuführungen zu einer Rückstellung für eine Pensionszusage, die ohne Beachtung der unter fremdem üblichen Probezeit vereinbart worden sind, bis zum Ablauf der eigentlich erforderlichen **Probezeit** als verdeckte Gewinnausschüttung behandelt werden. Nach Ablauf der erforderlichen Probezeit werden die weiteren Zuführungen aufgrund der ursprünglichen Pensionszusage für die Folgezeit gewinnmindernd berücksichtigt.[241]

258 Die **Dauer** der Probezeit hängt von den Einzelheiten des Falles ab.[242] Bei einschlägiger **Berufserfahrung** soll beispielsweise eine Probezeit von zweieinhalb Jahren ausreichend sein.[243] Die Instanzgerichte haben Pensionszusagen unmittelbar nach Gründung bzw. innerhalb von 15 Monaten nach Gründung oder innerhalb von weniger als drei Jahren nach Gründung als verdeckte Gewinnausschüttung angesehen.[244]

---

236 BFH BB 2002, 1999 = GmbHR 2002, 977; dazu EWiR 2002, 959 (*Sinewe*).
237 BFH NV 1993, 330; BFH GmbHR 1998, 340; BFH BB 2002, 1999 = GmbHR 2002, 977; dazu EWiR 2002, 959 (*Sinewe*); BFH GmbHR 2005, 775.
238 FG Düsseldorf EFG 1992, 38; FG Rheinland-Pfalz EFG 1996, 832; dazu auch Centrale-Gutachten, GmbHR 1999, 228.
239 BMF v. 14.5.1999, BStBl I 1999, 512 = GmbHR 1999, 735 unter Tz. 1.1.
240 BFH BStBl II 1993, 455; BFH DStRE 2004, 273; BFH GmbHR 2005, 775; FG Baden-Württemberg EFG 1995, 1004; dazu auch OFD Frankfurt a.M. v. 20.9.2005, GmbHR 2005, 1641.
241 BFH v. 14.5.1999, BStBl I 1999, 512 = GmbHR 1999, 735 unter Tz. 1.2.
242 BFH BB 2002, 1999 = GmbHR 2002, 977; dazu EWiR 2002, 959 (*Sinewe*).
243 BFH DStRE 2004, 273.
244 FG Niedersachsen EFG 1997, 1137; FG Berlin EFG 1997, 1139; FG Saarland GmbHR 1998, 342; FG Baden-Württemberg EFG 1995, 1004; FG Düsseldorf v. 10.9.2002 – 6 K 6493/98 K, G, F – n.v. (Zusage nach 27 Monaten).

Seine Rechtsprechung hat der BFH zuletzt noch einmal zusammengefasst:[245] **259**
Ein ordentlicher und gewissenhafter Geschäftsleiter einer GmbH würde dem Gesellschafter und neu bestellten Geschäftsführer grundsätzlich erst nach **angemessener Probezeit** eine Pensionszusage erteilen. Das gilt auch, wenn dieser **bereits längere Zeit für die GmbH als Angestellter weisungsgebunden tätig** war. Die Zuführung zu einer Pensionsrückstellung kann als verdeckte Gewinnausschüttung zu beurteilen sein, wenn anderen Arbeitnehmern, die vergleichbare Tätigkeits- und Leistungsmerkmale aufweisen, eine entsprechende betriebliche Altersversorgung nicht eingeräumt wurde.

Die **Höhe** der anzusetzenden verdeckten Gewinnausschüttungen ist nicht deshalb zu min- **260** dern, weil bei der Berechnung der Pensionsrückstellungen gemäß § 6a Abs. 3 EStG die Anwartschaft so zu ermitteln ist, als wäre die Zusage bereits mit Dienstantritt erteilt worden. Die dem Gewinn **außerbilanziell hinzugerechneten verdeckten Gewinnausschüttungen** sind nicht um die in nachfolgenden Wirtschaftsjahren **ersparten Arbeitgeberbeiträge zur Sozialversicherung** zu kürzen.

Praxistipp **261**
Besonderheiten sollen offenbar bei einschlägiger Berufs- bzw. Branchenerfahrung gelten können, insbesondere in **Betriebsaufspaltungs-, Auffanggesellschafts- und Management-Buy-Out-Fällen**, in denen gesicherte Erkenntnisse über die Befähigung des Geschäftsleiters und über die fachliche Eignung schon vorliegen.[246]

---

(7) Erdienbarkeit
Voraussetzung für die Anerkennungsfähigkeit einer Versorgungszusage an Gesellschafter- **262** Geschäftsführer ist darüber hinaus – in Anlehnung an die früheren gesetzlichen Fristen für die **Unverfallbarkeit** betrieblicher Altersversorgungszusagen – auch die sog. Erdienbarkeit:
-   Erdient werden kann eine Pension von einem **beherrschenden Gesellschafter**, wenn zwischen dem Zusagezeitpunkt und dem vorgesehenen Zeitpunkt des Eintritts in den Ruhestand mindestens **zehn Jahre** liegen.[247] Allerdings soll dies nur für Pensionszusagen gelten, die nach der Veröffentlichung des BFH-Urteils vom 24.1.1996 vereinbart wurden. **Altfälle** sollen nach der bisherigen Verwaltungspraxis der einzelnen Länder behandelt werden, also Zusagen, die vor dem 8.7.1995 gegeben wurden.[248]
-   Bei einem **nicht beherrschenden Gesellschafter-Geschäftsführer** liegt eine vGA vor, wenn dieser Zeitraum zwar mindestens drei Jahre beträgt, der Gesellschafter-Geschäftsführer dem Betrieb aber weniger als **zwölf Jahre** angehört.[249]

Inzwischen sind zwar durch das AVG (sog. „Riester-Rente") mit Wirkung ab 1.1.2002 die **Fristen** **263** **für die Unverfallbarkeit** betrieblicher Altersversorgungszusagen auf fünf Jahre ab Zusageerteilung verkürzt worden. Dennoch soll nach Auffassung des BMF an den längeren Fristen des

---

245 BFH GmbHR 2010, 826.
246 BFH DStRE 2000, 26 = GmbHR 1999, 1306; BFH DStR 2002, 1082 = GmbHR 2002, 656; FG Köln GmbHR 2000, 1209; BFH BB 2002, 1999 = GmbHR 2002, 977; dazu EWiR 2002, 959 (*Sinewe*); BFH NV 2004, 373 = GmbHR 2004, 261.
247 BFH GmbHR 1996, 701 = DStR 1996, 1240; Abschn. 32 Abs. 1 S. 7 KStR; a.A. aber offenbar FG Brandenburg, GmbHR 1999, 827, wonach es bei dem Grunde und der Höhe nach angemessenen Versorgungszusagen nicht noch zusätzlich auf die Vorgaben des BetrAVG ankomme.
248 BMF v. 1.8.1996, BStBl I 1996, 1138 = DStR 1996, 1328.
249 BMF v. 7.3.1997, DStR 1997, 662 = GmbHR 1997, 574; BFH DStR 1996, 1240 = GmbHR 1996, 701; dazu Sächsisches Fin.Min. v. 16.9.1997, DStR 1997, 1973 = GmbHR 1997, 112; ebenso BFH DStR 1998, 487 = GmbHR 1998, 338.

BetrAVG a.F. gemäß BMF-Schreiben vom 1.8.1996 als Indiz für eine vGA wegen Nichteinhaltung des Erdienenszeitraumes festgehalten werden.[250] Auch nach der Auffassung des BFH führen diese gesetzlich verkürzten Unverfallbarkeitsfristen aber nicht dazu, dass der sog. Erdienenszeitraum für Pensionszusagen an beherrschende Gesellschafter-Geschäftsführer einer GmbH entsprechend abgekürzt werden müssen.[251] Das Erfordernis einer solchen 10-jährigen **„Erdienensdauer"** gilt nicht nur für die erstmalige Erteilung einer Pensionszusage an den beherrschenden Gesellschafter-Geschäftsführer, sondern auch im Falle einer **nachträglichen Erhöhung** einer bereits erteilten Zusage.[252]

(8) Rückwirkungsverbot

264 Wie für alle anderen Vergütungsleistungen im Rahmen eines Geschäftsführer-Dienstverhältnisses gilt auch für die Altersversorgungszusagen das sog. **Nachzahlungsverbot**. Danach dürfen Vergütungsleistungen nicht für zurückliegende Zeiträume vereinbart werden.[253]

(9) Unverfallbarkeit

265 Wegen der Regelung der Unverfallbarkeitsfrist einer Pensionszusage lehnt sich der BFH an die bisherige Regelung des Gesetzes über die **BetrAVG** a.F. an, wonach die Unverfallbarkeit erst nach zehnjähriger Dienstzeit eintritt. Für beherrschende Gesellschafter-Geschäftsführer muss sich deshalb die vertragliche Ausgestaltung der Unverfallbarkeitsfrist ebenfalls an der früheren gesetzlichen **Zehn-Jahres-Grenze** orientieren.[254]

266 Die einem **Fremdgeschäftsführer** einer GmbH erteilte – unverfallbare – Versorgungszusage untersteht den Regeln des **BetrAVG**. Da sie Entgeltcharakter hat, kann sich die Gesellschaft von ihr nur dann lösen, wenn das Versorgungsverlangen des Geschäftsführers als rechtsmissbräuchlich anzusehen ist. Das ist nur in eng begrenzten Ausnahmefällen anzunehmen.[255]

(10) Anwartschafts- und Rentendynamik

267 Grundsätzlich zulässig sind feste prozentuale Erhöhungen der Pension für die **Zeit nach Rentenbeginn** (sog. Rentendynamik). Nach der BFH-Rechtsprechung ist dabei eine Steigerung bis zu **2% pro Jahr** auf der Grundlage von 70% der letzten Aktivbezüge ohne gesetzliche Rentenversicherungsansprüche zulässig.[256] Das FG Baden-Württemberg hat eine Rentendynamik von **3% pro Jahr** anerkannt.[257]

268 Ob und in welchem Umfang dagegen eine vereinbarte Anwartschaftsdynamik zulässig ist, also eine **Dynamisierung der Anwartschaften** vor Erreichen des Rentenbeginns, ist nach der Rechtsprechung des BFH fraglich.[258] Eine Dynamisierung der Anwartschaft um jährlich 1% des Ausgangsbetrags neben einer weiteren Dynamisierung von 2% des Ausgangswertes für die laufende Rente, beginnend mit Rentenbeginn, hat der BFH allerdings anerkannt.[259]

---

250 BMF v. 9.12.2002, GmbHR 2002, 1262.
251 BFH, GmbHR 2009, 440.
252 BFH, DStR 2009, 43.
253 BFH GmbHR 1995, 908 = NV 1995, 731; zum Nachholverbot nach § 6a Abs. 4 EStG siehe BMF v. 11.12.2003, BB 2004, 212.
254 BFH GmbHR 1993, 302; inzwischen hat aber der Gesetzgeber die Frist im BetrAVG auf fünf Jahre reduziert.
255 BGH DStR 2002, 1362 m. Anm. *Götte*.
256 BFH GmbHR 1995, 740; BFH DStR 1996, 374; BFH BStBl II 1996, 420 und BStBl II 1996, 423.
257 FG Baden-Württemberg BB 1998, 1201 m. Anm. *Kollatz* = GmbHR 1998, 650.
258 BFH GmbHR 1995, 830.
259 BFH GmbHR 1996, 385.

(11) Abfindungsklauseln

Abfindungsklauseln in Pensionsverträgen mit **GmbH-Gesellschafter-Geschäftsführern** sind nach einem erst im Jahr 2005 veröffentlichten BFH vom 10.11.1998[260] steuerschädlich, wenn die Gesellschaft berechtigt ist, die Versorgungszusage gegenüber dem noch aktiven Geschäftsführer mit dem Teilwert abzufinden (vgl. § 6a Abs. 3 S. 2 Nr. 1 EStG). Dann besteht nach der Auffassung des BFH für die Pensionsrückstellungen ein steuerrechtliches Bilanzierungsverbot.

Zulässig soll dagegen eine Regelung sein, die der GmbH eine **Abfindung zum Barwert der** 269 **künftigen Pensionsleistungen** erlaubt. Aus Vertrauensschutzgründen sollte es zulässig sein, bei Pensionszusagen die bis zum 17.5.2005 erteilt wurden, die steuerschädlichen bzw. zweifelhaften Klauseln bis zum 31.12.2005 durch eindeutige schriftliche Neufassungen zu ersetzen, also ein Abfindungsrecht der GmbH zum Barwert der künftigen Pensionsleistungen **mit präziser Darstellung des Berechnungsverfahrens** zu regeln.[261]

Die **Finanzverwaltung** vertritt die Ansicht, dass die Regelungen zum **Schriftformerfor-** 270 **dernis** entsprechend dem BMF Schreiben vom 28.8.2001[262] auch für **Abfindungsklauseln** gelten. Voraussetzung für die steuerliche Anerkennung der Rückstellung ist deshalb, dass die **Berechnungsgrundlagen** zur Ermittlung der Abfindungshöhe **in allen Details eindeutig und präzise schriftlich fixiert** werden. Aus Gründen der Vorsicht sollte eine derartige Änderung der Pensionszusage sowohl von dem Vertreter der GmbH als auch von dem Pensionsberechtigten unterschrieben werden. Zwar lässt der BFH[263] es genügen, wenn die GmbH die Zusage schriftlich erklärt und der Pensionsberechtigte diese Zusage nur mündlich annimmt. Ein entsprechender Nachweis könnte aber im Einzelfall Schwierigkeiten bereiten.

Eine **Ausnahme** gilt insofern nach dem BMF-Schreiben vom 1.9.2005 lediglich **für ausge-** 271 **schiedene Arbeitnehmer.** Das BMF hat mit dem Schreiben vom 1.9.2005[264] zur Anpassung von Abfindungsklauseln in Versorgungsverpflichtungen gegenüber ausgeschiedenen Versorgungsberechtigten Stellung genommen. Danach soll unter bestimmten Voraussetzungen eine schriftliche Anpassung der Abfindungsklauseln entbehrlich sein. Hintergrund ist das BMF-Schreiben vom 6.4.2005,[265] in dem das BMF dazu Stellung genommen hatte, in welcher Höhe **Abfindungen von Versorgungszusagen** steuerlich unschädlich sind und inwieweit das Verfahren zur Ermittlung der Abfindungshöhe schriftlich zu fixieren ist. Das BMF hat nunmehr entschieden, dass eine **schriftliche Anpassung der Abfindungsklauseln** im Hinblick auf ausgeschiedene Pensionsberechtigte entbehrlich sein kann.

Voraussetzung hierfür ist, 272

– dass die Abfindungsklauseln in Versorgungsverpflichtungen gegenüber den aktiven Beschäftigten nach Maßgabe des BMF-Schreibens vom 6.4.2005 fristgerecht schriftlich angepasst werden

– und der Versorgungsverpflichtete betriebsöffentlich erklärt, dass diese Anpassungen entsprechend für Abfindungsklauseln in Versorgungszusagen gegenüber ausgeschiedenen Pensionsberechtigten gelten.

Aus Vertrauensschutzgründen konnten schädliche Abfindungsklauseln **bis zum 31.12.2005** 273 ohne negative steuerliche Folgen schriftlich angepasst werden. Diese **Übergangsregelung** gilt nach dem BMF Schreiben jedoch nur für **Pensionszusagen, die bis zum** Tag der Veröffentlichung des BMF-Schreibens im Bundessteuerblatt am **17.5. 2005 erteilt** wurden. Für Pensionszu-

---

260 BFH BStBl II 2005, 261.
261 Vgl. BMF v. 6.4.2005, BStBl I 2005, 619.
262 BMF v. 28.8.2001, BStBl I 2001, 594.
263 BFH DStR 2005, 1524.
264 BMF v. 1.9.2005, BStBl I 2005, 860 = GmbHR 2005, 1316.
265 BMF v. 6.4.2005, BStBl I 2005, 619 = GmbHR 2005, 796.

sagen, die nach diesem Datum erteilt worden sind, gilt die Vertrauensschutz-Regelung nicht. Dies würde bedeuten, dass in derartigen Pensionszusagen enthaltene Abfindungsklauseln von vorneherein den oben dargestellten Anforderungen genügen müssen.

274   Unklar ist, ob diese Einschränkung der Vertrauensschutz-Regelung für Zusagen, die noch im Jahre 2005 erteilt werden, ohne praktische Auswirkung ist. Denn für die Frage, ob für eine im Jahre 2005 erteilte Pensionszusage zum 31.12.2005 eine Rückstellung gebildet werden darf, kommt es auf die **Lage zum Bilanzstichtag** an. Eine Rückstellung könnte nämlich auch dann gebildet werden, wenn die Zusage erst Ende Dezember erteilt würde. Daher kann es nicht schädlich sein, wenn eine im Jahre 2005 aber erst nach dem Stichtag vom 17.5.2005 erteilte Zusage bis zum Ende des Jahre 2005 ergänzt wird.

275   Für Zusagen, die erst **nach Ablauf des Jahres 2005 erteilt** werden, gilt dagegen keine Übergangsregelung. Soweit diese Zusagen eine schädliche Abfindungsregelung enthalten, können sie erst für das Jahr anerkannt werden, in dem die Abfindungsregelung geändert worden ist.

276   Das BMF-Schreiben berücksichtigt aber nicht ausreichend, dass der Wortlaut des § 6a Abs. 1 EStG die Bildung einer Rückstellung **soweit** zulässt, wie **die Zusage keinen Widerrufsvorbehalt enthält.** Wenn der Widerruf nur teilweise vorbehalten ist, müsste deshalb wenigstens für den restlichen Teil der versprochenen Versorgungsbezüge eine Rückstellung zulässig sein. Behält sich die GmbH das Recht vor, die Ansprüche durch einen nicht wertgleichen, zu niedrigen Betrag abzufinden, müsste deshalb wenigstens im Übrigen eine Rückstellung zulässig sein.

---

277 Praxistipp
Pensionszusagen an beherrschende Gesellschafter-Geschäftsführer sollten künftig also um eine **Abfindungsklausel** ergänzt werden. In sämtlichen Abfindungsregelungen müssen zur Berechnung des Barwerts ein Zinssatz und die maßgeblichen Sterbetafeln vereinbart werden. In Fällen, in denn die **Rückdeckung** nicht ausreicht, um eine Abfindung in Höhe des Wiederbeschaffungswertes zu zahlen, kann die Höhe der Abfindung durch Vereinbarung eines Zinssatzes von 6% auf den Teilwert abgesenkt werden. Dadurch kann wohl die Versteuerung eines Verzichts bei dem pensionsberechtigten Gesellschafter-Geschäftsführer vermieden werden.

---

(12) Checkliste für Pensionszusagen

278 Fasst man die vorstehenden Überlegungen zusammen,[266] ergibt sich folgende Checkliste für Pensionszusagen zugunsten von Gesellschafter-Geschäftsführern:

–   Liegt der erforderliche Gesellschafterversammlungsbeschluss vor?
–   Ist ggf. § 181 BGB beachtet worden?
–   Ist dem Schriftformerfordernis nach § 6a Abs. 1 Nr. 3 EStG hinsichtlich Zusagezeitpunkt, Art, Form, Voraussetzungen und Höhe incl. Angaben für die versicherungsmathematische Ermittlung der Versorgungsverpflichtung, genügt?
–   Ist das Rückwirkungsverbot/Nachholverbot beachtet worden?
–   Sind schädliche Vorbehalte/unzulässige Widerrufsvorbehalte vereinbart worden?
–   Ist die Angemessenheit der Gesamtbezüge gewährleistet?
–   Ist die Angemessenheit der Pensionszusage gewährleistet?
–   Liegt insbesondere eine unzulässige „Nur-Pension" vor?
–   Ist insbesondere eine Überversorgung vermieden worden, werden durch den Rückstellungsaufwand 30% der Stichtagsbezüge des Pensionsberechtigten nicht überschritten?
–   Werden zusammen mit der Rentenanwartschaft aus der gesetzlichen Rentenversicherung 75% der am Bilanzstichtag bezogenen Aktivbezüge nicht überschritten?

---

266 Siehe auch BFH GmbHR 2010, 924.

Arens

– Ist eine etwa zugesagte Hinterbliebenenversorgung durch eine sog. Spätehenklausel und/oder eine Altersdifferenzklausel eingeschränkt?

– Liegt bei einer etwaigen Zusage zugunsten von Lebenspartnern eine von dem Lebenspartner schriftlich bestätigte Kenntnisnahme der in Aussicht gestellten Versorgungsleistungen vor, besteht eine zivilrechtliche Unterhaltspflicht gegenüber dem Lebenspartner oder eine gemeinsame Haushaltsführung und ist der versorgungsberechtigte Lebenspartner in der schriftlich erteilten Zusage namentlich mit Anschrift und Geburtsdatum genannt?

– Sind **Ernsthaftigkeit, Finanzierbarkeit** und eine etwa dazu erforderliche **Rückdeckung** gesichert?

– Ist insbesondere das sog. **Bilanzsprungrisiko** im Falle eines sog. **fiktiven vorzeitigen Versorgungsfalls** zum Zeitpunkt der Erteilung der Zusage angemessen berücksichtigt worden?

– Ist die erforderliche **Wartezeit** beachtet worden?

– Ist die erforderliche **Probezeit** beachtet worden?

– Ist die erforderliche **Erdienbarkeitszeit** beachtet worden?

– Ist die erforderliche **Unverfallbarkeitszeit** beachtet worden?

– Sind die Grenzen zulässiger **Anwartschaftsdynamik** beachtet worden?

– Sind die Grenzen zulässiger **Rentendynamik** beachtet worden?

– Überschreiten etwaige **fest zugesagte prozentuale Rentenerhöhungen** die Grenze von 3% pro Jahr?

– Ist die **Rückstellungsbildung** zutreffend erfolgt?

ee) Überstundenvergütungen und Zuschläge

Die gesonderte **Vergütung von Überstunden** indiziert die Veranlassung der Vereinbarung **279** durch das Gesellschaftsverhältnis. Dies gilt auch in den Fällen, in denen die Überstundenvergütung an mehrere Gesellschafter-Geschäftsführer gezahlt wird und die Geschäftsführer keine Ansprüche auf eine Gewinntantieme haben.[267]

Zuschläge für Sonntags-, Feiertags- und Nachtarbeit für einen GmbH-Geschäftsführer **280** sind im Allgemeinen nicht mit dessen Tätigkeitsprofil vereinbar und deshalb als verdeckte Gewinnausschüttung zu behandeln.[268] Das soll unabhängig davon gelten, ob es sich um einen Minderheits- oder um einen Mehrheits-Gesellschafter-Geschäftsführer handelt[269] und zwar auch dann, wenn die Vereinbarung von vornherein auf die Vergütung von Überstunden an Sonntagen, Feiertagen und zur Nachtzeit beschränkt sei oder wenn außerdem eine Gewinntantieme vereinbart sei.[270]

Inzwischen hat der BFH aber auch diese Rechtsprechung wieder relativiert: Überstunden- **281** vergütungen und Sonn- und Feiertagszuschläge, die die GmbH ihrem Gesellschafter-Geschäftsführer zahlt, stellen danach zwar **im Regelfall** eine vGA dar.[271] Zahlt eine Kapitalgesellschaft ihrem Gesellschafter-Geschäftsführer zusätzlich zu seinem Festgehalt Vergütungen für Sonntags-, Feiertags- und Nachtarbeit, so liegt darin aber nicht immer eine vGA.[272] Sie stellen **ausnahmsweise** nach Auffassung des BFH dann keine vGA dar, wenn **überzeugende betriebliche**

---

267 BFH DStR 2001, 1343 = GmbHR 2001, 777; Bestätigung zu BFH BStBl II 1997, 577; BFH NV 1997, 804; dazu *Pezzer*, FR 1997, 684; *Gosch*, StBp 1998, 53; BMF v. 3.3.1998, BB 1998, 621.

268 Hessisches FG DStRE 2006, 27; dazu GmbH-Stp. 2006, 55.

269 BFH DStR 2001, 1343 = GmbHR 2001, 777; BFH GmbHR 2005, 109; dazu insbesondere FinMin. Mecklenburg-Vorpommern v. 9.8.2005, DStR 2005, 1531.

270 BFH DStR 1997, 1161 = GmbHR 1997, 711; dazu BMF v. 28.9.1998, DStR 1998, 1755 = GmbHR 1998, 1097 mit **Übergangsfrist** für vor dem 1.1.1998 endende Lohnzahlungszeiträume.

271 Vgl. BFH GmbHR 2005, 109 = GmbH-StB 2005, 35; so auch Hessisches FG DStRE 2006, 27.

272 BFH GmbHR 2004, 1397 m. Anm. *Hoffmann*; in Abgrenzung zu BFH BFHE 183, 94 = BStBl II 1997, 577, und BFH BFHE 195, 243 = BStBl II 2001, 655.

Gründe die Vermutung entkräften, die Zahlung sei durch das Gesellschaftsverhältnis veranlasst.[273]

282   Auch sollen **Arbeitszeitkonten (flexible Arbeitszeitmodelle)** für Gesellschafter-Geschäftsführer zur Finanzierung eines vorgezogenen Ruhestandes bzw. einer Altersvorsorge ggf. dann anerkannt werden können,

– wenn die **Wertguthaben** entsprechend § 8a ATG bzw. § 7d SGB IV gegen Insolvenz **gesichert** sind und

– wenn die **Organhaftung** des Geschäftsführers auch in der **Freistellungsphase** andauert.[274]

ff) Weitere Bestandteile der Vergütung

283   Stichwortartig zu nennen sind insbesondere:

– **Vermietung** durch die GmbH an ihre Gesellschafter-Geschäftsführer:[275] Bemessung der anzusetzenden Miete hat regelmäßig nach den Grundsätzen der **Kostenmiete** zuzüglich eines angemessenen Gewinnzuschlags zu erfolgen.[276]

– **Reisekosten** und Reisenebenkosten wie Fahrtkosten, Übernachtungskosten, Verpflegungsmehraufwendungen[277] können auch ohne vorherige, klare Vereinbarung an Gesellschafter-Geschäftsführer erstattet werden, ohne dass dies die Annahme einer vGA rechtfertigt.[278]

– **private Nutzung eines betrieblichen Kraftfahrzeugs**: es gilt die in § 6 Abs. 1 Nr. 4 S. 2 EStG getroffene Regelung entsprechend; die Nutzung ist für jeden Kalendermonat mit 1% des inländischen Brutto-Listenpreises im Zeitpunkt der Erstzulassung zuzüglich der Kosten für Sonderausstattungen einschließlich der Umsatzsteuer anzusetzen (sog. **1%-Regelung**). Die sog. 1-%-Regelung ist **mit Wirkung vom 1.1.2006 eingeschränkt** worden. Die Besteuerung der privaten Nutzung von Firmenwagen unter der Anwendung der „1-Prozent-Regelung" ist künftig **auf Fahrzeuge des notwendigen Betriebsvermögens** beschränkt, also auf Fahrzeuge, die zu mehr als 50% betrieblich/unternehmerisch genutzt werden. Der Wert der privaten Kfz-Nutzung nach § 8 Abs. 2 S. 2 EStG kann alternativ auch mit dem auf die private Nutzung entfallenden Teil der gesamten **Kraftfahrzeugaufwendungen** angesetzt werden, wenn die durch das Kraftfahrzeug insgesamt entstehenden Aufwendungen durch Belege und das Verhältnis der privaten Fahrten zu den übrigen Fahrten durch ein ordnungsgemäßes Fahrtenbuch nachgewiesen werden (§ 8 Abs. 2 S. 4 EStG: sog. **Fahrtenbuchmethode**).[279]

– Ausnahmen gelten für eine vertraglich nicht geregelte private Kfz-Nutzung durch den **Fremd-Geschäftsführer** einer Kapitalgesellschaft, der einem beherrschenden Gesellschafter nahe steht. Diese stellt in Höhe der Vorteilsgewährung eine vGA dar.[280]

– Übernimmt der Arbeitgeber die **Straßenbenutzungsgebühren** (Vignetten, Mautgebühren) für die mit einem Firmenwagen unternommenen Privatfahrten, liegt darin die Zuwendung

---

273 BFH GmbHR 2005, 1632; so auch OFD Düsseldorf v. 7.7.2005, GmbHR 2005, 1011; FinMin. Mecklenburg-Vorpommern v. 9.8.2005, DStR 2005, 1531; OFD Hannover v. 9.12.2005, DStR 2006, 97; OFD Frankfurt/M. v. 8.11.2005, DStR 2006, 97 = GmbHR 2006, 109.
274 FinMin. Saarland v. 21.10.2005, DStR 2006, 39 = GmbHR 2006, 107.
275 Dazu BFH NV 1992, 303.
276 Dazu BFH BB 2005, 1261 = GmbHR 2005, 637.
277 Dazu BFH GmbHR 1999, 484 = DStR 1999, 667.
278 FG Niedersachsen GmbHR 2000, 442.
279 BFH BFHE 199, 322 = BStBl II 2002, 829; OFD Koblenz v. 28.4.1999, FR 1999, 769; siehe auch die Zusammenstellung von *Eisendick*, GmbHR 2005, 1631 f.
280 BFH BB 2005, 1947 = DStR 2005, 918; dazu OFD Erfurt v. 3.11.2005, DStR 2006, 97; ähnlich bereits BFH BFHE 204, 106 = BStBl II 2004, 307, m.w.N.

eines geldwerten Vorteils, der nicht von der Abgeltungswirkung der 1%- Regelung erfasst wird.[281] Entsprechendes dürfte für Insassenversicherungen, Schutzbriefversicherungen und Kosten für den Transport des PKW (Autofähre, Auto-Reisezug) gelten.[282]

Praxistipp 284
In den Fällen, in denen ein Dienstwagenberechtigter nicht nur den Dienstwagen nutzt, sondern daneben ein gleichwertiges **Zweitfahrzeug im Privatvermögen** vorhanden ist, geht die jüngere Rechtsprechung der Finanzgerichte davon aus, dass nicht zwingend ein geldwerter Vorteil berechnet nach der 1%-Methode anzusetzen ist.[283]

Der alleinige Gesellschafter-Geschäftsführer einer GmbH hat grundsätzlich den geldwerten Vor- 285 teil der **Privatnutzung** des Dienstfahrzeuges zu versteuern, wenn ihm **kein gleichwertiges Privatfahrzeug** zur Verfügung steht. Dies gilt auch, wenn er sich verpflichtet hat, das Betriebsfahrzeug nicht für private Fahrten zu nutzen, sofern die Vereinbarung und die tatsächliche Durchführung nicht nachweisbar sind.[284]

Eine **vertragswidrige private PKW-Nutzung** durch den Gesellschafter-Geschäftsführer ei- 286 ner Kapitalgesellschaft stellt in Höhe der Vorteilsgewährung eine verdeckte Gewinnausschüttung dar. Der **Vorteil** ist nicht gemäß § 6 Abs. 1 Nr. 4 S. 2 EStG mit 1% des Listenpreises, sondern nach **Fremdvergleichsmaßstäben** mit dem gemeinen Wert der Nutzungsüberlassung zuzüglich **angemessenen Gewinnaufschlags** zu bewerten.[285]

Trägt eine Kapitalgesellschaft **Aufwendungen für Reisen des Gesellschafter-Geschäfts-** 287 **führers**, so liegt – nach bisheriger Rechtsprechung – darin eine verdeckte Gewinnausschüttung, wenn die Reise durch private Interessen des Gesellschafter-Geschäftsführers veranlasst oder in nicht nur untergeordnetem Maße mit veranlasst ist. Eine **schädliche private Mitveranlassung** liegt regelmäßig vor, wenn bei einer entsprechenden Reise eines Einzelunternehmers oder eines Personengesellschafters das Aufteilungs- und Abzugsverbot des § 12 Nr. 1 EStG eingreifen würde.[286] Allerdings hat der Große Senat des BFH inzwischen – gerade in einem Fall einer sowohl betrieblich als auch privat veranlassten – Reise das **Aufteilungsverbot aufgegeben**.[287]

Erhält allerdings eine GmbH **Reisen** zugewandt, **an denen die Gesellschafter-Geschäftsführer teilnehmen**, so ist dieser Vorgang auf der Ebene der GmbH gewinnneutral und führt nicht zu der Annahme einer vGA.[288]

3. Anstellung des Vorstands einer AG
a) Abschlusskompetenz
Ähnlich wie bei der Geschäftsführung einer GmbH ist auch beim Vorstand einer AG die **Organ-** 288 **ebene** von der dienstrechtlichen Ebene zu trennen. Das **Anstellungsverhältnis** eines Vorstandsmitglieds beruht üblicherweise auf einem Dienstvertrag, der eine Geschäftsbesorgung zum Inhalt hat (§§ 611 ff., 675 BGB). Mangels eines Abhängigkeitsverhältnisses liegt jedoch ein **freies Dienstverhältnis**, kein Arbeitsverhältnis zugrunde, so dass die arbeitsrechtlichen Schutzvorschriften grundsätzlich nicht gelten.[289]

---

281 BFH GmbHR 2005, 1364; BFH GmbHR 2005, 1628 m. Anm. *Eisendick*; a.A. *Urban*, FR 2005, 1134.
282 *Eisendick*, GmbHR 2005, 1631 f.
283 FG München GmbHR 2005, 371 = EFG 2005, 224.
284 FG Köln DStRE 2001, 65 = EFG 2000, 1375 = GmbHR 2000, 123; siehe auch FG Brandenburg DStRE 2006, 273.
285 BFH GmbHR 2008, 601; Bestätigung des Senatsurteils, BFHE 209, 252 = BStBl II 2005, 882.
286 BFH DStR 2005, 1270.
287 BFH GS DStR 2010, 101; dazu Pezzer, DStR 2010, 93.
288 FG München GmbHR 2002, 1082 = EFG 2002, 1122 m. Anm. Neu.
289 Vgl. BGH BGHZ 10, 187, 191; BGH BGHZ 36, 142, 143; *Hüffer*, AktG, § 84 Rn 11.

289   Für **Abschluss, Änderung und Beendigung** des Anstellungsvertrages der Vorstandsmitglieder ist – als **Annexkompetenz** zur Bestellungs- und Abberufungskompetenz – der Aufsichtsrat ausschließlich und zwingend zuständig. Auch insoweit liegt die originäre Zuständigkeit beim **Gesamtaufsichtsrat**.

290 **Praxistipp**
Nach herrschender Meinung kann jedoch – anders als bei der Bestellung und Abberufung (siehe Rn 70f.) – der
Gesamtaufsichtsrat die Abschluss- und Beendigungskompetenz hinsichtlich des Dienstvertrages auf einen **Auf-
sichtsratausschuss** delegieren.[290]

291 Auch insoweit kann der Aufsichtsrat ohnehin einzelne Mitglieder, insbesondere den Aufsichtsratvorsitzenden, bevollmächtigen, den vom Aufsichtsrat beschlossenen Vertrag in Vollmacht für
das Gremium zu unterzeichnen (**Vollzugsvollmacht**).

292 **Wichtig**
Wegen der umfassenden Abschluss- und Beendigungskompetenz des Aufsichtsrates sind nach herrschender Meinung sog. **Konzernanstellungsverträge** in ihrer rechtlichen Wirksamkeit zweifelhaft, also Anstellungsverträge, die
ein Mutterunternehmen/beherrschendes Unternehmen mit Vorstandsmitgliedern eines Tochterunternehmens/be-
herrschenden Unternehmens abschließt.[291]

b) Dauer des Dienstvertrages

293 Aus § 84 Abs. 1 S. 5 AktG wird abgeleitet, dass auch der Anstellungsvertrag der Vorstandsmitglieder für die Dauer von längstens **fünf Jahren** abgeschlossen werden kann.[292]

294 **Praxistipp**
Zulässig soll allerdings eine Vereinbarung über eine **automatische Verlängerung** unter der aufschiebenden Bedingung einer entsprechenden Verlängerung der Bestellung auf Organebene sein.

295 Dementsprechend wird auch eine **auflösende Bedingung** für zulässig gehalten, wonach mit
dem Widerruf der Bestellung zum Vorstandsmitglied auch das Dienstverhältnis enden soll.[293]

296 **Praxistipp**
In der Praxis bietet es sich an, die Dienstverträge der Vorstandsmitglieder auf die Dauer ihrer Bestellung zu **befris-
ten bzw. auflösend zu bedingen,** um das Erfordernis einer ordentlichen Kündigung zu vermeiden und um einen
Gleichlauf des Vorstandsamts mit dem Dienstverhältnis sicherzustellen.[294]

c) Vergütungsregelungen

297 Wegen der üblichen **Vergütungsbestandteile** im Rahmen von Vorstands-Dienstverträgen kann
auf die Ausführungen zu den Vergütungsregelungen bei GmbH-Geschäftsführern weitestgehend
verwiesen werden (§ 10 Rn 101ff.).

---

290 Vgl. Beck'sches Handbuch der AG/*Liebscher*, § 6 Rn 34.
291 Vgl. Kölner Komm-AktG/*Mertens*, § 84 Rn 51; Beck'sches Handbuch der AG/*Liebscher*, § 6 Rn 35.
292 Vgl. *Hüffer*, AktG, § 84 Rn 15; MünchGesR/*Wiesner*, Bd. 4, § 21 Rn 20.
293 Vgl. Beck'sches Handbuch der AG/*Liebscher*, § 6 Rn 36.
294 Beck'sches Handbuch der AG/*Liebscher*, § 6 Rn 43.

Ein besonderer Vergütungsbestandteil bei Vorstandsmitgliedern ist in der Gestaltungspraxis **298** das Bezugsrecht zum Erwerb von Aktien des Unternehmens (sog. „**Stock-Options**"). Dem begünstigten Vorstandsmitglied wird dabei das Recht eingeräumt, unter bestimmten Voraussetzungen zu einem bestimmten Preis bzw. nach einem im Vorhinein festgelegten Kaufpreisberechnungsschema Aktien des Unternehmens zu einem bestimmten Zeitpunkt zu erwerben.

Die näheren Einzelheiten werden im **Dienstvertrag** oder in einem separaten **Optionsver- 299 trag** geregelt, dies betrifft insbesondere
– Bindungsregelungen an das Unternehmen,
– die Abhängigkeit vom Beschäftigungsverhältnis und
– die näheren Bedingungen für die Ausübung des Optionsrechts,
– ferner aber auch die Frage der Übertragbarkeit des Optionsrechts.[295]

d) Fehlerhafte Anstellungsverhältnisse
Leidet der Anstellungsvertrag an einem **Mangel**, soll **nach Ingangsetzung** des Beschäftigungs- **300** verhältnisses ein Berufen auf den Mangel nur noch mit Wirkung für die Zukunft durch Kündigung, gegebenenfalls außerordentliche Kündigung, entsprechend den Grundsätzen für **fehlerhafte Arbeitsverhältnisse**, möglich sein.[296]

---

295 Vgl. zu den Einzelheiten: *Kallmeyer*, AG 1999, 95 ff.; *Kohler*, ZHR 161 (1997), 246 ff.; *Hüffer*, AktG, § 192 Rn 15; Beck'sches Handbuch der AG/*Liebscher*, § 6 Rn 76 ff.
296 Vgl. Beck'sches Handbuch der AG/*Liebscher*, § 6 Rn 41.

Kapitel 3 Das Mandat im Rahmen der werbenden Gesellschaft

Wolfgang Arens/Dr. Oliver Knodel

§ 11 Die anwaltliche Betreuung und Beratung der Gesellschaft und der Gesellschafter

Literatur: *Arens*, Der GmbH-Geschäftsführer im Arbeits-, Sozialversicherungs- und Steuerrecht – aktuelle Entwicklungen, DStR 2010, 115; *Arens/Beckmann*, Die anwaltliche Beratung des GmbH-Geschäftsführers, Baden-Baden 2006; *Arens/Tepper*, Praxisformularbuch Gesellschaftsrecht, 4. Aufl. 2012; *Baumbach/Hopt* (Hrsg.), Handelsgesetzbuch, 35. Aufl. 2012; *Baumbach/Hueck* (Hrsg.), GmbHG, 19. Aufl. 2010; *Beck'sches Handbuch der Personengesellschaften*, hrsg. v. W. Müller/Hoffmann, 3. Aufl. 2009; *Binz/Sorg*, Die verdeckte Gewinnausschüttung nach der Unternehmenssteuerreform, DStR 2001, 1457; *Ebenroth/Boujong/Joost/Strohn*, HGB, 2. Auflage, 2008/2009; *Flume*, Der Gesellschafter und das Vermögen der Kapitalgesellschaft und die Problematik der verdeckten Gewinnausschüttung, ZHR 144, 18; *Flume*, Die Rechtsprechung des II. Zivilsenats des BGH zur Treupflicht des GmbH-Gesellschafters und des Aktionärs, ZIP, 1996, 161; *Flume,* Die Personengesellschaft, 1977; *Freund*, Abberufung und außerordentliche Kündigung des Geschäftsführers, GmbHR 2010, 117; *Goette*, Kapitalaufbringung und Kapitalschutz in der GmbH, 2. Aufl. 2004; *Grunewald*, ZGR, 1989, 545; *Joost*, Grundlagen und Rechtsfolgen der Kapitalerhaltungsregeln in der GmbH, ZHR, 148, 27; *Hachenburg/Ulmer* (Hrsg.), Großkommentar zum GmbHG, 8. Aufl. 1992 ff.; *Heckschen/Heidinger*, Die GmbH in der Gestaltungs- und Beratungspraxis, 2.Aufl. 2009; *Hey*, Bedeutung und Besteuerungsfolgen der verdeckten Gewinnausschüttung nach der Unternehmenssteuerreform, GmbHR 2001, 1; *Lockowandt*, Stimmrechtsbeschränkungen im Recht der Personengesellschaften, Kernbereichslehre und Stimmrechtsausschluss, 1995; *Lutter/Hommelhoff* (Hrsg.), GmbHG, 17. Aufl. 2009; *Lutter/Römer/Zöllner*, Festschrift 100 Jahre GmbHG, 1992; *Michalski*, GmbHG, 2.Aufl. 2010; *Münchener Handbuch des Gesellschaftsrechts*, Bd. 2, 3. Aufl. 2009 (zit.: MünchGesR/*Bearbeiter*); *Münchener Kommentar zum BGB*, Band 5, 5. Aufl. 2009 (zit.: MüKo-BGB/*Bearbeiter*); *Münchener Kommentar zum HGB*, 2. Aufl. 2006–2009 (zit.: MüKo-HGB/*Bearbeiter*); *Roth/Altmeppen*, GmbHG, 7. Aufl. 2012; *Röhricht/Graf von Westphalen* (Hrsg.), HGB Kommentar, 3. Aufl. 2008; *Schlegelberger*, HGB, 5. Aufl. 1973–1992; *Schilling*, Anmerkung zu BGH vom 24.3.1954, JZ 1954, 635; *K. Schmidt.*, Gesetzliche Formenstrenge bei GmbH-Beschlüssen? NJW 2006, 2599; *Scholz*, GmbHG, 10. Aufl. 2006–2010; *Thelen*, Die Ankündigung des Zwecks der Gesellschafterversammlung bei der Einberufung, GmbHR 1992, 796; *Werner*, Die Beschlussfassung des Versammlungsleiters, GmbHR 2006, 127; *Wienands/Teufel*, Darlehen einer GmbH an ihren Gesellschafter, GmbHR 2004, 1301; *Wiesbrock/Wübbelsmann*, Wettbewerbsverbote in Unternehmenskaufverträgen, GmbHR 2005, 519.

Inhalt

I. Vorbereitung und Durchführung von Gesellschafterversammlungen

1. Einführung

In der Vorbereitung und Durchführung von Gesellschafterversammlungen dokumentieren sich **1** die Schwächen der vorherigen anwaltlichen oder auch notariellen Gestaltung der Gesellschaftsverträge. In der Regel ergibt sich die Notwendigkeit die gesetzlich oder gesellschaftsvertraglich vorgegebenen Regeln genauestens zu beachten, wenn das Einvernehmen zwischen den Gesellschaftern nicht mehr gewährleistet ist, sondern vielmehr um verschiedene gegensätzliche Positionen gerungen wird. Es steht sodann zu erwarten, dass die Gesellschafter, die in Abstimmungen möglicherweise unterlegen sein werden, versuchen werden, Beschlüsse der Gesellschafterversammlung durch Aufzeigen von Fehlern in der formalen Durchführung der Versammlung zu Fall zu bringen.

In solchen Situationen ergibt sich nicht selten das Mandat einzelner Gesellschafter, denen **2** es auf die ordnungsgemäße Durchführung der Gesellschafterversammlung ankommt, wie auch das Mandat der Geschäftsführung, die letztlich bei entsprechender Gestaltung des Gesellschaftsvertrages verantwortlich für die ordnungsgemäße Durchführung der Gesellschafterversammlung sein kann. Aber auch das Mandat mit destruktiver Zielrichtung, also das Mandat des Beschlüsse angreifenden Gesellschafters, kann sich in einer solchen Situation ergeben.

3   Die Tätigkeit des Anwalts in der Vorbereitung der Gesellschafterversammlung vollzieht sich dabei in **drei Schritten**:

–   Zunächst ist gemäß der Rechtsform die gesetzliche Grundlage zu überprüfen und deren Anforderungen an die Durchführung und Vorbereitung einer Gesellschafterversammlung sind festzuhalten.

–   Im zweiten Schritt sind die gesellschaftsvertraglichen Grundlagen zu überprüfen, mit denen die gesetzlichen Grundlagen in aller Regel verändert, zumindest aber ergänzt werden und schließlich ist

–   im dritten Schritt die Einladung zur Gesellschafterversammlung zu entwerfen und gegebenenfalls auch bereits ein Protokoll der Versammlung so weit wie möglich vorzubereiten.

4   Neben diesen formalen Schritten zur Vorbereitung einer Gesellschafterversammlung muss natürlich die Überprüfung des **materiellen Gesellschaftsrechts** hinzutreten, z.B. die Überprüfung der Frage, ob tatsächlich ein Einziehungsgrund bezüglich eines Gesellschaftsanteils vorliegt. Nur wenn die Antwort auf diese Frage mit hinreichender Wahrscheinlichkeit gegeben werden kann, empfiehlt es sich entsprechende Punkte auch auf die Tagesordnung zu setzen. Der Gang der Darstellung wird den einzelnen dargestellten Schritten Rechnung tragen.

2. Vorbereitung der Gesellschafterversammlung

5   Die Vorbereitung der Gesellschafterversammlung wird im Folgenden für die GbR, die OHG und die KG als Personengesellschaften sowie die GmbH als Kapitalgesellschaft ausführlich dargestellt, die Vorbereitung einer Hauptversammlung einer Aktiengesellschaft wird lediglich gestriffen, hier muss auf komplexere Werke zum Aktienrecht verwiesen werden.

a) Personengesellschaften

6   Das Personengesellschaftsrecht institutionalisiert, vom gesetzlichen Ansatz her nicht vergleichbar mit dem GmbH-Recht, die Gesellschafterversammlung als einzigen Ort, in dem **Beschlüsse der Gesellschaft** gefasst werden können. Während das BGB in den §§ 705 ff. BGB zu der Gesellschaft bürgerlichen Rechts keinerlei Vorschriften über die Einberufung/Abhaltung einer Gesellschafterversammlung vorsieht, begnügt sich auch das Handelsgesetzbuch in § 119 Abs. 1 HGB für die OHG und über § 161 Abs. 2 HGB auch geltend für die Kommanditgesellschaft, mit dem Hinweis darauf, dass es für die von den Gesellschaftern zu fassenden Beschlüsse der Zustimmung aller zur Mitwirkung bei der Beschlussfassung berufenen Gesellschafter bedarf. Beschlüsse aller dürfen demnach von der gesetzlichen Grundregelung der Personengesellschaft **auch ohne Versammlung** getroffen werden. Sofern ein Gesellschafter seine Mitwirkung verweigert – und hier genügt auch bereits die Verweigerung der Mitwirkung an der Abstimmung, selbst wenn alle Gesellschafter zusammen gekommen sind – kann ein wirksamer Beschluss nicht gefasst werden.

7   Vor diesem Hintergrund ist die **Ausgestaltung der Vorschriften** zur Beschlussfassung in Gesellschafterversammlungen, deren Einladung und Durchführung im Gesellschaftsvertrag von elementarer Bedeutung für die Gesellschaft und die Gesellschafter.

aa) Einberufung

8   Sollte eine Personengesellschaft ohne schriftlichen Gesellschaftsvertrag gegründet worden sein oder sollte der Gesellschaftsvertrag der Personengesellschaft eine Regelung zu Formalien einer

Gesellschafterversammlung nicht vorsehen, so fragt sich, nach welchen Grundsätzen eine Gesellschafterversammlung durchzuführen ist. Zu beantworten sind Fragen nach
- der Frist mit der einzuladen ist,
- dem Ort, wo die Gesellschafterversammlung stattfinden soll,
- der Zeit, wann diese durchführbar ist,
- dem Umfang der Ankündigung der Verhandlungsgegenstände und schließlich
- wer überhaupt befugt ist, eine solche Gesellschafterversammlung einzuberufen.

Finden sich keine Regelungen zur Einberufung, so ist davon auszugehen, dass **jeder** Gesell- **9** schafter eine Gesellschafterversammlung einberufen kann. Bei dem Einberufungsrecht handelt es sich um ein Individualrecht, das allen Gesellschaftern jedenfalls aus wichtigem Grund in Analogie zu § 118 Abs. 2 HGB zusteht.[1]

Der einladende Gesellschafter ist dafür verantwortlich, dass allen Gesellschaftern die Teil- **10** nahme ermöglicht wird und Überrumpelungen ausgeschlossen werden.[2] Dabei ist z.B. zu beachten, dass eine für eine ausreichende Vorbereitung **angemessene Frist** zwischen der Einladung und dem Termin der Versammlung liegt. Die Angemessenheit ist abhängig vom Beschlussgegenstand.[3] Die Teilnahme ist den Gesellschaftern nicht nur dadurch unzumutbar, dass die Frist, mit der zur Gesellschafterversammlung eingeladen wird, zu kurz bemessen ist, sondern vielmehr ist die Teilnahme auch dann unzumutbar, wenn der **Ort der Gesellschafterversammlung** nicht in angemessener Weise gewählt wird. Hier kann beispielhaft die Entfernung vom Sitz der Gesellschaft genannt werden, zum anderen aber auch die Einberufung der Gesellschafterversammlung in die Räume eines Beraters des Gesellschafters.[4] Im Rahmen des Schutzes der anderen Gesellschafter wäre die Wahl eines solchen Versammlungsortes unangemessen und würde zur **Anfechtbarkeit der Beschlüsse** führen.[5] Weder die starren Einberufungsfristen des Aktienrechtes finden im Personengesellschaftsrecht Anwendung, noch die Regelungen über den Verein.[6]

Teilweise wird vertreten, dass eine analoge Anwendung des GmbH-Rechtes nahe liegen **11** würde und dementsprechend eine Einlassungsfrist von einer Woche zu wahren sowie die Tagesordnung drei Tage im Voraus anzukündigen sei.[7] Die Übernahme dieser starren Grenzen findet in der Rechtsprechung keine Abbildung und ist letztlich auch nicht sachgerecht: **In Abhängigkeit der Beschlussgegenstände** ist eine Vorbereitungsfrist von drei Tagen auf bestimmte Tagesordnungspunkte deutlich zu gering bemessen. Dies gilt jedenfalls dann, wenn der Gesellschafter nur mit entsprechender Aufklärung z.B. durch die Geschäftsführung, sich ein Bild der tatsächlichen Grundlagen zur Beschlussfassung machen kann, wie dies bei **Kommanditisten** aufgrund ihrer regelmäßigen Distanz zum operativen Geschäft nicht selten der Fall ist. Allein aufgrund ihres nach § 166 HGB nur eingeschränkten Einsichtsrechts wird die Vorbereitungszeit von drei Tagen oftmals nicht ausreichen. Die Frist von drei Tagen würde dem Auskunftsrecht und insbesondere der Funktion des Auskunftsrechtes, den Meinungsbildungsprozess zu gestalten und auf eine breite Grundlage zu stellen, nicht gerecht. Regelmäßig kann sich der Kommanditist in einer solch kurzen Zeit rein faktisch nicht informieren, der Willensbildungsprozess innerhalb der Versammlung wäre damit gestört.

Der Stellenwert der Einberufungsfrist ist des Weiteren ablesbar an der Entscheidung des **12** OLG Düsseldorf vom 14.11.2003,[8] die zu einer GmbH ergangen, aber von der Schutzrichtung her

---

1 Vgl. BGHZ 102, 172, 175; BGH NJW 1998, 1946.
2 Baumbach/Hopt/*Hopt*, § 119 Rn 29.
3 BGH LM BGB § 705 Nr. 61; MüKo-HGB/*Enzinger*, § 119 Rn 49.
4 Vgl. OLG Düsseldorf GmbHR 2004, 572.
5 Vgl. OLG Düsseldorf GmbHR 2003, 1006, 1007; OLG Celle GmbHR 1997, 748.
6 BGH WM 1994, 1925, 1927.
7 Beck'sches Handbuch der Personengesellschaften/*Stengel*, § 3 Rn 442.
8 OLG Düsseldorf GmbHR 2004, 572.

zu übertragen ist: Der Gesellschaftsvertrag enthielt eine Regelung, nach der, wenn eine bestimmte Anwesenheit in einer ersten Gesellschafterversammlung nicht erreicht wird, eine zweite Versammlung in bestimmter Frist einberufen werden muss. Sinn und Zweck einer solchen Regelung sei es, den Gesellschaftern hinreichend Zeit und Gelegenheit zu geben, nach dem Scheitern der ersten Versammlung die gegensätzlichen Meinungen durch Aussprache zu klären.[9] Das OLG Düsseldorf sah es als Voraussetzung für das „Stattfinden-Können" einer zweiten Versammlung an, dass die erste Versammlung auch wirklich stattfand. Im konkreten Fall war die erste Versammlung gegenüber einem Gesellschafter mit dem Hinweis abgesagt worden, dass „wohl nicht alle Beteiligten zu der Gesellschafterversammlung" erscheinen würden. Damit galt die Versammlung insgesamt als abgesagt und fand auch nicht statt. Somit war die zweite Gesellschafterversammlung tatsächlich technisch eine „erste" und nicht eine „zweite". Das Beharren auf diesen starren Regelungen sei auch keine Förmelei, da durch die vorgeschriebene Zeit zwischen der ersten und der zweiten Versammlung den Gesellschaftern die Gelegenheit eingeräumt werden solle, Meinungsverschiedenheiten, die zum Scheitern des ersten Termins geführt haben, auszuräumen. Im Hinblick auf diese Zielsetzung kann es dann nicht ausreichen, aufgrund vorweggenommener Feststellung einer wahrscheinlichen Beschlussunfähigkeit der ersten Versammlung eine Zweitversammlung nach den Regelungen der Satzung durchzuführen, weil insoweit die Gelegenheit genommen wird, Meinungsverschiedenheiten zu konkretisieren, sie ggf. ins Protokoll aufzunehmen und zwischen den Terminen über sie zu beraten.

13   Soweit die Gesellschafter durch die Gesellschaft verbunden sind, muss aufgrund der gegenseitigen Treuepflicht die Möglichkeit des Zusammenwirkens eröffnet bleiben, unabhängig davon, wie zerstritten die Gesellschafter sind. Auch im Personengesellschaftsrecht bildet die Möglichkeit der Meinungsbildung und des Diskurses zwischen den Gesellschaftern eine wichtige Grundlage für einen ordnungsgemäßen Abstimmungsvorgang.

---

14 **Praxistipp**
Die Einladungsfrist zu einer Gesellschafterversammlung muss eine vorherige Information über die Hintergründe der Punkte der Tagesordnung ermöglichen.

---

15 Auch die **Zeit, zu welcher eingeladen wird**, darf nicht unzumutbar für die anderen Gesellschafter sein, also weder zu später Tageszeit, noch an Feiertagen oder in einer bekannten Urlaubszeit eines Gesellschafters liegen, wenn dies nicht aufgrund der Dringlichkeit, wie z.B. bei Abberufung eines Geschäftsführers geboten ist.[10]

16   Die Angabe der **Tagesordnung** ist ebenfalls Grundlage einer ordnungsgemäßen Einladung. Auch hier gibt der Beschlussgegenstand vor, inwieweit eine detaillierte Angabe erfolgen muss. Die Angabe „Geschäftsführungsrecht des Herrn X" reicht für die Abberufung eines Geschäftsführers und die Kündigung seines Anstellungsvertrages in aller Regel nicht aus. Vielmehr müssen die Beschlussgegenstände so konkret umschrieben werden, dass eine Vorbereitung auf die Gesellschafterversammlung und eine Diskussion über die Beschlussgegenstände für jeden Gesellschaft möglich ist.[11]

17   Etwa die **fehlerhafte Auswahl des Versammlungsortes** ist auch nicht deshalb bedeutungslos, weil die angefochtenen Beschlüsse mit den Stimmen der anderen Gesellschafter an einem neutralen Ort ebenfalls gefasst worden wären. Denn nicht auf die diesbezügliche Kausali-

---

9 Vgl. auch BGH GmbHR 1998, 348.
10 Saarländisches OLG GmbHR 2007, 148 ff.
11 BGH NJW 1962, 393; *Thelen*, GmbHR 1992, 796; BGH GmbHR 1972, 177.

tät, sondern auf die **Relevanz des Verstoßes** ist abzustellen, wenn die verletzten Verfahrensbestimmungen das Mitwirkungs- oder Partizipationsrecht des Gesellschafters verletzen.[12]

Der BGH hat sich mit seiner Entscheidung *Sachsenmilch III*[13] der im Schrifttum überwiegend **18** vertretenen sog. **Relevanztheorie** angeschlossen. Danach führt die Verletzung von Mitwirkungs- oder Partizipationsrechten eines Gesellschafters in der Regel zur Anfechtbarkeit des unter Verletzung dieser Rechte gefassten Gesellschafterbeschlusses. Individualrechtliche Verfahrensbestimmungen unterliegen nicht der Disposition einer Gesellschaftermehrheit, auch keiner qualifizierten. § 121 Abs. 4 AktG enthalte dabei die Wertung, dass die Wahl des Versammlungsortes auch für das Teilhaberrecht des Gesellschafters grundsätzlich von Bedeutung sei.[14] Es kann des Weiteren nicht ausgeschlossen werden, dass eine hinreichende Auseinandersetzung mit dem Beschlussgegenstand, insbesondere mangels Möglichkeit zur Anhörung des Benachteiligten nicht stattfinden konnte und damit eine genügende Grundlage zur Meinungsbildung fehlte. Wäre an einen neutralen Versammlungsort eingeladen worden, wäre zumindest die Möglichkeit der sachlichen Diskussion über die Streitpunkte gegeben und damit die Gelegenheit zum Überdenken der gegenseitigen Positionen.

Vorsicht   **19**
Die Verletzung von Mitwirkungsrechten ist nur dann bedeutungslos, wenn es bei wertender Betrachtungsweise ausgeschlossen werden kann, dass sich der Verfahrensfehler auf das Beschlussergebnis ausgewirkt hat.

Insgesamt sind damit die vorgenannten Regeln zur Einberufung einer Gesellschafterversamm- **20** lung zu beachten, damit die Grundlage für die Fassung von Gesellschafterbeschlüssen gegeben ist, die in jeder Hinsicht einer gerichtlichen Überprüfung standhalten; nicht nur von ihrem materiellen Gehalt her, sondern auch von den formellen Anforderungen an die Gesellschafterversammlungseinladung. Wird eine Universalversammlung im Sinne des § 51 Abs. 3 GmbHG abgehalten, bei deren Einberufung die Ladungsvorschriften, die eben angeführt wurden, nicht beachtet worden sind, reicht es nicht einfach aus, dass alle Gesellschafter anwesend sind, sie müssen vielmehr mit der Abhaltung der Gesellschafterversammlung zum Zwecke der Beschlussfassung einverstanden sein.[15] Allerdings kann das Einverständnis auch konkludent erteilt werden. Hierfür ist es von entscheidender Bedeutung, wie sich der Gesellschafter nach Bekanntgabe der Tagesordnungspunkte, während des Verlaufs der Versammlung und bei den Abstimmungen verhalten hat. Im Rahmen der **Protokollführung** bei Durchführung der Gesellschafterversammlung sollte durch den gegebenenfalls in Vollmacht für den Mandanten protokollführenden Rechtsanwalt nach Möglichkeit festgehalten werden, dass sich gegen die Ordnungsmäßigkeit der Einladung keine Bedenken ergeben. Zwar gilt für die Gesellschafter nicht die aktienrechtliche Verpflichtung unmittelbar einen Widerspruch zu Protokoll zu erklären, allerdings kann durch **fehlenden Widerspruch** gegen die Feststellung der Ordnungsmäßigkeit der Einladung argumentativ auf den Grundsatz des venire contra factum proprium zugegriffen werden. Ausfluss der gesellschafterlichen Treuepflicht kann es sein Vorbehalte gegenüber der Ordnungsmäßigkeit der Einladung bei ausdrücklichem Ansprechen dieses Punktes auch **vorbringen** zu müssen.

---

12 OLG Düsseldorf GmbHR 2003, 1006, 1007.
13 BGHZ 149, 158 ff.
14 OLG Düsseldorf GmbHR 2003, 1006 ff.
15 BGH GmbHR 2009, 437 f.

bb) Teilnahmerecht

21 Das Teilnahmerecht an einer Gesellschafterversammlung steht grundsätzlich nur den Gesellschaftern, aber auch allen Gesellschaftern zu. Das Teilnahmerecht besteht auch dann, wenn ein Gesellschafter **vom Stimmrecht ausgeschlossen** ist.[16] Dritte, wie Rechtsanwälte, Notare, Wirtschaftsprüfer oder Steuerberater, dürfen nur nach **Zulassung** durch Satzung oder Gesellschafterbeschluss an der Versammlung teilnehmen.[17] In besonders gelagerten Einzelfällen mag sich aus der Treuepflicht der Gesellschafter eine Pflicht dem Wunsch eines Gesellschafters nach Hinzuziehung eines sachverständigen vertrauenswürdigen Dritten nachzukommen ergeben, aber auch nur, wenn der Gesellschafter sein Mitgliedschaftsrecht wegen ihm fehlenden Sachverstandes nicht selbst ausüben kann.[18] Bei der Zulassung eines Beraters ist mithin Zurückhaltung geboten.

22   Ein Teilnahmerecht eines **Vertreters** besteht nur dann, wenn dies ebenfalls durch Regelung im Gesellschaftsvertrag oder durch Zustimmungsbeschluss der Gesellschafter zugelassen wird. Auch hier besteht in Extremfällen wiederum eine Ausnahme, wenn der Gesellschafter aus nicht abwendbaren Gründen an der Teilnahme gehindert ist und im Rahmen der Zumutbarkeit die übrigen Gesellschafter der Teilnahme des Vertreters zustimmen müssen.[19] Wenn aber im **Gesellschaftsvertrag** eine Vertretungsmöglichkeit, wie dies in der Regel der Fall ist, durch zur Berufsverschwiegenheit verpflichtete Personen vorgesehen ist, so muss dem auch Rechnung getragen werden.

23   Das OLG Düsseldorf hielt im November 2003[20] eine „hilfsweise" Zulassung eines Bevollmächtigten zur Versammlung, da er eine Vollmacht seines Mandanten lediglich in Kopie vorlegen konnte, für treuwidrig und entschied, dass bereits aufgrund dieses Verhaltens der Mitgesellschafter die Beschlüsse anfechtbar seien. Im Rahmen der zuvor dargestellten Relevanztheorie sei es nicht ausgeschlossen, dass die Abstimmung anders ausgegangen wäre, wäre der Bevollmächtigte des Gesellschafters vorbehaltlos zur Gesellschafterversammlung zugelassen worden. Dann hätte zumindest die Möglichkeit der Diskussion über die Streitpunkte bestanden und damit die Gelegenheit zum Überdenken der gegenseitigen Positionen.

---

24 **Praxistipp**
Während die Zulassung eines Vertreters zusammen mit dem Gesellschafter nur in Ausnahmefällen in Betracht kommt, so muss doch die Teilnahme allein eines Vertreters in großzügigem Umfang zugelassen werden, um dem Gesellschafter nicht seine Mitwirkungsrechte zu nehmen.

---

25 Ein Spezialproblem stellt in diesem Zusammenhang das Vorhandensein von Vertreterklauseln in Gesellschaftsverträgen und deren Reichweite dar. Dies betrifft auch die Problematik, inwieweit in **Stimmbindungs- und Poolverträgen** eine einheitliche Abstimmung z.B. eines Familienstammes festgelegt werden kann.[21]

b) Kapitalgesellschaften

26 Anders als das Personengesellschaftsrecht institutionalisiert § 48 GmbHG in Abs. 1 den Grundsatz, dass Beschlüsse der Gesellschafter in Versammlungen gefasst werden. § 48 Abs. 2 GmbHG benennt sodann aber unmittelbar die **Ausnahme** zu dieser Regel, indem bestimmt wird, dass es

---

16 BGH WM 1984, 567.
17 *Werner*, GmbHR 2007, 871.
18 LG Köln NJW 1975, 1981; OLG Düsseldorf WM 1993, 643.
19 BGH NJW 1970, 706.
20 OLG Düsseldorf GmbHR 2004, 572.
21 MüKo-HGB/*Enzinger*, § 119 Rn 52 ff.

der Abhaltung einer Versammlung nicht bedarf, wenn sich sämtliche Gesellschafter in Textform mit der zu treffenden Bestimmung oder mit der schriftlichen Abgabe der Stimmen einverstanden erklären. Von dieser Möglichkeit wird erfahrungsgemäß in der Praxis reger Gebrauch gemacht. In jedem Fall ist aber zu überprüfen, ob diese gesetzliche Möglichkeit nicht durch den Gesellschaftsvertrag wieder eingeschränkt wird in der Weise, dass die Beschlussfassung in Versammlungen zwingend vorgeschrieben wird.[22]

Während bei der ersten Fallvariante des § 48 Abs. 2 GmbHG alle Gesellschafter ihr Einverständnis mit der zutreffenden Bestimmung **in Textform** (§ 126b BGB) erklären müssen, ist nach der zweiten Variante auch eine **Mehrheitsentscheidung** möglich. Es muss also zunächst das Einverständnis der Gesellschafter mit der schriftlichen Beschlussfassung erklärt werden und sodann die Stimme des jeweiligen Gesellschafters abgegeben werden. Die Stimmabgabe ohne die Erklärung mit der schriftlichen Abstimmung einverstanden zu sein, wird im Zweifel nicht ausreichen; hierzu bestehen unterschiedliche Auffassungen, so dass aus Sicherheitsgründen darauf bestanden werden sollte, dass jeder Gesellschafter vor Abgabe seiner Stimme, das Einverständnis mit dieser Art der Abstimmung erklärt. **27**

Gibt der Gesellschafter auf Aufforderung ohne zunächst zu erklären, ob er mit dieser Art der Abstimmung einverstanden ist, seine Stimme ab, so wird darin nach der herrschenden Meinung in der Literatur auch die Zustimmung zum Abstimmungsverhalten zu sehen sein. Ob diese Auffassung allerdings von der **Rechtsprechung** gedeckt wird, ist äußerst zweifelhaft. Nach einer älteren Entscheidung des BGH muss in der Aufforderung zur schriftlichen Stimmabgabe sogar klargestellt werden, dass die Voraussetzungen dieser Abstimmungsweise erfüllt sind.[23] Dies setzt zwingend voraus, dass zuvor die Zustimmung zu dieser Art der Abstimmung erklärt worden ist. Aufgrund der Komplexität dieser Abstimmungsart und der Fehleranfälligkeit, sollte diese Form der Willensentschließung nur in Notfällen genutzt werden. **28**

Mit der in § 48 Abs. 2 GmbHG vorausgesetzten **Schriftform** sind auch Telegramme, Fernschreiben und Telefaxe gemeint, worunter auch ein von allen Gesellschaftern unterschriebenes Rundschreiben fällt. **29**

Bei der ersten Variante des § 48 Abs. 2 GmbHG sollte von dem Geschäftsführer das Ergebnis der Abstimmung den Gesellschaftern **mitgeteilt werden**, wenn sich Zweifel am verbindlichen Gesellschafterwillen ergeben können. Nach BGHZ 15, 324 (329) ist der Beschluss erst nach dieser Mitteilung gefasst. **30**

Durch **Satzungsregelungen** kann eine weitere Vereinfachung der Beschlussmöglichkeiten über § 48 Abs. 2 GmbHG hinaus bestimmt werden. Zu beachten ist allerdings immer, dass die Informations- und Mitspracherechte aller Gesellschafter gewahrt werden müssen. Dies kann bei Abstimmungen, bei denen erheblicher Diskussionsbedarf besteht, bedeuten, dass den Minderheitsgesellschaftern die Möglichkeit eingeräumt werden muss, ihre Argumentationen den anderen Gesellschaftern mitzuteilen und mit ihnen zu diskutieren, um die Willensbildung bei Beschlussfassungen auf Basis der geäußerten Auffassung aller Gesellschafter zu gewährleisten. Dies gilt auch dann, wenn bei einer Mehrheitsentscheidung das Stimmverhalten der Minderheit ohnehin keine Auswirkung auf das Beschlussergebnis haben kann. Ist es zweifelhaft, ob Aussprachebedarf besteht, so sollte in jedem Fall eine Gesellschafterversammlung einberufen werden. **31**

Praxistipp **32**

Ist es zweifelhaft, ob Aussprachebedarf besteht, so sollte in jedem Fall eine Gesellschafterversammlung einberufen werden.

---

22 Dies ist nach der Rechtsprechung möglich, vgl. BGHZ 15, 324, 328; OLG Karlsruhe GmbHR 1982, 359.
23 BGHZ 28, 355, 358.

33 In der Literatur wird überwiegend auch ohne besondere Regelung im Gesellschaftsvertrag eine im Einverständnis aller Gesellschafter getroffener Beschluss zugelassen und als wirksam angesehen, der weder in einer Versammlung noch schriftlich nach § 48 Abs. 2 GmbHG gefasst worden ist. Es kommt z.B. die Beschlussfassung durch telefonischen **Rundruf** oder **Konferenzschaltung** in Betracht.[24] Der starken Gegenansicht folgend hat der BGH eine Entscheidung im kombinierten Verfahren für unzulässig erklärt – ein entsprechender Beschluss ist nichtig, wenn das Verfahren nicht in der Satzung vorgesehen ist.[25] Von einer solchen Beschlussfassung sollte in der Praxis abgesehen werden.[26]

34   Nur kurz sei darauf hingewiesen, dass wenn sich alle Gesellschaftsanteile der Gesellschaft in der Hand eines Gesellschafters befinden oder daneben in der Hand der Gesellschaft, der Gesellschafter nach § 48 Abs. 3 GmbHG unverzüglich nach der Beschlussfassung eine **Niederschrift** aufzunehmen und zu unterschreiben hat. Hier besteht mithin ein Protokollierungserfordernis. Die Folgen eines Verstoßes gegen die Protokollierungspflicht sind in der Rechtsprechung noch nicht geklärt.[27]

aa) Einberufung

35 Das GmbH-Gesetz gibt im Gegensatz zum Recht der Personengesellschaft die Art und Weise der Einberufung in § 49 und § 51 GmbHG vor: Nach § 49 Abs. 1 GmbHG ist die Versammlung der Gesellschafter durch die Geschäftsführer einzuberufen. Sie ist nach Abs. 2 neben den ausdrücklich bestimmten Fällen einzuberufen, wenn es im Interesse der Gesellschaft erforderlich erscheint und nach Abs. 3 insbesondere dann, wenn sich aus der Jahresbilanz oder aus einer im Laufe des Geschäftsjahres aufgestellten Bilanz ergibt, dass die Hälfte des Stammkapitals verloren ist.

36   Damit ist vorgegeben, dass die **Zuständigkeit** für die Einberufung einer Gesellschafterversammlung bei der Geschäftsführung liegt. Sie obliegt auch bei Gesamtvertretungen jedem einzelnen Geschäftsführer.[28] Gesellschafter, deren Geschäftsanteile zusammen mindestens dem zehnten Teil des Stammkapitals entsprechen, sind nach § 50 Abs. 3 GmbHG berechtigt unter Mitteilung des Sachverhältnisses die Einberufung einer Versammlung oder Ankündigung von Tagesordnungspunkten selbst zu bewirken, wenn ihrem unter Angabe des Zwecks und der Gründe gegenüber der Geschäftsführung vorgetragenen Verlangen eine Gesellschafterversammlung einzuberufen und bestimmte Punkte auf die Tagesordnung zu setzen, nicht entsprochen wurde. Darüber hinaus besteht kein Einberufungsrecht der Gesellschafter.[29] Die **Delegation** des Einberufungsrechts auf eine dritte Person ist genauso wie die Ermächtigung eines Dritten zur Einberufung im eigenen Namen[30] wohl unzulässig, sodass von einer solchen Verfahrensweise dringend abzuraten ist.

37   Von der Einberufungskompetenz wird zugleich auch die Kompetenz zur **Absage** einer einberufenen Versammlung umfasst. Diese Kompetenz steht nur dem Einladenden zu.[31] Grundsätzlich ist bei konkurrierenden Einberufungen davon auszugehen, dass wenn Versammlungen zeitlich miteinander unvereinbar sind, die erste Einberufung gültig ist.[32] Sind die Gesellschafterversammlungen von der Tagesordnung her unvereinbar, so bleiben beide Einberufungen grundsätzlich wirksam, eine zuerst Stattfindende kann jedoch die Tagesordnungspunkte der zeitlich

---

24 Scholz/*K. Schmidt*, GmbHG, § 48 Rn 71.
25 BGH NJW 2006, 2044 f.
26 *K. Schmidt*, NJW 2006, 2599 ff.
27 BGH DStR 1995, 774, 776 m. Anm. *Goette*.
28 BayObLG GmbHR 1999, 984, 985; OLG Frankfurt/M. GmbHR 1976, 110.
29 OLG München GmbHR 2000, 486, 489 m. Anm. *Emde*.
30 OLG Hamm DB 1976, 907, 908.
31 OLG München GmbHR 1994, 407; OLG Hamm DB 1992, 265.
32 Beck'sches Handbuch der Personengesellschaften/*Fischer*, § 4 Rn 10.

späteren Gesellschafterversammlung gegenstandslos machen. Hier kann es mithin zu einem **Wettlauf der Gesellschafterversammlungen** kommen.[33] Typischer Fall sind hier die Überkreuz-Anträge in Zweimann-GmbHs mit gleicher Beteiligung und Geschäftsführung durch beide Gesellschafter: Die allgemeine Loyalitätspflicht eines Geschäftsführers kann z.B. vorgeben, dass der Geschäftsführer nachdem er auf Aufforderung eines Gesellschafters zu einer Gesellschafterversammlung eingeladen hat, in der über seine Abberufung entschieden werden soll, er nicht noch zu einer vorher stattfindenden Gesellschafterversammlung einladen darf, in der über die Einziehung des Anteils des Gesellschafters entschieden werden soll.[34] Bei gegenseitigen Abberufungs- bzw. Einziehungsanträgen kann eine **überholende Einberufung missbräuchlich** sein, wobei nach dem Grundgedanken des § 50 Abs. 2 GmbHG beide Seiten wohl verlangen können, dass in einer Versammlung über beide Gegenstände abgestimmt wird. Die Reihenfolge der Abstimmung darf dabei nicht willkürlich und schikanös sein,[35] anderenfalls droht die Beschlussanfechtung.[36] Zu dieser Problematik ist es nahezu unmöglich eine allgemeingültige Praxisempfehlung zu geben. Im Einzelfall kann es sogar durchaus geboten sein die mögliche Anfechtbarkeit von Beschlüssen als bekanntes Risiko einzugehen und eine konkurrierende bzw. überholende Einladung vorzunehmen, um eine Verhandlungsposition aufzubauen.

Regelungen zu **Ort und Zeit** der Gesellschafterversammlungen finden sich im Gesetz nicht. **38** Versammlungsort ist im Zweifel der Sitz der Gesellschaft,[37] es sei denn die Satzung bestimmt einen anderen Versammlungsort. Grundsätzlich sind die Versammlungen in den Geschäftsräumen der Gesellschaft abzuhalten, soweit nicht ein nicht darstellbarer Raumbedarf oder Vertraulichkeitsgründe entgegenstehen. Wie auch im Rahmen der Rechtsprechung zum Personengesellschaftsrecht darf die Wahl des Versammlungslokals nicht schikanös sein, da ansonsten die Anfechtbarkeit aufgrund der Verletzung der Teilnahmerechte befürchtet werden muss. Soweit diese Teilnahmerechte nicht verletzt werden, ist nach nicht unbestrittener Auffassung auch eine Gesellschafterversammlung im **Ausland** möglich.[38]

Auch zur Versammlungszeit findet sich keine gesetzliche Regelung. Hier ist auf allgemeine **39** Angemessenheitskriterien auszuweichen: So darf eine zumutbare Rücksicht nicht außer Acht gelassen werden, insbesondere bei personalistischen Strukturen bei erkennbaren terminlichen Unstimmigkeiten.[39] Im Einzelfall kann allerdings eine Einladung auf Sonn- und Feiertage im Interesse terminlich belasteter Gesellschafter liegen.

Verstöße gegen Ort und Zeit der Versammlung führen zur **Anfechtbarkeit** der in der Ver- **40** sammlung gefassten Beschlüsse, in seltenen Fällen auch zur Nichtigkeit.[40] Erneut ist zu betonen, dass dies auch dann gilt, wenn die Minderheitsgesellschafter einen Beschluss der Mehrheit mit ihrer Stimmkraft auch bei Erscheinen in der Gesellschafterversammlung ohnehin nicht hätten verhindern können. Hier ist wie bei Beschlüssen von Versammlungen von Personengesellschaften lediglich entscheidend, dass es eine **theoretische Relevanz** des Verfahrensmangels gibt. Zu empfehlen ist in jedem Fall die Rüge bereits im Rahmen der Versammlung. Obwohl zwar nicht wie im Aktienrecht ein Widerspruch ausdrücklich erklärt werden muss, kann in der Billigung des Beschlusses ein Verzicht auf das Anfechtungsrecht gesehen werden. Unter Umständen

---

33 Vgl. BGH GmbHR 1985, 256 f.
34 Dies wurde vom OLG München GmbHR 1957, 105 m. Anm. *Gottschling*, gutgeheißen, was zu Recht erhebliche Kritik erfahren hat; vgl. Scholz/*K. Schmidt*, § 50 Rn 23.
35 OLG München GmbHR 1994, 251, 252.
36 BGHZ 97, 28.
37 OLG Celle GmbHR 1997, 748.
38 Vgl. OLG Düsseldorf GmbHR 1990, 169. A.A. offenbar: OLG Hamm GmbHR 1974, 91 = NJW 1974, 1057.
39 BGH WM 1985, 567, 568; BGH GmbHR 2006, 538 ff.
40 BGH GmbHR 2006, 538 ff.

kann die Billigung auch konkludent erfolgen, z.B. durch widerspruchslose Teilnahme an einer Versammlung.[41]

41 Damit die Gesellschafterversammlung Willensbildungsorgan werden kann ist die Wahrung von Form und Inhalt der Einberufung nach § 51 GmbHG notwendig. Nach Abs. 1 der Vorschrift muss die Einberufung der Versammlung durch Einladung der Gesellschafter **mittels eingeschriebenem Brief** erfolgen. Sie ist mit einer Frist von mindestens **einer Woche** zu bewirken. Nach Abs. 2 soll der Zweck der Versammlung jederzeit bei der Einberufung angekündigt werden. **Beschlussgegenstände** müssen wenigstens drei Tage vor der Versammlung in der für die Einberufung vorgeschriebenen Weise angekündigt werden.

---

42 Praxistipp
Da es umstritten ist, ob eine Vertagung und Verlegung der einberufenen Versammlung nur als Rücknahme der Einberufung verbunden mit Neueinberufung oder als selbständige Verlegung zulässig ist, ist zu empfehlen hier den sicheren Weg zu gehen und eine **Neueinberufung** vorzunehmen. Allenfalls wenn das Teilnahmerecht nicht beeinträchtigt sein kann, weil lediglich der Beginn der Versammlung um eine Stunde verschoben wird, genügt eine Einladungsberichtigung mit angemessener Vorlaufzeit.

Auch eine **Eventualeinberufung** für den Fall der Beschlussunfähigkeit oder Absage ist wohl unzulässig.[42] Hier ist sicherheitshalber eine Neueinberufung vorzunehmen. Auch der Pflicht zur Einberufung einer Zweitversammlung mit gleicher Tagesordnung im Fall der Beschlussunfähigkeit kann nicht im Wege der Eventualeinberufung Rechnung getragen werden.[43]

43 Die Einberufung hat durch eingeschriebenem Brief zu erfolgen, nicht lediglich durch das sog. Einwurfeinschreiben, denn diese Art der Zustellung ist immer noch umstritten.[44] In der Praxis empfiehlt sich ein **eingeschriebener Brief mit Rückschein**, um den Erhalt dokumentieren zu können. Der Brief ist an alle Gesellschafter zu richten, sicherheitshalber sollte ein geschäftsführender Gesellschafter, der in seiner Funktion als Geschäftsführer einlädt, das Einladungsschreiben auch **an sich selbst als Gesellschafter** richten.

44 Ist ein Gesellschafter unerreichbar oder der **Aufenthaltsort unbekannt**, so kann eine öffentliche Zustellung nach § 132 Abs. 2 BGB vorgenommen werden, die aber in der Regel wegen der Umständlichkeit unterbleibt. Abhilfe kann hier auch § 16 GmbHG schaffen, wenn der Mangel für die Gesellschaft nicht erkennbar ist. Kommt die Einberufung oder Ladung als **unzustellbar zurück**, so bleibt die Ladung bei Übersendung an eine durch den Gesellschafter selbst mitgeteilte Adresse wirksam,[45] natürlich sollte sich aber der Geschäftsführer noch um tatsächliche Zustellung noch vor dem Termin der Gesellschafterversammlung bemühen. Sind **Erben** eines verstorbenen Gesellschafters unbekannt, so ist Nachlasspflegschaft nach § 1960 BGB zu erwirken. In dringenden Fällen kann eine vorherige Einberufung bei noch nicht erfolgter Bestellung des Nachlasspflegers wirksam sein, wenn dem Nachlassgericht die Einladung übermittelt wird.

45 Die **Fristberechnung** im Rahmen des § 51 GmbHG erfolgt nach §§ 186 ff. BGB. Die Frist darf auch bei Gefahr im Verzug nicht unterschritten werden.[46] So kann auch ein Gesellschafter einen Antrag nicht im Wege der Selbsthilfe zur Abstimmung stellen, wenn er diesen Antrag nicht rechtzeitig angekündigt hat, § 51 Abs. 4 GmbHG i.V.m. § 50 Abs. 3 S. 1 GmbHG.[47] Gesellschafter-

---

41 Michalski/*Römermann*, Anh. § 47 Rn 103.
42 OLG Frankfurt/Main, NZG 1999, 833.
43 BGH GmbHR 1998, 287.
44 Trotz LG Mannheim, NZG 2008, 111 (rk.).
45 OLG Düsseldorf GmbHR 1990, 265; OLG München GmbHR 1994, 406, 408; LG Dortmund GmbHR 1998, 334.
46 OLG Hamm GmbHR 1992, 466, 468.
47 BGH GmbHR 2009, 1327 ff.

beschlüsse können grundsätzlich nur über Gegenstände gefasst werden, die wenigstens drei Tage vor der Versammlung angekündigt worden sind. Auch hier bleibt es formal: Wird die Einladung zur Gesellschafterversammlung trotz des rechtzeitig gestellten Ergänzungsantrages eines Gesellschafters nicht ergänzt und macht dieser Gesellschafter von seinem Selbsthilferecht zur Ankündigung, § 50 Abs. 3 S. 1 GmbHG, keinen Gebrauch, so ist eben dessen Beschlussantrag nicht rechtzeitig angekündigt, eine Beschlussfassung kann über ihn nicht erfolgen.[48] Die Zustellzeit sollte unter Berücksichtigung der BGH-Rechtsprechung zur Wochenfrist hinzugezählt werden.[49] Auf den Zugang wird demgegenüber zur Fristberechnung nicht abgestellt.[50]

Die **Ankündigung der Gegenstände** der Beschlussfassung muss so konkret durchgeführt 46
werden, dass jeder Gesellschafter erkennen kann um was es sich handelt. Dazu kann ggf. erforderlich sein, dass ein bestimmter Antrag formuliert wird, z.B. die Abberufung eines Geschäftsführers. Der Abberufungsgrund und auch die Frage, ob aus wichtigem Grund oder ohne wichtigen Grund eine Abberufung erfolgen soll, ist in der Einladung allerdings nicht anzukündigen.[51] Nicht selten erfolgt aber eine Rüge zu der ungenauen Formulierung der Tagesordnungspunkte, um sich hierdurch und die damit in Aussicht genommene Anfechtbarkeit wiederum eine Verhandlungsposition aufzubauen.

Schwere Einberufungsmängel führen zur **Nichtigkeit** und einer **Schadensersatzverpflich-** 47
tung des Einberufungsorgans. Ein schwerer Einberufungsmangel liegt z.B. in der Einberufung durch einen Unzuständigen oder in der Einberufung nicht gegenüber allen Gesellschaftern. Verstöße gegen Form, Frist und Inhalt der Einberufung sind demgegenüber lediglich **Anfechtungsgründe**. Ebenso sind Mängel in der Ankündigung der Tagesordnung keine Nichtigkeitsgründe, sondern Anfechtungsgründe.[52]

bb) Teilnahmerecht

Das Teilnahmerecht steht den Gesellschaftern als im Kern unentziehbares Recht kraft Gesetzes 48
zu. Inhaber des Teilnahmerechts ist der Inhaber des Vollrechts einer Mitgliedschaft. Auch der Minderheitsgesellschafter muss eine Beteiligung an der Willensbildung ermöglicht werden, ihm steht ein Recht auf Gehör zu. Dem Geschäftsführer steht demgegenüber ein eigenes Teilnahmerecht nicht zu, obwohl er oftmals den Vorsitz führt und das Recht hat, die Versammlung einzuberufen. Im Übrigen gelten die weiteren Ausführungen zum Teilnehmerrecht bei Personengesellschaften entsprechend.

3. Durchführung der Gesellschafterversammlung

Im Rahmen der Durchführung der Gesellschafterversammlung soll zwischen dem allgemeinen 49
Ablauf, dem Stimmrecht und der Beschlussfassung und dem Minderheitenschutz bei Abstimmungen differenziert werden. Eine allgemeine Unterscheidung zwischen Personengesellschaften und Kapitalgesellschaften soll aufgrund der deutlich größeren Überschneidungen als Differenzierungen im Bereich der Durchführung einer Gesellschafterversammlung nicht vorgenommen werden. Die Unterschiede werden jeweils im Text deutlich gemacht. Das Kapitalgesellschaftsrecht, insbesondere bei der betrachteten GmbH, ergibt sich zu einem deutlich größeren Ausmaß aus der gesetzlichen Regelung, als dies bei dem Personengesellschaftsrecht der Fall ist.

---

48 BGH GmbHR 2009, 1327 ff.
49 BGHZ 100, 264.
50 BGH ZIP 1994, 1525, 1526; OLG Naumburg GmbHR 1998, 90, 91.
51 OLG Hamm GmbHR 1995, 736, 738; OLG Nürnberg GmbHR 1990, 166, 169.
52 BGH GmbHR 1985, 256, 259; BGH GmbHR 1989, 120, 122.

50   Besondere Aufmerksamkeit ist geboten bei der Durchführung der Gesellschafterversammlung einer Einheits-GmbH & Co. KG, also einer GmbH, an der alleinige Gesellschafterin die KG ist. Sofern im Gesellschaftsvertrag keine besondere Regelung getroffen wird, wird die Alleingesellschafterin KG durch die organschaftlichen Vertreter der GmbH vertreten. Die Geschäftsführer der GmbH handeln mithin als Vertreter der Alleingesellschafterin der GmbH und als Geschäftsführer. Während bei mehreren Geschäftsführern die Entscheidung über die Kündigung des organschaftlichen Anstellungsverhältnisses eines Geschäftsführers der Komplementärin dessen Mitgeschäftsführer entscheiden, tritt bei nur einem Geschäftsführer die zu vermeidende Situation auf, dass dieser über seine Bestellung, Abberufung und Entlastung selbst entscheiden muss. Dies ist durch eine gesellschaftsvertragliche Regelung innerhalb der KG zu vermeiden. Innerhalb dieser Regelung sollte vorgesehen werden, dass die Rechte der Gesellschafter der Komplementär-GmbH durch die Kommanditisten wahrgenommen werden.[53]

a) Ablauf der Gesellschafterversammlung

51 Ohne Regelung im Gesellschaftsvertrag kann der Ablauf der Versammlung frei gestaltet werden.

52   Ein wichtiger Punkt im Rahmen der Durchführung einer Gesellschafterversammlung ist das Recht jedes Gesellschafters **Auskünfte** zu verlangen und **Anträge** zu stellen. Wird der Gesellschafter in diesen Rechten beschränkt, so ist ein Gesellschafterbeschluss mangelhaft und führt zur Nichtigkeit, es sei denn der Beschluss beruht offensichtlich nicht auf dem Verstoß gegen das Informationsrecht des Gesellschafters. Teil des **Minderheitenschutzes** ist in diesem Zusammenhang, dass die gesamten Gesellschafter gezwungen werden, sich auch die Auffassung der Minderheit anzuhören und deren gegebenenfalls erfolgenden Ergänzungen der Informationsgrundlage in ihre Entscheidungsüberlegungen mit einzubeziehen. Gerade im Bereich des Abrückens vom Prinzip der Einstimmigkeit hinsichtlich der Beschlussfassung, kommt dem entsprechenden Informations- und Auskunftsrecht erheblicher Minderheitenschutz zu.

53   Während das Gesetz das Leitbild der OHG zugrunde legt und die Mitwirkungsrechte der Gesellschafter nach den Beschlussgegenständen differenziert, also z.T. nur geschäftsführungsbefugte Gesellschafter zur Entscheidung beruft, §§ 115 Abs. 2, 116 Abs. 2 HGB, teilweise bezüglich der Grundlagengeschäfte alle Gesellschafter, so kann doch durch **gesellschaftsvertragliche Regelungen** von dem reinen Gesetzeswortlaut abgewichen werden. So ist es anerkannt, dass es den Gesellschaftern im Rahmen der Privatautonomie freisteht, ein **Mehrheitsprinzip** für Entscheidungen einzuführen.

54   Die Rechtsprechung räumt in diesem Zusammenhang dem **Minderheitenschutz** allerdings erheblichen Raum ein: Der Minderheitenschutz wird z.T. auf die gesellschafterliche Treuepflicht, auf den Gleichbehandlungsgrundsatz, den Grundsatz der Verhältnismäßigkeit und auch die Bindung an den Verbandszweck gestützt.[54] Dabei ist in jedem Einzelfall zu überprüfen, ob ein Missbrauch der Mehrheit vorliegt, die im konkreten Fall eine typische Verletzung geschützter Interessen der Minderheit darstellt. Aufgrund der Unbestimmtheit der zu überprüfenden Rechtsbegriffe sind diese Abgrenzungen in der Praxis fließend. Ob dabei die sog. Ausübungskontrolle Teil der Kernbereichslehre ist, ist ein rein akademisches Problem. Typische Konstellationen, die die Minderheit schädigen, liegen z.B. vor bei:
–   Abberufung eines Abschlussprüfers,
–   Ausschluss aus der Gesellschaft bei Vorhandensein von Buchwertklauseln,
–   Einbehaltung des Gewinns zur finanziellen Aushungerung der übrigen Gesellschafter,
–   Kapitalerhöhungen zur Verwässerung der Mitgliedschaft etc.

---

[53] BGH GmbHR 2007, 1034; *Wachter*, ZNotP 2007, 410 f.
[54] MünchGesR/*Weipert*, Bd. 2, § 13 Rn 18.

In all diesen Fällen kann der Mehrheitsbeschluss an einem Mangel leiden, der die überstimmten **55** Gesellschafter in die Lage versetzt, den Beschluss anzufechten.[55]

Trotz der geschilderten Minderheitenschutzmechanismen ist es für den, den Mehrheitsge- **56** sellschafter vertretenden, Berater geboten, die Durchführung der Gesellschafterversammlung im Sinne seines Mandanten vorzubereiten. Unter anderem gehört zur entscheidenden Weichenstellung die Übernahme der Versammlungsleitung und Protokollierung der Beschlussergebnisse, falls nicht durch den Gesellschaftsvertrag ein bestimmter **Versammlungsleiter und Protokollführer** bestimmt wird.

Praxistipp **57**
Als erster Punkt im Rahmen der Gesellschafterversammlung sollte die Wahl des Versammlungsleiters und Protokollführers durchgeführt werden, mit dem Ziel, beide Ämter durch den eigenen Mandanten oder den diesen vertretenden Berater ausüben zu lassen.

Dies sichert den Einfluss auf die Feststellung von bestimmten Beschlussergebnissen, denn diese **58** werden zu den einzelnen Tagesordnungspunkten durch den Leiter der Versammlung vorgenommen.[56] Im Übrigen entscheidet auch der Versammlungsleiter darüber, ob er bestimmte Stimmen zur Abstimmung zulässt, oder ob **Stimmrechtsausschlüsse** vorliegen, die den jeweiligen Gesellschafter von einer Stimmabgabe abhalten. Der Versammlungsleiter selbst unterliegt nur in engen Grenzen einem Stimmverbot.[57] Derjenige Gesellschafter, der das Protokoll anfertigt, bestimmt zunächst einmal darüber, welches **Beschlussergebnis** aufgenommen und **„festgestellt"** wird. Der Gesellschafter, der sich sodann gegen diesen Beschluss wenden will, hat dies nach der gesellschafterlichen Treuepflicht nach angemessener Überlegungsfrist vorzunehmen, der Gesellschafter muss zumindest die von ihm angenommene Verletzung **zügig rügen**, wenn er nicht die Verwirkung der Berufung auf einen Beschlussmangel riskieren will.[58] Allerdings ist das System des Rechtschutzes bei Personengesellschaften nicht so starr ausgestaltet wie bei den Kapitalgesellschaften, bei denen die Anfechtungsfrist des Aktiengesetzes zumindest als grobe Richtschnur auch im Rahmen der GmbH herangezogen wird. Versäumt man die Feststellungen des Beschlussergebnisses durch einen Versammlungsleiter, so kann ein Gesellschafter durch Erhebung einer Feststellungsklage nach § 256 ZPO klären, ob und mit welchem Inhalt ein Beschluss gefasst worden ist. Allerdings kann diese Feststellung nicht begehrt werden, wenn die Gesellschafter über diesen Punkt nicht abgestimmt und daher keinen Beschluss gefasst haben.[59]

Die **Rechtsfolge** der Fassung eines **fehlerhaften Beschlusses** ist im Personengesellschafts- **59** recht strittig. Soweit der Beschluss inhaltlich gegen gesetzliche oder im Gesellschaftsvertrag niedergelegte Regeln verstößt, so ist der Beschluss als nichtig anzusehen.[60] Es muss allerdings nach der herrschender Meinung zwischen Verstößen gegen Verfahrensmängel und Verstößen gegen materielles Recht unterschieden werden. Bei formellen Beschlussmängeln trifft die herrschende Meinung eine weitere Unterscheidung der Rechtsfolgen danach, ob es sich bei der verletzten Vorschrift um eine **reine Ordnungsvorschrift** gehandelt hat oder eine Vorschrift, die Wirksamkeitsvoraussetzung für einen Beschluss darstellt.[61] Nur bei Verstößen gegen Vorschriften, die eine Wirksamkeitsvoraussetzung darstellen, soll die Nichtigkeitsfolge greifen. Als Unter-

---

55 MüKo-HGB/*Enzinger*, § 119 Rn 94 ff; zur Rechtsprechungsentwicklung unter Rn 65 ff.
56 *Werner,* GmbHR 2006, 127 ff.
57 BGH GmbHR 2010, 977 ff.; vgl. auch BGH v. 7.2.2012, Az. II ZR 230/09.
58 BGHZ 25, 47, 51; BGHZ 132, 84.
59 BGH GmbHR 2009, 1327 ff.
60 BGHZ 59, 369, 371; BGHZ 12, 327, 331.
61 Schlegelberger/*Martens*, §119 Rn 11.

scheidungskriterium wird im Schrifttum z.B. dann eine reine Ordnungsvorschrift angenommen, wenn konkrete Gesellschafterinteressen durch die Vorschrift nicht geschützt werden sollen.[62] Nach der Rechtsprechung führt eine Verletzung von Verfahrensvorschriften selbst dann nicht zur Nichtigkeit des Beschlusses, wenn der Verstoß nicht kausal zu dem Beschlussergebnis geführt hat.[63]

60   Vor diesem Hintergrund kann einem Mandanten nicht geraten werden sich auf die Nichtigkeit eines Beschlusses zu verlassen, bloß weil formale Vorschriften nicht eingehalten worden sind, wobei auch bei fehlender Anwesenheit für Minderheitsgesellschafter aufgrund der oben bereits dargestellten Rechtsprechung nicht davon ausgegangen werden kann, dass trotz Erscheinens der Mehrheit auch ein Mehrheitsbeschluss bei Anwesenheit des Minderheitsgesellschafters in der gleichen Weise gefasst worden wäre. Die Rechtsprechung geht davon aus, dass die Auseinandersetzung zwischen den Gesellschaftern ein wichtiges Mittel zur Meinungsfindung darstellt (vgl. Rn 18).

61   Handelt es sich bei der Regel, gegen die verstoßen wurde, um eine **materielle Vorschrift**, so führt dieser Verstoß zur Nichtigkeit des gefassten Beschlusses. Materielle Vorschriften stellen z.B. die Gesellschaftszweckvorgabe gemäß dem Gesellschaftsvertrag dar oder die Treuepflicht und der daraus abgeleitete Gleichbehandlungsgrundsatz.

62   Aber auch bei diesen Verletzungen fordert die herrschende Auffassung aus der gesellschafterlichen Treuepflicht, dass sich die Gesellschafter **alsbald zu erklären** haben, wie sie weiter vorgehen wollen, wenn sie nicht die Möglichkeit der Berufung auf den Mangel verlieren wollen.[64] Die herrschende Meinung wird durch eine starke Auffassung in der **Literatur** grundlegend kritisiert, u.a. mit dem Argument, dass für Gesellschafterbeschlüsse kein ausreichender Bestandsschutz bestünde und damit ein Defizit an Rechtssicherheit vorhanden sei.[65] Es wird stattdessen angeregt, das körperschaftsrechtliche **System der Nichtigkeits- und Anfechtungsklage** auf die Personengesellschaft zu übertragen.

---

63 **Praxisstipp**

Es empfiehlt sich mithin in Gesellschaftsverträgen von Kommanditgesellschaften auf die Anfechtungs- und Nichtigkeitsvorschriften bei Kapitalgesellschaften Bezug zu nehmen, will man dem Verlangen der Gesellschafter nach Bestandsschutz und Klarheit der Regelung Rechnung tragen.

---

b) Stimmrecht und Beschlussfassung

64 Bei dem durch die Stimmen der Gesellschafter zu fassenden Beschluss handelt es sich um ein mehrseitiges Rechtsgeschäft, da letztlich auch Rechtsfolgen herbeigeführt werden sollen.[66] Der Beschluss setzt sich aus mehreren Willenserklärungen zusammen, die mit Zugang wirksam werden, den Beschluss aber erst ausformen, wenn auch die letzte Willenserklärung eines Gesellschafters den anderen zugegangen ist. Umstritten ist, ob und in welcher Frist ein **Widerruf der Stimmabgabe** möglich ist.

65   Die Rechtsprechung orientiert sich an dem Zugang der letzten abgegebenen Stimme.[67] Eine starke Meinung im Schrifttum will demgegenüber allein auf §§ 145 ff. BGB abstellen.[68] Über das

---

62 MüKo-HGB/*Enzinger*, § 119 Rn 95.
63 BGHZ 100, 264 (GmbH); BGH NJW 1998, 1946.
64 BGHZ 112, 339, 344; BGH WM 1999, 1619.
65 *K. Schmidt*, Gesellschaftsrecht, § 15 II 3.a); MüKo-HGB/*Enzinger*, § 119 Rn 98.
66 BGHZ 65, 97; Ebenroth/*Goette*, § 119 Rn 16.
67 BGH NJW-RR 1990, 798.
68 MüKo-BGB/*Ulmer* § 709 Rn 67.

Ziel hinausgehend erscheint die Auffassung, dass eine freie Widerruflichkeit allein wegen der Gemeinschaftsinteressen und der Treuepflicht der Gesellschafter untereinander ausscheiden würde. Dieser Ansatz muss im Rahmen der Verpflichtung zur Abgabe von bestimmten Willenserklärungen diskutiert werden, ohne dass die rechtliche Funktion des Widerrufs damit belastet werden sollte. Die abgegebene Willenserklärung kann nach den Grundsätzen des Bürgerlichen Gesetzbuches **angefochten** werden.[69] Die Rechtsfolge der wirksamen Anfechtung ist abhängig von dem für die Abstimmung geltenden Quorum. Zu prüfen ist u.a., ob der Beschluss auch ohne die angefochtene Stimme zustande gekommen wäre.[70]

Das Grundprinzip des Stimmrechts ist in § 717 S. 1 BGB für die Personengesellschaften wiedergegeben. Danach ist das Stimmrecht ein höchstpersönliches Recht, das nicht isoliert von der Mitgliedschaft einem Dritten oder anderen Gesellschafter übertragen werden kann.[71] Dieser Grundsatz führt zur Unwirksamkeit von Gestaltungen, mit denen im Ergebnis die **Übertragung des Stimmrechtes** auf einen Dritten vorgesehen werden soll, sei es durch unwiderrufliche Stimmrechtsvollmacht kombiniert mit eigenem Stimmrechtsverzicht, der Abtretung des Stimmrechts oder auch die Bindung an das Beschlussverhalten eines anderen. **66**

Die Tatsache, dass es sich bei dem Stimmrecht um ein höchstpersönliches Recht handelt, steht aber nach gefestigter Rechtsprechung einer **Bevollmächtigung** eines Anderen nicht entgegen. In diesem Rahmen ist die Bevollmächtigung eines Mitgesellschafters auch ohne Zulassung im Gesellschaftsvertrag möglich und wirksam, die Bevollmächtigung eines Dritten muss im Gesellschaftsvertrag zugelassen sein, um Wirksamkeit zu entfalten.[72] Etwas anderes soll nach übereinstimmender Auffassung in der Lehre für die Wahrnehmung der Rechte des Gesellschafters durch eine zur Berufsverschwiegenheit verpflichtete Person gelten. Eine selbständige Regelung hierfür im Gesellschaftsvertrag sei nicht notwendig.[73] Bei fehlender Regelung dieses Falles muss diese **Unsicherheit abgewogen werden** mit dem Bedürfnis des Mandanten, sich vertreten zu lassen. In der Regel ist Letzteres aufgrund der bestehenden, oft emotional geführten Auseinandersetzungen zwischen den Gesellschaftern überwiegend. In diesem Fall muss der Mandant auf eine gewisse Unsicherheit hingewiesen werden. **67**

Die Stimmrechtsausübung der Gesellschafter ist nicht frei. Das Gesellschaftsverhältnis gibt bestimmte **Förder- und Treuepflichten** der Gesellschafter vor, die zum einen zur Beteiligung und Beschlussfassung verpflichten und in Extremfällen auch bestimmte Beschlussvorgaben setzen. **68**

Die Verpflichtung zur Mitwirkung an der Willensbildung unter den Gesellschaftern wird in der Literatur unterschiedlich weit gezogen. Dies zeigt sich u.a. an den verschiedenen Auffassungen zur Möglichkeit der **Stimmenthaltung**, die teilweise in der Literatur abgelehnt wird,[74] teilweise für zulässig gehalten wird.[75] **69**

Einheitlich wird wohl die **willkürliche Nichtabgabe** der Stimme für unzulässig gehalten. Ob hieraus allerdings der Schluss der Nichtigkeit oder Anfechtbarkeit des mit der Enthaltung zustande gekommenen Beschlusses folgt, ist doch sehr fraglich, da dadurch die Mitgesellschafter ein zweites Mal „bestraft" würden. Besteht eine Verpflichtung zur Zustimmung – dazu gleich mehr –, so kann die Ablehnung bei Geschäftsführungsmaßnahmen unbeachtlich sein, bei Grundlagengeschäften ggf. durch Urteil mittels einer Leistungsklage ersetzt werden. **70**

---

69 BGHZ 48, 173.
70 MüKo-HGB/*Enzinger*, § 119 Rn 16.
71 BGHZ 3, 354 und BGHZ 43, 267.
72 RGZ 123, 289, 300; Ebenroth/*Goette*, § 119 Rn 17; *Lockowandt*, S. 23.
73 MüKo-HGB/*Enzinger*, § 119 Rn 19.
74 *Flume*, Die Personengesellschaft, § 15 Abs. 2 Nr. 1 S. 263; Röhricht/Graf v. Westfalen/*v. Gerkan*, § 119 Rn 35.
75 Ebenroth/*Goette*, § 119 Rn 24 f.

71   Seit dem *ITT-Urteil* des BGH,[76] das eine GmbH & Co. KG betraf, ist allgemein anerkannt, dass aufgrund der Treuepflicht eine **Nachteilszufügung** ohne angemessenen Ausgleich rechtswidrig ist. Für die GmbH gilt das in § 243 Abs. 2 AktG niedergelegte Verbot des Verfolgens von Sondervorteilen zum Schaden der Gesellschaft oder der anderen Gesellschafter.[77] **Ein Stimmrechtsmissbrauch** macht die abgegebene Stimme unwirksam.[78] Der Versammlungsleiter hat in einem solchen Fall festzustellen, dass die Stimme bei der Stimmauszählung nicht mitgezählt werden darf. Auch hierbei offenbart sich ein weiteres Mal die Bedeutung der Übernahme der Versammlungsleiterposition.[79]

72   Ob grundsätzlich eine **Verpflichtung zur Zustimmung** bei bestimmten Beschlussfassungen besteht, hängt von der Art und Weise des Beschlusses ab. Ist Inhalt des Beschlusses eine Geschäftsführungsmaßnahme, so ist der Pflichtenmaßstab in § 708 BGB vorgegeben: Danach ist entscheidend, wie ein gewissenhafter Geschäftsleiter unter Berücksichtigung des bei der Geschäftsführung bestehenden Ermessensspielraum gehandelt hätte.

73   Selbst bezogen auf **Grundlagengeschäfte** werden mittlerweile von der Rechtsprechung einzelfallbezogene Ausnahmen insoweit zugelassen, dass eine Zustimmungspflicht zur Vertragsänderungen bejaht wird. Dies setzt auf der einen Seite eine dringende Erforderlichkeit für die übrigen Gesellschafter voraus und muss in jedem Fall auf der anderen Seite für den der Zustimmung unterworfenen Gesellschafter zumutbar sein.[80] Die **dringende Erforderlichkeit** ist wiederum erst dann gegeben, wenn der jetzige Zustand für die Mitgesellschafter unzumutbar ist.[81]

74   Die Rechtsprechung ist hierbei geprägt durch **Einzelfallentscheidungen**, die sich allenfalls dahin kategorisieren lassen, dass eine Zustimmungspflicht nur dann besteht, wenn das Geschäft für den Fortbestand der Gesellschaft zwingend notwendig ist, wie z.B. bei der Kündigung eines wichtigen Vertrages, der Auflösung des Geschäftsbetriebes und Unternehmensveräußerung, dem Verzicht auf die Verzinsung der Kapitaleinlagen oder bei der Zustimmung zu freiwilligem Ausscheiden eines Gesellschafters. Soweit nur finanzielle Interessen betroffen sind, wie z.B. bei der Erhöhung von Geschäftsführervergütungen, besteht eine solche Zustimmungsverpflichtung nicht. Durch weitere Entscheidungen wird deutlich, dass eine Verallgemeinerungsfähigkeit der Einzelentscheidungen höchst fraglich ist: Wenn die Mitwirkung zur Ausschließung eines Gesellschafters bisher als nicht zustimmungspflichtig bezeichnet wurde,[82] so kann sich diese Wertung in anderen Konstellationen sicher verschieben und auch umkehren; beispielsweise wenn der Fall einer wiederholten schweren Schädigung der Gesellschaft vorliegt.

75   Ein **Stimmrechtsausschluss** ist im Gesetz nur sehr unzureichend aufgeführt (§§ 113 Abs. 2, 117, 127, 140 Abs. 1, 141 Abs. 1 HGB). Hier muss eine Orientierung stattfinden zum einen an dem Verbot des In-sich-Geschäfts und zum anderen an dem Verbot des Richtens in eigener Sache.[83] Die Frage der dogmatischen Begründung des Stimmrechtsausschlusses muss in diesem Rahmen dahinstehen bleiben. Unter anderem die Bezugnahme auf kapitalgesellschaftsrechtliche Bestimmungen muss an anderer Stelle ausführlicher diskutiert werden.

76   Von Bedeutung für die Beratung bei Durchführung der Gesellschafterversammlung ist vielmehr, dass die **wesentlichen Entscheidungsarten** zu differenzieren sind:
–   Verbandsrechtliche Beschlüsse, so Änderung des Gesellschaftsvertrages,
–   Einforderung von Einlagen,

---

76 BGHZ 65, 15.
77 Scholz/*K. Schmidt*, § 47 Rn 29.
78 BGHZ 102, 172, 176.
79 *Werner*, GmbHR 2006, 127 ff.
80 BGHZ 44, 40, 41; 98, 276, 279; BGH NJW 1973, 1602.
81 OLG Hamm NZG 2000, 252.
82 BGHZ 68, 81; BGHZ 64, 253; BGH NJW-RR 1997, 925.
83 *Lockowandt*, S. 35 ff.; *K. Schmidt*, Gesellschaftsrecht, § 21 II 2.b).

– Durchführung von Wahlen,
– Abbestellung oder Abberufung eines Geschäftsführers.

Diese werden grundsätzlich mit den **Stimmen aller Gesellschafter** durchgeführt. **77**

Hingegen wird bei allen Maßnahmen, die sich gegen einen Gesellschafter aus wichtigem **78** Grund richten, der **Stimmrechtsausschluss wirksam** werden. Dies trifft ebenso zu bei Beschlüssen
– über die Befreiung von einer Verbindlichkeit,
– über die Entlastung,
– über die Geltendmachung von Ansprüchen gegen einen Gesellschafter oder
– die Einleitung oder Erledigung eines Rechtsstreits mit ihm.[84]

Umstritten ist der Ausschluss vom Stimmrecht bei Vornahme eines Rechtsgeschäftes mit einem **79** Gesellschafter.

Den Gesellschaftern steht es frei, sich über schuldrechtlich wirkende **Stimmbindungsver-** **80** **träge** zu binden. Auch zwischen den Gesellschaftern einer GmbH bedarf ein solcher Vertrag selbst dann nicht notarieller Form, wenn er sich auf eine zu beschließende Satzungsänderung[85] bezieht. Eingang in das gesellschaftsrechtliche Verhältnis zwischen den Gesellschaftern finden diese Stimmbindungsverträge nicht. Selbst wenn ein wirksamer Stimmbindungsvertrag vorliegt, dieser also nicht gegen die §§ 138, 826 BGB und die gesetzlichen Stimmverbote verstößt, so kann bei Abstimmungen, die zum Kernbereich der Mitgliedschaft zählen, ein **Leistungsverweige-** **rungsrecht** des Gesellschafters gegeben sein.

Ob Stimmbindungsverträge **mit Dritten** wirksam sind, ist vor dem Hintergrund der Re- **81** gelung des § 717 S. 1 BGB äußerst umstritten. Die Rechtsprechung lässt eine Stimmbindung gegenüber Dritten allerdings zu.[86] Aufgrund der rein schuldrechtlichen Bindung eines Stimmbindungsvertrages ist die pflichtwidrig abgegebene Stimme wirksam, führt jedoch zu einer Schadensersatzpflicht des gegen den Stimmbindungsvertrag verstoßenden Gesellschafters. Der Erlass einer **einstweiligen Verfügung** auf ein bestimmtes Abstimmungsverhalten eines durch Stimmbindungsvertrag gebundenen Gesellschafters wird in der Literatur diskutiert, z.T. abgelehnt und ist wegen der Vorwegnahme der Hauptsache wohl unzulässig. Obergerichtliche Urteile hierzu liegen nicht vor. Der Streit um die Rechtsfolgen der Verletzung einer Stimmbindungsvereinbarung ist grundsätzlich unter den beteiligten Gesellschaftern auf deren Kosten und nicht mit der Gesellschaft auszutragen. Das kann nur in besonderen Konstellationen, z.B. bei der Beteiligung aller an Verstößen gegen Stimmbindungsvereinbarungen, anders sein.[87]

c) Minderheitenschutz bei Abstimmungen

Das Leitbild der Personengesellschaft gibt den einstimmigen Beschluss aller Gesellschafter als **82** Beschlussform vor, verhindert auf der anderen Seite aber nicht durch gesetzliche Regelungen die gesellschaftsvertragliche Einführung von **Mehrheitsklauseln**. Nur so ist in der Regel auch das operative Geschäft der Gesellschaft durch begleitende Beschlüsse führbar, da sonst einzelne Gesellschafter ihre Partikularinteressen durch Einnahme einer Verweigerungshaltung Durchsetzungskraft verleihen könnten.

Mehrheitsbeschlüsse können allerdings dann nicht gefasst werden, wenn in die **Rechtsstel-** **83** **lung des Gesellschafters** „als solcher" eingegriffen wird, so der BGH bei Entwicklung der sog.

---

84 BGHZ 116, 353; BGH WM 1983, 60; BGHZ 97, 28; BGHZ 97, 382; BGH BB 1989, 1496.
85 OLG Köln GmbHR 2003, 416.
86 BGH NJW 1983, 1910.
87 OLG Hamm GmbHR 2000, 673 ff.

Kernbereichslehre.[88] Durch Mehrheitsbeschluss kann in den Kernbereich der Mitgliedschaft nur mit Zustimmung eines betroffenen Gesellschafters eingegriffen werden oder dann, wenn sich die Mehrheitsklausel im Gesellschaftsvertrag ausdrücklich auf das konkrete Mitgliedschaftsrecht bezieht und Ausmaß sowie Umfang des zulässigen Eingriffs erkennen lässt.[89] Der Kernbereich betrifft dabei die sozietären Basisrechte, also die Auflösung oder Verpachtung des Unternehmens, die Änderung des Gesellschaftszwecks, die Aufgabe der Gewinnerzielungsabsicht etc. Dabei muss letztlich in jedem Einzelfall eine Abwägung zwischen Minderheitenschutz und Mehrheitenschutz, also Schutz der Durchführung und Umsetzung von Mehrheitsentscheidungen getroffen werden. Hier ist im Einzelfall eine sehr genaue Differenzierung notwendig.

84 Zu den **unentziehbaren Rechten** gehört unbestrittenermaßen das Stimmrecht, sicher auch der Anspruch auf Gewinnbeteiligung, wenn auch nicht die Frage, ob es überhaupt zu einer Gewinnausschüttung oder Thesaurierung kommt.[90] Auch Informationsrechte müssen dem Gesellschafter verbleiben und sind nur schwer einschränkbar. Neben diesen unentziehbaren Bereichen muss bei einer an sich zulässigen Mehrheitsklausel, die die vorgenannten Bereiche nicht betrifft, im Einzelfall durch **Auslegung** ermittelt werden, in welchem Umfang Mehrheitsentscheidungen tatsächlich zulässig sind. Diese Auslegungsregeln werden als **Bestimmtheitsgrundsatz** bezeichnet. Als Reaktion auf eine erhebliche Kritik in der Literatur hat allerdings der Bundesgerichtshof in der „Otto-Entscheidung"[91] klargestellt, dass es damit das grundsätzlich geltende Mehrheitsprinzip auch für Vertragsänderungen gelte, welche die Rechtstellung der Gesellschafter berührten, nicht notwendig sei, die einzelnen in Betracht kommenden Beschlussgegenstände minutiös aufzulisten. Vielmehr genüge es, wenn sich aus dem Gesellschaftsvertrag eindeutig ergebe, dass der jeweils in Rede stehende Beschlussgegenstand einer Mehrheitsentscheidung unterworfen sein soll. Damit ist deutlich, dass eine Mehrheitsklausel nur generalklauselartig gefasst sein muss und klarstellen muss, dass sie sich auch auf Vertragsänderungen und sonstige Grundlagenentscheidungen beziehen soll.[92]

---

85 **Praxistipp**
Soweit sich eine Mehrheitsklausel auf Grundlagengeschäfte bezieht, muss sich dies aus dem Gesellschaftsvertrag auch eindeutig ergeben, z.B. durch konkreten Bezug auf Vertragsänderung und sonstige Grundlagenentscheidungen.

---

86 Die Beispiele aus der **Rechtsprechung**, bei denen der Bestimmtheitsgrundsatz als Auslegungsregel zugrunde gelegt wurde, sind mannigfaltig. Herausgegriffen sei die Begründung und Erhöhung von Gesellschafterleistungspflichten, der Entzug der Geschäftsführungs- und Vertretungsbefugnis, die Aufnahme neuer Gesellschafter, die Ausschließung einzelner Gesellschafter und die Abweichung vom Gleichbehandlungsgrundsatz. Zu beachten ist, dass auf einer zweiten Stufe der Beschlusskontrolle eine Verhältnismäßigkeitskontrolle erfolgt, nach der bei Beeinträchtigung von Mitgliedschaftsrechten durch Mehrheitsentscheid eine sachliche Rechtfertigung hierfür vorliegen muss und die Rechtstellung der Gesellschafter nicht unzumutbar beeinträchtigt werden darf.[93] Neben dem möglichen Ausnutzen der Mehrheitsbeteiligung, kann auch dem Minderheitsbeteiligten in einzelnen Ausnahmesituationen eine Handlungspflicht obliegen, die sich

---

88 BGHZ 20, 363, 369 f.; BGH NJW 1999, 571; BGH NJW 1996, 1679.
89 BGHZ 132, 263, 268.
90 BGH NJW 1995, 194 ff.
91 BGH 170, 283 ff.
92 *Schäfer*, ZGR 2009, 769 ff.
93 BGH ZIP 2009, 216 – Schutzgemeinschaft II.

aus einer Rücksichtnahmeverpflichtung auf die schutzwürdigen mitgliedschaftlichen Belange der anderen Gesellschafter ergibt. Dies trifft immer dann zu, wenn aus willkürlichen und sachfremden Erwägungen eine Blockadesituation z.B. im Rahmen der Abtretung von Gesellschaftsanteilen, der Zwangseinziehung oder des Erwerbsrechts ausgenutzt wird. Dies kann unter Umständen sogar bis zur Aufopferung eigener Interessen gehen.[94]

Nach den vorgenannten Grundsätzen ist von dem jeweiligen Versammlungsleiter das **Be-** **schlussergebnis festzustellen**. Die Abstimmung selbst ist in ihrer Art vom Gesetz nicht vorgegeben. Sie kann durch mündliche Kundgabe, durch Zuruf, schriftliche Stimmabgabe, Stimmkarten, Handaufheben oder Erheben von den Sitzplätzen erfolgen. Auch dies wird letztlich zu Beginn der Stimmabgabe durch den Versammlungsleiter festgelegt. **87**

Bezüglich der Reihenfolge der Abstimmung ist die mit der Einladung angekündigte Tagesordnung eine Orientierung – Bindungswirkung entfaltet sie nicht. Allerdings kann die **Umstellung der Tagesordnung** in speziellen Konstellationen gegen Treu und Glauben verstoßen und unwirksam sein, auch wenn sie vorher wiederum durch Mehrheitsbeschluss erzwungen wurde. Dies kann sich z.B. dann ergeben, wenn der Mehrheitsgesellschafter durch vorherige Abstimmung über bestimmte Punkte Anträge des Minderheitsgesellschafters leer laufen lassen will.[95] **88**

Ob ein Gesellschafter dabei eine Stimme **uneinheitlich** abgeben kann, ist nach wie vor umstritten. Teilweise wird davon ausgegangen, dass ein praktisches Bedürfnis für die Zulassung einer uneinheitlichen Stimmabgabe vorliegen würde.[96] Der BGH billigt eine objektiv vorliegende Stimmaufspaltung.[97] Die Entscheidung des BGH bringt jedoch letztlich keine abschließende Klarheit. Es lag ein Fall zugrunde, in dem einem Gesellschafter ein Geschäftsanteil mit insgesamt 34 Stimmen zustand und der ursprünglich davon ausging, dass er nur die auf eigene Rechnung gehaltenen 17 Stimmen zur Abstimmung verwenden dürfe, so dass er die übrigen 17 Stimmen dem Treugeber zur Stimmabgabe überließ. Der BGH entschied, dass es sich hier nicht um eine unzulässige Aufspaltung der Stimmen handele. Auch für die Frage, ob mit verschiedenen Geschäftsanteilen und den daraus resultierenden Stimmen in gleicher Weise abgestimmt werden muss, bestehen verschiedene Ansichten, ebenso zu der Rechtsfolgenproblematik: Teilweise wird vertreten, dass bei uneinheitlicher Stimmabgabe sämtliche Stimmen als Enthaltung zu werten sind.[98] Teilweise wird vertreten, dass die uneinheitliche Stimmabgabe in keinem Fall unzulässig sei.[99] Die Problematik wird sich jedoch in der Praxis nicht allzu häufig zeigen. Sicherheitshalber kann eine Klarstellung im Gesellschaftsvertrag erfolgen. **89**

Mit der Feststellung des Beschlusses geht der BGH von der **vorläufigen Wirksamkeit** des Beschlusses aus.[100] Formelle oder materielle Mängel, die seine Anfechtbarkeit begründen, können nur durch Erhebung der Anfechtungsklage geltend gemacht werden. Im Personengesellschaftsrecht sind demgegenüber mangelhafte **Beschlüsse der Personengesellschaft** nach herrschender Meinung **nichtig**.[101] Demgegenüber wird von einer anderen Meinung in der Literatur die analoge Anwendung der aktienrechtlichen Bestimmungen vertreten.[102] **90**

---

94 Für die AG: BGHZ 129, 136.
95 LG Bielefeld NZG 1998, 511 m. Anm. *Römermann*.
96 Michalski/*Römermann*, § 47 Rn 463; *Heckschen/Heidinger*, § 8 Rn 52.
97 BGHZ 104, 66, 74.
98 Scholz/*K. Schmidt*, § 47 Rn 71.
99 Michalski/*Römermann*, § 47 Rn 468.
100 BGHZ 104, 66, 69.
101 Sudhoff/*Liebscher*, § 17 Rn 45.
102 *K. Schmidt*, Gesellschaftsrecht, § 15 II 3.b).

Arens/Knodel

91 **Praxistipp**
Zur Sicherheit sollte im Gesellschaftsvertrag eine Regelung über die Geltendmachung von Beschlussmängeln getroffen werden, so dass ein Gesellschafter zumindest verpflichtet ist, sich innerhalb einer bestimmten Zeit auf die Nichtigkeit des Beschlusses zu berufen.[103]

II. Verhältnis zwischen Gesellschaft und Gesellschafter

1. Treuepflicht

92 Eine allgemeine Treuepflicht für den GmbH-Gesellschafter sowohl gegenüber der Gesellschaft wie auch gegenüber den Mitgesellschaftern und auch des Aktionärs wird allgemein anerkannt.[104] Die Treuepflicht gibt dabei keine allgemein ableitbaren Regelungen vor, sondern konkretisiert sich in jedem Einzelfall unter Berücksichtigung der einzelnen Umstände und ihrer Wertung. Dabei wird die Treuepflicht immer wieder als Schranke und als Begrenzung der gesellschafterlichen Rechte bezeichnet. Damit wird deutlich, dass positive Handlungspflichten nur in seltenen Ausnahmefällen aus der Treuepflicht resultieren können. *Flume* macht deutlich, dass die Treuepflicht im Wesentlichen beinhaltet, dass der Gesellschafter seine Mitgliedschaft weder zum Schaden der Gesellschaft noch zum Schaden ihrer Mitglieder ausüben darf.[105] Die **Konkretisierung der Treuepflicht** wird dabei durch die Ausgestaltung des Gesellschaftsverhältnisses vorgegeben, also den Gesellschaftszweck, das gegenseitig geschaffene Vertrauen, die Art und Weise, u.a. auch Dauer der Beteiligung, die im Gesellschaftsvertrag statuierte Nähe der Gesellschafter untereinander, die jeweilige persönliche Bindung der Gesellschafter untereinander sowie grundsätzlich das allgemeine Verhältnismäßigkeitsprinzip.

93 Allgemein gilt, dass auch ein Mehrheitsgesellschafter keine gesellschaftsfremden Sondervorteile für sich zum **Nachteil der anderen Gesellschafter und der Gesellschaft** durch Mehrheitsbeschluss oder auf faktischem Wege durchsetzen darf.[106] Natürlich darf dabei nicht unberücksichtigt bleiben, dass auch ein unternehmensexternes Partikularinteresse des einzelnen Gesellschafters in einigen Situationen durchaus seine Berechtigung haben kann und deren Durchsetzung auch zulässig sein kann. Entscheidend wird wiederum im konkreten Fall die Gesellschaftsnähe der Einzelentscheidung sein, also die Bedeutung, die diese Entscheidung letztlich für die organisationsrechtliche Sonderverbindung aufweist. Dabei sind in der Rechtsprechung von der Führung eines offensichtlich aussichtslosen Prozesses, der Entsendung eines Aufsichtsratsmitgliedes, der Wahl des Abschlussprüfers, über die Verwendung des Jahresergebnisses zur Rücklagenbildung und die Einforderung von Stammeinzahlungen, Rückzahlungen von Nachschüssen etc. eine Reihe von Entscheidungen ergangen, die nicht zu einem grundsätzlich ableitbaren Gesamtergebnis führen, sondern jeweils in ihrer Individualität zu berücksichtigen sind,[107] obwohl es sich hierbei um Sondersituation handeln dürfte.

94 In diesem Bereich ist äußerste Zurückhaltung geboten. Hier offenbart sich auch die Unterscheidungslinie zwischen Personengesellschaften und Kapitalgesellschaften. Während bei **Personengesellschaften** aufgrund der Kernbereichslehre eine Notwendigkeit zur einstimmigen Entscheidung für Grundlagenentscheidungen bestehen kann, so ist doch im **GmbH-Recht** die Möglichkeit der Stimmenthaltung in der Regel als ausgleichende Reaktionsmöglichkeit vorhanden, da Gesellschafterbeschlüsse regelmäßig nur die einfache oder qualifizierte Mehrheit der

---

103 MünchGesR/*Weipert*, Bd. 2, § 14 Rn 130.
104 BGHZ 103, 184, 193 f.; BGHZ 129, 136; BGHZ 65, 15, 18; BGHZ 98, 276, 279; BGH DStR 2007, 310 f.
105 *Flume*, ZIP 1996, 161 ff. m.w.N.
106 BGHZ 14, 25, 38; BGHZ 65, 15, 20; OLG Hamm ZIP 1993, 119, 121.
107 Entscheidung zitiert in Scholz/*Winter*, § 14 Rn 56.

abgegebenen Stimmen voraussetzen (§ 47 Abs. 1, § 53 Abs. 2 S. 1 GmbHG). Nur dann also, wenn eine bestimmte Entscheidung allein mit Zustimmung aller Gesellschafter getroffen werden kann, kann sich eine positive Stimmpflicht ergeben, wenn jedes andere Verhalten mit der Treuepflicht unvereinbar wäre. Hier muss wiederum unter Zuhilfenahme der vorgenannten Abgrenzungsgesichtspunkte das Ergebnis gefunden werden, dass nur diese Entscheidung durch das Gesellschaftsinteresse zwingend geboten ist.

Beispielhaft kann hier genannt werden, dass der **Inferent einer verdeckten Sacheinlage** **95** aus dem Gesichtspunkt der gesellschafterlichen Treuepflicht von seinen Mitgesellschaftern die Mitwirkung an einer grundsätzlich zulässigen „heilenden" Änderung der Einlagendeckung von der Bar- zur Sacheinlage jedenfalls dann verlangen kann, wenn sich die Gesellschafter über die geplante Einlage einig waren, dafür aber – gleich aus welchen Gründen – gemeinsam den rechtlich falschen Weg gewählt haben.[108] Weitere Voraussetzung hierfür ist allerdings im konkreten Fall der Heilung einer verdeckten Sacheinlage, dass das gegen §§ 19 Abs. 5, 5 Abs. 4 GmbHG verstoßende Umgehungsgeschäft einer wirksamen Heilung zugänglich ist. Der Heilungserfolg muss mit der geplanten Maßnahme sicher herbeizuführen sein.

Auch eine andere Entscheidung des BGH dokumentiert, dass treupflichtwidriges Verhalten **96** in der Regel außerhalb der Norm liegt: Im konkreten Fall war ein geschiedenes Ehepaar zu gleichen Einlagen Kommanditisten einer KG, während an der Komplementär-GmbH lediglich der Ehemann beteiligt war. Unter anderem die für die Haftungsübernahme an die Komplementär-GmbH von der KG zu zahlende Vergütung war nach dem Gesellschaftsvertrag von der Höhe des Stammkapitals der GmbH abhängig. Nun hatte der Alleingesellschafter der GmbH, der Ehemann, das **Stammkapital** von 50.000 DM auf 1,1 Mio. EUR, also **um das 42fache erhöht**. Eine solche Erhöhung wurde vom Berufungsgericht als Verletzung der gesellschafterlichen Treuepflichten angesehen.

Diese Entscheidung hat der BGH nicht gehalten. Zwar hat er festgestellt, dass eine Komple- **97** mentär-GmbH nicht anders als eine natürliche Person Treue gegenüber der Gesellschaft schuldet. Da es für die Stammkapitalerhöhung jedoch eine sachliche, im Interesse der Kommanditgesellschaft liegende Rechtfertigung gab, verneinte der BGH eine Treupflichtverletzung. Auch in der Entnahme der dadurch erhöhten Vergütung sah der BGH **keine Treuepflichtverletzung**.[109] Die Entnahme der erhöhten Vergütung stelle zwar die Ausübung eines eigennützigen Mitgliedschaftsrechts dar, jedoch sei ein Vorrang des Gesellschaftsinteresses bei der Ausübung eines solches Rechts nicht grundsätzlich festzustellen. Die Grenze liege lediglich in der Willkürlichkeit der fehlenden Rücksicht auf die Interessen der Gesellschaft.

Praxistipp **98**

Das dargelegte Urteil des BGH zeigt, dass im Einzelfall es nahezu unmöglich ist, in der anwaltlichen Beratung vorherzusagen, ob tatsächlich eine Treuepflichtverletzung vorliegt oder nicht. Hierauf ist der Mandant nachhaltig, schriftlich und für den Anwalt dokumentierbar hinzuweisen. Letztlich ist die überzeugende Argumentation im Einzelfall entscheidend.

Verhält sich ein Gesellschafter **wider die Treuepflicht**, so kann ein Gesellschafterbeschluss **99** anfechtbar sein.[110] So ist nach einer neueren Entscheidung des BGH[111] ein Beschluss einer Gesellschafterversammlung über die Nichtzulassung eines Gesellschafters zur Übernahme eines neuen Gesellschaftsanteils – selbst wenn darin ein Gesetzesverstoß wegen Verletzung einer der

---

108 BGHZ 155, 329 ff.
109 BGH Urt. v. 5.12.2005 – II ZR 13/04.
110 BGHZ 76, 352, 357; BGHZ 103, 185, 189.
111 BGH DStR 2005, 975 ff.

Gesellschaftermehrheit gegenüber dem Minderheitsgesellschafter etwa bestehenden Treuepflicht im Hinblick auf die Ausgestaltung des Bezugsrechts liegen sollte – nicht analog § 241 Nr. 3 AktG nichtig, sondern allenfalls wegen Gesetzesverstoßes entsprechend § 243 Abs. 1 AktG anfechtbar. Gleiches soll gelten für den Folgebeschluss über die Satzungsänderung hinsichtlich der **Beteiligungsverhältnisse**. Im konkreten Fall führte dies zur Verfristung der Anfechtungsklage nach § 246 Abs. 1 AktG analog.

100   In einer Treuepflichtverletzung kann ein **wichtiger Grund für die Ausschließung** eines Gesellschafters liegen oder ein Grund für die **Einziehung von Sonderrechten** oder anderen an sich unentziehbaren Gesellschafterrechten. Ohne gesellschaftsvertragliche Regelung kann eine solche Ausschließung jedoch nicht durch einfachen Gesellschafterbeschluss erfolgen.[112] Die Ausschließung kann in einem solchen Fall nur durch **gestaltendes Urteil** aufgrund der Erhebung einer Ausschließungsklage erfolgen,[113] der allerdings ein Beschluss der Gesellschafter vorausgegangen sein muss – mit Ausnahme der Zwei-Personen-GmbH. Im Rahmen eines **Anfechtungsprozesses** können Einziehungsgründe/Ausschlussgründe, die im Zeitpunkt der Beschlussfassung bereits bestanden, jedenfalls dann ohne erneuten Gesellschafterbeschluss nachgeschoben werden, wenn die Gesellschaft im Anfechtungsverfahren von denselben geschäftsführenden Gesellschaftern vertreten wird, die auch bei der Beschlussfassung mitgewirkt haben.[114]

101   Für die Einziehung eines Gesellschaftsanteils kann sogar **gesellschaftswidriges Verhalten** in einer anderen Gesellschaft relevant sein, wenn beide Gesellschaften **wirtschaftlich verbunden** und ihre Gesellschafterpersonen identisch sind. Entscheidend ist in einer solchen Konstellation, inwieweit die Belange der einen oder anderen Gesellschaft durch das Verhalten des ausgeschlossenen Gesellschafters gefährdet worden sind. Liegt eine schuldhafte Treuepflichtverletzung vor, so können sich daraus auch **Schadensersatzansprüche** der GmbH oder einzelner Gesellschafter ergeben. Dabei ist nach der Rechtsprechung des BGH ein mittelbarer Schaden wegen des Wertverlustes eines Gesellschaftsanteils nicht ersatzfähig, vielmehr erfolgt die Ersatzleistung in das Gesellschaftsvermögen.[115] Sich ergebende Verhaltenspflichten sind bereits zuvor dargestellt worden.

2. Wettbewerbsverbot

102 Sowohl im Personen- wie auch im Kapitalgesellschaftsrecht gibt die gesellschaftsrechtliche Treuepflicht ein Wettbewerbsverbot für die Gesellschafter und gegenüber der Gesellschaft vor. Bei der BGB-Gesellschaft wird dies als Ausprägung der Zweckförderungspflicht gemäß § 705 BGB abgeleitet.[116]

a) Gesetzliche Wettbewerbsverbote

103 Das einzige gesetzlich normierte Wettbewerbsverbot für Gesellschafter findet sich im Personen- und Kapitalgesellschaftsrecht in § 112 HGB. Danach darf ein Gesellschafter im Recht der OHG ohne Einwilligung der anderen Gesellschafter weder in dem Handelszweig der Gesellschaft Geschäfte machen, noch an einer anderen gleichartigen Handelsgesellschaft als persönlich haftender Gesellschafter teilnehmen. Nach § 161 Abs. 2 HGB gilt dieses Wettbewerbsverbot auch für den Komplementär einer KG. Der OHG-Gesellschafter wird allerdings nicht verpflichtet seine

---

112 BGH ZIP 1999, 1843 ff.
113 BGHZ 9, 157, 165 f.
114 BGH NJW-RR 1995, 667 ff.
115 BGHZ 129, 136; vgl. ferner *Roth/Altmeppen*, § 13 Rn 125 ff.
116 Arens/*Heid*, Gesellschaftsrecht, § 14 Rn ■87.

gesamte Arbeitskraft in den Dienst der Gesellschaft zu stellen. Der genaue Umfang des Wettbewerbsverbotes ist im Einzelfall durch Treuepflichtgesichtspunkte zu ermitteln.

Eine **Rechtsfolge eines Verstoßes** gegen das Wettbewerbsverbot ist der Anspruch auf Unterlassung, weitere Rechtsfolge ein Schadensersatzanspruch – soweit ein Schaden dokumentierbar entstanden ist – und unter Umständen ein Eintrittsrecht der OHG in die Konkurrenzgeschäfte, vgl. § 113 HGB. In schwerwiegenden Fällen der Wettbewerbsverletzung kann darin auch ein Ausschlussgrund bezüglich des Gesellschafters zu sehen sein.[117] **104**

Nicht jede persönliche Interessenswahrnehmung führt jedoch zu einem Verstoß gegen § 112 HGB. So verstößt ein Gesellschafter einer KG, der einen von ihm angepachteten Gegenstand der Gesellschaft unterverpachtet, grundsätzlich nicht gegen § 112 HGB, wenn er die Differenz zwischen der von ihm gezahlten Pacht und der vereinnahmten Unterpacht für sich behält.[118] **105**

Das Wettbewerbsverbot des GmbH-Gesellschafters (zum Wettbewerbsverbot des GmbH-Geschäftsführers und des Vorstandes der AG siehe Rn 153 ff.) leitet sich nicht allgemein aus § 112 HGB, sondern aus der **Treuepflicht des Gesellschafters** gegenüber der Gesellschaft ab. Damit ist der Umfang und die Rechtsfolge des Wettbewerbsverbotes abhängig von der Intensität der Treuepflicht. Diese hängt wiederum davon ab, ob ein **beherrschender Gesellschafter** oder ein **Minderheitsgesellschafter** in Konkurrenz zu dem Unternehmen treten will. Ein Wettbewerbsverbot besteht in jedem Fall, wenn ein maßgebender Einfluss auf die Geschäftsführung ausgeübt werden kann.[119] Einen Minderheitsgesellschafter trifft allenfalls ein abgeschwächtes Wettbewerbsverbot, es sei denn, dem Minderheitsgesellschafter sind Sonderrechte eingeräumt worden und ihm stehen spezielle Kenntnisse zur Verfügung, aufgrund derer ein maßgebender Einfluss ausgeübt werden kann. **106**

Für die **Einpersonen-GmbH** ist gesellschaftsrechtlich geklärt, dass kein gesetzliches Wettbewerbsverbot des Alleingesellschafters sowie des Gesellschafter-Geschäftsführers existiert,[120] anders jedoch die Finanzverwaltung.[121] **107**

b) Vertragliche Wettbewerbsverbote

Da die Ausgestaltung der gesetzlichen Wettbewerbsverbote Unsicherheiten auf Tatbestands- und auch auf Rechtsfolgenebene aufweist, sollte eine klare gesellschaftsvertragliche Regelung des Verbotes geschaffen werden.[122] **108**

Nur wenn im Gesellschaftsvertrag eine **Öffnungsklausel** enthalten ist, also ein ausdrücklicher Dispenz erteilt wird, kann der Gesellschafter am allgemeinen wirtschaftlichen Verkehr im eigenen Namen für eigene Rechnung im Geschäftsbereich der Gesellschaft tätig werden. Liegt ein solcher Dispenz nicht vor, kann die Verletzung des Wettbewerbsverbotes auch eine **verdeckte Gewinnausschüttung** an den Gesellschafter darstellen. Auch im Kapitalgesellschaftsrecht wird neben dem Unterlassungsanspruch und Schadensersatzanspruch ein Eintrittsrecht in den unter Verstoß gegen das Verbot geschlossenen Vertrag analog §§ 112, 113 HGB angenommen. Sinnvoll ist es gestalterisch allein aufgrund von Dokumentationsproblemen, eine **Vertragsstrafe** in den Gesellschaftsvertrag aufzunehmen. Eine solche Vertragsstrafenvereinbarung ist grundsätzlich auch zulässig und stellt eine wesentliche Vereinfachung dar, da die Gesellschaft weder den konkreten Schaden, noch den entgangenen Gewinn belegen muss. Im Übrigen wird einer Vertragsstrafe auch Abschreckungswirkung zugesprochen. **109**

---

117 BGH WM 1957, 582, 583; OLG Stuttgart DB 1961, 1644.
118 BGH ZIP 1997, 2197 ff.
119 BGH GmbHR 1984, 203.
120 BGH GmbHR 1993, 38; *Lutter/Hommelhoff*, GmbHG, § 14 Rn 24.
121 BMF BStBl 1992 I, 137.
122 Arens/*Lichtenwimmer*, Gesellschaftsrecht, § 5 Rn 84; *Wiesbrock/Wübbelsmann*, GmbHR 2005, 519.

110   Ein **nachvertragliches Wettbewerbsverbot** muss nach der Rechtsprechung dem Schutz eines berechtigten Interesses des Unternehmens dienen und darf nach Ort, Zeit und Gegenstand der Berufsausübung die wirtschaftliche Betätigung des Geschäftsführers nicht unbillig erschweren.[123] Allerdings ist die grundgesetzlich geschützte Berufsausübungsfreiheit in starkem Maße zu beachten. Nachvertragliche Wettbewerbsbeschränkungen sind danach nur dann gerechtfertigt und nicht gemäß § 138 BGB sittenwidrig, wenn und soweit sie notwendig sind, um die Mitgesellschafter einer Personengesellschaft des ausgeschiedenen Gesellschafters vor einer illoyalen Verwertung der Erfolge der gemeinsamen Arbeit oder vor einem Missbrauch der Ausübung der Berufsfreiheit zu schützen. Sie dürfen insbesondere nicht dazu eingesetzt werden, den früheren Mitgesellschafter als Wettbewerber auszuschalten.[124]

111   Kriterien um zu überprüfen, ob keine **unbillige Erschwerung** der Tätigkeit des Geschäftsführers bzw. Gesellschafters vorliegt, ist das Alter, die Dauer der Rechtsbeziehung zu der Gesellschaft und auch etwaige Bezüge.[125] Übersteigt die nachvertragliche Wettbewerbseinschränkung das notwendige Maß, so ist die Regelung nach § 138 BGB nichtig. Nur wenn eine solche Wettbewerbsklausel ausschließlich die zeitlichen Grenzen überschreitet, im Übrigen aber unbedenklich ist, kommt nach der Rechtsprechung eine **geltungserhaltende Reduktion** in Betracht. Die Missachtung der gegenständlichen und räumlichen Grenzen dagegen hat die Nichtigkeit des Verbots zur Folge.[126] In zeitlicher Hinsicht verstößt ein nachvertragliches Wettbewerbsverbot in einer Freiberuflersozietät gegen § 138 BGB, wenn es über zwei Jahre hinausgeht, weil sich in einem Zeitraum von zwei Jahren die während der Zugehörigkeit zur Gesellschaft geknüpften Mandantenverbindungen typischerweise so gelöst haben, dass der ausgeschiedene Partner wie jeder andere Wettbewerber behandelt werden kann.[127] Ohne eine solche vertragliche Regelung unterliegt der Gesellschafter einem nachvertraglichen Wettbewerbsverbot nicht.

3. System der Kapitalsicherung

112 Im Folgenden soll kurz das Verhältnis des Gesellschafters zur Gesellschaft im Hinblick auf das System der Kapitalsicherung dargestellt werden. Dies ist sowohl bei dem GbR-Gesellschafter, wie auch bei dem OHG-Gesellschafter und hinsichtlich des Komplementärs einer Kommanditgesellschaft eindeutig. Allesamt haften direkt für die Verbindlichkeiten der Gesellschaft, § 128 HGB, § 162 Abs. 2 HGB.[128] Einschränkende Haftungssysteme bestehen hinsichtlich des Kommanditisten einer Kommanditgesellschaft und eines GmbH-Gesellschafters.

a) Regelungszweck der §§ 30, 31 GmbHG

113 Die **Funktion der Kapitalsicherung** in der GmbH wird als Sparstrumpf, Staumauer, Grundpfeiler, Kernstück des GmbH-Rechts und als Kulturleistung ersten Ranges eingestuft.[129] Die Grundlage des Systems liegen in den §§ 19, 24, 30, 31 GmbHG. Diese Vorschriften bestimmen, dass die Einzahlung der Stammeinlagen durch die Gesellschafter zu erfolgen hat, dass fehlende Beträge eines Gesellschafters von den übrigen aufzubringen sind und dass kein Vermögen an die Gesellschafter ausgezahlt werden darf, wenn dadurch der Wert des Vermögens unter die Stammkapitalziffer sinkt. Die Normierung des Auszahlungsverbotes war Grundvoraussetzung für die Ent-

---

123 BGHZ 91, 1 ff.
124 BGH DStR 2005, 1657 f.
125 BGHZ 91, 1 ff.
126 BGH DStR 2005, 1657 f.
127 BGH ZIP 2003, 2251 ff.
128 BGHZ 146, 341 ff.
129 RGZ 168, 292 ff., 297 f.; BGHZ 28, 77 f., 78; *Schilling*, JZ 1954, 635 f., 636.

stehung der Rechtsform der Gesellschaft mit beschränkter Haftung: Eine beschränkte persönliche Haftung sollte nur zugelassen werden, wenn den Gläubigern der Gesellschaft eine Mindesthaftungsmasse zugesichert wird. Zweck der Vorschrift der Kapitalsicherung ist der Gläubigerschutz.[130] *Flume* betont darüber hinausgehend die Sicherung der Eigenständigkeit der Kapitalgesellschaft als juristische Person und kritisiert die Durchbrechung des Trennungsprinzips.[131] Die Entlassung der Gesellschafter aus der persönlichen Haftung wurde nur für zulässig erachtet, weil ein bestimmter Teil des Vermögens den Gläubigern auf jeden Fall, also ultima ratio der Haftung, zur Verfügung steht. Die Rechtsform der GmbH ist auf diesen Haftungsausgleich angewiesen.

Nach § 19 Abs. 2 GmbHG können die Gesellschafter von der Verpflichtung zur Leistung der **114** Einlagen auch nicht befreit werden, eine Aufrechnung gegen den Anspruch der Gesellschaft ist nicht zulässig, auch ein Zurückbehaltungsrecht kann an dem Gegenstand einer Sacheinlage wegen einer Forderung, welche sich nicht auf den Gegenstand bezieht, nicht geltend gemacht werden. Auch kann eine vereinbarte Bareinlage nicht durch eine Sacheinlage eingebracht werden, § 19 Abs. 5 GmbHG. Damit soll sichergestellt werden, dass das förmliche Verfahren für Sacheinlagen eingehalten wird.

Im Rahmen der Kapitalsicherung muss unterschieden werden zwischen der Kapitalaufbrin- **115** gungen auf der einen Seite und die Kapitalerhaltung, die sich der Aufbringung anschließt. Die Prinzipien der Kapitalaufbringung haben mit dem Inkrafttreten des „Gesetztes zur Modernisierung des GmbH-Rechts und zur Bekämpfung von Missbräuchen (MoMiG)" am 1.11.2008 eine grundlegende Reform des Rechts der Kapitalaufbringung mit sich gebracht. Im Rahmen dieser Modernisierung sollte eine Beschleunigung und Vereinfachung von Unternehmensgründen erreicht werden. Damit einher ging die Lockerung der Kapitalaufbringungsvorschriften. Während die Vorschriften zur offenen Sachgründung bis auf den Kontrollmaßstab des Registergerichts in Bezug auf die Bewertung von Sacheinlagen im Wesentlichen unverändert geblieben sind, sind grundlegende Reformen bei der verdeckten Sacheinlage und dem sog. Hin- und Herzahlen in das Gesetz eingefügt worden. Gestützt auf § 19 Abs. 5 GmbHG a.F. wurde das Verbot der verdeckten Sacheinlage geschaffen: Hatte der Gesellschafter sich in der Gründungsurkunde verpflichtet die Einlageleistung in bar zu erbringen, erbrachte der Gesellschafter diese aber bei wertender Betrachtung eben nicht als Barleistung, sondern im Wege einer Sacheinlage, so galt die Bareinlage als nicht geleistet und musste von diesem vornehmlich in Insolvenzsituationen nochmals geleistet werden. Das verdeckende Rechtsgeschäft, mit dem die Sacheinlage eingebracht wurde, bewertete der Bundesgerichtshof erschwerend als nichtig, und zwar sowohl das Verpflichtungs- wie auch das Erfüllungsgeschäft.[132] Erst seit dem Beschluss des Bundesgerichtshofes vom 4.3.1996[133] war eine Heilung einer verdeckten Sacheinlage möglich, allerdings durchaus komplex durch zu beschließende Satzungsänderung, bei der sodann die Sachgründungs- bzw. Erhöhungsvorschriften sorgsam beachtet werden mussten. Faktische Schwierigkeiten ergaben sich des Weiteren dadurch, dass auf den ursprünglichen Gegenstand der verdeckten Sacheinlage abgestellt wurde, die Wertprüfung allerdings bezogen auf den Zeitpunkt der Heilung erfolgte, sodass zwischenzeitliche Wertverluste zu Lasten des Gesellschafters gingen.[134]

Diese Situation blieb nicht ohne Kritik: Denn selbst bei Werthaltigkeit der eingebrachten **116** Sacheinlage musste die Barleistung z.B. im Insolvenzfalle erbracht werden, es erfolgte mithin tatsächlich eine doppelte Leistung. Problematisch waren des Weiteren die häufigen Fälle der

---

130 *Ulmer*, FS 100 Jahre GmbHG, S. 363 ff.
131 *Flume*, ZHR 144 (1980), 18 ff.
132 BGH v. 7.7.2003 – II ZR 235/01; BGHZ 155, 329, 338 f. gegen die bis dahin herrschende Meinung vgl. z.B. Hachenburg/*Ulmer*, GmbHG, 8. Aufl., § 19 Rn 114.
133 BGH, Az. II ZB 8/95; BGHZ 132, 141, 143 ff.
134 BGH v. 7.7.2003, Az. – II ZR 235/01; BGHZ 155, 339 f.

Verrechnung und der Einlageforderung der Gesellschaft mit einem Anspruch des Gesellschafters z.B. auf Darlehensrückzahlung oder sogar Liefergeschäft im Konzernverbund. Denn der BGH hatte festgestellt, dass der Umgehungstatbestand der verdeckten Sacheinlage gerade nicht voraussetze, dass Einlageschuldner und Gläubiger der getilgten Forderung identisch seien. Der Bundesgerichtshof stellte vielmehr darauf ab, ob der Einlageschuldner durch Leistung an den Dritten in gleicher Weise begünstigt werde wie in dem Fall, dass an ihn selbst geleistet wird.[135]

117   Dazu sei es bereits ausreichend, dass der Einlageschuldner an dem Unternehmen maßgeblich beteiligt sei, an den die Leistung bewirkt würde.[136]

118   Auch konnte die beim Cash Pooling in der Regel getroffene Vereinbarung des täglichen Liquiditätsausgleichs (Zero-Balancing) die verdeckte Sachkapitalerhöhung zwischen Gesellschafter und Gesellschaft beinhalten. Hierfür, so der BGH, könnte es ein Sonderrecht nicht geben.[137]

119   Durch das MoMiG wurde § 19 Abs. 4 GmbHG vollständig neu geregelt und eine Legaldefinition der verdeckten Sacheinlage in das Gesetz eingefügt. Dabei knüpfte der Gesetzgeber bewusst an die langjährige höchstrichterliche Rechtsprechung an. Zwar kommt nach der nunmehr geltenden Regelung der baren Einlageleistung bei Vorliegen einer verdeckten Sacheinlage keine Erfüllungswirkung zu, der objektive Wert der verdeckt eingelegten Sacheinlage wird aber auf die Geldeinlageverpflichtung angerechnet. Der Bundestag hat sich mithin für den Regelungsvorschlag des Handelsrechtsausschusses des Deutschen Anwaltsvereins entschieden. Maßgeblich für die Anrechnung ist der Wert des Vermögensgegenstandes im Zeitpunkt der Anmeldung der Gesellschaft bzw. der Kapitalerhöhung zur Eintragung in das Handelsregister oder im Zeitpunkt seiner Überlassung an die Gesellschaft, falls diese nach der Handelsregisteranmeldung erfolgt. Die Beweislast für die Werthaltigkeit des Vermögensgegenstandes trägt der Gesellschafter.

---

120 **Praxistipp**

Stellt man als Berater im Rahmen der Überprüfung der Kapitalaufbringung einer Gesellschaft fest, dass eine verdeckte Sacheinlage vorliegt, so muss, wenn nicht die komplexere Nachgründung gewählt werden soll, zumindest die Werthaltigkeit des eingebrachten Vermögensgegenstandes dokumentiert werden, bei einem Grundstück z.B. durch einen Verkehrswertgutachten. Diese Dokumentation muss sodann dauerhaft für die Gesellschafter gesichert werden, damit diese bei Nachfragen den notwendigen Beweis erbringen können.

---

121 Zu untersuchen ist in diesem Fall auch die mögliche Schadenersatzhaftung des Einlageverpflichteten und auch des Geschäftsführers bei fehlender Offenlegung der verdeckten Sacheinlage.[138]

122   Eine nachhaltige Veränderung erfuhr des Weiteren die Problematik des Hin- und Herzahlens durch das MoMiG. Die Bareinlage muss nach der Vorgabe des Gesetzes zur endgültigen freien Verfügung der Geschäftsführung geleistet werden. Dies nahm der Bundesgerichtshof nicht als gegeben an, wenn die geleistete Einlage aufgrund einer Vorvereinbarung z.B. als Darlehen an den Gesellschafter kurz nach Einlageleistung zurückgezahlt wurde.[139] Das Vorliegen einer Absprache zur Hin- und Herzahlung wurde durch den sachlichen und zeitlichen Zusammenhang zwischen der Ein- und Auszahlung vermutet.[140] Von diesem Rückzahlungsverbot wurde auch das Einstellen der Einlage in ein konzerninternes Cashpool-System erfasst.[141] Rechtsfolge

---

135 BGHZ 125, 141, 145.
136 DB 2003, 1894; BGH NJW 2006, 1736; BGHZ 153, 107.
137 BGH GmbHR 2006, 477.
138 Vgl. § 13 in diesem Buch.
139 St.Rspr. vgl. BGHZ 113, 335, 340 f.; BGHZ 125, 141, 150; BGHZ 150, 197, 200.
140 BGH ZIP 2002, 2045, 2048.
141 BGH ZIP 2004, 1616.

des Hin- und Herzahlens war neben dem Fortbestehen der Einlageforderung die Nichtigkeit der Darlehensabrede. Bei der Rückzahlung des Darlehens wurde mithin die fortbestehende Einlageverpflichtung erfüllt.

Durch die Neufassung des § 19 Abs. 5 GmbHG durch das MoMiG wird der Gesellschafter trotz **123** eines vereinbarten Rückflusses von der Einlageverpflichtung befreit, wenn der Rückgewährsanspruch vollwertig ist und jederzeit fällig ist oder fällig gestellt werden kann. Die Erfüllungswirkung ist in diesem Fall gesetzlich angeordnet. Zur Vollwertigkeit des Rückgewährsanspruches muss im Rahmen eines bilanziellen Denkens verlangt werden, dass die Gesellschaft diesen Anspruch zu 100% aktivieren kann, also keine Bewertungsabschläge vornehmen muss. Dies ist nur dann gegeben, wenn der Rückzahlungsschuldner von erstklassiger Bonität gegeben ist, über die Notwendigkeit einer Sicherheitsgewährung wird diskutiert.[142] Nach der Neuregelung wurde diskutiert, ob die in § 19 Abs. 5 S. 2 GmbHG verlangte Offenlegung des vereinbarten Rückflusses gegenüber dem Registergericht Voraussetzung für die Erfüllungswirkung ist. Der Bundesgerichtshof hat sich in zwei Entscheidungen dafür ausgesprochen, allerdings bisher ohne nähere Begründung. Diese Rechtsprechung ist gleichwohl zu beachten.[143]

Ist das Kapital ordnungsgemäß nach § 19 GmbHG aufgebracht, so wird es durch die §§ 30 ff. **124** GmbHG geschützt: Das System der Kapitalerhaltung ist dabei abstrakt.[144] Die Kapitalbindung besteht in einer rechnerischen, wertmäßigen Bindung des Gesellschaftsvermögens gegenüber den Gesellschaftern. Es wird aber nicht der einzelne Vermögensgegenstand als solcher erfasst, verboten ist danach nicht die Rückübertragung von Vermögensgegenständen, sondern die Reduzierung des zur Erhaltung des Stammkapitals erforderlichen Vermögens. Die **Ermittlung des Wertbestandes und -abflusses** erfolgt dabei durch die Bilanz. Nach Abzug der echten Passiva, der Verbindlichkeiten und Rückstellungen, muss die Aktivseite einen Wert mindestens in Höhe des Stammkapitals aufweisen, damit die schon abgezogene Auszahlung erfolgen darf. Insoweit geht es nicht um eine Kapitalerhaltung im Sinne der Erhaltung des Eigenkapitals, sondern Anknüpfungspunkt ist das (Aktiv-) Vermögen der Gesellschaft.[145] Nach *Stimpel* müssen dabei die realen Wertansätze der Vermögenswerte als maßgeblich angesehen werden.[146] Durch das sog. November-Urteil[147] wich der Bundesgerichtshof bereits vor dem MoMiG von seiner bilanziellen Betrachtungsweise ab. Im Anschluss trat eine große Unsicherheit darüber ein, ob die traditionellen „Cashmanagement-Systeme" noch fortgeführt werden könnten. Auch in dieser Hinsicht sollte mit dem MoMiG Sicherheit geschaffen werden. Es sollte eine Rückkehr zur bilanziellen Betrachtungsweise erfolgen, um eine rechtssichere Grundlage zu schaffen. Aber auch der Bundesgerichtshof hat mittlerweile seine Rechtsprechung aus dem November-Urteil ausdrücklich aufgegeben und ist auf die früher übliche Sichtweise umgeschwenkt.[148]

Ein Verstoß liegt vor, wenn das zur Erhaltung des Stammkapitals erforderliche **Vermögen** **125** **ausgezahlt wird.** Unter Auszahlung in diesem Sinne ist dabei jede Art von Zuwendung zu verstehen, der keine gleichwertige Gegenleistung gegenübersteht.[149] Dabei kommen Leistungen aller Art in Betracht, unentgeltliche Sachübereignungen, die Abtretung aller Forderungen, die Erfüllung einer Verbindlichkeit des Gesellschafters oder die Verrechnung einer Forderung der Gesellschaft gegen den Gesellschafter mit einer geringwertigeren Gegenforderung. Auch in der unfreiwilligen Leistungserbringung durch die Gesellschaft kann ein Verstoß gegen § 30 GmbHG liegen.

---

142 Götte/Habersack/*Winter*, Kap. 2 Rn 2.49.
143 BGH ZIP 2009, 713; BGH NZG 2009, 944.
144 *Joost*, ZHR 148 (1984), 27 ff.
145 *Schmidt*, DB 1973, 2227 ff., 2230.
146 *Stimpel*, FS 100 Jahre GmbHG, S. 335 ff., 340 f.
147 BGH DStR 2004, 427.
148 BGH ZIP 2009, 70.
149 BGHZ 31, 258 ff., 276.

126   Durch die Verletzung des Verbots des § 30 GmbHG entsteht der **Erstattungsanspruch** des § 31 GmbHG. Der Gesellschafter ist somit aufgrund des Anspruches verpflichtet, das Empfangene zurückzugewähren. Streitig ist allerdings, ob darüber hinaus das Verpflichtungs- und/oder das Verfügungsgeschäft nach § 134 BGB wegen Verstoßes gegen ein gesetzliches Verbot nichtig ist. Der BGH nimmt die Unvereinbarkeit einer solchen Nichtigkeitsfolge mit der GmbH-rechtlichen Ausgestaltung der Kapitalerhaltung an.[150] Anerkannt ist dabei, dass Schuldner des Erstattungsanspruches nicht nur der Gesellschafter selbst sein kann, sondern auch ein Dritter. Dies wird u.a. mit besonderem Einfluss auf die Gesellschaft oder den Gesellschafter und einem besonderen Innenverhältnis begründet. Schlüsselbegriff ist in diesem Zusammenhang der Begriff der „**nahe stehenden Person**".[151] Durch das MoMiG ist in § 30 Abs. 1 S. 2 eine Ausnahme von dem Verbot der Auszahlung an einen Gesellschafter eingefügt worden. Danach darf das zur Erhaltung des Stammkapitals erforderliche Vermögen der Gesellschaft an die Gesellschafter durchaus ausgezahlt werden bei Leistungen, die entweder bei Bestehen eines Beherrschungs- oder Gewinnabführungsvertrages erfolgen oder durch einen vollwertigen Gegenleistungs- oder Rückgewähranspruch gegen den Gesellschafter gedeckt sind. Diese Änderung und die parallele Änderung des § 57 AktG erfolgte vor dem Hintergrund der Unsicherheit über die Zulässigkeit von Darlehen und anderen Leistungen mit Darlehenscharakter durch die Gesellschaft an Gesellschafter, sog. Upstream Loans, und wiederum dem verbreiteten Einsatz von Cash Pooling. Auch hier lässt der Gesetzgeber bewusst die bilanzielle Betrachtungsweise in den Vordergrund rücken und stellt auf einen vollwertigen Gegenleistungs- oder Rückerstattungsanspruch ab. Auch durch das Bilanzierungsrechtsmodernisierungsgesetz (BilMoG) wird dieser bilanzbezogene Ansatz einer Ausschüttungssperre aufgegriffen. Nach allgemeiner Auffassung haben die Änderungen durch das BilMoG, wie z.B. erweiterte Aktivierungsmöglichkeiten, eine stärkere Orientierung am Value, die Begrenzung der Rückstellungsbildung und der Vornahme von Abschreibungen, erhebliche Auswirkungen auf diese bilanzielle Betrachtung.[152]

127   **Praxistipp**
Aufgrund der Verschärfung auch der Geschäftsführerhaftung in § 64 GmbHG ist es für die Geschäftsführer unabdingbar aktuell bei Vornahme der Auszahlung das Vorliegen einer Unterbilanz und damit die Verletzung des § 30 zu überprüfen.

b) Weitere Kapitalsicherungsvorschriften

128   Das in der Auflage im Einzelnen dargestellte System der weiteren Kapitalsicherungsvorschriften, insbesondere der § 32 a und § 32 b GmbHG ist durch das MoMiG vollständig aufgegeben worden. Das Eigenkapitalersatzrecht ist aus dem GmbHG hinaus in die Insolvenzordnung verlagert worden. Auch der Begriff des Eigenkapitalersatzrechts wurde aufgegeben. Gesellschafterdarlehen und im Gesetz bisher in § 32 a + b GmbHG genannte gleichgestellte Leistungen werden nun nicht mehr wie haftendes Eigenkapital behandelt. Solche Leistungen stellen damit auch keine verbotenen Auszahlungen im Sinne des § 30 Abs. 1 S. 1 GmbHG mehr dar. Dafür wurde in § 135 InsO eine Sonderregelung für Gesellschafterdarlehen aufgenommen, die für alle Gesellschaftsformen, unabhängig ob es sich um Personengesellschaften oder Kapitalgesellschaften handelt, gilt. Dabei wird nicht mehr auf den Begriff den Eigenkapitalersatzes abgestellt und auch nicht auf den Begriff der Krise, an dem bisher angeknüpft wurde. Vielmehr wird eine zeitliche Einstufung da-

---

150 BGHZ 69, 274 ff., 280 m.w.N.; BGHZ 95, 188 ff., 192 m.w.N.; BGH GmbHR 1997, 790 ff.
151 BGHZ 81, 365 ff., 369; BGH WM 1986, 237 f., 239.
152 Götte/Habersack/*Vetter*, Rn 4.13.

hin vorgenommen, dass alle Darlehensrückzahlungen angefochten werden können, die innerhalb eines Jahres vor Stellung eines Antrags auf Eröffnung des Insolvenzverfahrens erfolgt sind.

Im Rahmen der Kapitalsicherung sind mithin insbesondere die **insolvenzrechtlichen Si-** 129 **cherungsansprüche**, hier insbesondere § 135 InsO, § 6 AnfG, zu betrachten. Danach unterliegen Rechtshandlungen, die dem Gläubiger eines Darlehens im Sinne des § 39 Abs. 1 Nr. 5 InsO oder für gleichgestellte Forderungen Befriedigung gewähren, sofern die Rechtshandlungen in dem letzten Jahr vor dem Insolvenzantrag oder nach diesem Antrag bzw. im letzten Jahr vor der Anfechtung vorgenommen worden sind, der Insolvenzanfechtung und der Anfechtung außerhalb des Insolvenzverfahrens. Ebenso unterliegen der Anfechtung Rechtshandlungen, die einem solchen Gläubiger Sicherung gewähren. Grundvoraussetzung für eine Anfechtung ist in beiden Anfechtungstatbeständen die **Gläubigerbenachteiligung**. Das Anfechtungsrecht wird dabei durch Klage oder durch Einrede ausgeübt. Eine besondere Anfechtungserklärung ist nicht notwendig. Bei Erfüllung des Anfechtungstatbestandes ergibt sich aus § 143 InsO und § 11 AnfG ein Rückgewähranspruch, im Falle der Anfechtung außerhalb des Insolvenzverfahrens auch ein Anspruch auf Duldung der Zwangsvollstreckung. **Anfechtungsgegner** ist der Empfänger der anfechtbaren Leistung oder Sicherung, ausnahmsweise auch ein Dritter, wenn eine unerlaubte Rückzahlung unmittelbar an ihn erfolgt ist.

Die vorgenannten anfechtungsrechtlichen Regelungen behalten über die Rechtsfolgen nach 130 §§ 30, 31 GmbHG hinaus eine **selbständige Bedeutung** in dem Fall, dass durch Insolvenzanfechtung oder Anfechtung nach dem Anfechtungsgesetz ein Aktivstand wiederhergestellt werden soll, der **über die Höhe des Stammkapitals hinausgeht**. Denn zwar ist nach ständiger Rechtsprechung des BGH[153] der Rückzahlungsanspruch gemäß § 31 GmbHG nicht beschränkt auf die Höhe des Stammkapitals, aber beschränkt auf die Höhe einer Unterbilanz oder Überschuldung. Vom rechtstheoretischen Ansatz wird zwar das gesamte Darlehen als eigenkapitalersetzend erfasst, dem Rückzahlungsverbot unterliegt allerdings nur ein Betrag in Höhe des Stammkapitals und insoweit, wie der Kredit eine Unterbilanz oder Überschuldung abdeckt.[154] In der Praxis wird in der Regel die Unterbilanz die Kredite übersteigen, sodass sich diese Beschränkung praktisch nicht bemerkbar macht und sich eine zusätzliche Rechtsfolge aus den anfechtungsrechtlichen Bestimmungen nicht ergibt.

c) Verdeckte Gewinnausschüttung

Allgemein kann man als verdeckte Gewinnausschüttung (vGA), die Vermögenszuwendun- 131 gen der Gesellschaft an den Gesellschafter, die außerhalb der Ergebnisverwendung des § 29 GmbHG liegen, bezeichnen. Soweit damit kein Verstoß gegen § 30 GmbHG vorliegt, können sich trotzdem weitere Ausschüttungsschranken ergeben.

Der Begriff der vGA ist durch das Urteil des BFH vom 22.2.1989 wie folgt definiert:[155] 132
- Notwendig ist eine Vermögensminderung oder verhinderte Vermögensmehrung bei der Gesellschaft,
- eine Veranlassung dieses Vorgangs durch das Gesellschaftsverhältnis,
- eine Auswirkung auf das Einkommen der GmbH und
- und der Vorgang darf in keinem Zusammenhang mit einer offenen Gewinnausschüttung stehen.

Damit wird deutlich, dass Gegenstand des Fokus die rechtliche Beziehung zwischen der Körper- 133 schaft und ihren/ihrem Gesellschaftern ist.

---

153 BGHZ 60, 324; BGH NJW 1990, 1730, 1732.
154 Scholz/*K. Schmidt*, § 32 a/b, Rn 77 m. Beispiel.
155 BFH GmbHR 1989, 307 = BStBl 1989 II, 631.

134   **Abzugrenzen** sind vGA von betrieblich veranlassten schuldrechtlichen Beziehungen zwischen Gesellschaft und Gesellschafter. In dieser Hinsicht werden die Gesellschafter wie fremde Dritte in Bezug auf das Besteuerungsverfahren behandelt. Allerdings kann der für die Abgrenzung erforderliche innere Veranlassungszusammenhang immer nur durch äußere Merkmale festgestellt werden, in der Regel durch den sog. **Fremdvergleich**. Die Rechtsprechung des BFH stellt darauf ab, ob ein ordentlicher und gewissenhafter Geschäftsleiter den Vermögensvorteil einer Person, die nicht Gesellschafter ist, unter sonst gleichen Umständen auch gewährt hätte.[156] Dabei ist aber mittlerweile in der Rechtsprechung des BFH klargestellt, dass das Kriterium des Fremdvergleiches keine Tatbestandsvoraussetzung für das Vorliegen einer vGA ist, sondern es sich um ein **Indiz** handelt, das auch widerlegbar ist.[157]

135   Eine Gefahr der vGA liegt immer dann vor, wenn bei Betrachtung des Austauschverhältnisses zwischen Leistung und Gegenleistung die Leistung der Gesellschaft an den Gesellschafter **unangemessen hoch** ist. In diesem Zusammenhang stellt der BFH auf die Üblichkeit des Vereinbarten ab.[158] Des Weiteren ist die Gefahr dann gegeben, wenn bei einem beherrschenden Gesellschafter nicht von vornherein klare und eindeutige Vereinbarungen über Leistung und Gegenleistung getroffen werden. Einmal getroffene Vereinbarungen sind auch durchzuführen (sog. Durchführungsgebot). Sowohl Gesellschaft wie auch Gesellschafter müssen sich daher an die Vereinbarungen halten, um nicht in die Gefahr einer vGA zu geraten. Schließlich müssen diese Vereinbarungen zwischen den Parteien auch wirksam sein.

136   In der Rechtsprechung existiert eine Fülle von **Beispielen** für vGA, nur einige seien hier genannt:
–   eine Nutzungsüberlassung,
–   die Befreiung von einer Verbindlichkeit,
–   Gewährung von uneinbringbaren Darlehen,[159]
–   selbst das Akzeptieren eines vermeintlich unkorrekten gerichtlichen Urteils zugunsten einer nahe stehenden Person kann eine vGA sein,[160]
–   ferner Aufwendungen für Feiern und Bewirtungen von Gästen, wenn eine Mitveranlassung durch private Interessen des Gesellschafters nicht auszuschließen ist.[161]

137   Eine vGA setzt voraus, dass der Vorteil einem Gesellschafter oder einer ihm nahe stehenden Person gewährt wird,[162] so z.B. Kindern, Verwandten, Ehegatten oder Arbeitnehmern. Auch eine Gewährung einer Leistung an bereits ausgeschiedene Gesellschafter kann eine verdeckte Gewinnausschüttung darstellen, wenn sie ihren Rechtsgrund noch im Gesellschaftsverhältnis hat.[163]

138   Fehlt bei einem der herrschenden Gesellschafter oder einer nahe stehenden Person eines beherrschenden Gesellschafters ein eindeutiger und zivilrechtlich wirksamer Vertrag, so darf nach einem Beschluss des BVerfG vom 7.11.1995[164] daraus nicht zwingend der Schluss gezogen werden, dass eine vGA vorliegt. Zulässig ist es vielmehr nur, aus dem Fehlen einer solchen Vereinbarung **indizielle Rückschlüsse** zu ziehen.[165] Selbst Unklarheiten in der Vereinbarung füh-

---

156 BFH BStBl 1984, Teil II, 384.
157 BFH BB 1998, 776; BFH BStBl 1999, Teil II, 242.
158 BFH BStBl 1990, Teil II, 454; BFH GmbHR 1993, 302.
159 *Wienands/Teufel*, GmbHR 2004, 1301.
160 BFH GmbHR 2000, 440.
161 BFH DStR 2004, 1691.
162 BFH BStBl 1995 II, 198.
163 BFH BStBl 1989 II, 419.
164 BVerfG, DB 1995, 2572; BVerfG DB 1996, 2470.
165 BFH GmbHR 1999, 667.

ren nicht zwingend zu einer vGA. Diese sind auszulegen und können auch später ausdrücklich oder durch ständige Übung beseitigt werden.[166]

Praxistipp 139

Selbst wenn ein gesetzlicher Anspruch des Gesellschafters gegen die GmbH besteht, z.B. aus Arbeitsleistung oder Darlehensgewährung, muss der Anspruch des Gesellschafters gegen die GmbH ausdrücklich vertraglich vereinbart werden. Im Umkehrverhältnis gilt dies für gesetzliche Ansprüche der GmbH gegen den Gesellschafter nicht.[167]

Rechtsfolge des § 8 Abs. 3 S. 2 KStG ist eine Gewinnerhöhungswirkung, wobei nach dem Urteil **140** des BFH vom 29.6.1994[168] anerkannt ist, dass die Gewinnerhöhung außerhalb der Steuerbilanz durch eine Hinzurechnung zum Steuerbilanzgewinn durchzuführen ist. Hinzu kommt eine zusätzliche Vorteilszuwendung durch die Anwendung des Halbeinkünfteverfahrens.[169]

4. Gleichbehandlungsgrundsatz

Die Geltung eines Gleichbehandlungsgrundsatzes zwischen den Gesellschaftern ist letztlich im **141** Ergebnis allgemein anerkannt. Hierbei ist es irrelevant, ob das GmbH-Gesetz eine Gleichbehandlungspflicht vorgibt, oder diese sich aus der allgemeinen Treuepflicht zwischen den Gesellschaftern, die bereits dargestellt wurde, ableitet.

Dabei darf die Vertragsautonomie in den Grenzen der Treueverpflichtungen der Gesellschaf- **142** ter nicht beschränkt werden. So muss insbesondere im Gesellschaftsvertrag eine Differenzierung in der Behandlung der einzelnen Gesellschafter zulässig sein. Die Grenze zieht der Gleichbehandlungsgrundsatz lediglich in einer willkürlichen sachlich ungerechtfertigten unterschiedlichen Behandlung der Gesellschafter.[170] Auf die enge Grenze zur Bevormundung soll hier nicht eingegangen werden.[171] Bei auslegungsbedürftigen Stellen des Gesellschaftsvertrages wird von dem Wunsch nach Gleichbehandlung auszugehen sein. Ein Verstoß gegen den Gleichbehandlungsgrundsatz liegt z.B. vor, wenn der für den konkreten Einzelfall geltende Maßstab der Beteiligung der Gesellschafter nicht eingehalten wurde, z.B. also bei der Beteiligung an Gewinn- und Stimmrechten. Streitig ist allerdings, inwieweit Drittgeschäfte zwischen der GmbH und dem Gesellschafter von dem Gleichbehandlungsgrundsatz erfasst werden. Umstritten dabei ist demgegenüber wiederum, dass wenn gesellschaftliche Elemente in dem Drittgeschäft enthalten sind, ob der Gleichbehandlungsgrundsatz doch Anwendung findet.[172]

Als Verletzungsfolge resultiert aus der sachlich ungerechtfertigten Benachteiligung eine **143** **Anfechtbarkeit des Gesellschafterbeschlusses**, falls durch einen solchen eine Ungleichbehandlung herbeigeführt wurde. Bei Ungleichbehandlung durch andere gesellschaftliche Rechtsakte ist die Rechtsfolge nicht einheitlich zu bestimmen. Hier ist es sowohl denkbar, dass der entsprechende Rechtsakte rückgängig gemacht werden muss, wie auch, dass z.B. bei ungleicher Verteilung von Vergünstigungen ein Anspruch auf die entsprechende Leistung oder auf Schadensersatz in Betracht kommt. Die genaue Ausgestaltung hängt hier wiederum vom Einzelfall

---

166 BFH GmbHR 1996, 299; BFH GmbHR 1998, 47.
167 BFH GmbHR 1998, 47; BFH GmbHR 1998, 1044.
168 GmbHR 1994, 894.
169 *Hey*, GmbHR 2001, 1; *Binz/Sorg*, DStR 2001, 1457.
170 BGHZ 33, 186; BGHZ 70, 120 ff.; BGHZ 116, 359, 373; BGHZ 120, 141, 150 f.
171 *Roth/Altmeppen*, § 13 Rn 61.
172 Hierbei ist fraglich, wie eine solche Abgrenzung überhaupt stattfinden können soll. Nach Ansicht des Verfassers ist daher die Auffassung von Altmeppen zutreffend, dass der Gleichbehandlungsgrundsatz auch Drittgeschäfte erfasst, so *Roth/Altmeppen*, § 13 Rn 63.

ab. Auch in der Kommentarliteratur wird hierzu vertreten, dass ein Ermessensspielraum einzuräumen ist, wie das gleichwertige Ergebnis hergestellt werden soll.[173]

5. Geschäftsanteil

144 Jeder Geschäftsanteil wird mit einem dem Stammeinlagebetrag entsprechenden **Nennbetrag** bezeichnet. Dieser Nennbetrag bildet die Grundlage für die Beteiligung des Anteilshabers an Rechten und Pflichten. Über den **Wert des Geschäftsanteils** wird mit dem Nennbetrag nichts ausgesagt. Anknüpfend an eine reichsgerichtliche Entscheidung,[174] wird die Frage nach der Beteiligung am Gesellschaftsvermögen durch den Geschäftsanteil bejaht.

145 Im Laufe des Bestehens einer Gesellschaft kann die Summe der Nennbeträge der Geschäftsanteile **von der Stammkapitalziffer abweichen**, z.B. durch Unwirksamkeit einer Beteiligungserklärung oder durch Einziehung eines Geschäftsanteils. Nach der Regierungsbegründung des MoMiG zu der Neufassung des § 5 Abs.3 S.2 GmbHG soll die Übereinstimmung aber zwingend sein. Daraus wird abgeleitet, dass bei einem Verstoß gegen die Bestimmung die Festsetzung der Nennbeträge nichtig sei, insbesondere bestehe ein Eintragungshindernis.[175] Neben der Funktion als Identitätsbezeichnung gibt der Geschäftsanteil den Beteiligungsmaßstab für Rechte und Pflichten der Gesellschafter an (§§ 24, 26 Abs. 3, 29 Abs. 3, 31 Abs. 3, 47 Abs. 2, 72 GmbHG).

146 Der Geschäftsanteil erlischt mit seiner Einziehung und mit Vollbeendigung der GmbH, nicht bereits mit der Auflösung. Der Bestand des Gesellschaftsanteils wird nicht berührt durch den Erwerb durch die GmbH.

147 Über die **Wertermittlung des Geschäftsanteils** fehlen im Privatrecht ausdrückliche gesetzliche Vorschriften. Der Anteilswert bemisst sich grundsätzlich nach dem, dem Beteiligungsverhältnis entsprechenden, Anteil am Verkaufswert des Unternehmens als Ganzes. Dieser Wert ist wiederum nach betriebswirtschaftlich anerkannten Bewertungsmethoden zu ermitteln. Eine bestimmte Bewertungsmethode ist aber rechtlich nicht vorgeschrieben.[176] Im Laufe der Zeit wurde durch die Rechtsprechung zunehmend die **Ertragswertmethode** mit bestimmten Einschränkungen zugrunde gelegt.[177] Die Bestimmung des Wertes knüpft sich wiederum an jeden Einzelfall der verschiedenen Gesellschaften an. Z.B. kann bei außergewöhnlich hohem Anteil an nicht betriebsnotwendigem Vermögen an **Substanzwert** in die Berechnung miteinbezogen werden, wie zum anderen eben auch ein **Goodwill**. Des Weiteren kann auch der Gesellschaftsvertrag eine abweichende Anteilsbewertung für die Zwecke statuarischer Abtretungspflichten oder Erwerbsrechte treffen, allerdings nur insoweit, als der Anspruch statuarischer Disposition unterliegt.

148 So kann bestimmten Gesellschaftern innerhalb der Gruppe der Gesellschaft eine Vorzugsstellung eingeräumt werden. Diese kann als dauernde Regelung im Gesellschaftsvertrag verankert werden, wie auch durch satzungsändernden Beschluss aufgenommen werden. Durch solche **Sonderrechte** darf gegen zwingende Kompetenzvorschriften nicht verstoßen werden und auch absolut unentziehbare Rechte anderer Gesellschafter dürfen nicht verkürzt werden. Möglich sind Sonderrechte z.B. in Form von erhöhten Stimmrechten, Zustimmungs- oder Einspruchsrechte bei Gesellschafterbeschlüssen, Weisungsrechte gegenüber der Geschäftsführung, das Recht zur Ernennung eines Geschäftsführers, Benutzungsrechte an Vermögensgegenständen und Einrichtungen der Gesellschaft, ein höherer Gewinnanteil, ein Recht zur Übernahme anderer Geschäftsanteile, besondere Auskunfts-, Einsichts- oder Prüfungsrechte.

---

173 *Roth/Altmeppen*, § 13 Rn 64; *Scholz/Winter*, § 14 Rn 48.
174 RGZ 82, 167, 169.
175 Baumbach/Hueck/*Fastrich*, § 5 Rn 12.
176 BGHZ 70, 224, 225; BayObLG BB 1995, 1759, 1760.
177 Scholz/*Winter*, § 14 Rn 12a.

Die **Änderung eines Sonderrechts** ist an die Zustimmung seines Inhabers geknüpft, § 35 **149**
BGB. Ähnlich der Einziehung eines Geschäftsanteils kann die Entziehung bei Vorliegen eines
wichtigen Grundes möglich sein. Die Entziehung des Sonderrechts muss im Hinblick auf das
Sonderrecht aber ultima ratio sein.

Als **unentziehbare Mitgliedschaftsrechte** gelten demgegenüber das Auskunfts- und Ein- **150**
sichtsrecht des Gesellschafters, des Minderheitenrechts zur Einberufung der Gesellschafterversammlung nach § 50 GmbHG, das Teilnahmerecht an einer Gesellschafterversammlung, das
Recht Anfechtungsklage zu erheben, das Auszugsrecht aus wichtigem Grund und die Berechtigung zur Erhebung der Auflösungsklage. Ferner muss immer überprüft werden, ob das Mitgliedschaftsrecht im Einzelfall ohne zusätzliche Verwaltungs- und Vermögensrechte völlig sinnent-
leert wäre, und ob diese Ausgestaltung des Geschäftsanteils nicht unzulässig ist.[178]

6. Informations- und Kontrollrechte

Sowohl in Personen- wie auch in Kapitalgesellschaften stehen den Gesellschaftern Informa- **151**
tions- und Kontrollrechte zu. Diese von dem Kontrollrecht der Gesellschafterversammlung als
Organ zu unterscheidenden Rechte sind für die nicht an der Geschäftsführung beteiligten Gesellschafter von entscheidendem Interesse und bilden zusammen mit der Möglichkeit der Willensbildung den Kernbereich der Mitgliedschaftsrechte. Die Informationseinholung bildet die
Grundlage für die Wahrnehmung von anderen Gesellschaftsrechten, z.B. der Einberufung einer
Gesellschafterversammlung, der Ausübung des Stimmrechts und der ggf. begründeten Durchsetzung von gesellschafterrechtlichen Treuepflichten.

a) Personengesellschaften

Fast wortgleich regeln § 716 BGB und § 118 HGB die Informationsrechte des **BGB-Gesell-** **152**
schafters und des **OHG-Gesellschafters**. Danach können sich die Gesellschafter in diesen Gesellschaften jederzeit von den Angelegenheiten der Gesellschaft persönlich unterrichten, die
Geschäfts- bzw. Handelsbücher und Papiere der Gesellschaft einsehen und sich aus Ihnen eine
Übersicht über den Stand des Gesellschaftsvermögens bzw. eine Bilanz und einen Jahresabschluss anfertigen. Das Informationsrecht des Gesellschafters umfasst in diesem Fall eine Kon-
trollbefugnis und einen Auskunftsanspruch. Letzterer entsteht allerdings nur im Sonderfall,
wenn aus den Papieren und Büchern der Gesellschaft bestimmte Informationen nicht ersichtlich
sind und ein klarer Überblick über die Angelegenheit der Gesellschaft sich ohne die Auskunft
nicht verschafft werden kann.[179] Allein aufgrund der persönlichen Haftung der Gesellschafter in
den genannten Gesellschaften ist das Informationsrecht umfassend, lediglich persönliche Angelegenheiten der Mitgesellschafter und Geschäftsführer sind von dem Informationsrecht nicht
umfasst.

Ein solch weitgehendes Informationsrecht steht dem **Kommanditisten** hingegen nicht zu. **153**
Sein Recht ist beschränkt nach § 166 Abs. 1 HGB auf die Übersendung einer abschriftlichen Mitteilung des festgestellten Jahresabschlusses. Zwischenabschlüsse werden von dem Informationsrecht nicht umfasst. An die Überlassungspflicht hinsichtlich des Jahresabschlusses knüpft
sich ein Einsichtsrecht des Kommanditisten zur Prüfung der Richtigkeit an. Ein Recht auf Einsicht in solche Unterlagen der Gesellschaft, die für den Jahresabschluss nicht relevant sind, besteht nicht. Nur im Rahmen eines außerordentlichen Einsichtsrechtes ist die Kontrolle durch den
Kommanditisten nicht auf den Rechnungsabschluss beschränkt. Ein wichtiger Grund liegt vor,

---

178 Vgl. Baumbach/Hueck/*Fastrich*, § 14 Rn 14.
179 BGH WM 1983, 910, 911; BGH BB 1972, 1245.

wenn eine sofortige Überwachung im Interesse des Kommanditisten geboten ist, so z.B. bei drohender Schädigung der Gesellschaft oder des Kommanditisten.[180]

154   Die Informations- und Kontrollrechte, die das Gesetz vorgegeben hat, sind ohne weiteres erweiterbar.[181] An der Zulässigkeit eines Ausschlusses der gesetzlichen Information zu Kontrollrechte hat der BGH jedoch Zweifel angemeldet.[182] Das ordentliche Informationsrecht des Kommanditisten ist nach der Rechtsprechung wohl **unabdingbar**.[183]

155   Der Gesellschafter muss bei der Durchführung und Ausübung der Informations- und Kontrollrechte auf die Belange der Gesellschaft Rücksicht nehmen. Die Einsichtnahme soll in der Regel während der Geschäftszeiten erfolgen, auf Kosten des einsehenden Gesellschafters. Grundsätzlich darf der Gesellschafter hierzu auch einen **Berater** hinzuziehen, wobei dieser eine zur beruflichen Verschwiegenheit verpflichtete Person sein sollte. Die Überlassung der Ausübung des Einsichtsrechts an einen Bevollmächtigten ist nur zulässig, wenn dem Gesellschafter eine eigene Kontrolle z.B. aufgrund von Krankheit längere Zeit nicht möglich ist.[184]

156   Das Kontrollrecht darf nicht mit Schädigungsabsicht oder schikanös ausgeübt werden. In diesem Fall steht es dem Gesellschafter nicht zu.

b) Kapitalgesellschaftsrecht

157 Das Informationsrecht des Gesellschafters einer GmbH ist niedergelegt in § 51a GmbHG. Der Paragraph wurde durch die Novelle 1980 ins GmbH-Gesetz eingefügt. Danach haben die Geschäftsführer jedem Gesellschafter auf Verlangen **unverzüglich Auskunft über die Angelegenheiten der Gesellschaft** zu geben und die **Einsicht** der Bücher und Schriften zu gestatten. Das Informationsrecht des GmbH-Gesellschafters ist daher am ehesten zu vergleichen mit dem Informationsrecht des GbR-Gesellschafters oder Gesellschafters einer OHG.

158   Es bezieht sich nicht nur auf abgeschlossene, sondern auch auf **zukünftige Vorgänge** der Planung und Willensbildung. Auch bestehen sachliche Einschränkungen des Einsichtsrechtes nicht. Das Recht der Gesellschafter kann **durch Dritte und Bevollmächtigte** wahrgenommen werden, wenn wiederum hinreichend gewährleistet ist, dass die Ergebnisse der Geheimhaltung unterliegen. Die Geschäftsführer sind einer gewissenhaften und getreuen Rechenschaft verpflichtet. Die Auskunft und Einsicht darf nach § 51a Abs. 2 GmbHG nur verweigert werden, wenn zu besorgen ist, dass der Gesellschafter sie zu gesellschaftsfremden Zwecken verwendet und dadurch der Gesellschaft oder einem verbundenen Unternehmen einen nicht unerheblichen Nachteil zufügen wird. Die Verweigerung bedarf eines Beschlusses der Gesellschafter. Die Besorgnis der Voraussetzungen muss von der GmbH dargelegt werden, diese trifft auch die **Beweislast** im Rahmen einer prozessualen Auseinandersetzung über das Informationsrecht.

159   Die vorgenannten Rechte und deren Einschränkung stellen **zwingendes Recht** dar, sie dürfen nach § 51a Abs. 3 GmbHG durch den Gesellschaftsvertrag nicht eingeschränkt werden.

III. Rechtsbeziehungen zwischen Gesellschaft und Vertretungsorganen der Gesellschaft

Literatur: *Ahmann*, Zehn Jahre „neue" vGA: Quo vadis?, DStZ 1997, 495; *Beck'sches Handbuch der AG*, hrsg. v. W. Müller/Rödder, 2. Aufl. 2009; *Arens*, Der GmbH-Geschäftsführer im Arbeits-, Sozialversicherungs- und Steuerrecht – aktuelle Entwicklungen, DStR 2010, 115; *Binz/Sorg*, Manager-Beteiligung auf Zeit – ein unzulässiger Etikettenschwindel?, GmbHR 2005, 893; *Callsen*, Risiko-Geschäfte eines Gesellschafter-Geschäftsführers: Verdeckte Gewinnausschüttung oder Be-

---

180 BGH WM 1983, 910, 911.
181 BGH NJW 1984, 2470, 2471.
182 BGH NJW 1989, 225 f.; dazu *Grunewald*, ZGR 1989, 545.
183 BGH NJW 1989, 225, 226.
184 BGHZ 25, 115, 122 f.; BGH BB 1962, 899, 900.

triebsausgabe?, NZI 2002, 87; *Erfurter Kommentar zum Arbeitsrecht*, hrsg. v. Dietrich/Müller-Glögge, 12. Aufl. 2012 (zit.: ErfK/*Bearbeiter*); *Freund*, Abberufung und außerordentliche Kündigung des Geschäftsführers, GmbHR 2010, 117; *Grobys/Glanz*, Kopplungsklauseln in Geschäftsführerverträgen, NJW-Spezial 2007, 129; *Heidel* (Hrsg.), Aktienrecht und Kapitalmarktrecht, 3. Aufl. 2011 (zit.: AnwK-AktG/*Bearbeiter*); *Hoffmann*, Der verlustverursachende Geschäftsführer als Merkmal der verdeckten Gewinnausschüttung?, DStR 1999, 269; *Hüffer*, Kommentar zum AktG, 10. Aufl. 2012; *Kothe-Heggemann/Dahlbender*, Ist der GmbH-Geschäftsführer nach Abberufung weiter hin zur Arbeitsleistung verpflichtet?, GmbHR 1996, 650; *Kreklau*, Abberufung des Gesellschafter-Geschäftsführers der GmbH, GmbHR 2007, 365; *Münchner Handbuch zum Gesellschaftsrecht*, Band 4, 3. Aufl. 2007 (zit.: MünchGesR/*Bearbeiter*, Bd. 4); *Oberthür*, Unionsrechtliche Impulse für den Kündigungsschutz von Organvertretern und Arbeitnehmerbegriff, NZA 2011, 253; *Picker*, Die krankheitsbedingte Kündigung des GmbH-Geschäftsführers, GmbHR 2011, 629; *Raiser/Veil*, Mitbestimmungsgesetz und. Drittbeteiligungsgesetz, 5. Aufl. 2009; *Scheffler*, Private Vermögensverwaltung über eine GmbH?, BB 2001, 2297; *Schockenhoff*, Die befristete Unternehmensbeteiligung des GmbH-Geschäftsführers, ZIP 2005, 1009; *Slabschi*, Die sogenannte rechtsmissbräuchliche Anfechtungsklage, ZIP 1999, 391; *Sommer*, Wettbewerbsverbot für Gesellschafter und Geschäftsführer, GmbH-StB 1998, 51; *Thiel*, Verdeckte Gewinnausschüttung, DStR 1993, 1801; *Wassermeyer*, Risikogeschäfte durch den Gesellschafter-Geschäftsführer für Rechnung der Kapitalgesellschaft, FR 1997, 563; *Werner*, Kompensation einer vGA durch Bilanzberichtigung?, StBW 2010, 504; *Wolf*, Das unheilbare Zerwürfnis als Abberufungsgrund, GmbHR 1998, 1163; *Zöllner/Noack* (Hrsg.), Kölner Kommentar zum AktG, 3. Aufl. 2004/2009 (zit.: Kölner Komm-AktG/*Bearbeiter*).

1. Wettbewerbsverbote für GmbH-Geschäftsführer und Vorstände der AG
a) Inhalt und Umfang des Wettbewerbsverbotes

Nach **§ 88 AktG** unterliegt der **Vorstand der AG** der Gesellschaft gegenüber einem Wettbewerbsverbot, welches ihm sowohl eine konkurrierende geschäftliche Tätigkeit insgesamt aber auch einzelne Geschäfte im Geschäftszweig der Gesellschaft verbietet, und zwar sowohl für eigene als auch für fremde Rechnung.[185]   **160**

Praxistipp   **161**
Die Gesellschaft kann nach § 83 Abs. 1 S. 2 AktG den aus der verbotenen Wettbewerbstätigkeit bezogenen Gewinn an sich ziehen. Daneben stehen ihr alternativ nach § 83 Abs. 2 S. 1 AktG Schadensersatzansprüche zu.

Nach § 83 Abs. 1 S. 3 AktG kann der Aufsichtsrat dem Vorstandsmitglied für einzelne, aber konkret im Vorhinein festzulegende Tätigkeiten einen **Dispens** vom Wettbewerbsverbot erteilen.   **162**

Die bloße **Anlage eigenen Vermögens** in Werten, mit denen auch die Gesellschaft handelt, stellt noch kein Geschäftemachen im Sinne des § 88 Abs. 1 AktG dar, der nach herrschender Meinung hinsichtlich aller gesellschaftsrechtlichen Wettbewerbsverbote entsprechend gilt.[185]   **163**

Obwohl für den GmbH-**Geschäftsführer** ein Wettbewerbsverbot im Gesetz nicht verankert ist, unterliegt auch er aus dem Gesichtspunkt der **Treuepflicht** einem Wettbewerbsverbot, unabhängig davon, ob er an der Gesellschaft beteiligt ist oder nicht, und unabhängig davon, ob eine ausdrückliche Vereinbarung eines Wettbewerbsverbotes in der Satzung besteht.[187]   **164**

Wichtig   **165**
Wenn ein Geschäftsführer dem Wettbewerbsverbot unterliegt, kann er durch dessen Verletzung Ansprüche der Gesellschaft auf **Schadensersatz** oder Abführung der Vorteile gegen sich auslösen. Verzichtet die GmbH auf diese Ansprüche, so bewirkt sie damit möglicherweise eine verdeckte Gewinnausschüttung (vGA) i.S. des § 8 Abs. 3 S. 2 KStG und eine andere Ausschüttung i.S. des § 27 Abs. 3 S. 2 KStG, soweit der **Verzicht** durch das Gesellschaftsverhältnis veranlasst ist.

---

185 Dazu Beck'sches Handbuch der AG/*Liebscher*, § 6 Rn 126.
186 BGH BB 1997, 1913.
187 BGH GmbHR 1983, 300; BGH GmbHR 1986, 42; FG München GmbH-Stpr. 1995, 322.

166 Übt ein (späterer) Gesellschafter-Geschäftsführer bereits im Zeitpunkt der Gründung der GmbH bereits eine **konkurrierende Tätigkeit** aus und ist dies allen Gründungsgesellschaftern von vornherein bekannt, so ist von deren **stillschweigender Einwilligung** in die Fortführung auszugehen, wenn Gesellschafts- und Anstellungsvertrag weder ein ausdrückliches Wettbewerbsverbot vorsehen noch eine spezielle Regelung zu der bisherigen wirtschaftlichen Betätigung treffen.[188]

b) Einschränkung der sog. „Geschäftschancenlehre"

167 Wird der Gesellschafter-Geschäftsführer einer GmbH im eigenen Namen und für eigene Rechnung im satzungsmäßigen Geschäftsbereich der Gesellschaft tätig, rechnete die **ältere BFH-Rechtsprechung** seine Tätigkeit der GmbH zu, wenn die beiderseitigen Tätigkeitsbereiche nicht von vornherein klar und eindeutig abgegrenzt waren.[189]

168 Eine vGA nahm der BFH insbesondere dann an, wenn die Tätigkeit des Gesellschafter-Geschäftsführers gegen ein Wettbewerbsverbot verstieß und die GmbH einen ihr deswegen zivilrechtlich zustehenden **Schadensersatz- oder Herausgabeanspruch** nicht geltend machte.[190] Insbesondere sollte danach ein Alleingesellschafter-Geschäftsführer einem gesetzlichen, aus der Treuepflicht abzuleitenden Wettbewerbsverbot unterliegen.[191] Diese Auffassung des BFH stand im Widerspruch zur **Rechtsprechung des BGH,** nach der die GmbH gegen ihren Alleingesellschafter-Geschäftsführer solange keinen Schadensersatzanspruch wegen Verletzung der allgemeinen Treuepflicht hat, als er der Gesellschaft kein zur **Deckung des Stammkapitals** benötigtes Vermögen entzieht.[192]

169 Der **BFH** hat daraufhin seine Rechtsprechung geändert. Ein Alleingesellschafter-Geschäftsführer unterliegt danach grundsätzlich keinem Wettbewerbsverbot, außer er entzieht der GmbH durch das Parallel-Geschäft Vermögen, das zur Deckung des Stammkapitals benötigt wird. Die Annahme einer vGA wegen Verstoßes des Gesellschafter-Geschäftsführers gegen ein Wettbewerbsverbot setzt voraus, dass der Gesellschafter-Geschäftsführer Informationen oder **Geschäftschancen** der Kapitalgesellschaft nutzt, für deren Überlassung ein fremder Dritter ein Entgelt gezahlt hätte.[193]

---

170 **Beispiel**
Es ist nicht erforderlich, dass die betreffende Geschäftschance zum typischen Betätigungsfeld der GmbH gehört. Es reicht ggf. auch aus, wenn es sich um eine fast **risikolose Einmalchance** handelt.[194]

---

171 Die Voraussetzungen einer vGA können auch vorliegen, wenn der Gesellschafter-Geschäftsführer Geschäftschancen, die der GmbH zustehen, als **Eigengeschäft** wahrnimmt oder Kenntnisse der Gesellschaft über geschäftliche Möglichkeiten tatsächlicher oder rechtlicher Art an sich zieht und für eigene Rechnung nutzt. Es ist also steuerlich zu prüfen, ob der Gesellschafter der GmbH eine konkrete Geschäftschance entzogen hat und dadurch den Gewinn der GmbH gemindert hat. Wenn dies zu bejahen ist, dann liegt bereits mit dem Entzug der Geschäftschance eine

---

188 BFH GmbHR 1999, 667.
189 BFH BStBl II 1983, 487.
190 BFH DStR 1987, 345.
191 BFH DStR 1989, 500; BFH DStR 1989, 539.
192 BGH DStR 1993, 1072.
193 BFH BB 1995, 2513 u. 2628 m. Anm. *Aretz/Bühler* = DStR 1995, 1873 m. Anm. *Gosch*, DStR 1995, 1863; BFH NV 1999, 1125.
194 BFH BB 1997, 1829; BFH BB 2002, 2484 m. Anm. *Hey*; BFH GmbHR 2003, 183.

vGA vor.[195] Dabei können Geschäftschancen nicht nach formalen Kriterien zugeordnet werden bzw. der Gesellschaft „aufgedrängt" werden. Auch besteht kein **Gebot der klaren Aufgabenabgrenzung**. Maßstab ist insbesondere nicht die Bestimmung des satzungsmäßigen Gesellschaftszwecks.[196]

Es ist am Maßstab des Handelns eines ordentlichen und gewissenhaften Geschäftsleiters zu **172** beurteilen, ob eine Kapitalgesellschaft eine sich ihr bietende Geschäftschance auch wahrgenommen hätte. Ob sie die Chance mit eigenen personellen und sachlichen Mitteln nutzt oder aber ihren **Gesellschafter als Subunternehmer** beauftragt, unterliegt ihrer freien unternehmerischen Entscheidung (ständige Rechtsprechung des BFH).[197]

Es bleibt einer GmbH grundsätzlich auch unbenommen, die weitere Ausführung eines von **173** ihr angebotenen Projekts auf eine **Schwestergesellschaft** zu übertragen. Eine vGA liegt jedoch vor, wenn die Geschäftschance ohne entsprechendes Entgelt überlassen wird. Der Umfang der vGA ist aber vom Fortschritt der Planung und Durchführung sowie vom weiteren Risiko des Projekts abhängig.[198] Wird einer GmbH ein **konkretes Geschäft** angeboten, stellt es regelmäßig eine vGA dar, wenn die Geschäftschance ohne entsprechendes Entgelt einer Schwestergesellschaft überlassen wird.[199]

Wichtig **174**
Ein Wettbewerbsverstoß und damit eine vGA liegen jedenfalls dann nicht vor, wenn der Gesellschafter Geschäftschancen wahrnimmt, die der GmbH nicht zuzurechnen sind, weil die **Geschäftsanbahnung** bereits vor deren Gründung erfolgte.[200]

Überlässt der GmbH-Alleingesellschafter-Geschäftsführer Wissen, das er als Ausfluss seiner Ge- **175** schäftsführertätigkeit für die GmbH erwarb, entgeltlich einem Dritten, so ist eine vGA i.S. des § 8 Abs. 3 S. 2 KStG in der Form einer **verhinderten Vermögensmehrung** anzunehmen.[201] Diese Rechtsprechung hat der BFH auch auf die **Mehrpersonengesellschaft** erweitert.[202]

c) Befreiung vom Wettbewerbsverbot
Diese steuerlich nachteiligen Rechtsfolgen können – auch für GmbH-Geschäftsführer – durch **176** eine **im Voraus** rechtswirksam gewährte Befreiung vom Wettbewerbsverbot abgewendet werden (zum Aktienrecht siehe Rn 102 ff.). Dazu muss eine **Grundlage in der Satzung** vorhanden sein, ein entsprechender **Gesellschafterbeschluss** unter Ausschluss des betroffenen Gesellschafters (§ 47 Abs. 4 GmbHG) gefasst werden und die Befreiung materiell im Interesse der Gesellschaft liegen, was bei **unentgeltlicher Befreiung** problematisch sein kann.[203]

---

195 BFH GmbHR 2003, 1019.
196 BFH DStR 1997, 324 = NJW 1997, 1806; BFH NJW 1997, 1804; BFH BB 1997, 1829 = GmbHR 1997, 904; entgegen BMF v. 4.2.1992, BStBl I 1992, 137 und BMF v. 29.6.1998, BStBl I 1993, 556; dazu *Thiel*, DStR 1993, 1801; Centrale-Gutachten, GmbHR 2003, 95.
197 BFH BB 2004, 26 = GmbHR 2003, 1497.
198 FG Saarland EFG 2001, 1165 m. Anm. *Neu*.
199 BFH DStRE 2003, 104.
200 FG München GmbHR 1998, 748.
201 BFH DB 1996, 2366 = BB 1996, 2394.
202 BFH DStR 1997, 324 = NJW 1997, 1806.
203 Vgl. BGH NJW 1978, 1316 zur Rechtslage bei der AG.

---

177 **Formulierungsbeispiel**
Jedem Gesellschafter ist es verboten, mit der Gesellschaft mittelbar oder unmittelbar in Wettbewerb zu treten. Als Wettbewerb gilt dabei
- jede entgeltliche oder unentgeltliche Betätigung in derzeitigen und künftigen örtlichen und sachlichen Geschäftszweigen der Gesellschaft auf eigene oder fremde Rechnung;
- die Beteiligung an einem Unternehmen, das in einem Geschäftszweig der Gesellschaft tätig wird, ausgenommen börsennotierte Unternehmen;
- die Beratung eines Unternehmens gem. vorstehender Klausel, auch beispielsweise als Aufsichtsrat, Beirat oder dergleichen;
- jede sonstige entgeltliche oder unentgeltliche Tätigkeit für ein solches Unternehmen für eigene oder fremde Rechnung.

Jedem Gesellschafter und/oder Geschäftsführer kann Befreiung von Wettbewerbsverboten jeder Art erteilt werden. Über Art und Umfang der Befreiung entscheiden die Gesellschafter durch Gesellschaftsbeschluss.[204]

---

178 Andererseits soll die **Einwilligung aller Gesellschafter zum „Erlaubt-sein-lassen"** der nach dem Gesellschaftsvertrag verbotenen Wettbewerbshandlung führen können, wobei diese Einwilligung keinen Beschluss der Gesellschafterversammlung voraussetzt.[205]

d) Verzicht auf nachvertragliches Wettbewerbsverbot

179 Ist zwischen der GmbH und ihrem Geschäftsführer ein nachvertragliches Wettbewerbsverbot mit Pflicht zur Karenzentschädigung vereinbart, kann die GmbH nur **vor Beendigung des Dienstverhältnisses** darauf verzichten. Einem nachträglichen Verzicht steht die Vorschrift des § 75a HGB entgegen, die mangels gegenteiliger vertraglicher Vereinbarung auch im Verhältnis einer GmbH zu ihrem Geschäftsführer anzuwenden sein soll. Danach kann die GmbH vor der Beendigung des Dienstverhältnisses durch schriftliche Erklärung auf das Wettbewerbsverbot mit der Wirkung verzichten, dass sie mit dem Ablauf eines Jahres seit der Erklärung von der Verpflichtung zur Zahlung der Entschädigung frei wird.[206]

180 Eine andere Auffassung wird jedoch vom OLG Düsseldorf vertreten. Danach kann eine GmbH, die mit ihrem Geschäftsführer ein nachvertragliches Wettbewerbsverbot vereinbart hat, auch noch nach Beendigung des Dienstverhältnisses auf das Wettbewerbsverbot verzichten, wobei der Verzicht gleichzeitig zur Folge habe, dass auch die Verpflichtung der Gesellschaft zur Zahlung einer Karenzentschädigung entfällt. Einem derartigen Verzicht stehe **§ 75a HGB** nicht entgegen, da diese Vorschrift auf das Verhältnis einer GmbH zu ihrem Geschäftsführer ohne besondere vertragliche Vereinbarung **nicht analog** anwendbar sei.[207]

181 Wird in einem **Aufhebungsvertrag** (Aufhebung des Anstellungsvertrages) die übliche allgemeine Formulierung gewählt, dass sämtliche Ansprüche „aus dem Anstellungsverhältnis und aus Anlass von dessen Beendigung erledigt" sein sollen, so kann daraus noch nicht hinreichend sicher gefolgert werden, dass auch ein nachvertragliches Wettbewerbsverbot mit der daran geknüpften **Karenzentschädigung** ersatzlos aufgehoben sein soll. Was die Parteien „erledigen" wollten, ist dann vielmehr durch Auslegung unter Berücksichtigung aller Umstände gem. §§ 133, 157 BGB zu ermitteln.[208]

---

204 Vgl. *Sommer*, GmbH-StB 1998, 51 f.
205 BFH DStR 1998, 1354 = BB 1998, 1828.
206 LG Frankfurt/M. GmbHR 1994, 803.
207 OLG Düsseldorf GmbHR 1996, 931 = BB 1996, 2377.
208 OLG Köln BB 1997, 1328 = GmbHR 1997, 743.

Arens/Knodel

Das im Anstellungsvertrag eines GmbH-Geschäftsführers vereinbarte nachvertragliche **182** Wettbewerbsverbot gegen Karenzentschädigung wird nicht allein dadurch verkürzt oder hinfällig, dass er mit der ordentlichen Kündigung des Anstellungsvertrages von seinen Dienstpflichten freigestellt wird. Die vereinbarte Karenzentschädigungspflicht entfällt mit dem **Verzicht** der GmbH auf das Wettbewerbsverbot jedenfalls dann nicht, wenn der Verzicht nach **ordentlicher Kündigung** des Anstellungsvertrages erst zu einem Zeitpunkt erklärt wird, in dem der Geschäftsführer sich auf die mit dem Wettbewerbsverbot verbundenen Einschränkungen seiner neuen beruflichen Tätigkeit eingerichtet hat.[209]

Wichtig **183**

Die **entgeltliche Unterlassung von Wettbewerb** für fünf Jahre durch den Steuerpflichtigen ist eine nachhaltige gewerbliche oder berufliche Tätigkeit i.S.v. § 2 Abs. 1 UStG und führt somit zur Umsatzsteuerbarkeit.[210]

---

2. Selbstkontrahierungsverbot (§ 181 BGB)

Voraussetzung für die steuerliche Anerkennung von Geschäften des beherrschenden Gesell- **184** schafter-Geschäftsführers mit seiner GmbH ist deren **zivilrechtliche Wirksamkeit**. Geschäfte eines Gesellschafter-Geschäftsführers mit einer GmbH, die gegen das Selbstkontrahierungsverbot des § 181 BGB verstoßen, werden daher **steuerlich nicht anerkannt** und als vGA behandelt.

Ein ordentlicher und gewissenhafter Geschäftsleiter würde nämlich dem Gesellschafter **185** keine Leistung aufgrund unwirksamer Vereinbarungen erbringen. Deshalb muss der Gesellschafter-Geschäftsführer vor Abschluss derartiger In-sich-Geschäfte wirksam vom Verbot des Selbstkontrahierens befreit sein. Eine **nachträgliche Zustimmung** (Genehmigung) soll nicht ausreichend sein.[211]

Eine vGA ließ sich in früherer Zeit nicht allein daraus ableiten, dass die **Befreiung** des Ge- **186** sellschafter-Geschäftsführers von dem Verbot des § 181 BGB nicht im **Handelsregister** eingetragen war.[212] Mittlerweile muss man aber davon ausgehen, dass mangels Eintragung der Befreiung vom Verbot des Selbstkontrahierens im Handelsregister etwaige In-sich-Geschäfte zwischen GmbH und Geschäftsführer schon allein aus Formgründen als vGA angesehen werden können. Jedoch ist das **zuständige Organ** für Vertragsvereinbarungen der GmbH mit ihrem Geschäftsführer die Gesellschafterversammlung. Diese kann den Vollzug allerdings delegieren.

Der **Alleingesellschafter-Geschäftsführer** einer GmbH ist allerdings auch dann rechts- **187** wirksam von den Beschränkungen des § 181 BGB befreit, wenn die Befreiung erst nach Abschluss von In-sich-Geschäften in der Satzung geregelt und im Handelsregister eingetragen wird; die In-sich-Geschäfte sind dann als nachträglich genehmigt anzusehen.[213] Das steuerrechtliche **Rückwirkungsverbot** steht dem nicht entgegen, vorausgesetzt, den In-sich-Geschäften liegen klare von vornherein abgeschlossene Vereinbarungen zugrunde.[214]

---

209 BGH BB 2002, 800 = DStR 2002, 735, dazu EWiR 2002, 521 (*Hoyningen-Huene*).
210 BFH DStR 2004, 311 = GmbHR 2004, 373 in Abgrenzung zu BFH BStBl II 1986, 874 = GmbHR 1987, 31.
211 FG München GmbH-Stpr. 1995, 321; a.A. (wegen unklarer Rechtslage) FG Münster EFG 1997, 768 = GmbHR 1997, 810; a.A. offenbar auch BFH GmbHR 1997, 907.
212 BFH DB 1995, 2452 = DStR 1995, 1999; BFH NV 1996, 644.
213 BFH GmbHR 1997, 266; BFH NV 1997, 805; BFH GmbHR 1998, 546 = DStRE 1998, 309.
214 BFH DStR 1996, 1969 = GmbHR 1997, 34.

3. Verlustverursachende bzw. spekulative Geschäfte

188 Wird die gesamte Tätigkeit bzw. werden einzelnen selbständige Tätigkeitsbereiche des Betriebs einer Kapitalgesellschaft im Interesse eines oder mehrerer Gesellschafter ausgeübt – etwa wenn die Kapitalgesellschaft **Risikogeschäfte** (hier: Devisentermingeschäfte) tätigt und dadurch **private Neigungen** und Interessen eines Gesellschafters befriedigt werden –, ohne dass sich die Gesellschaft eine **Verlustausgleichspflicht** ausbedingt, so ist in dem Verzicht auf die Vereinbarung eines solchen Aufwendungsersatzes bzw. Verlustausgleichs eine vGA und eine andere Ausschüttung i.S.v. § 27 Abs. 3 S. 2 KStG zu sehen.[215]

189 Tätigt eine Kapitalgesellschaft **Risikogeschäfte**, etwa **Devisentermingeschäfte**, so rechtfertigt dies im Allgemeinen nicht die Annahme, die Geschäfte würden im privaten Interesse des beherrschenden Gesellschafters ausgeübt. Sie führen also nicht ohne weiteres zur Annahme einer vGA. Die Gesellschaft ist grundsätzlich darin frei, solche Geschäfte und die damit verbundenen Chancen, zugleich aber auch Verlustgefahren wahrzunehmen.[216]

190 Ob eine Kapitalgesellschaft ohne angemessenes Entgelt verlustträchtige Geschäfte im eigenen Gewinninteresse oder im Interesse der Gesellschafter durchgeführt hat, ist nach denjenigen Kriterien zu prüfen, die zur **Abgrenzung zwischen Einkunftserzielung und „Liebhaberei"** entwickelt worden sind.[217]

---

191 **Wichtig**
Verluste in der Anlaufphase müssen dabei auch steuerlich anerkannt werden. Der Grundsatz, dass die **Anlaufphase** bis zum Eintritt in die Gewinnzone regelmäßig einen Zeitraum von drei Jahren nicht überschreitet, gilt dabei nicht für den Fall der Neugründung eines Unternehmens.[218]

---

192 Tätigt eine GmbH allerdings **Risikogeschäfte** (z.B. Wertpapiergeschäfte), die im **privaten Interesse** des (beherrschenden) Gesellschafters ausgeübt werden, kann dies zur Annahme einer vGA führen.

---

193 **Beispiel**
Eine vGA kann etwa anzunehmen sein, wenn die GmbH die Wertpapiergeschäfte mit ihren beherrschenden Gesellschaftern tätigt und der Kaufpreis durch **Kursbeeinflussung** zugunsten der Gesellschafter bestimmt ist.[219]

---

194 Ob eine vGA bei Aufrechterhaltung eines strukturell **dauerdefizitären Betriebes** gewerblicher Art i.S.v. § 4 Abs. 1 KStG vorliegt, ist streitig. Der BFH hat das BMF aufgefordert, dem dort anhängigen Verfahren beizutreten, um zu der Frage Stellung zu nehmen, ob das Unterhalten eines solchen strukturell dauerdefizitären Betriebs gewerblicher Art ohne Verlustausgleich und an-

---

215 BFH DStR 1998, 1749; BFH DStR 1997, 492; ähnlich BMF-Schreiben v. 19.12.1996, BStBl I 1997, 112 = GmbHR 1997, 234 zum „Optionsscheinhandel"; a.A. FG München GmbHR 1999, 829; kritisch dazu auch *Wassermeyer*, FR 1997, 563; *Ahmann*, DStZ 1997, 495; *Hoffmann*, DStR 1999, 269; *Callsen*, NZI 2002, 87.
216 BFH BB 2001, 2357 = GmbHR 2001, 1117 m. Anm. *Wiese*, in Abgrenzung zu BFH BB 1998, 2350 und BMF v. 19.12.1996, BStBl I 1997, 112, dazu *Schäffler*, BB 2001, 2297; anders noch FG Baden-Württemberg DStRE 2000, 642. Der BMF hat dazu inzwischen einen Nichtanwendungserlass herausgegeben: BMF v. 20.5.2003, BB 2003, 1656 = DStR 2003, 939.
217 BFH BB 2005, 1261 = GmbHR 2005, 637; BFH GmbHR 2005, 1003; Bestätigung zu BFH BB 1997, 663 = BFHE 182, 123.
218 BFH BB 2002, 2055 = GmbHR 2002, 1033 m. Anm. *Hoffmann*; dazu EWiR 2002, 1095 (*Naujok*).
219 BFH GmbHR 2004, 1230, in Bestätigung zu BFH BStBl II 2003, 487; Abweichung von den BMF-Schreiben v. 19.12.1996, BStBl I 1997, 112 und BMF-Schreiben v. 20.5.2003, BStBl I 2003, 333.

gemessenen Gewinnaufschlag durch die Trägerkörperschaft zur Annahme einer verdeckten Gewinnausschüttung führt.[220]

4. Sonstige Vertragsgestaltungen zwischen der Gesellschaft und dem Vertretungsorgan
a) Auftrags- und Subunternehmerverhältnisse

Auch bei Einschaltung eines **Gesellschafters als Subunternehmer** hat die Kapitalgesellschaft **195** diesem die Vergütung zu zahlen, die für die erbrachte Leistung marktüblich ist. Sie kann also beispielsweise die Vergütung nicht pauschal an ihrem zu erwartenden (Gesamt-)Gewinn orientieren und ggf. entsprechend kürzen. Ein ordentlicher und gewissenhafter Geschäftsleiter wird regelmäßig allerdings nur eine **Vergütung** akzeptieren, die der Gesellschaft eine Gewinnmöglichkeit aus dem betreffenden Geschäftsvorfall belässt.

Übernimmt eine Kapitalgesellschaft einen Auftrag, der zunächst ihrem Gesellschafter angeboten worden ist, auf dessen Veranlassung hin als eigenen und beauftragt sie sodann ihrerseits **196** den Gesellschafter als Subunternehmer, so ist zu erwarten, dass sie für die Übernahme des Auftrags und dessen Durchführung eine angemessene Vergütung verlangen wird. Die Vereinbarung über eine **Honorarabrechnung nach Tagessätzen** für freiberuflich zu erbringende Leistungen des alleinigen Gesellschafter-Geschäftsführers gegenüber der GmbH muss in der Regel klar und eindeutig sein. Ist diese Art der Honorarabrechnung in dem betreffenden freiberuflichen Bereich jedoch üblich, kann sie auch ansonsten steuerlich zu akzeptieren sein.[221]

b) Nutzungsüberlassungen

Vertragsgestaltungen von Gesellschaftern mit ihrer GmbH müssen angemessen hohe Vergütungen vorsehen, und zwar auch dann, wenn der Gesellschafter seiner GmbH gegen Entgelt Wirt- **197** schaftsgüter wie beispielsweise **Immobilien** überlässt. Nur bei der Höhe nach angemessenen Pacht- oder Mietzinsen wird der volle Betriebsausgabenabzug anerkannt. Es gibt nach Auffassung des BFH aber keine festen Regeln, an denen sich Gesellschafter orientieren können, wenn sie die Miet- oder Pachthöhe steuerlich angemessen gestalten wollen.[222] Entscheidend für die Frage der Angemessenheit von Miet- und Pachtzahlungen der GmbH an ihren Gesellschafter sind stets die Umstände des konkreten Einzelfalls.

c) Darlehensverträge

Die **Gewährung eines Darlehens** durch eine GmbH an ihren Gesellschafter muss ebenfalls ei- **198** nem Fremdvergleich standhalten.

Beispiel **199**
Die **Gewährung eines Darlehens an den Gesellschafter-Geschäftsführer** ist als verdeckte Gewinnausschüttung zu bewerten, wenn schon bei Darlehensgewährung von der **Wertlosigkeit des Darlehensrückzahlungsanspruchs** auszugehen ist.[223] Die Gewährung eines solchen Darlehens ist ausnahmsweise jedoch dann keine vGA, wenn überwiegend legitime betriebliche Gründe für die Darlehensgewährung maßgeblich waren.[224]

---

220 BFH GmbHR 2005, 777.
221 BFH GmbHR 2003, 1497; ähnlich auch BFH GmbHR 2004, 744 m. Anm. *Schröder.*
222 BFH GmbHR 2005, 1444.
223 FG Baden-Württemberg DStRE 2006, 534.
224 FG Brandenburg GmbHR 2003, 429 = EFG 2003, 261 m. Anm. *Neu.*

200 Gewährt der Gesellschafter einer GmbH dieser ein **partiarisches Darlehen**, so ist die Angemessenheit der dafür gewährten Gewinnbeteiligung durch Gegenüberstellung des Nominalbetrages der partiarischen Darlehensforderung und des Wertes des Gesamtunternehmens zu beurteilen. Dabei ist der Teil der Gewinnbeteiligung als angemessen anzusehen, der dem Anteil des Nominalbetrages des partiarischen Darlehens am Wert des Gesamtunternehmens entspricht.[225]

d) Kaufverträge

201 Verkauft eine GmbH ihrem Gesellschafter eine **Beteiligung** an einer anderen GmbH zu einem **Preis unter Verkehrswert**, so indiziert das eine vGA in Höhe des Unterschiedsbetrages zwischen Kaufpreis und Verkehrswert. Der Verkehrswert der Beteiligung ist grundsätzlich nach einem **Ertragswertverfahren** zu schätzen. Dabei ist zwar der Zukunftserfolg des Beteiligungsunternehmens maßgebend, der Vergangenheitserfolg ist aber – bereinigt um außergewöhnliche Ergebnisbeiträge und gewichtet nach Maßgabe der konkreten Umstände – in die Zukunftsprognose einzubeziehen. Der geschätzte Zukunftserfolg ist zu kapitalisieren. Eine vGA ist nicht dadurch ausgeschlossen, dass außer an den Gesellschafter auch **„Unter-Wert-Verkäufe"** an Arbeitnehmer der Gesellschaft erfolgen.[226]

202 Allerdings liegt dabei eine vGA dann nicht vor, wenn
– ein Bewertungsgutachten von einem **unabhängigen Gutachter** eingeholt wird,
– dabei eine **anerkannte Bewertungsmethode** angewendet wird und
– keine erkennbare Fehleinschätzung vorliegt.[227]

e) Vermögensverschiebungen

203 **Unaufgeklärte Fehlbuchungen und Kassenfehlbeträge** einer GmbH rechtfertigen nicht ohne Weiteres die Vermutung für das Vorliegen gesellschaftlich motivierter Vermögensabflüsse und damit eine vGA. Erhöht das Finanzamt die Einnahmen wegen solcher Fehlbeträge um einen Unsicherheitszuschlag, so stellen die hinzugeschätzten Beträge nur dann eine vGA dar, wenn das **Finanzamt** der ihm obliegenden **objektiven Beweislast** nachkommt.[228]

204 **Zuschätzungen aufgrund einer Nachkalkulation** bei einer Kapitalgesellschaft sind als vGA an die Gesellschafter zu beurteilen, wenn die Nachkalkulation den Schluss zulässt, dass die Kapitalgesellschaft Betriebseinnahmen nicht vollständig gebucht hat und diese nicht gebuchten Betriebseinnahmen den Gesellschaftern außerhalb der gesellschaftsrechtlichen Gewinnverteilung zugeflossen sind. Lässt sich der Verbleib nicht gebuchter Betriebseinnahmen nicht feststellen, ist im Zweifel davon auszugehen, dass der zusätzliche Gewinn an die Gesellschafter entsprechend ihrer Beteiligungsquote ausgekehrt worden ist. Nach den Grundsätzen der **Beweisrisikoverteilung** geht die Unaufklärbarkeit des Verbleibs zu Lasten der Gesellschafter.[229]

205 Eine **Zuschätzung** zum Gewinn bei einer Ein-Personen-Gesellschaft kann **bei ungeklärten Vermögenszuwächsen** beim Gesellschafter-Geschäftsführer ausnahmsweise dann gerechtfertigt sein, wenn dieser bei der Aufklärung des Sachverhalts nicht mitwirkt und keine Anhaltspunkte dafür ersichtlich sind, dass der Gesellschafter das Vermögen außerhalb des Unternehmens erwirtschaftet haben könnte.[230]

---

225 Niedersächsisches FG DStRE 2000, 1154.
226 FG Hessen EFG 2001, 1163.
227 Niedersächsisches FG EFG 2001, 157.
228 BFH DStRE 2000, 1201 = GmbHR 2001, 208.
229 BFH BB 2005, 84 = GmbHR 2005, 246.
230 FG Rheinland-Pfalz DStRE 2002, 1526.

Allerdings kann eine Zuschätzung zum Gewinn bei einer Ein-Personen-Gesellschaft bei **un-** 206
geklärten Scheckeingängen auf einem Privatkonto des Gesellschafters dann nicht erfolgen,
wenn die GmbH eine **ordnungsgemäße Buchführung** vorgelegt hat und durch das Finanzamt
keine konkreten Feststellungen über den Zusammenhang der Vermögenszugänge mit der Geschäftstätigkeit getroffen worden sind.[231]

Der BFH hat zur Frage der Annahme einer vGA aufgrund **ungeklärter Vermögenszuflüsse** 207
beim Alleingesellschafter-Geschäftsführer inzwischen ähnlich entschieden. In dem Urteilsfall
des BFH waren im Rahmen einer Betriebsprüfung ungeklärte Vermögenszuwächse beim Alleingesellschafter-Geschäftsführer einer GmbH durch den Prüfer verzeichnet worden. Entgegen dem
Vorgehen des Finanzamtes und dem Urteil des Finanzgerichts urteilte der BFH, dass diese Zu-
wächse nicht einfach als bisher nicht verbuchte Betriebseinnahmen bei der GmbH hinzuge-
schätzt werden können. Damit liegt auch keine verdeckte Gewinnausschüttung vor. Die Frage
nach der Herkunft derartiger Mittel ist auf den persönlichen Wissensbereich des Geschäftsführers gerichtet. Dieses Wissen kann der GmbH nicht ohne weiteres als eigenes Wissen, nämlich
dem der GmbH, zugerechnet werden. Diese Vermögenszuwächse können auch aus privaten Geschäften des Geschäftsführers stammen.[232]

f) Sonstige Fallgestaltungen

Kritisch geprüft werden auch **Kostenübernahmen der GmbH** für ihre Gesellschafter bzw. Ge- 208
sellschafter-Geschäftsführer:

– Tritt an einem **Privat-PKW** des Gesellschafter-Geschäftsführers anlässlich einer betrieblich
   bedingten Fahrt eine Panne auf, so handelt es sich bei den **Reparaturkosten** weder um
   „Unfallkosten" noch um „Reisekosten" oder um Kosten, die im Interesse der Gesellschaft
   aufgewandt wurden. Die Kostenübernahme durch die GmbH stellt daher eine vGA dar.[233]
– Übernimmt die GmbH als Mieterin die Kosten für die Erneuerung von **Fenstern** in einem
   von ihrem beherrschenden Gesellschafter angemieteten Gebäude, dessen Wohnungen an
   die Arbeitnehmer der GmbH weitervermietet sind, so sind diese Kosten jedoch ausschließlich betrieblich veranlasst und somit **betriebsausgabenabzugsfähig**.[234]
– Zahlt eine GmbH **Lösegeld** für einen ihrer Gesellschafter oder für eine diesem nahe stehende Personen, so stellt dies eine vGA dar.[235]

Auch **mittelbare Leistungsgewährungen** der GmbH an ihre Gesellschafter bzw. Gesellschafter- 209
Geschäftsführer können vGA darstellen:

– Gewährt ein mit 20% des Stammkapitals an einer GmbH beteiligter Minderheits-
   Gesellschafter-Geschäftsführer seiner Ehefrau überhöhte **Preisnachlässe** für in deren Gewerbebetrieb gelieferte Waren, liegt eine vGA bereits im Zeitpunkt der Lieferung der Waren
   vor. Aus diesem Grund von der GmbH gegen ihren Geschäftsführer geltend gemachte Ersatzansprüche haben auf die Beurteilung des Vorgangs als vGA keinen Einfluss mehr; Zahlungen zur Tilgung dieser Ansprüche sind unabhängig davon verdeckte Einlagen des
   Gesellschafters, ob er oder seine Ehefrau die Zahlungen leistet. Tilgt die Ehefrau die Ersatzansprüche in Höhe der überhöhten Preisnachlässe durch Zahlung an die GmbH, führt dies
   bei ihr zu nachträglichen Anschaffungskosten auf die bezogenen Waren.[236]

---

231 FG Köln DStRE 2002, 1529, bestätigt durch BFH NV 2003, 1405.
232 BFH DStR 2003, 1387.
233 FG Rheinland-Pfalz GmbHR 2000, 444.
234 FG Köln GmbHR 2000, 446.
235 BFH BStBl II 1981, 303; BFH BStBl II 1981, 307; FG Berlin GmbHR 2001, 401.
236 BFH BB 2004, 2726 = DStR 2004, 2143.

– Nimmt der Gesellschafter-Geschäftsführer aus persönlichen Motiven ein von ihm als unrichtig erkanntes **Arbeitsgerichtsurteil** hin, das ein ihm nahe stehender Mitarbeiter gegen die GmbH erwirkt hat, so ist die daraus resultierende Zahlungsverpflichtung als vGA zu bewerten.[237]

– Die **Spende einer GmbH an einen Verein**, in dem der Mehrheitsgesellschafter der GmbH Mitglied ist, ist als vGA anzusehen, wenn der Gesellschafter ein persönliches Interesse an Zuwendungen an den Verein hat und die Spende der Höhe nach außerhalb des üblichen Spendenverhaltens der GmbH liegt.[238]

210 Mit Urteil vom 22.7.2005 hat das Finanzgericht Münster in Fortführung dieser Rechtsprechung des BFH festgestellt, dass verdeckte Gewinnausschüttungen an eine dem beherrschenden Gesellschafter nahe stehende Person dem Gesellschafter auch dann als Einkünfte aus Kapitalvermögen zuzurechnen sind, wenn der Gesellschafter selbst **kein vermögenswertes Interesse** an der Zuwendung hat.[239]

211 Die Aufwendungen für eine **Geburtstagsfeier** eines Gesellschafter-Geschäftsführers sollten nach bisheriger instanzgerichtlicher Auffassung keine vGA darstellen, wenn der Ablauf und die Gäste der Feier im Wesentlichen einer üblichen **Betriebsfeier** der Gesellschaft entsprechen.[240] Diese Auffassung hat der **BFH** inzwischen zurückgewiesen:

212 Übernimmt eine Kapitalgesellschaft die Kosten einer Veranstaltung, zu der ihr Geschäftsführer und mittelbarer Gesellschafter aus Anlass seines Geburtstags eingeladen hat, so sind ihre sich hieraus ergebenden Aufwendungen vGA. Das gilt unabhängig von der Anzahl der eingeladenen Personen und von der **Höhe der Aufwendungen** und auch dann, wenn die Teilnehmer der Veranstaltung überwiegend Arbeitnehmer der Gesellschaft sind.[241]

IV. Abberufung und Kündigung von Geschäftsführungsorganen

1. Abberufung des GmbH-Geschäftsführers
a) Abberufungsbeschluss und Vollzug der Abberufung

213 Die Abberufung (Widerruf der Bestellung) des GmbH-Geschäftsführers wird in den §§ 38, 46 Nr. 5 GmbHG geregelt. Dabei enthält § 38 Abs. 1 GmbHG den **Grundsatz der freien Abberufbarkeit** des Geschäftsführers **ex nunc**, also entfristet und ohne Angabe von Gründen. § 38 Abs. 2 GmbHG statuiert die Möglichkeit, die Zulässigkeit der Abberufung in der Satzung auf wichtige Gründe zu beschränken. Ein **wichtiger Grund** ist immer dann gegeben, wenn tatsächliche Umstände das weitere Verbleiben des Geschäftsführers für die Gesellschafter unzumutbar machen.

214 Der **Abberufungsbeschluss** muss dem Geschäftsführer zugehen und wird mit dem **Zugang** wirksam. Der Widerruf bzw. die Abberufung hat einen **Gesellschafterbeschluss** mit einfacher Mehrheit zur Voraussetzung. Eine andere Regelung im Gesellschaftsvertrag ist möglich.[242]

215 Ist eine **GmbH & Co. KG** Alleingesellschafterin der GmbH, fasst den Beschluss der Geschäftsführer der Komplementär GmbH.[243]

---

237 BFH GmbHR 2000, 440.
238 FG Schleswig-Holstein EFG 2000, 193.
239 FG Münster DStRE 2006, 1402 = EFG 2005, 1697.
240 FG Baden-Württemberg EFG 2003, 50.
241 BFH GmbHR 2004, 1350.
242 BGH GmbHR 1990, 75.
243 BGH BB 1995, 1102.

Wichtig 216

War der Geschäftsführer bei der Beschlussfassung über seine Abberufung nicht anwesend, so muss ihm zur Wirksamkeit das Beschlussergebnis mitgeteilt werden (**Zugangserfordernis**). Die Erklärung obliegt der Gesellschafterversammlung als dem für die Abberufung zuständigen Organ.[244] Sie kann den Vollzug durch Vollmachterteilung aber auch delegieren; § 174 BGB ist dabei zu beachten.

Ein betroffener Gesellschafter-Geschäftsführer kann bei einem Gesellschafterbeschluss über 217 seine Abberufung mit abstimmen. Bei Vorliegen von wichtigen Gründen ist der betroffene Geschäftsführer dagegen vom **Stimmrecht** ausgeschlossen, soweit es um diesen Tagesordnungspunkt geht.[245]

Hat der Gesellschafter-Geschäftsführer allerdings ein **Sonderrecht auf das Geschäftsfüh-** 218 **reramt** und ist ihm dieses Recht im Gesellschaftsvertrag eingeräumt worden, so ist der Beschluss nur wirksam, wenn der Gesellschafter-Geschäftsführer zustimmt, es sei denn, dass ein wichtiger Grund für seine Abberufung vorliegt.

Der Geschäftsführer einer GmbH kann – folgt man der nunmehrigen Rechtsprechung des BGH 219 zur Bestellung unter einer aufschiebenden Bedingung – auch unter einer **auflösenden Bedingung** abberufen werden. Sieht der Beschluss z.B. vor, dass das Amt endet, wenn der Geschäftsführer ab einem bestimmten Zeitpunkt der GmbH nicht seine volle Arbeitskraft zur Verfügung stellt, so verliert der Geschäftsführer automatisch sein Amt, wenn er zu dem genannten Zeitpunkt diese Voraussetzung nicht erfüllt, etwa weil er außerdem einer weiteren Tätigkeit nachgeht.[246]

Der Beschluss des **alleinigen Gesellschafters** einer GmbH über seine **eigene Abberufung** 220 als alleiniger Geschäftsführer ist regelmäßig **rechtsmissbräuchlich** und daher unwirksam, wenn er nicht zugleich einen neuen Geschäftsführer bestellt.[247] Dies korrespondiert mit der Rechtsprechung zur **Amtsniederlegung**.

b) Abberufung aus wichtigem Grund

Ist die Zulässigkeit der Abberufung in der Satzung auf wichtige Gründe beschränkt worden, 221 stellt sich die Frage nach den Anforderungen an den wichtigen Grund. Wichtige Gründe für eine Abberufung eines Geschäftsführers können sowohl im **Vertrauensbereich** als auch im Bereich der **fachlichen Kompetenz** liegen.

Wichtige Gründe für die Abberufung können sein: 222
– Falsche Buchungen und unzureichende Buchführung,
– Bilanzfälschung,
– Hinnahme einer Überschuldung,
– eigene Überschuldung,
– unerlaubte Konkurrenztätigkeit,
– Annahme oder Verlangen von Schmiergeldern,[248]
– schwerer Vertrauensbruch,
– Verwendung von Gesellschaftsvermögen für eigene Zwecke, Belastung der GmbH mit privaten Ausgaben,
– Teilnahme an unseriösen Geschäften,
– Verletzung der Verschwiegenheitpflicht,

---

244 LG Dortmund GmbHR 1998, 334.
245 BGHZ 97, 28; OLG Zweibrücken GmbHR 1998, 1898; OLG Naumburg GmbHR 1996, 934.
246 BGH GmbHR 2006, 46 = BB 2006, 14; dazu EWiR 2006, 113 (*Theusinger/Liese*); dazu auch NJW-Spezial 2006, S. 76.
247 OLG München GmbHR 2011, 486 = ZIP 2011, 866; dazu EWiR 2011, 499 (Kohl).
248 BGH GmbHR 1968, 141 und BGH GmbHR 1969, 37.

- Zerwürfnis zwischen den Geschäftsführern,
- illoyales Verhalten gegenüber der GmbH oder ihren Gesellschaftern,
- Verschleierung der wirtschaftlichen Lage der Gesellschaft,
- eigenmächtige Vertragsabschlüsse ohne Zustimmung eines Mitgeschäftsführers in wichtigen Angelegenheiten.

223 Soll der Gesellschafter-Geschäftsführer einer GmbH abberufen werden, können sich – auch wenn die Satzung dies nicht ausdrücklich vorsieht – unter dem Gesichtspunkt bestehender Treuebindungen **Einschränkungen der freien Abberufbarkeit** ergeben. Dabei dürfen die Anforderungen aber nicht auf das Vorliegen eines wichtigen Grundes gesteigert werden. Es genügt, wenn nach den Gesamtumständen ein sachlicher Grund vorliegt, der einen verständigen Entscheidungsträger zur Abberufung veranlassen würde.

224 Das OLG Zweibrücken schränkt diese Pflichten jedoch dahingehend ein, dass es auch bei diesen Anforderungen ausreiche, wenn ein **sachlicher Grund** einen verständigen Entscheidungsträger zur Abberufung veranlassen würde. Im dortigen Fall war der Geschäftsführer seit über fünf Monaten **arbeitsunfähig** und nicht mehr zu einer ordnungsgemäßen Geschäftsführung in der Lage. Darüber hinaus erhielt er seit einiger Zeit eine Berufsunfähigkeitsrente. Er bekam damit nach Ansicht des OLG für den Verlust seiner bisherigen Einkommensquelle durch die Rente einen angemessenen Ausgleich und konnte ohne weiteres abberufen werden.[249]

---

225 **Wichtig**
Die Abberufung eines Geschäftsführers aus wichtigem Grund kann nicht auf Vorgänge gestützt werden, die der Gesellschaft bereits bei seiner Bestellung bekannt waren. Das Recht der Gesellschafter, einen Geschäftsführer abzuberufen, gilt dann als **verwirkt**.[250]

---

226 Die Wirksamkeit der Abberufung eines Mehrheitsgesellschafter-Geschäftsführers aus wichtigem Grund durch einen Beschluss, den die **Gesellschaftsminderheit** gegen die Stimme des Mehrheitsgesellschafters gefasst hat, hängt allein vom Vorhandensein des wichtigen Grundes ab, auch wenn das **Abstimmungsergebnis** nicht förmlich festgestellt wurde.[251]

c) Besonderheiten bei der Zwei-Personen-GmbH

227 Haben sich die Gesellschafter-Geschäftsführer einer Zwei-Personen-GmbH in so erheblichem Maße zerstritten, dass eine Zusammenarbeit zum Vorteil der Gesellschaft nicht mehr möglich erscheint und ist dieses **unheilbare Zerwürfnis** ganz wesentlich auf das Verhalten des einen Gesellschafter-Geschäftsführers zurückzuführen, so kann ihn der andere Gesellschafter aus wichtigem Grund abberufen.

---

228 **Praxistipp**
Das **Nachschieben von wichtigen Gründen** für die Abberufung des Geschäftsführers einer Zwei-Personen-GmbH im Prozess ist auch ohne vorherige erneute Beschlussfassung der Gesellschafterversammlung zulässig, wenn der Gesellschafter, der den Abberufungsbeschluss allein gefasst hat, zugleich derjenige ist, der die Gesellschaft in dem Rechtsstreit vertritt.[252]

---

249 OLG Zweibrücken GmbHR 2003, 1206.
250 BGH WM 1993, 1593.
251 OLG Stuttgart NJW-RR 1994, 811.
252 OLG Naumburg GmbHR 1996, 935; zum Ausschluss eines Mitgesellschafters durch Ausschließungsklage in einer Zwei-Personen-GmbH siehe OLG Düsseldorf GmbHR 1999, 543; zum wechselseitigen Ausschluss LG Karlsruhe GmbHR 1998, 684; dazu *Wolf*, GmbHR 1998, 1163.

Beantragt einer der beiden Geschäftsführer der GmbH, die zugleich deren einzige je zu 50% beteiligten Gesellschafter sind, beim **Handelsregister** einzutragen, dass der andere Gesellschafter nicht mehr Geschäftsführer sei, und begründet er dies damit, er habe den anderen Gesellschafter durch Gesellschafterbeschluss aus wichtigem Grund abberufen, so ist es in der Regel nicht ermessensfehlerhaft, wenn der Rechtspfleger das **Verfahren nach § 127 FGG a.F. bzw. § 381 FamFG aussetzt** und eine **Frist zum Nachweis der Klageerhebung** zwecks Klärung der Wirksamkeit der Abberufung **setzt**.[253] **229**

Praxistipp **230**

Falls aus dem Fortbestand der Eintragung des Abberufenen Gefahren für die GmbH drohen, kann der andere Gesellschafter notfalls im Wege der **einstweiligen Verfügung** vorgehen.[254]

---

d) Abberufung eines Notgeschäftsführers

Ein vom Registergericht bestellter Notgeschäftsführer kann durch die **Gesellschafter** nicht gemäß § 38 GmbHG abberufen werden.[255] Die Abberufung eines Notgeschäftsführers einer GmbH durch das **Registergericht** ist bis zur Neuwahl eines Geschäftsführers nur aus wichtigem Grund, nicht jedoch wegen „Zeitablaufs", z.B. acht Jahre, zulässig.[256] **231**

e) Handelsregisteranmeldung und -eintragung

§ 39 Abs. 2 GmbHG erfordert nicht, dass der **Anmeldung** der Abberufung des Geschäftsführers, über den Gesellschafterbeschluss hinaus, formgerechte Urkunden für den **Zugang** der Mitteilung über die Abberufung gegenüber dem Geschäftsführer beizufügen sind.[257] **232**

Die Abberufung ist in das Handelsregister einzutragen. Die **Eintragung** hat jedoch lediglich deklaratorischen Charakter. **233**

Hinweis **234**

Ein bereits abberufener Geschäftsführer ist hinsichtlich seines Ausscheidens aus der Geschäftsführung gegenüber dem Handelsregister nicht mehr anmeldebefugt.

Praxistipp **235**

Die gleichzeitige Anmeldung der Abberufung und der **Neubestellung** von Geschäftsführern einer GmbH zur Eintragung in das Handelsregister hat verschiedene Gegenstände i.S.v. § 44 Abs. 2 KostO und führt zu entsprechend höheren Kosten für die notarielle Tätigkeit und für die Eintragungen im Handelsregister.[258] Wegen der degressiven Staffelung der Kostenordnung ist die gleichzeitige Anmeldung beider Gegenstände aber kostengünstiger als die getrennte Anmeldung.

---

253 Siehe dazu auch OLG München ZIP 2011, 2057.
254 OLG Köln GmbHR 1995, 299.
255 OLG München GmbHR 1994, 259.
256 OLG Düsseldorf ZIP 1997, 846 = GmbHR 1997, 549.
257 OLG Hamm BB 2002, 2571 = GmbHR 2003, 111.
258 BGH BB 2003, 220 = ZNotP 2003, 119.

f) Amtsunfähigkeit des Geschäftsführers gem. § 6 Abs. 2 S. 4 GmbHG

236 **Verliert** der Geschäftsführer einer GmbH nach seiner Bestellung die **Geschäftsfähigkeit**, so verliert er damit zugleich seine Stellung als Geschäftsführer, ohne dass es einer besonderen Abberufung bedarf.[259]

237 Das verhängte **Gewerbeverbot** nach § 35 Abs. 1 GewO, das für vollziehbar erklärt worden oder bestandskräftig ist, führt kraft Gesetzes nach § 6 Abs. 2 S. 4 GmbHG auch dann die Amtsunfähigkeit des Geschäftsführers herbei, wenn sich das Verbot nicht ausdrücklich auf die Tätigkeit als Vertretungsberechtigter eines gewerblichen Unternehmers erstreckt. Es bedarf nicht einer zusätzlichen Abberufung durch die Gesellschafterversammlung.[260]

238 Die **Amtslöschung** eines Geschäftsführers im Handelsregister darf gemäß § 6 Abs. 2 S. 2 Nr. 3 lit. e GmbHG erfolgen, wenn dessen Amt **infolge rechtskräftiger Verurteilung** wegen Betruges zu einer **Freiheitsstrafe von mindestens einem Jahr** beendet ist.

239 Nach rechtmäßiger Amtslöschung des Geschäftsführers ist für die Eintragung einer **später angemeldeten Amtsbeendigung** wegen Abberufung oder Amtsniederlegung kein Raum. Eine **Löschung der eingetragenen Amtslöschung** kommt nur dann in Betracht, wenn die vorhergehende Amtslöschung wegen eines Mangels einer wesentlichen Voraussetzung unzulässig wäre (§ 395 Abs. 1 S. 1 FamFG). Dies ist aber nicht der Fall, wenn die Amtslöschung des Geschäftsführers war rechtmäßig.[261]

2. Abberufung des AG-Vorstands

240 Die Abberufung von Vorstandsmitgliedern, die in § 84 Abs. 3 AktG geregelt ist und als „Widerruf der Bestellung" bezeichnet wird, unterliegt ebenfalls der **Kompetenz** des Aufsichtsrats. Auch insoweit ist der **Gesamtaufsichtsrat** zuständig und eine Delegation innerhalb des Aufsichtsrats, beispielsweise auf einen **Ausschuss** nach § 107 Abs. 3 S. 2 AktG, ist nicht zulässig.[262] Erforderlich und – sofern die Satzung keine höheren Mehrheitsanforderungen stellt – ausreichend ist ein **Mehrheitsbeschluss** des Gesamtaufsichtsrats.

241 In **mitbestimmten Aktiengesellschaften** ist wiederum das dreistufige Verfahren des § 31 MitbestG, das auch im Rahmen der Bestellung gilt (siehe dazu 10 Rn 71), entsprechend zu beachten.[263]

---

242 **Wichtig**

Zu beachten ist dabei auch, dass der **Arbeitsdirektor** nicht gegen den Willen der Mehrheit der Arbeitnehmervertreter im Aufsichtsrat abberufen werden kann.[264]

---

243 Da die Abberufung die Organstellung betrifft, ist sie auch bei Vorliegen eines wichtigen Grundes nicht an die Zwei-Wochen-Frist des § 626 BGB gebunden. Sie unterliegt allenfalls dem Institut der **Verwirkung** nach § 242 BGB.[265]

244 Die Abberufung als **Willenserklärung des Gesamtaufsichtsrats** muss zu ihrer Wirksamkeit dem betreffenden Vorstand nach § 130 Abs. 1 S. 1 BGB zugehen.

---

259 OLG Düsseldorf GmbHR 1994, 114.
260 OLG Frankfurt/M. GmbHR 1994, 802.
261 OLG München GmbHR 2011, 430.
262 BGHZ 79, 38, 41; BGHZ 89, 48, 52; MünchGesR/*Wiesner*, Bd. 4, § 20 Rn 37; Beck'sches Handbuch der AG/*Liebscher*, § 6 Rn 45.
263 Vgl. Beck'sches Handbuch der AG/*Liebscher*, § 6 Rn 46; *Raiser*, Mitbestimmungsgesetz, § 31 Rn 31.
264 Vgl. Kölner Komm-AktG/*Mertens*, § 84 Rn 151; Beck'sches Handbuch der AG/*Liebscher*, § 6 Rn 45.
265 Vgl. Beck'sches Handbuch der AG/*Liebscher*, § 6 Rn 46.

Praxistipp   245
Es empfiehlt sich, im Beschluss über die Abberufung dem Vorsitzenden des Aufsichtsrates die Vollmacht zu erteilen, die Abberufung gegenüber dem abzuberufenden Vorstandsmitglied im Namen des Gesamtaufsichtsrats zu
erklären.

Die Abberufung wird zwar mit dem Zugang der Abberufungserklärung gegenüber dem Vor- 246
standsmitglied wirksam, sie muss nach § 81 AktG aber zum **Handelsregister** angemeldet werden. Auch insoweit ist die Eintragung im Handelsregister jedoch nur deklaratorisch (siehe dazu
Rn 233).

Wichtig   247
Anders als die Abberufung der Geschäftsführer einer GmbH (siehe dazu Rn 213) unterliegt die Abberufung von Vorstandsmitgliedern der Aktiengesellschaften nicht einer uneingeschränkten Personalhoheit des Aufsichtsrates, also
dem **Grundsatz der freien Abberufbarkeit**.

Vielmehr bedarf es zwingend eines **wichtigen Grundes** für den Widerruf der Bestellung 248
(die Abberufung), wobei weder die Satzung noch der Anstellungsvertrag oder der Bestellungsbeschluss das Erfordernis des wichtigen Grundes modifizieren oder ausschließen
kann.[266]

Ein wichtiger Grund für den Widerruf der Bestellung liegt nur dann vor, wenn die Aufrecht- 249
erhaltung des Vorstandsamts für die Gesellschaft unzumutbar ist, insbesondere unter Berücksichtigung der Dauer der **Restlaufzeit** des Vorstandsamts. Während nach herrschender
Meinung eine Abwägung des **Abberufungsinteresses** der Gesellschaft mit dem **Aufrechterhal-
tungsinteresse** des Vorstands unter Berücksichtigung der ihm angelasteten Verfehlungen einerseits und seiner Verdienste für die Gesellschaft andererseits zu erfolgen hat,[267] kommt es
nach der Gegenansicht allein auf die objektiven Interessen der Gesellschaft an.[268]

Wichtige Gründe für den Widerruf der Bestellung können sein: 250
–   **Vertrauensentzug** durch die Hauptversammlung (§ 84 Abs. 3 S. 2 AktG) unter Berücksichti-
    gung des Einzelfalls,[269]
–   **grobe Pflichtverletzungen**,
–   **Unfähigkeit** zur Ausübung des Vorstandsamts, sowohl in fachlicher Hinsicht als auch in
    gesundheitlicher Hinsicht.[270]

Zwar setzt der **Vertrauensentzug durch die Hauptversammlung** als wichtiger Grund für die 251
Abberufung weder objektiv eine Pflichtverletzung noch subjektiv ein Verschulden des Vorstandsmitglieds voraus.[271] Zumindest darf aber das Misstrauensvotum der Hauptversammlung
dann nicht als Grund für den Widerruf der Bestellung herangezogen werden, wenn es auf „offenbar unsachlichen Gründen" beruht.[272]

---

266 BGHZ 8, 348, 360; Kölner Komm-AktG/*Mertens* § 84 Rn 102; Beck'sches Handbuch der AG/*Liebscher*, § 6
Rn 48.
267 BGH NJW-RR 1988, 352; OLG Stuttgart NJW-RR 1995, 295; *Hüffer*, AktG, § 84 Rn 26.
268 MünchGes/*Wiesner*, Bd. 4, § 20 Rn 43.
269 Beck'sches Handbuch der AG/*Liebscher*, § 6 Rn 49.
270 OLG Stuttgart GmbHR 1957, 59; *Hüffer*, AktG, § 84 Rn 28; Kölner Komm-AktG/*Mertens*, § 84 Rn 134; Beck'sches
Handbuch der AG/*Liebscher*, § 6 Rn 49 ff.
271 BGH WM 1960, 289; Beck'sches Handbuch der AG/*Liebscher*, § 6 Rn 49.
272 BGHZ 13, 188, 193; MünchGesR/*Wiesner*, Bd. 4, § 20 Rn 48; *Raiser*, Mitbestimmungsgesetz, § 14 Rn 35;
kritisch dazu: Beck'sches Handbuch der AG/*Liebscher*, § 6 Rn 51.

252   Noch nicht abschließend geklärt ist, ob der Aufsichtsrat bei Vorliegen eines wichtigen Grundes für die Abberufung auch zu einer entsprechenden Abberufung verpflichtet ist. Während nach einer Auffassung dem Aufsichtsrat insoweit kein **Beurteilungsspielraum** zugebilligt wird und eine entsprechende Pflicht zur Abberufung angenommen wird – mit Ausnahme des Vertrauensentzugs durch die Hauptversammlung –, ist nach anderer Auffassung ein Ermessensspielraum des Aufsichtsrats gegeben, was insbesondere auf die Wortwahl „kann" in § 84 Abs. 3 S. 1 AktG gestützt wird bzw. auf die von der herrschenden Meinung für erforderlich gehaltene **Interessenabwägung**.[273]

253   Weitgehend ungeklärt sind auch noch die Fragen der **Suspendierung** eines Vorstandsmitglieds durch den Aufsichtsrat (**vorläufige Amtsenthebung**). Einerseits wird darin ein milderes Mittel zum Widerruf der Bestellung (Abberufung) gesehen.[274] Andererseits wird eine solche Suspendierung im Hinblick auf den damit ausgelösten Schwebezustand nur als „vorübergehende und sehr kurzfristige Maßnahme" akzeptiert.[275]

3. Die Kündigung des GmbH-Geschäftsführers
a) Die Beendigungstatbestände

254   Das Dienstverhältnis endet, abgesehen vom **Tod** des Geschäftsführers, normalerweise mit Ablauf der Zeitdauer (**Befristung**), für die es eingegangen ist, durch **Kündigung** oder **Aufhebungsvereinbarung**. Liegt ein schwebend unwirksamer Aufhebungsvertrag vor, kann in der anschließenden Abberufung durch das zuständige Organ die Genehmigung des schwebend unwirksamen Aufhebungsvertrages gesehen werden.[276]

255   Die **ordentliche Kündigung** des Anstellungsverhältnisses des Geschäftsführers einer GmbH bedarf, mit Rücksicht auf seine Vertrauensstellung als organschaftlicher Vertreter der Gesellschaft mit Unternehmerfunktion, keines, sie rechtfertigenden Grundes. Sie ist, sofern ihre formellen Voraussetzungen erfüllt sind, auch dann wirksam, wenn sie sich auf keinen anderen Grund als den Willen des kündigungsberechtigten Organs stützen kann.

256   Dies gilt auch dann, wenn die der Kündigung zugrunde liegenden Erwägungen im Einzelfall bekannt oder von der Gesellschaft selbst mitgeteilt sein sollten. Die Gesellschaft verhält sich damit grundsätzlich ordnungsgemäß, wenn sie die sofortige Abberufung aus der Organstellung mit der ordentlichen Kündigung des Anstellungsvertrages zu dem vertraglich oder gesetzlich vorgesehenen Beendigungszeitpunkt verbindet (vgl. § 38 Abs. 1 GmbHG: Abberufung „unbeschadet der Entschädigungsansprüche aus bestehenden Verträgen"). Diese **Kündigung trägt ihre Rechtfertigung in sich**; sie ist von dem Geschäftsführer hinzunehmen, auf welchen Erwägungen sie auch beruhen mag.[277]

257   Die **Kündigung** des Dienstvertrages eines GmbH-Geschäftsführers kann schon **vor Beginn des Dienstverhältnisses** erklärt werden. Dies gilt ausnahmsweise nur dann nicht, wenn die Parteien etwas anderes vereinbart haben. Eine solche abweichende Vereinbarung ergibt sich auch nicht aus der Vereinbarung einer **Probezeit** im Dienstvertrag des Geschäftsführers.[278]

---

273 Vgl. Kölner Komm-AktG/*Mertens*, § 84 Rn 107; Beck'sches Handbuch der AG/*Liebscher*, § 6 Rn 52.
274 Vgl. AnwKomm-AktR/*Oltmanns/Unger*, § 84 Rn 29; MünchGesR/*Wiesner*, Bd. 4, § 20 Rn 60.
275 Beck'sches Handbuch der AG/*Liebscher*, § 6 Rn 54.
276 OLG Frankfurt/M. GmbHR 1995, 897 = BB 1995, 2440.
277 BGH DStR 2003, 2171 = GmbHR 2004, 57; dazu EWiR 2004, 385 (*Hasselbach*).
278 KG GmbHR 2010, 37; a.A. OLG Hamm BB 1984, 2214 = GmbHR 1985, 155.

Praxistipp   258

Sowohl im Falle der Verschmelzung als auch im Falle der Spaltung empfiehlt es sich, über den Umfang der gesetzlichen Mindestregelungen im Umwandlungsvertrag hinaus auch eine Regelung aufzunehmen über die **weitere
Funktion der Organe der übertragenden Rechtsträger**. Im Falle der Verschmelzung beispielsweise endet die Organstellung nach dem gesetzlichen Grundmodell. Dagegen enden nicht die zugrunde liegenden **Dienst- bzw. Anstellungsverträge mit den betroffenen Organmitgliedern**. Es ist also rechtzeitig dafür Sorge zu tragen, dass sowohl auf
der Ebene der Organstellung als auch auf der Ebene des Dienst- bzw. Anstellungsvertrages eine harmonische und
übereinstimmende Regelung gefunden wird, und sei es auch durch rechtzeitigen Abschluss von Aufhebungsverein-
barungen.

b) Form der Kündigung und Kündigungsfristen

Ob die Kündigung eines GmbH-Geschäftsführers der **Schriftform nach § 623 BGB** bedarf, ist 259
streitig. Der BGH hat dies für GmbH-Geschäftsführer bejaht, die in einem Arbeitsverhältnis stehen.[279]

Wichtig   260

Die in einem Geschäftsführer-Dienstvertrag vorgesehene Kündigung durch **eingeschriebenen Brief** hat dagegen
lediglich **Beweisfunktion**.[280]

Die Fristen der Kündigung richten sich nach dem Anstellungsvertrag bzw. nach dem Gesetz. 261
Sind die Kündigungsfristen nicht vertraglich geregelt, gelten die gesetzlichen Kündigungsfristen. Bei **Fremdgeschäftsführern** ist für die Kündigungsfristen § 622 Abs. 1 S. 1 BGB anwendbar
und bei **Gesellschafter-Geschäftsführern** § 621 BGB. Einzelne Bestimmungen des § 622 BGB
können aber auch bei dem Gesellschafter-Geschäftsführer anwendbar sein.[281]

Die Kündigungsfristen können sich auch durch eine – allerdings eindeutige – Verweisung 262
auf gesetzliche oder tarifvertragliche Bestimmungen ergeben, wenn der Dienstvertrag keine besondere Kündigungsregelung enthält, aber eine hinreichend eindeutige Verweisung auf **tarifli-
che Bestimmungen**.[282]

Ist im Anstellungsvertrag des Geschäftsführers eine fünfjährige oder längere Laufzeit oder 263
eine Vertragsdauer auf Lebenszeit vereinbart, so beträgt nach Ablauf von fünf Jahren die Kündigungsfrist gem. **§ 624 BGB** sechs Monate.

c) Kompetenzregelung

Entscheidungen über die Aufhebung, die ordentliche oder die fristlose Kündigung des Anstel- 264
lungsvertrages eines GmbH-Geschäftsführers trifft die **Gesellschafterversammlung**, falls in der
Satzung keine andere Kompetenzregelung getroffen ist. Dazu bedarf es eines Beschlusses in der
Gesellschafterversammlung nach § 46 Nr. 5 GmbHG.

---

279 BGH NZA 2003, 439; dazu ErfK/*Müller-Glögge*, § 623 BGB, Rn 4 m.w.N.
280 KG NZG 1999, 764 = GmbHR 1999, 1143.
281 BGH GmbHR 1987, 263; BGH GmbHR 1984, 312; BGH ZIP 1981, 367; das LAG Köln, GmbHR 1999, 818, dazu
EWiR 1999, S. 493 (*W. Müller*) nimmt für nicht beherrschende Gesellschafter-Geschäftsführer insgesamt die
Fristenregelung aus § 622 Abs. 2 BGB in Bezug.
282 BGH BB 1998, 706.

265 **Wichtig**

Ist eine andere Gesellschaft alleinige Gesellschafterin der GmbH, obliegt die Beschlussfassung dem vertretungsberechtigten Organ der **Muttergesellschaft**.[283] Ist eine GmbH & Co KG Alleingesellschafterin (Muttergesellschaft) der GmbH, fasst den Beschluss der Geschäftsführer der Komplementär-GmbH.

266 Im Falle der **Ein-Personen-Gesellschaft** hat der Alleingesellschafter grundsätzlich unverzüglich nach der Beschlussfassung eine Niederschrift aufzunehmen und zu unterschreiben. Der **Protokollierung** bedarf es ausnahmsweise dann nicht, wenn die Kündigung schriftlich ausgesprochen worden ist. Diese muss aber auch unverzüglich nach Beschlussfassung erstellt und unterzeichnet werden.[284]

267 Der Beschluss des Alleingesellschafters einer GmbH, dem Geschäftsführer fristlos zu kündigen, bedarf auch nach der Auffassung des BGH zu seiner Wirksamkeit nicht der Protokollierung nach **§ 48 Abs. 3 GmbHG**, wenn die Kündigung schriftlich von ihm ausgesprochen worden ist und damit der Sinn der Vorschrift, Sicherheit über den Inhalt eines von der Einpersonen-Gesellschaft gefassten Beschlusses zu schaffen und nachträgliche Manipulationen zu Lasten Dritter auszuschließen, mit der gleichen Gewissheit erreicht ist, als wäre eine Niederschrift nach § 48 Abs. 3 GmbHG gefertigt worden.[285]

268 Die Gesellschafterversammlung als das **kündigungsbefugte Organ** der Gesellschaft kann im Rahmen einer entsprechenden Beschlussfassung den **Ausspruch** der Kündigung gegenüber dem Geschäftsführer allerdings delegieren. Beschließt die Gesellschafterversammlung einer GmbH nach Abberufung eines von zwei Geschäftsführern die ordentliche Kündigung seines Anstellungsvertrages, so kann aber nicht ohne weiteres von der konkludenten Erteilung einer **Vollmacht** zur Abgabe der Kündigungserklärung an den verbleibenden Geschäftsführer ausgegangen werden.[286]

d) Kündigung aus wichtigem Grund

269 Liegt ein wichtiger Grund vor, so ist die Gesellschaft zur fristlosen Kündigung berechtigt (§ 626 BGB). Der wichtige Grund für die **Abberufung** rechtfertigt nicht unbedingt auch eine fristlose Kündigung. Im Rahmen der fristlosen Kündigung des Anstellungsvertrages sind insbesondere das **Ausmaß des Verschuldens** des Geschäftsführers sowie die **Folgen der Kündigung** für den Geschäftsführer zu berücksichtigen.

270 **Beispiel**

Ein Angebot eines Geschäftsführers, sich in einer Auseinandersetzung zwischen seinem derzeitigen Arbeitgeber und dem möglichen neuen Arbeitgeber für einen gut bezahlten Geschäftsführer-Posten auf dessen Seite zu schlagen, ist beispielsweise ein wichtiger Grund zur fristlosen Kündigung.[287]

271 Ob eine Pflichtverletzung des Geschäftsführers vorliegt, die einen wichtigen Grund darstellen kann, wird nicht danach entschieden, ob die Gesellschaft oder der Beirat das Verhalten subjektiv als Vertrauen zerstörend empfunden hat. Vielmehr ist entscheidend, ob es objektiv geeignet war, die **Vertrauensgrundlage** für eine weitere Zusammenarbeit zu entziehen.[288]

---

283 BGH DStR 1995, 1359.
284 KG Berlin NZG 1999, 501 = GmbHR 1999, 818.
285 BGH ZIP 1995, 643 = BB 1995, 1102.
286 OLG Frankfurt/M. ZIP 2006, 187.
287 KG NZG 1999, 764 = GmbHR 1999, 1143.
288 BGH DStR 2003, 40 m. Anm. *Goette* = GmbHR 2003, 33 für den Streit um die Erstattungsfähigkeit offen ausgewiesener Reisespesen.

Praxistipp   **272**
Einer vorherigen **Abmahnung** bedarf es grundsätzlich nicht.[289] Sind die Gründe aber zweifelhaft, sollte zunächst nur eine Abmahnung erfolgen.

Ein wichtiger Grund liegt grundsätzlich vor, wenn der Geschäftsführer nicht die Weisungen der **273** Gesellschafterversammlung befolgt. Auch der Gesellschaft offensichtlich wirtschaftlich **nachteilige Weisungen** sind gesellschaftsrechtlich unbedenklich. Das wirtschaftliche Wohl der Gesellschaft als solches steht nicht unter dem Schutz der Rechtsordnung. Die Grenze des Weisungsrechts liegt in derartigen Fällen dort, wo greifbar nahe liegend die Gefahr einer Insolvenz droht.[290]

Eine **schuldhafte Insolvenzverschleppung** durch den Geschäftsführer einer GmbH be- **274** rechtigt diese zur Kündigung seines Anstellungsvertrages aus wichtigem Grund (§ 626 Abs. 1 BGB). Die Ausschlussfrist des § 626 Abs. 2 S. 1 BGB beginnt nicht vor Beendigung des pflichtwidrigen Dauerverhaltens. Ein Insolvenzverwalter des Vermögens einer GmbH ist dabei befugt, einen solchen wichtigen Grund für eine von der GmbH vor Insolvenzeröffnung erklärte außerordentliche Kündigung (§ 626 Abs. 1 BGB) des Anstellungsvertrages ihres Geschäftsführers nachzuschieben.[291]

Die auf geschäftspolitischen Gründen beruhende Entscheidung der Muttergesellschaft, den **275** **Betrieb** ihrer Tochtergesellschaft **einzustellen**, rechtfertigt keine außerordentliche betriebsbedingte Kündigung.[292]

Benutzt ein Geschäftsführer die verbleibende Zeit seiner Tätigkeit bis zum Ende des Vertra- **276** ges zur **Vorbereitung einer Konkurrenztätigkeit**, nämlich dazu, ein Konkurrenzunternehmen aufzubauen, ist der GmbH ein Festhalten an dem Dienstvertrag bis zu dessen normalem Endtermin nicht zuzumuten.[293]

Verweigerung von Auskünften durch den Geschäftsführer einer GmbH im Rahmen seiner **277** **Informationspflicht** gegenüber deren Gesellschaftern kann ein Grund zur fristlosen Kündigung des Anstellungsvertrages des GmbH-Geschäftsführers sein.[294]

Wie auch bei einem Arbeitsverhältnis kommt bei einem Geschäftsführer-Dienstvertrag eben- **278** falls eine fristlose Kündigung in der Form der **Verdachtskündigung** wegen des Verdachts von schwerwiegenden Verfehlungen in Betracht.[295]

Bei der Kündigung aus wichtigem Grund ist § 626 Abs. 2 BGB zu beachten, wonach die Kün- **279** digung nur innerhalb einer **Ausschlussfrist von zwei Wochen** ab Kenntnis des Kündigungsgrundes erfolgen kann. Die Frist beginnt zu laufen, wenn das kündigungsbefugte Organ, also i.d.R. alle Gesellschafter im Rahmen einer Gesellschafterversammlung von den Kündigungsgründen erfahren haben und Gelegenheit hatten, in einer **Gesellschafterversammlung** den Beschluss zu fassen und ihn dem Geschäftsführer zugehen zu lassen. Diese Voraussetzungen sind aber unverzüglich herbeizuführen.[296]

Bei einer **Zwei-Personen-GmbH** kommt es wegen des Stimmrechtsverbots zulasten des be- **280** troffenen Gesellschafter-Geschäftsführers für die Berechnung der Zwei-Wochen-Frist auf den Zeitpunkt der **Kenntnis** des anderen Gesellschafters an.[297]

---

289 BGH NJW 2000, 1638 = ZIP 2000, 667; BGH NZG 2002, 46 = ZIP 2001, 1957; BGH GmbHR 2007, 936; differenzierend für den Vorstand einer AG AnwKomm-AktR/*Oltmanns/Unger*, § 84 Rn 35.
290 OLG Frankfurt/M. GmbHR 1997, 346 = ZIP 1997, 450.
291 BGH BB 2005, 1698 = DStR 2005, 1370.
292 BGH DStR 2003, 40 m. Anm. *Goette* = GmbHR 2003, 33.
293 BGH DStR 1995, 1359.
294 OLG Frankfurt/M. NJW-RR 1994, 498.
295 BAG BB 1995, 2655; LAG Berlin GmbHR 1997, 839.
296 BGH DStR 1997, 1338 = GmbHR 1997, 998; BGH DStR 1998, 1101 = ZIP 1998, 1269; dazu *Slabschi*, ZIP 1995, 391.
297 OLG Düsseldorf GmbHR 1999, 549.

281   Eine unwirksame fristlose Kündigung des Dienstvertrages kann in eine ordentliche Kündigung **umgedeutet** werden, wenn dies dem Willen des Kündigenden entspricht und dieser Wille für den Empfänger der Kündigungserklärung erkennbar geworden ist. Bei der Kündigung des Anstellungsvertrages des Geschäftsführers einer GmbH kommt es darauf an, ob die Gesellschafterversammlung den entsprechenden Willen gebildet hat und ob dieser für den Geschäftsführer erkennbar geworden ist.[298]

282 **Praxistipp**
Die außerordentliche Kündigung sollte regelmäßig mit einer hilfsweisen ordentlichen Kündigung zum nächst zulässigen Termin beschlossen und ausgesprochen werden, da eine unwirksame außerordentliche Kündigung nicht ohne Weiteres in eine ordentliche Kündigung umzudeuten ist.

e) Wechselwirkungen zwischen Beendigung des Anstellungsvertrages und Abberufung

283 Ist der Anstellungsvertrag mit dem Geschäftsführer **gekündigt**, kann darin auch gleichzeitig der **Widerruf der Bestellung** gesehen werden.[299]

284   Dagegen kann bei einer **Abberufung** als Geschäftsführer das **Anstellungsverhältnis** weiterlaufen. Für die Gesellschaft besteht dann die Gefahr, dass der ehemalige Geschäftsführer in ein Arbeitsverhältnis wechselt und damit ggf. unter den **Kündigungsschutz** fallen kann. Die Beendigung des Anstellungsverhältnisses setzt also eine separate Kündigung voraus.[300]

285   Allerdings kann im Geschäftsführerdienstvertrag auch geregelt werden, dass das Dienstverhältnis an das **Organverhältnis gekoppelt** ist, so dass mit der Abberufung als Geschäftsführer auch das Dienstverhältnis – zumindest unter Beachtung der Kündigungsfrist nach § 622 BGB – endet, wenn das für die Abberufung **zuständige Gesellschaftsorgan** (hier: fakultativer Aufsichtsrat) auch für den Anstellungsvertrag zuständig ist.[301]

286   Ein Geschäftsführer-Dienstvertrag, der als **wichtigen Grund** für eine jederzeit mögliche **fristlose Kündigung** das Ausscheiden des Gesellschafter-Geschäftsführers aus der GmbH nennt, kann für einen Fremdgeschäftsführer nicht dahingehend ausgelegt werden, dass das Organ- und das Anstellungsverhältnis in der Weise miteinander gekoppelt sind, dass die Abberufung des Fremdgeschäftsführers auch zur fristlosen Kündigung des Dienstvertrages berechtige. Das auf einen Gesellschafter-Geschäftsführer bezogene Ausscheiden aus der GmbH kann nicht gleichgesetzt werden mit der Beendigung der Organstellung.[302]

f) Koppelung der Geschäftsführerstellung an eine Bedingung

287 Nach der jüngeren obergerichtlichen Rechtsprechung ist die **Bestellung** eines GmbH-Geschäftsführers unter einer **auflösenden Bedingung** (hier: nicht erfolgte Aufgabe einer weiteren Tätigkeit neben der Geschäftsführertätigkeit bis zu einem bestimmten Zeitpunkt) zulässig. Denn mit Eintritt der Bedingung trete nach § 158 Abs. 2 BGB lediglich der frühere Rechtszustand wieder ein, ohne dass in der Zwischenzeit ein bedingungsfeindlicher „Schwebezustand" bestanden habe. Denn auch nach Eintritt der Bedingung blieben die Wirkungen der Bestellungen

---

298 BGH DStR 1997, 2036 = BB 1997, 2294.
299 BGH GmbHR 1989, 415.
300 OLG Rostock NZG 1999, 216; einschränkend LAG Berlin GmbHR 1998, 866; zur Arbeitspflicht nach Abberufung OLG Karlsruhe GmbHR 1996, 208; *Kothe-Heggemann*, GmbHR 1996, 650.
301 BGH DStR 1999, 1743 = GmbHR 1999, 1140 m. Anm. *Haase*.
302 BGH DStR 1998, 861 = GmbHR 1998, 534.

zum GmbH-Geschäftsführer zumindest ab dem Zeitpunkt der Eintragung der Bestellung in das Handelsregister bis zum Eintritt der Bedingung bestehen.[303]

g) Koppelung der Gesellschafterstellung an das Dienstverhältnis

Ob eine Koppelung der Gesellschafterstellung an das Dienstverhältnis zulässig oder ob sie **sit-** **288** **tenwidrig** und damit nichtig ist, wurde von der obergerichtlichen Rechtsprechung bislang unterschiedlich bewertet:[304]

Ein **Unternehmensbeteiligungsmodell**, das einem Geschäftsführer auf schuldrechtlicher **289** Basis den Erwerb eines Anteils an der von ihm geleiteten GmbH ermöglicht, ihn aufgrund eines unwiderruflichen Verkaufsangebots aber zur Rückgabe verpflichtet, wenn seine Organstellung endet, ist nach Auffassung des OLG Frankfurt sittenwidrig und damit unwirksam, und zwar selbst dann, wenn der Mit-Gesellschafter seine gesellschaftsrechtliche Position ausschließlich einem **Motivationsmodell** zu verdanken hatte.[305]

Das OLG Düsseldorf dagegen meint: Ein Unternehmensbeteiligungsmodell, das einem Ge- **290** schäftsführer auf schuldrechtlicher Basis den Erwerb eines Anteils an der von ihm geleiteten GmbH ermöglicht, ihn aufgrund eines unwiderruflichen Verkaufsangebots aber zur Rückgabe verpflichtet, wenn seine Organstellung endet, ist wirksam, wenn es **sachlich gerechtfertigt** und ausgewogen ist.[306]

Der **BGH** hat dazu inzwischen differenzierend entschieden: **291**

In den Personengesellschaften und der GmbH sind Regelungen, die einem Gesellschafter, einer Gruppe von Gesellschaftern oder der Gesellschaftermehrheit das Recht einräumen, einen Mitgesellschafter ohne sachlichen Grund aus der Gesellschaft auszuschließen (**„Hinauskündigungsklauseln"**), grundsätzlich nach § 138 Abs. 1 BGB nichtig. Das Gleiche gilt für eine neben dem Gesellschaftsvertrag getroffene schuldrechtliche Vereinbarung, die zu demselben Ergebnis führen soll.[307]

Dieser Grundsatz steht einem **sog. Mitarbeitermodell** nicht entgegen, bei dem einem ver- **292** dienten Mitarbeiter des Gesellschaftsunternehmens – unentgeltlich oder gegen Zahlung eines Betrages in Höhe nur des Nennwerts – eine Minderheitsbeteiligung eingeräumt wird, die er bei seinem Ausscheiden aus dem Dienstverhältnis zum Unternehmen zurück zu übertragen hat.

Diese Regelung ist keine unzulässige Kündigungserschwerung im Sinne der zu § 622 Abs. 6 **293** BGB entwickelten Rechtsprechungsgrundsätze. Auch die Beschränkung der dem Mitarbeiter bei der Rückübertragung des Gesellschaftsanteils zu zahlenden **Abfindung** auf den Betrag, den er für den Erwerb des Anteils gezahlt hat, und damit sein Ausschluss von etwaigen zwischenzeitlichen Wertsteigerungen ist grundsätzlich zulässig.[308]

Dieser Grundsatz steht auch einem **sog. Managermodell** nicht entgegen, bei dem eine an **294** keine Voraussetzungen geknüpfte Hinauskündigungsklausel wirksam ist, wenn sie wegen besonderer Umstände sachlich gerechtfertigt ist. Das ist dann der Fall, wenn einem Geschäftsführer im Hinblick auf seine Geschäftsführerstellung eine Minderheitsbeteiligung eingeräumt wird, für die er nur ein Entgelt in Höhe des Nennwerts zu zahlen hat und die er bei Beendigung seines

---

303 OLG Stuttgart DStR 2004, 566 = GmbHR 2004, 417 m. Anm. *Manger*, dazu EWiR 2004, 381 (*Trölitzsch*); bestätigt durch BGH GmbHR 2006, 46; dazu *Thensinger/Liese*, EWiR 2006, 113.
304 Dazu *Benecke*, ZIP 2005, 1437; *Hohaus/Weber*, NZG 2005, 961; *Grobys/Glanz*, NJW-Spezial 2007, 129.
305 OLG Frankfurt/M. GmbHR 2004, 1283 = ZIP 2004, 1801, aufgehoben durch BGH DStR 2005, 1913; dazu *Binz/Sorg*, GmbHR 2005, 893; *Schockenhoff*, ZIP 2005, 1009.
306 OLG Düsseldorf GmbHR 2004, 1339.
307 BGH ZIP 2004, 903; BGH ZIP 2005, 706; dazu *Battke/Grünberg*, GmbHR 2006, 225 und *Zimmermann*, GmbHR 2006, 231.
308 BGH DStR 2005, 1910 = DZWIR 2006, 76; dazu *Lieder*, DZWIR 2006, 63.

Geschäftsführeramtes gegen eine der Höhe nach begrenzte Abfindung zurück zu übertragen hat.[309]

h) Kündigung des Geschäftsführerdienstvertrages in der Einheits-GmbH & Co.KG

295   Mit Urteil vom 20.10.2008 hat der Zweite Senat des BGH für die sog. Einheits-GmbH & Co. KG eine wichtige Streitfrage im Grenzbereich zwischen Gesellschaftsrecht und Dienstrecht geklärt.[310] Bei der Einheits-GmbH & Co. KG handelt es sich um eine besondere Form der GmbH & Co. KG, bei der die Kommanditgesellschaft – regelmäßig alleinige – Gesellschafterin ihrer Komplementär-GmbH ist. Die **grundsätzliche Zulässigkeit** dieser Konstruktion ergibt sich bereits daraus, dass der Gesetzgeber selbst im HGB die Möglichkeit vorsieht, dass die Kommanditgesellschaft Anteile an ihrer Komplementärin hält (vgl. §§ 172 Abs. 6, 264c Abs. 4 HGB).

296   Ist aber die Kommanditgesellschaft Muttergesellschaft der Komplementär-GmbH, stellt sich die Frage, wie sie als Muttergesellschaft in der Gesellschafterversammlung der Komplementär-GmbH vertreten wird. Nach dem gesetzlichen Regelungsstatut wird bei einer GmbH & Co. KG die Kommanditgesellschaft gesetzlich vertreten durch ihre Komplementär-GmbH, diese wiederum gesetzlich vertreten durch ihre Geschäftsführer. In der Einheits-GmbH & Co. KG würde also die Komplementär-GmbH, vertreten durch ihre Geschäftsführer, **in ihrer eigenen Gesellschafterversammlung** für die Kommanditgesellschaft als ihre Gesellschafterin auftreten und abstimmen. Dies wird in der Literatur z.T. für unzulässig gehalten.[311]

297   Im Streitfall ging es um die **Abberufung eines Geschäftsführers** einer solchen Komplementär-GmbH und um die Kündigung seines Anstellungsvertrages. Der BGH hat mit dem Urteil vom 20.10.2008 die Auffassung bestätigt, wonach auch bei einer Einheits-GmbH & Co. KG die Wahrnehmung der organschaftlichen Rechte der Kommanditgesellschaft als Alleingesellschafterin der Komplementär-GmbH in deren Gesellschafterversammlung von dem organschaftlichen Vertreter der KG, also der Komplementär-GmbH selbst, wahrgenommen werde.[312]

298   Geht es um die Abberufung bzw. Kündigung eines Geschäftsführers der Komplementär-GmbH, können diese somit durch einen **Mitgeschäftsführer** der Komplementär-GmbH, diese wiederum handelnd als **organschaftliche Vertreterin der KG**, ausgesprochen werden. Handelt es sich jedoch um den einzigen Geschäftsführer der Komplementär-GmbH, müssen die Gesellschafterrechte der Kommanditgesellschaft in der Komplementär-GmbH bzw. gegenüber deren einzigem Geschäftsführer durch einen anderen Vertreter wahrgenommen werden, wobei in der Praxis die Vertretung einzelnen, mehreren oder allen Kommanditisten übertragen wird bzw. einem rechtsgeschäftlich bevollmächtigten Vertreter der Kommanditgesellschaft. Im Falle der Vertretung der Kommanditgesellschaft durch einen bevollmächtigten Vertreter ist auf das Erfordernis der **Vorlage** einer entsprechenden **Originalvollmacht** gem. § 174 BGB hinzuweisen.

4. Die Kündigung des AG-Vorstands
a) Kündigungskompetenz und Vollzug der Kündigung

299   Die Kündigung des Anstellungsvertrages eines Vorstandsmitglieds obliegt entsprechend seiner **Abschlusskompetenz** wiederum dem Aufsichtsrat. Ebenso wie der Widerruf der Bestellung des Vorstandsmitglieds durch den Aufsichtsrat auf der Grundlage eines **Aufsichtsratbeschlusses**

---

309 BGH DStR 2005, 1913 = DZWIR 2006, 79; dazu *Lieder*, DZWIR 2006, 63.
310 BGH DStR 2008, 2034 = GmbHR 2008, 1316 m. Anm. Werner.
311 Vgl. *K. Schmidt*, FS Westermann 2008, S. 1425, 1434; *K. Schmidt*, JZ 2008, 425, 432; Sudhoff/*Liebscher*, GmbH & Co. KG, 5. Aufl. 2005, § 3 Rn 10.
312 Vgl. auch BGH GmbHR 2007, 1034 m. Anm. *Werner*; BGH GmbHR 2007, 606.

Arens/Knodel

nach § 112 AktG erfolgt, hat auch die Kündigung des Dienstvertrages auf dieser Grundlage zu erfolgen.

Praxistipp 300

Auch hier ist in der Praxis dringend zu empfehlen, dass der Aufsichtsrat als Gremium den **Vollzug** (Ausspruch der Kündigung) auf ein Mitglied, üblicherweise auf den Vorsitzenden des Aufsichtsrats, durch Bevollmächtigung delegiert.

Da der **Widerruf der Bestellung** einerseits und die **Kündigung des Dienstverhältnisses** anderseits verschiedene Erklärungsinhalte haben, ist in der Praxis dringend zu empfehlen, sowohl im Rahmen der Beschlussfassung des Aufsichtsrates als auch im Rahmen der Erklärung gegenüber dem Vorstandsmitglied die Abberufung (Widerruf der Bestellung) und die Kündigung deutlich zu trennen und jeweils ausdrücklich aufzuführen. 301

b) Die ordentliche Kündigung

Die **Kündigungsfristen** sollen sich in Ermangelung einer vertraglichen Regelung an den Kündigungsfristen des § 622 Abs. 2 BGB orientieren.[313] 302

Praxistipp 303

In der Praxis bietet es sich an, die Dienstverträge der Vorstandsmitglieder auf die Dauer ihrer Bestellung zu **befristen**, um das Erfordernis einer ordentlichen Kündigung zu vermeiden und um einen Gleichlauf des Vorstandsamts mit dem Dienstverhältnis sicherzustellen.[314]

---

c) Die außerordentliche Kündigung

Die außerordentliche Kündigung des Dienstvertrages eines Vorstandsmitglieds setzt nach § 626 BGB einen wichtigen Grund voraus. Während ein wichtiger Grund zur Kündigung des Dienstvertrages stets auch einen wichtigen Grund für den Widerruf der Bestellung darstellt,[315] stellt umgekehrt ein wichtiger Grund für die Abberufung nicht auch stets einen wichtigen Grund für die Kündigung des Dienstvertrages dar.[316] 304

In dienstrechtlicher Hinsicht ist erforderlich, dass unter Berücksichtigung der **Umstände des Einzelfalls** und unter Abwägung der wechselseitigen Interessen die Schwere der vorgeworfenen Verfehlungen des Vorstandsmitglieds und das Maß seines Verschuldens sowie die Folgen für die Gesellschaft berücksichtigt werden. Gegebenenfalls können auch die Verdienste des Vorstandsmitglieds und die Auswirkungen der außerordentlichen Kündigung für ihn in die Interessenabwägung einfließen.[317] Soweit der **Vertrauensentzug** durch die Hauptversammlung als Grund für die außerordentliche Kündigung herangezogen werden soll, sind insbesondere dessen Grundlagen, gerade auch im Hinblick auf den **Verschuldensaspekt**, zu prüfen. 305

Andererseits soll eine **unberechtigte Amtsniederlegung** durch das Vorstandsmitglied selbst stets einen Grund für eine außerordentliche Kündigung des Anstellungsvertrages darstellen.[318] 306

---

313 Vgl. BGHZ 79, 291, 293; *Hüffer*, AktG, § 84 Rn 17.
314 Beck'sches Handbuch der AG/*Liebscher*, § 6 Rn 43.
315 BGH NJW-RR 1996, 156; OLG Düsseldorf WM 1992, 14.
316 BGH NJW 1989, 2683; Beck'sches Handbuch der AG/*Liebscher*, § 6 Rn 63.
317 Vgl. BGH NJW-RR 1996, 156; BGH NJW 1993, 463; Beck'sches Handbuch der AG/*Liebscher*, § 6 Rn 64.
318 BGHZ 78, 82, 85; BGH WM 1978, 319; *Hüffer*, AktG, § 84 Rn 40.

307 Praxistipp
Wegen der Unwägbarkeiten im Vorhinein empfiehlt es sich, eine außerordentliche Kündigung hilfsweise mit einer ordentlichen Kündigung zu verbinden.[319]

308 Leidet der Anstellungsvertrag an einem Mangel, soll nach Ingangsetzung des Beschäftigungsverhältnisses ein Berufen auf den Mangel nur noch mit Wirkung für die Zukunft durch Kündigung, gegebenenfalls durch eine außerordentliche Kündigung, entsprechend den für **fehlerhafte Arbeitsverhältnisse** entwickelten Grundsätzen, möglich sein.[320]

309 Von besonderer Bedeutung ist die **Zwei-Wochen-Frist** für die außerordentliche Kündigung nach § 626 Abs. 2 BGB.[321] Während der Widerruf der Bestellung aus wichtigem Grund möglicherweise auch danach noch möglich ist, ist die außerordentliche Kündigung des Dienstvertrages bei Versäumung der Zwei-Wochen-Frist ausgeschlossen. Maßgeblicher Zeitpunkt für den Beginn der Zwei-Wochen-Frist ist die **Kenntnis** von dem wichtigen Grund durch den Aufsichtsrat als Gremium.

310 Wichtig
Unmaßgeblich für den Lauf der Zwei-Wochen-Frist ist die Kenntnis anderer Gesellschaftsorgane.

311 Nach herrschender Meinung kommt es auf die Kenntnis aller Aufsichtsratmitglieder im Rahmen einer Aufsichtsratssitzung an, die Kenntnis einzelner **Aufsichtsratmitglieder** oder des **Aufsichtsratsvorsitzenden** soll nicht genügen. Andererseits wird jedoch verlangt, dass nach Bekanntwerden des wichtigen Grundes „mit zumutbarer Beschleunigung" eine Aufsichtsratsitzung einberufen worden ist.[322] Weitere Voraussetzung ist, dass der Aufsichtsrat die Möglichkeit hatte, innerhalb dieser Frist eine **Aufsichtsratsitzung** abzuhalten und über den Ausspruch der außerordentlichen Kündigung einen Beschluss zu fassen.

312 Wenn es allerdings auf die Kenntnisnahme durch die Aufsichtsratmitglieder im Rahmen einer entsprechenden Aufsichtsratsitzung ankommt, ist dogmatisch nicht recht verständlich, wie eine unangemessene Verzögerung der Einberufung auf das Ingangsetzen der Zwei-Wochen-Frist des § 626 Abs. 2 BGB durchschlagen soll. Dies kann letztlich nur über die Zurechnung eines Fehlverhaltens eines Gesellschaftsgremiums zu Lasten der Gesellschaft begründet werden.[323]

313 Die **Beweislast** für das Vorliegen eines wichtigen Grundes zur außerordentlichen Kündigung liegt bei der Gesellschaft, ebenso wie für die Einhaltung der Ausschlussfrist des § 626 Abs. 2 BGB.[324]

314 Wichtig
Das **Nachschieben von Kündigungsgründen** soll zulässig sein, wenn sie zum Zeitpunkt der fristlosen Kündigung zwar schon vorlagen, aber erst nach Ablauf der Ausschlussfrist bekannt wurden.[325]

---

319 Vgl. BGHZ 20, 239, 249; Kölner Komm-AktG/*Mertens*, § 84 Rn 128; Beck'sches Handbuch der AG/*Liebscher*, § 6 Rn 62.
320 Vgl. Beck'sches Handbuch der AG/*Liebscher*, § 6 Rn 41.
321 Dazu AnwKomm-AktG/*Oltmanns*/*Unger*, § 84 Rn 36 f.
322 BAGE 29, 158, 164; BGH AG 1981, 47, 48; BGH NZG 1998, 634; BGH DStR 2000, 564, 565; *Hüffer*, AktG, § 84 Rn 42; Beck'sches Handbuch der AG/*Liebscher*, § 6 Rn 65.
323 Vgl. Beck'sches Handbuch der AG/*Liebscher*, § 6 Rn 65.
324 Beck'sches Handbuch der AG/*Liebscher*, § 6 Rn 67.
325 Vgl. Beck'sches Handbuch der AG/*Liebscher*, § 6 Rn 67.

Arens/Knodel

Wolfgang Arens

§ 12 Die anwaltliche Betreuung und Beratung der Vertretungsorgane

Literatur: *Arens*, Der GmbH-Geschäftsführer im Arbeits-, Sozialversicherungs- und Steuerrecht – aktuelle Entwicklungen, DStR 2010, 115; *Arens/Beckmann*, Die anwaltliche Beratung des GmbH-Geschäftsführers, 2006; *Baumbach/Hueck* (Hrsg.), GmbHG, 19. Aufl. 2009; Beck'sches Handbuch der AG, hrsg. v. W. Müller/Rödder, 2. Aufl. 2009; *Dollmann*, Die Rückkehr zum ruhenden Arbeitsverhältnis des Geschäftsführers durch § 623 BGB, BB 2003, 1838; *Fischer*, Probleme um § 623 BGB bei Bestellung von Arbeitnehmern zu Organen juristischer Personen, NJW 2003, 2417; *Haase*, Das ruhende Arbeitsverhältnis eines zum Vertretungsorgan bestellten Arbeitnehmers, GmbHR 2004, 279; *Heidel* (Hrsg.), Aktienrecht und Kapitalmarktrecht, 3. Aufl. 2011 (zit.: AnwK-AktG/*Bearbeiter*); *Hoffmann/Liebs*, Der GmbH-Geschäftsführer, 3. Aufl. 2009; *Hopt/Wiedemann* (Hrsg.), Großkommentar zum AktG, 4. Aufl. 1992 f.; *Hüffer*, AktG, 10. Aufl. 2012; *Zöllner/Noack* (Hrsg.), Kölner Kommentar zum Aktienrecht, 3. Aufl. 2004/2009 (zit.: Kölner Komm-AktG/*Bearbeiter*); *Lutter/Hommelhoff* (Hrsg.), GmbHG, 17. Aufl. 2009; *Lutter/Krieger*, Rechte und Pflichten des Aufsichtsrats, 5. Aufl., 2008; Münchener Handbuch des Gesellschaftsrechts, 3. Aufl. 2007-2010 (zit.: MünchGes/*Bearbeiter*); *Nehls*, Das Bundesarbeitsgericht setzt ein Signal gegen das „ruhende Arbeitsverhältnis", GmbHR 2000, R 341 *Oppenländer/Trölitzsch*, Praxishandbuch der GmbH-Geschäftsführung, 2. Aufl. 2011; *Scholz*, GmbHG, 10. Aufl. 2006-2010; *Schrader/Straube*, Aufstieg und Fall eines Geschäftsführers, GmbHR 2005, 904.

Inhalt

I. Rechtsschutz der Vertretungsorgane bei Abberufung und bei Kündigung

1. Rechtsschutz des GmbH-Geschäftsführers bei Abberufung

Der Rechtsschutz bei Abberufung des GmbH-Geschäftsführers richtet sich danach, ob es sich um einen **Fremd- oder** einen **Gesellschafter-Geschäftsführer** handelt. **1**

a) Anfechtungsklage eines Gesellschafter-Geschäftsführers

Ein **Gesellschafter-Geschäftsführer** – **nicht** dagegen ein **Fremd-Geschäftsführer** –, der abberufen worden ist, **kann** den **Beschluss anfechten**. Die Anfechtungserklärung ist an die Gesellschaft zu richten. **2**

3   Die am Leitbild des § 246 Abs. 1 AktG ausgerichtete **Frist** zur Erhebung der **Anfechtungs-klage** gegen den Gesellschafterversammlungsbeschluss einer GmbH ist nicht gewahrt, wenn die Klage erst rund sechs Wochen nach der Beschlussfassung abgefasst, und erst rund einen Monat nach der Klageabfassung bei Gericht eingereicht wird. Klageeinreichung innerhalb der Monatsfrist mit alsbaldiger Zustellung danach, reicht aber zur Fristwahrung aus.[1]

4   Der **Gesellschafter-Geschäftsführer** kann gegen den Abberufungsbeschluss ggf. eine **einstweilige Verfügung** gem. § 940 ZPO beantragen, sofern dies im Unternehmensinteresse liegt (umstritten). Kann der Geschäftsführer glaubhaft machen, dass sein Widerstand gegen den Abberufungsbeschluss Aussicht auf Erfolg verspricht und dass ihm, wenn er seine Tätigkeit sofort einstellen müsste, wesentliche Nachteile drohen, kann das Gericht anordnen, dass er bis zur rechtskräftigen Entscheidung im Hauptverfahren sein Amt ausüben darf. Damit wird die Wirkung des Abberufungsbeschlusses solange ausgesetzt.

5   Wenn die Abberufung mit einer fristlosen Kündigung des Anstellungsverhältnisses verbunden wird, kann das Gericht auf entsprechenden Antrag hin auch die **Fortzahlung der Bezüge** anordnen.

6   Das Gericht kann aber auch schon die **Vorbereitung eines Abberufungsbeschlusses** durch **einstweilige Verfügung** unterbinden. Dieses Recht steht jedoch nicht den Minderheits-Gesellschafter-Geschäftsführern und den Fremd-Geschäftsführern zu, weil Unsicherheiten in Zuständigkeitsfragen der Unternehmensleitung soweit wie möglich vermieden werden sollen.[2]

b) Rechtsschutz eines Fremdgeschäftsführers

7   Der **Fremd-Geschäftsführer** besitzt dagegen keine Klagebefugnis und kann daher den Beschluss über seine Abberufung **nicht anfechten**. Ihm steht allerdings, wie auch dem Gesellschaftergeschäftsführer, das Recht zu, die Widerrufserklärung im engen Rahmen der §§ 226, 826 BGB anzugreifen, d.h. wenn sie **schikanös** ist oder den Geschäftsführer vorsätzlich **sittenwidrig** schädigt.

8   Ein **GmbH-Fremdgeschäftsführer** kann seine Abberufung aber grundsätzlich nicht mit einer **einstweiligen Verfügung** angreifen,[3] er hat insoweit keinen Verfügungsanspruch.

c) Rechtsschutz von Mitgesellschaftern

9   Mit der einstweiligen Verfügung kann aber eine **Gesellschafterminderheit** die Abberufung des Mehrheitsgesellschafters als Geschäftsführer durchsetzen, bis der Streit über den wichtigen Grund entschieden ist.

---

10   **Praxistipp**
Den die Abberufung eines GmbH-Geschäftsführers betreibenden Gesellschaftern ist es in dringenden Fällen aus eigenem Recht gestattet, eine **einstweilige Verfügung** mit dem Inhalt zu erwirken, dem Geschäftsführer bis zu dem Zeitpunkt, in dem die Gesellschafterversammlung über die Abberufung beschließen kann, die **Geschäftsführung und Vertretung der Gesellschaft zu verbieten**.[4]

---

1 Brandenburgisches OLG DB 1995, 1022; OLG Hamm GmbHR 1998, 138.
2 OLG Celle GmbHR 1981, 264.
3 OLG Hamm GmbHR 2002, 327.
4 OLG Frankfurt/M. GmbHR 1998, 1126.

Praxistipp   **11**
Ebenfalls kann die übrige **Geschäftsführung** u.U. durch eine einstweilige Verfügung einen Mitgeschäftsführer ausschalten, bis eine Gesellschafterversammlung über die Abberufung entscheiden kann.[5]

---

2. Rechtsschutz des GmbH-Geschäftsführers bei Kündigung
a) Rechtsweg

Der Anstellungsvertrag eines Geschäftsführers ist grundsätzlich als **Dienstvertrag** zu qualifizie- **12**
ren, der eine Geschäftsbesorgung zum Gegenstand hat.[6] Ob im Falle einer Entgeltlichkeit der
Anstellungsvertrag materiell-rechtlich auch ein **Arbeitsvertrag**, der Geschäftsführer also Arbeitnehmer sein kann, ist umstritten. Der **BGH** verneint dies in ständiger Rechtsprechung mit
der Begründung, der Geschäftsführer nehme als Vertretungsorgan der Gesellschaft **Arbeitgeberfunktion** wahr.[7]

Das **BAG** vertrat zumindest in der Vergangenheit dagegen die Auffassung, dass der GmbH- **13**
Geschäftsführer ausnahmsweise auch Arbeitnehmer oder eine arbeitnehmerähnliche Person
sein kann, wenn ein über das gesellschaftsrechtliche Weisungsrecht hinausgehendes **arbeitsrechtliches Weisungsrecht** vorliegt.[8]

Maßgebend für die Frage, ob ein Arbeitsverhältnis vorliegt, ist in erster Linie der **Grad der** **14**
persönlichen Abhängigkeit. Persönliche Abhängigkeit erfordert **Eingliederung** in den Betrieb
und Unterordnung unter das **Weisungsrecht** des Arbeitgebers in Bezug auf Zeit, Dauer, Ort und
Art der Arbeitsausführung.[9] Davon zu unterscheiden ist die wirtschaftliche Abhängigkeit, die
kein Aspekt für die Annahme eines Arbeitsverhältnisses ist, wohl aber für eine Qualifizierung als
„arbeitnehmerähnlicher Selbstständiger".

Das **Kündigungsschutzgesetz** gilt für den Geschäftsführer nicht, weil er gesetzlicher Ver- **15**
treter der GmbH ist (§ 14 KSchG); zumindest kann der Arbeitgeber gem. § 14 Abs. 2 S. 2 KSchG das
Dienstverhältnis auf Antrag ohne Begründung durch das Gericht auflösen lassen.[10]

Die **Arbeitsgerichte** sind nicht zuständig, auch wenn der vertretungsberechtigte Geschäfts- **16**
führer den Geschäftsführeranstellungsvertrag mit der Muttergesellschaft geschlossen hat[11] und
von dieser **Obergesellschaft** entlohnt wird, selbst wenn diese ihn vorübergehend entsandt hat
und er nur im Rahmen eines mit der Obergesellschaft abgeschlossenen Anstellungsvertrages
tätig wird.

Hinsichtlich der Auflösung des Beschäftigungsverhältnisses eines GmbH-Geschäftsfüh- **17**
rers sind daher grundsätzlich nur die vertraglich vereinbarten Regeln maßgeblich. Jedoch hat
der BGH entschieden, dass im Anstellungsvertrag des Geschäftsführers einer GmbH durchaus **wirksam vereinbart** werden kann, dass die **materiellen Regeln des KSchG** zugunsten
des Organmitglieds **gelten** sollen. In einem solchen Fall kann die Auslegung des Vertrags auch
ergeben, dass das Gericht das Unternehmen zur Zahlung einer angemessenen Abfindung verurteilen kann, wenn nach einer nach dem KSchG unwirksamen Kündigung Gründe vorliegen, nach denen eine den Betriebszwecken dienliche weitere Zusammenarbeit zwischen Gesell-

---

5 OLG Zweibrücken GmbHR 1998, 373.
6 BAG GmbHR 1993, 35.
7 BGHZ 12, 1, 8; BGHZ 49, 30, 31; BGHZ 79, 291; LAG Berlin GmbHR 1997, 839.
8 BAGE 39, 16 = AP Nr. 1 zu § 14 KSchG 1969; BAG BB 1999, 1437 = GmbHR 1999, 816; dazu EWiR 1999, 1093
(*Wank*); verneinend für eine stellvertretende Geschäftsführerin, die Sonderkündigungsschutz nach § 9 MuSchG
geltend gemacht hat.
9 BSGE 49, 22, 25.
10 BAG GmbHR 1987, 265.
11 LAG Hamm ZIP 2004, 2251, im Anschluss an BAG ZIP 2003, 1722; ähnlich LAG Rheinland-Pfalz GmbHR 2005,
1294; siehe auch BFH GmbHR 2004, 829.

schaft und Geschäftsführer nicht mehr erwartet werden kann (§ 9 KSchG).[12] Der Rechtstreit ist dann jedoch in der Zivilgerichtsbarkeit (Landgericht, Kammer für Handelssachen) auszutragen.

18   Nach **§ 5 Abs. 1 S. 3 ArbGG** gelten solche Personen, die in Betrieben einer juristischen Person kraft Gesetzes oder Satzung allein oder als Mitglied des Vertretungsorgans zur Vertretung der juristischen Person berufen sind, nicht als Arbeitnehmer. Dieses gilt auch für den **Stellvertreter** des Geschäftsführers (§ 44 GmbHG).[13]

19   Ein Dienstnehmer, der zum Geschäftsführer bestellt werden soll, wird auch nicht dadurch zum Arbeitnehmer, dass die **Bestellung** zum Geschäftsführer **unterbleibt**.[14]

20   Geschäftsführeranstellungsverträge haben im Regelfall nur die Beschäftigung als Geschäftsführer zum Inhalt. Eine Tätigkeit unterhalb dieser Organebene wird typischerweise nicht vereinbart. Hieraus schließt der BGH, dass ein abberufener Geschäftsführer **grundsätzlich keinen Anspruch auf die Weiterbeschäftigung in einer ähnlichen, leitenden Stellung** hat, es sei denn, der Anstellungsvertrag sieht eine solche Beschäftigungsmöglichkeit ausdrücklich vor.[15]

21   Der **Geschäftsführer einer GmbH & Co. KG** ist zumindest dann kein Arbeitnehmer der KG, wenn er zugleich Gesellschafter der KG oder GmbH ist und nach seiner Kapitalbeteiligung einen so erheblichen Einfluss auf die Beschlussfassung der Gesellschafter hat, dass er jede ihm unangenehme Entscheidung verhindern kann. Diese Rechtsprechung hat das **BAG** inzwischen verschärft: Der Geschäftsführer der Komplementär-GmbH einer KG ist kraft Gesetzes zur Vertretung dieser Personengesamtheit berufen und gilt daher nach § 5 Abs. 1 S. 3 ArbGG **nicht als Arbeitnehmer** i.S.d. Arbeitsgerichtsgesetzes.[16]

22   Wird der Geschäftsführer **außerhalb seiner organschaftlichen Tätigkeit** für die GmbH im Rahmen eines Arbeitsverhältnisses tätig (z.B. als Buchhalter nach seiner Dienstzeit), so kann er in diesem Arbeitsverhältnis, das von der Geschäftsführertätigkeit getrennt zu sehen ist, als Arbeitnehmer angesehen werden.[17]

23   Seit dem 18. August 2006 ist das **Diskriminierungsverbot** im Allgemeinen Gleichbehandlungsgesetz (AGG) geregelt. Ziel des Gesetzes ist es, Benachteiligungen aus Gründen der Rasse oder der ethnischen Herkunft, des Geschlechts, der Religion oder Weltanschauung, einer Behinderung, des Alters oder der sexuellen Identität zu verhindern oder zu beseitigen. Der Hauptanwendungsbereich des AGG liegt sicherlich im Bereich des Arbeitsrechts. Das OLG Köln hat dem Geschäftsführer eines Unternehmens einen immateriellen Schadensersatz von 36.600 EUR zugesprochen, da seine **Abberufung auch aus Altersgründen** erfolgt war. Zwar wurde die Vertragsbeendigung seitens des Aufsichtsrates mit fachlichen Mängeln begründet, bei der Beratung der Aufsichtsräte spielte jedoch nachweislich auch eine entscheidende Rolle, dass der Geschäftsführer bei einer Verlängerung seines Vertrags um fünf Jahre „die Grenze von 65 Jahren" überschritten hätte. Dies wertete das Gericht als unzulässige Altersdiskriminierung. Das Urteil ist allerdings nicht rechtskräftig. Die endgültige Entscheidung des Bundesgerichtshofs steht noch aus.[18]

---

12 BGH ZIP 2010, 1288 = DB 2010, 1518.
13 BAG NZA 1986, 68.
14 BAG GmbHR 1997, 837 = ZIP 1997, 1930.
15 BGH DB 2011, 49.
16 BAG GmbHR 2003, 1208, unter Aufgabe von BAGE 39, 16 = AP Nr. 1 zu § 14 KSchG 1969; BAG AP Nr. 23 zu § 5 ArbGG 1979.
17 BAG AP § 5 ArbGG 1953 Nr. 14.
18 OLG Köln DB 2010, 1878.

Arens

b) Das „ruhende Arbeitsverhältnis"

Literatur: *Bauer/Baeck/Loesler*, Schriftform- und Zuständigkeitsprobleme beim Aufstieg eines Angestellten zum Geschäftsführer einer GmbH, ZIP 2003, 1821; *Dollmann*, Die Rückkehr zum ruhenden Arbeitsverhältnis des Geschäftsführers durch § 623 BGB, BB 2003, 1838; *Fischer*, Die Bestellung von Arbeitnehmern zu Organmitgliedern juristischer Personen und das Schicksal ihres Arbeitsvertrages, NJW 2003, 2417; *Gravenhorst*, Das Anstellungsverhältnis des GmbH-Geschäftsführers nach seiner Abberufung, GmbHR 2007, 417; *Haase*, Das ruhende Arbeitsverhältnis eines zum Vertretungsorgan einer GmbH bestellten Arbeitnehmers und das Schriftformerfordernis gemäß § 623 BGB, GmbHR 2004, 279; *Hägele*, Fortsetzung eines befristeten Geschäftsführer-Anstellungsvertrages – Umwandlung in ein unbefristetes Dienstverhältnis und ordentliche Kündbarkeit?, GmbHR 2011, 190; *Langner*, Die aktuelle Rechtsprechung zu § 623 BGB bei der Bestellung von Arbeitnehmern zu Organmitgliedern, DStR 2007, 535; *Moll*, Arbeitsverhältnis nach „Beförderung" zum Organmitglied, GmbHR 2008, 1024; *Nehls*, GmbH-Geschäftsführer: Das Bundesarbeitsgericht setzt ein Signal gegen das „ruhende Arbeitsverhältnis", GmbHR 2000, R 341 f.; *Sasse/Schnitger*, Das ruhende Arbeitsverhältnis des GmbH-Geschäftsführers, BB 2007, 154; *Schrader/Schubert*, Der „getarnte" Arbeitnehmer-Geschäftsführer, BB 2007, 1607; *Schrader/Straube*, Aufstieg und Fall eines Geschäftsführers, GmbHR 2005, 904.

Trotz Kündigung des Dienstvertrages mit dem Geschäftsführer kann – ausnahmsweise – ein ruhendes Arbeitsverhältnis fortbestehen, wenn bei Abschluss des Dienstvertrages nicht der zuvor bestehende Arbeitsvertrag beendet worden ist. War der **Geschäftsführer zuvor Arbeitnehmer** der GmbH und wird er danach als Geschäftsführer berufen und später abberufen, so sollte nach früherer Rechtsprechung dann das alte Arbeitsverhältnis wieder aufleben, das während der Geschäftsführertätigkeit als ruhend anzusehen ist, wenn die Bestellung zum Geschäftsführer erfolgt ist, ohne dass sich an den Vertragsbedingungen etwas geändert hat bzw. wenn sich an den **bisherigen Vertragsbedingungen** bei Berufung zum Geschäftsführer **nichts wesentlich geändert** hat. Dann greift möglicherweise z.B. der Kündigungsschutz wieder ein.[20]   25

Wenn eine **Verschmelzung** mit einer anderen GmbH stattfindet und die Organstellung des GmbH-Geschäftsführers dabei erlischt und der Anstellungsvertrag auf die übernehmende GmbH übergeht, sind diese Grundsätze ebenfalls anwendbar. Danach sind nur dann die Arbeitsgerichte zuständig, wenn neben dem Anstellungsverhältnis ein gleichzeitig übergegangenes Arbeitsverhältnis ruhend fortbestand.[21]   26

---

19 Ständige Rechtsprechung des BAG zuletzt BAG DB 2003, 942 für den Fall einer fehlgeschlagenen Verschmelzung.
20 BAG NZA 1987, 845; BAGE 55, 137; BAG DStR 1997, 1055; BAG NJW 1997, 1722.
21 BAG EzA, § 2 ArbGG 1979 Nr. 28.
22 BAG NZA 1994, 212; BAG DStR 1997, 1056 m. Anm. *Eckert*; BAG DStR 1997, 1055.

28   Wenn ein Arbeitnehmer zwecks späterer Anstellung als GmbH-Geschäftsführer zunächst in einem Arbeitsverhältnis **erprobt** werden soll, so ist im Zweifel anzunehmen, dass mit Abschluss des Geschäftsführervertrages das ursprüngliche Arbeitsverhältnis beendet sein soll.[23]

29   Weitergehend als die vorstehend zitierte ursprüngliche Rechtsprechung des zweiten Senats des BAG war von Anfang an die Rechtsprechung des fünften Senats des BAG. Für den Parallelfall der Berufung eines bisherigen Arbeitnehmers eines Vereins zum Vorstandsmitglied hat der fünfte Senat die allgemeine Regel aufgestellt, dass **„im Zweifel** das bisherige Arbeitsverhältnis **aufgehoben"** worden sei. Er hat dies nicht auf die Besonderheiten des Vereinsrechts gestützt, sondern allgemein von „Organen juristischer Personen" gesprochen. Zumindest dann, wenn eine **höhere Vergütung** mit dem Statuswechsel verbunden sei, sei im Zweifel anzunehmen, dass das bisherige Arbeitsverhältnis aufgehoben werden solle.[24]

30   Noch deutlicher geworden ist der fünfte Senat in einem späteren Beschluss:
„Der rechtliche Charakter des Anstellungsverhältnisses eines Organvertreters ändert sich andererseits nicht schon dadurch, dass der Organvertreter abberufen wird. Durch den Abberufungsakt wird das Anstellungsverhältnis nicht zum Arbeitsverhältnis. Vielmehr müssen weitere Umstände hinzutreten, aus denen folgt, dass neben dem Geschäftsführervertrag noch ein Arbeitsvertrag infolge der Abberufung zum Arbeitsvertrag geworden ist."[25]

31   Schon die **Streichung des zugewiesenen Kompetenzbereiches** als gesetzlicher Vertreter der jeweiligen GmbH ist – zumindest nach instanzgerichtlicher Rechtsprechung – eine wesentliche Änderung der Vertragsbedingungen, die als hinreichend angesehen werden kann, im Zweifel davon auszugehen, dass das bisherige Arbeitsverhältnis nicht als ruhend fortbestehend angesehen werden soll.[26]

32   Das **BAG** hat mit einer Entscheidung vom 8.6.2000 ein wichtiges Signal für eine **einschränkende Handhabung** der Rechtsfigur des ruhenden Arbeitsverhältnisses bei GmbH-Geschäftsführern gesetzt. Wird ein Arbeitnehmer der GmbH zu ihrem Geschäftsführer berufen, erwirbt er nicht nur eine Organstellung innerhalb der Gesellschaft. Zugleich ändert sich im Regelfall auch der Status seines Beschäftigungsverhältnisses. Aus einem Arbeitnehmer der Gesellschaft, der – sofern nicht leitender Angestellter – durch den Betriebsrat vertreten wird, der dem Kündigungsschutzgesetz unterliegt und der auch die sonstigen Arbeitnehmerschutzrechte für sich in Anspruch nehmen kann, wird ein Dienstnehmer, der der Gesellschaft als Selbständiger gegenübertritt. Das BAG führt aus, dass im Falle eines in leitender Position beschäftigten Arbeitnehmers, der zum Geschäftsführer einer neu gegründeten GmbH bestellt wird, die wesentliche Teilaufgaben des Betriebs seines bisherigen Arbeitgebers übernimmt, sein bisheriges Arbeitsverhältnis im Zweifel nicht ruht, sondern aufgehoben wird.[27]

33   Bei der Bestellung eines Arbeitnehmers der KG zum Geschäftsführer der **Komplementär-GmbH** war zumindest **bis zum 30.4.2000** in der Regel davon auszugehen, dass das bisherige Arbeitsverhältnis aufgehoben worden ist, wenn nicht eindeutig etwas anderes geregelt wurde. Ob das nach der Einführung des **§ 623 BGB n.F.** (Erfordernis der schriftlichen Regelung aller Beendigungstatbestände!) seit dem 1.5.2000 auch noch gilt, hat das BAG in der zitierten Entscheidung, die noch zur alten Gesetzeslage erging, ausdrücklich offen gelassen.[28]

---

23 BAG NZA 1994, 212 und BAG AP Nr. 3 zu § 5 ArbGG 1979.
24 BAG ZIP 1996, 146.
25 BAG ZIP 1997, 1930.
26 LAG Berlin GmbHR 1997, 839; LAG Berlin GmbHR 1998, 886, dazu EWiR 1999, 203 (*Henssler/Müller*).
27 BAG GmbHR 2000, 1092 mit Anm. *Haase*; dazu auch *Nehls*, GmbHR 2000, R 341.
28 BAG DStR 2003, 385; zu dieser Fallgestaltung auch schon BAG GmbHR 1993, 35; ArbG Düsseldorf GmbHR 1997, 1105.

Gerade wegen des strengen **Schriftformerfordernisse**s nach § 623 BGB n.F. für jeden Been- 34
digungstatbestand ist die Diskussion um das ruhende Arbeitsverhältnis bei Bestellung eines
bisherigen Arbeitnehmers zum GmbH-Geschäftsführer neu aufgeflammt.[29]

Das **BAG** hat aber inzwischen auch unter der Geltung des § 623 BGB n.F. dazu deutliche 35
Aussagen getroffen:[30]

Ist in einer GmbH & Co. KG ein Arbeitnehmer zum Geschäftsführer der persönlich haftenden
GmbH aufgestiegen und wird dann als Geschäftsführer abberufen, so **lebt** das alte Arbeitsverhältnis **in der Regel nicht wieder auf**. Vereinbaren die Parteien jedoch nach der Kündigung des
Geschäftsführervertrags eine **Weiterbeschäftigung** des Betreffenden – ohne wesentliche Änderung seiner Arbeitsaufgaben – im Rahmen eines Arbeitsverhältnisses, so lässt dies mangels abweichender Vereinbarungen regelmäßig auf den Parteiwillen schließen, die Beschäftigungszeit
als Geschäftsführer auf das neu begründete Arbeitsverhältnis anzurechnen.

und:

In dem Abschluss eines Geschäftsführer-Dienstvertrags durch einen angestellten Mitarbeiter
liegt im Zweifel die **konkludente Aufhebung des bisherigen Arbeitsverhältnisses**. Nach dem
Willen der vertragschließenden Parteien soll regelmäßig neben dem Dienstverhältnis nicht noch
ein Arbeitsverhältnis ruhend fortbestehen. Ein einvernehmlich aufgehobenes Arbeitsverhältnis
lebt nicht wieder auf, wenn der ehemalige Arbeitnehmer später als Geschäftsführer abberufen
wird. Deshalb sind die Arbeitsgerichte für die Klage des Geschäftsführers einer GmbH gegen die
Kündigung seines Anstellungsvertrags nicht zuständig. Das gilt auch dann, wenn der Geschäftsführer geltend macht, er sei wegen seiner eingeschränkten Kompetenz in Wirklichkeit Arbeitnehmer gewesen.[31]

Das Schriftformerfordernis des § 623 BGB wird durch den **Abschluss eines mündlichen** 36
Geschäftsführerdienst-Vertrages jedoch nicht gewahrt. Es kann daher nicht angenommen
werden, dass durch einen mündlichen Geschäftsführer-Dienstvertrag der zuvor bestehende Arbeitsvertrag konkludent aufgehoben wurde.[32] Daher setzt die wirksame Aufhebung des früheren
Arbeitsverhältnisses die Einhaltung des **Schriftformerfordernisses nach § 623 BGB** voraus. Es
ist also erforderlich, dass ein **schriftlicher Geschäftsführerdienstvertrag** abgeschlossen
wird.[33] Nach der Rechtsprechung des Zweiten, Fünften und Sechsten Senats des BAG wird das
Schriftformerfordernis in diesen Fällen aber schon regelmäßig durch den Abschluss eines
schriftlichen Geschäftsführer-Dienstvertrags gewahrt.[34] Aus der schriftlichen Vereinbarung ergibt sich regelmäßig hinreichend deutlich die gleichzeitige Beendigung des ursprünglichen Arbeitsverhältnisses.

Der Fünfte Senat des BAG hat mit Beschluss vom 3.2.2009 diese Rechtsprechung auch für 37
eine Fallgestaltung bestätigt, in der der Geschäftsführer-Dienstvertrag auf der Grundlage einer
entsprechenden Satzungsbestimmung vom Vorsitzenden des (fakultativ gebildeten) Aussichts-
rats abgeschlossen wurde.[35] Der Fünfte Senat des BAG hat die dahinter stehende Problematik
nicht weiter vertieft. Während in dem konkreten Fall die **Kompetenz für den Abschluss des**
Geschäftsführer-Dienstvertrages beim Aufsichtsrat (vertreten durch dessen Vorsitzenden) lag,

---

29 *Gravenhorst*, GmbHR 2007, 417; *Langner*, DStR 2007, 535; *Moll*, GmbHR 2008, 1024; *Schrader/Schubert*, BE
2007, 1607; *Sasse/Schnitger* BB 2007, 154; *Schrader/Straube*, GmbHR 2005, 904; *Haase*, GmbHR 2004, 279;
Fischer, NJW 2003, 2417; *Dollmann*, BB 2003, 1838.
30 BAG NZA 2006, 366 = ArbRB 2006, 136; bestätigt durch BAG BB 2006, 2248; dazu *Sasse/Schnitger*, BB 2007,
154.
31 BAG NZA 2006, 1154; siehe auch schon BAG, ZIP 1999, 1456, dazu EWiR 1999, 1093 (*Wank*).
32 LAG Hamburg ZIP 2011, 291.
33 BAG DB 2011, 2386; BAG AP ArbGG 1979 § 5 Nr. 66 = EzA ArbGG 1979 § 5 Nr. 43; BAG BAGE 123, 294; BAG NJW
2011, 2684; dazu NJW-Spezial 2011, 404.
34 BAG AP BGB § 626 Nr. 211; BAG AP ArbGG 1979 § 5 Nr. 66 = EzA ArbGG 1979 § 5 Nr. 43.
35 BAG GmbHR 2009, 651 m. Anm. *Grobys*.

bestand keine Kompetenz des Aufsichtsrats (vertreten durch seinen Vorsitzenden) für die Begründung (und somit im Zweifel auch nicht für die Beendigung) eines Arbeitsvertrages mit einem Arbeitnehmer. Ohne dies in den Entscheidungsgründen zu problematisieren, geht der Fünfte Senat des BAG also offenbar davon aus, dass auch dann in dem Abschluss eines schriftlichen Geschäftsführer-Dienstvertrages ein **wirksamer Beendigungstatbestand** im Sinne von § 623 BGB liegt, wenn das handelnde Organ der GmbH im Rahmen der Kompetenzregelungen nicht für die Beendigung eines normalen Arbeitsvertrages zuständig ist.

38   Schließt ein Arbeitnehmer mit seinem Arbeitgeber oder mit der Komplementär-GmbH einer Kommanditgesellschaft, bei der er angestellt ist, einen Geschäftsführerdienstvertrag, wird also vermutet, dass hierdurch zugleich das bisherige Arbeitsverhältnis zum Zeitpunkt des Beginns des Geschäftsführerdienstverhältnisses aufgelöst wird, soweit nicht klar und eindeutig etwas anderes vertraglich vereinbart worden ist. Durch den Geschäftsführerdienstvertrag werden die vertraglichen Beziehungen der Parteien zueinander auf eine neue Grundlage gestellt, die **bisherige Grundlage entfällt**. Mit dem Abschluss des Geschäftsführerdienstvertrags und der damit einhergehenden Bestellung zum Geschäftsführer werden für den Beschäftigten bereits von Gesetzes wegen zahlreiche **neue Rechte und Pflichten** aus dem GmbHG begründet, die sich von den arbeitsvertraglichen Verpflichtungen deutlich unterscheiden. Ohne besondere, vom gekündigten Geschäftsführer darzulegende Umstände ist bei verständiger Auslegung der rechtsgeschäftlichen Erklärungen (§§ 133, 157 BGB) kein Grund dafür ersichtlich, dass der alte Vertrag fortgelten soll.[36]

39   Ist in einer GmbH & Co. KG ein Arbeitnehmer zum Geschäftsführer der persönlich haftenden GmbH aufgestiegen und wird dann als Geschäftsführer abberufen, so **lebt** das alte Arbeitsverhältnis **in der Regel nicht wieder auf**. Vereinbaren die Parteien jedoch nach der Kündigung des Geschäftsführervertrags eine **Weiterbeschäftigung** des Betreffenden – ohne wesentliche Änderung seiner Arbeitsaufgaben – im Rahmen eines Arbeitsverhältnisses, so lässt dies mangels abweichender Vereinbarungen regelmäßig auf den Parteiwillen schließen, die Beschäftigungszeit als Geschäftsführer auf das neu begründete Arbeitsverhältnis anzurechnen.

40   Eine ähnliche Problemlage besteht bei der Bestellung eines bisherigen Arbeitnehmers einer Kommanditgesellschaft in der Rechtsform einer **GmbH & Co. KG** zum Geschäftsführer der Komplementär-GmbH, wenn der Dienstvertrag unmittelbar zwischen der **Komplementär-GmbH** und dem Geschäftsführer abgeschlossen wird und nicht (was in der Praxis häufig auch geschieht) zwischen der Kommanditgesellschaft und dem Geschäftsführer. Dogmatisch stellt sich dann die Frage, ob der Abschluss eines Dienstvertrages mit der einen Gesellschaft (Komplementär-GmbH) als Beendigungstatbestand für den bisherigen Anstellungsvertrag mit der anderen Gesellschaft (Kommanditgesellschaft) angesehen werden kann. Das BAG hat dies ohne weiteres bejaht.[37] In solchen Fallgestaltungen empfiehlt es sich aber, aus Sicherheitsgründen zwischen dem bisherigen Arbeitnehmer (und künftigem Geschäftsführer) und der KG eine schriftliche Beendigungsvereinbarung hinsichtlich des bisherigen Arbeitsvertrages abzuschließen.

41   Nicht entscheidend ist also, ob der Arbeitnehmer den Geschäftsführer-Anstellungsvertrag mit der Komplementär-GmbH oder mit der KG abschließt. Dem Arbeitnehmer muss im Regelfall klar sein, dass er, wenn anderes nicht vereinbart wird, mit dem Abschluss eines Geschäftsführer-Dienstvertrags seinen Status als Arbeitnehmer aufgibt. Die vertraglichen Beziehungen werden auf eine neue Grundlage gestellt, die bisherige Grundlage verliert ihre Bedeutung. Eine an-

---

36 BAG v. 19.7.2007 – 6 AZR 774/06, BB 2008, 390 m. Anm. *Lemke* = NZA 2007, 1095; dazu EWiR 2008, 77 (*Nimmerjahn*) und BAG v. 19.7.2007 – 6 AZR 875/06, NJW-Spezial 2007, 484; BAG, BB 2009, 612 m. Anm. *Freckmann* = GmbHR 2008, 1259 m. Anm. *Moll* = NJW 2008, 3514; BAG BB 2009, 2078 = GmbHR 2009, 651 m. Anm. *Grobys*; siehe auch OLG Rostock GmbHR 2009, 314; dazu NJW-Spezial 2008, 596; *Moll*, GmbHR 2008, 1024; *Triebel*, BB 2009, M 1.
37 BAG GmbHR 2006, 592 = ZIP 2006, 821.

dere Auslegung kommt nur in **Ausnahmefällen** in Betracht, für die zumindest deutliche Anhaltspunkte vorliegen müssen. Hierzu zählt etwa die nur für eine **kurze Zeit befristete Übertragung der Geschäftsführerstellung** bei sonst unveränderten Vertragsbedingungen. Erfolgt die Bestellung nur pro forma, werden die Parteien eine Aufhebung des Arbeitsverhältnisses regelmäßig nicht beabsichtigen. Gegen ein „ruhendes Arbeitsverhältnis" spricht aber z.B. die **Verbesserung der Vergütung** in dem Geschäftsführerverhältnis. Ebenso können die Hoffnung auf eine günstige wirtschaftliche Entwicklung oder ein **erhöhtes Sozialprestige** den Entschluss zum endgültigen Wechsel in eine Geschäftsführerposition tragen.

Praxistipp   42
In solchen Fallgestaltungen empfiehlt es sich aber, aus Sicherheitsgründen zwischen dem bisherigen Arbeitnehmer (und künftigem Geschäftsführer) und der KG eine schriftliche Beendigungsvereinbarung hinsichtlich des bisherigen Arbeitsvertrages abzuschließen.

Ob in dem Abschluss eines Geschäftsführer-Dienstvertrages gleichzeitig der Beendigungstatbe- 43 stand für den bisher bestehenden Arbeitsvertrag gesehen werden kann, hängt nach der Auffassung des **OLG Rostock** dagegen davon ab, ob das Anstellungsverhältnis mit der juristischen Person bestanden hat, zu deren Organvertreter der (bisherige) Arbeitnehmer nunmehr bestellt werden soll oder ob das Anstellungsverhältnis mit einem Dritten besteht.[38]

Eine ähnliche Problemlage ergibt sich, wenn der Arbeitnehmer einer Gesellschaft im Rahmen 44 verbundener Unternehmen zum Geschäftsführer einer anderen Gesellschaft im Unternehmensverbund bestellt werden soll, also beispielsweise der Arbeitnehmer einer **Muttergesellschaft** in die **Geschäftsführung einer Tochtergesellschaft** delegiert werden soll. auch hier wird man nicht annehmen können, dass mit dem (schriftlichen) Abschluss eines Geschäftsführer-Dienstvertrages mit der Tochtergesellschaft das Arbeitsverhältnis mit der Muttergesellschaft automatisch endet.

Nach § 2 Abs. 1 Nr. 3 lit. b ArbGG sind die Gerichte für Arbeitssachen ausschließlich zustän- 45 dig für bürgerliche Rechtsstreitigkeiten zwischen Arbeitnehmern und Arbeitgebern über das Bestehen oder Nichtbestehen eines Arbeitsverhältnisses. Wer Arbeitnehmer im Sinne des ArbGG ist, bestimmt § 5 ArbGG. Nach § 5 Abs. 1 S. 3 ArbGG gelten in Betrieben einer juristischen Person oder Personengesamtheit Personen nicht als Arbeitnehmer, die kraft Gesetzes, Satzung oder Gesellschaftsvertrags allein oder als Mitglieder des Vertretungsorgans zur Vertretung der juristischen Person oder der Personengesamtheit berufen sind. Die **Fiktion des § 5 Abs. 1 S. 3 ArbGG** gilt unabhängig davon, ob das der Organstellung zugrunde liegende Rechtsverhältnis materiellrechtlich ein freies Dienstverhältnis oder ein Arbeitsverhältnis ist.

Auch wenn ein Anstellungsverhältnis zwischen der juristischen Person und dem Mitglied 46 des Vertretungsorgans wegen dessen starker interner Weisungsabhängigkeit als ein Arbeitsverhältnis zu qualifizieren ist und deshalb **materielles Arbeitsrecht** zur Anwendung kommt, sind zur Entscheidung eines Rechtsstreits aus dieser Rechtsbeziehung die **ordentlichen Gerichte** berufen. Deshalb scheidet für eine Klage eines GmbH-Geschäftsführers gegen die Kündigung seines Anstellungsvertrags durch die GmbH der Rechtsweg zu den Gerichten für Arbeitssachen aus.[39]

Nur dann, wenn der Rechtsstreit zwischen dem Mitglied des Vertretungsorgans und der ju- 47 ristischen Person nicht das der Organstellung zugrunde liegende Rechtsverhältnis, sondern eine **weitere Rechtsbeziehung** betrifft, greift die Fiktion des § 5 Abs. 1 S. 3 ArbGG nicht ein.[40]

---

38 OLG Rostock GmbHR 2009, 314.
39 BAG AP ArbGG 1979 § 5 Nr. 46 = EzA ArbGG 1979 § 5 Nr. 33; BAG BAGE 107, 165; BAG NZA 2011, 874, dazu NJW-Spezial 2011, 404.
40 BAG v. 3.2.2009 – 5 AZB 100/08, AP ArbGG 1979 § 5 Nr. 66 = EzA ArbGG 1979 § 5 Nr. 43; BAG v. 20.8.2003 – 5 AZB 79/02, BAGE 107, 165; BAG v. 15.3.2011 – 10 AZB 32/10, NJW-Spezial 2011, 404.

48 Praxistipp

Nach der Rechtsprechung des BAG reicht aber für die **Zuständigkeit der Arbeitsgerichtsbarkeit** die Behauptung des klagenden (ehemaligen) Geschäftsführers aus, es sei nach Beendigung seiner Organstellung sein früheres Arbeitsverhältnis wieder aufgelebt.[41]

49 Kann die vor dem Arbeitsgericht in einer bürgerlich-rechtlichen Streitigkeit erhobene Klage nur dann Erfolg haben, wenn der Kläger Arbeitnehmer ist (sog. „sic non"-Fälle), reicht die bloße **Rechtsansicht** des Klägers, er sei Arbeitnehmer, zur Bejahung der arbeitsgerichtlichen Zuständigkeit aus. Ist der Kläger nicht Arbeitnehmer, so ist die Klage als unbegründet abzuweisen. Eine Verweisung des Rechtsstreits an das Gericht eines anderen Rechtswegs kommt in diesem Fall nicht in Betracht.[42]

50 Wird ein **Angestellter der KG** zum **Geschäftsführer der Komplementär-GmbH** bestellt, so wandelt sich sein Arbeitsverhältnis zur KG in ein freies Dienstverhältnis um. Etwas anderes gilt, wenn die vertragliche Gestaltung eine für den Geschäftsführer außergewöhnliche **Einengung seiner Befugnisse** enthält, so dass ein Abhängigkeitsverhältnis vorliegt, was auch für die Frage der gerichtlichen Zuständigkeit zu prüfen ist.[43]

51 Auch bei Abschluss des **Geschäftsführer-Dienstvertrages mit der Muttergesellschaft** der GmbH ist das Vorliegen eines Arbeitsverhältnisses zu ihr und damit die arbeitsgerichtliche Zuständigkeit zu prüfen.[44]

c) Die Eigenkündigung des GmbH-Geschäftsführers

52 Die nachträgliche **Beschränkung der Geschäftsführungsbefugnisse** ist unzulässig und berechtigt den Geschäftsführer seinerseits zur Kündigung des Anstellungsvertrages gemäß § 626 BGB, wenn die Beschränkung in den Kernbereich der vertraglich eingeräumten Befugnisse des Geschäftsführers eingreift.[45]

53 Diese Rechtsprechung des BAG hat der **BGH** aber hinsichtlich der weiteren Rechtsfolgen relativiert: Der **Widerruf der Bestellung** eines Geschäftsführers gemäß § 38 Abs. 1 GmbHG stellt kein vertragswidriges Verhalten der Gesellschaft i.S.v. § 628 Abs. 2 BGB mit Verpflichtung zum Schadensersatz wegen **Auflösungsverschuldens.**[46]

54 Das **BAG** ist offenbar anderer Auffassung: Die **unterbliebene Bestellung** zum Geschäftsführer stellt eine erhebliche Pflichtverletzung dar. Insoweit gilt Entsprechendes wie bei dem Entzug des vertraglich vorgesehenen Amtes. Beides berechtigt den Geschäftsführer zur Geltendmachung von Schadensersatz wegen **Auflösungsverschuldens** des Arbeitgebers.[47]

55 Auch das **Vorenthalten der Dienstbezüge** ist grundsätzlich geeignet, einen wichtigen Grund für die Kündigung zu bilden. Dies gilt jedenfalls dann, wenn die Nichtzahlung der Bezüge eine nicht unerhebliche **Höhe** erreicht oder der Verzug mit der Zahlung sich über einen erheblichen **Zeitraum** hinweg erstreckt.[48]

56 Sind bei einer GmbH mehrere Geschäftsführer bestellt und wird einem Geschäftsführer die Information über die Buchführung (§ 41 GmbHG) vorenthalten, ist ein **gesetzestreues Arbeiten**

---

41 BAG NJW 1997, 1722.
42 BAG EzA § 2 ArbGG 1979, Nr. 31; offen gelassen in BAG BB 1997, 998 und BAG BB 1997, 636; abgelehnt in BAG BB 1999, 1437 = GmbHR 1999, 816, a.A. auch LAG Rheinland-Pfalz GmbHR 2005, 1294.
43 BAG GmbHR 1993, 35; ArbG Düsseldorf GmbHR 1997, 1105.
44 OLG Frankfurt/M. GmbHR 1997, 1106.
45 OLG Frankfurt/M. GmbHR 1993, 288.
46 BGH DStR 2002, 2182 m. Anm. *Goette* = GmbHR 2003, 100 m. Anm. *Haase*, dazu EWiR 2003, 259 (*Frey*).
47 BAG NZA 2002, 1323, dazu EWiR 2003, 1183 (*Krets*) unter Hinweis auf BAG AP Nr. 13 zu § 628 BGB.
48 BAG NZA 2002, 1323, dazu EWiR 2003, 1183 (*Krets*) unter Hinweis auf BAG AP Nr. 13 zu § 628 BGB.

für ihn nicht möglich. Dies stellt einen wichtigen Grund für eine (Eigen-)Kündigung durch den betroffenen Geschäftsführer dar.[49]

Wichtig 57

Ein GmbH-Geschäftsführer, der definitiv die außerordentliche **fristlose Eigenkündigung** seines Anstellungsvertrages erklärt und seine **Tätigkeit einstellt,** kann sich später nicht darauf berufen, dass mangels eines Kündigungsgrundes sein Anstellungsvertrag fortbestehe und die GmbH ihm noch Vergütung aus dem Gesichtspunkt des Annahmeverzuges schulde.[50]

3. Rechtsschutz des AG-Vorstands bei Abberufung

Im Zusammenhang mit dem Rechtsschutz des abberufenen Vorstandsmitglieds gegen seine Ab- 58 berufung ist zunächst die Vorschrift des § 84 Abs. 3 S. 4 AktG zu beachten. Danach ist der Widerruf der Bestellung auch bei Vorliegen etwaiger **Mängel des Widerrufs** wirksam, bis seine Unwirksamkeit rechtskräftig festgestellt ist.

Entgegen dem weit gefassten Wortlaut der Vorschrift des § 84 Abs. 3 S. 4 AktG wird aber von 59 der herrschenden Meinung angenommen, dass nicht jeder Wirksamkeitsmangel nur im Klageweg geltend gemacht werden könne. Die Vorschrift wird vielmehr einschränkend dahingehend ausgelegt, dass sie sich nur auf das **Erfordernis des wichtigen Grundes** beziehe, nicht aber auf das Fehlen oder die Mangelhaftigkeit des zugrunde liegenden Aufsichtsratbeschlusses.[51]

Wichtig 60

Daher soll das Amt des Vorstandsmitglieds nicht mit dem Zugang der Widerrufserklärung enden, wenn ihm der Widerruf ohne bzw. ohne wirksamen Aufsichtsratbeschluss erklärt wurde.

Demgegenüber soll auf der Grundlage der Vorschrift des § 84 Abs. 3 S. 4 AktG das Vorstandsamt 61 bis zur **rechtskräftigen Feststellung der Unwirksamkeit** dann enden, wenn ein entsprechender Aufsichtsratbeschluss vorliegt und die Widerrufserklärung dem abberufenen Vorstandsmitglied ordnungsgemäß zugegangen ist.

Aus dieser differenzierten Rechtsauffassung der herrschenden Meinung leitet sich auch ein 62 entsprechend **differenziertes gerichtliches Rechtsschutzsystem** des abberufenen Vorstandsmitglieds ab:[52]
– Das Fehlen oder die fehlende Wirksamkeit eines Abberufungsbeschlusses des Aufsichtsrats ist mit einer **einfachen Feststellungsklage** des Vorstandsmitglieds anzugreifen. Durch Nachholung eines (fehlerfreien) Aufsichtsratbeschlusses kann dieser Feststellungsklage mit der Wirkung der Erledigung der Hauptsache im Nachhinein aber die Grundlage entzogen werden.[53]
– Das Fehlen eines wichtigen Abberufungsgrunds ist demgemäß mit einer **Gestaltungsklage** anzugreifen, da nur durch die rückwirkende Wiederherstellung der Bestellung zum Vorstand die Wirkung des § 84 Abs. 3 S. 4 AktG überwunden werden kann.[54]

---

49 BGH GmbHR 1995, 653.
50 BGH BB 2000, 8 = GmbHR 2000, 85.
51 Vgl. OLG Stuttgart AG 1985, 193; LG München AG 1986, 142; *Hüffer*, AktG, § 84 Rn 31; Beck'sches Handbuch der AG/*Liebscher*, § 6 Rn 55.
52 Dazu AnwK-AktienR/*Oltmanns/Unger*, § 84 Rn 27 ff.
53 Vgl. *Hüffer*, AktG, § 84 Rn 34; Beck'sches Handbuch der AG/*Liebscher*, § 6 Rn 56.
54 Vgl. KG AG 1984, 24; *Hüffer*, AktG, § 84 Rn 34; Beck'sches Handbuch der AG/*Liebscher*, § 6 Rn 56.

---

63 Praxistipp

Im Interesse eines umfassenden Rechtsschutzes empfiehlt es sich für das abberufene Vorstandsmitglied, in der **Hauptsache** einen Antrag auf Feststellung der Nichtigkeit der Abberufung mangels Vorliegens eines (wirksamen) Abberufungsbeschlusses und **hilfsweise** im Wege der Gestaltungsklage auf Unwirksamkeitserklärung der Abberufung mangels Vorliegen eines wichtigen Grundes zu klagen.[55]

---

64 **Passivlegitimiert** für beide Klagearten ist jeweils die Aktiengesellschaft, vertreten durch den Aufsichtsrat (analog § 112 AktG).

---

65 Wichtig

Nach der Rechtsprechung des BGH macht eine falsche Angabe der Vertretungsverhältnisse insoweit die Klage unter dem Gesichtspunkt des „Vertretungsmangels" unzulässig![56]

---

66 Weder die Feststellungsklage noch die Gestaltungsklage haben aufschiebende Wirkung (kein **Suspensiveffekt**), wie sich für die Gestaltungsklage schon unmittelbar aus § 84 Abs. 3 S. 4 AktG ergibt. Während der Schwebezeit des Verfahrens ist der abberufene Vorstand nicht befugt, die Vorstandsgeschäfte weiterzuführen.[57]

67 Während nach herrschender Meinung das Nichtvorliegen eines ordnungsgemäßen Abberufungsbeschlusses noch im Wege des **vorläufigen Rechtsschutzes** (Antrag auf Erlass einer einstweiligen Verfügung) geltend gemacht werden kann, wobei die Dauer des Hauptsacheverfahrens den Verfügungsgrund darstellen soll,[58] soll wegen der einschränkenden Formulierung des § 84 Abs. 3 S. 4 AktG das Fehlen eines wichtigen Grundes gemäß § 84 Abs. 3 S. 4 AktG nicht im Wege des vorläufigen Rechtsschutzes geltend gemacht werden können.[59]

68 Während die Gesellschaft die **Beweislast** für das Vorliegen eines wichtigen Grundes trägt, soll das abberufene Vorstandsmitglied die Beweislast dafür tragen, dass bei Abberufung wegen Vertrauensentzugs durch die Hauptversammlung das Misstrauensvotum aus offenbar unsachlichen Gründen erfolgt ist.[60]

---

69 Wichtig

Das **Nachschieben von Gründen** für die Abberufung soll auf der Grundlage eines neuerlichen Aufsichtsratsbeschlusses möglich sein, wenn der nachgeschobene Abberufungsgrund zwar zum Zeitpunkt der Erklärung des Widerrufs der Bestellung schon vorhanden war, dem Aufsichtsrat aber noch nicht bekannt war.[61]

---

70 Praktische Probleme können sich für die Gesellschaft ergeben, wenn die Klage des abberufenen Vorstandsmitglieds erfolgreich war, während der Schwebezeit aber die **Vorstandsposition neu besetzt** wurde. Fraglich ist, ob dann der Erfolg des abberufenen Vorstandsmitglieds seinerseits ein Grund zur Abberufung des neu berufenen Vorstandsmitglieds darstellen kann.[62]

---

55 So zutreffend Beck'sches Handbuch der AG/*Liebscher*, § 6 Rn 57.
56 Vgl. BGH WM 1990, 630; BGH AG 1991, 269; *Hüffer*, AktG, § 84 Rn 33.
57 Vgl. Beck'sches Handbuch der AG/*Liebscher*, § 6 Rn 56.
58 Vgl. OLG Stuttgart AG 1985, 193; *Hüffer*, AktG, § 84 Rn 34; MünchGesR/*Wiesner*, Bd. 4, § 20 Rn 53.
59 Vgl. AnwK-AktienR/*Oltmanns/Unger*, § 84 Rn 29; Beck'sches Handbuch der AG/*Liebscher*, § 6 Rn 57.
60 BGH AG 1975, 242; MünchGesR/*Wiesner*, Bd. 4, § 20 Rn 54.
61 BGH WM 1966, 968; *Hüffer*, AktG, § 84 Rn 34; Beck'sches Handbuch der AG/*Liebscher*, § 6 Rn 58.
62 So Kölner Komm-AktG/*Mertens*, § 84 Rn 123; weitere Nachweise zum Meinungsstand bei Beck'sches Handbuch der AG/*Liebscher*, § 6 Rn 60.

Sollte der Vorstand während der Schwebezeit des Streitverfahrens nicht ordnungsgemäß 71
besetzt sein, empfiehlt es sich aus Sicht der Gesellschaft demgemäß, die Besetzung durch einen
Notvorstand beim Registergericht zu beantragen. Dessen Amt endet bekanntlich, wenn der
Mangel geheilt ist.

4. Rechtsschutz des AG-Vorstands bei Kündigung

Da Vorstandsmitglieder nicht als Arbeitnehmer bzw. arbeitnehmerähnliche Personen gelten, ist 72
nach § 5 Abs. 1 S. 2 ArbGG für sie der **Rechtsweg** zu den Arbeitsgerichten nicht gegeben. Nach
§ 95 Abs. 1 Nr. 4 Buchst. a GVG ist für eine Klageerhebung das Landgericht, **Kammer für Handelssachen**, zuständig.

Das außerordentlich gekündigte Vorstandsmitglied kann dort Klage gegen die außerordent- 73
liche Kündigung erheben und diese Klage auf das **Nichtvorliegen eines wichtigen Grundes**
und/oder auf die **Nichteinhaltung der Zwei-Wochen-Frist** des § 626 Abs. 2 BGB stützen.

Gegebenenfalls kann das gekündigte Vorstandsmitglied sich auch auf ein sog. **„ruhendes** 74
Arbeitsverhältnis" berufen mit der Begründung, bei Bestellung in das Vorstandsamt sei ein
früher bestehendes Arbeitsverhältnis zur Gesellschaft nicht beendet worden, so dass es nunmehr wieder auflebe (siehe dazu Rn 25 ff.). Für eine solche Klage sind die Arbeitsgerichte zuständig.[63]

Praxistipp 75
Sind vertragliche **Verfallfristen** hinsichtlich der laufenden Vergütungsansprüche vereinbart, ist darauf zu achten, dass
diese Vergütungsansprüche durch entsprechende objektive Klageerweiterungen klageweise geltend gemacht werden,
damit sie trotz der erhobenen Bestandsschutzklage nicht sukzessive während der Laufzeit des Prozesses verfallen.

II. Amtsniederlegung durch Geschäftsführungsorgane

Literatur: *Bärwaldt*, Die Anmeldung des eigenen Ausscheidens als Geschäftsführer, GmbHR 2001, 290; *Kieß-
ling/Eichele*, Amtsniederlegung des GmbH-Geschäftsführers und Registerlöschung, GmbHR 1999, 1165; *Khatib-
Shahidi/Bögner*, Die rechtsmissbräuchlich oder zur Unzeit erklärte Amtsniederlegung des Geschäftsführers einer
GmbH, BB 1997, 1161; *Lohr*, Die Amtsniederlegung des GmbH-Geschäftsführers, RNotZ 2002, 164; *Schuhmann*,
Amtsniederlegung des Geschäftsführers, GmbHR 2007, 305; *Trölizsch*, Die Amtsniederlegung von Geschäftsführern
in der Krise der GmbH, GmbHR 1995, 857; *Van Venrooy*, Der amtsunwillige GmbH-Geschäftsführer, GmbHR 2011,
283; *Wachter*, Amtsniederlegung von GmbH-Geschäftsführern, GmbHR 2001, 1129; *Weber/Lohr*, Amtsniederlegung
und Eigenkündigung des GmbH-Geschäftsführers, GmbH-StB 2002, 55.

1. Amtsniederlegung durch GmbH-Geschäftsführer

Die Amtsniederlegung ist im Gesetz nicht geregelt, sie gilt aber unbestritten als zulässig. Sie er- 76
folgt durch einseitige, empfangsbedürftige Erklärung des Geschäftsführers gegenüber dem für
die Bestellung **zuständigen Gesellschaftsorgan** als Empfänger. GmbH-Geschäftsführer müssen
die Niederlegung ihres Amtes also zwingend gegenüber dem für ihre Bestellung zuständigen
Organ der Gesellschaft (Gesellschafterversammlung, ggf. Aufsichtsrat oder Beirat) erklären; die
Erklärung gegenüber einem **Mitgeschäftsführer** reicht nicht aus, zumindest nach instanzgerichtlicher Auffassung.[64]

---

63 BAG NZA 1996, 143, 144; BAG NZA 1997, 509.
64 OLG Düsseldorf BB 2005, 1812 = DB 2005, 1451; siehe auch *Bärwaldt*, GmbHR 2001, 290.

77   Nach Auffassung des **BGH** kann allerdings die Erklärung auch gegenüber einem (von mehreren) gesamtvertretungsbefugten Gesellschafter wirksam abgegeben werden.[65] Danach genügt für die Rechtswirksamkeit der Amtsniederlegung der **Zugang der Erklärung** bei einem Gesellschafter, auch wenn die Benachrichtigung an die anderen Mitgesellschafter unterbleibt.[66]

78   Bei der Erklärung der Amtsniederlegung gegenüber einer **ausländischen Muttergesellschaft**, beurteilt sich die Frage, ob die Willenserklärung dem Empfänger mit Sitz im Ausland zugegangen ist, nach dem **Ortsrecht des Abgabeorts**. Eine Pflicht des Registergerichts zur **Amtsermittlung** nach §§ 26, 382 FamFG besteht nur dann, wenn entweder die formalen Mindestanforderungen für eine Eintragung nicht erfüllt sind oder wenn begründete Zweifel an der Wirksamkeit der zur Eintragung angemeldeten Erklärungen oder der Richtigkeit der mitgeteilten Tatsachen bestehen.[67]

79   Die Amtsniederlegung ist aber unwirksam, wenn es sich bei dem Niederlegenden um den **einzigen Geschäftsführer** und zugleich alleinigen Gesellschafter der GmbH handelt.[68] Dementsprechend ist auch die **Selbstabberufung des einzigen Geschäftsführers** und gleichzeitigen Alleingesellschafters einer GmbH rechtsmissbräuchlich, wenn kein neuer Geschäftsführer bestellt wird oder ein wichtiger Grund für die Abberufung nicht vorliegt.[69]

80   Die Erklärung der Amtsniederlegung wird ansonsten mit ihrem **Zugang bei dem zuständigen Gesellschaftsorgan** sofort wirksam. Der Geschäftsführer ist dann gegenüber dem Handelsregister nicht mehr anmeldungsbefugt.[70]

---

81 **Praxistipp**
Ggf. sollte er deshalb die Amtsniederlegung mit der Maßgabe erklären, dass sein Amt erst mit der **Anmeldung der Niederlegung beim Handelsregister** wirksam werden soll. Er bleibt dann befugt, die Niederlegung selbst beim Handelsregister noch anzumelden (vorausgesetzt, er ist einzelvertretungsbefugt). Er muss dabei aber nicht nur die Niederlegungserklärung selbst, sondern auch deren Zugang bei dem zuständigen Organ in der Form des § 39 Abs. 2 GmbHG nachweisen.[71]

---

82 Die Amtsniederlegung der Geschäftsführerposition ist ansonsten auch dann **sofort wirksam**, wenn sie nicht auf einen **wichtigen Grund** gestützt wird. Das gilt auch noch in der Insolvenz der GmbH.[72]

---

83 **Wichtig**
Zu beachten ist jedoch, dass bei einer Amtsniederlegung ohne wichtigen Grund in einer Krisensituation der GmbH **Schadensersatzansprüche** gegen den Geschäftsführer entstehen können.[73]

---

65 BGH DStR 2002, 183 = ZIP 2001, 2227, 2228; dazu EWiR 2002, 67 m. Anm. *Wagner*.
66 BGH DStR 2002, 183 = ZIP 2001, 2227, 2228; dazu EWiR 2002, 67 m. Anm. *Wagner*; zur Amtsniederlegung unter dem Vorbehalt der Nachfolgeregelung BGH BB 2003, 706 = DStR 2003, 602 m. Anm. *Goette*.
67 BGH GmbHR 2011, 925.
68 BayObLG DB 1981, 2219; OLG Hamm GmbHR 1988, 411.
69 OLG Zweibrücken DB 2006, 662.
70 OLG Zweibrücken GmbHR 1999, 479; dazu *Kießling/Eichele*, GmbHR 1999, 1165; *Wachter*, GmbHR 2001, 1129; *Lohr*, RNotZ 2002, 164.
71 OLG Düsseldorf GmbHR 2004, 1532.
72 BGH GmbHR 1993, 216; OLG Frankfurt/M. GmbHR 1995, 301; LG Frankenthal GmbHR 1996, 939; siehe auch *Trölizsch*, GmbHR 1995, 857.
73 OLG Koblenz GmbHR 1995, 730; dazu auch *Khatib-Shahidi/Bögner*, BB 1997, 1161.

Arens

Wichtig 84

Ferner besteht das Recht der Gesellschaft zur **außerordentlichen Kündigung** eines Geschäftsführers nach dessen wirksamer, aber unberechtigter Amtsniederlegung.[74]

Die Amtsniederlegung durch den Geschäftsführer hat aber nicht automatisch die **Kündigung** 85 **des Dienstverhältnisses** zur Folge, insbesondere, wenn er sein Amt aus einem von der GmbH zu vertretenden wichtigen Grund niederlegt.[75]

Legt der Geschäftsführer einer GmbH zwar sein Amt nieder, übt er es aber **faktisch weiter-** 86 **hin** aus, so hat er damit die Amtsniederlegung stillschweigend rückgängig gemacht und kommt deswegen auch weiterhin als Haftungsschuldner in Betracht.[76]

Bei der Amtsniederlegung handelt es sich um eine in das **Handelsregister** eintragungsfähi- 87 ge Tatsache.[77] Die Eintragung der Berufung als Geschäftsführer und der Beendigung der Vertretungsbefugnis im Handelsregister haben jedoch lediglich **deklaratorische Wirkung.**[78]

Meldet ein Geschäftsführer die Niederlegung seines Amts beim Registergericht zur Eintra- 88 gung an, ist diesem nicht nur die **Niederlegungserklärung** selbst, sondern auch deren **Zugang** bei dem zuständigen Organ in der Form des § 39 Abs. 2 GmbHG **nachzuweisen.**[79]

2. Amtsniederlegung durch AG-Vorstände

Unstreitig ist, dass auch ein Vorstandsmitglied seinerseits aus wichtigem Grund sein **Amt nie-** 89 **derlegen** kann, wenn ihm die Aufrechterhaltung des Vorstandsamts unzumutbar geworden ist.[80]

Streitig ist dagegen, ob eine Amtsniederlegung auch ohne **wichtigen Grund** zulässig und 90 auch wirksam ist.[81] Diese Rechtsfrage wird man entsprechend der Problematik der Amtsniederlegung durch einen GmbH-Geschäftsführer bewerten müssen (siehe dazu Rn 76 ff.). Mit dem **Zugang** der Niederlegungserklärung gegenüber dem für die Bestellung zuständigen Organ (Aufsichtsrat) dürfte die Amtsniederlegung im Außenverhältnis auch in diesem Fall wirksam werden. Sollte es an einem berechtigten Grund für die Niederlegung fehlen, blieben im Innenverhältnis mögliche Schadenersatzansprüche der Gesellschaft gegen den Vorstand.[82]

Zu beachten ist, dass eine **unberechtigte Amtsniederlegung** durch das Vorstandsmitglied 91 selbst stets einen Grund für eine außerordentliche Kündigung des Anstellungsvertrages darstellen kann.[83]

III. Entlastung, Generalbereinigung und Verzicht

Literatur: *Ahrens*, Vom Ende der Entlastungsklage des GmbH-Geschäftsführers und einem Neubeginn des BGH, ZGR 1987, 129; *Bauer*, Arbeitsrechtliche Aufhebungsverträge, 7. Aufl. 2004; *Bengelsdorf*, Aufhebungsvertrag und Abfindungsvereinbarungen, 4. Aufl. 2004; *Haas*, Der Verzicht und Vergleich auf Haftungsansprüche gegen GmbH-

---

74 OLG Celle GmbHR 2004, 1266.
75 BGH GmbHR 1978, 85; OLG Düsseldorf GmbHR 1989, 468; *Weber/Lohr*, GmbH-StB 2002, 55.
76 LG Stendal GmbHR 2000, 88 m. Anm. *Peetz*.
77 OLG Frankfurt/M. NJW-RR 1994, 105.
78 OLG Frankfurt/M. GmbHR 1995, 301.
79 OLG Düsseldorf GmbHR 2004, 1532 = ZIP 2004, 2007.
80 AnwK-AktienR/*Oltmanns/Unger*, § 84 Rn 30.
81 Vgl. BGHZ 78, 82, 87; Kölner Komm-AktG/*Mertens*, § 84 Rn 163.
82 Ähnlich offenbar Beck'sches Handbuch der AG/*Liebscher*, § 6 Rn 53.
83 BGHZ 78, 82, 85; BGH WM 1978, 319; *Hüffer*, AktG, § 84 Rn 40.

Geschäftsführer, ZInsO 2007, 464; *Hümmerich/Spirolke*, Das arbeitsrechtliche Mandat, 5. Aufl. 2009; *Janert*, Neues zur Generalbereinigung?, GmbHR 2003, 830; *Meier*, Der praktische Fall: Kann eine Verpflichtung zur Entlastung der Geschäftsführung einer GmbH vorab vertraglich vereinbart werden?, GmbHR 2004, 111; *Nägele*, Entlastung des GmbH-Geschäftsführers und des AG-Vorstands – Chancen und Risiken in der Praxis, BB 2000, 1253; *Schwichtenberg*, Horizontale und vertikale Interessenkonflikte bei Entlastungsbeschlüssen im GmbH-Recht, GmbHR 2007, 400; *Sigle*, Die Entlastung des GmbH-Geschäftsführers und ihre Wirkung, DStR 1992, 469.

1. Rechtslage in der GmbH
a) Entlastung

92 Die Entlastung ist ein **verbandsrechtlicher Vorgang**, mit dem die Tätigkeit der Mitglieder der Geschäftsführung gebilligt wird. Es handelt sich nach herrschender Meinung um eine einseitige körperschaftsrechtliche Erklärung, an die sich wegen der darin liegenden Vertrauensbekundung im GmbH-Recht, ähnlich wie im Vereinsrecht, gewisse **Präklusionswirkungen** knüpfen. Die Gesellschaft wird daraufhin nämlich mit solchen Ansprüchen gegen die Geschäftsführung präkludiert, die aufgrund der Rechenschaftslegung samt aller zugänglich gemachten Unterlagen erkennbar waren.[84]

93 Außerhalb des aufgrund der Rechenschaftslegung Erkennbaren führt die Entlastung dagegen nur dann zur **Verzichtswirkung**, wenn alle Gesellschafter positive Kenntnis hatten. Erkennbarkeit genügt nur für Mitgesellschafter aufgrund ihrer Tätigkeit als Mitgeschäftsführer oder Aufsichtsratsmitglieder.

94 Waren bei Zustandekommen des Entlastungsbeschlusses Schadensersatzansprüche gegen den Geschäftsführer **bekannt oder** wären sie bei sorgfältiger Prüfung **erkennbar** gewesen, enthält die Entlastung den Verzicht auf diese Schadensersatzansprüche durch eine Art **negatives Schuldanerkenntnis** gemäß § 397 Abs. 2 BGB.[85]

---

95 **Wichtig**
Die Präklusionswirkung der Entlastung erfasst nicht nur Schadensersatzansprüche, sondern auch die Geltendmachung von Abberufungsgründen.

---

96 Die Entlastung bedarf nach § 46 Nr. 5 GmbHG eines **Gesellschafterbeschlusses**, kann aber in einem anderen Beschluss konkludent enthalten sein. Dies gilt auch in der nach dem MitbestG 1976 mitbestimmten GmbH. Die Gesellschafter können die Entlastung aber ebenso wie die Bestellung und die Abberufung einem anderen Organ übertragen.[86]

97 Entlastung bedeutet zum einen die **Billigung des Handelns der Geschäftsführung** für das abgelaufene Geschäftsjahr als – im Großen und Ganzen – gesetz- und satzungsgemäß.[87]

98 Bei der Entscheidung über die Entlastung des Geschäftsführers hat die Gesellschafterversammlung ein **weites Ermessen**. Weder Verstöße gegen gesetzliche Vorschriften noch ordnungswidrige Handlungen des Geschäftsführers stehen einer Entlastung zwingend entgegen.[88]

99 Die Entlastung setzt aber **Rechenschaftslegung**, in der Regel im Zusammenhang mit der Feststellung des Jahresabschlusses für das abgelaufene Geschäftsjahr, voraus.[89]

---

84 Baumbach/Hueck/*Zöllner*, GmbHG, § 46 Rn 41 ff.; *Sigle*, DStR 1992, 469; *Nägele*, BB 2000, 1253; *Janert*, GmbHR 2003, 830; *Meier*, GmbHR 2004, 111; *Haas*, ZInsO 2007, 464; *Schwichtenberg*, GmbHR 2007, 400.
85 BGH BB 2002, 220, 222; BGH WM 1988, 531, 534; OLG Düsseldorf NZG 2001, 991; Oppenländer/*Trölitzsch*, Praxishandbuch der GmbH-Geschäftsführung, § 12 Rn 30.
86 Hoffmann/*Liebs*, Der GmbH-Geschäftsführer, Rn 229.
87 BGH NJW 2003, 1032, 1033 im Falle einer AG.
88 BGHZ 135, 244; Oppenländer/*Trölitzsch*, Praxishandbuch der GmbH-Geschäftsführung, § 12 Rn 29; einschränkend Baumbach/Hueck/*Zöllner*, GmbHG, § 46 Rn 43.
89 RGZ 89, 396; BGH NJW 1959, 192; BGH DB 1968, 2166; BGH WM 1976, 736; BGHZ 94, 324.

Dass der Geschäftsführer einen mit der Leistungsklage durchsetzbaren **Anspruch auf Ent-** **100**
lastungserteilung habe, war bis zur Entscheidung des BGH in BGHZ 94, 324 ganz h.M.[90] Der
BGH hat in der genannten Entscheidung dann diese Rechtsauffassung aufgegeben, die in der
Kommentarliteratur aber teilweise noch für zutreffend erachtet wird.[91] Den Geschäftsführer auf
die Möglichkeit einer Amtsniederlegung bzw. einer fristlosen Eigenkündigung zu verweisen,[92]
wird der Interessenlage nicht gerecht.[93]

Praxistipp **101**
Der Geschäftsführer, der nicht entlastet worden ist, kann bei Vorliegen eines Feststellungsinteresses ggf. durch eine
negative Feststellungsklage gerichtlich klären lassen, dass keine Schadensersatzansprüche gegen ihn bestehen.[94]
Er muss in der Klage allerdings die Sachverhalte genau bezeichnen, auf die sich die Feststellung beziehen soll.

Die Feststellungsklage ist nur zulässig, wenn der Geschäftsführer weiß bzw. Indizien dafür vor- **102**
handen sind, dass überhaupt ernsthaft an Schadensersatzansprüche gedacht wird, anderenfalls
fehlt das **Rechtsschutzinteresse.**[95]

Praxistipp **103**
Der Geschäftsführer, der nicht entlastet worden ist, kann ggf. auch eine **Auskunftsklage** hinsichtlich der gegen ihn
gerichteten Vorwürfe einer Pflichtverletzung erheben.[96]

---

b) Generalbereinigung

Über die Entlastung hinaus geht eine sog. **Generalbereinigung**, bei der konkrete Ansprüche **104**
einem Verzicht oder Vergleich unterworfen werden. Eine solche Generalbereinigung, auch wenn
sie in einer Ausgleichsvereinbarung oder Ausgleichsquittung enthalten ist, bedarf eines Gesellschafterbeschlusses.[97] Die GmbH kann also – auf der Grundlage eines **Gesellschafterbeschlus-**
ses – gegenüber dem Geschäftsführer auf ihren Ersatzanspruch nach § 43 Abs. 2 GmbHG verzichten bzw. sich hierüber vergleichen.

Zur Tragweite eines Entlastungs- oder Generalbereinigungsbeschlusses im Hinblick auf ein **105**
Aufsichtsversäumnis des Geschäftsführers hat der BGH ausgeführt:

Ein Entlastungsbeschluss ist selbst dann nicht nichtig, sondern nur **anfechtbar**, wenn sein **106**
Gegenstand ein **eindeutiges und schwerwiegendes Fehlverhalten** des Geschäftsleiters gegenüber der Gesellschaft ist.[98]

Allerdings hat der BGH schon 1954 entschieden, dass ein Entlastungsbeschluss **nichtig** ist, **107**
wenn er „seinem inneren Gehalt nach in einer **sittenwidrigen Schädigung nicht anfech-**
tungsberechtigter Personen besteht".[99]

---

90 BGH NJW 1959, 192; BGH DB 1968, 2166; BGH WM 1976, 736; dazu *Meier*, GmbHR 2004, 111.
91 Baumbach/Hueck/*Zöllner*, GmbHG, § 46 Rn 46; Scholz/*Schmidt*, § 46 GmbHG Rn 101ff.
92 Lutter/*Hommelhoff*, GmbHG, § 46 Rn 15; Oppenländer/*Trölitzsch*, Praxishandbuch der GmbH-Geschäftsführung,
§ 12 Rn 30.
93 So auch Baumbach/Hueck/*Zöllner*, GmbHG, § 46 Rn 46.
94 Hoffmann/*Liebs*, Der GmbH-Geschäftsführer, Rn 230.
95 Hoffmann/*Liebs*, Der GmbH-Geschäftsführer, Rn 230; BGHZ 94, 324, 329ff.; Scholz/*Schmidt*, GmbHG, § 46 Rn 100.
96 *Ahrens*, ZGR 1987, 132.
97 BGH ZIP 1998, 332 = BB 1998, 444.
98 BGH DStR 2003, 1309 = GmbHR 2003, 712; dazu EWiR 2004, 443 (*Sinewe*); vgl. auch BGH ZIP 2003, 387; OLG
Düsseldorf NZG 2001, 991; OLG Hamm ZIP 1993, 119.
99 BGHZ 15, 382.

108 Eine Entlastung durch die Gesellschafterversammlung ist ermessensfehlerhaft und anfechtbar, wenn der GmbH-Geschäftsführer die Gesellschafter unterschiedlich behandelt hat, insbesondere durch Gewährung von **Sondervorteilen** zu Lasten der GmbH und anderer Gesellschafter.[100]

---

109 **Praxistipp**
Häufig stellt sich die Frage einer Entlastung im Zusammenhang mit dem **Abschluss eines Aufhebungs- oder Abwicklungsvertrages**. Wenn nicht in dem Aufhebungs- bzw. Abwicklungsvertrag selbst eine Entlastung aufgenommen wird, empfiehlt es sich, eine Regelung zu treffen, nach der sich die Gesellschaft verpflichtet, im Rahmen etwa der nächsten Gesellschafterversammlung über die Entlastung des Geschäftsführers zu beschließen.

---

c) Ausgleichs- oder Erledigungsklauseln

110 Mit der Beendigung des Geschäftsführerdienstverhältnisses sind die Parteien in der Regel bestrebt, ihre Rechtsbeziehungen abschließend zu regeln. Dem dienen sog. **Ausgleichsklauseln** im Rahmen von Beendigungsvereinbarungen (Aufhebungs- oder Abwicklungsvertrag). Sie beinhalten regelmäßig die wechselseitige Erklärung, dass keine der Vertragsparteien nachträglich weitere Ansprüche als die bei Ausscheiden des Geschäftsführers geregelten Ansprüche geltend machen wird.[101]

111 Die **Rechtsnatur** ist im Streitfall von den Gerichten für jeden Einzelfall durch Auslegung zu ermitteln.[102] Die Ausgleichsklausel kann je nach Ausgestaltung rechtlich als
– Vergleich,
– Verzicht,
– Erlassvertrag,
– deklaratorisches positives/negatives oder konstitutives negatives Schuldanerkenntnis qualifiziert werden.

112 Werden durch die Ausgleichsklausel bislang streitige wechselseitige Ansprüche aufgegeben, handelt es sich um einen **Vergleich** im Sinne des § 779 BGB.[103] Liegt eine unmissverständliche Erklärung vor, bestimmte Rechte oder Ansprüche nicht geltend machen zu wollen, ist von einem **Verzicht** auszugehen.[104] Gehen die Parteien von dem Bestehen einer bzw. mehrerer Forderungen aus oder rechnen sie auch nur mit der Möglichkeit ihres Bestehens, ist die Ausgleichsklausel als **Erlassvertrag** im Sinne des § 397 Abs. 1 BGB oder als ein diesem gleichstehendes negatives **Schuldanerkenntnis** gemäß § 397 Abs. 2 BGB zu qualifizieren.[105] Wollen die Parteien lediglich das Nichtbestehen von Ansprüchen klarstellen, von dem sie als sicher ausgehen, ist ein negatives Schuldanerkenntnis mit der Folge gegeben, dass eine gleichwohl bestehende Schuld erlischt.[106]

113 Die Wirkungen können im Detail unterschiedlich sein: Während der Erlassvertrag die **Rückforderung** nach § 814 BGB ausschließt, kann der Anerkennende das Schuldanerkenntnis nach

---

100 OLG München GmbHR 1997, 1103 = BB 1997, 2341.
101 Dazu umfassend *Hümmerich/Spirolke*, Das arbeitsrechtliche Mandat, § 11 Rn 292 ff.
102 LAG München BB 1998, 269.
103 *Bengelsdorf*, Aufhebungsvertrag und Abfindungsvereinbarungen, S. 202, Fn 575.
104 *Bengelsdorf*, Aufhebungsvertrag und Abfindungsvereinbarungen, S. 202, Fn 575.
105 *Hümmerich*/Spirolke, Das arbeitsrechtliche Mandat, § 11 Rn 292 ff.; *Bengelsdorf*, Aufhebungsvertrag und Abfindungsvereinbarungen, S. 202, Fn 575.
106 *Bengelsdorf*, Aufhebungsvertrag und Abfindungsvereinbarungen, S. 202, Fn 575.

§ 812 Abs. 2 BGB wegen ungerechtfertigter Bereicherung zurückfordern, wenn er das Bestehen der Schuld und die irrige Annahme des Nichtbestehens beweisen kann.[107]

Praxistipp   **114**

Stellt sich heraus, dass entgegen der eigenen Annahme noch Ansprüche bestanden, bleibt nur der Weg über **Anfechtung oder Widerruf** der Vereinbarung oder das Berufen auf deren Nichtigkeit.[108]

Das Berufen des Geschäftsführers auf die vereinbarte Ausgleichsklausel soll aber auch **rechts-** **115** **missbräuchlich** sein können, wenn er der Gesellschaft durch eine unerlaubte Handlung Schaden zugefügt hat und die Gesellschaft bei Abschluss der Vereinbarung keine Kenntnis hiervon hatte.[109]

Erledigungsklauseln können sich auf Ansprüche aus dem **Dienstverhältnis** beschränken **116** oder aber auch sämtliche Ansprüche bzw. **sämtliche finanziellen Ansprüche** zwischen den Parteien einbeziehen.[110]

Allgemeine Ausgleichsklauseln erfassen im Zweifel nicht Ansprüche des Dienstnehmers auf **117** **betriebliche Alterversorgung**[111] und aus einem **nachvertraglichen Wettbewerbsverbot**.[112] Allerdings hat das BAG für ein Arbeitsverhältnis dazu inzwischen gegenteilig entschieden.[113]

Ein Verzicht auf **Vergütungsfortzahlung** im Krankheitsfalle ist wegen § 12 EFZG im Voraus **118** nicht möglich. Möglich ist der Verzicht auf schon entstandene Fortzahlungsansprüche, wenn sich die Klausel hierüber ausdrücklich verhält.[114]

Der Verzicht auf Erteilung des **Zeugnisses** und auf die Erteilung der **Arbeitspapiere** durch **119** allgemeine Ausgleichsklausel ist erst anlässlich der Beendigung oder nach der Beendigung des Anstellungsverhältnisses zulässig.[115]

Unberührt bleiben im Zweifel **Darlehensansprüche**, da das Darlehen keine Leistung aus **120** dem Arbeitsverhältnis darstellt, sondern das Arbeitsverhältnis allenfalls Motiv für die Gewährung des Darlehens war.[116]

2. Rechtslage in der AG

In einer **Aktiengesellschaft** scheidet eine Entlastung mit den vorstehend bezeichneten Präklu- **121** sions- und Verzichtswirkungen gem. §§ 93 Abs. 4, 120 Abs. 2 Satz 2 AktG aus.[117] Sie ist damit mehr ein **symbolischer Akt**, der für das Ansehen der Verwaltung (Aufsichtsrat und Vorstand) bzw. ihre einzelnen Mitglieder – auch psychologisch – wichtig ist. Sie schließt aber weder eine spätere Inanspruchnahme noch eine außerordentliche Kündigung aus.[118]

Gemäß § 93 Abs. 4 S. 3 AktG kann die AG erst drei Jahre nach der Entstehung des Anspruchs **122** gegen die Vorstands- bzw. die Aufsichtsratsmitglieder und nur dann auf Ersatzansprüche ver-

---

107 *Bengelsdorf*, Aufhebungsvertrag und Abfindungsvereinbarungen, S. 202, Fn 575.
108 Dazu *Bauer*, Arbeitsrechtliche Aufhebungsverträge, IV Rn 401 ff.
109 LAG Düsseldorf BB 2002, 104; *Hümmerich*/Spirolke, Das arbeitsrechtliche Mandat, § 11 Rn 124.
110 *Hümmerich*/Spirolke, Das arbeitsrechtliche Mandat, § 11 Rn 117 ff.
111 BAG DB 1974, 487; BAG NZA 1991, 174.
112 BAG AP Nr. 39 zu § 74 HGB; *Hümmerich*/Spirolke, Das arbeitsrechtliche Mandat, § 11 Rn 137 m.w.N. zur instanzgerichtlichen Rechtsprechung, die weiter differenziert.
113 BAG NZA 2009, 139; BAG NJW 2009, 3529.
114 LAG Köln LAG-Report 2003, 165.
115 *Hümmerich*/Spirolke, Das arbeitsrechtliche Mandat, § 11 Rn 119; *Bauer*, Arbeitsrechtliche Aufhebungsverträge, IV Rn 393.
116 LAG Hamm LAGE § 794 ZPO, Ausgleichsklausel Nr. 1; a.A. OLG Düsseldorf NZA-RR 1998, 1.
117 Dazu *Hüffer*, AktG, § 120 Rn 3 m.w.N.; AnwK-AktienR/*Pluta*, § 120 Rn 8.
118 AnwK-AktienR/*Pluta*, § 120 Rn 8; Großkommentar zum AktG/*Mülbert*, § 120 Rn 40.

zichten oder sich über sie vergleichen, wenn die **Hauptversammlung** zustimmt und nicht eine Minderheit, deren Anteile zusammen 1/10 des Grundkapitals erreichen, zur Niederschrift Widerspruch erhebt.

123　　　Aus dieser Regelung folgt zugleich, dass auch eine **Haftungsbeschränkung** zugunsten der **Vorstands- bzw. Aufsichtsratsmitglieder** weder durch Satzungsregelung noch durch individuelle Vereinbarung vorgesehen werden kann.[119] Einzig § 93 Abs. 4 S. 2 AktG bestimmt, dass die AG einen Schaden aus einer an sich gegebenen Verletzungshandlung nicht geltend machen kann, wenn die Handlung auf der Ausführung eines gesetzmäßigen Beschlusses der Hauptversammlung beruhte.

---

119 Lutter/*Krieger*, Rechte und Pflichten des Aufsichtsrats, Rn 853; *Hüffer*, AktG, § 93 Rn 1; Großkommentar zum AktG/*Hopt*, § 93 Rn 23 ff.

Dr. Bernhard König

§ 13 Haftung der Geschäftsführungs- und Vertretungsorgane

Literatur: *Baumbach/Hopt*, Kommentar zum HGB, 35. Aufl., 2012; *Hefermehl/Köhler/Bornkamm*, Kommentar zum Wettbewerbsrecht, 30. Aufl., 2012; *Baumbach/Hueck*, Kommentar zum GmbH-Gesetz, 20. Aufl., 2012; *Baumbach/Hopt*, Kommentar zum HGB, 35. Aufl., 2012; *Beuthien*, Genossenschaftsgesetz mit Umwandlungsrecht, Kommentar, 15. Aufl., 2011; *Blöse*, Zur Abgrenzung von vorübergehender Zahlungsstockung und Zahlungsunfähigkeit bei der GmbH, GmbHR 2005, 1122; *Dierksmeier*, Die englische Ltd. in Deutschland – Haftungsrisiko für Berater, BB 2005, 1516; *Ensthaler*, Gemeinschaftskommentar zum HGB, 8. Aufl., 2012; *Erman*, Kommentar zum BGB, 13. Aufl., 2011; *Fleischer*, Gläubigerschutz in der kleinen Kapitalgesellschaft: Deutsche GmbH versus englische private limited company, DStR 2000, 1015; *Geißler*, Die Haftung des faktischen Geschäftsführers, GmbHR 2003, 1106; *Goette*, Aus der neueren Rechtsprechung des BGH zum GmbH-Recht ZIP 2005, 1481; *Götting*, Die persönliche Haftung des GmbH-Geschäftsführers für Schutzrechtsverletzungen und Wettbewerbsverstöße, GRUR 1994, 6; *Groß*, Die Rechtsprechung des Bundesgerichtshofs zur Haftung des GmbH-Geschäftsführers wegen Nichtabführung von Arbeitnehmerbeiträgen zur Sozialversicherung, ZIP 2001, 945; *Grütters*, BB-Forum: Limited auf dem Vormarsch – Serien-Reinfälle nicht ausgeschlossen, BB 2005, 1523; *Haak*, Die Verantwortlichkeit des Geschäftsführers im englischen Recht, RIW 1991, 992 f.; *Haas*, Aktuelle Rechtsprechung zur Insolvenzantragspflicht des GmbH-Geschäftsführers nach § 64 Abs. 1 GmbHG, DStR 2003, 423; *Haas/Müller*, Haftungsrisiken des GmbH-Geschäftsführers im Zusammenhang mit Unternehmens(ver)käufen, GmbHR 2004, 1169; *Hachenburg/Ulmer*, Gesetz betreffend die Gesellschaften mit beschränkter Haftung (GmbHG), Großkommentar, 8. Aufl., §§ 35–52, 1997 ff.; *Harte-Bavendamm/Henning-Bodewig*, Gesetz gegen den unlauteren Wettbewerb (UWG), Kommentar, 3. Aufl., 2012; *Haß*, Die persönliche Haftung des GmbH-Geschäftsführers bei Wettbewerbsverstößen und Verletzung gewerblicher Schutzrechte, GmbHR 1994, 666; *Heil/Russenschuck*, Die persönliche Haftung des GmbH-Geschäftsführers, Im Blickpunkt: Grundsätze der sogenannten „Managerprodukthaftung", BB, 1998, 1749; *Hoffmann/Liebs*, Der GmbH-Geschäftsführer, Handbuch für die Praxis des Unternehmens und Managers, 3. Aufl., 2009; *Hopt/Wiedemann*, Großkommentar zum Aktiengesetz, §§ 92–94 AktG, 4. Aufl., 1999; *Hüffer*, Kommentar zum Aktiengesetz, 10. Aufl., 2012; *Keller*, Die Außenhaftung des GmbH-Geschäftsführers bei Wettbewerbsverstößen, GmbHR 2005, 1235; *Klein*, Abgabenordnung, Kommentar, 11. Aufl., 2012; *Kropff/Semler*, ehem. Geßler/Hefermehl, Münchener Kommentar zum Aktiengesetz, Band 3, 2004; *Lieder*, Die Haftung der Geschäftsführer und Gesellschafter von EU-Auslandsgesellschaften mit tatsächlichem Verwaltungssitz in Deutschland, DZWIR 2005, 399; *Lohr*, Die Beschränkung der Innenhaftung des GmbH-Geschäftsführers, NZG 2000, 1204; *Lutter*, Haftung und Haftungsfreiräume des GmbH-Geschäftsführers, 10 Gebote an den Geschäftsführer, GmbHR 2000, 301; *Lutter*, Umwandlungsgesetz, Kommentar, Band 1, 2, 4. Aufl., 2009; *Lutter/Banerjea*, Die Haftung des Geschäftsführers für existenzvernichtende Eingriffe, ZIP 2003, 2177; *Lutter/Hommelhoff/Kleindiek*, Kommentar zum GmbH-Gesetz, 17. Aufl., 2009; *Medicus*, Die Außenhaftung des Führungspersonals juristischer Personen im Zusammenhang mit Produktmängeln, GmbHR 2002, 809; *Meinicke*, Zum Weisungsrecht der Gesellschafter und der Folgepflicht des Geschäftsführers in der mitbestimmungsfreien GmbH, NZG 2000, 622; *Mertens*, Kölner Kommentar zum Aktiengesetz, Band 2, 2. Aufl., 2010; *Michalski*, Kommentar zum GmbH-Gesetz, Band 1, 2, 2010; Münchener Kommentar zum GmbH, 5. Aufl., 2009, Die steuerrechtliche Haftung des GmbH-Geschäftsführers in der Krise, GmbHR 2003, 389; *Paefgen*, Handelndenhaftung bei europäischen Auslandsgesellschaften, GmbHR 2005, 957 f.; *Palandt*, Kommentar zum BGB, 71. Aufl., 2012; *Rödel*, Rechtsfolgen einer verlustbringenden Anlage des Stiftungsvermögens in Aktien, NZG 2004, 754; *Römermann*, Münchener Anwaltshandbuch GmbH-Recht, 2. Aufl., 2009; *Rohlfing*, Lohnsteuerhaftung des GmbH-Geschäftsführers, GmbHR 2006, 40; *Roth/Altmeppen*, Kommentar zum GmbH-Gesetz, 7. Aufl., 2012; *Rowedder/Schmidt-Leithoff*, Kommentar zum GmbH-Gesetz, 4. Aufl., 2002; *Schlegelberger*, Kommentar zum HGB, 5. Aufl., 1992; *Schluck-Amend/Walker*, Neue Haftungsrisiken für GmbH-Geschäftsführer durch Pflicht zur Erstellung eines Insolvenzplans?, GmbHR 2001, 375; *Schmidt*, Münchener Kommentar zum HGB, Band 2, 3. Aufl., 2011; *Schmidt*, Die Umwelthaftung der Organmitglieder von Kapitalgesellschaften, 1996; *Schmidt*, Münchener Kommentar zum HGB, 3. Aufl., 2012; *Schmidt*, GmbH-Reform auf kosten der Geschäftsführer? GmbHR 2008, 449; *Schmidt/Lutter*, Kommentar zum Aktiengesetz, 2. Aufl., 2010; *Schneider/Schneider*, Die zwölf goldenen Regeln des GmbH-Geschäftsführers zur Haftungsvermeidung und Vermögenssicherung, GmbHR 2005, 1229; *Schneider*, Die Pflichten des Geschäftsführers in der Krise der GmbH, GmbHR, 2010, 57; *Scholz*, Kommentar zum GmbH-Gesetz, 10. Aufl., 2010; *Schröder/Schneider*, Geschäftsführerhaftung bei der Private Limited Company mit Verwaltungssitz in Deutschland, GmbHR 2005, 1288, 1290; *Schumann*, Die englische Limited mit Verwaltungssitz in Deutschland: Kapitalaufbringung, Kapitalerhaltung und Haftung bei Insolvenz, DB 2004, 743; *Stahlschmidt/*

Laws, Die Auswirkungen insolvenzrechtlicher Anfechtungsmöglichkeiten auf die Haftung des Geschäftsführers für Steuerschulden der insolventen GmbH, GmbHR 2006, 410; *Tiedtke*, Haftungsbescheid gegen einen Geschäftsführer, der die von der GmbH geschuldeten Löhne aus seinem Privatvermögen gezahlt hat, GmbHR 2007, 21; *Taschner/ Frietsch*, Produkthaftungsgesetz und EG-Produkthaftungsrichtlinie, 2. Aufl., 1990; *Tipke/Kruse*, Kommentar zur Abgabenordnung und Finanzgerichtsordnung, Loseblattsammlung; *Tröndle/Fischer*, Strafgesetzbuch und Nebengesetze, 59. Aufl., 2012; *Wälzholz*, Aktuelle Entwicklungen und Probleme bei Freiberuflerpersonengesellschaften, DStR 2004, 1708; *Weber/Brügel*, Die Haftung des Managements in der Unternehmenskrise: Insolenz, Kapitalerhaltung und existenzvernichtender Eingriff, DB 2004, 1923; *Weimar*, Umweltrechtliche Verantwortung des GmbH-Geschäftsführers, GmbHR 1994, 82; *Wilhelmi*, Das Mindestkapital als Mindestschutz, GmbHR 2006, 13; *Windbichler*, Schadensersatzansprüche des stillen Gesellschafters, ZGR 1989, 434; *Zöllner*, Konkurrenz für inländische Kapitalgesellschaften durch ausländische Rechtsträger, GmbHR 2006, 1.

I. Haftung der geschäftsführenden Gesellschafter einer BGB-Gesellschaft, OHG oder KG

1. Haftung gegenüber der Gesellschaft
a) Haftung wegen Verletzung des Gesellschaftsvertrages i.V.m. § 280 BGB

1 Anders als im Recht der Kapitalgesellschaften regeln BGB und HGB keine expliziten Schadensersatzansprüche der Gesellschaft gegen ihre geschäftsführenden Gesellschafter. Geschäftsführer von Personenhandelsgesellschaften sind gleichzeitig Gesellschafter. Es gilt der Grundsatz der Selbstorganschaft.[1] **Schuldhafte Pflichtverletzungen** der geschäftsführenden Gesellschafter stellen also eine Verletzung des Gesellschaftsvertrages dar.

---

1 BFH FamRZ 2003, 1099; BGHZ 146, 341, 360; BGHZ 36, 292, 295.

König

Alle Regeln, die BGB und HGB für die Geschäftsführung von Gesellschaftern in der Perso- **2** nengesellschaft vorsehen, sind disponibel. Es kann also sowohl die Geschäftsführung abweichend vom Gesetz geregelt werden (abgesehen vom zwingenden Grundsatz der Selbstorganschaft), wie auch der Haftungsmaßstab des § 708 BGB verschärft oder entschärft werden. Die nachfolgenden Ausführungen orientieren sich an den gesetzlichen Regelungen und bedürfen gegebenenfalls im Einzelfall der Modifikation, wenn Regelungen im Gesellschaftsvertrag davon abweichen.

aa) Geschäftsführung

Die Haftung wird ausgelöst durch eine Pflichtverletzung im Rahmen der **Geschäftsführung**. **3** Geschäftsführer ist, wer nach Gesetz oder Gesellschaftsvertrag geschäftsführender Gesellschafter ist. Die gesetzliche Regelung bei der **BGB-Gesellschaft** sieht grundsätzlich die gemeinschaftliche Geschäftsführung vor, § 709 BGB. Durch Gesellschaftsvertrag kann jedoch einem oder einigen der Gesellschafter die Geschäftsführung übertragen werden mit der Folge des Widerspruchsrechts gegen Maßnahmen anderer geschäftsführender Gesellschafter, § 711 BGB.

Bei der **OHG** sind ebenfalls nach der gesetzlichen Regelung alle Gesellschafter geschäftsfüh- **4** rungsbefugt, sie haben allerdings Einzelgeschäftsführungsbefugnis, § 114 HGB. Steht die Geschäftsführung mehreren Gesellschaftern zu, haben die geschäftsführenden Gesellschafter ein Widerspruchsrecht gegen Maßnahmen der jeweils anderen Geschäftsführer, § 115 Abs. 1 Hs. 2 HGB.

Bei der **KG** ist der Komplementär bzw. sind die Komplementäre geschäftsführungsbefugt, **5** § 164 HGB. Für den oder die Komplementäre gelten dann dieselben Regelungen wie innerhalb der OHG, §§ 114, 115 HGB.

Führen mehrere Gesellschafter die Geschäfte und haben sie untereinander Zuständigkeiten **6** und Ressorts aufgeteilt, etwa durch Gesellschaftsvertrag, Dienstverträge, Geschäftsordnung, kann sich kein Geschäftsführer darauf zurückziehen, er sei ausschließlich für sein eigenes Ressort zuständig. Jeder geschäftsführende Gesellschafter hat eine **Gesamtverantwortung** für die Geschäfte der Gesellschaft. Diese erschöpft sich nicht darin, Geschäftsführungsmaßnahmen anderer geschäftsführender Gesellschafter nach § 711 BGB, § 115 Abs. 1 HGB zu widersprechen, wenn diese dem Gesellschaftsinteresse zuwiderlaufen. Weitergehend ist jeder geschäftsführende Gesellschafter auch **bei Ressortaufteilung** verpflichtet, dafür zu sorgen, dass Führungs- und Kontrollmechanismen für die Geschäftsführung eingeführt und praktiziert werden, und dass ein funktionierendes Informations- und Beratungssystem entwickelt wird, das jedem Geschäftsführer einen Überblick über Angelegenheiten der Gesellschaft ermöglicht.[2] Gerät die Gesellschaft in eine wirtschaftliche Krise, verdichtet sich die Gesamtverantwortung eines jeden geschäftsführenden Gesellschafters zu einer **konkreten Überprüfungs- und Kontrollpflicht**. Insoweit lassen sich die im Zusammenhang mit den Kapitalgesellschaften entwickelten Grundsätze übertragen (vgl. Rn 60).

Bei einer **Delegation** von Pflichten und Verantwortung an Mitarbeiter ist zu beachten, dass **7** wegen des Grundsatzes der Selbstorganschaft die organschaftliche Geschäftsführungsbefugnis nicht auf Dritte übertragen werden kann, wohl aber die Erledigung einzelner Aufgaben. Auch in diesem Fall bleibt beim Geschäftsführer die Verantwortung für die Erfüllung seiner Geschäftsführungspflichten: er muss Mitarbeiter sorgfältig auswählen, gegebenenfalls schulen und regelmäßig kontrollieren.[3]

---

2 Schlegelberger/*Martens*, § 114 Rn 11, 32.
3 Schlegelberger/*Martens*, § 114 Rn 33.

bb) Pflichtverletzung

8 Die Haftung setzt eine **Pflichtverletzung** des Geschäftsführers voraus. Dabei kommen alle Pflichtverletzungen in Betracht, die zu einem Schaden der Gesellschaft führen. Darunter fallen z.B. Verletzungen der Verschwiegenheitspflicht oder der gesellschaftsvertraglichen Treuepflicht. Die Treuepflicht ist verletzt, wenn der geschäftsführende Gesellschafter bei Geschäftsführungs-handlungen eigene Interessen verfolgt und diesen Vorrang vor den Interessen der Gesellschaft einräumt; das ist insbesondere der Fall bei Verletzungen des Wettbewerbsverbots, wenn der Geschäftsführer Geschäftschancen, welche die Gesellschaft hat, selbst wahrnimmt und für eige-ne Zwecke nutzt.[4]

9 Eine Pflichtverletzung stellt auch die **Kompetenzüberschreitung** durch den geschäftsfüh-renden Gesellschafter dar, so z.B.,
- wenn er ohne Beschluss der Gesellschafterversammlung Handlungen ausführt, die über den gewöhnlichen Betrieb des Handelsgewerbes hinausgehen, § 116 HGB,
- Prokura erteilt ohne Zustimmung aller geschäftsführungsbefugten Gesellschafter, § 116 Abs. 3 S. 1 HGB,
- sich über den Widerspruch eines anderen Geschäftsführers hinwegsetzt, § 711 BGB, § 115 Abs. 1 HGB,
- bei bestehender Gesamtvertretung ohne die Zustimmung anderer Geschäftsführer handelt, § 115 Abs. 2 HGB,
- sich über Zustimmungsvorbehalte der Gesellschafter oder eines Beirats hinwegsetzt, die im Gesellschaftsvertrag oder in einer Geschäftsordnung geregelt sind.

10 Eine Pflichtverletzung besteht auch im **Verstoß gegen gesetzliche Bestimmungen**, der die Gesellschaft einem Haftungsrisiko bzw. der Belastung mit Haftungsansprüchen Dritter aussetzt.

11 Schließlich kann die Pflichtverletzung auch darin bestehen, dass der Geschäftsführer **fal-sche unternehmerische Entscheidungen** trifft, entweder durch positive Handlungen (Ab-schluss von Verträgen, Investitionsentscheidungen, Einstellung von Personal) oder durch Unter-lassen notwendiger Entscheidungen, die zum Schaden der Gesellschaft führen. Ein solcher Fall kann auch vorliegen, wenn der Geschäftsführer einen im Gesellschaftsinteresse gebotenen Wi-derspruch gegen das Handeln anderer Geschäftsführer nach § 711 BGB, § 115 Abs. 1 HGB unter-lässt.[5]

12 In diesen Fällen ist es – anders als bei der Verletzung gesetzlicher Vorschriften oder Kompe-tenzüberschreitungen – oft schwierig festzustellen, ob eine Pflichtverletzung und ein Verschul-den vorlag (wobei beides in der Literatur nicht deutlich getrennt wird). Da es hier um unterneh-merische Entscheidungen geht, die notwendigerweise mit Risiken verbunden sind, liegt eine Pflichtverletzung nicht schon dann vor, wenn die Entscheidung im Ergebnis zu einem Schaden für die Gesellschaft geführt hat. Der BGH hat in einem den Vorstand einer AG betreffenden Urteil anerkannt, dass die Geschäftsführung **bei unternehmerischen Entscheidungen einen weiten Handlungsspielraum hat**, ohne den eine unternehmerische Tätigkeit schlechterdings nicht denkbar ist.[6] Dazu gehöre neben dem bewussten Eingehen geschäftlicher Risiken grundsätzlich auch die Gefahr von Fehlbeurteilungen und Fehleinschätzungen, der jeder Unternehmensleiter, mag er auch noch so verantwortungsbewusst handeln, ausgesetzt sei.

13 Im Rahmen dieses Ermessens hat die Geschäftsführung folgende Grundsätze zu beachten:
1. Einhaltung der äußeren Grenzen des Ermessens (Gesetze, Satzung, Beachtung der Weisun-gen der Gesellschafter, Beachtung des Dienstvertrages usw.),
2. Ausschließliche Orientierung am Unternehmensinteresse (und nicht an eigenen Interessen),

---

4 Schlegelberger/*Martens*, § 114 Rn 30; BGH NJW 1989, 2687, 2688.
5 Baumbach/*Hopt*, § 115 Rn 4.
6 BGHZ 135, 244, 253.

König

3. Sorgfältige und vollständige Ermittlung der für die unternehmerische Entscheidung maßgeblichen Sachverhalte und Kriterien,
4. Abwägung von Chancen und Risiken eines Geschäfts (es dürfen keine Risiken übernommen werden, die in einem groben Missverhältnis zu Finanzkraft und Kapitalausstattung der Gesellschaft stehen und die Existenz der Gesellschaft gefährden können),
5. Entwicklung eines Instrumentariums für das rechtzeitige Erkennen von Risiken.

Werden diese Grundsätze eingehalten, stellen unternehmerische Entscheidungen auch dann, **14** wenn sie sich im Ergebnis als falsch erweisen und zum Schaden der Gesellschaft führen, keine Pflichtverletzung, schon gar kein Verschulden, dar.

cc) Verschulden
Verschuldensmaßstab ist **§ 708 BGB**. Danach haften Gesellschafter einander bei der Erfüllung **15** der ihnen obliegenden Verpflichtungen nur für die Sorgfalt, die sie in eigenen Angelegenheiten anzuwenden pflegen. Das Gesetz geht davon aus, dass zwischen den Gesellschaftern einer Personengesellschaft ein persönliches Vertrauensverhältnis besteht und sich diese Gesellschafter „gegenseitig so nehmen, wie sie sind",[7] so dass sie den jeweiligen Sorgfaltsmaßstab des Mitgesellschafters zu akzeptieren haben. § 708 BGB führt somit in der Regel zu einer Herabsetzung der Haftung für leichte Fahrlässigkeit (§ 277 BGB).

Der Sorgfaltsmaßstab des § 708 BGB kann vertraglich abbedungen sein, entweder verschärft **16** (§ 276 BGB oder § 43 Abs. 1 GmbHG – Sorgfalt eines ordentlichen Geschäftsmanns, oder § 93 Abs. 1 AktG – Sorgfalt eines ordentlichen und gewissenhaften Geschäftsleiters) oder vermindert werden.

(1) Verschuldensmaßstab bei der Personengesellschaft
Der verminderte gesetzliche Haftungsmaßstab der eigenüblichen Sorgfalt nach §§ 161 Abs. 2, 105 **17** Abs. 3 HGB, § 708 BGB ist angemessen, soweit es um eine **personalistisch strukturierte Personengesellschaft** geht.[8]

(2) Verschuldensmaßstab bei der Publikumsgesellschaft
Geht es dagegen um eine **Publikumsgesellschaft**, bei der ein vergleichbares persönliches Vertrauensverhältnis zwischen Gesellschaftern und Geschäftsführung nicht besteht, gilt nach der **18** Rechtsprechung der allgemeine Verschuldensmaßstab des **§ 276 BGB**.[9] Der geschäftsführende Gesellschafter einer Publikums-KG – meist eine GmbH – kann sich also seinerseits nicht auf § 708 BGB berufen, sondern haftet für jeden Grad der Fahrlässigkeit und für Vorsatz. Die Geschäftsführer der GmbH ihrerseits haften der GmbH gegenüber nach § 43 Abs. 2 GmbHG.

Ob diese Rechtsprechung generell auf die **GmbH & Co. KG** zu übertragen ist, also auch außerhalb von Publikumsgesellschaften, ist nicht geklärt. Die Literatur nimmt zum Teil an, dass in **19** der GmbH & Co. KG für die Geschäftsführung der GmbH der Verschuldensmaßstab des § 43 Abs. 2 GmbHG analog gelte, auch gegenüber den Gesellschaftern der KG.[10] Zum Teil wird danach differenziert, ob der Geschäftsführer der GmbH Gesellschafter der KG ist oder ein KG-fremder Dritter; im ersten Fall soll § 708 BGB dem Geschäftsführer zugute kommen, im zweiten Fall nicht.[11]

---

7 BGHZ 69, 207, 209.
8 BGH NJW 1997, 314; Baumbach/*Hopt*, § 114 Rn 15.
9 BGHZ 69, 207, 209; BGHZ 75, 321, 327; BGH NJW 1995, 1353, 1354.
10 Scholz/*Schneider*, § 43 Rn 443.
11 Vgl. Baumbach/*Hopt*, Anhang § 177a Rn 28; Schlegelberger/*Martens*, § 164 Rn 13.

(3) Anwendung der Grundsätze über die Risikoverteilung im Arbeitsverhältnis

20 **Haftungsprivilegien** nach den vom Bundesarbeitsgericht entwickelten Grundsätzen über die **Risikoverteilung im Arbeitsverhältnis** (früher gefahrgeneigte Arbeit) kommen nach h.M. dem geschäftsführenden Gesellschafter nicht zugute. Die für das Arbeitsverhältnis maßgeblichen Wertungen lassen sich auf das Verhältnis unter Gesellschaftern nicht übertragen.[12] Zur Parallelproblematik beim Geschäftsführer der GmbH, vgl. Rn 84.

dd) Schaden

21 Durch die Pflichtverletzung der Geschäftsführung muss ein **Schaden** kausal verursacht worden sein. Der Schaden kann entweder in einem schon realisierten Schaden der Gesellschaft selbst bestehen oder in der Belastung mit Haftungsansprüchen Dritter (privater oder öffentlich-rechtlicher Institutionen).

(1) Inhaltlich fehlerhafte Ermessensentscheidung

22 Liegt die Pflichtverletzung in einer geschäftlichen Handlung, die inhaltlich ermessensfehlerhaft war, ist der Schaden nach § 249 BGB durch Vergleich der Vermögenssituationen ohne und nach Pflichtverletzung zu ermitteln. Es gelten hier keine Besonderheiten.

(2) Kompetenzüberschreitung

23 Eine für die Gesellschaft **erleichterte Schadensberechnung** soll nach der Rechtsprechung und der h.L. gelten, wenn die Pflichtverletzung des Geschäftsführers in der **Kompetenzüberschreitung** liegt.[13] Der Schaden der Gesellschaft besteht dann im Ausführungsschaden, d.h. in allen Kosten und Aufwendungen, die die Gesellschaft erbringen muss, um die aus der Kompetenzüberschreitung resultierenden Verpflichtungen (z.B. aus einem Vertrag) zu erfüllen.

24   Der Schaden entfällt nicht deshalb, weil der Gesellschaft aus einem kompetenzwidrig abgeschlossenen Vertrag ein Vermögensvorteil zufließt. Der Schaden entfällt vielmehr nur dann, wenn der Geschäftsführer darlegen und beweisen kann, dass die Gegenleistung einen Wert für die Gesellschaft darstellt, obwohl die Gesellschafter die Handlung (z.B. Vertragsabschluss) nicht gewollt haben.[14] Darüber hinaus wird man dem Geschäftsführer unter dem Gesichtspunkt der Kausalität in diesem Fall auch den Einwand des rechtmäßigen Alternativverhaltens zugestehen müssen. Kann er also darlegen und beweisen, dass die Gesellschafter bei Einhaltung der Kompetenzordnung der Maßnahme mit demselben wirtschaftlichen Ergebnis zugestimmt hätten, entfällt der Schaden. Der Geschäftsführer muss dann allerdings darlegen und beweisen, dass auch bei rechtmäßigem Verhalten dieselbe Vermögenslage eingetreten wäre.[15]

---

25 **Beispiel**

Der geschäftsführende Gesellschafter stellt unter Verletzung der Kompetenzordnung im Alleingang einen leitenden Mitarbeiter ein. Der Schaden besteht dann in den Kosten, die der leitende Mitarbeiter verursacht. Der Einwand des Geschäftsführers, die Leistung des Mitarbeiters sei ihren Lohn wert, ist unbeachtlich. Der Geschäftsführer muss dann zu beweisen versuchen, dass dieselben Kosten ohnehin aufgetreten wären (z.B. durch externe Berater) oder der Mitarbeiter eingestellt worden wäre, auch wenn die Gesellschafter vorher gefragt worden wären.

---

12 Müko-HGB/*Rawert*, § 114 Rn 60.
13 BGH BB 1988, 1205, 1206; OLG Köln NJW-RR 1995, 547; Schlegelberger/*Martens*, § 114 Rn 39, § 115 Rn 19.
14 BGH BB 1988, 1205, 1206; BGH GmbHR, 2007, 260.
15 Müko-HGB/*Rawert*, § 114 Rn 64.

ee) Geltendmachung des Schadens

Der Schadensersatzanspruch wird grundsätzlich geltend gemacht durch die Gesellschaft auf- **26** grund eines Beschlusses der Gesellschafter, § 116 Abs. 2 HGB.[16]

ff) Darlegungs- und Beweislast

Für die **Darlegungs- und Beweislast** bei Pflichtverletzungen geschäftsführender Gesellschaf- **27** ter gilt im Ergebnis Ähnliches wie für den Vorstand der Aktiengesellschaft (§§ 93 Abs. 2, 116 AktG).

Die Gesellschaft muss darlegen und beweisen: **28**
- die Handlung des Geschäftsführers,
- den Eintritt des Schadens und
- die Kausalität der Handlung für den Schaden.

Bei den letzten beiden Voraussetzungen kommt der Gesellschaft § 287 ZPO zur Hilfe. **29**

Der Geschäftsführer muss sich entlasten hinsichtlich: **30**
- der Pflichtverletzung,[17]
- des Verschuldens (einschließlich des Beweises im Rahmen des § 708 BGB, dass er in eigenen Angelegenheiten nur laxe Sorgfalt walten lässt), sowie
- eines die Kausalität ausschließenden rechtmäßigen Alternativverhaltens.[18]

gg) Haftungsbeschränkungen

Ebenso wie gesellschaftsvertragliche Begrenzungen der Haftungsrisiken einschließlich des Haf- **31** tungsmaßstabs zulässig sind, ist auch ein nachträglicher **Verzicht**, **Erlass auf** oder **Vergleich über** entstandene Ansprüche gegen den Geschäftsführer möglich. Anders als im Recht der Kapitalgesellschaften gibt es im Recht der Personengesellschaften keine die Vertragsfreiheit insoweit einschränkenden Bestimmungen. Verzicht, Vergleich und Erlass auf entstandene Schadensersatzansprüche setzen einen Beschluss der Gesellschafter voraus, § 116 Abs. 2 HGB.

Ist einem geschäftsführenden Gesellschafter für zurückliegende Zeiträume Entlastung erteilt **32** worden, liegt darin auch ein Verzicht auf alle in dem betreffenden Zeitraum entstandenen und für alle Gesellschafter im Zeitpunkt der Entlastung erkannten oder bei sorgfältiger Prüfung erkennbaren Ansprüche, und zwar sowohl aus Vertragsverletzung wie aus deliktischem Handeln.[19]

b) Haftung aus Verletzung des Dienstvertrages

Verletzungen des Dienstvertrages haben im Recht der Personengesellschaften geringe Be- **33** deutung. Das liegt einmal daran, dass häufig kein Dienstvertrag geschlossen wird, weil die Geschäftsführung Gesellschafterrecht ist. Wird ein Dienstvertrag geschlossen, sind alle Schadensfolgen bereits über den Schadensersatzanspruch aus Verletzung des Gesellschaftsvertrages abgedeckt. Anders kann es ausnahmsweise sein, wenn ein Dienstvertrag über den Gesellschaftsvertrag hinausgehende Pflichten enthält, z.B. Zustimmungsvorbehalte zugunsten der Gesellschafterversammlung oder eines Beirats. Verletzt der Gesellschafter solche Zustimmungs-

---

16 Schlegelberger/*Martens*, § 114 Rn 41.
17 Dies ist allerdings nicht ganz geklärt. Wie hier: Baumbach/*Hopt*, § 114 Rn 15, Erman/*H.P. Westermann*, § 708 Rn 8; Unklar: BGH NJW 1992, 1166, 1167; BGH ZIP 1994, 872, 873.
18 BGH NJW 1992, 1166, 1167; BGH ZIP 1994, 872, 873; Erman/*H.P. Westermann*, § 708 Rn 7; Baumbach/*Hopt*, § 114 Rn 15.
19 BGH NJW 1995, 1353, 1356.

vorbehalte, liegt darin eine selbständige Verletzung seines Dienstvertrages. Verschuldensmaß-stab in einem solchen Fall ist nicht § 276 BGB, sondern § 708 BGB.[20]

c) Haftung aus Verletzung eines Auftragsverhältnisses

34 Nach § 713 BGB, §§ 161 Abs. 2, 105 Abs. 2 HGB gelten für den geschäftsführenden Gesellschafter ergänzend die Vorschriften des Auftragsrechts, §§ 664 bis 670 BGB. Bedeutung gewinnt die Vorschrift des § 667 BGB zum einen, wenn geschäftsführende Gesellschafter im Zusammenhang mit ihrer geschäftsführenden Tätigkeit persönliche Vorteile vereinnahmt haben, z.B. Sonderprovision, Schmiergelder u.Ä. Diese sind nach § 667 BGB an die Gesellschaft herauszugeben. Zum anderen besteht eine Herausgabepflicht, wenn ein Geschäftsführer unter Verletzung der Geschäftschancen der Gesellschaft Geschäfte, die eigentlich die Gesellschaft hätte machen müssen, persönlich gemacht hat (Verletzung des Wettbewerbsverbots).[21]

d) Haftung gemäß §§ 823, 826 BGB

35 Der geschäftsführende Gesellschafter haftet sowohl für Tun (Verletzung von Eigentum oder Besitz der Gesellschaft), als auch für Unterlassen (keine ordnungsgemäße Organisation oder Kontrolle von Mitarbeitern) aus § 823 Abs. 1 BGB. Der geschäftsführende Gesellschafter ist verpflichtet, die betrieblichen Abläufe so zu organisieren und zu kontrollieren, dass solche Schäden von Mitarbeitern oder Dritten nicht verursacht werden können. Der Haftungsmaßstab des § 708 BGB kommt dem geschäftsführenden Gesellschafter dabei zugute, wenn es sich gleichzeitig um Verletzungen des Gesellschaftsvertrages handelt; für parallele deliktische Ansprüche gilt dann ebenfalls § 708 BGB.[22]

36 Verstößt der Geschäftsführer schuldhaft gegen Schutzgesetze, die dem Schutz der Gesellschaft dienen, haftet er gemäß § 823 Abs. 2 BGB auf Schadensersatz. Schutzgesetze zugunsten der Gesellschaft sind z.B. §§ 246, 266 StGB i.V.m. § 14 Abs. 1 Nr. 2, Abs. 2 StGB.

37 Ein Fall einer vorsätzlichen sittenwidrigen Schädigung der Gesellschaft gemäß § 826 BGB liegt z.B. vor, wenn der Geschäftsführer in evidenter Form eigene Interessen auf Kosten der Interessen der Gesellschaft verfolgt hat.

2. Haftung gegenüber den Gesellschaftern
a) Haftung aus dem Gesellschaftsvertrag

38 Soweit der durch die Pflichtverletzung des Geschäftsführers verursachte Schaden nur im Vermögen der Gesellschaft eingetreten ist, können die Gesellschafter nur verlangen, dass dieser Schaden an die Gesellschaft ausgeglichen wird, nicht an die Gesellschafter persönlich. Sie haben dann zwar auch einen persönlichen Schaden erlitten, weil auch der Wert ihrer Gesellschaftsbeteiligung darunter gelitten hat, dass bei der Gesellschaft ein Schaden eingetreten ist. Insoweit ist der Schaden in ihrem Privatvermögen (geringerer Wert des Gesellschaftsanteils) aber nur ein **Reflexschaden** des Schadens der Gesellschaft. Dieser Schaden wird über eine Zahlung an die Gesellschaft, nicht an die Gesellschafter, wieder gutgemacht, sog. Lehre vom „Doppelschaden". Erleidet ein Gesellschafter allerdings einen über diesen Schaden hinausgehenden

---

20 OLG Köln NJW-RR 1995, 547, 548; BGH NJW 1989, 2687, 2688.
21 Schlegelberger/*Martens*, § 114 Rn 47; zum Schadensersatzanspruch wegen Verletzung des Gesellschaftsvertrages, der ebenfalls auf Herausgabe solcher Vorteile gerichtet sein kann, BGH NJW 1989, 2687, 2688.
22 BGHZ 46, 313, 316; Baumbach/*Hopt*, § 109 Rn 5; Erman/*H.P. Westermann*, § 708 Rn 5.

Schaden in seinem persönlichen Vermögen, kann er diesen gegenüber dem Geschäftsführer geltend machen.[23]

b) Haftung gemäß §§ 823, 826 BGB

Bei Verletzung von Rechtsgütern der Gesellschafter gilt der Haftungsmaßstab des § 708 BGB, **39** allerdings nicht für die Verletzung von Körper, Leben, Gesundheit, für die § 276 BGB gilt.[24] Entsprechendes gilt bei einer Schutzgesetzverletzung nach § 823 Abs. 2 BGB.

Als sonstiges Recht i.S.d. § 823 Abs. 1 BGB wird zum Teil auch die Gesellschafterstellung als **40** solche angesehen. Auch wenn der BGH die Mitgliedschaft in einem Verein einmal als sonstiges Recht i.S.d. § 823 Abs. 1 BGB anerkannt hat,[25] ist dieses sonstige Recht allenfalls im Verhältnis zu außenstehenden Dritten, nicht aber gesellschaftsintern im Verhältnis zwischen den Gesellschaftern nach § 823 Abs. 1 BGB geschützt.

§ 826 BGB kann einen Anspruch auf Schadensausgleich an die Gesellschaft, ausnahmsweise **41** auch auf Schadensersatz an den Gesellschafter, auslösen.

c) Haftung gemäß §§ 25, 125, 205 UmwG

Nach § 25 Abs. 1 UmwG haften im Falle einer **Verschmelzung** die gesetzlichen Vertreter des **42** übertragenden Rechtsträgers für den Schaden, den Gesellschafter oder Gläubiger des übertragenden Rechtsträgers durch die Verschmelzung erleiden. Bei Personenhandelsgesellschaften (OHG, KG) sind Adressaten dieser besonderen Haftungsnorm die vertretungsberechtigten Gesellschafter.[26] Sie können sich exkulpieren, wenn sie nachweisen, dass sie bei der Prüfung der Verschmelzung und des Verschmelzungsvertrages ihre Sorgfaltspflichten beachtet haben, § 25 Abs. 1 S. 2 UmwG. Der Anspruch wird geltend gemacht, indem zu diesem Zweck die übertragende Gesellschaft als fortbestehend fingiert wird, § 25 Abs. 2 UmwG. Auf Antrag eines Gesellschafters der übertragenden Gesellschaft oder eines Gläubigers, falls dieser von dem übernehmenden Rechtsträger keine Befriedigung erlangen kann, bestellt das Gericht einen Vertreter zwecks Geltendmachung der Ansprüche. Der Vertreter fordert Gesellschafter und Gläubiger des übertragenden Rechtsträgers auf, Ansprüche innerhalb entsprechender Fristen geltend zu machen, § 26 Abs. 2 UmwG. Seine Aufgabe ist es, aus den realisierten Schadensersatzansprüchen die Gläubiger zu befriedigen. Der Anspruch verjährt in fünf Jahren ab Eintragung der Verschmelzung im Handelsregister, § 25 Abs. 5 UmwG.

Dieselbe Regelung gilt entsprechend für den Fall der **Spaltung**, § 125 UmwG. Schließlich **43** ordnet das Gesetz eine solche Schadensersatzhaftung, die im Wesentlichen denselben Grundsätzen folgt, auch für den Fall des **Formwechsels** an, §§ 205, 206 UmwG.[27]

3. Haftung gegenüber außenstehenden Gläubigern

Da das schadensverursachende Verhalten des geschäftsführenden Gesellschafters der OHG und **44** KG, aber auch der Gesellschaft bürgerlichen Rechts, analog § 31 BGB der Gesellschaft zugerechnet wird, haftet bei pflichtwidrigen schuldhaften Vertragsverletzungen oder deliktischem Verhalten die Gesellschaft für den entstehenden Schaden und der persönlich haftende Gesell-

---

23 Erman/*H.P. Westermann*, § 708 Rn 8.
24 So zu Unfällen im Straßenverkehr, die von einem geschäftsführenden Gesellschafter verursacht werden und Mitgesellschafter verletzen, BGH NJW 1967, 558; Erman/*H.P. Westermann* § 708 Rn 6.
25 BGHZ 110, 323, 327, 333.
26 *Lutter*, § 25 UmwG Rn 4.
27 Vgl. Lutter/*Decher*, § 205 UmwG.

schafter nach **§ 128 HGB** bzw. **§ 128 HGB analog** (BGB-Gesellschaft) für die daraus entstehenden Verbindlichkeiten. Die Prüfung selbständiger Anspruchsgrundlagen gegenüber dem Geschäftsführer ist daher praktisch nur relevant, wenn keine persönliche Haftung für die Verbindlichkeiten der Gesellschaft besteht. Das ist der Fall, wenn die Haftung in wirksamer Weise auf die Haftung des Gesellschaftsvermögens beschränkt worden ist[28] oder im Falle der KG, in der ausnahmsweise Kommanditisten geschäftsführend tätig sind, die nicht persönlich für alle Verbindlichkeiten der KG haften.[29] Nachfolgende Ausführungen beziehen sich also auf solche Fälle, in denen der Geschäftsführer **nicht ohnehin** für alle Verbindlichkeiten der Gesellschaft **haftet**.

a) Haftung aus Vertrag

45 Übernimmt ein Geschäftsführer gegenüber Gesellschaftsgläubigern eine selbständige vertragliche Haftung, z.B. aus Schuldbeitritt, Schuldübernahme, Bürgschaft oder Garantie, haftet er persönlich auf Erfüllung. Es handelt sich um eine normale Haftung aus Verträgen.

b) Sonstige Haftungsgrundlagen

46 Für die Haftung aus c.i.c., vgl. Rn 128, § 823 BGB, vgl. Rn 148, § 823 Abs. 2 BGB i.V.m. § 266a StGB, vgl. Rn 161 und §§ 34 i.V.m. 69, 71 AO, vgl. Rn 225, gilt dasselbe wie zur Haftung des GmbH-Geschäftsführers. Für die Personengesellschaften entfällt allerdings eine Haftung wegen Insolvenzverschleppung. Insoweit gelten lediglich die §§ 283f. i.V.m. § 14 Abs. 1 Nr. 2, Abs. 2 StGB. Auch eine Haftung nach § 26 Abs. 3 InsO besteht nicht. Die Haftung nach §§ 25, 125, 205 UmwG besteht auch gegenüber geschädigten Gläubigern (vgl. Rn 42).

II. Haftung der geschäftsführenden Gesellschafter einer Partnergesellschaft

47 Für die Partnergesellschaft gelten die vorstehenden Ausführungen zu den geschäftsführenden Gesellschaftern einer Personengesellschaft entsprechend. Die Partnergesellschaft ist, soweit der Gesellschaftsvertrag keine abweichenden Regelungen enthält, hinsichtlich Geschäftsführung und Vertretung der OHG gleichgestellt, §§ 6 Abs. 3, 7 Abs. 3 PartGG. Ergänzend finden auf die Partnerschaftsgesellschaft die Vorschriften des BGB (also §§ 705ff. BGB) Anwendung, § 1 Abs. 4 PartGG. Von der Sonderregelung des § 8 Abs. 2 PartGG abgesehen, wonach die Haftung für fehlerhafte Berufsausübung in einzelnen Auftragsverhältnissen beschränkt wird auf die Haftung der Gesellschaft und die Haftung des jeweils handelnden Partners, gelten im Übrigen für die Haftung der geschäftsführenden Gesellschafter die gleichen Regelungen wie für die OHG.[30]

III. Haftung der Geschäftsführenden Gesellschafter der EWIV

48 Die Europäische Wirtschaftliche Interessenvereinigung ist eine Personenhandelsgesellschaft, die abweichend vom Grundsatz der Selbstorganschaft Nichtgesellschafter zu Geschäftsführern bestellen kann. Das deutsche Ausführungsgesetz zur EWG-Verordnung über die Europäische Wirtschaftliche Interessenvereinigung (EWIVAG) vom 14.4.1988[31] regelt Haftungsnormen für die

---

28 Palandt/*Sprau*, § 714 Rn 18.
29 Baumbach/*Hopt*, § 164 Rn 9.
30 Zu „Freiberuflergesellschaften" siehe: *Wälzholz*, DStR 2004, 1708.
31 BGBl I 1988, 514 f.

Geschäftsführer, die weitgehend den Haftungsnormen für GmbH-Geschäftsführer und Vorstände von Aktiengesellschaften angeglichen sind.

1. Haftung gegenüber der Gesellschaft

Eine an § 43 GmbHG, § 93 AktG angelehnte Regelung findet sich in § 5 EWIVAG. Nach § 5 Abs. 1 **49** EWIVAG haben die Geschäftsführer bei ihrer Geschäftsführung die Sorgfalt eines ordentlichen und gewissenhaften Geschäftsleiters anzuwenden. Über vertrauliche Angaben und Geheimnisse der Vereinigung, namentlich Betriebs- und Geschäftsgeheimnisse, die ihnen durch ihre Tätigkeit bekannt geworden sind, haben sie Stillschweigen zu bewahren. Die Verletzung des Gebots zur Vertraulichkeit ist strafbewehrt, § 14 EWIVAG. Schadensersatzansprüche der Vereinigung gegen die Geschäftsführer regelt § 5 Abs. 2 EWIVAG. Danach sind Geschäftsführer, die ihre Pflichten verletzen, der Vereinigung zum Ersatz des daraus entstehenden Schadens als Gesamtschuldner verpflichtet. Die Geschäftsführer müssen nachweisen, dass sie die Sorgfalt eines ordentlichen und gewissenhaften Geschäftsleiters angewandt haben. Der Anspruch verjährt in fünf Jahren.

2. Haftung gegenüber den Gesellschaftern

Soweit die Geschäftsführer gleichzeitig Gesellschafter der Vereinigung sind, stellen Pflichtver- **50** letzungen im Rahmen ihrer Geschäftsführungstätigkeit gleichzeitig Verletzungen des Gesellschaftsvertrages dar, die zu einer Haftung gegenüber den Mitgesellschaftern führen.

Soweit Fremdgeschäftsführer bestellt sind, gelten für die Haftung dieselben Anspruchs- **51** grundlagen wie für GmbH-Geschäftsführer (vgl. Rn 119).

3. Haftung gegenüber Gläubigern

Auch insoweit kann auf die Ausführungen zur Haftung des GmbH-Geschäftsführers verwiesen **52** werden (vgl. Rn 127 ff.). Für den Fall der Verschleppung der Insolvenzantragspflicht enthält § 15 EWIVAG eine Spezialregelung, die Schutzgesetz i.S.d. § 823 Abs. 2 BGB zugunsten der Gläubiger ist. Ist in der EWIV kein persönlich haftender Gesellschafter vorhanden (vgl. § 130a Abs. 1, 4 HGB), ist der Geschäftsführer verpflichtet, bei Zahlungsunfähigkeit oder Überschuldung der Vereinigung Antrag auf Eröffnung des Insolvenzverfahrens zu stellen. Tut er das nicht, macht er sich strafbar und nach § 823 Abs. 2 BGB schadensersatzpflichtig.

IV. Haftung des GmbH-Geschäftsführers

GmbH-Geschäftsführer haften gegenüber der GmbH, den Gesellschaftern und Gläubigern der **53** Gesellschaft.

1. Haftung des Geschäftsführers gegenüber der Gesellschaft
a) Haftung wegen Verletzung organschaftlicher Pflichten

§ 43 GmbHG wird als „**magna carta**" der Organhaftung des Geschäftsführers gegenüber der **54** Gesellschaft bezeichnet.[32] Die Vorschrift **konzentriert die Haftung** des Geschäftsführers der Gesellschaft gegenüber in mehrfacher Hinsicht:

---

[32] *Lutter*, GmbHR 2000, 301, 302.

55   Die Haftung nach § 43 Abs. 2 GmbHG als Spezialregelung nimmt, wie der BGH es formuliert, eine mögliche Parallelhaftung des Geschäftsführers aus der Verletzung des Dienstvertrages in sich auf, so dass dieser keine eigenständige Bedeutung mehr zukommt (wichtig insbesondere für die Verjährungsvorschrift des § 43 Abs. 4 GmbHG).[33]

56   Ansprüche nach § 43 Abs. 2 GmbHG können nur **von der Gesellschaft geltend gemacht werden**, nicht von den Gesellschaftern oder außenstehenden Gläubigern. Die organschaftliche Pflicht zur ordnungsgemäßen Unternehmensleitung obliegt dem Geschäftsführer allein gegenüber der Gesellschaft.[34] Die Klage der Gesellschaft setzt einen Beschluss der Gesellschafter gemäß § 46 Nr. 8 GmbHG voraus, der aber bis zum Schluss der mündlichen Verhandlung nachgeholt werden kann.[35] Im Insolvenzfall macht der Insolvenzverwalter den Anspruch unabhängig von einem Gesellschafterbeschluss geltend, § 92 InsO. Die Gesellschafter haben kein Klagerecht, allenfalls bei Ablehnung des Insolvenzverfahrens mangels Masse.[36] Weigern sich die Gesellschafter allerdings, einen Beschluss zwecks Geltendmachung der Ansprüche nach § 46 Nr. 8 GmbHG zu fassen, ist unter engen Voraussetzungen ein Mitgesellschafter berechtigt, den Anspruch als „**actio pro societate**" auf Leistung an die Gesellschaft geltend zu machen.[37] Gläubiger der Gesellschaft können den Ersatzanspruch nicht selbst geltend machen (keine Analogie zu § 93 Abs. 5 AktG). Sie können allenfalls den Anspruch der Gesellschaft pfänden und ihn dann – auch ohne Beschluss der Gesellschafter nach § 46 Nr. 8 GmbHG – geltend machen.[38]

aa) Geschäftsführung

57 Geschäftsführer i.S.d. § 43 GmbHG ist jeder Geschäftsführer ab Bestellung bzw. Annahme des Amtes[39] bis zur Abberufung oder Niederlegung des Amtes, wenn die Tätigkeit damit tatsächlich beendet wird, und zwar unabhängig davon, wann diese Akte im Handelsregister eingetragen werden.

58   Auch der **faktische Geschäftsführer** haftet nach § 43 GmbHG im Fall seiner fehlerhaften Bestellung[40] oder wenn er nach seiner Abberufung die Geschäfte tatsächlich uneingeschränkt weiterführt. Wer sich als faktischer Geschäftsführer geriert, indem er die Geschäfte der GmbH nicht nur nach innen, sondern auch durch sein Auftreten nach außen wie ein Geschäftsführer führt, setzt sich ebenfalls dem Risiko der Haftung nach § 43 GmbHG aus.[41]

Wer einen Strohmann-Geschäftsführer aus dem Hintergrund steuert, haftet ebenfalls als faktischer Geschäftsführer neben dem Strohmann.[42]

59   Die Haftung trifft auch den **stellvertretenden Geschäftsführer** nach § 44 GmbHG. Das ist der als Organ bestellte Geschäftsführer, der im Innenverhältnis (z.B. durch Geschäftsordnung, Dienstvertrag) als „stellvertretender" Geschäftsführer tituliert wird. Im Außenverhältnis handelt er als gesetzlicher Vertreter der GmbH mit der organschaftlichen Vertretungsbefugnis eines ordentlichen Geschäftsführers. Nicht erfasst wird nach § 44 GmbHG der „stellvertretende Geschäftsführer", der von den Gesellschaftern gar nicht zum Geschäftsführer bestellt worden ist,

---

33 BGH ZIP 1989, 1390, 1392; für Anspruchskonkurrenz *Scholz/Schneider*, § 43 Rn 278, oder Verjährung nach § 43 Abs. 4, Rn 228.
34 BGHZ 31, 258, 278.
35 BGH DStR 1999, 907, 908; zur Verjährungshemmung genügt die Klage, wenn Beschluss der Gesellschafter nachgeholt wird.
36 BGH GmbHR 2004, 1279, 1282; *Scholz/Schmidt*, § 46, 153.
37 Roweder/*Koppensteiner*, § 43 Rn 43 ff.; Scholz/*Schmidt*, § 46 Rn 153, 161.
38 Lutter/*Hommelhoff/Kleindiek*, § 43 Rn 42, der allerdings auch eine Analogie zu § 93 Abs. 5 AktG bejaht.
39 BGH WM 1986, 789; Lutter/*Hommelhoff/Kleindiek*, § 43 Rn 2.
40 BGHZ 41, 282; Lutter/*Hommelhoff/Kleindiek*, § 43 Rn 2.
41 BGH NJW 2002, 1803, 1805; dazu *Geißler*, GmbHR 2003, 1106, 1109.
42 Lutter/*Hommelhoff/Kleindiek*, § 43 Rn 2.

König

sich aber dennoch wie ein Geschäftsführer geriert. Für diesen gelten die Grundsätze über den faktischen Geschäftsführer.

Besteht eine **mehrgliedrige Geschäftsführung** mit **Ressortaufteilung**, ist der einzelne Ge- **60** schäftsführer bei Pflichtverletzungen, die im Ressort eines Geschäftsführerkollegen vorgekommen sind, nicht ohne weiteres von der Haftung befreit. Auch bei einer Ressortaufteilung unter mehreren Geschäftsführern bleibt es bei der **Gesamtverantwortung** eines jeden einzelnen Geschäftsführers.[43] So obliegt jedem Geschäftsführer zumindest eine allgemeine Überwachungspflicht. Sobald Anhaltspunkte dafür bestehen, dass in anderen Ressorts die laufenden Geschäfte der GmbH nicht mehr ordnungsgemäß erfüllt werden, oder die GmbH in die wirtschaftliche Krise gekommen ist, besteht eine gesteigerte Nachforschungs- und Kontrollpflicht gegenüber den Mitgeschäftsführern.[44]

Delegiert der Geschäftsführer einzelne Pflichten auf nachgeordnete Mitarbeiter, haftet er **61** aus § 43 GmbHG für die sorgfältige Auswahl, Anleitung (gegebenenfalls Ausbildung, Fortbildung), Organisation, Überwachung und Kontrolle. Verletzt er diese Pflicht, ist das eine Pflichtverletzung nach § 43 GmbHG.

bb) Sorgfaltsmaßstab

Maßstab für die Pflichten des Geschäftsführers ist nach § 43 Abs. 1 GmbHG die **„Sorgfalt eines** **62** **ordentlichen Geschäftsmannes".** Diese sehr allgemeine Definition der Pflichten und des Sorgfaltsmaßstabs führt dazu, dass die Innenhaftung des Geschäftsführers gegenüber seiner Gesellschaft – im Gegensatz zur Außenhaftung gegenüber Gläubigern – „unstrukturiert" ist.[45] Maßgeblich ist die besondere Vertrauensstellung des Geschäftsführers, der in verantwortlich leitender Position fremde Vermögensinteressen wahrnimmt.

(1) Pflichtenkatalog

Lutter hat die Verhaltenspflichten eines Geschäftsführers in **10 Geboten** typisiert, die näher **63** konkretisieren, was der Sorgfalt eines ordentlichen Geschäftsmanns entspricht:[46]

1. Einhaltung der Gesetze, insbesondere des GmbH-Gesetzes (z.B. §§ 30, 41, 49 Abs. 3, 51a, 85 GmbHG, keine Verstöße gegen Wettbewerbsverbot), externe Pflichten (z.B. öffentlich-rechtliche Pflichten, Pflichten nach GWB und UWG, AO und Steuergesetzen, Einhaltung von Schutzgesetzen i.S.d. § 823 Abs. 2 BGB etc.);
2. Einhaltung von Satzung und Geschäftsordnung (keine Tätigkeit außerhalb des Zwecks der Gesellschaft, Beachtung interner Zustimmungsvorbehalte[47]);
3. Beachtung des Anstellungsvertrages, der Zustimmungsvorbehalte der Gesellschafterversammlung oder eines Beirats;
4. Beachtung der Weisungen der Gesellschafter, soweit sie vom zuständigen Gesellschaftsorgan erteilt und nicht ausnahmsweise nichtig sind;
5. Organisationspflicht, insbesondere Pflicht, eine Organisation aufzubauen, die typische Risiken des Geschäfts der GmbH kontrollierbar macht und möglichst vermeidet,[48] bei größeren GmbHs Risikomanagement (in Anlehnung an § 91 Abs. 2 AktG);
6. Laufende Kontrolle der Organisation der GmbH, (ständige Kontrolle der Mitarbeiter);

---

43 BGH GmbHR 1990, 298.
44 Lutter/*Hommelhoff/Kleindiek*, § 43 Rn 21.
45 *Lutter*, GmbHR 2000, 301, 312.
46 *Lutter*, GmbHR 2000, 301, 302 f.
47 KG Urt. v. 17.12.2004 – 14 U 226/03.
48 Vgl. dazu den sog. „Baustoff-Fall", BGHZ 109, 297; BGH ZIP 2008, 1675, 1676.

7. Pflicht zur Planung der Finanzen und der Liquidität (Überblick über die wirtschaftliche Situation der GmbH, frühzeitige Erkennbarkeit von Risiken);
8. Vermeidung unverhältnismäßiger Risiken, die nicht mehr in einem angemessenen Verhältnis zur Kapital- und Finanzausstattung der GmbH stehen;
9. Offenlegung, möglichst auch Vermeidung von Interessenkollisionen zwischen der GmbH und den Eigeninteressen des Geschäftsführers;
10. Sorgfältige Vorbereitung geschäftlicher Entscheidungen.

Für Geschäftsführer von Konzern-Müttern bezieht sich die Pflicht zur ordnungsgemäßen Unternehmensleitung auch auf die Konzern-Gesellschaften (Leitung und Überwachung der Tochtergesellschaften)

64   Bei den eigentlichen **unternehmerischen Entscheidungen**, die nicht durch Gesetz, Satzung oder Weisungen der Gesellschafter bestimmt sind, hat der Geschäftsführer einen Beurteilungs- und Ermessensspielraum. Unternehmerische Risiken gehören zur unternehmerischen Tätigkeit. Dass sich solche Risiken zum Nachteil der GmbH realisieren, löst allein nicht eine Haftung nach § 43 GmbHG aus. Der BGH hat sich mit diesem unternehmerischen **Ermessen** in einer Vorstandsmitglieder einer AG betreffenden Entscheidung auseinander gesetzt:[49]

65   Es sei zu berücksichtigen,

„dass dem Vorstand bei der Leitung der Geschäfte des Gesellschaftsunternehmens ein **weiter Handlungsspielraum** zugebilligt werden muss, ohne den eine unternehmerische Tätigkeit schlechterdings nicht denkbar ist. Dazu gehört neben dem bewussten Eingehen geschäftlicher Risiken grundsätzlich auch die Gefahr von Fehlbeurteilungen und Fehleinschätzungen, der jeder Unternehmensleiter, mag er auch noch so verantwortungsbewusst handeln, ausgesetzt ist [...]. Eine Schadenersatzpflicht [...] kann daraus nicht hergeleitet werden. Diese kann erst in Betracht kommen, wenn die Grenzen, in denen sich ein von Verantwortungsbewusstsein getragenes, ausschließlich auf das Unternehmenswohl orientiertes, auf sorgfältigen Ermittlungen beruhendes unternehmerisches Handeln bewegen muss, deutlich überschritten sind, die Bereitschaft, unternehmerische Risiken einzugehen, in unverantwortlicher Weise überspannt worden ist oder das Verhalten des Vorstandes aus anderen Gründen als pflichtwidrig gelten muss.“

66   Dass sich unternehmerische Risiken als Schaden realisieren, führt also dann nicht zur Haftung des Geschäftsführers nach § 43 Abs. 1 GmbHG, wenn (vgl. § 93 Abs. 1 S. 2 AktG)
–   er die äußeren Grenzen eingehalten hat (Gesetze, Satzung, Beachtung der Weisungen der Gesellschafter, Beachtung des Dienstvertrages usw.),
–   keine Risiken eingegangen ist, die in keinem vertretbaren Verhältnis zur Kapitalausstattung oder Finanzkraft der GmbH standen,
–   sich bei seiner Entscheidung ausschließlich am Unternehmenswohl orientiert hat,
–   die Grundlagen der Entscheidung sorgfältig ermittelt und die Chancen und Risiken nachvollziehbar gegeneinander abgewogen hat,
–   Kontroll- und Steuerungsinstrumente eingesetzt hat, die Risiken rechtzeitig erkennbar machten (Risiko- Kontrollsystem).[50]

67 Eine Haftung aus § 43 Abs. 2 GmbHG kann ausgelöst sein, wenn es der Geschäftsführer unterlässt, gemäß § 49 Abs. 3 GmbHG bei Verlust von 50% des Stammkapitals eine Gesellschafterversammlung einzuberufen.[51]

---

49 BGHZ 135, 244, 253; *Lutter*, ZIP 2007, 841; Lutter/*Hommelhoff/Kleindiek*, § 43 Rn 16.
50 Lutter/*Hommelhoff/Kleindiek*, § 43 Rn 16 ff., 23.; *Lutter*, GmbHR 2000, 301, 306 f.; Römermann/*Terlau*, § 9 Rn 16 f; OLG Oldenburg GmbHR 2006, 1263, 1265.
51 Scholz/*Schmidt*, § 49 GmbHG, Rn 35.

König

Stellt der Geschäftsführer einen Insolvenzantrag zu früh, insbesondere während noch lau- **68** fender konkreter Sanierungsbemühungen, löst auch das seine Haftung aus § 43 Abs. 2 GmbHG aus. Dasselbe gilt, wenn er eine Sanierung zu spät in Angriff nimmt oder eine Sanierung nicht mit der Sorgfalt eines ordentlichen Geschäftsmanns betreibt.[52]

(2) Sonderfälle: § 43 Abs. 3 GmbHG

Der Geschäftsführer ist zum Ersatz des Schadens verpflichtet, der entsteht, weil die GmbH unter **69** Verstoß gegen § 33 GmbHG eigene Anteile erwirbt oder – praktisch der wichtigere Fall – unter Verletzung des § 30 GmbHG Zahlungen an Gesellschafter leistet, durch die das Stammkapital angegriffen wird. Der Geschäftsführer haftet gemäß § 43 Abs. 3 der GmbH auf Schadenersatz, wenn der empfangende Gesellschafter die Leistung nicht zurückführt. Er kann dann beim Empfänger Regress nehmen, was häufig wirtschaftlich wenig Erfolg haben dürfte.

Hinzu kommt die Haftung nach § 31 Abs. 6 GmbHG gegenüber den Mitgesellschaftern, die für die ausgezahlten Beträge gemäß § 31 Abs. 3 GmbHG aufkommen müssen.

Der Anspruch der Gesellschaft gemäß § 43 Abs. 3 GmbHG ist abgesichert gemäß § 9b GmbHG (Anspruch ist nicht verzichtbar) und gemäß § 43 Abs. 3 S. 3 Hs. 2 (Weisungen der Gesellschafter sind unerheblich), soweit der Ersatz zur Befriedigung der Gläubiger notwendig ist.

Eine Haftungserleichterung brachte das MoMiG durch den neu eingefügten § 30 Abs. 1 **70** S. 2 und 3 GmbHG. Danach gilt § 30 nicht für die „kapitalersetzenden Leistungen" des GmbHG a.F.[53] und nicht für Darlehen, die die GmbH an Gesellschafter gewährt, wenn ein vollwertiger Gegenanspruch der GmbH besteht. Allerdings setzt die Haftung wieder ein, wenn zwar zunächst ein vollwertiger Rückzahlungsanspruch bestand, später aber seine Realisierbarkeit zweifelhaft wird; wenn der Geschäftsführer die Entwicklung nicht überwacht und eine Rückforderung oder Absicherung solcher Darlehen an Gesellschafter unterlässt, haftet er gem. § 43 Abs. 3 GmbHG.[54]

Das hat Bedeutung insbesondere für Cash-Pool-Systeme in Konzernen.

(3) Weisungen der Gesellschafter

Ob die Haftung des Geschäftsführers ausgeschlossen ist, wenn er sich entsprechend konkreter **71** **Weisungen der Gesellschafter** verhalten hat, hängt vom Einzelfall ab. Der Geschäftsführer ist nach § 37 GmbHG verpflichtet, Weisungen der Gesellschafter zu befolgen. Weisungsgemäßes Handeln ist daher grundsätzlich keine Pflichtverletzung. Aber: nicht jede Weisung der Gesellschafter ist verbindlich.

Voraussetzung für die Rechtmäßigkeit der Weisungen ist, dass sie von dem nach der Sat- **72** zung zuständigen Gesellschaftsorgan (Gesellschafterversammlung oder Beirat) erteilt worden sind. Weisungen einzelner Gesellschafter allein genügen nicht.[55]

Auf eine Weisung der Gesellschafter wird sich der Geschäftsführer nicht berufen können, **73** wenn er die Gesellschafter falsch, nicht ausreichend und nicht vollständig über die der Entscheidung zugrunde liegenden Tatsachen informiert hat. Seine Pflichtverletzung liegt dann in der unvollständigen Information der Gesellschafter.[56]

---

52 *Lutter*/Hommelhoff/*Kleindiek*, § 43 Rn 27; *Schluck-Amend/Walker*, GmbHR 2001, 375 f.; zum Sonderproblem der Haftung bei Unternehmensverkäufen s. *Haas/Müller*, GmbHR, 2004, 1169, 1177.
53 Zum Übergangsrecht, Lutter/*Hommelhoff/Kleindiek*, § 43 Rn 48.
54 BGHZ 149, 10, 19; BGH ZIP 2009, 70, 72; OLG München GmbHR, 2006, 144; zu Cash Pool Verfahren *Goette*, ZIP 2005, 1481, 1484; Lutter/Hommelhoff/*Kleindiek*, § 43 Rn 50.
55 BGHZ 31, 258, 278; BGHZ 119, 257, 261; BGHZ 122, 333, 336.
56 Lutter/Hommelhoff/*Kleindiek*, § 43 Rn 32.

74   Der Geschäftsführer ist nicht verpflichtet, nichtige Weisungen zu befolgen. Befolgt er sie, ändert das nichts an seiner Haftung gemäß § 43 GmbHG. Nichtig sind Weisungen, die den Geschäftsführer verpflichten, gegen Gesetze zu verstoßen, insbesondere §§ 30, 43 a, 64 GmbHG, einen notwendigen Insolvenzantrag nicht zu stellen (§ 15 InsO), die Existenz der Gesellschaft zu gefährden (existenzvernichtende Eingriffe) oder gegen §§ 138, 826 BGB zu verstoßen.[57] U.U. kann aber der Geschäftsführer in solchen Fällen dem Anspruch der Gesellschaft die Arglisteinrede entgegenhalten.[58]

cc) Verschulden

75 Die Haftung setzt **Verschulden**, d.h. Vorsatz oder Fahrlässigkeit voraus. § 43 Abs. 1 GmbHG regelt den Mindestmaßstab der Sorgfaltspflichten des Geschäftsführers. Es gilt ein objektiver Sorgfaltsmaßstab. Der Geschäftsführer kann sich daher nicht auf aus persönlichen Gründen herabgeminderte Sorgfaltsmaßstäbe berufen (z.B. Alter, mangelnde Vorbereitung, mangelnde Ausbildung etc.). Hat er besondere Kenntnisse oder Qualifikationen, kann dies bei der Definition des Sorgfaltsmaßstabs berücksichtigt werden.[59]

(1) Haftungsbeschränkung

76 Umstritten ist die Frage, ob und in welchem Umfang eine **Haftungsbeschränkung** zulässig ist, entweder von vornherein (durch Geschäftsführerdienstvertrag, Satzung) oder nach Eintritt des Schadensfalls durch **Verzicht oder Vergleich.**

77   Soweit Vorschriften des Gläubigerschutzes betroffen sind, die ihren zwingenden Charakter selbst regeln, sind alle haftungsbeschränkenden Vereinbarungen, auch ein späterer Verzicht oder Vergleich, unwirksam, wenn die Vorschriften Ausnahmen nicht ausdrücklich zulassen (§ 9b Abs. 1 S. 2 GmbHG). Das gilt für §§ 9a, 9b, § 43 Abs. 3 i.V.m. 30, 33 GmbHG, § 57 Abs. 4 GmbHG, § 64 GmbHG. In diesen Fällen ist auch jede Herabsetzung des Sorgfaltsmaßstabs des § 43 Abs. 1 GmbHG oder eine Verkürzung der Verjährungsfrist des § 43 Abs. 4 GmbHG unzulässig.[60]

78   Ob haftungsbeschränkende Vereinbarungen (Begrenzung der Haftung auf Vorsatz und grobe Fahrlässigkeit, Verkürzung der Verjährungsfrist, Begrenzung der Haftung der Höhe nach, nachträglicher Verzicht oder Vergleich) außerhalb dieser Vorschriften zulässig sind, ist umstritten. Während einige jede Haftungsbeschränkung vor Eintritt des Haftungsfalls für unzulässig halten und nur einen nachträglichen Vergleich oder Verzicht zulassen wollen, meinen andere, solche Vereinbarungen vor oder nach dem Haftungsfall seien wirksam, soweit die Ersatzleistung durch den Geschäftsführer zur Befriedigung der Gläubiger nicht notwendig sei (Rechtsgedanke der §§ 43 Abs. 3, 9b Abs. 1, 64 S. 4 GmbHG)[61] oder nur das freie, nicht das gebundene Vermögen der GmbH durch den Anspruch gegen den Geschäftsführer berührt sei.[62]

79   Die Rechtsprechung ist im Fluss. Vereinbarungen nach Eintritt des Haftungsfalls, die zur Verkürzung oder zum Ausschluss der Haftung des Geschäftsführers im Sinne einer „Generalbereinigung" führen, hält der BGH für wirksam, solange der Verzicht nicht auf eine nach § 30 GmbHG verbotene Auszahlung an den Geschäftsführer hinausläuft[63] oder unverzichtbare Ersatzansprüche (§§ 43 Abs. 3, 64, Abs. 2 S. 3 GmbHG) zum Gegenstand hat. So kann der Geschäftsführer von der Haftung z.B. durch Entlastung oder Verzichtsklausel in einem Ausscheidensver-

---

57 Dazu *Meinicke*, NZG 2000, 622, 622; Lutter/Hommelhoff/*Kleindiek*, § 37 Rn 32; *Lutter/Banerjea*, ZIP 2003, 2177, 2178; Scholz/*Schneider*, § 37 Rn 50.
58 Scholz/*Schneider*, § 43 Rn 134.
59 Scholz/*Schneider*, § 43 Rn 232.
60 *Lutter*, GmbHR 2000, 301, 311; Lutter/*Hommelhoff/Kleindiek*, § 43 Rn 53.
61 Dazu Lutter/*Hommelhoff/Kleindiek*, § 43 Rn 53; *Lutter*, GmbHR 2000, 301, 311; Römermann/*Terlau*, § 9 Rn 56.
62 Scholz/*Schneider*, § 43 Rn 261.
63 Vgl. dazu BGHZ 122, 333, 338; krit. Roth/*Altmeppen*, § 43 Rn 101 f.; Lutter/Hommelhoff/*Kleindiek*, § 43 Rn 55.

trag befreit werden.[64] Selbst wenn der Schadensersatzbetrag später zur Gläubigerbefriedigung benötigt würde, bleibt die Wirksamkeit des Haftungsverzichts unberührt.[65]

Zulässig ist es auch, im Anstellungsvertrag **Ausschlussfristen** für Ersatzansprüche gegen **80** den Geschäftsführer zu regeln, die kürzer sind als die Verjährungsfrist des § 43 Abs. 4 GmbHG.[66]

Es ist davon auszugehen, dass der BGH keine grundsätzlichen Bedenken hat, vor Eintritt des **81** Haftungsfalls auch andere haftungsbeschränkende Vereinbarungen zuzulassen, etwa eine Begrenzung der Haftung auf Vorsatz und grobe Fahrlässigkeit oder eine Begrenzung der Haftung der Höhe nach. Insoweit ist die weitere Rechtsprechung abzuwarten.

Formulierungsbeispiel   **82**

Wer den Geschäftsführer berät, sollte – mit Zustimmung der Gesellschafterversammlung – auf eine Haftungsbegrenzung im Dienstvertrag drängen. Diese könnte – angesichts der offenen Rechtsprechung ohne Wirksamkeitsgewähr – wie folgt lauten:

Der Geschäftsführer haftet gegenüber der Gesellschaft nur bei vorsätzlicher oder grob fahrlässiger Verletzung seiner Pflichten. Das gilt nicht, wenn die Haftung durch Gesetz zwingend angeordnet ist.

Praxistipp   **83**

Unabhängig von solchen möglichen Haftungsbeschränkungen im Dienstvertrag sollte der Berater des Geschäftsführers darauf drängen, dass zugunsten des Geschäftsführers eine sog. **D & O-Versicherung**[67] (Directors' and Officers' Liability Insurance) abgeschlossen wird. Die Versicherung wird abgeschlossen von der GmbH, die die Prämien zahlt. Welche Risiken des Geschäftsführers durch die Versicherung abgedeckt sind, muss im Einzelfall anhand der Versicherungsbedingungen sorgfältig geprüft werden. Versicherungsbedingungen enthalten oft eine Selbstbeteiligung des Managers, darüber hinaus Deckungsausschlüsse, insbesondere für Innenhaftungsansprüche der GmbH gegenüber dem Geschäftsführer. Es empfiehlt sich daher in jedem Fall, über einen Versicherungsmakler Alternativangebote zu solchen Versicherungen einzuholen.[68]

---

(2) Anwendbarkeit der Grundsätze über die Risikoverteilung im Arbeitsverhältnis

Die von der arbeitsgerichtlichen Rechtsprechung entwickelte abgestufte Haftungsmilderung zu- **84** gunsten der Arbeitnehmer (frühere „gefahrgeneigte Arbeit")[69] ist nach ganz h.M. im Bereich der typischen Geschäftsführerpflichten nicht anwendbar.[70] Die Grundsätze können allenfalls Anwendung finden, wenn es um Schadensfälle außerhalb der typischen Geschäftsführertätigkeit geht, z.B. die Beschädigung eines gesellschaftseigenen Dienstwagens des Geschäftsführers.[71]

dd) Schaden

Das Handeln des Geschäftsführers muss zu einem **Schaden der Gesellschaft** geführt haben. Der **85** Schaden kann sich aus unmittelbaren Vermögenseinbußen der Gesellschaft selbst ergeben, aber auch aus der Belastung der GmbH durch Haftungsansprüche Dritter, die sich aus pflichtwidri-

---

64 BGH GmbHR 2003, 712, 713.
65 BGH ZIP 2002, 2128, 2130.
66 BGH NJW 2002, 3777, 3778; OLG Stuttgart, GmbHR 2003, 835, 837.
67 *Schneider/Schneider*, GmbHR 2005, 1229, 1233 m.w.N.; Lutter/Hommelhoff/*Kleindiek*, § 43 Rn 4; *Seibt/Saame*, AG 2006, 901, 903 ff.
68 Dazu Scholz/*Schneider*, § 43 Rn 296.
69 BAG BB 1994, 2205.
70 Scholz/*Schneider*, § 43 Rn 256; *Lutter*, GmbHR 2000, 301, 311; *Lohr*, NZG 2000, 1204, 1205; Lutter/Hommelhoff/*Kleindiek*, § 43 Rn 31.
71 *Lutter*, GmbHR 2000, 301, 312.

gem Verhalten des Geschäftsführers ergeben haben (z.B. Haftung nach § 823 Abs. 2 BGB i.V.m. Verletzung von Schutzgesetzen, Sanktionen nach GWB oder UWG, Sanktionen wegen der Verletzung öffentlich-rechtlicher Pflichten).

ee) Darlegungs- und Beweislast

86 Zur **Darlegungs- und Beweislast** für Ansprüche nach § 43 Abs. 2 GmbHG gilt nach der Rechtsprechung des BGH:[72] Die klagende Gesellschaft muss analog § 93 Abs. 2 S. 2 AktG, § 34 Abs. 2 GenG darlegen und beweisen, dass

– aus dem möglicherweise pflichtwidrigen Verhalten des Geschäftsführers (Tun oder Unterlassen) ein Schaden entstanden ist und
– das Verhalten des Geschäftsführers für den Schaden kausal geworden ist.

87 Für Schadensentstehung und Kausalität kommt die Schätzungsregel nach § 287 ZPO zur Anwendung.

88 Der Geschäftsführer muss demgegenüber darlegen und beweisen, dass

– er mit der Sorgfalt eines gewissenhaften Geschäftsführers gehandelt hat oder, falls nicht, unverschuldet diese Sorgfalt nicht einhalten konnte, oder
– der Schaden auch bei pflichtgemäßem Verhalten eingetreten wäre.

Streitig ist, ob der Einwand rechtmäßigen Alternativverhaltens auch erheblich ist, wenn der Geschäftsführer gegen die Kompetenzordnung verstoßen hat (Bsp: Er macht geltend, die Gesellschafterversammlung hätte zugestimmt, wenn er sie gefragt hätte). Der BGH lässt den Einwand heute grundsätzlich auch in solchen Fällen zu.[73] Die Literatur schränkt ein: Nur wenn die Zustimmung der Gesellschafterversammlung sicher gewesen wäre, sei der Einwand erheblich.[74]

89 Ob die Rechtsprechung die Darlegungs- und Beweislast des Geschäftsführers nur auf sein Verschulden bezieht oder auch auf die Pflichtverletzung im Sinn des § 43 Abs. 1 GmbHG, ist nicht ganz klar. Die Darlegungs- und Beweislast trägt der Geschäftsführer aber wohl in beiden Punkten, also dafür, dass er nicht pflichtwidrig und nicht schuldhaft gehandelt hat.[75]

b) Haftung für nach Insolvenzreife geleistete Zahlung

90 § 64 S. 1, 2, 4 entspricht dem § 64 Abs. 2 GmbHG vor dem MoMiG. Die Regelung verfolgt den Zweck, bei einer Zahlungsunfähigkeit oder Überschuldung der GmbH im Interesse ihrer Gläubiger die verteilungsfähige Masse für ein künftiges InsO-Verfahren zu erhalten. Vom Augenblick des Eintritts der Insolvenzreife an soll eine Schmälerung der Vermögensmasse der GmbH nicht mehr erfolgen. Der Geschäftsführer soll vielmehr die Interessen der Gläubiger der GmbH verfolgen und ihnen eine verteilungsfähige Masse erhalten. Nimmt die GmbH nach Eintritt der Zahlungsunfähigkeit oder nach Feststellung ihrer Überschuldung Zahlungen vor, ist der Geschäftsführer der Gesellschaft zum Ersatz dieser Zahlungen verpflichtet, es sei denn, sie sind mit der Sorgfalt eines ordentlichen Kaufmanns vereinbar gewesen.[76] Die Haftung trifft auch den, der nach außen wie ein Geschäftsführer aufgetreten ist (faktischer Geschäftsführer).[77]

---

72 BGH NJW 2003, 358 f.; BGH ZIP, 2008, 117; BGH ZIP, 2008, 736, 737; OLG Stuttgart, GmbHR 2003, 835, 836; BGH GmbHR 94, 539; *Lutter*, GmbHR 2000, 301, 309; Scholz/*Schneider*, § 43 Rn 167; Lutter/Hommelhoff/*Kleindiek*, § 43 Rn 43.
73 BGH DStR 2008, 1599, 1600.
74 Lutter/Hommelhoff/*Kleindiek*, § 43 Rn 44.
75 Vgl. dazu Scholz/*Schneider*, § 43 Rn 164.
76 *Weber/Brügel*, DB 2004, 1923, 1925.
77 BGH GmbHR 2005, 1187, 1188.

König

Es handelt sich um einen Anspruch der Gesellschaft, im Insolvenzfall geltend gemacht vom 91
Insolvenzverwalter. Die Gläubiger haben keinen unmittelbaren Anspruch nach § 64 GmbHG,
können allerdings – etwa nach Ablehnung des Insolvenzantrags mangels Masse – den Anspruch
pfänden und dann geltend machen.[78]

aa) Insolvenzreife
Nach § 64 S. 1 GmbHG kommt es auf das objektive Vorliegen der **Zahlungsunfähigkeit** oder der 92
Überschuldung i.S.d. §§ 17 Abs. 2 S. 1, 19 Abs. 2 InsO an.[79] Die Haftung nach § 64 S. 1 GmbHG
wird nicht schon durch die drohende Zahlungsunfähigkeit der Gesellschaft begründet, da die
Stellung des Insolvenzantrages zu diesem Zeitpunkt nach § 18 Abs. 2 InsO noch keine Pflicht ist.

bb) Zahlung
Die Gesellschaft darf ab Vorliegen der Insolvenzgründe keine „Zahlungen" mehr leisten. Es be- 93
steht Einigkeit, dass der Begriff **„Zahlungen"** zu eng gefasst ist. Was allerdings im Einzelnen als
„Zahlung" gelten muss, ist umstritten. Grundsätzlich fallen unter „Zahlungen" alle **Leistungen,
die zur Schmälerung des Vermögens der GmbH führen.** Das sind einmal Zahlungen im engeren Sinne, darüber hinaus aber auch Lieferungen von Waren oder Erbringung von Dienstleistungen, die Einlösung von Kundenschecks auf debitorischen Bankkonten,[80] die Veranlassung
von Kundenzahlungen auf debitorische Bankkonten (z.B. durch Herausgabe geänderter Rech-
nungsformulare, auf denen Konten aufgeführt sind, die debitorisch sind),[81] das Zulassen der
Zahlung von Kunden auf bestehende im Debet geführte Bankkonten[82] oder das Zulassen weiterer
Abbuchungen bei Insolvenzreife, statt die Abbuchungsermächtigung zu widerrufen.[83]

Nicht geklärt ist, ob auch die Begründung neuer Verbindlichkeiten als „Zahlung" i.S.d. § 64 94
Abs. 2 GmbHG anzusehen ist, wenn der Masse kein wirtschaftlich gleichwertiger Gegenwert zufließt.[84]

cc) Sorgfaltsmaßstab
Der Geschäftsführer kann sich nach § 64 S. 2 GmbHG entlasten, wenn die Zahlungen, die er nach 95
Eintritt der Insolvenzreife erbracht hat, „mit der **Sorgfalt eines ordentlichen Geschäftsmanns**
vereinbar sind". Die Beweislast für das Vorliegen eines solchen Falles liegt, wie schon der Wortlaut ergibt, beim Geschäftsführer.[85]

Zahlungen bzw. Leistungen in diesem Sinne sind solche, die im Ergebnis nicht zu einer 96
Schmälerung der Insolvenzmasse führen.[86] Das sind z.B. Leistungen, für die eine vollwertige
Gegenleistung unmittelbar in das Vermögen der GmbH fließt, oder Leistungen an absonde-
rungsberechtigte Gläubiger.[87] Darüber hinaus sollen darunter auch Leistungen fallen, die erfor-

---

78 BGH GmbHR 2000, 1149, 1150.
79 BGH GmbHR 2000, 182, 183; vgl. zur Zahlungsunfähigkeit FN 209.
80 BGHZ 143, 184, 186; BGH GmbHR 2000, 182, 183; BGH GmbHR 2000, 1149, 1150.
81 OLG Oldenburg ZIP 2004, 1315, 1316.
82 BGH GmbHR 2007, 596 (Der Geschäftsführer muss bei Insolvenzreife der GmbH dafür sorgen, das Zahlungen
auf Konten erfolgen, die auf Guthabenbasis geführt werden, er muss ggfls. solche Konten zusätzlich einrichten).
83 Roth/*Altmeppen*, § 64 Rn 9.
84 Eine „Zahlung" bejahen Scholz/*Schmidt*, § 64 Rn 23; ablehnend Roth/*Altmeppen*, § 64 Rn 9;
Lutter/Hommelhoff/*Kleindiek*, § 64 Rn 10.
85 BGHZ 146, 264, 274.
86 Baumbach/Hueck/*Schulze-Osterloh*, § 64 Rn 72.
87 Baumbach/Hueck/*Schulze-Osterloh*, § 64 Rn 72.

derlich sind, um den sofortigen Zusammenbruch der Gesellschaft zu verhindern. Ob sie erforderlich sind, beurteilt sich im Stadium der eingetretenen Insolvenzreife nicht mehr nach dem Zweck der Gesellschaft, sondern nach den Gläubigerinteressen und dem öffentlichen Interesse an der Erhaltung nur lebensfähiger Unternehmen.[88]

97   Vor dem Hintergrund dieses Gesetzeszwecks hängt es von den Umständen des Einzelfalls ab, was in dieser Phase noch der Sorgfalt eines ordentlichen Kaufmanns entspricht. Wenn keine Aussichten auf Sanierung mehr bestehen, steht für den Geschäftsführer das Interesse der Gläubiger an der Bewahrung der Vermögensmasse im Vordergrund. Er hat in diesem Fall im Wesentlichen „statisch Masse bewahrend" zu wirken, hat also kaum noch Spielräume für Zahlungen oder Leistungen, die die Masse schmälern würden.[89]

98   Bestehen dagegen konkrete Aussichten, innerhalb der Drei-Wochen-Frist des § 15 a InsO die Gesellschaft durch eine Sanierung zu retten und Überschuldung und/oder Zahlungsunfähigkeit zu beseitigen, entspricht es der Sorgfalt eines ordentlichen Kaufmanns, sich „eher beweglich" zu verhalten und alles zu unternehmen, um diese konkrete Sanierungsaussicht nicht zu zerstören.[90] In diesem Fall dürfen daher Leistungen und Zahlungen erbracht werden, die erforderlich sind, um einen sofortigen Zusammenbruch der Gesellschaft zu verhindern (z.B. Miet- und Lohnzahlungen).

99   Ob in dieser Phase die Zahlung von Steuern und Sozialversicherungsbeiträgen der Sorgfalt eines ordentlichen Kaufmanns entsprechen kann, hängt von den Erfolgsaussichten der Sanierung und davon ab, ob diese Zahlung erforderlich ist, um ein sofortiges Ende der GmbH zu verhindern. S. (s.Rn 183, 235 ff).

dd) Verschulden

100   Im Rahmen des § 64 Satz 1 GmbHG ist **Verschulden** Haftungsvoraussetzung. Es genügt Fahrlässigkeit, also Erkennbarkeit von Insolvenzgründen und fahrlässige Zahlung. Liegen die Insolvenzgründe objektiv vor, wird Verschulden des Geschäftsführers vermutet, er kann lediglich versuchen, sich zu entlasten (in der Praxis kaum erfolgreich).[91]

ee) Berücksichtigung von die Masseschmälerung kompensierenden Gegenleistungen

101   Fraglich ist, ob der nach § 64 Satz 1 GmbH in Haftung genommene Geschäftsführer sich darauf berufen kann, dass der Masse Ansprüche zustehen, die den durch die Zahlung eingetretenen Schaden ganz oder teilweise kompensieren. Die Beantwortung dieser Frage hängt auch von der dogmatischen Einordnung des Anspruchs nach § 64 S. 1 GmbHG ab. Sieht man darin eine Norm mit Schadenersatzcharakter, liegt es näher, Ansprüche, die den Schaden der Masse mindern, auch zugunsten des Geschäftsführers anspruchsmindernd zu berücksichtigen.[92] Gegenleistungen, die im Gegenzug zu einer die Masse schmälernden Zahlung in die Masse gelangt sind, und die in der Masse voll vorhanden sind, sind zu berücksichtigen; um ihren Wert mindert sich ein etwaiger Anspruch gegen den Geschäftsführer.[93]

102   Dagegen kann der Geschäftsführer nach der Rechtsprechung, die § 64 Satz 1 GmbHG für eine Ausgleichsnorm eigener Art und nicht für eine Schadensersatznorm hält,[94] nicht anspruchs-

---

88 *Lutter*/Hommelhoff/*Kleindiek*, § 64 Rn 12; Baumbach/Hueck/*Schulze-Osterloh*, § 64 Rn 73.
89 *Lutter*/Hommelhoff/*Kleindiek*, § 64 Rn12.
90 *Lutter*/Hommelhoff/*Kleindiek*, § 64 Rn 12.
91 BGH GmbHR 2000, 182, 183; BGHZ 146, 265, 274; Lutter/Hommelhoff/*Kleindiek*, § 64 Rn 15.
92 Dazu *Lutter*/Hommelhoff/*Kleindiek*, § 64 Rn 64; de lege ferenda Scholz/*Schmidt*, § 64 Rn 51, 56.
93 BGH NJW 2003, 2316, 2317.
94 BGHZ 146, 264, 278.

mindernd geltend machen, dass der Insolvenzgläubiger, an den er gezahlt hat, ohnehin zu Lasten der Masse die Insolvenzquote erhalten hätte,[95] oder dass die Zahlung, die der Geschäftsführer in der Krisenphase noch geleistet hat, vom Insolvenzverwalter angefochten werden könnte.[96] Nach der Rechtsprechung des BGH geht es bei dem Anspruch nach § 64 S. 1 GmbHG um die **sofortige Wiederherstellung der Liquidität**, die durch die Zahlung verloren gegangen ist. Der Geschäftsführer ist daher zunächst zur vollständigen Erstattung der Zahlung verpflichtet.

Praxistipp   **103**

Da aber auch eine Bereicherung der Masse verhindert werden muss, z.B. eine nochmalige Realisierung von Ansprüchen durch Anfechtung der Zahlung gemäß §§ 129 f. InsO, kann sich der Geschäftsführer in dem ihn zur Zahlung verpflichtenden Urteil das Recht vorbehalten lassen, solche (im Ergebnis schadensmindernden) Faktoren noch nachträglich gegen den Insolvenzverwalter geltend zu machen, etwa in Form von Bereicherungsansprüchen. Eine andere Möglichkeit, eine solche Bereicherung der Insolvenzmasse zu verhindern, besteht darin, dass der Geschäftsführer vom Insolvenzverwalter analog § 255 BGB Abtretung von dessen Ansprüchen gegen die Gläubiger, die die Zahlung erhalten haben, verlangt.[97]

---

ff) Verjährung

Der Anspruch aus § 64 S. 1 GmbHG **verjährt in drei Jahren**, §§ 64 S. 4 i.V.m. § 43 Abs. 4 GmbHG. **104** Die Frist beginnt mit Entstehung des Anspruchs.[98]

gg) Verzicht auf Anspruch

Ein Verzicht oder Vergleich hinsichtlich des Ersatzanspruchs der Gesellschaft ist nicht möglich, § 64 S. 4 i.V.m. § 43 Abs. 3, § 9b Abs. 1 GmbHG, wenn der Ersatz zur Befriedigung der Gläubiger erforderlich ist. Ausnahme gemäß § 9b Abs. 1 GmbHG: Regelung im Rahmen eines Insolvenzplans der Gesellschaft, eines Vergleichs zur Abwendung des Insolvenzverfahrens der Ersatzpflichtigen oder bei Zahlungsunfähigkeit des Ersatzpflichtigen.

Ob auch darüber hinaus der Insolvenzverwalter der GmbH Vergleiche mit dem Ersatzpflichtigen schließen darf, um langwierige Rechtsstreitigkeiten zu vermeiden, ist streitig.[99]

c) Haftung für insolvenzauslösende Zahlungen an Gesellschafter

Durch das MoMiG ist ab 1.11.2008 § 64 GmbHG um einen neuen S. 3 erweitert worden, der zu **105** einer vorverlagerten verschärften Haftung des Geschäftsführers führt. Der Geschäftsführer haftet auf Erstattung von Zahlungen an Gesellschafter, soweit diese zur Zahlungsunfähigkeit der GmbH führen mussten, es sei denn, dies war bei Beachtung der Sorgfalt eines ordentlichen Geschäftsmanns nicht erkennbar.

---

95 BGHZ 146, 264, 278.
96 BGHZ 146, 264, 279; *Lutter*/Hommelhoff/*Kleindiek*, § 64 Rn 17; a.A. Scholz/*Schmidt*, § 64 Rn 35: Ein liquider Anfechtungsanspruch könne vom Geschäftsführer dem Insolvenzverwalter entgegengehalten werden.
97 Vgl. BGHZ 146, 264, 279; BGH GmbHR 2005, 1987, 1188; Scholz/*Schmidt*, § 64 Rn 55; Lutter/Hommelhoff/*Kleindiek*, § 64 Rn 19.
98 BGH DStR 2005, 659.
99 Bejahend Scholz/*Schmidt*, § 64 Rn 62.

Zahlungen an Gesellschafter:

Erfasst werden Zahlungen und sonstige Vermögensschmälerungen, die die Liquidität der Gesellschaft vermindern.[100]

Erfasst werden auch solche Leistungen an Gesellschafter, die zwar nicht das gebundene Kapital gemäß § 30 GmbHG angreifen (Haftung gemäß § 43 Abs. 3 GmbHG), aber die Zahlungsunfähigkeit auslösen. Das gilt auch für die Rückzahlung von Gesellschafterdarlehen (abweichend von § 30 S. 3 GmbHG), wenn sie zur Illiquidität der Gesellschaft führt.

Auslösen der Zahlungsunfähigkeit:

Zwischen der Leistung an die Gesellschaft und der Zahlungsunfähigkeit muss ein enger Kausalzusammenhang bestehen. Entsprechend dem Zweck der Norm, Ausplünderungsstrategien unter Missachtung der gesetzlichen Regeln ordnungsgemäßer Liquidation zu bekämpfen,[101] muss durch die Leistung der GmbH die Liquidität entzogen worden sein, die sie zur Erfüllung ihrer Verbindlichkeiten benötigt, so dass der Eintritt der Zahlungsunfähigkeit – wenn nicht sofort, so doch in absehbarer Zeit – überwiegend wahrscheinlich ist.[102] Der Geschäftsführer hat in Zahlungszeitpunkt eine Solvenz-Prognose (Liquiditätsplanung) anzustellen, um die Solvenz abzuschätzen.

Wird die Zahlungsunfähigkeit – im Zusammenwirken mit anderen vorhersehbaren Umständen – durch die Zahlung herbeigeführt (objektive Kausalität), wird dem Geschäftsführer der Entlastungsbeweis, er habe das nicht erkennen können, nur schwer gelingen. Das gilt erst recht, wenn er keine Liquiditätsplanung nachweisen kann, sondern die Zahlung schlicht hat laufen lassen.

Verzicht, Vergleich, Verjährung:

§ 64 S. 4 GmbHG verweist auch insoweit auf § 43 Abs. 3, 4 GmbHG i.V.m. § 9b GmbHG.

d) Haftung bei Leistungen an Gesellschafter

106 Die Neuregelung des § 30 GmbHG hat auch Konsequenzen für die Haftung des Geschäftsführers.
– Erbringt die GmbH Leistungen an die Gesellschafter, denen ein vollwertiger Gegenleistungs- oder Rückgewähranspruch entgegensteht, (bilanzielle Betrachtungsweise),[103] steht dem keine Auszahlungssperre wegen Unterschreitung des Stammkapitals entgegen, § 30 S. 2 2. Fall. Die Vollwertigkeit des Gegenanspruchs hat der Geschäftsführer zu prüfen. Für Darlehenszahlungen an Gesellschafter im Rahmen eines Cash-Pooling-Systems bedeutet das, dass der Geschäftsführer der zahlenden GmbH die Bonität des Empfängers im Zeitpunkt der Auszahlung und anschließend laufend prüfen muss.[104] Ist die Bonität des Gesellschafters unsicher oder – unter Berücksichtigung der Laufzeit des Darlehens – nicht sicher zu beurteilen, muss eine Auszahlung, die das Stammkapital tangiert, unterbleiben. Für Fehlerbeurteilungen haftet der der Geschäftsführer nach § 43 GmbHG. Außerdem haftet er den Gesellschaftern, die nach § 31 Abs. 3 GmbHG auf den Ausfall haften, im Regresswege nach § 31 Abs. 6 GmbHG. Auch außerhalb des § 30 GmbHG muss der Geschäftsführer die Bonität von Schuldnern im Cash-Pooling-Systemen überwachen und Rückzahlungsforderungen geltend

---

100 Lutter/Hommelhoff/*Kleindiek*, § 64 Rn 24.
101 Lutter/Hommelhoff/*Kleindiek*, § 64 Rn 22.
102 Lutter/Hommelhoff/*Kleindiek*, § 64 Rn 29.
103 S.o. Rn 70.
104 Dazu *Lutter/Hommelhoff*, § 30 Rn 37 ff.

machen, oder Sicherheiten für die offenen Forderungen verlangen, wenn die Bonität der Schuldner zweifelhaft wird; er riskiert sonst eine Haftung gem. § 43 GmbHG.[105]
– Gesellschafterdarlehen darf der Geschäftsführer seit der Änderungen durch das MoMiG zurückzahlen, auch dann, wenn durch die Rückzahlung das Stammkapital unterschritten wird, § 30 Abs. 1 S. 3 GmbHG. Die nach § 30 GmbHG geltende Auszahlungssperre gilt nicht mehr für Gesellschafterdarlehen. Statt der gesellschaftsrechtlichen Auszahlungssperre löst das Gesetz das Problem auf der Ebene des Insolvenzrechts: Alle Gesellschafterdarlehen sind nachrangig nach § 39 Abs. 1 Nr. 5 InsO (unabhängig vom Kapitalersatz), Rückzahlungen innerhalb eines Jahres vor Inso-Antrag sind anfechtbar, § 135 InsO, außerhalb der InsO nach § 6 AnfG. Die Rückzahlung von Gesellschafterdarlehen an Gesellschafter kann aber auch nach neuer Rechtslage eine Haftung des Geschäftsführers auslösen,
– wenn die Rückzahlung zur Zahlungsunfähigkeit der Gesellschaft führen musste, § 64 S. 3 GmbHG (primäre Haftung auf Erstattung),
– wenn im Zeitpunkt der Rückzahlung schon Insolvenzreife vorlag, § 64 S. 1 GmbHG (primäre Haftung auf Erstattung),
– wenn die Rückzahlung eine Schädigung der Gesellschaft darstellte (Schadenersatz gemäß § 43 GmbHG).

Die Regresshaftung des Geschäftsführers gemäß § 31 Abs. 6 GmbHG besteht in diesem Fall nicht mehr wegen § 30 S. 3 GmbHG.

e) Haftung bei falschen Angaben
Nach § 9a GmbHG haftet der Geschäftsführer, wenn zum Zweck der Errichtung der Gesellschaft **107** falsche Angaben gemacht werden. Er hat in diesem Fall fehlende Einzahlungen zu leisten, eine im Gründungsaufwand nicht erfasste Vergütung zu ersetzen und für den gesamten sonst entstehenden Schaden Ersatz zu leisten. Dasselbe gilt nach § 57 Abs. 4 GmbHG, wenn bei einer Kapitalerhöhung falsche Angaben gemacht werden.

aa) Falsche Angaben
Falsche Angaben sind nicht nur diejenigen, die bei der Anmeldung gegenüber dem Handelsre- **108** gister gemacht werden, sondern alle falschen Angaben, die Bezug auf die Gründung oder Kapitalerhöhung haben, z.B. auch Falschinformationen für einen Sachgründungsbericht, falsche Bewertungen von Sacheinlagen usw.[106]
Der praktisch häufigste Fall ist, dass entgegen der Anmeldung zum Handelsregister die Ein- **109** lagen nicht erbracht sind oder nicht der freien Verfügung des Geschäftsführers unterliegen[107] (§ 19 IV GmbHG)[108] Geschäftsführer und – neben ihm gesamtschuldnerisch – Gründungsgesellschafter haften nach § 9a GmbHG für die Folgen der falschen Angaben, unabhängig davon, ob sie diese veranlasst haben oder nicht. Eine andere Frage ist, ob sie insoweit Verschulden trifft, das vermutet wird.[109] Ob die Geschäftsführerhaftung auch dann begründet wird, wenn eine bei der Anmeldung gemachte Angabe nachträglich vor der Eintragung im Handelsregister unrichtig wird, der Geschäftsführer in diesen Fällen also zur Berichtigung der Anmeldung verpflichtet ist,

---

105 Vgl. BGH GmbHR, 2009, 199 (zu AG).
106 *Lutter*/Hommelhoff/*Bayer*, § 9a Rn 3.
107 Lutter/Hommelhoff/*Bayer*, § 9a Rn 4.
108 OLG Celle NZG 2000, 1178.
109 *Lutter*/Hommelhoff/*Bayer*, § 9a Rn 6.

ist streitig.[110] Die Gründungshaftung droht dem Geschäftsführer auch, wenn die Anmeldeversicherung gegenüber dem Registergericht im Zusammenhang mit einem Mantelkauf falsch abgegeben ist (vgl. Rn 143).

110   Auch nach der Neuregelung der verdeckten Sacheinlage in § 19 Abs. 4 GmbHG und des Hin- und Herzahlens des Gründungskapitals gemäß § 19 Abs. 5 GmbHG bleiben hier Haftungsrisiken für den Geschäftsführer, wenn er bei der Anmeldung der GmbH falsche Angaben zu diesen Sachverhalten macht. Zwar kann in diesen Fällen nunmehr Erfüllung der Einlagenverpflichtung vorliegen, soweit der Gesellschaft ein entsprechender Wert zugeflossen ist.[111] Das ändert aber nichts daran, dass der Geschäftsführer den Sachverhalt der verdeckten Einlage oder des beabsichtigten Hin- und Herzahlens dem Handelsregister anmelden muss, § 8 Abs. 2 S. 1 GmbHG,[112] damit das Handelsregister prüfen kann, ob die Einlagen tatsächlich bewirkt sind.

Unterlässt er das, haftet er neben den Gesellschaftern nach § 9 Abs. 2 GmbHG auf Ersatz der fehlenden Einzahlungen und setzt sich dem Risiko der Strafbarkeit gemäß § 82 Abs. 1 Nr. 1 GmbHG aus (Letzteres auch dann, wenn Einlagen vollwertig geleistet sind).

bb) Verschulden

111 **Verschulden** wird gemäß § 9a Abs. 3 GmbHG vermutet. Der Geschäftsführer muss also darlegen und beweisen, dass er die die Ersatzpflicht begründenden Tatsachen weder kannte noch bei Anwendung der Sorgfalt eines ordentlichen Geschäftsmanns kennen musste.

cc) Haftungsumfang

112 Rechtsfolge des § 9a Abs. 1 GmbHG ist, dass der Geschäftsführer die Differenz zwischen den Angaben und den Tatsachen ausgleichen muss. Diese **sog. Differenzhaftung** kann bedeuten, dass er die Differenz zwischen angemeldeten Einlagen (z.B. auch Sacheinlagen) und tatsächlichen Einlagen zahlen muss, bei unrichtigen Wertgutachten zu einer Sacheinlage die Differenz zwischen tatsächlichem Wert und angemeldeter Höhe der Sacheinlage, bei verdeckter Sacheinlage die Differenz zwischen dem Wert der Sacheinlage und dem Nominalbetrag der Einlage. Auch weitergehende Schäden (z.B. Produktionsausfall infolge untauglicher Sacheinlagen) sind zu ersetzen.[113]

dd) Haftungsbeschränkung

113 **Haftungsbeschränkende Vereinbarungen** oder nachträgliche Verzichte oder Vergleiche über diesen Anspruch sind unwirksam, soweit die Ersatzleistung des Geschäftsführers zur Befriedigung der Gläubiger der Gesellschaft erforderlich ist, § 9b Abs. 1 S. 1 GmbHG. Davon macht S. 2 nur dann eine Ausnahme, wenn der Geschäftsführer zahlungsunfähig ist oder ein Vergleich zur Abwendung des Insolvenzverfahrens oder im Rahmen eines Insolvenzplans geschlossen wird.

ee) Verjährung

114 Der Anspruch **verjährt** nach § 9b Abs. 2 GmbHG innerhalb von **fünf Jahren** nach Eintragung der Gesellschaft in das Handelsregister oder, ist die zum Ersatz verpflichtende Handlung erst später begangen worden, nach der Vornahme der Handlung.

---

110 Verneinend *Lutter*/Hommelhoff/*Bayer*, § 9a Rn 5; bejahend OLG Rostock GmbHR 95, 658, 659.
111 S.o.
112 Lutter/Hommelhoff/*Bayer*, § 8 Rn 14 f.
113 *Lutter*/Hommelhoff/*Bayer*, § 9a Rn 8.

ff) Anspruchskonkurrenzen

Die Konkurrenz von Ansprüchen aus §§ 9a Abs. 1, 57 Abs. 4 GmbHG mit solchen aus § 43 Abs. 2 **115**
GmbHG wird so gelöst, dass die erstgenannten Ansprüche denjenigen aus § 43 Abs. 2 GmbHG
verdrängen. Bedeutung hat das wegen der unterschiedlichen Verjährungsfristen: Während nach
§ 9b Abs. 2 GmbHG die Verjährungsfrist erst mit der Eintragung der Gesellschaft oder mit einer
späteren zum Ersatz verpflichtenden Handlung beginnt, beginnt die Verjährungsfrist nach § 43
Abs. 4 GmbHG bereits mit der Entstehung des Anspruchs.

f) Haftung des Geschäftsführers nach §§ 823 und 826 BGB

Für durch persönliches Verhalten kausal verursachte Verletzungen von Eigentum, Immaterial- **116**
güterrechten und Besitz haftet der Geschäftsführer im Rahmen von § 823 Abs. 1 BGB. Nach § 823
Abs. 2 BGB haftet er für die **Verletzung von Schutzgesetzen**, soweit diese auch dem Schutz der
Gesellschaft dienen. Dazu zählen z.B. §§ 266a, 266 StGB,[114] §§ 17, 18 UWG, § 85 GmbHG, §§ 242,
246 StGB.[115] Leistet der Geschäftsführer einem Gesellschafter Beihilfe zu einem existenzvernichtenden Eingriff, haftet er gemäß §§ 826, 830 Abs. 2 BGB neben diesem als Gesamtschuldner auf
Schadenersatz.[116]

In den meisten Fällen wird gleichzeitig eine Haftung aus § 43 Abs. 2 GmbHG begründet sein, **117**
wobei dann die unterschiedlichen Verjährungsfristen des § 43 Abs. 4 einerseits und der §§ 195,
199 BGB andererseits Bedeutung gewinnen können.[117]

Eine vorsätzliche sittenwidrige Schädigung nach § 826 BGB ist z.B. gegeben, wenn der Ge- **118**
schäftsführer seine Stellung zur Durchsetzung seiner eigenen Interessen missbraucht und somit
der Gesellschaft das ihm obliegende Maß an Loyalität nicht entgegenbringt.[118]

2. Haftung gegenüber den Gesellschaftern

Eine unmittelbare Haftung des Geschäftsführers gegenüber den Gesellschaftern regelt nur § 31 **119**
Abs. 6 GmbHG. Ob die Gesellschafter daneben unmittelbare Ansprüche gegen den Geschäftsführer geltend machen können, ist streitig und in weiten Bereichen ungeklärt.

a) Dienstvertrag mit Schutzwirkung zugunsten der Gesellschafter?

Diskutiert wird die Frage, ob den Gesellschaftern aus einer Verletzung des Dienstvertrages durch **120**
den Geschäftsführer unmittelbare Ansprüche zustehen könnten, weil der Dienstvertrag Schutzwirkungen zugunsten der Gesellschafter haben könnte. Die h.M. verneint Schutzwirkungen des
Dienstvertrags zugunsten der Gesellschafter (anders bei der GmbH & Co. KG, bei der der BGH
annimmt, die KG sei in den Schutzbereich des Dienstvertrages zwischen Geschäftsführer und
GmbH einbezogen, vgl. Rn 261).[119] Bejaht man solche Ansprüche, richtet sich der Anspruch bei
einem bloßen Reflexschaden nur auf Zahlung an die Gesellschaft (sog. Theorie des „Doppelschadens", vgl. Rn 38, oder § 43 Abs. 2 GmbHG analog).[120]

---

114 BGHZ 100, 190.
115 Ausführlich Römermann/*Terlau*, § 9 Rn 108 f.
116 Scholz/*Schneider*, § 43 Rn 287 a.
117 Scholz/*Schneider*, § 43 Rn 286: Anspruchskonkurrenz.
118 BGH ZIP 1989, 1390, 1394.
119 Scholz/*Schneider*, § 43 Rn 303.
120 BGH NJW 1988, 413, 415.

b) Haftung für stammkapitalmindernde Leistungen

121 Sind unter Verstoß gegen § 30 GmbHG Zahlungen an einen Gesellschafter geleistet worden, durch die das Stammkapital unterschritten worden ist (s.o. Rn 106) und kann der Empfänger die Zahlung nicht erstatten, haften die übrigen Gesellschafter gemäß § 31 Abs. 3 GmbHG solidarisch auf Erstattung der Zahlung. Ein Gesellschafter, den diese Solidarhaftung trifft, kann nach § 31 Abs. 6 GmbHG Regress beim Geschäftsführer nehmen. Der Geschäftsführer hat ihn von Ansprüchen, die sich aus der Solidarhaftung ergeben, freizustellen. Im Falle einer vom Gesellschafter geleisteten Zahlung hat der Geschäftsführer die Zahlung zu erstatten. Voraussetzung ist, dass den Geschäftsführer ein Verschulden trifft. Verschuldensmaßstab ist die Sorgfalt eines ordentlichen Geschäftsmanns, § 43 Abs. 1 GmbHG. Haben mehrere Geschäftsführer gehandelt, haften sie als Gesamtschuldner. Der Anspruch verjährt in fünf Jahren analog § 43 Abs. 4 GmbHG.[121]

c) Deliktische Haftung wegen Eingriffs in den Kern der Gesellschafterstellung

122 In der Literatur wird diskutiert, ob ein Fehlverhalten des Geschäftsführers – außer seiner Haftung gemäß § 43 Abs. 2 GmbHG gegenüber der Gesellschaft – auch eine Haftung gegenüber den Gesellschaftern auslösen kann wegen eines Eingriffs in den Kern der Gesellschafterstellung. Der BGH hat dies für das Vereinsrecht einmal bejaht und die Gesellschafterstellung als absolutes Recht i.S.d. § 823 Abs. 1 BGB anerkannt, (vgl. Rn 40).[122]

123   Die Literatur folgt dem, soweit es um die Anerkennung der Mitgliedschaft in einer Gesellschaft als absolutes Recht gegenüber außenstehenden Dritten geht. Die h.L. lehnt es allerdings ab, die Gesellschafterstellung auch innerhalb der Gesellschaft, also gegenüber Geschäftsführern und Mitgesellschaftern, als „absolutes Recht" i.S.d. § 823 Abs. 1 BGB anzuerkennen.[123]

d) Haftung wegen Verletzung von Schutzgesetzen gemäß § 823 Abs. 2 BGB

124 Wenn der Gesellschafter wie ein außenstehender Dritter der GmbH gegenübertritt, kann er in demselben Umfang wie außenstehende Dritte Schutzgesetzverletzungen gemäß § 823 Abs. 2 BGB geltend machen. Streitig ist die Frage, ob insbesondere Normen des GmbH-Gesetzes als Schutzgesetze zugunsten der Gesellschafter i.S.d. § 823 Abs. 2 BGB angesehen werden können, deren Verletzung zu einer unmittelbaren Haftung des Geschäftsführers gegenüber den Gesellschaftern führt – neben der Haftung gegenüber der Gesellschaft nach § 43 Abs. 2 GmbHG. Die wohl h.L. ist hier sehr zurückhaltend und erkennt im Zweifel solche Normen nicht als Schutzgesetze i.S.d. § 823 Abs. 2 BGB an. Das gilt z.B. für das Auskunfts- und Einsichtsrecht nach § 51a GmbHG (z.B. kein Schadensersatzanspruch gemäß § 823 Abs. 2 BGB, wenn der Geschäftsführer falsche Auskunft über die wirtschaftliche Situation der GmbH erteilt und der Gesellschafter deshalb zu geringerem Preis einen Anteil verkauft),[124] und die Buchführungspflicht nach § 41 GmbHG.[125] Nach der ganz h.M. ist § 43 GmbHG kein Schutzgesetz i.S.d. § 823 Abs. 2 BGB.[126]

---

121 Lutter/Hommelhoff/*Kleindiek*, § 31 Rn 34. Wird der Geschäftsführer in Anspruch genommen, kann er seinerseits beim Gesellschafter, der die verbotene Zahlung erhalten hat, Regress nehmen, GoA oder § 812 Abs. 1 S. 1 BGB.
122 BGHZ 110, 323, 327, 333.
123 Scholz/*Schmidt*, § 43 Rn 306; ein absolutes Recht auch verbandsintern dagegen bejahend Hachenburg/*Mertens*, § 43 Rn 105; Römermann/*Terlau*, § 9 Rn 136.
124 Bejahend Roth/*Altmeppen*, § 51a Rn 37; ablehnend Scholz/*Schmidt*, § 51a Rn 48; ablehnend Rowedder/*Koppensteiner*, § 51a Rn 24; Baumbach/Hueck/*Zöllner*, § 51a Rn 51.
125 Verneinend die h.M.: Roth/*Altmeppen*, § 41 Rn 12; Scholz/*Schneider*, § 41 Rn 8.
126 Scholz/*Schneider*, § 43 Rn 211; Lutter/Hommelhoff/*Kleindiek*, § 43 Rn 25.

e) Haftung gemäß § 826 BGB

Denkbar ist schließlich auch ein Anspruch von Gesellschaftern aus vorsätzlich sittenwidriger **125** Schädigung gemäß § 826 BGB. Nach der Lehre vom „Doppelschaden" (vgl. Rn 38, 120, 299) kann der Gesellschafter Schadensausgleich in das Vermögen der Gesellschaft verlangen und nur ausnahmsweise Schadensausgleich an sich selbst.[127]

f) Haftung gemäß §§ 25, 125, 205 UmwG

Die Geschäftsführung haftet persönlich gegenüber Gesellschaften und Gläubigern für Schäden **126** infolge von Umwandlungsvorgängen (vgl. Rn 42).

3. Haftung des Geschäftsführers gegenüber Gläubigern der Gesellschaft
a) Haftung wegen Verletzung organschaftlicher Pflichten

Die Verletzung organschaftlicher Pflichten löst keine Schadensersatzansprüche außenstehender **127** Dritter aus. Die Pflicht zur ordnungsgemäßen Leitung des Unternehmens trifft die Geschäftsführer im Verhältnis zur Gesellschaft, nicht aber gegenüber Dritten. Nach ganz h.M. ist deshalb § 43 GmbHG auch kein Schutzgesetz im Sinne von § 823 Abs. 2 BGB zugunsten außenstehender Dritter.[128]

b) Haftung aus Vertrag

Übernimmt der Geschäftsführer in seiner Person vertragliche Haftungen für Verbindlichkeiten **128** der GmbH, haftet er nach den für die betreffenden Rechtsgeschäfte geltenden Regeln, z.B. bei Übernahme von Bürgschaften, Erklärungen von Schuldbeitritt oder Schuldübernahme oder persönlichen Garantieerklärungen. Insoweit gelten keine Besonderheiten.

c) Haftung nach Rechtsscheinsgrundsätzen

Tritt der Geschäftsführer Dritten gegenüber als Vertreter der GmbH auf, muss er sein Handeln im **129** Namen der GmbH deutlich machen, sonst haftet er persönlich aus dem Rechtsgeschäft. Das ergibt sich schon aus § 164 Abs. 2 BGB. Nach § 35 GmbHG muss der Geschäftsführer unter der Firma der GmbH handeln, was auch voraussetzt, dass er deutlich macht, dass es sich um eine GmbH handelt. Unterschreibt er z.B. Verträge ohne GmbH-Zusatz und erweckt er dadurch bei seinem Vertragspartner das Vertrauen, dass es sich bei dem vertretenen Unternehmen um eine Einzelperson oder eine Personengesellschaft handelt, muss er sich den von ihm veranlassten Rechtsschein zurechnen lassen. Der bloße Hinweis auf die Eintragung im Handelsregister entlastet ihn nicht. Er haftet daher persönlich auf Erfüllung des betreffenden Rechtsgeschäfts, und zwar nicht im Wege der Ausfallhaftung, sondern von vornherein als Gesamtschuldner neben der ebenfalls haftenden GmbH.[129]

d) Haftung des Geschäftsführers aus c.i.c. (§ 311 BGB)

Verstößt der Geschäftsführer schuldhaft gegen Nebenpflichten aus dem Schuldverhältnis im **130** Sinne der §§ 311, 241 Abs. 2 BGB, haftet grundsätzlich die von ihm vertretene Gesellschaft gem.

---

127 BGH NJW 1988, 413, 415.
128 Scholz/*Schneider*, § 43 Rn 307; Lutter/*Hommelhoff/Kleindiek*, § 43 Rn 62.
129 BGHZ 64, 11, 18; BGH GmbHR 1991, 152, 155; BGH BB 1990, 654, 655; OLG Naumburg GmbHR 2000, 1258 (Leitsatz); Scholz/*Schneider*, § 43 Rn 311f.

§ 31 BGB auf Ersatz des dadurch entstandenen Schadens. Ausnahmsweise kann auch der Geschäftsführer persönlich vom geschädigten Gläubiger in Anspruch genommen werden.

131   Die c.i.c.-Haftung des Geschäftsführers ist insbesondere in der Krisenphase der GmbH von praktischer Bedeutung. Sie wird interessant, wenn eine Haftung des Geschäftsführers nach § 823 Abs. 2 BGB i.V.m. § 64 GmbHG nicht begründet werden kann. Es stellt sich dann die Frage, ob der Geschäftsführer auch schon in der Phase vor Eintritt der Insolvenzgründe des § 15a InsO wegen Nichtaufklärung über eine kritische wirtschaftliche Situation der GmbH dem Vertragspartner gegenüber haften kann.[130] Auch wenn eine Haftung aus § 823 Abs. 2 BGB i.V.m. § 263 StGB mangels Vorsatzes ausscheidet, kommt die c.i.c.-Haftung, die nur Fahrlässigkeit voraussetzt, in Betracht.

132   Seit der Entscheidung des BGH vom 6.6.1994[131] ist davon auszugehen, dass der BGH den Anwendungsbereich der c.i.c.-Haftung des Geschäftsführers jedenfalls in der Krise der GmbH zurückdrängt zugunsten des durch die genannte Entscheidung erweiterten Schadensersatzanspruchs der Neugläubiger nach § 823 Abs. 2 BGB i.V.m. § 15a InsO (früher § 64 Abs. 1 GmbHG a.F.). Die Vertreterhaftung aus c.i.c. dürfe nicht zu einer allgemeinen „Repräsentantenhaftung" des Geschäftsführers für Verbindlichkeiten der GmbH führen. Da der BGH in derselben Entscheidung den Neugläubigern, die nach Eintritt der Insolvenzgründe i.S.d. § 15a InsO mit der GmbH noch Geschäfte abschließen, einen Schadensersatzanspruch in Höhe des vollen negativen Interesses eingeräumt hat (vgl. Rn 218), geht der sich aus § 823 Abs. 2 BGB i.V.m. § 15a InsO ergebende Ersatzanspruch heute genauso weit wie ein möglicher Anspruch aus c.i.c.

133   Die bisherige Rechtsprechung des BGH hat zwei Fälle der persönlichen Haftung eines Dritten aus c.i.c. anerkannt. Einer dieser beiden Fälle ist heute in § 311 Abs. 3 S. 2 BGB ausdrücklich geregelt. Diese Regelung ist aber nicht abschließend, so dass die bisherige Rechtsprechung mit den dazu entwickelten beiden Fallgruppen weiterhin Bedeutung hat.[132] Eine persönliche Haftung des bei Vertragsverhandlungen auftretenden Vertreters aus c.i.c. für den beim Vertragspartner eintretenden Schaden kommt danach in Betracht, wenn seine Rolle bei den Vertragsverhandlungen in besonderer Weise qualifiziert war, weil

– er in besonderem Maße persönliches Vertrauen des Verhandlungspartners für seine Person in Anspruch genommen hat und dadurch die Vertragsverhandlungen oder der Vertragsschluss erheblich beeinflusst worden sind (§ 311 Abs. 3 BGB);
– der Vertreter selbst wirtschaftlich am Vertragsschluss interessiert ist und das betreffende Geschäft aus eigenem wirtschaftlichen Interesse erstrebt.

aa) Inanspruchnahme besonderen persönlichen Vertrauens

134 Ein Fall der **Inanspruchnahme des persönlichen Vertrauens des Geschäftspartners** kommt nur dann in Betracht, wenn der Geschäftsführer über das „normale Verhandlungsvertrauen" hinaus ein zusätzliches, von ihm selbst ausgehendes Vertrauen in Anspruch genommen hat, die von ihm abgegebenen Erklärungen seien vollständig und richtig.[133] Der Geschäftsführer muss das besondere Vertrauen auf seine Person ziehen, seine Erklärungen müssen „im Vorfeld einer persönlichen Garantieerklärung" liegen. Die Literatur umschreibt diesen qualifizierten Fall mit „Gorilla-Haftung":[134] Der Gesellschafter klopft sich auf die Burst und macht sich für die Gesellschaft persönlich stark, zieht das Vertrauen des Gläubigers auf seine Person. Das kann Bedeutung haben in der Krise der Gesellschaft, wenn der Geschäftsführer persönlich „sein Wort" gibt

---

130 § 15 a InsO gilt auch für den faktischen Geschäftsführer: BGH NJW-RR 2002, 1324; BGH DStR 2002, 1010, 1012.
131 BGHZ 126, 181 f.
132 Palandt/*Heinrichs*, § 311 Rn 60.
133 BGHZ 126, 181, 189.
134 *Schneider*, GmbHR 2010, 58.

König

für die Zahlungsfähigkeit der Gesellschaft oder die Erfüllung von Verträgen, und die Gläubiger diesem Wort mehr vertrauen als der GmbH.

Beispiel 135

Das ist etwa der Fall, wenn der Geschäftsführer erklärt, er persönlich werde sicherstellen, dass ein Vertrag ordnungsgemäß erfüllt wird, auf ausdrückliche Nachfragen eines Geschäftspartners zur Zahlungsfähigkeit der GmbH falsche Angaben macht, oder in der Krisenphase der GmbH als Sanierer auftritt, der bei Vertragsverhandlungen in besonderer Weise persönliches Vertrauen für sich in Anspruch nimmt.[135]

---

bb) Eigenes wirtschaftliches Interesse am Vertragsschluss

Die Fallgruppe **„eigenes wirtschaftliches Interesse am Vertragsschluss"** hat der BGH in der 136 genannten Entscheidung[136] insoweit wesentlich eingeschränkt, als es im Gegensatz zur früheren Rechtsprechung nicht mehr ausreicht, dass ein Geschäftsführer aus seinem Privatvermögen Sicherheiten für die Verbindlichkeit der GmbH gestellt hat, so dass er „mittelbar" am Geschäft der GmbH interessiert ist. Dass der Geschäftsführer gleichzeitig Allein- oder Mehrheitsgesellschafter der GmbH ist, reicht allein ebenfalls nicht aus.[137] Das wirtschaftliche Eigeninteresse des Geschäftsführers muss vielmehr über sein Interesse an der Gesellschaft hinausgehen. Der Anwendungsbereich dieser Fallgruppe dürfte gering sein.[138]

e) Haftung nach Wettbewerbs- und Markenrecht

Der Geschäftsführer kann von außenstehenden Dritten gesamtschuldnerisch neben der GmbH[139] 137 nach den Vorschriften der jeweiligen Spezialgesetze auf Schadensersatz und Unterlassung[140] in Anspruch genommen werden, wenn die GmbH durch ihr Wettbewerbsverhalten das UWG oder Immaterialrechtsgüter, eingetragene Schutzrechte oder Urheberrechte verletzt.

Es ist seit vielen Jahren **gängige Praxis**, bei wettbewerbswidrigem Verhalten der GmbH ne- 138 ben der Gesellschaft auch deren Organe, insbesondere die Geschäftsführer, in Anspruch zu nehmen.[141] Die erste Abmahnung schickt der Verletzte üblicherweise an die GmbH, zu Händen der Geschäftsführer persönlich. Es ist das Bestreben, den Geschäftsführer in einem möglichst frühen Stadium „bösgläubig" zu machen – mit der Konsequenz, dass der Geschäftsführer anschließend neben der GmbH auf Unterlassung und ggf. auf Schadensersatz in Anspruch genommen werden kann. Für den Verletzten hat das deswegen einen besonderen Reiz, weil er damit in gewissem Umfang auch Umgehungsmöglichkeiten durch den Verletzer vorbeugen kann (z.B. Ausweichen auf andere GmbHs).

Im Ergebnis, wenn auch nicht in der dogmatischen Begründung, ist man sich einig: Der Ge- 139 schäftsführer haftet, wenn er selbst das wettbewerbswidrige oder Schutzrechte verletzende Verhalten begangen oder veranlasst hat. Darüber hinaus haftet er auch für Unterlassen, wenn er von der Verletzungshandlung gewusst (positive Kenntnis) und sie nicht verhindert hat. Einzelne Gerichte haben Geschäftsführer schon dann verurteilt, wenn sie keine Kenntnis vom Wettbe-

---

135 Siehe dazu: Lutter/*Hommelhoff*/*Kleindiek*, § 43 Rn 52.
136 BGHZ 126, 181f.
137 BGHZ 126, 181, 184; Lutter/*Hommelhoff*/*Kleindiek*, § 43 Rn 65.
138 *Scholz*/*Schmidt*, § 43 Rn 320 schlagen vor, diese Fallgruppe ganz aufzugeben.
139 Harte-Bavendamm/Henning-Bodewig/*Beckedorf*, § 8 Rn 73.
140 BGH NJW 1987, 127, 129 (Sporthosen); BGH NJW 1996, 1535, 1536; Hefermehl/*Köhler*/*Bornkamm*, § 8 Rn 2.20; dort und bei Rn 2.2., 2.6. auch mit ausführlicher Stellungnahme zur dogmatischen Begründung; Lutter/*Hommelhoff*/*Kleindiek*, § 43 Rn 81; *Haß*, GmbHR 1994, 666ff.; *Keller*, GmbHR 2005, 1235.
141 *Götting*, GRUR 1994, 6ff.

werbsverstoß hatten, aber Organisationspflichten verletzt hatten.[142] Der Geschäftsführer haftet in diesen Fällen als Gesamtschuldner neben der GmbH.

f) Haftung für Handlungen vor Eintragung der Gesellschaft nach § 11 GmbHG

140 Wird vor Eintragung der GmbH im Handelsregister bereits rechtsgeschäftlich gehandelt, haften nach § 11 Abs. 2 GmbHG die Handelnden persönlich und solidarisch.

aa) Handelnder

141 **Handelnder** ist, wer im Namen der Gesellschaft für die künftige GmbH tätig wird. Das sind die bestellten Geschäftsführer, ebenso aber diejenigen, die faktisch nach außen wie die Geschäftsführer handeln.[143]

bb) Handeln für die Vorgesellschaft

142 § 11 Abs. 2 GmbHG erfasst nur das Handeln für die GmbH im Stadium zwischen der Beurkundung des Gesellschaftsvertrages und der Eintragung im Handelsregister. In der gängigen Terminologie spricht man in dieser Phase von der **Vorgesellschaft** – im Unterschied zur **Vorgründungsgesellschaft**, die in der Phase vor Beurkundung des Gesellschaftsvertrages existiert.[144] Wer für die Vorgründungsgesellschaft handelt, haftet nicht nach § 11 Abs. 2 GmbHG. Insoweit gelten die allgemeinen Regeln des BGB: Wer mit Vollmacht für eine solche Vorgründungsgesellschaft, die eine GbR oder eine OHG sein kann, auftritt, verpflichtet die Gesellschafter. Wer ohne Vollmacht auftritt oder für eine noch gar nicht existierende Vorgründungsgesellschaft rechtsgeschäftlich handelt, haftet persönlich nach § 179 BGB, gegebenenfalls aus c.i.c.[145]

143   Erhebliches Haftungspotenzial birgt der sog. **Mantelkauf**. Um die Gläubiger einer Mantel-GmbH vor einer Umgehung der Kapitalaufbringungsvorschriften zu schützen, sind nach der Rechtsprechung des BGH die Gründungsvorschriften des GmbHG bei Aufnahme einer wirtschaftlichen Tätigkeit einer Mantel-GmbH entsprechend anzuwenden.[146] Die Aufnahme des Geschäfts wird wie eine Neugründung behandelt. Den Geschäftsführer trifft insofern gegenüber dem Registergericht eine Anzeigepflicht und die Pflicht zur Versicherung, dass die in § 7 Abs. 2 und 3 GmbH bezeichneten Leistungen auf die Stammeinlage bewirkt sind und tatsächlich zur freien Verfügung der Gesellschafter stehen, § 8 Abs. 2 GmbHG. Nimmt die „revitalisierte" Mantel-GmbH das Geschäft vor der Anzeige ans Handelsregister auf, wird die analoge Anwendung des § 11 Abs. 2 GmbHG erwogen, jedenfalls dann, wenn nicht alle Gesellschafter der Aufnahme der Tätigkeit zugestimmt haben.[147]

cc) Rechtsgeschäftliches Handeln

144 § 11 Abs. 2 GmbHG gilt nur, wenn gegenüber Außenstehenden **rechtsge**schäftlich gehandelt wird. Für kraft Gesetzes entstehende Verbindlichkeiten wie Steuerverbindlichkeiten, Sozialversicherungsbeiträge oder deliktische Ansprüche haftet ein für die Gründungsgesellschaft Handelnder nicht nach § 11 Abs. 2 GmbHG.[148]

---

142 Lutter/Hommelhoff/*Kleindiek*, § 43 Rn 81.
143 Scholz/*Schmidt*, § 11 Rn 104.
144 Zur Differenzierung ausführlich, insbesondere hinsichtlich der Unterschiede der Haftung der Gesellschafter, *Lutter*/Hommelhoff/*Bayer*, § 11 Rn 2 f.; Scholz/*Schmidt,* § 11 Rn 6 f.
145 *Lutter*/Hommelhoff/*Bayer*, § 11 Rn 2; Scholz/*Schmidt*, § 11 Rn 100a.
146 BGH GmbHR 2003, 227; BGH GmbHR 2003 1125, 1126; OLG Celle GmbHR 2005, 1496.
147 BGH GmbHR 2003, 1125, 1127; s. schon BGH GmbHR 1981, 114; Lutter/Hommelhoff/*Bayer*, § 11 Rn 25.
148 *Lutter*/Hommelhoff/*Bayer*, § 11 Rn 27.

dd) Abdingbarkeit der Haftung

Die Haftung nach § 11 Abs. 2 GmbHG kann abbedungen werden.[149] **145**

Praxistipp **146**

Solange die GmbH im Handelsregister nicht eingetragen ist, sollte bei jedem rechtsgeschäftlichen Handeln auf eine Haftungsbegrenzung geachtet werden. Das kann entweder geschehen, indem die Eintragung der GmbH im Handelsregister als aufschiebende Bedingung für die Wirksamkeit des Rechtsgeschäfts vereinbart wird, oder durch ausdrücklichen Hinweis, dass allein die Gründungsgesellschaft und nicht die Handelnden persönlich für Ansprüche aus dem Rechtsgeschäft haften.

Im Fall der Haftung nach § 11 Abs. 2 GmbHG ergibt sich für den Geschäftsführer u.U. ein **Er-** **147** **stattungsanspruch** gegen die Vorgesellschaft oder die spätere GmbH gemäß §§ 675, 670 BGB.[150]

ee) Dauer der Haftung

Die Haftung erlischt mit der Eintragung der GmbH im Handelsregister.[151] **148**

g) Haftung nach §§ 25, 125, 205 UmwG

Den Gläubigern gegenüber haftet der Geschäftsführer für Schädigungen durch Umwandlungs- **149** vorgänge (vgl. Rn 42).

h) Haftung des Geschäftsführers nach § 823 BGB

Lutter hat schon vor Jahren treffend bemerkt, die unmittelbare persönliche Haftung des Ge- **150** schäftsführers nach § 823 Abs. 1, Abs. 2 BGB tendiere „gegen unendlich".[152]

aa) § 823 Abs. 1 BGB

Unter welchen Voraussetzungen der Geschäftsführer persönlich wegen einer **Verletzung von** **151** **Rechtsgütern nach § 823 Abs. 1 BGB** haftet, ist umstritten.

(1) Positives Tun

Werden solche Rechtsgüter durch das eigene positive Handeln des Geschäftsführers verletzt, **152** haftet er ohne Zweifel – genauso wie jeder Dritte, der diese Rechtsgüter verletzt. Veranlasst er z.B. persönlich, dass Gegenstände, die der GmbH nicht gehören, veräußert werden, haftet er dem Eigentümer auf Schadensersatz.[153] Dasselbe muss gelten, wenn durch sein positives Handeln andere Rechtsgüter des § 823 Abs. 1 BGB verletzt werden.

---

149 Scholz/*Schmidt,* § 11 Rn 110.
150 Vgl. *Lutter*/Hommelhoff/*Bayer*, § 11 Rn 30; Scholz/*Schmidt,* § 11 Rn 114 (auch zu der Frage, ob der Geschäftsführer bei den Gründungsgesellschaften Regress nehmen kann).
151 *Lutter*/Hommelhoff/*Bayer*, § 11 Rn 29.
152 *Lutter*, GmbHR 2000, 301, 309.
153 BGH ZIP 1996, 786, 788.

(2) Unterlassen

153 Schwieriger ist die Haftungsfrage zu beantworten, wenn dem Geschäftsführer der Vorwurf eines **Unterlassens** gemacht wird. Heftiger Streit besteht in solchen Fällen, woraus sich eine **Garantenstellung** des Geschäftsführers außenstehenden Dritten gegenüber ergibt, insbesondere dann, wenn der Vorwurf lautet, die Schäden außenstehender Dritter seien durch Organisationsmängel innerhalb des Betriebes entstanden. Die Frage ist dann, ob geschädigte Dritte einen Anspruch nur gegen die GmbH geltend machen können, für den der Geschäftsführer allenfalls im Innenverhältnis nach § 43 Abs. 2 GmbHG aufzukommen hat, oder ob außenstehende Dritte sich darauf berufen können, der Geschäftsführer habe ihnen gegenüber ebenfalls Organisationspflichten zu erfüllen. Auslöser der Diskussionen sind vor allem zwei BGH-Entscheidungen gewesen:

154 In der *Baustoff*-Entscheidung[154] bejahte der BGH eine fahrlässige Eigentumsverletzung durch Unterlassen durch den Geschäftsführer. Er habe es unterlassen, den Betrieb so zu organisieren, dass Verletzungen fremden Eigentums ausgeschlossen waren. Seine Garantenstellung ergebe sich „aufgrund seiner Stellung als Geschäftsführer". Aus seiner Organstellung ergebe sich die Verantwortlichkeit zur ordnungsgemäßen Geschäftsführung gegenüber der Gesellschaft, aber auch gegenüber außenstehenden Dritten jedenfalls dann, wenn deren deliktische Integritätsinteressen berührt würden.[155]

155 In der **Lederspray-Entscheidung**[156] bejahte der BGH die Strafbarkeit (wegen Körperverletzung) aller Geschäftsführer. Soweit die Geschäftsführer, nachdem Schadensfälle bekannt gewesen seien, fehlerhafte Produkte weiter ausgeliefert hätten, hätten sie eine Körperverletzung durch positives Tun begangen. In der Zeit vor Kenntnis treffe sie persönlich eine Garantenstellung aus Inverkehrbringen gefahrbringender Produkte, und zwar auch gegenüber den außenstehenden Dritten. Die Ressortaufteilung unter den Geschäftsführern sei irrelevant, jedenfalls von dem Zeitpunkt an, in dem die Probleme der Produkte bekannt gewesen seien. Von da an habe jeder Geschäftsführer nach Kräften darauf hinwirken müssen, dass eine Rückrufaktion erfolgte.[157]

156 Ob sich aus diesen beiden Entscheidungen schon eine endgültige Tendenz zur „Managerhaftung" herleiten lässt, und damit insbesondere im Bereich der Produkthaftung eine zweite Haftungsebene zu Lasten der Geschäftsführer (neben der Haftung des Unternehmens) begründet werden kann, ist zweifelhaft.[158] In der Literatur werden diese beiden Entscheidungen und die sich aus ihnen ergebenden Konsequenzen heftig diskutiert. Die wohl h.L.[159] versucht – mit unterschiedlichen Begründungen – eine zu weitgehende unmittelbare Haftung des Geschäftsführers für Organisationsmängel gegenüber außenstehenden Dritten einzudämmen.

---

154 BGHZ 109, 297 ff.: Der Geschäftsführer einer GmbH wurde auf Schadensersatz von einem Lieferanten in Anspruch genommen, dessen Eigentumsvorbehalt untergegangen war, weil die GmbH an einen Kunden weitergeliefert hatte und dabei vertragswidrig keine Abtretung der Forderung vereinbart hatte. Der Geschäftsführer selbst hatte nicht gehandelt und hatte weder Kenntnisse von den Details des Einkaufs- noch des Verkaufsgeschäfts.

155 BGHZ 109, 297, 302.

156 BGH NJW 1990, 2560 ff.: Außenstehende Dritte nahmen sämtliche Geschäftsführer einer mehrgliedrigen Geschäftsführung auf Schadensersatz in Anspruch. Die GmbH hatte ein Lederspray auf den Markt gebracht, der bei den Kunden zu gesundheitlichen Beeinträchtigungen geführt hatte.

157 BGH NJW 1990, 2560, 2564 f.

158 In dieselbe Richtung gehen BGH 75, 1827 („Spannbeton", Haftung eines geschäftsführenden Kommanditisten); BGH NJW 2001, 964 ff. („Milupa"): Haftung von Vorstandsmitgliedern und Personen mit herausgehobener Stellung im Unternehmen für gesundheitliche Schäden infolge von vom Unternehmen vertriebener Kindertees; Haftung bejahend in diesem Fall OLG Frankfurt/M., Urt. v. 15.10.2003 – 23 U 3/97, OLGR Frankfurt, 2004, 191 ff. Dem BGH folgend Scholz/*Schneider*, § 43 Rn 327 (Garantenstellung des Geschäftsführers aus Organisationsherrschaft).

159 Ausführliche Darstellung des Meinungsstands bei *Medicus*, GmbHR 2002, 809 ff.; *Heil/Russenschuck*, BB 1998, 1794; Lutter/*Hommelhoff/Kleindiek*, § 43 Rn 73; MüKo-BGB/*Wagner*, § 823 Rn 414. Zum Streitstand Garantenstellung und Organisationspflichten: Scholz/*Schneider*, § 43 Rn 230 f.; MüKo-BGB/*Wagner*, § 823 Rn 414.

König

Der überwiegende Teil der Literatur ist der Auffassung, die Organisationspflichten des Ge- **157** schäftsführers träfen ihn als Organ, und seine „Garantenstellung" bestehe insoweit grundsätzlich nur gegenüber der GmbH, der gegenüber er nach § 43 Abs. 2 GmbHG für unzureichende Organisation hafte. Im Außenverhältnis hafte allein die GmbH als juristische Person. Ein Organ habe keine allgemeine deliktsrechtliche Verkehrspflicht gegenüber außenstehenden Dritten, das Unternehmen so zu steuern, dass allgemeine Verkehrspflichten nicht verletzt werden. Es müsse bei der zweigleisigen Haftungsstruktur bleiben: Die GmbH hafte für Verkehrspflichtverletzungen (z.B. Produkthaftung), die Organe daneben nur ausnahmsweise, wenn sie persönlich eine Beschützer- oder Garantenfunktion hätten. Der deliktische Durchgriff auf den Geschäftsführer komme nur in Betracht, wenn dieser entweder selbst gehandelt habe oder ein Eingreifen unterlassen habe, nachdem er Kenntnis von der entstandenen Gefahrenlage erhalten habe; im letztgenannten Fall habe sich seine Verkehrspflicht so verdichtet, dass sie nicht nur in Form einer Organisationspflicht der GmbH gegenüber bestehe, sondern in Form einer Verkehrspflicht gegenüber Dritten, deren Rechtsgüter verletzt werden können.[160]

Eine unmittelbare Haftung des Geschäftsführers ist darüber hinaus möglicherweise dann **158** begründet, wenn ein Missverhältnis zwischen der eingetretenen Gefahrenlage und der gesellschaftsinternen Organisation besteht, vor der ein Geschäftsführer die Augen nicht hätte verschließen dürfen.[161] Selbst wenn man der Literatur folgt, bleibt das Risiko der deliktsrechtlichen Haftung des Geschäftsführers nach § 823 Abs. 2 BGB i.V.m. §§ 222, 223 ff. StGB.[162]

Praxistipp **159**
Da die weitere Entwicklung der Rechtsprechung schwer prognostizierbar ist, ist in der Praxis darauf zu achten, dass Produkthaftpflichtversicherungen, die die GmbH abschließt, auch die persönliche Haftung der Geschäftsführer (und anderer Mitarbeiter) mit abdeckt.

---

bb) § 823 Abs. 2 BGB

Schließlich haftet der Geschäftsführer persönlich auch dann, wenn er **Schutzgesetze** i.S.d. **160** **§ 823 Abs. 2 BGB** verletzt. Schutzgesetze zugunsten außenstehender Gläubiger sind beispielsweise § 82 GmbHG (insbesondere bei falschen Angaben bei Gründung oder Kapitalerhöhung), soweit gegen Kapitalerhaltungsvorschriften verstoßen wird oder die Existenz der Gesellschaft gefährdet wird,[163] § 35 GmbHG,[164] §§ 263, 264a, 266, 266a StGB, § 331 I Nr. 1 HGB, § 15 a InsO oder § 1 des Gesetzes über die Sicherung von Bauforderungen (GSB),[165] nicht dagegen z.B. § 130 OWiG (str.).[166]

---

160 *Heil/Russenschuck*, BB 98, 1749, 1750; Lutter/Hommelhoff/*Kleindiek*, § 43 Rn 78. Zum Streitstand Garantenstellung und Organisationspflichten: MüKo-BGB/Wagner § 823 Rn 414 ff. Baumbach/Hueck/Zöllner/Noack, § 43 Rn 77.
161 Lutter/*Hommelhoff/Kleindiek*, § 43 Rn 64.
162 *Medicus* weist zu Recht darauf hin, dass in den Fällen, in denen eine Haftung nach § 823 Abs. 1 BGB mangels Garantenstellung außenstehenden Dritten gegenüber verneint wird, auch die Haftung nach § 823 Abs. 2 BGB i.V.m. Vorschriften des StGB ausgeschlossen sein muss: *Medicus*, GmbHR 2002, 809, 819 f.
163 BGH NJW 1989, 112 ff.; Baumbach/Hueck/*Schulte-Osterloh*, § 82 Rn 9; Arbeitnehmeranteile (nicht: Arbeitgeberanteile, diese sind nicht strafbewehrt).
164 LG Detmold NJW RR 1990, 995; Lutter/Hommelhoff/*Kleindiek*, § 35 a Rn 6.
165 OLG Stuttgart, Urt. v. 6.10.2004 – 4 U 105/04 – n.v.; BGH, Beschl. v. 14.4. 2005 – VII ZR 243/04 = IBR 2005, 325; Zu technischen Vorschriften mit Schutzgesetzcharakter *Taschner/Frietsch*, Produkthaftungsgesetz, Einführung Rn 100; Zur Umwelthaftung von Organmitgliedern: *Schmidt*, Die Umwelthaftung der Organmitglieder von Kapitalgesellschaften, 1996; zum selben Thema *Weimar*, GmbHR 1994, 82 ff.
166 Scholz/*Schneider*, § 43 Rn 330; Übersichten über Schutzgesetze, auch aus dem öffentlichen Recht, bei Baumbach/Hueck/Zöllner/*Noack*, § 43 Rn 79 f.; *Römermann/Terlau*, § 10 Rn 162 ff., 190.

161   In der **wirtschaftlichen Krise** der GmbH haben vor allem Verstöße gegen § 263 StGB, der Schutzgesetz zugunsten der Vertragspartner der Gesellschaft ist, Bedeutung.[167] Weiß der Geschäftsführer, dass die GmbH Verträge nicht mehr wird erfüllen können, und schließt er gleichwohl noch Verträge mit vorleistungspflichtigen Vertragspartnern, macht er sich einer Täuschung durch Tun oder Unterlassen schuldig. Die Rechtsprechung nimmt an, dass er in dieser Situation verpflichtet ist, die Vertragspartner über die mangelnde Zahlungsfähigkeit der GmbH aufzuklären, es sei denn, in der Sanierungsphase bestehen konkrete Aussichten, dass die GmbH solche Verträge erfüllen kann.[168]

162   Einen Betrug begeht ohne Zweifel, wer als Geschäftsführer selbst mit den Kunden verhandelt, und diese entweder durch positives Tun täuscht oder eine gebotene Aufklärung über die **Insolvenzreife** der GmbH unterlässt. Dasselbe gilt aber auch, wenn er nicht selbst handelt, sondern Mitarbeiter der GmbH weiter Verträge schließen lässt, die möglicherweise selbst gar nicht wissen, dass die GmbH bereits insolvenzreif ist. Im Rahmen seiner Überwachungspflichten ist der Geschäftsführer dann verpflichtet, dafür zu sorgen, dass solche Rechtsgeschäfte auch von den Mitarbeitern der GmbH nicht mehr abgeschlossen werden. Er kann in der Krisenphase nicht eine Einkaufsabteilung sich selbst überlassen und weiter einkaufen lassen, sondern muss von dem Zeitpunkt an, in dem Insolvenzreife eingetreten ist, dafür sorgen, dass keine Verträge mehr von Mitarbeitern geschlossen werden, die die GmbH nicht mehr erfüllen kann.[169]

i) Haftung wegen Vorenthaltens von Arbeitnehmeranteilen zur Sozialversicherung

163 Nach § 266a Abs. 1 StGB ist ein Arbeitgeber strafbar, der der Einzugsstelle Beiträge der Arbeitnehmer zur Sozialversicherung einschließlich der Arbeitsförderung vorenthält, unabhängig davon, ob Arbeitsentgelt ausgezahlt wird. Die Strafbarkeit trifft nach § 14 Abs. 1 Nr. 1 StGB den Geschäftsführer als vertretungsberechtigtes Organ der GmbH. **§ 266a Abs. 1 StGB** ist **Schutzgesetz** zugunsten der Sozialversicherungen i.S.d. § 823 Abs. 2 BGB.[170]

164   In der Praxis kommt es in den letzten Jahren in wachsendem Maße zu strafrechtlichen Ermittlungsverfahren nach § 266a StGB. Eine noch größere praktische Bedeutung hat aber die an § 823 Abs. 2 BGB anknüpfende zivilrechtliche Haftung. Sie ermöglicht den Sozialversicherungsträgern den **„Durchgriff" auf den Geschäftsführer** in vielen Fällen, in denen die GmbH insolvent ist. Dieser haftet in Höhe der nicht abgeführten Beträge.

165   Infolge der rigiden Rechtsprechung des BGH in den vergangenen Jahren hat sich diese Haftung bedenklich einer Gefährdungshaftung angenähert. Werden fällige Arbeitnehmeranteile zur Sozialversicherung nicht abgeführt und kommt es anschließend zur Insolvenz der GmbH, gibt es für den GmbH-Geschäftsführer in der Praxis kaum noch Möglichkeiten, der Haftung zu entgehen.

Die Kollision der Normbefehle des § 64 GmbHG und der InsO (ab Eintritt der Insolvenzreife hat der Geschäftsführer eine Masseerhaltungspflicht, also im Zweifel Unzulässigkeit von Zahlungen an die Gläubiger) und des § 266a StGB (Zahlungspflicht für Arbeitnehmeranteile zur Sozialversicherung, strafbewehrt) ist nach jahrelangen Divergenzen in der Rechtsprechung jetzt aufgelöst. Damit ist die „Haftungsfalle" für den Geschäftsführer beseitigt. Es gilt heute der Grundsatz der vorrangigen Abführung der Arbeitnehmeranteile.

167 Scholz/*Schneider* § 43 Rn 328.
168 *Tröndle/Fischer*, § 263 Rn 26.
169 BGH wistra 1998, 148; *Hoffmann/Liebs*, Rn 871.2.
170 BGH ZIP 2005, 1026, 1027; Lutter/*Hommelhoff/Kleindiek*, § 43 Rn 82, mit Nachweisen zur grundsätzlichen, bisher erfolglosen Kritik an dieser Rechtsprechung.

aa) Objektiver Tatbestand

Der objektive **Tatbestand des § 266 a Abs. 1 StGB** ist erfüllt, wenn die GmbH der Einzugsstelle **166** Beiträge von Arbeitnehmern zur Sozialversicherung einschließlich der Arbeitsförderung vorenthält.

(1) Arbeitgeber

Arbeitgeber ist die GmbH als juristische Person. Dass der **Geschäftsführer** als vertretungsbe- **167** rechtigtes Organ nach § 14 Abs. 1 Nr. 1 StGB strafrechtlich für die Nichtabführung der Sozialversicherungsbeiträge einzustehen hat, führt nach ständiger Rechtsprechung auch zivilrechtlich zu seiner persönlichen Haftung.[171]

Die Haftung des vertretungsberechtigten Organs, hier des Geschäftsführers, beginnt **ab** sei- **168** ner **Bestellung,** also schon vor seiner Eintragung im Handelsregister.[172]

Ein **neu bestellter Geschäftsführer** haftet grundsätzlich nicht für das Verhalten seines **169** Vorgängers im Amt. Hat also schon der Vorgänger fällige Arbeitnehmerbeiträge zur Sozialversicherung nicht abgeführt, haftet der Nachfolger für dieses Fehlverhalten als solches nicht. Dasselbe gilt, wenn schon der Vorgänger Maßnahmen unterlassen hat, die eine später eintretende Zahlungsunfähigkeit hätten verhindern können, und die Zahlungsunfähigkeit erst nach Bestellung eines neuen Geschäftsführers eintritt; auch insoweit haftet der neue Geschäftsführer nicht für Unterlassungen oder mangelnde Vorbereitung durch seinen Vorgänger. Allerdings haftet auch der neu bestellte Geschäftsführer für eigenes Verhalten, das sich auch auf im Zeitpunkt seiner Bestellung bereits rückständige Sozialversicherungsbeiträge beziehen kann. Er hat nach seiner Bestellung dafür zu sorgen, dass Sozialversicherungsbeiträge – inklusive etwaiger Rückstände – bezahlt werden. Aus der ihm tatsächlich zur Verfügung stehenden Liquidität hat er auch rückständige Sozialversicherungsbeiträge zu begleichen. Handelt er nicht, begründet das seine eigene Haftung, auch für die bei Amtsübernahme rückständigen Beträge.[173]

Legt ein Geschäftsführer sein Amt nieder oder wird er abberufen, haftet er nicht mehr für **170** die nach dem Ende seines Amtes fällig werdenden Sozialversicherungsbeiträge, unabhängig davon, wann die **Amtsniederlegung oder Abberufung** im Handelsregister eingetragen wird.[174] Die Amtsniederlegung ändert aber nichts an der bereits entstandenen Haftung, wenn fällige Sozialversicherungsbeiträge während der Amtszeit des Geschäftsführers nicht abgeführt wurden.

Im Falle einer **mehrgliedrigen Geschäftsführung mit Ressortaufteilung** gilt der Grund- **171** satz der „Allzuständigkeit" eines jeden Geschäftsführers (vgl. Rn 60). Zugunsten der einzelnen Geschäftsführer gilt, dass bei einer klaren und eindeutigen Organisation verschiedener Zuständigkeitsbereiche innerhalb der Geschäftsführung sich jeder Geschäftsführer im Allgemeinen darauf verlassen kann, dass sein jeweiliger Kollege in der Geschäftsführung die Aufgaben, für die er zuständig ist, ordnungsgemäß erledigt. Aus der Allzuständigkeit eines jeden Geschäftsführers ergibt sich allerdings, dass er gegenüber seinen Geschäftsführerkollegen Überwachungspflichten hat. Diese konkretisieren sich, wenn er erkennt, dass Verpflichtungen der GmbH nicht mehr pünktlich und ordnungsgemäß erfüllt werden. Dabei braucht er keine Anhaltspunkte dafür zu haben, dass konkret Sozialversicherungsbeiträge nicht mehr abgeführt werden; es genügt, dass er Anhaltspunkte dafür hat, dass die GmbH unter Liquiditätsengpässen leidet, nicht mehr alle Verbindlichkeiten erfüllen kann, z.B. Stundungsanträge an das Finanzamt oder an Sozialversicherungsträger gestellt sind oder Stundungsverhandlungen mit einzelnen Gläubigern

---

171 BGHZ 133, 370, 375.
172 BGH DB 2002, 422.
173 BGH GmbHR 2002, 208, 209; Lutter/Hommelhoff/*Kleindiek*, § 43 Rn 86.
174 BGHZ 133, 370, 376.

geführt werden. In diesem Fall muss sich auch ein nach der Ressortaufteilung nicht zuständiger Geschäftsführer vergewissern, dass die Arbeitnehmeranteile zur Sozialversicherung abgeführt werden. Er muss seinen Mitgeschäftsführer fragen, ob insoweit alle Pflichten pünktlich erfüllt werden, und je nach dem Grad objektiv begründeter Zweifel auch darüber hinausgehende Erkundigungen einziehen, ob die entsprechenden Pflichten erfüllt werden. Tut er das nicht, haftet er für nicht abgeführte Arbeitnehmeranteile. Er kann sich nicht auf seine fehlende Ressortzuständigkeit zurückziehen.[175]

172   **Delegiert** der Geschäftsführer die Erfüllung öffentlich-rechtlicher Pflichten an Mitarbeiter, etwa **an Prokuristen oder andere Mitarbeiter,** und hat er diese sorgfältig ausgesucht und überwacht, darf er sich grundsätzlich darauf verlassen, dass diese Personen die ihnen übertragenen Aufgaben ordnungsgemäß erledigen. In der Krisensituation der GmbH, insbesondere bei absehbaren Liquiditätsengpässen, muss er den betreffenden Mitarbeitern jedoch klare Anweisungen geben, dass die Arbeitnehmeranteile zur Sozialversicherung vorrangig vor allen anderen Verbindlichkeiten zu erfüllen sind.[176] In einer Krise besteht für den Geschäftsführer u.U. sogar die Pflicht, sich unmittelbar bei der Bank telefonisch zu erkundigen, ob die Arbeitnehmeranteile tatsächlich bei Fälligkeit bezahlt worden sind.[177]

173   Das Haftungsrisiko trifft auch den **faktischen Geschäftsführer**[178] und den Geschäftsführer, der sein Amt zwar niedergelegt hat oder abberufen worden ist, seine Tätigkeit danach faktisch aber weiter uneingeschränkt ausübt.[179] Neben einem solchen faktischen Geschäftsführer haftet auch der formell bestellte Geschäftsführer als Gesamtschuldner. Er hat dem faktischen Geschäftsführer gegenüber zumindest dieselben Pflichten, die er gegenüber einem Mitgeschäftsführer oder Mitarbeiter hat, an die er Aufgaben delegiert.[180]

(2) Nichtabführung fälliger Arbeitnehmeranteile

174   Zur Haftung führt die Nichtabführung fälliger **Arbeitnehmeranteile** zur Sozialversicherung. Dabei geht es um die Sozialversicherungsbeiträge gemäß § 28d SGB IV, die der Arbeitgeber bei der Auszahlung des Lohnes einbehält (§ 28g SGB IV), und für die der Arbeitgeber gegenüber der Einzugsstelle als Schuldner haftet (§ 28e Abs. 1 SGB IV). § 266a StGB gilt ausschließlich für die Arbeitnehmeranteile, nicht für die Arbeitgeberanteile; eine analoge Anwendung auf Arbeitgeberanteile ist ausgeschlossen.[181]

175   Die **Fälligkeit** der Sozialversicherungsbeiträge ist in § 23 Abs. 1 SGB IV geregelt.[182] Die Beitragspflicht entsteht mit Aufnahme einer sozialversicherungspflichtigen Beschäftigung.[183]

176   Die Sozialversicherungsbeiträge sind fällig am drittletzten Bankarbeitstag des Monats, in dem der Anspruch auf das Arbeitsentgelt entstanden ist. Bis zu diesem Tag müssen die Zahlungen auf den Konten der Einzugsstellen eingegangen sein, § 23 Abs. 1 S. 2 bis 4 SGB IV.

177   Die Fälligkeit entfällt nur dann, wenn der Sozialversicherungsträger **Stundung** einräumt. Die engen Grenzen, in denen die Einzugsstelle Stundung gewähren kann, definiert § 76 Abs. 2 SGB IV. Mit einer Stundung entfällt auch die Strafbarkeit nach § 266a StGB, damit auch die zivilrechtliche Haftung nach § 823 Abs. 2 BGB für die gestundeten Beiträge.

---

175 BGH GmbHR 2001, 236, 237; OLG Schleswig GmbHR 2002, 216, 217.
176 BGH GmbHR 1997, 305, 307.
177 BGH GmbHR 2001, 236, 237; kritische Anmerkung dazu von *Frings*, GmbHR 2001, 241 ff.
178 *Tröndle/Fischer*, § 266a Rn 5.
179 LG Stendal GmbHR 2000, 88 f. m. Anm. *Peetz*.
180 BGH (5. StrS), ZIP 2002, 2143, 2145.
181 *Tröndle/Fischer*, § 266a Rn 2.
182 Gesetz v. 3.8.2005, BGBl I, 2269.
183 Gesetz v. 3.8.2005, BGBl I, 2269.

Praxistipp 178
Sind Liquiditätsengpässe absehbar, die die rechtzeitige Zahlung der Arbeitnehmeranteile in Frage stellen, sollte der Geschäftsführer vor dem Fälligkeitstermin eine Stundung der Beiträge erwirken. Die Verhandlungen sind mit der Einzugsstelle, wenn deren Kompetenzen überschritten sind, mit den betreffenden Sozialversicherungsträgern zu führen. Da solche Verhandlungen in der Regel Zeit in Anspruch nehmen, muss der Antrag rechtzeitig gestellt werden. Stundungen sollte sich der Geschäftsführer zu Beweiszwecken möglichst schriftlich bestätigen lassen.

Bloße **Stundungsanträge** beseitigen die Fälligkeit ebenso wenig wie ein bloßes **Stillhalten** der 179
Einzugsstelle oder des Sozialversicherungsträgers, ein bloßes Dulden verspäteter Zahlungen oder ein Vollstreckungsaufschub.[184] In der Praxis argumentieren Geschäftsführer häufig, sie hätten das Stillhalten, die Duldung oder einen Vollstreckungsaufschub als „Stundung" interpretiert. Das hilft ihnen selten, wenn tatsächlich keine Stundung erklärt worden ist. Die einzige Frage kann dann sein, ob der Irrtum, es sei gestundet worden, als tatbestandsausschließender Irrtum die Tatbestandsmäßigkeit des § 266a StGB beseitigt.[185] In der Praxis werden das die Gerichte aber kaum akzeptieren.

(3) Vorenthalten
Vorenthalten sind die Arbeitnehmeranteile immer dann, wenn sie bei Fälligkeit nicht gezahlt 180
werden, ohne dass es auf irgendwelche weiteren Unwerturteile (Heimlichkeit, Veruntreuung) ankäme. Der Schutzzweck des § 266a StGB ist das Interesse der Solidargemeinschaft an der Sicherung des Aufkommens der Mittel der Sozialversicherung. Ob die betreffenden Löhne tatsächlich ausgezahlt werden, ist unerheblich.[186] Vorenthalten sind Sozialversicherungsbeiträge also auch bei vereinbarter Schwarzarbeit, die der Sache nach sozialversicherungspflichtig wäre.

Reicht die Liquidität nicht mehr aus, um den gesamten Sozialversicherungsbeitrag, also Ar- 181
beitgeber- und Arbeitnehmeranteile zu zahlen, werden häufig **Teilzahlungen** geleistet. Daraus resultiert dann die Frage, auf welche Anteile solche Teilzahlungen angerechnet werden. Das ist für die Haftung von erheblicher praktischer Bedeutung, weil der Geschäftsführer persönlich nur für die Nichtabführung der Arbeitnehmeranteile haftet. Trifft der Arbeitgeber keine Tilgungsbestimmung, gilt die Anrechnungsregelung nach § 2 der Beitragszahlungsverordnung vom 3.5.2006.[187] Danach werden Teilzahlungen bei fehlender Tilgungsbestimmung auf Auslagen, Gebühren, Beträge, Säumniszuschläge, Zinsen, Geldbußen, Zwangsgelder verrechnet, innerhalb derselben Schuldart nach Fälligkeit, bei gleicher Fälligkeit anteilig, so dass im Zweifel nicht alle Arbeitnehmeranteile getilgt werden. Die Beitragsverfahrensverordnung lässt allerdings eine **Tilgungsbestimmung** durch den Arbeitgeber ausdrücklich zu. Eine konkludente Tilgungsbestimmung in dem Sinne, dass der Geschäftsführer einer GmbH vorrangig auf die Arbeitnehmeranteile zahlen will, kann nicht ohne weiteres angenommen werden. Sein bloßes Interesse, die Haftung für die Arbeitnehmeranteile nach § 823 Abs. 2 i.V.m. § 266a StGB zu vermeiden, reicht dafür nicht aus. Eine entsprechende konkludente Tilgungsbestimmung kann man nur annehmen, wenn greifbare Anhaltspunkte dafür bestehen, dass vorrangig auf die Arbeitnehmeranteile gezahlt werden sollte.[188]

---

184 OLG Brandenburg GmbHR 2003, 595, 596.
185 *Tröndle/Fischer*, § 266a Rn 23.
186 BGH NJW 2000, 2993, 2994; BGH GmbHR 2001, 327 ff.; *Tröndle/Fischer*, § 266a Rn 12–14.
187 Beitragsverfahrensverordnung vom 3.5.2006, BGBl I, 1138; BGH GmbHR 1998, 327, 328; BGH GmbHR 2001, 238 (dort auch zur Verrechnung auf länger rückständige Beträge).
188 BGH GmbHR 2001, 238, 239; *Tröndle/Fischer*, § 266a Rn 11.

---

182 Praxistipp

Reicht die Liquidität zur Bezahlung des gesamten Sozialversicherungsbeitrags nicht mehr aus, kann aber eine Teilzahlung erbracht werden, muss ausdrücklich erklärt werden, dass diese – ganz oder in erster Linie – auf die Arbeitnehmeranteile erfolgt. Der Hinweis kann auf Überweisungsbelegen oder durch Schreiben, Fax usw. vor oder spätestens gleichzeitig mit der Zahlung erfolgen. Soweit mit solcher Tilgungsbestimmung gezahlt wird, ist keine Haftung nach § 266a StGB ausgelöst.

---

(4) Möglichkeit normgerechten Verhaltens

183 Zum Tatbestand des § 266a StGB als Unterlassungsdelikt gehört es, dass ein normgerechtes Verhalten des Arbeitgebers, also die Erfüllung der Zahlungspflicht, **rechtlich und tatsächlich möglich** ist.[189] Ist ein normgerechtes Verhalten des Arbeitgebers – hier des Geschäftsführers – rechtlich oder tatsächlich unmöglich, ist der Tatbestand des § 266a StGB strafrechtlich nicht erfüllt, damit scheidet auch eine zivilrechtliche Haftung nach § 823 Abs. 2 BGB aus.

Die Frage, wann es in der Phase der wirtschaftlichen Krise der GmbH dem Geschäftsführer tatsächlich oder rechtlich unmöglich ist, die Zahlungspflichten i.S.d. § 266a StGB zu erfüllen, war lange Zeit heftig umstritten.

Eindeutig ist, dass die Erfüllung der Zahlungspflicht mit **Eröffnung des Insolvenzverfahrens** rechtlich unmöglich ist. Der Schuldner verliert die Verfügungsbefugnis (§§ 80, 81 InsO), er kann nicht mehr zahlen. Dasselbe gilt, wenn nach Stellung eines Insolvenzantrags zu Lasten des Gemeinschuldners ein allgemeines **Verfügungsverbot** nach § 21 Abs. 2 Nr. 2 InsO angeordnet wird.

184   Gefährlich lebt der Geschäftsführer dagegen in der Phase vor diesem Zeitpunkt. Nach ständiger Rechtsprechung ist vom **Grundsatz des Vorrangs der Arbeitnehmeranteile** zur Sozialversicherung vor allen anderen Verbindlichkeiten auszugehen. Der Arbeitgeber muss also die Erfüllung anderer Verbindlichkeiten zurückstellen oder einen etwa noch bestehenden Kreditrahmen ausschöpfen. Erst wenn nach Ausschöpfung solcher Möglichkeiten keine ausreichende Liquidität zur Bezahlung der Arbeitnehmeranteile mehr zur Verfügung steht, kann angenommen werden, dass eine Zahlung unzumutbar ist und daher der Tatbestand des § 266a StGB ausscheidet.[190] Den Grundsatz der Vorrangigkeit der Arbeitnehmeranteile hielt die frühere Rechtsprechung selbst dann aufrecht, wenn die GmbH in die wirtschaftliche Krise gekommen, insbesondere insolvenzreif geworden war.

185   Daraus ergibt sich eine **Kollision der Normbefehle.**

§ 64 GmbHG postuliert die Pflicht des Geschäftsführers, ab Eintritt der Insolvenzreife die Masse für die Gläubiger zusammenhalten und keine Zahlungen mehr zu leisten, die die Masse verringern, es sei denn, es liegt ein Fall des § 64 S. 2 GmbHG vor. Verstößt er gegen diese Pflicht, haftet er auf Ersatz der Zahlung gemäß § 64 S. 1 GmbHG.

§ 266a StGB bedroht ihn mit Strafe, wenn er die Arbeitnehmeranteile nicht zahlt, und setzt ihn der Schadenersatzhaftung gemäß § 823 Abs. 2 BGB aus.

Diese Haftungsfalle für den Geschäftsführer hatte auch die bisherige Rechtsprechung des BGH nicht aufgelöst. Der 5. Strafsenat des BGH und ihm folgend der 4. Zivilsenat bestanden auf dem Vorrang der Zahlung der Arbeitnehmeranteile, der 2. Zivilsenat des BGH hielt die Massebewahrungspflicht gemäß § 64 GmbHG für vorrangig, versuchte aber dem Geschäftsführer aus der Haftungsfalle zu helfen, indem er die Haftung nach §§ 266a StGB, 823 Abs. 2 BGB entschärfte. Die Senate des BGH standen sich mit divergierender Rechtsprechung gegenüber, was die Haftungsrisiken unkalkulierbar machte.

---

189 BGHZ 133, 370, 379; BGHZ 134, 304, 307.
190 BGH ZIP 1996, 1989, 1990; BGH GmbHR 2002, 213, 215; BGHZ 134, 304, 307; notfalls ist Lohn zu kürzen, um die Zahlung der Arbeitnehmeranteile möglich zu machen, BGH GmbHR 2006, 1332.

König

Zu Gunsten des Geschäftsführers am weitesten ging die Rechtsprechung des **2. Senats des** 186
BGH.[191] Danach endet der Vorrang der Verpflichtung zur Abführung von Arbeitnehmeranteilen zur Sozialversicherung in dem Augenblick, in dem die GmbH insolvenzreif geworden ist. Dann noch von einem Vorrang der Arbeitnehmeranteile auszugehen, widerspreche den Wertungen der Insolvenzordnung, die keine vorrangige Behandlung von Sozialversicherungsbeiträgen mehr vorsehe, und der Haftungsnorm des § 64 Abs. 2 GmbHG. Ein Geschäftsführer, der nach Eintritt der Insolvenzreife i.S.d. § 64 GmbHG Arbeitnehmeranteile zur Sozialversicherung nicht mehr zahle, vermeide damit einerseits die Haftung aus § 64 Abs. 2 GmbHG, andererseits aber auch die Haftung gemäß § 823 Abs. 2 BGB i.V.m. § 266a StGB, weil es in dieser Situation an seinem deliktischen Verschulden fehle.

Dagegen ist die strafrechtliche Beurteilung durch den **5. Strafsenat des BGH** zu Lasten des 187
Geschäftsführers schärfer.[192] Er hält grundsätzlich an der Vorrangigkeit der Pflicht zur Abführung von Arbeitnehmeranteilen zur Sozialversicherung fest, die sich aus der Strafbewehrung nach § 266a StGB ergebe. Wertungswidersprüche zur Insolvenzordnung seien strafrechtlich irrelevant. Die Pflicht zur Abführung der Arbeitnehmeranteile zur Sozialversicherung sei aber vom Augenblick der Insolvenzreife nach § 64 Abs. 1 GmbHG an suspendiert, allerdings nur für die Dauer der Insolvenzantragsfrist, also für maximal drei Wochen. Sei innerhalb dieser Frist nicht entweder die Insolvenzreife beseitigt oder habe der Geschäftsführer den Insolvenzantrag nicht gestellt, sei er nach Ablauf der **Drei-Wochen-Frist** strafbar nach § 266a StGB. Den widerstreitenden Pflichten – § 266a StGB einerseits und § 64 Abs. 2 GmbHG andererseits – könne er sich nur durch rechtzeitige Stellung des Insolvenzantrags entziehen.

Der 2. Zivilsenat hat mit Rücksicht auf die strikte Rechtsprechung des 5. Strafsenats seine Linie geändert:[193] „Mit Rücksicht auf die Einheit der Rechtsordnung kann es dem organschaftlichen Vertreter nicht angesonnen werden, die Massesicherungspflicht nach §§ 92 Abs. 3 AktG, 64 GmbHG zu erfüllen und fällige Leistungen an die Sozialkassen oder die Steuerbehörden nicht zu erbringen, wenn er sich dadurch strafrechtlicher Verfolgung aussetzt. Sein die entsprechenden sozial- und steuerrechtlichen Vorschriften befolgendes Verhalten muss deswegen im Rahmen der bei §§ 92 Abs. 3 AktG, 64 GmbHG anzustellenden Prüfung als mit den Pflichten eines ordentlichen und gewissenhaften Geschäftsleiters vereinbar angesehen werden."

Damit ist klargestellt, dass der Vorrang der Zahlung der Arbeitnehmeranteile auch in der Krise der GmbH gilt.

Praxistipp 188

Nach der aktuellen Rechtsprechung des 2. Zivilsenats und des 5. Strafsenats des BGH gelten also **folgende Leitlinien**:

1. Für Arbeitgeberanteile gelten keine Besonderheiten. Zahlung nach Insolvenzreife löst die Haftung nach § 64 GmbHG aus.

2. Für Arbeitnehmeranteile gilt der Grundsatz der Vorrangigkeit der Pflicht, diese zur Sozialversicherung abzuführen, auch in der Phase der wirtschaftlichen Krise der GmbH. Nichtabführung führt zur Strafbarkeit und zur zivilrechtlichen Haftung.

3. Ab Eintritt der Insolvenzreife i.S.d. § 15a InsO gilt für die Arbeitnehmeranteile während der Dauer der Inso-Antrags-Frist (max. 3 Wochen):

   3.1 Strafrechtich ist nach gegenwärtiger Rechtsprechung die Pflicht zur Abführung der Arbeitnehmeranteile für die Dauer der Inso-Antrags-Frist suspendiert. Nach Ablauf der Frist ist Strafbarkeit gegeben, wenn kein Inso-Antrag gestellt wird. Ob der BGH bei dieser Rechtsprechung der „Suspendierung" des § 266a StGB bleibt, ist abzuwarten.

---

191 BGH ZIP 2005, 1026 f.
192 BGH GmbHR 2005, 1419, 1420.
193 BGH GmbHR 2007, 757; ebenso BGH Urt. v. 2.6.2008, II ZR 27/07; BGH Urt. v. 25.1.2011, II ZR 196/09, GmbHR 2011, 367, 368.

3.2 Zivilrechtlich kann man davon ausgehen, dass Beiträge i.S.d. § 266a StGB bezahlt werden dürfen, ohne dass eine Haftung nach § 64 GmbHG dadurch ausgelöst wird. Das gilt auch für die Zahlung von Beitragsrückständen aus der Zeit vor Insolvenzreife,[194]

4. Ist die Frist zur Stellung des Inso-Antrags abgelaufen, müssen – unabhängig davon, ob Inso-Antrag gestellt wurde oder nicht – die Arbeitnehmeranteile gezahlt werden, solange überhaupt liquide Mittel vorhanden sind, wenn Strafbarkeit nach § 266a StGB vermieden werden soll.
Die Haftung nach § 64 GmbHG ist ausgeschlossen, § 64 S. 2 GmbHG.

189 Auf die Zahlungsunfähigkeit im Fälligkeitszeitpunkt kann sich der Geschäftsführer im Rahmen des § 266a StGB nicht berufen, wenn er selbst diese Zahlungsunfähigkeit durch sein **pflichtwidriges Vorverhalten** herbeigeführt hat. Pflichtwidrig handelt er, wenn sich ihm aufgrund der konkreten finanziellen Situation der Gesellschaft deutliche Bedenken aufdrängen (müssen), ob ausreichende Mittel vorhanden sind, am Fälligkeitstag die Arbeitnehmeranteile zur Sozialversicherung zu bezahlen, und der Geschäftsführer dann keine ausreichende Vorsorge trifft. Seine Vorsorge muss in der Aufstellung eines Liquiditätsplans bestehen, in der Bildung von Rücklagen und Zurückstellung anderer Verbindlichkeiten. Notfalls muss er auch auf die Auszahlung von Löhnen verzichten, um sich auf diese Weise ausreichende Liquidität zu verschaffen.[195]

(5) Berücksichtigung der Anfechtbarkeit von Zahlungen nach §§ 129 ff. InsO

190 Ob der Geschäftsführer einwenden kann, eine Zahlung der Arbeitnehmeranteile hätte er nicht mehr leisten müssen, weil die Zahlung nach § 129 ff. InsO ohnehin anfechtbar gewesen wäre, ist umstritten. **Strafrechtlich** ist dieser Einwand unerheblich; es bleibt bei § 266a StGB, auch dann, wenn eine Zahlung vom Insolvenzverwalter hätte angefochten werden können.[196]

191 **Zivilrechtlich** wird das – auch vom BGH – anders beurteilt. Danach kann der Geschäftsführer gegen seine zivilrechtliche Haftung nach § 823 Abs. 2 BGB einwenden, ein Vermögensschaden sei der Sozialversicherung nicht entstanden, weil eine Beitragszahlung vom Insolvenzverwalter hätte angefochten werden können.[197] Zahlungen auf die Arbeitnehmeranteile zur Sozialversicherung seien genauso anfechtbar wie andere Zahlungen in den Anfechtungszeiträumen, sie seien anfechtungsrechtlich in keiner Weise privilegiert (keine „Vorrangigkeit" vor anderen Verbindlichkeiten). Durch die Insolvenzordnung sei der frühere Vorrang der Sozialkassen bewusst im Interesse einer effektiven, gleichmäßigen Befriedigung aller Gläubiger abgeschafft worden.[198] Allein aus der Strafbewehrung der Beitragsabführungspflicht durch § 266a StGB lasse sich nicht ein Vorrang gegenüber dem **Gleichbehandlungsgrundsatz in der Insolvenz** ableiten. Der Gleichheitssatz gelte insofern gleichermaßen für private wie hoheitliche Gläubiger.

192 Eine während der „kritischen Zeit" (also in den Fristen des § 131 InsO) erlangte Sicherung oder Befriedigung ist demnach als **inkongruent** anzusehen.[199] Solche Zahlungen unterliegen der Anfechtung unter denselben Voraussetzungen, die auch für Leistungen an andere Gläubiger gelten.[200]

Neuerdings ist streitig, ob die Anfechtbarkeit von Zahlungen der Arbeitnehmeranteile ausgeschlossen ist wegen § 28 e Abs. 1 S. 2 SGB IV. Nach dieser Vorschrift gilt die Zahlung der Ar-

---

194 § 119a: BGH Urt. v. 2.10.2010, IX ZR 247/09.
195 BGHZ 134, 304, 309; BGH NJW 2002, 1123, 1125; *Groß*, ZIP 2001, 945, 949; BGH Urt. v. 16.2.2012, IX ZR 218/10.
196 So dezidiert BGH (5. StrS), GmbHR 2005, 1419, 1420.
197 BGH ZIP 2005, 1026, 1028; BGH GmbHR 2002, 213, 214; BGH NJW 2001, 967, 969; BGH Urt. v. 2.10.2010, IX ZR 247/09; Lutter/*Hommelhoff/Kleindiek*, § 43 Rn 90.
198 BGH ZIP 2005, 1026, 1028; BGH NJW 2002, 512, 513 (zu § 10 Nr. 1 Nr. 4 GesO).
199 BGHZ 136, 309, 311 ff.; BGH ZIP 2002, 228, 229.
200 BGH ZIP 2005, 1026; 1028; BGH ZIP 2001, 2235, 2237; BGH ZIP 2003, 1666, 1667.

König

beitnehmeranteile als aus dem Vermögen des Arbeitnehmers erbracht. Daraus schließen einige Autoren in der Literatur, eine Anfechtung scheide aus, weil die Leistung nicht aus dem Vermögen der GmbH geleistet werde. Eine Klärung durch den BGH steht aus.[201]

Praxistipp 193

Wegen der Anfechtungsmöglichkeit nach § 130 Abs. 1 Nr. 1 InsO kann es im Ausnahmefall empfehlenswert sein, die **Einzugsstelle** rechtzeitig vor der Fälligkeit der Arbeitnehmeranteile über eingetretene Zahlungsunfähigkeit **zu informieren**. Das macht insbesondere dann Sinn, wenn der Insolvenzantrag nicht mehr rechtzeitig vor dem Fälligkeitstermin gestellt werden kann. Wenigstens die Mitteilung, dass Zahlungsfähigkeit eingetreten ist, gegebenenfalls zusammen mit einem gestellten **Stundungsantrag**, begründet damit die Anfechtbarkeit nach § 130 Abs. 1 Nr. 1 InsO – mit der Konsequenz, dass unterlassene Zahlungen zwar strafbar bleiben, aber die Schadensersatzhaftung nach § 823 Abs. 2 BGB abgewandt werden kann. Der **Insolvenzantrag** sollte dann allerdings zügig vom Geschäftsführer selbst gestellt werden, bevor der Sozialversicherungsträger ihn stellt.

---

(6) Darlegungs- und Beweislast

Die **Darlegungs- und Beweislast** dafür, dass die tatsächliche und rechtliche Möglichkeit der 194 Zahlung bei Fälligkeit noch bestand, trägt der anspruchstellende Sozialversicherungsträger. Er muss die Möglichkeit normgemäßen Verhaltens darlegen und beweisen. Den Nachweis der Zahlungsfähigkeit hat der Sozialversicherungsträger in der Regel aber erbracht, wenn er Zahlungen an andere Gläubiger in nicht unwesentlicher Höhe im selben Zeitraum nachweist. In der Regel wird auch der Insolvenzverwalter in seinem Gutachten dazu Aussagen gemacht haben. Der Geschäftsführer muss dann das entsprechende Vorbringen des klagenden Sozialversicherungsträgers substantiiert bestreiten. Ihm obliegt insoweit eine sekundäre Darlegungslast. Er muss darlegen und beweisen, dass die GmbH im Zeitpunkt der Fälligkeit zahlungsunfähig war. Den Geschäftsführer trifft im Rahmen der sekundären Darlegungslast aber keine Pflicht, die Zahlungsfähigkeit während der Krise förmlich zu dokumentieren.[202]

bb) Vorsatz

§ 266a StGB setzt **Vorsatz** (dolus eventualis) voraus. Dieser liegt vor, wenn der Geschäfts- 195 führer Kenntnis davon hat oder es für möglich hält und billigend in Kauf nimmt, dass infolge mangelnder Liquidität fällige Arbeitnehmeranteile zur Sozialversicherung nicht abgeführt werden.[203] Bloße Zweifel an der Zahlungsfähigkeit am Fälligkeitstag allein begründen keinen Vorsatz.[204] In der Praxis wird man allerdings – gerade bei insolventen GmbHs, bei denen der Insolvenzverwalter entsprechende Gutachten über den Eintritt der Zahlungsunfähigkeit erstattet hat – häufig damit zu rechnen haben, dass den Geschäftsführern nachzuweisen ist, zu welchem Zeitpunkt sie Kenntnis von einer drohenden Zahlungsunfähigkeit hatten.

Nimmt der Geschäftsführer irrig an, die Sozialversicherungsbeiträge seien gestundet, stellt 196 das einen Tatbestandsirrtum dar, der den Tatbestand des § 266a StGB ausschließt. Sein bloßes Vertrauen darauf, es werde – ggf. wie in der Vergangenheit schon einmal – auch in Zukunft gestundet, ist indes nicht geschützt.[205] Ein etwaiger Irrtum, dass er selbst nicht zum Handeln verpflichtet sei (z.B. nicht zur Überwachung von Mitgeschäftsführern oder Mitarbeitern, an die er

---

201 Lutter/*Hommelhoff*/*Kleindiek*, § 43 Rn 91.
202 BGH GmbHR 2002, 213, 214; BGH ZIP 2005, 1026, 1028.
203 BGHZ 133, 370, 381; OLG Schleswig GmbHR 2002, 216, 217.
204 BGH GmbHR 1997, 305, 308; BGH GmbHR 2002, 213, 216.
205 BGHZ 133, 370, 382.

die Pflichten delegiert hat), ist ein bloßer Verbotsirrtum, der in der Regel vermeidbar und damit unbeachtlich ist.[206]

j) Haftung wegen Veruntreuens von Arbeitsentgelt

197 Auch § 266a Abs. 2 und 3 StGB sind Schutzgesetze i.S.d. § 823 Abs. 2 BGB. § 266a Abs. 2 erfasst auch die Vorenthaltung von Arbeitgeberanteilen zur Sozialversicherung, wenn die Voraussetzungen des Abs. 2 Nr. 1 oder 2 erfüllt sind. § 266a Abs. 3 StGB betrifft insbesondere die Fälle des heimlichen Nichtabführens von Arbeitnehmersparzulagen, der Nichtbedienung von Pfändungs- und Überweisungsbeschlüssen (trotz Einbehalt vom Lohn), der Nichtzahlung auf Abtretungen (trotz Einbehalt vom Lohn), der Nichtzahlung von Beiträgen zu Direktversicherungen, Pensionskassen u.Ä.

k) Haftung wegen vorsätzlicher sittenwidriger Schädigung, § 826 BGB

198 Eine Haftung nach § 826 BGB wegen vorsätzlicher sittenwidriger Schädigung außenstehender Dritter kommt in der Praxis vor allem in Betracht in der **Krisenphase** der GmbH, wenn noch Geschäfte mit vorleistungspflichtigen Lieferanten oder anderen Vertragspartnern gemacht werden, obwohl nicht mehr damit zu rechnen ist, dass die GmbH ihre Verpflichtungen aus diesen Verträgen (Zahlung) erfüllen kann.

199   Ist die GmbH im Augenblick des Vertragsabschlusses mit einem vorleistungspflichtigen Vertragspartner bereits so überschuldet, dass die Erfüllung des Vertrages gefährdet ist,[207] oder ist die Zahlungsunfähigkeit der GmbH im Zeitpunkt der Fälligkeit ihrer Verpflichtungen aus dem Vertrag absehbar, haftet der Geschäftsführer dem geschädigten Vertragspartner gegenüber, der seine Gegenleistung nicht mehr erhält. Eine vorsätzliche sittenwidrige Schädigung liegt dann vor, wenn der Geschäftsführer **weiß oder wissen musste**, dass die GmbH zur Erfüllung ihrer Verbindlichkeiten aus einem solchen Rechtsgeschäft nicht mehr in der Lage sein würde. Ihn trifft dann als Geschäftsführer eine Aufklärungspflicht dem Kunden gegenüber. Anders ist es, wenn der Geschäftsführer in der Krisenphase der GmbH an einer **Sanierung** arbeitete und Tatsachen seine Erwartung rechtfertigten, dass die Sanierung erfolgreich sein werde und die Insolvenzreife überwunden werden könnte. Macht er dann noch Geschäfte mit vorleistungspflichtigen Vertragspartnern, liegt keine sittenwidrige Schädigung vor.[208]

l) Haftung wegen Insolvenzverschleppung

200 Nach § 15a InsO sind die Mitglieder des Vertretungsorgans einer juristischen Person (§ 15a InsO anders als § 64 Abs. 1 GmbHG a.F. rechtsformunabhängig, also auch für die Ltd.!), im Fall der Führungslosigkeit der GmbH auch die Gesellschafter oder Aufsichtsratsmitglieder, in der dort geregelten Frist bei Zahlungsunfähigkeit oder Überschuldung verpflichtet, einen Insolvenzantrag zu stellen. Versäumen sie die Frist, haften sie, da § 15a InsO Schutzgesetz zugunsten der Gläubiger (nicht aber zugunsten der Gesellschaft oder der Gesellschafter) ist,[209] den Gläubigern gegenüber auf Ersatz des durch die Verschleppung des Insolvenzantrags entstandenen Schadens.[210]

---

206 BGH GmbHR 2001, 236, 238.
207 BGH NJW-RR 91, 1312, 1315; BGH NJW-RR 92, 1061, 1062.
208 BGH NJW 91, 1312, 1315; zu sonstigen Fällen des § 826 BGB s. Römermann/*Terlau*, § 10 Rn 191ff.
209 *Lutter*/Hommelhoff/*Kleindiek*, Anh zu § 64 Rn 61.
210 *Haas*, DStR 2003, 423, 427; zu Haftungsrisiken des Geschäftsführers im Zusammenhang mit dem ESUG s. *Blöse*, GmbHR 2012, 471ff.

In der Krisenphase der Gesellschaft wandelt der Geschäftsführer auf einem schmalen Grat. **201** Stellt er den Insolvenzantrag nach § 15a InsO zu spät, setzt er sich der Haftung gegenüber den Gläubigern nach § 823 Abs. 2 BGB aus. Stellt er den Insolvenzantrag zu früh, schöpft er insbesondere Sanierungsmöglichkeiten nicht aus, haftet er den Gesellschaftern gegenüber nach § 43 Abs. 2 GmbHG.[211]

aa) Geschäftsführung

Die Haftung nach § 1a InsO trifft den **Geschäftsführer oder Liquidator**. Sie beginnt in dem Au- **202** genblick, in dem die Gesellschafterversammlung den Geschäftsführer bestellt hat, also unabhängig von der Eintragung im Handelsregister, und endet mit der Abberufung des Geschäftsführers.

Die **Amtsniederlegung** durch den Geschäftsführer führt nicht in jedem Fall zum Ende der **203** Verpflichtung aus § 15a InsO und befreit ihn damit auch nicht in jedem Fall aus der Haftung gemäß § 823 Abs. 2 BGB. Wenn im Augenblick der Amtsniederlegung die Insolvenzantragsfrist nach § 15a InsO bereits abgelaufen ist, ist die Haftung ausgelöst, auch für dann infolge der Versäumung der Insolvenzantragspflicht in Zukunft noch auftretende Schäden (sich weiter verschlechternde Insolvenzquote). Ist im Zeitpunkt der Amtsniederlegung die Frist für den Insolvenzantrag nach § 15a InsO noch nicht abgelaufen, schließt die Amtsniederlegung auch die Haftung des Geschäftsführers aus, es sei denn, die Amtsniederlegung ist missbräuchlich und daher im Ergebnis unbeachtlich.[212]

Weist die Gesellschafterversammlung den Geschäftsführer an, keinen Insolvenzantrag zu **204** stellen, den der Geschäftsführer aber für erforderlich hält, hat der Geschäftsführer das Recht, den Konflikt durch Amtsniederlegung zu beenden. In diesem Fall kann man nicht von einer Amtsniederlegung „zur Unzeit" sprechen.[213] Legt einer von mehreren Geschäftsführern sein Amt nieder, bleibt er verpflichtet, die verbleibenden Geschäftsführer zur Antragstellung anzuhalten; tut er das nicht, ändert die Amtsniederlegung an seiner Haftung nach § 823 Abs. 2 BGB i.V.m. § 64 Abs. 1 GmbHG nichts.[214]

Die Haftung trifft auch den **faktischen Geschäftsführer**, der nach außen die Geschäfte der **205** GmbH wie ein Geschäftsführer führt. Er muss dann den nominellen Geschäftsführer veranlassen, den Insolvenzantrag zu stellen.[215]

Besteht eine **mehrgliedrige Geschäftsführung mit Ressortaufteilung** unter den Ge- **206** schäftsführern (Geschäftsordnung), ist gleichwohl grundsätzlich jeder Geschäftsführer nach § 15a InsO berechtigt und auch verpflichtet, bei Vorliegen der Voraussetzungen Insolvenzantrag zu stellen. Auch wenn Gesamtvertretung besteht, ändert das nichts am Antragsrecht und an der Antragspflicht eines jeden Geschäftsführers.[216] Auch hat jeder Geschäftsführer erhöhte Sorgfaltspflichten, sobald sich wirtschaftliche Schwierigkeiten abzeichnen, eine Zahlungsunfähigkeit droht, die Hälfte des Stammkapitals verloren ist (§ 49 Abs. 3 GmbHG), wenn Unterkapital in

---

211 Dazu *Lutter*/Hommelhoff/*Kleindiek*, Anh zu § 64 Rn 62.
212 Streitig ist, unter welchen Voraussetzungen man von einer Unbeachtlichkeit der Amtsniederlegung in diesen Fällen ausgehen muss. Die Amtsniederlegung soll wegen Missbrauchs unbeachtlich sein, wenn sie gegen den Dienstvertrag verstößt oder „zur Unzeit" erfolgt. Legt etwa der Alleingeschäftsführer einer GmbH nach Eintritt der Zahlungsunfähigkeit sein Amt nieder, um der Antragspflicht nach § 15a InsO zu entfliehen, erfolgt die Niederlegung zur „Unzeit" und ist damit unbeachtlich; vgl. Scholz/*Schmidt*, Anh zu § 64 Rn 39 f.
213 *Lutter*/Hommelhoff/*Kleindiek*, Anh zu § 64 Rn 84.
214 *Lutter*/Hommelhoff/*Kleindiek*, Anh zu § 64 Rn 83.
215 BGH GmbHR 2005, 1187, 1183; *Lutter*/Hommelhoff/*Kleindiek*, § Anh zu § 64 GmbH Rn 67; Scholz/*Schmidt*, Anh zu § 64 Rn 23.
216 BGH ZIP 1994, 891, 892; Scholz/*Schmidt*, Anh zu § 64 Rn 19.

der Bilanz ausgewiesen wird; jeder Geschäftsführer hat dann eine gesteigerte Pflicht zur Beobachtung, zur Aufstellung eines Liquiditätsplans und gegebenenfalls zur Erstellung einer Überschuldungsbilanz.[217]

207   Stellt einer von mehreren Geschäftsführern den Insolvenzantrag, ist damit die Antragspflicht für alle Geschäftsführer erfüllt.[218] Stellt dagegen ein **Gläubiger** einen Insolvenzantrag, soll das nach der Rechtsprechung die Antragspflicht des Geschäftsführers nicht beseitigen. Der Geschäftsführer muss also, um die Pflicht des § 15a InsO zu erfüllen, seinerseits auch Insolvenzantrag stellen.[219]

bb) Insolvenzantragsfrist

208   Die Frist für die Stellung des Insolvenzantrags beginnt nach der eindeutigen Forumlierung des § 19a InsO mit dem objektiven Eintritt von Zahlungsunfähigkeit oder Überschuldung. Auf die Erkennbarkeit für den Geschäftsführer kommt es nicht an (anders bei der Prüfung des Verschuldens).

209   **Zahlungsunfähigkeit** i.S.d. § 17 InsO ist einer der beiden Insolvenzgründe, die zum Insolvenzantrag verpflichten. Drohende Zahlungsunfähigkeit nach § 18 InsO berechtigt, verpflichtet aber nicht zum Insolvenzantrag.

Nach der Rechtsprechung des BGH seit seinem Urteil vom 24.5.2005[220] hat der Geschäftsführer eine Liquiditätsberechnung für 3 Wochen anzustellen, um die Zahlungsfähigkeit zu prüfen. Dabei muss er feststellen, ob lediglich eine vorübergehende Zahlungsstockung oder eine Zahlungsunfähigkeit vorliegt.

Zahlungsunfähigkeit liegt vor, wenn die GmbH nicht mindestens 90% der in diesem Zeitraum fällig werdenden Verbindlichkeiten aus Liquidität, die ihr zur Verfügung steht, erfüllen kann. In diesem Fall besteht eine Liquiditätslücke von mehr als 10%. Der BGH vermutet dann Zahlungsunfähigkeit, wenn nicht ausnahmsweise mit an Sicherheit grenzender Wahrscheinlichkeit zu erwarten ist, dass die Liquiditätslücke von mehr als 10% demnächst vollständig oder fast vollständig beseitigt wird und den Gläubigern ausnahmsweise ein Zuwarten nach den besonderen Umständen des Einzelfalls (konkrete Sanierungsaussichten) zuzumuten ist.

Eine bloße Zahlungsstockung liegt vor, wenn innerhalb des 3-Wochen-Zeitraums nur 10% oder weniger der fälligen Verbindlichkeiten nicht aus Liquidität erfüllt werden können. Allerdings wird diese Zahlungsstockung dann zur Zahlungsunfähigkeit, wenn schon absehbar ist, dass die Lücke demnächst – also nach Ablauf der 3-Wochen-Frist – die 10% deutlich überschreiten wird.[221]

210   Die **Überschuldung** liegt nach § 19 InsO vor, wenn das Aktivvermögen der GmbH die Verbindlichkeiten nicht mehr deckt.

Seit dem 18.10.2008 ist durch das Finanzmarktstabilisierungsgesetz ein Halbsatz angefügt worden, der nach dem gegenwärtigen Gesetzesstand bis zum 31.12.2013 gilt. Danach besteht trotz eingetretener Überschuldung bis zum 31.12.2013 keine Insolvenzantragspflicht, wenn „die Fortführung des Unternehmens nach den Umständen überwiegend wahrscheinlich" ist.

Entsprechend dieser zeitlich differenzierten Regelung des § 19 InsO muss man also in Zukunft die Überschuldung unterschiedlich prüfen, je nachdem, ob die Insolvenzreife im Zeitraum

---

217 *Lutter*/Hommelhoff/*Kleindiek*, Anh zu § 64 Rn 69.
218 Scholz/*Schneider*, Anh zu § 64 Rn 35.
219 BGH GmbHR 1988, 195.
220 BGH GmbHR 2005, 1117.
221 BGH GmbHR 2005, 1117, 1119; BGH NZI 2007, 36 ff.

zwischen dem 18.10.2008 und dem 31.12.2013 eintritt oder außerhalb dieses Zeitraums, also eingetreten war vor dem 18.10.2008 oder nach dem 31.12.2013 eintritt.

In dem befristeten **Zeitraum vom 18.10.2008 bis zum 31.12.2013 gilt eine zweistufige** **211** **Prüfung** der Überschuldung, ähnlich, wie sie auch schon nach der früheren Konkursordnung gegolten hatte:

Der Geschäftsführer muss eine Fortführungsprognose erstellen.

Ein Unternehmensplan muss eine zuverlässige Aussage darüber ermöglichen (Ertrags- und Finanzplan), ob das Unternehmen mit einer Wahrscheinlichkeit von mehr als 50% in den nächsten beiden Jahren bestehen wird und fortgeführt werden kann, insbesondere zahlungsfähig ist und bleibt.

Kommt der Geschäftsführer zum Ergebnis, dass die Fortführungsprognose überwiegend wahrscheinlich ist, ist die Prüfung beendet.

Er kann dann zur Kontrolle noch eine Überschuldungsbilanz erstellen, in der die Aktivseite der Bilanz mit Fortführungswerten anzusetzen ist. Wegen der positiven Fortführungsprognose besteht aber keine Insolvenzantragspflicht, selbst wenn die Überschuldungbilanz eine Überschuldung ausweisen sollte.

In der **Zeit vor dem 18.10.2008 und nach dem 31.12.2013** gilt dagegen wieder der „Nor- **212** malzustand" nach § 19 InsO, es sei denn, der Gesetzgeber verlängert die jetzige Regelung über 2013 hinaus.

Die Überschuldungsprüfung ist also in einer **einstufigen Prüfung** vorzunehmen:

Der Geschäftsführer hat eine Überschuldungsbilanz aufzustellen. Diese ist aus der Handelsbilanz zu entwickeln.

Für die Frage, mit welchen Werten er die Aktivseite ansetzen darf, kommt es entscheidend auf die Fortführungsprognose an. Ist die Fortführungsprognose für das Unternehmen positiv, darf er die Aktivseite der Bilanz mit tatsächlichen Werten ansetzen, also z.B. stille Reserven aktivieren und auf diese Weise die Überschuldung beseitigen.

Ist die Fortführungsprognose dagegen negativ, muss die Aktivseite der Bilanz mit Zerschlagungswerten angesetzt werden, was in der Regel dazu führt, dass sich ein in der Handelsbilanz bereits ausgewiesenes Unterkapital zu einer signifikanten Überschuldung auswächst.

Die Fortführungsprognose ist hier also nur Kriterium der Bewertung der Aktivposten der Bilanz. Eine positive Fortführungsprognose rechtfertigt dagegen, wenn die Bilanz eine Überschuldung ausweist, keine Unterlassung des Insolvenzantrags.[222]

Die Dauer der Frist ist in § 15a InsO kürzer geregelt als die Praxis das häufig annimmt: Die **213** Geschäftsführer haben den Insolvenzantrag **ohne schuldhaftes Zögern, spätestens drei Wochen** nach Eintritt von Zahlungsunfähigkeit oder Überschuldung zu stellen.[223] Die Drei-Wochen-Frist ist eine **Höchstfrist**; sie darf nur ausgenutzt werden, wenn aus Sicht des Geschäftsführers konkrete Aussichten bestehen, dass die Insolvenz vor Ablauf der Drei-Wochen-Frist abgewendet werden kann. Das ist der Fall, wenn konkrete Sanierungsaussichten – nicht vage Sanierungshoffnungen – bestehen.[224] Die Bemühungen um eine Sanierung verlängern die Drei-Wochen-Frist nicht. Wenn die Sanierung daher bis zum Ablauf der Drei-Wochen-Frist nicht zum Erfolg geführt hat, muss der Insolvenzantrag gestellt werden.[225]

---

222 *Baumbach/Hueck*, § 64 GmbHG Rn 43 ff.; Roth/*Altmeppen*, Vorb. § 64 Rn 24 ff.
223 BGHZ 75, 97, 111.
224 Bestehen bspw. konkrete Aussichten, dass alte oder neue Gesellschafter Kapital einlegen, Gläubiger auf Forderungen verzichten oder das Unternehmen verkauft werden kann, so dass dadurch die Insolvenzgründe Zahlungsunfähigkeit und/oder Überschuldung innerhalb der Drei-Wochen-Frist beseitigt werden können, darf der Geschäftsführer mit dem Insolvenzantrag bis zum Ablauf der Drei-Wochen-Frist warten.
225 BGHZ 75, 96, 108; Scholz/*Schmidt*, Anh zu § 64 Rn 32.

cc) Verschulden

214 § 823 Abs. 2 BGB setzt **Verschulden** des Geschäftsführers voraus, wobei allerdings auch leichte Fährlässigkeit genügt.[226] Hat der Geschäftsführer also bei Anwendung der Sorgfalt eines ordentlichen Kaufmanns, die in einer Krisenphase der GmbH noch gesteigert sein muss, Zahlungsunfähigkeit und/oder Überschuldung erkannt oder erkennen können und dann innerhalb der Frist keinen Insolvenzantrag gestellt, liegt Verschulden ganz regelmäßig vor. Liegen objektiv die Insolvenzgründe vor, wird es dem Geschäftsführer nur schwer gelingen darzulegen, dass er diese auch bei der gebotenen sorgfältigen Prüfung nicht erkennen konnte.[227] In Grenzsituationen kann sich der Geschäftsführer allerdings entlasten, wenn er fachkundigen Rat eingeholt und die Auskunft erhalten hat, es liege keine Insolvenzreife oder -antragspflicht vor.[228]

dd) Schaden

215 Hinsichtlich der **Höhe des entstandenen Schadens** und der Frage, wer den Schadensersatzanspruch in der Insolvenz der GmbH geltend machen kann, unterscheidet der BGH seit dem Grundsatzurteil vom 6.6.1994,[229] zwischen Altgläubigern und Neugläubigern der GmbH.[230]

(1) Altgläubiger

216 **Altgläubiger** sind solche, die im Zeitpunkt des Eintritts der Insolvenzreife (Zahlungsunfähigkeit, Überschuldung) bereits Forderungen gegen die GmbH hatten. Ihr Anspruch beschränkt sich auf den Ersatz des sog. **Quotenschadens**, das heißt auf die Differenz zwischen dem Betrag, den der Gläubiger bei rechtzeitiger Stellung des Insolvenzantrags noch erhalten hätte (fiktiv höhere Insolvenzquote) und der tatsächlichen (geringeren) Insolvenzquote, die er jetzt tatsächlich (noch) erhält. Der Quotenschaden ist also der Betrag, um den sich die Insolvenzquote verschlechtert hat, weil der Insolvenzantrag nicht rechtzeitig gestellt worden ist.[231]

217 Der Quotenschaden der Altgläubiger wird gemäß § 92 S. 1 InsO in der Insolvenz der GmbH ausschließlich vom Insolvenzverwalter geltend gemacht, er kann nicht von den einzelnen Gläubigern geltend gemacht werden.[232] Außerhalb des Insolvenzverfahrens – etwa nach Ablehnung des Insolvenzantrags mangels Masse – können die Einzelgläubiger ihre Ansprüche separat verfolgen.

(2) Neugläubiger

218 **Neugläubiger** sind solche, die Ansprüche gegen die GmbH erst nach Eintritt der Insolvenzreife i.S.d. § 15a InsO erworben haben. Die Neugläubiger haben einen Anspruch auf Ersatz des Schadens, den sie erleiden, weil sie das Geschäft mit der bereits insolvenzreifen GmbH überhaupt noch gemacht haben.[233] Sie erhalten also bei Rechtsgeschäften das volle **negative Interesse**

---

226 BGHZ 75, 96, 111; BGHZ 126, 181, 199; Lutter/Hommelhoff/*Kleindiek*, Anh zu § 64 Rn 69; Scholz/*Schmidt*, Anh zu § 64 Rn 48.
227 Lutter/Hommelhoff/*Kleindiek*, Anh zu § 64 Rn 69; Scholz/*Schmidt*, Anh zu § 64 Rn 48.
228 Scholz/*Schmidt*, Anh zu § 64 Rn 48.
229 BGHZ 126, 181, 192 f.; Scholz/*Schmidt*, Anh zu § 64 Rn 49 ff.
230 Kritisch dazu Scholz/*Schmidt*, Anh § 64 Rn 55; Lutter/Hommelhoff/*Kleindiek*, Anh zu § 64 Rn 81.
231 Zur Berechnung im Einzelnen vgl. Scholz/*Schmidt*, Anh zu § 64 Rn 67; mit Kritik, dieser Quotschaden sei in der Praxis kaum berechenbar, Roth/*Altmeppen*, vor § 64 Rn 127.
232 Lutter/Hommelhoff/*Kleindiek*, Anh zu § 64 Rn 78.
233 BGH BB 2005, 2144, 2147; Lutter/Hommelhoff/*Kleindiek*, Anh zu § 64 Rn 80.

König

ersetzt,[234] können also verlangen so gestellt zu werden, als hätten sie das Geschäft nicht gemacht.

Der Schaden besteht in den Anschaffungs- und Herstellungskosten einschließlich der Vertriebskosten für die gelieferte Ware, nicht aber im entgangenen Gewinn. Bei Werkleistungen sind die Selbstkosten, nicht die vereinbarte Vergütung, anzusetzen.[235] Der entgangene Gewinn nach § 252 BGB ist nur zu ersetzen, wenn der Gläubiger bei Nichtabschluss des Geschäfts mit der insolvenzreifen GmbH seine Ressourcen anderweitig gewinnbringend hätte einsetzen können.[236] **219**

Nach der Rechtsprechung können die Neugläubiger ihre Ansprüche **unabhängig vom Insolvenzverfahren** selbständig gegen die Geschäftsführer geltend machen.[237] **220**

Die Frage, ob der Geschäftsführer auch für **deliktische Ansprüche** gegen die GmbH nach § 823 Abs. 2 BGB i.V.m. § 15a InsO haftet, die nach Eintritt der Insolvenzreife entstehen, ist nicht geklärt.[238] Im Ergebnis wird man das allenfalls annehmen können, wenn bei rechtzeitiger Antragstellung es gar nicht mehr zum Delikt gekommen wäre. Im Übrigen entstehen deliktische Ansprüche nicht im Vertrauen auf die Bonität einer GmbH, so dass Gläubiger insoweit auch durch § 823 Abs. 2 BGB, § 15a InsO nicht geschützt sein können.[239] Aus diesem Grund scheidet auch eine Haftung des Geschäftsführers für nicht abgeführte Sozialversicherungsbeiträge aus, die Sozialversicherungsträger können außerdem häufig auf die Haftung der Geschäftsführer nach § 823 Abs. 2 BGB, 266a StGB zurückgreifen.[240] Ebenso wenig haftet der Geschäftsführer gegenüber der Bundesagentur für Arbeit wegen Insolvenzverschleppung auf Ersatz des Insolvenzausfallgeldes (der gesetzliche Anspruch gegen die Bundesanstalt entsteht nach § 183 SGB III erst nach Insolvenzeröffnung)[241] **221**

ee) Verjährung
In welcher Frist die Ansprüche aus §§ 823 Abs. 2 BGB, § 64 Abs. 1 GmbHG **verjähren**, ist streitig. Während einige auf die Regelverjährung, heute § 195 BGB (drei Jahre), abstellen,[242] dringt eine Meinung vor, die § 64 S. S. 4 GmbHG analog anwendet, also eine Verjährungsfrist entsprechend § 43 Abs. 4 GmbHG von fünf Jahren annimmt.[243] **222**

ff) Strafbarkeit der Insolvenzverschleppung
Die Versäumung der Insolvenzantragspflicht nach § 15a InsO i.V.m. § 14 Abs. 1 Nr. 1 StGB ist nach Abs. 4, 5 strafbar. **223**

---

234 Zur Berechnung des Neugläubigerschadens eines Arbeitnehmers, der Leistungen an die insolvente GmbH erbracht hat, s. *Haas* DStR 2003, 423, 428.
235 Scholz/*Schmidt*, Anh zu § 64 Rn 69.
236 Scholz/*Schmidt*, Anh zu § 64 Rn 96; OLG Zweibrücken, OLG-Report 2002, 116, 118.
237 BGHZ 138, 211, 214; Baumbach/Hueck/*Schulze-Osterloh*, § 64 Rn 98; *Lutter*/Hommelhoff/*Kleindiek*, § 64 Rn 54.
238 Ablehnend BGH ZIP 2005, 1734, 1738; *Lutter*/Hommelhoff/*Kleindiek*, Anh zu § 64 Rn 76.
239 So auch OLG Jena ZIP 2002, 631, 632; so schon LG Bonn ZIP 1998, 923.
240 BGH ZIP 2003, 1713, 1714; *Lutter*/Hommelhoff/*Kleindiek*, Anh zu § 64 Rn 76.
241 BGH GmbHR 2010, 207, 208 (auch keine Haftung nach § 826 BGB).
242 OLG Stuttgart DStR 2001, 410 (zu § 852 BGB a.F.); OLG Saarbrücken NZG 2008, 638.
243 OLG Köln NZG 2001, 411, 412; OLG Saarbrücken NZG 2000, 559; *Lutter*/Hommelhoff/*Kleindiek*, Anh zu § 64 Rn 85; Scholz/*Schmidt*, Anh § 64 Rn 77.

m) Haftung für Insolvenzkostenvorschuss

224 Hat der Geschäftsführer den Insolvenzantrag pflichtwidrig und schuldhaft nicht rechtzeitig gestellt, und hat ein Gläubiger Insolvenzantrag gestellt und den dafür notwendigen Vorschuss geleistet, haftet der Geschäftsführer nach § 26 Abs. 3 InsO auf Ersatz des vom Gläubiger bezahlten Vorschusses. Hinsichtlich der Pflichtwidrigkeit und der Schuld muss sich der Geschäftsführer entlasten.

n) Haftung des Geschäftsführers für Steuerverbindlichkeiten, §§ 34, 69 AO

225 Nach § 34 Abs. 1 AO haben die gesetzlichen Vertreter natürlicher und juristischer Personen und die Geschäftsführer von nicht rechtsfähigen Personenvereinigungen und Vermögensmassen deren steuerlichen Pflichten zu erfüllen. Sie haben insbesondere dafür zu sorgen, dass die Steuern aus den Mitteln entrichtet werden, die sie verwalten. Nach § 69 AO haften die gesetzlichen Vertreter i.S.d. § 34 AO persönlich, soweit es durch Nichterfüllung von Verpflichtungen aus dem Steuerverhältnis zu einem Schaden des Fiskus kommt.

aa) Geschäftsführung

226 **Geschäftsführer** einer GmbH sind ohne Zweifel gesetzliche Vertreter i.S.d. § 34 Abs. 1 AO. Sie haben daher die steuerlichen Pflichten der GmbH zu erfüllen. Die Haftung des Geschäftsführers beginnt mit seiner Bestellung und endet mit seiner Abberufung oder der Niederlegung des Amtes durch ihn (Zugang der entsprechenden Erklärungen entscheidend), unabhängig davon, wann Bestellung oder Abberufung im Handelsregister eingetragen werden.[244]

227 Es haftet auch ein **nomineller Geschäftsführer,** der nur als Strohmann eingesetzt ist. Er kann sich auch im Rahmen des Verschuldens nicht darauf berufen, unerfahren oder überfordert gewesen zu sein.[245]

228 Ebenso haftet der **faktische Geschäftsführer**, der zwar nicht formell von den Gesellschaftern bestellt ist, sich aber wie ein Geschäftsführer geriert und die Geschäfte der GmbH faktisch führt.[246]

229 Ein neu bestellter Geschäftsführer muss die vom Vorgänger nicht erfüllten steuerlichen Pflichten, insbesondere Anmelde-, Erklärungs- und Zahlungspflichten, prüfen und erfüllen. Ausstehende Handlungen müssen nachgeholt werden.[247]

230 Sind **mehrere Geschäftsführer** bestellt, unter denen eine **Ressortaufteilung** vorgenommen worden ist, ist häufig fraglich, ob die Nichterfüllung von steuerlichen Pflichten auch zur Haftung derjenigen Geschäftsführer führt, zu deren Ressort die Erfüllung der steuerlichen Pflichten nicht gehörte (z.B. technische Geschäftsführer), und wie das Auswahlermessen des Finanzamtes nach § 191 AO auszuüben ist.

231 Auch nach der Rechtsprechung des BFH gilt der **Grundsatz der Gesamtverantwortung eines jeden Geschäftsführers** für alle Verpflichtungen der GmbH, also auch für die sich aus steuerrechtlichen Vorschriften ergebenden Verpflichtungen. Die Gesamtverantwortung eines jeden Geschäftsführers kann zwar begrenzt, aber durch Vereinbarung nicht aufgehoben werden.[248] Eine Aufteilung der Zuständigkeit unter den Geschäftsführern ist für die steuerliche Haftung grundsätzlich nur dann beachtlich, wenn sie vor Eintritt des Haftungsfalls schriftlich und eindeutig erfolgt ist, etwa im Gesellschaftsvertrag, in einem Gesellschafterbeschluss, in der Ge-

---

244 BFH ZIP 1986, 1247, 1248; BFH GmbHR 2000, 1211, 1212; Klein/*Rüsken*, § 34 Rn 6.
245 BFH GmbHR 2000, 1211, 1212; Tipke/Kruse/*Loose*, § 69 Rn 7.
246 BFH GmbHR 2000, 1211, 1212; Tipke/Kruse/*Loose*, § 69 Rn 7; BFH ZIP 2007, 1604, 1605.
247 Klein/*Rüsken*, § 69 Rn 109.
248 BFH ZIP 1984, 1345, 1346; Tipke/Kruse/*Loose*, § 69 Rn 33.

König

schäftsordnung für die Geschäftsführer; ob die Festlegung nur in den Dienstverträgen ausreicht, ist schon zweifelhaft.[249]

Besteht eine solche **schriftliche und eindeutige Ressortaufteilung**, darf sich jeder Mitge- **232** schäftsführer auf das ordnungsgemäße Handeln seiner Geschäftsführerkollegen verlassen, wenn die fachliche und persönliche Vertrauenswürdigkeit des Mitgeschäftsführers sichergestellt ist, die anderen Geschäftsführer sich generell der Ordnungsmäßigkeit seiner Geschäftsführung vergewissern und die Gewähr dafür haben können, dass die Grenzen des laufenden Geschäfts-verkehrs nicht überschritten werden, und „bei auch nur entfernt zu besorgender Gefährdung der Liquidität oder des Vermögens der Gesellschaft" alle anderen Geschäftsführer unverzüglich un-terrichtet werden.[250] Bestehen Zweifel hinsichtlich der persönlichen oder fachlichen Qualifika-tion eines Mitgeschäftsführers, oder ist wegen der wirtschaftlichen Situation der Gesellschaft nicht mehr sicher, dass die Verbindlichkeiten der Gesellschaft erfüllt werden, hat der Geschäfts-führer die Pflicht, die Erfüllung der Steuerverbindlichkeiten konkret zu überwachen und sich gegebenenfalls hinsichtlich ihrer Erfüllung zu vergewissern.[251]

Die **Delegation** der steuerlichen Pflichten auf verantwortliche Mitarbeiter schließt das Ver- **233** schulden des Geschäftsführers nur aus, wenn er solche Mitarbeiter sorgfältig ausgewählt (fach-liche und persönliche Eignung) und laufend überwacht hat.[252]

Muss nach den vorstehenden Grundsätzen eine Haftung des Mitgeschäftsführers, der nach **234** der Ressortaufteilung für die Erfüllung steuerlicher Pflichten nicht zuständig war, bejaht wer-den, haftet dieser Geschäftsführer neben anderen als **Gesamtschuldner**, § 44 AO. Das Finanz-amt hat dann allerdings im Rahmen seines Auswahlermessens nach § 191 AO zu berücksichti-gen, welcher von mehreren Geschäftsführern für die Erfüllung der steuerlichen Pflichten zu-ständig war.[253]

bb) Steuerpflichten

Steuerliche Pflichten i.S.d. § 34 AO sind alle in Einzelsteuergesetzen geregelten Pflichten **235** der GmbH. Darunter fallen also Buchführungs-, Aufzeichnungs-, Erklärungs-, Auskunfts-, Vor-lage-, Einbehaltungs- (bei Abzugsteuern) und Zahlungspflichten. In der Praxis geht es im Zusammenhang mit der Haftung des Geschäftsführers in erster Linie um die Pflichten zur recht-zeitigen und richtigen Anmeldung und Zahlung von Steuern (insbesondere Umsatz- und Lohnsteuer). Erfasst wird nur die Nichterfüllung steuerlicher Pflichten bei Fälligkeit. Die Fällig-keit ist ausgeschlossen, wenn vor Eintritt der Fälligkeit Stundungs- oder Zahlungsaufschub ge-mäß §§ 222ff. AO erwirkt werden. Dann ist auch eine Haftung des Geschäftsführers nach § 69 AO ausgeschlossen.[254]

cc) Kausalität und Schaden

Durch die Verletzung der steuerlichen Pflichten muss ein **Schaden des Fiskus adäquat verur- 236 sacht** sein.

---

249 BFH NZG 2003, 734, 736.
250 BFH ZIP 1984, 1345, 1347.
251 BFH ZIP 1986, 1247, 1248; BFH GmbHR 85, 30, 31f.; BFH ZIP 86, 1247, 1248; Tipke/Kruse/*Loose*, § 69, Rn 31f.; BGH NZG 2003, 734, 736.
252 BFH GmbHR 2006, 274; Klein/*Rüsken*, § 69 Rn 122.
253 Tipke/Kruse/*Loose*, § 69 Rn 32.
254 Tipke/Kruse/Loose, § 69 Rn 18.

(1) Schaden

237 § 69 AO ist eine **Schadenersatznorm**. Ihr Zweck ist die Anordnung einer Haftung für den Schaden, den der Fiskus erleidet, weil die vertretungsberechtigten Personen nach § 34 AO ihre steuerlichen Pflichten nicht erfüllt haben.[255] Es kommt also darauf an, ob dem Fiskus ein Ausfall entstanden ist, der bei pflichtgemäßem Verhalten des Geschäftsführers nicht entstanden wäre. § 69 AO unterscheidet mehrere Varianten des Schadenseintritts:

– die Nichtfestsetzung von Steuern (z.B. infolge unterlassener Anmeldung),
– die nicht rechtzeitige Festsetzung (z.B. wegen verspäteter Anmeldung; der Schaden tritt dann ein, wenn der Fiskus bei rechtzeitiger Festsetzung noch Vollstreckungsmöglichkeiten gehabt hätte[256]),
– die Nichtzahlung fälliger Steuern,
– die verspätete Zahlung fälliger Steuern,
– die Zahlung sachlich ungerechtfertigter Steuervergütungen oder -erstattungen (z.B. infolge überhöhter Vorsteueranmeldungen).

238 Die Haftung erstreckt sich auch auf **steuerliche Nebenleistungen** i.S.d. § 37 Abs. 1, 3 Abs. 4 AO, also Verspätungs- und Säumniszuschläge, § 64 S. 2 AO.[257]

(2) Kausalität

239 Treten bei der GmbH vollständige Zahlungsunfähigkeit oder Liquiditätsengpässe auf, gelten hinsichtlich der Pflichten zur Abführung von Steuern nach der ständigen Rechtsprechung des BFH folgende Grundsätze, nach denen die Kausalität eines eingetretenen Schadens und im Übrigen auch das Verschulden des Geschäftsführers festzustellen ist:

240 Wird das **Insolvenzverfahren** vor Fälligkeit der entsprechenden steuerlichen Pflichten **eröffnet**, entfällt die Haftung des Geschäftsführers, weil er infolge des Verfügungsverbots nach §§ 80, 81 InsO keine Zahlungen mehr veranlassen kann.[258] Dasselbe muss auch für die **Anordnung eines allgemeinen Verfügungsverbots** nach Stellung eines Insolvenzantrags nach § 21 Abs. 2 Nr. 2 InsO gelten.

241 Ist vollständige **Zahlungsunfähigkeit** der GmbH eingetreten, scheidet eine Haftung des Geschäftsführers für danach fällig werdende steuerliche Verpflichtungen ebenfalls aus.[259] Allerdings kommt dann eine Haftung des Geschäftsführers in Betracht, wenn er diese Situation der Zahlungsunfähigkeit **schuldhaft herbeigeführt** hat. Die Pflicht des Geschäftsführers, für die Einhaltung steuerlicher Verpflichtungen zu sorgen, besteht auch schon vor deren Fälligkeit. Insbesondere hinsichtlich steuerlicher Zahlungspflichten muss er die Mittel der GmbH so verwalten, dass – jedenfalls hinsichtlich der ihm bekannten Steuern – eine Zahlung im Fälligkeitstermin möglich wird.[260]

242 Steuerliche Verbindlichkeiten genießen – mit Ausnahme der Lohnsteuer (vgl. Rn 244) – nach der ständigen Rechtsprechung des BFH keinen Vorrang vor anderen Verbindlichkeiten der

---

255 BFH GmbHR 2000, 1211, 1213; Klein/*Rüsken*, § 69 Rn 1; Tipke/Kruse/*Loose*, § 69 Rn 2.
256 Tipke/Kruse/*Loose*, § 69 Rn 13.
257 BFH GmbHR 2000, 1211, 1213; Tipke/Kruse/*Loose*, § 69 Rn 44.
258 Tipke/Kruse/*Loose*, § 69 Rn 12.
259 BFH GmbHR 1988, 278, 279; BFH GmbHR 2001, 783, 784; BFH GmbHR 2003, 490, 493.
260 Ein solches schuldhaftes, vorgelagertes Verhalten hat die Rechtsprechung z.B. angenommen, wenn er den Warenbestand unter Preis veräußert und sich dadurch Liquidität entzieht, andere Gläubiger vorab befriedigt, Forderungen im Wege einer Globalzession an die Banken abtritt und sich deshalb der notwendigen Liquiditätszugänge selbst beraubt (BFH GmbHR 85, 309; Klein/*Rüsken*, 7. Aufl, § 69 Rn 24) oder Ansprüche an Gläubiger abtritt, die zur Begleichung von Steuerverbindlichkeiten hätten realisiert werden können (BFH GmbHR 2003, 490, 491).

GmbH, es gilt in der Krise der **Grundsatz der anteiligen Tilgung**. Forderungen des Finanzamtes müssen demnach im gleichen Verhältnis erfüllt werden wie die Forderungen anderer Gläubiger im selben Zeitraum.[261] Behandelt der Geschäftsführer das Finanzamt schlechter als andere Gläubiger, erfüllt also die Forderungen anderer Gläubiger vor fälligen Steuerverbindlichkeiten oder mit einer höheren Quote, haftet er nach § 69 AO in Höhe des dem Finanzamt entstehenden Schadens. Seine Haftung besteht also bei ungleichmäßiger Tilgung nur in der Höhe, in der er das Finanzamt anderen Gläubigern gegenüber benachteiligt hat. Zur Schadensberechnung ist konkret festzustellen, welche Zahlung (Quote) das Finanzamt erhalten hätte, wenn der Geschäftsführer das Finanzamt mit anderen Gläubigern gleich behandelt hätte. Dieser Schaden ist durch eine überschlägige Berechnung zu ermitteln.[262]

Das Finanzamt trägt die Feststellungslast; es muss also darlegen, mit welcher Quote es **243** hätte befriedigt werden können, wenn der Steuerschuldner sich ordnungsgemäß verhalten hätte. In diesem Zusammenhang hat jedoch der Geschäftsführer eine gesteigerte Mitwirkungspflicht.[263]

(3) Vorrangigkeit der Lohnsteuer

Für die **Lohnsteuer** gilt der **Grundsatz der Vorrangigkeit** vor allen anderen Verbindlichkeiten. **244** Reicht die Liquidität der GmbH nicht aus, die Lohnsteuer zu bezahlen, darf der Geschäftsführer die Lohnsteuer also nicht nur anteilig befriedigen, etwa mit derselben Quote, mit der er auch andere Verbindlichkeiten erfüllt. Dass die Lohnsteuer vorrangig vor anderen Verbindlichkeiten zu erfüllen ist, begründet der BFH in ständiger Rechtsprechung damit, dass es sich bei der Lohnsteuer um „Treuhandgeld" handele, das den Arbeitnehmern bei der Lohnabrechnung bereits abgezogen worden sei und vom Arbeitgeber im Interesse der Arbeitnehmer und des Finanzamts nur treuhänderisch verwaltet werde, um es an das Finanzamt abzuführen.[264]

Soweit Liquidität vorhanden ist, muss Lohnsteuer vorrangig bezahlt werden. Reicht die Li- **245** quidität nicht aus, Lohnsteuer und Nettolöhne auszuzahlen, gilt bei der Erfüllung der Lohnansprüche und der Lohnsteueransprüche der Grundsatz der **anteiligen Befriedigung**: Der Nettolohn ist so weit zu kürzen, dass die auf den gekürzten Nettolohn entfallende Lohnsteuer gezahlt werden kann.[265] Ist dadurch ein Rückstand auf die Lohnsteuer entstanden, und reicht die Liquidität bei der nächsten Lohnzahlung nicht aus, die rückständige Lohnsteuer voll auszugleichen, dürfen weder Löhne ausgezahlt noch andere Gläubiger befriedigt werden, bevor nicht die Lohnsteuer vollständig gezahlt ist. Die Möglichkeit, den Nettolohn zu kürzen und die darauf anfallende Lohnsteuer an das Finanzamt abzuführen, kommt also in der Praxis nur für eine Lohnzahlung in Betracht und ist kein Modell für „Dauerlösungen".[266] Ausnahmsweise darf der Geschäftsführer nach Eintritt der Insolvenzreife die Löhne voll auszahlen, also auf eine Lohnkürzung zur Ermöglichung der Lohnsteuerzahlung verzichten, wenn nur so die Sanierungschance für das Unternehmen aufrecht erhalten werden kann.[267]

---

261 BFH GmbHR 87, 445, 446; BFH GmbHR 2000, 1211, 1213; BFH GmbHR 2006, 1062; Klein/*Rüsken*, § 69 Rn 56; Scholz/*Schneider*, § 43 Rn 377.
262 BFH GmbHR 2000, 1211, 1213; (Schema zur Berechnung: OFD Magdeburg, GmbHR 1995, 244 f.; Klein/*Rüsken*, § 69 Rn 58); dem Geschäftsführer ist zu empfehlen, Liquidität und Zahlungen zu dokumentieren, Scholz/*Schneider*, § 43, 380.
263 Er muss darlegen, welche Zahlungsmittel im Haftungszeitraum vorhanden waren und welche Gläubiger in welcher Höhe befriedigt worden sind. Weigert er sich, Auskünfte zu erteilen, kann das Finanzamt die Schadenshöhe schätzen, vgl. BFH GmbHR 2001, 781, 785; BFH GmbHR 2000, 1211, 1214.
264 BFH GmbHR 2000, 1211, 1213.
265 BFH GmbHR 2000, 1211, 1213 f.
266 Klein/*Rüsken*, § 69 Rn 71.
267 BFH ZIP 2007, 1604, 1607.

246   Hat der Geschäftsführer die vorstehenden Pflichten nicht erfüllt, haftet er in der **Höhe**, in der er die Lohnsteuerverbindlichkeiten aus der noch zur Verfügung stehenden Liquidität hätte erfüllen können und müssen, wenn er nach den vorstehenden Regeln gehandelt hätte.[268]

247   Die Rechtsprechung des BFH zur Vorrangigkeit der Lohnsteuer wird in der Literatur kritisiert. Es wird zu Recht darauf hingewiesen, dass im Unterschied zu § 61 Abs. 1 Nr. 2 KO die InsO keine bevorzugte Befriedigung des Finanzamts mehr vorsieht. Jedenfalls bei eingetretener Insolvenzreife, d.h. Zahlungsunfähigkeit oder Überschuldung, müsse der gerechte Ausgleich unter den Gläubigern nach der Insolvenzordnung hergestellt werden; das sei nicht Aufgabe des Steuerrechts.[269]

248   Darüber hinaus ergibt sich auch hier die Kollision zu § 64 S. 1 GmbHG. Für den Geschäftsführer tut sich hier – ähnlich wie bei § 266a StGB – eine **Haftungsfalle** auf: Zahlt er wegen Vorrangigkeit die Lohnsteuer nach Eintritt der Zahlungsunfähigkeit oder Feststellung der Überschuldung, haftet er nach § 64 S. 1 GmbHG der Gesellschaft auf Ersatz der Zahlung. Hält er sich an § 64 S. 1 GmbHG und zahlt nicht mehr, weder an das Finanzamt noch an andere Gläubiger, obwohl noch Restliquidität vorhanden gewesen wäre, setzt er sich der Haftung nach §§ 34, 69 AO aus.

Die Auflösung dieses Normenkonflikts war lange Zeit ebenso offen wie die des parallelen Normenkonflikts zwischen § 64 GmbHG und § 266 a StGB (s.o. Rn 185)

Im Ergebnis hat sich der BFH im Streit mit dem 2. Senat des BGH durchgesetzt:

Heute gilt der uneingeschränkte Vorrang der Pflicht zur Zahlung der Lohnsteuer.

Die Rechtsprechung hat zunächst geschwankt.

Der BFH vertrat die harte Linie:

Die Pflicht zur Lohnsteuerzahlung sei vorrangig, die Haftung nach § 64 S. 1 GmbHG trete zurück, § 64 S. 2 GmbHG.

Der Gesellschaftsrechtssenat des BGH ging dagegen davon aus, die Masseerhaltungspflicht des § 64 S. 1 GmbHG gehe vor, deshalb müsse die Haftung nach §§ 69, 34 AO ab Eintritt der Insolvenzreife zurücktreten.[270]

Mit dem Urteil vom 14.5.2007[271] hat der 2. Senat des BGH den Konflikt zu Gunsten des Vorrangs der Lohnsteuer gelöst. Er stellte darauf ab, dass dem Geschäftsführer nicht zuzumuten sei, sich einer strafrechtlichen Verfolgung auszusetzen, deshalb sei die Zahlung der Lohnsteuer auch nach Insolvenzreife nach § 64 S. 2 GmbHG zulässig. Auch wenn die Begründung unbefriedigend ist – die Nichtabführung der Lohnsteuer ist allenfalls bußgeldbewehrt (§ 380 AO) und nicht strafbar –, darf man wohl davon ausgehen, dass nach dieser Entscheidung der Geschäftsführer die Lohnsteuer auch nach Eintritt der Insolvenzreife zahlen darf (keine Haftung wegen § 64 S. 2 GmbHG) und auch zahlen muss (zur Haftungsvermeidung nach §§ 69, 34 AO.[272]

Der BFH hat auf dieses Urteil des BGH reagiert.

In einer neuen Entscheidung[273] hat er die durch das „Zurückweichen" des BGH geschaffene Lücke genutzt und klargestellt: Der Grundsatz der Vorrangigkeit der Abführung von Lohnsteuer gelte uneingeschränkt, auch während der Phase nach Insolvenzreife und während der Phase der laufenden Insolvenzantragsfrist. Anders als im Falle der Kollision zwischen § 266a StGB und § 64 GmbHG gibt es also keine „Suspendierung" der öffentlich-rechtlichen Pflichten aus §§ 69, 34 AO während der laufenden Insolvenzantragspflicht.

---

268 BFH GmbHR 2006, 272, sehr weitgehend: Haftung für nicht abgeführte Lohnsteuer auch dann, wenn der Geschäftsführer den Lohn aus privaten Mitteln gezahlt hat; dazu *Tiedtke*, GmbHR 2007, 21.
269 *Müller*, GmbHR 2003, 389, 392; Tipke/Kruse/*Loose*, § 69 Rn 41; Scholz/*Schneider*, § 43 Rn 381.
270 BFH ZIP 2007, 1856, 1858; BFH ZIP 2007, 1659; Lutter/Hommelhoff/*Kleindiek*, § 43 Rn 98.
271 BGH GmbHR 2007, 757; ebenso BGH GmbHR 2011, 367.
272 Lutter/Hommelhoff/*Kleindiek*, § 43 Rn 103.
273 BFH ZIP 2009, 223, 224.

König

Praxistipp

Der Rat an den Geschäftsführer kann nur lauten:
Die Lohnsteuer in jedem Fall zahlen, auch nach Eintritt der Insolvenzreife und während der laufenden Insolvenzan-tragsfrist.

(4) Anfechtbarkeit gemäß §§ 129 ff. InsO

Hat der Geschäftsführer in der Krisensituation der GmbH fällige steuerliche Verbindlichkei- **249** ten nicht mehr gezahlt, kann er sich nicht darauf berufen, dass eine solche Zahlung ohnehin nach §§ 129 ff. InsO anfechtbar gewesen wäre, so dass es an der Zurechnung zwischen der Pflichtverletzung (Nichtzahlung von Steuerverbindlichkeiten bei Fälligkeit) und dem Schaden des Finanzamts fehlt. Ob ein solcher hypothetischer Schadenseintritt wegen der Möglichkeit einer Anfechtung die Haftung des Geschäftsführers ausschließt, wird von den Finanzgerichten unterschiedlich beantwortet.[274] Der BGH der zunächst offengelassen hatte, ob der Geschäftsführer den Einwand der Anfechtbarkeit erheben kann,[275] hat das in einer neuen Entscheidung verneint.[276]

Die schadensrechtlichen Grundsätze der hypothetischen Kausalität (die Anfechtung durch den Inso-Verwalter hätte zu demselben Steuerausfall geführt) seien im Rahmen des § 69 AO nicht anwendbar. § 69 AO sei zwar eine Schadensersatznorm, sein Hauptziel, den Vertreter zur Einhaltung steuerlicher Pflichten einzuhalten, werde aber verfehlt, wenn dieser sich der Haftung durch Hinweis auf die Anfechtbarkeit der Zahlung entziehen könne. Fiskalische Interessen schließen also die Berufung auf die Anfechtbarkeit einer hypothetischen Zahlung aus.

Das steht in gewissem Kontrast dazu, dass der BGH die Möglichkeiten der Anfechtung von Steuerzahlungen in der Krisenphase in den vergangenen Jahren deutlich erleichtert hat, worauf hier nur kurz hingewiesen werden soll.

Alle Zahlungen, die von Drittschuldnern aufgrund von Pfändungsmaßnahmen des Finanz- **250** amts geleistet werden, die in den Fristen der §§ 130, 131 InsO ausgebracht worden sind, sind anfechtbar. Darüber hinaus sind alle Zahlungen, die in den Fristen der §§ 130, 131 InsO zur Abwendung einer unmittelbar angedrohten Zwangsvollstreckung des Finanzamts erfolgt sind, ebenso anfechtbar.[277]

Eine **Kenntnis des Finanzamts** von der Zahlungsunfähigkeit i.S.d. § 130 Abs. 1 Nr. 1 InsO **251** nimmt der BGH an, wenn der Steuerschuldner zwar Teilzahlungen erbringt, gleichwohl aber die Rückstände auf Steuerschulden laufend ansteigen, das Finanzamt sogar schon Zwangsvollstreckungsmaßnahmen ausgebracht hat und keine konkreten Anzeichen dafür vorliegen, dass sich die Liquiditätssituation des Steuerschuldners in Zukunft so verbessern wird, dass er seine Steuerverbindlichkeiten fristgerecht erfüllen kann.[278] Es ist die klare Tendenz der Rechtsprechung zu erkennen, eine Besserstellung des Finanzamts gegenüber anderen Gläubigern in der Krisenphase durch Anfechtung rückgängig zu machen. Der BGH neigt zu der Annahme, dass das Finanzamt im Zweifel die besten Informationen von allen Gläubigern über die wirtschaftliche Situation des Steuerschuldners in der Krisenphase besitzt, also die Zahlungsunfähigkeit kennt. Der nach §§ 34, 69 AO in Haftung genommene Geschäftsführer kann sich darauf allerdings nach der neuen Rechtsprechung nicht berufen.

---

274 Dazu *Stahlschmidt/Laws*, GmbHR 2006, 410.
275 BFH ZIP 2007, 1604, 1605; BFH ZIP 2007, 1659, 1160.
276 BFH ZIP 2009, 222, 223; BFH ZIP 2007, 1856, 1858; ebenso BFH v. 19.9.2007, VII R 39/05, BFH NV 2008, 18 (auch: Juris).
277 BGH ZIP 2002, 1159, 1160.
278 BGH ZIP 2003, 410, 411.

dd) Verschulden

252 Voraussetzung der Haftung nach § 69 AO ist **Vorsatz oder grobe Fahrlässigkeit**. Leichte Fahrlässigkeit führt nicht zur persönlichen Haftung des Geschäftsführers. Grundsätzlich sind bei der Prüfung der Fahrlässigkeit auch subjektive Umstände und Kenntnisse des betroffenen Geschäftsführers zu berücksichtigen.[279]

253 Weder dieser subjektive Maßstab, noch die Beschränkung der Haftung auf Vorsatz und grobe Fahrlässigkeit stellen allerdings für den Geschäftsführer eine wesentliche Erleichterung dar. Der **BFH** ist bei der Annahme grober Fahrlässigkeit sehr großzügig: Unkenntnis von steuerlichen Vorschriften oder schlichte Überforderung befreien den Geschäftsführer nicht von der Haftung; der BFH sieht es dann als grob fahrlässig an, dass eine solche Person überhaupt das Geschäftsführeramt übernommen hat.[280] Einarbeitungszeiten werden dem Geschäftsführer nicht zugebilligt; wer das Amt antritt, hat die Pflichten zu kennen.[281] Wenn der Geschäftsführer sich hinsichtlich der steuerlichen Pflichten nicht auskennt, muss er sachverständige Hilfe in Anspruch nehmen. Für das Fehlverhalten steuerlicher Berater haftet er nicht.[282] Im Ergebnis wird ein Verschulden – mindestens in der Form der groben Fahrlässigkeit – vom BFH im Zweifel angenommen, wenn ein objektiver Verstoß gegen steuerliche Pflichten vorliegt. Der Geschäftsführer muss schon sehr gute Entlastungsmomente vortragen, um dann die grobe Fahrlässigkeit auszuräumen.[283]

ee) Geltendmachung der Haftung

254 Die Haftung des Geschäftsführers wird vom Finanzamt durch **Haftungsbescheid** gemäß § 191 AO geltend gemacht. Bei der Frage, ob und welchen von mehreren Haftungsschuldnern das Finanzamt in Anspruch nimmt, steht ihm **Ermessen** zu (Wortlaut des § 191 Abs. 1 AO: „kann durch Haftungsbescheid in Anspruch genommen werden").[284] In Anspruch genommene Geschäftsführer und die GmbH haften nebeneinander als Gesamtschuldner, ebenso mehrere Geschäftsführer.[285]

o) Haftung wegen Steuerhinterziehung

255 Nach § 71 AO haftet der Täter einer Steuerhinterziehung für die verkürzten Steuern oder zu Unrecht gewährte Steuervorteile sowie für die Zinsen persönlich. Eine persönliche Haftung ist auch bei Verletzung der Kontenwahrheit nach § 72 AO begründet. Strafrechtliche Sanktionen ergeben sich bei Steuerstraftaten nach §§ 369 f. AO. Bei leichtfertiger Steuerverkürzung (grobe Fahrlässigkeit) begeht der Geschäftsführer eine Ordnungswidrigkeit nach §§ 378, 34 AO.

4. Spezielle strafrechtliche Verantwortlichkeit des Geschäftsführers

256 Neben den Allgemeinen Strafvorschriften wie §§ 246, 263, 265b, 266, 266a StGB kommen spezielle Strafvorschriften in Betracht, nach denen sich der Geschäftsführer persönlich strafbar machen

---

279 Tipke/Kruse/*Loose*, § 69 Rn 25.
280 BFH GmbHR 2000, 1211, 1212.
281 BGH GmbHR 2000, 1211, 1212; großzügiger aber FG Brandenburg GmbHR 2005, 1640, 1641, das einem neuen Geschäftsführer eine angemessene Einarbeitungszeit einräumt.
282 Tipke/Kruse/*Loose*, § 69 Rn 27.
283 so BFH ZIP 2007, 1604, 1605; kritisch dazu *Müller*, GmbHR 2003, 389.
284 Tipke/Kruse/*Loose*, § 191 Rn 36 f.
285 Tipke/Kruse/*Loose*, § 191 Rn 43; zu den Gesichtspunkten des Ermessens und Ermessensfehlern: Tipke/Kruse/*Loose*, § 191 Rn 45 f.

kann: z.B. §§ 82, 84, 85 GmbHG, § 15a Abs. 4, 5 InsO, §§ 331, 334 HGB, §§ 283 ff. StGB, §§ 130, 9 OWiG.

V. Haftung des Geschäftsführers der Unternehmergesellschaft

Für die Unternehmergesellschaft im Sinn des § 5a GmbHG gelten dieselben Regelungen wie für die GmbH. Das gilt insbesondere für die Haftung ihres Geschäftsführers. **257**

Die Haftung nach § 43 i.V.m. § 49 Abs. 3 GmbHG setzt bei ihm sogar noch früher an als beim Geschäftsführer der GmbH.

Nach § 5a Abs. 4 GmbHG ist er schon bei drohender Zahlungsunfähigkeit zur Einberufung einer Gesellschafterversammlung verpflichtet, nicht erst bei Verlust von 50% des Stammkapitals im Sinn des § 49 Abs. 3 GmbHG.

Eine Unterlassung der Einberufung führt zur Schadenersatzhaftung nach § 43 GmbHG gegenüber den Gesellschaftern. Im Übrigen dürften die Haftungsrisiken des Geschäftsführers einer Unternehmergesellschaft in der Krise der GmbHG eher größer sein als die eines GmbH-Geschäftsführers. Angesichts der nach dem Gesetz zulässigen geringen Ausstattung mit Stammkapital sind die kritischen Grenzen, bei denen eine Krise der Gesellschaft beginnt, eher überschritten als bei der GmbH.

VI. Haftung des Geschäftsführers bei einer GmbH & Co. KG

Ist eine GmbH persönlich haftende Gesellschafterin einer KG, gelten für die Haftung der GmbH die Grundsätze, die für geschäftsführende Gesellschafter innerhalb der Personengesellschaft gelten (vgl. Rn 1 ff.). Soweit der Geschäftsführer der GmbH durch sein Verhalten Schäden der KG herbeiführt, für die die GmbH haftet, hat er diesen Schaden der GmbH nach § 43 Abs. 2 GmbHG zu ersetzen. Darüber hinaus kommen aber auch unmittelbare Ansprüche der KG, ihrer Gesellschafter oder der Gläubiger der KG gegen den Geschäftsführer der GmbH in Betracht. **258**

1. Haftung gegenüber der KG aus Verletzung des Dienstvertrages

Hat der Geschäftsführer seinen Dienstvertrag mit der KG abgeschlossen, haftet er für Verletzungen des Dienstvertrages der KG gegenüber unmittelbar. Ist der Dienstvertrag dagegen – wie in der Regel – mit der GmbH abgeschlossen worden, haftet er einmal gemäß § 43 Abs. 2 GmbHG gegenüber der GmbH, daneben aber auch gegenüber der KG. Der BGH geht davon aus, dass der **Dienstvertrag** eines Geschäftsführers bei einer GmbH, die sich im Wesentlichen auf die Übernahme der Komplementärfunktion innerhalb einer KG beschränkt, **Schutzwirkungen zugunsten der KG** hat. **259**

Erschöpfe sich die Aufgabe einer GmbH in der Komplementärfunktion innerhalb der KG, erstrecke sich „der Schutzbereich des zwischen der Komplementär-GmbH und ihrem Geschäftsführer zustande gekommenen Dienstvertrages im Hinblick auf seine Haftung aus § 43 Abs. 2 GmbHG auf die KG".[286] **260**

Der BGH begründet die Einbeziehung der KG in den Schutzbereich des Dienstvertrags des Geschäftsführers damit, dass die KG wegen eines Ungleichgewichts von Risiko und Einwirkungsmöglichkeiten erhöht schutzbedürftig sei. Habe der Geschäftsführer seinen Dienstvertrag **261**

---

286 BGH GmbHR 2002, 588, 589; BGHZ 75, 321, 323 (für Publikums-KG); BGHZ 76, 326, 337 (für GmbH & Co. KG allgemein); Scholz/*Schneider*, § 43 Rn 425.

mit der GmbH abgeschlossen, könnten die Gesellschafter der KG auf seine Tätigkeit in keiner Weise einwirken, ihm keine Weisungen erteilen, nicht einmal über die Geltendmachung von Schadensersatzansprüchen entscheiden (§ 46 Nr. 8 GmbHG), und auch Entlastungen, Vergleiche oder Verzichte – soweit rechtlich zulässig – durch die GmbH gegenüber ihrem Geschäftsführer nicht verhindern; gleichzeitig trage die KG aber die wirtschaftlichen Folgen eines möglichen Fehlverhaltens des Geschäftsführers. Aus diesem Grunde sei die KG in den **Schutzbereich des Geschäftsführerdienstvertrages** einbezogen, so dass Pflichtverletzungen des Geschäftsführers aus seinem Dienstvertrag i.V.m. § 43 Abs. 2 GmbHG zu Schadensersatzansprüchen der KG gegen den Geschäftsführer führen.

262   Die Frage, wie sich die Rechtssphäre der GmbH auf diese unmittelbaren Ansprüche der KG auswirken kann, ist noch nicht endgültig geklärt. Das gilt z.B. für die Frage, ob sich der Geschäftsführer der GmbH darauf berufen kann, er habe nach **Weisungen der GmbH-Gesellschafter** gehandelt.

263   Das gilt auch für die Frage, ob der **Sorgfaltsmaßstab** in diesem Fall aus § 708 BGB (eigenübliche Sorgfalt) oder aus § 43 GmbHG (Sorgfalt eines ordentlichen Geschäftsmanns) zu entnehmen ist; der BGH neigt zur Anwendung des § 43 GmbHG.[287] Dasselbe gilt schließlich für die Frage, ob eine **Entlastung**, die die GmbH-Gesellschafter dem Geschäftsführer erteilen, oder ein Verzicht oder Vergleich bezüglich der Ansprüche auch die Schadensersatzansprüche der KG erledigt. Da der BGH den unmittelbaren Anspruch der KG zugelassen hat, um die KG vor solchen Risiken eines eigenständigen Handelns der GmbH zu schützen, dürften solche Beschlüsse den Anspruch der KG nicht berühren.[288] Aus denselben Gründen setzt die Klage der KG-Gesellschafter gegen den Geschäftsführer keinen Beschluss nach § 46 Nr. 8 GmbHG voraus.[289]

---

264 **Praxistipp**

Angesichts der bisherigen Tendenz der Rechtsprechung, Schadensersatzansprüche der KG gegen den Geschäftsführer der GmbH unabhängig davon anzuerkennen, wie die GmbH-Gesellschafter sich zu solchen Ansprüchen verhalten, ist bei haftungsbeschränkenden Klauseln im Anstellungsvertrag des GmbH-Geschäftsführers darauf zu achten, dass auch die Gesellschafter der KG solchen Haftungsbeschränkungen zustimmen. Sonst besteht das Risiko, dass die Haftungsbeschränkungen zwar im Verhältnis zur GmbH wirksam sind, nicht aber im Verhältnis zur KG.

---

2. Haftung gegenüber Gesellschaftern wegen das Stammkapital schmälernder Leistungen

265 Fraglich ist, ob der Geschäftsführer der Komplementär-GmbH nach § 31 Abs. 6 GmbHG auch für Auszahlungen an Gesellschafter der Kommanditgesellschaft, die gegen § 30 GmbHG verstoßen, haftet.

a) Doppelte Gesellschafterstellung in KG und GmbH

266 Ist ein **Gesellschafter gleichzeitig Kommanditist** der KG und Gesellschafter der GmbH, gilt Folgendes: Erfolgen Zahlungen aus dem Vermögen der GmbH, sind §§ 30, 31 GmbHG unmittelbar anwendbar. Erfolgen Zahlungen aus dem Vermögen der KG und führt dies zu einer Rückzahlung der Kommanditeinlage, haften die Kommanditisten gemäß § 172 Abs. 4 HGB. Hat die Auszahlung aus dem Vermögen der KG darüber hinaus die Folge, dass das Stammkapital der GmbH

---

287 BGHZ 75, 321, 327.
288 BGH GmbHR 2002, 588, 590.
289 Scholz/*Schmidt*, § 46 Rn 176 und Anh zu § 45 Rn 10; kritisch zur Dogmatik dieser Rechtsprechung, zustimmend aber im Ergebnis Scholz/*Schneider*, § 43 Rn 425.

angegriffen wird,[290] greifen insoweit die §§ 30, 31 GmbHG analog ein – mit der Konsequenz, dass auch eine Haftung des Geschäftsführers nach § 31 Abs. 6 GmbHG ausgelöst werden kann. Der Erstattungsanspruch steht der KG zu.

b) Alleinige Gesellschafterstellung in KG

Ist aus dem KG-Vermögen an einen Kommanditisten ausgezahlt worden, der **nicht gleichzeitig** **267** **Gesellschafter** der GmbH ist (Nur-Kommanditist), und hat das im Ergebnis dazu geführt, dass auch das Stammkapital der GmbH angegriffen wurde, haftet auch der Nur-Kommanditist auf Erstattung solcher Zahlungen analog § 30 GmbHG.[291]

Ob § 31 Abs. 3 GmbHG (Ausfallhaftung der Mitgesellschafter) hier nur anwendbar ist, wenn **268** der Kommanditist, an den gezahlt wurde, gleichzeitig GmbH-Gesellschafter ist, oder auch bei Zahlungen an Nur-Kommanditisten, ist str.[292] Richtigerweise haftet in diesen Fällen zwar der Kommanditist, an den ausgezahlt worden ist, auf Rückzahlung, nicht aber die GmbH-Gesellschafter, und damit diesen gegenüber auch nicht der Geschäftsführer nach § 31 Abs. 6 GmbHG.[293]

3. Haftung gegenüber den Gläubigern wegen Zahlungen nach Insolvenzreife, existenz-
gefährdenden Zahlungen an Gesellschafter und wegen Insolvenzverschleppung

Was für die GmbH und deren Gläubiger nach § 64 GmbHG bzw. § 15 a InsO, § 823 Abs. 2 BGB gilt, **269** ist durch §§ 130a, 177a HGB auch für OHG bzw. KG angeordnet: Wenn in der Personenhandelsgesellschaft keine natürliche Person als persönlich haftender Gesellschafter fungiert, bestehen dieselben Pflichten zur Masseerhaltung nach § 64 GmbHG und zur Stellung eines Insolvenzantrags nach § 15 a Abs. 1 S. 2 InsO wie bei der GmbH.

§§ 130a, 177a HGB sind Schutzgesetze i.S.d. § 823 Abs. 1 BGB zugunsten der Gesamtheit der **270** Gläubiger, so dass eine Verzögerung des Insolvenzantrags nach § 130a Abs. 2 HGB zur Schadensersatzpflicht gegenüber den Gläubigern führen kann, eine Zahlung nach Eintritt der Insolvenzreife nach § 130 a Abs. 1 HGB zur Ersatzpflicht des Geschäftsführers der GmbH gegenüber der Kommanditgesellschaft. Die Verschleppung der Insolvenz ist auch hier strafbar, § 15 a Abs. 1 S. 2, Abs. 4 InsO. In diesen Fällen haben die Geschäftsführer der persönlich haftenden Gesellschafterin also eine **doppelte Insolvenzantragspflicht** und die doppelte Pflicht, nach Eintritt der Insolvenzreife keine Masse schmälernden Zahlungen mehr zu leisten – sowohl gegenüber der GmbH bzw. deren Gläubigern wie gegenüber der KG und deren Gläubigern.[294] Das bedeutet auch, dass nicht nur die GmbH, sondern auch die KG und deren Insolvenzverwalter den Geschäftsführer auf Erstattung von verbotswidrigen Zahlungen in Anspruch nehmen kann, § 130a Abs. 2 HGB. Das bedeutet weiter, dass nicht nur die Gläubiger der GmbH, sondern auch die

---

290 Ein solcher Fall kann eintreten, wenn die Komplementär-GmbH mit einer Kapitaleinlage an der KG beteiligt ist und infolge der Zahlung durch die KG an einen Kommanditisten ihr Anteil wertzuberichtigen ist, so dass das Stammkapital der GmbH bilanziell angegriffen wird. Denkbar ist außerdem, dass durch die Zahlungen oder Leistungen an den Gesellschafter der KG die Aktiva der KG so weit geschmälert werden, insbesondere Überschuldung eintritt, dass der mit der persönlichen Haftung der GmbH gekoppelte Freistellungs- und Erstattungsanspruch gegen die KG wertlos ist, mit der Konsequenz, dass auch das Stammkapital der GmbH angegriffen wird. In diesem Fall ist der KG-Gesellschafter, an den die Auszahlung aus dem KG-Vermögen erfolgte, zur Erstattung bis zu der Höhe verpflichtet, die notwendig ist, um das Stammkapital der GmbH wieder darzustellen.
291 BGHZ 110, 342, 355 (heute h.M.); Rohwedder/Schmidt-Leithoff/*Pentz*, § 30 Rn 72; *Lutter/Hommelhoff*, § 30 Rn 64.
292 Bejahend *Lutter/Hommelhoff*, § 31 Rn 25; ablehnend Schlegelberger/*Schmidt*, § 172a Rn 51; Scholz/*Schmidt*, § 30 Rn 59.
293 Zur BGH-Rechtsprechung zur GmbH & Co. KG generell BGHZ 110, 342, 355; BGHZ 109, 55, 67; BGHZ 123, 289, 296.
294 Baumbach/Hopt, § 130a Rn 5.

Gläubiger der KG Schadensersatzansprüche wegen verspäteter Beantragung der Insolvenz geltend machen können.

VII. Haftung des Vorstands einer Aktiengesellschaft

271 Mitglieder des Vorstands einer Aktiengesellschaft können der Gesellschaft gegenüber, den Aktionären gegenüber und außenstehenden Dritten gegenüber haften.

1. Haftung gegenüber der Aktiengesellschaft
a) Haftung wegen Verletzung organschaftlicher Pflichten

272 Grundnorm der Haftung von Vorstandsmitgliedern gegenüber der Aktiengesellschaft ist § 93 AktG. Diese **organschaftliche Haftung** des Vorstandes besteht in erster Linie gegenüber der Aktiengesellschaft, nur unter engen Voraussetzungen auch gegenüber Gläubigern der AG nach Absatz 5.

aa) Vorstandsmitglied

273 § 93 AktG gilt für Vorstandsmitglieder. Die organschaftliche Haftung beginnt mit der Bestellung des Vorstandsmitglieds und der Annahme des Amtes unabhängig vom Abschluss eines Dienstvertrages oder der Registereintragung. Auch Fehler des Bestellungsaktes sind haftungsrechtlich irrelevant.[295] Die Haftung endet mit dem Ende der Amtszeit des Vorstandsmitglieds. Erfasst werden auch stellvertretende Vorstandsmitglieder nach § 94 AktG. Ob auch eine Haftung **faktischer Vorstandsmitgliede**r, die nicht einmal (fehlerhaft) bestellt wurden, aber sich faktisch als Vorstand gerieren, in Betracht kommt, ist streitig.[296]

274   Zur **Ressortaufteilung** und **Delegation** gelten die Ausführungen zur GmbH entsprechend (vgl. Rn 60 f.).

bb) Pflichtverletzung

275 Die Haftung trifft nach § 93 Abs. 2 AktG Vorstandsmitglieder, die „ihre Pflichten verletzen". Unter diese denkbar weite Definition fallen alle Pflichten, die sich aus den Anforderungen verantwortlicher Unternehmensleitung nach § 76 AktG ergeben, insbesondere Sorgfalts-, Treue- und Verschwiegenheitspflichten (dazu § 93 Abs. 1 S. 3 AktG, strafbewehrt nach § 404 AktG), die sich aus dem AktG, der Satzung, dem Dienstvertrag oder sonstigen gesetzlichen Vorschriften (z.B. Verbot von Insidergeschäften gemäß §§ 13, 14 WpHG) ergeben. Spezielle Fälle sind geregelt in § 91 Abs. 2 AktG (Controlling) und § 93 Abs. 3 AktG.[297]

276   Maßstab für die ordnungsgemäße Pflichterfüllung ist nach § 93 Abs. 1 S. 1 die **Sorgfalt eines ordentlichen und gewissenhaften Geschäftsleiters**. Diese Norm enthält gleichzeitig eine Definition des Pflichtenmaßstabs wie des Verschuldensmaßstabs. Nach dem Wortlaut des § 93 Abs. 2 S. 2 AktG muss im Zweifel der Vorstand beweisen, dass er mit der Sorgfalt eines ordentlichen und gewissenhaften Geschäftsleiters gehandelt hat. Dabei ist ein objektiver Sorgfaltsmaßstab anzulegen, so dass es auf individuelle oder subjektive Unvollkommenheit wie mangelnde Vorbildung, mangelnde Kenntnis etc. nicht ankommt.[298]

---

295 BGHZ 41, 282, 287; K. Schmidt/Lutter/*Krieger/Sailer*, § 93 Rn 2; Kölner Komm-Akt-G/*Mertens/Cahn*, § 93 Rn 4.
296 Ablehnend – mit Nachweisen zum Streitstand, *Hüffer*, § 93 Rn 12.
297 Einzelfälle bei Kölner Komm-AktG/*Mertens/Cahn*, § 93 Rn 65 ff.
298 Eine Verletzung der organschaftlichen Verpflichtungen stellt es z.B. dar, wenn der Vorstand zu einem Zeitpunkt Insolvenzantrag stellt, in dem das nach § 92 Abs. 2 AktG noch nicht geboten ist und dadurch mögliche

Bei unternehmerischen Entscheidungen besteht ein weiter **unternehmerischer Er-** 277
messensspielraum des Vorstandes, ohne den das Unternehmen nach § 76 Abs. 1 AktG nicht
geleitet werden kann, (vgl. dazu oben Rn 65). Die BGH-Rechtsprechung zum unternehmerischen Ermessensspielraum hat sich in § 93 Abs. 1 S. 2 niedergeschlagen (Business Judgement
Rule).[299]

Die in § 93 Abs. 3 AktG aufgeführten Pflichten schützen das Kapital der AG vor Schmäle- 278
rungen. Werden diese Pflichten verletzt, kommt es zu einer **erleichterten Schadensermittlung**
(s. unten Rn 282) und, falls Aktionäre Ersatzansprüche nach Absatz 5 geltend machen, zu einer
niedrigeren Hürde für die Aktionäre (zum „Durchgriff" auf den Vorstand genügt leichte Fahrlässigkeit).

cc) Verschulden

Voraussetzung der Haftung ist **Verschulden**, also Vorsatz oder Fahrlässigkeit. Der Sorgfalts- 279
maßstab für die Fahrlässigkeitsprüfung ergibt sich aus § 93 Abs. 2 S. 2 AktG. Maßgeblich ist also
die objektive Sorgfalt eines ordentlichen und gewissenhaften Geschäftsleiters.[300]

Der Vorstand kann sich gegenüber der Aktiengesellschaft (anders gegenüber den Gläubi- 280
gern, denen gegenüber dieser Einwand nicht zählt, § 93 Abs. 5 S. 3 AktG) **exkulpieren**, wenn er
aufgrund eines vorherigen Beschlusses der Hauptversammlung gehandelt hat, der gesetzmäßig
war (also weder nichtig noch anfechtbar).[301] Hat er den Hauptversammlungsbeschluss allerdings
durch falsche oder unzureichende Information herbeigeführt, haftet er wegen dieser Pflichtverletzung aus § 93 AktG, ohne sich exkulpieren zu können.[302]

dd) Schaden

Der Anspruch setzt weiter voraus, dass durch das schuldhafte Verhalten des Vorstands ein 281
Schaden der AG adäquat kausal verursacht ist. Im Falle von Pflichtverletzungen nach § 93
Abs. 3 AktG ist die Feststellung des Schadens in doppelter Hinsicht modifiziert: es wird vermutet, dass der Gesellschaft in Höhe des ausgezahlten Betrages ein Schaden entstanden ist.[303] Bei
Verstoß gegen die dort genannten Vorschriften, die die Kapitalgrundlage der AG schützen sollen, kommt es abweichend von § 249 BGB nicht auf eine Gesamtvermögensbetrachtung an, bei
der auch etwaige Rückzahlungsansprüche gegen die Aktionäre Schaden ausgleichend zu berücksichtigen wären. Es soll ein modifizierter Schadensbegriff gelten, bei dem solche Rückzahlungsansprüche nicht Schaden ausgleichend angesetzt werden. Der Schaden ist entstanden,
wenn das Kapital der AG durch Pflichtverletzungen nach Absatz 3 geschmälert worden ist. Der
Geschäftsführer kann sich nur entlasten, wenn die gezahlten Beträge an die AG tatsächlich zu-
rückgeflossen sind.[304]

Sanierungschancen zunichte macht. Dasselbe gilt, wenn er es unterlässt, gemäß § 92 Abs. 1 AktG bei Verlust der
Hälfte des Grundkapitals die Hauptversammlung einzuberufen.
299 BGHZ 135, 244, 253; *K. Schmidt/Lutter*, § 93 Rn 10 ff.
300 Kölner Komm-AktG/*Mertens*, § 93 Rn 98.
301 *Hüffer*, § 93 Rn 25.
302 *Hüffer*, § 93 Rn 26.
303 *K. Schmidt/Lutter*, § 93 Rn 37; *Hüffer* § 93 Rn 23.
304 *Hüffer*, § 93 Rn 22, Großkommentar AktG/*Hopt*, § 93 Rn 235; im Übrigen zur Frage, unter welchen
Voraussetzungen der Vorstand den Einwand des rechtmäßigen Alternativverhaltens erheben kann, Großkommentar
AktG/*Hopt*, § 93 Rn 267, der diesen Einwand bei der Verletzung formaler Vorschriften, z.B. Kompetenz- und
Verfahrensnorm, für unzulässig hält.

ee) Darlegungs- und Beweislast

282 Hinsichtlich der **Darlegungs- und Beweislast** enthält § 93 Abs. 2 S. 2 AktG eine Regelung zu Lasten des Vorstandes, der darlegen und beweisen muss, dass er mit der Sorgfalt eines ordentlichen und gewissenhaften Geschäftsleiters gehandelt hat. Ob diese Beweislastumkehr auch für ausgeschiedene Vorstandsmitglieder gilt, die nicht mehr über die nötigen Unterlagen verfügen, ist zweifelhaft.[305] Nach der ganz h.M. hat die klagende AG darzulegen und zu beweisen,
– welches Handeln oder Unterlassen des Vorstands vorliegt,
– dass dadurch ein Schaden eingetreten ist, und
– dass das Handeln des Vorstandes kausal war für den Schaden.

283 Der Vorstand hat sich dann zu entlasten hinsichtlich
– der Pflichtwidrigkeit des Verhaltens, § 93 Abs. 2 S. 2 AktG,
– eines etwaigen rechtmäßigen Alternativverhaltens,
– des Verschuldens.[306]

284 Besondere Probleme können sich dabei ergeben aus dem Nebeneinander von § 287 ZPO und § 93 Abs. 2 S. 2 AktG. § 287 ZPO kommt der klagenden Aktiengesellschaft zur Hilfe bei der Frage von Kausalität und Schaden. Die Vermutung des § 287 ZPO beruht aber auf der Annahme, dass eine Pflichtwidrigkeit vorliegt. Wenn hinsichtlich der Pflichtwidrigkeit nach § 93 Abs. 2 S. 2 AktG ebenfalls eine Umkehr der Darlegungs- und Beweislast erfolgt, kommt es zu einem „Vermutungskarussell": Die Pflichtwidrigkeit wird nach § 93 Abs. 2 S. 2 AktG vermutet, Schaden und Kausalität dann anschließend nach § 287 ZPO. Richtigerweise wird man daher § 93 Abs. 2 S. 2 AktG nur anwenden können, wenn für den Schaden der volle Beweis erbracht ist und umgekehrt § 287 ZPO nur, wenn für die Pflichtwidrigkeit der volle Beweis erbracht ist.[307]

ff) Geltendmachung

285 Der Anspruch nach § 93 Abs. 2 GmbHG wird grundsätzlich von der AG geltend gemacht, und zwar durch den Aufsichtsrat (§ 112 AktG), der von der Mehrheit der Hauptversammlung gezwungen werden kann, den Anspruch geltend zu machen, § 147 AktG. Unter den Voraussetzungen des § 148 AktG kann eine Klage von Aktionären auf Leistung an die AG zugelassen werden.

286 Ein **Durchgriff** von Gläubigern auf den Vorstand kommt nur unter den engen Voraussetzungen des § 93 Abs. 5 AktG in Betracht.

gg) Handeln des Vorstandes aufgrund eines Beschlusses der Hauptversammlung

287 Beruht die Handlung des Vorstandes auf einem gesetzmäßigen Beschluss der Hauptversammlung (d.h. nicht nichtig oder anfechtbar), ist die Haftung gegenüber der AG ausgeschlossen, § 93 Abs. 4 AktG, nicht aber gegenüber den Gläubigern, § 93 Abs. 5 S. 3 AktG. Voraussetzung ist, dass der Beschluss der Hauptversammlung vor der Entscheidung des Vorstandes getroffen wurde. Nachträgliche Beschlüsse der Hauptversammlung entlasten den Vorstand ebenso wenig wie etwaige Beschlüsse des Aufsichtsrates.

288 Ein Vergleich oder Verzicht auf Ansprüche ist nach § 93 Abs. 4 S. 3 AktG nur möglich:
– frühestens nach Ablauf von drei Jahren nach Entstehung des Anspruchs, es sei denn, das betreffende Vorstandsmitglied ist ohnehin zahlungsunfähig, vergleicht sich zur Abwendung

---

305 *Hüffer*, § 93 Rn 17.
306 Großkommentar AktG/*Hopt*, § 93 Rn 276 f.; *Hüffer*, § 93 Rn 16.
307 Großkommentar AktG/*Hopt*, § 93 Rn 278, 292.

König

eines Insolvenzverfahrens mit seinen Gläubigern oder hat einen Insolvenzplan aufgestellt, § 93 Abs. 4 S. 3, 4 AktG
– mit Zustimmung der Hauptversammlung, und
– wenn Minderheitsaktionäre mit 10% des Grundkapitals keinen Widerspruch erheben.

hh) Verjährung

Der Ersatzanspruch verjährt nach § 93 Abs. 6 AktG in fünf Jahren ab Entstehung des Anspruchs, **289** d.h. ab dem Zeitpunkt, in dem er erstmals – bei mangelnder Bezifferung der Höhe nach durch Feststellungsklage – geltend gemacht werden konnte.[308]

2009 hat der Gesetzgeber – in Reaktion auf die Finanzmarktkrise – einen neuen Satz 2 in **290** § 93 Abs. 2 AktG eingefügt. Danach darf zwar eine D+O-Versicherung zu Gunsten der Vorstände abgeschlossen werden, sie muss aber einen Selbstbehalt zu Lasten des Vorstandsmitglieds vorsehen in Höhe von 10% des Schadens, maximal bis zur Höhe des 1,5-fachen der festen jährlichen Vergütung. Die Präventionswirkung dieser Regelung ist praktisch begrenzt, weil Ersatzgestaltungen gewählt werden können.

b) Haftung wegen Schaden verursachender Einflussnahmen Dritter

Nach § 117 Abs. 2 AktG haftet der Vorstand gesamtschuldnerisch der AG und den Aktionären ge- **291** genüber auf Schadensersatz, wenn er der Einflussnahme Dritter nachgegeben und pflichtwidrig einen Schaden für die AG oder ihre Aktionäre herbeigeführt hat. Die Haftung des Vorstandes ist weitgehend § 93 AktG angepasst. Die **Beweislast** dafür, dass sie mit der Sorgfalt eines ordentlichen und gewissenhaften Geschäftsleiters gehandelt haben, trifft die Vorstandsmitglieder, § 117 Abs. 2 S. 1 AktG. Gegenüber der Gesellschaft und den Aktionären besteht keine Haftung, wenn das Handeln des Vorstands auf einem vorherigen Beschluss der Hauptversammlung beruhte, § 117 Abs. 2 S. 3 AktG. Die Billigung des Aufsichtsrates ist dagegen unerheblich, § 117 Abs. 2 S. 4 AktG.

Im Unterschied zu § 93 AktG können diesen Schadensersatzanspruch auch die **Aktionäre** **292** **unmittelbar** geltend machen. Eine Haftung gegenüber den Aktionären unmittelbar besteht nach § 117 Abs. 1 S. 2 AktG nur insoweit, als sie einen Schaden erleiden, der über den bloßen Kursverlust der Aktien infolge des Schadens, den die AG erlitten hat (Reflexschaden), hinausgeht. Unter den Voraussetzungen des § 117 Abs. 5 AktG, der weitgehend dem § 93 Abs. 5 AktG entspricht, können auch Gläubiger der AG den Anspruch geltend machen. Allerdings verzichtet § 117 Abs. 5 AktG auf die Voraussetzung qualifizierten Verschuldens bei den Vorstandsmitgliedern, die Haftung kann von den Gläubigern auch bei leichter Fahrlässigkeit geltend gemacht werden.

Die **Verjährungsfrist** beträgt wie bei § 93 AktG 5 Jahre, § 117 Abs. 6 AktG. **293**

c) Haftung wegen Verletzung des Dienstvertrages

Ansprüche aus pVV des Dienstvertrages haben im Ergebnis neben § 93 Abs. 2 AktG keine prakti- **294** sche Bedeutung.[309] Nach h.M. richtet sich die Haftung eines Vorstandsmitglieds im Ergebnis inhaltlich nach § 93 AktG, entweder ausschließlich nach dieser Norm oder nach § 93 AktG i.V.m.

---

308 *Hüffer*, § 93 Rn 37.
309 Es ist zwar nicht geklärt, ob § 93 Abs. 2 AktG selbst schon den Tatbestand der pVV des Dienstvertrages mit erfasst, so dass für die pVV daneben kein Anwendungsbereich mehr verbleibt, oder ob § 93 Abs. 2 AktG lediglich eine organschaftliche Haftung begründet, daneben also eine pVV des Dienstvertrages im Grundsatz in Betracht kommt, diese dann allerdings ihrerseits durch § 93 AktG inhaltlich definiert wird. Der dogmatische Streit ist im Ergebnis für die Praxis unerheblich.

pVV des Dienstvertrages. Selbst wenn man die pVV anwendete, würden jedenfalls die Regelungen nach § 93 Abs. 4 bis Abs. 6 AktG auch für den Anspruch aus pVV gelten.[310]

2. Haftung gegenüber den Aktionären
a) Haftung wegen Schaden verursachender Einflussnahmen Dritter
295 Es wird auf Rn 291 verwiesen.

b) Haftung nach § 823 Abs. 2 BGB
296 Das Vorstandsmitglied haftet Aktionären gegenüber, wenn es schuldhaft Schutzgesetze verletzt, und dies zu einem Schaden der Aktionäre führt. **Schutzgesetz** zugunsten der Aktionäre ist nicht § 93 Abs. 1 AktG; insoweit ist ausschließlich der unmittelbare Anspruch aus § 93 Abs. 2 AktG einschlägig.[311] Schutzgesetze sind § 266a StGB, §§ 399, 400 AktG.[312] Streitig ist, ob § 92 Abs. 1 und 2 AktG ein Schutzgesetz zugunsten der Aktionäre ist. § 92 Abs. 1 AktG ist kein Schutzgesetz zugunsten der Aktionäre.[313] Nach h.M. ist § 92 Abs. 2 AktG zwar Schutzgesetz zugunsten der Gläubiger der Gesellschaft, nicht aber zugunsten der Aktionäre.[314]

c) Haftung nach § 826 BGB
297 Eine vorsätzliche sittenwidrige Schädigung werden Aktionäre dem Vorstand nur selten nachweisen können. Insbesondere wird es schwierig, die Kausalität für einen Schaden der Aktionäre nachzuweisen. Aktionäre können sich beispielsweise nicht darauf berufen, dass ein Insolvenzantrag zu spät gestellt worden sei und sie deswegen am Markt noch Aktien zu teuer gekauft hätten.[315] In zwei Urteilen[316] hat der BGH eine vorsätzliche sittenwidrige Schädigung gegenüber Aktionären bejaht, weil Vorstandsmitglieder, die gleichzeitig Gründungsgesellschafter der AG waren, eine falsche **Adhoc-Mitteilung** (Phantomauftrag zugunsten der AG) herausgegeben hatten.

d) Haftung für schädigende Einflussnahme im Konzern
298 Kurz hingewiesen sei auf die Haftung von Vorstandsmitgliedern von Konzerngesellschaften, und zwar sowohl des Vorstands der herrschenden wie der abhängigen Gesellschaft, gegenüber den Aktionären der abhängigen Gesellschaft aus §§ 309 Abs. 4, 310 Abs. 4, 317 Abs. 4 und 318 Abs. 4 AktG. Die Aktionäre können Klage auf Zahlung an die AG erheben.[317]

e) Abgrenzung des Schadens der AG vom Aktionärsschaden (Doppelschaden)
299 Soweit die Aktionäre einen persönlichen Schaden erlitten haben, der über den Schaden der AG hinausgeht, können sie diesen Schaden im Rahmen der vorgenannten Anspruchsgrundlagen (mit Ausnahme der Ansprüche aus §§ 309 f. AktG, die ohnehin nur auf Zahlung an die AG gehen)

---

310 Großkommentar AktG/*Hopt*, § 93 Rn 20, 227; *Hüffer*, § 93 Rn 12.
311 H.M., *Hüffer*, § 93 Rn 19.
312 *Hüffer*, § 93 Rn 19; Kölner Komm-AktG/*Geilen*, § 399 Rn 14, § 400 Rn 4.
313 So *Hüffer*, § 92 Rn 15; Kölner Komm-AktG/*Mertens*, § 92 Rn 24; a.A. Geßler/*Hefermehl*, § 92 Rn 11.
314 BGHZ 96, 231, 236 f. (zum gleichen Problem im Rahmen des § 826 BGB); *Hüffer*, § 92 Rn 16; Kölner Komm-AktG/*Mertens*, § 93 Rn 207; a.A. Geßler/*Hefermehl*, § 92 Rn 24.
315 BGHZ 96, 231, 236 (dort zu der Haftung einer Bank, aber übertragbar auf Vorstandsmitglieder).
316 BGH NJW 2004, 2664; BGH NJW 2004, 2668 (Informatek).
317 *Hüffer*, § 309 Rn 21; dort auch zur Frage einer analogen Anwendung des § 247 AktG zur Minimierung des Kostenrisikos.

König

geltend machen und Schadensausgleich an sich selbst verlangen. Es gilt die Theorie des Doppelschadens (vgl. Rn 38).[318]

f) Weitere Haftungsansprüche

Ob ein Anspruch aus § 823 Abs. 1 BGB wegen Verletzung des **Kerns der Gesellschafterstellung** **300** begründet werden kann, ist ebenso wie bei GmbH-Gesellschaftern streitig, so dass auf Rn 122 verwiesen werden soll. Für die Haftung gemäß §§ 25, 125, 205 UmwG gilt das in Rn 126 Ausgeführte.

3. Haftung des Vorstands gegenüber Gesellschaftsgläubigern

a) Haftung wegen Verletzung organschaftlicher Pflichten

Den Gesellschaftsgläubigern gegenüber haftet der Vorstand nicht nach § 93 Abs. 2 AktG. § 93 Abs. 2 **301** AktG ist kein Schutzgesetz im Sinne von § 823 Abs. 2 BGB zugunsten der Gläubiger der AG.[319]

Den Ersatzanspruch nach § 93 Abs. 5 AktG können die Gläubiger nach § 93 Abs. 2 AktG **302** gegen den Vorstand im eigenen Namen geltend machen, aber nur **Leistung an die AG**, nicht an sich persönlich verlangen. Das Gesetz hat aber hohe Hürden für diesen Anspruch errichtet:

- Die Gläubiger erlangen keine Befriedigung von der Gesellschaft, d.h. die AG kann nicht zahlen.
- Es muss qualifiziertes Verschulden der Vorstandsmitglieder vorliegen: Im Regelfall reicht nicht leichte Fahrlässigkeit, sondern der Durchgriff der Gläubiger auf die Vorstandsmitglieder ist nur ausgelöst bei mindestens grober Fahrlässigkeit, wobei sich die Vorstandsmitglieder entlasten müssen, § 93 Abs. 5 S. 2 AktG. Nur in den Fällen der Pflichtverletzungen nach § 93 Abs. 3 AktG ist auch bei leicht fahrlässigem Handeln der Vorstandsmitglieder ihre unmittelbare Haftung den Gläubigern gegenüber begründet.
- Während der Dauer eines Insolvenzverfahrens kann ausschließlich der Insolvenzverwalter die Ansprüche gegen den Vorstand geltend machen.

Nachträgliche Haftungsvereinbarungen zwischen der AG und dem Vorstand, insbesondere Verzicht, oder Vergleich, schmälern den Anspruch der Gläubiger nicht. Auch die Tatsache, dass die **303** Handlung des Vorstands auf einem Beschluss der Hauptversammlung beruhte, ändert nichts am Ersatzanspruch der Gläubiger, § 93 Abs. 5 S. 3 AktG.

b) Haftung nach §§ 823, 826 BGB

Bezüglich der Haftung aus § 823 Abs. 1 BGB stellt sich ebenso wie bei der GmbH die Frage, ob **304** möglicherweise verletzte Organisationspflichten des Vorstandes nur der Aktiengesellschaft gegenüber bestehen oder auch außenstehenden Dritten gegenüber (vgl. Rn 151 ff.).[320]

Schutzgesetze i.S.d. § 823 Abs. 2 BGB sind beispielsweise §§ 246, 263, 264a, 265b, 266, 266a **305** 283 f. StGB,[321] auch §§ 399, 400 AktG.[322]

---

318 Die h.M. wendet den Rechtsgedanken der §§ 117 Abs. 1 S. 2, 317 Abs. 1 S. 2 AktG entsprechend an und beschränkt den Anspruch des Aktionärs auf Schadensausgleich an die Gesellschaft, vgl. BGH NJW 1987, 1077, 1079; BGH NJW 1988, 413, 415; *Hüffer*, § 93 Rn 19; Kölner Komm-AktG/*Mertens*, § 93 Rn 170, 175.

319 KG, AG 2003, 324, 325; Großkommentar AktG/*Hopt*, § 93 Rn 492; *Hüffer*, § 93 Rn 20; Kölner Komm-AktG/*Mertens*, § 93 Rn 207.

320 Keine Haftung gegenüber Dritten: Kölner Komm-AktG/*Mertens/Cahn*, § 93 Rn 209.

321 Kölner Komm-AktG/*Mertens*, § 93 Rn 183.

322 Kölner Komm-AktG/*Mertens*, § 93 Rn 501.

306   Für die Haftung aus § 826 BGB wird entsprechend auf Rn 198 verwiesen.[323]

c) Weitere Haftungstatbestände

307 Für die Haftung aus §§ 34, 69 AO wird verwiesen auf Rn 225, für die Haftung gemäß §§ 25, 125, 205 UmwG, vgl. Rn 149. Wegen der Haftung aus c.i.c., vgl. Rn 130.

4. Spezielle Strafbarkeitsrisiken für den Vorstand

308 Neben den Allgemeinen Straftatbeständen enthalten die §§ 399 ff. AktG spezielle Straftatbestände für Vorstandsmitglieder einer AG.[324]

VIII. Haftung des Vorstands einer Genossenschaft

309 Der Vorstand einer Genossenschaft haftet im Wesentlichen in demselben Umfang wie der Vorstand einer AG oder die Geschäftsführer einer GmbH.

1. Haftung gegenüber der Genossenschaft
a) Haftung wegen Verletzung organschaftlicher Pflichten

310 § 34 Abs. 2 GenG regelt die organschaftliche Haftung des Vorstandes für Sorgfaltspflichtverletzungen gegenüber der Genossenschaft, er ist weitgehend identisch mit § 43 Abs. 2 GmbHG, § 93 Abs. 2 AktG. Auch für die Frage von Beginn und Ende des Vorstandsamts, für die Haftung faktischer Vorstandsmitglieder usw. gelten dieselben Grundsätze wie für GmbH-Geschäftsführer bzw. den Vorstand der AG (vgl. Rn 57, 273).

311   Wie bei § 93 Abs. 1 AktG sind Pflichtverletzungen und Verschulden definiert durch den Begriff des **„ordentlichen und gewissenhaften Geschäftsleiters** einer Genossenschaft", § 34 Abs. 1 GenG. Zu den Sorgfaltspflichten des Vorstands der Genossenschaft gehören alle Pflichten, die sich aus Gesetz, Satzung, Dienstvertrag ergeben, insbesondere auch die in § 34 Abs. 1 S. 2 ausdrücklich erwähnte Verschwiegenheitspflicht.[325]

312   § 34 Abs. 3 GenG regelt Sonderfälle von Pflichtverletzungen, die zu Eingriffen in die Kapitalgrundlage der Genossenschaft führen. Im Fall solcher Pflichtverletzungen wird das Eintreten eines Schadens vermutet.[326] Außerdem können die Gläubiger im Falle solcher Sorgfaltspflichtverletzungen nach Absatz 5 Klage auf Ersatz an die Genossenschaft erheben. Dabei kann sich der Vorstand den Gläubigern gegenüber weder auf einen vorher ergangenen Beschluss der Generalversammlung berufen noch auf einen späteren Verzicht oder Vergleich.

313   Die Verjährungsfrist beträgt fünf Jahre ab Entstehung des Anspruchs, § 34 Abs. 6 GenG.

---

323 Vgl. Kölner Komm-AktG/*Mertens/Cahn*, § 39 Rn 218 ff., 226.
324 Ein strafrechtliches Risiko besteht insbesondere, wenn falsche Angaben im Sinne des § 399 AktG gemacht wurden, unrichtige Darstellungen i.S.d. § 400 AktG gegeben wurden, der Verlust der Hälfte des Grundkapitals nicht angezeigt wurde, § 401 Abs. 1 AktG, der Insolvenzantrag nicht fristgemäß gestellt wurde, § 15 a InsO, bei Verletzungen der Geheimhaltungspflicht § 404 AktG. Einen Katalog von Ordnungswidrigkeiten enthalten §§ 405, 406 AktG.
325 Vgl. *Beuthien*, § 34 Rn 8.
326 *Beuthien*, § 34 Rn 19.

König

b) pVV des Dienstvertrages

pVV des Dienstvertrages spielt neben § 34 Abs. 2 GenG keine Rolle. Entweder geht man da- **314**
von aus, dass § 34 GenG die pVV verdrängt, Pflichtverletzungen des Dienstvertrages also nur ein
Unterfall der Sorgfaltspflichtverletzung im Sinn des § 34 Abs. 2 GenG sind,[327] oder man hält die
pVV noch für anwendbar, unterwirft sie aber den Regelungen des § 34 Abs. 3 bis 6 GmbHG, wodurch sie praktisch keine selbständige Bedeutung mehr hat (vgl. zur AG Rn 294, zur GmbH
Rn 55).

c) Haftung für nach Insolvenzreife geleistete Zahlungen

Der Genossenschaft gegenüber haftet der Vorstand schließlich auch bei Masse schmälernden **315**
Leistungen nach Eintritt der Überschuldung oder Zahlungsunfähigkeit, § 99 GenG. Die Vorschrift
entspricht § 64 GmbHG (vgl. Rn 90 ff.). Allerdings enthält § 98 GenG eine Sonderregelung für die
Definition der Zahlungsunfähigkeit von Genossenschaften.

2. Haftung des Vorstands gegenüber den Genossen

Wie bei GmbH und AG steht den Genossen ein unmittelbarer Anspruch aus organschaftlicher **316**
Haftung des Vorstandes nicht zu. § 34 GenG ist kein Schutzgesetz zugunsten der Genossen i.S.d.
§ 823 Abs. 2 BGB.[328]

Bezüglich § 823 Abs. 1 BGB gilt nichts anderes als bei der GmbH. Die herrschende Lehre **317**
lehnt es ab, im Innenverhältnis der Genossenschaft (also im Verhältnis zwischen Vorstand und
Genossen) die Mitgliedschaft als „sonstiges Recht" im Sinne des § 823 Abs. 1 BGB anzuerkennen
(vgl. zur GmbH Rn 120).[329]

Der Vorstand haftet den Genossen nach § 823 Abs. 2 BGB, wenn er schuldhaft Gesetze ver- **318**
letzt, die auch dem Schutz der Genossen dienen. Aus dem Genossenschaftsgesetz sind als
Schutzgesetz anerkannt §§ 69, 147 f. GenG (Straf- und Bußgeldvorschriften).[330] Als Schutzgesetz
zugunsten der Genossen ist auch § 99 GenG anzuerkennen, jedenfalls in den Fällen, in denen die
Genossen eine Nachschusspflicht haben (§ 105 GenG). Insoweit ist die Regelung, dass nach Eintritt der Insolvenzreife keine Zahlungen mehr geleistet werden dürfen und die Zahlungen an die
Gesellschaft zu erstatten sind, nicht nur Schutzgesetz zugunsten der Gesellschaft, sondern auch
zugunsten der nachschusspflichtigen Genossen.[331]

Hinsichtlich der vorsätzlichen sittenwidrigen Schädigung von Genossen wird auf Rn 125 **319**
verwiesen. Für die Haftung gemäß §§ 25, 125, 205 UmwG wird auf Rn 126 verwiesen.

3. Haftung gegenüber Gläubigern der Gesellschaft

a) Haftung wegen Verletzung organschaftlicher Pflichten

Die organschaftliche Haftung nach § 34 GenG kommt den Gläubigern mittelbar zugute. Dass die **320**
Gläubiger nach § 34 Abs. 5 GenG im Fall der Verletzung von Pflichten nach § 34 Abs. 3 GenG den
Ersatzanspruch geltend machen können, soweit sie von der Genossenschaft keine Befriedigung
erlangen können, dient nicht der Befriedigung des bei den Gläubigern entstandenen Schadens.
Die Gläubiger können insoweit den Anspruch zwar im eigenen Namen geltend machen, er ist
aber gerichtet auf Zahlung an die Genossenschaft. Der Schadensausgleich findet über die Ge-

---

327 *Beuthien*, § 34 Rn 2.
328 *Beuthien*, § 34 Rn 5.
329 *Beuthien*, § 34 Rn 5.
330 *Beuthien*, § 99 Rn 6.
331 *Beuthien*, § 99 Rn 6.

nossenschaft statt. Während des Insolvenzverfahrens macht der Insolvenzverwalter die Ansprüche geltend, § 34 Abs. 5 S. 3 GenG. Die Ansprüche verjähren in fünf Jahren, § 34 Abs. 6 GenG.

b) Weitere zivilrechtliche Haftungsnormen

321 Die Vorstandsmitglieder haften ebenso wie Geschäftsführer aus c.i.c. (vgl. Rn 130). Verletzt ein Vorstandsmitglied einer Genossenschaft Rechtsgüter des § 823 Abs. 1 BGB gegenüber Gläubigern, haftet er wie jeder Dritte auf Schadensersatz. Ob der Vorstand für Rechtsgutverletzungen bei Dritten auch dann haftet, wenn ihm lediglich der Vorwurf gemacht werden kann, den Betrieb der Genossenschaft nicht so organisiert zu haben, dass solche Rechtsgutverletzungen verhindert wurden, ist zweifelhaft. Insoweit stellt sich ebenso wie bei der GmbH die Frage, ob solche Organisationspflichten des Vorstandes nur der Genossenschaft gegenüber bestehen oder auch außenstehenden Dritten gegenüber (vgl. Rn 151 ff.).

322 Bezüglich § 823 Abs. 2 BGB ergeben sich keine Abweichungen zur Haftung des Geschäftsführers der GmbH (vgl. Rn 160). Im Falle der Verschleppung der Insolvenzantragspflicht ist § 15a InsO Schutzgesetz i.S.d. § 823 Abs. 2 BGB. Es gelten dieselben Grundsätze wie bei der GmbH (vgl. Rn 200 ff.), zur Haftung gem. § 26 Abs. 3 InsO, vgl. Rn 224. Bezüglich § 826 BGB kann auf Rn 198 verwiesen werden, bezüglich §§ 25, 125, 205 UmwG auf Rn 149.

4. Strafbarkeit des Vorstandes nach Spezialregelungen

323 Spezielle Strafvorschriften enthalten die §§ 147 f. GenG. Strafbar ist die Angabe falscher Daten nach § 147 GenG, das Unterlassen der Einberufung der Generalversammlung bei Verlust von 50% des Kapitals, § 148 Abs. 1 Nr. 1 GenG, und die Verletzung der Geheimhaltungspflicht § 151 GenG. Ordnungswidrig handelt ein Vorstand im Fall des Stimmenkaufs, § 152 GenG. Die Verschleppung des Insolvenzantrags ist strafbar nach § 15a Abs. 4, 5 InsO.

IX. Haftung des Vorstands einer rechtsfähigen Stiftung

324 Der Vorstand einer rechtsfähigen Stiftung führt nach § 86 BGB deren Geschäfte. Ergänzend zu §§ 80 ff. BGB gelten die Stiftungsgesetze der einzelnen Bundesländer. Die Stiftung haftet nach §§ 89, 31 BGB für das Handeln ihres Vorstands. Die Vorstandsmitglieder selbst haften gegenüber der Stiftung und außenstehenden Gläubigern.

1. Haftung gegenüber der Stiftung
a) Haftung aus Vertragsverhältnis

325 Zwischen dem Vorstandsmitglied und der Stiftung kann ein **Dienstvertrag** abgeschlossen sein, dessen Verletzung zum Schadensersatz verpflichtet. Ist ein Dienstvertrag nicht abgeschlossen, gilt gemäß §§ 86, 27 Abs. 3 BGB das **Auftragsrecht** des BGB, also §§ 664 ff. BGB. Verletzt der Vorstand die sich aus diesem Rechtsverhältnis ergebenden Pflichten, haftet er bei Verschulden i.S.d. §§ 276 BGB auf Schadensersatz. Die Hauptverpflichtung des Vorstandes gegenüber der Stiftung besteht darin, das Stiftungsvermögen satzungsgemäß zu verwalten. Verletzt er diese Verpflichtung, setzt er beispielsweise Stiftungsvermögen außerhalb des Stiftungszwecks ein oder macht er risikoreiche Anlagen, haftet er bei Verschulden der Stiftung auf Schadensersatz.[332] Der Anspruch wird in diesen wie in den anderen Fällen, in denen die Stiftung Schadensersatz ver-

---

332 *Rödel*, NZG 2004, 754, 756.

König

langt, von der **Stiftungsaufsicht** durchgesetzt, je nach Regelung in den Stiftungsgesetzen der Länder u.U. durch Bestellung eines Vertreters für die Stiftung, der die Ansprüche zu realisieren hat.

b) Haftung nach §§ 823 ff. BGB

Der Vorstand kann der Stiftung auch deliktsrechtlich haften gemäß §§ 823 Abs. 1 und 2 (insbe- 326
sondere im Zusammenhang mit Vermögensdelikten), 826 BGB. Ein Fall des § 823 Abs. 2 BGB kann insbesondere vorliegen bei Veruntreuung von Stiftungsvermögen, § 266 StGB.

2. Haftung gegenüber Gläubigern

Hat der Vorstand in besonderer Weise beim Abschluss von Rechtsgeschäften Vertrauen auf seine 327
Person gezogen, kann er persönlich nach den Grundsätzen der c.i.c. haften (vgl. Rn 130 ff.).

Nach § 42 Abs. 2 BGB, auf den § 86 BGB für Stiftungen verweist, hat der Vorstand im Falle 328
einer Zahlungsunfähigkeit oder Überschuldung der Stiftung die Eröffnung des Insolvenzverfahrens zu beantragen. Wird der Antrag verzögert, haften die Vorstandsmitglieder gemäß § 42 Abs. 2 S. 2 BGB auf Schadensersatz. Es gilt dasselbe wie zur entsprechenden Haftung des GmbH-Geschäftsführers (vgl. Rn 200 ff.).

Zur Haftung des Vorstandes der Stiftung für nicht abgeführte Steuern, vgl. Rn 225. 329

X. Haftung des Inhabers gegenüber einem stillen Gesellschafter

In den Fällen einer stillen Gesellschaft führt der Unternehmensinhaber die Geschäfte. Er haftet 330
gegenüber dem stillen Gesellschafter aus Verletzung des Gesellschaftsvertrages, wenn er Pflichten aus dem Gesellschaftsvertrag, insbesondere Treuepflichten, schuldhaft verletzt und dadurch dem stillen Gesellschafter ein Schaden entsteht.[333]

Gegen den Gesellschaftsvertrag verstößt der Inhaber auch, wenn er **wesentliche Grundla-** 331
gen des Gewerbebetriebs ändert, insbesondere den Gewerbebetrieb ohne Zustimmung des stillen Gesellschafters veräußert oder einstellt.[334] Eine Pflichtverletzung des Partners des stillen Gesellschafters kann auch darin bestehen, dass er dem Unternehmen **Wettbewerb** macht. Für den Inhaber des Unternehmens gelten im Falle der stillen Gesellschaft zwar nicht die §§ 112, 113 HGB; der Inhaber verstößt aber gegen die gesellschaftsrechtliche Treuepflicht, wenn er Tätigkeiten entfaltet, die in Konkurrenz zum betriebenen Handelsgeschäft stehen, an dem der stille Gesellschafter beteiligt ist.[335]

Die §§ 112, 113 HGB werden analog angewandt, wenn es sich um eine atypisch stille Gesell- 332
schaft handelt, die im Innenverhältnis einer OHG oder KG weitgehend angeglichen ist.[336]

Praxistipp 333
Zur Vermeidung von Missverständnissen sollte im stillen Gesellschaftsvertrag geregelt werden, wie weit der Inhaber des Handelsgeschäfts einem Wettbewerbsverbot unterliegt.

---

333 Eine Verletzung der gesellschaftsrechtlichen Treuepflicht gegenüber dem stillen Gesellschafter liegt z.B. vor, wenn der Inhaber des Unternehmens die geleistete stille Einlage nicht bestimmungsgemäß verwendet oder dem Unternehmen in einer gegen den stillen Gesellschaftsvertrag verstoßenden Weise Vermögen entzieht, vgl. BGH ZIP 1987, 1316, 1318; BGH NJW 1995, 1353, 1354; OLG Hamm BB 1978, 1585, 1886.
334 BGH BB 1963, 1277.
335 Baumbach/*Hopt*, § 230, Rn 16; Ensthaler/*Fahse*, § 230 Rn 30.
336 MüKo-HGB/*Schmidt*, § 230 Rn 141.

334 Für das Verschulden gilt der **Haftungsmaßstab des § 708 BGB,** wenn nichts Abweichendes vereinbart ist.[337] Sind die stillen Gesellschaftsverträge mit einer GmbH abgeschlossen worden, und haben die stillen Beteiligungen die Struktur einer Publikums-Gesellschaft, gilt statt des § 708 BGB für den Verschuldensmaßstab § 276 BGB, u.U. § 43 Abs. 1 GmbHG. Der BGH hat in einem solchen Fall der „Publikums-Struktur" der stillen Beteiligungen angenommen, dass der Geschäftsführer der GmbH, mit der die stillen Beteiligungen bestehen, aus Verletzung seines Dienstvertrages unmittelbar den Stillen gegenüber haftet, weil der Dienstvertrag Schutzwirkung zugunsten der stillen Gesellschafter hat.[338]

335   Die **Lehre vom Doppelschaden** (vgl. Rn 38) kommt auch bei der stillen Gesellschaft zur Anwendung. Dies bedeutet bei der stillen Gesellschaft, dass der Partner des stillen Gesellschafters verpflichtet ist, in seinem Unternehmensvermögen den Schaden auszugleichen.[339] Leistung an sich selbst kann der Stille danach nur verlangen, wenn nach dem stillen Gesellschaftsvertrag ohnehin vorgesehen war, dass die Leistung an ihn hätte erfolgen müssen (z.B. vorgesehen war, dass die Anlagegelder des stillen Gesellschafters an ihn ausgeschüttet werden, soweit sie zum Erwerb bestimmter Wirtschaftsgüter nicht erforderlich waren),[340] oder der Schaden des stillen Gesellschafters darin besteht, dass sein Gewinnanteil geschmälert worden ist oder nach Kündigung einer atypisch stillen Gesellschaft das Auseinandersetzungsguthaben infolge der schädigenden Handlung des Partners geringer ausfällt.[341]

XI. Haftung eines Direktors einer britischen Private Company Limited by Shares (Ltd.)

336 Nach den oben bereits zitierten Urteilen des EuGH in Sachen *Überseering* und *Inspire Art* (vgl. § 53) folgt aus der Niederlassungsfreiheit im Europäischen Binnenmarkt (Artikel 43, 48 EG), dass auf Gesellschaften, die im Inland ihren Verwaltungssitz haben, aber im EWR-Ausland gegründet wurden, grundsätzlich das Gesellschaftsrecht des Gründungsstaates anzuwenden ist.

337   Das hat Konsequenzen für die **Haftung des Direktors** (Geschäftsleiters) einer solchen Ltd.

338   Nach welchen rechtlichen Regelungen richtet sich die Haftung des Geschäftsleiters: Nach englischem Recht, jedenfalls nach englischem Gesellschaftsrecht, nach deutschem Recht oder nach beiden Rechtsordnungen? Gerade zur Haftung des Direktors ergeben sich schwierige Detailfragen aus dem Nebeneinander von deutschem und englischem Recht.[342]

339   Das häufige Argument, mit dem Ltd.'s am deutschen Markt angepriesen werden, hier könne man für kleines Geld (Gründungskapital 1 Pfund) sich die Freiheit von persönlichen Haftungsrisiken sichern, ist jedenfalls irreführend. Wo deutsches Gesellschaftsrecht und damit auch die eine Haftung des Geschäftsführers begründenden Normen nicht anwendbar sind, greift englisches Recht ein, dessen Risiken in zentralen Bereichen, z.B. Haftung wegen Unterkapitalisierung bei Gründung oder Haftung wegen Insolvenzverschleppung, keinesfalls geringer sind als die des deutschen Rechts.[343]

340   Nimmt man hinzu, dass Haftungsnormen nach dem englischen Recht, insbesondere nach dem common law, unübersichtlicher sind als diejenigen des deutschen Rechts, und dass ein

---

337 Baumbach/*Hopt*, § 230 Rn 17; BGH BB 1963, 1277.
338 BGH NJW 1995, 1353, 1354.
339 BGH ZIP 1987, 1316, 1318 = WM 1987, 1193, 1194; Besprechung dazu von *Windbichler*, ZGR 1989, 434f.; Ensthaler/*Fahse*, § 230 Rn 30.
340 BGH NJW 1995, 1353, 1356.
341 BGH ZIP 1987, 1316, 1318.
342 *Fleischer*, DStR 2000, 1015ff.; *Schumann*, DB 2004, 743ff.; *Schröder/Schneider*, GmbHR 2005, 1288f.; *Haack*, RIW 1991, 992ff.; *Paefgen*, GmbHR 2005, 957f.; *Lieder*, DZWIR 2005, 399f.; *Dierksmeier*, BB 2005, 1516, *Grütters*, BB 2005, 1523; *Zöllner*, GmbHR 2006, 1; *Wilhelmi*, GmbHR 2006, 13, 14ff.
343 Vgl. dazu *Schröder/Schneider*, GmbHR 2005, 1288f.; *Lieder*, DZWIR 2005, 399f.

König

Direktor u.U. auch in Großbritannien auf Schadensersatz verklagt werden kann (Art. 22 EGVVO), kann vor einer „Flucht in die Ltd." zwecks Vermeidung der Haftung des Geschäftsführers nur gewarnt werden. Die Einzelheiten der Diskussion können hier nicht dargestellt werden.

Der Versuchung, englische Ltd.'s aus Gründen mangelnden Kapitals zu gründen, ist inzwischen gewehrt durch die mit dem MoMiG eingeführte Unternehmergesellschaft gemäß § 5a GmbHG.

Gleichzeitig ist die Strafbarkeit der Insolvenzverschleppung ausgeweitet worden auf die Geschäftsleitung ausländischer juristischer Personen § 15 a InsO; die InsO gilt unstreitig für inländische wie ausländische Gesellschaften mit Verwaltungssitz in Deutschland. Damit hat die Ltd. weitgehend den Reiz verloren, wenn sie einen solchen je gehabt hat.

Folgende Leitlinie für die Haftung eines Ltd.-Direktors kristallisiert sich heraus: **341**
- Soweit es um Haftungsnormen geht, die dem Gesellschaftsrecht zuzuordnen sind, ist nicht das Gesellschaftsrecht des Verwaltungssitzes der Gesellschaft anzuwenden, sondern das Recht des Gründungsstaates.
- Soweit es sich um Normen außerhalb des Gesellschaftsrechts handelt, etwa allgemeines Deliktsrecht, strafrechtliche Normen oder Vorschriften des Insolvenzrechts (nach Art. 4 Abs. 2 Lit. n. EuInsVO gilt für Insolvenzverfahren das Recht des Verwaltungssitzes der Gesellschaft), gilt das Recht des Staates, in dem die Gesellschaft tätig ist.
- Dem deutschen Gesellschaftsrecht zuzurechnen sind etwa Haftungsnormen wie § 11 Abs. 2 GmbHG, der auf eine englische Ltd. nicht anwendbar ist,[344] oder § 43 Abs. 1, Abs. 2 GmbHG.
- Ebenso wenig auf eine englische Ltd. ist anwendbar § 31 Abs. 6 GmbHG i.V.m. § 30 GmbHG, weil die Vorschriften des Kapitalschutzes dem deutschen Gesellschaftsrecht zugehören und das englische Recht vergleichbare Vorschriften nicht kennt. Dasselbe gilt für § 43 GmbHG.[345]

Dieselbe Frage ergibt sich bei Haftungstatbeständen, die an § 823 Abs. 2 BGB anknüpfen. Kann **342** hier auf Haftungsgrundsätze des englischen Gesellschaftsrechts zurückgegriffen werden, gelten diese Regelungen möglicherweise als Schutzgesetze i.S.d. § 823 Abs. 2 BGB.

Eindeutig ist dagegen, dass Haftungen nach deutschem Deliktsrecht auch für den Direktor **343** der englischen Ltd. gelten, z.B. §§ 823, 826 BGB, § 823 Abs. 2 BGB i.V.m. § 263 StGB, § 266a StGB. Für den Direktor einer Ltd. gilt auch die Haftung gegenüber dem Finanzamt nach §§ 34, 69 AO. Die weitere Entwicklung der Rechtsprechung zur Haftung des Geschäftsleiters ausländischer Gesellschaften bleibt abzuwarten.

XII. Haftung der Direktoren einer Europäischen Gesellschaft (SE)

Die Haftung der Direktoren einer SE für Schäden, die sie der Gesellschaft zugefügt haben, richtet **344** sich gemäß Art. 51 SE-VO nach den im jeweiligen Sitzstaat für Aktiengesellschaften geltenden Rechtsvorschriften.

Das deutsche Einführungsgesetz zur SE[346] verweist dementsprechend auf die Anwendbar- **345** keit des § 93 AktG. Wählt das Gesellschaftsstatut das dualistische System (Aufsichtsrat/Vorstand), gilt § 93 AktG unmittelbar. Wählt das Gesellschaftsstatut das monistische System (Verwaltungsrat), hat der Verwaltungsrat nach dem SEEG mindestens einen, u.U. mehrere Direktoren zu bestellen (§ 40 SEEG).

---

344 BGH NJW 2005, 1648; dazu *Paefgen*, GmbHR 2005, 957.
345 *Lieder*, DZWIR 2005, 399, 407.
346 SEEG v. 29.12.2004, BGBl I, 3675.

346   Für die Haftung der **Verwaltungsratsmitglieder** gilt nach § 39 SEEG, für die Haftung der **Direktoren** gilt nach § 40 Abs. 8 SEEG jeweils § 93 AktG entsprechend.

347   Für die Haftung der Organe **gegenüber Dritten** sieht die SE-Verordnung keine Regelung vor. Es gilt daher nach Art. 9 SE-VO uneingeschränkt das Recht des jeweiligen Sitzstaates.

348   Insoweit kann also auf die Ausführungen zur Aktiengesellschaft verwiesen werden (vgl. Rn 295).

Björn Fiedler, LL.M.
§ 14 Versicherungsschutz für Geschäftsführungs- und Aufsichtsorgane von Unternehmen

Literatur: *American Law Institute Publishers*, Principles of Corporate Governance, Vol. I, 1994; *Assmann/Schütze*, Handbuch des Kapitalanlagerechts, 3. Aufl. 2007; *Bastuck, Burkard (Hrsg.) u.a.*, Enthaftung des Managements, 1986; *Baumbach/Hueck*, GmbH-Gesetz, 19. Aufl. 2010; Berliner Kommentar zum Versicherungsvertragsgesetz, 1999; *Block/Barton/Radin*, The Business Judgement Rule, Vol. I and II, 5th Ed. 1998; *Dreher*, Der Abschluss von D&O-Versicherungen und die aktienrechtliche Zuständigkeitsordnung, ZHR 165 (2001), 293, 315; *Dreher*, Die Rechtsnatur der D&O-Versicherung, DB 2005, 1669; *Drygala/Drygala*, Wer braucht ein Frühwarnsystem? Zur Ausstrahlungswirkung des § 91 Abs. 2 AktG, ZIP 2000, 297; *Ebenroth/Kräutter*, Die Eigenhaftung des GmbH-Geschäftsführers bei der Anlagevermittlung, BB 1990, 569; *Fleischer*, Die „Business Judgement Rule“: Vom Richterrecht zur Kodifizierung, ZIP 2004, 685; *Gehrlein*, Die Prospektverantwortlichkeit von Beirats- oder Aufsichtsratsmitgliedern als maßgeblichen Hintermännern, BB 1995, 1965; *Graf von Westphalen*, D&O-Versicherung und Direktanspruch der Gesellschaft gegenüber der Versicherung, DB 2005, 431; *Groß*, Die börsengesetzliche Prospekthaftung, AG 1999, 199; *Hopt/Wiedemann*, Großkommentar zum Aktiengesetz, 4. Aufl. 2012; *Hopt/Voigt*, Prospekt- und Kapitalmarktinformationshaftung, 2004; *Horn*, Die Haftung des Vorstands der AG nach § 93 AktG und die Pflichten des Aufsichtsrats, ZIP 1997, 1129, 1132; *Ihlas*, D&O – Directors & Officers Liability, 2. Aufl. 2009; *Ihlas*, Organhaftung und Haftpflicht, 1997; *Langheid/Wandt*, Versicherungsvertragsgesetz VVG, 2011; *Merkt*, US-amerikanisches Gesellschaftsrecht, 2. Aufl. 2006; *Meyke*, Die Haftung des GmbH-Geschäftsführers, 4. Aufl. 2007; *Michalski*, Kommentar zum Gesetz betreffend die Gesellschaften mit beschränkter Haftung (GmbH-Gesetz), 2. Aufl. 2010; *Münchener Kommentar zum Aktiengesetz*, Band 2: §§ 76–117, MitbestG, DrittelbG, 3. Aufl. 2008; *Prölss/Martin*, Versicherungsvertragsgesetz VVG, 28. Aufl. 2010; *Römer/Langheid*, Versicherungsvertragsgesetz VVG, 3. Aufl. 2012; *Rowedder/Schmidt-Leithof*, Gesetz betreffend die Gesellschaften mit beschränkter Haftung: GmbHG, 4. Aufl. 2009; *Schimansky/Bunte/Lwowski*, Bankrechts-Handbuch, 4. Aufl. 2011; *Scholz*, GmbHG, 11. Aufl. 2012; *Thümmel*, Persönliche Haftung von Managern und Aufsichtsräten, 4. Aufl. 2008.

Inhalt

I. Einleitung

1 Die D&O-Versicherung (Directors' and Officers') ist eine Vermögensschaden-Haftpflichtversicherung für Unternehmensleiter und Aufsichtsorgane juristischer Personen. Sie hat sich zunächst in den USA etabliert, wo sie ihre Entwicklung beginnend mit dem „schwarzen Freitag" an der Wall Street (25.10.1929) und dem Zusammenbruch des Aktienmarktes nahm.[1] Danach wurde die Organhaftung in den USA – insbesondere durch Einführung des Securities Act of 1933 und des Securities Exchange Act of 1934, welche die Kontrolle bei der Ausgabe und dem Handel mit Wertpapieren zum Schutz der Anleger zum Gegenstand haben – erheblich verschärft. Diese Entwicklung führte dazu, dass sich die D&O Police in USA mit großem Erfolg etablieren konnte.[2]

2   Das US-Recht weist entscheidende Unterschiede zum deutschen Recht auf, die eine Entwicklung der D&O Police in den USA gefördert haben. Nach US-amerikanischen Recht besteht die Möglichkeit der direkten Geltendmachung von Schadensersatzansprüchen durch die Aktionäre.[3] Für diese Direktklage der Aktionäre reicht es regelmäßig aus, wenn der Kläger zum Zeitpunkt des Managementfehlverhaltens Aktionär der Gesellschaft war und das Management vor der Klageerhebung vergeblich aufgefordert hatte, die von ihm geforderten Maßnahmen zu ergreifen. Die Klage wird dann im eigenen Namen des Aktionärs erhoben, richtet sich aber grundsätzlich auf Schadensersatzleistungen an die Gesellschaft, so dass eine Art von Prozeßstandschaft besteht.[4]

3   Neben dieser prozessualen Möglichkeit der Direktklage durch Aktionäre weist das amerikanische Zivilprozessrecht eine weitere Besonderheit auf, die als „American Rule" bezeichnet wird.[5] Anders als im deutschen Zivilprozessrecht besteht nach US-amerikanischen Recht keine dem § 91 ZPO entsprechende Norm. Deshalb trägt in den USA regelmäßig jede Partei ihre eigenen Kosten, unabhängig von ihrem Anteil am Unterliegen oder Obsiegen des Rechtsstreites. Der Rechtsanwalt des Klägers arbeitet regelmäßig auf der Basis eines Erfolgshonorars, so dass der erfolglose Kläger für die Kosten seines Anwalts nicht aufkommen muss. Der Beklagte dagegen muss selbst dann, wenn der – unbegründete – Anspruch des Klägers erfolgreich abgewendet wurde, seine Rechtsverteidigungskosten selbst tragen. Diese Konstellation begünstigt einerseits aufgrund der Zulässigkeit eines Erfolgshonorars auch die Wahrscheinlichkeit einer Klageerhebung gegen Organe von Unternehmen. Andererseits ist das Kostenrisiko für die Beklagten selbst dann zu berücksichtigen, wenn sie zu Unrecht in Anspruch genommen wurden, was das Bedürfnis nach einem umfassenden Versicherungsschutz fördert.

4   Aufgrund der Entwicklung der Rechtsprechung[6] und einer immer weiter fortschreitenden Haftungsverschärfung, die auch in Deutschland zugenommen hat,[7] hat sich die D&O-Versicherung seit Ende der 90er Jahre auch hier etabliert und ist inzwischen nicht mehr wegzudenken. Die versicherten Organmitglieder sehen sich stetig steigenden Schadenersatzforderungen ausgesetzt.[8]

---

1 Zur geschichtlichen Entwicklung der D&O-Versicherung vgl. ausführlich *Ihlas*, Organhaftung und Haftpflichtversicherung, S. 35 ff.
2 *Thümmel*, Rn 403.
3 Sog. Shareholder Derivative Suite vgl. dazu *Merkt*, Rn 824 ff.
4 *Thümmel*, Rn 6.
5 Vgl. zur American Rule *Bastuck*, S. 27, 56 f., 141 f.
6 BGHZ 135, 244 – „ARAG".
7 Vgl. Änderungen durch UMAG, KonTraG, TransPUG und MoMiG.
8 Vgl. dazu Großkommentar AktG/*Hopt*, § 93 Rn 16, der bereits in der Kommentierung aus dem Jahre 1999 darauf hinweist, dass „*seit den achtziger Jahren*" eine stetige Steigerung der geltend gemachten

Fiedler

Entscheidende Bedeutung für die organschaftliche Haftung haben insbesondere die Innen- **5** haftungsansprüche gemäß der § 43 GmbHG und § 93 AktG. Die Unterschiede der organschaftlichen Haftung in Deutschland und ihre komplexen Facetten wirken sich zwangsläufig auf das Deckungskonzept der D&O-Versicherung aus. Deshalb gilt es, sich die Grundlagen der Managerhaftung in Deutschland vor Augen zu führen bevor das Deckungskonzept der D&O-Versicherung näher beleuchtet werden kann. Folgende Gesichtspunkte sind dabei von maßgeblicher Bedeutung:

II. Systematische Einordnung der Haftung von Managern und Aufsichtsorganen in Deutschland

Das deutsche Recht weist kein einheitliches System der Managerhaftung auf, sondern enthält **6** jeweils spezialgesetzliche Regelungen für Teilbereiche. Dabei ist eine Zweiteilung der Haftung in die Innenhaftung und Außenhaftung vorzunehmen. Von der Innenhaftung wird die Haftung des Unternehmensleiters gegenüber dem Unternehmen umfasst, die Außenhaftung dagegen beschreibt die Haftung des Unternehmensleiters gegenüber allen anderen Anspruchsberechtigten, wobei wiederum jeweils nach Art der Anspruchsberechtigten zu differenzieren ist.

1. Die Innenhaftung gemäß der §§ 93 Abs. 2 AktG und 43 Abs. 2 GmbHG als Gegenstand des Versicherungsschutzes bei der D&O Versicherung

Innenhaftungsansprüche können grundsätzlich immer nur dem Unternehmen zustehen, dessen **7** Organ der Unternehmensleiter (gewesen) ist.[9] Während die Innenhaftung früher als wenig bedeutsam angesehen wurde,[10] kommt ihr insbesondere aufgrund der „ARAG/Garmenbeck" Entscheidung des BGH[11] inzwischen erhebliche praktische Bedeutung zu.

a) Mittelbarer Schutz der Gläubigerinteressen durch die in § 93 AktG/§ 43 GmbHG normierte Innenhaftung

Die Innenhaftung ist in § 93 AktG/§ 43 GmbHG geregelt. Danach haften Unternehmensleiter, die **8** ihre Pflichten verletzen, der Gesellschaft zum Ersatz des daraus entstandenen Schadens als Gesamtschuldner. Für die Aufsichtsorgane trifft die Verweisungsvorschrift des § 116 AktG eine entsprechende Regelung. Man spricht in diesem Zusammenhang von Innenhaftung, weil die Haftung das Innenverhältnis zwischen Organ und Gesellschaft betrifft.

Die Innenhaftung ist dem deutschen Gesellschaftsrecht als Regelfall immanent. Dies folgt **9** aus dem gesellschaftsrechtlichen Prinzip der Haftungstrennung, welches in § 13 Abs. 2 GmbHG und § 1 Abs. 1 S. 2 AktG verankert ist. Dem Gläubiger steht als Haftungsmasse grundsätzlich nur

---

Schadensersatzforderungen eingetreten ist; des Weiteren aus dem Jahre 2002 *Sieg*, DB 2002, 1759, 1764; *Fromme*, Financial Times Deutschland, Dossier v. 30.9.2006 („*Sichere Balance")*; aus der neueren Presse vgl. *Tödtmann*, Wirtschaftswoche v. 17.3.2011: („*Managerhaftpflicht: Auf Versicherer rollt Klagewelle zu");* *Fromme/Krüger*, Sonderbeilage der Financial Times Deutschland v. 27.5.2011 („Managerhaftung: Japan Desaster führt zu D&O-Schäden"); *Krieger*, Financial Times Deutschland, Sonderbeilage, Managerhaftung, v. 27.5.2011 („*Geschlossene Front");* *Jahn*, FAZ v. 25.10.2011 („*Ex-Manager geraten künftig häufiger in die Haftungsfalle")*.
9 Eine Ausnahme besteht bei der GmbH & Co. KG, wo der Geschäftsführer formal Organ der Komplementär-GmbH ist. Hier hat der BGH der KG ausdrücklich einen unmittelbaren Direktanspruch gegenüber der Geschäftsführung eingeräumt, weil er das Anstellungsverhältnis zwischen Geschäftsführer und GmbH als Vertrag mit Schutzwirkung zugunsten Dritter (nämlich der KG) qualifizierte, dazu BGHZ 75, 321, 322; BGHZ 76, 326, 337 f.; BGH GmbHR 2002, 588, 589.
10 So noch *Meyke*, § 2 Rn 28.
11 BGHZ 135, 244.

das Vermögen der Gesellschaft zur Verfügung. Er kann keine Ansprüche gegen die Gesellschafter erheben[12] und nur in Ausnahmefällen unmittelbar die Unternehmensleiter auf Schadensersatz in Anspruch nehmen.

10　　Der Schutz des Gläubigers wird daher maßgeblich auch durch die Innenhaftung des Organmitglieds gegenüber der Gesellschaft gewährleistet.[13] Denn wenn begründete Schadensersatzansprüche im Innenverhältnis mit Erfolg geltend gemacht werden, dann erhöht sich die Haftungsmasse der Gesellschaft, die den Gläubigern zur Erfüllung ihrer Ansprüche zur Verfügung steht. Die Innenhaftung der Organe ist deshalb Teil der Unternehmensordnung und -kontrolle.[14] Der ganz überwiegende Teil der gemeldeten D&O-Schadensfälle betrifft deshalb auch den Bereich der Organinnenhaftung.[15]

b) Die Außenhaftung als ergänzender Schutz der Gläubigerinteressen

11　Nur deshalb, weil der Gläubiger im Rahmen der Innenhaftung das Insolvenzrisiko der Gesellschaft trägt, sieht der Gesetzgeber in besonderen Fällen – aber immer nur zusätzlich zu der beschriebenen Innenhaftung –, eine unmittelbare Außenhaftung des Unternehmensleiters gegenüber dem Gläubiger vor.

12　　Insbesondere im Falle eines deliktischen Verhaltens des Unternehmensleiters, oder wenn dieser im Rahmen von § 311 Abs. 3 BGB besonderes Vertrauen begründet und in Anspruch genommen hat, soll der Gläubiger nicht auf den Grundsatz der Haftungstrennung verwiesen werden und das Insolvenzrisiko der Gesellschaft tragen müssen.

13　　Entscheidend ist nunmehr, dass in diesen Fällen der Anspruch des Gläubigers gegen den Unternehmensleiter immer neben und gleichzeitig mit dem Anspruch gegen die Gesellschaft etabliert wird. Rechtlich gibt es – wenn der Unternehmensleiter in seiner Funktion als Organ tätig war – keinen Anspruch des Gläubigers, der sich nur gegen den Unternehmensleiter richtet. Wenn der Unternehmensleiter gegenüber dem Gläubiger haftet, dann haftet immer auch die Gesellschaft als juristische Person. Diese muss sich nämlich das Verhalten ihrer Organmitglieder nach § 31 BGB analog zurechnen lassen. Es wird also eine gesamtschuldnerische Haftung der Gesellschaft und des Unternehmensleiters gegenüber dem Gläubiger etabliert. Deshalb kommt der Außenhaftung praktisch, wenn auch nicht ausschließlich, so doch zumeist insbesondere dann Bedeutung zu, wenn sich der Anspruch gegen die Gesellschaft wegen eingetretener Insolvenz derselben als nicht werthaltig erweist.[16] Gerade dann wird der Gläubiger nämlich ausschließlich den Unternehmensleiter in Anspruch nehmen.[17]

---

12 Seit der bekannten „Trihotel"-Entscheidung hat der BGH (Urt. v. 16.7.2007 – II ZR 3/04, BGHZ 173, 246 ff.) – systematisch zutreffend – jeder Durchgriffshaftung des Gläubigers auf die Gesellschafterebene eine Absage erteilt und ordnet seitdem auch die Existenzvernichtungshaftung ausschließlich dem Innenverhältnis zwischen Gesellschaft und Gesellschafter über § 826 BGB zu. In diesen Fällen wurde bis zu der Zeit vor der Trihotel-Entscheidung ein Durchgriff auf die Gesellschafterebene ausnahmsweise zugelassen; vgl. dazu insbesondere BGH „Bremer Vulkan" BGHZ 149, 10.
13 Michalski/*Haas*/*Ziemons*, § 43 Rn 4; *Fleck*, ZHR 1985, 387 (395); Großkommentar AktG/*Hopt*, § 93 Rn 12.
14 Großkommentar AktG/*Hopt*, § 93 Rn 16.
15 *Ihlas* verweist auf Studien (Towers Perrin/Ihlas & Köberich D&O-Studie 2007), wonach der Anteil an Innenansprüchen bei 62% liegt; vgl. dazu Langheid/Wandt/*Ihlas*, D&O, Rn 424 sowie *Ihlas*, Directors & Officers Liability, S. 304 f. und 488 f.
16 Paradigmatisch sind die Fälle der kapitalmarktrechtlichen Außenhaftung wegen fehlerhafter Ad Hoc-Mitteilungen, vgl. dazu BGH ZIP 2005, 1270 – „EM TV"; BGH ZIP 2007, 682 – „Comrod I"; BGH ZIP 2007, 680 – „Comrod II"; BGH ZIP 2007, 326 – „Comrod III"; BGH ZIP 2007, 1564 – „Comrod IV"; BGH ZIP 2007, 1564 – „Comrod V"; BGH ZIP 2008, 410 – „Comrod VI"; BGH ZIP 2008, 410 – „Comrod VII"; BGH ZIP 2008, 829 – „Comrod VIII"; ein weiteres prominentes Beispiel bildet auch der Fall Kirch/ Deutsche Bank und Breuers, BGH NJW 2006, 1098.
17 BGH ZIP 2005, 1270 – „EM TV".

Fiedler

Erweist sich ein Außenhaftungsanspruch, der von einem Gläubiger gegen die Gesellschaft und das Organmitglied geltend gemacht wird, als begründet, so ist jedoch – und dies ist von ganz entscheidender Bedeutung – im Innenverhältnis zwischen Gesellschaft und betroffenem Organmitglied grundsätzlich das Organmitglied dazu verpflichtet, der Gesellschaft einen möglicherweise verbleibenden Schaden zu ersetzen. Denn es ist vornehmlichste Pflicht der Leitungsverantwortung eines Organs, die Gesellschaft so zu leiten, dass sie sich im Außenverhältnis rechtmäßig verhält.[18] Gerät die Gesellschaft also in die Haftung gegenüber einem Gläubiger, weil sie sich das Verhalten ihres Organs zurechnen lassen muss, so liegt grundsätzlich auch eine Pflichtverletzung der im Innenverhältnis gegeben Leitungsverantwortung nach § 93 Abs. 2 AktG vor.[19] **14**

Deshalb sind Freistellungsvereinbarungen, die eine Aktiengesellschaft mit einem Vorstandsmitglied vereinbart, rechtlich unwirksam.[20] Denn nach § 93 Abs. 4 S. 3 AktG darf die Gesellschaft im Innenverhältnis erst drei Jahre nach Entstehung eines möglichen Schadensersatzanspruchs und nur mit Zustimmung der Hauptversammlung auf einen möglichen Schadensersatzanspruch verzichten oder sich darüber vergleichen. Eine Gesellschaft, die ihr Leitungsorgan von vornherein für mögliche Außenhaftungsansprüche freistellt, würde gegen diese Vorschrift verstoßen, weil die Außenhaftung generell die Innenhaftung als mögliche Folge nach sich zieht. **15**

Festzuhalten ist deshalb an dieser Stelle der Erwägungen, dass der Außenhaftung immer nur vorgeschaltete Bedeutung zukommt. Reflex jeder Außenhaftung ist immer die Innenhaftung nach § 93 Abs. 2 AktG/§ 43 Abs. 2 GmbHG. **16**

Deshalb muss man primär auf die Innenhaftung abstellen, wenn man sich das Deckungskonzept der D&O Versicherung vor Augen führt. Sie ist – jedenfalls praktisch betrachtet – als das im Rahmen der D&O-Versicherung versicherte Risiko zu qualifizieren.[21] Denn selbst dann, wenn der Versicherer die begründeten Schadenersatzansprüche eines Dritten im Falle einer Außenhaftung befriedigt, wir dadurch mittelbar eine Innenhaftung gedeckt, weil durch die im Außenverhältnis durch den Versicherer durchgeführte Befriedigung des Gläubigers vorweggenommen und verhindert wird, dass der Gesellschaft ein Vermögensschaden entsteht, den sie bei dem im Innenverhältnis verantwortlichen Organmitglied anderenfalls regressieren müsste, wenn sie selbst – anstelle des Versicherers – den Gläubiger befriedigt hätte. **17**

Die vorgenannten Erwägungen gelten dabei für GmbH-Geschäftsführer und AG-Vorstände gleichermaßen. Gemäß § 43 Abs. 1 GmbHG haben die Geschäftsführer[22] die „Sorgfalt eines ordentlichen Geschäftsmannes" anzuwenden. Verletzen sie ihre Pflichten, so haften sie der Gesellschaft für den entstandenen Schaden. Für den AG Vorstand trifft § 93 Abs. 2 AktG eine ent- **18**

---

18 Michalski/*Haas/Ziemons*, § 43 Rn 46; *Goette*, DStR 1998, 1308, 1309.

19 *Hopt* weist auf die mögliche – jedoch schon als exotisch anmutende – Ausnahme hin, dass eine Haftung des Organmitglieds nur gegenüber Dritten begründet wird, weil das Organmitglied bei zweifelhafter Rechtslage einer für die Gesellschaft günstigen Rechtsauffassung folgt, die sich dann als unrichtig herausstellt und deshalb zu einer Eigenhaftung führt, ohne dass damit gleichzeitig eine Pflichtverletzung im Innenverhältnis einhergeht, vgl. dazu Großkommentar AktG/*Hopt*, § 93 Rn 516.

20 Bastuck, Enthaftung des Managements, S. 121; Kölner Komm AktG/*Mertens*, § 84 Rn 81; Thümmel, Persönliche Haftung von Managern und Aufsichtsräten, S. 146 Rn 307; Kreuzer, Die Haftung der Leitungsorgane von Kapitalgesellschaften; Schlechtriem, S. 74; Großkommentar AktG/*Hopt*, § 93 Rn 517.

21 Die Musterbedingungen des GDV sehen in Ziffer 1.1 der AVB AVG zunächst nur eine Versicherung der Außenhaftung vor und erweitern die Versicherung in Ziffer 1.3 auf die Innenhaftung, soweit die Ansprüche von der Hauptversammlung initiiert und von der Gesellschaft gerichtlich geltend gemacht werden. Diese, maßgeblich von *Ihlas* begründete, sog. modifizierte Innendeckung soll dem Risiko eines kollusiven Zusammenwirkens zwischen Gesellschaft und versichertem Organmitglied begegnen, vgl. dazu insbesondere *Ihlas/Stute*, Beilage zu PHi 4/2003, 1 ff. In den marktüblichen D&O-Versicherungen wird allerdings abweichend von den Musterbedingungen des GDV die Innenhaftung regelmäßig unmittelbar als Gegenstand der Versicherung definiert.

22 Für die Aktiengesellschaft folgt das Gleiche aus § 93 Abs. 1 AktG, wobei insoweit kein Unterschied zur Haftung des GmbH-Geschäftsführers besteht.

sprechende Bestimmung. Die Grundlagen der Haftung sind also – von einigen Ausnahmen abgesehen – für den GmbH-Geschäftsführer und den AG-Vorstand identisch. Die genannten
Vorschriften normieren einen allgemeinen Sorgfaltsstandard, dem eine Doppelfunktion zukommt: Neben dem Verschuldensmaßstab werden darin auch die Anforderungen an die allgemeinen Verhaltenspflichten beschrieben. Es handelt sich bei diesen Bestimmungen um eine
Generalklausel.[23] Diese soll nachfolgend näher erläutert werden:

2. Die allgemeine Sorgfaltspflicht – Generalklausel der §§ 43 GmbHG/93 AktG

19 Der in den § 43 Abs. 1 GmbHG/§ 93 Abs. 1 AktG statuierten allgemeinen Sorgfaltspflicht kommt
die Aufgabe zu, innerhalb der durch Gesetz, Satzung und Organbeschlüsse gezogenen – weiten
– Grenzen die zulässigen von den unzulässigen unternehmerischen Handlungsalternativen abzugrenzen.[24] Es ist also immer zunächst der äußere Handlungsrahmen zu beachten, der durch
Gesetz, Satzung und Organbeschlüsse festgelegt wird. An diesen äußeren Handlungsrahmen
muss der Unternehmensleiter sich halten. Erst innerhalb dieser Grenzen steht ihm ein unternehmerisches Ermessen zu. Der Unternehmensleiter ist deshalb immer verpflichtet die ihm obliegenden gesetzlichen Pflichten zu beachten. Er muss die Gesellschaft so leiten, dass diese sich
im Außenverhältnis gegenüber Dritten rechtmäßig verhält. Wie bereits betont gehört dazu, dass
die Gesellschaft im Außenverhältnis ihre gesetzlichen – dazu gehören auch öffentlich-rechtliche
oder steuerrechtliche Pflichten – und vertraglichen Verpflichtungen einhält und sich nach den
anerkannten Grundsätzen der Geschäftsmoral verhält.[25]

a) Der Grundsatz unternehmerischen Ermessens

20 Die allgemeine Sorgfaltspflicht fordert dem Geschäftführer eine ordnungsgemäße unternehmerische Führung der Gesellschaft auch innerhalb der durch Gesetz, Satzung und Organbeschlüsse
gezogenen Grenzen ab. Allerdings ist die Beschreibung dieses inneren Handlungsrahmens deshalb schwierig, weil ein unternehmerisches Handeln immer mit dem bewussten Eingehen von
Risiken verknüpft ist und riskante Entscheidungen deshalb zwingender Bestandteil unternehmerischen Handels sind. Soweit Gesetz, Satzung und Organbeschlüsse beachtet wurden, kann
einem Unternehmensleiter also nicht deshalb ein Sorgfaltspflichtverstoß vorgeworfen werden,
weil sich ein bewusst eingegangenes unternehmerisches Risiko negativ für das Unternehmen
verwirklicht. Vielmehr ist dem Geschäftsführer bei seiner Entscheidung immer ein weites Ermessen zuzubilligen, innerhalb dessen Grenzen das Handeln des Unternehmensleiters noch als
„sorgfältig" angesehen werden muss, selbst wenn sich daraus wirtschaftlich negative Folgen für
das Unternehmen ergeben. Der BGH hat die Anforderungen an unternehmerisches Handeln in
der bekannten „ARAG/Garmenbeck"-Entscheidung[26] wie folgt beschrieben:

> Bei seiner Beurteilung, ob der festgestellte Sachverhalt den Vorwurf eines schuldhaft
> pflichtwidrigen Vorstandsverhaltens rechtfertigt, hat der Aufsichtsrat zu berücksichtigen,
> dass dem Vorstand bei der Leitung der Geschäfte des Gesellschaftsunternehmens ein weiter
> Handlungsspielraum bewilligt werden muss, ohne den eine unternehmerische Tätigkeit
> schlechterdings nicht denkbar ist. Dazu gehört neben dem bewussten Eingehen geschäftli-
> cher Risiken grundsätzlich auch die Gefahr von Fehlbeurteilungen und Fehleinschätzun-
> gen, der jeder Unternehmensleiter, mag er auch noch so verantwortungsbewusst handeln,
> ausgesetzt ist. Gewinnt der Aufsichtsrat den Eindruck, dass dem Vorstand das nötige Gespür

---

23 Großkommentar AktG/*Hopt*, § 93 Rn 18 ff.
24 Vgl. Horn, ZIP 1997, 1129, 1132.
25 BGH NJW 1988, 1321, 1323; BGH ZIP 1995, 1021, 1030; KG NZG 1999, 400.
26 BGHZ 135, 244, 253.

Fiedler

für eine erfolgreiche Führung des Unternehmens fehlt, er also keine „glückliche Hand" bei der Wahrnehmung seiner Leitungsaufgabe hat, kann ihm das Veranlassung geben, auf dessen Ablösung hinzuwirken. Eine Schadenersatzpflicht des Vorstandes kann daraus nicht hergeleitet werden. Diese kann erst in Betracht kommen, wenn die Grenzen, in denen sich ein von Verantwortungsbewusstsein getragenes, ausschließlich am Unternehmenswohl orientiertes, auf sorgfältiger Ermittlung der Entscheidungsgrundlagen beruhendes unternehmerisches Handeln bewegen muss, deutlich überschritten sind, die Bereitschaft, unternehmerische Risiken einzugehen, in unverantwortlicher Weise überspannt worden ist oder das Verhalten des Vorstands aus anderen Gründen als pflichtwidrig gelten muss.

Diese Rechtsprechung hat der BGH im Jahre 2001 gefestigt, dabei jedoch sehr deutlich gemacht, **21** dass der Grundsatz unternehmerischen Ermessens keinen Freibrief für riskantes Handeln zum Nachteil des anvertrauten Gesellschaftsvermögens beinhaltet.[27] Schließlich ist auf die aktuelle Entscheidung des BGH v. 16.3.2009[28] zu verweisen, in der die vorgenannten Grundsätze aus dem Jahre 1997 nochmals wiederholt worden sind.

b) Die Business Judgement Rule des angloamerikanischen Rechts

Vor diesem Hintergrund wird deutlich, dass es im Kern darum geht, den Begriff des unternehme- **22** rischen Ermessens zu konkretisieren. In diesem Zusammenhang wird regelmäßig auf die Grundsätze der Business Judgement Rule des US-amerikanischen Rechts zurückgegriffen.[29] Danach ist eine unternehmerische Entscheidung des Managers der gerichtlichen Prüfung entzogen und er haftet dann nicht, wenn er:

– kein eigenes relevantes Interesse an der getroffenen Entscheidung hat (disinterested judgement)[30]
– sich zur Vorbereitung seiner Entscheidung hinreichend informierte (informed judgement) und
– nachvollziehbar nach seiner Überzeugung im besten Interesse des Unternehmens gehandelt hat (rational belief und good faith).[31]

Diese Grundsätze der Business Judgement Rule dürfen zwar nicht unbesehen auf das deutsche **23** Recht übertragen werden, sie sind jedoch mit Inkrafttreten des Gesetzes zur Unternehmensintegrität und Modernisierung des Anfechtungsrechtes (UMAG)[32] seit dem 1.11.2005 weiter in das deutsche Recht inkorporiert worden.[33] Entscheidend ist dabei die Änderung von § 93 Abs. 1 AktG, in welchem im Jahre 2005 ausdrücklich folgender Satz eingefügt wurde:
Eine Pflichtverletzung liegt nicht vor, wenn das Vorstandsmitglied bei einer unternehmerischen Entscheidung vernünftigerweise annehmen durfte, auf der Grundlage angemessener Information zum Wohle der Gesellschaft zu handeln.

---

27 BGH ZIP 2002, 213 ff.
28 BGH DB 2009, 948, 950.
29 MüKo-AktG/*Hefermehl/Spindler*, § 93 Rn 33.
30 Zum deutschen Recht vgl. *Semler*, FS Ulmer 2003, S. 627, 637 f.; allgemein zur Business Judgement Rule s. *Block/ Barton/Radin*, The Business Judgement Rule, 5th Ed. 1998, Vol. I und Vol II; *Merkt*, S. 393.
31 Allgemein zur Business Judgement Rule vgl. *Block/Barton/Radin*, The Business Judgement Rule, 5th Ed. 1998, Vol. I und Vol. II; American Law Institute, Principles of Corporate Governance, Band I (1994), § 4.0.
32 BGBl I 2005, 2802.
33 *Grundei/Werder*, AG 2005, 825; *Kinzl*, DB 2004, 1653; *Fleischer*, ZIP 2004, 685; *Hauschka*, ZRP 2004, 65; *Ulmer*, DB 2004, 859; *Witte/Hrubesch*, EB 2004, 725; *Kock/Dinkel*, NZG 2004, 441; *Roth*, BB 2004, 1066.

24 Diese seitdem über den Gesetzgeber statuierte Notwendigkeit einer hinreichenden Informationsgrundlage (informed judgement) folgt der vom II. Zivilsenat des BGH[34] vorgenommenen Umschreibung der Grundsätze unternehmerischen Ermessens, die für Vorstand der AG und Geschäftsführer der GmbH gleichermaßen gelten. Insoweit kommt der Änderung des § 93 AktG auch für den GmbH-Geschäftsführer Bedeutung zu. Danach sind zwei Ebenen zu unterscheiden: Die Vorbereitungsphase unternehmerischer Entscheidung und die Durchführung derselben, wobei der Unternehmensleiter die Wahl zwischen verschiedenen Handlungsalternativen trifft (Entscheidungsprärogative[35]).

25 Auf die Grundsätze unternehmerischen Ermessens – und damit einhergehend auf eine beschränkte gerichtliche Prüfung der unternehmerischen Entscheidung (BGH ARAG) – darf sich der Unternehmensleiter nur dann berufen, wenn das von seiner Maßnahme ausgehende Risiko darauf beruht, dass er seine Entscheidung ausreichend vorbereitet. Er muss sich deshalb „angemessen" informieren (§ 93 Abs. 1 S. 2 AktG) und die ihm zur Verfügung stehenden Erkenntnisquellen nutzen.[36] Mit Beschluss v. 14.7.2008 hat der BGH[37] nochmals ausdrücklich betont, dass er dieses Erfordernis streng interpretiert. Die sorgfältige Ermittlung der Entscheidungsgrundlage soll nämlich erfordern, dass der Unternehmensleiter in der konkreten Entscheidungssituation alle verfügbaren Informationsquellen tatsächlicher und rechtlicher Art ausgeschöpft und auf dieser Grundlage die Vor- und Nachteile der bestehenden Handlungsoptionen sorgfältig abgeschätzt habe.[38]

26 Dieser Hinweis des BGH macht deutlich, dass der Unternehmensleiter insbesondere verpflichtet sein kann, sich selbst weitere Informationsquellen zu beschaffen.[39] Wenn seine eigenen Erkenntnismöglichkeiten nicht ausreichen, ist der Manager also verpflichtet, sich um sachverständigen Rat zu bemühen, wozu die Heranziehung eines Unternehmensberaters und die Einholung von Marktanalysen gehören können.[40]

27 Dieser Pflicht zur Nutzung von Informationsquellen entspricht es auch, dass entsprechende Abteilungen/Systeme aufgebaut und unterhalten werden, um das Risiko der unternehmerischen Maßnahmen einschätzen zu können.[41] Dem folgt die Regelung in § 91 Abs. 2 AktG, der als Reaktion zahlreicher Unternehmenskrisen im Rahmen des KonTraG[42] eingeführt wurde und die Einführung eines Überwachungssystems (risk management system) fordert.[43] Diese Bestimmung findet grundsätzlich auch auf den GmbH-Geschäftsführer Anwendung, wobei je nach Größe der Gesellschaft zu differenzieren ist.[44]

28 Allerdings dürfen die Anforderungen an die Informationspflicht auch unter Berücksichtigung des Beschlusses des BGH v. 14.7.2008[45] sicherlich nicht ausschließlich objektiv bestimmt werden. Der Begründung des UMAG jedenfalls ist zu entnehmen, dass die eigentliche Fragestellung darin liegt, welche „Intensität der Informationsbeschaffung" als „angemessen" im Sinne von § 93 Abs. 1 S. 2 AktG n.F. angesehen werden muss. Diese Frage soll insbesondere „anhand des Zeitvorlaufs, des Gewichts und der Art der zu treffenden Entscheidung unter Berücksichti-

---

34 BGHZ 135, 244 – „ARAG".
35 Vgl. dazu Michalski/Haas, § 43 Rn 74.
36 In der ARAG-Entscheidung wird dies deutlich hervorgehoben („Auf sorgfältiger Ermittlung der Entscheidungsgrundlagen beruhendes unternehmerisches Handeln").
37 BGH ZIP 2008, 1675 ff.
38 BGH BB 2008, 2370.
39 BGH NJW-RR 1995, 669.
40 BGH AG 1982, 165; Kölner Komm-AktG/Mertens, § 93 Rn 29; Großkommentar AktG/Hopt, § 93 Rn 258.
41 Im Einzelnen vgl. Großkommentar AktG/Hopt, 1999, § 93 Rn 84.
42 Gesetz zur Kontrolle und Transparenz im Unternehmensbereich, in Kraft getreten am 1.5.1998 (BGBl I 1998, 786; BegrRegE BT-Drucks 13/9712, 15 ff.; der Referentenentwurf ist abgedruckt in ZIP 1996, 2129).
43 Im Einzelnen vgl. unten.
44 Drygala/Drygala, ZIP 2000, 297, 305; Thümmel, Rn 155.
45 BGH BB 2008, 2370.

Fiedler

gung anerkannter betriebswirtschaftlicher Verhaltensmaßstäbe" zu beantworten sein.[46] Der Gesetzgeber hat also bewusst darauf verzichtet, die Voraussetzungen, die an das Vorliegen einer „angemessenen Information" zu stellen sind, konkret zu definieren. Als genereller Maßstab für die Überprüfung der vom Vorstand gebildeten Annahme über die Angemessenheit seiner Informationsbasis enthält § 93 Abs. 1 S. 2 AktG nun das Merkmal „vernünftigerweise", welches jedoch seinerseits weitgehend abstrakt und unscharf bleibt.[47] Eine weitere Konkretisierung der Informationspflicht kann durch die Zugrundelegung betriebswirtschaftlicher Anforderungen vorgenommen werden.[48] Entscheidend ist aber letztlich immer eine Beurteilung des konkreten Einzelfalles.

c) Corporate Governance Kodex

Vielfach wird für die Aktiengesellschaft diskutiert, ob eine Konkretisierung des unternehmerischen Ermessens durch den Corporate Governance Codex vorgenommen werden kann. Der Deutsche Corporate Governance Codex wurde am 26. Februar 2002 von der zuständigen Regierungskommission eingesetzt und von der Bundesministerium für Justiz im September 2001, verabschiedet. Er besitzt heute über die Entsprechenserklärung nach § 161 AktG.[49] eine gesetzliche Grundlage und ist im amtlichen Teil des elektronischen Bundesanzeigers in der für die Erklärung nach § 161 AktG maßgeblichen Fassung bekannt gemacht.[50] Nach § 161 AktG hat der Vorstand einer börsennotierten Gesellschaft zusammen mit dem Aufsichtsrat einmal im Jahr zu erklären, ob er den Empfehlungen des Corporate Governance Kodex folgt oder ob er hiervon abweichen will. Im letzteren Fall muss der Vorstand dies begründen und die Abweichungen bzw. seinen eigenen Kodex erläutern.[51]

29

Wenn auch der Kodex keine unmittelbare Bindungswirkung entfaltet und die Entsprechenserklärung nach § 161 AktG allein für die börsennotierte AG verbindlich ist, so wird doch überlegt, ob dem Kodex nicht implizit Bedeutung für die Konkretisierung der Sorgfaltspflichten des Vorstandes der AG zukommt.[52] Dies wird jedoch weitgehend mit dem Hinweis darauf abgelehnt, dass es sich bei dem Kodex lediglich um Soft Law[53] handele und den Vorständen aufgrund der gesetzlichen Regelung gerade freigestellt werde, sich dem Kodex zu unterwerfen. Daraus lässt sich folgern, dass ihm damit zwangsläufig keine haftungsverschärfende Folge zukommen darf, so dass der Kodex für eine Konkretisierung des unternehmerischen Ermessens nicht herangezogen werden darf.[54]

30

3. Außenhaftung

Die Haftung des Unternehmensleiters gegenüber Dritten ist nicht in einer einzelnen gesetzlichen Norm verankert, sondern beruht auf vielfältigen gesetzlichen Sonderregelungen, die teilweise unterschiedliche Zwecke verfolgen. Systematisch wird zwischen der Haftung gegenüber Gesellschaftern/Aktionären und der Haftung gegenüber Investoren/Anlegern differenziert.

31

---

46 BegrRegE UMAG, BT-Drucks 15/5092, 12.
47 Vgl. dazu auch die Einschätzung des Deutschen Anwaltvereins, Stellungnahme 21/05 zum UMAG, S. 2.
48 Dazu eingehend *Grundei/Werder*, AG 2005, 825, 829 ff., die verschiedenen Stufen der Argumentationsrationalität aufführen.
49 Eingefügt durch das Transparenz- und Publizitätsgesetz (TransPuG), in Kraft getreten am 26.7.2002.
50 Aktuelle Fassung vom 2.6.2005.
51 Vgl. dazu MüKo-AktG/*Semler*, § 161 Rn 66; Großkommentar AktG/*Kort*, 2003, vor § 76 Rn 39.
52 Dazu *Wymeersch*, ZGR 2001, 294, 314; *Lutter*, ZHR 2002, 523, 542; *Ulmer*, ZHR 2002, 150, 166 f.; *Ulmer*, ACP 202 2002, 143, 170.
53 Großkommentar AktG/*Kort*, 2003, vor § 76 Rn 40.
54 MüKo-AktG/*Hefermehl/ Spindler*, § 93 Rn 35.

a) Haftung des GmbH-Geschäftsführers gegenüber den Gesellschaftern

32 Eine unmittelbare gesetzliche Haftungsbestimmung des GmbH-Geschäftsführers gegenüber den Gesellschaftern ist in § 31 Abs. 6 GmbHG enthalten. Danach sind die Geschäftsführer den Gesellschaftern gegenüber zum Ersatz für solche Zahlungen verpflichtet, welche die Gesellschafter nach § 31 Abs. 3 GmbHG den Gläubigern gegenüber leisten müssen. Verpflichteter im Rahmen von § 31 GmbHG ist also der Gesellschafter-Empfänger – der entgegen von § 30 GmbHG Zuwendungen erhalten hat. Wenn und soweit dieser gemäß § 31 Abs. 3 GmbHG nicht zur Erstattung an die Gesellschaft in der Lage ist, haften „die übrigen Gesellschafter", die gemäß § 31 Abs. 6 GmbHG wiederum Ersatz bei den verantwortlichen Geschäftsführern verlangen können allerdings nur wenn und soweit diesem „ein Verschulden zur Last fällt". Voraussetzung dafür ist eine mindestens fahrlässige Verkennung der Voraussetzungen des Kapitalerhaltungsgebotes und ein Verstoß gegen die Pflicht, in zumutbarer Weise die Auszahlung zu verhindern.[55]

33 Neben der Haftung aus § 31 Abs. 6 GmbHG ist die Haftung der Geschäftsführer gegenüber der Gesellschaft nach § 43 Abs. 3 GmbHG zu beachten. Die Haftung der Geschäftsführer gemäß § 43 Abs. 3 GmbHG gegenüber der Gesellschaft und gemäß § 31 Abs. 3 GmbHG gegenüber den Gesellschaftern gründet ein Gesamtschuldverhältnis im Rahmen der §§ 421 ff. BGB.[56] Die Gesellschaft und die in Anspruch genommenen Geschäftsführer können daher jeweils bis zur Bewirkung der vollen Leistung jeden Geschäftsführer in Anspruch nehmen. Die Geschäftsführer selbst sind im Innenverhältnis gemäß § 426 BGB zum Ausgleich verpflichtet. Neben dieser Haftung der Geschäftsführer gegenüber den Gesellschaftern und der Gesellschaft ersteht jedoch keine unmittelbare Haftung gegenüber den Gläubigern der Gesellschaft, weil es sich bei den §§ 30, 31 GmbHG nicht um Schutzvorschriften im Rahmen von § 823 Abs. 2 BGB handelt. Neben der praktisch wichtigen Haftungsbestimmung des § 31 Abs. 6 GmbHG haften die Geschäftsführer den Gesellschaftern gegenüber wie jedem anderen Dritten nach § 823 Abs. 1, 2 BGB aus Delikt.

b) Haftung der Unternehmensleiter gegenüber Investoren/Anlegern

34 Von erheblicher praktischer Bedeutung ist die Haftung von Unternehmensleitern gegenüber „enttäuschten" – teilweise auch „getäuschten" – Anlegern geworden. In diesem Zusammenhang ist zunächst die sogenannte Prospekthaftung zu beachten. Daneben bestehen keine weiteren spezialgerechtlichen Anspruchsnormen, so dass auf das allgemeine Deliktsrecht zurückzugreifen ist. Seit dem Jahre 2004 hat der BGH auf Grundlage der „Infomatec"-Entscheidungen[57] sowie dem „EMTV"-Urteil[58] die allgemeine deliktsrechtliche Haftung gemäß § 826 BGB entscheidet ausgeweitet.

aa) Echte Prospekthaftung und allgemeine bürgerlich-rechtliche Prospekthaftung

35 Bei der Prospekthaftung ist zunächst zwischen der spezialgesetzlich geregelten Prospekthaftung für Wertpapiere, die zum Handel an einer inländischen Börse zugelassen sind – vgl. § 44 ff. BörsG – und der allgemeinen bürgerlich-rechtlichen Prospekthaftung zu differenzieren.[59] Die spezialgesetzlich geregelte Prospekthaftung für Wertpapiere nach dem BörsG greift nur dann, wenn eine Prospektpflicht besteht.[60] Dieser Anwendungsbereich ist abschließend. Deshalb kön-

---

55 Scholz/*Westermann*, § 31 Rn 38.
56 *Rowedder/Schmidt-Leithof*, § 31 Rn 71.
57 BGHZ 160, 149; BGHZ 160, 134; BGH WM 2004, 1726.
58 BHG ZIP 2005, 1270.
59 Dazu grundlegend BGHZ 71, 284; BGHZ 79, 337.
60 Hopt/Voigt/*Ehricke*, Prospekt- und Kapitalmarktinformationshaftung 2004, S. 193 f; *Groß*, AG 1999, 199.

Fiedler

nen daneben existierende, andere Schriftstücke grundsätzlich nicht als Prospekt qualifiziert werden.

Wenn keine gesetzliche Prospektpflicht besteht, stellt sich die Frage, ob die Ausgabe von **36** Schriftstücken/Dokumenten der von der Rechtsprechung entwickelten allgemeinen bürgerlich-rechtlichen Prospekthaftung unterfällt.[61] Diese Haftung basiert auf den Grundsätzen der Inanspruchnahme eines typisierten Vertrauens, welches mit der Verwendung von Werbematerial für Kapitalanlagen grundsätzlich verbunden ist.[62] Der BGH hat diese Haftung zunächst im Zusammenhang mit der Beteiligung an einer Publikums-KG entwickelt.[63] In der Folgezeit hat der Bundesgerichtshof diese Anspruchsgrundlage auch auf weitere Kapitalanlagegeschäfte ausgedehnt.[64] Probleme kann hier zunächst die Frage bereiten, ob überhaupt ein „Prospekt" vorliegt, welches geeignet ist, ein „typisiertes Vertrauen" zu begründen. Eine abschließende höchstrichterliche Klärung des Prospektbegriffes im bürgerlich-rechtlichen Sinne steht noch aus.[65] Erforderlich ist, dass bei dem Adressaten der Eindruck erweckt wird, dass sämtliche für die Anlageentscheidung bedeutsamen und wesentlichen Umstände in dem Prospekt enthalten sind. Dabei werden nur solche Schriftstücke als „Prospekt" angesehen, die an eine Vielzahl von Personen gerichtet sind, ohne dass der Adressatenkreis bereits bestimmt ist.[66] Teilweise wird für eine Konkretisierung des Prospektbegriffes auch die Legaldefinition des § 264a StGB herangezogen.[67] Letztlich handelt es sich immer um eine Prüfung des jeweiligen Einzelfalles.

bb) Die Grundsätze der Sachwalterhaftung im Rahmen von § 311 BGB (Garantiehaftung)

Liegt kein Prospekt vor, so stellt sich die Frage, ob ein besonderes Vertrauen, welches eine per- **37** sönliche Haftung des Unternehmensleiters gegenüber den Anlegern rechtfertigt, auf andere Weise begründet worden sein kann. Anspruchsgrundlage sind in diesem Fall die früheren Grundsätze der c.i.c., die nunmehr in § 311 Abs. 2 und 3 BGB eine gesetzliche Grundlage gefunden haben. Bedeutung hat diese Anspruchsgrundlage insbesondere im Zusammenhang von Anlageberatungs- und Anlagevermittlungsgesellschaften erlangt.[68] Dabei ist der Grundsatz zu beachten, dass der Unternehmensleiter im Regelfall Erklärungen nur für das von ihm aufgrund seiner Organstellung vertretene Unternehmen abgibt und nur im Ausnahmefall ein besonderes persönliches Vertrauen gegenüber dem potentiellen Anleger/Investor begründet werden kann.

Während die Rechtssprechung in diesem Zusammenhang früher maßgeblich auf ein beson- **38** deres wirtschaftliches Eigeninteresse des betroffenen Unternehmensleiters abstellte, hat der BGH inzwischen deutlich hervorgehoben, dass faktisch eine Art „Garantieerklärung" des Unternehmensleiters für die Richtigkeit der von ihm gemachten Angaben vorliegen muss, um ein persönliches Vertrauen des Anlegers in dieser Angaben rechtfertigen zu können. Im Ergebnis muss also eine garantievertragliche Haftung des Unternehmensleiters zu dem Anleger begründet werden, die neben einer potentiellen Haftung der Gesellschaft besteht.

---

61 Dazu grundlegend BGHZ 97, 337, 341ff.
62 BGHZ 83, 222, 224; OLG Hamburg AG 2001, 141, 142.
63 BGHZ 71, 285ff.
64 Bauherrenmodell: BGHZ 111, 315ff.; Aktienerwerb außerhalb der geregelten Märkte, BGHZ 123, 107ff.
65 Assmann/ Schütze/*Assmann*, Handbuch des Kapitalanlagerechts, § 7 Rn 57.
66 *Siol*, DRiZ 2003, 204, 205; Schimansky/ Bunte/ Lwowski/Schütze/*Siol*, Bankrechts-Handbuch, § 45 Rn 46 f;
von Assmann/Schütze/*Rosen*, Kapitalanlagerecht, § 2 Rn 145.
67 Hopt/*Ehricke*, Prospekt- und Kapitalmarktinformationshaftung 2005, S. 195.
68 BGH NJW 2002, 2641; Ebenroth/*Kräutter*, BB 1990, 969ff.; *Gehrlein*, BB 1995, 1965ff.

cc) Haftung gemäß § 826 BGB

39 Neben der Prospekthaftung kommt bei einer mangelhaften Aufklärung durch den Unternehmensleiter auch eine Haftung gegenüber Anlegern nach § 826 BGB wegen vorsätzlicher und sittenwidriger Schädigung in Betracht. Der BGH sieht diese Voraussetzungen insbesondere dann als erfüllt an, wenn eine falsche „Ad-hoc-Mitteilung" auf Grundlage des WpHG abgegeben wird. Auf Grundlage des WpHG besteht zwar für die fehlerhafte Angabe von Mitteilungspflichten keine eigenständige persönliche Haftung der Unternehmensleiter. Auch ist § 15 WpHG a.F./§§ 37 b, 37 c WpHG n.F. nicht als Schutzgesetz im Sinne von § 823 Abs. 2 BGB anzusehen.[69] Wohl aber kann in diesem Zusammenhang eine persönliche Haftung gemäß § 826 BGB begründet werden, wobei der BGH folgendes ausführt:[70]

> Für den Vorsatz im Rahmen des § 826 BGB genügt ein Eventualdolus. Dabei braucht der Täter nicht im Einzelnen zu wissen, welche oder wie viele Personen durch sein Verhalten geschädigt werden; vielmehr reicht aus, dass er die Richtung, in der sich sein Verhalten zum Schaden irgendwelcher anderer auswirken könnte, und die Art des möglicherweise antretenden Schadens vorausgesehen und mindestens billigend in Kauf genommen hat (ständige Rechtsprechung, so schon RGZ 55, 60; BGH Urt. v. 20.11.1990 – VI ZR 6/90, BGHR BGB § 826). Die vorsätzliche Veröffentlichung der bewusst unwahren Ad-hoc-Mitteilung ist schließlich auch als sittenwidrig im Sinne des § 826 BGB, d.h. als gegen das Anstandsgefühl aller billig und gerecht Denkenden verstoßend (ständige Rechtsprechung seit RGZ 48, 114, 124), anzusehen. (...). Die direkt vorsätzlich unlautere Beeinflussung des Sekundärmarktpublikums durch eine grob unrichtige Ad-hoc-Mitteilung (...) verstößt derart gegen die Mindestanforderungen im Rechtsverkehr auf dem Kapitalmarkt, dass ein Ausgleich der durch sie bei den einzelnen Marktteilnehmern verursachten Vermögensschäden geboten erscheint.

40 Die Grundsätze der Infomatec-Urteile hat der BGH über das „EMTV"-Urteil[71] weiter entwickelt und insbesondere im Rahmen der potentiellen Schadenersatzpflicht konstatiert, dass eine Naturalrestitution im Rahmen von § 249 BGB nicht lediglich die Differenz zwischen dem tatsächlich gezahlten Kaufpreis zu dem hypothetischen Wert der Anlage beträgt, sondern vielmehr der „getäuschte" Anleger so zu stellen ist, wie er ohne den Kauf stehen würde. Dazu führt der BGH im Leitsatz des EMTV-Urteils ausdrücklich aus:

> Im Rahmen der persönlichen Haftung der Vorstandsmitglieder einer Aktiengesellschaft nach § 826 BGB für fehlerhafte Ad-hoc-Mitteilungen ist nicht etwa nur der Differenzschaden des Kapitalanlegers in Höhe des Unterschiedsbetrages zwischen dem tatsächlichen Transaktionspreis und dem Preis, der sich bei pflichtgemäßem Publizitätsverhalten gebildet hätte, zu ersetzen; der Anleger kann vielmehr Naturalrestitution in Form der Erstattung des gezahlten Kaufpreises gegen Übertragung der erworbenen Aktien oder – sofern diese wegen zwischenzeitlicher Veräußerung nicht mehr vorhanden sind – gegen Anrechnung des an ihre Stelle getretenen Veräußerungspreises verlangen (vgl. Urt. v. 19.7.2004 – II ZR 402/02, ZIP 2004, 1593; 1597 – z.V.b. in BGHZ 160, 149).

41 Festzuhalten ist damit, dass die Haftung gegenüber Kapitalanlegern gesteigerte Bedeutung erlangt hat. Sie gründet allerdings regelmäßig auf einem vorsätzlichen und sittenwidrigen Verhalten der Organmitglieder. Häufig ist dafür im Bereich der D&O Versicherung ein Deckungsausschluss vorgesehen. Allerdings hängt dies jeweils von den Versicherungsbedingungen im Einzelfall ab.

---

69 BGHZ 160, 134.
70 BGHZ 160, 149.
71 ZIP 2005, 1270.

Vor dem Hintergrund des dargestellten Haftungssystems – und insbesondere dem Grundsatz der Innenhaftung als Regelfall des deutschen Gesellschaftsrechtes – soll nun nachfolgend das Deckungskonzept der D&O Versicherung dargestellt werden.

III. Das Deckungskonzept der D&O-Versicherung

Mit der D&O-Versicherung wird grundsätzlich die gesamte Reichweite organschaftlicher Haf- 42
tung von Unternehmensleitern und Aufsichtsorganen versichert, so dass sowohl die Innen- als auch die Außenhaftung gedeckt werden. Die Deckungskonzepte der Versicherer, die D&O Policen anbieten, variieren hinsichtlich der Einzelheiten jedoch teilweise erheblich.[72] Gemeinhin ist allen Konzepten, dass die D&O-Versicherung als Haftpflichtversicherung in der Weise ausgestaltet wird, dass die Inanspruchnahme des Unternehmensleiters – im Rahmen der Innenhaftung also die Inanspruchnahme durch das Unternehmen selbst – den Versicherungsfall auslöst. Dabei schließt regelmäßig das Unternehmen als Versicherungsnehmer (VN) den Versicherungsvertrag mit dem Versicherer ab, wobei die Organe als „versicherte Personen" aus dem Versicherungsvertrag begünstigt werden, weshalb es sich bei der D&O-Versicherung auch um eine Versicherung für fremde Rechnung im Sinne der §§ 43 ff. VVG handelt.

Allerdings ist zu beachten, dass die organschaftliche Innenhaftung gemäß der §§ 93 Abs. 2 43
AktG/§ 43 Abs. 2 GmbHG nicht bei allen Deckungskonzepten gleich ausgestaltet ist. Teilweise wird eine sogenannte „modifizierte Innenverhältnisdeckung" diskutiert,[73] die bis hin zu einem vollkommenen Ausschluss der Innenhaftung reicht. Für das betroffene Unternehmensorgan ist allerdings ein Versicherungsschutz für die Innenhaftung von entscheidender Bedeutung. Denn die Risiken einer Innenhaftung sind – wie oben dargestellt – für den Unternehmensleiter in der Praxis ungleich höher als die der Außenhaftung.

1. Haftpflichtversicherung (§§ 100 ff. VVG) und Versicherung für fremde Rechnung (§§ 43 ff. VVG)

Die auf dem deutschen Versicherungsmarkt platzierten D&O-Policen werden bisher regelmäßig 44
in Form einer Haftpflichtversicherung angeboten.[74] Eine Haftpflichtversicherung im Sinne der §§ 100 ff. VVG ist dadurch gekennzeichnet, dass der Haftpflichtversicherer das Risiko des Versicherten übernimmt, von einem „Dritten" auf Schadenersatz in Anspruch genommen zu werden.[75] Dieses typische Risiko ist auch Gegenstand der D&O Police. Denn versichert wird danach das Organ gegen die Inanspruchnahme durch das Unternehmen (Innenhaftung) oder durch Dritte (Außenhaftung).

Die Besonderheit der D&O-Versicherung besteht allerdings darin, dass die Versicherung re- 45
gelmäßig[76] nicht als Eigenversicherung von dem begünstigten Organ selbst abgeschlossen wird, sondern das Unternehmen als Versicherungsnehmerin die Prämien bezahlt und im Falle der Innenhaftung selbst Geschädigter ist, so dass sich Geschädigter und Versicherungsnehmer in einer Person vereinen. Deshalb ist die D&O-Versicherung gleichzeitig als Versicherung für fremde Rechnung im Sinne der §§ 43 ff. VVG einzuordnen.[77] Eine Fremdversicherung gemäß § 43 VVG

---

72 *Koch*, GmbHR 2004, 19.
73 Dazu *Ihlas/Stute*, PHI Sonderheft D&O, Juli 2003.
74 *Schneider/Ihlas*, DB 1994 1132; *Koch*, GmbHR 2004, 19, *Graf von Westphalen*, DB 2005, 431; *Dreher*, DB 2005, 1669; *Langheid/Grote*, VersR 2005, 1156; OLG München DB 2005, 1675.
75 *Römer/Langheid*, § 149 VVG Rn 1.
76 Im Einzelfall wird die D&O Police jedoch auch als Eigenversicherung angeboten.
77 OLG München DB 2005, 1675; LG Marburg DB 2005, 438.

liegt nämlich dann vor, wenn die Versicherung von demjenigen, der den Vertrag mit dem Versicherer abschließt, im eigenen Namen für einen anderen „genommen" wird. Diese Art der Versicherung ist also dadurch gekennzeichnet, dass der Versicherer ein fremdes Interesse versichert. Dass ist dann der Fall, wenn ohne Abschluss der Versicherung nicht der Versicherungsnehmer sondern ein Dritter – nämlich der Versicherte – den Schaden tragen müsste.[78]

46   Diese Besonderheit ist bei der Übertragung des Haftpflichtversicherungskonzeptes auf die D&O-Versicherung zu beachten. Denn das VVG spricht regelmäßig nur vom Versicherungsnehmer, da es von dem Normalfall der Eigenversicherung ausgeht, wo Versicherungsnehmer und Versicherter identisch sind. Die einzelnen Vorschriften der §§ 100 ff. VVG erfassen allerdings bei Vorliegen einer Fremdversicherung immer auch den Versicherten, ohne dass diese meist selbstverständliche Folgerung besonders hervorgehoben wird.[79] Deshalb muss man – soweit man die §§ 100 ff. VVG zugrunde legt – den Versicherungsnehmer mit der „versicherten Person" im Sinne der D&O-Versicherung gleichsetzen, während das Unternehmen – jedenfalls im Falle der Innenhaftung – in die Rolle des geschädigten „Dritten" schlüpft.

47   In Ziffer 1.1 der Allgemeinen Versicherungsbedingungen für die Vermögensschaden- Haftpflichtversicherung von Aufsichtsräten, Vorständen und Geschäftsführern (AVB-AVG), die der Gesamtverband der Deutschen Versicherungswirtschaft e.V. (GDV)[80] als Musterbedingungen empfiehlt, wird der Gegenstand der D&O-Versicherung wie folgt beschrieben:

> Der Versicherer gewährt Versicherungsschutz für den Fall, dass ein gegenwärtiges oder ehemaliges Mitglied des Aufsichtsrates, des Vorstandes oder der Geschäftsführung der Versicherungsnehmerin (versicherte Personen) wegen einer bei Ausübung dieser Tätigkeit begangenen Pflichtverletzung aufgrund gesetzlicher Haftpflichtbestimmungen privatrechtlichen Inhalts für einen Vermögensschaden von Dritten oder von der Versicherungsnehmerin auf Schadenersatz in Anspruch genommen wird.

48 Diese Formulierung ist sachlich den allgemeinen Bedingungen für die Haftpflichtversicherung (AHB) nachempfunden und wird in den marktüblichen D&O Policen in der Grundkonzeption auch so übernommen.[81] Daher sind die §§ 100 ff. VVG uneingeschränkt auf die D&O-Versicherung übertragbar. Für das betroffene Organmitglied macht es nämlich keinen Unterschied, ob es von einem Außenstehenden Dritten oder von dem Unternehmen gemäß § 93 Abs. 2 AktG/§ 43 Abs. 2 GmbHG in Anspruch genommen wird, zumal die Geltendmachung von Innenhaftungsansprüche in der Praxis regelmäßig erst dann erfolgt, wenn das Organ bereits das Unternehmen verlassen hat. Für das versicherte Organ ist es lediglich von Bedeutung, vor unberechtigten Ansprüchen geschützt zu werden und im Falle der Begründetheit der Ansprüche die Versicherungssumme hinter sich zu wissen.[82] Deshalb ist das typische Risiko der Haftpflichtversicherung materiell auch Gegenstand der D&O Police: Es handelt sich um das Interesse der versicherten Personen/Organe, dass ihr Privatvermögen nicht mit einer Haftpflichtverbindlichkeit belastet wird. Genau dieses Interesse ist als Gegenstand der Haftpflichtversicherung zu definieren.[83]

---

78 *Schirmer*, ZVersWiss 1981, 637, 638.

79 BGH NJW 1988, 2803 zu § 13 Abs. 1 S. 2 AKB; vgl. auch Berliner Kommentar/*Hübsch*, § 74 VVG Rn 15.

80 Abgedruckt bei *Thümmel*, Rn 419 ff.

81 Allerdings variieren die Ausgestaltungen in den Einzelheiten teilweise erheblich, weshalb immer zu beachten ist, dass die „Musterbedienungen" des Gesamtverbandes (AVB/AVG) keineswegs auf jede D&O-Versicherung übertragbar sind.

82 Der Corporate Covernance Kodex fordert, dass ein angemessener Selbstbehalt vereinbart wird.

83 Bereits BGH VersR 1951, 76.

2. Wirtschaftliches Eigeninteresse des Unternehmens im Rahmen der Innenhaftung und Abgrenzung zur Eigenschadenversicherung

Sieht man sich die Konzeption der D&O-Versicherung genauer an, dann kann allerdings nicht **49** ignoriert werden, dass es im Rahmen der Innenhaftung im Kern auch um ein eigenes wirtschaftliches Interesse des Unternehmens an dem Versicherungsvertrag geht. Denn wenn die Inanspruchnahme des – in der Regel abberufenen – Geschäftsführers/Vorstandes/Aufsichtsrates begründet ist, dann steht dem Unternehmensleiter ein Anspruch auf Befreiung seiner Haftpflichtschuld gegenüber dem Versicherer zu, der wirtschaftlich betrachtet dem Unternehmen zugute kommt. Im haftpflichtrechtlichen Jargon gesprochen bedeutet dies, dass der Versicherer das Vermögen des versicherten Organs von der auf ihm lastenden Haftpflichtschuld wieder befreit.[84] Konkret gesprochen: Der Versicherer zahlt die Zeche, indem er den eingetretenen Schaden des Unternehmens im Rahmen der Versicherungssumme ersetzt.

Diese Konstellation hat in der Vergangenheit dazu geführt, den Zweck der D&O-Versiche- **50** rung im Bilanzschutz zu Gunsten des Unternehmens zu sehen.[85] Das Bundesfinanzministerium hat die Tatsache, dass das Unternehmen wirtschaftlich ein eigenes Interesse versichert in seinem Schreiben vom 24.1.2002[86] aufgegriffen und ausgeführt, dass die Beiträge/Prämien, die von dem Unternehmen für die Versicherung gezahlt werden, einkommensteuerrechtlich nicht zum Arbeitslohn der versicherten Arbeitnehmer gehören, weil dabei von einem „überwiegend eigenbetrieblichen Interesse" des Arbeitgebers auszugehen sei. Die Finanzverwaltung hat damit ihre frühere Auffassung aufgegeben, wonach Prämienzahlungen der Gesellschaft zu einer D&O-Versicherung bei Vorständen als Einnahmen anzusehen waren.[87] Dabei ist hervorzuheben, dass die D&O-Versicherung nicht für den einzelnen Unternehmensleiter persönlich abgeschlossen wird, sondern regelmäßig für das Management als Ganzes und die Begünstigten als „versicherte Personen" keinen Einfluss auf den Inhalt der Policen haben bzw. ihnen das Vorhandensein des Versicherungsschutzes – jedenfalls bei weltweit tätigen Konzernen – im Einzelfall noch nicht einmal bekannt ist.[88]

Das wirtschaftliche Eigeninteresse des Unternehmens spricht allerdings nicht gegen das **51** Vorliegen einer Versicherung für fremde Rechnung.[89] Denn ein eigenes wirtschaftliches Interesse des Versicherungsnehmers an der Versicherung steht der Einordnung als Fremdversicherung grundsätzlich nicht entgegen.[90] Auch ist die Motivation für den Abschluss der D&O-Versicherung keineswegs ausschließlich bei dem Unternehmen zu suchen. Vielmehr wird der Bestand einer solchen Versicherung von vielen Managern inzwischen schlicht gefordert.[91] Deshalb ist der aus der D&O-Versicherung folgende Schutz der Gesellschaft richtigerweise als – wenn auch mit beabsichtigter – Reflex des Schutzes der versicherten Organe einzuordnen.[92] Daran wird eine Doppelfunktion der D&O-Versicherung erkennbar, die zu beachten ist, wenn es darum geht, die Ansprüche aus dem Versicherungsvertrag zu bestimmen.

---

84 Bereits RGZ 70, 257, 259; grundlegend BGHZ 15, 155, 158.
85 Vgl. die kritische Darstellung bei *Ihlas/Stute*, PHI Sonderheft D&O, Juli 2003, III. 2.3.
86 DB 2002, 399.
87 BFH BStBl II 1996, 545; vgl. dazu auch die Darstellungen bei *Schüppen/Sanna*, ZIP 2002, 550.
88 Auf diese Problematik hat Hendricks in einem Interview mit dem Handelsblatt unter dem 17.1.2003 – Beilage Karriere, S. 4 – hingewiesen.
89 OLG München DB 2005, 1675; LG Marburg DB 2005, 437; *Graf von Westphalen*, DB 2005, 431.
90 Bereits BVerwG VersR 1987, 273.
91 Noch im Oktober 2004 traten beispielsweise die Vorstände der Heidelberger Lion Bioscience von ihren Ämtern zurück, weil das Unternehmen nicht bereit war, die Prämien für eine Verlängerung der Managementversicherung zu tragen, dazu Börsenreport vom 14.10.2004: „Lion Bioscience – Führungsriege ohne Versicherungsschutz kalte Füße"; Welt am Sonntag vom 24.10.2004: „Neue Haftung alarmiert Vorstände".
92 *Dreher*, ZHR 165, 2001, 293 (315); *Koch*, GmbHR 2004, 810, 23.

3. Kein Direktanspruch des Unternehmens gegenüber dem Versicherer

52 Das OLG München hat mit Beschluss vom 15.3.2005 bestätigt, dass dem Unternehmen als Versicherungsnehmer kein unmittelbarer Anspruch gegenüber dem Versicherten zusteht.[93] Diese Schlussfolgerung ist selbstverständliche Konsequenz der Konzeption der D&O-Versicherung als Haftpflichtversicherung und entspricht – von Einzelmeinungen abgesehen[94] – auch den maßgeblichen Stimmen in der Literatur.[95] Denn die Unzulässigkeit einer Direktklage ist zwingende Folge des haftungsrechtlichen Trennungsprinzips,[96] wonach die Haftung des versicherten Organs gegenüber dem Unternehmen separat von der Frage des Umfanges der Deckung aus dem Versicherungsvertrag zu prüfen und gegebenenfalls gerichtlich zu entscheiden ist.

53 Allerdings ist zu beachten, dass bei der D&O-Versicherung wie bei jeder Haftpflichtversicherung zwischen dem Anspruch auf Abwehr und dem Anspruch auf Befriedigung der von dem Haftpflichtgläubiger geltend gemachten Ansprüche zu unterscheiden ist. Wird der Versicherte – im Falle der D&O-Versicherung das Organ – in Anspruch genommen, dann ist der Versicherungsschutz nach § 101 Abs. 1 VVG zunächst auf die Abwehr der Forderungen gerichtet. Die Existenz des Abwehranspruches ist unmittelbar mit dem Zweck der Haftpflichtversicherung verknüpft.[97] Dies kommt seit der Neufassung des VVG auch ausdrücklich in § 100 VVG zum Ausdruck. Der Abwehranspruch erfüllt die Funktion der Schadensminderung und dient gerade der Feststellung, ob eine Inanspruchnahme tatsächlich begründet ist.[98] Deshalb wird der Abwehranspruch sofort mit der Erhebung von Ansprüchen gegenüber dem Versicherten fällig[99] und es spielt auch keine Rolle, ob diese Ansprüche begründet oder unbegründet sind.[100] Dem Versicherer kommt lediglich ein Wahlrecht zu, die Inanspruchnahme jederzeit als „begründet" anzuerkennen[101] und die Forderungen zu befriedigen. Nur in diesem Falle ist die Durchführung eines Haftpflichtprozesses ausnahmsweise entbehrlich. Deshalb ist der Versicherungsschutz auch bei der D&O-Versicherung konsequenterweise zunächst darauf gerichtet, dass der Versicherer dem versicherten Organmitglied Abwehrschutz gewährt, indem er diesem einen Rechtsanwalt zur Seite stellt und die dafür anfallenden Gebühren übernimmt, um so dem geltend gemachten Anspruch entgegenzutreten. Dementsprechend wird der sachliche Umfang des Versicherungsschutzes in den Musterbedingungen des GDV wie folgt beschrieben:

Der Versicherungsschutz umfasst sowohl die gerichtliche und außergerichtliche Abwehr unbegründeter als auch die Befriedigung begründeter Schadenersatzansprüche.

4. Der Befreiungsanspruch nach § 106 VVG

54 Aus den vorgenannten Gründen ist der Haftpflichtanspruch immer gegen das versicherte Organ geltend zu machen. Diesem steht gemäß der §§ 106 VVG ein Anspruch auf Befreiung gegenüber dem Versicherer zu, sobald der gegen ihn gerichtete Anspruch durch rechtskräftiges Urteil festgestellt worden ist. Solange nämlich der Versicherte bei der Haftpflichtversicherung den „Geschädigten" nicht befriedig, ist der Anspruch gegenüber dem Versicherer nicht auf Zahlung sondern Freistellung gerichtet. Diese Auffassung, die bereits durch das RG vertreten wurde,[102]

---

93 OLG München DB 2005, 1675; LG Marburg DB 2005, 438.
94 *Säcker*, VersR 2005, 10.
95 Vgl. insbesondere: *Graf von Westphalen*, DB 2005, 431; *Dreher*, DB 2005, 1669; *Langheid/Grote*, VersR 2005, 1165; Koch, GmbHR 2004, 19.
96 BGHZ 7, 244, 145.
97 *Römer/Langheid*, § 149 VVG Rn 24.
98 Berliner Kommentar/*Baumann*, § 149 VVG Rn 6.
99 Bereits AGZ 150, 227; BGHZ 36, 24; BGHZ 53, 88; BGH VersR 1971, 733; OLG Köln RuS 998, 323.
100 *Prölss/Martin*, § 149 VVG Rn 4.
101 BGHZ VersR 1956, 186; BGH VersR 1959, 449, 701; BGH VersR 1981, 180.
102 RGZ 70, 257, 259.

war bis zu der Entscheidung des BGH vom 8.10.1952 streitig,[103] wird jedoch inzwischen allgemein anerkannt.[104]

Daraus folgt, dass der Versicherer die Zahlung im Regelfall an den Haftpflichtgläubiger – den geschädigten Dritten – zu leisten hat. Denn dadurch wird die „Befreiung" gegenüber dem Versicherten bewirkt. Dabei macht es keinen Unterschied, ob es sich um den Tatbestand einer Außen- oder den einer Innenhaftung handelt. Deshalb besteht auch kein unmittelbarer Anspruch des versicherten Organs auf Zahlung gegenüber dem Versicherer. Denn das Interesse des versicherten Organs besteht darin, dass es von der auf ihm lastenden Haftpflichtschuld befreit wird. Es würde beeinträchtigt, wenn der Versicherer unmittelbar an den Versicherten zahlt, weil dann in Folge der Möglichkeit des Zugriffs anderer Gläubiger die mit der Versicherung erstrebte Befreiung von der Haftpflichtschuld gefährdet werden kann.[105]

Auch die Interessen des geschädigten Dritten, also der Versicherungsnehmerin, würden **55** durch eine unmittelbare Zahlung an den Versicherten gefährdet. Das folgt aus § 108 Abs. 1 VVG, wonach Verfügungen über die Entschädigungsforderung aus dem Versicherungsverhältnis dem Haftpflichtgläubiger gegenüber relativ unwirksam sind. Dadurch soll verhindert werden, dass der Versicherte einen vermeintlichen Zahlungsanspruch bei dem Versicherer geltend machen und das eingezogene Geld nicht an den Geschädigten weiterleitet.[106] Der Dritte, der sich durch Pfändungs- und Überweisungsbeschluss in die Position des Versicherten als Gläubiger des Anspruchs gegen den Versicherer bringen kann, soll ungehindert Zugriff auf den Deckungsanspruch des Versicherers nehmen können, da der Versicherungsanspruch der einzig vollstreckbare Vermögensgegenstand des Versicherten sein kann. Die Rechtsprechung bezeichnet diesen Zusammenhang als „Sozialbindung" und „Opferschutz", die in dieser Zweckrichtung der Haftpflichtversicherung zum Ausdruck kommt.[107] Im Ergebnis hat daher das versicherte Organ keinen unmittelbaren Zahlungs-, sondern allein einen Befreiungsanspruch gegen den Versicherer. Dieser Befreiungsanspruch wird mit der Zahlung des Versicherers an den Geschädigten – im Falle der Innenhaftung an die Versicherungsnehmerin – erfüllt.

Die Fälligkeit dieses Befreiungsanspruchs richtet sich nach § 106 VVG. Danach hat der Ver- **56** sicherer die Entschädigung binnen 2 Wochen von dem Zeitpunkt an zu leisten, in welchem der Dritte von dem Versicherungsnehmer befriedigt oder der Anspruch des Dritten durch rechtskräftiges Urteil, durch Anerkenntnis oder Vergleich festgestellt worden ist. Dies muss freilich mit bindender Wirkung für den Versicherer geschehen, was wiederum erfordert, dass der Versicherer im Falle eines Anerkenntnisses oder eines Vergleiches seine Zustimmung erteilt hat. Anderenfalls liegt zwar seit der Neuregelung des § 105 VVG keine Obliegenheitsverletzung des Versicherten mehr vor, doch ist ein ohne Zustimmung des Versicherers geschlossener Vergleich oder ein ohne seine Zustimmung erfolgtes Anerkenntnis für diesen nicht bindend, mit der Folge, dass dann gegebenenfalls nachträglich zwischen Versichertem und Versicherer zu klären ist, ob tatsächlich eine gedeckte Haftung im Rahmen des abgegebenen Anerkenntnisses oder des Vergleiches bestand.

IV. Die Definition des Versicherungsfalles – Das Claims-Made-Prinzip

Der D&O-Versicherung wird regelmäßig das sogenannte „Claims-Made-Prinzip" zugrunde ge- **57** legt. Der Versicherungsfall wird dabei grundsätzlich durch die Inanspruchnahme des versicher-

---

103 BGHZ 7, 244.
104 *Römer/Langheid*, § 149 VVG Rn 20.
105 BGHZ 15, 155, 158.
106 Römer/*Langheid*, § 156 VVG Rn 1.
107 BGH NJW-RR 2001, 361.

ten Organs ausgelöst. Unter einer Inanspruchnahme ist jede ernstliche Erklärung des Geschädigten zu verstehen, aus der sich ergibt, dass dieser Ansprüche zu haben glaubt und dieser verfolgen wird.[108] In den Musterbindungen findet sich dazu unter Ziffer 2 die Formulierung:

> Versicherungsfall ist jede erstmalige Geltendmachung eines Haftpflichtanspruches gegen eine versicherte Person durch Dritte oder durch die Versicherungsnehmerin aufgrund einer tatsächlichen oder behaupteten Pflichtverletzung einer versicherten Person.

58 Diese Formulierung knüpft daran an, dass es für die Entstehung des Rechtsschutzanspruches grundsätzlich ausreicht, dass der Geschädigte seinen Anspruch mit einem in den Schutzbereich des Versicherungsvertrages fallenden Rechtsverhältnis begründet.[109] Dabei ist auf den Sachverhalt abzustellen, den der Geschädigte behauptet. Eine Ausnahme besteht allerdings für solche Tatsachen, die – eine Schädigung durch den Versicherten unterstellt – für den zeitlichen, räumlichen und sachlichen Umfang des versicherten Risikos und für Ausschlüsse bestehen. Diese Tatsachen müssen immer objektiv vorliegen, um den Deckungsanspruch entstehen zu lassen.[110]

59 Abweichend von den Musterbedingungen des GDV wird die Inanspruchnahme teilweise von der gerichtlichen Geltendmachung von Ansprüchen abhängig gemacht, so dass die Klageeinreichung gegen das versicherte Organmitglied Voraussetzung ist, um den Rechtschutzanspruch entstehen zu lassen.[111] Für den Versicherten ist diese Einschränkung misslich, da er bereits in einem frühen Stadium der Inanspruchnahme dringend auf sachkundige Vertretung angewiesen ist. Aber auch für den Versicherer ist es regelmäßig von entscheidender Bedeutung, so zeitnah als möglich den Sachverhalt umfassend aufzuklären, wenn Ansprüche gegen ein Organ geltend gemacht werden. Denn nach der Klageeinreichung ist dies oft bereits aus Zeitgründen nicht mehr möglich. Da die Auskunftsobliegenheiten des § 31 VVG aber erst nach Eintritt des Versicherungsfalles entstehen, ist eine vertragliche Eingrenzung des Anspruchserhebungsprinzips auf gerichtlich anhängige Ansprüche auch für den Versicherer nicht immer vorteilhaft. Die vorhandenen Policen weisen in diesem Zusammenhang teilweise erheblich Unterschiede auf, so dass immer auf den jeweiligen Wortlaut der Police zu achten ist.

60 Soweit die D&O-Versicherung ausschließlich auf das Anspruchserhebungsprinzip abstellt, kommt es nicht darauf an, wann sich die pflichtwidrige Handlung des versicherten Organs ereignete. Es ist also möglich, dass der Versicherer Versicherungsschutz für eine pflichtwidrige Handlung eines Organs zu gewähren hat, die sich bereits in einem Zeitraum vor Beginn der Versicherung ereignete. Andererseits kann – zuungunsten des Versicherten – der Fall eintreten, dass sich eine pflichtwidrige Handlung innerhalb des Versicherungszeitraumes ereignet, die Inanspruchnahme dann aber erst nach Ablauf der Versicherung erfolgt und damit keine Deckung gewährt werden muss. Diese Konsequenzen des Claims-Made-Prinzips haben zu einer umfangreichen Erörterung über die Zulässigkeit dieser Versicherungsfalldefinition in Literatur und Rechtsprechung geführt. Diese soll nachfolgend kurz skizziert werden:

1. Kritik an der Verwendung des Claims-Made-Prinzips

61 Regelmäßig wird im Zusammenhang mit der D&O Police die Frage aufgeworfen, ob die Anwendung des Claims-Made-Prinzips zu einer unbilligen Benachteiligung der versicherten Personen führen kann und daher § 307 BGB einer Inhaltskontrolle entgegenstehe. Zu bedenken ist nämlich, dass Allgemeine Versicherungsbedingungen in der Praxis häufig durch den Versicherer gestellt werden, mit der Folge, dass die Versicherungsbedingungen als Allgemeine Geschäftsbe-

---

108 BGH VersR 1956, 187; BGH NJW 1979, 1117; OLG Düsseldorf NJW-RR 1996, 928 (Streitverkündung).
109 BGH VersR 1967, 769, 770; RGZ 148, 282, 285; OGH VersR 1995, 1515, 1516; OLG Karlsruhe VersR 1995, 1297.
110 BGH VersR 1967, 769, 770; vgl. auch Berliner Kommentar/*Baumann*, § 149 VVG Rn 12.
111 *Ihlas/Stute*, PHI Sonderheft D&O, Juli 2003, III. 2.3.

dingungen anzusehen sind und der Versicherer als Verwender der Klausel im Rahmen von § 305 Abs. 1 BGB zu qualifizieren ist.[112]

Die Kritiker des Claims-Made-Prinzips führen an, der Versicherungsnehmer rechne bei Ab- **62** schluss einer Vermögensschadenspflichtversicherung nicht mit einer Anknüpfung an die Inanspruchnahme. Da es bei einer Haftpflichtversicherung üblich sei, dass an die schadensauslösende Handlung angeknüpft werde, entspreche dies auch der Erwartung des Versicherten, der eine Absicherung gegen die während der Versicherungsdauer möglicherweise stattfindenden Pflichtverletzungen erwarte. Es laufe den Interessen des Versicherten diametral entgegen, dass der Zeitpunkt der Inanspruchnahme durch einen Geschädigten nicht beeinflussbar sei. Einige Stimmen in der Literatur sehen sogar mit guten Gründen die Vorschrift des § 100 VVG als gesetzliches Leitbild an, dem grundsätzlich das Verstoßprinzip zugrunde liege, so dass im Grundsatz von der Unangemessenheitsvermutung des § 307 Abs. 2 Nr. 1 BGB auszugehen sei.[113]

Mit Urteil v. 8.5.2009 hat das OLG München die Kritik an dem Claims-Made-Prinzip grund- **63** sätzlich bestätigt.[114] Das OLG München konstatiert ausdrücklich, dass in der Anknüpfung an die Inanspruchnahme ein Nachteil für den Versicherten liegen könne, weil hierbei alle Ansprüche ausgeschlossen werden, die erst nach der Versicherungszeit geltend gemacht werden, obwohl das schädigende Ereignis, also die Pflichtverletzung, unter Umständen während der Vertragslaufzeit stattgefunden habe. Allerdings fügt das OLG München hinzu, dass das Claims-Made-Prinzip Verwendung finden dürfe, wenn nur eine hinreichende Kompensation der Nachteile vorliege. Das Gericht erachtet also die Verwendung des Claims-Made-Prinzips keineswegs generell für unangemessen. Vielmehr soll es im Einzelfall auf die Ausgestaltung der gesamten Versicherungsbedingungen ankommen. Eine Kompensation kann danach insbesondere durch Verwendung von sog. Nachhaftungsklauseln oder auch der Möglichkeit, eine Umstandsmeldung abzugeben, erfolgen.

2. Nachhaftung

Unter Nachhaftungsklauseln sind dabei solche Klauseln zu verstehen, die den zeitlichen An- **64** wendungsbereich der Police verlängern. Selbst nach Beendigung der Versicherungslaufzeit gelten daher Inanspruchnahmen noch als gedeckt, wenn sie nur innerhalb des als „Nachhaftung" definierten Zeitraumes erfolgen. Damit wird also der Versicherte davor geschützt, dass er für eine während der Versicherungszeit begangene Pflichtverletzung erst zu spät – nämlich nach Ablauf des Versicherungsvertrages – in Anspruch genommen wird. Wie lange allerdings dieser Schutz bemessen sein muss, um eine hinreichende Kompensation zu ermöglichen, ist bisher offen. Häufig wird ein Zeitraum von drei Jahren gefordert.[115]

3. Umstandsmeldung

Auch in Bezug auf die zweite Kompensationsmöglichkeit – die Verwendung sog. Umstandsmel- **65** dungen – herrscht gegenwärtig keine klare gerichtliche Vorgabe. Unter einer Umstandsmeldungsklausel ist eine Regelung zu verstehen, die es dem VN ermöglicht, Umstände zu melden, die erst später – also nach Ablauf der Police – zu einer Inanspruchnahme führen könnten. Kommt es später zu der Inanspruchnahme, dann gilt diese als gedeckt und zwar unabhängig davon, wann die Inanspruchnahme erfolgte. Lediglich die Umstandsmeldung muss innerhalb

---

112 Ausnahmsweise kann auch der VN selbst Verwender sein, wenn die Versicherungsbedingungen durch einen Makler entworfen werden, vgl. dazu BGH NZG 2009, 1224 f. = VersR 2009, 1477.
113 *Koch* VersR 2011, 295.
114 VersR 2009, 1066.
115 *Koch* VersR 2011, 295.

des versicherten Zeitraumes erfolgen. Anders als bei der Nachhaftung muss also zumindest eine Meldung innerhalb des Versicherungszeitraumes bei dem Versicherer erfolgen. Bisher nicht geklärt ist allerdings, welche Erfordernisse an die Konkretisierung dieser Meldung zu stellen sind. Auch insoweit weisen die D&O Policen teilweise erhebliche Unterschiede auf.

4. Rückwärtsversicherung

66 Die dargestellte Kritik an dem Claims-Made-Prinzip lässt allerdings unberücksichtigt, dass dieses durchaus auch Vorteile für den Versicherten mit sich bringt. Denn weil es auf den Zeitraum der pflichtwidrigen Handlung nicht ankommt, sind auch „vergangene" Pflichtverletzungen versichert, die sich vor Abschluss der Versicherung ereignet haben. Man spricht dabei von einer Rückwärtsversicherung, auch wenn die Bezeichnung streng genommen ungenau ist. Denn unter einer Rückwärtsversicherung im Sinne von § 2 VVG ist eine rückwirkende Ausweitung des Versicherungsschutzes zu verstehen. Nimmt man jedoch das Claims-Made-Prinzip beim Wort, dann ist diesem immanent, dass auch Inanspruchnahmen für Pflichtverletzungen versichert werden müssen, die sich vor Beginn der Versicherungszeit ereignet haben. Der Begriff der „Rückwärtsversicherung" ist also streng betrachtet unrichtig. Führt man sich diese Konsequenz des Claims-Made-Prinzips – das nämlich Versicherungsschutz generell auch für vorvertragliche Pflichtverletzungen zu gewähren ist – vor Augen, dann ist die Entscheidung des OLG München v. 8.5.2009[116] durchaus zu hinterfragen. Denn sowohl aus Sicht des Unternehmens als auch aus Sicht der versicherten Organmitglieder kann die Verwendung des Claims-Made-Prinzips vor diesem Hintergrund durchaus auch vorteilhaft sein. Einzuräumen ist allerdings, dass die verwendeten D&O Policen diesen Vorteil des Claims-Made-Prinzips häufig wieder einschränken, weil Klauseln verwendet werden, wonach Inanspruchnahmen, die auf Pflichtverletzungen beruhen, die sich vor Beginn des Versicherungsvertrages ereignet haben, nur gedeckt werden, wenn sich die Pflichtverletzung innerhalb eines genau bezeichneten Zeitraumes ereignet hat. Sehr häufig wird unabhängig davon gefordert, dass die Pflichtverletzung den versicherten Organmitgliedern vor Beginn des Versicherungszeitraumes nicht bekannt gewesen sein darf. Denn der Versicherer möchte bildlich gesprochen verhindern, das „brennende Haus" zu versichern und er hat daher ein Interesse daran, den Versicherungsschutz für Pflichtverletzungen, die sich vor Beginn des Vertrages ereignet haben, einzugrenzen.

V. Ausschlüsse

67 Wie jede Haftpflichtversicherung, so enthält auch die D&O-Versicherung Ausschlussklauseln, die im Einzelfall unterschiedlich sein können. Von Bedeutung ist insbesondere der Ausschluss für vorsätzliche Pflichtverletzungen. In den Musterbedingungen (Ziffer 5) heißt es dazu:

> Ausgeschlossen vom Versicherungsschutz sind Haftpflichtansprüche wegen vorsätzlicher Schadensverursachung oder durch wissentliches Abweichen von Gesetz, Vorschrift, Beschluss, Vollmacht oder Weisung oder durch sonstige wissentliche Pflichtverletzung.

68 Dieser Ausschlusstatbestand basiert auf der gesetzlichen Regelung des § 103 VVG. Danach ist der Versicherer nicht zum Eintritt unter der Versicherung verpflichtet, wenn der Versicherungsnehmer den Schaden vorsätzlich und widerrechtlich herbeigeführt hat. Aus dieser gesetzlichen Formulierung wird gefolgert, dass der gesetzliche Ausschluss nur dann erfüllt ist, wenn der Versicherungsnehmer vorsätzlich sowohl in Bezug auf die Pflichtverletzung als auch den eingetre-

---

116 OLG München VersR 2009, 1066.

ten Schaden gehandelt hat.[117] Dies war früher umstritten.[118] Seit der gesetzlichen Neuregelung besteht darüber jedoch weitestgehend Einigkeit.[119]

Der Versicherungsnehmer muss die Schadenfolgen zumindest als möglich erkannt und ihr **69** Eintreten billigend in Kauf genommen haben.[120] Nicht erforderlich ist jedoch, dass sich der Versicherte Art und Umfang des von ihm verursachten Schadens in allen Einzelheiten vorgestellt hat.[121] Ausreichend ist, dass er sich die wesentlichen Umstände, die für Art und Umfang des Schadens maßgeblich sind, als erfahrungsgemäß möglich vorgestellt und in Kauf genommen hat.[122]

Durch die vorzitierte Regelung soll nun sichergestellt werden, dass eine vorsätzliche **70** Pflichtverletzung des versicherten Organmitgliedes versichert bleiben soll, solange nur der Schaden nicht vorsätzlich herbeigeführt wurde. Im Rahmen von D&O Schadensfällen ist diese Differenzierung zwischen der Ebene der Pflichtverletzung und der Schadenebene allerdings häufig mehr theoretischer Natur als von praktischer Relevanz. Denn häufig nimmt ein Organmitglied, welches vorsätzlich gegen bestehende Bestimmungen (Gesetze, Geschäftsordnung, Anstellungsvertrag, Gesellschafterweisungen, Zustimmungsvorbehalte) verstößt, zumindest auch einen Schadenseintritt billigend in Kauf, weil das Organmitglied doch weiß, dass die vorsätzlich missachteten Bestimmungen den Zweck haben, einen Schadenseintritt zu verhindern. Häufig sind daher bei einem vorsätzlichen Verhalten gleichzeitig die Voraussetzungen erfüllt, die der Strafsenat des BGH an die Erfüllung der Untreuehandlung im Rahmen von § 266 StGB stellt.

VI. Zusammenfassung

Der D&O Versicherung kommt zunehmend gesteigerte Bedeutung zu. Ihr Verständnis ist für den **71** Fachanwalt im Bereich des Handels- und Gesellschaftsrechtes von großer Bedeutung und zwar unabhängig davon, auf welcher Seite – Gesellschaft oder Organmitglied – die Beratungsleistung erfolgt. Denn erst die D&O Versicherung macht die Durchsetzung von Schadensersatzansprüchen gegen Organmitglieder möglich. Sie gewährleistet im Schadensfall eine Wiederauffüllung des geschädigten Gesellschaftsvermögens. Voraussetzung dafür ist freilich, dass eine Haftung eines versicherten Organmitgliedes im Rahmen der §§ 93 AktG, 43 GmbHG tatsächlich gegeben ist.

---

117 Statt aller vgl. Langheid/Wandt/*Littbarski*, § 103 VVG Rn 54.
118 Statt aller Berliner Kommentar/*Baumann*, § 152 VVG Rn 17.
119 Statt aller vgl. Langheid/Wandt/*Littbarski*, § 103 VVG Rn 54.
120 OLG Stuttgart NJW-RR 1990, 527.
121 BGH VersR 1954, 591; OLG Celle VersR 1970, 314; OLG Düsseldorf VersR 1977, 745, 746.
122 BGH VersR 1954, 591; OLG Hamburg VersR 1992, 1126, 1127; OLG Karlsruhe RuS 1996, 301, 302.

Wolfgang Arens

§ 15 Kapitalerhaltung und Kapitaländerungsmaßnahmen

Literatur: *Albrecht*, Erbschaft- und Schenkungsteuer bei Zuwendungen zwischen Gesellschaft und Gesellschaftern, ZErb 2003, 141 ff.; *Albrecht/Lange*, Zur Fehlerhaftigkeit eines „Um-bis-zu-Kapitalerhöhungsbeschlusses" ohne Durchführungsfrist, BB 2010, 142 ff.; *Arens/Tepper*, Formularbuch Gesellschaftsrecht, 4. Aufl. 2012; *Baumbach/ Hueck*, GmbHG, 19. Aufl. 2010; Beck'sches Handbuch der GmbH, (hrsg. v. W. Müller/Hense), 4. Aufl. 2009; *Benecke*, Der Erstattungsanspruch nach § 31 Abs. 1 GmbHG bei anderweitig aufgefülltem Stammkapital, ZIP 2000, 1969 ff.; *Berninger*, Die Unternehmergesellschaft (haftungsbeschränkt) – Sachkapitalerhöhungsverbot und Umwandlungsrecht, GmbHR 2010, 63 ff.; *Bloching/Kettinger*, Stellt die BGH-Entscheidung vom 24.11.2004 das Kapitalschutzsystem der GmbH wieder auf die Füße?, GmbHR 2005, 1098 ff.; *Engert*, Kreditgewährung an GmbH-Gesellschafter und bilanzorientierter Kapitalschutz, BB 2005, 1951 ff.; *Erman/Westermann*, Kommentar zum BGB, 13. Aufl. 2011; *Gebel*, Teilschenkung und gemischte Schenkung bei mittelbarer Zuwendung von Anteilen an Personen- und Kapitalgesellschaften, DStR 2003, 622 ff.; *Gerber/Piltz*, Die Barkapitalerhöhung um einen Rahmenbetrag bei der GmbH, GmbHR 2005, 1324 ff.; *Goette*, Aus der neueren Rechtsprechung des BGH zum GmbH-Recht, ZIP 2005, 1481 ff.; *Gottschalk*, Schenkungssteuer durch Verschiebung von stillen Reserven zwischen Geschäftsanteilen an einer GmbH, DStR 2002, 377 ff.; *Grothaus/Halberkamp*, Probleme des Cash Poolings nach der neuen Rechtsprechung des BGH zur Stammkapitalrückgewähr, GmbHR 2005, 1317 ff.; *Gustavus*, Handelsregisteranmeldung, 7. Aufl. 2009; *Hachenburg/Ulmer*, Großkommentar zum GmbHG, 8. Aufl. 1997 ff.; *Hägele*, Beeinflussen das richterliche Verbot der Kreditvergabe an Gesellschafter und die Rechtsfolge der Nichtigkeit des dinglichen Erfüllungsgeschäfts bei verdeckter Sacheinlage die Heilung derselben?, GmbHR 2005, 91 ff.; *Heidel* (Hrsg.), Aktienrecht und Kapitalmarktrecht, 3. Aufl. 2011 (zit.: AnwK-AktG/*Bearbeiter*); *Heidel/Pauly/Amend*, Anwaltformulare, 7. Aufl. 2012; *Heidinger*, Neues zur Voreinzahlung bei der Kapitalerhöhung, DNotZ 2001, 341 ff.; *Heidinger*, Neues zur Kapitalaufbringung bei der Kapitalerhöhung, GmbHR 2002, 1045 ff.; *Heidinger*, Der Kapitalschutz der GmbH auf dem Prüfstand, DNotZ 2005, 97 ff.; *Heidinger*, Die Euroumstellung der Aktiengesellschaft durch Kapitalherabsetzung, DNotZ 2000, 661 ff.; *Helmreich*, Die Gewährung von Darlehen durch die GmbH in der Situation der Unterbilanz ihrer Gesellschafter, GmbHR 2004, 457 ff.; *Henn*, Handbuch des Aktienrechts, 8. Aufl. 2009; *Henze*, Die treuhänderische und haftungsrechtliche Stellung des Sacheinlegers bei Kapitalerhöhungen unter besonderer Berücksichtigung der Banken, 1970; *Henze*, Gesichtspunkte des Kapitalerhaltungsgebotes und seiner Ergänzung im Kapitalgesellschaftsrecht in der Rechtsprechung des BGH NZG 2003, 649 ff.; *Herrler*, Heilung einer nicht erfüllungstauglichen Einlagenrückzahlung, GmbHR 2010, 785 ff.; *Hermanns*, Gestaltungsmöglichkeiten bei der Kapitalerhöhung mit Agio, ZIP 2003, 788 ff.; *Hohmuth*, Die Kapitalherabsetzung bei der GmbH unter der Geltung des MoMiG, GmbHR 2009, 349 ff.; *Hommelhoff/Kleindiek*, Schuldrechtliche Verwendungspflichten und „freie Verfügung" bei Barkapitalerhöhung, ZIP 1987, 477 ff.; *Hüffer*, Haftung von Vorstand und Bank bei Kapitalerhöhung, ZGR 1993, 474 ff.; *Ihrig*, Die endgültig freie Verfügung für die Einlage von Kapitalgesellschaften 1991; *Jauernig*, BGB, 13. Aufl. 2009; *Joost*, Kapitalbegriff und Reichweite der Bindung des aufgebrachten Vermögens der GmbH, GmbHR 1983, 285 ff.; *Kiethe*, Haftungs- und Ausfallrisiko beim Cash Pooling, DStR 2005, 1573 ff.; *Kraft*, Auswirkungen der Substanzabspaltungs-Rechtsprechung auf die Vorteilhaftigkeit von Investitionen in Kapitalgesellschaften, BB 2003, 2391 ff.; *Krämer*, Die Verjährung von Rückforderungsansprüchen der GmbH gemäß § 30 GmbHG, GmbHR 2004, 538 ff.; *Kuntz*, Die Kapitalerhöhung in der Insolvenz, DStR 2006, 519 ff.; *Lange*, Wenn die UG erwachsen werden soll – „Umwandlung" in eine GmbH, NJW 2010, 3686 ff.; *Langner*, Cash Pooling auf dem Prüfstand der BGH-Rechtsprechung zum Ausschüttungsverbot gemäß § 30 GmbHG, GmbHR 2005, 1017 ff.; *Langner/Mentgen*, Aufsteigende Darlehen im physischen Cash Pooling und die neue Rechtsprechung des BGH GmbHR 2004, 1121 ff.; *Leuering/Simon*, Die Bis-zu-Kapitalerhöhung im GmbH-Recht, NJW-Spezial 2005, 363 f.; *Lieder*, Grund- und Zweifelsfragen des genehmigten Kapitals der GmbH, DNotZ 2010, 655 ff.; *Lutter/Hommelhoff*, GmbHG, 17. Aufl. 2009; *Müller, K.J.*, Kapitalerhaltung und Bilanzierung – zur Ermittlung der Unterbilanz bei § 30 Abs. 1 GmbHG, DStR 1997, 1577; *Müller, K.J.*, Der Prokurist und das Auszahlungsverbot des § 30 GmbHG, ZGR 2003, 441 ff.; *Müller, G.*, Die Haftung des Kreditinstituts bei verdeckten Sacheinlagen, ZIP 1998, 137 ff.; *Münchener Kommentar zum AktG*, 2. Aufl. 2000 (zit.: MüKo-AktG/*Bearbeiter*); *Nachreiner*, Die Beteiligung neuer Gesellschafter an einer GmbH gegen Einlage unter dem Verkehrswert als steuerpflichtige Schenkung, MittBayNot 2002, 362 ff.; *Nassall*, Der existenzvernichtende Eingriff in die GmbH, ZIP 2003, 969 ff.; *Palandt*, BGB, 71. Aufl. 2012; *Paul*, Kein Entfallen des Erstattungsanspruchs gem. § 31 GmbHG trotz nachträglicher Wiederherstellung des Stammkapitals, ZInsO 2000, 583 ff.; *Perwein*, Einbringung eines Einzelunternehmens im Wege der Kapitalerhöhung, GmbHR 2010, 133 ff.; *Priester*, Wertgleiche Deckung statt Bardepot?, ZIP 1994, 599 ff.; *Priester*, GmbH-Kapitalerhöhung im Wege des

Ausschüttungs-Rückhol-Verfahrens, ZGR 1998, 856 ff.; *Priester*, Heilung verdeckter Kapitalerhöhung aus Gesellschaftsmitteln, GmbHR 1998, 861 ff.; *Priester*, Vorausleistungen auf die Kapitalerhöhung nach MoMiG und ARUG, DStR 2010, 494 ff.; *Priester*, Wann endet das Sonderrecht der UG (haftungsbeschränkt)?, ZIP 2010, 2182 ff.; *Raiser/ Veil*, Recht der Kapitalgesellschaften, 5. Aufl. 2010; *Reiner/Brakemeier*, Die steuerliche Behandlung des Darlehnserlasses mit Besserungsvereinbarung, BB 2005, 1458 ff.; *Robrecht*, Auszahlungen an Gesellschafter zu Lasten ihres gebundenen Vermögens und Haftungsgefahren, GmbHR 2005, 923 ff.; *Roth/Altmeppen*, GmbHG, 7. Aufl. 2012; *Rowedder/Schmidt-Leithoff*, GmbHG, 5. Aufl. 2012; *Ruhser*, Zweifelsfragen des § 8a KStG bei Cash Pooling im Konzern, DStR 2004, 2034 ff.; *Schäfer*, Darlehensgewährung an Gesellschafter als verbotene Ausschüttung iSv § 30 GmbHG, GmbHR 2005, 133 ff.; *K. Schmidt*, Barkapitalaufbringung und „freie Verfügung" bei der Aktiengesellschaft und der GmbH, AG 1986, 106 ff.; *Schmidt/Hageböke*, Offene Sacheinlage als entgeltliche Anschaffungsvorgänge?, DStR 2003, 1813 ff.; *Scholz*, GmbHG, 10. Aufl. 2006/2007/2010; *Schorlemer/Stupp*, Kapitalerhöhung zu Sanierungszwecken, NZI 2003, 345 ff.; *Servatius*, Die besondere Zweckbindung des Stammkapitals bei Drittgeschäften mit Gesellschaftern, DStR 2004, 1176 ff.; *Servatius*, Über die Beständigkeit des Erstattungsanspruchs wegen Verletzung des Stammkapitals, GmbHR 2000, 1028 ff.; *Sieger/Hasselbach*, Die Kapitalerhöhung im „Schütt-Aus-Hol-Zurück"-Verfahren bei der GmbH, GmbHR 1999, 205 ff.; *Sieger/Wirtz*, Cash-Pool: Fehlgeschlagene Kapitalmaßnahmen und Heilung im Recht der GmbH, ZIP 2005, 2277 ff.; *Stein*, Kapitalerhaltung bei der GmbH und AG, DZWIR 2004, 493 ff.; *Temme/Küpperkoch*, Heilung und „Reparatur" fehlerhafter Kapitalerhöhungsbeschlüsse, GmbHR 2004, 1556 ff.; *Theile/Köhler*, Kapitalumstellung auf den EURO durch minimale Kapitalerhöhung, GmbHR 1999, 516 ff.; *Thümmel*, Änderung der BGH-Rechtsprechung zur Kapitalerhaltung: Erstattungsanspruch entfällt nicht bei Wiederherstellung des Gesellschaftskapitals, BB 2000, 1485 ff.; *Ulmer*, Rechtsfragen der Barkapitalerhöhung bei der GmbH, GmbHR 1993, 189 ff.; *Ulmer*, Die Einziehung von GmbH-Anteilen – ein Opfer der MoMiG-Reform?, DB 2010, 321 ff.; *Vetter*, Darlehen der GmbH an ihren Gesellschafter und Erhaltung des Stammkapitals, BB 2004, 1509 ff.; *Viskorf*, Die Zulassung Dritter zu Übernahme neuer Anteile an einer GmbH gegen Einlage unter dem Verkehrswert unterliegt der Schenkungssteuer, FR 2001, 910 ff.; *Wachter*, Einführung des Euro bei der GmbH, NotBZ 1999, 137 ff.; *Wachter*, Leitlinien der Kapitalaufbringung in der neueren Rechtsprechung des Bundesgerichtshofes, DStR 2010, 1240 ff.; *Wachter*, Weitere Gesetzesänderungen im GmbH-Recht nach MoMiG, GmbHR 2009, 953 ff.; *Weiss*, Kombinierte Kapitalerhöhung aus Gesellschaftsmittel mit nachfolgender ordentlicher Kapitalherabsetzung, BB 2005, 2697 ff.

Inhalt

I. Auszahlungsverbot gemäß § 30 Abs. 1 GmbHG

1 Das zur Erhaltung des Stammkapitals einer GmbH erforderliche Vermögen darf an die Gesellschafter nicht ausgezahlt werden (§ 30 Abs. 1 GmbHG). Dieses Auszahlungsverbot erfasst aber nicht nur Zahlungsvorgänge, sondern alle Leistungen aus dem **Vermögen der Gesellschaft**, also neben Zahlungen auch Sachleistungen, Nutzungsüberlassungen, Sicherheitsleistungen, Schuldübernahmen, Rechtsverzichte, Aufrechnungen und Dienstleistungen und ähnliche tatsächliche Handlungen, wenn dadurch eine **Unterbilanz** entsteht.[1]

---

2 **Wichtig**
Ein **angemessener Vergleich** zwischen der Gesellschaft und einem Gesellschafter soll nicht gegen § 30 GmbHG verstoßen.[2]

---

3 Das Auszahlungsverbot gemäß § 30 GmbHG richtet sich aber nur gegen die **Geschäftsführer**, nicht gegen die **Prokuristen** oder sonstige verfügungsbefugte **Mitarbeiter** der GmbH.[3]

4   Auch bei Auszahlungen unter Verstoß gegen die **Kapitalerhaltungsgrundsätze** der §§ 30, 31 GmbHG sind die ertragsteuerlichen Konsequenzen zu ziehen. So sollte nach Auffassung des BFH nach früherem Körperschaftsteuerrecht die sog. **Ausschüttungsbelastung** herzustellen sein.[4]

---

1 Beck'sches Handbuch der GmbH/*Hense/Gnadenberger*, § 8 Rn 5; zu einem Sonderfall siehe OLG Dresden GmbHR 2003, 356.
2 OLG Dresden GmbHR 2002, 1245.
3 BGHZ 148, 167 = GmbHR 2001, 771 m. Anm. *Harnier; Müller*, ZGR 2003, 441.
4 BFH DStR 1999, 2068; BFH DStRE 2002, 380 = GmbHR 2002, 337; zur steuerlichen Behandlung der Rückzahlung von Einlagen siehe auch BMF v. 9.1.1987, GmbHR 1987, 122; OFD Frankfurt/M. v. 17.4.2000, GmbHR 2000, 691.

1. Unterbilanz und Überschuldung

Das **Auszahlungsverbot** gilt nach der Rechtsprechung aber auch dann, wenn die Gesellschaft 5 im bilanziellen[5] oder im insolvenzrechtlichen Sinne bereits überschuldet ist oder er aufgrund Auszahlungsleistung überschuldet würde.[6] Das **Stammkapital** wird nicht gegenständlich, sondern nur **wertmäßig geschützt**.[7] Dem Kapitalschutz unterliegt das Vermögen, das bei bilanzieller Sicht zur Deckung der Verbindlichkeiten und zusätzlich zur Deckung des Stammkapitals erforderlich ist. Durch die Einfügung der Sätze 2 und 3 in § 30 Abs. 1 GmbHG mit dem MoMiG ist der Gesetzgeber zur bilanziellen Betrachtungsweise zurückgekehrt.[8]

Eine **Unterbilanz** liegt vor, wenn das Reinvermögen die Stammkapitalziffer nicht erreicht.[9] 6 Maßgeblicher **Zeitpunkt** für die Beurteilung einer Unterbilanz soll zumindest der Zeitpunkt sein, zu dem die Gesellschaft die Leistung erbringen muss oder tatsächlich erbringt. Streitig ist, ob darüber hinaus auch auf den Zeitpunkt des schuldrechtlichen Vertragsabschlusses abzustellen ist.[10] Das **Reinvermögen** entspricht dem Aktivvermögen abzüglich der Passiva (ohne Stammkapital und Rücklagen).

Eine **Überschuldung** in diesem Sinne liegt vor, wenn die Passiva ohne Stammkapital die 7 Aktiva übersteigen, also das Stammkapital bereits verbraucht ist.[11]

Wichtig 8

Eine Insolvenzantragspflicht wegen Überschuldung einer GmbH entfällt – zumindest nach bisherigem Verständnis – nicht durch Gewährung eines **eigenkapitalersetzenden Gesellschafterdarlehens**, wenn der darlehensgewährende Gesellschafter keine **qualifizierte Rangrücktrittsvereinbarung**[12] mit der Gesellschaft getroffen hat. Hierbei ist es unerheblich, dass der Gesellschafter zugleich Geschäftsführer ist.[13]

Ob insolvenzrechtlich überhaupt noch ein qualifizierter Rangrücktritt bei Gesellschafterdarlehen 9 erforderlich ist, ist fraglich geworden, weil seit der Neuregelung im Rahmen des MoMiG Gesellschafterdarlehen schon nach dem Gesetzeswortlaut (§ 39 Abs. 1 Nr. 5 InsO) stets **nachrangig** sind.

Die **Durchsetzungssperre** für Eigenkapital ersetzende Darlehen endet erst in dem Zeit- 10 punkt, in dem das Stammkapital der Gesellschaft **nachhaltig wiederhergestellt** ist, d.h. eine Darlehensrückzahlung aus freiem, die Stammkapitalziffer der GmbH übersteigenden Vermögen erfolgen kann.[14]

§§ 30, 31 GmbHG schützen aber nur das Stammkapital, nicht das übrige Eigenkapital der Ge- 11 sellschaft. **Rücklagen** und sonstiges, über das Stammkapital hinausgehendes Vermögen können deshalb an die Gesellschafter ausgekehrt werden.[15] Die **Satzungserfordernisse** sind dabei selbstverständlich im Innenverhältnis zu beachten.

---

5 BGHZ 67, 171, 178; BGH BB 1981, 1664; BGH WM 1986, 237, 239.

6 Baumbach/Hueck/*Fastrich*, GmbHG, § 30 Rn 2; Scholz/*Westermann*, GmbHG, § 30 Rn 15.

7 Scholz/*Westermann*, GmbHG, § 30 Rn 1; Lutter/*Hommelhoff*, GmbHG, § 30 Rn 2a.

8 Baumbach/*Hueck*/*Fastrich*, GmbHG, § 30 Rn 7.

9 *Müller*, DStR 1997, 1577.

10 OLG Dresden NZG 1998, 31, m. Anm. *Scheid*; a.A. Baumbach/*Hueck*/*Fastrich*, GmbHG, § 30 Rn 22.

11 Beck'sches Handbuch der GmbH/*Hense*/*Gnadenberger*, § 8 Rn 6; *Joost*, GmbHR 1983, 285.

12 BGH BB 2001, 430 m. Anm. *Hasselbach*/*Wicke* = GmbHR 2001, 190 m. Anm. *Felleisen* = DStR 2001, 175 m. Anm. *Altmeppen* = ZIP 2001, 235, dazu EWiR 2001, 329 (*Priester*); dazu auch *Bormann*, GmbHR 2001, 689; *Bauer*, ZInsO 2001, 486; *Wittig*, NZI 2001, 169.

13 OLG Schleswig GmbHR 2005, 1124.

14 BGH DStR 2005, 1999; dazu EWiR 2005, 883 (*v. Gerkan*).

15 BGH BB 1980, 797; BGH DB 1984, 340.

2. Ermittlung der Kapitalerhaltung

12 Die Ermittlung des Vermögens muss dabei nach den Grundsätzen erfolgen, die für den **Jahres-abschluss** gelten.[16] Die Gesellschaft muss also die bisherigen Bilanzierungs- und Bewertungsan-sätze beibehalten. Aktiva und Passiva sind dabei grundsätzlich mit den **fortgeführten Buch-werten** anzusetzen:

– **Abschreibungen**, erhöhte Abschreibungen und Sonderabschreibungen sind zu berücksich-tigen.

– Ebenso sind **Rückstellungen** für ungewisse Verbindlichkeiten (§ 249 Abs. 1 HGB) zu be-rücksichtigen; es kommt dabei nicht darauf an, dass sich das der Rückstellungsbildung zugrunde liegende Risiko bereits verwirklicht hat.[17]

– **Zuschreibungen** sind nur in dem Umfang zulässig, der auch im Jahresabschluss zulässig wäre und der im folgenden Jahresabschluss auch tatsächlich praktiziert wird. Hat die Ge-sellschaft bisher aus steuerlichen Gründen von Zuschreibungen abgesehen, bleibt sie auch im Rahmen der nach § 30 GmbHG erforderlichen Vermögensermittlung daran gebunden.

– Originäre oder selbst geschaffene bzw. unentgeltlich erworbene **immaterielle Vermögens-gegenstände**, etwa der Firmenwert, können nicht berücksichtigt werden.[18]

– **Entgeltlich erworbene immaterielle Vermögensgegenstände** sind nur berücksichti-gungsfähig, wenn sie einen wirtschaftlichen Wert darstellen und selbständig verkehrsfähig sind, insbesondere als Beleihungsgrundlage im Rechtsverkehr mit fremden Dritten zur Ver-fügung stünden.[19]

---

13 **Wichtig**

Zu beachten ist auch der **Grundsatz der Bewertungsstetigkeit**, insbesondere bei der Bewertung der Vorräte und des sonstigen Umlaufvermögens. Bei den Herstellungskosten können deshalb Gemeinkosten nur in dem bisher ange-setzten Umfange berücksichtigt werden.[20]

---

14 Ungeklärt ist noch, ob zur Ermittlung der Kapitalerhaltung nach § 30 GmbHG die Aufstellung einer **förmlichen Zwischenbilanz** erforderlich ist. Die Rechtsprechung des BGH wird teilweise dahingehend verstanden.[21] Nach herrschender Meinung in der Literatur kommt es jedoch nur auf die **materielle Kapitalerhaltung** an.

---

15 **Praxistipp**

Dennoch empfiehlt sich aus Beweisgründen die Aufstellung einer Zwischenbilanz.[22]

---

16 Dazu hat der BGH noch zu §§ 30, 31 GmbHG a.F. entschieden:[23]

„Die Erstattung von gem. § 30 GmbHG verbotenen Auszahlung ist i.S.v. § 31 Abs. 2, 3 GmbHG zur Gläubigerbefriedigung erforderlich, wenn und soweit die GmbH nach den Grundsätzen einer Überschuldungsbilanz (bei **Ansatz von Liquidationswerten**) überschuldet ist, ... "

---

16 Zuletzt OLG Celle GmbHR 2004, 309.

17 BGH GmbHR 2003, 1420 m. Anm. *Blöse*; dazu EWiR 2004, 383 (*F. Wagner*).

18 OLG Celle GmbHR 2004, 309.

19 Beck'sches Handbuch der GmbH/*Hense*/*Gnadenberger*, § 8 Rn 10; BGH NZI 1999, 408.

20 Baumbach/Hueck/*Fastrich*, GmbHG, § 30 Rn 11.

21 BGH DB 1987, 1781; *Röhrkasten*, GmbHR 1974, 36; Scholz/*Westermann*, GmbHG, § 30 Rn 16; dazu Baumbach/Hueck/*Fastrich*, GmbHG, § 30 Rn 18: „vor allem in Zweifelsfällen nützlich, wichtig als Beweismittel, u.U. unentbehrlich.".

22 *Hachenburg*/*Müller*,GmbHG, § 30 Rn 43; Beck'sches Handbuch der GmbH/*Hense*/*Gnadenberger*, § 8 Rn 18.

23 BGH DStR 2003, 2128 = GmbHR 2003, 1420 m. Anm. *Blöse*; dazu EWiR 2004, 383 (*F. Wagner*).

Arens

Inwieweit die Neuregelungen des Rechts der Kapitalerhaltung in §§ 30, 31 GmbHG durch das **17** MoMiG **Rückwirkung** auf zuvor begründete Sachverhalte hat, war zunächst unklar. Anders als zu § 19 Abs. 4 und Abs. 5 GmbHG enthält das EG GmbHG dazu **keine Übergangsvorschrift**. Der II. Senat des BGH hat – in einer Entscheidung zu einer AG – die Anwendbarkeit des neuen Rechts auch auf Altfälle vorgesehen.[24]

3. Erlaubte und verbotene Geschäfte

Austauschgeschäfte, bei denen die Leistung des Gesellschafters in das Vermögen der Gesell- **18** schaft und die Gegenleistung der Gesellschaft ausgeglichen sind, verstoßen nicht gegen das Gebot der Kapitalerhaltung nach § 30 GmbHG. Dies ist inzwischen auch durch das MoMiG in § 30 Abs. 1 S. 2 und 3 GmbHG festgeschrieben. Ist allerdings die Leistung der Gesellschaft höher als die Gegenleistung des Gesellschafters, liegt also eine verdeckte Ausschüttung von Gesellschaftsvermögen (bzw. auch steuerlich eine verdeckte Gewinnausschüttung) vor, greift das Kapitalerhaltungsgebot des § 30 GmbHG ein.[25]

Mit diesem Grundsatz hat der BGH allerdings für den Fall der **Darlehensgewährung durch** **19** **die GmbH** an ihre Gesellschafter gebrochen, wenn die Kreditgewährung nicht aus Rücklagen oder Gewinnvorträgen erfolgen kann. In seinem Urteil vom 24.11.2003[26] hat der BGH die Vorschriften des Kapitalerhaltungsrechts auf den Fall angewandt, in dem die Gesellschaft in der Situation der **Unterbilanz** ein Darlehen an einen Gesellschafter gewährt (**upstream loan**). Der BGH hat sich dabei insbesondere unter dem Gesichtspunkt des Umgehungsschutzes einer neueren Literaturansicht angeschlossen, die die Gewährung von upstream loans auch dann als unzulässig ansieht, wenn der **Rückzahlungsanspruch vollwertig** ist und die Darlehensvergabe nach **fremdüblichen Konditionen** erfolgt.

Das Urteil passt in eine Folge von Entscheidungen, in denen der BGH die Grundsätze der **20** Kapitalaufbringung und -erhaltung gegen die verschiedensten Formen möglicher Umgehungen hochgehalten und ausgeweitet hat.[27] Mit den herkömmlichen Instrumentarien des Kapitalerhaltungsrechts des GmbHG lässt sich das vorliegende Ergebnis des BGH allerdings nicht mehr begründen. Ob diese Rechtsprechung angesichts der Neufassung des § 30 Abs. 1 S. 2 GmbHG noch aufrecht erhalten bleiben kann, erscheint aber fraglich.

Wichtig **21**
Auch die **Bestellung einer Sicherheit** aus dem Gesellschaftsvermögen für die Forderung eines Dritten gegen einen Gesellschafter kann als Verstoß gemäß § 30 GmbHG anzusehen sein.[28]

Tilgt der Gesellschafter eine gegen ihn bestehende Darlehensforderung der GmbH durch **Über- 22** **weisung auf ein debitorisches Gesellschaftskonto**, für das er eine eigenkapitalersetzende Bürgschaft übernommen hat, so liegt in der mit dem Zahlungsvorgang verbundenen Ver-

---

24 BGH BGHZ 179, 71 BGH NJW 2009, 850.
25 Scholz/*Westermann*, GmbHG, § 30 Rn 20.
26 BGH BGHZ 157, 72 = GmbHR 2004, 302 mit Anm. *Bähr/Hoos;* dazu EWiR 2004, 911 *(Schöne/Stolze)*; *Vetter*, BB 2004, 1509; *Servatius*, DStR 2004, 1176; zu den Heilungsmöglichkeiten siehe *Hägele*, GmbHR 2005, 91.
27 Dazu *Stein*, DZWIR 2004, 493; *Helmreich*, GmbHR 2004, 457 ff.; *Schäfer*, GmbHR 2005, 133; *Robrecht*, GmbHR 2005, 923; *Langner*, GmbHR 2005, 1017; *Langner/Mentgen*, GmbHR 2004, 1121; *Bloching/Kettinger*, GmbHR 2005, 1098; *Grothaus/Halberkamp*, GmbHR 2005, 1317; *Sieger/Wirtz*, GmbHR 2005, 2277; *Reiner/Brakemeier*, BB 2005, 1458; *Engert*, BB 2005, 1951; *Kiethe*, DStR 2005, 1573; *Goette*, ZIP 2005, 1481, 1483; zur Anwendbarkeit des § 8a KStG siehe *Ruhser*, DStR 2004, 2034.
28 KG NZG 2000, 479 m. Anm. *Kleindiek* = NZI 2001, 37.

minderung seiner Bürgschaftsschuld eine **verbotene Einlagenrückgewähr** an den Gesellschaf-ter.[29]

23 Die Verletzung des Kapitalerhaltungsgebotes kann sich auch aus dem **Erwerb eigener An-teile** durch die Gesellschaft ergeben. Nach § 33 GmbHG darf die Gesellschaft eigene Anteile nur erwerben oder als Pfand nehmen, wenn deren Stammeinlagen voll geleistet sind, die Gesell-schaft den Kaufpreis aus dem über das Stammkapital hinausgehenden Vermögen bestreiten und eine Rücklage für eigene Anteile (§ 272 Abs. 4 HGB) bilden kann.

24 Auch bei der **Einziehung** von Anteilen durch die Gesellschaft ist in jedem Fall § 30 GmbHG zu beachten: die Gesellschaft darf eine entgeltliche Einziehung nur vornehmen, wenn sie die Abfindung aus **Rücklagen** oder einem **Gewinnvortrag** zahlen kann.[30] Ist schon bei Fassung des Einziehungsbeschlusses nicht genügend freies Eigenkapital zur Finanzierung des Einziehungs-entgelts vorhanden, ist der Einziehungsbeschluss in entsprechender Anwendung des § 241 Nr. 3 AktG nichtig.[31]

---

25 **Praxistipp**
Ansonsten muss die Gesellschaft gegebenenfalls zunächst eine Kapitalherabsetzung zu diesem Zweck vorneh-men.[32]

---

26 Aufgrund der Vorgabe in § 5 Abs. 3 S. 2 GmbHG n.F. muss ohnehin bei einer Einziehung – bei der der einzuziehende Geschäftsanteil untergeht – zusammen mit dem Einziehungsbeschluss sogleich ein entsprechender Kapitalerhöhungsbeschluss verbunden werden, damit die Summe der Stammeinlagen wieder dem Betrag des Stammkapitals entspricht (siehe dazu Rn 58 ff., 71 ff.).[33]

27 Wird beim Ausscheiden eines Gesellschafters aus einer GmbH deren **Stammkapital durch Forderungsverzichte** des Ausscheidenden „**auf Null gestellt**", darf die Gesellschaft auf die verbliebenen Forderungen des früheren Gesellschafters, die bei der Beendigung der Gesellschaf-terstellung eigenkapitalersetzenden Charakter angenommen hat, aus ihrem Vermögen keine Zahlungen erbringen. Wird hiergegen verstoßen, hat der ausgeschiedene Gesellschafter den empfangenen Betrag an die GmbH zurück zu gewähren.[34]

28 Nach Auffassung des Kammergerichts soll weder die, zur bereits vorher vertraglich verein-barten **Altersversorgung des Mehrheitsgesellschafter-Geschäftsführers,** abgeschlossene Rückdeckungsversicherung noch die Verpfändung der hieraus entstehenden Ansprüche noch die Auszahlung des Rückkaufwertes bei einer Unterbilanzsituation der GmbH einen Verstoß gegen die Kapitalerhaltungsvorschriften darstellen. Bei einer wirtschaftlich wertenden Betrach-tung im Hinblick auf die berechtigten Ansprüche gegen die Gesellschaft werde deren Vermö-genssituation nicht verschlechtert; §§ 30, 31 GmbHG überlagere insoweit nicht die **insolvenzfes-te Gestaltung der Altersversorgung.**[35]

29 Nach Auffassung des LG Dresden[36] soll ein GmbH-Gesellschafter-Geschäftsführer, der trotz **Insolvenzreife** der GmbH aus Gesellschaftsmitteln **Arbeitnehmerbeiträge zur Sozialversiche-rung** abführt, seinerseits der Insolvenzmasse persönlich nach § 30 Abs. 1 GmbHG haften, wenn

---

29 BGH DStR 2005, 706 m. Anm. *Goette* = GmbHR 2005, 540; dazu EWiR 2005, 503 (*Flitsch*).
30 BGH DStR 2000, 1443 m. Anm. *Goette.*
31 BGH BGHZ 9, 157, 173; BGH NJW 2000, 2819; BGH DStR 2006, 1900 m. Anm. *Goette*; BGH NZG 2009, 221.
32 Baumbach/Hueck/*Hueck/Fastrich*, GmbHG, § 34 Rn 40; Beck'sches Handbuch der GmbH/*Hense/Gnadenberger*, § 8 Rn 28 f.; zu den körperschaftsteuerlichen Folgen BFH GmbHR 2000, 1272 = DStRE 2000, 1258.
33 Baumbach/Hueck/*Hueck/Fastrich*, GmbHG, § 5 Rn 9 und § 34 Rn 17a; *Gehrlein*, Der Konzern 2007, 771.
34 BGH DStR 2005, 119.
35 KG ZIP 2003, 2253.
36 LG Dresden ZIP 2005, 1511; dazu EWiR 2005, 567 (*Jungmann*).

er durch diese Zahlung von der eigenen Haftung nach § 823 Abs. 2 BGB i.V.m. § 266a StGB frei wird.

4. Nichtigkeit oder Leistungsverweigerungsrecht

Bei einem bewussten Verstoß gegen das Kapitalerhaltungsgebot kann das Geschäft zwischen der **30** Gesellschaft und dem Gesellschafter nach § 134 BGB nichtig sein. Ansonsten besteht zwar keine **Nichtigkeit**, die Gesellschaft hat aber ein Zurückbehaltungsrecht, also ein **Leistungsverweigerungsrecht**. Das gilt auch dann, wenn die Gesellschaft für Rechnung des Gesellschafters einem Dritten zur Leistung verpflichtet ist.[37] Die Gesellschaft muss das Leistungsverweigerungsrecht bis zur Beseitigung der Unterbilanz geltend machen.

Wichtig **31**
Die **Geschäftsführer** müssen die Leistung verweigern, wenn sie sich nicht selbst gemäß §§ 31 Abs. 6, 43 Abs. 3 GmbHG (gesamtschuldnerisch) schadensersatzpflichtig machen wollen.[38]

Ist die Leistung, insbesondere eine Auszahlung, unter Verstoß gegen das Kapitalerhaltungsge- **32** bot erfolgt, besteht eine gesellschaftsrechtliche **Erstattungspflicht** des Leistungsempfängers.

5. Maßgeblicher Bewertungszeitpunkt

Maßgeblicher **Zeitpunkt** für die Feststellung eines Auszahlungsverbots ist der Zeitpunkt, in dem **33** die Leistung an den Gesellschafter bewirkt wird. Fallen das Leistungsversprechen und die Leistungsbewirkung zeitlich auseinander, etwa weil zwischen schuldrechtlichem Vertrag und **dinglichem Vollzug** Zeit vergeht, kommt es auf das dingliche Erfüllungsgeschäft an. Zu diesem Zeitpunkt muss ausreichend Stammkapital bei der Gesellschaft erhalten bleiben.

Wichtig **34**
Verbesserungen oder Verschlechterungen der Vermögenslage zwischen Leistungsversprechen und Leistungsbewirkung können sich also zuungunsten bzw. zugunsten der Gesellschaft bzw. der Gesellschafterhaftung gemäß § 30 GmbHG auswirken.[39]

II. Rückzahlung von Nachschüssen (§ 30 Abs. 2 GmbHG)

Im Gesellschaftsvertrag kann bestimmt werden, dass die Gesellschafter über den Betrag der **35** Stammeinlagen hinaus die Anforderung von weiteren Einzahlungen durch die Gesellschafter (sog. Nachschüsse) beschließen können (§ 26 Abs. 1 GmbHG). Nachschüsse sind dann im Zweifel nach dem Verhältnis der Geschäftsanteile zu leisten (§ 26 Abs. 2 GmbHG).

Solche Nachschüsse unterliegen dann der **Eigenkapitalbindung**, unterliegen aber nicht **36** denselben strengen Bindungen wie das Stammkapital. Ihre **Rückzahlung** ist beim Vorliegen der folgenden **vier Voraussetzungen** zulässig:
- Volle Einzahlung des Stammkapital (Erst-recht-Schluss aus §§ 30 Abs. 2 S. 3, 28 Abs. 2 GmbHG).

---

37 Baumbach/*Hueck*/*Fastrich*, GmbHG, §30 Rn 66; Scholz/*Westermann*, GmbHG, § 30 Rn 11.
38 Beck'sches Handbuch der GmbH/*Hense*/*Gnadenberger*, § 8 Rn 40.
39 BGH BB 1987, 433; BGH BB 1977, 1730.

- Rückzahlung nur, soweit der Rückzahlungsbetrag nicht zur Deckung eines Verlustes am Stammkapital benötigt wird.
- Formgerechter Rückzahlungsbeschluss (§ 46 Nr. 3 GmbHG).
- Ablauf der Dreimonatsfrist seit Bekanntmachung des Beschlusses (§§ 32 Abs. 2 S. 2, 10, 11 GmbHG).

37 Das Rückzahlungsverbot gilt für offene und verdeckte Rückzahlungen.

---

38 **Praxistipp**
Bis zur ersten darauf erfolgten Zahlung ist aber eine **Aufhebung des Nachschussbeschlusses** durch einen neuen Beschluss der Gesellschafter möglich.

---

39 Zulässig sollen auch **Erlass, Aufrechnung und Stundung** gegenüber noch nicht gezahlten Nachschüssen sein, da die strengen Regeln des § 19 Abs. 2 GmbHG für Nachschüsse nicht gelten sollen.[40]

III. Erstattung verbotener Auszahlungen (§ 31 GmbHG)

1. Inhalt der Rückgewährverpflichtung

40 Ein Verstoß gegen das Kapitalerhaltungsgebot gemäß § 30 GmbHG führt zu einer nicht abdingbaren (vgl. § 31 Abs. 4 GmbHG) Haftung des Gesellschafters, der Mitgesellschafter und der Geschäftsführer auf **Rückgewähr** bzw. **Erstattung** der erhaltenen Zahlungen oder Leistungen[41] beziehungsweise auf entsprechenden **Wertersatz** bzw. bei der Bestellung unzulässiger Sicherheiten zugunsten des Gesellschafters und zu Lasten der Gesellschaft auch auf einen entsprechenden **Freigabeanspruch** oder Auslösungsanspruch. Dabei soll das **Aufrechnungsverbot** des § 19 Abs. 2 S. 2 GmbHG **entsprechend** gelten.[42]

41   Streitig ist aber, wie die Leistungen zu behandeln sind, die nur teilweise gegen das Kapitalerhaltungsgebot verstoßen. Dazu wird vertreten, dass in diesem Falle keine Rückgewähr erfolgen muss, sondern lediglich eine **Zuzahlung** in das Gesellschaftsvermögen zur Aufbesserung der unangemessenen Gegenleistung.[43] Diese Auffassung erscheint im Hinblick auf die BGH-Rechtsprechung zweifelhaft. Danach hebt eine spätere Wiederherstellung des Stammkapitals den einmal entstandenen Wiederherstellungsanspruch gegen den Gesellschafter nicht auf.[44]

2. Anspruchsgläubiger

42 Inhaber des sofort, d.h. auch ohne einen entsprechenden Gesellschafterbeschluss nach § 46 Nr. 2 GmbHG, fälligen Erstattungsanspruchs ist die **Gesellschaft** beziehungsweise im Fall der Insolvenz für deren Insolvenzmasse der **Insolvenzverwalter**. Gläubiger der Gesellschaft können die Erstattungsansprüche nicht unmittelbar geltend machen.

---

40 Baumbach/Hueck/*Fastrich*, GmbHG, § 30 Rn 72 m.w.N; Scholz/*Westermann*, GmbHG, § 30 Rn 48.
41 Zur Begrenzung der Haftung wegen Einlagenrückgewähr auf den Betrag des Stammkapitals siehe BGH GmbHR 2002, 549 = ZIP 2002, 848, dazu EWiR 2002, 679 (*Blöse*), dazu *Bender*, GmbHR 2002, 552; *Henze*, BB 2002, 1011.
42 BGH GmbHR 2001, 142 m. Anm. *Müller*.
43 Scholz/*Westermann*, GmbHG, § 31 Rn 2; Beck'sches Handbuch der GmbH/*Hense/Gnadenberger*, § 8 Rn 54 ff. *Kort*, ZGR 2001, 615.
44 BGH GmbHR 2000, 771 und BGH NZG 2000, 883; dazu *Paul*, ZInsO 2000, 583; *Thümmel*, BB 2000, 1485; *Benecke*, ZIP 2000, 1969; *Servatius*, GmbHR 2000, 1028; anders noch BGH ZIP 1987, 1113, dazu EWiR 1987, 1099 (*Müller*), m. Anm. *Westermann*, ZIP 1987, 1115.

Praxistipp   43
Die Gläubiger der Gesellschaft müssen – außerhalb der Insolvenz – auf der Grundlage eines Titels gegen die Gesellschaft den Erstattungsanspruch pfänden und sich zur Einziehung überweisen lassen.[45]

---

3. Schuldner des Anspruchs

Anspruchsgegner ist zunächst der **Gesellschafter**, der die verbotenen Leistungen erhalten hat. 44
Die unmittelbare Erstattungspflicht nach § 31 Abs. 1 GmbHG geht auch nicht nach § 16 Abs. 3
GmbHG auf den Erwerber des Geschäftsanteile über. Ihre Rückgewährverpflichtung gegenüber
der Gesellschaft kann den Gesellschaftern nicht wirksam erlassen werden.

Praxistipp   45
Ein angemessener **Vergleich** soll dagegen zulässig sein.[46]

Erfolgt die unzulässige Leistung durch die Gesellschaft für Rechnung des Gesellschafters an ei- 46
nen Dritten, so ist dieser **Dritte** regelmäßig nicht Anspruchsgegner des Erstattungsanspruchs.
Etwas anderes kann aber ausnahmsweise dann gelten, wenn es sich um ein **Treuhandverhältnis** oder ein **Strohmannverhältnis** handelt oder wenn der Dritte ein naher Angehöriger des
Gesellschafters ist oder ein mit dem Gesellschafter verbundenes Unternehmen. Der Dritte und
der Gesellschafter sind dann **Gesamtschuldner** der Verpflichtung aus § 31 Abs. 1 GmbHG.[47]

4. Gutglaubensschutz

Der gute Glaube des Empfängers wird dann geschützt, wenn er ohne Vorsatz oder grobe Fahr- 47
lässigkeit davon ausgehen konnte, dass keine Unterbilanz oder Überschuldung besteht oder
durch die Leistung entsteht. Maßgeblich ist nicht seine Gesetzeskenntnis, sondern nur seine
Kenntnis von der tatsächlichen Vermögenslage der Gesellschaft. Gesellschafter unterliegen insoweit aber einer **Prüfungs- und Sorgfaltspflicht**. Mehrheitsgesellschafter unterliegen dabei
besonders strengen Anforderungen.[48]

5. Haftung der Mitgesellschafter

Wenn die Rückgewähr der Leistung weder von dem (Empfänger-) Gesellschafter noch von der 48
Gesellschaft erbracht werden kann, haften die Mitgesellschafter als **Gesamtschuldner** entsprechend ihrer Beteiligungsquote (§ 31 Abs. 3 GmbHG).[49] Auf deren guten Glauben oder auf ein
Nichtverschulden kommt es dabei nicht an. Maßgeblich ist, ob der mithaftende Gesellschafter
zum Zeitpunkt der unzulässigen Leistung Gesellschafter war. Bei einer zwischenzeitlichen Abtretung des Gesellschaftsanteils haftet der bisherige Gesellschafter neben dem Erwerber nach
§ 16 Abs. 3 GmbG.[50]

Die **Ausfallhaftung des § 31 Abs. 3 GmbHG** erfasst nicht den gesamten durch das Eigenka- 49
pital nicht gedeckten Fehlbetrag, sondern ist auf den **Betrag der Stammkapitalziffer** be-

---

45 Scholz/*Westermann*, GmbHG, § 31 Rn 8; Beck'sches Handbuch der GmbH/*Hense*/*Gnadenberger*, § 8 Rn 47 ff.
46 Scholz/*Westermann*, GmbHG, § 31 Rn 11; Lutter/*Hommelhoff*, GmbHG, § 31 Rn 23.
47 BGH BB 1981, 2088; BGH DB 1989, 816; Beck'sches Handbuch der GmbH/*Hense*/*Gnadenberger*, § 8 Rn 50 f.
48 Hachenburg/*Müller*, GmbHG, § 31 Rn 31.
49 Dazu *Görner*/*Kling*, GmbHR 2004, 714.
50 BGH BB 1991, 713; a.A. Hachenburg/*Müller*, GmbHG, § 31 Rn 41 ff.; Scholz/*Westermann*, GmbHG, § 31 Rn 25.

schränkt. Bei der auf den Betrag der Stammkapitalziffer begrenzten Ausfallhaftung eines GmbH-Gesellschafters gemäß § 31 Abs. 3 GmbHG ist dessen eigener Anteil am Stammkapital nicht abzuziehen.[51]

50   Die **Ausfallhaftung** aus dem Gesichtspunkt des **existenzvernichtenden Eingriffs** trifft allerdings auch diejenigen Mitgesellschafter, die, ohne selber etwas empfangen zu haben, durch ihr Einverständnis mit dem Vermögensabzug an der Existenzvernichtung der Gesellschaft mitgewirkt haben.[52]

51   Bei einer **Ausfallhaftung** entsprechend § 31 Abs. 3 GmbHG kommt es auf den **Zeitpunkt** der eigenkapitalersetzenden Leistung oder den der **Umqualifizierung** einer Leistung in funktionales Eigenkapital und nicht auf den Zeitpunkt an, zu dem feststeht, dass der an sich zur Rückgewähr verpflichtete Gesellschafter dazu nicht in der Lage ist und daher die Ausfallhaftung der übrigen Gesellschafter eingreift.[53]

6. Haftung der Geschäftsführer

52 Ein Geschäftsführer, der Verfügungen trifft oder zulässt, durch die das Vermögen der Gesellschaft angegriffen wird, begeht **strafrechtliche Untreue** (§ 266 StGB). Das gilt selbst dann, wenn die Gesellschafter einverstanden sind.

---

53 **Praxistipp**

Ein **Verzicht** der Gesellschaft auf die Ersatzansprüche gegen den Geschäftsführer ist nur wirksam, wenn nicht auf Ansprüche verzichtet wird, die wirtschaftlich zur Befriedigung der Gesellschaftsgläubiger erforderlich sind. Dasselbe gilt für einen **Vergleich** über die Ersatzansprüche.[54]

---

54 Der Geschäftsführer seinerseits ist den mithaftenden **Mitgesellschaftern**, die bei Ausfall des Anspruchs gegen den Leistungsempfänger zur Erstattung herangezogen wurden, gesamtschuldnerisch zum Ersatz verpflichtet, wenn er schuldhaft gehandelt hat. Er selbst hat gegenüber dem Leistungsempfänger einen entsprechenden **Rückgriffsanspruch**.

55   Für die Haftung einer Person nach § 43 Abs. 2 GmbHG, die sich wie ein **faktischer Geschäftsführer** verhält, genügt es nicht, dass sie auf die satzungsmäßigen Geschäftsführer gesellschaftsintern einwirkt. Erforderlich ist auch ein nach außen hervortretendes, üblicherweise der Geschäftsführung zuzurechnendes Handeln.[55]

7. Umfang der Haftung

56 Zur Ausfallhaftung bei **verbotener Rückzahlung** von Stammkapital hat der BGH zum **Haftungsumfang** klarstellend entschieden:[56]

„a) Die Ausfallhaftung des § 31 Abs. 3 GmbHG erfasst nicht den gesamten durch Eigenkapital nicht gedeckten Fehlbetrag, sondern ist auf den Betrag der Stammkapitalziffer beschränkt.

---

51 BGH GmbHR 2003, 1420 m. Anm. *Blöse*; dazu EWiR 2004, 383 (*F. Wagner*); in Ergänzung zu BGH BGHZ 150, 61 = ZIP 2002, 848; dazu EWiR 2002, 679 (*Blöse*).
52 BGH ZIP 2001, 1874, 1876; BGH GmbHR 2002, 549; dazu *Blöse*, GmbHR 2002, 1107.
53 BGH BB 2005, 2094 = NZG 2005, 845, dazu NJW-Spezial 2005, 461.
54 Beck'sches Handbuch der GmbH/*Hense/Gnadenberger*, § 8 Rn 83.
55 BGH BGHZ 150, 61 = ZIP 2002, 848; dazu EWiR 2002, 679 (*Blöse*) im Anschluss an BGHZ 104, 44, 48.
56 BGH BGHZ 150, 61 = ZIP 2002, 848; dazu EWiR 2002, 679 (*Blöse*).

b) Die Ausfallhaftung aus dem Gesichtspunkt des existenzvernichtenden Eingriffs[57] trifft auch diejenigen Mitgesellschafter, die, ohne selber etwas empfangen zu haben, durch ihr Einverständnis mit dem Vermögensabzug an der Existenzvernichtung der Gesellschaft mitgewirkt haben."

8. Verjährung

Die Ansprüche der Gesellschaft verjähren regelmäßig gegen die Leistungsempfänger in zehn Jahren, ansonsten in **fünf Jahren** (§ 31 Abs. 5 GmbHG). Die Verjährung beginnt mit dem Ablauf des Tages, an dem die unzulässige Leistung bewirkt wurde. Eine **Unterbrechung** der Verjährung durch Klageerhebung tritt nur gegenüber dem jeweiligen Beklagten ein, nicht gegenüber anderen Mitgesellschaftern, die nicht verklagt wurden. Bei bösgläubigen Handlungen betrug nach bisherigem Recht die Verjährungsfrist **30 Jahre**.[58]

57

Wichtig

Die Ersatzansprüche gegen den **Geschäftsführer** verjähren in fünf Jahren.

58

IV. Kapitalschutz bei der Einziehung

Eine Einziehung von GmbH-Geschäftsanteilen kann erfolgen, wenn dies im **Gesellschaftsvertrag** so vorgesehen ist. Eine solche Einziehung ist eine stark einschneidende Maßnahme. Ist sie wirksam, so führt dies zum Untergang des Geschäftsanteils, was regelmäßig mit dem **Ausscheiden des Gesellschafters** einhergeht. Die Stammkapitalziffer der Gesellschaft ändert sich im Rahmen einer solchen Einziehung nicht, was dazu führt, dass durch den **Untergang des eingezogenen Geschäftsanteils** die Summe der Nominalbeträge der (verbliebenen) Anteile die **Stammkapitalziffer unterschreitet**.

59

Bis zur GmbH-Reform durch das MoMiG sah man in diesem Auseinanderfallen lediglich einen „nicht systemwidrigen Schönheitsfehler", den man nicht beseitigen musste. Jedoch verändert die neue Regelung des **§ 5 Abs. 3 S. 2 GmbHG** die Situation, denn nach dem Gesetzeswortlaut muss die **Summe der Nennbeträge aller Geschäftsanteile** mit dem **Stammkapital** übereinstimmen, so dass es nicht bei einem bloßen Einziehungsbeschluss bleiben kann.

60

Der Gesetzgeber hat in der Gesetzesbegründung nämlich unmissverständlich deutlich gemacht, dass die durch die Einziehung entstandene **Diskrepanz zwischen dem Stammkapital und der Summe der Nominalbeträge zu schließen** ist.[59] Nach überwiegender Meinung in der Fachliteratur ist der diese Diskrepanz hervorrufende isolierte **Einziehungsbeschluss nichtig** und die Einziehung somit hinfällig.[60]

61

Dies hat auch die jüngere **instanzgerichtliche Rechtsprechung** schon bestätigt:

62

Der Beschluss über die Einziehung eines GmbH-Geschäftsanteils, der die künftige Übereinstimmung zwischen den Nennbeträgen der Geschäftsanteile und dem Stammkapital nicht regelt, ist wegen Verstoßes gegen § 5 Abs. 3 Satz 2 GmbHG gem. **§ 134 BGB nichtig**.[61]

Das OLG Saarbrücken sieht dies anders:[62]

63

---

57 BGH ZIP 2001, 1874, 1876 = DNotZ 2002, 459 m. Anm. *Schaub*.
58 Dazu *Krämer*, GmbHR 2004, 538.
59 Dazu *Ulmer*, DB 2010, 321.
60 Dazu *Nolting*, ZIP 2011, 1292; *Lutter*, GmbHR 2010, 1177; a.A. aber *Wanner-Laufer*, NJW 2010, 1499; *Braun*, NJW 2010, 2700; *Haberstroh*, NZG 2010 1094; *Meyer*, NZG 2009, 1201.
61 LG Neubrandenburg GmbHR 2011, 823; im Anschluss an LG Essen NZG 2010, 867.
62 OLG Saarbrücken GmbHR 2012, 209; dazu NJW-Spezial 2012, 111.

„Ein solches Verbot des späteren Auseinanderfallens von Stammkapital und Nennbeträgen der Geschäftsanteile hat allerdings in dem Wortlaut der Vorschrift des § 5 Abs. 3 S. 2 GmbHG keinen Niederschlag gefunden. Vielmehr wurde bei der Neuregelung lediglich der Begriff der Stammeinlagen in § 5 Abs. 3 S. 3 GmbHG a.F. durch den des Nennbetrages der Geschäftsanteile ersetzt und blieb im Übrigen unverändert nach Wegfall des § 5 Abs. 3 S. 2 GmbHG a.F. als neuer S. 2 bestehen. Eine Änderung der bisher bestehenden Auffassung, wonach ein späteres Auseinanderfallen der Summe der Geschäftsanteile und des Stammkapitals lediglich einen „Schönheitsfehler" darstellt, lässt sich dem Wortlaut dieser Neufassung nicht entnehmen. Eine solche Absicht ergibt sich allein aus der Regierungsbegründung, ohne dass dort allerdings klargestellt wird, welche Rechtsfolge daraus zu ziehen ist, wenn eine entsprechende Regelung – Kapitalherabsetzung, Aufstockung der Nennbeträge der Geschäftsanteile, Bildung eines neuen Geschäftsanteils – bei Einziehung eines Geschäftsanteils unterbleibt. Schließlich spricht auch die systematische Stellung des § 5 Abs. 3 S. 2 GmbHG gegen die in der Regierungsbegründung zum Ausdruck gebrachte Erstreckung auf die gesamte Dauer des Bestehens einer GmbH, denn sie steht im Abschnitt 1 unter der Überschrift „Errichtung der Gesellschaft", ohne dass der die Einziehung regelnde, speziellere § 34 GmbHG hierauf verweist. Demgegenüber zeigt der Verweis in § 55 Abs. 4 GmbHG, der die Erhöhung des Stammkapitals regelt, auf § 5 Abs. 2 und Abs. 3 GmbHG, dass diese Vorschrift ohne entsprechenden Verweis keine allgemeine Gültigkeit über die Gründungsphase hinaus beanspruchen kann."

64 Eine ähnliche Auffassung hat das OLG München für die **Korrektur eines „Altfalles"** vertreten:[63]

„Dient die neu eingereichte Gesellschafterliste der Korrektur einer Gesellschafterliste mit vor dem Inkrafttreten des MoMiG am 1.11.2008 liegenden Stichtag, muss die Summe der Nennbeträge aller Geschäftsanteile nicht mit dem Stammkapital übereinstimmen."

65 Zur Überwindung der entstandenen Diskrepanz zwischen Stammkapital und der Summe der Nennbeträge nennt die Gesetzesbegründung drei Möglichkeiten:
- Verbindung der Einziehung mit einer **Kapitalherabsetzung**, die das GmbH-Gesetz jedoch an strenge Voraussetzungen knüpft und welche in all den Fällen ausgeschlossen ist, in denen die Gesellschaft ohnehin nur über das gesetzliche Mindestkapital von 25.000 EUR verfügt.
- Die Nennbeträge der einzelnen (verbliebenen) Beteiligungen werden jeweils nominell aufgestockt. Der Nennbetrag eines jeden Geschäftsanteils muss jedoch nach neuem Recht zumindest auf volle Euro lauten (§ 5 Abs. 2 S. 1 GmbHG). Je nach den konkret bestehenden Beteiligungsverhältnissen wird diese Voraussetzung nach einer nominellen Aufstockung verfehlt, wenn **„ungerade" Beteiligungsverhältnisse** resultieren, so dass auch diese Lösung oft ausscheidet oder aber mit weiteren Maßnahmen kombiniert werden muss.[64]
- **Neubildung eines Geschäftsanteils**: Hier besteht bereits Uneinigkeit darüber, unter welchen Voraussetzungen und insbesondere mit welchen Mehrheiten eine solche Neubildung beschlossen werden kann.

66 Nach allgemeiner Ansicht[65] ist die **Einziehung** eines Geschäftsanteils nur unter folgenden **Voraussetzungen** zulässig:
- Zulassung der Einziehung in der Satzung;
- Einziehungsbeschluss der Gesellschafterversammlung;
- volle Leistung der Einlage auf den betroffenen Geschäftsanteil;
- Zahlung des Abfindungsentgelts bei entgeltlicher Einziehung;
- Zustimmung des Betroffenen oder Vorliegen der Voraussetzungen einer Zwangseinziehung.

---

63 OLG München DStR 2012, 425.
64 Dazu *Ulmer*, DB 2010, 321; *Nolting*, ZIP 2011, 1292.
65 Vgl. statt aller: Baumbach/Hueck/*Hueck/Fastrich*, GmbHG, § 34 Rn 3 ff.

Nach h.M. steht zur Sicherung des betroffenen Gesellschafters der Einziehungsbeschluss unter **67** der aufschiebenden gesetzlichen Bedingung, dass die Zahlung der Abfindung ohne Beeinträchtigung des Stammkapitals erfolgt.[66] Daraus ergibt sich, dass die Einziehung bis zur wirksamen Leistung des Einziehungsentgelts nicht wirksam wird. Der GmbH-Anteil besteht also im Zeitraum zwischen dem Einziehungsbeschluss und der Zahlung des geschuldeten Einziehungsentgelts noch, der Betroffene ist noch Gesellschafter.[67]

Das Verbleiben des Gesellschafters in der Gesellschaft hat der BGH in seiner jüngeren **68** Rechtsprechung erneut bestätigt:[68]

Ist eine GmbH bei Fassung eines Einziehungsbeschlusses nach § 34 GmbHG nicht in der Lage, dem Gesellschafter eine ihm nach dem Gesellschaftsvertrag zustehende Abfindung aus freiem, die Stammkapitalziffer nicht beeinträchtigenden Vermögen zu zahlen, so ist die **Einziehung** der Geschäftsanteile nach §§ 34 Abs. 3, 30 Abs. 1 GmbHG **unwirksam**. Wurde durch die Gesellschafterversammlung zugleich eine **Ausschließung** des Gesellschafters beschlossen, so ist diese ebenfalls **unwirksam**. Denn das Schicksal der Ausschließung ist mit dem der Einziehung untrennbar verbunden. Demnach ist kein Grund ersichtlich, warum sich ein Gesellschafter einer Ausschließung unterwerfen soll, wenn feststeht, dass die geschuldete Abfindung nicht gezahlt werden kann.

Demzufolge ist mit der h.M. davon auszugehen, dass der von der Einziehung betroffene Ge- **69** sellschafter im Zeitraum zwischen Einziehungsbeschluss und wirksamer Zahlung des Einziehungsentgelts grundsätzlich Gesellschafter mit allen Rechten und Pflichten bleibt. Insbesondere stehen dem ausscheidenden Gesellschafter in diesem Zeitraum also noch das Gewinnbezugsrecht und auch das Stimmrecht zu.[69]

Nach einem Beschluss des BGH vom 8.12.2008[70] ist es jedoch zulässig, in der Satzung zu re- **70** geln, dass der betroffene Gesellschafter seine **Gesellschafterstellung** mit **sofortiger Wirkung**, d.h. mit Zugang des Einziehungsbeschlusses und damit schon vor Zahlung seiner Abfindung verliert. Diese Rechtsprechung hat der BGH inzwischen noch verschärft:[71]

„Wenn ein Einziehungsbeschluss **weder nichtig ist noch für nichtig erklärt** wird, wird die Einziehung mit der Mitteilung des Beschlusses an den betroffenen Gesellschafter und nicht erst mit der Leistung der Abfindung wirksam. Die **Gesellschafter**, die den Einziehungsbeschluss gefasst haben, **haften** dem ausgeschiedenen Gesellschafter **anteilig**, wenn sie nicht dafür sorgen, dass die Abfindung aus dem ungebundenen Vermögen der Gesellschaft geleistet werden kann, oder sie die Gesellschaft nicht auflösen."

V. Kapitalerhöhungen

Durch den Gesetzgeber und die obergerichtliche Rechtsprechung sind die Voraussetzungen **71** und die Durchführung einer Kapitalerhöhung bei einer GmbH sehr differenziert geregelt worden.[72] Diese Regeln gelten uneingeschränkt auch bei **Kapitalerhöhungen zur Euro-Glättung**.[73]

---

66 RGZ 142, 286, 290; BGHZ 79, 157, 173; Baumbach/Hueck/*Hueck/Fastrich*, GmbHG, § 34 Rn 41 m.w.N.

67 H.M., vgl. statt aller: BGHZ 9, 173; *Lutter/Hommelhoff*, § 34 Rn 12; Scholz/*Westermann*, § 34 Rn 55.

68 BGH GmbHR 2011, 761.

69 Vgl. BGHZ 88, 320; *Lutter/Hommelhoff*, § 34 Rn 12; *Rowedder*, § 34 Rn 27.

70 BGH DB 2009, 340.

71 BGH DB 2012, 504.

72 Siehe dazu mit Mustern Arens/Tepper/*Arens*, Formularbuch Gesellschaftsrecht, § 5 Rn 331ff.; zur Gestaltung bei Kapitalerhöhung mit Agio siehe *Hermanns*, ZIP 2003, 788; zu den Heilungsmöglichkeiten bei fehlerhaften Kapitalerhöhungen siehe *Temme/Küpperkoch*, GmbHR 2004, 1554.

73 BayObLG GmbHR 2002, 2138; OLG Frankfurt/M. GmbHR 2003, 1273; OLG Hamm GmbHR 2003, 899; OLG Hamm GmbHR 2011, 654; dazu auch *Theile/Köhler*, GmbHR 1999, 516.

72   Nach § 1 Abs. 1 S. 1 Hs. 1 EGGmbHG dürfen Gesellschaften, die vor dem 1.1.1999 in das Handelsregister eingetragen worden sind, ihr auf Deutsche Mark lautendes Stammkapital beibehalten. Jedoch darf nach § 1 Abs. 4 EGGmbHG eine Änderung des Stammkapitals einer solchen Gesellschaft nur eingetragen werden, wenn das Kapital nunmehr auf Euro umgestellt wird.

73   Für eine Stammkapitalerhöhung zur Euroglättung gelten dabei keine Besonderheiten oder Erleichterungen. Ein Kapitalerhöhungsbeschluss zum Zweck der Euroglättung muss inhaltlich klarstellen, wie die einzelnen Geschäftsanteile in Euro umgestellt und sodann im Wege der Aufstockung auf einen glatten Eurobetrag erhöht werden.[74]

1. Einfache Kapitalerhöhung
a) Beschlussfassung, Übernahme und Registereintragung

74 Es bedarf dazu
- entsprechender **Beschlussfassung** durch die Gesellschafterversammlung[75] über die beabsichtigte Kapitalerhöhung sowie über die **Zulassung der Übernehmer** zur Übernahme der neuen Stammeinlagen,
- der **Übernahmeerklärung** gemäß § 55 Abs. 1 GmbHG der zugelassenen Übernehmer; dadurch kommt ein Übernahmevertrag hinsichtlich der Stammeinlagen mit der GmbH zustande;[76]
- der **Anmeldung** zum Handelsregister, auch bei Zusammenlegung der Anteile im Rahmen der Kapitalerhöhung;[77]
- der **Eintragung** im Handelsregister.

75 Der Übernahmevertrag verpflichtet den zugelassenen Übernehmer zur Erbringung der vorgesehenen Einlage.[78] Es handelt sich aber nicht um einen Austauschvertrag wie bei der Veräußerung eines Geschäftsanteils gemäß § 15 Abs. 4 GmbHG, sondern um einen **Vertrag mit körperschaftlichem Charakter**. Nach der Rechtsprechung des BGH entsteht das Mitgliedschaftsrecht des Übernehmers erst auf der Grundlage des satzungsändernden Kapitalerhöhungsbeschlusses und des Übernahmevertrages erst mit der Eintragung im Handelsregister kraft Gesetzes.[79]

---

76 **Wichtig**
Bis dahin besteht somit auch **kein einklagbarer Verschaffungsanspruch** des zugelassenen Übernehmers.

---

77 Nicht nur der Erwerb der Mitgliedschaft, sondern auch der Übernahmevertrag und der satzungsändernde Kapitalerhöhungsbeschluss stehen bis dahin unter dem **Vorbehalt des Wirksamwerdens** der Kapitalerhöhung durch die **Eintragung** im Handelsregister.[80] Ein Erfüllungsanspruch des Übernehmers gegenüber der Gesellschaft auf Durchführung der Kapitalerhöhung und auf den Erwerb der Mitgliedschaft besteht bis dahin nicht, weil die dafür erforderliche Sat-

---

74 OLG Hamm GmbHR 2011, 654.
75 Zur Kapitalerhöhung in der Insolvenz siehe *Kuntz*, DStR 2006, 519.
76 Das gilt auch bei einer Kapitalerhöhung zur Glättung eines Kleinbetrages bei einer Ein-Personen-GmbH: BayObLG GmbHR 2002, 497.
77 OLG Celle GmbHR 1999, 1253.
78 Scholz/*Priester*, GmbHG, § 55 Rn 93; zu einem Kündigungsrecht des Gesellschafters aus wichtigem Grund bei zwischenzeitlicher Sequestrationsanordnung siehe OLG Düsseldorf GmbHR 2000, 569.
79 BGH DNotZ 1999, 753.
80 Zur Heilungswirkung eines unwirksamen Kapitalerhöhungsbeschlusses durch dreijährige Eintragung im Handelsregister analog § 242 AktG siehe OLG Stuttgart GmbHR 2000, 721, dazu EWiR 2000, 945 (*Werner*).

zungsänderung erst mit der Eintragung wirksam wird (§ 54 Abs. 3 GmbHG) und bis dahin der Autonomie der bisherigen Gesellschafterversammlung unterliegt.[81]

Zu beachten sind aber im Innenverhältnis der Gesellschafter zueinander auch **Treuepflich-** 78 **ten**, insbesondere im Hinblick auf die **Interessen der Minderheitsgesellschafter**. Hängt etwa die Höhe der einer Komplementär-GmbH u.a. für die Haftungsübernahme zu zahlenden Vergütung nach dem Gesellschaftsvertrag einer Kommanditgesellschaft von der Höhe des Stammkapitals der GmbH ab, dürfen deren Gesellschafter das Stammkapital nicht ohne Wahrung der gesellschafterlichen Treuepflichten gegenüber der Kommanditgesellschaft in erheblichem Umfang (hier: um das 42-fache) erhöhen.[82]

Sowohl in dem notariell zu beurkundenden Beschluss der Gesellschafter über eine Erhö- 79 hung des Stammkapitals als auch in der danach von allen Geschäftsführern (§ 78 GmbHG) – unabhängig von der konkreten Vertretungsbefugnis – vorzunehmenden Anmeldung der Kapitalerhöhung muss im Einzelnen klar verlautbart werden, welcher Geschäftsanteil mit welcher Stammeinlage um welchen Erhöhungsbetrag erhöht wird.[83] Probleme ergeben sich, wenn falsche Beteiligungsverhältnisse bzw. falsche Nennbeträge der vorhandenen Anteile bei der Kapitalerhöhung zugrunde gelegt werden.[84]

b) Wege der Kapitalerhöhung
Eine Kapitalerhöhung kann erfolgen 80
- durch Ausgabe neuer Geschäftsanteile oder
- durch Erhöhung der Nennbeträge vorhandener Geschäftsanteile.

Die Aufstockung der Nennbeträge bei der Kapitalerhöhung gegen Einlage setzt voraus, dass 81
- entweder die Gesellschaftsanteile **voll eingezahlt** sind und keine Nachschusspflicht besteht
- oder der aufzustockende Anteil sich noch in der Hand des **Gründungsgesellschafters** befindet.

Nur dann ist nämlich eine **Haftung etwaiger Vorinhaber** nach § 22 GmbHG und ein Erwerb des 82 Rechtsvorgängers gegen Zahlung der rückständigen Einlage eines ausgeschlossenen Gesellschafters nach § 22 Abs. 4 GmbHG, der das unveränderte Bestehen des Geschäftsanteils erfordert, nicht denkbar.[85] Dies soll auch gelten, wenn der derzeitige Inhaber wegen Ablauf der **Fünf-Jahres-Frist des § 22 Abs. 3 GmbHG** für ausstehende Einlagen allein haftet.[86]

Wichtig 83
Nach § 5 Abs. 2 S. 1 GmbHG muss die Stammeinlage jedes Gesellschafters auf volle Euro-Beträge lauten.

---

c) „Bis-zu-Kapitalerhöhungen"
Anerkannt sind auch sog. „Bis-zu"-Kapitalerhöhungen, bei denen der Erhöhungsbeschluss nur 84 die **Obergrenze der Kapitalerhöhung** festschreibt, den tatsächlichen Umfang dann aber von der Übernahme durch die einzelnen zur Übernahme zugelassenen Gesellschafter abhängig

---

81 BGH DNotZ 1999, 753; Hachenburg/*Ulmer*,GmbHG, § 55 Rn 70.
82 BGH GmbHR 2006, 321 = DStR 2006, 524.
83 OLG Hamm GmbHR 2011, 654.
84 Dazu DNotI-Report 2011, 84; *Krieger*, ZHR 158 (1994), 34.
85 Lutter/Hommelhoff/*Bayer*, GmbHG, § 86 Rn 22.
86 *Wachter*, NotBZ 1999, 137, 141.

macht.[87] Eine solche Regelung bedarf nach h.M. einer **Fristvorgabe** von maximal sechs Monaten, in der die zur Übernahme zugelassenen Gesellschafter die Übernahme zu erklären haben.[88]

---

85 Praxistipp

Ggf. kann in dem Beschluss auch ein bestimmter **Mindesterhöhungsbetrag** festgelegt werden.[89]

---

86 Formulierungsbeispiel

Der Beschluss kann dabei etwa lauten:

Das Stammkapital der Gesellschaft wird von... EUR um bis zu... EUR auf bis zu... EUR erhöht und zwar durch... (Ausgabe neuer Geschäftsanteile mit Stammeinlagen in Höhe von... EUR). Der endgültige Erhöhungsbetrag richtet sich nach der tatsächlich erfolgten Übernahme neuer Stammeinlagen, die nur bis zum... erfolgen kann. Die Kapitalerhöhung steht dabei unter der aufschiebenden Bedingung, dass in der vorgenannten Frist mindestens Stammeinlagen in Höhe von... EUR übernommen werden.

---

87 Da bei Beschlussfassung noch nicht bekannt ist, in welchem Umfang sich das Kapital erhöhen wird, ist der genaue, neue **Satzungswortlaut** für die Satzungsänderung bzgl. des Betrages des Stammkapitals noch nicht bekannt. Dennoch sollen die anmeldenden (§ 78 GmbHG: sämtlichen) **Geschäftsführer** später berechtigt sein, diesen Betrag dem Registergericht mitzuteilen, da die Änderung des Satzungswortlauts sich automatisch ergebe.[90]

88   Wegen etwa **nicht ausgeübter Bezugsrechte** einzelner Gesellschafter kann ein Anwachsen der Bezugsrechte auf die anderen Gesellschafter/Bezugsberechtigten vorgesehen oder aber auch ausgeschlossen werden:

---

89 Formulierungsbeispiel

Übt ein zur Übernahme einer neuen Stammeinlage zugelassener Bezugsberechtigter sein Bezugsrecht nicht aus, wächst es... an (*alternativ*: wächst es weder den übrigen Gesellschaftern noch den übrigen zur Übernahme zugelassenen Bezugsberechtigten an, sondern verfällt).

Die Regelung eines **Verfalls nicht ausgeübter Bezugsrechte** dürfte die Regel sein, da ansonsten eine noch erheblichere Verschiebungen der Beteiligungsquoten erfolgen könnten.

---

90 Wichtig

Der Verzicht auf Bezugsrechte kann wegen der Neuregelung des § 7 Abs. 8 ErbStG auch ohne entsprechende Schenkungs- bzw. Bereicherungsabsicht zu einer schenkungsteuerbaren „freigebigen Zuwendung" führen.

---

d) Voreinzahlungen auf künftige Kapitalerhöhungen

91 Gefährlich für die Gesellschafter sind sog. Voreinzahlungen auf erst **künftig zu beschließende Kapitalerhöhungen**, weil durch solche Voreinzahlungen nach der Rechtsprechung des BGH die

---

87 So schon RG RGZ 85, 205; Baumbach/Hueck/*Zöllner*, GmbHG § 55 Rn 11; *Leuering/Simon*, NJW-Spezial 2005, 363; *Gerber/Piltz*, GmbHR 2005, 1324.

88 Lutter/*Hommelhoff*, GmbHG, § 55 Rn 12; a.A. *Leuering/Simon*, NJW-Spezial 2005, 363.

89 Zum Inhalt siehe *Gerber/Piltz*, GmbHR 2005, 1324; *Leuering/Simon*, NJW-Spezial 2005, 363.

90 Rowedder/*Zimmermann*, GmbHG, § 53 Rn 20 und § 55 Rn 19; *Leuering/Simon*, NJW-Spezial 2005, 363.

Arens

Einlageschuld aus der später beschlossenen Kapitalerhöhung möglicherweise nicht wirksam getilgt wird.[91]

Inzwischen hat der BGH allerdings klargestellt, dass zumindest eine Voreinzahlung, die im **92** **Zeitpunkt der Beschlussfassung** über die Kapitalerhöhung noch als solche im Vermögen der Gesellschaft vorhanden sei, schuldtilgende Wirkung habe, etwa wenn sie sich noch in der **Kasse** der Gesellschaft befinde oder auf ein **Konto** der Gesellschaft eingezahlt worden sei und dieses anschließend bis zur Beschlussfassung fortdauernd ein Guthaben in entsprechender Höhe aufweise.[92]

Wichtig **93**

Eine Voreinzahlung auf ein **debitorisches** (oder debitorisch werdendes?) **Konto** erfüllt demgegenüber die Tilgungswirkung nicht.

Ob und unter welchen Voraussetzungen in **Sanierungssituationen** generell eine Ausnahme **94** gemacht werden könne, hat der BGH zunächst ausdrücklich offen gelassen.[93] Allerdings hat der BGH inzwischen Voreinzahlungen auf künftige Einlageverpflichtungen im Rahmen von Kapitalerhöhungen zumindest dann in einer Sanierungssituation als wirksam anerkannt, wenn diese Vorauszahlung eindeutig auf eine **kurze Zeit** danach beschlossene Kapitalerhöhung geleistet wird und der Einlagebetrag zwischen dem Antrag auf Eintragung der Kapitalerhöhung in das Handelsregister und ihrer Durchführung noch **wertmäßig zur freien Verfügung** der Geschäftsführung gestanden hat.[94]

Der Grundsatz, dass Voreinzahlungen auf eine künftige Kapitalerhöhung keine Tilgungs- **95** wirkung haben, gilt nach der Auffassung des OLG Celle auch in Sanierungsfällen, es sei denn, die Voreinzahlung ist eindeutig und für Dritte erkennbar mit dem Tilgungszweck der Kapitalerhöhung verbunden, zwischen Zahlung und Kapitalerhöhungsbeschluss besteht ein enger zeitlicher Zusammenhang und die Voreinzahlung ist im Kapitalerhöhungsbeschluss und in der Handelsregisteranmeldung offengelegt.[95]

Nach milderer Auffassung soll es allgemein ausreichend sein, wenn der Betrag bei Eintra- **96** gung der Kapitalerhöhung in das Handelsregister noch wertmäßig zur freien Verfügung Geschäftsführung gestanden hat.[96]

Im Rahmen von Barkapitalerhöhungen soll eine Voreinzahlung nach Auffassung des **OLG** **97** **München** nur dann Tilgungswirkung haben, wenn zumindest folgende **Voraussetzungen** kumulativ erfüllt sind:
– es besteht ein enger zeitlicher Zusammenhang zwischen Barzahlung und Beschlussfassung,
– die Vorauszahlung erfolgt nicht vor der Ladung zur Gesellschafterversammlung mit dem Tagesordnungspunkt „Kapitalerhöhung",

---

91 Zur Problematik der Voreinzahlung auf künftige Einlagepflichten siehe BGH NJW 1995, 460 = DStR 1995, 498 m. Anm. *Goette*; BGH ZIP 1995, 28; BGH DNotZ 1997, 495 m. Anm. *Kanzleiter* = DStR 1996, 1416 m. Anm. *Goette*; BGH DStR 2004, 782 m. Anm. *Goette* = DNotZ 2004, 867 m. Anm. *Kanzleiter*, dazu EWiR 2004, 851 (*Priester*); *Heidinger*, DNotZ 2005, 97, 109; zur Rechtslage nach MoMiG und ARUG siehe *Priester*, DStR 2010, 494.
92 BGH DStR 2004, 782 m. Anm. *Goette* = DNotZ 2004, 867 m. Anm. *Kanzleiter*, dazu EWiR 2004, 851 (*Priester*); ähnlich OLG Celle GmbHR 2006, 433 für die Einzahlung auf ein Sonderkonto.
93 BGH NJW 1992, 2222; BGH NJW 1995, 460 = DStR 1995, 498 m. Anm. *Goette*; BGH DStR 2004, 782 m. Anm. *Goette* = DNotZ 2004, 867 m. Anm. *Kanzleiter*, dazu EWiR 2004, 851 (*Priester*) unter Hinweis auf BGHZ 145, 150 = DStR 2000, 1963.
94 BGH DStR 2006, 2266 in Bestätigung vom BGH DStR 2004, 782; siehe auch schon BGH NJW 1969, 840; BGH DNotZ 1997, 495; BGH GmbHR 2001, 67, dazu EWiR 2001, 325 (*Rawert*), dazu auch *Heidinger*, DNotZ 2001, 341; *Heidinger*, GmbHR 2002, 1045, 1047; so auch OLG Düsseldorf GmbHR 2000, 564, dazu EWiR 2000, 495 (*Undritz*)
95 OLG Celle DB 2010, 2215; dazu EWiR 2010, 743 (*Wachter*).
96 OLG Karlsruhe GmbHR 1999, 1298 und OLG Köln GmbHR 2001, 627, dazu EWiR 2001, 1093 (*v. Gerkan*).

   – die Zahlung als Vorausleistung auf die Kapitalerhöhung ist für Dritte erkennbar und
   – sowohl in dem Erhöhungsbeschluss als auch in der Versicherung der Geschäftsführer im Rahmen der Handelsregisteranmeldung erfolgt eine Offenlegung der Vorausleistung.[97]

98   Für Einzahlungen nach Fassung des Kapitalerhöhungsbeschlusses auf ein debitorisches Konto hat der BGH inzwischen anders entschieden:[98]

     „Der GmbH-Gesellschafter erfüllt seine Einlagepflicht, indem er den Einlagebetrag **nach einem Kapitalerhöhungsbeschluss** zur freien Verfügung der Geschäftsführer an die Gesellschaft zahlt. Dabei reicht die Zahlung auf ein **im Debet geführtes Konto** aus, sofern die Geschäftsführung die Möglichkeit erhält, über einen Betrag in Höhe der Einlageleistung frei zu verfügen, sei es im Rahmen eines förmlich eingeräumten Kreditrahmens, sei es aufgrund einer nur stillschweigenden Gestattung der Bank."

99   Keine ordnungsgemäße Erbringung der Stammeinlage liegt aber bei Zahlung der Stammeinlage auf ein debitorisches Konto der GmbH vor, wenn die Bank keine neuen **Verfügungen zulässt**. Diese Einzahlung dient nämlich nur der Schuldentilgung.[99]

100   **Praxistipp**
Der Insolvenzverwalter kann dennoch die nochmalige Zahlung der Stammeinlage ausnahmsweise nicht geltend machen, wenn er die Verrechnung durch die Bank **erfolgreich angefochten** hat. Dies verstößt nach Auffassung des OLG Hamm gegen die Grundsätze von Treu und Glauben.[100]

e) Ertragsteuerliche Aspekte der Kapitalerhöhung

101   Eine Kapitalerhöhung gegen Einlage führt nach Auffassung des BFH hinsichtlich der bereits bestehenden Anteile zu einer **„Substanzspaltung"** zugunsten der aufgrund der Bezugsrechte erworbenen neuen Anteile.

102   **Wichtig**
Diese Substanzspaltung hat zur Folge, dass **Anschaffungskosten** der bereits bestehenden Anteile nach Maßgabe der **Gesamtwertmethode** den Bezugsrechten bzw. den neuen Anteilen zuzuordnen sind. Das soll auch für im Privatvermögen gehaltene wesentliche Beteiligungen gelten.[101]

103   Veräußert ein GmbH-Gesellschafter Anteile, die er bei einer Kapitalerhöhung gegen Zuzahlung erworben hat, innerhalb der sog. **Spekulationsfrist** nach § 23 EStG, ist deshalb nach der Auffassung des BFH bei der Bemessung des steuerbaren Veräußerungsgewinns auch der Wert des Bezugsrechts auf die neuen Anteile bei deren **Anschaffungskosten** anzusetzen.[102] Die in § 23 Abs. 1 und Abs. 4 EStG verwendeten Begriffe „Anschaffung" und „Anschaffungskosten" seien i.S.d. § 6 EStG und des § 255 Abs. 1 HGB auszulegen; Anschaffung i.S. dieser Vorschriften sei auch

---

97 OLG München GmbHR 1999, 294; OLG Schleswig, Urt. v. 7.9.2000 – 5 U 71/99 – n.v.; insoweit anders OLG Düsseldorf GmbHR 2000, 564.
98 BGH GmbHR 2005, 229; ähnlich bereits OLG Hamm ZIP 2004, 1427; dazu EWiR 2005, 23.
99 OLG Celle, DB 2010, 2215; dazu EWiR 2010, 743 (*Wachter*).
100 OLG Hamm ZIP 2004, 1427; dazu EWiR 2005, 23 (*Höpfner*).
101 BFH BFHE 188, 27 = BStBl II 1999, 638.
102 BFH BStBl II 2006, 12, in Fortentwicklung des Urteils des BFH BFHE 89, 120 = BStBl II 1967, 554; vgl. auch BMF v. 20.12.2005, BStBl I 2006, 8 zur Annahme eines privaten Veräußerungsgeschäfts i.S.v. § 23 EStG.

der Erwerb weiterer Geschäftsanteile an einer Kapitalgesellschaft im Falle einer Kapitalerhöhung.[103]

Anschaffungskosten sind die **Aufwendungen**, die geleistet werden, um einen Vermögensgegenstand zu erwerben. Dazu können auch Anschaffungskosten eines anderen Vermögensgegenstandes gehören, soweit sie sich in dem neu erworbenen Vermögensgegenstand fortsetzen. So verhalte es sich im Fall der Ausgabe von Bezugsrechten oder von neuen Gesellschaftsrechten aufgrund einer Kapitalerhöhung. Sie führe wirtschaftlich zu einer **Abspaltung** der in den bisherigen GmbH-Anteilen verkörperten **Substanz** und deshalb zu einer Abspaltung eines Teils der ursprünglichen Anschaffungskosten. Dieser Teil sei infolgedessen den Anschaffungskosten des Bezugsrechts oder den neuen Gesellschaftsrechten zuzurechnen, unabhängig davon, ob die Beteiligung im Privat- oder im Betriebsvermögen gehalten werden; des Weiteren gingen mit der Abspaltung die in den Altanteilen enthaltenen stillen Reserven anteilig auf die Bezugsrechte oder neuen Gesellschaftsrechte über. Auch diese übergegangenen **stillen Reserven** seien für die neuen Anteile „**aufgewendet**" i.S.v. § 255 Abs. 1 HGB und gehörten zu deren Anschaffungskosten. **104**

Außerdem hat der BFH entschieden, dass es sich bei der **(offenen) Sacheinlage** durch Einbringung von Betriebsvermögen in eine Kapital- (oder auch Personen-)gesellschaft gegen Gewährung von Gesellschafterrechten aus der Sicht der Gesellschaft um einen „**kaufähnlichen**" bzw. „**tauschähnlichen Vorgang**" handele, der auf Gesellschaftsebene zu „**Anschaffungskosten**" des eingelegten Wirtschaftsgutes führe.[104] Folge dieser Auffassung wäre, dass die Bewertung des eingelegten Wirtschaftsgutes nicht mit dem Teilwert, sondern mit den „Anschaffungskosten" erfolgen müsste. **105**

Diese Auffassung erscheint aber zweifelhaft, weil letztlich für einen Anschaffungsvorgang eine Gegenleistung der Gesellschaft fehlt und weil **Wertungswidersprüche** zur umwandlungsrechtlichen Bewertung nach § 20 UmwStG bestehen.[105] **106**

Wichtig   **107**

Nur bei einer **Eintragung der Kapitalerhöhung** im Handelsregister ist für eine im Rahmen der beschlossenen Kapitalerhöhung erlangte wesentliche Beteiligung i.S.v. § 17 EStG auch ein sog. **Auflösungsverlust** geltend zu machen.[106]

Das **Bezugsrecht** steht den Gesellschaftern grundsätzlich entsprechend ihrer bisherigen Beteiligung zu. Der Ausgabepreis muss sich dabei am inneren Wert der Anteile ausrichten.[107] Bei einer Zuweisung der neuen bzw. erhöhten Anteile **unter Verkehrswert** soll ertragsteuerlich ein **teilentgeltlicher Anteilserwerb** beim Anteilsübernehmer vorliegen. Umgekehrt soll – zumindest nach Auffassung des FG Düsseldorf – bei dem Gesellschafter, der einem Dritten die Anteilsübernahme unter Verkehrswert (ohne Aufgeld) ermöglicht, eine entsprechende **Entnahme** angenommen werden können.[108] **108**

Den Tatbestand einer „Veräußerung von Anteilen an einer Kapitalgesellschaft" i.S.v. § 17 EStG erfüllt dagegen, wer den durch eine Kapitalerhöhung entstehenden neuen Geschäftsanteil ande- **109**

---

103 Vgl. die Urteile des BFH BFHE 194, 182 = BStBl II 2001, 345; BFH BFHE 202, 309 = BStBl II 2003, 712.
104 BFH BStBl II 2000, 230; BFH DStRE 2003, 37 = NV 2003, 88; kritisch dazu *Schmidt/Hageböke*, DStR 2003, 1813; *Kraft*, BB 2003, 2391, auch zu alternativen Investitionsstrategien; zur möglichen Schenkungsteuerbarkeit siehe auch *Perwein*, GmbHR 2010, 133.
105 *Schmidt/Hageböke*, DStR 2003, 1813.
106 FG Hamburg EFG 2001, 1435.
107 OLG Stuttgart GmbHR 2000, 333 = BB 2000, 1155 m. Anm. *Gätsch*.
108 FG Düsseldorf DStRE 2004, 1332; BFH GmbHR 2006, 720.

ren gegen Entgelt zur Übernahme (**entgeltlicher Verzicht** auf das Bezugsrecht) überlässt.[109] Tritt die Bedingung für die Zahlung des Entgelts für das Übernahmerecht erst in einem, dem Jahr der Veräußerung, folgenden Jahr ein, ist der das Jahr der Veräußerung betreffende Einkommensteuerbescheid nach § 173 Abs. 1 Nr. 1 i.V.m. § 175 Abs. 1 S. 1 Nr. 2 AO 1977 rückwirkend zu ändern.[110]

---

110 Wichtig

Bei **Nichtteilnahme** einer (Beteiligungs-)Kapitalgesellschaft an einer Kapitalerhöhung und in deren Zustimmung zur Kapitalerhöhung zum Nennwert (nicht zum „wahren" Wert) soll außerdem auch eine **verdeckte Gewinnausschüttung** (vGA) liegen können.[111]

---

111 Bei einer **verhältniswahrenden Kapitalerhöhung aus Gesellschaftsmitteln** ohne Hinzutreten neuer Gesellschafter soll aber bei einer Ausgabe zum **Nennwert** ohne Agio (Aufgeld) keine verdeckte Gewinnausschüttung und keine andere Ausschüttung vorliegen, weil die ertragsteuerlichen Folgen sich wegen der niedrigeren Anschaffungskosten erst bei der Veräußerung/Aufgabe der Anteile realisieren.[112]

---

112 Praxistipp

Veräußert ein GmbH-Gesellschafter Anteile, die er bei einer Kapitalerhöhung gegen Zuzahlung erworben hat, innerhalb der sog. Spekulationsfrist nach § 23 EStG, ist bei der Bemessung des steuerbaren Veräußerungsgewinns auch der Wert des Bezugsrechts auf die neuen Anteile bei deren Anschaffungskosten anzusetzen.[113]

---

f) Schenkungsteuerliche Aspekte der Kapitalerhöhung

113 Die **Ausgabe** von GmbH-Anteilen im Rahmen einer Kapitalerhöhung **zum Nennwert** bei tatsächlich höherem Wert der Anteile sollte nach der Auffassung des BFH als (reine, nicht als „gemischte") **Schenkung** (freigebige Zuwendung) i.S.v. § 7 Abs. 1 Nr. 1 ErbStG qualifiziert werden können, wenn:

- eine **Bereicherung** der neuen Gesellschafter gegeben ist,
- eine (quotale) **Entreicherung** der Altgesellschafter bzgl. ihrer Altanteile dadurch gegeben ist,
- und bei den Altgesellschaftern wegen des Bewusstseins darum ein **Wille zur Unentgeltlichkeit** angenommen werden kann.[114]

114 Dagegen soll bei einer **nicht verhältniswahrenden Kapitalerhöhung** bzw. bei der Aufnahme Dritter nach der Verwaltungsauffassung eine **(gemischte) Schenkung** angenommen werden können.[115] Der unentgeltliche (Teil-)Verzicht auf ein Bezugsrecht im Rahmen solcher Kapitalerhöhungsmaßnahmen konnte also schon bisher ggf. als schenkungsteuerpflichtiger Vorgang

---

109 OFD Hannover v. 5.1.2007, DStR 2007, 672.
110 BFH DStR 2005, 1073 = GmbHR 2005, 1369.
111 FG Münster DStRE 2004, 522.
112 OFD Frankfurt/M. v. 22.12.2001, GmbHR 2002, 396.
113 BFH BB 2005, 136 = DStRE 2005, 143; in Fortentwicklung von BFH BFHE 89, 120 = BStBl II 1967, 554.
114 BFH GmbHR 2001, 623 m. Anm. *Binnewies*; BFH GmbHR 2001, 1183 = DStRE 2002, 694; H 18 Nr. 3 ErbStR; dazu auch *Viskorf*, FR 2001, 910; *Nachreiner*, MittBayNot 2002, 362; *Gottschalk*, DStR 2002, 377, 381; siehe auch *Albrecht*, ZErb 2003, 141.
115 Koordinierter Ländererlass des FinMin. Baden-Württemberg v. 15.3.1997, GmbHR 1997, 424.

angesehen werden.[116] Nach der zitierten Auffassung des **BFH** sollte dies aber nur dann der Fall sein, wenn die verzichtenden Gesellschafter den Willen zur Unentgeltlichkeit hatten.[117]

Mit Wirkung zum 1.1.2012 ist die Neuregelung in § 7 Abs. 8 ErbStG in Kraft getreten, wonach **115** bei einem Verzicht auf Bezugsrechte bzw. bei disquotalen Einlagen in das Gesellschaftsvermögen ohne Feststellung subjektiver Voraussetzungen eine „freigebige Zuwendung" anzunehmen ist.

Wichtig   **116**
Auf die **Anzeigepflicht des Notars** in diesem Zusammenhang nach § 34 ErbStG ist hinzuweisen.

Für die **Bemessungsgrundlage** der Schenkungsteuer kommt es nach Ansicht der Finanzverwal- **117** tung auf steuerlich zu bestimmende **Werterhöhung** an (Abschn. 18 Abs. 6 ErbStR).[118]

Wichtig   **118**
Ob die **Steuerbegünstigung für Betriebsvermögen** nach §§ 13a, 13b ErbStG dabei gewährt werden kann, ist von der finanzgerichtlichen Rechtsprechung noch nicht entschieden worden, wird aber von der Finanzverwaltung bislang abgelehnt (Abschn. 13 Abs. 6 S. 6, 7 ErbStR).

---

g) Anforderungen an die Anmeldung

Häufig wird bei Kapitalerhöhungen übersehen, dass diese nach § 78 GmbHG nicht nur durch die **119** Geschäftsführer in vertretungsberechtigter Zahl, sondern durch **alle Geschäftsführer** anzumelden ist.[119]

Dies soll auch gelten, wenn inzwischen das **Insolvenzverfahren** über das Vermögen der **120** Gesellschaft eröffnet wurde. Insoweit sei nicht der Insolvenzverwalter **anmeldebefugt**, da der gesellschaftsrechtliche Bereich außerhalb der Insolvenzmasse betroffen sei.[120] Dementsprechend sei der Insolvenzverwalter in dem Anmeldeverfahren auch nicht **beschwerdebefugt**.

Mit der Anmeldung ist auch eine von den Geschäftsführern zu unterzeichnende **Liste** der **121** die neuen (oder erhöhten) Geschäftsanteile übernehmenden Gesellschafter einzureichen (vgl. § 57 Abs. 3 Nr. 2 GmbHG).

Davon zu unterscheiden ist die (Gesamt-)Gesellschafterliste gemäß § 40 GmbHG, die der be- **122** urkundende Notar nach Wirksamwerden der Kapitalerhöhung einzureichen hat. Das gilt auch bei einer Kapitalerhöhung bei einer UG (haftungsbeschränkt), die im vereinfachten Verfahren mit Musterprotokoll gegründet worden war.[121]

h) Rechtsprechung zur Tilgungswirkung und zur Anmeldeversicherung

Zu der **Tilgungswirkung** der Leistung einer Bareinlage aus einer Kapitalerhöhung hat der BGH **123** in seiner jüngeren Rechtsprechung einige Klarstellungen getroffen:[122]

---

116 Fin.Min. Baden-Württemberg v. 15.3.1997, GmbHR 1997, 424; dazu Centrale-Gutachten, GmbHR 2000, 1091; *Gebel*, DStR 2003, 622; vgl. auch FG Düsseldorf DStR 2000, 483.
117 BFH GmbHR 2001, 632 m. Anm. *Binnewies*.
118 Dazu *Gottschalk*, DStR 2002, 377, 382.
119 Zur Prüfungspflicht des Registergerichts bei der AG siehe BayObLG ZIP 2002, 1484.
120 BayObLG BB 2004, 797; unter Hinweis auf OLG Köln ZInsO 2001, 717; *Rowedder/Zimmermann*, GmbHG, § 78 Rn 12.
121 OLG München GmbHR 2010, 40; dazu EWiR 2010, 185 (*Wachter*).
122 BGH GmbHR 2002, 545 m. Anm. *Brauer/Manger*, GmbHR 2002, 548; BGH BGHZ 150, 197 = NJW 2002, 1716; dazu auch *Henze*, BB 2002, 955 ff.; *Heidinger*, GmbHR 2002, 1045 ff.; dazu und zu alternativen Formulierungen der Anmeldeversicherung DNotI-Report 2004, 23.

„a) Die Leistung einer Bareinlage aus einer Kapitalerhöhung, durch die der **Debetsaldo eines Bankkontos** zurückgeführt wird, kann auch dann zur freien Verfügung erfolgt sein, wenn das Kreditinstitut der Gesellschaft mit Rücksicht auf die Kapitalerhöhung auf einem anderen Konto einen Kredit zur Verfügung stellt, der den Einlagebetrag erreicht oder übersteigt.

b) Bei einer Kapitalerhöhung ist die Bareinlage schon dann **zur (endgültig) freien Verfügung der Geschäftsführung geleistet** worden, wenn sie nach dem Kapitalerhöhungsbeschluss in ihren uneingeschränkten Verfügungsbereich gelangt ist und nicht an den Einleger zurückfließt.[123]

c) Bei der **Anmeldung** der Kapitalerhöhung zur Eintragung in das Handelsregister hat die Geschäftsführung zu versichern, dass der Einlagebetrag für die Zwecke der Gesellschaft zur (endgültig) freien Verfügung der Geschäftsführung eingezahlt und auch in der Folge **nicht an den Einleger zurückgezahlt** worden ist."

124 Die Leistung zur freien Verfügung der Geschäftsführung scheitert nach dieser Rechtsprechung des BGH nicht daran, dass im Zeitpunkt des Antrages auf Eintragung der Kapitalerhöhung in das Handelsregister möglicherweise die Voraussetzung der **wertgleichen Deckung des Einlagebetrages** durch damit angeschaffte aktivierungsfähige Güter nicht mehr bestanden hat;[124] etwa wenn die Einlagebeträge zur Tilgung von Gläubigerforderungen verwendet wurden, die infolge Überschuldung der Gesellschaft nicht mehr werthaltig gewesen waren. An der anderslautenden früheren Rechtsprechung hält der Senat nicht mehr fest. Gegen sie sei zu Recht eingewandt worden, der Vorbehalt wertgleicher Deckung komme nur dann in Betracht, wenn Verfügungen über Einlagen, die zwischen dem Kapitalerhöhungsbeschluss und dem Antrag auf Eintragung der Kapitalerhöhung in das Handelsregister vorgenommen werden, in ähnlicher Weise das Erfordernis eines besonderen Gläubigerschutzes auslösen würden wie Verfügungen über Einlagen, die bei der Gründung zwischen der Errichtung der Gesellschaft und dem Antrag auf ihre Eintragung, geleistet werden.

125 Das sei jedoch nicht der Fall, weil bei der Kapitalerhöhung die Einlage – anders als bei der Gründung – an die bereits bestehende Gesellschaft geleistet wird und es deswegen besonderer Maßnahmen zur Gewährleistung einer ordnungsgemäßen Aufbringung des Stammkapitals nicht bedürfe.[125] Auch der Ansicht, der Erhöhungsbetrag müsse im **Zeitpunkt der Anmeldung** der Kapitalerhöhung noch durch das **Reinvermögen** der Gesellschaft gedeckt sein[126] will der Senat nicht mehr folgen. Soweit sie auf die Regelung des § 210 Abs. 1 S. 2 AktG bzw. § 57i Abs. 1 S. 2 GmbHG gestützt wird, nach der, die eine Kapitalerhöhung aus Gesellschaftsmitteln anmeldenden Organmitglieder versichern müssen, dass nach ihrer Kenntnis zwischen dem Stichtag der eingereichten Bilanz und dem Tag der Anmeldung keine die Erhöhung verhindernden Vermögensminderungen eingetreten sind, liege dem kein allgemeines, auch für die Kapitalerhöhung gegen Einlagen, maßgebendes Prinzip zugrunde.

126 Zutreffend sei darauf hingewiesen worden, dass mit dieser Versicherung lediglich der Zeitraum überbrückt werden soll, der zwischen der, das Vorhandensein der umzuwandelnden Rücklagen nachweisenden, Bilanz und dem Anmeldungszeitpunkt liegt.[127] *Hüffer* sei zwar zuzugeste-

---

123 BGH GmbHR 2002, 545 unter Aufgabe von BGHZ 119, 177.
124 So noch BGH BGHZ 119, 177; zur Konkurrenz zwischen dem Anspruch auf Einzahlung der Stammeinlage und der Insolvenzanfechtung (gegen die Bank) nach einer (unwirksamen) Einzahlung auf ein debitorisches Konto siehe OLG Hamm ZInsO 2005, 442; dazu *Henkel*, ZInsO 2005, 578.
125 *Priester*, ZIP 1994, 599, 602; vgl. dazu auch *K. Schmidt*, AG 1986, 106, 107 und *Hommelhoff/Kleindiek*, ZIP 1987, 477, 482 ff.
126 So *Ihrig*, Die endgültig freie Verfügung für die Einlage von Kapitalgesellschaften, 1991, S. 303 ff., ihm folgend *Ulmer*, GmbHR 1993, 189, 195.
127 *Priester*, ZIP 1994, 599, 603.

hen, dass sich nach dem Wortlaut des Gesetzes der Gegenstand der **Leistung endgültig in der freien Verfügung der Geschäftsführung** befinden muss (§ 57 Abs. 2 S. 1 GmbHG, § 188 Abs. 2 S. 1 i.V.m. § 36 Abs. 2 S. 1 AktG).[128] Darin möge die Vorstellung des historischen Gesetzgebers zum Ausdruck kommen, der die Kapitalerhöhung als (erweiternde) Teilneugründung verstanden habe.[129] Diese Vorstellung sei jedoch überholt. Die Kapitalerhöhung gehöre zwar zu den der Entscheidung durch die Hauptversammlung vorbehaltenen Grundlagengeschäften; sie führe jedoch nicht zu einer Veränderung der Kapitalgesellschaft in ihrer Eigenschaft als juristische Person, sondern lediglich zu einer Erweiterung des nach der gesetzlichen Konzeption dem Schutz der Gläubiger dienenden Haftkapitals.

Da das Vermögen, das der Deckung der erhöhten Kapitalziffer diene, bei der Kapitalerhö- **127** hung unmittelbar der Gesellschaft zufließe, gelange es in den Entscheidungs- und Handlungsbereich des geschäftsführenden Organs. Damit sei der Vorgang der Mittelaufbringung abgeschlossen. Von diesem Zeitpunkt an sei das geschäftsführende Organ berechtigt und verpflichtet, im Rahmen seiner unternehmerischen Entscheidungsfreiheit im Interesse der Gesellschaft über das eingebrachte Vermögen zu verfügen.

Anders sei das lediglich zu beurteilen in den Fällen **verdeckter Sacheinlagen**, bei denen **128** die Gesellschaft lediglich Durchgangsstation einer Leistung des Einlegers an sich selbst[130] sei sowie bei der unmittelbaren Leistung an einen Gesellschaftsgläubiger, bei der jegliche Einwirkungsmöglichkeit des Geschäftsführers ausgeschlossen wird.[131]

Danach sei davon auszugehen, dass bei der Kapitalerhöhung die Leistung der Einlage schon **129** dann zur freien Verfügung der Geschäftsführung erbracht worden ist, wenn sie in ihren **uneingeschränkten Verfügungsbereich** gelangt ist. Eine zeitliche Grenze für diese Leistung werde lediglich durch das Erfordernis eines Kapitalerhöhungsbeschlusses gesetzt. Werde sie danach bis zur Eintragung der Kapitalerhöhung in das Handelsregister zu irgendeinem Zeitpunkt ordnungsgemäß ohne späteren Rückfluss an den Einleger erbracht, habe der Einleger seine Leistungspflicht erfüllt, so dass er von der Einlageverpflichtung frei werde. Die **Versicherung des Geschäftsführers** habe deshalb dahin zu lauten, dass der Betrag der Einzahlung zur freien Verfügung der Geschäftsführung für die Zwecke der Gesellschaft eingezahlt und auch in der Folge nicht an den Einleger zurückgezahlt worden ist.

i) Barkapitalerhöhungen bei der UG (haftungsbeschränkt)

Bei einer Unternehmergesellschaft (haftungsbeschränkt) darf – abweichend von § 7 Abs. 2 **130** GmbHG – die Anmeldung der Gesellschaft zum Handelsregister erst erfolgen, wenn das Stammkapital in voller Höhe eingezahlt ist (§ 5a Abs. 2 S. 1 GmbHG). Sacheinlagen sind bei einer UG (haftungsbeschränkt) nach den gesetzlichen Vorgaben gänzlich ausgeschlossen (§ 5a Abs. 2 S. 2 GmbHG).

Erhöht die Gesellschaft ihr Stammkapital so, dass es den Betrag des Mindeststammkapitals **131** einer „echten" GmbH von 25.000 EUR nach § 5 Abs. 1 GmbHG erreicht oder übersteigt, finden die Abs. 1 bis 4 des § 5a GmbHG keine Anwendung mehr; die Firma nach § 5a Abs. 1 GmbHG darf dann allerdings beibehalten werden (§ 5a Abs. 4 GmbHG).

Ungeklärt war bisher, ob bereits bei der „Aufstockung" des Stammkapitals der UG (haf- **132** tungsbeschränkt) auf das Mindeststammkapital einer GmbH das Verbot der Teileinzahlung auf Stammeinlagen entfällt.

---

128 *Hüffer*, ZGR 1993, 474, 482 f.
129 Vgl. *Henze*, S. 155 ff.
130 Vgl. dazu BGHZ 113, 335.
131 BGHZ 119, 177, 188 f.

133   Entgegen der ursprünglichen Auffassung des OLG München[132] haben das OLG Hamm und das OLG Stuttgart dazu nunmehr entschieden, dass die Sonderregelung der UG (haftungsbeschränkt) gemäß § 5a Abs. 2 S. 1 GmbHG bereits nicht mehr für diejenige Kapitalerhöhung gilt, mit der das Mindeststammkapital der GmbH entsprechend § 7 Abs. 2 GmbHG erreicht wird.[133] Der Wegfall der Beschränkungen sei nicht von einer Volleinzahlung des Stammkapitals abhängig. Bei einer eingetragenen Unternehmergesellschaft ist danach die Eintragung einer angemeldeten Kapitalerhöhung im Handelsregister nicht von der Volleinzahlung der Mindestsumme des Stammkapitals abhängig. Vielmehr entfällt dieses Erfordernis bei Unternehmergesellschaften bereits für die Kapitalerhöhung, mit der ein satzungsmäßiges Stammkapital von 25.000 EUR erst erreicht wird.

134   Das OLG München[134] hat seine Rechtsprechung inzwischen aufgegeben und sich dem OLG Hamm und dem OLG Stuttgart angeschlossen.

2. Sachkapitalerhöhungen
a) Sachkapitalerhöhung als Satzungsänderung

135 Die Anmeldung einer Sachkapitalerhöhung richtet sich nach § 57 GmbHG; auch insoweit müssen also ebenfalls die Voraussetzungen einer **Satzungsänderung** vorliegen.

b) Beschlussanforderungen und Übernahmeerklärungen

136 Soll als Einlagegegenstand eine Sacheinlage erbracht werden, bedarf es – anders als bei der Barkapitalerhöhung – der genauen **Beschreibung der Sacheinlage**[135] im Beschluss (§ 56 Abs. 1 S. 1 GmbHG). Die Beschreibung muss dabei den Anforderungen entsprechen, die nach dem **sachenrechtlichen Bestimmtheitsgrundsatz** für die Übertragung von Sachen aufgestellt werden. Denn die Aufnahme der Sacheinlageangaben in den Erhöhungsbeschluss entspricht dem Angebot auf Abschluss einer entsprechenden Beitragsverpflichtung, die dann durch die Übernahmeerklärung angenommen wird.[136]

137   Die genaue Beschreibung ist letztlich auch für die Prüfung der Werthaltigkeit von Bedeutung, weil nur so festgestellt werden kann, was denn nun tatsächlich auf die Gesellschaft übergehen soll.

---

138 **Praxistipp**

Im Prinzip reicht damit die Angabe einfacher äußerer Merkmale, die es einem Dritten erlauben, die Sache unschwer von anderen zu unterscheiden.[137] Bei **Sachgesamtheiten** reicht demgegenüber eine **Sammelbezeichnung** aus, wenn durch diese klar erkennbar ist, welche Gegenstände übergehen sollen.[138]

---

139 **Beispiel**

So würde es etwa als ausreichend anzusehen sein, wenn die **Lage eines Warenlagers** beschrieben würde, soweit dort nicht noch weitere Gegenstände vorhanden sind, die gerade nicht mit übergehen sollen.

---

132 OLG München ZIP 2010, 1991; dazu *Priester*, ZIP 2010, 2182; *Lange*, NJW 2010, 3686.
133 OLG Hamm DNotI-Report 2011, 127; dazu *Miras*, DStR 2011, 1379; OLG Stuttgart GmbHR 2011, 1275.
134 OLG München GmbHR 2011, 1276.
135 Auch obligatorische Nutzungsrechte zur Verwertung von Namen und Logos von Sportvereinen können einlagefähig sein: BGHZ 144, 290 = NJW 2000, 2356.
136 Zum Minderheitenschutz siehe *v. Schorlemer/Stupp*, NZI 2003, 345.
137 BGH NZG 2000, 1226; Palandt/*Bassenge*, BGB, § 930 Rn 2; Erman/*Michalski*, BGB Anh. §§ 929-931 Rn 6; *Jauernig*, BGB, § 930 Rn 8.
138 Palandt/*Bassenge*, § 930 Rn 3; Erman/*Michalski*, BGB Anh. §§ 929-931 Rn 6; *Jauernig*, BGB, § 930 Rn 46 f.

Auch bei der Sachkapitalerhöhung ist eine **Übernahmeerklärung erforderlich**, die ebenfalls 140
eine sachenrechtlich bestimmte Beschreibung des Einlagegegenstandes enthalten muss (vgl.
§ 56 Abs. 1 S. 2 GmbHG).

c) Zusätzliche Erfordernisse

Neben den bereits beschriebenen Anforderungen verlangt die Sachkapitalerhöhung auch den 141
Nachweis, dass die vereinbarten Sacheinlagen tatsächlich den von den Gesellschaftern angenommenen Wert erreichen.

Wichtig   142

Zum Zweck des Wertnachweises sind etwa auch die dem Erwerb der einzulegenden Sache **zugrunde liegenden Verträge** einzureichen (vgl. § 57 Abs. 3 Nr. 3 GmbHG).

Häufig ergibt sich aus diesen Unterlagen nichts Ausreichendes, so dass sachverständige Hilfe in 143
Anspruch genommen werden muss. Anders als das Aktienrecht sieht das GmbH-Recht keine
externe Prüfung durch einen vom Gericht bestellten Prüfer vor, so dass die Gesellschaft selbst
entsprechende Prüfungen in Auftrag geben kann und bereits mit der Anmeldung vorlegen sollte.

    Teilweise wird angenommen, dass die Gesellschafter in entsprechender Anwendung des § 5 144
Abs. 4 S. 2 GmbHG auch bei der Sachkapitalerhöhung zur Anfertigung eines **Erhöhungsberich-
tes** verpflichtet wären. Das Gesetz sieht in §§ 57 ff. GmbHG die Vorlage eines entsprechenden
Berichts jedoch nicht vor. Auch ist die Mitwirkung aller Gesellschafter wegen der zur Beschlussfassung ausreichenden qualifizierten Mehrheit nicht gesichert. Dann aber kann eine Verpflichtung zur Vorlage eines entsprechenden Berichts nicht angenommen werden.

Praxistipp   145

Gleichwohl empfiehlt es sich, dies zuvor mit dem Registergericht abzustimmen bzw. dem Registergericht gegenüber alle Bewertungen der Gesellschaft offen zu legen.

---

d) Sachkapitalerhöhungen bei der UG (haftungsbeschränkt)

Gemäß § 5a Abs. 2 S. 2 GmbHG besteht ein Verbot von Sacheinlagen auf die Stammeinlagen bei 146
der UG (haftungsbeschränkt). Ungeklärt war bisher, ob bereits bei der „Aufstockung" des
Stammkapitals der UG (haftungsbeschränkt) auf das Mindeststammkapital einer GmbH das Verbot von Sacheinlagen nach § 5a Abs. 2 S. 2 GmbHG entfällt.[139]

    Der BGH[140] hat zu dieser Frage nunmehr entschieden: Das Sacheinlagenverbot nach § 5a 147
Abs. 2 S. 2 GmbHG gilt für eine den Betrag des Mindestkapitals nach § 5 Abs. 1 GmbHG erreichende oder übersteigende Erhöhung des Stammkapitals einer Unternehmergesellschaft (haftungsbeschränkt) nicht. Das Verbot gilt also nicht (mehr) für eine den Übergang zur normalen
GmbH bewirkende Kapitalerhöhung. Gegen die Geltung des Sacheinlagenverbots für Kapitalerhöhungen auf den Betrag von 25.000 EUR (oder mehr) spricht nach der Ansicht des BGH vor
allem, dass der Übergang von der Unternehmergesellschaft zur normalen GmbH gewünscht und
in der Systematik des Gesetzes angelegt ist.

---

139 Dazu *Berninger*, GmbHR 2010, 63; *Lange*, NJW 2010, 3686.
140 BGH NJW 2011, 1881; dazu *Miras*, DStR 2011, 1379; *Wachter*, NJW 2011, 2620.

3. Kapitalerhöhung aus Gesellschaftsmitteln

148 Besondere zusätzliche Regeln für die Kapitalerhöhung aus Gesellschaftsmitteln sind in §§ 57c bis 57o GmbHG geregelt.[141]

---

149 **Wichtig**

Für die Erhöhung gilt der **Grundsatz der beteiligungsproportionalen Zuordnung des erhöhten Kapitals**. Eine disproportionale Erhöhung ist nichtig, selbst wenn die benachteiligten Gesellschafter zustimmen.[142]

---

150 Auch **eigene Geschäftsanteile** der Gesellschaft nehmen zwingend an der Erhöhung des Stammkapitals teil. Auch in diesem Fall gilt die allgemeine Regelung, wonach die neuen Geschäftsanteile den Gesellschaftern im Verhältnis ihrer bisherigen Geschäftsanteile zustehen. Ein entgegenstehender Beschluss der Gesellschafter wäre auch in diesem Fall nichtig.[143]

a) Arten der Kapitalerhöhung

151 Auch die Erhöhung aus Gesellschaftsmitteln kann erfolgen
– durch Bildung neuer Anteile oder
– durch eine Erhöhung der Nennbeträge.

---

152 **Wichtig**

Die entsprechende **Art der Anteilsbildung** muss im Erhöhungsbeschluss angegeben werden (vgl. § 57h Abs. 2 S. 1 GmbHG).

---

153 Bei **teileingezahlten Geschäftsanteilen** kann die Kapitalerhöhung nur durch die Erhöhung des Nennbetrag der Stammeinlagen ausgeführt werden (vgl. § 57l Abs. 2 GmbHG). Sie nehmen entsprechend ihrem Nennbetrag an der Stammkapitalerhöhung teil. Sind neben teileingezahlten Geschäftsanteilen vollständig eingezahlte Geschäftsanteile vorhanden, so kann bei diesen die Kapitalerhöhung wahlweise durch Erhöhung des Nennbetrags der Geschäftsanteile aber auch durch Bildung neuer Geschäftsanteile ausgeführt werden.

154 Im Rahmen der Kapitalerhöhung nach § 57c GmbHG müssen die Geschäftsanteile auf volle Euro-Beträge lauten.

155 Die neuen Geschäftsanteile nehmen am Gewinn des ganzen Geschäftsjahres teil, in dem die Erhöhung des Stammkapitals beschlossen worden ist.

---

156 **Praxistipp**

Andere Regelungen über den zeitlichen **Umfang des Gewinnbeteiligungsrechts** können beschlossen werden. Es kann also auch bestimmt werden, dass die neuen Geschäftsanteile bereits am Gewinn des letzten vor der Beschlussfassung über die Kapitalerhöhung abgelaufenen Geschäftsjahres teilnehmen, wenn über die Ergebnisverwendung für das letzte vor der Beschlussfassung abgelaufene Geschäftsjahr noch kein Beschluss gefasst worden ist (entgegen § 57c GmbHG).

---

157 Umstritten ist, inwieweit eine Kapitalerhöhung aus Gesellschaftsmitteln mit anderen Kapitalerhöhungen kombiniert werden kann. Teilweise wird eine zeitgleiche **Kombination** für unzuläs-

---

141 Siehe dazu mit Mustern Arens/Tepper/*Arens*, Praxisformularbuch Gesellschaftsrecht, § 5 Rn 374 ff.
142 Scholz/*Priester*, GmbHG, 8. Aufl., § 57j Rn 2.
143 Dazu Rowedder/*Zimmermann*, GmbHG, § 57j Rn 2; Centrale-Gutachten, GmbHR 2002, 1091.

sig erklärt, weil sich ein Gesellschafter zu einer Erhöhung gegen Einlagen gezwungen sehen könnte. Eine derartige Gefahr ist jedenfalls in einer Ein-Personen-Gesellschaft nicht zu sehen, so dass hier eine Verbindung zuzulassen sein wird.[144]

b) Grundlagen der Kapitalerhöhung

Die Kapitalerhöhung aus Gesellschaftsmitteln erfolgt durch Umwandlung von Rücklagen in **158** Stammkapital. Kapital- und Gewinnrücklagen, die in Stammkapital umgewandelt werden sollen, müssen in der letzten Jahresbilanz bzw. der zugrunde liegenden sonstigen Bilanz unter **„Kapitalrücklage"** oder **„Gewinnrücklagen"** oder im letzten Beschluss über die Verwendung des Jahresergebnisses als **Zuführung** zu diesen Rücklagen ausgewiesen sein. Andere Gewinnrücklagen, die einem bestimmten Zweck zu dienen bestimmt sind, dürfen nur umgewandelt werden, soweit dies mit ihrer Zweckbestimmung vereinbar ist.

Wichtig   **159**

Ist dagegen in der zugrunde gelegten Bilanz ein **Verlust**, einschließlich eines Verlustvortrags, ausgewiesen, kann eine Umwandlung der Rücklagen nicht erfolgen. Ausgeschlossen ist die Erhöhung aber nur insoweit, als der Verlustvortrag die Rücklage erreicht. Der überschießende Rücklagenteil kann für eine Erhöhung verwandt werden.

Die Erhöhung des Stammkapitals darf erst beschlossen werden, nachdem **160**
– der **Jahresabschluss** für das letzte vor der Beschlussfassung über die Kapitalerhöhung abgelaufene Geschäftsjahr **festgestellt** und
– über die **Ergebnisverwendung beschlossen** worden ist.

c) Beschlussfassung der Gesellschafterversammlung

Der Beschluss über die Kapitalerhöhung aus Gesellschaftsmitteln darf erst gefasst werden, wenn **161** der **Jahresabschluss** für das vorangegangene Geschäftsjahr durch die Gesellschafterversammlung festgestellt worden ist oder die Voraussetzungen des § 57n Abs. 2 GmbHG vorliegen. Nach § 57c Abs. 3 GmbHG ist dem Beschluss auch eine Bilanz zugrunde zu legen. Dabei kann es sich um die letzte Jahresbilanz (vgl. § 57e GmbHG) oder um eine speziell zu diesem Zweck erstellte **Zwischenbilanz** (vgl. § 57f GmbHG) handeln. Die für die Erhöhung vorgesehenen Beträge müssen sich als Kapital- oder Gewinnrücklagen aus diesen Bilanzen ergeben (vgl. § 57d GmbHG).

Die **letzte Jahresbilanz** kann dem Beschluss zugrunde gelegt werden, wenn Sie **162**
– geprüft,
– festgestellt und
– mit dem **uneingeschränkten Bestätigungsvermerk** der Abschlussprüfer versehen ist.

Wird dem Beschluss nicht die letzte Jahresbilanz zugrunde gelegt, so muss diese **andere Bilanz** **163** den Vorschriften über die Gliederung der Jahresbilanz und über die Wertansätze in der Jahresbilanz entsprechen.

---

144 Vgl. dazu auch OLG Düsseldorf NJW 1986, 2060 = GmbHR 1986, 192: Das Einverständnis der Gesellschafter reicht.

164 Wichtig

Auch ihr **Stichtag** darf höchstens acht Monate vor der Anmeldung des Beschlusses zur Eintragung in das Handelsregister liegen. Die Bestimmungen des Gesellschaftsvertrages über die vorherige **Bekanntgabe** des Jahresabschlusses an die Gesellschafter müssen beachtet werden.

165 Der **Abschlussprüfer** muss von der Gesellschafterversammlung gewählt sein. Als Abschlussprüfer kommt auch ein vereidigter Buchprüfer in Betracht, wenn es sich nicht um eine große GmbH i.S.v. § 267 Abs. 3 HGB handelt. Der **Bestätigungsvermerk** des Prüfers muss enthalten, dass Einwendungen des Prüfers nicht erhoben werden.

166 Wichtig

Ohne diese Bestätigung der Prüfer darf die Erhöhung des Stammkapitals von den Gesellschaftern nicht beschlossen werden, der **Erhöhungsbeschluss** soll ansonsten **nichtig** sein.[145]

d) Handelsregisteranmeldung nach § 57i GmbH

167 Die Anmeldung hat nach § 78 GmbHG **durch alle Geschäftsführer** in der Form des § 12 Abs. 1 HGB zu erfolgen. In der Anmeldung haben die Geschäftsführer die Versicherung nach § 57i Abs. 1 S. 2 GmbHG abzugeben. Der Anmeldung sind beizufügen:
- der notariell beurkundete Beschluss über die Kapitalerhöhung einschließlich der Satzungsänderung,
- eine Satzungsneufassung mit der Bescheinigung nach § 54 Abs. 1 S. 2 GmbHG und
- die dem Beschluss zugrunde liegende geprüfte Bilanz.[146]

168 Ob die Anmeldung **beanstandungsfrei** sein muss, ist umstritten. Nach einer Auffassung führt nur die Einreichung einer mangelfreien Anmeldung zur Fristwahrung.[147] Eine Ausnahme wird nur insoweit gemacht, als die ordnungsgemäß zugrunde gelegte Bilanz auch nach Fristablauf zum Handelsregister nachgereicht werden kann.[148] Anderer Ansicht nach reicht allein eine fristgerechte Anmeldung aus, wenn dann auf entsprechende Zwischenverfügung hin die Beanstandungen beseitigt werden und eine Eintragung erfolgt.[149]

169 Das Gesetz verlangt nicht die Vorlage einer neuen **Gesellschafterliste** mit der Anmeldung. Eine Verpflichtung dazu ergibt sich für den beurkundenden Notar aber – nach Wirksamwerden der Kapitalerhöhung durch Eintragung im Handelsregister – aus § 40 Abs. 2 GmbHG. Ein Eintragungshindernis für die Kapitalerhöhung ergibt sich daraus aber nicht.

170 Der Anmeldung des Beschlusses über die Kapitalerhöhung zur Eintragung in das Handelsregister ist die dem Beschluss zugrunde gelegte, mit dem Bestätigungsvermerk der Prüfer versehene **Bilanz** beizufügen. Die Anmeldung muss innerhalb von **acht Monaten** nach dem Stichtag der dem Beschluss zugrunde gelegten Bilanz beim Registergericht eingegangen sein. Jede Fristüberschreitung ist schädlich.[150]

---

145 BayObLG BB 2002, 1288.
146 Lutter/*Hommelhoff*, § 57g Rn 5; a.A. *Roth*/Altmeppen, § 57i Rn 6.
147 Baumbach/Hueck/*Zöllner*, § 57e Rn 5; Lutter/*Hommelhoff*, § 57g Rn 10 a.A. *Roth*/Altmeppen, § 57i Rn 9.
148 Lutter/*Hommelhoff*, § 57g Rn 10.
149 Rowedder/*Zimmermann*, § 57g Rn 7 *Roth*/Altmeppen, § 57i Rn 9.
150 OLG Frankfurt/M. BB 1981, 1253.

Arens

Wichtig	171

Wenn es sich dabei nicht um die letzte Jahresbilanz handelt, ist zusätzlich auch die letzte Jahresbilanz beizufügen.

Dem Registergericht gegenüber ist im Rahmen der **Anmeldungsversicherung** durch die anmel- 172 denden Geschäftsführer zu versichern, dass nach ihrer Kenntnis seit dem Stichtag der zugrunde gelegten Bilanz bis zum Tag der Anmeldung keine Vermögensverminderung eingetreten ist, die der Kapitalerhöhung entgegen stünde, wenn sie am Tag der Anmeldung beschlossen worden wäre.

Die Vorlage der Bilanz(en) und einer solchen Erklärung der Anmeldungen ist Eintragungs- 173 voraussetzung für das Registergericht. Zur **Prüfung** der Bilanz ist das Gericht aber nicht verpflichtet.

Bei der **Eintragung** in das Handelsregister muss das Registergericht angeben, dass es sich 174 um eine Kapitalerhöhung aus Gesellschaftsmitteln handelt.

e) Checkliste: Kapitalerhöhung aus Gesellschaftsmitteln
– Liegt eine Anmeldung der Kapitalerhöhung durch alle Geschäftsführer vor? 175
– Enthält die Anmeldung auch die Erklärung nach § 57i Abs. 1 S. 2 GmbHG?
– Ist der notariell beurkundete Gesellschafterbeschluss über die Kapitalerhöhung und die Satzungsänderung beigefügt?
– Ist eine Satzungsneufassung nach § 54 Abs. 1 S. 2 GmbHG beigefügt?
– Ist die dem Erhöhungsbeschluss zugrunde liegende geprüfte Bilanz beigefügt?
– Ist die Frist von acht Monaten zum Zeitpunkt der Anmeldung schon verstrichen?
– War der Jahresabschluss für das vorangegangene Geschäftsjahr zum Zeitpunkt der Beschlussfassung bereits festgestellt oder lagen die Voraussetzungen des § 57n GmbHG vor?
– Ist die strenge Proportionalität des § 57j GmbHG eingehalten?[151]

4. Kapitalerhöhungen im „Schütt-aus-hol-zurück"-Verfahren
Kapitalerhöhungen können auch im Rahmen des sog. „Schütt-aus-hol-zurück"-Verfahrens voll- 176 zogen werden.[152] Der **BGH** hat für diese Fallgestaltungen entschieden, dass die Regeln über die **Kapitalerhöhung aus Gesellschaftsmitteln** zu beachten sind, wenn im Kapitalerhöhungsbeschluss ausdrücklich die Art und Weise, wie die durch die Kapitalerhöhung entstandene Einlageverpflichtungen getilgt werden sollen, offen gelegt wird.[153]

Zu den **Mindestanforderungen** einer solchen Kapitalerhöhung aus Gesellschaftsmitteln im 177 „Schütt-Aus-Hol-Zurück"-Verfahren gehören
– eine Erklärung in dem betreffenden **Gesellschafterbeschluss**, dass die Kapitalerhöhung im Wege dieses Verfahrens erfolgen soll,
– weitere Angaben über die konkrete **Bewirkung der Einlageleistung**,
– entsprechenden Angabe in der **Registeranmeldung** selbst und
– die entsprechenden **Geschäftsführer-Versicherungen** gem. § 57i Abs. 1 S. 2 i.V.m. § 57 Abs. 2 S. 1 GmbHG

151 Nach Arens/Tepper/*Müther*, Formularbuch Gesellschaftsrecht, § 33 Rn 137 ff.
152 Zur notariellen Praxis DNotI-Report 2000, 3 ff.
153 BGH ZIP 1997, 1337, dazu EWiR 1998, 127 (*Schultz*); *Sieger/Hasselbach*, GmbHR 1999, 205; *Priester*, ZGR 1998, 856; *Priester*, GmbHR 1998, 861.

–   sowie zum **Werthaltigkeitsnachweis** eine testierte und höchstens acht Monate alte Bilanz als Anlage zur Handelsregisteranmeldung.

178   Andernfalls sind bei Kapitalerhöhungen im Wege des „Schütt-aus-hol-zurück"-Verfahrens die **Sacheinlagevorschriften** zu beachten, also die Voraussetzungen für eine ordnungsgemäße Sachkapitalerhöhung.

---

179   **Praxistipp**
Der Weg über die Sachkapitalerhöhung bietet sich immer dann an, wenn eine **disquotale Erhöhung** gewollt ist, weil dann eine Kapitalerhöhung aus Gesellschaftsmitteln ausscheidet. Bei disquotalen Erhöhungen sind aber deren steuerlichen Folgen, insbesondere ggf. aus § 7 Abs. 8 ErbStG n.F. zu beachten (dazu Rn 114).

---

180   Wird weder der eine noch der andere Weg gewählt und stattdessen die Auszahlung an den Gesellschafter (oder diesem nahe stehende Personen) bewirkt, um im zeitlichen Zusammenhang (sechs Monate) daraus die „Barkapitalerhöhung" zu bewirken, wird dies als verdeckte oder **verschleierte Sachkapitalerhöhung** bewertet.[154]

---

181   **Wichtig**
Eine Falschberatung in diesem Zusammenhang kann auch zu einer entsprechenden **Beraterhaftung** zugunsten der an der Kapitalerhöhung teilnehmenden Altgesellschafter führen.[155]

VI. Kapitalherabsetzungen (§§ 58 ff. GmbHG)

1. Arten der Kapitalherabsetzung
182   Auch die Regelungen über die Kapitalherabsetzung dienen dem Gebot der Kapitalerhaltung.[156] Das Gesetz verlangt nicht die Vorlage einer neuen **Gesellschafterliste** mit der Anmeldung. Eine Verpflichtung ergibt sich aber aus § 40 Abs. 1 GmbHG. Ein Eintragungshindernis für die Kapitalerhöhung ergibt sich daraus aber nicht.

183   Zu unterscheiden sind materiell-rechtlich
–   die **effektive** (Einlagen werden zurückgezahlt oder erlassen) und
–   die **nominelle Kapitalherabsetzung** (Einlagen werden weder zurückgezahlt noch erlassen), also Kapitalherabsetzungen mit und ohne Rückzahlung.

184   Die Kapitalherabsetzung kann durch
–   **Herabsetzung der Nennbeträge** der Geschäftsanteile oder
–   **Vereinigung** von Geschäftsanteilen oder
–   **Einziehung** von Anteilen
herbeigeführt werden.[157]

---

154 BGHZ 28, 314 = DB 1959, 80; OLG Köln ZIP 1999, 399; zum „Schütt-aus-hol-zurück"-Verfahren BGH ZIP 1991, 511; dazu EWiR 1991, 1213 (*Frey*); OLG Celle ZInsO 2004, 93; OLG Saarbrücken NotBZ 2004, 161; dazu EWiR 2004, 1031 (*Undritz*); OLG Stuttgart, DStR 2004, 1972 m. Anm. *Wälzholz*.
155 BGH NJW 2000, 725 m. Anm. *Jungk* = GmbHR 2000, 130 m. Anm. *Schick*; zur Haftung des Kreditinstituts bei verdeckten Sacheinlagen in einer AG gem. § 37 Abs. 1 S. 4 AktG siehe *Müller*, ZIP 1998, 137.
156 Siehe dazu mit Mustern Arens/Tepper/*Arens*, Formularbuch Gesellschaftsrecht, § 5 Rn 429 ff.; siehe auch *Henze*, NZG 2003, 649; zur Neufassung durch das MoMiG siehe *Hohmuth*, GmbHR 2009, 349.
157 Beck'sches Handbuch der GmbH/*Hense/Gnadenberger*, § 8 Rn 108 ff. m.w.N.; zur körperschaftsteuerlichen Behandlung siehe BFH BStBl II 2001, 258.

Wichtig 185

Der gesetzliche Mindestbetrag des Stammkapitals und der Stammeinlagen bzw. die gesetzliche Teilbarkeit der Anteile muss aber erhalten bleiben.

Zu unterscheiden sind verfahrensrechtlich 186
- die ordentliche Kapitalherabsetzung nach § 58 GmbHG
- die vereinfachte Kapitalherabsetzung nach § 58a GmbHG.

Beide Kapitalherabsetzungen erfordern im Beschluss die **Angabe des Zwecks** der Herabsetzung 187 (§ 222 Abs. 3 AktG entsprechend).[158] Insoweit sind gesetzlichen Tatbestände und die mit ihnen verfolgten Publizitäts- und Gläubigerschutzgründe im Wesentlichen gleichgelagert, sodass eine gleiche Behandlung geboten ist.[159]

2. Zwecke der Kapitalherabsetzung

Kapitalherabsetzungen können verschiedenen Zwecken dienen. In aller Regel stehen sie aber in 188 Verbindung
- mit Verlust- oder Sanierungssituationen oder
- mit dem Ausscheiden eines Gesellschafters,
- ggf. auch zur Euro-Kapitalumstellung.[160]

Der durch die Kapitalherabsetzung frei gewordene Betrag kann 189
- in die **Kapitalrücklagen** eingestellt werden oder
- für **Ausschüttungen** bzw. **Abfindungszahlungen** verwendet werden oder
- zum Ausgleich eines **Jahresfehlbetrag** oder einer **Unterbilanz** verwendet werden oder
- zur Auszahlung des **Einziehungsentgelts bzw. der Abfindung** eines Gesellschafters verwendet werden, der aufgrund **Kündigung, Austritt oder Ausschließung** aus der Gesellschaft ausscheidet oder dessen **Geschäftsanteil eingezogen** oder von der Gesellschaft sonstwie erworben wird.

Wichtig 190

Solche Zahlungen darf die Gesellschaft nur aus dem Vermögen leisten, das das Stammkapital übersteigt.[161] Insbesondere darf die Gesellschaft auch nicht Fremdkapital zur **Abfindungszahlungen** aufnehmen, wenn dadurch eine Unterbilanz entstehen würde.

---

3. Kapitalherabsetzungsbeschluss

Der Kapitalherabsetzungsbeschluss bedarf 191
- der notariellen Beurkundung,
- der Angabe des Zwecks der Kapitalherabsetzung,

---

158 BayObLG GmbHR 1979, 111; *Lutter/Hommelhoff*, § 58 Rn 8; *Gustavus*, A 110, 114.

159 OLG Hamm GmbHR 2011, 256; dazu EWiR 2011, 421 (*Wachter*).

160 Zur Euroumstellung im Wege der Kapitalherabsetzung siehe etwa *Heidinger*, DNotZ 2000, 661 ff.; dazu Centrale-Gutachten, GmbHR 2000, 976; zur erleichterten Kapitalherabsetzung zur Euro-Glättung in einer AG nach § 4 Abs. 2, 5 EGAktG siehe OLG Frankfurt/M. BB 2003, 386.

161 Baumbach/Hueck/*Zöllner*, GmbHG, § 58 Rn 4, 13 ff.; Beck'sches Handbuch der GmbH/*Hense/Gnadenberger*, § 8 Rn 111 ff. m.w.N.

- der Angabe des bisherigen Stammkapitals, des Betrages der Herabsetzung und der Höhe des neuen Stammkapitals,
- näherer Angaben zu der Auswirkung auf die Geschäftsanteile, wenn sich die Kapitalherabsetzung auf die Geschäftsanteile der Gesellschafter unterschiedlich auswirkt,
- einer Mehrheit von drei Vierteln der abgegebenen Stimmen, soweit der Gesellschaftsvertrag nicht höhere Mehrheiten vorsieht,
- einer etwa erforderlichen Zustimmung des Aufsichtsrates oder einzelner Gesellschafter und
- der **Zustimmung benachteiligter Gesellschafter**, wenn die Kapitalherabsetzung sich nachteilig auf ihre Beteiligungsquote auswirken soll.[162]

---

192 **Wichtig**
Beim Fehlen der Angabe des Zweckes ist der **Beschluss anfechtbar**.

---

193 Der Gesellschafter einer GmbH muss die dagegen gerichtete **Beschlussanfechtungsklage** mit aller ihm im Interesse der Schaffung von Rechtssicherheit zumutbaren Beschleunigung erheben, wobei die Monatsfrist des § 246 Abs. 1 AktG – von eng begrenzten Ausnahmen abgesehen – als Maßstab zu gelten hat.[163]

194 Steht die Kapitalherabsetzung in einem unmittelbaren Zusammenhang mit einer Verschmelzung (und einer gleichzeitig beschlossenen Kapitalerhöhung) soll nach der Auffassung des OLG Frankfurt/M. die Anfechtbarkeit des Beschlusses der Gesellschafterversammlung weiterhin bestehen bleiben, auch wenn die Verschmelzung (und die Kapitalerhöhung) zwischenzeitlich im Handelsregister eingetragen worden sind.[164]

195 Bei einer Kapitalherabsetzung sind insbesondere auch die **Belange der Minderheitsgesellschafter** angemessen zu wahren.[165] Wurde dem Gesellschafter einer personalistisch strukturierten GmbH bei einer Kapitalerhöhung im Anschluss an eine vereinfachte Kapitalherabsetzung auf Null (§ 58a Abs. 4 GmbHG) ein gesetzeskonformes, seiner bisherigen Beteiligung entsprechendes Bezugsrecht eingeräumt, so gebietet die **Treuepflicht** der Gesellschaftermehrheit – anders als bei der Aktiengesellschaft – aber nicht ohne weiteres, diesem durch Änderung der Beteiligungsverhältnisse stattdessen die Übernahme einer von ihm gewünschten Kleinstbeteiligung einzuräumen.

196 Die Verletzung der Treuepflicht im Zusammenhang mit der Ausgestaltung des Bezugsrechts des Minderheitsgesellschafters einer GmbH führt auch bei der Kapitalerhöhung im Anschluss an eine vereinfachte Kapitalherabsetzung auf Null regelmäßig nicht zur Nichtigkeit, sondern nur zur **Anfechtbarkeit** des Gesellschafterbeschlusses.[166]

4. Gläubigerschutz bei Kapitalherabsetzungen

197 Das gesetzliche Kapitalherabsetzungsverfahren sieht zum Schutz der Gläubiger der Gesellschaft folgende verfahrensrechtliche Regelungen vor:
- die **Bekanntmachung** des Kapitalherabsetzungsbeschlusses und damit verbunden
- einen **Gläubigeraufruf**,

wobei die Geschäftsführer die Herabsetzung des Kapitals nebst Gläubigeraufruf im elektronischen Bundesanzeigerzu veröffentlichen haben.

---

162 Beck'sches Handbuch der GmbH/*Hense/Gnadenberger*, § 8 Rn 120 ff. m.w.N.
163 BGH ZIP 2005, 985 = GmbHR 2005, 925 m. Anm. *Werner*.
164 OLG Frankfurt/M. ZIP 2012, 826; dazu EWiR 2012, 331 *(Grunewald)*.
165 BGH BB 1999, 1946.
166 BGH GmbHR 2005, 925 m. Anm. *Werner*.

Arens

Ausreichend ist es, der Betrag der beschlossenen Kapitalherabsetzung anzugeben. Der 198
Zweck der Kapitalherabsetzung ist den Gläubigern **nur auf Anfrage** mitzuteilen.

Wichtig 199
Bekannte Gläubiger muss die Gesellschaft **einzeln benachrichtigen**. Aus Beweisgründen empfiehlt sich eine schriftliche Mitteilung an die Gläubiger, etwa durch ein Rundschreiben. Zu den Gläubigern gehören auch Arbeitnehmer, einschließlich ehemaliger Arbeitnehmer, die unverfallbare Versorgungsanwartschaften haben, und Betriebsrentner.[167]

Gläubiger von Forderungen, die am Tag der letzten Bekanntmachung rechtlich begründet wa- 200
ren, können sich bei der Gesellschaft melden und der Kapitalherabsetzung widersprechen.
Wenn ein Gläubiger widerspricht, muss die Gesellschaft den **Widerspruch** ausräumen, also die
Forderung entweder (ggf. vorzeitig) erfüllen oder nach §§ 232–240 BGB Sicherheit leisten.

Praxistipp 201
Geschieht das nicht, können die Gläubiger sich vor der Eintragung der Kapitalherabsetzung beim Registergericht melden oder versuchen, durch einstweilige Verfügung die Eintragung verhindern.[168]

Zwischen der letzten Veröffentlichung und der Anmeldung der ordentlichen Kapitalherabset- 202
zung zum Handelsregister muss mindestens ein Jahr liegen (sog. **Sperrjahr**). Eine vorherige
Anmeldung wird vom Registergericht zurückgewiesen.

5. Anmeldung, Eintragung und Veröffentlichung der Kapitalherabsetzung
Die **Anmeldung** hat durch alle Geschäftsführer zu erfolgen (vgl. § 78 GmbHG),[169] sie können sich 203
dabei auch nicht vertreten lassen.

Alle Geschäftsführer haben zu versichern, dass die Gläubiger, die sich bei der Gesellschaft 204
gemeldet und der Kapitalherabsetzung nicht zugestimmt haben, befriedigt oder sichergestellt
sind. Einzelne Angaben dazu sind aber nicht erforderlich. Auch wenn sich keine Gläubiger gemeldet haben, ist dies in der **Geschäftsführerversicherung** aufzunehmen.[170] Unrichtige Versicherungen der Geschäftsführer führen zur **Schadensersatzpflicht** gemäß § 823 Abs. 2 BGB
i.V.m. § 58 Abs. 1 Nr. 4 GmbHG und begründen **Strafbarkeit** gemäß § 82 Abs. 2 Nr. 1 GmbHG.

Der **Anmeldung** beizufügen sind 205
– das notarielle **Protokoll** des Kapitalherabsetzungsbeschlusses,
– der vollständige Wortlaut des geänderten Gesellschaftsvertrages (sog. **Satzungsbescheini-
gung** des Notars gem. § 54 GmbHG) und
– der Nachweis über die Veröffentlichung im elektronischen Bundesanzeiger.

Ein Nachweis über die **Einzelmitteilungen** an die bekannten Gläubiger ist nicht erforderlich.[171] 206
Erst mit der **Eintragung** wird die Kapitalherabsetzung wirksam. Mängel des Verfahrens ha- 207
ben auf die Wirksamkeit der Kapitalherabsetzung nach deren Eintragung keine Auswirkung
mehr.[172]

---

167 Beck'sches Handbuch der GmbH/*Hense/Gnadenberger*, § 8 Rn 132 f.
168 Scholz/*Priester*, GmbHG, § 53 Rn 42 f.
169 Das gilt auch im Falle der vereinfachten Kapitalherabsetzung: *Roth*/Altmeppen, § 58a Rn 15.
170 Scholz/*Priester*, GmbHG, § 53 Rn 60.
171 BayObLG BB 1974, 1362.
172 Scholz/*Priester*, GmbHG, § 53 Rn 76.

208 **Praxistipp**
Bis zur Eintragung kann der Beschluss durch die Gesellschafter geändert oder aufgehoben werden, wobei der **Auf-hebungsbeschluss** nach Literaturmeinung – entsprechend der Rechtslage bei Kapitalerhöhungen (siehe dazu Rn 75 ff.) – mit einfacher Mehrheit gefasst werden kann und nicht der notariellen Beurkundung bedarf.[173]

6. Vollzug der Kapitalherabsetzung

209 Der Vollzug der Kapitalherabsetzung erfolgt im Rahmen der **Rechnungslegung** dadurch, dass das gezeichnete Kapital in den Büchern der Gesellschaft auf dem herabgesetzten Betrag zu vermindern ist.

210   **Auszahlungen vor Eintragung** der Kapitalherabsetzung im Handelsregister wurden früher steuerrechtlich als verdeckte Gewinnausschüttungen behandelt.[174] Nach der neueren Rechtsprechung des BFH gelten sie aber zumindest dann als zulässige vorweggenommene Kapitalrückzahlungen, wenn

– die Gesellschafter den Kapitalherabsetzungsbeschluss gefasst,
– die Geschäftsführer die dreimalige Veröffentlichung vorgenommen und
– die Gläubiger befriedigt oder sichergestellt und
– die Anmeldung beim Handelsregister **nach Ablauf des Sperrjahres** vorgenommen haben.[175]

211 Der BFH hat diese Rechtsprechung noch weiter gemildert, wonach eine Rückzahlung bereits vor dem handelsrechtlichen Wirksamwerden der beschlossenen Kapitalherabsetzung nicht als verdeckte Gewinnausschüttung zu behandeln ist, wenn – schon **vor Ablauf des Sperrjahres** – die Beteiligten im Zeitpunkt der Zahlung alles unternommen haben, was zum handelsrechtlichen Wirksamwerden erforderlich ist, und wenn **Gläubigerinteressen** nicht berührt sind, insbesondere also ausreichende Rücklagen vorhanden sind.[176]

7. Checkliste: Ordentliche Kapitalherabsetzung

212 – Liegt eine Anmeldung aller Geschäftsführer in der Form des § 12 Abs. 1 HGB vor?
– Enthält die Anmeldung die Versicherung nach § 58 Abs. 1 Nr. 4 GmbHG?
– Ist der notariell beurkundete Gesellschafterbeschluss über die Kapitalherabsetzung und die Satzungsänderung beigefügt?
– Liegt die Satzungsneufassung mit der Bescheinigung nach § 54 Abs. 1 S. 2 GmbHG vor?
– Liegen die drei Bekanntmachungen des Gläubigeraufrufs in den Gesellschaftsblättern vor?
– Ist die Jahresfrist nach § 58 Abs. 1 Nr. 3 GmbHG abgelaufen?[177]

8. Vereinfachte Kapitalherabsetzung

213 Die vereinfachte Kapitalherabsetzung nach § 58a GmbHG ist zur **Beseitigung von Bilanzverlusten** (Beseitigung einer Unterbilanz) zulässig (§ 58a Abs. 1 GmbHG).[178] Auch dürfen andere Möglichkeiten des Verlustausgleichs nicht mehr gegeben sein.[179]

---

173 Hachenburg/*Ulmer*, GmbHG, § 58 Rn 38.
174 BFH BStBl III 1963, 454.
175 BFH BStBl II 1976, 341; Beck'sches Handbuch der GmbH/*Hense*/*Gnadenberger*, § 8 Rn 145.
176 BFH BStBl II 1995, 725 = BB 1995, 1989.
177 Nach Arens/Tepper/*Müther*, Praxisformularbuch Gesellschaftsrecht, § 33 Rn 146.
178 Zur neuen Rechtslage seit dem MoMiG siehe *Hohmuth*, GmbHR 2009, 349, 351.
179 Siehe dazu mit Mustern Arens/Tepper/*Arens*, Praxisformularbuch Gesellschaftsrecht, § 5 Rn 429 ff.

Vereinfachte Kapitalherabsetzungen sind zulässig, wenn Kapitalrücklagen oder Gewinn- **214**
rücklagen oder ein Gewinnvortrag vorhanden sind, die 10% des Stammkapitals übersteigen, auf
das herabgesetzt werden soll, und etwaige Verluste bereits eingetreten sind, die nicht durch
andere Maßnahmen beseitigt werden können.[180]

Anders als die ordentliche Kapitalherabsetzung sieht die vereinfachte Kapitalherabsetzung **215**
keinen **Gläubigeraufruf** nach § 58 Abs. 1 Nr. 1 GmbHG und auch nicht die Einhaltung der Sperrfrist von einem Jahr (sog. **Sperrjahr**) nach § 58 Abs. 1 Nr. 3 GmbHG vor.[181]

Ob eine vereinfachte Kapitalherabsetzung mittelbar auch durch eine **Verschmelzung** ohne **216**
entsprechende **Kapitalerhöhung beim übernehmenden Rechtsträger** erreicht werden kann,
ist streitig.[182]

Wichtig **217**
Bei der vereinfachten Kapitalherabsetzung ist die **Frist nach § 58e Abs. 3 GmbHG** zu beachten. Danach muss eine
Eintragung des Beschlusses binnen drei Monaten nach der Beschlussfassung erfolgen. Ansonsten wird sie unwirk-
sam!

Praxistipp **218**
Die vereinfachte Kapitalherabsetzung kann nach § 58a Abs. 4 GmbHG mit einer **Kapitalerhöhung verbunden** werden
und dadurch zeitweise auch zu einer Unterschreitung der Mindeststammkapitalziffer von 25.000 EUR führen. In
diesem Fall gilt die strenge Frist von drei Monaten für beide Beschlüsse.[183]

Das **Registergericht** hat auch die Voraussetzungen der vereinfachten Kapitalherabsetzung zu **219**
prüfen. Allerdings sieht das Gesetz die Vorlage entsprechender Nachweise nicht vor. Soweit das
Gericht aber nicht durch bereits vorliegende Jahresabschlüsse die Voraussetzungen für den Beschluss erkennen kann, ist es nicht gehindert, entsprechende Nachweise zu verlangen.

Praxistipp **220**
Diese sollten – zumindest nach Vorabstimmung mit dem Registerrichter – zur Beschleunigung im Hinblick auf
die **Frist nach § 58e Abs. 3 GmbHG** auch bereits mit der Anmeldung durch die Geschäftsführer eingereicht werden.

---

9. Checkliste: Vereinfachte Kapitalherabsetzung
– Liegt eine formgerechte Anmeldung aller Geschäftsführer gemäß § 12 Abs. 1 HGB vor? **221**
– Ist der notariell beurkundete Gesellschafterbeschluss über die Kapitalherabsetzung und die
  Satzungsänderung beigefügt?
– Ist die Frist nach § 58e Abs. 3 GmbHG beachtet worden?[184]

---

180 Beck'sches Handbuch der GmbH/*Hense/Gnadenberger*, § 8 Rn 149; *Hirte*, ZInsO 1999, 616; *Geißler*, GmbHR
2005, 1102.
181 Zu deren Funktion und Durchführung siehe *Geißler*, GmbHR 2005, 1102.
182 Dazu *Petersen*, GmbHR 2004, 728.
183 Zur Kombination einer Kapitalerhöhung aus Gesellschaftsmitteln mit einer ordentlichen Kapitalherabsetzung
siehe *Weiss*, BB 2005, 2697.
184 Nach Arens/Tepper/*Müther*, Praxisformularbuch Gesellschaftsrecht, § 33 Rn 147.

VII. Kapitaländerungen bei der Aktiengesellschaft

1. Kapitalerhöhungen

222 Das Aktiengesetz regelt **vier Formen der Kapitalerhöhung**, nämlich:
- die Kapitalerhöhung gegen Einlagen (§§ 182–191 AktG)
- die bedingte Kapitalerhöhung (§§ 192–201 AktG)
- das genehmigte Kapital (§§ 202–206 AktG)
- Kapitalerhöhungen aus Gesellschaftsmitteln (§§ 207–220 AktG).

223 Wegen der Kapitalerhöhung gegen Einlagen ist auf die aktienrechtliche Spezialliteratur zu verweisen.[185]

a) Ausgabe von Belegschaftsaktien

224 Besondere Regelungen gelten für die Ausgabe von Belegschaftsaktien (§§ 71 Abs. 1 Nr. 2, 192 Abs. 2 Nr. 3, 202 Abs. 4 AktG).[186] Die Ausgabe von Belegschaftsaktien kann erfolgen durch:
- bedingte Kapitalerhöhung gemäß § 192 Abs. 2 Nr. 3 AktG,
- Erwerb eigener Aktien und Weitergabe an die gegenwärtigen oder früheren Arbeitnehmer bzw. Arbeitnehmer eines mit der Gesellschaft verbundenen Unternehmens (§ 71 Abs. 1 Nr. 2 AktG),
- Erhöhung des Kapitals aufgrund einer genehmigten Kapitalerhöhung gemäß § 202 Abs. 4 AktG.

b) Bedingte Kapitalerhöhung

225 Die bedingte Kapitalerhöhung dient dazu, Aktien für ein **Umtausch- oder Bezugsrecht** verfügbar zu haben, dessen Ausübungsumfang noch ungewiss ist.[187] Sie ist auch mit Sacheinlagen möglich (vgl. § 194 AktG).[188]

---

226 **Wichtig**

Anders als bei der Kapitalerhöhung gegen Einlagen besteht bei der bedingten Kapitalerhöhung **kein gesetzliches Bezugsrecht** der Aktionäre.

---

227 In § 193 AktG sind drei Fällen geregelt, in denen bedingte Kapitalerhöhungen erfolgen können, nämlich:
- zur Gewährung von Umtausch- oder Bezugsrechten an Gläubiger von Wandelschuldverschreibungen,
- zur Vorbereitung des Zusammenschlusses mehrerer Unternehmen,
- zur Gewährung von Bezugsrechten an Arbeitnehmer bzw. Mitglieder der Geschäftsführung der Gesellschaft oder eines verbundenen Unternehmens (sog. „**Stock-Options**"). Zur Geschäftsführung zählen die Mitglieder des Vorstands, nicht die Mitglieder des Aufsichtsrats.[189]

228 Streitig ist, ob die im Gesetz aufgezählten drei Zwecke der bedingten Kapitalerhöhung abschließend sind.[190]

---

185 AnwK-AktienR/*Elser*, § 182 Rn 15 ff.; Henn/*Frodermann*/*Becker*, Handbuch des Aktienrechts, § 5 Rn 1 ff.; Beck'sches Handbuch der AG/*Gotthardt*, § 9 Rn 11 ff.; Muster bei Arens/Tepper/*Ihrig*/*Wagner*, Praxisformularbuch Gesellschaftsrecht, § 6 Rn 82 ff.; Arens/Tepper/*Müther*, Praxisformularbuch Gesellschaftsrecht, § 34 Rn 5 ff.
186 Dazu Henn/*Frodermann*/*Becker*, Handbuch des Aktienrechts, § 5 Rn 126, 213 ff.
187 Vgl. *Hüffer*, AktG, § 192 Rn 2; Henn/*Frodermann*/*Becker*, Handbuch des Aktienrechts, § 5 Rn 175.
188 Dazu Arens/Tepper/*Müther*, Praxisformularbuch Gesellschaftsrecht, § 34 Rn 11.
189 Vgl. *Hüffer*, AktG, § 192 Rn 21; Henn/*Frodermann*/*Becker*, Handbuch des Aktienrechts, § 5 Rn 177 ff.
190 Zum Meinungsstand Henn/*Frodermann*/*Becker*, Handbuch des Aktienrechts, § 5 Rn 180 ff.

c) Genehmigtes Kapital

Mit dem genehmigten Kapital wird eine in die **Satzung** aufzunehmende **Ermächtigung** des Vorstands geregelt, das Grundkapital durch Ausgabe neuer Aktien gegen Einlagen zu erhöhen, ohne dass es einer weiteren Mitwirkung der **Hauptversammlung** bedarf.[191] Diese Ermächtigung besteht **längstens für 5 Jahre** nach der Eintragung der Gesellschaft bzw. nach der Eintragung der Satzungsänderung. | 229

Die Ausübung der Ermächtigung der Inanspruchnahme des genehmigten Kapitals bedarf jedoch nach § 204 Abs. 1 Satz 2 AktG der **Zustimmung des Aufsichtsrats**.[192] | 230

Es bedarf dazu der Regelung eines bestimmten **Höchstbetrages** der Nennbeträge der neu auszugebenden Aktien. Der Vorstand kann das genehmigte Kapital in diesem Rahmen ganz oder teilweise in Anspruch nehmen. Allerdings darf der Nennbetrag des genehmigten Kapitals – ebenso wie beim bedingten Kapital (§ 192 Abs. 3 AktG) – die **Hälfte des Grundkapitals**, das im Zeitpunkt des Wirksamwerdens der Ermächtigung, also bei Eintragung des Ermächtigungsbeschlusses im Handelsregister, vorhanden ist, nicht übersteigen (§ 202 Abs. 3, Satz 1 AktG). | 231

Wichtig | 232

Hierbei ist auch ein bereits bestehendes, aber noch nicht ausgenutztes **genehmigtes Kapital** mitzurechnen.[193] Demgegenüber bleibt ein daneben etwa noch bestehendes **bedingtes Kapital**, das gemäß § 218 AktG noch nicht wirksam geworden ist, außer Betracht.[194]

Besonderheiten bestehen bei Ausgabe neuer Aktien an die **Arbeitnehmer** nach § 202 AktG. In diesem Falle dürfen Aktien an die Arbeitnehmer der Gesellschaft auch ausgegeben werden, wenn die Einlagen auf das bisherige Grundkapital noch ausstehen.[195] | 233

Wichtig | 234

Zwar ist beim genehmigten Kapital das Bezugsrecht der **Altaktionäre** schon nach dem gesetzlichen Grundkonzept ausgeschlossen, dies bedeutet aber nicht, dass nicht auch insoweit für den **Bezugsrechtsausschluss** ein berechtigter Grund i.S. des § 186 Abs. 4 AktG bestehen muss.[196]

---

d) Kapitalerhöhung aus Gesellschaftsmitteln

Bei der Kapitalerhöhung aus Gesellschaftsmitteln handelt es sich wirtschaftlich um eine bilanzmäßige **Umschichtung** des vorhandenen **Eigenkapitals**, was häufig mit der Bezeichnung „**Gratisaktie**" umschrieben wird.[197] | 235

Der rechnerische Wert der Beteiligung des einzelnen Aktionärs verändert sich dabei nicht. Bei der Kapitalerhöhung aus Gesellschaftsmitteln erfolgt die Kapitalerhöhung auch bei der Akti- | 236

---

191 Vgl. Arens/Tepper/*Ihrig/Wagner*, Praxisformularbuch Gesellschaftsrecht, § 6 Rn 114.
192 Vgl. die Nachweise bei Henn/*Frodermann/Becker*, Handbuch des Aktienrechts, § 5 Rn 264.
193 Vgl. Kölner Komm-AktG/*Lutter*, § 202 Rn 12; *Hüffer*, AktG, § 202 Rn 13; Henn/*Frodermann/Becker*, Handbuch des Aktienrechts, § 5 Rn 234 ff.
194 Kölner Komm-AktG/*Lutter*, § 202 Rn 12; *Hüffer*, AktG, § 202 Rn 13.
195 *Hüffer*, AktG, § 202 Rn 28.
196 Vgl. MüKo-AktG/*Hüffer*, § 243 Rn 61; BGHZ 83, 319, 321; BGHZ 136, 133 = NJW 1997, 2815; *Henn*, Handbuch des Aktienrechts, § 5 Rn 243; a.A. *Marsch*, AG 1981, 211.
197 Vgl. *Raiser*, Kapitalgesellschaften, § 20 Rn 19; Henn/*Frodermann/Becker*, Handbuch des Aktienrechts, § 5 Rn 284 ff.

engesellschaft – ebenso wie bei einer GmbH (siehe Rn 146 ff.) – **streng beteiligungsidentisch**. Demgemäß nehmen eigene Aktien daran ebenso teil wie teileingezahlte Aktien oder auch bedingtes Kapital.[198]

2. Kapitalherabsetzung

a) Arten und Formen der Kapitalherabsetzung

237 Auch bei der Aktiengesellschaft werden – ebenso wie bei der GmbH –
– ordentliche Kapitalherabsetzungen (§§ 222–228) und
– vereinfachte Kapitalherabsetzungen (§§ 229–236) unterschieden.[199]
Die Kapitalherabsetzungen können dabei jeweils erfolgen durch:
– Herabsetzung des Nennbetrags der Aktien bei Nennbetragsaktien (§ 222 Abs. 4 S. 1 AktG)
– Zusammenlegung von Aktien (§ 222 Abs. 4 S. 2 AktG)
– Einziehung von Aktien (§ 237 Abs. 1 S. 1 AktG).

238 Selbstverständlich müssen auch bei der Aktiengesellschaft im Rahmen von Kapitalherabsetzungen die **Mindestnennbeträge** des Grundkapitals (50.000 EUR) und der einzelnen Aktien (volle EUR) gemäß §§ 7 und 8 AktG beachtet werden.

b) Vereinfachte Kapitalherabsetzung

239 Die vereinfachte Kapitalherabsetzung kommt zu **Sanierungszwecken** in Betracht, um
– Wertminderungen auszugleichen,
– sonstige Verluste zu decken oder
– Erträge in die Kapitalrücklage einzustellen (vgl. § 229 Abs. 1 AktG).[200]

240 Ähnlich wie bei der GmbH (siehe Rn 211) ist die vereinfachte Kapitalherabsetzung nur zulässig, wenn zuvor der Teil der **gesetzlichen Rücklagen** und der **Kapitalrücklage**, um den diese zusammen über 10% des nach der Herabsetzung verbleibenden Grundkapitals hinausgehen, sowie die **Gewinnrücklagen** und ein etwaiger **Gewinnvortrag** aufgelöst worden sind. Gemeint sind insoweit alle freien Rücklagen, die Eigenkapitalcharakter haben; Wertberichtigungen fallen nicht darunter.[201]

---

241 **Wichtig**
Nach §§ 234 Abs. 3 S. 1, 235 Abs. 2 S. 1 AktG sind die Beschlüsse nichtig, wenn sie nicht innerhalb von drei Monaten nach der Beschlussfassung in das **Handelsregister** eingetragen worden sind.[202]

---

c) Kombination einer Kapitalherabsetzung mit einer Kapitalerhöhung

242 Im Aktienrecht – wie auch bei der GmbH (dazu Rn 215) – kann die Kapitalherabsetzung auch kombiniert werden mit einer **gleichzeitigen Kapitalerhöhung**.[203] In diesem Falle gelten folgende Voraussetzungen:

---

198 Vgl. *Hüffer*, AktG, § 215 Rn 2 ff; Henn/*Frodermann*/*Becker*, Handbuch des Aktienrechts, § 5 Rn 309.
199 Dazu Arens/Tepper/*Müther*, Praxisformularbuch Gesellschaftsrecht, § 34 Rn 70 ff.; Henn/*Frodermann*/*Becker*, Handbuch des Aktienrechts, § 5 Rn 320 ff.
200 Henn/*Frodermann*/*Becker*, Handbuch des Aktienrechts, § 5 Rn 351 ff.
201 Vgl. Henn/*Frodermann*/*Becker*, Handbuch des Aktienrechts, § 5 Rn 1318.
202 Vgl. *Hüffer*, AktG, § 234 Rn 7; MüKo-AktG/*Oechsler*, § 234 Rn 14.

- Die Beschlüsse der Hauptversammlung zur Kapitalherabsetzung und zur Kapitalerhöhung müssen gleichzeitig gefasst werden.
- Es kommt nur eine Kapitalerhöhung gegen **Geldeinlagen** in Betracht.
- Sie kann nur als **unbedingte und unbefristete Kapitalerhöhung** erfolgen.

Wichtig   243

Nach § 228 Abs. 2 S. 1 AktG sind beide Beschlüsse nichtig, wenn sie nicht innerhalb von sechs Monaten nach der Beschlussfassung der Hauptversammlung in das **Handelsregister** eingetragen worden sind.[204]

---

203 Vgl. *Hüffer*, AktG, § 228 Rn 1; Kölner Komm-AktG/*Lutter*, § 228 Rn 2; Henn/*Frodermann*/*Becker*, Handbuch des Aktienrechts, § 5 Rn 356.
204 Vgl. *Hüffer*, AktG, § 228 Rn 5; Kölner Komm-AktG/*Lutter*, § 228 Rn 14.

Dr. Helmut Dröge

§ 16 Konzernrecht

Literatur: *Bachmann/Veil*, Grenzen atypischer stiller Beteiligung an einer Aktiengesellschaft, ZIP 1999, 348; *Baldamus*, Der Einfluss der Körperschaftsteuer auf den sog. festen Ausgleich nach § 304 Abs. 2 Satz 1 AktG, AG 2005, 77; *Bayer und Lieder*, Darlehen der GmbH an Gesellschafter und Sicherheiten aus dem GmbH-Vermögen für Gesellschafterverbindlichkeiten. Besprechung der Entscheidung BGHZ 157, 72, ZGR 2005, 133 ff.; *Bechthold*, GWB, 6. Aufl. 2010; *Beck'sches Formularbuch Aktienrecht*, 2005; *Beck'sches Formularbuch Bürgerliches, Handels- und Wirtschaftsrecht*, 10. Aufl. 2010; Beck'sches Handbuch der AG, 2. Aufl. 2009; *Beck'sches Handbuch der GmbH*, 4. Aufl. 2009; Beck'sches Handbuch der Personengesellschaften, 3. Aufl. 2009; *Binz/Sorg*, Die GmbH & Co KG, 11. Aufl. 2010; *Bitter*, Konzernrechtliche Durchgriffshaftung bei Personengesellschaften, 2000; *Böcker*, §§ 30,31 GmbHG im Wandel, ZGR 2006, 213; *Bungert*, Unternehmensvertragsbericht und Unternehmensvertragsprüfung gemäß §§ 293a ff. AktG, DB 1995, 1384 (Teil I), 1449 (Teil II); *Consbruch/Möller/Bähre/Schneider*, Kreditwesengesetz, Beck'sche Lose-Blatt-Textsammlung; *Deilmann*, Abgrenzung der Überwachungsbefugnisse von Gesellschafterversammlung und Aufsichtsrat einer GmbH unter besonderer Berücksichtigung des mitbestimmten Aufsichtsrats, BB 2004, 2253; *Dötsch/Jost/Witt/Pung*, Die Körperschaftsteuer, Loseblattkommentar; *Dötsch/Pung*, Richtlinien-Umsetzungsgesetz: Die Änderungen des EStG, des KStG und des GewStG, DB 2005, 10; *Emmerich/Habersack*, Aktien- und GmbH-Konzernrecht, 6. Aufl. 2010; *Emmerich/Sonnenschein/Habersack*, Konzernrecht, 9. Aufl. 2008; *Engert*, Kreditgewährung an GmbH-Gesellschafter und bilanzorientierter Kapitalschutz, BB 2005, 1951; Erfurter Kommentar z. Arbeitsrecht, 12. Aufl. 2012, *Fleischer*, Grundfragen der ökonomischen Theorie im Gesellschafts- und Kapitalmarktrecht, ZGR 2001, 1; *Gäbelein*, Unternehmensverträge mit abhängigen GmbH, GmbHR 1989, 502; *Gerth*, Die Beendigung des Gewinnabführungs- und Beherrschungsvertrages, BB 1978, 1497; *Glanegger/Güroff*, Gewerbesteuergesetz, 7. Aufl. 2009; Großkommentar zum AktG. Bd. 5 Mitbestimmungsgesetz, 4. Aufl. 2008, *Hentzen*, Konzerninnenfinanzierung nach BGHZ 157, 72, ZGR 2005, 480 ff.; *Hommelhoff*, Zum Konzernrecht in der Europäischen Aktiengesellschaft, AG 2003, 179; *Hommelhoff/Freytag*, Wechselseitige Einflüsse von GmbH- und Aktienrecht, DStR 1996, 1409; *Hüffer*, Aktiengesetz, 9. Aufl. 2010; *Humbeck*, Die Prüfung der Unternehmensverträge nach neuem Recht, BB 1995, 1893; *Immenga*, Besprechung der Entscheidung BGHZ 60, 324, ZGR 1975, 487; *Immenga/Mestmäcker*, GWB-Kommentar, 4. Aufl. 2007; *Kempf/Zipfel*, Offene Fragen der Einkommenszurechnung bei abweichendem Wirtschaftsjahr im Organkreis, DStR 2005, 1301; *Kleindiek*, Fehlerhafte Unternehmensverträge im GmbH-Recht, ZIP 1988, 613; *Knepper*, Wirksamkeit von Unternehmensverträgen, DStR 1994, 377; *Knott/Rohdewald*, Beendigung der handels- und steuerrechtlichen Organschaften bei unterjähriger Anteilsveräußerung, BB 1996, 472; *Koerfer/Selzner*, Minderheitenschutz beim Abschluss von GmbH-Beherrschungsverträgen, GmbHR 1997, 285; Kölner Kommentar zum Aktiengesetz, Band 1 (§§ 1–53 AktG), 3. Aufl. 2010; *Kölner Kommentar zum Aktiengesetz, Band 2/1 (§§ 76–94 AktG)*, 3.Aufl. 2010; *Kölner Kommentar zum Aktiengesetz, Band 6 (§§ 15–22 AktG, §§ 291–328 AktG)*, 3. Aufl. 2004; *Land/Hennings*, Aktuelle Probleme von Spruchverfahren nach gesellschaftsrechtlichen Strukturmaßnahmen, AG 2005, 380; *Langner*, Cash Pooling Systeme auf dem Prüfstand der BGH-Rechtsprechung zum Ausschüttungsverbot gemäß § 30 GmbHG, GmbHR 2005, 1017 ff.; *Langner/Mentgen*, Aufsteigende Darlehen im physischen Cash Pooling und die neue Rechtsprechung des BGH GmbHR 2004, 1121 ff.; *Lutter*, Holding-Handbuch, 4. Aufl. 2004; *Lutter/Hommelhoff*, GmbH-Gesetz, 17. Aufl. 2009; *Lwowski/Groeschke*, Die Konzernhaftung der §§ 302, 303 AktG als atypische Sicherheit?, WM 1994, 613; *Maus*, Die umsatzsteuerliche Organschaft in Liquidation und Insolvenz, GmbHR 2005, 859; *Michalski*, Kommentar zum GmbH-Gesetz, Band 1 (§§ 1–34 GmbHG), 2. Aufl. 2010; Band 2 (§§ 35–85 GmbHG), 2. Aufl. 2010; *Mösbauer*, Haftung bei körperschaftsteuerlicher Organschaft, FR 1989, 473 ff.; *Münchener Handbuch des Gesellschaftsrechts, Band 1*, Personengesellschaften, 3. Aufl. 2009; *Münchener Handbuch des Gesellschaftsrechts, Band 3*, Gesellschaft mit beschränkter Haftung, 3. Aufl. 2009; *Münchener Handbuch des Gesellschaftsrechts, Band 4*, Aktiengesellschaft, 3. Aufl. 2007; *Münchener Kommentar zum Aktiengesetz, Band 1 (§§ 1–75)*, 3. Aufl. 2008; *Münchener Kommentar zum Aktiengesetz, Band 3* (Mitbestimmungsgesetz), 2. Aufl. 2004; Münchener Kommentar zum Aktiengesetz, Band 5 (§§ 278–328), 3. Aufl. 2010; *Münchener Kommentar zum Handelsgesetzbuch Band 3*, 3. Auflage 2011; *Münchener Vertragshandbuch, Band 1*, Gesellschaftsrecht, 7. Aufl. 2011; *Neu/Schiffers/Watermeyer*, Stellungnahme zum Entwurf eines BMF-Schreibens betreffend Änderung der Besteuerung durch das StVergAbG, GmbHR 2005, 470 ff.; *Olbing/Schwedhelm*, Anmerkungen zum Entwurf des BMF-Schreibens zu den Änderungen der Besteuerung der Organschaft durch das StVergAbG, AG 2005, 237; *Pentz*, Einzelfragen zu Cash Management und Kapitalerhaltung, ZIP 2006, 781; *Piltz*, Unternehmensbewertung und Börsenkurs im aktienrechtlichen Spruchstellenverfahren, ZGR 2001, 185; *Priester*, Aufhebung des Unternehmensvertrages, ZGR 1996, 189; *Priester*, Bestimmungen zum Unternehmensvertrag in der Satzung der GmbH, DB 1989, 1013; *Raiser/Veil*, Mitbestimmungsgesetz, 5. Aufl. 2009; *Rehbinder*, Gesellschaftrechtliche Probleme mehrstufiger Unternehmensverbindungen, ZGR 1977, 581; *Reiner/Brakemeier*, Darlehen der GmbH an ihre Gesellschafter als verbotene Einlagenrückgewähr?, BB 2005, 1458 ff.; *Richardi*, Betriebsverfassungsgesetz, 12. Aufl. 2010; *Röhricht/Graf von Westphalen*, Handelsgesetzbuch, 3. Aufl. 2008; *Röttger*, Die Kernbereichslehre im Recht der Personengesellschaften, 1989; *Roth/Altmeppen*, GmbHG, 6. Aufl. 2009; *Rowedder/Schmidt-Leithoff*, GmbHG, 4. Aufl. 2002; *Schäfer*, Darlehensgewährung an Gesellschafter als verbotene Ausschüttung i.S.v. § 30 GmbHG – Todesstoß für das konzernweite Cash Pooling?, GmbHR 2005, 133; *Schilmar*, Kapitalerhaltung versus Konzernfinanzierung ? – Cash Pooling und Upstream-Besicherung im Lichte der neuesten BGH-Rechtsprechung, DB 2004, 1411; *Schilmar*, Kapitalschutz beim Cash Management, DStR 2006, 568; *Schmidt*, Die konzernrechtliche Verlustübernahmepflicht als gesetzliches Dauerschuldverhältnis, ZGR 1983, 513; *Schockenhoff/Fiege*, Neue Verjährungsfragen im Kapitalgesellschaftsrecht, ZIP 2002, 917; *Scholz/Emmerich* u.a., Kommentar zum GmbH-Gesetz, Band I (§§ 1–34), 10. Aufl. 2006; Band II, (§§ 35–52), 10. Aufl. 2007; Band III (§§ 53–85, Nachtrag MoMig, §§ 1–4 EGGmbHG), 10 Aufl. 2010; *Schothöfer*, Gefährdung der Organschaft durch neue aktienrechtliche Verjährungsvorschrift, GmbHR 2005, 982; *Schwark/Zimmer*, Kapitalmarktrechtskommentar, 4. Aufl. 2010; *Seidel*, Cash-Pooling nur noch im Vertragskonzern?, DStR 2004, 1130; *Streck*, KStG, 7. Aufl. 2008; *Timm*, Die Auswirkung einer Realteilung des herrschenden Unternehmens auf Beherrschungs- und Gewinnabführungsverträge, DB 1993, 569; *Timm*, Geklärte und offene Fragen im Vertragskonzernrecht der GmbH, GmbHR 1987, 8; *Timm*, Unternehmensverträge im GmbH-Recht, GmbHR 1989, 11; *Timm*, Zur Sachkontrolle von Mehrheitsentscheidungen im Kapitalgesellschaftsrecht, ZGR 1987, 403; *Tipke/Lang*, Steuerrecht, 20. Aufl. 2010; *Ulmer/Habersack/Henssler*, Mitbestimmungsrecht, 2. Aufl. 2006; *Ulrich*, Gewinnabführungsverträge im GmbH-Konzern, GmbHR 2004, 1000; *Vetter/Stadler*, Haftungsrisiken beim konzernweiten Cash Pooling, 2003; *Walter*, Der Entwurf eines neuen BMF-Schreibens zur Organschaft, GmbHR 2005, 456; *Walter,* Die Gewinngemeinschaft – ein verkanntes Gestaltungsmittel des Steuerrechts, BB 1995, 1876; *Wirth*, Beendigung von Beherrschungs- und Gewinnabführungsverträgen bei der Veräußerung der abhängigen GmbH, DB 1990, 2105.

Inhalt

I. Einleitung

1 Das Konzernrecht ist das Recht der Unternehmensverbindungen. Es regelt die sich aus solchen Verbindungen ergebenden gesellschaftsrechtlichen Fragen.

Daneben regelt das Konzernsteuerrecht die steuerlichen Besonderheiten, die sich aus einem Konzernierungssachverhalt ergeben. Im Rahmen dieser Abhandlung wird insoweit nur auf einige wesentliche Einzelaspekte eingegangen.

Dem Begriff „Konzern" haftet das ungeschriebene Tatbestandsmerkmal des börsennotierten Großunternehmens an. Das ist jedoch unberechtigt. In der Rechtswirklichkeit der mittelständischen Wirtschaft „wimmelt es von Konzernen". Jede Gesellschaft mit einer oder mehreren Tochtergesellschaften ist in der Regel ein Konzern. Jede natürliche Person, die sich als Unternehmer mehrheitlich an mehreren Gesellschaften beteiligt, kann dadurch einen Konzern begründen.

Der Konzernbegriff selbst ist nur im Aktiengesetz legal definiert. Das GmbH-Gesetz geht da- **2** gegen vom Leitbild der eigenständigen, unabhängigen, in der Regel personalistisch strukturierten Gesellschaft aus und lässt die Folgen der Eingliederung in einen Unternehmensverbund ungeregelt. Es ist aber unbestritten, dass die Legaldefinition des AktG auch auf den GmbH-Konzern und auf den Personengesellschaftskonzern anzuwenden ist. Bei den übrigen konzernrelevanten Regelungen des AktG ist das dagegen nur zum Teil der Fall, z.B. bei den Vorschriften über die Konzernrechnungslegung. Darauf wird später einzugehen sein.

Für den Praktiker, der den Mittelstand berät, sind vor allem die haftungsrechtlichen Konse- **3** quenzen von Bedeutung, die sich aus einer Konzernierung ergeben können. Unterschiede zwischen AG und GmbH ergeben sich hier insbesondere aus der voneinander abweichenden Weisungsfreiheit von Vorstand und Geschäftsführer.

Aufgabe des Konzernrechts ist es insbesondere, Regelungen zu treffen für den Schutz der **4** Gläubiger sowohl der herrschenden als auch der abhängigen Gesellschaft und für den Schutz der Minderheitsgesellschafter, hier vor allem der abhängigen Gesellschaft. Darüber hinaus sind konzernrechtliche Regelungen aus anderen Rechtsgebieten zu beachten, zum Beispiel die Organschaft des Steuerrechts (siehe dazu Rn 86), das Konzernbilanzrecht des Handelsgesetzbuchs und das Konzernarbeitsrecht (siehe dazu Rn 250 ff.). Auf eine Darstellung der Konzernrechnungslegung wird verzichtet, weil sie für den mittelstandsberatenden Anwalt nur ausnahmsweise relevant sein dürfte.

II. Grundbegriffe des Konzernrechts

1. Verbundene Unternehmen

§ 15 AktG definiert die verbundenen Unternehmen als rechtlich selbstständige Unternehmen, die **5**

- – im Verhältnis zueinander in Mehrheitsbesitz stehen;
- – mit Mehrheit beteiligte Unternehmen sind;
- – oder abhängige und herrschende Unternehmen;
- – oder Konzernunternehmen;
- – oder wechselseitig beteiligte Unternehmen;
- – oder Vertragsteile eines Unternehmensvertrages.

In Mehrheitsbesitz stehende Unternehmen und mit Mehrheit beteiligte Unternehmen sind defi- **6** niert in § 16 AktG, abhängige und herrschende Unternehmen in § 17 AktG und der Konzern als solcher in § 18 AktG.

§ 15 AktG hat keine eigenständige Bedeutung, sondern enthält lediglich eine Legaldefini- **7** tion, die zusammenfassend für sämtliche im Gesetz geregelten Unternehmensverbindungen gilt. Das betrifft insbesondere diverse Bestimmungen des AktG.

Der Wortlaut von § 15 AktG könnte zwar insoweit Anlass zu Missverständnissen geben, als **8** dort das Konzernunternehmen als solches als Alternative zur Verbindung von abhängigen und beherrschenden Unternehmen auf der einen Seite und zum Vertragskonzern-Unternehmen auf der anderen Seite genannt wird. Diese Tatbestandsmerkmale sind jedoch nach § 18 AktG Voraussetzung dafür, dass überhaupt ein Konzern vorliegt.

2. Der Unternehmensbegriff im Konzernrecht

9 Die Voraussetzungen für die Annahme eines Konzerns sind anhand der Tatbestandsmerkmale des § 18 AktG zu prüfen.

10   Zentrale Bedeutung kommt dabei dem Begriff „Unternehmen" zu. Nur ein Unternehmen in der spezifischen Definition des Konzernrechts kann Teil eines Konzerns sein, entweder als herrschendes oder als abhängiges Unternehmen, kann die einheitliche Leitung eines mit ihm verbundenen Unternehmens ausüben oder ggf. spezifischen Haftungsregeln unterliegen, die sich aus einer Konzernierung ergeben.

11   Der Begriff „Unternehmen" im konzernrechtlichen Sinne erfasst den besonderen Interessenkonflikt, der sich aus einer Konzernkonstellation ergeben kann, im Gegensatz zu der allgemeinen Interessenkonstellation, die die Folge einer jeden Mehrheitsbeteiligung ist.

a) Natürliche Personen als Unternehmen

12 Jedes operativ tätige Unternehmen, gleich welcher Rechtsform, kann auch Unternehmen im Sinne von § 15 AktG sein. Das ist unstreitig.

13   Anders dagegen ist das bei der Frage, ob einer natürlichen Person Unternehmenseigenschaft in diesem Sinne beigemessen werden kann. Während das Bundesarbeitsgericht im Laufe seiner Rechtsprechung zum qualifiziert-faktischen Konzern zu einer nahezu ausufernden Bejahung der Unternehmenseigenschaft von natürlichen Personen kam, geht der Bundesgerichtshof in nunmehr ständiger Rechtsprechung von einengenden Voraussetzungen aus. Die maßgebliche Beteiligung einer natürlichen Person an nur einer Gesellschaft reicht danach nicht aus, um sie zum „Unternehmen" im konzernrechtlichen Sinne zu machen. Zwar gibt es auch zwischen dem Mehrheitsgesellschafter und „seiner" Gesellschaft natürliche Interessengegensätze. Diese sind jedoch auf gesellschaftsrechtlicher Ebene zu regeln und nicht mit den Mitteln des Konzernrechts. Zu unterstellen ist der grundsätzliche wirtschaftliche Interessengleichlauf zwischen Mehrheitsgesellschafter und Gesellschaft in den wesentlichen Fragen.

14   Anders ist das jedoch dann, wenn der Mehrheitsgesellschafter neben der Beteiligung an dem in Frage stehenden Unternehmen „anderweitige wirtschaftliche Interessenbindungen hat, die nach Art und Intensität die ernsthafte Sorge begründen, er könne wegen dieser Bindung seinen aus der Mitgliedschaft folgenden Einfluss auf die (Aktien)Gesellschaft zu deren Nachteil ausüben."[1]

15   Dabei genügt nicht jede Zweitbeteiligung. Die einen möglichen Interessenkonflikt begründende Beteiligung an einer anderen Gesellschaft muss vielmehr eine „maßgebliche" sein. Sie muss für den betroffenen Gesellschafter die Möglichkeit begründen, in dem anderen Unternehmen seine Leitungsmacht auszuüben. Das ist stets der Fall bei einer Mehrheitsbeteiligung in mindestens einer weiteren Gesellschaft. Aber auch jede andere rechtliche Möglichkeit, die Leitungsorgane dieser anderen Gesellschaft zu besetzen und damit (indirekt) deren Führung zu übernehmen, reicht für die Begründung einer „Maßgeblichkeit aus". In besonderen Konstellationen kann das bereits bei einer 25%-Beteiligung der Fall sein.[2] Die sich daraus ergebende Leitungsmacht muss allerdings gesellschaftsrechtlich vermittelt sein und kann sich nicht nur aus den faktischen Umständen ergeben. Bei einer Gesellschaft bürgerlichen Rechts, einer offenen Handelsgesellschaft oder dem Komplementär einer klassischen Kommanditgesellschaft reicht in jedem Falle bereits die Übernahme der persönlichen Haftung in der zweiten Gesellschaft aus. Dagegen lässt der BGH in seiner MLP-Entscheidung vom 18.6.2001[3] die mittelbare Zurechnung

---

1 BGH NJW 1994, 446 (TBB); BGH ZIP 1997, 887 (VW); BGH ZIP 2001, 1323 (MLP); BAG ZIP 1996, 333; BAG NZA 1996, 706; BAG AG 2005, 533; OLG Köln ZIP 2001, 2089.
2 KG AG 2005, 398.
3 BHG ZIP 2001, 1323 (MLP).

von Beteiligungen im Rahmen von § 16 Abs. 4 AktG nicht ausreichen, um die Unternehmenseigenschaft zu begründen; vielmehr setze die Anwendung von § 16 Abs. 4 AktG die Unternehmenseigenschaft bereits voraus.

Besondere Zweifelsfragen ergeben sich, wenn mehrere natürliche Personen gemeinsam die **16** Leitungsmacht in mehreren Unternehmen ausüben können, ohne dass jeder von ihnen allein dazu imstande wäre. Eine solche Konstellation kann sich beispielsweise im Rahmen von Familiengesellschaften ergeben oder bei Stimmrechtspoolvereinbarungen. Handelt es sich hier um reine Innengesellschaften, deren Gesellschafter lediglich ihre Stimmrechte bündeln, so sind sie als solche nach herrschender Auffassung nicht als Unternehmen zu qualifizieren, solange sich die Bündelung ihrer Interessen nur auf ein einziges Unternehmen beschränkt. Unbeschadet dessen ist aber die Unternehmenseigenschaft jedes einzelnen Gesellschafters der Innengesellschaft im Einzelfall zu prüfen. Besondere Bedeutung haben im Rahmen des ab 1.1.2009 geltenden Erbschaftsteuerrechts Poolvereinbarungen zwischen Gesellschaftern von Kapitalgesellschaften, die mit nicht mehr als 25% am Kapital der jeweiligen Gesellschaft beteiligt sind.

Dieser Rechtsprechung des Bundesgerichtshofs zur Unternehmenseigenschaft natürlicher **17** Personen haben sich inzwischen die Literatur und die Untergerichte nahezu einhellig angeschlossen.[4]

Im GmbH-Konzernrecht und im Konzernrecht der Personengesellschaften hat sich der jahre- **18** lange heftige Streit um die Unternehmenseigenschaft natürlicher Personen inzwischen für den bisher wichtigsten Anwendungsbereich, nämlich die Haftung, dadurch entschärft, dass der Bundesgerichtshof im Jahre 2001 die Rechtsfigur des qualifiziert-faktischen GmbH-Konzerns praktisch beerdigt und durch die Individualhaftung wegen existenzvernichtenden Eingriffs ersetzt hat (siehe dazu unter Rn 209 ff.).

b) Holding als Unternehmen

Eine Beteiligungsholding ist unter denselben Voraussetzungen Unternehmen im konzernrechtli- **19** chen Sinne wie eine natürliche Person. Hält sie lediglich die Beteiligung an einer einzigen Gesellschaft, so begründet das keinen konzernrelevanten Interessenkonflikt und deshalb auch nicht die Unternehmenseigenschaft. Ist die Holding dagegen an einem oder mehreren weiteren Unternehmen direkt oder indirekt maßgeblich beteiligt, so begründet diese weitere Beteiligung ihre konzernrechtliche Unternehmenseigenschaft.[5]

c) Betriebsaufspaltung

Streitig ist die Behandlung einer Betriebsaufspaltung, also die Aufteilung der Unternehmenstä- **20** tigkeiten auf eine Besitz- und eine Vertriebsgesellschaft oder auf eine Besitz- und eine Produktionsgesellschaft oder auf drei Gesellschaften.

Hält die Besitzgesellschaft selbst die Anteile an der Produktionsgesellschaft, so liegt eine **21** Einzelbeteiligung vor wie bei einer Holding, so dass die Besitzgesellschaft nicht bereits deswegen als Konzernunternehmen qualifiziert werden kann und damit auch nicht der hinter ihr stehende Gesellschafter. Insoweit ergeben sich keine Besonderheiten. Anders ist das dagegen, wenn eine natürliche Person (oder eine Holdinggesellschaft) sowohl die Anteile an der Besitzgesellschaft als auch die an der Produktionsgesellschaft hält, also an zwei Unternehmen beteiligt ist. Die wohl herrschende Meinung geht davon aus, dass hier nichts anderes gelten kann als bei

---

4 MünchGesR/*Decher*, Bd. 3, § 67 Rn 26 ff.; Emmerich/Habersack/*Emmerich*, § 15 Rn 6 ff.; Kölner Komm-AktG/*Koppensteiner*, § 15 Rn 22 ff.; OLG Hamm ZIP 2000, 2302.
5 OLG Hamm ZIP 2000, 2302; Kölner Komm-AktG/*Koppensteiner*, § 15 Rn 62; MünchGesR/*Decher*, Bd. 3, § 67 Rn 28; differenzierend Emmerich/Habersack/*Emmerich*, § 15 Rn 15 ff.

sonstigen Mehrfachbeteiligungen natürlicher Personen; der Mehrheitsgesellschafter beider Gesellschaften ist Unternehmen. Eine Mindermeinung steht dagegen auf dem Standpunkt, es handele sich bei der zitierten Konstellation lediglich um einen besonderen Fall der Willensausübung in ein und demselben wirtschaftlichen Unternehmen.[6]

22   Die herrschende Meinung erscheint als überzeugend. Der potentielle Interessengegensatz zwischen der Besitzgesellschaft und dem Produktions- bzw. Vertriebsunternehmen ist geradezu evident. Hauptmotiv für die Betriebsaufspaltung ist ja gerade die Haftungsbeschränkung auf das Vermögen, das in dem nach außen auftretenden operativen Unternehmen gebunden ist.

d) Sonderfall GmbH & Co. KG

23 Aus der vorstehenden Darstellung ergibt sich auch die Behandlung einer klassischen GmbH & Co. KG. Beschränkt sich die GmbH auf die Geschäftsführung in einer einzigen Kommanditgesellschaft, so fehlt es an einem konzernrelevanten Interessengegensatz. Infolgedessen kann auch der Mehrheitsgesellschafter beider Gesellschaften nicht seinerseits zum Unternehmen werden. Das gilt umso mehr bei der sogenannten Einheits-GmbH & Co. KG, bei der die Kommanditgesellschaft selbst Alleingesellschafterin ihrer Komplementär-GmbH ist.[7]

24   Ist dagegen der Mehrheitsgesellschafter der Kommanditgesellschaft und ihrer Komplementär-GmbH maßgeblich noch an anderen Gesellschaften beteiligt oder ist die Komplementärin an mehreren Gesellschaften geschäftsführend beteiligt, so gelten die oben dargestellten allgemeinen Grundsätze.

3. Konzernformen

25 § 18 AktG unterscheidet verschiedene Formen des Konzerns. Darüber hinaus gibt es weitere Unterscheidungen, die an der grundsätzlichen Einordnung unter die Tatbestandsmerkmale des § 18 AktG nichts ändern.

a) Unterordnungskonzern

26 Sind ein herrschendes und ein abhängiges Unternehmen unter der einheitlichen Leitung des herrschenden Unternehmens zusammengefasst, so bilden sie einen Konzern.

27   Beruht die einheitliche Leitung auf einem Beherrschungsvertrag oder darauf, dass das eine Unternehmen in das andere eingegliedert ist, handelt es sich um einen Vertragskonzern. In allen anderen Fällen handelt es sich um einen faktischen Konzern. Gemeinsame Tatbestandsmerkmale sind die Beherrschung und die einheitliche Leitung. Dem weiteren Tatbestandsmerkmal „Zusammenfassung" kommt keine eigenständige Bedeutung zu.

b) Gleichordnungskonzern

28 Stehen zwei oder mehrere Unternehmen auf derselben Konzernebene und stehen sie unter der einheitlichen Leitung eines dritten Unternehmens, ohne ihrerseits voneinander abhängig zu sein, so bilden sie insoweit einen Gleichordnungskonzern nach § 18 Abs. 2 AktG. Soweit in Teilen der Literatur darüber hinausgehende Voraussetzungen gefordert werden,[8] gibt es dafür keine Anhaltspunkte im Gesetz.

---

6 MünchGesR/*Decher*, Bd. 3, § 67 Rn 29; a.A. wohl Kölner Komm-AktG/*Koppensteiner*, § 15 Rn 53.
7 MünchGesR/*Decher*, Bd. 3, § 67 Rn 26; a.A. wohl Kölner Komm-AktG/*Koppensteiner*, § 15 Rn 57.
8 Kölner Komm-AktG/*Koppensteiner*, § 18 Rn 6 m.w.N.

Dröge

Aus der fehlenden gegenseitigen Abhängigkeit ergibt sich, dass die einheitliche Leitung der 29
beiden nebeneinander stehenden Unternehmen in der Regel auf gesellschaftsvertraglicher Basis
beruht, so dass insoweit auf die Ausführungen zum Vertragskonzern nachfolgend unter III. verwiesen werden kann.

c) Einstufige, mehrstufige Konzerne

Stehen lediglich zwei Unternehmen im gegenseitigen Abhängigkeitsverhältnis, liegt ein einstu- 30
figer Konzern vor. Hat das abhängige Unternehmen dagegen seinerseits eine oder mehrere Tochtergesellschaften, so handelt es sich um einen mehrstufigen Konzern. In diesen Fällen kann es
zu einem Abhängigkeitsverhältnis auf jeder Stufe kommen.

Beispiel 31
Ein Einzelhandelsfilialunternehmen betreibt jedes seiner Geschäfte in einer selbstständigen GmbH & Co. KG. Die im
Norden, Süden, Westen und Osten der Bundesrepublik liegenden Gesellschaften sind ihrerseits jeweils unter dem
Dach einer Muttergesellschaft in der Rechtsform einer GmbH & Co. KG zusammengefasst. Alleinige Kommanditistin
dieser vier Muttergesellschaften ist eine Zentral-Holding.

In einem solchen Falle ist von einem einheitlichen Konzern unter der Leitung der Zentral- 32
Holding auszugehen. Eine mehrfache Konzernzugehörigkeit der operativen Untergesellschaften
und damit die Bildung eines Konzerns im Konzern wird dagegen allgemein abgelehnt.[9]
Eine davon abweichende Auffassung wird für das Konzernarbeitsrecht vertreten und zwar 33
sowohl, was die Bildung eines Konzernbetriebsrats betrifft (s. unter VI. 1) als auch für das Mit-
BestG. Ist die Obergesellschaft nicht mitbestimmungspflichtig, dagegen die Zwischenholding,
und beschäftigt diese in ihrem Teilkonzern mehr als 2.000 Mitarbeiter, so ist bei ihr ein Kon-
zernaufsichtsrat zu bilden. Das allerdings setzt voraus, dass die Zwischenholding ihrerseits eigenständige Leitungsbefugnis für ihre Untergesellschaften ausüben kann und diese Leitungsbefugnis nicht ausschließlich bei der Obergesellschaft liegt.[10] Nur dann liegen nämlich die
Konzernierungsvoraussetzungen auch auf dieser Stufe vor.

d) Mehrmütterkonzern, Gemeinschaftsunternehmen

Gründen mehrere Unternehmen eine gemeinsame Tochtergesellschaft, so ist zu unterscheiden, 34
ob nur eine der Muttergesellschaften die Leitung der Tochter übernimmt oder alle Mütter gemeinsam. Im ersteren Falle liegt ein Abhängigkeitsverhältnis nur zu dem führenden Unternehmen vor. Dieses bildet mit der gemeinschaftlichen Tochter einen Konzern. Obliegt dagegen die
Führung allen Mutterunternehmen gemeinsam, so handelt es sich um ein Gemeinschaftsunternehmen. In einem solchen Falle ist davon auszugehen, dass die Tochtergesellschaft von jedem
ihrer Mutterunternehmen abhängig ist. Für den Fall der Zusammenschlusskontrolle erkennt § 36
Abs. 2 S. 2 GWB eine solche Konstellation ausdrücklich an.[11]
Voraussetzung für das Entstehen eines Gemeinschaftsunternehmens ist, dass die Einfluss- 35
möglichkeiten der mehreren Mütter miteinander koordiniert sind. Eine solche Koordination
kann auf vertraglicher Basis erfolgen, zum Beispiel durch Gründung einer BGB-Innen-
gesellschaft oder eines Gleichordnungskonzerns im Rahmen von Stimmbindungsverträgen oder

---

9 Kölner Komm-AktG/*Koppensteiner*, § 18 Rn 31 ff.; Emmerich/Habersack/*Emmerich*, § 18 Rn 17 ff.
10 Lutter/ *Lutter*, Holding-Handbuch, G 81 ff.; OLG Düsseldorf WM 1997, 668, 671 vgl. ErfK/*Oetker*, § 5 MitbestG
Rn 8 ff. Für das Mitbestimmungsgesetz: OLG München 19.11.2008, WM 2009, 558 ff.
11 Immenga/Mestmäcker/*Mestmäcker*/*Veelken*, § 36 GWB Rn 64 ff.

auf faktischer Basis. Es muss lediglich gewährleistet sein, dass die gemeinsame Leitung durch die Mütter auf Dauer gesichert ist.

---

36 **Beispiel**

A und B sind an mehreren Komplementär-GmbH's beteiligt, die ihrerseits persönlich haftende Gesellschafter mehrerer Kommanditgesellschaften sind, an denen A und B jedoch keine Anteile halten.

---

37 In einer Entscheidung vom 13.10.2004[12] kommt das Bundesarbeitsgericht bei dieser Konstellation zu dem Ergebnis, dass A und B beherrschende Unternehmen im Sinne von § 18 AktG seien, dass sie jeweils gemeinsam eine Reihe der Unter-GmbH & Co. KG's beherrschen und dass deshalb sowohl bei A als auch bei B je ein Konzernbetriebsrat einzurichten sei.

III. Der Vertragskonzern, Unternehmensverträge

38 Gesetzliches Leitbild des Aktienkonzernrechts ist der auf vertraglicher Grundlage beruhende Konzern, der unabhängig von faktischer Beherrschung ist. Danach entstehen Konzerne durch den Abschluss von Unternehmensverträgen. Als solche nennt das AktG für die AG und die KGaA Beherrschungs- und Gewinnabführungsverträge (§ 291 AktG) sowie die anderen Unternehmensverträge (§ 292 AktG). Zu den anderen Unternehmensverträgen i.S.v. § 292 AktG zählen der Gewinngemeinschaftsvertrag (Nr. 1), der Teilgewinnabführungsvertrag (Nr. 2) sowie der Betriebspachtvertrag und der Betriebsüberlassungsvertrag (Nr. 3). Nicht ausdrücklich normiert ist der Betriebsführungsvertrag. Entgegen einigen Stimmen in der Literatur beinhalten §§ 291, 292 AktG jedoch keinen abschließenden numerus clausus der Unternehmensverträge.[13] Auf Kombinationen der normierten Verträge sowie auf ähnliche Vertragstypen sind die § 291, 292 AktG daher analog anzuwenden, soweit sie in ihren wirtschaftlichen oder organisatorischen Auswirkungen den gesetzlich vorgegebenen Verträgen entsprechen.

39 Beherrschungs- und Gewinnabführungsverträge sind als gesellschaftsrechtliche Organisationsverträge zu qualifizieren.[14] Indem sie trotz unveränderter Fortgeltung der Satzung der beherrschten Gesellschaft deren innere Struktur in satzungsgleicher Weise ändern, gehen ihre Wirkungen über diejenigen von schuldrechtlichen Austauschverträgen hinaus.[15] Insbesondere machen Beherrschungs- und Gewinnabführungsverträge aus einem weisungsfreien Vorstand (§ 76 Abs. 1 AktG) einen weisungsgebundenen (§ 308 Abs. 1 AktG), setzen für Leistungen der Gesellschaft die §§ 57, 58, 60 AktG außer Kraft (§ 291 Abs. 3 AktG) und bewirken eine Ausrichtung des Gesellschaftszwecks am Konzerninteresse. Demgegenüber sind die anderen Unternehmensverträge i.S.v. § 292 AktG rein schuldrechtlicher Natur. Sie modifizieren zwar den wirtschaftlichen Charakter der Gesellschaft, lassen jedoch deren Leitung und Vermögensbindung unberührt und greifen nicht in die Verfassung der Gesellschaft ein.[16]

---

12 BAG, AG 2005, 533.
13 So mit überzeugender Begründung Kölner Komm-AktG/*Koppensteiner*, Vorb. § 291 Rn 162 und Beck'sches AG-HB/*Liebscher*, § 15 Rn 106. Zurückhaltender hingegen MüKo-AktG/*Altmeppen*, § 291 Rn 40 f.
14 BHG BGHZ 103, 1, 4; BGH BGHZ 105, 324, 331; BGH NJW 1992, 1452, 1454.
15 MüKo-AktG/*Altmeppen*, § 291 Rn 25.
16 MüKo-AktG/*Altmeppen*, § 292 Rn 7.

1. Beherrschungsvertrag, Gewinnabführungsvertrag

Ein Beherrschungsvertrag (§ 291 Abs. 1 S. 1 Var. 1 AktG) ist ein Vertrag, durch den eine AG oder **40** eine KGaA ihre Leitung einem anderen Unternehmen unterstellt. Während die Rechtsform der herrschenden Obergesellschaft gleichgültig ist[17] – auch eine Europäische Aktiengesellschaft (SE) kommt als herrschendes Konzernunternehmen in Betracht[18] – und sie ihren Sitz auch im Ausland haben kann,[19] muss es sich bei der abhängigen Untergesellschaft um eine im Inland ansässige AG bzw. KGaA handeln.[20] Für die GmbH als abhängige Gesellschaft gelten diese Voraussetzungen entsprechend[21] Charakteristisches Merkmal des Beherrschungsvertrages ist die Unterstellung der abhängigen Gesellschaft unter eine fremde Leitung. Aus Konzerninteressen wird die eigenverantwortliche Leitungsmacht des Vorstandes der Untergesellschaft (§ 76 Abs. 1 AktG) aufgehoben und der Obergesellschaft ein umfassendes Weisungsrecht eingeräumt (§ 308 Abs. 1 AktG). Ein wirksames Leitungsrecht setzt voraus, dass der herrschende Vertragspartner in die Lage versetzt wird, eine auf das Gesamtinteresse der verbundenen Unternehmen ausgerichtete Konzeption zu entwickeln und gegenüber dem Vorstand der beherrschten Gesellschaft durchzusetzen.[22] Es genügt also nicht, lediglich einzelne Betriebe oder Betriebsteile unter die Leitung der Obergesellschaft zu stellen.[23]

Nicht erforderlich ist die ausdrückliche Bezeichnung des Vertrages als Beherrschungsver- **41** trag. Selbst eine Falschbezeichnung in der Vertragsurkunde ist unschädlich („falsa demonstratio non nocet"), solange nur inhaltlich ein Weisungsrecht i.S.v. § 308 Abs. 1 AktG begründet wird.[24] Als Kernstück des Vertrages ist das Weisungsrecht zur Durchsetzung des Willens des herrschenden Unternehmens unverzichtbarer Bestandteil eines jeden Beherrschungsvertrages. Andernfalls ließe sich der Beherrschungsvertrag nicht von anderen Unternehmensverträgen abgrenzen.[25] Obwohl für Beherrschungsverträge im übrigen Vertragsfreiheit besteht,[26] setzen konzernrechtliche Schutzrechte von Gläubigern und außenstehenden Aktionären der Vertragsgestaltung weitere Grenzen. Insbesondere ist den Parteien der rückwirkende Abschluss eines Beherrschungsvertrages verwehrt. Denn sonst könnte beispielsweise den auf §§ 311, 317 AktG beruhenden Ansprüchen nachträglich der Boden entzogen werden.[27]

Aufgrund eines Gewinnabführungsvertrages (§ 291 Abs. 1 S. 1 Var. 2 AktG) verpflichtet sich **42** eine AG oder KGaA, ihren ganzen Gewinn an ein anderes Unternehmen abzuführen. Gemeint ist hiermit der gesamte Bilanzgewinn, wie er sich ohne den Gewinnabführungsvertrag ergäbe.[28] Im Jahresabschluss der abhängigen Gesellschaft wird somit kein Gewinn mehr ausgewiesen. Wird hingegen lediglich die Abführung eines Teils des Gewinns vereinbart, so handelt es sich um einen anderen Unternehmensvertrag i.S.v. § 292 Abs. 1 Nr. 2 AktG (Teilgewinnabführungsvertrag).

---

17 So bereits BGH BGHZ 69, 334, 338.
18 *Hommelhoff*, AG 2003, 179, 183.
19 *Hüffer*, § 291 Rn 8; MüKo-AktG/*Altmeppen*, § 291 Rn 24.
20 Das Erfordernis des Inlandssitzes resultiert daraus, dass es nicht Zweck des deutschen Konzernrechts sein kann, ausländische Gesellschaften zu schützen, vgl. *Hüffer*, § 291 Rn 5; Kölner Komm-AktG/*Koppensteiner*, § 291 Rn 7.
21 Siehe nur BGH NJW 1989, 295; Lutter/Hommelhoff/*Lutter*, Anh § 13 Rn 41 ff.; *Emmerich/Habersack*, Konzernrecht § 32 II. Zur Konzernierung von Personengesellschaften siehe OLG Düsseldorf AG 2004, 324, 326.
22 *Hüffer*, § 291 Rn 10.
23 Beck PersGes-HB/*Liebscher*, § 14 Rn 103; MünchGesR/*Krieger*, Bd. 4, § 70 Rn 5; Kölner Komm-AktG/*Koppensteiner*, § 291 Rn 23; *Bachmann/Veil*, ZIP 1999, 348, 353 f.; a.A. indes MüKo-AktG/*Altmeppen*, § 291 Rn 86, 102 ff.
24 KG AG 2001, 186 und LG Hamburg AG 1991, 365, 366.
25 Kölner Komm-AktG/*Koppensteiner*, § 291 Rn 22; *Hüffer*, § 291 Rn 11; *Emmerich/Habersack Konzernrecht*, Seite 188; a.A. MüKo-AktG/*Altmeppen*, § 291 Rn 94 ff.
26 BHG BGHZ 122, 211, 217.
27 OLG Hamburg NJW 1990, 3024; OLG München AG 1991, 358, 359; OLG Karlsruhe AG 1994, 283; *Knepper*, DStR 1994, 377, 381.
28 *Hüffer*, § 291 Rn 26.

Für diesen gilt § 291 Abs. 3 AktG nicht und der Grundsatz der Vermögensbindung in der abführungspflichtigen Gesellschaft bleibt unberührt. Das gilt selbst dann, wenn der Gewinnanteil nahezu den gesamten Gewinn der Gesellschaft ausmacht.[29] Im Gegensatz zu Beherrschungsverträgen können Gewinnabführungsverträge auch mit Rückwirkung für das bei Abschluss des Vertrages bereits laufende Geschäftsjahr geschlossen werden.[30]

43   Nach wie vor umstritten ist, ob Gewinnabführungsverträge als Verträge zugunsten Dritter (insbesondere zwischen Tochter- und Enkelgesellschaft zugunsten der Muttergesellschaft) zulässig sind.[31] Ohne weiteres anzuerkennen sind dagegen innerhalb der gesetzlichen Grenzen vertragliche Regelungen zur Bilanzierung, insbesondere zur Ausübung von Ansatz- und Bewertungswahlrechten.[32] Gleiches gilt für Abreden, nach denen über die nach § 300 Nr. 1 AktG erforderlichen Rücklagen hinaus weitere Teile des Jahresüberschusses in die Gewinnrücklage einzustellen sind.[33]

44   Dem Gewinnabführungsvertrag stellt das Gesetz in § 291 Abs. 1 S. 2 AktG einen unentgeltlichen Geschäftsführungsvertrag gleich. Mit diesem verpflichtet sich eine AG oder KGaA, ihr ganzes Unternehmen fortan für Rechnung eines anderen Unternehmens zu führen. Rein zivilrechtlich betrachtet handelt es sich hierbei um einen Auftrag i.S.d. §§ 662 ff. BGB, bei dem lediglich § 665 BGB unanwendbar ist.[34] Die gesetzliche Gleichstellung mit dem Gewinnabführungsvertrag begründet sich darin, dass der Geschäftsführungsvertrag letztlich identische ökonomischen – Folgen zeitigt. Denn gemäß §§ 667, 670 BGB können Gewinne und Verluste bei dem abhängigen Unternehmen nicht mehr entstehen.[35] Weil man mit dem Gewinnabführungsvertrag indes auf einfachere Weise zum gleichen konzernrechtlichen Ziel gelangt, hat der Geschäftsführungsvertrag in der Praxis kaum Bedeutung erlangt.[36]

a) Abschluss und Wirksamkeitsvoraussetzungen[37]

45 Hinsichtlich der Erfordernisse, die beim Abschluss von Unternehmensverträgen zu beachten sind, ist zwischen Verträgen im Aktienkonzern und Verträgen im GmbH-Konzern zu unterscheiden.

aa) Unternehmensverträge im Aktienkonzern

46 Allgemeine Erfordernisse für den Abschluss von Unternehmensverträgen ergeben sich aus den §§ 293, 294 AktG. Um wirksam zu werden, muss ein Unternehmensvertrag i.S.d. §§ 291, 292 AktG, an dem als herrschender und abhängiger Teil ausschließlich AGs und/oder KGaAs beteiligt sind, (1) die inhaltlichen Mindestanforderungen des jeweiligen Vertragstyps aufweisen (s.o.) und sind (2) sämtliche Unternehmensverträge nach § 293 Abs. 3 AktG gemäß § 126 BGB in Textform abzu-

---

29 *Emmerich/Habersack*, Konzernrecht, S. 213.
30 BHG BGHZ 122, 211, 223 f.; OLG Hamburg NJW 1990, 3024, 3025; OLG München AG 1991, 358, 359; OLG Düsseldorf, AG 1996, 473, 474; LG Kassel, NJW-RR 1996, 1510, 1511.
31 Dafür MünchGesR/*Krieger*, Bd. 4, § 71 Rn 4; Kölner Komm-AktG/*Koppensteiner*, § 291 Rn 96; *Rehbinder*, ZGR 1977, 581, 628; *Sonnenschein*, AG 1976, 147, 148; Argument: § 302 AktG gehe davon aus, dass derjenige, der den Gewinn beziehe, auch zum Verlustausgleich verpflichtet sein solle.
32 *Hüffer*, § 291 Rn 26a.
33 MünchGesR/*Krieger*, Bd. 4, § 71 Rn 4; Beck AG-HB/*Liebscher*, § 13 Rn 146; *Hüffer*, § 291 Rn 26a).
34 Denn ein Weisungsrecht wird nach der Systematik der §§ 291 f. AktG ausschließlich durch einen Beherrschungsvertrag begründet, vgl. *Emmerich/Habersack Konzernrecht*, S. 206.
35 *Emmerich/Habersack*, Konzernrecht, S. 206.
36 So schon *Knepper*, BB 1982, 2061, 2063; MünchGesR/*Krieger*, Bd. 4, § 71 Rn 9 ff.
37 BHG, 31.5.2011, DB 2011, 1682; Veith und Schmid, DB 2012, 728.

Dröge

schließen. Mündliche Nebenabreden sind also nichtig und können nach § 139 BGB zur Nichtigkeit des gesamten Unternehmensvertrages führen.[38]

Der Abschluss eines Unternehmensvertrages fällt zwar in die Kompetenz des Vorstands **47** (§ 78 Abs. 1 AktG). Wirksam wird er aber erst, wenn (3) gemäß § 293 Abs. 1 AktG die Hauptversammlung der Untergesellschaft mit einfacher Stimmenmehrheit (§ 133 Abs. 1 AktG) und zusätzlich mit einer Mehrheit von mindestens ¾ des vertretenen Grundkapitals dem Vertrag zustimmt.[39] Das Stimmrecht steht – wie ein Umkehrschluss aus § 136 AktG zeigt – auch dem Mehrheitsaktionär zu. Handelt es sich bei der abhängigen Gesellschaft um eine KGaA, ist zudem noch die Zustimmung der persönlich haftenden Gesellschafter erforderlich (§ 285 Abs. 2 S. 1 AktG).[40] Diese gesetzliche Zustimmungspflicht hat ihren Grund darin, dass die Einräumung von Leistungsrechten die Grundlagen des Gesellschaftsverhältnisses berührt.[41] Soweit es sich bei dem Unternehmensvertrag um einen Beherrschungs- oder Gewinnabführungsvertrag handelt und die herrschende Obergesellschaft eine inländische AG oder KGaA ist, bedarf es (4) gemäß § 293 Abs. 2 AktG auch noch der Zustimmung durch die Hauptversammlung der Obergesellschaft. Erforderlich ist wiederum eine Mehrheit von ¾ des bei der Beschlussfassung vertretenen Grundkapitals. Hintergrund dieses Zustimmungserfordernisses sind die mit den Verträgen einhergehende Verlustausgleichspflicht (§ 302 AktG) bzw. Ausgleichs- und Abfindungsverpflichtungen (§§ 304, 305 AktG).[42] Deshalb findet § 293 Abs. 2 AktG auch dann Anwendung, wenn die Obergesellschaft keine außenstehenden Aktionäre hat.[43] Für andere Unternehmensverträge i.S.v. § 292 AktG besteht ein solches Zustimmungserfordernis hingegen nicht.

Um die Unterrichtung der Gläubiger sowie künftiger Aktionäre vom Abschluss eines Unter- **48** nehmensvertrages zu gewährleisten, ist ferner (5) nach § 294 Abs. 1 S. 1 AktG die Eintragung des Unternehmensvertrages in das Handelsregister des abhängigen Vertragsteils erforderlich. Diese Eintragung hat konstitutive Wirkung (§ 294 Abs. 2 AktG).[44] Für die registergerichtliche Prüfung sind der Anmeldung neben dem Vertrag selbst in den Fällen des § 293 Abs. 2 AktG eine Niederschrift der Hauptversammlung der Obergesellschaft und deren Anlagen in Urschrift, Ausfertigung oder öffentlich beglaubigter Abschrift beizufügen (§ 294 Abs. 1 S. 2 AktG).

Schließlich ist (6) darauf zu achten, dass die Aktionäre beider Vertragsteile gemäß §§ 293 ff. **49** AktG bereits im Zuge der Vorbereitung der Hauptversammlung umfassend über den geplanten Vertragsschluss informiert werden.[45] Zunächst ist eine Berichterstattung durch beide Vorstände über die Unternehmensverträge erforderlich (§ 293a AktG). Anschließend erfolgt eine Prüfung des Vertrages durch unabhängige Vertragsprüfer (§ 293b–e AktG). Diese Prüfungs- und Berichtspflicht soll den Aktionären eine Vorabkontrolle ermöglichen und unangemessene Vertragsbestimmungen zu vermeiden helfen.[46] Ob dabei auftretende Berichtsmängel den Registerrichter berechtigen, die Eintragung des Unternehmensvertrages abzulehnen, ist umstritten.[47] Jedenfalls

---

38 OLG München AG 1991, 358, 360; Kölner Komm-AktG/*Koppensteiner*, § 293 Rn 32 f.; MüKo-AktG/*Altmeppen*, § 293 Rn 56.
39 Zur Außenwirkung des Zustimmungserfordernisses, *Hüffer*, § 293 Rn 24.
40 *Hüffer*, § 285 Rn 2; MüKo-AktG/*Altmeppen*, § 293 Rn 32.
41 Beck AG-HB/*Liebscher*, § 15 Rn 123.
42 Vgl. BGH NJW 1989, 295, 297; BGH NJW 1992, 1452, 1453.
43 *Hüffer*, § 293 Rn 17.
44 *Hüffer*, § 294 Rn 17 f.
45 Die §§ 293a–g AktG sind 1994 mit dem UmwBerG in das Gesetz aufgenommen worden. Sie sollen nach dem Vorbild des Verschmelzungsrechts im UmwG die Information der Aktionäre vor und in der Hauptverhandlung verbessern, vgl. hierzu MüKo-AktG/*Altmeppen*, § 293a Rn 1.
46 Beck AG-HB/*Liebscher*, § 15 Rn 126 f.
47 Für ein Ablehnungsrecht MüKo-AktG/*Altmeppen*, § 293a Rn 69; dagegen Kölner Komm-AktG/*Koppensteiner*, § 293a Rn 50.

aber kann ein fehlerhafter Vertragsbericht zur Anfechtbarkeit des zustimmenden Hauptversammlungsbeschlusses führen.[48]

bb) Unternehmensverträge im GmbH-Konzern

50 Für den GmbH-Konzern gelten die §§ 293 ff. AktG zwar nicht direkt. Sie finden jedoch weitgehend entsprechende Anwendung.[49] Zudem hat die Rechtsprechung mittlerweile zahlreiche Zweifelsfragen im Zusammenhang mit dem Abschluss von Unternehmensverträgen durch eine abhängige GmbH geklärt: Aus den weitreichenden Konsequenzen von Beherrschungs- und Gewinnabführungsverträgen hat der Bundesgerichtshof in seinem „Supermarkt"-Beschluss vom 24.10.1988 gefolgt, dass der Abschluss solcher Organisationsverträge nicht mehr von der gesetzlichen Vertretungsmacht der Geschäftsführer gedeckt ist. Sie bedürfen zu ihrer Wirksamkeit vielmehr (1) der Zustimmung der Gesellschafterversammlung der beherrschten Gesellschaft.[50] Dabei hat der BGH aufgrund des konkreten Einzelfalls im „Supermarkt"-Beschluss (Ein-Mann-GmbH) offengelassen, ob § 47 Abs. 4 S. 2 GmbHG eingreift und damit das Stimmrecht des herrschenden Unternehmens ausschließt. Die ganz überwiegende Ansicht in der Literatur lässt sein Stimmrecht zu.[51] Unbeantwortet gelassen hat der BGH auch die Frage, ob der Zustimmungsbeschluss Einstimmigkeit in der Gesellschafterversammlung verlangt oder ob eine qualifizierte Mehrheit genügt. Während Teile der Literatur eine ¾ – Mehrheit genügen lassen wollen,[52] geht die wohl überwiegende Meinung von dem Erfordernis einer Einstimmigkeit aus.[53] Für die Praxis ist deshalb (2) die Zustimmung aller Gesellschafter der beherrschten GmbH zu empfehlen, um einer möglichen Unwirksamkeit des Vertrages vorzubeugen. Darüber hinaus bedarf der Unternehmensvertrag (3) der Zustimmung der Gesellschafterversammlung der herrschenden GmbH.[54] Im Hinblick auf das entstehende Verlustübernahmerisiko ist der Vertragsschluss auch bei ihr nicht mehr von der gesetzlichen Vertretungsmacht der Geschäftsführer gedeckt. In entsprechender Anwendung des § 293 Abs. 2 S. 2 AktG ist für diesen Beschluss eine qualifizierte Mehrheit von mindestens ¾ des bei der Beschlussfassung vertretenen Stammkapitals erforderlich. Das gilt – darauf sei hier hingewiesen – im Übrigen auch für Unternehmensverträge zwischen einer KG als herrschender Gesellschaft und einer GmbH als beherrschter Gesellschaft.[55]

51 Für Rechtssicherheit hat der „Supermarkt"-Beschluss zudem in Fragen der Form und Eintragungspflicht von Unternehmensverträgen im GmbH-Konzern gesorgt: Der Unternehmensvertrag selbst bedarf grundsätzlich (4) nur der einfachen Schriftform. Lediglich dann, wenn der Vertrag ein Umtausch- oder Abfindungsangebot bezüglich der Gesellschaftsanteile außenstehender Gesellschafter enthält, ist wegen § 15 Abs. 4 GmbHG eine notarielle Beurkundung erforderlich.[56] Der Zustimmungsbeschluss der beherrschten GmbH ist (5) stets notariell zu beurkunden. Dieses Beurkundungserfordernis folgert der BGH aus einer entsprechenden Anwendung

---

48 Kölner Komm-AktG/*Koppensteiner*, § 293a Rn 48.
49 Lutter/Hommelhoff/*Lutter*, Anh § 13 Rn 41.
50 BHG NJW 1989, 295, 296. Obwohl dieser Entscheidung ein kombinierter Beherrschungs- und Gewinnabführungsvertrag zugrunde lag, gelten die Ausführungen des BGH auch für isolierte Beherrschungs- und Gewinnabführungsverträge.
51 U.a. Beck GmbH-HB/*Vogt*, § 17 Rn 27 und die Hinweise bei Lutter/Hommelhoff/*Lutter*, Anh § 13 Rn 49 f.
52 Rowedder/Schmitt-Leithoff/*Koppensteiner*, Anh. § 52 Rn 55; *Timm*, GmbHR 1987, 8, 11; *Koerfer/Selzner*, GmbHR 1997, 285, 287.
53 Vgl. hierzu die Nachweise bei Lutter/Hommelhoff/*Lutter*, Anh § 13 Rn 50 und MünchGesR/*Decher*, Bd. 3, § 70 Rn 6 m.w.N.
54 BHG NJW 1989, 295, 297. Ebenso aus der Literatur *Hüffer*, § 293 Rn 17; a.A. indes offenbar *Gäbelein*, GmbHR 1989, 502, 505 f.
55 Vgl. OLG Hamburg AG 2006, 49. Voraussetzung ist jedoch, dass der Gesellschaftsvertrag der KG für Unternehmensverträge überhaupt eine Mehrheitsentscheidung vorsieht und keine Einstimmigkeit verlangt.
56 Lutter/Hommelhoff/*Lutter*, Anh § 13 Rn 55.

des § 53 GmbHG, da der Unternehmensvertrag satzungsgleich die Grundstruktur der sich der Beherrschung unterstellenden GmbH ändert. Aus dem gleichen Grund sind dieser Zustimmungsbeschluss und der Unternehmensvertrag (6) analog § 54 GmbHG bei dem Registergericht der beherrschten Gesellschaft zur Eintragung in das Handelsregister anzumelden.[57] In entsprechender Anwendung von § 294 Abs. 1 S. 2 AktG ist dem Registergericht ferner der Zustimmungsbeschluss der Gesellschafterversammlung der herrschenden GmbH vorzulegen. Anders als bei einer AG (§ 293 Abs. 2 i.V.m. § 130 Abs. 1 AktG) genügt bei der herrschenden GmbH statt eines notariellen Protokolls ein schriftliches Protokoll über den Zustimmungsbeschluss.[58]

All diese Formerfordernisse sind auch dann einzuhalten, wenn die herrschende Gesellschaft **52** alleinige Gesellschafterin der abhängigen GmbH ist. Denn ein Unternehmensvertrag berührt nicht nur die Belange von Minderheitsgesellschaftern, sondern auch die der Gesellschaftsgläubiger.[59] Umstritten ist in dieser Konstellation aber, ob die Satzung der herrschenden GmbH die Zustimmung präventiv „vorformulieren" darf. Dann wären nämlich im Ergebnis allein die Geschäftsführer zum (späteren) Abschluss von Unternehmensverträgen ermächtigt. Für diese Frage gilt es nach der überwiegenden Ansicht zu differenzieren: Satzungsklauseln, die bereits ganz konkrete Unternehmensverträge bezeichnen, sind zulässig. Denn eine Zustimmung kann auch als vorherige Einwilligung erteilt werden (§ 183 BGB). Eine generelle Einwilligung zum Abschluss aller denkbaren zukünftigen Unternehmensverträge ist hingegen unzulässig.[60]

Noch weitgehend ungeklärt ist die Frage, ob die Berichterstattungs- und Prüfungspflichten **53** der §§ 293a ff. AktG auf Unternehmensverträge im GmbH-Konzernrecht entsprechende Anwendung finden.[61] Es empfiehlt sich daher, die daraus folgenden Erfordernisse auch beim Abschluss von Unternehmensverträgen unter Beteiligung einer GmbH zu beachten oder von den gesetzlichen Befreiungsmöglichkeiten Gebrauch zu machen.[62]

b) Rechtsfolge: Verlustübernahmeverpflichtung (§ 302 AktG)

Besteht ein Beherrschungs- oder Gewinnabführungsvertrag, so hat das herrschende Unternehmen **54** nach § 302 AktG Jahresfehlbeträge der abhängigen Gesellschaft auszugleichen, die während der Vertragsdauer entstehen. Die Verlustübernahmeverpflichtung kompensiert im Interesse der Gesellschaft und ihrer Gläubiger die durch § 291 Abs. 3 AktG angeordnete Lockerung der Vermögensbindung.[63] Das herrschende Unternehmen trägt also infolge seiner umfassenden Leitungsmacht die Ergebnisverantwortung für das abhängige Unternehmen.[64] Daher ist die Ursache eines Jahresfehlbetrages für das Entstehen des Ausgleichsanspruchs unerheblich. Es ist insbesondere nicht erforderlich, dass das herrschende Unternehmen die Verluste in kausaler oder gar in schuldhafter Weise herbeigeführt hat.[65] Entscheidend für § 302 AktG ist allein, dass der Stichtag des Jahresabschlusses, in dem der Fehlbetrag auszuweisen wäre, in die Vertragszeit fällt. Endet der Beherrschungs- oder Gewinnabführungsvertrag – etwa durch Kündigung aus wichti-

---

57 BHG NJW 1989, 295; BGH NJW 1992, 1452, 1453 f.; OLG Zweibrücken GmbHR 1999, 665 und AG Duisburg AG 1994, 568.
58 Lutter/Hommelhoff/*Lutter*, Arh § 13 Rn 62.
59 BHG NJW 1992, 1452, 1453.
60 So insbesondere *Priester*, DB 1989, 1013, 1016 f. Ähnlich Lutter/Hommelhoff/*Lutter*, Anh § 13 Rn 74, die aber eine Globaleinwilligung jedenfalls in Bagatellfällen zulassen wollen, in denen der Umsatz der abhängigen Gesellschaft weniger als 5% des Umsatzes der herrschenden Gesellschaft ausmacht.
61 Dafür *Humbeck*, BB 1995, 1893, 1894; dagegen *Bungert*, DB 1995, 1449, 1452 ff. und differenzierend *Hommelhoff/Freytag*, DStR 1996, 1409, 1413. Zusammenfassung der unterschiedlichen Argumente bei MüKo-AktG/*Altmeppen*, § 293a Rn 12 ff.
62 Ebenso Beck GmbH-HB/*Rosenbach*, § 17 Rn 31.
63 *Hüffer*, § 302 Rn 3.
64 Beck AG-HB/*Liebscher*, § 14 Rn 134.
65 *Hüffer*, § 302 Rn 11.

gem Grund (§ 297 AktG) – im Laufe eines Geschäftsjahres, so ist für den Beendigungszeitpunkt ein Zwischenabschluss zu erstellen und der sich daraus ergebende Fehlbetrag auszugleichen.[66] Ein Verlustausgleich ist nur insoweit nicht erforderlich, wie den anderen Gewinnrücklagen i.S.v. § 266 Abs. 3 A III Nr. 4 HGB Beträge entnommen werden, die während der Vertragsdauer in sie eingestellt worden sind (§ 302 Abs. 1 AktG). Der Ausgleichsanspruch der abhängigen Gesellschaft entsteht mit dem Stichtag der maßgeblichen Bilanz und wird auch zu diesem Zeitpunkt bereits fällig.[67] Die ursprünglich streitige Frage, wann der Verlustausgleichsanspruch verjährt, ist jetzt durch § 302 Abs. 4 AktG geklärt. Die Verjährungsfrist beträgt 10 Jahre.

55   Inhaltlich ist der Anspruch aus § 302 AktG auf Zahlung eines Geldbetrages in Höhe des ausgleichspflichtigen Verlustes gerichtet. Über den bilanzmäßigen Verlust hinaus vermag § 302 AktG indes keine weiteren Ansprüche zu begründen. Insbesondere besteht für das herrschende Unternehmen keine allgemeine Pflicht zur Aufrechterhaltung der Liquidität der abhängigen Gesellschaft. Denn vor allgemeinen unternehmerischen Risiken soll auch im Vertragskonzern nicht geschützt werden.[68] Weil die Vorschrift die Kapitalerhaltung bei der abhängigen Gesellschaft sichern soll,[69] ist ein Verzicht auf den Ausgleichsanspruch sowie der Abschluss eines Vergleichsvertrages über ihn nur unter den engen Voraussetzungen des § 302 Abs. 3 AktG möglich. Auch kann das herrschende Unternehmen die abhängige Gesellschaft nicht anweisen, den Anspruch nicht geltend zu machen oder eine Klage auf Zahlung des Verlustausgleichs wieder zurückzunehmen.[70]

56   Geltend zu machen ist der Verlustausgleichsanspruch vom Vorstand der abhängigen Gesellschaft. Ob den einzelnen Aktionären das Recht zur Geltendmachung des Anspruchs analog §§ 309 Abs. 4, 317 Abs. 4 AktG zusteht, ist umstritten.[71] Gläubiger der Gesellschaft sind zur Geltendmachung jedenfalls nur dann berechtigt, wenn sie den Anspruch gepfändet und sich zur Einziehung haben überweisen lassen. Sie haben also kein eigenes Klagerecht.[72]

c) Sicherung von Minderheitsgesellschaftern

57 Beherrschungs- und Gewinnabführungsverträge begründen Maßnahmen zum Nachteil der abhängigen Gesellschaft und beeinträchtigen die Mitverwaltungsrechte und Vermögensinteressen von Minderheitsaktionären. Aus diesem Grund gewähren §§ 304, 305 AktG den außenstehenden Aktionären zum Schutz ihrer Interessen ein Wahlrecht: Sie können in der nunmehr beherrschten Gesellschaft verbleiben und erhalten dafür einen wiederkehrenden Ausgleich (§ 304 AktG). Sie können aber auch aus der Gesellschaft ausscheiden und erhalten dafür im Gegenzug eine einmalige Abfindung (§ 305 AktG). Sowohl die Ausgleichszahlung als auch der Abfindungsanspruch müssen angemessen sein, da sie zukünftige Einbußen kompensieren, die mit dem Abschluss von Gewinnabführungs- oder Beherrschungsverträgen einhergehen. Denn Gewinnabführungsverträge verhindern Bilanzgewinne und beeinträchtigen damit unmittelbar das in § 58 Abs. 4 AktG verankerte Dividendenrecht. Beherrschungsverträge mit der aus ihnen resultierenden Weisungsbindung (§ 308 Abs. 1 AktG) können mittelbar zu vergleichbaren Folgen führen.[73]

---

66 BHG BGHZ 103, 1, 9; BGH BGHZ 105, 168, 182; MünchGesR/*Krieger*, Bd. 4, § 70 Rn 55. Ähnliches gilt im Ergebnis im Falle einer Auflösung der abhängigen Gesellschaft, vgl. BayObLG DB 1994, 523, 524 und *Schmidt*, ZGR 1983, 513, 526 ff.

67 Vgl. BGH NJW 2000, 210, 211; Kölner Komm-AktG/*Koppensteiner*, § 302 Rn 55; a.A. indes *Lwowski/Groeschke*, WM 1994, 613, 614, die Fälligkeit erst mit der Feststellung des Jahresabschlusses eintreten lassen wollen.

68 Beck AG-HB/*Liebscher*, § 15 Rn 143; MünchGesR/*Krieger*, Bd. 4, § 70 Rn 66.

69 BHG BGHZ 103, 1, 10; BGH BGHZ 107, 7, 18 und aus der Literatur *Hüffer*, § 302 Rn 3.

70 Siehe LG Bochum AG 1987, 324, 325; MünchGesR/*Krieger*, Bd. 4, § 70 Rn 76.

71 Vgl. hierzu die Hinweise bei MünchGesR/*Krieger*, Bd. 4, § 70 Rn 73.

72 Kölner Komm-AktG/*Koppensteiner*, § 302 Rn 42.

73 Ausführlich zum Normzweck der Regelungen *Hüffer*, § 304 Rn 1 und § 305 Rn 1.

Zwar bleibt der Unternehmensvertrag auch im Falle einer Unangemessenheit der Aus- **58** gleichs- und Abfindungsregelung wirksam, weil eine Anfechtung des Zustimmungsbeschlusses ausgeschlossen ist (vgl. §§ 304 Abs. 3 S. 2, 305 Abs. 5 S. 1 AktG). Die Wirksamkeit des Unternehmensvertrages soll nicht an finanziellen Auseinandersetzungen scheitern. Die Außenstehenden können jedoch im sog. Spruchverfahren nach dem Spruchverfahrensgesetz (SpruchG) einen angemessenen Wertausgleich gerichtlich durchsetzen.[74] Notwendig ist dieses Verfahren, weil insbesondere die Bewertung der abhängigen Gesellschaft sowie Fragen nach der Angemessenheit der hieraus resultierenden Ausgleichs- und Abfindungsansprüche sehr streitanfällig sind.[75] Für das Spruchverfahren ist die Kammer für Handelssachen am Landgericht erstinstanzlich zuständig (§ 2 Abs. 1 S. 1, Abs. 2 SpruchG). Das Gericht kann die vertraglich festgesetzten Leistung zugunsten der Außenstehenden nur verbessern, nicht aber verschlechtern.[76] Das gilt selbst dann, wenn sie im Einzelfall als unangemessen hoch erscheinen sollten. Werden die Leistungen zugunsten der außenstehenden Aktionäre im Spruchstellenverfahren erhöht, so steht dem anderen Vertragsteil indes ein Recht zur fristlosen Kündigung zu (vgl. §§ 304 Abs. 4, 305 Abs. 5 S. 4 AktG).

Demgegenüber können die Aktionäre des herrschenden Unternehmens nicht im Spruchstel- **59** lenverfahren geltend machen, sie seien durch eine unangemessen hohe Festsetzung von Ausgleich oder Abfindung beeinträchtigt worden. Sie haben lediglich die Möglichkeit, den Zustimmungsbeschluss ihrer Hauptversammlung anzufechten.[77]

aa) Ausgleichszahlung (§ 304 AktG)

Der Ausgleichsanspruch ist zwingender Vertragsbestandteil (vgl. § 304 Abs. 3 S. 1 AktG) und **60** entsteht mit Wirksamkeit des Vertrages. Schuldner des Ausgleichsanspruchs ist das herrschende Unternehmen.[78] Gläubiger sind die außenstehenden Aktionäre, unabhängig vom Zeitpunkt ihres Aktienerwerbs. Sie sind also auch dann anspruchsberechtigt, wenn sie ihre Aktien erst nach Vertragsschluss erworben haben.[79] Streitig war, ob daneben auch noch den Gläubigern gewinnabhängiger Ansprüche, wie z.B. den Inhabern von Genussrechten, Ansprüche analog § 304 AktG zustehen.[80] Diese Streitfrage kann durch zwei Entscheidungen des OLG Frankfurt[81] inzwischen als entschieden angesehen werden. Genussscheininhaber genießen danach denselben Schutz wie außen-stehende Aktionäre. Bei der Bestimmung der außenstehenden Aktionäre ist ferner darauf zu achten, dass dem herrschenden Unternehmen auch solche Aktionäre der Untergesellschaft zugerechnet werden, die wirtschaftlich mit dem herrschenden Unternehmen identisch sind und von den Vorteilen des Vertragskonzerns partizipieren. D.h.: Insbesondere 100%ige Tochter- und Muttergesellschaften des herrschenden Vertragsteils stellen unter Berücksichtigung des Zwecks von § 304 AktG keine Außenseiter i.S.d. Vorschrift dar.[82]

Inhaltlich ist der Anspruch gemäß § 304 AktG auf einen Ausgleich in Höhe desjenigen Be- **61** trages gerichtet, den die Außenseiter nach der bisherigen Ertragslage der Gesellschaft unter Berücksichtigung ihrer zukünftigen Ertragsaussichten als durchschnittlichen Gewinn vereinnahmt

---

74 Beck AG-HB/*Liebscher*, § 15 Rn 164 ff.
75 Beck AG-HB/*Liebscher*, § 15 Rn 164 ff.
76 Zu aktuellen Fragen im Zusammenhang mit dem Rechtsbehelf des Spruchverfahrens siehe *Land/Hennings*, AG 2005, 380.
77 Beck AG-HB/*Liebscher*, § 15 Rn 165.
78 LG Mannheim AG 1995, 89, 90.
79 OLG Nürnberg AG 1996, 228, 229.
80 Dafür *Hüffer*, § 221 Rn 68a; dagegen MüKo-AktG/*Paulsen*, § 304 Rn 31 f.; Kölner Komm-AktG/*Koppensteiner*, § 304 Rn 18 und MünchGesR/*Krieger*, Bd. 4, § 70 Rn 78.
81 OLG Frankfurt/M., 13.12.2011, 5 U 56/11 sowie 7.2.2012, 5 U 92/11.
82 *Hüffer*, § 304 Rn 3; MünchGesR/*Krieger*, Bd. 4, § 70 Rn 79.

hätten, wenn sie unabhängig geblieben wäre und den Unternehmensvertrag nicht geschlossen hätte.[83] Dabei werden die vermögensmäßigen Rechte der außenstehenden Aktionäre auf dem im Zeitpunkt des Vertragsschlusses bestehenden Niveau „festgefroren" (Stichtagsprinzip).[84] Zur Bestimmung der angemessenen Höhe der Ausgleichszahlung sieht das Gesetz mehrere Möglichkeiten vor: Grundsätzlich geht § 304 Abs. 2 S. 1 AktG von der Zahlung einer regelmäßig wiederkehrenden Geldleistung aus (fester Ausgleich). Dieser jährlich wiederkehrende feste Ausgleich ersetzt die ordentliche Dividende und wird mangels abweichender Regelung mit der Feststellung des Jahresabschlusses der Gesellschaft fällig.[85] Basis der Schätzung des Zukunftsertrages ist der in den vergangenen 3–5 Jahren erwirtschaftete Ertrag der Gesellschaft nach dem Prinzip der Vollausschüttung.[86] D.h.: Es sind zwar angemessene Abschreibungen und Wertberichtigungen einzurechnen, nicht aber auch die Bildung freier Gewinnrücklagen. Denn diese wären ohne Gewinnabführungsvertrag den außenstehenden Aktionären zugute gekommen.[87] Der Zukunftsertrag ist nach der Ertragswertmethode zu ermitteln, weshalb ein Ausgleichsanspruch im Falle negativer Ertragsaussichten auch vollständig entfallen kann.[88] In der Praxis ist bei der Bestimmung des festen Ausgleichs zudem auf die Aufnahme einer Anpassungsklausel für künftige Änderungen der Unternehmenssteuerbelastung zu achten. Denn nach der Rechtsprechung ist den Minderheitsaktionären der „voraussichtlich verteilungsfähige durchschnittliche Bruttogewinnanteil als feste Größe zu gewährleisten, von dem die Körperschaftsteuerbelastung in der *jeweils* geltenden gesetzlich vorgegebenen Höhe abzusetzen ist."[89]

62   Obwohl das Gesetz selbst das Stichtagsprinzip lediglich in § 305 Abs. 3 S. 2 AktG für die Ermittlung der Abfindung ausdrücklich vorschreibt, gilt es aus Gründen der Rechtssicherheit und Praktikabilität auch i.R.d. § 304 AktG. Maßgeblicher Stichtag für die Ertragsprognose ist deshalb die Zustimmung der Hauptversammlung der abhängigen Gesellschaft gemäß § 293 Abs. 1 AktG. Spätere Entwicklungen können und dürfen nur berücksichtigt werden, soweit sie in den am Stichtag bestehenden Verhältnissen bereits angelegt waren (sog. „Wurzeltheorie").[90] Aus diesem Grund fließen Rationalisierungs-, Kooperations- und Synergieeffekte, die sich erst aus der Eingehung des Vertragskonzerns ergeben, nicht zugunsten der Außenstehenden in die Bewertung ein.[91] Abweichungen vom Stichtagsprinzip sind nur ganz ausnahmsweise bei wesentlichen Erhöhungen, Herabsetzungen oder Neueinteilungen des Grundkapitals zuzulassen.[92]

63   Handelt es sich bei der Obergesellschaft um eine AG oder KGaA, so darf gemäß § 304 Abs. 2 S. 2 AktG auch ein variabler Ausgleich festgelegt werden. Dieser orientiert sich an der jeweiligen Dividende des anderen Vertragsteils. Maßgeblich ist dabei die tatsächlich gezahlte Dividende der Obergesellschaft.[93] Da die Obergesellschaft in ihrer Dividendenpolitik frei bleibt, kann sie den Ausgleichsanspruch der Außenseiter durch eine konsequente Gewinnthesaurierung be-

83 Beck AG-HB/*Liebscher*, § 15 Rn 149.

84 Beck AG-HB/*Liebscher*, § 15 Rn 162. Zur Prognose beim squeeze out: OLG Stuttgart, 17.3.2010, 20 W 9/08.

85 *Hüffer*, § 304 Rn 13.

86 OLG Stuttgart AG 1994, 564, 565.

87 *Hüffer*, § 304 Rn 11.

88 OLG Düsseldorf WM 1998, 2058, 2061; BayObLG AG 1995, 509, 512. A.A. indes Kölner Komm-AktG/*Koppensteiner*, § 304 Rn 60 m.w.N., wonach der Betrag einer angemessenen Verzinsung des Gesellschaftsvermögens die Untergrenze des Ausgleichs bilden soll.

89 BGH AG 2003, 627, 628. Weil es nach dieser Formulierung des BGH nicht mehr auf sich im Zeitpunkt der Beschlussfassung bereits ankündigende Gesetzesnivellierungen i.S.d. Wurzeltheorie ankommt, erblickt *Baldamus*, AG 2005, 77, 82 hierin eine Durchbrechung des sonst praktizierten Stichtagsprinzips.

90 Vgl. nur BGH NJW 1973, 509, 511; BGH BGHZ 138, 136, 139 f. und BGH BGHZ 140, 35, 38.

91 Siehe hierzu *Hüffer*, § 305 Rn 22 mit zahlreichen w.N.; a.A. indes MünchGesR/*Krieger*, Bd. 4, § 70 Rn 88 und *Fleischer*, ZGR 2001, 1, 27.

92 Hierzu exemplarisch Kölner Komm-AktG/*Koppensteiner*, § 304 Rn 83 ff. und MünchGesR/*Krieger*, Bd. 4, § 70 Rn 91.

93 OLG Düsseldorf NJW 1978, 827; LG Frankfurt/M. AG 1987, 315, 317 f.

wusst niedrig halten. Nur in Missbrauchsfällen kann der Rechtsgedanke des § 162 Abs. 1 BGB eingreifen oder ein Recht zur Kündigung des Unternehmensvertrages aus wichtigem Grund in Betracht kommen.[94] Entscheidet sich ein Außenseiter für eine variable Ausgleichszahlung, so können die Aktien der herrschenden und der beherrschten Gesellschaft indes nicht 1:1 umgerechnet werden. Vielmehr ist nach § 304 Abs. 2 S. 2 AktG als Ausgleich diejenige Dividende des herrschenden Unternehmens maßgeblich, die unter Berücksichtigung der Wertrelation von herrschendem und abhängigem Unternehmen auf die Aktien der Obergesellschaft mit gleichem Nennwert entfällt. Hierzu ist eine Bewertung beider Unternehmen erforderlich: Unter Ermittlung der zukünftigen Ertragsaussichten beider Gesellschaften werden diese entsprechend der Verschmelzungswertrelation (vgl. § 304 Abs. 2 S. 3 AktG) zueinander ins Verhältnis gesetzt und aus dieser Relation das Umtauschverhältnis zwischen den Aktien beider Gesellschaften bestimmt.[95] Der Anspruch aus der variablen Dividendengarantie wird mit dem Gewinnverwendungsbeschluss des herrschenden Unternehmens fällig.[96]

64 Bei einem isolierten Beherrschungsvertrag besteht schließlich die Möglichkeit, dass die abhängige Gesellschaft weiterhin Gewinne erwirtschaftet und diese höher sind als die angemessenen Ausgleichsbeträge. Falls die ausgeschüttete Dividende hinter dem Betrag der Ausgleichszahlung zurückbleibt, bestimmt § 304 Abs. 1 S. 2 AktG, dass der andere Vertragsteil Ergänzungszahlungen in Höhe der Differenz schuldet.[97] Daneben bleibt es aber auch bei einem isolierten Beherrschungsvertrag möglich, einen variablen Ausgleich i.S.v. § 304 Abs. 2 S. 2 AktG zu vereinbaren.

65 Schwierigkeiten bereitet die Anwendung von § 304 AktG in mehrstufigen Konzernen (Mutter-, Tochter- und Enkelgesellschaften). Denn bei Gewinnabführungs- oder Beherrschungsverträgen auf allen Stufen kann im Unternehmensvertrag zwischen Tochter- und Enkelgesellschaft kein variabler Ausgleich nach § 304 Abs. 2 S. 2 AktG vereinbart werden, weil die Tochtergewinne vollständig abgeschöpft werden. Angesichts der umstrittenen Frage, ob für den variablen Ausgleich ersatzweise an die Dividende der Muttergesellschaft angeknüpft werden kann,[98] empfiehlt es sich, bei der Vertragsgestaltung zur Vermeidung künftiger Probleme einen festen Ausgleich zu wählen. Besteht ein entsprechender Unternehmensvertrag indes nur zwischen Mutter- und Enkelgesellschaft, stellt sich die Frage, ob die zwischengeschaltete „Tochter" als ausgleichsberechtigter Außenseiter anzusehen ist (s.o.). Das ist jedenfalls bei einer 100%-igen Tochtergesellschaft zu verneinen.[99]

bb) Abfindungsanspruch (§ 305 AktG)

66 Statt wiederkehrende Ausgleichszahlungen entgegenzunehmen, können außenstehende Aktionäre nach ihrer Wahl auch gemäß § 305 AktG aus der abhängigen Gesellschaft ausscheiden und ihr investiertes Kapital abziehen. Scheiden sie aus, so steht ihnen ein Abfindungsanspruch gegen den anderen Vertragsteil zu. Dieser wird mit der Einreichung der Aktien bei dem herrschenden Unternehmen fällig.[100] Da der Abfindungsanspruch grundsätzlich erst mit einer wirksamen Beendigung des Unternehmensvertrages erlischt, hat das herrschende Unternehmen aus Gründen der Planungssicherheit die Möglichkeit, unter den Voraussetzungen des § 305 Abs. 4 AktG das Abfindungsangebot im Vertrag zu befristen (§ 148 BGB).

---

94 Vgl. BVerfG, AG 2000, 40, 41.
95 Beck AG-HB/*Liebscher*, § 15 Rn 150.
96 Kölner Komm-AktG/*Koppensteiner*, § 304 Rn 9.
97 *Hüffer*, § 304 Rn 6.
98 Hierzu MüKo-AktG/*Paulsen*, § 304 Rn 56 ff.; *Kamprad*, AG 1986, 321, 323 f.
99 Beck AG-HB/*Liebscher*, § 15 Rn 148; *Hüffer*, § 304 Rn 18.
100 Beck AG-HB/*Liebscher*, § 15 Rn 155; *Hüffer*, § 305 Rn 8.

67   Hinsichtlich der Art der Abfindung nimmt § 305 Abs. 2 AktG eine dreifache Differenzierung vor. Alle drei Abfindungsarten sind hinsichtlich ihres Mindestinhaltes zwingend, lassen aber Raum für Ergänzungen zugunsten der Außenseiter.[101] Grundsätzlich sieht § 305 Abs. 2 Nr. 1 AktG eine Abfindung in Form der Gewährung von Aktien des herrschenden Unternehmens vor, wenn es sich bei der Obergesellschaft um eine unabhängige, inländische AG oder KGaA handelt. In diesem Falle ist eine Barabfindung der Außenseiter ausgeschlossen.[102] Außenstehende Aktionäre erhalten also Primärschutz und nicht nur bloßen Vermögensausgleich. Maßgebend für die Ermittlung des Umtauschverhältnisses der Aktien beider Vertragsteile sind die für das Verschmelzungsrecht geltenden Wertrelationen. Entscheidend ist also das Umtauschverhältnis, welches bei einer Verschmelzung der beiden Unternehmen angemessen wäre.[103] Aus diesem Grund ist es wiederum erforderlich, beide Unternehmen zu einem bestimmten Stichtag zu bewerten und daraus den Anteilswert abzuleiten. Die erforderlichen Umtauschaktien sind von der Obergesellschaft entweder durch den Erwerb eigener Aktien (§ 71 Abs. 1 Nr. 3 AktG) oder im Wege einer bedingten Kapitalerhöhung (§ 192 Abs. 2 Nr. 2 AktG) zu beschaffen.[104]

68   Handelt es sich bei dem anderen Vertragsteil hingegen um eine abhängige oder in Mehrheitsbesitz stehende AG oder KGaA, deren Obergesellschaft eine inländische AG oder KGaA ist, so sind den außenstehenden Aktionären gemäß § 305 Abs. 2 Nr. 2 AktG entweder Aktien der Obergesellschaft oder eine Barabfindung anzubieten. Für die Art der Abfindung muss den Außenstehenden kein Wahlrecht eingeräumt werden. Vielmehr können die Vertragsparteien frei darüber entscheiden, welche Abfindungsart sie anbieten.[105] Abfindungsverpflichteter bleibt in jedem Falle das unmittelbar herrschende Unternehmen.[106] Dieses muss die ggf. als Abfindung anzubietenden Aktien seiner Obergesellschaft entweder am Markt erwerben (§§ 71d S. 2, 71 Abs. 1 Nr. 3 AktG) oder von der Obergesellschaft zur Verfügung gestellt bekommen (§§ 71 Abs. 1 Nr. 3, 192 Abs. 2 Nr. 2 AktG).

69   In allen anderen Fällen ist nach § 305 Abs. 2 Nr. 3 AktG allein eine Barabfindung der außenstehenden Aktionäre zulässig. Hierunter fallen insbesondere Verträge mit einer ausländischen Obergesellschaft sowie mit Obergesellschaften, die nicht in der Rechtsform einer AG oder KGaA betrieben werden. Nach überwiegender Ansicht ist auch bei einer Mehrmütterorganschaft lediglich eine Barabfindung zu gewähren.[107] Ein Abfindungsangebot in Aktien nach § 305 Abs. 2 Nr. 1 AktG soll bei der Mehrmütterorganschaft deshalb entbehrlich sein, weil das Gesetz bei der Bestimmung der angemessenen Abfindung nach der Verschmelzungswertrelation von einem herrschenden Unternehmen als Regelungsmodell ausgehe.[108]

70   Die Höhe der angebotenen Abfindung muss angemessen sein (§ 305 Abs. 1 AktG) und den vollen Wert der Beteiligung der außenstehenden Aktionäre realitätsgerecht abbilden. Den Umfang dessen, was angemessen ist, regelt § 305 Abs. 3 AktG in Differenzierung zwischen der Abfindung in Aktien (§ 305 Abs. 3 S. 1 AktG) und der Barabfindung (§ 305 Abs. 3 S. 2 AktG). Um das Umtauschverhältnis bei einer Abfindung in Aktien bestimmen zu können, bedarf es einer Bemessung des Wertes der abhängigen und der herrschenden Gesellschaft. Hierfür hat sich in der Praxis das Ertragswertverfahren durchgesetzt.[109] Danach wird der Wert eines Unternehmens nach dem Barwert der erwarteten Nettoausschüttungen unter Hinzurechnung des nicht be-

---

101 MüKo-AktG/*Paulsen*, § 305 Rn 44.

102 Beck AG-HB/*Liebscher*, § 15 Rn 157.

103 *Hüffer*, § 305 Rn 17.

104 *Hüffer*, § 305 Rn 11.

105 Beck AG-HB/*Liebscher*, § 14 Rn 151.

106 *Koppensteiner* Kölner Komm-AktG, § 305 Rn 34; MünchGesR/*Krieger*, Bd. 4, § 70 Rn 111.

107 MüKo-AktG/*Paulsen*, § 305 Rn 61 f.; Kölner Komm-AktG/*Koppensteiner*, § 305 Rn 43; Beck AG-HB/*Liebscher*, § 15 Rn 159; a.A. indes MünchGesR/*Krieger*, Bd. 4, § 70 Rn 100.

108 Vgl. *Hüffer*, § 305 Rn 12.

109 Beck AG-HB/*Liebscher*, § 15 Rn 161.

triebsnotwendigen Vermögens bestimmt, dessen Wert gesondert zu ermitteln.[110] Dabei geht die Bewertungspraxis von der Fiktion der fortbestehenden Unabhängigkeit der Gesellschaft nach dem „stand alone"-Prinzip aus.[111]

Zunächst ist also allein das unternehmerische Ertragspotential zu ermitteln. Diese Prognose **71** beruht auf der Basis von Planungsrechnungen des Unternehmens für die nächsten 3–5 Jahre. Hierbei müssen laufende Investitionen ertragsmindernd berücksichtigt werden. Zugleich ist bei der Wertermittlung davon auszugehen, dass die Jahresüberschüsse der Untergesellschaft vollständig ausgeschüttet werden, aber die zur Ertragserzielung notwendige Unternehmenssubstanz erhalten bleibt.[112] Der Wert einzelner Vermögensgegenstände spielt demgegenüber nur dann eine Rolle, wenn sie – wie beispielsweise ungenutzter Grundbesitz – ohne Beeinträchtigung des operativen Geschäfts einzeln übertragen werden können. Sie sind dann mit dem Verkehrswert anzusetzen und dem nach der Ertragswertmethode ermittelten Wert des Unternehmens hinzuzuaddieren.[113] Ein Rückgriff auf den Liquidationswert des Unternehmens ist demgegenüber nur ganz ausnahmsweise zulässig, falls der durch eine Veräußerung von Betriebsteilen und Vermögensgegenständen erzielbare Erlös sich gegenüber der Unternehmensfortführung als vorteilhafter erweisen sollte. Bei einer solchen Liquidationswertbetrachtung, die anerkanntermaßen die Wertuntergrenze des Unternehmens bildet, werden sämtliche Vermögensgegenstände unter dem Gesichtspunkt ihres Zerschlagungswertes bewertet.[114]

Für börsennotierte Gesellschaften hat das BVerfG zudem zwischenzeitlich in Abkehr von **72** vormals tradierter aktienrechtlicher Auffassung klargestellt, dass deren Börsenwert bei der Ermittlung des Verkehrswertes als Maßstab für die Entschädigung der außenstehenden Aktionäre nicht unberücksichtigt bleiben kann.[115] Die Zivilrechtsprechung hat aus diesem verfassungsrechtlichen Erfordernis den Schluss gezogen, dass der Börsenkurs im Regelfall die Untergrenze der Abfindung markiert. D.h.: Da der Börsenkurs nur die untere, nicht aber auch die obere Grenze vorgibt, kann die Abfindung bei einem höheren Ertragswert auch entsprechend höher festzusetzen sein.[116] Dabei soll zur Festlegung der unteren Grenze auf den durchschnittlichen Börsenkurs der letzten drei Monate vor der zustimmenden Hauptversammlung zurückgegriffen werden.[117]

Entscheidender Stichtag für die Unternehmensbewertung ist gemäß § 305 Abs. 2 S. 2 AktG **73** der Tag der Beschlussfassung der Hauptversammlung über den Vertrag (§ 293 AktG). Ebenso wie bei dem Ausgleichsanspruch nach § 304 AktG bleiben spätere Entwicklungen für die Bemessung des angemessenen Abfindungsangebotes grundsätzlich außer Betracht. Etwas anderes gilt wiederum nur, soweit die Entwicklung an diesem Stichtag bereits angelegt und deshalb erkennbar war („Wurzeltheorie").[118] Aus diesem Grund hat auch die Veränderung wesentlicher Umstände auf der Ebene des herrschenden und des abhängigen Vertragsteils prinzipiell keine Auswirkung auf den Abfindungsanspruch der außenstehenden Aktionäre. Eine Einbeziehung des herrschenden Unternehmens in einen Konzern sowie eine Verschmelzung oder Spaltung der Obergesellschaft können daher allenfalls zu einer Kündigung des Unternehmensvertrages aus wichtigem Grund führen.[119]

---

110 Vgl. nur Kölner Komm-AktG/*Koppensteiner*, § 305 Rn 82; MünchGesR/*Krieger*, Bd. 4, § 70 Rn 129 ff.
111 OLG Düsseldorf AG 2004, 324, 327.
112 Beck AG-HB/*Liebscher*, § 15 Rn 163; MüKo-AktG/*Paulsen*, § 305 Rn 96 ff.
113 OLG Düsseldorf AG 1984, 216 und aus der Literatur exemplarisch Beck AG-HB/*Liebscher*, § 15 Rn 161.
114 *Koppensteiner* Kölner Komm-AktG, § 305 Rn 89.
115 BVerfG NJW 1999, 3769, 3771.
116 BGH NJW 2001, 2080, 2081; OLG Düsseldorf AG 2000, 422, 423 f.
117 BGH NJW 2001, 2080, 2083. A.A. insbesondere *Piltz*, ZGR 2001, 185, 200 f., nach dessen Ansicht ein Zeitraum von drei Monaten nicht genügt, um evtl. bestehende Sondereinflüsse auszuschließen.
118 BGH BGHZ 138, 136, 140 und BGH BGHZ 140, 35, 38.
119 Beck AG-HB/*Liebscher*, § 15 Rn 162; MüKo-AktG/*Paulsen*, § 305 Rn 84; MünchGesR/*Krieger*, Bd. 4, § 70 Rn 116.

74   Für die Ermittlung der Barabfindung (§ 305 Abs. 3 S. 2 AktG) gelten die gleichen Grundsätze wie bei der Abfindung in Aktien. Allerdings bedarf es lediglich einer Bewertung der abhängigen Gesellschaft und nicht auch des anderen Vertragsteils.[120] Gemäß § 305 Abs. 3 S. 3 AktG ist die Barabfindung ferner mit 2% über dem Basiszins (§ 247 BGB) zu verzinsen. Diese Zinspflicht beginnt mit dem Wirksamwerden des Beherrschungs- oder Gewinnabführungsvertrages (§ 294 Abs. 2 AktG), weshalb der Tag nach der Handelsregistereintragung den ersten Zinstag darstellt.

75   Dass die außenstehenden Aktionäre zwischenzeitlich bereits Ausgleichszahlungen i.S.v. § 304 AktG entgegengenommen haben, steht ihren Abfindungsansprüchen nicht entgegen. Insbesondere ist in dem Empfang eines Ausgleichs regelmäßig kein Verzicht auf das Recht aus § 305 AktG zu sehen.[121] Allerdings sind die Ausgleichszahlungen, die vor einer späteren Ausübung des Abfindungsrechts bezogen wurden, auf die Abfindung anzurechnen.[122]

cc) Analoge Anwendung der §§ 304, 305 AktG im GmbH-Vertragskonzern?

76   Zu der Frage, ob die dem Schutzbedürfnis der Minderheitsgesellschafter dienenden §§ 304, 305 AktG im GmbH-Konzern entsprechend anzuwenden sind, ist bislang keine veröffentlichte Rechtsprechung bekannt. Eine Beantwortung dieser Frage hängt deshalb maßgeblich von den (umstrittenen) Anforderungen an den Zustimmungsbeschluss der Gesellschafter der Untergesellschaft zum Unternehmensvertrag ab.[123]

77   Denn die Notwendigkeit einer Analogie scheidet aus, wenn man – wie die insoweit herrschende Meinung – zur Wirksamkeit des Unternehmensvertrages die Zustimmung aller Gesellschafter der abhängigen Gesellschaft verlangt (s.o.). Dann können die Minderheitsgesellschafter nämlich bereits ihre Zustimmung zum Beschluss davon abhängig machen, dass ihnen angemessene Abfindungs- und Ausgleichsrechte gewährt werden. Sie bedürfen also keines weitergehenden Schutzes durch eine analoge Anwendung der §§ 304, 305 AktG.[124] Eine Pflicht der Obergesellschaft, entsprechend §§ 304, 305 AktG Ausgleichs- und Abfindungsansprüche zu gewähren, wird deshalb auch lediglich von denjenigen Stimmen gefordert, welche die Zustimmung einer qualifizierten Gesellschaftermehrheit zum Abschluss des Unternehmensvertrages genügen lassen wollen.[125] Im Falle eines zu geringen Ausgleichs- oder Abfindungsangebotes sollen die außenstehenden Gesellschafter nach dieser Ansicht den Zustimmungsbeschlusses zum Unternehmensvertrag anfechten können.[126]

d) Beendigung und Beendigungsfolgen

78   Die Beendigung von Unternehmensverträgen ist im AktG nur bruchstückhaft geregelt. Als Beendigungsgründe kennt das Gesetz den Aufhebungsvertrag (§ 296 AktG), die außerordentliche Kündigung (§ 297 AktG) sowie das Hinzutreten eines außenstehenden Gesellschafters in eine bislang 100%ige Tochtergesellschaft (§ 307 AktG). Um zu verhindern, dass das Handelsregister unrichtig wird, ist die Beendigung des Unternehmensvertrages gemäß § 298 AktG zur Eintragung in das Handelsregister anzumelden.

---

120 *Hüffer*, § 305 Rn 26.
121 *Hüffer*, § 305 Rn 4.
122 Beck AG-HB/*Liebscher*, § 15 Rn 155. Zu den hierbei möglicherweise auftretenden Schwierigkeiten im Verhältnis zwischen rückwirkend angeordneter Verzinsung der Abfindung und bereits empfangener Ausgleichsleistung i.S.v. § 304 AktG siehe *Hüffer*, § 305 Rn 26b.
123 Beck GmbH-HB/*Vogt*, § 17 Rn 59.
124 Beck GmbH-HB/*Vogt*, § 17 Rn 59.
125 Vgl. etwa *Timm*, ZGR 1987, 403, 431 f.
126 Siehe Lutter/Hommelhoff/*Lutter*, Anh. § 13 Rn 66 und *Kleindiek*, ZIP 1988, 613, 618.

Eine einvernehmliche Vertragsaufhebung unterwirft § 296 AktG besonderen Anforderungen: **79** Um Abrechnungsschwierigkeiten zu verhindern und Gewinnmanipulationen vorzubeugen, lässt das Gesetz die Aufhebung nur schriftlich und lediglich zum Ende des Geschäftsjahres oder eines sonst vertraglich bestimmten Abrechnungszeitraumes zu. Zum Schutz der Aktionäre, Gläubiger und Gesellschafter vor einer rückwirkenden Beseitigung ihrer Ansprüche verbietet § 296 Abs. 1 S. 2 AktG zudem eine rückwirkende Vertragsaufhebung. Um dem Rückwirkungsverbot des § 296 Abs. 1 S. 2 AktG Rechnung zu tragen, muss der Sonderbeschluss vor dem vertraglich vorgesehenen Aufhebungszeitpunkt gefasst werden. Beschlussfassung nach Abschluss des Aufhebungsvertrages ist jedoch möglich. Andernfalls wird der Vertrag, sofern kein entgegenstehender Wille der Parteien erkennbar ist, erst zum nächsten Stichtag wirksam.[127] Schließlich beschränkt § 296 Abs. 2 AktG die Zuständigkeit des Vorstandes für die Aufhebung eines Unternehmensvertrages, der zur Leistung eines Ausgleichs an außenstehende Aktionäre oder zum Erwerb ihrer Aktien verpflichtet. In diesem Fall bedarf es eines zustimmenden Sonderbeschlusses der außenstehenden Aktionäre.[128]

Darüber hinaus kann ein Unternehmensvertrag nach § 297 AktG ohne Einhaltung einer **80** Kündigungsfrist aus wichtigem Grund gekündigt werden. Das Recht zur außerordentlichen Kündigung steht sowohl dem abhängigen als auch dem herrschenden Vertragsteil zu.[129] Die außerordentliche Kündigung bedarf nach § 297 Abs. 3 AktG zwingend der Schriftform. Ein wichtiger Grund liegt wie stets vor, wenn unter Abwägung aller Umstände dem kündigungswilligen Vertragsteil eine Fortsetzung des Vertragsverhältnisses bis zum Ablauf der ordentlichen Kündigungsfrist oder bis zum vereinbarten Beendigungstermin nicht zugemutet werden kann. Als Beispiel hierfür nennt § 297 Abs. 1 S. 2 AktG den Fall, dass der andere Vertragsteil voraussichtlich nicht in der Lage sein wird, seine vertraglichen Verpflichtungen zu erfüllen. Andere wichtige Gründe sind beispielsweise besonders schwerwiegende Vertragsverletzungen, eine ernsthafte Erfüllungsverweigerung oder die Eröffnung des Insolvenzverfahrens über einen Vertragspartner.[130] Sehr umstritten ist, ob dem herrschenden Unternehmen im Falle der Veräußerung seiner Beteiligung an der abhängigen Gesellschaft ein Kündigungsrecht zusteht.[131] Neben diesen Gründen können im Unternehmensvertrag von den Parteien selbst weitere wichtige Gründe definiert werden, die zur außerordentlichen Kündigung berechtigen.[132]

Anders als die außerordentliche Kündigung ist die ordentliche Kündigung im AktG nicht geregelt, sondern lediglich in § 297 Abs. 2 AktG vorausgesetzt. Sie ist deshalb nach überwiegender **81** Meinung in Beherrschungs- und Gewinnabführungsverträgen nur dann zulässig, wenn die Parteien in dem Vertrag die Möglichkeit einer ordentlichen Kündigung vereinbart haben.[133] Enthält die Klausel zwar ein Kündigungsrecht, aber keine Bestimmung der Kündigungsfrist, wird überwiegend in entsprechender Anwendung von § 132 HGB eine Frist von mindestens 6 Monaten befürwortet.[134] Ferner ist zu beachten, dass auch für die ordentliche Kündigung nach § 297 Abs. 3 AktG das Schriftformerfordernis gilt. Im Falle eines Vertrages, der zur Leistung eines Ausgleichs

---

127 Streitig: Beck AG-HB/*Liebscner*, § 14 Rn 167; Kölner Komm-AktG/*Koppensteiner*, § 296 Rn 16; a.A. *Hüffer*, § 296 Rn 8.
128 Ohne Zustimmung der außenstehenden Aktionäre ist der Aufhebungsvertrag schwebend unwirksam, vgl. etwa *Hüffer*, § 296 Rn 7.
129 MüKo-AktG/*Altmeppen*, § 297 Rn 16; *Hüffer*, § 297 Rn 5; Kölner Komm-AktG/*Koppensteiner*, § 297 Rn 16.
130 *Hüffer*, § 297 Rn 6.
131 Bejahend LG Bochum GmbHR 1987, 24, 25. Ablehnend hingegen OLG Düsseldorf DB 1994 2125 und OLG Oldenburg NZG 2000, 1138. Aus der Literatur hierzu *Timm*, GmbHR 1987, 8, 14 ff.; *Wirth*, DB 1990, 2105, 2106 und *Knott/Rodewald*, BB 1996, 472, 473.
132 Vgl. nur BGH BGHZ 122, 211, 227 ff.; OLG München AG 1991, 358, 360.
133 *Gerth*, BB 1978, 1497, 1498; Beck AG-HB/ *Liebscher*, § 15 Rn 175; *Hüffer*, § 297 Rn 13; a.A. *Timm*, DB 1993, 569, 570.
134 MüKo-AktG/*Altmeppen*, § 297 Rn 75 f.; MünchGesR/*Krieger*, Bd. 4, § 70 Rn 193; *Hüffer*, § 297 Rn 15.

oder des Erwerbs von Aktien gegenüber außenstehenden Aktionären verpflichtet, ist ferner bei einer Kündigung durch den abhängigen Vertragsteil gemäß § 297 Abs. 2 AktG ein Sonderbeschluss der Außenstehenden erforderlich.[135]

82　　Beteiligt sich ein außenstehender Aktionär nach Abschluss des Unternehmensvertrages an einer 100%-igen Tochtergesellschaft, so endet der Vertrag gemäß § 307 AktG spätestens zum Ende des Geschäftsjahres, in dem der neue Aktionär eingetreten ist. Ziel der Norm ist die effektive Sicherung von Ausgleichs- und Abfindungsansprüchen Außenstehender. Denn zuvor war in dem Unternehmensvertrag ein Absehen von entsprechenden Vertragsregelungen zulässig (vgl. nur § 304 Abs. 1 S. 3 AktG) und eine Angemessenheitsprüfung konnte nicht durchgeführt werden.[136] Schließlich führt natürlich auch die Auflösung eines Vertragsteils i.S.d. §§ 262ff. AktG oder der Wegfall der Unternehmenseigenschaft eines Teils zur Beendigung des Vertrages. Ein befristeter Unternehmensvertrag ohne Verlängerungsklausel endigt zudem durch Zeitablauf. Werden die beiden Parteien miteinander verschmolzen, erlischt der Unternehmensvertrag infolge Konfusion. Demgegenüber lassen andere Formen der Umwandlung nach dem UmwG den Unternehmensvertrag grundsätzlich unberührt.[137] Sie können jedoch im Einzelfall zu einem Recht zur Kündigung aus wichtigem Grund i.S.v. § 297 Abs. 1 AktG führen.

83　　Im GmbH-Konzern bestehen sowohl bei der Kündigung eines Unternehmensvertrages als auch beim Abschluss eines Aufhebungsvertrages Unsicherheiten im Hinblick auf die Zustimmungserfordernisse.[138] Da sich der BGH in seinem „Supermarkt"-Beschluss nur zum Abschluss, nicht aber auch zur Beendigung von Unternehmensverträgen äußerte, wollen insbesondere das OLG Frankfurt[139] und das OLG Karlsruhe[140] § 296 AktG entsprechend anwenden. Beide Gerichte sehen in dem Abschluss des Aufhebungsvertrages durch die abhängige GmbH eine Maßnahme der Geschäftsführung.[141] Demgegenüber erblickt das LG Konstanz[142] in Übereinstimmung mit Teilen des Schrifttums[143] in dem Abschluss des Aufhebungsvertrages einen „actus contrarius" und verlangt deshalb die Einhaltung der gleichen Voraussetzungen wie bei dessen Eingehung. Wieder andere Stimmen sehen in dem Aufhebungsvertrag sowohl für die abhängige GmbH als auch für die herrschende GmbH regelmäßig eine außergewöhnliche Maßnahme. Daher soll zumindest die interne Zustimmung der Gesellschafterversammlung beider Gesellschaften mit einfacher Mehrheit erforderlich sein.[144]

84　　Umstritten war die Rechtslage bei der Kündigung eines Unternehmensvertrages im GmbH-Konzern: Teilweise wurde angenommen, die Einhaltung der entsprechenden Vorschriften über Satzungsänderungen sei entbehrlich,[145] von der überwiegenden Literatur wurde ein Zustimmungsbeschluss der Gesellschafter der abhängigen GmbH verlangt.[146] Einigkeit bestand lediglich darin, dass die Zustimmung der außenstehenden Gesellschafter erforderlich sei, denen der Unternehmensvertrag Ansprüche auf Ausgleichs- oder Abfindungsleistungen einräumt.[147] Die Streitfrage ist nunmehr entschieden durch eine Entscheidung des BGH vom 31.5.2011.[148] Im GmbH-Konzern stellt die Kündigung eines Beherrschungsvertrages keine bloße Geschäftsfüh-

---

135 Beck AG-HB/*Liebscher*, § 15 Rn 177.
136 *Hüffer*, § 307 Rn 1.
137 Vgl. hierzu etwa OLG Düsseldorf AG 2004, 324, 326.
138 Zum Meinungsstand siehe BayObLG GmbHR 2003, 476, 477 m.w.N. und *Ulrich*, GmbHR 2004, 1000, 1003 f.
139 OLG Frankfurt/M. ZIP 1993, 1790, 1791.
140 OLG Karlsruhe ZIP 1994, 1022, 1023 f.
141 In diese Richtung auch *Timm*, GmbHR 1989, 11, 14.
142 LG Konstanz ZIP 1992, 1736, 1737.
143 Siehe nur *Priester*, ZGR 1996, 189, 205.
144 Lutter/Hommelhoff/*Lutter*, Anh § 13 Rn 85; Beck GmbH-HB/*Vogt*, § 17 Rn 218 ff.; BayObLG DB 2003, 761.
145 *Timm*, GmbHR 1989, 11, 14.
146 Siehe hierzu die Hinweise bei Beck GmbH-HB/*Vogt*, § 17 Rn 232 f.
147 Beck GmbH-HB/*Vogt*, § 17 Rn 234.
148 BGH DB 2011, 1682.

rungsmaßnahme dar, sondern erfordert einen Gesellschafterbeschluss der beherrschten Gesellschaft. Dabei ist der herrschende Gesellschafter nicht vom Stimmrecht ausgeschlossen.[149] Die zitierte BGH-Entscheidung lässt die Frage offen, ob die Zustimmung zur Kündigung der Einstimmigkeit bedarf[150] oder ob eine qualifizierte Mehrheit genügt.[151]

Mit Beendigung des Unternehmensvertrages enden alle vertraglichen Bindungen. Konse-   **85** quenz daraus ist einerseits, dass der herrschende Vertragsteil künftig weder Verluste übernehmen noch weitere Ausgleichs- und Abfindungsleistungen erbringen muss. Sie sind nur noch zeitanteilig bis zum Beendigungszeitpunkt zu leisten.[152] Andererseits geht auch die Leitungsmacht und das Gewinneinbehaltungsrecht wieder auf die abhängige Gesellschaft über. Zur Sicherung der Gläubiger und der Gesellschafter der abhängigen Gesellschaft hat das herrschende Unternehmen bei einer Beendigung von Beherrschungs- oder Gewinnabführungsverträgen auf Verlangen Sicherheit gemäß § 303 AktG zu leisten. Diese Pflicht hat der BGH in entsprechender Anwendung von § 303 AktG auch auf den GmbH-Vertragskonzern erstreckt.[153] Allerdings beschränkt sich die Norm auf eine Pflicht zur Sicherheitsleistung: Eine weitergehende Verpflichtung des anderen Vertragsteils, der Gesellschaft eine Art Wiederaufbauhilfe zu leisten, kann der Vorschrift nicht entnommen werden.[154]

Zum Mehrheitserfordernis und Abfindungsansprüchen im GmbH-Konzern siehe auch Hegemann.[155]

e) Steuerliche Organschaft

Die steuerliche Organschaft trägt der ökonomischen Einheit von Unternehmen Rechnung, die   **86** sich aus Konzernzusammenschlüssen ergibt. Verschiedene Unternehmen „verschmelzen" aus wirtschaftlichen Interessen zu einer wirtschaftlichen Unternehmenseinheit mit dem Vorteil einer einheitlichen Besteuerung des Organkreises. Das Steuerrecht akzeptiert die Organschaft, um eine Verrechnung von Gewinnen und Verlusten zu ermöglichen, ohne dass es einer rechtlichen Fusion bedarf. Auf diese Weise fördert und erleichtert das Institut der Organschaft die Bildung von Konzernen. Beteiligte des Organkreises sind der Organträger und eine oder mehrere Organgesellschaften. Aufgrund der erheblichen steuerlichen Auswirkungen stellen sowohl das KStG als auch das GewStG und das UStG strenge Anforderungen an die Anerkennung eines Organschaftsverhältnisses.

aa) Körperschaftsteuer

Das Körperschaftsteuerrecht regelt die Organschaft in den §§ 14 ff. KStG. Organträger (steuerlich   **87** herrschende Gesellschaft) kann nach § 14 Abs. 1 Nr. 2 KStG eine natürliche Person, eine nicht steuerbefreite Körperschaft, eine Personenvereinigung oder Vermögensmasse sowie eine Personengesellschaft sein. Um den internationalen Verflechtungen der Wirtschaft Rechnung zu tragen, muss der Organträger nur seine Geschäftsleitung, nicht aber auch seinen Sitz im Inland haben. Bei Personengesellschaften als Organträger kommen sowohl die KG, die oHG, die GbR als auch die Partenreederei in Betracht.[156] Erforderlich ist allerdings, dass die Organträger-Personengesellschaft eine eigene gewerbliche Tätigkeit i.S.v. § 15 Abs. 1 S. 1 Nr. 1 EStG ausübt.

---

149 BGH a.a.O.; *Veith/Schmid*, DB 2012, 728.
150 Scholz/Emmerich/*Emmerich*, § 13 Anh. Konzernrecht, Rn 195 ff.
151 Rowedder/Schmidt-Leithoff,/*Koppensteiner*, Anh. § 52 Rn 87.
152 Beck AG-HB/ *Liebscher*, § 15 Rn 183.
153 BGH DB 1992, 29, 32.
154 *Hüffer*, § 297 Rn 21; Kölner Komm-AktG/*Koppensteiner*, § 297 Rn 63.
155 *Hegemann*, „Außenseiter im GmbH-Konzern: Der außenstehende GmbH-Gesellschafter", GmbHR 2012, 315.
156 Dötsch u.a./*Witt*, EL 71 (Juni 2011), § 14 Rn 86.

Eine gewerbliche Infektion sowie die gewerbliche Prägung gemäß § 15 Abs. 3 EStG genügen nicht.[157] Die Mehrmütterorganschaft, bei der mehrere organträgerfähige Unternehmen zum Zwecke der einheitlichen Willensbildung gegenüber der Organgesellschaft eine GbR gründeten (§ 14 Abs. 2 KStG a.F.), hat der Gesetzgeber mit Wirkung ab dem Veranlagungszeitraum 2003 ersatzlos abgeschafft.

88 Als Organgesellschaft kommt nach dem Wortlaut des § 14 Abs. 1 S. 1 KStG jede AG oder KGaA in Betracht. Anders als der Organträger muss sie sowohl ihre Geschäftsleitung als auch ihren Sitz im Inland haben. Unter diesen und den weiteren Voraussetzungen des § 17 KStG kann jedoch auch jede andere Kapitalgesellschaft zur Organgesellschaft im Sinne des KStG werden. Da § 17 S. 2 Nr. 2 KStG die Einbeziehung aller Regelungen des § 302 AktG verlangt, ist bei einer GmbH darauf zu achten, dass die Verlustübernahmevereinbarung auch die erst am 09. 12. 2004 eingeführte Verjährungsregel des § 302 Abs. 4 AktG enthält.[158] Andere Körperschaften sowie Personengesellschaften sind hingegen von vornherein vom Kreis der Organgesellschaften ausgeschlossen. Das gilt namentlich für die GmbH & Co. KG.[159] Ausdrücklich ausgenommen waren nach § 14 Abs. 2 KStG bis Ende 2008 zudem Lebens- und Krankenversicherungsunternehmen.[160]

89 Weitere Voraussetzung ist die finanzielle Eingliederung der Organgesellschaft in den Organträger (§ 14 Abs. 1 Nr. 1 KStG). Danach muss der Organträger an der Organgesellschaft vom Beginn ihres Wirtschaftsjahres an ununterbrochen in einem solchen Maße beteiligt sein, dass ihm die Mehrheit der Stimmrechte aus den Anteilen an der Organgesellschaft zusteht. Während im Aktienrecht eine Mehrheitsbeteiligung sowohl durch Kapital- als auch durch Stimmenmehrheit entstehen kann (§ 16 Abs. 1 AktG), kommt es im Organschaftsteuerrecht allein auf die Stimmenmehrheit an. Dazu ist es erforderlich, dass dem Organträger mehr als 50% der Stimmrechte in der Organgesellschaft zustehen, so dass er in der Haupt- bzw. Gesellschafterversammlung seinen Willen durchsetzen kann. Nur soweit nach der Satzung oder dem Gesellschaftsvertrag der Organgesellschaft generell oder ganz überwiegend eine qualifizierte Beschlussmehrheit erforderlich ist, muss der Organträger für eine finanzielle Eingliederung i.S.v. § 14 Abs. 1 Nr. 1 KStG über diese Mehrheit verfügen.[161] Diese finanzielle Eingliederung muss vom Beginn des Wirtschaftsjahres der Organgesellschaft bis zu dessen Ende ununterbrochen bestehen. Da bereits kurzfristige Unterbrechungen schädlich sind und die Eingliederung erst mit dem Schluss des Wirtschaftsjahres enden darf, kann es erforderlich sein, bei der Begründung oder Beendigung eines Organschaftsverhältnisses Rumpfwirtschaftsjahre zu bilden.[162]

90 Entscheidend für die Verfügung über die Stimmenmehrheit ist nicht das zivilrechtliche, sondern das wirtschaftliche Eigentum an den Anteilen. Aus diesem Grund kommt eine finanzielle Eingliederung der Gesellschaft im Verhältnis zu einem Treuhänder oder Sicherungseigentümer nicht in Betracht.[163] Erforderlich ist zwar grundsätzlich eine unmittelbare Mehrheitsbeteiligung, bei welcher der Organträger die Gesellschaftsrechte der Organgesellschaft selbst hält. Gemäß § 14 Abs. 1 Nr. 1 S. 2 KStG genügt indes auch eine mittelbare Beteiligung unter Zwischenschaltung einer oder mehrerer Beteiligungsgesellschaften, sofern der Organträger an jeder ver-

---

157 BMF-Entwurf v. 25. 1. 2005, IV B 7 – S 2770 – 0/04, Rn 15. Dazu *Walter*, GmbHR 2005, 456, 458 und *Olbing/Schwedhelm*, AG 2005, 237, 238.
158 *Schothöfer*, GmbHR 2005, 982, 983 sieht andernfalls die Gefahr einer Nichtanerkennung der körperschaftsteuerlichen Organschaft durch die Finanzverwaltung und empfiehlt daher dynamische Verweisungen auf den gesamten § 302 AktG.
159 Vgl. BFH Beschl. v. 25.6.1984 GrS 4/82, BStBl II 1984, 751, 759.
160 Kritisch zu dieser branchenspezifischen Ausnahmeregelung *Hey*, FR 2001, 1279.
161 Dötsch u.a./*Witt*, 67. EL (Oktober 2009), § 14 Rn 122.
162 Beck GmbH-HB/*Vogt*, § 17 Rn 102 mit Hinweis darauf, dass die Einlegung eines Rumpfwirtschaftsjahres bei der Organgesellschaft eine Änderung der Satzung bzw. des Gesellschaftsvertrages voraussetzt, die erst mit der Eintragung in das Handelsregister wirksam wird.
163 Streck/*Olbing*, § 14 Rn 43.

Dröge

mittelnden Gesellschaft über die Mehrheit der Stimmrechte verfügt. Nach der Aufhebung des früher geltenden Additionsverbotes können daher nunmehr mittelbare und unmittelbare Beteiligungen sowie mehrere mittelbare Beteiligungen zusammengerechnet werden.[164]

Schließlich muss gemäß § 14 Abs. 1 Nr. 3 S. 1 KStG zwischen Organträger und Organgesell- **91** schaft ein Gewinnabführungsvertrag i.S.v. § 291 AktG bestehen. Dieser muss spätestens am Ende des Wirtschaftsjahres der Organgesellschaft abgeschlossen und in das Handelsregister eingetragen werden, für das erstmals die Einkommenszurechnung erfolgen soll.[165] Er muss eine Laufzeit von mindestens fünf Jahren haben. Erfolgt eine verspätete Eintragung in das Handelsregister, besteht die Gefahr, dass der Gewinnabführungsvertrag zwar auf fünf Jahre abgeschlossen, aber nicht für diesen gesamten Zeitraum in steuerlicher Hinsicht wirksam ist.[166] Wird der Gewinnabführungsvertrag vor Ablauf dieses Zeitraums gekündigt, so ist das nur dann unschädlich für die Organschaft während der bereits abgelaufenen Geschäftsjahre, wenn die Kündigung aus wichtigem Grunde erfolgt (§ 14 Abs. 1 Nr. 3 S. 2 KStG). Erst nach fünf Jahren Laufzeit ist eine Beendigung lediglich für das laufende Geschäftsjahr schädlich und lässt die Organschaft der vorherigen Jahre unberührt, auch wenn kein wichtiger Grund vorliegt.[167] Der Begriff des wichtigen Grund ist nicht identisch mit demjenigen, der zivilrechtlich eine außerordentliche Kündigung rechtfertigt.[168] Das Zivilrecht ist insoweit strenger als das Steuerrecht. Aus steuerlicher Sicht wird z.B. die Anteilsveräußerung als wichtiger Grund i.S.v. § 14 Abs. 1 Nr. 3 KStG anerkannt, wenn sie für die Kündigung ursächlich war,[169] während § 297 Abs. 1 AktG die Anteilsveräußerung nicht ohne weiteres als Begründung zulässt.[170] Steuerliche Anerkennung erlangt die Organschaft zudem nur, wenn der Gewinnabführungsvertrag auch tatsächlich durchgeführt wird. Bei der Aufstellung der Jahresabschlüsse sind daher entsprechende Forderungen und Verbindlichkeiten in die Bilanzen einzustellen und in angemessener Zeit auszugleichen.[171]

Als Rechtsfolge der körperschaftsteuerlichen Organschaft wird das Einkommen der Organ- **92** gesellschaft – vorbehaltlich der Vorschrift des § 16 KStG – dem Organträger zugerechnet. Handelt es sich bei dem Organträger um eine Mitunternehmerschaft, erfolgt die Zurechnung bei den einzelnen Mitunternehmern entsprechend dem Gewinnverteilungsschlüssel.[172] Die Zurechnung erfolgt für denjenigen Veranlagungszeitraum, in dem die Organgesellschaft das Einkommen erzielt hat und für den sie es ohne die Vorschrift des § 14 KStG selbst hätte versteuern müssen.[173] Verluste der Organgesellschaft, die während der Organschaft entstehen und dem Organträger zugerechnet werden, können auf dessen Ebene nach den allgemeinen Grundsätzen mit Gewinnen verrechnet sowie vor- und zurückgetragen werden. Vororganschaftliche Verluste kann der Organträger indes nicht nutzen. Insoweit verbietet § 15 KStG eine Verrechnung mit innerorganschaftlichen Gewinnen der Organgesellschaft.

Das Einkommen der Organgesellschaft ist zwar ebenfalls nach den allgemeinen Vorschrif- **93** ten der §§ 8 ff. KStG zu ermitteln. Soweit sie keine Ausgleichszahlungen zu leisten hat, beträgt das eigene zu versteuernde Einkommen der Organgesellschaft jedoch „Null". Ein eigenes, zu versteuerndes Einkommen kann sich während der Dauer der Organschaft nur ergeben, wenn die Organgesellschaft Ausgleichszahlungen an außenstehende Anteilseigner zu leisten hat. Denn

---

164 Streck/*Olbing*, § 14 Rn 50.
165 So insbesondere das BMF-Schreiben IV B 7 – S 2770 – 0/04, Tz. 3; dazu *Olbing*/*Schwedhelm*, AG 2005, 237.
166 *Neu*/*Schiffers*/*Watermeyer*, GmbHR 2005, 470, 471.
167 *Ulrich*, GmbHR 2004, 1000, 1001.
168 Zum wichtigen Grund i.S.v. § 14 Abs. 1 Nr. 3 S. 2 KStG siehe Streck/*Olbing*, § 14 Rn 105.
169 Vgl. Dötsch u.a./*Witt*, 67. EL (Oktober 2009), § 14 Rn 222 f.
170 Siehe OLG Düsseldorf DB 1994, 2125, 2126.
171 Beck GmbH-HB/*Vogt*, § 17 Rn 117.
172 Streck/*Olbing*, § 14 Rn 161.
173 BFH BStBl II 1975, 126, 129. Zu Fragen der Einkommenszurechnung bei abweichenden Wirtschaftsjahren innerhalb des Organkreises *Kempf*/*Zipfel*, DStR 2005, 1301.

die Ausgleichszahlungen stellen nicht abziehbare Betriebsausgaben dar (§ 4 Abs. 5 Nr. 9 EStG) und werden wie Gewinnverwendungen behandelt.[174] Gemäß § 16 KStG hat die Organgesellschaft ihr Einkommen i.h.v. 20/17 der geleisteten Ausgleichszahlungen selbst zu versteuern. Auf diese Weise wird in Fällen, in denen der Organträger eine Personengesellschaft oder ein Einzelunternehmer ist, sichergestellt, dass die Ausgleichszahlungen mit Körperschaftsteuer vorbelastet sind.[175] Darauf, ob die Organgesellschaft oder der Organträger die Ausgleichszahlungen erbringt, kommt es demgegenüber nicht an.

94　　Für Mehr- und Minderabführungen ist § 27 Abs. 6 KStG zu beachten: Solche Abführungen liegen vor, wenn der tatsächlich abgeführte Gewinn und das dem Organträger steuerlich zuzurechnende Einkommen voneinander abweichen (§ 14 Abs. 4 S. 6 KStG). Ursache hierfür ist i.d.R., dass sich die Gewinnabführung einer Organgesellschaft nach dem Handelsrecht bemisst, für die steuerliche Einkommensermittlung und -zurechnung jedoch die Sonderregeln des KStG und EStG gelten. Minderabführungen erhöhen, Mehrabführungen mindern das Einlagekonto der Organgesellschaft, wenn sie ihre Ursache in organschaftlicher Zeit haben (§ 27 Abs. 6 S. 1 KStG). Auf der Ebene des Organträgers ist ein aktiver oder passiver Ausgleichsposten zu bilden (§ 14 Abs. 4 S. 1 KStG). Andernfalls würde bei der Organgesellschaft Vermögen ausgewiesen, das handelsrechtlich nicht mehr vorhanden ist, weil es aufgrund des Ergebnisabführungsvertrages an den Organträger abgeführt wurde.

95　　Allerdings gelten die soeben beschriebenen Rechtsfolgen nur für organschaftliche Mehr- und Minderabführungen. Solche Mehr- und Minderabführungen, deren Ursache in vororganschaftlicher Zeit liegt, hat der Gesetzgeber hingegen mit dem EURUmsG vom 9.12.2004 einer besonderen Regelung zugeführt: Da die organschaftliche Einkommenszurechnung nur Einkommen aus vertraglicher Zeit umfassen soll, bedarf es keiner Bildung von bilanziellen Ausgleichsposten. Vielmehr bestimmt § 14 Abs. 3 KStG, dass vorvertraglich veranlasste Mehraufwendungen als Gewinnausschüttungen der Organgesellschaft an den Organträger gelten. Entsprechende Minderabführungen sind als Einlage des Organträgers in die Organgesellschaft zu behandeln.[176]

96　　Von einer „verunglückten Organschaft" spricht man, wenn der Gewinnabführungsvertrag als nicht durchgeführt gilt und der Organschaft aus diesem Grunde die Anerkennung versagt wird. Gleiches gilt, wenn es an der für die Annahme einer körperschaftsteuerlichen Organschaft notwendigen finanziellen Eingliederung fehlt.[177] Als Konsequenz wird die Organgesellschaft – nach den allgemeinen Grundsätzen – mit ihrem Einkommen zur Körperschaftsteuer veranlagt. Die tatsächlich durchgeführte Gewinnabführung aufgrund einer „verunglückten Organschaft" ist dann Einkommensverwendung in Form der verdeckten Gewinnausschüttung (§ 8 Abs. 3 S. 2 KStG). Denn sie löst eine Vermögensminderung der (vermeintlichen) Organgesellschaft aus, die sich aufgrund der Nichtanwendung von §§ 14, 17 KStG auf die Höhe des Einkommens auswirkt und in keinem Zusammenhang mit einer offenen Ausschüttung steht.[178]

bb) Gewerbesteuer

97　In Angleichung an die Körperschaftsteuer verzichtet auch das GewStG für die gewerbesteuerliche Organschaft seit 2002 auf die organisatorische und wirtschaftliche Eingliederung als Voraussetzung der Organschaft. Erforderlich ist nunmehr – in Übereinstimmung mit dem KStG –

---

174 Streck/*Olbing*, § 16 Rn 7.
175 *Baldamus*, AG 2005, 77, 84.
176 Zum neuen § 14 Abs. 3 KStG siehe Dötsch u.a./*Witt*, 71. EL (Juni 2011), § 14 Rn 400 ff. sowie Dötsch/*Pung*, DB 2005, 10, 12.
177 Beck GmbH-HB/*Vogt*, § 17 Rn 149.
178 BFH BStBl II 1990, 24, 27.

lediglich noch eine finanzielle Eingliederung und der Abschluss eines Gewinnabführungsvertrages. D.h.: Im Falle der körperschaftsteuerlichen Organschaft ist stets auch von einem gewerbesteuerlichen Organschaftsverhältnis auszugehen. Dabei kommt als Organgesellschaft auch eine ausländische Kapitalgesellschaft mit inländischer Betriebsstätte in Betracht.[179]

Ist die Kapitalgesellschaft eine Organgesellschaft i.S.d. §§ 14, 17, 18 KStG, so gilt sie gemäß **98** § 2 Abs. 2 S. 2 GewStG als Betriebsstätte des Organträgers. Das hat zur Folge, dass die persönliche – nicht jedoch auch die sachliche – Steuerpflicht der Organgesellschaft für die Dauer des Bestehens der Organschaft erlischt. Der Organträger wird alleiniger Steuerschuldner i.S.v. § 5 GewStG der auf den Gewerbeerträgen des Organkreises beruhenden Gewerbesteuer.[180] Aus diesem Grund ist der Gewerbesteuermessbescheid auch nur an den Organträger zu richten.[181] Gemäß § 73 AO haftet die Organgesellschaft indes für diejenigen Steuern des Organkreises, für welche die Organschaft zwischen ihnen steuerlich bedeutsam ist.[182]

Trotz der einheitlichen Besteuerung des Organkreises bilden Organträger und Organgesell- **99** schaft indes kein einheitliches Unternehmen. Sie bleiben vielmehr selbständige Gewerbebetriebe, die getrennt bilanzieren und ihre Gewerbeerträge separat ermitteln.[183] D.h.: Der Gewerbeertrag wird zunächst bei Organträger und Organgesellschaft getrennt ermittelt und dann dem Organträger zur Berechnung der Steuermessbeträge nach dem Gewerbeertrag zugerechnet.[184] Dabei sind – weil die Zusammenrechnung weder zu gewerbesteuerlichen Doppelerfassungen noch zu Steuerausfällen führen darf – im Einzelfall Korrekturen erforderlich: Insbesondere hat die nach § 8 Nr. 1 GewStG grundsätzlich erforderliche Hinzurechnung für Dauerschuldentgelte zwischen den im Organkreis verbundenen Unternehmen zu unterbleiben.[185] Rechtsgrundlage für die Vornahme dieser Korrekturen ist wiederum § 2 Abs. 2 S. 2 GewStG.[186]

Für die Verlustberücksichtigung gilt: Gewerbeertrag bzw. Gewerbeverlust der Organgesell- **100** schaft werden mit dem Gewerbeertrag des Organträgers aus demjenigen Wirtschaftsjahr zusammengerechnet, das in demselben Erhebungszeitraum endet und mindern so den vom Organträger zu versteuernden Gewerbeertrag.[187] Vororganschaftliche Gewerbeverluste der Organgesellschaft werden demgegenüber nicht in das Ergebnis des Organträgers eingerechnet, sondern gesondert von der Organgesellschaft fortgeführt. Verlustvorträge des Organträgers, die durch innerorganschaftliche Verlustzuweisungen der Organgesellschaft entstanden sind, können auch nach Beendigung der Organschaft nur vom Gewerbeertrag des Organträgers abgesetzt werden.[188]

cc) Umsatzsteuer

Aus umsatzsteuerlicher Sicht hat die Organschaft zwar schon im Jahr 1968 durch den Übergang **101** zur Allphasen-Netto-Umsatzsteuer mit Vorsteuerabzug ihre Bedeutung weitgehend verloren.[189] Der Gesetzgeber hat sie gleichwohl bis heute beibehalten. In Abweichung von der körperschaftsteuerlichen und gewerbesteuerlichen Organschaft geht die Organschaft nach dem UStG

---

179 Vgl. schon BFH BStBl II 1979, 447.
180 Tipke/Lang/*Montag*, § 18 Rn 416.
181 Glanegger/Güroff/*Güroff*, § 2 Rn 358.
182 Siehe hierzu *Mösbauer*, FR 1989, 473, 481. Das gilt indes nicht für steuerliche Nebenleistungen, vgl. BFH GmbHR 2005, 119, 120.
183 Glanegger/Güroff/*Güroff*, § 2 Rn 380.
184 BFH BStBl II 1977, 701, 702 f.
185 Glanegger/Güroff/*Güroff*, § 2 Rn 387.
186 BFH GmbHR 1998, 1141, 1142.
187 Beck GmbH-HB/*Vogt*, § 17 Rn 128.
188 BFH BStBl II 1990, 916, 918 f.
189 *Maus*, GmbHR 2005, 859, 860.

zudem eigene Wege. Ein Gewinnabführungsvertrag ist nicht erforderlich, so dass sich die umsatzsteuerliche Organschaft nicht auf den Vertragskonzern beschränkt. Statt des Gewinnabführungsvertrages verlangt § 2 Abs. 2 Nr. 2 UStG die finanzielle, wirtschaftliche und organisatorische Eingliederung der Organgesellschaft in das Unternehmen des Organträgers. Dabei ist nicht erforderlich, dass alle drei Eingliederungsmerkmale gleichermaßen stark ausgeprägt sind. Vielmehr kommt es entscheidend auf das Gesamtbild der tatsächlichen Verhältnisse an. Eine umsatzsteuerliche Organschaft kann deshalb auch dann gegeben sein, wenn die Eingliederung auf einem dieser drei Gebiete nicht vollständig, dafür aber auf den anderen Gebieten umso ausgeprägter vorliegt.

102   Während als Organträger jeder Unternehmer i.S.v. § 2 UStG in Betracht kommt,[190] können Organgesellschaften nur juristische Personen sein. Personenzusammenschlüsse scheiden hingegen auch dann als Organgesellschaft aus, wenn eine juristische Person Mitgesellschafter ist oder es sich um eine gewerblich geprägte Gesellschaft handelt.[191] Die Organschaft beginnt zwingend, wenn und soweit die Eingliederungsmerkmale verwirklicht sind. Vereinbarungen über den Beginn und das Ende der Organschaft sind unbeachtlich.[192]

103   Erforderlich für eine finanzielle Eingliederung ist – in Übereinstimmung mit dem KStG – der Besitz der Anteilsmehrheit bei der beherrschten juristischen Person, so dass der Organträger in der Lage ist, Beschlüsse in der Organgesellschaft durchzusetzen (s.o.). Wirtschaftliche Eingliederung bedeutet demgegenüber, dass das Organ gemäß dem Willen des Unternehmers fördernd und ergänzend im Rahmen des Gesamtunternehmens tätig sein muss.[193] Hierfür genügt ein vernünftiger wirtschaftlicher Zusammenhang im Sinne einer wirtschaftlichen Einheit, Kooperation oder Verflechtung. Die Organgesellschaft muss also nicht ökonomisch vom Organträger abhängig sein. In umsatzsteuerlicher Hinsicht kann deshalb auch bei einer Betriebsaufspaltung ein Organschaftsverhältnis bestehen.[194] Schließlich soll die organisatorische Eingliederung sicherstellen, dass in der Organgesellschaft der Wille des Unternehmers auch tatsächlich durchgeführt wird. Aus diesem Grund muss der Organträger die Geschäftsführung der Organgesellschaft entweder ausüben oder leiten und überwachen.[195] Das liegt regelmäßig vor, wenn zwischen den Leitungsgremien von Organträger und Organgesellschaft Personenidentität besteht, ohne dass eine vollständige Übereinstimmung erforderlich ist.

104   Rechtsfolge der umsatzsteuerlichen Organschaft ist nach § 2 Abs. 2 Nr. 2 UStG, dass die Organgesellschaften Betriebe des herrschenden Unternehmers darstellen. Organträger und Organgesellschaften bilden m.a.W. in umsatzsteuerlicher Hinsicht ein einheitliches Unternehmen (§ 2 Abs. 2 Nr. 2 S. 3 UStG). In materieller Hinsicht können daher innerhalb des Organkreises keine umsatzsteuerbaren Lieferungen und sonstigen Leistungen ausgeführt werden. Zudem sind die von der Organgesellschaft bewirkten Umsätze an Dritte dem Organträger zuzurechnen. Gleiches gilt für die Berechtigung zum Vorsteuerabzug aufgrund von externen Leistungsbezügen der Organgesellschaft.[196] Sämtliche Umsätze eines Organs sind dem herrschenden Unternehmen zuzurechnen.

105   Die formalen umsatzsteuerlichen Pflichten, wie beispielsweise die Steueranmeldungen und Vorauszahlungen, sind ebenfalls allein vom Organträger zu erfüllen.[197] Die Organgesellschaft haftet allerdings gemäß § 73 AO für die vom Organträger geschuldeten Umsatzsteuer- und Vor-

---

190   So schon BFH BStBl III 1961, 343 f.
191   Beck GmbH-HB/*Vogt*, § 17 Rn 175.
192   *Maus*, GmbHR 2005, 859.
193   BFH BStBl III 1967, 715, 716.
194   BFH BStBl II 1994, 129, 131.
195   Beck GmbH-HB/*Vogt*, § 17 Rn 182.
196   Vgl. nur BFH BStBl II 2002, 255, 256; BFH BStBl II 2002, 373, 374 f.
197   Beck GmbH-HB/*Vogt*, § 17 Rn 185.

Dröge

steuerrückforderungsbeträge. Das gilt auch nach Beendigung der Organschaft für diejenigen Steuerschulden, die im Organschaftszeitraum entstanden sind.[198]

2. Sonstige Unternehmensverträge (§ 292 AktG)

Anders als die organisationsrechtlichen Beherrschungs- und Gewinnabführungsverträge sind **106** die anderen Unternehmensverträge i.S.v. § 292 AktG rein schuldrechtlicher Natur (s.o.). Sie modifizieren zwar den wirtschaftlichen Charakter der Gesellschaft, lassen jedoch deren Leitung und Vermögensbindung grundsätzlich unberührt und greifen nicht in die Verfassung der Gesellschaft ein.[199] Aus diesem Grund unterliegen sie im Hinblick auf den Schutz von Gesellschaftsgläubigern und Minderheitsaktionären nicht denselben Regeln, die für Beherrschungs- und Gewinnabführungsverträge gelten.[200] Da sie gleichwohl einschneidende wirtschaftliche Bedeutung haben, fällt ihr Abschluss nicht allein in die Kompetenz des Vorstandes, sondern bedarf gemäß § 293 Abs. 1 AktG der Zustimmung der Hauptversammlung.[201]

Voraussetzung für die Anwendung des § 292 AktG ist, dass an den dort genannten Verträgen **107** wenigstens eine inländische AG oder KGaA beteiligt ist, und zwar als diejenige Gesellschaft, welche die den jeweiligen Vertragstyp charakterisierende Leistung erbringt. Der andere Vertragsteil muss nur im Falle des § 292 Abs. 1 Nr. 1 AktG ein Unternehmen sein; im übrigen kommt jedermann als Vertragspartner in Betracht.[202] Ein zentrales Problem im Zusammenhang mit sonstigen Unternehmensverträgen i.S.v. § 292 AktG ergibt sich dann, wenn die konkrete Ausgestaltung im Ergebnis zu einem Beherrschungs- oder Gewinnabführungsvertrag führt. Obwohl die Behandlung dieser „Umgehungsproblematik" im Einzelnen umstritten ist, geht die überwiegende Literaturmeinung davon aus, dass entsprechende Verträge nur wirksam sind, wenn sie den Voraussetzungen der §§ 291, 293 ff., 294, 304 f. AktG genügen. Andernfalls sind sie wegen Verstoßes gegen aktienrechtliche Schutzzwecke nichtig.[203]

a) Gewinngemeinschaft, Teilgewinnabführungsvertrag

Kennzeichnend für eine Gewinngemeinschaft (§ 292 Abs. 1 Nr. 1 AktG) ist, dass sich mehrere **108** Unternehmen wechselseitig verpflichten, ihren periodisch ermittelten Gewinn untereinander zusammenzulegen. Eine Vergemeinschaftung der erlittenen Verluste ist demgegenüber nicht erforderlich, kann aber ebenfalls vereinbart werden.[204] Einzelheiten der Gewinngemeinschaft, insbesondere Fragen zur Gewinnberechnung und Gewinnverteilung sind im Vertrag individuell auszugestalten. An einer Gewinngemeinschaft i.S.v. § 292 Abs. 1 Nr. 1 AktG fehlt es, wenn lediglich die Gewinne einzelner Geschäfte geteilt werden. In einem solchen Falle handelt es sich vielmehr um ein partiarisches Rechtsgeschäft ohne den Charakter eines Unternehmensvertrages.[205]

Durch den Abschluss eines Gewinngemeinschaftsvertrages entsteht zwischen den Vertrags- **109** parteien eine GbR, so dass neben dem Vertrag subsidiär die §§ 705 ff. BGB ergänzende Anwendung finden.[206] Zweck der Innengesellschaft ist die Vergemeinschaftung und anschließende Wiederaufteilung des Gewinns.[207] In steuerlicher Hinsicht liegt eine Innengesellschaft vor, bei

---

198 *Maus*, GmbHR 2005, 859, 865.
199 MüKo-AktG/*Altmeppen*, § 292 Rn 7.
200 Beck AG-HB/*Liebscher*, § 15 Rn 105.
201 *Hüffer*, § 292 Rn 1.
202 *Hüffer*, § 292 Rn 3.
203 *Emmerich/Habersack* Konzernrecht, S. 227 f.
204 Beck AG-HB/*Liebscher*, § 15 Rn 105.
205 MüKo-AktG/*Altmeppen*, § 292 Rn 16.
206 BGH BGHZ 24, 279, 293 ff. und OLG Frankfurt/M. AG 1987, 43, 45.
207 *Emmerich/Habersack*, Konzernrecht S. 210.

der die Vertragsteile nicht Mitunternehmer i.S.v. § 15 Abs. 1 S. 1 Nr. 2 EStG werden. Die Abgabe des eigenen Gewinnanteils an die Gemeinschaft führt vielmehr zu Betriebsausgaben, während die von der Gemeinschaft bezogenen Gewinne originäre Betriebseinnahmen darstellen.[208] Die praktische Bedeutung der Gewinngemeinschaft (§ 292 Abs. 1 Nr. 1 AktG) ist heute nur noch gering, da dieser Vertrag nicht mehr als Grundlage der steuerlichen Organschaft anerkannt wird.[209]

110   Ein Teilgewinnabführungsvertrag liegt nach § 292 Abs. 1 Nr. 2 AktG vor, wenn sich eine AG oder KGaA verpflichtet, einen Teil ihres Gewinns oder den Gewinn einzelner ihrer Betriebe ganz oder zum Teil an einen anderen abzuführen. § 292 Abs. 1 Nr. 2 AktG ist in das Gesetz eingefügt worden, um im Interesse der Aktionäre jede Abführung von Gewinnteilen des Unternehmens oder einzelner Betriebe an die Zustimmung der Hauptversammlung zu knüpfen.[210] In der Praxis ist zu beachten, dass insbesondere die Beteiligung Dritter als stiller Gesellschafter nach §§ 230 ff. HGB an einer AG oder KGaA einen Teilgewinnabführungsvertrag darstellt.[211] D.h.: Verträge i.S.v. § 292 Abs. 1 Nr. 2 AktG erlangen – insbesondere in Fällen des Formwechsels[212] – eine nicht unerhebliche praktische Bedeutung und sind nur wirksam, wenn die Erfordernisse der §§ 293, 294 AktG beachtet werden.

111   Die eigentliche Problematik dieses Vertragstyps liegt darin, dass gerade der Teilgewinnabführungsvertrag in seinen Folgen einem Gewinnabführungsvertrag sehr nahe kommen kann. Denn das AktG fordert weder einen Mindestgewinn, der in der Gesellschaft verbleiben muss, noch werden die für Gewinnabführungsverträge geltenden Schutzvorschriften auf missbräuchliche Teilgewinnabführungsverträge erstreckt. Vielmehr geht das Gesetz davon aus, dass bereits die prinzipielle Gleichberechtigung der Vertragspartner für ein ausgewogenes Verhältnis der beiderseitigen Leistungen sorgen werde. D.h.: Neben den Sondervorschriften der §§ 300 Nr. 2, 301 AktG bietet allein das Angemessenheitserfordernis von Leistung und Gegenleistung einen Schutz für die Untergesellschaft. Eine fehlende oder unangemessene Gegenleistung führt daher zur Nichtigkeit des Vertrages gemäß § 134 BGB sowie des Zustimmungsbeschlusses der Hauptversammlung nach § 241 Nr. 3 AktG, weil gegen die §§ 57, 58, 60 AktG verstoßen wurde.[213] Der Rückforderungsanspruch für verbotswidrig erbrachte Leistungen beruht auf § 62 AktG, während der andere Vertragsteil auf die §§ 812 ff. BGB beschränkt ist.

b) Betriebspacht (Betriebsaufspaltung)

112 Obwohl das Gesetz die Betriebspacht- und Betriebsüberlassungsverträge i.S.v. § 292 Abs. 1 Nr. 3 AktG als normale Austauschverträge ansieht, werden solche Unternehmensverträge in der Praxis insbesondere zwischen voneinander abhängigen Unternehmen geschlossen.[214] Merkmal eines Betriebspachtvertrages (§ 581 BGB) ist, dass die verpachtende AG oder KGaA ihre gesamten betrieblichen Anlagen einem Pächter überlässt, der darin den Betrieb im eigenen Namen und für eigene Rechnung fortführt. Die verpachtende Gesellschaft beschränkt sich demgegenüber zukünftig im wesentlichen auf den Einzug des Pachtzinses. Sie wandelt sich daher im Ergebnis in eine Art „Rentnergesellschaft".[215]

---

208 Ausführlich zur steuerlichen Behandlung von Gewinngemeinschaften siehe den Beitrag von *Walter*, BB 1995, 1876, 1878 ff.
209 *Emmerich/Habersack*, Konzernrecht S. 208.
210 *Emmerich/Habersack*, Konzernrecht S. 230.
211 OLG Celle AG 1996, 370; OLG Düsseldorf AG 1996, 473; OLG Stuttgart NZG 2000, 93, 94.
212 Beck AG-HB/*Liebscher*, § 15 Rn 111.
213 *Hüffer*, § 292 Rn 16.
214 *Emmerich/Habersack*, Konzernrecht S. 220 ff.
215 MüKo-AktG/*Altmeppen*, § 292 Rn 97.

Dröge

Der Betriebsüberlassungsvertrag unterscheidet sich von dem Betriebspachtvertrag lediglich **113** dadurch, dass der Übernehmer den Betrieb der überlassenden Gesellschaft nicht im eigenen Namen fortführt, sondern aufgrund einer Vollmacht der überlassenden Gesellschaft nach außen in deren Namen auftritt.[216] Hierfür muss ihm die Gesellschaft Vertretungsmacht einräumen. Im übrigen entspricht die rechtliche Behandlung des Betriebsüberlassungsvertrages derjenigen des Betriebspachtvertrages.

c) Betriebsführungsvertrag

Bei dem gesetzlich nicht geregelten Betriebsführungsvertrag leitet der Betriebsführer das Unter- **114** nehmen für Rechnung der Eigentümergesellschaft. Zum Schutz der Eigentümergesellschaft und ihrer Gesellschafter wird auf einen Betriebsführungsvertrag § 292 Abs. 1 Nr. 3 AktG analog angewandt. Wirksamkeitsvoraussetzung ist deshalb insbesondere die Zustimmung der Hauptversammlung (§ 293 Abs. 1 AktG).

Häufig laufen Betriebsführungsverträge auf den „Einkauf" von Managementleistungen hin- **115** aus, weshalb sie auch als Managementverträge bezeichnet werden.[217] Hierbei handelt es sich der Sache nach um Geschäftsbesorgungsverträge mit Dienstleistungscharakter (§§ 675 Abs. 1, 611 BGB).[218] Aktienrechtlich umstritten ist in diesem Zusammenhang die Frage, ob und inwiefern Betriebsführungsverträge mit der durch § 76 AktG vorgeschriebenen eigenverantwortlichen Leitung der Gesellschaft durch den Vorstand vereinbar sind. Von einer Vereinbarkeit dürfte im Ergebnis jedenfalls dann auszugehen sein, wenn dem Betriebsführer lediglich die laufende Geschäftsführung übertragen wird und dem Vorstand der Eigentümergesellschaft die grundsätzlichen Entscheidungen der Unternehmenspolitik vorbehalten bleiben.[219]

IV. Der faktische Konzern

Während ein Vertragskonzern durch Abschluss eines Unternehmensvertrages entsteht, entsteht **116** ein faktischer Konzern ohne Abschluss eines Unternehmensvertrages dadurch, dass die Tatbestandsvoraussetzungen von § 18 Abs. 1 S. 1 oder Abs. 2 AktG erfüllt sind.

Faktische Konzerne sind in der Regel Unterordnungskonzerne. Gleichordnungskonzerne **117** sind in der Regel Vertragskonzerne. Auf sie wird deshalb im Folgenden nicht gesondert eingegangen.

Die Entstehung eines faktischen Unterordnungskonzerns setzt voraus, **118**
– dass ein abhängiges Unternehmen von einem anderen Unternehmen beherrscht wird;
– und dass beide unter der einheitlichen Leitung des herrschenden Unternehmens stehen.

Der Nachweis dieser Tatbestandsmerkmale ist in der Praxis häufig schwierig. Deswegen stellt das Gesetz Vermutungen auf.

---

216 *Hüffer*, § 292 Rn 19.
217 *Emmerich/Habersack*, Konzernrecht S. 220 ff.
218 MüKo-AktG/*Altmeppen*, § 292 Rn 143 f.
219 MünchGesR/*Krieger*, Bd. 4, § 72 Rn 50; KK-AktG/*Koppensteiner*, § 292 Rn 81 f.; *Emmerich/Habersack*, Konzernrecht S 226.

1. Abhängigkeit und Beherrschung
a) Mehrheitsbesitz als Vermutungsgrundlage für Abhängigkeit

119 Die §§ 16 bis 18 AktG stellen eine nicht ganz unkomplizierte Argumentationskette für die Vermutung einer konzernrechtlichen Abhängigkeit auf.

120 Gehört die Mehrheit der Anteile eines rechtlich selbstständigen Unternehmens einem anderen Unternehmen oder steht diesem anderen Unternehmen die Mehrheit der Stimmrechte zu, so steht nach § 16 AktG das eine Unternehmen im Mehrheitsbesitz des anderen.

aa) Anteilsmehrheit

121 Bei Kapitalgesellschaften ist für die Ermittlung der Mehrheitsbeteiligung der Nennbetrag des Grundkapitals bzw. des Stammkapitals maßgeblich. Eigene Anteile der Kapitalgesellschaft bleiben unberücksichtigt. Bei der heute üblichen Ausgabe von Stückaktien tritt an die Stelle des Grundkapitals das Verhältnis der insgesamt ausgegebenen Aktien zu den Aktien, die der betreffende Aktionär besitzt.

122 Zu den eigenen Anteilen eines herrschenden Unternehmens gehören nicht nur diejenigen, die sowohl im Innen- als auch im Außenverhältnis in seiner persönlichen Inhaberschaft stehen, sondern auch solche, die von einem Dritten auf seine Rechnung gehalten werden. Das gilt insbesondere für Treuhandverträge, wobei die herrschende Meinung annimmt, dass eine „Doppelzurechnung" bei Treugeber und Treuhänder stattfindet. Es gilt aber gleichermaßen auch für solche rechtsgeschäftlichen Vereinbarungen, die dazu führen, dass das wirtschaftliche Risiko und die wirtschaftlichen Vorteile eines Anteils einem anderen zuzurechnen sind.

123 Gehören Anteile nicht dem Unternehmen selbst, sondern einem von ihm abhängigen Unternehmen, so werden diese Anteile dem herrschenden Unternehmen zugerechnet (§ 16 Abs. 4 AktG).[220]

124 In diesem Zusammenhang ist interessant, dass § 16 Abs. 4 AktG ausdrücklich den Einzelkaufmann als „Unternehmen" anerkennt. Gleich, ob er seine diversen Anteile im Betriebsvermögen oder im Privatvermögen hält; sie werden ihm zugerechnet.[221]

125 Die vorstehenden Ausführungen gelten entsprechend für Personengesellschaften. Das ist unproblematisch in allen Fällen, in denen die Untergesellschaft ein festes Kapital hat. Ist das nicht der Fall, sondern das Kapital beweglich, wie zum Beispiel bei einer offenen Handelsgesellschaft oder einer Gesellschaft bürgerlichen Rechts, so müssen praktisch zu jedem Bilanzstichtag die Mehrheitsverhältnisse neu ermittelt werden.[222]

bb) Stimmenmehrheit

126 In der Regel fallen Anteilsmehrheit und Stimmenmehrheit zusammen (§ 134 AktG; § 47 GmbHG). Bei Personengesellschaften, in denen der gesetzesnotorische Einstimmigkeitsgrundsatz abbedungen worden ist, sieht das in aller Regel der Gesellschaftsvertrag vor.

127 Von diesem Grundsatz kann es jedoch Ausnahmen geben. Bei Aktiengesellschaften ist das insbesondere der Fall, wenn stimmrechtslose Vorzugsaktien ausgegeben worden sind. Solche Vorzugsaktien können zwar die Anteilsmehrheit vermitteln, nicht aber die Stimmenmehrheit.

---

220 Emmerich/Habersack/*Emmerich*, § 16 Rn 13 ff.; Kölner Komm-AktG/*Koppensteiner*, § 16 Rn 24; MüKo-AktG/*Bayer* Rn 25, 47. Zweck des § 16 Abs. 4 AktG ist es, einer Umgehung des § 16 Abs.1 AktG vorzubeugen, *Hüffer*, § 16 Rn 12.

221 Emmerich/Habersack/*Emmerich*, § 16 Rn 19; Kölner Komm-AktG/*Koppensteiner*, § 16 Rn 31; MüKo-AktG/*Bayer*, § 16 Rn 44 ff., *Hüffer*, § 16 Rn 12.

222 *Koppensteiner* Kölner Komm-AktG, § 16 Rn 14, 26; MünchKommAktG/*Bayer, § 16 Rn 35;* Kölner Komm-AktG/*Koppensteiner*, § 16 Rn 26.

Daraus kann sich eine theoretische Konfliktsituation entwickeln dann, wenn ein Inhaber von stimmrechtslosen Vorzugsaktien die Mehrheit der Anteile besitzt, ein anderer Aktionär jedoch die Mehrheit der Stimmrechte. In der Praxis wird eine solche Konstellation jedoch kaum vorkommen. Der Inhaber der stimmrechtslosen Vorzugsaktien wird in aller Regel kein Unternehmen im konzernrechtlichen Sinne sein. Zur Widerlegung der Konzernvermutung in einem solchen Falle im Übrigen weiter unten.

Mehrfachstimmrechte sind heute bei börsennotierten Aktiengesellschaften ausgeschlossen. **128** Bei nicht börsennotierten Aktiengesellschaften kann es jedoch Alt-Mehrfachstimmrechte geben. Bei GmbHs und Personengesellschaften ist die Vereinbarung von Mehrfachstimmrechten dagegen uneingeschränkt möglich. Sieht sie der Gesellschaftsvertrag vor, kann also der mit Minderheit beteiligte Gesellschafter über die Mehrheit der Stimmrechte verfügen. Das hat zur Konsequenz, dass die betreffende Gesellschaft im doppelten Mehrheitsbesitz steht.[223]

Die Lösung des sich daraus ergebenden Konflikts erfolgt auf der nächsten Vermutungsebene.

Auch bei der Ermittlung der Stimmenmehrheit kommt es nicht nur auf diejenigen Stimmen **129** an, die dem betreffenden Gesellschafter unmittelbar zustehen, sondern es werden auch diejenigen mitgerechnet, die ihm nach § 16 Abs. 4 AktG zuzurechnen sind. Stimmenmehrheit bedeutet stets die Verfügung über so viele Stimmen, dass sie mit mindestens einer Stimme über die Hälfte der Gesamtstimmen hinausgehen.

Der Mehrheitsgesellschafter muss seine Stimmrechte auch „ausüben" können. Insoweit ist **130** fraglich, ob interne Stimmrechtsbegrenzungen zu berücksichtigen sind, zum Beispiel solche, die sich aus Stimmbindungsverträgen ergeben. Das gleiche gilt, wenn die Anteile mit einem Pfandrecht belastet sind oder unter Nießbrauch stehen. Die sich daraus ergebenden Konfliktsituationen sind im Einzelnen streitig. Die herrschende Meinung nimmt an, dass Stimmbindungsverträge lediglich zu Verpflichtungen im Innenverhältnis führen und deswegen im Außenverhältnis unberücksichtigt zu bleiben haben.[224] Das ist jedoch streitig.[225]

Bei Treuhandverhältnissen hat nach herrschender Meinung eine Zurechnung der Stimmen **131** zum Treugeber zu erfolgen.[226]

b) Abhängigkeit als Beherrschungsvermutung

Abhängige Unternehmen sind rechtlich selbstständige Unternehmen, auf die ein anderes **132** Unternehmen unmittelbar oder mittelbar einen beherrschenden Einfluss ausüben kann (§ 17 Abs. 1 AktG). Eine solche Beherrschung kann durch Vertrag vermittelt werden (Vertragskonzern) oder sich aus seiner faktischen Konzernierung ergeben. Von einem in Mehrheitsbesitz stehenden Unternehmen wird vermutet, dass eine faktische Konzernierung vorliegt und dieses Unternehmen von dem an ihm mit Mehrheit beteiligten Unternehmen abhängig ist (§ 17 Abs. 2 AktG).

c) Widerlegung der Abhängigkeitsvermutung

Die Vermutung der Abhängigkeit und der daraus folgenden Beherrschung findet ihre dogmati- **133** sche Rechtfertigung in der Annahme, dass der mit Mehrheit beteiligte Gesellschafter seinen Willen bei der Besetzung der Leitungsorgane der abhängigen Gesellschaft durchsetzen kann. Bei der Aktiengesellschaft geschieht das indirekt bei der Bestellung des Aufsichtsrats, bei der GmbH

---

223 Emmerich/Habersack/*Emmerich*, § 16 Rn 3 f. Zu dieser Möglichkeit im Recht der GmbH siehe MünchGesR/*Wolff*, Bd. 3, § 38 Rn 29.
224 Kölner Komm-AktG/*Koppensteiner*, § 16 Rn 44.
225 Emmerich/Habersack/*Emmerich*, § 16 Rn 25.
226 Kölner Komm-AktG/*Koppensteiner*, § 16 Rn 47.

durch Ausübung des Stimmrechts in der Gesellschafterversammlung, die die Geschäftsführer bestellt. Darüber hinausgehend kann der Mehrheitsgesellschafter in der gesetzestypisch organisierten GmbH auch bei der Erteilung von Weisungen an den (weisungsgebundenen) Geschäftsführer seinen Einfluss durchsetzen. Die gesicherte rechtliche Möglichkeit des Mehrheitsgesellschafters, seinen Einfluss auf die Organe des abhängigen Unternehmens durchzusetzen, ist demnach Voraussetzung der Beherrschungsvermutung.[227]

134 Wird diese gesetzliche Vermutung nicht widerlegt, liegt Beherrschung vor. Da Abhängigkeit und Beherrschung ihrerseits Basis für die – nur schwer widerlegbare – Vermutung einer einheitlichen Leitung nach § 18 Abs. 1 S. 3 AktG und damit das Vorliegen eines Konzerns sind, haben Vermeidungsstrategien bei der Widerlegung der Abhängigkeitsvermutung anzusetzen. Das bedeutet, dass die Vermutung zu widerlegen ist, der Mehrheitsgesellschafter könne seinen Einfluss auf die Bestellung und Überwachung der Organe der abhängigen Gesellschaft durchsetzen.[228]

aa) Entherrschungsvertrag

135 Jedenfalls bei der Aktiengesellschaft stellt der Abschluss eines Entherrschungsvertrages zwischen dem mit Mehrheit beteiligten Unternehmen und dem Beteiligungsunternehmen nach Abschaffung der Mehrstimmrechtsaktie das wichtigste Instrument zur Widerlegung der Abhängigkeitsvermutung dar.

136 Die Zulässigkeit eines Entherrschungsvertrages zwischen einem Unternehmen, an dem eine Mehrheitsbeteiligung besteht, und dem mit Mehrheit beteiligten Unternehmen ist auch bei Aktiengesellschaften inzwischen allgemein anerkannt. Insbesondere liegt kein Verstoß gegen § 136 Abs. 2 AktG vor.[229] Einzelheiten sind streitig. Das betrifft insbesondere Form und Abschlusskompetenz sowie die Frage, ob und unter welchen Umständen die Satzung der herrschenden Gesellschaft die Aufgabe der aus der Stimmenmehrheit sich ergebenden Befugnisse zulässt.[230] Aus der Sicht der Tochtergesellschaft ergeben sich keine Besonderheiten; für sie ist der Abschluss des Entherrschungsvertrages ja lediglich vorteilhaft.

137 Der Entherrschungsvertrag muss für seine gesamte Laufzeit rechtlich bindend sein; eine bloße einseitige Absichtserklärung genügt nicht. Er muss jedem oder jedenfalls jedem mit einer bestimmten Quote beteiligten außenstehenden Aktionär die rechtliche Möglichkeit geben, die Einhaltung des Entherrschungsvertrages durchzusetzen.

138 Inhaltlich enthält er die Verpflichtung des Mehrheitsgesellschafters, bei der Abstimmung über bestimmte Gegenstände seine Stimmrechte nur insoweit auszuüben, dass sie unterhalb der Gesamtzahl der übrigen abgegebenen Stimmen bleiben, zum Beispiel maximal 49% der insgesamt abgegebenen Stimmen ausmachen. Die betreffenden Abstimmungsgegenstände sind insbesondere

- Wahl und Abberufung des Aufsichtsrats und seine Entlastung sowie die Entlastung des Vorstandes;
- Wahl des Abschlussprüfers;
- Gewinnverwendung;
- Geschäftsführungsfragen, zu deren Entscheidung die Hauptversammlung durch den Vorstand aufgerufen wird;
- Feststellung des Jahresabschlusses.[231]

---

227 *Hüffer*, § 17 Rn 4.
228 MüKo-AktG/*Bayer*, § 17 Rn 91.
229 MüKo-AktG/*Bayer*, § 17 Rn 99 ff.
230 Emmerich/Habersack/*Emmerich*, § 17 Rn 44.
231 Musterformulare in Beck'sches Formularbuch AktienR, T V; MünchVertragsHdB, Bd. 1, X 9.

Entherrschungsverträge sind auch bei Gesellschaften mit beschränkter Haftung zulässig und **139** üblich. Wegen der größeren Flexibilität dieser Gesellschaftsform können sie jedoch auch durch andere Instrumentarien ersetzt werden. Dazu weiter unten.

Hinweis **140**
Im Kartellrecht erkennt das Bundeskartellamt Entherrschungsverträge unter bestimmten Umständen an; die Literatur dagegen hält sie weitgehend für unbeachtlich.[232]

Auch im Mitbestimmungsrecht ist die Anerkennung von Entherrschungsverträgen streitig.[233]

bb) Satzungsbeschränkungen

Eine Einschränkung der Beherrschung durch den Mehrheitsgesellschafter kann bei einer **141** Aktiengesellschaft nach Abschaffung des Mehrfachstimmrechts nur dadurch erfolgen, dass die Satzung Beschlussmehrheiten vorschreibt, die das Stimmgewicht des mit der Mehrheit der Anteile beteiligten Gesellschafters übersteigen. Beruht die Mehrheit nicht auf der Mehrheit der Anteile, sondern auf der Mehrheit der Stimmrechte, scheidet das bereits begrifflich aus.

Ausreichend ist es dagegen für die maßgebliche Einschränkung des Stimmgewichts des **142** Mehrheitsgesellschafters, dass er mit seinen eigenen Stimmen die Besetzung des Aufsichtsrats nicht durchsetzen kann.[234] Das ist Ausfluss der Tatsache, dass es für die Frage der Beherrschung auf die Besetzung der Leitungsorgane der abhängigen Gesellschaft ankommt.

Beruht die Anteilsmehrheit auf stimmrechtslosen Vorzugsaktien (siehe Rn 46–53), so ist die **143** Vermutung allein dadurch widerlegt.

Ist die abhängige Gesellschaft eine GmbH, so bietet die Gestaltung der Satzung vielfältige **144** Möglichkeiten zur Vermeidung der Beherrschung. Dazu gehört insbesondere die Einräumung von Mehrfachstimmrechten für die Minderheitsgesellschafter, die nach § 45 Abs. 2 GmbHG uneingeschränkt zulässig ist, sowie die Anhebung der Abstimmungsquoren für die Bestellung und Abberufung der Geschäftsführer und den Abschluss ihrer Dienstverträge. Sieht die Satzung die Bestellung eines Beirats oder Aufsichtsrats vor und ist diesem die Bestellung und Abberufung der Geschäftsführer übertragen, so kommt es auf die Frage an, ob der mit Anteilsmehrheit beteiligte Gesellschafter seinen Willen bei der Bestellung des Beirats/Aufsichtsrats durchsetzen kann.

Noch weitergehende Gestaltungsfreiheit bietet der Gesellschaftsvertrag von Personengesellschaften. Ist die abhängige Gesellschaft beispielsweise eine GmbH & Co. KG, so wird das eigentliche Geschäftsführungsorgan von der Gesellschafterversammlung der Komplementär GmbH bestellt. Ist der mit Anteilsmehrheit beteiligte Kommanditist mit Minderheit an der Komplementär GmbH beteiligt und erhält der Gesellschaftsvertrag der Kommanditgesellschaft keine anderweitigen Bestimmungen, so bestellt die Gesellschafterversammlung der GmbH den Geschäftsführer ohne Zustimmung der Kommanditisten. Etwas anderes soll allerdings nach einer Entscheidung des OLG München aus dem Jahre 2003 bei besonderen Konstellationen in einer Familien KG gelten.[235] Bei der sogenannten Einheitsgesellschaft bestimmen ohnehin in der Regel die Kommanditisten über die Bestellung und Abberufung der Geschäftsführer. Aber auch in einem solchen Falle könnte der Gesellschaftsvertrag durch Stimmrechtsvariationen unschwer erreichen, dass die Anteilsmehrheit nicht mit der Stimmenmehrheit identisch ist.

---

232 Immenga/Mestmäcker/*Mestmäcker/Veelken*, § 36 Rn 62.
233 MüKo-AktG/*Gach*, § 5 MitbestG Rn 21.
234 Kölner Komm-AktG/*Koppensteiner*, § 17 Rn 104.
235 OLG München DB 2004, 866.

cc) Stimmrechtsbeschränkungen außerhalb der Satzung

146 Geeignete Mittel zur Widerlegung der Beherrschungsvermutung sind insbesondere Stimmbindungsverträge. Dies jedoch nur dann, wenn der Mehrheitsgesellschafter sich in einem solchen Poolvertrag verpflichtet,
- seine Stimmen nur zusammen mit den übrigen Gesellschaftern auszuüben;
- diese von seiner Einflussnahme unabhängig sind;
- und er seinen Willen im Pool nicht durchsetzen kann.

147 Kann dagegen der Mehrheitsgesellschafter seinen Willen im Stimmenpool durchsetzen, so verringert die Poolbildung nicht seine Stimmenpotenz, sondern verstärkt sie sogar.

2. Die Konzerndefinition in § 18 AktG

148 § 18 Abs. 1 S. 1 definiert den Konzern an Hand von drei Tatbestandsmerkmalen:
- Beherrschung.
- Abhängigkeit.
- Einheitliche Leitung.

Sind alle drei Tatbestandsmerkmale erfüllt, so bilden die so verbundenen Unternehmen einen Konzern.

149 § 18 Abs. 1 S. 2 AktG enthält eine unwiderlegbare Konzernvermutung für den Fall, dass zwischen den beteiligten Unternehmen ein Beherrschungsvertrag abgeschlossen worden ist oder dass das eine in das andere eingegliedert ist. § 18 Abs. 1 S. 3 enthält eine widerlegbare Konzernvermutung, die nur an Abhängigkeit und Beherrschung anknüpft. Präzise formuliert und unter Berücksichtigung des Wortlauts von § 18 Abs. 1 S. 1 müsste der S. 3 eigentlich lauten „Von einem abhängigen Unternehmen wird vermutet, dass es mit dem herrschenden Unternehmen unter einheitlicher Leitung zusammengefasst ist und deshalb einen Konzern bildet." So formuliert erhellt sich § 18 AktG dem besseren Verständnis.

150 Das bedeutet gleichzeitig, dass der Konzerndefinition des § 18 nur geringe eigenständige Bedeutung zukommt. Eine solche Bedeutung hat sie insbesondere im Rahmen der Konzernrechnungslegung, im Mitbestimmungsrecht und im Rahmen der Fusionskontrolle nach dem GWB. Im Übrigen nimmt die Prüfung nach den §§ 16 und 17 AktG und die Bejahung von Abhängigkeit und Beherrschung die Rechtsfolgen des § 18 im Wesentlichen schon vorweg.

a) Einheitliche Leitung

151 Drittes und zentrales Tatbestandsmerkmal der Konzerndefinition ist die „einheitliche Leitung" zweier oder mehrerer Unternehmen.

152 Nach dem engeren Konzernbegriff setzt die einheitliche Leitung voraus, dass jedenfalls die Finanzplanung und die Finanzsteuerung zentral erfolgen, zum Beispiel im Rahmen eines Cash Managements.[236]

153 Der weitere Konzernbegriff lässt dagegen für die Annahme einer einheitlichen Leitung auch die einheitliche Planung in anderen wesentlichen Geschäftsbereichen der mehreren Unternehmen genügen.[237]

154 In der Praxis bedarf es in der Regel keiner Entscheidung für die eine oder die andere Ansicht, weil sich in mittelständischen Unternehmensverbindungen die einheitliche Leitung oder

---

236 MüKo-AktG/*Bayer*, § 18 Rn 29.
237 MüKo-AktG/*Bayer*, § 18 Rn 30.

Dröge

deren Fehlen bereits aus den faktischen Umständen ableiten lässt. Das ist insbesondere dann der Fall, wenn im GmbH-Verbund bei mehreren Gesellschaften Geschäftsführeridentität besteht, wenn der Mehrheitsgesellschafter der Muttergesellschaft sich die Zustimmung zu genehmigungsbedürftigen Geschäften vorbehält oder wenn ein verbundweites Cash Management, im Rahmen des Cash Poolings, in der Regel mit gegenseitiger Haftung, eingerichtet ist.

Liegen diese tatsächlichen Umstände vor, bedarf es keiner Vermutung, liegen sie nicht vor, **155** findet die Konzernvermutung Anwendung.

b) Widerlegung der Leitungsvermutung

Sind Abhängigkeit und Beherrschung zu bejahen, bedarf es des Beweises, dass von der sich dar- **156** aus ergebenden Möglichkeit der Einflussnahme tatsächlich kein Gebrauch gemacht wird.

In der Praxis wird es schwer sein, einen solchen Beweis zu führen; er ist jedoch entgegen in **157** der Literatur vielfach geäußerter Ansicht nicht ausgeschlossen. Betreibt ein mittelständisches Mutterunternehmen mehrere Tochtergesellschaften, lässt diesen Tochtergesellschaften ihre vollständige wirtschaftliche und finanzielle Selbstständigkeit und wird die Geschäftsführung der Töchter nicht personenidentisch besetzt, so mag in Einzelfällen die Widerlegung der Vermutung möglich sein. Dazu bedarf es jedoch vor allem des Nachweises, dass keine Einbindung in einen finanzwirtschaftlichen Konzernverbund vorliegt. Einzuräumen ist darüber hinaus, dass es bei Anwendung des weiten Konzernbegriffs in der Tat schwierig sein wird, die Konzernvermutung des § 18 AktG zu widerlegen.

3. Minderheitenschutz

Wie in der Einleitung erwähnt, ist es insbesondere Aufgabe des Konzernrechts, Regelungen zu **158** treffen auch für den Schutz der Minderheitsgesellschafter der beteiligten Unternehmen vor dem besonderen Interessenkonflikt, der sich aus einer Konzernkonstellation ergeben kann. Ein solcher Schutz hat einzusetzen bereits bei der Bildung eines Konzerns und sich fortzusetzen bei der Konzernleitung.

a) Konzernbildungskontrolle
aa) In der herrschenden Gesellschaft

Für die Begründung eines Vertragskonzerns sehen die §§ 293 ff. AktG die Einhaltung bestimmter **159** Formvorschriften vor, zu denen insbesondere die Zustimmung der Hauptversammlungen der herrschenden und der beherrschten Gesellschaft gehört, über die mit qualifizierter Mehrheit zu entscheiden ist. Diese Bestimmungen sind auch auf die GmbH anzuwenden.

Entsteht dagegen ein Konzern aufgrund faktischer Beherrschung, so kann sich für die Min- **160** derheitsgesellschafter des herrschenden Unternehmens eine Gefährdungslage ergeben, die der im Vertragskonzern vergleichbar ist. Die Frage, ob in einem solchen Falle die Begründung eines Unternehmensverbundes zulässig ist, entscheidet sich in erster Linie nach der Satzung der herrschenden Gesellschaft. Das gilt sowohl für den Erwerb einer bereits bestehenden Gesellschaft wie auch für die Ausgliederung auf eine neu zu gründende Tochtergesellschaft.

Ist eine solche Maßnahme durch den Gegenstand der Gesellschaft gedeckt und enthält die **161** Satzung eine Ermächtigung zur Vornahme der Gruppenbildung, so ist der Schutz der Minderheitsgesellschafter auf Missbrauchsfälle beschränkt. Das gilt insbesondere in mittelständischen Unternehmen, deren Gesellschaftsvertrag in aller Regel Bestimmungen über solche Geschäfte enthält, für deren Durchführung die Geschäftsführer der Zustimmung der Gesellschafterversammlung bedürfen. Ist diese Zustimmung mit der im Gesellschaftsvertrag vorgesehenen Mehrheit erteilt, ist damit in der Regel dem Schutzbedürfnis der Minderheitsgesellschafter Rechnung getragen. Das gilt jedoch nicht unbeschränkt. In drei wichtigen Entscheidungen aus den 80er Jahren hat der BGH seine Rechtsprechung zum Schutz der Minderheitsgesellschafter einer herrschenden Gesellschaft vor den Gefahren, die sich aus einer Konzernierung ergeben können, festgeschrieben.

162 Das Süssen-Urteil vom 16.2.1981[238] befasst sich mit einer GmbH, deren Mehrheitsgesellschafter über eine weitere GmbH ein Wettbewerbsunternehmen erworben hatten. In der Gesellschafterversammlung der Alt-GmbH stimmten sie mit ihrer Mehrheit dem voraufgegangenen Erwerb des Wettbewerbsunternehmens zu.

In seiner Entscheidung geht der BGH ausführlich auf die möglichen Nachteile für die Minderheitsgesellschafter ein, die sich aus einer Konzernierung ergeben können und kommt zu dem Ergebnis, dass in einem solchen Falle die Befreiung vom Wettbewerbsverbot durch die Mehrheitsgesellschafter nur dann nicht missbräuchlich ist, wenn sie im Interesse der GmbH geboten ist.

163 Das Holzmüller-Urteil vom 25.2.1982[239] befasst sich mit dem Fall der Ausgliederung des wertvollsten Teils des Vermögens einer AG auf eine 100%ige Tochtergesellschaft und kommt zu dem Ergebnis, dass dafür die Zustimmung der Hauptversammlung der Obergesellschaft erforderlich sei und dass das gleiche auch für zukünftige Kapitalerhöhungen in der Tochtergesellschaft gelte. Jeder Aktionär könne diesen Anspruch im Wege des Einzelklagerechts geltend machen.

164 Das Heumann/Ogilvy-Urteil vom 5.12.1983[240] schließlich betrifft eine Werbeagentur in der Rechtsform einer GmbH & Co. KG, deren 80%ige Mehrheitsgesellschafterin ein Wettbewerbsunternehmen gegründet hatte.

Der BGH kommt zu dem Ergebnis, dass der beherrschende Gesellschafter einer GmbH & Co. KG, der mit hoher Mehrheit sowohl am Kommanditkapital als auch am Stammkapital der Komplementär GmbH beteiligt ist, einem Wettbewerbsverbot unterliegen könne. Das gelte auch dann, wenn er zwar kein persönlich haftender Gesellschafter ist, so dass das gesetzliche Wettbewerbsverbot auf ihn keine Anwendung findet, er aber bei der zu entscheidenden Konstellation als Kommanditist den beherrschenden Einfluss auf die Geschäftsführung habe. Allein daraus ergebe sich eine erhöhte Treuepflicht und demgemäß ein Wettbewerbsverbot. Sei der betreffende Gesellschafter eine Holdinggesellschaft, so treffe das Wettbewerbsverbot auch die Muttergesellschaft. Für die Beteiligungsgesellschaft und deren Mitgesellschafter entstehe eine besondere Gefährdungslage, wenn ein herrschender Gesellschafter außerhalb der Gesellschaft unternehmerisch tätig werde.

165 Mit den in diesen drei Entscheidungen entwickelten Grundsätzen ist dem Interesse der Minderheitsgesellschafter an der Vermeidung missbräuchlicher Gestaltungen hinreichend Rechnung getragen. Handelt es sich dagegen um die Gründung von Tochtergesellschaften außerhalb des Rahmens, der durch die Holzmüller-Entscheidung gezogen worden ist, und ist diese Gründung durch den Gesellschaftsvertrag gedeckt, so ergibt sich zwar für den Minderheitsgesellschafter ebenfalls ein Konzernrisiko. Dieses ist aber dasselbe, das auch der Mehrheitsgesellschafter auf sich nimmt und das der Minderheitsgesellschafter deshalb zu akzeptieren hat.

bb) In der abhängigen Gesellschaft

166 Für den Vertragskonzern gilt dasselbe wie bei der herrschenden Gesellschaft. Darüber hinaus gelten für die Minderheitsgesellschafter die besonderen Schutzvorschriften der §§ 304 ff. AktG (siehe dazu und zur analogen Anwendung auf den GmbH-Konzern Rn 57 ff.).

---

238 BGHZ 80, 69.
239 BGHZ 83, 122.
240 BGHZ 89, 162.

Dröge

(1) Aktiengesellschaft

Ein Schutz gegen unerwünschte Mehrheitsbildungen in der Aktiengesellschaft ist nur be- **167** schränkt möglich und in der Regel nur auf dem Umweg über die Einführung vinkulierter Namensaktien. Ansonsten lässt der Grundsatz der freien Fungibilität der Aktie die Begründung einer Mehrheitsbeteiligung und der sich daraus ergebenden faktischen Beherrschung zu.

Für Transparenz sorgen bei nicht börsennotierten Aktiengesellschaften die Mitteilungs- **168** pflichten nach § 20 AktG bei Überschreitung einer 25%igen oder einer Mehrheitsbeteiligung sowie bei börsennotierten Gesellschaften die Mitteilungs- und Veröffentlichungspflichten nach § 21 WPHG, die bereits beim Erwerb einer Beteiligung von 5% einsetzen.

Der Erwerb von mindestens 30% der Anteile an einer börsennotierten Gesellschaft führt **169** darüber hinaus zu der Verpflichtung, nach § 35ff. WpÜG ein Pflichtangebot abzugeben und zu veröffentlichen.[241]

(2) GmbH und Personengesellschaft

Die gesetzestypische GmbH sieht keinen Schutz vor „Überfremdung" vor; Geschäftsanteile sind **170** frei übertragbar. Bei nicht rein kapitalistisch organisierten Gesellschaften ist diese Regel jedoch die Ausnahme. Der Gesellschaftsvertrag bindet die Übertragung von Geschäftsanteilen vielmehr fast immer an die Zustimmung der Gesellschafterversammlung. Ist die Gesellschaft auf einen engen persönlichen Zusammenhalt abgestellt, wie zum Beispiel bei Dienstleistungsgesellschaften, wird die Zustimmung aller Gesellschafter erforderlich sein. Ist der Zusammenhalt unter den beteiligten Gesellschaftern lockerer, genügt die einfache oder eine qualifizierte Mehrheit. Die Sicherung von Minderheitsgesellschaftern gegen eine unerwünschte Beherrschung ist demgemäß eine Aufgabe der Satzung.

Davon abweichend ist die Ausgangslage bei der Personengesellschaft. Zum ersten gilt von **171** Gesetzes wegen das Einstimmigkeitsprinzip und der Grundsatz, dass die Übertragung von Gesellschaftsanteilen der Zustimmung aller Gesellschafter bedarf.[242]

Darüber hinaus sehen jedoch moderne Gesellschaftsverträge in aller Regel Bestimmungen **172** vor, wie sie auch bei der GmbH üblich sind.
–   Gesellschaftsanteile können nur mit Zustimmung der Gesellschafterversammlung übertragen werden.
–   Die Gesellschafterversammlung entscheidet in aller Regel mit qualifizierter Mehrheit, ausnahmsweise mit allen Stimmen.

Eine Inhaltskontrolle von zulässigen Mehrheitsbeschlüssen hat sich zu orientieren am Grund- **173** satz der mitgliedschaftlichen Treuepflicht. Sie führt zum Schutz der Minderheitsgesellschafter vor solchen Beschlüssen, die sie im Kernbereich ihrer mitgliedschaftlichen Rechte nachhaltig beeinträchtigen.[243]

b) Konzernleitungskontrolle

Auf die Konzernleitungskontrolle in der herrschenden Gesellschaft ist nicht weiter einzugehen. **174** Die Ausübung der Beteiligungsrechte ist Sache der Geschäftsführer bzw. der geschäftsführenden Gesellschafter und bei der Aktiengesellschaft Sache des Vorstands, der unter der Kontrolle des

---

241 Abgedruckt bei *Consbruch/Möller*, Kreditwesengesetz, Textsammlung Beck-Verlag, Band II, WPHG G 10 WpÜG G 12. Zum Pflichtangebot siehe auch *Schwark/Zimmer*, § 35 Rn 39 ff.
242 MünchGesR/*Piehler/Schulte*, Bd. 1, § 73 Rn 5.
243 Siehe hierzu etwa *Emmerich/Habersack*, Konzernrecht S. 104 und Beck PersGes-HB/*Stengel*, § 3 Rn 11 ff.; *Röttger*, Kernbereichslehre, 20 u. 118 ff.

Aufsichtsrats steht. Darüber hinausgehende Beteiligungsrechte der Gesellschafter regelt bei GmbHs und Personengesellschaften der Gesellschaftsvertrag.

175 Gruppenleitungsprobleme entstehen jedoch in erheblichem Umfange auf der Ebene der abhängigen Gesellschaft.

aa) Aktiengesellschaft

176 Nach § 75 AktG hat der Vorstand „unter eigener Verantwortung die Gesellschaft zu leiten". Im Gegensatz zum Geschäftsführer einer GmbH unterliegt er keinem Weisungsrecht, und zwar weder durch die Hauptversammlung noch durch den Aufsichtsrat. Dem Aufsichtsrat kommt lediglich ein passives Mitwirkungsrecht zu insoweit, als die Satzung oder der Aufsichtsrat selbst bestimmen können, dass bestimmte Geschäfte nur mit seiner Zustimmung vorgenommen werden dürfen (§ 111 Abs. 4 S. 2 AktG). Der Aufsichtsrat kann also die Durchführung eines Geschäfts verhindern, aber nicht erzwingen.

177 Auf den ersten Blick mutet es deshalb merkwürdig an, dass die §§ 311 ff. AktG materielle und formelle Maßnahmen zum Schutz der abhängigen Gesellschaft vorschreiben, falls kein Beherrschungsvertrag zwischen den verbundenen Unternehmen abgeschlossen worden ist. Auf dem Umweg über den Schutz der abhängigen Gesellschaft bewirken diese Maßnahmen gleichzeitig den Schutz der Minderheitsgesellschafter und der Gläubiger. Das Gesetz trägt damit in pragmatischer Weise der Tatsache Rechnung, dass ein für die abhängige Gesellschaft nachteiliger Einfluss auf subtilere Art ausgeübt werden kann als über die Erteilung einer unmittelbaren Weisung. Das beginnt bei der Besetzung der Leitungsorgane der abhängigen Gesellschaft, die häufig in Personalunion auch in der herrschenden Gesellschaft Funktionen ausüben oder zumindest für sie tätig sind bis zur Ausübung wirtschaftlichen „sanften Drucks". Letztlich sind die §§ 311 ff. AktG Ausdruck der Tatsache, dass ein Konzern nur vorliegt, wenn zwei oder mehrere Unternehmen unter einheitlicher Leitung zusammengefasst sind. Diese einheitliche Leitung begründet die Gefahr der Nachteilszufügung für Minderheitsgesellschafter und Gläubiger der abhängigen Gesellschaft.[244]

(1) Ausübung von Einfluss

178 Grundsätzlich ist es dem herrschenden Unternehmen untersagt, seinen Einfluss auf das abhängige Unternehmen in einer Weise geltend zu machen, die diesem Nachteil zufügt. Die Frage, ob § 311 Abs. 1 Hs. 2 mit der Formulierung „...es sei denn, dass die Nachteile ausgeglichen werden" eine Privilegierung in der Weise enthält, dass für den Fall des Nachteilsausgleichs die Zufügung eines solchen Nachteils zulässig sei, war lange Zeit umstritten. Nach heute herrschender Meinung enthält § 311 AktG eine solche Privilegierung.[245] Ebenso anerkannt ist aber auch, dass § 311 AktG kein Weisungsrecht für das herrschende Unternehmen begründet. So verstanden betrifft § 311 AktG solche Entscheidungen, die auf andere Weise als durch rechtmäßige Weisung herbeigeführt worden sind.[246] Der Begriff „Veranlassung" in diesem Sinne ist weit zu verstehen. Er umfasst zum Beispiel auch die Ausübung des Stimmrechts der Obergesellschaft in der Hauptversammlung der Untergesellschaft. Eine andere Frage ist allerdings, inwieweit durch diese Ausübung des Stimmrechts der abhängigen Gesellschaft ein „Nachteil" entsteht.

179 Bei der Ermittlung des Nachteils in diesem Sinne ist von dem rechtmäßigen Verhalten der Vertretungsorgane einer nicht abhängigen Gesellschaft auszugehen und der Frage, ob der Vorstand einer in einer solchen Weise unabhängigen Gesellschaft bei sorgfältiger Wahrnehmung

---

244 *Ederle*, „Der verdeckte Beherrschungsvertrag als konzernrechtliches Haftungsinstrument", AG 2010, 273 ff.
245 Emmerich/Habersack/*Habersack*, § 311 Rn 5; Kölner Komm-AktG/*Koppensteiner*, Vorbemerkung § 311 Rn 8 ff.
246 MüKo-AktG/*Altmeppen*, Vorbemerkung § 311 Rn 4.

der Interessen der vertretenen Gesellschaft das betreffende Geschäft auch ohne Vorliegen einer Abhängigkeit vorgenommen hätte. Daraus ergeben sich naturgemäß im Einzelfall schwierige Abgrenzungsfragen, insbesondere aus der wirtschaftlichen Verflechtung der verbundenen Unternehmen. Maßgeblicher Zeitpunkt dabei ist die Vornahme des betreffenden Rechtsgeschäfts. Das bedeutet also, dass es auf die vorausschauende Betrachtung eines verantwortungsbewussten Geschäftsleiters ankommt, nicht aber darauf, ob sich die Maßnahme im Nachhinein als nachteilig herausstellt.

Die Ermittlung des entstandenen Nachteils kann im Einzelfall Schwierigkeiten bereiten. Relativ einfache Fälle: **180**

– Unangemessene Konzernverrechnungspreise.
– Darlehensgewährung mit unangemessenen Zinssätzen.
– Ausfall eines ungesicherten Darlehens im Konzern.
  Insoweit Hinweis auf die Ausführungen zum Cash Pooling.
– Unangemessene Konzernumlagen für Dienstleistungen.

Der entstandene Nachteil muss in vollem Umfange durch einen gleichwertigen Vorteil ausgeglichen werden. Wie § 317 AktG zeigt, ist dieser Ausgleich nicht gleichzusetzen mit einem Schadenersatzanspruch. Deshalb kann der Nachteilsausgleich auch in jedem Vermögensvorteil bestehen, der diesen Voraussetzungen genügt, nicht nur in einer Zahlung in Geld. **181**

Nach § 311 Abs. 2 AktG hat der Ausgleich in der Regel im laufenden Geschäftsjahr zu erfolgen. Ist das nicht geschehen, muss ein durchsetzungsfähiger Rechtsanspruch der abhängigen Gesellschaft gegen die Obergesellschaft begründet werden, und zwar spätestens zum Bilanzstichtag des laufenden Geschäftsjahres. **182**

Ist bis zu diesem Zeitpunkt weder der Nachteil ausgeglichen noch ein Rechtsanspruch auf Nachteilsausgleich begründet worden, so tritt an deren Stelle der Schadenersatzanspruch nach § 317 AktG. Diese Bestimmung macht deutlich, dass es im Grundsatz dabei bleibt, dass die herrschende Gesellschaft ihren Einfluss auf das abhängige Unternehmen nicht zu dessen Nachteil ausüben kann; lediglich der Nachteilsausgleich privilegiert einen solchen Einfluss. Der Schadenersatzanspruch nach § 317 AktG ist insoweit ein besonders scharfes Schwert, als er gleichzeitig mit Sanktionen für die Organe der herrschenden Gesellschaft verbunden ist. Das sind bei einer Aktiengesellschaft der Vorstand, bei einer GmbH deren Geschäftsführer (auch der Komplementär GmbH einer GmbH & Co. KG) und bei einer Personengesellschaft die persönlich haftenden Gesellschafter. Neben den Organen der herrschenden Gesellschaft haften auch die Vertreter der abhängigen Gesellschaft und deren Aufsichtsratsmitglieder dann auf Schadenersatz, wenn sie ihrer Berichtspflicht im Rahmen eines Abhängigkeitsberichts nicht nachgekommen sind. **183**

(2) Abhängigkeitsbericht

Liegen die Voraussetzungen für Abhängigkeit und Beherrschung vor, fehlt es aber an einem Beherrschungsvertrag, so hat der Vorstand der abhängigen Gesellschaft einen sogenannten Abhängigkeitsbericht aufzustellen, und zwar innerhalb von drei Monaten nach Beginn des Folgegeschäftsjahres. Der Inhalt dieses Abhängigkeitsberichts ist in § 312 Abs. 1 S. 2 bis 4 AktG geregelt. Er soll keine Wertung vornehmen, sondern unabhängig davon, ob die betreffenden Geschäfte und Maßnahmen vorteilhaft oder mit Nachteilen verbunden waren, Transparenz schaffen über den Geschäftsverkehr zwischen herrschendem und verbundenem Unternehmen. Erst in der Schlusserklärung nach § 312 Abs. 3 AktG hat der Vorstand der abhängigen Gesellschaft zu erklären, **184**

– ob eine angemessene Gegenleistung erbracht wurde;
– ob ein Nachteil eingetreten ist;

– und für den Fall, dass diese Frage bejaht wird, ob der Nachteil ausgeglichen wurde, und zwar in der in § 311 AktG vorgesehenen Weise.

185 Der Abhängigkeitsbericht ist durch den Abschlussprüfer zu prüfen, dem auch die Prüfung des Jahresabschlusses obliegt. Der Prüfungsumfang ergibt sich aus § 313 AktG.

186 Der Bericht ist unverzüglich nach seiner Aufstellung dem Aufsichtsrat vorzulegen, der ebenfalls eine Prüfung anzustellen und darüber der Hauptversammlung zu berichten hat (§ 314 AktG).

187 Schließlich hat jeder Aktionär das Recht, eine Sonderprüfung nach § 315 AktG zu beantragen, wenn entweder der Abschlussprüfer sein Testat eingeschränkt oder der Aufsichtsrat Einwendungen gegen den Abhängigkeitsbericht erhoben hat. Das gleiche gilt, wenn der Vorstand erklärt hat, dass entstandene Nachteile nicht ausgeglichen worden seien. Der Abhängigkeitsbericht wird nicht publiziert.

bb) GmbH

188 Die Beherrschungsmöglichkeit in der abhängigen GmbH geht wesentlich weiter als in der Aktiengesellschaft. Weisungen der Gesellschafter – und damit indirekt des Mehrheitsgesellschafters – an die Geschäftsführer der Untergesellschaft sind legalisiert und zulässig. Möglichkeit, Umfang und Nachhaltigkeit der Nachteilszufügung sind deshalb im GmbH-Konzern wesentlich weitergehend als im Aktienkonzern.

189 Trotzdem oder gerade deswegen finden die §§ 311 ff. AktG auf die GmbH und die GmbH & Co. KG keine Anwendung.[247] Stattdessen hat die Rechtsprechung des Bundesgerichtshofs ein besonderes Haftungssystem mit wechselhafter Geschichte entwickelt, dem wegen seiner besonderen Bedeutung das nachfolgende Kapitel gewidmet werden soll.

190 Dem Schutz der Minderheitsgesellschafter in der abhängigen GmbH dient in erster Linie die Gesellschaftertreuepflicht, die es dem herrschenden Unternehmen verbietet, Ressourcen des abhängigen auf sich überzuleiten, ohne in angemessener Weise auf die Interessen der Minderheitsgesellschafter Rücksicht zu nehmen. Dabei handelt es sich aber um ein allgemeines gesellschaftsrechtliches Prinzip, nicht um ein konzernspezifisches.[248]

V. Außenhaftung im faktischen GmbH- und GmbH & Co. KG-Konzern

1. Die Rechtsprechung zum qualifizierten faktischen Konzern
a) Das gesetzliche Haftungssystem

191 Nach § 13 Abs. 2 GmbHG haftet den Gläubigern einer Gesellschaft mit beschränkter Haftung nur das Gesellschaftsvermögen. Die Haftung der Gesellschafter selbst beschränkt sich auf ihre Einlage.

192 Dasselbe ergibt sich für die GmbH & Co. KG aus § 172 Abs. 1 HGB: Haben die Kommanditisten ihre Einlage erbracht und wird diese nicht zurückgezahlt, so erlischt damit auch ihre persönliche Haftung.

193 Diese Haftungsbeschränkung in Verbindung mit den Möglichkeiten einer flexiblen gesellschaftsrechtlichen Handhabung machen die GmbH und die GmbH & Co. KG zu den klassischen Gesellschaftsformen des Mittelstandes. Eine Durchbrechung des gesetzlichen Haftungssystems hatten Rechtsprechung und Schrifttum stets nur in denjenigen Fällen zugelassen, in denen ein

---

247 *Lutter/Hommelhoff/Lutter*, Anhang § 13 Rn 20; BGHZ 65, 15 (ITT).
248 MünchGesR/*Schiessl*, Bd. 3, § 32 Rn 13.

wie auch immer gearteter Pflichtenverstoß der Gesellschafter eine Durchgriffshaftung als angemessene Antwort erscheinen ließ. Diese Durchgriffshaftung gründet sich zum einen auf den Kapitalerhaltungsgrundsatz des § 30 GmbH und zum anderen auf die Treuepflicht des Gesellschafters auch gegenüber seiner eigenen Gesellschaft (Ein-Mann-GmbH).

Schon das Reichsgericht erkannte an, dass eine persönliche Haftung der Gesellschafter in **194** Frage kommen könne in den nachfolgenden Fällen:
– Unterkapitalisierung.
– Vermischung des Vermögens der Gesellschaft mit dem privaten Vermögen der Gesellschafter.
– Vermischung der Unternehmenssphäre mit der privaten Sphäre, insbesondere im organisatorischen Bereich.
– Bewusster Institutsmissbrauch. Ein solcher Missbrauch liegt insbesondere dann vor, wenn die Gesellschafter die geschäftlichen Chancen selbst wahrnehmen, die geschäftlichen Risiken dagegen auf die Gesellschaft verlagern.

In all diesen Fällen persönlicher Haftung der Gesellschafter wurde nicht auf einen bestimmten **195** gesellschaftsrechtlichen oder organisatorischen Zustand abgestellt, sondern auf ein letztlich schuldhaftes Verhalten der Gesellschafter. Es geht darum, die Vermögensmasse der Gesellschaft vor Eingriffen der Gesellschafter zu schützen, die mit Treu und Glauben nicht zu vereinbaren sind.

Dieses durch die Rechtsprechung fortgebildete, aber letztlich auf allgemeinen und spezifi- **196** schen gesetzlichen Grundlagen beruhende Haftungssystem gilt unverändert fort. Es ist konzernunabhängig.

b) Die Haftung im qualifizierten faktischen Konzern

Erstmals im Jahre 1985 war der Bundesgerichtshof mit der Entscheidung eines Falles befasst, der **197** so exemplarisch war, dass dem BGH das gesetzliche Haftungssystem in der vorstehend dargestellten Ausgestaltung als nicht mehr ausreichend erschien. In insgesamt drei Entscheidungen verabschiedete er sich deshalb von einer Haftung, bei der der Unternehmer (nur) für ein schuldhaftes Verhalten einzutreten hat und kam zu einer Zustandshaftung, bei der es auf Verschulden nicht ankam. Diese drei Entscheidungen sollen nachstehend zitiert werden.

Urteil vom 16.9.1985 (Autokran):[249] **198**

Leitsatz: Bei Vermögenslosigkeit einer abhängigen GmbH kommt eine Ausfallhaftung des herrschenden Konzernunternehmens in entsprechender Anwendung der §§ 303, 322 Abs. 2 und 3 AktG in Betracht, wenn dieses die Geschäfte der abhängigen GmbH dauernd und umfassend selbst geführt hat und nicht dartun kann, dass der pflichtgemäß handelnde Geschäftsführer einer selbstständigen GmbH die Geschäfte ebenso geführt hätte.

Das Autokran-Urteil schlug in der juristischen Literatur wie eine „Bombe" ein und löste eine **199** Flut von Aufsätzen und Tagungen aus.[250] Von Anfang an erhob sich erhebliche Kritik nicht nur dagegen, dass das Urteil eine verschuldensunabhängige Haftung eröffnete, sondern insbesondere auch gegen die Umkehrung der Beweislast. Unbeirrt davon setzte der BGH jedoch in der Folgezeit seine Rechtsprechung fort durch zwei weitere Entscheidungen:

Urteil vom 20.2.1989 (Tiefbau):[251] **200**

---

249 BGH BGHZ, 95, 330, 345 f.
250 Siehe die Hinweise zum umfangreichen Schrifttum bei *Hüffer*, § 303 Rn 7 ff. sowie RWS-Dokumentation 12 „Der qualifizierte faktische Konzern", Hirte (Herausgeber) Band I 1992, Band II 1993; *Wiedemann*, „Aufstieg und Krise des GmbH-Konzernrechts", GmbHR 2011, 1009.
251 BGH BGHZ 107, 7, 16 ff.

In diesem Falle kam der BGH zur Konzernhaftung einer Volksbank, die im Rahmen eines gescheiterten Sanierungsversuchs Finanzierungsverantwortung für eine notleidende Gesellschaft übernommen hatte.

201   Urteil vom 23.9.1991 (Video):[252]

Die Video-Entscheidung stellt den „Höhepunkt" der ausufernden Rechtsprechung des BGH dar. Sie kommt zur vollen Verlustausgleichspflicht des Ein-Mann-Gesellschafters einer GmbH und zu dem Ergebnis, dass sich aus § 303 Abs. 1 AktG ein unmittelbar auf Zahlung gerichteter Anspruch eines Gläubigers der Gesellschaft gegen den Gesellschafter ergeben könne. Dem Tatbestand der Entscheidungsgründe ist nicht zu entnehmen, dass der Alleingesellschafter sich in irgendeiner Weise schuldhaft verhalten hatte.

202   Die Quintessenz aus dieser Rechtsprechung war:

Führt ein Unternehmen im konzernrechtlichen Sinne tatsächliche Verhältnisse herbei, die zu einer im Wesentlichen gleichen (abstrakten) Gefährdung der Gläubiger des abhängigen Unternehmens führen, wie sie beim Vertragskonzern bestehen, so müsse es im Grundsatz auch in gleicher Weise haften, als ob es einen Unternehmensvertrag abgeschlossen hätte. Um den einfachen faktischen Konzern zum qualifizierten zu machen, müsse die einheitliche Leitung des abhängigen Unternehmens über die nach § 18 AktG ohnehin für das Vorliegen eines Konzerns erforderliche hinausgehen, sie müsse zu einer „dauernden und umfassenden Führung" werden.

203   Dabei ist besonders bedeutsam, dass der BGH in seiner Autokran-Entscheidung noch von einer Entlastungsmöglichkeit ausging, von dieser aber im Video-Urteil abrückte, weil es nicht um eine schuldhafte Pflichtenverletzung gehe, sondern um eine Risikoübernahme.

204   Der aufgrund dieser Rechtsprechung befürchtete „Flurschaden" blieb nicht aus. Zum Beispiel urteilte das OLG Saarbrücken am 22.9.1992:[253]

„Ist ein Kaufmann Prokurist einer Familien-GmbH, an der er als Minderheitsgesellschafter beteiligt ist und vermittelt er der Gesellschaft Geschäfte und Lizenzrechte, dann begründet dies einen qualifizierten faktischen Konzern."

205   Und – wie nicht anders zu erwarten – griff das Bundesarbeitsgericht den „Video-Gedanken" gleich in zwei Entscheidungen dankbar auf, nämlich am 28.4.1992[254] und am 6.10.1992,[255] indem es die Haftung des geschäftsführenden Mehrheitsgesellschafters einer GmbH für Versorgungsansprüche der Arbeitnehmer bejahte, weil dieser Gesellschafter daneben auch als Einzelunternehmer weitere Geschäfte betrieb.

206   Diese Entscheidungen und die massive Kritik der Literatur blieben nicht ohne Wirkung. Mit dem TBB-Urteil vom 19.3.1993[256] leitete der BGH die Abkehr von der Rechtsprechung zum qualifizierten faktischen Konzern ein. Das ist umso bemerkenswerter, als auch diesem Urteil ein „kranker Sachverhalt" zugrunde lag, bei dem die persönliche Haftung des Gesellschafters an sich plausibel gewesen wäre und dem Gerechtigkeitsempfinden entsprochen hätte. Weil die TBB-Entscheidung gewissermaßen die Überleitung zur Haftung wegen existenzvernichtenden Eingriffs einläutet, auf die im nächsten Kapital einzugehen ist, sollen die Leitsätze nachfolgend wiedergegeben werden. Sie lauten:

a)   Der eine GmbH beherrschende Unternehmensgesellschafter haftet entsprechend den §§ 302, 303 AktG, wenn er die Konzernleitungsmacht in einer Weise ausübt, die keine angemessene Rücksicht auf die eigenen Belange der abhängigen Gesellschaft nimmt, ohne dass sich der

---

252 BGH BGHZ 115, 187, 192 ff.
253 OLG Saarbrücken ZIP 1992, 1623.
254 BAG ZIP 1992, 1566.
255 BAG NJW 1993, 954.
256 BGH BGHZ, 122, 123.

ihr insgesamt zugefügte Nachteil durch Einzelausgleichsmaßnahmen kompensieren ließe (Klarstellung zu BGHZ 115, 187!).

b) Die dauernde und umfassende Ausübung der Leitungsmacht durch das herrschende Unternehmen begründet **nicht** die Vermutung, dass keine angemessene Rücksicht auf die Belange der abhängigen Gesellschaft genommen worden ist. Der Kläger hat vielmehr Umstände darzulegen und zu beweisen, die eine solche Annahme nahelegen. Dabei können ihm entsprechend den von der Rechtsprechung entwickelten Grundsätzen Erleichterungen hinsichtlich seiner Substantiierungslast eingeräumt werden, soweit das herrschende Unternehmen im Gegensatz zum Kläger die maßgebenden Tatsachen kennt und ihm die Darlegung des Sachverhalts zuzumuten ist.

Damit war nicht nur die unternehmerisch besonders riskante Vermutungsannahme aufgegeben **207** worden; der BGH war (wieder) auch von einer verschuldensunabhängigen Zustandshaftung zu einer Verhaltenshaftung übergegangen. Mit dem TBB-Urteil war die systematische Fortbildung der Haftung im qualifizierten faktischen Konzern zum Abschluss gekommen. Die endgültige Aufgabe dieser Rechtsprechung deutete sich bereits an.

Ergänzend ist hinzuzufügen, dass von Anfang an kein Zweifel daran bestand, dass die für **208** die GmbH entwickelten Grundsätze bei vergleichbarer Konstellation auch auf die GmbH & Co. KG Anwendung finden würden.[257]

2. Der Übergang zur Haftung wegen existenzvernichtenden Eingriffs
a) GmbH-Konzern
Der erwartete endgültige Abschied vom bisherigen Haftungssystem wurde mit der Bremer Vul- **209** kan-Entscheidung des 2. BGH-Zivilsenats vom 17.9.2001[258] vollzogen mit folgenden Leitsätzen:
- Der Schutz einer abhängigen GmbH gegen Eingriffe ihres Alleingesellschafters folgt nicht dem Haftungssystem des Konzernrechts des Aktienrechts (§§ 201ff., 311ff. AktG), sondern ist auf die Erhaltung ihres Stammkapitals beschränkt, da er eine angemessene Rücksichtnahme auf die Eigenbelange der GmbH erfordert. An einer solchen Rücksichtnahme fehlt es, wenn die GmbH in Folge der Eingriffe ihres Alleingesellschafters ihren Verbindlichkeiten nicht mehr nachkommen kann.
- Veranlasst der Alleingesellschafter die von ihm abhängige GmbH, ihre liquiden Mittel in einen von ihm beherrschten konzernierten Liquiditätsverbund einzubringen, trifft ihn die Pflicht, bei Dispositionen über ihr Vermögen auf ihr Eigeninteresse an der Aufrechterhaltung ihrer Fähigkeiten, ihren Verbindlichkeiten nachzukommen, angemessene Rücksicht zu nehmen und ihre Existenz nicht zu gefährden. Kommt er dieser Verpflichtung nicht nach, kann er sich eines Treuebruchs im Sinne des § 266 Abs. 1 StGB schuldig machen.

Der 5. Strafsenat des BGH ergänzte diese Auffassung für denselben Fall[259] mit folgendem zweiten **210** Leitsatz:
In einem Konzern verletzen die Vorstandsmitglieder der beherrschenden Aktiengesellschaft jedenfalls dann ihre Vermögensbetreuungspflicht gegenüber einer abhängigen GmbH, wenn deren Vermögenswerte in einem solchen Umfang ungesichert im Konzern angelegt werden, dass im Falle ihres Verlustes die Erfüllung von Verbindlichkeiten der Tochtergesellschaft oder deren Existenz gefährdet wäre.

---

257 Siehe zum Beispiel BAG ZIP 1999, 723.
258 BGH ZIP 2001. 1874.
259 BGHSt NJW 2004, 2248.

211   Insbesondere in zwei weiteren bedeutsamen Entscheidungen hat der 2. Zivilsenat danach seine Rechtsprechung fortgeführt. Das ist zum einen der KBV-Fall[260] und zum anderen die Klinik-Entscheidung vom 20.9.2004.[261] Der BGH kommt unter Anwendung derselben Grundsätze zu einer Haftung, die sich auf § 826 BGB stützt.

212   Im Übrigen setzte der 2. Zivilsenat seine Rechtsprechung auf dieser Linie bis zum Jahre 2007 ununterbrochen fort[262] und die Untergerichte schlossen sich dem an.[263] In einer Entscheidung vom 25.7.2005[264] erklärt der BGH ausdrücklich, dass die Rechtsprechung zur Konzernhaftung „überholt" sei und stellt darüber hinaus klar, dass Ansprüche von Einzelgläubigern wegen existenzvernichtenden Eingriffs nur außerhalb eines Insolvenzverfahrens, nicht aber während eines laufenden Verfahrens geltend gemacht werden können.

213   Zusammengefasst galten die Voraussetzungen für eine Haftung wegen existenzvernichtenden Eingriffs als erfüllt, wenn
–   der beherrschende Gesellschafter pflichtwidrig in das Vermögen der Gesellschaft eingriff und dabei die Fähigkeit der Gesellschaft zur Bedienung ihrer Verbindlichkeiten in unangemessener Weise außer Acht ließ;
–   dadurch bedingt die Fähigkeit der GmbH, ihre Verbindlichkeiten zu erfüllen, wesentlich beeinträchtigt wurde;
–   der sich daraus ergebende Nachteil nicht durch Rückforderungsansprüche nach den §§ 30, 31 GmbHG ausgeglichen werden konnte;
–   und der Eingriff vom Gesellschafter zu vertreten war.

214   Lagen diese Voraussetzungen vor, so sollte sich daraus für den Geschäftsführer der Untergesellschaft die Konsequenz ergeben, dass er in dieser Weise existenzvernichtende Weisungen des Gesellschafters (der Gesellschafterversammlung) nicht befolgen durfte. Verstieß er dagegen, machte er sich selbst schadenersatzpflichtig.

215   Bemerkenswert war dabei unter anderem, dass als Haftungsadressaten nicht nur unmittelbare Gesellschafter in Frage kamen, sondern auch Gesellschafter von Gesellschaftern, soweit sie die Haftungsvoraussetzungen erfüllten. Bereits mit der Bremer Vulkan-Entscheidung war dabei klargestellt, dass es sich bei dieser Haftung nicht um eine ausschließlich konzernindizierte handelte. Auch der Allein-Gesellschafter, der kein „Unternehmen" im konzernrechtlichen Sinne ist, konnte wegen existenzvernichtenden Eingriffs haften. Da aber in einem solchen Falle in der Regel schon die eingangs unter Rn 1 ff.) skizzierten allgemeinen Haftungsregeln greifen, war das Problem in der Rechtswirklichkeit letztlich doch ein solches der Haftung im Konzern.

b) Besonderheiten im GmbH & Co. KG-Konzern

216   Werden die Gruppenunternehmen nicht in der Rechtsform einer GmbH betrieben, sondern – insbesondere die Untergesellschaft – als GmbH & Co. KG, so ergeben sich nach u.A. gegenüber dem oben dargestellten Ergebnis keine Abweichungen.

217   Bei Anwendung der die Rechtsprechung des BGH tragenden Gründe ist nicht zu erkennen, warum die Gefährdungs- und damit die Haftungssituation bei der GmbH & Co. KG eine andere sein soll als bei der GmbH. Die Möglichkeiten des beherrschenden Gesellschafters, in den beschränkten Haftungsfonds der Gesellschaft einzugreifen, sind eher größer. Die Regelungen in

---

260 BGH DB 2002, 1875.
261 BGH ZIP 2004, 2138.
262 BGH DB 2005, 328; BGH ZIP 2005, 117 mit Anm. *Altmeppen*.
263 OLG Rostock ZIP 2004, 118.
264 BGH ZIP 2005, 1734.

Dröge

den §§ 264a ff. HGB machen deutlich, dass auch der Gesetzgeber von vergleichbaren Sachverhalten ausgeht.[265]

3. Der Übergang von der Außenhaftung zur deliktrechtlichen Innenhaftung

Auch die gesellschaftsrechtlich begründete Haftung wegen existenzvernichtenden Eingriffs hat **218**
der BGH nach sechs Jahren zu Gunsten einer deliktsrechtlich begründeten Innenhaftung nach
§ 826 BGB aufgegeben. In der „Tri-Hotel-Entscheidung" vom 16.7.2007[266] heißt es im ersten Leitsatz, dass an dem Erfordernis einer als „Existenzvernichtungshaftung" bezeichneten Haftung
des Gesellschafters für missbräuchliche, zur Insolvenz der GmbH führende oder diese vertiefende kompensationslose Eingriffe in das Gesellschaftsvermögen festgehalten werde. Im zweiten
Leitsatz gibt der BGH aber das Konzept einer eigenständigen Haftungsfigur, die an den Rechts-
formmissbrauch geknüpft und als Außenhaftung des Gesellschafters gegenüber den Gesellschaftsgläubigern aufgestellt ist, auf. Quintessenz der neuen Rechtsprechung:

> „Stattdessen knüpft die ... Existenzvernichtungshaftung des Gesellschafters (nunmehr) an
> die missbräuchliche Schädigung des im Gläubigerinteresse zweckgebundenen Gesell-
> schaftsvermögens an und ordnet sie – in Gestalt einer schadensersatzrechtlichen Innenhaf-
> tung gegenüber der Gesellschaft – allein in § 826 BGB als eine besondere Fallgruppe der sit-
> tenwidrigen vorsätzlichen Schädigung ein".

Damit befindet sich der Zivilrechtler auf vertrautem Gebiet. Dazu gehört auch die im dritten Leit- **219**
satz wiedergegebene Erkenntnis, dass Schadensersatzansprüche nach dem in dieser Weise aus-
geprägten § 826 BGB gegenüber Erstattungsansprüchen aus §§ 31, 30 GmbHG nicht subsidiär
sind.[267]

4. Haftungsrisiken beim Cash Pooling:
a) Cash-Management-Systeme

Cash Pooling-Systeme dienen der Optimierung der Liquiditätsverwaltung zwischen verbunde- **220**
nen Unternehmen, insbesondere in mehrgliedrigen Konzernen. Dabei sind zwei Verfahren von
Bedeutung:

aa) Das Zinskompensationsverfahren

Dieses Verfahren führt nicht zum physischen Geldtransfer, sondern nur zum Ausgleich von **221**
Zinsnachteilen. Guthaben der Gesellschaft A werden mit Krediten der Gesellschaften B, C und D
fiktiv saldiert. Zinsen werden nur auf den jeweiligen Saldo berechnet. Das Zinskompensationsverfahren stellt kein Instrument zur Steuerung der verfügbaren Gesamtliquidität im Konzern dar
und ist deshalb relativ selten, insbesondere vermeidet es nicht die Aufnahme von Krediten
durch die Gesellschaft B bei gleichzeitigem Liquiditätsüberschuss in der Gesellschaft A.

Das Zinskompensationsverfahren führt nicht zu rechtlich relevanten Problemen. Deshalb ist **222**
darauf nicht weiter einzugehen.

---

265 MüKo-HGB/*Schmidt*, §§ 171, 172 Rn 127 f.
266 BGHZ 173, 246.
267 Vgl. zum Ganzen: Lutter/Hommelhoff/*Lutter*, § 13, Rn 32 ff.; Michalski/*Michalski*, 2. Aufl. 2010, Systematische
Darstellung 1, Rn 75 ff. Kritisch zu diesem Haftungsansatz: Wiedemann, 261a, „Aufstieg und Krise des GmbH-
Konzernrechts," GmbHR 2011, 1009.

bb) Das Übertragungsverfahren

223 Dagegen ist das effektive Pooling, das sogenannte Übertragungsverfahren, ein auch in mittelständischen Konzernen inzwischen gängiges Mittel zur effektiven Liquiditätssteuerung und zur Minimierung von Kreditinanspruchnahmen.

224 Die Systematik des Übertragungsverfahrens besteht darin, dass bei der Muttergesellschaft ein Zielkonto (Hauptkonto) eingerichtet wird, auf das die beauftragte Bank jeweils – meistens automatisch – in zu vereinbarenden Zeitintervallen, in der Regel arbeitstäglich, die Guthaben auf den Konten der Konzerngesellschaften (Nebenkonten) ganz oder im Wesentlichen überträgt und Verbindlichkeiten auf den Nebenkonten durch Belastung des Hauptkontos abdeckt. Auf diese Weise wird die Finanzierung der Töchter vom Zielkonto gespeist.

225 Hat ein Konzern auch ausländische Töchter, so erfordert die Währungsumrechnung eine zusätzliche Variante, die zum Beispiel in einer sogenannten Overlay-Struktur bestehen kann. Die ausländische Tochter eröffnet ein zusätzliches Poolkonto, auf das sie überschüssige Liquidität überweist. Von diesem Konto erfolgt dann die Übertragung an die deutsche Mutter.

226 Zur Verdeutlichung des Vorgangs nachstehend § 1 der Mustervereinbarung einer Deutschen Bank für den Pooltransfer:

> „Die Konzernmutter beauftragt die Bank, alle Umsätze, das heißt alle Zahlungseingänge und Zahlungsausgänge, die die in der Anlage bezeichneten Konten der Konzerntochter (Ursprungskonten) bei den dort angegebenen Niederlassungen der Bank betreffen, gleichtägig auszubuchen und mit der jeweils vereinbarten Valuta auf das oben genannte Konto der Konzernmutter (Zielkonto) bei der ...bank zu übertragen. Der Auftrag erstreckt sich jeweils auf diejenigen Umsätze, die bei der Niederlassung der Bank bis zum Buchungsschluss erfasst sind.“

227 Diese Vereinbarung wird in der Regel dadurch ergänzt, dass sämtliche am Cash Pooling beteiligten Unternehmen (Mutter und Töchter) die gesamtschuldnerische Haftung für Verbindlichkeiten auf dem Zielkonto übernehmen. Auf diesem Umweg kann eine konzernweite Verbundhaftung entstehen.

b) Rechtliche Beurteilung

228 Es liegt auf der Hand, dass ein solcher Liquiditätsfluss innerhalb des Konzerns zu Risiken sowohl für die Tochtergesellschaft führen kann, die ihre Liquidität auf das Zielkonto weiterleitet, als auch für die Mutter, die von diesem Zielkonto Liquidität an eine andere Tochter weiterleitet.

229 Soweit sich diese Risiken aus treuwidrigem, gegen § 826 BGB verstoßendem Verhalten ergeben, kann dem durch die Anwendung der im vorstehenden Kapitel dargelegten Haftung Rechnung getragen werden. Über einen solchen Fall verhält sich die Bremer Vulkan-Entscheidung des BGH vom 17.9.2001.[268]

230 Anders dagegen ist es mit solchen wirtschaftlichen Risiken, die sich auch bei an sich ordnungsgemäßem Verhalten der Organe der beteiligten Unternehmen ergeben und die zu einem ganzen oder teilweisen Ausfall der Forderung der liquiditätsgewährenden Gesellschaft führen. In einem solchen Falle ergibt sich ein Schaden nicht aus einem bestimmten Verhalten, sondern aus dem Zustand, der durch die Einrichtung des Cash Poolings herbeigeführt worden ist.

231 Es stellt sich also die Frage, ob die Darlehensgewährung durch Untergesellschaften an die Muttergesellschaft und von dort zurück an andere Tochtergesellschaften zulässig ist. Bis zu der nachfolgend besprochenen Entscheidung des BGH vom 24. November 2003 galten aufsteigende Darlehen im Konzern nur dann als unzulässig, wenn der Rückzahlungsanspruch nicht vollwer-

---

268 BGH ZIP 2001, 1874.

Dröge

tig war, so dass sich bei ordnungsgemäßer Bilanzierung eine Unterbilanz ergab. Handelte es sich dagegen um solche Darlehen, die bilanzneutral blieben, weil lediglich Geld gegen eine Forderung gegen den Gesellschafter eingetauscht wurde, verneinte die herrschende Meinung einen Verstoß gegen § 30 GmbHG.[269]

aa) Die Entscheidung des BGH vom 24.11.2003

Dieser rechtlichen Beurteilung hatte der zweite Zivilsenat des BGH mit seiner Entscheidung vom 24.11.2003[270] nach überwiegender Meinung der Literatur ein Ende bereitet. Der Leitsatz der Entscheidung lautet: **232**

> „Kreditgewährungen an Gesellschafter, die nicht aus Rücklagen oder Gewinnvorträgen, sondern zu Lasten des gebundenen Vermögens der GmbH erfolgen, sind auch dann grundsätzlich als verbotene Auszahlung von Gesellschaftsvermögen zu bewerten, wenn der Rückzahlungsanspruch gegen den Gesellschafter im Einzelnen vollwertig sein sollte".

Der Entscheidung lag zwar eine Ausplünderung der Gesellschaft durch ihre Gesellschafter und damit an sich ein existenzvernichtender Eingriff zugrunde. Sie befasste sich aber mit einer Klage gegen die Geschäftsführerin, der ein schuldhaftes Verhalten (offenbar) nicht vorzuwerfen war.   **233**

Der BGH begründet seine Entscheidung wie folgt: **234**

– Der Kapitalerhaltungsgrundsatz des § 30 GmbHG beschränke sich nicht auf seine bloß bilanzielle Aufrechterhaltung. Die Hingabe eines Darlehens gegen Erwerb einer Darlehensforderung bleibe als bloßer Aktivtausch bilanzrechtlich zwar neutral. Der Austausch liquider Mittel gegen eine in ihrer Fälligkeit zeitlich hinausgeschobene Forderung verschlechtere aber die Vermögenslage der Gesellschaft und die Befriedigungsaussichten ihrer Gläubiger.

– Schon aus diesem Grunde sei die Gewährung auch eines ordnungsgemäß verzinsten Darlehens an einen kreditwürdigen Gesellschafter nicht mit § 30 GmbHG zu vereinbaren. Schließlich verstoße die unbefristete Darlehensgewährung auch gegen das Stundungsverbot des § 31 GmbHG. Bei der gegebenen Konstellation habe die Geschäftsführerin sich einer Weisung der Gesellschafter zur Gewährung der Darlehen widersetzen müssen, weil diese Weisung rechtswidrig gewesen sei.

Weil nicht entscheidungsrelevant, lässt der BGH die Frage offen, ob etwas anderes in Ausnahmefällen gelten könne, insbesondere dann, wenn die Rückzahlung des Darlehens durch werthaltige Sicherheiten voll gewährleistet sei. Das OLG München nimmt in seiner Entscheidung vom 24.11.2005[271] einen Verstoß gegen § 30 Abs. 1 GmbHG jedenfalls dann an, wenn die Erhaltung des Stammkapitals nicht hinreichend abgesichert ist.   **235**

Welche Brisanz diese Entscheidung hatte, macht ein Urteil des Finanzgerichts Bremen vom 7.7.2005[272] deutlich. Danach sollte der Geschäftsführer einer am Cash Management beteiligten Untergesellschaft nach § 69 AO dafür haften, dass die Obergesellschaft die Lohnsteuerverpflichtungen ihrer Tochter nicht erfüllt hatte, weil er der Muttergesellschaft vertraglich den unbeschränkten Zugriff auf die gesamte Liquidität seiner GmbH eröffnet hatte und die für diese handelnden Personen grob fahrlässige Pflichtverletzungen begangen hatten. Solche Pflichtverletzungen müsse sich der Geschäftsführer als seine eigenen zurechnen lassen.   **236**

Das Urteil des BGH hat zu einer ähnlichen Flut von Beiträgen in der juristischen Literatur geführt wie die Autokran-Entscheidung, mit der die Rechtsfigur des qualifizierten faktischen   **237**

---

269 *Bayer/Lieder*, ZGR 2005, 133, 138; siehe auch *Hentzen*, ZGR 2005, 480 ff. § 211 Rn 51 f.
270 BGHZ 157, 72 ff.
271 OLG München ZIP 2006, 25; dazu: *Pentz*, ZIP 2006, 781 und *Schilmar*, DStR 2006, 568.
272 ZIP 2005, 2159.

Konzerns begründet worden war.[273] Es überwiegen die kritischen Beiträge, die der Entscheidung entweder die Rechtsgrundlage absprechen oder die ihr Praxisferne vorwerfen und das Ende des konzernweiten Cash Poolings voraussagen.[274]

bb) Cash-Pooling nach MoMiG

238 Der durch die November-Entscheidung entstandenen Unsicherheit hat das MoMiG ein Ende bereitet und ist mit der Neufassung von § 30 Abs. 1 S. 3 GmbHG (und parallel § 57 S. 3 AktG) zur bilanziellen Betrachtungsweise zurückgekehrt. Danach gilt was folgt:

239 (1) Aufsteigende Darlehen, also solche an Gesellschafter im Konzern, sind grundsätzlich zulässig. Sie sind unzulässig,
- wenn sie nicht durch einen vollwertigen Rückgewähranspruch gedeckt sind;
- oder wenn sie gegen § 64 S. 1 (eher selten) oder gegen § 64 S. 3 GmbHG verstoßen.

240 Die laufenden Verrechnungen im Rahmen eines Cash-Pooling-Systems stellen revolvierende Darlehen der Tochter an die Mutter dar. Will der Geschäftsführer der Tochtergesellschaft die sich daraus ergebenden Haftungsrisiken vermeiden, so hat er sowohl beim Abschluss des Cash Pooling (Rahmen-) Vertrages als auch bei dessen laufender Praktizierung die nachfolgenden Grundsätze zu beachten:
- Der Vertrag muss eine kurzfristige Kündigungsmöglichkeit mit dem Anspruch auf Rückzahlung auf erstes Anfordern enthalten für den Fall, dass der Rückzahlungsanspruch gefährdet ist.
- Zur Sicherstellung der eigenen Liquidität sollte der Tochtergesellschaft stets ein gewisser Sockelbetrag verbleiben.
- Es muss ein umfassendes Informationssystem eingerichtet werden, das dem Geschäftsführer der Tochtergesellschaft die Beurteilung der Liquidität im Konzern und die Beurteilung der Werthaltigkeit des Rückforderungsanspruchs ermöglicht. Dazu gehört die Verpflichtung der Muttergesellschaft, die Tochter über Bonitätsgefährdungen, z.B. durch Schieflagen anderer Tochterunternehmen zu informieren. Der Grundsatz bleibt, dass der Rückforderungsanspruch innerhalb von drei Wochen liquidierbar sein muss.
- Dem Geschäftsführer der Tochtergesellschaft ist jede Zahlung im Rahmen des Cash-Pool-Systems untersagt, wenn und soweit sie zur Insolvenz der Tochter führen würden. Eine anderslautende Weisung der Muttergesellschaft befreit den Geschäftsführer nicht von seiner Haftung nach § 64 S. 3 GmbHG.
- Die Vollwertigkeitsprüfung muss dem Fremdvergleich standhalten. Der Geschäftsführer der Tochtergesellschaft muss dieselben Maßstäbe anlegen, die er auch bei der Bewertung von Forderungen an Konzerndritte anlegt.
  Die Frage, ob bei mehreren Geschäftsführern mit einer eindeutigen Geschäftsverteilung nur der für das Cash-Pooling zuständige (in aller Regel Finanz-) Geschäftsführer Haftungsrisiko eingeht, ist höchstrichterlich nicht abschließend geklärt. Für eine solche Beschränkung OLG München.[275]
- Schließlich ist schon aus Vorsichtsgründen jedem Geschäftsführer zu empfehlen, die Maßnahmen, die er zur laufenden Überprüfung der Werthaltigkeit des Rückzahlungsanspruchs getroffen hat, möglichst lückenlos zu dokumentieren.

---

273 *Vetter/Stadler*, 31 ff.; zusammenfassend *Böcker*, ZGR 2006, 213 ff.
274 *Langner/Mentgen*, GmbHR 2004, 1121; *Schäfer*, GmbHR 2005, 133. In diese Richtung etwa *Seidel*, DStR 2004, 1130.
275 OLG München GmbHR 2008, 320.

(2) Cash-Pooling-System führen aber nicht nur zu aufsteigenden Darlehen der Töchter an die **241** Mutter, sondern auch zu absteigenden Darlehen der Mutter an die Töchter. Insoweit haben die Geschäftsführer der Muttergesellschaft § 135 InsO zu beachten. Absteigende Darlehen sind Gesellschafterdarlehen, Rückzahlungen – auch im Rahmen des Cash-Poolings – innerhalb des letzten Jahres vor einer Insolvenz der betreffenden Tochter sind anfechtbar. Nach unserer Auffassung handelt es sich hier aber um ein Risiko, das dem Cash-Pooling immanent ist und dessen Vermeidung nur schwer möglich sein dürfte.[276]

(3) Besondere Probleme ergeben sich dann, wenn die Gesellschafter ihre Verpflichtung zur **242** Erbringung der Stammeinlage durch Zahlung auf das Zielkonto der Obergesellschaft erfüllen (wollen). Nach der Entscheidung des BGH vom 16.1.2006[277] befreit dieser Zahlungsweg den verpflichteten Gesellschafter selbst dann nicht von seiner Einlageverbindlichkeit, wenn der Umweg über ein Nebenkonto der neu gegründeten GmbH gewählt wird. Dabei bleibt es im Grundsatz auch nach MoMiG. Die Zahlung auf das Cash-Pool-Konto ist einer verdeckten Sacheinlage gleichzustellen, befreit also grundsätzlich nicht von der Einlageverpflichtung. Trotzdem bleibt nach § 19 Abs. 4 S. 2 GmbHG sowohl der schuldrechtliche Vertrag als auch die dingliche Durchführung grundsätzlich wirksam. Der tatsächliche Wert der Sacheinlage zum Zeitpunkt der Eintragung im Handelsregister wird auf die fortbestehende Bareinlageverpflichtung angerechnet.

In der Entscheidung „Cash-Pool II" vom 20.7.2009[278] differenziert der BGH:
– Ist der Saldo der Gesellschaft, deren Einlage erbracht werden soll, auf dem Zielkonto negativ, verbleibt es bei der verdeckten Sacheinlage.
– Wird der Saldo durch die Einzahlung der Stammeinlage auf dem Zielkonto positiv, liegt ein Fall des Hin- und Herzahlens im Sinne von § 19 Abs. 5 GmbHG vor.[279]

cc) Auswirkungen auf den GmbH & Co. KG-Konzern

In der klassischen GmbH & Co. KG stellt die Komplementär GmbH das eingezahlte Stammkapi- **243** tal, soweit es nicht für die Gründungskosten verbraucht ist, der Kommanditgesellschaft als Darlehen zur Verfügung. Insoweit könnte § 30 Abs. 1 S. 3 GmbHG auch auf die GmbH & Co. KG Anwendung finden.

Der Kommanditist haftet den Gläubigern der Gesellschaft bis zur Höhe seiner im Handels- **244** register eingetragenen Hafteinlage unmittelbar. Ist die Hafteinlage erbracht, erlischt die Außenhaftung. Demgemäß steht es dem Kommanditisten grundsätzlich frei, die von ihm einmal erbrachte Hafteinlage wieder zu entnehmen. Damit lebt nach § 172 Abs. 4 HGB seine Außenhaftung wieder auf. Entnimmt er einen Betrag, der über seine publizierte Hafteinlage hinausgeht, führt das nicht zu einer Außenhaftung in Höhe des überschießenden Betrages. Insoweit haftet er nur gegenüber der Gesellschaft und den Mitgesellschaftern. Das gleiche gilt für eine nicht im Handelsregister eingetragene Pflichteinlage oder eine im Gesellschaftsvertrag begründete Kapitalrücklage.

Für den Rückzahlungsanspruch gegen den entnehmenden Kommanditisten haften die übri- **245** gen Gesellschafter nicht.

Wesentlich weiter geht die Haftung nach den § 30 GmbHG, wenn sie denn auf den Kom- **246** manditisten Anwendung findet. Sie trifft darüber hinaus auch die Mitgesellschafter.

---

276 Insgesamt zu Cash-Pooling-Systemen nach MoMiG: *Saenger/Koch*, GmbHR 2010, 113; *Komo*, GmbHR 2010, 230; *Willemsen/Rechel*, GmbHR 2010, 349; *Strohn/Simon*, GmbHR, 2010, 1181; *Ekkenga*, ZIP 2010, 2470.
277 BGH BB 2006, 847.
278 BGH BB 2009, 2108.
279 Siehe im Übrigen zur Kapitalaufbringung im Cash-Pool-System *Komo*, BB 2011, 2307.

247   Bereits in einer Entscheidung vom 29.3.1973 hat der BGH der besonderen Konfliktsituation in einer GmbH & Co. KG, die sich aus dem beschränkten Haftungsfonds der Komplementär GmbH ergibt, Rechnung getragen.[280] Der Leitsatz dieser Entscheidung lautet:

248   In der GmbH & Co. KG verstößt eine Auszahlung an den Kommanditisten, der zugleich der GmbH angehört, auch dann gegen das Verbot des § 30 Abs. 1 GmbHG, wenn sie aus dem Vermögen der Kommanditgesellschaft erbracht wird und soweit hierdurch mittelbar das Vermögen der GmbH unter den Nennwert des Stammkapitals herabsinkt.

249   In einer weiteren Entscheidung vom 29.9.1977[281] hat der BGH klargestellt, dass dieses Auszahlungsverbot sich nicht auf die im Handelsregister eingetragene Kommanditeinlage beschränkt, sondern auch eine nicht eingetragene Pflichteinlage des Kommanditisten verhaftet. Schließlich stellt er in einer dritten Entscheidung vom 19.2.1990[282] klar, dass diese Grundsätze auch dann Anwendung finden, wenn der Kommanditist nicht an der Komplementär GmbH beteiligt ist.

Dieser Rechtsprechung haben sich die Untergerichte und die Literatur angeschlossen.[283] Ihre Anwendung führt jedoch für die GmbH & Co. KG zu Rechtsfolgen, die von denen bei der GmbH abweichen. Führt die Tochter GmbH & Co. KG im Rahmen eines Cash-Pooling-Systems ihre Liquidität an die Mutter ab und ist der Rückzahlungsanspruch nicht werthaltig, so gilt was folgt:

– Reicht das Eigenkapital der Kommanditgesellschaft (ohne Kapital der Komplementär GmbH), um einen möglichen Ausfall der Forderung gegen die Mutter zu decken, so wird das Kapital der Komplementär GmbH nicht gefährdet. Haftungsrisiken für die Geschäftsführer entfallen deshalb nach unserer Auffassung.

– Reicht dagegen das eigene Kapital der Kommanditgesellschaft nicht aus, so würde der Verlust der Forderung gegen die Mutter zu einer Gefährdung nicht nur des Rückzahlungsanspruchs für das Darlehen der Komplementär GmbH an ihre GmbH & Co. KG führen, sondern wegen deren unbeschränkter Haftung auch zu einer Gefährdung des eigenen Kapitals der GmbH. In diesem Falle verstößt auch die Darlehensgewährung durch die GmbH & Co. KG an ihre Muttergesellschaft gegen § 30 Abs. 1 S. 3 GmbHG.

VI. Konzernarbeitsrecht

250   Arbeitsrechtliche Konsequenzen aus einer Konzernkonstellation ergeben sich insbesondere bei der Mitwirkungsbefugnis der Konzernmitarbeiter, nämlich bei der möglichen Errichtung eines Konzernbetriebsrats und bei der möglichen Errichtung eines mitbestimmten Aufsichtsrats.

1. Der Konzernbetriebsrat

251   Bestehen in wenigstens zwei der einem Konzern angehörigen Unternehmen Gesamtbetriebsräte oder Betriebsräte, kann bei dem herrschenden Unternehmen ein Konzernbetriebsrat errichtet werden (§ 54 Abs. 1 BetrVG).

---

280 BGH BGHZ 60, 324 mit Anmerkung *Immenga*, ZGR 1975, 487 ff.
281 BGH BGHZ 69, 274.
282 BGH BGHZ 110, 343.
283 OLG Celle, GmbHR 2003, 901; MüKo-HGB/*Schmidt*, §§ 171, 172 Rn 127 f.; Röhricht/Graf von Westphalen/*von Gerkan*, § 172 HGB Rn 63 ff.; Roth/Altmeppen/*Altmeppen*, § 30 Rn 116 ff.; Michalski/*Heidinger*, § 30 Rn 100 ff.

Dröge

a) Errichtung des Konzernbetriebsrates

Konzernbetriebsräte können nur in Unterordnungskonzernen im Sinne von § 18 Abs. 1 AktG (vgl. hierzu Rn 26 f.) errichtet werden. In Gleichordnungskonzernen nach § 18 Abs. 2 AktG scheidet die Errichtung von Konzernbetriebsräten aus.[284] Auf die Rechtsform des herrschenden Unternehmens kommt es hierbei nicht an;[285] so ist es auch ohne weiteres denkbar, dass bei einer Gesellschaft bürgerlichen Rechtes oder einer natürlichen Person als beherrschendem Unternehmen ein Konzernbetriebsrat errichtet wird. Auch ist die Errichtung des Konzernbetriebsrates nicht nur beim Vertragskonzern, sondern auch bei einem faktischen Konzern zulässig.[286]

Steht ein Unternehmen zu zwei Obergesellschaften in einem Abhängigkeitsverhältnis, bilden die Unternehmen also ein Gemeinschaftsunternehmen, ist nach Auffassung des BAG bei jedem der beherrschenden Unternehmen ein Konzernbetriebsrat zu bilden;[287] nach anderer Auffassung ist der Konzernbetriebsrat bei dem Unternehmen mit mehrheitlicher Beteiligung zu bilden,[288] jedenfalls dann, wenn nur eines der beteiligten Unternehmen die einheitliche Leitungsmacht ausübt.[289]

Existiert ein Konzern im Konzern, kann der Konzernbetriebsrat auch bei einem Tochterunternehmen eines mehrstufig vertikal gegliederten Konzerns gebildet werden. Voraussetzung ist, dass bei dem Tochterunternehmen die unternehmerische Leitungsmacht konkret ausgeübt wird und dem Tochterunternehmen ein betriebsverfassungsrechtlich relevanter eigenständiger Entscheidungsspielraum belassen ist.[290]

Für international tätige Konzerne gilt folgendes: Hat das herrschende Unternehmen seinen Sitz im Inland und befindet sich der Sitz der abhängigen Unternehmen im Ausland, kann kein Konzernbetriebsrat gebildet werden. Gleiches gilt, wenn nur das herrschende Unternehmen seinen Sitz im Ausland hat und lediglich die konzernabhängigen Unternehmen im Inland liegen. Ein Konzernbetriebsrat kann damit nur errichtet werden, wenn sowohl die Muttergesellschaft als auch mindestens ein konzernabhängiges Unternehmen ihren Sitz im Inland haben.[291] Die Zuständigkeit des Konzernbetriebsrates erstreckt sich in diesen Fällen nur auf die im Inland befindlichen Unternehmen. Bedient sich die im Ausland ansässige Muttergesellschaft zur Steuerung ihrer inländischen Aktivitäten einer inländischen Zentrale, der eine eigenständige unternehmerische Leitungsmacht zugebilligt wird, ist entsprechend den Grundsätzen zum Konzern im Konzern bei der inländischen Zentrale ebenfalls ein Konzernbetriebsrat zu errichten.[292] Im übrigen kann in grenzübergreifend tätigen Unternehmen und Konzernen mit mehr als 1000 Beschäftigten, von denen mindestens 150 in zwei unterschiedlichen Mitgliedstaaten der EU beschäftigt sein müssen, aufgrund freiwilliger Initiative der Arbeitnehmer oder Arbeitgeber ein europäischer Betriebsrat gebildet werden (vgl das Gesetz über Europäische Betriebsräte – EBRG).[293]

Liegen die Voraussetzungen eines Unterordnungskonzerns im vorbeschriebenen Sinne vor, kann auf Initiative der Gesamtbetriebsräte der konzernabhängigen Unternehmen ein Konzernbetriebsrat errichtet werden. Anders als im Falle des Gesamtbetriebsrates, der bei Vorliegen der Voraussetzungen des § 47 BetrVG zwingend zu errichten ist, steht die Errichtung eines Konzernbetriebsrates im Ermessen der beteiligten Gesamtbetriebsräte.

252

253

254

255

256

---

284 BAG, Beschl. v. 13.10.2004 – 7 ABR 56/03 – n.v.
285 BAG AP Nr. 7 zu § 54 BetrVG 1972.
286 BAG AP Nr. 7 zu § 54 BetrVG 1972.
287 BAG AP Nr. 1 zu § 55 BetrVG 1972.
288 LAG Düsseldorf BB 1977, 795.
289 ErfK/*Eisemann*, § 54 BetrVG Rn 5.
290 BAG AP Nr. 1 zu § 54 BetrVG 1972.
291 ErfK/*Koch*, § 54 BetrVG Rn 7.
292 ErfK/*Koch*, § 54 BetrVG Rn 7.
293 BGBl I 1996, 1548, 2022.

257   Die Initiative zur Errichtung eines Konzernbetriebsrates kann hierbei von jedem beliebigen Gesamtbetriebsrat eines konzernzugehörigen Unternehmens, auch vom Gesamtbetriebsrat der Muttergesellschaft, ausgehen. Besteht in einem Unternehmen nur ein Betriebsrat, so nimmt dieser nach § 54 Abs. 2 BetrVG die Aufgaben eines Gesamtbetriebsrates wahr. Dies ist z.B. dann der Fall, wenn ein Konzernunternehmen nur aus einem betriebsratsfähigen Betrieb besteht, oder bei mehreren betriebsratsfähigen Betrieben nur ein Betriebsrat errichtet ist, so dass ein Gesamtbetriebsrat nicht gebildet werden kann.[294]

258   Die Errichtung des Konzernbetriebsrates setzt voraus, dass die beteiligten Gesamtbetriebsräte bzw. örtlichen Betriebsräte (§ 54 Abs. 2 BetrVG) Beschlüsse über die Errichtung eines Konzernbetriebsrates fassen. Voraussetzung für die Errichtung des Konzernbetriebsrates ist weiterhin, dass die einzelnen Gesamtbetriebsräte bzw. Betriebsräte der Konzernunternehmen mindestens 50% der Arbeitnehmer des Gesamtkonzerns repräsentieren.

259   Hierbei ist es nicht erforderlich, dass mehrere Betriebsräte oder Gesamtbetriebsräte der Errichtung des Konzernbetriebsrates zustimmen. Es reicht aus, dass ein Gesamtbetriebsrat die Errichtung beschließt, wenn dieser mindestens 50% der Arbeitnehmer des Konzerns repräsentiert.[295]

260   Liegen entsprechende Beschlüsse der Gesamtbetriebsräte vor und ist damit ein Konzernbetriebsrat zu errichten, ist es Aufgabe des Gesamtbetriebsrates des herrschenden Unternehmens, zur konstituierenden Sitzung des Konzernbetriebsrates einzuladen und die Wahl des Vorsitzenden und des stellvertretenden Vorsitzenden des Konzernbetriebsrates zu leiten; besteht beim herrschenden Unternehmen kein Gesamtbetriebsrat, fällt diese Aufgabe demjenigen Gesamtbetriebsrat zu, der nach der Zahl der wahlberechtigten Arbeitnehmer das größte Konzernunternehmen repräsentiert (§ 59 Abs. 2 BetrVG).

261   Die beteiligten (Gesamt-)Betriebsräte haben gegenüber dem jeweiligen Unternehmen einen Anspruch auf Erteilung von Auskunft, ob und mit welchen Unternehmen Konzernverhältnisse bestehen.[296]

b) Zusammensetzung und Mitgliedschaft

262 Nach § 55 Abs. 1 BetrVG entsendet jeder Gesamtbetriebsrat zwei seiner Mitglieder in den Konzernbetriebsrat. Die Gesamtbetriebsräte sind hierzu verpflichtet, auch wenn sie der Errichtung des Konzernbetriebsrates nicht zugestimmt haben.[297] Bei solchen Konzernunternehmen, bei denen lediglich ein Betriebsrat besteht, ist dieser zur Entsendung verpflichtet (vgl. § 54 Abs. 2 BetrVG).

Gleichzeitig haben die Gesamtbetriebsräte für jedes Mitglied des Konzernbetriebsrates mindestens ein Ersatzmitglied zu bestellen und – bei Bestellung mehrerer Ersatzmitglieder – gleichzeitig die Reihenfolge des Nachrückens festzulegen.

263   § 55 Abs. 4 BetrVG lässt es zu, die Mitgliederzahl im Konzernbetriebsrat abweichend von den gesetzlichen Vorschriften durch Tarifvertrag oder Betriebsvereinbarung zu regeln.

264   Die Stimmverteilung ist in § 55 Abs. 3 BetrVG geregelt, wonach jedem Mitglied des Konzernbetriebsrates die Stimmen der Mitglieder des entsendenden Gesamtbetriebsrats je zur Hälfte zustehen. Die aus dem Gesamtbetriebsrat entsandten Mitglieder des Konzernbetriebsrates können ihre Stimmen hierbei allerdings nur einheitlich abgeben. Die Stimmgewichtung im Konzernbetriebsrat knüpft damit mittelbar an der Anzahl der von den Gesamtbetriebsräten repräsentierten Arbeitnehmer an.

---

294 ErfK/*Koch*, § 54 BetrVG Rn 10.
295 ErfK/*Koch*, § 54 BetrVG Rn 8.
296 ErfK/*Koch*, § 54 BetrVG Rn 6.
297 Richardi/*Richardi/Annuß*, BetrVG, § 55 Rn 11.

Die Mitgliedschaft im Konzernbetriebsrat beginnt mit der Wirksamkeit des Entsendebe- **265** schlusses und endet gemäß § 57 BetrVG mit dem Erlöschen der Mitgliedschaft im (Gesamt-) Betriebsrat. Die Mitgliedschaft endet ferner durch Amtsniederlegung, durch Ausschluss aus dem Konzernbetriebsrat aufgrund gerichtlicher Entscheidung (§ 56 BetrVG) oder durch Abberufung durch den Gesamtbetriebsrat, § 57 BetrVG. Die Mitgliedschaft im Konzernbetriebsrat endet darüber hinaus, wenn das Mitglied aus dem Arbeitsverhältnis oder das Unternehmen aus dem Konzern ausscheidet.[298]

Der Konzernbetriebsrat selber ist eine Dauereinrichtung. Eine feste Amtszeit besteht **266** nicht. Der Konzernbetriebsrat bleibt solange errichtet, wie die Voraussetzungen des § 54 Abs. 1 BetrVG vorliegen. Die Existenz des Konzernbetriebsrates endet damit, wenn entweder der Konzern im Sinne des § 18 Abs. 1 AktG aufgelöst wird oder aber eine qualifizierte Mehrheit der Gesamtbetriebsräte der Konzernunternehmen, die mehr als die Hälfte der Arbeitnehmer des Konzerns repräsentieren, die Auflösung des Konzernbetriebsrates beschließen.[299]

c) Zuständigkeit

Der Konzernbetriebsrat ist nach § 58 Abs. 1 BetrVG zuständig für die Behandlung solcher An- **267** gelegenheiten, die den Konzern oder mehrere Konzernunternehmen betreffen und die nicht durch die einzelnen Gesamtbetriebsräte innerhalb ihrer Unternehmen geregelt werden können. Der Gesetzgeber knüpft die Zuständigkeit des Konzernbetriebsrates damit an eine zwingende sachliche Notwendigkeit für eine konzerneinheitliche oder jedenfalls unternehmensübergreifende Regelung. Das bloße Interesse des Arbeitgebers an einer konzerneinheitlichen Regelung reicht nicht, um die Zuständigkeit des Konzernbetriebsrates zu begründen. Entscheidend ist vielmehr der Inhalt der geplanten Regelung: Läßt sich der Regelungszweck nur einheitlich auf Konzernebene erreichen, begründet dies die Zuständigkeit des Konzernbetriebsrates.[300] Besteht z.B. eine konzerneinheitliche Versorgungsordnung, erhalten aber die Angestellten in einem einzelnen Konzernunternehmen zusätzliche Versorgungsleistungen, so ist für diese Zusatzordnung nicht der Konzernbetriebsrat, sondern der Gesamtbetriebsrat des betreffenden Unternehmens zuständig, solange keine konzerneinheitliche Zusatzregelung geschaffen werden kann.[301] Die Zuständigkeit des Konzernbetriebsrates, des Gesamtbetriebsrates oder der Einzelbetriebsräte schließen sich insoweit wechselseitig aus.[302]

Besteht eine derartige zwingende sachliche Notwendigkeit für eine konzerneinheitliche Re- **268** gelung, erstreckt sich die Zuständigkeit des Konzernbetriebsrates auch auf solche konzernabhängigen Unternehmen, die einen Gesamtbetriebsrat nicht gebildet haben und darüber hinaus auch auf Betriebe von Konzernunternehmen ohne Betriebsrat, unabhängig davon, ob diese betriebsratsfähig sind oder nicht.

Vor diesem Maßstab ist der Konzernbetriebsrat u.a. zuständig für konzernweit tätige Unter- **269** stützungskassen,[303] Regelungen über konzernweiten Datenaustausch[304] oder eine etwaige konzerneinheitliche Personalplanung.[305] Die rechtlichen Einwirkungsmöglichkeiten des Konzernbetriebrates sind aufgrund der sehr engen originären Zuständigkeitszuweisung des § 58 Abs. 1 BetrVG damit relativ begrenzt.

---

298 ErfK/*Koch*, § 57 BetrVG.
299 Richardi/*Annuß*, BetrVG § 54 Rn 47 f.
300 BAG AP Nr. 1 zu § 58 BetrVG 1972.
301 BAG AP Nr. 14 zu § 80 BetrVG 1972.
302 ErfK/*Koch*, § 58 BetrVG Rn 2.
303 BAG AP Nr. 81 zu § 7 BetrAVG.
304 BAG AP Nr. 1 zu § 58 BetrVG 1972.
305 ErfK/*Koch*, § 58 Rn 3.

270   Dem Konzernbetriebsrat sind darüber hinaus nach dem Mitbestimmungsgesetz, der dazu gehörenden Wahlordnung, dem Montanmitbestimmungsgesetz und dem Mitbestimmungsergänzungsgesetz diverse Kompetenzen bei der Wahl von Aufsichtsratsmitgliedern der Arbeitnehmerseite zugewiesen.[306] Siehe dazu im nächsten Kapitel.

271   Eine Zuständigkeit des Konzernbetriebsrates kann sich darüber hinaus nach § 58 Abs. 2 BetrVG ergeben, wenn ein beteiligter Gesamtbetriebsrat den Konzernbetriebsrat mit der Mehrheit der Stimmen seiner Mitglieder beauftragt, eine Angelegenheit für ihn zu behandeln.

272   Während im Falle der originären Zuständigkeit nach § 58 Abs. 1 BetrVG die Konzernleitung Verhandlungs- und Ansprechpartner für den Konzernbetriebsrat ist, verhandelt der Konzernbetriebsrat in Auftragsangelegenheiten gemäß § 58 Abs. 2 BetrVG stets mit der Leitung des jeweiligen Konzernunternehmens, dessen Gesamtbetriebsrat den Vorgang delegiert hat.[307]

2. Konzernmitbestimmung

273   Unternehmen in der Rechtsform der Aktiengesellschaft, der Kommanditgesellschaft auf Aktien oder der Gesellschaft mit beschränkter Haftung müssen einen mitbestimmten Aufsichtsrat haben, wenn die Zahl ihrer Arbeitnehmer bestimmte Schwellenwerte übersteigt. Das bedeutet für die GmbH, dass ein Aufsichtsrat errichtet werden muss, obwohl das GmbH-Gesetz das nicht vorsieht.

274   Bei der Ermittlung der Schwellenwerte bzw. der Ermittlung der Zahl der Wahlberechtigten wird die Gesamtzahl der in einem Konzern beschäftigten Arbeitnehmer dann zugrunde gelegt, wenn die gesetzlichen Voraussetzungen dafür vorliegen. Deshalb ist auf die konzernrelevanten Bestimmungen der Mitbestimmungsgesetze im Folgenden einzugehen.

a) Drittelbeteiligungsgesetz (DrittelbG)

275   Das DrittelbG vom 18. Mai 2004 ist das Nachfolgegesetz des Betriebsverfassungsgesetzes 1952, dessen mitbestimmungsrechtlicher Teil bis dahin unverändert galt und dessen Bestimmungen insoweit nahezu unverändert in das DrittelbG übernommen worden sind.

aa) Voraussetzungen

276   Das DrittelbG gilt nur für die AG, die KGaA oder die GmbH, nicht aber für die GmbH & Co. KG.

277   Die Voraussetzungen für die Errichtung eines mitbestimmten Aufsichtsrats nach diesem Gesetz liegen grundsätzlich nur dann vor, wenn die Gesellschaft selbst – unter konzernrechtlichen Gesichtspunkten also die Muttergesellschaft – in der Regel mehr als 500 Arbeitnehmer beschäftigt. Ausnahmen gelten für vor dem 10. August 1994 eingetragene Aktiengesellschaften, auf die aber an dieser Stelle nicht gesondert einzugehen ist.

278   Bei der Berechnung der maßgeblichen Beschäftigtenzahl sind auch die Auszubildenden sowie die in Teilzeit oder nur geringfügig Beschäftigen mitzuzählen.[308]

279   Vorübergehende Schwankungen in der Zahl der beschäftigten Arbeitnehmer bleiben sowohl nach unten als auch nach oben unberücksichtigt. Das macht das Tatbestandsmerkmal „in der Regel" deutlich.

280   Beschäftigt die Muttergesellschaft eines Konzerns selbst in der Regel weniger als 500 Arbeitnehmer, übersteigt aber die Zahl der insgesamt im Konzern beschäftigten Mitarbeiter diesen

---

306 Vgl. die einzelnen Nachweise bei ErfK/*Koch*, § 58 BetrVG Rn 4.
307 BAG AP Nr. 2 zu § 58 BetrVG 1972.
308 MüKo-AktG/*Gach*, § 1 MitbestG Rn 17.

Dröge

Schwellenwert, so ist das nach § 2 Abs. 2 DrittelbG nur dann mitbestimmungsbegründend, wenn zwischen Mutter und Tochter ein Beherrschungsvertrag besteht oder wenn die Tochter als abhängiges Unternehmen in die Mutter als herrschendes Unternehmen eingegliedert ist. Im faktischen Konzern wirkt also die Überschreitung des Schwellenwertes (nur) im Gesamtkonzern nicht mitbestimmungsbegründend.

bb) Zusammensetzung und Aufgaben des mitbestimmten Aufsichtsrats
(1) AG und KGaA

Soweit die Voraussetzungen für die Anwendung des MitBestG (in der Regel mehr als 2.000 Beschäftigte) nicht vorliegen, besteht der Aufsichtsrat zu einem Drittel aus Arbeitnehmervertretern (§ 4 Abs. 1 DrittelbG). **281**

Die Größe des Aufsichtsrats bestimmt sich nach § 95 AktG. Der Aufsichtsrat hat also mindestens drei Mitglieder mit einem Arbeitnehmervertreter und höchstens 21 Mitglieder mit 7 Arbeitnehmervertretern. Ist der Aufsichtsrat größer als dreiköpfig, müssten mindestens zwei Arbeitnehmervertreter im Unternehmen selbst beschäftigt sein, wobei die Mitarbeiter einer abhängigen Gesellschaft bei Vorliegen der übrigen Voraussetzungen als Mitarbeiter des Mutterunternehmens gelten. **282**

Die Aufgaben des Aufsichtsrats in der AG oder der KGaA richten sich im Übrigen nach den Bestimmungen des Aktiengesetzes. **283**

(2) GmbH

Für die GmbH ordnet § 1 Abs. (1) Nr. 3 DrittelbG die entsprechende Anwendung der dort genannten Bestimmungen des Aktiengesetzes an. Was die Zusammensetzung des Aufsichtsrats angeht und die Zahl seiner Mitglieder, ergeben sich insoweit keine Besonderheiten gegenüber der Aktiengesellschaft. Das bedeutet, dass der Aufsichtsrat anders als im MitBestG bei Überschreitung der in § 95 AktG genannten Schwellenwerte einen größeren als einen dreiköpfigen Aufsichtsrat haben kann, aber nicht haben muss. **284**

Abweichungen gegenüber der AG gibt es dagegen in der Kompetenzverteilung zwischen Gesellschafterversammlung und Aufsichtsrat. Das DrittelbG lässt § 46 Nr. 6 GmbHG und die Allzuständigkeit der Gesellschafterversammlung unberührt. Die Kompetenzen des Aufsichtsrats, wie sie sich nach dem Aktiengesetz ergeben, gelten also zwar uneingeschränkt. Die Gesellschafterversammlung kann aber ein Veto des Aufsichtsrats mit der in der Satzung vorgesehenen Mehrheit überwinden.[309] **285**

Der Jahresabschluss wird vom Aufsichtsrat geprüft (§ 171 AktG). Dagegen obliegt die Feststellung des Jahresabschlusses unverändert der Gesellschafterversammlung, soweit die Satzung keine andere Bestimmung trifft. **286**

cc) Wahl der Arbeitnehmervertreter im Konzern

Liegen die Voraussetzungen für die konzernweite Bildung eines Aufsichtsrats vor, gelten für die Wahl der Arbeitnehmervertreter die Mitarbeiter aller Konzernunternehmen als Mitarbeiter der Muttergesellschaft (§ 2 Abs. 2 DrittelbG). **287**

Auch hier sind wahlberechtigt neben den Vollzeitbeschäftigten auch die Teilzeit- und die Geringbeschäftigten. Eine wichtige Abweichung vom MitBestG enthält § 5 Abs. 2 S. 2 DrittelbG mit dem Hinweis auf § 7 S. 2 des Betriebsverfassungsgesetzes. Zeitarbeitnehmer im Rahmen ei- **288**

---

309 ErfK/*Oetker*, § 1 DrittelbG Rn 18 ff.

ner Arbeitnehmerüberlassung gelten also als Mitarbeiter des entleihenden Unternehmens, wenn sie länger als drei Monate in dessen Betrieb eingesetzt sind.

289   Im Übrigen sind die Wahlmodalitäten in den §§ 5 ff. DrittelbG sowie der Wahlordnung zum DrittelbG vom 30.6.2004 geregelt.

---

290 **Wichtig**
Auch für die Arbeitnehmervertreter gilt § 116 AktG. Die Aufsichtsratsmitglieder sind zur Verschwiegenheit verpflichtet.

---

b) Mitbestimmungsgesetz (MitBestG)
aa) Der mitbestimmungsrechtliche Konzernbegriff, Voraussetzungen für die Errichtung eines mitbestimmten Aufsichtsrats

291 Nach herrschender Meinung weicht der arbeitsrechtliche Unternehmensbegriff, soweit er für das Vorliegen eines Konzerns tatbestandsbegründend ist, vom konzernrechtlichen Unternehmensbegriff (siehe dazu Rn 9–24) ab. Für die Anwendung des § 5 MitBestG bedarf es danach keiner eigenen Unternehmertätigkeit des herrschenden Unternehmens und keiner Beteiligung an mindestens einem weiteren Unternehmen, und es bedarf auch keiner eigenen Beschäftigten der Muttergesellschaft.[310] Das bedeutet, dass– abweichend vom DrittelbG – die Verpflichtung zur Errichtung eines mitbestimmten Aufsichtsrats auch dann besteht, wenn die Muttergesellschaft arbeitnehmerlos ist, die Zahl der im Gesamtkonzern Beschäftigten aber 2.000 Mitarbeiter übersteigt.

292   Ist das der Fall, so gelten die Mitarbeiter der Konzernunternehmen als solche des herrschenden Unternehmens. Sie nehmen also gleichberechtigt an der Wahl des Aufsichtsrats teil.

293   Voraussetzung ist jedoch grundsätzlich, dass die herrschende Gesellschaft in einer der in § 1 Abs. 1 MitBestG genannten Rechtsformen verfasst ist, also entweder der einer AG, einer KGaA, einer GmbH oder einer Erwerbs- und Wirtschaftsgenossenschaft. Ist das der Fall, kommt es auf die Rechtsform der abhängigen Unternehmen nicht an, da ihre Mitarbeiter ja nach der Definition des MitBestG als solche des Mutterunternehmens gelten. Ist das Mutterunternehmen eine GmbH & Co. KG, gelten abweichende Bestimmungen, auf die gesondert einzugehen ist.

294   Der mitbestimmungsbegründende Konzern muss ein Unterordnungskonzern im Sinne von § 18 Abs. 1 AktG sein. Die insoweit erforderliche einheitliche Leitung wird bei einem Vertragskonzern nach § 18 Abs. 1 S. 2 AktG unwiderlegbar vermutet. Bei einem faktischen Konzern kann die Abhängigkeitsvermutung und/oder die Vermutung einer einheitlichen Leitung durch tatsächliche Umstände widerlegt werden. Das gilt zum Beispiel auch für den Abschluss eines Entherrschungsvertrages.

295   Diese Auffassung ist umstritten, sie wird jedoch von der absolut herrschenden Meinung vertreten.[311]

296   Die Vermutung der einheitlichen Leitung bei bestehender Abhängigkeit kann auch dann als widerlegt angesehen werden, wenn die Kopf-Holding keine leitende Tätigkeit ausübt und ihre Vorstandsmitglieder weder im Vorstand noch im Aufsichtsrat der Untergesellschaften vertreten sind, die Holding also nur vermögensverwaltende Aufgaben wahrnimmt.[312]

297   Bei der Feststellung der Zahl der tatbestandsbegründenden Mitarbeiter werden auch hier Auszubildende sowohl Teilzeit- und geringfügig Beschäftigte mitgezählt. Anders als im DrittelbG

---

310 MüKo-AktG/*Gach*, § 5 MitbestG Rn 6; ErfK/*Oetker*, § 5 MitbestG Rn 3.
311 MüKo-AktG/*Gach*, § 5 MitbestG Rn 21; Großkommentar AktG/*Oetker*, § 5 MitbestG Rn 16.
312 BayObLG NZA 2002, 691. Zu den Voraussetzungen für die Widerlegung der Konzernvermutung bei bestehender Abhängigkeit: Kölner Komm-AktG/*Koppensteiner*, 3. Aufl., § 18 Rn 45.

fehlt jedoch die Bezugnahme auf § 7 S. 2 BetrVerfG, so dass überlassene Zeitarbeitnehmer nicht mitzählen.

Sonderfall Konzern im Konzern: 298

Besteht ein Konzern aus mehr als zwei Stufen, ergibt sich die Frage, ob auch auf der Ebene einer Zwischengesellschaft ein mitbestimmter Aufsichtsrat zu bilden ist, wenn die Voraussetzungen im Übrigen dafür vorliegen. Das würde zu dem Ergebnis führen, dass es auf den unterschiedlichen Konzernebenen mehrere mitbestimmte Aufsichtsräte geben könnte. Die Frage, ob es in diesem Sinne einen Konzern im Konzern geben kann, ist streitig, wird aber im arbeitsrechtlichen Schrifttum inzwischen im Wesentlichen bejaht. Nach unserer Auffassung handelt es sich hier jedoch um ein Scheinproblem. Auf jeder Ebene eines mehrgliedrigen Konzern sind die Tatbestandsvoraussetzungen der §§ 17 und 18 AktG zu prüfen. Hat die Konzernobergesellschaft ihre Zwischengesellschaft mit den Befugnissen ausgestattet, die bei im Übrigen bestehender Abhängigkeit zu einer Leitung des Unterkonzerns befähigen, wird man auch auf dieser Ebene die Konzernierungsvoraussetzungen schwerlich bestreiten können. Findet dagegen die einheitliche Leitung der Gesamtgruppe auf der Ebene der Kopfgesellschaft statt, was in aller Regel der Fall sein dürfte, fehlt es bereits an der Abhängigkeit der Untergesellschaften von der Zwischenholding, jedenfalls aber an der einheitlichen Leitung durch diese.[313]

Sonderfall Gemeinschaftsunternehmen: 299

Stehen ein oder mehrere Unternehmen unter der gemeinschaftlichen Leitung von mehreren anderen Unternehmen (Gemeinschaftsunternehmen) so stellt sich die Frage der mehrfachen Konzernzugehörigkeit. Bei paritätischer Beteiligung führt allein der Einigungszwang dazu, dass die Abhängigkeitsvermutung des § 17 Abs. 1 AktG erfüllt ist. Infolge dessen greift auch die Konzernvermutung des § 18 Abs. 1 S. 3 AktG. Davon unabhängig ist jedoch die Frage zu prüfen, ob auch die Konzernvermutung greift. Haben die beiden Mutterunternehmen einen Konsortialvertrag abgeschlossen, so dass sie ihre Leitungsmacht bündeln, ist das sicherlich der Fall. Fehlt es jedoch an einem solchen Konsortialvertrag und liegen keine weiteren Anhaltspunkte für eine gemeinschaftliche Leitung und Willensbildung vor, so ergibt sich nach unserer Auffassung bereits daraus, dass jedes der Mutterunternehmen in der Gesellschafterversammlung der Töchter seine eigenen Interessen vertritt, dass die Konzernvermutung widerlegt ist.[314]

bb) Zusammensetzung und Aufgaben des Aufsichtsrats

Liegen die Voraussetzungen für die Bildung eines mitbestimmten Aufsichtsrats vor, so ergeben 300 sich seine Zusammensetzung und seine Funktion in erster Linie aus den besonderen Vorschriften des MitBestG, die von den allgemeinen Regelungen des Aktiengesetzes und des GmbH-Gesetzes teilweise abweichen.

(1) Zusammensetzung des Aufsichtsrats

Während § 95 AktG, und damit auch das DrittelbG, nur eine Mindest- und eine Höchstgrenze für 301 die Zahl der Aufsichtsratsmitglieder vorschreibt, der Satzung also ein Wahlrecht überlässt, schreibt das MitBestG die Zusammensetzung des Aufsichtsrats zwingend vor. Der Regelauf-

---

313 Exemplarisch: OLG München WM 2009, 558; Zur Gesamtproblematik: Großkommentar AktG/*Oetker*, § 5 Mitbestimmungsgesetz Rn 25 ff.; Ulmer/Habersack/Henssler, Mitbestimmungsrecht, 2.Aufl. 2006 § 5 Mitbestimmungsgesetz Rn 35; Wlotzke/Wißmann/Koberski/Kleinsorge, Mitbestimmungsrecht, 3. Aufl. 2008 § 5 Mitbestimmungsgesetz Rn 30 ff.
314 Im Einzelnen umstritten: Ulmer/Habersack/Henssler, Mitbestimmungsrecht, 2. Aufl. 2006 § 5 Rn 44 ff., Wlotzke/Wißmann/Koperski/Kleinsorge, Mitbestimmungsrecht, 3. Aufl. 2008 § 5 Mitbestimmungsgesetz Rn 30 ff.; Großkommentar AktG/*Oetker*, § 5 Mitbestimmungsgesetz Rn 28 ff.

sichtsrat besteht aus 12 Köpfen. Überschreitet die Zahl der Arbeitnehmer die Schwelle von 20.000, besteht der Aufsichtsrat aus 20 Köpfen. Jeweils die Hälfte der Mitglieder des Aufsichtsrats wird von den Arbeitnehmern gestellt. Von diesen wiederum müssen mindestens zwei bzw. drei Mitglieder Vertreter von Gewerkschaften sein, die in mindestens einem der Konzernunternehmen vertreten sind.

302   Die Wahl der Arbeitnehmervertreter erfolgt in Unternehmen mit höchstens 8.000 Konzernbeschäftigen unmittelbar durch die Mitarbeiter. Bei Überschreiten dieser Schwelle erfolgt die Wahl durch Delegierte (§ 9 MitBestG). Im Übrigen wird die Wahl der Arbeitnehmervertreter durch die §§ 10 ff. MitBestG geregelt sowie durch drei Wahlordnungen zu diesem Gesetz.

303   Der in dieser Weise zusammengesetzte Aufsichtsrat wählt in einem ersten Wahlgang mit einer Mehrheit von 2/3 seiner Mitglieder einen Aufsichtsratvorsitzenden und einen Stellvertreter. Dabei kann theoretisch der Aufsichtsratvorsitzende auch von der Arbeitnehmerbank gestellt werden. Nur dann, wenn bei diesem ersten Wahlgang die erforderliche Mehrheit nicht erreicht wird, findet ein zweiter Wahlgang statt, bei dem die Anteilseignervertreter den Aufsichtsratvorsitzenden und die Arbeitnehmerbank den Stellvertreter bestimmen, und zwar in getrennten Wahlgängen.

(2) Kompetenzen und innere Ordnung des Aufsichtsrats

304 Im Gegensatz zum DrittelbG enthält das MitBestG in §§ 27 bis 29 sowie 31 f. besondere Bestimmungen über die innere Ordnung des Aufsichtsrats, die zur Stärkung der Mitwirkungsrechte der Arbeitnehmer zum Teil erheblich von den Bestimmungen des Aktiengesetzes bzw. des GmbH-Gesetzes abweichen. Insbesondere obliegt die Bestellung der Führungsorgane, also auch der Geschäftsführer einer GmbH, zwingend dem Aufsichtsrat, wobei dieser mit einer Mehrheit von mindestens 2/3 der Stimmen seiner Mitglieder beschließt. Die Arbeitnehmerbank kann also die Organbestellung im ersten Wahlgang verhindern. Erst in einem zweiten Wahlgang entscheidet der Aufsichtsrat mit einfacher Mehrheit, nachdem eine Empfehlung des Personalausschusses vorliegt.

305   Als Besonderheit sieht § 33 MitBestG die Bestellung eines Arbeitsdirektors als gleichberechtigtes Mitglied der Geschäftsführung/des Vorstands vor. Dabei muss es sich nicht um ein zusätzliches Organmitglied handeln; vielmehr kann einer der Geschäftsführer gleichzeitig die Funktion des Arbeitsdirektors übernehmen.

306   Um eine Überparität der Arbeitnehmerbank auf der Ebene der Untergesellschaften zu verhindern, sieht § 32 MitBestG vor, dass die Rechte, die der Obergesellschaft bei der Untergesellschaft zustehen, bei bestimmten wichtigen Fragen nur mit Zustimmung des Aufsichtsrats der Obergesellschaft ausgeübt werden können.

307   Insbesondere für die GmbH führt die Anwendung des MitBestG zu einem erheblichen Eingriff in das gesetzliche Regelstatut. Die Allzuständigkeit der Gesellschafterversammlung wird begrenzt. Im Einzelnen ergibt sich folgende Kompetenzverteilung zwischen Gesellschafterversammlung und Aufsichtsrat:
- Die Bestellung der Organe der mitbestimmten Gesellschaft (mit indirektem Einfluss auf die Untergesellschaften über § 32 MitBestG) obliegt ausschließlich dem Aufsichtsrat.
- Etwas anderes gilt jedoch für die Überwachung der Geschäftsführung. Insoweit wird dem Aufsichtsrat zwar eine eigene Kompetenz übertragen; das gesetzliche Weisungs- und Überwachungsrecht der Gesellschafterversammlung wird dadurch jedoch nicht berührt. Das führt zu der – eher merkwürdigen – Konsequenz, dass die Gesellschafterversammlung die Möglichkeit hat, eine vom Aufsichtsrat versagte Zustimmung zu ersetzen oder die Geschäftsführung anzuweisen, eine Maßnahme nicht durchzuführen, der der Aufsichtsrat zugestimmt hat. Die Frage, ob dafür die einfache Mehrheit in der Gesellschafterversammlung ausreicht oder eine 3/4-Mehrheit erforderlich ist, ist umstritten. Wir sind der Ansicht, dass

über die Anwendung des in § 25 Abs. 1 Nr. 2 MitBestG in Bezug genommenen §§ 111 Abs. (4) S. 4 AktG der entsprechende Beschluss der Gesellschafterversammlung einer Mehrheit von ¾ der abgegebenen Stimmen bedarf.[315]

– Das individuelle Auskunfts- und Einsichtsrecht des GmbH-Gesellschafters nach § 51a GmbHG bleibt unberührt.

– Der Jahresabschluss ist dem Aufsichtsrat vorzulegen und von ihm zu prüfen (§ 25 Abs. 1 Nr. 2 MitBestG i.V.m. §§ 170 f. AktG).
Die Feststellung des Jahresabschlusses obliegt dagegen der Gesellschafterversammlung.

– Beschlüsse des Aufsichtsrats werden mit einfacher Mehrheit der abgegebenen Stimmen gefasst. Kommt es zu einem Abstimmungspatt, hat jedoch der Aufsichtsratvorsitzende – der in der Regel der Anteilseignerbank angehört – zwei Stimmen. Im Konfliktfall kann sich also die Anteilseignerseite durchsetzen.

cc) Sonderfall GmbH & Co. KG
(1) GmbH & Co. KG als Konzernobergesellschaft

Die Kapitalgesellschaft & Co. Kommanditgesellschaft ist als solche grundsätzlich nicht mitbestimmungspflichtig. Zur Vermeidung von Umgehungen bei unveränderter Interessenlage gegenüber einer reinen Kapitalgesellschaft bestimmt jedoch § 4 MitBestG, dass die Mitarbeiter der Kommanditgesellschaft als solche der persönlich haftenden Gesellschafterin gelten, wenn die Mehrheit der Kommanditisten, berechnet entweder nach der Mehrheit der Anteile oder nach der Mehrheit der Stimmen, gleichzeitig die Mehrheit der Anteile an der persönlich haftenden Gesellschafterin halten, wobei auch hier sowohl die Kapitalmehrheit als auch die Stimmenmehrheit ausreichend ist. **308**

Liegen diese Tatbestandsvoraussetzungen vor, so gelten – wie auch sonst – nach § 5 Abs. 2 MitBestG sämtliche Mitarbeiter des Konzerns als solche der persönlich haftenden Gesellschafterin der Obergesellschaft. **309**

Die sich daraus ergebende Mitbestimmung ist leicht zu umgehen. Deshalb sind auch mitbestimmte GmbH & Co. KG äußerst selten. Dazu drei Beispiele: **310**

– Am Kommanditkapital sind A, B und C mit je 1/3 beteiligt. Am Stammkapital der Komplementär GmbH halten der A 80 % und der B 20 %. Der Tatbestand des § 4 MitBestG ist erfüllt; die Gesellschaft ist mitbestimmungspflichtig.

– Beteiligungsverhältnisse an der Kommanditgesellschaft wie vor, jedoch hält A allein sämtliche Geschäftsanteile an der Komplementär GmbH. Die Mehrheitsverhältnisse bei Kommanditgesellschaft und GmbH fallen auseinander. Die Gesellschaft ist nicht mitbestimmungspflichtig.

– Wie Fall 1, jedoch hält die Kommanditgesellschaft selbst alle Anteile an ihrer Komplementär GmbH (Einheitsgesellschaft). Dieser Fall ist vom Wortlaut des § 4 MitBestG nicht umfasst. Die einheitliche Willensbildung in beiden Gesellschaften ist aber bei der Einheitsgesellschaft besonders intensiv ausgeprägt. Deshalb wendet die herrschende Meinung § 4 MitBestG auch hier entsprechend an und hält die Einheitsgesellschaft für mitbestimmungspflichtig.[316]

---

315 Im Einzelnen: *Deilmann*, BB 2004, 2253 m.w.N.
316 A.A. ErfK/*Oetker*, § 4 MitBestG Rn 4; *Raiser*, § 4 Rn 13; MüKo-AktG/*Gach*, § 4 MitbestG Rn 8.

(2) Einzel-GmbH & Co. KG als Konzern

311 Eine eher theoretische Schwierigkeit bereitet die Frage, ob die GmbH & Co. KG als solche bereits einen Konzern bildet, der von ihrer Komplementär GmbH abhängig ist. Diese Frage ergibt sich deshalb, weil im Mitbestimmungsrecht der weite Unternehmensbegriff Anwendung findet, also auch die arbeitnehmerlose Kopfgesellschaft konzernbegründend sein kann.

312 Insoweit stehen sich drei Auffassungen gegenüber.
- Nach einer ersten Ansicht ist § 4 MitBestG lex specialis gegenüber § 5, so dass für eine erweiterte Anwendung kein Raum besteht.
- Eine zweite Auffassung wendet § 5 neben § 4 grundsätzlich an, schließt seine Anwendung jedoch aus, wenn sich die Komplementär-Kapitalgesellschaft ausschließlich auf die Führung der Geschäfte ihrer Kommanditgesellschaft beschränkt.
- Die herrschende Meinung dagegen vertritt die Auffassung, dass die Tatbestandsvoraussetzungen von § 4 und § 5 MitBestG sich unterscheiden und deshalb beide Bestimmungen nebeneinander anzuwenden sind.[317]

313 Voraussetzung soll allerdings sein, dass die Kommanditgesellschaft von ihrer Komplementärin abhängig ist. Das jedoch wiederum ist nur dann der Fall, wenn die Kommanditgesellschaft nicht dem gesetzlichen Regelungsstatut entspricht, insbesondere § 164 HGB keine Anwendung findet. In allen anderen Fällen bedarf die Komplementär GmbH der Zustimmung der Kommanditisten zu allen Geschäften, die über den gewöhnlichen Rahmen des Geschäftsbetriebs hinausgehen. Regelungen im Gesellschaftsvertrag, die zu einer uneingeschränkten Herrschaft der Komplementärgesellschaft führen, bei der die Mehrheitsverhältnisse anders gestaltet sind als unter den Kommanditisten, sind in der Praxis jedoch kaum vorstellbar. Die Rechtsprechung lehnt die Anwendung von § 5 MitBestG neben § 4 ohnehin ab.[318]

(3) Mitarbeiterlose konzernleitende Stiftung & Co. KG

314 Mit dem Sonderfall einer mitarbeiterlosen konzernleitenden Stiftung & Co. KG hatte sich das Landgericht Dortmund in seiner Edeka-Entscheidung vom 25.3.2010 zu befassen[319] und kam zu folgendem Ergebnis:
- Die Stiftung & Co. KG ist keine mitbestimmungsfähige Rechtsform.
- Eine mitbestimmungsrechtliche Konzernzurechnung findet nur statt, wenn und soweit bei den in die Zurechnung einbezogenen Gesellschaften für die Arbeitnehmer wichtige unternehmensbezogene Führungsentscheidungen getroffen werden.
- Eine ihrerseits als Gesellschaft strukturierte Kommanditistin kann nur bei einem extrem weit gefassten Zustimmungskatalog im Gesellschaftsvertrag der Kommanditgesellschaft als herrschendes Unternehmen im Sinne des Mitbestimmungsgesetzes qualifiziert werden.[320]

---

317 ErfK/*Oetker*, § 5 MitBestG Rn 4; Raiser § 5 Rn 20 f.; MüKo-AktG/*Gach*, § 5 MitBestG Rn 29 ff.
318 Zitate bei ErfK/*Oetker*, § 5 MitBestG Rn 4.
319 LG Dortmund, Beschl. v. 25.3.2010, ZIP 2010, 2152.
320 Siehe dazu *Seibt*, ZIP 2011, 249.

Dröge

Kapitel 4 Das streitige gesellschaftsrechtliche Mandat

Markus Frank
§ 17 Zivilprozessuale Aspekte des Gesellschaftsrechts

Literatur: *Baumbach/Hueck*, GmbHG, Kommentar, 19. Aufl. 2010; *Grunewald*, Gesellschaftsrecht, 8. Aufl. 2011; *Happ*, Die GmbH im Prozess, 1997; *Hüffer*, Aktiengesetz, Kommentar, 9. Aufl. 2010; *Lutter/Hommelhoff*, GmbH-Gesetz, Kommentar, 17. Aufl. 2009; *Säcker/Rixecker/Oetker*, Münchener Kommentar zum Bürgerlichen Gesetzbuch, Band 5, 5. Aufl. 2009 (zit.: MüKo-BGB/*Bearbeiter*); *K. Schmidt*, Gesellschaftsrecht, 4. Aufl. 2002.

Inhalt

I. Die Personengesellschaften

1. Parteifähigkeit

Nach § 124 Abs. 1 HGB kann die **OHG** unter ihrer Firma vor Gericht klagen und verklagt werden. **1** Sie ist damit im Zivilprozess parteifähig. Dies gilt über § 161 Abs. 2 HGB gleichermaßen für die **KG** und nach § 7 Abs. 2 PartGG für die **Partnerschaftsgesellschaft**. Die Gesellschaft selbst ist also Partei. Ein Gesellschafterwechsel führt nicht zum Parteiwechsel, sondern lässt die Parteirolle der Gesellschaft unberührt. OHG und Gesellschafter sind danach verschiedene Prozessparteien. Wer klagt oder verklagt wird, ist ggf. im Wege der Auslegung zu ermitteln. Klagen sie gemeinsam oder werden sie gemeinsam verklagt (insb. als Gesamtschuldner nach §§ 128 f. HGB), sind sie lediglich **einfache**, keine notwendigen **Streitgenossen**.

Die Gesellschaft verliert ihre Parteifähigkeit mit ihrer **Vollbeendigung**. Dazu gehört materiell, dass die Gesellschaft vollständig liquidiert ist, also über kein Aktivvermögen mehr verfügt. **2** Die Löschung im Handelsregister hingegen ist bei Personengesellschaften nur deklaratorisch und für die Vollbeendigung einer Gesellschaft daher ohne Bedeutung. Mit dem Verlust der Parteifähigkeit wird eine gegen die Gesellschaft gerichtete Klage unzulässig.

Praxistipp   **3**

Der Kläger kann in diesem Falle die Klage umstellen und im Wege des gewillkürten Parteiwechsels gegen den oder die Gesellschafter gestützt auf §§ 128 ff. HGB fortsetzen. Tut er das nicht, muss er den Prozess durch Erledigungserklärung beenden, um nicht ein klagabweisendes Urteil zu riskieren. Zur Austragung eines Streits über den Verlust der Parteifähigkeit bleiben die Parteien im Prozess jedoch immer parteifähig.

---

2. Rechtsfähigkeit der Gesellschaft bürgerlichen Rechts

4 Der BGH hat die Frage der Rechtsfähigkeit der GbR in drei Entscheidungen entwickelt die sich mit Haftungsfragen des Gesellschafters beschäftigen.[1] Leading Case ist die Entscheidung *„Weißes Ross"*, ein schlichter Wechselprozess. In dieser Entscheidung stellte der zweite Zivilsenat die Rechtsfähigkeit der GbR kategorisch fest. Die GbR **Außengesellschaft** ist seit dem (partiell) rechts- und parteifähig, soweit sie durch Teilnahme am Rechtsverkehr eigene Rechte und Pflichten begründet. Die Haftung der Gesellschaft und der Gesellschafter begründet sich nun analog § 128 HGB. Aus der Rechts- und Parteifähigkeit folgt, dass ein Wechsel im Mitgliederbestand keinen Einfluss auf den Fortbestand der Gesellschaft hat. Der Prozess der Gesellschaft ebenso wie der Prozess gegen die Gesellschaft wird also von einem Mitgliederwechsel nicht berührt. Es tritt **kein Parteiwechsel** ein. Die früher notwendige Unterscheidung von Gesamthandsschuld- und Gesamtschuld ist damit überflüssig. Es gibt nun eine klare Trennung auf Seiten der beteiligten Rechtssubjekte und damit eine Trennung zwischen Gesellschafts- und Gesellschafterprozess.

5 Im **Aktivprozess** müssen die Gesellschafter die Gesellschaft so exakt bezeichnen, dass sie unterscheidbar und identifizierbar ist (§ 253 Abs. 2 Nr. 1 ZPO). Nach § 130 Nr. 1 ZPO, auf den § 253 Abs. 4 ZPO verweist, „soll" die Klage „die Bezeichnung der Parteien, ihrer gesetzlichen Vertreter nach Namen, Stand oder Gewerbe, Wohnort und Parteistellung" enthalten.

---

6 **Formulierungsbeispiel**

Im Aktivprozess klagt nunmehr nur noch die Gesellschaft. Die Gesellschafter selber sind nicht mehr Partei.[2] Das Aktivrubrum ist bei der Geltendmachung von Ansprüchen der Gesellschaft wie folgt zu formulieren:

Klage der A & Söhne GbR, vertreten durch die Gesellschafter AS+AJ (...).

---

7 Für den **Passivprozess** empfiehlt sich in jedem Fall, neben der Gesellschaft zugleich auch die Gesellschafter persönlich wegen ihrer Haftung (nunmehr aus §§ 128 ff. HGB analog) in Anspruch zu nehmen. Das erweist sich auch deswegen als ratsam, weil die Klage gegen die GbR abgewiesen werden kann, insbesondere wenn sich während des Prozesses herausstellen sollte, dass es sich lediglich um eine nicht rechts- und damit nicht parteifähige Innengesellschaft handelt.

---

8 **Formulierungsbeispiel**

Klage des Kaufmanns Peter Müller (Klägers) gegen die A & Söhne GbR, vertreten durch die Gesellschafter AS+AJ (Beklagte zu 1.), Gesellschafter AS (Beklagter zu 2.), Gesellschafter AJ (Beklagter zu 3) wegen: Kaufpreiszahlung (...).

---

3. Vertretung der Personengesellschaft im Prozess

9 Nach § 125 Abs. 1 HGB ist zur Vertretung der Gesellschaft jeder Gesellschafter ermächtigt, wenn er nicht durch Gesellschaftsvertrag von der Vertretung ausgeschlossen ist. Die Regelung beruht auf dem im Personengesellschaftsrecht geltenden Prinzip der **Selbstorganschaft**. Es handelt sich um eine **organschaftliche Vertretung**. Sie ist gesetzliche Vertretungsmacht, muss also nicht erst gesondert eingeräumt werden. Einem Dritten kann diese nicht übertragen werden. Anders als bei der GbR (§§ 709, 714 BGB) und den Kapitalgesellschaften (§ 35 Abs. 2 S. 2 GmbHG, § 78 Abs. 2 S. 1 AktG) hat jeder geschäftsführende Gesellschafter der **Personenhandelsgesellschaft Einzelvertretungsmacht**. Jeder kann daher auch die Gesellschaft im Prozess allein vertreten, soweit nicht im Gesellschaftsvertrag andere Regelungen getroffen werden.

---

1 BGH NJW 1999, 3483; BGH NJW 2001, 1056; BGH MDR 2005, 460.
2 BGH NZG 2006, 16.

Frank

II. Die GmbH

1. Entscheidung über die Beteiligung am Rechtsstreit

Soweit der Gesellschaftsvertrag oder einzelne Beschlüsse der Gesellschafter nichts anderes vorsehen, **obliegt** die **Entscheidung** darüber, ob die GmbH sich an einem Rechtsstreit beteiligen soll und wie sie sich in den einzelnen Phasen des Rechtsstreits verhalten will, **der Geschäftsführung**. Es gilt das Prinzip der Gesamtgeschäftsführung. Die grundsätzliche Entscheidungsbefugnis der Geschäftsführung unterliegt verschiedenen Einschränkungen, die sich jedoch (mit Ausnahme der in § 46 Nr. 2 und Nr. 8 GmbHG geregelten Fälle) nur auf die Legitimation der Geschäftsführer im Innenverhältnis auswirken. Die **Prozessgegner** können sich somit nicht auf eine mangelnde Berechtigung zur Prozessführung berufen. **10**

Gemäß § 37 Abs. 1 GmbHG unterliegt die Geschäftsführung in jeder Hinsicht den **Weisungen der Gesellschafter**. Das Weisungsrecht ist in Übereinstimmung mit Gesetz und Gesellschaftsvertrag auszuüben. Es findet seine Grenze somit in den allgemeinen Grundsätzen der Rechtsausübung. Das Weisungsrecht kann durch Satzung ausgeschlossen werden oder durch Gesellschaftsvertrag einem einzelnen Gesellschafter, einem Beirat oder sogar einem Nichtgesellschafter übertragen werden. Für die Geltendmachung von **Ersatzansprüchen** der Gesellschaft aus Geschäftsführung oder Gründung gegen ihre Geschäftsführer und Gesellschafter ist grundsätzlich die **Gesellschafterversammlung** zuständig (§ 46 Nr. 8 GmbHG). Es bedarf dazu also eines Beschlusses der Gesellschafterversammlung. Der Beschluss ist materielle Anspruchsvorausetzung. Eine Klage ohne entsprechende Beschlussfassung ist unbegründet. **11**

Praxistipp **12**
Der Beschluss kann aber auch noch nach Klageerhebung **bis zum Schluss der letzten mündlichen Verhandlung** gefasst werden.

Bei der **Einmann-GmbH** ist eine Beschlussfassung entbehrlich. In der Zwei-Personen-Gesellschaft, in der beide Gesellschafter auch alleinvertretungsberechtigte Geschäftsführer sind, wird man auf das Erfordernis einer Beschlussfassung gleichfalls als bloße Formalität verzichten können. **13**

Nicht von § 46 Nr. 8 Hs. 1 GmbHG erfasst sind Erfüllungsansprüche aus Rechtsgeschäften, insbesondere **Einlageversprechen**. Auch die Ausfallhaftung nach § 16 Abs. 3 oder § 24 GmbHG fällt nicht unter diese Bestimmung. Gleiches gilt für die Unterbilanzhaftung. Derartige Ansprüche können und müssen die Geschäftsführer von sich aus gegen die Gesellschafter geltend machen. **14**

Wichtig **15**
Im **einstweiligen Rechtsschutz** findet die Bestimmung des § 46 Nr. 8 GmbHG keine Anwendung.

---

2. Die Vertretung der GmbH im Rechtsstreit

Die **gerichtliche und außergerichtliche Vertretung** der GmbH obliegt gemäß § 35 Abs. 1 und 2 GmbHG den Geschäftsführern. Dabei gilt für die Abgabe von Willenserklärungen im Aktiv- oder Passivprozess der Grundsatz der Gesamtvertretungsbefugnis (§ 35 Abs. 2 S. 2 GmbHG). **16**

Bei **Verhinderung eines Geschäftsführers** oder Wegfall der Vertretung durch Abberufung, Amtsniederlegung oder Tod wird der anhängige Prozess gemäß § 241 ZPO kraft Gesetzes unterbrochen. Hatte die Gesellschaft einen Prozessbevollmächtigten bestellt, tritt die Unterbrechung jedoch nur auf dessen Antrag hin ein. Seit dem MoMiG wird die Gesellschaft bei Führungslosig- **17** keit, für den Fall, dass ihr gegenüber Willenserklärungen abgegeben oder Schriftstücke zugestellt werden sollen, durch die Gesellschafter vertreten, vgl. § 35 Abs. 1 S. 2 GmbHG.

18   Der Prozessgegner einer prozessunfähigen GmbH hat zudem die Möglichkeit, die Bestellung eines **Notgeschäftsführers** zu beantragen. **Voraussetzung** für die Bestellung eines Notgeschäftsführers ist neben dem Fehlen einer organschaftlichen Vertretung der GmbH das Vorliegen eines dringenden Falls. Ein solcher ist anzunehmen, wenn die Gesellschaftsorgane selbst nicht in der Lage sind, innerhalb einer angemessenen Frist den Mangel zu beseitigen und der Gesellschaft oder einem Beteiligten ohne Notgeschäftsführerbestellung Schaden drohen würde oder eine alsbald erforderliche Handlung nicht vorgenommen werden könnte.

19   Der **Antrag nach § 29 BGB** analog ist nicht (wie bei § 57 ZPO) beim Prozessgericht, sondern beim Amtsgericht am Sitz der GmbH zu stellen. Funktional zuständig ist der Rechtspfleger (§ 3 Nr. 1a RPflG). Antragsberechtigt ist außer den Gesellschaftern, etwaigen anderen Geschäftsführern und Aufsichtsratsmitgliedern jeder Dritte, der einen Anspruch gegen die Gesellschaft nicht durchsetzen kann, solange es an einem handlungsfähigen Vertretungsorgan fehlt. Mit dem Antrag sind der Wegfall des Geschäftsführers, die Erforderlichkeit des Ersatzes und die Dringlichkeit der Notbestellung nach Maßgabe des § 31 FamFG glaubhaft zu machen. Dem Antrag ist gleichfalls eine Gesellschafterliste beizufügen oder es ist auf die dem Handelsregister gemäß § 40 GmbHG eingereichte Gesellschafterliste zu verweisen.

3. Verfahren der GmbH gegen die Geschäftsführer

20 In Prozessen gegen ihre Geschäftsführer wird die Gesellschaft durch einen eigens von der Gesellschafterversammlung zu bestellenden **Prozessvertreter** vertreten (§ 46 Nr. 8 Var. 2 GmbHG). Dieser Prozessvertreter ist organschaftlicher Vertreter der Gesellschaft. Die Gesellschafter können aber auch auf die Bestellung eines solchen Prozessvertreters verzichten, wenn neben dem Prozessgegner noch ein weiterer alleinvertretungsberechtigter Geschäftsführer vorhanden ist.

4. Actio pro socio bei der GmbH

21 Einen Sonderfall der **Prozessstandschaft** im GmbH-Recht bildet die so genannte actio pro socio. Sie ist grundsätzlich möglich, aber subsidiär. Die innere Zuständigkeitsordnung der Gesellschaft hat grundsätzlich Vorrang vor der Verfolgung von Gesellschaftsansprüchen durch einzelne Gesellschafter. Die Erhebung einer actio pro socio ist daher unzulässig, wenn ein zuständiges Organ den Anspruch verfolgt. Bei Untätigkeit der Gesellschaftsorgane ist zunächst auf die gesellschaftsinternen Einwirkungsmöglichkeiten (z.B. Anfechtung rechtswidriger Beschlüsse) zurückzugreifen. Das direkte Vorgehen im Wege der actio pro socio ist jedoch dann zulässig, wenn der Versuch einer internen Einwirkung von vornherein als aussichtslos oder unnötiger Umweg oder zu zeitaufwendig erscheint, wobei insbesondere die Fälle des rechtsmissbräuchlichen Zusammenwirkens einer Gesellschaftermehrheit oder die Verhältnisse in einer Zweipersonengesellschaft zu berücksichtigen sind.

5. Zuständigkeitsfragen

22 Der **allgemeine Gerichtsstand** einer GmbH bestimmt sich gemäß §§ 12, 17 ZPO nach materiellem Recht und damit nach dem im Gesellschaftsvertrag gemäß § 3 Abs. 1 Nr. 1 GmbHG zwingend festzulegenden Sitz der Gesellschaft. Im Falle einer Sitzverlegung ändert sich der Gerichtsstand erst mit Eintragung des neuen Sitzes im Handelsregister. Neben diesem (nicht abdingbaren) Gerichtsstand kann gemäß § 17 Abs. 3 ZPO durch Satzung oder eine Regelung, die dem Rang einer Satzung entspricht, ein zusätzlicher allgemeiner Gerichtsstand begründet werden.

23   Neben dem allgemeinen Gerichtsstand besteht für die GmbH der **Gerichtsstand der Niederlassung** gemäß § 21 ZPO. Niederlassung in diesem Zusammenhang ist jede auf eine gewisse

Dauer errichtete Geschäftsstelle, von der aus Geschäfte abgeschlossen werden. Erforderlich ist insbesondere, dass die Geschäftsstelle auf Erwerbserzielung ausgerichtet ist und dass sie einen gewissen Mindestgrad der Selbständigkeit entfaltet. Ferner ist eine Niederlassung an ihrem Sitz als Niederlassung im Handelsregister eingetragen.

Der besondere Gerichtsstand der Mitgliedschaft (§ 22 ZPO) findet Anwendung bei Klagen der **24** Gesellschaft gegen die Mitglieder und bei Klagen der Mitglieder untereinander, soweit diese aus dem Rechtsverhältnis der Mitgliedschaft folgen. Klagen gegen die GmbH, die aus einem Vertragsverhältnis resultieren, können am besonderen **Gerichtsstand des Erfüllungsortes** gemäß § 29 ZPO erhoben werden. Insofern gelten die allgemeinen Regeln. Hinsichtlich der **sachlichen Zuständigkeit** gelten ebenfalls die allgemeinen Regeln. Für Klagen zwischen der GmbH und Dritten sind in erster Instanz daher grundsätzlich die Amts- und Landgerichte gemäß §§ 23, 71 GVG zuständig. Hinsichtlich der funktionalen Zuständigkeit ergeben sich für den Rechtsstreit einer GmbH mit Dritten gleichfalls keine Besonderheiten.

Praxistipp **25**
Zu beachten ist die Möglichkeit, eine Klage für oder gegen die GmbH gemäß § 95 GVG bei der **Kammer für Handelssachen** zu erheben, wenn es sich um eine Handelssache i.S.d. Vorschrift handelt. Ein entsprechender Antrag ist gemäß § 96 Abs. 1 GVG bereits in der Klageschrift zu stellen.

---

6. Zustellungen

Für die Zustellung von Schriftstücken an eine GmbH gilt zunächst die Vorschrift des § 170 Abs. 2 **26** ZPO. Hiernach erfolgt die Zustellung in der Regel an den **Geschäftsführer** als Leiter im Sinne der Vorschrift, also denjenigen, der zur Vertretung der Gesellschaft nach außen bestellt ist. Dabei genügt es gemäß § 170 Abs. 3 ZPO auch im Falle des Vorhandenseins mehrerer Geschäftsführer, die nur zur Gesamtvertretung befugt sind, wenn die Zustellung nur an einen von ihnen erfolgt.

Wird mehreren Vertretern der GmbH zugestellt, beginnt eine etwaige Rechtsmittelfrist be- **27** reits mit der ersten Zustellung zu laufen. Die Zustellung an den Geschäftsführer als gesetzlichen Vertreter kann grundsätzlich an jedem Ort erfolgen, an dem er angetroffen wird.

Hinweis **28**
Grundsätzlich richtet sich die Zustellung im Rechtsstreit zwischen der GmbH und ihren Gesellschaftern nach den allgemeinen Regeln. Bei der Zustellung von Klagen der GmbH an ihre Gesellschafter ist aber § 16 Abs. 1 GmbHG zu beachten, wonach bei Geschäftsanteilsabtretungen der Gesellschaft gegenüber nur derjenige als Erwerber des Geschäftsanteils gilt, dessen Erwerb unter Nachweis des Übergangs bei der Gesellschaft angemeldet ist. Da hierin eine unwiderlegbare Vermutung hinsichtlich der Gesellschafterstellung liegt, hat die Zustellung grundsätzlich an die angemeldeten Gesellschafter zu erfolgen, unabhängig davon, ob die Gesellschaft auf sonstige Weise vom Anteilsübergang Kenntnis erlangt hat.

Ab **Auflösung der Gesellschaft** erfolgen Zustellungen im gerichtlichen Verfahren an die Liqui- **29** datoren, die die Gesellschaft nunmehr gemäß § 70 S. 1 GmbHG gerichtlich und außergerichtlich vertreten. Es gelten für die Zustellung die gleichen Regelungen wie für die Zustellung an die Geschäftsführer der werbenden GmbH. Soweit nach Löschung der GmbH noch Vermögen vorhanden ist, wird die Gesellschaft durch die gerichtlich bestellten **Nachtragsliquidatoren** vertreten, an die sodann Zustellungen in für und gegen die GmbH geführten Prozessen nach den für die Zustellung an die Geschäftsführer geltenden Regeln erfolgen.

Markus Frank

§ 18 Rechtsschutz der Gesellschafter gegenüber der Gesellschaft

Literatur: *Baumbach/Hueck*, GmbHG, Kommentar, 19. Aufl. 2010; *Grunewald*, GmbH-Gesetz, Kommentar, 8. Aufl. 2011; *Hüffer*, Aktiengesetz Kommentar, 9. Aufl. München 2010; *Lutter/Hommelhoff*, GmbH-Gesetz, Kommentar, 17. Aufl. 2009; *Säcker/Rixecker/Oetker*, Münchener Kommentar zum Bürgerlichen Gesetzbuch, Band 5, 5. Aufl. 2009 (zit.: MüKo-BGB/*Bearbeiter*); *K. Schmidt*, Gesellschaftsrecht, 4. Aufl. 2002.

Inhalt

I. Personengesellschaften

Die Ansprüche des Gesellschafters gegen die Gesellschaft werden hier für GbR, OHG und KG ge- **1**
meinsam dargestellt. Dabei wird stets von dem Recht der GbR ausgegangen und werden sodann
Abweichungen für OHG und KG dargestellt.

Seit der Entscheidung des BGH über die Partei- und Prozessfähigkeit der GbR[1] sind die Vor- **2**
schriften der §§ 124 ff. HGB auf die Außengesellschaft analog anzuwenden. Die **GbR** ist hinsichtlich ihrer Aktiv- und Passivlegitimation den übrigen Personengesellschaften **gleichgestellt**.

Nach § 124 Abs. 1 HGB kann die offene Handelsgesellschaft unter der Firma vor Gericht kla- **3**
gen und verklagt werden. Sie ist damit im Zivilprozess parteifähig. Dies gilt über § 161 Abs. 2 HGB
gleichermaßen für die KG und nach § 7 Abs. 2 PartGG für die Partnerschaftsgesellschaft. Die Personengesellschaft selbst ist also Partei. Ein Gesellschafterwechsel führt nicht zum Parteiwechsel, sondern lässt die Parteirolle der Gesellschaft unberührt. Personengesellschaft und Gesellschafter sind danach **verschiedene Prozessparteien**. Wer klagt oder verklagt wird, ist ggf. im
Wege der Auslegung zu ermitteln. Klagen sie gemeinsam oder werden sie gemeinsam verklagt
(insb. als Gesamtschuldner nach §§ 128 f. HGB), sind sie lediglich einfache, keine notwendigen
Streitgenossen.

1. Informationsrechte des Gesellschafters gegenüber der Gesellschaft

§ 716 BGB gewährt dem Gesellschafter gegenüber der GbR ein **Kontrollrecht**. Dies gibt ihm das **4**
Recht, sofern er von der Geschäftsführung ausgeschlossen ist,

– sich über die Angelegenheiten der Gesellschaft persönlich zu unterrichten,
– die Geschäftsbücher und Papiere der Gesellschaft einzusehen,
– sich eine Übersicht über das Gesellschaftsvermögen aus der bei der Einsichtnahme gewon-
nenen Information zu fertigen.

Ein direktes **Auskunftsrecht** gegenüber der Gesellschaft besteht nicht. Es wird allerdings zuge- **5**
lassen, wenn es dem Gesellschafter auf andere Weise nicht möglich ist, an für ihn erforderliche
Informationen zu gelangen.[2]

---

1 BGH NJW 2001, 1056.
2 BGH BB 1984, 1271, 1272; BGH BB 1972, 1245, 1246.

6   **Ausgeschiedene Gesellschafter** haben grundsätzlich keine mitgliedschaftlichen Informationsrechte. Sofern sie ein rechtliches Interesse darlegen können, können sie dennoch die Bücher der Gesellschaft einsehen. Dies ist denkbar in dem Fall, dass der ausgeschiedene Gesellschafter die Höhe der geschuldeten Abfindung ermitteln will. Anspruchsgrundlage ist in einem solchen Fall **§ 810 BGB**.[3]

7   Der **OHG-Gesellschafter** hat ebenso wie der Gesellschafter einer GbR nur ein Einsichtsrecht und kein Auskunftsrecht. Dies ergibt sich aus § 117 HGB.

8   Bei der **KG** ist für die Qualität und Ausgestaltung der Informationsrechte danach zu differenzieren, ob der Gesellschafter persönlich haftet oder nicht.

9   Der **stille Gesellschafter** kann aus § 233 HGB nur die Ermittlung des aufgestellten Jahresabschlusses verlangen, nicht die Aufstellung des Jahresabschlusses selbst.[4]

10   Der **Komplementär** hat dieselben Informationsrechte wie der OHG-Gesellschafter.

11   Für den **Kommanditisten** sind die Kontrollrechte in § 166 HGB geregelt. Er hat das Recht, eine schriftliche Mitteilung des Jahresabschlusses zu erhalten und dessen Richtigkeit unter Einsichtnahme der Bücher und Papiere der KG zu prüfen. Um einen besseren Schutz der Kommanditisten zu gewährleisten, wird diskutiert, § 166 OHG für unabdingbar zu halten.[5]

---

12 **Praxistipp**
Die Geltendmachung von Auskunfts- und Einsichtsrechten ist mühsam und zeitraubend. Nicht selten werden vom Gegner, insbesondere bei der gesellschaftsrechtlichen Auseinandersetzung, Informationen zurückgehalten und Urkunden unterdrückt. Der Mandant muss deshalb, schon bei der Übernahme des Mandats, auf diese Schwierigkeiten hingewiesen werden. Empfehlen Sie Ihrem Mandanten, unverzüglich Sicherungskopien von allen Dokumenten und Daten zu erstellen.

---

2. Beschlussmängel

13   Beschlüsse, die nicht ordnungsgemäß gefasst worden sind, sind **grundsätzlich nichtig**. Dabei spielt es keine Rolle, ob der Mangel verfahrensrechtlicher oder materieller Art ist.[6]

14   Ein Streit über die Wirksamkeit von Gesellschaftsbeschlüssen ist unter den Gesellschaftern auszutragen. In Betracht kommen Beschlussanfechtungsklagen und positive Beschlussfeststellungsklagen. Sofern im Gesellschaftsvertrag geregelt, kann die Klage auf Feststellung der Nichtigkeit auch gegen die Gesellschaft gerichtet werden.[7]

---

15 **Wichtig**
Klagen des Gesellschafters gegen die Gesellschaft kennt das Personengesellschaftsrecht grundsätzlich nicht. Auch bei einer Publikumsgesellschaft sind alle Mitgesellschafter regelmäßig notwendige Streitgenossen.[8] Eine Klage unter Einbeziehung mehrerer hundert Gesellschafter birgt kaum noch beherrschbare Risiken (Zustellfragen, Kosten etc.) und kann die Durchsetzung der Ansprüche unmöglich machen.
Empfehlen Sie Ihren Mandaten eine Satzung, die neben einer Klausel über wirksame Klagefristen auch die Aktiv- und Passivlegitimation der Gesellschaft bei einem Streit über die Wirksamkeit von Gesellschafterbeschlüssen regelt.

---

3 BGH NJW 1989, 225; BGH ZIP 1989, 768 – jeweils für die KG.
4 BGH ZIP 2004, 1099.
5 So angedeutet in BGH NJW 1989, 255.
6 Soergel/*Hadding*, § 709, Rn 44; MüKo-BGB/*Ulmer*, § 709, Rn 105 f.
7 BGH NJW 1995, 1218; BGH NJW-RR 1990, 474, 475 – jeweils für die KG, ebenso zutreffend für GbR und OHG.
8 BGH DB, 1999, 1391. In dieser Entscheidung hat der zweite Zivilsenat ergebnisorientiert und dogmatisch sicher nicht tragbar (ausnahmsweise) die Passivlegitimation der Gesellschaft bei einer Publikums-KG angenommen.

Frank

Das Gesetz sieht eine Frist, innerhalb derer Beschlussmängel geltend zu machen sind, nicht vor. **16**
Auf die Nichtigkeit eines Beschlusses kann sich daher jeder Gesellschafter jederzeit berufen und
sie auch nach langer Zeit immer noch geltend machen.[9]

Der BGH hat selbst Klagen, die noch acht Monate nach der Beschlussfassung anhängig ge- **17**
macht wurden, nicht für verfristet erachtet. Zu prüfen bleibt in solchen Fällen lediglich, ob eine
Verwirkung angenommen werden kann. Die Rechtsprechung orientiert sich nur hinsichtlich der
Angemessenheit einer Mindestfrist im Rahmen einer Satzungsregelung an § 246 AktG. Die Monatsfrist ist eine Mindestfrist und kann nicht wirksam durch eine Satzungsregelung verkürzt
werden. An die Stelle der zu kurzen Frist tritt eine angemessene Frist.[10]

3. Gestaltungsklagen
Das Personengesellschaftsrecht kennt vier Gestaltungsklagen: **18**
- Entziehung der Geschäftsführungsbefugnis, § 117 HGB;
- Entziehung der Vertretungsbefugnis, § 127 HGB;
- Auflösung der Gesellschaft, § 133 HGB;
- Ausschließung eines Gesellschafters, § 140 HGB.

Mit der Gestaltungsklage verfolgt der Kläger das Ziel einer Umgestaltung der Rechtslage durch **19**
richterlichen Gestaltungsakt. Die Rechtslage wird durch das Gestaltungsurteil geändert, während das Urteil bei Leistungs- oder Feststellungsklage lediglich eine bereits vorliegende Rechtslage „erkennt".

a) Entziehung der Geschäftsführungs- und Vertretungsbefugnis
§ 117 HGB sieht vor, dass bei Vorliegen eines wichtigen Grundes einem Gesellschafter einer OHG **20**
die Geschäftsführungsbefugnis „**auf Antrag der übrigen Gesellschafter** durch gerichtliche
Entscheidung" entzogen werden kann. Entsprechendes gilt nach § 127 HGB für die Entziehung
der Vertretungsmacht. „Antrag" ist der auf das erstrebte Gestaltungsurteil gerichtete Klageantrag. Die „übrigen" Gesellschafter sind sämtliche anderen Gesellschafter. Sie bilden hier eine
materiellrechtlich notwendige Streitgenossenschaft.[11] Es genügt aber auch eine bindende Einverständniserklärung des Mitgesellschafters mit der Klageerhebung. Der oder die Kläger klagen
dann in Prozessstandschaft.[12]

Gegen mehrere Beklagte kann das Verfahren verbunden werden. Dabei genügt dann, wenn **21**
die Klage von den „übrigen", nämlich den nicht von der Entziehung der Geschäftsführungsbefugnis betroffenen Gesellschaftern, erhoben wird. Entscheidend ist nur, dass sämtliche Gesellschafter am Verfahren beteiligt sind. Das bedeutet umgekehrt freilich auch, dass die Klage insgesamt gegen alle Beklagten mangels Aktivlegitimation der Kläger abzuweisen ist, wenn sie sich
auch nur gegen einen Beklagten als unbegründet erweist, da dann nicht mehr alle „übrigen"
Gesellschafter an dem Antrag beteiligt sind.[13]

Da die übrigen Gesellschafter die Entziehung nur gemeinsam geltend machen können, ist **22**
eine Klage, an der sich nicht alle beteiligen bzw. der nicht alle verbindlich zugestimmt haben,
mangels **Aktivlegitimation** der Kläger abzuweisen. Weigert sich ein Gesellschafter bei der Klage
mitzuwirken, ist er im Wege der Leistungsklage auf Mitwirkung in Anspruch zu nehmen. Diese

---

9 BGH NJW 1999, 3113.
10 BGH NJW 1995, 1218.
11 BGHZ 30, 195, 197.
12 BGH LM HGB § 133 Nr. 3; BGHZ 68, 81, 83.
13 BGHZ 64, 253, 255; BGHZ 86, 81, 83 f.; *Ebenroth/Mayen*, HGB, § 117 Rn 21.

Klage kann aus prozessökonomischen Gründen sogleich mit der Entziehungsklage verbunden werden.[14]

23 Für die **Auflösung der Gesellschaft** und die **Ausschließung eines Mitgesellschafters** aus wichtigem Grund gilt prozessual Entsprechendes wie bei der Entziehungsklage. Die Auflösungsklage ist gegen sämtliche Mitgesellschafter zu richten, soweit sie nicht dem Kläger auf der Aktivseite beitreten. Sie bilden ebenfalls eine notwendige Streitgenossenschaft.[15]

b) Auflösungs- und Ausschließungsklage, §§ 133, 140 HGB

24 § 140 Abs. 1 S. 1 HGB verlangt wie §§ 117, 127 HGB ausdrücklich einen Antrag der „übrigen Gesellschafter". Auch hier liegt daher auf der Aktivseite eine notwendige Streitgenossenschaft vor. Die Ausschließungsklage kann mit der Auflösungsklage nach § 133 HGB verbunden werden, indem entweder die Auflösungsklage hauptsächlich und die Ausschließungsklage hilfsweise erhoben wird oder umgekehrt. Denkbar ist auch die Widerklage des Beklagten auf Auflösung. Auflösungs- und Ausschließungsklage haben unterschiedliche Streitgegenstände. Die Ausschließungsklage kann auch mit dem Ziel geführt werden, alle übrigen Gesellschafter auszuschließen. Dies ergibt sich aus § 140 Abs. 1 S. 2 HGB.

4. Sozialverbindlichkeiten

25 Aus der Mitgliedschaft fließende Vermögens- und Verwaltungsrechte des einzelnen Gesellschafters (Sozialverbindlichkeiten):
– Gewinnansprüche
– Geschäftsführervergütung
– Aufwendungsersatz,
– Abfindung,
– Ansprüche auf Führung der Geschäfte,
– Stimmrechtausübung,
– Einsichts- und Informationsrechte
richten sich gegen die Gesellschaft, soweit diese rechts- und parteifähig ist.[16]

a) Aufwendungsersatz

26 Gegenüber der Gesellschaft hat der Gesellschafter Anspruch auf Ersatz derjenigen Aufwendungen, die er im Rahmen der Durchführung der Geschäfte der Gesellschaft berechtigterweise macht. Darüber hinaus kann er Erstattung der Beträge verlangen, die er zur Begleichung von gegen die Gesellschaft gerichteten Forderungen aufgewendet hat. Für die **GbR** stützt sich der Anspruch auf §§ 713, 669, 670 BGB.

27 Für den **OHG-Gesellschafter** ergibt sich ein Aufwendungsersatzanspruch aus § 110 Abs. 1 HGB. Insbesondere ergibt sich aus der Vorschrift auch ein Anspruch auf Erstattung von Verlusten, die im Zusammenhang mit der Geschäftsführung erlitten werden.

28 Für den **Komplementär** wie auch für den **Kommanditisten** gilt dasselbe wie für den OHG-Gesellschafter.

---

14 BGHZ 86, 81, 84.
15 BGHZ 30, 195; BGH ZIP 1977, 1919.
16 BGH NJW 2001, 1056.

Frank

b) Gewinn, Entnahmerecht

Sofern die **GbR** auf Gewinnerzielung angelegt ist, hat der Gesellschafter einen Anspruch auf 29
Verteilung/Auszahlung des auf ihn entfallenden Gewinns gegen die Gesellschaft, gem. § 721
Abs. 2 BGB. Sofern sich aus dem Gesellschaftsvertrag nicht etwas anderes ergibt, wird der Ge-
winn gem. § 722 Abs. 1 BGB nach Köpfen verteilt.

Der **OHG-Gesellschafter** hat Anspruch auf Ausschüttung des Gewinns in Höhe von 4% sei- 30
nes Kapitalanteils, gem. § 121 Abs. 1 HGB. Der Kapitalanteil setzt sich zusammen aus der geleisteten Einlage, stehen gelassenen Gewinnen abzüglich etwaiger Entnahmen und Verluste. Über
§ 121 Abs. 1 HGB hinausgehender Gewinn wird nach Köpfen verteilt, sofern nicht etwas anderes
geregelt ist, vgl. § 121 Abs. 3 HGB. Den ihm zustehenden Gewinn kann sich der Gesellschafter
entnehmen, sofern es nicht zum Schaden der Gesellschaft führt.

Für die **Gesellschafter der KG** ergibt sich die Ermittlung und Verteilung von Gewinn und 31
Verlust aus §§ 167–179 HGB. Der KG-Gesellschafter hat nur Anspruch auf Auszahlung des Gewinns, jedoch nicht, wie es dem Gesellschafter in der OHG zusteht, Anspruch auf Entnahme der
ihm zustehenden Summe, vgl. § 179 Abs. 1 S. 1 HGB.

c) Schutz der Mitgliedschaft

Es wird diskutiert, ob dem Gesellschafter neben einem Anspruch auf Wahrung der Mitverwal- 32
tungsrechte (Recht auf Teilhabe an der Beschlussfassung in der Gesellschafterversammlung,
Durchsetzung der gefassten Beschlüsse) ein direkter Anspruch gegenüber der Gesellschaft auf
Schutz der Mitgliedschaft zusteht. Dieses soll das Gegenstück darstellen zu der Pflicht der Gesellschafter gegenüber der Gesellschaft zur Rücksichtnahme. Der Gesellschafter hat danach einen **Anspruch auf Unterlassung jeder Art von rechtswidrigem Verhalten** der Gesellschaft in
Gesellschaftsangelegenheiten. Allerdings wird auch darauf hingewiesen, dass ein Unterlassungsanspruch problematisch sein kann. Dies ist beispielsweise dann der Fall, wenn ein Gesellschafter mit dem Argument der Rechtswidrigkeit die Geschäftsführungsmaßnahmen der Gesellschaft zu blockieren versucht.

Insofern ist daran zu denken, dem Gesellschafter nur einen Anspruch auf Erfüllung oder 33
Schadensersatz zuzugestehen und diesen an die Voraussetzung zu knüpfen, dass der jeweilige
Gesellschafter von der bestimmten Maßnahme selbst betroffen ist.[17] Dabei scheint noch nicht
geklärt, ob es sich bei dem Anspruch auf oder wegen Schutz der Mitgliedschaft um einen vertraglichen oder deliktischen Anspruch handelt.

Für die Gesellschafter von OHG und KG ergeben sich keinerlei Besonderheiten. 34

5. Ansprüche im Zusammenhang mit dem Ausscheiden aus der Gesellschaft
a) Bei dem Gesellschafter der GbR
aa) Kündigung der Gesellschafterstellung

Sofern im Gesellschaftsvertrag geregelt ist, dass bei Kündigung eines Gesellschafters die Gesell- 35
schaft unter den übrigen Gesellschaftern fortbesteht, ist auch ein Austritt durch Kündigung
möglich, vgl. § 736 Abs. 1 BGB. Ebenso kann im Falle einer derartigen Klausel im Gesellschaftsvertrag und bei Vorliegen eines entsprechenden Grundes einem Gesellschafter gekündigt werden, vgl. § 737 S. 1 BGB. Die Kündigung des Gesellschafters ist jedoch nur zulässig, wenn in seiner Person ein zur Kündigung berechtigender Grund vorliegt, § 737 S. 1 i.V.m. § 723 Abs. 1 S. 2
BGB. Ein **wichtiger Grund** liegt nach allgemein anerkannter Auffassung vor, wenn der Gesellschafter durch seine Person oder sein Verhalten die Erreichung des Gesellschaftszwecks unmög-

---

17 *K. Schmidt*, § 21 V 1, 3; *Grunewald*, 1.A, Rn 131f. Siehe auch BGHZ 110, 323 im Vereinsrecht.

lich macht oder erheblich gefährdet oder wenn sonst die Person des Gesellschafters oder sein Verhalten seinen Verbleib in der Gesellschaft untragbar erscheinen lässt.

36 Wichtig

Da Ausschließungsklagen mit Zeitablauf immer an Gewicht verlieren, ist bei der gebotenen Reaktion Eile geboten, wobei schwerwiegende Verletzungen naturgemäß langsamer an Gewicht verlieren als weniger schwerwiegende.

37 Bei der Prüfung, ob ein wichtiger Grund gegeben ist, empfiehlt sich im Hinblick auf das „Ultima-ratio-Prinzip" eine **enge dreistufige Prüfung**:

(1) Ist der Grund an sich, also abstrakt geeignet eine Kündigung zu rechtfertigen?

(2) Ist der Grund konkret und unter Berücksichtigung der Gesamtumstände schwerwiegend genug, um die Kündigung trotz etwaiger Verdienste des Gesellschafters, der Dauer seiner Gesellschafterstellung, der Usancen im Miteinander usw. zu rechtfertigen?

(3) Gibt es mildere Mittel, den Pflichtverletzungen des Gesellschafters zu begegnen (z.B. temporäre Entziehung der Geschäftsführungsbefugnis)?

bb) Folgen des Austritts

38 In jedem Fall hat der Ausscheidende ein Recht auf **Zahlung einer Abfindung**. Diese bemisst sich nach dem Wert des Anteils am Gesellschaftsvermögen zum Zeitpunkt des Austritts, abzüglich der auf den Ausscheidenden entfallenden Schulden. Bei der Ermittlung des Abfindungsanspruchs sind stille Reserven aufzulösen und ein eventuell vorhandener Goodwill der Gesellschaft zu berücksichtigen. Weil eine Auszahlung eines der Beteiligung des ausscheidenden Gesellschafters entsprechenden Betrages die Gesellschaft in der Regel stark belastet, und um langwierige Auseinandersetzungen zur Frage des Wertes eines Anteils zu vermeiden, wird der Abfindungsanspruch im Gesellschaftsvertrag häufig beschränkt.

39 Üblich ist es insbesondere, bei der Berechnung der Abfindung von dem **Buchwert** des jeweiligen Anteils auszugehen. Der immaterielle Geschäftswert einer Gesellschaft und die stillen Reserven bleiben dann bei der Berechnung der Abfindungssumme außer Betracht – nicht jedoch offene Rücklagen und sonstige Bilanzposten mit Rücklagecharakter.[18]

40 Die **Wirksamkeit** einer vertraglichen Abfindungsklausel ist jeweils im Einzelfall zu prüfen. Bei einem Ausschluss eines Gesellschafters aus wichtigem Grund tendiert die Rechtsprechung dahin, eine Abfindung nach dem Buchwert für zulässig zu halten.[19] Die Reduzierung der Abfindung auf die Hälfte des Buchwertes wird jedoch für nicht zulässig erachtet.[20] Kommt es durch eine in der Satzung vereinbarte Reduzierung der Abfindung zu einem groben Missverhältnis zwischen Wert der Beteiligung und dem von der Satzung vorgesehenen Abfindungsbetrag, führt dies nicht zur Nichtigkeit der Buchwertklausel, sondern zu einer **Anpassung des Abfindungsbetrages** im Wege der ergänzenden Auslegung der Satzung (§§ 157, 242 BGB).

---

18 BGH WM 1978, 1044, 1055.
19 BGH ZIP 2002, 258, 258 der aber dennoch eine Überprüfung, ob nicht ein grobes Missverhältnis zwischen Buch- und Verkehrswert besteht, verlangt und insofern unter dem Gesichtspunkt von Treu und Glauben eine Verwerfung der entsprechenden Vertragsklausel erwägt.
20 BGH NJW 1989, 2685.

b) OHG-Gesellschafter
aa) Kündigung
Die **Kündigung durch den Gesellschafter** ist gem. § 132 HGB bei einer auf unbestimmte Dauer 41
eingegangenen OHG mit sechsmonatiger Kündigungsfrist nur zum Ende eines Geschäftsjahres
möglich.

bb) Ausschluss
Der **Ausschluss des Gesellschafters** aus der Gesellschaft kann nur erfolgen, wenn in der Per- 42
son des auszuschließenden Gesellschafters ein wichtiger Grund vorliegt, vgl. §§ 140 Abs. 1, 133
HGB. Der Ausschluss kann durch Gesellschafterbeschluss nur erfolgen, wenn dies im Gesellschaftsvertrag geregelt ist. Ansonsten erfolgt der Ausschluss durch Klage nach § 133 HGB.

cc) Abfindungsanspruch
Auf Grund des Ausscheidens erlangt der Gesellschafter einen Abfindungsanspruch gegen die 43
Gesellschaft.

c) Gesellschafter der KG
Für den **Komplementär** gilt Entsprechendes wie für den OHG-Gesellschafter. Der **Kommandi-** 44
tist erhält seine Einlage zurück.

6. Auflösung der Gesellschaft
Der Gesellschafter einer GbR kann die Gesellschaft jederzeit kündigen. Dies führt, sofern nicht 45
im Gesellschaftsvertrag etwas anderes geregelt ist, zur Auflösung der Gesellschaft und ihrer Auseinandersetzung, vgl. §§ 723, 737 BGB.

Für OHG- und KG-Gesellschafter ist die Auflösung der Gesellschaft zudem mit einer **Auflö-** 46
sungsklage durchsetzbar, die jedoch nur Erfolg hat, wenn ein wichtiger Grund vorliegt. Das
Erfordernis des wichtigen Grundes kann im Gesellschaftsvertrag **abbedungen** werden.

II. GmbH

1. Klage des Gesellschafters gegen die Gesellschaft im Stadium vor ihrer Eintragung in das Handelsregister
a) Klage gegen die GbR auf Gründung einer Vor-GmbH
Bereits vor Gründung einer GmbH können sich die Personen in einer GbR zusammenschließen, 47
weil sie vorhaben, später eine GmbH zu gründen. Der Gesellschaftszweck besteht darin, einen
Gesellschaftsvertrag abzuschließen, sog. **Vorgründungsgesellschaft**. Auch der Gesellschaftsvertrag der Vorgründungsgesellschaft bedarf der notariellen Beurkundung.[21] Nur wenn diese
erfolgt ist, kann aus dem Vorgründungsvertrag auf Abschluss des eigentlichen Gesellschaftsvertrages bzw. auf Gründung der GmbH geklagt werden. Es handelt sich jedoch um eine Klage gegen die GbR oder, falls die Gesellschafter bereits mit dem Betrieb eines Handelsgewerbes begonnen haben, gegen die OHG.

---

21 BGH NJW-RR 1988, 288 f.; Baumbach/Hueck/*Fastrich*, § 11 Rn 35.

b) Klage gegen Vor-GmbH auf Eintragung

48 Die Vor-GmbH entsteht mit Abschluss des notariell beurkundeten Vertrages. Der Gesellschaftszweck besteht in der Herbeiführung der Eintragung der Gesellschaft in das Handelsregister. Mit der Eintragung endet die Vor-GmbH. Die Vor-GmbH ist eine Personenvereinigung eigener Art, für die aktive und passive Prozessfähigkeit anerkannt ist.[22] Jeder Gesellschafter kann die Gesellschaft auf Erfüllung des Gesellschaftszwecks verklagen, wenn die Eintragung der Gesellschaft in das Handelsregister von dieser nicht in zweckentsprechender Weise vorangetrieben wird.

2. Klagen im Zusammenhang mit dem Eintritt in die Gesellschaft

49 Folgende Klagen des Gesellschafters im Zusammenhang mit seinem Eintritt in die Gesellschaft sind möglich:
  – Wegen unzureichender Leistung der Einlage
  – Mängel des erworbenen Anteils
  – Erhöhung des Stammkapitals
  – Kapitalherabsetzung
  – Vinkulierung; § 15 Abs. 5 GmbHG knüpft weitere Voraussetzungen an die Übertragung von Geschäftsanteilen. Bei Vorliegen der Voraussetzungen kann der Gesellschafter auf Zustimmung zur Übertragung des Anteils gegen die Gesellschaft klagen (oder gegen die anderen Gesellschafter – je nachdem, wie in Vertrag/Satzung geregelt).[23]
  – Streitigkeiten im Zusammenhang mit der Nichtigkeit von Satzungsbestimmungen. Nach der Rechtsprechung des BGH wird die Nichtigkeit von Bestimmungen der Ursprungssatzung gem. § 242 Abs. 2 AktG analog geheilt.[24]

3. Klagen im Zusammenhang mit der Stellung als Gesellschafter
a) Rechtsschutz gegen fehlerhafte Beschlüsse
aa) Allgemeine Ausführungen

50 Im GmbHG fehlen Regelungen dazu, wie mit fehlerhaft zustande gekommenen Beschlüssen umzugehen ist. Es entspricht jedoch allgemeiner Auffassung, die Regeln des AktG zu diesem Problemkreis in sinngemäßer Weise anzuwenden. Dabei sollen die Vorschriften nicht analog oder entsprechend gelten. Vielmehr findet eine **bloße Anlehnung an die §§ 241–249 AktG** statt. Ist ein Beschluss fehlerhaft zustande gekommen, so hängt es von der Art des Mangels ab, wie gegen ihn vorzugehen ist: Leidet der Beschluss an einem groben Mangel, so ist er nichtig. Dies ist mit der **Nichtigkeitsklage** gerichtlich feststellbar.

51 Sofern ein Beschluss ein zweideutiges Ergebnis hat, ist er unwirksam. Dies kann dadurch behoben werden, dass mittels der **Beschlussfeststellungsklage** der gewollte Inhalt des Beschlusses gerichtlich festgestellt werden kann.

52 Mittels der **Anfechtungsklage** zu beseitigen ist ein Beschluss dann, wenn er entweder inhaltliche Mängel hat oder bei der Beschlussfassung gegen Verfahrensgrundsätze verstoßen wurde, ohne dass dies die Nichtigkeit des Beschlusses zur Folge hat und der Beschluss durch einen Versammlungsleiter formell festgestellt wurde.

53 **Parteien des Beschlussmängelstreites** sind der klagende Gesellschafter und die Gesellschaft. Dies ergibt sich in Anlehnung an die §§ 246 Abs. 2 S. 1, 249 Abs. 1 S. 1 AktG. Klagebefugt ist dabei stets jeder Anteilseigner, da jeder das Recht zur Beseitigung fehlerhafter Beschlüsse hat. Der Gesellschafter ist auch dann aktivlegitimiert, wenn er der Gesellschaft erst nach der

---

22 Baumbach/Hueck/*Fastrich*, § 11 Rn 6, 17; BGH NJW 1998, 1079 f.
23 LG Aachen ZIP 1992, 924 in einem Fall der Übertragung von vinkulierten Namensaktien.
24 BGH NJW 2000, 2819.

Frank

Beschlussfassung beigetreten ist[25] oder wenn er nur stimmrechtslose Anteile innehat. **Passivlegimitiert** ist die GmbH, vertreten durch ihren Geschäftsführer. Wenn die Stellung des Geschäftsführers in Streit steht, ist derjenige der gesetzliche Vertreter, der bei Obsiegen der Gesellschaft als deren Geschäftsführer zu sehen ist.[26]

Zuständig für die Klage ist **ausschließlich das Landgericht**, in dessen Bezirk die beklagte 54
Gesellschaft ihren Sitz hat, vgl. §§ 246 Abs. 3 S. 1, 249 Abs. 1 S. 1 AktG.

Die den Beschluss verwerfende oder feststellende gerichtliche Entscheidung in einem Be- 55
schlussmängelstreit hat **rechtsgestaltende Wirkung**. Das bedeutet, dass mit der Entscheidung ihr Inhalt für die Parteien bindend festgestellt ist. Dies ergibt sich aus der Anlehnung an §§ 248 Abs. 1 S. 1, 249 Abs. 1 S. 1 AktG. Darüber hinaus wirkt die Entscheidung nicht nur inter partes, sondern betrifft alle, die von dem Inhalt des Beschlusses betroffen sind.

Das Urteil ist unverzüglich zum Handelsregister einzureichen, in Anlehnung an § 248 Abs. 1 56
S. 2 AktG.

Sofern allerdings die Klage per Sachurteil abgewiesen wird, wirkt sie – im Umkehrschluss 57
zu dem vorstehend Gesagten – nur zwischen den Parteien.

Vielfach wird vertreten, dass die Anfechtungsklage einen **Nichtigkeitsfeststellungsantrag** 58
mit einschließt – und umgekehrt. Der Streitgegenstand von Anfechtungs- und Nichtigkeitsklage sei somit identisch.[27]

Bevor geklagt wird, verlangt es die gesellschaftliche Treuepflicht, dass zunächst auf ande- 59
rem Weg als einer Klage die Beseitigung des Beschlussmangels erreicht werden muss. Stellt sich heraus, dass die Gesellschaft dem Begehren des Gesellschafters auch ohne Klage auf eine **Abmahnung** hin nachgekommen wäre, so entfällt das Rechtsschutzbedürfnis.[28] Andererseits kann der Gesellschafter nicht zur Abmahnung gezwungen sein, wenn ihm infolgedessen und der damit zusammenhängenden Hinausschiebung der Klage Nachteile drohen.[29]

bb) Nichtigkeits-(feststellungs-)klage

Die Nichtigkeitsklage ist auf die Feststellung der Nichtigkeit des Beschlusses der Gesellschafter- 60
versammlung gerichtet. Die **allgemeine Feststellungsklage** gem. § 256 ZPO ist für den Gesellschafter aufgrund Subsidiarität ausgeschlossen.[30]

Das **Feststellungsinteresse** des klagenden Gesellschafters folgt bereits aus seiner Gesell- 61
schafterstellung. Bei mangelfreier Wiederholung eines Beschlusses kann es jedoch fehlen.

Die Nichtigkeitsklage unterliegt **keiner Frist**. Sie kann gleichwohl verfristet sein, wenn sie 62
erst nach einem in der Satzung zulässigerweise festgeschriebenen Zeitpunkt erhoben wird. Auch eine nach Heilung des Beschlusses erhobene Klage ist verspätet.

Die Nichtigkeit von Gesellschafterbeschlüssen ist insbesondere in den folgenden Fällen an- 63
zunehmen:
– zur Gesellschafterversammlung wurden **nicht alle Gesellschafter geladen**, entgegen § 51
   Abs. 1 S. 1 GmbHG,[31] der nicht ordnungsgemäßen Einberufung folgt nicht die Nichtigkeit der

---

25 OLG Stuttgart ZIP 2001, 650 in einer Entscheidung für die AG, die jedoch auf die GmbH übertragbar ist.
26 OLG Hamburg ZIP 1991, 1430, 1431.
27 BGH ZIP 1999, 580, wonach ein auf Nichtigkeits- oder Anfechtungsgründe gestütztes Teilurteil als zulässig bezeichnet wird; die Teilung des Streitgegenstandes scheide aus.
28 OLG Naumburg DB 1998, 1023, 1024.
29 OLG Frankfurt/M. GmbHR 1993, 224, 225 in einem Fall, in dem der Hinweis des Klägers gegenüber der beklagten Gesellschaft nicht verhindert hätte, dass eintragungsbedürftige Beschlüsse in das Handelsregister eingetragen worden wären und hierdurch der Rechtsschein ihrer Wirksamkeit erzeugt worden wäre.
30 *Hüffer*, § 249 Rn 2.
31 OLG Brandenburg GmbHR 1998, 193, 196.

in der Gesellschafterversammlung gefassten Beschlüsse, wenn gleichwohl **sämtliche Gesellschafter anwesend** waren, vgl. § 51 Abs. 3 GmbHG;

– die Ladung erfolgte nicht durch die hierfür zuständigen Geschäftsführer, gem. § 49 Abs. 1 GmbHG;[32]
– die gemäß § 50 Abs. 1 GmbHG zur Einberufung einer Gesellschafterversammlung befugten Minderheitsaktionäre teilen den Gegenstand der Beschlussfassung nicht mit;[33]
– es wurde gegen Gläubigerschutzvorschriften verstoßen;
– es wurde gegen Formvorschriften verstoßen;
– ein Gesellschafterbeschluss, der eine zum Satzungsinhalt im Widerspruch stehende Regelung trifft, ohne die Satzung generell ändern zu wollen, sofern er nicht gem. § 53 GmbHG notariell beurkundet wurde;[34]
– ein Beschluss ist mit dem Wesen der GmbH unvereinbar;
– es liegt ein Verstoß gegen ein gesetzliches Verbot vor;
– der Beschluss ist sittenwidrig;[35]
– die Nichtigkeit ergibt sich aus der Nichtigkeit eines Teils, gem. § 139 BGB.

64 **Formulierungsbeispiel**
Mit der Nichtigkeitsklage wird die Nichtigkeit eines Beschlusses wegen schwerwiegender Mängel geltend gemacht. Der Antrag lautet:
...festzustellen, dass der Beschluss der Gesellschafterversammlung der Beklagten vom... nichtig ist.

cc) Anfechtungsklage
(1) Anfechtbarkeit

65 Die Anfechtbarkeit eines Gesellschafterbeschlusses ergibt sich aus entsprechender Anwendung des § 243 AktG.

– Verletzung des Gesetzes oder der Satzung (Abs. 1),
– **Gesetz** ist dabei jede privatrechtliche oder öffentliche Rechtsnorm, die mit hoheitlichem Geltungsanspruch erlassen wurde. Dazu zählen auch die Generalklauseln der §§ 138, 242, 826 BGB.
– Eine **Satzungsverletzung** liegt insbesondere bei **Verfahrensverstößen** vor, die nicht zur Nichtigkeit des Beschlusses führen.[36] Dies kommt beispielsweise in Betracht, wenn ein Beschluss nicht mit der erforderlichen Mehrheit gefasst wurde.[37] Weiter kann zur Nichtigkeit führen, wenn die Beschlussfassung zur Unzeit oder an einem nicht im Gesellschaftsvertrag bestimmten Ort erfolgt, wenn zur Teilnahme Berechtigte ausgeschlossen werden, wenn Information vorenthalten wird, wenn über nicht ausreichend angekündigte Themen abgestimmt wird.
– Ein Satzungsverstoß kann auch **durch inhaltliche Mängel** des Beschlusses bewirkt werden. Dies kommt in Betracht, wenn ein Gesellschaftsmitglied ohne Ermächtigungsgrundla-

---

32 BayObLG GmbHR 1999, 984, 985 in einem Fall, in dem die Ladung durch einen bereits abberufenen Geschäftsführer erfolgte.
33 OLG Köln GmbHR 1999, 296.
34 OLG Hamm GmbHR 1992, 807, das in einem solchen Fall auch die Umdeutung in einen der Satzung entsprechenden Beschluss gem. § 140 BGB ausschließt.
35 OLG München NZG 1999, 1173.
36 *Lutter/Hommelhoff*, Anh. § 47 Rn 49 f.
37 BGH ZIP 2003, 395.

ge ausgeschlossen wird, wenn die Geschäftsführer angewiesen werden, dauerhaft gesellschaftsfremde Zwecke zu betreiben.[38]

– Beanspruchung von Sondervorteilen mit der Ausübung des Stimmrechts, die zu einem Schaden der Gesellschaft oder der Gesellschafter führt – sofern nicht der Schaden ausgeglichen wird (Abs. 2),

– Verweigerung einer Auskunft, wobei es unerheblich ist, wenn behauptet wird, die Auskunftsverweigerung habe die Beschlussfassung nicht beeinflusst (Abs. 4).

Formulierungsbeispiel **66**

Mit der Anfechtungsklage werden sonstige Rechtsverstöße geltend gemacht, die den Beschluss fehlerhaft sein lassen. Der Antrag lautet:

...der Beschluss der Gesellschafterversammlung der Beklagten vom... wird für nichtig erklärt.

---

(2) Frist

Beginn und Dauer der Klagefrist stellen eines der am stärksten umstrittenen Probleme in diesem **67** Zusammenhang dar. Insbesondere kommt hier zum Tragen, dass die aktienrechtlichen Regelungen nicht analog, sondern nur im Wege einer Anlehnung zur Anwendung kommen.

Es wird davon ausgegangen, dass zumindest hinsichtlich der **Dauer der Frist** § 246 AktG **68** Leitbildfunktion haben soll. Dies führt regelmäßig zu einer Geltung der Monatsfrist.[39] Es kann jedoch auch hiervon abgewichen werden.[40] Die Frist darf allerdings keinesfalls kürzer sein als die im Aktienrecht geltende Monatsfrist.[41] Im konkreten Fall sollen die Umstände des Einzelfalles berücksichtigt werden.

Die Regelung der Frist kann auch in der Satzung geschehen. Allerdings ist die Vereinbarung **69** einer Anfechtungsfrist von weniger als einem Monat grundsätzlich unwirksam. Das Recht des Gesellschafters zur Geltendmachung der Anfechtbarkeit von Gesellschafterbeschlüssen gehört zu den unverzichtbaren und absolut unentziehbaren Gesellschafterrechten, weshalb es nicht im Voraus ausgeschlossen oder eingeschränkt werden kann.[42] Sollte eine längere Frist in der Satzung festgelegt sein, so kommt Verwirkung des Anfechtungsklagerechts innerhalb[43] der Frist nicht in Betracht.

Allerdings ist zu beachten, dass in einigen Sonderfällen auch für die GmbH die Geltung der **70** **Monatsfrist vorgeschrieben** ist, so in § 14 Abs. 1 UmwG (für Verschmelzungsbeschlüsse), §§ 125 i.V.m. 14 Abs. 1 UmwG (für Spaltungsbeschlüsse), § 195 Abs. 1 UmwG (für Formwechselsbeschlüsse).

Der **Fristbeginn** wird im Aktienrecht mit der Beschlussfassung in Gang gesetzt. Im Recht **71** der GmbH wird vorgeschlagen, die Frist in dem Moment beginnen zu lassen, in dem der Gesellschafter von der Beschlussfassung und der Tagesordnung Kenntnis hat.[44]

Das OLG Düsseldorf hatte einen Streit zu entscheiden, bei dem in einer GmbH-Satzung fest- **72** gelegt war, dass für den Beginn der Anfechtungsfrist das Absenden des Protokolls maßgeblich sein sollte. Das Gericht hielt diese Satzungsbestimmung für unwirksam. Für den Fristbeginn sei

---

38 *Lutter/Hommelhoff*, Anh. zu § 47 Rn 53 f.
39 BGH GmbHR 1999, 714, 715; BGHZ 101, 113, 117.
40 OLG Düsseldorf GmbHR 1999, 543, 548 versteht den Leitbildcharakter des § 246 AktG für die GmbH dahingehend, dass die Monatsfrist einzuhalten sei, wenn keine Besonderheiten vorlägen, was stets von Fall zu Fall entschieden werden muss.
41 OLG Düsseldorf BB 2005, 1353.
42 BHZ 104, 66, 73.
43 OLG Hamm GmbHR 1992, 805, 806, in einem Fall, in dem eine dreimonatige Anfechtungsfrist vorgesehen war.
44 Baumbach/Hueck/*Zöllner*, Arh. § 47 Rn 154.

vielmehr maßgeblich, dass der Gesellschafter von dem Inhalt des Protokolls und von der Beschlussfassung hat Kenntnis nehmen können. Dies sei nicht vor dem Moment der Fall, in dem ihm das Protokoll der Gesellschafterversammlung zugesandt worden ist. Sofern dem Gesellschafter das Protokoll nicht einmal zugesandt wurde oder er dieses aus einem anderen Grund nicht erhält, wird die Frist gar nicht in Gang gesetzt.[45]

73   Wird die Anfechtungsklage erst **nach Fristende** erhoben, führt dies zur Abweisung der Klage als unbegründet. Es handelt sich also bei der Klagefrist für die Anfechtungsklage um eine materielle Ausschlussfrist.[46]

---

74 Wichtig

Die Frage, ob eine Nichtigkeitsklage, negative Beschlussfeststellungs- oder Anfechtungsklage zu erheben ist, beurteilt sich danach, ob eine formelle Beschlussfeststellung durch den Versammlungsleiter vorliegt oder nicht. Liegt die Beschlussfeststellung vor, ist die Anfechtungsklage innerhalb der Monatsfrist zu erheben. Bestehen Zweifel an der Beschlussfeststellung, sollte zur Risikominderung auch die negative Beschlussfeststellungs- oder Nichtigkeitsklage vorsorglich innerhalb der Monatsfrist erhoben werden, wobei ggf. die Anfechtungsklage vorsorglich hilfsweise erhoben wird.

---

dd) Feststellungsklage

75 Sofern das Beschlussergebnis unklar ist, kann durch eine entsprechende Feststellungsklage dessen Beseitigung angestrebt werden. Eine Unklarheit kommt insbesondere dann zustande, wenn das **Beschlussergebnis nicht gesondert festgestellt** wurde oder die Gesellschafter sich nicht nachträglich auf das Ergebnis eines bestimmten Beschlusses einigen können.

76   Eine Frist für die Feststellungsklage gibt es nicht. Allerdings ist **Verwirkung** des Klagerechts möglich. Diese tritt aufgrund der Treubindung der Gesellschafter relativ zeitnah ein.

ee) Kombination von Anfechtungs- und Feststellungsklage

77 Der Kläger kann ein Interesse haben, nicht nur einen Beschluss im Wege der Anfechtungsklage zu beseitigen, sondern gleichzeitig positiv feststellen zu lassen, was in dem angefochtenen Beschluss richtigerweise hätte festgestellt werden müssen. Eine Kombination beider Klagen ist möglich. Sie erfordert insbesondere, dass die Feststellungsklage innerhalb der Anfechtungsfrist erhoben wird.

78   Dies kann nach von der Literatur vertretener Ansicht relativ sein, wenn ein Gesellschafter seine Stimme treuwidrig abgibt. Die treuwidrige Stimmabgabe führt nach Ansicht der Literatur lediglich zur Anfechtbarkeit des betroffenen Beschlusses.[47] Nach dieser Ansicht kann ein positives Beschlussergebnis nur gefasst werden, wenn mit der Feststellung zugleich die Anfechtung des ablehnenden Beschlusses betrieben wird.

79   Nach Meinung der **Rechtsprechung** ist in einem Fall treuwidriger Stimmabgabe nicht nur die Stimmabgabe, sondern auch der Beschluss nichtig. Sofern der Beschluss nicht vom Versammlungsleiter festgestellt wurde, kann eine positive Beschlussfeststellung allein mit der Feststellungsklage nach § 256 ZPO betrieben werden.[48] Es ist nicht erforderlich, zusätzlich eine Anfechtungsklage zu erheben.

---

45 OLG Düsseldorf BB 2005, 1353.
46 Baumbach/Hueck/*Zöllner*, Anh. § 47 Rn 158.
47 *Lutter/Hommelhoff*, Anh. zu § 47 Rn 46.
48 OLG Hamburg ZIP 1991, 1430, 1434.

b) Informationsrecht des Gesellschafters
aa) Auskunftsberechtigter und Auskunftsverpflichteter

Dem **Gesellschafter** ist gem. § 51a GmbHG ein Auskunftsrecht über die Angelegenheiten der **80** Gesellschaft zu gewähren. Neben der Erteilung der Auskunft ist dem Gesellschafter die Möglichkeit zu bieten, in die Bücher und Schriften der Gesellschaft Einsicht zu nehmen. Dabei herrscht Einigkeit darüber, dass der vom Gesetz verwendete Begriff „Angelegenheiten der Gesellschaft" weit auszulegen ist.[49]

Eingeschränkt wird das Informationsrecht durch § 51a Abs. 2 GmbHG. Diese Vorschrift ge- **81** währt dem oder den Geschäftsführern ein Auskunftsverweigerungsrecht, wenn die Auskunftserteilung zu Nachteilen der Gesellschaft führen würde.

Für die **Erteilung der Auskunft** sind die Geschäftsführer zuständig. Dennoch ist Aus- **82** kunftsverpflichtete nur die Gesellschaft, so dass eine eventuelle Auskunftsklage gegen die Gesellschaft, vertreten durch den Geschäftsführer, zu richten ist.

bb) Form, Frist und Inhalt der Auskunftserteilung

Die Auskunft kann schriftlich oder mündlich erfolgen, in jedem Fall aber im Sinne des § 121 BGB **83** unverzüglich, das heißt ohne schuldhaftes Zögern.

Der Gesellschafter hat das Recht, die gesamte Buchhaltung einzusehen, inklusive geführter Akten, Korrespondenz, Belegen etc. Er darf sich jedoch die Informationen nicht widerrechtlich besorgen, auch kann er nicht verlangen, in den Geschäftsräumen die gewünschte Auskunft erteilt zu bekommen. Kopien darf er fertigen, sofern er ein nachvollziehbares Interesse hieran hat und keine gravierenden Interessen der Gesellschaft dagegen stehen.

cc) Entgegenstehende Interessen der Gesellschaft

Die Gesellschaft ist nicht in jedem Fall zur Erteilung der geforderten Auskunft verpflichtet, § 51a **84** GmbHG. Dies kann in den folgenden Fällen geschehen:
– Besorgnis der Verwendung zu gesellschaftsfremden Zwecken
    Der einzige gesetzlich geregelte Fall ist der, dass die begründete Besorgnis besteht, der Gesellschafter werde die erlangte Information zu gesellschaftsfremden Zwecken verwenden und dadurch der Gesellschaft oder einem verbundenen Unternehmen einen nicht unerheblichen Schaden zufügen.
– Fehlendes Informationsbedürfnis
    Nach Meinung der Rechtsprechung fehlt ein Informationsbedürfnis nur, wenn ein Informationsanspruch willkürlich oder missbräuchlich erhoben wird; ein allgemeines Informationsbedürfnis muss nicht bestehen.[50] Insbesondere haben **Gesellschaftererben** gem. § 51a GmbHG auch einen Informationsanspruch für Zeiträume, in denen sie noch nicht Gesellschafter waren.[51] Wohingegen in Teilen der Literatur gefordert wird, dass die Information auch erforderlich sein muss, um die mitgliedschaftlichen Rechte auszuüben und die Werthaltigkeit der Beteiligung an der Gesellschaft zutreffend einschätzen zu können.[52]
– Fehlende Verhältnismäßigkeit, mildestes Mittel, notwendig **85**
    Die Auskunftserteilung muss verhältnismäßig sein. Das bedeutet, sie muss

---

49 *Lutter/Hommelhoff*, § 51a Rn 8.
50 OLG Frankfurt/M. GmbHR 1995, 904 f., nach dessen Entscheidung dem Einsichtsbegehren nicht grundsätzlich entgegensteht, dass sich die betreffenden Unterlagen bei der Staatsanwaltschaft befinden; LG Düsseldorf DB 1939, 1077.
51 LG Düsseldorf DB 1989, 1077.
52 Baumbach/Hueck/*Zöllner*, § 51a Rn 11.

- – notwendig sein, um das Informationsbedürfnis des Gesellschafters zu befriedigen,
- – auf die für die Gesellschaft schonendste Art und Weise geschehen, was insbesondere eine möglichst effektive Nutzung der gesellschaftlichen Ressourcen erfordert,
- – verhältnismäßig im engeren Sinne sein, das heißt unter Abwägung der Umstände des Einzelfalles müssen die Interessen des Gesellschafters an der Informationsverteilung die der Gesellschaft an der Zurückhaltung der Information überwiegen – wobei die Rechte des Gesellschafters grundsätzlich nicht unter dem Vorbehalt der Abwägung stehen, so dass im Rahmen der Verhältnismäßigkeitsprüfung seine Rechte in der Regel überwiegen werden.
- – Unmöglichkeit
  Schließlich kann die Auskunftserteilung scheitern, weil sie in tatsächlicher oder rechtlicher Hinsicht unmöglich ist, ohne dass dies von einem Geschäftsführer zu vertreten ist.
- – Strafbarkeit
  Sofern sich der Gesellschafter durch die Erteilung einer Auskunft strafbar machen würde, ist er von der Erteilung der Auskunft befreit. Relevant kann dies etwa werden, wenn es durch die Erteilung der Auskunft zur Verletzung von Privatgeheimnissen nach § 203 StGB käme. Auch sofern eine Straftat nach dem BDSG in Betracht kommt, kann die Erteilung der Auskunft verweigert werden.[53]

dd) Gesellschafterbeschluss bei Auskunftsverweigerung

86 Sofern die Gesellschafter die Auskunft verweigern wollen, ist gem. § 51a Abs. 2 S. 2 GmbHG erforderlich, dass hierüber ein Gesellschafterbeschluss gefasst wird. Bei der Beschlussfassung ist der betroffene Gesellschafter nicht stimmberechtigt.[54]

c) Gewinnbeteiligungsanspruch

87 Der Gesellschafter der GmbH hat gem. § 29 Abs. 1 GmbHG einen Anspruch auf Beteiligung am erwirtschafteten Gewinn. Nach § 29 Abs. 3 GmbHG erfolgt die Verteilung anhand des Verhältnisses der Gesellschafteranteile zueinander. Es kann im Gesellschaftsvertrag auch ein anderer Verteilungsschlüssel vereinbart sein.

88 Allerdings führen weder das Gewinnbezugsrecht noch das Recht, die Aufstellung des Jahresabschlusses zu verlangen, zu einem konkreten Zahlungsanspruch des Gesellschafters. Jeder Mitgesellschafter hat nur einen Anspruch darauf, dass ein entsprechender Beschluss – über den Jahresabschluss und über die Verwendung eines eventuellen Jahresgewinns – gefasst wird. Weigern sich die Gesellschafter, einen solchen Beschluss zu fassen, kann Gestaltungsklage gegen die Gesellschaft erhoben werden. Diese ist darauf gerichtet, nach billigem Ermessen des Gerichts einen Verwendungsbeschluss zu fassen.[55] Mit der Beschlussfassung über die Verwendung wird der Zahlungsanspruch fällig.[56]

4. Klage im Zusammenhang mit dem Ausscheiden des Gesellschafters

89 Der Ausschluss eines Gesellschafters vollzieht sich in zwei Akten. Zunächst wird ein Gesellschafterbeschluss über den Ausschluss des betreffenden Gesellschafters gefasst, sodann ist vor dem zuständigen Gericht eine Ausschlussklage zu erheben. Oder, sofern der Gesellschafter freiwillig

---

53 Baumbach/Hueck/*Zöllner*, § 51a Rn 41 f.
54 Baumbach/Hueck/*Zöllner*, § 51a Rn 38 m.w.N.
55 *Lutter/Hommelhoff*, § 29 Rn 31 ff.
56 *Lutter/Hommelhoff*, § 29 Rn 40.

Frank

aufgrund einer Kündigung seines Anteils die Gesellschaft verlassen will, es ist erforderlich, dass die Kündigung vollzogen wird. Dies geschieht, indem die Gesellschaft den Gesellschaftsanteil entzieht oder die Abtretung an sich oder einen Dritten verlangt.[57]

Es sind in diesem Zusammenhang die folgenden Auseinandersetzungen denkbar: **90**

– Der Ausschluss eines Gesellschafters aus wichtigem Grund

Dieser ist auch dann zulässig, wenn er nicht in der Satzung geregelt ist.[58] Voraussetzung für das Betreiben einer Ausschließungsklage gegen einen Mitgesellschafter aus wichtigem Grund ist das Vorliegen eines Gesellschafterbeschlusses mit einer Mehrheit von drei Viertel der abgegebenen Stimmen – unter Ausschluss derjenigen des Betroffenen – in Anlehnung an § 60 Abs. 1 Nr. 2 GmbHG. (Zweistufiges Verfahren: erst Gesellschafterbeschluss, dann Ausschließungsklage).[59] Ein wichtiger Grund liegt dann vor, wenn die Fortsetzung der Gesellschaft mit dem betreffenden Mitglied nicht mehr tragbar ist, wenn also eine weitere Mitgliedschaft in der Gesellschaft als untragbar erscheint oder deren Fortbestand gefährdet ist.[60] Dem Ausschluss aus wichtigem Grund steht nicht entgegen, dass es sich bei der GmbH um eine Zwei-Personen-GmbH handelt.[61] Zudem hat die Zahlung einer Abfindung zu erfolgen.

– Einziehung von Geschäftsanteilen des Gesellschafters gem. § 34 GmbHG

Die Einziehung bedarf einer umfassenden Prüfung aller Umstände des Einzelfalles und einer Gesamtabwägung der beteiligten Interessen sowie des Verhaltens der übrigen Gesellschafter. Dabei scheidet eine Zwangseinziehung aus, wenn in der Person des die Einziehung betreibenden Gesellschafters Umstände vorliegen, die seine Ausschließung oder die Auflösung der Gesellschaft rechtfertigen oder auch nur zu einer anderen Beurteilung derjenigen Gründe führen können, die der von der Ausschließung bedrohte Gesellschafter gesetzt hat. Verfehlungen des Gesellschafters, der den Ausschluss des anderen betreibt, können das Fehlverhalten des auszuschließenden Gesellschafters in derart mildem Licht erscheinen lassen, dass es als Ausschließungsgrund ausscheidet.[62]

– Die Höhe der Abfindung

Die zu zahlende Abfindung richtet sich nach dem Verkehrswert des Anteils zum Zeitpunkt des Ausscheidens unter Berücksichtigung der stillen Reserven und des Unternehmenswertes (Goodwill).[63] Eine Ausschließung ist dann unwirksam, wenn sie auf einer nichtigen Satzungsbestimmung zur Abfindung beruht. Die Regelung einer GmbH-Satzung ist beispielsweise dann nichtig, wenn sie es für zulässig erachtet, dass bei der Pfändung eines Anteils ein unter dem Verkehrswert liegendes Entgelt gezahlt wird, sofern nicht im vergleichbaren Falle eines Ausschlusses aus wichtigem Grund dieselbe oder gar keine Entschädigungsregelung getroffen wird.[64] Auch ist der Beschluss über die Einziehung eines GmbH-Anteils nichtig, wenn bereits bei der Beschlussfassung feststeht, dass die Entschädigung des Gesellschafters ganz oder teilweise nur aus gebundenem Vermögen gezahlt werden kann und der Beschluss nicht klarstellt, dass die Zahlung nur bei Vorhandensein ungebundenen Vermögens erfolgen darf.[65]

---

57 OLG Köln GmbHR 1999, 296.
58 BGH ZIP 1995, 567; BGH ZIP 2003, 395.
59 BGH ZIP 2003, 395, 396; OLG Düsseldorf, GmbHR 1999, 543.
60 OLG Düsseldorf GmbHR 1999, 543, 546, wonach ein wichtiger Grund namentlich in der Verletzung der dem Gesellschafter obliegenden Pflichten sowie im Falle von kriminellen Handlungen zum Nachteil der Gesellschaft besteht.
61 OLG Düsseldorf GmbHR 1999, 543, 546 f., wonach sich durch den Ausschluss eines Gesellschafters aus einer Zwei-Personen-GmbH diese in eine Einmann-GmbH wandelt.
62 BGH ZIP 1995, 567, 596.
63 BGH NJW 2000, 2819, 2820.
64 BGH NJW 2000, 2819.
65 BGH NJW 2000, 2819.

- **Ausschluss des Gesellschafters nach Kaduzierung** und Haftung auf nicht geleistete Einlagezahlungen, gem. §§ 21–24 GmbHG.[66]
- **Klage auf Wiederaufnahme in die Gesellschaft** – etwa weil die Abfindung nur aus gebundenem Vermögen gezahlt werden kann.[67] Nach der Gegenansicht ist nur die Anfechtung des ausschließenden Beschlusses möglich. Nach dritter Ansicht ist ein Ausschluss erst dann wirksam, wenn ohne Verstoß gegen § 30 GmbHG gezahlt wird. Die betreffende Person bleibt also trotz des ausschließenden Beschlusses Gesellschafter.[68]
- **Austrittsrecht** kommt unter Umständen aufgrund der Treuepflicht des Gesellschafters gegenüber der Gesellschaft nur in Betracht, wenn er nicht in anderer Weise sein Engagement in der Gesellschaft einschränken oder lösen kann.[69]
- **Kündigung** durch den Gesellschafter ist möglich
  Dabei ist es zulässig, dass die Satzung regelt, dass der Austritt auch schon wirkt, bevor die zu leistende Abfindungszahlung bewirkt ist.[70] Dies wird damit begründet, dass dies auch beim Ausschluss durch Gesellschafterbeschluss mit sofortiger Wirkung geschehen kann. Darüber, was in der Zwischenzeit mit dem GmbH-Anteil geschieht, hatte das Gericht in diesem Fall nicht zu entscheiden.
- Haftung auf **Einlage des Rechtsvorgängers** nach Austritt aus der Gesellschaft
  Gem. § 16 Abs. 2 GmbHG haftet der Erwerber neben dem Veräußerer für Einlageverpflichtungen ab dem Zeitpunkt, ab dem der neue Gesellschafter in die Gesellschafterliste aufgenommen wird und diese vom Handelsregister aufgenommen ist.
  Auch wenn der Geschäftsanteil auf einen Mitgesellschafter übertragen wurde, kann im Falle der Insolvenz der Gesellschaft diese von dem Übertragenden eine nicht geleistete, aber fällige Einzahlung verlangen.[71]
- Ein **wichtiger Grund für die Abberufung eines Geschäftsführers** ist gegeben, wenn der weitere Verbleib des Geschäftsführers in seinem Amt der Gesellschaft und den Gesellschaftern unter Würdigung aller Umstände unter Berücksichtigung der widerstreitenden Interessen nicht länger zugemutet werden kann.[72]

5. Klage im Zusammenhang mit der Auflösung der Gesellschaft

91 - Auflösung der Gesellschaft aus wichtigem Grund gem. § 61 Abs. 1 GmbHG.
  Ein wichtiger Grund liegt beispielsweise vor, wenn ein tief greifendes und unheilbares Zerwürfnis zwischen den Gesellschaftern eingetreten ist, sowie wenn das Gedeihen der Gesellschaft beeinträchtigt oder damit über kurz oder lang zu rechnen ist.[73]
- Nichtigkeitsklage gem. § 75 GmbHG ist gemäß dem Verweis auf §§ 246–248 AktG gegen die Gesellschaft zu richten. Ein Urteil hat Wirkung inter omnes.

---

66 Vgl. zu dem Problem von Kaduzierung und Ausfallhaftung BGH NJW 1996, 2306 ff.
67 *Grunewald*, 2. F., Rn 187.
68 BGHZ 101, 113, 120 f.; BGH NJW 2000, 2819.
69 *Grunewald*, 2. F., Rn 192.
70 BGH ZIP 2003, 1544 – hiermit abweichend von BGHZ 9, 157 ff., 174, das den Ausschluss unter die aufschiebende Bedingung der Zahlung auf Abfindung gestellt hat.
71 BGH NJW 1996, 2306.
72 OLG Hamburg ZIP 1991, 1430, 1432; OLG Hamm, GmbHR 1992, 805, 806.
73 BGH NJW 1985, 1901, 1902, das aber die Auflösung dann verneinen würde, wenn das Zerwürfnis der Gesellschafter von einem Gesellschafter derart verschuldet worden wäre, dass sein Ausschluss aus der Gesellschaft gerechtfertigt wäre.

Frank

6. Klagen der Gesellschaft gegen den Gesellschafter bzw. negative Feststellungsklagen
- Rückgewähr von Darlehen und Abgrenzung von § 32 GmbHG 92
- Verletzung der Treuepflicht des Gesellschafters

III. Die Aktiengesellschaft

1. Aktionärsklagen
a) Anfechtungsklage
Die Anfechtungsklage ist darauf gerichtet, den angegriffenen Hauptversammlungsbeschluss mit 93
Wirkung für und gegen jedermann **rückwirkend** für **nichtig** zu erklären. Alle wesentlichen Fragen zur Anfechtungsklage sind in den §§ 246 ff. AktG geregelt:
- § 246 Abs. 1 AktG Klagefrist
- § 246 Abs. 2 S. 1 AktG Passivlegitimation der Gesellschaft
- § 246 Abs. 2 S. 2 AktG Prozessvertretung durch Vorstand und Aufsichtsrat
- § 246 Abs. 3 S. 1 AktG Zuständiges Gericht
- § 246 Abs. 3 S. 3 AktG Verbindung von mehreren Verfahren
- § 247 AktG Streitwert
- § 248 AktG Urteilswirkung

aa) Beteiligte des Verfahrens
Kläger kann nur sein, wer nach § 245 AktG **klagebefugt** ist. Mehrere Kläger sind notwen- 94
dige Streitgenossen im Sinne des § 62 ZPO, da sich die Rechtskraftwirkung des Urteils nach
§ 248 AktG auf alle Kläger erstreckt.[74] Wird ein Hauptversammlungsbeschluss durch mehrere
rechtshängige Anfechtungsklagen angegriffen, sind diese nach § 246 Abs. 3 S. 6 AktG zur gleichzeitigen Verhandlung und Entscheidung zu verbinden. Die Begründetheit der Klage auch nur
eines **Streitgenossen** führt dazu, dass auch den zulässigen, aber möglicherweise für sich genommen unbegründeten Klagen stattzugeben ist. Dies gilt jedoch nicht bei Versäumung der
Monatsfrist nach § 246 AktG oder der missbräuchlichen Ausnutzung des Anfechtungsrechtes
(§ 242 BGB).
Die Anfechtungsklage ist nach § 246 Abs. 2 S. 1 AktG immer und ausschließlich gegen die 95
Gesellschaft (Beklagte) zu richten.

bb) Sachliche und örtliche Zuständigkeit
Sachlich zuständig für die Klage ist ausschließlich das Landgericht, in dessen Bezirk die Gesell- 96
schaft ihren Sitz hat (§ 246 Abs. 3 S. 1 AktG). **Örtlich** zuständig ist das Landgericht am Sitz der
Gesellschaft. **Funktional** zuständig für die Anfechtungsklage ist die Kammer für Handelssachen
(§ 95 Abs. 2 GVG).

cc) Anfechtungsbefugnisse
Die Anfechtungsbefugnis ist keine Sachurteilsvoraussetzung, sie hat nach ganz h.M. materiell- 97
rechtlichen Charakter. Fehlt sie, ist die Klage als unbegründet abzuweisen.[75] Die Anfechtungsbefugnis wird dementsprechend vom Gericht auch nicht von Amts wegen geprüft. Es ist die

---

74 BGHZ 122, 211, 240.
75 BGH AG 1992, 448; OLG Karlsruhe WM 1987, 533 ff.

Sache des Klägers, sie darzulegen und ggf. zu beweisen. Die Anfechtungsbefugnis wird durch den § 245 AktG auf bestimmte Personen beschränkt:

98 Zur Anfechtung ist befugt:
- jeder zur Hauptversammlung erschienene Aktionär, wenn er die Aktien schon vor der Bekanntmachung der Tagesordnung erworben hatte und gegen den Beschluss Widerspruch zur Niederschrift erklärt hat;
- jeder in der Hauptversammlung nicht erschienene Aktionär, wenn er zu der Hauptversammlung zu Unrecht nicht zugelassen worden ist oder die Versammlung nicht ordnungsgemäß einberufen oder der Gegenstand der Beschlussfassung nicht ordnungsgemäß bekannt gemacht worden ist;
- im Fall des § 243 Abs. 2 AktG jeder Aktionär, wenn er die Aktien schon vor der Bekanntmachung der Tagesordnung erworben hatte;
- der Vorstand;
- jedes Mitglied des Vorstandes und des Aufsichtsrates, wenn durch die Ausführung des Beschlusses Mitglieder des Vorstands oder des Aufsichtsrates eine strafbare Handlung oder eine Ordnungswidrigkeit begehen oder wenn sie ersatzpflichtig werden würden.

99 Die Anfechtungsbefugnis des Aktionärs ist nach § 245 Nr. 1–3 AktG in drei Fällen gegeben:
- Nr. 1: Voraussetzung für die Anfechtungsbefugnis ist die Teilnahme an der Hauptversammlung. Entgegen dem Wortlaut kommt es jedoch nicht auf die persönliche Teilnahme des Aktionärs an, die Vertretung des Aktionärs in der Hauptversammlung nach Maßgabe der gesetzlichen Regelungen reicht aus. Der Aktionär oder der Vertreter des Aktionärs in der Hauptversammlung muss gegen den streitgegenständlichen Beschluss Widerspruch zu Protokoll erhoben haben. Es genügt jede Äußerung, die einen Widerspruch erkennen lässt.[76] Die bloße Stimmabgabe gegen den Beschluss ist jedoch kein Widerspruch.[77] Ist kein Widerspruch erklärt, ist die Anfechtungsklage unbegründet.
- Nr. 2: Das Erscheinen des Aktionärs oder seines Vertreters in der Hauptversammlung ist entbehrlich, solange das Nichterscheinen auf einem der im Tatbestand des § 245 AktG genannten Gründen beruht. Eine Kausalität zwischen dem Fehlverhalten der Gesellschaft und dem Nichterscheinen des Aktionärs ist allerdings nicht erforderlich. Nicht erschienen ist nur, wer an der Hauptversammlung überhaupt nicht teilgenommen hat. Jede Teilnahme, gleich wie lange, verpflichtet den Aktionär, seinen Widerspruch zu Protokoll zu erklären. Ist der Gegenstand der Beschlussfassung nicht ordnungsgemäß bekannt gemacht worden, ist die Teilnahme entbehrlich und eine nur teilweise Teilnahme nicht schädlich, solange der Aktionär deswegen die Hauptversammlung vorzeitig verlassen hat.
- Nr. 3: Der § 245 Nr. 3 verweist auf § 243 Abs. 2 AktG und gewährt jedem Aktionär, unabhängig von den Voraussetzungen der Nrn. 1–2, eine Anfechtungsbefugnis in dem Fall, dass der Beschluss einem Aktionär oder Dritten Sondervorteile zum Schaden der Gesellschaft gewährt.

100 Dem **Vorstand** der Gesellschaft steht die Anfechtungsbefugnis nach § 245 Abs. 4 AktG ohne einschränkende Voraussetzung zu. Partei ist der Vorstand als Kollegialgremium. In der Klageschrift ist der Vorstand deshalb als solcher zu benennen. Der Vorstand handelt bei der Erhebung der Anfechtungsklage aus eigenem Recht, mithin nicht als organschaftlicher Vertreter der Gesellschaft.

101 Gemäß § 245 Nr. 5 AktG sind auch einzelne Mitglieder des Vorstandes oder des **Aufsichtsrates** anfechtungsbefugt, wenn Verwaltungsmitglieder durch die Ausführung des Beschlusses

---

76 RGZ 53, 291; OLG Hamburg AG 1960, 333.
77 MüKo-AktG/*Hüffer*, § 245 Rn 36; Widerspruch kann nicht schon vor der Beschlussfassung eingelegt werden, LG Frankfurt/M. NZG 2005, 721; a.A. LG Ingolstadt WM 1991, 685.

Frank

eine strafbare Handlung oder Ordnungswidrigkeit begehen.[78] Das klagende Verwaltungsmitglied übt die Anfechtungsklage im eigenen Namen aus. Klagen mehrere Mitglieder, handelt es sich um einen Fall der notwendigen Streitgenossenschaft (§ 62 ZPO).[79] Eine Anfechtungsklage nach § 245 Nr. 5 AktG ist kein Fall einer Prozessstandschaft.

dd) Anfechtungsgegenstände

Gegenstand der Anfechtungsklage ist der **Hauptversammlungsbeschluss,** wie er in der Nieder- **102** schrift zur Hauptversammlung beurkundet ist. Die Anfechtung eines abgelehnten Hauptversammlungsbeschlusses ist möglich, setzt jedoch eine Verbindung mit einer positiven Beschlussfeststellungsklage voraus.[80]

ee) Anfechtungsgründe

Ein Beschluss der Hauptversammlung kann wegen Verletzung des Gesetzes durch Klage an- **103** gefochten werden (§ 243 AktG). Gesetz im Sinne dieser Vorschrift ist jede Rechtsnorm i.S.d. Art. 2 EGBGB, aber auch ungeschriebene Normen des Gewohnheitsrechtes (z.B. Treuepflicht etc.) oder der Satzung (jedoch nur bei Verletzung der Satzung selbst). Anfechtbar sind nur Hauptversammlungsbeschlüsse; nach § 138 S. 2 AktG gleichgestellt sind Sonderbeschlüsse. Anfechtbar sind auch negative Beschlüsse sowie Schein- oder Nichtbeschlüsse (Beschlussergebnis festgestellt und protokolliert, obwohl Beschlussmehrheit nicht ausreicht) der Hauptversammlung.

Fehlerhafte Vorstands- oder Aufsichtsratsbeschlüsse sind nicht anfechtbar, sondern nichtig, **104** wenn die Voraussetzungen des § 134 BGB vorliegen. Fehlt es an einem Anfechtungsgrund, ist die Klage unbegründet.

ff) Anfechtungsausschluss

Das Recht zur Anfechtung von Hauptversammlungsbeschlüssen unterliegt weiteren gesetzli- **105** chen Beschränkungen:
- §§ 304 Abs. 3 S. 2, 305 Abs. 5 S. 1 AktG: Die Anfechtung eines Hauptversammlungsbeschlusses über einen Beherrschungs- oder Gewinnabführungsvertrag kann nicht darauf gestützt werden, dass der im Vertrag bestimmte Ausgleich nicht angemessen ist sowie auf damit verbundene Auskunftsverletzung;[81]
- §§ 14 Abs. 2, 32, 195 Abs. 2, 210 UmwG;
- § 318 Abs. 3 HGB: Gegen einen Hauptversammlungsbeschluss über die Bestellung eines Abschlussprüfers war nach älterer Rechtsprechung eine Anfechtungsklage neben dem Ersetzungsverfahren unstatthaft. Der BGH hat nunmehr entschieden, dass die Anfechtungsklage neben dem Ersetzungsverfahren zulässig ist, da beide Verfahren unterschiedliche Schutzzwecke verfolgen.[82]

gg) Anfechtungsfrist/Zustellungsfragen

Wegen der Bedeutung des Hauptversammlungsbeschlusses für die Gesellschaft und den Rechts- **106** verkehr will der Gesetzgeber mit der Regelung des § 246 Abs. 1 AktG verhindern, dass die Gültig-

---

78 MüKo-AktG/*Hüffer*, § 245 Rn 72 ff.
79 MünchGesR/*Semler*, Bd. 4, § 41 Rn 64.
80 BGHZ 97, 28, 30 für den GmbH-Gesellschafterbeschluss.
81 BGH ZIP 2001, 199; BGH ZIP 2001, 412.
82 BGH NJW 2003, 970, 973.

keit eines Hauptversammlungsbeschlusses in beliebiger Weise und ohne zeitliche Beschränkung in Zweifel gezogen werden kann.

---

107 **Wichtig**
Die Monatsfrist des § 246 Abs. 1 AktG ist eine **materielle Ausschlussfrist**.
Dies hat zur Folge, dass
– Fristverlängerungen (§ 224 ZPO) ausgeschlossen sind,
– eine Wiedereinsetzung in den vorherigen Stand nicht möglich ist und
– jede Disposition über die Frist unwirksam ist.

---

108 Fristbeginn ist der Tag der Beschlussfassung. Für die Fristberechnung gelten die allgemeinen Regelungen (§§ 187 ff. BGB).

109 Die **Zustellung** kann an jedes Mitglied des Vorstandes oder Aufsichtsrates bewirkt werden, nicht jedoch an Ersatzmitglieder oder Prokuristen. Die Zustellung kann sowohl in die Privat- als auch in die Geschäftsräume erfolgen. Da Ersatzzustellungen nach dem § 178 Abs. 1 Nr. 2 ZPO (Übergabe an beliebige Mitarbeiter in den Geschäftsräumen) bei Aufsichtsräten mangels Geschäftsräumen nicht möglich sind,[83] empfiehlt es sich, in der Klageschrift Namen und Privatanschriften aller Vorstände aufzulisten.

hh) Urteilswirkungen

110 § 248 Abs. 1 AktG ordnet die Nichtigkeitserklärung des erfolgreich angegriffenen Hauptversammlungsbeschlusses an. Das Urteil ist ein **Gestaltungsurteil**, es verändert mit seiner Rechtskraft gegenüber jedermann die Rechtslage. Ein trotz Gesetz- oder Satzungsverstoß gültiger Beschluss der Hauptversammlung wird gemäß § 241 Nr. 5 AktG mit der Rechtskraft des Urteils nichtig.

ii) Einstweiliger Rechtsschutz

111 Einstweiliger Rechtsschutz mit dem Ziel der Nichtigkeitserklärung des angegriffenen Beschlusses kommt wegen des Verbotes der Vorwegnahme der Hauptsache nicht in Betracht. Allerdings besteht die Möglichkeit, die Umsetzung des Beschlusses – namentlich die Untersagung der Anmeldung eines Hauptversammlungsbeschlusses zur Eintragung in das Handelsregister – zu verhindern.[84]

b) Nichtigkeitsklage (§ 249 AktG)

112 Die Nichtigkeitsklage unterscheidet sich von der allgemeinen Feststellungsklage[85] dadurch, dass sie nur von den in § 249 Abs. 1 S. 1 AktG genannten Personen und nur gegen die Gesellschaft erhoben werden kann. Der Klageantrag ist auf die Feststellung der Nichtigkeit, nicht auf die Nichtigkeitserklärung gerichtet. Und das (stattgebende) Urteil wirkt inter omnes (§§ 249 Abs. 1 S. 1, 248 Abs. 1 S. 1 AktG).

---

83 BGHZ 107, 296, 299.
84 OLG Koblenz GmbHR 1992, 588.
85 Nach h.M. ist auch die Nichtigkeitsklage eine Feststellungsklage besonderer Art, nach a.A. Gestaltungsklage.

aa) Beteiligte des Verfahrens

Für die Verfahrensbeteiligten und ihre Vertretung verweist § 249 Abs. 1 S. 1 AktG auf § 246 AktG. **113**

bb) Sachliche und örtliche Zuständigkeit

Es gelten die gleichen Regelungen wie bei der Anfechtungsklage. **114**

cc) Klagebefugnis

Die Nichtigkeitsklage können die in § 249 AktG genannten Personen (Aktionär, Vorstand, Auf- **115** sichtsrat) erheben. Insoweit besteht keine Abweichung von den Regelungen der Anfechtungsklage. Das Bestehen der Voraussetzungen ist von Amts wegen zu prüfen. § 249 AktG ist jedoch kein Element der Klagebefugnis oder Aktivlegitimation, er bildet vielmehr die tatbestandliche Voraussetzung für die sinngemäße Anwendung der §§ 246 ff. AktG.

Darüber hinaus kann jedermann bei Vorliegen der Voraussetzungen nach § 256 ZPO auf **116** Feststellung der Nichtigkeit klagen.

dd) Rechtsschutzbedürfnis

Ungeschriebene Zulässigkeitsvoraussetzung für die Nichtigkeitsklage ist das Rechtsschutzbe- **117** dürfnis des Klägers. Das Rechtsschutzbedürfnis fehlt, wenn die Feststellung der Nichtigkeit des angegriffenen Beschlusses die Sach- oder Rechtslage nicht mehr verändert.

ee) Nichtigkeitsgründe

Die Vorschrift des § 241 AktG definiert **sieben Nichtigkeitsgründe**: **118**
– Unvereinbarkeit mit dem Wesen der AktG oder Verstoß gegen Gläubigerschutzvorschriften (§ 241 Nr. 3);
– Inhaltlicher Sittenverstoß (§ 241 Nr. 4), z.B. Beschluss über die Errichtung eines verbotenen Unternehmens. Der Beschluss muss durch seinen Inhalt gegen die guten Sitten verstoßen;
– den im AktG genannten Fällen (§§ 192 Abs. 4, 212, 217 Abs. 2, 228 Abs. 2, 234 Abs. 3, 235 Abs. 2);
– Einberufungsmängel (§ 241 Nr. 1);
– Beurkundungsmängel (§ 241 Nr. 2);
– Nichtigkeitserklärung durch Anfechtungsurteil (§ 241 Nr. 5);
– Löschung des im Handelsregister eingetragenen Beschlusses als nichtig nach § 398 FamFG (§ 241 Nr. 6).

Ein Wesensverstoß liegt vor bei Verstoß gegen zwingende Vorschriften, die nach der Ver- **119** kehrsauffassung das Bild der AG prägen (z.B. Vorschriften über den Ausschluss der Haftung der Aktionäre, Ausschluss der Nachschusspflicht, Organisation der AG). Dazu gehört auch der Verstoß gegen §§ 25 ff. MitbestG (betr. innere Ordnung sowie Rechte und Pflichten des Aufsichtsrats). Diese Vorschriften über die innere Ordnung des Aufsichtsrats bilden ein Kernstück des Gesetzes.[86]

Ein Verstoß gegen **Gläubigerschutzvorschriften** liegt vor, wenn Vorschriften verletzt wer- **120** den, die ausschließlich oder überwiegend dem Gläubigerschutz dienen oder sonst im öffentlichen Interesse gegeben sind.

---

86 BGHZ 83, 106, 110.

121   Unter § 241 Nr. 3 AktG fallen nur solche Hauptversammlungsbeschlüsse, die materielles Recht verletzen. Reine Formverstöße können nur aufgrund anderer Vorschriften angegriffen werden (§ 241 Nr. 1 u. 2 AktG). Der Beschluss selbst muss durch seinen Inhalt eine Gesetzesverletzung darstellen.

ff) Heilung

122   Bei Verstößen gegen § 241 Nr. 1, 3 u. 4 AktG ist die Nichtigkeit geheilt, wenn der Beschluss ins Handelsregister eingetragen worden ist und seitdem drei Jahre verstrichen sind (§ 242 Abs. 2 AktG). Das gilt also auch für die Satzung ändernde Hauptversammlungsbeschlüsse, die mit dem Wesen der AG nicht vereinbar sind.

gg) Klagefristen

123   Die Nichtigkeitsklage ist grundsätzlich nicht fristgebunden. Heilbare Beschlüsse sind mit Ablauf der Drei-Jahres-Frist des § 242 Abs. 2 S. 1 AktG nicht mehr angreifbar.

hh) Urteilswirkung

124   Der nichtige Hauptversammlungsbeschluss ist aufgrund des ihm anhaftenden Mangels „ipso iure" nichtig. Das Urteil ist kein Gestaltungsurteil, es wirkt gleichwohl gemäß § 248 Abs. 1 S. 1 AktG für und gegen alle Aktionäre, Vorstandsmitglieder und Aufsichtsratsmitglieder.

2. Spruchverfahren

125   Das Spruchverfahren ist ein FamFG-Verfahren vor der Kammer für Handelssachen und reduziert die Ansprüche des Aktionärs, insbesondere bei Umstrukturierungsmaßnahmen der Gesellschaft, auf die Geltendmachung einer angemessenen finanziellen Kompensation (Abfindung). Die Umstrukturierung selber ist nicht Gegenstand des Verfahrens. Das Verfahren nach dem SpruchverfahrensG ist in diesem Buch unter § 21 ausführlich dargestellt.

3. Allgemeine Aktionärsklagen

126   Allgemeine Aktionärsklagen sind solche, die nicht ausdrücklich im Aktiengesetz vorgesehen sind. Leading-case ist die *Holzmüller*-Entscheidung des BGH.[87] Grundsätzlich haben die speziellen aktienrechtlichen Regelungen Vorrang vor der immer subsidiären allgemeinen Aktionärsklage.

127   Folgende Klagen sind möglich:
–   „*Holzmüller*-Fälle": Übergehen der Zuständigkeit der Hauptversammlung durch die Verwaltung (wesentliche Strukturänderungen);
–   Pflichtwidrigkeit der Verwaltung beim genehmigten Kapital (wirksame Ermächtigung der Hauptversammlung liegt vor, von der Ermächtigung wird jedoch in rechtswidriger Weise Gebrauch gemacht, z.B. Finanzierung eines nicht von der Hauptversammlung gedeckten Vorhabens);
–   Verstoß der Verwaltung gegen den Gleichbehandlungsgrundsatz;
–   Verletzung von Aktionärsrechten bei feindlichen Übernahmen.

---

87 BGHZ 83, 122 = NJW 1982, 1703.

Frank

Denkbar sind: **128**
- Unterlassungsklagen
- Feststellungsklagen
- Beseitigungsklagen
- Schadenersatzklagen

Wichtig   **129**
Klagen auf Vornahme oder Unterlassung einer Geschäftsführungsmaßnahme und die actio pro socio sind ausgeschlossen.

Mangusta/Commerzbank I und II: **130**
In seiner bekannten *Siemens/Nold*-Entscheidung[88] hatte der BGH erkannt, dass der Vorstand das genehmigte Kapital ohne vorherigen Bericht an die Aktionäre über die Gründe eines Bezugsrechtsausschlusses ausüben darf. Es genügt der Bericht an die Hauptversammlung nach der Ausübung. Dies hat der BGH in der Entscheidung *Mangusta/Commerzbank I* bestätigt.[89] In dem Parallelfall *Mangusta/Commerzbank II*[90] hat er dann weiter ausgeführt, dass diese Grundsätze nur einem praktischen Bedürfnis des Wirtschaftslebens entsprachen; eine Schmälerung der Rechtschutzmöglichkeiten der Aktionäre sollte damit nicht verbunden sein. Deswegen hat er die Feststellungsklage mit dem Ziel, die Rechtswidrigkeit der Ausübung des genehmigten Kapitals unter Bezugsrechtsausschluss feststellen zu lassen, für zulässig erachtet. Das Rechtsschutzbedürfnis sei dadurch nicht entfallen, dass die Beschlüsse bereits umgesetzt und im Handelsregister eingetragen worden seien. Die Feststellungsklage könne den Aktionären vielmehr noch als Grundlage für die Geltendmachung von Sekundäransprüchen (Schadensersatz, Anträge auf Versagung der Entlastung, Abberufung der Aufsichtsratsmitglieder) dienen.[91]

4. UMAG

Das Gesetz zur Unternehmensintegrität und Modernisierung des Anfechtungsrechts (UMAG) **131**
wurde am 22.9.2005 verkündet und trat am 1.11.2005 vollständig in Kraft.[92] Das Gesetz änderte wesentliche Regelungen des Aktiengesetzes:

a) §§ 123 ff. AktG Reform der Hauptversammlung

Reform von Organisation und Durchführung der Hauptversammlung der Aktiengesellschaft: Das **132**
System zur Anmeldung zur Teilnahme an der Hauptversammlung und zur Legitimation von Aktionären zur Stimmrechtsausübung wird modernisiert und an internationale Standards angepasst.

b) §§ 148 ff. AktG Klagezulassungsverfahren

Erleichterung von Schadensersatzklagen von Aktionären, die sich auf Pflichtverletzungen von **133**
Vorstand und Aufsichtsrat der Aktiengesellschaft stützen.

---

88 BGHZ 136, 133 ff.
89 BGH NZG 2006, 18 f.
90 BGH NZG 2006, 20 ff.
91 BGH NZG 2006, 20, 22 f.
92 BGBl I Nr. 60 v. 27.9.2005.

c) Einführung des § 131 Abs. 2 AktG

134 Das Rede- und Fragerecht des Aktionärs in der Hauptversammlung wird limitiert.

d) § 246a AktG Freigabeverfahren

135 Um den Missbrauch von Anfechtungsklagen gegen Hauptversammlungsbeschlüsse durch einzelne Aktionäre zu verhindern, wird das Freigabeverfahren, das bisher aus § 16 Abs. 3 UmwG, § 319 AktG bekannt ist, auf Beschlüsse zu Maßnahmen der Kapitalbeschaffung oder -herabsetzung sowie zum Abschluss von Unternehmensverträgen ausgedehnt. Auf Antrag der Gesellschaft kann das Prozessgericht bei einer Klage gegen einen Hauptversammlungsbeschluss im Wege des Beschlusses feststellen, dass die Erhebung der Klage der Eintragung nicht entgegensteht und Mängel des Hauptversammlungsbeschlusses die Wirkung der Eintragung unberührt lassen.

136   Das Gericht wird den Beschluss erlassen, wenn die Klage unzulässig oder offensichtlich unbegründet ist oder wenn das alsbaldige Wirksamwerden des Hauptversammlungsbeschlusses zur Abwendung wesentlicher Nachteile für die Gesellschaft vorrangig erscheint.

5. Informationsrechte des Aktionärs
a) Allgemeine Ausführungen und Statthaftigkeit eine Auskunftsklage

137 Der Aktionär hat in der Gesellschafterversammlung gem. § 131 Abs. 1 AktG ein **Auskunftsrecht** bezüglich aller Angelegenheiten, die mit der Tätigkeit der Gesellschaft zu tun haben. Dieses Recht korrespondiert mit dem **Auskunftsverweigerungsrecht des Vorstandes**, der in den in § 131 Abs. 3 S. 1 Nr. 1–7 AktG aufgezählten Fällen die Informationserteilung unterlassen darf.

138   Sofern über ein Auskunftsrecht zwischen Vorstand und Aktionär keine Einigung erzielt wird, kann gerichtliche Klärung herbeigeführt werden, vgl. § 132 AktG. Dies gilt nur, wenn die Auskunft gar nicht erteilt wurde. Sofern eine falsche oder unzureichende Auskunft erteilt wurde, ist nach herrschender Auffassung eine Anfechtungsklage statthaft.[93]

b) Zulässigkeitsvoraussetzungen

139 Zuständig ist gem. § 132 Abs. 1 S. 1 AktG **ausschließlich das Landgericht**, in dessen Bezirk die Gesellschaft ihren Sitz hat, gegebenenfalls die Kammer für Handelssachen. Da es sich bei dem Verfahren nach § 132 AktG um ein solches der freiwilligen Gerichtsbarkeit handelt und § 349 ZPO dort nicht anwendbar ist, ist stets die gesamte Kammer zur Entscheidung berufen – auf den Einzelrichter kann die Sache nicht zur Entscheidung übertragen werden.[94] Die **Klagefrist** im Informationserzwingungsstreit beträgt **zwei Wochen** nach der Hauptversammlung, gem. § 132 Abs. 2 S. 2 AktG. **Antragsteller** ist stets der Aktionär. Zu richten ist der Antrag gegen die Gesellschaft (**Antragsgegner**), vertreten durch den Vorstand.

---

140 **Wichtig**

Zu beachten ist insbesondere, den Antrag so bestimmt zu fassen, dass eine vollstreckungsfähige Verurteilung möglich ist.

---

93 *Hüffer*, § 132 Rn 4a, LG Dortmund AG 1999, 133, LG Köln AG 1991, 38.
94 *Hüffer*, § 132 Rn 6.

Frank

c) Aspekte der Begründetheit
aa) Anspruchsinhaber und Anspruchsgegner

Der Anspruch auf Erteilung einer Auskunft kann von jedem Aktionär in der Hauptversammlung **141** erhoben werden. Dabei ist es irrelevant, dass er nur eine einzige Aktie besitzt,[95] nur stimmlose Aktien hat oder seine Einlagepflicht noch nicht erfüllt hat.[96] Wer nicht Aktionär ist, hat im Umkehrschluss kein Auskunftsrecht. Allerdings kann der Aktionär sein Auskunftsrecht auf **Dritte** übertragen und für sich in der Hauptversammlung ausüben lassen. Obwohl die Prozessgegnerin die Gesellschaft ist, ist es der **Vorstand**, der zur Erteilung der Auskunft verpflichtet ist – dieser handelt in Vertretung der Gesellschaft.

bb) Form und Frist des Informationsverlangens

Solange in der Satzung hierzu keine Regelung vorhanden ist, ist die Stellung des Auskunftsver- **142** langens sowohl in schriftlicher als auch in mündlicher Form zulässig.

cc) Inhalt der Auskunft

Die Auskunft ist dann vollständig erteilt, wenn sie auf die gestellte Frage vollständig, zutreffend **143** und sachgemäß Auskunft erteilt. Der Vorstand hat aber nicht von sich aus umfassend Auskunft zu erteilen, sondern auf Verlangen. Allgemein gehaltene Fragen können auch allgemein beantwortet werden. Es liegt im Sinne des Aktionärs, wenn er den betreffenden Informationsgegenstand allgemein beschrieben bekommt. Es bleibt ihm dann überlassen, zu entscheiden, ob er zu einem Themenkomplex nach Erhalten einer allgemeinen Antwort noch vertiefende Auskunft erhalten möchte. Entsprechend obliegt es ihm, weiteren Informationsbedarf zu formulieren. Die Zurückhaltung nicht gefragter Information dient darüber hinaus einer zügigen Durchführung der Hauptversammlung.[97]

Im Sinne der **Gleichbehandlung** der Aktionäre und um Informationsmonopole unter den **144** Aktionären zu verhindern, ist in der Hauptversammlung auf Aufforderung die Information zu erteilen, die zuvor außerhalb der Hauptversammlung einem oder einzelnen Aktionären erteilt worden ist. Der Vorstand darf sich nicht auf die Verweigerungsgründe des § 131 Abs. 3 S. 1 AktG berufen, vgl. § 131 Abs. 4 AktG.

Die Auskunft ist grundsätzlich mündlich in der Hauptversammlung zu erteilen.[98] Es kann **145** auch schriftlich oder durch Einsichtnahme Auskunft erteilt werden. Hierauf hat der Aktionär allerdings keinen Anspruch. Unzureichend ist es, wenn dem Aktionär angeboten wird, nach der Hauptversammlung schriftlich Auskunft zu erteilen.[99]

dd) Verweigerung der Auskunft

Gem. § 131 Abs. 3 S. 2 AktG darf die Auskunft nur aus den im Gesetz genannten Gründen verweigert **146** werden. Ein häufiger Fall ist etwa die Vermeidung der Preisgabe von Geschäftsgeheimnissen.[100]

Allerdings wird diskutiert, ob dem Auskunftsbegehren im Einzelfall mit dem Einwand des **147** **Rechtsmissbrauchs** gem. § 242 BGB begegnet werden kann. Dies wird von der Rechtsprechung

---

95 BayObLG NJW 1974, 2094.
96 *Hüffer*, § 131 Rn 3.
97 OLG Stuttgart AG 2005, 94, 96.
98 BGHZ 101, 1, 15; LG Heidelberg AG 1996, 523, 524.
99 OLG Düsseldorf WM 1991, 2148, 2152.
100 LG Mainz AG 1988, 169, 171, wonach es genügt, dass Nachteile mit an Sicherheit grenzender Wahrscheinlichkeit eintreten werden.

überwiegend bejaht. Rechtsmissbräuchlich sei ein Frageverhalten dann, wenn damit ausschließlich oder überwiegend sachfremde Ziele verfolgt werden.[101] So werden insbesondere drei Fallgruppen diskutiert.

- **Illoyale und grob eigennützige Rechtsausübung**. Dies wird man nur eingeschränkt annehmen können.[102]
- **Übermäßige Rechtsausübung** stellt es beispielsweise dar, wenn in der Hauptversammlung seitenlange Fragenkataloge präsentiert werden, deren Beantwortung in der Hauptversammlung verlangt wird.[103] Selbst wenn es fraglich erscheint, das Fragerecht aus quantitativen Gründen zu begrenzen, so soll umgekehrt nicht ein Aktionär die Hauptversammlung mit seinen Interessen monopolisieren können. Daher erscheint es zulässig, aus diesem Grund und im Interesse der übrigen Teilnehmer an der Hauptversammlung das Fragerecht und Rederecht ausnahmsweise zu beschränken.[104]
- **Widersprüchliches Verhalten** liegt etwa dann vor, wenn ein Gesellschafter besonders viele Fragen stellt, diese nicht beantwortet bekommt, dann einige der Fragen niederschreiben lässt, aber anschließend zu einer nicht niedergeschriebenen Frage die fehlende Auskunft rügt.[105]

---

101 BayObLG NJW 1974, 2094, jedoch verneint; OLG Frankfurt/M. AG 1984, 25, das mehr als 25.000 Einzelangaben zur Beantwortung einer Frage für unzumutbar hielt.
102 Verneint von OLG Düsseldorf AG 1987, 21, 23 in einem Fall, in dem ein Aktionär schon zur Stimmabgabe entschlossen war, mit seiner Frage aber für die von ihm betriebene Opposition werben wollte, was entgegen der Auffassung der ersten Instanz für zulässig erachtet wurde.
103 So in dem Fall OLG Frankfurt/M. AG 1984, 25.
104 BVerfG NJW 2000, 349, 351, das ausnahmsweise sogar Wortentzug und Saalverweisung für zulässig hält, sofern es einer ordnungsgemäßen Versammlungsdurchführung dient.
105 LG Mainz AG 1988, 169, das neben dem Aspekt widersprüchlichen Verhaltens auch den Verzicht des Gesellschafters auf sein Fragerecht als Grund für die Nichtbeantwortung anführt; LG Karlsruhe AG 1998, 99, 100 in einem Fall, in dem sich der Aktionär stets entgegen den vorgegebenen Tagesordnungspunkten verhielt, während der Fragestunde kritisierte und sich über deren Ende mit dem Anliegen beschwerte, noch Fragen stellen zu wollen.

Frank

Markus Frank

§ 19 Rechtsschutz des Gesellschafters und der Gesellschaft gegenüber den Vertretungs- und Aufsichtsorganen

Literatur: *Baumbach/Hueck*, GmbHG, Kommentar, 19. Aufl. 2010; *Grunewald*, Gesellschaftsrecht, 8. Aufl. 2011; *Hüffer*, Aktiengesetz, Kommentar, 9. Aufl. 2010; *Lutter/Hommelhoff*, GmbH-Gesetz, Kommentar 17. Aufl. 2009; *Säcker/Rixecker/Oetker*, Münchener Kommentar zum Bürgerlichen Gesetzbuch, Band 5, 5. Aufl. 2009 (zit.: MüKo-BGB/*Bearbeiter*); *K. Schmidt*, Gesellschaftsrecht, 4. Aufl. 2002.

Inhalt

I. Personenhandelsgesellschaften

1. GbR

Vertretungsberechtigt sind in der GbR alle Gesellschafter **gemeinsam**. Im Gesellschaftsvertrag **1** kann die Vertretung der Gesellschaft jedoch auch einem Gesellschafter als Geschäftsführer übertragen werden. Gegen diesen geschäftsführenden Gesellschafter als Vertretungsorgan kommen folgende Ansprüche der Gesellschaft[1] und der Gesellschafter in Betracht:

– Vornahme von Handlungen einer **ordnungsgemäßen Geschäftsführung** sowie Unterlassung solcher Handlungen, die einer solchen Geschäftsführung entgegenstehen;
– Widerspruchsrecht gem. § 711 BGB;

---

[1] Die Rechtsfähigkeit der Gesellschaft ist seit BGH NJW 2002, 1207 entsprechend derjenigen der OHG zu behandeln.

- **Entziehung der Geschäftsführung** durch die Gesellschafterversammlung, § 712 Abs. 1 BGB;
- Haftung für eigenes Verschulden nach § 280 BGB;
- Haftung für Verschulden von Erfüllungsgehilfen, §§ 713, 664 BGB;
- **Informationserteilung**, Rechenschaft, § 713 i.V.m. § 666 BGB sowie § 716 BGB; dabei steht der Anspruch aus § 716 BGB jedem Gesellschafter einzeln zu, der Informationsanspruch aus §§ 713, 666 BGB hingegen der Gesamtheit der Gesellschafter, so dass letzterer auch im Wege der actio pro socio durchgesetzt werden kann.[2] Während es sich bei dem Anspruch aus § 716 BGB um einen Anspruch auf Ermöglichung der Informationserlangung und Einsichtnahme in die Geschäftsbücher handelt, verpflichten die §§ 713, 666 BGB zu einer eigenen aktiven Informationstätigkeit des Geschäftsführers. Die Informations- und Rechenschaftspflicht hat sich an den inhaltlichen Vorgaben des § 259 BGB auszurichten;[3]
- **Herausgabepflicht** von aus der Geschäftsführung Erlangtem, §§ 713, 667 BGB;
- **Verzinsungspflicht** für entgegen der Geschäftsführungspflicht verwendetes Geld, §§ 713, 668 BGB;
- Entziehung der Vertretungsmacht, 715 BGB.

---

2 Wichtig
Anders als das HGB für die Handelsgesellschaften, kennt das BGB für die GbR **keine Gestaltungsklage**. Die **Entziehung der Geschäftsführungsbefugnis** ist hier nur durch Beschluss der (übrigen) Gesellschafter und nach h.M. auch nur bei der zuvor nach §§ 709, 710 BGB übertragenen Geschäftsführung möglich. Hier kann es daher nur in der weiteren Folge zu einer gerichtlichen Auseinandersetzung im Rahmen einer Beschlussfeststellungsklage kommen.

---

3 Grundsätzlich gilt für die GbR das Prinzip der **Selbstorganschaft**. Der oder die Geschäftsführer werden von Mitgliedern der Gesellschaft gestellt. Die Gesellschafter können die Geschäftsführung jedoch auch einem Dritten, der nicht Gesellschafter ist, übertragen (§ 710 BGB). Anders als bei der GmbH, bei der dies regelmäßig der Fall ist, entsteht bei der GbR hierdurch ein verschärftes Haftungsrisiko für die Gesellschafter. Denn die Gesellschafter werden auch vom Fremdgeschäftsführer über § 128 HGB analog persönlich verpflichtet. Der BGH verlangt daher, dass in einem Fall, in dem der Geschäftsführer die Angelegenheiten der Gesellschaft nicht sachgemäß führt, den Gesellschaftern die Möglichkeit verbleiben muss, selbst die Geschäftsführung zu übernehmen.[4]

4   Sofern ein Fremdgeschäftsführer mit der Geschäftsführung beauftragt ist, handelt er regelmäßig auf der Grundlage eines **Geschäftsbesorgungsvertrages**. Die Vorschriften des Auftragsrechts sind daher bereits über § 675 BGB anwendbar, die Verweisungsvorschrift des § 713 BGB bleibt außer Betracht.[5]

5   Sofern die Gesellschaft Rechte gegen den Geschäftsführer geltend macht, kann sie dies nach neuerer Rechtsprechung selbst tun. Die GbR ist zumindest insofern **rechtsfähig** – und damit gem. § 50 ZPO parteifähig – als sie als Außengesellschaft in Erscheinung tritt.[6]

---

2 MüKo-BGB/*Ulmer*, § 713 Rn 8.
3 MüKo-BGB/*Ulmer*, § 713 Rn 9 ff.
4 BGH NJW 1982, 877 f.; BGH WM 1994, 237.
5 MüKo-BGB/*Ulmer*, § 713 Rn 4.
6 BGH NJW 2002, 1207, der die Rechtsfähigkeit der GbR klarstellt. Es ist danach nicht mehr erforderlich, dass die Gesellschafter gemeinsam Klage erheben.

Frank

2. OHG

Die Rechtsschutzmöglichkeiten für die Gesellschafter der OHG bzw. für die OHG selbst sind im **6** Wesentlichen ähnlich geregelt. Mögliche Ansprüche gegen den Geschäftsführer können hier insbesondere die Folgenden sein:

– Vornahme von Maßnahmen der **ordnungsgemäßen Geschäftsführung** bzw. Unterlassung von Maßnahmen, die mit einer ordnungsgemäßen Geschäftsführung in Widerspruch stehen, §§ 114, 115, 116 HGB; überschreitet der geschäftsführende Gesellschafter einer OHG die ihm nach dem Gesellschaftsvertrag eingeräumten Befugnisse, so kommt es für die Frage einer daran anknüpfenden Ersatzpflicht allein darauf an, ob ihm der Kompetenzverstoß vorgeworfen werden kann. Unerheblich ist dagegen, ob dem Gesellschafter bei der Durchführung der Geschäftsführungsmaßnahme selbst ein Verschulden zur Last fällt oder nicht.[7]

– **Entzug der Geschäftsführungsbefugnis** nach § 117 HGB. § 117 HGB sieht vor, dass bei Vorliegen eines wichtigen Grundes einem Gesellschafter einer OHG die Geschäftsführungsbefugnis auf Antrag der übrigen Gesellschafter durch gerichtliche Entscheidung entzogen werden kann. Antrag ist der auf das erstrebte Gestaltungsurteil gerichtete Klagantrag. Mit der Gestaltungsklage verfolgt der Kläger das Ziel einer Umgestaltung der Rechtslage durch richterlichen Gestaltungsakt. Die Rechtslage wird also durch das Gestaltungsurteil geändert, während das Urteil bei Leistungs- und Feststellungsklage lediglich eine bereits vorliegende Rechtslage „erkennt". Die Rechtsänderung tritt bei der Gestaltungsklage ohne Weiteres mit Rechtskraft des Urteils ein. Die „übrigen" Gesellschafter sind sämtliche anderen Gesellschafter. Sie bilden hier eine **materiellrechtlich notwendige Streitgenossenschaft**. Da die übrigen Gesellschafter die Entziehung nur gemeinsam geltend machen können, ist eine Klage, an der sich nicht alle beteiligen bzw. der nicht alle verbindlich zugestimmt haben, mangels Aktivlegitimation der Kläger abzuweisen. Weigert sich ein Gesellschafter bei der Klage mitzuwirken, ist er im Wege der Leistungsklage auf Mitwirkung in Anspruch zu nehmen. Das Leistungsurteil ersetzt die Zustimmung zur Klageerhebung, die übrigen Gesellschafter können den Prozess in Prozessstandschaft für den unwilligen Gesellschafter führen.

– **Kontrollrecht** gem. § 118 HGB durch Einsichtnahme in die Handelsbücher der Gesellschaft; sollten Zweifel an einer ordnungsgemäßen Geschäftsführung bestehen, so gilt dies selbst dann, wenn das Kontrollrecht eines nicht zur Geschäftsführung befugten Gesellschafters durch Vereinbarung beschränkt ist, vgl. § 118 Abs. 2 HGB;

– Verpflichtung des Geschäftsführers einen **Antrag auf Eröffnung eines Insolvenzverfahrens** zu stellen § 130a Abs. 1 HGB;

– **Haftung wegen Fehlverhaltens in der Insolvenz**, § 130a Abs. 2, 3 HGB. Zudem können Ansprüche in der Insolvenz gegen die als Liquidatoren eingesetzten Gesellschafter geltend gemacht werden, vgl. §§ 145 ff. HGB.

3. Kommanditgesellschaft

Gesellschafter der KG und die KG selbst können im Wesentlichen dieselben Ansprüche wie in **7** der OHG und der GbR geltend machen. Dies ist durch die Verweisung in § 161 HGB klargestellt. In der Regel werden hier nicht vorwiegend Ansprüche der Komplementäre, sondern solche des von der Geschäftsführung ausgeschlossenen Kommanditisten gegen die Geschäftsführer-Komplementäre eine Rolle spielen.

– Von Bedeutung ist daher das Recht zum Widerspruch von Handlungen der persönlich haftenden Gesellschafter, sofern diese Handlungen dem gewöhnlichen Betrieb des Handelsgewerbes widersprechen, gem. § 164 Abs. 1 HGB.

---

7 BGH NJW 1997, 312, 314.

– Gemäß § 166 HGB hat der Kommanditist zudem das Recht, eine Abschrift des Jahresabschlusses zu verlangen sowie zur Überprüfung von dessen Richtigkeit, Einsicht in Bücher und Papiere zu nehmen.

4. Ansprüche der Gesellschaft gegen die Organe im Wege der actio pro socio

8   Nach den Grundsätzen der actio pro socio kann der Gesellschafter nicht nur seine eigenen Ansprüche gegenüber den Geschäftsführern geltend machen, sondern insbesondere auch solche der Gesellschaft. Es ist offensichtlich, dass die Durchsetzung von Ansprüchen der Gesellschaft nahezu ausgeschlossen ist, wenn sich der geschäftsführende Gesellschafter mit seinem Verhalten zu den Interessen der Gesellschaft in Widerspruch setzt – gäbe es nicht für die übrigen Gesellschafter die Möglichkeit, in derartigen Fällen selbst die Rechte der Gesellschaft in eigenem Namen geltend zu machen.

II. GmbH

1. Haftung der Geschäftsführer
a) Gegenüber der Gesellschaft
aa) Haftung für fehlerhafte Geschäftsführung

9   Die Pflicht zu einer ordnungsgemäßen Geschäftsführung ergibt sich aus der organschaftlichen Stellung des Geschäftsführers.[8] Ansprüche wegen Verletzung des individuellen Anstellungsvertrages werden über § 43 Abs. 1 GmbHG ebenfalls miterfasst. Der BGH misst dieser Vorschrift insofern den Charakter einer Spezialregel bei.[9] Relevanz für die Verjährung der Ansprüche hat insbesondere die Tatsache, ob der Geschäftsführer **Fremdgeschäftsführer** ist oder **Gesellschaftergeschäftsführer**. Nach Ansicht des BGH gilt die Verjährung von fünf Jahren gem. § 43 Abs. 4 GmbHG nur, wenn der Geschäftsführer ein Fremdgeschäftsführer ist. Sollte der Geschäftsführer zugleich Gesellschafter sein, würde für Ansprüche gegen ihn wegen Verletzung der Treuepflicht die allgemeine Verjährungsfrist gelten.[10] Der Lauf der **Verjährung beginnt mit** dem Eintritt des Schadens, also der **Entstehung des Anspruchs dem Grunde nach**. Es kommt nicht auf eine Kenntnis der Gesellschafter von den anspruchsbegründenden Tatsachen an.[11]

bb) Verstoß gegen die Treuepflicht

10 Aus der Nähe zur Gesellschaft, insbesondere als Resultat von Einwirkungsmöglichkeiten und Befugnissen, resultiert für den Geschäftsführer eine Treuepflicht gegenüber der Gesellschaft. Das bedeutet, dass er auf Interessen der Gesellschaft in besonderer Weise Rücksicht nehmen muss.[12] Auch ist der Geschäftsführer verpflichtet, seine ganze Arbeitskraft einzusetzen. Der **alleinige Gesellschafter einer GmbH** schuldet dieser – ebenso wie der Gesellschafter einer mehrgliedrigen

---

8 BGH GmbHR 1990, 298, zu der Geschäftsführungspflicht des faktischen Geschäftsführers.
9 BGH NJW 1997, 741, 742 = ZIP 1997, 199.
10 BGH NJW 1995, 1960, 1961 f., der gegen den Gesellschafter-Geschäftsführer die damals noch 30-jährige Verjährung anwandte; ebenso BGH ZIP 1999, 240, 241. Nach neuer Rechtslage hatte noch kein Gericht die Frage der Verjährung nach der kurzen Verjährung des § 195 BGB zu entscheiden. Es erscheint aber folgerichtig, die dreijährige Verjährungsfrist für Ansprüche gegen Gesellschafter-Geschäftsführer anzuwenden. BGH NJW 2009, 68, 71 fünfjährige Verjährungsfrist für Verstoß gegen § 30 GmbHG.
11 BGH GmbHR 2004, 554.
12 OLG Naumburg NZG 1999, 353 zum Verbot, Gesellschaftsressourcen in privatem Interesse zu nutzen.

GmbH, wenn sie einverständlich handeln, grundsätzlich weder wegen Verletzung der Treuepflicht noch unter dem Gesichtspunkt der unerlaubten Handlung Schadensersatz.[13]

cc) Verstoß gegen Wettbewerbsverbot

Obwohl nicht gesetzlich geregelt, gilt für den Geschäftsführer ein Wettbewerbsverbot in der Zeit **11** seiner Geschäftsführertätigkeit. Nach allgemeiner Auffassung ist aber § 88 Abs. 1 AktG, der für den AG-Vorstand ein Wettbewerbsverbot statuiert, analog anzuwenden.[14] Sollte der Geschäftsführer diesem Verbot zuwider handeln, kommen Unterlassungs- und Schadenersatzansprüche der Gesellschaft in Betracht. Für ein **nachvertragliches Wettbewerbsverbot** bedarf es hingegen einer gesonderten Vereinbarung. Selbst wenn die §§ 74 ff. HGB nicht anwendbar sind, werden über die Anwendung von § 138 BGB i.V.m. Art. 2, 12 GG ähnliche Beschränkungen abgeleitet.

dd) Rechnungslegung und damit korrespondierende Pflichten

Gem. §§ 41 Abs. 1 GmbHG, 264 Abs. 1 HGB besteht die Pflicht zu ordnungsgemäßer Buchführung **12** und zur Aufstellung des Jahresabschlusses. Hiermit korrespondiert ein Recht der Gesellschaft, Erfüllung dieser Pflichten zu verlangen. Dazu gehört auch der Anspruch auf Rechnungslegung, Information über die laufenden Angelegenheiten der Gesellschaft und Erteilung von Auskunft über die laufende Geschäftsführung.

ee) Auf das Gesellschaftsverhältnis bezogene Pflichten

Ein Teil der geschäftsführerlichen Pflichten ist nicht primär auf die Geschäftsführung bezogen, **13** sondern erfolgt aufgrund des Gesellschaftsverhältnisses und ist somit auf die Gesellschafter und deren Interessen bezogen. Dennoch handelt es sich auch bei diesen Pflichten um solche der Gesellschaft. Hierzu zählen die Pflicht zur **Einberufung der Gesellschafterversammlung** gem. § 49 GmbHG, **Auskunftspflichten** nach § 51a GmbH, sonstige auf das Gesellschaftsverhältnis bezogene Pflichten, die gesondert im Gesellschaftsvertrag auf den Geschäftsführer übertragen wurden, z.B. die Einforderung von Einlagen.

ff) Registerpflichten

Der Geschäftsführer hat die Pflicht, bestimmte Vorgänge zum Handelsregister anzumelden. Daneben besteht die Pflicht, bestimmte Tatsachen beim Handelsregister einzureichen. So müssen **14** eine Gesellschafterliste, der Jahresabschluss, der Lagebericht, der Ergebnisverwendungsvorschlagsbeschluss zum Handelsregister eingereicht werden.

gg) Ansprüche im Falle der Insolvenz

Der Geschäftsführer hat gem. § 15a InsO im Fall einer Überschuldung oder Zahlungsunfähigkeit **15** beim zuständigen Amtsgericht Insolvenzantrag zu stellen. Im Falle einer verspäteten oder unterlassenen Antragstellung haftet er der Gesellschaft aus § 43 Abs. 2 GmbH für den infolge der Pflichtverletzung entstandenen Schaden.[15]

---

13 BGHZ 122, 333, 336 für den Fall, dass der alleinige Gesellschafter der GmbH Vermögen entzieht, das zur Deckung des Stammkapitals nicht erforderlich ist.
14 Baumbach/Hueck/*Zöllner/Noack*, § 35 Rn 41.
15 Baumbach/Hueck/*Haas*, § 64 Rn 160.

hh) Sorgfaltsmaßstab

16 Gem. § 43 Abs. 1 GmbHG hat der Geschäftsführer für die **Sorgfalt eines ordentlichen Geschäftsmannes** einzustehen. Das bedeutet nach Auffassung der Rechtsprechung, dass der Geschäftsführer den Standard zu beachten hat wie eine in verantwortlicher leitender Stellung zur Verwaltung fremden Vermögens berufene Person[16] oder wie ein selbständiger Verwalter fremder Vermögensinteressen[17]. Der Sorgfaltsmaßstab eines Geschäftsführers richtet sich nach seinem Pflichtenkreis. Dies kann in Anlehnung an § 276 BGB beurteilt werden. Insbesondere orientiert er sich aber an den vom Geschäftsführer zu erfüllenden Pflichten. Jedoch stellt nicht jedes gewagte Geschäft eine Sorgfaltspflichtverletzung dar. Eine solche wird solange verneint, als es nahe liegender ist, dass sich ein bestimmtes Geschäft für die GmbH als vorteilhafter erweist, als dass es zu einer Schädigung der Gesellschaft führt.[18]

ii) Haftungsmaßstab

17 Die Haftung des Geschäftsführers umfasst regelmäßig Vorsatz und Fahrlässigkeit. Häufig wird jedoch die Haftung im Gesellschaftsvertrag auf grobe Fahrlässigkeit, manchmal sogar auf Vorsatz beschränkt.[19] Eine Haftungsmilderung nach arbeitsrechtlichen Grundsätzen ist für den Geschäftsführer nicht möglich. Es kommt also für ihn – vorbehaltlich einer entsprechenden Regelung im Gesellschaftsvertrag – nicht in Betracht, für leichteste Fahrlässigkeit gar nicht und für leichte Fahrlässigkeit nur für einen Teil des Schadens zu haften.[20]

jj) Handlung auf Weisung der Gesellschafterversammlung

18 Sofern der Geschäftsführer auf **Weisung eines Gesellschaftsbeschlusses** handelt, ist eine Haftung seiner Person ausgeschlossen.[21] Eine Ausnahme von diesem Grundsatz greift dann, wenn der Gesellschaftsbeschluss nichtig ist. Vollzieht der Geschäftsführer allerdings einen nichtigen Beschluss, haftet er gleichwohl voll.[22]

kk) Geltendmachung der Ansprüche der Gesellschaft

19 Aus § 46 Nr. 8 GmbHG ergibt sich, dass den Gesellschaftern die Entscheidungskompetenz darüber zustehen soll, ob Ersatzansprüche gegen einen Geschäftsführer geltend gemacht werden sollen.[23] Es ist per Gesellschafterbeschluss zu entscheiden, ob der Gesellschaft entstandene Schäden gegenüber dem oder den Geschäftsführern geltend gemacht werden sollen.

b) Gegenüber den Gesellschaftern

20 In der Regel bestehen **keine Ansprüche der Gesellschafter gegenüber dem Geschäftsführer**, da diese keinen Vertrag zu jenem haben. Allenfalls kommen vertragliche Ansprüche in Betracht, wenn den Pflichten gegenüber der Gesellschaft eine Schutzwirkung für die Gesellschafter beigemessen werden kann. Dies wird jedoch eher verneint, so dass allenfalls deliktische Ansprüche

---

16 OLG Zweibrücken NZG 1999, 506, so dass die nach § 43 Abs. 2 GmbHG zu beachtende Sorgfalt über die des ordentlichen Kaufmannes hinausgeht.
17 Baumbach/Hueck/*Zöllner/Noack*; § 43 Rn 9 m.w.N.
18 OLG Zweibrücken NZG 1999, 506, das dem Geschäftsführer einen weiten Ermessensspielraum gewährt.
19 BGH NJW 2002, 2129, 2132.
20 Baumbach/Hueck/*Zöllner/Noack*, § 43 Rn 6.
21 BGHZ 122, 333, 336.
22 *Grunewald*, 2. F. Rn 63.
23 BGH ZIP 1998, 332, 333.

in Betracht kommen. Insoweit es sich um Ansprüche der Gesellschaft gegen den Gesellschafter handelt, dürfen die Gesellschafter diese Ansprüche im Wege der actio pro socio im eigenen Namen nur ausnahmsweise geltend machen. Erforderlich ist, dass die Gesellschafter in der Gesellschafterversammlung einen entsprechenden Beschluss über die Durchsetzung der Ansprüche der Gesellschaft gegen den Geschäftsführer fassen.[24]

2. Ansprüche zwischen den Organen
Ansprüche zwischen den Organen scheiden aus.   21

III. Die Aktiengesellschaft

Die Vertretungs- und Aufsichtsorgane der AG sind der Vorstand und der Aufsichtsrat. Auf Grund 22
der Verschiedenheit der jeweils bestehenden Pflichten von Vorstand und Aufsichtsrat werden die Ansprüche gegen diese getrennt dargestellt.

1. Ansprüche gegen den Vorstand
a) Ansprüche der Gesellschaft
aa) Auf ordnungsgemäße Geschäftsführung
Auf Grund der Bestellung sind die Vorstandsmitglieder zu einem ordnungsgemäßen Handeln für 23
die AG verpflichtet. Daneben tritt die Haftung aus dem Anstellungsverhältnis, also der aus Dienstvertrag oder Auftragsverhältnis resultierenden Tätigkeitsverpflichtung. Bei Verletzen der ordnungsgemäßen Geschäftsführung, wozu insbesondere eine Verletzung der **Treuepflicht** oder der **Verschwiegenheitspflicht** gehört, greift § 93 AktG mit der Folge, dass die Gesellschaft gegen den Vorstand Schadenersatzansprüche geltend machen kann. Eine Pflichtverletzung liegt allerdings wegen § 93 Abs. 1 S. 2 AktG nicht vor, wenn das Vorstandsmitglied bei einer unternehmerischen Entscheidung vernünftigerweise annehmen durfte, auf der Grundlage angemessener Information zum Wohle der Gesellschaft zu handeln.

Der Vorstand haftet indes nicht für jede der Gesellschaft nachteilige Maßnahme. Bei der 24
Ausübung der Geschäftsführung ist ihm ein weiter **Ermessensspielraum** zuzubilligen. Dieser kann auch das bewusste eingehen geschäftlicher Risiken mit der Gefahr von Fehlbeurteilungen und Fehleinschätzungen umfassen. Er ist erst dann überschritten, wenn aus der Sicht eines ordentlichen und gewissenhaften Geschäftsführers das hohe Risiko eins Schadens unabweisbar ist und keine vernünftigen geschäftlichen Gründe dafür sprechen, es dennoch einzugehen.[25]

bb) Unterlassen von Wettbewerb
Gem. § 88 AktG ist es den Mitgliedern des Vorstandes verboten, ohne Erlaubnis der Gesellschaft 25
mit dieser in Wettbewerb zu treten, die Arbeitskraft anderweitig einzusetzen[26] oder ein Handelsgewerbe zu betreiben. Insbesondere dürfen Vorstandsmitglieder nicht Mitglied in dem Vertretungsorgan einer anderen Gesellschaft sein. Für den Fall eines Verstoßes kann die Gesellschaft **Schadenersatz** fordern oder von dem entsprechenden Vorstandsmitglied verlangen, dass das auf eigene Rechnung gemachte Geschäft als ein solches der Gesellschaft abgeschlossen gilt und

---

24 Baumbach/Hueck/*Zöllner*, § 13 Rn 34, § 43 Rn 27.
25 KG AG 2005, 581.
26 BGH NJW 2001, 2476, der hier allerdings einen Verstoß gegen § 88 AktG verneint.

seinen Vergütungsanspruch an die Gesellschaft abtritt sowie die aus Geschäften für fremde Rechnung bezogene Vergütung herausgibt, vgl. § 88 Abs. 2 S. 2 AktG (**Eintrittsrecht**).

---

26 **Wichtig**

Zu beachten ist hier die kurze Verjährung für Ansprüche gegen den Vorstand von drei Monaten bei Kenntnis der Umstände, die zu einem Schadenersatzanspruch berechtigen. Ohne Kenntnis sieht § 88 Abs. 3 S. 2 AktG eine absolute Verjährung von fünf Jahren vor.

---

cc) Vorteilsnahme

27 Nach der Rechtsprechung des BGH ist der Vorstand verpflichtet, etwa erhaltene Schmiergelder, Geschenke und andere Sondervorteile an die Gesellschaft herauszugeben. Auf diese Weise soll eine Willensbeeinflussung von außen zum Nachteil der Gesellschaft vermieden werden. Für diesen auf § 667 BGB gestützten Anspruch auf Herausgabe ist Voraussetzung, dass das Erlangte bei dem jeweiligen Vorstandsmitglied vorhanden ist. Dies scheidet dann aus, wenn ein zunächst erhaltener Vorteil an den Geldgeber zurückgegeben wurde.[27]

dd) Anspruchsinhaberschaft

28 Inhaberin der Schadenersatzansprüche ist die Gesellschaft. Dies gilt auch für einen mittelbar durch die Schädigung der Gesellschaft im Vermögen der Aktionäre eingetretenen Schaden.[28]

ee) Sorgfaltsmaßstab

29 Der vom Vorstand anzulegende Sorgfaltsmaßstab ergibt sich aus § 93 i.V.m. § 76 AktG. Danach hat der Vorstand bei der Geschäftsführung die **Sorgfalt eines ordentlichen und gewissenhaften Geschäftsleiters** anzuwenden.[29] Zudem muss der Vorstand Treuepflichten einhalten sowie dazugehörende Verschwiegenheitspflichten.[30]

ff) Haftungsumfang

30 Für den Vorstand der AG greifen nicht die für Arbeitnehmer entwickelten Haftungserleichterungen; so findet auch bei leichter und einfacher Fahrlässigkeit eine volle Haftung des Vorstandes statt. Gehaftet wird für jedes Verschulden. Gem. § 93 Abs. 2 S. 2 AktG trifft die Vorstandsmitglieder die Exkulpationslast. Die Haftung ergibt sich einzig aus der Organstellung, nicht aus dem Dienstvertrag. So kann für den Vorstand **im Anstellungsvertrag keine Haftungsmilderung** vereinbart werden. Auch ein aus anderen Gründen fehlerhafter Anstellungsvertrag kann das Vorstandsmitglied nicht von der Haftung befreien.[31]

---

27 BGH NJW 2001, 2476, 2477.
28 *K. Schmidt*, § 28 II 4. b).
29 KG AG 2005, 581, das im Falle eines Bankenvorstandes die Sorgfalt eines ordentlichen und gewissenhaften Geschäftsleiters einer Geschäftsbank als Maßstab ansieht.
30 *Hüffer*, § 93 Rn 3.
31 *K. Schmidt*, § 28 II 4. b).

gg) Geltendmachen der Ansprüche

In Verfahren der Gesellschaft gegen den Vorstand wird die Gesellschaft vom Aufsichtsrat vertreten, **31** gem. **§ 112 AktG**. Dies gilt auch dann, wenn es um Ansprüche gegen ausgeschiedene Mitglieder geht. Denn auch dann besteht die abstrakte Gefahr fehlender Unabhängigkeit des Vorstandes.[32]

b) Ansprüche des Gesellschafters

Es besteht kein Anspruch eines Aktionärs gegen den Vorstand. Zwischen Aktionär und Vorstand **32** existiert keine Rechtsbeziehung.[33]

c) Ansprüche des Aufsichtsrates

Ansprüche des Aufsichtsrates oder einzelner Mitglieder[34] des Aufsichtsrates gegen Maßnahmen **33** des Vorstandes sind umstritten.[35]

2. Ansprüche gegen den Aufsichtsrat
a) Ansprüche der Gesellschaft
aa) Pflichten des Aufsichtrates

Die Hauptaufgaben des Aufsichtsrats sind im Wesentlichen die Bestellung und Abberufung des **34** Vorstandes, § 84 AktG, die Überwachung der Geschäftsführung, § 111 Abs. 1 S. 1 AktG, und die Gerichtliche Vertretung der Gesellschaft in Verfahren gegen den Vorstand, § 112 AktG.[36] Ferner die Gründungsprüfung, § 33 Abs. 1 AktG, die Aufgaben im Zusammenhang mit der Hauptversammlung, § 111 AktG, die Zustimmung zu Geschäftsführungsmaßnahmen, soweit die Satzung dies vorsieht, § 111 Abs. 4 S. 2 AktG, und die Aufgaben im Zusammenhang mit der Erstellung und Prüfung des Jahresabschlusses §§ 111 Abs. 2 S. 3, 171, 172 AktG.

In diesem Zusammenhang hat der Aufsichtsrat Informations- und Einsichtsrechte gegen- **35** über dem Vorstand. Hiermit korrespondierend ist er gem. § 116 AktG zur **Verschwiegenheit** verpflichtet. So haben Aufsichtsratsmitglieder über die ihnen während ihrer Tätigkeit bekannt gewordenen Betriebs- und Geschäftsgeheimnisse Stillschweigen zu bewahren. Ein Verstoß gegen diese Pflicht ist gem. § 404 AktG unter Strafe gestellt.

Zudem hat der Aufsichtsrat gem. §§ 116, 93 AktG **Sorgfaltspflichten** zu beachten. Das zu **36** den Sorgfaltspflichten des Vorstands Gesagte gilt hier sinngemäß. Insbesondere stellt es eine treuwidrige Schädigung des Gesellschaftsvermögens dar, wenn der Aufsichtsrat einer AG für eine erbrachte dienstvertraglich geschuldete Leistung einem Vorstandsmitglied nachträglich eine zuvor im Dienstvertrag nicht vereinbarte Sonderzahlung bewilligt, die ausschließlich be-

---

32 BGH ZIP 1991, 796.
33 *Grunewald*, 2.C.IV.4. (Rn 61).
34 BGH NJW 1989, 979, der nur die Klage von einzelnen Mitgliedern des Aufsichtsrates zu entscheiden hatte und die Entscheidung im Hinblick auf das gesamte Organ offen ließ.
35 *Hüffer*, § 90 Rn 18 m.w.N.; unter dem Hinweis auf zu diesem Problem fehlende Rechtsprechung mit dem Argument, dass sich die Rechte und Pflichten i.S.d. Innenrechts der Korporation nicht der allgemeinen zivilrechtlichen Anspruchsstruktur erfassen lassen.
36 BGH BB 2005, 514, wonach in der KGaA die Vertretung der Gesellschaft gegenüber den Komplementären ebenfalls durch den Aufsichtsrat erfolgt, da die Verweisung des § 278 Abs. 3 AktG den § 112 AktG umfasst. Auch hier ergibt sich die Notwendigkeit, eine Interessenkollision und eine darauf beruhende von sachfremden Erwägungen geleitete Vertretung der Gesellschaft zu vermeiden.

lohnenden Charakter hat und dem Unternehmen keinen zukunftsbezogenen Nutzen bringt (kompensationslose Anerkennungsprämie).[37]

bb) Haftung bei Pflichtverletzung

37 Für Pflichtverletzungen haftet der Aufsichtsrat nach § 93 AktG. Er ist gem. § 93 Abs. 2 AktG zum Ersatz des der Gesellschaft entstandenen Schadens verpflichtet. Ein Verschulden muss die Gesellschaft nicht nachweisen, vielmehr trifft auch den Aufsichtsrat die Exkulpationslast. Auch der Aufsichtsrat hat für die Sorgfalt eines ordentlichen und gewissenhaften Geschäftsleiters einzustehen.

cc) Geltendmachung der Ansprüche

38 Die Ansprüche gegen den Aufsichtsrat können erst dann, aber dann zwingend, geltend gemacht werden, wenn die Hauptversammlung dies mit einfacher Stimmenmehrheit beschließt. Ausreichend ist auch das Verlangen einer Minderheit, die 10 % der Anteile hält. Das weitere gerichtliche Verfahren ist in § 147 Abs. 2–4 AktG geregelt.

b) Ansprüche der Aktionäre

39 Ansprüche der Aktionäre gegen den Aufsichtsrat bestehen nicht. Mangels einer vertraglichen Beziehung zwischen Aufsichtsrat und Aktionären können vertragliche Ansprüche nicht begründet werden. Ebenso wie bei der GmbH scheidet auch ein Anspruch aus einem Vertrag mit Schutzwirkung zugunsten des Aktionärs aus. Es kommen somit allein deliktische Ansprüche des Aktionärs gegen den Aufsichtsrat oder einzelne Mitglieder desselben in Betracht. Aus § 98 Abs. 2 S. 1 Nr. 3 AktG ergibt sich jedoch das Recht eines Aktionärs, gerichtlich eine Entscheidung über die Zusammensetzung des Aufsichtsrates herbeizuführen.

---

37 BGH im Mannesmannprozess, Urt. v. 21.12.2005 – 3 StR 470/04, ZIP 2006, 72, in dem es um die Beurteilung von Prämienzahlungen im Rahmen des Untreuetatbestandes, § 266 StGB, ging.

Frank

Markus Frank

§ 20 Ansprüche des Gesellschafters gegen andere Gesellschafter

Literatur: *Baumbach/Hueck*, GmbHG, Kommentar, 19. Aufl. 2010; *Grunewald*, Gesellschaftsrecht, 8. Aufl. 2011; *Hüffer*, Aktiengesetz, Kommentar, 9. Aufl. 2010; *Säcker/Rixecker/Oetker*, Münchener Kommentar zum Bürgerlichen Gesetzbuch, Band 5, 5. Aufl. 2009 (zit.: MüKo-BGB/*Bearbeiter*); *K. Schmidt*, Gesellschaftsrecht, 4. Aufl. 2002; **Scholz**, Kommentar zum GmbH-Gesetz, 10. Aufl. 2010; *Staudinger*, Kommentar zum Bürgerlichen Gesetzbuch mit Einführungsgesetz und Nebengesetzen, 13. Aufl. 2003.

Inhalt

I. Personenhandelsgesellschaften

1 Die folgenden Ausführungen sollen für GbR, OHG und KG gemeinsam gelten. Sofern von den Darstellungen für eine Gesellschaftsform Ausnahmen oder Abweichungen existieren, wird jeweils an entsprechender Stelle darauf hingewiesen.

1. Mögliche Ansprüche
a) Ansprüche wegen Verletzung der Treuepflicht

2 Während die Beitragspflicht nur im Verhältnis zur Gesellschaft besteht, wirkt die Treuepflicht auch im Verhältnis zu den Mitgesellschaftern. Sie hat insofern eine doppelte Richtung. Es besteht daher unter Umständen auch Anspruch der Gesellschafter untereinander auf ein bestimmtes Verhalten – oder auf Unterlassung – aus dem Prinzip der gesellschaftlichen Treuepflicht.

3 Sofern die Treuepflicht gegenüber der Gesellschaft mit derjenigen gegenüber den Mitgesellschaftern in Widerstreit tritt, ist durch Abwägung der widerstreitenden Interessen zu ermitteln, welchem Interesse zu folgen ist. Dies ist grundsätzlich das Interesse, das besonders dringlich erscheint. Sofern beide Interessen gleich stark betroffen sind, so hat stets das Interesse der Gesellschaft den Vorrang.

4 Sofern bei der Durchführung der gesellschaftsrechtlichen Pflichten Rechte eines anderen Gesellschafters verletzt werden, liegt häufig zugleich eine **Verletzung gem. § 823 BGB** vor. Das **Recht der Mitgliedschaft** wird dabei **als sonstiges Recht** angesehen.[1]

5 Ein **stiller Gesellschafter** hat gegen den Geschäftsinhaber ein allgemeines Informationsrecht. Dieses reduziert sich nach Auflösung der Gesellschaft auf ein Einsichtsrecht gem. § 810 BGB.[2]

b) Ansprüche aus vorvertraglichem Bereich

6 Auch vor Eintragung der Gesellschaft kann es dazu kommen, dass ein Gesellschafter von einem anderen Schaden zugefügt bekommt, so beispielsweise, wenn ein Gesellschafter zur Mitgliedschaft bewogen wird, weil ein anderer die wirtschaftliche Lage der Gesellschaft beschönigend darstellt. Es kommen sodann Ansprüche aus §§ 311, 280 BGB in Betracht.

7 Dies gilt allerdings nicht für **Publikumsgesellschaften**, bei denen die werbenden Mitglieder keinen Einfluss auf die Geschäftsführung und damit auch nicht auf die Vertragsverhandlungen haben. Da sie bei den eigentlichen Vertragsverhandlungen nicht in Erscheinung treten, haften sie nicht; schließlich hatte kein Beitrittsmitglied Veranlassung, sein Vertrauen einem von jeglicher Mitwirkung ausgeschlossenen Gesellschafter entgegenzubringen. Für vorvertragliche Pflichtverletzungen haftet in solchen Fällen die vertretene Gesellschaft.[3] Sofern auch ein Gründungsgesellschafter Vertragspartner des eintretenden Gesellschafters wird[4] oder sofern ein Gesellschafter für ein schädigendes Gesellschaftsprojekt wirbt,[5] kommt eine Haftung des jeweiligen Gesellschafters aus § 278 BGB in Betracht.

c) Regressansprüche

8 Regressansprüche aus der Inanspruchnahme durch Dritte bestehen zunächst nur im Verhältnis zu der Gesellschaft. Sofern hier jedoch ein Regress mangels ausreichenden Vermögens der Ge-

---

1 *K. Schmidt*, § 19 I 3; § 21 V 4.
2 OLG Hamburg ZIP 2004, 1099.
3 BGHZ 71, 284, 286; BGH WM 1985, 552, 554 f.; BGH WM 1987, 811, 812; BGH ZIP 1991, 441.
4 BGH WM 1987, 811, 812.
5 BGH ZIP 1991, 441 f.

Frank

sellschaft scheitert, kommt ein Rückgriff gegenüber den Mitgesellschaftern in Betracht.[6] Hierbei haften die Gesellschafter im Verhältnis ihrer Anteile. Daher hat sich der die regressweise Zahlung beanspruchende Gesellschafter den seinem Anteil entsprechenden Betrag **anrechnen** zu lassen. Es liegt nahe, dass Rückgriff dort nicht in Betracht kommen kann, wo der Gesellschafter selbst einen Teil zu tragen hat.

Von der Rückgriffsmöglichkeit sind auch **neu eingetretene Gesellschafter** betroffen. Für **9** OHG und KG folgt dies aus § 130 HGB (für die KG über die Verweisung aus § 161 Abs. 2 HGB). Aber auch für die Ansprüche der GbR-Gesellschafter soll § 130 HGB analog zur Anwendung kommen.[7]

Für **ausgetretene Gesellschafter** gilt hingegen § 160 HGB. Für den ausgetretenen Gesell- **10** schafter der GbR kommt diese Vorschrift über § 736 Abs. 2 BGB zur Anwendung. Da beim GbR-Gesellschafter eine Eintragung des Ausscheidens in das Handelsregister nicht erfolgt, beginnt die Frist des § 160 HGB nicht ab Eintragung, sondern ab Kenntnis des Gläubigers vom Ausscheiden.[8]

d) Verwaltungsrechte

Im BGB sind verschiedene Verwaltungsrechte des GbR-Gesellschafters geregelt. Diese gelten **11** über §§ 105 Abs. 3, 161 Abs. 2 HGB entsprechend für die Gesellschafter von OHG und KG, soweit nicht etwas anderes geregelt ist. Aus der **Treuepflicht** ergibt sich, dass diese Rechte im Sinne der gesellschaftlichen Belange auszuüben sind.[9]

Nach in der Literatur vertretener Ansicht, sind Ansprüche wegen Verletzung von Verwal- **12** tungsrechten gegenüber der Gesellschaft geltend zu machen und durchzusetzen. Erst wenn eine Durchsetzung gegenüber der Gesellschaft nicht zu erreichen scheint, kann der Anspruch direkt gegen andere Gesellschafter gerichtet werden.

Die herrschende Meinung lässt hier jedoch in jedem Fall eine **direkte Klage gegen Mitge-** **13** **sellschafter** zu. Dies wird damit begründet, dass bei den Verwaltungsrechten nicht die Gefahr besteht, Privatvermögen in Anspruch zu nehmen – von den Prozesskosten abgesehen.[10]

Zu den Verwaltungsrechten der Gesellschafter, die gegenüber anderen Mitgesellschaftern **14** geltend gemacht werden können, gehören die Folgenden:

aa) Recht auf Geschäftsführung und Vertretung, §§ 709, 714 BGB

– Jeder Gesellschafter hat grundsätzlich das Recht zur **Geschäftsführung** und zur **Vertretung** **15** der Gesellschaft. Diese Rechte ergeben sich aus §§ 709, 714 BGB. Dabei wird Geschäftsführung als jede zur Förderung des Gesellschaftszwecks ausgeübte Tätigkeit verstanden.

– Nicht zu den Aufgaben der Geschäftsführung gehören die so genannten **Grundlagenge-** **schäfte**. Dies sind Geschäfte, die wegen ihrer besonders weit reichenden Wirkung und Bedeutung nicht zur Disposition der Geschäftsführer stehen. Vielmehr sind in derartigen Fällen Gestaltungen durch die Gesamtheit der Gesellschafter erforderlich. Dies ist beispielsweise bei Entscheidungen über die Art, Umfang und Aufteilung der Geschäftsführung,

---

6 BGH ZIP 2002, 394 in einer Entscheidung über die Klage eines Kommanditisten; für die GbR und die OHG jedoch entsprechend geltend.

7 *Grunewald*, 1.A. Rn 135; BGHZ 154, 370, 371, 377 mit dem Argument, dass als Folge der Bejahung des Akzessorietätsprinzips bei der GbR der eintretende Gesellschafter auch der Haftung gem. § 130 HGB unterworfen werden müsse, der jedoch aufgrund der gewandelten Rechtsprechung in dem zu entscheidenden Fall mit dem Argument des Vertrauensschutzes § 130 HGB nicht anwendete.

8 BGHZ 117, 168, 175 ff.; *Grunewald*; 1.A. Rn 146.

9 Staudinger/*Habermeier*, § 705 Rn 34.

10 Staudinger/*Habermeier*, § 705 Rn 38.

über den Gegenstand und Änderungen des Gesellschaftszwecks, über die Aufnahme neuer Mitglieder, über Beitragserhöhungen, über die Auflösung und deren Folgen, die Gewinnverteilung und der rechtsverbindlichen Feststellung des Jahresabschlusses[11] der Fall, so dass hier eine durch alle Gesellschafter zu treffende Einigung erforderlich ist.
– Das Recht zur Vertretung der Gesellschaft ist von der Geschäftsführungsbefugnis zu trennen. Erstere betrifft das Recht, die Gesellschaft gegenüber Dritten im **Außenverhältnis** repräsentieren zu können. Sie bezeichnet das rechtliche Können, wohingegen die Geschäftsführungsbefugnis im Innern der Gesellschaft das rechtliche Dürfen regelt.
– Bei der **GbR** folgt der **Umfang der Vertretungsmacht** im Allgemeinen der Geschäftsführungsbefugnis, vgl. § 714 BGB.
– Bei **OHG und KG** hingegen folgt die Vertretungsmacht aus der Stellung als persönlich haftender Gesellschafter, die durch Vereinbarung nicht Dritten gegenüber wirksam begrenzt werden kann, vgl. § 126 Abs. 2 HGB.

bb) Widerspruchsrecht gegen Geschäftsführungsmaßnahmen von Mitgesellschaftern, § 711 BGB

16 Nach § 711 BGB steht den Gesellschaftern gegen Geschäftsführungsmaßnahmen von Mitgesellschaftern ein Widerspruchsrecht zu. Dieses findet allerdings in einem willkürlichen oder pflichtwidrigen Widerspruch, der offensichtlich gegen die Treuepflicht verstößt, seine Grenze.[12]

cc) Stimmrecht, § 709 BGB

17 Zu dem Recht auf Vertretung sowie dem Recht auf Teilhabe an den die Gesellschaft betreffenden Entscheidungen gehört auch das Stimmrecht. Es ergibt sich daher mittelbar aus § 709 BGB.

18 Sofern es um Entscheidungen im Interesse der Gesellschaft geht, kann aus einem Stimmrecht sogar eine **Stimmpflicht** werden. Dies hat zur Folge, dass der Gesellschafter aus der Treuepflicht heraus seine Stimme in zustimmender oder ablehnender Weise abzugeben verpflichtet sein kann.[13] Hierfür wird allerdings vorausgesetzt, dass es sich um eine Frage handelt, die einerseits für die Gesellschaft von existentieller Bedeutung ist, andererseits ein gegenläufiges Abstimmungsverhalten des nicht zustimmenden Gesellschafters geradezu als rechtsmissbräuchlich erscheinen lässt.[14]

19 In bestimmten Fällen ist es möglich, einem Gesellschafter das **Stimmrecht zu entziehen**. Dies geschieht insbesondere dann, wenn er von einer Maßnahme der Gesellschaft unmittelbar betroffen ist. Dies ist zum Teil ausdrücklich geregelt, §§ 712, 715, 737 BGB, kann jedoch auch in anderen Fällen erfolgen. Stets ist erforderlich, dass es in der Person dessen, dessen Stimmrecht ausgeschlossen werden soll, zu einer Interessenkollision kommt, so etwa, wenn es um die Entlastung eines Gesellschafters geht, über die Befreiung seiner Person von einer Verbindlichkeit oder der Einreichung einer Klage gegen diesen Gesellschafter.[15]

---

11 BGH NJW 1999, 571, 572; BGH NJW 1996, 1678, das für die KG vorsieht, dass auch das Einverständnis der Kommanditisten vorliegt.
12 MüKo-BGB/*Ulmer/Schäfer*, § 711 Rn 11 ff.
13 Staudinger/*Ulmer/Schäfer*, § 709 Rn 42 ff.
14 OLG Celle NZG 2000, 586, 587 unter dem Hinweis, dass der zur Zustimmung Verpflichtete dennoch zunächst von den Mitgesellschaftern zur Zustimmung verklagt werden muss und erst das Gericht die nicht erteilte Zustimmung ersetzen kann.
15 BGH WM 1983, 60 mit dem Argument, der beklagte Gesellschafter könne nicht zugleich in Vertretung der klagenden Gesellschaft auftreten und als Beklagter.

dd) Informations- und Kontrollrecht, § 716 BGB

Nach § 716 BGB steht jedem Gesellschafter ein Informations- und Kontrollrecht zu. Grundsätzlich **20**
richtet sich dies gegen die Gesamthand, kann jedoch auch gegenüber dem oder den Geschäftsführern geltend gemacht werden. Der Gesellschafter soll durch Einsichtnahme in die **Geschäftsbücher und Papiere** der Gesellschaft in die Lage versetzt werden, sich einen Eindruck
von dem jeweiligen Stand des Gesellschaftsvermögens zu machen.

Das Recht, Auskunft zu verlangen, steht dem Gesellschafter regelmäßig nicht zu. Dieses **21**
existiert lediglich im Rahmen von §§ 713, 666 BGB den **Gesellschaftern zur gesamten Hand**
gegenüber den Geschäftsführern zu.[16]

Eine **Beschränkung** dieser Rechte ist nur im Rahmen des § 716 Abs. 2 BGB möglich. **22**

ee) Recht auf Rechnungslegung, § 721 BGB

Im Zusammenhang mit dem Recht auf Beteiligung am Gesellschaftsgewinn steht das Recht auf **23**
Rechnungslegung, vgl. § 721 BGB. Dies ist erforderlich, damit der Gesellschafter den auf seinen
Anteil entfallenden Gewinn berechnen oder kontrollieren kann.[17]

ff) Kündigungsrecht, § 723 BGB

Nach § 723 BGB ist jedem Gesellschafter einer nicht auf bestimmte Zeit eingegangenen Gesell- **24**
schaft das Recht eingeräumt, diese zu kündigen (**ordentliches Kündigungsrecht**).

Daneben tritt stets die Kündigung **aus wichtigem Grund**. Wann ein wichtiger Grund vor- **25**
liegt, bestimmt § 723 Abs. 1 S. 3 BGB.

Grenzen des Kündigungsrechts können sich aus der gesellschaftlichen Treuepflicht erge- **26**
ben. Gem. § 723 Abs. 2 BGB darf eine Kündigung insbesondere nicht **zur Unzeit** erfolgen – sofern
kein wichtiger Grund vorliegt.

Stets kann über die Ausübung des Kündigungsrechts im **Gesellschaftsvertrag** eine abwei- **27**
chende Vereinbarung getroffen werden.

gg) Recht auf Mitwirkung bei der Liquidation, § 730 BGB

Gem. § 730 Abs. 2 S. 2 Hs. 1 BGB erlöschen in der Liquidationsphase einer Gesellschaft vorbehalt- **28**
lich einer anderen Regelung die Geschäftsführungsbefugnisse der Geschäftsführer. Ausweislich
§ 730 Abs. 2 S. 2 Hs. 2 BGB sind von der Auflösung an alle Gesellschafter zur Geschäftsführung
befugt. Dies umfasst auch ihre Vertretungsbefugnis im Außenverhältnis gegenüber Dritten.[18]

Die im Rahmen der Liquidation zu tätigenden Geschäfte beziehen sich im Wesentlichen **29**
darauf, schwebende Geschäfte zu beenden und, soweit zur Beendigung erforderlich, neue Geschäfte einzugehen. Zudem gehört die Erhaltung und Verwaltung des Gesellschaftsvermögens
zu den Aufgaben des Geschäftsführers.

hh) Entziehungs- und Ausschließungsrechte, §§ 712, 715, 737

Es wurde bereits angedeutet (siehe unter Rn 8 ff.), dass in den Fällen, in denen über die Rechte **30**
und Pflichten einzelner Gesellschafter abgestimmt werden soll, diesen das Stimmrecht entzogen
werden kann. Dies ist insbesondere möglich, wenn entschieden werden soll, ob einem Geschäftsführer seine Befugnis zur Geschäftsführung entzogen werden soll, § 712 BGB, wenn einem

---

16 Müko-BGB/*Ulmer/Schäfer*, § 716 Rn 12.
17 BGH NJW 2000, 505.
18 Müko-BGB/*Ulmer/Schäfer*, § 730 Rn 43.

Gesellschafter die Vertretungsmacht entzogen werden soll, § 715 BGB sowie wenn ein Gesellschafter aus einer Gesellschaft ausgeschlossen werden soll, § 737 BGB. Es sind jedoch auch andere Fälle denkbar, in denen es erforderlich ist, aufgrund einer in der Person eines Gesellschafters auftretenden **Interessenkollision** in bestimmten Fällen das Stimmrecht zu entziehen.

e) Vermögensansprüche

31 Weiterhin können Ansprüche des Gesellschafters aus der Teilhabe am Gesellschaftsvermögen hergeleitet werden. Dabei kommen insbesondere die folgend aufgeführten Ansprüche in Betracht:
- Anspruch auf Verteilung des Gewinns, §§ 721 ff. BGB;
- Anspruch auf das Auseinandersetzungsguthaben, § 717 S. 2 BGB;
- Anspruch auf Aufwendungsersatz, § 713 i.V.m. § 670 BGB;
- Anspruch auf Zahlung der Beiträge, § 706 BGB, soweit die Beträge nicht in Form von Tätigkeiten bestehen oder in Beiträgen ohne Vermögenswert;
- Anspruch auf Befolgen der Nachschusspflicht in der Phase der Liquidation für den Fall einer Unterbilanz, § 735 BGB;
- Anspruch auf Begleichen eines etwaigen Fehlbetrages im Falle des Ausscheidens in der Nachschusspflicht entsprechender Weise, § 735 BGB.

32 Diese Ansprüche können jedoch nur gegenüber der Gesellschaft, nicht gegenüber anderen Gesellschaftern geltend gemacht werden.

f) Sozialansprüche

33 Als „Sozialverbindlichkeiten" können solche Pflichten bezeichnet werden, die aus dem Gesellschaftsvertrag der Gesellschaft im Verhältnis zu den einzelnen Gesellschaftern auferlegt sind.[19] In aller Regel sind diese Ansprüche nur **gegen die Gesellschaft** und nicht gegen die Mitgesellschafter gerichtet. Einzelne Gesellschafter können jedoch dann zur Rechenschaft gezogen werden, wenn bestimmte Schadenersatzansprüche nicht auf der Gesellschaft zuzurechnenden Geschäftsführungshandlungen beruhen. Vielmehr kommen dann Ansprüche der **Gesellschafter untereinander** in Betracht, wenn die Verletzung der Sozialverpflichtungen auf der Gesellschafterebene auf Verletzungen einzelner Gesellschafter beruht.[20]

---

34 **Beispiel**
So kommt als Sozialanspruch beispielsweise ein Anspruch auf Unterlassen widerrechtlicher Entnahmen in Betracht. Diese richten sich zunächst gegen die Gesellschaft, können jedoch auch im Rahmen der actio pro socio geltend gemacht werden.[21]

---

2. Sorgfaltsmaßstab

35 Der Sorgfaltsmaßstab bestimmt sich gem. **§ 708 BGB**. Danach haben die Gesellschafter nur für die Sorgfalt einzustehen, die sie in eigenen Angelegenheiten anzuwenden pflegen.

---

19 Staudinger/*Habermeier*, § 705 Rn 37 ff.
20 OLG Düsseldorf WM 1983, 1320, 1321 in einem Fall, in dem es um die treuepflichtwidrige Mitwirkung an einem unberechtigten Gesellschafterausschluss ging.
21 BGH NJW 2000, 505, 506.

3. Actio pro socio

Für das Recht der Personengesellschaft ist die Zulässigkeit der actio pro socio oder pro societate **36** (teilweise auch Gesellschafterklage genannt) weitgehend anerkannt. Bei dieser Klageform machten Gesellschafter gegen einen Mitgesellschafter im eigenen Namen einen Anspruch der Gesellschaft geltend (Sonderform der **Prozessstandschaft**). Auf diese Weise können alle Ansprüche, die der Gesellschaft gegenüber einem Mitgesellschafter zustehen, geltend gemacht und durchgesetzt werden.

Für den Fall, dass ein vertretungsberechtigter Gesellschafter gegenüber einem nichtvertre- **37** tungsberechtigten Gesellschafter klagt, ist dies unproblematisch. Nicht jedoch im umgekehrten Fall einer Klage des nichtvertretungsberechtigten gegen den vertretungsberechtigten Gesellschafter. Dies hängt damit zusammen, dass er nicht per se ermächtigt ist, für die Gesellschaft zu handeln. Sollte in einem Ausnahmefall eine ausdrückliche Ermächtigung vorliegen, ist auch für den nichtvertretungsberechtigten Gesellschafter die actio pro socio zulässig.

Jedoch ist nach der Rechtsprechung das Klagerecht des Gesellschafters mit dem der Gesell- **38** schaft gleichberechtigt. Ein Vorrang eines gesellschaftlichen Klagerechts vor einem des Gesellschafters besteht also nicht. Etwas anderes soll lediglich dann gelten, wenn der klagende Gesellschafter sich treuwidrig verhält.[22]

Die actio pro socio wird unabhängig vom vorstehend Gesagten immer dann für zulässig **39** gehalten, wenn es um die **Durchsetzung einer ordnungsgemäßen Geschäftsführung** geht, sich der einzige vertretungsbefugte Geschäftsführer aber weigert, dieser Pflicht nachzukommen.[23] Nach der **Ansicht des BGH** ist hingegen eine Geltendmachung von Ansprüchen auf ordnungsgemäße Durchführung oder Unterlassung von bestimmten Maßnahmen der Geschäftsführung nicht zulässig.[24]

Ebenfalls scheidet die Durchsetzung von **Ansprüchen der Gesellschaft gegen Dritte** im **40** Wege der actio pro socio aus. Ebenso scheidet sie aus für Ansprüche der Gesellschaft gegen einen Gesellschafter, die neben dem Gesellschaftsverhältnis begründet wurden (der Gesellschafter tritt der Gesellschaft hier praktisch als Dritter gegenüber).[25]

Insbesondere ist es einem Gesellschafter nicht möglich, einen Anspruch der Gesellschaft **41** geltend zu machen, wenn er dadurch gleichzeitig über einen Anspruch der Gesellschaft verfügt, etwa indem er auf bestimmte Forderungen verzichtet oder einen Vergleich abschließt. Dem klagenden Gesellschafter steht im Rahmen der actio pro socio keine **Verfügungsbefugnis** über den geltend gemachten Anspruch zu.[26]

---

22 Staudinger/*Habermeier*, § 705 Rn 47 unter Hinweis auf die von ihm vertretene Mindermeinung, dass vor Klageerhebung durch einen Gesellschafter die an die Geschäftsführer ergangene Aufforderung zur Klageerhebung erfolglos geblieben sein muss.
23 *K. Schmidt*, § 21 IV 4., der sogar bei mehreren vertretungsberechtigten Gesellschaftern/Organen die actio pro socio für zulässig hält mit dem Argument, es sei dem einzelnen Gesellschafter nicht zuzumuten, zunächst gegen die Vertretungsorgane auf pflichtgemäße Geltendmachung der Forderung zu klagen.
24 BGHZ 76,160, 167 f. mit dem Argument, der nichtgeschäftsführungsberechtigte Gesellschafter könne so über das geschäftsführende Handeln bestimmen, der geschäftsführende und persönlich haftende Gesellschafter müsse jedoch die Folgen dieses Handelns tragen – insbesondere wäre er einer Haftung ausgesetzt.
25 Staudinger/*Habermeier*, § 705 Rn 46.
26 Staudinger/*Habermeier*, § 705 Rn 48.

II. Kapitalgesellschaften

1. Ansprüche des GmbH-Gesellschafters
a) Eigene Ansprüche
aa) Treuepflicht des GmbH-Gesellschafters

42 Leistungs- und Unterlassungsklagen der Gesellschafter untereinander wegen **Verletzung der Treuepflicht** sind in gleicher Weise wie bei Personengesellschaften auch im Rahmen von Kapitalgesellschaften möglich. Das aus dem Gesellschaftsvertrag abgeleitete Gebot zur Treue gegenüber der Gesellschaft und den Mitgesellschaftern verpflichtet die Gesellschafter dazu, alles zu unterlassen, was dem Gesellschaftszweck schaden kann.

bb) Ansprüche im Zusammenhang mit dem Erwerb eines Anteils
(1) Erwerb eines Anteils

43 Der Erwerb eines GmbH-Anteils erfolgt nach den Regeln des § 15 GmbHG. Der Vollzug des Erwerbs erfolgt durch Abtretung. Gem. § 15 Abs. 3, 4 GmbHG bedarf es für die Wirksamkeit des Geschäfts der **notariellen Beurkundung**, und zwar sowohl des Verpflichtungs- als auch des Erfüllungsgeschäfts. Formbedürftig ist dabei nur der zweiseitige Vertrag, also auch im Falle einer Übertragung aufgrund Vergleich, Schenkung, Vereinbarung eines Vorkaufs- oder Übernahmerechts, nicht hingegen bei einseitigen Rechtsgeschäften wie der Auslobung oder testamentarischen Anordnungen.[27]

44 Außerdem ist erforderlich, dass der Erwerber in die beim Handelsregister aufgenommene Liste eingetragen wird. Im Verhältnis zu der Gesellschaft gilt nur derjenige als Erwerber, der in der im Handelsregister aufgenommenen Liste eingetragen ist. Der Erwerb sollte daher zeitnah gegenüber der GmbH angezeigt werden. Von der Genehmigung durch die Gesellschaft hängt der wirksame Übergang eines Anteils aber nur dann ab, wenn dies zuvor im Gesellschaftsvertrag entsprechend geregelt wurde, vgl. § 15 Abs. 5 GmbHG. Im Fall, dass eine gesellschaftliche **Vinkulierung** vorgesehen ist, ist der Vertrag im Zweifel nur wirksam, wenn die Vorgaben auch tatsächlich eingehalten sind.[28]

45 Die **praktische Bedeutung** von Beschränkungen nach § 15 Abs. 5 GmbHG ist sehr groß.[29]

(2) Mangelhaftigkeit des Anteils

46 Für den Fall, dass der erworbene Anteil mangelhaft sein sollte, kann der Erwerber Schadenersatzansprüche geltend machen. Die Klage auf Schadenersatz folgt den Regeln der Rechtsmängelhaftung gem. §§ 453 Abs. 1, 434, 437 BGB.[30]

47 Die alte Unterscheidung zwischen Rechts- und Sachkauf für den Fall, dass mit dem Anteilserwerb die gesamte GmbH erworben wurde, ist seit In-Kraft-Treten des Schuldrechtsmodernisierungsgesetzes hinfällig geworden, da auch der Rechtskauf nach den Vorschriften des Sachkaufs zu behandeln ist.[31]

48 Für **unrichtige Angaben** ist insbesondere an eine Haftung aus §§ 311, 280 BGB zu denken.[32]

---

27 Baumbach/Hueck/Fastrich, § 15 Rn 31.
28 OLG Schleswig GmbHR, 1999, 35.
29 Baumbach/Hueck/*Fastrich*, § 15 Rn 37.
30 OLG München GmbHR 1999, 35.
31 Siehe aber nach alter Rechtslage (vor In-Kraft-Treten den Schuldrechtsmodernisierungsgesetzes) OLG Naumburg BB 1995, 1816, das für den Kauf aller Anteile Sachmängelrecht für anwendbar erklärt, für den Kauf einzelner Anteile die Vorschriften über den Rechtskauf.
32 Baumbach/Hueck/*Fastrich*, § 15 Rn 6 f., BGH NJW 1980, 2408, 2409.

(3) Gemeinsame Berechtigung an einem Geschäftsanteil

Nicht ausgeschlossen ist es, dass ein GmbH-Anteil mehreren Personen gemeinsam zusteht. Dies **49** kann etwa die Folge einer Erbschaft zwischen den Mitgliedern der Erbengemeinschaft der Fall sein sowie zwischen Eheleuten. Der andere Anteilsinhaber kann insbesondere auf Erteilung einer Zustimmung verklagt werden, in dem Fall, dass er sich einem bestimmten Verhalten verweigert.

Gem. § 18 GmbHG stehen die Rechte und Pflichten aus dem gemeinsam Anteil den Inhabern **50** gemeinsam zu. Insbesondere können die Rechte nur gemeinsam ausgeübt werden. Eine Haftung erfolgt „solidarisch", das heißt gesamtschuldnerisch. Relevant kann hier ein Regressanspruch werden, nachdem ein Miteigner einen Anspruch befriedigt hat, vgl. § 18 Abs. 2 HGB i.V.m. §§ 421 ff. BGB (insbes. § 426 BGB).

(4) Erbringung einer verdeckten Sacheinlage

§ 19 GmbHG gilt für alle Einlagen, für Sach- und Bareinlagen, bei Gründung und Kapitalerhö- **51** hung, vor und nach Handelsregistereintragung.[33]

Die Erbringung einer **verdeckten Sacheinlage** führt im Recht der GmbH seit dem MoMiG **52** nicht mehr zur Unwirksamkeit der zugrundeliegenden Verträge, § 19 Abs. 4 S. 2 GmbHG. So liegt eine verdeckte Sacheinlage nach § 19 Abs. 4 S. 1 GmbHG regelmäßig dann vor, wenn der Gesellschafter mit seiner Zahlung eine gegen ihn gerichtete Forderung der Gesellschaft begleicht oder der gezahlte Betrag ihm unmittelbar nach der Einzahlung zurücküberwiesen wird. Die Rechtsfolge dieser Umgehung ist, dass die Pflicht zur Leistung der Einlage bestehen bleibt.[34] Gemäß § 19 Abs. 4 S. 3 GmbHG ist der Wert des Vermögensgegenstandes im Zeitpunkt der Anmeldung der Gesellschaft zur Eintragung in das Handelsregister oder im Zeitpunkt seiner Überlassung an die Gesellschaft, falls diese später erfolgt, anzurechnen, wobei die Beweislast für die Werthaltigkeit des Vermögensgegenstandes der Gesellschafter trägt.

Wichtig **53**

Bereits zum Zeitpunkt der Einlegung ist auf die gewissenhafte Dokumentation des Wertes der Sacheinlage zu achten.

---

cc) Verwaltungsansprüche
(1) Teilnahmerecht

Jeder Gesellschafter hat das Recht, an Gesellschafterversammlungen teilzunehmen. **54**

(2) Stimmrecht und Stimmverbot

Auf Grund seiner Stellung als Gesellschafter hat jeder Gesellschafter ein Stimmrecht in der Ge- **55** sellschafterversammlung, **§ 47 GmbHG**. In der Regel besteht das Stimmrecht jedoch nur für diejenigen Gesellschafter, die auch an der Gesellschafterversammlung teilnehmen.[35]

Das **Stimmgewicht** ergibt sich, vorbehaltlich einer abweichenden Regelung im Gesell- **56** schaftsvertrag, aus § 47 Abs. 2 GmbHG, wonach jeder EUR eines Gesellschaftsanteils eine Stim-

---

[33] Baumbach/Hueck/*Fastrich*, § 19, Rn 4.
[34] Ständige Rechtsprechung und herrschende Meinung, BGH NJW 1998, 1953 = ZIP 1998, 780; OLG Hamm GmbHR 1994, 472 in einem Fall, in dem der als Einlage geleistete Betrag umgehend als Darlehen zurückgezahlt wurde.
[35] Baumbach/Hueck/*Zöllner*, § 47 Rn 2.

me gibt. Für einen Geschäftsanteil ist jedoch die einheitliche Stimmabgabe grundsätzlich erforderlich, dies gilt in der Regel auch, wenn ein Gesellschafter mehrere Anteile hält.[36]

57   Es besteht die Möglichkeit einer **stimmrechtslosen Gesellschafterstellung**. Es ist nicht erforderlich, dass hierfür das Gewinnbezugsrecht gestärkt wird. Eine Stimmabgabe in der Gesellschafterversammlung ist dann ausgeschlossen. Sofern ein stimmrechtsloser gegenüber einem stimmberechtigten Gesellschafter durch eine Entscheidung benachteiligt wird, ist zu Beschlüssen auch die Zustimmung der stimmrechtslosen Gesellschafter erforderlich.[37]

58   Zu Entscheidungen, die unmittelbar aus der Mitgliedschaft fließende Rechte betreffen, ist ein Ausschluss des Stimmrechts nicht möglich, so z.B. nicht für Änderungen des Gesellschaftszwecks, zu Gewinn- und Beherrschungsverträgen auf Seiten des beherrschten oder gewinnabführenden Unternehmens.

59   Zudem kann in den in **§ 47 Abs. 4 GmbHG** genannten Gründen das Stimmrecht ausgeschlossen werden. Dies sind insbesondere Fälle, in denen der Gesellschafter durch den Beschluss entlastet oder von einer Verbindlichkeit befreit wird sowie wenn beschlossen werden soll, ob gegenüber einem Gesellschafter ein Rechtsstreit durchgeführt werden soll.

60   Die ebenfalls mögliche nachträgliche Vinkulierung eines Anteils kann nur mit einstimmig gefasstem Beschluss geschehen. Dies gebietet der Minderheitenschutz.[38] Aus der **Treuepflicht** kann auch eine **Stimmpflicht** erwachsen. Dies bedeutet, dass in bestimmten Fällen eine Pflicht besteht, das Stimmrecht in einer bestimmten Weise auszuüben.[39]

(3) Feststellung des Jahresabschlusses

61 Es ist Aufgabe der Gesellschafter, gem. **§ 46 Nr. 1 GmbHG**, den Jahresabschluss und die Verwendung des Ergebnisses festzustellen. Sofern ein Gesellschafter von diesem Recht in unzulässiger Weise ausgeschlossen ist, hat er die Möglichkeit, seinen Anspruch auf Mitbestimmung gerichtlich durchzusetzen.

(4) Informationsrecht, Auskunfts- und Einsichtsrecht

62 Gegenüber den Geschäftsführern haben die Gesellschafter ein umfassendes Informationsrecht, vgl. § 51a GmbHG. Dies umfasst einen Auskunftsanspruch hinsichtlich aller gesellschaftlichen Angelegenheiten sowie ein Recht auf Akteneinsicht und Einsicht in sonstige Geschäftsbücher und Schriften. In einer GmbH & Co. KG gehören zu den Angelegenheiten der GmbH sogar die der KG. So braucht sich ein informationsberechtigter Gesellschafter der Komplementär-GmbH, der zugleich Kommanditist ist, nicht auf die geringeren Rechte auf § 166 HGB verweisen zu lassen.[40]

63   Der Anspruch aus § 51a GmbHG richtet sich stets gegen den Geschäftsführer. Sofern der Geschäftsführer zugleich Gesellschafter ist, ist er gegenüber dem Gesellschafter in seiner Funktion als Geschäftsführer zu erheben. Gerichtlich ist der Anspruch jedoch gegenüber der Gesellschaft geltend zu machen.[41]

---

36 Baumbach/Hueck/*Zöllner*, § 47 Rn 20; a.A. LG München GmbHR 2006, 431.
37 Baumbach/Hueck/*Zöllner*, § 47 Rn 24.
38 OLG Dresden GmbHR 2004, 439.
39 Baumbach/Hueck/*Zöllner*, § 47 Rn 111.
40 OLG Karlsruhe GmbHR 1998, 691.
41 Baumbach/Hueck/*Zöllner*, § 51a Rn 9; OLG Saarbrücken GmbHR 1994, 474.

(5) Sonderrechte
Es ist möglich, im Gesellschaftsvertrag einzelnen Gesellschaftern Sonderrechte einzuräumen, z.B. Recht auf Vorzugsdividende, Recht zur Geschäftsführung etc.; es entstehen sog. Vorzugsgeschäftsanteile.[42]

64

(6) Nebenpflichten aus Gesellschaftsvertrag
Aus dem Gesellschaftsvertrag können sich Nebenpflichten ergeben, gem. § 3 GmbHG, z.B. eine Geschäftsführungspflicht.[43]

65

dd) Vermögensrechte
Die Vermögensansprüche richten sich in der Regel gegen die Gesellschaft, nicht gegen einzelne Gesellschafter.

66

(1) Dividendenrecht
Aus der Gesellschafterstellung folgt ein Recht auf einen bestimmten Anteil am Jahresgewinn, § 29 GmbHG. Die Verteilung erfolgt dabei im Verhältnis der Geschäftsanteile, vgl. § 29 Abs. 3 S. 1 GmbHG. Diese Regel ist jedoch dispositiv, so dass im Gesellschaftsvertrag auch eine abweichende Gewinnverteilung vereinbart werden kann, § 29 Abs. 3 S. 2 GmbHG.

67

Sofern die Gesellschaft keinen Gewinn erwirtschaftet hat, entfällt ein Beschluss über die Verteilung des Gewinns. Die Gesellschafter werden jedoch nicht am Gesellschaftsverlust beteiligt.

68

(2) Anspruch auf Liquidationserlös
Entsprechend der Gewinnverteilung nach Erstellung des Jahresabschlusses erfolgt nach der Liquidation die Verteilung des Gesellschaftsvermögens, § 72 GmbHG. Das bedeutet insbesondere, dass auch hier das Vermögen im Verhältnis der Anteile zueinander aufgeteilt wird – auch hier vorbehaltlich einer abweichenden Regelung in der Satzung.

69

(3) Einlagepflichten
Die Einlagepflichten sind bereits in dem Abschnitt über die Ansprüche aus dem Erwerb eines Anteils erörtert worden. Auf die dortigen Ausführungen wird verwiesen.

70

b) Ansprüche der Gesellschaft (actio pro socio)
Die Anwendbarkeit der actio pro socio wird auch im Kapitalgesellschaftsrecht diskutiert. Für das Recht der GmbH wird die **actio pro socio** allgemein für **zulässig** gehalten.

71

Dies hängt nach Auffassung der **Literatur** insbesondere mit der Überlegung zusammen, dass ansonsten nur eine Geltendmachung von Ansprüchen der Gesellschaft gegenüber beispielsweise geschäftsführenden Gesellschaftern in Betracht käme, wenn dies von den Gesellschaftern beschlossen wird. Die Geltendmachung von Ansprüchen unterläge damit dem Belieben der Gesellschaftermehrheit. Zwar hat ein Gesellschafter einen Gesellschafterbeschluss

72

---

42 Baumbach/Hueck/*Fastrich*, § 14 Rn 18.
43 Baumbach/Hueck/*Zöllner*, § 3 Rn 42.

grundsätzlich hinzunehmen. Sofern dieser jedoch treuwidrig gefasst wurde und dadurch Rechte der Gesellschaft verletzt werden, kann jeder Gesellschafter im eigenen Namen die Rechte der Gesellschaft einklagen.[44]

73 Von der **Rechtsprechung** scheint die actio pro socio inzwischen ebenfalls für die GmbH anerkannt zu sein, explizit bejaht zumindest in Fällen, in denen eine zunächst vorgenommene interne Einwirkung aussichtslos,[45] extrem zeitaufwändig oder als unnötiger Umweg erscheint.[46] Wie sich die Zulässigkeit der actio pro socio im Recht der GmbH künftig entwickeln wird, bleibt zu beobachten.

2. Ansprüche des Aktionärs
a) Eigene Ansprüche des Aktionärs
aa) Treuepflicht

74 Für die Wahrung der Treuepflicht gilt das für den GmbH-Gesellschafter Gesagte entsprechend. Sofern sie dem nicht nachkommen, bestehen **Unterlassungs- und Schadenersatzansprüche**. So hat der **BGH** beispielsweise entschieden, dass aus der gesellschaftlichen Treuepflicht sich ergeben kann, für oder gegen einen bestimmten Beschluss seine Stimme einzusetzen. Anderenfalls könne ein Schadenersatzanspruch der anderen Gesellschafter entstehen.[47]

75 Hat der Aktionär einen **Stimmenvertreter** bestellt, der für ihn das Stimmrecht in der Aktionärsversammlung ausüben soll, kommt eine Haftung des treuwidrig abstimmenden Vertreters über § 179 BGB in Betracht.[48]

bb) Ansprüche im Zusammenhang mit dem Erwerb von Aktien
(1) Erwerb von Aktien

76 Außer beim Gründungsakt der Gesellschaft können Aktien auch durch Übertragung von einem anderen Aktionär erworben werden. Sofern es sich um **Namensaktien** handelt, kommt für die Übertragung § 68 AktG zur Anwendung. Danach gibt es zwei Übertragungsmöglichkeiten.

77 Zum einen kann durch **Indossament** die Aktie übertragen werden. Dies geschieht durch schriftliche auf der Aktienurkunde vermerkte Übertragungserklärung und Übertragung der Urkunde gem. §§ 929 ff. BGB – dingliche Einigung und Übergabe bzw. Übergabesurrogat. In diesem Zusammenhang sind auch die §§ 936 Abs. 2 BGB, 16 Abs. 2 WG zu beachten, wonach gutgläubiger Erwerb einer Aktie auch bei Abhandenkommen möglich ist, sofern dem Inhaber nicht böser Glaube nachgewiesen werden kann.

78 Seit Einführung der Vokabel „auch" in den Gesetzestext ist auch eine **Übertragung gem. §§ 398, 413 BGB** möglich. Das Eigentum an der Aktienurkunde folgt dann analog § 952 BGB dem Recht der Mitgliedschaft.[49]

79 Dabei ist allerdings umstritten, ob der Rechtsübergang mit der Abtretung vollzogen ist oder ob es zusätzlich der Übergabe der Urkunde bedarf. Dies wird von der Rechtsprechung bejaht.[50]

---

44 *K. Schmidt*, § 21 IV 4. b); Baumbach/Hueck/*Fastrich*, § 13 Rn 36.
45 BGH ZIP 1998, 780, 781, in einem Fall, in dem der Geschäftsführer die Rechtsverfolgung verweigert hat.
46 So der BGH in der sog. ITT-Entscheidung BGHZ 65, 15, 21; BGH DB 1993, 2474; BGH NJW 1990, 2627, 2628; BGH WM 1982, 928, 929; Baumbach/Hueck/*Fastrich*, § 13 Rn 36 ff.
47 BGHZ 129, 136 in einem Fall, in dem einzig der Beschluss eines Sanierungskonzepts die Gesellschaft vor der Insolvenz hätte bewahren können. Der gegen das Konzept stimmende Aktionär hat sich gegenüber den Mitaktionären – nicht gegenüber der Gesellschaft – wegen Verletzung der Treuepflicht schadenersatzpflichtig gemacht.
48 BGHZ 129, 136 f.; a.A. *Grunewald*, 2.C., Rn 127, die den Anspruch aus § 826 BGB herleiten will.
49 *Hüffer*, § 68 Rn 3.
50 KG AG 2003, 568 f.

Die Stimmen der Literatur vertreten im Hinblick auf § 67 Abs. 2 AktG die gegenteilige Auffassung.[51]

Die nach § 67 AktG erforderliche Eintragung in das Aktienregister ist für den Erwerb der **80** Aktie allerdings nicht erforderlich.

(2) Erwerb mangelbehafteter Aktien

Sofern die Aktien mangelbehaftet sind oder der Erwerber durch falsche Aussagen des verkau- **81** fenden vormaligen Aktionärs zum Kauf der Aktien bewegt wurde, kann er einen etwa erlittenen Schaden gegenüber seinem Erwerber geltend machen. Je nach vorangegangenem Verhalten kann der Anspruch auf **vertragliche Anspruchsgrundlagen** – §§ 453, 433, 434 f., 437, 280 BGB; auf §§ 311, 280 BGB – oder auf **deliktische Anspruchsgrundlagen** – §§ 823, 826 BGB – gestützt werden. Allerdings gewährt das Institut der Haftung für die Verletzung vertraglicher Nebenpflichten nur dann Schadenersatzansprüche, wenn der Schuldner vertragsspezifische Nebenpflichten verletzt, die ihm nach den Grundsätzen von Treu und Glauben bei der Anbahnung oder Vorbereitung des Vertrages sowie – als so genannte nachsorgende Leistungstreuepflichten – zur Sicherung des Leistungserfolges aus der schuldrechtlichen Sonderverbindung erwachsen. Die vertragliche Haftung greift nicht bei jeder Handlung, die sich in irgendeiner Weise auf den Vertrag ausgewirkt hat.[52]

(3) Schädigung eines Aktionärs durch einen anderen

Im Falle einer **Schädigung durch einen anderen Aktionär** kann der geschädigte Aktionär gem. **82** **§ 117 AktG** Ansprüche gegen den Schädiger nur erheben, sofern es sich bei dem Schaden nicht lediglich um einem bloßen Reflexschaden handelt,[53] der sich in der bloßen Minderwertigkeit seines Anteils auswirkt.[54]

(4) Rechtsgemeinschaft an einer Aktie

Ebenso wie es den Gesellschaftern einer GmbH möglich ist, gemeinschaftlich einen Anteil zu **83** halten, ist dies auch den Aktionären möglich, vgl. § 69 AktG. Anders als bei der GmbH sieht das AktG vor, dass die Ausübung des Rechts nur durch einen gemeinschaftlichen Vertreter möglich ist.

Für die auf den gemeinschaftlichen Anteil entfallenen Schulden haften die gemeinsamen **84** Inhaber als Gesamtschuldner, §§ 69 Abs. 2 AktG, 421 BGB.

Somit kommt hier insbesondere ein Anspruch auf Zustimmung zur Bestimmung eines be- **85** stimmten Vertreters gegen den Mitinhaber sowie im Falle einer Inanspruchnahme aus der Stellung als Aktionär ein Regressanspruch gegen den Mitinhaber in Betracht. Sofern von Seiten der Gesellschaft einem Mitanteilsinhaber gem. § 69 Abs. 3 AktG wirksam eine Erklärung abgegeben wurde, steht dem oder den anderen Mitinhabern ein Informationsrecht gegen den Anteilsinhaber zu, der die Information erlangt hat.

---

51 *Hüffer*, § 68 Rn 3 m.w.N.
52 OLG Saarbrücken v. 11.10.2005 – 4 U 399/04 – n.v.
53 OLG Bremen AG 2002, 620, das für solche Schäden die Durchsetzbarkeit durch den Aktionär verneint.
54 BGH NJW 1992, 3167, 3171 f., der ausdrücklich betont, dass außergesellschaftliches Vermögen nicht von der Vorschrift erfasst ist, vielmehr auf den Schutz gesellschafts- und mitgliedschaftsbezogenes Vermögen beschränkt ist; *Hüffer*, § 117 Rn 9 m.w.N.

cc) Verwaltungsrechte
(1) Recht auf Teilnahme an der Aktionärsversammlung

86 Ein Recht auf Teilnahme an der Aktionärsversammlung kann ein Aktionär nur dann gegen einen anderen geltend machen, wenn dieser ihn gezielt an der Ausübung seines Rechts hindert.

(2) Stimmrecht und Stimmverbot

87 Gleiches gilt für die Ausübung des Stimmrechts. Eine Verletzung dieses Rechts kann gegenüber einem anderen Aktionär dann geltend gemacht werden, wenn dieser den Betroffenen an der Ausübung des Stimmrechts gezielt hindert.

88 Bei **treuwidriger Stimmabgabe** kann ein Aktionär gegenüber den anderen Mitaktionären zu Schadenersatz verpflichtet sein.[55]

(3) Informationsrechte

89 Für den Aktionär ergibt sich aus § 131 AktG ein Informationsrecht. Dieses ist jedoch gegenüber dem Vorstand geltend zu machen. Verklagt werden muss jedoch die Gesellschaft selbst, wenn eine gerichtliche Durchsetzung des Informationsrechts angestrebt wird.[56]

dd) Finanzrechte

90 Finanzrechte im Verhältnis der einzelnen Aktionäre untereinander, etwa auf Aufstellung des Jahresabschlusses oder auf Ausschüttung der Dividende, bestehen nicht. Derartige Ansprüche sind gegen die Gesellschaft zu richten. Gleiches gilt für einen Anspruch auf Verteilung des Gewinns. Gleiches gilt für die Verteilung des Überschusses nach Auflösung der Gesellschaft, vgl. § 271 AktG.

b) Ansprüche der Gesellschaft (actio pro socio)

91 Bei der AG ist die Klage eines Gesellschafters aus Rechten der Gesellschaft gegen einen Mitgesellschafter **unzulässig**.[57] Dies ergibt sich bereits aus § 147 Abs. 1 AktG. Danach ist es nicht einmal einer Minderheit, die 10% des Stammkapitals hält, möglich, Ansprüche der Gesellschaft einzuklagen. Möglich ist den Gesellschaftern somit nur, die Durchsetzung bestimmter Ansprüche zu verlangen. Selbst einklagen kann die Minderheit – oder die anderen in § 147 AktG genannten Personen – den Anspruch der Gesellschaft nicht.

92 Sofern im **Konzern** einzelne Ausnahmen gemacht werden, so dass in §§ 309 Abs. 4, 317 Abs. 4, 318 Abs. 4 AktG auch jeder Aktionär befugt ist, im eigenen Namen die genannten Ansprüche der Gesellschaft geltend zu machen, ist fraglich, ob diese Vorschriften auf andere aktienrechtliche Ansprüche ausgedehnt werden können.[58] Im Aktienrecht hat die actio pro socio als generelles Institut noch **keine Anerkennung** gefunden.[59]

---

55 BGHZ 129, 136.
56 *Hüffer*, § 131 Rn 5.
57 *Hüffer*, § 147 Rn 5, so scheinbar auch OLG Bremen, AG 2002, 620 für Ansprüche der Gesellschaft aus § 117 Abs. 1 S. 1 AktG unter Verneinung einer analogen Anwendung der konzernrechtlichen Vorschriften.
58 Siehe hierzu *K. Schmidt*, § 21 IV 6.
59 *K. Schmidt*, § 21 IV 6 a).

Markus Frank
§ 21 Das Spruchverfahren

Literatur: *Adolff/Tieves*, Über den rechten Umgang mit einem entschlusslosen Gesetzgeber: Die aktienrechtliche Lösung des BGH für den Rückzug von der Börse; Anmerkung zum Urteil des BGH v. 25.11.2002 (Macrotron), ZIP 2003, 387; *Lutter*, Umwandlungsgesetz Kommentar, 3. Aufl. 2004; *Vetter, E.*, Anmerkung zu BVerfG Beschluss v. 27.4.1999 – 1 BvR 16213/94, AG 1999, 566.

Inhalt

I. Zweck des Verfahrens

Das Spruchgesetz (SpruchG) ist aus den §§ 305–312 UmwG sowie § 306 AktG hervorgegangen. **1** Ein Verfahren nach dem SpruchG wird eingeleitet, wenn eine die Struktur des Unternehmens verändernde Maßnahme zur Folge hat, dass Anteilseigner ausscheiden, wobei einzelne **Anteilseigner für ihr Ausscheiden einen Ausgleich** angeboten oder erhalten haben, den sie für nicht angemessen halten. Würde der Streit über die Unangemessenheit des Ausgleichs mit einer gegen die verändernde Strukturmaßnahme gerichteten Anfechtungsklage ausgetragen, könnte dies die weitere Entwicklung des Unternehmens blockieren. Für das Unternehmen könnte bis zur Entscheidung Unklarheit darüber bestehen, ob die Maßnahme überhaupt durchgeführt werden kann. Daher wird die Frage über die Angemessenheit eines Ausgleichs ausgeklammert und in einem gesonderten Verfahren – dem Spruchverfahren – behandelt.

Das SpruchG dient vor diesem Hintergrund in erheblichem Maße der **Verfahrensbeschleu- 2 nigung.** Im Wesentlichen werden bei der Einführung des SpruchG die Regelungen der alten Rechtslage beibehalten. Neuregelungen trifft das Gesetz zu einzelnen Aspekten, die der Beschleunigung des Verfahrens dienen. Hervorzuheben sind

– die Regeln zur Einschränkung des Amtsermittlungsgrundsatzes durch Stärkung einer Verfahrensförderungspflicht der Parteien,
– sowie die Einführung einer gerichtlichen Auswahl und Bestellung von Sachverständigen,

– zudem werden die Gutachten nicht mehr als umfassende Gesamtgutachten in Auftrag gegeben, sondern zu spezifischen Einzelfragen erstellt.

II. Anwendung der Vorschriften des SpruchG

3 Das SpruchG vom 12.6.2003 trat zum 1.9.2003 in Kraft und gilt für alle ab diesem Tag gestellten Anträge, mit denen eine gerichtliche Entscheidung herbeigeführt werden soll, vgl. § 17 Abs. 2 SpruchG. Dies kann bedeuten, dass für das Verfahren in erster Instanz nach der alten Rechtslage zu entscheiden ist und in der zweiten das SpruchG zur Anwendung kommt, weil die jeweiligen Anträge vor und nach dem 1.9.2003 gestellt wurden (§ 17 Abs. 2 S. 2 SpruchG).[1]

III. Die unmittelbare Anwendung

4 Die Einschlägigkeit des Spruchverfahrens ergibt sich aus den Vorschriften zu den jeweiligen Strukturmaßnahmen im AktG und UmwG. In § 1 Nr. 1–5 SpruchG sind die wesentlichen Anwendungsfälle in nicht abschließender Aufzählung aufgeführt:
   – Nr. 1: Ausgleich und Abfindung außenstehender Aktionäre bei Beherrschungs- und Gewinnabführungsverträgen (§§ 304 f. AktG),
   – Nr. 2: Abfindung von ausgeschiedenen Aktionären bei der Eingliederung von Aktiengesellschaften (§ 320b AktG),
   – Nr. 3: Barabfindung von Minderheitsaktionären nach Squeeze-out-Verfahren (§§ 327a–f AktG),
   – Nr. 4: Barabfindung oder Zahlungen an Anteilsinhaber anlässlich einer Umwandlung des Rechtsträgers (§§ 15, 34, 122h, 122i, 176–181, 184, 186, 196 oder 212 UmwG),
   – Nr. 5: Barabfindung oder Zuzahlungen an Anteilsinhaber bei Gründung oder Sitzverlegung einer SE (societas europea) (§§ 6, 7, 9, 11, 12 SE-AusführungsG)
   – Nr. 6: Barabfindung oder Zuzahlung bei Gründung einer europäischen Genossenschaft (§ 7 des SCE-AusführungsG).

5 Zur Bestimmung von Ausgleich, Abfindung, Barabfindung und Zuzahlung ist das Spruchverfahren der ausschließliche Rechtsbehelf. Eine andere Form der gerichtlichen Bestimmung – sei es eine Zahlungsklage, sei es die Anfechtung der jeweiligen Strukturmaßnahme – ist unzulässig. Eine wichtige Ausnahme bildet allerdings die Ermittlung des angemessenen Ausgleichs im Wege eines Schiedsverfahrens.[2]

IV. Analoge Anwendungen

6 Die Aufzählung in § 1 SpruchG ist nach allgemeiner Auffassung nicht abschließend, so dass die Vorschriften entsprechend in vergleichbar gelagerten Fällen herangezogen werden können. Dies wird in den folgenden Konstellationen getan oder zumindest diskutiert:

---

1 Hierzu OLG Düsseldorf AG 2005, 480; OLG Zweibrücken DB 2004, 2311.
2 *Lutter/Krieger/Mennicke*, UmwG, § 1 SpruchG Rn 18 f.

1. Delisting

Der BGH hat in seiner *Macrotron*-Entscheidung für das so genannte Delisting (Widerruf der Bör- 7
senzulassung) die Vorschriften des Spruchverfahrens, damals in analoger Anwendung der
§§ 305ff. UmwG und § 306 AktG, für anwendbar erklärt.[3] Für eine entsprechende Anwendung des
SpruchG auf den Widerruf der Börsenzulassung liegen mittlerweile gerichtliche Entscheidungen
vor.[4] Die Literatur geht ebenso von der entsprechenden Anwendung auch des SpruchG bei einem Delisting aus.[5] Vom Gesetzgeber wird dies gebilligt. In seiner Begründung zu dem Gesetzentwurf hat der Rechtsausschuss bereits auf die *Macrotron*-Entscheidung Bezug genommen und
erklärt, dass die Auflistung in § 1 SpruchG nicht abschließend ist.[6] Der in der *Macrotron*-
Entscheidung geforderte Schutz für Minderheitsaktionäre kann auch nach Einführung des
SpruchG in adäquater Weise nur über das Spruchverfahren gewährt werden.

2. Kaltes Delisting

Kaltes Delisting bedeutet die Aufspaltung einer börsennotierten AG in **zwei nicht börsennotier-** 8
te AGs oder die Verschmelzung auf eine **nicht börsennotierte AG**. Auf das kalte Delisting finden die für das Delisting entwickelten Grundsätze Anwendung.[7] Daher können die Minderheitsaktionäre, die infolge der Aufspaltung ihre Aktien nicht mehr an der Börse handeln können,
nach den Vorschriften des SpruchG einen Ausgleich verlangen.

3. Abschaffung von Mehrheitsstimmrechten

War in der Hauptversammlung die Fortgeltung von Mehrstimmrechten über den 1.6.2003 hinaus 9
nach § 5 Abs. 1 S. 1 EGAktG beschlossen worden, so können diese künftig durch Mehrheitsbeschluss gegen Gewährung eines angemessenen Ausgleichs beseitigt werden. Der Ausgleich ist
dabei von der Hauptversammlung zu beschließen. In einem derartigen Fall kann jeder Aktionär
die Angemessenheit des Ausgleichs gerichtlich klären lassen. Voraussetzung ist allerdings, dass
er zuvor gegen den Beschluss Widerspruch zur Niederschrift erhoben hat. Nach § 5 Abs. 5 EGAktG
gilt das SpruchG in diesen Fällen sinngemäß.

4. Weitere Fälle

Diskutiert wird die Anwendbarkeit des SpruchG auch für die Ermittlung der Gegenleistung 10
bei Übernahmeangeboten nach dem WpÜG und der Angemessenheit des Ausgabebetrages bei
einer Kapitalerhöhung mit Bezugsrechtsausschluss gem. § 255 Abs. 2 AktG.[8] Auch im Falle der
Verletzung von Informations-, Auskunft- oder Berichtspflichten im Zusammenhang mit der gem.
§ 207 UmwG anzubietenden Barabfindung werden die Vorschriften des Spruchverfahrens analog
herangezogen, vgl. § 210 UmwG.[9]

---

3 BGHZ 153, 47 = ZIP 2003, 387.
4 BayObLG NZG 2004, 1111, das diese Frage nicht entscheiden musste, weil noch nach altem Recht zu entscheiden
war; OLG Düsseldorf WPg 2005, 1056; BGHZ 177, 131.
5 OLG Düsseldorf *Lutter/Krieger/Mennicke*, UmwG, § 1 SpruchG Rn 14 m.w.N.
6 BT-Drucks 15/838.
7 OLG Düsseldorf WPg 2005, 1056.
8 Vgl. hierzu *Lutter/Krieger/Mennicke*, UmwG, § 1 SpruchG Rn 15 m.w.N.
9 BGHZ 146, 179, 189.

V. Ausschluss der Anwendung des SpruchG

1. Auflösung der Gesellschaft

11 Bei Auflösung der Gesellschaft ist das SpruchG nicht anzuwenden – auch nicht analog.[10] Es gibt keinen im Spruchverfahren geltend zu machenden Anspruch.

2. Übertragende Auflösung

12 Auch bei einer „übertragenden Auflösung" kommt eine analoge Anwendung des SpruchG nicht in Betracht.[11] Bei der übertragenden Auflösung wird per Mehrheitsbeschluss zunächst die Übertragung des Gesellschaftsvermögen auf einen anderen Rechtsträger beschlossen und sodann in engem zeitlichen Zusammenhang durch Mehrheitsbeschluss die Liquidation der Gesellschaft. Die derart aus der Gesellschaft gedrängten Klein- und Minderheitsaktionäre scheinen gegen die Maßnahme, mit der die Übertragung und Liquidation des Geschäftsbetriebes beschlossen werden, direkt mit der **Anfechtungsklage** vorgehen zu müssen, da es für eine analoge Anwendung der Vorschriften des SpruchG an einer planwidrigen Lücke fehlt.[12] Eine übertragende Auflösung liegt nicht vor, wenn die Gesellschaft zehn Jahre nachdem sie ihr Vermögen auf den Minderheitsaktionär übertragen hat, ihre Liquidation beschließt. Dann ist der zeitliche Zusammenhang, der erforderlich ist, um von einer übertragenden Auflösung auszugehen, nicht mehr gewahrt.[13]

3. Vorbehaltlose Annahme

13 Schließlich kann ein Spruchverfahren dann nicht mehr angestrengt werden, wenn eine angebotene Barabfindung für den gesamten Aktienbesitz vorbehaltlos angenommen wurde und der Betreffende aus der Gesellschaft ausgeschieden ist.[14]

VI. Verfahrensgrundsätze

1. Amtsermittlungsgrundsatz

14 Das alte Spruchverfahren nach den §§ 305–312 UmwG war ein Verfahren der **freiwilligen Gerichtsbarkeit**. Das bedeutete insbesondere, dass der Verfahrensgrundsatz des alten § 12 FGG zur Amtsermittlung galt. Nach dem **nunmehr geltenden SpruchG** zählt das Spruchverfahren weiterhin zu den Verfahren der freiwilligen Gerichtsbarkeit. Allerdings kommt das neue FamFG nur zur Anwendung, solange das SpruchG keine andere Regelung trifft, vgl. § 17 Abs. 1 SpruchG. Dies betrifft insbesondere den Amtsermittlungsgrundsatz nach § 26 FamFG. Durch das SpruchG wird er eingeschränkt[15] und teilweise von der so genannten Verfahrensförderungspflicht der Parteien verdrängt. Die Verfahrensförderungspflicht aus § 9 SpruchG verpflichtet die Parteien, sich so zu verhalten, dass es einer sorgfältigen und auf Förderung des Verfahrens bedachten Verfahrensführung entspricht.

15   Dabei ist es rechtsdogmatisch, genauer von einer **Obliegenheit** zu sprechen. Die Verfahrensförderungspflicht und die **Folgen ihrer Verletzung** ergeben sich aus §§ 9 und 10 SpruchG.

---

10 OLG Zweibrücken ZIP 2005, 948.
11 OLG Zweibrücken ZIP 2005, 948, ebenso nach alter Rechtslage BayObLG ZIP 1998, 2002; BVerfG NZG 2000, 1117, 1119.
12 OLG Zweibrücken ZIP 2005, 948.
13 OLG Zweibrücken ZIP 2005, 948.
14 OLG Düsseldorf AG 2005, 480.
15 BGHZ 146, 241, 249; KG NJW-RR 1999, 92; OLG Düsseldorf ZIP 2005, 1369, so auch der Gesetzgeber in der Begründung zu dem Entwurf des SpruchG BT-Drucks 15/371.

Die Pflicht zur Förderung des Verfahrens bezieht sich im Wesentlichen darauf, die jeweili- **16** gen **Tatsachen und Rechtsansichten** (Schriftsätze, Vorbringen in der mündlichen Verhandlung, Zuständigkeitsrügen) in einem vom Gericht oder dem Gesetz bestimmten Zeitrahmen vorzutragen. Bei Verletzung dieser Pflicht kann das Vorbringen als verspätet zurückgewiesen werden bzw. nach dem Ermessen des Gerichts nur zugelassen werden, wenn die Verspätung genügend entschuldigt wird. Die Regeln des SpruchG zum Parteivortrag entsprechen somit eher denen der ZPO als denen des FGG. Durch die Regelungen der §§ 9, 10 SpruchG wird der streitige Charakter des Verfahrens unterstrichen.[16] Für alle vor dem 1.9.2003 gestellten Anträge gilt weiterhin das UmwG und somit bezüglich des Parteivortrages der **Amtsermittlungsgrundsatz** des § 26 FamFG.

2. Grundsatz der Mündlichkeit des Verfahrens

Der Grundsatz der Mündlichkeit des Verfahrens gilt nur eingeschränkt. Das SpruchG postuliert **17** lediglich im Wege einer Soll-Vorschrift, dass das Gericht seine Entscheidung aufgrund einer mündlichen Verhandlung trifft, § 8 Abs. 1 SpruchG.

3. Verfahrensleitung

Das Gericht bereitet die mündliche Verhandlung vor. Dies umfasst insbesondere das förmliche **18** Zustellen der Anträge, Fristsetzungen, Hinweise an den Antragsgegner über die Zustellung des Prüfberichtes, Hinwirken auf rechtzeitiges und vollständiges Erklären durch die Parteien, vgl. § 7 Abs. 1–4, Abs. 5 S. 1 SpruchG.

Weiter obliegt es dem Gericht, Anordnungen nach § 7 Abs. 5 S. 1 und 2, Abs. 6–8 SpruchG zu **19** erteilen, die jedoch in das Ermessen des Gerichts gestellt sind (Kann-Vorschrift). So kann dieses insbesondere über die Erteilung von Hinweisen, die Beauftragung von Sachverständigen zur Klärung von Vorfragen gem. § 358a ZPO, über das Geheimhalten bestimmter Unterlagen (sofern dies beantragt wird) und über die Verhängung eines Zwangsgeldes entscheiden.

VII. Zulässigkeit eines Antrages im Spruchverfahren

1. Zuständigkeit

Zuständig für Klagen nach dem SpruchG ist das **Landgericht**, in dessen Bezirk der Rechtsträger, **20** dessen Anteilsinhaber antragsberechtigt ist, seinen Sitz hat, § 2 Abs. 1 SpruchG. Auch diese Regel begründet eine ausschließliche Zuständigkeit. Sofern bei dem zuständigen LG eine Kammer für Handelssachen existiert, ist diese für die Entscheidung an Stelle des LG zuständig. Dies korreliert mit der Bestimmung des § 95 Abs. 2 GVG, wonach es sich bei Angelegenheiten nach dem SpruchG um Handelssachen handelt. Für bestimmte, in § 2 Abs. 3 S. 1 Nr. 1–8 SpruchG aufgelistete Entscheidungen ist der Vorsitzende der KfH zuständig. Die eigentliche Entscheidung in der Sache ist von der Kammer zu treffen. Sofern das Einverständnis der Parteien vorliegt, kann der Vorsitzende die gesamte Sache allein entscheiden, vgl. § 2 Abs. 3 S. 2 SpruchG. Umgekehrt ist auch eine Kollegialentscheidung zulässig und wirksam, wenn eine Entscheidung des Vorsitzenden vorgesehen ist.[17]

---

16 OLG Düsseldorf ZIP 2005, 1369.
17 OLG Stuttgart DB 2004, 1171.

2. Antragsberechtigung

21 Die Antragsberechtigung wird in § 3 SpruchG geregelt. Danach ist jeder **Aktionär** oder Anteilseigner, der in § 1 Nr. 1–6 SpruchG genannt ist, antragsberechtigt. Neben dem Ausscheiden des Aktionärs ist erforderlich, dass der Antragsteller im Zeitpunkt seiner Antragstellung Anteilseigner ist, vgl. § 3 S. 2 SpruchG. Die Stellung als Aktionär ist durch Urkunden nachzuweisen, vgl. § 3 S. 3 SpruchG. Die Antragsberechtigung hat im Zeitpunkt der Antragstellung vorzuliegen. Der Antragsteller muss also in diesem Zeitpunkt Anteilsinhaber sein.

22 Es genügt jedoch, die Antragsberechtigung innerhalb der Antragsfrist **darzulegen**; ein Beweis ist hier noch nicht erforderlich.[18] Dies entspricht den Vorgaben von § 4 Abs. 2 S. 2 Nr. 2 SpruchG zur Antragsbegründung. Hiermit wird dem Umstand Rechnung getragen, dass eine Auskunft der Depotbank nicht in die Zukunft reichen kann und somit zum Zeitpunkt der Antragstellung ohnehin nur ein unzureichender Beweis geführt werden könnte. Praktisch bedeutet dies, dass der Antragsteller zunächst seinen Antrag einreichen und, nachdem er Kenntnis über den Zeitpunkt des Eingangs seines Antrags erlangt hat, eine Bescheinigung auf diesen Zeitpunkt nachreichen muss.[19] Die Antragsbefugnis liegt nicht vor, wenn die Stellung als Anteilseigner erst begründet wird, nachdem durch die Gesellschaft eine gegenüber Anteilseignern ausgleichspflichtige Maßnahme getroffen wurde. Es besteht insofern kein Schutzbedürfnis des Antragstellers.[20]

23 Ein Inhaber von **Namensaktien**, der nicht im Aktienregister der Gesellschaft eingetragen ist, kann gemäß § 67 Abs. 2 AktG keine Rechte aus den Aktien geltend machen. Dies gilt auch für einen Anspruch nach § 327f AktG (Squeeze-out-Verfahren) auf Festsetzung einer angemessenen Barabfindung.[21]

3. Antragsfrist

24 Gemäß § 4 Abs. 1 SpruchG ist der Antrag spätestens **drei Monate** nach dem Tag einzureichen, an dem die Eintragung des jeweils zum Ausgleich verpflichtenden Ereignisses als bekannt gemacht gilt. Ein vor der Bekanntmachung eingereichter Antrag ist unzulässig.[22] Sofern der Antrag bei eigentlichem Fristbeginn noch nicht zurückgewiesen ist, wird davon ausgegangen, dass der Antrag mit Fristbeginn wirksam wird.[23] Sofern mehrere Gerichte zuständig sind, ist die Frist durch Einlegung **bei jedem zunächst zuständigen Gericht** gewahrt, gem. § 3 Abs. 1 S. 2 SpruchG. Nach einer Entscheidung des OLG Karlsruhe[24] ist die Frist sogar gewahrt, wenn der Antrag bei einem örtlich oder sachlich unzuständigen Gericht eingeht.[25] Es soll, entgegen einer in Literatur[26] und Rechtsprechung[27] zum Teil vertretenen Ansicht, nicht darauf ankommen, dass der Antrag vor Fristablauf an das zuständige Gericht verwiesen wurde. In der genannten Entscheidung wird darüber hinaus sogar die Antragstellung bei einem Gericht des falschen Gerichtszweigs als fristwahrend bezeichnet.

---

18 OLG Düsseldorf AG 2005,480; OLG Düsseldorf ZIP 2005, 1369; OLG Stuttgart DB 2004, 2092.
19 OLG Düsseldorf ZIP 2005, 1369.
20 OLG Düsseldorf ZIP 2005, 1369.
21 OLG Hamburg NJW-RR 2004, 125.
22 BayObLG ZIP 2002, 935 ff.
23 *Lutter/Krieger/Mennicke*, UmwG, § 4 SpruchG Rn 7.
24 OLG Karlsruhe NZG 2004, 1111.
25 So auch für die materielle Ausschlussfrist des § 132 Abs. 2 S. 2 AktG in einer aktienrechtlichen Auskunftsklage das OLG Dresden in NJW-RR 1999, 683.
26 Statt vieler: *Lutter/Krieger*, UmwG, § 4 SpruchG Rn 8 Fn 3.
27 KG ZIP 2000, 498, das den Antrag nur dann für fristgemäß hält, wenn das unzuständige Gericht ihn vor Fristablauf an das zuständige verweist.

Im Falle eines **Delistings** beginnt die Frist mit der Veröffentlichung des Widerrufs der Zulassung der Wertpapiere zur amtlichen Notierung in mindestens einem (überregionalen) Börsenpflichtblatt.[28] Da der Widerruf der Zulassung zur Börse nicht im Handelsregister eingetragen wird, fehlt es an einer entsprechenden Bekanntmachung. Die Bekanntmachung in einem überregionalen Börsenblatt tritt hier an die Stelle der Bekanntmachung durch Veröffentlichung im Handelsregister. Die Aktionäre haben sodann eine vergleichbare Möglichkeit der Kenntnisnahme von der Strukturmaßnahme. Insbesondere kann nicht auf den Zeitpunkt abgestellt werden, in dem der Widerruf wirksam wird. Dies kann unter Umständen bis zu zwei Jahre nach der Veröffentlichung erfolgen. Bei älteren Fällen zum Delisting beginnt die Frist frühestens mit Erlass der *Macrotron*-Entscheidung vom 25.11.2002.[29, 30] In dieser Entscheidung hat der BGH die Grundsätze zum Delisting entwickelt. Bevor also nicht entschieden war, dass beim Delisting das SpruchG entsprechend gilt, soll in anderen Delisting-Fällen die Frist nicht in Gang gesetzt werden können.

25

VIII. Begründung des Antrages

In § 4 Abs. 2 S. 2 Nr. 1–4 SpruchG ist geregelt, welche Punkte die Antragsbegründung enthalten muss. Dies sind:
— Nr. 1: die Bezeichnung des Antragsgegners,
— Nr. 2: Darlegung der Antragsberechtigung nach § 3 SpruchG,
— Nr. 3: Angaben zur Art der Strukturmaßnahme und der vom Gericht zu bestimmenden Kompensation nach § 1 SpruchG,
— Nr. 4: Konkrete Einwendungen gegen die Angemessenheit der Kompensation nach § 1 SpruchG oder gegebenenfalls der als Grundlage der Kompensation ermittelten Unternehmenswert, soweit hierzu Angaben in den in § 7 Abs. 3 SpruchG genannten Unterlagen enthalten sind.

26

Was die Darlegung der Antragsberechtigung (Nr. 2) anbetrifft, kann auf die dortigen Ausführungen verwiesen werden. Selbstverständlich ist im Antrag darzustellen, gegen welche **Strukturmaßnahme** sich der Antragsteller wendet (Nr. 3). Sollte eine Strukturmaßnahme falsch bezeichnet worden sein, ergibt sich aber aus dem Zusammenhang unzweideutig der Gegenstand des Spruchverfahrens, so schadet die falsche Bezeichnung nicht.[31] Die Frage, ob ein Antragsteller antragsberechtigt ist und seine Antragsbegründung den Anforderungen genügt, betrifft gleichermaßen die Zulässigkeit des Antrages.[32]

27

IX. Passivlegitimation

Gegen wen die Klage zu richten ist, ergibt sich aus § 5 SpruchG. Dies ist immer **der Schuldner der Ausgleichsforderung.**[33] Inhaltlich entsprechen sich in diesem Punkt alte und neue Rechtslage,[34] wobei in § 5 Nr. 1–6 SpruchG zu dieser Frage genauere Angaben gemacht werden, als dies nach alter Rechtslage der Fall war. Danach ist der Antrag in einem Verfahren des § 1 SpruchG in den Fällen:

28

---

28 OLG Zweibrücken DB 2004, 2311.
29 BGH BGH ZIP 2003, 387.
30 OLG Düsseldorf AG 2005, 480.
31 OLG Stuttgart DB 2004, 2092.
32 OLG Stuttgart DB 2004, 2092.
33 Zu diesem Problem nach alter Rechtslage OLG Düsseldorf ZIP 2004, 1503; OLG Düsseldorf AG 2005, 538.
34 OLG Düsseldorf AG 2005, 538.

- der Nr. 1 gegen den anderen Vertragsteil des Unternehmensvertrags,
- der Nr. 2 gegen die Hauptgesellschaft,
- der Nr. 3 gegen den Hauptaktionär,
- der Nr. 4 gegen die übernehmenden oder neuen Rechtsträger oder gegen den Rechtsträger neuer Rechtsform,
- der Nr. 5 gegen die SE, aber im Fall des § 9 des SE-Ausführungsgesetzes gegen die die Gründung anstrebende Gesellschaft zu richten,
- der Nr. 6 gegen die SCE.

29 In einem Verfahren, in dem diese Vorschriften nicht unmittelbar gelten, ist wie nach alter Rechtslage jeweils zu ermitteln, wer den Ausgleich schuldet. Dies ist bei der Beseitigung von **Mehrstimmrechten** die Gesellschaft selbst. Beim **Delisting** ist der Antrag gegen denjenigen zu richten, der das Abfindungsangebot unterbreitet hat. Dies kann sowohl die Gesellschaft selbst als auch ein Großaktionär sein.[35]

30 Für den Fall, dass ein Angebot unterbleibt, ist die Rechtslage unklar. Nach einer Ansicht sind sowohl die Gesellschaft als auch der Mehrheitsaktionär passiv legitimiert und damit Anspruchsgegner,[36] nach der Gegenauffassung ist in diesem Fall das Delisting gesellschaftsrechtlich unzulässig und ein Spruchverfahren unstatthaft.[37]

X. Gemeinsame Vertreter

1. Bestellung

31 Für die Anteilseigner, die nicht als Antragsteller am Spruchverfahren beteiligt sind, bestellt das Gericht einen „gemeinsamen Vertreter". Dieser hat die Rechte der außenstehenden Anteilsinhaber zu wahren. In der Regel wird pro Antrag ein gemeinsamer Vertreter bestellt. Die Bestellung des Vertreters gilt im Zweifel auch für ein eventuelles Beschwerdeverfahren. Gegen die Bestellung konnte **Beschwerde** gem. § 19 Abs. FGG erhoben werden. Nach dem neuen § 58 FamFG findet Beschwerde nur gegen die im ersten Rechtszug ergangenen Endentscheidungen der Amtsgerichte und Landgerichte statt, sofern durch Gesetz nichts anderes bestimmt ist.

32 Eine Bestellung unterbleibt, wenn sich Antragsgegner und alle übrigen Anteilseigner diesbezüglich einigen, vgl. § 6 Abs. 1 S. 3 SpruchG. Sollten alle Anträge zurückgenommen werden, so bleibt der gemeinsame Vertreter zur Fortführung seiner Tätigkeit berechtigt. Damit soll verhindert werden, dass der Antragsgegner sich gegenüber den Antragstellern „freikauft". Der gemeinsame Vertreter ist verpflichtet, das Verfahren so lange fortzuführen, bis die Interessen seiner Vertretenen befriedigt sind.

2. Aufgaben

33 In erster Linie hat der gemeinsame Vertreter die Interessen der von ihm vertretenen Anteilsinhaber wahrzunehmen. Er muss in ihrem Interesse Anträge stellen, nimmt an den mündlichen Verhandlungen teil und ist ermächtigt, für die Vertretenen Vergleiche zu schließen.

---

35 BGH ZIP 2003, 378,390 (Macrotron).
36 *Adolff/Tieves*, BB 203, 797, 802 f., die die Entstehung eines Ausgleichsanspruchs direkt aus dem Gesetz ableiten wollen und insofern auf ein vorangehendes Angebot des Hauptaktionärs oder der Gesellschaft verzichten.
37 Vgl. zum Streitstand: *Lutter/Krieger*, UmwG, § 5 SpruchG Rn 6.

3. Vergütung

Die Vergütung des gemeinsamen Vertreters erfolgt gemäß § 6 Abs. 2 S. 1 SpruchG nach den Vor- **34** schriften des **RVG**. Der Antragsgegner ist zur Kostentragung verpflichtet.

XI. Entscheidung und Rechtsmittel

1. Inhalt der Entscheidung

Das Gericht entscheidet in erster Linie über den Sachantrag, also über die Angemessenheit einer **35** Abfindung, eines Ausgleichs, einer Zuzahlung oder einer Barabfindung, vgl. § 1 Nr. 1–6 SpruchG. Angemessen ist dabei nur die volle Abfindung, die dem Wert der Beteiligung des Antragstellers am Unternehmen entspricht.[38] Die Abfindung soll so bemessen sein, dass der Minderheitsaktionär jedenfalls **nicht weniger erhält, als er bei einer Deinvestitionsentscheidung** im Zeitpunkt der Strukturmaßnahme erlangt hätte.[39] Was als angemessen zu gelten hat, ergibt sich aus dem, was infolge einer bestimmten Strukturmaßnahme kompensiert werden muss, mithin aus den in § 1 SpruchG zitierten Vorschriften. Der jeweils Betroffene muss so gestellt werden, als hätte er seine Stellung im Moment der Strukturmaßnahme beibehalten. Es ist also zu ermitteln, welchen Vermögenswert er aufgrund der Strukturmaßnahme verliert. Dieser bemisst sich nach seinem **Anteil am Vermögen der Gesellschaft**.

Das Gesellschaftsvermögen wurde früher nach der Ertragswertmethode ermittelt, deren **36** Anwendung jedoch nie unumstritten war.[40] Nach der Ertragswertmethode wurde der Unternehmenswert gebildet aus der Summe folgender Vermögensbestandteile:

– Barwert (auf den Bewertungsstichtag abgezinster Saldo aus allen künftig erwarteten ausschüttungsfähigen Überschüssen des Unternehmens über seine Ausgaben),
– gesondert zu bewertender Vermögensbesitz,
– sonstiges nicht notwendiges Vermögen,
– etwaige steuerliche Sonderwerte.

Der **Wert einer Aktie** ergibt sich als Quotient aus dem so ermittelten Unternehmenswert und der **37** Anzahl der ausgegebenen Aktien.[41] Gemäß der so genannten **Wurzeltheorie** sind bei der Wertermittlung auch solche Vorgänge zu berücksichtigen, die sich nach dem Stichtag vollziehen, deren Wurzeln aber vor dem Stichtag lagen.[42]

Nach dem **BVerfG-Beschluss** vom 27.4.1999[43] ist es im Hinblick auf Art. 14 GG zugunsten **38** des Ausgeschiedenen unumgänglich, den Börsenkurs zu berücksichtigen. Nach aktueller Rechtsprechung, wenn auch zur alten Rechtslage, unterliegt die Schätzung des Unternehmenswertes in weitem Umfang richterlichem Ermessen; wissenschaftlich sei es nicht möglich, mathematisch einen exakten Unternehmenswert zum Stichtag festzulegen.[44] Daher sei eine gewisse Bandbreite an angemessenen Abfindungen oder Auszahlungen zu akzeptieren. Im Einklang mit der genannten BVerfG-Entscheidung sollen die ungewichteten Börsenkurse zur Bestimmung einer Barabfindung gemäß § 320 AktG a.F. beziehungsweise gemäß § 320b AktG zur Ermittlung des Unternehmenswertes maßgeblich sein.[45] Vermutlich ist auch hier eine Vorlage an das Bundes-

---

38 OLG Düsseldorf ZIP 2004, 1503.
39 OLG Düsseldorf ZIP 2004, 1503 (im zu entscheidenden Fall eine Eingliederung).
40 Vgl. hierzu: *Vetter*, Anmerkung zu BVerfG AG, 1999, 566 ff., AG 569, 570.
41 *Vetter*, Anmerkung zu BVerfG, Beschl. v. 27.4.1999 – 1 BvR 1613/94 in AG 1999, 566, 569.
42 OLG Düsseldorf ZIP 2004, 1503.
43 BVerfG NZG 1999, 931.
44 BayObLG, Beschl. v. 28.10.2005 – 3Z BR 71/00 – n.v.
45 OLG Düsseldorf AG 2005, 538.

verfassungsgericht nicht auszuschließen, um eine einheitliche Methode zur Ermittlung des Unternehmenswertes zu etablieren.

39 **Wichtig**

Die Erledigung der Hauptsache führt zur Abweisung der Entscheidung als unzulässig, sofern nicht der Antragsteller seinen Antrag zurücknimmt oder dahingehend ändert, nunmehr festzustellen, dass sein ursprünglicher Antrag zulässig und begründet war. Ein Verfahren der freiwilligen Gerichtsbarkeit erledigt sich in der Hauptsache, wenn ein nach Einleitung des Verfahrens eingetretenes Ereignis die Sach- und Rechtslage so verändert, dass die Voraussetzungen für eine gerichtliche Entscheidung über den Verfahrensgegenstand nicht mehr gegeben sind.[46] Dies gilt auch im Spruchverfahren. Zur Erledigung der Hauptsache führen daher insbesondere folgende Vorgänge:
- Strukturmaßnahme ist wirksam angefochten und ex tunc für nichtig erklärt,
- Strukturmaßnahme wird rückgängig gemacht,
- Beherrschungs- und Gewinnabführungsvertrag werden ex tunc für nichtig erklärt,[47]
- Unternehmensvertrag ist nichtig.

40 Von Amts wegen entscheidet das Gericht über die zu zahlenden **Zinsen**. Dieser Anspruch ist anhängig, ohne dass es einer gesonderten Geltendmachung bedarf. Die Höhe der Zinsen beträgt 2 Prozentpunkte über dem Basiszinssatz gem. § 247 BGB. Ein höherer Zinsverlust oder sonstiger Schadenersatz kann nur in einem gesonderten Verfahren vor den ordentlichen Gerichten geltend gemacht werden. Dies ergibt sich jeweils aus den Vorschriften, die für den Ausgleich des Verlusts von Anteilen auf das SpruchG verweisen, so beispielsweise aus §§ 305 Abs. 3 S. 3, 320b Abs. 1 S. 6, 327b Abs. 2 AktG, 15 Abs. 2 S. 1, 196 S. 3 UmwG. Dies muss aber auch dann gelten, wenn das SpruchG nur entsprechend herangezogen wird. Zinsen sind ab dem Zeitpunkt zu zahlen, in dem die beschlossene Strukturmaßnahme wirksam wird. Dies ist regelmäßig der Moment, in dem die Eintragung in das Handelsregister erfolgt; der Tag der Beschlussfassung ist insofern nicht relevant.[48]

41 Die **Kostenentscheidung** wird aufgrund des SpruchG getroffen, das auf die Vorschriften des KostenG und des RVG verweist. Die Gerichtskosten trägt gemäß § 15 Abs. 2 S. 1 SpruchG der Antragsgegner. Eine andere Kostenentscheidung kann aus Billigkeitsgründen getroffen werden und die Kosten dem Antragsteller auferlegt werden. Dies ist etwa der Fall, wenn der Antrag offensichtlich unzulässig, unbegründet oder sonst rechtsmissbräuchlich ist.

42 Dies ist allerdings nicht zwingend. Auch wenn der Antragsteller unterliegt, kann es der Billigkeit entsprechen, die Kosten dem oder den Antragsgegnern aufzuerlegen. So in dem Fall, in dem ein Rechtsproblem noch nicht Gegenstand einer obergerichtlichen Entscheidung gewesen ist.[49] Wenn das Spruchverfahren hingegen in einem gesetzlich nicht vorgesehenen Fall eingeleitet wird, können die Gerichtskosten aus Billigkeitsgründen dem Antragsteller auferlegt werden.[50] Gleichwohl bleibt gem. § 15 Abs. 2 S. 2 Hs. 2 SpruchG die Haftung für die Kosten des Antragstellers unberührt. In jedem Fall hat der Antragsgegner den Gerichtskostenvorschuss zu zahlen, vgl. § 15 Abs. 3 S. 1 SpruchG. Die Höhe der zu zahlenden Gerichtskosten bestimmt sich nach dem Geschäftswert. Gemäß § 15 Abs. 1 S. 2 Hs. 1 SpruchG ist ein Wert anzunehmen, der von allen in § 3 SpruchG genannten Antragsberechtigten nach der Entscheidung des Gerichts zusätzlich zu dem ursprünglich angebotenen Betrag insgesamt gefordert werden kann. Gleichzeitig

---

46 BayObLG NZG 2004, 1111.
47 OLG Zweibrücken DB 2004, 642.
48 OLG Düsseldorf ZIP 2004, 1503.
49 OLG Zweibrüchen DB 2004, 2311; BayObLG NZG 2004, 1111; für die Kostenentscheidung eines bis dato nicht entschiedenen Spruchverfahrens nach Delisting – allerdings nach alter Rechtslage – OLG Zweibrücken, DB 2004, 642.
50 OLG Zweibrücken ZIP 2005, 948 für den Fall der Antragstellung nach Liquidation des Unternehmens.

wird festgelegt, dass der Geschäftswert mindestens 200.000 EUR und höchstens 7,5 Mio. EUR beträgt. Der Mindestgeschäftswert ist auch anzunehmen, wenn
– der Antrag als unzulässig abgewiesen wird,[51]
– von einem anderen abgetrennt und sodann abgewiesen wird,[52]
– zurückgenommen wird.[53]

Maßgeblicher Zeitpunkt für die Festsetzung des Wertes ist der Tag nach Ablauf der Antrags- **43** frist, vgl. § 15 Abs. 1 S. 3 SpruchG.

2. Zwischenentscheidungen

Das Gericht kann auch, bevor es die Hauptsache entscheidet, eine Zwischenentscheidung **44** über einzelne abtrennbare Problemstellungen treffen, etwa über die Zulässigkeit eines An- trags.[54]

3. Form der Entscheidungen

Die Entscheidung des Gerichts ergeht in Form eines **Beschlusses**, der mit Gründen zu versehen **45** ist, § 11 Abs. 1 SpruchG. Allerdings ist in jeder Lage des Verfahrens auf eine gütliche Einigung der Parteien hinzuwirken. Sofern ein **Vergleich** geschlossen wird, ist er entsprechend § 127a BGB zu protokollieren. Hinsichtlich der Niederschrift des Vergleichs gelten die Vorschriften über bürger- lich-rechtliche Rechtsstreitigkeiten entsprechend, vgl. § 11 Abs. 2 Hs. 2 SpruchG.

XII. Wirkung der Entscheidung

1. Eintritt der Rechtskraft

Die Entscheidung wird rechtskräftig, wenn der mit der erstinstanzlichen Entscheidung Beschwer- **46** te diese nicht binnen einer Beschwerdefrist von einem Monat angreift, vgl. §§ 58, 63 FamFG.[55]

2. Wirkung

Die für den Antragsteller günstige rechtskräftige Entscheidung des Gerichts im Spruchverfahren **47** **begründet eine Leistungspflicht des Antragsgegners**. Die Entscheidung stellt allerdings kei- nen vollstreckungsfähigen Zahlungstitel dar. Sollte der verpflichtete Rechtsträger nicht erfüllen, so muss die Leistungspflicht in einem neuen Verfahren vor den ordentlichen Gerichten durchge- setzt werden, vgl. § 16 SpruchG. Für die Leistungsklage ist der rechtskräftige Abschluss des Spruchverfahrens Voraussetzung, so dass eine **Verbindung** des Leistungsantrags mit dem Spruchverfahren (Klagehäufung) ausscheidet.

Zuständig ist das erstinstanzliche Gericht, das mit der Sache zuletzt gemäß § 2 SpruchG in- **48** haltlich befasst war – und zwar bei dem zuständigen Gericht derselbe Spruchkörper. Diese Zu- ständigkeit ist ausschließlich. Die für den Antragsteller günstige Entscheidung wirkt auch zu-

---

51 OLG Stuttgart DB 2004, 974.
52 OLG Düsseldorf NZG 2004, 1171.
53 OLG Stuttgart DB 2003, 2693.
54 So geschehen in der Vorentscheidung zu BayObLG NZG 2004, 1111.
55 Das Beschwerdeverfahren wurde mit der Reform der freiwilligen Gerichtsbarkeit grundlegend verändert. Die früher diskutierte Unterscheidung zwischen einer einfachen unbefristeten Beschwerde und einer sofortigen befristeten Beschwerde wurde nicht beibehalten.

gunsten derjenigen Anteilseigner, die am Verfahren nicht selbst beteiligt waren, aber ebenfalls eine zu geringe Abfindung/Barabfindung/Ausgleich erhalten haben, vgl. § 13 S. 2 SpruchG.

XIII. Rechtsmittel

49   Gegen die endgültige Sachentscheidung ist die **Beschwerde** statthaft. Sie ist durch eine anwaltlich unterzeichnete Beschwerdeschrift einzureichen, § 12 Abs. 1 SpruchG. Zuständig für die Behandlung der Beschwerde ist gemäß § 119 GVG das OLG. Die Beschwerde ist bei dem Gericht einzulegen, dessen Beschluss angefochten wurde, vgl. § 64 FamFG. Gemäß § 17 Abs. 2 SpruchG i.V.m. § 63 Abs. 1 FamFG ist die Beschwerde binnen einer Frist von einem Monat ab Bekanntmachung der Entscheidung gegenüber dem Beschwerdeführer einzulegen. Inhaltlich ist die Rechtsmittelinstanz eine weitere Tatsacheninstanz. Allerdings gilt hier das Verbot der **reformatio in peius**.

   Eine weitere Beschwerde war gemäß § 12 Abs. 2 S. 3 SpruchG a.F. ausgeschlossen.[56] Nach Neufassung des FamFG ist die weitere Beschwerde abgeschafft worden und als reine Rechtskontrolle ist eine Rechtsbeschwerde zum BGH nun auch im Spruchverfahren statthaft, vgl. §§ 70 ff. FamFG.

---

[56] Gemäß BGH, Beschl. v. 19.7.2004 – II ZB 8/04, galt dies bereits vor In-Kraft-Treten des SpruchG für nach alter Rechtslage zu beurteilende Fälle.

Markus Frank

§ 22 Das Schiedsverfahren

Literatur: *Lachmann*, Handbuch für die Schiedsgerichtspraxis, 3. Aufl. 2007; *Stein/Jonas*, Kommentar zur Zivilprozessordnung, 22. Aufl. 2002; *Zöller*, Zivilprozessordnung, Kommentar 29. Aufl. 2012.

I. Anwendung des Schiedsverfahrens

Das Schiedsverfahren gewinnt zunehmend an Bedeutung. Nicht nur in Familienunternehmen, **1** sondern insbesondere zwischen großen Unternehmen wird es gerne gewählt, um Auseinandersetzungen beizulegen. Dabei sind es die spezifischen Besonderheiten des Schiedsverfahrens, die dieses gegenüber einem Verfahren vor staatlichen Gerichten attraktiv erscheinen lassen:

- Es besteht eine kürzere Verfahrensdauer als vor staatlichen Gerichten.
- Die Schiedsrichter werden durch die Parteien bestimmt.
- Die Schiedsrichter verfügen insbesondere bei ständig tagenden institutionalisierten Schiedsgerichten über erhebliche Branchenerfahrung.
- Das Verfahren ist nicht öffentlich, auch erfolgt in der Regel keine Veröffentlichung des Schiedsspruchs. Es entsteht somit keine Präzedenzwirkung.
- Die Verfahrenssprache kann von den Parteien gewählt werden. Dabei dürfen auch mehrere Sprachen gleichzeitig festgelegt werden.
- Die Auswirkungen auf die streitenden Gesellschaften sind geringer als bei einem staatlichen Verfahren.
- Mehrparteienverfahren sind in manchen Schiedsordnungen ausdrücklich zugelassen (Art. 10 ICC-Schiedsordnung vom 1.1.1998 und § 13 der neuen DSI-Schiedsordnung).
- Die Kosten des Verfahrens können von den Parteien besser beeinflusst werden.

2 Diesen Vorteilen stehen jedoch auch **Nachteile** gegenüber:
- Fehlender Instanzenzug. (Ein solcher kann von den Parteien aber im Schiedsvertrag vereinbart werden.)
- Die gewählten Schiedsrichter fühlen sich häufig nicht der Unabhängigkeit verpflichtet, sondern der Partei, in deren Auftrag sie auftreten.

II. Abgrenzung zum Schlichtungsverfahren

3 Die Schiedsvereinbarung i.S.d. § 1029 Abs. 1 ZPO ist abzugrenzen von Schlichtungsklauseln und Schiedsgutachterklauseln. Nicht selten ist dem förmlichen Schiedsverfahren in Gesellschaftsverträgen noch ein Schlichtungsverfahren vorangestellt. Die Schlichtung zeichnet sich dadurch aus, dass ein neutraler Dritter ohne eigene Entscheidungsgewalt sich bemüht, den Streitparteien zu einer Einigung zu verhelfen. Der Schlichter hat also keine Streitentscheidungskompetenz.

4 Die Ausgestaltung des **Schlichtungsverfahrens** kann sehr unterschiedlich sein. Die Palette reicht von der sehr vagen Regelung, dass die Parteien vor der Einleitung eines Streitverfahrens – sei es gerichtlich, sei es schiedsgerichtlich – eine gütliche Einigung versuchen müssen, bis hin zur förmlichen Ausgestaltung eines Schlichtungsverfahrens mit Regeln zur Bestellung eines Schlichters und dem weiteren Verfahrensablauf. Derartige Schlichtungsklauseln unterliegen nicht den Vorschriften über Schiedsverträge. Sie sind aber im Rahmen der Vertragsfreiheit grundsätzlich zulässig. Die Erhebung einer Klage, auch einer Schiedsklage, ohne Durchführung des vereinbarten Schlichtungsverfahrens, wäre unzulässig. Andererseits darf ein vorgesehenes Schlichtungsverfahren nicht zu einer unzumutbaren Erschwerung des Zugangs zu einer Streitentscheidungsinstanz (staatliches Gericht oder Schiedsgericht) führen.

5 Eine Schlichtungsklausel kann also nur solange und soweit der Zulässigkeit einer Klage oder **Schiedsklage entgegenstehen**, wie es dem potentiellen Kläger zuzumuten ist, im Interesse einer außergerichtlichen Streitbeilegung ein zeitlich überschaubares Schlichtungsverfahren einzuleiten und zu durchlaufen.

6 Auch Schiedsgutachten sind von der Schiedsgerichtsbarkeit abzugrenzen: Sie spielen häufig im Zusammenhang mit Abfindungsklauseln eine Rolle. Bei Streitigkeiten über Bewertungsfragen wird in der Regel vorgesehen, dass darüber abschließend ein Schiedsgutachter zu befinden hat. Der Schiedsgutachter hat die Aufgabe, Tatsachen festzustellen. Er entscheidet also keinen Rechtsstreit. Schiedsgutachten unterliegen der Billigkeitskontrolle der §§ 317, 319 BGB.

III. Besonderheiten für Gesellschaften

Schiedsvereinbarungen werden im Gesellschaftsrecht besonders häufig getroffen. Für Gesell- 7 schaften gelten im Schiedsrecht einige Besonderheiten. Diese sollen im Folgenden dargestellt werden.

1. Abschluss der Schiedsvereinbarung

Die Schiedsvereinbarung oder den Schiedsvertrag darf nur das vertretungsberechtigte Organ für 8 die Gesellschaft abschließen. Gemäß § 1031 Abs. 1 ZPO ist die Schiedsvereinbarung in einem von den Parteien unterzeichneten Schriftstück oder zwischen ihnen gewechselten Schreiben, Fernkopien, Telegrammen oder anderen Formen der Nachrichtenübermittlung, die einen Nachweis der Vereinbarung sicherstellen, zu treffen. Für Gesellschaften gelten jedoch zum Teil Besonderheiten. So kann insbesondere von der Form des § 1031 Abs. 1 ZPO abgewichen werden.

Im Folgenden soll für die verschiedenen Gesellschaftstypen dargestellt werden, in welcher 9 Form sie eine Schiedsvereinbarung treffen kann und welche Inhalte durch ihre Regelungen der staatlichen Gerichtsbarkeit entzogen werden können.

a) Für innergesellschaftliche Streitigkeiten

Für gesellschaftsinterne Streitigkeiten kann in der **Satzung** oder im **Gründungsvertrag** eine 10 Schiedsklausel aufgenommen werden.

Zu beachten gilt es in diesem Zusammenhang, dass die Schiedsvereinbarung stets nur für 11 **statutarische Aspekte** Bedeutung hat. Rechtsverhältnisse, die Gegenstand statutarischer Bindung sein können, sind solche, die der Bestimmung der Gesellschafter unterliegen, also Gegenstand gesellschaftsrechtlicher Bindung sein können. Neben Streitigkeiten von Mitgliedern und Organen der Gesellschaft kann es sich dabei auch um Streitigkeiten aus dem Mitgliedschaftsverhältnis handeln.[1]

Individualrechtliche Streitigkeiten können nicht durch eine Schiedsklausel der Gesell- 12 schaft im Gesellschaftervertrag oder in der Satzung erfasst werden. Soll auch für diese Rechtsbeziehung die Zuständigkeit der staatlichen Gerichte ausgeschlossen werden, so ist eine gesonderte Schiedsvereinbarung zwischen der Gesellschaft und der betreffenden Person erforderlich.[2] Zu den individualrechtlichen Streitigkeiten zählt nach älterer BGH-Rechtsprechung auch der Streit über das satzungsmäßige Ankaufsrecht.[3]

aa) Personenhandelsgesellschaften
(1) Form der Schiedsvereinbarung

Eine Schiedsvereinbarung für die innergesellschaftlichen Streitigkeiten einer GbR, OHG oder KG 13 ist, wenn sie bei Gründung der Gesellschaft getroffen wird, in der Form des **§ 1031 Abs. 5 ZPO** zu treffen, sofern es sich um echte Individualvereinbarungen handelt.[4] Das bedeutet, dass die Schiedsvereinbarung in einer von den Parteien eigenhändig unterschriebenen Urkunde enthalten sein **muss**. Der Grund für die Anwendung des gegenüber § 1031 Abs. 1 ZPO strengeren Absatz 5 liegt darin, dass sich bei der Gründung einer Gesellschaft in der Regel Verbraucher zusammenschließen, die erst durch Unterzeichnung des Vertrages eine Unternehmerstellung

---

1 OLG Hamm OLGZ 1990, 453, 454.
2 Zöller/*Geimer*, § 1066 Rn 4.
3 BGH NJW 1963, 203.
4 Zöller/*Geimer*, § 1029 Rn 74.

erhalten. Insbesondere kann eine Person unter den Gründungsmitgliedern sein, die auch nach Leistung der Unterschrift nicht die Stellung eines Unternehmers erlangt. Für diesen Fall ist es für alle Übrigen konstituierend, die Schiedsvereinbarung in der Form des § 1031 Abs. 5 ZPO getroffen zu haben. Sie kann anderenfalls für alle unwirksam werden.

14 Teilweise wird vertreten, dass für Organisationsverträge von OHG und KG § 1066 ZPO zur Anwendung kommt.[5] Die Gründungsgesellschafter können also auch mit Wirkung für später in die Gesellschaft **eintretende Gesellschafter** bindend die Zuständigkeit eines Schiedsgerichts vereinbaren. Allerdings soll es im Falle eines Organisationsvertrages nicht möglich sein, **nachträglich** eine Schiedsklausel durch Mehrheitsbeschluss einzuführen.[6] Hierfür wird die Einstimmigkeit des Beschlusses gefordert.

(2) Inhalt

15 Von einer Schiedsklausel im Gesellschaftsvertrag können insbesondere folgende gesellschaftsinternen Streitigkeiten erfasst sein:
– Ausschluss von Gesellschaftern und ihre Abfindung,
– die Höhe einer zu leistenden Abfindung,
– Zwangsamortisation,
– Vermögensverteilung und Liquidation,
– Organschaftliche Streitigkeiten,
– Abberufung von Leitungsorganen/Gesellschaftern,
– Auflösung der Gesellschaft aus wichtigem Grund.[7]

bb) Kapitalgesellschaften

16 Auch für die innergesellschaftlichen Streitigkeiten von Kapitalgesellschaften sind Schiedsklauseln zulässig.

(1) Form

17 Die Schiedsvereinbarung ist regelmäßig in der Satzung enthalten. Zu empfehlen ist jedoch, die Schiedsklausel in einer gesonderten Urkunde niederzulegen. Die Schiedsvereinbarung in einer Satzung einer GmbH oder AG richtet sich nach § 1066 ZPO. Auch hier gilt, dass später eintretende Gesellschafter an die Schiedsvereinbarung gebunden sind.[8]

18 Für die GmbH ist die Errichtung einer Schiedsklausel in der Satzung relativ unproblematisch. Auch die Aufnahme einer Schiedsklausel in die Satzung einer AG ist nicht grundsätzlich ausgeschlossen. Insbesondere scheitert sie nicht an § 23 Abs. 5 AktG.

(2) Inhalt

19 Grundsätzlich können in einer Satzung einer Kapitalgesellschaft die gleichen Aspekte geregelt werden, wie dies bei Personengesellschaften der Fall ist. Darüber hinaus kann auch eine Auseinandersetzung über die **Aufbringung von Stammkapital** in die Zuständigkeit eines Schiedsge-

---

5 Zöller/*Geimer*, § 1066 Rn 13.
6 Zöller/*Geimer*, § 1066 Rn 13.
7 RGZ 71, 254, 256; für die Auflösung nach § 133 HGB sowie nach § 61 GmbHG ebenso BayObLG WM 1984, 809, 810.
8 Zöller/*Geimer*, § 1066 Rn 9.

richts gestellt werden.[9] Die Schiedsfähigkeit fehlt insbesondere nicht aufgrund eines staatlichen Entscheidungsmonopols. Vor allem im Hinblick auf § 1030 ZPO ist die Schiedsfähigkeit bei jedem vermögensrechtlichen Anspruch gegeben. Der Streit über die Erbringung von Stammkapital stellt einen solchen vermögensrechtlichen Anspruch dar. Nicht unumstritten ist, ob durch eine Schiedsklausel in der Satzung auch **Informationsrechte** und **Beschlussmängelstreitigkeiten** der staatlichen Gerichtsbarkeit entzogen werden können. Dies hängt mit der in § 23 Abs. 5 AktG postulierten formellen Satzungsstrenge zusammen.

cc) Weitere Möglichkeit einseitiger Regelung
(1) Form

Ebenfalls zu den außervertraglichen Schiedsvereinbarungen gem. § 1066 ZPO zählen solche in **20** einer Stiftungsurkunde oder in der Satzung eines Vereins.[10] Hat beispielsweise ein Verein in seiner Satzung Streitigkeiten über Vereinsangelegenheiten der staatlichen Gerichtsbarkeit entzogen, so bedarf es nicht mit jedem Mitglied einer Schiedsvereinbarung in der Form des § 1031 ZPO. Dies ist insbesondere von Belang, wenn es um die Aufnahme neuer Mitglieder geht. Die Schiedsvereinbarung gilt auch für neue Mitglieder.

Sofern erst **nachträglich** in die Satzung eine Schiedsklausel eingefügt wird, gilt sie eben- **21** falls für alle Mitglieder im Verhältnis zum Verein. Auch ein **Mitglied, das gegen die Satzungsänderung gestimmt** hat, ist grundsätzlich an die Schiedsklausel gebunden. Der BGH geht davon aus, dass durch sein Verbleiben im Verein konkludent seine Zustimmung zu der Satzungsänderung erteilt wird. Sofern es die Satzungsänderung nicht akzeptieren wolle, könne sich das Mitglied durch Austritt aus dem Verein der Wirkung der Schiedsklausel entziehen. Erst wenn der Austritt keine zumutbare Alternative zum Verzicht auf den Zugang zu staatlichen Gerichten darstellt, entfällt eine Bindung an die Schiedsklausel. Dies ist beispielsweise bei einem Monopolverein der Fall.[11]

(2) Inhalt

Hinsichtlich des Inhaltes dieser Schiedsvereinbarungen existieren keinerlei Besonderheiten. Zu **22** beachten gilt es jedoch die häufig im Vereinsrecht anzutreffende Konstellation, dass die Entscheidung von vereinsinternen Streitigkeiten Vereinsangehörigen oder gar Vereinsvorständen übertragen ist, die in der Satzung als Schiedspersonen bezeichnet sind.

Es handelt sich dabei nicht um ein Schiedsgericht im Sinne der ZPO, da zur Streitentschei- **23** dung kein neutraler Dritter berufen ist. Sofern ein Vereins- oder Verbandsgericht in der beschriebenen Weise errichtet ist, sind die Vorschriften über Schiedsgerichte nicht anwendbar.[12]

b) Für Streitigkeiten mit Dritten

Um eine Schiedsvereinbarung mit Dritten zu treffen, gibt es verschiedene Gestaltungsmöglich- **24** keiten. Dabei ist zu differenzieren, ob es sich bei dem Dritten um eine andere Gesellschaft oder einen Verbraucher handelt.

---

9 BGH BB 2004,1870 = MDR 2004, 1191.
10 BGH NJW 2004, 2226, 2227; Zöller/*Geimer*, § 1066 Rn 2.
11 BGH MDR 2000, 777, in einem Fall, in dem der Kläger auf seine Mitgliedschaft in einem Zuchtverein angewiesen war, weil dieser Zucht- und Körbuch führte. Durch Austritt hätte der Kläger das Recht zur Zucht und zur Teilnahme an Ausstellungen verloren.
12 BGH NJW 2004, 2226 f.

aa) Schiedsvereinbarung mit anderen Gesellschaften
(1) Vertrag

25 In der Regel ist die Schiedsklausel in einem gesonderten **Vertrag** enthalten. Dabei wird die Gesellschaft durch ihr vertretungsberechtigtes Organ vertreten. Bei Abschluss des Vertrages ist die Form des § 1031 Abs. 1 ZPO einzuhalten.

(2) AGB

26 Eine Schiedsvereinbarung darf auch in **AGB** getroffen werden. Dies ist so wenig pauschal unzulässig wie dies bei anderen Vertragsklauseln der Fall ist.[13] Bei Übergewicht einer Partei, insbesondere bei der Bestimmung des Gerichts war nach altem Recht die Klausel unwirksam. Dies ist heute nicht mehr der Fall. Im Wege der geltungserhaltenden Reduktion wird durch richterliche Gestaltung für Gleichbehandlung der Parteien bei der Schiedsrichterbestellung gesorgt und so die Wirksamkeit der Klausel aufrechterhalten.[14] Insofern ist § 1034 Abs. 2 ZPO Sondervorschrift zu § 138 BGB und der Inhaltskontrolle nach § 307 BGB.[15]

(3) Handelsbrauch

27 Schließlich kann es sein, dass eine Schiedsvereinbarung aufgrund eines **Handelsbrauchs** zustande kommt, vgl. § 343 HGB. Dies kommt dann in Betracht, wenn es sich um branchentypische Geschäfte handelt und die Beteiligten regelmäßig in dem betreffenden Geschäftskreis handeln. Die Schiedsvereinbarung kommt dann stillschweigend zustande.[16] Es ist jedoch erforderlich, dass zumindest ein Schriftstück vorhanden ist, auf das von den Parteien Bezug genommen werden kann. Ein mündliches Zustandekommen einer Schiedsvereinbarung ist nach der derzeit geltenden Rechtslage ausgeschlossen, vgl. § 1031 ZPO.

(4) Einseitige Schiedsvereinbarung

28 Gemäß § 1031 Abs. 2 ZPO kann eine Schiedsvereinbarung auch dadurch zustande kommen, dass eine Partei auf ein übermitteltes Schriftstück, in dem die Schiedsklausel enthalten ist, nicht rechtzeitig reagiert und der Schiedsvereinbarung nicht widerspricht. Gedacht ist hier insbesondere an das **kaufmännische Bestätigungsschreiben**.

(5) Mündliche Schiedsvereinbarung

29 Nach derzeitiger Rechtslage ist es nicht möglich, mündlich eine Schiedsvereinbarung zu treffen. Nach § 1031 ZPO ist Schriftlichkeit erforderlich. Ein Mangel der Schriftform kann allerdings geheilt werden durch rügelose Einlassung gem. § 1031 Abs. 6 ZPO.

bb) Verbraucher

30 Gegenüber einem Verbraucher schreibt das Gesetz in § 1031 Abs. 5 ZPO besondere **Formvorschriften** vor. Erforderlich ist, dass die Schiedsvereinbarung in einem gesonderten Schriftstück enthalten

---

13 Stein/Jonas/*Schlosser*, § 1029 Rn 31.
14 Stein/Jonas/*Schlosser*, § 1029 Rn 31.
15 Stein/Jonas/*Schlosser*, § 1034 Rn 2.
16 BGH NJW 1993, 1798, der nach alter Rechtslage zu entscheiden hatte; *Lachmann*, Rn 322 m.w.N. scheint auch nach neuer Rechtslage davon auszugehen, dass kraft Handelsbrauchs eine Schiedsvereinbarung zustande kommen kann.

ist. Damit ist es praktisch nicht möglich, gegenüber einem Verbraucher über die Einbeziehung von AGB die Zuständigkeit der staatlichen Gerichte auszuschließen. So ist gegenüber einem Verbraucher die in AGB enthaltene Schiedsklausel unwirksam und wird nicht Vertragsbestandteil.[17]

Als Verbraucher gelten auch die Personen, die sich als **Kommanditist** an einer Personenhandelsgesellschaft beteiligen wollen, dies aber nicht im Rahmen einer wirtschaftlichen oder gewerblichen Betätigung tun. Ihnen gegenüber ist ebenfalls die Form des § 1031 Abs. 5 ZPO einzuhalten.[18]   **31**

Anders hingegen für eine Person, die Gesellschafter einer **OHG** oder **Komplementär** einer KG wird. Diese werden durch die Aufnahme in die Gesellschaft zum Unternehmer.[19] Für **Existenzgründer** soll hingegen § 1031 Abs. 5 ZPO nicht zur Anwendung kommen.[20] Begründet wird dies mit der Sachkunde des Existenzgründers, der sich bereits vor dem Vertragsschluss mit der Rechtslage als Kaufmann vertraut gemacht hat. Er hat insofern den Schutzbereich des Verbrauchers verlassen und ist mit diesem nicht mehr vergleichbar. Es bleibt insofern bei den Grundsätzen, die gegenüber Kaufleuten zu beachten sind. Nach der Gegenansicht, die auch von der Rechtsprechung zu einem Teil vertreten wird, soll solange die für Verbraucher geltende Regelung angewendet werden, bis der Betreffende eine Existenz tatsächlich gegründet hat. Die lediglich vorbereitende Tätigkeit sei dem Verbraucherbereich zuzuordnen.[21]   **32**

2. Bindung an die Schiedsvereinbarung
a) Vertragspartner
Die Schiedsvereinbarung gilt zunächst für die Vertragspartner, in dem hier dargestellten Zusammenhang insbesondere für die Gesellschaft.   **33**

b) Akzessorisch haftende Gesellschafter
Die von der Gesellschaft getroffene Schiedsabrede gilt auch für die akzessorisch haftenden Gesellschafter. Der Vertrag einer GbR, OHG oder KG bindet auch die Gesellschafter bzw. die Komplementäre – nicht hingegen die Kommanditisten.[22] Die Wirkung der Schiedsvereinbarung greift nicht nur in dem Fall, dass die Gesellschaft Beklagte eines Verfahrens ist (**Passivprozess**) und die Gesellschafter gleichgerichtet mithaften. Auch in einem Prozess, in dem die Gesellschaft als Klägerin auftritt, bzw. ein Gesellschafter Ansprüche der Gesellschaft einklagt (**Aktivprozess**), sind die Gesellschafter von der Wirkung der Schiedsvereinbarung erfasst. Auf diese Weise wird insbesondere die Aufspaltung der Rechtswege vermieden. Zudem können so dem Anspruchsgegner die Vorteile des Schiedsverfahrens gesichert werden.   **34**

Die von einer Gesellschaft für innergesellschaftliche Angelegenheiten getroffene Schiedsvereinbarung erfasst nicht solche Klagen, die auf einen Anspruch des Gesellschafters gegen die Gesellschaft aus persönlichen – nicht-statutarischen – Rechten gestützt wird.[23] Eine grundsätzlich für das Verhältnis der Gesellschaft und der Gesellschafter geltende Schiedsabrede kommt dann nicht zum Tragen. Will eine Gesellschaft auch in derartigen Fällen ihre Streitigkeiten vor einem Schiedsgericht austragen, so hat sie mit dem betreffenden Mitarbeiter eine der Form des § 1031 ZPO entsprechende Schiedsvereinbarung zu treffen.   **35**

---

17 Stein/Jonas/*Schlosser*, § 1031 Rn 10.
18 *Lachmann*, Rn 338; BGH NJW 1980, 1049 f.
19 *Lachmann*, Rn 338.
20 OLG Düsseldorf MDR 2004, 1049; BGH NJW 1996, 3217.
21 OLG Koblenz NJW 1987, 74.
22 BGH NJW-RR 1991, 423, 424.
23 BGH NJW-RR 1991, 423.

c) Vor-GmbH

36 Vor Eintragung der GmbH sind die Gesellschafter im Rahmen des § 11 Abs. 2 GmbHG bereits von der Wirkung einer Schiedsvereinbarung erfasst.[24]

d) Rechtsnachfolger

37 Wer aufgrund eines Vertrags in die Rechtsposition einer Partei eines Schiedsvertrages eintritt, wird auch an den Schiedsvertrag gebunden. Die Vorschriften der Abtretung finden hier entsprechende Anwendung.[25] Wer etwa nach Abschluss der Schiedsklausel in eine bestehende Gesellschaft eintritt, indem ein GmbH-Anteil erworben wird, wird durch einen von der Gesellschaft zuvor geschlossenen Schiedsvertrag berechtigt und verpflichtet.[26]

e) Gesamtrechtsnachfolger

38 Der Gesamtrechtsnachfolger ist nach allgemeiner Meinung an den Schiedsvertrag seines Rechtsvorgängers gebunden.[27]

f) Bürgen, Schuldübernehmer, Garanten

39 Bürgen, Schuldübernehmer und Garanten sind an eine Schiedsvereinbarung, die die Gläubiger und Schuldner miteinander getroffen haben, nicht gebunden.[28]

40 Sofern der Bürge den Gläubiger befriedigt, geht mit der Forderung auch eine zwischen Gläubiger und Schuldner getroffene Schiedsvereinbarung **auf den Bürgen über**, vgl. § 774 BGB.[29]

41 Erfasst eine Schiedsklausel auch Streitigkeiten zwischen der Gesellschaft und den Gesellschaftern oder der Gesellschafter untereinander, so gilt sie auch für Regressansprüche aus Inanspruchnahme aus einer für die Gesellschaft eingegangenen Bürgschaft.[30] Die in diesen Fällen gebotene weite Auslegung der Schiedsklausel führt dazu, dass auch Streitigkeiten, die zwar außerhalb des eigentlichen Gesellschaftsvertrages liegen, aber unmittelbar im Gesellschaftsvertrag ihre Grundlage haben, erfasst werden.

g) Vollmachtloser Vertreter

42 Aus der Haftung des § 179 BGB kann nicht abgeleitet werden, dass eine Schiedsvereinbarung, die zwischen dem Geschäftsherrn und seinem Vertragspartner getroffen wurde, auch für den Vertreter ohne Vertretungsmacht gelten soll. Der Anspruch gegen den Vertreter ohne Vertretungsmacht hat vielmehr vor den ordentlichen Gerichten geltend gemacht zu werden.[31]

h) Handelsmakler

43 Etwas anderes gilt jedoch für den Handelsmakler im Fall des § 95 Abs. 3 HGB. Hat der Makler sich in der übergebenen Schlussnote die Bezeichnung der anderen Partei vorbehalten, vgl. § 95

---

24 Stein/Jonas/*Schlosser*, § 1029 Rn 34.
25 BGH MDR 2000, 948 = NJW 2000, 2346.
26 BGH MDR 2000, 948 = NJW 2000, 2346; BGH NJW 1979, 2567.
27 BGH NJW 2000, 2346; BGH NJW 1977, 1397, 1398.
28 BGH NJW 1977, 1397, 1398; BGH NJW-RR 1991, 423, 424.
29 Zöller/*Geimer*, § 1029 Rn 63.
30 LG Mönchengladbach NJW-RR 1994, 425.
31 BGH NJW 1977, 1397, 1399.

Abs. 1 HGB, und unterbleibt die Bezeichnung, so kann er gem. § 95 Abs. 3 HGB auf Erfüllung in Anspruch genommen werden. Der Makler wird sodann Vertragspartner zu den Bedingungen der Schlussnote. Der Handelsmakler tritt in die volle Rechts- und Pflichtenbindung des vorgesehenen Vertragspartners ein. Damit wird er auch einer in dem Vertrag enthaltenen Schiedsvereinbarung unterworfen.[32]

3. Schiedsgericht
a) Spruchkörper
aa) Grundsatz

Die §§ 1025 ff. ZPO enthalten keine Bestimmungen darüber, wer Schiedsrichter sein darf. Grundsätzlich kann Schiedsrichter nur eine natürliche Person sein. Personen- und Kapitalgesellschaften scheiden als Schiedsrichter aus. **44**

bb) Besonderheiten für Gesellschaften

Schiedsrichter kann nur sein, wer **nicht Partei** ist. Das Erfordernis, dass ein Rechtsstreit von **45** einem nicht beteiligten Dritten entschieden wird, ist von so grundlegender Bedeutung, dass es[33] auch im schiedsrichterlichen Verfahren grundsätzlich zu beachten ist. Für eine Handelsgesellschaft oder juristische Person bedeutet dies, dass keiner ihrer gesetzlichen Vertreter in einem Streit, in dem es um die Interessen der jeweils vertretenen Rechtsperson geht, als Schiedsrichter bestellt werden darf. Wer die Partei allein oder mit anderen gemeinsam vertritt, darf nicht Schiedsrichter in einem Verfahren des oder der Vertretenen sein.[34] Eine derartige Bestellung wäre nichtig.

Ebenso endet die Stellung als Schiedsrichter, sobald die Stellung als Vertreter innerhalb **46** einer der Parteien erlangt wird. Ebenfalls vom Amt des Schiedsrichters **auszuschließen** sind Regresspflichtige, Inhaber des materiellen Rechts in Fällen von Prozessstandschaft sowie ausgleichspflichtige Gesamtschuldner.

Etwas anderes gilt für die nicht vertretungsberechtigten Personen, etwa die Kommanditisten **47** einer KG. Es liegt keine so enge Interessenverflechtung vor, dass man ihre Stellung als Schiedsrichter schlechthin für unzulässig halten müsste.[35] Auch wenn die Mitgliedschaft in einem Vertretungsorgan einer der am Schiedsverfahren beteiligten Parteien nur formaler Natur sind, die Verbindung zu der Gesellschaft tatsächlich nur eine entfernte, soll es möglich sein, gleichzeitig die Stellung eines Schiedsrichters inne zu haben.[36]

b) Entscheidungskompetenz
aa) Allgemeine Ausführungen

Das Schiedsgericht entscheidet in allen Fällen, in denen ihm die Entscheidungskompetenz verliehen wurde. Das sind im Wesentlichen die oben aufgeführten Fälle, über die eine Schiedsvereinbarung getroffen werden kann. Von der Zuständigkeit der Schiedsgerichte ausgenommen sind nur solche Streitigkeiten, in denen der Gesetzgeber die ordentlichen Gerichte für ausschließlich zuständig erklärt hat, etwa im Familienrecht. Die Zuständigkeit der Schiedsgerichte **48**

---

32 BGH NJW 1977, 1397, 1399 f.
33 BGH NJW 1976, 109, 110.
34 BGH NJW 1976, 109; BGH, NJW 2004, 2226, 2227 für die Unvereinbarkeit gleichzeitiger Mitgliedschaft im Vorstand eines Vereins und in dem über einen Rechtsstreit des Vereins entscheidenden Schiedsgericht.
35 Stein/Jonas/*Schlosser*, § 1036 Rn 8.
36 BGH, NJW 1976, 109, 111.

ist allerdings nicht allein deshalb ausgeschlossen, weil ein Streitgegenstand der freiwilligen Gerichtsbarkeit angehört.[37]

bb) Notwendige Streitgenossenschaft und akzessorische Haftung

49 Ist im Falle notwendiger Streitgenossenschaft für die Rechtsbeziehung des einen Streitgenossen zum Prozessgegner ein Schiedsgericht, für die Rechtsbeziehung des anderen hingegen ein staatliches Gericht zuständig, so ist die Schiedsklausel nicht anzuwenden. Bei notwendiger Streitgenossenschaft ist **zwingend einheitlich zu entscheiden**. Dies kann nicht gewährleistet werden, wenn in derselben Rechtsangelegenheit zwei verschiedene Gerichte zuständig sind. Gemäß dem Grundsatz, dass keiner Partei ein Schiedsverfahren gegen ihren Willen aufgezwungen werden kann, ist für den gesamten Rechtsstreit die staatliche Gerichtsbarkeit zuständig.[38] Da nach heute herrschender Ansicht bei akzessorischer Haftung keine notwendige Streitgenossenschaft mehr gegeben ist,[39] dürfte es möglich sein, dass ein Schiedsgericht den Streit mit der Gesellschaft entscheidet, jedoch der Streit mit einem Gesellschafter vor den staatlichen Gerichten ausgetragen wird.

c) Bindung an den Schiedsspruch

50 Zunächst bindet die Entscheidung des Schiedsgerichts die Parteien. Darüber hinaus werden in bestimmten Fällen auch **Dritte** durch den Schiedsspruch gebunden. Dies ist deswegen problematisch, weil die §§ 265 ff. ZPO nicht anwendbar sind. Auch ist zweifelhaft, ob eine Schiedsbindung aus §§ 325 ff. ZPO abgeleitet werden kann. Sinnvoll erscheint vielmehr, für Dritte die Bindung an den Schiedsspruch aus der Schiedsvereinbarung herzuleiten. Dies kann unter anderem in folgenden Situationen der Fall sein:

aa) Rechtsnachfolge nach Erlass des Schiedsspruchs

51 Wer aufgrund eines Vertrags oder aufgrund Erbschaft in die Rechtsposition einer Partei eines Schiedsvertrages eintritt, wird auch an den Schiedsvertrag gebunden. Die Vorschriften der Abtretung finden hier entsprechende Anwendung.[40]

(1) Einzelrechtsnachfolge

52 Da der Einzelrechtsnachfolger an die zwischen seinem Rechtsvorgänger und einem Dritten bestehende Schiedsvereinbarung gebunden ist, ist er ebenfalls an einen aus der von seinem Rechtsvorgänger getroffenen Schiedsvereinbarung hervorgehenden Schiedsspruch gebunden.[41]

(2) Gesamtrechtsnachfolge

53 Die Bindung an einen Schiedsspruch des Rechtsvorgängers folgt für den Gesamtrechtsnachfolger bereits aus dem Umstand, dass gem. § 1922 BGB der Rechtsnachfolger in die Rechte und Pflichten des Vorgängers vollumfänglich eintritt.

---

37 OLG Hamm BB 2000, 1159, 1160.
38 KG JZ 1961, 175.
39 Zöller/*Vollkommer*, § 62 Rn 7.
40 BGH NJW 2000, 2346.
41 Stein/Jonas/*Schlosser*, § 1055 Rn 21.

bb) Rechtsnachfolge während des Verfahrens
(1) Einzelrechtsnachfolge

Wer während eines laufenden Schiedsverfahrens in eine Gesellschaft eintritt, ist an die Schieds- **54** vereinbarung und somit auch an einen später ergehenden Schiedsspruch gebunden. So beispielsweise in dem Fall, dass ein GmbH-Anteil übernommen wird. Der Erwerber eines Geschäftsanteils einer GmbH tritt in die Rechte und Pflichten aus einem Schiedsvertrag ein, den der Veräußerer über Streitigkeiten aufgrund des Gesellschaftsverhältnisses geschlossen hat, ohne dass es eines gesonderten Beitritts des Erwerbers zum Schiedsvertrag in der Form des § 1027 Abs. 1 ZPO a.F. bedarf (heute § 1032 Abs. 1 ZPO).[42] Er ist dementsprechend an einen später ergehenden Schiedsspruch gebunden. Nach in der Literatur vertretener Ansicht ist der Rechtsnachfolger an einen ergehenden Schiedsspruch nur gebunden, wenn er in das Verfahren eingetreten ist oder wenn der Rechtsvorgänger ihn ermächtigt hat, das Verfahren im eigenen Namen weiterzubetreiben.[43]

(2) Gesamtrechtsnachfolge

Während eines Schiedsverfahrens rücken die Erben als Gesamtrechtsnachfolger in die vertragli- **55** che Bindung eines Schiedsvertrages ein.[44] Sie sind, sofern sie im Schiedsspruch genannt sind, an diesen gebunden. Im Übrigen tritt eine Bindung an den Schiedsspruch nur ein, wenn die Vollmacht des Rechtsanwaltes nicht mit dem Tod des Rechtsvorgängers endet oder wenn zum Zeitpunkt des Eintritts Prozesshandlungen nicht mehr vorgenommen werden müssen. Sofern keine Bindung eintritt, kann durch Genehmigung Bindungswirkung erzeugt werden.[45]

d) Keine Bindung an den Schiedsspruch

Hingegen ist eine Gesellschaft nicht an eine Schiedsvereinbarung – und daher auch nicht an den **56** Schiedsspruch – gebunden, die ein Gesellschafter explizit im eigenen Namen und nicht im Namen der Gesellschaft schließt.[46] Umgekehrt kann bei dem Abschluss einer Schiedsklausel durch eine KG in der Regel davon ausgegangen werden, dass der **Kommanditist** nicht von ihrer Wirkung erfasst ist. Das folgt aus dem Sinn und Zweck der Haftungserleichterung des § 171 HGB.[47]

4. Mehrparteienstreit
a) Allgemeine Problemlage

Nicht unüblich in Schiedsverfahren ist es, dass an einem Verfahren mehrere Parteien teilneh- **57** men. Dies kann einerseits dergestalt geschehen, dass **mehrere als Schiedskläger oder Schiedsbeklagte** in einer Weise auftreten, die vor den staatlichen Gerichten der Streitgenossenschaft entspricht. Es können aber auch mehrere Personen in einer **Anspruchskette** – etwa auf der Grundlage eines Regressanspruchs – miteinander in einem Schiedsverfahren verbunden sein. In beiden Konstellationen bietet das einheitlich durchgeführte Schiedsverfahren den Vorteil, dass einander widersprechende Entscheidungen vermieden werden und der Fall umfassende Würdigung erfährt. Auch ist die Durchführung eines Gesamtverfahrens in aller Regel kostengünstiger.

---

42 BGH NJW 1979, 2567, 2568.
43 Stein/Jonas/*Schlosser*, § 1055 Rn 23.
44 BGH NJW 1979, 2567.
45 Stein/Jonas/*Schlosser*, § 1055 Rn 22.
46 KG JZ 1961, 175 f.
47 Stein/Jonas/*Schlosser*, § 1029 Rn 34.

58   Problematisch ist bei einer Mehrparteienklage insbesondere die **Bestimmung der Schiedsrichter** vor dem Hintergrund der Gleichbehandlung nach § 1042 Abs. 1 S. 1 ZPO.[48] Schiedsklauseln sind in der Regel auf zwei Parteien zugeschnitten. Meistens ist dann festgelegt, dass jede
Partei einen Schiedsrichter bestimmen darf. Für den Fall, dass **mehrere** als **Beklagte** auftreten,
bedeutet dies, dass diese sich auf einen Schiedsrichter einigen müssen. Solange die **Interessenlage der Beklagten gleich** gelagert ist, stellt sich das Problem nur eingeschränkt. Es ist den Beteiligten zuzumuten, einen gemeinsamen Schiedsrichter zu wählen. Werden also beispielsweise
mehrere Gesellschafter wegen einer von ihnen gemeinsam ausgehenden Verhaltensweise aus
einer Gesellschaft ausgeschlossen und wird Klage von den verbleibenden oder einem verbleibenden Gesellschafter gegen die Ausgeschlossenen auf Feststellung der Wirksamkeit des Ausschlusses erhoben, dann besteht unter den Beklagten kein Interessengegensatz. Sie müssen sich
auf einen gemeinsamen Schiedsrichter einigen.

59   Anders liegt die Fallgestaltung, wenn die **Interessenlage** mehrerer Beklagter völlig **verschieden** ist. Sieht dann eine Schiedsklausel vor, dass auch bei gegenläufiger Interessenlage die
Beklagten nur einen Richter bestellen, so müssen sie sich auf eine Schiedsperson einigen. Sofern
die Beklagtenpartei mit der Besetzung des Schiedsgerichts nicht zufrieden ist, kann sie sich auf
§ 1034 Abs. 2 S. 1 ZPO wegen Übergewichts einer Partei auf die Zusammensetzung des Schiedsgerichts berufen. Das Gericht kann dann den Richter der Klägerseite auswechseln, um das bestehende Ungleichgewicht zu beseitigen.[49]

---

60 Wichtig

Mehrere Kläger müssen sich dagegen immer auf einen gemeinsamen Schiedsrichter einigen. Dem liegt der Rechtsgedanke zugrunde, dass mehrere Kläger stets ein gemeinsames Interesse verfolgen. Andernfalls würden sie nicht
gemeinsam Klage erheben.

---

b) Gesellschaftsinterne Mehrparteienstreitigkeiten im Besonderen

61 Als gesellschaftsinterne Mehrparteienstreitigkeiten bilden **Informations- und Beschlussmängelstreitigkeiten** besondere Probleme. Dies hat verschiedene Gründe. Zum einen sind in der
Regel auf Klägerseite mehrere Personen beteiligt. Zum anderen können durch die Entscheidung
– die vor den staatlichen Gerichten ein Gestaltungsurteil darstellte – auch nicht an dem Verfahren Beteiligte betroffen sein. Wie diese gesellschaftsinternen Mehrparteienstreitigkeiten schieds-
rechtlich zu behandeln sind, ist gesetzlich nicht geregelt.

aa) Inhalt der Schiedsvereinbarung und Wirkung des Schiedsspruchs

62 Fraglich ist, ob überhaupt ein Informationsstreit oder eine Beschlussmängelsache einem
Schiedsgericht zur Entscheidung zugewiesen werden kann. Dies ist sehr umstritten. Zumeist
werden zudem für die GmbH und die AG unterschiedliche Lösungen vertreten.

(1) Informationsrechte des Gesellschafters
– Aktionär/AG

63   Das Auskunft- und Einsichtsrecht ist für die Aktionäre einer AG in § 131 AktG geregelt. In
§ 132 Abs. 1 S. 1 AktG ist vorgesehen, dass für Streitigkeiten über das Auskunfts- und Ein-

---

48 Stein/Jonas/*Schlosser*, § 1034 Rn 11.
49 Stein/Jonas/*Schlosser*, § 1034 Rn 17.

sichtsrecht das Landgericht ausschließlich zuständig ist, in dessen Bezirk die Gesellschaft ihren Sitz hat. Würde die ausschließliche Zuständigkeit in der Satzung geändert und über diesen Punkt die Zuständigkeit eines Schiedsgerichts festgelegt, so würde dies einen Verstoß gegen § 23 Abs. 5 AktG und den darin festgelegten Grundsatz der formellen Satzungsstrenge darstellen. Eine Auskunft- oder Einsichtsklage des Aktionärs gegen die Gesellschaft kann somit nicht vor einem Schiedsgericht erhoben werden.

– Gesellschafter/GmbH

Anders wird die Schiedsfähigkeit des Auskunfts- und Einsichtsrechts des GmbH-Gesell- **64** schafters aus § 51a GmbHG beurteilt. Dies kann einer schiedsgerichtlichen Entscheidung unterworfen werden, weil es dem Vergleich zugänglich ist. Sofern in einer Schiedsklausel oder Schiedsvereinbarung alle Streitigkeiten zwischen Gesellschaft und Gesellschaftern der Schiedsgerichtsbarkeit unterworfen sein sollen, so umfasst dies auch das Auskunfts- und Einsichtsrecht. Denn dieses wurzelt in dem vertraglich begründeten Gesellschaftsrechtsverhältnis. Die Schiedsfähigkeit des Auskunfts- und Einsichtsrechts ist nicht durch die Verweisung von § 51b GmbHG auf § 132 Abs. 1 S. 1 AktG ausgeschlossen. Die Verweisung auf die ausschließliche Zuständigkeit betrifft nur die Grundkonstellation, dass die staatliche Gerichtsbarkeit zur Entscheidung zuständig ist. Sie hindert nicht die Zulässigkeit einer Schiedsvereinbarung.[50]

(2) Beschlussmängelstreitigkeit

Unter Beschlussmängelstreitigkeiten fallen Anfechtungs-, Feststellungs- und Nichtigkeitsklagen **65** des Gesellschafters gegen die Gesellschaft gem. §§ 241 ff. AktG – in entsprechender Anwendung für die GmbH. Auch bei Beschlussmängelstreitigkeiten ist für die GmbH und die AG eine gesonderte Betrachtung anzustellen.

– Aktionär/AG

Aus denselben Gründen wie bei Informationsklagen ist auch die Regelung des Beschluss- **66** mängelstreites in einer Schiedsvereinbarung in der Satzung einer AG ausgeschlossen. Eine solche Abrede scheitert an der formalen Satzungsstrenge des § 23 Abs. 5 AktG.

– Gesellschafter/GmbH

Selbst wenn auch die Behandlung von Beschlussmängelstreitigkeiten in GmbH-Satzungen **67** weiterhin in Rechtsprechung und Literatur umstritten ist, hat der **BGH** in einer Grundsatzentscheidung von 1996[51] entschieden, dass eine Schiedsfähigkeit von Beschlussmängelstreitigkeiten nicht in Betracht kommt. Die Schiedsfähigkeit scheitert an der Tatsache, dass es in der ZPO keine Regelung gibt, die auch für das Schiedsverfahren eine Wirkung gegenüber am Verfahren Unbeteiligten zulässt – wie dies vor den staatlichen Zivilgerichten etwa §§ 248 f. AktG tun.[52] Der Wortlaut von § 1040 ZPO sei zu eindeutig. Für eine analoge Anwendung der aktienrechtlichen Regelungen im Schiedsverfahren sieht der BGH derzeit keine Grundlage.[53] Selbst wenn ihm der Gesetzgeber, der in seinem Gesetzesentwurf diese Lücke bemerkte, deren Füllung den Gerichten überlassen wollte.[54] Umgekehrt erklärt der BGH in

---

50 OLG Hamm BB 2000, 1159, 1161 = NZG 2000, 1182; OLG Koblenz GmbHR 1990, 556, 557.
51 BGH NJW 1996, 1753.
52 BGH NJW, 1996, 1753, 1755.
53 In BGH NJW 1996, 1753 wollte er eine Analogie nicht schließen, in BGH NJW 2001, 2176, 2177 konnte er es nicht, da er das Vorliegen einer Feststellungsklage, deren Bescheidung eine Wirkung inter omnes zur Folge hätte, verneinte.
54 Regierungsbegründung zu § 1030 ZPO, BT-Drucks 13/5274.

der genannten Entscheidung, dass die Schiedsfähigkeit grundsätzlich vorhanden ist. Insbesondere ergibt sich kein Hindernis der Schiedsfähigkeit aus der rechtsgestaltenden Wirkung des Schiedsspruches.[55] Bis zur Schiedsfähigkeit des Beschlussmängelstreites bleibt also eine gesetzliche Regelung des Gesetzgebers abzuwarten.

– Gesellschafter untereinander

68   Zwischen einzelnen Gesellschaftern ist eine Klage auf Feststellung der Wirksamkeit eines in der Gesellschafterversammlung gefassten Beschlusses schiedsfähig. Die Entscheidung betrifft nur die Parteien, nicht aber die Gesellschaft als solche oder andere Gesellschafter. Es besteht hier also nicht das Problem, dass eine den §§ 248 f. AktG entsprechende Regel im Schiedsrecht fehlt.[56]

bb) Benennung der Schiedsrichter als Folgeproblem

69 Da bei gesellschaftsinternen Mehrparteienstreitigkeiten häufig auf Klägerseite mehrere Personen auftreten – oder im Falle eines Beschlussmängelstreites auftreten würden – besteht das Problem, sofern nicht in der Schiedsvereinbarung etwas anderes geregelt ist, dass von jeder Partei nur ein Schiedsrichter ernannt werden kann. Sollten sich die **Kläger** – also die Gesellschafter oder Aktionäre, die gegen einen in der Gesellschafterversammlung getroffenen Beschluss vorgehen oder eine Information einklagen wollen – nicht auf einen gemeinsamen Schiedsrichter einigen können, so schlägt der BGH[57] vor, die Mehrheit entscheiden zu lassen. Alternativ könne man das Gericht durch denjenigen besetzen lassen, der bei Untätigkeit zuständig wäre oder durch eine von den Parteien unabhängige Instanz. Letzteres soll jedoch nur in Betracht kommen, wenn die Parteien eine entsprechende Regelung in ihren Schiedsvertrag aufgenommen haben.

cc) Gefahr unterschiedlicher Entscheidungen als Folgeproblem

70 Im Fall eines staatlichen Verfahrens würde es sich bei einer von mehreren Gesellschaftern angestrengten Beschlussmängelstreitigkeit um eine Konstellation notwendiger Streitgenossenschaft handeln. Diese schlösse weitere Einzelklagen nicht aus. Es kann daher auch vor den Schiedsgerichten **kein Rechtshängigkeitszusammenhang** entstehen. Das bedeutet, dass auch vor dem Schiedsgericht eine weitere Klage möglich wäre.

---

71 **Praxistipp**
Zur Vermeidung einander widersprechender Entscheidungen sollte daher bereits in der Schiedsklausel dafür Sorge getragen werden, dass nur ein einziges Schiedsverfahren stattfinden kann.[58] Dies könnte etwa durch die Verpflichtung geschehen, sich in einem derartigen Fall einem laufenden Schiedsverfahren anzuschließen bzw. das zuerst angerufene Gericht für ausschließlich zuständig zu erklären. Sofern dies ein Schiedsgericht – und kein staatliches Gericht ist, werden allerdings möglicherweise später zum Verfahren hinzutretende Gesellschafter an die Besetzung des Gerichts gebunden, ohne hierauf Einfluss gehabt zu haben. Hierin läge ein Verstoß gegen den Grundsatz der Gleichbehandlung der Parteien aus § 1042 Abs. 1 S. 1 ZPO.

---

55 BGH NJW 1996, 1753, 1754.
56 BGH NJW 1979, 2567, 2569.
57 BGH NJW 1996, 1753.
58 Stein/Jonas/*Schlosser*, § 1043 Rn 24; BGH NJW 1996, 1753, 1755.

Frank

Markus Frank

§ 23 Internationale Zuständigkeit

Literatur: *Kropholler*, Internationales Privatrecht, 6. Aufl. 2006; *Spahlinger/Wegen*, Internationales Gesellschaftsrecht in der Praxis, 2005; *Staudinger*, Kommentar zum BGB mit Einführungsgesetz und Nebengesetzen, Wiener UN-Kaufrecht (CISG), Neubearb. 2005.

Inhalt

I. Einleitung

Die internationale Zuständigkeit bezeichnet die Zuständigkeit von Gerichten und Behörden eines **1** bestimmten Staates. Zur Ermittlung dieser internationalen Zuständigkeit können drei verschiedene Arten von Rechtsquellen herangezogen werden. Zum einen sind dies so genannte **autonome staatliche Regelungen**. Hierunter werden nationale Gesetze verstanden, die für bestimmte Fälle mit Auslandsbezug die Zuständigkeit der nationalen Gerichte begründen. Dies ist etwa in § 23 ZPO der Fall. Trotz der Tatsache, dass die zu verklagende Person ihren Wohnsitz nicht in Deutschland hat, ist für vermögensrechtliche Ansprüche gegen diese Person das deutsche Gericht international zuständig, in dessen Bezirk sich das Vermögen befindet.

Auf **europäischer Ebene** sind insbesondere durch die **EuGVO**[1] Regelungen zur internationa- **2** len, – das heißt hier EU-weiten – Zuständigkeit getroffen. Die EuGVO beruht auf Art. 67 AEUV i.V.m. Art. 81 lit. c AEUV und ist zum 1.3.2002 in allen EU-Staaten mit Ausnahme von Dänemark (dort ab 1.7.2007) in Kraft getreten.

---

[1] Europäische Gerichtsstands- und Vollstreckungsverordnung, auch Brüssel I-Verordnung genannt.

3 Weiter kann aufgrund von Staatsverträgen eine Regelung über die internationale Zuständigkeit vereinbart werden. Dies ist etwa im **Luganer Übereinkommen** (im Folgenden LugÜ) oder dem inzwischen außer Kraft getretenen EuGVÜ[2] sowie dem CISG[3] geschehen. Das LugÜ regelt im Wesentlichen eine Anwendung der Regelungen des EuGVO im Verhältnis zwischen den Staaten von EFTA und EU, somit aus Sicht der EU im Verhältnis zu den Staaten Island, Norwegen, Schweiz und Polen.

4 Hier sollen im Folgenden die für **gesellschaftsrechtliche Streitigkeiten** relevanten Zuständigkeitsregelungen von EuGVO und CISG dargestellt werden sowie die internationale **Zuständigkeit im Insolvenzfall** bei internationalen Unternehmen.

II. Zuständigkeit nach dem EuGVO

5 Der Aufbau der EuGVO in Bezug auf Zuständigkeitsregelungen entspricht in wesentlichen Teilen denen der deutschen ZPO. So existiert auch im EuGVO die bekannte Gerichtsstandstrias aus allgemeinem, besonderem und ausschließlichem Gerichtsstand. Auch auf europäischer Ebene ist eine **Gerichtsstandsvereinbarung** zulässig.

1. Allgemeiner Gerichtsstand

6 Grundsätzlich ist der allgemeine Gerichtsstand der Wohnsitz des Beklagten, gem. Art. 2 Abs. 1 EuGVO. Für Gesellschaften und juristische Personen bestimmt Art. 60 Abs. 1 EuGVO, dass ihr Wohnsitz für die Anwendung der EuGVO an dem Ort ist, an dem sich ihr **satzungsmäßiger Sitz** (lit. a), ihre **Hauptverwaltung** (lit. b) oder ihre **Hauptniederlassung** (lit. c) befindet. Für internationale Konzerne kann es bereits mehrere allgemeine Gerichtsstände geben.

2. Besonderer Gerichtsstand
a) Erfüllungsort, Art. 5 Nr. 1 EuGVO

7 Nach Art. 5 Nr. 1 EuGVO kann eine Person (oder eine Gesellschaft), die ihren Wohnsitz in einem Mitgliedsstaat hat, anstatt an ihrem allgemeinen Gerichtsstand auch an dem Ort verklagt werden, an dem ein Vertrag oder ein Anspruch aus einem Vertrag erfüllt wurde oder zu erfüllen ist oder gewesen wäre, sofern dies ebenfalls ein Mitgliedstaat ist. Maßgeblich ist wie bei § 29 ZPO die jeweils streitige Forderung.[4] Art. 5 Nr. 1 lit. b EuGVO gilt auch für Werk- und Werklieferungsverträge.[5] Wenn zudem das UN-Kaufrecht Anwendung findet, ist die internationale Zuständigkeit gemäß den Vorschriften dieses Gesetzes zu ermitteln.[6]

b) Unerlaubte Handlung, Art. 5 Nr. 3 EuGVO

8 Für Ansprüche aus unerlaubter Handlung ist es möglich, die Schadenersatzklage an dem Ort zu erheben, an dem die unerlaubte Handlung stattgefunden hat. Bei so genannten **Distanzdelikten**, wenn Handlungs- und Erfolgsort verschieden sind, ist an beiden Orten ein besonderer Ge-

---

2 Europäisches Gerichtsstands- und Vollstreckungsübereinkommen, trat zum 1.2.1973 in Kraft.
3 United Nations Convention on Contracts for the International Sale of Goods.
4 Zur Auslegung des Vertrages hinsichtlich des Erfüllungsortes sowie der Relevanz des Erfüllungsortes für das Geltendmachen von Schadensersatzansprüchen BGH NJW 1997, 870, 871 nach dem damals noch geltenden EuGVÜ, dessen Inhalt sich auf die heutige Rechtslage übertragen lässt.
5 OLG Düsseldorf NJOZ 2004, 3118 f.
6 Vgl. hierzu den Beschluss der Corte di Cassazione, IHR 2005, 115, das allerdings einen vor In-Kraft-Treten des EuGVO eingelegten Antrag zu bescheiden hatte.

richtsstand begründet und der Kläger hat die Wahl zwischen beiden.[7] Dies kann bei grenzüberschreitenden Luft- und Wasserverschmutzungen der Fall sein, aber auch im Fall von ehrverletzenden Äußerungen in den Medien. Auch im Falle einer Inanspruchnahme aus der **Zusage von Gewinnen** ist der Gerichtsstand der unerlaubten Handlung gegeben.[8] Wie bei Distanzdelikten ist auch hier eine Klage an dem Ort möglich, an dem das **schädigende Ereignis** eingetreten ist.

Wichtig   **9**

Am Gerichtsstand der unerlaubten Handlung können jedoch nur solche Ansprüche entschieden werden, die auf eine unerlaubte Handlung gestützt sind. Will der Kläger einen Anspruch unter allen Aspekten prüfen lassen, kann er dies nicht am Gerichtsstand der unerlaubten Handlung. Er muss in diesem Fall am allgemeinen Gerichtsstand klagen.

---

c) Niederlassung, Art. 5 Nr. 5 EuGVO

Klagen gegen eine Gesellschaft können außer an ihrem Sitz, der Hauptniederlassung oder dem **10** Ort der Hauptverwaltung auch an dem Ort einer Niederlassung erhoben werden. Dies ist allerdings nur zulässig, wenn es um Ansprüche geht, die aus dem Betrieb der jeweiligen Niederlassung herrühren. Die Niederlassung muss einen **Mittelpunkt geschäftlicher Tätigkeit** bilden, welche auf Dauer als Außenstelle eines Stammhauses hervortritt. Zudem müssen von dort aus unmittelbar Geschäfte abgeschlossen werden.[9] Für einen Handelsvertreter gem. § 84 HGB gilt dies beispielsweise nicht, da dieser nicht unter Aufsicht und Leitung des Stammhauses steht und seine Tätigkeit im Wesentlichen frei bestimmen kann.[10]

d) Versicherungs-, Verbraucher- und Arbeitssachen

Versicherungs- Verbraucher- und Arbeitssachen sind in der EuGVO gesondert geregelt. Wegen **11** der sozialpolitisch begründeten höheren Schutzbedürftigkeit von Versicherungsnehmern, Verbrauchern und Arbeitnehmern wird diesen für die Ansprüche aus dem jeweiligen Vertragsverhältnis ein Wahlgerichtsstand eingeräumt. Umgekehrt können sie nur an ihrem allgemeinen Gerichtsstand verklagt werden, vgl. Art. 8 ff., 15 ff., 18 ff.

3. Ausschließlicher Gerichtsstand, Art. 22 EuGVO
a) Unbewegliche Sachen

Für Ansprüche, die unbewegliche Sachen betreffen gilt der Gerichtsstand des Belegenheitsortes. **12**

b) Art. 22 Nr. 2 EuGVO
aa) Allgemeine Voraussetzungen

In Art. 22 Nr. 2 EuGVO werden einige gesellschaftsrechtliche Streitigkeiten dem **ausschließli- 13 chen Gerichtsstand des Gesellschaftssitzes** zugeordnet. Dies sind

---

7 *Kropholler*, § 58 III, 3.
8 OLG Frankfurt/M., Urt. v. 21.2.2003 – 25 U 149/02 – n.v., das in der Nichteinhaltung einer Gewinnzusage nach § 661a BGB ein deliktsähnliches Verhalten sieht, nicht also um einen nicht erfassten gesetzlichen Anspruch, für den der allgemeine Gerichtsstand nach Art. 2 EuGVO gelte. Insbesondere stelle die isolierte Gewinnzusage keinen Vertrag i.S.d. Art. 5 Abs. 1 EuGVO dar.
9 EuGH 22.11.1987 – Rs. C-33/87, Somafer/Saar-Ferngas, RIW 1979, 56, 58.
10 EuGH 18.3.1981 – 139/80, Blanckaert/Trost, IPRax 1982, 64, 67, damals noch nach dem GVÜ, jedoch auch nach EuGVO in gleicher Weise gültig.

– Klagen, welche die Gültigkeit, Nichtigkeit oder die Auflösung einer Gesellschaft oder juristischen Person zum Gegenstand haben;
– Klagen, die die Gültigkeit der Beschlüsse von deren Organen zum Gegenstand haben.

bb) Sitz der Gesellschaft

14 Bei Streitigkeiten über den Sitz ist gem. Art. 22 Nr. 2 S. 2 EuGVO nach den Vorschriften des nationalen IPR zu entscheiden. Dies kann relevant sein, wenn ein Staat für die Beurteilung des Sitzes das Recht des Gründungsstaates für ausschlaggebend hält (**Gründungstheorie**), eine andere Rechtsordnung darauf abstellt, wo die tatsächliche Hauptverwaltung liegt (**Sitztheorie**). Das deutsche Recht hält gemäß der **Sitztheorie** das Recht des Ortes für maßgeblich, an dem die Gesellschaft ihre Verwaltungstätigkeit ausübt, wogegen in anderen Staaten, etwa in England und den Niederlanden die **Gründungstheorie** angewandt wird.

15 Bedeutung erlangt diese Unterscheidung, wenn in einem Staat, in dem nur eine **geringe Gründungssumme** erbracht werden muss, eine der GmbH entsprechende Gesellschaft gegründet wird – z.B. in England – und diese Gesellschaft anschließend nach Deutschland ihre Hauptverwaltungstätigkeit verlagert. Fraglich ist, wie das in Deutschland handelnde Unternehmen zu beurteilen ist. Unter Anwendung der Gründungstheorie wäre auch in Deutschland eine wirksame Gesellschaft existent, da auf diese nur das Recht des Gründungsstaates, also in dem Beispiel englisches Recht, Anwendung findet.[11] Nach der deutschen Sitztheorie ist jedoch erforderlich, dass die Gesellschaft den Vorschriften des Staates genügt, an dem sie ihre Hauptverwaltung hat. Dabei kommt es nicht auf den registrierten Satzungssitz, den Gründungsort oder den formellen Verwaltungssitz an, sondern auf den **effektiven Verwaltungssitz**, von dem aus die Gesellschaft tatsächlich gelenkt wird. Es ist insoweit auf den Schwerpunkt des körperlichen Lebens der juristischen Person abzustellen, von dem aus die grundlegenden Entscheidungen der Unternehmensleitungen effektiv in laufende Geschäftsführungsakte umgesetzt werden.[12]

16 Bei der **bloßen Verlagerung** der Tätigkeit von England nach Deutschland werden die deutschen Vorschriften zur Gründung einer GmbH umgangen. Es fehlt sowohl an der Einlage in Höhe von 25.000 EUR sowie an der Eintragung der Gesellschaft in das Handelsregister. Die Gesellschaft ist daher nach deutschem Recht nicht rechtsfähig, sowie sie keinen Sitz in Deutschland vorweisen kann.[13] Ganz überwiegend ist mittlerweile zumindest im EU-Kontext die Gründungstheorie in Fällen anerkannt, in denen eine Gesellschaft von einem Mitgliedsstaat in einen anderen zieht. Die zugezogene Gesellschaft ist somit in dem Mitgliedsstaat in dem die tatsächliche Geschäftstätigkeit entfaltet wird als rechtsfähig anzuerkennen.[14]

---

11 So OLG Frankfurt/M. ZIP 1999, 1710 f. in einem Fall, in dem die in Großbritannien gegründete „private limited company" nicht im Gründungsstaat tätig war, aber auch sonst überhaupt kein tatsächlicher Verwaltungssitz der Gesellschaft feststellbar war.
12 LG Potsdam ZIP 1999, 2021, 2022.
13 So auch EuGH v. 9.3.1999 – Rs. C-212/97 – Centros Ltd./Erhvervs- o.g. Selskabsstryrelsen, IPRax 1999, 360, 363 f. in einem Fall, in dem zur Umgehung der strengeren Gründungsvorschriften Dänemarks nach Gründung der Gesellschaft in Großbritannien zum Schein in Dänemark eine Zweigniederlassung gegründet wurde, ohne dass allerdings in der Hauptniederlassung irgendeine wirtschaftliche Tätigkeit ausgeübt wurde.
14 Anders dagegen EuGH v. 5.11.2002 – Rs. C-208/00 – Überseeing BV/Nordic Construction Company Baumanagement GmbH, IPRax 2003, 65, der die Mitgliedstaaten aufgrund der Niederlassungsfreiheit dazu verpflichten will, die am anderen Gründungsstaat ordnungsgemäß gegründete Gesellschaft als rechts- und parteifähig anzuerkennen, sofern sie dies nach dem Recht des Gründungsstaates ist; ebenso EuGH v. 30.9.2003 – Rs. C-167/01 – Kamer von Koophandel en Fabrieken voor Amsterdam/Inspire Art Ltd., IPRax 2003, 46; OLG Frankfurt/M. IPRax 2004, 56, 58 für die Übertragbarkeit der Gründungstheorie auf EWR- bzw. EFTA-Staaten; entgegen der Annahme, dass mit der europäischen Entwicklung die Sitztheorie in Deutschland grundsätzlich nicht mehr gelte, der BGH in seiner „Trabrennbahn-Entscheidung" BGH, 27.10.2008 – II ZR 158/06.

Praxistipp   **17**
Einiges kann jedoch erleichtert werden, wenn beide an einem Rechtsstreit beteiligten Staaten das EWG-Übereinkommen über die gegenseitige Anerkennung von juristischen Personen und Gesellschaften ratifiziert haben. Deutschland hat dies getan.

---

4. Gerichtsstandsvereinbarung, Art. 23 EuGVO

Gerichtsstandsvereinbarungen sind im Geltungsbereich der EuGVO zulässig.[15] Allerdings sind **18**
Gerichtsstandsvereinbarungen über solche Ansprüche unzulässig, für die Art. 22 EuGVO einen ausschließlichen Gerichtsstand vorschreibt, vgl. Art. 23 Abs. 5 EuGVO. Im Bereich von Versicherungs-, Verbraucher- und Arbeitssachen sind gem. Art. 22 Abs. 5 EuGVO Art. 13, 17, 21 EuGVO zu beachten.

III. Zuständigkeit nach dem CISG

1. Allgemeine Ausführungen

Für einen internationalen Kaufvertrag von Waren kommt es zur Anwendung der Regeln des **19**
CISG (United Nations Convention on Contracts for the International Sale of Goods). Bei Vorliegen der Voraussetzungen kommt das Gesetz automatisch zur Anwendung. So unterfallen alle **Exportgeschäfte** und der Großteil der **Importgeschäfte** der Bundesrepublik diesem Gesetzeswerk.[16] Soll das CISG nicht zur Anwendung kommen, so ist gem. Art. 6 CISG erforderlich, dass die Parteien seine Geltung vertraglich abbedingen.

Inhaltlich trifft das CISG Regelungen über die gegenseitigen Pflichten aus dem Kaufvertrag. **20**
So sind insbesondere der Abschluss eines Vertrages, die Käufer- und Verkäuferpflichten sowie die Folgen einer Nichtleistung geregelt. Indirekt wird aus diesen Vorschriften der Gerichtsstand des Erfüllungsortes hergeleitet. In der Regel liegen nach den Vorschriften des CISG sowohl für die vertragstypische Leistung als auch für die Gegenleistung (Kaufpreisforderung) die Erfüllungsorte am Sitz des Verkäufers.

2. Zuständigkeit gem. Art. 31 CISG, Hauptleistungspflicht

Der Ort der Übergabe ist der Erfüllungsort. An diesem Ort liegt auch der **Gerichtsstand des Er-** **21**
füllungsortes.[17]

a) Art. 31 lit. a CISG

Beim **Versendungskauf**, gem. Art. 31 lit. a CISG, wird in der Regel der Übergabeort nicht der Ort **22**
sein, an dem die Ware der Transportperson übergeben wird, sondern an der Niederlassung des Verkäufers.[18]

---

15 Vgl. hierzu OLG Düsseldorf NJOZ 2004, 3118, das in dem betreffenden Fall allerdings eine wirksame Einbeziehung der Lieferbedingung in den Vertrag verneinte.
16 Staudinger/*Magnus*, Einl. CISG, Rn 4.
17 EuGH RIW 1994, 676, 677f.
18 Staudinger/*Magnus*, Art. 31 Rn 24, der dem Ort, an dem die Übergabe an die Transportperson stattfindet im Rahmen der Bestimmung des Gerichtsstandes keine Bedeutung beimisst.

b) Art. 31 lit. b CISG

23 Bei einer **Speziesschuld, Vorratsschuld, bei herzustellender oder zu erzeugender Ware** gem. Art. 31 lit. b CISG ist der Ort der Erfüllungsort, an dem sich nach dem Wissen der Parteien die Ware im Zeitpunkt des Vertragsschlusses befand oder befinden würde. Der Verkäufer muss die Ware im Zweifel von diesem Ort bereitstellen, der Käufer sie dort abholen.[19] Nach lit. b wird auch beurteilt, wenn die Ware eingelagert ist oder die Ware sich auf dem Transport befindet. Die Übergabe der Ware erfolgt durch Übergabe der Dokumente, durch Abtretung des Herausgabeanspruchs oder durch Übergabe der Ware selbst. Erfüllungsort sowie Gerichtsstand für die Erfüllung der Hauptleistungspflicht ist an dem jeweiligen Ort der Übergabe/Abtretung.

c) Art. 31. lit. c CISG

24 In allen anderen Fällen ist der Übergabeort der Ort der **Niederlassung des Verkäufers**. An diesem Ort ist regelmäßig auf Erfüllung der Hauptleistungspflicht zu klagen.

3. Zuständigkeit gem. Art. 57 CISG, Zahlungspflicht

25 Für die Erfüllung der Kaufpreisforderung bewirkt Art. 57 CISG außerhalb des Geltungsbereichs der EuGVO den Gerichtsstand des Erfüllungsortes der Zahlungspflicht.[20]

26   Gerichtsstand für die **Klage auf Zahlung des Kaufpreises** können nach der gesetzlichen Regelung drei verschiedene Orte sein, je nachdem, welche Regelungen über die Zahlungspflicht getroffen wurden.

a) Vereinbarter Zahlungsort

27 Sofern die Parteien einen Ort für die Erbringung des Kaufpreises vereinbart haben, ist diese an diesem Ort zu erbringen und gegebenenfalls einzuklagen. Üblich ist es, diesen in Lieferklauseln festzulegen, sog. **INCOTERMS**. Jedoch selbst bei deren Vorhandensein ist unter Umständen eine Auslegung erforderlich, ob hiermit eine Regelung über den Erfüllungsort getroffen werden soll.

28   Der in einem Gegenangebot enthaltene Zusatz „**frei Baustelle**" stellt nach einer Entscheidung des OLG Koblenz keine anderweitige Bestimmung des Erfüllungsortes dar. Hierin könne allenfalls eine Regelung über die Transportkosten oder über die Gefahrtragung zu sehen sein.[21] Gleiches gilt für die Klausel „**Lieferung frei Haus**".[22]

b) Zug-um-Zug-Erfüllung, Art. 57 Abs. 1 lit. b CISG

29 Wenn kein Ort für die Zahlung vereinbart ist, ergibt sich der Gerichtsstand für die Kaufpreisforderung aus dem Ort, an dem die Hauptleistung zu erbringen ist. Dafür ist folgende Überlegung anzustellen:

30   Grundsätzlich ist nach dem CISG keine Partei zur Vorleistung verpflichtet. Dies führt dazu, dass **Zug-um-Zug** zu leisten ist. Es hängt also vom Ort der Übergabe ab, an welchem Ort die Zahlungspflicht zu erfüllen ist. Ist ein Ort für die Übergabe nicht vereinbart, so erfolgt sie gem.

---

19 Vgl. hierzu OLG Hamm RIW 1999, 785, 787.
20 Staudinger/*Magnus*, Art. 57 Rn 2.
21 OLG Koblenz IHR 2003, 66.
22 So OLG Köln IHR 2002, 66, 67, für den Fall, dass dem Vertrag ansonsten keine Anhaltspunkte für eine anderweitige Vereinbarung zu entnehmen sind, bleibt es also bei einem Erfüllungsort und damit bei der Zuständigkeit am Sitz des Verkäufers. Ebenso Kantonsgericht des Kantons Zug IHR 2005, 119.

Art. 31 CISG am Sitz des Verkäufers. Der Verkäufer kann in diesem Fall den Käufer an **seinem Wohnsitz** auf Zahlung verklagen.

Ein Erfüllungsort für die Hauptleistung kann ebenfalls in INCOTERMS vereinbart werden. **31** Die Zahlung hat dann an diesem Ort zu erfolgen, ebenso wie eine Zahlungsklage im Falle einer Nichtleistung.

Ein **Versendungskauf** begründet in der Regel keine Pflicht zur Leistung Zug-um-Zug. Er **32** fällt daher in der Regel nicht unter Art. 57 Abs. 1 lit. b CISG.[23] Lit. b der Vorschrift ist nur anzuwenden, wenn die Parteien vereinbart haben, dass die Ware nur gegen Zahlung auszuhändigen ist oder wenn die Aushändigung der zur Verfügung über die Waren berechtigenden Dokumente nur gegen Zahlung erfolgt, vgl. Art. 58 Abs. 2 CISG. Dabei ist zu berücksichtigen, dass der Übergabe der Ware die Übergabe der Dokumente gleichgestellt ist.

c) Niederlassung des Verkäufers, Art. 57 Abs. 1 lit a CISG

Ist eine Partei vorleistungspflichtig und haben die Parteien keinen Ort für die Zahlung vereinbart, so kommt es zur Anwendung von Art. 57 Abs. 1 lit. a CISG. Die Zahlungspflicht ist am Ort **33** der Niederlassung des Verkäufers zu erfüllen. Anders als nach § 270 Abs. 1, 4 BGB (qualifizierte Schickschuld) ist die Zahlungspflicht nach dem CISG eine **echte Bringschuld**.

Der Verkäufer kann also auch in diesem Fall am Ort seiner Niederlassung auf Erfüllung der **34** Zahlungspflicht klagen.[24] Beim **Versendungskauf** gilt grundsätzlich ebenfalls die Niederlassung als Erfüllungsort für die Zahlungspflicht.

Bei einer **Verlegung der Niederlassung** hat der Verkäufer die sich aus der Lieferung ergebenden Mehrkosten zu tragen, Art. 57 Abs. 2 CISG. Aus dieser Vorschrift ergibt sich mittelbar, **35** dass sich der Zahlungsort nach dem neuen Niederlassungsort des Verkäufers richtet.[25] Klage auf die Zahlung erfolgt ebenfalls am Ort der Niederlassung des Verkäufers.

Auch eine **Abtretung des Zahlungsanspruchs** kann eine Änderung des Zahlungsorts bewirken. Ergibt sich, dass der Käufer verpflichtet ist, an den Zessionar zu zahlen, so ist an dessen **36** Sitz der neue Zahlungsort. Der Empfänger der Abtretung kann also an seiner Niederlassung auf die Kaufpreiszahlung klagen.[26]

4. Andere Zahlungsansprüche
a) Schadenersatzansprüche

Nach der Rechtsprechung sollte Zahlungsort für eine Schadenersatzzahlung wegen Vertragsverletzung der Erfüllungsort der verletzten Verpflichtung sein.[27] **37**

b) Rückgewähr von Leistungen

Im Falle der Rückgewähr von Leistungen gilt **Art. 57 CISG spiegelbildlich**. Der Käufer kann also **38** am Ort seiner Niederlassung die Rückzahlung des Kaufpreises verlangen.[28]

---

23 Staudinger/*Magnus*, Art. 57 Rn 12.
24 OLG Karlsruhe OLG-Report-Karlsruhe 2004, 164 für die Geltendmachung einer Restkaufpreisforderung.
25 Staudinger/*Magnus*, Art. 57 Rn 16.
26 OLG Celle TranspR-IHR 2000, 18.
27 OLG Braunschweig TranspR-IHR 2000, 4.
28 LG Gießen IHR 2003, 276 unter Hinweis auf BGHZ 78, 257 mit dem Argument, dass nicht primär auf den Sitz des Verkäufers, sondern auf den Erfüllungsort abzustellen sei, a.A. BGHZ 78, 257, 260, mit dem Argument, dass das UN-Kaufrecht der Niederlassung des Verkäufers stärkeres Gewicht einräume, Klage ist also auch für eine Rückzahlung an diesem Ort zu erheben (für den Vorläufer des CISG, dem Einheitlichen Kaufgesetz = EKG).

c) Vertragsstrafen, Aufwendungsersatz, Zinsansprüche

39 Für **Vertragsstrafen und Aufwendungsersatzansprüche** ist der Gerichtsstand über den Erfüllungsort gem. Art. 57 CISG zu bestimmen.[29] Für **Zinsansprüche** richtet sich der Gerichtsstand nach der zu verzinsenden Hauptforderung und ihrem Erfüllungsort.[30]

IV. Zuständigkeit im Insolvenzverfahren

1. Klagen gegen die Gemeinschuldnerin

40 Die internationale Zuständigkeit Deutschlands im Insolvenzverfahren ergibt sich, wenn der insolvente Gemeinschuldner seinen allgemeinen Gerichtsstand bzw. den Mittelpunkt seiner selbständigen wirtschaftlichen Tätigkeit gem. § 3 InsO in Deutschland hat.

41 Ebenso knüpft die Europäische Insolvenzverordnung (EuInsVO) in Art. 3 Abs. 1 an das Kriterium des **Mittelpunktes der hauptsächlichen Interessen** an. Entscheidend ist nach Ansicht des EuGH dabei der Zeitpunkt der Antragstellung.[31] Ein Wechsel des Gesellschaftssitzes zwischen Antragstellung und Eröffnung des Insolvenzverfahrens hat demnach auf die internationale Zuständigkeit keinen Einfluss.

42 Im Fall einer ausschließlich in Deutschland tätigen englischen „Limited" bleiben deutsche Insolvenzgerichte auch dann für die Eröffnung eines Hauptinsolvenzverfahrens i.S.v. Art. 3 Abs. 1 S. 1 EuInsVO international zuständig, wenn die werbende Tätigkeit vor Insolvenzantragstellung vollständig eingestellt wurde.[32]

2. Klagen gegen den Insolvenzverwalter

43 Klagen gegen den Insolvenzverwalter, die sich auf die Insolvenzmasse beziehen, sind gem. § 19a ZPO am allgemeinen Gerichtsstand des Insolvenzverwalters zu erheben. Bei dieser Vorschrift handelt es sich um eine autonome Regelung der internationalen Zuständigkeit.

44 § 19a ZPO begründet allerdings weder eine örtliche noch eine deutsche internationale Zuständigkeit für Klagen des Insolvenzverwalters am Sitz des Insolvenzgerichts, vielmehr gilt § 19a ZPO nur für Klagen **gegen** den Insolvenzverwalter.[33]

---

29 Staudinger/*Magnus*, Art. 57 Rn 24.
30 Staudinger/*Magnus*, Art. 57 Rn 24.
31 EuGH, Urt. v. 17.1.2006 – Rs. C-1/04 – Staubitz-Schreiber, n.v.
32 AG Hamburg ZInsO, 2005, 1282 mit einem Hinweis auf das Schutzbedürfnis der Gläubiger.
33 BGH IPRax 2004, 59, 60.

Kapitel 5 Das Mandat im Rahmen des Gesellschafterwechsels, der Umstrukturierung und der Umwandlung

Wolfgang Arens/Dr. Christian Behrendt

§ 24 Gesellschafterwechsel und Umstrukturierungen außerhalb des UmwG

Literatur: *Arens*, Familiengesellschaften, 1997; *Arens/Tepper*, Formularbuch Gesellschaftsrecht, 4. Aufl., 2012; *Arens/Spieker*, Umwandlungsrecht in der Beratungspraxis, 1996; *Bahnsen*, Gestaltung einer GmbH & Co. KG als „Einheitsgesellschaft", GmbHR 2001, 186; *Bamberger/Roth*, Kommentar zum Bürgerlichen Gesetzbuch, Band 3, 2. Aufl. 2008; *Baumbach/Hopt*, HGB, 35. Aufl. 2012; *Baumbach/Hueck*, GmbH-Gesetz, 19. Aufl. 2009; *Beck'scher Bilanz-Kommentar*, 7. Aufl. 2010; *Beck'sches Handbuch des Personengesellschaftsrechts*, hrsg. v. W. Müller/Hoffmann, 3. Aufl. 2009; *Beck'sches Notarhandbuch*, 5. Aufl. 2009; *Bestelmeyer*, Die unsinnige (Nicht-)Zuständigkeit des Familiengerichts für die Anordnung von Ergänzungspflegschaften, FamRZ 2000, 1068; *Binz/Sorg*, Die GmbH & Co. KG, 11. Aufl. 2010; *Braun/Günther*, Steuer-Handbuch, „Familienpersonengesellschaft", Loseblatt (Stand 2012); *Breiteneicher*, Die Anwachsung als steuerliches Umwandlungsinstrument, DStR 2004, 1405; *Damrau*, Kein Erfordernis der gerichtlichen Genehmigung bei Schenkung von Gesellschaftsbeteiligungen an Minderjährige ZEV 2000, 209; *Dörrie*, Reichweite der Kompetenzen des Testamentsvollstreckers an Gesellschaftsbeteiligungen, ZEV 1996, 370; *Ebenroth/Boujong/Joost*, HGB, 2001–2003; *Glanegger/Güroff*, Gewerbesteuergesetz, 8. Aufl. 2012; *Goette*, Anmerkung zu BGH II ZR 162/96, DStR 1997, 1336; *Goette*, Anmerkung zum BGH Beschluss vom 15.11.1993, DStR 1994, 368; *Grauel*, Zur Genehmigung des Vormundschafts-/Familiengerichts, insbesondere zu ihrer Wirksamkeit, ZNotP 2000, 152; *Grunewald*, Haftungsbeschränkungs- und Kündigungsmöglichkeiten für volljährig gewordene Gesellschafter, ZIP 1999, 597; *Gummert* (Hrsg.), Münchener Anwaltshandbuch Personengesellschaftsrecht, 2005 (zit.: Gummert/Bearbeiter); *Heckelmann*, Abfindungsklauseln in Gesellschaftsverträgen 1973; *Hesselmann/Tillmann/Mueller-Thuns*, Handbuch der GmbH & Co. KG, 20. Aufl. 2009; *Hohaus*, Die Beteiligung Minderjähriger an vermögensverwaltenden Familien-Kommanditgesellschaften, BB 2004, 1707; *Hörger*, Kritische Anmerkungen zum Umwandlungssteuererlass des BMF vom 25.3.1998, DStR 1998, Beilage zu Heft 17, S. 34; *Kirchhof*, Kompaktkommentar Einkommensteuergesetz, 8. Aufl. 2008; *Koller/Roth/Morck*, HGB, 7. Aufl. 2011; *Limmer*, Der Familienpool, ZFE 2004, 40 ff. u. 198 ff.; *Meincke*, ErbStG, 16. Aufl. 2012; *Meyer-Scharenberg*, UmwR, 1995; *Michalski*, GmbHG, 2. Aufl. 2010; *Münchener Handbuch zum Gesellschaftsrecht*, 3. Aufl. 2006–2009 (zit.: MünchGes/Bearbeiter); *Münchener Kommentar zum BGB*, 5. Aufl. 2009 (zit.: MüKo-BGB/Bearbeiter); *Münchener Kommentar zum HGB*, 2002 (zit.: MüKo-HGB/Bearbeiter); *Orth*, Umwandlung durch Anwachsung, DStR 1999, 1011; *Orth*, Schenkung durch disquotale Einlagen, DStR 1999, 1050; *Palandt*, BGB, 71. Aufl. 2012; *Peter/Crezelius*, Gesellschaftsverträge und Unternehmensformen, 6. Aufl. 1995; *Priester*, Die zwingende Einheitlichkeit des Personengesellschaftsanteils – ein überholtes Prinzip, DB 1998, 55; *Reimann*, Der Minderjährige in der Gesellschaft – Kautelarjuristische Überlegungen aus Anlass des Minderjährigenhaftungsbeschränkungsgesetzes, DNotZ 1999, 179; *Röhricht/Graf v. Westphalen*, HGB, 3. Aufl. 2008; *Rust*, Die Beteiligung von Minderjährigen im Gesellschaftsrecht, DStR 2005, 1942 (Teil I) und 1992 (Teil II); *K. Schmidt*, Gesellschaftsrecht, 4. Aufl. 2003; *Schmidt*, EStG, 31. Aufl. 2012; *Schmitt/Hörtnagel/Stratz*, UmwG/UmwStG, 5. Aufl. 2009; *Schoor*, Die Neuregelung der Realteilung von Mitunternehmerschaften ab 1.1.2001, INF 1999, 269; *Schulze-Osterloh*, Bilanzierungsentscheidungen bei der Personenhandelsgesellschaft und ihre Auswirkungen auf die Haftung des Kommanditisten und das Abfindungsguthaben aufgrund einer Buchwertklausel, BB 1997, 1783; *Staudinger*, BGB, Neubearb. 2005; *Sudhoff*, Die Berechnung des Auseinandersetzungsguthabens bei Personengesellschaften, ZGR 1972, 157; *Troll/Gebel/Jülicher*, Erbschaftsteuer- und Schenkungsteuergesetz, 43. Aufl. 2012; *Wendt*, Barrengold – keine Behandlung als gewillkürtes Betriebsvermögen bei Betrieben mit geringer Liquidität, FR 1997, 337; *Wendt*, BB-Beilage 5 zu Heft 16/1999; *Wertenbruch*, Familiengerichtliche Genehmigungserfordernisse bei der GbR mit minderjährigen Gesellschaftern, FamRZ 2003, 1714; *Widmann/Mayer*, UmwG, Loseblatt Stand 2012; *Winkler*, Genehmigung des VormG zu gesellschaftsrechtlichen Akten Minderjähriger, ZGR 1973, 177; *Winter*, Beendigung der mitunternehmerschaftlichen Beteiligung an einer Personengesellschaft, GmbHR 2002, R 398.

Inhalt

I. Ausscheiden und Wechsel von Gesellschaftern

1. Änderungen im Gesellschafterbestand

Änderungen im Gesellschafterbestand können sich auf verschiedene Weisen ergeben. Zu nen- **1** nen sind insbesondere:

- der **Eintritt** eines weiteren Gesellschafters in ein bisheriges Einzelunternehmen, das dadurch zur Personengesellschaft wird;
- der Eintritt in eine bereits bestehende Personengesellschaft;
- das **Ausscheiden** aus einer Gesellschaft **zu Lebzeiten**;
- das Ausscheiden aus einer Gesellschaft **von Todes wegen**;
- der „echte Gesellschafterwechsel" durch **Anteilsübertragung** zwischen einem Altgesellschafter und einem Neugesellschafter.

Zu nennen sind auch die Fallgestaltungen, bei denen der oder die verbleibenden Gesellschafter **2** den Anteil eines ausscheidenden Gesellschafters übernehmen (**Anwachsungserwerb** in der Personengesellschaft, dazu Rn 121 ff.), die **Realteilung** von Personengesellschaften (dazu Rn 187) und die **Vereinigung von Kapitalgesellschaftsanteilen**.[1] Zu unterscheiden sind dabei die Fälle des freiwilligen und erzwungenen Ausscheidens.[2]

2. Eintritt in eine Gesellschaft
a) Gestaltung und Voraussetzungen des Eintritts

Beim **Neueintritt** in eine Gesellschaft kann zwischen verschiedenen Wegen des Eintritts unter- **3** schieden werden, insbesondere:

- durch **Beitritt** im Rahmen einer Gesellschaftsgründung, beispielsweise durch Eintritt in das Handelsgeschäft eines Einzelkaufmanns, der insoweit sein Handelsgeschäft in die Gesellschaft einbringt,[3]
- durch **Aufnahme** in eine bestehende Gesellschaft,
- durch **Erwerb** der Gesellschaftsbeteiligung eines bisherigen Gesellschafters.

Der Eintritt in eine bestehende Gesellschaft erfolgt durch **Aufnahmevertrag** zwischen den bis- **4** herigen Gesellschaftern und dem Neugesellschafter.

Wichtig   **5**
Die für Gesellschaftsgründungen der jeweiligen Rechtsform geltenden **Form-, Genehmigungs- und Mitwirkungserfordernisse** sind im Rahmen des Aufnahmevertrages jeweils ebenfalls zu beachten.[4]

---

1 Vgl. dazu Gummert/*Mutter*, § 6 Rn 2 ff.; Beck'sches Handbuch der Personengesellschaften/*Sauter*, § 7 Rn 5 ff.; Hesselmann/Tillmann/*Hannes*, Handbuch der GmbH & Co. KG, § 10 Rn 2 ff.; *Binz/Sorg*, Die GmbH & Co. KG, § 6 Rn 4 ff.
2 Vgl. dazu Beck'sches Handbuch der Personengesellschaften/*Sauter*, § 7 Rn 5 ff.
3 Dazu Gummert/*Mutter*, § 2 Rn 182 und § 6 Rn 2.
4 Vgl. BGHZ 38, 28; Gummert/*Mutter*, § 6 Rn 2.

6   Bei einer **Schenkung** ist die Formvorschrift des § 518 Abs. 1 BGB zu beachten, deren Nichtbeachtung jedoch durch Vollzug der Schenkung geheilt werden kann, § 518 Abs. 2 BGB. Vollzogen ist die Schenkung, wenn der Gesellschaftsvertrag abgeschlossen wurde und die Einlage auf dem Kapitalkonto des Beschenkten verbucht ist.[5]

7   Der Eintritt in eine Gesellschaft, insbesondere auch in eine Personengesellschaft, die über **Grundbesitz** verfügt, erfordert aber nicht die notarielle Form des § 311b BGB und auch keine Auflassung und Eintragung zu ihrer Wirksamkeit. Insoweit bedarf es gegebenenfalls lediglich der **Grundbuchberichtigung** durch alle Gesellschafter, insbesondere bei Gesellschaften bürgerlichen Rechts.[6]

8   Erfolgte der Beitritt rechtsfehlerhaft und wurde der Geschäftsbetrieb der Gesellschaft aufgenommen, gelten die vom BGH entwickelten **Regeln der fehlerhaften Gesellschaft** (vgl. § 4 Rn 119 ff.).[7]

---

9 **Wichtig**
Soweit der Eintritt als persönlich haftender Gesellschafter in eine Personengesellschaft erfolgt (insbesondere GbR, OHG und als Komplementär in eine KG), haftet der eintretende Gesellschafter auch für die vor seinem Eintritt begründeten Verbindlichkeiten (vgl. §§ 130 Abs. 1, 128, 129, 161 Abs. 1 HGB). Nach der neueren Rechtsprechung des BGH haftet auch der in eine GbR eintretende Gesellschafter für die bei seinem Eintritt schon bestehenden **Altverbindlichkeiten** der Gesellschaft analog § 130 HGB.[8]

---

10   Der eintretende Kommanditist haftet nach Maßgabe der **beschränkten Kommanditistenhaftung** gemäß §§ 171, 172, 173 HGB auch zumindest mit seiner Hafteinlage für die Altverbindlichkeiten.

b) Besonderheiten bei Minderjährigen

11 **Minderjährige** werden beim Eintritt in eine Gesellschaft durch ihren gesetzlichen Vertreter vertreten; falls dieser selbst am Gesellschaftsvertragsabschluss beteiligt ist, werden sie durch einen Pfleger vertreten (§§ 1795, 1629 BGB). Auch bei schenkweiser Einräumung ist die Beteiligung eines **Ergänzungspflegers** erforderlich.[9] Ggf. ist auch **familiengerichtliche Genehmigung** erforderlich.[10] Die unentgeltliche Übertragung eines – voll eingezahlten – Kommanditanteiles auf einen Minderjährigen bedarf nach herrschender Meinung der familiengerichtlichen Genehmigung gemäß §§ 1643 Abs. 1, 1822 Nr. 3 BGB, deren Vorlage vom Registergericht durch Zwischenverfügung aufgegeben werden kann.[11]

---

12 **Beispiel**
Beim **Eintritt Minderjähriger** besteht regelmäßig das Erfordernis familien**gerichtlicher Genehmigung** gemäß §§ 1822 Nr. 3, 1643 Abs. 1 BGB und – im Hinblick auf das Vertretungsverbot der Eltern, falls diese zum Kreis der

---

5 MüKo-BGB/*Kollhosser*, § 518 Rn 27; BMF v. 8.12.1975, BStBl I 1975, 1130.
6 Vgl. Gummert/*Mutter*, § 6 Rn 2.
7 Dazu auch Gummert/*Johansson*, § 2 Rn 157 ff.
8 BGH NJW 2003, 1803.
9 BFH BStBl II 1980, 242.
10 Vgl. Peter/Crezelius/*Winkler*, Rn 519; *Winkler*, ZGR 1973, 186; dazu auch *Hohaus*, BB 2004, 1707; *Limmer*, ZFE 2004, 40 und 198; *Rust*, DStR 2005, 1942 und 1992.
11 OLG Bremen NJW-RR 1999, 876; OLG Zweibrücken FamRZ 2001, 181; BayObLG FamRZ 1990, 28; OLG Frankfurt/M. GmbHR 2008, 1262; dazu NJW-Spezial 2008, 655; a.A. OLG Bremen GmbHR 2008, 1263; OLG München GmbHR 2008, 1264.

Altgesellschafter gehören – das Erfordernis der Bestellung je eines **Ergänzungspflegers** für jedes minderjährige Kind im Hinblick auf §§ 181, 107, 1909 BGB.[12]

Umgekehrt bedarf dagegen die **Aufnahme** eines (volljährigen) Neugesellschafters in eine schon **13** bestehende Gesellschaft, in der bereits minderjährige Mitgesellschafter organisiert sind, nicht der familiengerichtlichen Genehmigung.

Verbreitet wird das Erfordernis der familiengerichtlichen Genehmigung beim Eintritt in eine **14** **GmbH** nach § 1822 Nr. 3 BGB angenommen.[13] Der Streit bezieht sich zum einen darauf, dass § 1822 Nr. 3 BGB von einem „Erwerbsgeschäft" spricht und der Erwerb von Geschäftsanteilen dem Wortlaut nach davon nicht erfasst werden soll, es sei denn, es handelt sich um den Erwerb oder die Veräußerung aller Geschäftsanteile[14] Insbesondere wird für eine „untergeordnete" GmbH-Beteiligung vertreten, dass es sich insoweit nicht um die Beteiligung an einem „**Erwerbsgeschäft**" i.S.v. § 1822 Nr. 3 BGB handele, sondern nur um eine bloß Kapitalbeteiligung.[15]

Wichtig   **15**
Der BGH hat inzwischen das Genehmigungserfordernis nach § 1822 Nr. 3 BGB zumindest für die Fallgestaltungen bejaht, in denen der Minderjährige mehr als 50% des Stammkapitals hält oder in denen nur Minderjährige an der Gesellschaft beteiligt sind.[16]

Der BFH hat sogar eine **zivilrechtliche Unwirksamkeit** und damit die fehlende steuerliche An- **16** erkennungsfähigkeit angenommen, in einem Fall, in dem das Vormundschaftsgericht (heute: Familiengericht) die Bestellung eines Pflegers für nicht erforderlich gehalten hat.[17]

Andererseits soll aber auch § 1822 Nr. 10 BGB zu beachten sein, wonach die **Übernahme** **17** **fremder Verbindlichkeiten** der vormundschaftsgerichtlichen bzw. heute der familiengerichtlichen Genehmigung bedarf. Zumindest dann, wenn bei der Gründung einer GmbH oder im Falle eines Beitritts dem Minderjährigen die Inanspruchnahme für fremde Einzahlungsverpflichtungen droht, etwa die **Ausfallhaftung** nach §§ 24, 26, 31 Abs. 3 GmbHG, soll die Vorschrift eingreifen können.[18]

Praxistipp   **18**
Diese Probleme bzw. Zweifelsfragen können dadurch ausgeräumt werden, dass bei der GmbH-Gründung entweder von vornherein die familiengerichtliche Genehmigung eingeholt wird, oder aber durch volljährige Gesellschafter die Bareinzahlungsverpflichtung in vollem Umfang sofort erfüllt wird,[19] oder aber zumindest dem Minderjährigen gegenüber eine werthaltige Freistellungsverpflichtung hinsichtlich einer solchen Ausfallhaftung abgegeben wird.[20]

---

12 BFH BStBl II 1973, 307; kritisch zur Zuständigkeit der Familiengerichte *Bestelmeyer*, FamRZ 2000, 1068 ff.; zum Umfang der Prüfungspflicht und des Ermessens des Vormundschaftsgerichts bzw. Familiengerichts BayObLG DNotZ 1998, 495, dazu EWiR 1997, 451 m. Anm. *Gernhuber*; OLG Zweibrücken FamRZ 2001, 181; zur Schenkung durch Großeltern BayObLG DNotZ 1999, 589. Dauerergänzungspflegschaft ist aber nicht erforderlich: BFH BStBl II 1976, 328, 330; BGH GmbHR 1975, 272; OLG Hamm DB 1974, 815.
13 Vgl. *Braun/Günther*, Steuerhandbuch des Rechtsanwalts, „Familienpersonengesellschaft", Rn 3.
14 Vgl. Peter/Crezelius/*Winkler*, Rn 598; *Winkler*, ZGR 1973, 177, 186.
15 KG NJW 1996, 1946, 1947; OLG München FamRZ 2003, 392; Palandt/*Diederichsen*, BGB, § 1822 Rn 7.
16 BGH DNotZ 2004, 152.
17 BFH BStBl II 1992, 506, dazu BMF v. 24.7.1998, BStBl I 1998, 914. Diese Entscheidung ist wohl überholt durch BFH BStBl II 2000, 386.
18 Vgl. *Braun/Günther*, Steuerhandbuch des Rechtsanwalts, „Familienpersonengesellschaft", Rn 3; *Damrau*, ZEV 2000, 209, 211; BGHZ 107, 23.
19 Vgl. BGHZ 59, 236; BGHZ 107, 23; *Rust*, DStR 2005, 1942 und 1992.
20 *Braun/Günther*, Steuerhandbuch des Rechtsanwalts, „Familienpersonengesellschaft", Rn 3.

19 Die Beteiligung eines Minderjährigen an einer **Personengesellschaft**, deren Zweck die Verwaltung eines eingebrachten Grundstücks ist, bedarf der familiengerichtlichen Genehmigung gemäß §§ 1643, 1821 Abs. 1 Nr. 5 BGB.

---

20 **Wichtig**

Geschäfte der Gesellschaft, die durch den **Gesellschaftszweck** gedeckt sind, sind dabei grundsätzlich von der familiengerichtlichen Genehmigung erfasst und bedürfen keiner eigenen Genehmigung.[21] Handelt aber der geschäftsführende Gesellschafter außerhalb seiner im Gesellschaftsvertrag beschränkten Vertretungsmacht, bedarf das Geschäft ausnahmsweise doch der familiengerichtlichen Genehmigung.[22]

---

21 Bei der Einräumung der Stellung eines persönlich haftenden Gesellschafters bzw. eines eingetragenen Kaufmanns eines Minderjährigen ist seit dem 1.1.1999 nach dem **Minderjährigenhaftungsbeschränkungsgesetz**[23] die Möglichkeit der Eintragung einer Haftungsbeschränkung im Handelsregister zu beachten.[24] Diese **Haftungsbeschränkung** ist ansonsten – wie die beschränkte Erbenhaftung – im Wege der Einrede geltend zu machen.[25]

22 Die **familiengerichtliche Genehmigung** ist unverzüglich einzuholen; wird sie alsbald erteilt, kann der Gesellschaftsvertrag auch steuerlich ab dem Zeitpunkt des Vertragsabschlusses anerkannt werden.[26] Andernfalls erfolgt die steuerliche Anerkennung ab Erteilung der familiengerichtlichen Genehmigung nur für die Zukunft.[27]

23 Das gilt auch dann, wenn dem beurkundenden Notar die Vollmacht erteilt wird, die Genehmigung sowohl für den Schenker als auch für das beschenkte minderjährige Kind entgegenzunehmen.[28] Ein Erwerbsvorgang, der der familiengerichtlichen Genehmigung bedarf, ist nämlich auch in steuerlicher Hinsicht nicht vor deren Erteilung verwirklicht, wenn die Vertragsbeteiligten den beurkundenden Notar beauftragen und ermächtigen, die Genehmigung für den (gesetzlichen) Vertreter eines Minderjährigen entgegenzunehmen und den anderen Vertragsbeteiligten mitzuteilen sowie zugleich diese Mitteilung für die anderen Vertragsbeteiligten zu empfangen (sog. **Doppelvollmacht**). Wenn die Bevollmächtigung des Notars, den Erwerbern die Genehmigung des Familiengericht mitzuteilen, jederzeit widerruflich ist, lässt sie den Eltern als gesetzlichen Vertretern weiterhin die volle Entscheidungsfreiheit darüber, ob der Vertrag wirksam werden soll. Erzeugt das genehmigungsbedürftige Rechtsgeschäft während der Schwebezeit keine Bindungswirkung, so ist der Erwerbsvorgang vor dem Wirksamwerden der familiengerichtlichen Genehmigung nicht verwirklicht.[29]

---

21 So schon BGH NJW 1971, 375, 376; zur Grundstücksbelastung bei einer GbR mit einem minderjährigen Kind und zur Vertretungsbefugnis eines Elternteils – nicht als gesetzlicher Vertreter des Kindes, sondern als Geschäftsführer der teilrechtsfähigen GbR – siehe OLG Schleswig FamRZ 2003, 55; OLG Naumburg FamRZ 2003, 57; *Dümig*, FamRZ 2003, 1; dazu auch DNotI-Report 2004, 29.

22 OLG Hamm DStR 2001, 1538 m. Anm. *Hergeth*; *Wertenbruch*, FamRZ 2004, 1714.

23 MHbeG, BGBl I 1998, 2487f.

24 Dazu *Grunewald*, ZIP 1999, 597; *Reimann*, DNotZ 1999, 179.

25 Der BFH folgert daraus, dass sie weder im Steuerfestsetzungsverfahren noch gegen das Leistungsgebot, sondern erst im Vollstreckungsverfahren geltend zu machen sei: BFH BStBl II 2004, 35.

26 BFH BStBl II 1981, 435.

27 BFH BStBl II 1968, 671 und BFH BStBl II 1973, 287.

28 BFH DStR 2000, 775, dazu auch *Grauel*, ZNotP 2000, 152.

29 BFH DStR 2000, 775; BFH BStBl II 1999, 606.

3. Ausscheiden eines Gesellschafters

Betrachtet man das Ausscheiden von Gesellschaftern, ist auch zwischen verschiedenen typischen **24** Gründen für das **Ausscheiden** zu unterscheiden, nämlich insbesondere das Ausscheiden durch:

- Tod
- Austritt (Eigenkündigung)
- Ausschließung („Hinauskündigung")
- Einziehung des Gesellschaftsanteils (bei Kapitalgesellschaften)
- Anteilsveräußerung
- Vollzug der Auflösung der Gesellschaft
- sog. Realteilung von Personengesellschaften.

Insoweit kann also unterschieden werden zwischen freiwilligem (einvernehmlichem) Ausscheiden **25** und erzwungenem Ausscheiden. Das einvernehmliche Ausscheiden aus einer Gesellschaft kann

- durch eine **Ausscheidensvereinbarung** zwischen den verbleibenden und dem ausscheidenswilligen Gesellschafter erfolgen,
- durch eine **einvernehmliche Auflösung** der Gesellschaft,
- ferner aber auch durch **Realteilung**.

Zu prüfen ist zunächst, ob das Ausscheiden nach dem Regelungsstatut der betreffenden Perso- **26** nengesellschaft nicht zu deren Beendigung führt, bzw. ob eine **gesellschaftsvertragliche Fortsetzungsvereinbarung** getroffen wurde.

Praxistipp **27**
In der Praxis sollte eine unerwünschte Auflösung der Gesellschaft also durch eine sog. **Fortsetzungsklausel** im Gesellschaftsvertrag vermieden werden. Um die verbleibenden Gesellschafter aber nicht zur Fortsetzung der Gesellschaft und zur Abfindung des ausscheidenden Gesellschafters oder seiner Erben zu zwingen, sollte ihnen ggf. das Recht zu einer **Anschlusskündigung** im Gesellschaftsvertrag eingeräumt werden.

Fehlt eine solche Klausel, so greift in bestimmten Fällen § 141 HGB ein. Aufgrund der Neufassung des **28** § 131 HGB ab 1.7.1998 durch das HRRefG ist der **Tod** eines persönlich haftenden Gesellschafters, wie auch gemäß § 177 HGB der Tod eines Kommanditisten, nicht mehr gesetzlicher Auflösungsgrund.

Seit dem In-Kraft-Treten des Handelsrechtsreformgesetzes per 1.7.1998 ist die Fortführung **29** der Gesellschaft zwischen den verbleibenden Gesellschaftern also bei **Personenhandelsgesellschaften** (OHG und KG) schon nach der Gesetzeslage der Regelfall. Entsprechendes regelt für **Partnerschaftsgesellschaften** auch § 9 PartGG.

Bei der **GbR**, bei der nach dem gesetzlichen Regelungsstatut jegliches Ausscheiden eines **30** Gesellschafters zur Auflösung der Gesellschaft führt, bedarf es einer entsprechenden **Fortsetzungsvereinbarung**. Diese muss nicht unbedingt schon im Gesellschaftsvertrag enthalten sein, es genügt, wenn sie aus Anlass der andernfalls eintretenden Auflösung getroffen wird, jedoch erfordert dies die Zustimmung des ausscheidenswilligen Gesellschafters.[30]

Praxistipp **31**
Will man die damit verbundene Machtstellung des ausscheidenswilligen Gesellschafters verhindern, der möglicherweise so günstige Abfindungsbedingungen durchsetzen will, muss die Fortsetzungsregelung schon im Gesellschaftsvertrag angelegt sein.[31]

---

[30] Vgl. Palandt/*Sprau*, BGB, § 736 Rn 1; Beck'sches Handbuch der Personengesellschaften/*Sauter*, § 7 Rn 10.
[31] Beck'sches Handbuch der Personengesellschaften/*Sauter*, § 7 Rn 10.

Arens/Behrendt

32 Der ausgeschiedene Gesellschafter haftet zunächst weiter mit einer grundsätzlichen Enthaftung (**Verjährung** der Haftungsansprüche) nach fünf Jahren gem. § 160 HGB, § 736 Abs. 3 BGB. Der ausgeschiedene Komplementär einer Kommanditgesellschaft haftet nach § 160 Abs. 1 HGB (sog. **Nachhaftung**) für Arbeitsentgeltansprüche eines Arbeitnehmers der Gesellschaft, wenn diese vor Ablauf von fünf Jahren nach dem Ausscheiden aus der Gesellschaft fällig werden, sofern das Arbeitsverhältnis bereits vor dem Ausscheiden des Komplementärs begründet wurde.[32] Dies entspricht der Rechtsprechung des BGH: Bei **Dauerschuldverhältnissen** ist die Rechtsgrundlage für die einzelnen Schuldverpflichtungen bereits in dem Vertrag selbst angelegt. Sie sind damit begründet i.S.v. § 160 Abs. 1 HGB, auch wenn die weiteren Voraussetzungen ihres Entstehens erst später erfüllt werden.[33]

4. Gesellschafterwechsel (Anteilsübertragung)

33 Unter Gesellschafterwechsel versteht man, dass der eintretende Gesellschafter an die Stelle des ausscheidenden Gesellschafters tritt. Der Gesellschafterwechsel kann durch eine Kombination von Ausscheiden des alten und Eintritt des neuen Gesellschafters (**Doppelvertrag**) oder durch **Abtretung** des Gesellschaftsanteils erfolgen.

34 Eine typische Variante des einvernehmlichen Ausscheidens aus einer Gesellschaft ist das Ausscheiden auf der Grundlage einer Übertragung des Gesellschaftsanteils. Dabei bleibt der Gesellschaftsanteil bestehen und wechselt nur seinen Inhaber.

– Ist der Übernehmer des Anteils schon Mitgesellschafter, erwirbt dieser bei einer Kapitalgesellschaft einen weiteren Gesellschaftsanteil hinzu (**Grundsatz der rechtlichen Selbständigkeit von Kapitalgesellschaftsanteilen**), wenn etwas anderes gewollt ist, müssen die Anteile vereinigt werden.

– Bei Personengesellschaften führt wegen des **Grundsatzes der Einheitlichkeit des Personengesellschaftsanteils** der Hinzuerwerb eines weiteren Gesellschaftsanteils zur Vereinigung des schon vorhandenen und des dazu erworbenen Anteils mit der Folge, dass möglicherweise Belastungen des hinzuerworbenen Anteils, wie z.B. eine Testamentsvollstreckungsanordnung bei Hinzuerwerb von Todes wegen, erlöschen können.

---

35 **Beispiel**

Hat der Erbe bereits eigene unbelastete Kommanditanteile und erwirbt er im Erbwege weitere dazu, so kann der daraus entstehende einheitliche Kommanditanteil vom Erblasser durch letztwillige Verfügung nicht der Testamentsvollstreckung unterworfen werden.[34]

---

36 Bei **Kapitalgesellschaften** ist nach dem gesetzlichen Regelungsstatut der Anteil frei übertragbar.[35] Die Übertragung kann aber nach der Satzung durch eine sog. **Vinkulierungsklausel** an ein **Zustimmungserfordernis** der Gesellschafterversammlung, ggf. auch einzelner Mitgesellschafter oder anderer Gesellschaftsgremien, gebunden werden; ggf. aber auch an andere **Übertragungsbeschränkungen**, wie etwa an eine Übertragbarkeit nur innerhalb des Gesellschafterkreises oder innerhalb bestimmter Gesellschafter- oder Familienstämme, an Vorkaufsrechte, Andienungspflichten u.Ä.

37 Auch die Satzung einer Kapitalgesellschaft kann also Regelungen über die Übertragbarkeit bzw. die Bedingungen einer Übertragung des Gesellschaftsanteils treffen. Nach der Rechtspre-

---

32 BAG ArbRB 2004, 335 (*Groeger*) = ZIP 2004, 1905.
33 BGH BGHZ 142, 324 = AP HGB § 160 Nr. 1.
34 BGHZ 98, 55; *Dörrie*, ZEV 1996, 370 ff.; kritisch zur Einheitlichkeit des Personengesellschaftsanteils *Priester*, DB 1998, 55.
35 Hesselmann/Tillmann/*Hannes*, Handbuch der GmbH & Co. KG, § 10 Rn 12 ff.

chung des BGH darf die Satzung jedoch nicht die **Vererblichkeit** eines Kapitalgesellschaftsanteils insgesamt ausschließen. Ist eine solche Regelung in der Satzung enthalten, ist sie nach der Rechtsprechung des BGH in eine sog. **Einziehungs- oder Abtretungsklausel** umzudeuten (vgl. § 26 Rn 402ff.).

Im Kapitalgesellschaftsrecht ist vom **Grundsatz der freien Vererbbarkeit** des Geschäftsanteils auszugehen. Dies bedeutet, zumindest nach neuerer Auffassung, dass auch eine **Erbengemeinschaft** (wie eine BGB-Gesellschaft) Gesellschafter einer solchen juristischen Person werden kann.[36] **38**

Auch wenn die Vererblichkeit des Gesellschaftsanteils, anders als die Abtretung (§ 15 Abs. 5 GmbHG), durch Gesellschaftsvertrag nicht ausgeschlossen werden kann, kann die Satzung nähere Bestimmungen darüber treffen, was im Todesfall mit dem Geschäftsanteil geschehen soll.[37] **39**

Wegen des **Grundsatzes der Vererblichkeit des Geschäftsanteils** ist jedoch eine Regelung unzulässig, wonach mit dem Tod des Gesellschafters automatisch eine Einziehung des Anteils erfolgt. Allerdings können verschiedene sonstige Regelungen, die die Vererblichkeit als solche nicht ausschließen, getroffen werden, so etwa: **40**
–   Anordnung von Vor- und Nacherbschaft,
–   Testamentsvollstreckung,
–   Pflicht mehrerer Erben, einen gemeinschaftlichen Bevollmächtigten zu bestellen,
–   Pflicht mehrerer Erben, den Anteil auf einen von ihnen, auf einen anderen Gesellschafter oder einen Dritten zu übertragen (wobei gesellschaftsvertragliche Klauseln, wonach nur bestimmte Erben oder nur ein Erbe Gesellschafter werden könne, in eine solche Verpflichtung umzudeuten sind),
–   die Nichterfüllung solcher Verpflichtungen durch die Erben kann mit der Einziehung des Geschäftsanteils oder der Zwangsabtretung sanktioniert werden.

Bei **Personengesellschaften** ist nach dem gesetzlichen Regelungsstatut der Anteil nicht gesondert bzw. nicht frei übertragbar. Die Übertragung bedarf vor diesem Hintergrund damit der **Zustimmung** aller Gesellschafter, wenn die Übertragbarkeit und deren Bedingungen im Gesellschaftsvertrag nicht anders geregelt sind.[38] **41**

Ist gesellschaftsvertraglich die Übertragbarkeit zugelassen, bezieht sich dies im Zweifel nur auf den gesamten Gesellschaftsanteil. Eine **teilweise Übertragung** bedarf einer gesonderten Regelung im Gesellschaftsvertrag.[39] Dies galt ausweislich der Regelung in § 17 GmbHG a.F. bis zur Neuregelung durch das MoMiG auch für die GmbH.[40] Hintergrund ist, dass eine Vergrößerung der Gesellschafterzahl gegen den Willen der Mitgesellschafter nicht erfolgen können soll. **42**

Lässt sich die nach dem Gesellschaftsvertrag erforderliche Zustimmung der Mitgesellschafter zur Übertragung von Gesellschaftsanteilen an ein minderjähriges Kind aus späteren Beschlüssen der Gesellschafterversammlung entnehmen, aus denen sich ergibt, dass die Mitgesellschafter mit der Übertragung einverstanden sind, so reicht dies nach der Auffassung des FG Baden-Württemberg[41] für eine wirksame Übertragung aus. **43**

Die Übertragung eines Gesellschaftsanteils erfolgt durch eine **Übertragungsvereinbarung** zwischen dem veräußernden Gesellschafter und dem Erwerber. In schuldrechtlicher Hinsicht sind verschiedene Grundlagen für die Übertragungsvereinbarung denkbar, insbesondere **44**

---

36   Vgl. Peter/Crezelius/*Winkler*, Gesellschaftsverträge und Unternehmensformen, Rn 519.
37   Vgl. RGZ 80, 175; Peter/Crezelius/*Winkler*, Gesellschaftsverträge und Unternehmensformen, Rn 611.
38   Vgl. BGHZ 81, 82; MüKo-BGB/*Ulmer*, § 719 Rn 16 f.; Beck'sches Handbuch der Personengesellschaften/*Sauter*, § 7 Rn 49; Hesselmann/Tillmann/*Hannes*, Handbuch der GmbH & Co. KG, § 10 Rn 4.
39   MüKo-BGB/*Ulmer*, § 719 Rn 39.
40   Dazu Hesselmann/Tillmann/*Hannes*, Handbuch der GmbH & Co. KG, § 10 Rn 16.
41   FG Baden-Württemberg DStRE 2010, 1443.

- ein **Kauf**,
- eine **Schenkung** oder
- ein sog. **Übergabevertrag** (Übertragung im Wege der vorweggenommenen Erbfolge; siehe dazu § 26 Rn 26 ff.).

45 Wenn eine **Gegenleistung** geschuldet ist, ist Schuldner der Gegenleistung der Erwerber, nicht die Gesellschaft und auch nicht der Kreis der übrigen Gesellschafter.[42]

46 Lediglich im Hinblick auf einen etwaigen **Zustimmungsvorbehalt** der Gesellschafterversammlung oder einzelner Gesellschafter mit einem etwaigen **Sonderrecht** sind die Mitgesellschafter bzw. die Gesellschaft an dem Übertragungsvorgang mittelbar beteiligt.

---

47 Wichtig

In der Gestaltungspraxis ist es wichtig, sich bei der Konzeption solcher Übertragungsvereinbarungen zuvor hinreichende Klarheit zu verschaffen, welche Rechte und Nebenrechte mit dem Gesellschaftsanteil verbunden sind, um nicht unliebsame Überraschungen im Nachhinein zu erleben, insbesondere in steuerrechtlicher Hinsicht.

---

48 Geklärt werden muss insbesondere, welche Rechte und Pflichten mit der Mitgliedschaft als solcher verbunden sind, aber auch welche **schuldrechtlichen Parallelbeziehungen** zwischen dem Gesellschafter und der Gesellschaft möglicherweise bestehen.

---

49 Beispiel

Dies betrifft insbesondere Guthaben oder Verpflichtungen auf **Privat- und Darlehenskonten**, ferner aber auch **sonstige Überlassungstatbestände** im Zusammenhang mit Vermögen, das dinglich nicht der Gesellschaft, sondern dem Gesellschafter zugeordnet ist.

---

50 Andernfalls drohen ungewollte **Entnahmetatbestände** im Bereich des Sonderbetriebsvermögens bzw. im Zusammenhang mit Betriebsaufspaltungskonstellationen (siehe dazu § 6 Rn 100 ff.).

51 Mit der **Übertragung der Mitgliedschaft** als Inbegriff der Rechte und Pflichten des Gesellschafters aus dem Gesellschaftsverhältnis gehen auch die sog. Verwaltungsrechte (Stimmrecht, Kontroll- und Informationsrecht, sonstige Gesellschaftergestaltungsrechte) auf den Erwerber über.

52 Etwas anderes kann gelten für sog. **höchstpersönliche Rechte**, die nicht übertragbar sind und demgemäß auch mit dem Wirksamwerden der Anteilsübertragung nicht übergehen, sondern untergehen.[43] Gegebenenfalls muss durch Auslegung ermittelt werden, ob die dem bisherigen Mitgesellschafter eingeräumte Rechtsstellung eine höchstpersönliche sein sollte.

53 Während bei der Übertragung von GmbH-Geschäftsanteilen nach § 15 Abs. 3, Abs. 4 GmbHG die Übertragung selbst ohnehin schon der **notariellen Form** bedarf, ist bei der Übertragung des Anteils an einer Personengesellschaft weder das zugrunde liegende schuldrechtliche Geschäft noch das dingliche Übertragungsgeschäft selbst formbedürftig, und zwar auch dann nicht, wenn zum Gesamthandvermögen der Personengesellschaft **Grundstücke** gehören, da nicht die im Gesamthandvermögen liegenden Gegenstände übertragen werden, sondern das Mitgliedschaftsrecht.[44] Etwas anderes gilt aber bei der **Schenkung** eines Personengesellschaftsanteils (vgl. § 518 BGB).

---

42 Vgl. MüKo-BGB/*Ulmer*, § 719 Rn 19, 31.
43 MüKo-BGB/*Ulmer*, § 719 Rn 33; Beck'sches Handbuch der Personengesellschaften/*Sauter*, § 7 Rn 57.
44 Vgl. MüKo-BGB/*Ulmer*, § 719 Rn 26, auch zu Ausnahmetatbeständen.

Praxistipp   **54**

Etwas anderes kann aber gelten, wenn beispielsweise im Rahmen des Gesellschafterwechsels bei einer GmbH & Co. KG sowohl der Anteil des ausscheidenden Gesellschafters an der Kommanditgesellschaft als auch seine Anteile an der Komplementär-GmbH übertragen werden sollen. Unter dem **Gesichtspunkt des „einheitlichen Geschäfts"** bzw. des „zu beurkundenden einheitlichen Willens" kann das **Beurkundungserfordernis** nach § 15 Abs. 3, Abs. 4 GmbHG dann auch auf die Übertragung des Kommanditanteils ausstrahlen (und gegebenenfalls auf weitere Vermögensgegenstände, die im Rahmen dieser Übertragung auf den Erwerber übergehen sollen).[45]

Für den Bereich des § 311b Abs. 1 BGB ist anerkannt, dass sich bei sog. gemischten oder zusammen- **55** mengesetzten Verträgen der Formzwang auf alle vertraglichen Vereinbarungen erstreckt, sofern diese rechtlich eine Einheit bilden. Dies ist nach der Rechtsprechung dann der Fall, wenn die Vereinbarungen nach dem Willen der Parteien (sog. „**Gesamtwille**") so voneinander abhängig sind, dass sie **miteinander „stehen und fallen"** sollen. Es reicht hierbei aus, wenn dieser Wille nur bei einer Partei besteht und die andere Partei dies erkennt und hinnimmt.[46]

Für den Umfang einer Beurkundungspflicht nach § 15 Abs. 4 GmbHG gilt nach der herr- **56** schenden Meinung entsprechendes, da alle wesentlichen Abreden im Zusammenhang mit der Verpflichtung zur Übertragung bzw. zur Abtretung eines GmbH-Geschäftsanteils dem Beurkundungszwang unterliegen.[47] Bei einer GmbH & Co. KG wird regelmäßig gleichzeitig mit der Kommanditbeteiligung auch die GmbH-Beteiligung an denselben Erwerber im selben Anteilsverhältnis veräußert. Einen Einheitswillen der Parteien wird man bei dieser Fallgestaltung regelmäßig bejahen müssen.

Die Beteiligung eines Minderjährigen an einer Gesellschaft, deren Zweck die **Verwaltung** **57** **eines eingebrachten Grundstücks** ist, bedarf der familiengerichtlichen Genehmigung gemäß §§ 1643, 1821 Abs. 1 Nr. 5 BGB.[48] **Geschäfte** der Gesellschaft, die **durch den Gesellschaftszweck gedeckt** sind, sind dabei grundsätzlich von der familiengerichtlichen Genehmigung erfasst und bedürfen keiner eigenen Genehmigung.[49] Handelt aber der geschäftsführende Gesellschafter außerhalb seiner im Gesellschaftsvertrag beschränkten Vertretungsmacht, bedarf das Geschäft ausnahmsweise doch der familiengerichtlichen Genehmigung.[50]

Besonderheiten ergeben sich bei der **Übertragung eines Kommanditanteils** für die Haf- **58** tung. Ist die Rechtsnachfolge im Handelsregister eingetragen, so haftet nur der Eintretende gem. §§ 173, 171, 172 HGB. Ist die Rechtsnachfolge nicht eingetragen, so haftet der Ausscheidende.

Daher ist bei der KG die konkrete Ausgestaltung der Übertragung zu beachten, da bei Aus- **59** tritt des Altgesellschafters und Eintritt des Neugesellschafters (**sog. Eintritt-Austritt-Modell**) nach § 172 Abs. 4 HGB die **Haftung des ausscheidenden Kommanditisten** wieder auflebt, wenn ihm seine Einlage ausgezahlt bzw. ihm eine sonstige Abfindung aus dem Gesellschaftsvermögen geleistet wird.[51]

---

45 MünchGesR/*Piehler/Schulte*, Bd. 2, § 35 Rn 28 f.; Hesselmann/Tillmann/*Hannes*, Handbuch der GmbH & Co KG, § 10 Rn 25.
46 BGH NJW 1980, 829; BGH NJW 1981, 274.
47 BGH BB 1969, 1242; *Scholz/Winter*, GmbHG, § 15, Rn 69.
48 Vgl. auch OLG Bremen NJW-RR 1999, 876; OLG Zweibrücken FamRZ 2001, 181; BayObLG FamRZ 1990, 28; OLG Frankfurt/M. GmbHR 2008, 1262; dazu NJW-Spezial 2008, 655; a.A. OLG Bremen GmbHR 2008, 1263; OLG München GmbHR 2008, 1264.
49 So schon BGH NJW 1971, 375, 376; zur Grundstücksbelastung bei einer GbR mit einem minderjährigen Kind und zur Vertretungsbefugnis eines Elternteils – nicht als gesetzlicher Vertreter des Kindes, sondern als Geschäftsführer der teilrechtsfähigen GbR – siehe OLG Schleswig, FamRZ 2003, 55; OLG Naumburg, FamRZ 2003, 57; *Dümig*, FamRZ 2003, 1; dazu auch DNotI-Report 2004, 29.
50 OLG Hamm DStR 2001, 1538 m. Anm. *Hergeth; Wertenbruch*, FamRZ 2004, 1714.
51 Vgl. Baumbach/*Hopt*, HGB, § 172 Rn 4 ff.; Beck'sches Handbuch der Personengesellschaften/*Sauter*, § 7 Rn 63; Hesselmann/Tillmann/*Hannes*, Handbuch der GmbH & Co. KG, § 10 Rn 2 ff.

60   Darüber hinaus haftet der neu **eintretende Kommanditist** nach § 176 HGB unbeschränkt für die Verbindlichkeiten der Gesellschaft, die zwischen seinem Eintritt in die Gesellschaft und der Eintragung seines Eintritts in das Handelsregister begründet wurden.[52]

---

61 Praxistipp

In der Gestaltungspraxis empfiehlt es sich für den Eintretenden daher, dass der Eintritt unter der **aufschiebenden Bedingung** seiner Eintragung in das Handelsregister vereinbart wird.[53]

---

62 Die Möglichkeit eines solchen Haftungsausschlusses besteht für den ausscheidenden Kommanditisten bei Austritt aber nicht.

---

63 Praxistipp

Gerade vor diesem Hintergrund bietet sich statt des Aus- und des Eintritts die **Übertragung** des Kommanditanteils (Gesellschafterwechsel) als Alternative an.

---

64 In diesem Fall tritt der Erwerber als **Sonderrechtsnachfolger** in die Rechtsstellung des ausscheidenden Kommanditisten ein und die vom ausscheidenden Kommanditisten (wirksam) eingezahlte Kommanditeinlage kommt ihm haftungsbefreiend zugute.[54]

65   Besonderheiten gelten bei der GmbH & Co. KG. Dort ist üblicherweise gewollt, dass die Anteile an der Komplementär-GmbH im gleichen Verhältnis gehalten werden wie die Anteile an der Kommanditgesellschaft.

---

66 Praxistipp

Im Hinblick auf die verschiedenen Gestaltungsprobleme und rechtlichen Risiken einer GmbH & Co. KG empfiehlt es sich, in dem Gesellschaftsvertrag der KG und auch in der Satzung der GmbH eine Regelung aufzunehmen, wonach die isolierte oder nicht kongruente Abtretung der Gesellschaftsanteile in der jeweils anderen Gesellschaft untersagt ist.

---

67 Praxistipp

In der Gestaltungspraxis wird deshalb häufig über die Konstruktion der sog. **Einheitsgesellschaft**, bei der die Kommanditgesellschaft selbst sämtliche Anteile an ihrer Komplementär-GmbH hält, diesem Wunsch Rechnung getragen.

---

68 Praxistipp

Die Konstruktion einer solchen Einheits-GmbH & Co. KG sollte aber nur nach gründlicher rechtlicher Prüfung gewählt werden, da sie erhebliche Praxisprobleme aufwerfen kann, aber auch ertragsteuerlich problematisch sein kann. Insbesondere besteht bei der Einheits-GmbH & Co. KG die Gefahr, dass diese als **nicht gewerblich geprägt** i.S.v. § 15 Abs. 3 Nr. 2 EStG anzusehen ist.[55]

---

52 Baumbach/*Hopt*, HGB, § 176 Rn 1; Beck'sches Handbuch der Personengesellschaften/*Sauter*, § 7 Rn 63; Hesselmann/Tillmann/*Hannes*, Handbuch der GmbH & Co. KG, § 10 Rn 24.
53 Vgl. BGHZ 82, 209, 212; BGH NJW 1983, 2258, 2259.
54 Vgl. BGH NJW 1983, 2258; Beck'sches Notarhandbuch/*Hermanns*, D II 19, S. 943; Beck'sches Handbuch der Personengesellschaften/*Sauter*, § 7 Rn 64.
55 Dazu Arens/Tepper/*Arens*, Praxisformularbuch Gesellschaftsrecht, § 1 Rn 157 ff.; *Bahnsen*, GmbHR 2001, 187.

Arens/Behrendt

5. Die Austrittskündigung
a) Die ordentliche Kündigung

Das kündigungsbedingte Ausscheiden eines Gesellschafters ist für die GbR in den §§ 723, 724 **69** BGB und für die Personenhandelsgesellschaften in den §§ 132, 134, 161 Abs. 2 HGB geregelt. Davon abweichende Gestaltungen in den Gesellschaftsverträgen sind selbstverständlich möglich.

Ist die Gesellschaft auf unbestimmte Zeit eingegangen, kann bei einer Personenhandelsge- **70** sellschaft die **ordentliche Kündigung** eines Gesellschafters – mangels abweichender Regelung im Gesellschaftsvertrag – mit einer Frist von sechs Monaten zum Schluss des Geschäftsjahres ausgesprochen werden (§§ 132, 161 Abs. 2 HGB). Bei einer GbR ist die ordentliche Kündigung „jederzeit" zulässig, wenn die Gesellschaft auf unbestimmte Zeit eingegangen ist, sie darf aber **nicht „zur Unzeit"** erfolgen (§ 723 Abs. 1 S. 1 und Abs. 2 BGB).

b) Die außerordentliche Kündigung

Bei einer **auf bestimmte Zeit** eingegangenen Gesellschaft ist im Zweifel die Kündigung nur bei **71** Vorliegen eines wichtigen Grundes zulässig (§ 723 Abs. 1 S. 2 BGB, §§ 132, 134 HGB).

Wichtig **72**

Eine „auf Lebenszeit" oder „auf 99 Jahre" eingegangene Gesellschaft gilt im Zweifel als auf unbestimmte Zeit eingegangen und ist daher im Zweifel ordentlich kündbar.[56]

---

c) Beschränkungen des Kündigungsrechts

Zu beachten ist aber, dass sog. **„unzulässige Kündigungserschwernisse"** (vgl. § 723 Abs. 3 **73** BGB bzw. § 105 Abs. 3 HGB bzw. § 133 Abs. 3 HGB) als unwirksam gelten. In den genannten Vorschriften wird ein für alle Dauerschuldverhältnisse geltender allgemeiner Rechtsgrundsatz gesehen, der in § 314 Abs. 1 BGB auch noch einmal generell kodifiziert ist. Danach ist es unzulässig, in einem Vertragsverhältnis, insbesondere auch in einem Gesellschaftsverhältnis, auf Dauer festgehalten zu werden, ohne eine einseitige Kündigungsmöglichkeit zu haben.[57] Die **Unwirksamkeit** solcher Kündigungserschwernisse wird von der Rechtsprechung und der Kommentarliteratur aber nur unter ganz engen Voraussetzungen angenommen.[58]

d) Das Kündigungsverfahren

Von den Kündigungsgründen bei einer Kündigung aus wichtigem Grund zu unterscheiden ist **74** das Kündigungsverfahren, also die **Ausübung der Kündigung**:

Während bei der GbR bei Vorliegen eines wichtigen Grundes die **außerordentliche Kündi- 75 gung** gem. § 723 Abs. 1 BGB erfolgen soll, hat der Gesetzgeber für Personenhandelsgesellschaften nach § 133 Abs. 1 HGB (§ 161 Abs. 2 BGB) die sog. **Auflösungsklage** vorgesehen. Auch diese Auflösungsklage kann bei Vorliegen eines wichtigen Grundes nicht durch Einschränkungen, beispielsweise durch Bindung an Kündigungsfristen oder Kündigungstermine, beschränkt werden.[59]

---

56 Vgl. 134 HGB für Personenhandelsgesellschaften und BGH WM 1967, 315, dazu auch Beck'sches Notarhandbuch/*Hermanns*, D II 36, S. 950.
57 Vgl. Beck'sches Notarhandbuch/*Hermanns*, D II 36, S. 950; Beck'sches Handbuch der Personengesellschaften/*Sauter*, § 7 Rn 33.
58 Vgl. die Beispiele in Beck'sches Handbuch der Personengesellschaften/*Sauter*, § 37 Rn 34 ff.; Gummert/*Mutter*, § 6 Rn 89; Staudinger/*Habermeier*, BGB, § 723 Rn 43, instruktiv auch BGH DB 2006, 2739.
59 Vgl. Gummert/*Mutter*, § 6 Rn 90.

76 Während bei einer GbR die – allen Mitgesellschaftern gegenüber zu erklärende – außerordentliche Kündigung bei **Vorliegen eines wichtigen Grundes** die Gesellschafterstellung beendet, scheidet der die Auflösungsklage nach § 133 HGB erhebende Gesellschafter nach dem gesetzlichen Regelungsstatut des HGB nicht aus. Vielmehr wird durch die Auflösungsklage – wenn sie begründet ist – die **Gesellschaft aufgelöst** und liquidiert, es sei denn, im Gesellschaftsvertrag ist eine ausdrückliche abweichende Regelung vorgesehen.

---

77 **Wichtig**

Die bloße Vereinbarung einer **Fortsetzungsregelung** durch die verbleibenden Gesellschafter genügt dazu nicht und macht auch die Klage des ausscheidenswilligen Gesellschafters nicht obsolet.[60]

---

78 **Praxistipp**

Wegen dieser weitreichenden Wirkungen der Auflösungsklage ist es also dringend geboten, schon im **Gesellschaftsvertrag** der Personenhandelsgesellschaft die Fortsetzungsregelung für den Fall einer solchen Auslösungsklage vorzusehen.

---

79 Vor diesem Hintergrund wird in der Literatur auch vertreten, dass wegen der weitreichenden Wirkungen einer solchen Auflösungsklage auch in Personenhandelsgesellschaften ein – ungeschriebenes – Recht des ausscheidenswilligen Gesellschafters zur **außerordentlichen Kündigung** mit den für die GbR beschriebenen Kündigungswirkungen bei Vorliegen eines wichtigen Grundes zulässig sein müsse.[61]

6. Die Ausschließung (Hinauskündigungsrecht)

80 Für die zwangsweise Ausschließung eines Gesellschafters aus der Personengesellschaft kommt einerseits ein **Ausschließungsbeschluss** der Mitgesellschafter in Betracht, andererseits eine **Ausschließungsklage.** Auch insoweit ist zu unterscheiden zwischen dem Verfahren, das im BGB für die GbR vorgesehen ist, und dem Verfahren, das das HGB für Personenhandelsgesellschaften vorsieht:

– Während nach dem gesetzlichen Regelungsstatut der **GbR** der Ausschließungsbeschluss der Mitgesellschafter durch den Ausgeschlossenen durch eine **gerichtliche Anfechtung** des Beschlusses angegriffen werden kann,

– sieht § 140 HGB für **Personenhandelsgesellschaften** das umgekehrte Verfahren vor, wonach die Mitgesellschafter den unliebsamen Gesellschafter nur durch **Ausschließungsklage** aus der Gesellschaft drängen können.[62]

81 Auch bei der Personenhandelsgesellschaft kann aber durch den Gesellschaftsvertrag statt der Ausschließungsklage nach § 140 HGB auch die Berechtigung der Gesellschafterversammlung zur Ausschließung des Mitgesellschafters durch Gesellschafterbeschluss geregelt werden.[63] Der Gesellschaftsvertrag kann insoweit auch die erforderlichen **Stimmrechtsverhältnisse** für den Gesellschafterbeschluss regeln.[64]

---

60 Beck'sches Handbuch der Personengesellschaften/*Sauter*, § 7 Rn 16.

61 Vgl. Baumbach/*Hopt*, HGB, § 133 Rn 1; Beck'sches Handbuch der Personengesellschaften/*Sauter*, § 7 Rn 16; zu abweichenden Gestaltungen siehe Beck'sches Notarhandbuch/*Hermanns*, D II 38 ff., S. 950 f.

62 Vgl. Baumbach/*Hopt*, HGB, § 140 Rn 3; Gummert/*Mutter*, § 6 Rn 185 ff.

63 Vgl. BGH BGHZ 31, 295; BGH DStR 1997, 1090.

64 Vgl. Gummert/*Mutter*, § 6 Rn 212.

Ob das Ausschließungsrecht (**Hinauskündigungsrecht**) nur allen Mitgesellschaftern zu- 82
steht oder ob es gesellschaftsvertraglich einzelnen Gesellschaftern übertragen werden kann, ist
nicht abschließend geklärt. Entsprechendes gilt für die Möglichkeit einer Erweiterung des **Katalogs der wichtigen Gründe** im Gesellschaftsvertrag.[65]

Handelt es sich um eine **zweigliedrige Personenhandelsgesellschaft**, gilt Entsprechen- 83
des. In diesem Falle wird die Ausschließungsklage auch als „Übernahmeklage" des verbleibenden ausschließenden Gesellschafters bezeichnet.

Gegen den **Ausschließungsbeschluss** seiner Mitgesellschafter in der GbR kann sich 84
der ausgeschlossene Mitgesellschafter durch **Feststellungsklage** wehren, die gegen die übrigen Gesellschafter auf Feststellung des Fortbestands seiner Gesellschafterstellung zu erheben
ist.[66]

7. Steuerliche Aspekte bei der Übertragung von Gesellschaftsanteilen an Angehörige
a) Aufnahme in eine Personengesellschaft/Übertragung von Personengesellschaftsanteilen

Entscheidend für die ertragsteuerliche Behandlung sind die Anerkennung der Gesellschaft als 85
solcher und die **Angemessenheit** der vereinbarten **Gewinnbeteiligung**. Die steuerliche Anerkennung der Gesellschaft einerseits und der Gewinnverteilung andererseits werden aber getrennt bewertet und behandelt.

Die Vereinbarungen aus dem Gesellschaftsvertrag müssen **tatsächlich vollzogen** werden. 86
Dazu gehört insbesondere die buchmäßige Darstellung der Beteiligungsverhältnisse und der
Gewinnverteilung durch Einräumung von **Kapital- und Privatkonten**.[67] Erkennbar sind die
veränderten Eigentumsverhältnisse an den Einbuchungen auf den entsprechenden Konten, insbesondere bei schenkweiser Übertragung durch die Abbuchung der geschenkten Einlage vom
Konto des Schenkers.[68]

Dem Gesellschafter einer Familienkommanditgesellschaft muss eine Rechtsstellung einge- 87
räumt werden, die annäherungsweise der Rechtsstellung entspricht, die einem Kommanditisten
nach dem Gesetz zusteht.[69] Das ist dann der Fall, wenn der Kommanditist ein **Unternehmerrisiko** trägt und **Unternehmerinitiative** entfalten kann.

Unternehmerinitiative bedeutet Teilhabe an unternehmerischen Entscheidungen. Für die 88
Entfaltung von Unternehmerinitiative genügt es, wenn dem Gesellschafter die üblichen gesetzlichen Rechte zustehen.[70] Die Unternehmerinitiative eines Kommanditisten besteht darin, dass er
ein **Widerspruchsrecht** gegen Maßnahmen der Geschäftsführung hat gem. § 164 HGB, **Stimmrecht** in der Gesellschafterversammlung hat gem. §§ 161 Abs. 2, 119 HGB und **Überwachungs-
und Kontrollrechte** ausüben kann gem. § 166 HGB.

Einem Kommanditisten muss auch zur steuerlichen Anerkennungsfähigkeit also eine 89
Rechtsstellung eingeräumt werden, die annäherungsweise der Rechtsstellung entspricht, die
einem Kommanditisten nach dem Gesetz zusteht.[71] Die Mitunternehmerstellung muss allerdings
durch den (schenkweise) **übertragenen Gesellschaftsanteil** vermittelt werden und darf nicht
nur auf einer etwa schon vorher bestehenden Kommanditbeteiligung beruhen.[72]

---

65 Vgl. BGH BGHZ 34, 80; BGH NJW 1973, 1606; BGH BGHZ 68, 212; BGH BGHZ 81, 263; BGH BGHZ 105, 213; BGHZ
107, 351; BGH NJW 1985, 2421; Beck'sches Notarhandbuch/*Hermanns*, D II 41, S. 951; Gummert/*Mutter*, § 6 Rn 201.
66 Vgl. BGH BGHZ 3, 5; BGH BGHZ 31, 295; BGH NJW-RR 1992, 227.
67 BFH BStBl III 1964, 429.
68 BFH BStBl III 1964, 61.
69 BFH BStBl II 1976, 324.
70 BFH BStBl II 1982, 342; BFH BStBl II 1986, 311.
71 BFH BStBl II 1976, 324; BFH GmbHR 2010, 499.
72 BFH DStR 2010, 868.

90   **Beschränkungen** dieser Rechte können der Annahme einer Mitunternehmerschaft und damit der steuerlichen Anerkennung entgegenstehen. Ein Ausschluss der Mitunternehmerschaft kann auch angenommen werden bei Bestehen von **Sonderrechten** des Komplementärs **auf freie Hinauskündigung** des Kommanditisten, zumindest dann, wenn der Kommanditist bei Ausscheiden nicht voll an den stillen Reserven und am Geschäftswert beteiligt ist.[73] Eine solche ständige Bedrohung durch Kündigung würde sich negativ auf die Unternehmerinitiative des Kommanditisten auswirken.

91   Bei **minderjährigen Kindern** ist die Verwaltung der Beteiligung durch die Eltern im Rahmen und in den Grenzen der elterlichen Vermögenssorge unschädlich;[74] bei volljährigen Kindern ist sie aber in der Regel steuerschädlich.[75]

92   Wenden Eltern Teile ihrer Beteiligungen an einer gewerblich geprägten Personengesellschaft unentgeltlich ihren Kindern zu und behalten sie sich dabei den **lebenslänglichen Nießbrauch** vor, fehlt es den Kindern an der erforderlichen Mitunternehmerinitiative, wenn vereinbart ist, dass die Nießbraucher die Gesellschafterrechte der Kinder wahrnehmen und die Kinder den Eltern „vorsorglich" Stimmrechtsvollmacht erteilen.[76]

93   Weiterhin wird die Annahme einer Mitunternehmerstellung bei jederzeitiger **Rückübertragungspflicht** auf Verlangen des Schenkers nach der Schenkung[77] und bei dem Vorbehalt der Verwaltung der Anteile durch den Schenker ausgeschlossen.[78] Bei solchen gesellschaftsvertraglichen Gestaltungen, bei denen einzelnen Gesellschaftern das Recht eingeräumt wird, Mitgesellschafter ohne sachlichen Grund aus der Personengesellschaft auszuschließen, nimmt schon die zivilrechtliche Rechtsprechung Nichtigkeit gem. § 138 BGB an.[79]

94   **Mitunternehmerrisiko** bedeutet Teilhabe am Erfolg oder Misserfolg der Gesellschaft.[80] Dazu gehört die Beteiligung am Gewinn und Verlust sowie an den stillen Reserven.[81] Voraussetzung dafür ist auch die Leistung einer **Einlage**. Ohne Leistung einer Einlage kann für einen Kommanditisten eine Mitunternehmerschaft grundsätzlich nicht anerkannt werden.[82] Bei fehlender Beteiligung am Gewinn kommt eine Mitunternehmerstellung auch dann nicht in Betracht, wenn ansonsten die Mitwirkungsrechte eines Kommanditisten gegeben sind.[83]

95   Die Leistung der Einlage kann auch in Form einer Schenkung durch den bisherigen Alleininhaber mit entsprechender **Umbuchung** vom Kapitalkonto erfolgen.[84]

96   Bei Leistung der **Einlage aus zukünftigen Gewinnen** tritt die Mitunternehmerschaft erst nach Abschluss des Geschäftsjahres ein, in dem ausreichende Gewinne stehen gelassen werden.[85] Der Ausschluss der Beteiligung am Verlust verringert das Unternehmerrisiko und verhindert damit in der Regel auch die Anerkennung der Mitunternehmerschaft.

97   Der Mitunternehmerschaft stehen weiterhin entgegen:
–   einseitige Entnahmebeschränkungen für den Kommanditisten;[86]

---

73 BFH BStBl II 1986, 798.
74 BFH BStBl II 1977, 206.
75 BFH BStBl II 1981, 779.
76 BFH, DStR 2009, 321.
77 BFH BStBl II 1989, 877.
78 BFH BStBl II 1981, 779.
79 BGH BGHZ 68, 212, 215; BGH BGHZ 81, 263, 366 f.; BGH BGHZ 105, 213, 216 f.; BGH BB 1994, 592; BGH BB 1996, 713.
80 BFH BStBl II 1987, 60 und BFH BStBl II 1987, 124.
81 BFH BStBl II 1981, 602; BFH BStBl II 1986, 599; BFH BStBl II 1987, 124.
82 BFH BStBl II 1985, 85.
83 BFH DStR 2000, 193.
84 BFH BStBl II 1973, 221 und BFH BStBl II 1973, 526.
85 BFH BStBl II 1973, 221.
86 BFH BStBl II 1976, 324, 328; BFH BStBl II 1979, 405.

- Ausschluss des Kündigungsrechtes des Kommanditisten und einseitiges Kündigungsrecht des Komplementärs;[87]
- von vornherein befristetes oder auflösend bedingtes Gesellschaftsverhältnis;[88]
- einseitige Befugnis des Komplementärs, den Gesellschaftsvertrag zuungunsten des Kommanditisten abzuändern.[89]

Wichtig   98
Die Beschränkungen haben dann allerdings keine nachteiligen steuerlichen Folgen, wenn sie für alle Gesellschafter unterschiedslos gelten.

Entnahmen der Gewinnanteile sind nicht unbedingt Voraussetzung für die steuerliche Aner-   99
kennungsfähigkeit, müssen aber den Gesellschaftern grundsätzlich möglich sein.

Dagegen soll eine bestimmte **prozentuale Mindestbeteiligung** (hier: weniger als 5%) – am   100
Gewinn und Verlust und an den stillen Reserven – nicht Anerkennungsvoraussetzung für die
Mitunternehmerstellung von Kindern/nahen Angehörigen sein.[90]

Andererseits soll aber auch eine gesellschaftsvertragliche Klausel im Gesellschaftsvertrag   101
einer Familien-KG, die abweichend vom **Einstimmigkeitsprinzip** des § 119 HGB die einfache
Mehrheit für Beschlüsse der Gesellschafterversammlung vorsieht (und damit die Stimmrechte
der minderjährigen Kinder unbedeutend macht) – dahin auszulegen sein, dass sie nur für die
laufenden Geschäfte, nicht aber für Grundlagenbeschlüsse (sog. **Kernbereichstheorie** im Personengesellschaftsrecht) gilt.[91]

Die Übertragung von Gesellschaftsanteilen an Angehörige kurz nach Gründung oder Erwerb   102
kann aber nach Auffassung des Niedersächsischen FG auf eine **fehlende Gewinnerzielungsabsicht** schließen lassen: Ein Gesellschafter, der nur kurz (hier: vier Monate) nach Gründung oder
Erwerb einer Unternehmensbeteiligung diese im Wege der vorweggenommenen Erbfolge an seine Kinder überträgt, handelt nicht mit Gewinnerzielungsabsicht, wenn die Umstände auf einen
entsprechenden Gesamtplan schließen lassen. Dies gilt auch dann, wenn sich der Gewerbebetrieb in der Gründungsphase befindet.[92]

Eine unangemessene **Gewinnverteilung** führt in der Regel steuerlich zu einer Neuvertei-   103
lung bzw. -zurechnung. Da der Interessengegensatz der Gesellschafter bei einer Familiengesellschaft normalerweise wegfällt, ist somit zu prüfen, ob auch die Höhe der Gewinnanteile einem
Fremdvergleich standhalten würde.[93]

Bei dieser Prüfung muss nach **entgeltlich und unentgeltlich** erworbener Beteiligung sowie   104
nach **wesentlicher und unwesentlicher Mitarbeit** des Gesellschafters unterschieden werden.
Kapital-, Risiko- und Arbeitseinsatz des Gesellschafters sollen also als Angemessenheitskriterien
herangezogen werden.[94]

Bei einem Vermögensübergang zwischen Angehörigen spricht nach der Rechtsauffassung der   105
Finanzverwaltung eine widerlegbare **Vermutung** für die **Unentgeltlichkeit** der Übertragung.[95]

---

87 BFH BStBl II 1979, 405, BFH BStBl II 1979, 670; BFH BStBl II 1981, 663; BFH BStBl II 1982, 342; BFH BStBl II 1986, 798.
88 BFH BStBl II 1976, 324.
89 BFH BStBl II 1989, 762; BFH NV 1992, 90.
90 FG Hamburg, DStRE 2001, 74.
91 BFH GmbHR 2001, 152 = DStR 2001, 74.
92 Niedersächsisches FG, v. 9.11.2004 – 12 K 383/98. n.v.
93 Vgl. grundlegend BFH GS BStBl II 1973, 5.
94 Vgl. *Arens*, Familiengesellschaften, 1997, S. 95 ff., Rn 24 ff.; *Braun/Günther*, Steuerhandbuch des Rechtsanwalts, „Familienpersonengesellschaft", Rn 23 ff.
95 BFH BStBl II 1999, 269; BFH DStR 1998, 1253.

Dies gilt auch bei der Aufnahme von Angehörigen in ein Unternehmen. Das soll insbesondere auch gelten, wenn das vom Angehörigen übernommene **Kapitalkonto** negativ ist. Dabei spielt es keine Rolle, ob das **negative Kapital** durch Verlustzurechnung oder Entnahmen entstanden ist oder darin eine Ausgleichsverpflichtung zum Ausdruck kommt. Die Finanzverwaltung geht offenbar von der Vermutung der Unentgeltlichkeit beispielsweise auch in den Fällen aus, in denen das negative Kapitalkonto etwa so hoch ist wie die stillen Reserven und der Geschäftswert oder in denen es sogar darüber hinausgeht.

106   Beteiligt ein **Einzelunternehmer** einen Angehörigen mit einer bestimmten Quote an seinem Einzelunternehmen, so ist Gegenstand der Übertragung weder der ganze Betrieb noch ein Teilbetrieb noch ein Mitunternehmeranteil. Streng genommen handelt es sich vielmehr um die Übertragung von Anteilen an den einzelnen Wirtschaftsgütern des dem Einzelunternehmen zuzurechnenden Betriebsvermögens. § 6 Abs. 3 EStG, der für den Fall der unentgeltlichen Übertragung eines Betriebs, Teilbetriebs oder Mitunternehmeranteils beim Übertragenden die Aufdeckung stiller Reserven ausschließt und beim Erwerber hiermit korrespondierend die **Buchwertfortführung** vorsieht, ist daher jedenfalls seinem Wortlaut nach auf die unentgeltliche Aufnahme eines Angehörigen in ein Einzelunternehmen nicht anwendbar.

107   Auch ist zumindest fraglich, ob in solchen Fällen die nach § 24 UmwStG bei Einbringung eines Betriebes, Teilbetriebes oder Mitunternehmeranteils in eine Personengesellschaft gegen Einräumung mitunternehmerschaftlicher Rechte mögliche **Buchwertfortführung** in Anspruch genommen werden kann, da mit der Aufnahme des Angehörigen die Mitunternehmerschaft erst begründet wird. Insgesamt ist daher vom Gesetzeswortlaut her die Aufnahme eines Angehörigen in ein Einzelunternehmen nicht befriedigend geregelt.

108   Diese Problematik wird entschärft durch eine Verfügung der OFD Düsseldorf:[96] Die unentgeltliche **Aufnahme eines Angehörigen in ein Einzelunternehmen** zur Bildung einer Personengesellschaft führt danach unter sinngemäßer Anwendung der Grundsätze des § 6 Abs. 3 EStG zur Fortführung der entsprechenden Buchwerte des Einzelunternehmers. Die Buchwertübernahme ist zwingend. Die Grundsätze des § 6 Abs. 3 EStG sind auch auf Fälle anwendbar, bei denen der Gewinn durch Einnahmen-Überschuss-Rechnung gemäß § 4 Abs. 3 EStG ermittelt wird. Eine Umstellung der Gewinnermittlungsart erfolgt durch die unentgeltliche Aufnahme eines Angehörigen in ein Einzelunternehmen nicht.

109   Da nach der Rechtsauffassung der OFD Düsseldorf für die Aufnahme eines Angehörigen in ein Einzelunternehmen nicht § 24 UmwStG, sondern § 6 Abs. 3 EStG die Grundlage für den **Ausschluss einer Gewinnrealisierung** beim Übertragenden und für die Buchwertfortführung beim Erwerber ist, entfallen auch Gewinnberichtigungen nach Abschn. 17 Absatz 1 EStR 1996.

110   Bei der Ermittlung der **gewerbesteuerlichen Verlustverrechnung** bei Personengesellschaften erfolgt eine **gesellschafterbezogene Berechnung** entsprechend dem jeweiligen Mitunternehmeranteil unter Berücksichtigung von Sonderbetriebseinnahmen und Sonderbetriebsausgaben. Die Rechtsprechung des BFH behandelt bei einer Personengesellschaft den Verlustabzug als höchstpersönliches Recht des einzelnen Mitunternehmers.[97]

111   Deshalb kommt das FG München[98] zum Ergebnis, dass die Gewerbeerträge des Anrechnungsjahres und die Fehlbeträge des Verlustentstehungsjahres entsprechend dem **Gewinnverteilungsschlüssel** und unter Berücksichtigung von **Sonderbetriebseinnahmen und -ausgaben** den einzelnen Mitunternehmern zuzuordnen seien. Die Verlustverrechnung ist damit jeweils für den einzelnen Unternehmer vorzunehmen. Das Urteil widerspricht im Ergebnis dem Nichtanwendungserlass der obersten Finanzbehörden der Länder,[99] der das o.g. BFH-Urteil über

---

96 OFD Düsseldorf DStR 1999, 1946; dazu *Winter*, GmbHR 1999, R 369.
97 BFH BStBl II 1994, 364.
98 FG München EFG 2005, 213; teilweise bestätigt durch BFH DStR 2006, 461.
99 BMF BStBl I 1996, 364; Nichtanwendungserlass zu BFH BStBl II 1994, 364.

den Einzelfall hinaus nicht anwenden möchte, sondern die Berechnung nach den Grundsätzen des Abschn. 68 Abs. 3 GewStR durchführt.

b) Übertragung von Kapitalgesellschaftsanteilen

Anders als bei der **Familienpersonengesellschaft** wird bei zivilrechtlich wirksamer Geschäfts- **112** anteilsübertragung auf Familienmitglieder die Kapitalgesellschaft als solche steuerlich ohne Weiteres dem Grunde nach anerkannt. Auch im Rahmen der **Gewinnverteilung** (Gewinnausschüttungsbeschluss) sind die Anerkennungsvoraussetzungen in steuerlicher Hinsicht bei der Familienkapitalgesellschaft deutlich lockerer. Da bei der Kapitalgesellschaft in aller Regel entsprechend der kapitalmäßigen Beteiligung die Gewinnausschüttung erfolgt, ist diese steuerlich ohne weiteres hinzunehmen.

Wenn die Gewinnverteilung von der Kapitalbeteiligung abweicht, will der BFH lediglich bei **113** deutlichen Abweichungen unter dem Gesichtspunkt des **Missbrauchs von rechtlichen Gestaltungsmöglichkeiten** nach § 42 AO eine Korrektur vornehmen.[100] Werden ausnahmsweise im Extremfall rechtsmissbräuchliche Gestaltungen angenommen, so wird der Teil des Gewinns, der über das anerkannte Maß hinaus einem Familienmitglied zugewiesen wurde, steuerlich dem Familienmitglied zugerechnet, das vorher Anteilsinhaber war.

Allerdings muss für die Zurechnung der Einkünfte bei Schenkung von GmbH-Anteilen an **114** nahe Angehörige auch darauf geachtet werden, dass die **tatsächliche Durchführung** den Vereinbarungen entspricht. So soll etwa bei Auszahlung der Gewinnanteile eines (beschenkten) Kindes an den Schenker (Eltern) diesem unter dem Gesichtspunkt der fehlenden **Trennung der Vermögenskreise** weiterhin die Auszahlung bei den Einkünften aus Kapitalvermögen zuzurechnen sein.[101] Es muss also bei der Ausschüttung eine klare Trennung zwischen dem Vermögen des Schenkers und dem Vermögen des Beschenkten feststellbar sein.[102]

Beispiel **115**
Schenkt ein Vater seinen Kindern GmbH-Geschäftsanteile, so sind die Gewinnausschüttungen der GmbH steuerlich weiterhin dem Vater und nicht den Kindern zuzurechnen, wenn sie auf ein Konto des Vaters überwiesen werden und dort verbleiben, ohne dass die konkrete Verwendung der Mittel für die Kinder nachgewiesen wird.[103]

Gründet ein Einzelunternehmer mit einem **Angehörigen** eine GmbH und bringt er dabei sein **116** Unternehmen zu Buchwerten in die GmbH ein, kann darin nach Auffassung des BFH eine **freigebige Zuwendung** des GmbH-Geschäftsanteils an den Angehörigen liegen, deren Wert dem Unterschiedsbetrag zwischen dem gemeinen Wert des Geschäftsanteils nach der Einbringung des Unternehmens und der Stammeinlage des Angehörigen entspricht.[104] Der Gegenstand, um den der Beschenkte bereichert wird, muss sich nicht vorher in derselben Gestalt im Vermögen des Schenkers befunden haben und wesensgleich übergehen. „Entreicherungsgegenstand" und „Bereicherungsgegenstand" brauchen nicht identisch zu sein.[105]

Eine **freigebige Zuwendung unter Lebenden** i.S.d. § 7 Abs. 1 Nr. 1 ErbStG setzt über das **117** Vorliegen der objektiven Tatbestandsmerkmale die Verwirklichung eines subjektiven Tatbe-

---

100 BFH BStBl II 1982, 248.
101 BFH BStBl II 1977, 206; BFH BStBl II 1990, 539; BFH NV 1999, 1325; FG Münster EFG 2002, 20 = DStRE 2002, 512.
102 FG Münster EFG 2002, 20 = DStRE 2002, 512.
103 BFH Urt. v. 14.10.2002 – VIII R 42/01 – n.v.
104 BFH DStR 2005, 1770.
105 BFHE 207, 360 = BStBl II 2005, 188.

stands voraus. Es genügt dabei, wenn sich der Zuwendende der (Teil-)**Unentgeltlichkeit** seiner Leistung **bewusst** ist. Bei Unausgewogenheit gegenseitiger Verträge reicht regelmäßig das Bewusstsein des einseitig benachteiligten Vertragspartners über den Mehrwert seiner Leistung aus; auf die Kenntnis des genauen Ausmaßes des Wertunterschieds kommt es hingegen nicht an. Die Kenntnis des Zuwendenden hinsichtlich der Umstände, aus denen sich die objektive Bereicherung des Zuwendungsempfängers ergibt, ist dabei regelmäßig prima facie zu unterstellen. Ein auf die Bereicherung des Empfängers gerichteter Wille im Sinne einer Bereicherungsabsicht („animus donandi") ist nicht erforderlich.[106]

118 Die **Finanzverwaltung** hat sich dieser Auffassung des BFH nicht angeschlossen.[107]

119 Der Gesetzgeber hat mit einer Neufassung des ErbStG darauf reagiert: Als steuerbar sollen nunmehr mit Blick auf disquotale Einlagen[108], Kapitalerhöhungen[109] sowie verdeckte Gewinnausschüttungen[110] (vGA)[111] zwei Fälle erfasst werden, nämlich zum ersten die Werterhöhung von Anteilen an einer Kapitalgesellschaft, die ein unmittelbar oder mittelbar Beteiligter durch Leistung einer anderen Person an die Kapitalgesellschaft erlangt und zum zweiten Vermögensverschiebungen zwischen Kapitalgesellschaften, sofern sie nicht betrieblich veranlasst sind und an den betroffenen Gesellschaften nicht die gleichen Gesellschafter unmittelbar oder mittelbar beteiligt sind (§ 7 Abs. 8 ErbStG n.F.).

120 Diese Form der **disquotalen Einlage** wurde bislang dazu genutzt, ohne Schenkungssteuerbelastung Vermögen an Mitgesellschafter über die Werterhöhung von deren Anteile zu übertragen. Nach § 37 ErbStG n.F. soll die Neufassung für Sachverhalte gelten, bei denen die Steuer ab dem 14.12.2011 entsteht.[112]

II. Umwandlung durch Anwachsung

1. Gesellschaftsrechtliche Grundlagen

121 Scheidet ein Gesellschafter aus einer Personengesellschaft aus und sieht der Gesellschaftsvertrag (oder das gesetzliche Regelungsstatut) keine damit verbundene Auflösungs-, sondern eine **Fortsetzungsregelung** vor, wächst das Vermögen der Gesellschaft den verbleibenden Gesellschaftern oder dem allein verbleibenden Gesellschafter analog § 738 Abs. 1 S. 1 BGB, ggf. in Verbindung mit §§ 105 Abs. 2, 142 Abs. 3, 161 Abs. 2 HGB zu (sog. **Anwachsung**).

122 Wesen und Wirkungen der Anwachsung sind im Einzelnen noch nicht abschließend geklärt. Während der BGH den Vermögensübergang auf eine entsprechende Anwendung des § 738 Abs. 1 S. 1 BGB stützt,[113] wird in der Literatur der Fall einer **Gesamtrechtsnachfolge** ohne Rückgriff auf § 738 BGB angenommen.[114] Aber auch nach der Auffassung des **BGH** handelt es sich dabei um einen Fall der Gesamtrechtsnachfolge.[115] Die **Finanzverwaltung** ging bislang demgegenüber

---

106 BFHE 183, 253 = BStBl II 1997, 832 m.w.N.
107 *Binnewies*, GmbHR 2011, 1022; Ländererlass v. 20.10.2010 zu „Leistungen von Gesellschaftern und Dritten an Kapitalgesellschaften (R 18 ErbStR, H 18 ErbStH)".
108 *Christ*, ZEV 2011, 10 u. ZEV 2011, 63.
109 *Crezelius*, ZEV 2011, 393.
110 BFH BStBl II 2008, 258.
111 *Viskorf*, DStR 2011, 609.
112 BGBl. I 2011, 2592, 2614, 2615; dazu *Geck/Meissner*, ZEV-Report Steuerrecht, ZEV 2011, 416; *Korezkij*, DStR 2012, 163.
113 Vgl. BGHZ 32, 307, 315; BGH NZG 2000, 474; siehe auch BFH BStBl II 1977, 359, 362; BFH BStBl II 2002, 96.
114 Vgl. MüKo-HGB/*K. Schmidt*, § 131 Rn 105; Baumbach/*Hopt*, HGB, § 131 Rn 35; vgl. zur Gesamtrechtsnachfolge aber auch BGHZ 48, 203, 206; BGHZ 71, 296, 300; BGH DB 2004, 1258, 1259; Hesselmann/Tillmann/*Dremel*, Handbuch der GmbH & Co. KG, § 12 Rn 132.
115 BGH NJW 1989, 1798; dazu *Demuth*, BB 2007, 1569; so auch KG DNotZ 2007, 954.

allerdings davon aus, dass es sich bei der Anwachsung um einen Fall der **Einzelrechtsnachfolge** handele.[116]

Die Rechtsfolgen der Anwachsung treten unmittelbar kraft Gesetzes ein. Die Anwachsung **123** hat insoweit auch **dingliche Wirkung**. Formeller Übertragungstatbestände hinsichtlich der einzelnen Vermögensgegenstände bedarf es nicht.[117]

Praxistipp **124**
Soweit Immobiliarvermögen übergeht, bedarf es demgemäß keiner Eigentumsübertragung durch Auflassung, sondern lediglich der **Grundbuchberichtigung**.[118]

Obwohl bei einer Anwachsung nicht nur die Aktiva, sondern auch die Passiva des Gesamthand- **125** vermögens betroffen sind und dementsprechend übergehen, und obwohl vor diesem Hintergrund eine Anwachsung nicht ein lediglich rechtlich vorteilhaftes Geschäft im Sinne von § 107 BGB ist, bedarf es nach herrschender Meinung einer **familiengerichtlichen Genehmigung** bei Beteiligung **Minderjähriger** nicht.[119] Dies gilt selbst dann, wenn vom Anwachsungsvorgang in der Gesellschaft auch Immobiliarvermögen i.S.v. § 1821 BGB betroffen ist.

Gemäß §§ 131 Abs. 3 S. 1 Nr. 1, 161 Abs. 2 HGB führt mangels abweichender Regelung im Ge- **126** sellschaftsvertrag der Tod eines Komplementärs zu dessen Ausscheiden aus der KG. Handelt es sich um den letzten Komplementär der KG, so hat dies nach herrschender Meinung die **Auflösung der Gesellschaft** zur Folge. Sind zumindest noch zwei Kommanditisten verblieben, geht die Gesellschaft in die Liquidation über, jedoch soll die Möglichkeit bestehen, die aufgelöste Gesellschaft mit einem neuen Komplementär fortzusetzen. Die KG i.L. wird dann wieder eine werbende KG.[120]

Demgegenüber soll beim Tod des Komplementärs in einer zweigliedrigen KG nach herr- **127** schender Meinung sofort ein **liquidationsloses Erlöschen** der Gesellschaft mit gleichzeitigem Übergang sämtlicher Aktiva und Passiva auf den einzigen verbleibenden Kommanditisten erfolgen.[121]

Zum **Schutz der Vermögensinteressen des Kommanditisten**, der das Aktiv- und Passiv- **128** vermögen der Kommanditgesellschaft übernimmt, wird angenommen, dass dieser zwar etwaiger Insolvenzschuldner anstelle der vormaligen Gesellschaft wird, das Insolvenzverfahren sich jedoch beschränke auf das Aktiv- und Passivvermögen der bisherigen Gesellschaft, so dass ein sog. **Partikularinsolvenzverfahren** über das Vermögen der vormaligen Gesellschaft stattzufinden habe.[122]

Auch der **BGH** teilt diese Auffassung: Scheidet der vorletzte Gesellschafter aus einer BGB- **129** Gesellschaft aus, für die im Gesellschaftsvertrag bestimmt ist, dass die Gesellschaft unter den verbleibenden Gesellschaftern fortgesetzt wird, führt dies – soweit nichts Abweichendes geregelt ist – zur **liquidationslosen Vollbeendigung** der Gesellschaft und zur **Anwachsung** des Gesellschaftsvermögens bei dem letzten verbliebenen Gesellschafter.[123] Für diesen Fall hat der BGH entschieden, dass der Beschluss über die Eröffnung des Insolvenzverfahrens über das Ver-

---

116 BMF v. 25.3.1998 (Umwandlungserlass), BStBl 1998 I, 268 unter Tz. 24.7.
117 Vgl. BGHZ 50, 307, 309; BGHZ 32, 307, 317; Palandt/*Sprau*, BGB § 738 Rn 1; Gummert/*Arnhold*/*Pathe*, § 10 Rn 125.
118 Vgl. OLG Köln BB 1994, 455 = NJW-RR 1994, 491; Palandt/*Sprau*, BGB § 738 Rn 1.
119 Vgl. Palandt/*Sprau*, § 738 Rn 1; Gummert/*Arnhold*/*Pathe*, § 10 Rn 125.
120 MüKo-HGB/ *K. Schmidt*, § 131, Rn 46; Ebenroth/Boujong/Jost/Strohn/*Lorz*, HGB, § 173, Rn 40; Baumbach/*Hopt*, HGB, § 177 Rn 1; dazu DNotI-Report 2010, 45 ff.
121 BGHZ 113, 132; BayObLG GmbHR 2001, 776; OLG Düsseldorf GmbHR 1997, 903.
122 AG Hamburg ZInsO 2005, 838; LG Dresden ZIP 2005, 955; *Keller*, NZI 2009, 29; dazu DNotI-Report 2010, 45 ff.
123 BGH DStR 2008, 1792 = NJW 2008, 2992.

mögen der Gesellschaft nichtig sei, weil die BGB-Gesellschaft als Schuldnerin infolge der Vollbeendigung nicht mehr existiere. Richtigerweise hätte der Insolvenzeröffnungsbeschluss den letzten verbliebenen Gesellschafter als Insolvenzschuldner bezeichnen müssen. Auch insoweit findet dann ein so genanntes **Partikulareinsolvenzverfahren** statt.

130   Die Fortsetzung des Unternehmens durch den oder die verbleibenden Gesellschafter bei Anwachsung des Gesellschaftsvermögens im Zusammenhang mit dem Ausscheiden eines Mitgesellschafters kann auch zu einer **Änderung der Rechtsform** führen.

2. Typische Fallgestaltungen, insbesondere die sog. Anwachsungsmodelle

131 Dies gilt insbesondere bei Ausscheiden des einzigen oder aller **Kommanditisten** aus einer KG oder GmbH & Co. KG bzw. bei Ausscheiden des einzigen oder aller **persönlich haftenden Gesellschafters** aus einer solchen Gesellschaft.[124]

132   Als Gestaltungsinstrumentarium wird die Anwachsung daher insbesondere bei Gesellschaften in der Rechtsform der **GmbH & Co. KG** eingesetzt. Dort findet eine Anwachsung statt, wenn die Komplementär-GmbH sämtliche Kommanditanteile übernimmt. Dieses sog. Anwachsungsmodell wird häufig genutzt, um einen **Formwechsel** von einer GmbH & Co. KG in eine GmbH außerhalb des UmwG durchzuführen.

133   Dort wird unterschieden zwischen dem sog. einfachen und dem sog. erweiterten Anwachsungsmodell:[125]

a) Einfaches Anwachsungsmodell

134 Bei dem einfachen Anwachsungsmodell scheiden alle Kommanditisten aus der KG aus und die **Komplementär-GmbH** als bisherige persönlich haftende Gesellschafterin übernimmt das Vermögen der vormaligen Kommanditgesellschaft.

135   Übertragen alle Kommanditisten einer GmbH & Co. KG ihre Kommanditeinlage auf die Komplementär-GmbH, die die alleinige persönlich haftende Gesellschafterin dieser KG ist, wäre die Komplementär-GmbH dadurch sowohl (einzige) persönlich haftende Gesellschafterin als auch einzige Kommanditistin der GmbH & Co. KG. Dies ist aber nach h.M. nicht möglich.

136   Eine GmbH, die alleinige persönlich haftende Gesellschafterin einer GmbH & Co. KG ist, kann nicht auch gleichzeitig Kommanditistin dieser GmbH & Co. KG sein. Die wohl überwiegende Meinung in Rechtsprechung und Literatur geht nämlich davon aus, dass auch bei Personenhandelsgesellschaften jeder Gesellschafter **nur eine einheitliche Beteiligung** halten kann.[126]

137   Der zugrunde liegende **Beschluss** bedarf grundsätzlich keiner besonderen **Form**, sofern gesellschaftsvertraglich nichts anderes vorgeschrieben ist. Sofern gesellschaftsvertraglich keine andere Mehrheit vorgeschrieben ist, gilt das **Einstimmigkeitsgebot** gemäß §§ 119 Abs. 1, 161 Abs. 2 HGB.[127]

---

124 Dazu *Demuth*, BB 2007, 1569; *Reif*, GmbHR 2007, 617.
125 Vgl. Hesselmann/Tillmann/*Dremel*, Handbuch der GmbH & Co. KG, § 12 Rn 128 ff.; *Binz/Sorg*, Die GmbH & Co. KG, § 28 Rn 28 ff.; Gummert/*Arnhold/Pathe*, § 10 Rn 131 ff.
126 BGH BGHZ 50, 307, 309; BGH NJW 1989, 3152, 3155 = DNotZ 1990, 183; BGH NJW 1993, 1917, 1918; Beck'sches Notarhandbuch/*Hermanns*, D II 19, S. 943; MüKo-BGB/*Ulmer*, vor § 723 Rn 9; Palandt/*Sprau*, BGB, § 705 Rn 1.
127 Vgl. Gummert/*Arnhold/Pathe*, § 10 Rn 135; Röhricht/von Westphalen/*von Gerkan*, HGB, § 131 Rn 7.

Wichtig   138

Ist eine **Abfindung** der ausscheidenden Gesellschafter in Form von **Sachwerten** vorgesehen, gelten aber gegebenenfalls insoweit die besonderen Formvorschriften, bei Grundstücken also § 311b BGB und bei GmbH-Geschäftsanteilen § 15 Abs. 4 GmbHG.

Überträgt der einzige Kommanditist einer GmbH & Co. KG seine Kommanditeinlage auf die   139
Komplementär-GmbH, die die alleinige persönlich haftende Gesellschafterin dieser KG ist, so
dass die Komplementär-GmbH nunmehr mit der **Hafteinlage des ausgeschiedenen Kommanditisten** auch als am Kapital beteiligte Gesellschafterin in die GmbH & Co. KG eintritt, wäre die
Komplementär-GmbH dadurch sowohl (einzige) persönlich haftende Gesellschafterin als auch
einzige Kommanditistin der GmbH & Co. KG.

    Auch das verstieße nach der wohl noch überwiegende Meinung in Rechtsprechung und Li-   140
teratur gegen den Grundsatz, dass bei Personenhandelsgesellschaften jeder Gesellschafter **nur
eine einheitliche Beteiligung** halten kann.[128]

Beispiel   141

Ist beispielsweise ein Mitgesellschafter Erbe eines Kommanditisten, so vereinigen sich die ursprüngliche und die **ererbte Beteiligung** im Außenverhältnis zu einem einheitlichen Gesellschaftsanteil.[129] Dies gilt auch, wenn es sich um zwei gleichartige Kommanditanteile handelt. Beerbt ein Komplementär einen Kommanditisten, bleibt er Komplementär, allerdings mit größerem Kapitalanteil.

---

b) Erweitertes Anwachsungsmodell

Beim erweiterten Anwachsungsmodell, bei dem die gleichen **Formvorschriften** und **Mehr-**   142
heitserfordernisse gelten wie beim einfachen Anwachsungsmodell, übertragen die bisherigen
Kommanditisten ihre Kommanditanteile als Sacheinlage gegen **Gewährung von Gesellschafterrechten** (GmbH-Geschäftsanteilen) im Rahmen einer dortigen Kapitalerhöhung in die Komplementär-GmbH.

    Auch dabei wird der Komplementär einer KG durch den Erwerb eines Kommanditanteils   143
nach h.M. nicht auch Kommanditist, sondern bleibt (nur) **Komplementär mit vergrößertem
Anteil**.[130] Nach h.M. wäre es deshalb insbesondere auch unzulässig, eine Personengesellschaft
mit derselben GmbH sowohl als Komplementärin wie als Kommanditistin zu gründen.

Praxistipp   144

Die **Kapitalerhöhung** bei der Komplementär-GmbH muss nicht exakt dem Betrag entsprechen, der dem **Einbringungswert** der Kommanditanteile der vormaligen Kommanditisten entspricht, er kann auch niedriger sein. Die Differenz zwischen dem Nennbetrag des erhöhten Kapitals und dem Einbringungswert kann dabei in die Kapitalrücklage der GmbH eingestellt werden oder gegebenenfalls auch als Gesellschafterdarlehen verbucht werden; Letzteres gefährdet aber das Privileg der Buchwertfortführung.[131]

---

128 BGH BGHZ 50, 307, 309; BGH NJW 1989, 3152, 3155 = DNotZ 1990, 183; BGH NJW 1993, 1917, 1918; MüKo-
BGB/*Ulmer*, vor § 723 Rn 9; Palandt/*Sprau*, BGB, § 705 Rn 1; vgl. zum Ausscheiden eines Gesellschafters aus einer
Zwei-Personen-Gesellschaft Röhricht/Graf v. Westphalen/*von Gerkan*, HGB, § 131 Rn 15; Baumbach/*Hopt*, HGB,
§ 131 Rn 35; kritisch dazu *Weimar*, ZIP 1997, 1769; *Baumann*, DB 1998, 225; *Priester*, DB 1998, 55; *Kanzleiter*, FS für
Weichler, 1977, S. 39 ff.; *Fette/Brand*, NZG 1999, 45.
129 BGH BGHZ 24, 106, 108; OLG Hamm DNotZ 1982, 496 = Rpfleger 1982, 29 f.; BayObLG MittBayNot 1983, 22, 23
= Rpfleger 1983, 115; MünchGesR/*Klein*, Bd. 2, § 43 Rn 27.
130 Baumbach/*Hopt*, HGB, § 124 Rn 16.
131 Vgl. *Binz/Sorg*, Die GmbH & Co. KG, 10. Aufl., § 28, Rn 43.

145 Die Übertragung der sämtlichen Kommanditanteile auf die Komplementär-GmbH bewirkt daher ebenfalls die **Auflösung** der Kommanditgesellschaft, da wegen des Grundsatzes der Einheitlichkeit des Personengesellschaftsanteils (siehe dazu Rn 134 ff., 142 ff.) die Komplementär-GmbH damit einzige Gesellschafterin – mit größerem Kapitalanteil – würde und nicht etwa zusätzlich auch Kommanditistin wird. Nach h.M. endet eine **Gesamthandgemeinschaft**, wenn alle Anteile in einer Hand zusammenfallen.[132]

146 **Beispiel**
Werden alle Gesellschaftsanteile einer Personenhandelsgesellschaft auf einen einzigen Erwerber übertragen, wird die Gesellschaft aufgelöst und der Erwerber übernimmt sämtliche Vermögensgegenstände im Wege der Gesamtrechtsnachfolge.[133]

c) Andere Fallgestaltungen

147 Vergleichbare Fälle sind, dass sämtliche Mitgesellschafter bis auf einen aus der Gesellschaft ausscheiden oder sämtliche Anteile auf einen Mitgesellschafter übertragen werden. In jedem Fall ist die Gesellschaft aufgelöst.[134]

148 **Beispiel**
Scheidet aus einer GmbH & Co. KG die Komplementär-GmbH aus, so entsteht unter den verbleibenden Kommanditisten eine **OHG** bzw. eine **GbR** bzw. – wenn nur ein Kommanditist noch vorhanden ist – ein **einzelkaufmännisches Unternehmen**. Scheiden aus einer GmbH & Co. KG die Kommanditisten aus, wächst das Vermögen der Komplementär-GmbH an, so dass sich eine „Umwandlung" der GmbH & Co. KG in eine **GmbH** vollzogen hat.

149 Zusammenfassend kommen also folgende Fallgestaltungen als **umwandlungsähnliche Anwachsungsgestaltungen** in Betracht:
– bei Ausscheiden des einzigen oder aller Kommanditisten aus einer „reinen" KG wächst das Vermögen dem Komplementär als einzig verbleibendem Gesellschafter an und er führt das Unternehmen in **einzelkaufmännischer Rechtsform** fort,
– bei Ausscheiden des einzigen oder aller Kommanditisten aus einer GmbH & Co. KG wächst das Vermögen der Komplementär-GmbH als einzigem verbleibenden Gesellschafter an und es entsteht eine **reine GmbH** als Unternehmensträgerin,
– bei Ausscheiden des einzigen oder aller persönlich haftenden Gesellschafters aus einer solchen Gesellschaft wächst das Vermögen dem oder den bisherigen Kommanditisten an, der/die dann das Unternehmen in **einzelkaufmännischer Rechtsform** fortführt – wenn nur ein Kommanditist vorhanden ist – bzw. die dann als **GbR oder oHG** (falls ein vollkaufmännischer Geschäftsbetrieb unterhalten wird) das Unternehmen fortführren.

150 Entsprechendes gilt für **zwei- und mehrstöckige Gesellschaftskonstruktionen**, bspw. für die doppelstöckige GmbH & Co. KG.

---

132 BGH BGHZ 113, 132, 134 = NJW 1981, 844.
133 BGHZ 71, 296, 299 = NJW 1978, 1525; *K. Schmidt*, Gesellschaftsrecht, § 11 IV 2, S. 317; Baumbach/*Hopt*, HGB, § 131 Rn 7, 19, 35.
134 Ebenroth/Boujong/Joost/*Lorz*, HGB, § 140 Rn 41; *K. Schmidt*, Gesellschaftsrecht, § 11 IV 2, S. 317; vgl. auch Koller/Roth/Morck/*Koller*, HGB, § 140 Rn 5.

Arens/Behrendt

Beispiel 151

Scheidet bspw. bei einer doppelstöckigen GmbH & Co. KG die Komplementär-GmbH aus der Tochtergesellschaft aus, wächst das Vermögen dieser Tochtergesellschaft der Muttergesellschaft als einziger Kommanditistin an, so dass dies den Wirkungen einer **Verschmelzung** der Tochtergesellschaft auf die Muttergesellschaft entspricht.

d) Handelsregisteranmeldung

Der Anwachsungserwerb im Rahmen einer Personenhandelsgesellschaft ist zur **Eintragung** 152 in das **Handelsregister** anzumelden.[135] Bei der KG ist zwischen der **Hafteinlage** und der **Pflichteinlage** des Kommanditisten zu unterscheiden. Die Hafteinlage bzw. Haftsumme begrenzt den Umfang der Kommanditistenhaftung.[136] Die Höhe der Haftsumme wird durch die **Eintragung im Handelsregister** bestimmt. Sie kann sowohl höher als auch niedriger als die Pflichteinlage sein. Die Pflichteinlage bezeichnet die im Innenverhältnis zu leistende Einlage des Kommanditisten; sie ergibt sich aus dem Gesellschaftsvertrag.[137] Der Kommanditist erfüllt durch die Leistung der Einlage seine gesellschaftsvertragliche Einlagepflicht, zugleich befreit er sich damit in entsprechendem Umfang von der Außenhaftung gemäß § 171 Abs. 1 Hs. 2 HGB.[138]

Die Haftsumme ist im Handelsregister einzutragen, nach §§ 174, 175 HGB ebenso eine **Ände-** 153 **rung (Erhöhung oder Herabsetzung) der Haftsumme.** Wie sich aus §§ 172 Abs. 2, 174 HGB ergibt, ist für eine einzutragende Änderung der Haftsumme die Handelsregistereintragung konstitutiv.[139]

Wächst beim Ausscheiden eines Gesellschafters aus einer Kommanditgesellschaft – unter 154 Lebenden oder von Todes wegen (**Fortsetzungsklausel**) – der Anteil des ausscheidenden Gesellschafters den anderen Kommanditisten an, stellt sich die Frage, ob dies eine entsprechende Erhöhung ihrer Haftsummen bewirkt und dementsprechend ihre erhöhten Haftsumme zur Eintragung in das Handelsregister anzumelden sind. Die **herrschende Meinung** scheint davon auszugehen,[140] zumindest im Falle des Ausscheidens eines Kommanditisten. Scheidet ein persönlich haftender Gesellschafter aus und wächst seine Vermögensbeteiligung den Kommanditisten zu, wird allerdings nicht angenommen, dass sich die Haftsummen der begünstigten Kommanditisten erhöhen.[141]

Bei der Anwachsung findet jedoch kein Übergang eines Gesellschaftsanteils statt, sondern 155 der Gesellschaftsanteil des ausscheidenden Gesellschafters geht unter. Bei den Mitgesellschaftern findet lediglich ein Zuwachs hinsichtlich der relativen Beteiligung am Gesellschaftsvermögen statt.[142] Insoweit unterscheidet sich der Fall der Anwachsung grundlegend von dem **Erwerb eines Kommanditanteils** durch einen anderen Kommanditisten im Wege der Einzel- oder Gesamtrechtsnachfolge. Zwar wird auch der Anwachsungserwerb von der herrschenden Meinung als Fall der Gesamtrechtsnachfolge verstanden, jedoch geht dabei kein Gesellschaftsanteil über, sondern nur die mit dem untergehenden Gesellschaftsanteil verbundene Vermögensbeteiligung.

Während beim Anteilserwerb die übernehmenden Kommanditisten Rechtsnachfolger hin- 156 sichtlich des fortbestehenden Gesellschaftsanteils werden und als solche die Rechte und Pflich-

---

135 Dazu DNotI-Report 2010, 23, 25.
136 BGHZ 60, 324, 327.
137 BGH DNotZ 1995, 956.
138 DNotI-Report 2010, 23.
139 DNotI-Report 2010, 23 m.w.N.
140 Röhricht/Graf v. Westphalen/v. Gerkan/*Haas*, HGB, § 173 Rn 33; Staub/*Schilling*, HGB, § 173, Rn 16; Ebenroth/Boujong/Jost/*Strohn*/*Lorz*, HGB, § 173, Rn 40; *Krug*, ZEV 2001, 51, 54.
141 Koller/Roth/*Morck*, HGB, § 131 Rn 9; DNotI-Report 2003, 1.
142 *K. Schmidt*, FS Huber 2006, S. 969 ff.; DNotI-Report 2010, 23, 24.

ten einschließlich einer etwa noch bestehenden **Kommanditistenhaftung** aus dem über-gegangenen Kommanditanteil übernehmen, kommt es bei der Anwachsung zum Wegfall der Mitgliedschaft mit allen Rechten und Pflichten. Abgesehen von den Fällen der unterlassenen Handelsregistereintragung des Ausscheidenden (§ 15 HGB) kommt im Verhältnis zu den Gesell-schaftsgläubigern nur noch eine **Nachhaftung** des ausgeschiedenen Gesellschafters bzw. seiner Erben in Betracht.[143]

157   Dies spricht dafür, in den Anwachsungsfällen keinen Übergang der Hafteinlage des aus-scheidenden Gesellschafters auf die verbleibenden Gesellschafter anzunehmen, also **keine Haftsummenveränderung,** und somit auch keine Verpflichtung, eine entsprechende Änderung ihrer Hafteinlagen zur Eintragung in das Handelsregister anzumelden.[144]

3. Steuerliche Behandlung der Anwachsung

158 Die steuerlichen Folgen, insbesondere die ertragsteuerlichen Folgen solcher Anwachsungsvor-gänge sind noch nicht abschließend geklärt. Insbesondere stellt sich die Frage, ob eine solche „Umwandlung" durch Anwachsung ertragsteuerlich neutral, also ohne **Aufdeckung von stillen Reserven** zu Buchwerten, erfolgen kann.[145]

a) Auffassung der Rechtspolitik und der Finanzverwaltung

159 Ob und welche Fälle der Anwachsung infolge des Ausscheidens von Mitgesellschaftern als steu-erneutral behandelt werden können, ist nicht abschließend geklärt. Aus den Motiven zum Steu-erentlastungsgesetz 1999/2000/2002,[146] insbesondere dem Entwurf der Bundesregierung,[147] geht hervor, dass die Regierungskoalition bzw. die Bundesregierung der Auffassung war, der Gesetz-geber habe für betriebliche Umstrukturierungsmaßnahmen bereits ein ausreichendes **Instru-mentarium für betriebliche Umstrukturierungsmaßnahmen** durch das Umwandlungsgesetz und das Umwandlungssteuergesetz zur Verfügung gestellt. In diesem Zusammenhang seien auch weitere ausreichende Privilegierungen bereits durch die Erlasslage gewährt, insbesondere durch

– den damals geltenden Mitunternehmererlass,[148]
– die Rechtsauffassung des BMF zur Betriebsaufspaltung[149] und
– des BFH zum Anteilstausch (sog. Tauschgutachten[150]).

160 Auch aus der Begründung des Finanzausschusses des Bundestages zur Neuregelung des § 6 Abs. 3 bis Abs. 7 EStG, ergänzt durch § 16 Abs. 3 S. 2 EStG, ergibt sich, dass nach der dortigen Rechtsauffassung die **Übertragung einzelner Wirtschaftsgüter** grundsätzlich immer dann zu einer Gewinnrealisierung (steuerpflichtige Aufdeckung der stillen Reserven) führen soll, wenn durch die Übertragung „die zivilrechtliche Rechtszuständigkeit hinsichtlich des Wirtschaftsguts wechselt".[151]

---

143 MüKo-HGB/*K. Schmidt*, §§ 171, 172 Rn 18.
144 NotI-Report 2010, 23, 25.
145 Siehe dazu *Hesselmann/Tillmann*, Handbuch der GmbH & Co., Rn 1483; *K. Schmidt*, Gesellschaftsrecht, S. 347; *Orth*, DStR 1999, 1111ff. (Teil 1) und 1053ff. (Teil 2); *Lauermann/Protzen*, DStR 2001, 647ff.
146 BGBl I 1999, 402 = BStBl I 1999, 304.
147 BT-Drucks 14/265 v. 13.1.1999, dort S. 173/174 zu § 6 Abs. 3–6 EStG n.F.
148 BMF v. 20.12.1978, BStBl I 1978, 8, abgedr. auch bei *Arens/Spieker*, Umwandlungsrecht, S. 207ff.
149 Abschn. 137 EStR 1996.
150 Tauschgutachten des BFH v. 16.12.1958, BStBl III 1959, 30, abgedruckt auch bei *Arens/Spieker*, Umwandlungsrecht, S. 184ff.
151 Beschlussempfehlung und Bericht, BT-Drucks 14/443, 53f.

Ob diese restriktive Rechtsauffassung auch zur Anwachsung gilt, ob diese Rechtsauffassung **161** systemgerecht ist und ob sie auch im Hinblick auf das Steuersenkungsgesetz vom 23.10.2000[152] in der Fassung des Steuersenkungsergänzungsgesetzes vom 19.12.2000[153] aufrecht erhalten bleiben kann, erscheint fraglich. In der Literatur wird zutreffend darauf hingewiesen, dass entsprechend **§ 24 UmwStG/§ 6 Abs. 3 EStG** n.F. in vergleichbaren Fällen der Anwachsungserwerb sich steuerneutral vollziehen können müsse.

Dies gilt selbst für den Fall, dass man mit der Finanzverwaltung die Anwachsung als Fall **162** der **Einzelrechtsnachfolge** ansehen will,[154] weil:

– das UmwStG Steuerfreiheit auch für Umstrukturierungsvorgänge im Wege der Einzelrechtsnachfolge, ggf. allerdings ohne die Möglichkeit der Rückbeziehung um bis zu acht Monate gem. § 20 Abs. 7 und Abs. 8 UmwStG gewährt,

– das Umwandlungssteuerrecht für steuerneutrale Umstrukturierungsvorgänge keinen numerus clausus beinhaltet,

– auch die Finanzverwaltung § 24 UmwStG über dessen Wortlaut hinaus anwendet und im Umwandlungssteuererlass vom 25.3.1998[155] entsprechende Regelbeispiele angeführt hat,

– schon § 6 Abs. 3 EStG i.d.F. des Steuerentlastungsgesetzes 1999/2000/2002 vom 24.3.1999 – in teilweiser Fortsetzung und in teilweiser Abwandlung des bis dahin geltenden Mitunternehmererlasses[156] – unentgeltliche Übertragungen eines Mitunternehmeranteils bei Fortführung der Buchwerte ohne Aufdeckung der übergegangenen stillen Reserven zuließ,

– die Neufassung des § 6 Abs. 3 bis Abs. 7 EStG i.d.F. des Steuersenkungsgesetzes vom 23.10.2000 diese Gestaltungsmöglichkeiten noch erweitert hat,

– die Fallgestaltungen der Steuerfreiheit gem. § 16 Abs. 3 S. 1 i.V.m. Abs. 1 Nr. 2 EStG bei **Aufgabe eines Gesellschaftsanteils** dem Fall des Untergangs des Gesellschaftsanteils durch Anwachsung vergleichbar sein dürften,[157]

– der BFH mit Urteil vom 10.3.1998[158] festgestellt hat, dass im Fall der Anwachsung weder eine **Betriebsaufgabe** auf der Ebene der Gesellschaft noch eine **Aufgabe des Mitunternehmeranteils** auf der Ebene des ausscheidenden Gesellschafters gegeben sei und sogar bei dem Fall einer entgeltlichen Übertragung die Fortführung der Buchwerte analog der damaligen Regelung des § 7 Abs. 1 EStDV (inzwischen abgelöst durch § 6 Abs. 3 EStG) vorgesehen ist,

– § 6 Abs. 5 S. 3 Alt. 2 EStG i.d.F. Steuersenkungsgesetz vom 23.10.2000 sogar im Fall des **Übergangs eines einzelnen Wirtschaftsguts** eine erfolgsneutrale Übertragung zulässt, so dass dies erst recht gelten muss, wenn das gesamte Vermögen übergeht.

b) Rechtsprechung des BFH

Wie vor diesem Hintergrund die Einzelfälle – entgeltlicher, teilentgeltlicher und unentgeltlicher **163** Anwachsungserwerb – in den verschiedensten Fallkonstellationen zu behandeln sind, hängt entscheidend von der weiteren Rechtsprechung des BFH ab.[159]

Bei der Anwachsung liegt nach der Auffassung des BFH weder auf der Ebene der Kommandit- **164** gesellschaft eine **Betriebsaufgabe** vor noch auf der Ebene der Kommanditisten eine **Aufgabe**

---

152 BGBl I 2000, 1433 = BStBl I 2000, 1428.
153 BGBl I 2000, 1812 = BStBl I 2001, 25.
154 *Lauermann/Protzen*, DStR 2001, 647.
155 BStBl I 1998, 268.
156 BMF v. 20.12.1978, BStBl I 1978, 8, abgedr. auch bei *Arens/Spieker*, Umwandlungsrecht, S. 207 ff.
157 BFH BStBl II 1999, 269 = DStR 1998, 1253.
158 BFH NV 1998, 1412.
159 Siehe dazu *Orth*, DStR 1999, 1053, 1058.

der **Mitunternehmeranteile**.[160] Vielmehr wird – je nach zugrunde liegendem Grundgeschäft – die Anwachsung entweder als entgeltliche Übertragung i.S.v. § 16 Abs. 1 Nr. 2 EStG oder als unentgeltliche Übertragung nach § 6 Abs. 3 EStG des Mitunternehmeranteils behandelt.[161]

165   Nach der Auffassung des BFH ist aber **§ 6 Abs. 3 EStG** auf solche gesellschaftsrechtlichen Vorgänge nicht anwendbar.[162] Vielmehr liegt beim unentgeltlichen Ausscheiden der Kommanditisten eine **verdeckte Einlage** der ausscheidenden Kommanditisten in die verbleibende Komplementär-GmbH mit der Folge der Aufdeckung der in den Kommanditanteilen einschließlich der im Sonderbetriebsvermögen enthaltenen stillen Reserven vor.[163]

166   Auch die OFD Berlin führt für die zweigliedrige Personengesellschaft inzwischen mit Verfügung v. 19.7.2002[164] dazu folgende Rechtsauffassung aus:

> „Steuerliche Behandlung der Anwachsung
>
> Bei der ertragsteuerlichen Beurteilung der Anwachsung sind zwei Fallgruppen voneinander zu unterscheiden:
>
> 1. Der austretende Gesellschafter ist am Vermögen einer zweigliedrigen Personengesellschaft **kapitalmäßig nicht beteiligt**. § 6 Abs. 3 EStG (§ 7 Abs. 1 EStDV a.F.) ist nicht anwendbar. Diese Vorschrift setzt einen Übertragungsvorgang voraus. Hieran fehlt es, weil der austretende Gesellschafter am Vermögen der Gesellschaft nicht beteiligt ist. Steuerlich gesehen sind dem verbleibenden Gesellschafter die seiner Beteiligung entsprechenden Wirtschaftsgüter schon vor der Anwachsung zuzurechnen, so dass sie ihm durch die Anwachsung nicht mehr übertragen werden können. Die **Buchwerte** sind daher nicht nach § 6 Abs. 3 EStG, sondern **mangels eines Anschaffungsvorgangs fortzuführen**.
>
> 2. Der austretende Gesellschafter ist **kapitalmäßig am Vermögen** einer zweigliedrigen Personengesellschaft **beteiligt**. Im Fall der Anwachsung liegt weder eine Betriebsaufgabe auf der Ebene der Personengesellschaft noch eine Aufgabe des Mitunternehmeranteils auf der Ebene des ausscheidenden Gesellschafters vor. Die gesetzliche Rechtsfolge des Erlöschens des Gesellschaftsanteils sagt, wie die Anwachsung beim verbleibenden Gesellschafter, nichts über den Rechtsgrund des Ausscheidens aus. Die Anwachsung ist steuerlich – entsprechend dem jeweils zugrunde liegenden **Rechtsgrund der Übertragung** – entweder als entgeltliche oder als unentgeltliche Übertragung eines Mitunternehmeranteils zu behandeln.
>
> – Bei einer **entgeltlichen Übertragung** liegt eine **Anteilsveräußerung** i.S. des § 16 Abs. 1 Nr. 2 EStG vor.
>
> – Bei einer **unentgeltlichen Übertragung** handelt es sich um einen Fall des § 6 Abs. 3 EStG (§ 7 Abs. 1 EStDV a.F.). Der Erwerber, der verbleibende Gesellschafter, führt die Buchwerte fort; der Vorgang ist **erfolgsneutral**.

167 Der BFH hat in seinem Urteil vom 10.3.1998[165] im Fall des Ausscheidens eines Gesellschafters, der auch kapitalmäßig an der Personengesellschaft beteiligt war, entsprechend entschieden."

168   Der dabei in der erstgenannten Fallgestaltung entstehende **Übertragungsgewinn** unterliegt wie ein Veräußerungsgewinn gemäß § 16 Abs. 1 EStG der Einkommen- bzw. Körperschaftsteuer,

---

160 Vgl. BFH BStBl II 1999, 269, OFD Berlin v. 19.7.2002, DB 2002, 1966 = DStR 2002, 1811; dazu *Winter*, GmbHR 2002, R 398 f.

161 *Binz/Sorg*, Die GmbH & Co. KG, § 28 Rn 33.

162 Vgl. BFH BStBl II 1995, 770; BFH BStBl II 1982, 456.

163 Vgl. auch *Widmann/Mayer*, UmwG, Anhang 8, Rn 36; *Binz/Sorg*, Die GmbH & Co. KG, § 28 Rn 34; Schmidt/*Wacker*, EStG, § 16 Rn 513; *Schmitt/Hörtnagel/Stratz*, UmwStG, § 20 Rn 198.

164 OFD Berlin v. 19.7.2002, GmbHR 2002, 1091 = DStR 2002, 1811; dazu *Winter*, GmbHR 2002, R 398 f.

165 BFH BStBl II 1999, 269.

gegebenenfalls auch der **Gewerbesteuer**. Die **Anschaffungskosten** an der Komplementär-GmbH erhöhen sich entsprechend.[166]

c) Einfaches Anwachsungsmodell in der GmbH & Co. KG

Weil die aufnehmende Komplementär-GmbH den ausscheidenden Kommanditisten keine neuen **169** Anteile gewährt, ist die **Privilegierungsregelung des § 20 UmwStG** (Wahlrecht zur Anknüpfung an die Buchwerte) auf das einfache Anwachsungsmodell nicht anwendbar.[167] Der BFH hat auch eine analoge Anwendung des § 20 UmwStG abgelehnt.[168]

In der Literatur wird allerdings vertreten, dass § 20 UmwStG mit dem **Wahlrecht der Buch-** **170** **wertfortführung** entsprechend auch auf das einfache Anwachsungsmodell Anwendung finden müsse, da die Anwachsung nur als eine im Umwandlungssteuergesetz nicht geregelte besondere Form der Umwandlung anzusehen sei.[169]

d) Erweitertes Anwachsungsmodell in der GmbH & Co. KG

Demgegenüber ist beim erweiterten Anwachsungsmodell die Privilegierungsregelung des § 20 **171** Abs. 2 UmwStG mit der zur **Erfolgsneutralität** des Vorgangs führenden **Buchwertanknüpfung** schon nach dem Wortlaut der Vorschrift gegeben.[170]

Da die ausscheidenden Kommanditisten als Gegenleistung für die Einlage ihrer Komman- **172** ditanteile in die GmbH dort neue GmbH-Geschäftsanteile erhalten, ist dies nicht zweifelhaft. Restzweifel verbleiben jedoch insoweit, als eine etwaige Differenz zwischen dem Nennbetrag des erhöhten Kapitals und dem **Einbringungswert** der vormaligen Kommanditanteile nicht in die **Kapitalrücklage** eingestellt wird, sondern als **Gesellschafterdarlehen** verbucht wird. Insoweit besteht die Gegenleistung nicht in Gesellschafterrechten, sondern in schuldrechtlichen Darlehensrückzahlungsansprüchen.

Praxistipp **173**

Solange diese Frage obergerichtlich nicht geklärt ist, sollte in der Gestaltungspraxis eine solche Gestaltung daher wegen der Gefährdung der Erfolgsneutralität nicht gewählt werden.

Wenn die vormalige Komplementär-GmbH kapitalmäßig an der Kommanditgesellschaft beteiligt **174** war, müssen auch insoweit die **Buchwerte** fortgeführt werden, da die GmbH sich im Rahmen des Anwachsungsvorgangs keine **eigenen Anteile** gewähren kann.[171]

Die Rechtslage zur Steuerneutralität des erweiterten Anwachsungsmodells ist mit dem **175** Inkrafttreten des SEStEG in Frage gestellt worden, weil die Aufzählung der begünstigten Umwandlungen im Katalog des § 1 Abs. 3 Nr. 1 bis 5 UmwStG als abschließend für die möglichen Umwandlungen nach dem 6. bis 8. Teil des UmwStG n.F. anzusehen sein soll und nicht analogiefähig sein soll.[172]

---

166 Vgl. *Binz/Sorg*, Die GmbH & Co. KG, § 28 Rn 35.
167 Vgl. *Widmann/Mayer*, UmwStG, § 20 Rn 92; *Schmitt/Hörtnagel/Stratz*, UmwStG, § 20 Rn 198; BMF v. 25.3.1998 (Umwandlungssteuererlass), Tz 20.4.
168 BFH NV 1993, 525, 527.
169 Vgl. *Binz/Sorg*, Die GmbH & Co. KG, § 28 Rn 36.
170 Vgl. *Widmann/Mayer*, UmwStG, § 20 Rn 446; *Schmitt/Hörtnagel/Stratz*, UmwStG, § 20 Rn 199; *Binz/Sorg*, Die GmbH & Co. KG, § 28 Rn 8.
171 BFH NV 1998, 1412; *Orth*, DStR 1999, 1053, 1059.
172 Dazu *Ettinger/Merklies/Scheipers*, DStR 2008, 173; *Ettinger/Schmitz*, GmbHR 2008, 1089; *Orth*, DStR 2009, 192; zur Antragsstellung siehe *Stümper/Walter*, GmbHR 2008, 1147.

e) Gewerbesteuerliche Behandlung der Anwachsung

176 Nach Abschn. 39 Abs. 1 Nr. 1 und Abschn. 40 Abs. 2 GewStR unterliegt der **Veräußerungs-gewinn** des ausscheidenden Gesellschafters grundsätzlich nicht der Gewerbesteuer. Etwas anderes gilt ausnahmsweise dann, wenn im Sinne von § 18 Abs. 4 Satz 2 UmwStG die Personengesellschaft innerhalb der letzten fünf Jahre aus der Umwandlung einer Kapitalgesellschaft hervorgegangen war.[173]

177 Voraussetzung für den **gewerbesteuerlichen Verlustabzug** nach § 10a GewStG ist, dass Unternehmeridentität und zumindest partielle Unternehmensidentität angenommen werden kann.[174] Diese Voraussetzungen werden bei der Anwachsung hinsichtlich des verbleibenden Gesellschafters angenommen, so dass dieser vom Gewerbebetrag seines Einzelunternehmens einen verbliebenen Fehlbetrag gem. § 10a GewStG in dem Umfang abziehen kann, wie es seinem Anteil am **Gewinnverteilungsschlüssel** gem. Gesellschaftsvertrag für das Verlustentstehungsjahr entspricht (Abschn. 68 Abs. 3 Nr. 4 GewStR).

178 Die **GmbH als übernehmende Gesellschaft** kann einen etwaigen gewerbesteuerlichen Verlustvortrag der untergehenden Kommanditgesellschaft ebenfalls nur insoweit verwerten, als dieser Betrag entsprechend dem sich aus dem Gesellschaftsvertrag ergebenden Gewinnverteilungsschlüssel des Verlustentstehungsjahres auf sie entfällt.[175]

---

179 **Wichtig**

Der gewerbesteuerliche Verlustvortrag geht daher in der Praxis üblicherweise verloren, weil die Komplementär-GmbH bislang nicht kapitalmäßig am Vermögen der KG beteiligt war.

---

f) Erbschaft- und Schenkungsteuer

180 Schon nach der ausdrücklichen gesetzlichen Regelung kann der Anwachsungserwerb der verbleibenden Gesellschafter erbschaft- bzw. schenkungsteuerliche Folgen nach sich ziehen. Unabhängig davon nämlich, ob der Anwachsungserwerb auf einer gesellschaftsvertraglichen Regelung (Fortsetzungs- bzw. Übernahmeklausel) beruht, oder auf der gesetzlichen Regelung nach § 131 HGB i.d.F. seit dem 1.7.1998, führt die Anwachsung bei den verbleibenden Gesellschaftern im Falle des Ausscheidens **zu Lebzeiten** als Schenkung nach § 7 Abs. 7 ErbStG und im Falle des Ausscheidens **durch Tod** als Schenkung auf den Todesfall nach § 3 Abs. 1 Nr. 2 S. 2 ErbStG zur Steuerpflicht, wenn der Steuerwert des Anteils des ausscheidenden Gesellschafters nach § 12 ErbStG den Abfindungsanspruch übersteigt.

181 Bemessungsgrundlage ist danach der **Unterschiedsbetrag** zwischen dem **Steuerwert** des Anteils des Erblassers/Schenkers am Betriebsvermögen gem. § 12 ErbStG einerseits und dem Wert der **Abfindung** andererseits.

g) Umsatzsteuer

182 Da die Leistung einer Abfindung an den ausscheidenden Gesellschafter keinen **umsatzsteuerpflichtigen Leistungsaustausch** bewirkt, ist die Anwachsung grundsätzlich umsatzsteuerfrei, es sei denn, der Abfindungsanspruch wird als Sachwertabfindung geleistet, also durch Übertragung von Gegenständen des Betriebsvermögens.[176]

---

173 Siehe dazu *Orth*, DStR 1999, 1011, 1016; BMF v. 25.3.1998, BStBl I 1998, 268 unter Tz. 18.03; a.A. *Hörger*, DStR 1998, Beilage zu Heft 17, S. 34; FG Münster EFG 1999, 488 und EFG 1999, 489.
174 BFH BStBl II 1990, 436; BFH BStBl II 1993, 334.
175 BFH BStBl II 1983, 472; *Breiteneicher*, DStR 2004, 1405, 1407; Abschnitt 68 Abs. 3 Nr. 4 GewStR.
176 Vgl. dazu BFH BStBl II 1968, 247; BFH UStR 1998, 278 m. Anm. *Stadie*.

h) Grunderwerbsteuer

Nach der Rechtsprechung des BFH ist die Anwachsung grunderwerbsteuerbar, und zwar gem. 183
§ 1 Abs. 1 Nr. 3 GrEStG, also als Eigentumsübergang, der keiner Auflassung bedarf und dem kein
Rechtsgeschäft vorausgegangen ist, das den Anspruch auf Übereignung begründet hat. Sind
durch den Anwachsungsvorgang die **Anteile** an der Gesellschaft in einer Hand **vereinigt** worden, gilt dagegen der Tatbestand des § 1 Abs. 3 Nr. 2 GrEStG.

Begründet wird die Grunderwerbsteuerpflicht der Anwachsung mit der geänderten recht- 184
lichen Zuordnung in Folge der Änderung der Eigentumsverhältnisse bzw. dem damit ggf.
verbundenen **Rechtsträgerwechsel**.[177] Liegt allerdings der Fall einer erbschaft- oder schenkungsteuerpflichtigen Anwachsung vor, ist Grunderwerbsteuerfreiheit gem. § 3 Nr. 2 GrEStG
gegeben.

Seit der Neuregelung per 1.1.1997 sind **Bemessungsgrundlage** für die Grunderwerbsteuer 185
die Grundbesitzwerte nach § 138 Abs. 2 oder Abs. 3 BewG i.V.m. § 8 Abs. 2 Nr. 2 GrEStG.

Allerdings wird bei der Anwachsung die Grunderwerbsteuer in Höhe des Anteils nicht erho- 186
ben, zu dem der verbleibende Gesellschafter schon **bisher am Vermögen der Gesamthand
beteiligt** war (§ 6 Abs. 2 GrEStG).[178] Etwas anderes kann unter den Voraussetzungen des § 6
Abs. 4 GrEStG ausnahmsweise dann gelten, wenn der ausscheidende Gesellschafter seinen Anteil innerhalb der fünf vorangegangenen Jahre durch Rechtsgeschäft unter Lebenden erworben
hatte.[179]

III. Realteilung

1. Begriffsbestimmung

Bei der Realteilung von Personengesellschaften handelt es sich um eine **Auflösung** der Perso- 187
nengesellschaft **ohne Abwicklung**. Ihr Wesen besteht darin, dass das Gesamthandvermögen
auf die Gesellschafter entsprechend ihrem Anteil (real) zu Alleineigentum verteilt wird.

Im **Umwandlungsgesetz** ist die Realteilung von Personengesellschaften nur in einem Son- 188
derfall geregelt, nämlich für den Fall der Aufspaltung einer Personengesellschaft in zwei neu
entstehende Personengesellschaften.[180]

Die Rechtsregeln der **Realteilung** eröffnen für Personenunternehmen die Möglichkeit, ohne 189
Aufdeckung von stillen Reserven Umstrukturierungsmaßnahmen vorzunehmen. Allerdings will
die Finanzverwaltung die steuerneutrale Durchführung von Realteilungsvorgängen nur unter
sehr engen Voraussetzungen zulassen.

2. Steuerliche Behandlung

Wenn eine Mitunternehmerschaft aufgelöst wird, sei es durch Auseinandersetzung, Veräuße- 190
rung oder aber auch durch Teilung des Vermögens, spielt die steuerliche Belastung des Vorgangs eine entscheidende Rolle.

a) Buchwertprivileg

Soweit eine Buchwertfortführung (**Steuerneutralität**) im Rahmen der Realteilung erfolgen soll, 191
mussten die Gesellschafter dieses Wahlrecht zur **Buchwertfortführung** schon nach der damali-

---

177 BFH BStBl II 1977, 359; BFH BStBl II 1977, 671; BFH BStBl II 1997, 296; BFH NV 1998, 882.
178 BFH BStBl II 1975, 887.
179 Siehe dazu *Orth*, DStR 1999, 1011, 1017; BFH BStBl II 1997, 296; BFH DStR 2001, 1069.
180 Vgl. dazu *Meyer-Scharenberg*, UmwR, S. 26 f.

gen Auffassung der Finanzverwaltung[181] einheitlich ausüben.[182] Aufgrund der Neufassung des § 6 Abs. 3 EStG seit dem 1.1.1999 bestand dann sogar ein Zwang zur Buchwertfortführung.[183]

192 **Steuerneutralität** durch Buchwertfortführung ist durch § 16 Abs. 3 S. 2–4 EStG n.F. nunmehr unter den dortigen Voraussetzungen gewährleistet. Es müssen dazu nicht Teilbetriebe oder Mitunternehmeranteile übertragen werden, die Übertragung von **Einzelwirtschaftsgütern** ist zulässig und ausreichend.[184]

---

193 Wichtig
Gegenstand einer Realteilung ist aber das gesamte Betriebsvermögen der Mitunternehmerschaft, einschließlich des **Sonderbetriebsvermögens** der einzelnen Realteiler.

---

194 Die Realteilung i.S.d. § 16 Abs. 3 S. 2 und 3 EStG ist durch den auf der Ebene der Mitunternehmerschaft verwirklichten Tatbestand der **Betriebsaufgabe** gekennzeichnet. § 16 Abs. 3 EStG hat **Vorrang** vor den Regelungen des § 6 Abs. 3 und 5 EStG.

195 Von der Realteilung ist die **Veräußerung** oder die **Aufgabe** eines Mitunternehmeranteils bei **Fortbestehen der Mitunternehmerschaft** zu unterscheiden. Scheidet ein Mitunternehmer aus einer mehrgliedrigen Mitunternehmerschaft aus und wird diese im Übrigen von den verbleibenden Mitunternehmern fortgeführt, liegt nach der Auffassung der Finanzverwaltung im Schreiben des BMF vom 28.2.2006[185] keine Realteilung i.S.v. § 16 Abs. 3 S. 2 EStG vor. Nach Ansicht der Finanzverwaltung setzt die steuerneutrale Realteilung die **vollständige zivilrechtliche Auflösung der Gesellschaft** bzw. der Gemeinschaft voraus, was nicht als gegeben angesehen wird, wenn zwei oder mehrere der bisherigen Gesellschafter nach Ausscheiden eines oder mehrerer Gesellschafter(s) weiterhin zusammen tätig bleiben. Dies gilt auch dann, wenn der ausscheidende Mitunternehmer **wesentliche Betriebsgrundlagen** des Gesamthandsvermögens erhält. Es handelt sich in diesen Fällen um den Verkauf oder die Aufgabe eines Mitunternehmeranteils nach § 16 Abs. 1 S. 1 Nr. 2 oder § 16 Abs. 3 S. 1 EStG.

196 Begründet wird dies mit der (angeblichen) ständigen BFH-Rechtsprechung, nach der die Beendigung einer betrieblich tätigen Personengesellschaft durch **Realteilung steuerrechtlich als Betriebsaufgabe** angesehen wird.[186]

197 Die steuerliche Folge soll sein, dass im Rahmen einer **Übergangsgewinnermittlung** die zum Zeitpunkt der Trennung bestehenden **Forderungen der Gesellschaft** aktiviert und die **stillen Reserven**, insbesondere im **Firmen- bzw. Praxiswert** (z.B. bei Freiberuflern der Mandantenstamm) aufgedeckt und somit versteuert werden müssen, obwohl die Gesellschafter aus der Realteilung dafür keine liquiden Mittel realisieren.

198 Ein solcher **(fiktiver) Aufgabegewinn** soll danach im Rahmen einer **gesonderten und einheitlichen Gewinnfeststellung** (§§ 179 AO) auf der Ebene der Personengesellschaft festgestellt werden (vgl. § 16 Abs. 2 EStG).

---

181 BMF v. 11.8.1994, NJW 1995, 507; a.A. BFH NJW 1994, 1680.
182 Vgl. zur dabei erforderlichen Auflösung von Ergänzungsbilanzen BFH DStR 1995, 1913 = BB 1995, 2576.
183 *Wendt*, FR 1999, 333; *Schoor*, INF 1999, 269; *Wendt*, BB-Beilage 5 zu Heft 16/1999.
184 BMF v. 28.2.2006, BStBl I 2006, 228 = DStR 2006, 426; dazu *Stahl*, KÖSDI 2006, 14939, und KÖSDI 2006, 14997; so schon zur früheren Rechtslage BFH BStBl II 1992, 385 = DStR 1992, 643; a.A. nunmehr aber FG München DStRE 2009, 467, wonach eine steuerneutrale Realteilung voraussetze, dass die Teilbetriebe bereits in der aufgegebenen Gesellschaft vorhanden waren; dazu auch *Schell*, BB 2008, 1026; *Heß*, DStR 2006, 777; *Winter*, GmbHR 2006, R 147; *Mitschke*, NWB 2009, 606.
185 BStBl I 2006, 228.
186 Hinweis auf BFH BStBl II 1992, 385.

Beispiel 199

Beim Ausscheiden eines Freiberuflers aus einer fortbestehenden Sozietät entstünde danach bei ihm sogar auch dann ein steuerlicher **Veräußerungsgewinn**, wenn er nur diejenigen Mandate mitnimmt und nach dem Ausscheidensstichtag weiter bearbeitet, die er selbst bereits vorher innerhalb der Gesellschaft betreut hat.

Ggf. ist eine Buchwertfortführung nach § 6 Abs. 3 oder 5 EStG unter den dort genannten Voraus- 200 setzungen vorzunehmen. Dies gilt insbesondere auch im Fall des Ausscheidens eines Mitunternehmers aus einer zweigliedrigen Mitunternehmerschaft unter **Fortführung** des Betriebes **als Einzelunternehmen** durch den verbleibenden Mitunternehmer.[187]

Das Bundesministerium der Finanzen hat mit **Schreiben vom 14.9.2009**[188] unter Bezug- 201 nahme auf das Ergebnis einer Abstimmung mit den obersten Finanzbehörden der Länder zum BMF-Schreiben vom 28.2.2006 zwar noch einmal bestätigt, dass eine Realteilung nach dortigem Verständnis nur dann vorliegt, wenn die bisherige **Mitunternehmerschaft vollständig beendet** wird.

Selbst das **Ausscheiden eines Mitunternehmers** aus einer zweigliedrigen Mitunternehmerschaft gegen **Sachwertabfindung** bei gleichzeitiger Fortführung des Betriebes als Einzelunternehmen durch den nicht ausgeschiedenen Mitunternehmer sei kein Fall der Realteilung, jedoch soll die Überführung der ihm zugeteilten Wirtschaftsgüter durch den ausscheidenden Mitunternehmer in sein Einzelunternehmen die **zwingende Buchwertfortführung nach § 6 Abs. 5 S. 3 Nr. 1 EStG** mit sich bringen, sofern die Besteuerung der stillen Reserven gesichert sei.

Es dürften aber **keinerlei Verbindlichkeiten übernommen** werden, weil sonst ein zumin- 203 dest teilentgeltlicher Veräußerungsvorgang vorliege.[189] Soweit in diesen Fallgestaltungen dem ausscheidenden Mitunternehmer auch ein – anteiliger – **selbst geschaffener Kunden- bzw. Mandantenstamm zugewiesen** werde, sei dieser nach § 5 Abs. 2 EStG grundsätzlich weder bei der abgebenden Personengesellschaft noch in dem aufnehmenden Einzelunternehmen anzusetzen. In den Anwendungsbereich des § 6 Abs. 5 EStG fielen grundsätzlich nur solche Wirtschaftsgüter, die sowohl im abgebenden als auch im aufnehmenden Betriebsvermögen einen **Buchwert** haben, d.h. dem Grunde und der Höhe nach in der Bilanz anzusetzen seien.

Um die künftige Besteuerung auch der nicht aufgedeckten stillen Reserven sicher zu stellen, 204 müsse der betreffende Steuerpflichtige die Übertragung oder auch die Überführung des Wirtschaftsguts in ein anderes Betriebsvermögen in geeigneter Weise dokumentieren (§§ 88, 90 AO). Ohne diese zusätzliche **Dokumentationspflicht** sei eine Überwachung der Übertragung oder Überführung von nicht bilanzierten immateriellen Wirtschaftsgütern des Anlagevermögens nach § 6 Abs. 5 EStG seitens der Finanzverwaltung administrativ nicht möglich, da der Steuerpflichtige dieses Wirtschaftsgut notfalls willkürlich und ohne buchungsmäßigen Nachweis zwischen den Betriebsvermögen verschieben könne.

Eine Anwendung des § 6 Abs. 5 S. 3 Nr. 1 EStG sei nur möglich, wenn der ausscheidende 205 Mitunternehmer die materiellen Wirtschaftsgüter in ein Betriebsvermögen seines Einzelunternehmens überträgt. Die **Übertragung** vom Gesamthandsvermögen der ausscheidenden Mitunternehmerschaft **in das Gesamthandsvermögen einer anderen (neuen) Mitunternehmer** gegen Minderung bzw. Gewährung von Gesellschafterrechten werde durch § 6 Abs. 5 EStG nicht erfasst.

Eine Realteilung setzt voraus, dass mindestens eine **wesentliche Betriebsgrundlage** nach 206 der Realteilung weiterhin Betriebsvermögen eines Realteilers darstellt. Wesentliche Betriebs-

---

187 Vgl. BFH BStBl II 1999, 269.
188 IV C 6-S 2242/07/10002.
189 Hinweis auf BMF-Schreiben v. 7.3.2001, BStBl I 2001, 367.

grundlage i.S.d. § 16 Abs. 3 Satz 3 EStG sind Wirtschaftsgüter, in denen erhebliche stille Reserven ruhen (**quantitative Betrachtungsweise**) oder Wirtschaftsgüter, die zur Erreichung des Betriebszwecks erforderlich sind und denen ein besonderes wirtschaftliches Gewicht für die Betriebsführung zukommt (**funktionale Betrachtungsweise**).

207   Es ist nicht erforderlich, dass jeder Realteiler wesentliche Betriebsgrundlagen des Gesamthandvermögens erhält.

---

208 **Wichtig**
Die in das **Privatvermögen** überführten oder übertragenen Wirtschaftsgüter stellen Entnahmen der Realteilungsgemeinschaft dar.

---

209 Eine begünstigte Realteilung i.S.v. § 16 Abs. 3 S. 2 EStG ist insoweit nicht gegeben, als Einzelwirtschaftsgüter der real zu teilenden Mitunternehmerschaft unmittelbar oder mittelbar in das **Betriebsvermögen einer Körperschaft, Personenvereinigung oder Vermögensmasse** übertragen werden (§ 16 Abs. 3 S. 4 EStG) und die Körperschaft nicht schon bisher mittelbar oder unmittelbar an dem übertragenen Wirtschaftsgut beteiligt war. Dies gilt auch dann, wenn an der real zu teilenden Mitunternehmerschaft ausschließlich Körperschaften, Personenvereinigungen oder Vermögensmassen beteiligt sind.

210   Im Übrigen sind zwingend die Buchwerte fortzuführen. Eine **Realteilung** kann also auch angenommen werden und nach den vorstehenden Grundsätzen durchgeführt werden, wenn sich wesentliche Betriebsgrundlagen der Personengesellschaft im **Sonderbetriebsvermögen** der Gesellschafter befinden, sofern Gesellschafts- und Sonderbetriebsvermögen bei den Gesellschaftern nach den vorstehenden Regeln **Betriebsvermögen** bleiben.

---

211 **Praxistipp**
Auch die anschließende Verpachtung der wesentlichen Betriebsgrundlagen durch den einen Realteiler an den anderen Realteiler (ehemaliger Mitgesellschafter) steht einer solchen Realteilung zu Buchwerten nicht entgegen, wenn die Voraussetzungen einer **Betriebsverpachtung** erfüllt sind und der verpachtende Realteiler bei Nutzungsüberlassung nicht die **Betriebsaufgabe** erklärt.[190]

---

b) Behaltefrist und rückwirkender Ansatz des gemeinen Wertes

212 Dagegen ist für den jeweiligen Übertragungsvorgang **rückwirkend** der **gemeine Wert** anzusetzen, soweit bei einer Realteilung, bei der einzelne Wirtschaftsgüter übertragen worden sind, zum Buchwert übertragener Grund und Boden, übertragene Gebäude oder andere übertragene wesentliche Betriebsgrundlagen innerhalb einer **Sperrfrist** nach der Übertragung veräußert oder entnommen werden. Diese Sperrfrist endet drei Jahre nach **Abgabe der Steuererklärung der Mitunternehmerschaft** für den Veranlagungszeitraum der Realteilung (§ 16 Abs. 3 S. 2 und 3 EStG).

213   Werden also im Rahmen einer Realteilung einzelne Wirtschaftsgüter in ein Betriebsvermögen des Realteilers übertragen, ist für den jeweiligen Übertragungsvorgang nach § 16 Abs. 3 S. 3 EStG rückwirkend der gemeine Wert anzusetzen, soweit übertragener **Grund und Boden, Gebäude** (ausgenommen Umlaufvermögen) oder andere übertragene wesentliche Betriebsgrundlagen innerhalb der Sperrfrist entnommen oder veräußert (maßgeblicher Zeitpunkt: Übergang

---

190 BMF v. 28.2.2006, BStBl I 2006, 228 = DStR 2006, 426; so auch schon BFH BStBl II 1979, 300; BFH BB 1995, 1845 = DStR 1995, 1546; R 139 Abs. 5 EStR 2003 bzw. R 16.5 EStR 2005.

des wirtschaftlichen Eigentums) werden. Auch die Entnahme oder Veräußerung von Grund und Boden und Gebäuden des Anlagevermögens, die **keine wesentlichen Betriebsgrundlagen** darstellen, löst die Folgen des § 16 Abs. 3 S. 3 EStG aus.

Beispiel   214

Die Personengesellschaft wird in der Weise zwischen den Gesellschaftern G1 und G2 aufgeteilt, dass jeder Gesellschafter ein Grundstück erhält, das beim jeweiligen Gesellschafter in das Betriebsvermögen überführt wird. Auch hier soll es im Nachhinein zur Versteuerung von stillen Reserven kommen, wenn ein Gesellschafter in den folgenden drei Jahren ab Abgabe der Steuererklärung das ihm übertragene Grundstück veräußert.

Bei einer Realteilung durch Übertragung von **Betrieben, Teilbetrieben oder Mitunternehmeranteilen** ist die Sperrfrist jedoch unbeachtlich. 215

Eine Veräußerung ist grundsätzlich auch eine **Einbringung** der im Rahmen der Realteilung 216 erhaltenen einzelnen Wirtschaftsgüter, wenn sie zusammen mit einem Betrieb, Teilbetrieb oder Mitunternehmeranteil nach §§ 20, 24 UmwStG eingebracht werden, unabhängig davon, ob die Buchwerte, Teilwerte oder Zwischenwerte angesetzt werden. Als Veräußerung gilt auch ein **Formwechsel** nach § 25 UmwStG. Überträgt der Realteiler Wirtschaftsgüter, die im Anschluss an die Realteilung Betriebsvermögen geworden sind, gegen Gewährung von Gesellschaftsrechten nach § 6 Abs. 5 EStG auf einen Dritten, liegt auch eine Veräußerung vor.

Durch die Behaltefrist soll vermieden werden, dass eine Realteilung der **Vorbereitung ei-** 217 **ner Veräußerung oder Entnahme** dient. Im Übrigen sind die in § 6 Abs. 5 S. 4 und 5 EStG i.d.F. des StSenkG enthaltenen Einschränkungen der Steuerneutralität der Übertragung, soweit Körperschaften, Personenvereinigungen oder Vermögensmassen betroffen sind, auch hier zu beachten.

Eine **schädliche Entnahme oder Veräußerung** i.S.d. § 16 Abs. 3 S. 3 EStG führt zu ei- 218 ner rückwirkenden Aufdeckung der in den veräußerten oder entnommenen Wirtschaftsgütern enthaltenen stillen Reserven. Dieser Vorgang stellt ein Ereignis mit **steuerlicher Rückwirkung** dar (§ 175 Abs. 1 S. 1 Nr. 2 AO). Eine Aufdeckung der übrigen stillen Reserven erfolgt nicht.

Die Leistungen dürfen nur in Form der Gewährung oder Minderung von Gesellschaftsrech- 219 ten bestehen. Die Steuerneutralität wird nur eingeschränkt gewährt, wenn **Wertausgleichszahlungen** aus dem Privatvermögen oder **sonstige Gegenleistungen** – wie etwa auch Schuldenübernahme – erfolgen.[191]

Wichtig   220

Wird ein Spitzen- oder Wertausgleich gezahlt, liegt im Verhältnis des Spitzenausgleichs zum Wert des übernommenen Betriebsvermögens ein **entgeltliches Geschäft** vor. In Höhe des um den anteiligen Buchwert verminderten Spitzenausgleichs entsteht ein Veräußerungsgewinn für den veräußernden Realteiler. Dieser Gewinn ist nicht nach §§ 16 und 34 EStG begünstigt, sondern als **laufender Gewinn** zu versteuern.

---

191 Vgl. BMF v. 11.1.1993, BStBl I 1993, 62; vgl. zur Realteilung einer Personengesellschaft mit Buchwertfortführung und sog. Spitzenausgleich einerseits BFH BStBl II 1994, 607 = NJW 1994, 1680 und andererseits BMF v. 11.8.1994, NJW 1995, 507.

c) Gewerbesteuerliche Behandlung

221 Die Realteilung gilt auch im **Gewerbesteuerrecht** als **Betriebsaufgabe**;[192] die nachträgliche Aufdeckung vorgenannter stiller Reserven ist diesem Vorgang zuzuordnen. Der Gewinn rechnet grundsätzlich nicht zum Gewerbeertrag nach § 7 S. 1 GewStG. Ab dem Erhebungszeitraum 2002 ist der Gewinn aus der Aufdeckung der stillen Reserven aber nach § 7 S. 2 GewStG als Gewerbeertrag zu erfassen, soweit er nicht auf eine natürliche Person als unmittelbar beteiligter Mitunternehmer entfällt.

IV. Umstrukturierung durch Nichtausübung von Bezugsrechten und Nichtteilnahme an Kapitalerhöhungs- und Umwandlungsvorgängen

222 Eine interessante Gestaltungsvariante einer „mittelbaren" Verschiebung von Gesellschaftsbeteiligungen – insbesondere auf nahe Angehörige zu deren Beteiligung zu Lebzeiten – ergibt sich aus nicht verhältniswahrenden Umstrukturierungsvorgängen.

223 Eine **Kapitalerhöhung** gegen Einlage führt nach Auffassung des BFH hinsichtlich der bereits bestehenden Anteile ertragsteuerlich zu einer **„Substanzspaltung"** zugunsten der aufgrund der Bezugsrechte erworbenen neuen Anteile. Diese Substanzspaltung hat zur Folge, dass **Anschaffungskosten** der bereits bestehenden Anteile nach Maßgabe der **Gesamtwertmethode** den Bezugsrechten bzw. den neuen Anteilen zuzuordnen sind. Das soll auch für im Privatvermögen gehaltene wesentliche Beteiligungen gelten.[193]

224 Nur bei einer Eintragung der Kapitalerhöhung im Handelsregister ist eine im Rahmen der beschlossenen Kapitalerhöhung erlangte wesentliche Beteiligung i.S.v. § 17 EStG auch als sog. **Auflösungsverlust** geltend zu machen.[194]

225 Das **Bezugsrecht** steht den Gesellschaftern grundsätzlich entsprechend ihrer bisherigen Beteiligung zu. Der **Ausgabepreis** muss sich dabei am inneren Wert der Anteile ausrichten.[195]

226 Bei einer **verhältniswahrenden Kapitalerhöhung aus Gesellschaftsmitteln** ohne Hinzutreten neuer Gesellschafter soll aber bei einer Ausgabe zum Nennwert ohne Agio (Aufgeld) keine **verdeckte Gewinnausschüttung** und keine andere Ausschüttung vorliegen, weil die ertragsteuerlichen Folgen sich wegen der niedrigeren Anschaffungskosten erst bei der Veräußerung/Aufgabe der Anteile realisieren.[196]

227 Dagegen soll bei einer **nicht verhältniswahrenden Kapitalerhöhung aus Gesellschaftsmitteln** bzw. bei der **Aufnahme Dritter** nach Verwaltungsauffassung eine **(gemischte) Schenkung** angenommen werden können.[197] Der unentgeltliche (Teil-)Verzicht auf ein Bezugsrecht im Rahmen solcher Kapitalerhöhungsmaßnahmen soll also ggf. als schenkungsteuerpflichtiger Vorgang angesehen werden können.[198] Diese Überlegungen der Finanzverwaltung sind aber ohnehin gesellschaftsrechtlich unsinnig, weil eine Kapitalerhöhung aus Gesellschaftsmitteln immer verhältniswahrend sein muss, andernfalls sie unwirksam wäre (siehe dazu § 15 Rn 118 f.).

228 Die **Ausgabe** von GmbH-Anteilen im Rahmen einer Kapitalerhöhung zum **Nennwert** bei tatsächlich höherem Wert der Anteile soll nach Auffassung des BFH als (reine, nicht als „gemischte") **Schenkung** (freigebige Zuwendung) qualifiziert werden können, wenn:

---

192 BFH BStBl II 1994, 809.
193 BFH GmbHR 1999, 370.
194 FG Hamburg EFG 2001, 1435.
195 OLG Stuttgart GmbHR 2000, 333 = BB 2000, 1155 m. Anm. *Gätsch*.
196 OFD Frankfurt v. 22.12.2001, GmbHR 2002, 396.
197 Koordinierter Ländererlass des FinMin. Baden-Württemberg v. 15.3.1997, GmbHR 1997, 424.
198 FinMin. Baden-Württemberg v. 15.3.1997, GmbHR 1997, 424; dazu Centrale-Gutachten, GmbHR 2000, 1091; vgl. auch FG Düsseldorf DStR 2000, 483.

- eine Bereicherung der neuen Gesellschafter gegeben ist,
- eine (quotale) **Entreicherung der Altgesellschafter** bzgl. ihrer Altanteile dadurch gegeben ist,
- und bei den Altgesellschaftern wegen des Bewusstseins darum ein **Wille zur Unentgelt-lichkeit** angenommen werden kann.[199]

Nach der Rechtsprechung des BFH sollte dies aber nur dann der Fall sein, wenn die verzichten- **229** den Gesellschafter den **Willen zur Unentgeltlichkeit** hatten.[200] Entsprechendes wird für **Um-wandlungsvorgänge** bei einer Nichtteilnahme an der Umwandlung bzw. einem Ausscheiden gegen Abfindung unter Wert gelten müssen.

Umgekehrt soll bei der **Erhöhung des Stammkapitals** einer GmbH eine Schenkung des **230** Übernehmers der neuen bzw. erhöhten Stammeinlage zugunsten der Mitgesellschafter vorlie-gen, wenn der Wert des (Sach-)**Einlagegegenstandes** den Nennbetrag der Kapitalerhöhung übersteigt.[201]

Der Gesetzgeber hat mit einer Neufassung des ErbStG darauf reagiert:[202] Als steuerbar sollen **231** nunmehr mit Blick auf disquotale Einlagen[203], Kapitalerhöhungen[204] sowie verdeckte Gewinn-ausschüttungen[205] (vGA)[206] zwei Fälle erfasst werden, nämlich zum ersten die Werterhöhung von Anteilen an einer Kapitalgesellschaft, die ein unmittelbar oder mittelbar Beteiligter durch Leis-tung einer anderen Person an die Kapitalgesellschaft erlangt und zum zweiten Vermögensver-schiebungen zwischen Kapitalgesellschaften, sofern sie nicht betrieblich veranlasst sind und an den betroffenen Gesellschaften nicht die gleichen Gesellschafter unmittelbar oder mittelbar be-teiligt sind (§ 7 Abs. 8 ErbStG n.F.).

V. Die Abfindungsproblematik

Endet die Beteiligung eines Gesellschafters (etwa durch Austritt, Einziehung, Zwangsabtretung, **232** Ausschluss durch Gestaltungsurteil), steht ihm in der Regel eine Abfindung oder ein Übertra-gungsentgelt zu.

1. Gesetzliche Regelung
a) Überblick
Mangels abweichender vertraglicher Bestimmungen richtet sich die Abfindung nach den jewei- **233** ligen gesetzlichen Regelungen. Diese sehen in der Regel nach herrschender Meinung eine Ab-findung vor, deren Höhe sich nach dem Verkehrswert der Beteiligung bemisst. In der nachfol-genden Darstellung werden schwerpunktmäßig Personengesellschaften und die GmbH behan-delt

---

199 BFH GmbHR 2001, 1183 = DStRE 2002, 694; H 18 Nr. 3 ErbStR; dazu auch *Viskorf*, FR 2001, 910; *Nachreiner*, MittBayNot 2002, 362; *Gottschalk*, DStR 2002, 377, 381; *Albrecht*, ZErb 2003, 141; einschränkend für den Fall einer mittelbar über eine GmbH bewirkten Bereicherung BFH DStR 2009, 2590; Vorinstanz: FG Münster EFG 2008, 313.
200 BFH BB 2001, 1394 = GmbHR 2001, 632; BFH GmbHR 2001, 1183 = DStRE 2002, 694.
201 FG Nürnberg DStRE 2008, 1271; Az. d. BFH: II R 28/08.
202 Beitreibungsrichtlinie-Umsetzungsgesetz – BeitrRLUmsG, BR-Drs. 253/11.
203 *Christ*, ZEV 2011, 10 u. ZEV 2011, 63.
204 *Crezelius*, ZEV 2011, 393.
205 BFH BStBl II 2008, 258.
206 *Viskorf*, DStR 2011, 609.

Rechtsform der Gesellschaft	gesetzliche Bestimmungen	Bemessung der Abfindung
BGB-Gesellschaft	§ 738 Abs. 1 S. 2 BGB	Verkehrswert
OHG	§ 105 Abs. 3 HGB, § 738 Abs. 1 S. 2 BGB	Verkehrswert
KG	§ 161 Abs. 2, § 105 Abs. 3 HGB, § 738 Abs. 1 S. 2 BGB	Verkehrswert
PartG	§ 1 Abs. 4 PartG, § 738 Abs. 1 S. 2 BGB	Verkehrswert
stille Gesellschaft – typisch stille Gesellschaft	§ 235 HGB	Buchwert
– atypisch stille Gesellschaft	gesetzlich nicht geregelt	gesetzlich nicht geregelt, Abfindung wie bei OHG[207]
GmbH	keine gesetzlichen Bestimmungen	Verkehrswert
Genossenschaft	§ 73 GenG	Buchwert (ohne Anteil an Rücklage)

b) Höhe der Abfindung

234 Die Abfindung des ausscheidenden Gesellschafters einer BGB-Gesellschaft, einer OHG, einer KG oder einer GmbH bemisst sich bei Fehlen einer anderweitigen vertraglichen Regelung nach dem Wert der Beteiligung (trotz des anders lautenden Wortlauts der §§ 738, 740 BGB, ganz h.M.). Dieser Wert wird Verkehrswert genannt. Die Ermittlung erfolgt in zwei Stufen (so genannte indirekte Methode):[208]
– Zunächst ist der Wert des ganzen Unternehmens zu ermitteln und sodann
– davon der Anteil des ausscheidenden Gesellschafters nach dem Gewinnverteilungsschlüssel.

235 Da es für die Beteiligung an kleineren und mittleren Unternehmen in der Regel keinen liquiden Markt gibt, auf dem sich der Preis jederzeit durch Angebot und Nachfrage feststellen lässt, ist der Verkehrswert durch Bewertung zu ermitteln. Die Bewertung hat grundsätzlich nach „dem" Ertragswertverfahren zu erfolgen,[209] wobei jedenfalls in der Regel der Liquidationswert die Untergrenze bildet (siehe Rn 236 zu Ausnahmen von der Bewertung nach dem Ertragswertverfahren[210]). In besonderen Fällen sind andere Verfahren anzuwenden.[211] Grob gesagt wird nach dem Ertragswertverfahren der Barwert der zukünftigen Erträge ermittelt. Es müssen also in einem ersten Schritt die zukünftig erzielbaren Erträge ermittelt und in einem zweiten Schritt deren Barwert festgestellt werden. Barwert ist der Wert, den die angenommenen zukünftigen Erträge zum Stichtag des Ausscheidens haben. Dazu werden die zukünftigen Zahlungen abgezinst. Für die Ermittlung der zukünftigen Erträge gilt insbesondere:

---

207 BGH NJW-RR 1994, 1185.
208 BGH WM 79, 1994, 423; BGH NJW 1985, 192, 193; OLG Naumburg, Urt. v. 9.3.2001 7 U (Hs) 21/00 n.v.
209 BGHZ 116, 359, 371; BGH DB 1993, 1614, 1616; OLG Brandenburg, 7 U 19/04.
210 BayObLG BB 1995, 1759, 1760: Liquidationswert stets Untergrenze; BGH WM 2006, 776, 777: Liquidationswert unter bestimmten Voraussetzungen Untergrenze.
211 BGH NJW 1991, 1547; 1993, 2101.

– Bei personenbezogenen Unternehmen ist für den tätigen Unternehmer ein Unternehmerlohn von dem anzusetzenden Ertrag abzusetzen.[212]
– Künftige Erfolgschancen sind zu berücksichtigen, soweit die Voraussetzungen ihrer Nutzung bereits im Ansatz vorliegen.[213]
– Rückschlüsse aus nachträglichen Erkenntnissen sind zulässig.[214]

In besonderen Fällen sind andere Bewertungsmethoden anzuwenden oder aber zumindest zu **236** berücksichtigen. Bei ertragsschwachen Unternehmen[215] oder aber (relevantem) nicht betriebsnotwendigen Vermögen ist die Substanzwertmethode (bei ertragsschwachen Unternehmen für das gesamte Unternehmen, bei nicht betriebsnotwendigem Vermögen für diesen Vermögensteil[216]) anzuwenden; jedenfalls insoweit dürften Steuerbelastungen, die sich bei einer gedachten Verwertung dieses Vermögensteils ergeben, zu berücksichtigen sein.[217] Bei Unternehmen, die ertraglos[218] sind oder ohnehin liquidiert werden, ist auf den Liquidationswert abzustellen. Das Institut für Wirtschaftsprüfer in Deutschland e.V. (IdW) hat Grundsätze für die Durchführung von Unternehmensbewertungen in dem Standard S 1 niedergelegt.[219] Der Standard S 1 berücksichtigt die eingangs erläuterten Rechtsprechungsgrundsätze. Die Gerichte haben bei Unternehmensbewertungen in der Regel ein Sachverständigengutachten einzuholen.[220] Die Begutachtung wiederum erfolgt in der Regel durch Wirtschaftsprüfer. Diese werden den Standard S 1 beachten. Daher kommt den Grundsätzen des Standards S 1 erhebliche Bedeutung zu.[221]

Der Zeitpunkt für die Ermittlung des Wertes ergibt sich (bei Fehlen abweichender Vereinba- **237** rungen) aus der nachstehenden Tabelle:

Rechtsform	Zeitpunkt	Nachweise
BGB-Gesellschaft, PartG	Zeitpunkt des des Ausscheidens	Müko-BGB/*Ulmer* § 738 Rn 19
OHG		
– Ausscheiden aufgrund vertraglicher Bestimmung	Zeitpunkt des Ausscheidens	Baumbach/Hopt, HGB, 34. Auflage, § 131 Rn 50
– Ausschließungsklage	Zeitpunkt der Klageerhebung	§ 140 Abs. 2 HGB
GmbH		
– Einziehung	Zeitpunkt des Ausscheidens (Wirksamwerden der Einziehung)	Baumbach/Hueck/*Fastrich*, GmbHG, 19. Aufl. Rn 24
– Ausschluss		
(a) durch Ausschlussklage	Zeitpunkt der Klageerhebung	BGHZ 16, 317, 323
(b) Ausschließungsbeschluss (bei entsprechender Satzungsregelung)	Zeitpunkt des Wirksamwerdens des Ausschlusses	BGH NJW-RR 2003, 1265

---

212 Standard S 1 Tz. 40; OLG Brandenburg, 7 U 19/04.
213 BGHZ 140, 35.
214 BGH, WM 1981, 452 aA *Meinert*, DB 2011, 2397, 2400 und der Standard S 1 unter Ziff. 4.3.
215 BGH WM 2006, 776, 777.
216 LG Frankfurt 3–5 O 73/04, 3 – 05 O 73/04, 5 O 73/04; zu der Frage, wie zu bestimmen ist, ob Vermögen „betriebsnotwendig" ist: *Meinert* DB 2011, 2397, 2402 m.w.N. und BayObLG DB 1995, 2590 IdW S. 1 Tz. 59.
217 BGH NJW 2005, 153; BayObLG ZIP 2007, 45.
218 BGH NJW 1973, 599.
219 Zu Besonderheiten bei kleineren und mittleren Unternehmen, s. *Nestler*, BB 2012, 771 ff.
220 BGHZ 116, 359, 371.
221 OLG Hamburg ZIP 2004, 228, 229 = DB 2004, 2805: „üblicherweise ... nach dem Ertragswertverfahren auf der Grundlage des Standards des IdW"; OLG Brandenburg, 7 U 19/04.

c) Rechtsformspezifische Besonderheiten
aa) Personengesellschaften

238 Nach h.M. ist für die Ermittlung des Abfindungsanspruchs des Ausscheidenden aus einer Personengesellschaft eine **Abfindungsbilanz** (Abschichtungsbilanz, Vermögensbilanz) auf den maßgebenden Zeitpunkt aufzustellen.[222] Gemeint ist damit, dass in dieser Bilanz die wirklichen Werte des Betriebsvermögens und ein Geschäftswert einzustellen sind.[223] Dass eine Abfindungsbilanz aufzustellen ist, bedeutet also im Ergebnis nichts anderes, als dass der Verkehrswert ermittelt werden muss. Umstritten ist, ob die Pflicht zur Aufstellung der Abfindungsbilanz allein die Gesellschaft trifft[224] oder auch den Ausgeschiedenen.[225] Nach der letztgenannten Auffassung besteht eine solche Pflicht aber nur im Rahmen der Möglichkeiten des Ausgeschiedenen. Da regelmäßig keine gesellschaftsrechtlichen Befugnisse mehr bestehen, besteht im Ergebnis zwischen den beiden Auffassungen wohl kein Unterschied. Einsicht in Urkunden der Gesellschaft kann der Ausgeschiedene nach § 810 BGB verlangen.[226]

239 Einigen sich die Beteiligten auf die Bilanz, ist sie verbindlich. Die Einigung (die als „Feststellung" bezeichnet wird) kann ein Schuldanerkenntnis im Sinne von § 781 BGB sein oder ein Vergleich.[227] Ohne Einigung ist die Bilanz unverbindlich. Liegt in der Einigung ein abstraktes Schuldanerkenntnis, bleibt jeder Seite der Nachweis offen, dass die Bilanz falsch ist (§ 812 Abs. 2 BGB). Erfolgte die Einigung auf die Bilanz im Wege des Vergleichs, bleiben die Beteiligten daran gebunden, soweit die Vergleichswirkung reicht.

240 In die Berechnung des Abfindungsguthabens einzubeziehen sind sämtliche auf dem Gesellschaftsverhältnis beruhenden Ansprüche.[228] Diese Ansprüche können im Falle des Ausscheidens nicht isoliert geltend gemacht werden (**„Durchsetzungssperre"**).[229] Es soll nicht zu einem unnötigen Hin- und Herzahlen kommen. Die Forderungen können aber während der Auseinandersetzung zum Gegenstand einer Feststellungsklage gemacht werden.[230] Dieses Feststellungsbegehren ist in einem fälschlicherweise gestellten Leistungsantrag enthalten.[231] Als Ausnahme von der Durchsetzungssperre können die nachstehenden Ansprüche im Wege der Leistungsklage isoliert geltend gemacht werden:
- unstreitige Einzelansprüche, die dem Ausscheidenden in jedem Fall zustehen,[232] Einzelansprüche, wenn sich aus dem Sinn und Zweck der gesellschaftsvertraglichen Bestimmungen ergibt, dass sie im Falle der Auflösung der Gesellschaft oder des Ausscheidens eines Gesellschafters ihre Selbständigkeit behalten sollen.[233]
- Ausgleichsansprüche, wenn in einer zweigliedrigen Gesellschaft kein Gesellschaftsvermögen mehr vorhanden ist.[234]
- Ansprüche der Gesellschaft gegen den ausscheidenden Gesellschafter, auf die die Gesellschaft zur Befriedigung von Gesellschaftsgläubigern angewiesen ist.[235]
- Umstritten ist, ob eine Ausnahme auch für sogenannte Drittgläubigerforderungen zu machen ist. Das sind solche Forderungen, bei denen sich die Parteien wie Dritte gegenüberste-

---

222 BGH, NJW-RR 1994, 1185, 1186; Müko-BGB/*Ulmer* § 738 BGB Rn 25; *Bamberger/Roth/Schöne* § 738 BGB Rn 24.
223 BGH NJW RR 1994, 1185, 1186.
224 BGH NJW 1959, 1991.
225 MüKo-BGB/*Ulmer*, § 738 BGB Rn 27.
226 BGH WM 1989, 878, 879.
227 Palandt/*Sprau*, § 738 Rn 6.
228 BGH WM 1992, 306, 308.
229 BGH DStR 2011, 1382; OLG Stuttgart, 3 U 112/08.
230 OLG Hamm ZIP 2005, 33.
231 OLG Hamm ZIP 2005, 33.
232 BGH NJW 1992, 2757, 2758.
233 BGH DStR 2011, 1383.
234 BGH DStR 2007, 81.
235 BGH WM 1992, 306, 308.

hen. Nach der neuen Rechtsprechung des BGH fallen Drittgläubigerforderungen **nicht** unter die Durchsetzungssperre.[236] Da der Gesellschafter der Gesellschaft wie jeder Dritte gegenübersteht, wird er insoweit auch nicht anders behandelt.

Der Abfindungsanspruch richtet sich gegen die Gesellschaft, bei der zweigliedrigen Gesellschaft **241** gegen den Übernehmer. Die übrigen Gesellschafter haften dafür nach h.M. nach § 128 BGB (analog).[237] Für Kommanditisten gelten die §§ 171, 172 HGB. Der Ausgeschiedene muss sich aber gesellschaftsvertragliche Haftungsbeschränkungen entgegenhalten lassen.[238] Fällig ist der Abfindungsanspruch nach h.M. mit Feststellung der Abfindungsbilanz.[239] Wegen der Möglichkeit der Stufenklage liegt darin kein Nachteil für den ausgeschiedenen Gesellschafter. Ist der ausscheidende Gesellschafter in der Lage, seinen Abfindungsanspruch zu beziffern, kann er unmittelbar nach Eintritt der Fälligkeit auf Zahlung klagen.[240] Ein Streit über einzelne Positionen wird dann in dem Rechtsstreit ausgetragen. Der Ausscheidende kann aber auch Klage auf Aufstellung der Abschichtungsbilanz erheben (auch vor Fälligkeit des Abfindungsanspruchs[241]). Im Wege der Stufenklage kann er gleichzeitig Antrag auf Verurteilung eines nach Aufstellung der Abschichtungsbilanz noch zu bestimmenden Betrages (nebst Zinsen seit Rechtshängigkeit) stellen, was in der Regel am zweckmäßigsten ist. Schließlich können einzelne Positionen der Gesamtabrechnung zum Gegenstand einer Feststellungsklage gemacht werden. Ist die Gesellschaft verpflichtet, ein Schiedsgutachten zur Höhe des Abfindungsguthabens einzuholen und unterlässt sie die Einholung innerhalb angemessener Frist, kann der ausgeschiedene Gesellschafter sofort auf Zahlung klagen. Die Bestimmung der Abfindungshöhe erfolgt dann durch Urteil.[242]

bb) GmbH

Ein Gesellschafter kann seine Gesellschafterstellung durch Einziehung oder infolge von Aus- **242** schließung oder Austritt verlieren. Infolge der Einziehung geht der eingetragene Gesellschaftsanteil unter. Die Zulässigkeit der Einziehung richtet sich nach § 34 GmbHG. Für den Verlust seines Gesellschaftsanteils erhält der betroffene Gesellschafter eine Abfindung (Einziehungsentgelt), das sich bei Fehlen einer abweichenden vertraglichen Vereinbarung nach dem Verkehrswert richtet. Nach § 34 Abs. 3 GmbHG bleiben die Kapitalerhaltungsvorschriften des § 30 Abs. 1 GmbHG unberührt. Die Abfindung muss daher aus freiem Vermögen bezahlt werden können:

Beispiel **243**
Stammkapital der Gesellschaft 25.000 EUR, Eigenkapital 25.000 EUR
Abfindung für den eingezogenen Anteil 10.000 EUR
Abfindung kann nicht aus freiem Vermögen gezahlt werden. Anders, wenn ein Gewinnvortrag in Höhe von 10.000 EUR vorhanden ist.

---

236 BGH DB 2006, 1150, 1151; ebenso MüKo-BGB/*Ulmer* § 738 BGB Rn 18; a.A. früher BGH WM 1978, 89, 90.
237 BGH DB 2006, 1150; BGHZ 148, 201, 207; MüKo-BGB/*Ulmer* § 738 BGB Rn 17; MünchGesR/*Piehler/Schulte*, Bd. 1, § 10 Rn 76.
238 Nachweise MüKo-BGB/*Ulmer* § 738 BGB Rn 20, der selbst a.A. ist (Termin des Ausscheidens und Zeitdauer, die für die Aufstellung der Abfindungsbilanz erforderlich ist).
239 MüKo-BGB/*Ulmer* § 738 BGB Rn 20.
240 BGH DStR 2011, 1383; BGH DB 1987, 2303.
241 MüKo-BGB/*Ulmer* § 738 BGB Rn 30.
242 BGH DStR 2011, 1434.

244 Steht bei Beschlussfassung über die Einziehung fest, dass die Abfindung nicht aus dem freien Vermögen gezahlt werden, ist der Einziehungsbeschluss nichtig.[243] Der Betroffene bleibt also Gesellschafter. Dass die Abfindung nicht aus dem freien Vermögen gezahlt werden kann, kann insbesondere dann vorkommen, wenn die Abfindung entsprechend der gesetzlichen Regelung nach dem Verkehrswert zu bemessen ist, da es für die Frage der Möglichkeit der Zahlung aus dem freien Vermögen bei der Bewertung des Vermögens nach Buchwerten bleibt.[244] Nach der Rechtsprechung des BGH können nur solche Geschäftsanteile eingezogen oder von der GmbH übernommen werden, auf welche die versprochene Einlage vollständig geleistet ist.[245]

245 Ohne abweichende gesellschaftsvertragliche Regelung verliert der betroffene Gesellschafter seinen Anteil an der GmbH nach der früheren Rechtssprechung erst mit vollständiger Zahlung der Abfindung. Danach war die Wirksamkeit der Einziehung gewissermaßen bedingt durch Zahlung der Abfindung, sog. „Bedingungslösung"; z.B. OLG Hamm, NZG 1999, 597, OLG Schleswig, NZG 2000, 703. Möglich sind/waren gesellschaftsvertragliche Regelungen, wonach die Einziehung sofort und unabhängig von der Berechnung der Abfindung wirksam wird.[246] Nach BGH DB 2012, 504 wird der Einziehungsbeschluss sofort wirksam. Die verbleibenden Gesellschafter, die den Einziehungsbeschluss gefasst haben, sollen dem betroffenen Gesellschafter aber anteilig persönlich(!!!) haften, wenn sie nicht dafür sorgen, dass die Abfindung aus dem ungebundenen Vermögen der Gesellschaft geleistet werden kann oder sie die Gesellschaft nicht auflösen.[247] Teils wird sogar angenommen, dass die Haftung auch die Gesellschaft treffe, die gegen die Einziehung gestimmt haben.[248] Trotz Fehlens einer gesetzlichen Regelung ist nach Auffassung des BGH die Ausschließung eines Gesellschafters aus wichtigem Grund zulässig.[249] Bei Fehlen einer gesellschaftsvertraglichen Regelung erfolgt die Ausschließung durch Ausschließungsklage. Nach Rechtskraft des Ausschließungsurteils kann die Gesellschaft gegen Zahlung der Abfindung den Anteil einziehen oder Abtretung des Anteils verlangen. Das Ausschließungsurteil ist dahingehend zu bedingen, dass der ausgeschlossene Gesellschafter seine Beteiligung verliert, wenn er die im Urteil festzusetzende Abfindung erhält. An dieser für die Ausschließung geltenden Rechtsprechung hält der BGH fest.[250] Das soll nicht gelten, wenn der Gesellschaftsanteil wertlos ist.[251]

2. Gesellschaftsvertragliche Regelungen

246 In der Regel enthalten Gesellschaftsverträge Bestimmungen zur Abfindung des Ausscheidenden. Es besteht Vertragsfreiheit. Es steht den Beteiligten daher grundsätzlich frei, für die von ihnen beabsichtigten Zwecke in ihren Augen angemessene Regelungen zu vereinbaren. Zu beachten sind die von der Rechtsprechung entwickelten Schranken. Da diese von dem Rechtsanwender vornehmlich zu beachten sind, werden zunächst diese Schranken und dann typischerweise anzutreffende Abfindungsregelungen dargestellt.

---

243 BGH DB 2012, 504; BGH DStR 2006, 1900; BGH DStR 2001, 1898; BGHZ 144, 365; a.A. wegen der neuen Rspr. BGH DB 2012, 504 jetzt *Priester*, ZIP 2012, 658.
244 BGH bei *Goette*; DStR 1997, 1336, 1337.
245 BGHZ 9, 157; *Goette*, DStR 1994, 368.
246 BGH DB 2009, 340.
247 BGHZ, DB 2012, 504.
248 *Winkler*, BB 2012, 666, 667.
249 BGHZ 9, 157.
250 BGH DB 2012, 504; BGHZ 9, 157, 174.
251 OLG Brandenburg ZIP 2002, 1806.

a) Grenzen gesellschaftsvertraglicher Regelungen

Die von der Rechtsprechung entwickelten Schranken dienen verschiedenen Schutzrichtungen. **247** Es lassen sich unterscheiden Regelungen zum Schutz des Ausscheidenden, Regelungen zum Schutz der verbleibenden Gesellschafter und Regelungen zum Schutz der Allgemeinheit.

aa) Schranken zum Schutz des Ausscheidenden
(1) Unzulässige Beschränkungen der Höhe und der Dauer der Auszahlung der Abfindung; Gleichbehandlungsgrundsatz

Die Abfindung des ausscheidenden Gesellschafters kompensiert den Verlust seiner Beteiligung **248** am Gesellschaftsvermögen. Durch eine geringe Abfindung darf keine unangemessene Benachteiligung des Ausscheidenden entstehen. Nach **früherer Rechtsprechung** war zu unterscheiden zwischen übermäßigen Beschränkungen, die sich durch eine gesellschaftsvertragliche Regelung bereits zum Zeitpunkt des Abschlusses des Gesellschaftsvertrages ergeben und dem nachträglichen Auseinanderfallen von Verkehrswert der Beteiligung und Abfindungsanspruch. Weicht die gesellschaftsvertragliche Regelung bereits bei Abschluss des Gesellschaftsvertrages unangemessen von der gesetzlichen Regelung ab, sollte sie nach § 138 BGB nichtig sein.[252] Entsteht durch die tatsächliche Entwicklung nachträglich ein grobes Missverhältnis zwischen dem vertraglichen Abfindungsanspruch und dem Verkehrswert der Beteiligung, sah die Rechtsprechung darin zunächst eine unzulässige Beschränkung des Rechts des austrittswilligen Gesellschafters zum Ausscheiden aus der Gesellschaft (§ 723 Abs. 3 BGB).[253] An die Stelle der danach unwirksamen Abfindung sollte eine angemessene Abfindung treten, deren Bemessung unter Berücksichtigung der von den Beteiligten mit der Abfindungsregelung verfolgten Zwecke und der zwischenzeitlich eingetretenen Änderung der Verhältnisse, insbesondere der Ertrags- und Vermögenslage der Gesellschaft, zu erfolgen hat.[254] Die **überwiegende aktuelle BGH-Rechtsprechung** weicht in der Begründung, wohl aber nicht im Ergebnis davon ab. Auch die aktuelle Rechtsprechung unterscheidet: Liegt bereits bei Abschluss des Gesellschaftsvertrages ein grobes Missverhältnis vor, ist die Regelung nach § 138 BGB unwirksam. An die Stelle der nichtigen vertraglichen Regelung tritt dann die gesetzliche Regelung. Die Abfindung bemisst sich dann also nach dem Verkehrswert.[255] Kommt es aufgrund der tatsächlichen Entwicklung im Laufe der Zeit zu einem groben Missverhältnis zwischen der sich aus dem Gesellschaftsvertrag ergebenden Abfindung und dem Verkehrswert der Beteiligung, bleibt die Regelung nach der neueren Rechtsprechung wirksam.[256] In einem solchen Fall ist jedoch nach den Grundsätzen von Treu und Glauben unter angemessener Abwägung der Interessen der Gesellschaft und des ausscheidenden Gesellschafters und unter Berücksichtigung aller Umstände des konkreten Falls die Abfindung entsprechend den veränderten Verhältnissen neu zu ermitteln.[257] In einem Urteil aus 2006 wird vom BGH allerdings wieder auf § 723 Abs. 3 BGB abgestellt.[258] Eine inhaltliche Änderung ist mit dem Wechsel der Begründung nicht verbunden.[259] Über diese Grundsätze hinaus hat der BGH offen gelassen, ob es weitere Fälle geben kann, in denen die ergänzende Vertragsauslegung nicht zu befriedigenden Ergebnissen gelangt und daher die Grundsätze über den Wegfall der Geschäftsgrundlage in Betracht kommen.[260] In der **Kommentarliteratur** wird weiterhin erörtert, ob zusätzlich zu der ggf.

---

252 BGHZ 116, 359, 368.
253 BGHZ 116, 359, 369, so jetzt auch wieder BGH WM 2006, 777.
254 BGHZ 116, 359, 371.
255 BGH NJW 1994, 2536, 2539.
256 BGHZ 123, 281; BGH, DB 2011, 2765.
257 So fast wörtlich der Leitsatz von BGHZ 123, 281.
258 BGH WM 2006, 777.
259 BGHZ 123, 281, 284; MüKo-BGB/*Ulmer* § 738 Rn 50.
260 BGHZ 123, 281, 287.

in Betracht zu ziehenden ergänzenden Auslegung die Abfindungsregelungen aufgrund der darin liegenden tatsächlichen Einschränkung der Kündigungsmöglichkeit nichtig sein können.[261] M.E. ist das zu verneinen,[262] da es im Ergebnis ohnehin keine Unterschiede gibt.

249 Eine gesellschaftsvertragliche Abfindungsregelung, die bereits zum Zeitpunkt des Vertragsschlusses von der Abfindung nach dem Verkehrswert in vollkommen unangemessener Weise abweicht, ist nichtig.[263] Bei der GmbH ist aber § 242 AktG zu beachten.[264] Eine unangemessene Abweichung vom Verkehrswert ist gegeben, wenn das an dem gesellschaftlichen Zweck ausgerichtete Interesse der verbleibenden Gesellschafter an dem Fortbestand der Gesellschaft und des Unternehmens eine derart weitgehende Beschneidung des Abfindungsrechts nicht erforderlich erscheinen lässt und der an dem Unternehmenswert auszurichtende volle wirtschaftliche Anteilswert die Abfindung nach der gesellschaftsvertraglichen Regelung erheblich übersteigt.[265] Starre Grenzen hat die Rechtsprechung bislang vermieden.

– Eine Beschränkung der Abfindung auf 1/3 des Zeitwertes ist nach Auffassung des OLG Hamm stets unwirksam.[266] In der Literatur wird zum Teil eine Schwelle von 50% des Verkehrswerts angenommen,[267] zum Teil von 2/3 des wirklichen Anteilswerts.[268] Das OLG Oldenburg hält ausnahmsweise eine Abfindung in Höhe von 10% des Verkehrswertes für hinnehmbar.[269]

– Eine Beschränkung der Abfindung auf den halben Buchwert soll sittenwidrig sein.[270] Offen gelassen hat der BGH, ob die Abfindung den Buchwert des Anteils des Ausscheidenden überhaupt unterschreiten darf.[271]

– Teils wird nach dem Grund des Ausscheidens differenziert.[272] Sittenwidrig soll eine Buchwertklausel in den Fällen sein, in denen der Gesellschafter ohne wichtigen Grund ausgeschlossen werden kann oder in denen der Gesellschafter aufgrund eines wichtigen Grundes aus der Sphäre der Gesellschaft/eines anderen Gesellschafters ausscheidet.[273]

– Die Beweislast für ein krasses Missverhältnis, das zur Sittenwidrigkeit führt, trägt der ausscheidende Gesellschafter.[274]

---

250 **Praxistipp**

Da nach der Rechtsprechung ein anfängliches Missverhältnis zwischen Abfindung nach Verkehrswert und Abfindung nach vertraglicher Regelung zur Nichtigkeit der Abfindungsbestimmung führt und dann der volle Verkehrswert geschuldet wird, werden z.T. sogenannte dynamische Abfindungsklauseln empfohlen. Danach wird die eigentlich von den Beteiligten gewünschte Abfindungsklausel um eine Bestimmung ergänzt, wonach die Abfindung wenigstens einen bestimmten Prozentsatz des Verkehrswertes der Beteiligung betragen muss[275] oder bei Unwirksamkeit/Unangemessenheit in erster Linie vorgesehenen Regelung durch eine andere Regelung ersetzt wird.[276]

---

261 MüKo-BGB/*Ulmer* § 738 Rn 51.
262 A.A. OLG Naumburg NZG 2001, 658 und BGH WM 2006, 777.
263 BGH NJW 1994, 2536, 2539.
264 BGH DStR 2000, 1443; *Lutter/Hommelhoff*, § 34 GmbHG Rn 86.
265 BGHZ 116, 359, 376.
266 OLG Hamm NZG 2003, 440.
267 *Sigle*, ZGR 1999, 659, 672.
268 MüKo-BGB/*Ulmer*, § 738 BGB Rn 52 m.w.N.
269 OLG Oldenburg GmbHR 1997, 503, 505.
270 BGH NJW 1989, 2685.
271 BGH NJW 1989, 2685.
272 *Bamberger/Roth/Schöne* § 738 BGB Rn 41.
273 OLG Naumburg NZG 2001, 658.
274 OLG Naumburg NZG 2001, 658.
275 *Sigle*, ZGR 1999, 659, 672.
276 BGH BB 2011, 3009.

Liegt bei Gründung der Gesellschaft kein grobes Missverhältnis vor, ist eine Beschränkung des **251** Abfindungsanspruchs durch den Gesellschaftsvertrag wirksam. Ergibt sich nachträglich ein grobes Missverhältnis, ist die Abfindungsregelung nach der neueren BGH-Rechtsprechung nach den Grundsätzen von Treu und Glauben anzupassen.[277] Die Beschränkung der Abfindung findet dort ihre Grenzen, wo es dem ausscheidenden Gesellschafter nach Treu und Glauben nicht mehr zuzumuten ist, sich mit der Abfindung nach der vertraglichen Regelung zufrieden zu geben. Das hängt einerseits von dem Ausmaß des Missverhältnisses zwischen dem Abfindungs- und dem tatsächlichen Anteilswert sowie allen sonstigen Umständen ab, wie Dauer der Mitgliedschaft des Ausgeschiedenen in der Gesellschaft, seinem Anteil am Aufbau und Erfolg des Unternehmens und dem Anlass des Ausscheidens. Ist das Festhalten an der vertraglichen Regelung nicht zumutbar, ist die Abfindung unter Berücksichtigung der Interessen des Unternehmens und des Ausgeschiedenen zu bemessen. Sieht der Gesellschaftsvertrag eine Abfindung nach dem Buchwert vor, wird dann eine Abfindung geschuldet, die zwischen dem Buchwert und dem Verkehrswert liegt.[278]

Nicht nur durch die Beschränkung der Höhe des Abfindungsanspruchs kann der Ausschei- **252** dende unangemessen benachteiligt werden, sondern auch durch eine **langfristige Stundung** des Anspruchs. Die Erstreckung der Auszahlung über einen Zeitraum von mehr als 10 Jahren wird grundsätzlich für unzulässig gehalten.[279] Das OLG Dresden hält eine Abfindungsregelung für unwirksam, nach der der ausscheidende Gesellschafter seinen Geschäftsanteil in drei Raten nach 5, 8 und 10 Jahren erhält, wobei die Besonderheit bestand, dass in jenem Streitfall die betroffene Gesellschaft durch Umwandlung einer ehemaligen PGH entstanden ist.[280] Als Faustformel wird man annehmen dürfen, dass Ratenzahlungen von geringerer Dauer als 5 Jahren wirksam sind, längere Fristen sind problematisch. Liegt die Benachteiligung des betroffenen Gesellschafters gerade in der Dauer der Auszahlung, ist das gesamte Abfindungsguthaben sofort fällig. Der BGH scheint davon auszugehen, dass die Unwirksamkeit dann nur die Stundung selbst betrifft, nicht jedoch die gesamte gesellschaftsvertragliche Abfindungsregelung.[281]

Nach Auffassung von Rechtsprechung und h.L. verbietet der **Grundsatz der Gleichbe-** **253** **handlung** im Gesellschaftsrecht eine willkürliche, sachlich nicht gerechtfertigte unterschiedliche Behandlung der Gesellschafter.[282] Danach kann auch die unterschiedliche Bemessung der Abfindung für verschiedene Gesellschafter unwirksam sein. Eine Ungleichbehandlung ist jedoch zulässig, wenn sie sachlich berechtigt ist und nicht den Charakter der Willkür in sich trägt.[283] Das OLG Düsseldorf[284] hat einen Sozietätsvertrag zwischen Rechtsanwälten nicht beanstandet, bei dem der Abfindungsanspruch nur für einen Sozius ausgeschlossen war, weil ihm anderweitige Vorteile gewährt wurden. M.E. sind außerhalb des Aktienrechts (§ 53a AktG) Verstöße gegen den Gleichbehandlungsgrundsatz von der Rechtsordnung ohne weiteres hinzunehmen. Sofern nicht weitere Umstände hinzukommen, steht es den Gesellschaftern im Rahmen der Vertragsfreiheit frei, sich ungleich behandeln zu lassen. Folgt man der Rechtsprechung, so führt bei der GmbH ein Verstoß gegen den Gleichbehandlungsgrundsatz nicht zur Nichtigkeit, sondern lediglich zur Anfechtbarkeit entsprechend § 243 AktG.[285]

---

277 BGHZ 123, 281.
278 *Goette*, DStR 1995, 461; DStR 1997, 336.
279 BGH NJW 1989, 2685, 2686.
280 OLG Dresden GmbHR 2000, 718.
281 BGH NJW 1989, 2685, 2686.
282 BGHZ 116, 359, 373.
283 BGHZ 116, 359, 373.
284 Urt. v. 30.6.1998 U (Kart) 20/98 n.v.
285 BGHZ 116, 359, 372; BGHZ 111, 224, 227.

(2) Zulässigkeit weitergehender Beschränkungen

254 In Ausnahmefällen sind weitergehende Beschränkungen des Abfindungsanspruchs zulässig. Ein vollständiger Ausschluss des Abfindungsanspruchs ist zulässig **bei Gesellschaften, die ideelle Zwecke verfolgen.**[286] Ist das Gesellschaftsvermögen ideellen Zwecken gewidmet, soll es gerade nicht den Gesellschaftern zugutekommen. Es muss dann jedoch sichergestellt sein, dass alle Gesellschafter gleich behandelt werden. Es darf nicht der zunächst ausscheidende Gesellschafter auf den ideellen Zweck verwiesen werden, während die verbleibenden Gesellschafter dann den Rest des Vermögens unter sich aufteilen. Eine besonders weitgehende Einschränkung des Abfindungsanspruchs ist zulässig bei **Gesellschaften, die** zwar nicht ideelle Zwecke verfolgen, aber vornehmlich **auf die Förderung ihrer Mitglieder ausgerichtet sind** und damit eine eher „genossenschaftliche" Verfassung haben.[287] Die Richtigkeit dieser Wertung wird durch die gesetzliche Regelung in § 73 GenG bestätigt.

255 Zulässig ist eine weitgehende Beschränkung des Abfindungsanspruchs, wenn **Mitarbeiter (Manager)** lediglich für die Dauer ihrer Tätigkeit für die Gesellschaft an ihr beteiligt werden und bereits für ihre Mitarbeit eine hinreichende Vergütung erhalten.[288] In diesem Fall hält der betroffene Mitarbeiter-Gesellschafter seinen Anteil an der Gesellschaft gewissermaßen nur als Treuhänder für die Dauer seiner Tätigkeit. Voraussetzung ist nach Auffassung des BGH aber wohl, dass der ausscheidende Gesellschafter wenigstens Anspruch auf eine Abfindung in Höhe des von ihm selbst aufgewandten Betrages hat.[289] Diese Ausnahme gilt nicht für die auf Dauer angelegte Beteiligung von Mitarbeitern, und zwar auch dann nicht, wenn sie ihre Beteiligung zu besonders günstigen Bedingungen erworben haben.[290]

256 Besonderheiten gelten weiter für **Freiberuflersozietäten.** Der Geschäftswert einer Freiberuflersozietät besteht im Wesentlichen aus der Beziehung des jeweiligen Berufsträgers zu den Mandanten. Werden Sachwerte geteilt und erhält der Ausscheidende die Möglichkeit, Mandate „mitzunehmen" und sich damit die Grundlage für seine weitere Existenz zu erhalten, genügt das als angemessene Abfindung.[291] Anders kann es sein, wenn ungleich verteilte Chancen, Kundenbeziehungen zu erhalten bestehen.[292] Sieht der Gesellschaftsvertrag eine weitergehende Abfindung vor, führt der ausscheidende Gesellschafter aber auf eigene Rechnung Kundenbeziehungen fort, kommt eine ergänzende Vertragsauslegung in Betracht, wonach eine Anrechnung auf die Abfindung erfolgt.[293]

257 Besonderheiten gelten schließlich beim **Ausscheiden eines Gesellschafters im Todesfall.** In diesen Fällen ist der vollständige Ausschluss einer Abfindung zulässig. Die weitergehende Beschränkung rechtfertigt sich durch den erbrechtlichen Zusammenhang. Es wäre dem verstorbenen Gesellschafter möglich gewesen, seine Erben zu enterben. Diese haben keinen Anspruch auf das Erbe. Es ist daher nicht zu beanstanden, dass sie keine Abfindung für den Anteil am Gesellschaftsvermögen erhalten.[294] In diesem Fall können dem Pflichtteilsberechtigten Pflichtteilsergänzungsansprüche zustehen (§ 2325 BGB). Das setzt eine Schenkung voraus. Eine Schenkung wird von der h.M. dann verneint, wenn der Abfindungsausschluss zu Lasten aller Gesellschafter vereinbart wurde.[295] Das Geschäft sei in diesem Falle entgeltlich, da das Risiko alle Gesellschaf-

---

286 BGH GmbHR 1997, 939.
287 OLG Oldenburg GmbHR 1997, 503.
288 BGH DStR 1997, 336.
289 BGH NJW 2005, 3644, 3646.
290 BGH NJW 1989, 2685; 2005, 3641 (Managermodell); 2005, 3644 (Mitarbeitermodell).
291 BGH DStR 2011, 1382; BGH DStR 2010, 1947; BGH, NJW 1994, 796.
292 OLG Saarbrücken, DStR 2010, 1759, Revision anhängig; aA BGH DB 2010, 1813 für den Normalfall.
293 BGH DStR 2011, 1383.
294 BGHZ 22, 194.
295 BGH WM 1971, 1338, Bamberger/Roth/*J. Mayer* § 2325 Rn 15 m.w.N., der zu Recht die Gegenauffassung vertritt.

ter gleich treffe. Auch nach der h.M. spricht jedoch bei einem groben Missverhältnis des Risikos (Altersunterschiede der Gesellschafter, Vorerkrankungen) eine Vermutung für eine Schenkung.[296] Die h.M. überzeugt nicht. Bei einer wirtschaftlichen Betrachtung handelt es sich auch bei einem wechselseitigen Abfindungsausschluss um einen „gesellschaftsrechtlichen Erbvertrag".[297] Richtigerweise können Pflichtteilsansprüche daher durch einen solchen Abfindungsausschluss nicht beeinträchtigt werden.[298] Ist der Ausschluss der Abfindung nur einseitig, liegt auch nach h.M. eine Schenkung vor.[299]

bb) Schranken zum Schutz der verbleibenden Gesellschafter

Durch eine hohe Abfindung für einen ausscheidenden Gesellschafter können die Rechte der verbleibenden Gesellschafter beeinträchtigt werden. Ist eine Abfindung weit über das marktübliche Maß hinaus zu zahlen, wird das Kündigungsrecht der anderen Gesellschafter unangemessen eingeschränkt. Die Abfindungsregelung ist dann nach § 723 Abs. 3 BGB unwirksam. An die Stelle der unwirksamen Bestimmung tritt eine marktübliche Abfindungsregelung.[300]

258

cc) Schranken zum Schutz der Allgemeinheit
(1) Sittenwidrigkeit wegen Gläubigerbenachteiligung

Eine gesellschaftsvertragliche Regelung ist wegen Gläubigerbenachteiligung nichtig (§ 138 BGB), wenn sie bei Pfändung des Anteils eine Abfindung (Einziehungsentgelt) vorsieht, die unter dem Verkehrswert liegt, wenn dieselbe Regelung nicht auch für den Fall der Ausschließung eines Gesellschafters aus wichtigem Grund getroffen wird.[301] Von einer unterschiedlichen Behandlung ist bereits dann auszugehen, wenn lediglich für die Einziehung bei Pfändung eine unter dem Verkehrswert liegende Abfindung vorgesehen ist, jedoch keine Regelung für den Fall der Ausschließung.[302] Bei Fehlen einer Regelung ist nämlich kraft Gesetzes eine Abfindung nach dem Verkehrswert geschuldet. Zulässig ist es hingegen, in allen Fällen des Ausscheidens aus wichtigem Grund – also auch im Falle der Ausschließung wegen der Pfändung eines Gläubigers oder der Insolvenz des Gesellschafters – eine Abfindungsbeschränkung vorzusehen, nicht jedoch im Falle der ordentlichen Kündigung.[303] Eine Mindermeinung im Schrifttum folgt der Auffassung der Rechtsprechung nicht. Sie nimmt statt Sittenwidrigkeit lediglich die Möglichkeit der Gläubigeranfechtung an.[304] Im GmbH-Recht ist § 242 AktG analog anwendbar. Über den Wortlaut hinaus gilt die Bestimmung auch für nichtige Regelungen des ursprünglichen Gesellschaftsvertrages. Nach Ablauf von drei Jahren seit Eintragung ins Handelsregister kann sich daher ein Gesellschafter auf die Nichtigkeit wegen Gläubigerbenachteiligung nicht mehr berufen (§§ 242 Abs. 2, 241 Nr. 4 AktG), wohl aber die Gläubiger.[305]

259

---

296 BGH NJW 1981, 1956.
297 Bamberger/Roth/*J. Mayer* § 2325 Rn 15.
298 Bamberger/Roth/*J. Mayer* § 2325 Rn 15.
299 Palandt/*Edenhofer*, § 2325 Rn 13.
300 OLG Bamberg, Urt. v. 15.4.1998 3 U 74/95.
301 BGH DStR 2000, 1443; BGHZ 65, 22, 28 f.
302 BGH DStR 2000, 1443, 1444.
303 BGH NJW 1993, 2101, 2102; MünchGesR/*Piehler/Schulte*, Bd. 1, § 10 Rn 98 (S. 219).
304 *Heckelmann*, S. 117.
305 BGH DStR 2000, 1443, 1444.

(2) Kapitalerhaltung bei der GmbH

260 Bei der GmbH sind die **Kapitalerhaltungsvorschriften** zu beachten. Nach § 34 Abs. 3 GmbHG bleiben bei der Einziehung die Bestimmungen des § 30 Abs. 1 GmbHG unberührt. Eigene Geschäftsanteile darf die GmbH nach § 33 Abs. 2 GmbHG nur erwerben, wenn der Erwerb aus freiem Vermögen bezahlt werden kann. Mit anderen Worten: Immer dann, wenn die Gesellschaft selbst zur Zahlung der Abfindung (Einziehungs- bzw. Übernahmeentgelts) verpflichtet ist, ist das nur dann möglich, wenn das Stammkapital dadurch nicht beeinträchtigt wird.

261 **Beispiel**
Die Bilanz der A GmbH weist folgendes Bild auf:

A			P
alle Aktiva	1.000	Eigenkapital	
		– gezeichnetes Kapital	25
		– Gewinnvortrag	75
		Verbindlichkeiten	900

Muss die Gesellschaft ein Einziehungsentgelt zahlen, das 75 übersteigt, läge ein Verstoß gegen §§ 34 Abs. 3, 30 Abs. 1 GmbHG vor.

262 Die Beschlüsse über die Einziehung eines Geschäftsanteils oder die Übernahme des Geschäftsanteils sind nichtig, wenn bereits bei der Beschlussfassung feststeht, dass das Entgelt ganz oder teilweise aus gebundenem Vermögen gezahlt werden müsste (im Beispiel also, sofern das Entgelt 75 übersteigt), wenn der Beschluss nicht klarstellt, dass die Zahlung nur bei Vorhandensein ungebundenen Vermögens erfolgen darf.[306] Dazu kann es insbesondere dann kommen, wenn die Abfindung des ausscheidenden Gesellschafters den auf seine Beteiligungen entfallenden rechnerischen Anteil am Buchwert übersteigt. Die geschilderte Problematik muss dann stets geprüft werden. Sofern das Stammkapital über dem gesetzlichen Mindestkapital liegt, lassen sich Einziehung bzw. die Übernahme des Geschäftsanteils durch die Gesellschaft möglicherweise dann verwirklichen, wenn das Stammkapital herabgesetzt wird. Um die Kapitalerhaltungsproblematik zu vermeiden, sollte bei der Gestaltung des Gesellschaftsvertrages eine Bestimmung vorgesehen werden, nach der der betroffene Gesellschafter seinen Anteil an Dritte (Mitgesellschafter oder ggf. Außenstehende) abtreten muss, die dann zur Zahlung des Entgelts verpflichtet sind. Dann nämlich wird das Kapital der Gesellschaft durch die Zahlung des Entgelts nicht betroffen. Zu einem Konflikt mit den Kapitalerhaltungsvorschriften kann es nicht kommen. Aufgrund der gesellschafterlichen Treupflicht kann nach Auffassung des BGH eine Verpflichtung zu Maßnahmen zur Hebung stiller Reserven bestehen, um die Abfindung zahlen zu können.[307] Die vorstehenden Grundsätze gelten unmittelbar nur für die GmbH. Da es jedoch auch bei der GmbH & Co. KG Fälle geben kann, in denen Zahlungen aus dem Vermögen der KG gegen § 30 GmbHG verstoßen, müssen sie ggf. auch bei der GmbH & Co. KG beachtet werden.

263 **Beispiel**
Das Stammkapital einer GmbH, die persönlich haftende Gesellschafterin einer KG ist, beträgt 25.000 EUR. Das Eigenkapital der KG beträgt 100.000 EUR, wovon 25.000 EUR auf der Einlage der GmbH beruhen. Ein Verstoß gegen § 30 GmbHG liegt vor, wenn die KG eine über 75.000 EUR hinausgehende Abfindung zahlt.

---

306 BGH DB 2012, 504; a.A. *Priester*, ZIP 2012, 658.
307 BGH ZIP 2006, 703.

b) Typische Klauseln
aa) Buchwertklauseln

Besonders häufig sind sogenannte Buchwertklauseln anzutreffen.[308] Buchwert ist vereinfacht **264** gesprochen der Wert, der sich bei Ansatz der Aktiva und Passiva mit ihren Bilanzansätzen ergibt. Der Wert lässt sich aus einer auf den maßgebenden Zeitpunkt aufgestellten Bilanz entnehmen. Der Buchwert des Anteils entspricht bei einer Personengesellschaft der Höhe der für den ausscheidenden Gesellschafter geführten Kapitalkonten, bei einer Kapitalgesellschaft grds. seinem rechnerischen Anteil am Eigenkapital. Einzubeziehen sind jedenfalls alle in § 266 Abs. 3A HGB aufgeführten Positionen, sofern sich aus der vertraglichen Regelung nichts anderes ergibt.

Beispiel **265**

A und B sind an der AB GmbH & Co. KG mit gleichem Gewinnanteil beteiligt. Die Bilanz der AB GmbH & Co. KG weist das nachstehende Bild aus:

A			P
alle Aktiva	1.000	Eigenkapital	
		– Festkapital A	100
		– Festkapital B	100
		– Verlustvortrag	(50)
		– Kapitalrücklage	200
		Verbindlichkeiten	650

Die Abfindung des ausscheidenden Gesellschafters B bei Berechnung der Abfindung nach dem Buchwert beträgt: 100 zuzüglich 1/2 der Rücklage in Höhe von 200 abzüglich 1/2 des Verlustvortrages in Höhe von 50 = 175.

Aufgrund des BilMoG sind handelsrechtlich nunmehr bestimmte steuerliche Bilanzierungen **266** nicht mehr möglich. Die nachfolgenden Ausführungen dürften daher nur noch relevant sein für Altfälle, für Fälle, in denen die Abfindungsregelungen auf die Steuerbilanz Bezug nimmt und/oder wenn von Beibehaltungsrechten Gebrauch gemacht worden ist (z.B. Art. 67 EGHGB).

Nach herrschender Meinung sind grundsätzlich auch alle in der Bilanz ausgewiesenen Posten mit Rücklagencharakter bei der Berechnung des Abfindungsguthabens als Eigenkapital anzusetzen („Sonderposten mit Rücklagenanteil"; „Rücklage nach § 6b EStG").[309]

Beispiel **267**

§ 6b EStG Rücklage: Mit Hilfe von § 6b EStG können stille Reserven auf ein neu angeschafftes Wirtschaftsgut übertragen werden: Die Gesellschaft ist Eigentümerin eines Bürogebäudes mit einem Buchwert von 1.000 EUR (der Einfachheit halber saldiert Gebäude und Grund und Boden). Das Gebäude wird für 2.000 EUR verkauft. § 6b EStG gestattet es, den erzielten Veräußerungsgewinn (zu Einzelheiten hinsichtlich der steuerrechtlich zu unterscheidenden Wirtschaftsgüter Grund und Boden sowie Gebäude siehe § 6b EStG) in Höhe von 1.000 EUR auf ein neu angeschafftes Bürogebäude zu übertragen. Wird ein neues Bürogebäude für 2.000 EUR gekauft, wird der Veräußerungsgewinn davon abgesetzt, so dass auch das neue Bürogebäude einen Buchwert von 1.000 EUR hat. Wird im Jahr der Veräußerung des alten Bürogebäudes kein Ersatz angeschafft, kann der erzielte Veräußerungsgewinn in eine Rücklage eingestellt werden. Die Rücklage wird dann bei Anschaffung des Ersatzwirtschaftsgutes auf die dafür angefallenen Anschaffungskosten übertragen (also von ihnen abgesetzt).

---

308 Buchwertklauseln sollen in der Vergangenheit sogar in der Mehrzahl der Fälle verwendet worden sein; *Wangler*, DStR 2009, 1501, 1503.
309 BGH BB 1978, 1333; OLG München ZIP 1997, 270; Ebenroth/Boujong/Joost/*Lorz*, § 131 Rn 113; a.A. evtl. *Sudhoff*, ZGR 1972, 157, 169: Berücksichtigung der offenen Rücklagen sollte im Gesellschaftsvertrag klargestellt werden.

Die Übertragung des Veräußerungsgewinns kann einerseits auf der Aktivseite erfolgen, indem die Anschaffungskosten des neu angeschafften Wirtschaftsguts um den Veräußerungsgewinn gemindert werden (wie vorstehend zunächst beschrieben). Alternativ kann der Veräußerungsgewinn durch die Einstellung in einen „Sonderposten mit Rücklagenanteil" auf der Passivseite der Bilanz neutralisiert werden.

268 Nach h.M. sind sowohl die § 6b Rücklage als auch der Sonderposten mit Rücklagenanteil bei der Ermittlung der Abfindung nach dem Buchwert zu berücksichtigen. Die Berücksichtigung soll nur dann unterbleiben, wenn der Veräußerungsgewinn von den Anschaffungskosten des neu angeschafften Wirtschaftsguts abgesetzt wurde, da dann keine Rücklage mehr ausgewiesen wird. Nach Auffassung des OLG München haben bei einer Buchwertklausel die Gesellschaften Zufälligkeiten in Kauf genommen, indem es darauf ankommt, ob eine stille Reserve aufgedeckt wurde oder nicht.[310] Nach **a.A.** sind auch die aufgrund steuerlicher Bestimmungen zulässigen Sonderabschreibungen[311] zur Ermittlung des Abfindungsguthabens rückgängig zu machen.[312] Diese Sonderabschreibungen seien zwar nach Handelsrecht zulässig gewesen (§ 254 HGB a.F.), beruhten aber letztlich auf dem Steuerrecht, was für das Verhältnis der Beteiligten nicht maßgebend sein könne. Dieselbe Frage stellt sich bei Investitionszuschüssen der **Zuwendungen der öffentlichen Hand:** Es besteht ein Wahlrecht. Die Zuwendungen dürften entweder von den Anschaffungskosten/Herstellungskosten gekürzt (alternativ kann ebenso wie im Falle des § 6b EStG (siehe Rn 267) ein passiver Korrekturposten gebildet werden) oder sofort erfolgswirksam vereinnahmt werden. Im erstgenannten Fall mindert die Zuwendung den Buchwert, was zu der vorstehenden Streitfrage führt.[313] **Zusätzliche Abschreibungen (nach § 253 Abs. 4 HGB a.F.)** sind nach einer im Schrifttum vertretenen Auffassung gleichfalls zum Zwecke der Ermittlung des Abfindungsguthabens aufzulösen; sie sollen also das Abfindungsguthaben erhöhen[314] (zweifelhaft). Das Gleiche soll für **Aufwandsrückstellungen (nach § 249 Abs. 1 S. 3, Abs. 2 HGB a.F.)** gelten.[315] Bei Berücksichtigung der offenen Rücklagen – so die h.M. (siehe Rn 266) – müssten m.E. bei Kapitalgesellschaften jedenfalls die auf der Rücklage nach § 6b EStG bzw. dem Sonderposten mit Rücklagenanteil lastenden latenten Steuern zugunsten der verbleibenden Gesellschafter abgesetzt werden. Das Gleiche gilt in allen Fällen latenter Steuern (wie jetzt außerhalb der hier behandelten „Altfälle" ohne weiteres aus § 274 HGB folgt). Bei Personengesellschaften ist keine Berücksichtigung von latenten Steuern erforderlich, da es solche nicht gibt (Ausnahme ggf. Gewerbesteuer, siehe Rn 316). Aus Sicht des verbleibenden Gesellschafters kompensiert das Abschreibungspotential aufgrund der höheren Abfindung den zukünftigen Ertrag bei Auflösung der Rücklage.

269 **Praxistipp**
Da sich durch die Verbuchung ggf. die Höhe der Abfindung beeinflussen lässt, müssen die entsprechenden Auswirkungen bei der buchhalterischen Behandlung sorgfältig bedacht werden.

---

310 OLG München ZIP 1997, 270; gegen Auflösung steuerlich bedingter Sonderabschreibungen ohne ausdrückliche Vereinbarung auch *Ulmer*, NJW 1979, 81, 84; Müko-BGB/*Ulmer*, § 738 Rn 63.
311 Darunter fallen z.B. § 6b EStG; Ersatzbeschaffung (nach EStR 6.6), erhöhte Absetzungen für Baumaßnahmen an Gebäuden zur Schaffung neuer Mietwohnungen (§ 7c EStG); erhöhte Absetzungen für Wirtschaftsgüter, die dem Umweltschutz dienen (§ 7d EStG); Sonderabschreibungen und Ansparabschreibungen (§ 7g EStG), weitere Fälle: Beck'scher Bilanzkommentar (7. Auflage)/*Ellrott*/*Brendt*, § 254 Rn 50 ff.
312 *Schulze-Osterloh*, BB 1997, 1783, 1788; Ebenroth/Boujong/Joost/*Lorz*, § 131 Rn 113.
313 Beck'scher Bilanzkommentar/*Ellrott*/*Brendt*, § 255 Rn 115.
314 *Schulze-Osterloh*, BB 1997, 1783, 1787.
315 *Schulze-Osterloh*, BB 1997, 1783, 1787.

Arens/Behrendt

Hat die Gesellschaft ihren Gewinn durch eine **Einnahmeüberschussrechnung** (insbesondere 270 bei Freiberuflersozietäten) ermittelt, wird die Buchwertklausel in aller Regel so auszulegen sein, dass sich der Buchwert der Beteiligung des ausscheidenden Gesellschafters um die ausstehenden Honorare erhöht bzw. um die offenen Verbindlichkeiten vermindert. Das wird in aller Regel auch dann gelten, wenn der Gesellschaftsvertrag für die Gewinnverteilung auf die nach steuerlichen Grundsätzen maßgebende Einnahmeüberschussrechnung verweist, da auch das Steuerrecht im Falle des Ausscheidens die Bilanzierung verlangt (siehe Rn 285).

Stellt die gesellschaftsvertragliche Regelung nicht klar, ob die Buchwerte der Handelsbilanz 271 oder der Steuerbilanz zu berücksichtigen sind, ist im Zweifel auf die Handelsbilanz abzustellen.[316] Besondere Probleme können sich ergeben, wenn im Vermögen der Gesellschaft wiederum Beteiligungen an anderen Gesellschaften enthalten sind. Dazu wird die Auffassung vertreten, es sei dann ggf. nicht auf den Einzelbuchwert der Gesellschaft abzustellen, aus der der betroffene Gesellschafter ausscheidet, sondern auf den Konzernbuchwert.[317]

Wichtig 272
Wegen der in Rn 247 ff. geschilderten Schranken für Beschränkungen der Abfindungshöhe, muss die Bindung an die Buchwertklausel stets sorgfältig geprüft werden. Der Anwalt muss seinem Mandanten die Rechtslage darstellen und den Sachverhalt durch geeignete Fragen aufklären (Frage nach stillen Reserven, dem Verkehrswert;[318] das Gleiche wird für die o.g. dargestellten Hinzurechnungen zum Buchwert gelten).

---

bb) Substanzwertklauseln
Gelegentlich anzutreffen sind Substanzwertklauseln. Nach diesen Klauseln sind die zum Gesell- 273 schaftsvermögen gehörenden Wirtschaftsgüter mit ihren Marktwerten für die Berechnung der Abfindung anzusetzen; der Ausscheidende erhält jedoch keinen Anteil am so genannten Geschäftswert/Firmenwert vergütet. Es besteht dann die Notwendigkeit, das Vermögen zu bewerten. Das ist streitanfällig. Derartige Klauseln führen i.d.R. zu einer Abfindung, die über dem Buchwert liegt. Bei sehr ertragreichen Unternehmen kann jedoch auch die danach ermittelte Abfindung noch eine unzulässige Beschränkung des Abfindungsanspruchs darstellen.

cc) Gemeiner Wert, Vermögensteuerwert, Steuerkurswert, Betriebsvermögenswert, vereinfachtes Ertragswertverfahren
Insbesondere bei GmbH-Gesellschaftsverträgen sind häufig Vertragsklauseln anzutreffen, die 274 auf den nach steuerlichen Grundsätzen festgestellten „gemeinen Wert" abstellen. Dafür werden die verschiedensten Bezeichnungen gewählt (etwa die in der Überschrift Genannten). In älteren Gesellschaftsverträgen findet sich gelegentlich auch noch eine Bezugnahme auf den „letzten festgestellten Vermögensteuerwert" (Betriebsvermögenswert etc.). Derartige Klauseln gehen von einer regelmäßigen Festsetzung dieses Wertes durch das Finanzamt aus. Da die Vermögensteuer nicht mehr erhoben wird, findet eine solche Festsetzung allerdings nicht mehr statt. Derartige Klauseln dürften daher im Zweifel dahin auszulegen sein, dass nicht mehr der möglicherweise vor Jahrzehnten festgestellte letzte Vermögensteuerwert maßgebend ist, sondern der Wert, der

---

316 Michalski/*Sosnitza*, § 34 Rn 70, Müko/*Ulmer* § 738 BGB Rn 63.
317 *Schön*, ZHR 2002, 585.
318 BGH NJW 1994, 1473, 1474.

sich bei Anwendung des Stuttgarter Verfahrens ergibt.[319] Allerdings wird steuerrechtlich nicht mehr auf das „Stuttgarter Verfahren" abgestellt. Durch das Erbschaftsteuerreformgesetz ist das Bewertungsgesetz vielmehr mit dem Ziel geänderten worden, zu „realistischen" Wertfestsetzungen zu gelangen. Es stellt sich daher jetzt umso mehr die Frage, wie gesellschaftsvertragliche Abfindungsregelungen auszulegen sind, die vor Inkrafttreten des Erbschaftsteuerreformgesetzes vereinbart wurden und auf einen „gemeinen Wert" oder das Stuttgarter Verfahren abstellen. Nach den bisherigen steuerlichen Bewertungsvorschriften (in der Regel Stuttgarter Verfahren) war letztlich eine Mischung aus Substanz- und Ertragswert maßgebend. Nach dem jetzt geltenden steuerlichen Bewertungsvorschriften ist in der Regel der Ertragswert maßgebend. Vorgeschlagen wird folgende Differenzierung:[320]

–   Bei Verweisen auf das Stuttgarter Verfahren durch Klauseln vor 1993 soll tendenziell von den Beteiligten mit der entsprechenden Abfindungsklausel eine Verfahrensvereinfachung gewollt gewesen sein, so dass damit dynamisch auch das jeweilige Bewertungsrecht verwiesen sein könnte.

–   Bei Verweisungen auf das Stuttgarter Verfahren durch Klauseln nach 1993 sei es hingegen möglicherweise vornehmlich um eine Abfindungsbeschränkung gegangen, so dass diese Klauseln als statische Verweisung auf das Stuttgarter Verfahren in seiner bei Vereinbarung der Klausel gültigen Fassung zu verstehen sei.

–   Soweit in Klauseln nach 1993 auf den „gemeinen Wert" verwiesen sei, sei auf das zuletzt gültige Stuttgarter Verfahren abzustellen.

275 Die Vereinbarung der Bewertung nach dem Stuttgarter Verfahren wurde für zulässig gehalten.[321] Es sind jedoch die unter Rn 247 ff. dargestellten Schranken zu beachten. Auch wenn diese Klauseln an sich rechtlich zulässig sind, sind sie dennoch gänzlich ungeeignet.[322] Sie führen zu Bewertungen, die möglicherweise in keinem Zusammenhang mehr zu den tatsächlichen Verhältnissen stehen. Im Übrigen stellt sich bei derartigen Klauseln die Frage, wie sich Änderungen des steuerlichen Bewertungsverfahrens auswirken. Auf die Ungeeignetheit sollte auch bei bestehenden Gesellschaftsverträgen hingewiesen werden. Ein Berater, der ohne ausführliche Erläuterung eine entsprechende Klausel empfiehlt, setzt sich m.E. einem Haftungsrisiko aus.

276 Da mit Blick auf das Vorstehende (Tz. 274) das Stuttgarter Verfahrens ggf. noch lange Zeit relevant bleibt, soll die Bewertung nach diesem Verfahren hier kurz dargestellt werden. Die Einzelheiten dazu waren in den Erbschaftsteuerrichtlinien (ErbStR) in ErbStR 96 ff geregelt.

277 Danach galt folgende Formel:
$$X = 0,68 \times (V + 5 \times E)$$

Diese Formel versteht sich wie folgt:
X ist der gesuchte Unternehmenswert als Prozentsatz des Stammkapitals.
V ist der Vermögenswert, er errechnet sich durch die Formel (Eigenkapital: Stammkapital) × 100
E ist der Ertragshundertsatz, er ergibt sich aus folgender Formel:
(Jahresertrag: Stammkapital) × 100

---

319 OLG Frankfurt 14 U 28/07: Unter Beibehaltung des bisherigen Festsetzungsturnus. Die Entscheidung betrifft den Fall eines Ausscheidens vor der Neufassung des Bewertungsgesetzes durch das Erbschaftsteuerformgesetz vom 24.12.2008.
320 *Casper/Altgen*, DStR 2008, 2319.
321 BGH NJW 1983, 2880, 2881; OLG München GmbHR 1988, 216.
322 A.A. BGH WM 1986, 1385: nicht gänzlich ungeeignet, wenn es ein Unternehmen zu bewerten gilt, das seine Erträge weniger mit der Vermögenssubstanz als durch den persönlichen Einsatz seiner Geschäftsführer erwirtschaftete.

Beispiel   278
nach ErbStR 100 (2)
Grundlagen
Stammkapital   90.000 EUR
Vermögen (= Eigenkapital)   120.000 EUR
Jahresertrag   9.000 EUR

Berechnung des Unternehmenswerts nach dem Stuttgarter Verfahren:

Vermögenswert $\quad \dfrac{120.000\ \text{EUR}}{90.000\ \text{EUR}} \times 100 \qquad = \quad 133{,}33\ \text{v.H.}$

Ertragshundertsatz $\quad \dfrac{9.000\ \text{EUR}}{90.000\ \text{EUR}} \times 100 \qquad = \quad 10\ \text{v H.}$

Gemeiner Wert: $\quad 0{,}68 \times (133{,}33\ \text{v.H.} + 5 \times 10\ \text{v.H.}) =$
$\qquad\qquad\quad 0{,}68 \times 183{,}33\ \text{v.H.} \qquad\qquad\qquad = \quad 124{,}66\ \text{v.H.}$

abgerundet $\qquad\qquad\qquad\qquad\qquad\qquad\qquad\qquad\qquad 124\ \text{v.H.}$

Der gemeine Wert beträgt daher 124 v.H. × 90.000 = 111.600 EUR.

Der so ermittelte Wert war weiteren, sich aus den Erbschaftsteuerrichtlinien ergebenden Korrek- 279
turen zu unterwerfen. Abschläge waren insbesondere in folgenden Fällen vorzunehmen:
– Bei einer geringen Rendite auf das eingesetzte Kapital (ErbStR 100 (3))
– Wenn die Gesellschaft über kein eigenes Betriebsgrundstück verfügt und mit einer alsbaldigen Beendigung der Nutzungsmöglichkeit zu rechnen ist, wodurch der Betriebsablauf
   nachhaltig beeinträchtigt wird (ErbStR 100 (4))
– Bei fehlendem Einfluss auf die Geschäftsführung, ErbStR 101.

Nach dem jetzt geltenden Bewertungsgesetz ist der „gemeine Wert" maßgebend. Dieser soll in **279a**
erster Linie aus Verkäufen unter fremden Dritten, die weniger als ein Jahr zurückliegen, abgeleitet werden. Ist das nicht möglich, soll der gemeine Wert unter Berücksichtigung der Ertragsaussichten oder einer anderen anerkannten, auch im gewöhnlichen Geschäftsverkehr für nicht
steuerliche Zwecke üblichen Methode ermittelt werden. Dabei ist auf die Sicht eines Erwerbers
abzustellen. Untergrenze soll der Substanzwert sein (§ 11 BewG). In den §§ 199 bis 203 BewG ist
dabei ein **vereinfachtes Ertragswertverfahren** vorgesehen, das nachfolgend im Überblick dargestellt werden soll. Dieses Verfahren kann nach § 199 BewG angewendet werden, wenn es nicht
zu „offensichtlich unzutreffenden" Ergebnissen führt. Für dieses Verfahren gilt vereinfacht gesagt folgende Formel:

Nachhaltig erzielbarer Jahresertrag × Kapitalisierungsfaktor

Nicht betriebsnotwendiges Vermögen ist gesondert zu bewerten. Für Beteiligungen an anderen
Unternehmen ist gleichfalls ein eigenständiger gemeiner Wert anzusetzen. Innerhalb von zwei
Jahren vor dem Bewertungsstichtag eingelegte Wirtschaftsgüter werden neben dem Ertragswert
mit dem eigenständig für sie zu ermittelnden gemeinen Wert angesetzt.
  Der „nachhaltig erzielbare Jahresertrag" ist nach §§ 201, 202 BewG wie folgt zu ermitteln:
Maßgebend ist grundsätzlich der Durchschnittsertrag der letzten drei vor dem Bewertungsstichtag abgelaufenen Wirtschaftsjahre. Das Betriebsergebnis eines am Bewertungsstichtag noch
nicht abgelaufenen Wirtschaftsjahres ist an Stelle des drittletzten abgelaufenen Wirtschaftsjahres einzubeziehen, wenn es für den künftigen Ertrag von besonderer Bedeutung ist.

Arens/Behrendt

Die Betriebsergebnisse sind wie folgt zu ermitteln:
– Gewinn im Sinne von § 4 Abs. 1 EStG (ohne Ergebnis aus Sonderbilanzen und Ergänzungs-bilanzen)
– hinzuzurechnen sind
   a) Investitionsabzugsbeträge, Sonderabschreibungen oder erhöhte Absetzungen, Bewer-tungsabschläge, Zuführungen zu steuerfreien Rücklagen sowie Teilwertabschreibun-gen. Es sind nur die normalen Absetzungen für Abnutzung zu berücksichtigen. Diese sind nach den Anschaffungs- oder Herstellungskosten bei gleichmäßiger Verteilung über die gesamte betriebsgewöhnliche Nutzungsdauer zu bemessen. Die normalen Ab-setzungen für Abnutzung sind auch dann anzusetzen, wenn für die Absetzungen in der Steuerbilanz vom Restwert auszugehen ist, der nach Inanspruchnahme der Sonderab-schreibungen oder erhöhten Absetzungen verblieben ist;
   b) Absetzungen auf den Geschäfts- oder Firmenwert oder auf firmenwertähnliche Wirt-schaftsgüter;
   c) einmalige Veräußerungsverluste sowie außerordentliche Aufwendungen;
   d) im Gewinn nicht enthaltene Investitionszulagen, soweit in Zukunft mit weiteren zula-gebegünstigten Investitionen in gleichem Umfang gerechnet werden kann;
   e) der Ertragsteueraufwand (Körperschaftsteuer, Zuschlagsteuern und Gewerbesteuer);
   f) Aufwendungen, die im Zusammenhang stehen mit Vermögen im Sinne des § 200 Abs. 2 und 4 BewG, und übernommene Verluste aus Beteiligungen im Sinne des § 200 Abs. 2 bis 4 BewG;
– Abzuziehen sind
   a) gewinnerhöhende Auflösungsbeträge steuerfreier Rücklagen sowie Gewinne aus der Anwendung des § 6 Abs. 1 Nr. 1 Satz 4 und Nr. 2 Satz 3 des Einkommensteuergeset-zes;
   b) einmalige Veräußerungsgewinne sowie außerordentliche Erträge;
   c) im Gewinn enthaltene Investitionszulagen, soweit in Zukunft nicht mit weiteren zula-gebegünstigten Investitionen in gleichem Umfang gerechnet werden kann;
   d) ein angemessener Unternehmerlohn, soweit in der bisherigen Ergebnisrechnung kein solcher berücksichtigt worden ist. Die Höhe des Unternehmerlohns wird nach der Ver-gütung bestimmt, die eine nicht beteiligte Geschäftsführung erhalten würde. Neben dem Unternehmerlohn kann auch fiktiver Lohnaufwand für bislang unentgeltlich tätige Familienangehörige des Eigentümers berücksichtigt werden;
   e) Erträge aus der Erstattung von Ertragsteuern (Körperschaftsteuer, Zuschlagsteuern und Gewerbesteuer);
   f) Erträge, die im Zusammenhang stehen mit Vermögen im Sinne des § 200 Abs. 2 bis 4 BewG;
– hinzuzurechnen oder abzuziehen sind auch sonstige wirtschaftlich nicht begründete Ver-mögensminderungen oder -erhöhungen mit Einfluss auf den zukünftig nachhaltig zu erzie-lenden Jahresertrag und mit gesellschaftsrechtlichem Bezug, soweit sie nicht durch das Vorstehende berücksichtigt wurden.

Der Kapitalisierungszinssatz setzt sich zusammen aus dem sog. Basiszins und einem Zuschlag von 4,5%. Der Basiszins wird jeweils vom Bundesministerium für Finanzen im Bundessteuer-blatt veröffentlich. Er ist nicht identisch mit dem Basiszins im Sinne von § 247 BGB. Der Basiszins für Bewertungsstichtage in 2011 beträgt 3,43%.[323] Für 2012 beträgt der Basiszins 2,44%.[324] Der

---

[323] BStBl. I 2011, 5.
[324] BStBl. I 2012, 13.

Kapitalisierungsfaktor ergibt sich aus dem Kehrwert der Summe von Basiszins und dem Zuschlag von 4,5% (Formel also: 100 : (Basiszins + 4,5% = Kapitalisierungsfaktor). Für 2012 beträgt der Kapitalisierungsfaktor daher (100 : [2,44 + 4,5] =) 14,41%. Nach der persönlichen Einschätzung des Verfassers führt dieses Bewertungsverfahren gerade für kleinere mittelständige Unternehmen zu Unternehmensbewertungen in einer Höhe, die bei einem Verkauf realistischer Weise nicht zu erzielen sind. Da typischer Weise gerade in wirtschaftlichen Abschwungphasen die Zinsen sinken führt die Formel dazu, dass gerade in diesen Zeiten die Unternehmenswerte steigen. Das Gegenteil dürfte richtig sein.

dd) Nennwertklauseln

Gelegentlich findet sich bei Gesellschaftsverträgen von Kapitalgesellschaften eine Abfindungs- **280** regelung, wonach sich die Abfindung nach dem Nennwert der Beteiligung richtet. Außer vielleicht bei auf ideelle Zwecke gerichteten Gesellschaften sind solche Klauseln gänzlich ungeeignet. Bei diesen Klauseln besteht die naheliegende Gefahr, dass gegen die in Rn 247 ff. dargestellten Schranken verstoßen wird.

c) Gestaltungshinweise

Allgemein gültige Gestaltungsempfehlungen gibt es nicht. Die Abfindungsproblematik muss bei **281** Gestaltung des Gesellschaftsvertrages mit den Beteiligten ausführlich besprochen werden. Die offenbar weit verbreitete Handhabung von Beratern, in allen Fällen stets das gleiche Formular zu verwenden, ist untauglich. Bei der Wahl der Abfindungsregelung können m.E. folgende Gesichtspunkte in Erwägung gezogen werden:

- Dient die Gesellschaft vornehmlich der Vermögensverwaltung (z.B. gemeinsamer Erwerb eines Einkaufszentrums) wird eine Beschränkung der Abfindung auf den Buchwert in vielen Fällen nicht dem Willen der Beteiligten entsprechen. Das Interesse der verbleibenden Gesellschafter an einer Schonung der Liquidität der Gesellschaft kann durch längerfristige Ratenzahlungsmöglichkeiten für die Abfindung berücksichtigt werden. Vor zu hohen Abfindungen können die verbleibenden Gesellschafter durch ein Recht zur Anschlusskündigung geschützt werden. Machen alle Gesellschafter von dem Recht zur Anschlusskündigung Gebrauch, wird die Gesellschaft liquidiert. Auch der Gesellschafter, der Anlass für die Anschlusskündigungen gegeben hat, wird dann nur am Liquidationserlös beteiligt.

- Je mehr die Gesellschafter selbst in der Gesellschaft unternehmerisch tätig werden und je weniger fungibel die Beteiligung ist, desto mehr Gründe können für eine erhebliche Beschränkung des Abfindungsanspruchs sprechen. Letztlich beruhen die zukünftigen Erträge, auf deren Grundlage der Verkehrswert zu ermitteln wäre, dann vornehmlich auf der unternehmerischen Leistung der verbleibenden Gesellschafter. Ohne den persönlichen Einsatz der verbleibenden Gesellschafter liegt möglicherweise der „wahre Wert" des Unternehmens unter dem Substanzwert. Die Beteiligten werden in dieser Situation vermutlich nicht wollen, dass ihre zukünftige Arbeitsleistung vorrangig dazu eingesetzt werden muss, Abfindungsansprüche des Ausscheidenden zu bedienen. Ist die Beteiligung nicht fungibel, würde bei einer zu hohen Abfindung schließlich ein Anreiz geschaffen werden, möglichst vor den/dem Anderen auszuscheiden. Die zuerst Ausscheidenden kommen dann in den Genuss, auf Grundlage eines Wertes abgefunden zu werden, den der letzte verbleibende Gesellschafter tatsächlich nicht realisieren kann. Das Problem kann sich gerade bei einer Abfindung nach dem Verkehrswert ergeben. Der am „grünen Tisch" vor einem Gutachter ermittelte Verkehrswert dürfte gerade bei mittelständischen Unternehmen nur schwer tatsächlich am Markt zu realisieren sein.[325] In diesen Fällen kann eine Buchwertklausel trotz aller damit verbundenen Probleme und Unwägbarkeiten in Betracht zu ziehen sein.

3. Steuerliche Folgen

282 **Wichtig**

Die nachstehende Darstellung bezieht sich auf den Stand Mitte 2012. Bei der Bearbeitung eines konkreten Falls muss gerade in steuerlicher Hinsicht stets die aktuelle Rechtslage ermittelt werden.

a) Einkommensteuer/Körperschaftsteuer
aa) Ausscheiden aus einer Personengesellschaft

283 Die steuerlichen Auswirkungen des Ausscheidens hängen einerseits davon ab, ob steuerliches Betriebs- oder steuerliches Privatvermögen vorliegt, andererseits hängen sie von der Art des Vermögens und der Rechtsform des Gesellschafters ab; für die Beteiligung an Kapitalgesellschaften gelten Sonderregelungen. Zu unterscheiden ist schließlich zwischen den Steuerfolgen für den ausscheidenden Gesellschafter und den Auswirkungen für die verbleibenden Gesellschafter.

(1) Steuerliches Betriebsvermögen
(a) Steuerliche Folgen für den Ausscheidenden

284 Steuerlich relevant ist das Ausscheiden aus einer Personengesellschaft stets, wenn der Gesellschafter Einkünfte aus Gewerbebetrieb (§ 15 EStG), aus selbständiger Arbeit (§ 18 EStG) oder aus Land- und Forstwirtschaft (§ 13 EStG) erzielt. Einkünfte aus Land- und Forstwirtschaft und die dafür geltenden Besonderheiten werden nachstehend nicht berücksichtigt. Aus Sicht des Steuerrechts werden dem Gesellschafter die Wirtschaftsgüter der Gesellschaft anteilig zugerechnet. Das Ausscheiden wird als Veräußerung dieser Anteile an den Wirtschaftsgütern angesehen. Dabei macht es aus Sicht des Ausscheidenden keinen Unterschied, ob er aus der Gesellschaft ausscheidet und sein Anteil den übrigen Gesellschaftern anwächst oder ob die übrigen Gesellschafter oder Dritte seine Anteile erwerben. Der zu versteuernde Gewinn ergibt sich in allen Fällen aus der nachstehenden Formel:

Abfindung/Veräußerungserlös
./. bisheriger Buchwert
./. Veräußerungskosten
= Gewinn

285 Diese Formel gilt auch für Gesellschaften, die ihren Gewinn im Wege der **Einnahmeüberschussrechnung** nach § 4 Abs. 3 EStG ermitteln. Es ist dazu zum Zeitpunkt des Ausscheidens zur Ermittlung der steuerlichen Folgen für den Ausscheidenden zur Gewinnermittlung durch Betriebsvermögensvergleich überzugehen, (§§ 16 Abs. 2 S. 2, 18 Abs. 3 EStG und EStR 4.5).

286 Handelt es sich bei dem **Ausscheidenden um eine Kapitalgesellschaft**, ist § 8b KStG anwendbar: Der Gewinn, der auf die Abfindung für Anteile an Kapitalgesellschaften im Vermögen der Gesellschaft, aus der der betroffene Gesellschafter ausscheidet, entfällt, ist steuerfrei; es gel-

---

325 *Sigle*, ZGR 1999, 658, 669 f.

ten aber 5% des Gewinns als nicht abziehbare Betriebsausgaben (§ 8b Abs. 2, 3 KStG). Ggf. sind allerdings Sperrfristen zu beachten, bei deren Mißachtung steuerliche Nachteile drohen (z.B. § 8b Abs. 4 KStG a.F.; § 22 UmwStG). Soweit sich im Betriebsvermögen **Anteile an Kapitalgesell-schaften** befinden, ist § 3 Nr. 40b EStG zu beachten (Teilkünfteverfahren). Der auf diese Anteile entfallende Gewinn ist nur zu 60% anzusetzen.[326]

Verfügt der ausscheidende Gesellschafter über ein **negatives Kapitalkonto** gilt Folgendes: **287** Die Übernahme des negativen Kapitalkontos führt beim ausscheidenden Gesellschafter zu einem Gewinn, der ggf. um nach § 15a EStG verrechenbare Verluste zu mindern ist.

Beispiel   **288**
A scheidet aus der AB OHG aus. Das für ihn bei der OHG geführte Kapitalkonto weist zu seinen Lasten einen Saldo von ./. 100 aus. Bei seinem Ausscheiden erhält er eine Abfindung von 50; das negative Kapitalkonto muss er nicht ausgleichen.
Sein Veräußerungsgewinn beträgt 150.

Zu beachten ist, ob zu dem Betriebsvermögen des Ausscheidenden sogenanntes **Sonderbe-** **289** **triebsvermögen** gehört. Es handelt sich dabei um Vermögen, das zivilrechtlich ausschließlich dem Ausscheidenden zusteht, jedoch in steuerlicher Hinsicht Betriebsvermögen ist.

Beispiel   **290**
Gesellschafter A ist Eigentümer des von der ABC GmbH & Co. KG genutzten Betriebsgrundstücks, das er an diese vermietet. Das Grundstück ist Sonderbetriebsvermögen.[327] Ebenso läge Sonderbetriebsvermögen vor, wenn er das Grundstück ohne gesondertes Entgelt zur Nutzung überlassen würde.

Scheidet der Gesellschafter aus der Gesellschaft aus, verliert das Sonderbetriebsvermögen sei- **291** nen Charakter als Betriebsvermögen, wenn es nicht unabhängig von seiner Eigenschaft als Sonderbetriebsvermögen Betriebsvermögen bei dem Ausscheidenden ist. Letzteres ist beispielsweise dann der Fall, wenn es zum Betriebsvermögen einer gewerblich geprägten GmbH & Co. KG gehört (§ 15 Abs. 3 EStG). Verliert das bisherige Sonderbetriebsvermögen seine Eigenschaft als Betriebsvermögen, wird das in steuerlicher Hinsicht ebenso wie eine Veräußerung gewertet. Anstelle des Veräußerungserlöses ist der gemeine Wert[328] des Sonderbetriebsvermögens anzusetzen. Die stillen Reserven sind also zu versteuern.

Beispiel   **292**
A ist an der ABC GmbH & Co. KG beteiligt. Der Buchwert seiner Beteiligung (ohne Sonderbetriebsvermögen) beträgt 100. Er ist Eigentümer des Betriebsgrundstücks, das er der ABC GmbH & Co. KG zur Nutzung überlassen hat (Sonderbetriebsvermögen); der Buchwert des Sonderbetriebsvermögens beträgt 50, der Verkehrswert 200. Er erhält eine Abfindung in Höhe von 200.
Veräußerungsgewinn/Aufgabegewinn: 200 Abfindung + 200 gemeiner Wert Grundstück ./. Buchwert 150 (100 Beteiligung an der GmbH & Co. KG und 50 Buchwert des Grundstücks) = 250.

---

326 Besonderheiten bei einbringungsgeborenen Anteilen: § 3 Nr. 40 S. 3f. EStG.
327 Theoretisch sind Fälle denkbar, in denen kein Sonderbetriebsvermögen vorliegt.
328 § 16 Abs. 3 S. 7 EStG (ggf. i.V.m. § 18 Abs. 3 S. 2 EStG bei Einkünften aus selbständiger Arbeit) analog Schmidt/*Wacker*, § 16 Rn 272; gemeiner Wert ist der Verkehrswert, nicht etwa der nach den §§ 145 ff. BewG.

293 Die Aufdeckung und Versteuerung der stillen Reserven im Sonderbetriebsvermögen kann gewünscht sein, da nur dann die Progressionsmilderung oder Tarifbegünstigung nach § 34 EStG zur Anwendung kommt (siehe Rn 298). Ist die Aufdeckung der stillen Reserven nicht gewünscht, kann vor dem Ausscheiden das Grundstück in eine neue (gewerblich geprägte) GmbH & Co. KG eingebracht werden. Dadurch kann zwar die Versteuerung der in dem Sonderbetriebsvermögen liegenden stillen Reserven vermieden werden, es kommt jedoch nicht zu einer Progressionsmilderung bzw. Tarifbegünstigung nach § 34 EStG.

294 Erfolgt die Übertragung der Beteiligung unentgeltlich (also ohne die Abfindung), löst das keine steuerlichen Folgen aus. Nach § 6 Abs. 3 EStG führt der Erwerber die bisherigen Buchwerte fort. Problematisch ist auch insoweit das Sonderbetriebsvermögen. Wird Sonderbetriebsvermögen zurückbehalten, ist insoweit auch bei der im Übrigen unentgeltlichen Übertragung der Verkehrswert anzusetzen (siehe Rn 291). Wird funktional wesentliches Sonderbetriebsvermögen zurückbehalten, gilt nach § 6 Abs. 3 S. 2 EStG eine 5-jährige „Sperrfrist". Behält der unentgeltliche Erwerber den übernommenen Mitunternehmeranteil nicht mindestens 5 Jahre, ist auch hinsichtlich des übertragenen Mitunternehmeranteils der Verkehrswert in Ansatz zu bringen.[329]

295 Der Veräußerungsgewinn reduziert sich, wenn die Abfindung oder der **Veräußerungserlös** für den Gesellschaftsanteil **nachträglich uneinbringlich** wird. Es liegt ein Ereignis im Sinne von § 175 Abs. 1 S. 2 AO vor. Die entsprechende Steuerveranlagung ist zu ändern. Dasselbe gilt, wenn der ausscheidende Gesellschafter nachträglich für Gesellschaftsschulden in Anspruch genommen wird.[330]

296 Hat der ausscheidende Gesellschafter das 55. Lebensjahr vollendet oder ist er dauernd berufsunfähig, wird nach § 16 Abs. 4 EStG (§ 18 Abs. 3 S. 2 EStG) auf Antrag ein Freibetrag in Höhe von 45.000 EUR gewährt. Der Freibetrag ermäßigt sich um den Betrag, um den der Veräußerungsgewinn 136.000 EUR übersteigt. Der Freibetrag kann von jedem Steuerpflichtigen nur einmal in Anspruch genommen werden.

---

297 **Beispiel**
Veräußerungsgewinn 150.000 EUR
Das übersteigt den Betrag von 136.000 EUR um 14.000 EUR. Der Freibetrag mindert sich mithin um diesen Betrag, beträgt also 31.000 EUR.

---

298 Veräußerungsgewinne durch Ausscheiden aus einer Personengesellschaft gegen Abfindung oder Veräußerung des Gesellschaftsanteils unterliegen nach § 34 Abs. 1 EStG einer Progressionsmilderung oder ggf. einem ermäßigten Steuersatz nach § 34 Abs. 3 EStG. Die **Progressmilderung nach § 34 Abs. 1 EStG** errechnet sich wie folgt: Zunächst ist die Einkommensteuer für das Einkommen des ausscheidenden Gesellschafters ohne den Veräußerungsgewinn aufgrund des Ausscheidens zu errechnen. Dann ist die Einkommensteuer zu errechnen, die sich ergibt, wenn das vorgenannte Einkommen um 1/5 des Veräußerungsgewinns erhöht wird. Der Differenzbetrag zwischen diesen beiden Beträgen ist zu verfünffachen. Ist das zu versteuernde Einkommen des ausscheidenden Gesellschafters ohne den Veräußerungsgewinn negativ, ist die Einkommensteuer auszurechnen, die bei Ansatz von 1/5 des Veräußerungsgewinns anfallen würde; dieser Betrag ist dann zu verfünffachen. Hat der ausscheidende Gesellschafter das 55. Lebensjahr vollendet oder ist er dauernd berufsunfähig, kommt nach **§ 34 Abs. 3 EStG** ein **verminderter Steuersatz** in Betracht (nur auf Gewinn, der € 5 Mio. nicht übersteigt). Die Ermäßigung setzt einen Antrag voraus und kann von jedem Steuerpflichtigen nur einmal im Leben in Anspruch genom-

---

329 Einzelheiten zu § 6 Abs. 3 EStG siehe BMF-Schreiben; BStBl. I 05, 458, Änderung BStBl. I 06, 766.
330 Schmidt/*Wacker*, § 16 Rn 474.

Arens/Behrendt

men werden. Die Inanspruchnahme einer Steuerermäßigung nach § 34 vor dem 1.1.2001 ist allerdings unbeachtlich (§ 52 Abs. 47 S. 7 EStG).

(b) Steuerfolgen für den/die verbleibenden Gesellschafter

Die Anwachsung und der Erwerb des Gesellschaftsanteils des Ausscheidenden durch die verbleibenden Gesellschafter werden in steuerlicher Hinsicht als Anschaffungsvorgang behandelt. Das Steuerrecht nimmt in beiden Fällen den Erwerb der jeweiligen Anteile des Ausscheidenden an den einzelnen Wirtschaftsgütern durch die Verbleibenden an. Die steuerlichen Auswirkungen hängen von der Höhe der Abfindung (des Übernahmeentgeltes beim Erwerb des Anteils), dem Kapitalkonto des Ausscheidenden, den Wertverhältnissen der Wirtschaftsgüter der Gesellschaft, ihrem Geschäfts-/Firmenwert und den Umständen des Ausscheidens ab; die Art der Verbuchung davon, ob Anwachsung oder Anteilserwerb vorliegt. **299**

Fall 1: Abfindung entspricht Buchwert

Erhält der Ausscheidende eine Abfindung/ein Übernahmeentgelt in Höhe des Buchwertes (in der Gesamthandsbilanz) seiner bisherigen Beteiligung, werden diese Buchwerte sowohl im Falle der Anwachsung als auch des Anteilserwerbs fortgeführt. **300**

Beispiel **301**

A und B sind alleinige Kommanditisten der AB GmbH & Co. KG. Ihr Kapitalkonto beträgt jeweils 100. Variante 1: A scheidet gegen eine Abfindung in Höhe von 100 aus der Gesellschaft aus, die B der Gesellschaft zur Verfügung stellt. Variante 2: B erwirbt den Anteil für 100. Behandlung in beiden Fällen:

Bilanz der AB GmbH & Co. KG vor dem Ausscheiden				Bilanz der AB GmbH & Co. KG nach dem Ausscheiden			
A			P	A			P
alle Aktiva	1.000	EK A	100	alle Aktiva	1.000	EK B	200
		EK B	100			alle übrigen	
		alle übrigen				Passiva	800
		Passiva	800				

Fall 2: Abfindung über Buchwert

Erhält der Ausscheidende einen über dem Buchwert seiner Beteiligung liegenden Betrag sind die Mehraufwendungen der verbleibenden Gesellschafter zu aktivieren, soweit bilanzierte oder nicht bilanzierte Wirtschaftgüter vorhanden sind, deren tatsächlicher Wert über ihrem Buchwert liegt (der Differenzbetrag wird als „stille Reserven" bezeichnet) oder ein Firmenwert der Gesellschaft diesen Mehrwert tatsächlich umfasst.[331] Das bedeutet, dass die verbleibenden Gesellschafter den über dem Buchwert liegenden Anteil nicht sofort steuermindernd berücksichtigen können, sondern ihn verteilt über die Nutzungsdauer der Wirtschaftsgüter abschreiben müssen. Str. ist, ob der Mehraufwand auf die bilanzierten oder nicht bilanzierten Wirtschaftsgüter und den Firmenwert nach dem Verhältnis ihrer Werte zu einander zu verteilen ist oder in erster Linie auf die Wirtschaftsgüter und nur, soweit feststeht, dass stille Reserven nicht vorhanden sind, auf den Firmenwert.[332] Das Vorhandensein stiller Reserven und eines Firmenwertes wird vermutet. Es wird die Auffassung vertreten, die Vermutung würde nicht gelten, wenn nachgewiesen sei, dass der ausgeschiedene **302**

---

331 BFH BStBl II 94, 224, 225; Kirchhof/*Reiß* § 15 Rn 321; Schmidt/*Wacker* § 15 Rn 487 ff.
332 Schmidt/*Wacker* § 15 Rn 490 ff.

Gesellschafter „lästig" war (z.B. wenn ein wichtiger Grund für ein Ausscheiden vorlag).[333] Erfolgt der Erwerb der verbleibenden Gesellschafter durch **Anwachsung**, erfolgt die Aktivierung in der steuerlichen Gesamthandsbilanz. Um den zu aktivierenden Mehrbetrag sind die bisherigen Buchwerte aufzustocken. Die Aufstockung soll auch in der Handelsbilanz zulässig sein.[334]

303 **Beispiel**
A und B sind alleinige Kommanditisten der AB GmbH & Co. KG. Ihr Kapitalkonto beträgt jeweils 100. A wird zum Verkehrswert (TW) abgefunden.

Bilanz der AB GmbH & Co. KG
vor dem Ausscheiden des A

A			P
alle Aktiva	1.000 (TW 2.000)	EK A	100 (TW 600)
		EK B	100 (TW 600)
		alle übrigen Passiva	800

Bilanz der AB GmbH & Co. KG
nach dem Ausscheiden des A

A			P
alle Aktiva	1.500	EK B	100
(= 1.000 + Mehrbetrag		Abfindungsanspruch A	600
[Verkehrswert 600 abzgl.		alle übrigen Passiva	800
bisheriger Ansatz 100])			

304 Erfolgt der Erwerb des Anteils des Ausscheidenden durch die verbleibenden Gesellschafter, ist der Vorgang bei ihnen in einer Ergänzungsbilanz zu berücksichtigen.

305 **Beispiel**
Wie vor, aber B kauft den Anteil des A für 600.

Bilanz der AB GmbH & Co. KG nach dem Ausscheiden des A				Ergänzungsbilanz B			
A			P	A			P
alle Aktiva	1.000	EK B	200	Mehrwert für		Mehrkapital	500
		alle übrigen		Aktiva	500		
		Passiva	800				

306 Weist das Kapitalkonto des Ausscheidenden ein negatives Kapitalkonto auf, sind verschiedene Fälle zu unterscheiden: Der Ausgleich des negativen Kapitalkontos durch den Ausscheidenden ist aus Sicht der verbleibenden Gesellschafter ein erfolgsneutraler Vorgang. Übernehmen die verbleibenden Gesellschafter das negative Kapitalkonto, ergeben sich aus ihrer Sicht Anschaffungskosten, für die die o.g. Grundsätze gelten (also i.d.R. Aktivierung in einer Ergänzungsbilanz oder in der Gesamthandbilanz; nur ausnahmsweise ein Verlust). Besonderheiten gelten, wenn der verbleibende Gesellschafter lediglich verrechenbare Verluste im Sinne von § 15a EStG

---

333 Kirchhof/*Reiß* § 15 Rn 321; Schmidt/*Wacker* § 16 Rn 491 m.w.N.
334 Schmidt/*Wacker* § 16 Rn 482; *Winnefeld*, Bilanzhandbuch N 535 ff.

erzielt hatte **und** weder stille Reserven noch ein Firmenwert vorhanden sind, so dass eine Aktivierung nach o.g. Grundsätzen ausscheidet. Es ist dann ein Ausgleichsposten zu bilden, der mit zukünftig auf den erworbenen Anteil entfallenden Gewinnanteilen zu verrechnen ist.[335]

Beispiel 307
A und B sind alleinige und zur gleichen Höhe am Gewinn beteiligte Kommanditisten der AB GmbH & Co. KG mit dem nachstehenden Bilanzbild. Stille Reserven und ein Firmenwert sind nicht vorhanden. B kauft den Anteil des B für 1 EUR und übernimmt das negative Kapitalkonto (der 1-Euro-Betrag wird nachstehend der besseren Übersicht halber nicht weiter dargestellt; an sich wären in dieser Höhe Anschaffungskosten zu aktivieren).

Bilanz der AB GmbH & Co. KG vor Anteilsübertragung

A			P
alle übrigen Aktiva	900	EK B	200
neg. Kapitalkonto A	100[336]	alle übrigen Passiva	800

Bilanz der AB GmbH & Co. KG nach Anteilsübertragung				Ergänzungsbilanz			
A		P		A		P	
alle übrigen Aktiva	900	EK B	200	Ausgleichsposten für übernommenes neg. Kapitalkonto	100	Mehrkapital	100
übernommenes neg. Kapitalkonto	100[337]	alle übrigen Passiva	800				

Macht die AB GmbH & Co. KG im Jahr nach Ausscheiden von A einen Gewinn von 100, ist dieser i.H.v. 50 (Anteil des Gewinns, der auf den übernommenen KG-Anteil entfällt) dem übernommenen neg. Kapitalkonto zuzurechen. Gleichzeitig ist der Ausgleichsposten i.H.v. 50 aufzulösen. Auf B entfällt daher ein steuerlicher Gewinn i.H.v. (100 Jahresüberschuss der KG ./. Auflösung Ausgleichsposten i.H.v. 50 =) 50.

Fall 3: Abfindung liegt unter dem Buchwert 308
Schließlich kann die Abfindung/das Übernahmeentgelt unter dem Buchwert liegen. Sind Leistung und Gegenleistung nicht kaufmännisch abgewogen, ist das Geschäft als (teil-)unentgeltlich zu werten. Akzeptiert der Veräußerer aus außerbetrieblichen Gründen ein Entgelt unter dem Buchwert, wird der Erwerb in steuerlicher Hinsicht als voll unentgeltlich behandelt.[338] Der Erwerber führt die bisherigen Buchwerte fort (§ 6 Abs. 3 EStG). Will der Ausscheidende aus betrieblichen Gründen den Mehrbetrag des Buchwertes über der Abfindung/dem Übernahmeentgelt dem Erwerber zuwenden, erzielt dieser einen Gewinn. Ist das Entgelt kaufmännisch abgewogen, liegt ein entgeltliches Geschäft vor. Der Erwerber hat dann Anschaffungskosten in Höhe des geleisteten Entgelts, also Anschaffungskosten, die unter den bisherigen Buchwerten liegen. Da die angeschafften Wirtschaftsgüter aus Sicht des Erwerbers nur mit ihren Anschaffungskosten bewertet werden dürfen, sind die bisherigen Buchwerte herabzusetzen („Abstockung"). Im Falle des Erwerbs durch Anwachsung erfolgt die Abstockung in der Steuerbilanz der Gesellschaft, im Falle des Erwerbs des Anteils durch Ansatz in einer negativen Ergänzungsbilanz.

335 BFH BStBl 1999, 266 (8. Senat): Merkposten außerhalb der Bilanz; BFH BStBl II 1995, 246 (4. Senat): Aktiver Ausgleichsposten in der Ergänzungsbilanz des Erwerbers), ebenso BFH NV 2012, 21.
336 Wegen der Saldierung mit dem EK in der Handelsbilanz s. § 264c II S. 6 i.V.m. S. 3 HGB.
337 Wegen der Saldierung mit dem EK in der Handelsbilanz s. § 264c II S. 6 i.V.m. S. 3 HGB.
338 Schmidt/*Wacker*, § 16 Rn 510.

309 **Beispiel**

A und B sind alleinige Kommanditisten der AB GmbH & Co. KG. Die Kapitalkonten weisen jeweils ein Guthaben in Höhe von 100 aus. Aufgrund des Gesellschaftsvertrages kann B den Anteil des A für 50 übernehmen (was zivilrechtlich nur ausnahmsweise zulässig ist, siehe Rn 247 ff.).

Bilanz der AB GmbH & Co. KG vor dem Ausscheiden des A

A		P	
alle Aktiva	1.000	EK A	100
		EK B	100
		alle übrigen Passiva	800

Bilanz der AB GmbH & Co. KG nach Anteilsübertragung des A				Ergänzungsbilanz B			
A		P		A		P	
alle übrigen Aktiva	1.000	EK B	200	Minderkapital	50	Minderwert für Aktiva	50
		alle übrigen Passiva	800				

310 Ist die Differenz zwischen Buchwert und Abfindung/Übernahmeentgelt größer als der Betrag, um den sich die Aktiva abstocken lassen, ist ein passiver Ausgleichsposten zu passivieren, der Gewinn erhöhend gegen spätere Verluste oder bei Beendigung der Gesellschaft/Ausscheiden des Erwerbers aufzulösen ist.[339]

(c) Sonstige steuerliche Folgen für den ausscheidenden Gesellschafter, verbleibenden Gesellschafter oder sogar Dritte

311 Infolge des Ausscheidens kann gegen Sperrfristen verstoßen werden, z.B. nach §§ 6 Abs. 3 S. 2, 6 Abs. 5 S. 4, 16 Abs. 3 S. 3 EStG. Es kommt dann infolge des Ausscheidens des Gesellschafters rückwirkend bei vorhergehenden Umstrukturierungen zum Ansatz des Verkehrswerts, wodurch ein Veräußerungsgewinn entstehen kann. **§ 6 Abs. 3 S. 2 EStG** betrifft den Fall, dass der jetzt ausscheidende Gesellschafter seinen Anteil unentgeltlich von seinem Rechtsvorgänger erworben hat, wobei der Rechtsvorgänger Sonderbetriebsvermögen zurückgehalten hat (zum Sonderbetriebsvermögen siehe Rn 289 ff.; zu § 6 Abs. 3 EStG siehe Rn 294). Die Sperrfrist beträgt 5 Jahre. Wird sie nicht eingehalten, ist der auf den jetzt ausscheidenden Gesellschafter übertragende Mitunternehmeranteil zum Zwecke der Ermittlung des Veräußerungsgewinns seines Rechtsvorgängers jetzt nachträglich mit dem Verkehrswert (Teilwert) anzusetzen. **§ 6 Abs. 5 S. 4 ff. EStG** betreffen steuerneutrale Umstrukturierungen nach § 6 Abs. 5 EStG, also die Übertragung von Wirtschaftsgütern zwischen verschiedenen Betriebsvermögen/Sonderbetriebsvermögen und Betriebsvermögen. Die Sperrfrist beträgt 3 Jahre nach Abgabe der Steuererklärung des Übertragenden für den Veranlagungszeitraum, in dem die Übertragung stattgefunden hat. Die Sperrfrist beträgt 7 Jahre nach der Übertragung des Wirtschaftsguts, wenn sich nachträglich der Anteil einer Körperschaft, Personenvereinigung oder Vermögensmasse an dem Wirtschaftsgut unmit-

---

[339] BFH BStBl II 1994, 745, Schmidt/*Wacker*, § 16 Rn 551.

telbar oder mittelbar erhöht oder begründet wird. Wie im Falle des § 6 Abs. 3 EStG treffen die steuerlichen Folgen denjenigen, der zuvor das Wirtschaftsgut übertragen hat. **§ 16 Abs. 3 S. 3 EStG** betrifft Fälle der Realteilung. Wurden einzelne Wirtschaftsgüter übertragen, kommt es nachträglich zum Ansatz des Verkehrswertes, wenn es innerhalb einer Sperrfrist von 3 Jahren nach Abgabe der Steuererklärung der Mitunternehmerschaft für den Veranlagungszeitraum der Realteilung zu einer Veräußerung oder Entnahme des übertragenden Wirtschaftsguts kommt.

Wichtig   312
Bei der Gestaltung derartiger Umstrukturierungen ist die Einhaltung der Sperrfristen durch vertragliche Regelungen sicherzustellen; wenigstens sind zum Schutz des Betroffenen Schadensersatzpflichten vorzusehen. Geht es um ein Ausscheiden innerhalb der Sperrfristen, ist zu prüfen, ob entsprechende Schadensersatzpflichten zu Lasten des Ausscheidenden vorgesehen sind.

---

(2) Steuerliches Privatvermögen bei Personengesellschaften

Liegt – etwa bei einer vermögensverwaltenden, nicht gewerblich geprägten GmbH & Co. KG – 313 steuerliches Privatvermögen vor, ist das Ausscheiden jedenfalls innerhalb der Frist des § 23 EStG relevant. Bei Anteilen an Körperschaften: §§ 20 Abs. 1 EStG, 17 EStG. Gehört zum Vermögen der Gesellschaft Grundvermögen, kann das Ausscheiden gegen Entgelt zu einem gewerblichen Grundstückshandel führen, so dass die vorstehenden, für Betriebsvermögen dargestellten Grundsätze zur Anwendung kommen. Die Veräußerung von Grundstücken ist gewerblich, wenn die Grenzen der privaten Vermögensverwaltung überschritten werden. Im Interesse der Rechtssicherheit hat die Rechtsprechung die so genannte 3-Objekte-Grenze entwickelt. Danach liegt ein gewerblicher Grundstückshandel dann vor, wenn der Steuerpflichtige mehr als 3 Objekte veräußert, bei denen zwischen der Anschaffung und dem Verkauf ein enger zeitlicher Zusammenhang von in der Regel nicht mehr als 5 Jahren besteht.[340] Ein gewerblicher Grundstückshandel kann aber auch ohne Überschreitung der 3-Objekte-Grenze vorliegen. Die 3-Objekte-Grenze ist bei Gesellschaften sowohl auf der Ebene der Gesellschaft als auch auf der Ebene der Gesellschafter zu prüfen. Grundstücksveräußerungen auf der Ebene des Gesellschafters steht die Anteilsveräußerung gleich. Der Gesellschaftsanteil beinhaltet dabei so viele Objekte, wie sich Grundstücke im Vermögen der Gesellschaft befinden.[341] Nach Auffassung der Finanzverwaltung gilt das jedoch nur, wenn der Gesellschafter mit wenigstens 10% am Vermögen der Gesellschaft beteiligt ist oder der Verkehrswert des Anteils mehr als 250.000 EUR beträgt.[342]

bb) Ausscheiden aus einer Kapitalgesellschaft, insbesondere § 17 EStG

Auch bei einer Beteiligung an einer Kapitalgesellschaft ist sowohl das Ausscheiden infolge Einziehung als auch die Abtretung an die Gesellschaft selbst bzw. an Dritte gegen Entgelt als Veräußerung anzusehen.[343] Hält der Ausscheidende seine Beteiligung im Betriebsvermögen, ist ein Veräußerungsgewinn oder Veräußerungsverlust im Rahmen der jeweiligen Gewinnermittlung des ausscheidenden Gesellschafters zu berücksichtigen. Wird die Beteiligung im Privatvermögen gehalten, ist zu unterscheiden: Ist die Beteiligung des ausscheidenden Gesellschafters kleiner als 1%, unterfallen Veräußerungsgewinne § 20 Abs. 2 Nr. 1 EStG die Versteuerung erfolgt mit der

---

340 Schmidt/*Wacker*, § 16 Rn 510.
341 BFH BStBl II 2003, 250.
342 BMF-Schreiben vom 26.4.2004 Tz. 18 (Beck'sche Steuererlasse 15/1).
343 Z.B. im Rahmen des § 17 EStG, Kirchhof/*Gosch*, § 17 Rn 54, 55, 56; a.A. Schmidt/*Weber-Grellet*, § 17 Rn 103: Fall des § 17 Abs. 4 EStG.

sog. Abgeltungssteuer. Ist der ausscheidende Gesellschafter mit mind. 1% beteiligt, findet § 17 EStG Anwendung. Ein Veräußerungsgewinn ist nach dem sog. Teileinkünfteverfahren zu versteuern. § 17 Abs. 3 EStG gewährt einen Freibetrag.

315 Aus Sicht der Gesellschaft oder eines sonstigen Anteilserwerbers liegt in steuerlicher Hinsicht ein erfolgsneutraler Anschaffungsvorgang vor.[344] Theoretisch denkbar ist es, dass infolge der Einziehung die Beteiligungen anderer Gesellschafter, die bislang nicht wesentlich waren, nunmehr wesentlich (= Beteiligung i.S.v. § 17 EStG) werden. Der Nennwert des eingezogenen Geschäftsanteils muss nämlich für die Berechnung vom Stammkapital abgezogen werden. Entscheidend ist, ob die Beteiligung der verbleibenden Gesellschafter an diesem zum Zwecke der Berechnung reduzierten Kapital die 1%-Schwelle erreicht. Für die verbleibenden Gesellschafter können sich infolge des Ausscheidens Auswirkungen aufgrund der §§ 3 Nr. 2, 7 Abs. 7 ErbStG ergeben, siehe dazu Rn 318 f.

b) Gewerbesteuer

316 Nach § 7 S. 2 Nr. 2 GewStG gehört zum Gewerbeertrag auch der Gewinn aus der Veräußerung des Anteils eines Gesellschafters, der als Unternehmer (Mitunternehmer) des Betriebs anzusehen ist, soweit er nicht auf eine natürliche Person als unmittelbar beteiligter Mitunternehmer entfällt. Ist der ausscheidende Gesellschafter mithin eine natürliche Person, wirkt sich ein von ihm erzielter Veräußerungsgewinn auf den Gewerbeertrag und damit auf die Gewerbesteuer der Gesellschaft nicht aus. Auswirkungen ergeben sich allerdings, wenn der ausscheidende Gesellschafter seinerseits eine Kapital- oder Personengesellschaft ist. Dann unterliegt er der Gewerbesteuer (§ 7 Abs. 1 S. 2 GewStG). Gewerbesteuerpflichtig soll darüber hinaus die Veräußerung eines Anteils einer Grundstücksgesellschaft sein können, wenn sich die Veräußerung eines Anteils als Teil eines gewerblichen Grundstückshandels darstellt.[345]

Kann das Ausscheiden eines Gesellschafters demnach zu Gewerbesteuer führen, ist Steuerschuldnerin regelmäßig die Mitunternehmerschaft. Der Gewinn des Ausscheidenden führt also zu einer Steuerbelastung der Mitunternehmerschaft. Auf der Ebene der Einkommensteuer ist die Gewerbesteuer regelmäßig nach § 35 EStG steuermindernd anzurechnen. Damit sind allerdings zwei grundsätzliche Probleme verbunden: (1) Zu der Anrechnung kommt es nur auf der Ebene der Einkommensteuer. Mitgesellschafter, die nicht der Einkommensteuer, sondern der Körperschaftsteuer unterliegen, profitieren davon also nicht. Aus Sicht dieser Mitgesellschafter des Ausscheidenden kann es also infolge des Ausscheidens zu einer endgültigen Belastung kommen. (2) Unklar ist, wie das Anrechnungsvolumen verteilt wird. Grundsätzlich richtet sich die Verteilung nach dem allgemeinen Gewinnverteilungsschlüssel, § 35 Abs. 2 EStG.[346] Weiter zu berücksichtigen ist, dass der Ausscheidende nur bis zum Zeitpunkt seines Ausscheidens an dem gewerbesteuerpflichtigen laufenden Gewinn teilnimmt, so dass auch in zeitlicher Hinsicht grundsätzlich eine Aufteilung des Anrechnungsvolumens erfolgen muss.[347] Im Ergebnis kann das bedeuten, dass die Gewerbesteuer von der Gesellschaft zu zahlen ist, was dann im Ergebnis die verbleibenden Gesellschafter belastet, dass aber das Anrechnungsvolumen den verbleibenden Gesellschaftern nur teilweise zugutekommt. Nach der Verwaltungsauffassung scheint es aber möglich zu sein, die Aufteilung des Anrechnungsvolumens durch Vereinbarungen anlässlich des Ausscheidens zu beeinflussen.[348] Zu bedenken ist dabei weiter, dass möglicherweise das Anrechnungsvolumen nicht von allen Beteiligten genutzt werden kann, etwa weil sie eben nicht

---

344 Zur Behandlung des Anteilserwerbs durch die Gesellschaft in der Handelsbilanz s. § 272 Abs. 4 HGB.
345 BFH GmbHR 2012, 101.
346 BMF BStBl. I 2009, 440.
347 Schmidt/*Wacker*, § 35 Rn 52.
348 BStBl I 2009, 440 Tz. 30.

einkommensteuerpflichtig sind oder kein ausreichendes Volumen an gewerbesteuerpflichtigem Einkommen vorhanden ist, auf das die Anrechnung erfolgen könnte. M.E. ist richtigerweise eine entsprechende Gewerbesteuerverpflichtung von vornherein bei der Ermittlung des Abfindungsentgelts zu berücksichtigen.

Hinsichtlich der Gewerbesteuer ist schließlich zu beachten, dass das Ausscheiden eines Ge 317 sellschafters Auswirkungen auf einen vortragsfähigen Gewerbeverlust hat. Die Nutzung eines Gewerbeverlustes (§ 10a GewStG) setzt neben der Unternehmensidentität auch Unternehmeridentität voraus. Bei einem Gesellschafterwechsel bei einer Personengesellschaft kommt es zu einem teilweisen Unternehmerwechsel. Scheidet ein Gesellschafter aus, geht sein Anteil am Gewerbeverlust unter. Die verbleibenden Gesellschafter können den Verlust der Gesellschaft nur ihrem Anteil entsprechend weiter nutzen.[349] Bei Körperschaften verweist § 10a GewStG auf § 8c KStG.

c) Schenkungsteuer

Scheidet ein Gesellschafter gegen Abfindung aus und wachsen seine Anteile den verbleibenden 318 Gesellschaftern[350] an, gilt das als Schenkung, wenn der nach schenkungsteuerlichen Grundsätzen zu ermittelnde Wert der Beteiligung den Wert der Abfindung übersteigt (§ 7 Abs. 7 ErbStG). Ein Wille des Ausscheidenden, die verbleibenden Gesellschafter/die Gesellschaft zu bereichern, ist nicht erforderlich.[351] Unter § 7 Abs. 7 ErbStG fallen bei Personengesellschaften die Anwachsung und bei Kapitalgesellschaften der Übergang der Anteile nach Ausschluss/Austritt; dazu wird die Auffassung vertreten, auch die Abtretung des Anteils an einen Dritten aufgrund eines entsprechenden Wahlrechts des Gesellschaftsvertrages falle unter § 7 Abs. 7 ErbStG.[352] Im Rahmen des § 7 Abs. 7 ErbStG sind daher die nach der gesellschaftsvertraglichen Regelung geschuldete Abfindung und der Wert der Beteiligung nach § 12 ErbStG zu vergleichen.

Maßgebend ist damit infolge der Verweisungen auf das BewG der „gemeine Wert", der 319 grundsätzlich nach Ertragswertgesichtspunkten zu ermitteln ist. Das führt dann wiederum häufig zum vereinfachten Ertragswertverfahren (Rn 279a). Diese Werte dürften sehr häufig über dem Wert liegen, der sich aus einer vertraglichen Abfindungsregelung ergibt. § 7 Abs. 7 ErbStG dürfte daher zukünftig ganz erheblich an Bedeutung gewinnen. Für Beteiligungen an Personengesellschaften dürften die Bestimmungen des ErbStG über die Verschonung von Betriebsvermögen häufig eine Erleichterung bringen. Bei Anteilen an Kapitalgesellschaften ist zu beachten, dass begünstigt nach § 13b Abs. 1 Nr. 3 ErbStG grundsätzlich nur Anteile an Kapitalgesellschaften sind, wenn der Erblasser oder „Schenker" am Nennkapital dieser Gesellschaft zu mehr als 25% unmittelbar beteiligt ist. Ist diese Voraussetzung nicht gegeben, ist der Abschluss einer „Poolvereinbarung" im Sinne von § 13b Abs. 1 Nr. 3 S. 2 ErbStG zu erwägen.

Bei der Anwendung des § 7 Abs. 7 ErbStG kommt es nicht darauf an, ob der ausscheidende 320 Gesellschafter den Anteil seinerseits unentgeltlich erworben hat[353]. Es kommt dann aber ggf. § 7 Abs. 5 ErbStG hinsichtlich der ersten Schenkung zur Anwendung. § 3 Abs. 1 Nr. 2 S. 2ff. ErbStG enthält Regelungen für Fälle des Ausscheidens im Zusammenhang mit dem Versterben eines Gesellschafters. Diese Bestimmungen entsprechen im Wesentlichen den Regelungen des § 7 Abs. 7 ErbStG. Auf die vorstehenden Ausführungen wird daher verwiesen. Schließlich kann die

---

349 BFH BStBl II 1983, 427; Glanegger/*Güroff*, § 10a Rn 18.
350 Das gilt auch im Falle der zweigliedrigen Gesellschaft; BFH, BStBl II 1992, 925, 928; ErbStR HE 7.9 i.V.m. HE 3.4 (2).
351 BFH BStBl II 1992, 925.
352 *Troll/Gebel/Jülicher*, § 7 Rn 410 (abgekürzter Leistungsweg zur gedachten Übertragung auf die Kapitalgesellschaft und von dieser auf den Dritten), a.A. wohl *Meincke*, § 7 Rn 143.
353 *Troll/Gebel/Jülicher*, ErbStG § 7 Rn 400; *Meincke*, § 7 Rn 149.

Übertragung eines Geschäftsanteils im Zusammenhang mit dem Ausscheiden eines Gesellschafters eine freigebige Zuwendung unter Lebenden nach § 7 Abs. 1 Nr. 1 ErbStG sein. Anders als im Falle von § 7 Abs. 7 ErbStG ist dafür allerdings der Wille des Übertragenden erforderlich, dem Empfänger an der Bereicherung schenkweise zu verschaffen.

d) Grunderwerbsteuer

321 Das Ausscheiden eines Gesellschafters kann grunderwerbsteuerliche Auswirkungen haben. Diese Auswirkungen hängen aber nicht mit der Abfindung zusammen, sondern mit dem Ausscheiden an sich (siehe Rn 1 ff.).

Ulrich Spieker

§ 25 Umwandlung der Gesellschaft nach dem UmwG

Literatur: *Arens/Tepper*, Formularbuch Gesellschaftsrecht, 4. Aufl., 2013; *Arens/Spieker*, Umwandlungsrecht in der Beratungspraxis, 1996; *Benecke*, Anwendungsbereich des UmwStG und Rückwirkung nach dem UmwSt-Erlass 2011, GmbHR 2012, 113; *Berninger*, Die Unternehmergesellschaft (haftungsbeschränkt) – Sachkapitalerhöhungsverbot und Umwandlungsrecht, GmbHR 2010, 63; *Buschmann*, Neues zur Novellierung des Umwandlungsgesetzes, DZWIR 2011, 318; *Fitting/Engels/Schmidt/Trebinger/Linsenmaier*, BetrVG, 26. Aufl. 2012; *Erfurter Kommentar zum Arbeitsrecht*, 12. Aufl. 2012; *Fritzsche/Dreier/Verfürth*, Spruchverfahrensgesetz, 2004; *Drinhausen*, RegE eines 2. Gesetzes zur Änderung des UmwG – ein Gewinn für die Praxis, BB 2006, 2313; *Gößl*, Hinweise für die Praxis – Neues zur Kapitalerhöhung bei der UG, MittBayNot 2011, 438; *Grambow/Stadler*, Grenzüberschreitende Verschmelzungen unter Beteiligung einer Europäischen Gesellschaft (Societas Europaea – SE), BB 2010, 977; *Hunold*, Aktuelle Rechtsprechung zu zentralen Fragen des Betriebsübergangsrechts, NZA-RR 2010, 281; *Heckschen*, Kapitalerhaltung und Down-Stream-Merger, GmbHR 2008, 802; *Heidel/Amend/Pauly*, Anwaltformulare, 7. Aufl. 2012; *Haritz/Menner*, UmwandlungssteuerG, 3. Auflage 2010; *Haritz*, Neuer Umwandlungssteuererlass in Vorbereitung, Teil I: Verschmelzung unter Beteiligung von KGaA und GmbH & atypisch Still, GmbHR 2009, 1194; ders., Teil II: Einbringung von Unternehmensteilen in GmbH, GmbHR 2009, 1251; *Kadel*, Die Umwandlung eines Einzelunternehmens in eine UG (haftungsbeschränkt) bzw. GmbH, BWNotZ 2010, 46; *Louven/Dettmeier/Pöschke/Weng*, Optionen grenzüberschreitender Verschmelzungen innerhalb der EU, BB 2006, Beilage 3, 1 ff.; *Lutter* (Hrsg.), Umwandlungsgesetz, 4. Aufl., 2009; *Neye/Jäckel*, Neuigkeiten beim Umwandlungsrecht, NZG 2011, 681; dies., Umwandlungsrecht zwischen Brüssel und Berlin – Der Referentenentwurf für ein Drittes Gesetz zur Änderung des Umwandlungsgesetzes – AG 2010, 237; *Schindhelm/Pickhardt-Poremba*, Das zivil- und steuerrechtliche Schicksal der Unterbeteiligung bei Umwandlung der Hauptgesellschaft, DStR 2003, 1444 und 1469; *Schwedhelm*, Die Unternehmensumwandlung, 7. Aufl., 2012; *Schmitt/Hörtnagl/Stratz*, Umwandlungsrecht/Umwandlungssteuerrecht, 5. Aufl., 2009; *Semler/Stengel*, Umwandlungsgesetz, 3. Aufl. 2012; *Stoye-Benk*, Handbuch Umwandlungsrecht für die rechtsberatende und notarielle Praxis, 2005; *Widmann/Mayer*, Umwandlungsrecht, Loseblatt, 127/2012; *Wilke*, Abspaltung: Anforderungen des § 15 Abs. 1 S. 2 UmwStG n.F. (SEStEG) an das bei der übertragenden Körperschaft verbleibende Vermögen, FR 2009, 216.

I. Vorbemerkung

1 Das UmwG 1995 ist zum 1.1.1995 durch das „Gesetz zur Bereinigung des Umwandlungsrechts (UmwBerG)" in Kraft getreten,[1] zeitgleich dazu das UmwStG 1995 durch das „Gesetz zur Ände-

---

1 BGBl I 1994, 3209 ff.

rung des Umwandlungssteuerrechts".[2] Allerdings hatte der Gesetzgeber keine klare Regelung darüber getroffen, wann die Vorschriften des UmwStG 1995 erstmalig Anwendung finden.[3] Mittlerweile betrifft diese Unklarheit allenfalls noch sog. Altfälle. Offensichtlich vergessen hatte der Gesetzgeber zunächst aber auch, die Partnerschaftsgesellschaften nach dem PartGG vom 25.7.1994[4] im UmwG und im UmwStG zu berücksichtigen. Dieses Versäumnis ist dann mit Wirkung ab 1.8.1998 mit dem „Ersten Gesetz zur Änderung des Umwandlungsgesetzes" korrigiert worden.[5]

Mit dem UmwG 1995 hat der damalige Gesetzgeber erklärtermaßen mindestens drei Hauptziele verfolgt:[6]   **2**

– **Eine Rechtsbereinigung**, d.h. die bis dahin schon bestehenden Möglichkeiten der Umwandlung und Veränderung wurden zusammengefasst, systematisiert und erheblich erweitert, einschließlich der **Harmonisierung von Gesellschafts- und Steuerrecht**.[7]

– **Eine Verbesserung der rechtlichen Rahmenbedingungen**, d.h. durch die Erleichterung und die Erweiterung der Umwandlungsmöglichkeiten sollte deutschen Unternehmen die Möglichkeit eingeräumt werden, die rechtliche Struktur des Unternehmens den jeweils veränderten Umständen des Wirtschaftslebens anzupassen. Die Verwirklichung dieses Zieles erforderte die Rechtsformneutralität des Steuerrechts, d.h. soweit betriebswirtschaftlich sinnvolle und handelsrechtlich zulässige Umstrukturierungen von Unternehmen möglich sind, sollte das Steuerrecht nicht mehr im Wege stehen. Umstrukturierungen sollten weitgehend steuerneutral gestellt werden und insbesondere sollte auch der früher steuerlich meist verbaute Weg heraus aus der Kapitalgesellschaft, insbesondere aus der GmbH, eröffnet werden.[8] Der „Wirtschaftsstandort Deutschland" sollte also auch auf diesem Weg attraktiver gemacht werden.

– **Einen Gesellschafter- und Gläubigerschutz**, d.h. der Schutz von Minderheitsgesellschaftern, Anlegern und Gläubigern sollte gesichert und ausgebaut werden.

Wichtig ist, den **Numerus clausus** der **Umwandlungsarten** stets zu berücksichtigen. Die Umwandlungsarten sind abschließend im Gesetz aufgezählt (§ 1 Abs. 1 UmwG).[9] Die „Alternativmodelle" zur Umwandlung sind durch das UmwG 1995 nicht angetastet worden. Dazu gehören namentlich die Einbringung von Wirtschaftsgütern/Gesellschaftsanteilen und die Anwachsung.[10] Ein Teil der instanzgerichtlichen Rechtsprechung[11] will einzelne Vorschriften (z.B. §§ 127, 63 Abs. 1 Nr. 3 UmwG bei Ausgliederung durch Einzelrechtsübertragung) analog anwenden.[12] Für diese „Alternativmodelle" gelten aber die Vorschriften des UmwG 1995 grundsätzlich nicht (z.B. § 1 Abs. 2, § 190 Abs. 2 UmwG – sog. Analogieverbot).[13]   **3**

Das UmwG hatte keinen ausdrücklich kodifizierten **Auslandsbezug.** Es sollte nur für „Rechtsträger" mit Sitz im Inland und reine Inlandsumwandlungen gelten.[14] Als Reaktion auf   **4**

---

2 BGBl I 1994, 3267 ff.
3 BMF BStBl I 1995, 42.
4 BGBl I 1994, 1744 ff.
5 BR-Drucks 609/97.
6 BR-Drucks 75/94, 71.
7 BR-Drucks 132/94, 38.
8 BR-Drucks 132/94, 42 f.
9 BGH ZIP 2001, 2006.
10 BR-Drucks 75/94, 80.
11 LG Karlsruhe ZIP 1998, 385; LG Frankfurt/M. ZIP 1997, 1698.
12 LG Hamburg AG 1997, 238; siehe auch BGH ZIP 1997, 2134.
13 OLG München DStR 2006, 2045.
14 Dagegen EuGH BB 2006, 11 – grenzüberschreitende Verschmelzung muss aufgrund der Niederlassungsfreiheit zulässig sein, auch wenn eine der beteiligten Gesellschaften nicht im HReg steht bzw. ihren Sitz im Ausland hat –; dazu: *Louven/Dettmeier/Pöschke/Weng*, BB 2006, Beilage 3, 1 ff.

das gegenteilige EuGH-Urteil[15] zur **grenzüberschreitenden Fusion** von Kapitalgesellschaften innerhalb der EU und zur Umsetzung der Fusionsrichtlinie der EG[16] hat der Gesetzgeber das „Zweite Gesetz zur Änderung des Umwandlungsgesetzes" beschlossen[17] und umgesetzt.[18] In der sog. Cartesio-Entscheidung hat der EuGH inzwischen auch die Freiheit zum **formwechselnden Wegzug** einer Kapitalgesellschaft bejaht.[19] Ferner hat die Richtlinie 2009/109/EG vom 16. September 2009[20] zu Änderungen der Richtlinien 77/91/EWG, 78/855/EWG, 82/891/EWG und 2005/56/EG hinsichtlich der Berichts- und Dokumentationspflichten bei Verschmelzungen und Spaltungen von Gesellschaften geführt. Das dritte Gesetz zur Änderung des Umwandlungsgesetzes[21] diente dazu, die EU-Richtlinie 2009/109/EG vom 16. 9. 2009[22] in deutsches Recht umzusetzen.[23] Die Unterrichtungspflicht im Falle der Verschmelzung von Aktiengesellschaften wurde nicht wie im Gesetzentwurf vorgesehen in den allgemeinen Bestimmungen über die Verschmelzung für alle Rechtsformen (§ 8 UmwG), sondern nur im Zusammenhang mit den besonderen Vorschriften über die Verschmelzung von Aktiengesellschaften (§ 64 Abs. 1 UmwG n.F.) geregelt.[24] Bei der Verschmelzung einer 100-prozentigen Tochtergesellschaft auf ihre Muttergesellschaft soll ein Zustimmungsbeschluss der Gesellschafter des Tochterunternehmens entfallen. Dies gilt auch dann, wenn die Muttergesellschaft noch keine 100-prozentige Beteiligung an der Tochter erlangt hat, der Ausschluss der Minderheitsaktionäre aber bereits nach den besonderen Voraussetzungen des § 62 Abs. 5 UmwG (Squeeze-Out) für eine AG beschlossen wurde. Zum Schutz der Minderheitsaktionäre soll der Übertragungsbeschluss (Beschluss, mit dem die Minderheitsaktionäre der Tochtergesellschaft ausgeschlossen werden) im Handelsregister zwingend mit dem Vermerk versehen werden, dass der Übergang ihrer Aktien auf den Hauptaktionär erst mit der Eintragung der Verschmelzung im Register der übernehmenden Gesellschaft wirksam wird. Unterlagen zur Vorbereitung auf die Hauptversammlung dürfen auf elektronischem Wege zur Verfügung gestellt werden, anstelle einer Zwischenbilanz kann auch der Halbjahresfinanzbericht ausgelegt werden. Von einer generellen Absenkung des Schwellenwertes für den aktien- und übernahmerechtlichen Squeeze-Out auf 90 Prozent für alle Fälle wurde jedoch abgesehen.[25]

5   Die Vorschriften des UmwStG, insbesondere die dortigen Vergünstigungen, gelten grundsätzlich nur für die Umwandlungen nach dem UmwG 1995 (Ausnahmen: 8. und 9. Teil des UmwStG gelten generell für Einbringungsfälle; §§ 20 Abs. 8 S. 3, 21, 24 UmwStG). Das UmwStG selbst ist mehrfach geändert und zuletzt auch auf grenzüberschreitende Sachverhalte angepasst worden.[26] Der BMF hat zur Auslegung des UmwStG den **„Umwandlungssteuererlass 2011"** veröffentlicht[27], auf den an dieser Stelle zu verweisen ist. Damit ist „Umwandlung" der Oberbegriff für die verschiedenen Änderungen der Gesellschaftsstruktur bzw. der Gesellschaftsform.

---

15 EuGH BB 2006, 11.
16 2005/56/EG ABl EG Nr. L 310 v. 25.11.2005, 1 ff.
17 BT-Drucks 16/2919 und 16/4193; BR-Drucks 95/07; *Louven/Dettmeier/Pöschke/Weng*, BB 2006, Beilage 3, 1 ff.
18 Artikel 1 des Gesetzes v. 19.4.2007, BGBl I 2007, 542.
19 EuGH NJW 2009, 569 = ZIP 2009, 24 – Cartesio –.
20 Abl L 259, 14.
21 BGBl I 2011, 1338.
22 Abl. L 259, 14.
23 *Neye/Jäckel*, NZG 2011, 681; *dies.*, AG 2010, 237.
24 BT-Drucks 17/5930.
25 *Buschmann*, DZWIR 2011, 318.
26 BGBl I 2009, 3950, 3952 f.; Steuervergünstigungsabbaugesetz (StVergAbG) BGBl I 2003, 660, BT-Drucks 15/1518, 15/1665, 15/1684, 15/1762, 15/1996 und 15/2243;– Gesetz über steuerliche Begleitmaßnahmen zur Einführung der Europäischen Gesellschaft und zur Änderung weiterer steuerrechtlicher Vorschriften (SEStEG), BGBl. I 2006, S. 2782, BT-Drucks 16/2710.
27 BMF, Schreiben v. 11.11.2011, BStBl I 2012, 1314; *Benecke*, GmbHR 2012, 113; *Haritz*, GmbHR 2009, 1194; *ders.*, GmbHR 2009, 1251; zum alten Erlass: BStBl I 1998, 267 ff. = GmbHR 1998, 444 ff.; Ergänzungen in BStBl I 2000, 1253, BStBl I 2001, 543; BStBl I 2003, 786.

Der „Charme" der Umwandlungsvorgänge liegt insbesondere auch darin begründet, dass **6** eine **Gesamtrechtsübertragung** bzw. zumindest eine **„partielle Gesamtrechtsübertragung"** ohne die Erfordernisse von Einzelübertragungsakten und von Zustimmungen der Gläubiger erfolgt.[28] Der BGH hat die Wirkungen der Gesamtrechtsnachfolge allerdings auch begrenzt: Die formularmäßige Vorausabtretung der „gegenwärtigen und künftigen Ansprüche aus dem Geschäftsverkehr" des Zedenten erstreckt sich nicht auf die von seinem Gesamtrechtsnachfolger nach einer Verschmelzung in dessen Geschäftsbetrieb begründeten Forderungen.[29] Die Motivation für die Umwandlung von Rechtsträgern kann so vielfältig sein, dass eine umfassende Darstellung hier nicht erfolgen kann. Hervorgehoben werden soll aber auch an dieser Stelle, dass das Motiv der Steuerersparnis bei Gestaltungsüberlegungen, insbesondere bei Umwandlungsüberlegungen, ein wichtiges Motiv ist, vielleicht auch das wichtigste, aber sicherlich bei weitem nicht der einzige Aspekt, der entscheidungsrelevant sein sollte.[30] Immer muss auch berücksichtigt werden, dass dem Mandanten bzw. dem Gesellschafterkreis (der durchaus unterschiedlichste Interessenrichtungen haben kann) eine Gesellschaftsform zur Verfügung gestellt wird, die in der täglichen Praxis auch handhabbar ist. Ebenso wie bei Gesellschaftsneugründungen muss also auch bei Umwandlungen darauf geachtet werden, dass die für das Unternehmen und den Gesellschafterkreis passende Rechtsform gewählt wird, also nicht nur in steuerlicher Hinsicht, sondern auch in

– gesellschaftsrechtlicher Hinsicht,
– in familienrechtlicher Hinsicht,
– in erbrechtlicher Hinsicht,
– in arbeitsrechtlicher Hinsicht und ggf. auch
– in mitbestimmungsrechtlicher Hinsicht und in
– publizitätsrechtlicher Hinsicht.

II. Umwandlungsarten und Wesensmerkmale

In § 1 Abs. 1 UmwG ist **abschließend** geregelt, welche Arten der Umwandlung im Rahmen des **7** UmwG möglich sind. Das UmwG 1995 unterscheidet vier Umwandlungsmöglichkeiten, nämlich
– Verschmelzung (§ 1 Abs. 1 Nr. 1, §§ 2 bis 122),
– Spaltung (§ 1 Abs. 1 Nr. 2, §§ 123 bis 173),
– Vermögensübertragung (§ 1 Abs. 1 Nr. 3, §§ 178 bis 189) und
– Formwechsel (§ 1 Abs. 1 Nr. 4, §§ 190 bis 304);
– grenzüberschreitende Umwandlungen (§§ 122a–122i).[31]

Eine Verschmelzung unterfällt aber nur dann dem Anwendungsbereich der Fusionsrichtlinie, wenn sie die „grenzüberschreitende" Verschmelzung von Kapitalgesellschaften betrifft, die nach dem Recht eines Mitgliedstaats gegründet worden sind und ihren satzungsmäßigen Sitz,

---

28 Siehe etwa zum Übergang von Beherrschungs- und Gewinnabführungsverträgen ohne Zustimmung des beherrschten Unternehmens LG Bonn GmbHR 1996, 774; zur Fortgeltung von Dienstverträgen mit Geschäftsführungsorganen BGH ZIP 1997, 1106; zur ausschließlichen Vertretungsbefugnis des Aufsichtsrates gegenüber ausgeschiedenen Vorstandsmitgliedern nach Umwandlung der AG in eine GmbH siehe BGH ZIP 1997, 1108; BGH ZIP 1998, 508; **str.** für den Übergang eines Mietverhältnisses bei einem „Mieterwechsel" BGH DStR 2003, 2589.
29 BGH ZIP 2008, 120.
30 Vor diesem Hintergrund erscheint die Rechtsprechung des BGH bedenklich, wonach der Steuerberater grundsätzlich wegen eines Beratungsfehlers auf Schadenersatz haftet, wenn er nicht von mehreren Umwandlungsalternativen die steuerlich günstigste wählt: BGH GmbHR 1997, 211.
31 *Drinhausen*, BB 2006, 2313.

ihre Hauptverwaltung oder ihre Hauptniederlassung in der Gemeinschaft haben. Eine Verschmelzung ist grenzüberschreitend, sofern mindestens zwei der Gesellschaften dem Recht verschiedener Mitgliedstaaten unterliegen.

1. Verschmelzung und Wesensmerkmale

8 Bei der Verschmelzung nach §§ 2ff. UmwG handelt sich um die Übertragung des gesamten Vermögens eines Rechtsträgers auf einen anderen, schon bestehenden (Verschmelzung durch Aufnahme) oder neu gegründeten (Verschmelzung durch Neugründung) Rechtsträger im Wege der Gesamtrechtsnachfolge unter Auflösung des übertragenden Rechtsträgers ohne Abwicklung.[32] Den Anteilsinhabern der übertragenden Rechtsträger wird dabei im Wege des Anteilstauschs eine Beteiligung an dem übernehmenden bestehenden oder neuen Rechtsträger gewährt.[33]

9 Die Verschmelzung ist für folgende Rechtsträger möglich:
– Personenhandelsgesellschaften,
– Kapitalgesellschaften,
– eingetragene Genossenschaften,
– eingetragene Vereine,
– genossenschaftliche Prüfungsverbände,
– Versicherungsvereine auf Gegenseitigkeit (VVaG)
– sowie (lediglich) als übertragende Rechtsträger wirtschaftliche Vereine und als **übernehmende** Rechtsträger
– natürliche Personen als Alleingesellschafter einer Kapitalgesellschaft, die deren Vermögen übernehmen (§ 3 Abs. 2 Nr. 2 UmwG).[34]

Im Gegensatz zur innerstaatlichen Verschmelzung sind gemäß § 122b UmwG nur Kapitalgesellschaften verschmelzungsfähig; ausdrücklich ausgeschlossen sind Genossenschaften. Verschmelzungsfähige Kapitalgesellschaften sind hiernach ausschließlich Kapitalgesellschaften im Sinne des Art. 2 Abs. 1 der Fusionsrichtlinie. Aus Art. 2 Abs. 1 lit. a der Fusionsrichtlinie i.V.m. Art. 1 der Richtlinie 68/151/EWG und den dort enumerativ aufgeführten Kapitalgesellschaften ergibt sich für die BRD, dass die SE an sich kein inländischer umwandlungsfähiger Rechtsträger wäre. Anerkannt ist jedoch bisher nur, dass eine grenzüberschreitende Verschmelzung gemäß §§ 122a ff. UmwG nicht zur (erstmaligen) Gründung einer SE führen darf (arg. aus SE-VO und SEAG).[35]

Die Umwandlung einer GmbH durch Verschmelzung auf ihre „GmbH & Co KG ist zur Zeit als nicht rechtssicher zu bewerten. Das OLG Hamm hat mit Beschluss vom 24. Juni 2010[36] entschieden, dass diese Form der Verschmelzung nicht zulässig sei, weil mit ihrem Wirksamwerden auch der übernehmende Rechtsträger erlösche. Eine Verschmelzung auf einen erloschenen Rechtsträger sei aber unzulässig, sie führe im vorliegenden Fall zu einer Rechtsfolge, die das Umwandlungsgesetz nicht vorsehe. Daran ändere sich auch nichts dadurch, dass man zu demselben Ergebnis kommen könne, wenn die Komplementär-GmbH auf ihren alleinigen Gesellschafter verschmolzen werde (vgl. §§ 120, 122 UmwG).

Aufnehmender Rechtsträger kann nach nationalem Recht eine **Unternehmergesellschaft** (UG) nur dort sein, wo eine Kapitalerhöhung gesetzlich ausgeschlossen ist. Auch eine Aufspaltung ist möglich, jedoch wegen § 5a Absatz 2 S. 2 GmbH nicht zur Neugründung.[37]

---

32 BAG EzBAT SR2y BAT TzBfG Nr. 17.
33 Lutter/*Grunewald*, UmwG § 20, Rn 2.
34 OLG Schleswig BB 2001, 273 = GmbHR 2001, 205.
35 *Grambow/Stadler*, BB 2010, 977.
36 OLG Hamm NJW-Spezial 2010, 559; DNotZ 2011, 23; *Lutter*, § 40 UmwG, Rn 39 (str.).
37 BGH GmbHR 2011, 701; *Berninger*, GmbHR 2010, 63.

Da das **Sacheinlageverbot** gemäß § 5a Abs. 2 S. 2 GmbH keine Anwendung findet, wenn sich die UG zugleich zur GmbH „upgradet"[38] und ihr Stammkapital auf 25.000 EUR oder mehr erhöht, dürften auch diejenigen umwandlungsrechtlichen Maßnahmen, bei welchen die UG als aufnehmender Rechtsträger zugleich eine Kapitalerhöhung auf das Mindeststammkapital i.H.v. 25.000 EUR durchführt, zulässig sein.[39]

Bei natürlichen Personen, die als Alleingesellschafter einer Kapitalgesellschaft deren Vermögen übernehmen, war früher streitig, ob der übernehmende Gesellschafter (zukünftig) Vollkaufmannseigenschaften haben muss und im Handelsregister eingetragen sein muss.[40] Diese Zweifelsfrage hat der Gesetzgeber mit Wirkung ab 1.7.1998 durch § 122 Abs. 2 UmwG mit dem HRefG geklärt. Dem Registergericht muss dabei sowohl der Zustimmungsbeschluss der Gesellschafterversammlung als auch die separate Zustimmung des Alleingesellschafters in notarieller Form vorgelegt werden.[41] **Mischverschmelzungen** unter Beteiligung von Rechtsträgern unterschiedlicher Rechtsform sind ebenfalls zulässig.[42]

10

Wesensmerkmale der Verschmelzung sind:

11

- Der/Die übertragende(n) Rechtsträger wird/werden durch die Verschmelzung ohne Abwicklung seines/ihres Vermögens aufgelöst.
- Die Inhaber (Gesellschafter, Aktionäre, Genossen oder Mitglieder) des oder der übertragenden Rechtsträger erhalten Anteile oder Mitgliedschaftsrechte des übernehmenden/neuen Rechtsträgers.

Wichtig

12

Sollen zwei aufgelöste Rechtsträger miteinander verschmolzen werden, muss zumindest bei dem übernehmenden Rechtsträger zugleich ein Fortsetzungsbeschluss gefasst werden.[43] Bei einer aufgelösten Kapitalgesellschaft als übertragendem Rechtsträger ist dabei aber erforderlich, dass sie nicht überschuldet ist, weil sonst ein Fortsetzungsbeschluss nicht zulässig ist.[44]

Bei der Verschmelzung einer Kapitalgesellschaft auf eine Personengesellschaft kann aber auch der Fall eintreten, dass der Buchwert der Anteile an der übertragenden Kapitalgesellschaft höher ist als das von der Kapitalgesellschaft zu Buchwerten übertragene Betriebsvermögen. In diesen Fällen kann es somit zu einem **Übernahmeverlust** kommen.

13

Wichtig

14

Nach § 4 Abs. 6 S. 1 UmwStG bleibt dieser **Übernahmeverlust** gänzlich **außer Ansatz**.[45] Die im alten Recht mögliche steuerneutrale stufenweise Aufstockung für einkommensteuerliche Zwecke (sog. step-up) der stillen Reserven einschließlich eines Firmenwerts ist ab dem Veranlagungszeitraum 2001 nicht mehr möglich.[46] Die Tz. 04.32–04.36 im alten UmwSt-Erlass (1998) sind ab dem Veranlagungszeitraum 2001 überholt und nicht anzuwenden.

---

38 BGH GmbHR 2011, 701; *Gößl*, MittbayNot 2011, 438 f.; OLG München DNotZ 2011, 313.

39 BGH GmbHR 2011, 701; *Gößl*, MittbayNot 2011, 438 ff.

40 BGH ZIP 1998, 1225.

41 AG Dresden GmbHR 1997, 33; a.A. LG Dresden GmbHR 1997, 175; zum Recht auf Namensfortführung in diesen Fällen: OLG Düsseldorf NJW 1998, 616.

42 Zur generellen partiellen Rechtsfähigkeit der GbR: BGH DStR 2001, 310.

43 AG Erfurt GmbHR 1996, 373, 163; OLG Naumburg GmbHR 1997, 1152; OLG Naumburg GmbHR 1998, 382.

44 BGH ZIP 2001, 2006; BayObLG ZIP 1998, 739; KG DZWIR 1999, 251.

45 Vgl. zu § 4 Abs. 6 UmwStG a.F.: BFH/NV 2012, 285; BFH/NV 2007 2369.

46 Zur alten Rechtslage: FG Münster EFG 2007, 722.

15 Bei der Verschmelzung von zwei Kapitalgesellschaften hat beim übernehmenden Rechtsträger nach § 12 Abs. 1 UmwStG grundsätzlich eine **strenge Wertverknüpfung** für die übergegangenen Wirtschaftsgüter stattzufinden, denn § 12 Abs. 1 UmwStG verweist auf die Vorschrift des § 4 Abs. 1 UmwStG.[47] Hieraus folgt, dass die übernehmende Körperschaft die auf sie übergegangenen Wirtschaftsgüter mit den in der steuerlichen Schlussbilanz der übertragenden Körperschaft enthaltenen Werten zu übernehmen hat. Nach § 12 Abs. 3 UmwStG geht ein verbleibender Verlustvortrag nicht auf die Übernehmerin über.[48] Wird daher eine Holdinggesellschaft auf ihre bisherige einzige Tochtergesellschaft verschmolzen (Down-Stream-Merger), so ist ein bei ihr bestehender verbleibender Verlustabzug nicht auf die Tochtergesellschaft übergegangen.[49]

Etwaige Besitzzeiten und Verbleibensfristen laufen bei der übernehmenden Körperschaft weiter (Anknüpfung an die „Vorbesitzzeiten").

2. Spaltung und Wesensmerkmale

16 Formen der Spaltung nach §§ 123 ff. UmwG sind
– die Aufspaltung (§ 123 Abs. 1 UmwG),
– die Abspaltung (§ 123 Abs. 2 UmwG)
– und die Ausgliederung (§ 123 Abs. 3 UmwG).

Auch die Spaltung – in ihren drei Alternativen Abspaltung, Aufspaltung und Ausgliederung – ist verbunden mit den Wirkungen einer **Gesamtrechtsnachfolge,** die in diesem besonderen Fall als **„partielle Gesamtrechtsnachfolge"** bezeichnet wird. In dem Umfang, wie nach dem Spaltungsvertrag bzw. dem Spaltungsplan Vermögensgegenstände (Aktiva und Passiva) auf den oder die übernehmenden Rechtsträger übergehen, tritt der jeweilige übernehmende Rechtsträger ohne das Erfordernis von Einzelübertragungsakten in die Rechtsstellung des übertragenden Rechtsträgers ein. Wegen des Übergangs im Rahmen der (partiellen) Gesamtrechtsnachfolge ist hinsichtlich des Übergangs von Vertragsverhältnissen, von Forderungen oder von Verbindlichkeiten – anders als bei Einzelübertragungsvorgängen – regelmäßig eine Zustimmung der Vertragspartner bzw. Schuldner oder Gläubiger nicht erforderlich.[50] Allerdings soll nach der Rechtsprechung des BGH[51] prozessual kein Eintritt in die Beklagtenstellung des übertragenden Rechtsträgers durch übernehmenden Rechtsträger bei der Ausgliederung erfolgen. Ebenso wenig soll sich die Rechtskraft eines gegen den nach § 123 Abs. 2 Nr. 2 UmwG abgespaltenen Rechtsträger ergangenen Urteils auf den übertragenden Rechtsträger erstrecken; der übertragende Rechtsträger ist nicht Rechtsnachfolger im Sinne des § 325 Abs. 1 ZPO.[52]

17 Die Spaltung ist wie die Verschmelzung möglich für
– alle Handelsgesellschaften,
– eingetragene Genossenschaften,
– eingetragene Vereine,
– genossenschaftliche Prüfungsverbände
– und VVaG

---

47 FG Münster EFG 2005, 161.
48 Begr. zu § 12 Abs. 3 RegE UmwStG, BT-Drucks 16/2710, 41; a.A. offenbar bei Bewertung der im Rahmen einer Verschmelzung der Muttergesellschaft auf die Tochtergesellschaft im Wege der Kapitalerhöhung entstandenen eigenen Anteile – Teilwertabschreibung – FG Münster EFG 2005, 161.
49 BFHE 228, 21 = DStRE 2010, 477.
50 BGH ZIP 2008, 2188; OLG Karlsruhe DB 2008, 2241 = DStR 2008, 2175; zur Fortgeltung von Bürgschaften bei Ausgliederung eines Teilbetriebs: OLG Hamm NZG 2010, 632.
51 BGH ZIP 2001, 305.
52 BGH NJW 2006, 2038.

sowie als übertragender Rechtsträger
– für wirtschaftliche Vereine.

Aufnehmender Rechtsträger kann eine **Unternehmergesellschaft** (UG) jedoch nur dort sein, wo eine Kapitalerhöhung gesetzlich ausgeschlossen ist. Auch eine Aufspaltung ist möglich, jedoch wegen § 5a Absatz 2 S. 2 GmbH nicht zur Neugründung.[53]

a) Aufspaltung und Wesensmerkmale

Die Aufspaltung (§ 123 Abs. 1 UmwG) ist das Spiegelbild der Verschmelzung. Ein Rechtsträger **18** teilt sein Vermögen unter **Auflösung ohne Abwicklung** auf und überträgt die Teile jeweils als Gesamtheit im Wege der Sonderrechtsnachfolge (teilweise Gesamtrechtsnachfolge) auf mindestens zwei andere schon bestehende (Aufspaltung zur Aufnahme) oder neugegründete (Aufspaltung zur Neugründung) Rechtsträger, wobei auch hier die Beteiligung an den übernehmenden oder neuen Rechtsträgern den Anteilsinhabern des sich aufspaltenden Rechtsträgers zufällt. Deren Anteilseigner erhalten folglich Anteile an mindestens zwei anderen Rechtsträgern.[54]

Wesensmerkmale der Aufspaltung sind: **19**
– Der/Die übertragende(n) Rechtsträger wird/werden durch die Aufspaltung ohne Abwicklung seines/ihres Vermögens aufgelöst.
– die Inhaber (Gesellschafter, Aktionäre, Genossen oder Mitglieder) des oder der übertragenden Rechtsträger(s) erhalten Anteile oder Mitgliedschaftsrechte des übernehmenden/neuen Rechtsträgers.

b) Abspaltung und Wesensmerkmale

Bei der Abspaltung (§ 123 Abs. 2 UmwG) bleibt der übertragende, sich spaltende Rechtsträger als **20** Rumpfunternehmen bestehen und überträgt wiederum im Wege der Sonderrechtsnachfolge einen Teil oder mehrere Teile seines Vermögens jeweils als Gesamtheit auf einen oder mehrere andere, bereits bestehende oder neugegründete Rechtsträger. Die Anteilsinhaber des sich spaltenden Rechtsträgers erhalten eine Beteiligung an dem übernehmenden oder neuen Rechtsträger.[55] Deren Anteilseigner besitzen nach der Abspaltung ebenso wie nach der Aufspaltung Anteile an mehreren Rechtsträgern; der Unterschied besteht lediglich darin, dass sie bei der Abspaltung weiterhin auch Anteile an dem ursprünglichen Rechtsträger halten. **Wesensmerkmale** der **Abspaltung** sind:
– Der übertragende Rechtsträger bleibt (mit seinem restlichen Vermögen) bestehen.
– Die Inhaber (Gesellschafter, Aktionäre, Genossen oder Mitglieder) des oder der übertragenden Rechtsträger(s) erhalten Anteile oder Mitgliedschaftsrechte des übernehmenden/neuen Rechtsträgers.

c) Ausgliederung und Wesensmerkmale

Die Ausgliederung (§ 123 Abs. 3 UmwG) entspricht im Wesentlichen der Abspaltung. Die Anteile **21** an den übernehmenden oder neuen Rechtsträgern fallen jedoch nicht den Anteilsinhabern des sich spaltenden Rechtsträgers, sondern dem Vermögen des Rumpfrechtsträgers selbst zu.[56] Der Unterschied zwischen Ausgliederung und Abspaltung besteht in der Gegenleistung: Im Fall der

53 BGH GmbHR 2011, 701; *Berninger*, GmbHR 2010, 63.
54 OLG Düsseldorf NZG 2005, 317.
55 LG Essen NZG 2002, 736.
56 BGH NJW-RR 2004, 123.

Abspaltung erhalten die Anteilseigner des übertragenden Rechtsträgers neue Anteile am über-nehmenden Rechtsträger, bei einer Ausgliederung erhält der übertragende Rechtsträger diese selbst. Die rechtliche Position der Anteilseigner bleibt bei einer Ausgliederung unberührt, allen-falls der wirtschaftliche Gehalt ihrer Beteiligung ändert sich. Dabei ist auch eine sogenannte Totalausgliederung mit dem Ergebnis, dass bei dem übertragenden Rechtsträger als Holding lediglich die Beteiligung an dem übernehmenden Rechtsträger verbleibt, zulässig.[57]

Mit der GmbH-Reform stellte sich anfangs vor dem Hintergrund des Numerus clausus der Umwandlungsmöglichkeiten nach dem Umwandlungsrecht die Frage, ob eine Ausgliederung nur auf eine GmbH oder auch auf einer UG möglich ist. Das Umwandlungsgesetz benennt nur die GmbH und nicht auch die UG als beteiligten Rechtsträger. Die UG ist jedoch keine eigene Rechtsform, sondern eine Unterform der GmbH. Eine Ausgliederung auf eine UG scheitert aber aus anderen Gründen. Nach § 5a Abs. 2 S. 2 GmbHG sind Sacheinlagen bei einer UG unzulässig. Die Ausgliederung stellt jedoch eine Form der **Sacheinlage** bzw. **Sachgründung** dar; insofern kann die UG nicht aufnehmender Rechtsträger sein.[58]

22   **Wesensmerkmale** der Ausgliederung sind:
–   Der übertragende Rechtsträger bleibt (mit seinem restlichen Vermögen[59]) bestehen.
–   Der übertragende Rechtsträger selbst (nicht seine Anteilsinhaber) erhält die Anteile oder Mitgliedschaftsrechte an dem oder den übernehmenden Rechtsträger(n).

3. Vermögensübertragung und Wesensmerkmale

23   Die Vermögensübertragung (§§ 178–189 UmwG) ist als Vollübertragung und als Teilübertragung zugelassen. Ihre Konstruktion entspricht bei der Vollübertragung der Verschmelzung, bei der Teilübertragung der Spaltung. Der Unterschied besteht darin, dass die Gegenleistung für die Anteile an dem übertragenden Rechtsträger nicht in Anteilen an den übernehmenden oder neu-en Rechtsträgern besteht, sondern in einer Gegenleistung anderer Art, insbesondere in einer Barleistung. Die praktische Bedeutung der Vermögensübertragungen nach §§ 174 ff. UmwG für die anwaltliche Tätigkeit ist aber recht gering, weil § 175 UmwG den **Kreis der beteiligten Rechtsträger** für eine Vollübertragung oder eine Teilübertragung stark einengt. Es handelt es sich um Umwandlungsfälle, an denen der Bund, ein Land, eine Gebietskörperschaft, ein Zusammenschluss von Gebietskörperschaften oder Versicherungsgesellschaften (Versicherungs-Aktiengesellschaft, Versicherungsverein auf Gegenseitigkeit oder öffentlich-rechtliche Versiche-rungsunternehmen) beteiligt sein müssen. § 174 UmwG regelt zunächst die Arten der Vermö-gensübertragung. Es wird unterschieden zwischen der sog. **Vollübertragung** (§ 174 Abs. 1 UmwG) und der sog. **Teilübertragung** (§ 174 Abs. 2 UmwG).

a) Vollübertragung und Wesensmerkmale

24   Bei der Vollübertragung überträgt der übertragende Rechtsträger sein Vermögen als Ganzes auf einen anderen bestehenden Rechtsträger (übernehmender Rechtsträger).

25   **Wesensmerkmale** der Vollübertragung sind:
–   Der übertragende Rechtsträger wird ohne Abwicklung aufgelöst.
–   Die Anteilsinhaber des übertragenden Rechtsträgers erhalten eine Gegenleistung, die nicht in Anteilen oder Mitgliedschaften besteht (alle Formen der Geld- oder Sachleistungen sind möglich).

---

57 OLG Hamm DStR 2010, 991.
58 BGH GmbHR 2011, 701; *Berninger*, GmbHR 2010, 63; *Kadel*, BWNotZ 2010, 46.
59 BGH NJW-RR 2004, 123.

b) Teilübertragung und Wesensmerkmale

Die Teilübertragung kann ihrerseits in Form der Aufspaltung, der Abspaltung oder der Ausglie- 26
derung erfolgen.

aa) Aufspaltende Teilübertragung und Wesensmerkmale

Der übertragende Rechtsträger spaltet sein gesamtes Vermögen auf und überträgt die Vermö- 27
gensteile jeweils als Gesamtheit auf andere bestehende Rechtsträger (§ 174 Abs. 2 Nr. 1 UmwG).

Wesensmerkmale der aufspaltenden Teilübertragung sind: 28
– Der übertragende Rechtsträger wird ohne Abwicklung aufgelöst.
– Die Anteilsinhaber des übertragenden Rechtsträgers erhalten eine Gegenleistung, die nicht
  in Anteilen oder Mitgliedschaften besteht.

bb) Abspaltende Teilübertragung und Wesensmerkmale

Der übertragende Rechtsträger spaltet von seinem Vermögen einen Teil oder mehrere Teile ab 29
und überträgt diesen Teil oder diese mehreren Teile jeweils als Gesamtheit auf einen oder mehrere bestehende Rechtsträger (§ 174 Abs. 2 Nr. 2 UmwG).

Wesensmerkmale der abspaltenden Vermögensübertragung sind: 30
– Der übertragende Rechtsträger bleibt (mit seinem Restvermögen) bestehen.
– Die Anteilsinhaber des übertragenden Rechtsträgers erhalten eine Gegenleistung, die nicht
  in Anteilen oder Mitgliedschaftsrechten besteht.

c) Ausgliedernde Teilübertragung und Wesensmerkmale

Der übertragende Rechtsträger gliedert aus seinem Vermögen einen Teil oder mehrere Teile aus 31
und überträgt diesen Teil oder die mehreren Teile jeweils als Gesamtheit auf einen oder mehrere
bestehende Rechtsträger (§ 174 Abs. 2 Nr. 3 UmwG).

Wesensmerkmale der ausgliedernden Teilübertragung sind: 32
– Der übertragende Rechtsträger bleibt (mit seinem Restvermögen) bestehen.
– Der übertragende Rechtsträger selbst (nicht seine Anteilsinhaber) erhält eine Gegenleistung,
  die nicht in Anteilen oder Mitgliedschaftsrechten besteht.

4. Formwechsel und Wesensmerkmale

Durch den Formwechsel (§§ 190–304 UmwG) ändern sich lediglich das Rechtskleid und die 33
Struktur des Rechtsträgers. Seine **Identität** bleibt gewahrt.[60] Sämtliche Formwechsel nach den
Vorschriften der §§ 190 ff. UmwG unterliegen daher dem Identitätsprinzip, der formwechselnde
Rechtsträger besteht unter Wahrung seiner rechtlichen Identität in neuer Rechtsform fort.[61] Für
Unterbeteiligungsverhältnisse, die an einem Formwechsel unterliegenden Gesellschaftsbeteili-
gungen bestehen, ist in der Literatur einhellig anerkannt, dass das Unterbeteiligungsverhältnis
nach Änderung der Rechtsform fortbesteht.[62]

Der Formwechsel ist eröffnet für folgende Rechtsformen als **formwechselnder** Rechtsträ- 34
ger:
– Personenhandelsgesellschaften,
– Kapitalgesellschaften,

---

60 OLG München ZIP 2010, 927.
61 BAG AP Nr 366 zu § 613a BGB; BGH ZIP 2010, 377; DStR 2005, 1539; BFH BStBl II 1997, 661.
62 *Schindhelm/Pickhardt-Poremba*, DStR 2003, 1444, 1469.

- eingetragene Genossenschaften,
- rechtsfähige Vereine, VVaG,
- Körperschaften und Anstalten des öffentlichen Rechts
  sowie als Rechtsträger neuer Rechtsform:
  - Gesellschaften des bürgerlichen Rechts,
  - Personenhandelsgesellschaften,
  - Kapitalgesellschaften
  - und eingetragene Genossenschaften.

35 Ein Formwechsel der **Unternehmergesellschaft** (UG) in eine GmbH und umgekehrt ist ausgeschlossen. Gleiches gilt für einen Formwechsel der UG in eine andere Kapitalgesellschaftsform und umgekehrt. Der Formwechsel einer UG in eine Personenhandelsgesellschaft ist möglich, der umgekehrte Fall scheitert am **Sacheinlagenverbot** in § 5a Abs. 2 S. GmbHG.[63]

36 Nach Art. 2 Abs. 4 SE-VO kann eine SE auch durch formwechselnde Umwandlung einer AG entstehen, die nach dem Recht eines Mitgliedstaats gegründet worden ist und ihren Sitz wie ihre Hauptverwaltung in der Gemeinschaft hat. Weitere Voraussetzung ist, dass die AG seit mindestens zwei Jahren eine dem Recht eines anderen Mitgliedstaats unterliegende Tochtergesellschaft hat. Die Identität der Gesellschaft bleibt bei dieser formwechselnden Umwandlung einer AG in eine SE erhalten. Die Einzelheiten der Umwandlung selbst sind in Art. 37 SE-VO geregelt. Ergänzend gelten die §§ 190 ff. UmwG. Der eigentliche Formwechsel einer AG in eine SE nach Art. 37 SE-VO wird jedoch – wie nach nationalem Recht – durch die Hauptversammlung der betreffenden Gesellschaft beschlossen. Diese stimmt dem Umwandlungsplan zu und genehmigt die Satzung der SE (Art. 37 Abs. 7 SE-VO).

37 Während bei der Verschmelzung, Spaltung und der Vermögensübertragung eine **Vermögensübertragung** erfolgt, liegt bei einem Formwechsel als **Wesensmerkmal** lediglich eine **Änderung der Rechtsform** („Wechsel des Rechtskleides") vor, eine Vermögensübertragung findet dabei nicht statt. Dies ist eindeutiger gesetzlicher Regelungsinhalt.[64] Dies bedeutet insbesondere, dass eine Vermögensübertragung nicht erforderlich ist. Allerdings soll die bisherige Gewerblichkeit einer GmbH kraft Rechtsform (§ 6 HGB) nicht auch nach formwechselnder Umwandlung in eine Personengesellschaft fortbestehen.[65] Praktisch bedeutet die Wahrung der Identität des Rechtsträgers auch, dass öffentliche Register (Handelsregister, Grundbuch etc.) lediglich hinsichtlich der neuen Rechtsform berichtigt werden müssen. Dementsprechend müssen auch fortbestehende Prokuren zur Umschreibung nicht neu angemeldet werden.[66]

III. Ablauf von Umwandlungsverfahren

1. Vorbemerkung

38 Die Vorbereitung und die Durchführung einer Umwandlung bedürfen gründlicher Planung, Abstimmung und genauer Beachtung der gesetzlichen Vorschriften. Hervorzuheben ist, dass neben rein **steuerlich zu beachtenden Vorschriften** auch eine Vielzahl von Vorschriften **außerhalb** des Umwandlungsgesetzes zu beachten sind, insbesondere:

- Informations- und Beteiligungsrechte der Gesellschafter bzw. der Gesellschaftsgremien nach AktG,[67] GmbHG, HGB, GenG;

---

63 *Berninger*, GmbHR 2010, 63.
64 BAG AP Nr 366 zu § 613a BGB; BGH ZIP 2010, 377; DStR 2005, 1539; BFH BStBl II 1997, 661.
65 BFH GmbHR 2000, 995.
66 OLG Köln DNotZ 1997, 700 = GmbHR 1996, 773.
67 BGH DStR 2005, 1539.

– Informations- und Beteiligungsrechte der Gesellschafter bzw. der Gesellschaftsgremien nach dem Gesellschaftsvertrag oder der Satzung;[68]
– Informations- und Beteiligungsrechte des Betriebsrates, insbesondere auch nach §§ 106 Abs. 3 Nr. 9a, 109, 109a BetrVG 1972[69] bzw. eines etwa bestehenden Wirtschaftsausschusses nach § 106 BetrVG 1972;
– Firmengrundsätze nach § 19 HGB;
– Beteiligung der Kartellbehörde, z.B. im Rahmen der Fusionskontrolle nach dem GWB.

Daneben ist eine **wechselseitige Abstimmung** der beteiligten Rechtsträger untereinander und **39** innerhalb der Organe und Gremien der beteiligten Rechtsträger im Rahmen der verschiedenen Stationen des Umwandlungsverfahrens erforderlich. Dies bedeutet insbesondere, dass zunächst weitgehend auf der Basis von Absichtserklärungen bzw. Entwürfen gearbeitet werden muss, die dann wechselseitig abzustimmen sind. Dies gilt insbesondere für die Abstimmung des Umwandlungsvertrages bzw. -planes,
– §§ 5, 126 UmwG für den Verschmelzungs- Spaltungs- und Übernahmevertrag,
– § 136 UmwG für den Spaltungsplan,
– § 193 UmwG für den Umwandlungsbeschluss,des Umwandlungsberichts,
– § 8 UmwG für die Verschmelzung durch Aufnahme,
– §§ 8, 36 UmwG für die Verschmelzung durch Neugründung,
– §§ 8, 127 UmwG für die Spaltung durch Aufnahme,
– §§ 8, 135 UmwG für die Spaltung durch Neugründung,
– §§ 8, 192 UmwG für den Formwechsel.

Zu beachten sind auch Prüfungspflichten bezüglich des Umwandlungsberichtes durch einen **40 Umwandlungsprüfer**
– § 12 UmwG für die Verschmelzung durch Aufnahme,
– §§ 12, 36 UmwG für die Verschmelzung durch Neugründung,
– §§ 12, 127 UmwG für die Spaltung durch Aufnahme,
– §§ 12, 135 UmwG für die Spaltung durch Neugründung,
– §§ 12, 125 S. 2 UmwG für die Spaltung durch **Ausgliederung** findet eine Prüfung **nicht** statt,
– §§ 12, 30, 208 UmwG für den Formwechsel, wenn der formwechselnde Rechtsträger gem. § 207 Abs. 1 S. 1 UmwG seinen Anteilsinhabern eine angemessene Barabfindung anzubieten hat.

Das **Verfahren** der Umwandlung ist aber insgesamt für alle Umwandlungsarten **strukturell 41 gleich** geregelt. Der eigentliche Ablauf ist gegliedert in **drei Phasen**:
– den rechtsgeschäftlichen Umwandlungsvertrag zwischen den beteiligten Rechtsträgern (rechtsgeschäftliche Grundlage) bzw. den Umwandlungsplan,
– die Beschlussfassung der Gesellschafter der beteiligten Rechtsträger über die rechtsgeschäftliche Grundlage der Umwandlung auf der Grundlage hinreichender Informationen und unter Beachtung der Vorschriften über die Einberufung und Form der Beschlussfassung (gesellschaftsrechtliche Grundlage) und
– den handelsregisterrechtlichen Vollzug.

---

68 BGH DStR 2005, 1539.
69 Eingefügt durch das **Finanzmarktstabilisierungsgesetz (FMStG)** BGBl I 2008, 1982.

2. Rechtsgeschäftliche Grundlage der Umwandlung

42 Der gesetzgeberische Zweck des Umwandlungsvertrages/Umwandlungsplanes besteht darin, dass sichergestellt wird, dass die beteiligten Rechtsträger völlig gleichlautende Beschlüsse fassen, da sie im Rahmen ihrer jeweiligen Beschlussfassung über einen ausformulierten und für alle beteiligten Rechtsträger gleichlautenden Vertragsabschluss beschließen. Würden die Anteilseigner nicht über einen schon vorliegenden Umwandlungsvertrag/Umwandlungsplan zu beschließen haben, sondern über unterschiedliche Vorlagen ihrer jeweiligen Vertretungsorgane, wäre nicht auszuschließen, dass – bewusst oder unbewusst – unterschiedliche Beschlussfassungen der beteiligten Rechtsträger vorliegen, so dass die vorgesehene Umwandlung nicht oder nur erschwert durchgeführt werden könnte (Erfordernis von Nachverhandlungen etc.). **Wesensmerkmal** von Umwandlungsvorgängen nach dem UmwG ist daher, dass sie auf der ersten Stufe einer rechtsgeschäftlichen Grundlage bedürfen.

a) Rechtsgeschäftliche Grundlage der Verschmelzung

43 Rechtsgeschäftliche Grundlage der Verschmelzung ist der **Verschmelzungsvertrag** (§ 5 UmwG). Er wird zwischen den an der Verschmelzung beteiligten Rechtsträgern geschlossen. **Abschlussbefugt** sind die jeweils vertretungsberechtigten Organe der beteiligten Rechtsträger (§ 4 Abs. 1 S. 1 UmwG). Der Verschmelzungsvertrag bedarf zu seiner Wirksamkeit der **notariellen Beurkundung** (§ 6 UmwG).

---

44 **Wichtig**

Nach der bisherigen instanzgerichtlichen Rechtsprechung muss davon ausgegangen werden, dass Auslandsbeurkundungen höchst umstritten bleiben und im Zweifel nicht die notarielle Form des § 6 UmwG wahren können.[70]

---

45 Der Verschmelzungsvertrag wird nur wirksam, wenn ihm die Anteilsinhaber der beteiligten Rechtsträger durch Beschluss zustimmen (§ 13 Abs. 1 S. 1 UmwG), der wiederum selbst gem. § 13 Abs. 3 S. 1 UmwG der **notariellen Beurkundung** bedarf.

aa) Mindestinhalt des Verschmelzungsvertrages

46 Der Mindestinhalt des Verschmelzungsvertrages ist in § 5 Abs. 1 Nr. 1 bis 9 UmwG rechtsformübergreifend festgelegt. Gesetzliche **Mindestinhalte**[71] des Verschmelzungsvertrages sind:
- Name/Firmierung und Sitz der beteiligten Rechtsträger (§ 5 Abs. 1 Nr. 1 UmwG),[72] d.h., in einem solchen Vertrag muss die übertragende Gesellschaft entsprechend ihrer gegenwärtigen Eintragung im Handelsregister ohne Berücksichtigung einer im Zusammenhang mit der Erstfusion vorgenommenen, erst mit deren Eintragung im Handelsregister wirksam werdenden Firmenänderung bezeichnet werden,[73]
- die eigentliche Verschmelzungsvereinbarung, d.h. Übertragung des Vermögens jedes übertragenden Rechtsträgers als Ganzes oder in Teilen gegen Gewährung von Anteilen/Mitgliedschaftsrechten an dem/den übernehmenden Rechtsträger(n) (§ 5 Abs. 1 Nr. 2 UmwG),[74]

---

70 LG Augsburg GmbHR 1996, 461; AG Kiel GmbHR 1997, 506; a.A. OLG Düsseldorf NJW 2011, 1370; LG Kiel BB 1998, 120; OLG München BB 1998, 119; LG Nürnberg NJW 1992, 633.
71 Zum Erfordernis der Mindestangaben: OLG Düsseldorf DB 1998, 1399.
72 OLG Frankfurt/M. ZIP 1998, 1191.
73 OLG Hamm GmbHR 2006, 255.
74 OLG Stuttgart DStR 2006, 626 OLG Frankfurt/M. ZIP 1998, 1191.

Spieker

–   Umtauschverhältnis der Anteile,[75] ggf. Höhe der baren Zuzahlungen, bzw. Abfindungsange-
    bot an ausscheidenswillige Anteilseigner (§ 5 Abs. 1 Nr. 3 UmwG),[76]
–   Einzelheiten der Anteilsübertragung/des Mitgliedschaftserwerbs (§ 5 Abs. 1 Nr. 4 UmwG),[77]
–   Beginn des Anspruchs auf Ergebnisbeteiligung (§ 5 Abs. 1 Nr. 5 UmwG),
–   Verschmelzungsstichtag (§ 5 Abs. 1 Nr. 6 UmwG),[78]
–   Regelung über die Bestimmung bzw. Abgeltung von Sonderrechten (§ 5 Abs. 1 Nr. 7
    UmwG),[79]
–   Angaben über Sondervorteile für Mitglieder des Vertretungsorgans/Aufsichtsorgans/
    geschäftsführende Gesellschafter/Abschlussprüfer oder Verschmelzungsprüfer (§ 5 Abs. 1
    Nr. 8 UmwG),[80]
–   negative und positive Folgen der Verschmelzung für die Arbeitnehmer und die Arbeitneh-
    mervertretungen[81] und vorgesehene Maßnahmen zum Schutz der Rechte/Interessen der Ar-
    beitnehmer/Arbeitnehmervertretungen (§ 5 Abs. 1 Nr. 9 UmwG).

Nach **§ 37 UmwG** muss in dem Verschmelzungsvertrag der **Gesellschaftsvertrag, die Satzung** **47**
oder das Statut des **neuen Rechtsträgers** enthalten sein oder festgestellt werden. Bei der Verschmelzung auf eine (bestehende oder neue) **Personenhandelsgesellschaft** (KG, OHG) muss
der Verschmelzungsvertrag klarstellen, ob Anteilsinhaber eines übertragenden Rechtsträgers die
Stellung eines persönlich haftenden Gesellschafters oder eines Kommanditisten erhalten werden. Der Betrag der Einlage jedes Gesellschafters ist dabei festzustellen. Waren die Gesellschafter beim übertragenden Rechtsträger nicht persönlich unbeschränkt haftbar, ist ihnen in der
(neuen) Gesellschaft eine Kommanditistenstellung zu gewähren. Abweichende Bestimmungen
sind nur mit ihrer Zustimmung im Verschmelzungsbeschluss wirksam (§ 40 UmwG).

bb) Bedeutung des Umtauschverhältnisses
Von zentraler Bedeutung für die Anteilseigner ist das Umtauschverhältnis und damit die wirt- **48**
schaftliche Entwicklung ihrer Mitgliedschaftsrechte (§ 5 Abs. 1 Nr. 3 UmwG). Danach hat der Verschmelzungsvertrag **zwingend**[82] Angaben über
–   das Umtauschverhältnis der Anteile und ggf. die Höhe der baren Zuzahlungen
oder
–   Angaben über die Mitgliedschaft bei dem übernehmenden Rechtsträger
zu enthalten.

Das Umtauschverhältnis drückt aus, welche Anteile der Anteilsinhaber des übertragenden **49**
Rechtsträgers am übernehmenden Rechtsträgers erhält. Das Umtauschverhältnis dient der
Gleichbehandlung der Anteilsinhaber des übertragenden und des übernehmenden Rechts-

---

75 OLG Frankfurt/M. ZIP 2000, 1923.
76 OLG Stuttgart OLGR Stuttgart 2007, 1022 KG BB 1999, 16.
77 Verschmelzungsvertrag mit Schwestergesellschaften als übertragende Rechtsträger: OLG Frankfurt/M. BB
1998, 1075; KG BB 1999, 16; DNotI-Gutachten, DNotI-Report 1997, 217.
78 OLG Frankfurt/M. GmbHR 2006, 382; BFH GmbHR 1999, 1312 = DStR 1999, 1983 danach kann zu § 2 UmwStG
1977 der steuerlich maßgebliche Zeitpunkt für den fiktiven Vermögensübergang nicht durch die Beteiligten
bestimmt werden; er ergibt sich als das Ende des Tages, auf den die Schlussbilanz des übertragenden
Rechtsträgers aufgestellt ist.
79 OLG Hamburg NZG 2004, 729.
80 OLG Hamburg NZG 2004, 729.
81 OLG Düsseldorf ZIP 1998, 1190; a.A. LG Stuttgart DNotZ 1996, 701 – nur wenn bei einem Rechtsträger ein
Betriebsrat besteht.
82 OLG Stuttgart OLGR Stuttgart 2007, 1022; OLG Düsseldorf NZG 2004, 429; OLG Frankfurt/M. ZIP 2000,
1928.

trägers. Die Anteilsgewährung an die Anteilsinhaber des übertragenden Rechtsträgers an dem übernehmenden Rechtsträger stellt nichts anderes dar, als die Gegenleistung für die Vermögensübertragung auf den übernehmenden Rechtsträger. Angemessen ist das Umtauschverhältnis i.S.v. §§ 12 Abs. 2, 15 Abs. 1 UmwG deshalb dann, wenn sich der Wert des Verlustes der Mitgliedschaft an dem übertragenden Rechtsträger und der Wert der Anteilsgewährung an dem übernehmenden Rechtsträger im Wesentlichen ausgleichen.[83]

50 Um den Anteilsinhabern des übertragenden Rechtsträgers als Ausgleich Geschäftsanteile an einer übernehmenden GmbH gewähren zu können, muss in der Regel eine **Kapitalerhöhung** bei der übernehmenden GmbH erfolgen.[84] Es handelt sich dabei wirtschaftlich letztlich um eine „Kapitalerhöhung durch Sacheinlage", da die Kapitalerhöhung durch Einbringung des bisher von dem oder den übertragenden Rechtsträgern gehaltenen Vermögens erfolgt. Das Umwandlungsrecht enthält dazu einige Kapitalerhöhungsverbote und einige Kapitalerhöhungswahlrechte (vgl. auch schon § 23 KapErhG a.F., § 344 AktG a.F.).

51 Folgende **Kapitalerhöhungsverbote** (§ 54 Abs. 1 UmwG) sind zu beachten:
– Die Übernehmerin hält Anteile des übertragenden Rechtsträgers, also Verschmelzung der Tochtergesellschaft auf die/eine Muttergesellschaft (Vermeidung der Bildung eigener Geschäftsanteile),
– der übertragende Rechtsträger hält eigene Anteile oder Geschäftsanteile an der Übernehmerin, die nicht voll eingezahlt sind (Verbot, durch Kapitalerhöhung eigene Geschäftsanteile zu schaffen bzw. Zweck der Kapitalschutzvorschrift des § 33 Abs. 1 GmbH).

52 Es bestehen jedoch **Kapitalerhöhungswahlrechte (§ 54 Abs. 1 S. 3 und Abs. 2 UmwG)** in folgenden Fällen:
– Die übernehmende Gesellschaft besitzt eigene Anteile (diese Geschäftsanteile können den Gesellschaftern der übertragenden Gesellschaft als Gegenleistung gewährt werden, eine Kapitalerhöhung ist nicht nötig).
– Die übertragende Gesellschaft besitzt voll eingezahlte Geschäftsanteile der übernehmenden Gesellschaft (die übernehmende Gesellschaft erwirbt im Wege der Gesamtrechtsnachfolge ihre eigenen Anteile, diese kann sie den Gesellschaftern zur Verfügung stellen).
– Wahlrecht des § 54 Abs. 1 S. 3 UmwG, wonach bei einer Übernahme der übernehmende Rechtsträger dann Geschäftsanteile nicht gewähren muss, wenn alle Anteilseigner des übertragenden Rechtsträgers hierauf verzichten.

---

53 **Wichtig**

Anders als der bei Verschmelzung der Tochtergesellschaft auf ihre alleinige Muttergesellschaft als einzigem Gesellschafter[85] sind bei der Verschmelzung von Schwestergesellschaften Anteile des übernehmenden Rechtsträgers zu gewähren, die regelmäßig durch Kapitalerhöhung zu schaffen sind.[86] Davon macht § 54 Abs. 1 S. 3 UmwG aber nunmehr eine Ausnahme, wenn alle Anteilseigner darauf verzichten.[87]

Zu beachten ist aber der Meinungsstreit bei der UG. Das Umwandlungsrecht geht vom Grundsatz der Anteilsgewährung aus. Den Anteilsinhabern des übertragenden Rechtsträgers müssen als Gegenleistung grundsätzlich Anteile am übernehmenden Rechtsträger gewährt werden. Die Anteilsgewährung kann ausnahmsweise unterbleiben, wenn etwa eine 100%ige Tochtergesell-

---

83 BVerfG NZG 2011, 235; OLG Düsseldorf, NZG 2004, 429; OLG Frankfurt/M. ZIP 2000, 1928.
84 KG BB 1999, 16.
85 Zu Kapitalerhöhung und down-stream-merger *Heckschen*, GmbHR 2008, 802.
86 KG BB 1999, 16.
87 Begr. zu § 54 Abs. 1 RegE 2. UmwGÄndG, BT-Drucks 16/2919, 13.

schaft auf ihre Mutter verschmolzen wird (Upstream-Merger, § 20 Abs. 1 Nr. 3 UmwG). Ebenso haben die Gesellschafter eines übertragenden Rechtsträgers bei einer Verschmelzung auf eine GmbH die Möglichkeit, auf eine Anteilsgewährung zu verzichten (§ 54 Abs. 1 S. 3 UmwG). Es stellt sich die Frage, ob in den Fällen, in denen eine Anteilsgewährung unterbleiben kann, eine Verschmelzung zur Aufnahme auf eine UG – ohne Kapitalerhöhung und Wechsel zur GmbH – möglich ist. Die wohl überwiegende Auffassung hält dies für zulässig. Dagegen wird eingewandt, dass damit letztlich mittelbar eine Herabstufung von einer GmbH auf eine UG ermöglicht werde, die vom Gesetz nicht vorgesehen sei. Mit der Verschmelzung einer GmbH auf eine – etwa zu diesem Zweck gegründete – UG werde wirtschaftlich dasselbe Ergebnis wie mit einer Herabstufung erreicht; daher sei diese Gestaltung unter Umgehungsgesichtspunkten unzulässig.[88]

Auch bei der Gewährung von Anteilen sind zusätzlich die **rechtsformspezifischen Son-** **54** **dervorschriften** der spezialgesetzlichen Regelungen (GmbHG, AktG etc.) zu beachten und etwaige Modifikationen dazu im Umwandlungsgesetz. So kann beispielsweise bei der GmbH ein Gesellschafter jetzt mehrere Stammeinlagen übernehmen (§ 5 Abs. 2 S. 2 GmbHG), der Gesamtbetrag der Stammeinlagen muss mit dem Stammkapital übereinstimmen (§ 5 Abs. 3 S. 2 und 3 GmbHG) und der Mindestbetrag muss 1,00 EUR betragen bzw. auf volle Euro lauten (§ 5 Abs. 2 S. 1 GmbHG).

Im Regelfall besteht aber eine **Anteilsgewährungspflicht**[89] und somit regelmäßig auch eine **55** Kapitalerhöhungspflicht beim übernehmenden Rechtsträger. Nach wohl h.M. konnte, bis zur Novellierung in § 54 Abs. 1 S. 3 UmwG, deshalb der Verzicht auf eine Kapitalerhöhung mit Anteilsgewährung an die Gesellschafter des übernehmenden Rechtsträgers bei Verschmelzung der Tochtergesellschaft auf die Muttergesellschaft nach §§ 20 Abs. 1 Nr. 3 Hs. 2, 5 Abs. 2 UmwG nicht auf die Verschmelzung von Schwestergesellschaften des gleichen Anteilsinhabers übertragen werden.[90] Bei der Verschmelzung von Schwestergesellschaften mit nicht voll eingezahlten Einlagen bedarf es aber nicht der vorherigen Einzahlung.[91]

Praxistipp **56**
Der Wert der beiderseitigen Leistungen kann im Zweifel nur durch eine sachkundige Unternehmensbewertung ermittelt werden, die für die beteiligten Rechtsträger stichtagsbezogen nach denselben Bewertungsgrundsätzen stattzufinden hat.

Ob die aktienrechtlichen Grundsätze zur Berücksichtigung des Börsenkurses[92] auch für um- **57** wandlungsrechtliche Abfindungsangebote gilt, war umstritten.[93] Die aktienrechtlichen Grundsätze zur Berücksichtigung des Börsenkurses[94] sind auch für umwandlungsrechtliche Abfindungsangebote zumindest entsprechend anzuwenden.[95] Da die Wertverhältnisse oft nicht betragsgenau gleich sind und nicht in genau gleichen Anteilen ausgedrückt werden können, soll in diesem Fall darüber hinaus durch eine **bare Zuzahlung** an die Anteilsinhaber des übertragenden Rechtsträgers ein Ausgleich erfolgen (§ 5 Abs. 1 Nr. 3 UmwG). Die baren Zuzahlungen dürfen bei einer GmbH oder AG den zehnten Teil des Gesamtnennbetrages der gewährten Anteile nicht übersteigen (§ 54 Abs. 4 UmwG – GmbH –, § 68 Abs. 3 UmwG – AG –). Allerdings kann

---

88 Ausführlich dazu *Gößl*, MittbayNot 2011, 438 ff. m.w.N.
89 DNotI-Gutachten, DNotI-Report 2000, 23; Centrale-Gutachten, GmbHR 2001, 69.
90 KG DNotZ 1999, 157; OLG Frankfurt/M. DNotZ 1999, 154; anders nun § 54 Abs. 1 S. 3 UmwG.
91 Centrale-Gutachten, GmbHR 1997, 653.
92 BVerfG DB 1999, 1693; BGH, DStR 2001, 754 = ZIP 2001, 734.
93 LG Dortmund ZIP 2001, 739; OLG Düsseldorf ZIP 2000, 1525.
94 BVerfG DB 1999.
95 BVerfG NZG 2011, 869.

bei gerichtlicher Neufestsetzung bzw. Erhöhungen im Rahmen des Spruchverfahrens diese 10%-Grenze durch das Gericht überschritten werden (§ 15 Abs. 1 UmwG[96]).

b) Rechtsgeschäftliche Grundlage der Spaltung

58 Rechtsgeschäftliche Grundlage der Spaltung zur Aufnahme ist der **Spaltungs- und Übernahmevertrag** (**§ 126 UmwG**). Bei der Spaltung zur Neugründung tritt der **Spaltungsplan** an die Stelle des Spaltungs-und Übernahmevertrages (§ 136 S. 2 UmwG). Für den Spaltungsplan verweist § 135 Abs. 1 UmwG auf die entsprechende Anwendbarkeit des § 126 UmwG. Der Spaltungsvertrag wird zwischen den an der Spaltung beteiligten Rechtsträgern geschlossen. **Abschlussbefugt** sind die jeweils vertretungsberechtigten Organe der beteiligten Rechtsträger (§§ 125, 4 Abs. 1 S. 1 UmwG). Der Spaltungsvertrag bedarf zu seiner Wirksamkeit der **notariellen Beurkundung** (§§ 125, 6 UmwG). Der Spaltungsvertrag wird nur wirksam, wenn ihm die **Anteilsinhaber** der beteiligten Rechtsträger durch **Beschluss zustimmen** (§§ 125, 13 Abs. 1 S. 1 UmwG), der wiederum selbst gem. §§ 125, 13 Abs. 3 S. 1 UmwG der **notariellen Beurkundung** bedarf.

aa) Mindestinhalt des Spaltungsvertrages/-Planes

59 Der Mindestinhalt des Spaltungs- und Übernahmevertrages ergibt sich aus § 126 Abs. 1 UmwG und aufgrund der Verweisung des § 136 UmwG auch der des Spaltungsplanes. Jedoch gelten § 126 Abs. 1 Nr. 3, 4 und 10 UmwG nicht für die Ausgliederung, da dort der übertragende Rechtsträger die Anteile an dem/den übernehmenden Rechtsträger(n) als Gegenleistung für die Vermögensübertragung erhält. Der **Mindestinhalt** ist also:

– Name/Firma und Sitz der beteiligten Rechtsträger (§ 126 Abs. 1 Nr. 1 UmwG),
– eigentliche Spaltungsregelung, d.h. Übertragung der Teile des Vermögens des übertragenden Rechtsträgers als Gesamtheit gegen Gewährung von Anteilen/Mitgliedschaften am übernehmenden Rechtsträger (§ 126 Abs. 1 Nr. 2 UmwG),
– Umtauschverhältnis der Anteile und ggf. bare Zuzahlungen bei Aufspaltung und Abspaltung (§ 126 Abs. 1 Nr. 3 UmwG,) **nicht** jedoch bei einer **Ausgliederung,**
– Einzelheiten der Anteilsübertragung/des Mitgliedschaftserwerbs beim übernehmenden Rechtsträger bei Aufspaltung und Abspaltung (§ 126 Abs. 1 Nr. 4 UmwG), **nicht** jedoch bei einer **Ausgliederung**
– Zeitpunkt des Übergangs der Anteile und des Dividendenrechts (§ 126 Abs. 1 Nr. 5 UmwG),
– Spaltungsstichtag (§ 126 Abs. 1 Nr. 6 UmwG),
– Regelungen über Sonderrechte bzw. deren Ablösung (§ 126 Abs. 1 Nr. 7 UmwG),
– Sondervorteile für Mitglieder eines Vertretungsorgans/Aufsichtsorgans bzw. geschäftsführende Gesellschafter, Abschlussprüfer, Spaltungsprüfer (§ 126 Abs. 1 Nr. 8 UmwG),
– genaue Bezeichnung und Aufteilung der Gegenstände (bei Grundstücken gehen diese nur dann mit der Registereintragung auf den übernehmenden Rechtsträger über, wenn die Grundstücke in dem Spaltungs- und Übernahmevertrag nach § 28 S. 1 GBO bezeichnet sind,[97] entsprechendes gilt für grundstücksgleiche Rechte und Rechten an Grundstücken wie Grundpfandrechten und beschränkt persönlichen Dienstbarkeiten[98]) des zu übertragenden Aktiv- und Passivvermögens und genaue Bezeichnung der übergehenden Betriebe und Betriebsteile unter Zuordnung auch der Arbeitnehmer zu den übernehmenden Rechtsträgern (§ 126 Abs. 1 Nr. 9 UmwG),[99]

---

96 OLG Stuttgart WM 2010, 173.
97 BGHZ 175, 123 = NJW-RR 2008, 756.
98 OLG Schleswig DNotZ 2010, 66.
99 Zur Zuordnung der Verbindlichkeiten siehe auch OFD Hannover GmbHR 2000, 334.

– Aufteilung und Aufteilungsmaßstab für die Anteile/Mitgliedschaftsrechte bei Aufspaltung und Abspaltung (§ 126 Abs. 1 Nr. 10 UmwG), **nicht** jedoch bei einer **Ausgliederung,**
– Folgen der Spaltung für die Arbeitnehmer/Arbeitnehmervertretungen, und zwar sowohl etwaige negative wie positive Folgen[100] und vorgesehene Maßnahmen zum Schutz der Interessen und Rechte der Arbeitnehmer/Arbeitnehmervertretungen (§ 126 Abs. 1 Nr. 10 UmwG).

Auf Urkunden (Bilanzen, Inventare etc.) kann Bezug genommen werden. Diese Bezugsurkunden **60** sind dem Spaltungs- und Übernahmevertrag bzw. dem Spaltungsplan als Anlagen beizufügen.[101]

Praxistipp **61**

Sog. „All-Klauseln" zur Bezeichnung von Sachgesamtheiten sind zulässig.[102] Besteht Streit, ob ein Einzelgegenstand zu einer Sachgesamtheit gehört oder nicht, ist dies durch Auslegung gem. §§ 133, 157 BGB zu überprüfen.[103]

Die beteiligten Rechtsträger sind damit völlig frei zu bestimmen, welche Gegenstände/Rechte **62** des Aktiv-und Passivvermögens von dem Übertragungsvorgang erfasst sein sollen.

Wichtig **63**

Da § 15 Abs. 1 UmwStG nur dann eine ertragsteuerneutrale Umwandlung zulässt, wenn **ganze Betriebe oder funktionsfähige Betriebsteile** übertragen werden, scheidet in der Regel die Übertragung von einzelnen Gegenständen/Rechten oder einer Summe von Gegenständen/Rechten aus steuerlichen Gründen aus, die für sich genommen nicht einen Betrieb oder Teilbetrieb i.S.d. § 15 Abs. 1 UmwStG darstellen.[104] Nach dem sogenannten „doppelten Teilbetriebserfordernis" ist damit Voraussetzung der in § 15 Abs. 1 UmwStG geregelten Abspaltung zu Buchwerten, dass mindestens ein Teilbetrieb übertragen wird und mindestens ein Teilbetrieb bei der übertragenden Körperschaft verbleibt.[105] Liegen die Teilbetriebsvoraussetzungen nicht vor, wird die Aufspaltung nach allgemeinen Grundsätzen wie eine **Liquidation** der übertragenden Körperschaft behandelt (Tz. 15.11 UmwSt-Erlass).

---

bb) Bedeutung des Umtauschverhältnisses

Über die Verweisung in § 125 UmwG gelten die Regelungen zur Verschmelzung weitgehend auch **64** bei einzelnen Spaltungsarten. Im Rahmen der Auf-/Abspaltung erhalten die Anteilsinhaber des übertragenden Rechtsträgers als Gegenleistung für die Vermögensübertragung Anteile an dem/den übernehmenden Rechtsträger(n). Wie viele Anteile sie erhalten, richtet sich auch hier, wie bei der Verschmelzung, nach dem Umtauschverhältnis. Den beteiligten Rechtsträgern ist aber die Freiheit der Anteilsgewährung gestattet, soweit dies mehrere aus der Spaltung hervorgehende oder bestehende Rechtsträger betrifft (arg. aus §§ 126 Abs. 1 Nr. 10, 128 UmwG). Sollen die Anteilsinhaber des übertragenden Rechtsträgers bei der Anteilsgewährung an dem/den übernehmenden Rechtsträger(n) gleich behandelt werden, ist das Umtauschverhältnis für alle Anteilsinhaber in gleicher Weise zu wahren. Bei der **nicht verhältniswahrenden Spaltung** werden die Anteilsinhaber des übertragenden Rechtsträgers bei der Anteilsgewährung unterschiedlich behandelt (§ 128 UmwG).

---

100 OLG Düsseldorf ZIP 1998, 1190.
101 OLG Karlsruhe BB 1998, 1123.
102 Ausnahme für Grundstücke diese nur dann mit der Registereintragung auf den übernehmenden Rechtsträger über, wenn die Grundstücke in dem Spaltungs- und Übernahmevertrag nach § 28 Satz 1 GBO bezeichnet sind entsprechendes gilt für grundstücksgleiche Rechte und Rechten an Grundstücken wie Grundpfandrechten und beschränkt persönlichen Dienstbarkeiten, BGHZ 175, 123 = NJW-RR 2008, 756; OLG Schleswig DNotZ 2010, 66.
103 BGH ZIP 2003, 2155.
104 Zum Begriff des „Teilbetriebes" siehe R 16 (3) EStR 2005; Begr. zu § 15 RegE UmwStG, BT-Drucks 16/2710, 41f.
105 *Wilke*, FR 2009, 216; zum zivilrechtlichen Teilbetrieb bei einer Abspaltung: OLG Hamm DStR 2010, 991.

c) Rechtsgeschäftliche Grundlage des Formwechsels
aa) Mindestinhalt des Umwandlungsbeschlusses

65 Rechtsgeschäftliche Grundlage für den Formwechsel ist der **Umwandlungsbeschluss (§ 193 UmwG)**. Dass beim Formwechsel ein Umwandlungsvertrag bzw. Umwandlungsplan nicht erforderlich ist, beruht auf dem Zweck des Vertrages bzw. Planes im Falle der Verschmelzung und der Spaltung. Beim Formwechsel ist ohnehin nur ein Rechtsträger beteiligt. Die Gefahr divergierender Beschlüsse der Anteilseigner-/Gesellschafterversammlungen besteht also von vornherein nicht. Der Umwandlungsbeschluss wird unter den Anteilseignern des formwechselnden Rechtsträgers gefasst. Der **Umwandlungsbeschluss** bedarf zu seiner Wirksamkeit der **notariellen Beurkundung** (§ 194 Abs. 3 UmwG). Der Umwandlungsbeschluss wird nur wirksam, wenn ihm die Anteilsinhaber des formwechselnden Rechtsträgers durch Beschluss mit der erforderlichen Mehrheit zustimmen (§ 194 Abs. 3 UmwG).

66 Der notwendige Inhalt des Umwandlungsbeschlusses ist in § 194 Abs. 1 Nr. 1 bis 7 UmwG geregelt. Die §§ 218 Abs. 1, 234, 243 UmwG enthalten ergänzende rechtsformspezifische Anforderungen. Zum **Mindestinhalt** des Umwandlungsbeschlusses beim Formwechsel gehören (§ 194 UmwG):

- die Rechtsform, die der Rechtsträger durch den Formwechsel erlangen soll (§ 194 Abs. 1 Nr. 1 UmwG),
- der Name oder die Firma des Rechtsträgers neuer Rechtsform (§ 194 Abs. 1 Nr. 2 UmwG),
- eine Beteiligung der bisherigen Anteilsinhaber an dem Rechtsträger nach den für die neue Rechtsform geltenden Vorschriften, soweit ihre Beteiligung nicht nach diesem Buch entfällt (§ 194 Abs. 1 Nr. 3 UmwG),
- Zahl, Art und Umfang der Anteile oder der Mitgliedschaften, welche die Anteilsinhaber durch den Formwechsel erlangen sollen oder die einem beitretenden persönlich haftenden Gesellschafter eingeräumt werden sollen (§ 194 Abs. 1 Nr. 4 UmwG),
- die Rechte, die einzelnen Anteilsinhabern sowie den Inhabern besonderer Rechte (wie Anteile ohne Stimmrecht, Vorzugsaktien, Mehrstimmrechtsaktien, Schuldverschreibungen und Genussrechte) in dem Rechtsträger gewährt werden sollen, oder die Maßnahmen, die für diese Personen vorgesehen sind (§ 194 Abs. 1 Nr. 5 UmwG),
- ein Abfindungsangebot nach § 207 UmwG, sofern nicht der Umwandlungsbeschluss zu seiner Wirksamkeit der Zustimmung aller Anteilsinhaber bedarf oder an dem formwechselnden Rechtsträger nur ein Anteilsinhaber beteiligt ist (§ 194 Abs. 1 Nr. 6 UmwG[106]),
- die Folgen des Formwechsels für die Arbeitnehmer und ihre Vertretung sowie die insoweit vorgesehenen Maßnahmen (§ 194 Abs. 1 Nr. 7 UmwG).

bb) Bedeutung des Identitätsgrundsatzes

67 Der praktische Regelfall der Umwandlung einer GmbH in eine GmbH & Co. KG dürfte also der Formwechsel gem. §§ 190 ff. UmwG sein. In diesem Fall ist aber erforderlich, dass die zukünftige Komplementär-GmbH vorher schon besteht bzw. (zusätzlich) gegründet wird und als Mitgesellschafterin der formwechselnd umzuwandelnden GmbH beitritt. Dies ergibt sich aus § 202 Abs. 1 Nr. 2 UmwG, wonach bei einem Formwechsel die vor und nach dem Formwechsel beteiligten Gesellschafter identisch sein müssen (sog. **Identitätsgrundsatz**).[107] Da aber die Komplementär-GmbH nach dem Formwechsel Gesellschafterin, nämlich Komplementärin, der Kommandit-

---

106 BGH ZIP 2001, 412; OLG Dresden NL-BzAR 2008, 256.
107 Siehe aber BGH NZG 2005, 722 wonach im Falle der formwechselnden Umwandlung einer AG in eine GmbH & Co. KG der Beitritt neuer Gesellschafter im Rahmen eines Formwechsels zulässig sein soll.

Spieker

gesellschaft sein soll, muss sie zuvor auch in der Alt-GmbH (formwechselnder Rechtsträger) Gesellschafterin gewesen sein.[108]

Nachdem die neu gegründete Komplementär-GmbH der Alt-GmbH beigetreten ist, kann der **68** Formwechsel gem. §§ 190 ff. UmwG vollzogen werden, wobei dann die Altgesellschafter der Alt-GmbH Kommanditisten und die neu beigetretene Komplementär-GmbH Komplementärin der aus dem Formwechsel hervorgehenden KG werden. Sicherlich könnte auch die Umwandlung dergestalt vollzogen werden, dass zunächst die Alt-GmbH durch Formwechsel in eine KG umgewandelt wird, an der alle Gesellschafter der Alt-GmbH beteiligt sind; dabei müsste aber einer der Alt-Gesellschafter (vorübergehend) die Komplementärrolle einnehmen, was im Hinblick auf die Haftung und die Nachhaftung in der Regel nicht gewünscht wird. Anschließend könnte eine neu gegründete Komplementär-GmbH als persönlich haftende Gesellschafterin in diese KG eintreten und den dann in die Kommanditistenrolle wechselnden Gesellschafter als Komplementär ersetzen.

Praxistipp **69**

Da regelmäßig nicht gewünscht ist, dass die Komplementär-GmbH am Gesellschaftskapital der GmbH & Co.KG beteiligt wird, wird der Beitritt der künftigen Komplementär-GmbH zur Alt-GmbH in der Praxis üblicherweise wie folgt gestaltet:

- Ein Altgesellschafter der Alt-GmbH als Treugeber tritt treuhänderisch einen Kleinstanteil der Alt-GmbH (ggf. nach vorheriger entsprechender Teilung seines Anteils) an die künftige Komplementär-GmbH ab, wobei das Treuhandverhältnis auflösend bedingt ist.
- Die Abtretung erfolgt dabei mit aufschiebend bedingter Rückübertragung der mit dem Kleinstanteil verbundenen Kapitalbeteiligung an den Treugeber (Altgesellschafter).
- Aufschiebende und auflösende Bedingung ist Zeitpunkt der Eintragung des Formwechsels im Handelsregister.

Auch wenn nämlich die zuvor gegründete und beigetretene Komplementär-GmbH durch **treu-** **70** **händerische Abtretung** eines geringen Teilgeschäftsanteils eingesetzt wird, besteht für die treugebenden Altgesellschafter eine Haftungsgefahr. Die Komplementär-GmbH hat nämlich als Treuhänderin der Anteile gegen den Altgesellschafter als Treugeber den Freistellungsanspruch aus § 670 BGB.[109] Wird nämlich die Rückübertragung erst nach Eintragung des Formwechsels vorgenommen, wäre möglicherweise in der Zwischenzeit die unbeschränkte persönliche Haftung der Komplementär-GmbH Teil des Freistellungsanspruchs aus dem Treuhandverhältnis geworden. Um dies zu vermeiden, sollte die **Treuhänderschaft auflösend bedingt,** bzw. die Rückabtretung an den Treugeber aufschiebend bedingt mit der Eintragung der KG gestaltet werden.[110] Für das Treuhandverhältnis gilt § 39 Abs. 2 Nr. 1 S. 2 AO, so dass die Anteile steuerlich den (Alt-) Gesellschaftern zugerechnet werden.

3. Beschlussfassung der Anteilseigner

Wesentliches Kernstück jeder Umwandlung, unabhängig von der Umwandlungsart, ist das Er- **71** fordernis des Zustimmungsbeschlusses der Anteilseigner/Gesellschafter der beteiligten Rechtsträger, geregelt in

---

108 BayObLG GmbHR 2000, 89; *Lutter/Decher*, § 202 UmwG, Rn 16; a.A. LG Saarbrücken DNotI-Report 1999, 163 für den Fall der Verschmelzung einer GmbH & Co. KG auf eine andere; siehe auch als obiter dictum: BGH NZG 2005, 722 wonach im Falle der formwechselnden Umwandlung einer AG in eine GmbH & Co. KG der Beitritt neuer Gesellschafter im Rahmen eines Formwechsels zulässig sein soll.

109 Zur Umwandlung des Freistellungsanspruchs eines Treuhand-Gesellschafters in einen Zahlungsanspruch gegen den Treugeber siehe BGH ZIP 2001, 789.

110 Zur Anzeigepflicht des Notars gemäß § 54 EStDV siehe BMF v. 14.3.1997, DStR 1997, 822.

- § 13 Abs. 1 S. 1 UmwG für die Verschmelzung,
- §§ 125 S. 1, 13 Abs. 1 S. 1 UmwG für die Spaltung,
- § 193 Abs. 1 S. 1 UmwG für den Formwechsel.

72 In jedem Fall ist der Umwandlungsbeschluss zwingend in einer Versammlung der Gesellschafter/Anteilsinhaber zu fassen, geregelt in
- §§ 13 Abs. 1 S. 2 UmwG für die Verschmelzung,
- §§ 125 S. 1, 13 Abs. 1 S. 2 UmwG für die Spaltung,
- § 193 Abs. 1 S. 2 UmwG für den Formwechsel.

---

73 **Wichtig**
Ein schriftliches Abstimmungsverfahren im sog. Umlaufverfahren, wie sonst im Gesellschaftsrecht häufig praktiziert und zulässig, kommt **nicht** in Betracht.

---

74 Die Übertragung der Entscheidung auf ein anderes Gesellschaftsorgan ist mit § 1 Abs. 3 S. 1 UmwG nicht vereinbar, wohl aber die Erteilung einer Registervollmacht zur Anmeldung.[111] Die ganz überwiegende Ansicht zum GmbH-Recht sieht jedoch in der Beglaubigungsform des § 2 Abs. 2 GmbHG eine Wirksamkeitsvoraussetzung für die Vollmacht, sofern sich ein Gesellschafter vertreten lässt.[112]

a) Form der Zustimmungsbeschlüsse
75 Die Zustimmungsbeschlüsse müssen **zwingend notariell beurkundet** werden, gem.
- § 13 Abs. 3 S. 1 UmwG für die Verschmelzung,
- §§ 125 S. 1, 13 Abs. 3 S. 1 UmwG für die Spaltung,
- § 193 Abs. 3 S. 1 UmwG für den Formwechsel.

76 Dies gilt **auch** für Personenhandelsgesellschaften, bei denen bekanntlich die Errichtung und die Änderung des Gesellschaftsvertrages ansonsten nicht der notariellen Form bedürfen.

---

77 **Wichtig**
Nach der bisherigen instanzgerichtlichen Rechtsprechung muss davon ausgegangen werden, dass auch hier Auslandsbeurkundungen nicht als wirksam anerkannt werden.[113]

---

b) Erforderliches Quorum der Zustimmungsbeschlüsse
aa) Personengesellschaften
78 Für die Mehrheitsverhältnisse bei der Beschlussfassung der Anteilseigner gilt bei **Personengesellschaften** das folgende Regel-Ausnahme-Verhältnis:

Grundsatz = Einstimmigkeitserfordernis[114]
Ausnahme = Mehrheitsklausel für den Umwandlungsfall ist im Gesellschaftsvertrag ausdrücklich enthalten (§ 43 Abs. 2 UmwG).[115]

---

111 BGH DStR 2005, 1539; OLG Schleswig DStR 2003, 1891.
112 Semler/Stengel/*Bärwaldt*, § 193 Rn 12.
113 LG Augsburg GmbHR 1996, 461; AG Kiel GmbHR 1997, 506; a.A. LG Kiel BB 1998, 120; OLG München BB 1998, 119; LG Nürnberg NJW 1992, 633.
114 BGHZ 85, 350.
115 BGHZ 85, 350.

bb) Kapitalgesellschaften

Demgegenüber gilt – soweit der Gesellschaftsvertrag nichts anderes bestimmt – bei **Kapitalge-** **79** **sellschaften** im **Regelfall** das Erfordernis der **qualifizierten Mehrheit (¾)** der abgegebenen Stimmen (vgl. §§ 50 Abs. 1, 65 Abs. 1, 84 UmwG) und **ausnahmsweise**, bei nicht voll eingezahlten Geschäftsanteilen einer GmbH als übernehmendem Rechtsträger, das Erfordernis der Einstimmigkeit aller anwesenden Gesellschafter des übertragenden Rechtsträgers (§ 51 Abs. 1 UmwG).

Bei **Publikumsaktiengesellschaften** gilt: **80**

Befinden sich in der Hand der übernehmenden KG oder KGaA mindestens 90% des Stammkapitals/Grundkapitals einer übertragenden Kapitalgesellschaft, ist bei Verschmelzung oder Spaltung ein Gesellschafterbeschluss nicht erforderlich. Eine Ausnahme gilt, wenn eine Minderheit von 5% des Kapitals die Einberufung einer Gesellschafterversammlung (§§ 62, 68, 125 UmwG) verlangt. Beim Vorhandensein verschiedener Aktiengattungen einer Aktiengesellschaft sind getrennte Beschlussfassungen der einzelnen Aktiengattungen erforderlich (§§ 65, 125 UmwG).

Die **nichtverhältniswahrende** Spaltung bedarf stets der **Zustimmung aller Anteilsinha-** **81** **ber** des übertragenden Rechtsträgers (§ 128 S. 1 UmwG).

c) Besonderheiten des Formwechsels

Für den Formwechsel gelten für die verschiedenen Rechtsformen jeweils unterschiedliche Be- **82** schlussmehrheiten.

– Einstimmigkeit für den Formwechsel einer persönlich haftenden Gesellschafterin in eine AG oder GmbH (§ 217 Abs. 1 S. 1 UmwG).
– Ausnahme: Der Gesellschaftsvertrag sieht eine qualifizierte Mehrheit (¾) vor (§ 217 Abs. 1 S. 2 und 3 UmwG).
– Einstimmigkeit für den Formwechsel einer AG oder GmbH in eine GbR oder OHG (§ 233 Abs. 1 UmwG).
– Ausnahme: Formwechsel einer AG oder GmbH in eine KG[116] oder eine Kapitalgesellschaft anderer Rechtsform mit qualifizierter Mehrheit (¾) (§§ 233 Abs. 2 S. 1, 240 Abs. 1 S. 1 UmwG).

Wichtig **83**

Wird gleichzeitig mit dem Umwandlungsbeschluss der Gesellschaftsvertrag der KG beschlossen, ist für dessen Wirksamkeit lediglich erforderlich, dass das Quorum des § 233 UmwG (qualifizierte Mehrheit (¾)) erfüllt ist; weitergehende gesellschaftsvertragliche Anforderungen gelten erst für nach der Umwandlung gefasste Beschlüsse der Gesellschafter.[117]

---

d) Information der Anteilsinhaber als Grundlage der Zustimmungsbeschlüsse

Dem Interesse der Anteilseigner an einer ordnungsgemäßen Durchführung der Umwandlung **84** trägt das UmwG in der Phase der Vorbereitung der Umwandlungsbeschlüsse durch weit reichende Informationspflichten der beteiligten Rechtsträger gegenüber ihren jeweiligen Anteilseignern Rechnung. Der Information der Anteilseigner dient der von den Vertretungsorganen der jeweiligen beteiligten Rechtsträger **schriftlich**[118] zu erstellende Verschmelzungs-/Spaltungs-/

---

116 BGH DStR 2005, 1539.
117 BGH DStR 2005, 1539.
118 Zum Streit, ob dies gem. § 126 Abs. 1 BGB die Unterschrift verlangt: verneinend: OLG Stuttgart ZIP 2003, 2363; bejahend: LG Berlin ZIP 2003, 2027; offengelassen: BGH NJW-RR 2007, 1409.

Umwandlungsbericht (§§ 8, 127, 192 UmwG). Dieser **Bericht** hat die Umwandlung ausführlich und sowohl rechtlich als auch wirtschaftlich zu erläutern und zu begründen.[119] Der **Prüfungsbericht** ist die zweite Säule der Vorabinformation für die Anteilsinhaber. Der Prüfungsbericht ist die schriftliche Berichterstattung der Umwandlungsprüfer über das Ergebnis ihrer eigenen **Umwandlungsprüfung**.

aa) Umwandlungsbericht

85 Für alle Umwandlungsarten schreibt das UmwG vor, dass die Vertretungsorgane schriftliche Berichte erstellen müssen, in denen die Umwandlung sowohl in rechtlicher als auch in wirtschaftlicher Hinsicht umfassend erläutert und begründet wird:
   – § 8 UmwG für die Verschmelzung durch Aufnahme,
   – § 36 UmwG für die Verschmelzung durch Neugründung,
   – § 127 UmwG für die Spaltung durch Aufnahme,
   – § 135 UmwG für die Spaltung durch Neugründung,
   – § 192 UmwG für den Formwechsel.

86 Diese Berichtspflicht ist **zwingend** und hat im Gesetz nur wenige Ausnahmen:
   – bei Personengesellschaften, in denen alle Gesellschafter zur Geschäftsführung berechtigt sind (§§ 41, 125 UmwG),
   – bei Verschmelzung und Spaltung, wenn alle Anteile des übertragenden Rechtsträgers in der Hand des übernehmenden Rechtsträgers sind (§§ 8 Abs. 3, 125 UmwG),
   – beim Formwechsel eines Ein-Personen-Rechtsträgers (§ 192 Abs. 3 UmwG),
   – bei Verzicht aller Anteilsinhaber aller beteiligten Rechtsträger **durch notariell beurkundete Verzichtserklärungen** (§§ 8 Abs. 3, 36 Abs. 1, 127, 192 Abs. 3 UmwG); praktischerweise wird man diese Verzichtserklärungen in die notarielle Urkunde über den Zustimmungsbeschluss aufnehmen.

87 Der Umwandlungsbericht ist den Anteilsinhabern rechtzeitig, spätestens zusammen mit der Einberufung zur Gesellschafterversammlung, in der über die Umwandlung beschlossen werden soll, vorzulegen.[120] Im Umwandlungsbericht sind die Umwandlung als solche sowie der Umwandlungsvertrag oder -plan (oder sein Entwurf) zu erläutern und – im Falle verbundener Unternehmen i.S.d. § 15 AktG – Angaben über alle für die Umwandlung wesentlichen Angelegenheiten der anderen Unternehmen zu machen. Ferner ist das Umtauschverhältnis der Anteile zu erklären bzw. es sind die Angaben über die Mitgliedschaft und die Höhe einer etwaigen Barabfindung rechtlich und wirtschaftlich zu erläutern und es sind auch etwaige Schwierigkeiten bei der Bewertung der beteiligten Rechtsträger und die Folgen für die Beteiligung der Anteilsinhaber darzustellen.[121] Insbesondere ist die zur Ermittlung der Barabfindungshöhe[122] angewandte **Bewertungsmethode** mitzuteilen. Inwieweit Auskünfte aus dem **Umwandlungsprüfungsbericht** zu erteilen sind, ist noch nicht abschließend geklärt.[123]

88 Soweit die Angabe von Tatsachen im Bericht einem der beteiligten Rechtsträger oder einem verbundenen Unternehmen Nachteile zufügen würde, können diese Angaben im Bericht unter-

---

119 BGH NJW-RR 1991, 358; KG AG 1999, 268; OLG Frankfurt/M. ZIP 2000, 1928; OLG Hamm DB 1999, 1156; OLG Düsseldorf ZIP 1999, 793; LG München I AG 2000, 86.
120 BGH ZIP 2001, 467.
121 OLG Düsseldorf NZG 2004, 429.
122 BGH NJW-RR 1991, 358; OLG Hamm ZIP 1999, 798 1156.
123 Bejahend: LG Heidelberg DB 1996, 1768; verneinend: LG Berlin ZIP 1997, 1065.

lassen werden (§ 8 Abs. 2 UmwG). Die Gründe für das Unterlassen der Angaben sind aber im Bericht darzulegen (**Begründung des Geheimhaltungsinteresses**).

Wichtig 89
Im Hinblick auf die schwerwiegerden Folgen von Mängeln des Umwandlungsberichts für die Wirksamkeit bzw. Angreifbarkeit des Zustimmungsbeschlusses sollte der Berichtspflicht – gerade im Falle divergierender Anteilseigner- bzw. Gesellschafterinteressen – hohe Aufmerksamkeit geschenkt werden.

Im Falle des Formwechsels war bis zum Inkrafttreten des Zweiten Gesetzes zur Änderung des 90 Umwandlungsgesetzes dem Bericht eine **Vermögensaufstellung** beizufügen, in der die Gegenstände und Verbindlichkeiten des formwechselnden Rechtsträgers mit dem wirklichen Wert anzusetzen waren (Stichtag: Erstellung des Berichts). In umwandlungssteuerlicher Hinsicht ist dagegen eine **Steuerbilanz** auf den Stichtag der Umwandlung erforderlich (§§ 14, 25 UmwStG).

Während handelsrechtlich beim Formwechsel damit dem Umwandlungsbericht keine Vermögensaufstellung beizufügen ist, ist in umwandlungssteuerrechtlicher Hinsicht eine Steuerbilanz auf den Stichtag der Umwandlung erforderlich (§§ 14, 25 UmwStG). Anstelle der im UmwG beabsichtigten Erleichterung des Umwandlungsvorgangs ist somit letztlich der Arbeitsaufwand für die Steuerbilanz geblieben.[124]

Wichtig 92
Es kann nur wirksam auf die Erstellung eines Berichts verzichtet werden.

---

bb) Umwandlungsprüfungsbericht

Der Umfang, bzw. die Schärfe der Prüfungspflicht bestimmt sich in erster Linie nach der Rechts- 93 form der an der Umwandlung beteiligten Rechtsträger wie folgt:
- Aktiengesellschaft und Kommanditgesellschaft auf Aktien (AG und KGaA)
- **Grundsatz**: Es besteht **generelle Prüfungspflicht** (§§ 60 Abs. 1, 78, 125 UmwG).
- **Ausnahmen** gelten bei:
- Verzicht **sämtlicher** Anteilseigner durch **notariell beurkundete** Erklärung (§ 9 Abs. 3 i.V.m. § 8 Abs. 3, § 125 UmwG),
- Verschmelzung einer 100%-igen Tochtergesellschaft (§ 9 Abs. 2 UmwG).
- Personenhandelsgesellschaft und GmbH
- **Einstimmiger** Umwandlungsbeschluss: Es besteht kein Anspruch eines Anteilseigners auf Umwandlungsprüfung.
- **Mehrheitlicher** Umwandlungsbeschluss: Umwandlungsprüfung erfolgt auf Kosten der Gesellschaft (§§ 44, 48, 125 UmwG) bei der Verschmelzung und der Spaltung in Form der Aufspaltung und Abspaltung (**nicht** bei Ausgliederung) gem. §§ 9 bis 12 UmwG auf Verlangen eines der Anteilseigner.

Dass im Rahmen eines Formwechsels das Fehlen eines Umwandlungsprüfungsberichtes oder 94 eines mangelhaften Umwandlungsprüfungsberichtes zur **Anfechtung** berechtigt, scheint geklärt.[125]

---

124 BFHE 211, 472 = GmbHR 2006, 324.
125 BGH ZIP 2006, 2312; OLG München ZIP 2010, 927; a.A.: OLG Karlsruhe EWiR 1998, 469.

cc) Barabfindungsprüfungsbericht

95 Von dem Umwandlungsprüfungsbericht ist der Barabfindungsprüfungsbericht zu unterscheiden. Dieser Bericht ist bei Verschmelzung und Spaltung erforderlich, wenn zwar kein Umwandlungsprüfungsbericht erfolgen muss, das UmwG aber den Anteilsinhabern des übertragenden Rechtsträgers das Recht zugesteht, nach dem Wirksamwerden der Umwandlung aus dem übernehmenden Rechtsträger gegen eine angemessene Barabfindung auszuscheiden. Für den Formwechsel sieht § 208 i.V.m. §§ 30 Abs. 2 S. 1, 12 Abs. 2 S. 1 UmwG rechtsformübergreifend die Erstattung eines Barabfindungs-Prüfungsberichts vor, wenn der formwechselnde Rechtsträger gem. § 207 Abs. 1 S. 1 UmwG seinen Anteilseignern eine angemessene Barabfindung anzubieten hat.

4. Anmeldung und Handelsregistereintragung

96 Die Vertretungsorgane der an der Umwandlung beteiligten Rechtsträger haben die Umwandlung zur Eintragung bei dem betreffenden Register (Handelsregister, Genossenschaftsregister oder Vereinsregister) des Sitzes des Rechtsträgers anzumelden. Welches Register zuständig ist, ist abhängig von der Umwandlungsart (vgl. §§ 16, 36, 129, 130 Abs. 2, 135, 198 UmwG).

a) Beizufügende Unterlagen

97 Der Anmeldung der Umwandlung zur Eintragung in das Register sind im Wesentlichen folgende Unterlagen beizufügen (§§ 17 Abs. 1,[126] 36 Abs. 1, 125, 199 UmwG):
– Umwandlungsvertrag/-plan,
– Umwandlungsbericht,
– Niederschrift des Beschlusses der Anteilseigner,
– Nachweis über rechtzeitige Zuleitung des Umwandlungsvertrages/-planes bzw. -entwurfs bzw. Entwurfs des Umwandlungsbeschlusses an den zuständigen Betriebsrat;[127] besteht kein Betriebsrat, ist dies dem Registergericht glaubhaft zu machen,[128]
– Namensunbedenklichkeitsbescheinigung der Industrie- und Handelskammer, falls eine neue Firmierung verwendet wird,
– Erklärung der Vertretungsorgane über das Nichtvorliegen von Klagen gegen die Wirksamkeit des Umwandlungsbeschlusses,
– alternativ: Vorlage eines gerichtlichen Urteils, wonach eine solche Klage unzulässig oder offensichtlich unbegründet ist (§§ 16 Abs. 2, 36 Abs. 1, 125, 198 Abs. 3 UmwG). Allein die Behauptung hoher Kosten und eines hohen Arbeitsaufwandes im Falle der Verzögerung der Umwandlung durch eine Klage rechtfertigt nicht die Anwendung der Regelung in § 16 Abs. 2, 3 UmwG.[129] Auch bei einer nicht zweifelsfrei zu beantwortenden Rechtsfrage soll eine offensichtliche Unbegründetheit nicht anzunehmen sein.[130]

98 Bei der Verschmelzung/Spaltung zusätzlich:
– Bilanz[131] jedes übertragenden Rechtsträgers, deren Stichtag nicht länger als acht Monate zurückliegen darf (§§ 17, Abs. 2, 36 Abs. 1, 125 UmwG).

99 Fraglich ist dabei insbesondere, wie der **Nachweis** zu führen ist, dass der Betriebsrat unter Beachtung der Monatsfrist nach §§ 5 Abs. 3, 126 Abs. 3, 194 Abs. 2 UmwG rechtzeitig und vollstän-

---

126 Zur fristgerechten Vorlage der „Bilanz": OLG Jena NJW-RR 2003, 99; OLG Zweibrücken RNotZ 2002, 516.
127 DNotI-Gutachten, DNotI-Report 2002, 51.
128 AG Duisburg GmbHR 1996, 372.
129 OLG Frankfurt/M. ZIP 1997, 1291; LG Wiesbaden AG 1997, 274.
130 OLG Düsseldorf ZIP 1999, 793; Lutter/*Bork*, UmwG, § 16 Rn 19; a.A. OLG Hamm BB 1999, 1234.
131 OLG Jena NJW-RR 2003, 99; OLG Zweibrücken RNotZ 2002, 516; DNotI-Gutachten, DNotI-Report 2001, 89 f.

dig informiert wurde.[132] Hier wird mangels gesetzlicher Vorgaben eine entsprechende Versicherung der Vertretungsorgane der beteiligten Rechtsträger ausreichen. Diese sollten sich aber vorsorglich und zweckmäßigerweise vom Betriebsrat, vertreten durch den Betriebsratsvorsitzenden, eine schriftliche Bestätigung (Empfangsquittung) darüber erteilen lassen und diese dem Register vorlegen. Wird dem Betriebsrat lediglich ein **Entwurf** zugeleitet, so ist auch nachzuweisen, dass dieser Entwurf identisch war mit dem letztlich beurkundeten Vertrag.[133] Dies kann dadurch geschehen, dass der Betriebsrat nach Beurkundung nochmals eine Bestätigung abgibt oder den Vertragstext auf jeder Seite absigniert, so dass dem Handelsregister die Überprüfung möglich ist, dass Entwurf und Urkunde identisch sind. Es muss aber regelmäßig auch insoweit eine entsprechende Versicherung der anmeldenden Vertretungsorgane gegenüber dem Registergericht ausreichen.

Wichtig **100**

Dem Betriebsrat fehlt in einem Verfahren auf Nichtigkeit eines Umwandlungsbeschlusses die Parteifähigkeit.[134]

Soweit **staatliche Genehmigungsurkunden** erforderlich sind (beispielsweise ein Nachweis **101** über Eintragung in die Handwerksrolle oder dergleichen), sind auch diese mit der Anmeldung beim Register vorzulegen. Entsprechendes gilt für etwa notwendige Zustimmungserklärungen (Zustimmungserklärungen von Gesellschaftern/Anteilseignern mit Sonderrechten; etwa erforderliche **Zustimmungserklärungen Dritter**).

b) Bedeutung der Acht-Monats-Frist

Eine fristgerecht aufgestellte Bilanz kann allerdings auch außerhalb der 8-Monats-Frist des § 17 **102** Abs. 2 UmwG zum Register nachgereicht werden kann, muss aber innerhalb einer vom Registergericht festzusetzenden Frist nachgereicht werden.[135] Streitig bleibt die Frage, ob bei der Verschmelzung auch die Anmeldung zum Register des übernehmenden Rechtsträgers innerhalb der Acht-Monats-Frist liegen muss.[136]

Wichtig **103**

Die Anmeldung der Umwandlung zum Register muss eine zur 8-Monats-Frist zeitnahe Eintragung ermöglichen. Deshalb besteht die Gefahr, dass die Eintragung wegen mangelhafter Anmeldung, insbesondere wegen fehlender Angaben und/oder Anlagen ohne Zwischenverfügung zurückgewiesen wird, wenn eine zeitnahe Eintragung nicht möglich ist.[137]

---

c) Prüfungskompetenz des Registergerichts

Obwohl Umwandlungsvertrag/-plan, Umwandlungsbericht und Beschlussfassung der Anteils- **104** eigner der Anmeldung beizufügen sind, ist es nicht Sache des Registergerichts, diese Unterlagen, insbesondere den Bericht, auf Rechtmäßigkeit und Ordnungsgemäßheit, insbesondere Vollständigkeit, zu prüfen (eingeschränkte Prüfungskompetenz des Registergerichts). Ledig-

---

132 Zum Streit um die Berechnung der Monatsfrist siehe: OLG Naumburg GmbHR 2003, 1433.
133 OLG Naumburg GmbHR 2003, 1433.
134 OLG Naumburg GmbHR 1998, 382.
135 OLG Jena NJW-RR 2003, 99; OLG Zweibrücken RNotZ 2002, 516.
136 Verneinend LG Frankfurt/M. GmbHR 1996, 542; HFA-Gutachten, Wpg. 1996, 536 ff.
137 LG Dresden NotBZ 1997, 138; a.A. OLG Zweibrücken RNotZ 2002, 516.

lich dann, wenn ein evidenter **Gesetzesverstoß** aus diesen Unterlagen ersichtlich ist, wird der Registerrichter die Eintragung verweigern dürfen.[138]

d) Besonderheit der Anmeldung eines Formwechsels

105 Beim Formwechsel ist die neue Rechtsform (nicht die Umwandlung als solche; Ausnahme: beim Formwechsel in eine Gesellschaft bürgerlichen Rechts, § 235 UmwG) zur Eintragung in das Register anzumelden. Zuständig ist grundsätzlich das für die bisherige Rechtsform zuständige Register (§ 198 Abs. 1 UmwG). War bislang keine Registereintragungspflicht gegeben oder wechselt die Registerzuständigkeit (sog. **„kreuzender Formwechsel"**: vom Handels- zum Vereins- oder Genossenschaftsregister oder umgekehrt), muss die Anmeldung bei dem für die neue Rechtsform maßgeblichen Register, ggf. zusätzlich auch beim bisherigen Register, vorgenommen werden (§ 198 UmwG).

e) Handelsregistereintragung

106 Nachdem die Umwandlung in allen Registern der übertragenden Rechtsträger dort mit deklaratorischer Wirkung eingetragen worden ist, wird zuletzt die Eintragung im Register des übernehmenden Rechtsträgers – nunmehr mit konstitutiver Wirkung – durchgeführt. Die taggleiche Eintragung ist zulässig (§ 19 UmwG n.F.). Falls der übernehmende Rechtsträger nicht in einem Handelsregister eingetragen ist (z.B. Alleingesellschafter), hat die Eintragung im Register des übertragenden Rechtsträgers ausnahmsweise konstitutive Wirkung.[139]

5. Wirksamwerden der Umwandlung

107 Von entscheidender Bedeutung ist, dass die Wirkung aller Umwandlungen nach dem Umwandlungsgesetz durch die Eintragung der Umwandlung im Handelsregister des übernehmenden Rechtsträgers bestimmt ist (§§ 20, Abs. 1, 36 Abs. 1, 131 Abs. 1, 135 Abs. 1, 202 Abs. 1 UmwG). Dies gilt auch für Personengesellschaften.[140] Bekanntlich ist ansonsten bei Personengesellschaften weder bzgl. der Gründung noch bzgl. einer Änderung des Gesellschaftsvertrages die Eintragung im Handelsregister konstitutiv.

---

108 **Wichtig**

Maßgebend ist dabei die **Eintragung im Register** des übernehmenden Rechtsträgers, welcher die Eintragung im Register des übertragenden Rechtsträgers vorauszugehen hat oder zeitgleich erfolgen kann. Die **Bekanntmachung** der Eintragung in den Gesellschaftsblättern soll dagegen für den Eintritt der Wirkungen der Eintragung nicht entscheidend sein.[141]

---

109 Zu dieser besonderen **Wirkung der Eintragung** im Register gehören insbesondere:
- Übergang des Vermögens einschließlich etwaige stiller Beteiligungen[142] daran, sowie einschließlich der Verbindlichkeiten des übertragenden Rechtsträgers;[143]

---

138 BayObLG GmbHR 2000, 493; OLG Hamm NJW 1997, 666.
139 So schon zum alten UmwG: BGH ZIP 1998, 1225.
140 BGH DStR 2005, 1539.
141 Schmitt/Hörtnagl/Stratz/*Schmitt*, § 19 UmwG, Rn 27.
142 LG Bonn EWiR 2001, 445.
143 Zum Parteiwechsel in Passivprozessen des untergehenden Rechtsträgers: BGH ZIP 2001, 305, BGH DStR 2002, 1773.

Spieker

- übertragende Rechtsträger, die nicht bestehen bleiben, erlöschen, ohne dass sich eine gesonderte Liquidationsphase mit einer anschließenden Löschung des übertragenden Rechtsträgers anschließt;[144] Verjährungsunterbrechende Maßnahmen gegen den alten untergegangenen Rechtsträger entfalten daher danach keine Wirkung;[145]
- der Übergang der Anteilsinhaberschaft (je nach Umwandlungsart: auf die Anteilsinhaber bzw. den übertragenden Rechtsträger) vollzieht sich;
- der neue/formwechselnde Rechtsträger entsteht in seiner (neuen) Rechtsform;[146]
- Mängel der notariellen Beurkundung des Umwandlungsbeschlusses und das Fehlen ggf. erforderlicher Zustimmungs- oder Verzichtserklärungen einzelner Anteilsinhaber werden geheilt, es können Mängel nicht mehr mit dem Ziel geltend gemacht werden, die Eintragung zu löschen;[147]
- bestehen bleibende Rechte Dritter richten sich nunmehr gegen den neuen/formwechselnden Rechtsträger in seiner (neuen) Rechtsform (vgl. §§ 20 Abs. 2, 36 Abs. 1, 131 Abs. 2, 135 Abs. 1, 202 Abs. 3 UmwG);
- Mitgliedschaftsrechte am erlöschenden übertragenden Rechtsträger gehen unter, ebenso Organstellungen, insbesondere Vorstands- bzw. Geschäftsführerämter,[148] (**nicht** aber die Dienstverträge),[149] Prokuren,[150] Handlungsvollmachten[151] und vom übertragenden Rechtsträger erteilte (Spezial-)Vollmachten,[152] nach h.M. aber nicht die ihm erteilten Vollmachten.[153]

Wichtig
Die **Heilungswirkung** und damit auch die Rechtsnachfolge im Falle der Verschmelzung treten nur dann nicht ein, wenn der Mangel der Umwandlung derart gravierend ist, dass die Verschmelzung als nichtig anzusehen ist. Das ist insbesondere dann anzunehmen, wenn die gewählte Umwandlungsform oder die Gesellschaftsform, in die umgewandelt werden sollte, nicht dem Gesetz entsprach.[154] Ein in das Handelsregister eingetragener Hauptversammlungsbeschluss kann nur dann als von Amts wegen nichtig gelöscht werden, wenn er durch seinen Inhalt zwingende Vorschriften des Gesetzes verletzt und seine Beseitigung im öffentlichen Interesse erscheint. Die Verletzung nur verfahrensrechtlicher Vorschriften im Anmeldeverfahren wie die Nichtbeachtung der Registersperre genügt jedenfalls für eine Amtslöschung nicht.[155]

Soweit mit der Umwandlung wegen totaler bzw. partieller Gesamtrechtsnachfolge **Grundbücher** 110 **unrichtig** geworden sind, sind diese gem. §§ 22, 29, 32 GBO zu berichtigen. Bei den Umwandlungsarten, die mit Vermögensvollübertragungen verbunden sind (Verschmelzung/Aufspaltung), und beim Formwechsel sind ein Antrag des übernehmenden bzw. neuen Rechtsträgers und ein Registerauszug des übernehmenden bzw. neuen Rechtsträgers vorzulegen; bei der Aufspaltung zusätzlich der Spaltungsplan und der Spaltungsbeschluss. Bei den Umwandlungsarten, bei denen der übertragende Rechtsträger bestehen bleibt (Abspaltung, Ausgliederung, Vermögensteilübertragung), sind neben dem Antrag des Rechtsträgers, der das grundstücks-

---

144 BAG ZIP 2005, 772.
145 BGH DStR 2002, 1773.
146 BGH DStR 2005, 1539.
147 BayObLG DNotZ 2000, 232.
148 BGH ZIP 1997, 1106.
149 BGH ZIP 1997, 1106.
150 OLG Köln DNotZ 1997, 700 = GmbHR 1996, 773.
151 Str., siehe Übersicht bei Lutter/*Grunewald*, UmwG, § 20 Rn 24.
152 LG Koblenz MittRhNotK 1997, 321; Lutter/*Grunewald*, UmwG, § 20 Rn 23.
153 LG Koblenz MittRhNotK 1997, 321; DNotI-Gutachten, DNotI-Report 2000, 59 f. m.w.N.
154 BGH ZIP 2001, 2006.
155 BGH NJW 2007, 224.

bzw. grundstücksgleiche Recht innehat (übertragender oder übernehmender Rechtsträger), dessen Registerauszug, Spaltungsplan und Spaltungsbeschluss bzw. Berichtigungsbewilligung des übertragenden Rechtsträgers und die Zustimmung des übernehmenden Rechtsträgers (§ 22 Abs. 2 GBO) vorzulegen. Ferner ist die **Unbedenklichkeitsbescheinigung** des zuständigen Finanzamts gem. §§ 22, 17 GrEStG vorzulegen. Etwa (noch) fehlende behördliche Genehmigungen (GrdstVG, BauGB, LBO etc.) führten weder nach § 132 S. 1 Alt. 3 UmwG a.F. noch nach dessen Aufhebung[156] nach Eintragung im Register des übertragenden Rechtsträgers nicht zur schwebenden Unwirksamkeit des Spaltungs- und Übernahmevertrages und nicht zur Zurückweisung des Eintragungsantrags, sondern lediglich dazu, dass hinsichtlich der betroffenen Grundstücke die Rechtsnachfolge (noch) nicht erfolgt und vom Grundbuchamt eine Zwischenverfügung zu erteilen ist.[157]

---

111 **Wichtig**

Eine unwirksame Verschmelzung ist nicht nach den Grundsätzen fehlerhafter gesellschaftlicher Akte (sog. fehlerhafte Gesellschaft) zu behandeln und führt auch nicht zur Haftung des übernehmenden Rechtsträgers.[158]

Wichtig

Die Klage gegen den übertragenden Rechtsträger hat bei einer Verschmelzung dann keine verjährungsunterbrechende Wirkung, wenn im Zeitpunkt der Einreichung der Klage dieser bereits erloschen war.[159]

---

6. Klagen gegen die Umwandlung
a) Klage vor Eintragung: Registersperre

112 Bei allen Handelsgesellschaften bedeutet die Klageerhebung durch den oder die überstimmten Anteilseigner vor der Eintragung der Umwandlung, dass die Handelsregistereintragung zunächst nicht erfolgen kann (**Eintragungssperre**) und damit die Umwandlung nicht wirksam wird (vgl. §§ 16, 26 Abs. 1, 125, 135 Abs. 1, 198 Abs. 3 UmwG). Entweder muss der Beschluss dann unter Vermeidung des Mangels wiederholt werden oder aber das Prozessgericht entscheidet im Eilverfahren darüber, dass die Klage unzulässig oder offensichtlich unbegründet ist.[160] Durch eine solche Eilentscheidung des Gerichts gem. § 16 Abs. 3 S. 3 Nr. 3 UmwG kann die Eintragungssperre, die in der Klageerhebung liegt, ebenfalls überwunden werden.[161] § 16 UmwG ist im Gegensatz zu § 246a AktG rechtsformunabhängig in allen Umwandlungsfällen anwendbar.[162] Nach dieser Vorschrift ergeht der **Freigabebeschluss,** wenn das alsbaldige Wirksamwerden der Verschmelzung vorrangig erscheint, weil die vom Antragsteller dargelegten wesentlichen Nachteile für die an der Verschmelzung beteiligten Rechtsträger und ihre Anteilsinhaber nach freier Überzeugung des Gerichts die Nachteile für den Antragsgegner überwiegen, es sei denn, es liegt eine besondere Schwere des Rechtsverstoßes vor. **„Offensichtliche Unbegründetheit"** i.S.v. § 16 Abs. 3 UmwG kann auch nicht angenommen werden, wenn die Rechtslage nicht eindeutig ist oder nur weil die Verzögerung der Eintragung durch die Klage der beklagten Gesellschaft hohe Kosten verursacht.[163] Das Interesse einer Gesellschaft an der alsbaldigen Wirksamkeit von Kapi-

---

156 Begr. zur Aufhebung des § 132 UmwG BT-Drucks 16/2919, 19.
157 Zur alten Rechtslage: LG Ellwangen EWiR 1996, 472.
158 BGH NJW 1996, 659.
159 BGH DStR 2002, 1773.
160 Zur Kausalität von Ladungsmängeln: BGH BB 1992, 1949; 1998, 338.
161 OLG Hamm AG 2011, 624; OLG Frankfurt/M. AG 2011, 624; OLG München ZIP 2010, 84.
162 KG NZG 2011, 1068.
163 OLG Karlsruhe EWiR 1998, 469.

talmaßnahmen, die dringend erforderlich sind, um sie finanziell zu sanieren, ist vorrangig, wenn die gerügten Rechtsverstöße nicht besonders schwer wiegen.[164] Nach anderer Auffassung soll aber eine Klage eines Gesellschafters mit einer Kleinstbeteiligung im Regelfall die Eintragungssperre nicht auslösen,[165] was jetzt zum 1.9.2009 durch das **neue „Bagatellquorum" in § 16 Abs. 3 Nr. Nr. 2 UmwG auch gesetzlich geregelt ist.** Der Betriebsrat ist in einem Klageverfahren gegen Umwandlungsbeschlüsse nicht parteifähig.[166]

b) Klage nach Eintragung

Mängel der Umwandlung nach der Eintragung im Handelsregister lassen die Wirksamkeit der **113** Umwandlung unberührt (§§ 20 Abs. 2, 36 Abs. 1, 131 Abs. 2, 135 Abs. 1, 202 Abs. 3 UmwG).[167] Klagen gegen die Wirksamkeit der Umwandlungsbeschlüsse bleiben aber zulässig (vgl. § 28 UmwG); sie können aber die Wirksamkeit der Umwandlung nicht mehr beseitigen.[168] Auch ein **Antrag auf Amtslöschung** nach §§ 397, 398 FamFG (früher § 144 Abs. 2 FGG) wegen Nichtbeachtung der Registersperre aus § 16 Abs. 2 UmwG soll unzulässig sein.[169] Allerdings bleiben gem. § 28 UmwG Klagen gegen die Wirksamkeit der Umwandlungsbeschlüsse zulässig, soweit nicht das Spruchverfahren (siehe dazu Rn 118 ff.) zu betreiben ist.

IV. Checklisten

1. Checkliste: Ablauf der Verschmelzung

114

– Aufstellung der Schlussbilanzen (§ 17 Abs. 2 UmwG)
– Erstellung des Verschmelzungsvertrages (§§ 46, 4 Abs. 1 UmwG)
  – ggf. Erstellung des Verschmelzungsvertragsentwurfes (§§ 46, 13 i.V.m. § 4 Abs. 2 UmwG)
– Berichterstattung durch die Vertretungsorgane (§ 8 Abs. 1 UmwG)
  – ggf. Verzicht aller Anteilseigner in notarieller Form gem. 8 Abs. 3 UmwG
– Bestellung der Verschmelzungsprüfer (§§ 48, 10 UmwG)
  – ggf. Verzicht gem. § 9 Abs. 3 i.V.m. § 8 Abs. 3 UmwG, notariell zu beurkunden
– Zuleitung des Verschmelzungsvertrages (bzw. -entwurfes) an den Betriebsrat (§§ 46, 5 Abs. 3 UmwG), mindestens einen Monat vor Beschlussfassung der Gesellschafterversammlung, gegen Zugangsnachweis (erforderlich zur Vorlage beim Registergericht)[170]
– Hinweis auf die Verschmelzung in den Bekanntmachungsorganen (nur wenn Aktiengesellschaften beteiligt sind, bzw. bei GmbH's Vorabinformation) (§ 61 UmwG)
– Einberufung der Gesellschafterversammlungen (§§ 50, 51 GmbHG, §§ 47, 49 UmwG)
– Offenlegung der Jahresabschlüsse der letzten drei Jahre (§ 49 UmwG)
– Beschluss zur Kapitalerhöhung (§§ 53, 54 UmwG)
  Zustimmungsbeschlüsse:
  – Zustimmung der aufnehmenden Gesellschaft (§§ 50, 13 UmwG; Ausnahme: § 63 UmwG) und Zustimmung der übertragenden Gesellschaft(en) (§§ 50, 13 UmwG)
– Beurkundung des Verschmelzungsvertrages (§ 6 UmwG)

---

164 KG AG 2010, 497.
165 LG Heilbronn EWiR 1997, 43; OLG Stuttgart ZIP 1997, 75.
166 OLG Naumburg GmbHR 1998, 382.
167 Ausnahme: Nichtigkeit der Umwandlung BGH ZIP 2001, 2006.
168 OLG München ZIP 2010, 927.
169 BGH NJW 2007, 224, OLG Hamm ZIP 2001, 569.
170 Siehe aber zu den arbeitsrechtlichen Aspekten bei Verschmelzungen Rn 141 ff.

– Anmeldung der Kapitalerhöhung (§§ 53 ff. GmbHG, § 55 UmwG)
– Eintragung der Kapitalerhöhung
– Anmeldung der Verschmelzung bei dem Register der übertragenden Gesellschaft(en) (§ 19 UmwG)
– Anmeldung der Verschmelzung bei dem Register der übernehmenden Gesellschaft
– Eintragung der Verschmelzung im Register der übertragenden Gesellschaft(en)
– Eintragung im Register der übernehmenden Gesellschaft (§§ 53, 20 UmwG)
– Veröffentlichung (§§ 22, 19 UmwG):
    – im Register der übertragenden Gesellschaft
    – im Register der übernehmenden Gesellschaft
– Mitteilung des Handelsregisters der übertragenden Gesellschaft an das Handelsregister der übernehmenden Gesellschaft (§ 19 UmwG)
– Ggf. Antrag auf Grundbuchberichtigung, soweit Grundvermögen vom übertragenden auf den übernehmenden Rechtsträger übergegangen ist
– Nachträgliche Maßnahmen:
    – evtl. Spruchverfahren (§ 34 UmwG) und evtl. Sicherheitsleistung (§ 22 UmwG)
    – evtl. Antrag auf Rubrumsberichtigung in anhängigen Prozessen
    – evtl. Titelumschreibung bei abgeschlossenen Verfahren.[171]

115 2. Checkliste: Ablauf der Abspaltung
– Entwurf eines Spaltungsplanes mit Anlagen (§§ 136, 126 UmwG)
– Berichterstattung durch die Vertretungsorgane des übertragenden Rechtsträgers (vgl. §§ 135 Abs. 1, 127, 8 Abs. 1 S. 2 bis 4, Abs. 2 und 3 UmwG)
    – ggf. Verzicht aller Gesellschafter in notarieller Form gem. § 8 Abs. 3 UmwG
– Spaltungsprüfung (vgl. § 125 i.V.m. §§ 9 bis 12; vgl. aber auch § 48 UmwG: „nur auf Verlangen eines Gesellschafters" und § 9 Abs. 3 UmwG)
– Zuleitung des Entwurfes des Spaltungsplanes an den Betriebsrat des übertragenden Rechtsträgers spätestens einen Monat vor dem Spaltungsbeschluss gegen Zugangsnachweis (§§ 135 Abs. 1, 126 Abs. 3 UmwG);
    – ggf. Einschaltung des Wirtschaftsausschusses nach § 106 Abs. 2 und 3 BetrVG
– Einberufung der Gesellschafterversammlung (Spaltungsbeschluss):
– Zuleitung des Entwurfes des Spaltungsplanes an die Gesellschafter zusammen mit der Einberufung der Versammlung (§§ 125, 47 UmwG)
    – Formulierung des Tagesordnungspunktes „Ankündigung der Spaltung als Gegenstand der Beschlussfassung" (vgl. §§ 125, 49 Abs. 1 UmwG)
    – Auslage der Jahresabschlüsse und Lageberichte des übertragenden Rechtsträgers für die letzten drei Jahre in den Geschäftsräumen der Gesellschaft zur Einsichtnahme durch die Gesellschafter (§§ 125, 49 Abs. 2 UmwG)
– Notarielle Beurkundung des Spaltungsplanes (§§ 136, 125, 6 UmwG) mit Neugründung des übernehmenden Rechtsträgers und anschließend notarielle Beurkundung des Spaltungsbeschlusses (§§ 125, 50, 51 und 13 Abs. 3 UmwG)
– Anmeldung der neuen Gesellschaft (§ 137 Abs. 1 UmwG) und der Vertretungsorgane nebst folgenden Anlagen zur Anmeldung (vgl. § 135 Abs. 2 UmwG):
    – notariell beurkundeter Spaltungsplan
    – Spaltungsbeschluss (ggf. mit Zustimmung der Inhaber von Sonderrechten)

---

171 OLG Frankfurt/M. BB 2000, 1000.

Spieker

- Sachgründungsbericht (§ 138 UmwG) mit besonderem Inhalt (vgl. § 125 i.V.m. § 58 UmwG)
- weitere Anlagen, soweit nach allgemeinem Gründungsrecht erforderlich (§ 135 Abs. 2 UmwG i.V.m. § 8 GmbHG)
- Satzung der neuen Gesellschaft(en)
- Eintragung der neuen Gesellschaft mit dem Wirksamkeitsvorbehaltsvermerk nach § 130 Abs. 1 S. 2 und Eintragung der Organe der neuen Gesellschaft; anschließend Mitteilung nach § 137 Abs. 3 S. 1 UmwG an das Registergericht des übertragenden Rechtsträgers
- Anmeldung der Spaltung zugleich mit Anmeldung des/der neuen Rechtsträger(s)
  - Eintragung erst nach Mitteilung gem. § 137 Abs. 3 S. 1 UmwG über die Eintragung der neuen Gesellschaft
- Zusätzlich ist eine Schlussbilanz für den übertragenden Rechtsträger vorzulegen (vgl. §§ 125, 17 Abs. 2 UmwG)
- Ggf. Antrag auf Grundbuchberichtigung bei Übergang von Grundbesitz im Rahmen der Abspaltung unter Vorlage einer beglaubigten Abschrift von Spaltungsplan und entsprechenden (Handels-) Registereintragungen. Sonstige Übertragungsvoraussetzungen nach allgemeinen Vorschriften und die Nachweise darüber in grundbuchamtlicher Form sind dabei zu berücksichtigen (vgl. § 132 UmwG a.F.)

3. Checkliste: Ablauf des Formwechsels 116

- Rechtzeitige und zutreffende Beteiligung eines etwaigen Aufsichtsrates/Beirates
- Bei Formwechsel einer GmbH in eine GmbH & Co.: Gründung der späteren Komplementär-GmbH und deren Beitritt zur umzuwandelnden GmbH auf der Grundlage eines auflösend bedingten Treuhandvertrages mit aufschiebend bedingter Rückabtretung der Kapitalbeteiligung
- Erstellung des Umwandlungsberichts (§ 192 i.V.m. § 8 Abs. 1 S. 2–4, Abs. 2 UmwG)
  - Erläuterung des Formwechsels und der künftigen Beteiligung der Anteilsinhaber in rechtlicher und wirtschaftlicher Hinsicht
  - Erläuterung etwaiger Schwierigkeiten der Bewertung
  - Erläuterung etwaiger Geheimhaltungsinteressen (§ 8 Abs. 2 UmwG)
  - Beifügung des Umwandlungsbeschlusses im Entwurf (Mindestinhalt: § 194 UmwG)
- Zuleitung des Entwurfs des Umwandlungsbeschlusses an den zuständigen Betriebsrat gegen Zugangsnachweis mindestens einen Monat vor Beschlussfassung der Gesellschafterversammlung (§ 194 Abs. 2 UmwG)
- Form- und fristgerechte Einladung zur Gesellschafterversammlung (ggf. einstimmiger Verzicht aller Gesellschafter darauf in Beschlussfassung aufnehmen)
- Umwandlungsbeschluss in notarieller Form unter Beachtung der Gründungsvorschriften (§ 197 UmwG) und der Firmierungsvorschriften (§ 200 UmwG); Beachtung etwaiger Genehmigungserfordernisse/Gesellschaftersonderrechte (§ 193 Abs. 2 UmwG)
- Anmeldung des Formwechsels zum Register (soweit vorhanden) des formwechselnden Rechtsträgers (§ 198 Abs. 1 UmwG); nebst Versicherung gem. § 16 Abs. 2 UmwG (Negativerklärung/Klageverzichte)
  - andernfalls: Anmeldung zum Register des neuen Rechtsträgers (§ 198 Abs. 2 S. 1 UmwG)
  - beim registerwechselnden Formwechsel oder bei Sitzverlegung: Anmeldung zu beiden Registern (§ 198 Abs. 2 bis 4, S. 2 UmwG)
- Registereintragung (mit Vermerk gem. § 198 Abs. 2 S. 3 UmwG)
- Bekanntmachung (§ 201 UmwG)
- Ggf. formfreie Grundbuchberichtigungsanträge, falls Grundbesitz vorhanden ist.

Spieker

– Für die bloße Richtigstellung des Grundbuchs (keine Unrichtigkeit i.S.d. § 22 GBO, da
  die Identität des Rechtsträgers gewahrt ist), ist nach h.M. nicht die Form des § 29 GBO
  zu wahren.[172] Es soll der Nachweis im Wege des Freibeweises ausreichen.
– Nachträgliche Maßnahmen
  – evtl. Titelumschreibung bei abgeschlossenen Verfahren.[173]

V. Schutz der Anteilsinhaber und Inhaber von Sonderrechten

117 Mit der Umwandlung sind in der Regel tief greifende Änderungen der Rechtsnatur und des Inhalts der Anteilsinhaberschaft/Mitgliedschaft und/oder der Rechtsstellung der Anteilsinhaber
verbunden. Gleiches gilt für den Inhalt bzw. Bestand von Sonderrechten. Zum Schutz der Anteilsinhaber bzw. Sonderrechtsinhaber hat das Umwandlungsgesetz verschiedene Schutzmechanismen vorgesehen.

1. Gerichtlicher Rechtschutz

118 Der gerichtliche Rechtschutz der Anteilsinhaber/Inhaber von Sonderrechten wird in **zwei verschiedenen Verfahrensarten** gewährt. Einerseits können Klagen gegen die Wirksamkeit von
Umwandlungsbeschlüssen an sich zum zuständigen Zivilgericht (Landgericht) erhoben werden,
andererseits kann wegen eines zu niedrig bemessenen Umtauschverhältnisses oder zu niedrig
bemessenem Gegenwert der Mitgliedschaft beim übernehmenden Rechtsträger das Spruchverfahren nach dem FGG eingeleitet werden. Dies gilt für alle Umwandlungsarten und für alle beteiligten Rechtsformen.

119 Das **Klagerecht** ist aber in zweierlei Hinsicht eingeschränkt:
– Klagen können nur innerhalb eines Monats nach der Beschlussfassung erhoben werden
  (§§ 14 Abs. 1, 36 Abs. 1, 125, 195 Abs. 1 UmwG). Dies entspricht der schon im Aktienrecht ver-
  ankerten **Anfechtungsklagefrist** (§ 246 Abs. 1 AktG), die nach der Rechtsprechung des
  Bundesgerichtshofs[174] im Regelfall auch im GmbH-Recht für die Anfechtung von Gesellschafterbeschlüssen entsprechend herangezogen werden können soll, zumindest dann,
  wenn der Gesellschafter um die Beschlussmängel weiß,im Gegensatz zu Entsperrung gem.
  § 246a AktG, die nicht analog auf Fälle außerhalb des Umwandlungsrechts angewendet
  werden soll.[175]
– Anfechtungsklagen gegen Umwandlungsbeschlüsse sind aber auch insoweit inhaltlich eingeschränkt, als die Wirksamkeit des Umwandlungsbeschlusses durch Klage nicht mit der
  Begründung angegriffen werden kann, dass das **Umtauschverhältnis** der Anteile zu niedrig bemessen sei oder die Mitgliedschaft bei dem übernehmenden Rechtsträger keinen ausreichenden Gegenwert darstelle (§§ 14 Abs. 2, 36 Abs. 1, 125, 195 Abs. 2 UmwG). In diesen Fällen ist nur das sog. Spruchverfahren im Rahmen der freiwilligen Gerichtsbarkeit zu
  führen.[176]

120 Das **Spruchverfahren** hat einerseits den Zweck, Umwandlungen trotz möglicher Angriffe der
Anteilseigner durchführen zu können und andererseits **rechtsmissbräuchliche Anfechtungs-**

---

172 Zur Grunderwerbsteuerfreiheit BFH DStR 1997, 112.
173 Beim identitätswahrenden Formwechsel ist jedoch die Umschreibung zugunsten des formwechselnden
Rechtsträgers grundsätzlich nicht erforderlich: BGH ZIP 2004, 723; BGH DGVZ 2004, 73.
174 BGH GmbHR 1990, 344.
175 KG NZG 2011, 1068.
176 BGH ZIP 2001, 412; 2002, 217; SpruchG v. 12.6.2003, BGBl 2003 I, 838; RegE SpruchG BT-Drucks 15/371.

klagen von Anteilseignern, die in den vergangenen Jahren für Furore gesorgt und Umwandlungsvorgänge massiv behindert haben, abzuwehren.[177] Im Spruchverfahren können die Anteilsinhaber der übertragenden Rechtsträger die Angemessenheit der ihnen zugewiesenen neuen Beteiligung, den Wert der neuen Mitgliedschaft oder den Wert der Gegenleistung oder des Abfindungsanspruchs mit dem Ziel einer Verbesserung überprüfen lassen (§§ 15, 125, 176 Abs. 1, 177 Abs. 1, 196 UmwG).[178] Mit dem In-Kraft-Treten des SpruchG[179] sind gleichzeitig die **Vorschriften der §§ 305 bis 312 UmwG aufgehoben** worden, die bis dahin in Umwandlungsfällen nähere Bestimmungen zum Spruchverfahren enthielten. Im Spruchverfahren muss der Antragsteller seine Stellung als Gesellschafter (Antragsberechtigung) innerhalb der Anspruchsbegründungsfrist lediglich darlegen, nicht auch nachweisen.[180] Der Nachweis über die Eintragung im Aktienregister kann nach Auffassung des OLG Frankfurt/M. auch noch im Beschwerdeverfahren nachgereicht werden, wenn das Spruchverfahren dadurch nicht verzögert wird.[181]

2. Anspruch auf Barabfindung

Verändert sich die Rechtsnatur der Beteiligung (Gesellschaftsanteil, Geschäftsanteil, Mitgliedschaft) des Anteilsinhabers im Rahmen der Umwandlung, dann steht den Anteilsinhabern, die gegen den Umwandlungsbeschluss **Widerspruch** zur Niederschrift im **Versammlungsprotokoll** erklärt haben, ein Anspruch auf Barabfindung (§§ 29, 30, 31, 34, 36 Abs. 1 S. 1, 125, 135 Abs. 1 S. 1, 176 Abs. 1, 177 Abs. 1, 207 bis 212 UmwG) zu. Das **Abfindungsangebot** muss bereits im Umwandlungsvertrag/-plan und im Entwurf des Umwandlungsbeschlusses ausdrücklich vorgesehen sein und es muss soweit eine **Umwandlungsprüfung** stattfindet, auch von den Umwandlungsprüfern geprüft werden (§§ 30, 208 UmwG). Auf die Prüfung kann verzichtet werden; ob auch auf das Abfindungsangebot selbst verzichtet werden kann, ist streitig. Insoweit wird auch die Meinung vertreten, dass dann, wenn vorher bekannt ist, dass kein Gesellschafter dem Beschluss widersprechen werde, auf die Formulierung des Abfindungsangebotes verzichtet werden könne und dieser Verzicht dann im Protokoll über den Gesellschafterbeschluss formgerecht mit beurkundet werde. Die Höhe des notwendigen Abfindungsangebotes[182] ergibt sich aus § 30 UmwG. Der einer angemessenen Abfindung zugrunde zu legende Börsenwert einer Aktie ist grundsätzlich aufgrund eines nach Umsatz gewichteten Durchschnittskurses innerhalb einer dreimonatigen Referenzperiode vor der Bekanntmachung einer Strukturmaßnahme zu ermitteln. Damit hat der BGH seine frühere Rechtsprechung ausdrücklich aufgegeben, wonach auf den Tag der Strukturmaßnahme abzustellen ist. Wenn zwischen der Bekanntgabe der Strukturmaßnahme und dem Tag der Hauptversammlung ein längerer Zeitraum verstreicht und die Entwicklung der Börsenkurse eine Anpassung geboten erscheinen lässt, ist der Börsenwert entsprechend der allgemeinen oder branchentypischen Wertentwicklung unter Berücksichtigung der seitherigen Kursentwicklung hochzurechnen.[183] Diese aktienrechtlichen Grundsätze zur Berücksichtigung des Börsenkurses[184] sind auch für umwandlungsrechtliche Abfindungsangebote zumindest entsprechend anzuwenden.[185]

121

---

177 RegE SpruchG, BT-Drucks 15/371, 1ff., 11f.; BGH ZIP 2001, 412; OLG Frankfurt/M. EWiR 1996, 187.
178 BGH NZG 2010, 1344.
179 SpruchG v. 12.6. 2003, BGBl I 2003, 838.
180 BGH DStR 2008, 1932.
181 OLG Frankfurt/M. NZG 2008, 435 = ZIP 2008, 1039.
182 OLG Düsseldorf ZIP 2000, 1525; LG Dortmund ZIP 2001,739; ähnlich zum AktG: BGH ZIP 2001, 734.
183 BGH NZG 2010, 939.
184 BVerfG DB 1999.
185 BVerfG NZG 2011, 869; zum früheren Meinungsstreit: LG Dortmund ZIP 2001,739; OLG Düsseldorf ZIP 2000, 1525.

3. Gewährung von Anteilen/Mitgliedschaftsrechten
a) Gesetzlicher Grundfall

122 Der vom Gesetz vorgesehene Regelfall der Umwandlung besteht selbstverständlich nicht darin, dass die Anteilsinhaber der übertragenden Rechtsträger gegen Barabfindung ausscheiden, sondern darin, dass ihnen Anteile/Mitgliedschaften am neuen Rechtsträger gewährt werden, soweit dies nach der Art der Umwandlung und der Rechtsform möglich ist (beispielsweise nicht bei der Ausgliederung). Dies ergibt sich

- für die Verschmelzung aus § 5 Abs. 1 Nr. 2,
- für die Spaltung aus §§ 135, 126 Abs. 1 Nr. 2
- und für den Formwechsel aus §§ 194 Abs. 1 Nr. 3 und Nr. 4, 202 Abs. 1 Nr. 2 UmwG.

b) Bewertungsfragen: Umtauschverhältnis, Abfindung, bare Zuzahlungen

123 Gesetzliche Regelungen darüber, wie die Bewertung vorzunehmen ist, enthält das UmwG 1995 nicht. Soweit das Umtauschverhältnis der Anteile zu niedrig bemessen ist oder die Mitgliedschaft bei dem übernehmenden Rechtsträger keinen ausreichenden Gegenwert für den Anteil oder die Mitgliedschaft bei dem übertragenden Rechtsträger für den Anteilsinhaber darstellt, besteht Anspruch auf bare Zuzahlung,

- für die Verschmelzung gem. §§ 5 Abs. 1 Nr. 3, 15 UmwG,
- für die Spaltung gem. §§ 126 Abs. 1 Nr. 3, 135 Abs. 1, 15 UmwG
- und für den Formwechsel gem. § 196 UmwG.

124 Die **baren Zuzahlungen** dürfen bei einer GmbH oder AG den zehnten Teil des Gesamtnennbetrages der gewährten Anteile nicht übersteigen (§ 54 Abs. 4 UmwG – GmbH –, § 68 Abs. 3 UmwG – AG –). Allerdings kann bei gerichtlicher Neufestsetzung bzw. Erhöhungen im Rahmen des Spruchverfahrens diese 10%-Grenze durch das Gericht überschritten werden (§ 15 Abs. 1 UmwG[186]).

125 Bei dem Beschluss der Hauptversammlung einer AG über die Umwandlung in eine KGaA haben nach der Auffassung des OLG Schleswig die Inhaber stimmrechtsloser Vorzugsaktien jedenfalls dann kein Stimmrecht, wenn kein Fall der §§ 140 Abs. 2 S. 1, 141 Abs. 1 und 2 AktG vorliegt. In dem Umstand, dass das Gewicht des künftig nach § 140 Abs. 2 S. 1 AktG möglicherweise entstehenden Stimmrechts der Vorzugsaktionäre rechtsformbedingt in der KGaA geringer ist, liege keine Beschränkung des Vorzugs.[187]

c) Nicht verhältniswahrende Umwandlungen

126 Das UmwG geht von dem Regelfall der „**Wahrung der Beteiligungsidentität**" aus, wonach die Gesellschafter/Anteilseigner an der übernehmenden Gesellschaft im gleichen Verhältnis beteiligt werden, wie in der übertragenden Gesellschaft. Abweichende Beteiligungsregelungen sollen aber möglich sein, dies ergibt sich für die Spaltung bereits unmittelbar aus § 128 UmwG. § 128 UmwG schreibt bei einer „nicht verhältniswahrenden Spaltung" aber ein Zustimmungserfordernis aller Anteilsinhaber des übertragenden Rechtsträgers vor. Durch die „nicht verhältniswahrende" Spaltung ergibt sich insbesondere die Möglichkeit, Gesellschafterstämme zu trennen, beispielsweise bei Streitsituationen.[188]

127 Zu beachten ist aber, dass die **„nicht verhältniswahrende" Spaltung** nur die Anteilsverteilung in der übernehmenden Gesellschaft betrifft. Soweit auch die Anteile in der übertragenden

---

186 OLG Stuttgart WM 2010, 173.
187 OLG Schleswig ZIP 2007, 2162.
188 LG Essen ZIP 2002, 893.

Spieker

Gesellschaft neu verteilt oder getrennt werden sollen, ist eine Anteilsübertragung (insbesondere Anteilstausch) oder eine Einziehung der Anteile erforderlich. Ob dies steuerneutral geschehen kann, ist im Einzelfall sehr sorgfältig zu prüfen.

d) Beteiligung Dritter am Umwandlungsvorgang

Im Rahmen der Umwandlung, insbesondere bei Formwechsel oder Spaltung, können Dritte, also **128** Rechtsträger, die bisher nicht Gesellschafter/Mitglied waren, nicht unmittelbar an der neu gegründeten Gesellschaft beteiligt werden. Die Praxis wird hier in der Regel mit **Übertragungen** (Abtretungen) arbeiten, die auf den Zeitpunkt des Wirksamwerdens der Umwandlung **aufschiebend bedingt** sind. Auch in diesem Fall sind die steuerlichen Folgen sehr sorgfältig zu prüfen.

Alternativ sollte überlegt werden, ob nicht der „Dritte" noch vor der Umwandlung Mitge- **129** sellschafter/Mitglied des übertragenden Rechtsträgers wird, um eine steuerneutrale Umwandlung und seine unmittelbare Beteiligung an dem übernehmenden Rechtsträger zu ermöglichen. Voraussetzung dabei ist selbstverständlich, dass der Gesellschaftsvertrag/die Satzung dies zulässt bzw. etwa erforderliche Beschlussfassungen der Gesellschafterversammlung und Zustimmungserklärungen der Mitgesellschafter oder Sonderrechtsinhaber dazu erfolgen.

4. Minderheitenschutzrechte

Durch das neue Umwandlungsrecht sind die Rechte der (Minderheits-)Gesellschafter gegenüber **130** dem früheren Rechtszustand deutlich verbessert worden. Zu nennen sind beispielhaft:
– Pflicht der Vertretungsorgane zur Erstellung eines umfangreichen Umwandlungsberichts (§ 8 UmwG),
– Anspruch auf Verschmelzungsprüfung (§ 48 UmwG),
– mindestens qualifizierte Mehrheit (¾) für den Zustimmungsbeschluss, soweit die Satzung/der Gesellschaftsvertrag nicht eine größere Mehrheit vorschreibt (§ 50 Abs. 1 UmwG),
– Einstimmigkeitserfordernis der Gesellschafter des übertragenden Rechtsträgers, wenn bei der übernehmenden GmbH die Geschäftseinlagen nicht voll eingezahlt sind (§ 51 UmwG),
– Zustimmungserfordernis für Sonderrechtsinhaber (§ 50 Abs. 2 UmwG), wobei die Zustimmung nicht anwesender Sonderrechtsinhaber in notarieller Form ggf. nachgeholt werden muss.
– Anspruch auf Barabfindung bei Nichtbereitschaft zur Fortsetzung der Beteiligung an dem neuen Rechtsträger nach Umwandlung,
– Rechtsschutzgewährung über das Anfechtungsklage- und das Spruchverfahren.

Mit der umfassenden **Annahme des Barabfindungsangebots** scheidet der Anteilseigner gemäß **131** § 29 Abs. 1 S. 3 UmwG aus dem Rechtsträger aus. Damit ist dann auch seine Antragsbefugnis für ein Spruchverfahren erloschen.[189] Der Ausschluss des Anfechtungsklageverfahrens gegen den Umwandlungsbeschluss bei zu niedrigen, nicht ordnungsgemäßen oder fehlenden Barabfindungsangeboten gilt nach der Rechtsprechung des BGH auch insoweit, als der Anteilsinhaber die **Verletzung von Informations-, Auskunfts- und Berichtspflichten** im Zusammenhang mit dem Barabfindungsangebot geltend macht.[190] Ansonsten führt ein nicht ordnungsgemäßer Bericht in der Regel aber zur Anfechtbarkeit des Umwandlungsbeschlusses.[191]

---

189 OLG Düsseldorf ZIP 2001, 158; LG Dortmund ZIP 2000, 1110.
190 BGH ZIP 2001, 412.
191 OLG Frankfurt ZIP 1997, 1291; LG München I DB 2000, 267.

5. Organhaftung

132 Bei **schuldhaftem Fehlverhalten** haften die Vertretungsorgane der Rechtsträger, die an der Umwandlung beteiligt sind, den Anteilsinhabern unmittelbar auf Schadenersatz (§§ 25 bis 27, 36 Abs. 1 S. 1, 125, 176 Abs. 1, 177 Abs. 1, 205, 206 UmwG). Vorläufer dieser Vorschriften waren die §§ 349 bis 351 AktG.

6. Schutz der Sonderrechtsinhaber

133 Das Umwandlungsgesetz regelt darüber hinaus auch den Schutz der Inhaber von Sonderrechten, insbesondere solcher Sonderrechtsinhaber, die kein Stimmrecht haben (stimmrechtslose Anteile, Inhaber von Genussrechten und Wandel- und Gewinnschuldverschreibungen). Insoweit soll ein „**Verwässerungsschutz**" gewährt werden (§§ 23, 36 Abs. 1 S. 1, 125, 133, 204 UmwG). Ihnen sollen beim übernehmenden Rechtsträger gleichwertige Rechte eingeräumt werden.

VI. Gläubigerschutz

134 Der Schutz der Gläubiger der beteiligten Rechtsträger bei Umwandlungsvorgängen im Umwandlungsrecht wird durch **drei Schutzmechanismen** herbeigeführt, nämlich
– die gesamtschuldnerische Haftung der beteiligten Rechtsträger,
– den Anspruch auf Sicherheitsleistung und
– die Organhaftung der Vertretungsorgane der beteiligten Rechtsträger.

135 Das Umwandlungsgesetz ist dabei in engem sachlichen und zeitlichen Zusammenhang mit dem sog. **Nachhaftungsbegrenzungsgesetz**[192] zu sehen. Daneben sind natürlich auch die Kapitalaufbringungs-/-erhaltungsvorschriften im Rahmen der Umwandlungsvorgänge „gläubigerschützend". Eine echte Gesellschafter-Kapitalaufbringungshaftung ist aber nicht vorgesehen. Stellt sich nach der Verschmelzung zweier Aktiengesellschaften mit Kapitalerhöhung (§ 69 UmwG) heraus, dass der Wert der übertragenden Gesellschaft hinter dem geringsten Ausgabebetrag der dafür ausgegebenen Aktien der übernehmenden Gesellschaft zurückgeblieben war, sind die Aktionäre der übertragenden Gesellschaft aber nicht verpflichtet, die Wertdifferenz in bar einzuzahlen. Für eine entsprechende Anwendung der §§ 56 Abs. 2, 9 Abs. 1 GmbHG auf diesen Fall ist kein Raum.[193]

1. Gesamtschuldnerische Haftung

136 Bei der Verschmelzung und bei der Vermögensübertragung handelt es sich um Formen der Vollübertragung. Der bisherige Rechtsträger erlischt. Die komplette **bisherige Haftungsmasse** befindet sich beim übernehmenden Rechtsträger. Dieser tritt im Rahmen der Gesamtrechtsnachfolge in die Haftung des übertragenden Rechtsträgers ein.[194]

137 Ähnlich liegen die Verhältnisse beim **Formwechsel.** Hier vollzieht sich zwar kein Vermögensübergang durch Gesamtrechtsnachfolge. Der formwechselnd umgewandelte Rechtsträger bleibt jedoch mit der gesamten Haftungsmasse als Zugriffsobjekt für die Gläubiger bestehen.[195] Soweit es sich bei dem Rechtsträger vor dem Formwechsel um eine Personenhandelsgesellschaft

---

192 BGBl I 1994, 560 ff.
193 OLG München ZIP 2005, 2108.
194 BGH DStR 2002, 1773; BAG ZIP 2005, 772; BAG GmbHR 1998, 1234.
195 BGH DStR 2005, 1539.

gehandelt hat, bleibt die persönliche Haftung der OHG-Gesellschafter (§ 128 HGB) bzw. der persönlich haftenden Gesellschafter der KG (§§ 161 Abs. 2, 128 HGB) für bestehende Verbindlichkeiten bestehen. Allerdings ist durch das Nachhaftungsbegrenzungsgesetz i.V.m. § 224 UmwG die persönliche Haftung **auf fünf Jahre begrenzt** worden, und zwar beginnend mit dem Tage, an dem die Eintragung der neuen Rechtsform oder des Rechtsträgers neuer Rechtsform in das Register bekannt gemacht worden ist.

Bei der Spaltung sind die Gläubigerinteressen selbstverständlich deutlicher berührt, da die **138** Zuteilung der Vermögensmassen im Rahmen der Spaltung mehr oder weniger willkürlich durch die beteiligten Rechtsträger vorgenommen werden kann. Das Gesetz hat deshalb in § 133 Abs. 1 S. 1 UmwG **gesamtschuldnerische Haftung aller an der Spaltung beteiligten Rechtsträger** vorgesehen. Diejenigen Rechtsträger, denen Verbindlichkeiten im Spaltungs- und Übernahmevertrag nicht zugewiesen worden sind, haften aber im Rahmen dieser gesamtschuldnerischen Haftung nur, wenn die Verbindlichkeiten vor Ablauf von fünf Jahren nach der Spaltung fällig werden und daraus Ansprüche gegen sie gerichtlich geltend gemacht worden sind (§ 133 Abs. 3 UmwG). Der **Fristbeginn** wird wiederum berechnet ab Bekanntmachung der Eintragung der Spaltung im Register des Sitzes des übertragenden Rechtsträgers (§ 133 Abs. 4 UmwG). Auch für die Haftung gegenüber Sonderrechtsinhabern, die Ansprüche nach §§ 125. 23 UmwG haben, ist die Nachhaftung auf diese Fünf-Jahres-Frist begrenzt (§ 133 Abs. 6 UmwG). Eine klare Regelung für **„vergessene" Verbindlichkeiten** im Rahmen des Spaltungsvertrages/-planes enthält das UmwG 1995 aber nicht. Für vor dem Wirksamwerden der Spaltung begründete Versorgungsanwartschaften nach dem BetrAVG beträgt die Frist zehn Jahre (§ 133 Abs. 3 UmwG).[196]

2. Sicherheitsleistung

Bei allen Spaltungsarten besteht ein Anspruch der Gläubiger, die noch nicht fällige Ansprüche **139** haben, auf Bestellung von Sicherheitsleistung, wenn sie glaubhaft machen, dass durch die Umwandlung die **Erfüllung ihrer Forderungen gefährdet** ist. Diese **Glaubhaftmachung** kann mit den allgemeinen zivilprozessualen Mitteln erfolgen, insbesondere durch eidesstattliche Versicherung (§ 294 ZPO). Im Rahmen der Bekanntmachung der Eintragung der Umwandlung ist auf dieses Recht der Gläubiger hinzuweisen. Nach der früheren Rechtsprechung des BGH zu § 26 Abs. 1 S. 1 KapErhG sollte die abstrakte Gefahr einer Erhöhung des Erfüllungsrisikos des Gläubigers das Sicherungsverlangen bereits rechtfertigen können.[197] Bei **Dauerschuldverhältnissen** soll aber nicht die ganze Restlaufzeit maßgebend für die Höhe der Sicherheitsleistung sein, sondern ein konkret zu bestimmendes Sicherungsinteresse des Gläubigers.[198] Voraussetzung für den Anspruch auf Bestellung der Sicherheit ist weiterhin, dass die Gläubiger binnen sechs Monaten ab Bekanntmachung der Eintragung ihren Anspruch nach Grund und Höhe schriftlich anmelden.

3. Haftung der Vertretungsorgane

Die Vertretungsorgane der an der Umwandlung beteiligten Rechtsträger haften nicht nur – wie **140** erwähnt – gegenüber den Gesellschaftern/Anteilsinhabern, sondern auch gegenüber den Gläubigern der beteiligten Rechtsträger im Falle **schuldhafter Gesetzesverletzungen** unmittelbar und persönlich (§§ 25, 36 Abs. 1 S. 1, 125, 176 Abs. 1, 177 Abs. 1, 205, 206 UmwG).

---

196 Zur Ausgliederung von Versorgungsverbindlichkeiten: BAG NZA 2009, 790; NZA 2005, 639.
197 BGH ZIP 1996, 705.
198 BGH ZIP 1996, 705.

VII. Arbeitsrechtliche Aspekte der Umwandlung

141 Das Umwandlungsrecht enthält wichtige arbeitsrechtliche Regelungen, die die Interessen der betroffenen Arbeitnehmer und ihrer Vertretungen bei Umwandlungen berücksichtigen sollen und zwar neben den allgemeinen arbeitsrechtlichen Regelungen zum Schutz der Arbeitnehmer und ihrer Vertretungen.

142 Die Nichtberücksichtigung arbeitsrechtlicher Aspekte in der Entwurfsphase, also in der Phase des Umwandlungsvorgangs, in dem der Umwandlungsvertrag, Umwandlungsplan und Umwandlungsbeschluss entworfen werden, stellt einen Hauptgrund für die Unwirksamkeit des späteren Umwandlungsvorgangs dar. Dieser Aspekt wird in der Praxis leider viel zu häufig vernachlässigt. Fehler in diesem Bereich sind, insbesondere im Hinblick auf die gesetzlich vorgegebenen Fristen, in aller Regel auch nicht mehr heilbar.[199]

143 **Wichtig**

Einem **Betriebsrat** fehlt aber in einem Verfahren auf Feststellung der Nichtigkeit eines Umwandlungsbeschlusses nach dem Umwandlungsgesetz bereits die **Parteifähigkeit,** weshalb seine derartige Klage als unzulässig abzuweisen ist.[200]

1. Informationsrechte des Betriebsrates nach dem UmwG

144 Zum Schutz der Arbeitnehmerinteressen/Interessen der Arbeitnehmervertretungen gilt sowohl für den Verschmelzungsvertrag als auch für den Spaltungs-/Übernahmevertrag (bzw. Spaltungsplan) und für den Umwandlungsbeschluss, dass der Vertrag (oder sein Entwurf), dem zuständigen Betriebsrat/den zuständigen Betriebsräten des/der beteiligten Rechtsträger zugeleitet werden muss (§§ 5 Abs. 3, 125 Abs. 3, 194 Abs. 2 UmwG). Sofern also in dem Betrieb des umzuwandelnden Unternehmens bzw. in den Betrieben der an der Umwandlung beteiligten Rechtsträger ein Betriebsrat besteht, muss dem zuständigen Betriebsrat bzw. den zuständigen Betriebsräten **spätestens einen Monat**[201] vor der Versammlung der Anteilseigner, in der Beschluss über den Umwandlungsvorgang gefasst wird, der Umwandlungsvertrag bzw. -plan, zumindest in der Entwurfsfassung, vorgelegt werden. Ist – bei mehreren betriebsratgebundenen Betrieben in einem Unternehmen – ein **Gesamtbetriebsrat** vorhanden und vom Umwandlungsvorgang betroffen, so ist auch dieser rechtzeitig in der Monatsfrist ordnungsgemäß zu informieren.[202] Der Betriebsrat/die Betriebsräte soll(en) dadurch die Möglichkeit bekommen, noch auf Änderungen zugunsten der Arbeitnehmerschaft bzw. auf Regelungen zur Milderung der Folgen für die Arbeitnehmerschaft hinzuwirken (§§ 5 Abs. 1 Nr. 9, 126 Abs. 1 Nr. 11, 194 Abs. 1 Nr. 7 UmwG). Dem Betriebsrat ist, sofern vorhanden, eine beglaubigte Abschrift oder Ausfertigung des notariellen Vertrages, oder der Entwurf zu überreichen.

145 **Wichtig**

Die instanzgerichtliche Rechtsprechung hat dazu inzwischen schon klargestellt, dass eine bloß schlagwortartige Darstellung der Folgen des Umwandlungsvorgangs für die Arbeitnehmer und ihre Vertretungen nicht ausreicht, sondern vielmehr alle **negativen und positiven Folgen** und die dazu vorgesehenen Maßnahmen ausreichend präzise darstellt werden müssen.[203]

---

199 AG Duisburg GmbHR 1996, 372.
200 OLG Naumburg GmbHR 1998, 382.
201 §§ 5 Abs. 3, 125 Abs. 3, 194 Abs. 2 UmwG.
202 *Arens/Spieker*, Umwandlungsrecht, 1996, 77, Rn 216.
203 OLG Düsseldorf ZIP 1998, 1190.

Spieker

Es muss sich nach wohl h.M. um den Entwurf handeln, der später Gegenstand der Beschlussfas- **146** sung ist und mit dem beurkundeten Vertrag identisch ist. Inwieweit nach Vorlage des Entwurfs an den Betriebsrat **noch inhaltliche oder redaktionelle Änderungen zulässig sind**, ist noch weitgehend ungeklärt. Teilweise wird jegliche Änderung für unzulässig gehalten, teilweise sollen nur Abweichungen durch die Korrektur von Schreibfehlern zulässig sein, teilweise wird zwischen wichtigen und unwichtigen Bestandteilen der Urkunde unterschieden, teilweise werden alle nachträgliche Änderungen für zulässig gehalten, die weder für die Struktur des Unternehmens noch für die Interessen der Belegschaft wesentlich sind.[204] Nach inzwischen wohl herrschender Meinung soll der Betriebsrat aber zumindest auf die **Einhaltung der Monatsfrist** durch Erklärung gegenüber dem Registergericht **verzichten können**, wohl aber **nicht** auf die Vorlage der Umwandlungsurkunde als solcher bzw. deren Entwurf.[205]

Die Tatsache, dass dieser **Informationspflicht** spätestens einen vollen Monat vor der Be- **147** schlussfassung der Anteilseigner **genüge geleistet wurde**, ist im Rahmen der Anmeldung der Umwandlung zum Handelsregister **dem Registergericht nachzuweisen**. Dies kann nach den Handhabungen der Praxis entweder durch eine entsprechende eidesstattliche Versicherung der Vertretungsorgane geschehen, die die Umwandlung zum Register anmelden bzw., was in der Praxis sicherlich zu bevorzugen ist, durch eine entsprechende, mit Datum versehende Quittung der beteiligten Betriebsräte, vertreten durch die jeweiligen Betriebsratvorsitzenden.[206]

Fehler in dem vorstehend beschriebenen Bereich, also unterlassene, nicht fristgemäße oder **148** nicht vollständige Informationserteilung an die Betriebsräte und nicht ausreichende Darstellung in den Umwandlungsverträgen-/plänen/Beschlüssen **sind Fehler des Umwandlungsvorgangs**, die bei den **Registergerichten zur Zurückweisung der Eintragung** der angemeldeten Umwandlungsvorgänge führen können.[207]

2. Allgemeine arbeitsrechtliche Informationsrechte des Betriebsrates

Das **UmwG** selbst sieht **außer** der dargestellten **Unterrichtung keine weiteren Beteiligungs- 149 rechte** des Betriebsrats hinsichtlich des Umwandlungsvorhabens vor. Diese ergeben sich jedoch aus dem Betriebsverfassungsgesetz (rechtzeitige Information und Beratung im Wirtschaftsausschuss gem. § 106 Abs. 3 Nr. 8 BetrVG und mit dem Betriebsrat insbesondere auch nach §§ 106 Abs. 3 Nr. 9a, 109, 109a BetrVG 1972,[208] sowie allgemein Informationspflichten gem. § 80 Abs. 2 BetrVG). In Fällen der Betriebsänderung besteht das Erfordernis zur Unterrichtung darüber hinaus gem. §§ 111ff. BetrVG.[209] Anders als nach § 111 S. 3 Nr. 1 BetrVG für Fälle der Betriebsteilstilllegung ist für eine Spaltung i.S.v. § 111 S. 3 Nr. 3 BetrVG jedoch nicht erforderlich, dass „wesentliche" Betriebsteile betroffen sind. Eine Spaltung i.S.v. § 111 S. 3 Nr. 3 BetrVG setzt voraus, dass zumindest zwei neue Einheiten entstehen.[210]

Die **endgültige Durchführung** der unternehmerischen Entscheidung selbst kann der Betriebsrat damit **letztlich kaum beeinflussen**,[211] da er nicht über das „Ob" der unternehmerischen Entscheidung auf der gesellschaftsrechtlichen Ebene mitzubestimmen hat.

---

204 LG Essen ZIP 2002, 893.
205 LG Stuttgart GmbHR 2000, 622.
206 Heidel/Pauly/Amend/*Arens*/*Spieker*, AnwaltFormulare, 7. Aufl. 2012, Kap.45 Rn 3, Fn 13 m.w.N.
207 OLG Naumburg GmbHR 2003, 1433.
208 Eingefügt durch das **Finanzmarktstabilisierungsgesetz (FMStG)** BGBl I 2008, 1982.
209 Zur Einschränkung der Sozialplanpflicht in Insolvenzfällen siehe §§ 123, 124 InsO und die Erleichterungen zum Interessenausgleich (mit Namensliste) nach § 125 InsO.
210 BAGE 126, 169 = NZA 2008, 957.
211 Zum Erfüllungsanspruch des BR bei Informations-/Beratungspflichten: BAG BB 1983, 1984; zum Streit über die Anerkennung eines Unterlassungsanspruch des BR bei mitbestimmungspflichtigen Maßnahmen: BAG NZA 2003, 166.

150   Er kann versuchen, soweit die Umwandlungsmaßnahme selbst eine **Betriebsänderung** nach § 111 BetrVG darstellt, in einem Interessenausgleich (§ 112 Abs. 1 S. 1 BetrVG) Nachteile für die Arbeitnehmer so weit wie möglich abzuwenden oder in einem **Sozialplan** (§§ 112 Abs. 1 S. 2, 112a BetrVG) Nachteile unternehmerischer Entscheidungen für die Arbeitnehmer auszugleichen.[212] Kommt der Arbeitgeber der Pflicht einen **Interessenausgleich** zu versuchen nicht nach, so erschöpfen sich die Folgen in der Regel auf Ansprüche der einzelnen betroffenen Arbeitnehmer aus unterlassenem Interessenausgleich, nämlich auf sog. **Nachteilsausgleich** (§ 113 Abs. 3 BetrVG). Die unternehmerische Entscheidung kann der Betriebsrat nicht direkt auf gesellschaftsrechtlicher Ebene beeinflussen. Er entscheidet also nicht mit über das „Ob" der unternehmerischen Maßnahme, sondern nur über das „Wie", also die Durchführung derselben.[213]

3. Betriebs-/Unternehmensbezogener Schutz der Arbeitnehmer und ihrer Vertretungen

151 Der Schutz der Arbeitnehmer und ihrer Vertretungen hängt bei Umwandlungsvorgängen davon ab, ob dieser Schutz betriebs- oder unternehmensbezogen ausgestaltet ist. Dies wird deutlich an den Vorschriften der § 1 Abs. 2 BetrVG, § 21a BetrVG (§ 321 UmwG a.F.);[214] § 21b BetrVG, §§ 322 bis 324 UmwG, § 325 UmwG.

---

152 **Wichtig**

Da Unternehmen und Betriebe/Betriebsteile deutlich unterschiedliche Begriffsinhalte haben, muss bei Umstrukturierungsmaßnahmen auch stets deutlich unterschieden werden, ob und inwieweit die **„Unternehmensebene"** und/ oder die **„Betriebsebene"** durch den Umwandlungsvorgang betroffen ist.

---

153 Insbesondere die Beteiligungsrechte des Betriebsrates hängen u.a. von der im Betrieb/Unternehmen beschäftigten **Anzahl der Arbeitnehmer** ab (§ 1 Abs. 1 S. 1 (Betriebsratsfähigkeit), § 9 (Anzahl der Betriebsratsmitglieder), § 99 (Mitbestimmung bei personellen Einzelmaßnahmen[215]), § 106 (Wirtschaftsausschuss); § 111 (Betriebsänderungen[216]) BetrVG. Aber auch in mitbestimmungsrechtlicher Hinsicht (§ 325 UmwG) ist die Anzahl der beschäftigten Arbeitnehmer von Bedeutung (Unterschreiten der Grenze von 500 Arbeitnehmern zur Vermeidung der Mitbestimmung im Aufsichtsrat nach dem Drittel-Paritäts-Gesetz (DrittelPG);[217] Unterschreiten der Grenze von 2000 Arbeitnehmern zur Vermeidung der paritätischen Mitbestimmung im Aufsichtsrat nach dem MitbestG 1976).

154   Individualrechtlich ist die Anzahl der beschäftigten Arbeitnehmer ebenfalls von Bedeutung gem. § 323 UmwG[218] (Unterschreiten der sog. **Kleinbetriebsgrenze** nach § 23 KSchG; Vermeidung der **Konsultations- und Anzeigepflichten bei sog. Massenentlassungen** i.S.v. § 17 KSchG[219]).

155   Für § 613a BGB knüpft die Rechtsprechung des Bundesarbeitsgerichts an den Betriebsbegriff des Betriebsverfassungsgesetzes an.[220] Eine Ausnahme besteht nur in Bezug auf die Arbeit-

---

212 Einzelheiten zum Inhalt und Umfang der Beteiligungsrechte in wirtschaftlichen Angelegenheiten in §§ 112, 112a BetrVG: *Fitting/Kaiser/Heither/Engels/Schmidt*, § 111 Rn 62 ff.
213 BAG ZIP 2006, 1510.
214 § 321 UmwG ist mit Wirkung ab 24.7.2001 gestrichen und durch §§ 21a und 21b BetrVG ersetzt worden, BGBl I 2001, 1852, 1863.
215 BAG NZA 2005, 420.
216 BAG NZA 2005, 766.
217 BGBl I 2004, 2769.
218 BAG DZWiR 2006, 89.
219 BAG NZA 2005, 1109; 2004, 931.
220 BAG NZA 2010, 499; *Hunold*, NZA-RR 2010, 281.

nehmer. Sie gehören zum Betrieb im Sinne des Betriebsverfassungsgesetzes, während § 613a BGB ausschließlich an einen Übergang der sächlichen und immateriellen Betriebsmittel die Rechtsfolge knüpft, dass die Arbeitsverhältnisse der betroffenen Arbeitnehmer übergehen.[221] Der Begriff des Betriebes, der im Kündigungsschutzgesetz selbst nicht definiert wird, sondern nach dem allgemeinen arbeitsrechtlichen Betriebsbegriff bestimmt werden muss, deckt sich im Bereich des § 17 KSchG weitestgehend mit dem des BetrVG.

a) Abgrenzung: Betrieb und Unternehmen

Im Gegensatz zu dem Begriff des Betriebes ist das Unternehmen die organisatorische Einheit, mit **156** der der Unternehmer seine wirtschaftlichen oder ideellen Zwecke verfolgt. Für das Unternehmen ist die „Einheit des Rechtsträgers" ein wesentliches Erfordernis. Bei Personengesellschaften (OHG, KG) und bei Kapitalgesellschaften (AG, KGaA, GmbH) ist die Gesellschaft identisch mit dem Unternehmen. Die Gesellschaft kann nur ein Unternehmen haben. Anders ist das bei einer natürlichen Person; sie kann mehrere Unternehmen haben. Dann kommt es auf die jeweilige **organisatorische Einheit** mit dem dahinter stehenden wirtschaftlichen oder ideellen Zweck an. Unternehmen und Betrieb können identisch sein, wenn das Unternehmen nur aus einem Betrieb besteht. Ein Unternehmen kann auch aus mehreren Betrieben bestehen, wenn der im Unternehmen verfolgte Zweck in mehreren Einheiten verfolgt wird, die jeweils selbständige Betriebe nach den oben genannten Kriterien bilden. Als „Betrieb" im Sinne der arbeitsrechtlichen Definition bezeichnet man die organisatorische Einheit, innerhalb derer ein Unternehmer allein oder in Gemeinschaft mit seinen Mitarbeitern mit Hilfe von sachlichen oder immateriellen Mitteln arbeitstechnische Zwecke verfolgt.[222]

b) Der sog. Gemeinschaftsbetrieb

Umgekehrt können **mehrere selbständige Unternehmen** einen **einheitlichen Betrieb** füh- **157** ren.[223] Da insoweit keine förmlichen Voraussetzungen bestehen und somit die dazu erforderlichen Feststellungen in der Praxis nur schwer zu treffen sind, hat der Gesetzgeber in § 1 Abs. 2 BetrVG **zwei widerlegbare Vermutungstatbestände** geregelt:

– Die Annahme eines gemeinsamen Betriebes wird nach § 1 Abs. 2 Nr. 1 BetrVG zunächst dann widerlegbar vermutet, wenn von den Unternehmen die in der Betriebsstätte vorhandenen sächlichen und immateriellen Betriebsmittel für den oder die arbeitstechnischen Zwecke gemeinsam genutzt werden und wenn zudem die Arbeitnehmer gemeinsam eingesetzt werden, unabhängig davon, zu welchem der (mehreren) Arbeitgeberunternehmen sie in einem Arbeitsverhältnis stehen. Durch die so gefasste Neuregelung ist zweifelhaft geworden, ob damit auf das Erfordernis eines (vereinbarten) einheitlichen Leitungsapparates verzichtet werden soll.[224]

– Nach § 1 Abs. 2 Nr. 2 BetrVG wird ein gemeinsamer Betrieb dann vermutet, wenn infolge der Spaltung eines Unternehmens von einem Betrieb einem an der Spaltung beteiligten anderen Unternehmen ein oder mehrere Betriebsteile zugeordnet werden, ohne dass sich dabei die Organisation des betreffenden Betriebes wesentlich ändert. Eine solche Vermutungsregelung war zunächst in § 322 Abs. 1 UmwG a.F. enthalten, der sich ausschließlich auf Spaltungen nach dem Umwandlungsgesetz bezog, da nach herrschender Meinung hinsichtlich der

---

221 *Fitting/Kaiser/Heither/Engels/Schmidt*, § 1 Rn 58 ff.

222 BAG AP Nr. 5 zu § 3 BetrVG; BAG BB 1979, 1501; BAG DB 1986, 1287; BAG NZA 1987, 708; 1987, 707; 1989, 190; BAG BB 1992, 136; ErfK/*Koch*, § 1 BetrVG, Rn 7 ff.

223 BAG AP BGB § 613a Nr. 389 = EzA BGB 2002 § 613a Nr. 120.

224 ErfK/*Koch*, § 1 BetrVG, Rn 14.

Umwandlungsregelungen ein sog. Analogieverbot bestand.[225] Durch die Aufnahme in § 1 Abs. 2 Nr. 1 BetrVG ist diese Vermutungsregelung nunmehr auf alle betrieblichen Spaltungen übertragen worden. § 322 Abs. 1 UmwG ist in diesem Zuge demgemäß aufgehoben worden.

158 Diese Vermutungsregelungen sind aber nicht abschließend. Auch wenn die dortigen Tatbestände nicht eingreifen, kann nach Auffassung des BAG aus anderen Gründen ein gemeinsamer Betrieb weiterhin nach allgemeinen Regeln vorliegen.[226] Dieser Gemeinschaftsbetrieb ist dann insbesondere kündigungsrechtlich[227] – etwa wegen einer **unternehmensübergreifenden Sozialauswahl**[228] – und betriebsverfassungsrechtlich – etwa wegen der **Wahl eines einheitlichen Betriebsrats** – von Bedeutung. Für die Annahme eines gemeinsamen Betriebes fordert die Rechtsprechung einen sog. **„einheitlichen Leitungsapparat"**, der sich auf den Bereich der personellen und sozialen Angelegenheiten bezieht und die für die Erreichung der arbeitstechnischen Zwecke eingesetzten personellen, technischen und immateriellen Mittel lenkt.[229] Eine bloße unternehmerische Zusammenarbeit genügt nicht, vielmehr müssen die Funktionen des Arbeitgebers institutionell einheitlich für die beteiligten Unternehmen wahrgenommen werden.[230] Voraussetzung ist aber weiterhin, dass die (mehreren) Unternehmen tatsächlich eine gemeinsame Betriebsführung ihres gemeinsamen Betriebes – zumindest konkludent – vereinbart haben, bzw. von der Konzernspitze hierzu angewiesen wurden. Dabei kann auf die Existenz einer **Führungsvereinbarung** aus den tatsächlichen Umständen geschlossen werden.[231]

c) Betriebsteile und Teilbetriebe
159 Eine weitere Abgrenzung ist durch § 324 UmwG i.V.m. § 613a Abs. 1, Abs. 4 bis 6 BGB bedingt und erforderlich, da das BAG § 324 UmwG als Rechtsgrundverweisung versteht.[232] Damit gilt es immer zu prüfen, ob der Umwandlungsvorgang den Übergang eines Betriebes oder Teilbetriebes[233] i.S.v. § 613a BGB[234] betrifft.

4. Einzelne wichtige Schutzregelungen für die Arbeitnehmer und ihre Vertretungen
a) Übergangs- und Restmandat des Betriebsrats
160 Kommt es infolge der Spaltung[235] oder der Teilübertragung zu einer Neubildung von zwei oder mehreren Betrieben oder werden Betriebe oder Betriebsteile in Unternehmen eingegliedert, ohne dass dort ein Betriebsrat besteht, besteht ein sog. Übergangsmandat des bisherigen Betriebsrats für höchstens sechs Monate (§ 21a Abs. 1 BetrVG). Das Übergangsmandat soll verhindern, dass in den von der Betriebsspaltung betroffenen Betriebsteilen betriebsratlose Zeiten eintreten und die betroffenen Arbeitnehmer während der für sie ohnehin schwierigen Übergangzeit ohne Schutz der Beteiligungsrechte des Betriebsrats sind, u.a. bei Versetzungen, Kündigungen und Betriebs-

---

225 *Arens/Spieker*, Umwandlungsrecht in der Beratungspraxis, 1996, Rn 60 und Rn 170.
226 BAG DB 2004, 1213.
227 BAG BB 2005, 48.
228 BAG ZInsO 2004, 1095; BAG NZA 2004, 477; BAG NJW 2004, 1613.
229 BAG NZA 2005, 420; 2004, 618; BAG AP Nr. 9 zu § 23 KSchG; AP Nr. 9 zu § 1 BetrVG 1972; AP Nr. 7 zu § 1 BetrVG 1972.
230 BAG NZA 2000, 1350; BAG EzA BetrVG 1972 § 1 Nr. 11.
231 BAG AP BetrVG 1972 § 1 Gemeinsamer Betrieb Nr. 22.
232 BAG NZA 2000, 1115.
233 BAG NZA 2010, 499.
234 ErfK/*Preis*, § 613a BGB, Rn 5 ff. m.w.N.
235 BAG ZIP 2006, 1510.

änderungen. Das Übergangsmandat besteht jedoch nur, soweit die auf- oder abgespalten Betriebsteile über die in § 1 BetrVG genannte Arbeitnehmerzahl verfügen und nicht in einen anderen Betrieb eingegliedert werden, in dem ein Betriebsrat besteht. Ein Übergangsmandat für einen Gesamtbetriebsrat, der im Rahmen eines Umwandlungsvorganges sein Mandat verliert oder aus dem die Delegierten einzelner Betriebsräte ausscheiden, ist nicht vorgesehen.[236] Geht dagegen im Rahmen eines Spaltungs- oder sonstigen Umstrukturierungsvorgangs (Stilllegung oder Zusammenlegung) ein Betrieb unter, hat dessen bisheriger Betriebsrat ein Restmandat nach § 21b BetrVG, solange wie noch im Zusammenhang damit betriebsverfassungsrechtliche Aufgaben wahrzunehmen sind.[237]

b) Fortgeltung von Rechten aus Betriebsvereinbarung oder Tarifvertrag

Für die Fälle der Spaltung und Teilübertragung eines Unternehmens, die auch die Spaltung **161** eines Betriebes zur Folge haben, sieht § 325 Abs. 2 UmwG vor, dass dann, wenn für die aus der Spaltung hervorgegangenen Betriebe Rechte oder Beteiligungsrechte des Betriebsrats entfallen, deren Fortgeltung – ohne zeitliche Begrenzung – durch Betriebsvereinbarung oder Tarifvertrag vereinbart werden kann. Sofern allerdings im Rahmen einer Spaltungsmaßnahme eine **Verringerung der Haftungsmasse** für die Arbeitnehmerschaft bei dem Betriebserwerber gegeben ist oder sofern durch die Spaltung des Betriebes bei späteren Betriebsänderungen ein Sozialplan nicht mehr aufgestellt werden muss, weil die Beschäftigtenzahl unter die Grenze von mehr als 20 Arbeitnehmern absinkt, führt dies allein nach der Rechtsprechung des Bundesarbeitsgerichts nicht zur Sozialplanpflicht.[238]

c) Unternehmensmitbestimmung

§ 325 Abs. 1 UmwG sieht eine zeitlich befristete und auf die Fälle der Abspaltung und Ausgliede- **162** rung i.S.d. § 123 Abs. 2 und 3 UmwG begrenzte Beibehaltung der bisher geltenden Mitbestimmungsregelungen vor. Entfallen danach bei einem übertragenden Unternehmen die gesetzlichen Voraussetzungen für die Beteiligung der Arbeitnehmer im Aufsichtsrat, so sind die vor der Spaltung geltenden Vorschriften noch für einen Zeitraum von fünf Jahren nach dem Wirksamwerden der Abspaltung oder Ausgliederung anzuwenden.

d) Schutz des sozialen Besitzstandes der Arbeitnehmer

§ 324 UmwG verweist auf die Vorschrift des § 613a Abs. 1 und Abs. 4 bis 6 BGB, womit klarge- **163** stellt werden soll, dass bei dem Übergang von Arbeitsverhältnissen im Rahmen einer Verschmelzung oder Spaltung die Arbeitsverhältnisse in ihrem bisherigen Inhalt und mit ihrem bisherigen sozialen Besitzstand auf den neuen Arbeitgeber übergehen. Für den Formwechsel ist eine solche Verweisung nicht erforderlich, da der Formwechsel ohnehin nach dem gesetzlichen Grundkonzept von einer Identitätswahrung des Unternehmens, also auch des Arbeitgebers, ausgeht.[239] Der Schutz des **§ 613a BGB bezieht sich aber auch insoweit nur auf die noch bestehenden Arbeitsverhältnisse, also diejenigen, die zum Zeitpunkt des Wirksamwerdens der Umwandlung noch nicht beendet sind.** Das gilt insbesondere auch für Ruhestandsverhältnisse von Betriebsrentnern. Der Übergang einer Versorgungsverbindlichkeit durch Spal-

---

236 BAG ZIP 2003, 271.
237 *Fitting/Kaiser/Heither/Engels/Schmidt*, BetrVG, § 21b, Rn 6 ff.; zum Restmandat des Betriebsrates bei Betriebsschließung siehe BAG AP Nr. 5 zu § 24 BetrVG 1972; BAG ZIP 2001, 1384.
238 BAG GmbHR 1997, 850.
239 BAG AP Nr 366 zu § 613a BGB.

tungsplan im Rahmen einer Umwandlung ist nach Auffassung des BAG nicht von einer Zustimmung des Versorgungsberechtigten und/oder des Pensions-Sicherungs-Vereins abhängig. Er wird auch nicht durch einen ausdrücklichen Widerspruch des Berechtigten verhindert. Das gilt auch im Falle der Privatisierung kommunaler Einrichtungen.[240]

---

164 Wichtig

Seit dem 1.4.2002 gelten darüber hinaus gem. § 324 UmwG auch § 613a Abs. 5 und Abs. 6 BGB[241] (**Unterrichtungspflicht**[242] und Widerspruchsrecht[243]) in Umwandlungsfällen. Bei der **Verschmelzung** besteht ein solches Widerspruchsrecht der Arbeitnehmer **nicht**, da im Rahmen der Verschmelzung der übertragende Rechtsträger, also der bisherige Arbeitgeber, wegfällt, auch ohne Liquidation erlischt.[244] Das Widerspruchsrecht ginge also praktisch ins Leere.

---

165 **§ 323 Abs. 1 UmwG** bestimmt, dass sich die **kündigungsrechtliche Stellung** eines Arbeitnehmers, der vor dem Wirksamwerden einer Spaltung oder Teilübertragung beim übertragenden Rechtsträger in einem Arbeitsverhältnis steht, aufgrund der Umwandlung für die Dauer von zwei Jahren (vom Zeitpunkt des Wirksamwerdens der Umwandlung an gerechnet) nicht verschlechtert. Dies betrifft insbesondere § 23 Abs. 1 KSchG, der für die Anwendbarkeit des Kündigungsschutzgesetzes eine Mindestmitarbeiterzahl von in der Regel mehr als zehn bzw. bisher fünf Mitarbeitern vorsieht. Daneben wird auch die kündigungsrechtliche Stellung selbst erhalten, d.h. aufgrund etwaiger tariflicher Kündigungsverbote, etwaiger tariflich verlängerter Kündigungsfristen oder günstigerer Betriebsvereinbarungen. Dies gilt selbst dann, wenn beim neuen Arbeitgeber ein anderer Tarifvertrag angewandt wird bzw. eine andere Betriebsvereinbarung besteht.

---

166 Wichtig

§ 323 Abs. 1 UmwG ist insofern eine Spezialregelung. § 323 Abs. 1 UmwG ist jedoch kein eigenständiges Kündigungsverbot für aufgrund nach der Umwandlung neu eintretende Kündigungsgründe.[245]

---

e) Zuordnung der Arbeitnehmer

167 Kommt bei einer Verschmelzung, Spaltung oder Vermögensübertragung ein **Interessenausgleich** zustande, in dem diejenigen Arbeitnehmer namentlich bezeichnet werden, die nach der Umwandlung einem bestimmten Betrieb oder Betriebsteil zugeordnet werden (sog. **Namensliste**), so kann die Zuordnung der Arbeitnehmer durch das Arbeitsgericht nur auf grobe Fehlerhaftigkeit überprüft werden. Eine sinnvolle Anwendung dieser Vorschrift ist bei einer Spaltung oder Teilübertragung eines Unternehmens gegeben. Dies gilt insbesondere für diejenigen Arbeitnehmer, bei denen es an einer klaren Zuordnung zu einem bestimmten Betrieb oder Betriebsteil fehlt und deren Arbeitsverhältnisse, falls sie zu einem bestimmten Unternehmen übergehen sollen, im Spaltungs- und Übernahmevertrag zuzuordnen sind. Eine weiterreichende Deutung des § 323 Abs. 2 UmwG geht jedoch dahin, dass durch die namentliche Bezeichnung von Arbeitnehmern im Interessenausgleich (verbunden mit einer geplanten Betriebsänderung) deren Versetzung in

---

240 BAG ZIP 2005, 957; a.A. LG Hamburg ZIP 2005, 2331.
241 Zum Widerspruchsrecht auch BAG ZIP 1998, 1080.
242 BAG NZA 2010, 89 – BenQ/Siemens –; NJW 2007, 244.
243 BAG NZA 2008, 357; NJW 2007, 244.
244 BAG NZA 2008, 815 (Nichtannahmebeschluss: BVerfG, Beschl. v. 12.9.2008 – 1 BvR 1908/08).
245 BAG DZWiR 2006, 89.

einen anderen Betrieb oder Betriebsteil unter Zustimmung des Betriebsrats und ggf. nach Abstimmung mit dem übernehmenden Unternehmen erleichtert werden soll. Dies kann schon vor der Umwandlung geschehen, aber mit der Wirkung für die Zeit danach. Soweit allerdings im Rahmen eines Spaltungsvorgangs einzelne Arbeitsverhältnisse dem übertragenden Rechtsträger bzw. dem oder den übernehmenden Rechtsträgern zugewiesen werden, ist diese Zuweisung arbeitsgerichtlich nur eingeschränkt überprüfbar, nämlich nur auf sog. **grobe Fehlerhaftigkeit** der Zuordnung, wenn in einem Interessenausgleich (schriftliche Betriebsvereinbarung zwischen Arbeitgeber und Betriebsrat) im Rahmen der Umwandlung die zugeordneten Arbeitnehmer jeweils namentlich bezeichnet worden sind (§ 323 Abs. 2 UmwG).

f) Fortgeltung von Tarifverträgen und Betriebsvereinbarungen, sowie Widerspruchsrecht

Nach § 324 UmwG, § 613a Abs. 1 S. 2 bis 4 BGB gelten die Vereinbarungen in Tarifverträgen und Betriebsvereinbarungen nach einem Betriebsübergang **auf individualrechtlicher Grundlage** befristet für ein Jahr fort. Sie dürfen für ein Jahr nach dem Betriebsübergang nicht zum Nachteil des Arbeitnehmers verändert werden, es sei denn, dass die durch die Normen geregelten Rechten und Pflichten durch einen anderen Tarifvertrag oder eine andere Betriebsvereinbarung bei dem neuen Inhaber geregelt werden (S. 2 und 3). Weder das Tarifvertragsgesetz noch das Betriebsverfassungsgesetz sehen Regelungen vor, nach denen nach Betriebsübergängen die bisher geltenden Normen von Tarifverträgen und Betriebsvereinbarungen[246] kollektivrechtlich weiter gelten, z.B. wenn der neue Betriebsinhaber nicht tarifgebunden ist oder der bisherige Betrieb etwa durch Übertragung der Betriebsteile auf verschiedene neue Inhaber seine Identität einbüßt und/oder ein Betriebsrat nicht existiert. Das BAG hat aber die Fortgeltung eines Firmentarifvertrages eines übertragenden Rechtsträgers nach Verschmelzung beim übernehmenden Rechtsträger angenommen.[247]

Zu den bei einem Betriebsübergang nach § 613a Abs. 1 S. 2 BGB in das Arbeitsverhältnis zwischen dem Betriebserwerber und dem Arbeitnehmer transformierten Normen gehört der gesamte Bestand der **Tarifnormen,** die die Rechte und Pflichten zwischen dem tarifgebundenen Betriebsveräußerer und dem tarifgebundenen Arbeitnehmer geregelt haben. Dies gilt auch für eine dort bereits festgelegte dynamische Veränderung, die erst nach dem Betriebsübergang eintreten soll. Die Wirkungsweise der nach § 613a Abs. 1 S. 2 BGB in das Arbeitsverhältnis zwischen Betriebserwerber und Arbeitnehmer transformierten Normen entspricht regelmäßig derjenigen, die bei einem Austritt des Veräußerers aus dem tarifschließenden Arbeitgeberverband hinsichtlich des zur Zeit des Austritts geltenden Verbandstarifvertrages nach § 3 Abs. 3 TVG eintreten würde. Dabei entspricht das Ende der Sperrfrist nach § 613a Abs. 1 S. 2 BGB und 4 BGB dem Ende des nachbindenden Tarifvertrages.[248]

Eine **Betriebsvereinbarung** ist am betriebsverfassungsrechtlichen Gleichbehandlungsgrundsatz § 75 BetrVG zu messen, wenn die Betriebsparteien bei der Regelung unterschiedliche Gruppen bilden, indem sie Arbeitnehmer, deren Arbeitsverhältnis durch einen Betriebs- oder Betriebsteilübergang nach § 613a BGB auf den Arbeitgeber übergeht, von einer Versorgungsordnung ausnehmen, nach dem Stichtag neu eintretende Arbeitnehmer jedoch nicht.

Die Ungleichbehandlung ist jedoch durch die besondere Situation, in der sich die Arbeitsvertragsparteien nach dem Betriebsübergang befinden, sachlich gerechtfertigt. Es ist nicht von vornherein absehbar, welche Arbeits-, insbesondere Versorgungsbedingungen, in derartigen Arbeitsverhältnissen gelten und welche Unterschiede zu denen der anderen Arbeitnehmer bestehen. Das spricht dagegen, die Versorgungsordnung gleichsam automatisch auf die Arbeit-

168

---

246 Dazu allgemein BAG NZA 2003, 670.
247 BAGE 89, 193; dazu auch BAG DB 2002, 800.
248 BAG NZA 2010, 41.

nehmer anzuwenden, deren Arbeitsverhältnis durch Betriebsübergang auf die Arbeitgeberin übergeht.[249]

Ein Arbeitnehmer hat grundsätzlich ein **Widerspruchsrecht** gegen den Übergang seines Arbeitsverhältnisses auf einen neuen Arbeitgeber gem. § 324 UmwG, § 613a Abs. 6 BGB, wobei die Frist zur Erhebung des Widerspruchs nur durch zutreffende Belehrung des Arbeitgebers nach § 324 UmwG, § 613a Abs. 5 BGB in Gang gesetzt wird.[250] Der Arbeitnehmer kann dem Übergang seines Arbeitsverhältnisses auf ein anderes Unternehmen im Rahmen gesellschaftsrechtlicher Gesamtrechtsnachfolge dann nicht widersprechen, wenn der bisherige Arbeitgeber im Rahmen der Gesamtrechtsnachfolge erlischt.[251] An die Stelle des Widerspruchsrechts tritt ein Kündigungsrecht des Arbeitnehmers aus wichtigem Grund nach § 626 BGB, denn keinem Arbeitnehmer darf gegen seinen Willen ein neuer Arbeitgeber aufgezwungen werden.[252]

g) Besonderer Gläubigerschutz der Arbeitnehmer

169 Für Arbeitnehmeransprüche gilt nach § 133 Abs. 1 UmwG bei Spaltungsvorgängen, wie für andere Gläubigeransprüche auch, die gesamtschuldnerische Haftung aller am Spaltungsvorgang beteiligten Rechtsträger für einen Zeitraum von fünf Jahren, gerechnet ab Wirksamwerden des Spaltungsvorgangs durch Eintragung ins Handelsregister. Für vor dem Wirksamwerden der Spaltung begründete Versorgungsanwartschaften nach dem BetrAVG beträgt die Frist nunmehr zehn Jahre (§ 133 Abs. 3 UmwG n.F.).[253] Wird ein Unternehmen in eine Besitzgesellschaft und in eine Betriebsgesellschaft aufgeteilt wie bei der sog. **typischen Betriebsaufspaltung**, gelten besondere Haftungsregelungen. Hier besteht die Gefahr, dass die Haftungsmasse in erheblicher Weise geschmälert wird. § 134 Abs. 1 UmwG sieht daher eine genau eingegrenzte Mithaftung der Besitzgesellschaft vor. § 134 UmwG bestimmt, dass bei einem Spaltungsvorgang, der zu einer Betriebsaufspaltung führt, eine **Mithaftung der Besitzgesellschaft für Sozialplananspüche und Nachteilsausgleichsansprüche** der Arbeitnehmer gem. §§ 111 bis 113 BetrVG besteht, wenn bei der Betriebsgesellschaft innerhalb von fünf Jahren nach Wirksamwerden der Spaltung solche Ansprüche begründet werden. Dies kann rechnerisch zu einer Mithaftung der Besitzgesellschaft von bis zu zehn Jahren nach dem Wirksamwerden der Spaltung für Sozialplananspüche bei der Betriebsgesellschaft führen,[254] weshalb es durchaus überlegenswert ist, ob man nicht für die Begründung einer Betriebsaufspaltung auf das Instrumentarium der umwandlungsrechtlichen Spaltung verzichten sollte.

---

249 BAG DB 2010, 1131.
250 BAG BB 2012, 767; AP BGB § 613a Unterrichtung Nr. 4 = EzA BGB 2002 § 613a Nr. 105; zur Verwirkung des Widerspruchsrechts siehe BAG DB 2011, 2385.
251 BAG ZIP 2008, 1296 = ZInsO 2008, 928; dazu NJW-Spezial 2008, 434 (*Grobys/Steinau-Steinrück*).
252 BVerfG NJW 2011, 1427.
253 BAG NZA 2009, 790.
254 BAG NZA 2011, 1112.

Wolfgang Arens

§ 26 Die Gestaltung der Gesellschafternachfolge und deren steuerliche Folgen

Literatur: *Bardenhewer*, Das Erbschaftsteuerreformgesetz und seine Auswirkungen auf die notarielle Praxis, RNotZ 2009, 293; *Bauer/Wartenburger*, Neuere Entwicklungen im Bereich des reformierten Erbschaftsteuer- und Bewertungsrechtes, MittBayNot 2010, 175; *Baumbach/Hopt*, HGB, 35. Aufl. 2012; *Beck'sches Notarhandbuch*, 5. Aufl. 2009; *Boesebeck*, Gefährdung von Gesellschaftsverträgen durch Zugewinngemeinschaft, DB 1958, 1147; *Brambring*, Ehevertrag und Vermögenszuordnung unter Ehegatten, 6. Aufl. 2008; *Brey/Merz/Neufang*, Verschonungsregelungen beim Betriebsvermögen, BB 2009, 692; *Daragan/Ley/Strahl*, Steuerliche Gestaltungsüberlegungen zum Jahresende, DStR 2000, 1973; *Dauner-Lieb*, Eheverträge im Spannungsfeld zwischen Privatautonomie und verfassungsrechtlicher Aufwertung der Familienarbeit, FF 2002, 151; *Felix*, Frei widerrufliche Zuwendung – Schenkungssteuer – Relevanz ohne Einkunftsquellen – Übertragung – insbesondere bei Grundstücken, KÖSDI 1994, 9649; *P. Fischer*, Steuerrechtlicher Typus und rechtsstaatliche Bestimmtheit des Steuergesetzes, DStZ 2000, 885; *P. Fischer*, Abschied von der Vermögensübernahme gegen Versorgungsleistungen?, FR 2001, 397; *Fuhrmann*, Rückgängigmachung von Schenkungen, ErbStB 2003, 17; *Gabler*, Wirtschaftslexikon, 15. Aufl. 2000; *Geck*, Unternehmenssteuerreform und Unternehmensnachfolge, ZEV 2001, 41; *Geck*, Die Übertragung unter Nießbrauchsvorbehalt nach Aufhebung des § 25 ErbStG durch das ErbStRG, DStR 2009, 1005; *Götz/Hülsmann*, Surrogation beim Vorbehaltsnießbrauch: Zivilrechtliche und schenkungsteuerliche Aspekte, DStR 2010, 2377; *Groh*, Abschied von der Vermögensübergabe gegen Versorgungsleistungen, FR 2001, 277; *Gummert* (Hrsg.), Münchener Anwaltshandbuch Personengesellschaftsrecht, 2005 (zit.: Gummert/*Bearbeiter*); Handbuch der Personengesellschaften, hrsg. v.H.-P. Westermann, Stand: 2012; *Heymann*, HGB, Kommentar, 2. Aufl. 1995–2005; *Hipler*, Vermögensübergabe gegen private Versorgungsleistungen im Einkommensteuerrecht, Diss. Augsburg, 2001; *Hipler*, Die Vermögensübernahme gegen Versorgungsleistungen vor der Entscheidung des Großen Senats des BFH, DStR 2001, 1918; *Hoffmann*, Der Transfer von Einzel-Wirtschaftsgütern gemäß § 6 Abs. 5 EStG nach Verabschiedung des UntStFG, GmbHR 2002, 125; *Hübner*, Erbschaft- und schenkungsteuerliche Folgen gesellschaftsvertraglicher Abfindungsbeschränkungen für die verbleibenden Gesellschafter, ZEV 2009, 361; 428; *Isensee/Kirchhof* (Hrsg.), Handbuch des Staatsrechts der Bundesrepublik Deutschland, Bd. 3, 2. Aufl. 1996; *Ivens*, Gesellschaftsvertragliche Abfindungsbeschränkungen im Schenkung- und Erbschaftsteuerrecht, GmbHR 2011, 465; *Iversen*, Gesellschaftsvertragliche Abfindungsklauseln und pflichtteilsrechtliche Nachlassbewertung – Vorschläge für die Praxis, NJW 2010, 183; *Ivo*, Die Vererbung von GmbH-Geschäftsanteilen nach Inkrafttreten des MoMiG, ZEV 2009, 333; *Kanzleiter/Wegmann*, Vereinbarungen unter Ehegatten, 6. Aufl., 2001; *Keilbach*, Zu den im Güterrechtsregister eintragungsfähigen Tatsachen, FamRZ 2000, 870; *Kempermann*, Versorgungsleistungen bei Vermögensübergabe zur Vorwegnahme der Erbfolge, DStR 2003, 1736; *Kesseler*, Zur steuerlichen Behandlung von Vermögensübertragungen, ZNotP 2004, 424; *Klose*, Die schenkungsteuerliche Behandlung der Einziehung und Zwangsabtretung von GmbH-Geschäftsanteilen beim Erwerber, GmbHR 2010, 300; *Klose*, Die erbschaftsteuerliche Behandlung der Einziehung und Zwangsabtretung von GmbH-Geschäftsanteilen beim Erben, GmbHR 2010, 355; *Koller/Roth/Morck*, HGB, 7. Aufl. 2012; *Krumm*, Gesellschaftsvertragliche Abfindungsklauseln und erbschaftsteuerliche Schenkungsfiktion, Veränderte steuerliche Rahmenbedingungen nach der Erbschaftsteuerreform, NJW 2010, 187; *Langenfeld*, Handbuch der Eheverträge und Scheidungsvereinbarungen, 6. Aufl. 2011; *Langenfeld/Gail*, Handbuch der Familienunternehmen, Loseblatt (Stand 2012); *Leitzen*, Abfindungsklauseln bei Personengesellschaften und GmbHs – Aktuelle Entwicklungen und Auswirkungen der Erbschaftsteuerreform, RNotZ 2009, 315; *Lenz*, Vererbung von GmbH-Geschäftsanteilen, GmbHR 2000, 927; *Lindacher*, Ehebruch und Gesellschaftsrecht, NJW 1973, 1196; *Lommer*, Die Unternehmensnachfolge in eine Familien-Kapital-gesellschaft nach Gesellschafts-, Zivil- und Steuerrecht, BB 2003, 1909; *Mayer*, Herausgabe von einzelnen Gegenständen bzw. Wirtschaftseinheiten aus dem Zugewinnausgleich – eine optimale Gestaltungsvariante im privaten und unternehmerischen Bereich?, DStR 1993, 991; *Meincke*, ErbStG, 15. Aufl. 2009; *Melchior*, Übersicht über die Änderungen durch das Gesetz zur Fortentwicklung des Unternehmensteuerrechts (Unternehmensteuerfortentwicklungsgesetz), DStR 2002, 1; *Mitsch*, Spaltung und Erbe – Betriebsaufspaltung in der Unternehmensnachfolge, GmbH-Steuerpraxis 2007, 97; *Moench*, Brennpunkte der neuen Erbschaftsteuer-Richtlinien, DStR 1999, 301; *Moog*, Die zivilrechtliche Sicherung des Nießbrauchers, DStR 2002, 180; *Münchener Kommentar zum BGB*, 5. Aufl. (zitiert: MüKo-BGB/*Bearbeiter*); *Münchener Vertragshandbuch, Band 1*, Gesellschaftsrecht, hrsg. v. Heidenhain/Meister, 6. Aufl. 2005; *Münchener Handbuch zum Gesellschaftsrecht, Band 1*, 3. Aufl. 2009 (zit.: MünchGes/*Bearbeiter*); *Neumayer/Imschweiler*, Schenkungsteuer beim Ausscheiden eines Gesellschafters auf Basis gesellschaftsvertraglicher Abfindungsklauseln, DStR 2010, 201;*Niehues/Kränke*, Die steuerlichen Vorteile der dauernden Last und die wirtschaftlichen Risiken des § 323 ZPO, DB 1994, 183; *Palandt*, BGB, 71. Aufl. 2012; *Pauli*, Die GmbH & Co.KG als Einheitsgesellschaft in der Nachfolgeplanung, ZErb 2008, 215; *Paus*, Abziehbarkeit von Versorgungsleistungen bei vorweggenommener Erbfolge (Vorlage an großen Senat), DStZ 2001, 398; *Peter/Crezelius*, Gesellschaftsverträge und Unternehmensformen, 6. Aufl. 1995; *Rabe*, Steuerrecht für Vertragsjuristen und Notare, 1996; *Reich*, Übertragung von Betriebsvermögen zu Lebzeiten – Aktuelle Probleme, DNotZ 2001, 525; *Reich*, Entscheidungen des GrS zur dauernden Last, DNotZ 2004, 6; *Reichert*, Der GmbH-Vertrag, 3. Aufl. 2001; *Riedel*, Gesellschaftsvertragliche Nachfolgeregelungen im Lichte der neuen Erbschaftsteuer, ZErb 2009, 2; *Riedel*, Zur erbschaftsteuerrechtlichen Behandlung von Einziehungs- und Zwangsabtretungsklauseln bei Kapitalgesellschaften, ZErb 2009, 113; *Riedel*, Bewertung von Kapitalgesellschaftsanteilen für Zwecke der Erbschaft- und Schenkungsteuer, GmbHR 2009, 743; *Römermann*, Ausschließung von GmbH-Gesellschaftern und Einziehung von Anteilen: Ein Minenfeld, NZG 2010, 96; *Schäfer*, Die Vererbung von Personengesellschaftsanteilen durch Nachfolgeklauseln, BB 2004, 14; *Scherer*, Familienunternehmen: Zivil- und steuerrechtliche Besonderheiten bei der Gestaltung des Gesellschaftsvertrags, BB 2010, 323; *Schiffers*, GmbH-StB 1999, 316; *Schmidt*, EStG, 31. Aufl. 2012; *Schnoor*, INF 2003, 271; *Scholten/Korezkij*, Begünstigtes Betriebsvermögen nach der Erbschaftsteuerreform – Begünstigte Erwerbe und begünstigtes Vermögen, DStR 2009, 73; *Scholten/Korezkij*, Begünstigtes Betriebsvermögen nach der Erbschaftsteuerreform – Lohnsummenprüfung, DStR 2009, 253; *Scholten/Korezkij*, Begünstigtes Betriebsvermögen nach der Erbschaftsteuerreform – Behaltensregelungen und Nachversteuerung, DStR 2009, 304; *Scholten/Korezkij*, Nachversteuerung nach §§ 13a und 19a ErbStG als Risiko- und Entscheidungsfaktor, DStR 2009, 991; *Scholten/Korezkij*, Erbschaftsteuerlicher Handlungsbedarf aufgrund des Referentenentwurfs für ein JStG 2010, DStR 2010, 910; *Schwind/Bäumel*, Vermögensübertragung gegen Versorgungsleistungen im Lichte der neuen Rechtsprechung des Großen Senats, BB 2004, 74; *Sichtermann*, Wie können die Gefahren der Zugewinngemeinschaft ausgeschlossen oder vermindert werden?, BB 1959, 349; *Sina*, Widerruf und Zweckverfehlung einer Schenkung von GmbH-Anteilen, GmbHR 2002, 58; *Söffing*, Vermögensüber-gabe gegen Versorgungsleistungen, SAM 2005, 66; *Söffing*, Scheidungsklausel im Steuerrecht, NWB 1998, Fach 3, S. 10647; *Sonneborn*, Abziehbarkeit von Versorgungsleistungen als Sonderausgaben, SteuerStud, 2001, 427; *Sontheimer*, Güterstand und Steuerrecht, NJW 2001, 1315; *Spiegelberger*, Der Sonderausgabenabzug privater Versorgungsrenten – Zwölf Argumente für den Typus 2, DStR 2000, 1073; *Spiegelberger*, Vorweggenommene Erbfolge – Sonderausgabenabzug bei einer ertraglosen Wirtschaftseinheit?, Stbg 2001, 253; *Spiegelberger*, Unternehmensnachfolge, 2. Aufl. 2009; *Spiegelberger/Wälzholz*, Die Übertragung und Besteuerung stiller Reserven in der Mitunternehmerschaft, DStR 2001, 1093; *Staudinger*, 13. Aufl. 2005; *Sudhoff*, Das Familienunternehmen, 2. Aufl. 2005; *Tiedau*, MDR 1959, 253; *Tiefenbacher*, Die Personengesellschaft und das neue eheliche Güterrecht, BB 1958, 565; *Tipke/Kruse*, Abgabenordnung, Finanzgerichtsordnung, Stand 2010; *Troll*, DStZ 1970, 562; *Tubbesing*, Zur Auswirkung der Zugewinngemeinschaft auf die Gesellschaftsverträge von Personengesellschaften, BB 1966, 829; *Tzschaschel*, Heidelberger Musterverträge, Heft 61, Eheverträge, 6. Aufl. 2002; *Ulmer*, Nachlasszugehörigkeit vererbter Personengesellschaftsbeteiligungen, NJW 1984, 1496; *Ulmer*, Probleme der Vererbung von Personengesellschaftsanteilen, JuS 1986, 856; *Wälzholz*, Rückforderungsrechte bei Gesellschaftsanteilen nach vorweggenommener Erbfolge, GmbHR 2007, 1177; *Wälzholz*, Die Vererbung und Übertragung von Betriebsvermögen nach den gleichlautenden Ländererlassen zum ErbStRG, DStR 2009, 1605; *Wälzholz*, Aktuelle Probleme mit Versorgungsleistungen nach § 10 Abs. 1 Nr. 1 EStG, DStR 2010, 850; *Wälzholz*, Aktuelle Gestaltungsprobleme des Nießbrauchs am Anteil einer Personengesellschaft, DStR 2010, 1786; *Wangler*, Einfluss des neuen Bewertungs- und Erbschaftsteuerrechts auf Abfindungsregelungen in Gesellschaftsverträgen, DStR 2009, 1501; *Weber-Grellet*, Keine dauernde Last bei Selbstnutzung der übertragenen Wohnung durch den Erwerber, FR 2000, 401; *Westermann*, in: FS Kellermann 1991, S. 506 ff.; *Wiese/Lukas*, Erbschaftsteuerreform 2009 und Unternehmensnachfolge – ein Überblick, GmbHR 2009, 57; *Winter*, GmbHR 2001, R 289; *Wurm/Wagner/Zartmann*, Das Rechtsformularbuch, 16. Aufl. 2010.

I. Gestaltungsmöglichkeiten der Übertragung von Gesellschaftsbeteiligungen im Rahmen vorweggenommener Erbfolge

1. Grundlagen

1 Unter vorweggenommener Erbfolge versteht man **Vermögensübertragungen unter Lebenden mit Rücksicht auf die künftige Erbfolge**. Der Übernehmer soll demnach nach dem Willen der Beteiligten eine – wenigstens teilweise – unentgeltliche Zuwendung erhalten und dazu müssen in den Übertragungs- bzw. Übergabeverträgen entsprechende Regelungen getroffen werden.

2   Es gibt also sowohl Fallgestaltungen, bei denen der Erwerber keinerlei **Gegenleistung** erbringen muss, als auch solche, bei denen der Erwerber zumindest teilweise eine Gegenleistung zu erbringen hat.

Arens

Je nach Art bzw. Wert der Gegenleistung ist steuerlich zwischen   **3**
- **unentgeltlichen,**
- **teilentgeltlichen und**
- **vollentgeltlichen Übertragungen**

zu unterscheiden. Eine Abgrenzung muss also insbesondere zu den vollentgeltlichen Geschäften vorgenommen werden, die dann vorliegen, wenn die Werte der Leistung und Gegenleistung **wie unter Fremden** nach kaufmännischen Gesichtspunkten **gegeneinander abgewogen** sind.[1]

Mit der vorweggenommenen Erbfolge will der Übergeber vielfach seine **Altersversorgung** **4** **sichern**, und zwar dadurch, dass er sich die Nutzung oder die teilweise Nutzung oder laufende Erträge aus den übertragenen Vermögenswerten vorbehält oder sich eine Rentenleistung einräumen lässt.

Die vorweggenommene Erbfolge ist besonders im Bereich der mittelständischen gewerbli- **5** chen Unternehmen, bei Freiberuflern und in der Land- und Forstwirtschaft von großer praktischer Bedeutung. In gewerblichen Unternehmen und bei Freiberuflern werden typischerweise **Rentenzahlungen** vereinbart. In der Landwirtschaft wird, wenn der Hof bzw. der land- und forstwirtschaftliche Betrieb an die nächste Generation übergeben wird, dies üblicherweise auf der Grundlage eines eingeräumten **Altenteils** geregelt. Früher bestand das Altenteil aus Natural- und Sachleistungen; heute erfolgt das zunehmend auch dort auf der Grundlage von Geldrenten.

Das Nachfolgekonzept kann enttäuscht bzw. gestört werden. Probleme können dadurch **6** entstehen, dass der Übernehmer vor dem Übergeber stirbt oder das Übergabeobjekt veräußert oder belastet wird. Dem kann dadurch entgegengetreten werden, dass sich der Übergeber bei der Übertragung ein **Rückforderungsrecht** für diese ihm unerwünschten Fälle einräumen lässt siehe dazu Rn 227 ff.).

Erbschaftsteuerrechtlich handelt es sich bei der vorweggenommenen Erbfolge um einen **7** begünstigten Erwerb durch **Schenkung unter Lebenden** bzw. **freigebige Zuwendungen** (§ 7 ErbStG). Diese Form der Vermögensübertragung auf die nächste Generation ist besonders bei der Übertragung größerer Vermögen sinnvoll, denn die zur Anwendung kommenden persönlichen Freibeträge der Erwerber (§ 16 ErbStG) entstehen alle zehn Jahre neu, Schenkungen und Erbvorgänge zugunsten derselben Empfänger sind also danach wieder bis zur Höhe der persönlichen Freibeträge völlig erbschaftsteuerfrei.

Einkommensteuerlich gelten Vermögensübertragungen gegen wiederkehrende Bezüge in **8** Form von Unterhaltsleistungen (Unterhaltsrenten) oder von Versorgungsleistungen (Versorgungsrenten) als **unentgeltliche Geschäfte** mit den nachstehend dargestellten Rechtsfolgen. Sind dagegen die Werte der Leistung und der Gegenleistung **wie unter Fremden** nach kaufmännischen Gesichtspunkten **gegeneinander abgewogen** und ist die Rentenzahlung somit nur eine verrentete Kaufpreiszahlung, handelt es sich ertragsteuerlich auch unter nahen Angehörigen um ein entgeltliches Geschäft.[2]

Die **Schenkung eines Einzelunternehmens** an fremde Dritte stellt ungeachtet der Über- **9** nahme eines **negativen Kapitalkontos** jedoch ebenfalls keinen entgeltlichen Erwerb dar, aufgrund dessen ein Veräußerungsgewinn in Höhe des realisierten und bei dem Erwerber zu aktivierenden Geschäfts- oder Firmenwerts zu versteuern wäre. Bei **nicht mit einander verwandten Personen** besteht insoweit **keine widerlegliche Vermutung für ein entgeltliches Geschäft**. Für die Abgrenzung zwischen Veräußerung und Schenkung ist auf den erkennbaren Willen und die Vorstellungen der Parteien abzustellen. Die unentgeltliche Übertragung eines Unternehmens mit negativem Kapitalkonto ist **kein Gestaltungsmissbrauch**.[3]

---

1 Dazu BMF v. 11.3.2010, BStBl I 2010, 227 = DStR 2010, 545, Tz. 5 und Tz. 6; dazu *Wälzholz*, DStR 2010, 850.
2 Dazu BMF v. 11.3.2010, BStBl I 2010, 227 = DStR 2010, 545, unter Tz. 5.
3 FG Düsseldorf DStRE 2011, 405.

2. Ertragsteuerliche Behandlung der Vermögensübertragung im Wege der vorweggenommenen Erbfolge

a) Unentgeltliche Übertragung von Unternehmen und Einzelwirtschaftsgütern

aa) Buchwertprivileg des § 6 Abs. 3 EStG

10 Wird eine natürliche Person als Mitunternehmer unentgeltlich in ein bestehendes Einzelunternehmen aufgenommen oder wird der Teil eines Mitunternehmeranteils unentgeltlich an eine natürliche Person übertragen, sind die **Wirtschaftsgüter mit den Buchwerten fortzuführen** (§ 6 Abs. 3 EStG). Die dahingehende bisherige Besteuerungspraxis ist inzwischen durch das Unternehmenssteuerfortentwicklungsgesetz v. 20.12.2001[4] gesetzlich abgesichert.[5]

11 § 6 Abs. 3 EStG regelt zunächst die Übertragung von **Betrieben, Teilbetrieben oder Mitunternehmeranteilen** zu Buchwerten, also ohne Aufdeckung von stillen Reserven. Die Regelung des § 6 Abs. 3 EStG setzt dabei die frühere Regelung in § 7 EStDV a.F. fort (sog. „**Fußstapfen-Theorie**"); allerdings mit der Maßgabe, dass nunmehr die **Buchwertfortführung zwingend** ist.

12 Nach langjähriger Auffassung der Finanzverwaltung und Rechtsprechung des BFH[6] umfasst ein **Mitunternehmeranteil**

– nicht nur den dem Mitunternehmer zuzurechnenden Anteil an den Wirtschaftsgütern des **Gesamthandsvermögens**,

– sondern auch die im (Allein- oder Mit-) Eigentum des Mitunternehmers stehenden Wirtschaftsgüter seines **Sonderbetriebsvermögens**, soweit es sich dabei um wesentliche Grundlagen für den Betrieb der Mitunternehmerschaft handelt.

13 **Probleme** ergeben sich stets, wenn im Zusammenhang mit der Übertragung von Mitunternehmeranteilen bzw. Teilen davon Sonderbetriebsvermögen vorhanden ist. Durch das Gesetz zur Fortentwicklung der Unternehmenssteuerreform wurde in § 6 Abs. 3 S. 2 EStG die Möglichkeit eröffnet, **Sonderbetriebsvermögen** nicht einheitlich mit dem Mitunternehmeranteil zu übertragen, wenn der Rechtsnachfolger diesen über einen Zeitraum von mindestens fünf Jahren nicht veräußert oder auflöst.

14 Einem bisherigen Betriebsinhaber/Mitunternehmer ist es steuerneutral möglich, sich **Wirtschaftsgüter des (entstehenden) Sonderbetriebsvermögens zurückzubehalten**, wenn er einen Anteil am Betrieb/Gesamthandvermögen unentgeltlich zu Buchwerten überträgt. **Voraussetzung** ist aber, dass der Rechtsnachfolger den übernommenen Mitunternehmeranteil innerhalb **Behaltensfrist von fünf Jahren** nicht veräußert oder aufgibt. Damit ist auch ein schrittweiser Generationswechsel möglich, indem ein Anteil an der Gesamthand einer Personengesellschaft unentgeltlich auf die nachfolgende Generation übertragen wird, jedoch Sonderbetriebsvermögen z.B. ein an die Gesellschaft vermietetes Grundstück, zurückbehalten wird. Gleiches gilt, wenn etwa ein Einzelunternehmer sein Kind am Unternehmen beteiligt, das vorhandene betrieblich genutzte Grundstück aber zurückbehält und an die (neue) Personengesellschaft vermietet.

15 Wird statt eines Mitunternehmeranteils lediglich ein **Kommanditanteil** von einem Elternteil auf die Kinder übertragen, kann der Buchwert des Anteils nach § 7 Abs. 1 EStDV a.F. auch dann nicht fortgeführt werden, wenn **funktional wesentliches Sonderbetriebsvermögen** (hier: Verwaltungsgrundstück) des Elternteils **gewinnneutral in eine weitere Personengesellschaft eingebracht** wird (Bestätigung der Rechtsprechung). Folge hiervon ist u. a., dass die **fortdauernde** – hier: dingliche – **Gewinnbeteiligung** des Übertragenden sowie die hiermit kor-

---

4 UntStFG, BGBl I 2001, 3858; dazu *Melchior*, DStR 2002, 1 ff.
5 BMF v. 7.6.2001, BB 2001, 1510; BMF v. 16.9.2004, BStBl I 2004, 1696; zuletzt BMF v. 11.3.2010, BStBl I 2010, 227 = DStR 2010, 545 unter Tz. 8.
6 Vgl. z.B. BFH BStBl II 1991, 635 und BFH BStBl II 1995, 890.

respondierende Verpflichtung des Übernehmers nicht dem Sonderrecht der Vermögensübergabe gegen Versorgungsleistungen zugeordnet werden kann.[7]

Unentgeltliche Übertragungen von Mitunternehmeranteilen spielen in der Beratungspraxis **16** insbesondere bei der Durchführung **vorweggenommener Erbfolgevorgänge** eine Rolle. Aber auch bei **Restrukturierungen** von Personengesellschaftsgruppen ist oftmals die Frage bedeutsam, inwieweit § 6 Abs. 3 EStG – u.U. in Kombination mit § 6 Abs. 5 S. 3 ff. EStG oder unter Nutzung der zivilrechtlichen Anwachsungsrechtsfolge – eine steuerneutrale Durchführung ermöglicht.

Hinweis: **17**
Kommt es im Anschluss an vorweggenommene Erbfolgen oder Restrukturierungen zu M & A-Prozessen, gilt es – korrespondierend zur Rechtslage bei § 6 Abs. 5 S. 4 ff. EStG – die **Behaltefrist** des § 6 Abs. 3 S. 2 EStG im Auge zu behalten.

Aufgrund dieser Relevanz des § 6 Abs. 3 EStG ist erfreulich, dass das BMF am 3.3.2005[8] ein klar- **18** stellendes Schreiben zu „Zweifelsfragen zu § 6 Abs. 3 EStG i.d.F. des Unternehmenssteuerfortentwicklungsgesetz v. 20.12.2001[9] im Zusammenhang mit der unentgeltlichen Übertragung von Mitunternehmeranteilen mit **Sonderbetriebsvermögen** sowie Anteilen von Mitunternehmeranteilen mit Sonderbetriebsvermögen" veröffentlicht hat.

Mit weiterem Schreiben vom 9.11.2005 hat das Bundesfinanzministerium (BMF) zur „Über- **19** tragung von Mitunternehmeranteilen in der **Land- und Forstwirtschaft** Stellung genommen:[10]

„Nach langjähriger Auffassung der Finanzverwaltung und Rechtsprechung des BFH[11] umfasst ein Mitunternehmeranteil nicht nur den dem Mitunternehmer zuzurechnenden Anteil an den Wirtschaftsgütern des Gesamthandsvermögens, sondern auch die im (Allein-) Eigentum des Mitunternehmers stehenden Wirtschaftsgüter seines Sonderbetriebsvermögens, soweit es sich dabei um wesentliche Grundlagen für den Betrieb der Mitunternehmerschaft handelt.

An dieser Rechtsauffassung ist unabhängig von der Art und der Tätigkeit einer Mitunternehmerschaft für den gesamten Anwendungsbereich des § 6 Abs. 3 EStG festzuhalten, so dass das BMF keine Möglichkeit sieht, für einen speziellen Fall aus dem Bereich der Land- und Forstwirtschaft eine hiervon abweichende Sonderregelung zuzulassen. Wenn der an einer land- und forstwirtschaftlichen Mitunternehmerschaft (Vater/Sohn-GbR) beteiligte Vater seinem Sohn nur seinen Anteil am Gesamthandsvermögen und nicht auch den zu seinem Sonderbetriebsvermögen gehörenden land- und forstwirtschaftlichen Grundbesitz unentgeltlich überträgt, der bei der maßgeblichen funktionalen Betrachtungsweise eine wesentliche Betriebsgrundlage darstellt, heißt dies, dass keine Übertragung eines ganzen Mitunternehmeranteils i.S.v. § 6 Abs. 3 S. 1 oder 2 EStG vorliegt. Damit ist die Übertragung der dem Vater zuzurechnenden Anteile am Gesamthandsvermögen der GbR auf den Sohn als Entnahme zu beurteilen. Die Folge hiervon ist ein laufender Gewinn in Höhe der aufgedeckten stillen Reserven im letzten (Rumpf-)Wirtschaftsjahr der Mitunternehmerschaft. Der von der

---

7 BFH DStR 2010, 1374.
8 BMF v. 3.3.2005, BStBl I 2005, 458 = GmbHR 2005, 503.
9 Unternehmenssteuerfortentwicklungsgesetz v. 20.12.2001 UntStFG BGBl I 2001, 3858.
10 BMF v. 9.11.2005 – IV B 2 – S 2241 – 39/05, n.v.: Anwendung des BMF-Schreibens zu § 6 Abs. 3 EStG v. 3.3.2005; siehe BStBl I 2005, 458 – Übertragung von Mitunternehmeranteilen in der Land- und Forstwirtschaft.
11 Vgl. z.B. BFH BStBl II 1991, 635 und BFH BStBl II 1995, 890.

GbR als Mitunternehmerschaft realisierte Entnahmegewinn ist den am Gesamthandsvermögen beteiligten Mitunternehmern entsprechend ihrem Anteil zuzurechnen.[12]
§ 6 Abs. 3 S. S. 2 EStG ist in dieser Fallgestaltung nicht anwendbar, weil die Mitunternehmerschaft nicht fortbesteht und daher das beim Vater verbliebene Sonderbetriebsvermögen nicht mehr zum Betriebsvermögen derselben Mitunternehmerschaft gehört. Die Buchwertfortführung nach § 6 Abs. 3 EStG scheitert vor allem daran, dass der Vater nicht bereit ist, sich mit Erreichen der Altersgrenze für das Altersruhegeld von seinem zu den wesentlichen Betriebsgrundlagen zählenden Sonderbetriebsvermögen zu trennen. Es handelt sich somit nicht um eine zwangsläufige Folge der Beendigung der Mitunternehmerschaft im Wege der vorweggenommenen Erbfolge, sondern um die Anwendung maßgeblicher steuerrechtlicher Regelungen auf eine aus rein privaten Gründen gewählte Gestaltung.
Für den nach Auflösung der Mitunternehmerschaft im Eigentum des Vaters verbleibenden und an den Sohn verpachteten land- und forstwirtschaftlichen Grundbesitz (bisheriges Sonderbetriebsvermögen) sind aber ggf. die Grundsätze der Betriebsverpachtung entsprechend anzuwenden, sofern der beim Vater verbliebene Grundbesitz zuvor entsprechend den Regelungen in § 6 Abs. 5 Sätze 1 und 2 EStG in ein (neues) Betriebsvermögen des Vaters überführt worden ist. Wenn die im Sonderbetriebsvermögen des Vaters befindlichen und insgesamt an den Sohn verpachteten Grundstücke funktional die alleinigen wesentlichen Betriebsgrundlagen der Mitunternehmerschaft waren, können die Grundsätze der Betriebsverpachtung (R 139 Abs. 5 EStR) entsprechend angewendet werden, so dass es ohne eine ausdrückliche und unmissverständliche Aufgabehandlung oder -erklärung des Vaters nicht zu einer (Zwangs-)Aufgabe seines Mitunternehmeranteils kommt.
Allerdings dürfte es in der Praxis nicht ausgeschlossen sein, dass sich auch im Gesamthandsvermögen der Mitunternehmerschaft funktional wesentliche Betriebsgrundlagen befinden (z.B. Grund und Boden, wesentliche Betriebsgebäude und Betriebsvorrichtungen im gemeinschaftlichen Eigentum der Mitunternehmerschaft oder auch für die Bewirtschaftung wichtige immaterielle Wirtschaftsgüter). Für diesen Fall bestehen nach Auffassung des BMF Bedenken, beim Vater die Grundsätze der Betriebsverpachtung anzuwenden, wenn der Sohn anlässlich der Beendigung der Mitunternehmerschaft das gesamte Gesamthandsvermögen und damit auch einen Teil der wesentlichen Grundlagen des Mitunternehmeranteils des Vaters erhält."

bb) Steuerbegünstigte Übertragung von Einzelwirtschaftsgütern nach § 6 Abs. 5 EStG

20 Durch das StSenkG wurde der durch das StEntlG 1999/2000/2002 mit Wirkung ab dem Veranlagungszeitraum 1999 aufgehobene **Mitunternehmererlass**[13] mit Wirkung ab dem Veranlagungszeitraum 2001 und mit Zwang zum Buchwertansatz inhaltlich wieder in Kraft gesetzt.

21 Die Vorschrift unterschied aber nicht zwischen entgeltlicher und unentgeltlicher Übertragung von Einzelwirtschaftsgütern und enthielt daher keine Regelung für die **Übertragung von Einzelwirtschaftsgütern gegen Gewährung (oder Minderung) von Gesellschaftsrechten**.

22 Durch das Steuersenkungsgesetz (StSenkG) vom 23.10.2000[14] wurde in § 6 Abs. 5 S. 3 EStG die Übertragung von Einzelwirtschaftsgütern aus einem **Betriebsvermögen** des Mitunternehmers oder aus dessen **Sonderbetriebsvermögen** in das **Gesamthandvermögen** einer Mit-

---

12 Vgl. FG München EFG 2003, 1601.
13 BMF v. 20.12.1977, BStBl I 1978, 8 = GmbHR 1978, 73, 95 ff.
14 Steuersenkungsgesetz (StSenkG) v. 23.10.2000, BStBl I 2000, 1428; dazu *Winter*, GmbHR 2001, R 289; *Hoffmann*, GmbHR 2002, 125; *Geck*, ZEV 2001, 41; *Reich*, DNotZ 2001, 525; *Spiegelberger/Wälzholz*, DStR 2001, 1093.

unternehmerschaft und umgekehrt neu geregelt. Diese Neuregelung gilt für Übertragungen von einzelnen Wirtschaftsgütern seit dem 1.1.2001.[15]

§ 6 Abs. 5 S. 3 und 4 EStG nennt die Fälle, in denen die Übertragung von Einzelwirtschafts- **23** gütern zum Buchwert möglich ist:

- Natürliche Personen und Personengesellschaften, soweit an ihnen keine Körperschaft beteiligt ist, können durch die Veräußerung von Anteilen an Kapitalgesellschaften aufgedeckte stille Reserven bis zu 500.000 EUR auf **Reinvestitionen** (neu erworbene Anteile, Gebäude oder abnutzbare bewegliche Wirtschaftsgüter) übertragen bzw. eine Rückstellung mit einer Reinvestitionszeit von bis zu zwei bzw. vier Jahren bilden (§ 6b Abs. 10 EStG).
- Die veräußerten Anteile müssen vor dem Zeitpunkt der Veräußerung mindestens 6 Jahre ununterbrochen zum Anlagevermögen gehört haben. Ein bei der Veräußerung **einbringungsgeborener Anteile** entstehender Gewinn ist nur dann übertragbar, wenn auf die Veräußerung das **Teileinkünfteverfahren** anzuwenden ist, demnach z.B. die 7-jährige Sperrfrist nach § 3 Nr. 40 S. 4 EStG abgelaufen ist.

Der Gesetzeswortlaut des § 6 Abs. 5 S. 3 EStG unterscheidet allerdings nicht zwischen entgelt- **24** licher und unentgeltlicher Übertragung von Einzelwirtschaftsgütern, was zu Zweifeln hinsichtlich des Anwendungsbereichs der Vorschrift geführt hat.

Das BMF hat dazu wie folgt Stellung genommen:[16] **25**

„1. § 6 Abs. 5 S. S. 3 EStG erfasst die Übertragung von Einzelwirtschaftsgütern aus einem Betriebsvermögen des Mitunternehmers in das Gesamthandsvermögen einer Mitunternehmerschaft und umgekehrt gegen Gewährung oder Minderung von Gesellschaftsrechten an derselben Mitunternehmerschaft als Spezialform des Tauschs zwischen dem Mitunternehmer und seiner Mitunternehmerschaft. Damit geht § 6 Abs. 5 S. S. 3 EStG als lex specialis den allgemeinen Regeln über die Gewinnrealisierung bei Tauschvorgängen (§ 6 Abs. 6 S. S. 1 EStG) vor. Die Übertragung ist nunmehr zwingend zum Buchwert vorzunehmen.
2. § 6 Abs. 5 S. S. 3 EStG umfasst auch die unentgeltliche Übertragung von Einzelwirtschaftsgütern aus dem Betriebsvermögen oder Sonderbetriebsvermögen des Mitunternehmers in das Gesamthandsvermögen der Mitunternehmerschaft und umgekehrt sowie die unentgeltliche Übertragung zwischen den Sonderbetriebsvermögen verschiedener Mitunternehmer derselben Mitunternehmerschaft.
3. § 6 Abs. 5 S. S. 3 EStG erfasst dagegen nicht Veräußerungsvorgänge, die nach den allgemeinen Regelungen über Veräußerungsgeschäfte wie zwischen fremden Dritten abgewickelt werden. In diesen Fällen ist das Einzelwirtschaftsgut beim Erwerber gemäß § 6 Abs. 1 Nr. 1 und 2 EStG mit den Anschaffungskosten anzusetzen; der Veräußerer erzielt in derselben Höhe einen Veräußerungserlös.
4. Teilentgeltliche Übertragungen sind in eine voll entgeltliche und eine voll unentgeltliche Übertragung aufzuteilen. Der Umfang der Entgeltlichkeit bestimmt sich nach dem Verhältnis des Kaufpreises zum Verkehrswert des übertragenen Wirtschaftsguts.[17]
5. Soweit Einzelwirtschaftsgüter gegen Übernahme von Verbindlichkeiten übertragen werden, steht dies einer erfolgsneutralen Übertragung entgegen. Die Übernahme von Verbindlichkeiten ist als gesondertes Entgelt anzusehen.“[18]

---

15 Dazu BMF v. 3.3.2005, BStBl I 2005, 458.
16 BMF v. 7.6.2001, BB 2001, 1510.
17 Vgl. H 140 (teilentgeltliche Übertragung) Abs. 4 EStH 2000.
18 Vgl. BMF v. 28.4.1998, BStBl I 1998, 583, Tz. 5.a.

b) Übertragung von Gesellschaftsbeteiligungen gegen wiederkehrende Leistungen (Renten, dauernde Lasten)

aa) Arten von wiederkehrenden Leistungen

26 Wiederkehrende Leistungen im Zusammenhang mit der **Übertragung von Privat- und/oder Betriebsvermögen zwischen nahen Angehörigen** können

- Versorgungsleistungen,
- Unterhaltsleistungen oder
- wiederkehrende Leistungen im Austausch mit einer Gegenleistung sein.

bb) Steuerliche Folgen

27 **Steuerliche Folgen** dieser Einteilung sind insbesondere:

- Versorgungsleistungen sind bei dem Verpflichteten Sonderausgaben nach § 10 Abs. 1 Nr. 1a EStG und bei dem Berechtigten wiederkehrende Bezüge nach § 22 Nr. 1 EStG (**Renten oder dauernde Lasten**).
- **Unterhaltsleistungen** (Zuwendungen) dürfen dagegen nach § 12 Nr. 2 EStG nicht abgezogen werden, unterliegen aber beim Empfänger (Übergeber) auch nicht der Einkommenbesteuerung.
- Wiederkehrende Leistungen im Austausch mit einer Gegenleistung, insbesondere Kaufpreisrenten, enthalten eine **nichtsteuerbare oder steuerbare Vermögensumschichtung** und einen **Zinsanteil**.

28 Die zuerst genannte Form, **Vermögensübertragungen gegen Versorgungsleistungen,** genießen eine steuerrechtliche Privilegierung:

- Die Vermögensübertragung gegen Versorgungsleistungen ist einkommensteuerlich eine **unentgeltliche Übertragung**, so dass für den Erwerber (Vermögensübernehmer) das Privileg der **Buchwertfortführung** nach § 6 Abs. 3 EStG gilt.
- die Versorgungsleistungen sind beim Vermögensübernehmer unter bestimmten Voraussetzungen als **Sonderausgaben** abziehbar (§ 10 Abs. 1 Nr. 1a EStG)
- und stellen beim Berechtigten **wiederkehrende Bezüge** (§ 22 Nr. 1 EStG) dar.

29 Diese Rechtslage beruht auf den Entscheidungen des Großen Senats des BFH vom 5.7.1990[19] und vom 15.7.1991[20] und ist seitdem durch die Rechtsprechung des BFH und die Erlasse der Finanzverwaltung fortgeschrieben worden.[21]

cc) Steuerliche Behandlung der abzugsfähigen wiederkehrenden Leistungen

30 Für den steuermindernden Abzug bei wiederkehrenden Leistungen ohne Überwiegen des Unterhaltscharakters war für bis zum 31.12.2007 abgeschlossene Übertragungsverträge von Bedeutung, ob eine **Leibrente** (§§ 759–761 BGB) oder eine **dauernde Last** vorliegt. Leibrenten waren nur mit dem Ertragsanteil gem. § 22 Nr. 1 EStG bzw. § 55 EStDV beim Zahlenden abzuziehen und beim Empfänger auch nur in diesem Umfang entsprechend zu versteuern, andere Renten und dauernde Lasten in voller Höhe.[22] Diese Unterschiede waren nach Auffassung des BFH verfas-

---

19 BFH GS BFHE 161, 317 = BStBl II 1990, 847.
20 BFH GS BStBl II 1992, 78.
21 BMF v. 7.6.2001, BB 2001, 1510; BMF v. 16.9.2004, BStBl I 2004, 1696; BMF v. 11.3.2010, BStBl I 2010, 227 = DStR 2010, 545.
22 *Kirchhof*, § 10 Rn 10 und § 12 Rn 27.

sungsrechtlich nicht zu beanstanden.[23] Mit der Reform durch das JStG 2008 sind diese Unterschiede für nach dem 31.12.2007 abgeschlossene Übertragungsverträge obsolet geworden, für bis dahin Altverträge gilt jedoch das alte Recht weiter, so dass nachfolgend (Rn 31–122) zunächst die bis zum 31.12.2007 geltende Rechtslage dargestellt wird.

dd) Leibrenten

Leibrenten hängen in der Dauer von der Lebenszeit des Berechtigten oder einer bestimm- **31** ten Laufzeit (sog. abgekürzte Leibrente) ab, beruhen auf einem einheitlichen Stammrecht (entgeltlich oder unentgeltlich begründet) und bestehen in periodisch wiederkehrenden, gleichmäßigen und zahlen- oder wertmäßig festgelegten Zuwendungen.[24] Sie können auch in ihrer Höhe indexgebunden sein oder in dem Fall der Wiederverheiratung des Berechtigten erlöschen.

Ergebnis- oder erfolgsbezogene Renten (z.B. Umsatz-, Gewinn-, Überschussbezug) und **32** **Zeitrenten** sind nicht Leibrenten. Abänderbarkeit entsprechend § 323 ZPO oder wegen Wegfalls oder Änderung der Geschäftsgrundlage (§ 242 BGB) ist aber unschädlich. Allerdings ist nach der Rechtsprechung des BFH[25] die Vereinbarung der **Abänderbarkeit gem. § 323 ZPO Indiz für eine dauernde Last.**[26]

Die Besteuerung der Leibrenten erfolgt nur mit dem **Ertragsanteil** gem. § 22 Nr. 1 S. 3 lit. a EStG und der dortigen **33** Tabelle abhängig vom Lebensalter des Berechtigten. Der Verpflichtete kann nur den Sonderausgabenabzug in Höhe des Ertragsanteils geltend machen.

Formulierungsbeispiel **34**
Der Übernehmer ist verpflichtet, dem Übergeber eine Leibrente monatlich im Voraus, und zwar in einer Höhe von...
EUR (in Worten:... Euro) zu zahlen. Die Rente ist jeweils bis zum Dritten eines Monats, erstmals auf den auf die Beurkundung folgenden Monat zur Zahlung fällig. Nach dem Tode des Übergebers steht die Leibrente in Höhe von 60 der dem Übergeber geschuldeten Rentenleistung, also derzeit in der Höhe von... EUR (in Worten:... Euro) dem Ehegatten des Übergebers, Frau..., geb....., geb. am..., auf deren Lebensdauer unter Fortgeltung der nachstehend vereinbarten Wertsicherungsklausel zu.

---

ee) Dauernde Lasten

Dauernde Lasten sind Renten, die nicht Leibrenten sind, in Geld oder Sachwerten als wieder- **35** kehrende Leistungen fließen und für **mindestens zehn Jahre** an den Berechtigten aufgrund einer rechtlichen Verpflichtung, nicht notwendig aber aufgrund eines Stammrechts zu erbringen sind, z.B. auch Zeitrenten, erfolgs- oder ergebnisabhängige Renten, Renten, die von sonstigen Umständen beeinflusst werden können. Es muss ein besonderer Verpflichtungsgrund gegenüber dem Berechtigten vorliegen, z.B. durch Vertrag oder testamentarische Anordnung, und die Versorgungsleistungen müssen **abänderbar gestaltet** werden.[27] Die Leistungen müssen wiederkehrend, also mehrfach wiederholt, erbracht werden, so reicht z.B. die einmalige Einräumung dinglicher oder schuldrechtlicher Nutzungsrechte nicht aus.

---

23 BFH DStRE 1998, 509.
24 Vgl. BFHE 115, 432.
25 BFH DB 1980, 490.
26 Vgl. zu diesem Abgrenzungskriterium BFH DB 1994, 661.
27 Dazu FG Münster DStRE 2002, 343.

36   Der BFH hat mit Urteil vom 13.12.2005 zum **Erfordernis der Abänderbarkeit** ausgeführt:[28]

> „Die Abänderbarkeit einer dauernden Last ist in zivilrechtlicher Hinsicht bezogen auf die **Versorgungsbedürftigkeit des Empfängers** und die sich aus dem übertragenen Wirtschaftsgut ergebende **Leistungsfähigkeit des Verpflichteten**. Diese bestimmen den Korridor, innerhalb dessen die Beteiligten mit steuerlicher Wirkung auf eine Änderung des Bedarfs des Berechtigten und/oder der Leistungsfähigkeit des Verpflichteten reagieren können."

37   Der BFH hat den Anwendungsbereich des § 10 Abs. 1 Nr. 1a EStG dahin präzisiert, dass zwischen der **zeitlich gestreckten Vermögensumschichtung**, die nicht zu einem Abzug einer dauernden Last führt, und dem Sonderrecht der Vermögensübergabe gegen Versorgungsleistungen (private Versorgungsrente) zu unterscheiden ist.

38   Aus der Verwendung des Begriffs „**Aufwendungen**" in § 10 Abs. 1 S. 1 EStG folgt nach ständiger Rechtsprechung des BFH, dass nur solche Ausgaben als Sonderausgaben berücksichtigt werden dürfen, durch die der Steuerpflichtige tatsächlich und endgültig wirtschaftlich belastet ist.[29] Das BVerfG hat diese Rechtsauffassung aus verfassungsrechtlicher Sicht nicht beanstandet.[30]

39   **Hauptanwendungsfall** der auch schon nach bisherigem Recht in vollem Umfang abziehbaren dauernden Last (§ 10 Abs. 1 Nr. 1a EStG) ist die anlässlich einer **Vermögensübergabe zur Vorwegnahme der Erbfolge** vereinbarte **private Versorgungsrente**. Hier behält sich der Übergeber einen Teil der Erträge des übergebenen Vermögens vor. Es findet „ein Transfer steuerlicher Leistungsfähigkeit" statt.[31] Dies ist der Sache nach durch den Beschluss des Großen Senats des BFH vom 12.5.2003 – GrS 1/00 bestätigt worden.[32] Der besagte Transfer wird nach der ständigen Rechtsprechung des BFH in der Weise rechtstechnisch verwirklicht, dass die Aufwendungen beim Übernehmer abziehbar und die entsprechenden Zuflüsse beim Übergeber steuerbar sind.[33] Hierdurch werden – nach der ständigen Rechtsprechung des Großen Senats materiell korrespondierend – die vom Vermögensübernehmer erwirtschafteten Einkünfte mit der Wirkung auf den Übergeber übergeleitet, dass sie (nur) von diesem zu versteuern sind.[34]

40   Wurden demgegenüber außerhalb des **Sonderrechts der Vermögensübergabe gegen private Versorgungsrente** wiederkehrende (Gegen-)Leistungen vereinbart, greift der den Abzug als dauernde Last (ohne Verrechnung mit dem Wert einer erbrachten Gegenleistung; sog. Wertverrechnung) oder als Leibrente legitimierende Gesichtspunkt der „vorbehaltenen Vermögenserträge" nicht ein; es gelten daher § 12 EStG und die allgemeinen Grundsätze des Einkommensteuerrechts uneingeschränkt. Zu diesen gehören die Grundsätze über entgeltliche Rechtsgeschäfte, insbesondere die Nichtabziehbarkeit privater Schuldzinsen.[35]

41   Dauernde Lasten, bei denen der **Unterhaltscharakter** im Sinne der Rechtsprechung zum Abzugsverbot des § 12 Nr. 2 EStG **nicht überwiegt**, sind beim Verpflichteten in voller Höhe Sonderausgaben, vom Berechtigten sind sie in voller Höhe gem. § 22 Nr. 1 S. 3 Buchst. b EStG zu versteuern.[36] Allerdings muss der Vertrag auch tatsächlich entsprechend der getroffenen Regelung durchgeführt werden.[37]

---

28 BFH DStR 2006, 692 = DB 2006, 704.
29 Vgl. BFHE 181, 144 = BStBl II 1996, 646; BFHE 186, 521 = BStBl II 1999, 95, m.w.N.
30 BVerfG HFR 1989, 271.
31 BVerfG DStR 1993, 315; siehe auch BFH BFHE 172, 324 = BStBl II 1994, 19.
32 BFH (GS) BStBl II 2004, 95 und 100; dazu BMF v. 8.1.2004, BStBl I 2004, 191.
33 BFHE 168, 243 = BStBl II 1992, 803; BFH BFHE 193, 121 = BStBl II 2001, 175.
34 BFHE 179, 34 = BStBl II 1996, 157.
35 BFHE 167, 375 = BStBl II 1992, 609.
36 Vgl. *Niehues/Kränke*, DB 1994, 183, insbes. zu den Risiken, die aus der Abänderbarkeit der Leistungen gem. § 323 ZPO folgen.
37 FG Münster DStRE 2002, 342.

Hinweis   42
Schuldzinsen zur Finanzierung einer dauernden Last sind ihrerseits aber keine dauernde Last.[38]

Die steuerrechtliche Behandlung der Versorgungsleistungen als dauernde Last „beruht auf dem   43
Umstand, dass sich der Vermögensübergeber in Gestalt der Versorgungsleistungen typischerweise Erträge seines Vermögens vorbehält, die nunmehr allerdings vom Vermögensübernehmer
erwirtschaftet werden müssen".[39] Dem liegt nach dem Beschluss des Großen Senats des BFH
vom 12.5.2003 – GrS 1/00[40] die normleitende Vorstellung zugrunde, dass der Übergeber das
Vermögen – ähnlich **wie beim Nießbrauchvorbehalt** – ohne die vorbehaltenen Erträge, die
nunmehr als Versorgungsleistungen zufließen, übertragen hat. Maßgebendes Kriterium für die
Frage, ob ein Wirtschaftsgut Gegenstand einer unentgeltlichen Vermögensübergabe gegen Versorgungsleistungen sein kann, ist, so der Große Senat, „die Vergleichbarkeit mit dem Vorbehaltsnießbrauch". Die Vermögensübergabe muss sich so darstellen, dass die vom Übernehmer
zugesagten Leistungen – obwohl sie von ihm erwirtschaftet werden müssen – als zuvor vom
Übergeber vorbehaltene – abgespaltene – Nettoerträge vorstellbar sind. Dies ist für die **Abziehbarkeit** und materiell-rechtlich korrespondierend für die **Steuerbarkeit** der privaten Versorgungsrente konstituierend.[41]

   Ziel einer Vereinbarung war und ist es regelmäßig, die steuerlichen Vorteile der vollen Ab-   44
zugsfähigkeit einer dauernden Last zu erreichen bei gleichzeitiger Einschränkung der Risiken
aus der Veränderlichkeit/Abänderbarkeit für beide Parteien.[42]

Formulierungsbeispiel   45
Dauernde Last
Der Übernehmer ist verpflichtet, dem Übergeber eine lebenslange Rente monatlich im Voraus, und zwar in einer Höhe
von... EUR (in Worten:... Euro) zu zahlen. Die Rente ist jeweils bis zum Dritten eines Monats, erstmals für den auf die
Beurkundung folgenden Monat zur Zahlung fällig. Nach dem Tode des Übergebers ist – im Wege eines echten Vertrages zugunsten Dritter – die dauernde Last in Höhe von 60 der dem Übergeber geschuldeten Rentenleistung, also
derzeit in der Höhe von ... EUR (in Worten: ... Euro), an den Ehegatten des Übergebers, ..., geb. ..., geb. am ..., auf dessen Lebensdauer unter Fortgeltung der vereinbarten Anpassungs- und Wertsicherungsklausel weiter zu zahlen.
Anpassung
Sofern der standesgemäße Unterhalt des Übernehmers oder des Übergebers oder – nach dessen Tod – des Ehegatten des Übergebers aufgrund einer Änderung der wirtschaftlichen Verhältnisse nicht mehr gewährleistet ist, kann
jeder Vertragsteil Abänderung in Entsprechung des § 323 ZPO verlangen, jedoch nur mit der Maßgabe, dass sich
die Leistungen nur um maximal .../. EUR erhöhen oder ermäßigen dürfen. Ergibt sich der Mehrbedarf des Übergebers oder – nach dessen Tod – des Ehegatten des Übergebers daraus, dass der Übergeber oder – nach dessen Tod
– der Ehegatte des Übergebers in ein Alten- oder Pflegeheim aufgenommen wurde, so ist ein Abänderungsverlan-
gen ausgeschlossen. Erreichen die vom Übernehmer geleisteten Rentenzahlungen den Verkehrswert des Überga-
beobjektes im Zeitpunkt der Übergabe, so erlischt die Rentenzahlungspflicht des Übernehmers. Für weitergehende
Zahlungsverpflichtungen sollen ausschließlich die gesetzlichen Bestimmungen, insbesondere die unterhaltsrecht-
lichen Bestimmungen des BGB, Geltung haben.

Sowohl bei Gestaltung einer Leibrente als auch bei der Gestaltung einer dauernden Last konnten   46
zusätzliche Sicherungsvereinbarungen getroffen werden wie

---

38 BFH BB 2002, 240.
39 Beschluss des Großen Senats BFHE 161, 317 = BStBl II 1990, 847.
40 BFH (GS) BFHE 202, 464 = BStBl II 2004, 95.
41 BFHE 207, 114 = BStBl II 2005, 130.
42 Siehe dazu *Niehues/Kränke*, DB 1994, 183.

- Wertsicherungsklauseln (Indexklauseln)
- Unterwerfung unter die Zwangsvollstreckung und
- Grundbuchliche Absicherungen.

---

47 Formulierungsbeispiel

Wertsicherungsklausel

Die Parteien haben ab dem Zeitpunkt der jeweiligen Geltendmachung Anspruch auf Erhöhung oder Verminderung des als wiederkehrende Leistung zu zahlenden Betrages in demselben prozentualen Verhältnis, in dem sich der vom Statistischen Bundesamt Wiesbaden für jeden Monat festgestellte und veröffentlichte Verbraucherpreisindex für die Lebenshaltung aller privaten Haushalte in Deutschland auf der Basis 2005 = 100 gegenüber dem für den auf die Beurkundung folgenden Monat festzustellenden Index erhöht oder vermindert.

Eine Erhöhung oder Verminderung des jeweils zu zahlenden Betrages kann jedoch erst dann verlangt werden, wenn die Indexveränderung zu einer Erhöhung oder Verminderung des jeweils zu zahlenden Betrages um mindestens 10 – zehn vom Hundert – führt und die Berechtigten eine Anpassung verlangen. Diese Wertsicherungsklausel findet entsprechende Anwendung, wenn sich der Lebenshaltungskostenindex seit der letzten Anpassung um weitere 10 – zehn vom Hundert – nach oben oder unten verändert und die Vertragsbeteiligten bzw. einer von Ihnen eine Anpassung verlangen. Sollte der obige in Bezug genommene Index vom Statistischen Bundesamt nicht mehr herausgegeben werden, tritt an seine Stelle der vom Statistischen Bundesamt oder ggf. dessen Nachfolgeorganisation herausgegebene entsprechende Index.

Nach Hinweis auf das mögliche Erfordernis einer Genehmigung der vorstehenden Wertsicherungsklausel durch das Bundesamt für Wirtschaft in Eschborn beantragen die Vertragsteile hiermit diese Genehmigung und beauftragen den Notar, diese für sie einzuholen und entgegenzunehmen.

Reallast

Der Übernehmer bestellt zugunsten des Übergebers sowie dessen Ehegatten, jeweils eine Reallast an dem nachstehend bezeichneten Grundbesitz, wobei die Reallast zugunsten des Ehegatten des Übergebers durch das Vorversterben des Übergebers aufschiebend bedingt bestellt ist. Die vorstehende Reallast dient zur Sicherung aller Ansprüche auf Zahlung der vorstehend vereinbarten monatlichen Rente in der vereinbarten wertgesicherten Form nach vorstehender Regelung.

Es handelt sich um folgenden Grundbesitz:...

Die Vertragsteile bewilligen und beantragen die Eintragung der Reallasten im Gleichrang untereinander in das Grundbuch an nächstoffener Rangstelle mit dem Vermerk, dass zur Löschung der Nachweis des Todes des jeweiligen Berechtigten genügen soll. Die Berechtigten stimmen dieser Löschungserleichterung ausdrücklich zu.

Unterwerfung unter die sofortige Zwangsvollstreckung

Wegen der Zahlung des vorbezeichneten monatlichen Rentenbetrages sowie wegen des dinglichen und persönlichen Anspruches aus den Reallasten unterwirft sich der Übernehmer der sofortigen Zwangsvollstreckung aus dieser Urkunde in sein gesamtes Vermögen. Der Übernehmer verpflichtet sich, auf jederzeitiges Verlangen des Übergebers sich bezüglich etwaiger nach dieser Urkunde geschuldeter Erhöhungen des als Leibrente zu zahlenden Betrages der sofortigen Zwangsvollstreckung in sein gesamtes Vermögen zu unterwerfen.

---

c) Wesentliche Aussagen des sog. „Rentenerlasses"

48 Die durch die Rechtsprechung des BFH geprägte Rechtslage hatte die Finanzverwaltung veranlasst, mit dem BMF-Schreiben vom 23.12.1996 (sog. „Rentenerlass"),[43] geändert durch BMF-Schreiben vom 31.12.1997 und vom 30.10.1998, **einheitliche Anwendungsgrundsätze** zu formulieren, die in der Praxis teilweise auf Widerspruch stießen. Im neuen Rentenerlass des BMF vom 11.3.2010[44] sind diese Anwendungsgrundsätze weitgehend wiederholt, teilweise ergänzt und teilweise an die zwischenzeitlich ergangene Rechtsprechung angepasst worden. Seit dem BMF-Schreiben vom 23.12.1996 gelten im Wesentlichen folgende Grundsätze

---

43 BMF v. 23.12.1996, BStBl I 1996, 1508.
44 BMF v. 11.3.2010, BStBl I 2010, 227 = DStR 2010, 545.

aa) Unentgeltliche Vermögensübertragung gegen Versorgungsleistungen
(1) Versorgungsleistungen
Versorgungsleistungen (Renten oder dauernde Lasten) sind wiederkehrende Leistungen im **49** Zusammenhang mit einer Vermögensübertragung zur vorweggenommenen Erbfolge (Vermögensübergabe). Versorgungsleistungen können auch auf Verfügungen von Todes wegen beruhen.[45] Soweit im Zusammenhang mit der Vermögensübergabe Versorgungsleistungen zugesagt werden, sind diese weder Veräußerungsentgelt noch Anschaffungskosten.[46]

(2) Wiederkehrende Leistungen auf die Lebenszeit des Empfängers
Versorgungsleistungen sind nur wiederkehrende Leistungen auf die Lebenszeit des Empfängers. **50** Wiederkehrende Leistungen **auf bestimmte Zeit**, auf eine Mindest- oder eine Höchstzeit (sog. **Mindestzeitrenten**, verlängerte oder angekürzte Leibrenten oder dauernde Lasten) konnten dagegen schon nach bisheriger Erlasslage **nur ausnahmsweise als Versorgungsleistungen** anerkannt werden. Nach dem neuen Rentenerlass sind sie nun stets als Leistungen im Austausch mit einer Gegenleistung, also als entgeltlich, zu behandeln.[47]

(3) Empfänger des Vermögens
Empfänger des Vermögens können die **Abkömmlinge** und grundsätzlich auch **gesetzlich erb-** **51** **berechtigte entfernte Verwandte** des Übergebers, ausnahmsweise auch familienfremde Dritte sein.[48] Das FG Köln vertritt dazu allerdings die Auffassung, dass Abkömmlinge, die einen **Pflichtteilsverzicht** erklärt haben, aus dem Generationsnachfolge-Verbund ausscheiden.[49] Der BFH hat diese Auffassung inzwischen bestätigt.[50] Diese Auffassung erscheint dogmatisch falsch, weil durch den Pflichtteilsverzicht allein das gesetzliche Erbrecht nicht endet.

(4) Empfänger der Versorgungsleistungen
Als Empfänger der Versorgungsleistungen kommen in erster Linie in Betracht **52**
– der Übergeber,
– dessen Ehegatte und
– die gesetzlich erb- und pflichtteilsberechtigten Abkömmlinge des Übergebers[51]
  Lebenspartner einer eingetragenen Lebenspartnerschaft
  und ggf. die Eltern des Übergebers.[52]

Familienfremde Dritte können nicht Empfänger von Versorgungsleistungen sein.[53] Dagegen **53** kann Empfänger von Versorgungsleistungen sein, wer **gegenüber dem Übergeber Anspruch auf Versorgungsleistungen** aus dem übernommenen Vermögen hat.

---

45 Vgl. BMF v. 23.12.1996, Tz. 28.
46 BFH v. 5.7.1990, BStBl II 1990, 847.
47 BMF v. 11.3.2010, BStBl I 2010, 227 = DStR 2010, 545, Tz. 56.
48 Vgl. dazu auch BFH BStBl II 1996, 669 und BFH BStBl II 1998, 718.
49 FG Köln ZErb 2005, 335.
50 BFH BStBl II 2006, 797.
51 BFH BStBl II 1992, 612.
52 BMF v. 11.3.2010, BStBl I 2010, 227 = DStR 2010, 545 unter Tz. 50.
53 BFH BStBl II 1996, 680.

bb) Vermögensübergabe
(1) Begriff der Vermögensübergabe

54 Vermögensübergabe ist die Vermögensübertragung kraft einzelvertraglicher Regelung unter Lebenden **mit Rücksicht auf die künftige Erbfolge,** bei der sich der Vermögensübergeber in Gestalt der Versorgungsleistungen typischerweise Erträge seines Vermögens vorbehält, die nunmehr allerdings vom Vermögensübernehmer erwirtschaftet werden müssen.[54] Eine solche Übergabe ist auch unter Fremden nicht ausgeschlossen.[55]

(2) Abgrenzung zu voll entgeltlichen Geschäften

55 Nach dem Willen der Beteiligten soll der Vermögensübernehmer wenigstens teilweise eine unentgeltliche Zuwendung erhalten. Bei einer Vermögensübergabe **unter Angehörigen** spricht eine **widerlegbare Vermutung** dafür, dass die wiederkehrenden Leistungen unabhängig vom Wert des übertragenen Vermögens nach dem **Versorgungsbedürfnis des Berechtigten** und nach der **wirtschaftlichen Leistungsfähigkeit des Verpflichteten** bemessen worden sind.

56 Diese Vermutung ist **widerlegt,** wenn die Beteiligten Leistung und Gegenleistung nach kaufmännischen Gesichtspunkten gegeneinander abgewogen haben und **subjektiv** von der **Gleichwertigkeit der beiderseitigen Leistungen** ausgehen durften, auch wenn Leistung und Gegenleistung objektiv ungleichgewichtig sind.[56] In diesem Fall gelten die Grundsätze über die einkommensteuerrechtliche Behandlung wiederkehrender Leistungen im Austausch mit einer Gegenleistung.[57]

57 **Unter Fremden** besteht eine nur in Ausnahmefällen **widerlegbare Vermutung,** dass bei der Übertragung von Vermögen **Leistung und Gegenleistung kaufmännisch gegeneinander abgewogen** sind. Ein Anhaltspunkt für ein entgeltliches Rechtsgeschäft kann sich auch daraus ergeben, dass die wiederkehrenden Leistungen auf Dauer die erzielbaren Erträge übersteigen.

58 Die für die Entgeltlichkeit des Übertragungsvorgangs sprechende Vermutung kann hingegen zum Beispiel **widerlegt** sein, wenn der Übernehmer aufgrund besonderer persönlicher (insbesondere **familienähnlicher) Beziehungen** zum Übergeber ein persönliches Interesse an der lebenslangen angemessenen Versorgung des Übergebers hat.[58]

(3) Gegenstand der Vermögensübergabe

59 Gegenstand der Vermögensübergabe muss eine die **Existenz des Vermögensübergebers wenigstens teilweise sichernde Wirtschaftseinheit** sein. Gleichzeitig muss auch die Versorgung des Übergebers aus dem übernommenen Vermögen wenigstens teilweise sichergestellt sein. Dabei behält sich der Übergeber typischerweise vom Übernehmer zu erwirtschaftende Erträge seines Vermögens vor.[59]

60 Eine Vermögensübergabe gegen Versorgungsleistungen war nach der Rechtslage bis zum 31.12.2007 gegeben, wenn eine **existenzsichernde und ertragbringende Wirtschaftseinheit des Privat- und/oder Betriebsvermögens übertragen** wird, deren Erträge ausreichen, um die wiederkehrenden Leistungen zu erbringen (**„Typus 1"**). Mit der gesetzlichen Neufassung seit dem 1.1.2008 kommen Wirtschaftseinheiten des Privatvermögens generell nicht mehr in Betracht.

---

54 BFH BStBl II 1992, 78.
55 BFH BStBl II 1998, 718.
56 BFH BStBl II 1992, 465 und BFH BStBl II 1996, 669; bestätigt durch BFH BB 2004, 195.
57 BMF v. 11.3.2010, BStBl I 2010, 227 = DStR 2010, 545 unter Tz. 5.
58 BFH BStBl II 1998, 718.
59 BFH BStBl II 1990, 847.

Arens

(4) Existenzsichernde und ertragbringende Wirtschaftseinheiten
Gegenstand der Vermögensübergabe konnte nach der **früheren Verwaltungsauffassung** auch 61
eine existenzsichernde und ihrem Wesen nach ertragbringende Wirtschaftseinheit sein, deren
Erträge aber nicht ausreichen, um die wiederkehrenden Leistungen zu erbringen (**„Typus 2"**).
– Existenzsichernde Wirtschaftseinheit

Das übertragene Vermögen muss für eine generationenübergreifende dauerhafte Anlage geeig- 62
net und bestimmt sein und dem Übernehmer zur Fortsetzung des Wirtschaftens überlassen wer-
den, um damit wenigstens teilweise die Existenz des Übergebers zu sichern.
   Wirtschaftseinheiten in diesem Sinne waren bis zum 31.12.2007 typischerweise 63
– Betriebe,
– Teilbetriebe,
– Mitunternehmeranteile,
– Anteile an Kapitalgesellschaften,
– Geschäfts- oder Mietwohngrundstücke,
– Einfamilienhäuser, Eigentumswohnungen und verpachtete unbebaute Grundstücke.[60]

Keine existenzsichernde Wirtschaftseinheit war dagegen schon bisher Vermögen, das dem 64
Übernehmer nicht zur Fortsetzung des Wirtschaftens überlassen wird. Hierzu gehören
– ertragloses Vermögen, wie z.B. Hausrat, Wertgegenstände, Kunstgegenstände, Sammlungen
   und unbebaute Grundstücke (Brachland),
– Wertpapiere und typische stille Beteiligungen,
– Vermögen, dessen gesamte Erträge der Übergeber sich mittels eines Nießbrauchs vorbehält
   (sog. Totalnießbrauch).[61]

(5) Ausreichend ertragbringende Wirtschaftseinheit („Typus 1")
Von einer ausreichend ertragbringenden Wirtschaftseinheit ist auszugehen, wenn **nach über-** 65
schlägiger Berechnung die Versorgungsleistungen nicht höher sind **als der langfristig er-**
zielbare Ertrag des übergebenen Vermögens. Zu Erträgen führen nur Einnahmen aus einer
Tätigkeit, die den **Tatbestand einer Einkunftsart i.S.d. § 2 Abs. 1 EStG** erfüllt. Einnahmen aus
einer Tätigkeit ohne Einkunfts- oder Gewinnerzielungsabsicht sind daher nicht als Erträge zu
beurteilen. Zu den Erträgen des übergebenen Vermögens gehört auch der Nutzungswert der vom
Übernehmer eigengenutzten Wohnung. Der Nutzungswert der Wohnung, die vom Übergeber
aufgrund vorbehaltenen Nutzungsrechts zu eigenen Wohnzwecken genutzt wird, gehört dagegen nicht zu den Erträgen des übergebenen Vermögens.

(6) Ermittlung der Erträge
Wird das übernommene Vermögen zur Einkunftserzielung genutzt, sind die **Erträge auf der** 66
Grundlage der steuerlichen Einkünfte zu ermitteln.
   Die Versorgungsleistungen müssen durch entsprechende Erträge aus dem übernommenen 67
Vermögen abgedeckt sein. Davon ist auszugehen, wenn **nach den Verhältnissen im Zeitpunkt**
der Vermögensübergabe der durchschnittliche jährliche Ertrag ausreicht, um die jährlichen
Versorgungsleistungen zu erbringen.

---

60 Zu Wirtschaftsüberlassungsverträgen vgl. BFH BStBl II 1993, 546 und 548.
61 Vgl. BFH BStBl II 1992, 803 und BFH BStBl II 1994, 19.

68 Der BFH hat dies mit Urteil vom 13.12.2005[62] einerseits bestätigt, andererseits dabei aber **für spätere Änderungen differenziert**:

> „Bei der Vermögensübergabe gegen Versorgungsleistungen ist die Höhe der als dauernde Last gemäß § 10 Abs. 1 Nr. 1a S. S. 1 EStG abziehbaren Versorgungsleistungen durch die nach der Prognose im Zeitpunkt der Übergabe erzielbaren Nettoerträge begrenzt. Einigen sich die Vertragsbeteiligten auf ein in Anbetracht des gestiegenen Versorgungsbedürfnisses – hier: wegen Umzugs des Versorgungsberechtigten in ein Pflegeheim – neues Versorgungskonzept, sind Zahlungen, die ab diesem Zeitpunkt nicht mehr aus dem Ertrag des übergebenen Vermögens erbracht werden können, freiwillige Leistungen i.S.d. § 12 Nr. 2 EStG."

69 Bei **Ablösung** eines vom Übergeber vorbehaltenen Nutzungsrechts in den Fällen der zeitlich gestreckten Vermögensübergabe sind die **Verhältnisse im Zeitpunkt der Ablösung** maßgeblich.

70 Aus **Vereinfachungsgründen** ist es nicht zu beanstanden, wenn zur Ermittlung des durchschnittlichen Ertrags die **Einkünfte des Jahres der Vermögensübergabe und der beiden vorangegangenen Jahre** herangezogen werden.

71 Der **BFH** hat schon unter der Geltung des bisherigen Rechts zur Vermögensübergabe im Rahmen vorweggenommener Erbfolge bei **Ablösung eines Nießbrauchs gegen wiederkehrende Leistungen** wie folgt entschieden:[63]

> „1. Wird ein anlässlich der Übergabe von Vermögen zur Vorwegnahme der Erbfolge zugunsten des Übergebers und/oder dessen Ehegatten vorbehaltener Nießbrauch später abgelöst und werden dabei zugunsten des bisherigen Nießbrauchers auf dessen Lebenszeit wiederkehrende Leistungen vereinbart, die aus den Erträgen des übergebenen Vermögens gezahlt werden können, ist im Zweifel davon auszugehen, dass sich der bisherige Ertragsvorbehalt fortsetzt; an die Stelle des vorbehaltenen Nießbrauchs tritt die Versorgungsrente.
> 2. Beruft sich bei Vermögensübergabe gegen Versorgungsleistungen der Übernehmer darauf, dass für die Zukunft ausreichend hohe Nettoerträge zu erwarten seien, so sind in die das Jahr der Übergabe und die beiden folgenden Jahre umfassende Ertragsprognose vor allem diejenigen Erträge einzubeziehen, die auf eine veränderte Unternehmensführung bzw. Bewirtschaftung zurückzuführen sind. Soweit die nach der Vermögensübergabe zu erwartende Ergebnissteigerung hingegen die Folge vom Vermögensübernehmer vorgenommener wesentlicher, über die bloße Erhaltung und Reparatur hinausgehender Veränderungen am übergebenen Vermögen ist, bleibt sie für die Ertragsprognose außer Betracht."

72 Der **Nutzungswert** der vom Übernehmer **eigengenutzten Wohnung** sollte nach bisherigem Recht etwa in entsprechender Anwendung von R 162 Abs. 2 EStR zu ermitteln sein. Hinzuzurechnen sind Absetzungen für Abnutzung, erhöhte Absetzungen und Sonderabschreibungen sowie außerordentliche Aufwendungen, z.B. größere Erhaltungsaufwendungen, die nicht jährlich üblicherweise anfallen.

(7) Ermittlung der Erträge bei teilentgeltlichem Erwerb

73 Wird Vermögen zum Teil entgeltlich und zum Teil unentgeltlich übertragen, ist zu prüfen, ob die **Erträge, die auf den unentgeltlich erworbenen Teil entfallen**, zur Erbringung der **Versor-**

---

62 BFH DStR 2006, 692 = DB 2006, 704.
63 BFH BFHE 207, 114 = BStBl II 2005, 130.

gungsleistungen ausreichen. Für die Aufteilung in einen entgeltlich und einen unentgeltlich erworbenen Teil gelten die **Grundsätze im BMF-Schreiben vom 13.1.1993**.[64]

Bei der Ermittlung der Erträge blieben im Falle der Übertragung von **Privatvermögen** nach   74
bisher geltendem Recht sowie **einzelner Wirtschaftsgüter des Betriebsvermögens** auch
Schuldzinsen außer Betracht, soweit sie der Finanzierung von Anschaffungskosten dienen.

Schuldzinsen für übernommene betriebliche Verbindlichkeiten sind dagegen zu be-   75
rücksichtigen, wenn ein Betrieb, Teilbetrieb oder Mitunternehmeranteil übertragen wird.[65]

(8) Existenzsichernde Wirtschaftseinheit ohne ausreichende Erträge („Typus 2")

Gegenstand der Vermögensübergabe konnte nach der früheren Verwaltungsauffassung auch   76
eine existenzsichernde und ihrem Wesen nach ertragbringende Wirtschaftseinheit sein, deren
Erträge aber nicht ausreichen, um die wiederkehrenden Leistungen zu erbringen.[66] Wirtschaftseinheiten in diesem Sinne sind typischerweise Betriebe mit geringen Gewinnen oder Mietwohngrundstücke mit geringen oder negativen Einkünften.

Voraussetzung für eine Vermögensübergabe in diesen Fällen sollte sein, dass der Wert des   77
Vermögens im Zeitpunkt der Vermögensübergabe bei überschläger und großzügiger Berech-
nung **mindestens die Hälfte des Kapitalwerts der wiederkehrenden Leistungen** beträgt.[67]
Bei der zeitlich gestreckten „gleitenden" Vermögensübergabe sollte auf den Wert des Vermö-
gens im Zeitpunkt der Vermögensübertragung unter Nießbrauchsvorbehalt abzustellen sein.
Dabei sollte der Nießbrauch nicht wertmindernd zu berücksichtigen sein. Beträgt der Wert des
Vermögens weniger als die Hälfte des Kapitalwerts der wiederkehrenden Leistungen, sind die
wiederkehrenden Leistungen nach § 12 Nr. 2 EStG nicht abziehbare Unterhaltsleistungen (R 123
S. S. 6 EStR).

Bei **teilentgeltlichem Erwerb** ist Voraussetzung, dass der auf den unentgeltlich erworbe-   78
nen Teil entfallende Wert des übernommenen Vermögens **mindestens die Hälfte des Kapitalwerts der wiederkehrenden Leistungen** beträgt.

(9) Anforderungen an den Versorgungsvertrag

Die steuerrechtliche Anerkennung des Übergabevertrages setzt voraus, dass   79
–   die gegenseitigen Rechte und Pflichten **klar und eindeutig**
–   sowie **rechtswirksam** vereinbart
–   und **ernsthaft gewollt** sind
–   und die – beiderseitigen[63] – Leistungen wie vereinbart **tatsächlich erbracht** werden.

Als **wesentlicher Inhalt** des Übergabevertrages müssen   80
–   der Umfang des übertragenen Vermögens,
–   die Höhe der Versorgungsleistungen und
–   die Art und Weise der Zahlung vereinbart sein.[69]

Die Vereinbarungen müssen **zu Beginn** des durch den Übergabevertrag begründeten Rechtsver-   81
hältnisses oder bei Änderung dieses Verhältnisses **für die Zukunft getroffen** werden.

---

64 BMF v. 13.1.1993, BStBl I 1993, 80.
65 BMF v. 13.1.1993, BStBl I 1993, 80, Tz. 29.
66 BFH BStBl II 1992, 526.
67 Vgl. BFH BStBl II 1992, 78.
68 So zuletzt wieder BFH NJW 2005, 1743; differenzierend für Festbetrag und variable Zahlung FG Münster DStRE 2003, 1022.
69 BFH BStBl II 1992, 1020.

82   **Änderungen** der Versorgungsleistungen sind steuerrechtlich nur anzuerkennen, wenn sie durch ein in der Regel **langfristig verändertes Versorgungsbedürfnis** des Berechtigten **und/oder** die **veränderte wirtschaftliche Leistungsfähigkeit des Verpflichteten** veranlasst sind.[70]

83   **Rückwirkende Vereinbarungen** sind steuerrechtlich nicht anzuerkennen, es sei denn, die Rückbeziehung ist **nur von kurzer Zeit und** hat **lediglich technische Bedeutung.**[71]

84   Werden die auf der Grundlage eines Vermögensübergabevertrages geschuldeten Versorgungsleistungen ohne Änderung der Verhältnisse, also **willkürlich nicht mehr erbracht**, sind sie steuerrechtlich nicht anzuerkennen, auch wenn die vereinbarten Zahlungen später wieder aufgenommen werden.[72]

85   Werden **wesentliche Teile einer übertragenen Sachgesamtheit** nach der Vermögensübergabe **veräußert**, ist anhand einer **neuen Ertragsprognose** zu prüfen, ob die Versorgungsleistungen weiterhin von den Nettoerträgen des verbleibenden Vermögens gedeckt werden. Wird ertragloses **in ertragbringendes Vermögen** in Absprache mit dem Übergeber **umgeschichtet**, kann der durchschnittliche jährliche Ertrag des erworbenen Vermögens ab der Umschichtung aus den Erträgen des Umschichtungsjahres und der beiden Folgejahre ermittelt werden. Dies gilt auch, wenn erstmals im zweiten Jahr nach der Umschichtung ein Ertrag erwirtschaftet wird und daher feststeht, dass im Umschichtungsjahr und im ersten Folgejahr die Versorgungsleistungen aus der Vermögenssubstanz gezahlt worden sind.[73]

86   Die **Umschichtung von ertragbringendem in anderes ertragbringendes Vermögen** nach der Vermögensübergabe ist **zulässig**. Sie setzt weder eine Gestattung im Übergabevertrag noch eine gesonderte Abrede mit dem Übergeber anlässlich der Umschichtung voraus. Der durchschnittliche jährliche Ertrag des Reinvestitionsguts ist grundsätzlich aus den Erträgen des Umschichtungsjahres und der beiden Folgejahre zu ermitteln. Zu den der Art nach ertragbringenden Wirtschaftseinheiten gehört nicht Wohneigentum, das einem Angehörigen unentgeltlich zur Nutzung überlassen wird. Bei einer Umschichtung bleibt es bei dem Grundsatz, dass Versorgungsleistungen insgesamt nur unter der Voraussetzung als Sonderausgaben abziehbar sind, dass der Ertrag des übergebenen bzw. umgeschichteten Vermögens die Leistungen abdeckt.

87   Schichtet ein Vermögensübernehmer das überlassene Vermögen **in nicht ausreichend ertragbringende Wirtschaftsgüter** um, sind die wiederkehrenden Leistungen auch dann nicht als Sonderausgaben abziehbar, wenn die Beteiligten die geschuldeten **Versorgungsleistungen** an die Erträge der neu erworbenen Vermögensgegenstände **anpassen.**[74]

d) Beschlüsse des Großen Senats vom 12.5.2003

88 Zwischenzeitlich hatte der 10. Senat des BFH in mehreren Entscheidungen Rechtsbewertungen einiger Tatbestandsmerkmale vorgenommen, die mit der Auffassung der Finanzverwaltung nicht in Einklang standen. Als Folge davon hatte die Finanzverwaltung ihren Rentenerlass vom 23.12.1996 an die zwischenzeitlich ergangene BFH-Rechtsprechung – z.T. steuerverschärfend – angepasst.[75]

---

70 BFH BStBl II 1992, 1020; BMF v. 11.3.2010, BStBl I 2010, 227 = DStR 2010, 545 unter Tz. 60.
71 BFH BStBl II 1987, 710 und BFH BStBl II 1989, 281.
72 BFH BStBl II 2011, 641.
73 BFH BStBl II 2011, 622 = DStRE 2010, 985.
74 BFH BStBl II 2011, 633 = DStR 2011, 256.
75 BMF BStBl I 2002, 893 dazu *Kempermann*, DStR 2003, 1736; *Reich*, DNotZ 2004, 6; *Schwind/Bäumel*, BB 2004, 74.

Arens

Der **X. Senat des BFH** hatte dem Großen Senat folgende Rechtsfragen vorgelegt:[76]   **89**

„Sind im Zusammenhang mit einer Vermögensübergabe zur Vorwegnahme der Erbfolge vereinbarte abänderbare Versorgungsleistungen auch dann als dauernde Last (Sonderausgabe nach § 10 Abs. 1 Nr. 1a S. S. 1 des Einkommensteuergesetzes – EStG -) abziehbar, wenn sie nicht aus den laufenden Nettoerträgen des übergebenen Vermögens gezahlt werden können („Typus 2" i.S.v. Tz. 17 bis 19, 38 bis 40 des Schreibens des BMF vom 23.12.1996)[77]?"

Der X. Senat des BFH hatte durch Beschluss vom 13.9.2000 dem Großen Senat ferner folgende   **90**
Rechtsfrage vorgelegt:[78]

„Sind im Zusammenhang mit einer Vermögensübergabe zur Vorwegnahme der Erbfolge vereinbarte abänderbare Versorgungsleistungen auch dann als dauernde Last (Sonderausgabe nach § 10 Abs. 1 Nr. 1a EStG) abziehbar, wenn sie zwar aus den laufenden Nettoerträgen des übergebenen Betriebs gezahlt werden können, aber der Substanzwert des – gepachteten – Betriebs negativ ist und sein Ertragswert 0 DM beträgt?"

Das **BMF** war dem Verfahren **beigetreten**. Es teilte nicht die Auffassung des vorlegenden Senats. Nach seiner Meinung sei das Kriterium der ausreichenden Erträge in vielen Fällen nicht geeignet, um die Vermögensübergabe gegen Versorgungsleistungen von Anschaffungsvorgängen und Unterhaltszahlungen abzugrenzen. Gerade im betrieblichen Bereich wie z.B. der Hof- oder Betriebsübergabe, würde eine Abgrenzung nur nach dem Ertrag dazu führen, dass eine Vermögensübergabe gegen Versorgungsleistungen in vielen Fällen nicht mehr möglich wäre. Insbesondere landwirtschaftliche Betriebe seien häufig nahezu ertraglos oder nicht ausreichend ertragbringend. Folge man der Auffassung des vorlegenden Senats, müsse man in diesen Fällen einen entgeltlichen Anschaffungs- und Veräußerungsvorgang annehmen, der zur Aufdeckung stiller Reserven beim Übergeber führe. Das könne sich existenzgefährdend auswirken.   **91**

Aber auch existenzsicherndes Privatvermögen könnten in vielen Fällen nicht mehr im Wege   **92**
der Vermögensübergabe gegen Versorgungsleistungen übertragen werden. Wenn z.B. der Übernehmer bei Mietwohnraum größeren Erhaltungsaufwand mit Kredit finanziere, verhinderten die Schuldzinsen oft, dass ein Ertrag entstehe, aus dem im Fall der Vermögensübertragung die Versorgungsleistungen voll gezahlt werden könnten.

Die Auffassung des vorlegenden Senats führe zu zufälligen Ergebnissen. Es sei nicht zu erklären, warum die Übertragung eines Betriebs, dessen Erträge im Jahr der Übergabe und in den beiden vorangegangenen Jahren[79] für die Zahlung der Versorgungsleistungen ausreichten, andere steuerliche Folgen nach sich ziehen solle als die Übertragung eines Betriebs, dessen Erträge – vielleicht nur vorübergehend – für die Zahlung der Versorgungsleistung nicht ausreichten. Unter diesem Gesichtspunkt könne keine Rede davon sein, dass der Typus des Hof- oder Geschäftsübergabevertrages durch die steuerliche Anerkennung des „Typus 2" missbraucht werde.   **93**

Die Finanzverwaltung unterschied im sog. **Rentenerlass**[80] vom 23.12.1996 im Gegensatz   **94**
zum vorlegenden 10. Senat zwischen
– ausreichend ertragbringenden Wirtschaftseinheiten („Typus 1"), deren Erträge nicht ausreichen, um die wiederkehrenden Leistungen zu erbringen

---

76 BFHE 189, 497 = BStBl II 2000, 188.
77 BMF v. 23.12.1996, BStBl I 1996, 1508.
78 BFHE 193, 121 = BStBl II 2001, 175.
79 Vgl. BMF BStBl I 1996, 1508, Tz. 15.
80 BMF v. 23.12.1996, BStBl I 1996, 1508.

– und existenzsichernden Wirtschaftseinheiten, deren Erträge nicht ausreichen, um die wiederkehrenden Leistungen zu erbringen („Typus 2").

95 Auch die Übergabe solcher Wirtschaftseinheiten („Typus 2") sollte als Vermögensübergabe anzusehen sein.[81] Voraussetzung für eine Vermögensübergabe in derartigen Fällen ist nach Tz. 18 des BMF-Schreibens vom 23.12.1996, dass der Wert des Vermögens im Zeitpunkt der Vermögensübergabe **bei überschlägiger und großzügiger Berechnung mindestens die Hälfte des Kapital- oder Barwerts der wiederkehrenden Leistungen beträgt**.

96 Die „**50-Grenze**" findet sich erstmalig im BFH-Urteil vom 23.1.1964.[82] Dort hatte der BFH eine Versorgungsrente als Gegenleistung für das übernommene Vermögen angesehen. Auf diese Weise ließ sich vermeiden, dass die Versorgungsleistungen dem Abzugsverbot für Unterhaltsleistungen nach § 12 Nr. 2 EStG unterlagen. Das Abzugsverbot des § 12 Nr. 2 EStG gelte für alle Zuwendungen, die nicht im Hinblick auf eine Gegenleistung, sondern im Hinblick auf die gesetzliche Unterhaltspflicht erbracht würden. Eine Rente werde aber nicht erst dann aufgrund der Unterhaltpflicht gezahlt, wenn der Wert der Gegenleistung so gering sei, dass er im Verhältnis zum Wert der Unterhaltsleistungen keinen wirtschaftlichen Gehalt besitze. Eine Unterhaltsrente liege vielmehr schon dann vor, wenn unter Berücksichtigung der Gegenleistung der Unterhaltscharakter offensichtlich überwiege. Ein wesentlicher Anhaltspunkt für das Überwiegen könne im Allgemeinen darin gesehen werden, dass der Wert der Gegenleistung (des übernommenen Betriebsvermögens usw.) bei überschlägiger und großzügiger Berechnung weniger als die Hälfte des Wertes der Rentenverpflichtung betrage.

97 Der Große Senat hat sich dieser Auffassung angeschlossen.[83] Er bezieht sich zusätzlich auf das BFH-Urteil vom 28.7.1983.[84] Auch dieses Urteil sehe in der Vergleichsrechnung, die in Abschn. 123 Abs. 3 EStR ihren Niederschlag gefunden habe, einen „Anhaltspunkt" für die Bestimmung der nach § 12 EStG nicht abziehbaren Unterhaltsleistungen. Dem stimme der Große Senat zu.

98 Die Finanzverwaltung hatte ursprünglich in Abschn. 123 Abs. 3 EStR die „50-Grenze" ebenfalls dazu verwendet, Geschäfte, bei denen der Unterhaltscharakter überwiegt, von solchen zu unterscheiden, bei denen der Gesichtspunkt der Gegenleistung im Vordergrund steht. Erstmalig im sog. Rentenerlass vom 23.12.1996[85] wird die „50.-Grenze" in einen Zusammenhang mit dem sog. „Typus 2" gebracht.

99 In Übereinstimmung mit dem Urteil des vorlegenden 10. Senats vom 16.12.1993[86] ist in Tz. 38 des BMF-Schreibens v. 23.12.1996 bestimmt, dass derartige Versorgungsleistungen regelmäßig nicht als abänderbar angesehen werden könnten, so dass sie **nur mit ihrem Ertragsanteil** steuerbar bzw. absetzbar seien. Anders sei es nur, wenn die Vertragsparteien **ausdrücklich auf § 323 ZPO oder eine gleichwertige Änderungsklausel Bezug genommen** hätten (Tz. 39).

100 In der Neufassung des BMF-Schreibens vom 26.8.2002[87] hatte das BMF unter Tz. 10 der jüngeren Rechtsprechung des X. Senats insoweit Rechnung getragen, als dem ertraglosen Vermögen auch ein Grundstück mit aufstehendem Rohbau[88] sowie eine vom Übernehmer zu eigenen Wohnzwecken genutzte Wohnung[89] zugerechnet werden. Außerdem vertrat die Finanzverwaltung – anders als zuvor – dort nunmehr die Auffassung, dass der sachliche Zusammenhang der

---

81 Urteil des XI. Senats BFHE 167, 86 = BStBl II 1992, 526.
82 BFHE 79, 516 = BStBl III 1964, 422.
83 BFH GS BFHE 165, 225 = BStBl II 1992, 78 (unter C. II. 4. c).
84 BFHE 139, 367 = BStBl II 1984, 97.
85 BMF BStBl I 1996, 1508.
86 BFHE 173, 152 = BStBl II 1996, 669.
87 BMF v. 26.8.2002, BStBl I 2002, 893.
88 BFHE 184, 337 = BStBl II 1997, 813.
89 BFHE 190, 413 = BStBl II 2002, 653.

wiederkehrenden Leistungen mit der Vermögensübergabe endet, wenn der Übernehmer das übernommene Vermögen auf einen Dritten überträgt (Tz. 20 bis 21.13).

In der Literatur waren die Auffassungen darüber geteilt, ob der Rechtsfigur der vorbehalte- **101** nen Erträge die vom vorlegenden Senat geforderte Bedeutung zukommt, insbesondere, ob sie den „Typus 2" ausschließt. Hinsichtlich des Meinungsstandes bis zum Ergehen des Vorlagebeschlusses des 10. Senats kann auf die Nachweise in dem Vorlagebeschluss Bezug genommen.

In ihren Stellungnahmen zum Vorlagebeschluss wenden sich insbesondere *Weber-Grellet*,[90] **102** *Spiegelberger*[91] und *Groh*[92] gegen die vom vorlegenden Senat vertretene Rechtsfigur der vorbehaltenen Erträge. Sie vertreten die Auffassung, der Große Senat des BFH habe in seinem Beschluss[93] lediglich darauf hingewiesen, dass bei Übergabeverträgen typischerweise Erträge des übergebenen Vermögens vom Vermögensübergeber vorbehalten würden. „Typischerweise" sei im Sinne von „regelmäßig" zu verstehen. Dagegen handle es sich nicht um eine notwendige Bedingung für die Behandlung der Versorgungsleistungen als dauernde Last.

Andere Autoren hingegen stimmten der Ablehnung des „Typus 2" im Vorlagebeschluss zu.[94] **103** Diese Autoren vertraten – wie der vorlegende 10. Senat – die **Theorie der vorbehaltenen Erträge**.

Eine andere Gruppe von Autoren verwirft sowohl die Theorie der vorbehaltenen Erträge als **104** auch die „50-Regel". Sie ist der Meinung, Versorgungsleistungen stellten **Entgelt für das übernommene Vermögen** dar. Soweit ihr Barwert über dem Wert des übertragenen Vermögens liege, handle es sich um nicht abziehbare Unterhaltsleistungen.[95]

Mit den Beschlüssen vom 12.5.2003 hat dann der Große Senat des Bundesfinanzhofs zwei **105** grundsätzliche Entscheidungen zur Vermögensübergabe gegen Versorgungsleistungen getroffen:

- In dem einen Fall wurde entschieden, dass wiederkehrende Leistungen, die im Zusammenhang mit einer Vermögensübergabe im Wege der vorweggenommenen Erbfolge vereinbart werden, dann nicht als dauernde Last abziehbar sind, wenn sie nicht aus den erzielbaren laufenden Nettoerträgen des übergebenen Vermögens bestritten werden können. Es genügt nicht, wenn das übergebene Vermögen lediglich seiner Art nach existenzsichernd und ertragbringend ist, Nettoerträge im konkreten Fall jedoch die versprochenen Sach- oder Geldleistungen nicht abdecken. Für die Ertragsprognose sind die Ertragserwartungen in dem Zeitpunkt des Vertragsschlusses maßgeblich.[96]
- Im anderen Fall wurde entschieden, dass bei der Übergabe eines Unternehmens, das weder über einen positiven Substanz- noch über einen positiven Ertragswert verfügt, kein „Vermögen" an die nachfolgende Generation übertragen wird. Auch wenn die Nettoerträge des übergebenen Betriebs ausreichen, um die dem Übergeber versprochenen Leistungen abzudecken, kann der Ertragswert negativ sein, weil die der Wertermittlung zugrunde gelegten Gewinne um einen Unternehmerlohn zu kürzen sind.[97]

Der Große Senat des BFH ist der Auffassung, dass im Zusammenhang mit einer Vermögensüber- **106** gabe zur Vorwegnahme der Erbfolge vereinbarte wiederkehrende Leistungen, die nicht aus den

---

90 *Weber-Grellet*, FR 2000, 401.
91 *Spiegelberger*, DStR 2000, 1073 ff. und Stbg 2001, 253 ff.
92 *Groh*, FR 2001, 277.
93 BFH (GS) BFHE 161, 317 = BStBl II 1990, 847.
94 Schmidt/*Wacker*, EStG, § 22 Rr 80; *Sonneborn*, Steuer & Studium, 2001, 427; *P. Fischer*, DStZ 2000, 885, 892 und FR 2001, 397; *Hipler*, Vermögensübergabe gegen private Versorgungsleistungen im Einkommensteuerrecht, S. 116, und *Hipler*, DStR 2001, 1918.
95 Vgl. z.B. *Paus*, DStZ 2001, 398.
96 BFH (GS) BFHE 202, 464 = BStBl II 2004, 95.
97 BFH (GS) Beschl. v. 12.5.2003 – GrS 2/00, BStBl II 2004, 100.

erzielbaren Nettoerträgen des übernommenen Vermögens gezahlt werden können, nicht als dauernde Last abziehbar sind. Sie sind **Entgelt für das übernommene Vermögen**. Die Verwaltungsanweisung[98] – „Typus 2" – beruhe insoweit nicht auf einer zutreffenden Auslegung des geltenden Rechts.

107   Wie schon in seinem Beschluss vom 5.7.1990[99] folgt der Große Senat nicht der Auffassung, der zufolge Versorgungsleistungen von vornherein stets als Entgelt (ggf. Teilentgelt) für die Vermögensübergabe anzusehen sind. Hierfür sei nach wie vor maßgeblich, dass die steuerrechtliche Rechtsprechung einen Übergabevertrag, in dem Versorgungsleistungen bedungen sind (auch als **Leibgedinge oder Altenteil** bezeichnet), seit jeher nicht als entgeltliches Veräußerungsgeschäft betrachtet habe. Dies stehe im Einklang mit der Entstehungsgeschichte des Gesetzes zur Neuordnung von Steuern (StNOG) 1954. Ihr sei jedenfalls zu entnehmen, dass Altenteilsleistungen und sonstige bei Betriebsübergaben jeder Art vereinbarte Versorgungslasten in der Regel ganz oder teilweise abziehbar sein sollen.[100]

108   Selbst wenn man die Meinung vertreten wollte, der Gesetzgeber des StNOG 1954 habe die Frage, ob Altenteilsleistungen als Sonderausgaben oder als Betriebsausgaben abzuziehen seien, offen gelassen, sei es Aufgabe der Rechtsprechung, die vom Gesetzgeber offen gelassene Lücke zu füllen. Die Gerichte hätten nicht nur Lücken zu füllen, die durch planwidrige Unvollkommenheiten des Gesetzes entstanden sind, sondern auch solche, in denen das Gesetz keine Regelung enthält, weil sie von den Gerichten gefunden werden soll.[101] Das habe der Große Senat in seinem Beschluss v. 5.7.1990[102] getan. Das BVerfG habe die darauf beruhende Rechtsprechung des BFH zur Vermögensübergabe gegen Versorgungsleistungen von Verfassungs wegen nicht beanstandet.[103]

109   Der Große Senat hält weiterhin daran fest, dass **wiederkehrende Leistungen nur dann als Sonderausgaben** i.S.d. § 10 Abs. 1 Nr. 1a S. 1 EStG abgezogen werden können bzw. als wiederkehrende Bezüge i.S.d. § 22 Nr. 1 EStG zu versteuern sind, wenn die hiermit zusammenhängende Übertragung des Vermögens als **unentgeltlicher Vorgang** anzusehen ist. Die wiederkehrenden Leistungen dürfen sich **nicht als Gegenleistung** für das übertragene Vermögen darstellen.

110   Im Zusammenhang mit einer Vermögensübergabe zur Vorwegnahme der Erbfolge vereinbarte abänderbare Versorgungsleistungen sind nach Auffassung des Großen Senats des BFH[104] ferner dann nicht als dauernde Last (Sonderausgabe nach § 10 Abs. 1 Nr. 1a EStG) abziehbar, wenn sie zwar aus den erzielbaren laufenden Nettoerträgen des übergebenen Betriebs gezahlt werden können, das **Unternehmen** jedoch **weder** über einen **positiven Substanzwert noch** über einen **positiven Ertragswert** verfügt. Es handelt sich um Unterhaltsleistungen i.S.d. § 12 Nr. 2 EStG.

111   Dieses Ergebnis folge – ohne dass es insoweit auf die Bedeutung der „50-Grenze" ankäme – daraus, dass ein Betrieb ohne Substanz- oder Ertragswert **kein „Vermögen"** darstellt, das an die nachfolgende Generation übertragen werden könnte.

112   Selbst dann, wenn ein übergebenes Unternehmen ausreichend Nettoerträge abwirft, um die im Zusammenhang mit der Übergabe versprochenen Versorgungsleistungen zu erbringen, hat es möglicherweise keinen oder sogar einen negativen Ertragswert. Die zur Ermittlung des Ertrags-

---

98 BMF v. 23.12.1996 in Tz. 17 und 18, BStBl I 1996, 1508; BMF-Schreiben v. 26.8.2002, BStBl I 2002, 893.
99 BFHE 161, 317 = BStBl II 1990, 847.
100 BFHE 83, 568 = BStBl III 1965, 706, vorletzter Absatz.
101 BVerfG BB 1988, 2469; Isensee/Kirchhof/*Ossenbühl*, Handbuch des Staatsrechts der Bundesrepublik Deutschland, Bd. 3, § 61 Rn 41; Tipke/Kruse/*Kruse/Drüen*, § 4 AO 1977, Rn 349 a.E., m.w.N.
102 BFHE 161, 317 = BStBl II 1990, 847.
103 BVerfG DStR 1993, 315 = FR 1993, 157.
104 BFH GS DStR 2003, 1700; auf Vorlagebeschluss v. 13.9.2000 – X R 147/96, BFHE 193, 121 = BStBl II 2001, 175.

wertes eines Unternehmens zugrunde gelegten Gewinne sind nämlich um einen **Unternehmer-lohn** zu kürzen.[105]

Auch wenn das Unternehmen nicht ausschließlich oder vorwiegend nach dem Ertragswert **113** bewertet wird, sondern wie etwa bei der sog. **Mittelwertmethode** Substanz- und Ertragswert je zur Hälfte berücksichtigt werden, wirkt sich der Unternehmerlohn wertmindernd aus.[106] Dessen Auswirkung ist umso größer, je geringer der Substanzwert ist. Auch bei der Schätzung des Ge-schäftswerts ist der Unternehmerlohn abzusetzen.[107] Der **Geschäftswert** orientiert sich an den Vorstellungen des gedachten Erwerbers des Unternehmens. Dieser wird grundsätzlich nur bereit sein, ein Entgelt für diejenigen Werte zu leisten, die er selbst nutzbringend verwerten kann. Der „good will" eines Unternehmens stellt für ihn indessen nur insoweit einen nutzbringenden Ver-mögenswert dar, als dieser ihn in die Lage versetzt, höhere Einkünfte zu erzielen, als er sie durch die bloße Verwertung seiner Arbeitskraft erzielen würde.[108]

Ist nach Abzug des Unternehmerlohns ein Unternehmenswert nicht mehr vorhanden, kön- **114** nen – abgesehen davon, dass der übergebene Betrieb kein Vermögen darstellt – die Leistungen, die der Übergeber vom Übernehmer zu seiner Versorgung erhält, nicht mehr als **vorbehaltene Erträge des übergebenen Unternehmens** verstanden werden. Sie werden vielmehr ausschließ-lich durch die Arbeitsleistung des Übernehmers finanziert.

Dementsprechend ist auch bei der Ermittlung des Ertragswerts des übergebenen Unterneh- **115** mens nicht notwendigerweise nur auf die Gewinne der Vergangenheit abzustellen. Wenn der Betrieb ausreichende Erträge für den Lebensbedarf zweier Generationen abwirft, wird im Regel-fall auch nach Abzug des Unternehmerlohns ein Geschäftswert verbleiben. Ist das der Fall, kann nicht mehr davon gesprochen werden, dass das übergebene Unternehmen im Zeitpunkt der Übertragung kein Vermögen darstellte. Versorgungsleistungen sind in einem solchen Fall beim Übernehmer als Sonderausgaben selbst dann abziehbar und beim Übergeber als wiederkehren-de Bezüge zu versteuern, wenn sie teilweise aus dem Unternehmerlohn herrühren.

Nach Auffassung des Großen Senats wird die Bedeutung der **„50-Grenze"** in Zukunft auf **116** Ausnahmefälle beschränkt sein. Nachdem der Große Senat im Beschluss GrS 1/00 entschieden hat, dass der „Typus 2" mit dem geltenden Recht nicht vereinbar ist, hat auch die „50-Grenze" ihre Bedeutung weitgehend verloren.

Allerdings sind Fälle denkbar, in denen das übergebene Unternehmen **ausreichende Net- 117 toerträge** abwirft, um die versprochenen Versorgungsleistungen zu erbringen, und nach Abzug des Unternehmerlohns ein Unternehmenswert verbleibt, der aber so gering ist, dass es nicht mehr gerechtfertigt erscheint, den Betrieb als „Vermögen" zu bezeichnen. Eine ähnliche Kon-stellation kann sich ergeben, wenn beispielsweise ein bebautes Grundstück übergeben wird, dessen Nettoerträge ausschließlich oder nahezu ausschließlich auf Investitionen des Überneh-mers zurückzuführen sind.

Ein solcher Fall ist jedenfalls dann nicht gegeben, solange der nach Abzug des Unterneh- **118** merlohns verbleibende Unternehmenswert mindestens 50 des Kapitalwerts der wiederkehren-den Leistungen ausmacht. Insoweit stellt die „50-Grenze" nach wie vor ein **Beweisanzeichen** für die Abgrenzung zwischen steuerlich wirksamen Versorgungsleistungen und steuerlich un-beachtlichen Unterhaltsleistungen dar. Da es sich nur um ein Beweisanzeichen handelt, gilt der Umkehrschluss zu der vorstehenden Aussage nicht. D.h. die wiederkehrenden Leistungen stel-len nicht zwangsläufig ganz oder zum Teil Unterhaltsleistungen dar, wenn der Unternehmens-wert weniger als 50 ihres Kapitalwerts beträgt. Die Beantwortung der Frage richtet sich vielmehr nach der Gesamtheit der Umstände des jeweiligen Falls.

---

105 IdW-HFA, Die Wirtschaftsprüfung (WPg) 2000, S. 825, Tz. 4.4.2.4.
106 Vgl. BFH/NV 1986, 597, unter 6. b), m.w.N.
107 BFHE 121, 402 = BStBl II 1977, 409, unter II. 4. c).
108 BFHE 121, 402 = BStBl II 1977, 409, und BFH BFHE 127, 32 = BStBl II 1979, 302.

e) Geänderte Erlasslage

119   Auf die Rechtsprechung des Großen Senats des BFH hat die Finanzverwaltung dann reagiert. Bis zu einer Änderung des bislang maßgeblichen BMF-Erlasses vom 26.8.2002 sollte deshalb nach dem BMF-Schreiben vom 8.1.2004[109] im Sinne einer **Übergangsregelung** wie folgt verfahren werden:

– Die Rechtsgrundsätze der Beschlüsse des Großen Senats des BFH sind anzuwenden, sofern dies vom Übergeber und vom Übernehmer übereinstimmend beantragt wird.

– Beantragen Übergeber und Übernehmer übereinstimmend die weitere Anwendung des o.g. BMF-Schreibens, ist den Anträgen zu folgen.

120   Wurde ein **Antrag** nicht gestellt, sollten die Rechtsgrundsätze der Beschlüsse des Großen Senats des BFH anzuwenden sein. Veranlagungen sind in derartigen Fällen unter dem **Vorbehalt der Nachprüfung** gemäß § 164 AO durchzuführen.

---

121   **Wichtig**

Die **Neuregelung** erfolgte dann mit BMF-Schreiben vom **16.9.2004**.[110] Dessen Regelungen sind grundsätzlich in allen noch offenen Fällen anzuwenden. Die Regelungen in den BMF-Schreiben vom 23.12.1996 – geändert durch BMF-Schreiben vom 31.12.1997[111] und vom 30.10.1998[112] sowie vom 26.8.2002[113] und vom 8.1.2004[114] – sind danach grundsätzlich nicht mehr anzuwenden.

---

122   Das BMF folgt dem Großen Senat und berücksichtigt **nicht mehr** den sog. **„Typus 2".**

f) Neuregelung durch das JStG 2008

123   Durch das Jahressteuergesetz 2008 sind deutliche Einschränkungen in § 10 Abs. 1 Nr. 1a EStG dahingehend erfolgt, dass der Sonderausgabenabzug nur noch zulässig ist

– **für Land- und Forstwirte,**
– **für Gewerbetreibenden,**
– **für Freiberufler** sowie
– für Übertragung eines **mindestens 50% Anteils an einer GmbH**, wenn der Übergeber als **Geschäftsführer** tätig war und der Übernehmer diese Tätigkeit übernimmt.[115]

124   Aus Vereinfachungsgründen wird auf die bisherige Unterscheidung zwischen Renten (Leibrenten) und dauernden Lasten verzichtet, so dass ab 1.1.2008 Versorgungsleistungen **stets in vollem Umfang** als Sonderausgaben beim Übernehmer (und Rentenzahler) abgezogen werden können, während sie beim Übergeber (und Rentenempfänger) als sonstige Einkünfte nach § 22 Nr. 1b EStG in voller Höhe steuerbar sind (**Korrespondenzprinzip**).

125   Für alle nicht betrieblichen Übertragungen – also alle Privatvermögensübertragungen – entfällt der Abzug. Seit dem 1.1.2008 ist der Sonderausgabenabzug auf **betriebliche Vermögensübergaben** beschränkt, also auf die Übertragung eines Betriebs, Teilbetriebs oder eines

---

109 BMF v. 8.1.2004, BStBl I 2004, 191.
110 BMF v. 16.9.2004, ZNotP 2004, 472; dazu *Kesseler*, ZNotP 2004, 424; *Söffing*, steueranwaltsmagazin 2005, 66.
111 BMF v. 31.12.1997, BStBl I 1998, 21.
112 BMF v. 30.10.1998, BStBl I 1998, 1417.
113 BMF v. 26.8.2002, BStBl I 2002, 893; dazu *Schnoor*, INF 2003, 271; ergänzend auch OFD München/Nürnberg v. 16.4.2003, DStR 2003, 938.
114 BMF v. 8.1.2004, BStBl I 2004, 191.
115 Dazu *Hiller*, BB 2008, 2097.

Mitunternehmeranteils an einer Personengesellschaft, die eine Tätigkeit i.S.d. § 13, § 15 Abs.1 S. 1 Nr. 1 oder § 18 Abs. 1 EStG ausübt bzw. die bezeichneten Kapitalgesellschaftsanteile.

Damit wird die bisherige **Altersversorgung privater Immobilieneigentümer** und **Nur-Gesellschafter von Kapitalgesellschaften** ausgeschlossen. Privatleute können danach bei der Vermögensübertragung im Wege der vorweggenommenen Erbfolge keinen familiären Versorgungsvertrag mit Sonderausgabenabzug mehr vereinbaren. Alle privaten Eigentümer von bebauten Grundstücken und alle Gesellschafter von Kapitalgesellschaften, die weniger als 50% Anteile halten, sind vom Sonderausgabenabzug des § 10 Abs. 1 Nr. 1a EStG ausgeschlossen. **126**

Für **Altverträge** vor dem 31.12.2007 ist entgegen dem ursprünglichen Entwurf der Bundesregierung[116] ein **umfassender Bestandschutz** vorgesehen.[117] Für Versorgungsleistungen, die auf vor dem 1. Januar 2008 vereinbarten Vermögensübertragungen beruhen, gilt dies nur, wenn das übertragene Vermögen nur deshalb einen ausreichenden Ertrag bringt, weil ersparte Aufwendungen mit Ausnahme des Nutzungsvorteils eines zu eigenen Zwecken vom Vermögensübernehmer genutzten Grundstücks zu den Erträgen des Vermögens gerechnet werden (§ 52 Abs. 23f EStG). **127**

Gem. § 52 Abs. 23e EStG ist § 10 Abs. 1 Nr. 1a EStG n.F. auf alle Versorgungsleistungen anzuwenden, die auf nach dem 31.12.2007 vereinbarten Vermögensübertragungen beruhen sowie in früher vereinbarten Vermögensübernahmen, in denen ein „ausreichender Ertrag" nur begründet werden konnte, weil ersparte Aufwendungen eines zu eigenen Zwecken vom Vermögensübernehmer genutzten Grundstücks zu den Erträgen gerechnet wurden. Dies gilt nicht für einen Nutzungsvorteil als „ersparte Aufwendungen". **128**

Ein Vertrag über eine vorweggenommene Erbfolge ist mit einem zivilrechtlichen Kaufvertrag nicht vergleichbar, wenn die vereinbarte Versorgung aus den Erträgen des übernommenen Vermögens stammt. Für die Versorgung wird kein fremdes Vermögen eingesetzt. Es handelt sich um eine zivilrechtliche Auflagenschenkung. Diese Neuregelung ist nach Literaturmeinung „offensichtlich verfassungswidrig".[118] **129**

Änderungen eines Versorgungsvertrags können nur dann steuerlich berücksichtigt werden, wenn sie von den Vertragsparteien **schriftlich** fixiert worden sind. Werden die auf der Grundlage eines Vermögensübergabevertrags geschuldeten **Versorgungsleistungen „willkürlich" ausgesetzt**, so dass die **Versorgung des Übergebers gefährdet** ist, sind die weiteren Zahlungen auch nach Wiederaufnahme der ursprünglich vereinbarten Leistungen nicht als Sonderausgaben abziehbar.[119]

Die Parteien müssen den im Versorgungsvertrag eingegangenen Verpflichtungen auch tatsächlich nachkommen; die Leistungen müssen wie vereinbart erbracht werden (**Durchführungsgebot**). Allerdings liegt es in der Rechtsnatur des Versorgungsvertrags, dass die Vertragspartner z.B. auf geänderte Bedarfslagen angemessen reagieren. Lassen sich Abweichungen von den vertraglichen Vereinbarungen feststellen, so ist im Rahmen einer **Gesamtwürdigung** zu prüfen, ob es den Parteien am erforderlichen **Rechtsbindungswillen** fehlt und ob sie ihren vertraglichen Verpflichtungen nicht mehr nachkommen wollen. So wie andere Verträge im Wege des **Fremdvergleichs** auf ihre Ernstlichkeit überprüft werden, sind Versorgungsverträge, denen beide Parteien – durch äußerliche Merkmale erkennbar – rechtliche Bindungswirkung beimes- **130**

---

116 BT-Drucks 16/6290, 54 *„Da es sich bei Versorgungsleistungen nach § 10 Abs. 1 Nr. 1a EStG regelmäßig um Dauersachverhalte mit zum Teil langer Laufzeit handelt, wird die Einschränkung des Sonderausgabenabzugs nach dem neuen § 52 Abs. 23e EStG mit einer fünfjährigen Übergangsfrist für vor dem 1. Januar 2008 abgeschlossene Vereinbarungen vorgenommen."*
117 Dadurch erübrigt sich auch die ursprüngliche Regelung im Regierungsentwurf, wonach auf Antrag des Gebers (Übernehmers) mit Zustimmung des Empfängers (Übergeber) die Neuregelung schon ab dem VZ 2008 für Altverträge mit Wirkung ab Antragstellung gewählt werden können sollte (§ 52 Abs. 23e EStG RegEJStG 2008).
118 *Spiegelberger*, DStR 2007, 1277; *Riedlinger*, BB 2007, Heft 37, Seite I.
119 BFH DStR 2010, 2502; dazu *Kesseler*, DStR 2011, 799.

sen, von solchen „Verträgen" abzugrenzen, die die Parteien selbst nicht ernst nehmen und von denen sie nur Gebrauch machen, wenn es ihnen opportun erscheint. Letzteres ist vor allem dann anzunehmen, wenn der Vollzug der Vereinbarung durch **willkürliche Aussetzung und anschließende Wiederaufnahme der Zahlungen**, darüber hinaus aber auch durch **Schwankungen** in der **Höhe des Zahlbetrags**, die nicht durch Änderungen der Verhältnisse gerechtfertigt sind, gekennzeichnet ist.

131 Die **mangelnde tatsächliche Durchführung** des Übergabevertrags lässt auf einen fehlenden Rechtsbindungswillen der Parteien schließen. In diesem Fall ist auch nach dem Abschluss eines Änderungsvertrags keine „Rückkehr zum vertragsgetreuen Verhalten" möglich.

132 Der fehlende Rechtsbindungswille während vieler Jahre lässt den Übergabevertrag als Ganzes nicht unberührt. Deshalb kommt die **Rückkehr zu vertragsgemäßem Verhalten** nach einer Phase einer schwerwiegenden Abweichung vom Vereinbarten nicht in Betracht. Andernfalls stünde es im Belieben der Vertragsparteien eines Vermögensübergabevertrags zu entscheiden, in welchem Umfang sie den Vertrag als bindend anerkennen und erfüllen wollen.[120]

2. Erbschaft- und schenkungsteuerliche steuerliche Privilegierungen für Betriebsvermögen

133 Für die unentgeltliche Übertragung von Betriebsvermögen gab es im bis zum 31.12.2008 geltenden Erbschaftsteuer- und Schenkungsteuergesetzes (ErbStG) drei wesentliche Erleichterungen, die in §§ 13a, 19a ErbStG a.F. geregelt waren (Freibetrag, Bewertungsabschlag und Tarifbegünstigung), und zusätzlich das sog. Buchwertprivileg des § 12 Abs. 5 ErbStG a.F.

134 Der 2. Senat des BFH hatte diese Privilegierungen mit Beschluss vom 22.5.2002 als verfassungsrechtlich bedenklich angesehen.[121] Das BVerfG hat diese Bedenken mit Beschluss vom 7.11.2006 geteilt und den Gesetzgeber aufgefordert, bis spätestens zum 31.12.2008 eine verfassungskonforme Neuregelung in Kraft zu setzen.[122] Es hat dabei insbesondere auch gefordert, dass die Bemessungsgrundlage für die Erbschaft- und Schenkungsteuer einheitlich mit dem wirklichen Wert ermittelt werden müsse und erst danach Privilegierungen gewährt werden dürften.

135 Die daraufhin entwickelte gesetzliche Neuregelung ist – nach vielen Zwischenentwürfen und „Modellwechseln" zum 1.1.2009 in Kaft getreten und sodann mit Wirkung ab 1.1.2010 ihrerseits schon wieder in verschiedenen Punkten geändert worden. Sie steht ihrerseits auch schon wieder in der verfassungsrechtlichen Kritik. Auch der II. Senat des BFH hat schon erste Zweifel geäußert und in einem Verfahren zum neuen Recht gegenüber dem BMF eine Beitrittsaufforderung ausgesprochen:[123]

a) Betriebsvermögen

136 Zum **Betriebsvermögen** im Sinne des ErbStG zählten und zählen
- inländisches Betriebsvermögen, § 13a Abs. 4 Nr. 1 ErbStG a.F./§ 13b Abs. 1 Nr. 1 ErbStG n.F.
- land- und forstwirtschaftliches Vermögen, § 13a Abs. 4 Nr. 2 ErbStG a.F./§ 13b Abs. 1 Nr. 2 ErbStG n.F.
- wesentliche Beteiligung an Kapitalgesellschaften, § 13a Abs. 4 Nr. 3 ErbStG a.F./§ 13b Abs. 1 Nr. 2 ErbStG n.F.

---

120 BFH DStR 2011, 279.
121 BFH DStR 2002, 1438.
122 BVerfG ZEV 2007, 76 mit Anmerkungen *Piltz* = DStR 2007, 235; dazu *Wachter*, BB 2007, 577 und ZNotP 2007, 45; *Hannes*, DStR 2006, 2058; *Radeisen*, ImmoStR 2007, 171.
123 BFH DStR 2011, 2193.

Eine **wesentliche Beteiligung** an einer Kapitalgesellschaft (GmbH, AG) lag schon nach bisheri- 137
gem Recht und liegt auch weiterhin **erbschaftsteuerlich** dann vor, wenn der betreffende Gesellschafter (Erblasser bzw. Schenker) **mehr als 25%** des Nennkapitals der Gesellschaft hält.

Einkommensteuerlich gilt seit dem 1.1.2002 dagegen bereits eine Beteiligung von **mehr** 138
als 1% als wesentlich (§ 17 EStG).

Demgegenüber waren auch schon nach bisherigem Recht **mitunternehmerische Perso-** 139
nengesellschaftsanteile unabhängig von einer Mindestbeteiligungsquote zum begünstigten
Betriebsvermögen, zumindest sofern die Beteiligung schon beim Erblasser bzw. Schenker eine
Mitunternehmerstellung vermittelte.[124]

Begünstigt waren bislang auch sog. **„gewerblich geprägte" Personengesellschaften** i.S.v. 140
§ 15 Abs. 3 Nr. 2 EStG. Allerdings hat der BFH dazu einschränkend entschieden, dass dies erst
dann gilt, wenn sie im Handelsregister eingetragen ist.[125]

Eine unentgeltliche Zuwendung eines **Kommanditanteils** ist erst mit Gesellschaftseintritt 141
schenkungssteuerrechtlich zu berücksichtigen. Bei Ausführung der Schenkung einer Kapitalbeteiligung an einer KG ist der Zeitpunkt des **Abschlusses des Vertrags** zwischen Schenker und
Beschenktem nur dann maßgebend, wenn der Beschenkte in unmittelbarem Zusammenhang
mit dem Vertragsabschluss oder rückwirkend in die Gesellschaft eintritt. Erfolgt der Erwerb der
Mitgliedschaftsrechte unter der **aufschiebenden Bedingung** einer Eintragung als Kommanditist in das Handelsregister, fehlt es vor Bedingungseintritt an der Ausführung einer freigebigen
Zuwendung. In einem solchen Fall darf der Vorgang schenkungssteuerlich nicht berücksichtigt
werden. Sie ist daher schenkungssteuerlich gemäß § 12 Abs. 1 ErbStG i.V.m. § 4 BewG bis zum
Bedingungseintritt nicht zu berücksichtigen. Etwa aufgrund der schuldrechtlichen Beteiligung
erlangte Vermögensvorteile (Gewinnausschüttungen) der Erwerber sind schenkungssteuerlich
als **gesonderte freigebige Zuwendungen** zu behandeln.[126]

Der **schenkweise Erwerb eines Kommanditanteils** unterfällt nur dann dem § 13a Abs. 4 142
Nr. 1 ErbStG vor 2009 i.V.m. § 15 Abs. 1 S. 1 Nr. 2 und Abs. 3 EStG, wenn die **Mitunternehmer-**
stellung durch den erworbenen Gesellschaftsanteil vermittelt wird. Es reicht daher nicht aus,
wenn dem Erwerber hinsichtlich des erworbenen Kommanditanteils nur deshalb Mitunternehmerinitiative zukäme, weil er bereits Kommanditist der KG war, – d.h. wenn sich seine bisherige
Mitunternehmereigenschaft wegen Unteilbarkeit der Mitgliedschaft auf den hinzuerworbenen
Anteil erstrecken sollte.[127]

Das Bayrische Staatsministerium für Finanzen vertrat zum bisherigen Erbschaft- und 143
Schenkungsteuerrecht die Auffassung, dass es sich bei **atypischen stillen Beteiligungen** und
bei **atypischen Unterbeteiligungen** nicht um begünstigtes Vermögen i.S.v. § 13a ErbStG a.F.
handele.[128] Diese Auffassung hat das Erbschaft- und Schenkungsteuerrecht inzwischen für das
neue Erbschaft- und Schenkungsteuerrecht (§ 13b Abs. 1 Nr. 2 ErbStG n.F.) revidiert.[129]

Das Betriebsvermögen ist eine der **Vermögensarten** im Sinne des Erbschaftsteuergesetzes, 144
die im BewG (§ 18 Nr. 3 BewG) definiert werden. Zwischen **gewerblichem und freiberuflichem**
Betriebsvermögen wird dabei nicht unterschieden. Das Betriebsvermögen setzt sich aus der
Summe aller wirtschaftlichen Einheiten des Betriebsvermögens zusammen.

Diese Summe ist in die **Erbschaftsteuererklärung** einzutragen. Für die einzelnen wirt- 145
schaftlichen Einheiten sind die **Werte gesondert festzustellen**. Gegenüber den örtlich zustän-

---

124 Siehe dazu BFH DStR 2010, 868 = GmbHR 2010, 669.
125 BFH DStR 2009, 1310 = GmbHR 2009, 839.
126 BFH GmbHR 2010, 615; BFH BFHE 220, 518 = BStBl II 2008, 626.
127 BFH DStR 2010, 868 = GmbHR 2010, 669.
128 FinMin Bayern v. 11.1.2008, DStR 2008, 508.
129 FinMin Bayern v. 23.3.2009, 34 – S 3811 – 035 – 11256/09.

digen Finanzämtern (§§ 152, 153 BewG) sind die Werte der einzelnen wirtschaftlichen Einheiten in entsprechenden **Feststellungserklärungen** darzustellen.

146   Auf dieser Grundlage ergehen einzelne **Feststellungsbescheide,** die für den Erbschaftsteuerbescheid als **Grundlagenbescheide** im Sinne von § 175 Abs. 1 Nr. 1 AO gelten.

147   Zum begünstigten **Betriebsvermögen** im Sinne des geltenden Erbschaft- und Schenkungsteuerrechts zählen.

1.   der inländische Wirtschaftsteil des land- und forstwirtschaftlichen Vermögens (§ 168 Abs. 1 Nr. 1 BewG), § 13b Abs. 1 Nr. 1 ErbStG

2.   inländisches Betriebsvermögen (§§ 95–97 BewG) beim Erwerb eines ganzen Gewerbebetriebes, eines Teilbetriebes oder eines Mitunternehmeranteils i.S.v. § 15 Abs. 1 S. 1 Nr. 2 und Abs. 3 EStG, § 13b Abs. 1 Nr. 2 ErbStG

3.   wesentliche Beteiligung an Kapitalgesellschaften, § 13b Abs. 1 Nr. 3 ErbStG,

wenn das sog. **Verwaltungsvermögen** (§ 13b Abs. 2 S. 2 Nr. 1 – 5 und S. 3 ErbStG) nicht mehr als 50% ausmacht. Bei der Inanspruchnahme des sog. **Optionsmodells II** gemäß § 13a Abs. 8 ErbStG darf der Anteil des Verwaltungsvermögens nicht mehr als 10% betragen (§ 13b Abs. 8 Nr. 3 ErbStG).

148   Maßgeblich für die weitere bewertungsrechtliche Behandlung ist, ob ein Vermögensgegenstand bzw. eine Vermögensgesamtheit der Vermögensart **Betriebsvermögen zuzuordnen** ist. Im Regelfall werden alle Vermögensgegenstände und alle Vermögensgesamtheiten in einer wirtschaftlichen Einheit zusammengefasst und bewertet.

149   **Wirtschaftliche Einheiten** in diesem Sinne sind:
–   gewerbliche oder freiberufliche Einzelunternehmen (§§ 95, 96 BewG)
–   unmittelbare oder mittelbare mitunternehmerische Beteiligungen an gewerblichen oder freiberuflichen Personengesellschaften (§ 97 Abs. 1, 5 BewG)
–   Beteiligungen an gewerblich geprägten Personengesellschaften im Sinne des § 15 Abs. 3 Nr. 2 EStG

150 **Jede mitunternehmerische Beteiligung** gilt dabei als **wirtschaftliche Einheit,** auch wenn Ehegatten Anteile an derselben Mitunternehmerschaft halten. Allerdings muss bei **mehrstufigen Übertragungen** auch der zuletzt noch übergehende Anteil beim Übergeber noch die Qualität einer mitunternehmerischen Beteiligung haben, wenn auch sie an der Privilegierung teilnehmen soll.[130]

151   Regelmäßig entspricht der Umfang des Betriebsvermögens der einzelnen wirtschaftlichen Einheiten dem Umfang des im Rahmen der **ertragsteuerlichen Gewinnermittlung** zum Betriebsvermögen gehörenden Vermögens. Es ist also prinzipiell von einer **Bestandsidentität zwischen Steuerbilanz und erbschaftsteuerlicher Vermögensaufstellung** auszugehen, wenngleich **andere Stichtage** zugrunde liegen (Jahresabschluss-Stichtag im Rahmen der ertragsteuerlichen Gewinnermittlung und Todeszeitpunkt bzw. Schenkungszeitpunkt im Rahmen der erbschaft- bzw. schenkungsteuerlichen Betrachtung.

152   Im neuen Erbschaft- und Schenkungsteuerrecht entscheidet die Zugehörigkeit von **Grundvermögen** zum Betriebsvermögen gem. § 95 BewG sich ausschließlich nach den Grundsätzen der ertragsteuerlichen Gewinnermittlung. Die bisherige besondere bewertungsrechtliche Zuordnung von Grundstücken in § 99 Abs. 2 BewG a.F. ist abgeschafft worden. Grundstücke können dem gemäß nunmehr **teilweise** zum **Betriebsvermögen** und **teilweise** zum **Privatvermögen** zuzuordnen sein.

---

130 Siehe dazu BFH DStR 2009, 1362.

Entsprechend der **ertragsteuerlichen Zuordnung zum Betriebsvermögen** rechnen Wirt- 153
schaftsgüter auch erbschaftsteuerlich zum **gewillkürten Betriebsvermögen**, wenn sie objektiv
dazu geeignet und erkennbar dazu bestimmt sind, den Betrieb zu fördern.[131] Jedoch gilt **nicht** die
Vermutung des § 344 Abs. 1 HGB, wonach die von einem Kaufmann vorgenommenen Rechtsgeschäfte im Zweifel als zum Betrieb seines Handelsgewerbes gehörig gelten, auch für die steuerrechtliche Zuordnung von Wirtschaftsgütern zum (gewillkürten) Betriebsvermögen. Eine solche
entsprechende Anwendung dieser handelsrechtlichen Vermutungsregelung auf die steuerliche
Zuordnung von Wirtschaftsgütern **lehnt der BFH** in seiner ständigen Rechtsprechung **ab**.[132]

Unter dem Aspekt der **Kapitalverstärkung**, Kreditgrundlage oder Liquiditätsreserve kön- 154
nen so vor allem **Bankguthaben, Wertpapiere und Grundstücke** zum gewillkürten Betriebsvermögen zuzuordnen sein.[133]

Erforderlich ist jedoch die **objektive Eignung, den Betrieb zu fördern**. Hierzu zählen z.B. 155
Grundstücksflächen, die zunächst noch nicht unmittelbar für den Betriebsbedarf erforderlich
sind (z.B. Vorratsgelände). Auch fremdvermietete Grundstücke können in einem Einzelunternehmen zum gewillkürten Betriebsvermögen gehören.[134]

Bei einer lediglich zum Zwecke der **Steuerersparnis** eingegangenen Beteiligung scheidet 156
gewillkürtes Betriebsvermögen jedoch aus.[135] Auch wird die Einlage von **Wertpapieren, bei denen sich Verluste abzeichnen**, aus dem Privatvermögen in den betrieblichen Bereich steuerrechtlich nicht anerkannt.

Ein Wirtschaftsgut wird durch die **Einlage** aus dem außerbetrieblichen in den betrieblichen 157
Bereich Betriebsvermögen bzw. gewillkürtes Betriebsvermögen (vgl. § 4 Abs. 1 S. 5 EStG). Die
Einlage muss für das Finanzamt **nach außen in eindeutiger Weise dokumentiert und erkennbar gemacht** werden. Im Regelfall geschieht dies durch eine entsprechende Einlagebu-
chung oder die Aufnahme in das Anlageverzeichnis.

Betriebsvermögen kann auch durch eine **Nutzungsänderung** ohne Entnahme gebildet wer- 158
den (sog. **geduldetes Betriebsvermögen**).[136] Wichtig ist bei einer solchen Nutzungsänderung
von notwendigem in gewillkürtes Betriebsvermögen die weitere **buchmäßige Erfassung im
Betriebsvermögen**.[137]

In § 103 BewG wird die **Zuordnung von Schulden und sonstigen Abzügen** geregelt. § 103 159
BewG ist zum 1.1.2009 nicht geändert worden. Insoweit gilt die bisherige Rechtslage weiter. Die
Zugehörigkeit von Schulden und sonstigen Abzügen richtet sich nach den Grundsätzen der
steuerlichen Gewinnermittlung (§ 103 Abs. 1 i.V.m. § 95 BewG). Wie bisher wird die sogenannte
Bestandsidentität jedoch durch die Regelungen in § 103 Abs. 1 bis 3, § 137 BewG durchbrochen,
also bei Schulden und sonstigen passiven Ansätzen, die nicht mit der Gesamtheit oder einzelnen
Teilen des Betriebsvermögens im Sinne des BewG in einem wirtschaftlichen Zusammenhang
stehen. Beispielhaft zu nennen sind Gewinnansprüche gegen eine beherrschte Gesellschaft als
sonstiger Abzug bei der beherrschten Gesellschaft.

Nicht mehr durchbrochen wird die Bestandsidentität bei Ausgleichsposten 160
– in sog. Organschaftsfällen,
– bei Betriebsgrundstücken und
– bei **Anschaffungskosten** im Zusammenhang mit dem Erwerb von **Erbbaurechten**.

---

131 BFH BStBl II 2004, 985.
132 Vgl. BFH NV 2005, 682.
133 Vgl. BFH BStBl II 1993, 21; BFH BStBl II 1997, 351; BFH BStBl II 1997, 399.
134 Vgl. BFH BStBl II 2005, 431; BFH BStBl III 1964, 502 – Mietwohnhaus auf dem Nachbargrundstück des
Betriebsstättengrundstücks; BFH BStBl III 1965, 377 – Mietwohnhaus auf dem Betriebsgelände; BFH BStBl II 1977,
315 – zu einem Gartenbaubetrieb zugeordnetes Mietshaus.
135 BFH BStBl II 1985, 654; BFH BStBl II 1997, 351.
136 Vgl. Schmidt/*Heinicke*, EStG § 4 Rn 360.
137 BFH BStBl II 2005, 334.

161 Bei **Personengesellschaften** sind Vermögensgegenstände, die zum **Sonderbetriebsvermögen** eines Gesellschafters gehören, grundsätzlich dem Betriebsvermögen der Personengesellschaft zuzuordnen (vgl. § 97 Abs. 1 Nr. 5 BewG). Ausgenommen bleiben nur **Schulden und Abzüge** im Sinne von § 103 Abs. 1 BewG.

162 Jedoch gilt für die **Bewertung eines Anteils** an einer Personengesellschaft **im vereinfachten Ertragswertverfahren**, dass nur das Gesamtvermögen der Personengesellschaft bewertet werden darf. Dem gegenüber sind die saldierten Werte des Sonderbetriebsvermögens und ggf. der Ergänzungsbilanzansätze den betreffenden Gesellschaftern mit ihren gemeinen Werten zuzurechnen.

b) Bewertung des Betriebsvermögens

163 Im Rahmen der steuerlichen Behandlung der Unternehmer- bzw. Unternehmensnachfolge (vorweggenommene Erbfolge oder Erbfolge) ergibt sich bei der Kapitalgesellschaft gegenüber den Personenunternehmen insofern ein erheblicher Nachteil, als bei der Übertragung von **nicht wesentlichen Beteiligungen** bis 25% des Nennkapitals die steuerlichen Begünstigungen der §§ 13a, 19a ErbStG a.F. bzw. §§ 13a, 13b, 19a ErbStG n.F. nicht gewährt wurden bzw. werden.

164 Darüber hinaus wurden Anteile an Kapitalgesellschaften für die Zwecke der Erbschaft- und Schenkungsteuer nach bisherigem Recht nach dem **sog. Stuttgarter Verfahren** bewertet, also unter Berücksichtigung der Ertragsaussichten.[138] Demgegenüber wurden die Beteiligungen an Personenunternehmen nach reinen Sachwertkriterien bewertet, nämlich den anteiligen Steuerwerten des Betriebsvermögen (§ 12 Abs. 5 ErbStG a.F.). Diese unterschiedliche Behandlung ist seit dem 1.1.2009 weggefallen. Für alle Erwerbstatbestände seitdem werden **Gesellschaftsanteile** einheitlich mit dem sog. **Gemeinen Wert (Verkehrwert)** bewertet.

165 Die §§ 199–203 BewG sehen nunmehr eine Bewertung mit dem gemeinen Wert vor. Dabei kann neben anderen anerkannten Bewertungsmethoden auch das **vereinfachte Ertragswertverfahren** (§ 200 BewG) angewandt werden.

166 Zur Ermittlung des Ertragswerts ist vorbehaltlich des § 200 Abs. 2 bis 4 BewG der **zukünftig nachhaltig erzielbare Jahresertrag** (§§ 201 und 202 BewG) mit dem **Kapitalisierungsfaktor** (§ 203 BewG) zu multiplizieren. Der in diesem Verfahren anzuwendende **Kapitalisierungszinssatz** setzt sich zusammen aus einem **Basiszins** und einem **Zuschlag von 4,5 Prozent** (§ 203 BewG). Gemäß § 203 Abs. 2 BewG wird der Basiszins für das vereinfachte Ertragswertverfahren bekanntgegeben, der aus der langfristig erzielbaren Rendite öffentlicher Anleihen abgeleitet ist.

167 Wenn das vereinfachte Ertragswertverfahren zu **offensichtlich unzutreffenden Ergebnissen** führt, kann der ermittelte Wert nicht übernommen werden (§ 199 BewG). Das vereinfachte Ertragswertverfahren soll nach dem Willen des Gesetzgebers daher nicht anwendbar sein, wenn für den zu bewertenden Unternehmenstyp ein anderes anerkanntes, auch im gewöhnlichen Geschäftsverkehr für nichtsteuerliche Zwecke **übliches Verfahren**, z.B. ein Multiplikatorverfahren, einschlägig ist.[139]

---

138 Zum Erfordernis, das sog. Stuttgarter Verfahren nach R 96 ff. ErbStR für die Erbschaft- und Schenkungsteuer zu korrigieren, weil durch die Einführung des sog. Halbeinkünfteverfahrens nach dem StSenkG die beim Stuttgarter Verfahren zu berücksichtigenden Ertragserwartungen des Unternehmens nach unten zu korrigieren sind, siehe etwa *Daragan/Ley/Strahl*, DStR 2000, 1973, 1987; *Geck*, ZEV 2001, 41, 46 und auch FinMin Baden-Württemberg v. 13.2.2001, BB 2001, 1137.
139 BT-Drucks 16/11107, 26.

Beispiel 168

Unzutreffende Ergebnisse können z.B. dann vorliegen, wenn sich im Rahmen von **Erbauseinandersetzungen** oder aus **zeitnahen Verkäufen**, auch nach dem Bewertungsstichtag, Erkenntnisse über den Wert des Unternehmens oder der Beteiligung herleiten lassen.[140]

Im Bericht des Finanzausschusses des Bundestages wird eine **Rangfolge der Bewertungsver-** 169 **fahren** in das Gesetz hineingelesen, die vom Wortlaut nicht getragen wird. Demnach soll das vereinfachte Ertragswertverfahren nicht anwendbar sein, wenn für den zu bewertenden Unternehmenstyp ein anderes anerkanntes, auch im gewöhnlichen Geschäftsverkehr für nichtsteuerliche Zwecke übliches Verfahren, z.B. ein Multiplikatorverfahren, einschlägig ist. Der Gesetzeswortlaut des § 11 Abs. 2 BewG sieht eine solche Rangfolge nicht vor. Demnach ist der gemeine Wert, wenn er sich nicht aus Verkäufen ableiten lässt, unter Berücksichtigung der Ertragsaussichten der Kapitalgesellschaft oder einer anderen anerkannten, auch im gewöhnlichen Geschäftsverkehr für nichtsteuerliche Zwecke üblichen Methode zu ermitteln.

Auch § 199 BewG, der die Anwendung des vereinfachten Verfahrens regelt, sieht eine 170 „Kann"-Regelung vor. Sofern der gemeine Wert unter Berücksichtigung der Ertragsaussichten zu ermitteln ist, kann das vereinfachte Ertragswertverfahren angewandt werden. Es handelt sich somit zunächst um ein **uneingeschränktes Wahlrecht** der Steuerpflichtigen. Im Hinblick auf die Rechtssicherheit sollte dies auch im Gesetz noch einmal klargestellt werden.[141]

Schon im bisher geltenden Recht war gesetzlich normiert, dass bei der Ermittlung des ge- 171 meinen Werts (Verkehrswert) **persönliche Verhältnisse** nicht berücksichtigt werden dürfen. Diese Vorschrift (§ 9 Abs. 2 S. 3 BewG) ist nicht geändert worden, so dass auch bei einer Anteilsbewertung, etwa bei einem Streit mit der Finanzverwaltung im Rahmen eines sog. **Gutachtennachweises,** die persönlichen Verhältnisse nicht wertmindernd berücksichtigt werden können. **Ungewöhnliche und persönliche Umstände** sind solche, mit denen der Verkehr bei Abschätzung des Werts eines Wirtschaftsguts nicht zu rechnen pflegt, die lediglich in einem Einzelfall ausnahmsweise die Preisbildung beeinflusst haben; persönliche Verhältnisse weisen darüber hinaus die Besonderheit auf, dass sie in der Person des Käufers oder Verkäufers liegen.[142]

Im Gesellschaftsvertrag **vereinbarte Verfügungsbeschränkungen** (Beschränkungen der 172 Abfindung, Beschränkungen der Übertragbarkeit der Beteiligung) für die Übertragung der Geschäftsanteile zählen zu den persönlichen Verhältnissen, die bei der Wertermittlung nicht zu berücksichtigen sind. Die Gesellschafter sind diese Bindungen im eigenen und gegenseitigen Interesse eingegangen und können sie – zumindest gemeinsam – jederzeit wieder beseitigen. Ziel der Verfügungsbeschränkungen ist der Schutz der Gesellschaft gegen das Eindringen Dritter. Dieser Schutz dient mittelbar auch den Interessen der Gesellschafter. Der **Anteilswert** wird dadurch jedoch nicht beeinträchtigt.[143]

§ 7 Abs. 7 ErbStG fingiert eine **Schenkung** ferner für die infolge eines Ausscheidens (Ein- 173 ziehung) bewirkte **Werterhöhung der Geschäftsanteile der verbleibenden Gesellschafter**, wenn der Verkehrswert den Abfindungsanspruch übersteigt.[144] Unerheblich ist in allen Fällen, ob der ausscheidende Gesellschafter die verbleibenden Gesellschafter bereichern will. Maßgeb-

---

140 BT-Drucks 16/11107, 26.
141 Eingabe der Bundessteuerberaterkammer zu Anwendungsproblemen bei der Umsetzung der Erbschaftsteuerreform vom 9.3. 2009.
142 BFH ZEV 2008, 300 = GmbHR 2008, 669.
143 BFH ZEV 2008, 300 = GmbHR 2008, 669.
144 Die alten Regelung hat das BVerfG für verfassungsgemäß gehalten: BVerfG HFR 1993, 595, BVerfG UVR 1993, 344.

lich ist allein die mit der Differenz zwischen Verkehrswert und Abfindung einhergehende **objektive Bereicherung**.

174 Voraussetzung ist allerdings, dass der Gesellschafter auf Grund einer **gesellschaftsvertraglichen oder** einer **gesetzlichen Regelung** ausscheidet. Die Fiktion des § 7 Abs. 7 ErbStG gelangt mithin vor allem in den Fällen des § 131 Abs. Nrn. 2 bis 6 HGB sowie der Ausschließung nach § 140 HGB zur Anwendung.

175 **Rechtsgeschäftliche Anteilsübertragungen** auf Grund von Individualvereinbarungen fallen nicht in den Anwendungsbereich des § 7 Abs. 7 ErbStG und müssen nach § 7 Abs. 1 Nr. 1 ErbStG gewürdigt werden. Entsprechendes gilt für die parallel zum Ausscheiden vollzogene Übertragung von **Sonderbetriebsvermögen**.[145]

176 Der Gesetzgeber hat mit § 7 Abs. 7 S. 3 ErbStG i.V.m. § 10 Abs. 10 S. 1 ErbStG nunmehr auch die Konstellation geregelt, in welcher der Erbe zunächst Gesellschafter einer Personengesellschaft wird, diese Beteiligung jedoch auf Grund einer gesellschaftsvertraglichen Regelung wieder verliert. Dies betrifft insbesondere die Fälle so genannter **qualifizierter Nachfolgeklauseln**, in denen der Erbe nicht den gesellschaftsvertraglich formulierten Anforderungen genügt. Es kommt dabei zu einer steuerbaren Bereicherung der verbleibenden Gesellschafter, wenn die Abfindung des aus der Gesellschaft **ausscheidenden Erben** den Verkehrswert unterschreitet. Für den Erben hingegen bildet – in Abweichung vom Stichtagsprinzip – nur der Abfindungsanspruch die steuerbare Bereicherung (§ 10 Abs. 10 ErbStG). Das Gesetz trägt mithin seinem **temporären Durchgangserwerb** Rechnung.

---

177 **Wichtig**
Voraussetzung ist allerdings, dass er den Gesellschaftsanteil unverzüglich an die Mitgesellschafter bzw. die Gesellschaft überträgt.[146]

---

178 Ist nunmehr aber nach dem **neuen Bewertungsrecht**, auf das §§ 3, 7 i.V.m. § 12 ErbStG Bezug nehmen, der **wirkliche Anteilswert** zu ermitteln, der erheblich höher als der bisher maßgebliche Steuerwert ausfällt, so entsteht bei jeder **Abfindungsbeschränkung** eine **steuerbare Wertdifferenz** zwischen der an Dritte zu zahlenden Abfindung und dem Steuerwert des Anteils. Der sog. **„Anwachsungserwerb"** trifft nun die verbleibenden Mitgesellschafter voll.[147]

179 Nicht auszuschließen ist, dass dies zumindest als ein Abwägungsfaktor bei der Entscheidung darüber, ob dem Gesellschafter ein Festhalten an der vertraglichen Regelung weiterhin zumutbar ist oder aber bei der Anpassung einer aufgrund eines erheblichen Missverhältnisses ohnehin kritischen **Buchwertklausel** eine Rolle spielt. Auch kann je nach Gesellschaftsvertrag eine **Störung der Geschäftsgrundlage** mit den Rechtsfolgen des § 313 Abs. 1 BGB in Betracht zu ziehen sein, weil die Gesellschafter eine ihnen drohende **Schenkungsteuerbelastung** angesichts der bisherigen Rechtslage nicht bedacht haben.[148]

---

179 **Praxistipp**
Gerade wegen der **Steuerbarkeit des Anwachsungserwerbs** sollten alle Satzungen und Gesellschaftsverträge darauf überprüft werden, ob – unabhängig von der zivilrechtlichen Zulässigkeit – dort vorgesehene „Buchwertklauseln", „Stuttgarter Verfahren" oder andere Bewertungsverfahren noch dem Willen der Gesellschafter entsprechen.[149]

---

145 *Krumm*, NJW 2010, 187.
146 *Krumm*, NJW 2010, 187.
147 *Casper/Altgen*, DStR 2008, 2319.
148 *Casper/Altgen*, DStR 2008, 2319.
149 *Casper/Altgen*, DStR 2008, 2319.

Arens

c) Privilegierungen nach bisherigem Recht

Bei der **unentgeltlichen Übertragung** von Betriebsvermögen im **Erbfall** sowie bei **Schenkun-** 180
gen galten nach dem bis zum 31.12.2008 geltenden Recht folgende Erleichterungen:

- ein Betriebsvermögensfreibetrag von 225.000 EUR (sog. **Betriebsvermögensfreibetrag**, § 13a Abs. 1 S. 1 ErbStG a.F.)
- ein Bewertungsabschlag von 35 (sog. **Bewertungsabschlag**, § 13a Abs. 2 ErbStG a.F.) für die den Freibetrag übersteigenden Werte
- Veranlagung nach Steuerklasse I (sog. **Tarifbegünstigung**, § 19a ErbStG a.F.).

Alle diese Vergünstigungen **entfielen rückwirkend**, wenn der Erbe beziehungsweise Beschenk- 181
te das Unternehmen nicht **mindestens fünf Jahre weiterführt** (§ 13a Abs. 5 ErbStG a.F.). Auch
eine **insolvenzbedingte Veräußerung** führte schon nach bisherigem Recht zu einer rückwirkenden Versagung der gewährten Begünstigungen und sollte auch nicht als sachlicher Grund
für einen **Billigkeitserlass** nach § 227 AO anerkannt werden können.[150]

Zu beachten ist auch, dass das Zurückbehalten wesentlicher Betriebsgrundlagen gemäß den 182
Hinweise zu Abschn. 51 (3) ErbStRiLi **schädlich** sein kann:

> „Überträgt ein Schenker durch Schenkung unter Lebenden sein Einzelunternehmen, behält
> aber das Grundstück, auf dem der Betrieb ausgeübt wurde und weiter ausgeübt wird, zu-
> rück bei gleichzeitiger Verpachtung an den Beschenkten, ist dessen Erwerb nicht begüns-
> tigt, weil er das Betriebsvermögen nicht „beim Erwerb eines ganzen Gewerbebetriebs oder
> Teilbetriebs" erworben hat."

d) Neuregelung des Erbschaft- und Schenkungsteuerrechts zum 1.1.2009/1.1.2010

Schon im Rahmen ihrer Verhandlungen zum Koalitionsvertrag plante die Bundesregierung um- 183
fangreiche Änderungen des ErbStG, insbesondere im Bereich der Begünstigungen des Betriebsvermögens.

Dabei sollten insbesondere die erbschaftsteuerliche Begünstigung für Betriebsvermögen, 184
das von einer lediglich **gewerblich geprägten Personengesellschaft** i.S.d. § 15 Abs. 3 Nr. 2
EStG gehalten wird, abgeschafft werden. Ferner sollten die ungleichen Besteuerungen von Personenunternehmen und Kapitalgesellschaften beseitigt werden.

Betroffen von dieser Verschärfung sind also besonders Personengesellschaften, insbesonde- 185
re solche, die nur vermögensverwaltend tätig sind und deren Gesellschaftsvermögen lediglich
aufgrund der **gewerblichen Prägung in Folge ihrer Rechtsform** als Betriebsvermögen einzu-
stufen ist. Es handelt sich damit um GmbH & Co.KGs, die lediglich Beteiligungen und andere
Vermögenswerte halten oder Immobilien wie z.B. Mietshäuser oder Supermärkte vermieten und
im Übrigen keine anderen, eigengewerblichen Tätigkeiten entfalten.

Erbschaftsteuerlich sollen für die Übertragung des Betriebsvermögens solcher Personenge- 186
sellschaften bzw. für die Übertragung von Beteiligungen an solchen Gesellschaften besondere
Begünstigungen nicht mehr gewährt werden.

In ertragsteuerrechtlicher Hinsicht bleibt für solche Gesellschaften alles wie bisher, d.h. 187
das Vermögen der Personengesellschaft bleibt weiterhin als Betriebsvermögen steuerverhaftet.
Stille Reserven sind auf Grund der Erbschaftsteuerreform nicht aufzudecken.

Ziel der gesetzlichen Neuregelung ist die **Erhaltung und Sicherung von** Unternehmen als 188
Garanten von **Arbeitsplätzen**. Die Generationenfolge in mittelständischen Familienunternehmen soll deshalb von der Erbschaft- und Schenkungsteuer entlastet werden. Dies geschieht in
erster Linie durch die weitgehende oder ggf. auch vollständige **Verschonung** des Betriebsver-

---

150 BFH DStR 2010, 805.

mögens von der Erbschaft- bzw. Schenkungsbesteuerung bei Fortführung des Betriebes durch den Erwerber.

189 Voraussetzung für die Gewährung der **Verschonungsregelung** (§§ 13a, 13b ErbStG n.F.) ist, dass bei Übergang des Betriebsvermögens in den nachfolgenden fünf bzw. sieben Jahren die Betriebsfortführung durch den Betriebsübernehmererfolgt und er dabei die bisher bestehenden Arbeitsplätze aufrecht erhält. Im Rahmen dieser Verschonung ist eine besondere **Steuer-Stundungsregelung** vorgesehen: Für jedes Jahr, in dem das Unternehmen und das begünstigte Betriebsvermögen (nebst Arbeitsplätzen) fortgeführt wird, werden bestimmte Anteile der Erbschaftsteuer erlassen.

190 Insbesondere im Betriebsvermögen gehaltene **Unternehmensbeteiligungen** an Kapitalgesellschaften von bis zu 25% des Nennbetrages und Betriebsgesellschaften mit vermögensverwaltendem Charakter werden nicht als produktives Vermögen angesehen und sollen nicht begünstigt werden. Entsprechendes gilt aber auch für Immobilien, Schiffe, Flugzeuge oder Kapital, das dem Grunde nach einer vermögensverwaltenden Tätigkeit dient.

191 e) Verschonungsregelung für Betriebsvermögen

192 Der Gesetzgeber gewährt dabei entweder eine sog. **Regelverschonung** (§§ 13a Abs. 1 bis 7, 13b ErbStG n.F.) oder eine sog. **Verschonungsoption**.

193 Bei der sog. Regelverschonung wird gemäß § 13b Abs. 4 ErbStG n.F. ein **Verschonungsabschlag 85%** der Bemessungsgrundlage (Verkehrswert des begünstigten Betriebsvermögens) gewährt. Das bedeutet, dass bei Erfüllung der Voraussetzungen für die Regelverschonung nur 15% des Betriebsvermögens der Erbschaft- bzw. Schenkungsbesteuerung unterworfen werden.

194 Für Kleinbetriebe gilt insoweit dann noch ein **gleitender Abzugsbetrag** von 150.000 EUR (§ 13a Abs. 2 ErbStG n.F.).

195 Seit dem 1.1.2010 gelten weitere Änderungen im neuen Erbschaft- und Schenkungsteuerrecht. Das neue Gesetz enthält weitere **Entlastungen im Bereich der Unternehmensnachfolge** und hinsichtlich der Erbschaft- und Schenkungsteuerbelastung für Geschwister, Nichten und Neffen. Für Erwerbe nach dem 31.12.2009 wurden die **Steuersätze für Erwerber der Steuerklasse II** (z.B. Geschwister, Nichten und Neffen) gesenkt. Außerdem wurden die Voraussetzungen für die **Verschonungsregelungen gemildert**.

196 Die **verminderten Steuersätze** gelten für Erwerbe nach dem 31.12.2009. Die weiteren Änderungen im Rahmen der Unternehmensnachfolge **(Milderungen der Verschonungsregelung)** gelten jedoch rückwirkend für Erwerbe nach dem 31.12.2008.

197 Voraussetzung dafür ist, dass der Erwerber eine sog. **Fortführungs- bzw. Behaltensfrist** von **fünf Jahren** (für Erwerbe seit dem 1.1.2009 waren zunächst vorgesehen: sieben Jahren) einhält (§ 13a Abs. 5 ErbStG n.F.). Bei einem **Verstoß** gegen die Behaltensfrist (z.B. Veräußerung oder Aufgabe der Beteiligung bzw. des Betriebes) kommt es nur zu einem **zeitanteiligem rückwirkenden Wegfall** der Verschonung. Durchschnittlich entfällt damit die Erbschaftsteuer auf das begünstigte Vermögen pro Jahr der Beteiligungs- bzw. Betriebsfortführung zu 20% (für Erwerbe seit dem 1.1.2009 waren zunächst vorgesehen: 14,28%).

198 Die Gesamtlohnsumme des Betriebes zur Zeit des Erwerbes (sog. **Ausgangslohnsumme gemäß** § 13a Abs. 1 und Abs. 4 ErbStG n.F.) ist gemäß § 13a Abs. 4 ErbStG n.F. in Höhe von 400% (für Erwerbe seit dem 1.1.2009 waren auf sieben Jahre zunächst vorgesehen: 650%) in diesem Zeitraum von fünf (für Erwerbe seit dem 1.1.2009 waren zunächst vorgesehen: sieben) Jahren aufrecht zu erhalten. Bei Nichteinhaltung dieser erforderlichen **Gesamtlohnsumme** erfolgt die **Nachversteuerung** nur in dem Verhältnis, in dem die Gesamtlohnsumme tatsächlich unterschritten wurde.

Die sog. **Lohnsummenregelung** gilt aber nur für **Betriebe mit mehr als 20 Beschäftigten** 199
(für Erwerbe seit dem 1.1.2009 waren zunächst vorgesehen:10 Beschäftigte) (§ 13a Abs. 1 S. 4
ErbStG n.F.). Welche Personen dazu zählen und wie **Aushilfs- bzw. Teilzeitbeschäftigung** berücksichtigt wird, hat der Gesetzgeber unverständlicher Weise nicht geregelt. Hier bietet sich
eine entsprechende Anwendung der Zählung gemäß der sog. **Kleinbetriebsregelung** nach **§ 23
Abs. 3 S. 4 KSchG** an.

Voraussetzung für die Begünstigungen ist aber ferner, dass im Betrieb die Grenze von 50% 200
für das sog. **schädliche Verwaltungsvermögen** (z.B. an Dritte überlassene Grundstücke) nicht
überschritten wird (§ 13b Abs. 2 S. 1 ErbStG n.F.).

Als **Verwaltungsvermögen** gelten 201
– **Dritten zur Nutzung überlassene Grundstücke** (anders bei Betriebsaufspaltungen und
  Sonderbetriebsvermögen = „wenn der Gesellschafter einer Gesellschaft i.S.d. § 15 Abs. 1 S. 1
  Nr. 2 und Abs. 3 oder § 18 Abs. 4 EStG den Vermögensgegenstand der Gesellschaft zur Nutzung überlassen hatte, und diese Rechtsstellung auf den Erwerber übergegangen ist, soweit
  keine Nutzungsüberlassung an einen weiteren Dritten erfolgt").
– **Anteile an Kapitalgesellschaften bis 25%.** Ob diese Grenze unterschritten ist, ist nach der
  Summe der dem Betrieb unmittelbar zuzurechnenden Anteile und der Anteile weiterer Gesellschafter zu bestimmen, wenn die Gesellschafter unwiderruflich untereinander verpflichtet sind, über die Anteile nur einheitlich zu verfügen oder sie ausschließlich auf andere derselben Verpflichtung unterliegende Anteilseigner zu übertragen und das Stimmrecht
  gegenüber nicht gebundenen Gesellschaftern nur einheitlich auszuüben.
– Anteile an Kapitalgesellschaften, die nicht unter die vorstehend bezeichnete Beteiligungsquote fallen sowie Beteiligungen an Gesellschaften i.S.d. § 15 Abs. 1 S. 1 Nr. 2 und Abs. 3
  oder § 18 Abs. 4 EStG (**Mitunternehmeranteile**) und an entsprechenden Gesellschaften im
  Ausland, soweit bei diesen Gesellschaften das **Verwaltungsvermögen mehr als 50%** beträgt.
– **Wertpapiere** und vergleichbare Forderungen
– **Kunstgegenstände**, Kunstsammlungen, wissenschaftliche **Sammlungen**, Bibliotheken und
  Archive, Münzen, Edelmetalle und Edelsteine, wenn der Handel mit diesen Gegenständen
  oder deren Verarbeitung nicht der Hauptzweck des gewerblichen Betriebs ist.

Dabei gilt eine sog. **Verhaftungsregel:** 202
Die Begünstigungsregel für Verwaltungsvermögen unter 50% besteht nur dann, wenn es
zum Besteuerungszeitpunkt bereits 2 Jahre dem Betrieb zuzurechnen war.

Bei der sog. **Verschonungsoption** (§§ 13a Abs. 1–7 i.V.m. Abs. 8, 13b ErbStG) kann auf Antrag des Erwerbers eine **vollständige Verschonung** des Erwerbs erreicht werden. Es handelt 203
sich um eine **unwiderrufliche Option**. Der Verschonungsabschlag beträgt dabei 100 (§ 13a
Abs. 8 Nr. 4 i.V.m. § 13b Abs. 4 ErbStG). Das bedeutet, dass bei Erfüllung der Voraussetzungen für
die Verschonungsoption das Betriebsvermögen vollständig von der Erbschaft- bzw. Schenkungsbesteuerung freigestellt wird.

In diesem Rahmen beträgt die **Fortführungs- bzw. Behaltensfrist sieben Jahre** (für Erwerbe seit dem 1.1.2009 waren zunächst vorgesehen: zehn Jahre) (§ 13a Abs. 8 Nr. 2 i.V.m. Abs. 5 204
ErbStG). Bei Verstoß gegen die Behaltensfrist (z.B. Veräußerung oder Aufgabe) kommt es auch
hier nur zu einem zeitanteiligem rückwirkenden Wegfall der Verschonung. Durchschnittlich
entfällt damit die Erbschaftsteuer auf das begünstigte Vermögen pro Jahr der Betriebsfortführung zu 14,28 (zuvor 10).

Die sog. **Gesamtlohnsumme** muss in diesem Modell mindestens für die betreffenden sieben Jahre **700%** (für Erwerbe seit dem 1.1.2009 waren zunächst vorgesehen: 1.000). Bei Nicht- 205

Arens

einhaltung erfolgt die Nachversteuerung ebenfalls nur in dem Verhältnis, in dem die Gesamtlohnsumme tatsächlich unterschritten wurde.[151]

206   In diesem Modell liegt die Grenze für das sog. (schädliche) Verwaltungsvermögen aber bei nur 10 (§ 13a Abs. 8 Nr. 3[152] i.V.m. § 13b Abs. 2 S. 1 ErbStG[153]). Dabei müssen also mindestens **90 Prozent des Betriebsvermögens** der Produktion dienen (**Produktivvermögen**). Steuertechnisch wurde diese Bedingung in der Weise umgesetzt, dass der in § 13b Abs. 2 S. 1 ErbStG geregelte „normale" 50-Satz bei der Optionsverschonung durch den 10-Satz des § 13a Abs. 8 Nr. 3 ErbStG „überschrieben" wurde.

207   Für Verwirrung sorgte allerdings die Tatsache, dass § 13a Abs. 8 Nr. 3 ErbStG nicht auch den 50-Satz ersetzt hat, der gemäß § 13b Abs. 2 S. 2 Nr. 3 ErbStG für den Verwaltungsvermögenstest auf der Ebene von Tochtergesellschaften gilt. Nach einer Phase der Ungewissheit hat die Finanzverwaltung in A 17 Abs. 4 S. 1 und A 31 Abs. 2 AEErbSt den eindeutigen Gesetzeswortlaut bestätigt, nach dem die 10-Grenze lediglich auf der Ebene der obersten Einheit („Konzernspitze") gilt und es auf der Ebene der Tochtergesellschaften bei der 50-Grenze verbleibt (allerdings „vorbehaltlich des § 42 AO", wie es in A 31 Abs. 2 AEErbSt heißt).[154]

208   Nun wird in der Begründung zum Entwurf des JStG 2010 ausgeführt, bei der Formulierung des § 13a Abs. 8 Nr. 3 ErbStG sei ein **Redaktionsversehen** unterlaufen, das nunmehr zu korrigieren sei. Die 10-Grenze soll nicht lediglich für die Konzernspitze, sondern auch für alle nachgeordneten Tochtergesellschaften gelten. Dazu soll der bisher in § 13a Abs. 8 Nr. 3 ErbStG enthaltene Verweis auf § 13b Abs. 2 S. 1 ErbStG um einen Verweis auf § 13b Abs. 2 S. 2 Nr. 3 ErbStG erweitert werden, so dass auch der dort geregelte 50-Satz durch den 10-Satz ersetzt wird.[155]

209   Künftig sollen daher alle **nachgeordneten Gesellschaften** (mit Ausnahme der Tochtergesellschaften, die gemäß § 13b Abs. 2 S. 2 Nr. 2 ErbStG ohnehin als Verwaltungsvermögen gelten) den 10-Verwaltungsvermögenstest bestehen müssen. Daher wird künftig eher auf Gestaltungen zu setzen sein, die eine Umverteilung des Verwaltungsvermögens innerhalb des Konzerns und/oder eine rechnerische Saldierung dieses Vermögens mit Fremdkapital zum Gegenstand haben.[156]

210   Bei der Beteiligung an **Personengesellschaften** wird häufig insbesondere die Problematik des sog. **Sonderbetriebsvermögens**, also des notwendigen oder gewillkürten Sonderbetriebsvermögens, übersehen. Von besonderer Bedeutung ist dabei naturgemäß etwa vorhandenes Sonderbetriebsvermögen, das ertragsteuerlich vom jeweiligen Mitunternehmeranteil umfasst wird.[157] Vor diesem Hintergrund kann der Tod (oder die Übertragung) eines Gesellschafters, zu dessen Nachlass Sonderbetriebsvermögen gehört, das bei der Personengesellschaft eine wesentliche Betriebsgrundlage bildet, zur **ertragsteuerlichen Aufgabe** seines Mitunternehmeranteils insgesamt führen.[158]

211   Gehören zum Sonderbetriebsvermögen lediglich solche Gegenstände, die nicht als **wesentliche Betriebsgrundlagen** des Betriebes der Personengesellschaft anzusehen sind, tritt durch ihre Vererbung (oder die Übertragung) an andere Personen als die Mitgesellschafter keine (zwangsweise) Beendigung des Mitunternehmeranteils ein. In diesem Fall gelten zwar die Ge-

---

151 FinMin Bayern v. 12.7.2010, DStR 2010, 1626.

152 § 13a Abs. 8 Nr. 3 ErbStG lautet: In § 13b Abs. 2 S. 1 **tritt an die Stelle** des Prozentsatzes für das Verwaltungsvermögen **von 50 Prozent ein Prozentsatz von 10 Prozent**.

153 § 13b Abs. 1 S. 1 ErbStG lautet: **Ausgenommen** bleibt Vermögen im Sinne des Absatzes 1, wenn das land- und forstwirtschaftliche Vermögen oder das Betriebsvermögen der Betriebe oder der Gesellschaften **zu mehr als 50 Prozent aus Verwaltungsvermögen** besteht.

154 *Scholten/Korezkij*, DStR 2010, 910.

155 *Scholten/Korezkij*, DStR 2010, 910.

156 *Scholten/Korezkij*, DStR 2010, 910.

157 BFH BStBl II 1991, 635; BFH BStBl II 1995, 890.

158 BFH BStBl II 1995, 890.

genstände des Sonderbetriebsvermögens als (noch durch den Erblasser) entnommen,[159] der grundsätzliche Fortbestand des Mitunternehmeranteils wird aber nicht infrage gestellt.[160]

Zu beachten ist allerdings, dass nicht (allein) die Beteiligung an der Gesamthand, sondern **212** auch die **Mitunternehmerstellung** Gegenstand des (**erbschaftsteuerlichen**) Erwerbs sein muss. In Abweichung von ertragsteuerlichen Grundsätzen soll es der Begünstigung (Verschonungsregelungen) des Mitunternehmeranteils nicht schaden, wenn **Sonderbetriebsvermögen zurückbehalten** oder es nicht in der vollen Quote des Anteils auf den Erwerber übertragen wird.[161]

Problematisch ist die Gewährung von Verschonungen nach dem neuen und alten ErbStG für **213** Betriebsvermögen, wenn der Sache nach keine „Mitunternehmerstellung" eingeräumt wird.[162] Wenn keine Mitunternehmerstellung eingeräumt wird, fehlt es regelmäßig an der „Übertragung" von „**Betriebsvermögen**", so dass keine Verschonungsregelungen in Anspruch genommen werden können.[163]

§ 97 Abs. 1 S. 1 Nr. 5 BewG fingiert eine Zurechnung von Betriebsvermögen (jetzt auch § 10 **214** Abs. 1 S. 3 ErbStG). Die Vorschrift setzt jedoch voraus, dass der Beschenkte **Mitunternehmer i.S.d. § 15 Abs. 1 Nr. 2 EStG** geworden ist.[164] Kennzeichnend für einen Mitunternehmer i.S.d. § 15 Abs. 1 Nr. 2 EStG ist, dass er zusammen mit anderen Personen Unternehmerinitiative (**Mitunternehmerinitiative**) entfaltet und Unternehmerrisiko (**Mitunternehmerrisiko**) trägt. Mitunternehmerinitiative bedeutet vor allem Teilnahme an unternehmerischen Entscheidungen. Ausreichend ist die Möglichkeit zur Ausübung von Gesellschafterrechten, die wenigstens den **Stimm-, Kontroll- und Widerspruchsrechten** angenähert sind, die einem Kommanditisten nach dem HGB zustehen oder die den gesellschaftsrechtlichen Kontrollrechten nach § 716 Abs. 1 BGB entsprechen.[165]

Problematisch ist die Gewährung von Verschonungen nach dem **neuen und alten ErbStG** **215** für Betriebsvermögen, wenn der Sache nach **keine „Mitunternehmerstellung"** eingeräumt wird.[166] Wenn keine Mitunternehmerstellung eingeräumt wird, **fehlt es an** der „**Übertragung" von „Betriebsvermögen"**, so dass keine Verschonungsregelungen in Anspruch genommen werden können.

Wird schenkweise eine Unterbeteiligung an einem Gesellschaftsanteil eingeräumt, die nicht **216** alle Voraussetzungen einer **atypischen (mitunternehmerischen) Unterbeteiligung** erfüllt, wird kein Vermögensgegenstand zugewendet, über den der Empfänger schon tatsächlich und rechtlich verfügen kann. Ihm werden vielmehr lediglich Rechtsansprüche in Gestalt eines **Bündels schuldrechtlicher Ansprüche** gegen den Zuwendenden eingeräumt. Bereichert ist der Zuwendungsempfänger erst, wenn ihm aus der Unterbeteiligung tatsächlich Gewinnausschüttungen und Liquidationserlöse zufließen. Zivilrechtlich zeigt sich dies in dem Formerfordernis des § 518 Abs. 1 BGB. Weder der Abschluss eines Vertrages über die unentgeltliche Einräumung einer typischen Unterbeteiligung noch die Einbuchung einer solchen Unterbeteiligung bewirkt bereits einen Schenkungsvollzug i.S.d. § 518 Abs. 2 BGB.

Bei der Zuwendung einer atypischen Unterbeteiligung dagegen ist die Schenkung bereits **217** mit Abschluss des Gesellschaftsvertrages oder doch spätestens mit der Einbuchung der atypischen Unterbeteiligung vollzogen.

---

159 BFH BStBl II 1991, 635; BFH BStBl II 1995, 890.
160 *Riedel* ZerB 2009, 2 ff.
161 Vgl. auch BFH BStBl II 1992, 512 = NJW-RR 1992, 1123; *Riedel*, ZErb 2009, 2.
162 *Jülicher*, ZErb 2009, 128, Anm. zu BFH ZErb 2009, 125.
163 *Jülicher*, ZErb 2009, 128.
164 BFH ZErb 2009, 125.
165 BFH NJW-RR 2008, 986.
166 *Jülicher*, ZErb 2009, 128, Anm. zu BFH ZErb 2009, 125.

218   § 97 Abs. 1 S. 1 Nr. 5 BewG fingiert eine Zurechnung von Betriebsvermögen (jetzt auch § 10 Abs. 1 S. 3 ErbStG). Die Vorschrift setzt jedoch voraus, dass der **Beschenkte Mitunternehmer i.S.d. § 15 Abs. 1 Nr. 2** EStG geworden ist.[167] Kennzeichnend für einen Mitunternehmer i.S.d. § 15 Abs. 1 Nr. 2 EStG ist, dass er zusammen mit anderen Personen **Unternehmerinitiative (Mitunternehmerinitiative)** entfaltet und **Unternehmerrisiko (Mitunternehmerrisiko)** trägt. Mitunternehmerinitiative bedeutet vor allem Teilnahme an unternehmerischen Entscheidungen. **Ausreichend** ist die Möglichkeit zur Ausübung von Gesellschafterrechten, die wenigstens den **Stimm-, Kontroll- und Widerspruchsrechten** angenähert sind, die einem Kommanditisten nach dem HGB zustehen oder die den gesellschaftsrechtlichen Kontrollrechten nach § 716 Abs. 1 BGB entsprechen.[168]

219   Lastet ein **vorbehaltener Nießbrauch** auf der zugewendeten Beteiligung an einer Personengesellschaft in vollem Umfang und ist er ausnahmsweise so ausgestaltet, dass dem Bedachten **keine Mitunternehmerinitiative** und/oder **kein Mitunternehmerrisiko** zukommt, ist zivilrechtlich der Schenker als Nießbraucher lediglich Mitunternehmer und der Bedachte lediglich Gesellschafter. **Ertragssteuerrechtlich** kann die Trennung der Mitunternehmerstellung von der Stellung als Gesellschafter gemäß § 39 Abs. 2 Nr. 1 AO dadurch überbrückt werden, dass jemand, der zivilrechtlich nicht Gesellschafter ist, wirtschaftlich als Inhaber der Gesellschaftsbeteiligung behandelt wird.[169]

220   Behält also der **Vorbehaltsnießbraucher** die Stimm-/Kontrollrechte wird daraus abgeleitet, dass die schenkweise Übertragung der Beteiligung an einer Personengesellschaft auf einen Bedachten, **nicht begünstigt ist**, wenn sich der Schenker einen derart ausgestalteten Nießbrauch vorbehalten hat, dass dem Bedachten bei isolierter Betrachtung des geschenkten Anteils die Stellung eines Mitunternehmers fehlt.[170]

II. Sicherungsklauseln bei vorweggenommener Erbfolge

1. Zivilrechtliche Grundlagen und Wirkungen der Sicherungsklauseln

221 Sowohl bei der Übertragung von Einkunftsquellen von einem Ehegatten auf den anderen Ehegatten als auch bei der Übertragung im Wege der vorweggenommenen Erbfolge von Eltern auf Kinder kann es aus unterschiedlichen Gründen gewünscht bzw. geboten sein kann, dass bei **Eintritt bestimmter unerwünschter Ereignisse** (insbesondere Trennung/Scheidungsantrag/ Scheidung von Ehegatten bzw. Vorversterben oder wirtschaftlicher Zusammenbruch des Begünstigten) die unentgeltlich übertragene Einkunftsquelle an den Schenker zurückfällt. Das gilt insbesondere auch bei der Übertragung von Gesellschaftsanteilen.

---

222 **Wichtig**
Schuldrechtliche Rückforderungsansprüche sind insoweit nur bedingt tauglich, insbesondere im Falle des wirtschaftlichen Zusammenbruchs des Beschenkten. Deshalb ist eine dingliche Sicherung anzustreben.

---

223 Ferner muss die Problematik der **Verwendungen**, die der Beschenkte in der Zwischenzeit auf die Einkunftsquelle getätigt hat, berücksichtigt werden. Geklärt werden muss auch, was bzgl. der **Erträge**, die in der Zwischenzeit mit der Einkunftsquelle erzielt wurden, bei Rückübertragung geschehen soll.

---

167 BFH ZErb 2009, 125.
168 BFH NJW-RR 2008, 986.
169 BFH GmbHR 2010, 499.
170 *Jülicher*, ZErb 2009, 128, Anm. zu BFH ZErb 2009, 125.

Arens

Schließlich müssen auch die **erbschaft- und schenkungsteuerlichen** Folgen bzw. die **er-** **224** **tragsteuerlichen Folgen** eines solchen Rückfalls gut bedacht sein. Solche „Sicherungsklauseln" sind also in zivilrechtlicher und in steuerrechtlicher Hinsicht zu untersuchen.[171]

a) Gestaltung der Sicherungsklauseln

Das **zivilrechtliche Gestaltungsinstrumentarium** kann unterteilt werden in die strengeren **225** „Herausgabeklauseln" und die rechtlich (nicht unbedingt wirtschaftlich) milderen „Verwertungsklauseln".[172]

aa) Herausgabeklauseln

Zu den Herausgabeklauseln gehören: **226**
- Rückfallklauseln/auflösende Bedingungen
- vertragliches Rückforderungsrecht bei Nichterfüllung von Auflagen bzw. Eintritt bestimmter Ereignisse
- (genereller oder konkretisierter) Widerrufsvorbehalt.

(1) Rückfallklauseln/auflösende Bedingungen

Wesen dieses Instrumentariums ist es, dass unter bestimmten Bedingungen ein **automatischer** **227** **Rückfall** des Schenkungsgegenstandes erfolgen soll. Mit dem Eintritt des Ereignisses fällt das Rechtsgeschäft, das der Übertragung der Einkunftsquelle zugrunde liegt (Schenkungsvertrag, vorweggenommene Erbfolge etc.) weg und der ursprüngliche Rechtszustand tritt wieder ein.

Als **Tatbestände** für solche auflösende Bedingungen können bspw. formuliert werden: **228**
- Eröffnung des Insolvenzverfahrens oder Verbraucherinsolvenzverfahrens über das Vermögen des Begünstigten
- Zwangsvollstreckungsmaßnahmen gegen den Begünstigten (oder konkreter: in den zugewendeten Gegenstand)
- Vorversterben des Begünstigten vor dem Übertragenden (oder dessen Ehepartner)
- Vorversterben des Begünstigten, ohne eigene eheliche Abkömmlinge zu hinterlassen, vor dem Übertragenden (oder dessen Ehepartner)
- Geltendmachung von Pflichtteilsansprüchen des Begünstigten gegen den überlebenden Ehegatten des Übertragenden
- Nichterfüllung einer mit der Übertragung verbundenen Auflage, bspw. zweckentfremdende Verwendung des übertragenen Gegenstands
- Verfügungen über den Gegenstand (Veräußerung oder Belastung) durch den Begünstigten ohne Zustimmung des Übertragenden
- grober Undank i.S.v. § 530 BGB
- Bedürftigkeit oder Verarmung des Übertragenden i.S.v. §§ 528, 529 BGB
- Trennung der Eheleute (bzw. Rechtshängigkeit der Scheidung oder Rechtskraft der Scheidung)[173]
- Nichterreichen bestimmter Qualifikationsmerkmale durch den Begünstigten (bestimmter Bildungsabschluss, bestimmte berufliche Qualifikation oder dergleichen).

---

171 Für den Nießbrauch siehe *Moog*, DStR 2002, 180; für GmbH-Anteile siehe *Sina*, GmbHR 2002, 58; *Westermann*, FS Kellermann 1991, S. 506 ff.
172 Siehe *Wälzholz*, GmbHR 2007, 1177.
173 Einschränkend OLG Karlsruhe FamRZ 2007, 823 für eine Regelung, die im Gesellschaftsvertrag enthalten ist; dazu *Münch*, ZErb 2007, 410; *Wälzholz*, GmbHR 2007, 1177.

229 Bei den beiden zuerst genannten Fallkonstellationen kann die Klausel (auflösende Bedingung/
Rückfallklausel) noch dahingehend modifiziert werden, dass der Eintritt erfolgt, wenn in einer
bestimmten **Frist** das Insolvenzverfahren bzw. die Pfändungsmaßnahme durch den Begünstigten nicht abgewendet worden ist.

(2) Vertragliches Rückforderungsrecht bei Nichterfüllung von Auflagen bzw. bei Eintritt bestimmter Ereignisse

230 Anders als bei der vorstehenden Fallgruppe entsteht bei ausbedungenen Rückforderungsrech-
ten der Herausgabeanspruch des Übertragenden **nicht automatisch** mit Eintritt bestimmter
Ereignisse, sondern der Übergeber erhält bei Eintritt eines dieser Ereignisse lediglich die Möglichkeit, den übertragenen Gegenstand zurückzufordern. Soweit das Rückforderungsrecht an
bestimmte Verhaltensweisen des Begünstigten gebunden ist, handelt es sich im Falle der Schenkung um eine **Schenkung unter Auflagen** i.S.d. § 525 BGB.

231   Die **Einzelfälle**, die das Rückforderungsrecht auslösen, können ebenso formuliert werden,
wie im Fall der vorstehend dargestellten auflösenden Bedingungen.

---

232 **Praxistipp**
Da die Ausübung des Rückforderungsrechts in das Ermessen des Übertragenden gestellt ist, sollte seine Aus-
übungsmöglichkeit nach Eintritt des Rückforderungsfalles **zeitlich befristet** werden.
Auch sollte eine Regelung getroffen werden, ob das Rückforderungsrecht **höchstpersönlich** ist (also mit dem Tode
des Übergebers erlischt), oder dessen Erben auch noch zustehen soll.

---

233 Das vorbehaltene Recht zur Rückforderung ist nach Auffassung des BGH beim Übergeber allerdings **pfändbar**.[174]

(3) Widerrufsvorbehalte

234 Ähnlich wie das vorstehend beschriebene Rückforderungsrecht führt auch der Widerrufsvorbehalt nicht zu einem automatischen Rückfall, sondern begründet für den Übertragenden nur die
Möglichkeit der Rückgängigmachung des Übertragungsvorgangs in Form eines **Herausgabeanspruchs**. Der Widerruf muss durch positive Erklärung – mit der entsprechenden **Zugangsprob-
lematik** des § 130 Abs. 1 BGB – ausgeübt werden. Zweckmäßig sind insoweit – ebenso auch
beim vorstehend beschriebenen Rückforderungsrecht – Vereinbarungen über **Zugangssurrogate**, beispielsweise die Vereinbarung, dass der Widerruf (oder das Rückforderungsrecht) wirksam
wird, wenn eine entsprechende Willenserklärung des Übertragenden dem Urkundsnotar (oder
dessen Vertreter im Amt) des Übertragungsgeschäfts zugeht. Dies empfiehlt sich insbesondere
im Hinblick auf die Gefahr „verschwindender" Begünstigter (bspw. im Rahmen eines wirtschaftlichen Zusammenbruchs) oder vorversterbender Begünstigter mit ungeklärtem Erbenkreis.

---

235 **Wichtig**
Die Wirksamkeit solcher Zugangssurrogate ist aber vor dem Hintergrund der gesetzlichen Wertungen der §§ 305c,
307, 308 Nr. 6 BGB problematisch.

---

236 Zu unterscheiden sind:
– **Generelle Widerrufsvorbehalte:**

---

174 BGH ZIP 2003, 1217.

Dabei handelt es sich um – zivilrechtlich mögliche – uneingeschränkte, voraussetzungslose und jederzeit ausübbare Widerrufsvorbehalte.

Wichtig   237

Diese sind aber nicht nur im Hinblick auf die beabsichtigten steuerlichen Effekte der Übertragung der Einkunfts-quelle **steuerlich schädlich**, sie sind auch zivilrechtlich problematisch. Insbesondere beginnt nach der Rechtspre-chung des BGH die **Pflichtteilungsergänzungsfrist** des § 2325 BGB nicht zu laufen.[175]

– **Konkretisierte Widerrufsvorbehalte:**   238
  Dabei handelt es sich um Vorbehalte, die nur bei Eintritt bestimmter, **im Vorhinein defi-nierter Voraussetzungen** ausgeübt werden können.
  Typischerweise zu nennen sind wiederum: 239
– Vorversterben des Begünstigten vor dem Übertragenden (oder dessen Ehepartner)
– Vorversterben des Begünstigten ohne eigene eheliche Abkömmlinge vor dem Übertragen-den (oder dessen Ehepartner)
– Geltendmachung von Pflichtteilsansprüchen des Begünstigten gegen den überlebenden Ehegatten des Übertragenden
– Nichterfüllung einer mit der Übertragung verbundenen Auflage, bspw. zweckentfremdende Verwendung des übertragenen Gegenstands
– Verfügungen über den Gegenstand (Veräußerung oder Belastung) durch den Begünstigten ohne Zustimmung des Übertragenden
– Eröffnung des Insolvenzverfahrens oder Verbraucherinsolvenzverfahrens über das Vermö-gen des Begünstigten
– Zwangsvollstreckungsmaßnahmen gegen den Begünstigten (oder konkreter: in den zuge-wendeten Gegenstand)
– grober Undank i.S.v. § 530 BGB
– Bedürftigkeit oder Verarmung des Übertragenden i.S.v. §§ 528, 529 BGB
– Trennung der Eheleute (bzw. Rechtshängigkeit der Scheidung oder Rechtskraft der Schei-dung)[176]
– Nichterreichen bestimmter Qualifikationsmerkmale durch den Begünstigten (bestimmter Bildungsabschluss, bestimmte berufliche Qualifikation oder dergleichen).

bb) Verwertungsklauseln
Anders als bei den vorstehend beschriebenen Instrumentarien, bei denen ein Herausgabean-   240
spruch des Übertragenden auf die Substanz des übertragenen Vermögensgegenstandes vorge-sehen wird, wird bei den Verwertungsrechten dem Übertragenden das Recht eingeräumt, die **Substanz wirtschaftlich zu verwerten**. Es handelt sich dabei um
– sog. Verkaufsrechte und
– sog. Beleihungsrechte.

(1) Verkaufsrechte
Bei dieser Fallgestaltung behält sich der Übertragende das Recht vor, den übertragenen Gegen-   241
stand oder aus einer übertragenen Sachgesamtheit einzelne Gegenstände, insbesondere Immo-

---

175 Vgl. BGHZ 112, 40.
176 Einschränkend OLG Karlsruhe FamRZ 2007, 823 für eine Regelung, die im Gesellschaftsvertrag enthalten ist; dazu *Münch*, ZErb 2007, 410; *Wälzholz*, GmbHR 2007, 1177.

bilien, später zu veräußern. Zu diesem Zweck wird ihm bereits im Übertragungsvertrag eine rechtsgeschäftliche **(unwiderrufliche) Vollmacht** erteilt. Diese Regelung soll, zumindest nach der Literaturmeinung,[177] auch nicht steuerschädlich sein. Im Fall der Ausübung des Verkaufsrechts handelt der Übertragende als Bevollmächtigter, also im Namen und für Rechnung des Begünstigten.

242 Wichtig
Ein Verkauf im eigenen Namen soll nach Literaturauffassung jedoch steuerschädlich sein.[178]

(2) Beleihungsrechte
243 Beim Beleihungsrecht, das selbstverständlich auch mit dem Verkaufsrecht kombiniert werden kann, aber auch im Sinne einer **Option** des Übertragenden mit anderen der vorstehend beschriebenen Sicherungsrechte kombiniert werden kann, wird dem Übertragenden im Übertragungsvertrag das Recht vorbehalten und durch eine (unwiderrufliche) notarielle **Vollmacht** gesichert, den Übertragungsgegenstand, eine übertragene Immobilie oder im Rahmen einer Sachgesamtheit mitübertragene Immobilien unbegrenzt oder bis zu einer bestimmten **Beleihungsgrenze** zu belasten.

244 Praxistipp
Die elegantere und für den Übertragenden praktisch sicherere Alternativgestaltung ist allerdings die **Einräumung einer Grundschuld** zugunsten des Übertragenden (Eigentümergrundschuld vor Übertragung oder Fremdschuld nach Übertragung). Eine solche Grundschuld kann dann der Übertragende in der Folgezeit durch entsprechende Kreditaufnahme **valutieren**.

b) Sicherung der Sicherungsklauseln
aa) Allgemeine Gestaltungsmöglichkeiten
245 Die vorstehend beschriebenen Sicherungsklauseln bzw. der daraus resultierende Herausgabeanspruch bzw. Anspruch auf wirtschaftliche Verwertung würde insbesondere in Fällen der **Insolvenz** des Begünstigten bzw. der **Zwangsvollstreckung** in die übertragenen Sachgesamtheiten bzw. Wirtschaftsgüter leerlaufen.
246   Soweit also **Immobilien** übertragen werden, ist die dingliche Absicherung durch eine **Rückauflassungsvormerkung** gem. § 883 BGB im Grundbuch einzutragen. Gesichert wird mit dieser Vormerkung der Anspruch auf Rückübertragung. Im Falle der auflösenden Bedingungen scheint dogmatisch § 925 Abs. 2 BGB im Wege zu stehen, da eine Auflassung, und damit auch eine Rückauflassung, nicht unter einer Bedingung erfolgen kann. Nach herrschender Meinung kann aber zumindest der Rückforderungstatbestand bedingt sein, eine Rückauflassungsvormerkung dafür also eingetragen werden.[179]

247 Formulierungsbeispiel
Der Übergeber ist berechtigt, von dem schuldrechtlichen Teil dieses Vertrages zurückzutreten und die Rückübertragung (Rückauflassung) des Vertragsgegenstandes zu verlangen, wenn:

---

177 Vgl. *Troll*, DStZ 1970, 562.
178 MüKo-BGB/*Petzold*, vor § 1030 Rn 5.
179 Vgl. MüKo-BGB/*Wacke*, § 883 Rn 23; OLG Düsseldorf ZFE 2002, 358.

Arens

– der Erwerber den Vertragsgegenstand oder Teile davon ohne Zustimmung des Übergebers veräußert und/oder belastet, oder
– der Erwerber vor dem Übergeber verstirbt, oder
– über das Vermögen des Erwerbers das Insolvenzverfahren oder Verbraucherinsolvenz eröffnet oder mangels Masse abgelehnt wird.

Werterhöhende Investitionen sind dem Erwerber zu dem im Zeitpunkt der Rückübertragung bestehenden Zeitwert zu ersetzen. Eine Ersatzpflicht scheidet aus, wenn die Investitionsmaßnahmen ohne Zustimmung des Übergebers erfolgt sind. Die Rückübertragung erfolgt ohne jegliche Gegenleistung. Die durch die Rückübertragung entstehenden Kosten hat der Erwerber zu tragen.

Der Rücktritt kann nur durch schriftliche Erklärung gegenüber dem Erwerber ausgeübt werden. Der Zugang der Rücktrittserklärung beim Urkundsnotar oder dessen Vertreter im Amt ersetzt den Zugang der Rücktrittserklärung beim Erwerber. Das Rücktrittsrecht ist weder vererblich noch übertragbar. Im Übrigen gelten die gesetzlichen Rücktrittsbestimmungen.

Ergänzend bei Übertragung von Grundbesitz:

Grundpfandrechte hat der Übergeber bei Rückübertragung nur insoweit zu übernehmen, als sie gegenwärtig bestehen oder Verbindlichkeiten sichern, zu deren Übernahme der Übergeber verpflichtet ist. Zur Sicherung des aufschiebend bedingten Rückerwerbsanspruchs gem. vorstehender Regelung bestellt der Erwerber zugunsten des Übergebers eine **Rückauflassungsvormerkung gem. § 883 BGB** an den vorbenannten gesamten Grundbesitzungen und bewilligt und beantragt die Eintragung im Grundbuch, mit dem Vermerk, dass zur Löschung der Nachweis des Todes des Berechtigten genügt. Die Beteiligten werden darauf hingewiesen, dass diese Rückauflassungsvormerkung nachrangig zu den derzeit eingetragenen Grundbuchrechten, insbesondere auch in Abt. III, ist. Darüber hinaus verzichten die Beteiligten nach Belehrung auch auf Einräumung etwaiger Rangvorbehalte für Rechte in Abt. II und III des Grundbuches vor der Rückauflassungsvormerkung.

bb) Zusätzliche Sicherungsinstrumente bei der Übertragung von Gesellschaftsbeteiligungen

Auch bei der unentgeltlichen Übertragung von Gesellschaftsbeteiligungen können Rückforderungsrechte und Widerrufsklauseln grundsätzlich vereinbart werden.[180] Als nichtig werden allerdings **freie Rückforderungsrechte** des Übertragenden angesehen.[181] **248**

Ferner kommen etwa folgende **zusätzlichen Sicherungsinstrumentarien** im Rahmen des Gesellschaftsvertrages/der Satzung in Betracht: **249**

– **Zustimmungserfordernis** der Gesellschafterversammlung auch für die unentgeltliche Übertragung von Geschäftsanteilen eines Mitgesellschafters an nahe Angehörige
– Festlegung von **Abstimmungsquoten**, die den übrigen Gesellschaftern eine hinreichende Stimmenmehrheit gewähren
– ausreichendes **Mehrfachstimmrecht** für den Übertragenden mit seinem verbleibenden Gesellschaftsanteil
– sonstige **Sonderrechte** des in der Gesellschaft verbleibenden Übertragenden (Zustimmungsvorbehalte, Befugnis zur Bestellung, Anstellung, Kündigung und Abberufung der Geschäftsführung und zur Festlegung der Befugnisse der Geschäftsführung)
– (Rück-)**Verpfändung** des Geschäftsanteils des Begünstigten an den Übertragenden oder Verpfändung vermögensrechtlicher Ansprüche aus dem Geschäftsanteil (Entnahmeansprüche/Gewinnansprüche).

Praxistipp **250**
Bei der **GmbH & Co. KG** ist insbesondere auch eine elegante Sicherungsmöglichkeit dadurch herbeizuführen, dass der Übertragende in der Komplementär-GmbH eine ausreichend sichere Mehrheit eingeräumt bekommt, um diese und damit mittelbar auch die KG zumindest im Bereich der Tagesgeschäfte zu beherrschen.

---

180 BGH DNotZ 1991, 819.
181 Vgl. BGH DB 1977, 1132; BGH DB 1981, 1974; *Spiegelberger*, Vermögensnachfolge, 2. Aufl., § 2 Rn 87.

2. Steuerliche Folgen der Sicherungsklauseln
a) Ertragsteuerliche Folgen
aa) Auflösende Bedingung

251 Die oben beschriebenen Gestaltungen mit Vereinbarung bestimmter auflösender Bedingungen begegnen offenbar in der Rechtsprechung und der Literatur keinen Bedenken hinsichtlich der **steuerlichen Anerkennungsfähigkeit** der Übertragung der Einkunftsquelle.

bb) Vertragliches Rückforderungsrecht und Widerrufsvorbehalt
(1) Generelle Rückforderungsrechte und Widerrufsvorbehalte

252 Ein generelles Rückforderungsrecht bzw. ein genereller Widerrufsvorbehalt schließen nach allgemeiner Ansicht die einkommensteuerliche Anerkennung der Übertragung der Einkunftsquelle aus. Bei **wirtschaftlicher Betrachtungsweise** sei die Einkunftsquelle dabei gar nicht übertragen.[182]

(2) Konkretisierte Rückforderungsrechte und Widerrufsvorbehalte

253 Einzelne konkrete Voraussetzungen für die Ausübung eines vorbehaltenen Rücktrittsrechts bzw. eines vorbehaltenen Widerrufs können grundsätzlich im Hinblick auf die Verlagerung der Einkunftsquelle **steuerlich anerkannt** werden.[183]

---

254 **Praxistipp**
Das vorbehaltene Rückforderungsrecht im Rahmen einer sog. **Scheidungsklausel** ist nach der Rechtsprechung des BFH unbedenklich.[184]

---

255 Allerdings kann die steuerliche Anerkennungsfähigkeit versagt werden, wenn in der Summierung der Rückforderungs- bzw. Widerrufsvorbehalte (sog. **„entmachtende Bedingungen"**) bei wirtschaftlicher Betrachtungsweise das Eigentum bzw. die Inhaberschaft beim Übertragenden letztlich verblieben ist, weil er praktisch die Verfügungsmöglichkeiten über das Eigentum behalten hat.[185] Auch soll nach der finanzgerichtlichen Rechtsprechung die Gestaltung dann nicht anerkennungsfähig sein, wenn die unüblichen Gestaltungen und Abweichungen in der Summe einem **Fremdvergleich** nicht mehr standhalten.[186]

256 Jedoch hat der BFH auch Besonderheiten bei der **Übertragung auf minderjährige Kinder** anerkannt. Wenn sich nämlich der Übertragende dabei weitgehende Verfügungsmöglichkeiten vorbehält, die letztlich im Interesse der Kinder liegen, aber auf Rechnung und Gefahr der Kinder diese Rechte ausübe, stehe dies der steuerlichen Anerkennungsfähigkeit nicht entgegen. In dem zu entscheidenden Fall hatte der Übertragende auch ein **Auseinandersetzungsverbot** bis zum Tode beider Elternteile und bis zur Vollendung des 25. Lebensjahres des jüngsten Kindes geregelt und die **Verwaltung** gegen angemessene Vergütung auf Lebenszeit der Eltern, sowie **unwiderrufliche Bestellung** der Eltern **als Vertreter** der Kinder für die Ausübung der Gesellschafter-

---

182 Vgl. *Spiegelberger*, Rn 87; *Felix*, KÖSDI 1994, 9650; BFH BStBl II 1989, 877; BFH BStBl II 1989, 414.
183 Vgl. BFH BStBl II 1989, 414; BStBl II 1994, 635.
184 BFH NJW 1998, 1975, entgegen BFH BStBl II 1994, 645, dazu *Söffing*, NWB 1998, Fach 3, 10647; einschränkend OLG Karlsruhe FamRZ 2007, 823 für eine Regelung, die im Gesellschaftsvertrag enthalten ist; dazu *Münch*, ZErb 2007, 410; *Wälzholz*, GmbHR 2007, 1177.
185 Vgl. BFH NJW 1998, 1975.
186 FG Münster DStRE 2002, 436 unter Bezugnahme auf BFH DStR 1992, 678 und BFH DStR 2000, 1049.

rechte zusätzlich zu dem Rückforderungsrecht bei vertragswidrigen Verfügungen der Kinder über die Grundstücke vorbehalten.[187]

Wichtig   257

Im Übrigen ist aber insbesondere auch die Kombination von Rückforderungs- bzw. Widerrufsvorbehalten mit sonstigen **Beschränkungen der Gesellschafterrechte** des Begünstigten steuerschädlich.

Solche **Beschränkungen der Gesellschafterrechte** können etwa bestehen in: 258
- Beschränkungen der Entnahmerecht,
- Beschränkungen der Informations- und Kontrollrechte,
- langfristiger Bindung des Auseinandersetzungsguthabens,
- Beschränkungen eines Abfindungsguthabens auf den Buchwert, und
- insbesondere einseitigen Kündigungs- und Ausschließungsrechten des Übertragenden.

b) Schenkungsteuerliche Folgen
aa) Schenkungsteuerliche Folgen der auflösenden Bedingungen

Bei Eintritt der auflösenden Bedingung (Herausgabe des Zuwendungsgegenstandes) wird die 259 ursprünglich erhobene **Erbschaftsteuer** auf Antrag nach § 5 Abs. 2 BewG **berichtigt**, da im Ergebnis ein tatsächlicher Erwerb nicht stattgefunden hat.

bb) Schenkungsteuerliche Folgen des vertraglichen Rückforderungsrechts

Bei Herausgabe des Zuwendungsgegenstandes auf der Grundlage eines ausgeübten Rückforde- 260 rungsrechts erlischt nach § 29 Abs. 1 Nr. 1 ErbStG die angefallene Erbschaft- und Schenkungsteuer mit Wirkung für die Vergangenheit.[188] Der zugrunde liegende **Schenkungsteuerbescheid** wird **gem. § 175 Abs. 1 Nr. 2 AO aufgehoben**.

Wichtig   261

Soweit der Begünstigte zwischenzeitlich **Nutzungen** aus dem Zuwendungsgegenstand gezogen hat, sind diese gem. § 29 Abs. 2 ErbStG zu besteuern, sofern sie nicht ebenfalls an den Schenker herauszugeben sind.

---

cc) Schenkungsteuerliche Folgen des Widerrufsvorbehalts

In der Vergangenheit hatte der BFH bei einem generellen Widerrufsvorbehalt nicht nur – wie 262 vorstehend beschrieben – die ertragsteuerliche Wirksamkeit der Übertragung verneint, sondern auch eine Schenkung bzw. freigebige Zuwendung als solche.[189] Mit seiner neueren Rechtsprechung[190] hat der BFH auch bei einer solchen unentgeltlichen Übertragung unter generellem Widerrufsvorbehalt eine **Schenkung** im Sinne des Schenkungsteuerrechts angenommen. Bei Ausübung des unbeschränkten Widerrufsrechts ist daher gem. § 29 Abs. 1 Nr. 1 ErbStG die ursprünglich angefallene Schenkungsteuer ebenso zu berücksichtigen, wie im vorstehend beschriebenen Fall der Ausübung eines vertraglichen Rückforderungsrechts.

---

187 Vgl. BFH BStBl II 1989, 414.
188 Siehe dazu auch *Fuhrmann*, ErbStB 2003, 17; *Meincke*, ErbStG, § 29 Rn 4; dies gilt jedoch nicht für eine Rückgängigmachung aus freien Stücken: FG Berlin-Brandenburg DStR 2010, 1339.
189 BFH BStBl II 1985, 159.
190 BFH BStBl II 1989, 1034.

263 Wichtig

Allerdings will die Finanzverwaltung die schenkungsteuerlichen **Begünstigungen** für Betriebsvermögen dabei nicht gewähren, da der Erwerber nicht die erforderliche Freiheit eines (Mit-)Unternehmers erlange.[191]

dd) Schenkungsteuerliche Folgen des Rückfalls bei Tod des Begünstigten

264 Besonders zu untersuchen sind die erbschaftsteuerlichen Folgen eines Rückfalls des Übertragungsgegenstandes auf den Übertragenden, wenn der **Begünstigte vorverstirbt** und der Übertragende Erbe des Begünstigten ist. In diesen Fällen gilt nicht die Regelung des § 29 ErbStG. Vielmehr liegt darin grundsätzlich ein neuer Erbschaftsteuertatbestand.

265 **§ 13 Abs. 1 Nr. 10 ErbStG** regelt allerdings eine Ausnahme für den Fall, dass ein unentgeltlich übertragener Gegenstand (im Wege der Schenkung oder im Wege der vorweggenommenen Erbfolge durch Übergabevertrag) durch den Tod eines Abkömmlings auf den Übertragenden (Eltern, Großeltern oder Urgroßeltern) zurückfällt.

266 Erben also die (Vor-)**Eltern** von ihren Abkömmlingen (z.B. Kinder, Enkelkinder) durch gesetzliche Erbfolge oder aufgrund eines Testaments die von ihnen vorher ihren Kindern geschenkten Gegenstände bzw. Gesellschaftsbeteiligungen wieder zurück, so ist dieses Erbe von der **Erbschaftsteuer befreit.** Das Gleiche gilt, wenn die Eltern ihre Gegenstände aufgrund eines Vermächtnisses zurückerhalten (§ 13 Abs. 1 Nr. 10 ErbStG).

267 Wichtig

Diese Steuerbefreiung gilt also nur (noch) für Rückerwerbe von Todes wegen und **nicht bei Rückschenkungen.**[192]

268 Voraussetzung ist aber, dass **Identität (Erfordernis der Nämlichkeit)** sowohl zwischen Übertragendem und Rückfallbegünstigtem besteht als auch zwischen übertragenem und zurückgefallenem Wirtschaftsgut.[193] Die Erbschaftsteuerfreiheit besteht also nicht,

– soweit ein Rückfall von Wirtschaftsgütern erfolgt, die vorher **nicht unentgeltlich übertragen** worden waren bzw.
– soweit es sich um **Erträgnisse** aus dem übertragenen Vermögen handelt[194] bzw.
– soweit der Übergang (Rückfall) auch auf **andere Personen**, die nicht Übertragende waren, erfolgt (bspw. an den anderen überlebenden Elternteil).

269 Die **Finanzverwaltung** legt den Grundsatz der Nämlichkeit eng aus.[195] Der Grundsatz der Nämlichkeit macht daher z.B. auch Probleme, wenn der Beschenkte den **Wert der Vermögensgegenstände** (hier vor allem Gesellschaftsbeteiligungen) durch den Einsatz von eigenem Kapital oder persönlichem Einsatz **erhöht** hat. Den Mehrwert müssen die Eltern beim Rückerwerb der Erbschaftsteuer unterwerfen.

---

191 Siehe Hinweise zu Abschn. 51 Abs. 1 ErbStR 1998, ablehnend dazu *Ebeling*, NJW 1999, 1087, 1088; dazu auch *Moench*, DStR 1999, 301 ff.
192 BFH BStBl II 1986, 622.
193 Vgl. BFH BStBl II 1989, 656.
194 BFH NJW 1994, 3276; BVerfG NJW 1998, 743.
195 Vgl. BMF BStBl I 1976, 145, Tz 5.1.

3. Ehe- und familienrechtliche Vorgaben
a) Gesellschaftsvertragliche Einflussnahmen auf die Privatsphäre der Gesellschafter

Werden Gesellschaftsbeteiligungen übertragen, insbesondere im Wege der vorweggenommenen **270** Erbfolge oder zwischen Ehegatten, besteht ein erhebliches Interesse des Übergebers daran, dass die Beteiligung nicht aus der Familienlinie abwandern bzw. dass sie beim Erwerber nicht im Rahmen einer **Ehescheidung** angetastet werden kann.

Nicht nur der Übergeber bzw. der betroffene Gesellschafter-Ehegatte hat ein Interesse daran, **271** dass durch Trennung bzw. Scheidung der Ehe und der damit verbundenen wirtschaftlichen Belastungen kein „Durchschlagen" auf die Gesellschaft erfolgt. Auch die Gesellschaft bzw. die Mitgesellschafter haben ein fundamentales Interesse daran, dass die wirtschaftlichen Folgen von Trennung und Scheidung weder die Liquidität der Gesellschaft noch den „Gesellschaftsfrieden" belasten. Häufig finden sich deshalb in Gesellschaftsverträgen – sowohl bei Personengesellschaften als auch bei Kapitalgesellschaften – Regelungen, die die Gesellschafter verpflichten, bestimmte ehevertragliche Regelungen, insbesondere **Güterstandsregelungen** zu treffen.

Gerade nach der Einführung des Güterstands der Zugewinngemeinschaft als neuem gesetz- **272** lichen Güterstand per 1.7.1958 durch das Gesetz über die Gleichberechtigung von Mann und Frau auf dem Gebiete des bürgerlichen Rechts[196] hatte sich in der damaligen gesellschaftsrechtlichen Literatur, fast schon im Sinne einer Hysterie, die Meinung verbreitet, dass geradezu ein Zwang bestehe bzw. auch über die **Gesellschaftsverträge** ein Zwang auf die Gesellschafter ausgeübt werden müsse, abweichend von dem neuen gesetzlichen Güterstand den Güterstand der **Gütertrennung** zu vereinbaren.[197]

Darüber hinaus war es, zumindest bis in die 60er Jahre des vorigen Jahrhunderts hinein, **273** durchaus üblich, in den Gesellschaftsverträgen **Ausschließungsregelungen** im Hinblick auf **privates Fehlverhalten** der Gesellschafter vorzusehen, insbesondere vor dem Hintergrund der damaligen Moralvorstellungen bei Ehebruch, Trennung oder Scheidung.

aa) Gesellschaftsvertraglich „erzwungene" Güterstandsregelungen
(1) Problemstellung

Damit nicht, wie *Tiefenbacher*[198] es formuliert hat, „im Familienhader die Gesellschaft zugrunde" **274** geht, wird in der Praxis häufig in den Gesellschaftsverträgen die Pflicht der Gesellschafter vorgesehen, **Güterstandsregelungen** zu treffen, die vom gesetzlichen Güterstand abweichen. Im Vorgriff auf eine Übertragung von Gesellschaftsbeteiligungen im Wege der vorweggenommenen Erbfolge werden solche Regelungen häufig auch in die Gesellschaftsverträge aufgenommen.

Es kann sich dabei insbesondere handeln um: **275**
- Pflicht zur Vereinbarung der Gütertrennung
- Pflicht zur Modifizierung des gesetzlichen Güterstandes (Ausschluss des Zugewinnausgleichs im Falle der Beendigung des gesetzlichen Güterstandes durch Scheidung)
- Abbedingung des § 1365 BGB
- Pflicht zur gegenständlichen Beschränkung der Zugewinngemeinschaft (Herausnahme des unternehmerisch gebundenen Vermögens bzw. der Gesellschaftsbeteiligung)
- Pflicht zur Vereinbarung einer Vollstreckungsbeschränkung auf das nicht unternehmerisch gebundene Vermögen bzw. Herausnahme der Gesellschaftsbeteiligung aus der Vollstreckungsmasse.

---

196 Gleichberechtigungsgesetz v. 18.6.1957, BGBl I 1957, 609.
197 Vgl. *Boesebeck*, DB 1958, 1148; *Sichtermann*, BB 1959, 349; *Tiedau*, MDR 1959, 253; *Tiefenbacher*, BB 1958, 565; *Tubbesing*, BB 1966, 829.
198 *Tiefenbacher*, BB 1958, 565, 566.

276 Zwar steht dem zugewinnausgleichsberechtigten Ehegatten im Scheidungsfall kein Anspruch auf die Gesellschaftsbeteiligung als solche zu bzw. auf einzelne Gegenstände des Gesellschaftsvermögens; dennoch können Ansprüche des Ehegatten des Gesellschafters im Falle von Trennung oder Scheidung mittelbar auch das Gesellschaftsvermögen gefährden.

277 Wegen der Zahlungsansprüche, und zwar nicht nur auf Zugewinnausgleich, sondern auch der **Zahlungsansprüche** wegen Unterhalts, schuldrechtlichen Versorgungsausgleichs oder Abfindungsansprüchen im Rahmen des Versorgungsausgleich, einerseits und wegen einer etwaigen Berücksichtigung der Gesellschaftsbeteiligung bei der Bemessung des Zugewinnausgleichsanspruchs andererseits, ist auch das Gesellschaftsvermögen wirtschaftlich betroffen und gefährdet. Mit dem **Zahlungstitel** kann der Ehepartner den Gesellschaftsanteil pfänden und sich zur Einziehung überweisen lassen.

278 Im Bereich der Personengesellschaft kann gem. § 135 HGB bzw. §§ 135, 161 Abs. 2 HGB dann auf der Grundlage des **gepfändeten Gesellschaftsanteils** die **Auseinandersetzung** betrieben und der Auseinandersetzungsanspruch realisiert werden. Ähnliches gilt bei der Kapitalgesellschaft, wo ebenfalls über die Pfändung des Geschäftsanteils die Kündigung betrieben bzw. ein entsprechender Auseinandersetzungs- oder Abfindungsanspruch gegen die Gesellschaft geltend gemacht werden kann.

(2) Lösungsansätze

279 Die im Gesellschaftsvertrag vorgesehene Verpflichtung des Gesellschafter-Ehegatten zu einer entsprechenden ehevertraglichen Regelung im oben beschriebenen Sinne wirkt selbstverständlich nicht unmittelbar gegen dessen Ehepartner. Deshalb ist bspw. eine gesellschaftsvertragliche Regelung nicht möglich, wonach der Gesellschaftsanteil im Zugewinnausgleich unberücksichtigt bleiben soll. Darin läge ein unzulässiger **Vertrag zu Lasten Dritter** und eine solche Bestimmung würde zur Umgehung der gesetzlichen Vorschriften über die Berechnung der Ausgleichsforderung nach §§ 1373 ff. BGB führen.[199]

280 Allerdings können im Gesellschaftsvertrag Regelungen getroffen werden, wonach der **Auseinandersetzungs- oder Abfindungsanspruch** des Gesellschafters **beschränkt** wird und Beschränkungen insoweit für Gläubiger des Gesellschafters, die über eine Pfändung den Gesellschaftsanteil verwerten wollen, vorgesehen werden. Bis zur Grenze der Treuwidrigkeit muss dabei der Gläubiger des Gesellschafters, insbesondere also auch der vollstreckende Ehepartner, diese Beschränkungen (Beschränkung der Abfindungshöhe oder ratierliche Auszahlung des Abfindungsguthabens bei Ausscheiden des Gesellschafters im Rahmen von Pfändungsmaßnahmen) gegen sich gelten lassen.[200]

281 Dass der betroffene Gesellschafter-Ehegatte gegenüber der Gesellschaft die Verpflichtung aus der betreffenden Klausel des Gesellschaftsvertrages erfüllt, kann schon allein deshalb nicht unmittelbar erzwungen werden, weil solche Regelungen in der Form des Ehevertrages erfolgen müssen und der Ehepartner des Gesellschafter-Ehegatten selbstverständlich gegenüber der Gesellschaft nicht verpflichtet ist, an einer solchen ehevertraglichen Regelung mitzuwirken.

282 Deshalb bleibt für die Gesellschaft nur die Sanktion der **Ausschließung** bzw. der **Einziehung** des Gesellschaftsanteils.

---

199 Vgl. *Tiefenbacher*, BB 1958, 565, 568; vgl. andererseits zur Frage der Unvererblichkeit bzw. der Beschränkung des Abfindungsanspruchs des Erben durch Gesellschaftsvertrag BGH WM 1971, 1338.
200 Vgl. BGH NJW 1975, 1835.

Formulierungsbeispiel **283**

Verheiratete Gesellschafter sind verpflichtet, durch Ehevertrag Gütertrennung zu vereinbaren. Sie haben auf schriftliche Aufforderung der Gesellschaft binnen einer Frist von längstens drei Monaten seit Empfang der Aufforderung nachzuweisen, dass sie die Voraussetzungen gem. S. 1 erfüllt haben. Anderenfalls kann ohne Zustimmung des Betroffenen die Einziehung des Geschäftsanteils beschlossen werden.[201]

Eine umfassend formulierte gesellschaftsvertragliche Klausel, die die vorstehend dargestellten **284** Aspekte kumuliert berücksichtigt, könnte bspw. wie folgt lauten:[202]

Formulierungsbeispiel **285**

Verheiratete Gesellschafter sind verpflichtet, entweder durch Ehevertrag Gütertrennung zu vereinbaren oder, falls sie Gütergemeinschaft vereinbart haben, die Beteiligung an der Gesellschaft im Ehevertrag zum Vorbehaltsgut des Gesellschafters zu erklären und dies im Güterrechtsregister eintragen zu lassen oder, falls sie im Stande der Zugewinngemeinschaft leben, durch Ehevertrag zu vereinbaren, dass sie den Beschränkungen des § 1365 BGB nicht unterliegen und dass die Beteiligung an der Gesellschaft und die schuldrechtlichen Ansprüche des Gesellschafters gegen die Gesellschaft dem Zugewinnausgleich nicht unterliegen.

Ferner sind verheiratete Gesellschafter verpflichtet, für den Fall einer Scheidung eheverträglich den Versorgungsausgleich jedenfalls insoweit auszuschließen, als sich dieser auf betriebliche Rentenanwartschaften oder Rentenansprüche gegenüber der Gesellschaft bezieht.

Ferner sind verheiratete Gesellschafter verpflichtet, eheverträglich zu regeln, dass wegen sämtlicher Zahlungsansprüche ihrer Ehepartner im Zusammenhang mit Trennung oder Scheidung der Ehe, insbesondere wegen Ansprüchen auf Zugewinnausgleich, wegen Trennungsunterhalt und nachehelichem Unterhalt, wegen Zahlungsansprüchen aus Versorgungsausgleich (insbesondere aus schuldrechtlichem Versorgungsausgleich und Abfindungsansprüchen) die Zwangsvollstreckung in den Gesellschaftsanteil und in sonstige Ansprüche des Gesellschafters gegen die Gesellschaft aus sonstigem Rechtsgrund, insbesondere aus schuldrechtlichen Beziehungen, ausgeschlossen ist.

Auf schriftliche Aufforderung der Gesellschaft hat der Gesellschafter binnen einer Frist von längstens drei Monaten seit Empfang der Aufforderung nachzuweisen, dass die vorstehenden Voraussetzungen erfüllt sind. Erbringt er den Nachweis – ganz oder teilweise – nicht, kann ohne Zustimmung des betroffenen Gesellschafters die Einziehung des Geschäftsanteils beschlossen werden. Für die Einziehung gelten die Abfindungsregelungen dieses Vertrages entsprechend.

---

(3) Rechtliche Würdigung

Die diesbezüglichen gesellschaftsvertraglichen Regelungen wirken zwar in erheblichem Maße **286** auf die **Privatsphäre der Gesellschafter** ein, dennoch sind solche Klauseln sowohl in der Rechtsprechung als auch in der Literatur bisher nicht auf besondere Bedenken gestoßen.[203] Dies wird einerseits damit begründet, dass auch die Gesellschaft ein erhebliches und schutzwürdiges Interesse daran habe, dass die wirtschaftlichen Belange der Gesellschaft und der Gesellschaftsfriede durch solche aus der Privatsphäre des Gesellschafter-Ehegatten resultierende Probleme nicht unnötig beeinträchtigt werden.[204]

Zum anderen wird auch – gerade für das Personengesellschaftsrecht – darauf hingewiesen, **287** dass nach § 133 Abs. 3 HGB bzw. der dazu ergangenen Rechtsprechung,[205] die Gründe für eine

---

201 Vgl. *Reichert*, Der GmbH-Vertrag, § 19, 139 f.
202 Vgl. auch das Muster in MünchVertragsHdB/, Bd. 1, Kap.IV. 24, dort § 9, 410.
203 Vgl. *Heymann/Emmerich*, HGB, § 109 Rn 6 und Rn 10; *Tiefenbacher*, BB 1958, 565, 568; *Tubbesing*, BB 1966, 829, 833.
204 Vgl. *Tiedau*, MDR 1959, 253, 257.
205 Vgl. BGHZ 31, 295, 299; Koller/Roth/*Morck*, HGB, § 133 Rn 4; Baumbach/*Hopt*, HGB, § 134 Rn 18 f.

Auflösung bzw. **Kündigung der Gesellschaft aus wichtigem Grunde** zumindest erweitert werden können. Dementsprechend müssten auch aufgrund gesellschaftsvertraglicher Regelungen Bedingungen für die Aufnahme bzw. für das Verbleiben eines Gesellschafters geregelt werden können.[206]

(4) Praktische Bewertung

288 Ob Klauseln, wie die vorstehenden, überhaupt sinnvoll sind, sollten die Gesellschafter bei Abfassung des Gesellschaftsvertrages immer kritisch prüfen. Hintergrund solcher Regelungen im Gesellschaftsvertrag ist das wirtschaftliche Interesse der Gesellschaft, nicht durch **Abfindungszahlungen** bzw. Pfändungsmaßnahmen aus Anlass von Trennung und Scheidung eines Gesellschafters auf der Ebene der Gesellschaft in **Liquiditätsprobleme** gebracht zu werden.

289 Die mit der Ausschließung des Gesellschafters bzw. der Einziehung seines Gesellschaftsanteils als Sanktion verbundene Verpflichtung zur ehevertraglichen Regelung führt aber letztlich genau zu diesem unerwünschten Ergebnis einer Liquiditätsbelastung der Gesellschaft. Wird nämlich wegen **Nichterfüllung der Verpflichtung** zum Abschluss eines entsprechenden Ehevertrages der Gesellschafter ausgeschlossen bzw. sein Geschäftsanteil eingezogen, dann ist der nach dem Gesellschaftsvertrag geschuldete Abfindungsbetrag zur Zahlung fällig, wenn auch möglicherweise in der Höhe beschränkt durch eine entsprechende Begrenzungsregelung (Buchwertklausel oder nur teilweise Berücksichtigung von Geschäftswert bzw. stillen Reserven) und zeitlich gestreckt mit einer entsprechenden Stundungs- und Teilauszahlungsregelung. Ein Vorteil mag insoweit dann aber nach wie vor darin bestehen, dass die Ausschließung und Abfindung des Gesellschafters relativ frühzeitig erfolgt und der Gesellschaftsanteil bis zu einer späteren möglichen Scheidung nicht noch erheblich an Wert gewinnt.

bb) Verhalten des Gesellschafters im Privatbereich als Ausschließungsgrund

290 Die Ausschließung eines Gesellschafters aus wichtigem Grund bzw. die Einziehung seines Gesellschaftsanteils vor diesem Hintergrund kann selbstverständlich, gerade bei **Familiengesellschaften**, möglicherweise auch aus dem Verhalten im Privatbereich resultieren.[207]

291 Inwieweit aber gesellschaftsvertraglich bestimmte Verhaltensweisen in der Privatsphäre, insbesondere im Rahmen von Familiengesellschaften, als Gründe für eine Ausschließung bzw. eine Einziehung des Gesellschaftsanteils pauschaliert formuliert werden können, ist fraglich. Insbesondere die in früheren Jahrzehnten – bis in die 50er Jahre und 60er Jahre des vorigen Jahrhunderts hinein – häufig verwendeten Klauseln, wonach ein Gesellschafter bei **Scheidung oder Ehebruch** ausgeschlossen werden kann, dürften angesichts der gewandelten Vorstellungen heute nicht mehr zulässig bzw. wirksam sein. Ein legitimes Interesse der Gesellschaft an der Durchsetzung entsprechender Moralvorstellungen dürfte nicht mehr von der Rechtsordnung gedeckt sein.

292 Nur dann, wenn das Verhalten des Gesellschafters im Privatbereich so starke Einflussnahme auf die **Interessen der Gesellschaft** hat, bspw. wenn die zerstrittenen Ehepartner beide Mitgesellschafter sind, und wenn weiterhin mildere Mittel zur Lösung der Probleme im Rahmen der

---

206 Vgl. *Tiedau*, MDR 1959, 253, 257; vgl. auch BVerfGE 14, 21, wonach das gesetzliche Heiratsverbot bei Bereitschaftspolizisten zulässig sei und nicht gegen Art. 6 Abs. GG verstoße, weil nicht die Heirat als solche verboten werde, sondern diese nur mit der negativen Folge der Entfernung aus dem Dienst verbunden sei!; vgl. auch Heymann/*Emmerich*, Rn 22 zu § 133 HGB; *Reichert*, Der GmbH-Vertrag, § 19 S. 140 f.
207 Vgl. BGH WM 1995, 250 zur Unzumutbarkeit der Fortsetzung der Gesellschaft bei Zerstrittenheit; BGHZ 4, 108 bei einem Zerwürfnis in einer Familiengesellschaft; BGHZ 46, 392 bei Ehebruch im Rahmen einer Familiengesellschaft, dazu auch *Lindacher*, Ehebruch und Gesellschaftsrecht, NJW 1973, 1196.

Gesellschaft nicht bestehen, wird man die Ausschließung eines oder beider Gesellschafter aus wichtigem Grund akzeptieren können. Ein Verstoß gegen § 138 BGB kommt zumindest dann in Betracht, wenn Tatbestände miteinander verknüpft werden, die nach den vorherrschenden Moralvorstellungen nicht voneinander abhängig gemacht werden können.[208]

b) Abbedingung des § 1365 BGB und Modifikation der Gütergemeinschaft
aa) Problemstellung

Im gesetzlichen Regelfall ist mit dem Güterstand der Zugewinngemeinschaft die **Verfügungsbe-** 293 **schränkung des § 1365 BGB** verbunden. Danach kann ein Ehegatte sich nur mit Einwilligung des anderen Ehegatten verpflichten, über sein Vermögen im Ganzen zu verfügen (§ 1365 Abs. 1 BGB). Zweck der Vorschrift ist es zwar, künftige Zugewinnausgleichsansprüche des Ehepartners zu schützen, die Verfügungsbeschränkung des § 1365 BGB greift aber auch dann ein, wenn schon absehbar ist, dass der andere Ehepartner im Falle einer künftigen Auflösung der Ehe keine Ausgleichsansprüche haben wird.[209]

Die verweigerte oder aus anderen Gründen nicht zu erlangende Zustimmung kann ggf. auf 294 Antrag durch das **Familiengericht** ersetzt werden (§ 1365 Abs. 2 BGB). Bei gesellschaftsrechtlicher Beteiligung eines Ehegatten, der im Güterstand der Zugewinngemeinschaft lebt, können daraus erhebliche praktische Probleme für den Gesellschafter und auch für die Gesellschaft resultieren.

bb) Gesellschaftsbeteiligung als „Vermögen im Ganzen"

Da nach der Rechtsprechung des BGH der Begriff des „Vermögens im Ganzen" wie bei § 419 BGB 295 in der Fassung bis zum 31.12.1998 wirtschaftlich verstanden wird, fallen darunter Verpflichtungen, durch die über einzelne Vermögensgegenstände verfügt wird, wenn es sich dabei tatsächlich um **das ganze oder nahezu ganze Vermögen** handelt.[210] Wie auch bei § 419 BGB a.F. ist dabei erforderlich, dass der Geschäftsgegner Kenntnis darüber hat, dass es sich bei dem Vermögensgegenstand um das „nahezu gesamte Vermögen" handelt bzw. dass ihm zumindest die Verhältnisse bekannt sind, aus denen sich dieses ergibt.[211]

Wie auch bei § 419 BGB a.F. ist weiterhin Maßstab nur das hingegebene Vermögen. Auf den 296 **Gegenwert** oder die Angemessenheit der Gegenleistung, die vom Geschäftsgegner erbracht wird, kommt es nicht an.[212]

Wenn demnach eine Gesellschaftsbeteiligung des im gesetzlichen Güterstand verheirate- 297 ten Mitgesellschafters dessen (nahezu) „Vermögen im Ganzen" darstellt, hat er keine alleinige Verfügungsberechtigung über den Gesellschaftsanteil.[213] Dies kann insbesondere in Fällen erforderlicher Umstrukturierung oder Umwandlung der Gesellschaft problematisch sein und die **Handlungsfähigkeit der Gesellschafterversammlung** bzw. der Gesellschaft erheblich einschränken.

---

208 Vgl. *Boesebeck*, DB 1958, 1149.
209 BGH FuR 2000, 485.
210 BGHZ 35, 135, 143 f.; BGHZ 43, 174 ff.; BGHZ 77, 293, 295; BGH NJW 1984, 609 f.; Handbuch der Personengesellschaften/*Westermann*, Rn I 147; MüKo-BGB/*Gernhuber*, Rn 12 ff. zu § 1365 BGB; *Langenfeld*, Handbuch der Eheverträge und Scheidungsvereinbarungen, 3. Aufl., Rn 94 ff.
211 Vgl. BGHZ 43, 174, 177; BGHZ 77, 293, 295; BGH NJW 1984, 609, 610; LG München I FamRZ 2000, 1153; Palandt/*Diederichsen*, Rn 9 zu § 1365 BGB; MüKo-BGB/*Gernhuber*, BGB, § 1365 Rn 26 ff.
212 Vgl. Handbuch der Personengesellschaften/*Westermann*, Rn I 147.
213 Zu einer Ausnahmegestaltung siehe OLG Saarbrücken FuR 2002, 572.

cc) Besonderheiten bei der Gütergemeinschaft

298   Eine ähnliche Problematik besteht, wenn die Ehegatten im Güterstand der Gütergemeinschaft gem. § 1415 BGB verheiratet sind und der Gesellschaftsanteil in das **Gesamtgut** fällt (§ 1416 BGB). Auch in diesem Fall kann mangels gegenteiliger Vereinbarung der Gesellschafter-Ehegatte nur gemeinschaftlich mit dem Ehepartner darüber verfügen (vgl. §§ 1421, 1450 ff. BGB).

299   Hinzu kommt dabei auch noch, dass beide Ehegatten für die Verbindlichkeiten grundsätzlich gemeinsam haften (§§ 1459 ff. BGB). Diese Verfügungsbeschränkung und diese **Haftungsgefahr** sind im Hinblick auf die Interessen der Mitgesellschafter und die Handlungsfähigkeit der Gesellschaft in der Regel nicht gewünscht.[214]

dd) Gestaltungsmöglichkeiten

300   Vor diesem Hintergrund haben sowohl der Gesellschafter-Ehegatte als auch die Mitgesellschafter ein erhebliches Interesse daran, dass diese Verfügungsbeschränkungen beseitigt werden. Dies kann im Falle des gesetzlichen Güterstands der Zugewinngemeinschaft durch eine **Abbedingung des § 1365 BGB** oder durch eine gegenständlich beschränkte (auf die Gesellschaftsbeteiligung bezogene) Abbedingung erfolgen.[215]

301   Im Falle der Gütergemeinschaft kann dies dadurch geschehen, dass die Gesellschaftsbeteiligung des Gesellschafter-Ehegatten im Rahmen eines Ehevertrages zum **Vorbehaltsgut** erklärt wird.

---

302   **Formulierungsbeispiel**

„Verheiratete Familiengesellschafter sind verpflichtet, falls sie im gesetzlichen Güterstand der Zugewinngemeinschaft leben, durch Ehevertrag zu vereinbaren, dass der Familiengesellschafter den Beschränkungen des § 1365 BGB, zumindest hinsichtlich der Gesellschaftsbeteiligung, nicht unterliegt oder, falls sie Gütergemeinschaft vereinbart haben, die Beteiligung an der Gesellschaft im Ehevertrag zum Vorbehaltsgut des Gesellschafters zu erklären und dies im Güterrechtsregister eintragen zu lassen.

Auf schriftliche Aufforderung der Gesellschaft oder eines anderen Mitgesellschafters hin hat der betreffende Familiengesellschafter der Gesellschaft unverzüglich, längstens binnen einer Frist von drei Monaten seit Empfang der Aufforderung, nachzuweisen, dass er die Verpflichtung gemäß dem vorstehenden Absatz erfüllt hat.[216]

---

c) Ausschluss des unternehmerischen Vermögens aus dem Zugewinnausgleich
aa) Grundlagen
(1) Gestaltungsmöglichkeiten

303   Güterstandsregelungen in Form der gegenständlichen Beschränkung des Zugewinnausgleichs sind – wie vorstehend ausgeführt – häufig im Rahmen der Übertragung einer Gesellschaftsbeteiligung im Wege der vorweggenommenen Erbfolge **Voraussetzung** für den Übertragungsvorgang. Häufig erfordert auch der Gesellschaftsvertrag eine solche Regelung.

304   Ferner kann es – unabhängig von solchen **externen Vorgaben** – gerade dem Wunsch des unternehmerisch tätigen Ehegatten entsprechen, sein Unternehmen bzw. seine Unternehmensbzw. Gesellschaftsbeteiligung nicht den rechtlichen und wirtschaftlichen Folgen des gesetzlichen Güterstandes (Zugewinnausgleich) zu unterwerfen.

305   Es besteht nämlich nicht nur die Möglichkeit, den Zugewinnausgleich auf den Todesfall oder auf einen bestimmten **Höchstbetrag** zu beschränken oder die **Zugewinnausgleichsquote**

---

214 Vgl. MünchVertragsHdB/, Bd. 1, Kap.IV. 24, Anm. 7.
215 Vgl. MünchVertragsHdB/, Bd. 1, Kap.IV. 24, Anm. 7; Staudinger/*Thiele*, § 1363 BGB Rn 21.
216 Vgl. MünchVertragsHdB/, Kap.IV. 24, Anm. 7.

Arens

(gesetzlicher Regelfall: 50) zu verändern, insbesondere zu reduzieren,[217] sondern es besteht auch die Möglichkeit, bestimmte Wirtschaftsgüter, Sachgesamtheiten oder Vermögenskreise aus dem Zugewinnausgleich auszugrenzen, den Zugewinnausgleich also gegenständlich zu beschränken.[218] Ob die Zugewinnausgleichsregelung auch mit **verschuldensabhängigen Momenten** verbunden werden kann, ist allerdings im Hinblick auf das Verbot von Vertragsstrafen im Eherecht und im Hinblick auf unzulässige Scheidungserschwernisse fraglich.[219]

Der **Ausschluss von Betriebsvermögen** und von Unternehmen bzw. Unternehmensbeteili- **306** gungen dürfte den häufigsten Fall der ehevertraglichen Modifizierung des gesetzlichen Güterstandes darstellen[220]. Auf die parallele Möglichkeit des **gegenständlich beschränkten Pflichtteilsverzichts** kann hier ebenfalls verwiesen werden.

Formulierungsbeispiel **307**
Wir wandeln den gesetzlichen Güterstand, bei dem es im Übrigen verbleiben soll, in der Weise ab, dass folgende Gesellschaftsanteile des/der... (Ehepartner, der Gesellschafter ist)... bei der Berechnung des Zugewinns weder beim Anfangsvermögen, noch beim Endvermögen in die Berechnung eingestellt werden sollen.[221]

---

(2) Eintragungsfähigkeit
Ob solche Modifizierungen des gesetzlichen Güterstands der Zugewinngemeinschaft eintra- **308** gungsfähig sind, also in das **Güterrechtsregister** eingetragen werden können, ist noch nicht eindeutig geklärt. Das OLG Schleswig[222] und das OLG Köln[223] bejahen dies. Das OLG Schleswig bezieht sich dabei auf die Rechtsprechung des BGH[224], wonach sowohl der Ausschluss des § 1365 BGB als auch diejenigen Modifikationen des Zugewinnausgleichs eintragungsfähig sein sollen, die auch für Dritte wirtschaftliche Bedeutung haben können. In einer Modifikation des gesetzlichen Güterstandes sieht das OLG Schleswig – allerdings ohne nähere Begründung – eine solche mögliche wirtschaftliche Bedeutung für Dritte.[225]

(3) Vollstreckungsbeschränkung
Wenn ehevertraglich solche Wirtschaftsgüter oder Vermögensteile (sog. privilegiertes Vermö- **309** gen) aus der Regelung über den Zugewinnausgleich herausgenommen werden, sollte daran gedacht werden, dass die Regelung auch erweitert wird auf eine etwaige **Zwangsvollstreckung wegen der Zugewinnausgleichsforderung** des anderen Ehegatten.

---

217 Vgl. etwa Wurm/Wagner/Zartmann/*Albrecht*, Das Rechtsformularbuch, Muster 59c und 59d, 1022 f.
218 Zur Vereinbarung von Gütertrennung bei gleichzeitiger Vereinbarung der Zugewinnausgleichsregeln für einzelne Gegenstände bzw. zum Verbot von sog. „Mischgüterständen" siehe DNotI-Report 2000, 192; OLG Schleswig NJW-RR 1996, 134.
219 DNotI-Report 2000, 173 f.; RGZ 158, 294, 300.
220 Vgl. *Langenfeld/Gail*, III 18, Rn 44; zur Zulässigkeit BGH BB 1997, 1224; dazu EWiR, 1997, 591 m. Anm. *Gernhuber*.
221 Vgl. Wurm/Wagner/Zartmann/*Albrecht*, Das Rechtsformularbuch, Muster 59f, 1023.
222 OLG Schleswig FamRZ 1995, 1586; zustimmend *Keilbach*, FamRZ 2000, 871 m.w.N. zum Meinungsstand.
223 OLG Köln FamRZ 1994, 1256.
224 BGH FamRZ 1976, 443 = NJW 1976, 1258.
225 Ähnlich auch Palandt/*Diederichsen*, Rn 3 vor § 1558 BGB.

---

310 **Formulierungsbeispiel**

Soweit danach bei Scheidung der Ehe Zugewinnausgleich beansprucht werden kann, ist eine Vollstreckung in das vom Zugewinnausgleich ausgeschlossene Vermögen unzulässig.[226]

---

bb) Probleme und Nachteile des gegenständlich beschränkten Zugewinnausgleichs

311 Der Ausschluss von Unternehmen und Unternehmensbeteiligungen aus dem Zugewinnausgleich birgt aber für die Beteiligten auch verschiedene Probleme, nämlich insbesondere:

– Problematik der korrekten Abgrenzung von privilegiertem und nicht privilegiertem Vermögen
– Problematik des gerechten Ausgleichs der wechselseitigen Vermögensinteressen und insbesondere der ggf. von beiden Ehegatten erzielten unternehmerischen Erfolge
– Gefahr der Verschiebung von nicht privilegiertem zu privilegiertem Vermögen (sog. Umschichtungsproblematik)
– Gefahr der Umkehrung der Zugewinnausgleichsberechtigung

(1) Abgrenzung des privilegierten vom nicht privilegierten Vermögen

312 Die exakte Abgrenzung des unternehmerischen bzw. betrieblichen Vermögens (privilegiertes Vermögen) vom sonstigen Vermögen (nicht privilegiertes Vermögen) im Rahmen einer solchen Zugewinnausgleichsregelung ist häufig problematischer als es auf den ersten Blick erscheint. Eine **pauschale Beschreibung** im Ehevertrag wie „betriebliches Vermögen" oder „die Unternehmensbeteiligung an der... Gesellschaft" wird im Regelfall nicht ausreichend sein.

313 – **Berücksichtigung von Sonderbetriebsvermögen**

Bei der Beteiligung an **Personengesellschaften** wird häufig die Problematik des sog. Sonderbetriebsvermögens, also des notwendigen oder gewillkürten Sonderbetriebsvermögens, übersehen.

Beim Sonderbetriebsvermögen geht es also insbesondere um **Immobilien, Forderungen** und **bewegliche Wirtschaftsgüter**, die von einem oder mehreren Gesellschaftern der Personengesellschaft in irgendeiner Form überlassen werden, bspw. durch Miet- oder Pachtvertrag. Dies mag beginnen beim häuslichen Arbeitszimmer des Gesellschafters, das gewillkürtes Sonderbetriebsvermögen sein kann, und geht über Gesellschafterdarlehen bis hin bis zu der im Alleineigentum eines Mitgesellschafters stehenden Betriebsimmobilie, die der Gesellschaft verpachtet wird.[227]

314 – **Änderungen der Unternehmensstruktur**

Berücksichtigt werden muss aber auch bei der Formulierung des Ehevertrages, dass das rechtliche Schicksal des Unternehmens bzw. die **Rechtsform** des Unternehmens sich während des Laufes der Ehe wandeln kann. Berücksichtigt werden muss weiterhin, dass die gesellschaftsrechtliche Beteiligung einerseits und sonstige **vermögensrechtliche Ansprüche** des Gesellschafters gegen die Gesellschaft andererseits vorhanden sind bzw. sein können.

---

315 **Formulierungsbeispiel**

... (es erfolgt eine Beschreibung des (Einzel-) Unternehmens) ...

In Bezug auf dieses Unternehmen vereinbaren die Ehegatten, dass dieses vom Zugewinnausgleich ausgenommen wird, d.h. weder dem Anfangs- noch dem Endvermögen des... (Ehegatte, der Inhaber ist) ... zugerechnet wird.

---

226 Vgl. *Brambring*, Der Ehevertrag, Rn 118.
227 Notwendiges Sonderbetriebsvermögen; vgl. dazu R 4.2 EStÄR.

Arens

Vom Zugewinnausgleich ausgenommen sind sämtliche Aktiva und Passiva des Unternehmens, die dem Unternehmen zu dienen bestimmt sind. Insbesondere sämtliche Aktiva und Passiva, die in der Handels- und in der Steuerbilanz des Unternehmens erfasst werden.

Vom Zugewinnausgleich ausgenommen sind aber auch sämtliche eventuellen Folgeunternehmen und -beteiligungen.

Dies bedeutet, dass bei Aufnahme eines weiteren Gesellschafters und Fortführung des Unternehmens in der Form der Personengesellschaft auch die Beteiligung an der Personengesellschaft vom Zugewinnausgleich ausgenommen ist. Vom Zugewinnausgleich ausgenommen werden weiter Vermögensgegenstände, die, ohne zum Gesamthandvermögen der Personengesellschaft zu gehören, dieser von dem Gesellschafter oder den Gesellschaftern zur Nutzung überlassen sind. Insbesondere wird vom Zugewinnausgleich ausgenommen jedwedes Vermögen, das steuerlich als Betriebsvermögen oder Sonderbetriebsvermögen, und zwar als Sonderbetriebsvermögen I oder als Sonderbetriebsvermögen II, behandelt wird; ebenso Vermögensbestandteile, die dem Betrieb des Unternehmens zu dienen bestimmt sind, auch wenn sie nicht zum Sonderbetriebsvermögen gehören.

Für den Fall, dass das Unternehmen in der Rechtsform einer Kapitalgesellschaft fortgeführt wird, sind vom Zugewinnausgleich ausgenommen die Beteiligung an der Kapitalgesellschaft und das Vermögen, das ohne der Kapitalgesellschaft zu gehören, dieser durch den Gesellschafter zur Nutzung zur Verfügung gestellt wird

Vom Zugewinnausgleich ausgenommen sind – unabhängig von der Rechtsform des Unternehmens – sämtliche Verbindlichkeiten, die mit der Beteiligung und mit solchem Vermögen, das der Gesellschaft zur Verfügung gestellt wird, im Zusammenhang stehen.

Vom Zugewinnausgleich ausgenommen sind auch Gewinnansprüche eines Gesellschafters gegen die Gesellschaft, solange sie nicht vom Unternehmen erfüllt wurden. Insbesondere sind vom Zugewinnausgleich ausgenommen Guthaben aus Kapital-, Privat- und Darlehenskonten und nicht ausgezahlte Gewinne, Gewinnvorträge und Rücklagen.[228]

Der vorstehend wiedergegebene Formulierungsvorschlag beinhaltet also sogleich eine Regelung **316** für eine spätere Beteiligung an einer Personen- oder Kapitalgesellschaft. Gerade bei einer Kapitalgesellschaft ist nämlich zu berücksichtigen, dass neben der Beteiligung als solcher auch **sonstige (schuldrechtliche) Rechtsbeziehungen** des Gesellschafters zur Kapitalgesellschaft bestehen können, deren Schicksal im Zusammenhang mit dem Zugewinnausgleich bzw. dem teilweisen Ausschluss des Zugewinnausgleichs zu regeln sind. Dies betrifft wiederum insbesondere Grundstücke und sonstige Wirtschaftsgüter, die ein Gesellschafter der Kapitalgesellschaft überlässt, insbesondere im Wege der Vermietung oder Verpachtung.

– **Besonderheiten bei der Betriebsaufspaltung** **317**

Besonderer Sorgfalt bedarf die Formulierung bzw. die Definition des privilegierten Vermögens im Falle der steuerlichen Betriebsaufspaltung, wenn also einer der Ehegatten (oder beide Ehegatten) sowohl am **Besitzunternehmen** als auch an der **Betriebsgesellschaft** beteiligt ist/sind. Hier ist zunächst besondere Sorgfalt auf die Definition des privilegierten Vermögens zu legen.

Wichtig **318**

Es ist aber auch in jedem Falle Sorge dafür zu tragen, dass nicht durch unbedachte Übertragungen im Rahmen einer Trennung bzw. Scheidung der Ehegatten ungewollt die steuerliche **Betriebsaufspaltung zerstört** wird, also insbesondere die sog. „Beherrschungsidentität" (persönliche Verflechtung) zerstört wird, so dass in dem Besitzunternehmen einerseits und der Betriebsgesellschaft andererseits nicht mehr die gleichen Gesellschafter (-gruppen) beherrschenden Einfluss ausüben (siehe dazu § 11 Rn 18ff.). Bei einer solchen Aufhebung der Beherrschungsidentität geht die Finanzverwaltung und die Rechtsprechung des BFH nämlich davon aus, dass damit die gewerbliche Tätigkeit des Besitzunternehmens beendet wird, so dass durch die dabei unterstellte Überführung des Vermögens der Besitzunternehmens in das Privatvermögen eine **Auflösung der stillen Reserven** erfolgt, also eine Entnahmebesteuerung einsetzt.

---

228 Vgl. das Muster von MünchVertragsHdB/*Langenfeld*, Bd. 4, 2. Hbd., Kap.XI. 2, 445 f. und *Tzschaschel*, Heidelberger Musterverträge, Heft 61, Eheverträge, S. 20 f.

(2) Vermögensausgleichsproblematik

319 Im Hinblick auf die interne **Ausgleichsgerechtigkeit** muss selbstverständlich auch berücksichtigt werden, dass mit jeder Herausnahme von Wirtschaftsgütern bzw. Vermögensteilen aus den Zugewinnausgleichsregelungen die vom Gesetz mit dem Zugewinnausgleich vorgesehene Verteilungsgerechtigkeit verloren gehen kann. Dies gilt insbesondere auch für die Privilegierung von Unternehmen bzw. von Unternehmensbeteiligungen. Gerade im mittelständischen Bereich stellen die Unternehmen bzw. Unternehmensbeteiligungen das **wesentliche Vermögen der Ehegatten** bzw. eines der Ehegatten dar, so dass bei der Privilegierung dieser Vermögensteile eine hinreichende andere Wertausgleichung für den benachteiligten Ehegatten gesucht werden sollte. Die besondere Problematik liegt dabei sicherlich darin, dass bei Abschluss des Ehevertrages die weitere wirtschaftliche Entwicklung des Unternehmens bzw. der Beteiligung schwer abzusehen ist.

320 Besonders ungerecht kann die Privilegierung aber auch dadurch sein bzw. werden, dass in solchen Unternehmerehen auch der andere Ehegatte, der nicht Inhaber oder Mitinhaber des Unternehmens bzw. der Unternehmensbeteiligung ist, in aller Regel sehr weitgehend während der Ehe **an dem Erfolg des Unternehmens mitwirkt**, indem bspw. erhebliche unentgeltliche **Arbeitsleistungen** für das Unternehmen unter Verzicht auf eigene berufliche Entwicklung erbracht werden oder im familiären Bereich für das Unternehmen bzw. die Unternehmensbeteiligung erhebliche **Investitions- und Konsumverzichte** (bis hin zu jahre- und jahrzehntelangem Urlaubsverzicht) geleistet werden. Dennoch hat der BGH sowohl die Herausnahme einzelner Gegenstände oder Vermögenskomplexe, insbesondere des Betriebsvermögens bzw. von Gesellschaftsbeteiligungen, als grundsätzlich wirksam angesehen, eine „Denaturierung" des gesetzlichen Güterstandes bzw. ein Verstoß gegen § 1378 Abs. 3 BGB liege nicht vor.[229]

(3) Verschiebung von nicht privilegiertem zu privilegiertem Vermögen

321 Besonders problematisch – wiederum auch im Hinblick auf die interne Verteilungsgerechtigkeit – ist die Tatsache, dass der Ehegatte, der Inhaber des privilegierten Vermögens (Unternehmensbeteiligung) ist, das sonstige Vermögen während der Ehezeit recht leicht und weitgehend in privilegiertes Vermögen umschichten kann. Das gilt besonders dann, wenn in die Privilegierung auch das oben erwähnte **Sonderbetriebsvermögen** eines Gesellschafters einer Personengesellschaft bzw. das Privatvermögen eines Gesellschafters einer Kapitalgesellschaft, der dieses der Gesellschaft etwa als Gesellschafterdarlehen überlässt, einbezogen wird.

322 Durch **Investitions- und Konsumverzicht** im Privatbereich und durch stattdessen erfolgende Investitionen im unternehmerischen Bereich kann so dafür gesorgt werden, dass praktisch alle Wertsteigerungen während der Ehe sich im privilegierten Vermögen vollziehen. Entsprechendes gilt, wenn der unternehmerisch tätige Ehegatte durch zurückhaltende **Entnahmepolitik** (Nichtentnahme bzw. Nichtausschüttung von Gewinnen) ebenfalls den Wert des privilegierten Vermögens erhöht.[230]

323 Andererseits erscheint es kaum möglich, in einem Ehevertrag im Vorhinein bestimmte **Verhaltensregeln** für den unternehmerisch tätigen Ehegatten hinsichtlich seiner Investitionspolitik bzw. seiner Entnahme- oder Ausschüttungspolitik im Unternehmen festzuschreiben.[231] In der Gestaltungspraxis kann demgemäß nur dadurch „gegengesteuert" werden, dass nach der ehevertraglichen Regelung solche Verschiebungen aus dem nicht privilegierten Privatvermögen in das privilegierte Betriebsvermögen in einer bestimmten **Frist** vor dem Zugewinnausgleichstich-

---

229 BGHZ 137, 140 f.; BGH BB 1997, 1224; dazu EWiR 1997, 591 m. Anm. *Gernhuber*; siehe zur Kritik insbesondere auch *Dauner-Lieb*, FF 2002, 151 ff.
230 *Mayer*, DStR 1993, 991.
231 Vgl. *Kanzleiter/Wegmann*, Vereinbarungen unter Ehegatten, Rn 190 ff.

tag nicht unter die Begünstigung (Herausnahme aus dem zugewinnausgleichspflichtigen Vermögen) fallen sollen und außerdem dem anderen Ehegatten insoweit ein entsprechender Auskunftsanspruch eingeräumt wird.

Formulierungsbeispiel   **324**

... (Darstellung des begünstigten Betriebsvermögens und der gegenständlichen Beschränkung des Zugewinnausgleichs, s.o.) ...

In Bezug auf dieses begünstigte Vermögen sind vom Zugewinnausgleich ausgenommen jedoch nur die Vermögensbestandteile/Wirtschaftsgüter, die schon zumindest volle zwei Kalenderjahre vor dem Stichtag des Zugewinnausgleichs Teil des begünstigten Vermögens waren. Vermögensbestandteile/Wirtschaftsgüter, die innerhalb der letzten vollen zwei Kalenderjahre vor dem Stichtag des Zugewinnausgleichs zu irgend einem Zeitpunkt Teil des nicht begünstigten Privatvermögens waren, sind demgemäß dem zugewinnausgleichspflichtigen Endvermögen hinzuzurechnen. Dies gilt auch für Kapitalerhöhungs-, Einbringungs-, Einlage- und Verzichtsleistungen in das bzw. gegenüber dem begünstigten Betriebsvermögen innerhalb der letzten vollen zwei Kalenderjahre vor dem Stichtag des Zugewinnausgleichs. Hinsichtlich solcher Kapitalerhöhungs-, Einbringungs-, Einlage- und Verzichtsleistungen besteht ein umfassender Auskunftsanspruch des anderen Ehegatten.

Schließlich muss aber auch berücksichtigt werden, dass durch die Herausnahme des Unter- **325** nehmens bzw. der Unternehmensbeteiligung aus der Berechnung des Zugewinnausgleichs sich die Verhältnisse umkehren können, also der Ehepartner, der bei Berücksichtigung dieser Vermögensteile zugewinnausgleichsberechtigt gewesen wäre, nunmehr plötzlich – weil es nur noch auf das sonstige beiderseitige Vermögen ankommt – **zugewinnausgleichspflichtig wird**.

Dies kann dadurch vermieden werden, dass im Ehevertrag eine Regelung dahingehend ge- **326** troffen wird, dass eine solche etwaige Ausgleichspflicht des anderen Ehegatten zumindest dann nicht besteht, wenn diese Ausgleichspflicht rechnerisch nur dadurch zustande kommt, dass das unternehmerische Vermögen privilegiert wurde.

Eine solche Regelung bringt aber mit sich, dass für die Zwecke der korrigierten Zugewinn- **327** ausgleichsberechnung die privilegierten Vermögensteile (hier: die Gesellschaftsanteile) doch bewertet werden müssen (Erfordernis einer **Unternehmens- bzw. Anteilsbewertung**), obwohl sie im Zugewinnausgleich im Ergebnis nicht in die Teilung einbezogen werden sollen.

Praxistipp   **328**

Der Umkehrung der Zugewinnausgleichsberechtigung kann insgesamt dadurch begegnet werden, dass der Ehegatte, der Eigentümer oder Inhaber der privilegierten Vermögensteile ist, seinerseits auf jeglichen Zugewinnausgleich verzichtet (einseitiger **Verzicht auf Zugewinnausgleich**).[232]

III. Gesellschafternachfolge von Todes wegen

1. Gestaltung der Gesellschafternachfolge bei Personengesellschaften
a) Erbrechtliche Fragen bei Personengesellschaften
aa) Sonderrechtsnachfolge in Personengesellschaftsanteile

Verstirbt der Gesellschafter einer **Personengesellschaft**, ist zu klären, ob und ggf. durch wen **329** die Nachfolge in den Gesellschaftsanteil des verstorbenen Gesellschafters erfolgt. Maßgeblich sind dabei

---

232 Vgl. insoweit auch Wurm/Wagner/Zartmann/*Albrecht*, Das Rechtsformularbuch, Anm. 2 zu Muster 59f, 1024.

- die konkrete Gesellschaftsform,
- die Anwendbarkeit bzw. Nichtanwendbarkeit des gesetzlichen Regelungsstatuts, also die Frage, ob für den Todesfall die gesetzlichen Vorschriften gelten oder ob ein Gesellschaftsvertrag mit einer davon abweichenden Regelung existiert, und
- ggf. auch die Verfügung von Todes wegen des verstorbenen Gesellschafters.

330 Bei der **Gesellschaft bürgerlichen Rechts** (vgl. § 727 BGB) und bei der **stillen Gesellschaft** – dort zumindest beim Tod des Hauptbeteiligten (vgl. § 234 Abs. 2 HGB) – ist beim Tod eines Gesellschafters nach dem gesetzlichen Regelungsstatut, das allerdings dispositiv ist, die **Auflösung der Gesellschaft** der Regelfall. Die Gesellschaft bürgerlichen Rechts geht damit in das Liquidationsstadium über. Die stille Gesellschaft ist dann beendet und es bestehen nur noch schuldrechtliche Ausgleichsansprüche der Gesellschafter untereinander. Um dem entgegen zu wirken, sind daher entsprechende anders lautende gesellschaftsvertragliche Regelungen erforderlich.

331 Ansonsten führt der Tod eines Gesellschafters bei Personengesellschaften nach dem gesetzlichen Regelungsstatut – bei vollhaftenden Gesellschaftern – zu dessen **Ausscheiden** (vgl. § 131 Abs. 3 Nr. 1 HGB, § 9 Abs. 4 PartGG, Art. 28 Abs. 1 EWIV-VO), oder – bei beschränkt haftenden Gesellschaftern – zum **Einrücken der Erben** (vgl. §§ 177, 234 Abs. 2 HGB), nicht jedoch zur Beendigung der Gesellschaft.

332 Besonderheiten ergeben sich bei der **erbrechtlichen Nachfolge in Personengesellschaftsanteile**. Beim Tod des Gesellschafters treten dessen Erben an seine Stelle (Grundsatz der Generalsukzession). Bei Vorhandensein von mehreren Erben, die ggf. aus Sicht des Erblassers auch alle Nachfolger werden sollen, kommt es aber zu einer Kollision zwischen Erbrecht und Gesellschaftsrecht. Die Rechtsprechung hat sich für den **Vorrang des Gesellschaftsrechts** vor dem Erbrecht entschieden. Deshalb rücken nur diejenigen Erben in die Gesellschafterstellung des Erblassers ein, die vom Gesellschaftsvertrag als nachfolgeberechtigt akzeptiert werden.[233]

333 Eine **Erbengemeinschaft** kann nach der Rechtsprechung des BGH nicht Mitglied einer Personengesellschaft sein.[234] Daher vollzieht sich eine sog. „**Sonderrechtsnachfolge**" in den Personengesellschaftsanteil. Der **Gesellschaftsanteil** des Erblassers **zerfällt entsprechend den Erbquoten** in so viele separate Gesellschaftsanteile wie es nachfolgeberechtigte Erben gibt. Jeder Miterbe erhält unmittelbar und direkt einen seinem Erbteil entsprechenden Teil der Gesellschaftsbeteiligung des Verstorbenen und wird mit diesem Teil automatisch und ohne Übertragungsakte Gesellschafter. Der Gesellschaftsanteil des Verstorbenen fällt also nicht in die noch auseinander zu setzende Nachlassmasse.

334 Abweichungen von der zivilrechtlichen Erbrechtslage sind über Abfindungen auszugleichen (**Prinzip des Wertausgleichs**). Der begünstigte (einrückende) Erbe hat also dann, wenn der Gesellschaftsanteil den Wert seines Erbanteils übersteigt, den anderen Miterben ggf. Wertausgleich in Geld zu leisten.

335 Ob die von einem Miterben im Zusammenhang mit der Nachfolge in den Gesellschaftsanteil von ihm zu tragenden **Wertausgleichsleistungen** oder die von ihm **übernommenen Schulden** Anschaffungskosten des von ihm übernommenen Gesellschaftsanteils insoweit darstellen, als sie seinen Anteil am Nachlass übersteigen, ist nach der Auffassung des BFH und der Finanzverwaltung differenzierend zu beantworten. Die **Berücksichtigungsfähigkeit als Anschaffungskosten** hängt davon ab, ob der Nachfolger in den Gesellschaftsanteil in diesen unmittelbar im Wege der Sonderrechtsnachfolge einrückt oder ob er ihn erst im Rahmen einer Auseinandersetzung unter Miterben von einem oder mehreren Miterben erwirbt.

---

233 BGH BGHZ 68, 225.
234 BGH BGHZ 58, 316, 317.

Welche Aufwendungen zu den **Anschaffungskosten** zählen, bestimmt sich nach der Auf- 336
fassung des BFH[235] – auch im Rahmen der Einkünfte aus Vermietung und Verpachtung – nach
§ 255 Abs. 1 HGB.[236] Anschaffungskosten gemäß § 255 Abs. 1 HGB sind u.a. die Aufwendungen,
die geleistet werden, um einen Vermögensgegenstand zu erwerben.

Dazu rechnen grundsätzlich auch **Ausgleichszahlungen** eines Erben **im Rahmen der Erb-** 337
auseinandersetzung. Entgeltlich ist der Erwerb in dem Umfang, in dem der Wert des Erlangten
den Wert des Erbanteils des übernehmenden Erben übersteigt und dieser hierfür Ausgleichszahlungen leisten muss.[237] Auch **übernommene Schulden** bilden nach der Auffassung des BFH in
diesen Fällen Anschaffungskosten, soweit sie die Erbquote übersteigen.[238]

Etwas anderes ergebe sich auch nicht aus dem **Beschluss des Großen Senats** vom 9. Juli 338
1990.[239] Wenn der Große Senat des BFH dort der Schuldenübernahme keine Bedeutung beigemessen habe, so in einem Fall, in dem bei einer Auseinandersetzung dem Miterben Nachlassvermögen entsprechend seiner Erbquote zugeteilt wurde. Wie bei einer Schenkung erwerbe er
den Gegenstand so, wie er beim Übergeber vorhanden ist. Die Verbindlichkeiten bildeten dann
lediglich **Rechenposten** für die Ermittlung des Werts des Erbanteils.[240]

Keine Rechenposten, sondern Anschaffungskosten lägen aber vor, wenn der Erbe von der 339
Erbengemeinschaft mehr Gemeinschaftsvermögen erhält, als dies dem Wert seines Erbteils entspricht und er im Gegenzug Abfindungsleistungen erbringt, indem er über seine Erbquote hinaus Verbindlichkeiten der Erbengemeinschaft übernimmt. Dann liege in der Erbauseinandersetzung ein **mit einem Kauf vergleichbares entgeltliches Rechtsgeschäft**.[241]

Der BMF hat darauf mit einem **Nichtanwendungserlass**[242] reagiert, da er der Auffassung 340
ist, dass diese Rechtsauffassung des BFH nicht mit der Rechtsprechung des Großen Senats des
BFH[243] zur Erbauseinandersetzung in Übereinklang stehe.

bb) Gestaltungsüberlegungen
Es sind gesellschaftsvertraglich verschiedene Nachfolge- bzw. Fortsetzungsvereinbarungen 341
möglich, nämlich sog.
–   Fortsetzungsklauseln oder
–   Nachfolgeklauseln oder
–   Eintrittsklauseln.[244]

Diese können ihrerseits wieder in verschiedenen **Unter- oder Mischvarianten** ausgestaltet 342
werden.

Die wesentliche Problematik bei der **Wahl der „richtigen" Klausel** besteht wohl darin, 343
dass zur Zeit der Abfassung des Gesellschaftsvertrages (bei Gründung oder Umstrukturierung
der Gesellschaft) regelmäßig – zumindest bei jüngeren Gesellschaftern – nicht vorauszusehen
ist, wie der Kreis der potentiellen Nachfolger sich einmal zusammensetzen wird bzw. welche
Qualifikation und welche Beziehung sie zu der Gesellschaft einmal haben werden. Auch sind die
Wertverhältnisse und damit die etwaigen Abfindungs- oder Ausgleichsbeträge häufig nur

---

235 BFH/NV 2005, 619.
236 BFH/NV 2005, 619; BFHE 198, 85 = BStBl II 2003, 574.
237 BFHE 161, 332 = BStBl II 1990, 837; BFHE 144, 366 = BStBl II 1985, 722; BFHE 151, 143 = BStBl II 1988, 250.
238 So schon BFH/NV 1991, 382; EFH/NV 1992, 30.
239 BFHE 161, 332 = BStBl II 1990, 837.
240 BFHE 164, 343 = BStBl II 1991, 791.
241 Vgl. dazu auch Palandt/*Edenhofer*, BGB § 2042 Rn 11 a.E., m.w.N.
242 BMF v. 30.3.2006, BStBl I 2006, 306.
243 BFH GS v. 5.7.1990 – GrS 2/89, BFHE 161, 332 = BStBl II 1990, 837.
244 Dazu etwa *Schäfer*, BB 2004, 14; Gummert/*Mutter*, § 6 Rn 520 ff.

schwer zu prognostizieren. Ähnlich wie Eheverträge sind Gesellschaftsverträge üblicherweise für lange Zeiträume im Voraus zu gestalten.

---

344 Wichtig

Zu beachten ist, dass Gesellschaftsvertrag und letztwillige Verfügung des Gesellschafters harmonisiert werden, damit sie nicht kollidieren.[245] Die Regelungen im **Gesellschaftsvertrag** haben insoweit **Vorrang** vor den Gestaltungswünschen des Erblassers (Gesellschafters).

---

345 Praxistipp

Die letztwillige Verfügung kann also nur rechtssicher gestaltet werden, wenn zuvor die Nachfolgeregelung in dem jeweiligen Gesellschaftsvertrag daraufhin geprüft wurde, welche Nachfolgegestaltung der Gesellschaftsvertrag vorschreibt bzw. zulässt.

---

b) Fortsetzungsklausel

346 Fortsetzungsklauseln legen fest, dass die Gesellschaft unter den verbliebenen Gesellschaftern fortgesetzt wird. Die Erben treten nicht in die Gesellschaft ein und haben nur einen **Abfindungsanspruch** gegen die verbleibenden Gesellschafter.

347 Bei der OHG und der KG entspricht dieser Klauseltyp für den Fall des Versterbens von **voll haftenden Gesellschaftern** der heutigen **Rechtslage nach dem HGB**, ist also insoweit obsolet geworden.[246] Für die Gesellschaft bürgerlichen Rechts und für den Fall des Versterbens von Kommanditisten sind sie nach wie vor erforderlich, wenn ihre Rechtsfolge gewünscht ist.

---

348 Formulierungsbeispiel[247]

Beim Tod eines Gesellschafters wird die Gesellschaft unter Ausschluss der Erben zwischen den überlebenden Gesellschaftern fortgesetzt.

Den Erben des verstorbenen Gesellschafters stehen Abfindungsansprüche gegen die Gesellschaft gemäß den Bestimmungen des § ... dieses Vertrages zu.

---

349 Hat die Gesellschaft vor dem Tod des Gesellschafters nur noch aus zwei Gesellschaftern bestanden, ist die Fortsetzungsklausel regelmäßig in eine **Übernahmeklausel** umzudeuten.[248] Im Falle einer **Zwei-Personen-Gesellschaft** läuft die Fortsetzungsklausel auf ein Übernahmerecht des überlebenden Mitgesellschafters hinaus.[249]

---

350 Praxistipp

Ertragsteuerlich ist dies wie ein **nicht** zur Gewinnrealisierung führender **Formwechsel** bzw. eine Gesamtrechtsnachfolge[250] zu behandeln.[251]

---

245 Vgl. Peter/Crezelius/*Geck*, Gesellschaftsverträge und Unternehmensformen, Rn 1398 ff.; *Sudhoff*/Stracke, Das Familienunternehmen, 2. Aufl., 2005, § 33 Rn 138, S. 736; *Rabe*, Steuerrecht für Vertragsjuristen und Notare, S. 243 ff.
246 Wurm/Wagner/Zartmann/*Langenfeld*, Das Rechts-Formularbuch, 15. Aufl., 2007, Kap. 103, S. 1845 f. Rn 84.
247 So noch Wurm/Wagner/Zartmann/*Langenfeld*, Das Rechts-Formular-Buch, 13. Aufl., Kap. 109 III, 1643; *Gummert*/Mutter, § 6 Rn 522.
248 MüKo-BGB/*Ulmer*, § 736 Rn 9; Gummert/*Mutter*, § 6 Rn 524.
249 BFH BStBl II 2008, 118.
250 BGHZ 113, 132.
251 BFH v. 31.1.2008 – IV B 152/06, n.v.

Ist in einem Gesellschaftsvertrag bestimmt, dass bei Kündigung eines Gesellschafters die Gesell- 351
schaft nicht aufgelöst, sondern unter den verbleibenden Gesellschaftern fortgesetzt wird, handelt es sich um eine allgemeine Fortsetzungsklausel, die auch dann Anwendung findet, wenn
mehrere Gesellschafter und sogar die Mehrheit der Gesellschafter die Mitgliedschaft kündigen.
Durch eine derartige gesellschaftsvertragliche Fortsetzungsklausel werden die mehrheitlich ausscheidenden Gesellschafter nicht in unzulässiger Weise in ihrem Kündigungsrecht (§ 723 Abs. 3
BGB) beschränkt. Auch lässt die mögliche Unwirksamkeit der Abfindungsregelung die Wirksamkeit der Fortsetzungsklausel grundsätzlich unberührt.[252]

Eine Fortsetzungsklausel berechtigt den oder die verbleibenden Gesellschafter zur Fortfüh- 352
rung des Unternehmens, verpflichtet sie aber nach instanzgerichtlicher Rechtsprechung regelmäßig **nicht** dazu.[253] Folgt man dieser Rechtsauffassung, wird dem oder den überlebenden Mitgesellschaftern die Möglichkeit eingeräumt, sich der Zahlung eines als zu hoch empfundenen
Abfindungsbetrages an die Erben des verstorbenen Mitgesellschafters dadurch zu entledigen,
dass die **Fortsetzung** der Gesellschaft bzw. der Gesellschaftstätigkeit **abgelehnt** und die Gesellschaft in die Liquidation überführt wird.

Dann stellt sich allerdings die Frage, wie lange der oder die überlebenden Mitgesellschafter 353
Zeit haben sollen, sich nach dem Todesfall für eine solche Liquidationslösung zu entscheiden
bzw. ob und ggf. ab wann eine zunächst getätigte Fortführung diese Liquidationslösung ausschließt. Auch stellt sich die Frage, wie die Entscheidung gegen die Fortführung zu treffen und
zu verlautbaren ist. Dies sollte durch eine gesellschaftsvertragliche Regelung bestimmt sein.

c) Nachfolgeklausel
Nachfolgeklauseln legen fest, dass bei Tod eines Gesellschafters dessen Erben bzw. bestimmte 354
Personen aus dem Kreis der Erben (erbrechtliche Nachfolgeklausel) oder eine andere Person
ohne weiteres Gesellschafter wird.[254]

aa) Erbrechtliche Nachfolgeklausel
Beim Tod des Gesellschafters treten dessen Erben an seine Stelle. Bei Vorhandensein von mehre- 355
ren Erben, die auch alle Nachfolger werden sollen, kommt es aber zu der vorstehend bereits beschriebenen Kollision zwischen Erbrecht und Gesellschaftsrecht, da eine Miterbengemeinschaft
nicht Mitglied einer Personengesellschaft sein kann. Nach herrschender Meinung geht in einem
solchen Fall der Gesellschaftsanteil im Wege der **Sondernachfolge** entsprechend den **Erbquoten** unmittelbar auf die Erben über (sog. einfache Nachfolgeklausel). Mangels entgegenstehender Anhaltspunkte gehört bei einer einfachen Nachfolgeklausel auch der Fiskus zum Kreis der
gesetzlichen Erben.[255]

Formulierungsbeispiel (Einfache erbrechtliche Nachfolgeklausel) 356
Beim Tod eines Gesellschafters wird die Gesellschaft mit seinen Erben fortgesetzt. Die Mitgliedschaft des verstorbenen Gesellschafters geht auf die Miterben zu den Erbteilen entsprechenden Teilen über.[256]

---

252 BGH ZNotP 2008, 411; dazu NJW-Spezial 2008, 400.
253 OLG Karlsruhe NJW-Spezial 2007, 127.
254 Vgl. *Rabe*, Steuerrecht für Vertragsjuristen und Notare, S. 246 ff.
255 BGH DB 2002, 2526.
256 Vgl. Wurm/Wagner/Zartmann/*Langenfeld*, Das Rechts-Formular-Buch,15. Aufl., 2007, Kap.103, S. 1846, Muster
103.2.

Jeder Gesellschafter ist berechtigt, durch Testament die Teilung der Mitgliedschaft abweichend von den Erbteils-
quoten zu regeln.[257]

357 Soll nur einer von mehreren Erben Nachfolger des verstorbenen Gesellschafters werden, so
geht der Gesellschaftsanteil unmittelbar in vollem Umfang auf diesen Nachfolger über (sog.
qualifizierte Nachfolgeklausel). Häufig wird diese Nachfolge an eine bestimmte berufliche
Qualifikation gekoppelt. Als Qualifizierungskriterien kommen aber auch familiäre Aspekte (nur
Ehegatten, leibliche Abkömmlinge, Adoptivkinder o.Ä.) oder andere Lebensumstände (nur volljährige Erben, nur im Inland ansässige Erben o.Ä.) in Betracht. Der **qualifizierte Erbe** hat an
die nicht qualifizierten Erben ggf. **Wertausgleich** (Abfindungen) zu leisten, wenn der Wert des
ihm zufallenden Gesellschaftsanteils den Wert seiner erbrechtlichen Berechtigung übersteigt.

358 **Formulierungsbeispiel (Qualifizierte erbrechtliche Nachfolgeklausel)**
Beim Tod eines Gesellschafters wird die Gesellschaft mit nur einem Erben fortgesetzt, den der Gesellschafter letzt-
willig zu bestimmen hat. Ist dieser nicht Maurermeister oder Ingenieur im Hochbau, so können die übrigen Gesellschafter verlangen, dass seine Gesellschafterstellung in die eines Kommanditisten umgewandelt wird.[258]

bb) Rechtsgeschäftliche (gesellschaftsvertragliche) Nachfolgeklausel

359 Nach einer solchen Klausel geht die Mitgliedschaft des verstorbenen Gesellschafters kraft **Vereinbarung im Gesellschaftsvertrag** auf eine dort benannte Person über, ohne dass diese Person Erbe zu sein braucht. Diese Regelung ist jedoch nur zugunsten eines (potentiellen) Gesellschafters zulässig, da es sich ansonsten um einen Vertrag zu Lasten Dritter handeln würde. Es
handelt sich letztlich um einen **aufschiebend bedingten Beitritt** zur Gesellschaft, wobei der
Tod des Erblassers die aufschiebende Bedingung darstellt.

360   Aufgrund einer solchen gesellschaftsvertraglichen Nachfolgeregelung erwächst dem Nachfolger eine **unentziehbare Rechtsposition** bzw. ist der Erblasser dann gehindert, eine anderweitige Nachfolgeregelung hinsichtlich dieser Beteiligung durch letztwillige Verfügung zu treffen. Der Anteil fällt dann auch nicht in den Nachlass und ist bei dessen Bewertung nach §§ 103,
107 KostO nicht zu berücksichtigen.[259]

361 **Formulierungsbeispiel (Rechtsgeschäftliche Nachfolgeklausel)**
Beim Tod des Gesellschafters A geht dessen Mitgliedschaft auf seinen Sohn SA, der diesen Vertrag als zukünftiger
Gesellschafter neben den übrigen Gesellschaftern zur Begründung seines unmittelbaren Eintritts kraft Rechts-
geschäft unter Lebenden mitunterzeichnet, über.[260]

d) Eintrittsklausel

362 Ist eine solche Klausel vereinbart, so tritt der Nachfolger nicht automatisch an die Stelle des verstorbenen Gesellschafters, sondern hat lediglich einen **Anspruch auf Eintritt** in die Gesell-

---

257 Wurm/Wagner/Zartmann/*Langenfeld*, Das Rechts-Formular-Buch,15. Aufl., 2007, Kap.103, S. 1847, Muster
103.3.; *Langenfeld/Gail*, VIII 5, Rn 4.
258 Vgl. *Langenfeld/Gail*, VIII 5, Rn 5.
259 BayObLG BB 2000, 2119 = ZIP 2000, 1614, dazu EWiR 2000, 925 m. Anm. *Lappe*.
260 Vgl. Wurm/Wagner/Zartmann/*Langenfeld*, Das Rechts-Formular-Buch, 15. Aufl., 2007, Kap.103, S. 1848,
Muster 103.4.

schaft. Das Eintrittsrecht kann dabei dem oder den Erben generell eingeräumt sein oder wiederum an qualifizierte Kriterien gebunden sein.

Formulierungsbeispiel *(Eintrittsklausel)*   **363**

Beim Tod eines Gesellschafters wird die Gesellschaft zwischen den verbleibenden Gesellschaftern fortgesetzt. (. ...)
Die Erben jedes Gesellschafters haben das Recht, in die Gesellschaft zu den Bedingungen der Mitgliedschaft des verstorbenen Gesellschafters einzutreten. Das Recht kann von allen oder einzelnen Erben jeweils zum Eintritt zu gleichen Teilen ausgeübt werden. Der Eintritt erfolgt jedoch durch Vereinbarung mit den übrigen Gesellschaftern. Das Verlangen muss den übrigen Gesellschaftern innerhalb von zwei Monaten nach dem Tod des Gesellschafters zugehen.[261]
Nach erfolglosem Ablauf dieser Frist wird die Gesellschaft von den übrigen Gesellschaftern ohne den Eintrittsberechtigten unter Abfindung der Erben des Verstorbenen fortgesetzt. Macht der Eintrittsberechtigte von seinem Eintrittsrecht Gebrauch, so sind Abfindungsansprüche der Erben des Verstorbenen ausgeschlossen.[262]

Formulierungsbeispiel   **364**
(Einfache Eintrittsklausel kombiniert mit qualifizierter Eintrittsklausel)
(Satz 1 u. 2 wie oben) –
Der Sohn SA des Gesellschafters A hat – unabhängig von seiner Erbenstellung – das Recht, innerhalb von 2 Monaten nach dem Tod seines Vaters von dem oder den verbleibenden Gesellschafter/n zu verlangen, zu den Bedingungen der Mitgliedschaft seines Vaters in die Gesellschaft aufgenommen zu werden.

---

e) Einkommensteuerfolgen der erbrechtlichen Gesellschaftsnachfolge
aa) Einkommensteuerfolgen der Fortsetzungsklausel

Da bei Geltung der Fortsetzungsklausel der Gesellschaftsanteil des Erblassers nicht im Erbgang **365** auf seine Erben übergeht, bewirkt der Tod des Erblassers das Ausscheiden aus der Gesellschaft. Steuerlich ist diese **„Aufgabe" des Gesellschaftsanteils** mit der Begünstigung gem. §§ 16 Abs. 3 S. 1, 34 Abs. 1 EStG privilegiert. Auf Antrag wird nach der sog. **„Fünftelungsregelung"** besteuert, was jedoch nur für kleinere Aufgabegewinne Vorteile bringt. Der Aufgabegewinn ist die Differenz zwischen dem Wert des Abfindungsanspruchs und dem Buchwert des Mitunternehmeranteils im Todeszeitpunkt.

Soweit der Erblasser neben dem Gesellschaftsanteil an der Gesellschaft auch **Sonder-** **366** **betriebsvermögen** innehatte, wird dieses mit dem Erbfall Privatvermögen. Es gilt als mit dem Erbfall entnommen und löst beim Erblasser einen entsprechenden Veräußerungs- bzw. **Entnahmegewinn** aus.[263]

Die übernehmenden Gesellschafter erwerben den Gesellschaftsanteil des Erblassers entgelt- **367** lich hinzu, d.h. sie aktivieren die **aufgedeckten stillen Reserven** anteilig bei den reservehaltigen Wirtschaftsgütern. Das bedeutet, dass die Differenz zwischen dem Buchwert des Mitunternehmeranteils des verstorbenen Mitgesellschafters im Todeszeitpunkt und dem von ihnen zu entrichtenden Abfindungsbetrag bei ihnen **zusätzliches Abschreibungsvolumen** ergibt, insbesondere auch, soweit sie mit der Abfindung einen ideellen Wert vergütet haben. Technisch erfolgt dies regelmäßig über **Ergänzungsbilanzen** der Mitgesellschafter.

---

261 So noch Wurm/Wagner/Zartmann/*Langenfeld*, Das Rechts-Formular-Buch, 14. Aufl., 1998, Kap.109 XII 7, S. 1660 f.
262 So noch Wurm/Wagner/Zartmann/*Langenfeld*, Das Rechts-Formular-Buch, 14. Aufl., 1998, Kap.109 XII 7, S. 1661.
263 BFH BStBl II 1975, 580; BFH BB 1993, 2075; BFH BB 1998, 734; BFH BB 2002, 1090, 1091.

---

368 Praxistipp

Der so derivativ (entgeltlich) von ihnen erworbene **Firmenwert** (bei Freiberuflerpraxen: **Praxiswert**) ist nach § 7 Abs. 1 S. 3 EStG zwingend auf fünfzehn Jahre (bei Freiberuflerpraxen auf drei bis fünf Jahre[264]) abzuschreiben.

---

369 Die Einkünfte eines durch Tod aus einer weiter bestehenden Personengesellschaft ausgeschiedenen Gesellschafters sind dem Verstorbenen in dem Veranlagungszeitraum zuzurechnen, in dem der Todestag liegt. Eine **einheitliche und gesonderte Feststellung** der Einkünfte aus der Personengesellschaft auf den Todestag eines während des Wirtschaftsjahres ausgeschiedenen Gesellschafters ist dabei nicht erforderlich. Die Feststellung über den **Gewinnanteil und** den Veräußerungsgewinn (**Aufgabegewinn**) des ausgeschiedenen Gesellschafters sind in dem zu erlassenden **Feststellungsbescheid** für das ganze Wirtschaftsjahr zu treffen.[265]

bb) Einkommensteuerfolgen der Nachfolgeklausel

370 Da bei der **einfachen Nachfolgeklausel** alle Erben in die Gesellschaft eintreten, ergeben sich insoweit keine ertragsteuerlichen Folgen. Die Gesellschafter führen gem. § 6 Abs. 3 EStG die Buchwerte des Erblassers fort.[266] Scheiden allerdings im Rahmen der **Auseinandersetzung** des Nachlasses einzelne Erben aus, müssen diese die **Ausgleichszahlungen** als Veräußerungsgewinne nach § 16 Abs. 1, 2 EStG versteuern bzw. die übernehmenden Erben können diese Ausgleichszahlungen als **Anschaffungskosten** für die hinzu erworbenen Gesellschaftsanteile berücksichtigen.[267]

371 Nach der Rechtsauffassung der Finanzverwaltung soll allerdings etwas anderes gelten, wenn die Erbauseinandersetzung innerhalb einer **Frist von sechs Monaten** nach dem Erbfall erfolgt. Dann sollen von vornherein die Einkünfte insgesamt dem übernehmenden Erben zugerechnet werden.[268] Dem folgt der BFH nicht generell; nur dann, wenn eine **Teilungsanordnung** des Erblassers dieser Auseinandersetzung zugrunde liege und auch vollzogen werde, soll eine solche Rückwirkung angenommen werden können.[269]

372 Bei der **qualifizierten Nachfolgeklausel** sind die Wertausgleichszahlungen (Abfindungen), die der qualifizierte Erbe an die nicht qualifizierten Erben zahlt, nicht als Anschaffungskosten zu berücksichtigen und lösen bei den weichenden Erben auch keine Veräußerungsgewinne aus. Soweit der qualifizierte Erbe für die Ausgleichszahlungen **Kredit** aufnehmen muss, sind die **Zinsen** deshalb auch nicht betriebsausgabenabzugfähig.[270]

373 Soweit der Erblasser neben dem Geschäftsanteil an der Gesellschaft auch **Sonderbetriebsvermögen** hatte, fällt dieses in die Erbengemeinschaft, mit der Folge, dass der Anteil der nicht qualifizierten Erben mit dem Erbfall als entnommen gilt (Überführung in das Privatvermögen). So werden die im Sonderbetriebsvermögen ruhenden stillen Reserven aufgedeckt und es wird ein **Entnahmegewinn** für den Erblasser realisiert.[271] Allerdings ist dieser beim Erblasser entstehende Gewinn aus der Entnahme des Sonderbetriebsvermögens nicht gewerbesteuerpflichtig.[272]

---

264 BFH BStBl II 1994, 590.
265 FG Nürnberg DStRE 2003, 1063 unter Hinweis auf BFH/NV 1995, 84; BFH/NV 1998, 454; BFH BStBl II 1989, 312.
266 BFH (GS) DStR 1990, 662; *Geck*, DStR 2000, 1383.
267 BFH (GS) DStR 1990, 662; BFH DStR 1996, 917; anders die frühere Rechtsprechung: BFH BStBl II 1987, 621.
268 BMF v. 11.1.1993, DStR 1993, 62, Tz. 8; dazu *Geck*, DStR 2000, 1383.
269 BFH DStR 2000, 1051; *Geck*, DStR 2000, 1383.
270 BFH BStBl II 1994, 625.
271 BFH BB 1992, 822; BFH BB 1994, 972; BFH BB 1998, 734; BFH BB 2002, 1090, 1091.
272 BFH BB 2000, 1177.

Arens

Praxistipp   374

Der Einkommensteuerpflicht kann allenfalls damit begegnet werden, dass entweder der qualifizierte Miterbe als Alleinerbe eingesetzt wird und die übrigen Miterben ein Vermächtnis erhalten (sog. **Alleinerben-Vermächtnisnehmer-Modell**) oder dass das Sonderbetriebsvermögen bereits vorher – z.B. durch Schenkung unter Lebenden auf den Todesfall etc. – oder durch **Vorausvermächtnis** auf den qualifizierten Erben übertragen wird.

Praxistipp   375

Auch durch die Einbringung des bisherigen Sonderbetriebsvermögens in eine **gewerblich geprägte Personengesellschaft** (GmbH & CoKG) i.S.v. § 15 Abs. 3 Nr. 2 EStG noch zu Lebzeiten des Erblassers kann die (zumindest teilweise) Entnahme mit dem Tod des Erblassers vermieden werden.

---

cc) Einkommensteuerfolgen der Eintrittsklausel

Soweit die (qualifizierten) Erben nicht von ihrer Möglichkeit zum Eintritt in die Gesellschaft Ge- 376
brauch machen, gelten dieselben Steuerfolgen wie bei der **Fortsetzungsklausel**.

   Soweit die Erben innerhalb einer Frist von **sechs Monaten** eintreten, gelten dieselben steu- 377
erlichen Folgen wie bei der (qualifizierten) Nachfolgeklausel mit der Folge, dass der Eintritt steuerneutral ist.

f) Erbschaftsteuerfolgen der Gesellschafternachfolge
aa) Erbschaftsteuerfolgen der Fortsetzungsklausel

Bei den Erben ist der **Abfindungsanspruch** nach der h.M. als erbschaftsteuerlicher Erwerb zu 378
erfassen.[273] Der Abfindungsanspruch der nichtnachfolgeberechtigten Erben ist **nicht begüns-
tigt,** da kein Erwerb von Betriebsvermögen im erbschaftsteuerlichen Sinne von Todes wegen gemäß § 13a S. 1 Nr. 1 ErbStG a.F. bzw. § 13a und 13b ErbStG n.F. vorliegt.

   Problematisch ist der Fall, in dem der Abfindungsanspruch der Erben unter dem (Steuer-) 379
Wert der Gesellschaftsbeteiligung liegt. Dabei ergibt sich ein Vermögenszuwachs bei den verbleibenden Gesellschaftern. § 3 Abs. 1 Nr. 2 S. 2 ErbStG, der auf diesen Vermögensanfall durch Anwachsung abzielt, unterwirft diesen Fall als Erwerb (sog. **Anwachsungserwerb**) durch Schenkung auf den Todesfall der Erbschaftsteuer. Dieser Anwachsungserwerb, also die Differenz zwischen (niedriger) Abfindung und (höherem) Steuerwert des Anteils, ist Bemessungsgrundlage für die Erbschaft- bzw. Schenkungsteuer.[274]

   Die Problematik war bis 2008 wirtschaftlich regelmäßig dadurch entschärft, dass der/die 380
Erwerber, nämlich der/die Mitgesellschafter, wie andere Erwerber auch, die Betriebsvermögen zugewandt bekommen,
–   sowohl den **Betriebsvermögensfreibetrag** von 225.000 EUR nach § 13a Abs. 1 ErbStG a.F.
    nutzen konnten (der auf ihn/sie übergehende Gesellschaftsanteil des verstorbenen bzw.
    ausscheidenden Gesellschafters gilt regelmäßig als Betriebsvermögen, vgl. § 13a Abs. 4
    ErbStG)
–   als auch den **Bewertungsabschlag** von 35% nach § 13a Abs. 2 ErbStG a.F. auf den über den
    Freibetrag hinausgehenden Teil seines/ihres Erwerbs
–   als auch die **Tarifbegünstigung** des § 19a ErbStG (Einordnung in die günstige Erbschaft-
    steuerklasse I, zumindest zu 88%)

---

273 *Langenfeld/Gail*, VII 128 Rn 243 f.
274 Dazu *Ivens*, GmbHR 2011, 465.

– und vor allem der ideelle Wert (Praxis- bzw. Firmenwert) gar nicht, das auf ihn/sie anteilig übergehende **bewegliche Vermögen** – soweit es sich um eine Personengesellschaft handelt – **nur zu Buchwerten** bewertet wurde (§ 12 Abs. 5 ErbStG a.F. i.V.m. § 95 BewG, **sog. Buchwertprivileg**) und das Immobilienvermögen nur zu Bedarfswerten.

381 Im neuen Recht gibt es bezüglich des Anwachsungserwerbs der Mitgesellschafter zunächst nur noch die Begünstigungen des §§ 13a Abs. 1 S. 1, 13b Abs. 4 und des §§ 13b Abs. 2 ErbStG n.F. (**Abzugsbetrag** in Höhe von bis zu 150.000 EUR). Die **Regelverschonung** oder die **Verschonungsoption** müssen jedoch auch Anwendung finden.

382 Die **Begünstigungen hinsichtlich der Bewertung** fallen nach neuem Recht weg, die Steuerbarkeit des Anwachsungserwerbs als solche bleibt.[275] In Abfindungsfällen wird **beim Erben** nur der erhaltene Wert (§ 10 Abs. 10 ErbStG) der Erbschaftsbesteuerung zugrunde gelegt. Der Differenzbetrag aus dem Verkehrswert des Gesellschaftsanteils und des Abfindungsbetrages ist daher nach wie vor von den verbleibenden Gesellschaftern als Erwerb (Schenkung auf den Todesfall gemäß § 3 Abs. 1 Nr. 2 S. 2 ErbStG) zu versteuern.

383 Für die **Bewertung** ist nun der gemeine Wert maßgebend (§ 12 Abs. 1 ErbStG n.F., § 109 BewG, § 11 BewG). Nach § 11 Abs. 2 BewG ist der **gemeine Wert unter Berücksichtigung der Ertragsaussichten** oder einer anderen anerkannten, auch im gewöhnlichen Geschäftsverkehr für nicht steuerliche Zwecke übliche Methode zu ermitteln, wenn er sich nicht aus Verkäufen unter fremden Dritten ableiten lässt, die weniger als ein Jahr zurück liegen.

384 Im nunmehr geltenden Recht ist gesetzlich normiert, dass bei der Ermittlung des gemeinen Werts (Verkehrswert) persönliche Verhältnisse nicht berücksichtigt werden dürfen, so dass auch beim sog. **Gutachtennachweis** die **persönlichen Verhältnisse nicht wertmindernd** berücksichtigt werden können. Dies betrifft insbesondere **gesellschaftsvertraglich Abfindungs- oder Übertragungsbeschränkungen.**

385 Die Einzelheiten zu der anzuwendenden Ertragswertmethode sind nunmehr wieder in das Gesetz integriert worden. Zur Feststellung des gemeinen Wertes ist aus Vereinfachungsgründen ein sog. **vereinfachtes Ertragswertverfahren** vorgesehen.

386 Das Problem wird nun dadurch potenziert, dass die im neuen Recht vorgesehene Bewertung des „Erwerbs" sehr hoch angesetzt wird. Die am Umsatz bzw. am Ertragswert orientierten Bewertungsmethoden, insbesondere das vereinfachte Ertragswertverfahren (das letztlich auf eine Multiplikation des bereinigten, nachhaltig erzielbaren durchschnittlichen Jahresgewinns mit einem Faktor von ca. 11 bis 12 hinausläuft), unterstellen bzw. fingieren einen Wert, der häufig auch nicht ansatzweise vorhanden ist bzw. nicht auf die Mitgesellschafter übergeht und bei einer Veräußerung am Markt wohl auch kaum je erzielt werden könnte.

387 Insbesondere wenn **gesellschaftsvertraglichen Abfindungsklauseln** für den Fall des „Ausscheidens" unter dem „Verkehrswert" liegen, wird es Zukunft zu einem steuerbaren Erwerb bei der verbleibenden Gesellschaftern kommen.[276]

388 Besonders problematisch ist das neue Erbschaft- und Schenkungsteuerrecht für Freiberuflerpraxen, da dort schon **aus berufsrechtlichen Gründen** regelmäßig die **Fortsetzungsklausel** vereinbart wird bzw. werden muss.

389 Bezeichnenderweise gestattet auch das Ertragsteuerrecht bei der entgeltlichen Anschaffung eines ideellen Wertes **(Praxiswertes) einer Freiberuflerpraxis** bei Ausscheiden des Inhabers/Mitinhabers eine Abschreibungsdauer von drei bis fünf Jahren, während bei Gewerbebetrieben eine Abschreibungsdauer von 15 Jahren vorgeschrieben ist (§ 7 Abs. 1 S. 3 EStG). Dahinter steht die Erkenntnis, dass dann, wenn überhaupt ein ideeller Wert eines Freiberuflerbetriebes vor-

---

275 Dazu *Jülicher*, ZErb 2008, 214.
276 *Jülicher*, ZErb 2008, 214.

handen ist, dieser sich nach dem Ausscheiden des Inhabers/Mitinhabers sehr schnell verflüchtigt.

Im **Zugewinnausgleichs– und** im **Pflichtteilsrecht** hat der BGH in jahrzehntelanger, ständiger Rechtsprechung entschieden, dass bei der Bewertung von Freiberuflerpraxen zunächst geklärt werden müsse, ob ihnen überhaupt ein über die vorhandene Sachsubstanz hinausgehender ideeller Wert beizumessen sei. Darüber hinaus muss bei der Bewertung einer Freiberuflerpraxis auch der konkret (bzgl. der Person des Inhabers) zu ermittelnde **sog. „kalkulatorische Unternehmerlohn" abgezogen** werden.[277] Der Wert der Praxis ist also um den Wert der Arbeitsleistung des Inhabers/Mitinhabers zu mindern. **390**

Diese im Ertragsteuerrecht und im Familien- und Erbrecht schon lange vorhandenen Erkenntnisse müssen auch im Erbschaft- und Schenkungsteuerrecht Berücksichtigung finden. Das sollte etwa dadurch geschehen, dass auch für die erbschaft- und schenkungsteuerrechtliche **Bewertung des Anteils** zunächst festgestellt wird, ob ihm überhaupt ein über die vorhandene Sachsubstanz hinausgehender ideeller Wert beizumessen ist. Ferner sollten sodann nur die im jeweiligen Berufsstand bei Praxis- bzw. Anteilsübertragungen angewandten Bewertungsmethoden Berücksichtigung finden können, um eine realitätsnahe erbschaft- und schenkungsteuerrechtliche Bewertung. **391**

Eine realitätsnahe erbschaft- und schenkungsteuerrechtliche Bewertung kann ferner auch dadurch bewirkt werden, dass eine **Nachbewertungsklausel** in das Gesetz bzw. die Bewertungsverordnung aufgenommen wird, die darauf abstellt, ob nach einer bestimmten Frist (z.B. ein Jahr oder zwei Jahre nach dem Tod des Gesellschafters) den verbliebenen Gesellschaftern tatsächlich der vom Gesetz bzw. von der Bewertungsverordnung unterstellte ideelle Wert zugewachsen ist. **392**

Andererseits erscheint auch das Erfordernis der **Aufrechterhaltung der Personalstärke** (mittelbar geregelt über die sog. „Ausgangslohnsumme" i.S.v. § 13a Abs. 1 S. 2 bis 7 ErbStG a.F.) über mindestens fünf (sieben) Jahre im neuen Recht zumindest insoweit revisions- bzw. relativierungsbedürftig. Wie sollen in Freiberuflerpraxen die verbleibenden Gesellschafter bei dem Wegfall eines tätigen Mitgesellschafters und des „an seiner Person hängenden Umsatzes" die bisherige Personalstärke von zumindest 400% in fünf Jahren bzw. 700% in sieben Jahren halten können? **393**

Ähnlich problematisch ist das Erfordernis der **Betriebsfortführung** (geregelt in § 13a Abs. 5 ErbStG a.F.) über mindestens fünf (sieben) Jahre. Häufig werden der oder die verbliebenen Mitgesellschafter schon aus Altersgründen gar nicht bereit oder in der Lage sein, die Praxis über mindestens weitere fünf (sieben) Jahre fortzuführen. Geschieht dies nicht, verlieren sie rückwirkend die Begünstigungen des §§ 13a Abs. 1 S. 1, 13b Abs. 4 ErbStG n.F. und des §§ 13b Abs. 2 ErbStG n.F. (**Abzugsbetrag** in Höhe von bis zu 150.000 EUR) mit entsprechender Nachbesteuerung. **394**

bb) Erbschaftsteuerfolgen der Nachfolgeklausel

Wenn bei der **einfachen Nachfolgeklausel** alle Erben im Verhältnis ihrer Erbquote die Gesellschaftsbeteiligung des Erblassers übernehmen, unterliegt der anteilige Steuerwert des Gesellschaftsanteils der Erbschaftsteuer gemäß § 3 Abs. 1 Nr. 1 ErbStG. Der Erwerb ist unter den Voraussetzungen der §§ 13a, 13b, 19a ErbStG begünstigt. **395**

Schwieriger ist der Fall der **qualifizierten Nachfolgeklausel** zu beurteilen, in dem einzelne Erben nicht Gesellschafter werden können und Abfindungsansprüche gegen die Gesellschafter **396**

---

277 BGH NJW 2008, 1221.

Erben haben. Der BFH[278] geht zwar davon aus, dass der Erbe den Gesellschaftsanteil im Wege der Sonderrechtsnachfolge unmittelbar vom Erblasser erwirbt. Trotzdem gehöre der Wert des Gesellschaftsanteils zum Nachlass. Der BFH sieht in der qualifizierten Nachfolgeklausel einen „gesellschaftsrechtlich besonders ausgestalteten Unterfall einer bloßen **Teilungsanordnung**, die für die Erbschaftbesteuerung ohne Bedeutung ist". Da das Erbschaftsteuerrecht nur den Erwerb „durch" Erbfall und nicht „aufgrund" eines Erbfalls erfasst, bleibt die Erbauseinandersetzung unter den Miterben unberücksichtigt.

397   Bei allen Erben wird somit der **anteilige Steuerwert** der Gesellschaftsbeteiligung entsprechend der Erbquote erfasst und die **Ausgleichszahlungen** finden keine Berücksichtigung. Diese Auffassung führt auch dazu, dass alle Miterben ggf. quotal in den Genuss der Begünstigungen der §§ 13a, 13b, 19a ErbStG kommen.

g) Erbschaftsteuerfolgen der Eintrittsklausel

398   Machen die Erben von ihrem Eintrittsrecht Gebrauch, so stehen den Eintretenden die Begünstigungen der §§ 13a, 13b, 19a ErbStG zu (R 55 Abs. 2 S. 3 ErbStR).

399   Bei der **einfachen Eintrittsklausel** (wenn alle Erben von dem Eintrittsrecht Gebrauch machen können) ist der Steuerwert des Gesellschaftsanteils anzusetzen.

400   Schwieriger gestaltet sich der Fall, in dem ein eintrittsberechtigter Gesellschafter nicht Gesellschafter wird, und eine **Abfindung** erhält, die **über dem Steuerwert** des Gesellschaftsanteils liegt. Auch hier ist nach überwiegender Meinung[279] von dem Steuerwert des Anteils auszugehen. Der Grund liegt darin, dass die Ausgleichszahlungen in den Bereich der Erbauseinandersetzung fallen, also nicht durch den Erbfall entstehen, und somit nicht berücksichtigt werden können.

401   Ein Sonderfall stellt sich nur dann dar, wenn der Erbe ein **Recht auf späteren Eintritt** haben soll, also erst später in die Gesellschaft eintreten kann. In dem Fall wird eine hierfür gewährte Abfindung erbschaftsteuerlich erfasst. Bei den verbleibenden Gesellschaftern kann es nach den bereits genannten Grundsätzen zu einer Besteuerung nach § 3 Abs. 1 Nr. 2 S. 2 ErbStG kommen, die aber nach § 5 Abs. 2 BewG bei tatsächlichem Eintritt der Erben zu berichtigen ist.

2. Nachfolgeregelungen bei Kapitalgesellschaften
a) Erbrechtliche Fragen bei Kapitalgesellschaften

402   Anders als bei einer GbR löst im gesetzlichen Regelfall der Tod eines Gesellschafters einer Kapitalgesellschaft die Gesellschaft nicht auf. Anders als bei Personengesellschaften generell (im Falle der Fortsetzung der Gesellschaft mit dem oder den Erben des verstorbenen Gesellschafters aufgrund einer Nachfolgeklausel oder einer Eintrittsklausel) findet bei Kapitalgesellschaften auch nicht eine Sonderrechtsnachfolge in den Gesellschaftsanteil des verstorbenen Gesellschafters statt, sondern es gelten die allgemeinen Grundsätze der **Gesamtrechtsnachfolge** (Generalsukzession). Eine **Erbengemeinschaft** tritt also als solche die Nachfolge des verstorbenen Gesellschafters an.[280]

403   Dies ist häufig auch bei Kapitalgesellschaften unerwünscht, insbesondere im Hinblick auf die möglicherweise unterschiedliche Interessenlage der verschiedenen Miterben bzw. fehlende Einigkeit unter ihnen oder im Hinblick auf die Tatsache, dass möglicherweise die Miterben oder einige Miterben minderjährig sind, so dass komplizierte **Vertretungs- und familiengerichtli-**

---

278 BFHE 137, 500 = BStBl II 1983, 329.
279 *Langenfeld/Gail*, VII 130/1 Rn 248.
280 Zu einem Nachfolgekonzept unter Einschaltung mehrerer Holding-GmbH & Co. KG siehe *Lommer*, BB 2003, 1909.

che Genehmigungsfragen die Beschlussfassungen in der Gesellschafterversammlung und damit das Handeln der Gesellschaft insgesamt erheblich blockieren, erschweren und verzögern können.

Der **Grundsatz der freien Vererblichkeit** von GmbH-Geschäftsanteilen gilt insoweit aber **404** auch nur **eingeschränkt**.[281] Demgemäß entspricht es weitgehender praktischer Übung, in den Gesellschaftsverträgen (Satzungen) von Kapitalgesellschaften ähnliche Nachfolgeregelungen im weiteren Sinne zu treffen wie in Personengesellschaftsverträgen, wenn auch unter Berücksichtigung der Tatsache, dass die Erben (als Erbengemeinschaft) zunächst in die Gesellschaft einrücken.

Ein häufig gebrauchtes Regelungsinstrumentarium ist eine Klausel, wonach zwar alle Erben **405** des verstorbenen Gesellschafters in die Mitgesellschafterstellung einrücken, allerdings nur durch einen von ihnen (der möglicherweise bestimmte Qualifikationsvoraussetzungen mitbringen muss) in der Gesellschafterversammlung repräsentiert werden können (**Repräsentationsklausel**) und die Gesellschafterrechte der Erbengemeinschaft solange ruhen, bis die Erben sich (ggf. unter Mitwirkung des Familiengerichts bei minderjährigen Miterben) auf einen **Repräsentanten in der Gesellschafterversammlung** geeinigt haben. Ausgenommen von dem Ruhen der Gesellschafterrechte wird dabei üblicherweise das Gewinnbezugsrecht.

Formulierungsbeispiel **406**
(1) Sind beim Tod eines Gesellschafters mehrere Erben vorhanden, so können die übrigen Gesellschafter beschließen, dass nur jeweils ein Erbe den oder die Geschäftsanteile des verstorbenen Gesellschafters übernimmt oder die übrigen Miterben allein vertritt. Solange die Erben dem Verlangen auf Übertragung oder auf ordnungsgemäße Vertretungsbefugnis nicht nachgekommen sind, ruhen die Gesellschaftsrechte aus den vererbten Geschäftsanteilen mit Ausnahme des Gewinnbezugsrechts.
(2) Weiter kann die Gesellschafterversammlung unter Ausschluss des Stimmrechts der Erben die Einziehung des Geschäftsanteils beschließen.
Derartige Beschlüsse sind nur wirksam, wenn sie innerhalb einer Frist von sechs Monaten ab Kenntnis vom Tode des Gesellschafters gefasst werden.[282]

---

aa) Abtretungsklausel

Die Satzung kann mit der Regelung der Abtretungsklausel bestimmen, auf wen der Geschäftsteil **407** mit dem Tod des Gesellschafters übergehen soll. Dies kann auch ein bereits **bestimmter oder noch zu bestimmender Erbe** sein. Die Erben werden dadurch verpflichtet, den Geschäftsanteil an die Mitgesellschafters, einen Dritten oder die Kapitalgesellschaft selbst zu übertragen.[283] Die Abtretung kann dabei von einer entsprechenden Beschlussfassung bzw. zusätzlich von der Zustimmung der Gesellschaft oder der übrigen Gesellschafter abhängig gemacht werden.

Bis zur Abtretung fällt der Geschäftsanteil zunächst in den Nachlass des jeweiligen Ver- **408** pflichteten.

bb) Einziehungsklausel

Mit der Einziehungsklausel wird erreicht, dass die Gesellschaft mit den verbleibenden Gesell- **409** schaftern fortgesetzt wird.[284] Die Einziehung muss gem. § 34 Abs. 1 GmbHG ausdrücklich **im Gesellschaftsvertrag geregelt** werden.

---

281 Vgl. Beck'sches Notarhandbuch, *Mayer/Weiler*, D I 17, Rn 42, 953; *Lenz*, GmbHR 2000, 927.
282 Vgl. Peter/Crezelius/*Winkler*, Kap.C, S. 259.
283 *Lenz*, GmbHR 2000, 927.
284 *Lenz*, GmbHR 2000, 927, 928.

410 Wichtig

Es gelten insoweit die strengen Regeln über die Kapitalerhaltung beim **Erwerb eigener Anteile**:
- Die **Stammeinlage** muss dabei auf den einzuziehenden Gesellschaftsanteil **voll eingezahlt** sein.
- Die GmbH muss nach § 33 GmbHG das Einziehungsentgelt aus eigenen freien Mitteln unter **Beachtung der Kapitalerhaltung** zahlen können.

411 Praxistipp

Die Satzung sollte daher stets neben einer solchen Einziehungsklausel auch alternativ eine Abtretungsklausel vorsehen, da dann, wenn die Einziehung aus einem dieser Gründe unzulässig sein sollte, zumindest noch auf Verlangen der Gesellschaft die Abtretung erzwungen werden kann.

412 Ob eine **Abfindungsleistung** (Einziehungsentgelt) vorgesehen werden soll, ist **frei bestimmbar**. Wenn keine bestimmte Abfindungsberechnung vorgesehen ist, kommt eine dem Verkehrswert entsprechende Abfindung zum Tragen.[285] Es kann unter bestimmten Voraussetzungen aber auch ein im Gesellschaftsvertrag ausdrücklich angeordneter völliger **Abfindungsausschluss** zulässig sein.[286]

413 Durch das MoMiG wurde mit Wirkung zum 1.11.2008 die Vorschrift des § 5 Abs. 3 GmbHG n.F. eingeführt. Ohne gleichzeitige **Anpassungsmaßnahmen** zieht nämlich die Einziehung, also die Vernichtung eines Geschäftsanteils, ein **Auseinanderklaffen von Stammkapital und der Summe der Stammeinlagen** nach sich, was – zumindest nach Literaturmeinung – einem gesetzlichen Verbot unterliegt, § 134 BGB.[287]

414 Die **Teilung von Geschäftsanteilen** bedarf nicht mehr der Zustimmung der Gesellschaft nach § 17 GmbHG a.F., da diese Vorschrift ersatzlos aufgehoben ist. Damit ist es geboten, ein etwa gewünschtes **Teilungsverbot**, insbesondere in Erbfällen, oder Zustimmungserfordernisse entsprechend dem bisherigen § 17 GmbHG a.F. in der Satzung zu regeln.[288]

415 In § 22 Abs. 1 GmbHG n.F. ist eine redaktionelle Anpassung an §§ 16 GmbHG n.F. erfolgt. Für eine von dem ausgeschlossenen Gesellschafter **nicht erfüllte Einlageverpflichtung** haftet der Gesellschaft auch der letzte und jeder frühere Rechtsvorgänger des ausgeschlossenen Gesellschafters, der im Verhältnis zu ihr als Inhaber des Geschäftsanteils gilt. Es kommt nicht mehr auf die Anmeldung des Rechtsvorgängers bei der Gesellschaft i.S.d. bisherigen § 16 GmbHG a.F. an.

cc) Bedingte Übertragung auf den Todesfall

416 Im Gesellschaftsvertrag kann geregelt werden, dass der Geschäftsanteil aufschiebend bedingt durch den Tod des Gesellschafters auf einen Dritten übergehen soll. Dabei ist im Gesellschaftsvertrag eine **aufschiebend bedingte Abtretung** zu regeln.

417 Wichtig

Der zukünftige Erblasser kann in einem solchen Fall zu Lebzeiten nicht mehr frei über den Gesellschaftsanteil verfügen, außer er behält sich den Widerruf der bereits erfolgten Abtretung vor.

---

285 BGH GmbHR 1992, 257.
286 BGH GmbHR 1977, 81.
287 *Römermann*, NZG 2010, 96.
288 *Heckschen*, ZErb 2008, 246.

b) Einkommensteuerliche Folgen

Der Erbfall hat bei der Gesellschaft aufgrund des ertragsteuerlichen **Trennungsprinzips** bei **418** Kapitalgesellschaften (Trennung der Einkommensteuerebene des Gesellschafters von der Ertragsteuerebene der Gesellschaft) grundsätzlich keine Auswirkungen.

Auch auf der **Gesellschafterebene** ist der Erbfall ein ertragsteuerlich **unentgeltlicher Vorgang.** Der oder die Erben treten in die Gesellschafterstellung des Erblassers ein und die **Anschaffungskosten** des Erblassers sind unverändert fortzuführen.[289] **419**

Problematisch sind nur Fälle, in denen der Erbe bereits an der GmbH beteiligt war und mit **420** den ererbten Anteilen die **Wesentlichkeitsgrenze** des § 17 Abs. 1 S. 4 EStG überschreitet. In diesem Fall werden auch die ursprünglichen Anteile, die selbst keine wesentliche Beteiligung darstellten, mit den ursprünglichen Anschaffungskosten steuerverhaftet.

Wichtig **421**

Es ist darauf hinzuweisen, dass die **ertragsteuerliche Beteiligungsgrenze** für sog. wesentliche Beteiligungen, deren Wertsteigerungen nach § 17 EStG steuerverhaftet sind, von ehemals mehr als 25% zunächst auf 10% und inzwischen auf **1% des Nennkapitals** der Gesellschaft herabgesetzt worden ist. Zu beachten ist aber, dass die **erbschaft- und schenkungsteuerliche Wesentlichkeitsgrenze** (Beteiligungsgrenze für die Inanspruchnahme des Betriebsvermögens–Freibetrages) in § 13a ErbStG nicht dementsprechend herabgesetzt wurde und noch bei mehr als 25% des Nennkapitals liegt (siehe Rn 137).

---

aa) Ertragsteuerliche Folgen der Abtretungsklausel

Ertragsteuerlich fällt die Veräußerung in den Regelungsbereich des § 17 EStG, wenn eine **we-** **422** **sentliche Beteiligung** gegeben ist. Diese liegt vor, wenn der Alleinerbe bzw. der Erblasser in den fünf Jahre vorher irgendwann einmal wesentlich beteiligt war, also zu mindestens 1 beteiligt war.

Bei einer **Erbengemeinschaft** wird wohl auf die Quote der einzelnen Miterben nach § 39 **423** Abs. 2 Nr. 2 AO abzustellen sein.

bb) Ertragsteuerliche Folgen der Einziehungsklausel

Ertragsteuerlich liegt eine **steuerpflichtige Veräußerung** vor. Unklarheit besteht lediglich da- **424** hingehend, ob eine Teilliquidation gemäß § 17 Abs. 4 EStG vorliegt, oder nach der h.M. eine Veräußerung i.S.v. § 17 Abs. 1 S. 1 EStG.[290]

cc) Ertragsteuerliche Folgen der bedingten Übertragung auf den Todesfall

Es gelten die gleichen Grundsätze wie bei **schenkungsweiser Abtretung unter Lebenden.** Es **425** sind wiederum die Grenzen des § 17 Abs. 1 Nr. 4 EStG zur wesentlichen Beteiligung zu beachten.

c) Erbschaftsteuerliche Folgen

Aktien und GmbH-Anteile sind **frei vererblich.** Da es eine Sonderrechtsnachfolge an einem **426** GmbH-Anteil nicht gibt, fällt der Anteil in den Nachlass und ist bei mehreren Miterben (Erben-

---

289 BFH BStBl II 1990, 837; BFH BStBl II 1992, 392.
290 Littmann/Bitz/Hellwig/*Hörger*, § 17 EStG Rn 35 m.w.N.

gemeinschaft) gemeinsam zu verwalten. Erbschaftsteuerlich wird der Tatbestand des § 3 Abs. 1 Nr. 1 ErbStG ausgelöst.

427   Nach dem **erbschaftsteuerlichen Stichtagsprinzip** muss der Erblasser zum Stichtag mit mehr als einem Viertel des Nennkapitals an der Kapitalgesellschaft beteiligt sein, damit der Übergang nach §§ 13a, 13b ErbStG und § 19a ErbStG begünstigt ist. Die Gesellschaftsanteile werden für die Bemessung der Erbschaftsteuer mit dem Gemeinen Wert (Verkehrswert) bewertet.

aa) Erbschaftsteuerliche Folgen der Abtretungsklausel

428   Bis zur Übertragung auf die übrigen Gesellschafter oder die Gesellschaft, fällt der Geschäftsanteil zunächst in den **Nachlass** und löst den Tatbestand des § 3 Abs. 1 Nr. 1 ErbStG aus.

429   Zu unterscheiden sind die Fälle der „**Zwangsabtretung an die Gesellschaft**" von denjenigen der „**Zwangsabtretung an Mitgesellschafter oder Dritte**".

430   § 10 Abs. 10 S. 1 ErbStG erfasst Zwangsabtretungen aus Anlass des Todes eines Gesellschafters bei Personengesellschaften, § 10 Abs. 10 S. 2 Alt. 1 ErbStG Zwangsabtretungen aus demselben Anlass bei Kapitalgesellschaften. § 7 Abs. 7 S. 3 ErbStG knüpft an diese Tatbestände an und regelt die Folgen für die Abtretungsempfänger durch **Verweis auf die Rechtsfolgen des § 7 Abs. 7 Sätze 1 und 2 ErbStG**, sofern es sich bei den Abtretungsempfängern um „Mitgesellschafter" handelt.[291] Diese Beschränkung ergibt sich wiederum aus § 10 Abs. 10 ErbStG. Nach der Struktur der Neuregelung sollen durch den Fiktionstatbestand (§ 7 Abs. 7 S. 3 ErbStG) allein Zwangsabtretungen erfasst, die an den **Tod eines Gesellschafters** anknüpfen. Zwangsabtretungen, die aus anderen Gründen erfolgen, etwa weil der Gesellschaftsvertrag eine Zwangsabtretung für den Fall vorsieht, dass ein Gesellschafter gegen grundlegende Gesellschafterpflichten verstößt (wichtiger Grund), sind – zumindest nach streitiger Literaturmeinung – nicht tatbestandsmäßig.[292]

431   Die Zwangsabtretung kann dabei in zweierlei Gestaltungen auftreten und zwar einmal als **sofort wirkende Zwangsabtretung** in konkret im Gesellschaftsvertrag benannte Gesellschafter oder Dritte oder durch einen entsprechenden die Zwangsabtretung konkretisierenden **Beschluss** der Gesellschafter.

432   Die Zwangsabtretung an die **Gesellschaft** führt dazu, dass diese in den Genuss der **Verschonungsregelungen** gelangt, währenddessen bei einer Zwangsabtretung an die Gesellschafter oder Dritte diese in den Genuss der Verschonungsregelungen gelangen.[293]

433   Voraussetzung für die Tatbestandsmäßigkeit einer Zwangsabtretung i. S. des § 7 Abs. 7 S. 3 i.V.m. § 10 Abs. 10 ErbStG ist jeweils, dass ein Erbe den auf ihn übergangenen Gesellschaftsanteil „**unverzüglich** nach dessen Erwerb auf Grund einer im Zeitpunkt des Todes des Erblassers bestehenden Regelung im Gesellschaftsvertrag an die Mitgesellschafter überträgt".[294]

434   Bei der Zwangsabtretung an die Gesellschaft kann diese aber **nicht** (weil keine natürliche Person) in den Genuss des weiteren Steuersatzvorteils nach **§ 19a ErbStG** gelangen.

bb) Erbschaftsteuerliche Folgen der Einziehungsklausel

435   Wird der Geschäftsanteil eines Gesellschafters einer GmbH bei dessen Tod nach § 34 GmbHG **eingezogen**, geht der auf die Erben übergegangene Anteil unter. Die herrschende Auffassung geht dahin, dass nur die Anteilsübertragung auf Grund einer **Abtretungsklausel** von den Be-

291 *Hübner/Maurer*, ZEV 2009, 428.
292 *Hübner/Maurer*, ZEV 2009, 428.
293 *Riedel*, ZErb 2009, 113 ff.
294 *Hübner/Maurer*, ZEV 2009, 428.

günstigungen der §§ 13a, 13b ErbStG erfasst werde.[295] Im Einziehungsfall wird die Anwendung der **Verschonungsregelungen** mit der Begründung verneint, es würden (formal) keine Anteile übertragen werden. Vielmehr erfolge der Vermögenszuwachs nur mittelbar durch die Werterhöhung der verbleibenden Anteile.[296]

Da die Gesellschafter selbst keine Anteile erwerben, ist dieser Erwerb durch die Gesellschaf- **436** ter nicht begünstigt,[297] weshalb **Einziehungsklauseln** nach dem Erbschaftssteuerreformgesetz voraussichtlich an Bedeutung verlieren werden.[298]

Wird in einem Gesellschaftsvertrag bestimmt, dass der Geschäftsanteil mit dem Tode des **437** Gesellschafters **automatisch als eingezogen** gilt, ist zu unterscheiden:

–   Erfolgt die Einziehung unentgeltlich oder unterhalb des Steuerwertes des Anteils verhindert § 3 S. 3 ErbStG, dass ungerechtfertigte Steuervorteile entstehen durch Einziehung von Geschäftsanteilen eines verstorbenen Gesellschafters gegen Zahlung eines Minderentgelts an die Erben. Die hierdurch bewirkte Werterhöhung wird bei den Anteilen der verbleibenden Gesellschafter als **Schenkung auf den Todesfall** des Verstorbenen an die verbleibenden Gesellschafter erfasst.
–   Erfolgt die Einziehung über dem Steuerwert des Geschäftsanteils, ist nach h.M. erbschaftsteuerlich die **Abfindung** maßgebend.[299] Wegen der steuerlichen Belastungen und Risiken in diesem Bereich, ist von solchen Regelungen abzuraten.

295 Siehe zur erbschaft- und zur schenkungsteuerlichen Behandlung der Einziehung und der Zwangsabtretung umfassend *Klose*, GmbHR 2010, 300 und 355.
296 *Krumm*, NJW 2010, 187.
297 R 7 Abs. 3 S. 9 ErbStR i.V.m. Ländererlass H 1 BStBl I 2009, 717.
298 *Riedel*, ZErb 2009, 113 ff. m.w.N.
299 *Langenfeld/Gail*, VII 150/1 Rn 295.

Kapitel 6 Das Mandat beim Unternehmenskauf und -verkauf

Dr. Nils Wigginghaus

§ 27 Vorvertragliche Vereinbarungen, Due Diligence

Literatur: *Arens*, Gesellschaftsrecht, 3. Aufl. 2007; *Berens/Brauner/Strauch*, Due Diligence bei Unternehmensakquisitionen, 6. Aufl. 2011; *Behrens/Schmitt*, Grunderwerbsteuer beim Unternehmenskauf bei noch nicht feststehender Akquisitionsstruktur, DB 2005, 2491-2494; *Bock*, Neuere Entwicklungen bei der steuerlichen Verlustnutzung im Falle eines Share Deals, Forum Unternehmenskauf 2004, 271; *Elfring*, Legal Due Diligence Reports, JuS-Beil. 2007, 3; *Gran*, Abläufe bei Mergers & Acquisitions, NJW 2008, 1409ff.; *Hanke/Socher*, Fachbegriffe aus M&A und Corporate Finance, NJW 2010, 664; NJW 2010, 829; NJW 2010, 1261; NJW 2010, 1576; *Hasselbach/Ebbinghaus*, Vorvertragliche Pflichtverletzung als Haftungsfalle beim Unternehmenskauf, DB 2012, 216; *Hemeling*, Gesellschaftsrechtliche Fragen der Due Diligence beim Unternehmenskauf, ZHR 169 (2005), 274ff.; *Hettler/Stratz/Hörtnagl*, Unternehmenskauf, 2004; *Hilgard*, Break-up Fees beim Unternehmenskauf, BB 2008, 286; *Hölters*, Handbuch des Unternehmens- und Beteiligungskaufs, 6. Aufl. 2005; *Hübner*, Schadensersatz wegen Täuschung beim Unternehmenskauf, BB 2010, 1483; *Kleinheisterkamp/Schell*, Der Übergang des wirtschaftlichen Eigentums an Kapitalgesellschaften beim Unternehmenskauf, DStR 2010, 833; *Kleinherz/Junk*, Die Haftung des Verkäufers für Falschangaben beim Unternehmenskauf, JuS 2009, 787, *Lutter/Hommelhoff*, Kommentar zum GmbHG, 17. Aufl. 2009; *Lutter*, Der Letter of Intent, 3. Aufl. 1998; *Müller*, Einfluss der due diligence auf die Gewährleistungsrechte des Käufers beim Unternehmenskauf; NJW 2004, 2196-2199; *Palandt*, Bürgerliches Gesetzbuch, Kommentar, 71. Aufl. 2012; *Peemöller*, Asset Deal und Share Deal als Gestaltungsformen des Unternehmenskaufs, UM 2005, 127-128; *Picot*, Unternehmenskauf und Restrukturierung, 3. Aufl. 2004; *Rittmeister*, Due Diligence und Geheimhaltungspflichten beim Unternehmenskauf, NZG 2004, 1032-1037; *Rödder/Hötzel/Mueller-Thuns*, Unternehmenskauf Unternehmensverkauf, 1. Aufl. 2003; *Schiffer/Weichel*, AGB-Kontrolle im Rahmen von Unternehmenskaufverträgen?, BB 2011, 1283. *Sieger/Hasselbach*, Break Fee-Vereinbarungen bei Unternehmenskäufen, BB 2000, 625; *Tophoven*, Anspruch auf Ersatz der Kosten einer Due Diligence wegen Verstoßes gegen eine Exklusivitätsvereinbarung, BB 2010, 2919; *Wertenbruch*, Zur Haftung aus culpa in contrahendo bei Abbruch von Vertragsverhandlungen, ZIP 2004, 1525; *Westermann*, Due Diligence beim Unternehmenskauf, ZHR 169 (2005), 248ff.

Inhalt

I. Die Rolle des Anwalts

1. Grundsätzliches

Die Komplexität eines Unternehmenskaufs in rechtlicher, steuerlicher sowie betriebswirtschaftlicher Hinsicht verlangt von allen Beteiligten sorgsame Planung und Durchführung. Dem bera- 1 tenden Anwalt kommt dabei eine stetig steigende Bedeutung zu. Während er in früheren Zeiten lediglich im Rahmen des Closings[1] zur Anfertigung des Vertragswerkes eingeschaltet wurde, begleitet er im Bereich M&A (Mergers and Acquisitions) heute die gesamte Transaktion.[2] Von der Aufnahme erster Gespräche angefangen bis zur Post-closing-Phase wirkt er mit und begleitet die Transaktion in rechtlicher und oft auch in strategischer Hinsicht kontinuierlich.[3] Der Ablauf einer solchen Transaktion lässt sich in verschiedene **Phasen** einteilen, die in mehr oder minder veränderter Form bei jedem Unternehmenskauf anzutreffen sind: vorvertragliches Stadium, vertragsgestaltendes Stadium, der tatsächliche Abschluss der Transaktion (sog. „Closing") sowie die nachvertragliche Phase („post closing").[4]

2. Haftung und Vergütung

2 Bei Aufnahme des Mandats sollte den Themen Vergütung und Haftung besondere Aufmerksamkeit zukommen. Hinsichtlich der Vergütung ist im Bereich des Unternehmenskaufs eine Vergütung nach Zeitaufwand üblich. Da es oftmals, gerade in kritischen Situationen, an der Person und an der Einsatzbereitschaft des Anwalts liegt, ob eine Transaktion abgeschlossen wird, sind auch Absprachen üblich, nach denen dem Anwalt, insbesondere auf Verkäuferseite, für den Fall des Zustandekommens vom Verkäufer ein Bonus zugesprochen wird. Nicht zuletzt aus diesem Grund stellen M&A-Mandate für Rechtsanwälte lukrative Mandate dar, die jedoch ein besonderes Vertrauensverhältnis zwischen Anwalt und Mandant, in der Regel der Inhaber des Zielunternehmens, sowie zwischen Anwalt und Geschäftsführung des Zielunternehmens voraussetzen. Insbesondere im mittelständischen Bereich bei inhabergeführten Unternehmen wird auch von Anfang an der vertraute Steuerberater eng – am Anfang sogar sehr viel enger als der Anwalt – mit der Sache betraut sein und bleiben.

3   Da insbesondere bei größeren Transaktionen die Haftungsgefahren für den Berater durchaus existenzbedrohend sein können, sind Haftungsbeschränkungen allgemein akzeptiert, allerdings selten auf die gesetzliche Mindestdeckung. In der Regel wird für den Einzelfall eine Einzeldeckung beim Versicherer eingeholt, die Kosten der Prämie trägt der Mandant.

4   Wichtig ist, in der Haftungsvereinbarung klar zu stellen, zwischen wem das Mandatsverhältnis besteht, bei Konzerngesellschaften sind auch Ansprüche der übrigen verbundenen Unternehmen soweit möglich einzubeziehen.

3. Besonderheiten der Beratung

5 Die konkrete Bearbeitung setzt bei dem Anwalt eine hohe Einsatzbereitschaft, ein erhebliches rechtliches Know-How sowie eine taugliche Infrastruktur voraus.

6   Grundkenntnisse des Steuerrechts sind unabdingbar, auch wenn sich im Transaktionsteam eigene Steuerberater befinden. Ohne Kenntnisse des Bilanzrechts sind auch kleinere Transaktionen kaum sachgerecht zu bearbeiten. Rechtliche Recherche beschränkt sich meistens auf Literaturrecherche, denn streitige Verfahren vor staatlichen Gerichten gibt es kaum – in der Regel werden aus Unternehmensverkäufen resultierende Rechtsstreitigkeiten vor privaten, nicht-

---

[1] Eine Übersicht über die im Rahmen des Unternehmenskaufs unausweichlichen englischsprachigen Fachtermini bieten *Hanke/Socher*, Fachbegriffe aus M&A und Corporate Finance in NJW 2010, 664; NJW 2010, 829; NJW 2010, 1261.

[2] Das Organigramm eines anwaltlichen Projektteams findet sich bei Hölters/*Hölters*, Handbuch des Unternehmens- und Beteiligungskaufs, Teil I Rn 125 ff.

[3] Dies gilt zumindest für M&A-Transaktionsgeschäfte, an denen westlich-angloamerikanisch geprägte Parteien maßgeblich beteiligt sind. Im chinesischen Rechts- und Kulturkreis etwa werden Rechtsberater aus verschiedenen Gründen erst sehr spät und nur am Rande eingebunden.

[4] Eine Darstellung der verschiedenen Phasen findet sich zusammenfassend bei *Gran*, NJW 2008, 1409 ff.

öffentlichen Schiedsorganisationen ausgetragen, deren Entscheidungen nicht veröffentlicht werden. Die Betreuung eines M&A-Mandats setzt somit bei dem befassten Berater Einiges voraus – sobald ausländische Konzerne befasst sind, umfasst das auch englische Sprachkenntnisse auf erheblichem Niveau, da in der Regel sämtliche rechtsverbindlichen Dokumente und Berichte auf Englisch abgefasst werden müssen.

In infrastruktureller Hinsicht sind oftmals wenigstens temporär interdisziplinäre Teams zu bilden, in denen folgende Rechtsgebiete neben dem Gesellschafts- und Steuerrecht von Spezialisten bearbeitet werden können: **7**

- Arbeitsrecht
- Intellectual Property (Marken-, Patent-, Urheberrecht)
- Öffentliches Recht (Genehmigungssituationen)
- Immobilienrecht
- Kartellrecht

Diese Liste ist nicht abschließend, da sämtliche Rechtsbeziehungen des Zielunternehmens grundsätzlich im Rahmen einer Transaktion Bedeutung erlangen können. M&A-Mandate sind durch kurze Reaktionszeiten und stoßweise anfallende erhebliche Arbeitsbelastungen geprägt, so dass in diesem Bereich tätige Kanzleien über entsprechende Flexibilität und/oder Personalreserven und auch technische Möglichkeiten verfügen müssen. **8**

II. Vertraulichkeitserklärung

Das **vorvertragliche Stadium** umfasst den Zeitraum zwischen der ersten Kontaktaufnahme von Käufer und Verkäufer und dem Abschluss des Kauf- und Übertragungsvertrages. Besonders in dieser Phase verfolgen Käufer und Verkäufer grundsätzlich gegenläufige Interessen: der Käufer möchte möglichst früh im Verfahren möglichst viele **Informationen** über das zu erwerbende Unternehmen erhalten, ohne sich rechtlich binden zu wollen; der Verkäufer ist bestrebt, dem Käufer vor Erwerb einer gesicherten Rechtsposition hinsichtlich des Erwerbs möglichst wenig Einsicht zu gewähren. Dies gilt insbesondere dann, wenn, was häufig ist, der Käufer ein direkter Wettbewerber ist. Da der Verkäufer gezwungen ist, dem Käufer bestimmte sensible Informationen zu verschaffen, muss er gleichwohl die Gelegenheit haben, sich dagegen abzusichern, dass der Käufer mit diesen Informationen zu seinem Schaden umgeht, falls die Transaktion nicht zustande kommt. Die Parteien treffen daher bereits zu einem recht frühen Zeitpunkt eine **Vertraulichkeitserklärung** (bisweilen „Statement of Non-Disclosure", „Letter of Confidentiality" oder „Non Disclosure Agreement" – NDA genannt). Diese Vertraulichkeitsvereinbarung untersagt es beiden Parteien, Tatsachen, die sie anlässlich des geplanten Unternehmenskaufs in Erfahrung bringen, an Dritte weiterzugeben und sie verpflichtet, über das Bestehen von Verkaufsgesprächen Stillschweigen zu bewahren. **9**

Die Verletzung dieser Verschwiegenheitspflichten kann auf beiden Seiten Schadensersatzansprüche auslösen (§ 280 Abs. 1 i.V.m. § 241 Abs. 2 BGB[5]), jedoch fällt der Beweis der Pflichtverletzung vor allem aber des daraus resultierenden Schadens regelmäßig schwer. Daher ist die Aufnahme einer **Vertragsstrafe** für den Fall der Verschwiegenheitspflichtverletzung in die Vertraulichkeitserklärung sinnvoll. In der Praxis ist jedoch gerade die Vereinbarung einer Vertragsstrafe oftmals problematisch, da sie das Verhandlungsklima nachteilig beeinflussen kann. Eben- **10**

---

5 Die nachfolgenden Ausführungen beziehen sich grundsätzlich auf das BGB in der seit dem 1.1.2002 geltenden Fassung, falls nicht anderweitig angegeben.

falls stets zu beachten ist bei der Verwendung von Formularen das deutsche AGB-Recht,[6] dass der Vereinbarung von Vertragsstrafen gewisse Grenzen setzt (§ 309 Nr. 6 BGB).

---

11 Wichtig
Wie bei allen vertraglichen Vereinbarungen, so ist auch bei der Vertraulichkeitserklärung darauf zu achten, dass die Pflichten beider Seiten genau definiert werden. Dazu muss u.a. bestimmt werden, welche Informationsgruppen vertraulich gehandhabt werden sollen, welche Umgangspflichten der Käufer mit ihm zur Verfügung gestellten Unterlagen übernimmt (Rückgabe, Sicherung, Kopieverbot, etc.) sowie dass ein Abwerbungsverbot von Arbeitnehmern innerhalb eines gewissen Zeitraums vereinbart wird.[7]

---

12 Praxistipp
Besonders beliebt ist, nur diejenigen Informationen als von einer Vertraulichkeitsverpflichtung gedeckt anzusehen, die ausdrücklich als vertraulich gekennzeichnet werden. Während dies bei größeren Transaktionen unproblematisch technisch in elektronischen Datenräumen automatisch erfolgen kann und außerhalb dieses Datenraums keine Informationen herausgegeben werden, werden bei Transaktionen im mittelständischen Bereich oftmals von leitenden Mitarbeitern Dokumente auf dem „kurzen Dienstweg" herausgegeben, ohne sie zu kennzeichnen mit der Folge, dass diese Informationen später nicht von der Vertraulichkeitsvereinbarung geschützt sind. Eine strenge Begrenzung der jeweils im Verkäuferunternehmen und im Zielunternehmen mit der Kommunikation mit dem Käufer befassten Personen und deren Kontrolle ist bei dieser Gestaltung unerlässlich.

---

13 Checkliste für Regelungsbereiche bei Vertraulichkeitsvereinbarungen:
- Vertragsparteien (insb. im Konzern)
- Definition von vertraulichen Informationen (konkret versus abstrakt)
- Umfang der Verschwiegenheitsverpflichtung, zur Verschwiegenheit verpflichtete Personen im Käuferunternehmen, Verpflichtung, Informationen nur unter Auferlegung derselben Pflichten weiterzugeben
- Verfahren bei Kenntnis von Offenlegungen/Offenlegungspflichten
- Verpflichtung zur Rückgabe/Zerstörung/eidesstattliche Versicherung
- Rechtsfolgen bei Verstoß – Vertragsstrafe
- Vertragsdauer, Nachwirkung
- Insbesondere bei Beteiligung ausländischer Parteien: Rechtswahl, Gerichtsstand (Zugang zu staatlichen Gerichten möglichst offen halten, um schnelle Reaktion zu gewährleisten)

III. Letter of Intent, Vorvertrag, Option

1. Letter of Intent[8]

14 Bei dem Letter of Intent („**LoI**") handelt es sich um ein dem angelsächsischen Rechtskreis entnommenes Institut. Es beschreibt eine Absichtserklärung, die grundsätzlich keine rechtlichen Verbindlichkeiten begründet und üblicherweise in Briefform verfasst ist. Der Käufer bekundet damit seine Bereitschaft, mit dem Verkäufer unter bestimmten Umständen einen Vertrag schließen zu wollen. Einzelne in der Praxis anzutreffende Gestaltungsformen weichen zum Teil erheblich voneinander ab. Möglich ist es, den Letter of Intent sehr allgemein zu halten, oft enthält er jedoch bereits konkrete spätere Vertragsbestandteile bis hin zum Abschlusszeitpunkt, Kaufpreis sowie Inhalt und Umfang von Gewährleistungen. Eine bestimmte Form ist grundsätzlich nicht

---

6 Vgl. dazu die Darstellungen von *Schiffer/Weichel*, BB 2011, 1283.
7 Vgl. ein Muster für eine solche Geheimhaltungsvereinbarung bei Arens/*Oltmanns*, § 25 Rn 105.
8 Dazu ausführlich *Lutter*, Der Letter of Intent.

erforderlich, jedoch kann sich ein Formerfordernis aus den Umständen ergeben, etwa dann, wenn sich der Letter of Intent als ein Vorvertrag für ein beurkundungspflichtiges Rechtsgeschäft darstellt.[9]

Die Vereinbarungen im Letter of Intent sollen das vorvertragliche Stadium regeln und absichern. Zwar entsteht auch unstreitig durch Aufnahme von Vertragsverhandlungen ein rechtliche Pflichten begründendes Schuldverhältnis (§ 311 Abs. 2 Nr. 1 BGB), jedoch sind die genauen Pflichten und Rechtsfolgen bei Verstößen ohne eine Vereinbarung in Schriftform vage und unbestimmt und die Auslegung den Gerichten überlassen, wodurch in der Regel keiner Partei gedient ist. **15**

In LOIs wird eine gegebenenfalls bereits abgeschlossene Vertraulichkeitserklärung (siehe Rn 9 ff.) ersetzt und möglicherweise erweitert, der Verkäufer räumt dem Käufer zumindest üblicherweise temporär die Exklusivität der Verkaufsverhandlungen ein[10] und die Parteien vereinbaren Eckdaten einer durchzuführenden Due Diligence Prüfung (dazu siehe Rn 33 ff.). **16**

Primär- also Erfüllungsansprüche (etwa auf Abschluss eines endgültigen Verkaufs- und Übertragungsvertrages oder auf Aufnahme von Vertragsverhandlungen) begründet der Letter of Intent mangels Rechtsbindungswillens der Parteien nicht.[11] Gleichwohl bringen die potenziellen Vertragspartner durch ihn zum Ausdruck, ernsthaft an dem späteren Abschluss eines Kauf- und Übertragungsvertrages interessiert zu sein; was dort niedergelegt ist, stellt die Grundlage für weitere Vertragsverhandlungen dar, von der die Parteien später nicht ohne weiteres abrücken können. **17**

Rechtlich bedeutungslos ist der Letter of Intent indes nicht. Er begründet in der Regel gegenseitige Sorgfaltspflichten der Parteien als Sekundärpflichten, bei deren Verletzung sich die verletzende Partei schadensersatzpflichtig machen kann.[12] Dies gilt vor allem in Bezug auf die Haftung aus §§ 241 Abs. 2, 311 Abs. 2, 280, 281 BGB (früher: **culpa in contrahendo**).[13] Wer einem anderen gegenüber seine Absicht äußert, einen bestimmten Vertrag abzuschließen, macht sich schadensersatzpflichtig, wenn er den Vertrag dann aber ohne Grund doch nicht abschließt.[14] Das gilt in abgewandelter Form auch für formbedürftige, insbesondere beurkundungspflichtige, Rechtsgeschäfte.[15] Diese Schadensersatzpflicht soll sogar dann eintreten, wenn der die Absicht Erklärende zum Zeitpunkt der Erklärung zwar tatsächlich diese Absicht hatte, jedoch fahrlässig übersah, dass es tatsächliche oder rechtliche Gründe gab, die ihn von dem Vertragsabschluss abhielten.[16] Gesichert jedoch ist eine mögliche Schadensersatzpflicht dann, wenn der Käufer entweder von vornherein keine Erwerbsabsicht hatte oder diese später wegfällt und er dies dem Verkäufer nicht mitteilt, obwohl dieser weiterhin im Vertrauen auf den Vertragsabschluss disponiert und der Käufer davon Kenntnis hat. Der Vertragsabbruch muss sich daher als besonders schwerwiegender Treueverstoß darstellen, der in der Regel nur bejaht werden kann, wenn der Käufer eine tatsächlich nicht vorhandene Abschlussbereitschaft vortäuscht.[17] **18**

Der Letter of Intent beweist dabei sowohl die eingangs erwähnte Absichtserklärung als auch zählt er die Gründe, die zu einem Abbruch der Vertragsverhandlungen führen können, ab- **19**

---

9 Vgl. LG Paderborn MittRhNotK 2000, 441 für den Fall der Vereinbarung eines „Break-up fees" (s.u. Rn) für den Fall, dass im Vorfeld einer geplanten Verschmelzung eine Partei nicht die erforderlichen Beschlüsse fasst.
10 Krit. zur Rechtsprechung bei Verstößen gegen Exklusivitätsvereinbarungen *Tophoven*, BB 2010, 2919.
11 OLG Frankfurt/M., Urt. v. 9.7.1998 – 3 U 61/97 – n.v.; OLG Köln EWiR 1994, 533.
12 Zum Schadensersatz bei arglistiger Täuschung vgl. *Hübner*, Schadensersatz wegen Täuschung beim Unternehmenskauf, BB 2010, 1483; zu fehlerhaften Angaben auch *Kleinherz/Junk*, Die Haftung des Verkäufers für Falschangaben beim Unternehmenskauf, JuS 2009, 787.
13 Dazu ausführlich *Wertenbruch*, ZIP 2004, 1525 ff.
14 Palandt/*Heinrichs*, § 311 Rn 34 ff.; BGHZ 71, 395; NJW 1975, 1774.
15 OLG Stuttgart WM 2007, 1743.
16 RGZ 143, 219, 222; *Wertenbruch*, ZIP 2004, 1525, 1528.
17 BGH NJW 1975, 43.

schließend auf. Er ermöglicht damit dem Veräußerer als potenziellem Geschädigten, seiner Beweislast[18] im Falle des Abbruchs der Vertragsverhandlungen gerecht zu werden.

20   Ein Sonderfall der Haftung bei späterem Scheitern der Verkaufsverhandlungen, und in der Praxis immer häufiger anzutreffen,[19] ist der sogenannte **„Break-up Fee"** (teilweise auch als „Break Fee" bezeichnet[20]). Je nach konkreter Ausgestaltung kann er die Funktion einer Vertragsstrafe oder eines pauschalierten Schadensersatzes zu Gunsten der Partei übernehmen, deren Vertragspartner die Verhandlungen abbricht, wobei er an das Vorliegen von den Parteien grundsätzlich frei zu bestimmender Voraussetzungen geknüpft sein kann. Break-up Fees sollen eine Partei für die erheblichen bis zum Abbruch der Vertragsverhandlungen entstandenen Transaktionskosten kompensieren. Die vereinbarten Break-up Fees können daher beträchtliche Höhen erreichen.[21]

21   Je konkreter der Letter of Intent diese Sorgfaltspflichten statuiert, desto eher kann eine rechtliche Bindung in Bezug auf die Einhaltung dieser Pflichten angenommen werden.

---

22 Praxistipp
Es empfiehlt sich in der Praxis, in dem Letter of Intent klar zu stellen, dass dadurch keine Primärpflichten begründet werden sollen und an welche Sorgfaltspflichten sich die Parteien gebunden fühlen.[22] Sollen rechtlich verbindliche Regelungen und unverbindliche Absichtserklärungen aufgenommen werden, sollten diese ausdrücklich als solche bezeichnet werden. Entstammen die beiden potenziellen Vertragsparteien unterschiedlichen Rechtsordnungen (Auslandsberührung) ist empfehlenswert, ebenfalls aufzunehmen, welches Recht in dieser vorvertraglichen Phase anwendbar sein soll. Auch die Aufnahme einer Schiedsklausel ist zu empfehlen – alleine, um sich den Vorteil der Nicht-Öffentlichkeit des Schiedsverfahrens zu Nutze zu machen.

---

2. Vorvertrag

23   Eine weitere Form der vorvertraglichen **Fixierung des Verhandlungsstandes** neben der Punktation (Niederschrift wesentlicher Verhandlungsergebnisse, jedoch ohne rechtliche Bindung, § 154 Abs. 1 S. 2 BGB;[23] auch als „Memorandum of Understanding" bezeichnet) sowie der Option (dazu siehe Rn 28) ist der Abschluss eines Vorvertrages.

24   Die Parteien haben sich in diesem Fall über wesentliche Punkte so weit geeinigt, dass aus diesem Vertrag auf Abschluss des Hauptvertrags geklagt werden kann.[24] Eine solche Bindung wird in der Regel jedoch erst dann anzunehmen sein, wenn über Kaufgegenstand, Kaufpreis sowie wesentliche Nebenpunkte eine Einigung erzielt wurde.[25] Prozessual ist es dem Kläger in der Regel verwehrt, direkt auf Erfüllung des noch nicht abgeschlossenen Hauptvertrages zu klagen. Er muss zunächst auf Annahme eines von ihm vorgelegten Angebots und anschließend auf Vertragsdurchführung klagen.[26]

---

18 Palandt/*Heinrichs*, § 280 Rn 34.
19 *Hilgard*, Break-up Fees beim Unternehmenskauf, BB 2008, 286.
20 *Sieger/Hasselbach*, Break Fee-Vereinbarungen beim Unternehmenskauf, BB 2000, 625.
21 S. Übersicht bei *Sieger/Hasselbach* a.a.O. über Summen in angloamerikanischen Transaktionen zwischen US$ 400 und 2.000 Mio.
22 Vgl. auch die Musterformulierung bei Arens/*Oltmanns*, Gesellschaftsrecht, § 25 Rn 106.
23 OLG Oldenburg DB 1996, 2534; nach BGH WM 1981, 1140, 1142 begründet § 154 BGB gleichwohl nur eine Auslegungsregel, die in Einzelfällen auch durch die Umstände des Einzelfalls widerlegt werden kann.
24 BGH NJW 1990, 1234, 1235; MDR 1993, 341.
25 BGH NJW 1990, 1234.
26 BGH NJW 1986, 2820, 2821; WM 1971; zum notwendigen Inhalt des Klageantrages vgl. BGH DB 1994, 881.

Praxistipp   25

Um Streitigkeiten über das Maß der rechtlichen Bindung durch vorvertragliche Dokumente zu vermeiden, empfiehlt es sich eindeutig festzuhalten, ob bereits eine rechtliche Bindung gewollt ist (dann handelt es sich um einen Vorvertrag) oder nicht (dann handelt es sich um eine Punktation/ein „Memorandum of Understanding" oder nur einen Letter of Intent). Gegebenenfalls lassen sich in einem Dokument ausdrücklich rechtlich verbindliche und rechtlich unverbindliche Erklärungen von einander abgrenzen.

Der Vorvertrag beinhaltet für beide Seiten nicht unerhebliche Risiken für den Fall eines Rechts-   26
streits: Das Gericht könnte zum einen eine Bindungswirkung generell verneinen, da es dem Dokument die erforderliche Bestimmtheit abspricht; ferner könnte es die noch nicht detailliert geregelten Punkte in einer den Parteien nicht genehmen Art und Weise auslegen und somit eine Verbindlichkeit über das bezweckte Maß hinaus festlegen. Um diese Risiken vollständig zu vermeiden, müssen in der Regel bereits so viele Details geregelt werden, dass es **oftmals entbehrlich** erscheint, vor dem Hauptvertrag noch einen Vorvertrag zu verfassen. Diese Beweggründe mögen entscheidend dafür sein, dass im Rahmen von Unternehmenskäufen Vorverträge keine herausragende Bedeutung erlangt haben.

Vorsicht ist ferner geboten bei der **Form**: Unterliegt der Hauptvertrag einer bestimmten   27
Form (etwa: notarielle Beurkundung wegen des Erwerbs von Grundstücken oder GmbH-Anteilen), bedarf auch der Vorvertrag dieser Form.[27]

3. Option

Wie der Vorvertrag– und im Gegensatz zu Punktation und Letter of Intent– gehört auch der   28
Optionsvertrag bereits zu den Formen der Fixierung von Verhandlungsergebnissen, die rechtliche Verbindlichkeit begründen. Der Optionsvertrag geht dabei noch über den Vorvertrag hinaus. Er enthält ein verbindliches Angebot, welches den Kaufvertrag bereits vollumfänglich regelt. Der Optionsvertrag ist gesetzlich nicht ausdrücklich geregelt. Er wird in der Regel – je nach Ausgestaltung – als **befristetes Vertragsangebot** (§§ 145, 148 BGB) oder aufschiebend bedingter Vertrag einzuordnen sein. Der Abschluss eines bedingten Vertrages schützt gem. § 161 BGB vor Verfügungen des Optionsverpflichteten in der Schwebezeit und verhindert Zwangsvollstreckungsmaßnahmen in die bereits bedingt verfügten Gegenstände. Inhaltlich gewährt der Optionsvertrag dem Käufer (**Call-Option**) oder dem Verkäufer (**Put-Option**) eine einseitige Gestaltungsbefugnis, einen Vertrag herbeizuführen.

Die Motivationen zum Abschluss einer Optionsvereinbarung sind unterschiedlich. Einerseits   29
kann eine steuerliche Motivation ausschlaggebend sein, wenn etwa der Veräußerungszeitpunkt in einen späteren Veranlagungszeitraum fallen soll.

Dabei ist allerdings zu beachten, dass je weniger Spielraum eine Partei bei der Verhinde-   30
rung etwa der Call-Option hat, desto wahrscheinlicher ist, dass schon zum Zeitpunkt des Abschlusses des Optionsvertrages zumindest steuerlich das wirtschaftliche Eigentum an dem Kaufgegenstand übergeht und die steuerlichen Wirkungen auf diesen Zeitraum vorverlagert werden. So geht der Bundesfinanzhof[28] bei der Beurteilung des Übergangs des wirtschaftlichen Eigentums an Kapitalgesellschaftsanteilen bereits dann aus, wenn dem Erwerber aufgrund eines zivilrechtlichen Rechtsgeschäfts eine derart sichere Rechtsposition eingeräumt wird, dass diese ihm gegen seinen Willen nicht mehr entzogen werden kann und ihm in der Zwischenzeit die mit dem

---

27 BGH NJW 1986, 1983.
28 Vgl. die Darstellung bei *Kleinheisterkamp/Schell*, DStR 2010, 833.

Anteil verbundenen Rechte (insbesondere Stimm- und Gewinnbezugsrecht) eingeräumt werden und er das wirtschaftliche Risiko einer Wertminderung trägt.

31 Oft werden im Zuge von Unternehmenstransaktionen aber auch Optionsverträge abgeschlossen, um dem Käufer die Möglichkeit einer umfangreichen **Due Diligence-Prüfung** zu geben (dazu siehe Rn 33 ff.). Anschließend, so sieht dies der Optionsvertrag regelmäßig vor, wird der Verkäufer weitgehend von der Gewährleistung freigestellt.

---

32 **Wichtig**

Ein umfangreicher Gewährleistungsausschluss ist für den Käufer auch nach einer umfassenden Due Diligence ein großes Risiko. Sachmängel betreffen beim Unternehmenskauf oft Verluste aus schwebenden Geschäften oder größere Forderungsausfälle, die beim Abschluss des Unternehmenskaufvertrages noch nicht absehbar sind.[29] Sollte sich der Käufer auf eine solche Gestaltung gleichwohl einlassen, wird sich dies in der Regel in einem wesentlich niedrigeren Kaufpreis niederschlagen.

IV. Due Diligence

1. Begriff

33 Der **Begriff** der „Due Diligence" stammt ebenso wie der des „Letter of Intent" aus dem anglo-amerikanischen Rechtskreis.[30] Nach dem dort geltenden Grundsatz des *„caveat emptor"* ist es Sache des Käufers, die Kaufsache zu prüfen. Der redliche Verkäufer haftet ansonsten nicht für Mängel der Kaufsache. Due Diligence kann dabei übersetzt werden mit „gebotene" oder „erforderliche Sorgfalt". Gemeint ist damit jedoch kein Verschuldensmaßstab, wie man in Anlehnung an § 276 Abs. 2 BGB meinen könnte, sondern die Sorgfalt der Entscheidungsträger auf Seiten des Kaufinteressenten, ob und zu welchen Konditionen eine Unternehmenstransaktion stattzufinden hat. Es handelt sich bei der Due Diligence-Prüfung um eine Untersuchung des potenziellen Kaufobjektes durch den Käufer. Das zu akquirierende Unternehmen soll mindestens in wirtschaftlicher, rechtlicher und steuerlicher Hinsicht[31] durch den Käufer geprüft werden können.

2. Die Due Diligence-Prüfung im Ablauf der Transaktion

34 Durch die Untersuchung des Kaufunternehmens kommt der Käufer bestimmungsgemäß in Kontakt mit vielen sensiblen Daten. Aus diesem Grunde stimmt der Verkaufsinteressent einer Due Diligence-Prüfung seines Unternehmens in der Regel erst zu, wenn die Parteien bereits Vertraulichkeitserklärung und evtl. auch einen Letter of Intent ausgetauscht haben. In Einzelfällen, gerade wenn das kaufende Unternehmen zum Kreis der Wettbewerber des zu kaufenden Unternehmens gehört, findet die Due Diligence-Prüfung auch nach dem Abschluss des Kaufvertrages statt. In diesen Fällen wird sich der Käufer stärker absichern wollen und vertragliche Rücktrittsrechte sowie erweiterte Garantien einfordern, um sich vor unliebsamen Überraschungen zu schützen. Der Normalfall dürfte dennoch sein, die Due Diligence-Prüfung vor dem Entwerfen des Vertragstextes durchzuführen, da die Ergebnisse der Untersuchung direkten Einfluss auf die vertragliche Gestaltung der Gewährleistungspflichten haben (dazu siehe § 29 Rn 27 ff.).

---

29 Hölters/*Semler*, Teil VI Rn 82.
30 Zur Fachterminologie vgl. die umfassende Übersicht bei *Hanke/Socher*, Fachbegriffe aus M&A und Corporate Finance, Der Unternehmenskauf in der Due Diligence Phase, NJW 2010, 829.
31 Zum möglichen Umfang vgl. die Ausführungen bei Berens/Brauner/*Strauch*, S. 144 ff.

3. Ablauf von Due Diligence-Untersuchungen

Due Diligence-Prüfung gehören mittlerweile beim Unternehmenskauf zum Standard.[32] Man un- **35** terscheidet grob zwischen der betriebswirtschaftlichen („Commercial and Financial Due Diligence"), der rechtlichen („Legal Due Diligence") sowie der steuerlichen („Tax Due Diligence") Due Diligence-Prüfung, bei größeren Transaktionen gibt es weitere Unterteilungen. In der Regel liegt der Schwerpunkt bei Unternehmenstransaktionen auf den ersten beiden Verfahren. Der Käufer wird das zu kaufende Unternehmen vor allem in folgenden Bereichen untersuchen:

- Produktions- und Absatzstruktur,
- Lieferantenstruktur,
- Qualifikation der Mitarbeiter, Vergütungssystem, Interne Organisation,
- Unternehmensplanung sowie Geschichte des Unternehmens,
- Betriebswirtschaftliche Auswertungen, Analysen, Finanz- und Liquiditätspläne,
- Cash Flow-Übersicht, Investitionsüberlegungen,
- Monats-, Quartals- und Jahresabschlüsse,
- Aufbringung des Stamm- oder Grundkapitals, Leistung der Hafteinlage,
- Protokolle der Sitzungen von Unternehmensgremien,
- Eigentum an Produktionsgütern,
- Kreditverträge,
- Arbeitsverträge,
- Kooperationsverträge,
- Unternehmensverträge,
- Sonstige wesentliche vertragliche Verpflichtungen, vor allem Dauerschuldverhältnisse mit langer Laufzeit, mit Kündigungsmodalitäten und Leistungsverpflichtungen.

Wichtig **36**

Checklisten zur Durchführung einer Due Diligence können immer nur den Ausgangspunkt für die Überlegung darstellen, auf welche Faktoren hin das Zielunternehmen untersucht werden soll. Bei jedem einzelnen Punkt sollte überlegt werden, ob dessen Beachtung sinnvoll ist und ob dafür nicht andere, ggf. wichtigere Umstände ungeprüft bleiben. Eine falsche Gewichtung bei der Due Diligence bindet nicht nur unnötig Ressourcen der Beteiligten. Durch entbehrliche Untersuchungen entstehende Verzögerungen haben darüber hinaus nicht selten negativen Einfluss auf das gesamte Verhandlungsklima.

Die Prüfung geschieht zumeist in den Geschäftsräumen des zu übernehmenden Unternehmens, **37** da dies einen Transport der Geschäftsunterlagen überflüssig macht. Gleichwohl hat eine solche Vorgehensweise auch Nachteile. Es entsteht mitunter Unruhe unter den Mitarbeitern und es ist kaum mehr zu verbergen, dass der Unternehmer die Absicht hat, das Unternehmen zu veräußern. Um dies zu vermeiden, werden oft außerhalb des zu untersuchenden Unternehmens sog. Datenräume (**„Data Rooms"**) geschaffen, in denen die zu untersuchenden Unterlagen zusammengebracht werden. Diese Data Rooms werden zunehmend auch nur rein elektronisch errichtet, wodurch sich die Untersuchung weitestgehend unbemerkt von den Mitarbeiterinnen und Mitarbeitern des Zielunternehmens abwickeln lässt und eine Kontrolle des Zugangs und der Kenntnisnahme möglich ist.

Inhalte und Art und Weise der Durchführung des Due Diligence-Verfahrens variieren von **38** Fall zu Fall. Um die Vertragsverhandlungen von Spannungen zwischen den Parteien frei zu halten und einen reibungslosen Ablauf des Verfahrens zu gewährleisten, empfiehlt es sich, Art und Umfang der Due Diligence vorher schriftlich (etwa im **Letter of Intent**) festzulegen. Dabei sollten auf beiden Seiten **Ansprechpartner** benannt werden.

---

32 *Rödder/Hötzel/Mueller-Thuns*, § 3 Rn 34.; *Westermann*, ZHR 169 (2005), 248 ff.

39   Welche **Rechtsfolgen** ein durchgeführtes oder gar auf Wunsch des Käufers unterlassenes Due Diligence-Verfahren für beide Seiten hat, ist nicht endgültig entschieden.[33] Die Literatur scheint inzwischen davon auszugehen, dass bei freiwilligem Verzicht auf eine Due Diligence dem Käufer zumindest grundsätzlich ein Mitverschulden angelastet werden kann.[34] Eine durchgeführte Due Diligence beeinflusst jedoch in jedem Fall beide Kaufvertragsparteien. Der Käufer wird oft darauf bestehen, dass der Verkäufer für die im Rahmen der Prüfung festgestellten Umstände eine Garantie übernimmt, um eine nachteilige Abweichung bis zum Closing zu verhindern. Aber auch die Rechte des Käufers können durch das Due Diligence-Verfahren beeinträchtigt sein. Zwar trifft im Gegensatz zum angloamerikanischen Zivilrecht (siehe Rn 33) im deutschen Zivilrecht den Käufer keine Pflicht, den Kaufgegenstand zu untersuchen (mit Ausnahme von § 377 HGB, welcher allerdings erst nach Übergabe der Kaufsache greift), jedoch kann der Käufer seine Mängelansprüche gem. § 442 Abs. 1 BGB verlieren, wenn er den Mangel kennt oder grob fahrlässig nicht kennt (siehe § 29 Rn 29 ff.).

40   Anknüpfungspunkt ist hier § 442 Abs. 1 S. 2 BGB. Selbst wenn sich der Käufer jedoch für die Durchführung einer Due Diligence entscheidet, kann sich der Verkäufer unter Umständen auf die Vorschrift berufen, wenn er im Gewährleistungsprozess nachweisen kann, dass der Mangel aus den im Rahmen der Due Diligence übergebenen Dokumenten erkennbar gewesen wäre. Insbesondere bei größeren Transaktionen, in denen die im Rahmen der Due Diligence überlassenen Dokumente oftmals mehrere Meter Aktenregal füllen, stellt es ein erhebliches Risiko für den Käufer dar, in den umfangreichen Unterlagen einen Hinweis auf den späteren Mangel zu übersehen.

---

41 **Praxistipp**
Um der Problematik der Anwendbarkeit von § 442 Abs. 1 S. 2 BGB auf die Due Diligence auszuweichen, sollten die für den Käufer wesentlichen Eigenschaften des Unternehmens über selbständige Garantien des Verkäufers inklusive der Bestimmung der Rechtsfolgen bei Verletzung dieser Garantien abgesichert werden.

---

42 Auch auf die Vertragsverhandlungen der Parteien ist die Due Diligence-Untersuchung von Einfluss. Ist der Verkäufer sehr zurückhaltend bei der Gewährung von Einsicht in sein Unternehmen, so wird der Käufer mehr Garantien und insgesamt eine umfangreichere Gewährleistung verlangen oder vom Erwerb gänzlich Abstand nehmen.

4. Informationsbeschaffung durch Organe des zu übernehmenden Unternehmens

43 Zum Zeitpunkt der Durchführung der Due Diligence-Untersuchung handelt es sich bei dem **Kaufinteressenten** aus Unternehmenssicht um einen **fremden Dritten**. Grundsätzlich entspricht es jedoch nicht den Interessen eines Unternehmens, dass Dritte genaue Kenntnis interner Vorgänge haben, die bislang nicht veröffentlicht wurden. Diesem Schutzbedürfnis trägt das Gesetz an verschiedenen Stellen dadurch Rechnung, dass es **Verschwiegenheitspflichten** der verantwortlichen Personen und Organe statuiert und bei deren Verletzung unter Umständen mit Schadensersatzansprüchen oder strafrechtlichen Sanktionen droht (vgl. §§ 93 Abs. 1, 2, 404 AktG für die AG).

44   Der Vorstand der AG[35] kann gleichwohl im Zuge einer sich anbahnenden Transaktion Informationen weitergeben, solange er dabei die **Sorgfalt** eines ordentlichen und gewissenhaften Ge-

---

33 Dazu Berens/Brauner/*Picot*, S. 241.
34 *Hasselbach/Ebbinghaus*, DB 2012, 216, 221.
35 Dazu ausführlich auch *Hemeling*, ZHR 169 (2005), 274, 278 ff., 286 ff.; *Rittmeister*, NZG 2004, 1032.

Wigginghaus

schäftsleiters anwendet.[36] Eines Beschlusses der Hauptversammlung soll es dafür in der Regel nicht bedürfen.[37] Für die GmbH gibt es keine entsprechende Regelung im GmbHG, jedoch gelten die Vorschriften des Aktienrechts hier analog.[38] Die Herausgabe von Informationen im Rahmen einer Unternehmenstransaktion ist eine außergewöhnliche Maßnahme, die von der regulären Geschäftsführungsbefugnis mangels anderweitiger Regelung in der Satzung der Gesellschaft nicht gedeckt ist und daher in der Regel eines Beschlusses der Gesellschafterversammlung bedarf.[39]

5. Umfang der Angaben

Grundsätzlich gilt: die Angaben, die durch das zu veräußernde Unternehmen gemacht werden, müssen zutreffen. Bei der Information des potenziellen Käufers handelt es sich um eine leistungsbezogene Nebenpflicht, deren schuldhafte Verletzung den Verkäufer schadensersatzpflichtig macht.[40] Denn obgleich im Grundsatz bei gegenseitigen Verträgen jeder Vertragspartner selbst für sich zu prüfen hat, ob das abzuschließende Rechtsgeschäft für ihn vorteilhaft oder nachteilig ist, trifft einen Vertragspartner auch eine Pflicht zum Hinweis auf für den anderen Teil nachteilige Umstände, soweit dieser von ihm diesen Hinweis erwarten durfte.[41] **45**

Vielfach werden dem Verkäufer vom Käufer **Check-Listen** vorgelegt.[42] Hier ist jedoch Vorsicht geboten, es gilt das bereits zu Due Diligence-Checklisten Ausgeführte: Jedes Unternehmen ist im Hinblick auf Chancen und Risiken, innere Struktur und äußere Ausrichtung einzigartig. Bei ungeprüfter Übernahme vorgefertigter Checklisten besteht die Gefahr, dass übersehen wird, nach wichtigen Informationen zu fragen oder dass der Verkäufer durch die Pflicht zur Beantwortung offenkundig irrelevanter Fragen verstimmt ist. Ersteres gefährdet die Sorgfalt der Transaktion, letzteres das Verhandlungsklima. **46**

Praxistipp
Zum Teil wird auch geltend gemacht, der Käufer, der Check-Listen vorlege, gebe damit zu erkennen, dass sich sein Interesse an der Aufklärung auf die aufgeführten Einzelfragen reduziere. Er trage damit die Verantwortung für Mängel, die bei einer über die Check-Liste hinausgehenden Untersuchung erkennbar gewesen wären. Hier kann ein Hinweis darauf helfen, dass die übergebene Check-Liste nicht abschließend ist.
47

---

6. Due Diligence Reports

Insbesondere bei größeren Transaktionen wird der beratende Anwalt häufig gebeten werden, seine aus der Due Diligence erlangten Erkenntnisse in einem Memorandum oder einem Due Diligence Report niederzulegen. Ein solcher Report wird insbesondere dann vom Käufer verlangt werden, wenn es sich nicht um mittelständische, inhabergeführte Unternehmen handelt und die Entscheidung über das Investment die Genehmigung eines weiteren Gremiums im Käuferunternehmen bedarf. **48**

Geschriebene Standards sind für solche Reports in der Regel nicht einzuhalten[43] und der konkrete Inhalt wird sich an den Anforderungen des Mandanten orientieren. Insbesondere **49**

---

36 *Rödder/Hötzel/Mueller-Thuns*, § 3 Rn 71 ff.
37 *Rödder/Hötzel/Mueller-Thuns*, § 3 Rn 71.
38 *Lutter/Hommelhoff*, GmbHG, § 43 Rn 9.
39 *Rödder/Hötzel/Mueller-Thuns*, § 3 Rn 59 ff.; *Lutter/Hommelhoff*, GmbHG, § 43 Rn 9.
40 BGH NJW 1992, 2564; BGH NJW-RR 1996, 429.
41 BGH GmbHR 2001, 516, NJW-RR 1996, 429; WM 2002, 446ff.
42 Vgl. ein Muster für eine solche Check-Liste bei Arens/*Oltmanns*, § 25 Rn 107 sowie bei *Berens/Brauner/Strauch*, S. 269.
43 Vgl. aber die Darstellung einer möglichen Struktur bei *Elfring*, JuS 2007, 3.

dann, wenn das entscheidende Gremium im Ausland ansässig ist, kann dadurch eine dem ersten Anschein nach rein nationale Transaktion grenzüberschreitenden Charakter bekommen, was sich auf Form, Inhalt und auch Haftung erheblich auswirken kann. Vor Abfassen eines solchen Reports sind die gewünschten Untersuchungsbereiche mit dem Mandanten möglichst detailliert zu regeln.

---

50 **Wichtig**

Die Haftungsgefahren, die durch Abfassen des Reports dem Anwalt drohen, dürfen nicht unterschätzt werden. Daher ist auf jeden Fall vor Abgabe sicherzustellen, dass der Bericht auch der vor jedem Unternehmenskauf abzuschließenden Haftungsbegrenzungsvereinbarung unterfällt. Besonders in Konzernstrukturen ist entweder durch schriftliche Vereinbarung oder durch einen entsprechenden Disclaimer im Bericht selbst sicherzustellen, dass der Anwalt nicht später von Dritten (Mandantin ist in der Regel nicht die Mutter-, sondern die kaufende Tochtergesellschaft) unbegrenzt in Anspruch genommen werden kann. Dass ein Vertragsverhältnis zwischen dem Anwalt und der Konzernmutter in der Regel nicht besteht, kann etwa für die Haftung nach **§ 311 Abs. 3 S. 2 BGB** (Inanspruchnahme besonderen Vertrauens) irrelevant sein.

Dr. Nils Wigginghaus
§ 28 Arten des Unternehmenskaufs

Literatur: *Berg*, Abzugsfähigkeit von Transaktionskosten, JbFfSt 2002/2003, 243; *Beisel/Klumpp*, Der Unternehmenskauf, 6. Aufl. 2009; *Boch*, Neuere Entwicklungen bei der steuerlichen Verlustnutzung im Falle eines Share Deals, Forum Unternehmenskauf 2004, 271; *Bomhard/Dettmeier/Fischer*, Immobilienerwerb und -veräußerung im Wege des Share Deal, BB Beilage 2003, Nr. 1, 1; *Brück/Sinewe*, Steueroptimierter Unternehmenskauf, 2. Aufl. 2010; *Elser*, Asset deal versus share deal – Steuerlicher Vorteilhaftigkeitsvergleich und Preiswirkungen, DStR 2002, 1827; *Gran*, Abläufe bei Mergers & Acquisitions, NJW 2008, 1409; *Hettler/Stratz/Hörtnagl*, Unternehmenskauf, 2004; *Holtzapfel/Pöllath*, Unternehmenskauf in Recht und Praxis, 14. Aufl. 2010; *Hölters*, Handbuch Unternehmenskauf, 7. Aufl. 2010; *Hülsmann*, Die Steuerklausel im Unternehmenskaufvertrag, DStR 2008, 2402; *Knott/Mielke*, Unternehmenskauf, 4. Aufl. 2012; *Löffler*, Tax Due Diligence beim Unternehmenskauf, 2002; *Lüdicke/Sistermann*, Unternehmensteuerrecht, 1. Aufl. 2008, (§ 14 Unternehmensverkauf/Gesellschafterwechsel); *Hötzel*, Unternehmenskauf und Steuern, 2. Aufl. 2002; *Meyering*, Ermittlung der Anschaffungskosten im Rahmen der Bewertung gem. § 6 Abs. 1 Nr. 7 EStG, DStR 2008, 1008; *Nattkämper/Scholz*, Vorsteuerabzug bei der Veräußerung von Beteiligungen – Zugleich Anmerkung zum EuGH-Urteil vom 29.10.2009 in der Rechtssache AB SKF, IstR 2010, 515; *Ott*, Steuerliche Aspekte beim Kauf und Verkauf von Personengesellschaften und Mitunternehmeranteilen, UM 2003, 52; *Ott*, Kauf und Verkauf von Anteilen an Kapitalgesellschaften im Steuerrecht, UM 2003, 166; *Peemöller*, Asset Deal und Share Deal als Gestaltungsformen des Unternehmenskaufs, UM 2005, 127; *Peter/Graser*, Zu kurz gegriffen: Due Diligence-Kosten als Anschaffungsnebenkosten beim Beteiligungserwerb, DStR 2009, 2032; *Picot*, Unternehmenskauf und Restrukturierung, 3. Aufl. 2004; *Preißer/Bressler*, Bilanzierungsfragen beim negativen Geschäftswert im Falle des Share Deal, BB 2011, 427; *Preißer/Preißer*, Negativer Geschäftswert beim Asset Deal – Handelsrechtliche Überlegungen unter Einbeziehung der Steuersituation der Beteiligten, DStR 2011, 133; *Pyszka*, Vorsteuerabzug beim Beteiligungserwerb: Auswirkungen einer Verschmelzung von Akquisitions- und Zielgesellschaft, DStR 2011, 1013; *Rödder/Hötzel/Mueller-Thuns*, Unternehmenskauf Unternehmensverkauf, 1. Aufl. 2003; *Rödder/Schumacher*, Der Regierungsentwurf eines Gesetzes zur Fortentwicklung des Unternehmenssteuerrechts, DStR 2001, 1634 (Teil 1), DStR 2001, 1685 (Teil 2); *Rödder/Schumacher*, Unternehmenssteuerfortentwicklungsgesetz: Wesentliche Änderungen des verkürzten Gesetzes gegenüber dem Regierungsentwurf, DStR 2002, 105; *Schaumburg*, Unternehmenskauf im Steuerrecht, 3. Aufl. 2004; *Scheffler*, Veräußerung von Kapitalgesellschaften aus steuerlicher Sicht – Share Deal oder Asset Deal?, StUW 2001, 293; *Schiffers*, Behalte- und Nachversteuerungsfristen beim Unternehmenskauf, GmbH-StB 2003, 71; Schmidt-Hern/Behme, Mehrerlösklauseln in Unternehmenskaufverträgen, NZG 2012, 81; *Stiller*, Unternehmenskauf im Wege des Asset-Deal, BB 2002, 2619; *Schulze zur Wiesche*, Betriebsveräußerung, Gesellschafterwechsel und Betriebsaufgabe im Steuerrecht, 8. Aufl. 2002; *Wegener*, Asset Deal versus Share Deal, ErbBstg 2001, 274; *Weigl*, Grundlagen eines Unternehmenskaufs insbesondere aus steuerlicher Sicht, BB 2001, 2188, *Weitnauer*, Der Unternehmenskauf nach neuem Kaufrecht, NJW 2002, 2511; *Zugmaier*, Der Share Deal in der Umsatzsteuer, DStR 2009, 882.

I. Grundsätzliches

1 Unternehmen können grundsätzlich entweder im Wege des sog. **„Asset Deals"** oder des sog. **„Share Deals"** veräußert bzw. übertragen werden. Beim Asset Deal werden einzelne Wirtschaftsgüter des Unternehmens von dem alten Rechtsträger auf den neuen Rechtsträger überführt. Die Übertragung folgt den für jedes einzelne Wirtschaftsgut separat zu bestimmenden Vorschriften. Grundlage für den „Share Deal" ist ein Kauf- und Übertragungsvertrag über eine **gesellschaftsrechtliche Beteiligung** (Gesellschaftsanteile an einer Personengesellschaft, Geschäftsanteile an einer GmbH oder Aktien an einer AG). Während beim Asset Deal der Rechtsträger (hier: die Gesellschaft) Verkäufer ist, sind beim Share Deal die Gesellschafter Vertragspartei und damit Empfänger des Kaufpreises.

II. Asset Deal

2 Wird der Asset Deal als Übertragungsform gewählt, so müssen alle **einzelnen Wirtschaftsgüter** (Sachen, Rechte, immaterielle Vermögensgegenstände, Arbeitsverhältnisse, Verträge) und ggf. Verbindlichkeiten nach den jeweils für sie geltenden Vorschriften übertragen werden.[1] Dies hat Rückwirkungen auf das zugrunde liegende schuldrechtliche Geschäft, wie dies etwa bei der Veräußerung von Grundstücken oder GmbH-Anteilen der Fall ist. Hier gelten besondere Formvorschriften (§ 311b BGB, § 15 GmbHG), die gewahrt werden müssen. Aufgrund der erforderlichen Einzelübertragung der Wirtschaftsgütern ist der Asset Deal für den anwaltlichen Berater in der Regel aufwändiger, da beim Share Deal lediglich die Geschäftsanteile übertragen werden müssen.

---

3 **Praxistipp**
Im Zweifel empfiehlt es sich trotz der unter Umständen möglichen Heilungsvorschriften, den Unternehmenskaufvertrag insgesamt notariell zu beurkunden, da insbesondere dann, wenn sich Grundstücke oder andere nur formbedürftig zu übertragende Vermögensgegenstände im zu übertragenden Vermögen befinden nach der Grundregel des § 125 BGB der gesamte Kaufvertrag (also auch das beurkundete Rechtsgeschäft) unwirksam ist, wenn, was anzunehmen ist, beurkundetes und nicht beurkundetes Rechtsgeschäft eine wirtschaftliche Einheit bilden. Besondere Vorsicht ist daher bei Nebenabreden geboten („Sideletters").

---

4 Die Übertragung geschieht in der Weise, dass der Vermögenswert von einem Rechtsträger losgelöst und auf einen anderen übertragen wird. Der ursprüngliche Rechtsträger bleibt erhalten. Je nach übertragenem Vertragsgegenstand ist der Asset Deal **entweder Sach- oder Rechtskauf** (§ 433 Abs. 1 S. 1 BGB oder § 453 Abs. 1 BGB). Besteht der Verkaufsgegenstand sowohl aus Sachen als auch aus Rechten, so steht der Erwerb des Unternehmens einem Sachkauf gleich.[2]

5 Bei dem Eintritt des Erwerbers in vertragliche Verpflichtungen mit Dritten (z.B. Miet- und Lieferverträge, Forderungen, Kooperationsverträge) ist zu prüfen, ob es der Zustimmung des Vertragspartners oder dieses Dritten bedarf, was die Regel ist. Wird die Zustimmung nicht erteilt, so kann der Verkäufer seiner vertraglichen Hauptleistungspflicht nicht nachkommen, der Vertrag droht zu scheitern.

---

1 BGH NJW 1968, 392.
2 BGHZ 85, 367, 370.

Wigginghaus

Insbesondere bei der Übertragung produzierender Unternehmen kann die Übertragung einzel- **7** ner Wirtschaftsgüter problematisch sein, deren Eigentum Dritten zur Sicherheit übertragen wurde oder die noch unter Eigentumsvorbehalt Dritter stehen. Über die sich hieraus ergebenden Probleme der Nichtberechtigung kann unter Umständen der **Gutglaubenserwerb** hinweghelfen (§§ 932 ff. BGB). Zwar ist dem anwartschaftsberechtigten Vorbehaltskäufer grundsätzlich die Verfügung über den Gegenstand im Rahmen des normalen Geschäftsgangs erlaubt. Der **Verkauf des Unternehmens** stellt aber **keine Transaktion im Rahmen des normalen Geschäftsgangs** dar,[3] so dass der Unternehmensverkäufer im Zweifel als Nichtberechtigter verfügt. Ob der Erwerber aufgrund der Ergebnisse einer ggf. durchgeführten Due Diligence bösgläubig ist, oder gar aufgrund der Eigenart des Geschäfts grob fahrlässig handelte (§ 932 Abs. 2 BGB), ist eine Frage, die beträchtliche Rechtsunsicherheit bietet. Insofern empfiehlt sich grundsätzlich in diesen Fällen eine Verständigung mit dem Vorbehaltsverkäufer.

Weitere Besonderheiten gelten bei der Übertragung von immateriellen Vermögenswerten **8** oder Gesellschaftsbeteiligungen, für die gesetzliche Sonderregelungen gelten (z.B. § 30 Abs. 3 PatG, § 27 Abs. 3 MarkenG; § 15 Abs. 3 GmbHG).

In Bezug auf alle zukünftigen Verpflichtungen des zu kaufenden Unternehmens gilt, dass in **9** der Regel nicht alle Verbindlichkeiten, die in Zukunft entstehen oder entstehen können, zum Zeitpunkt des Vertragsschlusses bekannt sind. Trifft der Unternehmenskaufvertrag keine andere Regelung, gilt gem. §§ 446 Abs. 1, 451, 103 BGB, dass derjenige für die Verbindlichkeiten zu haften hat, der zum Zeitpunkt der Fälligkeit der Forderung der Inhaber des schuldenden Unternehmens ist. Ist diese Rechtsfolge nicht gewünscht, sollte in den Kaufvertrag eine Freistellungsverpflichtung durch den Verkäufer aufgenommen werden.

III. Share Deal

Gegenstand des Share Deals sind in der Regel Geschäftsanteile einer GmbH, Aktien einer AG **10** oder Anteile an Personengesellschaften. Der Share Deal ist unstreitig zumindest dann nicht Sachkauf, sondern **Rechtskauf** i.S.v. § 453 Abs. 1 BGB, wenn nicht das **gesamte** Unternehmen in seiner Sach- und Rechtsgesamtheit durch die Übertragung sämtlicher Geschäftsanteile auf den Erwerber übergeht.[4] Da es nicht erheblich sein kann, ob lediglich unwesentliche Geschäftsanteile bei den veräußernden Gesellschaftern verbleiben, ist umstritten, ab welcher übernommenen **Beteiligungsquote** das „Gesamte Unternehmen" als übertragen gilt. Die Unterscheidung ist nach neuer Rechtslage jedoch aufgrund der identischen Rechtsfolgen gem. § 453 Abs. 1 BGB von wenig praktischer Relevanz.[5] Maßgeblich dürfte sein, dass der Käufer seine Vorstellungen in der

---

3 Hölters/*Semler,* Teil VI Rn 77.
4 *Rödder/Hötzel/Mueller-Thuns,* § 1 Rn 8.
5 A.A. *Rödder/Hötzel/Mueller-Thuns,* § 9 Rn 50, die ausführen, die Unterscheidung zwischen dem Kauf von Sachen, Rechten oder sonstigen Gegenständen sei nach wie vor relevant zur Bestimmung des Umfangs der geschuldeten Sachmängelgewährleistung. Dem ist nicht beizupflichten, der Umfang der Sachmängelgewährleistung ist Rechtsfolge der §§ 434 ff. BGB. Diese sind aber kraft eindeutiger Regelung in § 453

Gesellschaft ohne Probleme durchsetzen kann und das Unternehmen leitet.[6] Lediglich diejenigen, die bei dem Ankauf von Minderheitsbeteiligungen ohne Verschaffung der unternehmerischen Leitung sowohl das Sachmängelrecht selbst als auch dessen entsprechende Anwendung ablehnen,[7] kommen auch in der Rechtsfolge zu anderen Ergebnissen. Dies hat die Folge, dass die Haftung nach c.i.c. (Rechtszustand vor In-Kraft-Treten des Schuldrechtsmodernisierungsgesetzes zum 1.1.2002) bzw. §§ 311 Abs. 2, 280 Abs. 1 BGB n.F. angewendet werden muss, das Rücktrittsrecht gem. § 434 Nr. 2 BGB stünde dem Käufer folglich nicht zu.

11   Obwohl beim Share Deal der Unternehmensträger grundsätzlich unverändert bleibt und einzelne Rechte nicht übertragen werden müssen, empfiehlt es sich dringend, im Rahmen der Due Diligence etwa besonders wichtige Verträge auf sog. „**Change of Control**" Klauseln hin durchzuschauen. Diese geben den Vertragspartnern unter Umständen ein Sonderkündigungsrecht des Vertrages, wenn sich auf Seiten der Zielgesellschaft die Gesellschafterstruktur ändert.

12   Sofern, wovon hier ausgegangen wird, das gesamte Unternehmen erworben wird, wird die in der Regel notwendige Zustimmung der übrigen Gesellschafter beim Share Deal keine größeren Probleme bereiten. Seit Geltung des MoMiG kennt das GmbH-Recht auch den gutgläubigen **Erwerb eines Geschäftsanteils an einer GmbH vom Nichtberechtigten**, sofern der Inhaber seit mehr als drei Jahren in der Gesellschafterliste eingetragen und dem wahren Berechtigten die Unrichtigkeit der Gesellschafterliste zuzurechnen ist (§ 16 Abs. 3 GmbHG).

13   Wird eine Beteiligung erworben, so ist im Kauf- und Übertragungsvertrag zu regeln, was mit Gewinnansprüchen zu geschehen hat. Unausgeschüttete Gewinne gehen ansonsten an den jeweiligen Gesellschafter über, da das Gewinnbezugsrecht mit der Gesellschafterstellung untrennbar verknüpft ist.

IV. Häufige Genehmigungs- und Zustimmungserfordernisse

14 Unabhängig von der Art des Unternehmenskaufs können verschiedene Genehmigungs- sowie Zustimmungserfordernisse auftreten, die bei der Abwicklung zu beachten sind. Insbesondere dann, wenn das Unternehmen praktisch das ganze Vermögen des Veräußerers darstellt, ist auch bei ansonsten nicht formbedürftigen Geschäften die notarielle Form gem. § 311b Abs. 3 BGB zu beachten. Lebt der Veräußerer im gesetzlichen Güterstand, so ist ferner § 1365 BGB zu beachten – der Ehegatte muss der Veräußerung zustimmen. Weitere Zustimmungserfordernisse können sich bei der Beteiligung Minderjähriger oder in bestimmten erbrechtlichen Konstellationen ergeben.

V. Steuerrecht

15 Das Steuerrecht des Unternehmenskaufs ist wichtig, aber leider sehr kurzlebig. Mit der Steuerreform 2001 sind die bis dahin bekannten Modelle zur Optimierung insbesondere eines Share Deals[8] hinfällig geworden. Nachfolgend wird der Stand zum 1. Mai 2012 wiedergegeben.

Abs. 1 BGB sowohl auf Kaufverträge über Sachen, über Rechte und sonstige Gegenstände anwendbar. Lediglich die Voraussetzungen für die Annahme eines Mangels sind unterschiedlich zu bestimmen, denn beim Share Deal ist fraglich, unter welchen Umständen ein Mangel des Unternehmens auch einen Mangel an dem Anteilsrecht bedeutet. Dies hängt nach h.M. von dem o.g. Maß der Beteiligung ab.

6 *Rödder/Hötzel/Mueller-Thuns*, § 1 Rn 9.

7 *Weitnauer*, NJW 2002, 2511, 2515.

8 Zu diesen Modellen: *Hötzel*, S. 167 ff.; *Löffler*, S. 284 ff.

Die steuerliche Behandlung des Unternehmenskaufs hängt grundsätzlich von der Erwerbs- **16** form ab. Wie bereits dargestellt, kann ein Unternehmen im Wege des „Asset Deals" oder im Wege des „Share Deals" erworben werden. Diese Erwerbsformen sind unabhängig von der Rechtsform des zu kaufenden Unternehmens. Besonderheiten ergeben sich allerdings aus der Eigenart der steuerlichen Behandlung der Personengesellschaften. Deshalb ist der Erwerb einer Beteiligung an einer **Personengesellschaft** steuerlich als **Asset Deal** und nicht als Share Deal zu behandeln.[9] Die steuerliche und handelsrechtliche Bilanzierung des Erwerbs von Anteilen an Personengesellschaften weichen erheblich voneinander ab, denn das Handelsrecht behandelt den Anteil an Personengesellschaften als selbständigen Vermögensgegenstand während das Steuerrecht in einem Personengesellschaftsanteil kein bilanzierungsfähiges Wirtschaftsgut sieht.[10]

1. Grundsätzlicher Unterschied zwischen Asset Deal und Share Deal
a) Asset Deal
Der Asset Deal erfolgt durch den Erwerb einzelner Wirtschaftsgüter im Wege der Einzelrechts- **17** nachfolge. Daran knüpft das Steuerrecht an und behandelt ihn im Grundsatz nicht anders als den Erwerb der einzelnen Wirtschaftsgüter. Die Wirtschaftsgüter sind deshalb mit den Anschaffungskosten[11] des Erwerbers in dessen Bilanz anzusetzen. Zu den Anschaffungskosten gehören auch die Anschaffungsnebenkosten wie Beraterhonorare, Maklercourtagen, Vermittlungs- oder Notargebühren, Gutachterhonorare, Verkehrsteuern.[12]

Anders als beim Erwerb der einzelnen Wirtschaftsgüter wird im Unternehmenskaufvertrag **18** jedoch in der Regel nur ein einheitlicher Kaufpreis ausgewiesen.[13] Dieser muss nun aufgeteilt werden. Nach der Rechtsprechung des BFH geschieht dies in Stufen („Stufentheorie"):[14]
- Aktivierung des Teilwertes[15] der gekauften Wirtschaftsgüter;
- Aktivierung immaterieller Wirtschaftsgüter (inbesondere vom Veräußerer selbstgeschaffene, die bei ihm nicht aktivierbar waren, § 248 Abs. 2 HGB;
- Aktivierung eines Geschäfts- oder Firmenwertes als Residualgröße.[16]

Der Erwerber kann auf der Basis der nach der Stufentheorie ermittelten Wertansätze die Wirt- **19** schaftsgüter abschreiben. Der Geschäfts- und Firmenwert wird dabei steuerlich gem. § 7 Abs. 1 S. 3 EStG über einen Zeitraum von 15 Jahren abgeschrieben.[17] Der Veräußerer muss den aus der Veräußerung erzielten Gewinn, d.h. die Differenz zwischen den Buchwerten der veräußerten Wirtschaftsgüter und dem Kaufpreis, versteuern.

---

9 *Rödder/Hötzel/Mueller-Thuns*, § 27 Rn 2.
10 Beck'scher Bilanzkommentar/*Grottel/Gadek*, 8. Aufl. 2012, § 255 Rn 141 a.E.
11 *Hötzel*, S. 22 f.
12 *Hötzel*, S. 9; Lüdike/Sistermann,*Naujok*, Unternehmensteuerrecht, 1. Aufl. 2008, § 14 Rn 32.
13 Beck'scher Bilanzkommentar/*Grottel/Gadek*, 8. Aufl. 2012, § 255 Rn 81; Lüdike/Sistermann/*Blaas*, Unternehmensteuerrecht, 1. Aufl. 2008, § 14 Rn 145. Ist vom Käufer eine bestimmte Aufteilung des Kaufpreises gewollt, sollte dies im Kaufvertrag vereinbart werden.
14 Zur Stufentheorie ausführlich: *Herzig*, DB 1990, 134.
15 Lüdike/Sistermann/*Blaas*, Unternehmensteuerrecht, 1. Aufl. 2008, § 14 Rn 151.
16 In ganz seltenen Ausnahmefällen kann ein Sofortabzug vorgenommen werden, wenn es einen Firmenwert nachweislich nicht gibt (Bsp.: Ausscheiden eines lästigen Gesellschafters).
17 *Rödder/Hötzel/Mueller-Thuns*, § 27 Rn 26; Beck'scher Bilanzkommentar/*Winkeljohann/Taetzner/Kozikowski/Roscher/Andrejewski*, 8. Aufl. 2012, § 253 Rn 675 (zur Steuerbilanz) und Rn 672 (zur Handelsbilanz).

b) Share Deal

20 Steuerlich kann ein Share Deal nur der Erwerb von Anteilen an einer Kapitalgesellschaft sein, denn der Erwerb von Anteilen an einer Personengesellschaft wird steuerlich immer als Asset Deal behandelt. Beim Share Deal bleiben die einzelnen Wirtschaftsgüter der Kapitalgesellschaft unberührt. Lediglich die Anteile werden übertragen. Deshalb werden auch nur diese beim Erwerber bilanziert, und zwar den Anschaffungskosten.[18] Die Anschaffungskosten setzen sich aus dem gezahlten Kaufpreis und den gegebenenfalls übernommenen (privaten) Verbindlichkeiten zusammen.[19] Dabei werden jedoch nur solche Verbindlichkeiten berücksichtigt, die hinreichend konkretisiert sind. Bürgschaften führen deshalb nur dann zu erhöhten Anschaffungskosten, wenn eine Inanspruchnahme erfolgt ist.[20] Die Beteiligung kann vom Erwerber nicht abgeschrieben werden. Der Veräußerer hat den Gewinn, d.h. die Differenz zwischen dem Buchwert der Beteiligung und dem Kaufpreis, nach dem Halbeinkünfteverfahren zu versteuern.

c) Beispielsrechnung

21 Der ertragssteuerliche Unterschied zwischen einem Share und einem Asset Deal soll an einer sehr vereinfachten Beispielsrechnung deutlich gemacht werden: V ist verheiratet und hält sämtliche Geschäftsanteile an der T-GmbH. Der Buchwert seiner Beteiligung beträgt 100.000. Die von der T-GmbH verkauften Wirtschaftsgüter haben einen Buchwert von 100.000. K möchte 2012 die T-GmbH zu einem Kaufpreis von 1.100.000 erwerben und schlägt einen Asset Deal vor. V möchte wissen, ob das für ihn im Vergleich zum Share Deal akzeptabel ist. Dabei soll unterstellt werden, dass im maßgeblichen Veranlagungszeitraum weder von der T-GmbH noch von V weiteres Einkommen erzielt wurde. Herr V gehört keiner Kirche an. Anschaffungsnebenkosten sind nicht entstanden.

aa) Asset Deal

22	1.	Kaufpreis	1.100.000	
		./. Buchwert erworbene Wirtschaftsgüter	100.000	
		Veräußerungsgewinn		1.000.000
	2.	**Steuern auf Ebene der GmbH**		
		Der Veräußerungsgewinn stellt einen laufenden Gewinn der GmbH dar.		
	2.1	Gewerbesteuer (Hebesatz 400%)	140.000	
	2.2	Körperschaftsteuer (15%)	150.000	
	2.3	Solidaritätszuschlag (5,5% der KSt)	8.250	
		Steuern Gesellschaft		298.250
	2.4	Ergebnis nach Steuern Gesellschaft		701.750
	3.	**Steuern des Gesellschafters** (bei Vollausschüttung Ergebnis nach Steuern)		
		Einkommensteuer (auf 60%)	160.496	
		Solidaritätszuschlag	8.827	
		Steuern Gesellschafter		169.323

---

18 Lüdike/Sistermann, Unternehmensteuerrecht/*Blaas*, 1. Aufl. 2008, § 14 Rn 163.
19 *Hötzel*, S. 22; *Hörtnagl*, Beck'sches Mandatshandbuch Unternehmenskauf, 1. Aufl. 2004, § 5 Rn 160 m.w.N.
20 FG Baden-Würtemberg EFG 1990, 237.

Wigginghaus

4.	**Steuern Gesellschaft und Gesellschafter insgesamt**		**467.573**
5.	**Kaufpreis nach Steuern**		**532.427**
	Steuerbelastung		**53%**

bb) Share Deal

1.	Kaufpreis	1.100.000		**23**
	./. Buchwert Beteiligung	100.000		
	Veräußerungsgewinn		1.000.000	
2.	**Steuern auf Ebene der GmbH**	0		
3.	**Steuern des Gesellschafters**			
3.1	Einkommensteuer (auf 60% des Veräußerungsgewinns)	238.612		
3.2	Solidaritätszuschlag	13.123		
	Gesamt Steuern Gesellschafter		251.735	
	Steuern insgesamt		**251.735**	
4.	**Kaufpreis nach Steuern**		**748.265**	
	Steuerbelastung		**25%**	
5.	**Unterschied zwischen Asset und Share Deal**		**215.838**	

Dieses vereinfachte Beispiel macht deutlich, dass ein Share Deal für den Veräußerer einer Kapitalgesellschaftsbeteiligung in aller Regel deutlich günstiger ist als ein Asset Deal. Auf der Erwerberseite ist es freilich genau umgekehrt.[21] Da dieser die Beteiligung nicht abschreiben kann, wird er einen Asset Deal bevorzugen, denn dadurch kann er den Kaufpreis steuermindernd abschreiben. **24**

2. Die wichtigsten ertragsteuerlichen Tatbestände

Natürliche Personen, die ihren Wohnsitz oder gewöhnlichen Aufenthalt in der Bundesrepublik Deutschland haben, sind unbeschränkt steuerpflichtig (§ 1 Abs. 1 S. 1 EStG). Steuerpflichtig sind die in § 2 Abs. 1 EStG abschließend aufgezählten Einkunftsarten, wovon die wichtigsten die Einkünfte aus Gewerbebetrieb, Einkünfte aus selbständiger Arbeit, Einkünfte aus Kapitalvermögen sowie sonstige Einkünfte sind. **25**

Im Zusammenhang mit dem Verkauf eines Unternehmens sind die wesentlichen Steuertatbestände für natürliche Personen §§ 15, 16, 17, 20 Abs. 2 und 23 EStG sowie § 22 UmwStG. Der Steuersatz bemisst sich nach § 32a EStG. **26**

Ermäßigungen für Veräußerungsgewinne und -verluste sieht das Gesetz in § 34 Abs. 3 EStG sowie § 3 Nr. 40 EStG vor. Im Falle des § 34 Abs. 3 EStG reduziert sich der Steuersatz für außerordentliche Einkünfte um die Hälfte des sich ansonsten ergebenen Steuersatzes. Auch Veräußerungsgewinne gehören unter Umständen zu den außerordentlichen Einkünften. Im Falle des § 3 Nr. 40 EStG ist zwar nicht der Steuersatz gekürzt, jedoch die Bemessungsgrundlage (sog. Teileinkünfteverfahren).[22] **27**

---

21 Lüdike/Sistermann/*Blaas*, Unternehmensteuerrecht, 1. Aufl. 2008, § 14 Rn 144.
22 *Beisel/Klumpp*, Der Unternehmenskauf, 6. Aufl. 2009, Kapitel 15, Rn 101.

28   Gewerbesteuer fällt bei der Veräußerung durch natürliche Personen in der Regel nicht an; bei der Veräußerung durch Kapitalgesellschaften aber schon.[23] Durch die heutige Gewerbsteueranrechnung gem. § 35 Abs. 1 S. 1 Nr. 1 EStG hat die Gewerbesteuerfreiheit bzw. -pflicht aber an Bedeutung verloren.

29   Bei Kapitalgesellschaften[24] beläuft sich die Körperschaftssteuer auf gegenwärtig 15% (§ 23 Abs. 1 KStG). Hinzu kommen der Solidaritätszuschlag i.H.v. gegenwärtig 5,5% der Ertragsteuer sowie die Gewerbesteuer. Die durchschnittliche Belastung beträgt dabei, abhängig vom Hebesatz der jeweiligen Gemeinde, ca. 30%.

30   Diese Regelungen gelten für den Normalfall und werden durch verschiedene Sonderregelungen ergänzt, die für den Steuerpflichtigen erhebliche Vergünstigungen aber auch Belastungen zur Folge haben können.

3. Steuerliche Folgen für den Verkäufer

31 Es entspricht zunächst der Interessenlage des Veräußerers, eine möglichst geringe Besteuerung des Veräußerungsgewinns zu erreichen. Die zur Erreichung dieses Ziels erforderlichen Bemühungen setzen jedoch nicht erst mit dem Abschluss des Unternehmenskaufvertrages sondern bereits früher ein, und zwar in der präakquisitorischen Umstrukturierungsphase. Hier versucht der Veräußerer, Unternehmensstrukturen zu schaffen, deren maßgebliches Ziel es ist, den Kauf für den Veräußerer steuerlich zu optimieren.

a) Steuerliche Folgen für den Verkäufer beim Asset Deal

32 Der aus einer Unternehmenstransaktion im Wege des Asset Deals von dem Verkäufer erzielte Gewinn ist grundsätzlich einkommens- bzw. körperschaftsteuerpflichtig. Ist eine natürliche Person[25] Veräußerer, wird diese in der Regel bemüht sein, sich die Vorzüge des § 6b EStG bzw. des § 3 Nr. 40 EStG (entsprechend: § 8b Abs. 2 KStG) nutzbar zu machen. Diese vollständige oder zumindest partielle Steuerbefreiung ist auch beim Asset Deal möglich, wenn die Transaktion zumindest auch Kapitalgesellschaftsanteile umfasst.

33   Noch attraktiver für die natürliche Person als Veräußerer ist die Möglichkeit, in den Genuss des gem. §§ 16, 34 EStG ermäßigten Steuersatzes zu kommen. Dieser beträgt 56% des durchschnittlichen Steuersatzes (mindestens 14%) und kann nur von einer bestimmten Personengruppe (nach Vollendung des 55. Lebensjahres oder bei Eintritt von Berufsunfähigkeit) einmal in ihrer Lebenszeit geltend gemacht werden. Dies gilt jedoch nur, wenn Gegenstand der Veräußerung ein Betrieb, Teilbetrieb oder Mitunternehmeranteil ist.

34   Nach § 7 S. 2 GewStG ist ein Gewinn aus einer Veräußerung gewerbesteuerpflichtig, wenn er auf eine natürliche Person entfällt, die nicht gleichzeitig unmittelbar als Mitunternehmer beteiligt ist.[26] Besteht aber eine mitunternehmerische Beteiligung bleibt der Veräußerungsgewinn bei natürlichen Personen gewerbesteuerfrei. Veräußert eine Kapitalgesellschaft allerdings einen Betrieb oder Teilbetrieb, so ist der Gewinn uneingeschränkt gewerbesteuerpflichtig.[27]

---

23 *Beisel/Klumpp*, Der Unternehmenskauf, 6. Aufl. 2009, Kapitel 15, Rn 121.

24 Zu steuerlichen Aspekten beim Kauf und Verkauf von Personengesellschaften vgl. die Ausführungen von *Ott*, UM 2003, 52.

25 § 3 Nr. 40 EStG ist entsprechend auf Personengesellschaften anwendbar, soweit der veräußernde Gesellschafter eine natürliche Person ist.

26 Einzelheiten bei *Rödder/Schumacher*, DStR 2001, 1689, DStR 2002, 113.

27 *Rödder/Hötzel/Mueller-Thuns*, § 22 Rn 21 m.w.N.; zur Möglichkeit der pauschalierten Anrechnung gem. § 35 EStG vgl. Rn 22.

b) Steuerliche Folgen für den Verkäufer beim Share Deal[28]

Erfolgt die Veräußerung von im steuerlichen Privatvermögen gehaltenen Anteilen an Kapitalge- **35** sellschaften durch natürliche Personen, so sind 60% (§ 3 Nr. 40 EStG) des Veräußerungsgewinns zu versteuern, wenn der Veräußerer innerhalb der letzten fünf Jahre mit mindestens 1% am Kapital der Gesellschaft beteiligt war (§ 17 Abs. 1 EStG); Sonderregelungen gelten für einbringungsgeborene Anteile i.S.d. § 21 Abs. 1 a.F. UmwStG und für die Veräußerung von Anteilen i.S.d. § 23 a.F. EStG.[29]

Veräußert eine Kapitalgesellschaft eine Beteiligung an einer anderen Kapitalgesellschaft bleiben 95% des Veräußerungsgewinns gem. § 8b Abs. 2 und Abs. 3 KStG steuerfrei.

Für die Abzugsfähigkeit von Veräußerungsverlusten gilt für natürliche Personen gem. § 17 **36** Abs. 2 S. 6 EStG, dass diese nicht zu berücksichtigen sind, soweit der Veräußerer die Anteile innerhalb der letzten fünf Jahre unentgeltlich erworben hat. Für entgeltlich erworbene Anteile gilt dies gleichfalls, soweit sie nicht innerhalb der letzten fünf Jahre stets zu einer Beteiligungsquote von mindestens 1% geführt haben. Der anzurechnende Veräußerungsverlust berechnet sich nach § 17 Abs. 2 S. 1 EStG und ist regelmäßig der die Anschaffungskosten übersteigende Betrag abzüglich der Veräußerungskosten. Veräußerungsverluste kann eine Kapitalgesellschaft bei der Veräußerung eines anderen Kapitalgesellschaftsanteils gem. § 8b Abs. 3 S. 3 KStG grundsätzlich gar nicht geltend machen.

---

28 Dazu auch *Bock*, Forum Unternehmenskauf, 2004, 271.
29 Hölters/*Gröger*, Handbuch Unternehmenskauf, Teil IV, Rn 39 ff.

Dr. Nils Wigginghaus

§ 29 Gewährleistung des Verkäufers

Literatur: *Arends/Hofert-von-Weiss*, Distressed M&A – Unternehmenskauf aus der Insolvenz, BB 2009, 1538; *Barnert*, Mängelhaftung beim Unternehmenskauf zwischen Sachgewährleistung und Verschulden bei Vertragsschluss im neuen Schuldrecht, WM 2003, 416; *Berens/Brauner/Strauch*, Due Diligence bei Unternehmensakquisitionen, 6. Aufl. 2011; *Böttcher*, Verpflichtung des Vorstands einer AG zur Durchführung einer Due Diligence, NZG 2005, 49–54; *Böttcher*, Organpflichten beim Unternehmenskauf, NZG 2007, 481–485; *Dauner-Lieb/Thiesen*, Garantiebeschränkungen in Unternehmenskaufverträgen nach der Schuldrechtsreform, ZIP 2002, 108; *Elfring*, Legal Due Diligence Reports, JuS-Beilage 5/2007, 3–16; *Gasteyer/Branscheid*, Garantie und Haftungsausschluss beim Unternehmenskauf, AG 2003, 307 ff.; *Gaul*, Schuldrechtsmodernisierung und Unternehmenskauf, ZHR 166 (2002), 35; *Goldschmidt*, Wissenszurechnung beim Unternehmenskauf, ZIP 2005, 1305; *Gronstedt/Jörgens*, Die Gewährleistungshaftung bei Unternehmensverkäufen nach dem neuen Schuldrecht, ZIP 2002, 52-56; *Grossmann/Mönnich*, Warranty & Indemnity Insurance, NZG 2003, 708–712; *Gruber*, Neues Kaufrecht – Umsatz- und Ertragsangaben beim Unternehmenskauf, MDR 2002, 433–437; *Grunewald*, Rechts- und Sachmängelhaftung beim Kauf von Unternehmensanteilen, NZG 2003, 372–374; *Hasselbach/Ebbinghaus*, Vorvertragliche Pflichtverletzung als Haftungsfalle beim Unternehmenskauf, DB 2012, 216; *Hettler/Stratz/Hörtnagl*, Unternehmenskauf, 2004; *Holzapfel/Pöllath*, Unternehmenskauf in Recht und Praxis, 14. Aufl. 2010; *Hölters*, Handbuch des Unternehmens- und Beteiligungskaufs, 6. Aufl. 2005; *Huber*, Die Praxis des Unternehmenskaufs im System des Kaufrechts, AcP 202 (2002), 179–242; *Hübner*, Schadensersatz wegen Täuschung beim Unternehmenskauf, BB 2010, 1483; *Baumbach/Hueck*, Kommentar zum GmbH-Gesetz, 19. Aufl. 2010; *Kindl*, Unternehmenskauf und Schuldrechtsmodernisierung, WM 2003, 409; *Kleinherz/Junk*, Die Haftung des Verkäufers für Falschangaben beim Unternehmenskauf, JuS 2009, 787; *Klöckner*, Praxisprobleme beim gutgläubigen Erwerb von GmbH-Geschäftsanteilen, NZG 2008, 841; *Knott/Mielke*, Unternehmenskauf, 4. Aufl. 2011; *Krüger/Pape*, Managementgarantien in Krise und Insolvenz, NZI 2009, 870; *Mellert*, Selbständige Garantien beim Unternehmenskauf – Auslegungs- und Abstimmungsprobleme, BB 2011, 1667; *Metz*, Grundzüge der W&I-Insurance beim Unternehmenskauf, NJW 2010, 813; *Müller*, Einfluss der due diligence auf die Gewährleistungsrechte des Käufers beim Unternehmenskauf, NJW 2004, 2196; *Picot*, Unternehmenskauf und Restrukturierung, 3. Aufl. 2004; *Palandt*, Bürgerliches Gesetzbuch, Kommentar, 71. Aufl. 2012; *Picot*, Unternehmenskauf und Sachmängelhaftung, DB 2009, 2587; *Rittmeister*, Due Diligence und Geheimhaltungspflichten beim Unternehmenskauf, NZG 2004, 1032–1037; *Rödder/Hötzel/Mueller-Thuns*, Unternehmenskauf Unternehmensverkauf, 3. Aufl. 2003; *Schmitz*, Mängelhaftung beim Unternehmenskauf nach der Schuldrechtsreform, RNotZ 2006, 561–602; *Schröcker*, Unternehmenskauf und Anteilskauf nach der Schuldrechtsreform, ZGR 2005, 63; *Schubel/Koch*, Die Nacherfüllung als Haftungsfalle – Das deutsche Kaufrecht auf dem Weg zum Garantiesystem?, DB 2004, 119-125; *Seibt/Raschke*, Rechtsfragen der Haftungsbegrenzung bei Garantien (§ 444 BGB n.F.) und M&A Transaktionen, NZG 2002, 256; *Triebel/Hölzle*, Schuldrechtsreform und Unternehmenskaufverträge, BB 2002, 521-537; *Ulmer*, Haftungsfreistellung bis zur Grenze grober Fahrlässigkeit bei unternehmerischen Fehlentscheidungen von Vorstand und Aufsichtsrat?, DB 2004, 859–863; *v. Venrooy*, Die Geschäftsführerhaftung im Unternehmenskauf, GmbHR 2008, 1; *v. Westphalen*, § 444 – zwei Briefe des Gesetzgebers – es lebe der Widerspruch!, ZIP 2003, 1179; *Wunderlich*, Die kaufrechtliche Haftung beim asset deal nach dem SchuldRModG, WM 2002, 981; *Weitnauer*, Der Unternehmenskauf nach neuem Kaufrecht, NJW 2002, 2511; *Weigl*, Die Auswirkungen der Schuldrechtsreform auf den Unternehmenskauf, DNotZ 2005, 246; *Westermann*, Due Diligence beim Unternehmenskauf, ZHR 169 (2005), 248 ff.; *Wolf/Kaiser*, Die Mängelhaftung bei Unternehmenskauf nach neuem Recht, DB 2002, 411–420.

I. Einleitung

Inwieweit Leistungsstörungen beim Unternehmenskauf unter die kaufrechtliche Gewährleis- **1** tung[1] fallen, war und ist umstritten. Da auch dem Unternehmenskauf zumindest immer ein Kaufvertrag gem. § 433 BGB zugrunde liegt, hat die Rechtsprechung die sachmängelgewährleistungsrechtlichen Vorschriften der §§ 459 ff. BGB a.F. für anwendbar erklärt.[2] Die grundsätzliche Trennung der Haftung wegen Rechts- und Sachmängeln zugrundegelegt, entstehen weitere Schwierigkeiten bei der Einordnung, ob es sich bei einem Unternehmen, bzw. einem Unternehmensteil um ein Recht oder eine Sache handelt und welche unterschiedlichen Rechtsfolgen die eine oder die andere Einordnung auslöst. Das Schuldrechtsmodernisierungsgesetz, das zum 1.1.2002 in Kraft trat, hat das Allgemeine Schuldrecht stark verändert. Gleiches gilt für das Besondere Schuldrecht, vor allem im Bereich des Gewährleistungsrechts.[3] Obwohl, insbesondere bei größeren Transaktionen die Parteien oftmals bestrebt sind, sich von der – für Unternehmensäufe nur bedingt tauglichen – Gesetzeslage zu lösen und ein eigenes Gewährleistungs- und Haftungsregime vertraglich zu schaffen, bleiben die gesetzlichen Regeln grundsätzlich anwendbar und bestimmen die Struktur der Verkäuferhaftung für Mängel des Unternehmens zumindest indirekt mit.

II. Mängelansprüche beim Asset Deal

1. Anwendbarkeit der Sach- oder Rechtsmängelgewährleistung auf den Asset Deal

Beim Asset Deal sind Kaufgegenstände die einzelnen Wirtschaftsgüter (die Sache, das Recht **2** oder der sonstige Vermögensgegenstand) des Unternehmens. Der Begriff ist, ebenso wie der des „Share Deals", inzwischen in der deutschen Rechtsprache fest verankert.

Die Gesetzesbegründung zum Schuldrechtsmodernisierungsgesetz, auf die vielfach verwiesen wird, hatte im Sinn, Unternehmen oder Unternehmensteile unter den Begriff der „sonstigen Gegenstände" in § 453 Abs. 1 BGB n.F. zu subsumieren. Ob damit die Frage nach der Anwendbarkeit der kaufrechtlichen Gewährleistung auf jegliche Form des Unternehmenskaufs endgültig positiv beantwortet wurde, ist jedoch weiterhin umstritten.

---

1 Über die Versicherbarkeit von Gewährleistungsansprüchen über sog. W&I-Versicherungen, *Metz*, NJW 2010, 813.
2 BGHZ NJW 1998, 2360 ff.
3 Dazu umfangreich *Gronstedt/Jörgens*, ZIP 2002, 52 ff.; *Grunewald*, NZG 2003, 372; *Gruber*, MDR 2002, 433; *Kindl*, WM 2003, 409 ff.; *Barnert*, WM 2003, 416; *Wunderlich*, WM 2002, 981 ff.; *Weitnauer*, NJW 2002, 2511; *Weigl*, DNotZ 2005, 246; *Schröcker*, ZGR 2005, 63 ff.; Die alten Regelungen des BGB sind gem. Art. 229 § 5 S. 1 EGBGB noch auf solche Schuldverhältnisse anzuwenden, die vor dem 1.1.2002 entstanden sind. Die folgende Darstellung beschränkt sich auf die neue, seit dem 1.1.2002 geltende Rechtslage, zur alten Rechtslage vgl. die Vorauflage.

Unstreitig ist, dass ein Unternehmen als solches nicht bereits dann mangelhaft im Sinne des Kaufrechts ist, wenn einzelne zu ihm gehörige Sachen oder Rechte mangelhaft sind. Ein Mangel an dem Unternehmen als solchem ist erst dann gegeben, wenn die Mängel an einzelnen übertragenen Wirtschaftsgütern so beträchtlich sind, dass durch sie das gesamte Unternehmen als mangelhaft betrachtet werden muss.[4]

2. Voraussetzungen für Mängelansprüche und Rechtsfolgen
a) Rechtsmängelhaftung

3 Hauptleistungspflicht des Verkäufers ist es, die Sache oder das Recht frei von Rechtsmängeln zu verschaffen (§§ 433 Abs. 1 S. 2, 453 Abs. 1 BGB). Frei von Rechtsmängeln ist sie, wenn Dritte in Bezug auf die Sache keine Rechte geltend machen können. Solche Rechtsmängel umfassen z.B. behördliche Verbote und Nutzungsbeschränkungen, fehlende Betriebsgenehmigungen, aber auch entgegenstehende Patente oder sonstige Schutzrechte, soweit diese den Betrieb des Unternehmens in signifikanter Art und Weise stören oder unmöglich machen.[5] Ein Rechtsmangel kann daher auch vorliegen, wenn das Zielunternehmen zwar Inhaber des Rechts ist, jedoch ein Dritter ein ausschließliches Nutzungsrecht an dem Recht hat und das Unternehmen entsprechend auf Unterlassung der Nutzung des Rechts in Anspruch nehmen kann.[6]

4 Die Voraussetzungen von § 453 Abs. 1 BGB entsprechen denen von § 434 BGB a.F., Unterschiede ergeben sich aber bei den Rechtsfolgen: Diese sind – anders als nach altem Recht – für Sach- und Rechtsmängel gem. §§ 437, 453 Abs. 1 BGB einheitlich geregelt. Schadensersatz statt der Leistung gibt es nach § 281 BGB auch im Falle des Rücktritts vom Vertrag, § 323 BGB.

b) Sachmängelhaftung

5 Das seit 2002 geltende Kaufrecht stellt den Kauf von Unternehmen oder Unternehmensteilen dem Sach- oder Rechtskauf in § 453 Abs. 1 BGB gleich. Wann dagegen ein Unternehmen i.S. dieser Vorschrift vorliegt, darüber schweigt sich auch die Gesetzesbegründung aus,[7] so dass nach wie vor Streit darüber herrscht, unter welchen Umständen ein Unternehmenskauf vorliegt. Sicher dagegen ist, dass eine Mangelhaftigkeit des Unternehmens insgesamt dann angenommen werden kann, wenn sich der Mangel einer einzelnen Sache (etwa: der einzigen Produktionsmaschine) zu einem Mangel des Unternehmens insgesamt auswirkt.

6 Im Gegensatz zur bis zum 31.12.2001 geltenden Rechtslage ist primäre Rechtsfolge bei Vorliegen eines Sachmangels die **Nacherfüllung**. Erst wenn diese scheitert oder nicht möglich ist, kann der Käufer zurücktreten (§§ 437 Nr. 1, 439 BGB n.F.) oder den Kaufpreis mindern (§ 437 Nr. 2 BGB n.F.). Schadensersatz (§ 437 Nr. 3 BGB n.F. i.V.m. §§ 280 Abs. 1, 276 Abs. 1 BGB n.F.) ist nunmehr auch nach Erklärung des Rücktritts möglich. Rücktritt und Minderung erfordern zusätzlich eine erfolglose Nachfristsetzung.

III. Mängelansprüche beim Share Deal

7 Sowohl nach altem als auch nach neuem Recht handelt es sich beim Share Deal, also beim Anteilskauf, eindeutig um einen Rechtskauf. Nach bisherigem Recht folgte dies aus § 433 Abs. 1 S. 2

---

4 BGH NJW 1970, 556; *Gaul*, ZHR 166 (2002), 5, 40 m.w.N.; vgl. *Picot*, DB 2009, 2587.
5 *Hettler/Stratz/Hörtnagl*, § 4 Rn 24.
6 *Wolf/Kaiser*, DB 2002, 411, 415 m.w.N.
7 BT-Drucks 14/6040, 242.

BGB a.F., das neue Recht stellt die Anwendung von Vorschriften über den Sach- und Rechtskauf gem. § 453 Abs. 1 i.V.m. § 453 BGB n.F. gleich.

1. Voraussetzungen für Mängelansprüche

Das Verschaffen des Anteilsrechts frei von Rechtsmängeln ist Primärpflicht des Verkäufers. Als **8** solche Rechtsmängel kommen insbesondere Verfügungsbeschränkungen oder Verpfändungen des Anteils in Betracht. Weitere Rechtsmängel können darin bestehen, dass der Anteil dem Verkäufer gar nicht oder nicht in der vereinbarten Höhe zusteht oder dass die entsprechenden Einlagen nicht geleistet sind und der Käufer entsprechend[8] haften muss. Ein Rechtsmangel ist auch anzunehmen, wenn die dem Anteil zugeordneten Stimmrechte beschränkt sind, oder organschaftliche Nachschuss-[9] oder Nebenleistungspflichten[10] bestehen. Bei der Beurteilung bleibt die Höhe des Anteils außer Betracht.[11]

In Bezug auf die Rechtsfolgen bei Vorliegen eines Rechtsmangels kann auf die o.g. Ausführungen zum Asset Deal (Rn 3) verwiesen werden.

Kein Rechtsmangel liegt dagegen vor, wenn dem Verkäufer der veräußerte Anteil zwar nicht **9** gehört, der Erwerber ihn aber wirksam vom Nichtberechtigten gem. § 16 Abs. 3 GmbHG erwirbt. Diese Möglichkeit besteht seit dem Inkrafttreten des Gesetzes zur Modernisierung des GmbH-Rechts und zur Bekämpfung von Missbräuchen (MoMiG) am 1.11.2008.[12] Bislang war in der Praxis notwendig, bei der Veräußerung von Geschäftsanteilen einer GmbH eine lückenlose Kette wirksamer Veräußerungsvorgänge von den Gründungsgesellschaftern bis zum Veräußerer nachzuweisen. Das Risiko soll aus Gründen des Verkehrsschutzes durch die Möglichkeit des gutgläubigen Erwerbs gemindert werden.[13]

Umstritten ist, ob durch die **Gleichstellung nach § 453 Abs. 1 BGB** der Streit darüber, ab **10** welcher Beteiligungsquote auch beim Share Deal die Sachmängelgewährleistung eingreife, seine Grundlage verloren hat.[14] Konsequenz wäre, dass jeder Share Deal unabhängig von Form oder Umfang des Beteiligungserwerbs in den Bereich der weitreichenden Haftung gem. §§ 434 ff. BGB fiele.

Wie bereits ausgeführt, gehören zu den „sonstigen Gegenständen" gem. § 453 Abs. 1 BGB **11** auch Unternehmen und Unternehmensteile, wobei diese strikt von Unternehmensbeteiligungen zu unterscheiden sind. Gemeint sind mit diesen Teilen unselbständige Bestandteile des Unternehmens wie etwa Sparten, Abteilungen oder Geschäftsbereiche. Lehnt man eine so weitreichende Ausweitung der Sachmängelhaftung auf Share Deals, wie oben ausgeführt, ab, so verbleibt die Unsicherheit bei der Beurteilung der Frage, ob Gegenstand des Share Deals überhaupt ein „Unternehmen" ist und somit die Sachmängelhaftung über § 453 Abs. 1 BGB greift. Bejaht man das Vorliegen eines Unternehmenskaufs[15] und sind somit gem. § 453 Abs. 1 BGB n.F. die

---

8 §§ 54 AktG, 19 Abs. 2 GmbHG, 173 HGB.
9 § 26 GmbHG.
10 §§ 55 AktG, 3 Abs. 2 GmbHG.
11 *Hettler/Stratz/Hörtnagl*, § 4 Rn 27.
12 Vgl. dazu *Klöckner*, NZG 2008, 841.
13 Baumbach/Hueck/*Fastrich*, § 16 Rn 26; RegBegr BR-Drucks 354/07, 87.
14 Dafür etwa *Gaul*, ZHR 166 (2002), 35, 39; *Dauner-Lieb/Thiessen* ZIP 2002, 108, 110; dagegen etwa *Huber* AcP 202 (2002), 179, 231; *Wolf-Kaiser*, DB 2002, 411, 416; *Rödder/Hötzel/Mueller-Thuns* § 9 Rn 49.
15 *Knott/Mielke*, Rn 135: Auf den Anteilskauf findet das Sachmängelrecht Anwendung unter der Voraussetzung mindestens eines Erwerbs einer Mehrheitsbeteiligung, nach strengerem Maßstab sogar des Erwerbs einer qualifizierten Mehrheit der Anteile von mindestens 75% (vgl. *Schröcker*, ZGR 2005, 63, 66-68). Das OLG München hat den Erwerb von 75% der Geschäftsanteile an einer GmbH für ausreichend erachtet (OLG München v. 25.3.1998 – 7 U 4926/97, DB 1998, 1321. Der BGH verlangt, dass der Käufer wirtschaftlich im Wesentlichen die Stellung eines Alleinunternehmers erlangt hat: BGH v. 27.2.1970 – I ZR 103/68, WM 1970, 819; BGH v. 2.6.1980 – VIII ZR 64/79 II 2 f., DB 1980, 1786.

Vorschriften über die Sachmängelhaftung einschlägig, so liegt ein Sachmangel wie bislang dann vor, wenn das Unternehmen als solches mangelhaft ist oder aber Teile des Unternehmens in solcher Art mangelbehaftet sind, dass das ganze Unternehmen dadurch mangelhaft wird.

12   Maßgeblich für die Bestimmung, ob ein Mangel vorliegt oder nicht, ist gem. § 434 BGB die vertraglich vereinbarte Beschaffenheit. Damit kommt der vertraglichen Gestaltung ein umso stärkeres Gewicht zu da die Parteien frei darin sind, diejenigen Zustände oder Eigenschaften zum Gegenstand einer vertraglichen Beschaffenheitsvereinbarung zu machen, die ihnen wesentlich erscheinen.[16] Gerade in komplexeren Unternehmenskaufsituationen ist es bereits seit längerem üblich, die Beschaffenheit des Anteils sowie des Unternehmens insgesamt detailliert zu regeln.

13   Erst wenn es an einer vertraglich vereinbarten Beschaffenheit mangelt, kommen objektive Umstände zum Tragen. Dazu gehören auch öffentliche Äußerungen gem. § 434 Abs. 1 S. 3 BGB.[17] Hier spielen vor allem allgemeine **Werbeaussagen** des Verkäufers über das Unternehmen eine Rolle, aber auch detaillierte Exposés, die das Zielunternehmen gezielt zur Information potentieller Bewerber beschreiben. Hier empfiehlt es sich unter Umständen, den abzufassenden Vertragstext mit dem Exposé abzugleichen. § 434 Abs. 1 S. 3 BGB gilt nämlich nur bezüglich der Umstände, zu denen der Vertrag schweigt. Nur dann lässt sich das Exposé ergänzend zur Bestimmung der Beschaffenheit und somit des Mangels heranziehen.[18]

14   Wird ein negatives Abweichen der Ist-Beschaffenheit von der vertraglich vereinbarten Beschaffenheit festgestellt, so ist die Erheblichkeit des Mangels lediglich für Rücktritt und Schadensersatz entscheidend.

---

15 **Wichtig**

Nach Auffassung des BGH[19] begründen unrichtige Angaben über Umsatz und Erträge des Zielunternehmens regelmäßig keinen Sachmangel. Falsche Angaben unterfallen daher regelmäßig nicht dem Gewährleistungsrecht, sondern den Regelungen über die c.i.c. Diese Ansprüche werden auch auch nicht durch Gewährleistungsansprüche ausgeschlossen.[20]

---

2. Rechtsfolgen
a) Nacherfüllung

16 Nach § 439 BGB kann der Käufer nach seiner Wahl im Wege der Nacherfüllung entweder Mangelbeseitigung oder Lieferung einer neuen, mangelfreien Sache verlangen. Die zuletzt-genannte Alternative scheidet beim Unternehmenskauf regelmäßig aus.[21] Auch die Möglichkeiten der Mängelbeseitigung sind beim Unternehmenskauf gering und grundsätzlich nur in Bezug auf einzelne Vermögensgegenstände denkbar.[22] Lediglich in den Fällen, in denen sich der Mangel unmittelbar dadurch ausgleichen lässt, dass der Verkäufer eine einmalige Zahlung leisten kann

---

16 *Hettler/Stratz/Hörtnagl*, § 4 Rn 14; *Schröcker*, ZGR 2005, 63, 75.

17 *Picot*, DB 2009, 2587, 2589.

18 OLG Hamm ZNER 2010, 88.

19 BGH NJW-RR 1996, 429; NJW 1977, 1538, 1539; WM 1988, 1700, 1702; allerdings kann es einen Sachmangel darstellen, wenn sich herausstellt, dass Kundenforderungen nicht werthaltig sind, OLG Karlsruhe BeckRS 2009, 12091.

20 OLG Brandenburg BeckRS 2010, 17087.

21 *Rödder/Hötzel/Mueller-Thuns*, § 9 Rn 94; *Gaul*, ZHR (166) 2002, 35, 54; *Triebel/Hölzle*, BB 2002, 521, 526; *Kindl*, WM 2003, 409, 412; *Wolf/Kaiser*, DB 2002, 411, 417; vgl. *Picot*, DB 2009, 2587, 2593.

22 Vgl. *Schubel/Koch*, DB 2004, 119; zum Beispiel bei einem Fehlbestand des Inventars: BGH v. 18.1.1974 – I ZR 17/73, WM 1974, 312 (fehlendes Leergut); BGH v. 14.7.1978 – I ZR 154/76, DB 1978, 2376 (Fehlbestand an Gerüsten); vgl. *Picot*, DB 2009, 2587, 2590.

Wigginghaus

(wie etwa bei der Nichteinhaltung einer vereinbarten Eigenkapitalgarantie), ist die Mängelbeseitigung problemlos möglich.

b) Rücktritt

Scheitert die Nacherfüllung gem. § 440 BGB, so steht dem Käufer gem. § 437 Nr. 2 BGB ein gesetz- **17** liches **Rücktrittsrecht** zu, vorausgesetzt, der gerügte Mangel ist erheblich (§ 437 Nr. 2 BGB i.V.m. § 323 Abs. 5 S. 2 BGB), eine Nachfristsetzung ist grundsätzlich erforderlich.[23]

Durch den Rücktritt wandelt sich das Schuldverhältnis in ein Rückgewährschuldverhältnis **18** um, innerhalb dessen die Parteien verpflichtet sind, sich die gegenseitig gewährten Vorteile zurückzugewähren. Ist dies nicht möglich, hat der Schuldner der jeweiligen Rückgewährverpflichtung gem. § 346 Abs. 2 Nr. 1 BGB Wertersatz für das Erlangte zu leisten. Dies betrifft insbesondere den Käufer, der das Unternehmen bald nach Übergang umgestaltet hat (Vornahme personeller und organisatorischer Veränderungen, Abbruch von Kundenbeziehungen und Neuaufbau anderer, ggf. inkompatibler Geschäftsbeziehungen) und es in den seltensten Fällen exakt so zurückgewähren kann, wie er es bekommen hat. Hat er bei der Transaktion einen Preis weit unter dem Verkehrswert erzielt, so trifft ihn ein Rücktritt unter Umständen schwer, sollte die Rückgewähr nicht möglich sein. Der Wertersatz gem. § 346 Abs. 2 Nr. 1 BGB bestimmt sich nämlich nach dem objektiven Wert des Erlangten. Entgegen der alten Rechtslage lässt ein erfolgter Rücktritt das Recht des Käufers auf Schadensersatz unberührt, § 437 Nr. 2 BGB.

c) Minderung

Die **Minderung** steht dem Käufer nach § 437 Nr. 2 BGB i.V.m. § 441 BGB zu. Der Minderungsbe- **19** trag bestimmt sich nach § 441 Abs. 3 BGB und ist praktisch nur schwer zu bestimmen und zu beweisen. Die Beweislast trifft dabei, grundsätzlich sowohl hinsichtlich des Werts des Unternehmens im mangelfreien als auch im mangelhaften Zustand, den Käufer.[24] In der Praxis dürfte er nur durch kostspieliges, externes Sachverständigengutachten den entsprechenden Nachweis erbringen können.

Praxistipp **20**
Um die letztlich für beide Parteien problematische Situation nach der Erklärung des Rücktritts berechenbar zu halten, sollte der Kaufvertrag die Rechtsfolgen genau bestimmen. Unter Umständen kann es angezeigt sein, bereits hier einen Dritten als Gutachter für den Wert des Unternehmens zu bestimmen.

Mängelansprüche unterliegen gem. § 438 Abs. 1 Nr. 3 BGB der zweijährigen **Verjährungsfrist**.[25] **21**

d) Schadensersatz

Der **Schadensersatz** ist in §§ 437 Nr. 3, 280 BGB geregelt und ist dem Inhalt nach identisch mit **22** dem Schadensersatz wegen Nichterfüllung nach altem Recht. Ersetzt wird zunächst der Mangelschaden. Ist der Schaden darüber hinaus erheblich (§ 281 Abs. 1 S. 3 BGB), kann der Käufer wählen, ob er die Sache behält und den verbleibenden Schaden geltend macht (nach früherem Recht sog. „kleiner Schadensersatz") oder ob er den Schadensersatz statt der ganzen Leistung („großer Schadensersatz") geltend machen möchte. Verlangt der Käufer den „großen Schadensersatz"

---

23 § 323 Abs. 1 BGB; Ausnahme § 323 Abs. 2 BGB.
24 *Hettler/Stratz/Hörtnagl*, § 4 Rn 41; *Knott/Mielke*, Rn 122.
25 OLG Köln BeckRS 2009, 27644.

wird der Vertrag rückabgewickelt[26] und die bereits erwähnten Schwierigkeiten beim Rücktritt treten auch in dieser Situation auf. Der kleine Schadensersatz ist daher beim Unternehmenskauf oftmals die interessengerechtere Lösung. In der Regel wird der Käufer ihn auch wählen, zumindest dann, wenn er das Unternehmen trotz der Mängel profitabel weiterentwickelt hat und sich davon in der Zukunft wirtschaftlich etwas verspricht. Der Ersatz von Mangelfolgeschäden ergibt sich aus § 280 BGB und bedarf keines expliziten Verweises aus den besonderen Vorschriften des Kaufrechts. Er erfasst alle Schäden an anderen Rechtsgütern des Käufers.[27] Die erforderliche Pflichtverletzung besteht in der Lieferung einer mangelhaften Sache.

23   Daneben besteht der Aufwendungsersatzanspruch nach § 437 Nr. 3 BGB i.V.m. § 284 BGB.

III. Haftungsausschlüsse

1. Grundsätze

24 Nach altem Recht (§ 476 BGB a.F.) war ein Haftungsausschluss grundsätzlich möglich, es sei denn der Verkäufer hatte den Sachmangel **arglistig verschwiegen**[28] oder eine bestimmte Eigenschaft der Sache zugesichert. Gesetzlich war die Haftung des Verkäufers dann ausgeschlossen, wenn der Käufer Kenntnis von dem Sachmangel hatte (§ 460 S. 1 BGB a.F.). Gleiches galt, wenn dem Käufer der Sachmangel infolge grober Fahrlässigkeit unbekannt geblieben war (§ 460 S. 2 Hs. 1 BGB a.F.). Die Kenntnis des Mangels führte nur dann nicht zum Ausschluss der Gewährleistungpflicht, wenn der Käufer sich gem. § 464 BGB a.F. die Rechte bei Annahme vorbehalten hatte.

25   Nach aktueller Fassung des § 444 BGB sind Beschränkungen der Gewährleistungshaftung bei **arglistigem Verschweigen** von Mängeln oder Übernahme von **Beschaffenheitsgarantien** ausgeschlossen. § 442 BGB schließt die Haftung des Verkäufers für Mängelansprüche aus, wenn der Käufer den Mangel kennt oder er in Folge grober Fahrlässigkeit keine Kenntnis von dem Mangel hatte und dem Verkäufer kein arglistiges Verschweigen des Mangels vorgeworfen werden kann oder dieser keine Beschaffenheitsgarantie[29] übernommen hat. Aufgrund des nicht eindeutigen Wortlauts von § 444 BGB n.F. herrscht Streit darüber, ob es möglich ist, die Haftung des Verkäufers für die Nichteinhaltung selbständiger, d.h. nicht unter § 443 BGB n.F. zu subsumierender Garantien zu begrenzen.[30] Die herrschende Meinung bejaht dies, da sich § 444 BGB nur auf die Beschaffenheitsgarantie gem. § 443 BGB beziehe und nicht auf den selbständigen Garantievertrag (zu diesem s. unten Rn 38).[31]

26   Gegenüber der alten Rechtslage entscheidend verändert hat sich der für die Kenntnis maßgebliche **Zeitpunkt** gem. § 442 Abs. 1 S. 2 BGB. Kam es nach alter Rechtslage auf den Zeitpunkt der Übergabe an, ist nunmehr der Zeitpunkt des Vertragsabschlusses entscheidend. Diese Regelung ist für den Käufer insofern vorteilhaft, als es für seine Rechte unschädlich ist, wenn er nach Vertragsabschluss, jedoch vor Übergabe Kenntnis über Mängel erlangte.

---

26 § 281 Abs. 1 i.V.m. §§ 346 ff. BGB.

27 Einzelheiten bei: *Rödder/Hötzel/Mueller-Thuns*, § 9 Rn 159 f., 165.

28 Dazu *Hübner*, Schadensersatz wegen Täuschung beim Unternehmenskauf, BB 2010, 1483; der Ausschluss des Anfechtungsrechts nach § 123 BGB ist ebenfalls nicht möglich, BGH DNotZ 2007, 541; anfechtbar soll ein Kaufvertrag über GmbH-Geschäftsanteile zumindest dann sein, wenn der Verkäufer den Erwerber nicht über die angespannte finanzielle Lage des Unternehmens aufklärt und sämtliche Verbindlichkeiten offenlegt, OLG Brandenburg DZWIR 2011, 478.

29 Vgl. dazu *Grossmann/Mönnich*, NZG 2003, 708 ff.; *Seibt/Raschke*, NZG 2002, 256.

30 *Dauner-Lieb/Thiesen*, ZIP 2002, 108 ff.; *Gasteyer/Branscheid*, AG 2003, 307 ff.; *v. Westphalen*, ZIP 2003, 1179.

31 *Rödder/Hötzel/Mueller-Thuns*, S. 215; Palandt/*Putzo*, § 444 Rn 12; *Dauner-Lieb/Thiesen*, ZIP 2002, 108 ff.; *Gasteyer/Branscheid*, AG 2003, 307 ff.; *v. Westphalen*, ZIP 2003, 1179.

2. Einfluss der Due Diligence auf den Ausschluss der Gewährleistung

Fraglich ist, ob und wie sich die Due Diligence-Prüfung auf den Ausschluss der Gewährleistung **27** auswirkt.[32] So könnte man beispielsweise annehmen, der Käufer verliere seine Gewährleistungsansprüche, wenn er vor dem Abschluss des Kaufvertrages eine Due Diligence durchgeführt hat und dabei Kenntnis von Mängeln gewonnen hat. Auch denkbar wäre, dass es gar zum Ausschluss der Gewährleistung des Verkäufers insgesamt führt, wenn der Käufer keine oder eine nur unzureichende Due Diligence durchführt, obwohl ihm der Verkäufer die Möglichkeit zu einer umfangreichen Prüfung eingeräumt hat. Das Meinungsbild dazu ist uneinheitlich.

Zweck der Due Diligence ist es, dem Käufer ein möglichst umfassendes Bild von dem Trans- **28** aktionsgegenstand zu verschaffen. Der Bericht über die Prüfung hilft den Parteien, Risiken der Transaktion besser einzuschätzen und mündet zumeist in einem auf die vorliegende Transaktion genau abgestimmten Haftungs- und Gewährleistungskatalog.

a) Kenntnis des Mangels

Gemäß § 442 Abs. 1 S. 1 BGB verliert der Käufer seine Mängelansprüche wenn er Kenntnis von **29** dem Mangel hat. Ob dieser durch eine Due Diligence-Prüfung bekannt geworden ist oder nicht, ist dabei ohne Belang. Hat er durch die Prüfung Kenntnis von dem Mangel bekommen, so kann er nur dann noch Mängelansprüche geltend machen, wenn die Parteien § 442 Abs. 1 S. 1 BGB abbedungen oder eine Garantievereinbarung abgeschlossen haben. In den übrigen Fällen bedarf der Käufer des Schutzes des Gewährleistungsrechtes nicht. Das Gesetz geht vielmehr davon aus, dass sich die dem Käufer bekannten Mängel im Kaufpreis niederschlagen werden.

b) Folgen einer nicht oder nicht sorgfältig durchgeführten Due Diligence, durch die ein Mangel des Zielunternehmens unentdeckt geblieben ist

Eine gesetzliche Pflicht zur Untersuchung des Kaufgegenstands besteht nach deutschem Recht **30** nicht (s.o. Rn § 27 Rn 33) zum „caveat emptor" im angloamerikanischen Recht), auch nicht in Form einer vorvertraglichen Obliegenheit.[33] Die Untersuchungs- und Rügepflicht beim Handelskauf aus § 377 HGB etwa greift erst nach Vertragsschluss ein.

§ 442 Abs. 1 S. 2 BGB erkennt dem Käufer die Mängelansprüche jedoch ab, wenn sich dieser **31** **grob fahrlässig** in **Unkenntnis** der Mängel befindet. Grobe Fahrlässigkeit ist anzunehmen, wenn der Käufer das im Einzelfall gebotene Mindestmaß an Sorgfalt in besonders gravierendem Maße hat vermissen lässt.[34] Dies wiederum setzt voraus, dass der Käufer sich überhaupt Kenntnis verschaffen konnte. Weigert sich also der Verkäufer, eine Due Diligence zuzulassen, so wird man in keinem Fall eine grobe Fahrlässigkeit auf Seiten des Käufers annehmen können.

Anders kann der Fall liegen, wenn der Verkäufer entweder die Möglichkeit einer Due Dili- **32** gence anbietet, der Käufer dieses Angebot aber nicht annimmt, oder aber der Käufer die Due Diligence durchführt, jedoch aufgrund seines Verschuldens Mängel des Unternehmens **unentdeckt bleiben**. In beiden Fällen wäre, so ist zu unterstellen, der Mangel des Unternehmens dem Käufer bekannt geworden. Ob in solchen Fällen § 442 Abs. 1 S. 2 BGB zum Ausschluss der Mängelansprüche für den Käufer führt oder nicht, ist umstritten.[35] Zum Teil wird argumentiert, dass

---

32 Dazu ausführlich *Westermann*, ZHR 169 (2005), 248, 257ff.; *Goldschmidt*, ZIP 2005, 1305; *Müller*, NJW 2004, 2196.
33 Hölters/*Semmler*, Teil VII, Rn 39.
34 Palandt/*Heinrichs*, § 277 Rn 5; BGHZ 89, 161; NJW 1992, 3236; NJW-RR 2002, 1108.
35 Verneinend *Rödder/Hötzel/Mueller-Thuns*, § 3 Rn 52; *Elfring*, JuS-Beilage 5/2007, 3, 12; *Rittmeister*, NZG 2004, 1032; *Goldschmidt*, ZIP 2005, 1305, 1310; *Knott/Mielke*, Rn 129: „Wenn man die due diligence als freiwillige, auf eigene Initiative und zum eigenen Nutzen des Käufers ergriffene Maßnahme betrachtet, so sollte eine nicht

so eine Pflicht des Käufers zur Untersuchung der Kaufsache begründet würde, die es im deutschen Recht eben nicht gäbe, ferner entspräche es auch nicht der allgemeinen Verkehrssitte, beim Unternehmenskauf eine Due Diligence durchzuführen.[36] Die bisher zu § 442 BGB a.F. ergangenen Entscheidungen sind kaum mit der Praxis des Unternehmenskaufs in Einklang zu bringen.[37]

33   Die zukünftige Entwicklung ist schwer prognostizierbar, dennoch spricht einiges dafür, zumindest in umfangreicheren Unternehmenstransaktionen grobe Fahrlässigkeit anzunehmen, wenn der Käufer eine ihm mögliche Untersuchung des Zielunternehmens unterlässt und ihm bei Durchführung einer solchen Untersuchung Mängel aufgefallen wären.[38] Nach hier vertretener Auffassung dürfte selbst bei Transaktionen im mittelständischen Bereich eine wenigstens grundlegende Due Diligence inzwischen nicht nur üblich, sondern auch von den Verantwortlichen zu fordern sein. Dazu gehören zumindest die letzten drei Jahresabschlüsse, die Anstellungsverträge der leitenden Mitarbeiter inkl. der (Fremd-)Geschäftsführung sowie die wichtigsten Lieferanten- und Kundenverträge, ggf. auch die Einsicht in das Grundbuch, falls das Zielunternehmen Grundbesitz hat.

34   Die Annahme einer groben Fahrlässigkeit setzt nicht nur eine objektive Sorgfaltspflichtverletzung voraus, sondern auf Seiten des Käufers ebenfalls subjektives Verschulden.[39] Ein solches Verschulden ist nicht bereits dann anzunehmen, wenn der Käufer keine Due Diligence durchführt, denn dadurch ist nicht notwendigerweise bedingt, dass er von dem Mangel auch subjektiv vorwerfbar keine Kenntnis gehabt hätte. Dies hätte zum einen vorausgesetzt, dass der Mangel überhaupt zu Tage getreten wäre und ferner, dass der Käufer hiervon Kenntnis erhalten hätte. Dies setzt jedoch hinsichtlich der Vorwerfbarkeit der objektiven Pflichtverletzung andere Maßstäbe als die reine Durchführung einer Due Diligence, wie noch zu zeigen sein wird.

c) Folgen einer durchgeführten Due Diligence, durch die ein Mangel des Zielunternehmens unentdeckt bleibt

35   Hat der Käufer eine Due Diligence durchgeführt, ist durch sie ein Mangel des Zielunternehmens erkennbar geworden und hat der Käufer gleichwohl keine Kenntnis von dem Mangel gewonnen, so ist fraglich, ob dies eine grob fahrlässige Unkenntnis begründen kann. Hier wird auf den Einzelfall abzustellen sein. Berücksichtigt man die Tatsache, dass Due Diligence-Prüfungen in der Regel in einer sehr kurzen Zeit eine Vielzahl von Tatsachen zu erfassen haben, so ist ersichtlich, dass Mängel, die einer ausgesprochen umfangreichen Dokumentation nur einen relativ geringen

---

vollständig oder nur unsorgfältig durchgeführte due diligence die Gewährleistungsrechte des Käufers nicht schmälern." (vgl. *Schmitz*, RnotZ 2006, 561, 582).

36 *Müller*, NJW 2004, 2196, 2197.

37 *Müller*, NJW 2004, 2196, 2197.

38 Hölters/*Semmler*, Teil VII, Rn 41 etwa stellt auf die Schutzbedürftigkeit des Käufers ab: bei kleinen Transaktionen (etwa im mittelständischen Bereich) seien oftmals geschäftsunerfahrene Käufer betroffen, die oft weder Kenntnis von dem Instrument der Due Diligence, noch Möglichkeiten zu einer solchen Durchführung hätten. In größeren Transaktionen dagegen sei eine Due Diligence sowohl gebräuchlich als auch den Käufern möglich, so dass das Unterlassen einer Due Diligence grob fahrlässig sei. Teilweise wird verlangt, es müsse stets eine Due Diligence stattfinden: LG Hannover, Urt. v. 23.2.1977 – 1 O 123/75, AG 1977, 198, 200; *Böttcher*, NZG 2005, 49, 52; *Ulmer*, DB 2004, 859, 860; Großkommentar AktG/*Hopt*, § 93 Rn 111; *Böttcher*, NZG 2007, 481, 485.

39 BGH NJW 1988, 1265; 2001, 2092. *Hettler/Stratz/Hörtnagl*, § 4 Rn 54: Beim Unternehmenskauf spricht vieles dafür, die (alte) Rechtsprechung zum Mitverschulden des Käufers bei Ansprüchen aus c.i.c. als Maßstab für die grob fahrlässige Unkenntnis heranzuziehen. Danach besteht gerade keine Verpflichtung zur eingehenden Untersuchung des Unternehmens und übergebener Unterlagen (BGH Urt. v. 18.3.1977 – I ZR 132/75 – NJW 1977, 1538; BGH Urt. v. 12.11.1969 – I ZR 93/67 – WM 1974, 51; NJW 1970, 653; BGH Urt. v. 25.5.1977 – VIII ZR 186/57 – NJW 1977, 1536.

Rahmen einnehmen, nicht notwendigerweise von dem Käufer aufzufinden sein müssen. Am verständlichsten dürfte daher das Argument gegen eine Beschränkung des Käuferschutzes sein, der Käufer bezwecke mit der Due Diligence gerade ein „Mehr" an Schutz und eben kein „Weniger", wie es zwangsläufige Folge wäre, würde man ihm für den oben beschriebenen Fall die Gewährleistungsrechte aberkennen.

Praxistipp   36

Um zu vermeiden, dass sich der Verkäufer später darauf beruft, der Kläger habe Kenntnis oder grob fahrlässige Unkenntnis vom Mangel gehabt, empfiehlt sich eine Anpassung des dispositiven § 442 BGB, bzw. eine Definition von „grober Fahrlässigkeit", die den Umfang der Prüfungspflichten des Käufers auf die gegebenen Umstände anpasst. Flankiert werden sollte dies mit selbständigen Garantien für Faktoren, die dem Käufer besonders wichtig sind.

IV. Sonstige Anspruchsgrundlagen

Auch andere Anspruchsgrundlagen können sich ergeben, stellt sich das gekaufte Unternehmen 37 nach Vertragsabschluss und Closing als mängelbehaftet heraus. In Betracht kommen etwa Ansprüche aus der Verletzung einer selbständigen Garantie (§ 311 Abs. 1 BGB), § 311 Abs. 2, 3 BGB[40] (frühere c.i.c.), § 313 Abs. 1 BGB (früherer Anwendungsfall des Wegfalls der Geschäftsgrundlage) sowie deliktische Ansprüche.

1. Selbständige Garantieversprechen

Nach dem BGB, das wie gezeigt auch auf Unternehmenskaufverträge Anwendung findet, wer- 38 den, wie sich einst *Medicus* ausdrückte, Tomaten und Diesellokomotiven nach denselben Rechtsvorschriften verkauft. Die Parteien insbesondere umfangreicher Unternehmenskaufverträge versuchen daher oftmals, ein eigenes Gewährleistungs- und Haftungsregime zu schaffen. Der Flexibilität eines eigenen Regimes stehen allerdings Unsicherheiten und Auslegungsschwierigkeiten entgegen.[41] So müssen die Rechtsfolgen in der Regel ausführlich und detailliert im Vertrag angegeben werden, ebenso die garantierten Aussagen. Zur Abgrenzung zu einer Beschaffenheitsgarantie sollte konkret unter Hinweis auf § 311 Abs. 1 BGB aufgenommen werden, dass es sich um ein selbständiges Garantieversprechen im Sinne dieser Vorschrift handelt. Auch empfiehlt es sich, den Mechanismus zur Berechnung des Schadens, ggf. dessen Bestimmung durch einen Dritten, vorzusehen, möchte man insbesondere die Rechtsunsicherheit einer Schätzung des Gerichts gem. § 287 ZPO vermeiden.

Wichtig   39

Beim Share Deal ist darauf zu achten, dass bei Mängeln des Zielunternehmens nicht zwangsläufig ein entsprechender Schaden beim Anspruchsberechtigten, nämlich dem Käufer, vorliegt. Will man sich nicht auf unsichere Rechtsinstitute wie das der Drittschadensliquidation verlassen, sollte dieser Fall durchdacht und im Kaufvertrag einer angemessenen Regelung zugeführt werden.

---

40 *Kleinherz/Junk*, Die Haftung des Verkäufers für Falschangaben beim Unternehmenskauf, JuS 2009, 787.
41 Dazu ausführlich *Mellert*, BB 2011, 1667 m.w.N.

2. § 311 Abs. 2, 3 BGB (c.i.c.)

40 Die Voraussetzungen für einen Anspruch aus § 311 Abs. 2, 3 BGB n.F. entsprechen den früheren in Bezug auf die c.i.c. Der Anspruch kommt nur für solche Umstände in Betracht, die nicht gleichzeitig nach den oben beschriebenen kaufrechtlichen Gewährleistungsvorschriften schadensersatzpflichtig machen. Mängelbegründende Pflichtverletzungen sind (einschließlich des Mangelfolgeschadens) über den Schadensersatzanspruch nach §§ 437, 440, 280 BGB abgedeckt. Hiervon sind insbesondere die Fälle der Verletzung von Aufklärungspflichten, des ungerechtfertigten Abbruchs von Vertragsverhandlungen, der Verletzung von Beratungspflichten sowie die Haftung der Berater erfasst.[42]

41 Besonders relevant sind hier die Ansprüche wegen Verletzung von Aufklärungs- und Hinweispflichten, insbesondere der Vorwurf der vorsätzlichen Pflichtverletzung spielt aufgrund der Unabdingbarkeit der Haftung des Verkäufers dafür (§ 276 Abs. 3 BGB) in der Praxis eine zunehmende Rolle,[43] da diese Ansprüche von Rechts wegen kaum wirksam auszuschließen sind. Der Maßstab für die Aufklärungspflichten des Verkäufers sind einzelfallabhängig. Insbesondere spielt eine Rolle, welche Partei das Zielunternehmen besser kennt. Zugunsten der aufzuklärenden Partei muss ein Informationsgefälle bestehen.[44]

42 Die Haftung wegen schuldhafter Verletzung von Aufklärungspflichten führt zu einem Schadensersatzanspruch, der grundsätzlich auf den Ersatz des Vertrauensschadens gerichtet ist.[45] Der Käufer ist so zu stellen, wie er stünde, hätte der Veräußerer seine Aufklärungs- und Offenbarungspflichten erfüllt. Er hat die Wahl zwischen Rückabwicklung des Kaufvertrages[46] und der Vertragsanpassung durch Verringerung des Kaufpreises.[47]

---

43 **Hinweis**

Die vorab dargestellte Rechtslage führt zu besonders schwierigen Situationen bei der Veräußerung eines Anteils zu einem symbolischen Preis, z.B. für „einen Euro". Hier kann eine Anpassung des Kaufpreises und ein Schadensersatzanspruch nur bis zur Höhe des symbolischen Kaufpreises bestehen. Nur dann, wenn der Käufer nachweisen kann, dass der Verkäufer zwingend den Vertrag auch zu anderen Konditionen abgeschlossen hätte (etwa Freistellung von weiteren Verbindlichkeiten), kann er einen den Kaufpreis (inkl. gegebenenfalls Anschaffungsnebenkosten) übersteigenden Schaden geltend machen. Das setzt jedoch in der Regel ein Geschäft voraus, das auf Seiten des Verkäufers einem Kontrahierungszwang unterliegt, was in der Regel nicht der Fall sein dürfte. Diese Lösung ist interessengerecht, da zum einen der Kaufpreis in der Regel Ausdruck einer Unsicherheit des Unternehmenswertes ist (etwa in insolvenznahen Veräußerungssituationen[48]) zum anderen der Käufer die Kaufsache auch zurückgeben und den großen Schadensersatz verlangen kann.

---

3. Managementgarantien oder „Representation Letters"

44 Bei sog. „Managementgarantien" oder „Representation Letters" handelt es sich nicht um eine Haftung des Verkäufers, sondern um persönliche Garantien der für den Veräußer handelnden Organe, insbesondere der GmbH-Geschäftsführer. Insbesondere bei Fremdgeschäftsführern stellen diese Vereinbarung regelmäßig eine unangemessene Haftungsverlagerung vom Gesellschafter auf die handelnden Organe dar,[49] zumal die gesetzliche Haftung des Geschäftsführers der

---

42 *Rödder/Hötzel/Mueller-Thuns*, § 9 Rn 132 ff.; *Hettler/Stratz/Hörtnagl*, § 4 Rn 62.
43 *Hasselbach/Ebbinghaus*, DB 2012, 216.
44 Einzelheiten bei: *Holzapfel/Pöllath*, Rn 431 ff.; *Hettler/Stratz/Hörtnagl*, § 4 Rn 70.
45 BGH Urt. v. 14.3.1991 – VII ZR 342/89 – BGHZ 114, 87, 94.
46 BGH Urt. v. 4.4.2001 – VIII ZR 32/00 – ZIP 2001, 918, 920; Einzelheiten bei: *Rödder/Hötzel/Mueller-Thuns*, § 9 Rn 139.
47 BGH Urt. v. 4.4.2001 – VIII ZR 32/00 – ZIP 2001, 918, 920; *Hettler/Stratz/Hörtnagl*, § 4 Rn 71.
48 *Arends/Hofert von Weiss*, BB 2009, 1538, 1543.
49 S. auch umfassend dazu *Krüger/Pape*, NZI 2009, 870.

veräußernden GmbH dieser gegenüber gem. § 43 GmbHG ohnehin in den meisten Fällen besteht.[50]

V. Eigenkapitalgarantie

Häufiges Merkmal von Unternehmenskaufverträgen ist die Übernahme einer Eigenkapitalgaran- **45** tie durch den Veräußerer. Darin verpflichtet sich der Veräußerer, dafür einzustehen, dass die Bilanz des Unternehmens zu einem bestimmten Zeitpunkt (typischerweise dem **Übergangs-stichtag**) ein bestimmtes Eigenkapital aufweist. Das bilanzielle Eigenkapital nach HGB ergibt sich aus den in § 266 Abs. 3 A HGB ausgewiesenen Bilanzpositionen. Die Eigenkapitalgarantie sichert den Erwerber nur gegen bis zum Stichtag eintretende Wertbeeinträchtigungen des bilanzierten Vermögens, sofern dadurch das garantierte Eigenkapital des Zielunternehmens unterschritten wird. Eine Vielzahl von Tatsachen, die für die Ertragsfähigkeit oder sogar den Bestand des Unternehmens wichtig sind, haben dagegen keine Auswirkung auf das bilanzielle Eigenkapital.[51] Wichtig ist bei der Vereinbarung einer Eigenkapitalgarantie, dass das maßgebliche Eigenkapital im Kaufvertrag eindeutig definiert wird. So muss bestimmt werden, ob steuer- oder handelsrechtliche Bilanzierungsvorschriften maßgeblich sein sollen, ob das Eigenkapital eine bestimmte Struktur aufweisen soll und welche Rechtsfolgen eintreten sollen, wenn das garantierte Eigenkapital am Stichtag nicht eingehalten werden kann.

Praxistipp **46**
Die Regelung im Kaufvertrag bei Vereinbarung einer Eigenkapitalgarantie muss erfassen, welche Bilanzierungs- und Bewertungsgrundsätze für die Bilanz zum maßgeblichen Stichtag maßgeblich sein sollen. Wichtig ist insbesondere festzulegen, wie Bilanzierungs- und Bewertungswahlrechte ausgeübt werden. In der Regel bietet es sich an, die bisherigen Bewertungsgrundsätze unverändert auch der entscheidenden Zwischenbilanz zu Grunde zu legen.

Praxistipp **47**
Die Zwischenbilanz zum jeweils gewählten Stichtag kann nur vom Käufer erstellt werden. Der Verkäufer wird sich aber selten ohne Mitwirkungsrechte in seine Hände begeben. Vertraglich sollte daher ein Prüfungs- oder Mitwirkungsrecht für den Veräußerer vereinbart werden, bzw. die Überprüfung der Zwischenbilanz durch ein unabhängiges Wirtschaftsprüfungsunternehmen.

---

[50] *V. Venrooy*, GmbHR 2008, 1.
[51] *Hölters/Semler*, VII. Rn 190.

Dr. Nils Wigginghaus

§ 30 Haftung des Erwerbers für Verbindlichkeiten des Veräußerers

Literatur: *App*, Zur Inanspruchnahme des Erwerbers eines Handelsgeschäfts, das unter der bisherigen Firma fortgeführt wird, als Haftendem, KStZ 2004, 10; *Arnold/Dötsch*, Persönliche Haftung für Altschulden beim Eintritt in eine GbR, DStR 2003, 1398; *Baumbach/Hopt*, Kommentar zum Handelsgesetzbuch, 35. Aufl. 2012; *Baumbach/Hueck*, Kommentar zum GmbHG, 19. Aufl. 2010; *Böken*, Haftung des Erwerbers von GmbH-Anteilen, GmbHR 2005, 1166; *Brete*, Die Auffanggesellschaft, NJOZ 2008, 4159; *Breuer*, Haftung des Betriebsunternehmers, AO-StB 2002, 271; *Classen*, Distressed M&A – Besonderheiten beim Unternehmenskauf aus der Insolvenz, BB 2010, 2898; *Commandeur/Kleinebrink*, Betriebs- und Firmenübernahme, 2. Aufl., 2002; *Fembacher/Walz*, Mehr Haftung als Haftungsbeschränkung? Eine Gesamtschau zu den Risiken der GmbH-Anteilsabtretung, BB 2004, 680; *Gehm*, Haftung der Gesellschafter einer Gesellschaft bürgerlichen Rechts, einer OHG sowie einer KG für Steuerschulden, BuW 2000, 534; *Heidinger*, Haftungsrisiken aus eigenkapitalersetzenden Gesellschafterhilfen bei der Geschäftsanteilsabtretung, ZNotP 2000, 370; *Hettler/Stratz/Hörtnagl*, Unternehmenskauf, 2004; *Jacobs*, Unbeschränkte Haftung der Kommanditisten vor Eintragung für gesetzliche Gesellschaftsverbindlichkeiten, DB 2005, 2227; *Klein*, Kommentar zur Abgabenordnung, 11. Aufl. 2012; *Krüger*, Wege zur Vermeidung der Haftung für Betriebssteuern beim Unternehmenskauf, StW 2000, 173; *Leibner/Pump*, Die Vorschriften des § 75 AO und des § 25 HGB – Wege zur zivilrechtlichen und steuerlichen Haftungsvermeidung, DStR 2002, 1689; *Leibner/Loy*, Die Haftung des Erwerbers eines Handelsgeschäftes für Steuerverbindlichkeiten des Veräußerers nach § 191 AO i.V.m. § 25 HGB, StBp 2003, 213; *Leistikow*, Das neue GmbH-Recht, 2009; *Lutz*, Die Haftung nach § 75 Abgabenordnung, StW 99, 218; *Lutter/Hommelhoff*, GmbH-Gesetz, 17. Aufl. 2009, *Mösbauer*, Zur sachlichen, zeitlichen und gegenständlichen Beschränkung der Haftung des Betriebsübernehmers nach § 75 AO, DStZ 95, 705; *Münchener Kommentar zum Handelsgesetzbuch*, 3. Aufl. 2010–2012; *Schüler/Grewe*, Der GmbH-Geschäftsführer beim Unternehmenskauf – Rechte, Pflichten und Haftungsrisiken, NWB 2008, 3313; *Picot*, Unternehmenskauf und Restrukturierung, 3. Aufl. 2004; *Rödder/Hötzel/Mueller-Thuns*, Unternehmenskauf Unternehmensverkauf, 2003; *v. Venrooy*, Die Geschäftsführerhaftung im Unternehmenskauf, GmbHR 2008, 1.

Inhalt

I. Einleitung

1 Zum Zeitpunkt der Übernahme des Unternehmens durch den Erwerber hat der Verkäufer beim Asset Deal bzw. das Zielunternehmen beim Share Deal eine Vielzahl von vertraglichen Verpflichtungen gegenüber einer Vielzahl von Gläubigern. Dazu zählen etwa Lieferanten, Dienstleister und Arbeitnehmer, aber auch die öffentliche Hand. Voraussetzung für eine sachgerechte Behandlung und Steuerung der Haftung des Erwerbers für diese Verbindlichkeiten ist zunächst, dass die Parteien einen Überblick über bereits vorhandene Haftungsrisiken haben. Diesen Überblick zu gewährleisten, ist unter anderem Aufgabe einer „legal due diligence" (siehe § 27 Rn 33 ff.). Anschließend ist zu prüfen, in welchem Umfang der Erwerber haftet, womit er haftet (nur mit dem Unternehmenswert oder mit seinem gesamten Vermögen), ob die Haftung abding-

bar ist und wie ein ggf. verbleibendes Haftungsrisiko[1] über die Gestaltung des Kaufpreises abgegolten werden kann.

Die Prüfung der postakquisitorischen Haftung ist üblicherweise Sorgfaltspflicht des Erwer- **2**
bers als ordentlicher Kaufmann, so dass bei Unterlassen dieser Prüfung etwa eine Haftung aus
§ 43 GmbHG oder § 93 AktG ernsthaft in Betracht kommt.[2]

II. Vertragliche Übernahme der Verpflichtungen gegenüber Dritten

Bei Unternehmenskäufen im Wege des Asset Deals stellt sich oft die Problematik, dass der Er- **3**
werber wünscht, in vertragliche Beziehungen des Veräußerers mit Dritten einzutreten. Eine
Möglichkeit wäre, die **Vertragsbeziehungen** zu beenden und mit dem Erwerber neu zu begründen. Können oder wollen die Beteiligten diesen Weg nicht gehen (etwa, weil ein Neuab-
schluss zu günstigen Konditionen nicht möglich oder sinnvoll wäre oder aber weil Laufzeiten
und Kündigungsfristen einer einseitigen Vertragsbeendigung im Wege stehen), so vereinbaren
Käufer und Verkäufer zu diesem Zweck in der Regel, dass der Erwerber in die Verpflichtungen
des Veräußerers eintritt. Dieser Eintritt ist jedoch von der Zustimmung des jeweiligen Gläubigers abhängig, da dessen Schuldner nicht ohne sein Einverständnis wechseln darf. Die Er-
füllungsübernahme nach § 329 BGB bedarf der Zustimmung des Gläubigers nicht, sie wirkt
jedoch, wie eine Freistellung, lediglich im Innenverhältnis der Parteien. Beim Share Deal
stellt sich diese Problematik nicht, hier bleibt der Vertragspartner der Gläubiger unverändert
gleich.

III. Gesetzliche Haftung

Als gesetzliche Haftungstatbestände kommen in Betracht: die Haftung wegen Firmenfortfüh- **4**
rung gem. § 25 HGB, gesellschaftsrechtliche Haftungstatbestände, der Eintritt in bestehende Arbeitsverhältnisse gem. § 613a BGB (siehe § 31 Rn 1ff.), die Haftung für Betriebssteuern gem. § 75
AO sowie unter Umständen besondere Haftungstatbestände wie § 419 BGB a.F. sowie § 39 VVG
für den gem. § 69 VVG vertragsübernehmenden Erwerber.

1. Firmenfortführung gem. § 25 HGB

Führt der Erwerber im Wege eines Asset Deals das erworbene Handelsgeschäft unter der glei- **5**
chen Firma fort, so haftet er grundsätzlich gem. § 25 Abs. 1 HGB[3] für die im Betriebe des Geschäfts begründeten Verbindlichkeiten. Durch die Fortführung der Handelsfirma wird Dritten
gegenüber der Rechtschein einer Kontinuität des Unternehmens erzeugt, der Grundlage für die
Haftung nach § 25 HGB ist. Die Haftung gem. § 25 HGB findet nach heute h.M. auf im Rahmen der
Insolvenz zu veräußernde Unternehmen keine Anwendung,[4] da ein insolventes Unternehmen
sonst unveräußerbar wäre.[5] Sie soll nicht, auch nicht analog, auf Fälle anwendbar sein, in denen
lediglich die Internetdomain eines bekannten und stark frequentierten Internetshops übergeht,

---

1 Zu Haftungsrisiken bei der „Auffanggesellschaft" vgl. auch die umfassende Darstellung von *Brete*, NJOZ 2008,
4159.
2 *Schüler/Grewe*, NWB 2008, 3313; *v. Venrooy*, GmbHR 2008, 1.
3 Dazu vgl. *App*, KStZ 2004, 10 ff.; *Leibner/Loy*, StBp 2003, 313 ff.; *Leibner/Pump*, DStR 2002, 1689 ff.
4 Vgl. *Classen*, BB 2010, 2898.
5 BGH NJW 1988, 192; BAG, NJW 1966, 1984; *Baumbach/Hopt*, § 25 Rn 4; OLG Düsseldorf NJW-RR 1999,
1556.

da mit der Domain nur das Geschäft oder das Ladenlokal, nicht dagegen den Unternehmensträger bezeichnet.[6]

6   Voraussetzung für die Auslösung der Haftung gem. § 25 HGB ist der – auch suzkzessive[7] oder teilweise[8] – Übergang eines Handelsgeschäfts, dessen Fortführung, die Fortführung der Firma sowie das Nichtvorliegen eines wirksamen Haftungsausschlusses gem. § 25 Abs. 2 HGB. Gemeint ist hier nur ein kaufmännisches Handelsgeschäft. Ob es im Handelsregister eingetragen oder eintragungspflichtig ist, ist gem. § 25 Abs. 1 S. 1 HGB irrelevant.[9] Das Geschäft muss unter Lebenden, also im Wege der rechtsgeschäftlichen Einzelrechtsnachfolge, erworben worden sein. Den Erwerb durch Verfügung von Todes wegen oder gesetzlicher Erbfolge regelt § 27 HGB. Als taugliche Erwerbsgeschäfte kommt nicht nur ein Kauf des Geschäfts in Betracht, sondern unter Umständen auch die Pacht oder andere, dieser ähnliche Rechtsverhältnisse.[10] **Fortführung des Handelsgeschäfts** bedeutet, dass der Erwerber des Geschäfts dieses auch tatsächlich und praktisch betreibt. Werden im Rahmen des Asset Deals die Vermögenswerte, die den Kern des Handelsgeschäfts ausmachen, übertragen und von dem Erwerber im Rechtsverkehr nach außen genutzt, so ist eine Fortführung zumindest dann gegeben, wenn der Erwerber die Absicht erkennen lässt, das Handelsgeschäft nunmehr als sein eigenes zu führen.[11] Die Haftung greift auch für den Fall, dass die Fortführung lediglich einen Teil des Unternehmens betrifft, sofern der Teil verselbständigt ist oder den Schwerpunkt des ursprünglichen Handelsgeschäfts darstellt. Der Leitgedanke für die Regelung des § 25 Abs. 1 HGB liegt im Verkehrsschutz, der auf dem Rechtsschein der Unternehmenskontinuität fußt. Einzelheiten sind bis heute umstritten.[12]

7   Weitere Voraussetzung ist die **Fortführung der Firma**. Neben der Unternehmenskontinuität muss also die ebenfalls nach Außen hin sichtbare Firmenkontinuität treten. Dabei ist nicht entscheidend, dass die Firma bis ins Detail identisch fortgeführt wird. Abhängig vom Bekanntheitsgrad kann auch ein übereinstimmendes Kürzel oder die weitergehende Benutzung eines Teils der Firma ausreichen. Maßgeblich ist das Auftreten am Markt und die Wahrnehmung der neuen Firma als Fortführung der alten.[13] Entscheidend ist die Beibehaltung der alten Firma im Kern und die Ähnlichkeit des Klangbildes, eine wort- und buchstabengetreue Gleichheit ist nicht erforderlich.[14]

8   Rechtsfolge bei Vorliegen der Tatbestandsvoraussetzungen von § 25 Abs. 1 HGB ist die Haftung des Erwerbers mit seinem **gesamten Vermögen**[15] für sämtliche Forderungen gegenüber dem alten Inhaber. Aus welchem **Rechtsgrund** diese Forderungen stammen, ist unerheblich.[16] Umfasst sind also sogar deliktische und bereicherungsrechtliche Ansprüche, sofern zwischen ihnen und dem Handelsgeschäft ein ausreichender Bezug besteht.[17]

9   Die Haftung gem. § 25 Abs. 1 HGB ist zunächst lediglich im Innenverhältnis abdingbar. Im Außenverhältnis wirkt der Haftungsausschluss nur dann, wenn er entweder ins Handelsregister eingetragen[18] und die Eintragung veröffentlicht wurde oder aber eine Mitteilung an den

---

6 LG Aachen MMR 2010, 258.
7 BGH DStR 2009, 383.
8 Sofern wesentliche Kernbereiche des Unternehmens übergehen, BGH WM 2010, 82.
9 Baumbach/*Hopt*, § 25 Rn 2.
10 BGH NJW 1982, 1647; 1984, 1186.
11 OLG Düsseldorf NJW-RR 1993, 45; *Commandeur/Kleinebrink*, Rn 967.
12 *Commandeur/Kleinebrink*, Rn 877.
13 *Holzapfel/Pöllath*, Rn 662; BGH NJW 1987, 1633; 1992, 912; 2001, 1352.
14 BGH NJW 1982, 577; 1986, 582; OLG Saarbrücken BB 1964, 747; vgl. auch die bei *Commandeur/Kleinebrink*, Rn 1016 ff. genannten Einzelfälle.
15 BGH BB 1955, 652; Baumbach/*Hopt*, § 25 Rn 10.
16 BGH BB 1954, 700.
17 *Commandeur/Kleinebrink*, Rn 1085 ff.
18 Zur Eintragungsfähigkeit vgl. OLG Stuttgart NZG 2010, 628.

Dritten erfolgt ist, § 25 Abs. 2 HGB.[19] Grundsätzlich müssen Eintragung und Bekanntmachung des Haftungsausschlusses mit der (tatsächlichen) Übernahme zusammenfallen.[20] Ausreichend ist aber auch, wenn die Anmeldung **unverzüglich**[21] nach der Geschäftsübernahme erfolgt und die Eintragung und Bekanntmachung bald nachfolgen.[22] Als unverzüglich gilt eine solche Eintragung unter Umständen bereits dann nicht mehr, wenn sie sechs bis acht Wochen nach dem tatsächlichen Übergang erfolgt.[23] Dass die Eintragung in zeitlich engem Zusammenhang (unverzüglich) nach der eigentlichen Übernahme erfolgt, liegt im Interesse beider Kaufvertragsparteien, denn bis zur Eintragung von Übernahme und Haftungsausschluss haften Erwerber und Veräußerer gleichermaßen, der Erwerber nach § 25 Abs. 1 HGB, der Veräußerer nach § 15 Abs. 1 HGB.

Praxistipp   **10**
Entscheidend für die Wirksamkeit eines Haftungsausschlusses nach § 25 Abs. 2 HGB ist neben der Eintragung des Ausschlusses im Handelsregister vor allem deren Veröffentlichung. Diese Veröffentlichung erfolgt durch das Registergericht und ist durch die Parteien nicht zu beeinflussen. Der Haftungsausschluss ist **unwirksam**, wenn die Eintragung und Veröffentlichung auch **ohne Verschulden der Parteien** (etwa wegen Versäumnissen auf Seiten des Registergerichts) nicht (rechtzeitig) erfolgt. Deshalb ist sicherzustellen, dass nach der Anmeldung der Zeitpunkt der Eintragung und der Veröffentlichung überwacht wird.

---

2. Gesellschaftsrechtliche Haftungstatbestände

Erfolgt der Unternehmenskauf im Wege des Share Deals, so unterscheiden sich die für den Erwerber maßgeblichen Haftungsrisiken[24] je nach Gesellschaftstyp.   **11**

a) Eintritt in eine Personenhandelsgesellschaft

Beim Eintritt in eine Personenhandelsgesellschaft (OHG oder KG) als persönlich haftender Gesellschafter haftet der Erwerber nicht nur für die nach seinem Eintritt entstehenden, sondern auch bereits für die zum **Übernahmezeitpunkt** bestehenden Verpflichtungen der Gesellschaft persönlich. Für die bereits vor seinem Eintritt bestehenden Verpflichtungen haftet der neue Gesellschafter in voller Höhe neben dem Veräußerer, §§ 130 Abs. 1, 161 Abs. 2 HGB. Die Haftung des neuen Gesellschafters beginnt dabei nicht schon mit Abschluss des Kauf- und Übertragungsvertrages, sondern erst mit Vollzug des Eintritts nach Außen.[25] Dieser Vollzug geschieht durch Eintragung des neuen Gesellschafters in das Handelsregister (§ 123 HGB) oder aber durch Fortsetzung der Geschäfte mit Zustimmung des Neugesellschafters.   **12**

Auch nach dem Ausscheiden des Altgesellschafters haften er und der Neugesellschafter parallel als Gesamtschuldner für einen Zeitraum von fünf Jahren. Dies gilt zumindest für diejenigen Verbindlichkeiten, die bereits zum Zeitpunkt des Ausscheidens begründet waren, § 160 HGB.[26] Eine Beschränkung der Haftung ist auch hier Dritten gegenüber unwirksam. Der Käufer kann lediglich auf eine Freistellung im Innenverhältnis bestehen.   **13**

Beim Eintritt als Kommanditist in eine bereits bestehende Kommanditgesellschaft gilt das bereits Ausgeführte mit der Maßgabe, dass die Haftung des Kommanditisten grundsätzlich stets   **14**

---

19 BGH WM 1992, 736.
20 Baumbach/*Hopt*, § 25 Rn 15.
21 MüKo-HGB/*Lieb*, § 25 Rn 115; Baumbach/*Hopt*, § 25 Rn 15; BayObLG DB 1984, 1672.
22 BGH WM 1992, 736.
23 Baumbach/*Hopt*, § 25 Rn 15; RGZ 75, 140.
24 Dazu auch *Böken*, GmbHR 2005, 1166 ff.; *Heidinger*, ZNotP 2000, 370 ff.
25 Baumbach/*Hopt*, § 130 Rn 6.
26 BGHZ 55, 267, 269.

auf die Höhe seiner Einlage begrenzt ist. Vorsicht ist lediglich in dem Zeitraum zwischen der Übertragung des Kommanditanteils und der Eintragung in das Handelsregister geboten. Der neue Gesellschafter haftet für in diesem Zeitraum begründete Verbindlichkeiten der KG in voller Höhe persönlich (§ 176 Abs. 2 HGB).[27] Da dieser Eintritt aber durch die Eintragung im Handelsregister aufschiebend bedingt vereinbart werden kann, ist das Risiko einer Haftung nach § 176 Abs. 2 HGB leicht zu vermeiden.[28] Auch für an den ursprünglichen Gesellschafter bereits zurückgezahlte Einlagen haftet der Neugesellschafter persönlich und nicht nur auf die Höhe seiner Einlage beschränkt, denn mit dem Erwerb des Kommanditanteils tritt der Erwerber in sämtliche Rechte und Pflichten des bisherigen Kommanditisten ein.[29] Der Käufer wird daher im Rahmen einer Due Diligence genauestens darauf achten, dass die Hafteinlage vollständig eingebracht und durch nachträgliche Verfügungen nicht wieder entzogen wurde. Gem. § 174 Abs. 2 HGB ist diese Haftung dem Ausschluss durch die Parteien entzogen. Die Haftung für die o.g. Zwischenverbindlichkeiten lässt sich jedoch unkompliziert im Wege einer durch die Eintragung aufschiebend bedingten Übertragung des Kommanditanteils ausschließen.

b) Erwerb von Anteilen einer GmbH

15 Maßgeblich für die Haftung des neu eintretenden Gesellschafters beim Anteilsverkauf ist § 16 Abs. 2 GmbHG.[30] Danach haftet der Erwerber für alle Verbindlichkeiten gemeinsam mit dem Veräußerer, die zum Zeitpunkt der Anmeldung des Erwerbs bei der Gesellschaft begründet sind.[31] Als solche kommen insbesondere die Verbindlichkeiten gegenüber der Gesellschaft selbst auf Einbringung der Stammeinlage, die Nachschusspflicht (§ 26 GmbHG) sowie die Ausfallhaftung (§ 24 GmbHG und § 31 Abs. 3 GmbHG) in Betracht. Ebenfalls erfasst sind jedoch auch: die Differenzhaftung gem. § 9 Abs. 1 GmbHG für den Fall, dass die geleistete Sacheinlage nicht den Wert der für sie übernommenen Stammeinlage erreicht sowie die Haftung für Nebenleistungspflichten gem. § 3 Abs. 2 GmbHG. Nach bislang noch h.M. haftet der Erwerber des Anteils auch, falls er beim Abschluss des Kaufvertrages von dem Verkäufer über die Einbringung der Stammeinlage getäuscht wurde.[32]

16 Verbindlichkeiten des Altgesellschafters gegenüber der Gesellschaft aus §§ 30, 31 ff. GmbHG (Vorschriften zur Kapitalerhaltung) sind von § 16 Abs. 3 GmbHG nicht betroffen.[33] Hat ein Gesellschafter also entgegen des Verbots in § 30 Abs. 1 GmbHG Leistungen von der GmbH erhalten und damit die Gesellschaft entweder in eine Unterbilanz geführt oder eine bereits bestehende Unterbilanz verstärkt, so hat er der Gesellschaft die erhaltene Zahlung zurückzuerstatten (§ 31 Abs. 1 GmbHG). Diese Verpflichtung resultiert nicht aus dem Gesellschaftsanteil, sondern ist eine persönliche Verpflichtung des die verbotswidrige Zahlung empfangenden Gesellschafters. Der neu eintretende Gesellschafter haftet aber dann gem. § 31 Abs. 3 GmbHG (sog. Solidarhaftung, oder Ausfallhaftung) für diese Zahlung mittelbar, wenn der andere Gesellschafter Auszahlungen erhalten hat, die gegen die Kapitalerhaltungsvorschriften verstießen und von diesem der Betrag nicht zurückzuerlangen ist.[34]

17 Vor Inkrafttreten des MoMiG[35] war § 31 Abs. 3 GmbH analog anzuwenden, wenn der Veräußerer der Gesellschaft ein Darlehen gewährt hatte, welches nach §§ 32a, 32b GmbHG a.F. als ka-

---

27 BGH NJW 1983, 2258, 2259.
28 BGHZ 82, 209, 213.
29 *Rödder/Hötzel/Mueller-Thuns*, § 11 Rn 25; Picot/*Picot*, Teil I, Rn 126.
30 Dazu vgl. *Fembacher/Walz*, BB 2004, 680 ff.
31 BGHZ 68, 191, 197.
32 BGH DB 1982, 1865; a.A. zumindest für den Fall, dass der Erwerber angefochten hat, OLG Hamm DB 2006, 549.
33 *Lutter/Hommelhoff*, § 31 Rn 5.
34 Vgl. dazu *Lutter/Hommelhoff*, § 31 Rn 19 ff.; Baumbach/Hueck/*Fastrich*, § 31 Rn 21 ff.
35 Vgl. dazu die zusammenfassende Darstellung bei *Leistikow*, Das neue GmbH-Recht, 2009.

pitalersetzend zu qualifizieren war und das Darlehen vor der Veräußerung zurückbezahlt wurde.[36] Auch hier handelte es sich zwar um eine persönliche Verpflichtung des Altgesellschafters, die grundsätzlich nicht über § 16 Abs. 3 GmbHG auf den Erwerber überging, durch die analoge Anwendung von § 31 Abs. 3 GmbHG haftete der Erwerber gleichwohl im Rahmen der Ausfallhaftung für die Rückzahlung eines verbotswidrig zurückgezahlten Darlehens.[37] Der mögliche Umfang dieser Haftung stellte für den Erwerber ein nicht unerhebliches Risiko dar.

Das MoMiG hat den gesamten Bereich des Eigenkapitalersatzes bei der GmbH neu geregelt **18** und die sogenannten Rechtsprechungsregeln aufgegeben. Gesellschafterdarlehen und ihnen gleichgestellte Leistungen sind nicht mehr wie haftendes Eigenkapital zu behandeln – unabhängig von der wirtschaftlichen Situation der Gesellschaft. Maßgeblich ist zukünftig nur noch der Zeitpunkt der Rückzahlung sowie die Kenntnis des Empfängers. Um sämtliche Rechtsformen (insbesondere auch ausländische) zu erfassen, wurde die Rückgewähr in das Insolvenzrecht übernommen und dort in § 135 InsO geregelt, die Vorschrift gilt nicht nur gegenüber dem Gesellschaft, sondern auch Dritten, so dass auch der zukünftige Erwerber haftbar sein dürfte, soweit er etwas aus einer anfechtbaren Rechtshandlung bei wirtschaftlicher Betrachtung (etwa: Verrechnung auf den Kaufpreis) erlangt hat.

Der Käufer wird daher auf einer Absicherung auf mehreren Ebenen bestehen. Zum einen ist **19** eine Due Diligence-Untersuchung unerlässlich, um zu bestimmen, ob die Stammeinlage erbracht und nicht nachträglich ausgezahlt wurde sowie im Falle der Differenzhaftung gem. § 9 Abs. 1 GmbHG, dass keine Differenzhaftung besteht. Diese Prüfung darf sich nicht aufgrund der Ausfallhaftung gem. § 24 GmbHG auf den veräußernden Gesellschafter beschränken, sondern muss auch die übrigen Gesellschafter mit einbeziehen. Da die Haftung des Erwerbers nicht wirksam ausgeschlossen werden kann (§ 25 GmbHG), sind vertraglich zwischen Erwerber und Veräußerer nur Freistellungen und Garantien möglich.

Praxistipp **20**
Wegen der gesellschaftsrechtlichen Haftungstatbestände muss die Due Diligence-Untersuchung die Verhältnisse aller Gesellschafter umfassen, und zwar auch dann, wenn nicht alle Geschäftsanteile übernommen werden.

---

3. Haftung für Steuerverbindlichkeiten gem. § 75 AO

Ist Gegenstand der Transaktion ein Unternehmen oder ein innerhalb eines Unternehmens gesondert geführter Betrieb und wird dieser gänzlich übertragen, so haftet der Erwerber gem. § 75 **21** Abs. 1 S. 1 AO für alle[38] Steuern und Steuerabzugsbeträge.[39] Die Vorschrift bezweckt, dem Steuergläubiger die Sicherung seiner Steuerforderungen gegen den Steuerschuldner (dies bleibt auch im Falle des Verkaufs der Veräußerer) durch Zugriff auf die durch das Unternehmen verkörperten Vermögensgegenstände auch im Falle der Unternehmensveräußerung zu erhalten.[40]

Im Einzelnen enthält der Haftungstatbestand folgende Voraussetzungen: **22**

Bei der Transaktion muss es sich um den „Erwerb eines Unternehmens" oder eines bestimmten Unternehmensteils „im Ganzen" handeln. Ausgeschlossen ist der Erwerb aus der Einzel- oder Gesamtvollstreckung (Insolvenzverfahren), § 75 Abs. 2 AO. Mehrere, zeitlich auseinanderliegende Transaktionen werden nur dann als ein Übertragungsakt gewertet, wenn sie als

---

36 Baumbach/Hueck/*Fastrich*, § 32a, Rn 78; *Lutter/Hommelhoff*, §§ 32 a/b, Rn 106.
37 *Rödder/Hötzel/Mueller-Thuns*, § 11 Rn 43; *Lutter/Hommelhoff*, §§ 32 a/b, Rn 106.
38 BFH/NV 2008, 1108–1109.
39 Dazu auch *Gehm*, D-spezial 2005, Nr. 26, 3-6; *Leibner/Loy*, StBp 2003, 313 ff.; *Leibner/Pump*, DStR 2002, 1689 ff.; *Krüger*, StW 2000, 173 ff.; BFH/NV 2008, 1805–1807.
40 BFH BStBl II 1993, 700; BFH/NV 1986, 65.

wirtschaftliche Einheit zu bewerten sind. Nach der Rechtsprechung des BFH ist dies bei einer Zeitspanne von neun Monaten nicht mehr der Fall.[41]

23　　Ein Unternehmen ist nach Rechtsprechung des BFH die „organische Zusammenfassung von Einrichtungen und dauernden Maßnahmen".[42] Diese Einheit muss für sich genommen ohne größeren zusätzlichen finanziellen Aufwand durch den Erwerber fortgeführt werden können. Umstritten ist das Vorliegen eines Unternehmens für gewerbliche Organisationsformen, die für ihren Betrieb keine nennenswerten sachlichen Einrichtungen benötigen. Beim Unternehmenskauf wird in der Regel auch bei Transaktionen im Dienstleistungssektor die Unternehmenseigenschaft i.S.v. § 75 AO zu bejahen sein.[43]

24　　Für den Begriff des „Unternehmensteils" macht sich die Rechtsprechung die zum **Teilbetrieb** im Sinne von § 16 Abs. 1 Nr. 1 EStG ergangene Rechtsprechung zunutze. Danach ist ein Teilbetrieb ein organisch abgeschlossener, mit einer gewissen Selbständigkeit ausgestatteter Teil des Gesamtbetriebs, der für sich betrachtet alle Merkmale eines Betriebs im Sinne des EStG aufweist und als solcher lebensfähig ist.[44] Entscheidend sind die Verhältnisse beim Verkäufer, nicht beim Erwerber.[45]

25　　Gehaftet wird nach § 75 AO für Betriebssteuern, Steuerabzugsbeträge (die vom Unternehmen einzuziehenden und abzuführenden Beträge, vor allem Lohn-, Kapitalertragsteuer) sowie Erstattungsschulden für zu Unrecht in Anspruch genommene Steuervergünstigungen. Betriebssteuern in diesem Sinne sind diejenigen Steuern, die sich auf den Betrieb des Unternehmens gründen, also vor allem **Gewerbesteuer**, **Umsatzsteuer** sowie ggf. anfallende Verbrauchssteuern wegen der Herstellung von Waren. Steuerliche Nebenleistungen sind ebenso wenig erfasst wie die Einkommens- oder Körperschaftssteuer des Veräußerers.[46]

26　　Zeitlich besteht die Haftung nur für diejenigen Forderungen, die seit **Beginn des letzten Kalenderjahres vor Übereignung** (der tatsächlichen Übergabe) entstanden sind. Ferner müssen die Beträge spätestens ein Jahr nach Anmeldung des Betriebes durch den Erwerber bei der Finanzbehörde festgesetzt worden sein. Die Fälligkeit ist dafür nicht entscheidend. Das Entstehen der Steuerforderungen richtet sich nach § 38 AO. Der Umfang der Haftung wird auf das übernommene Vermögen beschränkt. Stellt der Erwerber den Betrieb in seinem übernommenen Bestand dem Steuergläubiger zur Verfügung und reicht die vorhandene Masse nicht zur Begleichung der Steuerforderungen aus, so entfällt im Übrigen die Haftung des Erwerbers.[47] Diese Beschränkung gem. § 75 AO ist erst im Zwangsvollstreckungsverfahren auf einen entsprechenden Einwand des Erwerbers hin beachtlich.[48] Der Erwerber wird durch § 75 AO zum Haftungsschuldner. Bevor er in Anspruch genommen werden kann, muss gegen ihn gem. § 191 Abs. 1 S. 1 AO ein Haftungsbescheid ergehen. Dieser darf anschließend gem. § 219 AO nur vollstreckt werden, wenn die Vollstreckung gegen den eigentlichen Steuerschuldner (den Verkäufer) erfolglos geblieben ist oder aussichtslos sein würde.

27　　Die Haftung nach § 75 Abs. 1 AO steht nicht zur Disposition der Parteien. Umso wichtiger ist auch hier eine sorgfältige steuerliche Due Diligence vor Abschluss des Kaufvertrages. Diese gibt Auskunft über bestehende Steuerverbindlichkeiten. Anschließend können die Vertragsparteien – lediglich mit Wirkung im Innenverhältnis – eine Freistellung zugunsten des Erwerbers regeln oder aber vereinbaren, dass die Steuerverbindlichkeiten von ihm gegen Anrechnung auf den Kaufpreis zu übernehmen sind.

---

41 BFH BFH/NV 1988, 479; BFH/NV 2008, 1805–1807.
42 BFH BStBl 1962, 455; 1986, 654; 1993, 700.
43 Vgl. Klein/*Rüsken*, § 75 AO Rn 9 m.w.N.
44 BFH BStBl 1989, 653; 1996, 409.
45 BFH BStBl 1984, 486.
46 Klein/*Rüsken*, § 75 AO Rn 34 m.w.N.
47 Klein/*Rüsken*, § 75 AO Rn 41; BFH BStBl 1986, 589.
48 BFH BStBl 1986, 589, umstr.

Wigginghaus

Dr. Sören Kramer

§ 31 Betriebsübergang und Arbeitsverhältnisse (§ 613a BGB)

Literatur: *Bauer/Göpfert/Haußmann/Krieger*, Umstrukturierung. Handbuch für die arbeitsrechtliche Praxis, 2. Aufl. 2009; *Erfurter Kommentar zum Arbeitsrecht*, 12. Aufl. 2012; *Henssler/Willemsen/Kalb*, Arbeitsrecht Kommentar, 5. Aufl. 2012; *Küttner*, Personalbuch 2012, 19. Aufl. 2012; *Münchener Kommentar zum Bürgerlichen Gesetzbuch*, Band 4, 6. Aufl. 2012.

Inhalt

I. Voraussetzungen des Betriebsübergangs

Wird der Unternehmenskauf oder -verkauf durch Übertragung von Gesellschaftsrechten vollzo- **1** gen, kommt es im Arbeitsverhältnis zu keiner Änderung des Rechtsträgers auf Arbeitgeberseite. Trotz des Gesellschafterwechsels bleibt der bisherige Inhaber des Betriebs Vertragsarbeitgeber der im Betrieb beschäftigten Arbeitnehmer. Der **Share-Deal** (vgl. § 28 Rn 10) hat damit keine Auswirkungen auf die Rechtsbeziehung zwischen Arbeitnehmer und Arbeitgeber.[1]

---

1 BAG AP Nr. 4 zu § 128 HGB.

2   Etwas anderes gilt im Falle des **Asset-Deals** (vgl. § 28 Rn 2): Hier werden einzelne oder alle Vermögensgegenstände des Verkäufers auf den Erwerber übertragen. Kommt es hierbei zu einer Übertragung eines Betriebs oder eines Betriebsteils auf einen neuen Inhaber, den Erwerber, so tritt dieser in die Rechte und Pflichten aus den bestehenden Arbeitsverhältnissen ein (§ 613a Abs. 1 S. 1 BGB).

3   Dieser vom Gesetz angeordnete Übergang der Arbeitsverhältnisse mit allen Rechten und Pflichten kann auf Erwerberseite zu erheblichen – auch finanziellen – Belastungen führen. Der Betriebserwerber wird in vielen Fällen diese Rechtsfolgen indes nicht scheuen, weil er am Fortbestand der Arbeitsverhältnisse interessiert ist, um den Betrieb mit den bisher beschäftigten Arbeitnehmern aufrechtzuerhalten. Ebenso häufig ist der Übergang der Arbeitsverhältnisse jedoch eine für den Erwerber höchst unerwünschte Rechtsfolge, nämlich immer dann, wenn dieser lediglich ein wirtschaftliches Interesse am Erwerb des Anlage- und Umlaufvermögens des früheren Betriebsinhabers hat oder wenn er die Arbeitsbedingungen beim Veräußerer für „zu teuer" hält und den Betrieb nur bei Reduzierung der Personalaufwendungen für überlebensfähig hält. Letzteres gilt i.d.R. für die Fälle der übertragenden Sanierung aus der Insolvenz heraus.

4   Umso unerfreulicher war es in der Vergangenheit, dass sich die Gerichte schwer getan haben, die Voraussetzungen des Betriebsübergangs in einer Weise zu definieren, die den Beteiligten des Unternehmenskaufs auch nur ein Mindestmaß an Rechtssicherheit gewährte. Wegen dieser kaum kalkulierbaren Risiken für den Erwerber hat sich § 613a BGB in vielen Fällen letztlich als „Deal-Breaker" erwiesen.

1. Die „europarechtlichen Wurzeln" des § 613a BGB

5   Für das Normverständnis des § 613a BGB ist eine Kenntnis dessen europarechtlicher Wurzeln von großer Bedeutung. Denn bei der für die Praxis wesentlichen Abgrenzung des Tatbestandes des „Betriebsübergangs" ist nicht nur die Rechtsprechung des BAG, sondern maßgeblich auch die Rechtsprechung des Europäischen Gerichtshofs zu beachten. Zwar wurde § 613a BGB ursprünglich im Zuge der Reform des Betriebsverfassungsrechts im Jahre 1972 in das BGB eingefügt. Die Vorschrift ist dann allerdings in Umsetzung der EG-Richtlinie 77/187/EWG vom 14.2.1977[2] mehrfach geändert und ergänzt worden. Wegen der zwischenzeitlichen zahlreichen Änderungen wurde die EG-Richtlinie dann – ohne inhaltliche Änderungen – durch die Richtlinie 2001/23/EG vom 12.3.2001 neu gefasst.[3] Die erwähnten rechtlichen Unsicherheiten bei der Bestimmung der Voraussetzungen für einen Betriebsübergang beruhten im Wesentlichen darauf, dass der für die Fragen des Betriebsübergangs zuständige 8. Senat des BAG die – ebenfalls nicht immer eindeutigen – europarechtlichen Vorgaben des EuGH für die Auslegung des § 613a BGB nur zögerlich umgesetzt hat, obwohl die Rechtsprechung des EuGH wegen der nach Art. 267 Abs. 3 AEUV[4] bestehenden Vorlagepflicht für nationale Gerichte und wegen des Gebotes der richtlinienkonformen Auslegung von elementarer Bedeutung für die Anwendung des § 613a BGB war und ist.[5]

2. Der Tatbestand des Betriebsübergangs im Einzelnen

6   Ein grundlegender Wandel der skizzierten Problematik hat sich erstmals mit der Verkündung der Entscheidung des EuGH v. 11.3.1997 in der Rechtssache „Ayse Süzen"[6] vollzogen, mit der der

---

2 Abl EG Nr. L 61/26 v. 5.3.1977.
3 Abl EG Nr. L 82/16 v. 22.3.2001.
4 Vertrag über die Arbeitsweise der Europäischen Union („Lissabon"), Abl. C 306 S. 1 ff.; früher Art. 234 Abs. 3 EG-Vertrag.
5 ErfK/*Preis*, § 613a BGB Rn 6; HWK/*Willemsen*, § 613a BGB Rn 2.
6 EuGH, ZIP 1997, 516 = BB 1997, 735.

EuGH geänderte und präzisere Vorgaben für die Anwendung der EG-Richtlinie 77/187 gemacht hat:

Wichtig 7

Ein Betriebsübergang setzt voraus, dass eine auf Dauer angelegte **wirtschaftliche Einheit**, d.h. eine organisierte Gesamtheit von Personen und Sachen zur Ausübung einer wirtschaftlichen Tätigkeit mit eigener Zielsetzung, auf einen neuen Inhaber übergeht, ohne dabei ihre Identität zu verlieren.[7]

Diese Vorgaben des EuGH, in deren Mittelpunkt nicht die Begriffe „Betrieb" und „Betriebsteil" **8** sondern die **wirtschaftliche Einheit** stehen,[8] hat das BAG seit 1997 in ständiger Rechtsprechung übernommen und seine bisher am bloßen Übergang von materiellen Betriebsmitteln orientierte Rechtsprechung aufgegeben.[9] Auch hat das BAG den vom EuGH vorgegebenen „**Sieben-Punkte-Katalog**" aufgegriffen, in dem diejenigen Einzelkriterien enthalten sind, die bei unterschiedlicher Gewichtung im Einzelfall die tatbestandlichen Voraussetzungen eines Betriebsübergangs beschreiben.

Wichtig 9

Bei der Prüfung eines Betriebsübergangs sind hiernach stets folgende Merkmale zu berücksichtigen:[10]
- Art des (bisherigen) Betriebs oder Unternehmens,
- etwaiger Übergang der materiellen Betriebsmittel (Gebäude, bewegliche Güter),
- Wert der immateriellen Aktiva im Zeitpunkt des Übergangs,
- etwaige Übernahme der Hauptbelegschaft durch den neuen Inhaber,
- etwaiger Übergang der Kundschaft,
- Grad der Ähnlichkeit zwischen den vor und nach dem Übergang verrichteten Tätigkeiten,
- Dauer einer evtl. Unterbrechung der Tätigkeit.

Die genannten Merkmale sind nach Auffassung von EuGH und BAG lediglich Teilaspekte einer jeweils abschließend vorzunehmenden **Gesamtbewertung** und dürfen nicht isoliert betrachtet werden.[11]

Mit Verkündung der Entscheidung vom 11.3.1997[12] steht fest, dass der Begriff der wirtschaftli- **10** chen Einheit nicht von der bloßen Tätigkeit geprägt wird; die Fremdvergabe betrieblicher Leistungen (sog. „**Funktionsnachfolge**") löst damit für sich genommen noch nicht die Rechtsfolgen eines Betriebsübergangs aus.[13]

3. Teilbetriebsübergang

Nach dem Wortlaut des § 613a Abs. 1 S. 1 BGB löst nicht nur die Veräußerung des gesamten Be- **11** triebes an einen neuen Inhaber den Übergang der Arbeitsverhältnisse aus, sondern auch die Veräußerung eines **Teilbetriebes**. Im letztgenannten Falle gehen dann diejenigen Arbeitsverhältnisse auf den Erwerber über, die dem jeweiligen Teilbetrieb beim Erwerber unmittelbar zugeordnet waren.[14] Die Anforderungen an das Tatbestandsmerkmal „Teilbetrieb" gleichen denje-

---

7 EuGH, ZIP 1997, 516, 517 (Tz 13).
8 MüKo-BGB/*Müller-Glöge*, § 613a Rn 15.
9 BAG AP Nr. 169 zu § 613a BGB; zuletzt BAG AP Nr. 253 zu § 613a BGB.
10 EuGH, ZIP 1997, 516, 517 (Tz 14).
11 EuGH, ZIP 1997, 516, 517 (Tz 14).
12 EuGH, ZIP 1997, 516.
13 BAG NZA 2007, 1431; ErfK/*Preis*, § 613a BGB Rn 11; MüKo-BGB/*Müller-Glöge*, § 613a Rn 21.
14 BAG AP Nr. 170 zu § 613a BGB.

nigen, die die Rechtsprechung in neuerer Zeit für den Betriebsübergang im Ganzen entwickelt hat:

12   Ein **Teilbetriebsübergang** liegt vor, wenn es sich bei den übertragenen materiellen und/ oder immateriellen Betriebsmitteln um eine organisatorische Untergliederung des Gesamtbetriebs handelt, mit der innerhalb des betrieblichen Gesamtzwecks ein Teilzweck verfolgt wird, auch wenn es sich dabei um eine bloß untergeordnete Hilfsfunktion handelt.[15]

13   Eine derartige abgrenzbare Teilorganisation zur Erfüllung eines betrieblichen Teilzwecks hat die Rechtsprechung z.B. bei der Übertragung der Kantine eines Krankenhauses auf einen neuen Pächter gesehen, der in beträchtlichem Umfang das bisherige Inventar weiter verwendet hatte.[16] Für den aus mehreren LKW bestehenden Fuhrpark eines Möbelherstellers hat das BAG das Vorliegen eines Teilbetriebs in Zweifel gezogen.[17]

4. Fortführung des Betriebs unter Identitätswahrung

14 Voraussetzung für den Übergang eines Betriebs bzw. Betriebsteils ist, dass dieser auf einen anderen Inhaber übergeht und dabei seine ursprüngliche **Identität bewahrt**.[18] Kennzeichnend für den Betriebsübergang ist darüber hinaus, dass der neue Betriebsinhaber den (Teil-)Betrieb **tatsächlich fortführt**; die bloße Möglichkeit der Fortführung reicht nicht aus.[19] Wird die bisherige Betriebsorganisation dagegen aufgelöst und kommt es zur rechtsbeständigen Beendigung aller Arbeitsverhältnisse, liegt eine **Betriebsstilllegung** vor, die einen Betriebsübergang bereits begrifflich ausschließt.[20]

15   Mit der sog. „Klarenberg"-Entscheidung[21] hat der EuGH auf Vorlage des LAG Düsseldorf seine Rechtsprechung zum Tatbestand des § 613a Abs. 1 BGB fortentwickelt: Die Identität der wirtschaftlichen Einheit sei auch gewahrt, wenn die übertragenen Produktionsfaktoren zwar ihre im Ausgangsbetrieb bestehende organisatorische Selbständigkeit nicht bewahren, aber die funktionelle Verknüpfung bestehen bleibe. Damit rückt die Organisation des Betriebes beim Veräußerer und beim Erwerber in den Blickpunkt. Die Formulierungen des EuGH lassen dabei – wie häufig – einen Auslegungsspielraum, den das BAG schnell genutzt hat: Auch die weitgehende Übernahme aller Betriebsmittel führt dann nicht zu einem Betriebsübergang, wenn der Erwerber diese nur teilweise nutzt und die bisherige Organisation und Personalstruktur erheblich verändert.[22] Mit einem deutlich veränderten Betriebskonzept kann der Erwerber daher u.U. den Tatbestand des Betriebsübergangs vermeiden. Im Übrigen bleibt das BAG bei seiner Auffassung, dass ein Teilbetriebsübergang nur dann angenommen werden kann, wenn die übernommenen Betriebsmittel und/oder Beschäftigten bereits beim Veräußerer eine abgrenzbare organisatorische wirtschaftliche Einheit gebildet haben.[23]

5. Die einzelnen Merkmale des Betriebsübergangs

16 Dem ersten der im „Sieben-Punkte-Katalog" (vgl. oben Rn 9) genannten Kriterien („Art des Betriebes oder Unternehmens") kommt eine selbständige Indizfunktion nicht zu; vielmehr bildet die Art des Betriebs oder Unternehmens den Maßstab für die Bewertung der weiteren Kri-

---

15 BAG NZA 1998, 253.
16 EuGH, NZA 2003, 1385.
17 BAG NZA 1999, 147.
18 EuGH, ZIP 1997, 516, 517; BAG ZIP 2006, 1695; MüKo-BGB/*Müller-Glöge*, § 613a Rn 20.
19 BAG AP Nr. 186 zu § 613a BGB; BAG AP Nr. 190 zu § 613a BGB.
20 BAG AP Nr. 237 zu § 613a BGB; HWK/*Willemsen*, § 613a BGB Rn 75 f.; MüKo-BGB/*Müller-Glöge*, § 613a Rn 61.
21 EuGH NZA 2009, 251.
22 BAG ZIP 2010, 694.
23 BAG NZA 2012, 504.

terien.[24] So sind z.B. beim **produzierenden Gewerbe** materielle Betriebsmittel wie Gebäude, Maschinen, Produktionsanlagen, Werkzeuge etc. in der Regel prägend für die Betriebsorganisation, während bei reinen **Dienstleistungsbetrieben** den immateriellen Betriebsmitteln wie Dienstleistungsverträgen, Konzessionen, Kundenlisten und den Mitarbeitern größere Bedeutung zukommt.

Damit ist der etwaige Übergang der materiellen Betriebsmittel (Gebäude, Maschinenpark **17** und sonstige Einrichtungsgegenstände) in aller Regel bei **Produktionsbetrieben** ein gewichtiges Indiz für das Vorliegen eines Betriebsübergangs.[25] Anders formuliert: Ein Betriebsübergang scheidet im Falle des produzierenden Gewerbes aus, wenn es nicht zum Übergang der für die Produktionstätigkeit eingesetzten Betriebsmittel kommt.[26] Ist hingegen der Betrieb weniger durch den Einsatz materieller Produktionsmittel als durch den Einsatz menschlicher Arbeitskraft geprägt (so z.B. in der Regel bei **Handels- und Dienstleistungsbetrieben**), kommt der **Übernahme der Hauptbelegschaft** durch den neuen Inhaber eine zentrale Bedeutung bei der Bewertung zu. Im Falle einfacher Tätigkeiten (z.B. Reinigungs- oder Bewachungstätigkeiten) ist die Übernahme von 85% der maßgeblichen Belegschaft ein Indiz für das Vorliegen eines Betriebsübergangs.[27]

In der Praxis wird der Berater im Zusammenhang mit der Betriebsübernahme häufig mit der **18** Frage konfrontiert sein, „wie lange denn die **tatsächliche Unterbrechung** dauern muss, um einen Betriebsübergang zu vermeiden". Auch hier verbieten sich – wie in allen anderen Fällen – schematische Lösungen. Die Rechtsprechung lehnt die Benennung von Höchst- bzw. Mindestfristen zu Recht ab und stellt lediglich fest, dass eine Unterbrechung der Betriebstätigkeit für eine „wirtschaftlich erhebliche Zeitspanne" einen Betriebsübergang ausschließe.[28] Es kommt damit darauf an, ob der neue Betriebsinhaber trotz der Unterbrechung den in der beim alten Betriebsinhaber vorhandenen Betriebsorganisation liegenden wirtschaftlichen Wert noch ausnutzen kann oder ob er vielmehr gehalten ist, sich nach der Unterbrechung eine eigene Betriebsorganisation zu schaffen. Im Falle eines produzierenden Unternehmens, bei dem die materiellen Aktiva nicht verändert wurden, kann der Erwerber noch solange auf die bestehende Betriebsorganisation zurückgreifen, wie die Arbeitsverhältnisse noch nicht rechtsbeständig beendet wurden. Wird der Betrieb – z.B. bei Handelsunternehmen – maßgeblich durch die Kundenbeziehungen geprägt, liegt eine wirtschaftlich erhebliche Unterbrechung der Betriebstätigkeit vor, wenn diese Kundenbeziehungen dauerhaft aufgelöst wurden. Es ist dann im Einzelfall eine Frage der Branche, ab welchem Unterbrechungszeitraum der Betriebserwerber seinen Kundenkreis weitestgehend neu erschließen muss. Bei einem Textileinzelhandelsunternehmen hat die Rechtsprechung eine umbaubedingte Unterbrechung von neun Monaten als wirtschaftlich erheblich gewertet.[29] Der 8. Senat des BAG geht darüber hinaus dann von einer wirtschaftlich erheblichen Unterbrechung der Betriebstätigkeit aus, wenn diese länger dauert als die längste im konkreten Fall vom bisherigen Betriebsinhaber zu wahrende gesetzliche Kündigungsfrist.[30] Betriebsunterbrechungen von weniger als drei Monaten schließen einen Betriebsübergang nur in besonderen Fällen aus.[31]

Um in den Fällen der Unternehmensveräußerung sachgerecht über die Voraussetzun- **19** gen eines Betriebsübergangs beraten zu können, ist eine Kenntnis der aktuellen Rechtsprechung wohl unabdingbar. Da diese im Rahmen der vorliegenden Darstellung keinesfalls

---

24 HWK/*Willemsen*, § 613a BGB Rn 100.
25 EuGH AP Nr. 106 zu § 613a BGB.
26 BAG, Urt. v. 25.5.2000 – 8 AZR 335/99 – n.v.
27 BAG AP Nr. 172 zu § 613a BGB.
28 BAG AP Nr. 154 zu § 613a BGB.
29 BAG AP Nr. 154 zu § 613a BGB.
30 BAG AP Nr. 154 zu § 613a BGB.
31 LAG Köln NZA-RR 1998, 290.

auch nur annähernd referiert werden kann, muss auf die einschlägige Literatur verwiesen werden.[32]

II. Rechtsfolgen des Betriebsübergangs

20 Da § 613a Abs. 1 BGB den Übergang **sämtlicher** dem (Teil-)Betrieb zugeordneten (vgl. Rn 11) Arbeitsverhältnisse anordnet, schränkt die Vorschrift den personellen Gestaltungsspielraum des Betriebserwerbers deutlich ein: Übernimmt er den (Teil-)Betrieb, wird er Vertragsarbeitgeber der dort tätigen Arbeitnehmer.[33] Dies geschieht nicht bereits mit Abschluss des Übertragungsvertrages, sondern in dem **Zeitpunkt**, in dem der Erwerber in die betriebliche Organisation eintritt und so in die Lage versetzt wird, über die betrieblichen Geschicke zu bestimmen.[34] Entscheidend ist, wann der Erwerber die Möglichkeit erhält, die Leitungsmacht im Betrieb auszuüben; dies kann vor, aber auch nach dem Erwerb des Vermögens geschehen.[35]

1. Übergang sämtlicher Arbeitsverhältnisse

21 Dieser Wechsel des Vertragspartners auf Arbeitgeberseite betrifft zunächst sämtliche aktiven Arbeitnehmer, also Arbeiter, Angestellte oder leitende Angestellte, gleich, ob es sich um Teilzeit- oder Vollzeitarbeitsverhältnisse handelt. Auch befristete und bereits gekündigte Arbeitsverhältnisse gehen über, sofern die Befristungsdauer oder die Kündigungsfrist zum Zeitpunkt des Betriebsübergangs noch nicht abgelaufen sind. Gleiches gilt für die ruhenden Arbeitsverhältnisse in der Freistellungsphase der Altersteilzeit.[36] Auch Berufsausbildungsverhältnisse gehen auf den Erwerber über (vgl. § 3 Abs. 2 BBiG). Für Heimarbeitsverhältnisse gilt § 613a BGB hingegen nicht, auch nicht in analoger Anwendung.[37] Nicht anzuwenden ist § 613a BGB auf Organmitglieder juristischer Personen (Vorstandsmitglieder und Geschäftsführer), da diese keine Arbeitnehmer sind.[38]

2. Haftung des Betriebserwerbers

22 Der gesetzlich angeordnete Eintritt des Betriebserwerbers in die Arbeitsverhältnisse führt dazu, dass der neue Betriebsinhaber für sämtliche arbeitsvertraglichen Ansprüche der auf ihn übergehenden Arbeitnehmer **haftet**. Dies gilt auch für rückständige Lohn- und Gehaltsansprüche aus einem Zeitraum vor dem Stichtag der Betriebsübernahme.[39]

---

23 **Praxistipp**

Da diese Ansprüche Zeiträume betreffen, in denen die übergehenden Arbeitnehmer für den Betriebsveräußerer tätig waren, ist es dringend zu empfehlen, dass die Parteien des Kauf- und Übertragungsvertrages **im Innenverhältnis** vereinbaren, dass der Betriebsveräußerer für solche Löhne und Gehälter haftet, die bis zum Stichtag des Betriebsübergangs fällig waren; aus Sicht des Erwerbers ist es unabdingbar, im Kauf- bzw. Übertragungsvertrag einen entsprechenden Freistellungsanspruch gegen den Betriebsveräußerer zu formulieren.

---

32 ErfK/*Preis*, § 613a BGB Rn 5 ff.; HWK/*Willemsen*, § 613a BGB Rn 11 ff.; *Küttner/Kreitner*, Kap.123 Rn 5 ff.; MüKo-BGB/*Müller-Glöge*, § 613a Rn 14 ff.
33 Bauer u.a., Teil 3 A. Rn 55.
34 Bauer u.a., Teil 3 A. Rn 37.
35 Bauer u.a., Teil 3 A. Rn 43.
36 LAG Düsseldorf ZIP 2004, 272 ff.; MüKo/*Müller-Glöge*, § 613a Rn 83.
37 BAG AP Nr. 178 zu § 613a BGB.
38 BGH, AP Nr. 26 zu § 613a BGB; *Bauer* u.a., Teil 3 A. Rn 79.
39 BAG AP Nr. 4 zu § 613a BGB.

3. Weitere Rechtsfolgen

Die vom Gesetz angeordnete Weitergeltung der Arbeitsbedingungen führt darüber hinaus dazu, **24** dass die von den Arbeitnehmern erworbenen **Betriebszugehörigkeitszeiten** auch gegenüber dem Betriebserwerber gelten.[40] Dies ist z.B. bei der Berechnung von Kündigungsfristen zu berücksichtigen sowie bei der Bemessung von finanziellen Ansprüchen, die in Abhängigkeit von der Betriebszugehörigkeit gewährt werden (z.B. Jubiläumszuwendungen).

Den Arbeitnehmern erteilte Vollmachten (z.B. Prokura oder Handlungsvollmacht) gehören **25** nicht zu den Rechten und Pflichten aus dem Arbeitsverhältnis; sie gelten nur gegenüber dem früheren Betriebsinhaber und erlöschen zum Zeitpunkt des Betriebsübergangs.[41]

4. Versorgungsanwartschaften und Betriebsrenten

Der Betriebsübergang betrifft nur solche Arbeitsverhältnisse zum Betriebsveräußerer, die im **26** Zeitpunkt des Betriebsübergangs noch bestehen. Damit steht fest, dass der Betriebserwerber nicht für Versorgungsanwartschaften und laufende Versorgungsansprüche (Betriebsrenten) solcher Arbeitnehmer haftet, die zum Zeitpunkt des Betriebsübergangs bereits aus dem Unternehmen des Betriebsveräußerers **ausgeschieden** waren.[42] Eine etwaige Haftung des Betriebserwerbers außerhalb des § 613a BGB, z.B. nach §§ 25, 28 HGB (Firmenfortführung und Eintritt in das Geschäft eines Einzelkaufmanns), bleibt allerdings unberührt. Auf den Betriebserwerber gehen hingegen die Versorgungsanwartschaften derjenigen Arbeitnehmer über, deren Arbeitsverhältnis zum Zeitpunkt des Betriebsübergangs noch besteht. Hier haftet der Betriebserwerber für die Versorgungsanwartschaften und zwar unabhängig vom gewählten Versorgungsweg.[43]

Praxistipp **27**
Dieser Übergang der Versorgungsanwartschaften hat für den Betriebserwerber eine große wirtschaftliche Bedeutung. Es ist aus diesem Grunde dringend zu empfehlen, die rechtlichen Grundlagen und die finanzielle Tragweite von Versorgungszusagen gleich welchen Durchführungsweges im Vorfeld der Betriebsübernahme im Rahmen einer **due diligence-Prüfung** umfassend zu untersuchen. Die finanzielle Bedeutung wird sich vielfach nur aus versicherungsmathematischen Gutachten ergeben, die sich der Betriebserwerber aushändigen oder aber im Rahmen der due diligence anfertigen lassen sollte. Wünschenswert ist aus Erwerbersicht die Erklärung umfassender Garantien zur Vollständigkeit der vorgefundenen Informationen und Unterlagen durch den Veräußerer. Die Haftung des Veräußerers sollte sich aus Sicht des Erwerbers auf einen möglichst langen Zeitraum erstrecken, was die Vereinbarung kurzer Verjährungsfristen für Gewährleistungsansprüche ausschließt.

---

5. Gesamtschuldnerische Haftung im Innenverhältnis

Der Betriebsveräußerer haftet als früherer Arbeitgeber gem. § 613a Abs. 2 BGB neben dem Be- **28** triebserwerber für solche Ansprüche der Arbeitnehmer, die vor dem Zeitpunkt des Betriebsübergangs bereits entstanden waren und innerhalb eines Jahres nach dem Betriebsübergang fällig werden. Betriebsveräußerer und Betriebserwerber haften für derartige Ansprüche als **Gesamtschuldner**. Ergänzend ordnet § 613a Abs. 2 S. 2 BGB eine zeitanteilige Haftung des bisherigen Inhabers für solche Ansprüche an. Die Regelung erfasst z.B. Einmalzahlungen wie Weihnachtsgeld und sonstige Jahresgratifikationen, die dann pro rata temporis zwischen Veräußerer und Erwerber abgegrenzt werden müssen.

---

40 ErfK/*Preis*, § 613a BGB Rn 76.
41 ErfK/*Preis*, § 613a BGB Rn 78; MüKo-BGB/*Müller-Glöge*, § 613a Rn 92.
42 BAG AP Nr. 61 zu § 613a BGB; MüKo-BGB/*Müller-Glöge*, § 613a Rn 84.
43 BAG ZIP 2010, 897.

29 Praxistipp

Die gesetzliche Regelung des § 426 Abs. 2 S. 2 BGB zum gesamtschuldnerischen Innenausgleich, d.h. die **Haftungsverteilung im Innenverhältnis** zu gleichen Teilen, dürfte indes kaum praktikabel sein. In der Praxis der Unternehmensveräußerung wird die gesetzliche Haftungsverteilung daher durch präzise Vereinbarungen zwischen Erwerber und Veräußerer verdrängt.[44] Empfehlenswert sind solche Regelungen, wonach vor Betriebsübergang entstandene und danach fällig werdende Ansprüche der Arbeitnehmer auf den Stichtag des Betriebsübergangs bilanziell zu bewerten sind. Im Außenverhältnis übernimmt der Betriebserwerber die Haftung und verpflichtet sich zur Erfüllung dieser Ansprüche. Im Innenverhältnis führt der so ermittelte „Rückstellungsbedarf"[45] zu einer Minderung des Kaufpreises für den Betrieb.

30 Eine solche zeitliche Abgrenzung ist für Jubiläumszahlungen, Sonderzuwendungen, Gratifikationen und insbesondere für Urlaubsansprüche erforderlich.

6. Haftung nach dem Umwandlungsgesetz

31 In Fällen der Unternehmensumwandlung, in denen das Unternehmen des Betriebsveräußerers nicht erlischt, d.h. in Fällen der Abspaltung und Ausgliederung gem. § 123 Abs. 2, 3 UmwG (s. hierzu § 25 Rn 25 f.) wird das Haftungsregime des § 613a Abs. 2 BGB verdrängt durch die spezialgesetzlichen Regelungen in § 133, 134 UmwG.[46] Kommt es hingegen zum Erlöschen des Rechtsträgers, so sieht § 613a Abs. 3 BGB eine Selbstverständlichkeit vor: Eine Haftung des bisherigen, d.h. des erloschenen Arbeitgebers scheidet aus. Dies gilt insbesondere für Verschmelzungen gem. § 2 UmwG sowie für Aufspaltungen gem. § 123 Abs. 1 UmwG.

7. Keine Haftung für rückständige Sozialversicherungsbeiträge und Lohnsteuern

32 Nicht zu den Pflichten aus dem Arbeitsverhältnis gehört die Haftung für rückständige Sozialversicherungsbeiträge oder Lohnsteuern. Diese Pflichten sind öffentlich-rechtlicher Natur und treffen den Betriebserwerber nicht.[47]

III. Kollektivrechtliche Folgen des Betriebsübergangs

33 Für die individualrechtlichen, d.h. arbeitsvertraglichen Inhalte des Arbeitsverhältnisses ordnet § 613a Abs. 1 S. 1 BGB den Wechsel des Vertragspartners auf Arbeitgeberseite an. Soweit die Rechte und Pflichten aus dem Arbeitsverhältnis nicht auf dem Arbeitsvertrag, sondern auf Betriebsvereinbarungen und/oder Tarifverträgen beruhen, also auf einem kollektivrechtlichen Geltungsgrund, bedarf es ergänzender Regelungen, da im Falle des (Teil-)Betriebsübergangs nicht sichergestellt ist, dass die Voraussetzungen für die kollektivrechtliche Geltung auch nach dem Betriebsübergang noch fortbestehen. So ist nicht sichergestellt, dass auch der Betriebserwerber tarifgebunden ist oder die von einem Teilbetriebsübergang betroffenen Mitarbeiter nach einem Branchenwechsel noch in den sachlichen Anwendungsbereich des zuvor für sie geltenden Tarifvertrages fallen. Kommt es im Zusammenhang mit einem Teilbetriebsübergang zur Auflösung des alten Betriebes, fehlt für die Fortgeltung von Betriebsvereinbarungen eine wichtige Legiti-

---

44 MüKo-BGB/*Müller-Glöge*, § 613a Rn 167.
45 Anm.: Nach § 249 Abs. 1 S. 1 HGB sind Rückstellungen für **ungewisse** Verbindlichkeiten zu bilden. Die hier angesprochenen Ansprüche der Arbeitnehmer stehen indes kraft vertraglicher Vereinbarung fest, so dass der Begriff der „Rückstellung" hier außerhalb des bilanzrechtlichen Zusammenhanges zu verstehen ist.
46 HWK/*Willemsen/Müller-Bonanni*, § 613a BGB Rn 301.
47 Bayerisches LSG ZIP 2011, 1380; ErfK/*Preis*, § 613a BGB Rn 81.

mationsgrundlage. Die entstehende Lücke hat der Gesetzgeber – notwendigerweise unvollkommen – durch § 613a Abs. 1 S. 2–4 BGB zu schließen versucht:

1. Individualrechtliche Fortgeltung von Kollektivnormen

Rechte und Pflichten aus dem Arbeitsverhältnis, die durch Rechtsnormen eines Tarifvertrags **34** oder einer Betriebsvereinbarung geregelt sind, werden zum Zeitpunkt des Betriebsübergangs in das Arbeitsverhältnis zum Betriebserwerber „transformiert".[48] Die so zum Bestandteil der arbeitsvertraglichen Beziehungen zwischen Arbeitnehmer und Arbeitgeber gewordenen ehemals kollektiven Rechte und Pflichten dürfen zum Nachteil der Arbeitnehmer nicht vor Ablauf eines Jahres nach dem Betriebsübergang geändert werden (sog. **„Sperrjahr"**). Eine Ausnahme von dieser Fortgeltungsanordnung regelt § 613a Abs. 1 S. 3 BGB: Existieren beim Betriebserwerber Betriebsvereinbarungen oder Tarifverträge zu denselben Regelungsgegenständen, kommt es nicht zur Fortgeltung. Der Inhalt der Arbeitsverhältnisse bestimmt sich dann durch die beim neuen Betriebsinhaber geltenden Kollektivvereinbarungen und zwar – im Interesse einer Vereinheitlichung der Arbeitsbedingungen – auch dann, wenn die Arbeitsbedingungen beim Betriebserwerber ungünstiger sind als beim alten Betriebsinhaber.

§ 613a Abs. 1 S. 4 BGB enthält schließlich **zwei Ausnahmen** vom Sperrjahr: Gilt der zugrun- **35** de liegende Tarifvertrag oder die Betriebsvereinbarung im Zeitpunkt des Betriebsübergangs nur noch kraft Nachwirkung oder werden Tarifvertrag oder Betriebsvereinbarung während des Sperrjahres in das Nachwirkungsstadium überführt, ist eine individualrechtliche Abänderung der „transformierten" Rechte und Pflichten vorzeitig möglich. Das Gleiche gilt – so die zweite Ausnahme –, wenn der neue Betriebsinhaber mit den Arbeitnehmern arbeitsvertraglich die Anwendung eines anderen als des beim alten Betriebsinhaber geltenden Tarifvertrags vereinbart. Auch diese Durchbrechung des Sperrjahres dient auf Erwerberseite der Vereinheitlichung der Arbeitsbedingungen, ermöglicht diese Vorschrift dem Erwerber des Betriebs doch die individualrechtliche Bezugnahme des für seinen Betrieb geltenden Tarifvertrags mit denjenigen Arbeitnehmern, die nicht Gewerkschaftsmitglied sind und für die auch beim Betriebsveräußerer als „Außenseiter" der dortige Tarifvertrag nicht galt.

2. Kollektivrechtliche Fortgeltung

Wesentlich für das Verständnis der in § 613a Abs. 1 S. 2 – 4 BGB enthaltenen Regelungen ist die **36** Tatsache, dass es sich bei den genannten Vorschriften lediglich um eine **Auffangregelung** handelt, die nur dann eingreift, wenn infolge des Betriebsübergangs die Voraussetzungen für eine kollektivrechtliche Fortgeltung von Tarifverträgen und Betriebsvereinbarungen entfallen sind (siehe oben Rn 33).[49] Eines Rückgriffs auf § 613a Abs. 1 S. 2– 4 BGB bedarf es immer dann nicht, wenn Tarifverträge und Betriebsvereinbarungen ohne weitere Voraussetzungen auch nach dem Betriebsübergang kollektivrechtlich fortgelten.

So kommt es zur kollektivrechtlichen Fortgeltung von **Verbandstarifverträgen** immer **37** dann, wenn der neue Betriebsinhaber ebenfalls Mitglied im tarifschließenden Arbeitgeberverband ist oder der Tarifvertrag gem. § 5 TVG für allgemeinverbindlich erklärt wurde.[50] Voraussetzung ist darüber hinaus, dass der übertragene (Teil-)Betrieb auch nach dem Zeitpunkt des Betriebsübergangs dem räumlichen, personellen und fachlichen Geltungsbereich des Tarifvertrages unterfällt.[51] Im Falle eines **Haus- oder Firmentarifvertrages** kommt es zur kollektiven

---

48 Vgl. zur Begrifflichkeit HWK/*Willemsen*/*Müller-Bonanni*, § 613a BGB Rn 250.
49 ErfK/*Preis*, § 613a BGB Rn 113; MüKo-BGB/*Müller-Glöge*, § 613a Rn 129.
50 ErfK/*Preis*, § 613a BGB Rn 113a.
51 BAG AP Nr. 89 zu § 613a BGB.

Fortgeltung nur dann, wenn der Betriebserwerber entweder mit der zuständigen Gewerkschaft die Übernahme des alten Haustarifvertrages vereinbart oder einen inhaltsgleichen Tarifvertrag abschließt;[52] geschieht dies nicht, werden die Regelungen des Firmentarifvertrages ebenso in die Arbeitsverhältnisse transformiert, wie dies bei anderen Tarifverträgen geschieht.[53]

38   Behält der Betrieb nach dem Übergang seine betriebsverfassungsrechtliche Identität, geht der Betrieb also insbesondere unverändert und als Ganzes auf den neuen Inhaber über, gelten die mit dem alten Betriebsinhaber vereinbarten **Betriebsvereinbarungen** unverändert kollektivrechtlich fort.[54] Eine kollektive Fortgeltung von Betriebsvereinbarungen scheidet hingegen aus, wenn der Betrieb in einen bereits vorhandenen Betrieb des neuen Inhabers organisatorisch eingegliedert wird oder mit einem weiteren Betrieb des neuen Inhabers unter Veränderung der bisherigen Organisation zusammengeschlossen wird.[55] Nach der Rechtsprechung des BAG kann es auch bei der Übertragung eines bloßen Betriebsteils zur kollektivrechtlichen Fortgeltung von Einzelbetriebsvereinbarungen kommen, nämlich dann, wenn der übertragene Betriebsteil beim neuen Inhaber als betriebsverfassungsrechtlich selbständige Einheit fortgeführt wird.[56] Auch **Gesamtbetriebsvereinbarungen** gelten kollektivrechtlich fort, wenn der Erwerber mehrere Betriebe oder Betriebsteile des früheren Inhabers übernimmt.[57] Übernimmt der Erwerber nur einen Betrieb des früheren Inhabers oder gar einen Betriebsteil, gelten die ehemaligen Gesamtbetriebsvereinbarungen als Einzelbetriebsvereinbarungen fort.[58] Für Konzernbetriebsvereinbarungen dürfte dies richtigerweise entsprechend gelten; eine Klärung dieser Frage durch das BAG steht aus.

3. Umfang und Grenzen der individualrechtlichen Fortgeltung

39   Kommt es zur individualrechtlichen Fortgeltung gem. § 613a Abs. 1 S. 2 BGB, werden hiervon sämtliche im Zeitpunkt des Betriebsübergang geltenden Tarifverträge und Betriebsvereinbarungen erfasst, gleichgültig, ob es sich um Verbands- oder Haustarifverträge oder um Einzel-, Gesamt- oder Konzernbetriebsvereinbarungen handelt; auch nachwirkende Tarifverträge und Betriebsvereinbarungen werden transformiert.[59]

---

40 **Wichtig**

Für den Betriebserwerber ist es aus diesem Grunde von größter Bedeutung, im Rahmen einer vor dem Unternehmenskauf durchzuführenden **due diligence** nicht nur die mit den Arbeitnehmern abgeschlossenen Arbeitsverträge, sondern auch sämtliche kollektiven Regelungen, insbesondere Betriebsvereinbarungen und Tarifverträge im Einzelnen zu untersuchen. Nur die präzise Analyse der im Betrieb des Veräußerers geltenden Arbeitsbedingungen bietet dem Erwerber die hinreichende Planungssicherheit für die Fortführung des Betriebes. Der Erwerber wird sich – jedenfalls mittelfristig – darauf einstellen müssen, die vorgefundenen Arbeitsbedingungen fortzuführen, da eine Änderung der Arbeitsbedingungen zu Lasten derjenigen Arbeitnehmer, die dem Betrieb zum Zeitpunkt des Übergangs angehörten, mittelfristig kaum zu realisieren sein wird (vgl. hierzu Rn 43 ff.).

---

41 Die im Betrieb des Veräußerers geltenden Betriebsvereinbarungen und Tarifverträge gelten **statisch** fort.[60] Änderungen der Betriebsvereinbarungen und/oder Tarifverträge nach dem Be-

---

52 MüKo-BGB/*Müller-Glöge*, § 613a Rn 130.
53 BAG DB 2010, 398.
54 BAG AP Nr. 89 zu § 613a BGB; BAG AP Nr. 118 zu § 613a BGB.
55 MüKo-BGB/*Müller-Glöge*, § 613a Rn 149.
56 BAG AP Nr. 7 zu § 77 BetrVG 1972 – Betriebsvereinbarung.
57 BAG AP Nr. 7 zu § 77 BetrVG 1972 – Betriebsvereinbarung.
58 BAG AP Nr. 7 zu § 77 BetrVG 1972 – Betriebsvereinbarung.
59 BAG AP Nr. 22 zu § 4 TVG – Nachwirkung.
60 BAG NZA 2002, 513; 2002, 517; EuGH DB 2006, 673.

triebsübergang wirken sich daher nicht mehr auf die übergegangenen Arbeitsverhältnisse aus. Dies gilt auch, wenn nach dem Stichtag des Betriebsübergangs ein Tarifvertrag rückwirkend auf einen Zeitpunkt davor geändert wird.[61]

Nur solche kollektivrechtlichen Regelungen, die gem. § 613a Abs. 1 S. 2 BGB in die Arbeits- **42** verhältnisse transformiert werden, unterliegen der einjährigen Änderungssperre. Trotz vielfacher Missverständnisse in der Praxis gilt das „Sperrjahr" nicht für arbeitsvertragliche Vereinbarungen, Regelungen aus Tarifverträgen, die kraft arbeitsvertraglicher Bezugnahme Inhalt des Arbeitsverhältnisses geworden sind, sowie für kollektivrechtlich fortgeltende Betriebsvereinbarungen und Tarifverträge.

IV. Änderung der Arbeitsbedingungen bei oder nach Betriebsübergang

Beabsichtigt der Betriebserwerber die Arbeitsbedingungen der vom Betriebsübergang erfassten **43** Arbeitnehmer anlässlich des Betriebsübergangs zu verändern, so kann dies auch während des „Sperrjahres" durch Abschluss – auch verschlechternder – Betriebsvereinbarungen oder Tarifverträge geschehen (vgl. § 613a Abs. 1 S. 3 BGB). Derartige ablösende Betriebsvereinbarungen und Tarifverträge können auch noch nach dem Zeitpunkt des Inhaberwechsels abgeschlossen werden.[62]

1. Änderungsverträge

Beim Abschluss von individualrechtlichen Änderungsverträgen ist wie folgt zu differenzieren: **44** Soweit in zuvor transformierte Regelungen eingegriffen werden soll, ist ein Änderungsvertrag nur nach Ablauf des Sperrjahres zulässig. Greift der Änderungsvertrag in solche Regelungen ein, die Gegenstand einer kollektivrechtlich fortgeltenden Betriebsvereinbarung oder eines kollektivrechtlich fortgeltenden Tarifvertrages sind, wird der Änderungsvertrag durch das zugunsten des Arbeitnehmers geltende **Günstigkeitsprinzip** verdrängt. Jeglicher Änderungsvertrag bedarf darüber hinaus der Zustimmung des Arbeitnehmers, die faktisch im Falle der Verschlechterung der Arbeitsbedingungen kaum ohne gleichzeitige Zugeständnisse auf Arbeitgeberseite erzielt werden dürfte.

2. Änderungskündigungen

Die Aussprache von (Massen-)Änderungskündigungen wird ebenfalls kaum jemals weiterfüh- **45** ren: Soweit die Massenänderungskündigung dazu dienen soll, eine Reduzierung der Vergütung herbeizuführen, ist dies ausschließlich in Fällen der Existenzgefährdung für das Unternehmen durchsetzbar.[63] Das bloße Interesse des Betriebserwerbers an der Vereinheitlichung der Arbeitsbedingungen reicht für die soziale Rechtfertigung einer (Massen-)Änderungskündigung nicht aus.[64]

3. Folgerung für die Praxis

Die individualrechtlichen Möglichkeiten des Betriebserwerbers zur Veränderung bzw. Verein- **46** heitlichung der Arbeitsbedingungen nach dem Betriebsübergang sind äußerst beschränkt. Eine

---

61 BAG AP Nr. 11 zu § 1 TVG – Rückwirkung.
62 BAG AP Nr. 15 zu § 4 TVG – Ordnungsprinzip; Nr. 108 zu § 613a BGB.
63 BAG AP Nr. 14 zu § 2 KSchG.
64 ErfK/*Preis*, § 613a BGB Rn 120.

Verschlechterung der Arbeitsbedingungen für die übergegangenen Arbeitnehmer durch Betriebsvereinbarung oder Tarifvertrag wird in der Praxis hingegen vielfach am Widerstand der Verhandlungspartner auf Seiten des Betriebsrates bzw. der Gewerkschaften scheitern. Als Folge des Betriebsübergangs werden sich daher beim Erwerber häufig unterschiedliche Arbeitsbedingungen für die bisherigen und die neu hinzugekommenen Arbeitnehmer ergeben. Der arbeitsrechtliche Gleichbehandlungsgrundsatz wird hierdurch nicht verletzt.[65]

V. Betriebsübergang und Kündigung (§ 613a Abs. 4 BGB)

47 Eine in der Beratungspraxis ebenfalls von vielfachen Missverständnissen begleitete Frage ist diejenige nach der Kündigung von Arbeitsverhältnissen im Zusammenhang mit dem Betriebsübergang.[66] Zunächst ist festzuhalten, dass das Sperrjahr gem. § 613a Abs. 1 S. 2 BGB nicht im Zusammenhang mit der Aussprache von Beendigungskündigungen steht.

---

48 **Wichtig**

Es gibt im Recht des Betriebsübergangs kein „einjähriges Kündigungsverbot".

---

1. Kündigungsverbot

49 Ein eigenständiges Kündigungsverbot im Sinne von § 134 BGB enthält dagegen § 613a Abs. 4 BGB. Diese Vorschrift verbietet eine Kündigung des Arbeitsverhältnisses durch den Betriebsveräußerer oder -erwerber, die **wegen** des Betriebsübergangs ausgesprochen wird. Damit ist nicht jegliche Kündigung von Arbeitsverhältnissen im Zusammenhang mit Betriebsübergängen verboten; ausgeschlossen sind vielmehr nur solche Kündigungen, bei denen der Betriebsübergang der **tragende Grund** und nicht nur der äußere Anlass für die Kündigung ist. Eine Kündigung ist demnach z.B. dann unwirksam, wenn der bisherige Betriebsinhaber die Kündigung damit begründet, der potenzielle Erwerber habe geäußert, die Arbeitsbedingungen seien ihm „zu teuer".[67]

50 Kann der Erwerber dagegen die Kündigung auf andere Art und Weise sozial rechtfertigen (vgl. § 1 Abs. 2 KSchG), greift das Kündigungsverbot des § 613a Abs. 4 BGB nicht ein. Wird der (Teil-)Betrieb insbesondere in Insolvenzsituationen im Zusammenhang mit Sanierungsbemühungen veräußert, kann der alte Betriebsinhaber eine von ihm vor dem Betriebsübergang ausgesprochene Kündigung unter Bezugnahme auf ein ihm vom Betriebserwerber vorgelegtes **Fortführungskonzept** sozial rechtfertigen (sog. „Veräußererkündigung aufgrund eines Erwerberkonzeptes").[68]

2. Besonderheiten bei der übertragenden Sanierung (Insolvenzfälle)

51 Plant der Insolvenzverwalter eine übertragende Sanierung und eine damit im Zusammenhang stehende Betriebsveräußerung, bietet § 128 Abs. 2 InsO eine für die Praxis wesentliche Hilfestellung: Schließt der Insolvenzverwalter mit dem Betriebsrat einen Interessenausgleich, in dem diejenigen Arbeitnehmer, deren Arbeitsverhältnisse gekündigt werden sollen, namentlich bezeichnet sind (sog. „Interessenausgleich mit Namensliste"), besteht gem. §§ 128 Abs. 2, 125 Abs. 1

---

65 BAG NZA 2006, 265.
66 Vgl. auch *Bauer* u.a., Teil 3 A. Rn 86.
67 BAG AP Nr. 34 zu § 613a BGB.
68 BAG AP Nr. 250 zu § 613a BGB.

S. 1 Nr. 1 InsO eine (negative) Vermutung dahingehend, dass die Kündigung nicht aufgrund eines Betriebsübergangs erfolgte. Im anschließenden Kündigungsschutzprozess gegen den Insolvenzverwalter und den Betriebserwerber hat der Arbeitnehmer dann darzulegen und zu beweisen, dass die Kündigung (ausschließlich) wegen eines Betriebsübergangs erfolgte, was ihm nur selten gelingen wird.

3. Umgehungsversuche

Seit In-Kraft-Treten des § 613a BGB hat es zahlreiche Versuche gegeben, durch – teilweise sehr **52** feinsinnige – Gestaltungen die Wirkungen des § 613a Abs. 4 BGB zu unterlaufen.[69] Sämtliche Versuche der Umgehung sind letztlich vor dem BAG gescheitert. Nur in wenigen Ausnahmefällen hat das BAG den Abschluss von Aufhebungsverträgen zur Vermeidung von Kündigungen zugelassen, nämlich immer dann, wenn der Abschluss entsprechender Vereinbarungen tatsächlich auf das endgültige Ausscheiden des Arbeitnehmers aus dem Betrieb gerichtet war.[70] Nach Auffassung des BAG ist es zulässig, wenn der Betriebsveräußerer mit den Arbeitnehmern Aufhebungsverträge schließt und die Arbeitnehmer unmittelbar im Anschluss ein Arbeitsverhältnis zu einer Beschäftigungs- und Qualifizierungsgesellschaft begründen. Entlässt der alte Betriebsinhaber (in der Praxis nicht selten ein Insolvenzverwalter) auf diese Weise einen Teil der bei ihm beschäftigten Mitarbeiter in eine Beschäftigungs- und Qualifizierungsgesellschaft und veräußert er im Übrigen den Betrieb im Wege der übertragenden Sanierung an einen Erwerber, sind die in der Sanierungssituation geschlossenen Aufhebungsverträge nicht gem. §§ 613a Abs. 4 S. 1, 134 BGB nichtig.[71] Der Betriebserwerber muss dann nicht befürchten, dass sich die in die Beschäftigungs- und Qualifizierungsgesellschaft gewechselten Mitarbeiter anschließend auf den Übergang ihres Arbeitsverhältnisses auf den Erwerber werden berufen können. Dies gilt allerdings nur dann, wenn die Vereinbarung auf das endgültige Ausscheiden des Arbeitnehmers gerichtet ist; besteht für die von den Entlassungen betroffenen Arbeitnehmer die Aussicht oder die Chance – etwa nach Auswahl durch Losverfahren – zum bisherigen Betriebsinhaber zurückzukehren, geht das BAG von einer unzulässigen Umgehung des § 613a BGB aus.[72]

VI. „Vermeidung" versus bewusste Anwendung und Gestaltung von Betriebsübergängen

Die vorstehend beschriebenen Rechtsfolgen sind der Grund dafür, dass in vielen Fällen Käufer **53** und Verkäufer von Betrieben versuchen, Strategien zur Vermeidung eines Betriebsübergangs zu entwickeln. Ebenso wenig wie die Versuche, das Kündigungsverbot des § 613a Abs. 4 BGB zu umgehen, können sonstige Gestaltungen, die darauf angelegt sind, die Rechtsfolgen des Betriebsübergangs zu vermeiden, vor dem BAG „mit Gnade rechnen". Liegen die Voraussetzungen eines (Teil-)Betriebsübergangs vor, sind die Rechtsfolgen des § 613a Abs. 1 S. 1 BGB unvermeidlich.

In der Praxis sollte daher vielmehr im Vorfeld der Transaktion genau untersucht werden, ob **54** tatsächlich ein Betriebsübergang vorliegt. Ist dies der Fall, sind die Umstände des Betriebsübergangs entsprechend den Hinweisen in diesem Kapitel durch vertragliche Vereinbarungen zwischen Veräußerer und Erwerber zu flankieren.

Schließlich kann bereits im Vorfeld des Betriebsübergangs gestaltend auf die späteren **55** Rechtsfolgen Einfluss genommen werden. In Betracht kommen hierbei folgende Punkte:

---

69 Nachw. bei HWK/*Willemsen*/*Müller-Bonanni*, § 613a BGB Rn 310.
70 BAG AP Nr. 185 zu § 613a BGB; BAG ZIP 2006, 148.
71 BAG AP Nr 185 zu § 613a BGB.
72 BAG NZA 2012, 152.

1. Zuordnung der konkreten Arbeitsverhältnisse

56 Werden nicht alle Betriebe oder nur ein Betriebsteil vom Veräußerer auf den Erwerber übertragen, stellt sich die in der Praxis wichtige Frage, welche konkreten Arbeitsverhältnisse von den Rechtsfolgen des (Teil-)Betriebsübergangs erfasst werden und welche Arbeitsverhältnisse beim Veräußerer verbleiben. Vom Betriebsübergang werden diejenigen Mitarbeiter erfasst, die im konkreten Betriebsteil beschäftigt waren und deren Tätigkeit einen hinreichend klaren Bezug zu der übertragenen (Teil-)Einheit haben.[73] Schwierigkeiten der Zuordnung ergeben sich insbesondere bei solchen Arbeitnehmern, die in Querschnittsabteilungen (Buchhaltung, Personalabteilung, EDV-Service etc.) tätig sind, und bei solchen Arbeitnehmern, die als Springer zwischen verschiedenen Teilbetrieben des Arbeitgebers tätig waren. In der Praxis ist es in derartigen Zweifelsfällen üblich und zulässig,[74] Vereinbarungen mit den Arbeitnehmern über die Zuordnung des Arbeitsverhältnisses zum übertragenden Teilbetrieb zu treffen oder aber zu vereinbaren, dass die Arbeitsverhältnisse beim Veräußerer verbleiben. In Umwandlungsfällen hilft der Abschluss eines Interessenausgleichs gem. § 323 Abs. 2 UmwG weiter.

2. Kündigung von Kollektivvereinbarungen

57 Neben der Aussprache von Veräußererkündigungen aufgrund Erwerberkonzeptes (vgl. hierzu Rn 50) sollten die Beteiligten des Unternehmenskaufvertrags auch darüber nachdenken, ob nicht gegebenenfalls eine Kündigung von Betriebsvereinbarungen und/oder Tarifverträgen durch den Veräußerer sinnvoll ist. Diese Kollektivvereinbarungen geraten damit nach Ablauf der Kündigungsfrist in das Stadium der bloßen Nachwirkung, was ihnen die unmittelbare und zwingende Wirkung auch im Falle der Transformation gem. § 613a Abs. 1 S. 2 BGB nimmt.[75]

VII. Widerspruchsrecht und Informationspflicht (§ 613a Abs. 5, 6 BGB)

1. Widerspruchsrecht der Arbeitnehmer

58 Mit Rücksicht auf das Allgemeine Persönlichkeitsrecht der Arbeitnehmer sowie deren Berufsfreiheit hatte das BAG bereits sehr früh erkannt, dass die betroffenen Arbeitnehmer den Übergang des Arbeitsverhältnisses auf den Betriebserwerber dadurch verhindern können, dass sie einen Widerspruch erklären. Mit Wirkung zum 1.4.2002 hat der Gesetzgeber durch Art. 4 des Gesetzes zur Änderung des Seemannsgesetzes[76] im neuen § 613a Abs. 6 BGB dieses Widerspruchsrecht kodifiziert. In sämtlichen Fällen des Betriebsinhaberwechsels steht den betroffenen Arbeitnehmern damit ein Widerspruchsrecht zu. Kraft Verweisung in § 324 UmwG gilt dies auch für Betriebsinhaberwechsel im Rahmen von Umwandlungsvorgängen.

59   Der Widerspruch des Arbeitnehmers ist **schriftlich** zu erklären. Zulässige Adressaten des Widerspruches sind sowohl der alte als auch der neue Betriebsinhaber.

---

60 **Praxistipp**

Gegenstand des Kauf- und Übertragungsvertrages sollte u.a. eine Verpflichtung der Beteiligten auf Arbeitgeberseite zur wechselseitigen Unterrichtung über etwa eingehende Widersprüche sein.

---

73 BAG AP Nr. 170 zu § 613a BGB.
74 BAG AP Nr. 31 zu § 613a BGB; BAG AP Nr. 23 zu § 7 BetrAVG.
75 Vgl. ErfK/*Preis*, § 613a BGB Rn 121.
76 BGBl I, 1163.

Kramer

Ein form- und fristgerecht (zum Fristbeginn vgl. Rn 64) erklärter Widerspruch führt dazu, dass **61** das Arbeitsverhältnis nicht auf den Erwerber übergeht, sondern beim alten Betriebsinhaber verbleibt.[77]

Widerspricht der Arbeitnehmer dem Betriebsübergang, muss er damit rechnen, dass der **62** frühere Betriebsinhaber ihm gegenüber eine betriebsbedingte Kündigung ausspricht. Eine solche Kündigung scheitert nicht an § 613a Abs. 4 S. 1 BGB; der widersprechende Arbeitnehmer, der später infolge betriebsbedingter Kündigung seinen Arbeitsplatz verliert, muss darüber hinaus mit der Verhängung einer Sperrzeit beim Bezug von Arbeitslosengeld gem. § 159 SGB III[78] rechnen.

Der Arbeitnehmer kann wirksam auf die Ausübung seines Widerspruchsrechts **verzichten**. **63** Dies wird in der Regel dann geschehen, wenn der Betriebserwerber mit einzelnen Arbeitnehmern bereits im Vorfeld des Betriebsübergangs Vereinbarungen über die Fortsetzung des Arbeitsverhältnisses trifft, etwa um sich die Arbeitskraft von Know-how-Trägern und sonstigen Schlüsselpersonen zu sichern.

2. Informationspflicht der beteiligten Arbeitgeber

Die **gesetzliche Frist** für die Ausübung des Widerspruchsrechts beträgt **einen Monat** und be- **64** ginnt mit Zugang einer ordnungsgemäßen, insbesondere vollständigen Unterrichtung über den Betriebsübergang gem. § 613a Abs. 5 BGB. Hiernach sind der alte und der neue Betriebsinhaber als Gesamtschuldner verpflichtet, die vom Betriebsübergang betroffenen Arbeitnehmer über den Betriebsübergang und seine Folgen zu unterrichten.

Praxistipp **65**

Die Unterrichtung hat in **Textform** zu geschehen (§ 126b BGB) und sollte aus Gründen der Praktikabilität möglichst spätestens einen Monat vor dem geplanten Stichtag des Betriebsübergangs den Arbeitnehmern zugehen. Nur so ist sichergestellt, dass zum Stichtag bekannt ist, welche Arbeitsverhältnisse auf den Erwerber übergehen und welche kraft Widerspruchs beim Veräußerer verbleiben.

Der Gegenstand der Unterrichtung ist in § 613a Abs. 5 BGB im Einzelnen umrissen: **66**

Die Angabe des **Zeitpunktes** oder des geplanten Zeitpunktes dürfte in der Regel unproblematisch möglich sein.

Als **Grund für den Übergang** sind sowohl die wirtschaftlichen Motive für die Übertragung des (Teil-)Betriebes als auch die zugrunde liegenden Rechtsgeschäfte (also der Unternehmenskaufvertrag bzw. der Kauf- und Übertragungsvertrag) zu benennen.

Des Weiteren sind die **rechtlichen, wirtschaftlichen und sozialen Folgen** des Betriebs- **67** übergangs zu beschreiben. Der Umfang der Verpflichtung ist im Einzelnen umstritten. Einigkeit besteht, dass eine schlichte Wiedergabe des Gesetzeswortlautes nicht ausreicht. Zu benennen sind alter und neuer Betriebsinhaber. Letzterer ist so präzise zu benennen, dass die Arbeitnehmer in die Lage versetzt werden, Erkundigungen einzuholen.[79] Die Arbeitnehmer sind darauf hinzuweisen, dass der Übergang unter Wahrung aller Rechte und Pflichten aus dem Arbeitsverhältnis geschieht; der Hinweis auf die Weitergeltung von Betriebszugehörigkeitszeiten darf ebenso wenig fehlen wie der Hinweis auf den Übergang etwaiger Versorgungsanwartschaften aktiver Arbeitnehmer. Im Hinblick auf die konkrete Situation der beteiligten Arbeitgeber sollten die kollektivrechtlichen Folgen des Betriebsübergangs beschrieben werden, ohne dass einzelne

---

77 BAG AP Nr. 55 zu § 613a BGB; AP Nr. 103 zu § 613a BGB.
78 Bis zum 31.3.2012: § 144 SGB III.
79 BAG DB 2010, 58.

Betriebsvereinbarungen herausgegriffen und im Detail benannt werden müssten. Im Einzelfall birgt die Rechtsprechung des BAG immer wieder Überraschungen: So steht seit einiger Zeit fest, dass die Arbeitnehmer z.B. auch darüber unterrichtet werden müssen, dass das Betriebsgrundstück bei gleichzeitiger Veräußerung des beweglichen Anlagevermögens beim Veräußerer verbleibt und damit nicht weiter als Haftungsmasse für Ansprüche der Arbeitnehmer zur Verfügung steht.[80] Eine präzise Vorhersage über die Anforderungen an ein Unterrichtungsschreiben ist heute kaum möglich.

---

68 Praxistipp

Empfehlenswert ist der ergänzende Hinweis, dass etwaige Kündigungen wegen des Betriebsübergangs ausgeschlossen sind. Obwohl im Gesetz nicht ausdrücklich genannt, empfiehlt sich darüber hinaus eine ausdrückliche Belehrung über die Möglichkeit des Widerspruchs sowie dessen kündigungsrechtliche Folgen (vgl. Rn 58 ff.).

Des Weiteren ist der Arbeitnehmer darüber zu belehren, dass ihm im Falle des Widerspruchs und einer anschließenden Kündigung durch den Veräußerer Ansprüche aus einem dort vereinbarten **Sozialplan** zustehen.[81]

69 Soweit nach dem Betriebsübergang etwaige **Versetzungen** oder **Entlassungen** oder **Fortbildungsmaßnahmen** für die übergegangenen Arbeitnehmer geplant sind, gehört der Hinweis hierauf auch zu einer vollständigen Unterrichtung.

70 Nur die vollständige und sachlich richtige Information an die Arbeitnehmer setzt gem. § 613a Abs. 6 S. 1 BGB die einmonatige Frist für die Ausübung des Widerspruchsrechts in Gang. Eine fehlerhafte oder unvollständige Unterrichtung der Arbeitnehmer führt dazu, dass diese bis zur Grenze der Verwirkung auch noch zu einem viel späteren Zeitpunkt von ihrem Widerspruchsrecht Gebrauch machen können. Die hieraus folgenden möglichen Konsequenzen insbesondere für den Betriebsveräußerer legen es nahe, dass die Parteien des Unternehmenskaufvertrages im Einzelnen abstimmen, wer für die ordnungsgemäße Unterrichtung der Arbeitnehmer verantwortlich ist.

---

71 Praxistipp

Sofern nicht besondere Umstände vorliegen, empfiehlt es sich, dass beide Beteiligten des Unternehmenskaufvertrages sich verpflichten, eine **abgestimmte Unterrichtung** vorzunehmen und diese auch gemeinsam zu unterzeichnen. Letzteres hat insbesondere auch positive Auswirkungen auf die Arbeitnehmer, deren Verhalten in derartigen Situationen von Umstrukturierungen nicht selten von Unsicherheiten geprägt ist.

VIII. Betriebsverfassungsrechtliche Fragen des Betriebsübergangs

72 Bleibt der Betrieb als Ganzes trotz Inhaberwechsels erhalten, wird die betriebsverfassungsrechtliche Stellung der Betriebsratsmitglieder durch den Betriebsübergang nicht berührt.[82] Verliert der Betrieb dagegen seine bisherige Identität, z.B. weil er in einem bereits vorhandenen Betrieb des Erwerbers organisatorisch aufgeht, endet das Amt der Betriebsratsmitglieder.[83] Im Einzelfall ist jedoch zu beachten, ob dem beim Veräußerer errichteten Betriebsrat nicht im Falle der Spaltung oder im Falle des Zusammenschlusses von Betrieben ein **Übergangsmandat**

---

80 BAG ZIP 2008, 987.
81 BAG NZA 2006, 1273.
82 BAG AP Nr. 11 zu § 47 BetrVG 1972.
83 BAG AP Nr 19 zu § 1 BetrVG 1972 – Gemeinsamer Betrieb.

Kramer

gem. § 21a BetrVG zukommt.[84] Geht ein Betrieb durch Stilllegung, Spaltung oder Zusammenlegung unter, sichert § 21b BetrVG durch das dort normierte **Restmandat** des Betriebsrats den Fortbestand der betriebsverfassungsrechtlichen Rechte bei der Abwicklung des Betriebes bzw. Betriebsteils.[85]

Bei der Übertragung von Betriebsteilen ist sowohl für den abgebenden als auch für den aufnehmenden Betrieb stets die Frage zu prüfen, ob nicht gegebenenfalls zwingend **Neuwahlen des Betriebsrats** gem. § 13 Abs. 2 Nr. 1 oder Nr. 2 BetrVG erforderlich sind. 73

Die bloße Tatsache, dass ein Betrieb auf einen neuen Inhaber übertragen wird, löst keine Mitbestimmungsrechte des Betriebsrats aus.[86] Solche Mitbestimmungsrechte bestehen nur dann, wenn neben die Übertragung des Teilbetriebes weitere Voraussetzungen treten, die dann zur Verwirklichung des Tatbestandes einer **Betriebsänderung** im Sinne von § 111 BetrVG führen. So dürfte bei der Übertragung von bloßen Teilbetrieben regelmäßig der Tatbestand einer Betriebsspaltung im Sinne von § 111 S. 3 Nr. 3 BetrVG verwirklicht sein.[87] 74

Im Übrigen ist klarstellend darauf hinzuweisen, dass § 613a BGB auch dann gilt, wenn im Betrieb die Voraussetzungen für die Errichtung eines Betriebsrats nicht vorliegen (vgl. § 1 Abs. 1 BetrVG) oder ein Betriebsrat nicht errichtet ist.[88] 75

IX. Folgerungen für die Durchführung des Betriebsübergangs

Aus der vorangehenden Darstellung ergeben sich folgende **Konsequenzen** und **Empfehlungen** für die Durchführung des Betriebsübergangs sowie für die **Gestaltung von Unternehmenskaufverträgen** außerhalb der bloßen Übertragung von Gesellschaftsrechten: 76

- Vorab ist die Frage zu prüfen, ob die geplante Transaktion die tatbestandlichen Voraussetzungen eines (Teil-)Betriebsübergangs verwirklicht.
- Ist dies der Fall, ist zu prüfen, welche konkreten Mitarbeiter vom (Teil-) Betriebsübergang erfasst werden. Will sich der Erwerber die Arbeitskraft aller oder jedenfalls einzelner Mitarbeiter sichern, sollte er mit diesen Mitarbeitern individuelle Vereinbarungen über die Fortsetzung des Arbeitsverhältnisses nach dem Betriebsübergang unter gleichzeitigem Verzicht des Mitarbeiters auf sein Widerspruchsrecht vereinbaren.
- Der Erwerber muss sich im Rahmen einer ausführlichen due diligence-Prüfung über den gesamten Personalbestand, d.h. die sozialen Daten der Mitarbeiter durch Einsichtnahme in die Personalakten, verschaffen und darüber hinaus die im Betrieb geltenden Arbeitsbedingungen durch Einsichtnahme in die Arbeitsverträge sowie in die geltenden Betriebsvereinbarungen und Tarifverträge analysieren. Ein besonderes Augenmerk sollte hierbei im Hinblick auf die finanzielle Tragweite der betrieblichen Altersversorgung gelten.
- Soweit erforderlich bzw. beabsichtigt, sind im Vorfeld des Betriebsübergangs Arbeitsverhältnisse vom Veräußerer zu beenden, gegebenenfalls durch Bezugnahme auf ein vom Erwerber zu erstellendes Fortführungskonzept.

---

84 ErfK/*Preis*, § 613a BGB Rn 125.
85 ErfK/*Preis*, § 613a BGB Rn 129.
86 BAG AP Nr. 6, Nr. 18 zu § 111 BetrVG 1972; *Bauer* u.a, Teil 3 A. Rn 1.
87 BAG AP Nr. 110 zu § 112 BetrVG 1972.
88 BAG AP Nr. 3 zu § 99 BetrVG 1972; ErfK/*Preis*, § 613a BGB Rn 4; MüKo-BGB/*Müller-Glöge*, § 613a Rn 1, 9.

X. Checkliste für den Unternehmenskaufvertrag

77 Der Unternehmenskaufvertrag selber enthält dann folgende Regelungen:
- Zunächst werden die Parteien in der Regel übereinstimmend **feststellen**, dass ein (Teil-) Betriebsübergang infolge der Veräußerung von Vermögensgegenständen vorliegt.
- Aus Sicht des Erwerbers ist es dann wünschenswert, wenn der Unternehmenskaufvertrag eine Regelung enthält, in der durch Bezugnahme auf eine dem Vertrag als Anlage **beigefügte Personalliste** festgehalten wird, welche Arbeitnehmer vom Betriebsübergang betroffen werden.
- Das Risiko, dass sich weitere Arbeitnehmer auf den Übergang des Arbeitsverhältnisses zum Erwerber berufen werden, kann hierdurch nicht ausgeschlossen werden. Der Erwerber hat jedoch ein dringendes Interesse daran, im Innenverhältnis zum Veräußerer so gestellt zu werden, als würden nur die namentlich benannten Arbeitsverhältnisse übergehen. Aus Erwerbersicht ist es wünschenswert, wenn derartige schuldrechtliche Verpflichtungen des Veräußerers durch Abgabe entsprechender **selbständiger Garantieerklärungen** flankiert werden.
- Der Unternehmenskaufvertrag sollte darüber hinaus eine Regelung darüber enthalten, dass die Parteien ein abgestimmtes **Informationsschreiben** an die Mitarbeiter richten, gegebenenfalls eine gemeinsame Betriebsversammlung zum Zwecke der Information der Belegschaft durchführen und sich wechselseitig über eventuell eingehende Widersprüche **unterrichten**.
- Schließlich sollte der Erwerber darauf bestehen, dass die im Unternehmenskaufvertrag beschriebenen Personaldaten und Arbeitsbedingungen (einschließlich der arbeitsrechtlichen Modalitäten der Altersversorgung) vollständig und abschließend wiedergegeben sind. Die Beschreibung der Personaldaten und Arbeitsbedingungen kann durch Bezugnahme auf dem Kaufvertrag beizufügende Anlagen erfolgen und sollten durch selbständige **Garantieversprechen** des Veräußerers flankiert werden.

Dr. Nils Wigginghaus
§ 32 Kaufpreis und Zahlung

Literatur: *Baums*, Ergebnisabhängige Preisvereinbarungen in Unternehmenskaufverträgen, DB 1993, 1273; *Borzutz-ki-Pasing*, Haftung aufgrund einer sog. harten Patronatserklärung, jursPR-MietR 24/2005 Anm. 4; *Braunschweig*, Variable Kaufpreisklauseln in Unternehmenskaufverträgen, DB 2002, 1815; *Großfeld/Merkelbach*, Wirtschaftsdaten für Juristen: Grundlagen einer disziplinierten Unternehmensbewertung, NZG 2008, 241; *Hettler/Stratz/Hörtnagl*, Unternehmenskauf, 2004; *Heyd/Prohaska*, Der Einfluss von Steuern auf die Gegenleistung im Rahmen eines Unternehmenskaufs, StuB 2004, 394; *Hilgard*, Earn-Out-Klauseln beim Unternehmenskauf, BB 2010, 2912; *Kästle/Oberbracht*, Unternehmenskauf – Share Purchase Agreement2. Aufl. 2010; *Kiethe*, Haftungs- und Ausfallrisiken bei Patronatserklärungen, ZIP 2005, 646; *Kruse/Rosenberg*, Patronatserklärungen in der M&A-Praxis und in der Unternehmenskrise, BB 2004, 641; *Meissner*, Die Veräußerung von Teilen eines GmbH-Geschäftsanteils in Erfüllung von Earn-out-Klauseln, GmbHR 2005, 752; *Meyding/Grau*, Earn-out-Klauseln und Absicherung von Garantieansprüchen – „tickende Zeitbomben" bei Distressed M&A?, NZG 2011, 41; *Oehlrich*, Die Rolle der betriebswirtschaftlichen Unternehmensbewertung im Rahmen der Beratung bei Mergers & Acquisitions, NJOZ 2009, 4346; *Rödder/Hötzel/Mueller-Thuns*, Unternehmenskauf Unternehmensverkauf, 2003; *Siebert*, Sicherungsmittel Patronatserkärungen, AO-StB 2005, 268; *Tetzlaff*, Zur Anfechtung der Aufhebung einer harten Patronatserklärung, EWiR 2005, 31; *Vischer*, Earn-out Klauseln in Unternehmenskaufverträgen, SJZ 2002, 509; *Wittig*, Moderne Patronatserklärungen, WM 2003, 1981; *Witte/Bultmann*, Materiell-rechtliche und prozessuale Probleme beim Unternehmenskauf am Beispiel der vertraglich vereinbarten Kaufpreiszahlung auf ein Treuhandkonto (Escrow-Account), BB 2005, 1121.

I. Kaufpreis und Unternehmenswert

1. Allgemeines

Der („subjektive") Kaufpreis, zu dem die Transaktion über das Unternehmen stattfinden soll, **1** ist zwingend von dem („objektiven") Wert des Unternehmens zu unterscheiden. In die Verhandlungen lassen beide Vertragsparteien sowohl objektive als auch subjektive Faktoren einfließen, der Kaufpreis stellt das Ergebnis dieser Verhandlungen dar. Der Unternehmenswert ist nur einer dieser Faktoren. Die übrigen Faktoren sind subjektive Gewinnerwartungen, Abwägungen von Chancen und Risiken, subjektive Ober- oder Untergrenzen. Insbesondere bei Transaktionen, bei denen der Käufer ein strategisches Interesse an der Übernahme hat, hat der Käufer die Chance, einen Kaufpreis zu erzielen, der weit über dem ermittelten Unternehmenswert liegt.

Oft enthält der Kaufvertrag nur einen vorläufig bestimmten Kaufpreis. Der endgültige Kaufpreis wird (mit-)bestimmt durch eine zum Übergangsstichtag anzufertigende **Abrechnungsbilanz.**[1] Inwieweit dieser handelsrechtliche oder steuerliche Bilanzierungsvorschriften zugrunde zu legen sind, steht zur Disposition der Parteien. Sie können beispielsweise vereinbaren, dass in

---

1 Dazu ausführlich Hölters/*Semmler*, Teil VI Rn 90 ff.

der Abrechnungsbilanz nicht die Buch-, sondern die Verkehrswerte zu erfassen sind. Auch hinsichtlich der Aktivierung oder Passivierung können die Parteien diese in Bezug auf jedes einzelne Wirtschaftsgut einzeln festlegen.

2. Ermittlung des Unternehmenswertes

2   Die Ermittlung des Unternehmenswertes[2] ist eine komplexe Angelegenheit und kann an dieser Stelle lediglich umrissen werden. Sie ist auch in aller Regel nicht Aufgabe des beratenden Anwalts, sondern Aufgabe von eingeschalteten Steuerberatern, Wirtschaftsprüfern oder Investmentbanken. Gleichwohl muss auch der anwaltliche Berater die Grundzüge der Unternehmensbewertung[3] kennen, um die Interessen seines Mandanten adäquat vertreten zu können und ein Verständnis für den Gesamtablauf zu bewahren.[4] Ähnlich wie die Due Diligence Prüfung (siehe § 27 Rn 1ff.) berührt die Unternehmensbewertung neben rechtlichen vor allem steuerliche und betriebswirtschaftliche Aspekte. Die in der Praxis vorherrschenden **Bewertungskonzepte** versuchen dieser Vielseitigkeit gerecht zu werden. Im Wesentlichen werden zur Unternehmensbewertung Gesamtbewertungsverfahren, Einzelbewertungsverfahren sowie Mischverfahren verwendet.

3   In den **Gesamtbewertungsverfahren** wird der Unternehmenswert durch den von dem Unternehmen zukünftig zu erzielenden Ertrag bestimmt. Zu den Gesamtbewertungsverfahren zählen das Ertragswertverfahren, das Discounted Cash-Flow-Verfahren (**DCF-Verfahren**) sowie verschiedene weitere Bewertungsverfahren, die unter dem Begriff „**Market Approaches**" zusammengefasst werden. In Deutschland wird dabei das Ertragswertverfahren, international werden eher die Discounted-Cash-Flow- oder Market Approach-Verfahren bevorzugt. Hinter dem Begriff „Market Approach" verbirgt sich ein marktorientiertes Bewertungsverfahren. Maßgeblich für den Wert des Unternehmens ist, welche Preise am Markt für Unternehmensbeteiligungen und -übernahmen für vergleichbare Unternehmen tatsächlich realisiert wurden. Voraussetzung ist, dass ein Markt vorhanden ist, der ausreichende vergleichbare Transaktionen beinhaltet.

4   Im **Einzelbewertungsverfahren** wird das Unternehmen rechnerisch in seine einzelnen Bestandteile zerlegt und diese entweder nach ihrem Substanz- oder Liquidationswert bestimmt. Der Unternehmenswert ist anschließend die Summe der Einzelbewertungen. Das so genannte Mischverfahren kombiniert die Methoden aus beiden Verfahren und soll so ein zu starkes Abweichen durch das jeweilige Verfahren gewonnener Ergebnisse vermeiden.

Mischverfahren gelten heute als ungenau und nicht mehr zeitgemäß,[5] allerdings findet von den Mischverfahren das sog. „**Stuttgarter Verfahren**" noch ab und an Anwendung, da es insbesondere Steuerberatern mit Ausbildung in der Finanzverwaltung noch vertraut ist.

3. Rechtliche sowie steuerliche Auswirkungen des Kaufpreises

5   Der Kaufpreis ist zivilrechtlich vor allen Dingen von Bedeutung, wenn der Käufer Mängelansprüche geltend macht (vgl. dazu § 29 Rn 2ff.). Dies gilt insbesondere für den Fall der Minderung (§ 441 Abs. 3 BGB). Der Kaufpreis ist demnach in dem Verhältnis herabzusetzen, in welchem der Wert der Sache in mangelfreiem Zustand zu dem wirklichen Wert gestanden hätte. Die Schwierigkeit besteht nunmehr darin, den „Wert der Sache" zu bestimmen, sowie für den Fall, dass ein einzelner, abgrenzbarer übertragener Vermögenswert betroffen ist, diesem einen konkreten An-

---

2 Vgl. hierzu auch die Übersicht bei *Kästle/Oberbracht*, S. 71ff. m.w.N.
3 Eine gute Einführung in die verwendete Terminologie bietet *Großfeld/Merkelbach*, NZG 2008, 241.
4 So auch *Oehlrich*, NJOZ 2009, 4346, 4352.
5 Hölters/*Widmann*, Teil II Rn 41 m.w.N.

Wigginghaus

teil an dem vereinbarten Kaufpreis zuzuordnen, obwohl dieser gegebenenfalls als Gesamtpaket geschnürt wurde.

Beim steuerlichen Asset Deal (also der Veräußerung einzelner Vermögensgegenstände oder **6** Anteile an einer Personengesellschaft) ist die Verteilung des Gesamtkaufpreises auf die einzelnen übertragenen Vermögensgüter von Bedeutung. Liegt der Kaufpreis für das einzelne Wirtschaftsgut aufgrund stiller Reserven über dem Buchwert des Veräußerers, so muss der Erwerber diese stillen Reserven aufdecken und den vollständigen Wert aktivieren.

II. Fester („fixer") oder variabler („earn out")[6] Kaufpreis

Der Kaufpreis wird zwischen den Parteien in der Regel als fester („fixer") in Ausnahmefällen **7** aber auch als variabler („earn out") vereinbart.

1. Fester Kaufpreis

Bei den meisten Transaktionen genügt es, den Kaufpreis als fixen Betrag zu bestimmen, der sich **8** höchstens dann reduziert, wenn später wirksam Mängel gerügt werden (siehe Rn 14).

Praxistipp **9**

Von der Möglichkeit, den Kaufpreis zunächst unbestimmt zu lassen, sollte Abstand genommen werden. Zwar kann man die Bestimmung des Kaufpreises entweder an den Spruch eines Sachverständigen oder an objektivierbare Faktoren knüpfen. Jedoch droht die Gefahr, dass mit einer solchen Regelung alleine ein tatsächlich bestehender Dissens zwischen den Parteien „versteckt" werden soll und über die eigentlichen Streitpunkte zwischen den Parteien bislang kein Konsens gefunden wurde, man nun aber mit aller Macht zum Abschluss kommen möchte. Die Bestimmung durch Dritte eignet sich nur dazu, bislang ungeregelte Feinheiten zu bestimmen, beispielsweise zur Anpassungen des Kaufpreises an Veränderungen, die zwischen dem letzten Bilanz- und dem Übergabestichtag liegen.

---

2. Variabler Kaufpreis („earn out")

Ebenfalls möglich und in der Praxis sogar bei kleineren Transaktionen inzwischen teilweise üb- **10** lich ist es, zwischen den Parteien, einen sog. „variablen" Kaufpreis (auch: **erfolgsabhängige Kaufpreiskorrektur**[7]) zu vereinbaren. In der Regel wird diese Gestaltungsmöglichkeit dann gewählt, wenn der Veräußerer bestimmte Leistungen (insbesondere einen hohen Kaufpreis) wünscht, der Erwerber dazu jedoch nur im Falle des Eintritts bestimmter Bedingungen (zumeist: Erzielung bestimmter Gewinne) bereit ist.[8]

Der Kaufpreis hängt in diesen Fällen von zukünftigen Entwicklungen ab, die für die Partei- **11** en der Transaktion nur beschränkt vorhersehbar sind. Insbesondere für den Verkäufer ist dies ein sehr risikobehaftetes Geschäft. Nach Übergabe des Unternehmens hat er nur in seltenen Fällen noch Einfluss auf die Geschäftsentwicklung. Gerade bei Transaktionen im Rahmen der Unternehmensnachfolge stellt sich die Person des ehemaligen Inhabers (und Geschäftsführers) oftmals im Nachhinein als ein *asset* heraus, dessen Verlust für das Unternehmen durch den Verkauf der Käufer nicht adäquat bedacht hat.

Auch auf die Bemessung des Unternehmenserfolges hat in der Regel allein der Käufer Einfluss. Gleichwohl kann die Vereinbarung einer solchen „earn out"-Klausel auch im Interesse des

---

6 Zu „earn out"-Klauseln vgl. die Darstellungen von *Meyding/Grau*, NZG 2011,41; *Hilgard*, BB 2010, 2912; *Meissner*, GmbHR 2005, 752; *Vischer*, SJZ 2002, 509; *Braunschweig*, DB 2002, 1815; *Baums*, DB 1993, 1273.
7 *Rödder/Hötzel/Mueller-Thuns*, § 8 Rn 36.
8 *Holzapfel/Pöllath*, Rn 737 f.

Verkäufers liegen, etwa dann, wenn er vor der Transaktion umfangreiche Investitionen getätigt hat, die sich bislang noch nicht in der maximalen Wertsteigerung des Unternehmens ausgewirkt haben und daher für die Kaufpreisgestaltung noch nicht maßgeblich geworden sind. Der Käufer hat ein gegenläufiges Interesse: Erwirbt er das Unternehmen, um es maßgeblich umzugestalten und erst durch diese Umgestaltungen das Unternehmen für ihn attraktiv und profitabel zu machen, hat er regelmäßig kein Interesse daran, den Veräußerer an diesen durch ihn bewirkten Vorteilen zu beteiligen. Diese stark gegensätzlichen Interessen sowie der Umstand, dass sie erst nach dem Closing aufeinander prallen, machen variable Kaufpreise sehr streitanfällig.[9] Üblicherweise liegt es eher im Interesse der Parteien, die Frage des „richtigen" Preises einmal in einem oftmals für beide Seiten schmerzhaften Prozess zu bestimmen, statt diesen Konfliktherd in regelmäßigen Abständen wieder aufbrechen zu lassen.

12   „Earn out"-Klauseln sind unter diesen Rahmenbedingungen schwierig zu verfassen. Einfacher und für beide Seiten sicherer ist es, einen fixen Kaufpreis zu vereinbaren, gegebenenfalls ergänzt durch eine Eigenkapitalgarantie. Wollen die Parteien trotz dieser Schwierigkeiten einen variablen Kaufpreis vereinbaren, so sind mehrere Punkte zu beachten:

13   Die Eckpunkte, aus denen sich der neue Kaufpreis ableiten lässt, müssen exakt bestimmt werden, dazu gehören
   –   die konkrete Bestimmung einer Bemessungsgrundlage (etwa durch Rückgriff auf feststehende Werte wie Jahresüberschuss oder EBIT),
   –   die zugrunde zu legenden Bilanzierungs- und Bewertungsverfahren,
   –   die Festlegung des Bewertungszeitraums,
   –   eindeutige und klare Regelung der Rechtsfolgen für den Fall, dass die Voraussetzungen für eine Kaufpreiskorrektur vorliegen; denkbar ist in etwa, dass sich der Kaufpreis um den Differenzbetrag selbst, oder um einen Teil/ein Vielfaches davon erhöht oder reduziert.[10]

Wichtig

Oftmals besteht der Käufer auf Vereinbarung eines earn-outs, der Verkäufer ist aufgrund der vorab beschriebenen mangelnden Einflussnahmemöglichkeit dazu nicht bereit. Ein Kompromiss, den insbesondere Verkäufer oftmals zur Lösung des Konflikts anbieten und der auch in der Literatur empfohlen wird,[11] ist, den earn-out zu vereinbaren, jedoch unabhängig vom Ergebnis ein bestimmtes **Minimum** zu vereinbaren. Dies hat in der Regel zur Folge, dass **steuerlich** der Kaufpreisanspruch zumindest bereits in dieser Höhe mit Abschluss entsteht und zu versteuern ist – obwohl der entsprechende Betrag dem Verkäufer noch nicht ausgezahlt wurde. Diese steuerliche Belastung wäre mindestens im sofort fälligen fixen Kaufpreisanteil zu berücksichtigen.

Alternativ zu der Wahl einer klassischen earn-out Klausel können die Parteien auch vereinbaren, dass der Verkäufer zunächst den vollen Kaufpreis erhält, jedoch bei Unterschreiten bestimmter Kennziffern einen Teil des Kaufpreises an den Käufer zurückerstatten muss (sog. **„Rückzahlungsmodell"**). Dabei übernimmt der Käufer jedoch das Insolvenzrisiko des Verkäufers, weshalb solche Modelle in der Praxis selten sind. Dagegen spricht auch die Verhandlungspsychologie sowie die dem diametral entgegengesetzten Interesse des Käufers – dieser wird oftmals eher darauf bestehen, dass er einen Teil des Kaufpreises als Absicherung seiner Gewährleistungsansprüche einbehält.

Ebenfalls denkbar ist, den Kaufpreis dadurch – zumindest wirtschaftlich betrachtet – variabel zu gestalten, in dem der Käufer nur sukzessive Vermögensgegenstände des Zielunternehmens (Asset Deal) oder Anteile (Share Deal) jeweils gegen Kaufpreiszahlung entgegennimmt.

---

9 *Hötzel/Rödder/Mueller-Thuns*, § 8 Rn 38.
10 Zu weiteren Gestaltungsmöglichkeiten *Vischer*, SJZ 2002, 509 ff.
11 So z.B. *Meyding/Grau*, NZG 2011, 41, 43.

Wigginghaus

Das kann entweder als vorvertragliche Verpflichtung oder als einseitige Option ausgestaltet sein – in beiden Fällen entspricht diese Gestaltung oftmals nicht den Interessen der Parteien.

III. Fälligkeit, Verzinsung, Verzug und Verjährung

Vereinbaren die Parteien im Unternehmenskauf nichts anderes, ist der Kaufpreis sofort fällig **14** (§ 271 Abs. 1 BGB). Teilzahlungen sind unzulässig (§ 266 BGB). Die Parteien werden beides jedoch in der Regel nicht den gesetzlichen Vorschriften überlassen. Der Käufer wird eine Ratenzahlungsvereinbarung wünschen. Er kann mit eventuellen Mängelgewährleistungsansprüchen aufrechnen, wenn nach der Übergabe des Unternehmens jedoch noch vor Zahlung der letzten Rate Mängel auftreten. Bedenken des Verkäufers gegen eine solche Vereinbarung können die Parteien dadurch begegnen, dass sie die Übergabe des gesamten Kaufpreises an einen Treuhänder vereinbaren. Über den bei diesem hinterlegten Betrag können die Parteien nur gemeinsam verfügen, oder der Treuhänder wird angewiesen, den Betrag auch ohne Zustimmung der anderen Partei im Falle des ihr günstigen Ausgangs eines Schiedsgutachtens auszukehren.

Der Käufer hat darüber hinaus ein Zurückbehaltungsrecht gem. § 320 BGB, solange der Ver- **15** käufer seine Verpflichtungen noch nicht erfüllt hat. Dieses Zurückbehaltungsrecht kann von den Parteien zwar vertraglich ausgeschlossen werden. Dieser Ausschluss ist jedoch dann in der Regel gem. § 242 BGB unwirksam, wenn der Käufer die Rechte entweder anerkennt oder aber über sie bei gerichtlicher Geltendmachung des Kaufpreisanspruches mit entschieden werden kann.[12]

Gem. § 353 HGB kann der Verkäufer **Fälligkeitszinsen** berechnen, wenn das Rechtsgeschäft **16** für beide Seiten ein Handelsgeschäft ist. Ansonsten wird der Verkäufer aufgrund der regelmäßig bei Unternehmenstransaktionen relevanten Kaufpreissummen ein Interesse daran haben, Fälligkeitszinsen bereits im Kaufvertrag zu bestimmen.

Für den Kaufpreisanspruch gilt die regelmäßige **Verjährungsfrist** gem. § 195 BGB von drei **17** Jahren, beginnend mit dem Schluss des Jahres, in dem der Anspruch fällig geworden ist. Damit ist die alte dreißigjährige Verjährungsfrist (§ 195 BGB a.F.) stark verkürzt worden. Kommt der Käufer mit der Zahlung in **Verzug**, steht dem Verkäufer ein Rücktrittsrecht gem. §§ 286, 323 BGB zu. Nicht problematisch ist die Regelung des § 323 Abs. 5 BGB wonach der Gläubiger dann, wenn der Schuldner lediglich teilweise im Verzug ist (also bspw. der Käufer bereits eine Teilzahlung geleistet hat), nur dann vom Vertrag zurücktreten kann, wenn er an der Teilleistung kein Interesse hat. Dies liegt dann vor, wenn es für den Gläubiger günstiger ist, das Geschäft im Ganzen neu abzuschließen,[13] was beim Unternehmenskauf der Regelfall ist. Das neue Schuldrecht schließt auch nach dem Rücktritt Schadensersatzansprüche des Zurücktretenden nicht mehr aus (§ 325 BGB n.F.), so dass der Verkäufer in der Regel den Rücktritt ausüben und anschließend Schadensersatzansprüche geltend machen wird.

IV. Sicherheiten

1. Sicherheiten für den Verkäufer

Der Verkäufer hat ein Interesse daran, Sicherheiten vom Käufer für den Kaufpreis, bzw. noch **18** ausstehender Raten auf den Kaufpreis zu erhalten. Gängige Sicherungsmittel sind vor allem die **Bankbürgschaft**[14] oder **-garantie** und zum anderen die Vereinbarung einer aufschiebenden Bedingung für den dinglichen Rechtsübergang.

---

12 Hölters/*Semmler*, Teil VII Rn 106.
13 BGH NJW 1990, 2550.
14 Hölters/*Semmler*, Teil VII Rn 105.

19   Wählen die Parteien die Bürgschaft als Sicherungsmittel, so sollte diese selbstschuldnerisch (§§ 771, 773 BGB, § 349 HGB) sein, d.h. unter Verzicht des Bürgen auf die Einrede der Vorausklage. Zudem sollte sich der Bürge in der Regel verpflichten, „auf erstes Anfordern" zu zahlen, d.h. er verzichtet darauf, Einwendungen aus dem Kaufvertrag geltend zu machen. Der Bürge muss also sofort zahlen, wenn der Verkäufer die Voraussetzungen für den Bürgschaftsfall schlüssig dargelegt hat. Der Bürge kann anschließend nur Ansprüche aus § 812 BGB gegenüber dem Verkäufer geltend machen.[15] Bankbürgschaften sind üblicherweise selbstschuldnerisch und werden auf erstes Anfordern gezahlt. Teilweise erteilen die mit dem Erwerber verbundenen Unternehmen sog. **„Patronatserklärungen"**[16] („letter of comfort"). Diese aus dem angloamerikanischen Rechtskreis stammende Figur ist in Deutschland hinsichtlich ihrer Wirksamkeit und Bindungswirkung umstritten[17] und als Sicherungsmittel wenig geeignet.

20   Sowohl die Übertragung einzelner Vermögensgegenstände beim Asset Deal als auch der Verkauf von Beteiligungsrechten können vom Verkäufer aufschiebend bedingt erfolgen.[18] Solche Vereinbarungen sind nicht immer unproblematisch und die vertragliche Gestaltung ist teilweise recht kompliziert, da der Käufer nicht auf bestimmte Rechte verzichten wird, die ihm erst dann zustehen, wenn er Inhaber der Beteiligung (z.B. Stimmrecht und Gewinnbezugsrecht) oder Eigentümer des übertragenen Vermögensgegenstands geworden ist (z.B. Weiterveräußerung von Gegenständen des Umlaufvermögens). Die Rechtsprechung hält solche Regelungen grundsätzlich für wirksam.[19]

2. Sicherheiten für den Käufer

21 Der Käufer möchte eventuelle Gewährleistungsansprüche aus dem Kaufvertrag gesichert wissen. Diese können sich aus Veränderungen des Zielunternehmens zwischen Vertragsabschluss und Unternehmensübergabe oder aus eigenständigen Garantien ergeben. Als Sicherheiten kommen auch in diesem Fall in erster Linie Bürgschaften Dritter in Betracht, die Streckung der Kaufpreiszahlung auf mehrere Raten, die Zahlung auf ein Treuhandkonto bzw. die Vereinbarung von Mitwirkungsrechten für den Käufer bei bestimmten, besonders risikoträchtigen Geschäften oder langfristige Verbindlichkeiten. Auch Gewährleistungsversicherungen können helfen, das Risiko des Käufers zu reduzieren, mit seinen Gewährleistungsansprüchen auszufallen.

---

15 BGH NJW 2003, 352; 2001, 1857.
16 Dazu ausführlicher *Tetzlaff*, EWiR 2005, 31; *Kiethe*, ZIP 2005, 646; *Siebert*, AO-StB 2005, 268; *Borutzki-Pasing*, JursPR-MietR 24/2005 Anm. 4; *Kruse/Rosenberg*, BB 2003, 641.
17 BGH DB 1992, 2238; *Wittig*, WM 2003, 1981.
18 BGH BB 1989, 372; BGH DB 1983, 1419.
19 BGH DB 1995, 1064; BGH NJW 1983, 1910; vgl. auch Hölters/*Semmler*, Teil VII Rn 107 m.w.N.

Wigginghaus

Dr. Nils Wigginghaus

§ 33 Lieferung des Unternehmens

Literatur: *Holzapfel/Pöllath*, Unternehmenskauf in Recht und Praxis, 14. Aufl., 2010; *Kleinheisterkamp/Schell*, Der Übergang des wirtschaftlichen Eigentums an Kapitalgesellschaftsanteilen beim Unternehmenskauf, DStR 2010, 833; *Römermann*, Münchener Anwaltshandbuch zum GmbH-Recht, 2. Aufl. 2009; *Umnuß*, Corporate Compliance Checklisten, 2. Aufl., 2012.

Inhalt

I. Verhältnis der Begriffe „Closing", „Signing", „Lieferung des Unternehmens" und „Übergangsstichtag" zueinander

In der Praxis wird oft der Begriff des „Closings" verwendet, um den Vollzug des Unternehmenskaufs, den **Abschluss der Transaktion**,[1] zu beschreiben. Dieser Begriff stammt – wie viele im Bereich des Unternehmens- und Beteiligungskaufs – aus dem angloamerikanischen Rechtskreis und trifft auch nur dort vollständig zu. Grund dafür ist, dass aufgrund des im deutschen Recht geltenden Abstraktions- und Trennungsprinzips zwischen schuldrechtlichem und dinglichem Geschäft unterschieden wird, was im angloamerikanischen Recht nicht der Fall ist. Generell sollte bei dem sehr weit verbreiteten Gebrauch englischer Begriffe immer die exakte Bedeutung im deutschen Recht bestimmt werden. Das ist nicht immer einfach und oft ist die Verwendung englischer Begriffe nicht nur überflüssig, sondern schlicht falsch.

In der deutschen Rechtspraxis wird dennoch zwischen „Signing" und „Closing" unterschieden, wobei die rechtliche Verpflichtung und Bindung der Parteien durch die Unterschrift des Kaufvertrags („Signing") eintritt und die tatsächliche „Lieferung" des Unternehmens als „Closing" bezeichnet wird. Die Begriffe werden daher fortan in diesem kontinentaleuropäischen Sinn gebraucht. Besonders bei großen Transaktionen werden „Signing" und „Closing" immer in zwei klar abgrenzbaren Phasen des Unternehmenskaufs stattfinden (sog. „Two Step – Modell"). Lediglich bei kleineren Transaktionen (etwa: Übertragung kleinerer Familienunternehmen, bei denen die Umstände eine rasche Übergabe erlauben), ist es denkbar, dass „Signing" und „Closing" zusammen fallen.

Die Lieferung des Unternehmens erfolgt durch die tatsächliche Abwicklung des Unternehmenskaufs, also die dingliche Übertragung sämtlicher einzelner Vermögenswerte beim „Asset Deal" bzw. Übertragung der Unternehmensanteile beim „Share Deal". Die tatsächliche unternehmerische Verantwortung geht in der Regel entweder zu diesem Zeitpunkt oder aber in unmittelbarem zeitlichen Zusammenhang mit dem dinglichen Rechtsübergang auf den Käufer über. Hierfür wird im Kaufvertrag ein bestimmtes Datum vereinbart, zu dem in aller Regel eine Zwischenbilanz erstellt wird, der sog. „Übergangsstichtag".

Das „Closing" in diesem Sinne hat also keine fest definierten rechtlichen Wirkungen, unter anderem sind denkbar:

---

[1] Römermann/*Picot*, MAH GmbH-Recht, § 21 Rn 172; Hölters/*Semmler*, Teil VII Rn 76; *Holzapfel/Pöllath*, Rn 72 ff.

– Verschaffung der tatsächlichen Verfügungsgewalt über Vermögensgegenstände (Besitz),
– Wirksamwerden dinglicher Verfügungen (insbesondere Eigentumswechsel),
– Eintritt von Bedingungen
– Maßgeblichkeit von Abschlüssen (insbesondere Bilanzen)
– Ende von Fristen (z.B. Rücktrittsrechte)
– Fälligkeit von Zahlungen

Welche (Rechts-)handlungen in dieser Phase von den Parteien vorzunehmen sind, ist vertraglich zu regeln. In Betracht kommen etwa:
– Beibringung von Sicherheiten für den Restkaufpreis,
– Nachweis der vollständigen Kaufpreiszahlung,
– Zwischen Signing und Closing zu beschaffende öffentlich-rechtliche Genehmigungen (Verzicht auf gemeindliches Vorkaufsrecht; kartellrechtliche Genehmigung des Zusammenschlusses),
– Nachweis von sonstigen Genehmigungen, Amtsniederlegungen, abgeschlossenen Verträgen
– Abschluss von Anstellungsverträgen mit Geschäftsführern und leitenden Mitarbeitern,
– Abgabe von vertraglich oder gesetzlich vorgeschriebenen Willenserklärungen durch Käufer und Verkäufer in der jeweils dafür vorgeschriebenen Form,
– Abschluss eines Closing Memorandums.[2]

II. Zeitliches Auseinanderfallen von „Signing" und „Closing"[3]

5 Die Parteien können den Zeitpunkt des „Closings" auch **rückwirkend** auf einen in der Vergangenheit liegenden Stichtag bestimmen. Das bietet sich jedoch nur in Ausnahmefällen an, etwa dann, wenn de facto der Erwerber da Zielunternehmen bereits seit einiger Zeit wie ein Inhaber führte. In der Regel jedoch wird der Erwerber noch keine Möglichkeit der Einflussnahme auf das Kaufobjekt gehabt haben, so dass sich Risiken für den Käufer ergeben können. Gegen diese kann er sich nur durch entsprechende Garantien absichern. Die rückwirkende Vereinbarung hat in jedem Falle nur **schuldrechtlichen** Charakter, der **dingliche Übergang** kann nach deutschem Recht nicht für die Vergangenheit herbeigeführt werden. Ferner ist zu beachten, dass sich steuerrechtliche Folgen in erster Linie an den Erwerb des **wirtschaftlichen Eigentums** knüpfen.[4]

6 Vereinbaren die Parteien dagegen einen Übergang des Unternehmens in der Zukunft, so stellt sich die Frage, ob und in welchem Maße der Käufer bereits in diesem Zeitraum Einfluss auf die Unternehmensführung nehmen und der Verkäufer entsprechend an Einfluss verlieren soll. Im Interesse einer reibungslosen Abwicklung ist dies bereits in dem Kaufvertrag detailliert zu bestimmen. In der Regel wird vereinbart, dass Maßnahmen, die über den gewöhnlichen Geschäftsbetrieb hinausgehen, von der Zustimmung des Erwerbers abhängig sind.[5]

7 Ebenfalls regeln sollten die Parteien, wer die Chancen und Risiken des Unternehmens zwischen „Signing" und „Closing" trägt.

---

2 *Unmuß*, Kap.9, Ziffer IV.4.
3 Dazu auch OLG Koblenz WM 1991, 2075 ff.
4 Dazu weiter *Holzapfel/Pöllath*, Rn 81ff. sowie *Kleinheisterkamp/Schell*, DStR 2010, 833.
5 Ein solches Zustimmungserfordernis kann gegen § 41 Abs. 1 GWB verstoßen und daher den gesamten Unternehmenskauf unwirksam machen. Droht ein solcher Verstoß, so ist doch zumindest vertraglich zu vereinbaren, dass der Erwerber vor der Vornahme bestimmter Maßnahmen durch den Verkäufer zu informieren ist.

III. Tatsächliche Lieferung des Unternehmens bei Share- und Asset Deal

Wie bereits angedeutet, bezeichnet der Begriff des „Closings" in der Regel eine Phase des Unter- 8
nehmenskaufs, die zum Teil durch die Lieferung des Unternehmens geprägt ist. „Lieferung"
heißt also der Übergang, bzw. die Übertragung von Anteilen oder einzelnen Vermögenswerten sowie die Übernahme der unternehmerischen Kontrolle und Verantwortung auf den Erwerber.

Beim **Share Deal** wird die dingliche Übertragung der Anteile i.d.R. durch die vollständige 9
Kaufpreiszahlung aufschiebend bedingt. Beim Asset Deal wird die tatsächliche Übertragung des
Unternehmens oft von der Beibringung von Sicherheiten abhängig gemacht. Sobald der Erwerber die tatsächliche Kontrolle über die Vermögenswerte erlangt, hat er es in der Regel in der
Hand, durch fehlerhafte unternehmerische Entscheidungen deren Wert maßgeblich zu reduzieren. Selbst wenn der Kaufvertrag (etwa, wegen Nichterbringungen der Gegenleistung durch den
Käufer) rückgängig gemacht wird (dazu siehe § 29 Rn 17f.), sind die Werte vernichtet. Gegen dieses Risiko muss sich der Veräußerer absichern.

Da die Art und Weise der Übertragung einzelner Vermögenswerte beim **Asset Deal** teilweise 10
stark differiert (siehe zu Formerfordernissen § 35 Rn 1ff.), gestaltet sich die Lieferung des Unternehmens beim Asset Deal zuweilen kompliziert und verlangt vom Verkäufer zum Teil die Mitwirkung in nicht unerheblichem Maße. Grundstücksgeschäfte etwa verlangen Auflassung und
grundbuchrechtliche Bewilligungen, Rechte müssen zum Teil einzeln abgetreten werden. Ähnliches gilt für gewerbliche Schutzrechte, die Zustimmung von Dritten zur Übertragung der vertraglichen Verpflichtung auf den Erwerber müssen eingeholt werden. Gerade im zuletzt genannten
Fall ist es oft hilfreich, den Veräußerer als den dem Dritten bekannten Geschäftspartner in erheblichem Maße zu involvieren.

Diese Mitwirkungspflichten des Verkäufers sind im Kaufvertrag zu regeln. Sobald der Ver- 11
käufer den Kaufpreis erhalten hat, hat er regelmäßig kein gesteigertes Interesse mehr daran, an
dem weiteren Vollzug mitzuwirken. Ein nur stockender Übergang des Unternehmens wäre die
Folge. Aus Gründen der Rechtsklarheit ist es ferner erforderlich zu bestimmen, ab welchem Zeitpunkt Chancen und Risiken des Verkaufsobjekts auf den Erwerber übergehen. Beim Asset Deal
ist dabei zwischen Sachen, Rechten, Arbeitsverhältnissen und sonstigen Verträgen zu unterscheiden:

Bei beweglichen und unbeweglichen Sachen geht gem. § 446 S. 1 BGB die Gefahr des zufäl- 12
ligen Untergangs oder der zufälligen Verschlechterung der Sache mit der Übergabe auf den
Käufer über; Übergabe ist dabei die tatsächliche **Besitzverschaffung**, nicht der dingliche
Rechtsübergang. Dem Käufer gebühren dabei von dem Übergangszeitpunkt an die Nutzungen
der Sache, ebenso trägt er deren Lasten (§ 446 S. 2 BGB). Bei Forderungen und sonstigen Rechten
geht mit deren Abtretung gem. §§ 398, 413 BGB die Gefahr des Untergangs sowie der mangelnden Durchsetzbarkeit auf den Zessionar über. Auch hier trägt er ab diesem Zeitpunkt die Lasten
und darf die Nutzungen ziehen. Lediglich in Bezug auf Zinsen bestimmen die jedoch durch Parteivereinbarung disponiblen §§ 101 Nr. 2, 99 BGB, dass diese Zessionar und Zedenten pro rata
temporis zustehen.

IV. Nachbereitung des Unternehmenskaufs, sog. „post-merger"

Mit der Lieferung des Unternehmens ist der Unternehmenskauf in der Regel sowohl für Ver- 13
käufer als auch Erwerber noch nicht abgeschlossen. Auf Veräußererseite sind in der Regel noch
Mitwirkungspflichten zu erfüllen und ggf. der Kaufpreis geltend zu machen, sofern hier Verzögerungen auftreten oder der Erwerber Mängelansprüche geltend macht. Für den Erwerber
beginnt mit dem „Closing" (und speziell: mit der tatsächlichen Lieferung des Unternehmens) die

unternehmerische Verantwortung für den erworbenen Betrieb. Vielfach ergeben sich Fragen aus zwischen dem verkauften Unternehmen und Dritten abgeschlossenen Verträgen sowie zur praktischen Ausgestaltung von Lieferanten- und Kundenbeziehungen. Die Integration des erworbenen Unternehmens in die bereits vorhandenen unternehmerischen Aktivitäten des Erwerbers ist wohl die schwierigste Aufgabe. Obwohl die Planung dieser Integration bereits vor Übernahme der unternehmerischen Verantwortung abgeschlossen sein sollte, stellen sich in der Regel erst nach dem Vollzug des Kaufvertrages praktische Probleme heraus, die (oft nicht einfach) zu lösen sind.

14 An den beratenden und begleitenden Anwalt werden in dieser Phase vor allem Fragen zur rechtlichen Auslegung und Bedeutung des Kaufvertrages gestellt. Insbesondere die Anpassung der Individualarbeitsverträge sowie anderer vertraglicher Vereinbarungen spielt nun eine Rolle. Obwohl der Erwerber durch die vorvertragliche Due Diligence das Unternehmen bereits kennen gelernt hat, stellen sich in der Regel erst nach der Übernahme Umstände heraus, die Gewährleistungs- und/oder Haftungsansprüche des Erwerbers gegen den Veräußerer begründen. Im „post-merger" Stadium wird der Anwalt in erster Linie die Begründetheit solcher Ansprüche zu prüfen haben.

Dr. Nils Wigginghaus
§ 34 Besondere Beratungslagen

Literatur: *Arends/Hofert von Weiß*, Distressed M&A – Unternehmenskauf aus der Insolvenz, BB 2009, 1538; *Borgmann*, Rechtsprechung des BGH zum Anwaltshaftungsrecht in der Zeit von Mitte 2002 bis Ende 2004, NJW 2005, 22; *Classen*, Distressed M&A – Besonderheiten beim Unternehmenskauf aus der Insolvenz, BB 2010, 2898; *Hettler/Stratz/Hörtnagl*, Unternehmenskauf, 2004; *Holzapfel/Pöllath*, Unternehmenskauf in Recht und Praxis, 14. Aufl. 2010; *Palandt*, Kurzkommentar zum BGB, 66. Aufl. 2007; *Renner*, Wettbewerbsbeschränkungen in Unternehmenskaufverträgen, DB 2002, 1143; *Rödder/Hötzel/Mueller-Thuns*, Unternehmenskauf Unternehmensverkauf, 3. Aufl. 2003; *Schimpfky*, Steuerlich relevante Aspekte eines MBO, Unternehmensnachfolge 2004, 411; *Traub*, „Geltungserhaltende Reduktion" bei nichtigen vertraglichen Wettbewerbsverboten?, WRP 1994, 802; Uhlenbruck, Insolvenzordnung, 13. Aufl. 2010.

I. MBO, MBI und LBO

Grundsätzlich handelt es sich beim MBO/MBI um **normale Share Deals oder Asset Deals.** Die **1** Besonderheit liegt in der **Person des Erwerbers.** MBO und MBI bezeichnen den Verkauf des Unternehmens an bereits im Unternehmen tätige **Führungskräfte** – (Management Buy Out) oder an Führungskräfte, die erst nach dem Kauf ihre Tätigkeit im Unternehmen aufnehmen werden (Management Buy In).

Dadurch, dass als Käufer Privatpersonen auftreten, ergibt sich in der Regel ein **hoher 2 Finanzierungsbedarf,** was auf die gesamte Transaktion ausstrahlt. Nicht nur hat der Verkäufer in diesen Fällen oftmals ein gesteigertes Interesse an vom Käufer beizubringenden Sicherheiten, sondern die vielfach notwendige Beteiligung von Finanzierungs- oder Beteiligungsgesellschaften schlägt sich auch in der Gesellschafterstruktur nieder. Venture Capital Gesellschaften bestehen in der Regel darauf, als Minderheitsgesellschafter mit besonderen, gesellschaftsvertraglich abgesicherten Informations- und Kontrollrechten ausgestattet, an der Gesellschaft beteiligt zu werden.

Als ein **LBO** (Leveraged Buy Out) wird ein MBO/MBI bezeichnet, bei dem der Kaufpreis zum **3** weitaus überwiegenden Teil mit Fremdmitteln finanziert wird, um durch diesen „Hebel" (Lever) eine hohe Eigenkapitalrendite zu erwirtschaften. Der Schuldendienst für diese Finanzierung wird dabei aus dem freien Cash Flow des Zielunternehmens erbracht. Der Erfolg dieses Modells basiert auf der Erwartung des Käufers, dass das Unternehmen in der Zukunft einen Cash Flow erwirtschaftet, der neben dem operativen Geschäft auch Zins- und Tilgung der Fremdfinanzierung bedient. Diese Art der Finanzierung eines Unternehmenskaufs ist also eine risikoreiche Wette auf die Zukunft. Bei geringer Liquidität des Unternehmens müssen alle liquiden Mittel für den Schuldendienst (und nicht das operative Geschäft) verwendet werden. So kann es zu einer sehr angespannten Liquiditätslage kommen, die bei Erwerbern ohne weiteres Eigenkapital häufig zum Scheitern eines Unternehmenskaufs, zur Insolvenz des erworbenen Unternehmens oder gar zur Insolvenz des Erwerbers führen. Die meisten MBOs oder MBIs sind in der Praxis gleichzeitig LBOs.

4   Die wirtschaftliche Motivation, die Transaktion als MBO zu gestalten, ist von Fall zu Fall unterschiedlich. Zum Teil bietet diese Gestaltungsmöglichkeit eine interessante Alternative für den Fall, dass das (Familien-)Unternehmen nicht an gänzlich Unbekannte veräußert werden soll. Mögliche Motivation ist auch, dass der Verkäufer einen Unternehmensteil ohnehin abspalten und verselbständigen wollte und den Käufer damit in die Lage versetzt, das Unternehmen eigenständig zu führen. Die Vorteile gerade eines MBO liegen vor allem in der praktischen Durchführung und der höheren Wahrscheinlichkeit für den Erfolg der Transaktion sowie des Unternehmens nach der Transaktion: Dem Management ist das Unternehmen bekannt, es verfügt über Know-how, kennt das Unternehmen betriebswirtschaftlich und kann es daher zumeist ohne größere Reibungsverluste nach der Transaktion weiterführen. In abgeschwächter Form gilt dies auch für den MBI, insbesondere dann, wenn Führungskräfte als Käufer auftreten, die bereits in derselben Branche gearbeitet haben.

5   Rechtliche Besonderheiten, vor allem beim MBO, bestehen darin, dass die Führungskräfte des Unternehmens in einen **Interessenkonflikt** geraten können: Auf der einen Seite sind sie bis zum Erwerb des Unternehmens fremden Interessen (namentlich denen des Unternehmens) verpflichtet und können unter Umständen bei Verhandlungen mit Geldgebern durch Preisgabe bestimmter Informationen über das Zielunternehmen gegen vertragliche Geheimhaltungsvorschriften verstoßen. Soweit im Einzelfall erforderlich, sollten sie sich von Vertraulichkeits- und Geheimhaltungspflichten entbinden lassen.

---

6 **Praxistipp**

Führungskräfte, die einen MBO beabsichtigen, sollten sich darüber im Klaren sein, dass bei einem Scheitern der Vertragsverhandlungen eine Weiterbeschäftigung in dem betreffenden Unternehmen sehr unwahrscheinlich ist. Sehr oft verlieren diese Führungskräfte in solchen Fällen ihre Arbeitsplätze. Auf dieses praktische Risiko sollte der beratende Anwalt seine Mandanten in einem MBO gleich zu Beginn hinweisen.

---

7 Der MBO lässt sich entweder als ein- oder zweistufiger MBO gestalten. Ein einstufiger Erwerb liegt vor, wenn der Erwerb des Unternehmens unmittelbar durch den Erwerber ohne Zwischenschaltung einer Übernahmegesellschaft stattfindet. Dies kommt vor allen Dingen dann in Betracht, wenn bei dem Zielunternehmen keine stillen Reserven vorhanden sind, die bei einer sich anschließenden Restrukturierung aufgedeckt und steuerrelevant abgeschrieben werden können. Sind stille Reserven vorhanden, wird meist ein zweistufiger MBO empfehlenswert sein: Dabei wird das Zielunternehmen zunächst im Wege des Share Deals an ein Zwischenunternehmen veräußert und anschließend das Vermögen des Unternehmens im Wege des Asset Deals auf die Übernahmegesellschaft transferiert. Hier werden stille Reserven aufgedeckt und können steuerlich abgeschrieben werden.

8   Mit dem Vorteil, dass der Käufer im Falle des MBO das Unternehmen besonders gut kennt, gehen selbstverständlich auch **Nachteile** einher. Die besonderen Kenntnisse des Erwerbers können, wie bereits unter § 29 Rn 29 ff. beschrieben, dazu führen, dass der Erwerber seiner Mängelansprüche gem. §§ 434 ff., 453 Abs. 1 BGB n.F. verlustig geht, da er den Mangel bei Abschluss des Kaufvertrages kannte. In diesem Fall hilft es dem Erwerber nur, § 442 BGB im Kaufvertrag abzubedingen. Ob der Verkäufer dies akzeptiert, ist abhängig vom Einzelfall. Mitunter wird vorgeschlagen, die Kenntnis des Käufers positiv festzustellen und dem Kaufvertrag beizufügen, um

einen späteren Streit darüber zu vermeiden, ob der Käufer die eine oder die andere Tatsache kannte.[1]

Der MBI ähnelt in vielerlei Hinsicht dem MBO, gerade was die Finanzierung der Transaktion 9 angeht, jedoch handelt es sich bei den das Unternehmen erwerbenden Führungskräften um unternehmensexterne, die oftmals jedoch über einschlägige Branchenerfahrung verfügen.

II. Kauf des Unternehmens aus Krise und Insolvenz

Der Kauf eines Unternehmens, das sich in wirtschaftlichen Schwierigkeiten befindet, ist oftmals 10 sowohl für den Käufer als auch für den Verkäufer erstrebenswert. Für den Käufer wirkt sich der in der Regel niedrige Kaufpreis positiv aus, für den Verkäufer, insbesondere für den Gesellschafter, der nicht mehr willens oder in der Lage ist, dem Unternehmen in der Krise neue Mittel zur Verfügung zu stellen, stellt die Übertragung in der Krise oft die einzig verbleibende Möglichkeit dar, für das von der Insolvenz bedrohte Unternehmen noch einen Verkaufserlös zu bekommen.

Ist eine Insolvenz nicht mehr zu vermeiden, tritt an die Stelle des Verkäufers der Insolvenz- 11 verwalter, der selbst wiederum ein Interesse daran hat, das Unternehmen zu Gunsten der Insolvenzmasse bestmöglich zu veräußern.

Zu unterscheiden ist ein Kauf im vorinsolvenzlichen Stadium und ein Kauf aus der Insol- 12 venz. In beiden Fällen sind die Transaktionen in der Praxis davon gekennzeichnet, dass der Verkäufer kaum bereit sein wird, dem Käufer weitreichende Garantiezusagen zukommen zu lassen – er möchte die Sache nach der Veräußerung endgültig abschließen. Insbesondere bei vorinsolvenzlichen Unternehmenskäufen gehen die Transaktionen oftmals in zeitlich engem Rahmen[2] vonstatten. Insbesondere dann, wenn die Frist zur Stellung eines Insolvenzantrags gem. § 15a Abs. 1 InsO bereits zu laufen begonnen hat und eine Strafbarkeit der Antragsverpflichteten gem. § 15a Abs. 4 InsO droht, bekommen Unternehmenskäufe in der Krise eine zeitliche Dynamik, die eine sorgsame Prüfung des Kaufgegenstands kaum möglich macht. Nach Insolvenzantragstellung und Bestellung eines vorläufigen Verwalters kommt üblicherweise eine gewisse Ruhe in den Betrieb, in dem sich vorinsolvenzlich meistens schon Gerüchte und Unsicherheiten verbreitet haben. In dieser Atmosphäre sind die Überlegungen zur Übernahme des insolventen Unternehmens oftmals besser und sorgfältiger zu vollziehen.

1. Kauf eines Unternehmens vor der drohenden Insolvenz

Außerhalb, d.h. in der Regel vor Eröffnung, des Insolvenzverfahrens sind Unternehmenskäufe 13 selten und insbesondere aufgrund der erwähnten zeitlichen Umstände schwierig zu realisieren. Häufiger anzutreffen ist jedoch, dass bereits vor der offiziellen Antragstellung Überlegungen bei potenziellen Käufern existieren, im Fall der Eröffnung des Insolvenzverfahrens das kriselnde Unternehmen zu erwähnen.

Ist bereits ein Insolvenzantrag gestellt und ein vorläufiger Insolvenzverwalter bestellt, so 14 stellen sich die Fragen nach dessen Kompetenzen, die sich aus dem Bestellungsbeschluss ergeben. Nur ein sog. „starker" Insolvenzverwalter, d.h. ein Insolvenzverwalter mit vollständiger Verfügungsbefugnis über das Vermögen des Insolvenzschuldners, ist für den potenziellen Käufer ein tauglicher Ansprechpartner. Selbst wenn jedoch ein starker vorläufiger Insolvenzverwalter bestellt ist, ist der Erwerb des Unternehmens vor Verfahrenseröffnung risikobehaftet, denn es

---

1 *Rödder/Hötzel/Mueller-Thuns*, § 15 Rn 17.
2 *Classen*, BB 2010, 2898 spricht von vier bis zwölf Wochen bis zum Abschluss der Transaktion, während ansonsten üblicherweise ein Zeitraum von sechs bis neun Monaten zu veranschlagen ist.

Wigginghaus

droht insbesondere die insolvenzrechtliche Anfechtung des späteren endgültigen Insolvenzverwalters nach Verfahrenseröffnung gem. §§ 129 ff. InsO.

---

15 Wichtig

Das Anfechtungsrecht nach §§ 129 ff. InsO ist ein besonderes Gestaltungsrecht, das erst mit Eröffnung des endgültigen Verfahrens entsteht.[3] Der vorläufige Insolvenzverwalter kann daher vor der Eröffnung auf seine Rechte daraus nicht wirksam verzichten.

---

16   Bei vorinsolvenzlicher Übertragung von Anteilen an den Unternehmen in der Krise, die wiederum selbst von insolvenzfähigen Rechtsträgern gehalten werden – etwa an einen Mitgesellschafter – ist zu beachten, dass die Übertragung zu Sanierungszwecken an einen Gesellschafter, ggf. ebenfalls anfechtungsbedroht ist, wenn die Insolvenz bzw. die Übertragung der Beteiligung bei dem übertragenden Gesellschafter eine Überschuldungssituation herbeiführt. Anfechtender Insolvenzverwalter ist dann nicht der des Zielunternehmens, sondern der Insolvenzverwalter des Mitgesellschafters. Insbesondere bei Joint Venture-Unternehmen in der Krise, in der ein Gesellschafter selbst insolvenzbedroht ist, tritt diese Konstellation regelmäßig auf.

17   Ferner ist zu beachten, dass die Privilegierung des Unternehmenskäufers, welche die Rechtsprechung für eine Haftung nach § 25 HGB sowie § 613a BGB annimmt, erst für Übernahmen nach Verfahrenseröffnung gelten.[4] Mit den zeitlichen Beschränkungen in dieser Phase (s.o.) sind die aufgrund der Haftungsrisiken erhöhten Sorgfaltspflichten in der Regel nicht vereinbar, so dass eine „vorinsolvenzliche übertragende Sanierung" dem Käufer regelmäßig nicht zu empfehlen ist.

2. Kauf eines Unternehmens innerhalb des eröffneten Insolvenzverfahrens, sog. „übertragende Sanierung"

18   Die „übertragende Sanierung" ist heute der Regelfall des Unternehmenskaufs aus der Insolvenz. Dabei erwirbt der Käufer im Wege des Asset Deals sämtliche Vermögensgegenstände des insolventen Rechtsträgers; Verbindlichkeiten übernimmt er in aller Regel nicht. Aus dem Verkaufserlös werden sodann die Insolvenzgläubiger abgefunden. Dabei kommen dem Käufer einige Privilegierungen zugute, die die Rechtsprechung im Laufe der Zeit wiederholt bestätigt hat. Insbesondere findet die Haftung wegen Firmenfortführung (s.o. § 30 Rn 5) nach § 25 HGB keine Anwendung,[5] ähnliches gilt für die Haftung aus § 613a BGB[6] sowie § 75 Abs. 2 AO.

19   Hinsichtlich des Übergangs von Arbeitsverhältnissen hat der endgültige Insolvenzverwalter gem. § 113 InsO die Möglichkeit, Dienstverhältnisse auch ungeachtet von Kündigungsfristen zu beenden, Schadensersatzansprüche wegen der vorzeitigen Beendigung des Dienstverhältnisses sind lediglich Insolvenzforderungen (§ 113 S. 3 InsO). Auch Betriebsvereinbarungen und Betriebsänderungen sind für den Insolvenzverwalter leichter abänderbar (§§ 120 ff. InsO), sodass der Erwerber in der Regel seine Bereitschaft zur Übernahme des Unternehmens davon abhängig machen wird, dass der Insolvenzverwalter vor Erwerb nur die Arbeitnehmer im Betrieb belässt, die der Erwerber übernehmen möchte.

20   Bei der Gestaltung des Kauf- und Übertragungsvertrages gilt es einige Besonderheiten zu beachten:

---

3 *Hirte/Uhlenbruck*, § 129 Rn 9; BGH NJW 1992, 2483.
4 *Arends/Hofert von Weiss*, BB 2009, 1538, 1540.
5 BAG BB 2007, 401 ff.
6 BAG NJW 1980, 1124; allerdings haftet der Erwerber für alle nach Verfahrenseröffnung entstandenen Forderungen aus dem Arbeitsverhältnis, inklusive der in der Zeit erworbenen Ansprüche aus einer Versorgungszusage.

Wigginghaus

Der Insolvenzverwalter wird in der Regel (schon alleine wegen seiner persönlichen Haftung gem. §§ 60, 61 InsO) nicht bereit sein, dem Käufer im Kaufvertrag ansonsten übliche Gewährleistungsrechte einzuräumen. Üblich ist, die entsprechenden Haftungsrisiken in erheblichem Maße zugunsten des Erwerbers beim Kaufpreis zu berücksichtigen, wobei oft genug ein völliger Gewährleistungs- und (soweit möglich) Haftungsausschluss vorgesehen wird.

Die verkauften Vermögensgegenstände müssen insbesondere dann detailliert und dem sachenrechtlichen Bestimmtheitsgrundsatz genügend, im Unternehmenskaufvertrag aufgeführt sein. Das gilt insbesondere dann, wenn nicht alle Vermögensgegenstände übergehen sollen, sondern einige in der Insolvenzmasse – etwa zur getrennten Verwertung – verbleiben. Der Erwerber wird in der Regel operativ in der Lage sein, eine dem Kaufvertrag als Anlage beigefügte Inventur mit seinen Erfordernissen abzugleichen.

Praxistipp   **21**

Der Berater des Unternehmens in wirtschaftlichen Schwierigkeiten darf letztlich auch die Sicherung seiner eigenen Honoraransprüche nicht aus den Augen verlieren. Während Insolvenzverwalter üblicherweise Verständnis dafür haben, dass Unternehmen in der Krise einen erhöhten Rechtsberatungsbedarf haben und bei der Anfechtung vorinsolvenzlicher Zahlungen an Berater eine gewisse Großzügigkeit walten lassen, so darf doch nicht außer Acht gelassen werden, dass grundsätzlich nur das unmittelbare Bargeschäft gem. § 142 InsO eine gewisse Anfechtungssicherheit bietet.

III. Wettbewerbsverbote in Unternehmenskaufverträgen

In der Regel ist der Käufer daran interessiert, dass der Verkäufer, der mit der Branche vertraut ist **22** und nach wie vor über das notwendige Know-how und persönliche Beziehungen zu Kunden verfügt, nicht nach Abschluss der Transaktion sofort wieder mit ihm in Wettbewerb tritt. Aus diesem Grund enthalten Unternehmenskaufverträge gewöhnlich ein nachvertragliches Wettbewerbsverbot. Zwar wird teilweise die Ansicht vertreten, ein Wettbewerbsverbot zu Lasten des Verkäufers sei bereits ungeschriebene vertragliche Nebenpflicht,[7] jedoch empfiehlt sich trotzdem eine ausdrückliche Regelung im Kaufvertrag, damit Umfang und Rechtsfolgen bei einem Verstoß eindeutig bestimmt sind.

1. Vereinbarkeit mit § 138 BGB

Da der Veräußerer durch ein Wettbewerbsverbot in seiner Berufsfreiheit (Art. 12 GG) einge- **23** schränkt wird, kann eine zu weitgehende Regelung nach der Rechtsprechung gem. § 138 BGB nichtig sein. Ein Wettbewerbsverbot ist nur dann wirksam, wenn es zum Schutze des Käufers **erforderlich** und **gegenständlich** sowie **zeitlich** und **räumlich** auf das notwendige Maß **beschränkt** ist.[8]

Zeitlich dürfte ein Wettbewerbsverbot von **3 Jahren** unbedenklich sein.[9] Die Rechtspre- **24** chung hat in Einzelfällen auch 5 Jahre für unbedenklich gehalten.[10] Maßgeblich sind die Umstände des Einzelfalls. Nach Ablauf dieser Zeit ist ein Wettbewerbsverbot zum Schutze des Käufers nicht mehr erforderlich.[11] Das Wettbewerbsverbot muss darüber hinaus auch örtlich ein-

---

7 *Rödder/Hötzel/Mueller-Thuns,* § 21 Rn 8; *Renner,* DB 2002, 1143.
8 BGH NJW 1997, 3089; 1986, 2944; *Picot,* Teil I Rn 132.
9 BGH NJW 1964, 2203; BGHZ 16, 81.
10 OLG München NJW-RR 1995, 1192.
11 BGH NJW 1979, 1605, 1606.

geschränkt sein. Dabei wird der räumliche Umfang durch das ursprüngliche Operationsgebiet des Verkäufers bestimmt.[12] Das Wettbewerbsverbot sollte daher auf einzelne Länder oder Regionen beschränkt werden. Nur wenn der Veräußerer ursprünglich global tätig war, ist ein weltweites Wettbewerbsverbot gerechtfertigt.

25   Wenn das zwischen Käufer und Verkäufer vereinbarte Wettbewerbsverbot die zulässigen Grenzen überschreitet, so ist es grundsätzlich gem. § 138 BGB nichtig. Eine Ausnahme gilt für den Fall, dass die Klausel lediglich in zeitlicher Hinsicht über den angemessenen Zeitraum hinausgeht. Hier hält es die Rechtsprechung für möglich, die Geltungsdauer auf ein zulässiges Maß zu reduzieren und somit die Wirksamkeit der Klausel unangetastet zu lassen (sog. **geltungserhaltende Reduktion**).[13]

2. Vereinbarkeit mit dem Kartellrecht

26 Auch aus **kartellrechtlicher Sicht** müssen Wettbewerbsverbote auf ihre Wirksamkeit geprüft werden, denn solche Abreden beschränken den aktuellen oder potenziellen Wettbewerb des Veräußerers.[14] Nach § 1 GWB sind wettbewerbsbeschränkende Vereinbarungen dann unwirksam, wenn sie einem gemeinsamen Zweck der Vertragsparteien dienen und einen wettbewerbsbeschränkenden Inhalt haben.[15] Dieser gemeinsame Zweck ist dann gegeben, wenn für die Wettbewerbsbeschränkung ein anerkennenswertes Interesse nicht besteht.[16] Ein anerkennenswertes Interesse ist gegeben, wenn die Wettbewerbsbeschränkung lediglich als vertragliche Nebenbestimmung neben einem kartellrechtlich nicht zu beanstandenden Hauptzweck besteht und diesen sicherstellen soll.[17] So liegt es in der Regel bei einem Wettbewerbsverbot innerhalb eines Unternehmenskaufvertrags. Das Wettbewerbsverbot soll den Hauptzweck, die Übertragung des Unternehmens, welches auch das Know-how und bspw. die Kundenbeziehungen umfasst, sicherstellen und schützt insofern ein berechtigtes Interesse des Käufers. Allerdings muss auch insoweit das Maß der Einschränkung für den konkreten Fall erforderlich sein. Die Erforderlichkeit ist in der Regel nicht gegeben, wenn das Wettbewerbsverbot in gegenständlicher, örtlicher und zeitlicher Hinsicht nicht angemessen begrenzt ist. Die kartellrechtliche Rechtsprechung akzeptiert ebenfalls Wettbewerbsverbote für eine Dauer von bis zu fünf Jahren.[18]

27   Ähnliches gilt in Bezug auf das EU-Kartellrecht gem. Art. 101 AEUV (ex-Art. 81 Abs. 1 EGV). Auch hier wird das Schutzbedürfnis des Käufers dem Grunde nach anerkannt; es bestimmt mithin die Reichweite der Erlaubnis von wettbewerbsbeschränkenden Abreden in Unternehmenskaufverträgen.[19] Sind sich die Parteien unsicher, kommt als verfahrensrechtliche Besonderheit im EU-Kartellrecht in Betracht, vorab ein sog. Negativ-Attest der EU-Kommission für das geplante Wettbewerbsverbot gem. Art. 101 AEUV und Art. 4 VO 17/62 einzuholen.

3. Steuerrechtliche Konsequenzen

28 Ist das Wettbewerbsverbot im Unternehmenskaufvertrag lediglich eine Nebenabrede, wie dies regelmäßig der Fall sein wird, so kommt ihm im Hinblick auf die gesamte Transaktion keine eigenständige Bedeutung zu. Folge ist, dass das Wettbewerbsverbot nicht zu einem abschrei-

---

12 *Rödder/Hötzel/Mueller-Thuns*, § 21 Rn 11; *Renner*, DB 2002, 1143, 1146.
13 BGH NJW-RR 1996, 741; BGH NJW 1991, 699.
14 Hölters/*Sedemund*, Teil VIII Rn 213.
15 BGH NJW 1997, 2324, 2325; BGHZ 68, 6; BGH NJW-RR 1998, 1508, 1509.
16 BGH NJW 1997, 2324, 2325.
17 BGH NJW 1997, 2324, 2326.
18 OLG Stuttgart WuW/E OLG 1392; *Traub*, WRP 1994, 802.
19 *Rödder/Hötzel/Müller-Thuns*, § 21 Rn 17 ff.

bungsfähigen immateriellen Wirtschaftsgut wird.[20] Als eigenständiges Wirtschaftsgut ist es dagegen zu aktivieren, wenn der Veräußerer auf die reale Möglichkeit verzichtet, dem Erwerber Konkurrenz zu machen[21] und auch äußere Umstände dafür sprechen, dass es eine eigene wirtschaftliche Bedeutung hat. Da ein Wettbewerbsverbot wirksam nur für eine gewisse Laufzeit vereinbart werden kann, ist es über diesen Zeitraum auch abzuschreiben.[22]

Vorsicht ist auch geboten, wenn – zusätzlich zum Kaufpreis – dem Veräußerer eine Abfindung dafür gezahlt wird, dass er für eine gewisse Dauer den Wettbewerb mit dem Zielunternehmen unterlässt. In diesem Fall wird nach aktueller Rechtsprechung des BFH die Vereinbarung des Wettbewerbsverbots umsatzsteuerbar.[23] Danach ist die Vereinbarung eines Wettbewerbsverbots dann eine sonstige Leistung und unternehmerische Tätigkeit im Sinne des UStG. Sonstige Leistungen sind Leistungen, die keine Lieferungen sind; sie können auch in einem Unterlassen oder im Dulden einer Handlung oder eines Zustands bestehen (§ 3 Abs. 9 UStG). Dazu gehört gemäß § 3a Abs. 4 Nr. 9 UStG auch „der Verzicht, ganz oder teilweise eine gewerbliche oder berufliche Tätigkeit auszuüben". **29**

Praxistipp **30**
Bei der Formulierung des Wettbewerbsverbots sollte klargestellt werden, dass dessen Einhaltung mit dem Kaufpreis abgegolten ist.

IV. Rückabwicklung

Eine Rückabwicklung eines Unternehmenskaufs ist kompliziert und oft weder für den Käufer **31** noch für den Verkäufer eine wünschenswerte Option. Besonders beim Asset Deal hat sich das Unternehmen in der Zeit zwischen Closing und Rückabwicklung verändert; Vermögensgüter wurden angeschafft, verkauft, Forderungen erfüllt oder neue Verbindlichkeiten begründet. In der Form, in der das Unternehmen zum Übergangsstichtag übertragen wurde, befindet es sich bei einer Rückübertragung in den seltensten Fällen.

Aus steuerlicher Sicht ist die Rückübertragung in der Regel ebenfalls als Veräußerung zu betrachten. Das gilt dann nicht, wenn die Rückabwicklung durch ein ex tunc wirkendes Rechtsinstitut ausgelöst wird, wie bspw. der Nichteintritt einer aufschiebenden Bedingung oder die Anfechtung.[24] Liegt der Grund für die Rückabwicklung in der Ausübung eines vertraglichen oder gesetzlichen Rücktrittsrechts, so sollte der anwaltliche Berater darauf achten, diese Rücktrittsrechte so weit wie möglich vertraglich auszuschließen. Dies gilt insbesondere für den Fall des Rücktritts als gesetzliches Gestaltungsrecht im Rahmen der Gewährleistung (§ 437 Nr. 2 BGB). Da durch den Rücktritt ein neues Schuldverhältnis entsteht, welches den ursprünglichen Vertrag im Ganzen ersetzt,[25] hat ein solcher Rücktritt **weitreichende Konsequenzen**, die im Zweifel weder im Interesse des Verkäufers noch im Interesse des Käufers sind. In diesem Rückgewährschuldverhältnis und durch die in dessen Zusammenhang auftretenden Streitigkeiten tritt oft eine irreparable Schädigung des Zielunternehmens ein: Der Erwerber hat, dokumentiert durch seine Rücktrittserklärung gem. § 349 BGB, kein Interesse mehr an dem Unternehmen und wird seine **32**

---

20 BFH BFH/NV 1990, 442; BFH BStBl II 1968, 520; 1972, 937.
21 Diese Möglichkeit ist z.B. nicht gegeben, wenn der Verkäufer das Unternehmen wegen Krankheit veräußern muss.
22 BFH BStBl II 1982, 57.
23 BFH DStR 2004, 311.
24 BFH BB 2000, 492; BFH GmbHR 2004, 1038.
25 BGH NJW 1976, 1931.

gesamte Kraft darin investieren, den Rücktritt in seinem Sinne gelingen zu lassen, anstatt das Zielunternehmen zu fördern. Der Verkäufer kann sich schon praktisch nicht um das Zielunternehmen sorgen. Er wird sich daher darauf konzentrieren, die Rückabwicklung zu verhindern. Auch durch sorgsame vertragsrechtliche Gestaltung kann ein Rücktritt und damit die Rückabwicklung nicht vollständig vermieden werden. Im Rahmen der kaufrechtlichen Mängelhaftung kann zwar zwischen Veräußerer und Erwerber vereinbart werden, dass der Erwerber auf die Ausübung des **Rücktrittsrechts verzichtet**,[26] dieser Verzicht ist jedoch unter Umständen wegen arglistiger Täuschung anfechtbar. Ein Verzicht auf dieses Anfechtungsrecht kann im Voraus nicht wirksam erklärt werden.[27] Dennoch sollte versucht werden, im Vertrag die Rückabwicklung möglichst zu vermeiden, oder an Konditionen zu knüpfen, die diese Option möglichst unattraktiv machen. Im Mindestfall sind die genaueren Umstände zu regeln, bspw. eine Antwort auf die Frage zu finden, wem zwischenzeitlich angefallene Gewinne zugute kommen und wer zwischenzeitlich erlittene Verluste zu tragen hat. Ist im Vertrag dazu nichts geregelt, gebühren dem Erwerber zumindest dann die gezogenen Nutzungen, wenn sie auf den persönlichen Leistungen und Fähigkeiten des Erwerbers beruhen.[28] Die durch diese Rechtsprechung begründeten Unklarheiten („persönliche Leistungen") sollten durch klare Regelungen im Kaufvertrag vermieden werden. Um eine Rückabwicklung möglichst unattraktiv zu machen, wäre in etwa denkbar, dass derjenige, der das Rücktrittsrecht ausübt, zwischenzeitliche Verluste zu tragen hat, während dem anderen die Gewinne zugute kommen sollen. Gegebenenfalls ist eine Regelung für den Fall aufzunehmen, dass die eine Seite die Rückabwicklung einseitig und ggf. grob fahrlässig oder vorsätzlich verursacht.

V. Beraterhaftung

33 Der (anwaltliche) Berater einer Transaktion haftet in erster Linie wegen schuldhafter Verletzung des Beratervertrages seinem Mandanten gegenüber. Tatsächlich sind an einer Transaktion jedoch oft mehrere Personen beteiligt, die mit dem Zielunternehmen mal mehr, mal weniger in Kontakt stehen (z.B. Mitglieder des Managements, Familienmitglieder der Gesellschafter, Justiziare oder Steuerberater und Wirtschaftsprüfer). Um nicht auch diesen gegenüber in eine Haftung zu geraten, sollte der beratende Anwalt auf einem schriftlichen Beratungsvertrag bestehen, der neben der Vergütung auch eine Haftungsbeschränkung vorsieht und außerdem die Vertragspartei des Beratenden eindeutig identifiziert. Vorteil dieser Vorgehensweise ist auch, dass ggf. bestehende Interessenkonflikte frühzeitig zu Tage treten und durch anderweitige Besetzung gelöst werden können.

34   Eine Haftung des Anwalts gegenüber Dritten außerhalb des Beratungsverhältnisses kommt nur dann in Betracht, wenn es sich bei der Vertragsbeziehung zum Mandanten um einen Vertrag mit Schutzwirkung zugunsten Dritter handelt.[29] Im Wege der Vertreterhaftung kann der Berater Dritten gegenüber haften, wenn er für sich selbst ein besonderes Vertrauen des Gegners in die Richtigkeit seiner Erklärungen beansprucht.[30] Allein das Auftreten als Verhandlungsgehilfe oder Verhandlungsführer reicht dafür nicht aus.[31] Voraussetzung ist vielmehr, dass dem Berater entweder aufgrund seiner außerordentlichen Sachkunde ein besonderes Maß an Vertrauen entge-

---

26 Palandt/*Putzo*, § 437 Rn 26; BGH LM § 326 (J) Nr. 2.
27 BGH BB 1996, 448.
28 BGH NJW 1978, 1578.
29 BGH NJW 1998, 1948; BGH NJW-RR 2003, 1035; BGH NJW 2000, 725.
30 BGH DStR 2002, 1275; BGH NJW 1995, 398.
31 BGH WM 1991, 1171; 1993, 295.

gengebracht wird, oder er ein nicht unerhebliches Eigeninteresse an dem Geschäftserfolg hat.[32] Auch ordnungsrechtlich (z.B. kartellrechtlich) kann der Berater dann haftbar gemacht werden, wenn ihn eigene, öffentlich-rechtliche Pflichten treffen und er diesen nicht nachkommt.[33]

Der Berater haftet auch nicht in erster Linie wegen Erteilung eines falschen Rats, denn die **35** Fehlerhaftigkeit des angeratenen Verhaltens wird im Zweifelsfall schwierig nachzuweisen sein. Einfacher nachweisbar und daher fehlerträchtiger sind Verstöße gegen Aufklärungspflichten. Soweit der anwaltliche Berater auch im Vorfeld der Transaktion mitwirkt, können sich auch dort Haftungsfallen ergeben, etwa aufgrund der Mitwirkung an einer unvollständigen und daher untauglichen Due Diligence-Prüfung.

Insgesamt verschärft die Rechtsprechung die Anwaltshaftung.[34] Die Rechtsprechung im Be- **36** reich des Anwaltshaftungsrechts nimmt daher immer größeren Raum ein.[35] Besonders offenkundig ist dabei, dass dem Anwalt die Verantwortung auch für entlegenes Spezialwissen übertragen wird, notfalls unter Zuhilfenahme sachkundiger Dritter.[36] Die wirtschaftliche Erfahrung der Beteiligten wirkt sich dabei in der Regel nicht zugunsten des Beraters aus.[37]

Praxistipp **37**
Gerade im Umfeld des Unternehmenskaufs sollte der Anwalt in besonderem Maße wesentliche Empfehlungen dokumentieren. Es empfiehlt sich, mit dem Mandanten eine Vereinbarung zur Begrenzung der Haftung für Fahrlässigkeit auf einen bestimmten Betrag abzuschließen. Dieser Betrag sollte mit der Deckungssumme der Vermögensschadenhaftpflichtversicherung identisch sein. Gegebenenfalls ist eine Sonderdeckung einzuholen. Die dabei zusätzlich entstehenden Kosten sollten in der Honorarabsprache mit dem Mandanten ihren Niederschlag finden.

---

32 BGH DB 2002, 1878; BGH NJW 1994, 2220.
33 BKartA NJW 1976, 1280.
34 *Borgmann*, NJW 2005, 22.
35 BGH NJW 2006, 288; 2006, 501; BGH NJW-RR 2005, 1585.
36 BGH NJW-RR 2005, 1585.
37 OLG Düsseldorf DStR 2004, 663 für den Steuerberater.

Dr. Nils Wigginghaus
§ 35 Formerfordernisse

Literatur: *Böttcher/Grewe*, Die Anwendbarkeit des § 311b III beim Unternehmenskauf, NZG 2005, 950; *Eickelberg/Mühlen*, Versteckte Vorgaben für Unternehmenskaufverträge mit einer GmbH als Veräußerin, NJW 2011, 2476; *Hadding*, Zum gesetzlich notwendigen Umfang der notariellen Beurkundung der „Vereinbarung", einen GmbH-Geschäftsanteil zu übertragen, ZIP 2003, 2133; *Hermanns*, Die Auslandsbeurkundung bei Abtretung von GmbH-Geschäftsanteilen, RnotZ 2010, 38-42; *Hettler/Stratz/Hörtnagl*, Unternehmenskauf, 2004; *Holzapfel/Pöllath*, Unternehmenskauf in Recht und Praxis, 14. Aufl. 2010; *Janßen/Robertz*, Die Formwirksamkeit des internationalen GmbH-Unternehmenskaufs, GmbHR 2003, 433; *Mankowski*, Änderungen bei der Auslandsbeurkundung von Anteilsübertragungen durch das MoMiG oder die Rom I-VO?, NZG 2010, 201-207; *Olk*, Beurkundungserfordernisse nach deutschem GmbH-Recht bei Verkauf und Abtretung von Anteilen an ausländischen Gesellschaften, NJW 2010, 1639 ff.; Palandt, Bürgerliches Gesetzbuch, Kommentar, 71. Aufl. 2012; *Picot*, Unternehmenskauf und Restrukturierung, 3. Aufl. 2004; *Rödder/Hötzel/Mueller-Thuns*, Unternehmenskauf Unternehmensverkauf, 1. Aufl. 2003; *Schervier*, Beurkundung GmbH-rechtlicher Vorgänge im Ausland, NJW 1992, 593; *Wiesbrock*, Formerfordernisse beim Unternehmenskauf, DB 2002, 2311.

I. Einleitung

1 Formvorschriften, die eine notarielle Beurkundung[1] erforderlich machen, sind bei den Parteien eines Unternehmenskaufes nicht sonderlich beliebt. Zum einen sind die Kosten des Notars den Parteien ein Ärgernis, obwohl diese gemessen am Kaufpreis und den übrigen Kosten relativ gering sind. Zum anderen dauert das Verlesen von Unternehmenskaufverträgen oft mehrere Stunden (zur Beurkundung im Ausland siehe Rn 17; ein Absehen vom Vorlesen gem. §§ 13a, 14 BeurkG ist nicht immer möglich, da diese Vorschriften auf Inventare, Bilanzen u.ä. beschränkt sind), da sich der Beurkundungsvorgang auf den gesamten Vertrag nebst allen Anlagen beziehen muss.[2]

II. Formerfordernisse beim Asset Deal

2 Grundsätzlich ist die Übertragung einzelner Gegenstände, worunter gem. § 453 BGB auch ein Unternehmen fallen kann, formfrei. Dies gilt zunächst sowohl für das schuldrechtliche Verpflichtungs- als auch das sachenrechtliche Verfügungsgeschäft. Ausnahmen bestehen beim Kauf eines Vermögensgegenstandes, dessen Übertragung beurkundungspflichtig ist (1.), wenn

---

[1] Hier wird ausschließlich auf die Beurkundung im Rahmen von Unternehmenskäufen, die einen inländischen Rechtsträger zum Gegenstand haben, eingegangen. Zu Beurkundungserfordernissen nach deutschem Recht bei Verkauf und Abtretung von Anteilen an ausländischen Gesellschaften vgl. *Olk*, NJW 2010, 1639 ff.
[2] BGH DStR 2000, 30; a.A. *Hadding*, ZIP 2003, 2133.

ein formbedürftiges Rechtsgeschäft mit einem für sich genommen formlos gültigen Rechtsgeschäft eine rechtsgeschäftliche Einheit bildet (2.) sowie bei der Übertragung des gesamten Vermögens einer Vertragspartnerin (3.).

1. Beurkundungspflichtige Einzelübertragung

Wichtigstes Beispiel für die Beurkundungspflicht einer einzelnen Vermögensübertragung ist das   3
der Übertragung eines **Grundstücks**. Diese bedarf gem. § 311b Abs. 1 S. 1 BGB der notariellen Beurkundung. Ein Vertrag, der ohne die Beachtung dieser Form geschlossen wird, ist nichtig, § 125 S. 1 BGB; der Formmangel wird geheilt, wenn die Auflassung und die Eintragung des Grundstücks in das Grundbuch erfolgen, § 311b Abs. 1 S. 2 BGB.

Auch wenn GmbH-Geschäftsanteile im Rahmen des Asset Deals verkauft werden, bedarf   4
schon die schuldrechtliche Verpflichtung dazu der notariellen Beurkundung gem. § 15 Abs. 4 S. 1 GmbHG, daran hat auch das MoMiG nichts geändert. Der Mangel wird jedoch geheilt, wenn ein Abtretungsvertrag später notariell beurkundet abgeschlossen wird, § 16 Abs. 4 S. 2 GmbHG. In der Praxis dürften derlei Fallgestaltungen selten vorkommen, da die Beurkundungspflicht im Rahmen von Anteilsübertragungen inzwischen allgemein bekannt ist.

2. Unternehmenskauf und ein formbedürftiges Geschäft bilden eine rechtliche Einheit

Eine weitere Ausnahme zu dem Grundsatz der Formfreiheit bildet der Fall, dass das an sich   5
formfreie Rechtsgeschäft mit einem formbedürftigen Geschäft eine **rechtsgeschäftliche Einheit**[3] bildet, auch wenn beide Geschäfte in getrennten Vertragsdokumenten niedergelegt werden. In diesem Fall wird dadurch, dass die Transaktion auch eine formbedürftige Übertragung beinhaltet, der gesamte Unternehmenskauf formbedürftig. Voraussetzung dafür ist das Vorliegen einer rechtsgeschäftlichen Einheit.[4] Dabei ist nach der Rechtsprechung des BGH auf den sog. **„Einheitlichkeitswillen"** der Parteien abzustellen. Dieser ist dann anzunehmen, wenn aus dem Gesamtcharakter der Transaktion zu entnehmen ist, dass die Parteien die beiden getrennten Rechtsgeschäfte dergestalt aneinander binden, dass sie miteinander stehen und fallen sollen.[5] Dies bedeutet, dass beide Verträge der notariellen Form bedürfen.

Wird zwar der Grundstücks-, jedoch nicht der Unternehmenskaufvertrag beurkundet und   6
bilden diese eine rechtsgeschäftliche Einheit, so sind nach h.M. beide Verträge formnichtig. Der Unternehmenskaufvertrag ist gem. § 125 BGB nichtig, da die Form gem. § 311b BGB nicht eingehalten wurde. Der – an sich formgültig abgeschlossene – Grundstückskaufvertrag ist nichtig, weil nicht alles beurkundet wurde und gem. § 139 BGB[6] von der Nichtigkeit des gesamten Rechtsgeschäfts auszugehen ist.[7]

Liegen die Voraussetzungen von Heilungsvorschriften vor (§ 311b Abs. 2 BGB, § 15 Abs. 4 S. 2   7
GmbHG), so werden durch die Heilung des an sich formbedürftigen Geschäfts auch die Formmängel des anderen Rechtsgeschäfts geheilt.

In dem vorstehenden Beispiel würde also mit Auflassung und Eintragung des Erwerbers als   8
Eigentümer des Grundstücks auch der an sich bestehende Formmangel des Unternehmenskauf-

---

3 Krit. dazu *Wiesbrock*, DB 2002, 2311, der darin einen Beitrag der Rechtsprechung zu einer erheblichen Rechtsunsicherheit sieht.
4 BGH DB 1980, 825; 1979, 1456; 1987, 1290.
5 BGH DB 1976, 1497; 2000, 2586 betont dabei die Gegenseitigkeit der vereinbarten Rechtsgeschäfte: hängt nur eines einseitig von dem anderen ab, so ist ein gegenseitiges Abhängigkeitsverhältnis nicht gegeben.
6 Für den Fall, dass die Parteien, was häufig geschieht, den disponiblen § 139 BGB abbedingen, folgt die Nichtigkeit des Gesamtvertragswerkes dennoch häufig aus der Verbundenheit und Abhängigkeit der einzelnen Vertragsklauseln voneinander; vgl. *Holzapfel/Pöllath*, Teil XI, Rn 900.
7 *Wiesbrock*, DB 2002, 2311, 2312.

vertrages geheilt. Dementsprechend entfiele auch die Nichtigkeit des Grundstückskaufvertrages.[8]

3. Ein Vertragspartner verpflichtet sich, sein gesamtes Vermögen zu übertragen

9 Ein Vertrag, durch den sich ein Teil verpflichtet, sein gesamtes Vermögen oder einen Bruchteil dieses Vermögens zu übertragen, bedarf ebenfalls gem. § 311b Abs. 3 BGB der notariellen Beurkundung.[9] Die Vorschrift ist für den Unternehmenskauf insgesamt jedoch von untergeordneter Bedeutung. Grund dafür ist, dass zum einen nach wohl noch herrschender aber umstrittener Auffassung ein Kauf auch sämtlicher Vermögensgegenstände des Veräußerers nicht zu einer Anwendbarkeit von § 311b Abs. 3 BGB führt, wenn die Vermögensgegenstände im Kaufvertrag einzeln aufgeführt sind[10] oder sich anhand anderer Umstände zweifelsfrei bestimmen lassen.[11] Entscheidend ist der Schutzzweck von § 311b Abs. 3 BGB: Dieser soll vor dem übereilten Eingehen einer für die wirtschaftliche Existenz des Verfügenden besonders gefährlichen Verpflichtung schützen.[12] Entscheidend ist also, ob der Vertrag nach dem Willen der Parteien darauf gerichtet ist, das Vermögen des Veräußerers in **„Bausch und Bogen"**[13] zu übertragen. Dies kann auch dann der Fall sein, wenn die einzelnen zu übertragenden Vermögensgegenstände konkret bezeichnet werden, die Parteien diese Gegenstände lediglich stellvertretend für das gesamte Vermögen übereignen möchten und eine Übereignung „in Bausch und Bogen" gerade wünschen. § 311b Abs. 3 BGB findet aber dann keine Anwendung, wenn der zu übertragende Vermögensgegenstand ein Sondervermögen, also ein Unternehmen,[14] das Vermögen einer OHG[15] oder ähnliches ist. Anwendbar soll § 311b Abs. 3 BGB hingegen für den Fall sein, dass eine Kapitalgesellschaft sich dazu verpflichtet, ihr gesamtes Vermögen im Wege des Asset Deals zu übertragen.[16] Diese Unterscheidung ist nicht überzeugend, denn es kann nicht entscheidend sein, ob eine Kapital- oder eine Personengesellschaft ihr Vermögen überträgt. Höchstrichterliche Rechtsprechung neueren Datums ist nicht verfügbar, was im Zweifel eine Beurkundung zur Sicherheit nahe legt.

Eickelberg/Mühlen[17] vertreten ferner mit validen Argumenten unter Hinweis auf eine Entscheidung des OLG Hamm[18] die Auffassung, dass das Erfordernis eines (beurkundungspflichtigen) Gesellschafterbeschlusses gem. § 179a AktG analog auch auf Unternehmensverkäufe im Wege des Asset Deals mit einer GmbH als Verkäuferin Anwendung findet.

III. Formerfordernisse beim Share Deal

10 Beim Share Deal in Bezug auf die Beteiligungen an einer Personengesellschaft gilt: Grundsätzlich sind die Beteiligungen an Personengesellschaften **formfrei** übertragbar, selbst dann, wenn das Vermögen der Personengesellschaft vorwiegend oder zum Teil aus Grundstücken oder

---

8 *Wiesbrock*, DB 2002, 2311, 2312.
9 Zur Problematik vgl. *Böttcher/Grewe*, NZG 1995, 950 ff.; die vor allem bezweifeln, dass die Berufung auf nahezu einhundert Jahre alte Entscheidungen des Reichsgerichts zu § 311b Abs. 3 BGB, die zudem nicht den Unternehmenskauf zum Gegenstand hatten, tragfähig sei, um die heutige Reichweite der Vorschrift zu bestimmen.
10 Vgl. zum Meinungsstand *Eickelberg/Mühlen*, NJW 2011, 2476, 2477.
11 BGH ZIP 1990, 1544.
12 BGHZ 25, 5.
13 Palandt/*Grüneberg*, § 311b Rn 66.
14 RG Gruch 63, 88; Palandt/*Grüneberg*, § 311b Rn 66.
15 RG JW 10, 242; a.A. aufgrund der neueren Rechtsprechung zur Rechtsfähigkeit der Personengesellschaften *Böttcher/Grewe*, NZG 2005, 950, 952.
16 *Wiesbrock*, DB 2002, 2311, 2312.
17 *Eickelberg/Mühlen*, NJW 2011, 2476.
18 OLG Hamm BB 2010, 3050.

GmbH-Beteiligungen besteht.[19] Eine Ausnahme gilt nur dann, wenn der Umweg über die Personengesellschaft allein deswegen gewählt wird, um die Vorschriften des § 311b Abs. 1 S. 1 BGB oder § 15 Abs. 3 GmbHG zu umgehen.[20] Es gelten darüber hinaus die zum Asset Deal gemachten Ausführungen. So ist insbesondere die Rechtsprechung zum „einheitlichen Rechtsgeschäft" auch hier anwendbar. Es gilt auch hier: im Zweifel sollte der Vertrag beurkundet werden, da die Folgen fehlender Beurkundung drastisch sind.

Beim Share Deal in Bezug auf die Beteiligung an einer Kapitalgesellschaft gilt, differenziert **11** nach den unterschiedlichen Formen der Kapitalgesellschaften, Folgendes:

Werden **Anteile einer GmbH** veräußert, so sieht § 15 GmbHG die notarielle Beurkundung sowohl für das schuldrechtliche Verpflichtungsgeschäft (§ 15 Abs. 4 S. 1 GmbHG) als auch für das dingliche Verfügungsgeschäft (§ 15 Abs. 3 GmbHG) vor. Die Nichtigkeit des schuldrechtlichen Rechtsgeschäfts wird jedoch gem. § 15 Abs. 4 S. 2 GmbHG durch das gem. § 15 Abs. 3 GmbHG formgültige Verfügungsgeschäft geheilt. Dies führt dazu, dass die Parteien eines Share Deals in diesem Fall das schuldrechtliche Verpflichtungsgeschäft oft unbeurkundet lassen. In diesem Fall sollte den Parteien jedoch bewusst sein, dass damit bis zur notariellen Beurkundung einer – auch ansonsten wirksamen – Anteilsübertragung ein schuldrechtlicher Anspruch auf eine solche Übertragung nicht besteht. Wird der Geschäftsanteil zusammen mit einem Grundstück verkauft, so gelten die Formvorschriften § 15 GmbHG und § 311b BGB nebeneinander, jede jeweils nur in Bezug auf ihren Anwendungsbereich. Dies bedeutet, dass eine Heilung, etwa nach § 311b Abs. 1 S. 2 BGB auch nur den Kaufvertrag über das Grundstück erfasst, nicht jedoch Verstöße gegen § 15 GmbHG und umgekehrt.[21]

Werden **Aktien** einer AG oder eine KGaA veräußert, so ist diese Veräußerung grundsätzlich **12** formfrei. Etwas anderes gilt nur nach den Grundsätzen über das „einheitliche Rechtsgeschäft", wenn also etwa der Aktien- zusammen mit einem Grundstückskauf eine rechtsgeschäftliche Einheit bilden.

Wird ein **Kommanditanteil** einer GmbH & Co. KG veräußert, so ist dieses Rechtsgeschäft **13** formfrei. Da die Kommanditisten in der Regel auch Gesellschafter der Komplementär-GmbH sind, werden gleichzeitig die Geschäftsanteile an dieser ebenfalls veräußert. Dieses Rechtsgeschäft ist beurkundungspflichtig (§ 15 Abs. 4 S. 1 GmbHG). Die Veräußerung des Kommanditanteils zusammen mit dem Geschäftsanteil an der Komplementär-GmbH stellt nämlich ein einheitliches Rechtsgeschäft dar. Nach der Rechtsprechung soll der Kaufvertrag über Kommanditanteile dann ausnahmsweise neben einer Veräußerung von Anteilen an der Komplementär-GmbH formfrei sein, wenn anzunehmen ist, dass die Vertragsparteien den Kaufvertrag über die Kommanditanteile auch ohne die Veräußerung der GmbH-Anteile abgeschlossen hätten.[22] Ob dem jedoch so ist, ist eine Frage des Einzelfalls. Die Parteien einer Transaktion sollten deshalb im Zweifel beide Kaufverträge beurkunden lassen.[23] Die Heilung gem. § 15 Abs. 4 S. 2 GmbHG erfasst in diesem Fall nach h.M. auch den Formmangel bezüglich der Veräußerung des Kommanditanteils sowie sämtliche anderen Vereinbarungen, die in untrennbarem sachlichen Zusammenhang mit dem Kaufvertrag über die Geschäftsanteile stehen.[24]

Formerfordernisse gelten auch bei Nebenabreden und Absichtserklärungen: Bezüglich **14** Nebenabreden gilt, dass nach h.M. auch diese formbedürftig sind, wenn das Hauptgeschäft

---

19 BGH NJW 1983, 1110.
20 BGH NJW 1983, 1110.
21 *Wiesbrock,* DB 2002, 2311, 2312.
22 BGH DB 1986, 267.
23 A.A. *Holzapfel/Pöllath*, Teil XI Rn 910, die empfehlen, die durch die zusätzliche Beurkundung entstehende Kostenbelastung durch ein bewusstes Ausnutzen der Heilungswirkung gem. § 15 Abs. 4 GmbHG zu vermeiden.
24 BGH NJW-RR 1987, 807; teilw. umstr., vgl. die Ausführungen bei *Wiesbrock*, DB 2002, 2311, 2314.

dies ist, denn typischerweise handelt es sich dabei meist um ein „einheitliches Rechtsge-schäft".[25] Da die meisten Hauptverträge zudem vorsehen, dass Ergänzungen und Nebenabreden zumindest auch der Schriftform bedürfen, ist diesem Erfordernis in diesen Fällen auch in jedem Falle nachzukommen.

IV. Erleichterungen bei der Beurkundung

15 Die Belastung der Parteien durch die Beurkundung können etwas gemildert werden.

1. Vertretungsvollmacht für Dritte und deren Form

16 Da es sich bei einem Unternehmenskauf nicht um ein höchstpersönliches Rechtsgeschäft handelt, ist eine Stellvertretung beim Abschluss des Kaufvertrages möglich. Besonderheiten können sich lediglich bei der zu beachtenden Form ergeben. Die Erteilung der Vollmacht kann, so sieht dies § 167 Abs. 1 BGB vor, grundsätzlich durch einfache Erklärung erteilt werden. Gem. § 167 Abs. 2 BGB ist sie also grundsätzlich formfrei. Wichtige und für den Unternehmenskauf unter Umständen relevante Ausnahmen zu diesem Grundsatz enthalten § 2 Abs. 2 GmbHG (für den Fall der Satzungsänderung) sowie § 12 Abs. 2 HGB (für die Anmeldung zum Handelsregister). In diesen Fällen muss die Vollmacht notariell beglaubigt werden.

2. Beurkundung im Ausland

17 Aus Gründen der Kostenersparnis wird häufig[26] versucht, nach deutschem Recht beurkundungspflichtige Geschäfte im Ausland beurkunden zu lassen. Der anwaltliche Berater, der mit einer solchen Anfrage durch seinen Mandanten konfrontiert ist, sollte diesen jedoch auf die Risiken sowie die beim näheren Hinschauen geringer als erwartet ausfallende Kostenersparnis hinweisen: Zum einen kommen zu den zwar erheblich geringeren Notariatskosten (z.B. in der Schweiz) im Vergleich zu Deutschland Reise- und Aufenthaltskosten hinzu, die in Deutschland nicht angefallen wären. Zum anderen verfügen Notare im Ausland nicht über die im deutschen Notariat gewährleistete Kenntnis deutschen Rechts. Auch sind diese nicht zur neutralen Interessenwahrung verpflichtet.

18   Grundsätzlich ist ein im Ausland beurkundeter Vertrag wirksam, wenn die Beurkundung vor dem ausländischen Notar derjenigen in Deutschland gleichwertig ist. Im Einzelnen ist strittig, welche Notare in welchen Ländern die erforderliche Gleichwertigkeit in Bezug auf eine Beurkundung bieten.[27]

19   Bis zum Inkrafttreten des MoMiG schien man davon ausgehen zu können, dass die meisten[28] Notare der deutschsprachigen Schweiz sowie Österreichs die erforderliche Gleichwertigkeit garantieren können.[29] Neuerdings ist dies wieder fraglich: nach § 40 Abs. 2 GmbHG n.F. obliegt es nämlich dem Notar, Veränderungen im Gesellschafterbestand unverzüglich dem Handelsregister anzuzeigen und eine neue Gesellschafterliste einzureichen. Bedingt durch eine Entscheidung des Landgerichts Frankfurt, das aufgrund der Änderungen durch das MoMiG einer-

---

25 BGH NJW-RR 1989, 291, 293.
26 *Mankowski*, NZG 2010, 201, spricht gar von einem „modernen Klassiker".
27 Eine gute Übersicht über die umfangreiche Judikatur zu einzelnen Ländern bieten *Holzapfel/Pöllath*, Teil XI Rn 911 a.E.
28 Erforderlich ist eine Prüfung für jeden einzelnen Kanton, da einige Kantone ihren Notaren erlauben, ihre Haftung zu begrenzen oder gar auszuschließen. Solche Haftungserleichterungen führen zum Ausschluss der von der Rechtsprechung geforderten Gleichartigkeit, vgl. BGH GmbHR 1981, 238.
29 BGH ZIP 1981, 402.

und der Änderungen im schweizer Obligationenrecht andererseits, eine wirksame Beurkundung von Verträgen, die die Übertragung von Geschäftsanteilen an einer deutschen GmbH zum Gegenstand haben, anzweifelt, ist der alte Streit in der Literatur neu entbrannt.[30] Hintergrund ist, dass zum Teil vertreten wird, die Pflicht des Notars nach § 40 Abs. 2 GmbHG sei eine Amtspflicht, die nur ein deutscher Notar erfüllen könne.[31]

Aus praktischer Sicht bestehen erhebliche Zweifel daran, wie dem Beurkundungserfordernis bei einer Beurkundung im Ausland gerecht zu werden ist, müssen doch Einreichungen zum Handelsregister gem. § 12 Abs. 2 S. 2 HGB i.V.m. § 39a BeurkG elektronisch signiert eingereicht werden. Über eine elektronische Signaturkarte verfügen ausländische Notare jedoch nicht.

Selbst wenn man diese neue Problematik außer acht lässt, lässt sich die durch eine Auslandsbeurkundung hervorgerufene Rechtsunsicherheit nicht leugnen. Da die Gleichwertigkeit auf einer Einzelfallbetrachtung deutscher Gerichte beruht, bleibt das Risiko unberechenbar, dass später von einer Partei (oder Dritten) die Formunwirksamkeit wirksam geltend gemacht wird. Der neue Gutglaubenswerb (s.o. § 28 Rn 12) vermag da nur unzureichend zu beruhigen. Da das Risiko, dass sich etwa die Rechtsprechung in mehreren Jahren ändert und dann der Unternehmenskaufvertrag als von Anfang an unwirksam angesehen wird, ist erheblich, so dass in der Regel auf eine Beurkundung im Ausland verzichtet werden sollte. **20**

Praxistipp **21**

Vertretbar sind Beurkundungen im Ausland, bei denen durch Eintragung oder sonstige nachträglich Maßnahmen in Deutschland eine Heilung eintritt. Bei der Übertragung von GmbH-Anteilen ist das aber nicht der Fall. Deshalb sollte man sehr gut überlegen, ob eine Beurkundung im Ausland stattfinden soll. Wenn man sich dafür entscheidet, kommt eine Beurkundung nur in den Notariaten in Betracht, bei denen die Gleichwertigkeit gegeben ist. Das ist etwa bei einem US-amerikanischen 'notary public'[32] oder einem dänischen 'Notarial Kontoret' nicht der Fall. Empfehlenswert ist, den ausländischen Notar zu bewegen, auch die in Deutschland erforderlichen Formalia einzuhalten, auch wenn dies in dem betreffenden Land nicht erforderlich ist.

Bei der Beurkundung von Grundstücksgeschäften im Ausland gelten weitere Besonderheiten. **22** Die Auflassung eines in der Bundesrepublik Deutschland gelegenen Grundstücks kann nur durch einen deutschen Notar erfolgen, Art. 11 Abs. 5 EGBGB.[33]

---

30 Die Wirksamkeit ablehnend etwa *Hermanns*, RNotZ 2010, 38, bejahend *Mankowski*, NZG 2010, 201.
31 LG Frankfurt/M. DNotZ 2009, 949.
32 OLG Stuttgart NZG 2001, 40; *Schervier*, NJW 1992, 593.
33 KG NJW-RR 1986, 1462.

Josefa F. Peter, LL.M./Christoph Weinert, LL.M.
§ 36 Fusionskontrolle

Literatur: *Bechtold*, Kartellgesetz, Gesetz gegen Wettbewerbsbeschränkungen (GWB), 6. Aufl. 2010; *Bechtold/ Bosch/Brinker/Hirsbrunner*, EG-Kartellrecht, 2. Aufl. 2009; *Emmerich*, Kartellrecht, 12. Aufl. 2012; *Immenga/Mestmäcker*, Wettbewerbsrecht, GWB, 4. Aufl. 2007; *dies.*, Wettbewerbsrecht, EG/Teil 2, VI. Fusionskontrollverordnung, 5. Aufl. 2012; *Langen/Bunte*, Kartellrecht, Band 2 Europäisches Kartellrecht, 11. Aufl. 2010; *Loewenheim/Meessen/ Riesenkampff*, Kartellrecht, 2. Aufl. 2009; *Münchner Kommentar zum Europäischen und deutschen Wettbewerbsrecht (Kartellrecht)*, Hrsg. von Hirsch/Montag/Säcker, 2007; *Schröter/Jakob/Mederer*, Europäisches Wettbewerbsrecht, 2. Aufl. 2012; *Schulte*, Handbuch Fusionskontrolle, 2. Aufl. 2010; *Schulte/Just*, Kartellrecht, 2012; *von Dietze/Janssen*, Kartellrecht in der anwaltlichen Praxis, 4. Aufl. 2011; *Wiedemann*, Handbuch des Kartellrechts, 2. Aufl. 2008. Auf relevante Aufsätze zur Fusionskontrolle wird in den Fußnoten verwiesen.

I. Grundzüge der Fusionskontrolle

1. Einleitung

Die Mitgliedstaaten der Europäischen Union **(EU)** haben sich dem **Grundsatz einer offenen** 1 **Marktwirtschaft mit freiem Wettbewerb** verpflichtet.[1] Diesem Grundsatz entsprechend haben Unternehmen die Freiheit, sich auf jede denkbare Weise zusammenzuschließen. Der Begriff des Zusammenschlusses umfasst Fusionen von bisher voneinander unabhängigen Unternehmen oder Unternehmensteilen, den Erwerb von Anteilsrechten oder Vermögenswerten oder die Gründung eines Gemeinschaftsunternehmens.[2] Unternehmenszusammenschlüsse wirken sich positiv auf den europäischen Binnenmarkt als solchen und auf den Wettbewerb auf den jeweils betroffenen Märkten aus, sofern sie geeignet sind, die Wachstumsbedingungen der Wirtschaft und den Lebensstandard der Verbraucher zu verbessern. Durch Zusammenschlüsse können Innovationspotentiale erschlossen, Synergien freigesetzt und neue bzw. qualitativ hochwertigere Waren oder Dienstleistungen auf dem Markt angeboten werden.[3] Zusammenschlüsse können wirksamen Wettbewerb jedoch erheblich behindern und Verbrauchern die genannten Vorteile vorenthalten, wenn durch sie eine marktbeherrschende Stellung begründet oder verstärkt wird. Marktbeherrschung, sei es in der Form einer Einzelmarktbeherrschung oder kollektiv mit anderen Unternehmen, ermöglicht, Preise gewinnbringend zu erhöhen, die Qualität und das Angebot an Waren oder Dienstleistungen zu verringern oder Wettbewerbern den Zugang zum Markt zu versperren. Um dies zu verhindern, unterliegen Zusammenschlüsse ab einer gewissen Größenordnung auf europäischer und nationaler Ebene der Kontrolle der Wettbewerbsbehörden.

Im Rahmen der **Fusionskontrolle** prüfen die Wettbewerbsbehörden im Wege einer Einzel- 2 fallbetrachtung die zu erwartenden Auswirkungen eines Zusammenschlussvorhabens auf die Wettbewerbsstruktur der jeweils betroffenen Märkte (sog. Strukturkontrolle). Sind durch den Zusammenschluss keine negativen Auswirkungen auf den Markt zu erwarten, wird das Vorhaben freigegeben. Ist dagegen zu erwarten, dass der Zusammenschluss wirksamen Wettbewerb erheblich behindern würde, insbesondere durch die Entstehung oder Verstärkung einer marktbeherrschenden Stellung, so kann das Vorhaben untersagt oder die Freigabe unter Bedingungen und Auflagen gestellt werden.

Die **Zuständigkeit** der Behörden richtet sich grundsätzlich nach den nationalen bzw. euro- 3 pa- und weltweiten Umsätzen oder Marktanteilen der jeweils beteiligten Unternehmen. Nur wenn die gesetzlich vorgegebenen Aufgreifschwellen überschritten werden, ist ein Zusammenschluss kontroll- und in Folge anmeldepflichtig. Mit der Ausnahme von Luxemburg und Liechtenstein ist die Fusionskontrolle in den nationalen Wettbewerbsgesetzen aller Mitgliedstaaten der EU verankert. Auch außerhalb von Europa haben inzwischen die meisten Länder der Welt eine Fusionskontrolle. Entsprechend muss ein Zusammenschlussvorhaben – je nach Aktivität und den Umsätzen der beteiligten Unternehmen – unter Umständen in mehreren Staaten parallel angemeldet werden (sog. multi-jurisdictional filings). Die Anzahl der einzureichenden Anmeldungen hat entscheidenden Einfluss auf die zeitliche Planung eines Zusammenschlussvorhabens, denn die Prüfung eines Vorhabens durch die Wettbewerbsbehörden erfolgt in den meisten Jurisdiktionen *ex ante*. Dies bedeutet, dass ein Zusammenschluss vor seinem Vollzug

---

[1] Art. 119 der konsolidierten Fassung des Vertrages über die Arbeitsweise der Europäischen Union (ABl. (EU) v. 30.3.2010, C 83/47).
[2] Der Begriff des Zusammenschlusses (siehe hierzu ausführlich Rn 20 ff. und 39 ff.) wird im Folgenden dieser kartellrechtlichen Definition gemäß verwendet.
[3] Zu möglichen Effizienzgewinnen siehe die Leitlinien der Kommission zur Bewertung horizontaler Zusammenschlüsse gemäß der Ratsverordnung über die Kontrolle von Unternehmenszusammenschlüssen (ABl. (EU) v. 5.2.2004, C 31/5), Rn 76 ff.

von den Behörden geprüft werden muss und grundsätzlich erst dann vollzogen werden darf, wenn ihn alle Behörden freigegeben haben (siehe hierzu unten Rn 5 ff.).

4   Die folgenden Ausführungen beschränken sich auf die Darstellung eines Überblicks über die Fusionskontrolle der **Europäischen Kommission**[4] **(Kommission)** in ihrer Funktion als europäische Wettbewerbsbehörde und des **Bundeskartellamts;**[5] der im Geschäftsbereich des Bundeswirtschaftsministeriums eigenständigen deutschen Wettbewerbsbehörde. Ein Zusammenschlussvorhaben wird von der Kommission in Brüssel geprüft, wenn es von unionsweiter[6] Bedeutung ist. Dies ist dann der Fall, wenn die Umsatzschwellenwerte der Europäischen Fusionskontrollverordnung[7] **(FKVO)**, die deutlich über denjenigen des deutschen Gesetzes gegen Wettbewerbsbeschränkungen[8] **(GWB)** liegen, überschritten sind. Für diese Fälle statuiert Art. 21 Abs. 3 FKVO einen grundsätzlichen Vorrang der europäischen Fusionskontrolle vor dem Wettbewerbsrecht der Mitgliedstaaten der EU.[9] Ein Zusammenschluss von unionsweiter Bedeutung ist somit nur einmal bei der Kommission anzumelden und wird von dieser abschließend und für den gesamten europäischen Wirtschaftsraum geltend auf seine Zulässigkeit geprüft (sog. one-stop-shop-Prinzip, siehe hierzu Rn 51).

2. Anmeldepflicht und Vollzugsverbot

5   Die Prüfung eines Zusammenschlussvorhabens durch die Kommission oder das Bundeskartellamt erfolgt *ex ante*, d.h. bevor der Zusammenschluss vollzogen wird. Auf diese Weise soll verhindert werden, dass vor Abschluss der behördlichen Prüfung bleibende Strukturveränderungen verursacht werden und Transaktionen nach einer Untersagung entflochten werden müssen.[10] Das Zusammenschlussvorhaben muss, sofern es anmeldepflichtig ist, bei den Behörden angemeldet werden. Bis zur Freigabe des angemeldeten Zusammenschlusses oder dem Ablauf der Prüfungsfristen ohne Tätigwerden der jeweiligen Behörden, dürfen sich die beteiligten Unternehmen nicht zusammenschließen, es gilt das sog. **Vollzugsverbot.**[11] Das Sales and Purchase Agreement **(SPA)** muss eine entsprechende Fusionskontrollklausel enthalten, die den Vollzug des Vertrages unter aufschiebende Bedingung des Vorliegens aller erforderlichen fusionskontrollrechtlichen Freigaben stellt (sog. conditions precedent to closing).

6   Der Begriff des Vollzugs ist weder im europäischen noch im deutschen Recht definiert. Zum Vollzug zählen im Sinne einer teleologischen Auslegung alle Handlungen, die in irgendeiner Weise die Marktstruktur oder das strategische Marktverhalten der neuen Einheit betreffen.[12] Gemeinsame Überlegungen der beteiligten Unternehmen, etwa zu Synergiepotentialen oder Marke-

---

4 http://ec.europa.eu/competition/index_en.html.

5 www.bundeskartellamt.de.

6 Die einschlägige Fusionskontrollverordnung (siehe Fn 7) verwendet die seit Inkrafttreten des Vertrages von Lissabon veraltete Terminologie der „gemeinschaftsweiten" Bedeutung.

7 Verordnung (EG) Nr. 139/2004 des Rates über die Kontrolle von Unternehmenszusammenschlüssen (ABl. (EU) v. 29.1.2004, L 24/1).

8 Gesetz gegen Wettbewerbsbeschränkungen in der Fassung der Bekanntmachung vom 15. Juli 2005 (BGBl. I, 2114; 2009 I, 3850), zuletzt geändert durch Art. 2 Abs. 62 des Gesetzes vom 22. Dezember 2011 (BGBl. I, 3044); die Fusionskontrolle ist im 7. Abschnitt des GWB ab § 35 GWB geregelt. Die 8. GWB-Novelle wird voraussichtlich zum 1.1.2013 in Kraft treten und das deutsche Fusionskontrollrecht weiter an das europäische Recht anpassen. Der Gesetzentwurf des 8. GWB-ÄndG der Bundesregierung, der am 18.10.2012 vom Bundestag verabschiedet wurde (BT-Dr. 17/9852), ist auf der Webseite des Bundesministeriums für Wirtschaft und Technologie abrufbar. Auf die voraussichtlichen Änderungen der Fusionskontrolle wird in den folgenden Ausführungen hingewiesen.

9 Das Vorrangprinzip ist in § 35 Abs. 3 GWB niedergelegt.

10 Kommission, Ent. v. 18.2.1998, IV/M.920 – Samsung/AST, WuW 1998, 576.

11 Art. 7 FKVO bzw. § 41 Abs. 1 GWB, siehe hierzu Rn 72 ff. und 84 ff.

12 Loewenheim/Messen/Riesenkampff/*Ablasser-Neuhuber*, Art. 7 FKVO Rn 2. Zum Begriff des Vollzugs ebenfalls *Bosch/Marquier*, Fusionskontrolle: Neuere Entwicklungen zum Vollzugsverbot und Gun-Jumping: Ausweitung der Gefahrenzone?, EWS 2010, 113.

tingplänen für die Zeit nach dem Vollzug, stellen keine Vollzugshandlungen dar.[13] Grundsätzlich sollte jeder Kontakt mit der Gegenseite, der über die reine Vertragsverhandlung und das für die Due Diligence Notwendige hinausgeht, unterlassen werden, sofern er die von dem Vorhaben betroffenen Unternehmensteile oder Geschäftsbereiche betrifft und somit als (vorzeitiger) Vollzug gewertet werden kann (sog. Gun-Jumping). Das allgemeine Kartellverbot untersagt zudem eine Koordinierung des Marktverhaltens sich zusammenschließender Wettbewerber über die behördliche Genehmigung des Zusammenschlusses hinaus bis zum tatsächlichen Vollzug des Zusammenschlusses (siehe unten Rn 12 ff.).

Verstöße gegen das Vollzugsverbot werden zum Zweck der Prävention mit signifikanten 7 Bußgeldern geahndet und führen wegen der zivilrechtlichen Möglichkeit vorzeitiger Vollzugshandlungen zu weiteren nachteiligen Rechtsfolgen. Nur in Ausnahmefällen sind die Behörden bereit, eine Aussetzung des Vollzugsverbotes in Betracht zu ziehen (Details unter Rn 72 und 84).

3. Zeitliche Planung

Eine zügige und effektive Umsetzung des Zusammenschlusses und die Integration der geschäft- 8 lichen Aktivitäten spielen eine zentrale Rolle für den Erfolg einer Transaktion. Drei Zeitfaktoren sind bei einem Zusammenschlussvorhaben aus fusionskontrollrechtlicher Sicht zu berücksichtigen: Anmeldefristen, die Vorbereitungszeit für eine Anmeldung und die Prüfungsfristen.[14]

Zunächst muss bei einem Zusammenschlussvorhaben frühzeitig an die Prüfung der Anmel- 9 depflichtigkeit des Vorhabens gedacht werden. Die FKVO und das GWB sehen keine Fristen vor, bis wann eine Transaktion angemeldet werden muss. Aus dem Grundsatz „kein Vollzug ohne Freigabe" ergibt sich jedoch, dass die Anmeldung rechtzeitig vor Implementierung des Zusammenschlusses zu erfolgen hat. Gewisse Jurisdiktionen haben einen Zeitpunkt festgelegt, zu dem ein Zusammenschlussvorhaben angemeldet werden muss.[15]

Ist das Vorhaben anmeldepflichtig, so ist die Vorbereitungszeit einer Anmeldung im Zeit- 10 plan zu berücksichtigen. Insbesondere für eine Anmeldung bei der Kommission müssen umfangreiche Informationen von allen Beteiligten zusammengetragen werden, was mit einem entsprechend hohen zeitlichen Aufwand verbunden ist.

Einfluss auf die zeitliche Planung einer Transaktion hat schließlich die Prüfung des Vorha- 11 bens selbst. Die Prüfung einer unproblematischen Transaktion dauert etwa 21 bis 25 Arbeitstage (Kommission) bzw. bis zu einem Monat (Bundeskartellamt). Ist das Vorhaben komplex und wirft es rechtliche Bedenken auf, so wird ein Hauptprüfverfahren eingeleitet, das 90 Arbeitstage (Kommission) bzw. vier Monate (Bundeskartellamt) ab Eingang der Anmeldung in Anspruch nehmen kann (zum genauen Verfahrensablauf siehe 68 ff. und 82 ff.).

Praxistipp
Der Käufer sollte in seinem Angebotsschreiben bereits eine erste Bewertung der Anmeldepflichten des geplanten Erwerbs vornehmen und die voraussichtliche Dauer des Fusionskontrollprozesses darlegen.

---

13 *Reysen/Jaspers*, Kartellrechtliche Vorgaben für die Transaktions- und Integrationsplanung im M&A-Geschäft, WuW 2006, 602, 605.
14 Siehe zum zeitlichen Ablauf der Prüfung eines Zusammenschlussvorhabens das Schaubild in Rn 18.
15 Innerhalb der EU sehen u.a. die folgenden Jurisdiktionen Anmeldefristen (von einer Woche bis zu 30 Kalendertagen nach dem die Anmeldung auslösenden Ereignis) vor: Griechenland, Irland, Litauen, Rumänien, Slowenien, Ungarn und Zypern.

4. Transaktionskartellrecht

12 Bei einem Zusammenschlussvorhaben ist nicht nur das fusionskontrollrechtliche Vollzugsverbot, sondern insbesondere bei einer Transaktion zwischen **aktuellen oder potentiellen**[16] **Wettbewerbern** auch das allgemeine Kartellverbot nach Art. 101 Abs. 1 des Vertrages über die Arbeitsweise der Europäischen Union **(AEUV)** und § 1 GWB zu beachten.[17] Dies hat konkrete Auswirkungen auf die praktische Durchführung der Vertragsverhandlungen und der Due-Diligence sowie auf die Integrationsplanung der beteiligten Unternehmen.[18] Hierzu vgl. auch § 27.

a) Konzernprivileg

13 Art. 101 Abs. 1 AEUV und § 1 GWB verbieten Vereinbarungen und abgestimmte Verhaltensweisen zwischen Unternehmen, die eine Verhinderung, Einschränkung oder Verfälschung des Wettbewerbs bezwecken oder bewirken. Verstöße werden mit hohen Bußgeldern sanktioniert. Konzerninterne Wettbewerbsbeschränkungen sind nach europäischem und deutschem Recht jedoch grundsätzlich vom Verbot der wettbewerbsbeschränkenden Vereinbarungen ausgenommen.[19] Nach der Rechtsprechung des Gerichtshofs der Europäischen Union **(EuGH)** greift Art. 101 Abs. 1 AEUV nicht ein, wenn Unternehmen eine wirtschaftliche Einheit bilden, in deren Rahmen Tochtergesellschaften ihr Vorgehen auf dem Markt nicht autonom bestimmen können, sondern die Anweisungen der kontrollierenden Muttergesellschaft befolgen müssen.[20] Nach der deutschen Kartellrechtspraxis kann davon ausgegangen werden, dass das sog. Konzernprivileg Anwendung findet, wenn Unternehmen im Sinne des § 36 Abs. 2 GWB miteinander verbunden sind.[21] Bis zur Freigabe und zum anschließenden Vollzug des Zusammenschlusses stehen die beteiligten Unternehmen jedoch weiterhin in einem (evtl. auch nur potentiellen) Wettbewerbsverhältnis. Ihr Verhalten ist daher noch nicht von dem Konzernprivileg erfasst und muss in Einklang mit dem anwendbaren Kartellrecht stehen.

b) Austausch sensibler Informationen

14 Im Laufe einer Transaktion, d.h. während der Vertragsverhandlungen, des Due-Diligence-Prozesses und der Integrationsplanung zwischen Signing und Closing, tauschen die beteiligten Unternehmen zwangsläufig wettbewerblich sensible Informationen aus, die zur Planung und Bewertung der Transaktion und insbesondere der Integration notwendig sind. Für den Fall, dass die Transaktion von den beteiligten Unternehmen abgebrochen oder von den Wettbewerbsbehörden nicht freigegeben wird, muss durch Schutzmaßnahmen im Vorfeld sichergestellt werden, dass die ausgetauschten Informationen nicht zu wettbewerbswidrigen Zwecken, d.h. zur Koordinierung des Marktverhaltens, genutzt werden können.[22]

---

16 Ein Unternehmen gilt als potentieller Wettbewerber eines anderen Unternehmens, wenn wahrscheinlich ist, dass es ohne die Vereinbarung eines geringen, aber anhaltenden Anstiegs der relativen Preise innerhalb kurzer Zeit die zusätzlichen Investitionen tätigen oder sonstige Umstellungskosten auf sich nehmen würde, die erforderlich wären, um in den relevanten Markt einzutreten, Leitlinien horizontale Zusammenschlüsse (vgl. Fn 88), Rn 68 ff.

17 Das allgemeine Kartellverbot ist auf Zusammenschlüsse anwendbar, sofern die Koordinierung des Marktverhaltens nicht unmittelbar auf den Vollzug des Zusammenschlusses gerichtet ist, Art. 21 Abs. 1 FKVO; BGH, WuW/E DE-R 711, 713 – Ost-Fleisch.

18 Vgl. allgemein zu diesem Thema *Reysen/Jaspers*, WuW 2006, 602 ff.

19 Wiedemann/*Schroeder*, § 8 Rn 1 ff.

20 EuGH, Urt. v. 24.10.1996 – Rs. C-73/95 P – Viho/Komm, Slg. 1996, I-5457, Rn 16. Zum kartellrechtlichen Unternehmensbegriff siehe Rn 20.

21 OLG Düsseldorf WuW/E DE-R 2146 ff. – Nord-KS/Xella.

22 Insbesondere die amerikanischen Wettbewerbsbehörden haben in den letzten Jahren Verstöße gegen das Vollzugs- und das allgemeine Kartellverbot wegen unerlaubten Informationsaustauschs geahndet, siehe z.B.

Zu sensiblen Informationen zählen insbesondere unternehmensspezifische Daten zu Preisen, **15** Rabatten, Kosten oder Kunden (die noch nicht historisch, d.h. üblicherweise nicht älter als etwa 6 bis 12 Monate sind) sowie Informationen zur geplanten Geschäftsentwicklung, z.B. Marketingpläne oder -strategien. Sie sollten nur für Zwecke der Due Diligence einer vorher definierten Personengruppe zugänglich gemacht werden. Ein Austausch aktueller oder künftiger strategisch relevanter Informationen ist bis zum Vollzug grundsätzlich unzulässig. Historisch aggregierte und öffentlich verfügbare Informationen können dagegen problemlos zwischen den Parteien eines Zusammenschlusses ausgetauscht werden.[23]

Der Austausch sensibler Informationen sollte nur unter Beachtung folgender Schutzmaß- **16** nahmen erfolgen:

- Die Parteien sollten eine Vertraulichkeitsvereinbarung treffen, die nicht nur Aspekte der Geheimhaltung hinsichtlich der während des Due-Diligence-Prozesses offengelegten Geschäftsgeheimnisse beinhaltet, sondern auch darauf hinweist, dass wettbewerblich sensible Informationen während des gesamten Due-Diligence-Prozesses geschützt werden müssen.
- Mit der Erstellung (Verkäufer) und Durchsicht des Datenraums (Käufer) sollten nur diejenigen Mitarbeiter betraut werden, die für die Vertragsverhandlungen zuständig und entsprechend vom Tagesgeschäft abgekoppelt sind.
- Der Informationsaustausch sollte von Beginn an auf das notwendige Mindestmaß beschränkt werden. Je kritischer eine Information erscheint, desto später sollte sie im Verhandlungsprozess ausgetauscht werden.

Praxistipp

Um eine kartellrechtswidrige Nutzung der im Rahmen der Due Diligence ausgetauschten sensiblen Informationen zu verhindern, empfiehlt es sich, ein unternehmensinternes „Clean Team" mit der Durchführung zu betrauen. Unabhängige Dritte (z.B. eine Beratungsgesellschaft oder Anwälte) können als „Black Box" besonders sensible Informationen vorab analysieren und ggf. eine kartellrechtlich unkritische Fassung für die jeweilige Gegenseite erstellen.

c) Erstellung von transaktionsbegleitenden Dokumenten

Grundsätzlich können alle im Zuge eines Zusammenschlussvorhabens von den beteiligten Un- **17** ternehmen und ihren Beratern erstellten Protokolle, Präsentationen und sonstigen Dokumente von den Wettbewerbsbehörden zur fusionskontrollrechtlichen Prüfung angefordert werden (siehe hierzu Rn 69). Diese Dokumente sollten daher keine wettbewerblich sensiblen Themen ansprechen und keine für die materielle Prüfung unter Umständen nachteilige Sprache verwenden.

Praxistipp

Enthalten Dokumente Informationen über einen Wettbewerber, so sollte die (zulässige) Quelle (z.B. Kunden oder eine Fachzeitschrift) angegeben werden, um bei den Behörden nicht den falschen Verdacht aufkommen zu lassen, dass die Information unzulässigerweise direkt vom Wettbewerber bezogen wurde. Weiterhin sollten in transaktionsbegleitenden Dokumenten Begrifflichkeiten, die für fusionskontrollrechtliche Zwecke anders definiert werden als von Geschäftsbereichen wie dem Marketing, vermieden werden. Statt auf „Märkte" sollte z.B. auf „Produktsegmente" Bezug genommen werden. Marktmacht-Ausdrücke wie „beherrschend" sollten vermieden und stattdessen weichere Formulierungen wie „führend" oder „mit bedeutender Position" verwendet werden. Um Dokumente vor ihrer Einreichung zu den Behörden eventuell noch anpassen zu können, sollten sie grundsätzlich als Entwurf vorbereitet werden.

American Bar Association, Section of Antitrust Law, Premerger Coordination: The Emerging Law of Gun Jumping and Information Exchange, 2006.
23 *Dreher/Hoffmann,* Kartellrechtsverstöße durch Informationsaustausch?, WuW 2011, 1181 ff.; *Schroeder,* Informationsaustausch zwischen Wettbewerbern, WuW 2009, 718 ff.

18 Die folgende Graphik veranschaulicht die transaktions- und fusionskartellrechtlichen Schritte, die ein Zusammenschlussvorhaben durchläuft:

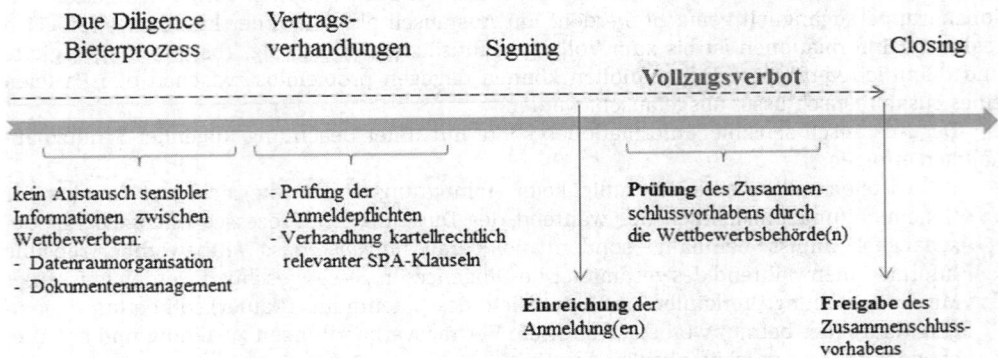

II. Formelle Fusionskontrolle

19 Am Anfang jeder kartellrechtlichen Prüfung eines Zusammenschlussvorhabens steht die formelle Fusionskontrolle, also die Prüfung der Anmeldepflichtigkeit eines Vorhabens. Zunächst ist zu klären, ob das geplante Vorhaben unter einen Zusammenschlusstatbestand zu subsumieren ist und ob die jeweiligen Aufgreifschwellen erfüllt sind.

1. Anwendungsbereich der europäischen Fusionskontrolle
a) Zusammenschlussbegriff

20 Die FKVO kennt zwei Kategorien von Zusammenschlüssen: die Fusion und den Erwerb von Kontrolle über ein Unternehmen, Art. 3 Abs. 1 FKVO. Es gilt der allgemeine Unternehmensbegriff, wonach jede eine Wirtschaftätigkeit ausübende Einheit unabhängig von ihrer Rechtsform oder der Art ihrer Finanzierung als Unternehmen zu qualifizieren ist.[24]

aa) Fusion

21 Der in der Praxis eher seltene Fall einer Fusion liegt vor, wenn zwei oder mehr bisher voneinander unabhängige Unternehmen derart miteinander verschmelzen, dass sie ihre Rechtspersönlichkeit verlieren. Behalten die Unternehmen ihre Rechtspersönlichkeit, ist von einer Fusion ausnahmsweise auch dann auszugehen, wenn die Unternehmen sich faktisch zu einer einzigen wirtschaftlichen Einheit zusammenschließen, etwa indem sie sich einer gemeinsamen wirtschaftlichen Leitung unterstellen.[25]

---

24 EuGH, Urt. v. 19.1.1994 – Rs. C-364/92 – Eurocontrol, Slg. 1994, I-55, Rn 18.
25 Man spricht in diesem Fall von einer *faktischen Fusion*, vgl. Konsolidierte Mitteilung der Kommission zu Zuständigkeitsfragen gemäß der Verordnung (EG) Nr. 139/2004 des Rates über die Kontrolle von Unternehmenszusammenschlüssen (ABl. (EU) v. 21.2.2009, C 43/09) (Konsolidierte Mitteilung zu Zuständigkeitsfragen), Rn 10.

bb) Kontrollerwerb

Der in der Praxis wichtigste Zusammenschlusstatbestand ist der Erwerb der Kontrolle über ein 22
Unternehmen. Die FKVO definiert den Begriff der Kontrolle als die Möglichkeit, einen bestimmenden Einfluss auf die Tätigkeit eines Unternehmens auszuüben, Art. 3 Abs. 2 FKVO. Kontrolle
kann auf rechtlicher Grundlage, etwa durch den Erwerb von Anteilsrechten (share deal) oder
Vermögenswerten (asset deal), aber auch auf faktischer Grundlage erworben werden (hierzu siehe unter Rn 25) und die Gesamtheit oder Teile eines oder mehrerer Unternehmen betreffen. Nicht
entscheidend ist, ob der Einfluss tatsächlich ausgeübt oder in Zukunft ausgeübt werden wird.

Der Erwerb der Kontrolle kann über Rechte, Verträge oder andere Mittel erfolgen, die ein- 23
zeln oder gemeinsam unter Berücksichtigung aller tatsächlichen oder rechtlichen Umstände die
Möglichkeit gewähren, strategisch wichtige Entscheidungen zu treffen und durchzusetzen.[26]
Dabei kann zwischen „positiver Kontrolle" und „negativer Kontrolle" unterschieden werden.
Positive Kontrolle übt aus, wer die Geschäftspolitik des Zielunternehmens aktiv gestalten kann,
während bei negativer Kontrolle Entscheidungen zwar blockiert, eigene Entscheidungen aber
nicht durchgesetzt werden können. Negative Kontrolle liegt zum Beispiel vor, wenn der Gesellschafter über ein Vetorecht bei strategisch wichtigen Entscheidungen verfügt.[27]

(1) Alleinige Kontrolle

Die alleinige Kontrolle wird typischerweise durch die Übernahme der Stimmrechtsmehrheit an 24
einem Unternehmen erworben. Neben diesem in der Praxis zumeist einfach zu bestimmenden Fall
positiver alleiniger Kontrolle, ist auch der Erwerb negativer alleiniger Kontrolle denkbar.[28] Ein solcher Fall liegt typischerweise vor, wenn für strategische Entscheidung Einstimmigkeit vorgeschrieben ist und der Erwerber der Einzige ist, der Unternehmensentscheidungen blockieren kann.

Alleinige (positive) Kontrolle kann jedoch auch durch den Erwerb einer qualifizierten Min- 25
derheit erworben werden. Ein hierfür typisches Beispiel ist die Erlangung der faktischen Haupt-
versammlungsmehrheit einer börsennotierten AG.[29] Hier wird alleinige Kontrolle im Allgemeinen zu bejahen sein, wenn es unter Berücksichtigung der erworbenen Beteiligung und der Anzahl der Gesellschafter, die in den früheren Jahren an der Hauptversammlung teilgenommen
haben, wahrscheinlich ist, dass der Erwerber in der kommenden Hauptversammlung eine
Mehrheit der anwesenden Stimmen halten wird.[30]

(2) Gemeinsame Kontrolle

Wenn zwei oder mehr Unternehmen durch den Zusammenschluss die Möglichkeit erlangen, in 26
einem anderen Unternehmen bestimmenden Einfluss auszuüben, ist von dem Erwerb gemeinsamer Kontrolle auszugehen. Im Gegensatz zu den Fällen alleiniger Kontrolle, bei der ein einzelner Gesellschafter strategische Entscheidungen durchsetzen bzw. blockieren kann, können bei
gemeinsamer Kontrolle Pattsituationen entstehen.[31] Die Beteiligten kommen nicht umhin, die
Geschäftspolitik des Zielunternehmens einvernehmlich festzulegen.[32]

---

26 Konsolidierte Mitteilung zu Zuständigkeitsfragen, Rn 16.
27 Konsolidierte Mitteilung zu Zuständigkeitsfragen, Rn 65.
28 Konsolidierte Mitteilung zu Zuständigkeitsfragen, Rn 54.
29 Konsolidierte Mitteilung zu Zuständigkeitsfragen, Rn 59.
30 Vgl. Kommission, Ent. v. 25.9.1992, IV/M.258 – CCIE/GTE; hier genügte eine Beteiligung von 19% zur Bejahung
der Kontrolle.
31 Konsolidierte Mitteilung zu Zuständigkeitsfragen, Rn 62.
32 Von einem Erwerb gemeinsamer Kontrolle ist ferner dann auszugehen, wenn sich zwei
Minderheitsgesellschafter, etwa über Stimmbindungsverträge oder Poolvereinbarungen, derart
zusammenschließen, dass sie gemeinsam die Stimmmehrheit ausüben.

27   Der Erwerb gemeinsamer Kontrolle über ein anderes Unternehmen führt im Ergebnis zur Errichtung eines Gemeinschaftsunternehmens. Zu berücksichtigen ist dabei, dass die FKVO nur auf die Gründung solcher Gemeinschaftsunternehmen Anwendung findet, die auf Dauer alle Funktionen einer selbstständigen wirtschaftlichen Einheit erfüllen (sog. Vollfunktions-GU).[33] Dies ist der Fall, wenn das Gemeinschaftsunternehmen Funktionen ausübt, die auch von anderen Unternehmen auf dem gleichen Markt wahrgenommen werden und insbesondere über ein eigenes Management, ausreichende finanzielle Mittel und Personal verfügt.[34] Zu berücksichtigen ist jedoch, dass ein Gemeinschaftsunternehmen nur dann im Sinne von Art. 3 Abs. 4 FKVO als gegründet angesehen wird, wenn die kontrollierenden Mütter ausschließlich eigene Unternehmen oder Vermögenswerte in das Gemeinschaftsunternehmen einbringen. Entsteht ein Gemeinschaftsunternehmen dagegen unter Einbringung von Unternehmen oder Unternehmensteilen Dritter, ist von einem Zusammenschluss im Sinne der FKVO auszugehen, ohne dass das Vollfunktionskriterium geprüft werden müsste.[35]

cc) Ausnahmen

28 Gemäß Art. 3 Abs. 5 FKVO unterfallen bestimmte Vorhaben von vorneherein nicht dem Zusammenschlusstatbestand. Beispiele hierfür sind der Erwerb von Unternehmensanteilen durch Kredit- und Finanzinstitute und Versicherungen, die vorübergehend Anteile zum Zwecke der Veräußerung innerhalb eines Jahres erwerben.[36] Eine weitere Ausnahme gilt für den Erwerb der Kontrolle über ein Unternehmen durch den Träger eines öffentlichen Mandats, welcher auf Grundlage der Gesetzgebung eines Mitgliedstaates über die Insolvenz von Unternehmen erfolgt.[37] Letztlich liegt kein Zusammenschluss vor, soweit eine Beteiligungsgesellschaft ihre Kontrolle ausschließlich dazu nutzt, den Wert ihrer Investition zu erhalten und nicht etwa um unmittelbar oder mittelbar das Wettbewerbsverhalten des Unternehmens zu bestimmen.[38]

b) Umsatzschwellen

29 Zusammenschlüsse von unionsweiter Bedeutung begründen die ausschließliche Zuständigkeit der Kommission.[39] Maßgeblich für die Bestimmung der unionsweiten Bedeutung ist allein die Überschreitung der nachstehend erläuterten Umsatzschwellen, nicht jedoch die materiellen Auswirkungen auf die Marktverhältnisse innerhalb der Union. Irrelevant ist zudem, ob die beteiligten Unternehmen ihren Sitz inner- oder außerhalb der EU haben.[40]

30   Ein Zusammenschluss hat – vorbehaltlich der Zweidrittelklausel, vgl. Rn 32 – unionsweite Bedeutung, wenn folgende Umsätze erzielt werden:
- ein weltweiter Gesamtumsatz aller beteiligten Unternehmen zusammen von mehr als 5 Mrd. EUR und

---

33 Art. 3 Abs. 4 FKVO.
34 Konsolidierte Mitteilung zu Zuständigkeitsfragen, Rn 95.
35 Vgl. Konsolidierte Mitteilung zu Zuständigkeitsfragen, Rn 91. Die Unterscheidung der einzelnen Fallgruppen ist zuweilen schwierig und ihre Beurteilung durch die Kommission nicht immer einheitlich; einen Überblick über die komplexe Thematik gibt *von Brevern*, Die „Gründung eines Gemeinschaftsunternehmens" nach Art. 3 Abs. 4 der Fusionskontrollverordnung, WuW 2012, 225.
36 Art. 3 Abs. 5 lit. a, sog. Bankenklausel.
37 Art. 3 Abs. 5 lit. b, sog. Insolvenzklausel.
38 Art. 3 Abs. 5 lit. c, sog. Luxemburgische Klausel.
39 Zu den Verweisungsmöglichkeiten siehe Rn 52 ff.
40 So untersagte die Kommission etwa den Zusammenschluss der beiden US-Unternehmen General Electric und Honeywell, siehe Ent. v. 3.7.2001, COMP/M.2220 – General Electric/Honeywell.

– ein unionsweiter Umsatz von mindestens zwei beteiligten Unternehmen von jeweils mehr als 250 Mio. EUR.

Ein Zusammenschluss, der die vorgenannten Schwellen nicht erreicht, hat dennoch unionsweite **31** Bedeutung, wenn:
– der weltweite Gesamtumsatz aller beteiligten Unternehmen jeweils zusammen mehr als 2,5 Mrd. EUR beträgt;
– der Gesamtumsatz aller beteiligten Unternehmen in mindestens drei Mitgliedstaaten jeweils 100 Mio. EUR übersteigt;
– in jedem von mindestens drei Mitgliedstaaten mit Gesamtumsätzen von mehr als 100 Mio. EUR der Gesamtumsatz von mindestens zwei beteiligten Unternehmen jeweils mehr als 25 Mio. EUR beträgt und
– der unionsweite Umsatz von mindestens zwei beteiligten Unternehmen jeweils 100 Mio. EUR übersteigt.

Sofern jedoch die an dem Zusammenschluss beteiligten Unternehmen jeweils mehr als zwei Drit- **32** tel ihres unionsweiten Gesamtumsatzes in ein und demselben Mitgliedstaat erwirtschaften (sog. Zweidrittelklausel), unterfällt das Zusammenschlussvorhaben trotz Erfüllung der vorgenannten Umsatzschwellen nicht der europäischen Fusionskontrolle. Die Zweidrittelklausel stellt diesbezüglich auf „die", d.h. alle am Zusammenschluss beteiligten Unternehmen, ab.

aa) Beteiligte Unternehmen
Um zu prüfen, ob die Umsatzschwellen überschritten sind, sind in einem ersten Schritt die betei- **33** ligten Unternehmen zu identifizieren. Welche Unternehmen als Beteiligte im Sinne der FKVO anzusehen sind, hängt wiederum von der Art des jeweiligen Zusammenschlusstatbestands ab.
Bei einer Fusion sind die einzelnen fusionierenden Unternehmen als beteiligt anzusehen.[41] **34** Im Falle des Erwerbs alleiniger Kontrolle gelten dagegen der Erwerber und das Zielunternehmen, nicht aber der Veräußerer als beteiligt.[42] Bei Gründung eines Gemeinschaftsunternehmens ist zu differenzieren.[43] In den typischen Anwendungsfällen der Gründung eines gänzlich neuen Gemeinschaftsunternehmens (sog. green field operation) oder der Einbringung von Vermögenswerten der kontrollierenden Gesellschafter in ein zu diesem Zweck neu gegründetes Unternehmen, sind allein die kontrollierenden Mütter, nicht jedoch das Gemeinschaftsunternehmen, beteiligte Unternehmen. Wird ein Unternehmen dadurch zum Gemeinschaftsunternehmen, dass zwei oder mehr Unternehmen hieran die gemeinsame Kontrolle erwerben, gelten sowohl diese Unternehmen als auch das Gemeinschaftsunternehmen als Beteiligte des Zusammenschlussvorhabens.

bb) Umsatzberechnung
In einem zweiten Schritt sind die Umsätze der beteiligten und der mit diesen verbundenen **35** Unternehmen zu berechnen. Maßgeblich sind die Umsätze des letzten abgeschlossenen Geschäftsjahres, Art. 5 Abs. 1 FKVO. Allgemein sind die Umsätze zusammenzurechnen, welche die beteiligten Unternehmen mit Waren und Dienstleistungen, unter Abzug von Erlösschmälerun-

---

41 Konsolidierte Mitteilung zu Zuständigkeitsfragen, Rn 132.
42 Vgl. Konsolidierte Mitteilung zu Zuständigkeitsfragen, Rn 133 f.; in Fällen des Erwerbs gemeinsamer Kontrolle ist zu differenzieren. Eine Darstellung der einzelnen Fallgruppen findet sich in der Konsolidierten Mitteilung zu Zuständigkeitsfragen, Rn 139 f.
43 Zu den einzelnen Fallgruppen siehe *von Brevern*, WuW 2012, 225, 226 ff.

gen[44] und unmittelbar auf den Umsatz bezogener Steuern, erzielt haben. Besonderheiten bestehen hinsichtlich Kredit- und sonstigen Finanzinstituten sowie Versicherungsunternehmen.[45] In geographischer Hinsicht ist der Umsatz dem Standort des Kunden zuzurechnen.[46]

36   Gehört ein unmittelbar an einem Zusammenschluss beteiligtes Unternehmen zu einem Konzern, sind ihm die konsolidierten Gesamtumsätze des Gesamtkonzerns zuzurechnen. Welche Unternehmen dem unmittelbar Beteiligten zuzurechnen sind, folgt aus Art. 5 Abs. 4 lit. b–e FKVO.[47] Konzerninterne Umsätze finden dagegen keine Berücksichtigung.[48]

2. Anwendungsbereich der deutschen Fusionskontrolle

37 Die deutsche Fusionskontrolle, geregelt im 7. Abschnitt des GWB, ist gegenüber der europäischen Fusionskotrolle subsidiär, § 35 Abs. 3 GWB. Sie ist nur anwendbar, wenn
–   das Vorhaben nicht unter einen Zusammenschlusstatbestand der FKVO fällt[49], oder
–   dem Zusammenschluss keine unionsweite Bedeutung zukommt.

38 Das Bundeskartellamt ist ferner nur für Zusammenschlüsse zuständig, die eine spürbare Inlandsauswirkung haben, § 130 Abs. 2 GWB. Die Anforderungen hieran sind jedoch gering.[50] Die Fusionskontrollvorschriften sind ihrem Schutzzweck entsprechend bereits dann anwendbar, wenn durch einen grenzüberschreitenden Zusammenschluss die Struktur des inländischen Marktes beeinflusst werden kann.[51]

a) Zusammenschlussbegriff

39 Der Zusammenschlussbegriff des GWB ist weiter als der der FKVO. Erfasst wird jedes Vorhaben, das auch nach europäischen Vorschriften unter einen Zusammenschlusstatbestand zu subsumieren ist. Darüberhinaus kann gemäß § 37 Abs. 1 GWB ein Zusammenschluss auch in Fällen vorliegen, in denen keine Kontrolle über ein anderes Unternehmen erworben wird. So genügt bereits eine Minderheitsbeteiligung von 25% oder mehr des Kapitals oder der Stimmrechte oder sogar eine noch geringere Beteiligung, soweit wettbewerblich erheblicher Einfluss erlangt wird. Im Unterschied zur europäischen Fusionskontrolle kann ferner auch die Gründung eines Gemeinschaftsunternehmen mit Teilfunktionscharakter (siehe Rn 27) die Anmeldepflicht auslösen.

40   Unter den Zusammenschlussbegriff nach § 37 Abs. 1 GWB fällt im Einzelnen:
–   Erwerb des Vermögens eines anderen Unternehmens ganz oder zu einem wesentlichen Teil, § 37 Abs. 1 Nr. 1 GWB (Vermögenserwerb);

---

44 Hierunter fallen in erster Linie Rabatte und sonstige Abschläge, vgl. Konsolidierte Mitteilung zu Zuständigkeitsfragen, Rn 165.
45 Die an die Stelle des Umsatzes tretenden Erträge und Prämien ergeben sich aus Art. 5 Abs. 3 FKVO.
46 Im Falle von der Rechnungsadresse abweichender Lieferadressen ist letztlich entscheidend, an welchem Ort der Wettbewerb beim Verkauf von Waren stattfindet.
47 Zur Bestimmung der Unternehmen, deren Umsätze zu berücksichtigen sind, siehe Konsolidierte Mitteilung zu Zuständigkeitsfragen, Rn 175 ff.
48 Art. 5 Abs. 1 S. 2 FKVO.
49 Etwa im Falle der Gründung eines Gemeinschaftsunternehmens ohne Vollfunktion, welches nach deutschem Recht bei Überschreiten der Umsatzschwellen grundsätzlich anmeldepflichtig ist, vgl. Rn 39 f.; zum Teilfunktions-GU nach deutschem Recht, siehe Rn 39.
50 Vgl. etwa BGH, Beschl. v. 29.5.1979, WuW/E BGH 1613 – Organische Pigmente, 1615; Schulte/*Crede*, Rn 287. Das BKartA bejahte in einem aktuellen Fall das Merkmal der Inlandsauswirkung anlässlich der Gründung eines Gemeinschaftsunternehmens zweier US-Mütter, welches zwar nicht in Deutschland, wohl aber auf einem weltweiten Markt tätig war, vgl. BKartA, Fallbericht v. 25.1.2012, Az. B7 – 38/11.
51 Vgl. auch BKartA, Merkblatt zur Inlandsauswirkung bei der deutschen Fusionskontrolle, Januar 1999, abrufbar auf der Webseite des BKartAs unter *Fusionskontrolle/Merkblätter*.

- Erwerb der Kontrolle über ein oder mehrere Unternehmen, § 37 Abs. 1 Nr. 2 GWB (Kontrollerwerb);
- Erwerb einer Beteiligung von 25% oder 50% an einem anderen Unternehmen, § 37 Abs. 1 Nr. 3 GWB (Anteilserwerb);
- Erwerb sonstiger Unternehmensverbindungen, aufgrund derer ein wettbewerblich erheblicher Einfluss auf ein anderes Unternehmen ausgeübt werden kann, § 37 Abs. 1 Nr. 4 GWB.

Die Tatbestände unterscheiden sich, abgesehen vom Kontrollerwerb, erheblich vom europäi- **41** schen Recht. Als Vermögenserwerb gilt alles, was geeignet ist, die Stellung des Erwerbers im Markt zu verändern; so kann der Erwerb einer Marke einen Zusammenschlusstatbestand darstellen. Hinsichtlich des Anteilserwerb stellen die Anteilsschwellen von 25% und 50% jeweils selbstständige Tatbestände dar, die eigenständig bei Erreichen eine Anmeldepflicht begründen. Dabei werden auch Anteilsänderungen in Folge von Kapitalerhöhungen, Kapitalherabsetzungen oder Anteilseinziehungen erfasst.[52]

Der Zusammenschlusstatbestand des wettbewerblich erheblichen Einflusses stellt in Ab- **42** grenzung zum Kontrollerwerb nicht auf die Möglichkeit ab, Kontrolle über die Gesamtheit eines Unternehmens auszuüben. Entscheidend ist vielmehr der Einfluss auf wesentliche unternehmerische Entscheidungen.[53] Werden Anteile eines Unternehmens von weniger als 25% erworben, so ist der Zusammenschlusstatbestand als erfüllt anzusehen, wenn über Zusatzrechte oder tatsächliche Umstände[54] dem Erwerber eine der 25%-Beteiligung gleichwertige Stellung zukommt. Im Ergebnis ist zu hinterfragen, ob nach Art der Vertragsgestaltung und der wirtschaftlichen Verhältnisse zu erwarten ist, dass ein Mehrheitsgesellschafter auf die Vorstellung des Erwerbers Rücksicht nimmt, sei es auch nur, soweit dies seinen eigenen Interessen nicht zuwider läuft.[55]

b) Umsatzschwellen

Die für die deutsche Fusionskontrolle gemäß § 35 Abs. 1 GWB geltenden Umsatzschwellen sind **43** überschritten, wenn:
- die beteiligten Unternehmen insgesamt weltweit Umsatzerlöse von mehr als 500 Mio. EUR und
- im Inland mindestens ein beteiligtes Unternehmen Umsatzerlöse von mehr als 25 Mio. EUR und ein anderes beteiligtes Unternehmen Umsatzerlöse von mehr als 5 Mio. EUR

erzielt haben.

aa) Beteiligte Unternehmen

Der Praxis der europäischen Fusionskontrolle entsprechend, ist auch nach deutschem Recht **44** zunächst festzustellen, wer Beteiligter des Zusammenschlusses ist. Der Beteiligtenbegriff ist ausschlaggebend für die Ermittlung des Umsatzes und der Adressaten der Anmeldepflicht,[56] § 39 Abs. 2 Nr. 1 GWB.

Ist eines der beteiligten Unternehmen ein abhängiges oder herrschendes Unternehmen im **45** Sinne des § 17 AktG oder ein Konzernunternehmen im Sinne des § 18 AktG, so gelten die so ver-

---

52 BKartA, Ent. v. 19.7.1984, WUW/BKartA 2169 f. – TUI/Air Conti; *von Dietze/Janssen*, Rn 790.
53 *von Dietze/Janssen*, Rn 795.
54 Anknüpfungspunkte sind Informations-, Mitsprache- und Kontrollmöglichkeiten sowie überlegene Markt- und Branchenkenntnisse des Minderheitsgesellschafters, vgl. OLG Düsseldorf, Beschl. v. 21.12.2004, WuW/E DE-R 1419 f. – Trans-o-flex; Beschl. v. 12.11.2008, WuW/E DE-R 2462 – A-Tec/Norddeutsche Affinierie.
55 BGH, Beschl. v. 21.11.2000, WuW/E DE-R 670 ff. – Minderheitsbeteiligung im Zeitschriftenhandel; OLG Düsseldorf, Beschl. v. 21.12.2004, WuW/E DE-R 1419, 1420 f. – Trans-o-flex; *Bechtold*, § 37 Rn 41.
56 Siehe hierzu oben, Rn 68 und 82.

bundenen Unternehmen unabhängig von der Rechtsform als einheitliches Unternehmen, § 36 Abs. 2 S. 1 GWB (sog. Verbundklausel).[57] Für die Berechnung der Umsatzerlöse bedeutet dies, dass der Umsatz der gesamten Gruppe zu berücksichtigen ist. Üben mehrere Unternehmen gemeinsam beherrschenden Einfluss auf ein anderes Unternehmen aus, so gilt gemäß § 36 Abs. 2 S. 2 GWB jedes von ihnen als herrschendes Unternehmen (sog. Mehrmütterklausel). Dem abhängigen Unternehmen sind folglich die Umsätze aller herrschenden Unternehmen zuzurechnen.

bb) Umsatzberechnung

46 Bezüglich der Berechnung der Umsatzerlöse verweist § 38 Abs. 1 S. 1 GWB auf § 277 Abs. 1 HGB, wonach Erlöse aus dem Verkauf und der Vermietung oder Verpachtung von für die gewöhnliche Geschäftstätigkeit typischen Erzeugnissen und Waren sowie Dienstleistungen nach Abzug von Erlösschmälerungen und der Umsatzsteuer zu berücksichtigen sind.

47 Besonderheiten im Vergleich zur europäischen Fusionskontrolle ergeben sich für Umsätze für den Handel mit Waren, welche nur in Höhe von drei Vierteln zu berücksichtigen sind, § 38 Abs. 2 GWB. Hierdurch wird dem Umstand Rechnung getragen, dass Umsätze von Handelsunternehmen aufgrund des hohen Anteils an „Durchsatz" im Vergleich zu reinen Produktionsunternehmen relativ hoch sind. Dagegen sind die Umsatzerlöse von Presse- und Rundfunkunternehmen zu verzwanzigfachen,[58] § 38 Abs. 3 GWB, um den wirtschaftlichen Rahmenbedingungen auf den Pressemärkten Rechnung zu tragen, die sich durch eine Vielzahl regionaler Märkte auszeichnen und trotz verhältnismäßig geringer Umsätze besonders schutzwürdig sind.[59]

c) De-minimis-Regel und Bagatellmarktklausel

48 Überschreiten die ermittelten Umsätze die Schwellenwerte, ist zu prüfen, ob die Voraussetzungen eines Ausnahmetatbestands erfüllt sind.

49 Gemäß der sog. de-minimis-Regel nach § 35 Abs. 2 S. 1 Nr. 1 GWB unterliegt ein Zusammenschluss dann nicht der Fusionskontrolle, wenn ein Unternehmen, das nicht abhängig ist und im letzten Geschäftsjahr weniger als 10 Mio. EUR Umsatz erzielt hat, sich mit einem anderen Unternehmen zusammenschließt.

50 Nach der sog. Bagatellmarktklausel des § 35 Abs. 2 S. 1 Nr. 2 GWB sind zudem solche Zusammenschlussvorhaben von der Fusionskontrolle ausgenommen, die einen Markt betreffen, auf dem seit mindestens fünf Jahren Waren oder Dienstleistungen angeboten werden, im letzten Geschäftsjahr jedoch weniger als 15 Mio. EUR umgesetzt wurden.[60] Der Gesetzentwurf des 8. GWB-ÄndG sieht vor,[61] die Bagatellmarktklausel der materiellen Fusionskontrolle zuzuordnen.[62] Die Änderung verfolgt den Zweck, Unsicherheiten hinsichtlich der Anmeldepflicht, welche sich letztlich nach alter Rechtslage aus der in den formellen Teil vorgezogenen Marktabgrenzung ergaben, zu minimieren. Mit Übernahme der Änderung ist demnach ein Zusammenschluss auf einem Bagatellmarkt zwar anmeldepflichtig, jedoch vom Bundeskartellamt freizugeben.

---

57 Wichtiges Kriterium der Abhängigkeit eines Unternehmens ist, ob dieses in seiner wirtschaftlichen Planung frei und selbstständig ist, vgl. Schulte/*Spitze*, Rn 253.
58 Der Gesetzentwurf des 8. GWB-ÄndG sieht vor, den Multiplikationsfaktor von 20 auf 8 zu reduzieren.
59 *Emmerich*, § 32 Rn 9; Schulte/*Spitze*, Rn 283.
60 Ausschlaggebend ist das Marktvolumen in Deutschland, vgl. *Bechtold*, § 35 Rn 45.
61 Siehe Nr. 20 des 8. GWB-ÄndG.
62 Derzeit ist beabsichtigt, die Vorschrift ohne inhaltliche Änderung in einen – insoweit neu gefassten – § 36 Abs. 1 Nr. 2 GWB zu überführen; dies entspricht der Rechtslage, die schon bis zur 6. GWB-Novelle im Jahre 1999 bestand.

3. Verhältnis der deutschen zur europäischen Fusionskontrolle
a) Vorrang der europäischen Fusionskontrolle

Wie bereits erläutert,[63] findet das GWB keine Anwendung sobald die Umsatzschwellen der FKVO **51** überschritten sind und somit von einem Zusammenschluss von unionsweiter Bedeutung auszugehen ist. Es gilt das sog. one-stop-shop-Prinzip, wonach lediglich solche Zusammenschlüsse in den Zuständigkeitsbereich nationaler Wettbewerbsbehörden fallen, die die Aufgreifschwellen der FKVO nicht erfüllen. Nur dann ist das Vorhaben, vorbehaltlich einer Verweisung an die Kommission (hierzu sogleich unter Rn 52), nach sämtlichen Fusionskontrollregimen der Mitgliedstaaten zu prüfen und gegebenenfalls in mehreren Staaten parallel anzumelden (multijurisdictional filings[64]).

b) Verweisungsregeln
aa) Verweisung an die Kommission

Auch bei fehlender unionsweiter Bedeutung können die zur Anmeldung verpflichteten Unter- **52** nehmen bzw. Personen[65] beantragen, dass der Zusammenschluss von der Kommission geprüft wird, Art. 4 Abs. 5 FKVO. Voraussetzung ist, dass das Zusammenschlussvorhaben in mindestens drei Mitgliedstaaten anmeldepflichtig[66] ist.[67]

Der Antrag (mittels des Formblatts RS, kurz „Form RS"[68]) ist bei der Kommission zu stellen, **53** bevor eine Anmeldung auf nationaler Ebene erfolgt ist. Nach Eingang des Antrags leitet die Kommission den Antrag unverzüglich an alle Mitgliedstaaten weiter. Widerspricht kein Mitgliedstaat binnen 15 Arbeitstagen der Verweisung, wird die unionsweite Bedeutung des Zusammenschlusses vermutet, so dass dieser bei der Kommission anzumelden ist.[69]

Praxistipp
Ob ein Antrag auf Verweisung an die Kommission zweckmäßig ist, ist eine Frage des Einzelfalls. Für eine Verweisung spricht prinzipiell die Vermeidung möglicherweise divergierender Entscheidungen auf nationaler Ebene. Ob der zu leistende Aufwand für eine europäische Anmeldung (mit vorgeschalteter Form RS) wirklich geringer ist als der Aufwand für mehrere nationale Anmeldungen, ist jeweils abzuschätzen. Abhängig von der Frage, welche Jurisdiktionen im Einzelfall betroffen sind und der konkreten Ausgestaltung des jeweiligen Fusionskontrollregimes, können die Verweisung und das anschließende Fusionskontrollverfahren der Kommission auch in zeitlicher Hinsicht von Nachteil sein. Dies gilt umso mehr, wenn mit dem Veto eines Mitgliedstaates zu rechnen ist. Auch ist zu berücksichtigen, dass die Untersuchung der Kommission den gesamten unionsweiten Markt betrifft und sich nicht, wie dies bei einer Prüfung durch die nationalen Wettbewerbsbehörden der Fall wäre, auf die Märkte einzelner Mit-

---

63 Siehe oben Rn 4.
64 Die Fusionskontrollvorschriften der meisten Jurisdiktionen können auf den Webseiten der jeweiligen Wettbewerbsbehörden oder des Wirtschaftsministeriums nachgeschlagen werden. Auf der Webseite der Kommission findet sich unter *International/bilateral relations* eine Übersicht aller Behörden, mit denen sie ein Abkommen über die Zusammenarbeit in Wettbewerbsfragen unterhält.
65 Daneben besteht für die nationalen Wettbewerbsbehörden der Mitgliedstaaten die Möglichkeit, nach erfolgter Anmeldung gemäß Art. 22 FKVO die Verweisung an die Kommission zu beantragen (sog. holländische Klausel); in der Praxis sind solche Fälle eher selten.
66 Hierzu zählen auch solche Mitgliedstaaten, deren Fusionskontrollregime eine Anmeldung auf freiwilliger Basis vorsehen, sofern die nationalen Schwellen überschritten sind, bspw. Großbritannien.
67 Vgl. hierzu Art. 4 Abs. 2 FKVO.
68 Die Form RS („Reasoned Submission") befindet sich in Anhang III der Verordnung (EG) Nr. 802/2004 der Kommission vom 21.4.2004 zur Durchführung der Verordnung (EG) Nr. 139/2004 des Rates über die Kontrolle von Unternehmenszusammenschlüssen (ABl. (EG) v. 30.4.2004, L 133/1) (Durchführungsverordnung).
69 Verweisungsanträge nach Art. 5 Abs. 4 FKVO waren in der Vergangenheit überwiegend erfolgreich. Seit Einführung der Vorschrift im Jahr 2004 wurden bis März 2012 insg. 234 Verweisungsanträge gestellt, wovon lediglich 5 abgelehnt wurden, vgl. die auf der Webseite der Kommission unter *Mergers/Statistics* veröffentlichten Übersichten.

gliedstaaten konzentriert. So geraten unter Umständen Marktverhältnisse „in das Visier" der Behörde, die von nationalen Behörden unter Umständen nicht berücksichtigt worden wären.[70]

bb) Verweisung an einen Mitgliedstaat

54 Zudem haben Unternehmen[71] die Möglichkeit zu beantragen, dass ein Zusammenschluss trotz unionsweiter Bedeutung an einen Mitgliedstaat ganz oder teilweise übertragen wird, Art. 4 Abs. 4 FKVO. Erforderlich ist, dass Anhaltspunkte dafür vorliegen, dass der Zusammenschluss auf einen gesonderten Markt innerhalb eines Mitgliedstaates erhebliche Auswirkungen[72] haben kann und die nationalen Aufgreifschwellen überschritten sind. Der Antrag ist ebenfalls vor Anmeldung und unter Verwendung des Form RS zu stellen. Widerspricht kein Mitgliedstaat binnen 15 Arbeitstagen dem von der Kommission weitergeleiteten Antrag, hat diese binnen 25 Arbeitstagen über die Verweisung zu befinden.

III. Materielle Beurteilung von Zusammenschlüssen

55 Ziel jeder Fusionskontrolle ist die Vermeidung unerwünschter Marktstrukturen, die nicht auf natürlichem, sondern vielmehr externem Wachstum beruhen. Zu prüfen ist, ob und inwieweit ein Zusammenschluss zu einer Steigerung von Marktmacht führt und damit den Spielraum für mögliche Preiserhöhungen bzw. andere potentiell schädliche Auswirkungen vergrößert. Hierzu sind etwa Qualitätsverminderungen, der Verlust von Produktvielfalt oder eine Verknappung der Angebotsmenge zu zählen.[73]

56 Mit der 8. GWB-Novelle sollen die Unterschiede zwischen der deutschen und der europäischen Fusionskontrolle weiter verringert werden, um eine weitgehend gleichlaufende Beurteilung von Zusammenschlussvorhaben auf deutscher und europäischer Ebene zu gewährleisten.[74] Im Folgenden wird daher die materielle Beurteilung eines Zusammenschlusses einheitlich für die Kommission und das BKartA dargestellt.

1. Prüfungsmaßstab

57 Im Gesetzentwurf zur 8. GWB-Novelle ist vorgesehen, den SIEC-Test (Significant Impediment of Effective Competition) der europäischen Fusionskontrolle in die deutsche Fusionskontrolle zu überführen.[75] Hiernach ist ein Zusammenschluss, durch den wirksamer Wettbewerb erheblich behindert würde und von dem insbesondere zu erwarten ist, dass er eine marktbeherrschende Stellung begründet oder verstärkt, zu untersagen. Konkret bedeutet die Einführung des SIEC-Tests in die deutsche Fusionskontrolle, dass dem nach aktueller Rechtslage maßgeblichen Untersagungskriterium der Begründung oder Verstärkung einer marktbeherrschenden Stellung die Funktion eines Regelbeispiels in einem ansonsten wirkungsbasierten Prüfungssystem zukommen wird.

---

70 Vgl. auch, Mäger/*Mäger*, 8. Kap. Rn 126.
71 Daneben besteht auch für Mitgliedstaaten nach erfolgter Anmeldung die Möglichkeit, eine entsprechende Verweisung zu beantragen, vgl. Art. 9 FKVO (sog. deutsche Klausel).
72 Eine erhebliche Beeinträchtigung des Wettbewerbs ist nicht erforderlich, vgl. Rn 17 der Mitteilung der Kommission über die Verweisung von Fusionssachen (2005/C 56/02).
73 Vgl. auch Mäger/*Mäger*, 8. Kap. Rn 163.
74 Siehe Begründung des 8. GWB-ÄndG.
75 Der Gesetzentwurf des 8. GWB-ÄndG sieht unter Nr. 20 eine entsprechende Neufassung des § 36 Abs. 1 vor.

Peter/Weinert

2. Marktabgrenzung

Bei der Prüfung der Auswirkungen eines Zusammenschlusses auf den Wettbewerb, insbesonde- **58** re durch eine Steigerung von Marktmacht, kommt der Abgrenzung des relevanten Marktes entscheidende Bedeutung zu.[76] Erst durch die Marktabgrenzung wird der Bereich definiert, der für die wettbewerbliche Würdigung maßgeblich ist. Dabei liegt der eigentliche Zweck der Marktabgrenzung in der Ermittlung der konkurrierenden Unternehmen, die tatsächlich in der Lage sind, dem Verhalten der Beteiligten Unternehmen Schranken zu setzen bzw. verhindern können, dass sich diese wirksamem Wettbewerb entziehen können.[77] Marktanteile gelten als entscheidende Indikatoren der Marktmacht, welche wiederum in hohem Maße davon abhängig sind, ob eine enge oder weite Abgrenzung des Marktes vorzunehmen ist.

a) Sachlich relevanter Markt

Der sachlich relevante Markt umfasst sämtliche Erzeugnisse und/oder Dienstleistungen, die von **59** den Verbrauchern hinsichtlich ihrer Eigenschaften, Preise und ihres vorgesehenen Verwendungszwecks als austauschbar oder substituierbar angesehen werden (sog. Nachfragesubstituierbarkeit).[78] Auf Angebotsmärkten spricht man in diesem Zusammenhang vom sog. Bedarfsmarktkonzept.[79]

Zur Klärung der im Einzelfall mitunter schwierigen Abgrenzung, haben sich in der Ent- **60** scheidungspraxis einige, teils komplexe, ökonometrische Methoden etabliert. Mit Hilfe des sog. SSNIP-Test (Small but Significant Non-transitory Increase in Price) wird etwa die Kreuzpreiselastizität zweier Produkte untersucht. Geprüft wird hierbei, ob und in welchem Umfang eine fiktive Preiserhöhung um 5-10% für ein Produkt X sich auf die Nachfrage nach Produkt Y auswirkt. Ist die Verlagerung der Nachfrage so groß, dass eine Preiserhöhung aufgrund eines Absatzrückganges nicht mehr einträglich wäre, gehören die Produkte demselben sachlich relevanten Markt an.

Ebenfalls von Bedeutung für die Definition des sachlich relevanten Marktes ist die sog. An- **61** gebotssubstituierbarkeit bzw. Produktumstellungsflexibilität potentieller Anbieter. Gemeint ist die Möglichkeit eines Unternehmens, in Reaktion auf die Veränderung des relativen Preises für ein Produkt seine Produktion kurzfristig und ohne spürbaren Kostenaufwand umzustellen und in den betreffenden Markt einzusteigen.[80] Sind diese Voraussetzungen erfüllt, üben auch diese Unternehmen disziplinierende Wirkung auf das Wettbewerbsverhalten der beteiligten Unternehmen aus, so dass die entsprechenden Produkte in den sachlich relevanten Markt mit einzubeziehen sind.

Praxistipp

Zur Abgrenzung des sachlich relevanten Marktes ist zunächst zu bestimmen, welche Produkte aus Sicht eines verständigen Verbrauchers zur Deckung seines Bedarfs als gleichwertig anzusehen sind. In einem zweiten Schritt ist zu hinterfragen, ob Produkte, die als nicht gleichwertig anzusehen sind, aufgrund hoher Produktionsflexibilität einem einheitlichen Produktmarkt zuzuordnen sind. Beispielsweise sind Schuhe der Größen 43 und 46 aus Sicht eines Verbrauchers nicht gleichwertig, weil er einen spezifischen Bedarf hat. Es wäre aber verfehlt, nicht von einem einheitlichen Markt, der sämtliche handelsüblichen Schuhgrößen erfasst, auszugehen, da ein Hersteller, auch

---

76 Vgl. auch BKartA, Leitfaden zur Marktbeherrschung in der Fusionskontrolle v. 29.3.2012, Fn 1.
77 Mäger/*Mäger*, 8. Kap. Rn 175.
78 Bekanntmachung der Kommission über die Definition des relevanten Marktes im Sinne des Wettbewerbsrechts der Gemeinschaft (ABl. (EG) v. 9.12.1997, C 372/3) (Bekanntmachung relevanter Markt), Rn 8, 15.
79 Dieses Konzept ist auf Nachfragemärkte (Fragestellung: Ist ein Handelsunternehmen gegenüber seinem Lieferanten aufgrund seiner Einkaufsmacht markbeherrschend?) spiegelbildlich zu übertragen. Aus Sicht des Anbieters kommt es hier im Wesentlichen darauf an, welche alternativen Absatzwege zur Verfügung stehen.
80 Bekanntmachung relevanter Markt, Rn 20.

wenn er eine bestimmte Größe nicht produziert, seine Produktion ohne substantiellen zeitlichen und finanziellen Mehraufwand umzustellen vermag. Als hilfreich erweist sich oftmals – auch hinsichtlich der räumlichen Marktabgrenzung – ein Blick in die Entscheidungspraxis der Kartellbehörden in dem jeweils von dem Zusammenschluss betroffenen Produktbereich.[81]

b) Räumlich relevanter Markt

62 Zweck der räumlichen Marktabgrenzung ist die Ermittlung des Gebiets, auf dem sich der Zusammenschluss wettbewerblich auswirken kann. Der räumlich relevante Markt erfasst dabei das Gebiet, in dem das betroffene Unternehmen wirksamem Wettbewerb ausgesetzt ist und die Wettbewerbsbedingungen hinreichend homogen sind und welches sich von Nachbargebieten unterscheidet, insb. durch deutlich unterschiedliche Wettbewerbsbedingungen.[82] Im Wesentlichen erfolgt die Abgrenzung des räumlich relevanten Marktes nach den gleichen Kriterien wie die des sachlich relevanten Marktes. Ausschlaggebend ist die funktionelle Austauschbarkeit eines Anbieters aus Sicht der Marktgegenseite. Können die Abnehmer im Falle einer Preiserhöhung oder einer sonstigen Verschlechterung des Angebots der beteiligten Unternehmen auf andere Anbieter innerhalb des gleichen sachlich relevanten Marktes umsteigen, gehören sie einem räumlich relevanten Markt an. Von Bedeutung sind insbesondere Transportkosten, aber auch Nachfragemerkmale wie nationale Vorlieben, Sprache und Kultur.[83]

3. Wettbewerbliche Würdigung

63 Dreh- und Angelpunkt der materiellen Fusionskontrolle, also der Prüfung einer erheblichen Behinderung wirksamen Wettbewerbs, ist die Frage, ob durch den Zusammenschluss auf einem relevanten Markt eine marktbeherrschende Stellung begründet oder verstärkt wird. Kern des Marktbeherrschungsbegriffs ist das Vorliegen eines vom Wettbewerb nicht hinreichend kontrollierten Verhaltensspielraums, also der Befähigung des marktbeherrschenden Unternehmens, sich in einem nennenswerten Umfang unabhängig von seinen Abnehmern und den Verbrauchern zu verhalten.[84] Nach deutschem Recht ist dies erfüllt, soweit ein Unternehmen auf dem sachlich und räumlich relevanten Markt ohne Wettbewerber oder keinem wesentlichen Wettbewerb ausgesetzt ist, oder wenn das Unternehmen eine im Verhältnis zu seinen Wettbewerbern überragende Marktstellung hat.[85]

a) Beurteilung anhand von Marktanteilen

64 Ausgangspunkt dieser Prüfung sind die Marktanteile der Beteiligten und ihrer Wettbewerber, welche sowohl in der europäischen als auch in der deutschen Fusionskontrolle einen Anhaltspunkt der Beurteilung von Marktmacht darstellen. In Deutschland sind zudem gesetzliche Vermutungsregeln von Bedeutung, wonach an bestimmte Marktanteilsschwellen die widerlegbare Vermutung der Marktbeherrschung geknüpft ist. In der aktuellen Fassung des GWB wird davon

---

81 Das BKartA veröffentlicht auf seiner Webseite seine seit 1999 im Hauptprüfverfahren ergangenen Entscheidungen und Fallberichte ausgewählter Phase 1-Entscheidungen. Entscheidungen der Kommission finden sich unter *Mergers/Cases*; hier bietet sich eine Suche unter Verwendung des branchenspezifischen NACE-Codes an.
82 BKartA, Ent. v. 19.12.1999, WuW/E DE-V 203 ff. – Krautkrämer/Nutronik; *Bechtold*, § 19 Rn 21; vgl. auch Art. 9 Abs. 7 FKVO.
83 Vgl. Bekanntmachung relevanter Markt, Rn 46.
84 Leitlinien horizontale Zusammenschlüsse (siehe Fn 88), Rn 8 f.
85 Vgl. § 19 Abs. 2 GWB. Diese Definition wird mit Erlass der 8. GWB Novelle aller Voraussicht nach ohne materielle Änderung in § 18 Abs. 1 GWB n.F. überführt werden, Gesetzentwurf des 8. GWB-ÄndG, Nr. 5.

ausgegangen, dass ein Unternehmen marktbeherrschend ist, wenn es einen Marktanteil von mindestens einem Drittel hat, sog. Einzelmarktbeherrschung gem. § 19 Abs. 3 GWB. Diese Schwelle wird mit Erlass der 8. GWB-Novelle auf einen Wert von voraussichtlich 40% angehoben werden.[86] Von kollektiver Marktbeherrschung spricht man dagegen, wenn die beteiligten Unternehmen zusammen mit einem nicht an dem Zusammenschluss beteiligten Unternehmen bei oligopolistischer Marktstruktur die beherrschende Stellung begründen. Eine derartige Gesamtheit von Unternehmen gilt nach deutschem Recht als marktbeherrschend, wenn sie aus drei oder weniger Unternehmen besteht, die zusammen einen Marktanteil von 50% erreichen, oder bei fünf oder weniger Unternehmen, die zusammen einen Marktanteil von zwei Dritteln halten. Obwohl die europäische Fusionskontrolle derartige Vermutungstatbestände nicht kennt, gelten im Allgemeinen Marktanteile bis zu 25% als Indiz, dass der Zusammenschluss mit dem Binnenmarkt vereinbar ist.[87]

b) Berücksichtigung markt- und unternehmensbezogener Faktoren

Die Bedeutung der Marktanteile für die kartellrechtliche Bewertung kann aufgrund von markt- **65** und unternehmensbezogenen Faktoren zu relativieren sein. So ist nicht nur deren absolute Höhe, sondern vielmehr auch ihre Verteilung auf andere Marktteilnehmer und ihre zeitliche Entwicklung relevant. Folgende mögliche Ausgleichsfaktoren sind denkbar:

– gegengewichtige Nachfragemacht der Abnehmer;
– geringe Marktzutrittsschranken (potentieller Wettbewerb);
– Effizienzgewinne;
– Sanierungsfusionen.

Weitere Wettbewerbsfaktoren im relevanten Markt sind die Kapazitäten bzw. Kapazitätsbe- **66** schränkungen der Wettbewerber, der Zugang der beteiligten Unternehmen zu den Beschaffungs- und Absatzmärkten, etwaige Verflechtungen mit anderen Unternehmen sowie die finanziellen Ressourcen der Beteiligten.[88]

c) Vertikale und konglomerate Zusammenschlüsse

Zu beachten ist, dass auch nichthorizontale Zusammenschlüsse, sprich Zusammenschlüsse zwi- **67** schen Unternehmen, die nicht in einem Wettbewerbsverhältnis zueinander stehen, den Wettbewerb beeinträchtigen können. In diesem Zusammenhang ist zwischen vertikalen und konglomeraten Zusammenschlüssen zu unterscheiden. Bei einem vertikalen Zusammenschluss sind die beteiligten Unternehmen auf einander nachgelagerten Märkten tätig, also solchen, die über die Wertschöpfungskette eines Produkts verbunden sind. Eine derartige vertikale Integration kann zwar nicht zu einer Steigerung von Marktanteilen, wohl aber zu einer Marktabschottung führen,

---

86 Vgl. Gesetzentwurf des 8. GWB-ÄndG, Nr. 5 wonach die entsprechende Regelung in § 18 Abs. 1 überführt werden soll.

87 Vgl. Erwägungsgrund 32 FKVO; im Ergebnis dürfte der kritische Bereich bei einem gemeinsamen Marktantei von 40% beginnen, vgl. Mäger/*Mäger*, 8. Kap. Rn 180.

88 Sowohl das BKartA als auch die Kommission haben Leitfäden zur Beurteilung verschiedener Formen vor Zusammenschlüssen veröffentlicht. Für die deutsche Fusionskontrolle ist insbesondere der Leitfaden zur Marktbeherrschung in der Fusionskontrolle vom 29.3.2012 (Leitlinien Marktbeherrschung) relevant. Auf europäischer Ebene existieren Leitlinien zur Bewertung horizontaler Zusammenschlüsse gemäß der Ratsverordnung über die Kontrolle von Unternehmenszusammenschlüssen (ABl. (EU) v. 5.2.2004, C 31/5) (Leitlinien horizontale Zusammenschlüsse), und die Leitlinien zur Bewertung richthorizontaler Zusammenschlüsse gemäß der Ratsverordnung über die Kontrolle von Unternehmenszusammenschlüssen (ABl. (EU) v. 18.10.2008, C 265/6) (Leitlinien nichthorizontale Zusammenschlüsse).

etwa indem ein marktstarkes Unternehmen seinen Wettbewerbern auf dem nachgelagerten Markt den Zugang zu einem Vorprodukt versperrt oder erschwert.[89] Von einem konglomeraten Zusammenschluss spricht man hingegen, wenn die beteiligten Unternehmen weder auf dem gleichen noch aufeinander vor- oder nachgelagerten Märkten, sondern auf sachlich verschiedenen Märkten tätig sind. Problematisch sind derartige Zusammenschlüsse unter anderem dann, wenn die Produkte zwar untereinander nicht austauschbar sind, zusammen aber ein Sortiment bilden, das typischerweise nur in seiner Gesamtheit nachgefragt wird.[90]

IV. Allgemeiner Verfahrensablauf

1. Europäische Fusionskontrolle
a) Form und Verfahren der Anmeldung

68 Zusammenschlüsse in Form einer Fusion oder der Begründung gemeinsamer Kontrolle sind von den beteiligten Unternehmen gemeinsam anzumelden. In allen anderen Fällen ist die Anmeldung von dem Erwerber der Kontrolle einzureichen, Art. 4 Abs. 2 FKVO.

69 Ein Zusammenschlussvorhaben muss unter Verwendung des von der Kommission vorgegebenen Formblatts angemeldet werden. Die Anmeldung kann auf Deutsch verfasst werden und muss die in der sog. Form CO[91] verlangten Angaben enthalten. Für eine Anmeldung bei der Kommission müssen umfangreiche Informationen zusammengetragen werden. Neben Angaben zu den Beteiligten, der Art des Zusammenschlusses und der betroffenen Märkte besteht eine Vorlagepflicht für Analysen, Berichte, Studien und sonstige vergleichbare Unterlagen, die von einem Mitglied oder für ein Mitglied der Geschäftsführung oder der Aufsichtsorgane mit dem Ziel erstellt worden sind, den Zusammenschluss u.a. im Hinblick auf Marktanteile, Wettbewerbsbedingungen, Wettbewerber, Beweggründe etc. zu analysieren und zu bewerten.[92] Werden vorsätzlich oder fahrlässig unrichtige, unvollständige oder irreführende Angaben in der Anmeldung gemacht, kann die Kommission Nachprüfungen vornehmen und gemäß Art. 14 Abs. 1 und 2 FKVO Bußgelder gegen die Anmelder in Höhe von bis zu 1% des Gesamtumsatzes aller Beteiligten verhängen.

70 Zusammenschlussvorhaben sind nach Vertragsabschluss, Veröffentlichung des Übernahmeangebots oder des Erwerbs einer die Kontrolle begründenden Beteiligung bei der Kommission anzumelden. Eine Anmeldung ist auch dann möglich, wenn die beteiligten Unternehmen glaubhaft machen, einen Vertrag über einen beabsichtigten Zusammenschluss schließen zu wollen, bzw. wenn sie öffentlich ihre Absicht zur Abgabe eines Angebotes bekundet haben, Art. 4 Abs. 1 FKVO.

71 Die Anmeldung eines Zusammenschlussvorhabens wird auf der Webseite der Kommission unter Angabe der beteiligten Unternehmen, der Art des Zusammenschlusses und des betroffenen Wirtschaftszweiges veröffentlicht, Art. 4 Abs. 3 FKVO.

Praxistipp

Praktische Hilfestellungen bei der Erstellung einer Anmeldung finden sich in der Mitteilung der Kommission über die Form einer Anmeldung (ABl. (EU) v. 17.10.2006, C 251/2) sowie auf der Webseite der Kommission unter *Merger/ Practical information*.

---

89 Siehe hierzu im Einzelnen Leitlinien Marktbeherrschung, Rn 129 ff.; Leitlinien nichthorizontale Zusammenschlüsse Rn 28 ff.
90 Siehe Leitlinien Marktbeherrschung, Rn 160 ff.; Leitlinien nichthorizontale Zusammenschlüsse Rn 91 ff.
91 Die Form CO („Concentration") ist abgedruckt in Anhang I der Durchführungsverordnung. Unter den in Anhang II aufgeführten Voraussetzungen können Anmeldungen in der dort beschriebenen Kurzfassung eingereicht werden.
92 Vgl. Rn 5.4. der Form CO. Zur Erstellung der Dokumente siehe Rn 17.

b) Vollzugsverbot

Ein kontroll- und anmeldepflichtiger Zusammenschluss darf nicht vollzogen werden, bis er **72** von der Kommission für mit dem Binnenmarkt vereinbar erklärt worden ist oder die Prüfungsfristen ohne Tätigwerden der Behörde abgelaufen sind, Art. 7 Abs. 1 FKVO. Abs. 2 der Vorschrift sieht bei Vorliegen gewisser Voraussetzungen eine Ausnahme vom Vollzugsverbot für den Anteilserwerb im Wege eines öffentlichen Übernahmeangebots oder im Wege einer Reihe von Rechtsgeschäften mit Wertpapieren vor. Überdies kann die Kommission das Vollzugsverbot im Einzelfall auf Antrag bis zum Erlass einer endgültigen Entscheidung aussetzen, um einen drohenden Schaden für die beteiligten Unternehmen abzuwenden, Art. 7 Abs. 3 FKVO.[93]

Zur Überprüfung, ob ein Zusammenschlussvorhaben ohne vorherige Anmeldung vollzogen **73** wurde, ist die Kommission befugt, Nachprüfungen, d.h. Durchsuchungen der Unternehmen durchzuführen.[94] Bei einem Verstoß gegen das Vollzugsverbotes drohen den beteiligten Unternehmen erhebliche Geldbußen von bis zu 10% des im letzten Geschäftsjahr erzielten Gesamtumsatzes, Art. 14 Abs. 2b) FKVO. Rechtsgeschäfte, die unter Missachtung des Vollzugsverbots vorgenommen wurden, sind bis zur endgültigen Entscheidung der Kommission schwebend unwirksam, Art. 7 Abs. 4 FKVO.[95] Die Kommission ist befugt, bei rechtswidrig vollzogenen Zusammenschlüssen, die sie für unvereinbar mit dem Binnenmarkt erklärt, Entflechtungsmaßnahmen nach Art. 8 Abs. 4 FKVO und ggf. bis zur endgültigen Entscheidung einstweilige Maßnahmen anzuordnen.

c) Vorprüfverfahren (Phase 1)

Mit Eingang einer vollständigen Anmeldung beginnt die sog. erste Prüfungsphase: Innerhalb **74** von 25 Arbeitstagen[96] muss die Kommission den Zusammenschluss entweder genehmigen oder ein mit umfangreichen Untersuchungen einhergehendes Hauptprüfverfahren einleiten, Art. 10 Abs. 1 FKVO. Die Frist wird auf 35 Arbeitstage verlängert, wenn der Kommission ein Verweisungsantrag eines Mitgliedstaats gemäß Art. 9 Abs. 2 FKVO zugeht (siehe Rn 52) oder wenn die beteiligten Unternehmen Verpflichtungszusagen vorlegen, Art. 10 Abs. 1 Unterabs. 2 FKVO (siehe Rn 78). Ein Zusammenschluss gilt als freigegeben, wenn innerhalb der gesetzten Frist keine Entscheidung der Kommission ergeht, Art. 10 Abs. 6 FKVO.

d) Hauptprüfverfahren (Phase 2)

Beschließt die Kommission ein Hauptprüfverfahren, die sog. zweite Phase, einzuleiten,[97] da der **75** Zusammenschluss Bedenken hinsichtlich seiner Vereinbarkeit mit dem Binnenmarkt ausgelöst hat, muss sie innerhalb von max. 90 Arbeitstagen[98] nach Eingang der vollständigen Anmeldung eine abschließende Entscheidung erlassen, Art. 10 Abs. 3 FKVO. Bieten die beteiligten Unternehmen nach dem 55. Arbeitstag Verpflichtungszusagen an, erhöht sich die Frist auf 105 Arbeitstage. Weitere Möglichkeiten der Fristverlängerung sind in Art. 10 Abs. 3 Unterabs. 2 FKVO geregelt.

---

93 Die Praxis der Kommission zur Erteilung von Freistellungen ist sehr restriktiv. Im Zeitraum 1990 bis 2011 wurden insg. 120 Freistellungen vom Vollzugsverbot erteilt, vgl. die auf ihrer Webseite veröffentlichten Statistiken der Kommission unter *Mergers/Statistics*.

94 Art. 13 Abs. 1 FKVO.

95 Für Rechtsgeschäfte mit Wertpapieren besteht gemäß Art. 7 Abs. 4 Unterabs. 2 FKVO eine Ausnahme.

96 Zur Fristberechnung siehe Art. 7–10 und 24 der Durchführungsverordnung (siehe Fn 68).

97 Bei nur etwa 3% aller Anmeldungen wird eine 2. Phase eingeleitet, vgl. die auf ihrer Webseite veröffentlichten Statistiken der Kommission unter *Mergers/Statistics*.

98 Zur Fristberechnung siehe Fn 96.

76   Die Kommission ist zur Beurteilung eines Zusammenschlusses ermächtigt, alle erforderlichen Auskünfte (auch bei Dritten) einzuholen und Nachprüfungen bei den beteiligten Unternehmen vorzunehmen.

77   Die Kommission veröffentlicht den wesentlichen Inhalt ihrer Entscheidungen im Amtsblatt der EU sowie eine nicht-vertrauliche Fassung derselben auf ihrer Webseite.

e) Verpflichtungszusagen

78 Die beteiligten Unternehmen können Verpflichtungszusagen vorschlagen, um einen wettbewerblich bedenklichen Zusammenschluss mit dem Binnenmarkt vereinbar zu gestalten.[99] Die Verpflichtungen müssen in einem angemessenen Verhältnis zu dem Wettbewerbsproblem stehen und dieses vollständig beseitigen.[100] Entgegen dem geltenden deutschen Recht[101] nimmt die Kommission nicht nur strukturelle, sondern auch verhaltensbestimmende Verpflichtungen an. Nach der Rechtsprechung der Europäischen Gerichte verdienen Verpflichtungen struktureller Art (z.B. die Verpflichtung zur Veräußerung eines Geschäfts, Gewährung des Zugangs zu wichtiger Infrastruktur etc.) zwar grundsätzlich den Vorrang vor Verhaltenszusagen (z.B. die Nichtverwendung einer Marke für bestimmte Zeit). Verhaltensbestimmende Verpflichtungen können in gewissen Fällen jedoch ebenfalls geeignet sein, eine Untersagung abzuwenden.[102] Bevor die Kommission Verpflichtungszusagen akzeptiert, wird den Mitgliedstaaten und betroffenen Dritten die Möglichkeit zur Stellungnahme gegeben.

79   Wird ein Zusammenschlussvorhaben unter Verstoß gegen eine Bedingung vollzogen, unter der es freigegeben wurde, so gilt der Zusammenschluss in der vollzogenen Form als nicht von der Kommission genehmigt. Handelt ein Unternehmen einer auferlegten Auflage zuwider, kann die Kommission ihre Genehmigung widerrufen.[103] In beiden Fällen können gegen die Unternehmen Sanktionen verhängt werden. Die Kommission ist befugt, Nachprüfungen vorzunehmen, wenn Gründe für die Annahmen vorliegen, dass gegen Bedingungen oder Auflagen verstoßen wurde.

f) Verwaltungsgebühren

80 Die Kommission erhebt keine Gebühren für ihre Fusionskontrolle.

g) Rechtsschutz

81 Gegen Verwaltungsentscheidungen der Kommission in Zusammenschlussverfahren steht der Rechtsweg zu den Europäischen Gerichten offen, Art. 21 Abs. 2 FKVO. Für Beschwerden gegen Fusionsentscheidungen ist in erster Instanz das Europäische Gericht der EU zuständig. Der EuGH entscheidet über Rechtsmittelverfahren und über Klagen von Mitgliedstaaten.

---

99 Siehe Mitteilung der Kommission über nach der Verordnung (EG) Nr. 139/2004 des Rates und der Verordnung (EG) Nr. 802/2004 der Kommission zulässige Abhilfemaßnahmen (ABl. (EU) v. 22.10.2008, C 267/1); zu den Auswirkungen auf die Prüfungsfristen siehe Rn 75.
100 Der Kommission steht kein Ermessen bei der Beurteilung zu, ob Zusagen einen Zusammenschluss mit dem Binnenmarkt vereinbar machen, siehe Mitteilung über zulässige Abhilfemaßnahmen, Rn 8.
101 Zu den voraussichtlichen Änderungen im Rahmen der 8. GWB-Novelle vgl. unten Rn 91.
102 EuGH v. 15.2.2005 – Rs. C-12/03 P – Tetra Laval, Slg. 2005, I-987, Rn 85 ff.; EuG v. 25.3.1999 – Rs. T-102/96 – Gencor, Slg. 1999 II-753, Rn 319 f.
103 Siehe Mitteilung über zulässige Abhilfemaßnahmen, Rn 20.

2. Deutsche Fusionskontrolle

a) Form und Verfahren der Anmeldung

Zur Anmeldung sind die am Zusammenschluss beteiligten Unternehmen (siehe Rn 44), im Fall **82** eines Vermögens- oder Anteilserwerbs nach § 37 Abs. 1 Nr. 1 bzw. Nr. 3 GWB auch der Veräußerer, verpflichtet. Im Gegensatz zur Kommission schreibt das Bundeskartellamt nicht die Form der Anmeldung vor.[104] Sie kann formlos per Post, per Fax oder E-Mail[105] eingereicht werden. Die Prüfungsfristen des § 40 Abs. 1 und 2 GWB beginnen zu laufen, wenn die Anmeldung vollständig ist. Anmeldungen sind vollständig, wenn sie die in § 39 Abs. 3 GWB aufgeführten Angaben enthalten. Dazu zählen u.a. Angaben über die beteiligten Unternehmen und die mit ihnen verbundenen Unternehmen,[106] die Form des Zusammenschlusses, die im letzten Geschäftsjahr im Inland, europa- und weltweit erzielten Umsatzerlöse sowie Angaben zu den Märkten, in denen die Beteiligten mehr als 20% Marktanteile halten.[107] Die Angabe unrichtiger oder unvollständiger Informationen in einer Anmeldung verhindert nicht nur den Beginn der Prüfungsfrist, sondern ist zudem eine Ordnungswidrigkeit, die mit einer Geldbuße von bis zu 100.000 EUR geahndet werden kann, § 81 Abs. 2 Nr. 3 GWB.

Laufende Zusammenschlussverfahren werden unter Angabe der beteiligten Unternehmen, **83** der betroffenen Produktbereiche und des Anmeldedatums auf der Webseite des Bundeskartellamtes veröffentlicht.

b) Vollzugsverbot und Anzeigepflicht

Ein anmeldepflichtiger Zusammenschluss darf nicht vollzogen werden, bevor das Bundeskar- **84** tellamt den Zusammenschluss freigegeben hat oder die Prüfungsfristen des § 40 Abs. 1 S. 1 bzw.

---

104 Auf seiner Webseite hat das BKartA ein Formular zur Anmeldung eines Zusammenschlusses veröffentlicht, das jedoch nicht zwingend benutzt werden muss. Hilfreiche Erläuterungen zur Anmeldung finden sich in dem Merkblatt „Gliederung und Anmerkungen zum Anmeldeformular".
105 Der Gesetzentwurf des 8. GWB-ÄndG sieht vor, dass bei einer elektronischen Anmeldung eine De-Mail bzw. eine E-Mail mit qualifizierter elektronischer Unterschrift benutzt werden muss, Nr. 22.
106 Im Fall eines Vermögens- oder Anteilserwerb sind auch Angaben über den Veräußerer zu machen.
107 Deutsche Anmeldungen sind aufgrund des begrenzten Umfangs der erforderlichen Angaben oft sehr schlank. Das BKartA fordert ggf. nachträglich im Wege eines Auskunftsersuchens nachträglich weitere Informationen an.

S. 2 GWB abgelaufen sind. Wenn eine zügige Freigabe nicht möglich ist, kann das Bundeskartellamt auf Antrag ausnahmsweise eine Befreiung vom Vollzugsverbot erteilen, wenn die beteiligten Unternehmen hierfür wichtige Gründe geltend machen, insbesondere um schweren Schaden von einem beteiligten Unternehmen oder von Dritten abzuwenden, § 41 Abs. 2 GWB. Der Gesetzentwurf des 8. GWB-ÄndG sieht darüber hinaus die Einführung einer Ausnahme vom Vollzugsverbot für öffentliche Übernahmeangebote vor.[108]

85   Ein Verstoß gegen das Vollzugsverbot stellt eine Ordnungswidrigkeit dar und kann bei natürlichen Personen mit einer Geldbuße von bis zu einer 1 Mio. EUR geahndet werden, § 81 Abs. 2 Nr. 1 i.V.m. Abs. 4 S. 1 GWB. Wird eine Geldbuße gegen ein Unternehmen verhängt, darf diese für jedes an der Zuwiderhandlung beteiligte Unternehmen darüber hinaus bis zu 10% seines jeweiligen im vorausgegangenen Geschäftsjahr erzielten Gesamtumsatzes betragen, § 81 Abs. 4 S. 2 GWB.[109] Ist ein Zusammenschluss vollzogen worden, der die Untersagungsvoraussetzungen nach § 36 Abs. 1 GWB erfüllt, so kann das Bundeskartellamt eine Entflechtung anordnen, § 41 Abs. 3 GWB. Im Übrigen sind Rechtsgeschäfte, die gegen das Vollzugsverbot verstoßen gemäß § 41 Abs. 1 S. 2 GWB schwebend unwirksam. Das 8. GWB-ÄndG sieht eine rückwirkende Heilung der zivilrechtlichen schwebenden Unwirksamkeitsfolge von Rechtsgeschäften vor, wenn der nicht angemeldete Zusammenschluss nach Vollzug angezeigt und das Entflechtungsverfahren eingestellt oder eine Ministererlaubnis erteilt wurde.[110]

86   Der Vollzug eines Zusammenschlusses muss unverzüglich gegenüber dem Bundeskartellamt angezeigt werden, § 39 Abs. 6 GWB. Der Verstoß gegen die Anzeigepflicht des Vollzugs stellt ebenfalls eine Ordnungswidrigkeit dar, § 81 Abs. 2 Nr. 4 GWB, die aber in der Praxis nicht verfolgt wird, wenn die Anzeige nach Erinnerung durch das Bundeskartellamt erfolgt.

c) Vorprüfverfahren (Phase 1)

87 Geht dem Bundeskartellamt eine vollständige Anmeldung zu, so hat es den anmeldenden Unternehmen innerhalb einer Frist von einem Monat[111] mitzuteilen, dass entweder keine Untersagungsgründe vorliegen, das Vorhaben also freigegeben wird, oder dass die Prüfung des Vorhabens die Einleitung eines Hauptprüfverfahrens erfordert, § 40 Abs. 1 GWB. Die Wirkung der Nichtuntersagung träfe auch dann ein, wenn das Bundeskartellamt innerhalb der Monatsfrist nicht tätig werden würde. Die überwiegende Zahl der beim Bundeskartellamt angemeldeten Zusammenschlussvorhaben wird innerhalb der sog. ersten Phase durch formloses Verwaltungsschreiben freigegeben.[112]

d) Hauptprüfverfahren (Phase 2)

88 Liegen dem Bundeskartellamt Anhaltspunkte vor, dass das Zusammenschlussvorhaben wettbewerbsrechtliche Probleme aufwerfen könnte, die nicht innerhalb der Monatsfrist des Vorprüfverfahrens ausgeräumt bzw. abschließend analysiert werden können, leitet die Behörde ein förmliches Hauptprüfverfahren gemäß § 40 Abs. 2 GWB ein. Für die sog. zweite Phase sind weitere

---

108 Gesetzentwurf des 8. GWB-ÄndG, Nr. 24 lit. b. Dies entspricht der europäischen Regelung des Art. 7 Abs. 2 FKVO.
109 Das BKartA hat in jüngerer Vergangenheit wiederholt Verstöße gegen das Vollzugsverbot sanktioniert, allein im Jahr 2011 wurden drei Unternehmen bebußt. Das US-Unternehmen Mars erhielt 2008 ein Rekordbußgeld in Höhe von 4,5 Mio. EUR wegen des nicht angemeldeten Erwerbs eines US-Tierfutterherstellers.
110 Gesetzentwurf des 8. GWB-ÄndG, Nr. 24 lit. a, Begründung S. 30. Die Befugnis, den Verstoß gegen das Vollzugsverbot mit Geldbußen zu ahnden, bleibt von der Heilungsmöglichkeit unberührt.
111 Die Frist berechnet sich nach § 31 VwVfG i.V.m. §§ 187 ff. BGB.
112 In den Jahren 2009/2010 wurden insgesamt 89% der eingegangenen Anmeldungen im Vorprüfverfahren freigegeben, siehe BKartA, Tätigkeitsbericht 2009/2010, BT-Dr. 17/6640, 158.

drei Monate vorgesehen, so dass die Prüfung insgesamt maximal vier Monate ab Eingang der vollständigen Anmeldung in Anspruch nehmen darf. Ergeht innerhalb dieser Frist keine das Verfahren abschließende Verfügung, so gilt der Zusammenschluss als freigegeben, § 40 Abs. 2 S. 2 GWB. Die Vier-Monatsfrist kann nur mit Zustimmung der beteiligten Unternehmen verlängert werden.[113]

Ergeben die Ermittlungen im Hauptprüfverfahren, dass der Zusammenschluss eine markt- **89** beherrschende Stellung der beteiligten Unternehmen begründen oder verstärken würde (Rn 57 ff.), kann er durch das Bundeskartellamt untersagt werden, § 36 Abs. 1 GWB. Unter Umständen kann ein solches Vorhaben jedoch unter Bedingungen und Auflagen freigegeben werden (siehe unten Rn 91).

Freigaben, die in der ersten Phase ergangen sind, werden in der Liste der „Laufenden Zu- **90** sammenschlussvorhaben" veröffentlicht. Das Bundeskartellamt verfasst zu wichtigen Entscheidungen jedoch Fallberichte, die auf der Webseite des Bundeskartellamtes zu finden sind. Förmlichen Entscheidungen, die im Hauptprüfverfahren ergangen sind, sind im Bundesanzeiger bekannt zu machen und werden im Volltext um Geschäftsgeheimnisse bereinigt auf der Webseite des Bundeskartellamtes veröffentlicht.

e) Bedingungen und Auflagen

Gemäß § 40 Abs. 3 GWB kann eine Freigabe mit Bedingungen und Auflagen verbunden wer- **91** den.[114] Diese Nebenbestimmungen dürfen nicht darauf hinaus laufen, dass die beteiligten Unternehmen einer laufenden Verhaltenskontrolle unterstellt werden. Aus dieser Formulierung und der Orientierung der Vorschrift an den materiellen Kriterien des § 36 Abs. 1 GWB wurde z.T. ein generelles Verbot von Verhaltenszusagen abgeleitet.[115] Der Gesetzentwurf des 8. GWB-ÄndG sieht nunmehr klärend vor, dass Verhaltenszusagen möglich sind, soweit sie ebenso geeignet und wirksam sind wie Zusagen struktureller Art, um das identifizierte Wettbewerbsproblem zu beseitigen.[116] Zur Annahme von Verhaltenszusagen ist das Bundeskartellamt allerdings nur verpflichtet, wenn es die Durchführung der Zusagen effektiv kontrollieren kann. Aus diesem Grund bleibt es bei der Voraussetzung, dass Zusagen nicht zu einer laufenden Verhaltenskontrolle führen dürfen. Der Gesetzentwurf sieht weiterhin vor, dass sich die Prüffrist für das Bundeskartellamt automatisch um einen Monat verlängert, wenn die anmeldenden Unternehmen erstmals Vorschläge für Zusagen unterbreiten.[117]

f) Verwaltungsgebühren

Die Anmeldung eines kontrollpflichtigen Zusammenschlusses ist gebührenpflichtig. Die Höhe **92** der Gebühren bestimmt sich nach dem personellen und sachlichen Aufwand des Bundeskartellamtes unter Berücksichtigung der wirtschaftlichen Bedeutung des Vorhabens, § 80 Abs. 2 S. 1 GWB. Die Gebühr darf grundsätzlich 50.000 EUR nicht übersteigen, kann in Ausnahmefällen jedoch verdoppelt werden, § 80 Abs. 2 S. 2 Nr. 1 i.V.m. S. 3 GWB. Die Gebühren für Standard-

---

113 Mit Erlass des 8. GWB-ÄndG ist eine Hemmung der Frist vorgesehen, wenn angeforderte Auskünfte nicht rechtzeitig oder vollständig an das BKartA übermittelt werden, unabhängig von ihrer Kausalität für die Entscheidung, Gesetzentwurf des 8. GWB-ÄndG, Nr. 23 lit. a, Begründung S. 30.
114 Der BGH hat in dem Fall *Phonak/GN Store* deutlich gemacht, dass es nicht im pflichtgemäßen Ermessen des BKartAs steht, einen Zusammenschluss zu untersagen oder unter Beifügung von Bedingungen und Auflagen freizugeben, WuW/E DE-R 2905, 2920, Rn 90.
115 Immenga/Mestmäcker/*Mestmäcker/Veelken*, § 40 Rn 62.
116 Gesetzentwurf des 8. GWB-ÄndG, Nr. 23 lit. b, Begründung S. 30.
117 Gesetzentwurf des 8. GWB-ÄndG, Nr. 23 lit. a. Dies entspricht der europäischen Regelung des Art. 10 Abs. 2 und 3 FKVO.

Anmeldungen ohne besonderen Prüfaufwand und ohne herausragende wirtschaftliche Bedeutung bewegen sich derzeit zwischen 4.000 EUR und 8.000 EUR.

g) Rechtsschutz

93 Die beteiligten Unternehmen können eine Untersagungsverfügung des Bundeskartellamts gemäß § 63 GWB vor dem zuständigen Oberlandesgericht Düsseldorf anfechten.

94   Neben dem Recht zur Beschwerde steht den Unternehmen parallel die Möglichkeit der Ministererlaubnis offen. Das wirtschaftspolitische Instrument ist eine Besonderheit der deutschen Fusionskontrolle: Gemäß § 42 Abs. 1 GWB kann der Bundeswirtschaftsminister auf Antrag der beteiligten Unternehmen die Erlaubnis zu einem untersagten Zusammenschluss erteilen, wenn die Wettbewerbsbeschränkungen von gesamtwirtschaftlichen Vorteilen des Zusammenschlusses aufgewogen sind oder dieser durch ein überragendes Interesse der Allgemeinheit gerechtfertigt ist. Liegt eine dieser beiden Voraussetzungen vor, besteht ein Rechtsanspruch auf Erteilung der Erlaubnis. In der Praxis wird die Ministererlaubnis nur in sehr wenigen Fällen erteilt.[118]

Praxistipp

Das Bundeskartellamt hat verschiedene Merkblätter zur deutschen Fusionskontrolle auf seiner Webseite unter *Fusionskontrolle/Merkblätter* veröffentlicht. Sie geben einen guten Überblick über den Ablauf eines Zusammenschlussverfahrens nach dem GWB und über die Fallpraxis der Behörde.

---

118 Zur bisherigen Entscheidungspraxis des Bundeswirtschaftsministeriums siehe Schulte/*Greiffenberg*, Rn 876.

Dr. Franz Tepper, LL.M.
§ 37 Der internationale Unternehmenskauf

Literatur: *Braun*, Die Abtretung von Geschäftsanteilen einer GmbH im Ausland: Wirksam oder nicht?, DnotZ 2009, 585; *Brödermann*, Paradigmenwechsel im internationalen Privatrecht – Zum Beginn einer neuen Ära seit 17.12.2009, NJW 2010, 807; *Deloitte*, Unternehmenskauf im Ausland, 2. Auflage 2006; *Eidenmüller*, Ausländische Kapitalgesellschaften im deutschen Recht, 2004; *Falkner*, Formerfordernis bei der Veräußerung von Gesellschaftsanteilen einer ausländischen GmbH, NZG 2008, 86; *Fetsch*, IPR-Bezüge in notariellen Kauf- und Übertragungsverträgen: Verträge über Immobilien, RnotZ 2007, 456 (Teil 1), 532 (Teil 2); *Geyrhalter*, Internationale Cross Border Transaktionen, EIW 2002, 386; *Hettler/Stratz/Hörtnagl*, Unternehmenskauf, 2004; *Horn*, Deutsches und europäisches Gesellschaftsrecht und die EuGH-Rechtsprechung zur Niederlassungsfreiheit – Inspire Art, NJW 2004, 893; *Janßen/Robertz*, Die Formwirksamkeit des internationalen GmbH-Unternehmenskaufs, GmbHR 2003, 433; *Kraft*, Steuerliche Gestaltungsoptimierung beim internationalen Unternehmenskauf, RIW 2003, 641, Kropholler, Internationales Privatrecht, 6. Aufl. 2006; *Maier-Reimer*, Vertragssprache und Sprache des anwendbaren Rechts, NJW 2010, 2545; Malmann, Rechtswahlklauseln unter Ausschluss des IPR, NJW 2008, 2953; *Menck*, Internationale Steuerarbitrage, IStR 2002, 807; *Merkt/Göthel*, Internationaler Unternehmenskauf, 3. Aufl. 2011; *Olk*, Beurkundungserfordernisse nach deutschem GmbH-Recht bei Verkauf und Abtretung von Anteilen an ausländischen Gesellschaften, NJW 2010, 1639; *Picot/Land*, Der internationale Unternehmenskauf, DB 1998, 1601; *Prokisch*, Der deutsche Nationalbericht zum IFA-Kongress 2005 in Buenos Aires, Generalthema II: Die steuerliche Behandlung des internationalen Unternehmenskaufs, IStR 2004, 819; *Reithmann/Martiny*, Internationales Vertragsrecht, 7. Aufl. 2010; *Rödder/Hötzel/Mueller-Thuns*, Unternehmenskauf Unternehmensverkauf, 3. Aufl. 2003.

I. Auslandsbezug und anwendbares Recht

Die Wirtschaft internationalisiert sich zunehmend. Transaktionen werden dazu genutzt, den **1** Zugang zu bislang ungenutzten ausländischen Märkten zu erhalten. Diese Internationalisierung macht es nötig, sich insbesondere mit den Fragen des Internationalen Privatrechts oder Kollisionsrechts intensiver auseinanderzusetzen. Internationale Transaktionen färben auch auf die nationale Praxis des Unternehmenskaufs ab. Der Einfluss großer anglo-amerikanischer Anwaltskanzleien und Wirtschaftsberatungsgesellschaften führt dazu, dass sich die Transaktionen – wenn nicht in der Rechtswahl – dann doch zumindest in ihrem Stil, zunehmend „amerikanisieren".[1]

II. Schuldrechtliche Rechtswahl

Ein grenzüberschreitender Unternehmenskauf liegt vor, wenn er Auslandsbezug aufweist. Ein **2** solcher ist dann gegeben, wenn entweder eine der Parteien im Ausland ansässig ist, Vermö-

---

1 *Picot/Land*, DB 1998, 1601; Merkt/Göthel/*Göthel*, S. 119 ff.

genswerte im Ausland belegen sind, die Gesellschaft, deren Anteile[2] zu übertragen sind, ihren Sitz im Ausland hat, der Kaufvertrag im Ausland abgeschlossen wird oder die Parteien für die Transaktion den Vertrag einer ausländischen Rechtsordnung unterstellen.

3   Welches Recht in solchen Fällen anwendbar ist, wird durch das Internationale Privatrecht (IPR) der in Frage kommenden Staaten geregelt. Dabei ist zu beachten, dass jedes nationale Gericht sein eigenes IPR anwendet. Abhängig davon, vor welchen in- oder ausländischen Gerichten eine Inanspruchnahme möglich ist, müssen unter Umständen bei der Vertragsgestaltung mehrere Kollisionsrechte geprüft werden. Nachfolgend dient allerdings nur das deutsche IPR als Ausgangspunkt der Erörterungen. Aus deutscher Perspektive ist ferner das Abstraktionsprinzip auch in der Frage des anwendbaren Rechts zu beachten: Verpflichtungs- und Erfüllungsgeschäft können unterschiedlichen Rechtsordnungen unterliegen.[3]

4   Nach Art. 3 Abs. 1 S. 1 Rom I-VO können die Parteien das auf das schuldrechtliche Verpflichtungsgeschäft anwendbare Recht frei wählen. Dies kann ausdrücklich erfolgen oder sich aus den Umständen des Einzelfalls ergeben, Art. 3 Abs. 1 S. 2 Rom I-VO. Die Rechtswahl kann für den gesamten Vertrag oder nur für einzelne Teile gelten, Art. 3 Abs. 1 S. 3 Rom I-VO.

---

5   **Praxistipp**

Jeder internationale Unternehmenskaufvertrag sollte eine ausdrückliche Rechtswahl enthalten. Empfehlenswert ist in der Regel ein Gleichlauf zwischen dem gewählten Schuldrecht und dem anwendbaren Sachenrecht.

---

6   Auch unter rein deutschen Vertragsparteien sollte also in der Regel eine Rechtswahl erfolgen, wenn ein Auslandsbezug besteht. Entstammen die Kaufvertragsparteien unterschiedlichen Rechtsordnungen, so wird jede Partei bemüht sein, den Vertrag ihrem Heimatrecht zu unterstellen. Als Kompromiss einigen sich die Parteien oft auf die Geltung einer dritten, für beide Seiten fremden, Rechtsordnung.[4] Dieser „Minimalkonsens" wird zu Recht überwiegend abgelehnt,[5] liegt dem Vertrag dann doch eine Rechtsordnung zugrunde, in der sich keine der Parteien beheimatet fühlt und deren Konsequenzen somit keiner Partei wirklich klar sein können. Man sollte die Diskussion um das anwendbare Recht deshalb an sachlichen Kriterien ausrichten. Zum einen gibt es keine gute oder schlechte Rechtsordnung als solche. Es sind schlicht andere Regelungen, deren Ergebnisse man bei der Vertragsgestaltung berücksichtigen muss. Der wirtschaftliche Inhalt der Einigung der Parteien ändert sich bei entsprechender Beachtung der anwendbaren Normen in der Regel nicht. Einzig die Kosten der Ermittlung des Inhalts der Rechtsordnung können für eine Partei steigen, falls nicht deren eigene Rechtsordnung gewählt wird. Des Weiteren empfiehlt es sich, die Anzahl der anwendbaren Rechtsordnungen gering zu halten. Deshalb ist ein Gleichlauf zwischen dem zu wählenden Schuldrecht und dem sich einer Rechtswahl entziehenden Sachenrecht anzustreben.

7   Der Umfang der Rechtswahl erfasst den schuldrechtlichen Inhalt des Kaufvertrages. Dessen Zustandekommen und Wirksamkeit beurteilen sich nach Art. 10, 11 und 13 Rom I-VO. Die Rechtswahl gilt – falls diese Aspekte nicht in einer Vorvereinbarung (z.B. Letter of Intent) abweichend geregelt sind – im Zweifel auch für Aufklärungs-, Offenlegungs- und Informationspflichten, damit auch für die Due Diligence-Prüfung.[6] Enthält der Vertrag keine ausdrückliche

---

2 Dazu, vor allem auch zu Formfragen vgl. *Janßen/Robertz*, GmbHR 2003, 433; *Braun*, DnotZ 2009, 585; *Falkner*, NZG 2008, 86; *Olk*, NJW 2010, 1639.
3 Reithmann/Martiny/*Merkt/Göthel*, Rn 4405.
4 Merkt/Göthel/*Göthel*, S. 175 ff., Rn 86–91; vgl. zu Gestaltungsmöglichkeiten Reithmann/Martiny/*Martiny*, Rn 87, 254.
5 *Picot/Land*, DB 1998, 1601, 1602; *Rödder/Hötzel/Mueller-Thuns*, § 16 Rn 6.
6 *Picot/Land*, DB 1998, 1601, 1602; differenzierend, Reithmann/Martiny/*Merkt/Göthel*, Rn 4416.

Rechtswahl, so ist zu prüfen, ob aus den Umständen des Einzelfalls entnommen werden kann, dass die Parteien den Vertrag stillschweigend einer bestimmten Rechtsordnung unterwerfen wollten. Lässt sich eine solche stillschweigende Rechtswahl nicht feststellen, ist auf den Vertrag gem. Art. 4 Abs. 1 lit. a i.V.m. Art. 19 Abs. 1 Rom I-VO das Recht desjenigen Staates anzuwenden, in dem der Verkäufer seinen Hauptsitz hat.

III. Anwendbares Sachenrecht

Eine Rechtswahl bezüglich des anzuwendenden Sachenrechts ist im Gegensatz zum Schuldrecht **8** nicht möglich. Das anwendbare Sachenrecht bestimmt sich nach dem Ort, an dem die Sache jeweils belegen ist (Belegenheitsort, *lex rei sitae*). Das bedeutet, dass nur für sich in Deutschland befindliche Gegenstände das deutsche Sachenrecht zur Anwendung kommt. Sind die zu übereignenden Gegenstände in mehreren Ländern belegen, sind deshalb die jeweiligen Sachenrechte zwingend für die Übereignung zu beachten.

Praxistipp   **9**
Bei der Vertragsgestaltung ist darauf zu achten, dass zum einen ausdrücklich geregelt wird, dass das Eigentum oder die Inhaberschaft nicht schon mit dem Abschluss des Kaufvertrages übergehen soll. Frankreich kennt etwa kein Abstraktionsprinzip. Zum anderen sollte der Vertrag Regelungen enthalten, nach denen beide Parteien bei den nach Abschluss des Kaufvertrages (beim „Closing") zu erfolgenden Übereignungen mitwirken und die notwendigen Erklärungen abgeben und Handlungen vornehmen müssen.

Ausnahmen von diesem Grundsatz gelten vor allem für die Übertragung sonstiger dinglicher **10** Rechte (z.B. Wertpapiere). Diese richtet sich nach dem Recht des Staates, in dem sich die Sache befindet, auf die sich das Recht bezieht.[7] Ebenfalls nicht nach dem Belegenheitsort entscheidet sich die Frage nach dem anwendbaren Recht in Bezug auf Forderungen, Verfügungen über Immaterialgüterrechte oder die Übertragung von Gesellschaftsanteilen. Diese richtet sich nach Art. 15 Rom I-VO nach dem Recht, dem die abzutretende Forderung unterliegt, bei Immaterialgüterrechten nach dem Recht des Staates, für dessen Geltungsbereich über das Recht verfügt wird und bei Gesellschaftsanteilen nach dem Gesellschaftsstatut.

IV. Anwendbare Regelungen über Stellvertretung und Form

1. Stellvertretung
Die gesetzliche Vertretungsmacht von Gesellschaften richtet sich nach dem Gesellschaftsstatut.[8] **11** Rechtsgeschäftliche Vollmachten unterliegen dem Recht des Staates, in dem von ihnen nach dem Willen des Vollmachtgebers Gebrauch gemacht werden soll.[9]

2. Form
Hinsichtlich zu beachtender Formvorschriften ist ebenfalls zwischen Verpflichtungs- und Verfü- **12** gungsgeschäft zu unterscheiden.

---

7 *Picot/Land*, DB 1998, 1601, 1602.
8 BGH NJW 1992, 627, 628; 2001, 305, 306; Reithmann/Martiny/*Hausmann*, Rn 5174 m.w.N.
9 *Picot/Land*, DB 1998, 1601, 1603; Reithmann/Martiny/*Hausmann*, Rn 5441 m.w.N.

a) Verpflichtungsgeschäfte

13 Bezüglich der einzuhaltenden Formvorschriften bei Abschluss des Verpflichtungsgeschäfts haben die Parteien gem. Art. 11 Abs. 1 Rom I-VO grundsätzlich Wahlfreiheit zwischen dem Schuld- und Ortsstatut. Schuldstatut ist dabei das auf den Unternehmenskaufvertrag gem. Art. 3 ff. Rom I-VO anzuwendende Recht. Ortsstatut ist das Recht des Staates, in dem der Vertrag geschlossen wird.

14 Eingeschränkt wird diese Wahlfreiheit durch Art. 11 Abs. 5 Rom I-VO. Bei Grundstückskaufverträgen sind dabei die zwingenden Vorschriften des Staates anzuwenden, in dem das Grundstück belegen ist. § 311b Abs. 1 BGB gehört nicht zu diesen zwingenden Vorschriften,[10] so dass ein unbeurkundeter, im Ausland geschlossener Kaufvertrag über ein in Deutschland belegenes Grundstück schuldrechtlich wirksam ist. Die Auflassung kann hingegen nur durch einen deutschen Notar erfolgen (siehe § 35 Rn 22).

15 Ob diese Vorgehensweise auch bei der Veräußerung von Anteilen einer deutschen GmbH zulässig ist, wenn das ausländische Recht keine Beurkundung vorsieht, ist umstritten.[11] Da letzte Sicherheit bei einer Auslandsbeurkundung nicht besteht, empfiehlt es sich, im Zweifel die Form des § 15 Abs. 4 GmbHG auch bei nach ausländischem Recht möglicher Formfreiheit einzuhalten. Eine eventuell unwirksame schuldrechtliche Verpflichtung wird jedoch gem. § 15 Abs. 4 S. 2 GmbHG geheilt, wenn ein deutscher Notar die Abtretung beurkundet (zur Beurkundung im Ausland siehe § 35 Rn 17 ff.).

b) Verfügungsgeschäfte

16 Auch hinsichtlich des Formstatus der Verfügungsgeschäfte gilt grundsätzlich Art. 11 Rom I-VO. Das Recht des Staates, in dem der Vertrag geschlossen worden ist, ist jedoch nach Art. 11 Abs. 5 EGBGB für die Übertragung von dinglichen Rechten an Grundstücken oder beweglichen Sachen ausgeschlossen. Eine wirksame dingliche Übertragung eines in Deutschland belegenen Grundstückes muss also in der Form des § 925 BGB beurkundet werden. Wie beim Anteilsverkauf ist auch bei der Übertragung von Anteilen an einer GmbH umstritten, ob von dem Beurkundungserfordernis nach § 15 Abs. 3 GmbHG abgewichen werden kann, wenn das Recht des Staates, in dem der Vertrag geschlossen wird, eine solche Form nicht bedingt. Die Rechtsprechung bejaht dies.[12] Zu beachten ist jedoch, dass bei Weiterübertragung der Anteile der Geschäftspartner in der Regel darauf bestehen wird, dass die ursprüngliche Übertragung in jedem Falle wirksam erfolgte, da es einen gutgläubigen Erwerb von Beteiligungen grundsätzlich nicht gibt (Ausnahme: § 16 Abs. 3 GmbHG).

17 Ferner sollte der organisatorische Mehraufwand, der durch evtl. Rückfragen des Registergerichts bzw. das Einholen einer Apostille[13] oder die Durchführung einer Legalisation gem. § 438 Abs. 2 ZPO entsteht, nicht unterschätzt werden. Vieles spricht also dafür, auch das Verfügungsgeschäft gleichzeitig mit dem Verpflichtungsgeschäft notariell beurkunden zu lassen.

V. Haftung aus § 25 HGB und § 75 AO

18 Die Haftung aus Firmenfortführung (siehe § 30 Rn 4 ff.) unterliegt dem Recht am Hauptsitz des Unternehmens. Die Haftung knüpft an die Firma an, die fortgeführt wird. Das anwendbare

---

10 *Kropholler*, S. 289.
11 Zum Meinungsstand: Merkt/Göthel/*Göthel*, S. 108 ff., Rn 233–234 m.w.N.
12 BayObLG DB 1977, 2320; OLG Frankfurt/M. DB 1981, 1456.
13 Haager Übereinkommen zur Befreiung ausländischer öffentlicher Urkunden von der Legalisation vom 5.10.1961, BGBl II 1975, 660.

Tepper

Recht kann durch eine nachträgliche Rechtswahl zwischen Gläubiger und Unternehmer bestimmt werden,[14] so dass sich für die Beteiligten Gestaltungsspielräume ergeben. Dies betrifft lediglich § 25 HGB. Die Haftung wegen Steuerverbindlichkeiten des vorhergehenden Betriebsinhabers gem. § 75 AO (siehe § 30 Rn 21 ff.) kann nicht dem Recht eines anderen Staates unterworfen werden, da für das öffentlich-rechtliche Steuerrecht das Territorialitätsprinzip gilt.

VI. Arbeitsrecht

Über den Übergang bestehender Arbeitsverhältnisse von dem alten auf den neuen Betriebsinhaber entscheidet das Recht, das auf das vorliegende individuelle Arbeitsverhältnis anwendbar ist.[15] Im Arbeitsrecht ist eine Rechtswahl gem. Art. 3 Abs. 1 S. 1, Art. 8 Abs. 1 S. 1 Rom I-VO möglich. Mangels Rechtswahl gilt in den meisten Fällen das Recht des Staates, in dem der Arbeitsort liegt, Art. 8 Abs. 2 S. 1 Rom I-VO. Hat ein Arbeitnehmer mehrere Arbeitsorte in unterschiedlichen Staaten, so unterliegt sein Arbeitsverhältnis dem Recht des Staates, zu dem die engeren Verbindungen bestehen, Art. 8 Abs. 4 Rom I-VO. Da § 613a BGB, der den Übergang von Arbeitsverhältnissen bei Betriebsübergang regelt, nicht zu den zwingenden Normen gem. Art. 9 Rom I-VO gehört,[16] findet die Norm nur bei der Geltung deutschen Arbeitsrechts Anwendung. Die betriebliche Mitbestimmung richtet sich nach dem Recht des Staates, in dem sich die jeweilige Arbeitsstätte befindet,[17] die unternehmerische Mitbestimmung dagegen nach dem Gesellschaftsstatut.[18] **19**

VII. Gesellschaftsrecht

Alle gesellschaftsrechtlichen Fragestellungen, die im Zusammenhang mit dem Kauf eines Unternehmens auftreten können, richten sich nach dem Gesellschaftsstatut. Vor allem gilt das für die Übertragung von Gesellschaftsanteilen beim Share Deal, sowie für die innere Struktur der betroffenen Gesellschaft (Verhältnis der Gesellschafter zu den Organen, unter den Organen sowie der Gesellschaft selbst).Nach der früher in Deutschland h.M. war für Gesellschaften mit Auslandsbezug die „Sitztheorie" einschlägig. Demzufolge war für die Bestimmung des Gesellschaftsstatuts der Sitz der Geschäftsleitung maßgeblich. Seit der Inspire Art-Entscheidung des EuGH ist aber auf Gesellschaften, die innerhalb der EU gegründet wurden, die „Gründungstheorie" anzuwenden (siehe zu den Einzelheiten § 51 Rn 11).[19] **20**

Danach ist das Recht desjenigen Landes auf die Gesellschaft anzuwenden, in dem die Gesellschaft gegründet wurde. Diese Theorie, die u.a. in Großbritannien, den USA, der Schweiz und in den Niederlanden vorherrschend ist, bietet den Gesellschaftern bei der Gründung größtmögliche Flexibilität hinsichtlich des anzuwendenden Rechts. Vervollständigt werden Sitz- und Gründungstheorie durch teilweise bestehende bilaterale Abkommen zwischen den Staaten, die in Deutschland (z.B. das Handels- und Schifffahrtsankommen mit den USA[20]) die Sitztheorie teilweise modifizieren. **21**

---

14 OLG Koblenz IPRax 1989, 175.
15 BAG ZIP 1993, 850, 853.
16 *Picot/Land*, DB 1998, 1601, 1605; Reithmann/Martiny/*Martiny*, Rn 4931 m.w.N.
17 *Eidenmüller/Rehberg*, § 6 Rn 184.
18 *Horn*, NJW 2004, 893, 900.
19 Einen guten Überblick des deutschen internationalen Gesellschaftsrecht gibt Merkt/Göthel/*Göthel*, S. 219 ff., Rn 7–52.
20 BGH NJW 2003, 1607.

22   Eine Sitzverlegung von einem in einen anderen Staat wurde von der deutschen Rechtspre-chung bislang als Auflösung der alten Gesellschaft verstanden.[21] Nach der Einführung des § 4a GmbHG und § 5 AktG durch das MoMiG kann eine GmbH oder AG, die ihren Satzungssitz im In-land hat, allerdings einen Verwaltungssitz im Ausland haben.

---

21 BayObLG GmbHR 1992, 529.

Tepper

Kapitel 7 Das Mandat im Rahmen der Beendigung/Liquidation der Gesellschaft

Ulrich Spieker
§ 38 Beendigungsgründe

Literatur: *Baumbach/Hopt* (Hrsg.), HGB, Kommentar, 35. Aufl. 2012; *Baumbach/Hueck* (Hrsg), GmbH-Gesetz, 19. Aufl. 2010; *Dauner-Lieb/Heidel/Ring*, Bürgerliches Gesetzbuch, Band 2: Schuldrecht, 2. Aufl. 2012; *Hüffer*, Aktiengesetz, Kommentar, 10. Aufl. 2012; *Münchener Kommentar BGB*, Schuldrecht Besonderer Teil III, 5. Aufl. 2009; *Roth/Altmeppen*, GmbHG, 7. Aufl. 2012; *Grohmann*, Grenzüberschreitende Mobilität von Gesellschaften nach der Rechtsprechung des EuGH – von Daily Mail bis Cartesio – DZWIR 2009, 322; *Lautner*, Alles wieder beim Alten ? – Die gesetzliche Neuregelung zur Teilnahme der Gesellschaft bürgerlichen Rechts am Grundstücksverkehr, DNotZ 2009, 650; *K. Schmidt*, Alte Kündigungsklauseln und neue Kündigungsfolgen bei Personengesellschaften – Auslegungs- und Vertragsgestaltungsprobleme um § 131 HGB n.F., BB 2001, 1ff.; *K. Schmidt*, Insolvenz und Insolvenzabwicklung bei der typischen GmbH & Co. KG – Thesen und Fragen zur Verzahnung von Insolvenzverwaltung und -abwicklung bei der GmbH & Co. KG, GmbHR 2002, 1209ff. *K. Schmidt*, Das Liquidations-Sperrjahr als Liquiditätssicherung vor und nach MoMiG, DB 2009, 1791; *Sedemund*, EU-weite Verschmelzungen: Gesellschaftsrechtliche Vorgaben und steuerliche Implikationen des SEVIC-Urteils des EuGH vom 13.12.2005, BB 2006, 519.

Inhalt

I. Vorbemerkung

Sowohl bei der Beendigung einer Personengesellschaft[1] und als auch bei einer juristischen Person[2] des Privatrechts wird zwischen   **1**
– der **Auflösungsphase**,

---

[1] BGH NJW 1979, 1211f.
[2] BGH NJW-RR 2007, 99ff.; BGH NJW 2003, 2676f.

- der **Abwicklungsphase** und
- der **Nachabwicklungsphase**

unterschieden.

2 Die Auflösungsphase umfasst dabei den Zeitraum zwischen dem **Eintritt des Auflösungsgrundes** und der Wirksamkeit desselben, die Abwicklungsphase im eigentlichen Sinne umfasst den Zeitraum von der Wirksamkeit der Auflösung des Rechtsträgers bis zu seiner **Vollbeendigung** (Liquidation). Die Nachabwicklungsphase ist der Zeitraum, der sich an das **Erlöschen des Rechtsträgers** anschließt, also der Zeitraum nach der Vollbeendigung (Nachtragsliquidation).

3 Von der Auflösung zu trennen ist ferner die Anwachsung des Vermögens auf den letzten verbleibenden Gesellschafter, wenn dies z.B. im Gesellschaftsvertrag der GbR entsprechend vereinbart ist. In diesem Fall gehen Aktiva und Passiva unter Ausschluss der Liquidation auf den letzten Gesellschafter im Wege der Gesamtrechtsnachfolge (Anwachsung über.[3] Gleiches gilt bei einer Übertragung aller Anteile auf einen Erwerber.[4]

II. Beendigung der Personengesellschaft

1. Auflösung einer GbR

4 Gesetzlich ist die Auflösung der GbR in den §§ 723–729 BGB geregelt. Von der Auflösung der Gesellschaft sind zu unterscheiden das **Ausscheiden** eines Gesellschafters aufgrund einer gesellschaftsvertraglich vereinbarten **Fortsetzungsklausel** (§ 736 BGB)[5] und der **Ausschluss** eines Gesellschafters (§ 737 BGB).

5 Auflösungsgründe sind – soweit nicht durch Gesellschaftsvertrag in zulässiger Weise abbedungen – beispielsweise
- der Zeitablauf,
- die Erreichung des Gesellschaftszwecks oder das Unmöglichwerden der Erreichung desselben (§ 726 BGB),
- die Kündigung eines Gesellschafters (§§ 723, 724 BGB),
- die Pfändung des Gesellschaft des Gesellschaftsanteils durch den Pfandgläubiger und dessen Kündigung (§ 725 BGB),
- der Tod eines Gesellschafters (§ 727 BGB),
- die Eröffnung Insolvenzverfahrens über das Vermögen der Gesellschaft (§ 728 Abs. 1 BGB),
- die Eröffnung des Insolvenzverfahrens über das Vermögen eines Gesellschafters (§ 728 Abs. 2 BGB)
- oder der Beschluss der Gesellschafter.

a) Zeitablauf

6 Nicht im Gesetz gesondert geregelt ist der Fall der Beendigung der GbR durch Zeitablauf. Aus § 723 Abs. 1 S. 1 BGB folgt aber, dass wie bei der OHG und KG (§§ 161 Abs. 2, 131 HGB) die Vereinbarung einer bestimmten Dauer der Gesellschaft zulässig ist.[6] In diesem Zusammenhang genügt auch, dass aus dem Gesellschaftszweck eine zeitliche Begrenzung der GbR ersichtlich ist.[7]

---

3 BGH NJW-RR 1993, 1443 f.
4 OLG München NZG 2010, 1305.
5 BGH NZG 2008, 623.
6 BGH NJW 1995, 2843 ff., 2843 f.; BGH WM 1967, 315 f.; BGHZ 1, 324, 327 ff.
7 BGHZ 50, 316, 321.

b) Zweckerreichung oder Zweckverfehlung

Nach § 726 BGB wird die GbR durch Erreichung des Gesellschaftszwecks oder Unmöglichkeit der **7** Erreichung des Gesellschaftszwecks beendet. Bei sog. Gelegenheitsgesellschaften tritt die Auflösung in der Regel durch die Erreichung des Gesellschaftszwecks ein. Mit der Beendigung des Projektes oder dem Eintritt des bestimmten Ereignisses erledigt sich in diesen Fällen der Gesellschaftszweck.[8] So wird z.B. die Ehegattengesellschaft regelmäßig mit der Trennung der Ehegatten aufgelöst[9] und eine bauwirtschaftliche Arbeitsgemeinschaft (ARGE) mit der Abnahme und Schlusszahlung durch den Auftraggeber,[10] nicht jedoch allein die Fertigstellung des Bauvorhabens.[11]

Tritt nach Abschluss des Gesellschaftsvertrags eine dauernde und offenbare Unmöglichkeit **8** der Erreichung des Gesellschaftszwecks ein, so wird ebenfalls die GbR beendet.[12] Die Unmöglichkeit muss aber dauerhaft und für jedermann offenbar sein.[13]

c) Kündigung

In Ermangelung von gesellschaftsvertraglichen Fortsetzungsklauseln wird die GbR ebenfalls **9** durch die Kündigung eines Gesellschafters aufgelöst. Die Kündigung ist jederzeit möglich (§ 723 Abs. 1 S. 1 BGB).

Ist die GbR auf bestimmte Zeit eingegangen bzw. besteht eine gesellschaftsvertraglich be- **10** stimmte Kündigungsfrist, ist bei Vorliegen eines wichtigen Grundes trotzdem die Möglichkeit der fristlosen Kündigung gegeben (§ 723 Abs. 1 S. 2 und 3 BGB). Auch eine zweigliedrige GbR kann aus wichtigem Grund gekündigt werden.[14] Ein wichtiger Grund liegt insbesondere bei Eintritt der Volljährigkeit eines Gesellschafters vor (§ 723 Abs. 1 S. 3 Nr. 2 BGB). In diesem Fall ist die Kündigung drei Monate vom Eintritt der Volljährigkeit an auszusprechen. Ein Ausschluss des Rechts zur Kündigung aus wichtigem Grund ist ebenso nichtig, wie Vereinbarungen, die dieses Recht erschweren (§ 723 Abs. 3 BGB).[15] Alle gesellschaftsvertraglichen Regelungen, die bei einer wirtschaftlichen Betrachtung daher auf eine „unbillige Erschwerung" des Kündigungsrechts eines Gesellschafters hinauslaufen, sei es durch einen übermäßigen Zeitraum des Ausschlusses einer ordentlichen Kündigung oder „Sanktionen" bei Ausspruch einer fristlosen Kündigung, sind nichtig.[16]

Da die Kündigung eine einseitige empfangsbedürftige Willenserklärung (§ 130 BGB) ist, **11** muss sie, wenn keine ausdrücklichen Regelungen im Gesellschaftsvertrag getroffen worden sind, in der Regel allen Gesellschaftern zugehen. Geht sie nur der Gesellschaft zu Händen des geschäftsführenden Gesellschafters zu, so wird sie mit Kenntnisnahme aller übrigen Gesellschafter wirksam. Die gilt auch für die der Pfändung nachgehende Kündigung durch den Pfandgläubiger gem. § 725 BGB.[17]

Soweit im Gesellschaftsvertrag für die Ausübung eines ordentlichen Kündigungsrechts die **12** Einhaltung einer Kündigungsfrist vereinbart ist, ist dies ebenso zulässig wie der Ausschluss der ordentlichen Kündigung für eine im Vorhinein fest vereinbarte Laufzeit, die jedoch nicht auf die Lebenszeit eines Gesellschafters vereinbart werden kann (§ 724 S. 1 BGB).[18] Wie lange ein Gesell-

---

8 BGH NZG 2007, 19 f.
9 BGH NJW 2006, 1268 f.; BGH FamRZ 2003, 1648; BGHZ 142, 137.
10 BGH NZG 2007, 19 f.
11 BGH WM 1988, 661.
12 BGH NJW 1982, 2821 ff., 2821.
13 BGHZ 84, 379.
14 BGH NZG 2006, 135.
15 BGHZ 126, 226, 230 f.
16 BGH NZG 2007, 65; BGH NJW 2005, 2618 ff.; BGH WM 1967, 419 ff.
17 BGH NJW 1993, 1002 f.
18 BGH WM 1967, 315 f.; BGHZ 23, 10 ff.

schaftsvertrag befristet werden oder die ordentliche Kündigung ausgeschlossen werden kann, richtet sich nach den Umständen des Einzelfalls. So hat der BGH bei einer Rechtsanwaltgesellschaft wegen der besonderen Gründe des Anwaltsberufstandes eine „Befristung" und den „Kündigungsausschluss" auf die Dauer von 30 Jahren als Verstoß gegen §§ 723 Abs. 3, 138 BGB angesehen.[19]

13   Der vollständige Ausschluss des ordentlichen Kündigungsrechts durch den Gesellschafter selbst ist auch dann unzulässig, wenn dies im Gesellschaftsvertrag vereinbart ist; so auch der Ausschluss des Rechts zur Kündigung aus wichtigem Grund (§ 723 Abs. 3 BGB).[20] Davon zu trennen ist die Kündigung zur „Unzeit" (§ 723 Abs. 2 BGB). Die Kündigung selbst bleibt in diesem Fall wirksam, jedoch ist der kündigende Gesellschafter gem. § 723 Abs. 2 S. 2 BGB zum Schadenersatz verpflichtet. In diesem Zusammenhang sind die Interessen des kündigenden Gesellschafters an einer „sofortigen Beendigung" mit denen der anderen Gesellschafter auf Weiterbestehen der Gesellschaft abzuwägen.[21] Die Kündigung einer GbR durch einen Gesellschafter bedarf dagegen nicht der Zustimmung seines Ehegatten gem. § 1365 BGB, auch wenn sie seine Erwerbsquelle darstellt.[22]

14   Der Pfandgläubiger kann gem. § 725 BGB nach der Pfändung des Gesellschaftsanteils des Schuldners die Kündigung auch dann ausüben, wenn sie durch Gesellschaftsvertrag für eine bestimmte Zeit ausgeschlossen wäre. An die Einhaltung einer durch Gesellschaftsvertrag bestimmten Kündigungsfrist ist der Pfandgläubiger nicht gebunden. Ob die Mitgesellschafter nach der Kündigung durch den Pfandgläubiger, aber vor der Auseinandersetzung noch das Recht haben, gem. § 268 BGB durch Leistung an den Gläubiger diesen zu befriedigen, ist streitig.[23] Eine Fortsetzungsklausel führt in diesem Fall dazu, dass der Pfandgläubiger anstelle des Kündigungsrechts den Abfindungsanspruch erwirbt.[24] Eine Abfindungsklausel, die ausschließlich eine „Abwertung" der wahren Abfindung für den Fall des Ausscheidens durch Pfändung oder der Insolvenz des Gesellschafters vorsieht ist insoweit unwirksam.[25] Die Kündigung einer GbR durch den Pfandgläubiger bedarf dagegen nicht der Zustimmung des Ehegatten des Schuldners gem. § 1365 BGB.[26]

d) Tod eines Gesellschafters

15   Wenn im Gesellschaftsvertrag nichts anderes ausdrücklich vereinbart ist, wird die Gesellschaft mit dem Tod eines Gesellschafters aufgelöst.[27]

e) Eröffnung des Insolvenzverfahrens über das Vermögen der GbR

16   Durch die Anerkennung der GbR als „partiell rechtsfähig"[28] ist über deren Vermögen nunmehr auch die Eröffnung des Insolvenzverfahrens zulässig (§ 11 Abs. 2 Nr. 1 InsO). Mit Beschluss vom 4.12.2008 hatte der BGH ebenfalls entschieden, dass eine Gesellschaft bürgerlichen Rechts unter ihrer Bezeichnung grundbuchfähig (eintragungsfähig) ist.[29] Durch das Gesetz zur Einführung

---

19 BGH NZG 2007, 65.
20 BGH NJW 2005, 2618 ff.; BGHZ 126, 226, 230 f.
21 BGH NJW 2000, 3491; BGH WM 1977, 1030.
22 Str.: BGH NJW 1987, 2673 für das Arbeitsverhältnis; *Kaiser/Schnitzler/Friederici*, NK-BGB, Bd 4, 2. Aufl. 2010, Familienrecht, § 1365 Rn 10 ff. m.w.N.
23 Offengelassen BGHZ 97, 392, 396.
24 BGH BB 1972, 10.
25 So für die GmbH: BGH ZIP 2002, 258 ff.; BGHZ 144, 365 ff.
26 Zur Unanwendbarkeit des § 1365 BGB in der Zwangsvollstreckung: BGH FamRZ 2006, 856.
27 BGH NJW 1983, 2376 ff.
28 BGH ZIP 2007, 169; BGH NJW 2001, 1056.
29 BGH MittbayNot 2009, 225.

des elektronischen Rechtsverkehrs und der elektronischen Akte im Grundbuchverfahren sowie zur Änderung weiterer grundbuch-, register- und kostenrechtlicher Vorschriften (ERVGBG) wurde kurzfristig eine materiellrechtliche und mehrere grundbuchverfahrensrechtliche Vorschriften ergänzt, um auf das BGH Urteil zu reagieren.[30]

Ist über das Vermögen der Gesellschaft das Insolvenzverfahren eröffnet worden, so ist die Gesellschaft mit der Eröffnung aufgelöst (§ 728 Abs. 1 S. 1 BGB). Wird auf Antrag des Insolvenzschuldners das Verfahren eingestellt oder ein Insolvenzplan mit Fortsetzung aufgehoben, so können die Gesellschafter die Fortsetzung beschließen (§ 728 Abs. 1 S. 2 BGB). In der Insolvenz der GbR ist jedoch allein der Insolvenzverwalter berechtigt die persönliche Haftung der Gesellschafter für die Schulden der GbR, die vor Insolvenzeröffnung entstanden waren,[31] geltend zu machen und nicht der Insolvenzgläubiger selbst (§ 93 InsO).[32]

f) Eröffnung des Insolvenzverfahrens über das Vermögen eines Gesellschafters

Wenn im Gesellschaftsvertrag nichts anderes ausdrücklich vereinbart ist, wird die Gesellschaft **17** ebenfalls mit der Eröffnung über das Vermögen eines Gesellschafters aufgelöst.[33]

g) Beschluss der Gesellschafter

Nach dem Rechtsgedanken des § 131 Abs. 1 Nr. 2 HGB kann die GbR auch durch Beschluss der **18** Gesellschafter jederzeit aufgelöst werden. Nachdem im Personengesellschaftsrecht geltenden Einstimmigkeitsprinzip bedarf der Beschluss der Zustimmung aller Gesellschafter.[34] Sofern die Gesellschafter beabsichtigen von diesem Einstimmigkeitsprinzip im Vorhinein im Gesellschaftsvertrag abzuweichen, muss dies eindeutig vereinbart sein.[35] Dabei hat der BGH früher verlangt, dass die Beschlussfassungsgegenstände, die mit einer anderen Mehrheit beschlossen werden können, so genau bezeichnet sind, dass Zweifel ausgeschlossen sind.[36] Nach der neuen Rechtsprechung des BGH verlangt der sog. „Bestimmtheitsgrundsatz" nicht eine Auflistung der betroffenen Beschlussgegenstände im Gesellschaftsvertrag. Vielmehr können sich Grund und Tragweite der Legitimation für Mehrheitsentscheidungen auch durch Auslegung des Gesellschaftsvertrags ergeben.[37] Ob der konkrete Mehrheitsbeschluss wirksam getroffen worden ist, ist auf einer zweiten Stufe zu prüfen.[38] Wird jedoch in den unverzichtbaren Kernbereich der Mitgliedschaft durch Mehrheitsbeschluss eingegriffen, wozu die Auflösung der Gesellschaft gehört, so bleibt es auch nach der neuen Auffassung des BGH dabei, dass die einfache „Mehrheitsklausel" im Gesellschaftsvertrag wirksam ist, aber der konkrete Beschluss der Gesellschafterversammlung in Anfechtungs-/Nichtigkeitsverfahren wegen Verletzung der gesellschafterlichen Treuepflicht der Mehrheit gegenüber der Minderheit angegriffen werden kann. Insbesondere bei „Grundlagengeschäften" oder in den „Kernbereich" der Mitgliedschaftsrechte bzw. in absolut oder relativ unentziehbare Rechte der Minderheit eingreifende

30 BGBl I 2009, 2713; dazu *Lautner*, DNotZ 2009, 650; zur Grundbuchfähigkeit einer bereits bestehenden GbR siehe BGH GWR 2011, 333; entgegen OLG München ZIP 2010, 1494; OLG Nürnberg ZIP 2010, 1344; OLG Hamm ZIP 2010, 2245; OLG Rostock NotBZ 2011, 64; OLG Köln FGPrax 2011, 13; KG Rpfleger 2011, 200.
31 BGH NJW 2010, 69.
32 BGH ZIP 2003, 39.
33 BGHZ 170, 206 = NJW 2007, 1067 BGH.; BGH NJW-RR 2000, 1285.
34 BGH NJW 2003, 1729; BGHZ 8, 35, 41 ff.
35 OLG Celle NZG 2000, 586.
36 BGHZ 71, 53, 57; NJW 1995, 194 f.; a.A. für die sog. Publikumsgesellschaft: BGH NJW 1978, 1382 f.; BGH NJW-RR 2005, 1347; differenzierter jedoch für nachträgliche Beitragspflichten: BGH NJW-RR 2006, 827.
37 BGHZ 170, 283 = NJW 2007, 1685.
38 BGHZ 170, 283 = NJW 2007, 1685.

Mehrheitsbeschlüsse liegt regelmäßig eine treupflichtwidrige Ausübung der Mehrheitsmacht vor. In sonstigen Fällen hat die Minderheit den Nachweis einer treupflichtwidrigen Mehrheitsentscheidung zu führen.[39]

19   Eine aufgelöste, aber noch nicht voll beendete GbR kann ihrerseits durch Gesellschafterbeschluss in eine werbende Gesellschaft zurückverwandelt werden. Da aber nach dem Eintreten des Auflösungsgrundes alle Gesellschafter einen unabdingbaren Anspruch auf Durchführung der Liquidation haben, ist Vorraussetzung eines Fortsetzungsbeschlusses, dass er von den Gesellschaftern einstimmig gefasst wird.[40] Ein solcher Fall bedarf aber auch der Zustimmung eines etwaigen Pfandgläubigers (§ 725 BGB).[41]

2. Auflösung einer OHG oder einer KG
a) Auflösungsgründe

20   Zur Auflösung der OHG gem. § 131 Abs. 1 HGB oder der KG gem. §§ 131 Abs. 1, 162 Abs. 2 HGB führen im Gegensatz zur GbR nur noch
- ein vereinbarter Zeitablauf (§ 131 Abs. 1 Nr. 1 HGB),
- ein Gesellschafterbeschluss über die Auflösung (§ 131 Abs. 1 Nr. 2 HGB),
- die Eröffnung des Insolvenzverfahrens über das Vermögen der Gesellschaft (§ 131 Abs. 1 Nr. 3 HGB)
- eine gerichtliche Entscheidung (§ 131 Abs. 1 Nr. 4 HGB).
- Ferner bei Gesellschaften ohne eine natürliche Person als persönlich haftenden Gesellschafter:
- die Ablehnung der Eröffnung des Insolvenzverfahrens über das Vermögen der Gesellschaft mangels Masse (§ 131 Abs. 2 S. 1 Nr. 1 HGB)
- die Löschung der Gesellschaft wegen Vermögenslosigkeit nach § 394 FamFG (§ 131 Abs. 2 S. 1 Nr. 2 HGB).

Dies gilt nicht, wenn zu den persönlich haftenden Gesellschaftern der OHG/KG eine andere OHG/KG gehört, bei der ein persönlich haftender Gesellschafter eine natürliche Person ist (§ 131 Abs. 2 S. 2 HGB).

b) Keine Auflösungsgründe

21   Anders als bei der GbR führen bei der OHG gem. § 131 Abs. 3 HGB oder der KG gem. §§ 131 Abs. 3, 161 Abs. 2 HGB mangels abweichender Vereinbarung im Gesellschaftsvertrag
- der **Tod** eines Gesellschafters (§ 131 Abs. 3 Nr. 1 HGB), oder bei KG eines Kommanditisten (§ 177 HGB),
- die Eröffnung des **Insolvenzverfahrens** über das Vermögen eines Gesellschafters (§ 131 Abs. 3 Nr. 2 HGB),
- die **Kündigung** des Gesellschafters (§§ 131 Abs. 3 Nr. 3, 132 HGB),
- die Kündigung durch Privatgläubiger eines Gesellschafters (§§ 131 Abs. 3 Nr. 4, 135 HGB)
- oder der Gesellschafterbeschluss über die **Ausschließung** eines Gesellschafters (§ 140 HGB)

nicht mehr zur Auflösung, sondern nur noch zum Ausscheiden des betroffenen Gesellschafters. Diese vom System der GbR abweichende Regelung im HGB geht zurück auf das HRefG vom 22.6.1998.[42]

---

39 BGH DStR 2009, 1544; BGHZ 179, 13 = NJW 2009, 669.
40 BGH NJW 1995, 2843 f.
41 BGHZ 51, 84.
42 BGBl I 1998, S. 1474; Begr. zu HRefG RegE, BT-Drucks 13/8444, 161, dazu *K. Schmidt*, BB 2001, 1 ff.

Spieker

c) Besonderer Auflösungsgrund „Ausscheiden des einzigen Komplementärs als natürliche Person"

Scheidet bei einer mehrgliederigen KG eine natürliche Person als einziger Komplementär aus, so **22** entsteht weder eine OHG noch eine KG ohne persönlich haftenden Gesellschafter. Vielmehr ist auch in diesem Fall die KG aufgelöst. Die Kommanditisten können jedoch die KG durch Eintritt eines neuen Komplementärs und Fassung eines entsprechenden Gesellschafterbeschlusses fortsetzen.[43] Setzen die Kommanditisten die KG weiter fort ohne einen Komplementär bestimmen, so wird sie in der Regel als OHG fortgesetzt.[44] Diese Möglichkeit besteht bei der zweigliedrigen KG nicht. Verstirbt der Komplementär einer zweigliedrigen KG, so führt dies nach h.M. zum liquidationslosen Erlöschen der Gesellschaft bei gleichzeitigem Übergang sämtlicher Aktiva und Passiva auf den allein verbleibenden Kommanditisten.[45] Nach h.M. soll der verbliebene Kommanditist für die Verbindlichkeiten der KG grundsätzlich nur mit dem ihm zugefallenen Gesellschaftsvermögen haften und dementsprechend nur zur Duldung der Zwangsvollstreckung in jenes Vermögen zu verurteilen sein, soweit nicht eine weitergehende Haftung gem. §§ 171 f. HGB oder § 25 HGB[46] bei einer Fortführung des Handelsgeschäfts in Betracht kommt.[47]

d) Besonderer Auflösungsgrund „Ausscheiden des einzigen Komplementärs als juristische Person"

Scheidet bei einer KG eine juristische Person als einziger Komplementär aus, so entsteht ebenfalls weder eine OHG noch eine KG ohne persönlich haftenden Gesellschafter.

23

Eine besonders zu beachtende Fallgestaltung liegt jedoch vor, wenn über das Vermögen der **24** KG die Eröffnung des Insolvenzverfahrens mangels Masse abgelehnt wird und über das Vermögen der juristischen Person, die gleichzeitig einziger Komplementär ist, das Insolvenzverfahren eröffnet wird. In diesem Fall liegt sowohl ein Auflösungsgrund für die Gesellschaft (§§ 131 Abs. 2 Nr. 1, 161 Abs. 2 HGB) als auch ein Grund zum Ausscheiden des Komplementärs vor (§§ 131 Abs. 3 Nr. 2, 161 Abs. 2 HGB). Die KG wird in diesem Fall liquidationslos vollbeendet unter Gesamtrechtsnachfolge auf den Kommanditisten. Dieser ist zur Duldung der Zwangsvollstreckung in das Vermögen zu verurteilen, welches er im Wege der Gesamtrechtsnachfolge von der KG im Wege der Anwachsung erhalten hat. Mit seinem übrigen Vermögen haftet er nicht.[48] Ob diese Folgen auch bei einer sog. „Simultaninsolvenz" der GmbH und KG eintreten, ist dagegen umstritten.[49] Ebenso umstritten sind die Fälle der Ablehnung der Insolvenzeröffnung mangels Masse über das Vermögen der einzigen Komplementär GmbH.[50] Die h.M. sieht keinen Auslösungsgrund in dem Beschluss zur Nichteröffnung des Verfahrens über das Vermögen der Komplementär-GmbH.[51] Für diese h.M. spricht, dass die Ablehnung der Eröffnung des Insolvenzverfahrens über das Vermögen der Komplementär-GmbH nicht zwangsläufig zur amtswegigen Löschung gem. § 394 FamFG führt. Ist nämlich absehbar, dass noch Abwicklungsmaßnahmen anstehen, weil die Gesellschaft Vermögen besitzt, das veräußert oder in sonstiger Weise verwertet werden soll, so steht dies einer Löschung regelmäßig entgegen.[52]

---

43 BGH NJW 1979, 1706.
44 BGH NJW 1979, 1706.
45 BGHZ 113, 132 = NJW 1991, 844 = ZIP 1991, 96.
46 Zu § 25 HGB: BGH ZIP 2009, 2244.
47 BGH ZIP 2004, 1047 = NZI 2005, 287.
48 BGH NZG 2004, 611; BGHZ 113, 132, 134 ff.
49 OLG Hamm ZIP 2003, 2264; a.A.: *K. Schmidt*, GmbHR 2002, 1209, 1213.
50 *Roth/Altmeppen*, § 60 Rn 115 ff. m.w.N.
51 BGH NJW 1986, 850; a.A. *Roth/Altmeppen*, § 60 Rn 117 m.w.N.
52 OLG Frankfurt/M. GmbHR 2006, 94 f.

III. Auflösung einer juristischen Person (GmbH/AG)

1. Auflösungsgründe

25 Gründe für die Auflösung einer GmbH/AG sind nach § 60 GmbHG (§ 262 AktG):

– Ablauf der in der Satzung bestimmten **Zeit** gem. § 60 Abs. 1 Nr. 1 GmbHG bzw. § 262 Abs. 1 Nr. 1 AktG;

– entsprechender **Gesellschafterbeschluss**/Hauptversammlungsbeschluss gem. § 60 Abs. 1 Nr. 2 GmbHG bzw. § 262 Abs. 1 Nr. 2 AktG);

– gerichtliches **Urteil** oder Entscheidung des Verwaltungsgerichts oder der Verwaltungsbehörde (§ 60 Abs. 1 Nr. 3 GmbHG i.V.m §§ 61, 62 GmbHG bzw. auf Antrag gem. § 396 AktG durch Urteil);

– Eröffnung des **Insolvenzverfahrens** gem. § 60 Abs. 1 Nr. 4 GmbHG bzw. § 262 Abs. 1 Nr. 3 AktG;

– Rechtskraft des Beschlusses, durch den die Eröffnung des Insolvenzverfahrens mangels Masse abgelehnt worden ist, gem. § 60 Abs. 1 Nr. 5 GmbHG bzw. § 262 Abs. 1 Nr. 4 AktG;[53]

– Rechtskraft einer **Verfügung des Registergerichts**, durch welche nach den § 399 FamFG ein Mangel der Satzung oder die Nichteinhaltung der Verpflichtungen nach § 19 Abs. 4 GmbHG festgestellt worden ist gem. § 60 Abs. 1 Nr. 6 GmbHG bzw. § 262 Abs. 1 Nr. 5 AktG;

– **Löschung** der Gesellschaft wegen Vermögenslosigkeit nach § 394 FamFG gem. § 60 Abs. 1 Nr. 7 GmbHG bzw. § 262 Abs. 1 Nr. 6 AktG;

– andere in der Satzung festgesetzte Auflösungsgründe gem. § 60 Abs. 2 GmbHG bzw. § 262 Abs. 2 AktG.

a) Zeitablauf

26 Der Auflösungsgrund des Zeitablaufs gem. § 60 Abs. 1 Nr. 1 GmbHG bzw. § 262 Abs. 1 Nr. 1 AktG setzt voraus, dass eine entsprechende Bestimmung in der Satzung enthalten ist, wozu auch die Vereinbarung eines bestimmbaren Ereignisses reicht.[54] Deren Eintragung im Handelsregister hat zwar zu erfolgen, jedoch ist die Eintragung rein deklaratorisch.

b) Beschluss der Gesellschafter

27 Die Auflösung durch Beschluss fällt zwingend in die ausschließliche Zuständigkeit der Gesellschafter. Sie setzt bei der GmbH eine Mehrheit von ¾ der abgegebenen Stimmen in einer beschlussfähigen Gesellschafterversammlung voraus. Ist die Gesellschaft nach der Satzung „unauflöslich", so ist in der Regel ein einstimmiger Beschluss erforderlich. Bei der AG folgt aus § 133 AktG, dass zunächst die einfache Stimmenmehrheit und darüber hinaus die qualifizierte Mehrheit von ¾ des vertretenen Grundkapitals vorliegen muss.

c) Gerichtliches Urteil, Entscheidung des Verwaltungsgerichts oder der Verwaltungsbehörde

28 Auch dieser Auflösungsgrund ist zwingend und steht nicht zur Disposition der Gesellschaft bzw. deren Gesellschafter.[55]

---

53 OLG Köln NZG 2010, 507.
54 BayObLGZ 1974, 479 ff., 481 f.
55 OLG München DNotZ 2010, 937.

d) Eröffnung des Insolvenzverfahrens

Die Eröffnung des Insolvenzverfahrens führt sowohl bei der GmbH (§ 60 Abs. 1 Nr. 4 GmbHG) als **29** auch bei der AG (§ 262 Abs. 1 Nr. 3 AktG) zur Auflösung der Gesellschaft.[56] Der oder die Geschäftsführer verlieren die Befugnis, das zur Insolvenzmasse gehörende Gesellschaftsvermögen zu verwalten und über dieses zu verfügen. Das Verwaltungs- und Verfügungsrecht wird ab der Insolvenzeröffnung ausschließlich durch den vorläufigen bzw. definitiv bestellten Insolvenzverwalter ausgeübt (vgl. §§ 22, 80 InsO)[57], welche jedoch auf das zur Insolvenzmasse gehörende Vermögen beschränkt ist.[58]

Wie bei der GbR (§ 728 Abs. 1 S. 2 BGB) können die Gesellschafter oder die Aktionäre die Fortsetzung der Gesellschaft beschließen, wenn auf Antrag des Insolvenzschuldners das Verfahren eingestellt oder ein Insolvenzplan mit Fortsetzung aufgehoben wird (§ 60 Abs. 1 Nr. 4 GmbHG, § 274 Abs. 2 Nr. 1 AktG). Der Fortsetzungsbeschluss setzt voraus, dass mit der Verteilung des Vermögens unter den Gesellschaftern noch nicht begonnen wurde und bedarf der gleichen Mehrheit wie der Auflösungsbeschluss (arg. § 274 Abs. 1 S. 1 AktG). Entsprechendes gilt bei einer Freigabe durch den Insolvenzverwalter gem. § 35 InsO[59] oder entsprechend § 32 Abs. 3 InsO.[60]

e) Rechtskraft der Ablehnung der Eröffnung des Insolvenzverfahrens mangels Masse

Die Rechtskraft des Beschlusses, mit dem die Eröffnung des Verfahrens mangels Masse abge- **30** lehnt wird, führt sowohl zur Auflösung der GmbH (§ 60 Abs. 1 Nr. 5 GmbHG) als auch der AG (§ 262 Abs. 1 Nr. 4 AktG). Anders als bei der Eröffnung des Insolvenzverfahrens über das Vermögen der Gesellschaft können die Gesellschafter bei einer Ablehnung mangels Masse nicht die Fortsetzung beschließen, d.h. weder im Falle der Ablehnung der Eröffnung mangels Masse,[61] noch in den Fällen, in denen das Verfahren nach dem Schlusstermin aufgehoben wird (§ 200 InsO) oder mangels einer kostendeckenden Masse (§ 207 InsO).[62]

f) Löschung der Gesellschaft wegen Vermögenslosigkeit

Die Bestimmung des § 60 Abs. 1 Nr. 7 GmbHG (§ 394 FamFG) bzw. für die AG § 262 Abs. 1 Nr. 6 **31** AktG (§ 394 FamFG) ist mit Wirkung vom 1.1.1999 neu eingefügt worden. Streitig ist, ob nach Löschung der Gesellschaft die Fortsetzung derselben durch Gesellschafterbeschluss möglich ist.[63] Die wohl h.M.[64] verneint dies unter Verweis auf die Rechtsprechung des RG.[65]

IV. Auflösung durch Sitzverlegung in das Ausland

Die Auflösung der Gesellschaft durch Sitzverlegung aus dem Inland (BRD) über die „Grenze" in **32** das Ausland ist gesondert zu untersuchen. Seit der „Überseeringentscheidung" des EuGH[66] ist der umgekehrte Fall, die Verlegung des Sitzes der Geschäftsleitung einer ausländischen Gesell-

---

56 OLG Dresden BauR 2008, 139.
57 BayObLG GmbHR 2005, 1360.
58 BGH NJW 2010, 69.
59 OLG Dresden a.a.O.
60 BGH NJW-RR 2007, 1205.
61 BGH NJW 1994, 594; 1980, 233; OLG Köln NZG 2010, 507.
62 BGH AG 2003, 424, 426.
63 *Hüffer*, § 264 AktG Rn 15 m.w.N.
64 OLG Celle NZG 2008, 271; offengelassen BayObLG NJW 1994, 594.
65 RGZ 156, 23, 26 f.
66 EuGH ZIP 2002, 2037 – Überseering; EuGH, GmbHR 1999, 474 – Centros.

schaft aus den EU-Mitgliedsländern in das Inland (BRD) zulässig,[67] was auch im Falle der grenzüberschreitenden „Hineinverschmelzung" einer EU-Auslandsgesellschaft auf einen inländischen Rechtsträger gilt.[68] Auf diese Auslandsgesellschaften aus EU-Mitgliedstaaten ist im Inland (BRD) das Rechtsstatut (Gründungsstatut) des ausländischen Staates anzuwenden, nicht das Recht des sog. Zuzugstaates.[69] Dies gilt entsprechend auch für die sog. EFTA-Staaten (z.B. Liechtenstein).[70] Damit ist eine Neugründung nach dem Recht des Zuzugstaates nur bei einer Sitzverlegung einer Auslandsgesellschaft aus Nicht EU-/EFTA-Staaten in das Inland (BRD) notwendig.[71] Offen war bisher, ob die Auffassung der deutschen Registergerichte vor diesem Hintergrund Bestand haben konnte, wonach die Sitzverlegung einer inländischen Gesellschaft in einen anderen EU-Mitgliedsstaat zur Auflösung der Gesellschaft führt,[72] oder ob die „Hinausverschmelzung" eines inländischen Rechtsträgers auf eine EU-Auslandsgesellschaft möglich sein muss.[73] Jedenfalls dann, wenn die Gesellschaft aus dem Inland (BRD) über die Grenze in einen Nicht EU-/EFTA-Staat verlegt wird, hat dies nachwievor die Auflösung der Gesellschaft zur Folge.

33   Dem Wegzugsstaat räumt der EuGH nunmehr eine größere Freiheit ein, in die Rechtsverhältnisse seiner Gesellschaften einzugreifen. Danach steht es dem Wegzugsstaat frei, die Verlegung des Verwaltungssitzes mit dem Verlust des bisherigen Gesellschaftsstatuts zu sanktionieren. Die für die Gesellschaftsgründung erforderliche Verknüpfung mit dem nationalen Gebiet kann daher auch als Voraussetzung für die Beibehaltung der zuerkannten Rechtspersönlichkeit normiert werden, womit Beschränkungen hinsichtlich einer Sitzverlegung in die Autonomie des Wegzugsstaats fallen.[74]

34   Von der dem Wegzugsstaat zugestandenen Regelungsautonomie nimmt der EuGH den formwechselnden Wegzug ausdrücklich aus.[75]

35   Der deutsche Gesetzgeber hat durch die Neufassung[76] der § 4a GmbHG, § 5 AktG für die Rechtsform der Aktiengesellschaft und der GmbH die Möglichkeit geschaffen, sich mit der Hauptverwaltung an einem Ort unabhängig von dem in der Satzung oder im Gesellschaftsvertrag gewählten Sitz niederzulassen, also gleiche Ausgangsbedingungen gegenüber vergleichbaren Auslandsgesellschaften geschaffen. Es bleibt aber dabei, dass die Gesellschaft eine Geschäftsanschrift im Inland im Register einzutragen und aufrechterhalten muss (§ 8 Abs. 4 Nr. 1 GmbHG, § 37 Abs. 3 Nr. 1 AktG)[77] unter der die Zustellung an die Vertreter mit Wirkung für die Gesellschaft erfolgen kann (§ 35 Abs. 2 S. 3 GmbHG, § 79 Abs. 2 S. 3).[78] Damit ist ein begrenzter „Wegzug" auch von inländischen Gesellschaften nunmehr möglich.

---

67 EuGH ZIP 2003, 1885 – Inspire Art.
68 EuGH NJW 2006, 425 f. – SEVIC.
69 BGH ZIP 2005, 805 f. (EU-Mitgliedsstaaten); OLG Celle GmbHR 2003, 532; OLG Zweibrücken GmbHR 2003, 530.
70 BGH ZIP 2005, 1869 ff. (EFTA-Staaten).
71 OLG Thüringen DB 1998, 1178.
72 OLG München ZIP 2007, 2124; OLG Brandenburg ZIP 2005, 489; BayObLG NJW-RR 2004, 836; OLG Düsseldorf NJW 2001, 2184; OLG Hamm ZIP 2001, 791 ff.
73 *Sedemund*, BB 2006, 519 m.w.N.
74 EuGH DZWIR 2009, 153 – Cartesio.
75 EuGH a.a.O. – Cartesio.
76 Gesetz zur Modernisierung des GmbH-Rechts und zur Bekämpfung von Missbräuchen (MoMiG) vom 23.10.2008, BGBl I 2008, 2026.
77 BR-Drucks 354/07.
78 EuGH a.a.O. – Cartesio.

Ulrich Spieker

§ 39 Das Auseinandersetzungs- und Liquidationsverfahren bei Personen- und Kapitalgesellschaften

Literatur: *Burbach*, Persönliche Haftung und Verlusttragung als Bestimmungsfaktoren des Unternehmerrisikos in der Personenhandelsgesellschaft, BB 1993, 310 ff.; *Dauner-Lieb/Heidel/Ring*, Bürgerliches Gesetzbuch, Band 2: Schuldrecht, 2. Aufl. 2012; *Baumbach/Huecks* (Hrsg.), GmbH-Gesetz, 19. Aufl. 2010; *Baumbach/Hopt*, Handelsgesetzbuch, 35. Aufl. 2012; *Galla*, Fortsetzung einer GmbH in Nachtragsliquidation, GmbHR 2006, 635; *Hüffer*, Aktiengesetz, 10. Aufl. 2012; Münchener Kommentar BGB, Schuldrecht Besonderer Teil III, 5. Aufl. 2009; *Roth/Altmeppen*, GmbHG, 7. Aufl. 2012; *Gruschinske*, Beendigung „kapitalersetzender" Nutzungsverhältnisse vor Insolvenzeröffnung, GmbHR 2010, 179; *K. Schmidt*, Das Liquidations-Sperrjahr als Liquiditätssicherung vor und nach MoMiG, DB 2009, 1791; *K. Schmidt*, Alte Kündigungsklauseln und neue Rechtsfolgen bei Personengesellschaften – Auslegungs- und Vertragsgestaltungsprobleme um § 131 HGB n.F., BB 2001, 1 ff.; *K. Schmidt*, Insolvenz und Insolvenzabwicklung bei der typischen GmbH & Co. KG – Thesen und Fragen zur Verzahnung von Insolvenzverwaltung und -abwicklung bei der GmbH & Co. KG, GmbHR 2002, 1209 ff.

I. Vorbemerkung

Erst nach der Auflösung des Rechtsträgers schließt sich die eigentliche Abwicklungs-/Ausein- **1** andersetzungsphase an. Dies ist der Zeitraum von der Wirksamkeit der Auflösung des Rechtsträgers bis zu seiner **Vollbeendigung** (Liquidation). Die Nachabwicklungsphase ist der Zeitraum, der sich an das **Erlöschen des Rechtsträgers** anschließt, also der Zeitraum nach der Vollbeendigung (Nachtragsliquidation).

II. Abwicklungs-/Auseinandersetzungsphase der Personengesellschaft

2 Tritt nicht sofort und unmittelbar eine Vollbeendigung der Personengesellschaft bei deren Auflösung ein, so schließt sich auch bei der Personengesellschaft die Abwicklung (Auseinandersetzung) bis zu deren Vollbeendigung an.[1]

1. Beispiele für Ausnahmen des Auseinandersetzungserfordernisses

3 Eine Auseinandersetzung entfällt trotz Auflösung der Personengesellschaft, wenn kein Gesamthandsvermögen vorhanden ist.[2] So fällt z.B. bei der Ehegatteninnengesellschaft, die kein Gesamthandsvermögen gebildet hat, die Auflösung der Gesellschaft mit der Vollbeendigung zusammen, so dass gegenüber dem ausgleichspflichtigen Ehegatten ein sofort fälliger schuldrechtlicher Ausgleichsanspruch besteht. Einer vorherigen Auseinandersetzung bedarf es nicht.[3]

Die Auseinandersetzung entfällt ebenfalls wenn der letzte Gesellschafter das Gesamthandsvermögen durch gesellschaftsvertraglich vereinbarte Anwachsung im Wege der Gesamtrechtsnachfolge übernimmt[4] oder sämtliche Gesellschafter ihre Beteiligungen in eine neugegründete Gesellschaft einbringen. Diese neue Gesellschaft wird dadurch alleinige Gesellschafterin. Das Gesamthandsvermögen der GbR geht im Wege der Anwachsung gemäß § 738 Abs. 1 S. 1 BGB in einem Akt ohne Liquidation auf die neue gegründete Gesellschaft über.[5] Entsprechendes gilt wenn alle Gesellschafter ihre Gesellschaftsanteile an einen Erwerber übertragen.[6]

4 Eine besonders zu beachtende Fallgestaltung liegt auch vor, wenn über das Vermögen der KG die Eröffnung des Insolvenzverfahrens mangels Masse abgelehnt wird und über das Vermögen der juristischen Person, die gleichzeitig einziger Komplementär ist, das Insolvenzverfahren eröffnet wird. In diesem Fall liegt sowohl ein Auflösungsgrund für die Gesellschaft (§§ 131 Abs. 2 Nr. 1, 161 Abs. 2 HGB) als auch ein Grund zum Ausscheiden des Komplementärs vor (§§ 131 Abs. 3 Nr. 2, 161 Abs. 2 HGB). Die KG wird in diesem Fall liquidationslos vollbeendet unter Gesamtrechtsnachfolge auf den Kommanditisten. Dieser ist zur Duldung der Zwangsvollstreckung in das Vermögen zu verurteilen, welches er im Wege der Gesamtsrechtsnachfolge von der KG durch Anwachsung erhalten hat. Mit seinem übrigen Vermögen haftet der Kommanditist nicht.[7]

2. Auseinandersetzungserfordernis als Regelfall

5 Die Reihenfolge der Auseinandersetzung ist folgende:
– Beendigung der bisherigen Geschäftsführungsbefugnis (§ 730 Abs. 2 S. 2 BGB; § 146 HGB),
– Beendigung schwebender Geschäfte (§ 730 Abs. 2 BGB, § 149 S. 1 HGB),
– Rückgabe von Gegenständen der Gesellschafter, die der Gesellschaft lediglich zur Nutzung überlassen waren (§ 732 BGB, § 155 HGB),

---

1 BGH NJW 1995, 2843.
2 BGH NZG 2007, 19.
3 BGH FamRZ 2003, 1648.
4 BGH WM 1965, 746; BFHE 211, 387 = BStBl II 2006, 404.
5 MüKo-BGB/*Ulmer*/*Schäfer*, vor § 723 Rn 9.
6 OLG München NZG 2010, 1305.
7 BGH NZG 2004, 611; BGHZ 113, 132, 134 ff.

– Berichtigung gemeinschaftlicher Schulden aus dem Gesellschaftsvermögen (§ 733 Abs. 1 BGB, §§ 149 S. 1, 155 HGB),
– Rückerstattung der Einlagen in Geld (§ 733 Abs. 2 BGB, §§ 155, 156, 120, 121 HGB),
– Verteilung des Überschusses (§ 734 BGB, §§ 155, 156, 120, 121 HGB).

Die Auseinandersetzungsvorschriften sind dispositiv, da sie nur das Innenverhältnis der Gesell- **6** schafter betreffen.[8] Die Außenhaftung bleibt dagegen unberührt.

a) Geschäftsführungsbefugnis

Mit Eintritt in die Abwicklungsphase erlischt die Geschäftsführungsbefugnis eines Gesellschaf- **7** ter-Geschäftsführers. Die Geschäftsführung steht nunmehr, sofern kein gegenteiliger Gesell-schafterbeschluss gefasst wird, allen Gesellschaftern gemeinschaftlich zu (§ 730 Abs. 2 S. 2 BGB für die GbR, § 146 HGB für die oHG und KG).

Anders als bei einer werbenden GbR[9] fällt der Anteil eines verstorbenen Gesellschafters **8** an einer Abwicklungsgesellschaft im Falle der Nachlassinsolvenz in die Insolvenzmasse, so dass der Nachlassinsolvenzverwalter auch zur gemeinschaftlichen Geschäftsführung berufen ist.[10]

Die Vertretungsmacht der Liquidatoren ist mindestens im Innenverhältnis auf den Liquida- **9** tionszweck beschränkt (arg. § 149 S. 2 HGB). Im Außenverhältnis wird zugunsten des Rechtsver-kehrs widerlegbar vermutet, dass die Vertretung zum Zwecke der Abwicklung erfolgt.[11]

b) Rückgabe von Gegenständen der Gesellschafter, die der Gesellschaft lediglich zur Nutzung überlassen waren

Der Gesellschafter kann Gegenstände, die er der Gesellschaft zur Benutzung überlassen hat, so- **10** fort zurückverlangen (§ 732 S. 1 BGB).[12] Die Gesellschaft hat jedoch schon dann ein – vorüber-gehendes – Zurückbehaltungsrecht, wenn eine hohe Wahrscheinlichkeit für einen von ihr behaupteten Ausgleichsanspruch gegen den Ausgeschiedenen nach § 739 BGB spricht und sie lediglich noch Zeit zu dessen genauer Feststellung durch die Erstellung der Abschichtungsbi-lanz benötigt.[13] Die Gefahr des zufälligen Untergangs oder der Verschlechterung der zurückzu-gebenden Gegenstände trägt bis dahin der Gesellschafter (§ 732 S. 2 BGB).

c) Berichtigung gemeinschaftlicher Schulden aus dem Gesellschaftsvermögen

Im Rahmen der Auseinandersetzung der Gesellschaft müssen zunächst die Verbindlichkeiten **11** der Gesellschaft berichtigt werden (§ 733 Abs. 1 S. 1 BGB, § 149 S. 1 Hs. 1 HGB).[14] Für nichtfällige oder streitige Verbindlichkeiten ist das zur Tilgung Erforderliche zurückzubehalten (§ 733 Abs. 1 S. 2 BGB). Schwebende Geschäfte sind darüber hinaus zu beenden (§ 730 Abs. 2 S. 1 BGB, § 149 S. 1 HGB).

---

8 MüKo-BGB/*Ulmer*/Schäfer, § 735 Rn 2; *Baumbach/Hopt*, § 145 Rn 2, 8.
9 BGH NJW 1984, 2104 (str.).
10 BFH DStRE 2007, 275 m.w.N.
11 BGH NJW 1984, 982; BGH WM 1959, 323.
12 *Baumbach/Hopt*, § 155 Rn 6 m.w.N.
13 BGH NJW 1981, 2802f.
14 BGH NZG 2012, 393.

aa) Gesellschafterbeiträge und Forderungen der Gesellschaft oder Gesellschafter untereinander

12 Als Folge der Auflösung fällt mit der Zweckänderung der Gesellschaft von einer sog. „werbenden Gesellschaft" in eine „Abwicklungsgesellschaft" die Beitragspflicht der Gesellschafter weg.[15] Wenn jedoch ein noch ausstehender Beitrag des Gesellschafters für den Auseinandersetzungszweck erforderlich ist, besteht die Beitragspflicht insoweit fort.[16]

13 Die Ansprüche der Gesellschaft gegen die Gesellschafter und der Gesellschafter gegen die Gesellschaft aus dem Gesellschaftsverhältnis werden im Übrigen unselbständige Posten im Rahmen der Auseinandersetzung. Folge ist, dass einzelne Ansprüche aus dem Gesellschaftsverhältnis nicht mehr selbständig geltend gemacht werden können.[17] Dem ausgeschiedenen Gesellschafter einer BGB-Gesellschaft steht gegenüber dem Anspruch der Gesellschaft auf Ausgleich eines negativen Auseinandersetzungsguthabens kein Freistellungsanspruch und damit kein darauf gestütztes Zurückbehaltungsrecht hinsichtlich in der Auseinandersetzungsbilanz passivierter Sozialansprüche einzelner Gesellschafter gegen die Gesellschaft zu. Der ausgeschiedene Gesellschafter kann daher Freistellung nach § 738 Abs. 1 S. 2 Hs. 2 BGB nur von gemeinschaftlichen Schulden, d.h. von Verbindlichkeiten der Gesellschaft verlangen, für die er analog § 128 HGB haftet. Für Sozialansprüche besteht keine Haftung analog § 128 HGB.[18]

Nach der Rechtsprechung des BGH greift die „Durchsetzungssperre" jedoch nicht in den Fällen, in denen der Anspruch des Gesellschafters dem eines „Drittgläubigers" entspricht. Dies ist immer dann der Fall, wenn ein weiteres Rechtsverhältnis selbständig neben dem Gesellschaftsverhältnis begründet ist, wie z.B. Ansprüche des Gesellschafters gegen die Gesellschaft aus einem weiteren mit ihm abgeschlossenen Dienstvertrag.[19]

14 Handelt es sich nicht um sog. „Drittansprüche" des Gesellschafters, sondern um solche aus dem Gesellschaftsverhältnis, ist zumindest die Klage auf Feststellung, dass ein Anspruch in die Auseinandersetzungsbilanz aufzunehmen ist, ebenso zulässig, wie die Klage, dass ein Anspruch nicht in die Auseinandersetzungsbilanz einzustellen ist.[20] Eine insoweit unzulässige Leistungsklage kann in eine Feststellungsklage auf Einstellung des Betrags als unselbständigen Posten in die Auseinandersetzungsrechnung umgedeutet werden.[21]

bb) Einlage-/Nachschusseinforderung

15 Zu trennen ist die „Erbringung ausstehender Einlageverpflichtungen" von der „Nachschusspflicht".[22] Beide Pflichten sind Ausdruck der Innenhaftung des Gesellschafters und nicht primär seiner Außenhaftung. Die „Einlageforderung" zeichnet sich dadurch aus, dass sie bereits bei Eintritt in die Gesellschaft, also von Anfang an, begründet wird. Nachschussforderungen sind Zahlungsverpflichtungen der Gesellschafter gegenüber der Gesellschaft, die nachträglich begründet werden.

16 Die Einforderung ausstehender Einlagen kann durch die Liquidatoren erfolgen, wenn diese zur Liquidation benötigt werden. Hieraus kann jedoch keine Verpflichtung der Liquidatoren abgeleitet werden, den benötigten Betrag auf alle Gesellschafter (entsprechend den geschuldeten Einlagebeträgen) zu verteilen und die rückständigen Einlagen demgemäß von den Gesellschaftern in der Weise einzufordern, dass alle gleichmäßig belastet sind. Die Entscheidung dar-

---

15 BGHZ 155, 125.
16 BGH NJW 1984, 435 f.; 1980, 1522 ff.; BGHZ 155, 125.
17 BGH NJW 2005, 2618.
18 BGH ZIP 2010, 515.
19 BGH NJW-RR 2006, 1268.
20 BGH NZG 2005, 394.
21 BGH NJW-RR 1993, 1187 f.
22 BGH NJW 1980, 1522 ff.

über, ob und in welchem Umfang sie gegenüber den einzelnen Gesellschaftern rückständige Einlageforderungen geltend machen, steht vielmehr in ihrem – pflichtgemäß auszuübenden – Ermessen.[23] Ob ein einzelner Gesellschafter selbst andere Gesellschafter auf Leistung der Einlage an die Gesellschaft unter Darlegung deren Notwendigkeit zur Liquidation verklagen kann, ist nach wie vor umstritten.[24]

Reicht dann trotz Einforderung der Einlagen das Gesellschaftsvermögen nicht zur Berichti- **17** gung der Gesellschaftsschulden aus, so haben die Gesellschafter einer GbR entsprechend ihre Verlustbeteiligungsquote eine entsprechende Nachschusspflicht (§ 735 S. 1 BGB).[25] Kann von einem GbR-Gesellschafter diese Quote nicht erlangt werden, so haften die anderen Gesellschafter wiederum für diesen Anteil quotal gegenüber der Gesellschaft (§ 735 S. 2 BGB). Dasselbe Recht steht in der Insolvenz der Gesellschaft an Stelle der Liquidatoren dem Insolvenzverwalter zu.[26]

§ 707 BGB steht dem nicht entgegen, da diese Vorschrift nur die Phase der werbenden Ge- **18** sellschaft betrifft.[27] Die Pflicht der Gesellschafter einer GbR zur Verlustdeckung im Rahmen der Abwicklung wird durch § 707 BGB nicht eingeschränkt.[28]

Die Regelung des § 707 BGB findet auf den Gesellschafter einer oHG und KG während des **19** Zeitraums der werbenden Tätigkeit der Gesellschaft gleichfalls Anwendung. Über seine Kapitalbeteiligung in Form der Einlage hinaus ist der Gesellschafter der oHG und KG daher ebenfalls grundsätzlich nicht zur Leistung von Nachschüssen aus § 707 BGB verpflichtet.[29]

Während BGB- und oHG-Gesellschafter aber im Falle der Abwicklung der Gesellschaft zu **20** Nachschüssen verpflichtet sind, nimmt der Kommanditist der KG am Verlust der Gesellschaft nur bis zur Höhe seiner rückständigen Einlage teil (§ 167 Abs. 3 HGB) und wird im Übrigen frei. Für Verluste hat im Innenverhältnis der persönlich haftende Gesellschafter (Komplementär) einzustehen.[30] Zahlen die Kommanditisten einer KG trotzdem gesellschaftsvertraglich in zulässiger Weise empfangene Ausschüttungen an die Gesellschaft zurück, so erbringen sie im Innenverhältnis zur Gesellschaft ein ausgleichspflichtiges Sonderopfer gem. § 110 HGB.[31] Dies gilt auch dann, wenn die Rückzahlung zur Vermeidung der Insolvenz der Gesellschaft oder einer eigenen Außenhaftung der Kommanditisten nach § 172 Abs. 4 HGB erfolgte.[32]

Neben der Haftung des Kommanditisten im Innenverhältnis besteht eine gesetzliche weiter **21** gehende Haftung im Außenverhältnis nur insoweit, als der Kommanditist seine Hafteinlage noch nicht vollständig erbracht hat. Die Hafteinlage wird durch die Eintragung im Handelsregister bestimmt (§§ 171 Abs. 1, 172 Abs. 1 HGB). Im Gegensatz zur GbR haftet daher der Kommanditist nur, wenn er seine Hafteinlage nicht voll erbracht hat.

Hafteinlage und bedungene Einlage (vertraglich geschuldete) können aber durch Vereinba- **22** rung unter den Gesellschaftern voneinander abweichen.[33] Weicht die Hafteinlage von der vertraglich wirksam vereinbarten Einlage des Kommanditisten ab, eröffnet sich insoweit wieder eine Innenhaftung des Kommanditisten gegenüber der Gesellschaft.

23 BGH NJW 1980, 1522 ff.
24 BGH NJW 2003, 2676 m.w.N.
25 BGH NJW-RR 1993, 1187 f.
26 BGH NJW 1981, 2251 f.
27 BGH NZG 2012, 393.
28 BGH NZG 2012, 393; MüKo-BGB/*Ulmer*/Schäfer, § 707 Rn 5; § 735 Rn 1.
29 BGH NZG 2012, 393; NZG 2012, 397; NZG 2011, 510.
30 BGH NZG 2005, 807 f.
31 BGH NZG 2005, 807 f.
32 BGH NZG 2005, 807 f.
33 BFH GmbHR 2004, 310 ff.

23 Praxistipp

In Publikumsgesellschaften (Anlagemodelle) ist daher in der Regel in der ersten Stufe zu überprüfen, ob eine „Nachschusspflicht (nachträgliche Beitragpflicht)" überhaupt wirksam im Vorhinein vereinbart wurde[34] und in der zweiten Stufe, ob sich der Gesellschafter (Anleger) aus anderen Gründen (z.B. Widerruf, Anfechtung, Nichtigkeit) aus der Gesellschaft lösen kann.[35]

24 Streitig ist, ob für die Gesellschafter einer oHG und KG eine Nachschusspflicht im Innenverhältnis besteht oder die Liquidatoren auf die Eröffnung des Insolvenzverfahrens über das Vermögen der Gesellschaft zu verweisen sind. Ist § 707 BGB lediglich als „Sperre" bei einer werbenden Gesellschaft zu verstehen,[36] so ist § 735 BGB (§§ 105 Abs. 3 HGB, 161 Abs. 2 HGB) bei einer Auflösung und der sich anschließenden Abwicklung entsprechend auch im Innenverhältnis der Gesellschafter zur Gesellschaft anzuwenden.[37]

d) Rückerstattung der Einlagen in Geld und Verteilung des Überschusses an die Gesellschafter

25 Nach Berichtigung der Schulden sind zunächst den Gesellschaftern einer GbR deren Einlagen zu erstatten. Das danach noch verbleibende Restvermögen (Überschuss) ist unter den Gesellschaftern im Zweifel nach Köpfen (§ 722 Abs. 1 BGB) zu verteilen (§§ 733 Abs. 2 S. 1, 2, 734 BGB).

26 Zur Verteilung des Gesellschaftsvermögens an die Gesellschafter der oHG und KG ist demgegenüber die besondere Regelung der §§ 155, 161 Abs. 2 HGB zu beachten. Die bei der GbR nach § 733 Abs. 2 BGB zu erstattenden Einlagen sind bei der oHG und KG Teil der nach §§ 155 Abs. 1, 120 HGB gebildeten Kapitalanteile des einzelnen Gesellschafters.[38]

3. Fortsetzungsbeschluss in der Abwicklungs-/Auseinandersetzungsphase

27 Auch während der Abwicklungs-/Auseinandersetzungsphase, also vor der Vollbeendigung, können die Gesellschafter die Fortsetzung der Gesellschaft beschließen.[39] Dazu ist in der Regel ein einstimmiger Beschluss erforderlich. Die bloße vorübergehende „Weiterführung" des Geschäftsbetriebes reicht dazu in der Regel als konkludenter Beschluss nicht aus.[40]

III. Nachtragsliquidation der Personengesellschaft

28 Mit der Beendigung der Abwicklungs-/Auseinandersetzungsphase tritt die Vollbeendigung der Personengesellschaft ein. Stellt sich nach der Vollbeendigung heraus, dass noch weitere „Abwicklungsmaßnahmen" erforderlich sind, so bleiben die Liquidatoren der Personengesellschaft gleichwohl vertretungsbefugt. Dies gilt auch, wenn das Erlöschen der Personengesellschaft bereits zum Handelsregister angemeldet und eingetragen wurde.[41] Insoweit wirkt die Eintragung rein deklaratorisch.[42] Es findet dann eine sog. Nachtragsliquidation statt. Dies gilt auch den Fäl-

---

34 BGH NJW-RR 2009, 753; BGH NJW-RR 2006, 827 ff.; BGH NJW-RR 2005, 1347 ff.
35 BGH NZG 2011, 510;BGH ZIP 2005, 1361 ff.; BGH NZG 2004, 279 ff.; BGH ZfIR 2004, 562 f.
36 AnwK-BGB/*Heidel/Pade*, § 707 Rn 2 m.w.N.; MüKo-BGB/*Ulmer*/Schäfer, § 707 Rn 5; § 735 Rn 1.
37 BGH NJW 2010, 65; *Baumbach/Hopt*, § 155 Rn 3.
38 *Baumbach/Hopt*, § 155 Rn 2.
39 BGH NJW 1995, 2843.
40 BGH NJW 1995, 2843.
41 BGH NJW 1979, 1987.
42 BGH NJW 1979, 1987.

Spieker

len, in denen die oHG oder KG wegen Vermögenslosigkeit im Handelsregister gelöscht wurde (§ 145 Abs. 3 HGB).

Wichtig

Eine Ausnahme besteht jedoch nach der Rechtsprechung des BGH bei Publikumskommanditgesellschaften. Bei diesen Gesellschaften ist die Durchführung einer Nachtragsliquidation wegen ihrer Nähe zum Recht der Kapitalgesellschaften analog § 273 Abs. 4 AktG davon abhängig, dass ein Nachtragsliquidator gerichtlich bestellt wird.[43]

IV. Abwicklungs-/Auseinandersetzungsphase der Kapitalgesellschaft

An die Auflösung der GmbH bzw. AG schließt sich deren Abwicklung (Auseinandersetzung) bis **29** zu deren Vollbeendigung an. In dieser Phase ändert sich nur der werbende Gesellschaftszweck in den einer Abwicklung.[44] Die Vollbeendigung (Beendigung der Liquidation) wird in der Regel dann angenommen, wenn das Vermögen der GmbH bzw. AG verteilt und die Gesellschaft im Handelsregister gelöscht ist.[45]

1. Auseinandersetzungserfordernis als Regelfall

Die Reihenfolge der Auseinandersetzung ist folgende: **30**
- In Ermangelung anderweitiger Beschlüsse der Gesellschafterversammlung sind die bisherigen Geschäftsführer (Vorstände) geborene Liquidatoren (§ 66 Abs. 1 GmbHG bzw. § 265 Abs. 1 AktG),
- Beendigung schwebender Geschäfte (§ 70 S. 2 GmbHG bzw. § 268 Abs. 1 S. 2 AktG),
- Vermögen ist zu verwerten, Forderungen sind einzuziehen (§ 70 S. 1 GmbHG bzw. § 268 Abs. 1 S. 1 AktG),
- Berichtigung der Schulden aus dem Gesellschaftsvermögen (§ 70 S. 1 GmbHG bzw. § 268 Abs. 1 S. 1 AktG),
- Erstellung eines Endabschlusses auf den Zeitpunkt des Abschlusses der Liquidation durch die Liquidatoren (§ 71 GmbHG bzw. § 270 AktG),
- Erstattung der Einlagen bei unterschiedlicher Einlageleistung und mindestens ausgeglichener Schlussbilanz (§ 72 GmbHG, § 271 Abs. 3 AktG analog bzw. § 271 Abs. 3 AktG),
- Verteilung des Überschusses an die Gesellschafter (Aktionäre) (§ 72 AktG bzw. § 271 Abs. 2 AktG).

a) Geschäftsführungsbefugnis

Anders als bei der Personengesellschaft sind die zum Zeitpunkt der Wirksamkeit der Auflösung **31** bestellten Geschäftsführer (Vorstände) auch geborene Liquidatoren der GmbH bzw. AG. Für die gescheiterte und nicht zur Eintragung gelangte „Vor-Gesellschaft" sind ebenfalls die bei Gründung bestellten Geschäftsführer (Vorstände) deren geborene Liquidatoren, § 730 BGB findet insoweit keine Anwendung.[46] Die Vertretungsmacht der Liquidatoren ist im Innenverhältnis auf

---

43 BGH NJW 2003, 2676.
44 BGH NJW-RR 2007, 99 ff.
45 BGH NZG 2005, 278; 2005, 216; OLG Stuttgart GmbHR 1986, 269.
46 BGH NZG 2007, 20 ff.

den Liquidationszweck beschränkt (arg. §§ 69, 43 Abs. 1 GmbHG bzw. §§ 268, 93 Abs. 1 S. 1 AktG).[47]

32 Im Außenverhältnis endet die Geschäftsführungsbefugnis der bisherigen Geschäftsführer spätestens mit dem Zeitpunkt der Eintragung der Auflösung der Gesellschaft im Handelsregister und der Eintragung der Bestellung anderer Dritter als Liquidatoren (§ 15 Abs. 1 bzw. § 15 Abs. 2 HGB).[48] Soweit der Gläubiger dennoch auf die Geschäftsführungsbefugnis des Geschäftsführers bei Abschluss eines Rechtsgeschäftes vertraut, kommt allein dessen Haftung als Vertreter ohne Vertretungsmacht gegenüber dem Gläubiger in Betracht. Der Vorwurf der fahrlässigen Unkenntnis (§ 179 Abs. 3 BGB) kommt nur in Betracht, wenn der Gläubiger im Zeitpunkt des Vertragsschlusses entweder Zweifel am Bestand bzw. dem Umfang der Vertretungsmacht hatte oder es erkennbare Umstände gab, die ihn hätten zweifeln lassen müssen.[49]

33 Der Insolvenzverwalter ist dagegen nicht „gesetzlicher Vertreter" der Insolvenzschuldnerin in Bezug auf das freie Vermögen, welches nicht zur Masse gehört. Er ist im Übrigen Partei kraft Amtes.[50] Die Geschäftsführer (Vorstände) bleiben im Amt und nehmen nur solche Aufgaben wahr, die nicht die Insolvenzmasse betreffen. Daher bleiben sie auch geborene Liquidatoren, soweit es sich um insolvenzfreies Vermögen der Gesellschaft handelt.[51] Bedeutung erlangt dies insbesondere, wenn der Insolvenzverwalter Vermögen aus der Masse freigibt, denn dann sind die Liquidatoren insoweit vertretungs- und verfügungsbefugt.[52]

b) Rückgabe von Gegenständen der Gesellschafter, die der Gesellschaft lediglich zur Nutzung überlassen waren

34 Anders als bei einer Personengesellschaft, kann der Gesellschafter Gegenstände, die er der Gesellschaft zur Benutzung überlassen hat, nicht sofort zurückverlangen, sondern sie sind wie andere Drittverbindlichkeiten zu behandeln. Eine Kapitalbindung im Rahmen einer kapitalersetzenden Nutzungsüberlassung dauert nach dem in Kraft treten des MoMiG[53] nicht mehr solange an, bis die Gesellschaftsschulden befriedigt sind.[54] § 135 Abs. 3 InsO eröffnet nunmehr dem Insolvenzverwalter die Möglichkeit für einen Zeitraum von einem Jahr ab Eröffnung des Verfahrens die überlassenen Gegenstände gegen Entgelt zu nutzen. Umstritten ist, ob nach neuem Recht eine Nutzungsüberlassung durch den Gesellschafter an die Gesellschaft bei pünktlicher Mietzinszahlung als eine einem Gesellschafterdarlehen wirtschaftlich entsprechende Rechtshandlung i.S.d. §§ 39 Abs. 1 Nr. 5, 135 Abs. 1 Nr. 2 InsO angesehen werden muss oder nicht.[55] Die Haftung des Geschäftsführers nach § 64 S. 3 GmbHG, der für den Liquidator ebenfalls anzuwenden ist, wonach dieser grundsätzlich zum Ersatz von Zahlungen an Gesellschafter verpflichtet ist, wenn diese zur Zahlungsunfähigkeit der Gesellschaft führen mussten, bedeutet nicht, dass nur noch der Geschäftsführer allein haftet. § 64 S. 3 GmbHG stellt insoweit keine abschließende Regelung der Existenzvernichtungshaftung dar;[56] sie lässt die bisherige straf- wie zivilgericht-

---

47 *Roth/Altmeppen*, § 70 Rn 5.
48 BGH NZG 2005, 268.
49 BGH NZG 2005, 268.
50 BGH ZInsO 2006, 260.
51 BGH ZInsO 2006, 260.
52 BGH NJW-RR 2007, 1205; OLG Dresden BauR 2008, 139.
53 Gesetzes zur Modernisierung des GmbH-Rechts und zur Bekämpfung von Missbräuchen (MoMiG) vom 23.10.2008 (BGBl. I, 2026) dazu Gruschinske, GmbHR 2010, 179.
54 Zur Übergangszeit: BGH NJW 2009, 1277; zum alten Recht: BGH NJW 2006, 1800; BGH ZIP 2005, 807; BGH WM 2005, 561.
55 Verneinend OLG Schleswig ZIP 2012, 885 m.w.N.
56 BGHSt 54, 52 = NJW 2009, 3666.

liche Rechtsprechung[57] zur Haftung des Gesellschafters für existenzgefährdende bzw. -vernichtende Eingriffe unberührt. Diese kommt auch im Stadium der Liquidation der Gesellschaft zur Anwendung.[58]

Liegt keine Kapitalbindung i.d.S. vor, ist der Gesellschafter zumindest in den Fällen wie ein 35 Drittgläubiger zu behandeln, wenn ein weiteres Rechtsverhältnis selbständig neben dem Gesellschaftsverhältnis begründet ist.[59]

c) Berichtigung der Schulden aus dem Gesellschaftsvermögen

Auch im Rahmen der Auseinandersetzung einer juristischen Person des Privatrechts müssen 36 daher zunächst die Verbindlichkeiten der Gesellschaft berichtigt werden (§ 70 S. 1 GmbHG bzw. § 268 Abs. 1 S. 1 AktG). Für nichtfällige oder streitige Verbindlichkeiten ist das zur Tilgung Erforderliche zurückzubehalten oder dem Gläubiger Sicherheit zu leisten und zwar vor der Verteilung des Vermögens an die Gesellschafter (§ 73 Abs. 1 GmbHG bzw. § 272 AktG). Schwebende Geschäfte sind darüber hinaus zu beenden (§ 70 S. 2 GmbHG bzw. § 268 Abs. 1 S. 2 AktG).

aa) Gesellschafterbeiträge und Forderungen der Gesellschaft oder Gesellschafter untereinander

Einer unmittelbaren Gesellschafterklage gegen einen anderen Gesellschafter steht der grund- 37 sätzliche Vorrang (Sperrwirkung) der inneren Zuständigkeitsordnung der Gesellschaft entgegen, soweit es sich nicht um sog. „Drittansprüche" handelt, sondern um solche aus dem Gesellschaftsverhältnis. Eine Ausnahme soll dann gelten, wenn eine Klage der Gesellschaft undurchführbar, von dem schädigenden Gesellschafter vereitelt worden oder unzumutbar ist.[60] In solchen Fällen ist zumindest in einer zweigliedrigen GmbH eine Klage des Gesellschafters gegen den anderen Gesellschafter auf Zahlung an die Gesellschaft möglich.[61] Eine Pflicht des Gesellschafters, über den Betrag der übernommenen Einlageverpflichtung hinaus Beiträge zu leisten, besteht nicht.

bb) Einlage-/Nachschusseinforderung

Wie bei der Personengesellschaft ist die „Erbringung ausstehender Einlageverpflichtungen" 38 von der „Nachschusspflicht" zu trennen. Die Einforderung ausstehender Einlagen kann durch die Liquidatoren erfolgen, wenn dies zur Liquidation erforderlich ist.[62] Eines Beschlusses der Gesellschafterversammlung (§§ 69, 46 Nr. 2 GmbHG) bzw. Aktionärsversammlung (§§ 268 Abs. 2, 63 Abs. 1 AktG) bedarf es nicht. Für die Annahme einer „Nachschusspflicht" gelten die gleichen Grundsätze wie im Recht der Personengesellschaft, d.h., für eine nachträgliche Pflicht des Gesellschafters (Aktionärs), über die übernommene Einlage hinaus Nachschuss an die Gesellschaft zu leisten, bedarf es einer im Vorhinein bestimmten Vereinbarung in der Satzung (siehe Rn 22 f.).

---

57 BGHZ 179, 344 = NJW 2009, 2127.
58 BGH NJW 2009, 2127.
59 BGH NJW-RR 2006, 1268 – für die Personengesellschaft; *K. Schmidt*, DB 2009, 1791; *Hüffer*, § 271 Rn 3; *Baumbach/Hueck*, § 72 Rn 22; *Roth/Altmeppen*, § 70 Rn 16.
60 BGH NZG 2005, 216.
61 BGH NZG 2005, 216.
62 *Roth/Altmeppen*, § 70 Rn 11 m.w.N.

d) Rückerstattung der Einlagen in Geld und Verteilung des Überschusses an die Gesellschafter

39 Mit der Verteilung des Überschusses oder Erstattung der Einlagen dürfen die Liquidatoren erst beginnen, wenn die Verbindlichkeiten der Gesellschaft befriedigt oder dem Gläubiger Sicherheit gewährt wurde.[63] Eine Vorfinanzierung der Liquidationsquote durch Vorabausschüttungen oder Darlehensausreichungen aus dem Gesellschaftsvermögen ist dagegen unzulässig.[64] Die Verteilung darf zudem erst nach Ablauf des Sperrjahres seit der Bekanntmachung des dritten Gläubigeraufrufes (§§ 65 Abs. 2, 73 GmbHG bzw. §§ 267, 272 Abs. 1 AktG) erfolgen. Meldet sich ein bekannter Gläubiger nicht, so hat insoweit die Hinterlegung (§ 372ff. BGB) des erforderlichen Betrags zu erfolgen (§ 73 Abs. 2 GmbHG bzw. § 272 Abs. 2 AktG).

40 Erfolgten die Leistungen auf das übernommene oder gezeichnete Kapital der Gesellschaft in einem ungleichen Verhältnis, so ist dies bei der Ermittlung der Liquidationsanteile in Anrechnung zu bringen. Erforderlichenfalls müssen Gesellschafter noch rückständige Einlagen erbringen, um zugunsten anderer Gesellschafter die Ausschüttung des ihnen zustehenden Liquidationserlöses zu ermöglichen (§ 72 GmbHG, § 271 Abs. 3 AktG analog bzw. § 271 Abs. 3 AktG).[65]

2. Fortsetzungsbeschluss in der Abwicklungs-/Auseinandersetzungsphase

41 Wie bei der GbR (§ 728 Abs. 1 S. 2 BGB) können die Gesellschafter oder die Aktionäre die Fortsetzung der Gesellschaft beschließen, wenn auf Antrag des Insolvenzschuldners das Verfahren eingestellt oder ein Insolvenzplan mit Fortsetzung bestätigt wird (§ 60 Abs. 1 Nr. 4 GmbHG, § 274 Abs. 2 Nr. 1 AktG). Der Fortsetzungsbeschluss setzt voraus, dass mit der Verteilung des Vermögens unter den Gesellschaftern noch nicht begonnen wurde und bedarf der gleichen Mehrheit wie der Auflösungsbeschluss (arg. § 274 Abs. 1 S. 1 AktG).

42 Die Gesellschafter können im Falle der Ablehnung der Eröffnung mangels Masse nicht die Fortsetzung beschließen,[66] auch wenn neues Vermögen zugeführt wurde,[67] in den Fällen, in denen das Verfahren nach dem Schlusstermin aufgehoben wird (§ 200 InsO) oder mangels einer kostendeckenden Masse aufgehoben wird (§ 207 InsO).[68]

V. Nachtragsliquidation der Kapitalgesellschaft

43 Mit der Beendigung der Abwicklungs-/Auseinandersetzungsphase und der Eintragung der Löschung im Handelsregister tritt die Vollbeendigung der Kapitalgesellschaft ein. Stellt sich nach der Vollbeendigung heraus, dass noch weitere „Abwicklungsmaßnahmen" erforderlich sind, findet eine sog. Nachtragsliquidation statt. Bei Kapitalgesellschaften ist die Durchführung einer Nachtragsliquidation davon abhängig, dass ein Nachtragsliquidator gerichtlich bestellt wird (§ 74 GmbHG,[69] § 273 Abs. 4 AktG analog[70] bzw. § 273 Abs. 4 AktG). Antragsberechtigt ist auch der Gläubiger der Gesellschaft.[71]

---

63 BGH NZG 2009, 659.
64 BGH a.a.O.; *K. Schmidt*, DB 2009, 1791.
65 *Roth/Altmeppen*, § 72 Rn 10 mit Beispiel.
66 BGH NJW 1994, 594; 1980, 233.
67 BayObLG BB 1994, 98; kritisch: *Galla*, BB 2006, 635.
68 BGH AG 2003, 424, 426.
69 OLG München GmbHR 2011, 657.
70 BGH NJW 2003, 2676; *Roth/Altmeppen*, § 74 Rn 21ff.
71 *Roth/Altmeppen*, § 74 Rn 31; *Baumbauch/Hueck*, § 60 Rn 106.

Ulrich Spieker
§ 40 Der registerrechtliche Vollzug

Literatur: *Baumbach/Hueck* (Hrsg.), GmbH-Gesetz, 19. Aufl. 2010; *Baumbach/Hopt*, Handelsgesetzbuch, 35. Aufl. 2012; *Galla*, Fortsetzung einer GmbH in Nachtragsliquidation, GmbHR 2006, 635; *Gustavus*, Handelsregisteranmeldungen, 6. Aufl. 2006; *Hüffer*, Aktiengesetz, 10. Aufl. 2012; *Münchener Kommentar BGB*, Schuldrecht Besonderer Teil III, 5. Aufl. 2009; *Roth/Altmeppen*, GmbHG, 7. Aufl. 2012.

I. Vorbemerkung

Das Registergericht hat die Pflicht, darüber zu wachen, dass Eintragungen im Handelsregister **1** den gesetzlichen Erfordernissen und der tatsächlichen Rechtslage entsprechen. Dabei ist es aber nicht verpflichtet, verwickelte Rechtsverhältnisse oder zweifelhafte Rechtsfragen zu klären. Eine Pflicht zur Amtsermittlung nach §§ 26, 382 FamFG besteht nur dann, wenn entweder die formalen Mindestanforderungen für eine Eintragung nicht erfüllt sind oder wenn begründete Zweifel an der Wirksamkeit der zur Eintragung angemeldeten Erklärungen oder an der Richtigkeit der mitgeteilten Tatsachen bestehen.[1]

Die öffentlich-rechtliche Pflicht zur Anmeldung eintragungspflichtiger Tatsachen in das **2** Handelsregister besteht während der ganzen Dauer der Gesellschaft, solange die Anmeldung nicht bewirkt ist. Der neben dieser Pflicht korrespondierende gesellschaftsvertragliche Mitwirkungsanspruch besteht auch gegen den nicht eingetragenen, zwischenzeitlich ausgeschiedenen Kommanditisten. Die Verjährung des aus der Dauerverpflichtung resultierenden, gleichsam ständig neu entstehenden Mitwirkungsanspruchs beginnt nicht vor Beendigung der Gesellschaft.[2]

Für die Beschwerdebefugnis eines Gesellschafters ist damit entscheidend, ob er von der **3** Anmeldung betroffen ist, also mittelbar einer öffentlich-rechtlichen Anmeldepflicht unterliegt, was regelmäßig bei der Auflösung der Fall ist. Dagegen entfaltet z.B. der Gesellschafterbeschluss über die Abberufung und Neubestellung des Geschäftsführers der Komplementär-GmbH einer GmbH & Co. KG nur hinsichtlich der Komplementär-GmbH sowie der abberufenen und neubestellten Geschäftsführer unmittelbare Rechtsfolgen. Der Kommanditist der Gesellschaft ist dagegen hinsichtlich des registerrechtlichen Vollzugs eines solchen Beschlusses ausnahmsweise nicht beschwerdebefugt.[3]

---

1 BGH NZG 2011, 907.
2 KG GWR 2011, 164.
3 OLG Hamburg GmbHR 2011, 874.

Verfahrensrechtlich gelten die Vorschriften des FGG nur dann und nicht des FamFG, wenn die Aufforderung der Anmeldung der Löschung der Gesellschaft durch das Registergericht vor dem 1.9.2009 erfolgte.[4]

II. Anmeldung zum Handelsregister der Personengesellschaft

1. Auflösung der Gesellschaft

4 Die Auflösung der oHG und KG ist von sämtlichen Gesellschaftern zum Handelsregister anzumelden (§§ 143 Abs. 1, 161 Abs. 2, 162 Abs. 3 HGB).[5] Ein Zurückbehaltungsrecht der Anmeldepflichtigen gegenüber der Gesellschaft oder den Gesellschaftern ist nicht zulässig.[6] Zeitpunkt und Grund[7] der Auflösung müssen nicht angegeben werden. Anmeldepflichtig sind alle Gesellschafter (§ 143 Abs. 1 HGB). Erfüllen diese die Verpflichtung zur Anmeldung nicht, kann nach § 14 HGB die Erzwingung der Anmeldung durch das Registergericht erfolgen.[8]

Wenn daher das Registergericht von einem Sachverhalt glaubhafte Kenntnis erhält, der sein Einschreiten nach § 14 HGB rechtfertigt (Verletzung der Anmeldepflicht), hat es dem Beteiligten nach § 388 Abs. 1 FamFG unter Androhung eines Zwangsgeldes aufzugeben, innerhalb einer bestimmten Frist seiner gesetzlichen Verpflichtung nachzukommen oder die Unterlassung mittels Einspruchs zu rechtfertigen. Wenn der Verpflichtete der Aufforderung innerhalb der Frist nicht nachkommt und auch nicht Einspruch erhebt, ist nach § 389 Abs. 1 FamFG das Zwangsgeld festzusetzen.[9]

5 Verstirbt der persönlich haftende Gesellschafter einer Personenhandelsgesellschaft, ist sein Ausscheiden durch alle Gesellschafter und alle Erben, unabhängig von der Erlangung einer Gesellschafterstellung, anzumelden.[10] Dies gilt daher auch in den Fällen, in denen eine KG durch den Tod des persönlich haftenden Gesellschafters aufgelöst wird. Der Nachweis der Rechtsnachfolge der Erben kann in der Form eines Erbscheins erbracht werden (§ 12 Abs. 2 S. 2 HGB).

Eine Erhöhung oder Herabsetzung der Haftsumme ist gemäß des §§ 174,175 HGB in das Handelsregister einzutragen.[11] Damit ist die Eintragung nach h.M. konstitutiv, soweit ein Kommanditist seinen Anteil einem anderen Kommanditisten der Gesellschaft überträgt.[12] Eine Erhöhung der Haftsummen des verbleibenden Kommanditisten findet jedoch dann nicht statt, wenn ein Kommanditist verstirbt und aufgrund einer Fortsetzungsklausel sein Anteil dem verbleibenden Gesellschafter anwächst. Es fehlt an einem Übergang des Anteils, da durch den Anwachsungserwerb der Anteil untergeht, so dass nur das Ausscheiden des Kommanditisten anzumelden ist.[13] Etwas anders gilt damit immer, wenn durch Rechtsgeschäft unter Lebenden oder Gesamtrechtsnachfolge der Anteil übergeht. In diesem Fall bleibt es dabei, da der Anteil nicht untergeht, dass die Eintragung im Handelsregister konstitutive Wirkung hat und neben dem Ausscheiden des Kommanditisten die Erhöhung des Anteils des verbleibenden Gesellschafters einzutragen ist.[14]

---

4 OLG Frankfurt/M. NZG 2011, 153.
5 OLG München DB 2010, 1458; *Baumbach/Hopt*, § 143 Rn 1, 3; § 162 Rn 11.
6 KG OLGR 1995, 242 f.
7 OLG Hamm ZIP 2007, 1905.
8 BayObLG Rpfleger 1993, 288.
9 OLG Schleswig ZInsO 2010, 1157.
10 KG NZG 2007, 101 f.
11 BGH NZG 2006, 15; KG NZG 2009, 905 m.w.N.
12 DNotI-Report 2010, 23.
13 DNotI-Report 2010, 23.
14 BGH NZG 2006, 15; KG NZG 2009, 905 m.w.N.; DNotI-Report 2010, 23.

Ausnahmsweise ist gem. § 31 Abs. 2 HGB das Erlöschen der Gesellschaft jedoch bereits mit **6** der Auflösung anzumelden, nämlich wenn die Gesellschaft ohne Abwicklung erlischt.[15] Werden z.B. zwei GmbH & Co. KG's durch Übertragung der Geschäftsanteile auf eine der Gesellschaften vereinigt, so ist zum Handelsregister der anderen Gesellschaft keine Verschmelzung, sondern das Ausscheiden des Komplementärs und des Kommanditisten und die hierdurch bedingte Auflösung der Gesellschaft sowie das Erlöschen der Firma anzumelden.[16]

Die Anmeldung hat durch sämtliche Gesellschafter in öffentlich beglaubigter Form zu erfol- **7** gen (§ 143 Abs. 1, 12 HGB). Die nach §§ 143, 161 Abs. 2 HGB erforderliche Eintragung in das Handelsregister ist keine Wirksamkeitsvoraussetzung für den Auflösungsbeschluss, sie hat lediglich deklaratorische Wirkung.[17]

2. Fortsetzung der Gesellschaft

Der Fortsetzungsbeschluss ist durch die Gesellschafter ebenfalls zum Handelsregister in beglau- **8** bigter Form anzumelden.

3. Erlöschen der Gesellschaft

Das Erlöschen der Gesellschaft ist gem. § 31 HGB mit der Vollbeendigung anzumelden.[18] Die An- **9** meldung hat durch sämtliche Gesellschafter in öffentlich beglaubigter Form zu erfolgen (§ 143 Abs. 1, 12 HGB).

4. Nachtragsliquidation der Gesellschaft

Stellt sich nach der Vollbeendigung heraus, dass noch weitere „Abwicklungsmaßnahmen" er- **10** forderlich sind, so bleiben die Liquidatoren der Personengesellschaft gleichwohl vertretungsbefugt. Dies gilt auch, wenn das Erlöschen der Personengesellschaft bereits zum Handelsregister angemeldet und eingetragen wurde.[19] Auch insoweit wirkt die Eintragung rein deklaratorisch.[20] Es findet dann eine sog. Nachtragsliquidation statt. Dies gilt auch in Fällen, in denen die oHG oder KG bereits im Handelsregister gelöscht wurde (§ 145 Abs. 3 HGB).

Wichtig
Bei Publikums-KG`s ist die Durchführung einer Nachtragsliquidation wegen ihrer Nähe zum Recht der Kapitalgesellschaften analog § 273 Abs. 4 AktG davon abhängig, dass ein Nachtragsliquidator gerichtlich bestellt wird.[21]

---

5. Vertretung im Anmeldeverfahren

Ist Gegenstand der Anmeldung die Sonderrechtsnachfolge in einen Kommanditanteil, bedarf es **11** zur Eintragung des Rechtsnachfolgevermerks (weiterhin) der Vorlage von negativen Abfindungsversicherungen des persönlich haftenden Gesellschafters und des ausscheidenden Kommanditisten als Standardnachweis. Die Versicherung ist persönlich und nicht durch einen ge-

---

15 KG NZG 2007, 665; OLG Düsseldorf NJW-RR 1998, 245 f.; LG Essen EWiR 2005, 403; *Baumbach/Hopt*, § 31 Rn 6 ff.
16 OLG Frankfurt/M. GmbHR 2003, 1358 f.
17 So handelsrechtlich für den Gesellschafterwechsel: BFH GmbHR 2004, 679 f.
18 OLG Düsseldorf NJW-RR 1998, 245 f., OLG Frankfurt/M. GmbHR 2003, 1358 f.; LG Essen EWiR 2005, 403; *Baumbach/Hopt*, § 31 Rn 6 ff.
19 BGH NJW 1979, 1987.
20 BGH NJW 1979, 1987.
21 BGH NJW 2003, 2676.

willkürten Stellvertreter (§§ 164 ff. BGB) abzugeben. Die Versicherung ist nicht Teil der Anmeldung, so dass sie auch keiner besonderen Form (§ 12 Abs.1 S.1 HGB) bedarf. [22] Insoweit dürfte eine Anmeldung durch Bevollmächtigte in der Regel unzulässig sein.

Bei der Publikums-KG begegnet eine gesellschaftsvertragliche Regelung, nach der die Gesellschafter nach ihrer Wahl Handelsregisteranmeldungen zu unterzeichnen oder der Komplementärin eine nur aus wichtigem Grund widerrufbare General-Anmeldevollmacht zu erteilen haben, keinen durchgreifenden rechtlichen Bedenken. [23]

III. Anmeldung zum Handelsregister der Kapitalgesellschaft

1. Auflösung der Gesellschaft

12 Die Auflösung der Gesellschaft, die Liquidatoren und ihre Vertretungsbefugnis sind in öffentlich beglaubigter Form (§ 12 HGB) zum Handelsregister anzumelden (§§ 65, 67 GmbHG bzw. §§ 263, 269 AktG). Anmeldepflichtig sind die Liquidatoren als gesetzliche Vertreter der Gesellschaft. So entfällt z.B. die Verpflichtung des GmbH-Geschäftsführers, die noch vor der Eröffnung des Insolvenzverfahrens über das Vermögen der Gesellschaft erfolgte Änderung der Geschäftsanschrift der Gesellschaft zum Handelsregister anzumelden, auch nicht aufgrund der Eröffnung des Insolvenzverfahrens. [24]

2. Fortsetzung der Gesellschaft

13 Wird die GmbH durch zulässigen Beschluss der Gesellschafter fortgesetzt, ist dies durch die Geschäftsführer zum Handelsregister anzumelden. Die Eintragung ist nach h.M. deklaratorisch. [25] Die h.M. nimmt aber an, dass eine nach § 60 Abs. 1 Nr. 7 GmbHG als vermögenslos gelöschte, tatsächlich aber nicht vermögenslose Gesellschaft ausnahmslos nicht fortsetzungsfähig ist. [26]

Die Eintragung des Fortsetzungsbeschlusses einer AG bedarf ebenfalls der Eintragung in das Handelsregister, wobei diese jedoch gem. § 274 Abs. 4 S. 1 AktG konstitutiv ist. [27] Die bloße Versicherung der Vorstände, die AG habe mit der Verteilung des Vermögens an die Aktionäre noch nicht begonnen, soll dabei nicht ausreichend sein. Vielmehr ist, ähnlich wie bei der Gründungsprüfung, die entsprechende Prüfbescheinigung der Wirtschaftsprüfer erforderlich. [28]

Auf die wirtschaftliche Neugründung durch Verwendung des „alten" Mantels einer existenten, im Rahmen ihres früheren Unternehmensgegenstands tätig gewesenen, jetzt aber unternehmenslosen GmbH sind die der Gewährleistung der Kapitalausstattung dienenden Gründungsvorschriften des GmbHG einschließlich der registergerichtlichen Kontrolle entsprechend anzuwenden. Die Tatsache der Wiederverwendung eines zwischenzeitlich leer gewordenen Gesellschaftsmantels ist gegenüber dem Registergericht offenzulegen. Diese Offenlegung der wirtschaftlichen Neugründung ist mit der – am satzungsmäßigen Stammkapital auszurichtenden – Versicherung gemäß § 8 Abs. 2 GmbHG zu verbinden. Die reale Kapitalaufbringung ist sowohl bei der Mantelverwendung als auch bei der Aktivierung einer Vorratsgesellschaft durch entsprechende Anwendung des Haftungsmodells der Unterbilanzhaftung – bezogen auf den Stichtag

---

22 BGH NZG 2006, 15; KG NZG 2009, 905 m.w.N.
23 BGH NZG 2006, 703.
24 OLG Hamburg GmbHR 2011, 828.
25 *Baumbach/Hueck*, § 66 Rn 20 f.
26 OLG Celle NZG 2008, 271; *Galla*, GmbHR 2006, 635.
27 *Hüffer*, § 274 Rn 8.
28 *Hüffer*, § 274 Rn 7.

der Offenlegung der wirtschaftlichen Neugründung gegenüber dem Registergericht – sicherzu-stellen.[29]

3. Erlöschen der Gesellschaft

Die Liquidation kann in der Regel nicht vor Ablauf des Sperrjahres beendet sein, so dass die Ge-sellschaft grundsätzlich nicht vor Ablauf des Sperrjahres im Handelsregister gelöscht werden kann. Die Beendigung der Liquidation ist von den Liquidatoren in einer zur Vertretung berechti-genden Anzahl in öffentlich beglaubigter Form gem. § 74 Abs. 1 S. 1 GmbHG (§ 273 Abs. 1 AktG) zum Handelsregister anzumelden. Das Registergericht trägt sodann die Beendigung der Liquida-tion und das Erlöschen der GmbH und ihrer Firma in das Handelsregister ein. Von der Einhal-tung des Sperrjahres gem. § 73 GmbHG (§ 272 AktG) soll aber dann abgesehen werden, wenn kein verteilungsfähiges Vermögen der Gesellschaft mehr vorhanden ist und dies mit der Anmeldung glaubhaft gemacht wird. Dann kann die Löschung zugleich mit der Eintragung der Auflösung erfolgen. **14**

Hat das Registergericht Zweifel, so kann es selbst weitere Prüfungen vornehmen (§ 26 FamFG). Im Übrigen kann die Löschung in einem Verfahren nach § 395 FamFG jederzeit rück-gängig gemacht werden, wenn sich die Annahmen nachträglich als unrichtig herausstellen.[30] In einem Verfahren nach § 394 ist jedoch die Gesellschaft darlegungs- und beweispflichtig, wenn sie die Löschung (Rückgängigmachung) ihrer Löschung beantragt.[31] **15**

Die Löschung einer GmbH ist aber von Anfang an untunlich, wenn zwar die Eröffnung eines Insolvenzverfahrens mangels Masse abgelehnt wurde, aber absehbar noch Abwicklungsmaß-nahmen anstehen, weil die Gesellschaft Werte besitzt, die veräußert oder in sonstiger Weise verwertet werden sollen.[32] Deshalb lässt die heute überwiegende Meinung zu Recht weder Han-delsregistereintragung noch Vermögenslosigkeit für sich genügen. Zum Erlöschen der Gesell-schaft muss vielmehr der Doppeltatbestand von Vermögenslosigkeit und Löschung der Gesell-schaft im Handelsregister erfüllt sein.[33] **16**

Mit der Löschung der Gesellschaft verliert diese ihre Prozessfähigkeit. Gleichwohl wird eine Gesellschaft auch im Passivprozess in einer Reihe von Konstellationen als parteifähig behandelt, wenn sie wegen Vermögenslosigkeit oder nach vollzogener Liquidation im Handelsregister ge-löscht worden ist. Werden z.B. mit der Klage vermögensrechtliche Ansprüche verfolgt, reicht grundsätzlich die substantiierte Behauptung des Klägers aus, die GmbH habe noch Aktivvermö-gen. Vermögen i.d.S. liegt auch dann vor, wenn die GmbH noch Ersatzansprüche gegen den Li-quidator oder die Gesellschafter hat.[34] **17**

Nach h.M. ist der Wegfall der Prozessfähigkeit dann ohne Bedeutung, wenn dem Prozessbe-vollmächtigten zuvor wirksam Prozessvollmacht erteilt worden ist, weil die Vollmacht nach § 86 ZPO weiter wirkt.[35]

4. Nachtragsliquidation der Gesellschaft

Die Nachtragsliquidation ist auf Antrag, den auch der Gläubiger stellen kann, durchzuführen. Sie führt zur Bestellung eines Nachtragsliquidators (§ 274 Abs. 4 AktG).[36] **18**

29 BGH NZG 2011, 1066.
30 OLG Köln GmbHR 2005, 108 f. m.w.N.
31 KG NJW-RR 2006, 904 f.
32 OLG Frankfurt/M. GmbHR 2006, 94 f.
33 OLG Celle NZG 2008, 271; OLG Stuttgart GmbHR 1986, 269 f. m.w.N.
34 BAG AP Nr. 256 zu § 613a BGB.
35 BGH NJW-RR 1994, 542; BAG DZWIR 2003, 502; BAGE 93, 248; BFHE 191, 494.
36 BGH NJW 2003, 2676.

Sollte sich dies nicht ohne Weiteres durchsetzen lassen, wäre schließlich in entsprechender Anwendung von § 57 ZPO die Bestellung eines Prozesspflegers möglich. Diese Bestellung ist im Übrigen auch nicht grundsätzlich nachrangig gegenüber der Möglichkeit der Bestellung eines Nachtragsliquidators, da es sich um eine einfachere und praktikablere Möglichkeit handelt, das Verfahren fortzusetzen.[37] Allerdings ist die Bestellung eines Prozesspflegers nur dann vorgesehen, wenn eine „Gefahr" besteht. Bei der Auslegung dieses Begriffes ist zu berücksichtigen, dass die Kosten des Prozesspflegers notfalls von der Staatskasse zu tragen sind (§ 45 RVG).[38]

5. Vertretung im Anmeldeverfahren

19 Bei der Genehmigung einer Vollmacht zur Anmeldung im Handelsregisterverfahren, die nicht durch das eigentliche Vertretungsorgan der Gesellschaft mit beschränkter Haftung, sondern durch einen Dritten in der gesetzlich erforderlichen Form des § 12 Abs. 1 S. 2 i.V.m. S. 1 HGB erteilt worden ist, ist ebenfalls dieses gesetzliche Formerfordernis zu beachten. Grundlage der Vertretung eines Geschäftsführers bei der Handelsregisteranmeldung einer Gesellschaft mit beschränkter Haftung kann eine dem Bevollmächtigten erteilte Generalvollmacht nicht sein, soweit diese dem Bevollmächtigten eine organgleiche Vertretungsmacht verschaffen soll.[39]

20 Die Bevollmächtigung eines Prokuristen der Gesellschaft zur Handelsregisteranmeldung soll dann nicht ausreichen, wenn der Kernbereich der Anmeldepflichten (z.B. Ausscheiden eines Geschäftsführers) betroffen ist.[40]

---

37 BAG NZA 2008, 1030; OLG Köln OLGR Köln 2005, 684.
38 BAG a.a.O.
39 OLG Frankfurt/M., Beschl. v. 7.11.2011 – 20 W 459/11 – n.v.
40 OLG Düsseldorf ZIP 2012, 969.

Ulrich Spieker

§ 41 Die steuerlichen Konsequenzen von Auseinandersetzung und Liquidation

Literatur: *Casper/Altgen*, Gesellschaftsvertragliche Abfindungsklauseln – Auswirkungen der Erbschaftsteuerreform, DStR 2008, 2319; *Ernst & Young* (Hrsg.), Die Unternehmensteuerreform 2008, Änderungen – Zweifelsfragen – Gestaltungsmöglichkeiten; *Frank/Wittmann*, Liquidation und Rechnungslegung einer GmbH – ein Überblick, Stbg 2009 (Die Steuerberatung), 351; *Gold*, Liquidationsbesteuerung und zeitlicher Übergang ins Halbeinkünfteverfahren, GmbHR 2007, 682; *Küster*, Die Nachtragsliquidation von Kapitalgesellschaften unter dem Blickwinkel des § 11 Abs. 1 Satz 2 KStG, DStR 2006, 209; *Krumm*, Gesellschaftsvertragliche Abfindungsklauseln und erbschaftsteuerliche Schenkungsfiktion, Veränderte steuerliche Rahmenbedingungen nach der Erbschaftsteuerreform, NJW 2010, 187; *Lohmann/Basconé*, Liquidationsbesteuerung von Körperschaften: Ermittlung des Abwicklungsgewinns bei Vornahme von Zwischenveranlagungen, GmbHR 2006, 13; *Pezzer*, Besteuerung einer in Liquidation befindlichen Kapitalgesellschaft, FR 2008, 270; *Wagner*, Liquidation einer Kapitalgesellschaft und Liquidationsverlust, EFG 2009, 1746; *Wohltmann*, Körperschaftsteuer und Gewerbesteuer in der Liquidation, NWB Nr. 13/2009, 950.

Inhalt

I. Vorbemerkung

1 Sowohl bei der Auseinandersetzung als auch bei der Liquidation einer Personengesellschaft oder juristischen Person des Privatrechts werden häufig verschiedene Begriffe der jeweiligen **Auseinandersetzungs- bzw. Liquidationsphase** missverständlich zugeordnet. Die richtige Zuordnung ist aber entscheidend für die steuerliche Behandlung in der jeweiligen Phase.

II. Phasen der Liquidation

2 Allgemein wird sowohl bei Personengesellschaften und als auch bei juristischen Personen des Privatrechts zwischen
   – der **Auflösungsphase**,
   – der **Abwicklungsphase** und
   – der **Nachabwicklungsphase**

unterschieden. Die Auflösungsphase umfasst dabei den Zeitraum zwischen dem **Eintritt des Auflösungsgrundes** und der Wirksamkeit desselben, die Abwicklungsphase im eigentlichen Sinne umfasst den Zeitraum von der Wirksamkeit der Auflösung des Rechtsträgers bis zu seiner **Vollbeendigung** (Liquidation). Die Nachabwicklungsphase ist der Zeitraum, der sich an das **Erlöschen des Rechtsträgers** anschließt, also der Zeitraum nach der Vollbeendigung.

III. Phasen der Liquidation einer Personengesellschaft

1. Auflösung einer GbR

3 Gesetzlich ist die Auflösung der GbR als Grundtypus der Personengesellschaft in den §§ 723 bis 729 BGB geregelt.

a) Auflösungsgründe

4 Auflösungsgründe sind – soweit nicht durch Gesellschaftsvertrag in zulässiger Weise abbedungen – beispielsweise
   – die Kündigung eines Gesellschafters (§§ 723, 724 BGB),
   – die Erreichung oder das Unmöglichwerden des Gesellschaftszwecks (§ 726 BGB),
   – die Eröffnung eines Insolvenzverfahrens (§ 728 Abs. 2 BGB) oder
   – der Tod eines Gesellschafters (§ 727 BGB).

5 Von der Auflösung der Gesellschaft sind zu unterscheiden
   – das **Ausscheiden** eines Gesellschafters, sofern wegen einer **Fortsetzungsklausel** (§ 736 BGB) darin kein Auflösungsgrund liegt, und
   – der **Ausschluss** (§ 737 BGB).

6 Ausscheiden und Ausschluss führen zu einer **Auseinandersetzung** nach den §§ 738 bis 740 BGB. Der ausscheidende (ausgeschlossene) Gesellschafter verliert seinen Anteil am Gesellschaftsvermögen; dieser wächst den übrigen Gesellschaftern an (§ 738 Abs. 1 S. 1 BGB). Zum Ausgleich dafür erhält der ausscheidende Gesellschafter einen Anspruch auf das **Auseinandersetzungsguthaben** (§ 738 Abs. 2 S. 2 BGB).

7 Zu beachten ist in den Fällen der Fortsetzung der Gesellschaft durch die verbleibenden Gesellschafter die Besteuerung des Anwachsungserwerbs beim verbleibenden Gesellschafter durch

die Reform des Erbschaftsteuerrechts. § 7 Abs. 7 ErbStG fingiert eine Schenkung für die infolge eines Ausscheidens (Einziehung) bewirkte Werterhöhung der Geschäftsanteile der verbleibenden Gesellschafter, wenn der Verkehrswert den Abfindungsanspruch übersteigt.[1] Unerheblich ist in allen Fällen, ob der ausscheidende Gesellschafter die verbleibenden Gesellschafter bereichern will.[2] Maßgeblich ist allein die mit der Differenz zwischen Verkehrswert und Abfindung einhergehende objektive Bereicherung. Voraussetzung ist allerdings, dass der Gesellschafter auf Grund einer gesellschaftsvertraglichen oder einer gesetzlichen Regelung ausscheidet. Die Fiktion des § 7 Abs. 7 ErbStG gelangt mithin vor allem in den Fällen des § 131 Abs. 3 Nrn. 2 bis 6 HGB sowie der Ausschließung nach § 140 HGB zur Anwendung.

Rechtsgeschäftliche Anteilsübertragungen auf Grund von Individualvereinbarungen fallen **8** nicht in den Anwendungsbereich des § 7 Abs. 7 ErbStG, sondern sind an Hand des § 7 Abs. 1 Nr. 1 ErbStG zu prüfen. Entsprechendes gilt für die parallel zum Ausscheiden vollzogene Übertragung von Sonderbetriebsvermögen.[3] Mit § 7 Abs. 7 S. 3 ErbStG i.V.m. § 10 Abs. 10 S. 1 ErbStG ist nunmehr auch die Fälle geregelt, in welchen der Erbe zunächst Gesellschafter einer Personengesellschaft wird, diese Beteiligung jedoch auf Grund einer gesellschaftsvertraglichen Regelung wieder verliert. Die qualifizierte Nachfolgeklausel, in denen der Erbe nicht den gesellschaftsvertraglich formulierten Anforderungen genügt, ist ein Beispiel dafür. Auch hier kommt es zu einer steuerbaren Bereicherung der verbleibenden Gesellschafter, wenn die Abfindung des gesellschaftsrechtlich weichenden Erben den Verkehrswert unterschreitet. Beim weichenden Erben selbst wird zu Erbschaftsteuerzwecken nur der Abfindungsanspruch als steuerbare Bereicherung zugrunde gelegt (§ 10 Abs. 10 ErbStG). Voraussetzung ist allerdings, dass er den Gesellschaftsanteil unverzüglich an die Mitgesellschafter bzw. die Gesellschaft überträgt.[4] Ist nunmehr aber nach dem neuen Bewertungsrecht, auf das §§ 3, 7 i.V.m. § 12 ErbStG Bezug nehmen, der wirkliche Anteilswert zu ermitteln, der nicht unerheblich höher als der bisher maßgebliche Steuerwert ausfällt, so entsteht bei jeder Abfindungsbeschränkung eine steuerbare Wertdifferenz zwischen der an Dritte zu zahlenden Abfindung und dem Steuerwert des Anteils. Der sog. „Anwachsungserwerb" trifft nun die verbleibenden Mitgesellschafter voll,[5] der in diesen Fällen in der Regel gezwungen ist die Regelverschonung oder Verschonungsoption in Anspruch zu nehmen.

b) Auseinandersetzung und Abwicklung

Der Eintritt eines Auflösungsgrundes beendet die Gesellschaft aber nicht sofort. Folge ist viel **9** mehr, dass die Gesellschaft im Falle ihrer Auflösung nach den §§ 730 ff. BGB **auseinanderzusetzen** ist. Gegenstände, die der Gesellschaft zur Nutzung überlassen wurden, sind zurückgegeben, Gesellschaftsschulden sind zu bezahlen und die Einlagen der Gesellschafter sind zurückzugewähren. Bleibt anschließend noch Vermögen übrig, ist es, sofern nichts anderes geregelt ist, an die Gesellschafter nach dem Verhältnis ihrer Anteile am Gewinn auszubezahlen.

Wichtig **10**

Mit Eintritt eines Auflösungsgrundes tritt die Gesellschaft in die der Auseinandersetzung dienende **Abwicklungsphase** ein (§§ 730 ff. BGB).

---

1 Die alte Regelung hat das BVerfG für verfassungsgemäß gehalten: BVerfG HFR 1993, 595 = UVR 1993, 344.
2 R E 10.13 Abs. 3 ErbStR 2011, BStBl I 2011, Sondernummer 1/2011.
3 *Krumm*, NJW 2010, 187.
4 *Krumm*, a.a.O.
5 *Casper/Altgen*, DStR 2008, 2319.

11 Die Auflösung bewirkt also zunächst nur, dass sich die ursprünglich werbende Gesellschaft in eine **Abwicklungsgesellschaft** umwandelt. An die Stelle des ursprünglich vereinbarten Gesellschaftszwecks tritt nun die Abwicklung als neuer Gesellschaftszweck. Erst nach Beendigung der Abwicklung (§§ 730 bis 735 BGB) erfolgt die **Vollbeendigung** (Liquidation) der Gesellschaft.

---

12 **Wichtig**

Erst mit der Vollbeendigung (Liquidation) ist die Gesellschaft nicht mehr existent, kann also nicht mehr Gläubigerin bzw. Schuldnerin sein, bzw. ist nicht mehr parteifähig.

---

13 Danach haften dann nur noch die Gesellschafter für ggf. noch bestehende Gesellschaftsverbindlichkeiten (**Nachabwicklungsphase**, § 736 BGB, § 159 HGB).[6]

2. Auflösung einer oHG oder einer KG

14 Zur Auflösung der oHG oder der KG führen dagegen gemäß § 131 Abs. 1 HGB (i.V.m. § 161 Abs. 2 HGB) nur noch
  – ein vereinbarter **Zeitablauf**,
  – ein **Gesellschafterbeschluss** über die Auflösung,
  – die Eröffnung des **Insolvenzverfahrens** über das Vermögen der Gesellschaft
  – oder eine **gerichtliche Entscheidung** (§ 133 HGB).

15 Anders als bei der GbR führen im gesetzlichen Regelfall bei der oHG bzw. der KG nach §§ 131 Abs. 3, 177 HGB mangels abweichender Vereinbarung im Gesellschaftsvertrag
  – der **Tod** eines Gesellschafters,
  – die Eröffnung des **Insolvenzverfahrens** über das Vermögen eines Gesellschafters,
  – die **Kündigung** eines Gesellschafters (§ 132 HGB),
  – die Kündigung durch Privatgläubiger eines Gesellschafters (§ 135 HGB)
  – oder Gesellschafterbeschluss über die **Ausschließung** eines Gesellschafters (§ 140 HGB)
  nicht mehr zur Auflösung, sondern nur noch zum Ausscheiden des betroffenen Gesellschafters.

3. Steuerrechtliche Besonderheiten

16 Bei der Liquidation einer **Personengesellschaft** ist zwischen der gesellschaftsrechtlichen und der steuerrechtlichen Liquidation zu unterscheiden.

a) Steuerrechtliche Abwicklungsphase

17 Die **Liquidation** ist mit der Auflösung des Gesellschaftsvermögens (= Verteilung an die Gläubiger und des Restes an die Gesellschafter) vollständig abgewickelt. Die **steuerrechtliche Liquidation** der Personengesellschaft ist erst dann vollständig abgewickelt, wenn alle gemeinsamen Rechtsbeziehungen, also auch die Rechtsbeziehungen zwischen der Personengesellschaft und der Finanzverwaltung unter den Gesellschaftern beseitigt sind.[7]

18 Nach der insoweit geänderten Auffassung des IV. Senats des BFH soll – wie bei den Betriebssteuern – daher die Vollbeendigung wegen der Abwicklung eigener steuerrechtlicher Verpflichtungen steuerrechtlich noch nicht eintreten. Es sei kein Grund dafür ersichtlich, die Perso-

---

6 BFH BStBl II 1986, 156; 1990, 939; BGH DStR 2003, 944; zur Haftung für Schulden vor Eintritt des Gesellschafters in die GbR bejahend: BGH DB 2003, 1164; verneinend noch für Steuerschulden: BFH BStBl II 1995, 300.
7 BFH GmbHR 2007, 106; BFH BStBl II 1993, 82.

Spieker

nengesellschaft in eigenen Angelegenheiten für klagebefugt zu halten, ihr die Eigenschaft, nach § 48 Abs. 1 Nr. 1 FGO als Prozessstandschafterin für die Gesellschafter aufzutreten, aber nicht zuzuerkennen.[8] Die gilt zumindest auch in den Fällen, in denen über das Vermögen einer Personengesellschaft das Konkursverfahren (Insolvenzverfahren) eröffnet worden ist und das Konkursverfahren (Insolvenzverfahren) deshalb noch nicht abgeschlossen ist, weil der Konkursverwalter (Insolvenzverwalter) noch ausstehende Einlagen der Gesellschafter oder für die Gläubigerbefriedigung nach § 171 Abs. 1 i.V.m. Abs. 2 HGB benötigte Beträge einfordert.[9]

b) Vertretung in der steuerlichen Abwicklungsphase

Befindet sich eine oHG bzw. KG in der Abwicklungsphase, so ist der Abwickler (**Liquidator**) das **19** einzige zur Geschäftsführung und Vertretung befugte Organ der Abwicklungsgesellschaft. Die **Löschung** im Handelsregister wirkt nur deklaratorisch.[10] **Verwaltungsakte** (Steuerbescheide) sind dem Abwickler (Liquidator) unter Angabe des Vertretungsverhältnisses bekannt zu geben.[11] Bei mehreren Abwicklern (Liquidatoren) genügt jedoch die Bekanntgabe an einen von ihnen.[12]

Bei einer **Gesellschaft bürgerlichen Rechts** steht mit der Auflösung der Gesellschaft die **20** Geschäftsführung grundsätzlich allen Gesellschaftern als geborenen Abwicklern (Liquidatoren) gemeinschaftlich zu (§ 730 Abs. 2 BGB). Sind gegenüber einer **GmbH & Co. KG** nach Löschung im Handelsregister noch Verwaltungsakte (Steuerbescheide) zu erlassen, ist die Bestellung eines Nachtragsliquidators für die bereits im Handelsregister gelöschte GmbH entbehrlich.[13] Die ehemaligen Kommanditisten vertreten hier als **gesetzliche Abwickler** (Liquidatoren) die KG (§ 161 Abs. 2 HGB i.V.m. § 146 Abs. 1 S. 1 HGB). Auch insoweit genügt die **Bekanntgabe** an einen der (Abwickler) Liquidatoren (§ 150 Abs. 2 S. 2 HGB i.V.m. § 125 Abs. 2 S. 3 HGB).

Tritt die Vollbeendigung während des Klageverfahrens (§ 48 Abs. 1 Nr. 1 FGG) ein, so geht **21** sowohl die Beteiligtenstellung als auch die Prozessführungsbefugnis auf die beschwerten Gesellschafter über.

c) Haftung nach Abschluss der zivilrechtlichen Abwicklungsphase

Nach Beendigung der Liquidation (vollständige Abwicklung) kann die Finanzverwaltung aber **22** auch Ansprüche aus dem Steuerschuldverhältnis gegenüber jedem einzelnen Gesellschafter durch **Haftungsbescheid** (§ 191 AO) durchsetzen.[14] Dies gilt aufgrund der gesamtschuldnerischen Haftung für alle Gesellschafter einer GbR[15] und einer oHG sowie für den **persönlich haftenden Gesellschafter** einer KG.

Die vom BFH bislang offen gelassene Frage, ob die unbeschränkte Haftungsinanspruch- **23** nahme eines Gesellschafters auch bei nur sehr geringem Gesellschaftsanteil an der GbR berechtigt ist, ist nur klärungsfähig, wenn feststeht, dass der Steuerausfall durch Haftungsinanspruchnahme anderer Gesellschafter ausgeglichen werden kann.[16] Der ausgeschiedene Gesellschafter kann seinerseits Freistellung nach § 738 Abs. 1 S. 2 Hs. 2 BGB nur von gemeinschaftli-

---

8 BFH BStBl II 2009, 795.
9 BFHE 227, 293 = DStRE 2010, 303.
10 BFH BStBl II 1985, 501.
11 BFH BStBl II 1988, 316.
12 BFH BStBl II 1996, 256.
13 Zum Problem der Simultaninsolvenz der GmbH & Co. KG: BFH GmbHR 2007, 106.
14 BFH HFR 1964, 396; BFH BStBl II 1967, 517.
15 BFH BStBl II 1986, 156; 1990, 939; BGH DStR 2003, 944; zur Haftung für Schulden vor Eintritt in die GbR bejahend: BGH DB 2003, 1164; verneinend noch für Steuerschulden: BFH BStBl II 1995, 300.
16 BFH/NV 2008, 733; BFH/NV 2005, 827.

chen Schulden, d.h. von Verbindlichkeiten der Gesellschaft verlangen, für die er analog § 128 HGB haftet.[17]

IV. Phasen der Liquidation einer juristischen Person (GmbH/AG)

1. Auflösungsgründe

24 Zivilrechtliche Gründe für die Auflösung einer GmbH (AG) sind nach § 60 GmbHG (§ 262 AktG):
- Ablauf der in der Satzung bestimmten **Zeit** gem. § 60 Abs. 1 Nr. 1 GmbHG bzw. § 262 Abs. 1 Nr. 1 AktG;
- ein entsprechender **Gesellschafterbeschluss**/Hauptversammlungsbeschluss gem. § 60 Abs. 1 Nr. 2 GmbHG bzw. § 262 Abs. 1 Nr. 2 AktG;
- ein gerichtliches **Urteil** oder eine Entscheidung des Verwaltungsgerichts oder der Verwaltungsbehörde (§ 60 Abs. 1 Nr. 3 i.V.m. §§ 61, 62 GmbHG);
- die Eröffnung des **Insolvenzverfahrens** gem. § 60 Abs. 1 Nr. 4 GmbHG bzw. § 262 Abs. 1 Nr. 3 AktG;
- Rechtskraft des Beschlusses, durch den die Eröffnung des Insolvenzverfahrens mangels Masse abgelehnt worden ist gem. § 60 Abs. 1 Nr. 5 GmbHG bzw. § 262 Abs. 1 Nr. 4 AktG;
- Rechtskraft einer **Verfügung des Registergerichts**, durch welche nach § 399 FamFG ein Mangel der Satzung oder die Nichteinhaltung der Verpflichtungen nach § 19 Abs. 4 GmbHG festgestellt worden ist gem. § 60 Abs. 1 Nr. 6 GmbHG bzw. § 262 Abs. 1 Nr. 5 AktG;
- **Löschung** der Gesellschaft wegen Vermögenslosigkeit nach § 394 FamFG gem. § 60 Abs. 1 Nr. 7 GmbHG bzw. § 262 Abs. 1 Nr. 6 AktG;
- andere in der Satzung festgesetzte Auflösungsgründe gem. § 60 Abs. 2 GmbHG bzw. § 262 Abs. 2 AktG.

---

25 **Wichtig**
Die steuerrechtliche Anerkennung der Auflösung und Liquidation einer GmbH bzw. einer AG setzt deren zivilrechtlich wirksame Auflösung und Liquidation voraus.[18]

---

2. Abwicklungsphase

26 Die Auflösung der GmbH bzw. der AG markiert den **Beginn** der Abwicklungsphase. Sie tritt ohne weiteres ein, sobald ein Auflösungsgrund gegeben ist. An die Stelle des ursprünglich vereinbarten Gesellschaftszwecks tritt nun auch hier, wie bei der Personengesellschaft, die Abwicklung als neuer Gesellschaftszweck. Auch daraus folgt, dass eine aufgelöste GmbH (AG) noch nicht beendet ist, sondern solange fortbesteht, bis ihre Liquidation abgeschlossen ist. Die Auflösung ist zum **Handelsregister** anzumelden (§ 65 Abs. 1 GmbHG, § 266 AktG). Die Abwickler (Liquidatoren) haben sodann die Pflicht, dreimal unter Hinweis auf die Auflösung der Gesellschaft in den Gesellschaftsblättern die Gläubiger aufzufordern ihre Ansprüche anzumelden (sog. **Gläubigeraufruf**, § 65 Abs. 2 GmbHG, § 267 AktG). Dem ist nach außen dadurch Rechnung zu tragen, dass die GmbH bzw. AG nunmehr firmieren muss mit „GmbH i.L."/„AG i.L.". Mit dem dritten Gläubigeraufruf setzt das sog. **Sperrjahr** ein. Während der Dauer des Sperrjahres gilt eine totale **Ausschüttungssperre** an die Gesellschafter (§ 73 GmbHG, §§ 271 Abs. 1, 272 AktG). Ob die Verlet-

---

17 BGH ZIP 2010, 515.
18 BFH GmbHR 2007, 106; BFH BStBl II 1994, 162; BFH NV 1994, 364.

zung der Sperrfrist ein Missbrauch im Sinne von § 42 AO darstellt, bestimmt sich jedoch nach den Umständen des Einzelfalls.[19]

In der Abwicklungsphase haben die Abwickler (**Liquidatoren**) gem. § 70 GmbHG, § 268 **27** Abs. 1 AktG insbesondere dafür zu sorgen, dass
– die laufenden Geschäfte beendet werden,
– die Verbindlichkeiten beglichen werden,
– die Forderungen eingezogen werden und
– das Sachvermögen, z.B. die Geschäftseinrichtung usw., veräußert wird.

Wird die GmbH bzw. die AG durch die Eröffnung eines **Insolvenzverfahrens** aufgelöst, so folgt **28** nicht notwendig eine Liquidation. Die Folgen der Auflösung richten sich nach der InsO. Der **Insolvenzverwalter** hat zu überprüfen, ob die Gesellschaft fortgeführt oder liquidiert werden soll.

In den Fällen, in denen nach der Auflösung die **Abwicklungsphase** (Liquidation) erfolgt, ist **29** die GmbH bzw. die AG erst beendet, wenn das Sperrjahr abgelaufen ist, kein verteilbares Vermögen mehr vorhanden ist und keine sonstigen Liquidationsmaßnahmen mehr zu erledigen sind, z.B. die Berichtigung von dem Grunde oder der Höhe nach ungeklärten Verbindlichkeiten. Die Beendigung der Abwicklungsphase ist zur **Eintragung im Handelsregister** anzumelden. Die Eintragung der Beendigung stellt die **Löschung** der GmbH im Handelsregister dar. Ob die GmbH bzw. die AG bereits mit der Beendigung der Abwicklungsphase oder erst mit der Eintragung der Beendigung (Löschung) im Handelsregister als juristische Person erlischt, ist umstritten. Nach h.M. setzt die Beendigung einen Doppeltatbestand voraus, nämlich Vermögenslosigkeit und Löschung.[20]

3. Steuerrechtliche Besonderheiten

Auch bei der Liquidation einer **Kapitalgesellschaft** (GmbH bzw. AG) ist zwischen der gesell- **30** schaftsrechtlichen und der steuerrechtlichen Liquidation zu unterscheiden.

a) Steuerrechtliche Abwicklungsphase

Steuerrechtlich wird auch eine im Handelsregister bereits **gelöschte juristische Person** so lan- **31** ge als fortbestehend angesehen, wie sie noch steuerrechtliche Pflichten zu erfüllen hat.[21]

b) Vertretung in der steuerlichen Abwicklungsphase

Zu ihrer steuerrechtlichen Vertretung bedarf es eines Abwicklers (Liquidators), der insoweit **32** auch die steuerlichen Pflichten zu erfüllen hat.[22] Ein Nachtragsabwickler (Nachtrags**liquidator**) kann auf **Antrag des Finanzamtes** auch nur zum Zweck der Zustellung eines Steuerbescheids für die gelöschte GmbH (AG) bestellt werden.[23]

Wichtig **33**

Die **Prozessvollmacht** eines Vertreters einer GmbH (AG) erlischt nicht durch deren Löschung, sofern sie diesem zuvor erteilt wurde.[24] Der Prozessbevollmächtigte ist daher berechtigt, weiterhin Prozesshandlungen vorzunehmen.

---

19 BFHE 215, 183 = BStBl II 2009, 772 = GmbHR 2007, 106.
20 OLG Celle NZG 2008, 271; OLG Düsseldorf ZIP 2004, 1956; OLG Stuttgart ZIP 1998, 1880.
21 BFH/NV 2007, 1674; BFHE 191, 494 = BStBl II 2000, 500 = DStRE 2000, 944.
22 BFH DStRE 2000, 944; BFH BStBl II 1969, 656; 1977, 783.
23 FG Niedersachsen EFG 2005, 1012; BayObLG DB 1984, 870.
24 BFH/NV 2007, 1674; BFHE 191, 494 = BStBl II 2000, 500 = DStRE 2000, 944.

c) Haftung nach Abschluss der zivilrechtlichen Abwicklungsphase

34 Das Finanzamt kann die vertretungsberechtigten **Organe** einer GmbH oder AG auch durch **Haftungsbescheid** nach § 191 Abs. 1 AO wegen einer vorsätzlichen oder grob fahrlässiger Pflichtverletzung nach §§ 34, 35, 69 AO in Anspruch nehmen. Voraussetzung ist neben einer **schuldhaften Pflichtverletzung** das Bestehen eines haftungsbegründenden ursächlichen Zusammenhangs (**Kausalität**) zwischen dem Fehlverhalten des Abwicklers (Liquidators) und dem Eintritt des **Steuerausfalls** als Vermögensschaden.[25]

35 **Wichtig**

Dieser **Ursachenzusammenhang** ist allerdings schon zu bejahen, wenn die Pflichtverletzung allgemein oder erfahrungsgemäß geeignet ist, den Steuerausfall zu verursachen.[26]

36 In der Abwicklungsphase der GmbH oder der AG bzw. bei drohender Insolvenz bestehen besondere **Überwachungspflichten** für die vertretungsberechtigten Organe hinsichtlich der Erfüllung der steuerlichen Pflichten und der damit betrauten Personen. Sind z.B. über mehrere Monate keine Steuern abgeführt worden, kann in der Regel von einem **Überwachungsfehler** ausgegangen werden.[27]

37 **Beispiel**

Waren dem Abwickler (Liquidator) **Steuerschulden** bekannt oder hätten sie ihm bekannt sein müssen, so muss er zur Vermeidung eigener Haftung dafür Sorge tragen, dass diese vor der Verteilung des Restvermögens getilgt werden oder ein entsprechender Betrag zurückgehalten wird.[28]

V. Phasen der Liquidation bei Verschmelzung/Aufspaltung

38 Ein nach dem UmwG durch Verschmelzung (§ 20 Abs. 1 UmwG) oder Aufspaltung (§ 131 Abs. 1 Nr. 1 UmwG) **übertragender Rechtsträger** gilt mit der Eintragung der Verschmelzung (§ 20 Abs. 1 Nr. 2 S. 1 UmwG) oder Aufspaltung (§ 131 Abs. 1 Nr. 2 S. 1 UmwG) im Handelsregister als aufgelöst. Das Vermögen des übertragenden Rechtsträgers geht ohne weiteres auf den **übernehmenden Rechtsträger** über, ohne dass es einer anschließenden Abwicklungsphase (Liquidation) bedarf (§§ 20 Abs. 1 Nr. 2 S. 2, 131 Abs. 1 Nr. 2 S. 2). Insoweit regeln sich die steuerlichen Folgen nach dem UmwStG.[29]

VI. Besteuerungszeitraum bei der Liquidation einer GmbH oder AG

39 In der Abwicklungsphase einer GmbH bzw. AG gibt es keine **Geschäftsjahre** im steuerrechtlichen Sinne. An die Stelle des steuerrechtlichen Geschäftsjahres tritt dann der **Besteuerungs-**

---

25 BFH GmbHR 2006, 275; BStBl II 1991, 678; FG Köln EFG 2009, 1359.
26 BFH GmbHR 2007, 611; BStBl II 1993, 471.
27 BFH GmbHR 2005, 1315.
28 BFH DB 1973, 1218; BGH DB 1971, 2048.
29 UmwStR – Erlass 2011, BMF, Schreiben v. 11.11.2011, BStBl I 2012, 1314; *Benecke*, GmbHR 2012, 113; *Haritz*, GmbHR 2009, 1194; *ders.*, GmbHR 2009, 1251; zum alten Erlass: BStBl I 1998, 267 ff. = GmbHR 1998, 444 ff.; Ergänzungen in BStBl I 2000, 1253, BStBl I 2001, 543; BStBl I 2003, 786.

zeitraum,[30] sofern sich der Auflösung der GmbH bzw. der AG eine Abwicklungsphase anschließt (arg. e § 11 Abs. 7 KStG).

Wichtig   40

Die gesamte Abwicklungsphase von der Wirksamkeit der Auflösung bis zur Vollbeendigung ist der einheitliche Besteuerungszeitraum für Zwecke der **Körperschaftsteuer** (§ 11 Abs. 1 KStG), jedoch nicht für Zwecke der **Gewerbesteuer** (§ 2 Abs. 2 S. 1 GewStG); insoweit verbleibt es beim handelsrechtlichen Geschäftsjahr.[31]
Zur Ermittlung des Liquidationsgewinns ist abzugrenzen, inwieweit die Gewerbesteuer als Betriebsausgabe abziehbar ist. Streitig ist, welche Rechtslage, also welchen Veranlagungsjahres zugrunde zu legen ist.[32]

Fällt die Auflösung in ein laufendes Wirtschaftsjahr, so ist der **Besteuerungszeitraum** aufzuteilen. Es entsteht ein Rumpfgeschäftsjahr für den Zeitraum vor Beginn der Auflösung bis zur Auflösung und danach beginnt der der besondere Besteuerungszeitraum.[33] Hat daher eine in Liquidation befindliche Kapitalgesellschaft im Jahr 2001 Gewinn für ein vor dem Beginn der Liquidation im Jahr 2000 endendes Wirtschaftsjahr ausgeschüttet und entspricht der Ausschüttungsbeschluss den gesellschaftsrechtlichen Vorschriften, so ist für den Veranlagungszeitraum 2000 die Ausschüttungsbelastung herzustellen.[34]   41

Praxistipp   42

Auf gesonderten Antrag kann jedoch für steuerliche Zwecke ein **Rumpfwirtschaftsjahr** gebildet werden;[35] nach der Rechtsprechung muss davon unabhängig ein Rumpfgeschäftsjahr gebildet werden.[36]

---

§ 11 Abs. 1 S. 2 KStG bestimmt weiter, dass der Besteuerungszeitraum **drei Jahre** nicht übersteigen soll. Wird dieser Zeitraum ohne wichtigen Grund überschritten, so ist wieder zum sonst üblichen jährlichen Geschäftsjahr als Besteuerungszeitraum überzugehen.[37]   43

Wichtig   44

Der steuerliche Besteuerungszeitraum ändert nichts an der handelsrechtlichen Verpflichtung der Abwickler (Liquidatoren), den **handelsrechtlichen Jahresabschluss** jährlich fristgerecht zu erstellen[38] sowie die **Eröffnungsbilanz** (§ 71 GmbHG).

---

§ 71 Abs. 1 GmbHG gilt in entsprechender Anwendung auch für die GmbH & Co. KG in Liquidation, weil diese den für Kapitalgesellschaften geltenden Publizitätspflichten nach §§ 325 ff. HGB unterstellt sind. Damit ist aber in Ermangelung einer abweichenden Beschlussfassung der Gesellschafter weder das am 1. Januar beginnende Kalenderjahr noch ein davon abweichendes im   45

---

30 Abschn. 51 KStR 2004; zur sog. systemübergreifenden Liquidation anlässlich des Wechsels zwischen dem Anrechnungsverfahren und Halbeinkünfteverfahren als Sonderproblem siehe BFHE 222, 423 = BStBl II 2009, 160; BMF BStBl I 2003, 434.
31 § 16 Abs. 1 GewStDV; R 7.1 Abs. 8 GewStR 2009.
32 BMF BStBl I 2008, 542; *Wohltmann*, NWB Nr. 13/2009, 950.
33 BFH GmbHR 2009, 1230.
34 BFHE 222, 423 = BStBl II 2009, 160.
35 Abschn. 51 Abs. 1 KStR 2004.
36 BFH GmbHR 2009, 1230.
37 Abschn. 51 Abs. 1 S. 6 KStR 2004; zur Kritik dazu: *Lohmann/Bascopé*, GmbHR 2006, 1313; *Küster*, DStR 2006, 209.
38 BFHE 217, 467 = GmbHR 2007, 833.

Gesellschaftsvertrag geregeltes Geschäftsjahr gemeint, sondern das mit dem Tag der Auflösung beginnende Kalenderjahr. Die sich auch auf den Beginn des Liquidationsgeschäftsjahres erstreckende analoge Anwendung von § 71 Abs. 1 GmbHG entspricht der sachgerechten Anpassung der Bilanzstichtage der Komplementär-GmbH und der Co. KG bei Auflösung beider Gesellschaften.[39] Es liegt in der Verantwortung der Gesellschaft, für eine rechtzeitige und ordnungsgemäße Erfüllung der gesetzlichen Offenlegungspflicht Sorge zu tragen. Die Gesellschaft hat durch geeignete organisatorische Maßnahmen dafür Sorge zu tragen, dass sie ihren gesetzlichen Verpflichtungen nachkommt. Die vollständige und rechtzeitige Übermittlung der zur Veröffentlichung vorgesehenen Unterlagen in elektronischer Form an den Betreiber des elektronischen Bundesanzeigers fällt nach § 325 Abs.1 HGB in diesen Pflichtenkreis. Dabei resultiert die Verletzung der Publizitätspflichten bereits aus der versäumten Jahresfrist des § 325 Abs.1 S. 2 HGB.[40]

VII. Besteuerungszeitraum bei der Liquidation einer Personengesellschaft

46 Da die Personengesellschaft im Gegensatz zur juristischen Person nach dem KStG (Abschirmungsprinzip) nicht ertragsteuerliches Subjekt nach dem EStG ist, sondern der Gesellschafter (**Mitunternehmerprinzip**), ist der Besteuerungszeitraum grundsätzlich das **handelsrechtliche Geschäftsjahr**.[41] Entscheidend ist also – auch bei einer Betriebsaufgabe[42] – der Zufluss im jeweiligen Veranlagungsjahr.

47   Dies gilt für den **Einzelunternehmer** entsprechend. Entscheidend ist also – auch bei einer Betriebsaufgabe[43] – der Zufluss im jeweiligen Veranlagungsjahr. Gleichwohl ist die Aufgabebilanz auch bei Aufgabevorgängen, die sich über einen längeren Zeitraum erstrecken, notwendigerweise einheitlich und umfassend auf einen bestimmten Zeitpunkt zu erstellen, weil der Wert des aufgegebenen Betriebsvermögens nach § 16 Abs. 2 S. 2 i.V.m. Abs. 3 S. 1 EStG für den Zeitpunkt der Aufgabe zu ermitteln ist. Entscheidend ist somit der Zeitpunkt der Beendigung der betrieblichen Tätigkeit und nicht der Zeitpunkt der jeweiligen Aufgabehandlung.[44] Mit Beendigung der betrieblichen Tätigkeit hat der Steuerpflichtige zur Ermittlung des laufenden Gewinns eine Schlussbilanz aufzustellen (§ 6 Abs. 2 EStDV), die zugleich die verbindlichen Ausgangswerte zur Ermittlung des Aufgabegewinns enthält.[45] Werden jedoch wesentliche Betriebsgrundlagen innerhalb eines 36 Monate überschreitenden Zeitraum,s veräußert, liegt in der Regel keine steuerbegünstigte Betriebsaufgabe vor.[46]

VIII. Ermittlung und Besteuerung der GmbH (AG) und ihrer Anteilseigner

1. Ermittlung und Besteuerung des Abwicklungsgewinns der GmbH (AG)

48 Zur Ermittlung des Liquidationsgewinns ist das Abwicklungsendvermögen (§ 11 Abs. 3 KStG) dem Abwicklungsanfangsvermögen (§ 11 Abs. 4 KStG) gegenüberzustellen, wobei im Rahmen des Endvermögens auch die stillen Reserven aufzudecken sind. Nach § 11 Abs. 6 KStG gelten die allgemeinen Gewinnermittlungsvorschriften, daher ergibt sich nach § 8 Abs. 1 KStG das Ein-

---

39 LG Bonn NJW-RR 2010, 609.
40 LG Bonn NJW-RR 2010, 1406.
41 BMF BStBl I 2006, 7.
42 § 16 Abs. 3 S. 1 EStG, R 16 Abs. 2 EStR 2008.
43 § 16 Abs. 3 S. 1 EStG, R 16 Abs. 2 EStR 2008.
44 BFH DStR 2005, 1093.
45 BFH DStR 2005, 1093; BStBl II 1981, 460.
46 BFH DStR 2001, 1428.

kommen grds. nach den Bestimmungen des Einkommensteuergesetzes. Der Liquidationsgewinn ermittelt sich daher „Formelhaft": Abwicklungs-Endvermögen (§ 11 Abs. 3 KStG)./.Abwicklungs-Anfangsvermögen (§ 11 Abs. 4 KStG)= Liquidationsgewinn (§ 11 Abs. 2 KStG).

Zur Verteilung kommendes Vermögen (Ansatz mit dem gemeinen Wert gem. § 9 BewG), vermindert um im Abwicklungszeitraum zugeflossene

./. sachlich steuerbefreite Vermögensmehrungen sowie

./. gesellschaftsrechtliche Einlagen

= Abwicklungsendvermögen (§ 11 Abs. 3 KStG)

./. Abwicklungsanfangsvermögen (§ 11 Abs. 4 KStG)

Buchwert des Betriebsvermögens am Ende des letzten Wirtschaftsjahres vor Auflösung, gekürzt um im Abwicklungszeitraum ausgeschüttete Gewinne früherer Wirtschaftsjahre

= Abwicklungsgewinn/-verlust (§ 11 Abs. 4 KStG)

Abwicklungsanfangsvermögen ist das in der letzten steuerlichen Schlussbilanz vor dem Eintritt in die Abwicklungsphase ausgewiesene Betriebsvermögen (§ 11 Abs. 4 KStG). Das Abwicklungsanfangsvermögen ist um vorgenommene Ausschüttungen für vorangegangene Wirtschaftsjahre zu kürzen (§ 11 Abs. 4 S. 3 KStG). Eine Ausschüttung in der Abwicklungsphase kann insoweit auf einem den gesellschaftsrechtlichen Vorschriften entsprechenden Gewinnverteilungsbeschluss für ein abgelaufenes Wirtschaftsjahr beruhen,[47] wenn die Körperschaft nach Beginn der Abwicklungsphase beschließt, Gewinne für vor dem Abwicklungszeitraum endende Wirtschaftsjahre auszuschütten.[48]   **49**

Besteuert wird jedoch auch hier das zu versteuernde Einkommen (§ 11 Abs. 6, §§ 7 ff. KStG).[49]   **50** Daraus folgt, dass dem Abwicklungsgewinn **nicht abziehbare Aufwendungen** und **verdeckte Gewinnausschüttungen** (vGA) während des Abwicklungszeitraums hinzuzurechnen sind.

Die **Auskehrung** des sich nach Begleichung aller Verbindlichkeiten ergebenden Erlöses an   **51** die Gesellschafter ist auf der Ebene der GmbH bzw. der AG grundsätzlich wie eine Ausschüttung zu behandeln.

Wichtig   **52**

Wird das Vermögen einer Körperschaft im Rahmen einer Liquidation i.S.d. § 11 KStG verteilt, so erhöhte sich für Veranlagungen bis zum 31.12.2006 die Körperschaftsteuer um den Betrag, der sich nach § 38 KStG ergeben würde, wenn das verteilte Vermögen als im Zeitpunkt der Verteilung für eine Ausschüttung als verwendet gelten würde (§ 40 Abs. 4 S. 1 KStG). Die Regelung gilt auf Antrag in bestimmten Fällen gemäß § 34 Abs. 16 KStG weiter, im Übrigen gilt sie nicht mehr.

---

2. Ermittlung und Besteuerung der Ausschüttung an den Anteilseigner
a) Ausschüttung ohne Rückzahlung des Stammkapitals/steuerlichen Einlagekontos

Die Ausschüttung an den Anteilseigner nach Beendigung der Abwicklungsphase, ist soweit sie   **53** nicht in der Rückzahlung des **Stammkapitals** bzw. **Aktienkapitals** besteht oder nicht das steu-

---

47 BFH GmbHR 2009, 1230; NV 1999, 829; BStBl II 1974, 14; 1974, 692.
48 BFH GmbHR 2009, 1230.
49 Abschn. 29 Abs. 1 KStR 2004; der Gewerbeertrag ist dagegen gleichmäßig auf die einzelnen Kalendermonate des Abwicklungszeitraums zu verteilen (§ 16 Abs. 1 GewStDV).

erliche Einlagekonto der GmbH bzw. der AG i.S.d. § 27 KStG (§ 20 Abs. 1 Nr. 1 S. 3 EStG)[50] betrifft, bei diesem als Einkünfte zu erfassen (§ 20 Abs. 1 Nr. 1 EStG).[51] Der Liquidationserlös ist daher beim Anteilseigner aufzuteilen in Rückzahlungen von Nennkapital ohne Sonderausweis gem. § 28 Abs. 2 S. 2 KStG und von Beträgen aus dem steuerlichen Einlagekonto i.S.d. § 27 KStG sowie steuerpflichtige Einnahmen aus Kapitalvermögen. Auch die Rückzahlung des Nennkapitals gilt als Gewinnausschüttung, die beim Anteilseigner zu Bezügen i.S.d. § 20 Abs. 1 Nr. 2 EStG führt, soweit der Sonderausweis zu mindern ist.

aa) Beteiligung an der GmbH bzw. AG im Betriebsvermögen eines Einzelunternehmers/Personengesellschaft

54 Wenn die Beteiligung an der GmbH bzw. AG im Betriebsvermögen eines Einzelunternehmers oder einer Personengesellschaft gehalten werden, handelt es sich um **Einkünfte aus Gewerbebetrieb** (§ 15 EStG). In diesem Fall ist jedoch für die Jahre, in denen das **Halbeinkünfteverfahren** anzuwenden ist, die Hälfte der Ausschüttung nach § 3 Nr. 40 S. 1a i.V.m. § 3c Abs. 2 EStG steuerfrei. Ab 2009 gilt jedoch das Teileinkünfteverfahren. Dies führt zu folgender Besteuerung:

Dividende:[52]

	Anteile im Betriebsvermögen
	Personenunternehmen
	Teileinkünfteverfahren
Steuerpflichtige Dividende	60% der Dividende
Abzug Werbungskosten (WK)/Betriebsausgaben (BA)	Kein WK-Abzug
Steuersatz	Individueller ESt-Satz + SolZ

bb) Beteiligung an der GmbH bzw. AG im Betriebsvermögen einer GmbH (AG)

55 Soweit eine juristische Person selbst Gesellschafterin ist, bleibt die Ausschüttung außer Ansatz (§ 8b Abs. 1 KStG).

	Kapitalgesellschaften
	Freistellung, § 8b KStG
Steuerpflichtige Dividende	5% der Dividende
Abzug Werbungskosten (WK)/Betriebsausgaben (BA)	BA-Abzug zu 100%
Steuersatz	29,83% (GewSt bei Hebesatz von 400%, KSt, SolZ)

---

50 § 27 Abs. 1 S. 1 KStG bestimmt: „Die unbeschränkt steuerpflichtige Kapitalgesellschaft hat die nicht in das Nennkapital geleisteten Einlagen am Schluss jedes Wirtschaftsjahrs auf einem besonderen Konto (steuerliches Einlagekonto) auszuweisen".
51 BMF BStBl I 2003, 292, Rz. 7.
52 Ernst & Young, Unternehmensteuerreform 2008.

cc) Beteiligung an der GmbH bzw. AG im Privatvermögen

Werden die Anteile im Privatvermögen gehalten, handelt es sich um Einkünfte aus Kapitalver- **56** mögen (§ 20 Abs. 1 Nr. 2 S. 1 EStG). Auch in diesem Fall ist für Jahre, in denen das **Halbeinkünfteverfahren** anzuwenden ist, die Hälfte der Ausschüttung steuerfrei. Ab 2009 gilt jedoch die Abgeltungssteuer bzw. das Teileinkünfteverfahren. Dies führt zu folgender Besteuerung:[53]

Laufende Dividenden:

	Anteile im Privatvermögen
	Natürliche Person
	Abgeltungsteuer
Steuerpflichtige Dividende	100% der Dividende
Abzug Werbungskosten (WK)/Betriebsausgaben (BA)	Kein WK-Abzug
Steuersatz	25% + SolZ

b) Rückzahlung des Stammkapitals/steuerlichen Einlagekontos

Soweit das Stammkapital (Aktienkapital) ausgekehrt wird oder das steuerliche Einlagekonto der **57** GmbH i.S. § 27 KStG[54] als verwendet gilt, wird die Zahlung wie eine **Veräußerung eines Anteils** an einer Kapitalgesellschaft behandelt (§ 17 Abs. 4 S. 1 EStG).[55] Der auf jeden Gesellschafter (Aktionär) entfallende Anteil am Nennkapital und steuerlichen Einlagekonto gilt als Veräußerungspreis (§ 17 Abs. 4 S. 2 EStG). § 17 Abs. 4 S. 1 gilt jedoch nicht, soweit die Bezüge nach § 20 Abs. 1 Nr. 1 oder 2 zu den Einnahmen aus Kapitalvermögen gehören.

Wichtig **58**

Soweit jedoch das Nennkapital einen durch **Kapitalerhöhung aus Gesellschaftsmitteln** entstandenen Teilbetrag (§ 28 S. 4 KStG) enthält, so ist dieser nicht als Teil des Veräußerungspreises, sondern als Ausschüttung zu behandeln (§ 20 Abs. 1 Nr. 2 EStG).

---

aa) Beteiligung an der GmbH bzw. AG im Betriebsvermögen eines Einzelunternehmers/einer Personengesellschaft

Wenn die Beteiligung an der GmbH bzw. der AG im Betriebsvermögen eines Einzelunterneh- **59** mers oder einer Personengesellschaft gehalten werden, handelt es sich um **Einkünfte aus Gewerbebetrieb** (§ 15 EStG). Die Rückzahlung wird als Veräußerungsvorgang zunächst in voller Höhe in der Handels- und Steuerbilanz des Einzelunternehmens bzw. der Personengesellschaft erfasst. Im Rahmen der Einkommensermittlung wirkt sich die **hälftige Steuerfreiheit** aus, indem sowohl der Veräußerungspreis einerseits als auch die Anschaffungskosten, Aufwendungen und Veräußerungskosten andererseits nur hälftig erfasst werden (§ 3 Nr. 40 S. 1a i.V.m. § 3c Abs. 2 EStG). Ab dem Veranlagungsjahr 2009 findet jedoch das Teileinkünfteverfahren Anwendung.

---

53 Ernst & Young, Unternehmensteuerreform 2008.
54 Zur Verwendung des Einlagekontos: BMF BStBl I 2003, 366.
55 BMF BStBl I 2003, 434.

Veräußerungsgewinne:[56]

	Anteile im Betriebsvermögen
	Personenunternehmen
	Teileinkünfteverfahren
Steuerpflichtiger Veräußerungs-gewinn (VG)	60% des VG
Abzug von Werbungskosten (WK)/Betriebsausgaben (BA)	BA-Abzug 60%
Steuersatz	Individueller ESt-Satz + SolZ

60 **Wichtig**
Bei **einbringungsgeborenen Anteilen** ist daneben § 21 UmwStG zu beachten.

bb) Beteiligung an der GmbH bzw. AG im Betriebsvermögen einer anderen GmbH bzw. AG

61 Soweit eine juristische Person selbst Gesellschafterin ist, bleiben **Gewinne** aus der Veräußerung von Anteilen an einer Körperschaft (juristischen Person des Privatrechts) bei der Einkommensermittlung der veräußernden Gesellschaft außer Ansatz (§ 8b Abs. 2 KStG). **Verluste** aus der Veräußerung von Anteilen an einer Körperschaft bleiben steuerlich ebenfalls unberücksichtigt (§ 8b Abs. 3 KStG).

cc) Beteiligung an der GmbH bzw. AG im Privatvermögen

62 Die Veräußerung von **wesentlichen Anteilen** (§ 17 Abs. 1 EStG) des Privatvermögens wird nach Ablauf der **Behaltensfrist** von einem Jahr ebenfalls nur noch zur Hälfte angesetzt, ebenso Anschaffungs- und Veräußerungskosten sowie auch Verluste. Ab 2009 unterliegt der steuerpflichtige Teil des Liquidationserlöses jedoch der Abgeltungssteuer oder soweit die Beteiligung größer als 1% ist dem Teileinkünfteverfahren.

Veräußerungsgewinne:[57]

	Anteile im Privatvermögen	
	Beteiligung < 1%	Beteiligung ≤ 1%
	Abgeltungsteuer	Teileinkünfteverfahren
Steuerpflichtiger Veräußerungs-gewinn (VG)	100% des VG	60% des VG
Abzug von Werbungskosten (WK)/Betriebsausgaben (BA)	grds. kein WK-Abzug, Ausnahme Transaktionskosten	WK-Abzug zu 60%
Steuersatz	25% + SolZ	Individueller ESt-Satz + SolZ

---

56 Ernst & Young, Unternehmensteuerreform 2008.
57 Ernst & Young, Unternehmensteuerreform 2008.

3. Zeitpunkt des Entstehens des Auflösungsgewinns/-verlusts

Streitig ist, zu welchem Zeitpunkt ein Auflösungsgewinn/-verlust durch den Anteilseigner gel- 63
tend gemacht werden kann.[58] Vom Zeitpunkt der zivilrechtlichen Auflösung der Kapitalgesellschaft ist der Zeitpunkt der steuerlichen Berücksichtigung des Auflösungsgewinns bzw. -verlusts
zu unterscheiden.

Im Fall der **Auflösung mit anschließender Liquidation** sind die Voraussetzungen grund- 64
sätzlich erst im Zeitpunkt des Abschlusses der Liquidation erfüllt.[59] Ausnahmsweise kann der
Zeitpunkt der steuerlichen Berücksichtigung des Auflösungsergebnisses schon vor der Vollbeendigung der Liquidation liegen, wenn mit einer wesentlichen Änderung des bereits festgestellten Auflösungsergebnisses nicht mehr zu rechnen ist.[60]

Diese Voraussetzung ist z.B. erfüllt, wenn die Kapitalgesellschaft entsprechend ihrer vorge- 65
legten Bilanz bereits im Zeitpunkt des Auflösungsbeschlusses **vermögenslos** war oder ein Insolvenzverfahren gem. § 26 InsO **mangels Masse** abgelehnt und innerhalb der sog. Notfrist von
zwei Wochen keine (erfolgreiche) Beschwerde gegen den abweisenden Beschluss eingelegt wird.
Eine Kapitalgesellschaft kann unter Berücksichtigung der besonderen Zwecksetzung des § 17
EStG trotz vorhandener Aktivwerte als vermögenslos behandelt werden, wenn der i.S. des § 17
Abs. 1 EStG wesentlich beteiligte Gesellschafter mit einer Auskehrung von Gesellschaftsvermögen im Rahmen der Vermögensverteilung nicht mehr rechnen konnte.[61]

Praxistipp 66

Ein etwaiger Verlust sollte vorsorglich bereits im Jahr des Auflösungsbeschlusses bzw. Insolvenzantrages geltend
gemacht werden. Im Falle der negativen Entscheidung durch das Finanzamt ist **Einspruch** einzulegen. Ggf. kann das
Ruhen des Verfahrens bis zur rechtlichen Beendigung der Liquidation beantragt werden.

Die Auskehrung soll jedoch vor Ablauf des Sperrjahres dann zu einem Aufgabegewinn führen,
wenn das gesamte Aktivvermögen der Kapitalgesellschaft ausgekehrt wird und der Gesellschafter sich verpflichtet, die Gesellschaft von Verbindlichkeiten freizustellen.[62]

Veräußerungsgewinn ist gemäß § 17 Abs. 2 S. 1 EStG allgemein bei einer Veräußerung der 67
Betrag, um den der Veräußerungspreis nach Abzug der Veräußerungskosten die Anschaffungskosten übersteigt. Veräußerungskosten sind die durch die Veräußerung wirtschaftlich veranlassten Aufwendungen. Anschaffungskosten sind nach § 255 Abs. 1 S. 1 des Handelsgesetzbu-
ches (HGB) Aufwendungen, die geleistet werden, um einen Vermögensgegenstand zu erwerben.
Dazu gehören nach § 255 Abs. 1 S. 2 HGB auch die nachträglichen Anschaffungskosten. Zu den
nachträglichen Anschaffungskosten einer Beteiligung zählen neben (verdeckten) Einlagen auch
nachträgliche Aufwendungen auf die Beteiligung, wenn sie durch das Gesellschaftsverhältnis
veranlasst sind und weder Werbungskosten bei den Einkünften aus Kapitalvermögen noch
Veräußerungs- oder Auflösungskosten sind. Nach diesen Grundsätzen mindern der anteilige
Gewinnvortrag und Jahresüberschuss den Veräußerungsgewinn nicht. Vielmehr decken die
ursprünglichen Anschaffungskosten (eingezahltes Stammkapital plus Notarkosten) sein Mitgliedschaftsrecht mit allen seinen Bestandteilen – auch den streitigen Gewinnanteil (anteiliger
Gewinnvortrag und Jahresüberschuss) – ab. Es handelt sich bei einem Gewinnanteil um un-

---

58 BFHE 217, 467 = GmbHR 2007, 833; GmbHR 2007, 106 m.w.N.; vgl. auch H 140 (7) Auflösung und
Kapitalherabsetzung EStH 2004.
59 BFH BStBl II 1999, 344; 2000, 343; BFH NV 2001, 302; BFH BStBl II 2001, 286; 385; BFH NV 2001, 757; 2001, 761;
2002, 706.
60 BFH/NV 2009, 581; GmbHR 2009, 385.
61 BFH GmbHR 2009, 385; BFH/NV 2008, 209; BStBl II 2001, 286.
62 BFH GmbHR 2007, 106 insbesondere zur weiter notwendigen Prüfung, ob in der vorgezogenen Auskehrung ein
Verstoß gegen § 42 AO vorliegt.

selbständige, preisbildende Bestandteile des veräußerten Anteils. Die Realisierung dieser Werthaltigkeit seines Anteils soll aber gemäß § 17 EStG beim Veräußerer besteuert werden.[63]

IX. Besteuerung des Einzelunternehmers und Mitunternehmers

68 Die **Betriebsaufgabe** ist nach §§ 16, 34 EStG privilegiert. Erstreckt sich die Betriebsaufgabe über mehrere Kalenderjahre (in der Regel höchstens drei Jahre[64]) und fällt der Aufgabegewinn daher in mehreren Veranlagungszeiträumen an, ist der **Freibetrag** nach § 16 Abs. 4 EStG insgesamt nur einmal zu gewähren.[65] Er bezieht sich auf den gesamten Betriebsaufgabegewinn und ist im Verhältnis der Gewinne auf die mehreren Veranlagungszeiträume zu verteilen. Die **Tarifermäßigung** nach § 34 Abs. 3 EStG kann für diesen Gewinn auf Antrag in beiden Veranlagungszeiträumen gewährt werden. Der **Höchstbetrag** von fünf Millionen Euro ist dabei aber insgesamt nur einmal zu gewähren.

69 Ergibt sich im zweiten Veranlagungszeitraum durch den Gewinn oder Verlust eine **Über- oder Unterschreitung der Kappungsgrenze** oder insgesamt ein Verlust, ist der im ersten Veranlagungszeitraum berücksichtigte Freibetrag rückwirkend zu ändern. Diese Tatsache stellt ein Ereignis mit steuerlicher Rückwirkung dar (§ 175 Abs. 1 S. 1 Nr. 2 AO).

70 Entsteht in einem Veranlagungszeitraum ein Gewinn und in dem anderen ein Verlust, ist die Tarifermäßigung des § 34 EStG nur auf den saldierten Betrag anzuwenden. Sowohl nach § 16 Abs. 4 EStG als auch nach § 34 Abs. 3 EStG ist in dem jeweiligen Veranlagungszeitraum maximal der Betrag begünstigt, der sich insgesamt aus dem einheitlich zu beurteilenden Aufgabevorgang ergibt. Umfasst der Veräußerungsgewinn auch dem **Halbeinkünfteverfahren** unterliegende Gewinne aus der Veräußerung von Anteilen an Körperschaften, Personenvereinigungen oder Vermögensmassen, ist der Freibetrag nach § 16 Abs. 4 EStG entsprechend den Anteilen der Gewinne, die dem ermäßigten Steuersatz nach § 34 EStG unterliegen, und der Gewinne, die im Halbeinkünfteverfahren zu versteuern sind, am Gesamtgewinn aufzuteilen.[66]

71 Vollendet der Steuerpflichtige das **55. Lebensjahr** zwar nach Beendigung der Betriebsaufgabe oder -veräußerung, aber noch vor Ablauf des Veranlagungszeitraums der Betriebsaufgabe, sind weder der **Freibetrag** nach § 16 Abs. 4 EStG noch die **Tarifermäßigung** nach § 34 Abs. 3 EStG zu gewähren. Vollendet der Steuerpflichtige das 55. Lebensjahr bei einer Betriebsaufgabe über mehrere Veranlagungszeiträume zwar vor Beendigung der Betriebsaufgabe, aber erst im zweiten Veranlagungsjahr, sind der (anteilige) Freibetrag und die Tarifermäßigung auch für den ersten Veranlagungszeitraum zu gewähren.

72 Scheidet ein Kommanditist oder ein anderer Mitunternehmer, dessen Haftung der eines Kommanditisten vergleichbar ist und dessen Kapitalkonto in der Steuerbilanz der Gesellschaft auf Grund von ausgleichs- oder abzugsfähigen Verlusten negativ geworden ist, aus der Gesellschaft aus oder wird in einem solchen Fall die Gesellschaft aufgelöst, so gilt der Betrag, den der Mitunternehmer nicht ausgleichen muss, als **Veräußerungsgewinn** i. S. des § 16 EStG.[67]

Zwei Fallgruppen sind dabei zu unterscheiden. Zunächst wird der Fall, dass ein Kommanditist (oder haftungsmäßig vergleichbarer Mitunternehmer) aus der Gesellschaft ausscheidet, dabei aber die **Gesellschaft fortbesteht**. Für diesen Fall wird die Rechtsfolge angeordnet, dass der Kommanditist einen Betrag in Höhe seines negativen Kapitalkontos, soweit dieses durch ausgleichs- oder abzugsfähige Verluste entstanden ist, als Veräußerungsgewinn i.S.d. § 16 EStG ver-

---

63 BFH NJW-RR 2011, 1123.
64 BFHE 195, 290 = BStBl II 2001, 798 = DStR 2001, 1428.
65 BMF BStBl I 2006, 7; FG Baden-Württemberg EFG 2008, 795.
66 BMF, BStBl I 2006, 7; H 16.13 EStH 2005 – Halbeinkünfteverfahren.
67 BFH BStBl. 1995 II, 253.

steuern muss. Die gleiche Rechtsfolge wird für den Fall angeordnet, dass die Gesellschaft als solche aufgelöst wird und der Kommanditist sein dann vorhandenes negatives Kapitalkonto nicht ausgleichen muss.[68]

Derjenige Gesellschafter, der z.B. durch das Stehenlassen der auf ihn entfallenden Gewinne **73** über ein sog. **positives Kapitalkonto** verfügt, hat zivilrechtlich erst nach Beendigung der Liquidation einen Ausgleichsanspruch gegen den oder diejenigen Gesellschafter, die etwa infolge von Überentnahmen ein negatives Kapitalkonto ausweisen.[69] Nach § 15a Abs. 1 S. 1 EStG darf der einem Kommanditisten zuzurechnende Anteil am Verlust der Kommanditgesellschaft weder mit anderen Einkünften aus Gewerbebetrieb noch mit Einkünften aus anderen Einkunftsarten ausgeglichen werden, soweit ein negatives Kapitalkonto entsteht oder sich erhöht. Das gilt nicht, wenn der Kommanditist am Bilanzstichtag den Gläubigern der Gesellschaft aufgrund des § 171 Abs. 1 HGB haftet; in diesem Fall können die Verluste des Kommanditisten bis zur Höhe des Betrages, um den die im Handelsregister eingetragene Einlage des Kommanditisten seine geleistete Einlage übersteigt, auch ausgeglichen oder abgezogen werden, soweit durch den Verlust ein negatives Kapitalkonto entsteht oder sich erhöht (§ 15a Abs. 1 S. 2 EStG).[70]

Bei einem als „Darlehenskonto" bezeichneten Konto eines Kommanditisten, das im Rahmen **74** des sog. **Vier-Konten-Modells** dazu bestimmt ist, die nicht auf dem Rücklagenkonto verbuchten Gewinnanteile aufzunehmen, kann es sich auch dann um ein **Kapitalkonto i.S.d. § 15a Abs. 1 S. 1 EStG** handeln, wenn es gewinnunabhängig zu verzinsen ist. Voraussetzung ist allerdings, dass entweder auf diesem Konto die Verluste der Gesellschaft verbucht werden oder dass das Konto im Fall der Liquidation der Gesellschaft oder des Ausscheidens des Gesellschafters mit einem etwa bestehenden negativen Kapitalkonto zu verrechnen ist.[71] Hiernach sprechen insbesondere die folgenden Umstände für das Vorliegen eines (echten) Kapitalkontos und gegen ein Darlehenskonto:[72]

– Werden auf dem Konto auch Verlustanteile verbucht, so kann es sich nicht um ein Darlehenskonto handeln, da es einem Darlehensverhältnis wesensfremd ist, wenn der Darlehensgeber (hier: Kommanditist) an den Verlusten des Darlehensnehmers (hier: Personengesellschaft) beteiligt wird.

– Wird das zu beurteilende Konto in die Berechnung des Auseinandersetzungsguthabens einbezogen, so spricht dies gegen ein Darlehenskonto, weil eine Darlehensforderung des Gesellschafters gegen die Gesellschaft bereits das unter die Gesellschafter zu verteilende Auseinandersetzungsguthaben mindert.

Auf dem betreffenden Konto werden auch – wie dies für die Funktion eines Kapitalkontos typisch ist – Einlagen und Entnahmen erfasst.

– Es besteht kein Darlehensvertrag bzw. es fehlen Regelungen, in denen ein Höchstbetrag (Kreditlimit) festgelegt oder Tilgungsvereinbarungen getroffen sind. Auch sind Sicherheiten nicht gestellt worden.[73]

– Für die Unterscheidung zwischen Kapital- und Darlehenskonten allenfalls ein schwaches Indiz bildet hingegen die (äußere) Bezeichnung des Kontos (als „Darlehenskonto", „Verrechnungskonto" oder „Kapitalkonto"). Entsprechendes gilt für die vereinbarte Verzinsung des betreffenden Kontos, da sowohl bei Darlehen (vgl. § 488 Abs. 1 BGB) als auch bei Kapitalkonten (vgl. § 168 Abs. 1, § 121 Abs. 1 und 2 HGB) eine Verzinsung typisch und üblich ist.[74]

---

68 BFH BStBl. 1995 II, 253.
69 BGH NZG 2009, 778.
70 BFH NZG 2008, 236.
71 BFH GmbHR 2008, 998.
72 JurisPR-SteuerR 39/2008 Anm. 3, *Dötsch*.
73 JurisPR-SteuerR 39/2008 Anm. 3, *Dötsch*.
74 JurisPR-SteuerR 39/2008 Anm. 3, *Dötsch*.

75 Wird ein Betrieb, Teilbetrieb oder Mitunternehmeranteil in eine Personengesellschaft eingebracht, dann kann das eingebrachte Betriebsvermögen gemäß § 24 Abs. 2 UmwStG wahlweise
mit dem Buchwert, dem Teilwert oder einem Zwischenwert angesetzt werden. Der **Wertansatz**
entscheidet darüber ob bzw. in welcher Höhe ein Einbringungsgewinn anfällt. Dieses **Wahlrecht** setzt aber voraus, dass alle wesentlichen Betriebsgrundlagen der betrieblichen Einheit
eingebracht werden. Ob ein Wirtschaftsgut i.S.v. § 24 UmwStG eine wesentliche Betriebsgrundlage ist, bestimmt sich nur nach seiner Funktion im Betrieb.[75] Wird eine **wesentliche Betriebsgrundlage** zurückbehalten, dann ist § 24 UmwStG nicht anwendbar. Stattdessen liegt ein
tauschähnlicher Vorgang vor, der zur Aufdeckung der gesamten stillen Reserven führt.[76] Für die
Anwendung von § 24 UmwStG ist unschädlich, wenn eine wesentliche Betriebsgrundlage des
Betriebs vor dessen Einbringung in eine Personengesellschaft unter Aufdeckung der stillen Reserven an einen Dritten veräußert wird.[77]

---

75 BFH BStBl II 2010, 808.
76 BFH BStBl II 1996.
77 BFH DStR 2012, 648.

Kapitel 8 Das Mandat im Rahmen der Krise der Gesellschaft

Hendrik Heerma
§ 42 Feststellung der Krise im insolvenzrechtlichen Sinn

Literatur: *Gottwald,* Insolvenzrechtshandbuch, 4. Aufl. 2010; *Nerlich/Römermann,* InsO, 22. Ergänzungslieferung, Stand November 2011; *Obermüller,* Insolvenzrecht in der Bankpraxis, 8. Aufl. 2011; *Uhlenbruck,* Insolvenzordnung, 13. Aufl. 2010.

I. Vorbemerkung: Begriff und Funktion des Insolvenzrechts

Am 1.1.1999 ist die Insolvenzordnung in Kraft getreten. Sie hat die bis dahin geltende Konkurs- **1** ordnung, die Vergleichsordnung sowie die Gesamtvollstreckungsordnung abgelöst und das bisher bestehende Gesamtvollstreckungsrecht reformiert. Die Ziele des Insolvenzverfahrens sind in § 1 InsO niedergelegt. Danach dient das Insolvenzverfahren dazu, die Gläubiger eines Schuldners gemeinschaftlich zu befriedigen, indem das Vermögen des Schuldners verwertet und der Erlös verteilt oder in einem Insolvenzplan eine abweichende Regelung, insbesondere zum Erhalt des Unternehmens, getroffen wird. Weiterhin sollen dem redlichen Schuldner, namentlich natürlichen Person, die Gelegenheit gegeben werden, sich von seinen restlichen Verbindlichkeiten zu befreien.

Das Insolvenzverfahren ist ein Gesamtvollstreckungsverfahren. Gegenüber der Einzel- **2** zwangsvollstreckung unterscheidet es sich zum einen dadurch, dass nicht nur einzelne Vermögenswerte, sondern das Vermögen des Schuldners in seiner Gesamtheit verwertet wird. Zum anderen gilt der Grundsatz der Gleichbehandlung aller Gläubiger *(par conditio creditorum)*. Der Verwertungserlös dient der gemeinschaftlichen und anteiligen Befriedigung sämtlicher Gläubiger und nicht lediglich desjenigen, der die Zwangsvollstreckung betreibt. Beteiligte eines Insolvenzverfahrens sind der Schuldner, das Insolvenzgericht, der Insolvenzverwalter sowie die Gläubiger.

II. Die Krise im Sinne der Kreditunwürdigkeit

3 Der Begriff der Krise kann aus betriebswirtschaftlicher und (insolvenz-)rechtlicher Sicht definiert werden. Nach betriebswirtschaftlichen Kriterien kann vergleichsweise früh von einer Krise gesprochen werden. Bereits die mangelhafte Positionierung eines Unternehmens im Markt oder in wirtschaftlicher Produktplanung- und -entwicklung kann als Strategiekrise angesehen werden. Diese schlägt sich ohne Korrekturmaßnahmen anschließend intern in einer Ertragskrise nieder. Eine Gefährdung der Gläubigerinteressen muss sich hieraus jedoch noch nicht ergeben. Ist noch ausreichend Eigenkapital vorhanden, ist eine Krise im rechtlichen Sinne nicht gegeben. Nach außen durchschlagend ist schließlich eine Liquiditätskrise als Folge eines nachhaltig unprofitablen Wirtschaftens.

4   Als juristischer Beurteilungsmaßstab kann die Kreditwürdigkeit des Unternehmens herangezogen werden. Würde dem Unternehmens kein Kreditinstitut mehr Darlehen zur Verfügung stellen, so ist dies ein Indiz dafür, dass ein längerfristiges Überleben gefährdet ist. Im Rahmen der Insolvenzstraftaten der §§ 283 ff. StGB wird als Krise die drohende oder eingetretene Zahlungsunfähigkeit sowie die Überschuldung gesehen. Die Krise im insolvenzrechtlichen Sinne ergibt sich aus den im Gesetz definierten Insolvenzgründen (§§ 17–19 InsO).

III. Die Insolvenzgründe bei Personen- und Kapitalgesellschaften

5 Gemäß § 16 InsO setzt die Eröffnung eines Insolvenzverfahrens das Vorliegen eines Insolvenzgrundes voraus. Als Insolvenzgründe kommen
– die Zahlungsunfähigkeit (§ 17 InsO),
– die drohende Zahlungsunfähigkeit (§ 18 InsO)
– sowie die Überschuldung (§ 19 InsO)

in Betracht. Inwieweit die Insolvenzgründe für eine Gesellschaft zutreffen und die Gesellschaft insolvenzfähig ist, hängt von deren Rechtsform ab. Das Insolvenzverfahren kann grundsätzlich über das Vermögen jeder natürlichen und juristischen Person eröffnet werden, § 11 Abs. 1 S. 1 InsO.

1. Personengesellschaften

6 § 11 Abs. 2 Nr. 1 InsO bestimmt, dass über Gesellschaften ohne Rechtspersönlichkeit das Insolvenzverfahren eröffnet werden kann und nennt dabei insbesondere die offene Handelsgesellschaft, die Kommanditgesellschaft, die Partnerschaftsgesellschaft, die Gesellschaft des Bürgerlichen Rechts, die Partnerreederei und die Europäische wirtschaftliche Interessenvereinigung (EWiV). Ungeschriebene Voraussetzung für die Eröffnung eines Insolvenzverfahrens ist, dass die Gesellschaft nach außen hin tätig geworden ist und über ein eigenes Haftungsvermögen verfügt. Es muss ein vom Vermögen der Gesellschafter abgespaltenes Sondervermögen vorliegen. Reine Innengesellschaften, die weder Organe noch Gesamthandsvermögen gebildet haben, sind somit weiterhin nicht insolvenzfähig.[1] Bei Personengesellschaften ist unbedingt zwischen der Gesellschaft und den Gesellschaftern zu unterscheiden. Auch bei voller persönlicher Haftung eines Gesellschafters fällt dessen Vermögen nicht automatisch in die Insolvenzmasse.

---

[1] AG Köln, NZI 2003, 614; *Haas/Vogel* in Gottwald Insolvenzrechtshandbuch, § 94 Rn 5.

Heerma

a) Offene Handelsgesellschaft

Die Insolvenzfähigkeit der OHG tritt mit der Eintragung in das Handelsregister ein. Ist die Gesell- 7
schaft zwar gegründet, aber noch nicht in das Handelsregister eingetragen, so ist die Vorgesellschaft insolvenzfähig, falls sie bereits ein eigenes Vermögen gebildet und im Geschäftsleben
nach außen aufgetreten ist.

Zu der Insolvenzmasse gehört das gesamte Gesamthandsvermögen. Das Privatvermögen der 8
persönlich haftenden Gesellschafter fällt nicht in die Insolvenzmasse. Hier ist eine scharfe Trennung vorzunehmen. Gemäß § 128 HGB haften die Gesellschafter für die Verbindlichkeiten der
Gesellschaft persönlich als Gesamtschuldner. Die einzelnen Gläubiger können bei der Insolvenz
der OHG die persönliche Haftung der Gesellschafter jedoch nicht selbst geltend machen. Vielmehr ist gemäß § 93 InsO allein der Insolvenzverwalter der OHG berechtigt, diese Ansprüche für
die Insolvenzmasse zugunsten der Gläubigergesamtheit geltend zu machen.

b) Kommanditgesellschaft

Für die KG gilt das zur OHG Gesagte mit der Besonderheit, dass die Haftung der Kommanditisten 9
auf die im Handelsregister eingetragene Summe beschränkt ist.

c) Partnerschaftsgesellschaft

Die Insolvenzfähigkeit der Partnerschaftsgesellschaft entsteht mit der Eintragung in das Part- 10
nerschaftsregister (§ 7 Abs. 1 PartGG). Zu der Bildung der Insolvenzmasse sowie zu der Geltendmachung der persönlichen Haftung der Gesellschafter wird auf die Ausführungen zur OHG verwiesen.

d) Gesellschaft bürgerlichen Rechts

Über das Vermögen einer Gesellschaft bürgerlichen Rechts kann ebenfalls ein eigenständiges 11
Insolvenzverfahren eröffnet werden. Voraussetzung ist, dass die Gesellschaft ein eigenes Ge-
samtheitsvermögen gebildet hat und nicht eine reine Innengesellschaft ist. Die Insolvenzmasse
wird durch das Gesamthandsvermögen gebildet. Die persönliche Haftung der Gesellschafter
wird gemäß § 93 InsO durch den Insolvenzverwalter zur Vermeidung von Einzelzugriffen der
Gläubiger geltend gemacht.

e) Partnerreederei

Für die im Gesetz ausdrücklich erwähnte Partnerreederei bestehen gegenüber der OHG keine 12
Besonderheiten.

f) Stille Gesellschaft

Die stille Gesellschaft ist eine reine Innengesellschaft ohne gesamthänderisch gebundenes Ver- 13
mögen. Sie ist daher nicht insolvenzfähig.

2. Kapitalgesellschaften

Gemäß § 11 Abs. 1 S. 1 InsO kann das Insolvenzverfahren über das Vermögen jeder juristischen 14
Person des öffentlichen und Privatrechts eröffnet werden.

a) Aktiengesellschaft

15 Die Aktiengesellschaft ist mit dem Erwerb der Rechtsfähigkeit durch Eintragung in das Handelsregister (§ 41 AktG) bis zur Vollbeendigung insolvenzfähig.

b) Gesellschaft mit beschränkter Haftung

16 Die Insolvenzfähigkeit der GmbH tritt mit dem Erwerb der Rechtsfähigkeit, also ab Eintragung ins Handelsregister (§ 11 Abs. 1 GmbHG) ein und besteht bis zur Vollbeendigung. Auch die Vor-GmbH wird als insolvenzfähig angesehen, wenn sie bereits ein Sondervermögen gebildet hat und im Rechtsverkehr wie eine juristische Person in Erscheinung getreten ist.

c) Kommanditgesellschaft auf Aktien

17 Die Kommanditgesellschaft auf Aktien ist als juristische Person mit dem Zeitpunkt der Handelsregistereintragung insolvenzfähig.

d) Eingetragene Genossenschaft

18 Die Eingetragene Genossenschaft ist mit ihrer Eintragung in das Genossenschaftsregister insolvenzfähig.

3. Insolvenzfähigkeit ausländischer Kapitalgesellschaften in Deutschland

19 Seit der Entscheidung des BGH vom 13.3.2003[2] sind auch Auslandsgesellschaften, die auf dem deutschen Markt tätig werden, insbesondere auch eine englische oder irische Limited, rechts- und parteifähig und können in das Handelsregister eingetragen werden. Sie sind damit gleichzeitig als ausländische juristische Personen in Deutschland parteifähig im prozessualen Sinne[3] und insolvenzfähig.

IV. Überschuldung und Zahlungsunfähigkeit

20 Insolvenzgründe i.S.d. Insolvenzordnung sind Überschuldung, Zahlungsunfähigkeit sowie die drohende Zahlungsunfähigkeit. Die Insolvenzgründe der Zahlungsunfähigkeit und drohenden Zahlungsunfähigkeit sind allgemein bei allen insolvenzfähigen Gesellschaften anzuwenden. Die Überschuldung ist Eröffnungsgrund nur bei juristischen Personen sowie bei Gesellschaften ohne Rechtspersönlichkeit, bei denen kein persönlich haftender Gesellschafter eine natürliche Person ist.

1. Zahlungsunfähigkeit

21 Gemäß § 17 Abs. 1 InsO ist allgemeiner Eröffnungsgrund die Zahlungsunfähigkeit. Diese wird in § 17 Abs. 2 InsO definiert. Ein Schuldner ist zahlungsunfähig, wenn er nicht in der Lage ist, die fälligen Zahlungspflichten zu erfüllen. § 17 Abs. 2 S. 2 InsO stellt dabei die gesetzliche Vermutung auf, dass Zahlungsunfähigkeit in der Regel anzunehmen ist, wenn der Schuldner seine Zahlungen eingestellt hat.

---

2 BGH, NJW 2003, 1461.
3 Vgl. etwa Musielak/*Weth*, ZPO, § 50 Rn 29–31.

Es ist damit zu ermitteln, ob die liquiden Mittel, bzw. das kurzfristig liquidierbare Vermögen **22** des Schuldners ausreichen, um die fälligen Verbindlichkeiten kurzfristig auszugleichen. Zu betrachten ist daher zunächst die Gesamtheit der fälligen Zahlungsverpflichtungen. Die Ansprüche der Gläubiger müssen sofort durchsetzbar sein. Dem sind die liquiden Mittel der Gesellschaft gegenüber zu stellen. Reicht das kurzfristig liquidierbare Vermögen, wie z.B. ein werthaltiger Forderungsbestand, nicht aus, um die Zahlungspflichten zu erfüllen, ist die Gesellschaft grundsätzlich zahlungsunfähig. Die Zahlungsunfähigkeit ist jedoch von einer bloßen Zahlungsstockung abzugrenzen. Eine Zahlungsstockung ist anzunehmen, wenn der Zeitraum nicht überschritten wird, den eine kreditwürdige Person benötigt, um sich die entsprechenden Geldmittel zu leihen. Für diesen Zeitraum werden nach der Rechtsprechung des BGH drei Wochen angesetzt.[4]

Als weiteres Abgrenzungskriterium zwischen Zahlungsunfähigkeit und Zahlungsstockung **23** dient der Umfang der entstandenen Liquiditätslücke. Der BGH hat in einer Grundsatzentscheidung festgestellt, dass bei einer Liquiditätslücke von weniger als zehn Prozent der fälligen Gesamtverbindlichkeiten regelmäßig nicht von der Zahlungsunfähigkeit, sondern lediglich von einer Zahlungsstockung auszugehen ist, es sei denn, dass bereits absehbar ist, dass die Lücke demnächst zehn Prozent überschreiten wird. Bei einer Liquiditätslücke von mehr als zehn Prozent sei dagegen regelmäßig von der Zahlungsunfähigkeit auszugehen, sofern nicht ausnahmsweise mit an Sicherheit grenzender Wahrscheinlichkeit zu erwarten ist, dass die Liquiditätslücke demnächst vollständig oder fast vollständig beseitigt werden wird und den Gläubigern ein Zuwarten nach den besonderen Umständen des Einzelfalls zuzumuten ist.[5]

Bei der Bestimmung der liquiden Mittel sind die vorhandenen Vermögensgegenstände zu- **24** nächst außer Acht zu lassen. Die Liquidierung des gesamten Vermögensbestandes ist Ziel des Insolvenzverfahrens und damit für die Abgrenzung zur Zahlungsstockung unbeachtlich. Anderes gilt nur für Vermögensgegenstände, die in kürzester Zeit liquidierbar sind, wobei der Verwertungszeitraum allenfalls dreißig Tage betragen darf.

§ 17 Abs. 2 S. 2 InsO begründet für den Fall der Zahlungseinstellung eine widerlegliche Ver- **25** mutung für den Eintritt der Zahlungsunfähigkeit. Die Zahlungseinstellung liegt nach ständiger Rechtsprechung vor, wenn der Schuldner nicht in der Lage ist, seine fälligen Zahlungspflichten zu erfüllen und dieser Zustand nach außen hin in Erscheinung tritt, so dass er für die beteiligten Verkehrskreise erkennbar wird.[6] Dem steht nicht entgegen, dass der Schuldner noch in der Lage ist, vereinzelte Zahlungen zu leisten, es sei denn, diese erreichen eine beachtliche Höhe.

Von der Zahlungseinstellung zu unterscheiden ist der Fall, dass der Schuldner zahlungs- **26** unwillig ist und Zahlungen verweigert. Zahlungsunfähig ist nur, wer nicht zahlen kann, nicht der, der nicht zahlen will.

2. Drohende Zahlungsunfähigkeit

Auf den Insolvenzgrund der drohenden Zahlungsunfähigkeit gem. § 18 Abs. 1 InsO kann sich nur **27** der Schuldner in einem Eigenantrag berufen. Nach der Legaldefinition des § 18 Abs. 2 InsO droht ein Schuldner zahlungsunfähig zu werden, wenn er voraussichtlich nicht in der Lage sein wird, die bestehenden Zahlungspflichten im Zeitpunkt der Fälligkeit zu erfüllen. Dieser Insolvenzgrund wurde gegenüber der Konkursordnung neu eingeführt. Motiv für die Neuregelung war, dem Schuldner den Weg zu einem möglichst frühzeitigen Insolvenzantrag zu öffnen, um auf diese Weise die Wahrscheinlichkeit einer Sanierung oder einer möglichst hohen Befriedigung der Gläubiger zu erhöhen, insbesondere durch die Instrumente des Insolvenzplanes und der Eigenverwaltung. Hier hat der Gesetzgeber mit der Einführung des sog. „Schutzschirmverfah-

---

4 BGH, NZI 2005, 547 ff.
5 BGH, NZI 2005, 547 ff.
6 Uhlenbruck/*Uhlenbruck*, § 17 Rn 29.

rens" gemäß § 270b InsO[7] eine zusätzliche Motivation für den Schuldner geschaffen, tatsächlich frühzeitig einen Insolvenzantrag zu stellen.[8]

28   Bei der Feststellung der drohenden Zahlungsunfähigkeit ist eine Prognose über die Zahlungsfähigkeit des Schuldners in der Zukunft zu erstellen. Dabei muss der Eintritt der Zahlungsunfähigkeit wahrscheinlicher sein als deren Vermeidung. Die Wahrscheinlichkeit muss somit mehr als 50% betragen.[9] Als Grundlage für eine Prognose ist ein Finanzplan zu erstellen. Der Prognosezeitraum ist gesetzlich nicht bestimmt. Grundsätzlich endet der Beurteilungsspielraum mit dem Zeitpunkt, in dem sämtliche Forderungen fällig geworden sind. Soweit sich hieraus jedoch ein Prognosezeitraum ergibt, der mehrere Jahre umfasst, wird allgemein angenommen, dass für einen solchen Zeitraum keine hinreichend sichere Prognose erstellt werden kann. Damit die drohende Zahlungsunfähigkeit als Tatbestand judizierbar bleibt, ist daher anzunehmen, dass sich der Planungszeitraum auf das laufende Geschäftsjahr bezieht und nach Möglichkeit das nächste Geschäftsjahr mit erfasst.[10]

3. Überschuldung

29   § 19 InsO regelt den Eröffnungsgrund der Überschuldung. Nach der Legaldefinition des § 19 Abs. 2 S. 1 InsO liegt Überschuldung vor, wenn das Vermögen des Schuldners die bestehenden Verbindlichkeiten nicht mehr deckt, es sei denn, die Fortführung des Unternehmens ist nach den Umständen überwiegend wahrscheinlich. Dieser Überschuldungsbegriff wurde im Rahmen der internationalen Finanzkrise durch § 19 des Finanzmarktstabilisierungsgesetzes[11] in die Insolvenzordnung aufgenommen. Er gilt zunächst bis zum 31.12.2013.

30   Um festzustellen, ob eine Überschuldung vorliegt, ist eine Überschuldungsbilanz zu erstellen. Auf der einen Seite sind dabei sämtliche Verbindlichkeiten als Passiva zu erfassen, die im Falle der Verfahrenseröffnung Insolvenzforderungen darstellen würden. Bestehende Verbindlichkeiten sind dabei unabhängig von ihrer Fälligkeit zu passivieren. Die Aktiva sind mit dem Vermögen anzusetzen, das im Falle der Eröffnung eines Insolvenzverfahrens als Insolvenzmasse zur Verfügung stehen würde. Hierbei müssen Liquidations(schätz)werte in Ansatz gebracht werden.[12] Nach § 19 Abs. 2 S. 1 Hs. 2 InsO ist trotz rechnerischer Überschuldung eine Überschuldung im insolvenzrechtlichen Sinne, die eine Insolvenzantragspflicht auslösen würde, zu verneinen, wenn die Fortführung des Unternehmens nach den Umständen überwiegend wahrscheinlich ist. Eine überwiegende Wahrscheinlichkeit der Fortführung eines Unternehmens setzt zunächst voraus, dass der Unternehmensträger die Fortführung des Unternehmens beabsichtigt und anstrebt. Dies schließt auch die Möglichkeit einer übertragenden Sanierung durch rechtsgeschäftliche Veräußerungen des Betriebsvermögens ein. Weiterhin ist die wirtschaftliche Lebensfähigkeit des Unternehmens zu ermitteln.[13]

31   Nach gegenwärtiger Rechtslage gilt ab dem 1.1.2014 wieder die bis zum 17.10.2008 gültige Definition der Überschuldung. Danach führt allein eine positive Fortführungsprognose nicht zu einer Negierung der Insolvenzantragspflicht. Stattdessen ist bei der Erstellung des Überschuldungsstatus' in diesem Fall von Fortführungs(schätz)werten auszugehen.

---

7 Eingeführt durch das Gesetz zur weiteren Erleichterung der Sanierung von Unternehmen (kurz „ESUG") v. 7.12.2011 BGBl. I S. 2582.
8 Vgl. ausführlich dazu unter § 45.
9 Nerlich/Römermann/*Mönning*, § 18 Rn 24.
10 Uhlenbruck/*Uhlenbruck*, § 18 Rn 12 verweisend auf die IDW-HFA Prüfungsstandards.
11 Gesetz zur Umsetzung eines Maßnahmenpaketes zur Stabilisierung des Finanzmarktes vom 17.10.2008 BGBl. I S. 1982.
12 Uhlenbruck/*Uhlenbruck*, § 19 Rn 13.
13 Vgl. ausführlich zu den Anforderungen an die Fortführungsprognose: *Ehlers*, NZI 2011, 161 ff.

V. Konzerninsolvenzrecht

Das deutsche Recht kennt wie die meisten nationalen Rechtsordnungen weltweit kein Konzern- **32** insolvenzrecht. Ausgehend von dem Trennungsprinzip werden sämtliche (juristische) Personen einer Unternehmensgruppe oder eines Konzerns in einer Insolvenz getrennt behandelt. Auch bei engsten Verflechtungen der Unternehmen untereinander ist eine formelle und materielle Zusammenfassung der Verfahren nicht möglich. Es gilt die Faustregel: „Ein Unternehmensträger, eine Insolvenzmasse, ein Insolvenzverwalter."

Zu berücksichtigen sind dabei die allgemeinen Regeln für die örtliche Zuständigkeit der Ge- **33** richte, so dass bei einem örtlich dislozierten Konzern verschiedene Insolvenzgerichte für die einzelnen Konzernglieder zuständig sein können. Insolvenzfähigkeit, Insolvenzgründe, Insolvenzantragsrecht und -pflicht, Schadensersatzpflicht und Strafbarkeit wegen unterlassener Insolvenzanträge sind für jedes Schuldnerunternehmen einzeln zu prüfen, auch wenn alle Schuldner einem Konzern angehören. Ebenso ist ein Insolvenzplanverfahren, das als verbindende Klammer zwischen den Unternehmen eingesetzt werden könnte, nicht für Konzerne, sondern grundsätzlich nur für einzelne Unternehmen vorgesehen. Für grenzüberschreitend tätige Konzerne gilt nichts anderes. Hier führt die zusätzliche Berücksichtigung ausländischer (Gesamtvollstreckungs-) Rechtsordnungen und ggf. der Europäischen Insolvenzverordnung zu noch komplexeren Fragestellungen.

Die Folge ist, dass im Insolvenzfall jedes einzelne Konzernunternehmen grundsätzlich zu- **34** nächst isoliert betrachtet wird und im zweiten Schritt die einzelnen Rechtsbeziehungen zwischen den Konzernunternehmen untereinander auf bilateraler Ebene wie unter fremden Dritten untersucht werden. Außer auf Lieferungs- und Leistungsfragen ist insbesondere auf Haftungs- und Besicherungsfragen zu achten. Eine Haftung kann sich außer aus Bürgschaft, Garantie oder ähnlichem auch aus dem gesellschaftsrechtlichen Verhältnis der Gesellschaften untereinander ergeben, wie zum Beispiel aus der Haftung als persönlich haftender Gesellschafter gem. §§ 128, 171, 172, 176 BGB. Verfahrensrechtlich ist in diesem Zusammenhang auf § 93 InsO hinzuweisen, wonach im Insolvenzverfahren über das Vermögen einer Gesellschaft ohne Rechtspersönlichkeit oder einer Kommanditgesellschaft auf Aktien die persönliche Haftung eines Gesellschafters für die Verbindlichkeiten der Gesellschaft während der Dauer des Insolvenzverfahrens nur vom Insolvenzverwalter geltend gemacht werden kann.

Besondere Rechtsfolgen sind ggf. zu berücksichtigen, wenn die Unternehmen im Verhältnis **35** untereinander als verbundene Unternehmen anzusehen sind. Die dafür maßgeblichen Regelungen finden sich ausdrücklich nur im Aktienrecht (§§ 15ff. AktG), die allerdings auch auf andere Bereiche analog angewendet werden. Es ist danach zu differenzieren, ob es sich um das Insolvenzverfahren des herrschenden oder des beherrschten Unternehmens handelt[14] und ob sich das Beherrschungsverhältnis aus Vertrag (Vertragskonzern) oder aus den tatsächlichen Verhältnissen ergibt (faktischer Konzern).

Inzwischen hat sich als h.M. herausgestellt, dass sowohl die Eröffnung des Insolvenzverfah- **36** rens über das Vermögen der Obergesellschaft als auch über das Vermögen der Untergesellschaft die automatische Beendigung des Beherrschungs- und Gewinnabführungsvertrages bewirkt.[15] Die Beendigung des Unternehmensvertrages führt zur Verlustausgleichsverpflichtung des herrschenden Unternehmens gem. § 302 AktG auf den Stichtag der Beendigung des Unternehmensvertrages auf der Grundlage eines Zwischenabschlusses. Ist das herrschende Unternehmen insolvent, kann dieser Anspruch (nur) zur Insolvenztabelle angemeldet werden.

---

14 Gleichordnungskonzerne weisen insoweit keine Besonderheiten auf.
15 Dies gilt auch im Fall der gleichzeitigen Insolvenz der Ober- als auch der Untergesellschaft.

Heerma

37   Streitig ist hinsichtlich des Umfangs des Verlustausgleichsanspruchs die Frage, ob auch Abwicklungsverluste anspruchserhöhend zu berücksichtigen sind.[16] Die ältere ablehnende Meinung verneinte dies, da auch Abwicklungsgewinne nicht abzuführen sind. Die herrschende Literaturmeinung bezieht allerdings Abwicklungsverluste in den Verlustausgleichsanspruch mit ein, zumindest soweit es sich um Liquidationsverluste handelt, die unvermeidlich bei einer Vollbeendigung der Untergesellschaft anfallen und demgemäß als Rückstellung in dem Zwischenabschluss der Untergesellschaft verlusterhöhend zu passivieren sind. Auszugrenzen sind allerdings etwaige Verluste, die nicht aus der Liquidation, sondern aus den Fortführungsbemühungen des Insolvenzverwalters resultieren.

38   Im faktischen Konzern ist bei jeder Insolvenz eines der Konzernglieder ein etwaiger Schadensersatzanspruch aus § 311 AktG zu prüfen, der zur Insolvenztabelle angemeldet werden kann. Die Wahrnehmung oder Erduldung von Leitungsmacht endet und geht nicht auf den Insolvenzverwalter über, da sich die faktische Konzernbeziehung nur auf die Organe der Gesellschaften bezieht. Aufgrund der mutmaßlich vollständigen Isolierung der einzelnen Konzerngesellschaften wird regelmäßig die Zerschlagung eines gesamten Konzerns befürchtet, auch wenn dieser zumindest in Teilen überlebensfähig sein könnte.

39   Die isolierte Betrachtung jedes Unternehmens in einer Unternehmensgruppe kann jedoch auch als vorteilhaft angesehen werden, weil auf diese Weise das jeweilige Unternehmen ohne Rücksicht auf den Konzernverbund auf seine Potentiale hin überprüft wird und damit das bestmögliche Ergebnis für die Gläubiger dieses (Einzel-) Unternehmens erreicht werden kann. Der etwaige Mehrwert eines Konzernverbundes bleibt dabei allerdings unberücksichtigt.

40   In der Praxis hat sich allerdings eine Reihe von Möglichkeiten zur Behandlung von Konzerninsolvenzen herausgebildet, durch die eine spontane Zerschlagung einer grundsätzlich funktionsfähigen Unternehmensgruppe vermieden werden soll. Eine gewisse Verfahrenskonzentration wird regelmäßig dadurch versucht, dass die Bestellung von möglichst wenigen Insolvenzverwaltern möglichst an einem einzigen gem. § 3 InsO örtlich zuständigen Gericht angestrebt wird. Dabei wird die Annahme des vom Handelsregister abweichenden tatsächlichen Unternehmenssitzes am Sitz der Muttergesellschaft zunehmend intensiv bemüht.[17]

41   In vielen Konzernen ist ein Verrechnungssystem durch ein Cash-Management installiert auf der Grundlage einer mehrseitigen Vereinbarung der Einzelunternehmen darüber, dass aus den (Bank-) Konten sämtlicher Konzernunternehmen ein Gesamtsaldo zu bilden ist. Auf diese Weise soll ein optimaler Liquiditätsausgleich sichergestellt werden. Durch die Eröffnung des Insolvenzverfahrens werden gem. § 116 InsO der Cash-Management-Vertrag sowie sämtliche Dienstleistungsverträge beendet. Die Aufrechterhaltung von Cash-Management in der Krise kann zu erheblichen Haftungsrisiken für den Handelnden, aber auch für den beratenden Anwalt führen, insbesondere dann, wenn der Rückzahlungsanspruch eine (nachrangige) Insolvenzforderung wird.[18]

42   Der Gesetzgeber bemüht sich um ein neues Konzerninsolvenzrecht, dessen Entwicklung abzuwarten bleibt.[19]

---

16 Zum Streitstand vgl. Uhlenbruck/*Hirte*, Insolvenzordnung, § 11 Rn 402.
17 Vgl. u.a. AG Essen, NZI 2009, 810 (Arcandor); zuvor gutachterlich dazu: *Pluta*, ZIP 2009, 1826; AG Köln, NZI 2008, 254 (PIN-Group); LG Dessau, ZIP 1998, 1006, 1007 f.
18 Umfassend zu den Haftungsrisiken des Gesellschafters: BGHZ 182, 103 („Cash Pool II"); zur Haftung eines GmbH-Geschäftsführers: vgl. OLG München, NZG 2006, 195.
19 Stand des Gesetzgebungsverfahrens mit BGBl GmbH.

Dr. Per Hendrik Heerma

§ 43 Verhaltenspflichten für Gesellschafter und Vertretungsorgane

Literatur: *Ehlers*, Anforderungen an die Fortführungsprognose, NZI 2011, 161; *Lutter/Hommelhoff*, GmbH-Gesetz, 17. Aufl. 2009; *Nerlich/Römermann*, InsO, 22. Ergänzungslieferung, Stand November 2011.

I. Einleitung

Die Verhaltenspflichten der Gesellschafter und Vertretungsorgane einer Gesellschaft sind bei **1** juristischen Personen erheblich höher als bei Personengesellschaften und setzen bereits im Vorfeld des Eintretens der Insolvenzreife einer Gesellschaft ein. Dies begründet sich darin, dass den Gläubigern nur eine beschränkte Haftungsmasse zur Verfügung steht. Bei Personengesellschaften, bei denen die Gesellschafter natürliche Personen sind, sind den Gläubigern die Gesellschafter mit ihrem gesamten Privatvermögen verpflichtet. Da als Haftungsmasse nicht lediglich das Gesamthandsvermögen, sondern auch das Privatvermögen der Gesellschafter vorhanden ist, besteht keine Insolvenzantragspflicht im Falle der Zahlungsunfähigkeit der Gesellschaft. Dagegen bestehen für die Organe juristischer Personen und der Personengesellschaften, bei denen keine persönlich haftende Person eine natürliche ist, gesetzliche Verhaltensnormen.

II. Der Insolvenzstatus

2 Die Vertretungsorgane treffen hinsichtlich der wirtschaftlichen Verfassung der Gesellschaft Be-
obachtungsobliegenheiten und –pflichten. Zeichnen sich wirtschaftliche Schwierigkeiten des
Unternehmens ab oder wenn die Hälfte des Kapitals verloren ist, hat der Geschäftsführer die
Gesellschafterversammlung gemäß § 49 Abs. 3 GmbHG einzuberufen. Spätestens, wenn gemäß
§ 268 Abs. 3 HGB ein nicht durch Eigenkapital gedeckter Fehlbetrag ausgewiesen werden muss,
hat der Geschäftsführer eine Überschuldungsbilanz zu erstellen und diese regelmäßig fortzu-
schreiben.[1]

3   Die Überschuldungsbilanz kann dabei unter Zugrundelegung von Liquidationsschätzwerten
oder unter einer Fortführungsbilanz erstellt werden. Ergibt eine Überschuldungsbilanz auf
Grundlage der Liquidationsschätzwerte, dass die Aktiva der Gesellschaft höher als die Passiva
sind, so ist ein Status unter der Fortführungsprognose entbehrlich, eine Überschuldung liegt
nicht vor. Fällt der Status dagegen negativ aus, so hat der Geschäftsführer die Fortführungsfähigkeit des Unternehmens zu überprüfen.

4   Eine positive Fortführungsprognose setzt zunächst voraus, dass eine Fortführung des Unternehmens beabsichtigt und angestrebt ist.[2] Weiterhin muss die wirtschaftliche Lebensfähigkeit
des Unternehmens gegeben sein, die Finanzkraft muss also mit überwiegender Wahrscheinlichkeit mittelfristig zur Fortführung des Unternehmens ausreichen. Dies ist dann der Fall, wenn aus
einem Finanzplan hervorgeht, dass innerhalb des Prognosezeitraums keine Zahlungsunfähigkeit eintritt.[3] Entscheidend ist, dass das Unternehmen mittelfristig (in einem betriebswirtschaftlich überschaubaren Zeitraum) in der Lage ist, Einnahmenüberschüsse zu erwirtschaften, aus
denen die künftigen und gegenwärtigen Verbindlichkeiten gedeckt werden können.[4]

1. Bewertung der Aktiva

5 Als Aktiva sind in die Bilanz alle Vermögenswerte einzustellen, die im Falle der Insolvenzeröffnung Masse nach § 35 InsO darstellen würden. Nicht zu berücksichtigen sind dagegen Forderungen, die erst durch die Eröffnung des Insolvenzverfahrens entstehen wie etwa Anfechtungsansprüche. Der Firmenwert (Goodwill) ist auf die Aktivseite nur dann aufzunehmen, wenn eine
überwiegende Wahrscheinlichkeit dafür spricht, dass das gesamte Unternehmen unter Ein-
schluss der Firma veräußert werden kann.[5]

2. Bewertung der Passiva

6 Auf der Passivseite sind sämtliche Verbindlichkeiten in Ansatz zu bringen, die im Falle der Verfahrenseröffnung Insolvenzforderungen darstellen würden. Gesellschafterdarlehen sind gemäß
§ 39 Abs. 1 Nr. 5 InsO nachrangig. Nicht dazu gehört das Stammkapital.

III. Verlustanzeigepflichten

7 Gemäß § 49 Abs. 3 GmbHG ist der Geschäftsführer verpflichtet, die Gesellschafterversammlung
einzuberufen, wenn sich aus der Jahresbilanz oder einer im Laufe des Geschäftsjahres aufge-

---

1 *Lutter/Hommelhoff*, § 64 Rn 15; BGH, ZIP 1994, 892; BGH, GmbHR 1997, 25.
2 Nerlich/Römermann/*Mönning*, § 19 Rn 19.
3 Vgl. *Ehlers*, NZI 2011, 161, 162; OLG Köln, ZInsO 2009, 1402.
4 Vgl. OLG Schleswig, NZI 2010, 492, 492 m.w.N.
5 *Lutter*, ZIP 1999, 641, 644.

Heerma

stellten Bilanz ergibt, dass die Hälfte des Stammkapitals verloren ist. Der Geschäftsführer hat damit laufend zu prüfen, ob das Nettoaktivvermögen der Gesellschaft die Hälfte des Stammkapitals der Gesellschaft erreicht. Über den Wortlaut des § 49 Abs. 3 GmbHG hinaus besteht die Einberufungspflicht bereits, wenn der Geschäftsführer bei pflichtgemäßer Beobachtung der Gesamtlage und ihrer Entwicklung einen solchen Verlust annehmen muss, § 92 Abs. 1 AktG analog.[6] Bei der Verletzung dieser Pflicht haftet der Geschäftsführer auf Schadensersatz gemäß § 43 Abs. 3 GmbHG. Eine Strafsanktion ergibt sich aus § 84 Abs. 1 Nr. 1 GmbHG.

IV. Sanierungsmaßnahmen

Berät der Rechtsanwalt das schuldnerische Unternehmen bei der Planung und Durchführung 8 von Sanierungsmaßnahmen, so müssen zum einen die wirtschaftlichen Möglichkeiten und Ziele berücksichtigt werden, zum anderen gilt es, den rechtlichen Rahmen abzustecken. Die rechtliche Gestaltung hängt im entscheidenden Maße davon ab, in welchem Stadium der Krise Sanierungsmaßnahmen in Angriff genommen werden. Die rechtliche Beratung hat dabei insbesondere die Handlungspflichten zum Gegenstand, die sich aus der jeweiligen Rechtsform des Unternehmens ergeben. So ist in einem fortgeschrittenen Krisenstadium die Möglichkeit einer außergerichtlichen Sanierung einer Kapitalgesellschaft nicht mehr gegeben, da ansonsten eine Haftung und sogar die Strafbarkeit der handelnden Organe drohen.

Für die Entscheidung zwischen einer gerichtlichen oder einer außergerichtlichen Sanierung 9 sind verschiedene Faktoren abzuwägen. Je nach Geschäftsfeld des Unternehmens kann es erforderlich sein, die Krisensituation vertraulich zu behandeln, um bestehende Geschäftskontakte nicht zu gefährden. Wird die Krise des Unternehmens publik (gemacht), kann auch dies ein starkes öffentliches Interesse an der Sanierung hervorbringen oder einen Verhandlungsvorteil gegenüber den Gläubigern darstellen.

1. Außergerichtliche Sanierung
a) Finanzwirtschaftliche Sanierung

Die finanzwirtschaftliche Sanierung umfasst solche Maßnahmen, die bestimmt und geeignet 10 sind, die Zahlungsunfähigkeit des Unternehmens sowie die eine Überschuldung vermeidenden oder beseitigenden Bilanzrelationen wiederherzustellen. In Betracht kommen folgende Möglichkeiten:
- Einbringung neuen Kapitals über förmliche Kapitalerhöhung(en),
- Umwandlung von Darlehensverbindlichkeiten in Eigenkapital,
- (Debt-Equity-Swap) als Unterart der Kapitalerhöhung,
- Aufnahme eines stillen Gesellschafters (atypische stille Gesellschaft),
- Erlass von Gesellschafterdarlehen oder sonstigen Gesellschaftsverbindlichkeiten.
- Vereinbarung eines Forderungsverzichts z.B. durch außergerichtlichen Vergleich,
- Vereinbarung eines qualifizierten Rangrücktritts.

b) Leistungswirtschaftliche Sanierung

Unter eine leistungswirtschaftliche Sanierung fallen Maßnahmen, die der Steigerung oder Wie- 11 derherstellung der Ertragskraft des Unternehmens dienen. Hierdurch allein kann kurzfristig eine einmal bestehende Zahlungsunfähigkeit der Gesellschaft nicht beseitigt werden.

---

6 BGH, GmbHR 1995, 298.

2. Sanierung im Rahmen des Insolvenzverfahrens

12 Eine Sanierung kann auch im Rahmen des Insolvenzverfahrens vor allem, durch einen Insolvenzplan erfolgen.[7] Die Instrumentarien der §§ 103 ff. InsO erleichtern eine leistungswirtschaftliche Sanierung erheblich, da sich ein Insolvenzverwalter von allem nachteiligen Verträgen vereinfacht lösen kann.

V. Insolvenzantragspflicht

13 Eine allgemeine Pflicht der Organe einer Gesellschaft, Antrag auf Eröffnung des Insolvenzverfahrens zu stellen, ist in § 15a InsO geregelt. Eine Insolvenzantragspflicht besteht nur für juristische Personen und für solche Gesellschaftsformen, bei denen kein persönlich haftender Gesellschafter eine natürliche Person ist. Sinn der Antragspflicht ist es, Gesellschaftsformen mit einem beschränkten Haftungsvermögen bei Insolvenzreife vom Geschäftsverkehr fern zu halten, damit nicht weitere Personen mit der Gesellschaft in Vertragsbeziehung treten und sie einen Schaden dadurch erleiden, dass sie zu Neugläubigern werden. Darüber hinaus soll eine rechtzeitige Stellung des Insolvenzantrages verhindern, dass das vorhandene Vermögen zum Nachteil der Altgläubiger geschmälert wird. Die Insolvenzantragspflicht besteht auch dann, wenn ein Insolvenzverfahren mangels Masse nicht eröffnet werden könnte. Ebenso lässt die Einstellung des Geschäftsbetriebes die Pflicht nicht entfallen.

14 Antragspflichtig ist der organschaftliche Vertreter der Gesellschaft, also der Geschäftsführer oder der Vorstand. Sind mehrere Geschäftsführer oder Vorstände bestellt, so gilt die Insolvenzantragspflicht für jeden einzelnen Geschäftsführer bzw. jedes einzelne Vorstandsmitglied und zwar unabhängig davon, ob Einzel- oder Gesamtvertretung besteht. Nach § 15a Abs. 3 InsO ist bei Führungslosigkeit einer juristischen Person der Gesellschafter (einer GmbH) bzw. ein Aufsichtsratsmitglied zur Insolvenzantragstellung verpflichtet.

15 Die Pflicht zur Stellung eines Insolvenzantrages entsteht mit dem Eintritt der Zahlungsunfähigkeit gemäß § 17 InsO oder der Überschuldung § 19 InsO. Eine positive Kenntnis des Eröffnungsgrundes ist dabei nicht erforderlich. Vielmehr sind die Vertretungsorgane einer Gesellschaft verpflichtet, die wirtschaftlichen Verhältnisse laufend zu beobachten und bei entsprechenden Anzeichen einer Krise einen Vermögensstatus aufzustellen. Im Ergebnis entsteht damit die Insolvenzantragspflicht dann, wenn sich für den Geschäftsführer Anhaltspunkte ergeben, dass die Gesellschaft überschuldet ist und ein pflichtgemäß handelnder Geschäftsführer diese Umstände erkannt hätte.[8]

16 Der Insolvenzantrag ist ohne schuldhaftes Zögern, spätestens aber drei Wochen nach Eintritt der Zahlungsunfähigkeit oder Überschuldung zu stellen, vgl. §§ 130a HGB, 92 Abs. 2 AktG, 64 Abs. 1 GmbHG. Die Frist beginnt zu laufen, sobald der Geschäftsführer den Insolvenzantragsgrund hätte erkennen müssen. Die Frist stellt dabei keine Antragsfrist im verfahrensrechtlichen Sinne dar. Vielmehr soll hierdurch eine Möglichkeit zu Sanierungsmaßnahmen eingeräumt werden.[9] Bei Überschreitung der Frist von drei Wochen liegt auf jeden Fall ein Pflichtverstoß des vertretungsberechtigten Organs vor. Im Einzelfall kann es daher erforderlich sein, dass der Insolvenzantrag bereits in einer kürzeren Frist gestellt wird, beispielsweise wenn durch eine Verzögerung des Antrags größere Schäden entstehen können.

17 Hat bereits ein Gläubiger einen Fremdantrag auf Eröffnung des Insolvenzverfahrens gestellt, entfällt hierdurch nicht die Pflicht des Vertretungsorgans, einen Eigenantrag zu stellen, solange der Fremdantrag nicht zu einer Eröffnung oder zur Abweisung des Antrags mangels

---

7 Vgl. ausführlich dazu § 45.
8 BGHZ 181, 191.
9 BGHZ 75, 96, 111.

Heerma

Masse geführt hat. Eine Antragsfrist entfällt lediglich dann, wenn es der Geschäftsleitung gelungen ist, die Insolvenzeröffnungsgründe, die Zahlungsunfähigkeit und die Überschuldung, also durch Zuführung neuer Mittel oder Senkung der Verbindlichkeiten zu beseitigen.

Sobald einer der Insolvenzgründe vorliegt, ist der Geschäftsführer bzw. der Vorstand ver- 18 pflichtet, das Gesellschaftsvermögen zu erhalten. Es ist ihm daher untersagt, aus dem Gesellschaftsvermögen Zahlungen zu leisten; ausgenommen hiervon sind Zahlungen, die mit der Sorgfalt eines ordentlichen und gewissenhaften Geschäftsleiters vereinbar sind, §§ 130a HGB, 64 S. 2 GmbHG, 93 Abs. 2 AktG. Die Insolvenzantragspflicht trifft nicht nur den wirksam bestellten Geschäftsführer, sondern auch den so genannten faktischen Geschäftsführer, u.U. auch den Gesellschafter oder Mitglieder des Aufsichtsrates, § 15a Abs. 3 InsO.

VI. Haftungsgefahren für Gesellschafter, Vertretungsorgane und Berater

Gerät eine Gesellschaft in eine Krise, haben Gesellschafter, Vertretungsorgane und Berater bei 19 der Abwägung ihres weiteren Vorgehens verschiedene Haftungsgefahren in ihre Überlegung mit einzubeziehen, die auch das persönliche Vermögen betreffen können. Die bestehenden Haftungsgefahren sind vielfältig. Dabei normiert die Insolvenzordnung selbst keine Haftungstatbestände. Diese ergeben sich vielmehr aus den gesetzlichen Vorschriften zu den einzelnen Gesellschaftsformen. Außerdem ergeben sich eigene Haftungstatbestände bei einzelnen Abgabearten, so bei Sozialversicherungsbeiträgen und nach der Abgabenordnung.

1. Haftungsgefahren, die sich nach den Vorschriften der jeweiligen Rechtsform der Gesellschaft ergeben

Je nach Rechtsform sind die Organe zur Stellung eines Insolvenzantrages verpflichtet. Wird die 20 vorgeschriebene Stellung eines Insolvenzantrages versäumt, ergeben sich daraus oft erhebliche Schadensersatzverpflichtungen, die insbesondere von geschäftsführenden Gesellschaftern einer GmbH häufig völlig übersehen werden.

a) Haftungstatbestände nach dem GmbHG

Bei der Gesellschaft mit beschränkter Haftung bestehen die größten Haftungsgefahren für den 21 Geschäftsführer. Diese Haftung beschränkt sich dabei nicht allein auf den im Handelsregister eingetragenen Geschäftsführer, sondern erstreckt sich gegebenenfalls auch auf Personen, die faktisch die Geschäftsführung übernehmen, ohne offizielles Organ der Gesellschaft zu sein. Die Gesellschafter können sich im Einzelfall Rückforderungsansprüchen ausgesetzt sehen.

aa) Verletzung der Insolvenzantragspflicht

Der Geschäftsführer einer GmbH ist gemäß § 15a Abs. 1 InsO zur Stellung eines Insolvenzantra- 22 ges bei Eintritt der Zahlungsunfähigkeit oder Überschuldung verpflichtet (siehe Rn 16). § 15a Abs. 1 InsO stellt ein Schutzgesetz im Sinne des § 823 Abs. 2 BGB dar.[10]

Damit macht sich der Geschäftsführer gegenüber den Gläubigern der Gesellschaft scha- 23 densersatzpflichtig, wenn er nicht rechtzeitig den Antrag auf Eröffnung des Insolvenzverfahrens stellt. Da es sich um eine deliktische Haftung handelt, muss dem Geschäftsführer der Vorwurf

---

10 BGH, NJW 1998, 2667 (noch zu der inhaltsgleichen Norm § 64 Abs. 1 GmbHG a.F.).

des Vorsatzes oder der Fahrlässigkeit gemacht werden können. Für den Vorwurf der Fahrlässigkeit reicht es aus, wenn er bei Anwendung der Sorgfalt eines ordentlichen Geschäftsmannes die Insolvenzreife hätte erkennen müssen.

24   Rechtsfolge der Haftung nach § 823 Abs. 2 BGB i.V.m. § 15a Abs. 1 InsO ist, dass der Geschäftsführer zum Ersatz der aus der Verletzung der Insolvenzantragspflicht entstandenen Schäden verpflichtet ist. Schadensersatzberechtigt sind grundsätzlich sämtliche Gläubiger der Schuldnerin. Der eingetretene Schaden kann dabei insbesondere in zwei Umständen begründet sein. Für einen Gläubiger, der bereits vor Eintritt der Insolvenzreife Forderungen gegen die Schuldnerin hatte, kann durch die verspätete Stellung des Insolvenzantrages eine Verschlechterung der Befriedigungsaussichten eingetreten sein. Bei Vertragspartnern der Schuldnerin, die erst nach Eintritt der Insolvenzreife in geschäftlichen Kontakt mit der Schuldnerin getreten sind, ist dagegen mutmaßlich zu unterstellen, dass sie die Geschäftsbeziehung bei Erkenntnis der wirtschaftlichen Lage nicht eingegangen wären. Für diese beiden Gläubigergruppen haben sich die Begriffe „Alt"- und „Neugläubiger" eingebürgert. Nach der Rechtsprechung des Bundesgerichtshofes ist bei der Aktivlegitimation und der Berechnung des Schadensersatzanspruches zwischen diesen beiden Gruppen zu differenzieren.[11]

(1) Altgläubiger

25 Altgläubiger sind diejenigen Gläubiger, die bereits vor Eintritt der Insolvenzreife Ansprüche gegen die Schuldnerin hatten. Ihr Schadensersatzanspruch richtet sich auf den so genannten Quotenschaden, also auf die Differenz der Insolvenzquote, die bei fristgerechter Stellung des Insolvenzantrages gezahlt worden wäre und derjenigen Quote, die nach verspäteter Antragsstellung zur Auszahlung kommt.

26   Um den genauen Schadensersatzanspruch zu berechnen, ist zunächst eine fiktive Quote zu ermitteln. Diese ergibt sich aus dem Verhältnis der im Zeitpunkt der Insolvenzreife den Gläubigern zur Verfügung stehenden freien Masse im Verhältnis zu der Summe der Forderungen der Altgläubiger bei Insolvenzreife. Multipliziert man die so ermittelte Quote mit der zu diesem Zeitpunkt bestehenden Insolvenzforderung des Gläubigers, erhält man den Betrag, den er bei einem rechtzeitig gestellten Insolvenzantrag erhalten hätte. Hiervon ist derjenige Betrag in Abzug zu bringen, den der Altgläubiger nunmehr aus der Insolvenzmasse erhält. Hierzu ist das Verhältnis der Forderung des Altgläubigers zu den gesamten Insolvenzforderungen zu ermitteln, seine Forderung also durch die Gesamtheit der Insolvenzforderung zu dividieren. Multipliziert man den so ermittelten Quotienten mit der zu verteilenden Insolvenzmasse erhält man den so genannten Masseanteil, den der Altgläubiger erhält. Die Differenz zwischen dem Masseanteil aufgrund der fiktiven Quote und dem tatsächlichen Masseanteil ergibt den entstandenen Quotenschaden.[12]

27   Die Berechnung einer solchen fiktiven Quote ist mit vielen Unwägbarkeiten verbunden. Insbesondere ist es im Einzelfall oft nicht möglich, den tatsächlichen Zeitpunkt des Eintritts der Insolvenzreife zu bestimmen. Weiterhin ist die Ermittlung der zu diesem Zeitpunkt zur Verfügung stehenden freien Masse und der Summe der Insolvenzforderungen schwierig. Die schlüssige Darlegung des Schadens, gegebenenfalls sogar der anspruchsbegründenden Tatbestandsvoraussetzungen, ist für den einzelnen Altgläubiger daher mit erheblichen Schwierigkeiten verbunden.

28   Ist über das Vermögen der Schuldnerin ein Insolvenzverfahren eröffnet worden, ist für die Altgläubiger die Regelung des § 92 S. 1 InsO zu berücksichtigen. Hiernach können während der

---

11 BGHZ 126, 182, 192 ff.
12 BGHZ 138, 211, 221.

Dauer eines Insolvenzverfahrens Schadensersatzansprüche, die die Insolvenzgläubiger gemeinschaftlich durch die Verminderung des zur Insolvenzmasse gehörenden Vermögens vor oder nach der Eröffnung des Insolvenzverfahrens erlitten haben, nur vom Insolvenzverwalter geltend gemacht werden. Damit sind die Altgläubiger durch die Eröffnung des Insolvenzverfahrens gehindert ihre Ansprüche unmittelbar gegen den Geschäftsführer geltend zu machen. Vielmehr wird der Schaden, den die Gesamtheit der Altgläubiger erlitten hat, durch den Insolvenzverwalter geltend gemacht und zur Masse gezogen.

(2) Neugläubiger

Zweck der Insolvenzantragspflicht gemäß § 15a Abs. 1 InsO ist nicht allein die Erhaltung der **29** dem Altgläubiger zustehenden Masse, sondern auch, eine insolvente Gesellschaft vom weiteren Geschäftsverkehr fernzuhalten und dadurch potentielle Gläubiger vor Schaden zu bewahren.[13] Neugläubiger hätten mutmaßlich mit einer insolvenzreifen Gesellschaft keine Geschäftsbeziehung aufgenommen. Sie sind daher so zu stellen als hätten sie mit der insolventen Gesellschaft kein Geschäft abgeschlossen. Der Schadensersatzanspruch der Neugläubiger richtet sich damit auf Ersatz des Vertrauensschadens, soweit dieser nicht durch die Insolvenzquote gedeckt ist.

Bei dem beschriebenen Schadensersatzanspruch handelt es sich nicht um einen Scha- **30** den der Gläubigergesamtheit im Sinne des § 92 S. 1 InsO. Der Insolvenzverwalter ist zur Geltendmachung nicht berechtigt. Die Neugläubiger können daher ihre Schadensersatzansprüche auch während eines laufenden Insolvenzverfahrens gegen den Geschäftsführer geltend machen.

bb) Haftung für Masseschmälerung (§ 64 S. 1 GmbHG)

Gemäß § 64 S. 1 GmbHG ist der Geschäftsführer der Gesellschaft zum Ersatz von Zahlungen ver- **31** pflichtet, die nach Eintritt der Zahlungsunfähigkeit der Gesellschaft oder nach Feststellung ihrer Überschuldung geleistet werden. Zweck der Vorschrift ist es, Massekürzungen nach Eintritt der Insolvenzreife zu verhindern und das Gesellschaftsvermögen entsprechend aufzufüllen, um eine gleichmäßige Befriedigung der Gläubiger zu ermöglichen. Damit ergänzt es die Regelung der Insolvenzanfechtung nach §§ 129 ff. InsO.

(1) Tatbestandsmäßige Voraussetzungen

§ 64 S. 1 GmbHG setzt voraus, dass der Geschäftsführer nach Eintritt der Zahlungsunfähigkeit **32** oder nach Feststellung der Überschuldung Zahlungen geleistet hat. Hinsichtlich der Feststellung der Überschuldung ist der Tatbestand der Norm zu eng gefasst. Ausreichend ist bereits die Erkennbarkeit der Überschuldung. Weiterhin müssen nach Eintritt der Insolvenzreife Zahlungen aus dem Gesellschaftsvermögen erfolgt sein. Der Begriff der „Zahlung" ist dabei untechnisch gemeint und daher weit auszulegen:[14] Er umfasst sämtliche durch Lieferung und in sonstiger Weise erbrachten Leistungen sowie Geldzahlungen. § 64 S. 1 GmbHG statuiert einen Schadensersatzanspruch deliktischer Natur. Anspruchsvoraussetzung ist daher ein Verschulden des Geschäftsführers, wobei Fahrlässigkeit ausreichend ist.[15]

---

13 BGHZ 126, 181.
14 Vgl. BGH, NJW 2009, 1598 m.w.N.
15 *Lutter/Hommelhoff*, § 64 Rn 14.

Heerma

(2) Umfang des Ersatzanspruchs

33 Bei Vorliegen der tatbestandlichen Voraussetzungen ist der Geschäftsführer verpflichtet, den objektiven Wert der Masse schmälernden Leistungen ungekürzt zu erstatten.[16]

34 Hiervon ausgenommen sind gemäß § 64 S. 2 GmbHG Zahlungen, die auch nach Eintritt der Insolvenzreife mit der Sorgfalt eines ordentlichen Geschäftsmannes vereinbar sind. Zur Bestimmung, wann dies der Fall ist, ist nicht auf die allgemeinen Verhaltenspflichten eines Geschäftsführers, sondern auf den Zweck der Norm abzustellen, Massekürzungen der insolvenzreifen Gesellschaft und eine bevorzugte Befriedigung einzelner Gläubiger zu verhindern. Demnach entspricht es der Sorgfalt eines ordentlichen Geschäftsmannes, Zahlungen zu leisten, wenn hierfür gleichzeitig eine vollwertige Gegenleistung in das Gesellschaftsvermögens fließt. Ebenso sind Zahlungen erfasst, die geleistet werden, um den schuldnerischen Betrieb für die Zwecke des Insolvenzverfahrens oder im Interesse einer Sanierung aufrecht zu erhalten. Dazu gehören insbesondere Zahlungen von Löhnen, Sozialabgaben und Mieten.

35 Bei dem Ersatzanspruch nach § 64 S. 1 GmbHG ist zu berücksichtigen, dass dieser nicht zu einer Bereicherung der Masse führen soll. Bei Rückführung der geleisteten Zahlungen durch den Geschäftsführer wäre die Insolvenzmasse auf der Aktivseite wieder hergestellt, auf der Passivseite aber insofern bereichert, als dass die Gläubiger nach wie vor befriedigt sind und daher keine Insolvenzforderungen geltend machen können. Daher steht dem Geschäftsführer in entsprechender Anwendung des § 255 BGB ein Gegenanspruch gegen den Insolvenzverwalter in der Höhe zu, in der die begünstigten Gläubiger eine Quotenzahlung erhalten hätten.

36 Weiterhin ist zu berücksichtigen, dass der Anspruch nach § 64 S. 1 GmbHG häufig neben Anfechtungsansprüche nach §§ 129 ff. InsO gegen die durch die Zahlung begünstigten Gläubiger tritt. Der Insolvenzverwalter hat hier die Wahl, entweder gegen den Geschäftsführer oder aber gegen die Zahlungsempfänger vorzugehen.[17]

(3) Geltendmachung des Anspruchs

37 Der Anspruch gemäß § 64 S. 1 GmbHG steht nach dem gesetzlichen Wortlaut der Gesellschaft zu. Bei Eröffnung des Insolvenzverfahrens kann er nur durch den Insolvenzverwalter geltend gemacht werden. Ist kein Insolvenzverfahren anhängig oder wird ein solches – trotz entsprechenden Antrag – nicht eröffnet steht der Anspruch der Gesellschaft zu, kann aber durch Gläubiger gepfändet und geltend gemacht werden.[18]

cc) Haftung für Verursachung der Zahlungsunfähigkeit

38 Der neugefasste § 64 S. 3 GmbHG sieht eine Haftung des Geschäftsführers für jene Zahlungen an Gesellschafter vor, soweit diese zur Zahlungsunfähigkeit der Gesellschaft führen. Auch insoweit kann sich der Geschäftsführer durch Beachtung der in § 63 S. 2 GmbHG genannten Sorgfalt, nämlich der eines ordentlichen Geschäftsmannes, entlasten. Hierdurch soll verhindert werden, dass Vermögenswerte, die die Gesellschaft zur Erfüllung ihrer Verbindlichkeiten gegenüber außenstehenden Dritten benötigt, an die Gesellschafter abgezogen werden. Die Ersatzpflicht knüpft nicht an einen Schaden, sondern an die Zahlung an. Allerdings wird eine Kausalität der Handlung für den Eintritt der Zahlungsunfähigkeit vorausgesetzt. Diese ist nicht gegeben, wenn entsprechend eines Bargeschäftes nach § 142 InsO der Gesellschaft eine gleichwertige Gegenleistung des Gesellschafters zugeführt wird.

---

16 BGH, GmbHR 2001, 190, 194.
17 Uhlenbruck/*Hirte*, § 129 Rn 27 f.
18 BGH, ZIP 2000, 1896.

dd) Haftung des GmbH-Geschäftsführers nach § 43 GmbHG

§ 43 Abs. 1 GmbHG bestimmt, dass der Geschäftsführer einer GmbH in den Angelegenheiten der **39** Gesellschaft die Sorgfalt eines ordentlichen Geschäftsmannes anzuwenden hat. Verletzt er schuldhaft seine Pflichten, ist er der Gesellschaft gegenüber gem. § 43 Abs. 2 GmbHG schadensersatzpflichtig.

Die Geltendmachung derartiger Schadensersatzansprüche hat außerhalb des Insolvenzver- **40** fahrens gemäß § 46 Nr. 8 GmbHG durch Gesellschafterbeschluss zu erfolgen. Im Rahmen des eröffneten Insolvenzverfahrens bedarf es keines solchen Beschlusses, vielmehr kann der Insolvenzverwalter die begründeten Schadensersatzansprüche gemäß § 92 InsO geltend machen. Als besonderen Fall der Ersatzpflicht sieht das Gesetz in § 43 Abs. 3 GmbHG vor, wenn entgegen § 30 GmbHG Zahlungen an Gesellschafter aus dem zur Erhaltung des Stammkapitals erforderlichen Vermögen der Gesellschaft erfolgen sowie der eigene Geschäftsanteil der Gesellschaft erworben worden ist.

b) Aktiengesellschaft

Der Vorstand einer Aktiengesellschaft ist ebenso wie der Geschäftsführer einer GmbH verpflich- **41** tet, bei Eintritt der Zahlungsunfähigkeit oder Überschuldung der Gesellschaft ohne schuldhaftes Zögern, spätestens aber drei Wochen nach Eintritt der Zahlungsunfähigkeit oder Überschuldung Antrag auf Eröffnung des Insolvenzverfahrens zu stellen, § 15a Abs. 1 InsO. Ebenso wie § 64 Abs. 2 S. 1 GmbHG verbietet § 92 Abs. 2 AktG, nach Eintritt der Zahlungsunfähigkeit oder Überschuldung Zahlungen zu leisten, es sei denn, diese sind mit der Sorgfalt eines ordentlichen und gewissenhaften Geschäftsleiters vereinbar.

Die Pflicht zum Ersatz der geleisteten Zahlungen ist in § 93 Abs. 3 Nr. 6 AktG normiert. Im **42** Übrigen gilt das zu § 64 S. 1 GmbHG Gesagte.

Eine deliktische Haftung ergibt sich überdies aus § 823 Abs. 2 BGB in Verbindung mit § 92 **43** Abs. 2 AktG. Auch hierzu gelten die Ausführungen zum GmbH-Recht entsprechend.

c) GmbH & Co. oHG bzw. GmbH & Co. KG

Bei einer oHG, bei der kein Gesellschafter eine natürliche Person ist bzw. bei einer KG, bei der **44** der Komplementär keine natürliche Person ist, besteht ebenfalls die Pflicht, rechtzeitig Insolvenzantrag zu stellen, § 15a Abs. 1, Abs. 2 InsO. Auch hier ist die Leistung von Zahlungen, die nicht mit der Sorgfalt eines ordentlichen und gewissenhaften Geschäftsleiters vereinbar ist, untersagt, § 130a Abs. 2 HGB. Wird gegen diese Handlungspflicht verstoßen, ist der organschaftliche Vertreter, der zur Vertretung der Gesellschaft ermächtigt wurde, zum Ersatz verpflichtet, § 130a Abs. 2 HGB. Bezüglich der Voraussetzung der Haftung kann auf die Ausführungen zur GmbH verwiesen werden.

d) Haftung Dritter

Weitere Haftungsansprüche können auch gegenüber Personen bestehen, die keine organschaft- **45** liche Stellung in der Gesellschaft einnehmen.

Wer die Geschäfte einer GmbH oder Aktiengesellschaft tatsächlich wie ein Geschäftsführer **46** oder Mitgeschäftsführer führt, ist ebenso wie dieser zur Stellung eines Insolvenzantrages verpflichtet. Verletzt er diese Pflicht, macht er sich ebenso schadensersatzpflichtig. Erforderlich ist dabei nicht, dass dieser so genannte faktische Geschäftsführer den gesetzlichen Geschäftsführer verdrängt. Es reicht aus, dass in maßgeblichem Umfang Geschäftsführungspositionen übernommen werden.[19] Grund der Haftung ist, dass derjenige, der wie ein Geschäftsführer handelt, auch entsprechende Verantwortung tragen und ebenso haften muss, wenn nicht der Schutzzweck des Gesetzes gefährdet werden soll.

2. Haftungsgefahren bei Personengesellschaften

47 Bei Gesellschaftsformen, bei denen Gesellschafter für Verbindlichkeiten persönlich haften, also der Gesellschaft bürgerlichen Rechts, der oHG, der KG, der KG aA, Partnerschaftsgesellschaften und europäischen wirtschaftlichen Interessenvereinigungen, haften die persönlich haftenden Gesellschafter für die Verbindlichkeiten der Gesellschaft gegenüber den Gläubigern persönlich. Entsprechend entfällt eine Insolvenzantragspflicht, soweit ein persönlich haftender Gesellschafter eine natürliche Person ist.

48   Wird eine solche Gesellschaft zahlungsunfähig, kann grundsätzlich jeder Gläubiger auf den persönlich haftenden Gesellschafter zugreifen. Eine Ausnahme besteht jedoch, wenn das Insolvenzverfahren eröffnet wird. In diesem Fall kann die persönliche Haftung des Gesellschafters für Verbindlichkeiten der Gesellschaft gemäß § 93 InsO nur vom Insolvenzverwalter geltend gemacht werden. Im Ergebnis bedeutet dies, dass der Insolvenzverwalter sämtliche Insolvenzforderungen der Schuldnerin gegenüber dem persönlich haftenden Gesellschafter geltend macht.

3. Sonstige allgemeine Haftungsrisiken
a) Haftung nach der Abgabenordnung

49 Gemäß § 34 Abs. 1 AO haben die gesetzlichen Vertreter natürlicher und juristischer Person deren steuerliche Pflichten zu erfüllen. Sie haben insbesondere dafür zu sorgen, dass die Steuern aus den Mitteln entrichtet werden, die sie verwalten. Zu diesem Personenkreis gehören u. a. auch der Geschäftsführer einer GmbH oder der Vorstand einer Aktiengesellschaft. Eine Haftung gemäß §§ 69 i.V.m. 34 AO tritt ein, wenn schuldhaft Körperschafts-, Lohn- oder Umsatzsteuerschulden nicht oder zu spät getilgt und dadurch Steueransprüche verkürzt werden. Die Haftung nach § 69 AO setzt eine schuldhafte Pflichtverletzung voraus. Der Schadensersatzanspruch richtet sich auf den durch die Pflichtverletzung verursachten Steuerausfall; es ist also die Differenz geltend zu machen zwischen dem Ausfall bei der Pflichtverletzung und einer Steuerzahlung, die bei pflichtgemäßem Verhalten hätte erfolgen können. Weiterhin ist eine Haftung beim Unterlassen der Steuererklärungspflicht möglich. In diesem Fall muss das Finanzamt jedoch den ursächlichen Zusammenhang aus Verletzung der Steuererklärungspflicht und Steuerausfall herstellen.

50   Die Pflichtenkollision aus § 266a StGB und § 64 S. 1 InsO hat die Rechtsprechung des BGH und der BFH dahingehend aufgelöst, dass die Zahlung von Arbeitnehmeranteilen (fällige und rückständige) zur Sozialversicherung sowie der Lohn- und Umsatzsteuer nicht zur Haftung nach § 64 S. 1 InsO führt.[20]

b) Haftung gegenüber Sozialversicherungsträgern

51 Nach § 266a Abs. 1 StGB ist die Nichtabführung von Arbeit**nehmer**anteilen zur Sozialversicherung unter Strafe gestellt. Dabei ist nur die Nichtzahlung der Arbeitnehmeranteile mit Strafe bedroht. § 266a StGB ist ein Schutzgesetz im Sinne des § 823 Abs. 2 BGB. Führt der Geschäftsführer einer GmbH daher Sozialversicherungsbeiträge nicht ab, obwohl er leistungsfähig war, macht er sich persönlich schadensersatzpflichtig.

---

19 BGHZ 104, 44.
20 Vgl. BFH, ZIP 2007, 1604; BGH, NZI 2011, 196.

Heerma

Anders verhält es sich hinsichtlich der Arbeit**geber**anteile zur Sozialversicherung: Führt die 52
Gesellschaft diese Beiträge ab, obwohl bereits Insolvenzreife vorliegt, ist der Geschäftsführer
gemäß § 64 S. 1 und S. 2 GmbHG der Gesellschaft zur Erstattung dieser Zahlungen verpflichtet,
da die Zahlung der Arbeitgeberbeiträge zur Sozialversicherung nach Insolvenzreife im Gegensatz zur Zahlung der Arbeitnehmerbeiträge mit der Sorgfalt eines ordentlichen Geschäftsmanns
nicht zu vereinbaren ist.[21] Denn § 266a Abs. 1 StGB stellt nur das Vorenthalten der Arbeitnehmerbeiträge zur Sozialversicherung, nicht auch der Arbeitgeberbeiträge unter Strafe. Daher sind
Zahlungen der Arbeitnehmerbeiträge zur Sozialversicherung mit der Sorgfalt eines ordentlichen
Geschäftsmanns in Einklang zu bringen, da dem Geschäftsführer schlechterdings nicht zugemutet werden kann, fällige Leistungen an die Sozialkasse nicht zu erbringen, wenn er dadurch Gefahr liefe, strafrechtlich verfolgt zu werden.[22]

c) Strafrechtliche Haftung (§ 823 Abs. 2 BGB i.V.m. StGB)

Die zunehmend effektiver verfolgte strafrechtliche Verantwortung der Handelnden[23] führt über 53
§ 823 Abs. 2 BGB auch zu zivilrechtlichen Haftungsrisiken.

---

21 BGH, NZI 2009, 568.
22 BGH, NZI 2011, 196, 197.
23 Vgl. ausführlich § 50.

Dr. Ralf Leiner

§ 44 Gesellschafterfinanzierung

Literatur: *Altmeppen,* Das neue Recht der Gesellschafterdarlehen in der Praxis, NJW 2008, 3601; *Altmeppen,* Wie lange noch gilt das alte Kapitalersatzrecht?, ZIP 2011, 641; *Bayer/Graff,* Das neue Eigenkapitalersatzrecht nach dem MoMiG, DStR 2006, 1654; *Bitter,* Die Nutzungsüberlassung in der Insolvenz nach dem MoMiG (§ 135 Abs. 3 InsO), ZIP 2010, 1; *Blöse,* Anmerkung zu BGH vom 26.01.2009 – II ZR 260/07 –, GmbHR 2009, 430; *Bork,* Abschaffung des Eigenkapitalrechts zugunsten des Insolvenzrechts, ZGR 2007, 250; *Burg/Blasche,* „Eigenkapitalersetzende" Nutzungsüberlassung nach dem MoMiG, GmbHR 2008, 1255; *Dahl/Schmitz,* Eigenkapitalersatz nach dem MoMiG aus insolvenzrechtlicher Sicht, NZG 2009, 325; *Felke,* Kommentar zu OLG Köln vom 11.12.2008 – 18 U 138/07 –, GmbHR 2009, 260; *Freitag,* Finanzverfassung und Finanzierung von GmbH und AG nach dem Regierungsentwurf des MoMiG, WM 2007, 1681; *Funk,* Der Rangrücktritt bei Gesellschafterdarlehen nach MoMiG im Steuerrecht, BB 2009, 867; *Gehrlein,* Die Behandlung von Gesellschafterdarlehen durch das MoMiG, BB 2008, 846; *Goette,* Einige Aspekte des Eigenkapitalrechts aus richterlicher Sicht, ZHR 162 (1998), 233; *Greulich/Rau,* Zur partiellen Insolvenzverursacherhaftung des GmbH-Geschäftsführers und § 64 S. 3 GmbHG-RegE, NZG 2008, 284; *Gruschinske,* Beendigung kapitalersetzender Nutzungsverhältnisse vor Insolvenzeröffnung, GmbHR 2010, 179; *Gunßer,* Finanzierungsbindungen in der GmbH nach Abschaffung des Eigenkapitalersatzrechts, GmbHR 2010, 1250; *Haas,* Die Passivierung von Gesellschafterdarlehen in der Überschuldungsbilanz nach MoMiG und FMStG, DStR 2009, 326; *Haas,* Eigenkapitalersatzrecht und Übergangsrecht, DStR 2009, 976; *Haas,* Das neue Kapitalersatzrecht nach dem RegE-MoMiG, ZInsO 2007, 617; *Habersack,* Die Erstreckung des Rechts der Gesellschafterdarlehen auf Dritte, ZIP 2008, 2385; *Habersack;* Gesellschafterdarlehen und MoMiG: Anwendungsbereich, Tatbestand und Rechtsfolgen der Neuregelung, ZIP 2007, 2145; *Habersack,* Grundfragen der freiwilligen oder erzwungenen Subordination von Gesellschafterrechten, ZGR 2000, 384; *Heckschen,* Die GmbH-Reform – Wege und Irrwege –, DStR 2007, 1442; *Heinze,* Die (Eigenkapital ersetzende) Nutzungsüberlassung in der GmbH-Insolvenz und dem MoMiG, ZIP 2008, 110; *Hirte,* Die „Große GmbH-Reform" – Ein Überblick über das Gesetz zur Modernisierung des GmbH-Rechts und zur Bekämpfung von Missbräuchen (MoMiG), NZG 2008, 761; *Hirte,* Neuregelungen mit Bezug zum gesellschaftsrechtlichen Gläubigerschutz und Insolvenzrecht durch das Gesetz zur Modernisierung des GmbH-Rechts und zur Bekämpfung von Missbräuchen (MoMiG), ZInsO 2008, 689; *Hirte,* Die Neuregelung des Rechts der (früher kapitalersetzenden) Gesellschafterdarlehen durch das Gesetz zur Modernisierung des GmbH-Rechts und zur Bekämpfung von Missbräuchen (MoMiG), WM 2008, 1429; *Hirte/Knof/Mock,* Ein Abschied auf Raten? Zum zeitlichen Anwendungsbereich des alten und neuen Rechts der Gesellschafterdarlehen, NZG 2009, 48; *Holzer,* Nutzungsüberlassung im Insolvenzverfahren, ZVI 2008, 369; *Holzer,* Insolvenzrechtliche Überleitungsvorschriften des MoMiG in der Praxis, ZIP 2009, 206; *Hölzle,* Gesellschafterfremdfinanzierung und Kapitalerhaltung im Regierungsentwurf des MoMiG, GmbHR 2007, 729; *Hölzle,* Gibt es noch eine Finanzierungsfolgenverantwortung im MoMiG, ZIP 2009, 1939; *Hölzle,* Bindung von Gesellschafterhilfe in der Krise der GmbH durch Richterrecht? – zur Vermeidung von Schutzlücken im MoMiG, ZIP 2011 650; *Hörndler/Hoisl,* Auswirkungen des MoMiG auf das Mietrecht, NZM 2009, 377; *Huber/Habersack,* GmbH-Reform: Zwölf Thesen zu einer möglichen Reform des Rechts der kapitalersetzenden Gesellschafterdarlehen, BB 2006, 1; *Kahlert/Gehrke,* Der Rangrücktritt nach MoMiG im GmbH-Recht: Insolvenz- und steuerliche Aspekte, DStR 2010, 227; *Knof,* Modernisierung des GmbH-Rechts an der Schnittstelle zum Insolvenzrecht – Zukunft des Eigenkapitalrechts, ZInsO 2007, 125; *Lips/Randel/Werwigk,* Das neue GmbH-Recht – Ein Überblick, DStR 2008, 2220; *Lorenz,* Die Auswirkungen des MoMiG auf vor dem 1.11.2008 entstandene Ansprüche nach §§ 30, 31 GmbHG analog, GmbHR 2009, 135; *Manz/Lammel,* Stille Beteiligungen an Kapitalgesellschaften und Rang in der Insolvenz nach Inkrafttreten des MoMiG, GmbHR 2009, 1121; *Marotzke,* Gesellschaftsinterne Nutzungsverhältnisse und Abschaffung des Eigenkapitalrechts, ZInsO 2008, 1281; *Meyer,* Die Verantwortlichkeit für Gläubigerinteressen, BB 2008, 1742; *Mylich,* Probleme und Wertungswidersprüche beim Verständnis von § 135 Abs. 1 Abt. 2 Nr. 2 InsO n.F., ZGR 2009, 474; *Nassall,* Kapitalersatz bei der GmbH – Abschied für immer oder Wiederkehr in anderer Gestalt? NJW 2010, 2305; *Niesert/Hohler,* Die Haftung des Geschäftsführers für die Rückzahlung von Gesellschaftsdarlehen und ähnliche Leistungen, NZI 2009, 345; *Orlikowski-Wolf;* Auswirkungen der Abschaffung des Eigenkapitalersatzrechts, Übergangsregelungen und Abgrenzung zu Finanzplankrediten, zugleich eine Besprechung der Urteile des BGH vom 26.1.2009, des OLG Köln vom 11.12.2008 und des OLG Thüringen vom 18.3.2009, GmbHR 2009, 902; *Römermann,* Zur Anwendung des abgeschafften Eigenkapitalersatzrechts auf Altfälle, NZG 2009, 425; *Roth,* Reform des Kapitalersatzrechts durch das MoMiG, GmbHR 2008, 1184; *Rühle,* Die Nutzungsüberlassung durch Gesellschafter, ZIP 2009, 1358; *Schall,* Die Zurechnung von Dritten im neuen Recht der Gesellschafterdarlehen, ZIP 2010, 205; *Schlösser/Klüber;* Auseinanderfallen von Gesellschafter- und Gläubigerstellung bei Gesellschafterdarlehen nach dem MoMiG, BB 2009, 1594; *K. Schmidt*, Normzwecke und Zurechnungsfragen im Recht der Gesellschafter-Fremdfinanzierung, GmbH 2009, 1009; *K. Schmidt*, Nutzungsüberlassung nach der GmbH-Reform, BB 2008, 1727; *Scholz*, Kommentar zum GmbH-Gesetz, I. Band, 10. Aufl., 2006; *Scholz*, Kommentar zum GmbH-Gesetz, III. Band, 10. Aufl., 2010; *Spliedt*, MoMiG in der Insolvenz – ein Sanierungsversuch, ZIP 2009, 149; *Tettinger*, Gesellschafterdarlehen in der Insolvenz – maßgeblicher Beteiligungszeitpunkt für das Kleinbeteiligtenprivileg, NZI 2010, 248; *Uhlenbruck*, Insolvenzordnung, Kommentar 13. Aufl. 2010; *Ulmer*, Umstrittene Fragen im Recht der Gesellschafterdarlehen (§ 32 a GmbHG), ZIP 1984, 1163; *Wälzholz*, Die insolvenzrechtliche Behandlung haftungsbeschränkter Gesellschaften nach der Reform durch das MoMiG, DStR 2007, 1914; *Wälzholz*, Das MoMiG kommt: Ein Überblick über die neuen Regelungen, GmbHR 2008, 841; *Wedemann*, Die Übergangsbestimmungen des MoMiG – Was müssen bestehende GmbHs beachten?, GmbHR 2008, 1131; *Wittig*, Rangrücktritt – Antworten und offene Fragen nach dem Urteil des BGH vom 8.1.2001 in NZI 2001, 169.

I. Einleitung

Mit dem am 1.11.2008 in Kraft getretenen **Gesetz zur Modernisierung des GmbH-Rechts und zur Bekämpfung von Missbräuchen (MoMiG)** ist das Recht der Gesellschafterdarlehen und der ihnen gleichgestellten Leistungen vollständig neu konzipiert worden. Die Ausführungen zu diesem Thema in der Vorauflage, die noch den Titel „Die Eigenkapitalersatzregeln" trugen, sind überholt. Da es seit der Gesetzesänderung kein Kapitalersatzrecht als solches mehr gibt, trägt das Kapitel auch eine neue Überschrift. **1**

Mit der Reform des Rechts der Gesellschafterdarlehen und der ihnen wirtschaftlich entsprechenden Vorgänge verfolgte der Gesetzgeber das Ziel, die zum Teil verwirrende Doppelspurigkeit bei der Anwendung der **Rechtsprechungs- und Novellenregeln** zu beseitigen. Im Bereich **2** der Kapitalerhaltung sollte für mehr Rechtssicherheit und eine umkomplizierte Handhabung gesorgt werden, verbunden mit dem Ziel, das Recht der GmbH für die mittelständische Zielgruppe verständlicher zu machen.[1]

3   Die mangelnde Durchschaubarkeit des bisherigen Eigenkapitalersatzrechts hatte seine Ursache im Wesentlichen darin, dass der gesetzgeberische Versuch, das Kapitalersatzrecht durch die §§ 32a, 32b GmbHG a.F. (sog. Novellenregeln) abschließend zu reglementieren, letztlich misslungen war und zur Vermeidung von Fehlentwicklungen das aus den §§ 30, 31 GmbHG a.F. richterlich herausgebildete Kapitalersatzrecht (sog. Rechtsprechungsregeln) parallel weiter Anwendung fand. Hieraus entstand eine komplexe und kaum noch zu überschauende Rechtsprechung, die nur noch für wenige Spezialisten auf diesem Gebiet verständlich war.

4   Als Reaktion hierauf hat der Gesetzgeber mit dem MoMiG das Eigenkapitalersatzrecht in seiner bisherigen Form abgeschafft und die Materie in das **Insolvenz- und Anfechtungsrecht** verlagert. Gesetzestechnisch umgesetzt wurde dies durch die Aufhebung der §§ 32a, 32b GmbH, §§ 129a, 172a HGB und der Modifizierung der §§ 39 Abs. 1 Nr. 5, 135 InsO, bei denen der mit den §§ 32a, 32b GmbHG a.F. übereinstimmende Begriff des „kapitalersetzenden Darlehens" gestrichen wurde. In gleicher Weise geändert wurden die anfechtungsrechtlichen Regelungen zum Gesellschafterdarlehen in den §§ 6, 6a AnfG.

5   Um deutlich zu machen, dass die – von vielen als zu weitreichend empfundenen – Rechtsprechungsregeln zu den eigenkapitalersetzenden Darlehen keinen Bestand mehr haben sollen, wurde § 30 Abs. 1 GmbHG um einen neuen Satz 3 ergänzt, demzufolge das **Auszahlungsverbot** des § 30 Abs. 1 S. 1 GmbHG keine Anwendung findet auf die Rückgewähr eines Gesellschafterdarlehen und auf Leistungen auf Forderungen aus Rechtshandlungen, die einem Gesellschafterdarlehen wirtschaftlich entsprechen.

II. Behandlung von Gesellschafterdarlehen bis zum Inkrafttreten des MoMiG

6   Bis zum Inkrafttreten des MoMiG basierte das Recht der Gesellschafterdarlehen und ihnen gleichgestellter Leistungen nach ständiger Rechtsprechung[2] auf folgenden Grundgedanken:

7   Im Recht der GmbH trägt der Gesellschafter die **Finanzierungsfolgenverantwortung** und hat in einem Krisenfall zu entscheiden, ob das Unternehmen liquidiert oder der Gesellschaft neues Eigenkapital zugeführt wird. Ergreift der Gesellschafter keine der beiden Alternativen, sondern gewährt der GmbH lediglich ein Darlehen, hat er für diese Entscheidung einzustehen, da gegenüber dem Rechtsverkehr der Anschein einer hinreichenden Finanzierung des Unternehmens erweckt wird.[3]

8   Die Finanzierungsfolgenverantwortung zog mehrere **Konsequenzen** nach sich:

9   Gerät die GmbH in eine Krise, war es dem Gesellschafter, der das Unternehmen nicht mit dem gebotenen Eigenkapital ausgestattet, sondern lediglich einen Kredit gewährt hat, untersagt, den Rückgewähranspruch während der Dauer der Krise geltend zu machen.[4] Die Gesetzlage gab ein solches Auszahlungsverbot zwar eigentlich nicht her. Der BGH in ständiger Rechtsprechung behandelte die Darlehen indessen, sofern Sie eigenkapitalersetzenden Charakter hatten, wie echtes, nominelles Stammkapital und unterwarf die Kredite den allgemeinen **Kapitalerhaltungsvorschriften** der §§ 30, 31 GmbHG a.F. Als eigenkapitalersetzend wurden dabei insbeson-

---

1 Begr. RegE, S. 58 u. S. 95; Begr. RefE, S. 35 u. S. 56.
2 BGHZ 90, 370,380 = ZIP 1984, 698, 700 f.; BGHZ 127, 17, 29 = ZIP 1994, 1441, 1445; BGHZ 140, 147, 150 = ZIP 1999, 65,66 f.; grundlegend auch: *K. Schmidt*, in: Scholz, GmbHG, 10. Aufl. 2006, §§ 32a/b Rn 77 ff.; *Habersack*, in: Ulmer/Habersack/Winter, GmbHG, 2006, §§ 32a/b Rn 23 ff.
3 *Goette*, ZHR 162 1998, 223 ff.; *K. Schmidt*, GmbHR 2005, 797, 805 f.; *Ulmer*, ZIP 1984, 1163.
4 BGHZ 90, 381 = BB 1984, 1067.

Leiner

dere Darlehen angesehen, die in der Krise gewährt wurden oder deren Gewährung zwar vor der Krise erfolgte, der Kredit aber in Krisenzeiten stehengelassen wurde.

Maßgebliches Kriterium für die Beurteilung der Frage, ob dem Unternehmen Eigenkapital 10 hätte zugeführt werden müssen, war das Finanzierungsverhalten ordentlicher Kaufleute. Das Unternehmen musste mit Eigenkapital ausgestattet werden, wenn es bei objektiver Gesamtbetrachtung kreditunwürdig war, den konkreten Kredit unter denselben Verhältnissen und unter denselben Bedingungen von einem fremden Dritten, der sich nicht an der Gesellschaft beteiligen will, nicht erhalten hätte.

Sofern das eigenkapitalersetzende Darlehen zur **Erhaltung des Stammkapitals** notwendig 11 war, fanden im Stadium der Unterbilanz die Grundsätze der Eigenkapitalerhaltung analoge Anwendung. Die Tilgung des Darlehens war unzulässig und ein Verstoß gegen das Auszahlungsverbot hatte die Rückzahlungspflicht des § 31 Abs.1 GmbHG a.F. zur Folge. Bedeutsam hierbei war, dass der Zahlungsanspruch der GmbH erst nach Ablauf von 10 Jahren verjährte.[5]

Die **Rückzahlungssperre** erstreckte sich über § 32a Abs. 2 GmbHG a.F. auch auf Darlehen 12 gesellschafterbesicherter Dritter.

Die analoge Anwendung der Grundsätze über die Eigenkapitalerhaltung hatte ferner zur 13 Folge, dass die Mitgesellschafter gem. § 31 Abs. 3 GmbHG a.F. einer Ausfallhaftung unterlagen, wenn der Anspruch gegen den darlehensgewährenden Gesellschafter nicht realisiert werden konnte.

Nach Eröffnung eines Insolvenzverfahrens wurde der Gesellschafter, der ein eigenkapitaler- 14 setzendes Darlehen gewährt oder eine gleichgestellte Leistung erbracht und vor der Insolvenz nicht abgezogen hatte, gem. § 39 Abs. 1 Nr. 5 InsO a.F. als nachrangiger Insolvenzgläubiger behandelt. Bei einer Rückzahlung des Darlehens binnen Jahresfrist vor dem Antrag auf Eröffnung des Insolvenzverfahrens bestand für den Insolvenzverwalter eine Anfechtungsmöglichkeit gem. § 135 Nr. 2 InsO a.F.

III. Rechtslage seit Inkrafttreten des MoMiG

Gesetzestechnisch hat das MoMiG die bisherigen Regelungen zu den Gesellschafterdarlehen aus 15 dem GmbHG entfernt und diese **rechtsformneutral** in das Insolvenz- und Anfechtungsrecht eingestellt.

Inhaltlich liegt der Schwerpunkt der Neukonzeption darin, dass das Eigenkapitalersatzrecht 16 in seiner bisherigen Form abgeschafft wird. Es gibt, wie in der Gesetzesbegründung ausgeführt wird,[6] mit Inkrafttreten des MoMiG keine „kapitalersetzenden Gesellschafterdarlehen" mehr. Alle Gesellschafterdarlehen und ihnen wirtschaftlich entsprechenden Leistungen werden vor und nach dem Insolvenzfall gleichbehandelt, egal ob sie eigenkapitalersetzenden Charakter nach dem bisherigen Verständnis haben oder nicht. Das streitanfällige Unterscheidungsmerkmal der **„Krise"** entfällt.

Finanzierungshilfen der Gesellschafter werden nach der Neuregelung nicht mehr als Ei- 17 genkapital behandelt, sondern entsprechend ihrer tatsächlichen Rechtsform als Verbindlichkeiten.

Nach § 39 Abs. 1 Nr. 5 InsO ist der kreditgebende Gesellschafter in der Insolvenz ein nach- 18 rangiger Insolvenzgläubiger. Anders als noch nach § 32a Abs. 1 GmbHG a.F. im Verbund mit den „Rechtsprechungsregeln" ist der Gesellschafter mit seiner Rückzahlungsforderung nicht mehr vom Insolvenzverfahren ausgeschlossen.

---

5 § 31 Abs. 5 S. 1 GmbHG a.F.
6 Begr. RegE, ZIP 2007, Beil. zu Heft 23, S. 32.

1. Gesellschafterdarlehen außerhalb der Insolvenz

19   Nach § 30 Abs. 1 S. 1 GmbHG darf das zur Erhaltung des Stammkapitals erforderliche Vermögen der Gesellschaft nicht an die Gesellschafter ausgezahlt werden. Dieser seit jeher bestehende Kapitalerhaltungsgrundsatz wird vom MoMiG nicht angetastet.

20   Neu hinzugefügt wurde dem Abs. 1 jedoch ein S. 3, demzufolge S. 1 nicht anzuwenden ist auf die Rückgewähr eines Gesellschafterdarlehns und Leistungen auf Forderungen aus Rechtshandlungen, die einem Gesellschafterdarlehen wirtschaftlich entsprechen. Mit dieser Regelung wird klargestellt, dass die bisherigen Rechtsprechungsregeln zu den eigenkapitalersetzenden Darlehen nicht mehr anwendbar sind.[7]

21   Da die gesetzliche Neuregelung auf das Kriterium des Eigenkapitalersatzes gänzlich verzichtet, werden sämtliche Gesellschafterdarlehen ohne Rücksicht auf die finanzielle Situation des Unternehmens gleichbehandelt. Demgemäß sind die Gesellschafter entgegen der bisherigen Rechtsprechung vor Eröffnung eines Insolvenzverfahrens berechtigt, den gewährten Kredit abzuziehen, und zwar auch dann, wenn sich die GmbH in einer Krise befindet, allerdings mit dem Risiko der Anfechtbarkeit.[8]

22   **Tilgungsleistungen** auf Gesellschafterdarlehen stellen demnach keine unzulässigen Auszahlungen im Sinne des § 30 Abs. 1 S. 1 GmbHG dar, sind aber unter den Voraussetzungen des § 135 Abs. 1 InsO anfechtbar, was zugleich bedeutet, dass die Rückzahlung folgenlos bleibt, sofern Sie außerhalb der gesetzlichen Anfechtungsfrist erfolgt ist.[9]

23   Als logische Konsequenz der Aufhebung des Auszahlungsverbotes von Gesellschafterdarlehen sind weitere Vorschriften entfallen, die an den Kapitalerhaltungsgrundsatz anknüpften, beispielsweise die **Haftung des Geschäftsführers** für die Rückgewährung der Gesellschafterkredite gem. § 43 Abs. 3 GmbHG und die **Ausfallhaftung von Mitgesellschaftern** für solche Zahlungen.

24   Entschärft wird die Aufweichung des Rückzahlungsverbotes durch die neu eingeführte Regelung des § 64 S. 3 GmbHG. Hiernach ist der **Geschäftsführer** der Gesellschaft zum **Schadenersatz** verpflichtet, wenn er Zahlungen an Gesellschafter veranlasst, die zur Zahlungsunfähigkeit des Unternehmens führen, es sei denn, diese Folge war bei der Beachtung der Sorgfalt eines ordentlichen Geschäftsmanns nicht erkennbar.

25   Obwohl § 64 Abs. 3 GmbHG jedenfalls dem Wortlaut nach kein Zahlungsverbot enthält, ergibt sich aus der dort angeordneten Sanktionierung zwingend, dass dem Geschäftsführer die Veranlassung von Zahlungen an die Gesellschafter untersagt ist.[10] Das Recht, Gesellschafterdarlehen gemäß § 30 Abs. 1 S. 3 GmbHG auch in der Krise des Unternehmens zurückzahlen zu dürfen, findet daher seine Grenze, wenn die Voraussetzungen des § 64 Abs. 3 GmbHG erfüllt sind.[11]

26   Im Unterschied zum alten Recht greift das Rückzahlungsverbot zeitlich damit nicht mehr in der Krise, sondern erst im Vorfeld der **Zahlungsunfähigkeit** ein, erstreckt sich dann aber auf die gesamte Darlehensvaluta und nicht nur auf den zur Stammkapitalerhaltung erforderlichen Betrag.[12]

27   Ob die **verschärfte Geschäftsführerhaftung** des § 64 S. 3 GmbHG den durch den Wegfall der Rechtsprechungsregeln verminderten Schutz der Gesellschaftsgläubiger kompensieren

---

7 BR-Drucks 354/07, 95; *Gehrlein*, BB 2008, 846, 848; krit., auch zu verbleibenden Schutzlücken: *Hölzle*, ZIP 2011, 650.

8 BR-Drucks 354/07, 95.

9 Hierzu näher nachfolgend unter Ziffer 2.

10 *Orlikowski-Wolf*, GmbHR 2009, 902, 907 m.w.N.; näher zur Haftung des Geschäftsführers nach § 64 S. 3 GmbHG für die Rückgewähr von Gesellschafterdarlehn *Niesert/Hohler*, NZI 2009, 345.

11 *Orlikowski-Wolf*, GmbHR 2009, 902, 907; *Greulich/Rau*, NZG 2008, 284, 287; *Hirte*, NZG 2008, 761, 764; *Lips/Randel/Werwigk*, DStR 2008, 2220, 2225; *Felke*, GmbHR 2009, 260; *Meyer*, BB 2008, 1742, 1745.

12 *Roth*, GmbHR 2008, 1184, 1190.

kann, bleibt abzuwarten. Die Rechtsprechung wird in diesem Zusammenhang unter anderem zu klären haben, ob das Zahlungsverbot durch eine Haftungsfreistellung der Geschäftsführer aufgehoben werden kann.[13] Gleiches gilt für die Frage, ob sich die Rückzahlungssperre auch auf Leistungen an gleichgestellte **Nichtgesellschafter** und Gesellschafter besicherte **Drittdarlehensgeber** erstreckt. Dies könnte fraglich sein, da sich § 64 S. 3 GmbHG dem Wortlaut nach nur auf Zahlungen an Gesellschafter bezieht.[14]

2. Gesellschaftsdarlehen in der Insolvenz

Mit der Beseitigung des bisherigen Eigenkapitalersatzrechts und dem daraus resultierenden **28** Verbot, Gesellschafterleistungen als Stammkapital zu behandeln, gab es keine Veranlassung mehr für eine rein GmbH-spezifische Regelung der Gesellschafterdarlehen. Sämtliche Darlehen werden nunmehr unabhängig von der Rechtsform und der finanziellen Situation der Gesellschaft als Insolvenzforderungen behandelt.

Sofern vor Insolvenzeröffnung keine Rückzahlung erfolgt ist, stellt jedes Gesellschafterdarlehen eine **nachrangige Insolvenzforderung** gem. § 39 Abs. 1 Nr. 5 InsO dar. Wurde getilgt, **29** sieht § 135 Abs. 1 Nr. 2 InsO eine Anfechtungsmöglichkeit vor, sofern der Gesellschafter sein Geld im letzten Jahr vor dem Eröffnungsantrag zurückerhalten hat.

Diese Rechtslage entspricht den vormaligen Gesetzesfassungen mit der – allerdings wesent- **30** lichen – Neuerung, dass die jeweilige Beschränkung auf „kapitalersetzende Darlehen" entfallen ist. Tatbestandlich setzt § 39 Abs. 1 Nr. 5 InsO demnach nur noch das Vorliegen eines – wie auch immer gearteten – Gesellschafterdarlehens und § 135 Abs. 1 Nr. 2 InsO zusätzlich dessen **Tilgung im letzten Jahr vor dem Eröffnungsantrag** voraus. Ob sich das Unternehmen zu irgendeinem Zeitpunkt in einer Finanzierungskrise befand, ist unerheblich.

a) Nachrang von Gesellschafterdarlehen (§ 39 Abs. 1 InsO)

Im Zuge der Neukonzeption der insolvenzrechtlichen Bestimmungen haben sich auch Änderun- **31** gen beim persönlichen und sachlichen Anwendungsbereich ergeben.

aa) Erfasste Gesellschaftsformen

Mit der Aufgabe der Novellen- und Rechtsprechungsregeln durch das MoMiG und der damit ver- **32** bundenen Abstandnahme von der GmbH-spezifischen Finanzierungsfolgenverantwortung war der Weg frei, das Recht der Gesellschafterdarlehen für alle haftungsprivilegierten Gesellschaftsformen einheitlich zu kodifizieren.

Die Umsetzung erfolgte durch § 39 Abs. 4 S. 1 InsO, mit dem die **Nachrangigkeitsregelung 33** des § 39 Abs. 1 Nr. 5 InsO **rechtsformneutral** auf alle Gesellschaften erstreckt wird, die weder eine natürliche noch eine Gesellschaft, bei der ein persönlich haftender Gesellschafter eine natürliche Person ist, als Gesellschafter haben. Nicht mehr unter § 39 Abs. 1 Nr. 5 InsO fallen daher nur noch Gesellschaften, bei denen eine natürliche Person für Gesellschaftsverbindlichkeiten unbeschränkt haftet. Die gesetzliche Neuregelung der Gesellschafterfinanzierung stellt eine Kompensation für die **Haftungsbeschränkung auf das Gesellschaftsvermögen** dar. Dieser Schutz wird bei Vorhandensein eines persönlich haftenden Gesellschafters in Form einer natürlichen Person nicht benötigt.[15]

---

[13] Vgl. hierzu *Hölzle*, GmbHR 2007, 729, 732; *Greulich/Rau*, NZG 2008, 284, 287; *Hirte*, ZInsO 2008, 689, 698.
[14] Vgl. hierzu *Orlikowski-Wolf*, GmbHR 2009, 902, 907 f.
[15] *Huber/Habersack*, BB 2007, 1, 7; *Habersack*, ZIP 2007, 2145, 2147.

34   Das Merkmal des Fehlens einer natürlichen Person als persönlich haftender Gesellschafter erfüllen auch Personengesellschaften, die ausschließlich über Kapitalgesellschaften als Komplementäre verfügen. Gleiches gilt für die (atypische) GbR.[16]

35   Keine ausdrückliche Regelung enthält § 39 Abs. 4 S. 1 InsO für **Darlehen an Personengesellschaften,** die von nur mittelbar hieran beteiligten Gesellschaftern gewährt werden, also vor allem Kredite, die ein Gesellschafter der Komplementär-Kapitalgesellschaft zur Verfügung stellt. Diese Finanzierungshilfe soll ausweislich der Gesetzesbegründung eine dem Gesellschafterdarlehen gleichgestellte Rechtshandlung im Sinne des § 39 Abs. 1 Nr. 5 InsO darstellen.[17]

36   Angesichts des nicht mehr gesellschafts-, sondern ausschließlich insolvenzrechtlichen Bezuges erstreckt sich die Neuregelung nicht nur auf die Kapitalgesellschaften deutschen Rechts (GmbH, AG, KGaA, SE), sondern auch auf **ausländische Kapitalgesellschaften,** die im Inland ansässig sind, also insbesondere auch auf die Limited.[18]

37   Der Anwendungsbereich des § 39 Abs. 4 S. 1 InsO umfasst ferner **Genossenschaften** des deutschen und europäischen Rechts (SCE).[19]

38   Ob **Vereine und Stiftungen** unter § 39 Abs. 4 S. 1 InsO fallen, wird bezweifelt, da die Mitglieder am Vermögen der Gesellschaft nicht beteiligt sind.[20]

bb) Erfasste Kreditgeber
(1) Gesellschafter und gleichgestellte Nichtgesellschafter

39 § 39 Abs. 1 Nr. 5 InsO setzt eine Kredithingabe durch einen Gesellschafter voraus, wobei die formale Rechtsposition – wie nach altem Recht – hierbei nicht maßgeblich ist.

40   Gemäß § 32a Abs. 3 GmbHG a.F. waren die Regelungen zu den eigenkapitalersetzenden Darlehen in § 32a Abs. 1 und Abs. 2 GmbHG a.F. daher sinngemäß auch auf Rechtshandlungen eines Dritten anwendbar, sofern diese der (eigenkapitalersetzenden) Darlehensgewährung des Gesellschafters wirtschaftlich entsprachen.

41   Unter diese gleichgestellten Kreditgeber konnten unter bestimmten Voraussetzungen Treuhänder fallen, aber auch stille Gesellschafter, Familienangehörige, verbundene Unternehmen eines Gesellschafters sowie Darlehensgeber, sofern sie auf die Geschicke der GmbH maßgeblichen Einfluss nehmen konnten.[21]

42   In der Neufassung des § 39 Abs. 1 Nr. 5 InsO fehlt ein dem Wortlaut des § 32a Abs. 3 S. 3 GmbHG a.F. entsprechender Hinweis auf die Einbeziehung von Drittdarlehensgebern. Hieraus wird zum Teil gefolgert, § 39 Abs. 1 Nr. 5 InsO sei auf gesellschaftergleiche Dritte nicht anzuwenden.[22] Andere Stimmen vertreten die Auffassung, angesichts des fehlenden Verweises auf Dritte und des Verzichts auf die Übernahme der Formulierung des § 138 InsO – dort ist von dem Gesellschafter **nahestehenden Personen** die Rede – müsse die Neuregelung restriktiv ausgelegt werden.[23]

43   Überwiegend wird indessen auf die Regierungsbegründung verwiesen, in der es heißt, dass durch die Formulierung „Forderungen aus Rechtshandlungen, die einem solchen Darlehen,

---

16 *Gehrlein*, BB 2008, 846, 849; *Freitag*, WM 2007, 1681; *Wälzholz*, DStR 2007, 1914, 1917.
17 Begr. RegE, ZIP 2007, Beil. zu Heft 23, S. 33.
18 *Gehrlein*, BB 2008, 846, 849; *Habersack*, ZIP 2007, 2145, 2147.
19 Begr. RegE, ZIP 2007, Beil. zu Heft 23, S. 32; *Habersack*, ZIP 2007, 2145, 2147.
20 *Haas*, ZInsO 2007, 617, 628; *Habersack*, ZIP 2007, 2145, 2148.
21 Scholz/*K. Schmidt*, GmbHG, 10. Aufl., 2006, §§ 32a, 32b Rn 145 ff.
22 *Wälzholz*, DStR 2007, 1914, 1918.
23 *Huber*, FS Priester 2007, S. 259, 271 ff.

wirtschaftlich entsprechen", der bisherige § 32a Abs. 3 S. 1 GmbHG a.F.in personeller und sachlicher Hinsicht in das neue Recht übernommen wird.[24]

Auch nach Inkrafttreten des MoMiG kann daher der Inhaber eines **Pfandrechts am Ge-** 44 **schäftsanteil** eines Gesellschafters dann einem Gesellschafter gleichgestellt werden, wenn er über besondere Kontroll- und Mitspracherechte verfügt. In Anlehnung an BGHZ 119, 191, 195 ff. wurde dies bislang überwiegend bejaht,[25] zum Teil mangels vergleichbarem mitgliedschaftlichen Interesse an der Finanzierung der GmbH verneint.[26]

Das Vorgesagte gilt sinngemäß auch für einen **Treuhänder.**[27] 45

Vom Anwendungsbereich des § 39 Abs. 1 Nr. 5 erfasst werden ferner Dritte, die dem Unter- 46 nehmen aus Mitteln eines Gesellschafters Kredite gewähren, zum Beispiel mittelbare Stellvertreter.[28]

Auf **Angehörige des Gesellschafters** sind die gesetzlichen Regelungen über Gesellschaf- 47 terdarlehen nicht generell, sondern nur dann anwendbar, wenn besondere Umstände hinzukommen, typischerweise die Gewährung von Finanzierungshilfen, die aus Mitteln des Gesellschafters stammen.[29] Seit jeher ist anerkannt, dass die Bereitstellung eines Darlehens durch ein verbundenes Unternehmen einer Kreditgewährung durch einen Gesellschafter wirtschaftlich gleichzustellen ist.[30]

Auf **atypische stille Gesellschafter** sind die Vorschriften über die Gesellschafterfinanzie- 48 rung auszudehnen, sofern ihnen Mitsprache und Gewinnbeteiligungsrechte gewährt werden.[31]

(2) Abtretung der Darlehensforderung und Gesellschafterwechsel

Durch die gesetzliche Neuregelung ergeben sich Änderungen, wenn die Gesellschafter- und 49 Gläubigerstellung auseinanderfallen, also namentlich bei der Abtretung der Darlehensforderung und dem Gesellschafterwechsel.

(a) Nach bisherigem Recht wirkte sich über § 404 BGB lediglich eine bei Abtretung bereits 50 bestehende Verhaftung des eigenkapitalersetzenden Darlehens nachteilig für den Zessionar aus.[32] Eine spätere Verstrickung trat nur dann ein, wenn der Zessionar nach Eintritt der Krise eine eigenständige Finanzierungsentscheidung, namentlich durch Nichtabziehen der Mittel, traf.[33] Nach alter Rechtslage konnte durch rechtzeitige Abtretung der Forderung an einen Nichtgesellschafter daher verhindert werden, dass der Anspruch den eigenkapitalersetzenden Regeln unterfällt.

Da es seit Geltung des MoMiG auf das Krisenmerkmal und damit auf den Zeitpunkt etwaiger 51 Finanzierungsentscheidungen des jeweiligen Forderungsinhabers nicht mehr ankommt, ist für die Beurteilung der Nachrangigkeit und Anfechtbarkeit nunmehr allein entscheidend, ob ein Gesellschafterdarlehen oder eine gleichgestellte Leistung vorliegt. Ist dies der Fall, verliert die Finanzierungshilfe ihren Darlehenscharakter auch nicht durch eine Abtretung.[34]

---

24 BR-Drucks 354/07, 130; *Habersack*, ZIP 2008, 2385, 2387; *K. Schmidt*, GmbHR, 2009, 1009, 1018; *Hirte*, ZInsO 2008, 689, 693; *Haas*, ZInsO 2007, 617, 620; *Bayer/Graff*, DStR 2006, 1654, 1659; ausführlich zur Einbeziehung Dritter nach neuem Recht: *Schall*, ZIP 2010, 205.
25 Vgl. *Lutter/Hommelhoff*, GmbHG, 16. Aufl. 2004, §§ 32a/b Rn 55 m.w.N.
26 *Habersack*, ZGR 2000, 384, 393 ff.; *Freitag*, WM 2007, 1681 f.
27 BGH ZIP 1988, 1248.
28 BGH ZIP 1993, 1072.
29 BGH DStR 2000, 1524.
30 BGH NJW 1991, 357; NJW 1992, 1167.
31 BGH ZIP 2006, 703.
32 BGHZ 104, 33, 43; BGH ZIP 2006, 578, 579.
33 Vgl. *Habersack*, ZIP 2007, 2145, 2149 unter Verweis auf BGHZ 104, 33, 43.
34 Überblick bei *Uhlenbruck*, Insolvenzordnung, § 39 Rn 46 m.w.N.

52   Wenn die Abtretung allerdings außerhalb der **Anfechtungsfrist** erfolgt ist, stellt der Rückzahlungsanspruch des Forderungserwerbers eine gewöhnliche und keine nachrangige Insolvenzforderung dar. Der Rechtsgedanke des § 135 Abs. 1 Nr. 2 InsO kommt hier entsprechend zum Tragen.[35]

53   **(b)** Sofern der kreditgebende Gesellschafter seine Gesellschafterstellung verliert bzw. aufgibt, ohne die Mittel zugleich abzuziehen, stellt die Finanzhilfe nach wie vor ein Gesellschafterdarlehen dar.

54   Uneinigkeit besteht hingegen bei der **insolvenzrechtlichen Behandlung** des Darlehens in diesem Falle. Unter Verweis auf den Wortlaut des § 39 Abs. 1 Nr. 5 InsO, der insoweit keine Ausnahmen vorsieht, wird zum Teil die Auffassung vertreten, auch nach dem Verlust der Gesellschafterstellung verbleibe es ohne Ausnahmen bei der Nachrangigkeit der Darlehensforderung.[36] Andere ziehen – ebenso wie bei der Abtretung – den Rechtsgedanken der Insolvenzanfechtung heran und wollen einen Gesellschafter, der außerhalb der Anfechtungsfrist des § 135 Abs. 1 Nr. 2 InsO aus dem Unternehmen ausgeschieden ist, privilegieren und ihn einem gewöhnlichen Insolvenzgläubiger gleichstellen.[37] Die Auffassung, die Nachrang annimmt, bejaht konsequenter Weise ein Anfechtungsrecht gem. § 135 Abs. 1 Nr. 2 InsO, wenn die Gesellschaft im letzten Jahr vor dem Insolvenzantrag Zahlungen hierauf geleistet hat.

55   Zur Minimierung der Anfechtungsrisiken ist es ratsam, die Gesellschaftsanteile nur gemeinsam mit den Darlehensforderungen abzutreten.[38]

cc) Erfasste Gesellschafterleistungen

56 In den Anwendungsbereich des § 39 Abs. 1 Nr. 5 InsO fallen – wie schon erwähnt – nunmehr sämtliche Gesellschafterdarlehen, ohne dass es auf den eigenkapitalersetzenden Charakter im bisherigen Sinne ankommt.

57   § 39 Abs. 1 Nr. 5 InsO erstreckt sich ferner auf Forderungen aus **Rechtshandlungen,** die einem Gesellschafterdarlehen wirtschaftlich entsprechen. Inhaltlich entspricht die Neuregelung weitestgehend dem bisherigen § 32 a Abs. 3 S. 1 GmbHG a.F.[39]

58   In Anlehnung an das bisherige Recht werden als **gleichgestellte Rechtsgeschäfte** im Sinne von § 39 Abs. 1 Nr. 5 InsO nach wie vor alle Rechtshandlungen angesehen, bei denen der Gesellschafter dem Unternehmen einen Zahlungsaufschub gewährt. Dem liegt der Gedanken zugrunde, dass jegliche Form der Stundung in wirtschaftlicher Hinsicht einen darlehensähnlichen Charakter hat.[40] Aus welchem Rechtsgeschäft die gestundete Forderung resultiert, ist irrelevant. Erfasst wird jedes erdenkliche Vertragsverhältnis, auch ein herkömmlicher Kauf- oder Mietvertrag.

59   Wie bisher umfasst der Nachrang des § 39 Abs.1 Nr.5 InsO auch die rückständigen Zinsen und sonstigen Nebenforderungen (§ 39 Abs.3 InsO). Ob diese Ansprüche als solche gestundet sind, spielt keine Rolle.

60   Als ein dem Gesellschafterdarlehn vergleichbares Rechtsgeschäft ist auch die **stille Einlage** eines offen beteiligten Gesellschafters anzusehen.[41]

---

35 *Schlösser/Klüber*, BB 2009, 1594, 1596 f.; a.A.: *Haas*, ZInsO 2007, 617, 619.
36 *Haas*, ZInsO 2007, 617, 619.
37 *Schlösser/Klüber*, BB 2009, 1594, 1597.
38 *Heckschen*, DStR 2007, 1442, 1448; *Wälzholz*, DStR 2007, 1914, 1920.
39 *Bork*, ZGR, 2007, 250, 255 ff.; *Bayer/Graff*, DStR 2006, 1654, 1657; ausführlich zu stillen Beteiligungen nach neuem Recht: *Manz/Lammel*, GmbHR 2009, 1121.
40 *K. Schmidt*, DB 2008, 1727,1731,1734; *Rühle*, ZIP 2009, 1358, 1360; *Mylich*, ZGR 2009, 474, 502; a.A. bei Nuzungsentgelten: genereller Nachrang rückständiger Nutzungsentgelte unabhängig von erfolgter Stundung: *Marotzke*, ZInsO 2008, 1281, 1284 ff.; *Hölzle*, ZIP 2009, 1939, 1946.
41 Ausführlich auch zu Folgeproblemen: *Manz/Lammel*, GmbHR 2009, 1121, 1123 ff.

§ 39 Abs. 1 Nr. 5 greift ferner ein, wenn gestundete Forderungen Dritter gegen die Gesell- **61** schaft erworben oder stille Beteiligungen übernommen werden.

Nach altem Recht wurde ein **selbstständiges Schuldversprechen,** das für den Fall der Kri- **62** se gegeben wurde, als gleichgestellte Rechtshandlung angesehen.[42] Auch wenn das Merkmal der Krise entfallen ist, wird dieser Rechtsgedanke weiterhin Anwendung finden.

Neuerungen bringt das MoMiG bei der Nutzungsüberlassung mit sich (hierzu im Einzelnen **63** unter III.2.c Rn 126 ff.). Nach bisherigem Recht wurde die Nutzungsüberlassung, sofern ihr nach den gängigen Kriterien eigenkapitalersetzender Charakter zukam, einem eigenkapitalersetzen- den Gesellschafterdarlehen gleichgestellt und dem Anwendungsbereich des § 32a Abs. 3 GmbHG a.F. unterworfen. Nach neuem Recht bleibt es – wie vorstehend gezeigt – zwar dabei, dass **ge- stundete Miet- und Pachtzinsansprüche** nachrangige Insolvenzforderungen darstellen und Zahlungen hierauf nach Maßgabe des § 135 InsO angefochten werden können.[43] Keinen Fortbe- stand hat allerdings die bisherige Rechtslage, nach der ein Gesellschafter die **unentgeltliche Nutzung** bis zum Ende der vereinbarten Vertragslaufzeit bzw. noch eine weitere angemessene Zeit zu dulden hatte. Das Nutzungsrecht hat vielmehr eine eigenständige Regelung in § 135 Abs. 3 InsO erfahren.

dd) Ausnahmeregelungen

§ 32a Abs. 3 S. 2 und 3 GmbHG a.F. enthielten privilegierende Ausnahmen von der Nachrangig- **64** keit für bestimmte **Sanierungskreditgeber** und **Kleinbeteiligte.** Diese Rechtsgedanken sind mit den Regelungen in § 39 Abs. 4 S. 2, Abs. 5 InsO in das neue Recht übernommen worden.

(1) Sanierungsprivileg

§ 39 Abs. 4 S. 2 InsO sieht eine Ausnahmeregelung für Gesellschafter vor, die bei drohender oder **65** eingetretener Zahlungsunfähigkeit oder Überschuldung der Gesellschaft Anteile zum Zweck der Sanierung erwerben. Deren Rückzahlungsansprüche aus Darlehensforderungen werden **bis zur nachhaltigen Sanierung** des Unternehmens nicht als nachrangig im Sinne des § 39 Abs. 1 Nr. 5 InsO behandelt. In konsequenter Fortführung der Aufgabe des Eigenkapitalersatzrechts knüpft die Neuregelung zeitlich nicht mehr an die Krise an.[44]

Übereinstimmend mit dem bisherigen Recht bleibt die Privilegierung bis zur nachhaltigen **66** Sanierung des Unternehmens bestehen. Der Referentenentwurf, der auf die „Beseitigung der drohenden Zahlungsunfähigkeit" abgestellt hatte, konnte sich nicht durchsetzen.

§ 39 Abs. 4 S. 1 Hs. 1 InsO stellt ausschließlich darauf ab, dass der Erwerb der Geschäftsan- **67** teile bei drohender (§ 18 InsO), eingetretener (§ 17 InsO) **Zahlungsunfähigkeit oder Überschul- dung** (19 InsO) der Gesellschaft geschieht. Ob der Kredit vor oder nach diesem Zeitpunkt ge- währt wurde, ist unerheblich.[45] Privilegiert werden daher auch Darlehen, die einem gesunden Unternehmen gegeben wurden, wenn der Gläubiger die Anteile in einer späteren finanziellen Schieflage des Unternehmens erwirbt.[46]

---

[42] BGH ZIP 1992, 616.
[43] *Bork*, ZGR 2007, 250, 265 f.; *K. Schmidt*, DB 2008, 1727, 1731, 1734; *Rühle*, ZIP 2009, 1358, 1360; *Dahl/Schmitz*, NZG 2009, 325, 328, 329 f.
[44] Hierdurch dürfte Rechtssicherheit gewonnen sein, da sich jedenfalls die drohende Zahlungsunfähigkeit leichter feststellen lässt als der Eintritt der Kreditunwürdigkeit, vgl. *Roth*, GmbHR 2008, 1184, 1188; umfassend zu Gesellschafter-Sanierungsdarlehen: *Gunßer*, GmbHR 2010, 1250, 1251 ff.
[45] Vgl. *Uhlenbruck*, Insolvenzordnung § 39 Rn 69.
[46] A.A.: *Bork*, ZGR 2007, 250, 259.

68   Ob der Zeitraum der Besserstellung durch die Neuregelung im Vergleich zum alten Recht verlängert wird oder nicht, kann nicht generell beurteilt werden.[47] Tritt die drohende Zahlungsunfähigkeit erst nach dem Krisenbeginn ein, verkürzt sich die Dauer der Privilegierung.

(2) Kleinbeteiligtenprivileg

69   In das neue Recht übernommen wurde auch die Privilegierung kleiner Beteiligungen,[48] die sich nunmehr in § 39 Abs. 5 InsO wiederfindet und nicht mehr nur für die GmbH, sondern für alle Gesellschaften im Sinne des § 39 Abs. 1 Nr. 5 InsO gilt.

70   Vom Nachrang ausgenommen sind Darlehensforderungen eines nicht geschäftsführenden Gesellschafters, der **mit 10% oder weniger am Haftkapital beteiligt** ist. Ausschlaggebend ist lediglich der Umfang der Kapitalbeteiligung, nicht hingegen, ob hiermit ein den Beteiligungsverhältnissen entsprechendes Stimmrecht oder eine Gewinnbeteiligung verbunden ist. Auch Gesellschafter, die trotz ihrer höheren Anteile keinen Einfluss auf die Geschicke der Gesellschaft nehmen können, sind mit ihren Krediten dem Nachrang verhaftet. Unterschiede zu der bisherigen – allerdings kontrovers diskutierten – Rechtslage ergeben sich hierdurch nicht.[49]

71   Bei einer **GmbH & Co. KG** richtet sich die Anteilsquote nach der rechnerischen Beteiligung an der gesamten Gesellschaft. Die KG-Beteiligung und die Beteiligung an der Komplementärin sind zu addieren und ins Verhältnis zum Gesamtkapital zu setzen.

72   Bei der **AG** führt die neu festgelegte Beteiligungsquote von 10% zu einer Ausdehnung der dem Nachrangigkeitsgrundsatz unterfallenden Gesellschafterdarlehen. Nach bisheriger Rechtsprechung fanden die Grundsätze des Eigenkapitalersatzrechts nur Anwendung bei einer Beteiligungsquote von mehr als 25%.[50] Die Erweiterung des Adressatenkreises erscheint gerechtfertigt, da namentlich Banken regelmäßig in der Lage sind, trotz geringerer Beteiligung maßgeblichen Einfluss auf die Geschicke der Gesellschaften zu nehmen.[51]

73   Kontrovers diskutiert wird die Frage, ob die tatbestandlichen Voraussetzungen des § 39 Abs. 5 InsO – keine Geschäftsführung und Beteiligung von 10% oder weniger – während der gesamten Dauer des Kreditverhältnisses durchgängig gegeben sein müssen[52] oder es genügt, wenn die Anforderungen zum Zeitpunkt der Darlehenshingabe erfüllt werden.[53]

74   Die praktischen Auswirkungen der unterschiedlichen Ansichten sind beträchtlich. Wird ausschließlich auf den Zeitpunkt der Kreditgewährung abgestellt, würde der bevorzugte Gesellschafter die Privilegierung selbst dann nicht verlieren, wenn er seine Kapitalbeteiligung nachträglich aufstockt oder das Geschäftsführeramt übernimmt. Die Gegenmeinung, die ein durchgängiges Vorliegen der tatbestandlichen Voraussetzungen verlangt, muss hingegen einem zunächst nicht privilegierten Gesellschafter die Berufung auf § 39 Abs. 5 InsO auch dann versagen, wenn er seine Beteiligung nachträglich reduziert oder die Geschäftsführung aufgibt.

75   Die feste Beteiligungsgrenze für das Kleinbeteiligtenprivileg legt Missbrauch nahe. In der Literatur wird daher befürwortet, die Darlehensgewährung mehrerer Gesellschafter, die mit jeweils 10% oder weniger am Kapital beteiligt sind, unter bestimmten Voraussetzungen zu addieren und rechtlich einer Kreditgewährung durch eine entsprechend größere Gesellschaftergruppe gleichzustellen.[54]

---

47 Zu den Unterschieden zwischen alter und neuer Rechtslage: *Bork*, ZGR 2007, 250, 254 ff.; *Hirte/Knof*, WM 2009, 1961, 1969.
48 § 32a Abs. 3 S. 3 GmbHG a.F.
49 Nachweise bei *Habersack*, ZIP 2007, 2145, 2149.
50 BGHZ 90, 381, 390 ff.; BGH ZIP 2005, 1316, 1317 f.
51 Vgl. *Gehrlein*, BB 2008, 846, 852.
52 So *Habersack*, ZIP 2007, 2145, 2150.
53 *Freitag*, WM 2007, 1681, 1683; ausführlich zum maßgeblichen Beurteilungszeitpunkt: *Tettinger*, NZI 2010, 248.
54 Überblick bei *Uhlenbruck*, Insolvenzordnung § 39 Rn 74.

ee) Durch Gesellschafter gesicherte Drittdarlehn

Als gleichgestellte Forderungen im Sinne des § 39 Abs. 1 Nr. 5 InsO sind nicht nur Zahlungs- 76
ansprüche der Gesellschafter, sondern auch Darlehensrückgewähransprüche von Nichtgesellschaftern anzusehen, für die ein Gesellschafter eine Sicherheit bestellt oder für die er sich
verbürgt hat. Nachrang erleiden solche Forderungen deshalb, weil die Absicherung eines Dritt-
darlehens einer unmittelbaren Kreditvergabe durch den Gesellschafter wirtschaftlich gleich-
kommt. Auch nach altem Recht war dies nicht anders.

Sanktioniert werden die durch einen Gesellschafter besicherten Drittdarlehensansprüche 77
nicht nur durch den insolvenzrechtlichen Nachrang. Ergänzend bestimmt die dem § 32a Abs. 2
GmbHG a.F. nachempfundene Neuregelung des § 44a InsO, dass der Gläubiger zunächst die vom
Gesellschafter gestellte Sicherheit in Anspruch nehmen oder gegen den Gesellschafter als Bür-
gen vorgehen muss, bevor er an die Insolvenzmasse herantreten kann. Nur im Umfang seines
Ausfalls nimmt er anschließend am Insolvenzverfahren teil.

Der Darlehensgläubiger ist allerdings berechtigt, seine Forderung vor der Inanspruchnahme 78
der Sicherheit oder des Bürgen **zur Insolvenztabelle anzumelden,** und zwar in voller Höhe.[35]

Dem Wortlaut nach erfasst § 44a InsO Forderungen „nach Maßgabe des § 39 Abs. 1 Nr. 5 79
InsO." Dieser Verweis schließt das Sanierungs- und Kleinbeteiligungsprivileg mit ein. Der Darlehensgläubiger ist demgemäß nicht nachrangiger, sondern gewöhnlicher Insolvenzgläubiger,
wenn dem sicherungsgebenden Gesellschafter das Sanierungs- oder Kleinbeteiligungsprivileg
zugute kommt, da in diesem Falle auch ein direkt vom Gesellschafter gewährtes Darlehen nicht
unter den Nachrang des § 39 Abs. 1 Nr. 5 InsO fallen würde.

Im Unterschied zum alten Recht kann das Eingreifen des § 44a InsO verhindert werden, 80
wenn der darlehensgebende Dritte **auf die Gesellschaftersicherheit verzichtet,** was sowohl
vor wie auch nach der Verfahrenseröffnung geschehen kann. Ein solcher Verzicht ist unter den
Voraussetzungen der §§ 133 ff. InsO allerdings anfechtbar.

Nicht einheitlich beurteilt werden Sachverhalte, bei denen der Drittkredit sowohl durch das 81
Gesellschaftsvermögen als auch durch eine Personal- oder Realsicherheit seitens eines Gesellschafters oder eines gleichgestellten Dritten abgesichert wird. Nach Rechtsprechung und herrschender Meinung kann der Kreditgeber nach seiner Wahl entscheiden, ob er auf die von der
Gesellschaft oder vom Gesellschafter gestellte Sicherheit zurückgreift.[56]

ff) Vergleich mit dem altem Recht

Zusammengefasst ergeben sich folgende praktische Auswirkungen der gesetzlichen Neurege- 82
lung:

Nach neuem Recht ist nunmehr jedes und nicht nur das eigenkapitalersetzende Gesellschaf- 83
terdarlehen nachrangig. Da aber auch nach bisheriger Rechtslage die weitaus meisten Kredite
eines Gesellschafters, die bei Insolvenzeröffnung noch nicht abgezogen waren, unter dem Aspekt des Stehenlassens dem Eigenkapitalersatzrecht unterworfen waren, ergeben sich Abweichungen nur in den verhältnismäßig seltenen Fällen, in denen ein Kredit nach bisherigem Recht
trotz Stehenlassens in der Krise nicht als eigenkapitalersetzend angesehen wurde. Denkbar war
dies beispielsweise, wenn der Gesellschafter objektiv außer Stande war, die Darlehensvaluta
nach Kriseneintritt abzuziehen, da nach altem Recht bei Fehlen einer Handlungsalternative keine Finanzierungsentscheidung des Gesellschafters vorlag, die nach der Rechtsprechung für das
Eingreifen der Eigenkapitalersatzregeln notwendig war.[57]

---

55 Nachweise und Begründung bei *Gehrlein*, BB 2008, 846, 852.
56 Überblick bei *Uhlenbruck*, Insolvenzordnung § 44a Rn 7.
57 Vgl. hierzu BGH WM 1992, 143, 144; BGHZ 127, 336, 346.

84   Trotz unterlassener Tilgung des Darlehens bei Insolvenzeröffnung fiel ein Gesellschafterdarlehen nach bisherigem Recht mangels eigenkapitalersetzenden Charakters ferner dann nicht in den Nachrang, wenn der Gesellschafter die krisenbegründendenden Umstände bei der Wahrnehmung seiner Verantwortung für eine ordnungsgemäße Finanzierung der Gesellschaft nicht erkennen konnte.[58]

85   Die Fälle, in denen ein Darlehn nach altem Recht trotz Nichtabzugs bis zur Insolvenzeröffnung mangels objektiver oder subjektiver Erfordernisse keinen Eigenkapitalersatz darstellte, waren indessen selten, weil an das Merkmal der Erkennbarkeit keine hohen Anforderungen gestellt wurden.

86   Eine bedenkliche Verschlechterung der Position der Gesellschaftergläubiger – wie vielfach angenommen wird – ist durch das MoMiG daher im Ergebnis nicht erfolgt.[59] Praktisch bedeutsam ist allerdings der **Wegfall der zehnjährigen Verjährungsfrist** für die Rückforderung verbotswidrig geleisteter Rückzahlungen nach § 31 Abs. 1 GmbHG a.F.

b) Insolvenzanfechtung gem. § 135 InsO

87 Das Gegenstück zu der Nachrangigkeitsregelung in § 39 Abs. 1 Nr. 5 InsO ist die nach wie vor in § 135 InsO normierte Insolvenzanfechtung. Während § 39 Abs. 1 Nr. 5 InsO Gesellschafterforderungen erfasst, die zum Zeitpunkt der Insolvenzeröffnung noch nicht erfüllt waren, greift die Anfechtung ein, wenn Gesellschafterdarlehen im Vorfeld der Insolvenz getilgt wurden oder das Unternehmen auf gleichgestellte Forderungen des Gesellschafters Leistungen erbracht hat.

aa) Tatbestandliche Voraussetzungen

88 In § 135 InsO wurde der Begriff des „kapitalersetzenden Darlehens" ebenso wie bei § 39 InsO ersatzlos gestrichen. Anfechtbar sind nunmehr Zahlungen auf Gesellschafterdarlehen jeglicher Art.

(1) Anfechtbare Sicherung (§ 135 Abs. 1 Nr. 1 InsO)

89 Rechtshandlungen, die dem Gläubiger eines Gesellschafterdarlehens Sicherung gewähren, können nach § 135 Abs. 1 Nr. 1 InsO angefochten werden, wenn die betreffende Rechtshandlung in den letzten 10 Jahren vor dem Eröffnungsantrag oder nach dem Antrag vorgenommen wurde.

90   Der Begriff der „Sicherung" in § 135 Abs. 1 Nr. 1 InsO wird in gleicher Weise wie bei den Regelungen in den §§ 130, 131 InsO verstanden.

91   Bei **mehraktigen Rechtshandlungen** ist gemäß § 140 InsO auf den letzten Teilakt abzustellen.

(2) Anfechtbare Befriedigung (§ 135 Abs. 1 Nr. 2 InsO)

92 Die praktisch größte Bedeutung hat der Anfechtungstatbestand des § 135 Abs. 1 Nr. 2 InsO. Hiernach ist die Befriedigung von Gesellschafterdarlehen und gleichgestellten Forderungen im letzten Jahr vor dem Insolvenzeröffnungsantrag anfechtbar.

93   § 135 Abs. 1 InsO nimmt Bezug auf Darlehen und ihnen gleichgestellte Forderungen im Sinne des § 39 Abs.1 Nr. 5 InsO. Hierdurch wird gewährleistet, dass der persönliche und sachliche Anwendungsbereich beider Vorschriften identisch ist. Auf die obigen Ausführungen zum Nachrang von Gesellschafterdarlehen (III 2.a Rn 31 ff.) kann insoweit vollumfänglich verwiesen werden.

---

58 BGHZ 127, 346, 347 = GmbHR 1995, 38.
59 Kritisch hingegen *Roth*, GmbHR 2008, 1184, 1186.

Durch den Verweis auf § 39 Abs. 4 und 5 InsO stellt § 135 Abs. 4 InsO klar, dass die Privile- **94** gien für **Sanierungskredite und Kleinbeteiligungen** entsprechend geltend. Zahlungen auf Kredite, die von diesen Vorschriften erfasst werden, sind daher nicht anfechtbar.

§ 135 Abs. 1 Nr. 2 InsO setzt eine Befriedigung des Rückforderungsanspruchs **im letzten Jahr** **95** **vor dem Eröffnungsantrag** oder nach diesem Antrag voraus. Unter Befriedigung ist nicht nur die Rückgewährung des Darlehens durch eine Zahlung zu verstehen. Vielmehr erfasst der Tatbestand sämtliche Erfüllungssurrogate sowie Leistungen an Erfüllungs Statt oder erfüllungshalber, Hinterlegung und Aufrechnung. Auch die Befriedigung durch Zwangsvollstreckungsmaßnahmen fällt hierunter.

Gleichgestellte Forderungen im Sinne des § 135 Abs. 1 InsO sind – ebenso wie bei § 39 **96** Abs.1 Nr. 5 InsO – Forderungen aus Rechtshandlungen, die einem Gesellschafterdarlehen wirtschaftlich entsprechen.

Hauptanwendungsfall sind Zahlungen der Gesellschaft auf Forderungen, die vom Gesell- **97** schafter – ausdrücklich oder konkludent – zuvor gestundet waren, also nicht entsprechend der verkehrsüblichen Geflogenheiten geltend gemacht worden sind.[60]

Bei Bestehen eines **Miet- oder Pachtverhältnisses** zwischen Gesellschafter und Gesellschaft **98** bedeutet dies, dass die im letzten Jahr vor dem Insolvenzantrag von dem Unternehmen pünktlich gezahlten Miet- und Pachtzinsen nicht im Wege der Anfechtung zurückverlangt werden können. Eine mit einem Darlehen vergleichbare Stundung liegt nur bei Zahlungen vor, die das Unternehmen geleistet hat, nachdem es sich zuvor in Rückstand befand. In diesen Fällen greift die Anfechtung.

Mit dem Wortlaut des Gesetzes und dem Willen des Gesetzgebers nicht vereinbar ist die ver- **99** einzelt vertretene Auffassung, der Anfechtung unterlägen sämtliche Leistungen, die von der Gesellschaft in der Anfechtungsfrist im Rahmen von Austauschverträgen an die Gesellschaft erbracht worden sind.[61]

(3) Gläubigerbenachteiligung

Wie bei den anderen Anfechtungstatbeständen setzt auch § 135 InsO immer eine Gläubigerbe- **100** nachteiligung voraus (§ 129 Abs. 1 InsO). Eine mittelbare Benachteiligung genügt.[62]

Eine Gläubigerbenachteiligung scheidet aus, wenn ein durch **Absonderungsrechte** vollum- **101** fänglich gesicherter Gläubiger befriedigt wird, sofern das Absonderungsrecht selbst nicht anfechtbar ist. [63]

Gläubiger werden ferner dann nicht benachteiligt, wenn die Voraussetzungen eines Barge- **102** schäftes gemäß § 142 InsO vorliegen.

(4) Rechtsfolge der Anfechtung

Nach § 143 Abs. 1 InsO muss der Gesellschafter die zur Befriedigung seiner Darlehensforderung **103** erhaltene Tilgungsleistung zur Insolvenzmasse zurückgewähren. Seine Darlehensforderung lebt gemäß § 144 Abs. 1 InsO wieder auf. Die Forderung ist gemäß § 39 Abs. 1 Nr. 5 InsO nachrangig.

bb) Durch Gesellschaftern gesicherte Drittdarlehn

§135 Abs. 2 InsO überträgt den Rechtsgedanken des § 32b GmbHR a.F. in das neue Recht. Hier- **104** nach sind Zahlungen, die innerhalb der Anfechtungsfrist des § 135 Abs. 1 Nr. 2 AnfG an den

---

60 *Rühle*, ZIP 2009, 1358,1360; *Dahl/Schmitz*, NZG 2009, 325, 328, 329 f.; *Gehrlein*, BB 2008, 846, 850.
61 So *Bayer/Graff*, DStR 2006, 1654, 1659.
62 BGH ZIP 1996, 1829.
63 BGH ZIP 2003, 808.

Drittdarlehensgeber erfolgt sind, anfechtbar, sofern ein Gesellschafter für die Forderung eine Sicherheit gestellt hat oder als Bürge aufgetreten ist. Anwendbar ist § 135 Abs. 2 InsO dem ausdrücklichen Wortlaut nach auch auf Rechtsgeschäfte, die einem Darlehen wirtschaftlich entsprechen.

105   Vor Inkrafttreten des MoMiG stand der Gesellschaft nach § 32b GmbHG a.F. ein Rückzahlungsanspruch gegen den Gesellschafter zu, sofern die GmbH innerhalb des letzten Jahres vor dem Insolvenzeröffnungsantrag einen Kredit zurückgezahlt hat, der durch den Gesellschafter besichert war. Der Höhe nach beschränkte sich der Erstattungsanspruch auf den Betrag, mit dem der Gesellschafter als **Bürge** haftete oder der dem Wert der von ihm gestellten **Sicherheit** im Zeitpunkt der Rückzahlung des Darlehens entsprach.

106   Neben der Inanspruchnahme des sicherungsgebenden Gesellschafters nach § 32b GmbHG a.F. konnte der Insolvenzverwalter die Rückzahlung des gesicherten Darlehens an den Gläubiger gem. § 135 Nr. 2 InsO a.F. anfechten und Rückgewähr des erhaltenen Betrages von dem Gläubiger verlangen, wenn die Tilgung im letzten Jahr vor dem Eröffnungsantrag oder nach dem Antrag erfolgt war. Der Insolvenzverwalter hatte insoweit die Wahl, welchen der beiden Wege er einschlägt. Nahm er den Gläubiger in Anspruch, lebte dessen Forderung nach § 144 Abs. 1 InsO a.F. wieder auf, so dass er mit dieser Forderung an der Verteilung im Insolvenzverfahren teilnahm.

107   Mit der Streichung des § 32b GmbHG a.F. ist der direkte Rückzahlungsanspruch gegen den sicherungsgewährenden Gesellschafter entfallen. Rechtssystematisch handelte es sich bei dieser Vorschrift ohnehin um einen Insolvenzanfechtungstatbestand, der § 135 InsO a.F. näher stand als § 32a GmbHG a.F.[64]

108   **Anfechtungsgegner** ist seit Inkrafttreten des MoMiG nur noch der Gesellschafter und nicht der Darlehensgeber.[65] Die Darlehnstilgung wird im Rahmen der Insolvenzanfechtung ausschließlich dem Gesellschafter zugerechnet, weil dieser durch die Befreiung von seiner Sicherheit wirtschaftlich profitiert.[66]

109   In Anlehnung an § 32b S. 2 GmbHG a.F. beschränkt § 141 Abs. 3 S. 2 InsO den Rückzahlungsanspruch gegen die Gesellschaft auf die Höhe der von ihm übernommenen Bürgschaft und, sofern eine dingliche Sicherheit gestellt wurde, auf deren Wert.

110   Das neue Recht übernimmt in § 143 Abs. 3 S. 3 InsO auch die vormals in § 32 b S. 3 GmbHG a.F. enthaltene Ersetzungsbefugnis bei Realsicherheiten. Hiernach kann der Gesellschafter seine Rückzahlungspflicht abwenden, wenn er die Sicherungsgegenstände der Insolvenzmasse zur Verfügung stellt.

cc) Unterschiede zum bisherigen Recht

111 Die Neukonzeption des Insolvenzanfechtungsrechts bringt diverse Änderungen gegenüber der vormaligen Rechtslage mit sich.

112   Durch den Verzicht auf das Merkmal der Krise ist die innerhalb der Jahresfrist liegende Rückzahlung auf jedes Gesellschafterdarlehen anfechtbar, sei die Kreditgewährung eigenkapitalersetzend nach bisherigem Verständnis oder nicht. In den weitaus überwiegenden Fällen wird sich das Unternehmen bei Rückzahlung des Darlehens jedoch bereits in einer „Krise" befunden haben, wenn innerhalb der kommenden zwölf Monate Insolvenz angemeldet werden muss. Unterschiede zum bisherigen Recht bestehen in diesen Fällen nicht.

113   Abweichungen ergeben sich dann, wenn das Unternehmen **zum Zeitpunkt der Rückgewähr der Mittel finanziell gesund** war und anschließend binnen Jahresfrist in die Insolvenz

---

64 Scholz/*K. Schmidt*, GmbHG, 10. Aufl., §§ 32a, 32b Rn 185 m.w.N.
65 § 143 Abs. 3 S. 1 InsO.
66 BR-Drucks 354/07, 132.

fällt. Denkbar ist bei einer überraschenden Krise, ausgelöst beispielsweise durch den Wegfall eines Großkunden oder einen Forderungsausfall in unvorhergesehener Größenordnung.[67]

Praktische Relevanz erlangen könnte die Gesetzesänderung ferner bei einem **Unterneh- 114 mensverkauf** nach erfolgter Darlehensrückzahlung an den ausscheidenden Gesellschafter. Nach neuem Recht trägt der Veräußerer das Risiko, dass die Gesellschaft in der Hand des Erwerbers binnen Jahresfrist nach Rückzahlung zum Insolvenzfall wird.[68] Der übertragende Gesellschafter, der das weitere Schicksal des Unternehmens nicht mehr in der Hand hat, kann sich vor einer Insolvenzanfechtung in zweierlei Weise schützen: Entweder wartet er nach erfolgter Darlehenstilgung die Jahresfrist bis zum Verkauf seiner Anteile ab oder er verkauft das von ihm gewährte Darlehen gemeinsam mit seinen Unternehmensanteilen.[69]

Unterschiede zum bisherigen Recht ergeben sich weiterhin bei Gesellschafterdarlehen, die 115 ursprünglich einem gesunden Unternehmen gewährt wurden und dem Eigenkapitalersetzrecht anschließend unter dem **Aspekt des Stehenlassens in der Krise** unterfielen. Hier wurde dem Gesellschafter das Recht eingeräumt, die Mittel innerhalb einer zwei- bis dreiwöchigen Überlegungszeit abzuziehen. Selbst wenn das Unternehmen sodann binnen der nächsten zwölf Monate Insolvenzantrag stellte, konnte die rechtzeitig erfolgte Rückzahlung nicht angefochten werden.[70]

Nach heutigem Recht ist jede im letzten Jahr vor dem Eröffnungsantrag vorgenommene Til- 116 gung anfechtbar, unabhängig von der finanziellen Situation der Gesellschaft zum Zeitpunkt der Rückgewähr. Die Möglichkeit, das Darlehen durch schnelle Reaktion nach Erkennbarkeit der Krise anfechtungsfest abzuziehen, existiert nicht mehr.

Der in der Praxis wichtigste Unterschied zum vormaligen Recht ist der deutlich abgekürzte 117 Zeitraum, in dem an die Gesellschafter erbrachte Leistungen zurückgefordert werden können.[71] Nach Maßgabe der sog. Rechtsprechungsregeln wurden Gesellschafterdarlehen mit eigenkapitalersetzendem Charakter wie gebundenes Stammkapital behandelt. Die Mittel durften dem Gesellschafter nicht zurückgewährt werden, wenn das Unternehmen eine **Unterbilanz** aufwies. Entgegen dieses Verbotes geleistete Zahlungen wurden mit einem Rückzahlungsanspruch sanktioniert, den die Rechtsprechung aus der analogen Anwendung der §§ 30, 31 GmbHG a.F. ableitete. Dies hatte zur Folge, dass der Erstattungsanspruch der 10-jährigen Verjährungsfrist des § 31 Abs. 5 S. 1 GmbHG a.F. unterfiel. Erst nach Ablauf dieses Zeitraums konnte ein Gesellschafter also sicher sein, die erhaltenen Mittel nicht mehr an die Gesellschaft zurückzahlen zu müssen.

Mit Einführung des § 30 Abs. 1 S. 3 GmbHG wurden die vorerwähnten Rechtsprechungsregeln 118 aufgehoben. Die Kapitalerhaltungsvorschrift des § 30 Abs. 1 S. 1 GmbHG ist auf die Rückgewähr eines Gesellschafterdarlehens nicht mehr anwendbar. Darlehen können daher – in den Grenzen des § 64 S. 3 GmbHG – von Gesellschaftern auch in einer finanziellen Krisensituation des Unternehmens abgezogen werden. Gesellschafterkredite werden nicht mehr wie Eigenkapital behandelt und eine analoge Anwendung der §§ 30, 31 GmbHG scheidet aus. Demnach sind Gesellschafter auch nicht mehr der 10-jährigen Verjährungsfrist des § 31 Abs. 5 GmbHG ausgesetzt.

Mit dem MoMiG hat der Gesetzgeber die Behandlung von Gesellschafterdarlehen vollständig 119 in das Insolvenzrecht verlagert. Der Gesellschafter ist zur Rückzahlung erhaltener Leistungen nur dann verpflichtet, wenn ein Insolvenzverfahren eröffnet wird und die Mittel im letzten Jahr vor dem Insolvenzantrag abgezogen worden sind. Zuvor erfolgte Darlehenstilgungen bleiben sanktionslos. Ohne Insolvenz, insbesondere bei Masselosigkeit, können Gesellschaftsgläubiger auf das modifizierte Anfechtungsrecht der §§ 6, 6a AnfG zurückgreifen (hierzu noch unter III 4 Rn 166).

---

67 *Heckschen*, DStR 2007, 1442, 1448.
68 *Heckschen*, DStR 2007, 1442, 1448; *Roth*, GmbHR 2008, 1184, 1186.
69 *Heckschen*, a.a.O.
70 BGH GmbHR 1993, 87; GmbHR 1995, 38; GmbHR 1996, 198, 199.
71 Vgl. hierzu *Habersack*, ZIP 2007, 2145, 2146.

120 Für die Gesellschafter ergeben sich durch die Neukonzeption somit zwei maßgebliche Verbesserungen: Zum einen wird der Zeitraum für Rückzahlungen deutlich verkürzt und zum anderen entfällt – mit Ausnahme einer Anfechtung durch Einzelgläubiger nach den §§ 6, 6a AnfG – eine Erstattungspflicht außerhalb der Insolvenz. Eine wesentliche Folge der analogen Anwendung der §§ 30, 31 GmbHG a.F. durch die vormalige Rechtsprechung war gerade, dass die GmbH unabhängig von einer Insolvenz berechtigt war, Leistungen auf eigenkapitalersetzende Darlehen im Stadium der Unterbilanz vom Gesellschafter zurückzufordern. Diese Möglichkeit ist nach geltendem Recht entfallen.

121 Die Neukonzeption ist nicht ohne Kritik geblieben:

122 Es wird darauf verwiesen, dass es im Interesse einer Insolvenzvermeidung geradezu kontraproduktiv ist, wenn einem in finanziellen Schwierigkeiten befindlichen Unternehmen die Möglichkeit genommen wird, im Vorfeld der Insolvenz Rückzahlungsansprüche gegen die Gesellschafter geltend machen zu können. Ein wesentliches Sanierungselement würde hierdurch entfallen.[72] Praktische Relevanz habe dies vor allem dann, wenn die Geschäftsführung eines in der Krise steckenden Unternehmens wechselt und das neue Management nunmehr Zahlungsansprüche verfolgt, von deren Geltendmachung die bisherige Geschäftsführung aus unterschiedlichen Motiven Abstand genommen hatte.[73] Durch die fehlende Möglichkeit, dem Unternehmen einst abgeflossene Mittel wieder zuzuführen, werde ein wesentliches Mittel zur Sanierung des Unternehmens und zur Vermeidung von Insolvenz aufgegeben.

123 Kompensiert werde dieser Verlust weder durch die **verschärfte Geschäftsführerhaftung** noch durch die Neuregelung des Anfechtungsgesetzes. Der Geschäftsführer sei in der Regel nicht ausreichend leistungsfähig und werde vom Insolvenzverwalter oftmals auch nur ungern in Anspruch genommen, weil er auf dessen Mitwirkung weiter angewiesen ist. Das im Zuge des MoMiG erweiterte Anfechtungsrecht komme nur dem einzelnen Gesellschaftsgläubiger, nicht aber der Gläubigergemeinschaft zu Gute.

124 Bedenken an der Neukonzeption bestehen auch deshalb, weil der vor Beginn der Anfechtungsfrist erfolgte Abzug von Gesellschafterdarlehen insolvenzrechtlich folgenlos ist. Es wird befürchtet, dass die verhältnismäßig kurze Jahresfrist einen Anreiz für den Gesellschafter darstelle, das Darlehen bei finanzieller Schieflage des Unternehmens abzuziehen und die Gesellschaft sodann bis zum Ablauf der Jahresfrist mit allen erdenklichen Mitteln am Leben zu erhalten, unter Umständen auch unter Verletzung der Insolvenzantragsverpflichtung.[74] Um Missbrauch vorzubeugen, wird vorgeschlagen, als Ansatzpunkt für die Rückrechnung bei der Anfechtungsfrist nicht auf die tatsächlich erfolgte Antragstellung, sondern auf den Zeitpunkt der Antragspflicht gem. § 15a InsO abzustellen.[75]

125 Mit dem Wegfall der analogen Anwendung der §§ 30, 31 GmbHG auf Gesellschafterdarlehen entfalle schlussendlich auch die Ausfallhaftung der Mitgesellschafter nach § 31 Abs. 3 GmbHG,[76] was ebenfalls eine Schlechterstellung der Gesellschaftsgläubiger zur Folge hätte.

c) Nutzungsüberlassung als Sonderproblematik
aa) Bisherige Rechtslage

126 Unter den Tatbestand des Eigenkapitalersatzes fielen nach bisherigem Recht nicht nur Kreditgewährung und Besicherung, sondern gem. § 32a Abs. 3 S. 1 GmbHG a.F. auch wirtschaftlich gleichstehende Rechtshandlungen. Der BGH in ständiger Rechtsprechung hat Nutzungsüberlas-

---

72 *Bork*, ZGR 2007, 250, 263.
73 *Bork*, ZGR 2007, 250, 263.
74 *Bork*, a.a.O.; *Nassall*, NJW 2010, 2305, 2306.
75 *Hölzle*, GmbHR 2007, 729, 733; *Gehrlein*, BB 2008, 846, 852.
76 Hierauf weist *Hölzle*, GmbHR 2007, 729, 734 hin.

sungen unter den Tatbestand des § 32a Abs. 3 S. 1 GmbHG a.F. gefasst, sofern diese eigenkapitalersetzenden Charakter hatten.[77] Voraussetzung hierfür war das Vorhandensein einer „Krise" im Sinne des Eigenkapitalersatzrechts, die dann angenommen wurde, wenn es der Gesellschaft an der für eine Fremdanmietung erforderlichen **„Überlassungswürdigkeit"** fehlt.[78]

Eigenkapitalersetzend war eine Gebrauchsüberlassung (Miete, Pacht, Leihe oder Leasing) 127 durch einen Gesellschafter insbesondere dann, wenn die Gesellschaft nicht in der Lage war, die hierfür erforderlichen Investitionskosten aufzubringen und das überlassene Wirtschaftsgut aufgrund der besonderen Ausrichtung auf die Bedürfnisse des Unternehmens für den Gesellschafter nicht oder nur schwerlich anderweitig vermietbar war.[79]

Nach bisherigem Recht stellten Ansprüche auf Zahlung von Nutzungsentgelten im Falle einer eigenkapitalersetzenden Nutzungsüberlassung gem. § 32 Abs. 1 GmbHG a.F. nur nachrangige Insolvenzforderungen dar. 128

Sofern Nutzungsentgelte an den Gesellschafter entrichtet worden waren, konnten diese Zahlungen im Falle der Insolvenz unter den Voraussetzungen des § 135 Abs. 1 InsO a.F. einerseits 129 angefochten werden. Andererseits bestand eine Rückzahlungspflicht gegenüber der Gesellschaft gem. § 31 GmbHG a.F., wenn die Zahlung aus Mitteln erfolgte, die zur Deckung des Stammkapitals benötigt wurden.

Eine **eigenkapitalersetzende Nutzungsüberlassung** hatte nach ständiger Rechtsprechung 130 des BGH weiterhin die Verpflichtung des Gesellschafters zur Folge, dem Insolvenzverwalter den Gebrauch für die vereinbarte bzw. die übliche Zeit, die mit einem außenstehenden Dritten vereinbart worden wäre, unentgeltlich zu gestatten.[80] Die Überlassung für eine übliche Zeit kam insbesondere dann in Betracht, wenn zwischen Gesellschafter und Gesellschaft inakzeptabel kurze **Kündigungsfristen vereinbart** worden waren.

Die Nutzungsüberlassung versetzte den Insolvenzverwalter in die Lage, durch Weitervermietung des Gegenstandes Einnahmen zu erzielen. Dem Gesellschafter hingegen stand kein 131 Anspruch auf Nutzungsentgelt in Form von Miete oder Pacht zu, weil der Geldwert der Gebrauchsüberlassung als kapitalersetzende Leistung des Gesellschafters angesehen wurde. Eine Verpflichtung des Gesellschafters, anstelle der weiteren Überlassung des Wirtschaftsgutes den Nutzungswert in Geld zu ersetzen, bestand nicht. Der Gesellschafter seinerseits war hingegen zur Leistung von Wertersatz verpflichtet, wenn er die weitere Nutzungsüberlassung gegen den Willen des Insolvenzverwalters unmöglich machte, beispielsweise durch Verkauf des Wirtschaftsgutes.

Nach bisheriger Rechtsprechung beinhaltete die Umqualifizierung des Nutzungsverhältnisses in Eigenkapital regelmäßig auch alle Verpflichtungen, die der Gesellschafter in dem Ge- 132 brauchsüberlassungsvertrag übernommen hatte. Sofern er hiernach die **Versorgung des Grundstücks,** etwa mit Strom, Wasser oder Wärme, schuldete, hatte er die während der Krise der Gesellschaft anfallenden Kosten zu tragen, ohne rückständige oder laufende Erstattungsansprüche geltend machen zu können.[81]

Ein Anspruch des Insolvenzverwalters gegen den Gesellschafter auf **Verwertung der Sach-** 133 **substanz** des Gegenstandes bestand hingegen nicht, da ausschließlich das Nutzungsrecht, nicht aber der Gegenstand als solcher verhaftet war.[82]

---

77 BGHZ 109, 55; 121, 31; umfassend zur Rechtsprechung Scholz/*K. Schmidt*, GmbHG, 10. Aufl., 2006, §§ 32a, b Rn 128 ff.
78 BGHZ 105, 168.
79 BGH ZIP 1989, 1542.
80 BGHZ 127, 1, 10 ff.; BGHZ 127, 17, 26; BGH 140, 147, 150.
81 BGH ZIP 2000, 1491.
82 BGHZ 127, 1; 127, 17.

134   Der Anwendung der Regeln des Eigenkapitalersatzrechts konnte der Gesellschafter nur durch eine Kündigung des Nutzungsüberlassungsvertrages zum nächstmöglichen Termin nach Erkennbarkeit der Krise entgehen.

bb) Nutzungsüberlassung nach Inkrafttreten des MoMiG

135 Auch nach Inkrafttreten des MoMiG bleibt es dabei, dass in punkto **Nachrangigkeit von Miet- oder Pachtzinsforderungen** sowie Anfechtbarkeit hierauf erfolgter Zahlungen an den Gesellschafter keine gesonderten Vorschriften für Nutzungsüberlassungen existieren. Es greifen hier die allgemeinen Vorschriften der §§ 39, 135 InsO.

136   **(1)** Miet- oder Pachtzinsforderungen eines Gesellschafters gegen das Unternehmen, die zum Zeitpunkt der Insolvenzeröffnung noch nicht beglichen sind, unterfallen als gleichgestellte Forderungen der Nachrangigkeit des § 39 Abs. 1 Nr. 5 InsO. Den Gesellschafterdarlehen gleichgestellt sind rückständige Miet- oder Pachtforderungen deshalb, weil sie Stundungscharakter haben.[83]

137   **(2)** Zahlungen auf stehengelassene, also zuvor gestundete Miet- bzw. Pachtzinsforderungen, die der Gesellschafter nicht innerhalb der Verkehrsüblichkeit geltend gemacht hatte, sind unter den Voraussetzungen des § 135 InsO anfechtbar. Die **Anfechtung** greift also ein, wenn die Gesellschaft im letzten Jahr vor dem Insolvenzantrag Nutzungsentgeltzahlungen wieder aufgenommen hatte, nachdem sie zuvor in einen Zahlungsrückstand geraten war. Reguläre Miet- und Pachtzinszahlungen ohne vorherigen Verzug stellen keine gleichgestellte Forderung im Sinne des § 135 InsO dar. Lediglich eine Mindermeinung in der Literatur vertritt die Auffassung, dass nicht nur die gestundeten, sondern alle von der Gesellschaft gezahlten Entgelte anfechtbar sind.[84]

138   **(3)** Die Nutzungsüberlassung als solche hat nunmehr in § 135 Abs. 3 InsO eine gänzlich neue Regelung erhalten. Der Gesetzgeber hatte ursprünglich vor, auf eine Normierung der Nutzungsüberlassung gänzlich zu verzichten. Auf Anregung des Rechtsausschusses wurde sodann eine Regelung aufgenommen, die sich an § 26a der österreichischen Konkursordnung orientiert.

139   Dem Gesellschafter, der dem Unternehmen einen Gegenstand zur Nutzung überlassen hat, ist es nach § 135 Abs. 3 S. 1 InsO für die Dauer von einem Jahr seit Eröffnung des Insolvenzverfahrens versagt, seinen Aussonderungsanspruch geltend zu machen, sofern der Gegenstand für die Fortführung des Geschäftsbetriebs von erheblicher Bedeutung ist.

140   Im Gegensatz zum bisherigen Recht hat der Gesellschafter die Nutzungsüberlassung allerdings nicht unentgeltlich hinzunehmen. Nach § 135 Abs. 3 S. 2 InsO erhält er einen **finanziellen Ausgleich** in Höhe der im letzten Jahr vor Verfahrenseröffnung durchschnittlich geleisteten Vergütung.

141   Tatbestandlich setzt die Neuregelung zunächst eine bereits vollzogene Überlassung eines Gegenstandes an die Gesellschaft zum Gebrauch oder zur Ausübung voraus. Der bloße Abschluss eines hierauf gerichteten Vertrages genügt nicht.[85]

142   Der Begriff des Gegenstandes in § 135 Abs. 3 S. 1 InsO ist umfassend zu verstehen. Neben beweglichen und unbeweglichen Sachen werden hiervon auch Rechte aller Art erfasst.[86]

---

83 *K. Schmidt*, DB 2008, 1727, 1731, 1734; *Rühle*, ZIP 2009, 1358, 1360; *Spliedt*, ZIP 2009, 149, 157; *Dahl/Schmitz*, NZG 2009, 325, 328, 329 f.; *Mylich*, ZGR 2009, 474, 502; *Hirte*, WM 2008, 1429, 1432; vgl. auch *Heinze*, ZIP 2008, 110.
84 *Hölzle* ZIP 2009, 1939, 1946 f; ähnlich *Marotzke*, ZInsO 2008, 1281, 1285 ff.
85 *Bitter*, ZIP 2010, 1, 2 m.w.N.
86 Scholz/*K. Schmidt*, GmbHG, Bd. III, 2010, Nachtrag MoMiG §§ 32 a/b a.F. Rn 72; *Holzer*, ZVI 2008, 369, 372.

Leiner

Die **Fortführungserheblichkeit** als letzte tatbestandliche Voraussetzung entspricht dem **143** Wortlaut nach dem § 21 Abs. 2 S. 1 Nr. 5 InsO. Ob der Begriff bei § 135 Abs. 3 InsO allerdings in exakt gleicher Weise zu definieren ist, wird in Frage gestellt.[87]

Eine erhebliche Bedeutung für die Fortführung des Unternehmens wird im Allgemeinen **144** dann bejaht, wenn der Betriebsablauf durch den Wegfall der Nutzungsmöglichkeit erheblich gestört wird.[88]

Bei der Fortführungserheblichkeit ergeben sich eine Vielzahl von Problemen, die umstritten **145** und im Einzelnen noch ungeklärt sind.[89] Fraglich ist beispielsweise, ob bei der Beurteilung der Erheblichkeit nur auf die technischen Möglichkeiten einer Ersatzbeschaffung abzustellen ist oder auch auf die damit verbundenen Kosten.

Offen ist auch, ob bei der Beurteilung der Fortführungserheblichkeit auf die Person des In- **146** solvenzverwalters abzustellen ist oder es im Rahmen einer übertragenden Sanierung genügt, dass der Erwerber den betreffenden Gegenstand für die Weiterführung des Unternehmens benötigt. Hier bleibt die Entwicklung der Rechtsprechung abzuwarten.

Sofern das vom Gesellschafter der Gesellschaft überlassene **Grundstück mit dinglichen Si-** **147** **cherheiten** belastet ist, entfällt das Nutzungsrecht der Gesellschaft nach § 135 Abs. 3 InsO mit dem Wirksamwerden der im Wege der Zwangsverwaltung veranlassten Beschlagnahme (§§ 146 ff. ZVG, §§ 1123, 1124 Abs. 2 BGB analog).[90] Anschließend kommt eine unentgeltliche Weiternutzung nur unter den Voraussetzungen des § 1124 Abs. 2 BGB in Betracht.

Auch im Zusammenhang mit dem **Ausgleichsanspruch nach § 135 Abs. 3 S. 2 InsO** sind **148** noch viele Fragen offen. Ziel des Gesetzgebers war es, dem Gesellschafter kein Sonderopfer abzuverlangen und ihm aus diesem Grunde dieselbe Vergütung zukommen zu lassen, die ihm durchschnittlich im letzten Jahr vor Eröffnung des Verfahrens tatsächlich zugeflossen ist.[91] Die starre Anknüpfung an das im letzten Jahr vor Insolvenzeröffnung tatsächlich gezahlte Nutzungsentgelt bedeutet aber auch, dass der Gesellschafter nach Verfahrenseröffnung einen entsprechend geringeren Ausgleich erhält, sollte das Unternehmen im Jahr zuvor nur eine reduzierte Miete oder Pacht gezahlt haben. Hat das Unternehmen im relevanten Zeitraum keine Zahlungen mehr geleistet, muss sich der Gesellschafter auch dies entgegenhalten lassen.[92]

Im Zusammenhang mit der Ausgleichszahlung nach § 135 Abs. 3 S. 2 InsO wird die zukünfti- **149** ge Rechtsprechung noch viele Detailprobleme zu klären haben. So beispielsweise die Frage, ob Nutzungsentgelte bei der Berechnung des Ausgleichsanspruchs erhöhend berücksichtigt werden können, die zuvor in anfechtbarer Weise an die Gesellschaft geleistet worden sind.[93] Die praktischen Auswirkungen sind beträchtlich, beispielsweise dann, wenn ein mit Mietzahlungen seit Monaten rückständiges Unternehmen rechtzeitig vor dem Insolvenzantrag eine – zweifelsohne anfechtbare – Nachzahlung in erheblicher Höhe leistet. Sollte die Zahlung im Rahmen des § 135 Abs. 3 S. 2 InsO den Ausgleichsanspruch des Gesellschafters erhöhen, wäre dies ein Wertungswiderspruch, weil der Gesellschafter von einer dem Zweck des Insolvenzverfahrens widersprechenden Rechtshandlung profitieren würde.

Da sich § 135 Abs. 3 S. 2 InsO an der durchschnittlich im letzten Jahr vor Verfahrenser- **150** öffnung gezahlten Vergütung orientiert und nicht Bezug nimmt auf das letzte Jahr vor dem Insolvenzantrag, ist auch die gegenteilige Konstellation denkbar, und zwar dann, wenn der Insolvenzverwalter – was er regelmäßig tun wird – die Zahlung des Nutzungsentgeltes im Eröff-

---

87 *Spliedt*, ZIP 2009, 149, 156.
88 *Spliedt*, ZIP 2009, 149, 156.
89 Übersichten bei *Bitter*, ZIP 2010, 1, 4, und *Spliedt*, ZIP 2009, 149, 156 f.
90 *Dahl/Schmitz*, NZG 2009, 325, 331.
91 BT-Drucks 16/9737, 59.
92 Vgl. *Spliedt*, ZIP 2009, 149, 157.
93 Ablehnend *Dahl/Schmitz*, NZG 2009, 325, 330; *Rühle*, ZIP 2009, 1358, 1362; *Marotzke*, ZInsO 2008, 1281, 1287; bejahend *Hörndler/Hoisl*, NZM 2009, 377, 380.

nungsverfahren einstellt. Hätte dieser Zeitraum Einfluss auf die Berechnungsgrundlage, müsste der Gesellschafter eine Minderung des Ausgleichsanspruchs hinnehmen.[94]

151   Einigkeit besteht weitestgehend darüber, dass ein nach Verfahrenseröffnung entstehender Ausgleichsanspruch eine **Masseforderung** (§ 55 Abs. 1 Nr. 1 oder Nr. 2 InsO) darstellt.[95] Lediglich einige Stimmen, die entgegen des Gesetzeswortlauts eine Pflicht des Gesellschafters zur unentgeltlichen Gebrauchsüberlassung bejahen, sehen den Ausgleichsanspruch als nachrangige Insolvenzforderung an.[96]

152   **Rückständige Miet- oder Pachtzinsforderungen** sind demgegenüber stets nachrangig gemäß § 39 Abs. 1 Nr. 5 InsO.

153   Streitig ist, wie nach neuem Recht zu verfahren ist, wenn der Gesellschafter den **Gebrauchsüberlassungsvertrag wegen Zahlungsverzugs der Gesellschaft gekündigt** und das Wirtschaftsgut vor Eröffnung des Insolvenzverfahrens zurückerhalten hat.[97] Nach Maßgabe der früheren Rechtsprechungsregeln war die Rückgabe des Gegenstandes nach §§ 30, 31 GmbHG a.F. unzulässig, sofern die Gebrauchsüberlassung die Kriterien des Eigenkapitalersatzes erfüllte. Die Nutzungsüberlassung wurde in diesem Fall wie eine Einlage behandelt.[98] Dem Gesellschafter stand bereits kein Kündigungsgrund zu, weil sich die Gesellschaft mangels eines durchsetzbaren Miet- oder Pachtzinsanspruchs nicht in Verzug befand.

154   Vereinzelt wird nach Inkrafttreten des MoMiG die Auffassung vertreten, die Rückgabe des Gegenstandes sei nach § 135 Abs. 1 Nr. 2 InsO anfechtbar.[99] Andere meinen, in der Rückgabe des Gegenstandes läge eine Verletzung der Treuepflicht, die dadurch zu sanktionieren sei, dass der Gesellschaft der Besitz wieder eingeräumt und der Gesellschafter unter Umständen Wertersatz leisten müsse.[100] Nach überwiegender Meinung hingegen stellt die bloße Nutzungsüberlassung keine Rechtshandlung dar, die einem Darlehen gem. § 135 Abs. 1 InsO gleichgestellt werden könne.[101]

155   Weitere noch ungeklärte Problemfelder im Zusammenhang mit der Nutzungsüberlassung ergeben sich bei der Übereignung des Vermögensgegenstandes auf Dritte,[102] der Übertragung der Geschäftsanteile auf Dritte[103] und der Aufgabe der Geschäftsführung oder Reduzierung der Beteiligung zwecks Erlangung des Klagebeteiligtenprivilegs des § 39 Abs. 5 InsO.[104]

3. Überschuldungsstatus

156 Die Neuregelung des § 19 Abs. 2 S. 3 InsO führt zu einer geänderten Rechtslage bei der Frage, ob Gesellschafterdarlehen im Zuge der Feststellung der Überschuldung zu berücksichtigen sind.

---

94 Für eine Minderung: *Wälzholz*, GmbHR 2008, 841, 848; hiergegen: *Spliedt*, ZIP 2009, 149, 157; *Rühle*, ZIP 2009, 1358, 1362 f.; *Dahl/Schmitz*, NZG 2009, 325, 330.

95 *Burg/Blasche*, GmbHR 2008, 1250, 1253; *Hörndler/Hoisl*, NZM 2009, 377, 379; *Holzer*, ZVI 2008, 369, 373; *Bitter*, ZIP 2010, 1, 3.

96 *Marotzke*, ZInsO 2008, 1281, 1284 ff., 1289; Hölzle, ZIP 2009, 1939, 1946.

97 Überblick bei *Gruschinske*, GmbHR 2010, 179.

98 BGH ZIP 1994, 1261; BGH ZIP 2005, 484.

99 *Marotzke*, ZInsO 2008, 1281, 1285.

100 *K. Schmidt*, DB 2008, 1727.

101 *Spliedt*, ZIP 2009, 149, 158; siehe zu dieser Problematik auch *Dahl/Schmitz*, NZG 2009, 325, 330; *Rühle*, ZIP 2009, 1358, 1364, 1366; Goette/Habersack/*Habersack*, Das MoMiG in Wissenschaft und Praxis, 2009, Rn 5.17.

102 Hierzu *Wälzholz*, GmbHR 2008, 841, 848; *Spliedt*, ZIP 2009, 149, 156; Roth/Altmeppen/*Altmeppen*, GmbHG, 6. Aufl., 2009, Anh. §§ 32a, b Rdn. 6; *Gehrlein/Witt*, GmbHR in der Praxis, 2. Aufl., 2008, S. 398; Haas, ZInsO 2007, 617, 626.

103 *Rühle*, ZIP 2009, 1358, 1364; *Dahl/Schmitz*, NZG 2009, 325, 326; Scholz/*K. Schmidt*, GmbHG, Bd. III, 2010, Nachtrag MoMiG §§ 32a/b a.F. Rn 21.

104 Hierzu *Dahl/Schmitz*, NZG 2009, 325, 326.

a) Bisheriges Recht

Vor Inkrafttreten des MoMiG wurde von einer Passivierung von Gesellschafterdarlehen nur im **157**
Falle eines **„qualifizierten" Rangrücktritts** abgesehen.[105] Gefordert wurde eine Erklärung des
Gesellschafters, dass er in den Rang zwischen § 39 Abs. 2 InsO und § 199 InsO zurücktritt, also
erst nach Befriedigung sämtlicher Gesellschaftsgläubiger und nicht vor den Einlagerückgewähr-
ansprüchen der Mitgesellschafter berücksichtigt wird.[106]

    Probleme bereitete in der Vergangenheit die Beurteilung der Frage, ob die vom Gesellschaf- **158**
ter abgegebene Rücktrittserklärung gemessen an den Kriterien der Rechtsprechung ausreichend
war. Diese Unsicherheiten bargen vor allem für die Geschäftsführer unter dem Aspekt der Haftung wegen Insolvenzverschleppung Risiken.

b) Neue Rechtslage

Der Regierungsentwurf zum MoMiG sah ursprünglich vor, Gesellschafterdarlehen in der Über- **159**
schuldungsbilanz generell nicht mehr als Verbindlichkeiten zu berücksichtigen.[107] Dem lag der
Gedanke zugrunde, dass es einer Passivierung nicht mehr bedürfe, nachdem das Merkmal des
Eigenkapitalersatzes entfallen sei und sämtliche Gesellschafterdarlehen ohne Ausnahme nachrangige Insolvenzforderungen darstellten. Auch solle vermieden werden, dass Unternehmen
wegen ohnehin nachrangiger Forderungen einen Insolvenzantrag stellen müssen.[108] Der generelle Wegfall der Passivierungspflicht sollte ferner zu einer Vereinfachung und zur Beseitigung
der Unklarheiten führen, die mit dem Erfordernis des qualifizierten Rangrücktritts verbunden
waren.[109]

    Die ursprünglich beabsichtigte Neukonzeption zur Behandlung von Gesellschafterleistun- **160**
gen im Überschuldungsstatus ist nach heftiger Kritik nicht in die Tat umgesetzt worden. Die
neue Vorschrift des § 19 Abs. 2 S. 3 InsO sieht nunmehr vor, dass Forderungen auf Rückgewähr
eines Gesellschafterdarlehens oder wirtschaftlich gleichgestellten Rechtshandlungen **bei der
Feststellung der Überschuldung nicht zu berücksichtigen** sind, wenn für sie gem. § 39 Abs. 2
InsO zwischen Gläubiger und Schuldner der Nachrang im Insolvenzverfahren hinter den in § 39
Abs. 1 Nr. 1–5 InsO bezeichneten Forderungen vereinbart worden ist.

    In Abkehr vom alten Recht ist hiernach **kein qualifizierter Rangrücktritt mehr erforder-** **161**
lich. Die Erklärung des Gesellschafters muss demgemäß nicht zum Inhalt haben, sich wie ein
Eigenkapitalgeber behandeln zu lassen. Es genügt, wenn der Gesellschafter zum Ausdruck
bringt, dass er hinter sämtliche Gesellschaftsgläubiger zurücktritt, eine Befriedigung allerdings
noch vor den Eigenkapitalgebern erfolgen soll.[110]

    Unterschiedlich beurteilt wird die Frage, ob Gesellschafterdarlehen und gleichgestellte Leis- **162**
tungen nur dann beim Überschuldungstatus unberücksichtigt bleiben, wenn der erklärte Rangrücktritt nicht nur im Insolvenzverfahren Geltung erlangt, sondern auch die vorherige Zeitphase
erfasst.[111]

    In der Praxis wird diese Unterscheidung wenig Bedeutung haben, da der Gesellschafter mit **163**
einer derart nachrangigen Forderung in der Insolenz regelmäßig ohnehin ausfallen wird, unabhängig davon, ob seine Forderung auf einer Stufe mit den Einlagerückzahlungsansprüchen der
Gesellschafter steht oder nicht.[112]

---

105 BGHZ 146, 264, 269 ff.
106 BGHZ 146, 264, 271.
107 BR-Drucks 354/07, 129.
108 So *Habersack*, ZIP 2007, 2145, 2152.
109 *Gehrlein*, BB 2008, 846, 847.
110 Umfassend zum Rangrücktritt nach neuem Recht: *Kahlert/Gehrke*, DStR 2010, 227.
111 So *Haas*, DStR 2009, 326, 327; *Funk*, BB 2009, 867, 869; a.A. *Kahlert/Gehrke*, DStR 2010, 227, 229 f.
112 So *Roth*, GmbHR 2008, 1184, 1191.

164   Problematisch sind inhaltliche Einschränkungen der Rangrücktrittserklärung. Eine zeitliche Befristung kommt aufgrund der damit verbundenen Stundungswirkung nicht in Betracht.[113]

165   Als zulässig angesehen wird jedoch eine Ausgestaltung des Rangrücktritts dahingehend, dass Zahlungen auf die zunächst zurückgetretenen Forderungen möglich sind, wenn die Überschuldungsgefahr beseitigt ist.[114]

4. Anfechtbarkeit außerhalb der Insolvenz (§§ 6, 6a AnfG)

166   Der Gesetzgeber hat die Modifikationen im Insolvenzanfechtungstatbestand des § 135 InsO nahezu gleichlautend in die **Anfechtungstatbestände der §§ 6, 6a AnfG** übernommen. Praktische Bedeutung erlangt die Anfechtung von Darlehensrückzahlungen außerhalb der Insolvenz insbesondere bei Abweisung der Eröffnung eines Insolvenzverfahrens mangels Masse.

167   Auch im Anfechtungsrecht spielt die kapitalersetzende Funktion der Gesellschafterleistung keine Rolle mehr. Das Kriterium der Krise ist hier ebenfalls entfallen.

168   § 6 Abs. 1 AnfG verweist auf § 39 Abs. 1 Nr. 5 InsO, was zur Folge hat, dass außerhalb der Insolvenz nicht nur Gesellschafterdarlehen, sondern auch Forderungen aus Rechtshandlungen angefochten werden können, die einem Darlehen wirtschaftlich entsprechen. Praktisch bedeutsamster Anwendungsfall hierfür ist die Leistung auf vom Gesellschafter zuvor gestundete Forderungen.

169   Eine maßgebliche Änderung zum alten Recht ergibt sich bei den Anfechtungsfristen, die im Interesse des Gläubigerschutzes verlängert worden sind. Relevanz wird dies vor allem bei der Anfechtung nach § 6 Abs. 1 Nr. 2 AnfG erlangen. Nach dieser Vorschrift kann eine im letzten Jahr vor Erlangung des vollstreckbaren Schuldtitels oder danach vorgenommene Darlehenstilgung angefochten werden. In Abkehr vom bisherigen Recht knüpft die **Jahresfrist** nicht mehr an die gerichtliche Geltendmachung der Anfechtung an. Dies führt zu einer wesentlichen Verschärfung der Vorschrift im Interesse der Gläubiger, weil bei einer nach altem Recht erfolgten Anfechtung regelmäßig eine beträchtliche Zeit vergangen war, bevor der Anspruch tituliert werden konnte.[115]

170   Der Insolvenzeröffnungsantrag und nicht die Erlangung des Vollstreckungstitels ist nach § 6 Abs. 1, S. 2 AnfG in den Fällen für die Berechnung der Anfechtungsfrist maßgeblich, in denen der Antrag auf Insolvenzeröffnung mangels Masse abgewiesen wurde[116] und der Gläubiger zu diesem Zeitpunkt noch nicht in Besitz eines vollstreckbaren Titels war.

171   In Anlehnung an § 135 Abs. 1 Nr. 1 InsO ist nach § 6 Abs. 1 Nr. 1 InsO eine Rechtshandlung anfechtbar, die für einen Darlehensrückzahlungsanspruch des Gesellschafters oder eine gleichgestellte Forderung Sicherung gewährt hat, sofern die Handlung **in den letzten 10 Jahren** vor Erlangung des vollstreckbaren Schuldtitels oder danach vorgenommen worden ist.

172   Unabhängig von den Anfechtungsfristen des § 6 Abs. 1 AnfG sieht § 6 Abs. 2 S. 1 AnfG eine Ausschlussfrist für die Fälle vor, in denen nach dem Ende des Jahres, in dem der Vollstreckungstitel erwirkt wurde, drei Jahre vergangen sind.

173   Eine gesonderte Ausschlussfrist enthält § 6 Abs. 2 S. 2 AnfG für Sachverhalte, in denen die anfechtbare Rechtshandlung erst nach der **Erlangung des Vollstreckungstitels** vorgenommen wurde. Die Anfechtung ist hiernach ausgeschlossen, wenn drei Jahre nach dem Schluss des Jahres vergangen sind, in dem die Handlung vorgenommen wurde.

174   § 6 a AnfG enthält in Übereinstimmung mit § 135 Abs. 2 InsO eine Regelung für gesellschaftergesicherte Drittdarlehen. Mit dieser neuen Vorschrift wurde eine bisherige Gesetzeslücke[117]

---

113 *Wittig*, NZI, 2001, 169, 174.
114 So zum alten Recht: OLG Düsseldorf NJW 1997, 1455.
115 Vgl. *Knof*, ZInsO 2007, 125, 127; *Gehrlein*, BB 2008, 846, 854.
116 § 26 Abs. 1 InsO.
117 Vgl. *Huber/Habersack*, BB 2006, 1, 6.

geschlossen. Der Gesellschafter hat in einem solchen Fall nach § 11 AnfG die Vollstreckung zu dulden oder muss dem Gläubiger den Sicherungsgegenstand zur Verfügung stellen.

5. Übergangsrecht

Entsprechend der neu konzipierten Verlagerung des ehemaligen Eigenkapitalersatzrechts in das **175** Insolvenzrecht sind die Übergangsregelungen für die neuen Regelungen zur Gesellschafterfinanzierung nicht im EGGmbHG, sondern im EGInsO enthalten, und zwar im dortigen Art. 103 d EGInsO.

Nach Art. 103d S. 1 EGInsO sind auf **Insolvenzverfahren, die vor dem Inkrafttreten des 176 MoMiG am 1.11.2008 eröffnet** worden sind, die bis dahin geltenden gesetzlichen Vorschriften weiter anzuwenden. Bei Insolvenzverfahren, die nach dem 1.11.2008 eröffnet wurden, finden gem. Art. 103d S. 2 EGInsO auf vor diesem Datum vorgenommene Rechtshandlungen die bis dahin geltenden Vorschriften der Insolvenzordnung über die Anfechtung von Rechtshandlungen Anwendung, soweit die Rechtshandlungen nach dem bisherigen Recht der Anfechtung entzogen oder in geringerem Umfang unterworfen sind.

Das Übergangsrecht hat viele Probleme aufgeworfen, die nach wie vor umstritten sind. **177**

Einigkeit besteht bei den reinen „Neufällen", die dann vorliegen, wenn das Insolvenzver- **178** fahren nach dem Inkrafttreten des MoMiG am 1.11.2008 eröffnet wurde und der Gesellschaft zuvor auch kein Erstattungsanspruch gegen einen Gesellschafter wegen Rückzahlung eines eigenkapitalersetzenden Darlehens gem. §§ 30, 31 GmbHG a.F. analog – nach den sog. Rechtsprechungsregeln – zustand. In diesen Fällen ist uneingeschränkt das neue Recht anwendbar.

Weitestgehend Klarheit besteht auch über den Anwendungsbereich der Ausnahmevorschrift **179** des Art. 103d S. 2 EGInsO. Diese Norm erfasst die vor dem 1.11.2008 erfolgte Rückerstattung von Gesellschafterleistungen, die nach altem Recht nicht eigenkapitalersetzend waren. Während eine solche Rückzahlung nach altem Recht nicht angefochten werden konnte, unterliegt sie seit Inkrafttreten des MoMiG der Anfechtung, weil es auf den eigenkapitalersetzenden Charakter nicht mehr ankommt. Nach der eindeutigen Regelung des Art. 103d S. 2 InsO kann die bisherige Besserstellung des Gesellschafters durch die neuen Bestimmungen nicht beseitigt werden, eine Anfechtung scheidet daher aus.

Aus Art. 103 d S. EGInsO ergibt sich ferner eine Fortgeltung des vormaligen Eigenkapitaler- **180** satzrechts, wenn ein Rückzahlungsanspruch der Gesellschaft (nach den alten Rechtsprechungsregeln) entsprechend §§ 30, 31 GmbHG a.F. schon vor dem 1.11.2008 bestand und vor diesem Datum auch das Insolvenzverfahren über das Vermögen der Gesellschaft bereits eröffnet worden war (sog. Altfall).

Gegen diese Auffassung werden Bedenken vorgebracht, und zwar vor folgendem Hinter- **181** grund:

Dass die ehemaligen Novellenregeln der §§ 32a, 32b GmbHG a.F. für die Altfälle weiter gelten ist unbestritten, da gem. Art. 103 d S. 1 EGInsO auf Insolvenzverfahren, die vor Inkrafttreten des MoMiG am 1.11.2008 eröffnet wurden, die bis dahin geltenden gesetzlichen Vorschriften weiter anwendbar sind. Mit gesetzlichen Vorschriften sind – insoweit besteht Einigkeit – nicht nur die rein insolvenzrechtlichen Regelungen, sondern auch die §§ 32a, 32b GmbHG a.F. gemeint, die inhaltlich ohnehin dem Insolvenzrecht zuzuordnen sind.[118]

In Frage gestellt wird aber eine **Weitergeltung der sog. Rechtsprechungsregelungen** ana- **182** log §§ 30, 31 GmbHG a.F., weil Art. 103d S. 1 EGInsO ausschließlich von einer weiteren Anwendung der bis dahin geltenden „gesetzlichen Vorschriften" spricht.[119]

---

118 Vgl. *Haas*, DStR 2009, 976 ff.; *Blöse*, GmbHR 2009, 430, 431.
119 *Hirte/Knof/Mock*, NZG 2009, 48 ff.; *Holzer*, ZIP 2009, 206, 207, sprechen sich gegen eine Anwendung der Rechtsprechungsregeln auf Altfälle aus.

183   Mittlerweile liegen zu diesem Fragenkreis eine Entscheidung des BGH vom 26.1.2009 (Gut Buschow)[120] und ein Urteil des OLG Köln vom 11.12.2008[121] vor.

184   Der BGH bestätigte zunächst die **Fortgeltung der Novellenregeln §§ 32a, 32b GmbHG a.F.** auf vor dem 1.11.2008 eröffnete Insolvenzverfahren.[122] Er stellte ferner fest, dass auch die Rechtsprechungsregeln auf Altfälle weiterhin Anwendung finden. Dies sei bereits der Regelung des Art. 103d S. 1 EGInsO zu entnehmen.[123]

185   § 103d S. 1 EGInsO soll nach den klaren Vorgaben des BGH so zu verstehen sein, dass die neuen Vorschriften nur für nach dem 1.11.2008 eröffnete Insolvenzverfahren gelten sollen. Für die Zeit zuvor bleibt es bei dem alten Rechtszustand, der durch das Nebeneinander von Novellen- und Rechtsprechungsregeln geprägt wird. Der Wegfall einer dieser Komponenten würde – so der BGH – dem vom Gesetzgeber gewollten Fortbestand des alten Rechtszustands zuwider laufen.

186   Der BGH stützt die **Fortgeltung der Rechtsprechungsregeln** nicht nur auf Art. 103d S. 1 EGInsO, sondern auch auf die allgemeinen Grundsätzen des intertemporalen Rechts entsprechend Art. 170, Art. 229 § 5, Art. 232 § 1 EGBGB. Diese Normen kämen sinngemäß zur Anwendung, weil im EGGmbHG eine Übergangsregelung zum Eigenkapitalrecht fehle.[124] § 3 EGGmbHG lege fest, dass die Neuregelungen zu den verdeckten Sacheinlagen und zum Hin- und Herzahlen in § 19 Abs. 4 und 5 GmbHG auch auf Sachverhalte vor Inkrafttreten des MoMiG anzuwenden sind. Eine entsprechende Regelung fehle für die neue Bestimmung des § 30 Abs. 1 S. 3 GmbHG, nach der das Auszahlungsverbot des § 30 Abs. 1 S. 1 GmbHG nicht auf die Rückgewähr von Gesellschafterdarlehen anzuwenden ist.

187   Da § 3 EGGmbHG auch nicht analogfähig ist,[125] bleibt im Ergebnis festzuhalten, dass eine Anwendung des § 30 Abs. 1 S. 3 GmbHG nicht in Betracht kommt, wenn die Insolvenzeröffnung vor dem 1.11.2008 erfolgt ist.[126] Gesellschafter müssen in Altfällen daher noch mit einer Inanspruchnahme durch den Insolvenzverwalter rechnen.

188   Weder höchstrichterlich noch – soweit ersichtlich – obergerichtlich entschieden wurde bislang die Frage, ob die Rechtsprechungsregeln auch bei Insolvenzverfahren, die nach dem 1.11.2008 eröffnet wurden, weiter gelten sollen. Relevanz erlangt diese Frage bei Sachverhalten, in denen einem Gesellschafter vor dem 1.11.2008 ein eigenkapitalersetzendes Darlehen zurückerstattet wurde und es erst nach diesem Zeitpunkt zu einer Insolvenzeröffnung gekommen ist.[127]

189   Obwohl jeweils Sachverhalte zu entscheiden waren, bei denen die Insolvenzeröffnung vor dem 1.11.2008 lag, haben das OLG Köln[128] und das OLG Thüringen[129] quasi rechtsfortbildend zu der Frage Stellung genommen, ob die vormaligen Rechtsprechungsregeln auch bei „Neuinsolvenzen" zur Anwendung kommen können.

190   Nach Auffassung des OLG Köln steht einem Rückzahlungsanspruch der Gesellschaft nach dem 1.11.2008 entgegen, dass der Gesellschafter nach der Neuregelung des § 30 Abs. 1 S. 3 GmbHG nahezu unbegrenzt berechtigt sei, seinerseits eine Rückzahlung des Darlehens zu ver-

---

120 BGH GmbHR 2009, 427, GmbHR 2009, 371.
121 OLG Köln GmbHR 2009, 256, 257.
122 BGH GmbHR 2009, 427, 428 f.; GmbHR 2009, 371, 372.
123 BGH GmbHR 2009, 427, 429; vgl. auch *Römermann*, NZG 2009, 425, 426 f.; *Altmeppen*, NJW 2008, 3601.
124 BGH GmbHR 2009, 427, 429; ebenso *Orlikowski-Wolf*, GmbHR 2009, 902, 904; *Wedemann*, GmbHR 2008, 1131, 1134 f.
125 Vgl. *Orlikowski-Wolf*, GmbHR 2009, 902, 905.
126 So auch OLG Köln GmbHR 2009, 256, 257.
127 Umfassende Darstellung des Meinungsstandes bei *Altmeppen*, ZIP 2011, 641.
128 OLG Köln GmbHR 2009, 256.
129 OLG Thüringen GmbHR 2009, 431.

langen. Die Gesellschaft müsste den erhaltenen Betrag daher postwendend wieder an den Gesellschafter auskehren.[130]

Das OLG Thüringen macht die Anwendbarkeit der Rechtsprechungsregeln ausschließlich **191** davon abhängig, ob die Gesellschaft bereits vor dem 1.11.2008 berechtigt war, das ausgekehrte Darlehen von dem Gesellschafter zurückzufordern oder nicht. Sollte der Rückzahlungsanspruch bereits vor dem 1.11.2008 bestanden haben, gelte altes Recht und damit auch die Rechtsprechungsregeln, unabhängig davon, ob es vor oder nach dem 1.11.2008 zur Insolvenzeröffnung gekommen sei.[131] Seiner Rechtsauffassung legte das OLG Thüringen nicht Art. 103d S. 1 EGInsO, sondern die analoge Anwendung der allgemeinen Grundsätze des intertemporalen Rechts zugrunde.

Die überwiegende Ansicht im Schrifttum folgt der Auffassung des OLG Thüringen im Ergeb- **192** nis.[132]

Zur Begründung wird darauf verwiesen, dass ein bereits vor dem 1.11.2008 bestehender **193** Rückzahlungsanspruch der Gesellschaft analog §§ 30, 31 GmbHG a.F. mit dem Inkrafttreten des MoMiG nicht entfallen könne, weil eine gesetzliche Regelung, in der die rückwirkende Geltung des § 30 Abs. 1 S. 3 GmbHG angeordnet wird, fehle. Der Gesetzgeber habe bewusst darauf verzichtet, den Anwendungsbereich des § 3 EGGmbHG auf die Regelung des § 30 Abs. 1 S. 3 GmbHG zu erstrecken.[133]

Sofern dieser Auffassung gefolgt wird, hätte dies zur Folge, dass ein nach altem Recht be- **194** reits entstandener Rückzahlungsanspruch vom Insolvenzverwalter auch bei einer Verfahreneröffnung nach dem 1.11.2008 weiter geltend gemacht werden kann, und zwar im Hinblick auf Vorgänge, die bis zu zehn Jahre zurückliegen können.

Ein Insolvenzverwalter würde also in die Lage versetzt, einen Gesellschafter-Bürgen in An- **195** spruch zu nehmen, weil dessen Gesellschaft 10 Jahre zuvor trotz Krise Zahlungen auf ein persönlich besichertes Darlehen geleistet hat.[134]

---

130 OLG Köln GmbHR 2009, 256, 257.
131 OLG Thüringen GmbHR 2009, 431, 432.
132 *Lorenz*, GmbHR 2009, 135, 137; *Orlikowski-Wolf*, GmbHR 2009, 902, 906 f.; *Wedemann*, GmbHR 2008 1131, 1135; vgl. auch *Haas*, DStR 2009, 976, 978 f.; a.A. *Altmeppen*, ZIP 2011, 641; *Hirte/Knof/Mock*, NZG 2009 48, 49 f.
133 Vgl. hierzu *Lorenz*, GmbHR 2009, 135, 137; *Dahl/Schmitz*, NZG 2009, 325, 331; *Orlikowski-Wolf*, GmbHR 2009, 902, 906 f.; a.A. *Altmeppen*, ZIP 2011, 641; *Hirte/Knof/Mock*, NZG 2009, 48, 49 f.
134 Vgl. *Altmeppen*, ZIP 2011, 641.

Kapitel 9 Das Mandat im Rahmen der Insolvenz der Gesellschaft

Dr. Per Hendrik Heerma
§ 45 Der Eigenantrag der Gesellschaft – Eigenverwaltung und Insolvenzplan

Literatur: *Braun, Eberhard,* Insolvenzordnung, 5. Aufl. 2012; *Görg/Stockhaus,* Eigenverwaltung für Großinsolvenzen, in: FS Metzeler 2003, S. 105; *Hirte, Heribert,* Anmerkungen zum von § 270b RefE-InsO ESUG vorgeschlagenen „Schutzschirm", ZInsO 2011, 401; *Hofmann, Matthias,* Die Vorschläge des DiskE-ESUG zur Eigenverwaltung und zur Auswahl des Sachwalters – Wege und Irrwege zur Erleichterung von Unternehmenssanierungen, NZI 2010, 798; *Kammel/ Staps,* Insolvenzverwalterauswahl und Eigenverwaltung im Diskussionsentwurf für ein Sanierungserleichterungsgesetz, NZI 2010, 791; *Obermüller, Manfred* Das ESUG und seine Auswirkungen auf das Bankgeschäft, ZInsO 2011, 1809 – 1821; *Rattunde, Rolf,* Sanierung von Großunternehmen durch Insolvenzpläne – Der Fall Herlitz, ZIP 2003, 596; *Uhlenbruck, Wilhelm,* Chancen und Risiken eines plangesteuerten Insolvenzverfahrens als Eigenverwaltung, in: FS Metzeler 2003, S. 85.

Inhalt

I. Die Insolvenzverfahrensreife und ihre Folgen

Ist die Gesellschaft in eine ernsthafte wirtschaftliche Schieflage geraten, stellt sich zunächst für **1** die handelnden Organe der Gesellschaft und damit in der Folge für die jeweiligen Berater die Frage, ob die Stellung eines Insolvenzantrages und damit – bei noch ausreichender Insolvenzmasse – die Eröffnung des Insolvenzverfahrens der einzig vernünftig gangbare Weg ist, oder ob eventuell eine außergerichtliche Sanierung der Gesellschaft der Erfolg versprechendere Weg zur Erhaltung der Gesellschaft ist.

2   Hat die Gesellschaft die Krise im insolvenzrechtlichen Sinne (siehe § 42) festgestellt und einen Insolvenzstatus erstellt, ist sie also insolvenzverfahrensreif, ist die Gesellschaft nach § 13 Abs. 1 S. 2 InsO berechtigt, den Antrag auf Eröffnung des Insolvenzverfahrens zu stellen. Antragsberechtigt ist die Gesellschaft als Schuldnerin. Die Geschäftsführer einer GmbH sind dementsprechend lediglich als Organ gem. § 15 InsO zur Ausübung des Antragsrechts für die Gesellschaft berechtigt.

3   Es ist jedoch fraglich, ob eine Pflicht zur Stellung des Insolvenzantrages allein in Folge der Insolvenzverfahrensreife besteht, ohne dass weitere Umstände hinzutreten müssen. In der Literatur wird bei gegenwärtiger Zahlungsunfähigkeit oder Überschuldung hiervon oft ohne nähere Begründung ausgegangen.[1] Diese Stellungnahmen beachten jedoch nicht, dass § 15a InsO, der die Pflicht zur Insolvenzantragstellung definiert, eine Vorschrift zum Schutz der Gläubiger, jedoch nicht zum Schutz der Gesellschaft ist.[2] Es ist nämlich zu beachten, dass der Zweck des Insolvenzverfahrens nicht darin besteht, die GmbH vor sich selbst zu schützen. Die Pflicht zur Insolvenzantragstellung soll die Gesellschaft vielmehr vor einem sorgfaltswidrigen Verhalten der Geschäftsführung schützen, während § 15a InsO die Interessen der Gläubiger schützt.[3]

4   Es ist dementsprechend davon auszugehen, dass nicht schon der Eintritt der Insolvenzverfahrensreife als solcher zu einer Insolvenzantragspflicht gegenüber der Gesellschaft führt. Die Gesellschaft hat nicht allein aufgrund einer Insolvenzverfahrensreife ein Interesse an der Eröffnung eines Insolvenzverfahrens. Es ist zu überprüfen, ob Umstände festzustellen sind, die die Eröffnung des Insolvenzverfahrens für die Gesellschaft bzw. die Gesellschafter sinnvoll erscheinen lassen. Es ist nicht per se von einer Pflichtverletzung gegenüber der Gesellschaft im Sinne des § 43 Abs. 2 GmbHG auszugehen, wenn ein Insolvenzantrag trotz einer bestehenden Pflicht, verzögert gestellt wird.

5   Ist die Insolvenzverfahrensreife der Gesellschaft eingetreten, bestehen für die Gesellschaft einige Optionen für das weitere Vorgehen. Der Geschäftsführer hat neben der Möglichkeit, die Gesellschaft über das Insolvenzverfahren abzuwickeln, auch die Vorzüge des Insolvenzrechts für eine Sanierung innerhalb des Insolvenzverfahrens zu bedenken. Ist der Geschäftsführer in pflichtgemäßer Ausübung seines Amtes zu dem Schluss gekommen, dass die Insolvenzantragstellung geboten ist, entsteht für ihn zunächst die Pflicht, die Gesellschafter hierüber zu informieren und die Eigenantragstellung vorzuschlagen. Ist die Zahlungsunfähigkeit bereits eingetreten oder die Gesellschaft überschuldet, wird dies der empfehlenswerte Schritt sein. Der Gesellschafter hat diesen Schritt allerdings auch ernsthaft zu erwägen, wenn eine Zahlungsunfähigkeit lediglich droht. Für diesen Fall hat der Gesetzgeber die Möglichkeit, ein Insolvenzver-fahren unter Eigenverwaltung zu durchlaufen, deutlich gestärkt.[4] Der Geschäftsführer ist grundsätzlich angehalten, die für die Gesellschaft beste Variante den Gesellschaftern zur Entscheidung zu unterbreiten. Die Information der Gesellschafter kann nur dann ausbleiben, wenn die Eröffnung des Insolvenzverfahrens eindeutig von Vorteil für die Gesellschaft ist oder aus anderen Gründen die Zustimmung der Gesellschafter unterstellt werden kann bzw. die tatsächliche Einholung der Zustimmung aufgrund hoher Eilbedürftigkeit ausbleiben muss.

---

1 *Delhaes*, Der Insolvenzantrag; Verfahrens- und kostenrechtliche Probleme der Konkurs- und Vergleichsantragstellung, 1994, 175; *Ebenroth/Lange*, Sorgfaltspflichten und Haftung des Geschäftsführers einer GmbH nach § 43 GmbHG, GmbHR 1192, 69, 70.
2 *Fleck*, Zur Haftung des GmbH-Geschäftsführers, GmbHR 1974, 224, 232; *Reese,* Die Haftung von „Managern" im Innenverhältnis, DStR 1995, 532, 533; *Rohwedder*, § 43 Rn 9.
3 *Scholz/Schmidt,* § 64 Rn 6.
4 Vgl. §§ 270a, 270b InsO – eingeführt durch das Gesetz zur weiteren Erleichterung der Sanierung von Unternehmen (kurz „ESUG") v. 7.12.2011 (BGBl. I S. 2582).

II. Die Abwägung zwischen gerichtlicher und außergerichtlicher Sanierung

Bei seiner Abwägung zwischen den verschiedenen Möglichkeiten, die das Gesetz dem Geschäfts- **6** führer einer Gesellschaft in der Krise lässt, hat der Gesellschafter vor Stellung des Insolvenzan- trages zu bedenken, ob eine außergerichtliche Sanierung dem Insolvenzantrag vorzuziehen ist. Die außergerichtliche Sanierung kann bereits eingeleitet werden, wenn die ersten Signale einer betriebswirtschaftlichen Schieflage festgestellt werden und die Insolvenzverfahrensreife noch nicht eingetreten ist. Ist die Schieflage der Gesellschaft bereits so weit fortgeschritten, dass die Zahlungsunfähigkeit droht, kann die außergerichtliche Sanierung immer noch von Vorteil sein, um das Unternehmen einigermaßen früh, schnell und still, also außerhalb des Insolvenzverfah- rens, zu sanieren. Die außergerichtliche Sanierung hat den Vorteil, dass Sanierungsmaßnahmen ergriffen werden können, die deutlich weniger Aufsehen erregen, als es die Einleitung des Insol- venzverfahrens mit den damit verbunden Veröffentlichungspflichten tun wird. Die außergericht- liche Sanierung kann z.B. mit einzelnen Großgläubigern in Form einer Stundung zur Beseitigung von akuten Zahlungsschwierigkeiten oder durch einen teilweisen Forderungsverzicht zur Besei- tigung einer Überschuldung in Angriff genommen werden. Von diesen Bemühungen zur Sanie- rung erfährt das Gros der Gläubiger zum Vorteil der Gesellschaft nichts. Für eine außergericht- liche Sanierung spricht darüber hinaus, dass diese zügig und im Verborgenen eingeleitet und durchgeführt werden kann. Wird das Unternehmen im Rahmen eines Insolvenzverfahrens – etwa durch einen Insolvenzplan – saniert, ist davon auszugehen, dass diese Sanierung meist erst Monate nach einer außergerichtlichen Sanierung in Angriff genommen werden kann. Für die außergerichtliche Sanierung spricht darüber hinaus das Argument, dass die Kosten eines Insolvenzverfahrens erspart werden und damit der Gesamtaufwand für die Sanierung geringer ausfallen kann.

Ein Vorteil der außergerichtlichen Sanierung ist die kontinuierliche Geschäftsführung wäh- **7** rend der Sanierung durch die Geschäftsführer der Gesellschaft. Bei einer außergerichtlichen Sanierung fällen die Entscheidungen weiterhin die Geschäftsführer der Gesellschaft, während die Entscheidungen im Falle des gerichtlichen Sanierungsverfahrens maßgeblich von den Gläu- bigern bzw. dem für sie tätigen Insolvenzverwalter gefällt werden. Es ist in diesem Zusammen- hang allerdings zu beachten, dass die Gesellschaft nach Eintritt der Insolvenzverfahrensreife Sanierungskonzepte ohnehin nur mit Hilfe der wichtigsten Gläubiger erfolgreich durchsetzen kann. Darüber hinaus wurde durch das ESUG die Eigenverwaltung maßgeblich gestärkt.

III. Vorteile der Sanierung innerhalb des Insolvenzverfahrens

Die Sanierung innerhalb eines Insolvenzverfahrens birgt ebenfalls große Chancen. Die Bildung **8** einer großen Insolvenzmasse bietet zum einen eine solide Basis für eine effektive Liquidation des nicht betriebsnotwendigen Vermögens der Gesellschaft zugunsten der Gläubigergesamtheit. Zum anderen vergrößert eine ausreichend große Insolvenzmasse aber auch entscheidend die Sanierungschancen, da die entwickelten Sanierungskonzepte mittels einer soliden Insolvenz- masse erheblich leichter durchgesetzt werden können. Für die Anreicherung der Insolvenz- masse sorgen unter anderem die Anfechtungsregeln der Insolvenzordnung und das Wahlrecht des Insolvenzverwalters gem. § 103 Abs. 1 InsO. Die Sanierung der Gesellschaft im Rahmen eines Insolvenzverfahrens hat regelmäßig große Vorteile im Arbeitnehmerbereich einer Gesellschaft. In vielen Unternehmen sind die Personalkosten erdrückend hoch. Die Insolvenzordnung sieht für die Umsetzung eines Sanierungskonzeptes eine Reihe von Besonderheiten für den Personal- bereich bei Kündigungen, Änderungskündigungen und Betriebsänderungen vor. So bestehen zwar noch nach § 108 Abs. 1 InsO die Dienstverhältnisse der schuldnerischen Gesellschaft mit Wirkung für die Insolvenzmasse auch nach der Verfahrenseröffnung fort. Der Insolvenzverwalter darf Arbeitnehmer auch nach der Eröffnung des Insolvenzverfahrens weiter beschäftigen und muss diese aus der Masse vergüten, § 55 Abs. 1 Nr. 2 InsO. Die Ansprüche, die aus der Zeit vor der Verfahrenseröffnung resultieren, sind jedoch gem. 108 Abs. 2 InsO im Insolvenzverfahren nur als einfache Insolvenzforderungen zu berücksichtigen. Die finanziellen Belastungen der Arbeitnehmer halten sich allerdings durch die Zahlung des Insolvenzgeldes vom Arbeitsamt in Grenzen (§ 183 Abs. 1 SGB III). Diese Leistungen des Insolvenzgeldes stehen auch für eine Unternehmenssanierung mittels eines Insolvenzplans uneingeschränkt zur Verfügung. Die Ansprüche auf das Arbeitsentgelt der Arbeitnehmer gehen in Höhe des Insolvenzgeldes auf die Bundesanstalt für Arbeit über (vgl. § 187 SGB III) und sind damit innerhalb des Insolvenzverfahrens als einfache Insolvenzforderungen gem. § 38 InsO zu erfüllen.

9   Für die Beendigungen von Arbeitsverhältnisse sind die Spezialregelungen in den §§ 113, 125, 126 InsO zu beachten (siehe Rn 47–64).

10   Ein weiterer Vorteil des Insolvenzverfahrens ist, dass die gesicherten Gläubiger stärker in das Insolvenzverfahren eingebunden und an dessen Kosten beteiligt werden. Die isolierte Verwertung der Sicherheiten schon im Vorfeld einer Krise der Gesellschaft führt oft zu einer weitgehenden Zerschlagung der bestehenden Strukturen und in der Folge zur Handlungsunfähigkeit des Unternehmens. Eine Fortführung der schuldnerischen Gesellschaft wäre durch diese Verwertung erschwert oder verhindert. Ein Geschäftsleiter eines Unternehmens hat dementsprechend vor allem bei einer hohen Anzahl gesicherter Gläubiger die Vorteile innerhalb des gerichtlichen Insolvenzverfahrens zu bedenken. Besonderen Vorteil hat die Durchführung des Insolvenzverfahrens im Falle einer Vielzahl von absonderungsberechtigten Gläubigern (§§ 49 ff., 165 ff. InsO).

11   Die abgesonderte Befriedigung bedeutet, dass die Sache, auf die sich das Absonderungsrecht bezieht, verwertet und der Erlös bis zur Höhe der gesicherten Forderung an die Gläubiger ausgeschüttet wird. Die absonderungsberechtigten Gläubiger werden durch die allgemeinen Verwertungsregelungen in das Insolvenzverfahren einbezogen. Erstreckt sich das Absonderungsrecht auf eine Immobilie, kann diese von dem Insolvenzverwalter im Wege der Zwangsvollstreckung nach § 172 ff. ZVG verwertet werden (§ 165 InsO). Wird die Zwangsvollstreckung in ein Grundstück des Schuldners durch einen Gläubiger der Gesellschaft betrieben, sieht das ZVG sanierungsfördernde Regelungen vor. So kann der Insolvenzverwalter gem. § 30d ZVG die einstweilige Einstellung der Zwangsversteigerung beantragen, wenn dadurch die mit der Insolvenzordnung eröffneten Möglichkeiten der Verwertung oder Fortführung eingeschränkt würden. Darüber hinaus kann die schuldnerische Gesellschaft ebenfalls die einstweilige Einstellung der Zwangsversteigerung gem. 30d Abs. 2 ZVG beantragen, wenn ein Insolvenzplan vorliegt, der nicht nach § 231 InsO vom Gericht zurückgewiesen wurde und durch die Zwangsversteigerung die Durchführung des Insolvenzplanes gefährdet würde. Auf diese Weise kann ein Geschäftsführer mit Hilfe des Insolvenzantrages und der Vorlage eines Insolvenzplanes eine bereits begonnene Zwangsversteigerung eines Betriebsgrundstückes zum Erliegen bringen.

12   Eine weitaus stärkere Einbeziehung der Gläubiger in die allgemeine Verwertung des schuldnerischen Vermögens sieht die Insolvenzordnung für die Fälle vor, in denen sich ein Absonderungsrecht auf eine bewegliche Sache bezieht. Gem. § 166 Abs. 1 InsO fällt die freihändige Verwertung einer beweglichen Sache dem Insolvenzverwalter zu, soweit sich diese in seinem Besitz befindet. Den Gläubigern ist der Zugriff auf die wirtschaftliche Einheit des schuldnerischen Unternehmens somit verwehrt. Es kann somit vermieden werden, dass eine Vielzahl unterschiedlicher Gläubiger Teile des Vermögens der Gesellschaft unter zum Teil ungünstigen Bedingungen verwertet. Durch den Insolvenzverwalter ist somit eine ungleich vorteilhaftere Verwertung von ganzen Einheiten des schuldnerischen Vermögens möglich.

13   Darüber hinaus ist zu bedenken, dass die Chancen einer zeitweiligen oder dauerhaften Fortführung des Unternehmens eher erhalten bleiben, da die Sache von dem Insolvenzverwalter für die Masse gegen Zahlung eines Wertausgleichs benutzt werden kann (§ 172 Abs. 1 InsO). Der

Insolvenzverwalter darf die beweglichen Sachen sogar verbinden, vermischen oder verarbeiten, soweit die absonderungsberechtigten Gläubiger hierdurch nicht beeinträchtigt werden (§ 172 Abs. 2 InsO). Der Insolvenzverwalter kann dementsprechend halbfertige Erzeugnisse und Rohstoffe, die nur durch die Weiterverarbeitung für die Fortsetzung des Unternehmens genutzt werden können, weiterverarbeiten.

Werden bewegliche Sachen, die mit einem Absonderungsrecht belastet sind, verwertet, flie- **14** ßen gem. §§ 170, 171 InsO die Kosten der Feststellung und der Verwertung in der Regel pauschalisiert mit insgesamt 9% des Verwertungsertrages in die Insolvenzmasse. Dieser Kostenbeitrag wird in der Praxis regelmäßig an die Besonderheiten des Einzelfalles angepasst. Dabei wird insbesondere dem für die Insolvenzmasse real gestiegenen Aufwand im Falle einer Betriebsfortführung Rechnung getragen. Hinzu kommt die anfallende Mehrwertsteuer, die in gesetzlicher Höhe an die Masse abzuführen ist. Die Masse wird auf diese Weise durch die Verwertung auf Kosten der gesicherten Gläubiger angereichert.

IV. Die Beratung und Vorbereitung des Insolvenzantrages

Hat sich der Geschäftsführer nach Abwägung aller rechtlichen und betriebswirtschaftlichen **15** Argumenten zwischen einer außergerichtlichen Sanierung und der Stellung eines Insolvenzantrages für die Insolvenzantragstellung entschieden, beginnt für die Gesellschaft die Vorbereitungsphase zur Stellung des Insolvenzantrages.

V. Muster eines Insolvenzantrages

Stellt die Gesellschaft – im nachfolgenden Beispiel eine GmbH – gem. § 15 InsO den Antrag auf **16** Eröffnung eines Insolvenzverfahrens über ihr Vermögen, so hat sie diesen Antrag beim zuständigen Amtsgericht – Insolvenzgericht – zu stellen. Der Antrag ist mit Ort und Datum zu versehen und kann wie folgt verfasst sein:

Formulierungsbeispiel   **17**
Amtsgericht
Insolvenzgericht
Adresse
Insolvenzantrag wegen Zahlungsunfähigkeit
Ich bin alleinvertretungsberechtigter Geschäftsführer der *Name des Unternehmens, Ort*. Ich beantrage, das Insolvenzverfahren über das Vermögen der Gesellschaft zu eröffnen. Die Gesellschaft ist im Handelsregister des Amtsgerichts *Ort* unter Registernummer *Nummer* eingetragen. Die Gesellschaft hat ihren Sitz in *Ort*.
Geschäftsgegenstand der Gesellschaft ist *Tätigkeitsfeld*.
Die Gesellschaft ist zahlungsunfähig, auch kleinere Verbindlichkeiten aus Lieferungen und Leistungen können nicht mehr bezahlt werden.
Das Finanzamt hat wegen rückständiger Umsatzsteuerforderungen Zwangsvollstreckungsmaßnahmen eingeleitet und Kontoguthaben gepfändet.
Am *Datum* werden Lohn- und Gehaltsansprüche in Höhe von *Betrag* EUR fällig, die nicht befriedigt werden können.
Die Gesellschaft ist in gemieteten Räumen tätig. Es bestehen Mietrückstände für die letzten *Anzahl* Monate in Höhe von *Betrag* EUR.
Diesem Schreiben sind ein Gläubiger- und ein Schuldnerverzeichnis sowie eine Vermögensübersicht beigefügt.
Unterschrift
Anlagen

---

18   Gemäß § 15 Abs. 2 InsO ist ein Insolvenzantrag, der nicht von allen Mitgliedern des Vertretungsorgans gestellt wird, nur zulässig, wenn der Eröffnungsgrund glaubhaft gemacht wird. Das Insolvenzgericht hat die übrigen Mitglieder des Vertretungsorgans zu hören. Da streitig sein kann, ob Organe einer juristischen Person ihr Amt wirksam niedergelegt haben, empfiehlt es sich, auf eine Amtsniederlegung hinzuweisen und in diesem Falle den Insolvenzgrund vorsichtshalber glaubhaft zu machen.

19   Wird gem. § 18 Abs. 2 InsO ein Insolvenzantrag einer GmbH wegen drohender Zahlungsunfähigkeit gestellt, so ist dieser ebenfalls an das Amtsgericht – Insolvenzgericht – unter Angabe von Ort und Datum zu richten. Der Inhalt eines solchen Insolvenzantrags könnte wie folgt aussehen:

---

20 **Formulierungsbeispiel**

Insolvenzantrag wegen drohender Zahlungsunfähigkeit

Ich bin ausweislich des beigefügten Handelsregisterauszuges gesamtvertretungsberechtigter Geschäftsführer der *Name des Unternehmens, Ort.*

Der im Handelsregister mit eingetragene Mitgeschäftsführer hat mich mit der beigefügten Vollmacht ermächtigt, nachfolgenden Insolvenzantrag zu stellen.

Ich beantrage, über das Vermögen dieser Gesellschaft das Insolvenzverfahren wegen drohender Zahlungsunfähigkeit zu eröffnen.

Begründung:

1.   Die gesellschaftsrechtlichen Verhältnisse:

Die Gesellschaft wurde am *Datum* gegründet und unter der *Nummer* in das Handelsregister beim Amtsgericht *Ort* eingetragen.

Gesellschafter sind *Namen.*

Geschäftsgegenstand der Gesellschaft *Tätigkeitsfeld.*

Der Sitz der Gesellschaft befindet sich in *vollständige Adresse.*

2.   Insolvenzgrund:

Die Gesellschaft droht zahlungsunfähig zu werden (§ 18 Abs. 2 InsO).

Im Einzelnen ergibt sich Folgendes:

Bis zum *Datum* werden folgende Zahlungen fällig:

    a)   Umsatzsteuer, Betrag

    b)   Lieferantenverbindlichkeiten

    c)   Leasingraten

    d)   Löhne und Gehälter

    e)   Mieten

    f)   Rückzahlungen gekündigter Darlehen

    g)   Schadenersatz gemäß Urteil LG *Ort* vom *Datum.*

Diese Forderungen kann die Gesellschaft bei Fälligkeit nicht begleichen. Die Gesellschaft verfügt derzeit über liquide Mittel in Höhe von *Betrag* EUR.

Aus Forderungen für Lieferungen und Leistungen werden bis zum *Datum* voraussichtlich *Betrag* EUR eingehen.

Darüber hinaus stehen Forderungen in Höhe von ca. *Betrag* EUR zur Zahlung offen. Die Schuldner erheben gegenüber diesen Ansprüchen Einreden wegen mangelhafter Lieferung. Es ist daher ungewiss, wann und in welcher Höhe Zahlungen eingehen.

Selbst wenn man davon ausgeht, dass mit den Schuldnern Vergleiche in einer Größenordnung von *Prozent* geschlossen werden könnten, würden die zu erwartenden Zahlungen und die vorhandenen liquiden Mittel nicht ausreichen, die fälligen Forderungen auszugleichen.

Die Gesellschaft hat sich bemüht, weitere Kredite zu erhalten. Da jedoch zusätzliche Sicherheiten für Bankkredite nicht mehr gestellt werden können, werden neue Kredite von Banken nicht mehr gewährt. Im Gegenteil, es wird auf die Rückzahlung eines bereits gekündigten Darlehens bestanden.

Die Gesellschaft ist auch nicht in der Lage, sich durch Verwertung von Grundbesitz kurzfristig Liquidität zu verschaffen. Die Gesellschafter haben sich geweigert, der GmbH weitere Mittel zur Verfügung zu stellen.

Zur Glaubhaftmachung werden beigefügt:

a)   Gläubiger- und Schuldnerverzeichnis
b)   Vermögensverzeichnis
c)   eidesstattliche Versicherung des Unterzeichners

Unterschrift
Anlagen

Praxistipp

Seit Inkrafttreten der §§ 270a, 270b InsO bietet es sich zudem an, die Möglichkeiten der Eigenverwaltung bei Insolvenzantragstellung umfassend zu prüfen und gegebenenfalls den Antrag entsprechend zu erweitern. Das vorgenannte Formulierungsbeispiel wäre dann etwa wie folgt zu ergänzen:

Darüber hinaus beantrage ich

– die Anordnung der Eigenverwaltung und

– die Einräumung einer [max. 3-monatigen] Frist zur Vorlage eines Insolvenzplanes gemäß § 270 b, Abs. 1 InsO.

Ferner beantrage ich Frau/Herr [Name] als vorläufigen Sachwalter gemäß §§ 270b Abs. 1, 270a, Abs. 1 InsO zu bestellen. Sie/Er ist ausweislich der als Anlage beigefügten Erklärung bereit, dieses Amt zu übernehmen. Dieser Erklärung lässt sich zudem die gemäß §§270b Abs. 2, 270a Abs. 1, 274 Abs. 1, 56 InsO gebotene Unabhängigkeit entnehmen.

Abschließend beantrage ich, einen vorläufigen Gläubigerausschuss gemäß § 21 Abs. 2 Nr. 1a InsO einzusetzen. Diesem sollte in Anbetracht der Struktur der Gesamtverbindlichkeiten (vgl. Anlage) folgende Personen angehören: [Name]

Die vorgenannten Personen haben mittels der anliegenden Erklärung ihre Bereitschaft zur Übernahme dieses Amtes erklärt.

Gemäß § 18 Abs. 3 InsO ist für den Fall der drohenden Zahlungsunfähigkeit die Antragsberechtigung eingeschränkt. Wird bei einer juristischen Person oder einer Gesellschaft ohne Rechtspersönlichkeit der Insolvenzantrag auf den Eröffnungsgrund der drohenden Zahlungsunfähigkeit gestützt, so muss der Antrag von allen Mitgliedern des Vertretungsorgans, allen persönlich haftenden Gesellschaftern oder allen Abwicklern gestellt werden, es sei denn, der Antragsteller weist seine auf den Eröffnungsantrag bezogene Vertretungsberechtigung nach.   **21**

Der Antragsteller hat deshalb Ausführungen zu seinen Vertretungsberechtigungen zu machen und Unterlagen vorzulegen, aus denen sich seine Vertretungsberechtigung ergibt. Berechtigt und im Falle der Zahlungsunfähigkeit zur Antragsstellung verpflichtet ist auch der faktische Geschäftsführer einer GmbH.[5] Bei Führungslosigkeit der Gesellschaft trifft die Antragspflicht gemäß § 15a Abs. 3 InsO die Gesellschafter bzw. Aufsichtsratsmitglieder. Gem. § 18 InsO hat der Schuldner (nur der Schuldner, nicht auch ein Gläubiger) die Möglichkeit, schon bei drohender Zahlungsunfähigkeit Insolvenzantrag zu stellen. Dem Schuldner soll die Möglichkeit eröffnet werden, schon in einem Stadium, in dem sich die Krise anbahnt und Sanierungsbemühungen wahrscheinlich noch größere Aussicht auf Erfolg haben, ein Insolvenzverfahren einzuleiten. Gemäß § 18 Abs. 2 InsO droht der Schuldner zahlungsunfähig zu werden, wenn er voraussichtlich nicht in der Lage sein wird, die bestehenden Zahlungsverpflichtungen im Zeitpunkt der Fälligkeit zu erfüllen. Drohende Zahlungsunfähigkeit liegt vor, wenn sie sich als nahe – längstens innerhalb eines Zeitraumes von einem Jahr – bevorstehend darstellt, d.h. die Wahrscheinlichkeit des Eintritts besteht. Die Prognose unter dem Gesichtspunkt der drohenden Zahlungsunfähigkeit umfasst die Entwicklung der Finanzlage des Schuldners unter Einbezug der Einnahmen bis zur Fälligkeit aller bestehenden Verbindlichkeiten.   **22**

Ungewisse Verbindlichkeiten (Bürgschaften, Garantien, Rückstellungen u.a.) sind nicht zu berücksichtigen, jedoch als Eventualverbindlichkeiten zu erwähnen. An die Schlüssigkeit dieses   **23**

---

5 BGH, WM 1988, 756.

Vortrages werden erhöhte Anforderungen gestellt. Die unbelegbare Behauptung, es drohe im Hinblick auf künftig fällige Verbindlichkeiten Zahlungsunfähigkeit, reicht nicht aus.

24   Auch wenn das von der Gesellschaft erstellte Vermögensverzeichnis in den allermeisten Fällen lediglich eine Überschuldungssituation dokumentieren kann, ist es empfehlenswert, ein solches Vermögensverzeichnis auch bei Insolvenzanträgen wegen drohender oder bereits eingetretener Zahlungsunfähigkeit vorzulegen. Dem Richter wird es hierdurch erleichtert, sich vom Antragsgrund zu überzeugen. Nach § 13 Abs. 1 S. 3 InsO sollen in dem Verzeichnis die höchsten Forderungen, die höchsten gesicherten Forderungen, die Forderungen der Finanzverwaltung, die der Sozialversicherungsträger und solche aus betrieblicher Altersversorgung besonders gekennzeichnet werden.

25   Das Vermögensverzeichnis muss möglichst aktuell sein. Es muss sämtliche werthaltigen Positionen umfassen (Grundstücke, Warenbestände, Kraftfahrzeuge, Außenstände und Bankguthaben). Die Verpflichtungen der Gesellschaft (Verbindlichkeiten aus Lieferung und Leistung aus Bankkrediten u.s.w.) sind diesen Positionen gegenüberzustellen. Es muss aus dem Vermögensverzeichnis ablesbar sein, welche Vermögensgegenstände mit Sonderrechten Dritter belastet sind. Auch welche Gläubiger in welchem Umfang im Vermögen des Antragstellers besichert sind. Darüber hinaus müssen Forderungen, deren Werthaltigkeit fragwürdig ist, besonders gekennzeichnet sein. Die in dem Vermögensverzeichnis aufgeführten Gegenstände sind mit dem tatsächlichen Wert anzusetzen (§§ 153 Abs. 1 S. 2, 151 Abs. 2 S. 1 InsO).

VI. Erstellung einer Inventarliste

26 Gemäß § 151 InsO ist der Insolvenzverwalter verpflichtet, ein Verzeichnis der einzelnen Gegenstände der Insolvenzmasse aufzustellen. Der Schuldner ist hierbei hinzuzuziehen, wenn dies ohne eine nachteilige Verzögerung möglich ist. Die Hinzuziehung des Schuldners ist hierbei die Regel. Der Schuldner ist auskunftspflichtig über den Umfang der Insolvenzmasse (§ 153 Abs. 2 S. 1 InsO). Bei der Bewertung der einzelnen Gegenstände hat er dem Insolvenzverwalter Informationen und Hilfestellung zu geben (§ 97 Abs. 2 InsO). Ist der Schuldner verhindert, findet die Aufzeichnung ohne ihn statt. Bereits im Rahmen der Insolvenzantragstellung empfiehlt es sich für den Schuldner, eine Inventarliste vorzuweisen, die den Anforderungen des § 151 InsO entspricht. Er hat dementsprechend eine Inventur durch die körperliche Aufnahme von Beständen des Anlage- und Umlaufvermögens durch Zählen, Wiegen oder ausnahmsweise Schätzen vorzunehmen. Es handelt sich hierbei um eine Stichtagsinventur, bezogen auf den Tag des Antrages auf Eröffnung des Insolvenzverfahrens. Der Insolvenzverwalter wird eine erneute Inventur, bezogen auf das Datum der Insolvenzeröffnung vornehmen, kann sich jedoch an der Inventarliste des Schuldners orientieren. Die Vermögensgegenstände sind hierbei grundsätzlich einzeln unter Übernahme der Buchwerte, ggfs. Einkaufspreise, vollständig zu erfassen und aufzuführen. Auch wenn es beim Grundsatz der Einzelerfassung bleibt und aus steuerrechtlicher Sicht Inventurvereinfachungen abgelehnt werden,[6] können doch z.B. gleichartige Kleinteile, z.B. Schrauben, in Gegenstandsgruppen zusammengefasst und einheitlich bewertet werden.

27   Voraussetzung für die Wertbestimmung notwendiger Schätzungen ist jedoch, dass der Schätzende den Gegenstand selbst gesehen hat bzw. er aufgrund anderer Angaben (Rechnung, Fotos, Skizze etc.) eine konkrete Vorstellung vom Zustand der Sache hat. Gegenstand der Insolvenzmasse ist das gesamte Vermögen und somit nicht nur die beweglichen Gegenstände des Vermögens, sondern auch Immobilien, Forderungen, Rechte und sonstige verwertbare Vermögensgegenstände. Forderungen aus Lieferungen und Leistungen sind hier mit ihrem Nennwert

---

6 Vgl. z.B. *Gans/Quick*, DStR 1995, 1162; *Jaspers*, DB 1995, 985.

anzugeben. Dies gilt nur dann nicht, wenn deren Einbringlichkeit fraglich ist. Mit aufzunehmen sind auch Aussonderungsansprüche, wobei diese gesondert kenntlich gemacht werden sollten. Hintergrund hierfür ist, dass zum Zeitpunkt der Aufstellung der Inventarliste eine abschließende Bewertung von Fremdvermögen in den allermeisten Fällen noch nicht möglich ist, das Vermögen der Gesellschaft aber vollständig erfasst werden muss.

Die Erstellung einer Inventarliste in der von § 151 InsO geforderten Form ist für eine von der **28** Gesellschaft gewünschte Betriebsfortführung im Insolvenzverfahren unverzichtbar. Nur so können bereits im Insolenzeröffnungsverfahren produktionsbedingte Veränderungen des Materialbestandes etc. kontrolliert werden. Für diese Fälle muss eine sehr ausführliche Inventur durchgeführt werden. Diese sollte die körperliche Aufnahme aller Gegenstände im Wege des Ansage- und Aufschreib-Prinzips (4-Augen-Prinzips) gewährleisten. Im Hinblick auf mögliche Streitigkeiten über den Zustand einer Sache kann es auch durchaus sinnvoll sein, den Zustand eines Gegenstandes durch ein Notensystem, z.B. von 1 (Neuwert) bis 6 (unbrauchbar) zu fixieren und gegebenenfalls fotografisch festzuhalten.

Erfasst werden auf der Aktivseite alle Vermögenswerte, die im Falle der Eröffnung des In- **29** solvenzverfahrens zu Geld gemacht werden können. Es ist hierbei für die Bewertung auch der Zeitpunkt der bestmöglichen Verwertung in die Bewertung mit einzubeziehen. So ist z.B. bei der Bewertung von Grundstücken eine langwierige und schwierige Phase der Platzierung des Objektes am Markt mit einzubeziehen und ein Wert für das Grundstück anzusetzen, der dem tatsächlich nach langwierigen Verkaufsbemühungen zu erzielenden Preis entspricht. Abschläge für einen „Notverkauf" sind nicht zu machen. Die Vermögenswerte sind ordnungsgemäß zu erfassen. Fahrzeuge und wichtige Maschinen sind einzeln aufzuführen (Kennzeichen, Maschinennummer, etc.). Kleinwerkzeuge und Zubehörteile können dagegen als Sammelposten erfasst und bewertet werden. Gleiches gilt für Lagerbestände, wobei gegebenenfalls auf die Inventur verwiesen werden kann.

– Grundbesitz ist mit Grundbuchbezeichnung zu erfassen und zu bewerten. Die dinglichen Belastungen sind vollständig aufzuführen, da nur so ein möglicher Erlösüberschuss für die Masse ermittelt werden kann.

– Das bewegliche Anlagevermögen (es ist zweckmäßigerweise zu unterscheiden zwischen maschinellen Anlagen, Gebäudebestandteilen, mobilen Maschinen, der Büroausstattung und dem Fuhrpark) ist mit dem Ertragswert in der ganz konkreten Situation zu bewerten. Der Wert sonstiger Maschinen richtet sich nach den Gegebenheiten des Marktes für gebrauchte Maschinen. Fahrzeuge werden – gegebenenfalls mit geringen Abschlägen – bewertet nach Maßgabe spezieller Bewertungsgutachten (DAT, DEKRA). Für die Bewertung des Umlaufvermögens werden Marktpreise zugrunde gelegt, wobei je nach Verwertungssituation Abschläge vorzunehmen sind. Abgestellt wird in der Regel auf den Wareneinkaufspreis, wobei die Zerschlagungssituation oftmals zu weiteren Abwertungen führt. Wertminderungen aufgrund gesunkener Beschaffungspreise sind zu berücksichtigen. Halbfertigprodukte können nur bei konkreter Möglichkeit einer Endfertigung bewertet werden. Ansonsten ist der Schrottwert anzusetzen.

– Die Warenvorräte werden häufig einem Eigentumsvorbehalt unterliegen. Für die Wertermittlung ist ein solcher Eigentumsvorbehalt, auch in den Erweiterungsformen zugunsten der Lieferanten zu berücksichtigen. Es ist in diesem Zusammenhang darauf hinzuweisen, dass sich die Verbindlichkeiten gegenüber den Lieferanten um den Wert der zurückgenommenen oder durch Zahlung abgelösten Ware reduzieren. Dies ist im Zahlenwerk der Passiva entsprechend zu beachten.

– Die Forderungen aus Lieferungen und Leistungen sind auf ihre konkrete Werthaltigkeit zu überprüfen.

– Kassenbestand und Bankguthaben werden per Stichtag aufgeführt.

– Sonstige Vermögenswerte – Finanzanlagen, immaterielle Vermögensgegenstände, Einzel-
forderungen, die einer besonderen Darstellung bedürfen – sind gegebenenfalls nur mit
einem Erinnerungswert anzusetzen, wenn die Durchsetzbarkeit in tatsächlicher wie in
rechtlicher Hinsicht problematisch erscheint.

VII. Aufnahme der Gläubiger

30 Gemäß § 152 InsO ist der Insolvenzverwalter verpflichtet, ein Gläubigerverzeichnis zu erstellen.
Um eine zügige Sanierung der schuldnerischen Gesellschaft unmittelbar nach Insolvenzantragstellung zu ermöglichen, ist es für die schuldnerische Gesellschaft empfehlenswert, eine den
Anforderungen des § 152 InsO entsprechenden Aufstellung der Gläubiger der Gesellschaft zu
erstellen. Ein solches Verzeichnis ermöglicht einen ersten Überblick über die Verbindlichkeiten
der schuldnerischen Gesellschaft. Das Gläubigerverzeichnis, ebenso wie das Inventar, vermittelt
so einen möglichst vollständigen Überblick über das Vermögen unter Berücksichtigung seiner
Belastungen. Es ist hilfreich, wenn in dem Gläubigerverzeichnis die absonderungsberechtigten
Gläubiger, die Insolvenzgläubiger und die unterschiedlichen Gruppen der nachrangigen Gläubiger des § 39 InsO gesondert aufgeführt sind. Jede Verbindlichkeit ist mit Grund und Betrag sowie
der vollen ladungs- und zustellungsfähigen Anschrift des Gläubigers zu versehen. Es sind darüber hinaus bestehende Aufrechnungslagen zu kennzeichnen. Eine sinnvolle Aufstellung eines
Gläubigerverzeichnisses sollte dementsprechend in einzelne Gläubiger, Gläubigergruppen und
Rangklassen aufgeteilt und in einer Sammelliste zusammengefasst werden. Auf diese Weise
bleibt das Gesamtverzeichnis übersichtlich und nachvollziehbar. Abschließend sind die geltend
gemachten Verbindlichkeiten zu bewerten und zu gewichten, um auf dieser Basis die Gesamtbe-
lastungen der Gesellschaft abschätzen zu können. Das Gläubigerverzeichnis ist aus der Natur
der Sache heraus stets vorläufig. Da das Gläubigerverzeichnis, so es ausführlich genug ist, als
dass der Insolvenzverwalter es für seine Zwecke weiterverwenden bzw. weiterentwickeln kann,
Grundlage für die Prüfung der angemeldeten Tabellenforderungen ist, ist es sehr sorgfältig zu
erstellen. Es ist allerdings darauf hinzuweisen, dass ein zu Beginn des Insolvenzeröffnungsverfahrens erstelltes Verzeichnis nur vorläufigen Charakter haben kann. Ein Anspruch auf Vollständigkeit und Richtigkeit besteht nicht.

VIII. Feststellung von Ab- und Aussonderungsrechten

31 Im Rahmen der Stellung des Insolvenzantrages ist es sinnvoll, sich einen Überblick über die ab-
und aussonderungsberechtigten Gläubiger zu verschaffen.

32 Begrifflich versteht man unter Aussonderung die Geltendmachung der Nichtzugehörigkeit
eines Gegenstandes zur Insolvenzmasse aufgrund eines daran bestehenden dinglichen und
persönlichen Rechtes eines Dritten. In § 47 erkennt die InsO an, dass bestimmte Gläubiger von
den Regularien des Insolvenzverfahrens weitgehend befreit sind und ihre Ansprüche nach den
allgemeinen Gesetzen (BGB, ZPO) auch gegen den Insolvenzverwalter durchsetzen können und
darin nur für den Fall des Eigentumsvorbehaltes zeitweise beschränkt werden dürfen (§ 103
Abs. 2 InsO). Diese aussonderungsberechtigten Gläubiger haben die stärkste Stellung unter
allen in der InsO genannten Gläubigern. Sie sind mit ihren Ansprüchen nicht Insolvenzgläubiger. Dabei bestimmt sich die Frage, ob ein Aussonderungsrecht besteht, nach materiellem
Recht (§ 47 S. 2 InsO), während § 47 S. 1 InsO die daraus folgende Konsequenz formuliert, dass
nämlich der Inhaber eines solches Rechtes nicht den Beschränkungen des Insolvenzverfahrens
unterworfen wird. Voraussetzung für einen Aussonderungsanspruch ist, dass sich die Sache
oder deren Gegenwert (§ 48 InsO), auf die sich das Aussonderungsrecht bezieht, im Zeitpunkt

der Verfahrenseröffnung im Besitz des Schuldners befunden hat. Darüber hinaus muss nach Insolvenzverfahrenseröffnung der Insolvenzverwalter die Sachherrschaft darüber ausüben und die Sache aufgrund eines zur Aussonderung berechtigten Rechts nicht zur Insolvenzmasse gehören.

Als Objekt von Aussonderungsrechten kommt zunächst jedwedes Eigentum im Sinne des **33** BGB an beweglichen und unbeweglichen Sachen gem. § 903 BGB in Betracht, mithin also an den körperlichen Gegenständen, denn hinsichtlich dieser Gegenstände besteht ein Aussonderungsanspruch dann, wenn auch ein Herausgabeanspruch z.B. nach § 985 BGB besteht. Hierzu gehören aber auch Forderungen, Dienstbarkeiten (§§ 1018 ff., 1090 ff. BGB), Reallasten (§ 1094 BGB), Erfinder- und Urheberrechte, aber auch die Herausgabeansprüche für dingliche Nutzungsrechte.

Aussonderungsansprüche ergeben sich auch aus dem Miteigentum und dem Besitz sowie **34** aus dem Anspruch des Erben auf Herausgabe der Erbschaft gegen den Erbschaftsbesitzer, wobei sich die Durchsetzung der entsprechenden Ansprüche nach den materiellen Regelungen im BGB etc. vollzieht. Bei den aus dem Miteigentum folgenden Rechten ist danach zu unterscheiden, ob der insolvente Schuldner zu den übrigen Miteigentümern gehört oder nicht. Je nach Besitz oder materieller Rechtslage ist daher der klageweise geltend zu machende Anspruch zu differenzieren, z.B. auf Herausgabe oder Auseinandersetzung der Gemeinschaft nach § 84 InsO. Schwierigkeiten sind regelmäßig dann zu erwarten, wenn mehrere Gläubiger Sachen gleicher Art geliefert haben, die zwar noch vorzufinden sind, bei denen aber nicht festgestellt werden kann, welchem der Gläubiger die Sachen gehören, so dass allenfalls Miteigentumsanteile aufgrund von Vermengungen oder Vermischung (§ 948 BGB) entstanden sind. Vergleichbare Probleme sind zu berücksichtigen, wenn Sachen bei verlängertem Eigentumsvorbehalt vom Käufer weiter veräußert worden sind und die Lieferanten nicht angeben können, in welcher Höhe ihnen Forderungen aus den Weiterverkäufen zustehen. In diesen Fällen ist der Einzelnachweis von Lieferantenrechten in der Praxis vielfach schwierig. Die Lieferanten sind dann in einem Pool sinnvoller Weise zusammenzufassen. Hierbei wird pauschal zu vereinbaren sein, dass jeder Lieferant, der dem Pool beitritt, eine bestimmte Quote erhält, ohne auf die Probleme des Einzelnachweises verwiesen zu werden. Der Zusammenschluss der Gläubiger ist meist eine Gesellschaft bürgerlichen Rechts. Der Pool kann aber niemals mehr Rechte haben als die Summe der Einzelrechte seiner Mitglieder.

Bei Immobilien-Leasing gilt sowohl für das Operating-Leasing als auch für das Finanzie- **35** rungsleasing die Anwendbarkeit von Mietrecht, so dass der Leasinggeber in der Insolvenz des Leasingnehmers ein Aussonderungsrecht dann hat, wenn das Recht am Besitz durch Kündigung beseitigt wird. Ein Aussonderungsrecht steht darüber hinaus dem echten, d.h. dinglichen Treugeber (Gegenstand aus dem Vermögen des Treugebers wird an den Treuhänder übertragen) für den Fall zu, dass der Treuhänder in die Insolvenz fällt, da das Treugut, ähnlich dem Sicherungsgut, wirtschaftlich dem Vermögen des Treugebers zuzuordnen ist. Das gilt auch für so genannte Anderkonten und für Kautionskonten nach § 55 Abs. 3 BGB.

Bei der Verkaufskommission kann der Kommittent das noch beim insolventen Kommissio- **36** när befindliche und nicht veräußerte Kommissionsgut aussondern. Hat bei der Einkaufskommission eine Lieferung der Ware an den Kommissionär vor Eröffnung noch nicht stattgefunden, kann der Kommittent vom Insolvenzverwalter die Abtretung der Lieferansprüche des Kommissionärs im Wege der Aussonderung verlangen. Ist bereits vor Eröffnung des Insolvenzverfahrens geliefert worden, so ist der Beschaffungsanspruch hinsichtlich der Ware lediglich einfache Insolvenzforderung.

Forderungen können ausgesondert werden, wenn ein Dritter kraft Abtretung, Überweisung **37** an Zahlungsstatt oder Erbfolge des Gläubigerrechts ausschließlich das Recht zum Forderungseinzug hat. In diesen Fällen sichert die Aussonderung den absoluten Zuweisungsgehalt für ihren Inhaber. Das gilt jedoch nicht, wenn es sich um eine Sicherungsabtretung handelt, sei es im

Rahmen einer Globalzession, eines verlängerten Eigentumsvorbehaltes oder des unechten Factorings, da in diesen Fällen dem Forderungsinhaber aufgrund des Sicherungscharakters der Abtretung nur ein Absonderungsrecht zusteht.

38 Persönliche schuldrechtliche Ansprüche verschaffen nur dann ein Aussonderungsrecht, wenn sie auf Herausgabe gegen den insolventen Schuldner gerichtet und nicht zugleich auch dinglich abgesichert sind. Hierzu zählen in erster Linie die Herausgabeansprüche des Vermieters nach § 546 Abs. 1 BGB, des Verpächters nach § 596 Abs. 1 BGB und des Verleihers nach § 604 S. 1 BGB sowie die vergleichbaren Ansprüche des Auftraggebers (§ 667 BGB) und des Hinterlegers (§ 695 BGB). Unwirksam sind jedoch schuldrechtliche Verträge, die für den Fall der Insolvenz dem Vertragspartner des späteren Gemeinschuldners ein Aussonderungsrecht einräumen da dies gegen den Grundsatz der gleichmäßigen Befriedigung der Gläubiger verstößt.

IX. Absonderungsrechte

39 Absonderungsberechtigte Gläubiger können grundsätzlich nicht den betroffenen Gegenstand selbst aus der Masse verlangen, sondern sie haben nur Anspruch, aus dem Erlös der Verwertung des Gegenstandes vor den einfachen Insolvenzgläubigern befriedigt zu werden. Der Gesetzgeber stellt zur Abgrenzung des Kreises der absonderungsberechtigten Gläubiger darauf ab, ob sich das Recht auf unbewegliche Gegenstände, die der Immobiliarzwangsvollstreckung nach den §§ 864, 865 ZPO unterliegen, bezieht (§ 49 InsO), ob es sich um Pfandrechte (§ 50 InsO) oder ihnen gleichgestellte Rechte aus beweglichem Vermögen (§ 51 InsO) handelt, zu denen das Gesetz bewegliche Sachen und Forderungen zählt.

1. Unbewegliche Gegenstände

40 Gegenstand von Absonderungsrechten an Immobiliarvermögen sind Grundstücke, grundstücksgleiche Rechte, wie z.B. Erbbaurechte, Gebäudeeigentum, Wohnungseigentum, Anteile an Grundstücken und grundstücksgleichen Rechten, Luftfahrzeuge, Schiffe und Schiffsbauwerke sowie Hochseekabel. Das Absonderungsrecht umfasst alle zum Haftungsverband der §§ 1120 BGB gehörenden Gegenstände, einschließlich des Anwartschaftsrechts und Zubehörs sowie Miet- und Pachtzinsforderungen, wie datierende Leistungen aus den Grundstücks- und Versicherungsansprüchen (§§ 1123, 1126, 1127 BGB).

41 Ein Absonderungsrecht für unbewegliche Gegenstände nach den §§ 49, 165 InsO gewähren alle in § 10 ZVG erfassten Rechte und Ansprüche wie Hypotheken, Grund- und Rentenschulden, Reallasten sowie das Registerpfandrecht bei eingetragenen Luftfahrzeugen und das Kabelpfandrecht, da sie ein Recht auf Befriedigung nach § 10 ZVG geben. Aufgrund dieser Rechte können daher die Gläubiger im Wege der Zwangsversteigerung oder Zwangsverwaltung ihre Befriedigung in Grundstücken, Erbbaurechten, Wohnungseigentum, eingetragenen Schiffen sowie Luftfahrzeugen etc. suchen.

2. Pfandrechte an beweglichem Vermögen

42 Während in § 49 InsO die Absonderungsrechte an unbeweglichem Vermögen geregelt sind, bestimmt § 50 InsO, dass zur abgesonderten Befriedung aus dem beweglichen Vermögen in erster Linie nach § 50 InsO die Pfandrechte, quasi „Prototyp" des Absonderungsrechts, berechtigen. Dabei spielt es keine Rolle, ob die Pfandrechte rechtsgeschäftlich (§§ 1204 BGB für Forderungen, aber auch §§ 1273 ff. BGB für andere übertragbare Rechte), gesetzlich (z.B. §§ 562, 592, 647 BGB, § 397 HBG) oder aufgrund eines Pfändungspfandrechts (§ 804 ZPO) begründet sind. Das Ver-

mieter- und Verpächterpfandrecht ist in seiner Absonderungskraft beschränkt auf die Zinsrückstände aus dem letzten Jahr vor Eröffnung.

Ein Absonderungsrecht kann sich aus einem Pfandrecht ergeben, wenn es wirksam bestellt **43** worden ist. Wegen der Akzessorietät ist für eine wirksame Bestellung erforderlich, dass durch das Pfandrecht eine gegenwärtige, künftige oder bedingte Forderung gesichert wird. Wird ein solches Pfandrecht bestellt, entsteht es erst mit dem vollständigen Entstehen der verpfändeten Forderung. An beweglichen Sachen entsteht das Pfandrecht durch die Einigung und Übertragung des unmittelbaren Besitzes, eine Verpfändung unter Vereinbarung eines Besitzkonstitutes ist nicht möglich. An Forderungen entsteht das Pfandrecht durch Einigung und Pfandanzeige (§ 1280 BGB), die in der Praxis allerdings häufig unterbleibt.

3. Sonstige Absonderungsrechte

Die wirtschaftlich wichtigste Gruppe stellen die dem Pfandrecht gleichgestellten sonstigen Ab- **44** sonderungsrechte dar, insbesondere die in § 51 InsO aufgeführten Sicherungsabtretungen und Sicherungszessionen sowie alle Verlängerungs- und Erweiterungsformen des Eigentumsvorbehaltes. Zu den letzteren zählen unter anderem der verlängerte und erweiterte Eigentumsvorbehalt und der Kontokorrentvorbehalt. Diese und alle anderen anonymen Mobiliarsicherheiten gewähren nur ein Absonderungsrecht, beschränkt durch die Verwertungsbefugnis des Verwalters nach § 166 InsO. Aus § 51 Nr. 1 InsO ergibt sich, dass ein Sicherungseigentümer keinen Anspruch auf Herausgabe der Sache hat. Ebenso hat der Gläubiger einer zur Sicherheit abgetretenen Forderung nur einen Anspruch auf Befriedigung aus dem Erlös, nicht jedoch auf Abtretung der Forderung zur Einziehung durch ihn.

Ebenfalls zur Absonderung berechtigt sind die Gläubiger eines Zurückbehaltungsrechtes **45** wegen Verwendungen auf eine Sache, soweit ihre Forderungen aus der Verwendung den vorhandenen Vorteil nicht übersteigt. Gleiches gilt für die Gläubiger, den nach dem HGB ein kaufmännisches Zurückbehaltungsrecht zusteht (§ 51 Nr. 2 und 3 InsO). Ein allerdings bescheidenes Fiskusprivileg, hat die Reform des Insolvenzrechts insoweit überlebt, als der Fiskus nach § 51 Nr. 4 InsO dann abgesonderte Befriedigung verlangen kann, wenn ihm aufgrund von zoll- und steuerrechtlichen Vorschriften (z.B. § 76 AO) eine bestimmte Sicherheit an Sachen des Gemeinschuldners zusteht. Weitere Absonderungsrechte bestehen nach § 84 Abs. 1 S. 2 InsO bei der Auseinandersetzung einer Gesellschaft oder Gemeinschaft sowie nach den §§ 77, 157 VVG in der Insolvenz des Versicherungsnehmers. Gleiches gilt für Wertpapiere nach §§ 32, 33 DepotG in der Insolvenz des Verwahrers, Pfandgläubigers oder Kommissionärs und nach § 35 HypothekenbankG für den Fall der Insolvenz einer Hypothekenbank.

Hat der Geschäftsführer der insolvenzantragstellenden Gesellschaft sich durch die Erstel- **46** lung einer Inventarliste, die Aufnahme der Gläubiger und die Feststellung von Ab- und Aussonderungsrechten selbst einen Überblick über die Vermögenssituation der Gesellschaft verschafft, wird er in einem zu eröffnenden Insolvenzverfahren ungleich besser in der Lage sein, mit dem bestellten Insolvenzverwalter zugunsten der schuldnerischen Gesellschaft zusammenzuarbeiten und gegebenenfalls direkt nach Anordnung des Insolvenzverfahrens mit dem Insolvenzverwalter zusammen die Sanierung der schuldnerischen Gesellschaft vorantreiben können. Es ist dementsprechend sinnvoll und ratsam, die jeweiligen Verzeichnisse an den Anforderungen der Insolvenzordnung zu orientieren. Auf diese Weise werden Abweichungen zwischen den vom Insolvenzverwalter zu erstellenden Listen und den bereits durch die Gesellschaft erstellten Listen vermieden bzw. können auf diese Weise die Gründe für eventuelle Abweichungen deutlich besser nachvollzogen werden.

X. Arbeitnehmerfragen

47 In der Bilanz oder dem Status einer antragstellenden Gesellschaft sind häufig die aufgelau-
fenen Lohn- und Gehaltsrückstände der Arbeitnehmer ein wesentlicher Faktor. Für die Umsetzung eines Sanierungskonzeptes sind regelmäßig weit reichende Umstrukturierungen erforderlich, die erhebliche Auswirkungen auf die Arbeitsverhältnisse haben können. Insbesondere
sind oft Kündigungen, Änderungskündigungen und Betriebsänderungen erforderlich. Die Insolvenzordnung sieht entsprechende Spezialregelungen für Dienst- und Arbeitsverhältnisse
vor.

48   Nach § 113 InsO bestehen Dienstverhältnisse des Schuldners mit Wirkung für die Insolvenzmasse auch nach der Verfahrenseröffnung fort. Es wird nicht danach differenziert, ob der
Schuldner die Dienste leistet oder in Anspruch nimmt. Ist die GmbH Dienstverpflichtete, besteht
das Vertragsverhältnis fort. Weitere Regelungen enthält die Insolvenzordnung nicht. Ist die
GmbH die Dienstberechtigte, besteht die Rechtsbeziehung genauso fort. Die §§ 113 ff. InsO enthalten aber für diese Konstellation, falls es ich um Arbeitsverhältnisse handelt, besondere Regelungen für die Kündigung von Arbeitsverhältnissen und Betriebsvereinbarungen sowie für den
Interessenausgleich und den Sozialplan nach § 112 BetrVG. Im Übrigen bestehen die Rechtsbeziehungen unbeeinflusst fort. Wird über das Vermögen der Gesellschaft das Insolvenzverfahren
eröffnet, sind die Arbeitnehmer zunächst durch den Insolvenzverwalter weiter zu beschäftigen
und aus der Masse zu vergüten (§ 55 Abs. 1 Nr. 2 InsO). Die Ansprüche aus der Zeit vor der Eröffnung des Insolvenzverfahrens sind gem. § 108 Abs. 2 InsO lediglich als einfache Insolvenzforderungen zu berücksichtigen.

49   Für die letzten drei Monate vor dem Eintritt des Insolvenzereignisses sind die Arbeitnehmer
zum Bezug von Insolvenzgeld vom Arbeitsamt berechtigt (§ 183 Abs. 1 SGB III). Hierdurch ergibt
sich insofern ein Vorteil, als dass Arbeitnehmer, gegenüber denen Lohnrückstände bestehen,
sozial abgesichert sind und so ihre Motivation zur Arbeitsleistung gesteigert wird. Hierdurch
entsteht eine größere finanzielle Flexibilität.

50   Die Ansprüche auf Arbeitsentgelt gehen gem. § 187 SGB III in Höhe des gezahlten Insolvenzgeldes auf die Bundesagentur für Arbeit über und bleiben damit von der GmbH innerhalb eines
Insolvenzverfahrens als einfache Insolvenzforderungen gem. § 38 InsO zu erfüllen.

51   Für Betriebsrenten und entsprechende unverfallbare Versorgungsanwartschaften tritt das
System der Insolvenzversicherung gem. den §§ 5 bis 7 BetrAVG der Pensionssicherungsverein
ein. Auch gehen gem. § 9 BetrAVG die Ansprüche der Berechtigten mit der Eröffnung des Insolvenzverfahrens auf den Leistenden, hier den Pensionssicherungsverein über. Dieser nimmt
dann als einfacher Insolvenzgläubiger am Insolvenzverfahren teil.

52   Ist die Sanierung der schuldnerischen Gesellschaft beabsichtigt, müssen häufig zahlreiche
Dienst- und Arbeitsverhältnisse beendet werden. Stilllegungen oder Rationalisierungsmaßnah-
men sind mit dem Wegfall einer Vielzahl von Arbeitsplätzen verbunden. Eine Sonderkonstella-
tion bildet hierbei noch die übertragene Sanierung, bei der das Unternehmen von einem anderen Rechtsträger fortgeführt werden soll.

53   Grundsätzlich gilt, dass durch die Eröffnung des Insolvenzverfahrens kein Anwendungs-
recht für ein Sonderarbeitsrecht geschaffen wird. Die allgemeinen dienst- und arbeitsrechtlichen
Bestimmungen geltend fort und werden nur im Hinblick auf einige insolvenzrechtliche Besonderheiten modifiziert. Dienstverhältnisse enden weiterhin gem. § 620 BGB mit dem Ablauf der
vertraglich bestimmten oder bestimmbaren Zeit (§ 620 Abs. 1 BGB) oder aber durch Kündigung
(§ 620 Abs. 2 BGB). Es wurden jedoch einige Erleichterungen für den Schuldner als Arbeitgeber
(Dienstberechtigten) geschaffen.

1. Ordentliche Kündigung

§ 113 S. 1 InsO bestimmt, dass Dienst- und Arbeitsverträge, bei denen der Schuldner der Dienst- 54
berechtigte (Arbeitgeber) ist, von beiden Seiten ohne Rücksicht auf eine vereinbarte Vertragsdauer oder einen vereinbarten Ausschluss des Rechts zur ordentlichen Kündigung gekündigt
werden können. Insofern wird für befristete Verträge die Regelung des § 620 BGB, die eine ordentliche Kündigung ausschließt, geändert. Gleichfalls werden Vereinbarungen der Unkünd-
barkeit ausgehebelt.

Darüber hinaus begrenzt § 113 S. 2 InsO zudem noch für alle Kündigungen die maßgebliche 55
Kündigungsfrist auf drei Monate. Diese greift aber nur dann, wenn nicht schon eine kürzere gesetzliche oder tarif- oder einzelvertraglich vereinbarte Kündigungsfrist gilt. In den verkürzten
Kündigungsfristen kann ein bedeutender Sanierungsvorteil liegen. Insbesondere dann, wenn
eine GmbH Arbeitnehmer mit sehr langer Betriebszugehörigkeit beschäftigt, für die gem.
§ 622 BGB Kündigungsfristen von vier Monaten oder mehr eingreifen würden, kann hierdurch eine
spürbare Entlastung erfolgen. Zwar enthält § 113 S. 3 InsO für den Fall der Kündigung durch den
Insolvenzverwalter zugunsten der Arbeitnehmer einen Schadensersatzanspruch wegen der vorzeitigen Beendigung des Dienstverhältnisses, welcher sich insgesamt auf den Arbeitslohn für die
Dauer des Dienstverhältnisses bzw. des Ablaufs der einschlägigen „normalen" Kündigungsfrist
erstrecken wird. Jedoch kann der Schadensersatzanspruch nach § 113 Abs. 1 S. 3 InsO nur als
(einfacher) Insolenzgläubiger (§ 38 InsO) nicht – wie im Falle einer Weiterbeschäftigung – als
Massegläubiger (§ 55 Abs. 1 Nr. 2 InsO), geltend gemacht werden. Schon hierin kann ein Sanierungsvorteil liegen. Die Kündigungsverkürzung gilt ausweislich des nicht differenzierenden
Wortlautes und der hinzugefügten Begründung des Gesetzgebers auch für Änderungskündigungen.

a) Kündigungsgründe

Für die wirksame Kündigung von Arbeitsverhältnissen bedarf es aufgrund des arbeitsrecht- 56
lichen Kündigungsschutzes, im Gegensatz zu den sonstigen Dienstverträgen, häufig eines
rechtfertigenden Grundes. Hieran ändert auch die Eröffnung des Insolvenzverfahrens nichts.
Insbesondere enthält § 113 InsO keinen besonderen Kündigungsgrund, sondern nur eine Spezialregelung für die Kündigungsfristen. Die entscheidenden Probleme für die Kündigung von
Arbeitnehmern stellen sich damit auch innerhalb des Insolvenzverfahrens vor allen darin, die
besonderen Kündigungsschutzvorschriften sowie die allgemeinen gesetzlichen und erforderlichen Kündigungsgründe nach dem Kündigungsschutzgesetz zu beachten. Die bloße Eröffnung
des Insolvenzverfahrens bedeutet keinen besonderen Grund für eine ordentliche oder außerordentliche Kündigung.

b) Verfahrensrechtliche Kündigungserleichterungen

Die Insolvenzordnung knüpft allerdings an die Eröffnung des Insolvenzverfahrens unter gewis- 57
sen Voraussetzungen einige verfahrensrechtliche Erleichterungen, die möglichst schnell Rechtssicherheit über Kündigungen herstellen sollen. Will etwa ein Arbeitnehmer die Unwirksamkeit
seiner Kündigung geltend machen, muss er gem. § 4 S. 1 KSchG innerhalb einer Klagefrist von
drei Wochen nach Zugang der Kündigung Klage bei dem Arbeitsgericht erheben.

Weitere verfahrensrechtliche Erleichterungen bietet die Insolvenzordnung mit den 58
§§ 125 und 126 InsO nur für betriebsbedingte Kündigungen, die auf einer Betriebsänderung im
Sinne von § 111 BetrVG beruhen. Regelmäßig sind während des Insolvenzverfahrens solche Betriebsänderungen gerade zum Zwecke der Sanierung erforderlich. Hierzu gehören die Verlegung, Einschränkung oder Stilllegung des ganzen Betriebs oder von wesentlichen Betriebsteilen, der Zusammenschluss mit anderen Betrieben, die Spaltung von Betrieben, grundlegende

Änderungen der Betriebsorganisation, des Betriebszwecks oder der Betriebsanlagen sowie die Einführung neuer Arbeitsmethoden und Fertigungsverfahren. Diese Betriebsänderungen führen häufig zu einer Vielzahl von betriebsbedingten Kündigungen, die gem. § 1 Abs. 2 und 3 KSchG sozial gerechtfertigt sein müssen.

59 Damit eine betriebsbedingte Kündigung sozial gerechtfertigt ist, muss die weitere Beschäftigung des oder der Arbeitnehmer durch dringende betriebliche Erfordernisse ausgeschlossen sein (§ 1 Abs. 2 S. 1 KSchG). Insbesondere darf auch keine Beschäftigung des Arbeitnehmers zu geänderten Bedingungen möglich sein (§ 1 Abs. 2 S. 2 Nr. 1 lit. a KSchG). Nach § 1 Abs. 3 KSchG ist speziell bei der betriebsbedingten Kündigungen zu prüfen, ob andere Arbeitnehmer weniger schutzwürdig sind (soziale Auswahl).

60 Der Arbeitgeber hat gem. § 125 InsO die Möglichkeit, durch eine Einigung mit dem Betriebsrat die vorbezeichneten Voraussetzungen in einem späteren Kündigungsschutzprozess leichter darlegen und beweisen zu können. Voraussetzung hierfür ist, dass eine Betriebsänderung im Sinne von § 111 BetrVG geplant ist. Hierüber muss ein so genannter Interessenausgleich nach § 125 InsO mit dem Betriebsrat zustande kommen.

61 Zusammenfassend lässt sich feststellen, dass eine Kündigungsschutzklage des Arbeitnehmers mithin wenig Aussicht auf Erfolg hat, wenn eine Einigung nach § 125 InsO getroffen wird und die Sachlage nicht nachträglich wesentlich geändert wurde.

2. Kündigung von Betriebsvereinbarungen

62 Die Insolvenzeröffnung lässt Betriebsvereinbarungen fortbestehen. Im Einzelfall kann aber in der Situation der Insolvenzeröffnung ein Grund für die außerordentliche Kündigung der Betriebsvereinbarungen liegen (§ 120 Abs. 2 InsO).

3. Kollektivarbeitsrechtliche Vereinfachungen für die Betriebsänderungen

63 Wie schon zu den Kündigungserleichterungen ausgeführt, erfordert die Sanierung zum Zeitpunkt der Insolvenzverfahrensreife häufig weit reichende betriebliche Veränderungen, die eine Betriebsänderung im Sinne des § 111 BetrVG darstellen. Nach dem Betriebsverfassungsgesetz sollen, wenn eine Betriebsänderung beabsichtigt ist, ein Interessenausgleich zwischen dem Unternehmer und dem Betriebsrat hergestellt (§ 112 Abs. 1 S. 2 BetrVG) und ein Sozialplan (§ 112 Abs. 1 S. 2 BetrVG) aufgestellt werden. Die entsprechenden Verfahren werden durch die §§ 121, 122 InsO modifiziert. Im Stadium der Insolvenzverfahrensreife ist der Zeitraum für die Umsetzung von Sanierungskonzepten regelmäßig knapp bemessen. In den §§ 121, 122 InsO ist deshalb eine Möglichkeit zu einer beschleunigten Lösung eröffnet. Nach § 121 InsO wird in der Vermittlung zwischen den Parteien gem. § 120 Abs. 2 BetrVG der Vorstand der Bundesagentur für Arbeit nur noch dann eingeschaltet, wenn der Insolvenzverwalter und der Betriebsrat dies wollen. Hierdurch wird das Verfahren und damit auch die für den Nachteilsausgleichsausschluss maßgebliche Dauer des Versuches nach § 113 Abs. 3 BetrVG verkürzt, da unmittelbar die Einigungsstelle angerufen werden kann. Dies verschafft Zeit und damit einen Sanierungsvorteil im Insolvenzverfahren.

64 Darüber hinaus kann ein Insolvenzverwalter gemäß § 122 InsO die arbeitsgerichtliche Zustimmung zu einer Betriebsänderung ohne das Verfahren nach § 112 Abs. 2 BetrVG wählen. Voraussetzung ist lediglich, dass ein Interessenausgleich trotz Aufforderung zur Aufnahme von Verhandlungen und rechtzeitiger, umfassender Informationen des Betriebsrates nicht innerhalb von drei Wochen zustande gekommen ist. Das Gericht wird seine Zustimmung dann erteilen, wenn die wirtschaftliche Lage des Unternehmens auch unter Berücksichtigung der sozialen Belange der Arbeitnehmer erfordert, dass die Betriebsänderung ohne vorheriges Verfahren nach § 112 Abs. 2 BetrVG durchgeführt wird, § 122 Abs. 2 S. 1 InsO. Durch § 122 Abs. 2 S. 2 und 3 InsO

Heerma

wird das arbeitsrechtliche Zustimmungsverfahren beschleunigt, indem es zu einem Beschluss-verfahren nach § 80 ff. ArbGG erklärt wird, auf das die besonderen Beschleunigungs- und Pro-zessförderungsregelungen des Kündigungsverfahrens (§ 61a Abs. 3 bis 6 ArbGG) entsprechend anwendbar sind. Zudem wird in § 122 Abs. 3 InsO die Rechtsbehelfsmöglichkeit auf die zulas-sungsbedürftige Rechtsbeschwerde zum Bundesarbeitsgericht beschränkt. Hierdurch wird der Beschluss des Arbeitsgerichts im Regelfall sofort rechtskräftig. Rechtsfolge dieses Beschlusses ist, dass die Durchführung der Betriebsänderung auch ohne Interessenausgleich nicht zu der Nachteilsausgleichpflicht gemäß § 113 BetrVG führt (§ 122 Abs. 1 S. 2 InsO). Durch die vorstehend dargestellten Verfahrensbesonderheiten kann der Insolvenzverwalter im Insolvenzverfahren eine Betriebsänderung schneller durchsetzen, ohne dass ihn die Nachteilsausgleichspflicht nach § 113 Abs. 3 BetrVG trifft. Im Stadium der Insolvenzverfahrensreife, also auch im Insolvenzan-tragsverfahren ist hierin ein erheblicher Sanierungsvorteil zu sehen, da häufig sehr schnell er-hebliche Veränderungen in den betrieblichen Abläufen erforderlich sind. Diese Veränderungen sind nur von dem Insolvenzverwalter bzw. bei der Eigenverwaltung von einem Geschäftsführer zu nutzen. Ein Nachfolgeinhaber eines Unternehmens kann dies nicht tun. Das Verfahren ist mithin vor einer übertragenden Sanierung durchzuführen.

XI. Die Beratung und Vorbereitung eines Insolvenzplans

1. Besonderheiten der Gläubigerbefriedigung im Rahmen eines Insolvenzplans

Gem. § 1 InsO dient das Insolvenzverfahren dazu, die Gläubiger eines Schuldners gemeinschaft- **65** lich zu befriedigen, indem das Vermögen des Schuldners verwertet und der Erlös verteilt oder in einem Insolvenzplan eine abweichende Regelung, insbesondere zum Erhalt des Unternehmens getroffen wird. Als mögliche Verwertungsform kommt zum einen die Liquidation des ganzen Unternehmens oder von Unternehmensteilen in Betracht. Die Gläubiger werden hier aus den Verkaufserlösen befriedigt. Zum anderen bietet sich eine so genannte „übertragende Sanierung" an. Hier wird das Unternehmen bzw. werden die einzelnen Vermögensgegenstände des Unter-nehmens losgelöst vom Unternehmensträger (z.B. AG oder GmbH), auf eine andere Gesellschaft übertragen. Auch in dieser Variante dient der Verkaufserlös der Gläubigerbefriedigung. Diese Variante kann ergänzt werden durch so genannte Besserungsscheine in der Form, dass die Gläubigerbefriedigung aus laufenden Überschüssen in der Zukunft ergänzt wird.

Handelt es sich um eine Kapitalgesellschaft, so wird diese durch die Eröffnung des Insol- **66** venzverfahrens ipso iure aufgelöst (vgl. § 262 Abs. 1 Nr. 3 AktG und § 60 Abs. 1 Nr. 4 GmbHG). Mit Abschluss des Insolvenzverfahrens wird die Gesellschaft, also der Unternehmensträger, aus dem Handelsregister gelöscht. Letzteres unterbleibt ausnahmsweise, wenn die Liquidation so erfolg-reich war, dass durch die Verwertungserlöse nicht nur die Insolvenzgläubiger, sondern zudem die nachrangigen Insolvenzgläubiger (§ 39 InsO) vollständig befriedigt werden. Ein verbleiben-der Überschuss hat der Insolvenzverwalter an die Gesellschafter auszukehren (§ 199 S. 2 InsO). Diese haben die Möglichkeit, die Fortführung der Gesellschaft zu beschließen, so dass der Un-ternehmensträger wieder als werbendes Unternehmen am Markt teilnimmt. In aller Regel wird jedoch weder der zu erwartende noch der erzielte Verwertungserlös ausreichen, einen Über-schuss für die Gesellschafter zu erzielen. Im Rahmen eines Insolvenzplanes gem. §§ 217 ff. InsO besteht dennoch die Möglichkeit, das Unternehmen und den Unternehmensträger zu sanieren, ohne dass alle Insolvenzgläubiger vollständig befriedigt werden.

Ein Insolvenzplan kann sowohl vom Schuldner als auch vom Insolvenzverwalter vorgelegt **67** werden („Planverfasser"). Ein eigenständiges Vorschlagsrecht eines Gläubigers ist nicht vorge-sehen. Sofern er einen diesbezüglichen Wunsch an den Insolvenzverwalter heranträgt, sollte dieser unter Berücksichtigung der sich für die Gläubiger hieraus ergebenden Vorteile überprü-fen, inwieweit er sich diesen Plan zu eigen macht. Hierbei sind insbesondere die Kosten zu berücksichtigen, die durch die Planerstellung und Umsetzung zu Lasten der Insolvenzmasse entstehen. Diese können erheblich sein, da die leistungswirtschaftlichen Voraussetzungen für die Durchführung des Insolvenzplans zuvor erarbeitet werden müssen. Legt hingegen der Schuldner einen Plan vor, so wird der Plan zwar möglicherweise kostengünstiger zu erstellen sein, jedoch bei Gläubigern strukturelle Akzeptanzprobleme aufwerfen. Den sich schnell bei Gläubigern aufdrängenden Eindruck einer einseitigen Sanierung nur durch Beiträge der Gläubiger und nicht durch einen Sanierungsbeitrag des Schuldners gilt es, im Plan auszuräumen.

68 Der Gestaltungsspielraum des Planverfassers ist letztlich dadurch begrenzt, dass es ihm gelingen muss, für den Insolvenzplan im Erörterungs- und Abstimmungstermin die notwendigen Mehrheiten nach § 244 InsO zu erlangen. Danach ist sowohl eine Mehrheit nach Köpfen (Anzahl der Gläubiger) als auch eine Mehrheit nach der Höhe der Forderung erforderlich.

69 Auf der Basis der Gläubigerautonomie können die Gläubiger durch Mehrheitsbeschluss in Form des Insolvenzplans in die Rechte von Beteiligten eingreifen. Aufgrund des in § 245 InsO geregelten Obstruktionsverbotes ist ein Widerspruch eines Gläubigers grundsätzlich nur beachtlich, wenn er durch den Plan schlechter gestellt würde, als er ohne Plan stünde. Möglich erscheint insbesondere, dass durch den Insolvenzplan auch in die Rechte von Absonderungsberechtigten eingegriffen wird (vgl. § 223 InsO).

---

70 **Praxistipp**

Steht zu erwarten, dass einzelne Gläubiger dem Plan nicht zustimmen, kann es sich anbieten, verschiedene Gläubigergruppen zu bilden. In diesem Fall bedarf es zur Annahme des Plans zusätzlich der Mehrheit der Gläubigergruppen. Als separate Gläubigergruppe kommen insbesondere **Kleingläubiger und Arbeitnehmer** in Betracht (vgl. § 222 InsO). In der Praxis können je nach Struktur der Gläubigerschaft, Kleingläubigern (insbesondere wenn es sich hierbei zugleich um Arbeitnehmer handelt) eine Quotenzahlung von 100% der geltend gemachten Forderungen im Insolvenzplan angeboten werden, um diese als Verfahrensbeteiligte aus dem weiteren Insolvenzverfahren auszuschließen. Hierdurch ist ein Verfahren wesentlich effektiver abzuwickeln. Eine solche Regelung bietet sich insbesondere dann an, wenn nur ca. 10% der Verteilungsmasse für die Befriedigung der Kleingläubiger aufgewendet wird und gleichzeitig ca. 90% der Gläubiger (nach Anzahl) hiervon betroffen sind. Solche Kleingläubiger sind im Abstimmungstermin nicht stimmberechtigt, da durch den Insolvenzplan nicht in ihre Rechte eingegriffen wird.[7]

---

71 Im Übrigen sollte den einzelnen Gläubigergruppen im Zweifel nur eine gleich hohe quotale Befriedigung der Insolvenzforderungen im Insolvenzplan angeboten werden. Etwas anderes kann in begründeten Ausnahmefällen denkbar sein, wenn z.B. Absonderungsberechtigte auf Sonderrechte verzichten oder übrige Gläubiger andere „Sonderopfer" leisten. Ein jeder Gläubiger hat dann im Erörterungs- und Abstimmungstermin für sich die Wahl, ob er sich durch den Plan hinreichend in der Gläubigergesamtheit repräsentiert fühlt und besser gestellt ist, als wenn die Vermögenswerte einzeln veräußert werden würden.

2. Praktische Bedeutung von Insolvenzplänen

72 Mit In-Kraft-Treten der Insolvenzordnung zum 1.1.1999 und in den ersten Folgejahren wurde der Insolvenzplan als das Kernstück des neuen Insolvenzrechts angesehen. In der Praxis hat er sich zwar nicht in der großen Zahl der Insolvenzverfahren, so aber bei einigen großen Sanierungsfällen (Babcock-Borsig, Lloyd Werft Bremerhaven, Herlitz, Kirch Gruppe, Ihr Platz) durchsetzen können. Belastbare überregionale Statistiken über die Häufigkeit von Insolvenzplänen existieren bis heute nicht. Nach nicht repräsentativen Umfragen werden jedoch nur ca. 1–2%

---

7 So die übereinstimmende Ansicht des Insolvenzgerichtes Bremerhaven und des Verfassers (vgl. Insolvenzverfahren Lloyd Werft Bremerhaven GmbH, 2004).

Heerma

der eröffneten Insolvenzverfahren durch einen Insolvenzplan abgeschlossen. Diese geringe Zahl ist jedoch nicht als Mangel der Insolvenzordnung zu sehen, sondern reflektiert auch den Umstand, dass für die meisten, massearmen Verfahren kein Bedarf an einem Insolvenzplan besteht. Das Insolvenzverfahren ist nämlich oftmals ein Marktausscheidungsinstrument für nicht konkurrenzfähige Unternehmen. Die theoretisch mögliche Erstellung eines Liquidations- insolvenzplans ist in aller Regel bei nicht sanierungsfähigen Unternehmen wirtschaftlich nicht sinnvoll. Aussagekräftig wäre daher nur eine Prozentzahl, die sich nicht an der absoluten Zahl der eröffneten Verfahren, sondern an den Verfahren orientiert, die sanierungsfähige Unter- nehmen betreffen. Für diese ist in der jüngsten Vergangenheit die erfreuliche Tendenz festzu- stellen, dass zunehmend von dem Institut des Insolvenzplanes Gebrauch gemacht wird. Die jüngsten Reformen der Insolvenzordnung durch das ESUG dürften diesen Trend noch deutlich verstärken.

Praxistipp 73

Da die ablaufende Zeit ein wesentlicher Faktor bei der Frage ist, ob ein Unternehmen erfolgreich saniert werden kann, ist es erforderlich, rechtzeitig ein Sanierungskonzept vorzulegen. Dieses kann insbesondere einen Insol- venzplan beinhalten. Der Schuldner kann sein Planvorlagerecht dergestalt ausnutzen, dass er schon mit dem An- trag auf Eröffnung des Insolvenzverfahrens einen Insolvenzplan vorlegt (vgl. § 218 Abs. 1 S. 2 InsO). Dieser unter der Bezeichnung „prepacked plan" bekannte Insolvenzplan ist insbesondere im US-amerikanischen Recht verbrei- tet. Alternativ hat der Schuldner die Möglichkeit, gemäß § 270b InsO die Anordnung eines sog. „Schutzschirmver- fahrens" zu beantragen. Dies setzt voraus, dass als Insolvenzeröffnungsgrund Überschuldung oder die drohende Zahlungsunfähigkeit, nicht jedoch die bereits eingetretene Zahlungsunfähigkeit vorliegt und die angestrebte Sa- nierung nicht offensichtlich aussichtslos ist.

In aller Regel sind die Befriedigungsaussichten für die Gläubiger unter Ansatz von Fortfüh- 74 rungsschätzwerten erheblich besser, als wenn unter Realisierung von Liquidationswerten das Unternehmen zerschlagen wird. Gelingt es im konkreten Sanierungsfall, den Gläubigern aufzu- zeigen, dass die Sanierung durch einen Insolvenzplan unter Aufrechterhaltung des Unterneh- mensträgers für die Gläubiger eine wirtschaftlich vorteilhaftere Lösung darstellt als die Liquida- tion, so wird dieser Plan nicht zuletzt wegen des in § 245 InsO normierten Obstruktionsverbots erfolgreich sein. Es obliegt folglich sowohl der Unternehmensleitung als auch deren rechtlichen und wirtschaftlichen Beratern, die Vorteile für die Gläubiger diesen aufzuzeigen und durch den Insolvenzplan in das Verfahren einzubringen. Gelingt dies nicht, wird die „übertragende Sanie- rung" von sanierungsfähigen Unternehmen(steilen) wegen der geringeren Kosten und des ge- ringer Aufwandes für alle übrigen Beteiligten (Insolvenzverwalter, Gericht und Gläubiger) die vorzugswürdige Sanierungsform sein.

Um bei den beteiligten Gläubigern nicht den Eindruck aufkommen zu lassen, dass durch 75 den Insolvenzplan einseitig in die Rechte der Gläubiger eingegriffen wird, und so eine Zustim- mung der Gläubiger zum Plan fraglich wird, ist schon bei Planerstellung, insbesondere in den Fällen eines prepacked plan, auf eine sorgfältige Abwägung der beteiligten Interessen zu ach- ten. Hierbei bietet es sich insbesondere an, externe Sanierungsberater hinzuzuziehen. In einzel- nen Insolvenzverfahren (z.B. in der Kirch-Gruppe und Babcock-Borsig) wurde schon im Vorfeld in Absprache mit den wesentlichen Großgläubigern ein solcher Sanierungs- (Insolvenz-) Sach- verstand auf Unternehmensleitungsebene implementiert. Dies stellt kein verfahrensrechtlich notwendiges Kriterium dar, die Erfolgsaussichten eines Insolvenzplans steigen jedoch im Ab- stimmungstermin, da sich die Gläubiger unabhängig unterrichtet und ihre Interessen abgewo- gener berücksichtigt sehen.

Heerma

3. Vergleich zu chapter 11 US-Bankruptcy-Code

76 Für das deutsche Insolvenzplanrecht diente u.a. das amerikanische chapter 11 US-Bankruptcy-Code als Vorbild. Anders als im US-amerikanischen Recht, das in wesentlichen Punkten schuldnerorientiert ist, bleibt jedoch das deutsche Insolvenzverfahren auch im Falle eines Insolvenzplans gläubigerdominiert. Nur im Falle der gerichtlich angeordneten Eigenverwaltung (siehe Rn 91) werden die Rechte des Insolvenzschuldners signifikant gestärkt. Da bislang im Vorfeld eines Insolvenzantrags jedoch nicht abzusehen war, ob die beantragte Eigenverwaltung gerichtlich angeordnet wird, bestand aus Sicht des Insolvenzschuldners (und ggf. dessen Gesellschaftern) die reale Gefahr eines weitestgehenden Einflussverlustes auf das Unternehmen nach Stellung eines Insolvenzantrages. Dies mag rechtstatsächlich einer der wesentlichen Gründe dafür sein, warum – anders als im US-amerikanischen Recht – die Sanierung durch ein Insolvenzverfahren nicht die gleiche Akzeptanz wie in den USA gefunden hat. Die Insolvenzrechtsreform durch das ESUG hat die Chancen dafür, dass die Eigenverwaltung bei einem entsprechenden Antrag auch tatsächlich angeordnet wird, deutlich erhöht. Ob sich dadurch auch die Akzeptanz des Insolvenzverfahrens als Sanierungsverfahren erhöht, bleibt abzuwarten.

4. Vorteile eines Insolvenzplans – insbesondere eines „prepacked plan"

77 In Abgrenzung zu einer übertragenden Sanierung können der Insolvenzplan und die mit ihm in aller Regel verbundene Sanierung des Unternehmensträgers erhebliche wirtschaftliche Vorteile bieten. Es gilt, diese den Verfahrensbeteiligten nicht nur zu kommunizieren, sondern die Beteiligten auch daran im Wege eines Insolvenzplans auch wirtschaftlich partizipieren zu lassen.

78 Durch den Insolvenzplan konnte in der Vergangenheit nicht in die Rechte der Anteilseigner an Kapitalgesellschaften eingegriffen werden, die unverändert durch Art. 14 GG geschützt sind. Diese Rechtslage erschien in Situationen, in denen die Unternehmensfortführung zum Beispiel wegen der fehlenden Übertragbarkeit von immateriellen Rechten an den Unternehmensträger gekoppelt ist, nicht immer interessengerecht. Selbst einzelne sanierungsunwillige Gesellschafter wurden damit häufig zum Hindernis für die erfolgreiche Umsetzung eines Insolvenzplans. Mit dem ESUG wurde nunmehr in § 225a InsO statuiert, dass die Rechte der Anteilseigner nur dann unberührt bleiben, soweit der Plan nichts anderes bestimmt. Es können insoweit sämtliche Regelungen getroffen werden, die gesellschaftsrechtlich zulässig sind. Das erweitert den Gestaltungsspielraum bei der Planerstellung deutlich.

79 Erhöht die Fortsetzung des Unternehmensträgers die Befriedigungsaussichten für die Gläubiger, ist der Insolvenzplan das geeignete Instrument. Nur durch einen Insolvenzplan lassen sich insbesondere folgende Vorteile generieren:

- Die Schwierigkeiten bei der **Übertragung von Vermögenswerten** oder betriebsnotwendiger Vermögenspositionen des Insolvenzschuldners, insbesondere von immateriellen Rechten sowie möglicherweise vinkulierten Anteilen an Beteiligungen, werden bei einer Sanierung durch einen Insolvenzplan vermieden. Da der Unternehmensträger nach Abschluss des Insolvenzverfahrens unverändert bleibt, bedarf es nämlich keiner Übertragung von betriebsnotwendigen Verträgen, z.B. Lizenzverträgen.
- Durch einen Insolvenzplan können ferner steuerliche **Verlustvorträge** einer Gesellschaft im Rahmen der § 8 KStG, § 10d EStG genutzt werden. Einschränkungen bestehen allerdings aufgrund der nur eingeschränkten Nutzbarkeit von Verlustvorträgen und dem Umstand, dass der entstehende Sanierungsgewinn nur unter engen Voraussetzungen nicht der Körperschaftsteuer unterliegt. Es gilt hier, durch Abstimmung mit dem Finanzamt eine Stundung bzw. einen Erlass der auf den Sanierungsgewinn entfallenden Steuern zu erreichen.
- Handelt es sich bei einem Insolvenzschuldner um eine natürliche Person, die ein Einzelunternehmen oder eine **freiberufliche Praxis** führt, bietet sich ein Insolvenzplan ferner an, weil durch diesen Regelungen über den Umfang der Verwertung und der Verteilung des zu

Heerma

erzielenden Gewinns geschaffen werden, die für den Schuldner einen wirtschaftlichen Anreiz bieten, seine wirtschaftliche Tätigkeit (auch zum Wohle der Gläubiger) aufrechtzuerhalten. Ohne Insolvenzplan wäre der Insolvenzschuldner grundsätzlich während der gesamten Wohlverhaltensperiode von 6 Jahren auf pfändungsfreie Einkünfte beschränkt, so dass mangels Beteiligung am wirtschaftlichen Erfolg wenig Motivation besteht, diesen zugunsten der Gläubiger zu erwirtschaften.

– Handelt es sich bei dem Insolvenzschuldner um eine Kapitalgesellschaft, so sind die (geschäftsführenden) Gesellschafter ihrerseits während der Dauer des Insolvenzverfahrens motiviert, sich konstruktiv in die Unternehmensfortführung einzubringen, da sie mit Abschluss des Insolvenzverfahrens Anteile an einem sanierten, d.h. zahlungsfähigen und nicht überschuldeten Unternehmensträger halten, sofern die Geschäftsanteile nicht oder nur teilweise in den Plan einbezogen werden. Die persönliche Einbindung dieser Personen kann für die Fortführungsfähigkeit des Unternehmens, und damit für die Befriedigungsaussichten der Gläubiger von erheblicher Bedeutung sein. Doch selbst wenn Teile der Geschäftsanteile im Zuge des Insolvenzplans den bisherigen Anteilseigner entzogen werden, kann es für sie sinnvoll sein, an dieser Form der Sanierung mitzuwirken, da wenige werthaltige Anteile schlussendlich besser sind als viele wertlose.

5. Inhalt eines Insolvenzplans

Ein Insolvenzplan teilt sich in einen darstellenden und einen gestaltenden Teil. Im Rahmen des **80** darstellenden Teils sind gem. § 220 InsO insbesondere die Maßnahmen zu beschreiben, die nach Eröffnung des Insolvenzverfahrens getroffen wurden oder noch getroffen werden sollen, um die Grundlage für die geplante Unternehmensfortführung und die hierfür notwendige Gestaltung der Rechte der Beteiligten zu schaffen. Insgesamt sollten in dem darstellenden Teil verfahrensspezifisch für jeden Gläubiger alle notwendigen Informationen als Entscheidungsgrundlage präsentiert werden, die es ihm erlauben, den Plan sachgerecht zu beurteilen. Andernfalls könnte der Insolvenzplan schon im Rahmen der gerichtlichen Vorprüfung nach § 231 InsO durch das Insolvenzgericht zurückgewiesen werden. Der gestaltende Teil muss die einzelnen gewollten Rechtswirkungen so hinreichend konkret umschreiben, dass diese eindeutig die Beschränkung bzw. die Beibehaltung der Rechte der Beteiligten regeln. Nur der gestaltende Teil erzeugt die Wirkungen nach § 254 Abs. 1 InsO (siehe dazu Rn 90).

An die inhaltliche Ausgestaltung eines Insolvenzplans ist nahezu kein formaler Anspruch **81** seitens des Gesetzes gestellt. Diese ist vielmehr von den konkreten Umständen des Insolvenzverfahrens abhängig. Die Erfahrung zeigt, dass ein Insolvenzverfahren durch einen Insolvenzplan nur dann erfolgreich abgeschlossen werden kann, wenn die Ausarbeitung des Planes sorgfältig den spezifischen Interessen der einzelnen Beteiligten gerecht wird.

6. Ablauf eines Insolvenzplanverfahrens
a) Idealtypischer Ablauf

Die besten Aussichten zur Sanierung eines Unternehmens und des Unternehmensträgers im **82** Rahmen eines Insolvenzplanes bestehen, wenn das Verfahren so zügig wie möglich abgewickelt wird. Nur so lassen sich (drohende) Liquiditätskrisen, die ohne Abhilfe schnell zur faktischen Betriebsstilllegung führen, verhindern oder beseitigen. Eine optimale Sanierung im Rahmen eines Insolvenzplanverfahrens könnte wie folgt aussehen:

– Schon bei **drohender Zahlungsunfähigkeit** (§ 18 InsO) und nicht erst bei bestehender Überschuldung (§ 19 InsO) oder bestehender Zahlungsunfähigkeit (§ 17 InsO) beantragt der Schuldner die Eröffnung des Insolvenzverfahrens und die Anordnung der Eigenverwaltung.

- Gleichzeitig beantragt er die Einräumung einer Frist zur Vorlage eines Insolvenzplanes gemäß § 270b InsO. Dies hat gegenüber dem in der Vergangenheit üblichen Vorgehen, bereits dem Antrag auf Eröffnung des Insolvenzverfahrens einen Insolvenzplan bei zufügen, (sog. „prepacked plan"), den Vorteil, dass der Antragsteller unmittelbaren Einfluss auf die Auswahl des vorläufigen Sachwalters nehmen kann.
- Mit Eröffnung des Insolvenzverfahrens sollte der vorbereitete Insolvenzplan bei dem Insolvenzgericht eingereicht werden.
- Zur Beschleunigung des Verfahrens sollte der Insolvenzplan bei Gericht gemeinsam mit den **Stellungnahmen** der nach § 232 Abs. 1 InsO notwendig und nach Möglichkeit mit den nach § 232 Abs. 2 InsO fakultativ anzuhörenden Beteiligten eingereicht werden.
- Ein Insolvenzplan, der die (wenigen) formalen Voraussetzungen nicht erfüllt oder der offensichtlich weder erfüllbar ist noch Aussicht auf Zustimmung hat, wird in dem **gerichtlichen Vorprüfungsverfahren** nach § 231 InsO zurückgewiesen. Aus Gründen der Gläubigerautonomie sollte im Zweifel im Rahmen der Abschätzung der Erfolgsaussichten der Plan jedoch nicht gem. § 231 Abs. 1 Nr. 2 InsO im gerichtlichen Vorprüfungsverfahren zurückgewiesen werden, da es der Entscheidung der Gläubiger obliegen sollte, ob sie einer Sanierung auf der Basis des Plans zustimmen. Möglicherweise besteht für die Gläubiger z.B. an der Aufrechterhaltung einer Geschäftsbeziehung mit dem Schuldner individuell ein größeres Interesse, als an einer höheren Insolvenzquote. Hierauf sollte im Insolvenzplan ausdrücklich hingewiesen werden. Dies zu entscheiden ist jedoch – gerade in einem gläubigerautonomen Verfahren wie dem Insolvenz(plan)verfahren – Sache des Gläubigers. Die Stellungnahmen des Gläubigerausschusses und des Insolvenzverwalters sollten sich ebenfalls an diesem Maßstab orientieren.
- Bereits im Eröffnungsbeschluss bestimmt das Gericht einen **Berichtstermin** nach § 156 InsO. Dieser soll in den ersten 6 Wochen nach Insolvenzeröffnung stattfinden, jedoch kann das Gericht auch eine kürzere Frist bestimmen. Neben dem Berichtstermin hat das Insolvenzgericht den **Prüfungstermin** (§ 176 InsO) zu terminieren. Da ein Insolvenzplan eingereicht wurde, wird das Gericht ferner einen **Erörterungs- und Abstimmungstermin** über den Insolvenzplan nach § 235 InsO terminieren. Es ist möglich, alle Termine miteinander zu verbinden, so dass faktisch nur ein einziger Termin stattfindet.
- Nach **Zustimmung der Gläubiger** im Abstimmungstermin muss der Plan durch das **Insolvenzgericht bestätigt** werden. Bei Einhaltung der formalen Voraussetzungen, insbesondere bei dem Vorliegen der erforderlichen Mehrheiten, besteht ein Anspruch auf Bestätigung. Im Übrigen ist die Bestätigung nur unter den Voraussetzungen des § 250 InsO (Verstoß gegen Verfahrensvorschriften) zu versagen, z.B. wenn die Annahme des Insolvenzplans unlauter ist, etwa weil sie durch Begünstigung eines Gläubigers herbeigeführt wurde. Gegen den Beschluss des Gerichts (Bestätigung oder Versagung der Bestätigung) ist die sofortige Beschwerde zulässig.

83 Bei entsprechender Vorbereitung des Insolvenzantrages und Gestaltung des Insolvenzplans erscheint folglich eine Aufhebung des Insolvenzverfahrens je nach konkretem Einzelfall bereits 6 Wochen nach Insolvenzeröffnung möglich. Zuzugeben ist jedoch, dass dies – noch – nicht der Regelfall ist.

b) Insbesondere: Das Insolvenzantragsverfahren

84 Das Insolvenzantragsverfahren dient dazu, durch einen unabhängigen Dritten (Gutachter und ggf. vorläufigen Insolvenzverwalter) prüfen zu lassen, ob (1.) ein Insolvenzgrund vorliegt, (2.) hinreichende Masse vorhanden ist, die es erlaubt, die Kosten des Verfahrens gem. § 54 InsO zu decken und (3.) die Fortführungs-(Sanierungs-)aussichten positiv sind.

Heerma

Praxistipp   85

Ein substantiierter Insolvenzantrag sollte Ausführungen zum Insolvenzgrund, zur „freien" Masse und zu den Fort-
führungsaussichten enthalten sowie eine Darstellung etwaiger Nachteile eines Insolvenzantragsverfahrens.

In besonders gelagerten Einzelfällen kann es nicht nur aus Schuldner- sondern auch aus Gläu- 86
bigersicht erstrebenswert sein, die während des Insolvenzantragsverfahrens üblicherweise erfolgende Bestellung eines gerichtlichen Sachverständigen, eines schwachen oder eines starken
vorläufigen Insolvenzverwalters nach § 21 Abs. 2 Nr. 2 Alt. 1 oder 2 InsO zu vermeiden. Um ein
Insolvenzantragsverfahren zu „überspringen", müssen dem Insolvenzrichter hinsichtlich der
drei o.g. Fragestellungen substantiierte Antworten vorgetragen werden. Hierzu gehört zunächst
die Glaubhaftmachung des Insolvenzgrundes. Zwecks Feststellung der hinreichenden „freien"
Vermögenswerte zur Deckung der Kosten des Verfahrens könnte der Schuldner dem Insolvenzgericht eine durch sachkundige Dritte geprüfte Vermögensübersicht beifügen, die die insolvenzspezifischen Sonderrechte (Ab- und Aussonderungsansprüche) so berücksichtigt, dass die entsprechende freie Masse ermittelbar ist. Dies erfordert erhebliches Spezialwissen und sollte sich
in der Form der Darstellung an den üblichen Gutachten der vorläufigen Insolvenzverwalter orientieren, um dem Insolvenzrichter die Entscheidung zu vereinfachen. Ein beigefügter Insolvenzplan gibt ferner einen ersten Überblick über die Fortführungsmöglichkeiten.

Die in der Literatur häufig angeratene Leistung eines etwaigen Massekostenvorschusses 87
setzt voraus, dass hinreichende Liquidität aus Drittmitteln zur Verfügung gestellt wird.

Die Durchführung eines Insolvenzantragsverfahrens kann jedoch gerade der dauerhaften 88
Sanierung eines Unternehmens dienlich sein: Sollten zum Stichtag der Insolvenzantragstellung
keine Löhne oder Gehälter länger als drei Monate rückständig sein und ferner positive Fort-
führungsaussichten dokumentiert werden können, so besteht aufgrund des Insolvenzgeldes
(§§ 183 ff. SGB III) die Möglichkeit, den gesamten Insolvenzgeldzeitraum (maximal drei Monate
vor Eröffnung des Insolvenzverfahrens) zu nutzen, um die Sanierungsmöglichkeiten des Unternehmens und damit den Erhalt der Arbeitsplätze im Rahmen eines Insolvenzantragsverfahrens
zu prüfen. Die hiermit verbundenen Vorteile können die Nachteile eines Insolvenzantragsverfahrens, nämlich insbesondere die Verlängerung des Zeitraums zwischen Insolvenzantragstellung und Beendigung des Insolvenzverfahrens sowie dem Einflussverlust des Schuldners durch
die in aller Regel erfolgende Bestellung eines vorläufigen „schwachen" Insolvenzverwalters
kompensieren. Besonders effektiv kann das grundsätzlich erst nach Eröffnung des Insolvenz-
fahrens ausgezahlte Insolvenzgeld genutzt werden, wenn es nach der erforderlichen Zustimmung der Agentur für Arbeit durch Dritte vorfinanziert wird und somit im Antragsverfahren zur
Auszahlung kommt.

7. Zu den Wirkungen eines Insolvenzplans

Kommen die erforderlichen Mehrheiten im Abstimmungstermin formell wirksam zustande, wird 89
das Insolvenzgericht den Insolvenzplan bestätigen. Hierdurch treten die im gestaltenden Teil
festgelegten Wirkungen für und gegen alle Beteiligten ein, § 254 Abs. 1 S. 1 InsO: Insbesondere
erlöschen die Forderungen der Insolvenzgläubiger soweit diese über die Quote hinausgehen.
Dies gilt auch gegenüber ablehnenden Gläubigern und jenen, die sich an der Abstimmung nicht
beteiligt haben. Auch nach Aufhebung des Insolvenzverfahrens können jene Gläubiger, deren
Ansprüche zum Zeitpunkt der Erörterung und Abstimmung des Planes noch nicht bekannt waren, gleichwohl ihre Rechte gegenüber dem Schuldner geltend machen. Sofern sie zu einer der
im gestaltenden Teil des Insolvenzplans aufgeführten Gläubigergruppe gehören, reduzieren sich
ihre Forderungen in gleicher Weise durch den Insolvenzplan.

XII. Eigenverwaltung im Rahmen eines Insolvenzplans

1. Wirkungsweise und Vorteile der Eigenverwaltung

90 Im Normalfall eines Insolvenzverfahrens geht mit Eröffnung desselbigen die Verwaltungs- und Verfügungsbefugnis auf einen unabhängigen Dritten, den Insolvenzverwalter, über (§ 80 InsO). Die in §§ 270 ff. InsO geregelte Eigenverwaltung hingegen sieht als Ausnahme von diesem Grundsatz vor, die **Verwaltungs- und Verfügungsbefugnis bei dem Insolvenzschuldner zu belassen**. Hierin besteht aus Sicht des Schuldners der größte Vorteil. Als Korrektiv für den gestärkten Einfluss des Insolvenzschuldners auf den weiteren Verfahrensablauf ist die Bestellung eines Sachwalters vorgesehen, der insbesondere den Insolvenzschuldner zu überwachen hat.

91 Ein wesentlicher Vorteil der Eigenverwaltung aus Gläubigersicht wird allgemein darin gesehen, dass keine Einarbeitungszeit für einen Insolvenzverwalter notwendig sei. Dem ist dann nicht zuzustimmen, wenn der Eröffnung des Insolvenzverfahrens und der Anordnung der Eigenverwaltung ein Insolvenzantragsverfahren mit der Bestellung eines vorläufigen Insolvenzverwalters vorausgeht und dieser – wie üblich – auch als (endgültiger) Insolvenzverwalter bestellt wird. Durch die Anordnung der Eigenverwaltung, insbesondere dann, wenn diese mit Zustimmung des vorläufigen Sachverwalters und ggfs. des vorläufigen Gläubigerausschusses erfolgt, wird ein wichtiges Signal an die wesentlichen Vertragspartner auf Kunden- und Gläubigerseite gesendet: Es wird vermittelt, dass der Insolvenzschuldner das Vertrauen der Interessenvertreter der Gläubiger genießt. Ferner sind die Kosten der Eigenverwaltung geringer, da nach § 12 Abs. 1 InsVV die Vergütung des Sachwalters lediglich 60% der Vergütung eines Insolvenzverwalters beträgt. Andererseits entfällt gem. § 282 InsO der gesetzliche Massekostenbeitrag gem. § 171 InsO von gesicherten Gläubigern.

2. Anwendungsfälle

92 Die Eigenverwaltung kommt insbesondere dann **in Betracht**, wenn der Insolvenzgrund in einem singulären, nicht vorhersehbaren Ereignis wie dem unerwarteten Ausfall einer erheblichen Forderung liegt (z.B. im Falle der Lloyd Werft Bremerhaven GmbH, die durch das Sinken eines im Bau befindlichen Kreuzfahrtschiffes 2004 Insolvenzantrag stellen musste). Ferner bietet sich die Eigenverwaltung an, wenn durch Wechsel in der Geschäftsführung interne Fehlabläufe korrigiert wurden bzw. durch die Einbindung sanierungserfahrener Personen in die Unternehmensleitung die Interessen der Gläubiger gewahrt werden (vgl. Kirch Media und Babcock Borsig). Zuletzt kann die Eigenverwaltung ein probates Mittel bei der Fortführung von Freiberuflern sein, um Kollisionen mit dem Berufsrecht zu vermeiden. In Kombination mit einem Insolvenzplan können dem Schuldner zusätzliche signifikante Anreize für die auch im Interesse der Gläubigerschaft stehende Betriebsfortführung geboten werden.

93 Auch bei Insolvenzverfahren über das Vermögen von Gesellschaften, die zu einem **internationalen Konzern** gehören, kann eine Eigenverwaltung angeordnet werden. Es ist nach zutreffender Ansicht des AG Köln unerheblich,[8] ob die Eigenverwaltung ein Haupt- oder ein Sekundärinsolvenzverfahren i.S.d. EuInsVO betrifft. Das deutsche Insolvenzverfahrensrecht ist nach Ansicht der Verfasser auch international wettbewerbsfähig. Die zuweilen zu beobachtenden Bemühungen, den Mittelpunkt der hauptsächlichen Interessen einer Gesellschaft („center of main interest") i.S.d. Art. 3 EuInsVO in ausländische, insbesondere die englische Jurisdiktion zu verlagern, können nicht mit Mängeln des deutschen Insolvenzverfahrensrechts, sondern (wenn überhaupt) mit den Besonderheiten des materiellen deutschen Gesellschaftsrechts, insbesondere den Rechtsinstituten der Kapitalaufbringung, Kapitalerhaltung und Eigenkapitalersatzes be-

---

8 AG Köln ZIP 2004, 47.

Heerma

gründet werden. Zu beachten ist, dass insbesondere auch das englische Recht aus Gläubigerschutzgründen umfangreiche deliktische Haftungsansprüche gegen die Handelnden kennt. Es steht zu erwarten, dass die nationalen Insolvenzgerichte die tatsächlichen Voraussetzungen für die bereits erfolgte Eröffnung eines Insolvenzverfahrens in anderen Mitgliedstaaten der EU zunehmend intensiver überprüfen werden. Es bleibt abzuwarten, ob bei erkennbar missbräuchlicher Verlagerung des COMI in fremde Jurisdiktionen die Anerkennung ausländischer Eröffnungsbeschlüsse, z.B. wegen Verstoßes gegen den ordre public, Art. 26 EuInsVO, zukünftig unterbleibt. Die Tendenz ist deutlich rückläufig.

3. Formen der Anordnung einer Eigenverwaltung

Das Gericht entscheidet in dem Beschluss über die Eröffnung des Insolvenzverfahrens über die **94** Anordnung der Eigenverwaltung, § 270 InsO i.V m. § 27 InsO. Sofern das Gericht die beantragte Eigenverwaltung ablehnt, ist dies schriftlich zu begründen. Ein **Rechtsmittel** ist hingegen nicht vorgesehen.[9] Allerdings haben die Gläubiger in der Gläubigerversammlung die Möglichkeit – als Ausdruck der Gläubigerautonomie – gem. § 271 InsO einem (erneuten) Antrag des Schuldners auf Anordnung der Eigenverwaltung zuzustimmen. In diesem Fall hat das Gericht bei Vorliegen eines wirksamen Antrags und einer wirksamen Zustimmung ohne eigenes Entscheidungsermessen die Eigenverwaltung anzuordnen. Nachträglich kann die Eigenverwaltung durch das Insolvenzgericht auf Antrag des Schuldners, der Gläubigerversammlung oder eines Gläubigers aufgehoben werden. Im letztgenannten Fall muss zur Überzeugung des Gerichts eine Gefährdung der Gläubiger gem. § 270 Abs. 2 Nr. 2 InsO vorliegen. Dem Schuldner steht bei Aufhebung die sofortige Beschwerde zu.

Durch das ESUG hat der Gesetzgeber eine für sanierungsbedürftige Unternehmen besonde **95** res attraktive Form der Einleitung eines Insolvenzverfahrens mit Eigenverwaltung geschaffen: Das sog. „Schutzschirmverfahren", das in § 270b InsO geregelt ist, bietet die Möglichkeit, den Antrag auf Eröffnung des Insolvenzverfahrens unter Eigenverwaltung mit einem Antrag auf Gewährung einer maximal dreimonatigen Frist zur Vorlage eines Insolvenzplans zu verbinden. Voraussetzung dafür ist, dass noch keine Zahlungsunfähigkeit vorliegt, sondern diese lediglich droht oder Überschuldung eingetreten ist. Dies muss durch die Bescheinigung einer geeigneten Person (eines in Insolvenzsachen erfahrenen Steuerberaters, Wirtschaftprüfers oder Rechtsanwalts oder einer Person mit vergleichbarer Qualifikation), die dem Antrag beizufügen ist, belegt werden. Aus dieser Bescheinigung muss sich zudem ergeben, dass die angestrebte Sanierung nicht offensichtlich aussichtslos ist. Im Zuge dieses „Schutzschirmverfahrens" bestellt das Insolvenzgericht keinen vorläufigen Insolvenzverwalter, sondern einen vorläufigen Sachwalter gemäß § 270a Abs. 1 InsO. Der Schuldner hat die Möglichkeit, eine Person vorzuschlagen. An diesen Vorschlag ist das Gericht gebunden, sofern diese nicht offensichtlich für die Übernahme des Amtes ungeeignet ist, § 270b Abs. 2 S. 1 InsO. Diese Regelung bietet sanierungswilligen Unternehmen die in der Vergangenheit vermisste, erhöhte Planungssicherheit, die zu einer deutlichen Steigerung der Akzeptanz des Insolvenzverfahrens als Sanierungsverfahren führen dürfte.

4. Kompetenzabgrenzungen zwischen Sachwalter und Unternehmensführung

Die **Verfügungs- und Verwertungsbefugnis** verbleibt beim Schuldner. Dem Sachwalter kommt **96** dagegen zum einen eine begleitende, überwachende Funktion zu. Zum anderen hat der Sachwalter Ansprüche der Gläubigergesamtheit, insbesondere Anfechtungsansprüche aus eigener

---

9 Begr. RegE., BT-Drucks, 17/5712, S. 58.

Rechtskraft zu verfolgen, § 280 InsO. Zur Durchsetzung seiner Aufgaben stehen dem Sachwalter die Rechte eines vorläufigen Insolvenzverwalters zu (§§ 274 Abs. 2 S. 2, 22 Abs. 3 InsO): Er darf u. a. die Geschäftsräume des Insolvenzschuldners betreten, Geschäftsbücher einsehen und Auskunft vom Schuldner verlangen. Stellt er fest, dass die Aufrechterhaltung der Eigenverwaltung zu Nachteilen für die Gläubiger führen wird, muss er das Insolvenzgericht und den Gläubigerausschuss (wenn dieser nicht bestellt ist: die Insolvenzgläubiger bzw. die absonderungsberechtigten Gläubiger) unterrichten, § 274 Abs. 3 InsO. Zum weiteren Schutz der Belange der Gläubiger sieht § 275 InsO vor, dass Verbindlichkeiten, die nicht zum gewöhnlichen Geschäftsbetrieb des Schuldners gehören, nur mit Zustimmung des Sachwalters begründet werden sollen. Es bietet sich in der Praxis an, in den Eröffnungsbeschluss einen Katalog von zustimmungspflichtigen Geschäften aufzunehmen. Denkbar ist auch, dem Sachwalter die Kassenführungsbefugnis zu übertragen. Die Aufgaben, die einen insolvenzverfahrensspezifischen Organisationsaufwand erzeugen oder insolvenzspezifische Fähigkeiten oder Wissen erfordern, sind ebenfalls von dem Sachwalter zu erfüllen. Ihm obliegt es folglich, die Insolvenztabelle zu führen, die Verteilungsverzeichnisse zu prüfen, Anfechtungsansprüche geltend zu machen, einen Insolvenzplan zu verfassen (sofern der Schuldner einen Plan verfasst, wirkt der Sachwalter beratend mit) und ggfs. die Masseunzulänglichkeit anzuzeigen.

Dr. Per Hendrik Heerma

§ 46 Steuerliche Folgen des Kapital- oder Darlehensverlusts oder der Inanspruchnahme aus Bürgschaften

I. Allgemeines

1. Ansatzpunkte der Beratung

Das Mandat für den Gesellschafter und/oder Geschäftsführer bringt es in der Praxis häufig mit **1** sich, dass sich an die juristische Würdigung verschiedener Gestaltungs- und Handlungsalternativen hinsichtlich der Machbarkeit und der damit verbundenen Haftungsrisiken in der Regel unmittelbar die Frage des Mandanten nach den steuerlichen Auswirkungen dieser Alternativen anschließt. Der Mandant wird bei der letztlich von ihm zu treffenden Entscheidung bestrebt sein, diese unter Einbeziehung aller (finanziellen) Auswirkungen zu treffen.

Die erfolgreiche Beratung setzt daher die grundlegende Kenntnis der steuerlichen Folgewirkungen aus solchen Handlungen und Ereignissen voraus, die regelmäßig Gegenstand gesellschaftsrechtlicher Beratung sind. Dies gilt sowohl bei der Beratung des prosperierenden Unternehmens hinsichtlich der Vermeidung oder Reduzierung von Vermögensschäden oder gar von strafbewehrten Handlungen für bzw. durch die Gesellschafter-/Geschäftsführerebene als auch in Zeiten der Krise und Insolvenz der Gesellschaft.

Damit bieten diese Wirkungszusammenhänge auch ein weites Betätigungsfeld für die interdisziplinäre Kooperation zwischen Juristen und Steuerberatern. Hinsichtlich des idealen Zeitpunkts einer solchen Beratung kann nur das Postulat „so früh wie möglich" gelten, um die im Rahmen einer umfassenden Beratung zu würdigenden Handlungsalternativen auch tatsächlich effektiv wahrnehmen zu können. Erschwerend kommt hinzu, dass die verschiedenen, teils weit reichenden, gesetzlichen Fristen für die mögliche Inanspruchnahme aus Anfechtung gemäß §§ 129 ff. InsO oftmals dem Unternehmer nicht bewusst sind. Somit kann gerade bei „Dauermandaten" die vorher wegen des heiklen, vielleicht sogar tabuisierten Themas praktizierte Unterlassung des darauf gerichteten Beratungsangebots sich nach Eintritt der Krise als Ursache für den Mandatsverlust herausstellen.

Dennoch darf trotz des dringenden Erfordernisses der rechtzeitigen Beratung deshalb nicht **2** der Schluss gezogen werden, nach Eintritt der Krise oder Insolvenz sei jede Beratung von vornherein aussichtslos. So kann beispielsweise die Würdigung steuerlicher Auswirkungen eines Kapitalnachschusses (oder eines Forderungsverzichts, sofern dieser nicht gem. § 39 Abs. 1 Nr. 5 InsO kraft Gesetzes nachrangig ist) noch nach der Stellung eines Insolvenzantrags sinnvoll sein, wenn eine Vorteilsabwägung zwischen der Höhe eines Kapitalnachschusses abzüglich der damit verbundenen Steuerersparnis gegenüber der voraussichtlichen Höhe der Inanspruchnahme aus Anfechtungen vorzunehmen ist. Unter der Voraussetzung, dass die Höhe des Verzichtsbetrages den Insolvenzgrund nachträglich beseitigt, könnte so die Eröffnung des Verfahrens und damit die Inanspruchnahme des Gesellschafters aus Anfechtungen nach §§ 129 ff. InsO vermieden werden. Wird der Geschäftsbetrieb fortgeführt, ergibt sich aus der Vermeidung der Insolvenz für den Mandanten oft der zusätzliche Vorteil der Nutzung ansonsten mit der Insolvenzmasse „verloren gehender" steuerlicher Verlustvorträge (§ 10d EStG). Der Beratungshinweis auf den „Finanzierungsbeitrag" des Fiskus zu solchen Gestaltungsmaßnahmen kann also im konkreten Einzelfall durchaus die Entscheidung des beratenen Mandanten erheblich beeinflussen.

3   Bevor nun im Einzelnen geprüft wird, ob und wie der Verlust des Kapitals bzw. anderer Leistungen an die Gesellschaft für den Gesellschafter steuerlich geltend gemacht werden kann, sollte vorab zunächst der sich für den individuellen Mandanten daraus tatsächlich ergebende Steuervorteil anhand eines Blickes auf seine sonstige steuerliche Situation eingeschätzt werden. In der Situation der Insolvenz des Unternehmens, an dem die verlorene „Beteiligung" besteht, sind folgende Szenarien für den Gesellschafter durchaus nicht untypisch:

---

4 Beispiel

G ist Alleingesellschafter der GmbH in Insolvenz. Aufgrund der Inanspruchnahme aus Bürgschaften für Verbindlichkeiten der GmbH muss G auch als Privatperson Insolvenzantrag stellen. G verfügt mit Ausnahme des bisherigen Gehalts aus seiner Position als Geschäftsführer über keinerlei Einkünfte. Anspruch auf Insolvenzgeld hat er nicht. Der Insolvenzverwalter der GmbH kündigt das Beschäftigungsverhältnis rechtswirksam. Im Rahmen seiner persönlichen Insolvenz wird das erst kürzlich erworbene unbebaute Grundstück vom Insolvenzverwalter über sein Vermögen verwertet. G erwartet ansonsten auch in den nächsten Jahren keine nennenswerten im Inland zu versteuernden Einkünfte. G muss außerdem „Geld, das er bereits vor einigen Jahren in die GmbH gesteckt hat", abschreiben. Das Finanzamt will diesen Verlust nicht steuermindernd akzeptieren, der Einspruch blieb erfolglos.

Beratungsansatz

G wird den Verlust seiner Kapitalbeteiligung in den Grenzen des § 17 EStG grundsätzlich geltend machen können. Zu versteuerndes Einkommen ist für G aktuell und auch in Zukunft nicht absehbar. Der Verkauf des Grundstückes bewirkt Einkünfte im Sinne des § 23 EStG. Die darauf entfallende Einkommensteuer ist durch ihre Veranlassung, d.h. durch das Handeln des Insolvenzverwalters jedoch den Masseschulden zuzurechnen. G profitiert daher nicht vom Steuersenkungspotenzial aus der Geltendmachung des Kapitalverlusts. Ein Interesse an der Führung einer Finanzgerichtsklage zur weiteren Anerkennung des Verlusts der Geldforderung gegen die GmbH könnte dagegen der Insolvenzverwalter über das Vermögen des G haben.

---

5 Beispiel

B war als eingetragener Kaufmann tätig. Vor der Insolvenz gingen die Geschäfte bereits zwei Jahre lang schlecht. B wird zukünftig von der Sozialhilfe leben.

Beratungsansatz

Der steuerliche Verlustrücktrag ist nur noch in das Vorjahr möglich. Da in den zwei Jahren vor Verfahrenseröffnung bereits kein positives zu versteuerndes Einkommen gegeben war, wäre durch einen Verlustrücktrag keine Steuererstattung erzielbar. Eine Verrechnung mit zukünftigem Einkommen im Rahmen des Verlustvortrages wird bei der skizzierten zukünftigen Einkommenssituation auch keine Steuerersparnis bewirken. Eine intensive Prüfung steuerlicher Optimierungstaktiken erscheint nicht lohnenswert.

Heerma

Beispiel **6**

C verliert die Beteiligung an der C GmbH, kann jedoch seine persönliche Insolvenz infolge einer qualifizierten Beratung im Vorfeld der Insolvenz vermeiden. Seine mit ihm zusammen veranlagte Ehefrau erzielt so hohe Einkünfte aus freiberuflicher Tätigkeit, dass die beiden auch weiterhin ein äußerst sorgenfreies Leben führen.

Beratungsansatz

Die für den C anzuerkennenden Verluste wirken sich in voller Höhe steuermindernd auf die Einkünfte seiner Frau aus, die in demselben Zeitraum wie der Verlust der Beteiligung zu versteuern sind. Übersteigt der Verlust die positiven Einkünfte der Ehefrau in demselben Veranlagungszeitraum, kommt der Verlustrücktrag bzw. -vortrag in Betracht. Zu beachten ist hierbei allerdings, dass hier die ab 2004 geltende, so genannte Mindestbesteuerung (§ 10d Abs. 2 EStG) nur noch eine teilweise Verrechnung des Verlustes mit einem positiven Einkommen der Ehefrau vorsieht.

2. Der Verlust des Kapitals und anderer Leistungen an die Gesellschaft

Mit der Gründung der Gesellschaft ist der Gesellschafter grundsätzlich verpflichtet, die von ihm **7** übernommene Einlage in die Gesellschaft zu leisten, vgl. beispielsweise zum Stammkapital der GmbH §§ 5 und 19 GmbHG, zur Vermögenseinlage des Kommanditisten in die KG § 161 HGB. Per Gesellschaftsvertrag oder Gesellschafterbeschluss kann außerdem die Bildung von Rücklagen vorgesehen werden, die Bestandteil des (Eigen-)Kapitals sind. Darüber hinaus kommen in der Praxis weitere verschiedene Konten für Verlust-/Gewinnvorträge, Gesellschafterdarlehen, Sondervergütungen, Entnahmen usw. vor, deren Inhalt und Ausweis sich im Einzelnen nach Gesetz, Gesellschaftsvertrag und nicht zuletzt auch der tatsächlichen Handhabung richtet (§ 42 Abs. 3 GmbHG, § 264c HGB). Im Rahmen der nachfolgenden Darstellung der steuerlichen Folgen des Kapitalverlusts wird im Einzelnen zu unterscheiden sein, welche dieser Konten Fremd- oder Eigenkapitalcharakter haben.

Der Anspruch des Gesellschafters auf Rückzahlung seiner Einlage und gegebenenfalls wei- **8** terer Leistungen in die Gesellschaft bei der Insolvenz „seiner" Gesellschaft regelt sich ausschließlich nach dem Insolvenzrecht, eine Befriedigung außerhalb des Insolvenzverfahrens kommt nicht in Betracht. § 1 InsO bestimmt die Ziele des Insolvenzverfahrens mit der gemeinschaftlichen Befriedigung der Gläubiger des Schuldners oder dem Erhalt des Unternehmens. Zwar kann der Gesellschafter mit seinen als Fremdkapital zu wertenden Konten auch Gläubiger der Gesellschaft sein, jedoch zeigt sich bereits an der allgemeinen Zielbestimmung der Insolvenzordnung, dass die Einlagerückgewähr kein primäres Ziel eines Insolvenzverfahrens ist. Dementsprechend präzisiert § 199 S. 2 InsO, dass erst nach vollständiger Befriedigung aller Insolvenzgläubiger im Rahmen der Schlussverteilung ein eventueller Überschuss an die am Schuldner beteiligten Personen herauszugeben ist. Hinsichtlich der Beträge, mit denen der Gesellschafter Gläubiger eines Darlehens ist, schränkt § 39 Abs. 1 Nr. 5 InsO den Gesellschafteranspruch dahingehend ein, dass dieser erst nachrangig nach den anderen Insolvenzgläubigern und eventuellen anderen gemäß § 39 Abs. 1 Nr. 1 bis 4 InsO nachrangigen Forderungen befriedigt werden darf. Seit Inkrafttreten des MoMiG ist jedes Darlehen eines Gesellschafters nachrangig (vgl. zu eigenkapitalersetzenden Gesellschafterdarlehen oder diesen gleichgestellten Forderungen im Einzelnen § 44 Rn 1ff. sowie §§ 140ff.).

II. Steuerliche Folgen bei der mitunternehmerschaftlichen Beteiligung

1. Die verschiedenen Gesellschafterkonten

Die „Beziehungen" zwischen dem Gesellschafter einer Personengesellschaft und der Gesell- **9** schaft werden durch verschiedene Konten abgebildet, die zum einen für seine Kapitaleinlage und andere dem Eigenkapital zuzurechnende Konten bestehen und zum anderen Forderungen oder Verbindlichkeiten des Gesellschafters gegenüber der Gesellschaft beinhalten.[1]

10   Ein Verlust aus dem Wegfall eines positiven Kapitalkontos findet grundsätzlich einkommensteuerrechtliche Berücksichtigung.[2] Ebenso unterliegt aber auch der Gewinn aus dem Wegfall eines negativen Kapitalkontos der Besteuerung.[3] Scheidet ein Kommanditist oder ein anderer Mitunternehmer, dessen Haftung der eines Kommanditisten vergleichbar ist und dessen Kapitalkonto in der Steuerbilanz der Gesellschaft auf Grund von ausgleichs- oder abzugsfähigen Verlusten negativ geworden ist, aus der Gesellschaft aus oder wird in einem solchen Fall die Gesellschaft aufgelöst, so gilt der Betrag, den der Mitunternehmer nicht ausgleichen muss, als Veräußerungsgewinn i.S.d. § 16 EStG (§ 52 Abs. 3 S. 3 EStG). Für den Aufgabegewinn ist daher die Begünstigung nach § 16 Abs. 4 EStG zu prüfen. Den Verlust der Einlage in das Gesellschaftsvermögen stellt der BFH[4] dem Verlust (der Forderungen) im Sonderbetriebsvermögen gleich, (siehe dazu im Einzelnen unter Rn 14, 16). Hinsichtlich der zum Eigenkapital gehörenden Rücklage- und ggf. Gewinnvortragskonten kann nach hier vertretener Ansicht nichts anderes gelten. Der Insolvenz geht oftmals eine Phase von Verlusten voraus, die bis zur Verfahrenseröffnung bereits für eine Aufzehrung des Eigenkapitals gesorgt haben. Statt eines Kapitalanteils im Sinne von § 264c HGB ist in diesem Fall auf der Aktivseite der Bilanz ein „nicht durch Vermögensanteil gedeckter Verlustanteil" auszuweisen, bzw. eine „Einzahlungsverpflichtung des Gesellschafters" im Falle eines persönlich haftenden Gesellschafters.

2. Die Zugehörigkeit von Gesellschafterforderungen zum Sonderbetriebsvermögen
a) Allgemeines

11 Zum Sonderbetriebsvermögen gehören positive oder negative Wirtschaftsgüter, die einem Gesellschafter zuzurechnen sind und der Gesellschaft zur Nutzung überlassen sind (Sonderbetriebsvermögen I) oder der Beteiligung des Gesellschafters an der Gesellschaft dienen (Sonderbetriebsvermögen II).[5]

---

12 **Beispiel**

Der Gesellschafter A gibt der aus A, B und C bestehenden KG ein Darlehen über 100.000 EUR zur Anschaffung einer dringend benötigten Maschine.

---

13 **Beispiel**

Der Gesellschafter B vermietet seine Werkhalle an die ABC KG gegen eine marktübliche Miete. Grundstück und Mietforderungen gehören zum Sonderbetriebsvermögen des B. Eine Aufteilung der Mietforderung nach den Beteiligungsquoten in eine anteilige „Forderung gegen sich selbst" und eine gegen die anderen Mitgesellschafter findet nicht statt.

---

1 Hierzu ausführlich *Ley*, DStR 2009 S. 613ff. BFH, Urt. v. 16.10.2008, IV R 98/06.
2 BFH; BStBl II 1993, 594.
3 Dies gilt nicht im Fall weiter bestehender Haftung, vgl. *Söffing*, Besteuerung der Mitunternehmer, 5. Aufl. 2005, Rn 1320.
4 BFH; BStBl II 2003, 871.
5 BFHE 107, 108; BFH BStBl II 1972, 928.

Heerma

b) Der Zeitpunkt der Verlustrealisation

Gehören die Forderungen des Gesellschafters zum Sonderbetriebsvermögen, was der Regelfall 14
sein wird,[6] wirkt sich der Wegfall der Darlehensforderung erst zum Zeitpunkt der Beendigung
der Gesellschaft oder des Gesellschaftsverhältnisses aus.[7] Die Realisierung des Veräußerungs-
verlustes durch Darlehensausfall bei einer insolvenzfreien Liquidation wurde vom BFH bereits
im Zeitpunkt des Rangrücktritts angenommen.[8] Zur näheren Bestimmung des Zeitpunktes der
Verlustrealisation in der Insolvenz der Personengesellschaft stellt der BFH[9] auf die Veräußerung
der wesentlichen Betriebsgrundlagen durch den Verwalter ab. Die Zurückbehaltung unwesentlicher Wirtschaftsgüter sei demgegenüber unbeachtlich. Die Eröffnung des Insolvenzverfahrens
hat zwar die Auflösung der Gesellschaft zur Folge, führt aber nicht zwangsläufig zu deren Beendigung. Die Aufhebung des Insolvenzverfahrens braucht demnach nicht abgewartet zu werden.
In der Praxis ist zu beobachten, dass die Finanzämter mit Eröffnung des Insolvenzverfahrens die
Beendigung des Geschäftsbetriebes annehmen. Hier könnte es sich anbieten, dem Finanzamt
gegenüber die Fortführung anzuzeigen und darzulegen.

Praxistipp   15

Gleichwohl kann danach bei im Zeitpunkt der Eröffnung des Insolvenzverfahrens bereits erfolgter Einstellung des
Geschäftsbetriebs, Beendigung eventueller Beschäftigungsverhältnisse und Veräußerung wesentlicher Wirtschaftsgüter durch den Geschäftsführer, Liquidator oder in der vorläufigen Insolvenz die Beendigung schon gegeben sein und sich die Verlustrealisation für den Gesellschafter bereits steuermindernd auswirken. Mit dem Mandanten sollte daher zur Rettung oder frühzeitigen Nutzung von Verlustverrechnungspotenzial überlegt werden,
inwieweit solche Liquidationshandlungen noch vor dem Wirksamwerden von Zustimmungsvorbehalten und Verfü-
gungsverboten durchgeführt werden sollen. Allerdings bedarf dabei die nicht unbeachtliche Gefahr, mit solchen
Handlungen Anspruchsgrundlagen für spätere Insolvenzanfechtungen geradezu heraufzubeschwören, einer kritischen Würdigung und sorgfältiger Risikoeinschätzung. Nicht selten kommt die angestrebte Steuerersparnis „teuer
zu stehen".

Aus der Qualifikation der Gesellschafterforderung zum Sonderbetriebsvermögen folgt weiterhin, 16
dass der Verlust aus dem Wegfall der Darlehensforderung nicht der Verlustabzugsbeschränkung
gemäß § 15a EStG unterliegt. Dieses – für den Mandanten vorteilhafte – Ergebnis bedeutet im
Einzelnen: Nach § 15a EStG darf der Gesellschafter nur soviel und solange Verluste aus seiner
Beteiligung mit anderem positiven Einkommen verrechnen, wie seine Haftung reicht. Entscheidend ist der Umfang des Kapitalkontos im Sinne dieser Vorschrift, wonach das Kapitalkonto der
Gesamthandsbilanz und eventueller Ergänzungsbilanzen, nicht jedoch ein solches aus Sonderbilanzen zu diesem Kapitalkonto gehören. Die Haftung übersteigende Verlustzuweisungen dürfen nur mit positivem Einkommen aus derselben Beteiligung (nicht: derselben Einkunftsart)
verrechnet werden. Im Fall der Insolvenz und der letztlichen Beendigung der Gesellschaft sind
aber gerade solche positiven Einkünfte, mit denen verrechnet werden könnte, für die Zukunft
naturgemäß nicht zu erwarten. Der Gesellschafter kann im Ergebnis den Verlust aus dem Wegfall seiner Forderung im Sonderbetriebsvermögen mit anderen positiven Einkünften verrechnen,
auch wenn die übrigen Verlustanteile aus der Beteiligung aufgrund der Verlustabzugsbeschrän-
kungen des § 15a EStG für den Mandanten endgültig nicht mehr steuerlich „nutzbar" sein werden.

---

6 *Ley*, KÖSDI 2002, 13459, Rn 19.
7 BFH BStBl II 1981, 427, 1991, 64, 1993, 714 (a. A: *Knobbe-Keuk*, Bilanz- und Unternehmenssteuerrecht, 9. Aufl.
1993, § 11V; *Söffing*, BB 1999, 96; BFH, BStBl II 1997, 277.
8 BFH, Urt. v. 22. 7. 2008 – IX R 79/06, DStR 2008, S. 1925.
9 BFH, Urt. v. 5.6.2003, Az. IV R 36/02; BFH, Urt. v. 19.1.1993, BStBl II 1993, 594, II. 1.c.

17   Ausnahmsweise gehören die Forderungen des Gesellschafters nicht zum Sonderbetriebsvermögen, wenn der Gesellschafter aus seinem eigenen Betriebsvermögen ein Wirtschaftsgut zu fremdüblichen Konditionen an die Gesellschaft veräußert[10] oder die Forderung vor Begründung der Gesellschafterstellung entstanden ist.[11] Der Verlust der Forderung stellt hier Aufwand im eigenen Betriebsvermögen des Gesellschafters dar. Die im Schrifttum für den Fall des Forderungsverzichts vorgenommene Unterscheidung nach der gesellschafterlichen oder der eigengeschäftlichen Motivation des Forderungsverzichts ist beim insolvenzbedingten Wegfall der Forderung weniger relevant, da die aus der durch das Gesellschafterverhältnis begründeten Forderung resultierende verdeckte Einlage letztlich die bei Beendigung der Gesellschaft als Verlust anzusetzenden Anschaffungskosten der Beteiligung erhöht. Unterschiede hinsichtlich des Zeitpunktes des Verlustansatzes können nur dann entstehen, wenn die bereits erwähnte Beendigung der Gesellschaft nicht in demselben Jahr erfolgt, in dem der Gesellschafter mit der eigengeschäftlichen Forderung auf diese begründeterweise eine Teilwertabschreibung vornehmen kann (diese Teilwertabschreibung wird der Gesellschafter jedenfalls spätestens mit der Insolvenz seines Schuldners vornehmen).

18 **Beispiel**
A ist zu einem Drittel an der ABC Heizungsbau KG beteiligt, außerdem betreibt er als „eingetragener Kaufmann" nebenbei einen Gebrauchtwagenhandel. Im Januar Jahr 01 verkauft er der KG einen Lieferwagen für 10.000 EUR. Da die KG die Monteurlöhne ansonsten nicht zahlen könnte, stundet A der KG den Kaufpreis bis auf weiteres zinsfrei. Am 02. Januar Jahr 03 beantragt die Kesselbau AG die Eröffnung des Insolvenzverfahrens über das Vermögen der ABC Heizungsbau KG, da diese mit der Begleichung diverser Rechnungen seit 8 Monaten im Rückstand ist. A hat sich am 28. Dezember Jahr 02 als Teilzahlung auf den Kaufpreis 2.000 EUR vom Konto der KG auf sein Konto überwiesen. Der Insolvenzverwalter hat sämtliche Vermögensgegenstände der KG per September 04 verwertet, das Insolvenzverfahren wird wegen diverser Rechtsstreitigkeiten aber erst in 05 aufgehoben.
Beratungshinweise
Wegen der Unverzinslichkeit der Verbindlichkeit muss die ABC Heizungsbau KG die Verbindlichkeit gemäß § 6 Abs. 1 Nr. 3 S. 1 EStG mit 5,5% abzinsen, mithin einen „Buchgewinn" ausweisen, sobald die Laufzeit des Darlehens am Bilanzstichtag mindestens 12 Monate beträgt. Das „Stehenlassen" der Forderung durch A entspricht nicht dem fremdüblichen Verhalten des Fahrzeugverkäufers, die Motivation beruht auf dem Gesellschaftsverhältnis. Die Forderung wird für A damit Sonderbetriebsvermögen zur ABC Heizungsbau KG. Eine Teilwertabschreibung in seiner Bilanz für den Gebrauchtwagenhandel für das Jahr 02 oder später kommt nicht in Frage. Die teilweise Begleichung der Rechnung des A durch die ABC Heizungsbau KG unterliegt der Anfechtung gemäß § 130 Abs. 1 in Verbindung mit Abs. 3 InsO. Der Insolvenzverwalter wird von A die Rückzahlung der 2.000 EUR zur Masse verlangen. A erleidet neben dem Verlust seiner Einlage einen Verlust im Sonderbetriebsvermögen in Höhe von 10.000 EUR, den er bei Beendigung der Gesellschaft im Jahr 04 steuerlich geltend machen kann. Hinsichtlich seiner Verlustanteile am Ergebnis der ABC Heizungsbau KG für die Jahre 01 bis 04 gilt, dass er diese aufgrund der Beschränkung des § 15a EStG faktisch nicht mehr zur Kompensation mit anderen positiven Einkünften nutzen kann. Anders dagegen der Verlust aufgrund des Wegfalls der Forderung in 04, die er mit seinen positiven Einkünften aus dem Gebrauchtwagenhandel verrechnen kann, da insoweit der Verlust nicht unter § 15a EStG fällt.

c) Die Beteiligung an der Komplementärin bei der GmbH & Co. KG

19 In der typischen Konstellation der GmbH & Co. KG sind ein oder mehrere der Kommanditisten gleichzeitig auch Gesellschafter der GmbH, die unbeschränkt haftender Gesellschafter (Komplementär) ist. Grundsätzlich rechnet die Beteiligung an der GmbH dabei zum Sonderbetriebsvermögen II[12] des Kommanditisten. Dies kann hinsichtlich der steuerlichen Berücksichtigung

---

10 *Pyszka*, BB 1998, 1557.
11 *Ley*, KÖSDI 2002, 13459, Rn 19.
12 Ständige Rechtsprechung: BFH BStBl II 1989, 890; 1992, 721; 1992, 937.

Heerma

des Kapitalverlusts für denjenigen Gesellschafter vorteilhaft sein, der die Mindestbeteiligungs-grenzen des § 17 EStG nicht überschreitet (zur steuerlichen Berücksichtigung des Kapitalverlusts des GmbH – Gesellschafters außerhalb der GmbH & Co. KG Verweis auf Abschnitt III.).

Hat die GmbH neben ihrer Haftungs- und Geschäftsführungsfunktion noch einen eigenen, nicht unwesentlichen Geschäftsbetrieb, soll die Beteiligung an der GmbH dagegen kein Sonder-betriebsvermögen sein, es sei denn, dass die Beteiligung aufgrund dieses Geschäftsbetriebes den allgemeinen Anforderungen des Sonderbetriebsvermögens II entspricht, nämlich der Beteili-gung des Gesellschafters an der Gesellschaft zu dienen. **20**

d) Sonstige Beteiligung des Mitunternehmers an einer Kapitalgesellschaft, Betriebsaufspal-tung

Die Zuordnung zum Sonderbetriebsvermögen II gilt schließlich auch für die Beteiligung des Ge-sellschafters der Personengesellschaft an einer solchen Kapitalgesellschaft, die überhaupt nicht Gesellschafterin der Personengesellschaft ist, die Beteiligung aber ansonsten die Eigenschaften der unter das Sonderbetriebsvermögen fallenden Wirtschaftsgüter erfüllt. **21**

Beispiel **22**
Die beiden natürlichen Personen A und B gründen zusammen die AB KG. B übernimmt die Position des Komplemen-tärs. Sie betreiben einen Einzelhandel mit nicht apothekenpflichtigen Arzneimitteln und beziehen den Großteil ihres Sortiments aufgrund der konkurrenzlos günstigen Einkaufspreise über die NURGESUND e.G. Einkaufsgenos-senschaft. Die Einkaufsgenossenschaft verlangt als Voraussetzung für die Geschäftsbeziehung den Beitritt zur Genossenschaft als Mitglied und eine Einzahlung auf den Geschäftsanteil des Genossen. B erklärt sich auch hierzu bereit. Aufgrund von Unregelmäßigkeiten wird für die NURGESUND e.G. Insolvenzantrag gestellt, das Verfahren mangels Masse aber nicht eröffnet. Für B ist der Geschäftsanteil Sonderbetriebsvermögen, den Kapitalverlust macht er im Jahr der Beschlussfassung über die Nichteröffnung des Insolvenzverfahrens steuerlich geltend.

Insbesondere im Rahmen der Betriebsaufspaltung gilt die Beteiligung an der Betriebskapitalge-sellschaft natürlich ebenso als Sonderbetriebsvermögen II.

Beispiel **23**
C ist Alleingesellschafter der C-GmbH, die ihr Geschäft auf dem Grundstück der CD-KG betreibt. Die Anteile des C an der C-GmbH sind damit Sonderbetriebsvermögen zu seiner Beteiligung an der CD-KG.

III. Steuerliche Folgen bei der Beteiligung an einer Kapitalgesellschaft

1. Gesellschafter ist eine Kapitalgesellschaft

Mit Wirkung ab dem Veranlagungszeitraum 2001 vollzog sich für die Körperschaftsteuer der Sys-temwechsel vom seit 1977 geltenden Anrechnungsverfahren zum sogenannten Halbeinkünfte-verfahren, aktuell hin zu dem Teileinkünfteverfahren. Zu den wesentlichen Änderungen gehört dabei, dass die auf der Ebene der Kapitalgesellschaft festzusetzende Körperschaftsteuer nun-mehr definitiv ist, also eine Anrechnung dieser gezahlten Körperschaftsteuer auf die Steuer des Anteilseigners als Dividendenempfänger nicht mehr stattfindet. Für den Fall mehrstufiger Kapi-talgesellschafts-Konzerne würde sich daher im Fall von Ausschüttungen theoretisch eine mehr-fache Belastung desselben Gewinns mit Körperschaftsteuer ergeben. Um dies zu verhindern, sind die Dividendenerträge von inländischen und ausländischen Kapitalgesellschaften gemäß § 8b Abs. 1 KStG auf der Ebene von Kapitalgesellschaften steuerfrei gestellt. Der Grundgedanke dieser Regelung hat allerdings konsequenterweise zur Folge, dass auch die Gewinne (Abs. 2 der- **24** selben Vorschrift) und Verluste (Abs. 3) aus der Veräußerung sowie die Aufwendungen im Zusammenhang mit der Beteiligung steuerlich unbeachtlich sind. Mithin ist auch der hier interessierende Aufgabeverlust bei Auflösung der Gesellschaft dem Veräußerungsverlust gleichzustellen.[13] Gem. § 8 Abs. 1 KStG i.V.m. § 60 Abs. 2 EstDV sind jedoch 5% nicht abzugsfähige Betriebsausgaben, im Ergebnis also steuerpflichtiger Gewinn.

---

25 **Beispiel**
Die E GmbH ist an der U GmbH zu 100% beteiligt. Die Beteiligung steht mit 100.000 EUR in den Büchern der E GmbH. Aufgrund wettbewerbsrechtlicher Klagen muss U befürchten, 1 Mio. EUR Schadenersatz leisten zu müssen. U wäre damit insolvenzreif. Der Geschäftsführer der E überlegt:
a) die Gesellschaft an einen professionellen „Firmenbestatter" zu einem symbolischen Preis von 1 EUR zu verkaufen,
b) die U GmbH noch schnell auf die E GmbH zu verschmelzen.
Beratungsansatz
a) Der Veräußerungsverlust in Höhe von 99.999 EUR kann durch die E GmbH nicht steuerlich geltend gemacht werden, § 8b Abs. 3 KStG. Die Übertragung an „Firmenbestatter" ist i.Ü. sehr haftungsanfällig! Die Täterschaft oder Teilnahme an Insolvenzstrafdelikten drängt sich auf und beinhaltet auch die des Beihilfe leistenden Rechtsanwaltes im Falle der entsprechenden Beratung.
b) Vor allen steuerlichen Überlegungen steht die Feststellung, dass die E GmbH als aufnehmende Gesellschaft Gesamtrechtsnachfolger der U GmbH ist und damit für eventuelle Schadenersatzverpflichtungen der U GmbH einzustehen hat. Ist die Schadensersatzverpflichtung bereits spätestens in der der Verschmelzung zugrunde zu legenden Bilanz zu passivieren, wird sich ein nach § 12 Abs. 2 UmwStG ebenfalls steuerlich unbeachtlicher Verschmelzungsverlust für die E GmbH ergeben.[14]

---

26 Die Regelungen der § 8b Abs. 1 bis 5 KStG gelten nach Absatz 6 derselben Vorschrift auch in den Fällen, in denen eine Kapitalgesellschaft nur mittelbar über eine Mitunternehmerschaft an einer anderen Kapitalgesellschaft beteiligt ist, dies gilt selbst bei mehrstufigen dazwischen geschalteten Beteiligungsstufen. Bestehen die Beteiligungen jeweils nicht zu 100%, sind die nach § 8b KStG nicht berücksichtigungsfähigen Beträge gegebenenfalls durch Verhältnisrechnungen zu ermitteln.

---

27 **Beispiel**
Die X GmbH ist an der XYZ oHG zu 20% beteiligt. Die oHG bucht ihre Beteiligung über 25.000 EUR (entspricht dem Nennkapital) an der ABC GmbH aus, da das Insolvenzverfahren über das Vermögen der ABC mangels Masse nicht eröffnet wird. Insgesamt weist die oHG im Jahr 2001 einen Verlust in Höhe von 100.000 EUR aus, hierauf entfallen auf die X GmbH 20% = 20.000 EUR. Von diesem Betrag sind 5.000 EUR (=25.000/100.000 x 20.000) für die X GmbH nicht als Verlust ansetzbar.

---

2. Gesellschafter ist eine natürliche Person

28 Hinsichtlich der Beteiligung des Gesellschafters einer GmbH & Co. KG an einer Komplementär-GmbH und der Beteiligung an der Betriebs-GmbH im Rahmen einer Betriebsaufspaltung wird

---

13 BMF, BStBl I 2003, 292, Tz. 25f.
14 Der bei der übertragenden Gesellschaft festzustellende Verlustvortrag geht nicht auf die übernehmende Gesellschaft über; § 12 Abs. 3 S. 2 UmwStG a.F. ist durch das SEStEG (Gesetz über Steuerliche Begleitmaßnahmen zur Einführung der Europäischen Gesellschaft und zur Änderung weiterer steuerlicher Vorschriften, BGBl I 2006, 2782) entfallen. Die Neuregelung ist auf Vorgänge, deren Registeranmeldung nach dem 12.12.2006 erfolgt (ist), anzuwenden (§ 27 Abs. 1 UmwStG). Zur – unklaren – Anwendung des § 12 Abs. 3 UmwStG a.F. vertiefend *Behrens*, BB 2006, 1941ff.

Heerma

auf die Ausführungen unter Rn 19–23 verwiesen, die den nachfolgenden Ausführungen vorgehen.

Werden ansonsten die Anteile im Betriebsvermögen gehalten, ergeben sich insoweit aus **29** dem Verlust des Kapitals und eventueller Forderungen hinsichtlich der vorzunehmenden Teilwertabschreibung keine Einschränkungen, die Wertminderung muss dauerhaft sein, § 253 Abs. 3 HGB. Nach § 3c Abs. 2 EStG dürfen die Aufwendungen jedoch nur bis maximal 60% (Teileinkünfteverfahren) abgezogen werden. Eine Ausnahme gilt nach dem BFH[15] nur in den Fällen, in denen ein nicht unternehmerisch beteiligter Gesellschafter keinerlei durch seine Beteiligung vermittelte Einnahmen erzielt hat. Dann gilt nach dem BFH die Begrenzung des § 3c Abs. 2 EStG nicht. Das BMF hat mit Schreiben vom 28. Juni 2010 das ursprüngliche Nichtanwendungsschreiben vom 15. Februar 2010 wieder aufgehoben.

Werden die Anteile nicht im Betriebsvermögen gehalten, richtet sich die steuerliche Berück- **30** sichtigungsfähigkeit grundsätzlich danach, ob eine Beteiligung im Sinne von § 17 EStG vorliegt. Die früher dafür übliche und auch derzeit noch anzutreffende Bezeichnung der „wesentlichen Beteiligung" wurde vom Gesetzgeber im Zuge der Senkung der Mindestbeteiligungsquote von 10% auf 1% aufgegeben. Voraussetzung für eine Beteiligung im Sinne des § 17 EStG ist also, dass der Gesellschafter an der Kapitalgesellschaft innerhalb der letzten fünf Jahre zu mindestens 1% beteiligt war. Mittelbare Beteiligungen werden eingerechnet. Ob es sich um eine inländische oder ausländische Kapitalgesellschaft handelt, ist dabei ohne Bedeutung.

Vorrangig ist allerdings zu prüfen, ob Einkünfte aus privaten Veräußerungsgeschäften im **31** Sinne des § 23 EStG (früher: „Spekulationsgewinn") vorliegen. Dies ist der Fall, wenn die Beteiligung innerhalb eines Zeitraums von nicht mehr als zwölf Monaten wieder veräußert wird. Verluste nach § 23 EStG sind allerdings nur mit Gewinnen aus § 23 EStG verrechenbar. Soweit dies innerhalb eines Veranlagungszeitraums nicht (vollständig) möglich ist, kommt noch eine Verrechnung mit Gewinnen nach § 23 EStG des unmittelbar vorangegangenen Jahres oder nachfolgenden Veranlagungszeiträume in Betracht.

Praxistipp **32**

Selbst bei Überschreiten der Beteiligungsquote nach § 17 EStG läuft für den Mandanten die steuerliche Geltendmachung ins Leere, wenn er die Beteiligung innerhalb Jahresfrist nach dem Erwerb „verliert"(, da er sonst über keine Veräußerungsgewinne im Sinne des § 23 EStG verfügt). Dem Mandanten ist zu raten, die Verlustrealisation nach Möglichkeit erst nach Ablauf der 12 Monate vorzunehmen. Der Verlust gehört dann zu den gewerblichen Einkünften im Sinne von § 15 EStG.

Dem Veräußerungsverlust im Sinne des § 17 EStG gleichgestellt ist der Aufgabeverlust bei der **33** Auflösung der Gesellschaft.[16]

Die steuerliche Berücksichtigung des Aufgabeverlustes ist jedoch in folgenden Fällen aus- **34** geschlossen, § 17 Abs. 2 S. 6 EStG:

Ein Veräußerungsverlust ist nicht nach dem Gesetzeswortlaut zu berücksichtigen, soweit er auf Anteile entfällt,

a) „die der Steuerpflichtige innerhalb der letzten fünf Jahre unentgeltlich erworben hatte. Dies gilt nicht, soweit der Rechtsvorgänger anstelle des Steuerpflichtigen den Veräußerungsverlust hätte geltend machen können";

b) „die entgeltlich erworben worden sind und nicht innerhalb der gesamten letzten fünf Jahre zu einer Beteiligung des Steuerpflichtigen im Sinne von Absatz 1 Satz 1 gehört haben. Dies

---

15 Vgl. BFH, Urt. v. 25.6.2009, Az. IX R 42/08.
16 BFH, BStBl II 1994, 162.

gilt nicht für innerhalb der letzten fünf Jahre erworbene Anteile, deren Erwerb zur Begründung einer Beteiligung des Steuerpflichtigen im Sinne von Absatz 1 Satz 1 geführt hat oder die nach Begründung der Beteiligung im Sinne von Absatz 1 Satz 1 erworben worden sind."

35 Die steuerliche Berücksichtigung ist dagegen gegeben, wenn die innerhalb der letzten fünf Jahre erworbenen Anteile insgesamt zu einer Beteiligung im Sinne des § 17 Abs. 1 EStG geführt haben oder nach dem Erreichen dieser hinzu erworben worden sind.

36 Der Verlust ermittelt sich dabei aus der Gegenüberstellung von eventuellen Überschusszahlungen nach § 199 InsO einerseits und Anschaffungskosten einschließlich nachträglicher Anschaffungskosten und Veräußerungskosten andererseits. Hierbei ist jeder Gesellschafter separat zu betrachten. In der überwiegenden Zahl der Fälle wird mit einer Überschusszahlung allerdings nicht zu rechnen sein, da diese eine vollständige Befriedigung aller – auch nachrangiger – Gläubiger zur Voraussetzung hätte. Zu den nachträglichen Anschaffungskosten rechnet vor allem der Verlust aus neben der Einlage bewirkten Leistungen des Gesellschafters in die Gesellschaft, z.B. Darlehen, die seit dem Inkrafttreten des MoMiG kraft Gesetzes nachrangig sind, § 39 Abs. 1 Nr. 5 InsO.

37 Hinsichtlich des Zeitpunktes, zu dem der Gesellschafter den Aufgabeverlust geltend machen kann, bestimmt der BFH,[17] dass dieser normalerweise erst bei Abschluss der Liquidation gegeben ist. Dies wird damit begründet, dass vorher nicht feststeht, ob und in welcher Höhe eine Überschussauszahlung, nachträgliche Anschaffungskosten oder Auflösungskosten vorliegen. Der Abschluss der Liquidation wird im Fall der Insolvenz mit der Verwertung aller wesentlichen Vermögensgegenstände durch den Insolvenzverwalter gleichzusetzen sein.

38 Ausnahmsweise kann der Zeitpunkt früher liegen, wenn der Verlust bereits vorher feststeht, weil die Eröffnung eines Insolvenzverfahrens mangels Masse abgelehnt wurde,[18] oder weil mit einer wesentlichen Änderung des bereits festgestellten Auflösungsergebnisses nicht mehr zu rechnen ist (vgl. Rn 40). Dagegen reicht die Auflösung der Gesellschaft aufgrund der Eröffnung des Insolvenzverfahrens selbst dann nicht aus, wenn die Gesellschaft zum Auflösungszeitpunkt vermögenslos ist. Aus der Vermögenslosigkeit kann zwar auf den Nichteintritt einer Überschusszahlung geschlossen werden, die Höhe möglicher nachträglicher Anschaffungskosten oder Veräußerungskosten steht jedoch noch nicht fest.

39 Neben der Erzielung von Zinseffekten wird der Gesellschafter eine möglichst frühzeitige Geltendmachung seines Auflösungsverlustes vor allem dann anstreben, wenn in den entsprechenden Veranlagungszeiträumen andere positive Einkünfte vorliegen oder von diesem Veranlagungszeitraum der Verlustberücksichtigung aus noch ein Verlustrücktrag in ein Vorjahr mit positiven Einkünften möglich ist. Umgekehrt: Umso weiter das voraussichtliche Verlustberücksichtigungsjahr in der Zukunft liegt, desto unsicherer sind naturgemäß die Erwartungen über die Höhe der in zukünftigen Jahren zu erzielenden Einkünfte. Folglich wächst also die latente Gefahr einer steuerlichen Nichtauswirkung der Verluste mit dem zeitlichen Hinausschieben ihrer Geltendmachung. Die „ausnahmsweise" (Rn 39) vorgezogene Verlustgeltendmachung setzt eine belegbare Einschätzung zum einen der zu erwartenden Auskehrung an die Gesellschafter und zum anderen der beim Gesellschafter entstehenden Aufgabeverluste voraus.[19]

40 Bei einer Geltendmachung der Verlustrealisation vor Beendigung des Insolvenzverfahrens bestehen besondere Darlegungspflichten des Gesellschafters. Es sind alle für die Berechnung des Verlustes relevanten Unterlagen vorzulegen. Dies sind mindestens die nach § 152 InsO zu erstellenden Unterlagen sowie der Bericht des Insolvenzverwalters nach § 156 InsO, soweit er

---

17 BFH, BStBl II 2000, 343.
18 BFH v. 27.11.1995, BFH/NV 1996, 406 n.v.
19 Im Einzelnen dazu OFD Frankfurt/M. DB 2005, 2048 sowie die dort zitierte umfangreiche BFH-Rechtsprechung.

Heerma

schriftlich erfolgte.[20] Ändern sich nach der Geltendmachung des Verlustes die nachträglichen Anschaffungskosten, zum Beispiel durch die Inanspruchnahme des Gesellschafters aus einer Bürgschaft, können diese als rückwirkendes Ereignis im Sinne des § 175 AO berücksichtigt werden. Es ist ein entsprechender Antrag auf geänderte Festsetzung der Einkommensteuer des Gesellschafters zu stellen.

3. Steuerliche Berücksichtigung des Ausfalls eines Gesellschafterdarlehens
a) Vor Geltung des MoMiG

Die steuerliche Berücksichtigung des Ausfalls einer Gesellschafterforderung für Altfälle, also **41** solche bei denen das Insolvenzverfahren vor dem 1.11.2008 eröffnet wurde, setzte grundsätzlich deren Qualifikation als verdeckte Einlage voraus, die zu nachträglichen Anschaffungskosten i.S.d. § 17 EStG führt. Weiterhin musste der Forderungsausfall auf eine gesellschaftliche Veranlassung zurückzuführen sein. Dies ist nur dann der Fall, wenn das Darlehen kapitalersetzend i.S.d. § 32a GmbHG war, allein der Umstand, dass die Bürgschaft unter fremden Dritten nicht übernommen worden wäre, ist unzureichend.[21] Zu den Einzelheiten des Eigenkapitalersatzes wird auf die Ausführungen unter § 43 dieses Handbuches verwiesen.

Die zu berücksichtigende Höhe beschränkte sich bei Stehenlassen einer Forderung im Eintritt der Krise auf den zu diesem Zeitpunkt werthaltigen Teil der Forderung (während bei Anteilen im Betriebsvermögen Sofortaufwand vorliegt, siehe Rn 30).[22] Diese Beschränkung auf den werthaltigen Teil kann zur Folge haben, dass dieser (in der Regel) mit Null anzusetzen ist und die Verlustberücksichtigung damit ins Leere läuft[23]. Hieran wurde im Schrifttum kritisiert, dass die Unterscheidung in Gesellschafterdarlehen, die unter dem Gesichtspunkt des § 32a GmbHG gewährt werden und solche, für die dies nicht gilt, nicht vorzunehmen sei und damit die Krisenbestimmung immer konkludent gegeben sei.[24]

b) Seit Geltung des MoMiG

Seit dem Inkraft-Treten des MoMiG, mithin für alle Insolvenzverfahren, die nach dem 31.10.2008 **42** eröffnet wurden, sind Darlehen von Gesellschafters nachrangig, § 39 Abs. 1 Nr. 5 InsO.

Während früher (vgl. soeben unter Rn 41) auf die Qualifikation als verdeckte Einlage abgestellt wurde, ist es heute noch nicht abschließend geklärt, wie der Ausfall einer Gesellschafterforderung steuerlich zu erfassen ist.[25] Hierbei ist nicht nur zu differenzieren, bei welcher Einkunftsart, sondern auch in welchem Veranlagungsjahr steuerliche Folgen eintreten, da mit der Einführung der Abgeltungssteuer am 1.1.2009 auch § 20 EStG geändert wurde, der die Einkünfte aus privaten Darlehen reguliert.

Der Gesetzgeber hat zwar das Eigenkapitalersatzrecht aufheben wollen, die Finanzverwal- **43** tung geht jedoch unverändert davon aus, dass bei einer gesellschaftsrechtlichen Veranlassung bei der Gewährung des Darlehens der Ausfall als nachträgliche Anschaffungskosten zu berücksichtigen seien.[26] Maßstab, ob es eine gesellschaftsrechtliche Veranlassung war, ist die Kontrollüberlegung, ob ein ordentlicher Kaufmann unter gleichen Bedingungen wie der Gesellschafter das Risiko der Kreditgewährung eingegangen wäre.

---

20 *Völlmeke*, DStR 2005, 2024, Abschn. 2.3.3.
21 BFH, Urt. v. 22.4.2008, Az. IX R 75/06.
22 BFH, BStBl II 1998, 307.
23 BFH, Urt. v. 22.4.2008, Az. IX R 75/06.
24 *Neufang/Oettinger*, BB 2006, 294 Abschn. II. 1.
25 Vgl. ausführlich *Bode*, DStR 2009, 1781ff.
26 BMF-Schreiben vom 21.10.2010, BStBl I 2010, 832.

44 Das BMF unterscheidet folgende vier Fallgruppen:
1. Gewährung in der Krise: Der Nominalwert wird als nachträgliche Anschaffungskosten berücksichtigt
2. Stehen lassen in der Krise
   a) Krise vor Beginn des Anfechtungszeitraumes nach § 135 Abs. 1 Nr. 2 InsO: Wenn die Krise vor dem Beginn des Anfechtungszeitraumes eingetreten ist, ist derjenige gemeine Wert des Darlehens anzusetzen, der zu Krisenbeginn bestand. Dies dürfte in aller Regel ein Wert von EUR null sein.
   b) Krise nach Beginn des Anfechtungszeitraumes nach § 135 Abs. 1 Nr. 2 InsO Wenn das Darlehen innerhalb der Jahresfrist des § 135 Abs. 1 Nr. 2 InsO getilgt oder innerhalb der 10 Jahresfrist des § 135 Abs. 1 Nr. 1 InsO besichert wurde, ist die Tilgung bzw. die Sicherung anfechtbar. Daher wird auf den gemeinen Wert des Darlehens abgestellt, der zum Zeitpunkt des Beginns der Anfechtungsfrist bestand.
3. Finanzplandarlehen werden in Höhe des Nominalwertes als nachträgliche Anschaffungskosten anerkannt. Ein Finanzplandarlehen ist ein Darlehen, das den Einlagen gleichgestellt wird. Dies sind nach dem BMF Schreiben solche Darlehen, die von vornherein in die Finanzplanung der Gesellschaft in der Weise einbezogen werden, dass die zur Aufnahme der Geschäfte erforderliche Kapitalausstattung der Gesellschaft krisenunabhängig durch eine Kombination von Eigen- und Fremdfinanzierung erreicht werden soll.[27]
4. Krisenbestimmte Darlehen
   c) Aufgrund vertraglicher Vereinbarung
      Der Nominalwert wird als nachträgliche Anschaffungskosten berücksichtigt. Ein darlehensgebender Gesellschafter, der für den Fall der Krise ein Darlehen gibt, ist gleich zu behandeln mit jenem, der erst nach Eintritt der Krise valutiert.
   d) Aufgrund der gesetzlichen Regelungen in §§ 39, 135 InsO (bzw. § 6 AnfG)
      Das BMF will hier den gemeinen Wert als nachträgliche Anschaffungskosten ansetzen, der im Zeitpunkt des Beginns des Anfechtungszeitraums gegeben ist.
      Gerade bei der letzten Fallgruppe[28] ist nicht klar, ob nicht die gesetzliche Folge der Nachrangigkeit, die für sich – ohne Tilgung – keine Anfechtung begründet, die im Moment der Valutierung durch einen Gesellschafter eintritt, dazu führen müsste, dass der Nominalwert anzusetzen ist.

Die Einzelheiten sind jedoch noch sehr umstritten und daher sorgfältig zu beobachten.[29]

c) Bürgschaften

45 Gemäß § 39 Abs. 1 Nr. 5 InsO sind nachrangig auch „Forderungen aus Rechtshandlungen, die einem solchen Darlehen wirtschaftlich entsprechen". Damit finden die durch das BMF gemachten Ausführungen auch auf die Übernahme von Bürgschaften[30] und das Abgeben von Patronatserklärungen Anwendung. Grundsätzlich sind diese gesellschaftsrechtlich veranlassten Finanzierungen gleich zu behandeln.[31]

46 Für die steuerliche Einordnung ist hierbei entscheidend, ob sich die abgegebenen Erklärungen auf die konkrete Beteiligung beziehen.[32] Eine Bürgschaftsinanspruchnahme kann zu nach-

---

27 Vgl. auch BFH, Urt. v. 13.7.1999, Az. VIII R 31/98.
28 Vgl. BFH, Urt. v. 25.5.2011 – IX R 54/10 mit Ausführungen zu nicht vorliegenden krisenbestimmten Darlehen.
29 *Bode*, DStR 2009, 1781ff.; *Niemeyer*, DStR 2011, 445ff. mit Fallbeispielen; *Bayer*, DStR 2009, 2397ff.
30 BFH, Urt. v. 6.7.1999, Az. VIII R 9/98; BFH, Urt. v. 23.5.2000, Az. VIII R 3/99.
31 BFH, Urt. v. 19.2.1999, Az. VIII B 77/98.
32 BFH, Urt. v. 9.6.2010, Az. IX R 52/09.

träglichen Anschaffungskosten auf die Beteiligung des Gesellschafters führen, wenn die Beteiligung nicht der betrieblichen Sphäre zuzuordnen ist. Dies ist nach dem BFH dann nicht gegeben, wenn „sich der Kläger darauf beruft, die Zahlungen hätten seiner geschäftlichen Reputation gedient, seine persönliche Kreditwürdigkeit gewahrt bzw. eine Behinderung weiterer geschäftlicher Unternehmungen vermieden, fehlt schon die sachliche Verknüpfung mit der konkret betroffenen Beteiligung. § 17 EStG ordnet bestimmte Vermögensumschichtungen im Privatvermögen dem gewerblichen Bereich zu, dies jedoch nur für die gesetzlich beschriebenen Tatbestände."

Die tatsächliche Inanspruchnahme aus der Bürgschaft als Verlust im Sinne des § 17 EStG kann im Einzelfall als rückwirkende Ereignisse nach § 175 Abs. 1 Nr. 2 AO berücksichtigt werden.[33]

d) Rangrücktritte

Wie bereits ausgeführt sind gem. § 39 Abs. 1 Nr. 5 InsO die durch den Gesellschafter gewährten **47**
Darlehen kraft Gesetzes nachrangig. Der BFH hatte zu entscheiden, wie sich ein ausdrücklich erklärter Rangrücktritt auf die Bilanzierung der Verbindlichkeit auswirkt.[34] Bislang führte nach herrschender Ansicht der erklärte Rangrücktritt nicht zu einem Wegfall der Verbindlichkeit. Diesen Grundsatz hat nun der BFH in dem vorgenannten Urteil unter Anwendung des § 5 Abs. 2a EStG in bestimmten Fällen aufgehoben. Enthält die Rangrücktrittserklärung die im konkreten Fall – sehr unglückliche – Formulierung, nach der die Tilgung der Verbindlichkeit nicht aus sonstigem freien Vermögen erfolgen darf, muss die Verbindlichkeit gewinnerhöhend aufgelöst werden. Diese Heranziehung des Rechtsgedankens des § 5 Abs. 2a EStG wird stark kritisiert.[35] Für den Berater entstehen so erhebliche Risiken!

---

33 FG Köln, Urt. v. 20.9.2001, Az. 10 K 680/01.
34 BFH, Urt. v. 30.11.2011, Az. I R 100/10; vgl. grundsätzlich *Seppelt*, BB 2010, 1395 ff.
35 *Rätke*, StuB 2012, 338 ff.

Dr. Per Hendrik Heerma

§ 47 Das Mandat im Eröffnungsverfahren

Literatur: *Kollbach, Klaus,* Haushaltsbegleitgesetz 2011: Erledigungserklärung von Insolvenzanträgen, NZI 2010, 932, *Nerlich/Römermann,* InsO, 22. Ergänzungslieferung, Stand November 2011; *Rautmann/Gundlach,* Die Änderung des § 14 InsO durch das Haushaltsbegleitgesetz, NZI 2001, 315, *Uhlenbruck, Wilhelm,* Insolvenzordnung, 13. Aufl. 2010.

I. Ausgangslage

1   Reicht eine Gesellschaft einen Eigenantrag oder ihr Gläubiger einen Fremdantrag auf Eröffnung des Insolvenzverfahrens beim zuständigen Insolvenzgericht ein, beginnt das Insolvenzeröffnungsverfahren. Beim Insolvenzgericht ist bis zur Entscheidung über die Eröffnung des Verfahrens der Richter zuständig. Der Richter hat zunächst die Zulässigkeit des Insolvenzantrages zu prüfen. Zulässigkeitsvoraussetzung ist zunächst, dass der Antrag im Allgemeinen den Anforderungen einer Prozesshandlung entspricht, d.h. er ist unter anderem bedingungsfeindlich und darf nicht befristet sein. Weiterhin müssen die insolvenzspezifischen Voraussetzungen gegeben sein. So muss der Schuldner insolvenzfähig und das angerufene Insolvenzgericht örtlich zuständig sein. Weiterhin muss die zutreffende Verfahrensart gewählt sein. Die Insolvenzordnung unterscheidet hier zwischen dem Regel- und dem Verbraucherinsolvenzverfahren. Da das Verbraucherinsolvenzverfahren nur auf natürliche Personen anwendbar ist, kommt diese Verfahrensart bei Gesellschaften nicht in Betracht. Als zusätzliches Zulässigkeitskriterium kommt bei Fremdanträgen hinzu, dass der Gläubiger ein rechtliches Interesse an der Verfahrenseröffnung nachzuweisen hat, was noch näher zu erläutern ist.

2   Ist der Antrag zulässig, hat das Insolvenzgericht gemäß § 5 Abs. 1 InsO von Amts wegen alle Umstände zu ermitteln, die für das Insolvenzverfahren von Bedeutung sind, insbesondere ob ein Eröffnungsgrund im Sinne des § 16 InsO vorliegt und ob gegebenenfalls eine die Verfahrenskosten deckende Masse vorhanden ist. Um Erkenntnisse zu dem Vorliegen der Eröffnungsgründe zu erlangen, bedient sich das Insolvenzgericht regelmäßig eines Sachverständigen. Die Bestellung des Sachverständigen erfolgt durch Beschluss des Insolvenzgerichts, mit dem er üblicherweise zugleich ermächtigt wird, die Geschäftsräume der Schuldnerin zu betreten, Einblick in die Ge-

schäftsunterlagen zu erhalten und Auskünfte zu den wirtschaftlichen Verhältnissen der Insolvenzschuldnerin bei Dritten einzuholen. Am Ende seiner Tätigkeit gibt der Sachverständige ein Gutachten darüber ab, ob die schuldnerische Gesellschaft zahlungsunfähig oder überschuldet ist und inwieweit eine die Verfahrenskosten deckende Masse vorhanden ist.

Gleichzeitig mit der Bestellung eines Sachverständigen kann das Insolvenzgericht einzelne **3** Sicherungsmaßnahmen gemäß § 21 InsO anordnen sowie einen vorläufigen Insolvenzverwalter oder einen vorläufigen Sachverwalter[1] bestellen. § 21 Abs. 2 InsO sieht dabei einzelne Sicherungsmaßnahmen, wie die Auferlegung eines allgemeinen Verfügungsverbots, die Anordnung eines Zustimmungsvorbehalts, die Untersagung bzw. einstweilige Einstellung von Zwangsvollstreckungsmaßnahmen, die Anordnung einer vorläufigen Postsperre und die zwangsweise Vorführung und Inhaftierung des Schuldners vor. Nach der Systematik des Gesetzes stellt diese Aufzählung des § 21 Abs. 2 InsO nur Beispiele einzelner Sicherungsmaßnahmen dar. § 21 Abs. 1 InsO ermächtigt das Insolvenzgericht, alle Maßnahmen zu treffen, die erforderlich erscheinen, um bis zur Entscheidung über den Antrag eine nachhaltige Veränderung in der Vermögenslage des Schuldners zu verhüten. Das Insolvenzgericht kann daher weitere fallspezifische Anordnungen treffen.

Gemäß § 21 Abs. 2 Nr. 1 InsO kann das Insolvenzgericht insbesondere einen vorläufigen In- **4** solvenzverwalter bestellen. Bezüglich des vorläufigen Insolvenzverwalters haben sich die Begrifflichkeiten des starken sowie des schwachen vorläufigen Insolvenzverwalters herausgebildet. Der so genannte „starke" vorläufige Insolvenzverwalter ist der gesetzliche Regelfall. In der Praxis stellt diese Sicherungsanordnung jedoch die Ausnahme dar. Die Rechtstellung des starken vorläufigen Insolvenzverwalters ist in § 22 Abs. 1 InsO geregelt. Danach geht auf ihn die Verwaltungs- und Verfügungsbefugnis über das Vermögen des Schuldners über. Aufgaben des starken vorläufigen Insolvenzverwalters sind die Sicherung und Erhaltung des schuldnerischen Vermögens, die Fortführung des schuldnerischen Unternehmens bis zur Eröffnung des Insolvenzverfahrens sowie die Prüfung, ob eine die Verfahrenskosten deckende freie Masse vorhanden ist.

Üblicherweise wird jedoch nur ein so genannter „schwacher" vorläufiger Insolvenzverwal- **5** ter bestellt. Gemäß § 22 Abs. 2 InsO bestimmt das Insolvenzgericht dabei die einzelnen Pflichten des vorläufigen Insolvenzverwalters. Der Pflichtenkreis variiert dabei einerseits nach den örtlichen Gepflogenheiten des Gerichts, andererseits nach den spezifischen Anforderungen des Einzelfalls. Üblicherweise wird angeordnet, dass Verfügungen des Schuldners nur noch mit Zustimmung des vorläufigen Insolvenzverwalters wirksam sind („Zustimmungsverwaltung"). Drittschuldnern wird verboten, an den Schuldner selbst zu leisten. Gleichzeitig wird der vorläufige Insolvenzverwalter ermächtigt diese Forderungen und Bankguthaben einzuziehen. Weiterhin wird dem vorläufigen Insolvenzverwalter regelmäßig die Einholung von Auskünften über die Vermögensverhältnisse des Schuldners bei Dritten gestattet.

Sofern das schuldnerische Unternehmen seinen Antrag auf Eröffnung des Insolvenzverfah- **6** rens mit einem Antrag auf Anordnung der Eigenverwaltung verbunden hat, wird das Gericht gemäß § 270 a Abs. 1 S. 2 InsO anstelle eines vorläufigen Insolvenzverwalters einen vorläufigen Sachwalter bestellen. Für diesen gelten die §§ 274, 275 InsO entsprechend. Dementsprechend erfüllt er primär eine überwachende und nicht zwingend eine massesichernde Funktion. Sofern neben dem Insolvenzantrag und dem Antrag auf Anordnung der Eigenverwaltung auch die Gewährung einer Frist zur Vorlage eines Insolvenzplanes gemäß § 270b InsO beantragt wird, hat der Schuldner zudem die Möglichkeit auf die Person des Sachwalters unmittelbar Einfluss zu nehmen, da das Gericht in diesem Fall von dem Vorschlag des Schuldners nur in Ausnahmefällen abweichen darf, § 270b Abs. 2 S. 2 InsO.

---

1 Vgl. ausführlich § 45 InsO.

II. Die Interessenvertretung gegenüber dem vorläufigen Insolvenzverwalter und Gläubigern, einschließlich öffentlicher Kassen

7   Oft kommt es vor, dass eine Gesellschaft erstmals dann anwaltlichen Rat einholt, wenn bereits ein Gläubiger den Antrag auf Eröffnung des Insolvenzverfahrens über ihr Vermögen gestellt hat. Häufig ist die Antragstellerin eine Krankenkasse oder das zuständige Finanzamt, da Abgaben in erheblichem Maße rückständig sind. Nur in selteneren Fällen wird es sich bei dem Antragsteller um einen Gläubiger handeln, dessen Forderungen dem Privatbereich zuzuordnen sind. Das Motiv dafür, dass sich gerade die öffentliche Hand und Sozialversicherungsträger des Mittels eines Insolvenzantrages bedienen, liegt nicht darin, dass durch das Insolvenzverfahren eine höhere Befriedigungsquote erwartet wird. Die Ursache liegt vielmehr darin, dass Krankenkassen und Finanzämter nicht wie andere Gläubiger die Möglichkeit haben, ein bestehendes Vertragsverhältnis durch Kündigung zu beenden. Vielmehr können sie sich nur dadurch gegen eine weitere Erhöhung der ausstehenden Forderung wehren, dass im Rahmen des Insolvenzverfahrens überprüft wird, ob es sich bei dem schuldnerischen Unternehmen überhaupt um einen lebensfähigen Betrieb handelt.

8   Die schuldnerische Gesellschaft wendet sich in solchen Fällen mit dem Auftrag an einen Rechtsanwalt, die Aufhebung des Insolvenzeröffnungsverfahren und der in diesem Zusammenhang angeordneten Sicherungsmaßnahmen zu erreichen. Ein solches Mandat ist in mehrerlei Hinsicht problematisch.

1. Prüfung der Übernahme des Mandates

9   Noch bevor der Rechtsanwalt das weitere Vorgehen plant, sollte er genau prüfen, ob er das Mandat übernimmt. Wird über das Vermögen einer Schuldnerin ein Antrag auf Eröffnung des Insolvenzverfahrens gestellt, könnte dies ein Hinweis darauf sein, dass tatsächlich keine liquiden Mittel mehr vorhanden sind. Übernimmt der Rechtsanwalt hier eine zeitaufwendige Beratung, können erhebliche Honorarforderungen entstehen. Führt das Insolvenzantragsverfahren zur Eröffnung des Insolvenzverfahrens, ist zu beachten, dass nicht abgerechnete und ausgeglichene Honorarforderungen mit Verfahrenseröffnung lediglich Insolvenzforderungen darstellen, auf die der Rechtsanwalt ebenso wie alle anderen Gläubiger nur eine Quotenzahlung erwarten kann.

10   Zahlt die Mandantin zwar vor Eröffnung des Verfahrens, aber erst mit erheblicher zeitlicher Verzögerung und auf nachdrückliche Aufforderung, besteht die Gefahr, dass diese Zahlung nach Eröffnung des Insolvenzverfahrens gemäß der §§ 129 ff. InsO durch den Insolvenzverwalter angefochten wird und daher an die Masse zurückzugewähren ist.

11   Auch ist das Augenmerk darauf zu richten, wer das Mandat erteilt. Erteilt die schuldnerische Gesellschaft das Mandat selbst, ist zu berücksichtigen, dass bei Anordnung eines vorläufigen Insolvenzverfahrens die Beauftragung des Rechtsanwaltes nur mit Zustimmung des vorläufigen Insolvenzverwalters wirksam ist. An einer solchen Zustimmung wird es in der Regel fehlen. Dies hätte zur Folge, dass das Mandatsverhältnis unwirksam ist.

12   Schließlich ist gerade bei kleineren Gesellschaften in der Praxis häufig zu beobachten, dass Gesellschafter und Geschäftsführer das tatsächliche Ausmaß der bestehenden Verbindlichkeiten verschleiern. Ist die Mandantin nicht bereit, gegenüber dem beauftragten Rechtsanwalt ihre tatsächlichen Vermögensverhältnisse zu offenbaren, ist das Mandat gegebenenfalls aus diesen Gründen abzulehnen, da andernfalls eine sinnvolle Beratung nicht möglich ist.

2. Zielsetzung des Mandates

Wird ein Mandat im Rahmen eines Fremdantrages übernommen, ist mit der Mandantin zunächst 13 abzustimmen, welches Ziel verfolgt werden soll. In der Regel wollen Geschäftsführer bzw. Vorstand eine Erledigung des Insolvenzverfahrens erreichen.

Um die Geschäftsführung im Fortgang der weiteren Beratung über mögliche Haftungsrisiken 14 aufklären zu können, muss der Rechtsanwalt sich selbst ein Bild davon verschaffen, inwieweit ein Insolvenzeröffnungsgrund gegeben ist. Ist ein Eröffnungsgrund gegeben, ist die Geschäftsführung darauf hinzuweisen, dass sie zur Vermeidung eigener Haftung selbst einen Insolvenzantrag zu stellen hat, oder aber dafür Sorge tragen muss, dass die Eröffnungsgründe beseitigt werden. Sind Geschäftsführung und Gesellschafter hierzu nicht bereit oder in der Lage, kann eine Zielsetzung im Rahmen des Insolvenzverfahrens erarbeitet werden. So kann in Abstimmung mit dem vorläufigen Insolvenzverwalter ein Insolvenzplan zur Rettung des Unternehmens erarbeitet werden. Gegebenenfalls ist darüber nachzudenken, den Geschäftsbetrieb einzustellen.

3. Einstellung des Insolvenzeröffnungsverfahrens

Um eine Einstellung des Insolvenzeröffnungsverfahrens und die Rücknahme der Sicherungs- 15 maßnahmen zu erreichen, sind grundsätzlich drei Wege denkbar.

Zunächst kann die Zulässigkeit des Fremdantrages angegriffen werden. Ein Ansatz kann 16 hier etwa die vom Gläubiger erhobene Forderung sein. Ist diese nicht tituliert, sondern lediglich behauptet, kann gegenüber dem Insolvenzgericht dargelegt werden, weshalb die Forderung tatsächlich nicht besteht und so die Glaubhaftmachung der Forderung durch den Gläubiger widerlegt werden. Weiterhin können gegenüber dem Gericht bzw. dem bestellten Sachverständigen die Vermögensverhältnisse der Schuldnerin dargelegt und hierdurch nachgewiesen werden, dass Eröffnungsgründe nicht vorliegen. Dieser Weg ist unter Umständen jedoch zeit- und arbeitsaufwändig. Das einfachste Mittel ist daher zumeist, die Aufhebung des Insolvenzeröffnungsverfahrens im Zusammenwirken mit dem antragstellenden Gläubiger zu erreichen. Hierzu ist es in der Regel erforderlich, einen Ausgleich der bestehenden Forderungen zu bewirken.

a) Rücknahme des Insolvenzantrages

Den Gläubiger zu einer förmlichen Rücknahme des Antrages zu bewegen, wird auch bei Beglei- 17 chung der Forderung in der Regel nicht gelingen. Dies begründet sich darin, dass der Gläubiger bei Rücknahme seines Antrages die Kosten des Verfahrens zu tragen hat, § 4 InsO i.V.m. § 269 Abs. 2 S. 2 ZPO. Hierzu gehören die Gerichtsgebühren sowie die Kosten des Sachverständigen. Zur Übernahme dieser Kosten wird der Gläubiger in der Regel nur bereit sein, wenn sein Antrag von vornherein unzulässig bzw. unbegründet war.

b) Erledigungserklärung des Gläubigers

Werden die Forderungen des Gläubigers vollständig gezahlt, sei es aus dem Vermögen der 18 Schuldnerin oder aber aus Drittmitteln, kann der Gläubiger seinen Antrag mit der Begründung für erledigt erklären, dass der Eröffnungsgrund sich nachträglich erledigt hat. In diesem Fall wird das Insolvenzgericht das Verfahren in der Mehrzahl der Fälle aufheben.

aa) Herkunft der Mittel

Soll der antragstellende Gläubiger durch Zahlung zur Erledigungserklärung bewegt werden, 19 ist zunächst zu prüfen, aus wessen Vermögen die Mittel zur Zahlung zur Verfügung gestellt werden.

20   Grundsätzlich ist es möglich, dass die schuldnerische Gesellschaft die Zahlung aus ihrem eigenen Vermögen erbringt, soweit dieses ausreicht. Ist jedoch durch das Insolvenzgericht als Sicherungsmaßnahme das vorläufige Insolvenzverfahren angeordnet worden, so kann eine Zahlung aus dem Gesellschaftsvermögen nur mit Zustimmung des vorläufigen Insolvenzverwalters erbracht werden. Der vorläufige Insolvenzverwalter wird eine solche Zustimmung regelmäßig nur dann erteilen, wenn er davon ausgeht, dass ein Insolvenzeröffnungsgrund nicht gegeben ist.

bb) Zahlung aus Drittmitteln

21 Für eine Zahlung an den antragstellenden Gläubiger aus einer dritten Vermögensmasse, sei es das Vermögen der Gesellschafter oder sonstiger Beteiligter, ist die Zustimmung des vorläufigen Insolvenzverwalters dagegen nicht erforderlich. Werden die Forderungen des antragstellenden Gläubigers vollständig befriedigt, wird dieser den Antrag unter Umständen für erledigt erklären, und dementsprechend könnte das Insolvenzeröffnungsverfahren aufgehoben werden. Hier ist allerdings Vorsicht geboten:

22   Zu berücksichtigen ist nämlich, dass obwohl die dem Antrag zugrunde liegende Forderung bezahlt wurde, der Gläubiger seinen Insolvenzantrag aufrechterhalten kann, sofern er weiterhin ein rechtliches Interesse an einer Verfahrenseröffnung hat.[2] § 14 Abs. 1 S. 2 InsO lässt für den Fall, dass binnen der letzten zwei Jahre bereits ein Insolvenzantrag über das Vermögen des Schuldners gestellt wurde, dem Gläubiger die Möglichkeit, seinen Insolvenzantrag – trotz Bezahlung der Forderung durch den Schuldner – darauf zu stützen. Grund für diese im Rahmen des Haushaltsbegleitgesetzes 2011 eingefügte Regelung war, dass insbesondere Sozialversicherungsträger immer wieder neue Insolvenzanträge wegen rückständiger Sozialversicherungsbeiträge stellen mussten, wenn nur zwischenzeitlich die Forderung ausgeglichen wurde.

23 **Praxistipp**
Bevor der beratende Rechtsanwalt zu einer Zahlung aus Drittmitteln rät, sollte er sich daher erkundigen, ob der Gläubiger den Insolvenzantrag für erledigt erklären wird und ob das zuständige Insolvenzgericht die Erledigungserklärung des Gläubigers anerkennen würde, bzw. ob der Nachweis gelingt, dass ein Insolvenzeröffnungsgrund nicht gegeben ist. Andernfalls besteht die Gefahr, dass das Insolvenzverfahren fortgeführt und gegebenenfalls eröffnet wird. In diesem Fall wären die geleisteten Drittmittel vergeblich aufgewandt worden.

cc) Teilzahlungen

24 Grundsätzlich abzuraten ist davon, ohne Absprache mit dem antragstellenden Gläubiger Teilzahlungen, sei es aus dem eigenen oder aber Drittvermögen, zu leisten. In der Regel erklären Antragsteller/innen wie das Finanzamt oder Sozialversicherungsträger den Insolvenzantrag auf Teilzahlungen hin nicht für erledigt. Dies begründet sich darin, dass unter dem Druck eines Insolvenzeröffnungsantrages erbrachte Tilgungsleistungen als inkongruente, das heißt als dem Antragsteller nach dem Verfahrensstand zu dieser Zeit und in dieser Art nicht zustehende Deckung gemäß § 131 Abs. 1 Nr. 1 InsO und regelmäßig auch gemäß § 133 Abs. 1 InsO (als sog. „Druckzahlungen") anfechtbar sind.[3]

---

[2] Uhlenbruck/*Uhlenbruck*, § 14 Rn 114.
[3] Vgl. Uhlenbruck/*Hirte*, § 133 Rn 8 m.w.N.

Heerma

4. Gestaltungsmöglichkeiten des Schuldners bei absehbarer Eröffnung des Insolvenzverfahrens

Hat die schuldnerische Gesellschaft einen Eigenantrag gestellt oder ist sie nach Stellung eines **25** Insolvenzantrages selbst zu der Überzeugung gekommen, dass ein Eröffnungsgrund gegeben ist, der nicht mehr beseitigt werden kann, so kann eine anwaltliche Beratung noch immer darauf zielen, Einfluss auf den Fortgang des Insolvenzverfahrens zu nehmen. Dies ist insbesondere dann sinnvoll, wenn der Rechtsträger eines Betriebes aus eigener Kraft außerhalb eines Insolvenzverfahrens nicht mehr saniert werden kann, der Geschäftsbetrieb selbst aber fortführungswürdig ist. Hier kann auch bei Stellung eines Fremdantrages bereits im Eröffnungsverfahren geprüft werden, ob noch ein Insolvenzplan und gegebenenfalls auch noch eine Eigenverwaltung möglich ist.

Die häufiger gewählte Form der Betriebsfortführung ist die übertragene Sanierung, bei der **26** die Vermögenswerte der insolventen Gesellschaft übernommen werden. Dem neuen Rechtsträger steht es dabei grundsätzlich frei, ob er in die bestehenden Verträge eintritt. Besonderer Berücksichtigung bedürfen dabei aber die arbeitsrechtlichen und steuerrechtlichen Auswirkungen eines Betriebsübergangs, z.B. aus § 613a BGB und § 75 AO.

5. Allgemeine Mitwirkungspflichten der Schuldnerin

Ganz gleich ob durch die schuldnerische Gesellschaft ein Eigenantrag gestellt oder das Insol- **27** venzeröffnungsverfahren durch einen Fremdantrag angestoßen wurde, hat der Schuldner gemäß § 20 InsO dem Insolvenzgericht die Auskünfte zu erteilen, die zur Entscheidung über den Antrag erforderlich sind. Diese Auskunftspflicht trifft den Schuldner auch gegenüber dem vorläufigen Insolvenzverwalter, der gemäß § 22 Abs. 3 InsO dazu berechtigt ist, die Geschäftsräume des Schuldners zu betreten. Eine entsprechende Ermächtigung erteilt das Insolvenzgericht regelmäßig auch dem Sachverständigen, soweit kein vorläufiger Insolvenzverwalter bestellt wurde. Weiterhin ist der Schuldner verpflichtet, den vorläufigen Insolvenzverwalter bei der Erfüllung von dessen Aufgaben zu unterstützen. Die Auskunfts- und Mitwirkungspflichten gemäß § 97 InsO gelten auch für das vorläufige Insolvenzverfahren. Ist der Schuldner eine Gesellschaft, gelten die Auskunfts- und Mitwirkungspflichten gemäß § 101 InsO auch für die Vertretungs- oder Aufsichtsorgane und die vertretungsberechtigten persönlich haftenden Gesellschafter, § 101 Abs. 1 InsO, sowie für Angestellte und frühere Angestellte gemäß § 101 Abs. 2 InsO.

Der beratende Rechtsanwalt sollte seine Mandantin daher darauf hinweisen, dass diesen **28** Auskunfts- und Mitwirkungspflichten unbedingt Folge zu leisten ist. Kommen die vertretungsberechtigten Organe ihren Pflichten nicht nach, können diese Pflichten mit gerichtlicher Hilfe durchgesetzt werden.

III. Die Interessenvertretung gegenüber Schuldnern

Vertritt der Rechtsanwalt dagegen einen Gläubiger gegenüber einer möglicherweise zahlungs- **29** unfähigen oder überschuldeten Gesellschaft, kann grundsätzlich neben anderen Mitteln der Einzelzwangsvollstreckung in Erwägung gezogen werden, in der Eigenschaft als Gläubiger einen Antrag auf Eröffnung des Insolvenzverfahrens zu stellen. Dabei ist regelmäßig das damit verbundene Kostenrisiko bei der Abwägung mit einzubeziehen.

Bevor das Insolvenzgericht eine Entscheidung darüber treffen kann, ob ein Eröffnungs- **30** grund im Sinne des § 16 InsO gegeben ist, muss ein zulässiger Antrag auf Eröffnung des Insolvenzverfahrens gestellt sein. Dessen Voraussetzungen sind für einen Gläubigerantrag in § 14 Abs. 1 InsO normiert. Hiernach muss seitens des Gläubigers ein rechtliches Interesse an der Eröffnung des Insolvenzverfahrens bestehen, und die dem Antrag zugrunde liegende Forderung sowie der Eröffnungsgrund sind glaubhaft zu machen.

1. Insolvenzgläubiger

31 Antragsberechtigt ist nur ein Insolvenzgläubiger. Dieser Begriff ist in § 38 InsO geregelt, wonach Insolvenzgläubiger ist, wer zur Zeit der Eröffnung des Insolvenzverfahrens einen begründeten Vermögensanspruch gegen den Schuldner hat. Daher ist es gleichgültig, ob sich der Rechtsgrund des Anspruchs aus dem Gesetz, aus Vertrag, unerlaubter Handlung, ungerechtfertigter Bereicherung oder aus einer Verfügung von Todes wegen ergibt. Er kann sowohl auf Zivilrecht wie auf öffentlichem Recht beruhen.[4] Die Forderung muss nicht tituliert sein.

2. Rechtliches Interesse an der Verfahrenseröffnung

32 Der Antrag eines Gläubigers auf Eröffnung des Insolvenzverfahrens über das Vermögen eines Schuldners ist nur zulässig, wenn der Gläubiger ein rechtliches Interesse an der Eröffnung des Insolvenzverfahrens hat. Das rechtliche Interesse ist regelmäßig zu bejahen, wenn der Gläubiger eine Forderung gegen den Schuldner hat und bei diesem ein Eröffnungsgrund vorliegt. Das rechtliche Interesse fehlt jedoch, wenn der Insolvenzantrag missbräuchlich gestellt wird.[5]

33   Dies ist unter anderem bei so genannten Druckanträgen der Fall, die der Gläubiger einzig mit dem Ziel stellt, mit Hilfe des Insolvenzgerichts zusätzlichen Druck auf den Schuldner auszuüben, um ihn zu einer freiwilligen Zahlung zu bewegen, auf die der Gläubiger sodann den Insolvenzantrag für erledigt erklärt. Bei Verfolgung diesen Ziels geht es dem Gläubiger tatsächlich nicht darum, die insolvenzverfahrensrechtlichen Folgen auszulösen. Ebenso verhält es sich, wenn der Gläubiger gänzlich insolvenzfremde Zwecke verfolgt, etwa die Beendigung eines lästigen Vertragsverhältnisses,[6] die Anerkennung einer zweifelhaften Forderung durchsetzen[7] oder einen Konkurrenten aus dem Wettbewerb ausschalten möchte.[8]

34   Grundsätzlich sind Gläubiger nicht verpflichtet, vor Antragstellung die Möglichkeiten der Einzelzwangsvollstreckung vollständig auszuschöpfen.

3. Glaubhaftmachung von Forderung und Insolvenzgrund

35 Der Gläubiger muss seine Forderung gegen den Schuldner sowie den Insolvenzgrund glaubhaft machen.

36   Der Begriff der Glaubhaftmachung entspricht dem des § 294 ZPO. Der Gläubiger kann sich dabei sämtlicher Beweismittel einschließlich der eidesstattlichen Versicherung bedienen.

37   Die Glaubhaftmachung der Forderung ist regelmäßig dann unproblematisch, wenn ein entsprechender Titel vorgelegt werden kann. Wurde dieser noch nicht erwirkt, kann der Gläubiger sich zwar sämtlicher Beweismittel wie der Vorlage von Rechnungen bedienen. Zu berücksichtigen ist aber, dass auch der Schuldner zu dem Insolvenzantrag gehört wird. Ihm wird damit Gelegenheit gegeben, Einwendungen gegen die Forderung vorzutragen. Das Gericht hat nach Anhörung des Schuldners zu entscheiden, ob das Bestehen der Forderung überwiegend wahrscheinlich ist. Das Insolvenzgericht sieht sich dabei aber nicht als Prozessinstanz an, die über

---

4 Nerlich/Römermann/*Mönning*, § 14 Rn 7.
5 Uhlenbruck/*Uhlenbruck*, § 14 Rn 5.
6 OLG Oldenburg, MDR 1955, 175.
7 Uhlenbruck/*Uhlenbruck*, § 14 Rn 39.
8 Nerlich/Römermann/*Mönning*, § 14 Rn 12.

Heerma

das Bestehen einer Forderung zu entscheiden hat. Der Gläubiger muss daher in solchen Fällen damit rechnen, dass der Antrag als unzulässig zurückgewiesen wird.

Den Insolvenzgrund wird der antragstellende Gläubiger in der Regel nicht vollständig **38** glaubhaft machen können. Ihm sind die genauen Vermögensverhältnisse der schuldnerischen Gesellschaft in der Regel verborgen. Die Überschuldung nachzuweisen, ist damit nicht möglich. Es ist daher auf Indizien abzustellen, die auf eine Zahlungsunfähigkeit der Schuldnerin schließen lassen. In Betracht kommt dabei insbesondere die mehrfache fruchtlose Zwangsvollstreckung oder die Abgabe einer eidesstattlichen Versicherung. Unter Umständen hat der Schuldner auch bereits gegenüber mehreren Gläubigern kundgetan, dass er zu Zahlungen nicht mehr in der Lage ist.

4. Kostenrisiko

Der antragstellende Gläubiger muss regelmäßig das Kostenrisiko berücksichtigen. Dieses um- **39** fasst die Gerichtskosten sowie die Kosten des Sachverständigen.

Die Gerichtskosten ergeben sich aus § 23 GKG i.V.m. Nr. 2311 GKG-KV. Der Streitwert richtet **40** sich nach der Höhe der Forderungen bzw. dem Wert der Insolvenzmasse, falls dieser niedriger ist. Die Gerichtskosten betragen mindestens 150 EUR.

Die Tätigkeit des Sachverständigen wird mit 65 EUR je Stunde vergütet (§ 9 JVEG). Die An- **41** zahl der abgerechneten Stunden richtet sich nach den örtlichen Gepflogenheiten. Bei Eröffnung des Verfahrens werden diese Kosten aus der freien Masse getragen, bei Rücknahme des Antrags durch den Antragsteller. Bei Erledigung des Antrags nach Vollzahlung und Abweisung des Antrags mangels Masse ist der Schuldner zur Erstattung verpflichtet.

Dr. Per Hendrik Heerma

§ 48 Das Mandat für den (vorläufigen) Insolvenzverwalter

Literatur: *Baumbach* (u.a.), Zivilprozessordnung ZPO, 70. Aufl. 2010; *Kirchhof/Lwowski/Stürner* (Hrsg.), Münchener Kommentar zur Insolvenzordnung, 2. Aufl. 2008; *Zöller*, ZPO, 29. Aufl. 2012; *Zugehör* (Hrsg.), Handbuch der Anwaltshaftung, 3. Aufl. 2011.

I. Einführung

1 Die durch die Insolvenzordnung mit den §§ 21, 22 InsO eingeführten Sicherungsmittel, insbesondere die Bestellung eines vorläufigen Insolvenzverwalters sowie die Anordnung eines allgemeinen Verfügungsverbotes (§ 21 Abs. 2 S. 1 Nr. 2 Alt. 1 InsO) oder eines Zustimmungsvorbehaltes des vorläufigen Insolvenzverwalters (§ 21 Abs. 2 S. 1 Nr. 2 Alt. 2 InsO) haben auch auf die Tätigkeit des Rechtsanwaltes des Schuldners spürbare Auswirkungen. Im Vordergrund für den Mandatsträger stehen insoweit vor allem Fragen nach der grundsätzlichen Aufrechterhaltung des Mandates, nach der Art und Weise und dem Umfang der Fortführung bereits begonnener Rechtsstreitigkeiten, nach den Rechtsfolgen einer bevorstehenden Eröffnung des Insolvenzverfahrens und nicht zuletzt nach der Sicherung seiner Vergütungsansprüche aus dem Mandat.

2 Durch die Eröffnung des Insolvenzverfahrens geht das Recht des Schuldners, über das zur Insolvenzmasse gehörende Vermögen zu verfügen, auf den Insolvenzverwalter über, § 80 InsO. Der Insolvenzschuldner verliert seine Stellung als Mandant. Denn der Anwaltsvertrag und erteilte Vollmachten erlöschen kraft Gesetzes, §§ 115 bis 117 InsO. Dem im Insolvenzeröffnungsverfahren tätigen rechtlichen Berater stellen sich daher zahlreiche strategische Fragen, insbesondere, wenn er seine Tätigkeit auch für den Insolvenzverwalter im eröffneten Verfahren erbringen will. Dies kann auch aus Sicht des Insolvenzverwalters eine sinnvolle Option sein, etwa wenn der bearbeitete Fall besondere Sach- oder Fachkenntnisse voraussetzt, die auch für den (vorläufigen) Insolvenzverwalter von Nutzen sind.

II. Die Fortführung begonnener Rechtsstreitigkeiten im Insolvenzeröffnungsverfahren

3 In der Praxis stellt sich nicht selten das Problem, dass der vorinsolvenzlich für die Schuldnerin tätige Prozessbevollmächtigte unter Hinweis auf offene Vergütungsansprüche ein Zurückbehaltungsrecht an für die Tätigkeit des (vorläufigen) Insolvenzverwalters wesentlichen oder für die Fortsetzung eines Rechtsstreits sogar zwingend erforderlichen Unterlagen (etwa Vertrags- oder Bürgschaftsurkunden) ein Zurückbehaltungsrecht geltend macht.

Grundsätzlich besteht ein Zurückbehaltungsrecht wegen ausstehender Vergütung aber nur **4** an den eigenen Arbeitsergebnissen.[1] Ein Zurückbehaltungsrecht an Mandantenunterlagen existiert demgegenüber nicht.[2] Der Insolvenzverwalter hat gegen den Prozessbevollmächtigten eines Schuldners daher einen Anspruch auf Herausgabe von Handakten, soweit es sich nicht um eigene Arbeitsergebnisse des Anwalts handelt.

III. Erlöschen des Mandates mit Verfahrenseröffnung

Mit der Eröffnung des Insolvenzverfahrens erlöschen gem. §§ 115, 116 InsO sämtliche vom **5** Schuldner erteilten Aufträge und Geschäftsbesorgungsverträge, soweit sie sich auf das zur Insolvenzmasse gehörende Vermögen beziehen. Dies gilt sowohl im Verhältnis zum Schuldner als auch im Verhältnis zur Insolvenzmasse ipso iure für die Zukunft.[3] Auch auf die Tätigkeit des Rechtsanwaltes,[4] des Patentanwaltes[5] und des Steuerberaters[6] sind die §§ 115, 116 InsO anwendbar.

Die Anwendung des § 115 InsO setzt voraus, dass der Auftrag „vom Schuldner" erteilt worden ist. Im Einzelfall ist daher zu prüfen, ob ein Mandat des Schuldners bearbeitet wird, oder ob **6** ein eigenes Mandat des vorläufigen Insolvenzverwalters vorliegt.[7] Wie in jedem Fall einer Mandatsbeendigung, ist der Anwalt auch im Falle des vorzeitigen Erlöschens des Mandates gem. §§ 115, 116 InsO verpflichtet, nochmals darauf hinzuweisen, ob dem scheidenden Mandanten der Eintritt von Rechtsnachteilen droht – und wie diese ggf. vermieden werden können. Zu berücksichtigen sind insoweit insbesondere laufende Verjährungs- und Prozessfristen sowie anstehende Gerichtstermine.

Der berufsrechtliche Grundsatz, über mögliche Rechtsnachteile und deren Vermeidung zu **7** belehren, gilt auch gegenüber dem grundsätzlich rechtskundigen Mandanten, der, etwa als Rechtsanwalt oder Steuerberater, zum vorläufigen Insolvenzverwalter bestellt ist. Ggf. muss der Anwalt noch für seine Partei Verlängerung der einschlägigen Fristen beantragen, damit diesem genügend Zeit bleibt, einen anderen Anwalt zu beauftragen. Andererseits ist zu berücksichtigen, dass auch die rechtlichen Möglichkeiten des Bevollmächtigten mit Verfahrenseröffnung stark beschränkt sind. Legt etwa der Prozessbevollmächtigte, dessen Vollmacht nach § 117 InsO erloschen ist, Berufung ein, ohne dass ihn der Insolvenzverwalter hierzu ermächtigt hat, so ist die Berufung unzulässig.[8]

Wird das Erlöschen der anwaltlichen Vollmacht gem. § 117 InsO bewusst ignoriert, kann der **8** Anwalt dem Gegner des Mandanten sogar gem. § 179 BGB erfüllungs- oder schadensersatzpflichtig werden. Ist dem Anwalt das Erlöschen der Vollmacht nicht bekannt, etwa weil ihn die Nachricht von der Verfahrenseröffnung noch nicht erreicht hat, kommt ihm aber das Privileg des § 117 Abs. 3 InsO zugute.[9]

---

1 Vgl. BGH, ZIP 1988, 1474.
2 Vgl. LG Düsseldorf, ZIP 1997, 1657.
3 Vgl. BGH, ZInsO 2006, 1055; Uhlenbruck/*Sinz*, § 116 Rn 8 jeweils m.w.N.
4 Vgl. RGZ 75, 98; RGZ 88, 226; BGH, KTS 1989, 371; BGH ZIP 199, 48.
5 Vgl. RGZ 69, 26.
6 Vgl. BGH, NJW 1989, 1216; LG Düsseldorf, ZIP 1997, 1657.
7 Ein derartiges Mandat könnte beispielsweise in dem Entgegentreten von Ansprüchen bestehen, die fälschlich gegen den vorläufigen Insolvenzverwalter erhoben werden, obwohl sie sich materiell gegen den Schuldner oder die Schuldnerin richten.
8 Vgl. OLG Karlsruhe, ZInsO 2005, 151.
9 Vgl. MüKo-InsO/*Ott*, § 117 Rn 18 f. m.w.N.

IV. Prozessführung in der Insolvenz

1. Verfahrensunterbrechung durch Insolvenz, § 240 ZPO

9   Gemäß § 240 ZPO wird ein Zivilprozess, soweit er die Insolvenzmasse betrifft,[10] durch die Eröffnung eines Insolvenzverfahrens (nicht hingegen durch die Stellung eines Insolvenzantrages) unterbrochen. Die Unterbrechung soll dem Insolvenzverwalter ausreichende Bedenkzeit verschaffen, um über die Fortführung des Prozesses zu entscheiden.[11] Die Vorschrift federt damit zugleich den Verlust der Vollmacht des im Zeitpunkt der Verfahrenseröffnung für den Schuldner tätigen Anwaltes gem. §§ 116, 117 InsO ab. Nicht zuletzt wegen dieser Zielsetzung ist die Vorschrift nach h.M. auf Urteilsverfahren jeder Prozessart und in allen Instanzen anwendbar.[12] Sie gilt darüber hinaus im Mahn-,[13] Kostenfestsetzungs-,[14] Beschwerde-,[15] sowie im Arrest- und einstweiligen Verfügungsverfahren.[16] Für das Prozesskostenhilfeverfahren wird die Unterbrechungswirkung nach § 240 ZPO vereinzelt in Zweifel gezogen.[17] Bereits nach dem Telos der Vorschrift erscheint diese Differenzierung indes nicht überzeugend und taucht daher auch in der Praxis kaum auf. Nach richtiger Auffassung wird auch das Prozesskostenhilfeverfahren durch die Eröffnung des Insolvenzverfahrens unterbrochen.[18]

10   Für das selbständige Beweisverfahren ist bei der Anwendbarkeit des § 240 ZPO zu differenzieren: Sofern die Beweisaufnahme noch nicht abgeschlossen ist, hat der Bundesgerichtshof die Verfahrensunterbrechung verneint.[19] Denn insoweit steht die Zielsetzung, dem Insolvenzverwalter Bedenkzeit zu verschaffen, regelmäßig in direktem Gegensatz zur Eilbedürftigkeit der Beweissicherung. Der Bundesgerichtshof hat die Interessen des Insolvenzverwalters deshalb dem Eilcharakter des Verfahrens mit dem Hinweis untergeordnet, dass das selbständige Beweisverfahren nicht zu einer streitigen Entscheidung führe. Anders verhält es sich hingegen, wenn bereits Beweis erhoben wurde.[20] Dann lässt sich nicht mehr mit dem vorgenannten Eilbedürfnis argumentieren. Stattdessen gewinnt dann die nötige Bedenkzeit des Insolvenzverwalters Bedeutung, weil er andernfalls den (verhältnismäßig kurzen Fristen) des § 494a ZPO ausgesetzt wäre.

11   Auf das schiedsrichterliche Verfahren,[21] die Streitwertfestsetzung[22] sowie die Gerichtsstandsbestimmung nach § 36 Nr. 3 ZPO[23] ist § 240 ZPO ebenso wenig anwendbar wie auf Verfahren der freiwilligen Gerichtsbarkeit[24] und der Zwangsvollstreckung.[25] Entsprechende Anwendung findet § 240 ZPO im arbeitsgerichtlichen Verfahren,[26] im steuerrechtlichen Streitverfahren[27] und im Verwaltungsprozess.[28]

12   Trotz der öffentlichen Bekanntmachung der Entscheidungen des Insolvenzgerichts bleibt vor allem den Prozessgerichten am dritten Ort die Eröffnung eines Insolvenzverfahrens oder die

---

10 §§ 80, 81 InsO.
11 Vgl. Zöller/*Greger*, § 240 Rn 1.
12 Vgl. Zöller/*Greger*, vor § 239 Rn 8.
13 Vgl. i.E. Zöller/*Vollkommer*, vor § 688 Rn 7, 9–17.
14 Vgl. Zöller/*Herget*, § 104 Rn 21 Stichwörter: „Aussetzung", „Unterbrechung".
15 Vgl. RGZ 30, 410.
16 Vgl. BGH, NJW 1962, 591; Zöller/*Vollkommer*, § 924 Rn 4.
17 Vgl. etwa die Nachweise bei Zöller/*Greger*, vor § 239 Rn 8.
18 Vgl. OLG Köln, MDR 2003, 526.
19 Vgl. BGH, NJW 2004, 1388.
20 Vgl. BGH, NJW 2011, 1679.
21 Vgl. RGZ 62, 24; BGHZ 24, 15, 18; BGH KTS 66, 246; Zöller/*Geimer*, § 1042 Rn 48 m.w.N.
22 Vgl. OLG Hamm, MDR 1971, 495.
23 Vgl. BayObLGZ 85, 314, 316.
24 Vgl. KG, MDR 1988, 329.
25 Vgl. BGH, NZI 2007, 543 – Für die Zwangsvollstreckung bestehen besondere Vorschriften (vgl. §§ 779, 727 ZPO).
26 Vgl. §§ 46 Abs. 2, 64 Abs. 6, 72 Abs. 5 ArbGG.
27 Vgl. BFH, BB 1970, 1163.
28 Vgl. OVG Hamburg, MDR 1953, 442.

Anordnung der so genannten starken vorläufigen Insolvenzverwaltung zunächst zumeist verborgen. Um insbesondere den Ablauf von Prozessfristen zu hindern, empfiehlt es sich daher, die Unterbrechung des Rechtsstreits gemäß § 240 ZPO anzuzeigen.

Beispiel   13
Musterschreiben an das Prozessgericht gem. § 240 ZPO
An das
[…]gericht
Az.:
In dem Rechtsstreit X./. Y
hat das Amtsgericht – Insolvenzgericht – […] mit dem in Kopie beigefügten Beschluss vom […] das Insolvenzverfahren über das Vermögen des/der [[AUSLASSUNG]] eröffnet und Herrn/Frau […]] zum Insolvenzverwalter ernannt, für den ich mich bestelle.
Aufgrund der Insolvenzeröffnung ist das Verfahren gem. § 240 ZPO[29] unterbrochen. Einen etwa bereits anberaumten Verhandlungstermin bitte ich aufzuheben.

Im Aktivprozess kann es daneben sinnvoll sein, zugleich mit der Anzeige der Insolvenzeröff- 14
nung Akteneinsicht zu erbitten:

Beispiel   15
Um beurteilen zu können, ob das Verfahren aufgenommen werden soll, bitte ich um Akteneinsicht im Wege der Überlassung der Gerichtsakte auf meine Kanzlei. Umgehende Rückgabe der Akte wird zugesichert.
Vorsorglich stelle ich klar, dass weder in meiner Bestellung, noch in der Bitte um Akteneinsicht eine Aufnahme des Verfahrens gesehen werden soll.

Im Passivprozess ist eine Einsichtnahme in die Gerichtsakte zu diesem Zeitpunkt regelmäßig 16
noch nicht geboten, da es zunächst allein die Klägerseite in der Hand hat, ob sie die Klageforderung im Wege der Forderungsanmeldung nach §§ 87, 174 InsO überhaupt weiter verfolgt.

Keine unmittelbare Auswirkung hat § 240 ZPO hingegen auf den Lauf materieller Ver- 17
jährungsfristen. In unterbrochenen Aktivprozessen empfiehlt sich daher die Prüfung, ob im Hinblick auf die gem. § 204 Abs. 2 BGB sechs Monate nach der letzten Verfahrenshandlung der Parteien oder des Gerichts endende Verjährungshemmung zumindest ein Hinweis an den Insolvenzverwalter zur Minimierung des eigenen Haftungsrisikos angezeigt ist.

Das Insolvenzgericht kann auch einen schwachen vorläufigen Insolvenzverwalter wegen 18
einer konkreten Forderung mit Prozessführungsbefugnis versehen. Beauftragt ein derart ausgestatteter vorläufiger Insolvenzverwalter zur Durchsetzung des Anspruches, dessentwegen ihm das Insolvenzgericht die Prozessführungsbefugnis übertragen hat, Prozessbevollmächtigte, ist das Prozessgericht an diese Ermächtigung gebunden. Eine Überprüfung der Zulässigkeit der insolvenzgerichtlichen Anordnung im Prozesskostenhilfeverfahren ist ausgeschlossen.[30]

2. Prozesskostenhilfe

Für den Insolvenzverwalter als Partei kraft Amtes sieht § 116 Nr. 1 ZPO die Möglichkeit vor, Pro- 19
zesskostenhilfe in Anspruch zu nehmen. Er soll damit in die Lage versetzt werden, die ihm über-

---

29 Ggf. kommt auch eine Unterbrechung gem. § 240 S. 2 ZPO i.V.m. §§ 22 Abs. 1 S. 1, 21 Abs. 2 Nr. 1, 2 InsO in Betracht (vgl. Zöller/*Greger*, § 240 Rn 5 m.w.N.).
30 Vgl. OLG Köln, ZIP 2004, 2450.

tragene, auch im öffentlichen Interesse liegende Aufgabe bestmöglich auch dann zu erfüllen, wenn die Mittel zur Führung notwendiger Prozesse nicht aufzubringen sind.[31]

20   Neben den weiteren Voraussetzungen der §§ 113 ff. ZPO erfordert die Gewährung von Prozesskostenhilfe an den Insolvenzverwalter gem. § 116 ZPO, dass die Kosten aus der verwalteten Vermögensmasse nicht aufgebracht werden können, und es den am Gegenstand des Rechtsstreits wirtschaftlich Beteiligten nicht zuzumuten ist, diese Kosten aufzubringen. Wirtschaftlich beteiligt an dem Rechtsstreit sind der Insolvenzschuldner selbst sowie diejenigen Insolvenzgläubiger, deren Befriedigungsaussichten sich verbessern, wenn der Antragsteller ganz oder teilweise obsiegt. Wirtschaftlich Beteiligte sind daneben der Insolvenzverwalter und die Massegläubiger. Prozesskosten aufzubringen, ist jedoch weder dem Insolvenzverwalter,[32] noch den so genannten echten Massegläubigern zuzumuten.[33] Dem Insolvenzverwalter ist insbesondere auch dann Prozesskostenhilfe zuzubilligen, wenn er mit seinem Vergütungsanspruch im Falle des Obsiegens in dem beabsichtigten Rechtsstreit der alleinige Begünstigte ist.[34] Demgegenüber wurde Prozesskostenhilfe versagt, sofern auch der in dem entsprechenden Rechtsstreit geltend gemachte Anspruch nicht geeignet ist, eine bereits eingetretene Massearmut zu beseitigen.[35]

21   Der Bundesgerichtshof erkennt an, dass die Auferlegung von Vorschüssen auf die Prozesskosten nur solchen Beteiligten zuzumuten ist, die die erforderlichen Mittel unschwer aufbringen können und deren zu erwartender Nutzen bei vernünftiger, auch das Eigeninteresse sowie das Prozessrisiko angemessen berücksichtigender Betrachtungsweise im Falle eines Erfolges der Rechtsverfolgung voraussichtlich deutlich größer sein wird.[36] Abzustellen ist für die Frage der objektiven Zumutbarkeit auf die Sicht eines unbeteiligten, vernünftigen Dritten.[37] In der Rechtsprechung der Oberlandesgerichte wird versucht, die Frage der Zumutbarkeit mit Blick auf die Quotenerwartung zu beantworten, während zugleich auf allgemeine Kriterien zurückgegriffen wird.[38] Die Frage der Zumutbarkeit kann jedoch nicht schematisch mit Blick auf die Quote beantwortet werden. Abzustellen ist vielmehr auf eine besondere Betrachtungsweise und deshalb auf die Umstände des konkreten Falls. Ein Gläubiger wird seine wirtschaftlich begründete Entscheidung, sich an den Prozesskosten zu beteiligen, davon abhängig machen, wie wahrscheinlich ein Erfolg bezogen auf die vom Insolvenzverwalter anerkannte Forderung sein wird.[39] Diese Frage ist anhand einer überschlägigen Berechnung mit absoluten Zahlen zu beantworten.[40] Dementsprechend scheiden Gläubiger mit geringen Forderungen als wirtschaftlich Beteiligte im Sinne von § 116 S. 1 Nr. 1 ZPO aus. Als wirtschaftlich Beteiligte kommen nach überzeugender Argumentation lediglich Großgläubiger in Betracht, deren Forderungen anteilig mindestens fünf Prozent der Gesamtsumme der festgestellten Insolvenzforderungen betragen.[41]

22   Schließlich ist zu berücksichtigen, dass die Bewilligung der Prozesskostenhilfe für den Verwalter die Regel und die Verweigerung die Ausnahme sein soll. Denn nur, wenn dem Insolvenzverwalter in Entsprechung dieses Grundsatzes Prozesskostenhilfe bewilligt wird, kann das Insolvenzverfahren die ihm auch im öffentlichen Interesse übertragene Aufgabe erfüllen, die

---

31 Vgl. Zöller/*Geimer*, § 116 Rn 1; OLG Celle, NdsRPfl 1993, 75.
32 Vgl. BGH, NJW 1998, 1228.
33 Vgl. Zöller/*Geimer*, § 116 Rn 6, 10b m.w.N.
34 Vgl. BGH, NZI 2006, 348 f.; ZIP 2003, 2036; NJW 1998, 1229; OLG Düsseldorf, ZIP 1993, 780.
35 Vgl. BGH, NJW-RR 2009, 1346.
36 Vgl. BGH, NJW 1991, 40 ff.
37 Vgl. Baumbach (u.a.)/*Hartmann*, § 116 Rn 11.
38 Vgl. OLG Naumburg, ZInsO 2002, 586: „nennenswerte Verbesserung"; OLG Köln, OLGR 2003, 14, 16: „deutlich über anteiliger Beteiligung"; KG, ZIP 2003, 270, 271: „ganz erhebliche Quotenverbesserung".
39 Vgl. BGH, NZI 2006, 348 f.
40 So auch OLG Rostock, ZInsO 2003, 1151, 1152.
41 Vgl. OLG Hamm, ZIP 2007, 147; *Sterzinger*, NZI 2008, 525, 527; *Thomas/Putzo*, ZPO, § 116 Rn 1.

geordnete und rechtliche gesicherte Abwicklung eines auch masselosen Unternehmens herbeizuführen.[42]

3. Vergütungsansprüche des beauftragten Rechtsanwaltes gegen die Insolvenzmasse

Auch für den Vergütungsanspruch des beauftragten Rechtsanwaltes sind die Abgrenzung der 23 starken und der schwachen Insolvenzverwaltung sowie die durch §§ 115, 116 InsO bewirkte Diskontinuität des Verfahrensablaufs von besonderer Bedeutung. Vom vorläufigen Insolvenzverwalter ohne Verwaltungs- und Verfügungsbefugnis begründete Verbindlichkeiten stellen im Rahmen eines nachfolgend eröffneten Insolvenzverfahrens keine Masseverbindlichkeiten dar. Dies gilt auch für den Vergütungsanspruch des für den vorläufigen Insolvenzverwalter tätigen Anwaltes. Umgekehrt können vor Insolvenzeröffnung vereinnahmte Vergütungsbeträge der Insolvenzanfechtung gem. §§ 129 ff. InsO unterliegen.

4. Haftung gegenüber Nichtmandanten

Neben den allgemeinen Fragen anwaltlicher Haftung wird leicht übersehen, dass durch eine 24 Verletzung von Schutzpflichten auch gegenüber Nichtmandanten haftungsbegründende Tatbestände verwirklicht werden können.[43] Eine berufliche Dritthaftung auf vertraglicher oder vorvertraglicher Grundlage kommt allerdings nur gegenüber Personen in Betracht, die in den Schutzbereich des Mandatsvertrages einbezogen sind. Im Rahmen eines Mandates für den (vorläufigen) Insolvenzverwalter können hierfür Angehörige,[44] aber auch Gegner oder Vertragspartner des Mandanten und sonstige Dritte, z.B. Gesellschafter einer GmbH,[45] in Betracht kommen.

Auch im Falle steuerberatender Tätigkeit für den (vorläufigen) Insolvenzverwalter kann der 25 Anwalt aufgrund einer Schutzwirkung des Mandats zugunsten Dritter sowohl gegenüber Angehörigen als auch Gläubigern des Mandanten oder sonstigen Dritten in der Haftung stehen.[46] Zudem können in Fällen rechtsgutachterlicher Tätigkeit des Anwalts Dritte in den Schutzbereich des Gutachtervertrages einbezogen sein.[47]

Besondere Beachtung verdienen in diesem Zusammenhang solche – gerade in Insolvenzsituationen nicht seltenen – Fälle, in denen der Anwalt aus der Rolle des anwaltlichen Vertreters heraustritt und in besonderem Maße persönliches Vertrauen in Anspruch nimmt und dabei schuldhaft Pflichten verletzt.[48] Es kommt insoweit eine Haftung gemäß § 280 BGB i.V. m. § 311 Abs. 3 BGB in Betracht.

5. Internationaler Bezug

Infolge der zunehmenden Globalisierung der Wirtschaft sind selbst in kleineren Insolvenzverfahren Berührungspunkte mit ausländischen Rechtsordnungen möglich geworden. Rechtsfragen können sich hierbei sowohl aus dem Insolvenzverfahrensrecht selbst ergeben, etwa dann, wenn das nationale Verfahren ein Primär- oder Sekundärverfahren i.S.d. Art. 3 EuInsVO ist. Häufiger werden in der Regel aber materielle Rechtsbeziehungen des Schuldners mit ausländischen Partnern sein. Ist ein derartiger internationaler Bezug vorhanden, stellt die Rechtsprechung

---

42 Vgl. BGH, BGHZ 119, 372; ZIP 1990, 1490; OLG Hamm, ZIP 1995, 758.
43 Vgl. *Zugehör*, NJW 2000, 1601 ff.
44 Vgl. BGH, NJW 1988, 200; 1995, 51; 1995, 2551; OLG Hamm, MDR 1986, 1026.
45 Vgl. BGH, NJW 1986, 581; 1974, 134; 2000, 725 = BRAK-Mitt 2000, 74 m. Anm. *Jungk*.
46 Vgl. BGH, WM 1985, 1274; BGH, NJW 1997, 1235; OLG Celle, NJW-RR 1986, 1315; OLG München, NJW-RR 1991, 1127.
47 Vgl. BGH, NJW 1982, 2431; 1983, 1053; 1984, 355; 1995, 392.
48 Vgl. BGH, NJW 1979, 1449; 1989, 293; 1990, 1907; 1991, 32; BGH, NJW-RR 1990, 94 und 459.

höchste Anforderungen an den Anwalt. Er muss sämtliche für den jeweiligen Fall relevanten Rechtsnormen ermitteln und richtig anwenden – ggf. auch neue Gesetze[49] und ausländisches Recht.[50] Ist der Fall in einem Rechtsgebiet angesiedelt, in dem der Anwalt sich nicht auskennt, hindert dies die Zurechnung etwaiger Rechtsirrtümer nicht.[51] In solchen Fällen kann es sich daher empfehlen, einen Spezialisten hinzuziehen.[52]

---

49 Vgl. BGH, NJW 1993, 332.
50 Vgl. BGH, NJW 1972, 1044.
51 Vgl. BGH, MDR 1971, 1704.
52 Vgl. BGH, MDR 1958, 496.

Dr. Per Hendrik Heerma
§ 49 Das Mandat für den Gesellschafter und/oder Vertretungs- organe gegen den Insolvenzverwalter

Literatur: *Gottwald, Peter,* Insolvenzrechtshandbuch, 4. Aufl. 2010; *Uhlenbruck, Wilhelm,* Insolvenzordnung, 13. Aufl. 2010.

I. Das Mandat für das Vertretungsorgan der Kapitalgesellschaft

1. Ausgangspunkt

Auch für den gestandenen Geschäftsleiter ist eine Insolvenz der Gesellschaft ein einschneiden- **1** des – zumal meist einmaliges – Ereignis, mit dem er nicht umzugehen gewohnt ist, und welches für ihn zahlreiche Fragen aufwirft. Kann mir der Insolvenzverwalter kündigen? Komme ich aus meinem Dienstvertrag heraus, wenn ich ein besseres Angebot habe? Bekomme ich meine Vergü- tung, meinen Dienstwagen weiter? Was ist mit meiner Lebensversicherung? Die letzten Gehälter vor Insolvenz habe ich nicht erhalten, bekomme ich Insolvenzgeld? Habe ich im Unternehmen überhaupt noch etwas zu sagen? Wie soll ich mich gegenüber dem Insolvenzverwalter verhal- ten? Werde ich in die Haftung genommen? Welche Rechte und Pflichten habe ich im Insolvenz- eröffnungsverfahren, welche im eröffneten Verfahren? Wer Vertretungsorgane juristischer Per- sonen beraten will, wird um die Beantwortung dieser Fragen kaum umhinkommen, auch wenn der Berater den Schwerpunkt seiner Tätigkeit woanders sehen mag.

Als Berater wird man auch die besondere psychologische Situation des Geschäftsführungs- **2** organs zu berücksichtigen haben. Nach der Stellung eines Insolvenzantrages geht es in der Regel Schlag auf Schlag. Das Gericht bestellt zur Sicherung des schuldnerischen Vermögens üblicherweise einen vorläufigen Insolvenzverwalter mit Zustimmungsvorbehalt (§ 21 Abs. 2 Nr. 2 Alt. 2 InsO), so dass jegliche Verfügung der Einwilligung oder Genehmigung des vorläufigen Insolvenzverwalters bedarf. Gelegentlich ordnet das Gericht schon zu Beginn des Verfahrens ein allgemeines Verfügungsverbot an mit der Folge, dass auf den vorläufigen Insolvenzverwalter die Verwaltungs- und Verfügungsbefugnis übergeht (§ 22 InsO). Dies kann auch nach Anregung durch den vorläufigen Insolvenzverwalter erfolgen. Die Gerichte werden in aller Regel der An- regung des – üblicherweise erfahrenen und dem Gericht als vertrauenswürdig bekannten – vor- läufigen Insolvenzverwalters folgen. Geschäftsleiter, die das Leiten gewohnt sind, lassen sich selber allerdings nur selten gerne leiten. Andererseits ist der (vorläufige) Insolvenzverwalter gezwungen, binnen kürzester Zeit das Ruder in die Hand zu bekommen, so dass er hierbei nicht selten zu recht plastischer „Pädagogik" greift. Dies bedeutet letztlich, dass das Geschäfts- führungsorgan entmachtet ist bzw. jederzeit entmachtet werden kann: Spätestens ist dies mit der Eröffnung des Insolvenzverfahrens der Fall. Eine Ausnahme bildet insoweit die durch die jüngste Reform der Insolvenzordnung[1] gestärkte Eigenverwaltung.

---

[1] Gesetz zur weiteren Erleichterung der Sanierung von Unternehmen (kurz „ESUG") vom 7.12.2011 (BGBl I, 2582).

2. Das Anstellungs- und das Organschaftsverhältnis

3 Das Insolvenzverfahren wird eröffnet über das Vermögen einer Gesellschaft (§§ 35 ff. InsO), nicht aber über die Gesellschaft selbst. Die Verfahrenseröffnung führt zwar zur Auflösung der Gesellschaft (§§ 60 Abs. 1 Nr. 4 GmbHG, 262 Abs. 1 Nr. 3 AktG, 101 GenG, 42 BGB; im Folgenden werden statt aller regelmäßig nur §§ des GmbHG genannt). Die Organstruktur der Gesellschaft ändert sich hierdurch hingegen nicht. Die Rechte der unverändert fortbestehenden Organe beschränken sich aufgrund der auf den Insolvenzverwalter übergegangenen Verwaltungs- und Verfügungsbefugnis allerdings auf den insolvenzfreien Bereich. Dies alles ist weitestgehend unstreitig in Rechtsprechung und Literatur. Was das allerdings im konkreten Fall bedeutet, ist in diesem Konkurrenzbereich zwischen Gesellschafts- und Insolvenzrecht dogmatisch schwierig und weitestgehend nicht ausgeurteilt.[2] Klar ist allerdings, und damit muss es an dieser Stelle sein Bewenden haben, dass die Organstellung, also das Geschäftsführer- oder Vorstandsamt fortbesteht. Dies gilt auch für den Aufsichtsrat.[3]

4   Nicht anders verhält es sich vom Grundsatz her mit dem vom Organschaftsverhältnis zu unterscheidenden Anstellungsverhältnis zwischen dem Organ und der Gesellschaft. Wie sich schon aus § 87 Abs. 3 AktG, aber auch aus der Systematik der Insolvenzordnung (§§ 108, 113 InsO) ergibt, bleibt das Anstellungsverhältnis, also der Dienstvertrag, von der Eröffnung des Insolvenzverfahrens, erst recht von der Insolvenzantragstellung, unberührt.[4] Der Insolvenzverwalter tritt nur in die Stellung als Dienstberechtigter ein mit der Folge, dass die arbeitsvertraglich geschuldeten Leistungen – so sie nachinsolvenzlich entstanden sind – ungeschmälert, also auch beispielsweise unter fortdauernder Zurverfügungstellung eines Dienstwagens, aus der Insolvenzmasse als Masseverbindlichkeit gem. § 55 Abs. 1 Nr. 2 InsO zu erfüllen sind.

5   Dieses fortbestehende Dienstverhältnis kann gem. § 113 InsO mit einer Höchstfrist von drei Monaten zum Monatsende gekündigt werden. Diese Kündigungsfrist verdrängt sämtliche Regelungen, die eine längere Kündigungsfrist vorsehen, und gilt für beide Vertragsparteien, also auch, was in der Praxis regelmäßig übersehen wird, zugunsten des Dienstverpflichteten. Eine für das Arbeitsverhältnis geltende vertragliche oder gesetzliche kürzere Kündigungsfrist bleibt unverändert in Geltung.

6   Da die vorgefundenen Insolvenzmassen nicht selten klein, die Bezüge des Geschäftsführers aber umso höher sind, könnte der (vorläufige) Insolvenzverwalter auf den Gedanken kommen, das Anstellungsverhältnis schneller, d.h. im Wege einer außerordentlichen fristlosen Kündigung zu beenden zu versuchen. Dies ist bei Vorliegen eines wichtigen Grundes, aber auch nur dann, möglich. Neben den auch außerhalb einer Krise bekannten Umständen, die eine außerordentliche Kündigung rechtfertigen könnten, kann namentlich auch eine schuldhafte Insolvenzverschleppung einen außerordentlichen Kündigungsgrund darstellen. Die Ausschlussfrist des § 626 Abs. 2 BGB beginnt nicht vor Beendigung des pflichtwidrigen Verhaltens.[5] Wie der Rat suchende Geschäftsführer auf eine solche fristlose Kündigung reagieren soll, hängt naturgemäß von den Umständen des Einzelfalls ab. Tendenziell wird er sich gegen die Kündigung zur Wehr setzen wollen. Selbst bei einer Absicht des Mandanten, eine neue Position anzutreten, wird er bestrebt sein, die zumindest bis zum Ablauf der unter Berücksichtigung des § 113 InsO gegebenen Kündigungsfrist entstehenden Vergütungsansprüche zu erhalten. Zudem wird dem Mandanten daran gelegen sein, den „Makel" der fristlosen Kündigung und des Insolvenzverschleppungsvorwurfes durch eine Klage gegen die Kündigung zu beseitigen. Aus prozessual-haftungsrechtlicher Sicht ist dies nicht zwingend, aber die Sorge vor einer faktischen Präjudizierung ist nicht abzutun.

---

2 Vgl. grundlegend: *Weber*, KTS, 1970, 73 ff.; übersichtlich: Müko-AktG/*Hüffer*, § 264 Rn 38 ff.
3 Vgl. OLG München, AG 1995, 232.
4 Vgl. OLG Brandenburg, NZI 2003, 324 ff.
5 Vgl. BGH, NZI 2005, 1415 ff.

Heerma

Kündigt der Insolvenzverwalter mit der Frist des § 113 InsO, kann der Dienstverpflichtete **7** als Insolvenzgläubiger (§ 38 InsO) den ihm entstandenen Verfrühungsschaden geltend machen, also den in der Zeit zwischen der tatsächlichen Beendigung des Anstellungsverhältnisses und dem frühesten regulären Beendigungstermin entgangenen Verdienst. Ob eine analoge Anwendung des § 87 Abs. 3 AktG und damit eine der Begrenzung dieses Anspruchs auf den Zeitraum von zwei Jahren ab dem Ende des Dienstverhältnisses, geboten ist, ist noch immer umstritten.[6]

Gesellschafter-Geschäftsführer oder mitarbeitende Gesellschafter einer GmbH gehören dann **8** zum berechtigten Personenkreis für den Bezug von Insolvenzgeld, wenn sie in einem abhängigen Beschäftigungsverhältnis zur Gesellschaft stehen. Ein solches abhängiges Beschäftigungsverhältnis liegt vor, wenn der Gesellschafter funktionsgerecht am Arbeitsprozess der Gesellschaft teilhat, für die Beschäftigung ein entsprechendes Arbeitsentgelt erhält und er keinen maßgeblichen Einfluss auf die Geschicke der Gesellschaft, insbesondere kraft der Beteiligung am Stammkapital geltend machen kann. Eine Beteiligung am Stammkapital ab 50% gilt als eine solche die Weisungsgebundenheit ausschließende Beteiligung. Bei einer darunter liegenden Beteiligungsquote ist auf die Umstände im Einzelfall anhand der vertraglichen Abreden und tatsächlichen Verhältnisse abzustellen. Vorstandsmitglieder einer Aktiengesellschaft haben eine unternehmerähnliche, unabhängige Stellung im Unternehmen und haben daher mangels Arbeitnehmereigenschaft keinen Anspruch auf Insolvenzgeld.

3. Schadensersatzansprüche gegen das Geschäftsführungsorgan

Die Verfolgung von Haftungsansprüchen gegen die Organe der Gesellschaft spielt in der Praxis **9** der Insolvenzverwaltung eine wachsende, inzwischen häufig zentrale Rolle. Dies dürfte darauf zurückzuführen sein, dass die vom Insolvenzverwalter vorgefundenen Vermögenswerte, die zur Gläubigerbefriedigung zur Verfügung stehen, aus verschiedenen Gründen immer weniger werden. Eine nennenswerte Quote kann damit oft überhaupt nur anhand derartiger Prozesse dargestellt werden. Darauf hat sich der Geschäftsleiter einzustellen, indem er einerseits seine Informationspolitik darauf ausrichtet – selbstverständlich unter Beachtung der Wahrheit und seiner Informationspflichten –, und anderseits frühzeitig Aufzeichnungen von wesentlichen Geschäftsvorfällen für seine eigenen Akten fertigt. Tut er dies nicht, wird er später, wenn der Streit virulent geworden ist, möglicherweise Schwierigkeiten haben, die Unterlagen einzusehen.

Die Haftungsansprüche unterscheiden sich mit Ausnahme des Anspruchs wegen verspäte- **10** ter bzw. unterlassener Insolvenzantragstellung nicht von denen außerhalb eines Insolvenzverfahrens. Die Unterschiede sind eher praktischer Natur.

Neben den Haftungsansprüchen des Insolvenzverwalters aus Insolvenzverschleppung kön- **11** nen auch Ansprüche der sog. Neugläubiger auf den Mandanten zukommen. Neugläubiger sind Gläubiger solcher Forderungen, die erst nach Eintritt der Insolvenzreife entstanden sind. Nach der Rechtsprechung des Bundesgerichtshofes[7] gewährt § 823 Abs. 2 BGB i.V.m. § 15a InsO diesen Neugläubigern gegen den insoweit schuldhaft pflichtwidrig handelnden Geschäftsführer einen Anspruch auf Ausgleich des vollen – nicht durch den „Quotenschaden" begrenzten – Schadens, der ihnen dadurch entsteht, dass sie in Rechtsbeziehungen zu einer überschuldeten oder zahlungsunfähigen GmbH getreten sind. Zur Verfolgung derartiger Ansprüche kommt es in der Praxis nicht sehr häufig, was auf das häufig vorliegende Informationsdefizit außenstehender Gläubiger zurückzuführen sein dürfte.

---

6 Vgl. Uhlenbruck/*Berscheid*, § 113 Rn 161.
7 Vgl. grundlegend dazu BGHZ 126, 181ff.

4. Rechte, Pflichten und Gestaltungsmöglichkeiten im Insolvenzverfahren

12 Nach dem Leitbild der Insolvenzordnung ist die Insolvenzschuldnerin nicht nur der Liquidations-"Dulder".[8] Vielmehr kann sie, wie stets handelnd durch ihr Geschäftsführungsorgan, wesentliche Weichenstellungen durch Beantragung der Eigenverwaltung (§ 270 Abs. 1 InsO) oder der Vorlage eines Insolvenzplans (§ 218 Abs. 1 InsO) verfolgen. Seit Einführung des § 270b InsO besteht zudem eine interessante Möglichkeit, beides miteinander zu verknüpfen und ein sog. „Schutzschirmverfahren" zur Vorbereitung eines Insolvenzplanes zu beantragen.[9] Darüber hinaus kann die Schuldnerin beispielsweise aber auch eine Unternehmensstilllegung (§ 158 Abs. 2 InsO) untersagen lassen, gegen besonders bedeutsame Rechtshandlungen des Insolvenzverwalters (§ 161 S. 2 InsO) oder eine Betriebsveräußerung unter Wert (§ 162 Abs. 1 InsO) vorgehen.[10]

13   Auf der anderen Seite treffen die Schuldnerin bzw. ihre Organe (§ 101 InsO) auch eine Reihe von Pflichten.[11] Nach § 97 Abs. 1 InsO ist der Schuldner verpflichtet, dem Insolvenzgericht, dem Insolvenzverwalter, dem Gläubigerausschuss und auf Anordnung des Gerichtes auch der Gläubigerversammlung über alle das Verfahren betreffenden Verhältnisse Auskunft zu geben. Allgemein besteht nach § 97 Abs. 2 InsO die Verpflichtung, den Verwalter bei der Erfüllung seiner Aufgaben zu unterstützen.

II. Das Mandat für den Gesellschafter

14 § 15a Abs. 3 InsO ordnet für den Fall der Führungslosigkeit einer Gesellschaft eine Insolvenzantragspflicht für die Gesellschafter respektive die Mitglieder des Aufsichtsrats an. Für die Frage, wann eine Gesellschaft führungslos ist, haben sich bislang im Wesentlichen zwei Interpretationen herausgebildet, eine enge und eine weite. Die erstgenannte Interpretation orientiert sich am Wortlaut des § 10 Abs. 2 InsO, wonach eine juristische Person führungslos ist, wenn sie keinen organschaftlichen Vertreter hat. Demgegenüber bezieht die weite Interpretation auch die Fälle ein, in denen die zuständigen Organe unbekannten Aufenthalts sind. Aufgrund des eindeutigen Wortlauts und des damit deutlich artikulierten gesetzgeberischen Willens erscheint dieses weite Verständnis der Führungslosigkeit allerdings kaum haltbar. Die Insolvenzantragspflicht entfällt nur dann, wenn der Gesellschafter bzw. Aufsichtsrat von der Insolvenzreife keine Kenntnis hat (vgl. § 15a Abs. 3 Hs. 2 InsO). Ihn trifft dafür die Beweislast.

15   In der Masse der Insolvenzverfahren spielen die Gesellschafter der Kapitalgesellschaft, und nur von dieser soll hier die Rede sein, keine Rolle. Ihr Anteil an der Gesellschaft ist zunächst jedenfalls wertlos geworden, da mit der Aussetzung eines Liquidationsüberschusses gem. § 199 InsO selten zu rechnen ist. Umso bedeutsamer ist für die Gesellschafter die Durchführung des Insolvenzplanverfahrens. Ein Insolvenzplan würde die Geschäftsanteile wieder werthaltig machen, so dass die Beratung von Gesellschaftern bei einem solchen Plan regelmäßig im besonderen Interesse steht. Da Gesellschafter häufig mitunternehmerisch tätig sind, besteht möglicherweise ein Interesse daran, den Geschäftsbetrieb in Gänze oder zumindest wesentliche Vermögenswerte aus der Insolvenzmasse heraus zu erwerben.

16   Die Gesellschafter geraten in das Blickfeld des Insolvenzverwalters, wenn es um die Geltendmachung von Ansprüchen geht. Ein „Dauerbrenner" sind insoweit Ansprüche auf Aufbringung des Haftkapitals. Auch wenn die Berater, namentlich die Steuerberater als erste Ansprech-

---

8 Vgl. Gottwald/*Klopp/Kluth*, Insolvenzrechtshandbuch, § 18 Rn 5.
9 Vgl. dazu unter § 45.
10 Eine Zusammenstellung der Antragsrechte des Schuldners findet sich bei Gottwald/*Klopp/Kluth*, *Insolvenzrechtshandbuch*, § 18 Rn 15.
11 Vgl. Gottwald/*Klopp/Kluth*, Insolvenzrechtshandbuch, § 18 Rn 6 ff.

partner der meisten Unternehmungen, wachsamer geworden sind, stellen sich die Kapitalaufbringungsvorgänge immer noch häufig als fehlerhaft dar. Da diese Ansprüche für einen erfahrenen Insolvenzverwalter schnell erkennbar sind und den Gesellschafter die Darlegungs- und Beweislast trifft, kommt es häufig zu einer Geltendmachung dieser Ansprüche in einem frühen Verfahrensstadium. In diesem Zusammenhang sind auch die Ansprüche gegen den Gesellschafter auf Rückgewähr von Gesellschafterdarlehen (§ 135 InsO) bzw. nach altem, zum Teil noch anzuwendendem Recht von eigenkapitalersetzenden Finanzierungshilfen zu nennen.

Dramatische Folgen für den Gesellschafter einer Kapitalgesellschaft kann der Vorwurf des **17** Insolvenzverwalters haben, der Gesellschafter habe einen sog. existenzvernichtenden Eingriff vorgenommen.[12] Träfe dies zu, entfiele im Ergebnis das Privileg der Haftungsbeschränkung auf das Gesellschaftsvermögen mit der Folge, dass der Gesellschafter persönlich unbeschränkt für sämtliche Verbindlichkeiten der Gesellschaft haftete.

---

12 Vgl. grundlegend: BGH, ZIP 2007, 1552 („Trihotel"); NZG 2008, 547 („GAMMA"); NZG 2009, 545 („Sanitary").

Dr. Per Hendrik Heerma

§ 50 Krise, Insolvenz und Strafrecht

Literatur: *Bittmann, Folker,* Dogmatik der Untreue, insbesondere des Vermögensnachteils, NStZ 2012, 57; *Brand/ Brand,* Die insolvenzrechtliche Führungslosigkeit und das Institut des faktischen Organs, NZI 2010, 712; Müller-Gugenberg/*Bieneck,* Wirtschaftsstrafrecht, 5. Aufl. 2011; *Schönke/Schröder,* Strafgesetzbuch: StGB, 28. Aufl. 2010; *Schürmann,* Aufsichtspflichtverletzungen im Spannungsfeld zwischen dem Strafrecht und dem Zivilrecht, 2005; *Weyand, Raimund,* Wichtige Entscheidungen zum Insolvenzstrafrecht aus den Jahren 2011/2012, ZInsO 2012, 770.

I. Einleitung

1 Das gesellschaftsrechtliche Mandat betrifft selbstverständlich auch die Aufklärung und Beratung der Mandantschaft über die umfassenden Pflichten bei der Beendigung bzw. Sanierung eines Unternehmens, sei es im Rahmen der insolvenznahen Beratung oder aber der Insolvenzverwaltung. Denn als möglicherweise letzte Phase im „Lebenslauf" eines Unternehmens ist auch sein „Ableben" beratungsrelevant. Dem Ableben eines Unternehmens geht zumeist eine Unternehmenskrise voraus. Dies hat sodann zur Folge, dass die Unternehmung im Krisenfall entweder beendet oder aber, falls im Idealfall realisierbar, einer Sanierung zugeführt wird.[1]

2   Mangelhafte Kapitalausstattung und häufig auch strategische Fehler der Unternehmensorgane machen die verschiedensten Unternehmenstypen krisenanfällig. Dies trifft aber in ganz besonderem Maße noch in der Gründungsphase befindliche junge Unternehmen. Das rechtspolitische Ziel der Insolvenzrechtsreform 1999 war daher die Verhütung von Unternehmenszusammenbrüchen durch Bewältigung der Krisen unter Minimalisierung der Schäden.[2] Sinn und Zweck des diesem Ziel dienenden Insolvenzrechts war und ist daher vor allem der Schutz der gegenwärtigen und zukünftigen Gläubiger insolventer Unternehmen sowie der gesamten Kreditwirtschaft vor Vermögens- und Funktionsschäden durch Verstöße gegen die in der Krisensituation häufig gezeigten Verhaltensregeln seitens der Unternehmer oder ihrer Hilfspersonen. Die Verhütung bzw. Behebung einer Krise sowie eine entsprechende Beratung verlangen daher umfangreiche Kenntnisse und Erfahrungen, um den richtigen Weg aus dieser Krise herauszufinden und diesen fehlerfrei zu beschreiten. Hierfür sind kritische Analysen sowie objektive und nüchterne Prognosen vonnöten, um über die Frage der Unternehmensbeendigung oder aber -fortführung entscheiden zu können. Neben diesen eher betriebswirtschaftlichen Anforderungen sind zahlreiche materiell- und verfahrensrechtliche Fragen von Bedeutung, die im Rahmen einer sachgerechten Beratung umfassende Berücksichtigung finden müssen.

3   Die vielfältigen Gestaltungsmöglichkeiten und diversen Prognoseentscheidungen in der Krise bergen aber nicht nur strategische Fehlerquellen in sich, sondern bieten in strafrechtlicher Hinsicht diverse Tatanreize und haben daher eine durchaus kriminogene Wirkung.[3] Der Unter-

---

1 Vgl. Müller-Gugenberger/*Bieneck,* Wirtschaftsstrafrecht, § 75 Rn 1.
2 Vgl. auch Schönke/Schröder/*Stree/Heine,* vor §§ 283 ff. StGB Rn 2.
3 Vgl. Schönke/Schröder/*Stree/Heine,* § 283 StGB Rn 4.

nehmer, der in eine wirtschaftliche Krise geraten ist, läuft daher leicht Gefahr, in objektiver Hinsicht die ihm obliegenden Pflichten nicht zu beachten. Subjektiv befindet er sich daneben oftmals in einer psychischen Ausnahmesituation, die ihn möglicherweise zu unüberlegten Handlungen veranlassen kann. Solche entlastenden Konsequenzen können aber nur denjenigen zugebilligt werden, deren Unternehmen unverschuldet in die Krise geraten sind. Wer Krise und Zusammenbruch hingegen vorsätzlich (mit) herbeiführt, um andere, insbesondere die Gläubiger, bewusst zu schädigen, muss als Wirtschaftsstraftäter mit durchaus harten Strafen rechnen.[4]

Daraus folgt für die insolvenznahe strafrechtliche Beratung, dass geschütztes Rechtsgut des **4** Insolvenzstrafrechts die Vermögensinteressen der Gläubiger des betroffenen Unternehmens sind, die ihrerseits auf eine möglichst hohe Befriedigung aus der noch vorhandenen Vermögensmasse gerichtet sind. Dem schließen sich unmittelbar die Interessen der Arbeitnehmer sowie als überindividuelles Rechtsgut mittelbar die Funktionsfähigkeit der gesamten Kreditwirtschaft an.[5]

II. Die Krise im strafrechtlichen Sinne

Ohne einen geschärften Blick für das Strafrecht sind eine solide insolvenznahe Krisenberatung **5** und Insolvenzverwaltung nicht mehr möglich.[6] Demzufolge ist es auch im Rahmen der umfassenden gesellschaftsrechtlichen Beratung unerlässlich, die immer enger werdenden strafrechtlichen Grenzen zu definieren und zu beachten, innerhalb derer eine Beratung noch risikofrei durchgeführt werden kann.[7] Um diesem Definitionsziel näher zu kommen, gilt es daher, zunächst die strafrechtlich relevanten „Grundpfeiler" einzuschlagen. Dies erfordert, dass man sich der Besonderheiten der **Krise im strafrechtlichen Sinne** bewusst wird.

Die **wirtschaftliche** Krise ist grundlegende Voraussetzung für die Insolvenzstraftaten.[8] Die **6** jeweilige strafbewehrte Handlung muss entweder während dieser wirtschaftlichen Krise vorgenommen werden, nämlich bei Überschuldung, bei drohender oder eingetretener Zahlungsunfähigkeit, oder seine Überschuldung bzw. seine Zahlungsunfähigkeit herbeiführen, die Krise also auslösen. Im strafrechtlichen Sinne genügt hierzu bereits eine Handlung nach dem wirtschaftlichen Zusammenbruch.[9] Die vorgenannten Krisenmerkmale beschreiben folglich einen besonders bedrohlichen Zustand für die in diesem Kontext geschützten Rechtsgüter (siehe explizit unter Rn 18).

Die Insolvenzordnung enthält Legaldefinitionen der Insolvenzgründe (§§ 17 Abs. 2, 18 **7** Abs. 2, 19 Abs. 2 InsO). Die Frage, ob und inwieweit diese Legaldefinitionen für die Auslegung der Krisenmerkmale der kernstrafrechtlichen Insolvenzdelikte verbindlich sind, wurde im Gesetzgebungsverfahren mit Ausnahme der „drohenden Zahlungsunfähigkeit" nicht behandelt, sie ist noch wenig geklärt. Teilweise wird von einer strikten Insolvenzrechtsakzessorietät ausgegangen.[10] Das Strafrecht schützt jedoch weder umfänglich das Insolvenzverfahren mit seinen sämtlichen Regelungseffekten noch sind die jeweiligen Funktionen der verwendeten Rechtsbegriffe identisch.[11] Insbesondere ist spezifisch strafrechtlichen Anforderungen Rechnung zu tragen, so dass allenfalls von einer **funktionalen Akzessorietät** gesprochen werden kann.[12]

---

4 Siehe hierzu *Schürmann*, Aufsichtspflichtverletzungen, S. 65 f.
5 *Schürmann*, Aufsichtspflichtverletzungen, S. 66.
6 Zur zivilrechtlichen Haftung des rechtsanwaltlichen Insolvenzverwalters umfassend *Pape*, ZInsO 2005, 953.
7 Vgl. *Wessing*, NZI 2003, 1, 12.
8 *Beck/Depré*, Praxis der Insolvenz, 2. Aufl. 2010, § 37 Rn 5.
9 Siehe hierzu Schönke/Schröder/*Stree/Heine*, § 283 StGB Rn 50.
10 *Bieneck*, StV 1999, 43; vgl. auch *Höppner*, BB 1999, 253.
11 Schönke/Schröder/*Stree/Heine*, § 283 StGB Rn 50 a.
12 Schönke/Schröder/*Stree/Heine*, § 283 StGB Rn 50 a.

8   **Überschuldung** im Sinne des Kernstrafrechts liegt vor, wenn das Vermögen die Schulden des jeweiligen Unternehmens nicht mehr deckt. Die Feststellung der Überschuldung richtet sich aber nicht nach den Bilanzierungsvorschriften. Um die „wahren" Werte und Verbindlichkeiten zu ermitteln, bedarf es vielmehr eines so genannten Überschuldungsstatus. Für die Passivseite sind allein die echten Verbindlichkeiten maßgebend, also alle gegenwärtigen, im Falle der Eröffnung des Insolvenzverfahrens aus der Masse zu begleichenden Schulden, wozu auch nicht fällige und gestundete Verbindlichkeiten gehören. Auf der Aktivseite sind im Überschuldungsstatus zwingend stille Reserven und immaterielle Güter zu berücksichtigen. Seit Inkrafttreten des Finanzmarktstabilisierungsgesetzes am 18.10.2008 liegt eine Überschuldung im insolvenzrechtlichen Sinne nur dann vor, wenn auf Basis von Liquidationswerten eine rechnerische Überschuldung gegeben ist und keine positive Fortführungsprognose besteht. Allein an der gesetzgeberischen Grundsatzentscheidung hat sich auch die strafrechtliche Begriffsbildung auszurichten.[13]

9   Da das Merkmal der Überschuldung mit zum Teil erheblichen Bewertungsunsicherheiten behaftet ist, lässt sich, soll das für das Strafrecht besonders relevante Bestimmtheitsgebot des Art. 103 Abs. 2 GG gewahrt bleiben, von einer Überschuldung nur ausgehen, wenn alle anerkannten Beurteilungsmaßstäbe zum Ergebnis der Überschuldung führen.

10   **Zahlungsunfähig** ist nach bislang überwiegender Ansicht, wer mangels erforderlicher Mittel voraussichtlich andauernd außerstande ist, seine fälligen Geldschulden zu begleichen, zumindest einen wesentlichen Teil. Zu berücksichtigen waren bisher nur die Verbindlichkeiten, die von Gläubigern ernsthaft eingefordert wurden. Mit der Regelung in § 17 Abs. 2 S. 1 InsO will der Gesetzgeber durch den Verzicht auf die früheren Merkmale der Dauerhaftigkeit, Wesentlichkeit und ernstlichen Einforderung[14] insbesondere eine frühzeitigere Eröffnung des Insolvenzverfahrens garantieren.

11   An diese insolvenzrechtliche Extension ist die strafrechtliche Begriffsbildung nicht strikt gebunden, allein schon deshalb nicht, weil das Merkmal der Zahlungsunfähigkeit hier nicht das Insolvenzverfahren auslöst, sondern die Pflichten des Schuldners verschärft. Deshalb sind auch die bisherigen Beurteilungskriterien nach wie vor bedeutsam, dies auch deshalb, weil jedenfalls „geringfügige" Liquiditätslücken für § 17 Abs. 2 S. 1 InsO nicht genügen und auch keine absolute Zeitpunktilliquidität gelten sollte. Von einer nur geringfügigen Liquiditätslücke ist nicht mehr auszugehen, wenn der Schuldner nicht in der Lage ist, zehn Prozent oder mehr seiner fälligen Gesamtverbindlichkeiten zu begleichen.[15] Beim Bemessungszeitraum ist nach wie vor von Relevanz, dass aus der Sicht ex ante die Tendenz bestanden haben muss, dass die Liquiditätslage zumindest gleichbleibend schlecht erscheint. Andererseits reicht die bloße Zahlungsstockung aufgrund eines vorübergehenden Mangels an flüssigen Mitteln nicht aus. Von einer Zahlungsstockung ist auszugehen, wenn der Zeitraum nicht überschritten wird, den eine kreditwürdige Person benötigt, um sich die erforderlichen Mittel zu leihen.[16] Bloße Zahlungsunwilligkeit genügt in strafrechtlicher Hinsicht keinesfalls.[17]

12   Es bleibt festzuhalten, dass Zahlungsunfähigkeit nicht unbedingt Überschuldung voraussetzt. Sie kann trotz Überwiegens der Aktivposten vorliegen, wenn diese für unabsehbare Zeit zur Begleichung der Schulden nicht herangezogen werden können. Umgekehrt kann jemand auch überschuldet sein, ohne dass er zahlungsunfähig ist.[18]

---

13 Vgl. Schönke/Schröder/*Stree/Heine*, § 283 StGB Rn 51.
14 Einschränkend insoweit jedoch BGH, NZI 2007, 579; BGH, NZI 2008, 231.
15 BGHZ 163, 134.
16 BGHZ 163, 134 (der BGH geht dafür von einem Zeitraum von drei Wochen aus).
17 Anders verhält sich dies jedoch bei der Zahlungseinstellung i.S.d. § 283 Abs. 6 StGB, vgl. hierzu *Lackner/Kühl*, § 283 StGB Rn 27.
18 Schönke/Schröder/*Stree/Heine*, § 283 StGB Rn 52.

Zahlungsunfähigkeit droht, wenn die konkrete Gefahr ihres Eintritts besteht, ihr alsbaldi- **13** ger Eintritt somit nach den Umständen des Einzelfalles wahrscheinlich ist. Vergleichbar stellt die Vorschrift des § 18 Abs. 2 InsO in Erwartung „größerer Klarheit" auch für das Insolvenzstrafrecht darauf ab, ob der Schuldner „voraussichtlich nicht in der Lage sein wird, die bestehenden Zahlungspflichten im Zeitpunkt der Fälligkeit zu erfüllen". § 18 Abs. 2 InsO hat die problematische Konsequenz, dass der allein antragsberechtigte Schuldner mit dem Insolvenzantrag zugleich die objektive Bedingung der Strafbarkeit nach § 283 Abs. 6 StGB auslöst.[19]

Soweit die strafrechtlich relevanten Handlungen nicht während der Krisenzeit begangen **14** werden, sind sie nur tatbestandsmäßig, wenn sie für den Eintritt der Überschuldung oder der Zahlungsunfähigkeit **kausal** geworden sind, die Krise also Folge der entsprechenden Bankrotthandlung war. Dieser Kausalzusammenhang muss definitiv feststehen, die bloße Möglichkeit oder Wahrscheinlichkeit reicht nicht aus.

Die Krise im strafrechtlichen Sinne ist Voraussetzung für die Bankrotthandlungen. Auf diese **15** Weise erhalten die Bankrotthandlungen eine schon als solche strafwürdige Unrechtmaterie. Die Krise wird in § 283 Abs. 1 StGB in der Weise beschrieben, dass der Täter entweder bei Überschuldung oder bei eingetretener oder drohender Zahlungsunfähigkeit gehandelt haben muss. Ob die Legaldefinitionen der InsO für die Auslegung der kernstrafrechtlichen Insolvenzdelikte bindend sind oder ob ein eigenständiger strafrechtlicher Krisenbegriff fortbesteht und erforderlich ist, ist nach wie vor strittig. Im Wege einer praxisorientierten Problemlösung wird man jedoch von einer solchen Zivilrechtsakzessorietät des Insolvenzstrafrechts auszugehen haben.[20]

III. Die Insolvenzdelikte des Kernstrafrechts (§§ 263, 266, 283 ff. StGB)

1. Grundsätzliches

Die Vorschriften über Konkursstraftaten waren seit 1879 aus dem Strafgesetzbuch ausgelagert **16** und der KO zugewiesen. Unter wesentlicher Änderung sind sie sodann 1976 durch das erste WiKG wieder in das StGB eingefügt worden. Mit Ausnahme des § 283 StGB, der die Verletzung der Buchführungspflicht sanktioniert, erfassen sie bestimmte wirtschaftlich verantwortungslose bzw. konkursträchtige und damit pflichtwidrige Verhaltensweisen in einer wirtschaftlichen Krisensituation, in die ein am Wirtschaftsverkehr Beteiligter geraten ist, sowie die Herbeiführung einer solchen Krisensituation durch pflichtwidriges Verhalten. Zusätzliches Erfordernis für die Strafbarkeit ist dabei in allen Fällen die Zahlungseinstellung, die Eröffnung eines Insolvenzverfahrens oder die Abweisung des Eröffnungsantrags mangels Masse. Es handelt sich insoweit jedoch nicht um ein so genanntes unrechtsrelevantes Tatbestandsmerkmal, sondern um eine objektive Bedingung der Strafbarkeit.[21]

Mit der Einführung der Insolvenzordnung erfolgte ab dem 1.1.1999 eine Umstellung von den **17** Konkursstraftaten auf die Insolvenzstraftaten. Konkurs- und Vergleichsordnung sowie die Gesamtvollstreckungsordnung wurden aufgehoben. Die an ihre Stelle tretende InsO vereinheitlichte bekanntlich das bisher auf Konkurs und Vergleich verteilte Insolvenzrecht. Die Insolvenzrechtsreform hatte daher auch Rückwirkungen für das Insolvenzstrafrecht.[22] Allgemein ist das Insolvenzverfahren nun schneller und leichter zu eröffnen als das bisherige Konkursverfahren, vor allem weil der Begriff der Zahlungsunfähigkeit als Grund für die Eröffnung des Insolvenzverfahrens ausgeweitet worden ist (§ 18 Abs. 1 InsO). Daher kann auch die objektive Strafbarkeits-

---

19 Vgl. Müller-Gugenberger/*Bieneck*, Wirtschaftsstrafrecht, § 76 Rn 1 ff., 61 ff.
20 Vgl. Müller-Gugenberger/*Bieneck*, Wirtschaftsstrafrecht, § 75 Rn 48 ff. m.w.N.
21 Vgl. hierzu insgesamt Schönke/Schröder/*Stree/Heine*, vor §§ 283 ff. StGB Rn 1.
22 Siehe hierzu Müller-Gugenberger/*Bieneck*, Wirtschaftsstrafrecht, § 75 Rn 59 ff.

bedingung des § 283 Abs. 6 StGB zeitlich früher als noch unter Geltung der Konkursordnung eintreten.

2. Rechtsgut und Deliktscharakter

18 Der Zweck der insolvenzrechtlichen Vorschriften des Kernstrafrechts ist durchaus komplexer Art und je nach Verbotsnorm unterschiedlich stark akzentuiert. Allgemein zielt er darauf ab, das Interesse der Gläubiger an einer Befriedigung ihrer geldwerten Ansprüche zu schützen. Die durch die Einführung der InsO gestärkten Gestaltungsinteressen der Gläubiger sind Teil der geschützten Befriedungsinteressen. Im Schutz der Vermögensinteressen der Gläubiger erschöpft sich allerdings der Zweck der Strafbestimmungen nicht. Sie dienen zugleich – auch im Hinblick auf ihre verfassungsrechtliche Legitimation – dem Schutz überindividueller Interessen, wie z.B. dem Schutz der Gesamtwirtschaft, die in der Regel durch Insolvenzstraftaten stark tangiert ist.

19 Eine endgültige Sanktion bzw. Verurteilung gemäß den §§ 283 bis 283d StGB hat zur Folge, dass der Verurteilte auf Dauer von fünf Jahren seit Rechtskraft des Urteils weder Geschäftsführer einer GmbH noch Mitglied des Vorstands einer AG sein kann (§ 6 Abs. 2 S. 2 Nr. 3 lit. b GmbHG, § 76 Abs. 3 S. 2 Nr. 3 lit. b AktG). In diese Frist wird die Zeit einer behördlich angeordneten Verwahrung des Verurteilten in einer Anstalt, namentlich also Verbüßung einer Freiheitsstrafe, **nicht** eingerechnet. Sofern es sich um ein Insolvenzverfahren über das Vermögen einer natürlichen Person handelt, ist im Falle einer Verurteilung aufgrund der §§ 283 bis 283c StGB die Erteilung der Restschuldbefreiung gemäß § 290 Abs. 1 Nr. 1 InsO ausgeschlossen.

3. Die einzelnen Delikte

20 Bei den einzelnen Insolvenzdelikten des Kernstrafrechts handelt es sich um nachfolgende:[23]
- § 263 StGB – Betrug: In der Krise einer Gesellschaft kommt insbesondere eine Strafbarkeit des Handelnden nach § 263 StGB – Betrug – in Betracht und zwar in der Variante des sogenannten Eingehungsbetruges: Ein Organ einer Kapitalgesellschaft oder ein Unternehmer, der in Kenntnis des Umstandes, dass er eine neu einzugehende Verbindlichkeit nicht wird bezahlen können, trotzdem die Gegenleistung (z.B. eine Warenlieferung) entgegennimmt, macht sich unter Vorliegen der übrigen Voraussetzungen regelmäßig gemäß § 263 StGB strafbar.
- § 266 StGB – Untreue: Die Strafbarkeit wegen Untreue in der Krise sorgt seit Jahren für erhebliche Diskussionen in Wissenschaft und Praxis.[24] Exemplarisch sei auf die Haftung des Banksachbearbeiters wegen pflichtwidriger Kreditvergabe hingewiesen. Wiederholt hat die Rechtsprechung eine besondere Informations- und Prüfungspflicht bei erkannter existenzieller Gefährdung des Kreditnehmers (z.B. bei erkennbarer Illiquidität oder einer existenziellen Gefährdung der Firmengruppe) angenommen. Auch bei Zweifeln hinsichtlich der Zuverlässigkeit der weiteren Entscheidungsträger sowie der Verlässlichkeit der von diesen vorgelegten Informationen sind ebenso eigene Nachprüfungen geboten wie im Falle von Unstimmigkeiten in vorgelegten Unterlagen. Auch die Haftung von Aufsichtsratmitgliedern[25] war Gegenstand höchstrichterlicher Rechtsprechung: Ein Verwalter fremden Vermö-

---

23 Neben den klassischen Insolvenzstraftaten kommen typischerweise folgende Begleitdelikte in Betracht: Vorenthaltung von Sozialversicherungsbeiträgen (§ 266a StGB), Urkundenfälschung (§ 267 StGB), Unterschlagung (§ 246 StGB) und Steuerhinterziehung (§ 370 AO), dazu *Depré*, Anwaltspraxis im Insolvenzrecht, § 4 Rn 34 ff.
24 Instruktiv: *Bittmann*, NStZ 2012, 57.
25 Vgl. BGH, NJW 2006, 522 (Mannesmann); besonderes Augenmerk wird aus Beratersicht zusätzlich auf die Auswirkungen der BGH-Rechtsprechung zur (verschärften) zivilrechtlichen Haftung der Mitglieder des Aufsichtsrates (vgl. BGH, NZI 2010, 913; BGH, NZI 2009, 490) auf das Strafrecht zu richten sein.

gens, der eine Maßnahme in Kenntnis seiner Vermögensführsorgepflicht getroffen hat, die dem Inhaber des betreuten Vermögens keinen Vorteil bringen kann und deshalb einen sicheren Vermögensverlust bedeutet, handelt demnach pflichtwidrig.

Seit dem 1.12.2005 wurde durch das Gesetz zur **Unternehmensintegrität** und Modernisierung des Anfechtungsrechtes (UMAG) der § 93 Abs. 1 AktG neu gefasst. Eine Pflichtverletzung liegt demnach nicht vor, wenn das Vorstandmitglied bei einer unternehmerischen Entscheidung vernünftigerweise annehmen durfte, auf der Grundlage angemessener Informationen zum Wohle der Gesellschaft zu handeln. Damit wurde das zuvor nicht kodifizierte Prinzip, wonach ein Eigentümer eines Unternehmens neben den Nutzen und Lasten auch die Chancen und Risiken trägt, zumindest fürs Aktienrecht geregelt.

Nach Ansicht des Bundesgerichtshofs handelt jedoch ein Vorstand dann pflichtwidrig, wenn die Bereitschaft, ein unternehmerisches Risiko einzugehen, in unverantwortlicher Weise überspannt wird. Ferner darf nicht die Existenz der Gesellschaft aufs Spiel gesetzt werden oder eine Leistung ohne Sicherheit erbracht werden. Die Entscheidung muss ferner frei von Interessenskonflikten und auf der Basis angemessener Informationen erfolgen.

Von besonderer Praxisrelevanz ist ferner ein Vermögenstransfer innerhalb einer Unternehmensgruppe in dem häufig angewandten Cash-Management-System. Nach Ansicht der Rechtsprechung kann sich eine Vermögensbetreuungspflicht der Muttergesellschaft ergeben, die die wirtschaftlichen Eigeninteressen ihrer Tochtergesellschaft bzw. deren Gläubiger wahren muss. Eine solche Pflicht der Konzernmutter wird der handelnden Person nach § 14 Abs. 1 StGB zugerechnet.

Aufmerksam wird ferner die Entwicklung im Bereich der Betriebsaufspaltung bzw. im Zusammenhang mit dem sogenannten „existenzvernichtenden Eingriff" zu beobachten sein.[26] Die Rechtsprechung sieht eine Strafbarkeit wegen existenzvernichtendem Eingriff gemäß § 266 Abs. 1 Var. 2 StGB i.V.m. § 64 S. 1, 3 GmbHG, auch nach Abschaffung des Eigenkapitalersatzrechtes nach dem Gesetz zur Modernisierung des GmbH-Rechts und zur Bekämpfung von Missbräuchen (MoMiG), wenn ein Eingriff für den Geschäftsführer erkennbar zur Zahlungsunfähigkeit der Gesellschaft führt bzw. diese vertieft. Eine „Unrechtskontinuität" besteht ferner, wenn der Eingriff die Insolvenzreife bewirkt oder eine Zahlungsunfähigkeit vertieft.

– § 283 StGB – Bankrott: Dieser umfasst sämtliche Bankrotthandlungen, die während der Krise begangen werden. Es handelt sich um ein Vorsatzdelikt sowohl hinsichtlich der Tathandlungen als auch der Krisensituation. § 283 Abs. 2 StGB sanktioniert die Herbeiführung der Krise durch die Bankrotthandlungen, wobei auch hier doppelter Vorsatz Voraussetzung ist. Es handelt sich rechtshistorisch gesehen um den Grundtatbestand des Insolvenzstrafrechts überhaupt.

– § 283a StGB – Besonders schwerer Fall des Bankrotts: Dieser stellt eine Qualifizierung der Tatbestände des § 283 StGB dar, die durch Regelbeispiele verdeutlicht und mit einem höheren Strafrahmen ausgestattet sind.

– § 283b StGB – Verletzung der Buchführungspflicht: Dieser Tatbestand erfasst Buchführungs- und Bilanzverstöße, bei denen im Gegensatz zu § 283 StGB die Krise einmal nicht vorausgesetzt wird.

– § 283c StGB – Gläubigerbegünstigung: Diese Norm ist eine Privilegierung der Vermögensverschiebung nach § 283 Abs. 1 Nr. 1 StGB mit niedrigerem Strafrahmen. Strafbar ist demnach die nach Eintritt der Zahlungsunfähigkeit vorgenommene Sicherung oder Befriedigung einzelner Gläubiger des Unternehmers zum Nachteil der übrigen, soweit sie zivilrechtlich

---

26 Vgl. OLG Stuttgart, ZIP 2009, 1864.

jedenfalls nicht so geschuldet ist. Die Vorschrift erfasst somit Eingriffe in die Gleichmäßig-
keit der insgesamt ungeschmälert gebliebenen, da letztlich von einer Verbindlichkeit
entlasteten Masse. Die Krisensituation ist hier auf den Fall der Zahlungsunfähigkeit beschränkt.[27]

- § 283d StGB – Schuldnerbegünstigung: Dieser Tatbestand wendet sich gegen täterschaft-
liche Eingriffe Dritter in den Gesamtbestand der Masse, wobei auch hier eine besonders
definierte Krisensituation Voraussetzung ist.[28]

IV. Die Insolvenzdelikte des Nebenstrafrechts

21 Auch das Nebenstrafrecht enthält zahlreiche Straftatbestände, die den gesellschaftsrechtlich
relevanten Zeitraum von Krise und Insolvenz betreffen.[29]

22 Hier ist vor allem die Insolvenzverschleppung zu nennen.[30] Wer seine unternehmerische Tätigkeit in der Rechtsform einer Kapitalgesellschaft ausübt, genießt den wesentlichen Vorteil der
Haftungsbeschränkung auf das Gesellschaftskapital. Mit dieser Haftungsprivilegierung korrespondiert eine erhöhte Verlustgefahr für die Gläubiger des Unternehmens bzw. der Gesellschaft
und damit zugleich für das Funktionieren der Wirtschaftsordnung im Allgemeinen überhaupt,
der durch besondere gesetzliche Schutzvorschriften begegnet werden soll.[31]

23 Hierzu gehören die Straftatbestände der Verletzung der Insolvenzantragspflicht, die rechtsformunabhängig in § 15a InsO geregelt ist (früher: für die GmbH: §§ 64, 84 Abs. 1 S. 2, Abs. 2
GmbHG; für die GmbH & Co. KG: §§ 130b, 177a HGB; für die AG: § 401 AktG; für die eingetragene
Genossenschaft: § 148 GenG) und neben den Organen einer Gesellschaft im Falle der Führungslosigkeit[32] auch deren Aufsichtsrat bzw. Gesellschafter treffen kann. Trotz dieser und anderer
Vorkehrungen des Gesetzgebers ist die wirtschaftskriminelle Deliktshäufigkeit bei der GmbH
und auch bei der GmbH & Co. KG besonders hoch.

24 Daher haben auch die Vorschriften des Bilanzrichtliniengesetzes zur Rechnungslegung,
§§ 264 ff. HGB, für eine größere Transparenz der geschäftlichen Verhältnisse der GmbH, insbesondere der mittleren und oberen Größenklasse, nachhaltig zu sorgen.

25 Die unter dem Sammelbegriff der Insolvenzverschleppung bezeichneten Verstöße gegen die
strafbewehrten Insolvenzantragspflichten gehören nach der heute herrschenden Sanktionspra-
xis der Gerichte in den Bereich der mittleren bis unteren Kriminalität. In aller Regel werden bei
Ersttätern daher Geldstrafen oder kurze Freiheitsstrafen verhängt. Die besondere und überragende Bedeutung der Insolvenzverschleppung liegt in ihrem Charakter als Auffangtatbestand
für nicht näher beweisbare Betrugs- und Insolvenzstraftaten bei der GmbH & Co. KG begründet,
wodurch sich die hohe Zahl der Verurteilungen in diesem Bereich erklären lässt.[33] Als abstraktes
Gefährdungsdelikt ist die Insolvenzverschleppung in die Gruppe der Vorfelddelikte zur Bekämpfung von Vermögensdelikten zum Nachteil vorhandener und potentieller Gesellschaftsgläubiger, aber auch der Arbeitnehmer der Gesellschaft sowie der Gesellschafter selbst einzuordnen.

---

27 Müller-Gugenberger/*Bieneck*, Wirtschaftsstrafrecht, § 79.
28 Siehe hierzu die Ausführungen bei Schönke/Schröder/*Stree*/*Heine*, §§ 283 ff. StGB m.w.N.; ferner Müller-
Gugenberger/*Bieneck*, Wirtschaftsstrafrecht, § 81.
29 Siehe allgemein Müller-Gugenberger/*Bieneck*, Wirtschaftsstrafrecht, § 82 zu den Buchführungs- und
Bilanzdelikten sowie § 84 zur Insolvenzverschleppung.
30 Siehe hierzu in zivilrechtlicher Hinsicht grundlegend BGHZ 126, 181; ferner zur zivilrechtlichen Haftung wegen
Beihilfe zur Insolvenzverschleppung BGH, NJW 2005, 1734.
31 Müller-Gugenberger/*Richter*, Wirtschaftsstrafrecht, § 84 Rn 1.
32 Vgl. dazu: *Brand*/*Brand*, NZI 2010, 712.
33 Vgl. nochmals zur Situation im Zivilrecht BGHZ 126, 181; BGH, NJW 2005, 1734.

Heerma

Neben den bereits im StGB kodifizierten Bilanzdelikten, die eingangs angesprochen wur- 26
den, wird abschließend auf weitere im Gesellschaftsrecht normierte Bilanzdelikte bei Kapitalgesellschaften hingewiesen (§§ 331 HGB, 400 AktG, 147 GenG). Bei ihnen ist die Strafbarkeit falscher Darstellungen im Jahresabschluss etc. nicht vom Eintritt einer Strafbarkeitsbedingung oder aber einer Krise abhängig.[34]

V. Täterschaft und Teilnahme

Die Kenntnis der strafrechtlichen Grundkonzeption von Täterschaft und Teilnahme sowie der 27
Maßstäbe, welche die Rechtsprechung zur Ein- und Abgrenzung dieser Beteiligungsformen in der Regel heranzieht, ist für den insolvenznahen Berater und auch den Insolvenzverwalter unerlässlich, um die Begehung strafbarer Handlungen von vorneherein zu vermeiden.

Grundsätzlich kann jede natürliche Person sowohl Täter als auch Teilnehmer im Sinne der 28
§§ 25 ff. StGB sein. Im Sektor der insolvenznahen Krisenberatung ist gleichwohl die Gefahr, Teilnehmer an Delikten des Haupttäters bzw. des Unternehmers zu werden, ungleich größer als diejenige, selbst Täter zu werden. Denn Täter wird in der Regel nur der, der die Interessen des Beraters zu sehr mit denen des Beratenen vermengt. Eigene, Strafbarkeit begründende Pflichtenstellungen können dem Berater kraft Gesetzes, durch rechtlichen Übertragungsakt oder aber auch faktisch anwachsen. Wesentliche Kardinalnorm für die Begründung einer Täterstellung in diesem Bereich ist § 14 Abs. 2 StGB, wonach die Übertragung von Leitungs- und Verantwortungsfunktionen durch den Geschäftsherrn auf Dritte auch dessen strafrechtliche Verantwortlichkeit mit überträgt.[35]

Die bei Beratern hauptsächlich anzutreffende Begehungsform ist daher nicht die eigene Tä- 29
terschaft, sondern die Teilnahme an einer fremden Tat, demnach Anstiftung (§ 26 StGB) oder Beihilfe (§ 27 StGB). Bei beiden Beteiligungsformen kommt es nicht mehr auf die persönlichen strafbegründenden Merkmale an, die grundsätzlich nur in der Person des Täters vorliegen müssen. Insbesondere die Fallgruppe der psychischen Beihilfe bildet in der Praxis ein erhebliches Risiko. Psychische Beihilfe leistet, wer z.B. als Berater den insolvenzverschleppenden Täter in seinem Tatentschluss stärkt, indem er „ihm den Rücken freihält".[36]

Die Gefahr der strafrechtlich relevanten Teilnahmeproblematik macht es für den insolvenz- 30
nahen Berater wesentlich, sämtliche Straftatbestände zu kennen, die von den Schuldnern in Zeiten der Krise des Unternehmens immer wieder begangen werden bzw. potentiell begangen werden können. Erkennt der Berater eine solche delinquente Verhaltensweise, sollte er möglichst schnell auf größtmögliche Distanz zu derartigen Handlungen gehen. Lässt sich der insolvenznahe Berater hingegen auf ein zu wenig distanziertes Verhältnis zum Unternehmer/Schuldner ein, so muss er in strafrechtlicher Hinsicht befürchten, dass ihm ein gemeinsames Handeln in welcher Form auch immer mit dem Haupttäter vorgeworfen wird. Der Rat zu Gestaltungsmöglichkeiten am Rande des Zulässigen sollte daher stets unmissverständlich und zudem hinreichend dokumentiert sein.[37]

Auch wenn somit – wie eingangs bereits ausgeführt – im Wirtschaftsstrafrecht/Insolvenz- 31
strafrecht durch die so genannten Sonderdelikte strukturbedingt der mögliche Kreis der Täter bereits eng umfasst ist, so befindet sich der krisennahe Berater gleichwohl nicht außerhalb jeglichen strafrechtlichen Verantwortungsbereichs. Vielmehr kann er als Anstifter oder Gehilfe zur Tat des Haupttäters zur Verantwortung gezogen werden.

---

34 Vgl. hierzu im Einzelnen *Tiedemann*, HWiStR „Bilanzstrafrecht".
35 Vgl. Müller-Gugenberger/*Bieneck*, Wirtschaftsstrafrecht, § 77 Rn 6 ff.
36 *Bittmannn/Ferner*, Insolvenzstrafrecht, § 4 Rn 32.
37 *Wessing*, NZI 2003, 1, 4.

32   Aber nicht nur die Teilnahme an einer fremden Tat kann strafbarkeitsbegründend sein, insbesondere eine intensive Einbindung des Beraters oder Ratgebers in eine umfangreiche und langandauernde Sanierungsphase kann weitere Gefahrenfelder offen legen. Vor allem solche Fälle machen es mehr als häufig notwendig, dass dem Sanierer eigene Handlungsmöglichkeiten zustehen müssen, wenn er wirkungsvoll handeln soll. Mit diesen Rechten gehen aber selbstverständlich auch strafrechtlich sanktionierte Pflichten einher.

33   Dies betrifft vor allem eine eigene Täterschaft durch Übernahme spezifischer Pflichten (§§ 14 StGB, 9 OWiG), ferner den Ordnungswidrigkeitentatbestand der Aufsichtspflichtverletzung (§ 130 OWiG) sowie eine „normale" unmittelbare Täterschaft. Eine solche kommt außer in den bekannten „Unternehmensbestatterfällen" jedoch eher selten vor. Übersehen werden kann aber leicht, dass bereits durch Beginn der Beratung Pflichtenstellungen begründet werden, deren Verletzung in die Strafbarkeit mündet. In Betracht kommt hier insbesondere die Untreue als zentraler Tatbestand des Wirtschaftsstrafrechts im Bereich des Kernstrafrechts.

34   Abschließend und zusammenfassend bleibt festzuhalten, dass ohne einen soliden Blick auf das Strafrecht eine verantwortungsvolle Krisenberatung heutzutage nicht mehr möglich ist. Zum Schutz des Beratenen und mindestens genauso zum eigenen Schutz müssen die stets enger werdenden Grenzen definiert und beachtet werden, innerhalb derer die Beratung strafrechtlich risikofrei durchgeführt werden kann. Der deutliche Abstand zu fragwürdigen Grenzgestaltungen und die klare Distanzierung gegenüber absurden Wünschen der Beratenen sind mehr als notwendig. Hinzu kommt, dass die heutigen Möglichkeiten und Fähigkeiten der Ermittlungsbehörden in Zusammenwirkung mit deren Bereitschaft, schwierige wirtschaftliche Felder zu betreten, dazu motivieren sollten, die möglichen strafrechtlichen Konsequenzen jederzeit und allumfassend fest im Blick zu behalten.

Kapitel 10 Das gesellschaftsrechtliche Mandat bei grenzüberschreitenden Sachverhalten

Dr. Franz Tepper, LL.M

§ 51 Deutsches Kollisionsrecht

Literatur: *Behme*, Verwaltungssitzverlegung deutscher Kapitalgesellschaften ins Ausland: Behandlung von Altfällen nach MoMiG und Cartesio, BB 2010, 1679; *Brocker*, Die grenzüberschreitende Verschmelzung von Kapitalgesellschaften, BB 2010, 971; *Blumenberg/Schäfer*, Das SEStG, Steuer- und gesellschaftsrechtliche Erläuterungen und Gestaltungshinweise, 2007; *Dötsch/Patt/Pung/Möhlenbrock*, Umwandlungssteuerrecht, 7. Aufl. 2012; *Ege/Klett*, Praxisfragen bei grenzüberschreitenden Verschmelzungen im Konzern, GWR 2011, 752; *Eidenmüller*, Ausländische Kapitalgesellschaften im deutschen Recht, 2004; *Frotscher*, Grenzüberschreitende Organschaft – wo stehen wir?, IStR 2011, 697; *Henssler/Strohn*, Gesellschaftsrecht, 1. Aufl. 2011; *Horn*, Deutsches und Europäisches Gesellschaftsrecht und die Niederlassungsfreiheit, NJW 2004, 894; *Hübler*, Aktuelles internationales und ausländisches Insolvenzrecht, NZI 2012, 131; *Kussmaul/Richter/Heyd*, Ausgewählte Problemfelder der Hinausverschmelzung von Kapitalgesellschaften aus Deutschland, IStR 2010, 73; *Lutz*, Hinweise für den Vertragsgestalter bei einer grenzüberschreitenden Verschmelzung unter dem besonderen Gesichtspunkt der Hinausverschmelzung, BWNotZ 2010, 23; *Merkt/Göthel*, Internationaler Unternehmenskauf, 3. Aufl. 2011; *Michalski*, Kommentar zum Gesetz betreffend die Gesellschaften mit beschränkter Haftung, Band 1, 2. Aufl. 2010; *Münchener Kommentar zum Aktiengesetz, Band 2 – §§ 76–117*, MitbestG, DrittelbG, 3. Aufl. 2008; *Münchener Kommentar zum Bürgerlichen Gesetzbuch, Band 11* – Internationales Privatrecht, Internationales Wirtschaftsrecht, Art. 25–248 EGBGB, 5. Aufl. 2010; *Münchener Kommentar zum GmbH-Gesetz, Band 1*, 1. Aufl. 2010; *Münchener Kommentar zur Insolvenzordnung*, Band 3, 2. Aufl. 2008; *Roth/Altmeppen*, GmbHG, 7. Aufl. 2012; *Sagasser/Bula/Brünger*, Umwandlungen, 4. Aufl. 2011; *Scholz*, Kommentar zum GmbH-Gesetz, Band 1, 10. Aufl. 2006; *Schmidt/Lutter*, Aktiengesetz Kommentar, Band 1, 2. Aufl. 2010; *Schwark/Zimmer*, Kapitalmarktrechts-Kommentar, 4. Aufl. 2010; *Spahlinger/Weger*, Internationales Gesellschaftsrecht in der Praxis, 2005; *Spindler/Stilz*, Kommentar zum Aktiengesetz, Band 2, München 2007; *Staudinger*, Kommentar zum Bürgerlichen Gesetzbuch, Band 7 – Internationales Gesellschaftsrecht, 1998; *Süß/Wachter*, Handbuch des internationalen GmbH-Rechts, 1. Aufl. 2006; *Teichmann*, Gesellschaftsrecht im System der Europäischen Niederlassungsfreiheit, ZGR 2011, 639; *Thomale*, Die Gründungstheorie als versteckte Kollisionsnorm, NZG 2011, 1290; *Widmann/Mayer*, Umwandlungsrecht, Loseblatt, Band 2 und Band 3; *Winter/Marx*, „Grenzüberschreitende" Organschaft mit zugezogenen EU/EWR-Gesellschaften – Neue Gestaltungsmöglichkeiten aufgrund des BMF-Schreibens vom 28.3.2011, DStR 2011, 1101.

I. Einleitung

1 Die wachsende Bedeutung der internationalen Verflechtung von Gesellschaften erfordert eine Auseinandersetzung mit der Frage, welches nationale Recht auf eine Gesellschaft anzuwenden ist. So kann eine Gesellschaft in einem Staat gegründet werden, in einem anderen Staat ihren Verwaltungssitz haben und ihre Geschäftätigkeit in einem oder mehreren weiteren Staaten ausüben. Dieses Kapitel bietet eine kurzen Überblick über die sich in diesem Zusammenhang stellenden Rechtsfragen.

II. Ermittlung des Gesellschaftsstatuts

1. Kollisionsrechtliche Theorien
a) Sitztheorie

2 Der Teil des deutschen Kollisionsrecht, der das anwendbare Gesellschaftsrecht bestimmt, ist gesetzlich nicht geregelt.[1] Gewohnheitsrechtlich wird das Gesellschaftsstatut (noch) nach dem **Ort der tatsächlichen Verwaltung** (sog. Sitztheorie) bestimmt.[2] Die von der Sitztheorie geforderte Unterwerfung der Gesellschaft unter das Gesellschaftsrecht am effektiven Sitz ihrer Verwaltung wird herkömmlicherweise mit der Gewährung eines effizienten Schutzes der Anleger, der Gläubiger und des Marktes begründet.[3] Die Sitztheorie wird auch in anderen kontinentaleuropäischen Staaten wie z.B. Frankreich, Spanien und Österreich angewandt.[4]

b) Gründungstheorie

3 Das Gegenstück zur Sitztheorie bildet die Gründungstheorie. Sie überlässt den Gründern die Wahl des anzuwendenden Gesellschaftsrechts.[5] Diese Wahl wird regelmäßig durch die **Bestim-**

---

1 MüKo-BGB/*Kindler*, Int GesR Rn 4; Spahlinger/Weger/*Spahlinger*, Rn 30.
2 BGHZ 178, 192; BGHZ 97, 269, 271 = NJW 1986, 2194, 2195; *Roth*/Altmeppen, GmbHG, 7. Aufl. 2012, § 4a Rn 11.
3 BayObLG EuZW 1992, 548; Staudinger/*Großfeld*, Int. GesR Rn 40.
4 Staudinger/*Großfeld*, Int. GesR Rn 153 m.w.N.
5 Staudinger/*Großfeld*, Int. GesR Rn 31 ff., 53 ff.

mung eines formellen Gesellschaftssitzes getroffen (sog. Satzungssitz); dies muss aber nicht der Sitz sein, an dem die Gesellschaft geleitet wird (sog. effektiver Verwaltungssitz).[6] Die Gründungstheorie wird in den Ländern des Common Law angewandt und ist in Kontinentaleuropa etwa in der Schweiz, in den Niederlanden, in Dänemark und teilweise auch in Italien anerkannt.[7]

c) Vermittelnde Konzepte

Neben der Sitz- und der Gründungstheorie werden vermittelnde Lehren vertreten.[8] Auf diese soll **4** mangels praktischer Relevanz hier nicht eingegangen werden.

2. Bruchstückhaftes Gemeinschaftsrecht

Das Gesellschaftsrecht der nationalen Rechtsordnungen der betroffenen EG-Mitgliedsstaaten **5** wird maßgeblich auch vom **Europäische Gemeinschaftsrecht** ergänzt oder überlagert. Neben den Verordnungen zur Europäischen Wirtschaftlichen Interessenvereinigung (EWIV)[9] (siehe zur EWIV auch § 53 Rn 1ff.) und zur Societas Europaea (SE)[10] (siehe hierzu auch § 53 Rn 7ff.) sind eine Reihe von Richtlinien erlassen worden, die hauptsächlich die Angleichung des Aktienrechts und die Sicherung der Unternehmenspublizität bewirken sollen.[11] Dieses gemeinschaftsrechtliche Normgefüge aus Richtlinien und Verordnungen wird funktional ergänzt durch das in rascher Fortentwicklung befindliche europäische Finanzmarktrecht.[12] Gleichwohl ist bis zum jetzigen Zeitpunkt **kein gemeinschaftsrechtlich voll vereinheitlichtes Regelwerk** entstanden.

3. Rechtsprechung des EuGH zur Niederlassungsfreiheit

Neben diesem bruchstückhaften Gemeinschaftsrecht hat die **Rechtsprechung des Europäi-** **6** **schen Gerichtshofs** (EuGH) in den letzten Jahren gerade auch das internationale Gesellschaftsrecht maßgeblich mitbestimmt.

a) Überblick

Gem. Art. 49 AEUV (ehemals Art. 43 EGV) sind **Beschränkungen der freien Niederlassung** von **7** Staatsangehörigen eines Mitgliedsstaats im Hoheitsgebiet eines anderen Mitgliedsstaates grundsätzlich unzulässig. Gem. Art. 54 AEUV (ehemals Art. 48 EGV) genießen auch Gesellschaften diese Niederlassungsfreiheit. In den letzten Jahren sind Entscheidungen des EuGH zur Niederlassungsfreiheit von Gesellschaften ergangen, die die im deutschen Recht vertretene Sitztheorie relativiert und Elemente der Gründungstheorie auch im deutschen Kollisionsrecht verankert. Im Folgenden soll die Entwicklung dieser Rechtsprechung kurz skizziert werden.

---

6 Zur Definition des effektiven Verwaltungssitzes s. BGHZ 97, 269, 272 = NJW 1986, 2194; Staudinger/*Großfeld*, IntGesR, Rn 226ff.; MüKo-BGB/*Kindler*, IntGesR, Rn 455ff.
7 *Horn*, NJW 2004, 893, 894.
8 Zu diesen Lehren: Michalski/*Leible*, GmbHG, Syst. Darst. 2, Rn 11ff.
9 VO (EWG) 137/85 des Rates v. 25.7.1985, Abl EG Nr. L 199, 1.
10 VO (EG) 2157/2001 v. 8.10.2001, Abl EG Nr. L 294, 1.
11 *Horn*, NJW 2004, 893, 894.
12 Siehe hierzu nur das Vorwort in *Schwark/Zimmer*, Kapitalmarktrechts-Kommentar, 4. Aufl. 2010.

b) Daily Mail (1988)

8 Anfänglich ließ der EuGH bestimmte Beschränkungen des Gebrauchs der Niederlassungsfreiheit durch das Recht der Mitgliedsstaaten noch unbeanstandet. In der Rechtssache Daily Mail[13] wollte eine englische Gesellschaft ihren Verwaltungssitz in die Niederlande verlegen („Wegzug"), wurde aber durch die steuerrechtlich erforderliche und abgelehnte Genehmigung der englischen Finanzbehörden gehindert. Der EuGH befand, dass Art. 52 und 58 EWG-Vertrag (heute Art. 49, 54 AEUV) den Gesellschaften des nationalen Rechts kein Recht gewähren, den Sitz ihrer Geschäftsleitung unter Beibehaltung ihrer Eigenschaft als Gesellschaft des Mitgliedsstaates ihrer Gründung in einen anderen Mitgliedsstaat zu verlegen (**keine „Wegzugsfreiheit"**). Das Gericht verwies darauf, dass die Probleme, die sich aus der Unterschiedlichkeit der nationalen Rechte bei einer Verlegung des Verwaltungssitzes ergeben, durch Rechtsetzung oder durch Vertrag zwischen den Mitgliedsstaaten gelöst werden müssten.

c) Centros (1999)

9 Die Centros-Entscheidung[14] des EuGH markiert insofern einen **Wendepunkt**, als hier das Gericht die eigenständige Bedeutung und unmittelbare Geltung der Niederlassungsfreiheit nach Art. 43 und 48 EGV betont. Ein dänisches Ehepaar hatte während eines Besuchs in Großbritannien eine private limited company nach englischem Recht gegründet und als satzungsgemäßen Gesellschaftssitz die Adresse eines englischen Freundes angegeben, um anschließend die Geschäfte der Gesellschaft ausschließlich in Dänemark zu betreiben. Der EuGH entschied, dass die Niederlassungsfreiheit es den dänischen Registerbehörden untersage, diese Gesellschaft den Anforderungen des dänischen Gesellschaftsrechts, insbesondere den Mindestkapitalerfordernissen, mit der Begründung zu unterwerfen, dass die Gesellschaft nur scheinbar eine ausländische Gesellschaft sei und daher die Eintragung der dänischen Niederlassung zu verweigern. Bemerkenswert an dieser Entscheidung ist, dass sie die **Niederlassungsfreiheit auf die „Scheinauslandsgesellschaften"** ausdehnt. Eine Auseinandersetzung mit der in der Daily Mail-Entscheidung geäußerten Rechtsauffassung konnte nach Ansicht des Gerichts unterbleiben, da diese Entscheidung den Zuzug einer Gesellschaft betraf, sich also die rechtliche Beurteilung aus Sicht des neuen Sitzstaates beurteilte, während Letztere sich mit der Problematik des Wegzugs einer Gesellschaft befasste.

d) Überseering (2002)

10 In der Überseering-Entscheidung[15] ging es um eine in den Niederlanden als Besloten Vennootschap (BV), also eine niederländische GmbH, gegründete Kapitalgesellschaft. Ihre Gesellschaftsanteile wurden von zwei in Deutschland ansässigen Personen erworben. Diese führten die Geschäfte der Gesellschaft nunmehr von Deutschland aus. Als die Gesellschaft Gewährleistungsansprüche aus einem Werkvertrag gerichtlich in Deutschland geltend machte, wurde ihr der Einwand der mangelnden Rechts- und Parteifähigkeit entgegengehalten, da der effektive Gesellschaftssitz inzwischen nach Deutschland verlagert worden sei und die darin liegende Sitzverlegung zu einem Statutenwechsel geführt habe mit der Folge, dass die Gesellschaft nun dem deutschen Gesellschaftsrecht unterliege, aber die hier geltenden Gründungsvorschriften nicht eingehalten und daher keine Rechts- und Parteifähigkeit erlangt habe. Der mit dem Fall befasste VII. Zivilsenat des BGH legte diese Frage dem EuGH zur Vorabentscheidung vor.[16] Der EuGH ent-

---

13 EuGH Slg. 1988, 5483 = NJW 1989, 2186.
14 EUGH Slg. 1999, I-1459 = NJW 1999, 2027.
15 EuGH Slg. 2002, I-9919 = NJW 2002, 3614.
16 BGH NZG 2000, 926.

schied, dass eine Kapitalgesellschaft, die nach dem Recht eines Mitgliedsstaates wirksam gegründet worden sei, aufgrund der in Art. 43 und 48 EGV garantierten Niederlassungsfreiheit nach Maßgabe ihres Gesellschaftsstatuts **rechts- und parteifähig bleibe**, wenn sie ihr **unternehmerisches Entscheidungszentrum** in einen anderen Mitgliedsstaat der Gemeinschaft **verlagere**. Diese Entscheidung des EuGH betraf wiederum den Zuzug einer Gesellschaft (wie die Centros-Entscheidung) und nicht den Wegzug einer Gesellschaft (wie im Fall des Daily Mail-Urteils von 1988).

e) Inspire Art (2003)[17]

In dieser Entscheidung dehnt der EuGH die Übersee-Rechtsprechung weiter aus. Danach ist 11 nicht ausreichend, dass der Zuzugsstaat grundsätzlich die Rechts- und Parteifähigkeit der aus einem anderen Mitgliedsstaat zuziehenden Gesellschaft anerkennt. Vielmehr muss der Zuzugsstaat darauf verzichten, dieser Gesellschaft irgendwelche rechtlichen Erschwernisse aufzuerlegen, sofern diese nicht durch zwingende Gründe des Allgemeinwohles geboten oder im Einzelfall durch einen konkreten, nachgewiesenen Missbrauch gerechtfertigt sind. Dieser Entscheidung lag ein niederländisches Gesetz zugrunde, welches „formal ausländischen Gesellschaften" mit Niederlassung in den Niederlanden bestimmte Mindestanforderungen hinsichtlich Publizitätspflichten, Mindestkapital und persönlicher Haftung der Geschäftsführer auferlegte. Der EuGH hielt einige dieser Offenlegungspflichten für nicht vereinbar mit der Elften gesellschaftsrechtlichen Richtlinie 89/666/EWG über die Publizität von Zweigniederlassungen, die nach Ansicht des EuGH abschließender Natur ist. Der nationale Gesetzgeber dürfe somit nicht über die hierin normierten Anforderungen hinausgehen. Die Gesellschaft kann also im Niederlassungsstaat unverändert nach dem Recht des Gründungsstatuts tätig werden; sie kann folglich ihr **Gründungsstatut uneingeschränkt mitbringen**.

f) Sevic (2005)[18]

Dieser Fall betraf eine **grenzüberschreitende Verschmelzung** zwischen einer deutschen AG 12 und einer luxemburgischen SA. Die luxemburgische SA sollte unter Auflösung auf die deutsche AG verschmolzen werden. Das deutsche Registergericht wies den Antrag auf Eintragung der Verschmelzung bei der deutschen AG zurück, da § 1 Abs. 1 Nr. 1 UmwG nur die Verschmelzung von Rechtsträgern mit Sitz in Deutschland vorsehe. Der EuGH sah darin einen Verstoß gegen die Niederlassungsfreiheit, denn die **inländische Verschmelzung werde ohne Grund anders behandelt als die grenzüberschreitende**.

Der EuGH stellte in dieser Entscheidung fest, dass sich auch die luxemburgische SA, die 13 durch die Verschmelzung untergeht, auf die Niederlassungsfreiheit berufen kann.

Heute regelt das UmwG in §§ 122a ff. die grenzüberschreitende Verschmelzung ausdrücklich. 14 Welche Gesellschaften an einer solchen Verschmelzung beteiligt sein können, richtet sich nach § 122b UmwG.

g) Cartesio (2008)[19]

Bei Cartesio handelt es sich – wie bei Daily Mail – um einen Wegzugsfall. Eine ungarische KG 15 beantragte die Eintragung der Sitzverlegung nach Italien in das ungarische Handelsregister. Dieser Antrag wurde zurückgewiesen, da nach der in Ungarn geltenden Sitztheorie die Gesell-

---

17 EuGH Slg. 2003, I-10155; GmbHR 2003, 1260 mit Anm. *Meilicke*.
18 EuGH Slg. 2005, I-10805, GmbHR 2006, 140 mit Anm. *Haritz*.
19 EuGH NJW 2009, 569; GmbHR 2009, 86 mit Anm. *Meilicke*.

schaft mit der Verlegung des Sitzes nach Italien untergegangen sei. Der EuGH sah darin keinen Verstoß gegen die Niederlassungsfreiheit. Jedem Mitgliedstaat stehe es frei, es einer nach dem Recht des Mitgliedsstaates gegründeten Gesellschaft zu verbieten, ihren Geschäftssitz unter Beibehaltung ihres Gesellschaftsstatuts in einen anderen Mitgliedsstaat zu verlegen. Allerdings hat der EuGH in Cartesio ausdrücklich zwischen dem **Wegzug unter Wahrung des Gesellschaftsstatuts** und dem **Wegzug unter Wechsel des Gesellschaftsstatuts** (formwechselnder Wegzug) differenziert. **Nur die Regelung des unter Wahrung des Gesellschaftsstatuts vorgenommenen Wegzugs steht den Mitgliedstaaten frei.** Sie müssen aber einen formwechselnden Wegzug zulassen, d.h. das Verbot eines Wegzug unter dem Wechsel des Gesellschaftsstatuts stellt einen Verstoß gegen die Niederlassungsfreiheit dar.

4. Konsequenzen für das deutsche Internationale Gesellschaftsrecht

16 Die oben nachgezeichnete Rechtsprechung des EuGH führt zu tief greifenden Veränderungen des deutschen Internationalen Gesellschaftsrechts.

a) Beseitigung der Sitztheorie für Zuzugsfälle

17 Zunächst wurde die Ansicht vertreten, dass die nationalen gesellschaftsrechtlichen Kollisionsnormen nicht durch die europarechtliche Niederlassungsfreiheit beeinflusst werden. Diese Argumentation stützte sich im Wesentlichen auf die Daily Mail-Entscheidung, da sich diese auf das Verhältnis des Staates des Gesellschaftsstatuts zu „seiner" Gesellschaft (bei Wegzug der Gesellschaft in ein anderes Land), also formal eine rein internrechtliche Frage, bezog. Zudem hatte das Urteil steuerrechtliche, und nicht primär gesellschaftsrechtliche Aspekte zum Gegenstand. Überdies war die Bedeutung der europarechtlichen Grundfreiheiten für das nationale Kollisionsrecht generell umstritten.[20]

18 Auf der Grundlage der oben skizzierten Rechtsprechung des EuGH steht aber der kollisionsrechtliche Einfluss der Grundfreiheiten, im Besonderen der Niederlassungsfreiheit, außer Zweifel. Denn diese Rechtsprechung bedeutet im Ergebnis die **Beseitigung der Sitztheorie** als Kollisionsregel im Geltungsbereich des AEUV, jedenfalls für sog. **Zuzugsfälle**.[21] Schon in der Centros-Entscheidung sprach sich der EuGH gegen die Sitztheorie und für die Gründungstheorie aus, da das Gericht den tatsächlichen Sitz der Gesellschaft für rechtlich nicht ausschlaggebend ansah und stattdessen allein auf das Gründungsstatut abstellte. Zwar wurde in Deutschland an der Geltung der Sitztheorie festgehalten, da das Centros-Urteil zu einem nationalen Gesellschaftsrecht ergangen ist, welches selbst der Gründungstheorie folgt. Diese Auffassung wurde aber durch die Überseering-Entscheidung widerlegt, denn dieses Urteil dehnt die Centros-Rechtsprechung auf Mitgliedsstaaten aus, in denen die Sitztheorie gilt. Zum einen stellt der EuGH fest, dass Beschränkungen des Zuzugs von Gesellschaften durch das Recht des Zuzugsstaats an Art. 49, 54 AEUV zu messen sind. Zum anderen kann ein Mitgliedsstaat, in welchem die Sitztheorie gilt, nicht die Einhaltung des gesamten nationalen Gesellschaftsrechts durch eine sich in ihm niederlassende Gesellschaft, die nach dem Recht eines anderen Mitgliedsstaat wirksam gegründet worden ist, einfordern.[22]

---

20 Vgl. zum Meinungsstand Michalski/*Leible*, Syst. Darst. 2, Rn 36, 37.
21 Der BGH hat aber in dem Urteil „Trabrennbahn" vom 27.10.2008 (BGHZ 178, 192) bestätigt, dass die gewohnheitsrechtlich geltende Sitztheorie nicht aufgegeben worden ist, und zwar auch nicht nach dem MoMiG.
22 EuGH NJW 2002, 3614 – Überseering.

Tepper

b) „Europapass" für das Gründungsstatut

Der EuGH zieht in der Inspire Art-Entscheidung die vollen kollisionsrechtlichen Konsequenzen: 19
Das **nationale Gesellschaftsrecht**, dem die Gesellschaft ihrer Gründung nach unterliegt, beansprucht im Grundsatz auch **im neuen Niederlassungsstaat ausschließliche Geltung**; die kollisionsrechtlichen Normen der Sitztheorie sind damit im Geltungsbereich des AEUV außer Kraft gesetzt. Ist also eine Gesellschaft nach dem Recht eines EU-Mitgliedsstaates wirksam gegründet, so wirkt dies als „Europa-Pass" für die Gesellschaft samt ihrem Gründungsstatut. Allerdings gilt dies nur für Gesellschaften, die in Mitgliedsstaaten gegründet worden sind, die der **Gründungstheorie** folgen. Ist die Gesellschaft in einem Mitgliedsstaat gegründet worden, der selbst die Sitztheorie anwendet, so muss der Staat des effektiven Gesellschaftssitzes (also der Zuzugsstaat) berücksichtigen, dass die Gesellschaft nach ihrem eigenen Statut durch den Wegzug aus dem Gründungsstaat die Rechtsfähigkeit verlieren kann.

c) Zuzug von Gesellschaften aus Drittstaaten

Das bisherige Kollisionsrecht (also die Sitztheorie) gilt weiterhin für Gesellschaften, die nach 20
dem Gesellschaftsrecht eines Staates **außerhalb der EU** gegründet worden sind.[23] Eine Gesellschaft, die ihren tatsächlichen Geschäftssitz in Deutschland nimmt, muss sich folglich nach dem deutschen Gesellschaftsrecht richten.

Praxistipp 21
Soll die zuziehende Gesellschaft nicht dem deutschen Gesellschaftsrecht unterliegen, so ist die Gesellschaft in einem EU-Mitgliedsland zu gründen, das der Gründungstheorie folgt, z.B. in Großbritannien. Eine solche Gesellschaft kann dann ohne Weiteres den effektiven Gesellschaftssitz nach Deutschland verlegen.

Für Gesellschaften, die in einem **Einzelstaat der USA** gegründet worden sind, gilt eine Sonder- 22
regelung: Nach dem deutsch-amerikanischen Freundschafts-, Handels- und Schifffahrtsvertrag von 1954 sind beide Staaten verpflichtet, eine Gesellschaft, die nach dem Recht des anderen Vertragsstaat gegründet worden ist, im Inland anzuerkennen.[24]

Wichtig 23
Aus diesem Vertrag folgt die volle Anwendung der Gründungstheorie auf US-amerikanische Gesellschaften mit Sitz in Deutschland.[25] Folglich bedarf es zur Vermeidung des deutschen Gesellschaftsrechts also nicht des Umwegs der Gründung einer Gesellschaft in einem Mitgliedsstaat, welcher der Gründungstheorie folgt.

---

d) Fortgeltung der Sitztheorie für Wegzugsfälle

In Fällen, in denen eine deutsche Gesellschaft ihren Sitz in einen anderen EG-Mitgliedsstaat ver- 24
legen will, gilt grundsätzlich das Gesellschaftsrecht am Ort des effektiven Gesellschaftssitzes. Nach h.M. führt dies kollisionsrechtlich zur Anwendbarkeit ausländischen Rechts und materiellrechtlich zu einer Auflösung der Gesellschaft. Allerdings steht die konsequente Anwendung der Sitztheorie im Widerspruch zur Rechtsprechung des EuGH in „Daily Mail" und „Cartesio". Danach stellt die Rechtsfolge der Auflösung der Gesellschaft bei einer Sitzverlegung ins europäische Ausland einen Verstoß gegen die Niederlassungsfreiheit dar, wenn der Zuzugsstaat den

---

23 MüKo-BGB/*Kindler*, IntGesR, Rn 5.
24 Art. XXV Abs. 5 S. 2, Vertrag vom 29.10.1954, BGBl II 1956, 488.
25 BGH NJW 2003, 1607.

Fortbestand der zugezogenen Gesellschaft vorsieht (identitätswahrende Hereinumwandlung). Der Wechsel des anwendbaren Gesellschaftsrechts ist allerdings nicht europarechtswidrig.

e) Grenzüberschreitende Umwandlungen

25 Bislang war das Umwandlungsgesetz nur auf inländische Rechtsträger anwendbar. Dies hatte der EuGH in der SEVIC-Entscheidung[26] bereits für nicht mit der Niederlassungsfreiheit für vereinbar gehalten, denn die Beschränkung auf inländische Rechtsträger begründe eine unterschiedliche Behandlung von inländischen und ausländischen Rechtsträgern. Diese unterschiedliche Behandlung sei geeignet, Gesellschaften davon abzuhalten, von der Niederlassungsfreiheit Gebrauch zu machen.

26 Mit dem Zweiten Gesetz zur Änderung des Umwandlungsgesetzes, das im März 2007 vom Bundestag gebilligt und mit dem die Richtlinie 2005/56/EG vom 26.10.2005 über die Verschmelzung von Kapitalgesellschaften aus verschiedenen Mitgliedstaaten umgesetzt wurde, ist die grenzüberschreitende Verschmelzung von Kapitalgesellschaften nunmehr in einem neuen Zehnten Abschnitt (§§ 122a–122l) geregelt. Nicht geregelt sind aber andere Umwandlungsmaßnahmen wie z.B. die grenzüberschreitende Spaltung oder die grenzüberschreitende Verschmelzung unter Beteiligung von Personengesellschaften. Warum diese Beschränkung erfolgt ist, ist nicht nachvollziehbar. Seit dem SEVIC-Urteil steht nämlich fest, dass auch diese Maßnahmen erlaubt sind.

27 Der steuerliche Rahmen grenzüberschreitender Umwandlungsvorgänge ist im Gesetz über steuerliche Begleitmaßnahmen zur Einführung der Europäischen Gesellschaft und zur Änderung weiterer steuerrechtlicher Vorschriften (SEStEG) vom 7.12.2006 geregelt. Dort wurde in § 4 Abs. 1 S. 3 und 4 (S. 5) EStG ein allgemeiner Entstrickungstatbestand eingeführt, der vorsieht, dass der Ausschluss oder die Beschränkung des Besteuerungsrechts der Bundesrepublik Deutschland hinsichtlich des Gewinns aus der Veräußerung oder Nutzung eines Wirtschaftsguts einer Entnahme zum gemeinen Wert gleichstehe.[27]

5. Die Schließung von Schutzlücken

28 Spätestens seit „Überseering" ist geklärt, dass die Sitzverlegung einer nach dem Recht eines anderen Mitgliedstaates der EU gegründeten Gesellschaft nach Deutschland nicht zum Wegfall der Rechtsfähigkeit dieser Gesellschaft führen darf. Die zuziehende Gesellschaft hat aufgrund der Niederlassungsfreiheit so anerkannt zu werden, wie es das auf sie anwendbare Gesellschaftsrecht vorsieht.[28] Bei dem dabei sich eröffnenden Gestaltungsspielraum stellt sich die Frage, wie der Zuzugsstaat dabei auf Missbäuche reagieren kann. Kollisionsrechtlich geschieht dies durch Sonderanknüpfungen für bestimmte Teilfragen.

29 Der EuGH hat solchen Überlegungen in der Inspire Art-Entscheidung allerdings enge Grenzen gesetzt. **Sonderanknüpfungen** des Sitzstaats, welche Auswirkungen auf die Niederlassungsfreiheit zeitigen, können **nur durch zwingende Gründe des Allgemeinwohls** gerechtfertigt sein. Darüber hinaus müssen die Sonderanknüpfungen in nicht diskriminierender Weise angewandt werden, zur Erreichung des Ziels geeignet sein und dürfen nicht über das zur Erreichung des Ziels Erforderliche hinausgehen.[29]

30 Im Fall Inspire Art stand ein niederländisches Gesetz auf dem Prüfstand, das nach Auffassung des EuGH nicht diesen strengen Anforderungen genügte. Inspire Art trat für jeden erkenn-

---

26 EuGH, Urt. v. 13.12.2005, Az. C-411/03.
27 Blumenberg/Schäfer/*Stadler/Elser*, S. 43 ff.; Blümich/*Wied*, EStG/KStG/GewStG, Loseblatt, § 4 EStG Rn 486–488b.
28 Michalski/*Leible*, Syst. Darst. 2 Rn 41 m.w.N.
29 EuGH NJW 2003, 3331, 3334 – Inspire Art.

bar als Gesellschaft englischen Rechts auf. Dadurch werden nach Ansicht des Gerichts die Gläubiger hinreichend gewarnt und verlassen sich nicht auf Mindestkapitalanforderungen. Nach Meinung des EuGH kann sich eine ausländische Gesellschaft nur dann nicht auf die Niederlassungsfreiheit berufen, wenn ihr ein **konkreter Fall von Missbrauch** nachgewiesen wird.[30] Die Ausnutzung eines für den Gründer bequemeren Gründungsrechts eines anderen Mitgliedsstaates sei an sich nicht missbräuchlich.[31] Ebenso wenig liege ein Missbrauch darin, dass die Gesellschaft in dem Mitgliedsstaat, in dem sie ihren satzungsmäßigen Sitz hat, keine Tätigkeit entfaltet.[32] Hingegen dürfte ein nachweislicher Missbrauch im **Sonderfall der sog. „Existenzvernichtungshaftung"**[33] vorliegen, wenn also eine Gesellschaft eine von ihr abhängige Gesellschaft durch einen kompensationslosen, zur Insolvenz führenden oder diese vertiefenden Eingriff in das Gesellschaftsvermögen in den wirtschaftlichen Zusammenbruch treibt. Nach der neueren Rechtsprechung stellt die Existenzvernichtungshaftung keinen gesellschaftsrechtlichen Haftungstatbestand dar, sondern wird auf § 826 BGB gestützt[34] und kann damit deliktsrechtlich (und nicht gesellschaftsrechtlich) angeknüpft werden.

6. Sonstige Sonderanknüpfungen

Während Sonderanknüpfungen nur unter den oben dargestellten engen Voraussetzungen nicht **31** der EuGH-Rechtsprechung entgegen stehen, ist die ausländische Gesellschaft selbstverständlich dem **allgemeinen Verkehrsrecht des Niederlassungsstaates** unterworfen, also dem Vertragsrecht, dem Deliktsrecht und dem Insolvenzrecht, soweit dieses nicht in diskriminierender Weise auf die Gesellschaft angewandt wird (Zur Reichweite des Gesellschaftsstatuts siehe Rn 36 ff.).[35]

7. Deutsches Unternehmensmitbestimmungsrecht

Das deutsche Unternehmensmitbestimmungsrecht ist eine deutsche Besonderheit, welche in der **32** EG wenig Nachahmung gefunden hat, wenn man von der Societas Europaea (SE) einmal absieht (zur Arbeitnehmerbeteiligung bei der Gründung einer SE siehe § 53 Rn 50 ff.). Es ist geregelt im Mitbestimmungsgesetz und im Drittelbeteiligungsgesetz.

Bei Konzernsachverhalten mit ausländischer Konzernleitung ist anerkannt, dass **nur die** **33** **deutschen Tochtergesellschaften** der Mitbestimmung gem. § 1 Abs. 1 Nr. 1 MitbestG unterworfen sind, nicht aber die ausländische Konzernspitze.[36] Streitig hingegen ist, ob im Fall der Beteiligung ausländischer Kapitalgesellschaften an deutschen Personenhandelsgesellschaften die Mitbestimmung nach § 4 Abs. 1 MitbestG gilt.[37] Für internationale Konzernsachverhalte hängt die Anwendbarkeit der deutschen Mitbestimmung grundsätzlich davon ab, ob **der Ort der tatsächlichen Leitung** in Deutschland liegt.[38]

Auf eine in Deutschland tätige, aber im Ausland gegründete Gesellschaft ist das deutsche **34** Mitbestimmungsgesetz **nicht** anwendbar, da es die Niederlassungsfreiheit berührt. Dies ist die Folge der **Inspire Art-Entscheidung** des EuGH (siehe Rn 11). Denn das Mitbestimmungsrecht ist dem **Gesellschaftsrechtstatut** zuzurechnen[39] und nicht als rein arbeitsrechtliche Ausübungsre-

---

30 EuGH NJW 2003, 3331, 3334 – Inspire Art.
31 EuGH NJW 2003, 3331, 3334 – Inspire Art.
32 EuGH NJW 1999, 2027, 2028 f. – Centros.
33 Dazu Roth/*Altmeppen*, GmbHG, § 13 Rn 72 ff.
34 BGHZ 173, 246; NJW 2007, 2689 – „Trihotel"
35 *Horn*, NJW 2004, 893, 899.
36 *Raiser*, MitbestG, § 1 Rn 13 ff.
37 Bejahend OLG Stuttgart NJW-RR 1995, 1067; ablehnend BayObLG NJW 1986, 3029.
38 Herrmann/Berger/*Wackerbarth*, S. 194, 491 ff., 513 f.
39 Michalski/*Leible*, GmbHG, Syst. Darst. 2 Rn 154; MüKo-AktG/*Gach*, § 1 MitbestG Rn 14.

gelung der Geschäftstätigkeit zu qualifizieren, die als Teil des allgemeinen Verkehrsrecht für alle in Deutschland tätigen Gesellschaften ohne Rücksicht auf den Gründungssitz gültig[40] ist.

Dasselbe gilt für das Drittelbeteiligungsgesetz.[41]

35   Damit unterliegt etwa eine in der Rechtsform der private oder public limited company[42] nach englischem Recht gegründete Kapitalgesellschaft, die allein in Deutschland tätig ist, weder dem Mitbestimmungs- noch dem Drittelbeteiligungsgesetz.

III. Reichweite des Gesellschaftsstatuts

1. Allgemeines

36   Nachdem in einem ersten Schritt festgestellt worden ist, welches Gesellschaftsstatut anzuwenden ist, muss noch bestimmt werden, welche Rechtsvorschriften dem Gesellschaftsstatut zugehörig sind. Alle das Innen- und Außenverhältnis einer Gesellschaft betreffende gesellschaftsrechtlichen Rechtsbeziehungen werden nach überwiegender Ansicht einheitlich nach einem Recht beurteilt (sog. **Einheitslehre**).[43] Dieser Einheitslehre zufolge gilt das Gesellschaftsrechtsstatut für alle Sachverhalte von gesellschaftsrechtlicher Natur im Leben einer Gesellschaft, also von ihrem Beginn bis zu ihrem Ende.[44] Das Gesellschaftsstatut umfasst somit Fragen der Gründung und der Auflösung einer Gesellschaft, Fragen der inneren Verfassung mit der Regelung der Verhältnisse der Organe untereinander, der Gesellschafter untereinander und der Gesellschafter und Organe zu der Gesellschaft und Fragen des gesellschaftlichen Außenverhältnisse wie die Haftung der Gesellschafter und der Vertretung der Gesellschaft.[45]

2. Gründung der Gesellschaft

37   Vor der Errichtung der Gesellschaft steht regelmäßig die vertragliche Verpflichtung der zukünftigen Gesellschafter zur Gründung der Gesellschaft. Dieser **Gründungsvorvertrag** (nicht Vorgesellschaft) wird nach deutschem materiellem Gesellschaftsrecht als Gesellschaftsvertrag einer oHG oder GbR – je nach dem Gesellschaftszweck – angesehen (h.M.).[46] Dennoch gehen sowohl Rspr. als auch h.M. davon aus, dass der Gründungsvorvertrag nicht dem Gesellschaftsstatut, sondern dem **Vertragsstatut** zu unterstellen sei.[47] In der Praxis wird aber das Vertragsstatut mit dem Gesellschaftsstatut der Vorgründungsgesellschaft (sowie der späteren Gesellschaft) übereinstimmen, da der – für die Bestimmung des nationalen Rechts entscheidende – engste Bezug regelmäßig zu dem Staat bestehen wird, dessen Recht die Gesellschaft unterworfen sein wird.[48]

38   Während der **Errichtungsphase** unterliegt die Gesellschaft umfassend dem **Gesellschaftsstatut** der später entstehenden Gesellschaft.[49] Hierzu zählen die Rechtsnatur der Gesellschaft,

---

40 Vgl. zur Mitbestimmungsproblematik bei ausländischen Gesellschaften mit Sitz in Deutschland *Horn*, NJW 2004, 893, 899.

41 MüKo-AktG/*Gach*, § 1 DrittelbG Rn 1.

42 Sections 3 und 4 Companies Act 2006

43 BGH EuZW 2000, 412, 413; RGZ 153, 2000; RGZ 83, 367; OLG Düsseldorf WM 1995, 808, 810; Staudinger/*Großfeld*, IntGesR Rn 16.

44 Staudinger/*Großfeld*, IntGesR, Rn 17.

45 MüKo-BGB/*Kindler*, IntGesR, Rn 521.

46 Scholz/*K. Schmidt*, GmbHG, § 11 Rn 9; Lutter/Hommelhoff/*Lutter/Bayer*, GmbHG, § 11 Rn 2, zur Gegenansicht s. Michalski/*Michalski*, GmbHG, § 11 Rn 10.

47 BGH WM 1975, 387; Scholz/*Westermann*, GmbHG, Einl Rn 99; Staudinger/*Großfeld*, IntGesR Rn 257; a.A. Michalski/*Leible*, Syst. Darst. 2, Rn 64.

48 BGH WM 1975, 387; Staudinger/*Großfeld*, IntGesR, Rn 257; *Spahlinger/Wegen*, Rn 265.

49 BayObLGZ 1965, 294; Staudinger/*Großfeld*, IntGesR, Rn 261; *Spahlinger/Wegen*, Rn 266 m.w.N.

die Übernahme und Zeichnung von Gesellschaftsanteilen, die Regelung der internen Verfassung der Vorgesellschaft, die Übernahme von Verbindlichkeiten der Vorgesellschaft durch die spätere Gesellschaft und vor allem die Frage, ob eine Vorgesellschaft rechtswirksam entstanden ist.

Nicht dem Gesellschaftsstatut, sondern dem **Vertragsstatut** unterliegen die Feststellung der 39
Geschäftsfähigkeit der Gründer und die Haftung im Zusammenhang mit der Einbringung von
Betrieben.[50]

3. Rechtsfähigkeit
a) Allgemeine Rechtsfähigkeit
Die Rechtsfähigkeit einer Gesellschaft beinhaltet nicht nur die Frage, ob eine Gesellschaft rechts- 40
fähig ist, sondern auch ab wann und in welchem Umfang die Rechtsfähigkeit besteht.[51] Die
Rechtsfähigkeit beurteilt sich nach dem **Gesellschaftsstatut**. Folglich ist eine ausländische Gesellschaft in Deutschland rechtsfähig, wenn ihr ausländisches Gesellschaftsstatut diese Rechtsfähigkeit verleiht; sie ist aber nicht rechtsfähig, wenn die Gesellschaft – aus welchen Gründen auch immer – nach ihrem Gesellschaftsstatut keine Rechtsfähigkeit besitzt.[52]

Wichtig   41
Nach dieser h.M. können ausländische Gesellschaften am Rechtsverkehr in Deutschland teilnehmen, ohne über die
nach deutschem Recht erforderliche Rechtsfähigkeit zu verfügen. Dies kann erhebliche Probleme im Hinblick auf
anglo-amerikanische Gesellschaften schaffen, da diese in ihrer Satzung Beschränkungen der Geschäftstätigkeit
aufnehmen können, die grundsätzlich auch im Außenverhältnis wirksam sind.[53]

---

b) Besondere Rechtsfähigkeit
Die allgemeine Rechtsfähigkeit betrifft die Frage, ob eine Gesellschaft überhaupt Trägerin von 42
Rechten und Pflichten sein kann. Die verschiedenen Rechtsordnungen stellen aber beim Erwerb von gewissen Rechten besondere Anforderungen an die rechtliche Qualität der Gesellschaft. Die Voraussetzungen des Erwerbs solcher Rechte werden als besondere Rechtsfähigkeit
bezeichnet. Die Frage, ob eine Gesellschaft Beteiligungen an einer Gesellschaft mit fremdem
Gesellschaftsstatut erwerben kann (sog. **Beteiligungsfähigkeit**) richtet sich nach den Gesellschaftsstatuten sowohl der Zielgesellschaft als auch der erwerbenden Gesellschaft (h.M.).[54] Zur
weitergehenden Problematik der Zulässigkeit grenzüberschreitender Typenvermischung siehe
§ 54 Rn 21 ff.

4. Geschäftsfähigkeit und Vertretung der Gesellschaft
Über die Frage, welche Personen die Gesellschaft **organschaftlich** vertreten können und wel- 43
chen Umfang ihre Vertretungsmacht besitzt, entscheidet das Gesellschaftsstatut.[55] Auch der registerrechtliche Schutz von Vertragspartnern richtet sich nach dem Gesellschaftsstatut. Hinge-

---

50 Vertiefend hierzu *Spahlinger/Wegen*, Rn 266, 269.
51 BGH NJW 1998, 2453; BGHZ 128, 41, 44.
52 *Spahlinger/Wegen*, Rn 266, 270.
53 Siehe zu dieser Problematik und zur Reichweite des Gutglaubensschutzes
Spahlinger/Wegen/*Spahlinger/Wegen*, Rn 271 f.
54 Zu den Einzelheiten vgl. *Spahlinger/Wegen*, Rn 274 f.
55 Einen Überblick über einige Gesellschaftsrechte findet sich in *Süß/Wachter*, Handbuch des internationalen
GmbH-Rechts, S. 355 ff.

gen ist bei **Vollmachten** nicht auf das Gesellschaftsstatut, sondern auf das Recht des Wirkungslandes, also das Recht des Ortes, an dem die Vollmacht tatsächlich eingesetzt wird oder nach dem Willen des Vollmachtgebers eingesetzt werden soll, abzustellen.[56]

5. Haftungsverfassung
a) Überblick

44 Der weit zu verstehende Begriff der Haftungsverfassung beinhaltet alle gesellschaftsrechtlichen Regeln, die die Verantwortlichkeit der Gesellschaft, ihrer Gesellschafter sowie der Geschäftsleitung im Verhältnis zur Gesellschaft oder zu Dritten betreffen. Insbesondere im Hinblick auf **EU-Auslandsgesellschaften** ist das durch die EuGH-Rechtsprechung etablierte **Herkunftslandprinzip** zu beachten: Während für alle gesellschaftsrechtlichen Fragen das Recht des Gründungsstaates maßgeblich ist, bestimmt sich die insolvenzrechtliche und deliktische Haftung nach dem Recht des Sitzstaates. Als Leitlinie für die **Abgrenzung** lässt sich folgende Formel heranziehen: Das Gesellschaftsrecht regelt den Bestand und Umfang der gegen Gesellschafter und Geschäftsführer gerichteten Ansprüche, während die Vorschriften des Insolvenzrechts den Prozess der Haftungsverwirklichung unter Knappheitsbedingungen bestimmen. Für die Abgrenzung des Gesellschafts- zum Deliktsstatut gilt: Das Gesellschaftsstatut regelt die Haftung der Gesellschaftsorgane und der Gesellschafter als solche, während das Deliktsstatut die Verantwortlichkeit nach für jedermann geltenden Regeln sowie die Zurechnung des deliktischen Verhaltens zur Gesellschaft bestimmt.

b) Kapitalstruktur

45 Ob und in welchem Maße eine Auslandsgesellschaft bei ihrer Gründung ein bestimmtes **Mindestkapital** aufbringen muss, richtet sich ausschließlich nach dem **Gründungsrecht**. Auch für die Frage, in welcher Weise das Kapital erbracht werden muss sowie für die Kapitalerhaltung und den Kapitalersatz ist das Gründungsrecht einschlägig.[57]

c) Gesellschafter- und Geschäftleiterhaftung

46 Die Haftung der Gesellschafter und der Geschäftsleiter bestimmt sich grundsätzlich nach dem Gründungsrecht. Zur **Insolvenzverschleppungshaftung** siehe Rn 56 f.

d) Haftung im Konzern

47 Bei einem grenzüberschreitenden Konzern bestimmt sich die Haftung grundsätzlich nach dem **Personalstatut der abhängigen Gesellschaft**.[58] Folglich sind auf eine deutsche GmbH als Untergesellschaft eines ausländischen Konzerns die Vorschriften des deutschen GmbH-Rechts anwendbar. Umgekehrt ist für eine EU-Auslandsgesellschaft als Tochter einer deutschen Kapitalgesellschaft das ausländische Personalstatut für Voraussetzung und Reichweite des konzernrechtlichen Schutzes maßgeblich.

---

56 BGHZ 128, 41, 47; BGH NJW 1990, 3088.
57 Zur Kritik an der EuGH-Rechtsprechung s. *Eidenmüller*, Rn 11 ff.
58 MüKo-InsO/*Kindler*, Rn 731 ff. m.w.N.; Süß/Wachter/*Hoffmann*, Handbuch des internationalen GmbH-Rechts, S. 243 ff.

IV. Internationales Insolvenzrecht

1. Überblick

Neben der Bestimmung des Gesellschaftsstatuts ist bei Gesellschaften mit Auslandsbezug auch **48**
die Frage des anzuwendenden Rechts im Insolvenzfall von Bedeutung. Unproblematisch ist das
jeweilige nationale Insolvenzrecht auf eine Gesellschaft anzuwenden, die in diesem Staat sowohl ihren satzungsmäßigen und tatsächlichen Verwaltungssitz als auch ihren Tätigkeits-
schwerpunkt hat. Bei allen anderen Gesellschaften stellt sich die Frage, welche internationalen
Insolvenzgerichte zuständig sind und welches Insolvenzrecht anwendbar ist. Diese Frage wird
nicht vom Gesellschaftsstatut, sondern vom **Internationalen Insolvenzrecht** beantwortet.
Dieses ist der Oberbegriff für alle als insolvenzrechtlich zu qualifizierenden kollisionsrechtlichen Normen sowie alle sach- und verfahrensrechtlichen Regeln, die auf alle Insolvenzfälle mit
internationalem Bezug anzuwenden sind. Für internationale Insolvenzen sind – je nach Fallgestaltung – verschiedene Rechtsquellen einschlägig: Gesellschaften, die den Mittelpunkt ihrer
hauptsächlichen Interessen in einem Mitgliedsstaat der Europäischen Union (mit Ausnahme
Dänemarks) haben, fallen in den Anwendungsbereich der Europäischen Verordnung über
Insolvenzverfahren (**EuInsVO**).[59] Das autonome **deutsche Internationale Insolvenzrecht** ist
in den §§ 335 bis 358 InsO geregelt, welches für grenzüberschreitende Insolvenzen gilt, bei
denen der Mittelpunkt der hauptsächlichen Interessen der Schuldner außerhalb der EU oder in
Dänemark liegt sowie für sonstige grenzüberschreitende Insolvenzfälle, die Drittstaaten betreffen.[60]

2. Europäische Auslandsgesellschaften

a) Anwendungsbereich der EuInsVO

Nach der EuInsVO kann im Inland ein Insolvenzverfahren in zwei Fällen eröffnet werden: Ein **49**
Hauptinsolvenzverfahren mit grundsätzlich gemeinschaftsweiter Wirkung findet in dem Mitgliedsstaat statt, auf dessen Gebiet sich der Mittelpunkt der hauptsächlichen Interessen des
Schuldners befindet.[61] Parallel dazu (dann **Sekundärinsolvenzverfahren**) aber auch losgelöst
davon (**Partikularverfahren**) kann in anderen Mitgliedsstaaten ein Insolvenzverfahren mit beschränkter territorialer Wirkung betrieben werden.[62] Auf das Vermögen, das von einem Sekundärinsolvenzverfahren betroffen ist, erstrecken sich die Wirkungen des Hauptinsolvenzverfahrens nicht.[63]

b) Insolvenzeröffnungsverfahren

Fragen der Eröffnung des Insolvenzverfahrens kommt eine zentrale Bedeutung zu, da es in vie- **50**
len Fällen mangels Masse überhaupt nicht zu einer Verfahrenseröffnung kommen dürfte. Maßgeblich ist – sofern die EuInsVO nichts anderes bestimmt – das Recht des Mitgliedsstaats, in
dem das Verfahren eröffnet wird bzw. werden soll (**lex fori concursus**).[64]

---

59 ABl (EG) Nr. L 160, v. 30.6.2000, 1ff.
60 MüKo-InsO/*Reinhart*, Vor §§ 335ff. Rn 3.
61 Art. 3 Abs. 1 EuInsVO.
62 Art. 3 Abs. 2 bis 4 EuInsVO.
63 Art. 17 Abs. 1 EuInsVO.
64 Art. 4 EuInsVO.

aa) Internationale Zuständigkeit

51 Die Eröffnung eines Hauptinsolvenzverfahrens setzt zunächst voraus, dass der **Mittelpunkt der hauptsächlichen Interessen** (auch „centre of main interests" – COMI) der ausländischen Gesellschaft im Inland liegt.[65] Als Mittelpunkt gilt der Ort, an dem der Schuldner gewöhnlich der Verwaltung seiner Interessen nachgeht und damit für Dritte erkennbar ist.[66] Seit der **„Eurofood"** Entscheidung des EuGH[67] scheint in der bis dahin lebhaft geführten Diskussion um die richtige Auslegung des Mittelpunktes der hauptsächlichen Interessen ein Endpunkt gesetzt worden zu sein.[68] Der EuGH hat sich für die sog. „Business Activity Theorie" entschieden. Danach ist der **Ort der werbenden Tätigkeit einer Gesellschaft** entscheidend. Zugrundegelegt wird damit die für Dritte erkennbare Umsetzung der internen Managemententscheidungen.

52 Wenn **mehrere Hauptinsolvenzverfahren** in verschiedenen Mitgliedsstaaten eröffnet werden, geht nach dem **Prioritätsgrundsatz** das zeitlich zuerst eröffnete Verfahren vor. In Deutschland dürfen später eröffnete Verfahren gem. Art. 102 § 3 Abs. 1 S. 2 EGInsO nicht mehr fortgeführt werden. Die **örtliche Zuständigkeit** ist in der EuInsVO nicht geregelt; daher bestimmt sich diese nach dem lex fori concursus, also in Deutschland nach § 3 Abs. 1 InsO.

bb) Insolvenzfähigkeit

53 Bei welcher Art von Schuldnern ein Insolvenzverfahren zulässig ist, richtet sich ebenfalls nach der lex fori concursus.[69] Folglich bestimmt sich dies nach 11 InsO; gem. Abs. 1 S. 1 kann ein Verfahren über das Vermögen jeder juristischen Person und nach Abs. 2 über das Vermögen jeder Gesellschaft ohne Rechtspersönlichkeit eröffnet werden.

---

54 **Wichtig**

Bei ausländischen Gesellschaften ist zunächst zu klären, um was für ein Gebilde es sich bei der entsprechenden Gesellschaft handelt. Die Frage der Rechtspersönlichkeit wird nach dem Gesellschaftsstatut, also in der Regel nach dem Gründungsrecht, beurteilt.

---

cc) Eröffnungsgründe

55 Die Eröffnungsgründe sind ebenfalls dem lex fori concursus zu entnehmen.[70] Dies sind **Zahlungsunfähigkeit** (§ 17 Abs. 1 InsO), falls der Schuldner die Eröffnung beantragt auch die **drohende Zahlungsunfähigkeit** (§ 18 Abs. 1 InsO) sowie bei juristischen Personen die **Überschuldung** (§ 19 Abs. 1 InsO). Bei Sekundärinsolvenzverfahren, also wenn bereits ein Hauptinsolvenzverfahren eröffnet worden ist, kann auf das Vorliegen eines Eröffnungsgrunds verzichtet werden, nicht aber bei einem Partikularverfahren.[71]

dd) Insolvenzantrag

56 Antragsberechtigt sind gem. § 13 Abs. 1 S. 2 InsO im Hinblick auf ein **Hauptinsolvenzverfahren** die Gläubiger der Auslandsgesellschaft sowie diese als Schuldner. Bei einem **Sekundärinsol-**

---

65 Art. 3 Abs. 1 S. EuInsVO.
66 Vgl. den 13. Erwägungsgrund der EuInsVO.
67 EuGH, BB 2006, 1762.
68 MüKo-InsO/*Reinhart*, Art. 3 EuInsVO Rn 30.
69 Art. 4 Abs. 2 S. 2 lit. a EuInsVO.
70 Art. 4 Abs. 2 S. 1 EuInsVO.
71 Zu den Einzelheiten s. *Eidenmüller*, § 9 Rn 21.

Tepper

venzverfahren steht die Antragsberechtigung zum einem dem Verwalter des Hauptinsolvenzverfahrens und zum anderen jeder anderen Person oder Stelle zu, der nach dem Recht des Mitgliedsstaates, auf dessen Gebiet das Sekundärverfahren durchgeführt werden soll, ein Recht zur Eröffnung des Insolvenzverfahrens zusteht.[72] Bei Partikularverfahren haben nur die Gesellschaftsgläubiger ein Antragsrecht, nicht aber die Gesellschaft, vgl. § 354 Abs. 1 InsO. Nach deutschem Recht sind die Geschäftsführer einer GmbH und der Vorstand einer AG im Falle der Zahlungsunfähigkeit oder Überschuldung der Gesellschaft verpflichtet, ohne schuldhaftes Zögern, spätestens binnen drei Wochen, die Einleitung des Insolvenzverfahrens zu beantragen, § 15a InsO. Mit der Übernahme dieser Antragspflicht in die Insolvenzordnung hat der deutsche Gesetzgeber die Absicht verbunden, den Streit um die Frage, ob die Antragspflicht insolvenzrechtlich oder gesellschaftsrechtlich zu qualifizieren sei, zu beenden. Es ist das erklärte Ziel mit der Formulierung in § 15a, die nun nicht mehr allein auf deutsche Gesellschaften abstellt, **auch in Deutschland tätige Auslandsgesellschaften der Antragspflicht zu unterwerfen.**[73] Damit unterfallen inländische Niederlassungen ausländischer Gesellschaften, die ihren Mittelpunkt der wirtschaftlichen Interessen (COMI) in Deutschland haben, der Insolvenzantragspflicht des § 15a InsO.

Soweit die Insolvenzantragspflicht für in Deutschland tätige Auslandsgesellschaften besteht, kommt auch ein deutschrechtlicher **deliktischer Anspruch gem. § 823 Abs. 2 BGB** wegen Verstoß gegen § 15a InsO in Betracht.[74] Jedenfalls der durch das MoMiG eingeführte Haftungstatbestand des **§ 64 S. 3 GmbHG** ist auch auf in Deutschland tätige (d.h. hier liegt ihr COMI) Auslandsgesellschaften anwendbar.[75]   57

ee) Ablehnung der Eröffnung

Wenn das Vermögen des Schuldners voraussichtlich nicht ausreichen wird, um die Kosten des Verfahrens zu decken und kein ausreichender Geldbetrag vorgestreckt wird, weist gem. Art. 4 Abs. 2 S. 1 EuInsVO i.V.m. § 26 Abs. 1 InsO das Insolvenzgericht den Antrag auf Eröffnung des Insolvenzverfahrens zurück. Bei einer Kapitalgesellschaft hat dies die Auflösung der Gesellschaft zur Folge (§ 262 Abs. 1 Nr. 4 AktG, § 60 Abs. 1 Nr. 5 GmbHG). Die Auflösungsfolge ist die **gesellschaftsrechtliche Wirkung** eines insolvenzrechtlichen Tatbestandes. Bei einer Auslandsgesellschaft beurteilt sich nach dem **Gesellschaftsstatut**, also nach dem Gründungsrecht der Gesellschaft, welche Konsequenzen sich aus der Ablehnungseröffnung ergeben.[76]   58

c) Insolvenzverfahren

Für das eröffnete Insolvenzverfahren und seine Wirkungen gilt ebenso wie für das Insolvenzeröffnungsverfahren – soweit die EuInsVO nichts anderes bestimmt – das Recht des Mitgliedsstaats, in dem das Verfahren eröffnet worden ist (**lex fori concursus**).[77] Zu dieser Materie zählen die **Befugnisse des Schuldners und des Verwalters**,[78] mithin also die deutschen Normen über die **Eigenverwaltung** (§§ 270 ff. InsO), die Voraussetzungen über die Wirkung einer **Aufrech-**   59

---

72 Art. 29 EuInsVO.
73 MüKo-StGB/*Kiethe/Hohmann*, 1. Aufl. 2010, § 15a InsO Rn 29.
74 Nerlich/Römermann/*Mönning*, Insolvenzordnung, 22. Ergänzungslieferung 2011, § 15a Rn 25; Andres/Leithaus/*Leithaus*, Insolvenzordnung, 2. Aufl. 2011, § 15a Rn 11.
75 MüKo-GmbHG/*H.F. Müller*, 1. Aufl. 2011, § 64 Rn 158 m.w.N.; zur Organhaftung bei ausländischen Gesellschaften vgl. The Willis Worldwide Directory of Director' and Officers' Liability, 3. Aufl. 2005.
76 Zur Kritik an der aktuellen Rechtslage s. *Eidenmüller*, § 9 Rn 37 f.
77 Art. 4 EuInsVO.
78 Art. 4 Abs. 2 S. 2 lit. c EuInsVO.

nung,[79] die **Anfechtbarkeit** von Rechtshandlungen[80] sowie die Voraussetzungen und Wirkungen der Beendigung des Insolvenzverfahrens, insbesondere durch Vergleich.[81]

aa) Handlungsbefugnisse der Geschäftsleiter und Gesellschafter

60 Die Handlungsbefugnisse der Geschäftsleiter und Gesellschafter bestimmen sich – auch im Insolvenzfall – nach dem **Gesellschaftsstatut** und damit grundsätzlich nach dem Gründungsrecht, soweit diese nicht durch spezifisch insolvenzrechtliche Vorschriften verdrängt bzw. überlagert werden. Konkret hat dies zur Folge, dass z.B. bei einer angeordneten Eigenverwaltung die Befugnisse des Schuldners gem. §§ 270 ff. InsO von dem nach dem Gesellschaftsstatut berechtigten Organen wahrgenommen werden. Ebenso beurteilt sich nach dem Gesellschaftsstatut, welche Sanierungsmaßnahmen die Gesellschafter im Krisenfall treffen können bzw. müssen.

bb) Gesellschafterdarlehen

61 Nach § 39 Abs. 1 Nr. 5 InsO sind Forderungen auf Rückgewähr von Gesellschafterdarlehen im Rang nach den übrigen Forderungen der Insolvenzgläubiger zu berichtigen. Da die Regelungen zum eigenkapitalersetzenden Darlehen durch das MoMiG weggefallen sind, stellt sich die – nach dem Gesellschaftsstatut zu beantwortenden – Vorfrage nach dem Eigenkapitalersatzcharakter nicht mehr. Auch bei in Deutschland tätigen Auslandsgesellschaften haben Gesellschafterdarlehen immer den Rang des § 39 Abs. 1 Nr. 5 InsO.

3. Sonstige Auslandsgesellschaften

62 Die EuInsVO ist nur anwendbar, wenn der Mittelpunkt der hauptsächlichen Interessen der ausländischen Gesellschaft in einem EG-Mitgliedsstaat liegt. Selbst wenn dies zutrifft, regelt die EuInsVO nur das Verhältnis zu den Mitgliedsstaaten, nicht jedoch dasjenige zu Drittstaaten. In diesen Fällen haben die EG-Mitgliedsstaaten ihr autonomes **Internationales Insolvenzrecht** anzuwenden, also in Deutschland die §§ 335 ff. InsO. Dem Internationalen Insolvenzrecht gehen **staatsvertragliche Regelungen** vor. Indes gibt es nur wenige internationale Abkommen, die länderübergreifende Fragen des Insolvenzverfahrens regeln.[82] Für die Bundesrepublik Deutschland bestehen im Verhältnis zu Drittstaaten keine entsprechenden Abkommen, so dass die Vorschriften des Internationalen Insolvenzrecht (§§ 355 ff. InsO) bei der Behandlung von internationalen Insolvenzfälle von nicht-europäischen Gesellschaft einschlägig bleiben.

---

79 Art. 4 Abs. 2 S. 2 lit. d EuInsVO.
80 Art. 4 Abs. 2 S. 2 lit. m EuInsVO.
81 Art. 4 Abs. 2 S. 2 lit. j EuInsVO.
82 Übersicht bei MüKo-Inso/*Reinhart*, vor Art. 102 EGInsO Rn 72 ff.

Dr. Franz Tepper LL.M.

§ 52 Deutsches internationales Prozessrecht

Literatur: *Eidenmüller*, Ausländische Kapitalgesellschaften im deutschen Recht, 2004; *Geimer*, Internationales Zivilprozessrecht, 6. Auflage 2009; *Geimer/Schütze*, Europäisches Zivilverfahrensrecht, 3. Auflage 2010; *Kropholler/von Hein*, Europäisches Zivilprozessrecht, 9. Auflage 2011; *Lachmann*, Handbuch für die Schiedsgerichtspraxis, 3. Aufl. 2008; *Münchener Kommentar zur Zivilprozessordnung*, Band 3, 3. Aufl. 2008; *Nagel/Gottwald*, Internationales Zivilprozessrecht, 6. Auflage 2007; *Reithmann/Martiny*, Internationales Vertragsrecht, 7. Aufl. 2010; *Schack*, Internationales Verfahrensrecht, 5. Auflage 2010; *Spahlinger/Wegen*, Internationales Gesellschaftsrecht in der Praxis, 2005; *Zöller*, Kommentar zur Zivilprozessordnung, 29. Aufl. 2012.

I. Grundsätzliches

Der Frage nach dem anwendbaren Recht vorgelagert und im konkreten Fall immer zuerst zu beantworten ist die Frage nach der **internationalen Zuständigkeit**. Die internationale Zuständigkeit ist entscheidend dafür, welches Gericht in welchem Staat berufen ist, einen Rechtsstreit zu entscheiden. Soweit es um zivilprozessuale Fragen geht, wenden die Gerichte jedes Staates jeweils nur das in dem jeweiligen Staat geltende Zivilprozessrecht an (**lex fori-Prinzip**).[1] Für den Bereich der Europäischen Union gilt die am 1. März 2002 in Kraft getretene Verordnung über die gerichtliche Zuständigkeit und die Anerkennung und Vollstreckung von Entscheidungen in Zivil- und Handelssachen (**EuGVVO**).[2] Mit den EFTA-Staaten (damals: Finnland, Island, Norwegen, Österreich, Schweden, Schweiz; jetzt nur noch: Island, Norwegen und die Schweiz) wurde 1995 ein Parallelübereinkommen (LugÜ I) abgeschlossen, das im Wesentlichen die Regelungen des damaligen EuGVÜ übernahm. LugÜ I wurde durch das revidierte Luganer Übereinkommen über die gerichtliche Zuständigkeit und die Anerkennung und Vollstreckung von Entscheidungen in Zivil- und Handelssachen vom 30. Oktober 2007 (**LugÜ II**)[3] abgelöst. Vertragsparteien sind die EU, Dänemark, Island, Norwegen und die Schweiz. Es ist am 1. Januar 2010 für die EU, Dänemark und Norwegen, am 1. Januar 2011 für die Schweiz und am 1. Mai 2011 für Island in Kraft getreten.[4] Im Übrigen sind zahlreiche multilaterale und bilaterale Abkommen in Spezial-

1

---

1 *Schack*, Rn 221 ff.
2 ABl EG Nr. L 12 v. 16.1.2001, 1 ff.; seit dem Inkrafttreten des Übereinkommens zwischen der Europäischen Gemeinschaft und dem Königreich Dänemark über die Wirkungserstreckung der EuGVO auch auf Dänemark vom 19.10.2005 (Abl. EU Nr. L 299, 62) gilt die EuGVO seit dem 1.7.2007 auch im Verhältnis zu Dänemark.
3 Abl. EU 2009 Nr. L 147, 5.
4 Zöller/*Geimer*, ZPO, Anh I Art. 1 EuGVVO Rn 16.

bereichen oder für einzelne Staaten zu beachten.[5] Neben dem allgemeinen Gerichtsstand des Beklagten nach Art. 2 Abs. 1 EuGVVO und LugÜ II bzw. §§ 12, 17 ZPO gibt es in der EuGVVO, dem LugÜ II und der ZPO ausschließliche und besondere Gerichtszuständigkeiten für gesellschaftsrechtliche Streitigkeiten.

---

2 Wichtig

Für den Rechtsberater ist das Bestehen oder Nichtbestehen einer inländischen internationalen Zuständigkeit zugleich mit der Entscheidung verbunden, ob er das Mandat vollständig weiterbetreuen kann oder ob er eventuell einen ausländischen Kollegen hinzuziehen sollte.

II. Gerichtsstand

1. Allgemeine Regeln

3 Eine ausländische Kapitalgesellschaft ist in Anwendung der allgemeinen Grundsätze in ihrem **Sitzstaat** gerichtpflichtig. Soweit der Beklagte seinen Sitz in einem Mitgliedsstaat der EU hat, ist es für seine Gerichtpflicht nach der EuGVVO in der Regel unerheblich, ob der Kläger seinen Sitz in einem Drittstaat oder in einem anderen Mitgliedsstaat der EU hat.[6] Gem. Art. 2 i.V.m. 60 EuGVVO kann eine Gesellschaft insbesondere am Ort ihres satzungsmäßigen **Sitzes**, ihrer **Hauptverwaltung** oder ihrer **Hauptniederlassung** verklagt werden, da sie dort – je nach nationalem Prozessrecht – ihren allgemeinen Gerichtsstand hat. Ein weiterer praktisch relevanter Gerichtsstand für ausländische Kapitalgesellschaften besteht am **Ort einer Zweigniederlassung**, sofern der Rechtsstreit dem Betrieb dieser Zweigniederlassung entspringt.

a) Ausschließliche Zuständigkeit nach Art. 22 Nr. 2 S. 1 EuGVVO und LugÜ II

4 Eine ausschließliche Zuständigkeit besteht für Klagen, die die Nichtigkeit einer Gesellschaft oder juristischen Person, die Auflösung einer Gesellschaft oder juristischen Person oder die Gültigkeit oder Nichtigkeit der Beschlüsse der Organe einer Gesellschaft oder juristischen Person betreffen, Art. 22 Nr. 2 S. 1 EuGVVO und LugÜ II. Für diese Klagen sind ausschließlich die Gerichte des Mitgliedsstaats bzw. Vertragsstaats zuständig, auf dessen Territorium die betreffende Gesellschaft oder juristische Person ihren Sitz hat. Art. 22 Nr. 2 S. 2 EuGVVO definiert den „Sitz": demnach entscheidet hierüber das Gericht unter Anwendung der Vorschriften seines Internationalen Privatrechts, d.h. nach dem für das Gericht geltenden Internationalen Gesellschaftsrecht.[7]

5 Daher sind **deutsche Gerichte** ausschließlich zuständig für:
- Klagen auf **Nichtigerklärung** einer GmbH gem. §§ 75 f. GmbHG, einer AG (§ 275 AktG), einer KG a.A. (§§ 275, 278 Abs. 3 AktG), einer Genossenschaft (§ 94 GenG), eines Vereins, einer OHG, einer KG und einer Gesellschaft bürgerlichen Rechts,
- Klagen auf **Auflösung** einer GmbH gem. § 61 GmbHG, einer OHG (§ 133 HGB) und einer KG (§§ 133, 161 Abs. 2 GmbHG) und
- Anfechtungs- und Nichtigkeitsklagen gegen **Beschlüsse** deutscher Gesellschaften, z.B. gem. §§ 246 ff. AktG und Klagen auf Feststellung der Wirksamkeit oder Unwirksamkeit von Beschlüssen deutscher Gesellschaften gem. § 256 ZPO.

---

5 Übersicht bei MüKo-ZPO/*Gottwald*, IZPR Rn 1 ff.

6 Eidenmüller/*Rehm*, § 5 Rn 117.

7 *Spahlinger/Wegen*, Rn 782.

b) Besondere Zuständigkeiten nach EuGVVO und LugÜ II

Soweit ein ausschließlicher Gerichtsstand nach Art. 22 Nr. 2 S. 1 EuGVVO und LugÜ II nicht ge- **6** geben ist, kommen für gesellschaftsrechtliche Streitigkeiten die allgemeinen Zuständigkeitsnormen zur Anwendung,[8] und zwar insbesondere:

- Der Gerichtsstand des vertraglichen **Erfüllungsortes**, Art. 5 Nr. 1 EuGVVO und Art. 5 Abs. 1 LugÜ II,
- der Gerichtsstand der **unerlaubten Handlung**, Art. 5 Nr. 3 EuGVVO und Art. 5 Abs. 3 LugÜ II und
- der Gerichtsstand der **Niederlassung**, Art. 5 Nr. 5 EuGVVO und Art. 5 Abs. 5 LugÜ II.

Art. 5 EuGVVO und LugÜ II setzen übereinstimmend voraus, dass der Beklagte seinen **Wohnsitz** **7** auf dem Gebiet eines Mitglieds- oder Vertragsstaat hat. Art. 60 Abs. 1 EuGVVO definiert als Wohnsitz einer Gesellschaft den satzungsmäßigen Sitz, die Hauptverwaltung oder ihre Hauptniederlassung. Für Gesellschaften des Vereinigten Königreichs und Irlands regelt Art. 60 Abs. 2 EuGVVO, dass unter dem satzungsmäßigen Sitz das **registered office**, oder, falls ein solches nicht besteht, der **place of incorporation**, also der Ort der Erlangung der Rechtsfähigkeit zu verstehen ist, oder, wenn auch dieser nirgendwo besteht, der Ort, nach dessen Recht die **formation**, also die Gründung erfolgt ist.

Der Begriff des Vertrags für die Begründung des Gerichtsstands des vertraglichen **Erfül-** **8** **lungsortes** ist weit zu verstehen; er umfasst jede freiwillig gegenüber einer anderen Person eingegangene Verpflichtung.[9] Darunter fallen die Mitgliedschaft in einem Verein, das Verhältnis der Aktionäre untereinander und der Anspruch auf Erbringung einer gesellschaftsrechtlichen Einlageschuld. Streitig sind hingegen organschaftliche Sonderverbindungen, Gründerhaftung gem. §§ 9a Abs. 1, 57 Abs. 4 GmbHG und Erstattungsansprüche gem. §§ 30 f. GmbHG.[10]

Beim Gerichtsstand der **unerlaubten Handlung** gem. Art. 5 Nr. 3 EuGVVO und Art. 5 Abs. 3 **9** LuGÜ II ist dies das Gericht an dem Ort, an dem das schädigende Ereignis eingetreten ist oder einzutreten droht. Dies kann sowohl der **Handlungs-** als auch der **Erfolgsort** sein.[11]

c) Besondere Zuständigkeiten in ZPO

Außerhalb des Anwendungsbereichs von EuGVVO und LugÜ bestimmt sich die Zuständigkeit **10** nach der ZPO. Klagen einer deutschen Gesellschaft gegen ihre Gesellschafter oder Klagen von Gesellschaftern gegeneinander können gem. §§ 22, 17 ZPO vor dem Gericht am Ort des tatsächlichen **Verwaltungssitzes** erhoben werden. Die Zuständigkeit nach § 22 ZPO gilt für Ansprüche vermögensrechtlicher und nicht vermögensrechtlicher Natur. Klagen der Gesellschaft gegen ihre Gesellschafter müssen sich auf die Mitgliedschaft, also die Gesellschafterstellung als solche beziehen.[12] Des Weiteren besteht noch der besondere Gerichtsstand des **Erfüllungsorts** gem. § 29 ZPO, der **unerlaubten Handlung** (§ 32 ZPO) und der **Niederlassung** (§ 21 ZPO).

2. Gerichtsstandsvereinbarung

Gerichtsstandsvereinbarungen sind im Rahmen des Art. 23 EuGVVO und LuGÜ II zulässig und **11** können insofern **ausschließlich** wirken, als sie in ihrem Anwendungsbereich konkurrierende Gerichtszuständigkeiten verdrängen.

---

8 Zöller/*Geimer*, Anh I Art. 22 EuGVVO Rn 26.
9 Zöller/*Geimer*, ZPO, Anh I Art. 5 EuGVVO Rn 10 m.w.N.
10 Siehe *Spahlinger/Wegen*, Rn 788 zu den Einzelheiten.
11 EuGH NJW 1977, 493.
12 Zu den Details siehe *Spahlinger/Wegen*, Rn 795.

12   Voraussetzung ist zunächst, dass die Zuständigkeit eines Gerichts in einem EU- oder LugÜ II-Mitgliedsstaat vereinbart wird und eine der Parteien ihren (Wohn-) Sitz in einem EU- oder LugÜ II-Vertragsstaat hat.

13   Es besteht ein **Schriftformerfordernis**; ausreichend ist auch die sog. halbe Schriftlichkeit (mündliche Vereinbarung mit anschließender schriftlicher Bestätigung durch eine der Parteien). Ebenfalls zulässig ist die Einhaltung einer Form entsprechend internationalen Handelsbräuchen in der betreffenden Branche. Die Gesellschaft kann überdies in ihrer **Satzung** oder ihrem **Gesellschaftsvertrag** einen Ort bestimmen, an dem sie verklagt werden kann.[13]

III. Schiedsgericht

1. Allgemeines

14 Ein weiteres prozessuales Gestaltungselement an Stelle von Gerichtsstandsvereinbarungen sind Schiedsklauseln. Schiedsgerichtsvereinbarungen sind im Geschäftsverkehr zwischen Unternehmen insbesondere dann üblich, wenn es um die Beurteilung von Verträgen geht, deren Inhalt geheimhaltungsbedürftig ist, etwa bei technischem Know-how oder wenn die Vertragspartner ihre Auseinandersetzung nicht öffentlich austragen möchten.[14] Im Gegensatz zu Verfahren vor ordentlichen Gerichten gilt hier nämlich in der Regel der **Ausschluss der Öffentlichkeit**.

15   Ferner ist ein Hauptanwendungsbereich von Schiedsvereinbarungen der **Internationale Rechtsverkehr**. Schiedsvereinbarungen können Unzulänglichkeiten nationaler Gerichte (etwa solchen in den USA) vermeiden oder einen Kompromiss bei der Einigung auf ein Forum zwischen den Parteien darstellen.

---

16 **Praxistipp**

Die Vereinbarung eines Schiedsgerichts in Joint-Venture-Verträgen mit US-amerikanischen Vertragspartnern vermeidet eine kostspielige und rechtsunsichere Auseinandersetzung vor US-amerikanischen Gerichten. Sie ist bei Vertragsverhandlungen grundsätzlich wichtiger als die Frage des anwendbaren Rechts.

---

2. Rechtsquellen

17 Multi- und bilaterale Staatsverträge sowie autonomes nationales Recht behandeln das Zustandekommen und die Wirksamkeit von Schiedsvereinbarungen, das schiedsgerichtliche Verfahren sowie Anerkennung und Vollstreckung ausländischer Schiedssprüche. Wegen seiner praktischen Bedeutung genießt das UN-Übereinkommen über die Anerkennung und Vollstreckung ausländischer Schiedssprüche vom 10.6.1958 (**UNÜ**) eine Vorrangstellung.[15] Daneben ist das europäische Übereinkommen über die internationale Handelsschiedsgerichtsbarkeit vom 21.4.1961 von Bedeutung.[16] Zahlreiche weitere Regelungen finden sich in bilateralen Staatsverträgen.[17] Darüber hinaus kommt **nationales Zivilverfahrensrecht** (in Deutschland §§ 1025 ff. ZPO) für Schiedsvereinbarungen, Verfahren sowie Anerkennung und Vollstreckung dann zur Anwendung, wenn ein- oder mehrseitige Staatsverträge bestimmte Teilaspekte nicht regeln.

---

13 EuGH, Rs. C-214/89 (*Powell Dyffryn*) Slg. 1992 I-1745 Rn 17 ff.
14 Zu den Vor- und Nachteilen des Schiedsverfahrens ausführlich *Lachmann*, Rn 119 ff.
15 BGBl 1961 II, 122.
16 BGBl 1964 II, 426.
17 Übersicht und Nachweise bei Reithmann/Martiny/*Hausmann*, Rn 6565 ff.

Nach h.M. wird die Schiedsvereinbarung grundsätzlich als materiellrechtlicher Vertrag über **18** prozessrechtliche Beziehungen angesehen, der dem Vertragsstatut untersteht.[18] Bei der Schiedsvereinbarung innerhalb von Gesellschaftsverträgen untersteht diese Klausel dem Gesellschaftsstatut, ist also nach dem **Gründungsrecht** zu beurteilen. Folglich ist deutsches Recht zwingend anwendbar für das Zustandekommen und die Wirksamkeit von Schiedsvereinbarungen nur in Gesellschaftsverträgen deutscher Gesellschaften.

3. Schiedsfähigkeit

Voraussetzung für eine wirksame Schiedsvereinbarung ist zunächst, dass der Streitgegenstand **19** subjektiv und objektiv schiedsfähig ist. **Subjektive Schiedsfähigkeit** ist gegeben, wenn die Parteien persönlich berechtigt sind, durch Abschluss einer Schiedsvereinbarung über einen Streitgegenstand zu verfügen. Die subjektive Schiedsfähigkeit entspricht weitestgehend der Geschäftsfähigkeit und liegt damit im Regelfall vor. Auch ausländische Gesellschaften mit Verwaltungssitz im Inland sind grundsätzlich rechtsfähig (siehe § 51 Rn 10).

Die **objektive Schiedsfähigkeit** betrifft die Frage, ob ein Schiedsgericht über einen be- **20** stimmten Streitgegenstand entscheiden kann, weil der Staat sich insoweit kein Rechtsprechungsmonopol vorbehalten hat.[19] Uneingeschränkt schiedsfähig sind vermögensrechtliche Ansprüche jeglicher Art.[20] Aber auch nichtvermögensrechtliche Ansprüche sind schiedsfähig, sofern die Parteien berechtigt sind, über den Streitgegenstand einen Vergleich abzuschließen.[21]

Lange Zeit war in Deutschland umstritten, ob **Anfechtungs- und Nichtigkeitsklagen ge- 21 gen GmbH-Gesellschafterbeschlüsse** schiedsfähig waren. Dies hat der BGH[22] nunmehr bejaht und hält Schiedsklauseln unter bestimmten Voraussetzungen in Gesellschaftsverträgen auch insoweit für zulässig.[23]

Praxistipp   **22**

Um sich die Ausarbeitung eines ausführlichen Schiedsvertrages zu ersparen, kann in einem deutschen GmbH-Gesellschaftsvertrag auf die Musterklausel für gesellschaftsrechtliche Streitigkeiten der DIS zurückgegriffen werden, die die aktuelle Rechtsprechung des BGH berücksichtigt.

---

4. Internationale Schiedsgerichtsverfahren

Seit geraumer Zeit gibt es internationale Institutionen, die Schiedsverfahren durchführen. Am **23** bekanntesten sind der Schiedsgerichtshof der Internationalen Handelskammer in Paris (**ICC**) und der London Court of International Arbitration (**LCIA**), die American Arbitration Association (**AAA**) und die Deutsche Institution für Schiedsgerichtsbarkeit e.V. (**DIS**). Diese Institutionen besitzen eigene Schiedsgerichtsordnungen und schlagen Musterschiedsklauseln vor, die eine weite Verbreitung gefunden haben.

---

18 BGH NJW 1957, 589; 1964, 591; Reithmann/Martiny/*Hausmann*, Rn 6552; a.A.: Zöller/*Geimer*, ZPO, § 1025 Rn 3.
19 BGH ZIP 1996, 830, 832.
20 Vgl. § 1030 Abs. 1 S. 1 ZPO.
21 Vgl. § 1030 Abs. 1 S. 2 ZPO.
22 BGH NJW 2009, 1962.
23 Zu den Einzelheiten Zöller/*Geimer*, ZPO, § 1030 Rn 10 ff.

24 Praxistipp

Ist die Verwendung einer Schiedsklausel in einem einer ausländischen, gesellschaftsrechtlich nicht weit entwickelten Rechtsordnung unterliegenden Gesellschaftsvertrag nicht zulässig, ist es ratsam, neben dem Gesellschaftsvertrag eine Joint-Venture-Vereinbarung abzuschließen, die einer Rechtsordnung unterworfen wird, nach der eine Schiedsklausel zulässig ist. Eine solche Rechtswahl wird dann sinnvollerweise durch die Vereinbarung eines institutionellen Schiedsgerichts mit Schiedsort außerhalb des Staates, der eine Schiedsklausel nicht erlaubt, abgesichert.

Dr. Axel Brandi
§ 53 Europäische Gesellschaftsformen

Literatur: *Anzinger*, Die Europäische Privatgesellschaft – Vom Vollstatut zum tragfähigen Kompromiss, BB 2009, 2600; *Arens*, Gesellschaftsrecht, 2. Aufl. 2005; *Endres*, Europa-AG und Steuern: Das Flaggschiff ist da, es fehlt nur noch das Segel, RIW 2004, 735; *Förster/Lange*, Steuerliche Aspekte der Gründung einer europäischen Gesellschaft (SE), DB 2002, 288; *Freudenberg*, Mindestkapital und Gründungshaftung in der SPE nach dem schwedischen Kompromissentwurf, NZG 2010, 527; *Giedinghagen*, Die Europäische Privatgesellschaft (SPE), Eine Alternative zur GmbH?, NJW Spezial 2008, 751; *Grambow/Stadler*, Grenzüberschreitende Verschmelzungen unter Beteiligung einer Europäischen Gesellschaft (Societas Europaea-SE), BB 2010, 977; *Grüninger*, Aspekte, Strategien und Möglichkeiten einer EWIV von Rechtsanwälten, AnwBl 1992, 111; *Heckschen*, Die Europäische AG aus notarieller Sicht, DNotZ 2003, 251; *Hirte*, Die europäische Aktiengesellschaft, NZG 2002, 1; *Hopt*, Die Europäische Privatgesellschaft, EuZW 2008, 513; *Hüffer*, Aktiengesetz, 10. Aufl. 2012; *Jannott/Frodermann*, Handbuch der Europäischen Aktiengesellschaft, 2005; *Hommelhoff/Teichmann*, Auf dem Weg zur Europäischen Privatgesellschaft (SPE), DStR 2008, 925; *Kalss*, Der Minderheitenschutz bei Gründung und Sitzverlegung der SE nach dem Diskussionsentwurf, ZGR 2003, 593; *Kalss/Hügel*, Europäische Aktiengesellschaft, SE-Kommentar, 2004; *Kloster*, Societas Europaea und europäische Zusammenschlüsse, EuZW 2003, 293; *Lutter*, Holding-Handbuch, 4. Aufl. 2004; *Lutter/Hommelhoff*, SE Kommentar, 1. Aufl. 2008; *Lutter*, Umwandlungsgesetz, 3. Aufl. 2004; *Lutter/Hommelhoff*, Die Europäische Gesellschaft, 2005; *Maul/Röhricht*, Die Europäische Privatgesellschaft – Überblick über eine neue supranationale Rechtsform – BB 2008, 1574; *Michalski/Römermann*, Interprofessionelle Zusammenarbeit von Rechtsanwälten, NJW 1996, 3233; *Münchener Handbuch des Gesellschaftsrechts*, Band 1, 3. Aufl. 2009; *Münchener Kommentar zum Aktienrecht*, 3. Aufl. 2012; *Münchener Vertragshandbuch*, Band 1, Gesellschaftsrecht, 7. Aufl. 2011; *Schulz/Geismar*, Die europäische Aktiengesellschaft, DStR 2001, 1078; *Teichmann*, Austrittsrecht und Pflichtangebot bei Gründung einer Europäischen Aktiengesellschaft, AG 2004, 67; *Teichmann*, Minderheitenschutz bei Gründung und Sitzverlegung der SE, ZGR 2003, 367; *Teichmann*, Die Einführung der Europäischen Aktiengesellschaft, ZGR 2002, 383; *Thoma/Leuering*, Die europäische Aktiengesellschaft – Societas Europaea, NJW 2002, 1449; *Wenz*, Einsatzmöglichkeiten einer Europäischen Aktiengesellschaft in der Unternehmerpraxis aus betriebswirtschaftlicher Sicht, AG 2003, 185; *Widmann/Mayer*, Umwandlungsrecht, Loseblatt, Stand März 2012.

Inhalt

I. Europäische Wirtschaftliche Interessenvereinigung (EWIV)

1 Die Europäische Wirtschaftliche Interessenvereinigung (EWIV) ermöglicht die Gründung einer Verbindung, die ihre Mitglieder bei deren jeweiliger Tätigkeit unterstützt.[1] Nach Art. 3 Abs. 1 EWIV-VO hat die Vereinigung „den Zweck, die wirtschaftliche Tätigkeit ihrer Mitglieder zu erleichtern oder zu entwickeln sowie die Ergebnisse dieser Tätigkeit zu verbessern oder zu steigern. Ihre Tätigkeit muss **im Zusammenhang mit der wirtschaftlichen Tätigkeit ihrer Mitglieder** stehen und darf nur eine **Hilfstätigkeit** hierzu bilden." Entscheidend ist also der Charakter als Hilfsinstrument zur Unterstützung der wirtschaftlichen Aktivitäten der Mitglieder.[2] Rechtsanwälte bedienen sich gern der EWIV, um ihre internationalen Kooperationspartner marketingwirksam auf den Kanzleibriefbögen zu führen.[3] Sinnvollerweise sollte sich die Tätigkeit der EWIV nicht in den Hinweisen auf EWIV-Partner im In- und Ausland erschöpfen. Die Kooperation in der EWIV kann sehr viel weiter gehen. Der Begriff „Hilfstätigkeit" ist zwar noch nicht endgültig abgegrenzt, er wird aber nicht allzu eng zu interpretieren sein.[4] In Betracht kommt die Entwicklung übereinstimmender Organisationsstrukturen der Partner, abgestimmte Marketingmaßnahmen wie Kanzleibroschüren, Entwicklung gemeinsamer Software etc.[5]

2 Schlagwortartig wird die EWIV als OHG mit Fremdgeschäftsführung beschrieben. Sie ist in ihrer Struktur sehr einfach angelegt und soll den Mitgliedern eine möglichst große Flexibilität hinsichtlich ihrer vertraglichen Ausgestaltung einräumen. Die wesentlichen Merkmale der EWIV sind in der amtlichen Begründung zum Entwurf des deutschen Ausführungsgesetzes beschrieben:

„Oberstes Organ sind die gemeinschaftlich handelnden **Mitglieder**, von denen mindestens **zwei** aus **verschiedenen Mitgliedstaaten der EG** kommen müssen.[6] Die Geschäfte werden von Geschäftsführern geführt; diese vertreten die EWIV auch nach außen. Ein Kapital ist nicht erforderlich; die Mitglieder kommen in der im Gründungsvertrag festgelegten Weise für den Betrieb der EWIV auf. Mitgliederwechsel ist möglich. Der Schutz der Gläubiger einer EWIV ist durch die **unbeschränkte gesamtschuldnerische Haftung** der Mitglieder sichergestellt. Die Eintragung in nationalen Registern sowie die notwendigen Bekanntmachungen sorgen für die ausreichende Unterrichtung und damit den Schutz des Rechtsverkehrs."

---

1 Umfassend zur EWIV: Arens/*Schlüter*, § 26.
2 MünchGesR/*Salger*/*Neye*, Bd. 1, § 94 Rn 28.
3 *Michalski*/*Römermann*, NJW 1996, 3233, 3237.
4 MünchGesR/*Salger*/*Neye*, Bd.1, § 94 Rn 28 m.w.N.
5 Der Fantasie sind kaum Grenzen gesetzt. Genannt werden die Versendung von Praxisbroschüren bzw. einer EWIV-Broschüre, Versendung von Mandantenrundbriefen mit Beschreibung aktueller Entwicklungen, Seminare und Vorträge für Mandanten, Verwendung von gemeinsamen Logos (siehe *Grüninger*, AnwBl 1992, 111 ff.).
6 BT-Drucks 11/352, 6.

Brandi

Wichtig   **3**
Eine EWIV ist leicht zu händeln, verfügt aber nur über einen geringen Aktionsradius und birgt ein vergleichsweise hohes Haftungsrisiko.

Nach Art. 1 Abs. 1 S. 2 EWIV-VO sind zur Gründung einer EWIV der Abschluss eines entspre- **4**
chenden Vertrages und die Eintragung in ein Register des Sitzstaates gem. Art. 6 EWIV-VO notwendig.[7] Der Vertragsabschluss muss in hinterlegbarer Form fixiert werden. Dies ergibt sich aus dem Hinterlegungserfordernis des Art. 7 EWIV-VO. Im Ergebnis bedeutet dies Schriftform. Zum Inhalt des Gründungsvertrages führt Art. 5 EWIV-VO folgende Mindestangaben auf:

– Name der Vereinigung mit dem Zusatz „Europäische Wirtschaftliche Interessenvereinigung" oder der Abkürzung „EWIV",
– Sitz,
– Unternehmensgegenstand,
– für jedes Mitglied Name, Firma, Rechtsform, Wohnsitz oder Sitz sowie ggf. – also insbesondere soweit es sich um Gesellschaften handelt – Nummer und Ort der Registereintragung,
– Dauer der EWIV, falls diese nicht unbestimmt ist.

Nach Art. 39 Abs. 1 i.V.m. 6 EWIV-VO bestimmen die Mitgliedstaaten das Register zur Eintragung **5**
der EWIV. Für EWIV, die ihren Sitz in der Bundesrepublik Deutschland haben sollen, sind nähere Modalitäten in den §§ 2 und 3 EWIVAG geregelt. Zuständiges Handelsregister ist gem. § 2 Abs. 1 EWIVAG das Register in dem Bezirk, in dem die EWIV ihren im Gründungsvertrag benannten Sitz hat.[8] Die Anmeldung zur Eintragung obliegt nach § 3 Abs. 1 EWIVAG den Geschäftsführern.

Insgesamt hat die EWIV nach mehr als 16-jährigem Bestehen die in sie gesetzten Erwartun- **6**
gen nicht erfüllt.

II. Europäische Aktiengesellschaft (SE)

Die Europäische (Aktien-)Gesellschaft (SE) stellt die erste europäische Organisationsform wirt- **7**
schaftlichen Handelns dar, die den Unternehmen, insbesondere den **grenzüberschreitend agierenden Konzernen** alternativ zu den verschiedenen nationalen Rechtsformen **europaweit** zur Verfügung steht. Mit der SE will man dem Ziel der Vollendung des europäischen Binnenmarkts im Bereich der Rechtsformen näher kommen.

1. Einsatzmöglichkeiten

Grenzüberschreitende Zusammenschlüsse waren bis zum Beginn dieses Jahrhunderts nur über **8**
relativ komplizierte Hilfskonstruktionen möglich. Durch den Einsatz der Rechtsform einer SE besteht seit dem 8.10.2004 erstmals die Möglichkeit, dass sich in verschiedenen Mitgliedsstaaten ansässige (Mutter-)Unternehmen auf Gemeinschaftsebene durch die Gründung einer europäischen Gesellschaft im Wege der grenzüberschreitenden Verschmelzung vollständig sowohl rechtlich als auch wirtschaftlich zusammenschließen.[9] Unternehmen und Konzerne aus der EU, aber auch aus Drittstaaten – USA, Japan, China –, die sich für die Europaaktivitäten bisher verschiedener Rechtsformen nationalen Rechts bedienen, haben künftig die Möglichkeit, eine ge-

---

7 Muster für EWIV-Vertrag, Arens/*Schlüter*, § 26 Rn 56.
8 MünchGesR/*Salger*/*Neye*, Bd. 1, § 95 Rn 7.
9 Lutter/Hommelhoff/*Maul*/*Wenz*, S. 263; Jannott/Frodermann/*Jannott*/*Frodermann*, Einl. S. 4.

meinsame Holding-SE zu errichten. Auf diesem Wege können die verschiedenen Vertriebsaktivitäten auf Gemeinschaftsebene strategisch und operativ zusammengefasst und zugleich europäisch repräsentiert werden. Dem trägt der Einsatz der prestigeträchtigen europäischen Rechtsform einer SE Rechnung, die im Gegensatz zu ausschließlich nationalen Tochtergesellschaften über einen europäischen Goodwill verfügt.[10] Schließlich haben europaweit agierende Unternehmen und Konzerne die Möglichkeit, ihre Konzernstrukturen zu vereinheitlichen. Da die SE in allen europäischen Mitgliedsstaaten und in den EWR-Staaten Island, Liechtenstein und Norwegen zur Verfügung steht, besteht die Möglichkeit, sämtliche Konzerngesellschaften, die bisher jeweils national geprägt waren, in die Rechtsform der SE umzuwandeln und neue Konzerngesellschaften von vornherein als SE zu gründen. Damit können für diese Gesellschaften in sämtlichen Mitgliedsstaaten nahezu einheitliche Satzungen und insbesondere einheitliche Leitungssysteme geschaffen werden. Durch diese Vereinheitlichungen kann die Konzernlenkung effizienter gestaltet und erhebliches Kosteneinsparpotenzial geschaffen werden.[11] Schließlich wird man an die Umwandlung einer (deutschen) Aktiengesellschaft in eine SE denken, wenn die gegenüber dem dualistischen System größere Flexibilität des monistischen Leitungssystems genutzt werden soll.[12] Wegen des in jedem Falle **notwendigen Europabezuges** der SE ist aber Voraussetzung, dass die Aktiengesellschaft seit mindestens zwei Jahren **eine Tochtergesellschaft** in einem **anderen Mitgliedsstaat** hat.

2. Rechtsgrundlagen

9 Als supranationale Rechtsform ist die SE eine genuine Schöpfung des europäischen Gemeinschaftsrechts. Sie beruht auf der Verordnung über das Statut der Europäischen Gesellschaft (SE).[13] Die Verordnung regelt das Gesellschaftsrecht der SE. Sie wird hinsichtlich der Beteiligung der Arbeitnehmer durch die Richtlinie zur Ergänzung des Status der Europäischen Gesellschaft[14] flankiert.

10 Die Verordnung ist am 8.10.2004 in Kraft getreten. Als europäische Verordnung i.S.d. Art. 288 Abs. 2 AEUV ist sie in allen Mitgliedsstaaten der Europäischen Union unmittelbar geltendes Recht, ohne dass es eines Transformationsaktes bedurfte. Gleichwohl sieht die Verordnung den Erlass von Ausführungsgesetzen in den Mitgliedsstaaten vor, dass es ihnen obliegt, die rechtlichen und organisatorischen Rahmenbedingungen für die Errichtung von SE zu schaffen. In Deutschland geschah die Umsetzung durch das SE-Ausführungsgesetz – SEAG – v. 22.12.2004.[15]

11 Die Richtlinie war bis zum 8.10.2004 durch die Mitgliedsstaaten in innerstaatliches Recht umzusetzen. In Deutschland geschah dies durch das SE-Beteiligungsgesetz – SEBG – v. 22.12.2004.[16]

12 Die SE-VO enthält nur in beschränktem Umfang Detailregelungen, die sich vornehmlich mit der Gründung und der Leitung der Europäische Aktiengesellschaft befassen. Ansonsten hat sich der europäische Gesetzgeber darauf beschränkt, ein **Rahmenrecht** zu schaffen, das im Wege einer komplizierten **Verweisungstechnik** durch Bestimmungen des nationalen Rechts ausgefüllt wird.

13 Die zentrale Verweisungsnorm findet sich in Art. 9 SE-VO. Dort sind die für die SE in Betracht kommenden Rechtsquellen kunstvoll zu einer Pyramide aufgeschichtet:

---

10 Lutter/Hommelhoff/*Maul*/*Wenz*, S. 268.
11 Jannott/Frodermann/*Jannott*/*Frodermann*, Einl., S. 5.
12 Jannott/Frodermann/*Jannott*/*Frodermann*, Einl., S. 6.
13 InVO(EG) Nr. 2157/2001 des Rates v. 8.10.2001, ABl EG L 294 v. 10.11.2001, S. 1 ff.
14 RL 201/86 EG des Rates v. 8.10.2001, ABl EG L 294 v. 10.11.2001, S. 22 ff.
15 BGBl I 2004, 3675 ff.; Art. 1 SEEG.
16 BGBl I 2004, 3686 ff.; Art. 2 SEEG.

– Das Fundament bilden die Regelungen der SE-VO;
– auf der ersten Stufe finden sich jene Bestimmungen in der Satzung der SE, mit denen der Satzungsgeber von der ihm in der SE-VO ausdrücklich erteilten Regelungsermächtigung Gebrauch gemacht hat;
– die zweite Stufe setzt sich aus den mitgliedsstaatlichen Vorschriften des speziellen SE-Ausführungsgesetzes im Sitzstaat zusammen; für in Deutschland ansässige SE ist das oben erwähnte SEAG;
– auf der dritten Stufe finden sich die mitgliedsstaatlichen Vorschriften des Allgemeinen Aktienrechts im Sitzstaat der SE, die auf diese anzuwenden sind; in Deutschland sind dies die Vorschriften des AktG;
– auf der vierten Stufe kommen schließlich jene Satzungsbestimmungen der einzelnen SE zum Zuge, die nach dem Aktienrecht des Sitzstaates zulässig sind.

Die jeweils folgende Stufe ist also maßgebend, sofern sich auf der vorangehenden keine (zwingende) abschließende Regelung findet. **14**

Wichtig **15**
Es gibt keine einheitliche SE, sondern unterschiedliche Gesellschaften, deren Erscheinungsbild sich (auch) nach den jeweiligen nationalen Rechtsvorschriften richtet.

Satzungsfreiheit und damit Gestaltungsfreiheit für den anwaltlichen Berater besteht auf zwei **16** Stufen: Auf der zweiten Stufe kann die Satzungsfreiheit des Gemeinschaftsrechts und auf der vierten die des jeweiligen nationalen Rechts des Mitgliedsstaates genutzt werden. Allerdings besteht nach dem Wortlaut der Verordnung Satzungsfreiheit auf „europäischer Ebene" nur insoweit, als die SE-VO Satzungsregelungen ausdrücklich zulässt. Dabei dürfte es sich um einen sehr engen Bereich handeln.[17]

Im Übrigen sind naturgemäß viele Einzelheiten streitig. Das gilt z.B. für die Frage, ob die **17** gemeinschaftsrechtliche Verweisung auf Nationalrecht über das geschriebene Gesetzesrecht hinaus ungeschriebenes Richterrecht umfasst, wie etwa die bis zum Inkrafttreten des MoMiG geltenden Grundsätze für Eigenkapital ersetzende Aktionärsdarlehen oder für die inzwischen ebenfalls aufgegebene Existenzvernichtungshaftung.[18]

3. Gründung einer SE
Eine SE kann nur im Wege der Umstrukturierung bereits bestehender Unternehmensträger errichtet werden. Außerdem besteht ein Numerus clausus der Gründungsformen. **18**

Praxishinweis **19**
Die unmittelbare Neugründung einer SE durch jedermann ist nicht möglich. Die Gründung einer Europäischen Aktiengesellschaft erfordert i.d.R. einen Bezug zumindest zu zwei Mitgliedsstaaten.

---

17 Lutter/Hommelhoff/*Hommelhoff*, S. 18. *Hommelhoff* sieht die Legitimation für die gemeinschaftsrechtliche Satzungsstrenge der SE in der Kapitalmarkteignung dieser Gesellschaftsform.
18 Lutter/Hommelhoff/*Hommelhoff*, S. 21, ist der Auffassung, dass die Verweisung „die geschriebenen und ungeschriebenen Rechtsvorschriften der Mitgliedsstaaten" umfasst, also auch das Richterrecht. Die Grundsätze der eigenkapitalersetzenden Gesellschafterdarlehen gelten weiterhin für sog. Altfälle (Insolvenzeröffnung vor Inkrafttreten des MoMiG); an die Stelle der Existenzvernichtungshaftung als Außenhaftung ist die deliktische Innenhaftung aus § 826 BGB getreten (vgl. BGH NJW 2008, 2347, Tz. 12 ff.).

a) Primäre Gründungsformen

20 Die vier primären Gründungsformen sind in Art. 2 Abs. 1–4 SE-VO aufgelistet: Danach kann eine SE errichtet werden im Wege der Verschmelzung zur Aufnahme oder zur Neugründung, als Holding- oder als Tochter-SE und schließlich durch formwechselnde Umwandlung. Diesen primären Gründungsformen steht als abgeleitete oder sekundäre Gründungsform die Errichtung einer Tochter-SE durch eine bereits bestehende SE entweder im Wege der echten Neugründung oder durch Ausgliederung gegenüber (Art. 3 Abs. 2 SE-VO).[19]

aa) Verschmelzungs-SE (Art. 17–31 SE-VO)

21 Diese Gründungsform steht **Aktiengesellschaften** des jeweiligen **nationalen** Rechts offen. Voraussetzung ist, dass mindestens zwei der an der Verschmelzung beteiligten Gesellschaften dem Recht verschiedener Mitgliedsstaaten unterliegen. Möglich ist die Verschmelzung einer oder mehrerer Gesellschaften auf eine dritte Gesellschaft, wobei sich die dritte – aufnehmende – Gesellschaft in eine SE umwandelt (Verschmelzung zur Aufnahme). Daneben besteht die Möglichkeit der Verschmelzung aller beteiligten Gesellschaften zu einer neu entstehenden SE (Verschmelzung zur Neugründung).

---

22 **Wichtig**

Damit besteht erstmals die Möglichkeit einer Verschmelzung über die Grenze, die mit der notwendigen Rechtssicherheit durchgeführt werden kann.

---

(1) Verschmelzungsplan

23 „Herzstück"[20] der Verschmelzung ist der Verschmelzungsplan, den die Leitungs- oder Verwaltungsorgane der Gründungsgesellschaften nach Art. 20 Abs. 1 SE-VO aufzustellen haben und der inhaltlich übereinstimmen muss (Art. 26 Abs. 3 SE-VO). Es ist also weder ein gemeinsamer Verschmelzungsplan noch gar ein Verschmelzungsvertrag nach dem Modell von § 4 UmwG erforderlich. Der Verschmelzungsplan bedarf nach ganz herrschender Auffassung der notariellen Beurkundung.[21] Der Mindestinhalt des Verschmelzungsplans ergibt sich aus Art. 20 Abs. 1 SE-VO. Dazu gehören insbesondere Firma und Sitz der SE, das Umtauschverhältnis der Aktien und die Satzung der Gesellschaft.

(2) Verschmelzungsbericht, Verschmelzungsprüfung

24 Obwohl ein Verschmelzungsbericht in der SE-VO nicht ausdrücklich vorgeschrieben wird, hält ihn die herrschende Meinung zumindest für eine deutsche Gründungsgesellschaft gem. § 8 UmwG für erforderlich.[22]

25   Eine Verschmelzungsprüfung durch Wirtschaftsprüfer ist ebenfalls notwendig. Für Deutschland gelten die Vorschriften der §§ 60, 73, 9–12 UmwG.[23]

---

19 Art. 3 Abs. 2 und Art. 1 Abs. 1 SE-VO i.V.m. UmwG.
20 *Kloster*, EuZW 2003, 293, 295; Lutter/Hommelhoff/*Bayer*, S. 34.
21 *Heckschen*, DNotZ 2003, 251, 257 ff.; Lutter/*Lutter*/*Drygala*, UmwG, § 6 Rn 11; Widmann/Mayer/*Vossius*, § 20 UmwG Rn 426 Fn 3.
22 *Schulz*/*Geismar*, DStR 2001, 1078, 1080; *Teichmann*, ZGR 2002, 383, 423.
23 Lutter/Hommelhoff/*Bayer*, S. 40 m.w.N.

Brandi

(3) Zustimmung der Hauptversammlungen, Eintragung in das Handelsregister

Die Hauptversammlung muss nach Art. 23 SE-VO dem Verschmelzungsplan zustimmen. Für **26** Vorbereitung und Durchführung der Beschlussfassung gelten gem. Art. 18 SE-VO uneingeschränkt die Vorschriften des Deutschen Aktien- und Umwandlungsrechts, d.h. die §§ 12 ff., 129 ff. AktG, §§ 63 ff. UmwG. Letztlich muss die Verschmelzung zum Handelsregister angemeldet und in das Handelsregister eingetragen werden.

(4) Vereinfachtes Verfahren bei Verschmelzung Tochter auf Mutter

Für diese in der künftigen Praxis sicherlich nicht seltene Konstellation gewährt Art. 31 SE-VO **27** bestimmte Erleichterungen: Im Fall der Verschmelzung einer 100%-igen Tochter auf die Mutter ist nach Art. 31 Abs. 1 S. 1 SE-VO eine Verschmelzungsprüfung nicht erforderlich. Im Verschmelzungsplan müssen die Angaben nach Art. 20 Abs. 1 S. 2 lit. b–d SE-VO nicht gemacht werden. Gem. Art. 31 Abs. 1 S. 2 SE-VO i.V.m. § 8 Abs. 3 S. 1 Alt. 2 UmwG ist in dieser Konstellation auch der Verschmelzungsbericht entbehrlich.[24]

bb) Holding-SE (Art. 32–34 SE-VO)

Bei der Gründungsform der Holding-SE bringen die Gesellschafter der Gründungsgesellschaften **28** mehrheitlich ihre Anteile in die neue SE ein und erhalten dafür im Tausch Aktien der SE. Es handelt sich also um eine Sachgründung, bei der die Gründungsgesellschaften zu Tochtergesellschaften der SE werden.[25]

Die Holding-SE entsteht durch Sachgründung im Wege des Anteilstausches. **29**

Wichtig **30**

Gründer können zwei oder mehr **Aktiengesellschaften, Gesellschaften mbH oder SE** sein. Voraussetzung für diese Gründungsform ist, dass zwei Mitglieder dem Recht unterschiedlicher Mitgliedsstaaten unterliegen oder seit mindestens zwei Jahren eine Tochtergesellschaft oder eine Niederlassung in einem anderen Mitgliedsstaat haben (Art. 2 Abs. 2 SE-VO).

Der relativ komplexe Gründungsvorgang lässt sich in vier Phasen einteilen, die wie folgt ge- **31** kennzeichnet werden können: Beschlussvorbereitungsphase, Anteilstauschphase, Gründungsverfahren nach dem jeweiligen nationalen Aktiengesetz, Mitbestimmungsregelung, Schlusseintragung und Bekanntmachungen.

(1) Gründungsplan nebst Gründungsbericht, Gründungsprüfung und Offenlegung, Zustimmungsbeschlüsse der Hauptversammlungen

In der ersten Phase erfolgt zunächst die Aufstellung des Gründungsplans einschließlich des da- **32** rin enthaltenen Gründungsberichts (Art. 32 Abs. 2 SE-VO, Art. 34 SE-VO i.V.m. § 9 Abs. 1 SEAG, Art. 18 SE-VO analog i.V.m. § 6 UmwG). Sodann ist der Gründungsplan durch Sachverständige zu überprüfen (Art. 32 Abs. 4 und 5 SE-VO, Art. 34 SE-VO i.V.m. §§ 9 Abs. 2, 7 Abs. 3 SEAG, §§ 9 bis 12 UmwG, 319, 320 AGB) und offen zu legen (Art. 32 Abs. 3 SE-VO, Art. 34 SE-VO i.V.m. § 9 Abs. 1 S. 3 SEAG, § 61 UmwG, § 10 HGB). Der offen gelegte Gründungsplan wird dann den Haupt-

---

24 Lutter/Hommelhoff/*Bayer*, S. 45.
25 Lutter/*Marsch-Barner*, Holding-Handbuch, § 15, S. 933 ff.; Lutter/Hommelhoff/*Bayer*, S. 45.

versammlungen der beteiligten Gründungsgesellschaften zur Beschlussfassung vorgelegt (Art. 32 Abs. 6 SE-VO, § 10 Abs. 1 SEAG, Art. 18 SE-VO analog i.V.m. § 13 Abs. 3 S. 1 UmwG).

(2) Anteilstausch

33 Nach Art. 33 Abs. 1 SE-VO können die Anteilsinhaber der Gründungsgesellschaften frei entscheiden, ob sie sich an der mehrheitlich beschlossenen Umstrukturierung beteiligen und Aktien der SE erwerben wollen oder nicht. Selbst Anteilsinhaber, die dem Gründungsplan zugestimmt haben, sind nicht verpflichtet, Aktien der SE zu übernehmen. Umgekehrt können auch Gesellschafter, die dagegen gestimmt haben, ihre Anteile in Aktien der SE umtauschen.[26] Das Wahlrecht wird dadurch ausgeübt, dass der Anteilsinhaber nach Art. 33 Abs. 1 S. 1 SE-VO mitteilt, er beabsichtige, seinen Anteil in die SE einzubringen. Diese (verbindliche) Mitteilung[27] schafft den Rechtsgrund für die anschließende, nach den Regeln einer Sacheinlage vorzunehmende tatsächliche Einbringung des Anteils. Beides muss innerhalb einer Frist von drei Monaten erfolgen, gerechnet ab dem Zeitpunkt, zu dem der Gründungsplan endgültig festgelegt worden ist, d.h. regelmäßig ab Zeitpunkt der Zustimmung der Hauptversammlung.[28] Bei Einbringung von GmbH-Anteilen ist die Form des § 15 Abs. 4 GmbHG zu beachten.[29]

34 Nach Art. 33 Abs. 2 SE-VO ist die erste Stufe der SE-Gründung erfolgreich abgeschlossen, wenn die Gesellschafter der Gründungsgesellschaften innerhalb der 3-Monats-Frist ihre Anteile im Umfang der Mindesteinbringungsquote an die SE übertragen haben und alle übrigen Voraussetzungen erfüllt sind, z.B. eine erforderliche kartellrechtliche Freigabe erteilt ist.[30]

35 Die zweite Stufe beginnt mit der Offenlegung, dass die Voraussetzungen des Art. 33 Abs. 2 SE-VO erfüllt sind. Nunmehr können sich die restlichen Anteilsinhaber innerhalb einer Frist von einem Monat nochmals zur Einbringung ihrer Anteile in die Holding entschließen (Art. 33 Abs. 3 S. 2 SE-VO).

(3) Sachgründung nach nationalem Recht

36 Da es sich beim Verfahren der Errichtung einer Holding-SE rechtlich um eine Sachgründung handelt, sind alle nach dem Sitz der künftigen Holding erforderlichen Gründungsvoraussetzungen zu beachten. Bei einer Holding-SE mit dem Sitz in Deutschland sind dies die §§ 30 ff. AktG i.V.m. Art. 15 Abs. 1 SE-VO. Notwendig ist also die Erstellung eines Gründungsberichts durch die Vertretungsorgane der Gründungsgesellschaften, die Durchführung einer Gründungsprüfung durch Vorstand und Aufsichtsrat der künftigen SE sowie – weil Sacheinlage – durch einen sachverständigen Gründungsprüfer.[31] Diese Voraussetzungen entfallen nicht etwa deshalb, weil bereits auf der Ebene der Gründungsgesellschaften zwecks Vorbereitung der Beschlussfassung über den Gründungsplan, Gründungsbericht und Gründungsprüfung stattgefunden haben. Die Verordnung trennt eindeutig zwischen der Sphäre der Gründungsgesellschaften und derjenigen der neu errichteten Holding-SE.[32]

---

26 Kalss/Hügel/*Hügel*, §§ 25, 26 SEG Rn 29; Lutter/Hommelhoff/*Bayer*, S. 52.
27 Die Mitteilung dürfte als rechtlich verbindliches Angebot des Anteilsinhabers zu qualifizieren sein (vgl. Lutter/Hommelhoff/*Bayer*, S. 52).
28 Strittig vgl. Lutter/Hommelhoff/*Bayer*, S. 52.
29 *Heckschen*, DNotZ, 2003, 251, 262; Lutter/*Marsch-Barner*, Holding Handbuch, § 15 Rn 66.
30 Lutter/*Marsch-Barner*, Holding Handbuch, § 15 Rn 67.
31 Lutter/*Marsch-Barner*, Holding Handbuch, § 15 Rn 72, Lutter/Hommelhoff/*Bayer*, S. 54.
32 Siehe ausführlich Lutter/Hommelhoff/*Bayer*, S. 52; außerdem Lutter/*Marsch-Barner*, Holding Handbuch, § 15 Rn 77.

(4) Anwendung des WpÜG

Die Frage nach der Anwendbarkeit des WpÜG bei der Gründung einer SE ist im Schrifttum sehr **37** umstritten. Die Einzelheiten können in diesem Handbuch nicht dargelegt werden. Die Konsequenzen einer (kumulativen) Anwendung des WpÜG wäre eine Doppelung von Verfahrens-, Informations- und Abfindungsregelungen.[33] Im Ergebnis dürfte die sich abzeichnende Mehrheitsauffassung zutreffend sein, dass im Falle der Holding-Gründung zwingend nach § 37 WpÜG von den Verpflichtungen zur Veröffentlichung und Abgabe eines Angebots zu befreien ist.[34]

cc) Tochter-SE (Art. 35, 36 SE-VO)

Die Errichtung einer gemeinsamen Tochtergesellschaft nach den Vorschriften des Art. 2 Abs. 3 **38** SE-VO ist das (sehr viel unkompliziertere) Gegenstück zur Holding-SE. Diese Gründungsvariante steht Gesellschaften i.S. des Art. 54 Abs. 2 AEUV[35] und nach dem Recht der Mitgliedsstaaten gegründete Körperschaften des öffentlichen und privaten Rechts offen. Sie müssen entweder dem Recht verschiedener Mitgliedstaaten unterliegen oder seit mindestens zwei Jahren eine dem Recht eines anderen Mitgliedsstaates unterliegende Tochtergesellschaft oder Zweigniederlassung haben. Mit Rücksicht auf die Verwendungsmöglichkeit als Joint Venture mit grenzüberschreitendem Bezug wird dies als die wichtigste Variante einer SE-Gründung angesehen.[36]

Nach Art. 36 SE-VO findet auf das Gründungsverfahren das nationale Recht der jeweiligen **39** Gründungsgesellschaften Anwendung (vgl. Art. 18 SE-VO). Auf eine Tochter-SE mit Sitz in Deutschland finden die allgemeinen Gründungsvorschriften des Deutschen Aktiengesetzes Anwendung. In Betracht kommt sowohl eine Bar- als auch eine Sachgründung.[37]

dd) Errichtung einer SE durch Umwandlung einer Aktiengesellschaft (Art. 37 SE-VO)
(1) Identitätswahrender Formwechsel; Umwandlungsplan

Dogmatisch stellt die Errichtung einer SE durch Umwandlung einen identitätswahrenden **40** Formwechsel dem Muster der §§ 190 ff. UmwG dar.[38] Die Aktiengesellschaft, die seit mindestens zwei Jahren eine dem Recht eines anderen Mitgliedstaates unterliegende Tochtergesellschaft haben muss, wechselt lediglich ihr „Rechtskleid". Eine Vermögensübertragung findet nicht statt. Auf die Gründungsgesellschaft findet über Art. 18 SE-VO[39] das entsprechende nationale Recht Anwendung. Bei einer deutschen AG wären dies die §§ 190 ff. UmwG.[40]

Nach Art. 37 Abs. 4 SE-VO hat das Leitungs- oder Verwaltungsorgan der AG einen „Um- **41** wandlungsplan" zu erstellen, der mindestens einen Monat vor dem Tage der über die Umwandlung entscheidenden Hauptversammlung offen zu legen ist (Art. 37 Abs. 5 SE-VO). Der Umwandlungsplan bedarf analog § 6 UmwG der notariellen Beurkundung.[41] Das Leitungs- oder Verwaltungsorgan der AG muss außerdem nach Art. 37 Abs. 4 SE-VO einen Umwandlungsbericht erstellen, in dem die rechtlichen und wirtschaftlichen Aspekte der Umwandlung erläutert und begründet werden. Für deutsche Aktiengesellschaften gilt insoweit § 192 Abs. 1 UmwG. Un-

---

33 Vgl. *Teichmann*, AG 2004, 67, 79 f.; *Kalss*, ZGR, 593, 638 f.; Lutter/Hommelhoff/*Bayer*, S. 57.
34 *Teichmann*, AG 2004, 67, 82 ff.; Lutter/Hommelhoff/*Bayer*, S. 57.
35 Dazu gehören insbesondere Personengesellschaften.
36 *Teichmann*, ZGR 2003, 367, 397; *Wenz*, AG 2003, 185, 193; *Kalss*, ZGR 2003, 593, 615.
37 *Teichmann*, ZGR 2003, 367, 395 f.; *Kalss*, ZGR 2003, 593, 615; Lutter/Hommelhoff/*Bayer*, S. 58.
38 *Hirte*, NZG 2002, 1, 3; *Teichmann*, ZGR 2002, 383, 439; *Thoma*/*Leuering*, NJW 2002, 1449, 1452.
39 Analoge Anwendung dieser Vorschrift, da die Vorschrift unmittelbar nur die Verschmelzung betrifft.
40 Lutter/Hommelhoff/*Bayer*, S. 60.
41 *Heckschen*, DNotZ 2003, 251, 264.

ter den Voraussetzungen des § 192 Abs. 3 UmwG kann auf den Umwandlungsbericht verzichtet werden.[42]

42 Der Umwandlungsplan ist gem. § 5 SEAG i.V.m. § 61 UmwG beim Handelsregister einzureichen und von diesem bekannt zu machen.[43] § 37 Abs. 6 SE-VO ordnet an, dass vor der Hauptversammlung von einem oder mehreren unabhängigen Sachverständigen zu bescheinigen ist, dass die Gesellschaft über Nettovermögenswerte mindestens in Höhe ihres Kapitals zuzüglich der nicht ausschüttungsfähigen Rücklagen verfügt. Es erfolgt also lediglich eine Werthaltigkeitsprüfung zur Sicherung der Reinvermögensdeckung.

(2) Umwandlungsbeschluss, Gründungsbericht und Gründungsprüfung

43 Nach Art. 32 Abs. 7 SE-VO hat die Hauptversammlung der umzuwandelnden Aktiengesellschaft dem Umwandlungsplan zuzustimmen und die Satzung zu genehmigen. Hinsichtlich der Einberufung der Hauptversammlung und der erforderlichen Vorabinformationen ist über Art. 18 SE-VO auf nationales Recht zurückzugreifen. Für die Einberufung der Hauptversammlung einer deutschen Gründungsgesellschaft gelten demgemäß die §§ 121 f. AktG.[44] Zum Zwecke der Vorabinformation der Aktionäre ist der Umwandlungsbericht vor der Einberufung der Hauptversammlung in den Geschäftsräumen der AG zur Einsicht auszulegen und auf Verlangen den Aktionären kostenlos eine Abschrift zu erteilen.[45] Auch die Durchführung der Hauptversammlung richtet sich ausschließlich nach nationalem Recht. Hinsichtlich der Mehrheitserfordernisse verweist Art. 37 Abs. 7 S. 2 SE-VO auf die einzelstaatlichen Durchführungsbestimmungen zu Art. 7 Fusions-RiLi.[46] Bei einer deutschen Aktiengesellschaft ist dies die Vorschrift des § 65 Abs. 1 S. 1 UmwG.[47] Der Beschluss bedarf demgemäß einer Mehrheit von mindestens drei Viertel des bei der Beschlussfassung vertretenen Grundkapitals plus einer einfachen Stimmenmehrheit.

44 Umstritten ist, ob bei der Umwandlungsgründung das in den mitgliedsstaatlichen Vorschriften auf der Grundlage von Art. 10 Kapital-RiLi[48] vorgesehene besondere Gründungsprozedere von Gründungsbericht (in Deutschland: § 32 AktG) und Gründungsprüfung (in Deutschland: §§ 33 f. AktG) zur Anwendung kommt. Gem. § 197 UmwG wird dies wohl nicht zu vermeiden sein, obwohl ja bereits auf der Ebene der Veröffentlichung des Umwandlungsplans (vgl. Rn 42) eine Werthaltigkeitsprüfung stattgefunden hat.[49]

b) Sekundäre Gründungsformen (Art. 3 Abs. 2 SE-VO)

45 Eine **bereits bestehende SE** kann im Wege der sekundären Gründung eine Tochter-SE errichten, und zwar entweder im Wege der Neugründung (Art. 15 Abs. 1 SE-VO i.V.m. §§ 23 ff. AktG) oder auch im Wege der Ausgliederung nach dem Umwandlungsgesetz (Art. 15 Abs. 1 SE-VO i.V.m. § 123 Abs. 3 Nr. 2 UmwG). Eine Mindermeinung[50] ist allerdings der Auffassung, dass die sekundäre SE-Gründung nur durch Aktienzeichnung und anschließende Bar- oder Sacheinlage erfolgen könne. Entgegen dieser Auffassung kommt für eine SE mit Sitz in Deutschland über Art. 15 Abs. 1 SE-VO generell das für AGs maßgebende Recht zur Anwendung, soweit die SE-VO

---

42 Lutter/Hommelhoff/*Bayer*, S. 61 m.w.N.
43 Lutter/Hommelhoff/*Bayer*, S. 61.
44 *Teichmann*, ZGR 2002, 383, 440.
45 *Teichmann*, ZGR 2002, 383, 440. Heute würde der Umwandlungsbericht auf der Homepage der umzuwandelnden Aktiengesellschaft veröffentlicht.
46 Dritte Richtlinie 78/855/EWG des Rates v. 9.10.1978 (Abl EG Nr. L 295 v. 20.10.1978, S. 36–43).
47 *Heckschen*, DNotZ 2003, 251, 261; *Kalss*, ZGR 2003, 593, 614; Lutter/Hommelhoff/*Bayer*, S. 63.
48 Zweite Richtlinie 77/91/EWG des Rates v. 13.12.1976 (Abl EG Nr. L 026 v. 31.1.1977 S. 1–13).
49 Vgl. Lutter/Hommelhoff/*Bayer*, S. 64.
50 *Hirte*, NZG 2002, 1, 4, 10; *Thoma/Leuering*, NJW 2002, 1449, 1451 (Fn 33).

keine abweichende Regelung enthält, was in diesem Zusammenhang der Fall ist. Deshalb ist die Ausgliederung ebenfalls möglich.[51]

Die sekundäre SE-Gründung nach Art. 3 Abs. 2 SE-VO ist auch dann zulässig, wenn der Sitz- **46** staat der künftigen SE-Tochter die Einpersonen-Aktiengesellschaft nicht gestattet, was z.B. für Großbritannien gilt.

4. Sitzverlegung
a) Allgemeines

Der Sitz einer SE kann grenzüberschreitend in einen anderen Mitgliedstaat verlegt werden. Hier- **47** in kommt der gemeinschaftsrechtliche Charakter der SE in besonderem Maße zum Ausdruck. Vergleichbares bieten nationale Gesellschaftsformen trotz der jüngeren EuGH-Rechtsprechung in den Fällen Centros,[52] Überseering[53] und Inspire Art[54] nicht. Die Sitzverlegung ist in Art. 8 SE-VO vergleichsweise detailliert geregelt.

b) Technik der Sitzverlegung

Zwecks Sitzverlegung stellt das Leitungs- oder Verwaltungsorgan einen Verlegungsplan auf. Der **48** Plan ist offen zu legen.[55] Der notwendige Inhalt ergibt sich aus § 8 Abs. 2 SE-VO. Des Weiteren ist ein Verlegungsbericht zu erstellen, in dem die rechtlichen und wirtschaftlichen Aspekte der Verlegung erläutert, begründet und die Auswirkungen der Verlegung auf Aktionäre, Gläubiger sowie Arbeitnehmer im Einzelnen dargelegt werden (Art. 3 Abs. 3 SE-VO). Der Verlegungsbeschluss kann frühestens zwei Monate nach seiner Offenlegung durch die Hauptversammlung der SE gefasst werden (Art. 8 Abs. 6 SE-VO). Zum Schutz von Gläubigern, die vor der Verlegung eine Forderung gegen die SE erworben haben, wird fingiert, dass eine Sitzverlegung nicht stattgefunden hat (Art. 8 Abs. 16 SE-VO).

c) Folgen der Sitzverlegung

Die Sitzverlegung bedarf weder einer Auflösung noch einer Neugründung (Art. 8 Abs. 1 SE-VO). **49** Gleichwohl ist die Sitzverlegung nicht völlig unproblematisch:
- Da auf die SE subsidiär die Rechtsvorschriften des jeweiligen Sitzstaates gelten, ist mit der Sitzverlegung ein Statutenwechsel verbunden. Daraus ergeben sich nicht unbeträchtliche Änderungen der Identität und der Struktur der Gesellschaft.[56]
- Die SE unterliegt gem. Art. 61 SE-VO hinsichtlich Aufstellung ihres Jahresabschlusses und ggf. ihres konsolidierten Abschlusses einschließlich des dazugehörigen Lageberichts sowie der Prüfung und Offenlegung dieser Abschlüsse den Vorschriften des Sitzstaates, die für dortige Aktiengesellschaften gelten.
- Die SE unterliegt dem Insolvenzrecht des jeweiligen Sitzlandes (Art. 63 SE-VO).

---

51 *Kloster*, EuZW 2003, 293, 296; Lutter/Hommelhoff/*Bayer*, S. 27.
52 EuGH ZIP 1999, 438 ff.
53 EuGH DB 2002, 2521 ff.
54 EuGH GmbHR 2003, 1260 ff.
55 Art. 13 SE-VO; die Offenlegung erfolgt nach den in Art. 3 der Publizitätsrichtlinie vorgesehenen nationalen Verfahrensregeln. Eine aus Deutschland zu verlegende SE hat deshalb den Plan – einschließlich des im Folgenden genannten Berichts – beim zuständigen Handelsregister zur Hinterlegung einzureichen. Das Registergericht muss die Sitzverlegung im Bundesanzeiger und mindestens einem weiteren Blatt (§ 10 HGB) veröffentlichen.
56 Einberufungsfrist für Hauptversammlung bei in Deutschland ansässiger SE ist ein Monat (§ 123 AktG i.V.m. Art. 53 SE-VO; bei Sitzverlegung nach England wird zwischen ordentlichen (21 Tage) und außerordentlichen (14 Tage) Hauptversammlungen unterschieden.

– Die deutschen Gesetze über die Mitbestimmung der Arbeitnehmer werden durch das SE-Beteiligungsgesetz überlagert, das seinerseits an den inländischen Sitz anknüpft (§ 3 Abs. 1 SEBG).
– Die Meldepflichten der Stimmrechtsanteile (§ 21 Abs. 2 WpHG) knüpfen an den inländischen Sitz der börsennotierten Gesellschaft an. Das deutsche Wertpapiererwerbs- und Übernahmegesetz (WpÜG) ist nur auf Zielgesellschaften eines öffentlichen Erwerbs- oder Übernahmeangebots anwendbar, die ihren Sitz im Inland haben (§ 2 Abs. 3 WpÜG i.V.m. Art. 9 Abs. 1 SE-VO).

5. Arbeitnehmerbeteiligung

50 Die Beteiligung der Arbeitnehmer an der Gründung der SE soll vorrangig durch freie Verhandlungen zwischen der Unternehmensführung und einem Verhandlungsgremium der Arbeitnehmer und nur subsidiär durch eine gesetzliche Auffangregelung erreicht werden.[57]

a) Verhandlungslösung

51 Die Details können in diesem Handbuch nur ganz grob skizziert werden: Angesichts des Vorrangs der Vereinbarungslösung ist der Verhandlungspartner auf Arbeitnehmerseite von entscheidender Bedeutung für die Installierung der Mitbestimmung in der SE und mit Rücksicht auf das Eintragungserfordernis des Art. 12 Abs. 2 SE-VO auch für die Gründung. Das SEBG sieht dafür die Errichtung eines besonderen Verhandlungsgremiums vor (§ 4 ff. SEBG). Das Verhandlungsgremium ist Vertretungsorgan der Arbeitnehmer der beteiligten Gesellschaften sowie der betroffenen Tochtergesellschaften oder Betriebe (§§ 5 ff. SEBG).

52 Für den Umfang der Arbeitnehmerbeteiligung besteht im Grundsatz weitgehende Gestaltungsfreiheit. Vorgegeben sind allerdings die Eckpunkte, die die Vereinbarung zu umfassen hat.[58] Notwendiger Inhalt ist ein Verfahren zur Anhörung der Arbeitnehmerseite über einen SE-Betriebsrat (§ 21 Abs. 1 SEBG) oder im Rahmen anderer Unterrichtungs- und Anhörungsverfahren (§ 21 Abs. 2 SEBG). Eine Regelung der Mitbestimmung der Arbeitnehmer durch Vertreter im Aufsichts- oder Verwaltungsorgan ist hingegen den Verhandlungsparteien überlassen. Sofern sie getroffen wird, regelt § 21 Abs. 3 SEBG deren Mindestinhalt (Zahl und Rechte der Mitglieder sowie das Wahlverfahren).

53 Beschlüsse des besonderen Verhandlungsgremiums werden grundsätzlich mit einfacher Mehrheit gefasst (§ 15 Abs. 2 SEBG). Führt der gefundene Kompromiss jedoch zu einer Minderung der Mitbestimmungsrechte, müssen mindestens zwei Drittel der Mitglieder des Verhandlungsgremiums zustimmen, die wiederum zwei Drittel der Arbeitnehmer in mindestens zwei Mitgliedsstaaten vertreten (§ 15 Abs. 3 SEBG). Mit gleicher Mehrheit kann das Verhandlungsgremium der Arbeitnehmer beschließen, die Verhandlungen abzubrechen oder gar nicht erst aufzunehmen.[59] In diesem Falle finden die Vorschriften über die Unterrichtung und Anhörung der Arbeitnehmer Anwendung, die in den einzelnen Mitgliedsstaaten gelten, in denen die Arbeitnehmer der SE beschäftigt sind (Art. 16 Abs. 1 S. 1 SEBG). Auf der Ebene der SE gibt es dann keine Mitbestimmung. Im Falle der Gründung der SE durch formwechselnde Umwandlung besteht diese Möglichkeit allerdings dann nicht, wenn die umzuwandelnde Gesellschaft mitbestimmt ist

---

57 Der rechtliche Rahmen für die Beteiligung der Arbeitnehmer in der SE wird vor allem durch die nationalen Ausführungsgesetze festgelegt, in Deutschland durch das Gesetz über die Beteiligung der Arbeitnehmer an der Europäischen Gesellschaft (SEBG) v. 22.12.2004 (BGBl I, 3686 ff.).
58 § 21 SEBG.
59 Negativbeschluss gem. § 16 Abs. 1 S. 1 SEBG.

(§ 16 Abs. 3 SEBG). Auf diese Weise will der Gesetzgeber „der Flucht aus der Mitbestimmung" entgegenwirken.

b) Auffanglösung

Die von der Richtlinie vorgegebene Auffangregelung greift ein, wenn es den Verhandlungspar- **54** teien nicht gelingt, innerhalb eines Zeitraums von sechs Monaten zu einer Vereinbarung über die Beteiligungsrechte der Arbeitnehmer zu kommen.[60] Gleiches gilt, wenn die Vertragsparteien die Anwendung der Auffanglösung vereinbaren (§ 22 SEBG). Die Auffanglösung legt „Mindeststandards" der Beteiligung der Arbeitnehmer in der SE fest. Sie ist von den Prinzipien „Vorher-Nachher-Betrachtung" und „Schutz erworbener Rechte" geprägt.

Im Rahmen der betrieblichen Mitbestimmung kann die Auffanglösung dahingehend zu- **55** sammengefasst werden, dass ein SE-Betriebsrat als Arbeitnehmervertretung zu bilden ist, der ein umfassendes Unterrichtungs- und Anhörungsrecht gegenüber dem Vertretungsorgan der SE hat (§§ 23 ff. SEBG). Er tritt an die Stelle eines etwaigen europäischen Betriebsrats. Im Rahmen der unternehmerischen Mitbestimmung ist nach der Art der Gründung der SE zu differenzieren: Wird die SE durch Rechtsformwechsel einer nationalen Aktiengesellschaft gegründet, gilt die bisherige Lösung der Mitbestimmung in der nationalen Aktiengesellschaft fort (§ 34 Abs. 1 lit. 1. SEBG).

Bestanden in keiner der beteiligten Gesellschaften vor der Eintragung der SE Vorschriften **56** über die Mitbestimmung, so ist die SE nicht verpflichtet, eine unternehmerische Mitbestimmung der Arbeitnehmer einzuführen. In den verbleibenden Fällen haben die Arbeitnehmer Anspruch auf Vertretung im Aufsichtsorgan[61] oder im Verwaltungsrat.[62] Die Zahl der Mitglieder in den Gremien bemisst sich nach dem höchsten Anteil von Mitgliedern in den beteiligten Gesellschaften vor der Eintragung der SE. Es gilt also: Der höchste Mitbestimmungsstandard einer beteiligten Gesellschaft wird auf die gesamte SE übertragen, gleichgültig, wo diese ihren Sitz hat.[63]

6. Strukturen einer (deutschen) SE
a) Dualistisches Modell

Die SE-VO eröffnet einer jeden SE das Wahlrecht zwischen dem dualistischen und dem mo- **57** nistischen Leitungsmodell. Nach Art. 38 SE-VO entscheidet die Gesellschaft in ihrer Satzung, welchem Leitungsmodell sie folgt: dem dualistischen mit einem Aufsichts- und einem Leitungsorgan oder dem monistischen mit einem Verwaltungsorgan. Das deutsche Aktienrecht kennt bislang bekanntlich nur das dualistische Modell, besser „Trennungssystem" genannt. In diesem Modell gibt es ein Aufsichtsorgan und ein Leitungsorgan, in der Terminologie des deutschen Aktienrechts „Aufsichtsrat" und „Vorstand".

Das Leitungsorgan führt die Geschäfte der SE in eigener Verantwortung (Art. 39 Abs. 1 S. 1 **58** SE-VO, § 76 Abs. 1 AktG). Das Aufsichtsorgan überwacht die Geschäftsführung und ist selbst nicht berechtigt, die Geschäfte zu führen (Art. 40 Abs. 1 SE-VO, § 111 Abs. 1 AktG). Niemand darf zugleich Mitglied des Leitungsorgans und des Aufsichtsorgans sein (Art. 39 Abs. 3 S. 1 SE-VO).[64]

---

60 Die Frist kann einvernehmlich auf 12 Monate ausgedehnt werden (§ 20 SEBG).
61 Im Falle einer dualistischen Verfassung.
62 Im Falle einer monistischen Verfassung.
63 Ausführliche Darstellung: Lutter/Hommelhoff/*Oetker*, S. 277 ff.
64 Es herrscht Inkompatibilität zwischen den beiden Organen.

b) Monistisches Modell

59 Oberstes Leitungsorgan der monistisch verfassten SE ist der Verwaltungsrat. Er leitet die Gesellschaft, bestimmt die Grundlinien ihrer Tätigkeit und überwacht deren Umsetzung (§ 22 Abs. 1 SEAG).

60   Die Mitglieder des Verwaltungsrats werden von der Hauptversammlung bestellt (Art. 43 Abs. 3 S. 1 SE-VO). Je nach Mitbestimmungsmodell, das kraft Vereinbarung oder kraft Gesetzes entstehen kann, kommen von den Arbeitnehmern bestellte Mitglieder hinzu. Die Zahl der Mitglieder des Verwaltungsrats oder die Regeln für ihre Festsetzung bestimmt die Satzung. Die Mitgliedstaaten können eine Mindestzahl und erforderlichenfalls eine Höchstzahl festsetzen (Art. 43 Abs. 2 SE-VO). Nach der Regelung des § 23 Abs. 1 SEAG besteht der Verwaltungsrat aus mindestens drei Mitgliedern. Bei einem Grundkapital von nicht mehr als 3 Mio. EUR kann er aus einer Person bestehen. Dies soll insbesondere Tochtergesellschaften in der Rechtsform einer SE eine schlanke Struktur ermöglichen.

61   Detaillierte Regelungen über die Rechte und Pflichten finden sich in den §§ 20–49 SEAG. Von Bedeutung sind insbesondere die im § 22 Abs. 2–5 SEAG normierten Pflichten: Wenn das Wohl der Gesellschaft es erfordert oder ein Verlust in Höhe der Hälfte des Grundkapitals entstanden ist, muss der Verwaltungsrat die Hauptversammlung einberufen (§ 22 Abs. 1 S. 1 und Abs. 5 S. 1 SEAG). Er muss dafür sorgen, dass die erforderlichen Handelsbücher geführt werden und geeignete Maßnahmen treffen, damit den Fortbestand der Gesellschaft gefährdende Entwicklungen früh erkannt werden (§ 22 Abs. 3 SEAG). Bei Zahlungsunfähigkeit oder Überschuldung der Gesellschaft muss er die Eröffnung des Insolvenzverfahrens beantragen (§ 22 Abs. 5 S. 2 SEAG i.V.m. § 92 Abs. 2 und 3 AktG).

62   Die vorgenannten Vorschriften belegen, dass es der Verwaltungsrat ist, der die konkreten Pflichten zu erfüllen hat und nicht etwa der – im Folgenden noch anzusprechende – geschäftsführende Direktor. Die Leitungsaufgabe des Verwaltungsrats entspricht also einer Leitungsverantwortung.

c) Geschäftsführende Direktoren

63 Der Verwaltungsrat bestellt mindestens einen geschäftsführenden Direktor (§ 40 Abs. 1 S. 1 SEAG). Die geschäftsführenden Direktoren führen die Geschäfte der Gesellschaft (§ 40 Abs. 2 S. 1 SEAG) und vertreten die Gesellschaft gerichtlich und außergerichtlich gegenüber Dritten (§ 41 Abs. 1 SEAG). Zu den Aufgaben der geschäftsführenden Direktoren gehört insbesondere die Aufstellung des Jahresabschlusses, der anschließend dem Verwaltungsrat vorzulegen ist (§ 47 Abs. 1 S. 1 SEAG) und die Erstellung des Abhängigkeitsberichtes im Konzern, der gleichfalls vom Verwaltungsrat zu überprüfen ist (§ 49 Abs. 1 SEAG).

64   Das Verhältnis der geschäftsführenden Direktoren zum Verwaltungsrat ist durch zwei Bestimmungen gekennzeichnet: Die geschäftsführenden Direktoren müssen Weisungen des Verwaltungsrats beachten (§ 44 Abs. 2 SEAG). Sie können vom Verwaltungsrat jederzeit abberufen werden (§ 40 Abs. 5 SEAG).[65] Geschäftsführende Direktoren können aus der Mitte des Verwaltungsrats bestellt werden (§ 40 Abs. 1 S. 2 SEAG). Einer Dominanz der geschäftsführenden Direktoren steht die Vorschrift des § 40 Abs. 1 S. 2 SEAG entgegen: Der Verwaltungsrat muss in seiner Mehrheit aus nicht geschäftsführenden Mitgliedern bestehen.

65   Die Zuweisung der Oberleitung der Gesellschaft an den Verwaltungsrat und der Geschäftsführung an die Direktoren zwingt zur Abgrenzung der beiden Begriffe. Geschäftsführung meint

---

[65] Die Stellung der geschäftsführenden Direktoren ist also erheblich schwächer als die eines Vorstandsmitgliedes einer Aktiengesellschaft, der vorzeitig nur aus wichtigem Grunde abberufen werden kann (§ 84 Abs. 3 AktG).

jedes tatsächliche und rechtliche Handeln in den Angelegenheiten der Gesellschaft.[66] Der geschäftsführende Gesellschafter ist damit im Grundsatz für alles zuständig, was im Unternehmen zu tun ist, soweit das Gesetz nicht ausdrücklich den Verwaltungsrat oder die Hauptversammlung für zuständig erklärt.[67] Im Verhältnis zum Verwaltungsrat sind die geschäftsführenden Direktoren allerdings ohne jede qualitative oder quantitative Einschränkung weisungsgebunden (§ 44 Abs. 2 SEAG). Insoweit besteht also eine Allzuständigkeit des Verwaltungsrats, vergleichbar mit dem Verhältnis der Gesellschafterversammlung einer GmbH zu ihren Geschäftsführern.

7. Besteuerung der SE
a) Allgemeines
Die SE-VO und das SEAG enthalten keine Sondernormen zur Besteuerung der SE. In Art. 9 Abs. 1 **66** lit. c ii wird vielmehr auf das jeweilige nationale Recht des Sitzstaates verwiesen.

Wichtig **67**
Die SE genießt keine steuerliche Sonderstellung.

Für die Besteuerung der (deutschen) SE sind also zunächst die Vorschriften des deutschen Steu- **68** errechts von Bedeutung.[68] Im Bereich des Ertrags sind dies das KStG, das EStG und das GewStG. Darüber hinaus sind die zwischen den Mitgliedstaaten bestehenden Doppelbesteuerungsabkommen zu beachten.

Europarechtlich sind zwei Richtlinien von herausragender Bedeutung, nämlich **69**
– die Richtlinie 90/434/EWG – sog. Fusionsrichtlinie (FRL) – über das gemeinsame Steuersystem für Fusionen, Spaltungen und Einbringung von Unternehmensteilen, soweit verschiedene Mitgliedstaaten betroffen sind, und
– die Richtlinie 90/435/EWG – sog. Mutter-/Tochterrichtlinie (MuToRL) – über das gemeinsame Steuersystem der Mutter- und Tochtergesellschaften verschiedener Mitgliedstaaten.

Die Fusionsrichtlinie (FRL) gestattet unter gewissen Voraussetzungen die Buchwertübertragung **70** über die nationalen Grenzen hinweg. Die nach In-Kraft-Treten der SE-VO aufgekommene Streitfrage, ob die bereits im Jahre 1990 entstandene Fusionsrichtlinie die erst sehr viel später in die Welt getretene SE erfasst, ist durch eine Änderung der Fusionsrichtlinie vom 17.2.2005 im positiven Sinne entschieden.[69] Durch die Änderung der Fusionsrichtlinie war die Bundesrepublik Deutschland verpflichtet worden, die neuen Vorschriften für die SE (und SCE) in deutsches Recht zu überführen. Das Ergebnis ist das Gesetz über steuerliche Begleitmaßnahmen zur Einführung der Europäischen Gesellschaft und Änderung weiterer steuerrechtlicher Vorschriften (SEStEG) vom 7.12.2006.[70]

b) Gründungsbesteuerung
Eine SE kann durch grenzüberschreitende Verschmelzung, durch Gründung einer Holding-SE, **71** durch Gründung einer Tochter-SE oder durch Formwechsel entstehen (vgl. Rn 21, 28, 38 und 40). Der Formwechsel in eine SE ist ertragsteuerlich unproblematisch. Ertragsteuerliche Probleme

---

66 Vgl. *Hüffer*, § 77 Rn 3; Lutter/Hommelhoff/*Teichmann*, S. 195 ff., 206.
67 Lutter/Hommelhoff/*Teichmann*, S. 195 ff., 206.
68 *Förster-Lange*, DB 2002, 288 ff.; *Endres*, RIW 2004, 735 ff.; Jannott/Frodermann/*Büsching*, S. 457, Rn 5.
69 ABl. EG L 58/19 v. 4.3.2005.
70 BGBl I 2006, 2782 ff. = BStBl I 2007, 4 ff.

können sich bei den übrigen Gründungsformen ergeben. Einzelheiten können in diesem Handbuch schon aus Platzgründen nicht dargestellt werden.[71]

72   Bei der Hinausverschmelzung aus Deutschland sind zunächst die Vorschriften des Umwandlungssteuergesetzes in der Fassung des SEStEG vom 7.12.2006, insbesondere dessen § 11 maßgebend. Auf der Ebene der Gesellschaft ist eine Besteuerung der im Gesellschaftsvermögen vorhandenen stillen Reserven zumindest insoweit vermeidbar, als dieses Vermögen nach der Übertragung einer deutschen Betriebsstätte zugerechnet bleibt und zur Erzielung des steuerlichen Betriebsstättenergebnisses beiträgt (Art. 4 Abs. 1 FRL). Anders ausgedrückt: Eine Gewinnrealisierung auf der Ebene der übertragenden Gesellschaft darf nicht erfolgen, wenn und soweit das Vermögen in einer Betriebsstätte im Mitgliedstaat der übertragenden Gesellschaft verhaftet bleibt und die Buchwerte und die früheren Abschreibungsmethoden in der Betriebsgesellschaft der nunmehr Auslands-SE fortgeführt werden.[72] Das der Betriebsstätte zuzuordnende Vermögen bleibt insoweit steuerverstrickt.[73] Auf der Ebene der Gesellschafter darf die Zuteilung von Anteilen am Gesellschaftskapital der übernehmenden SE an die Gesellschafter der übertragenden Gesellschaft für sich genommen keine Besteuerung des Veräußerungsgewinns auslösen.[74] Eine Besteuerungspflicht kann sich aber für diejenigen Gesellschafter ergeben, die in Deutschland weder ihren Wohnsitz noch ihren gewöhnlichen Aufenthalt haben. In diesem Falle werden die Anteile nämlich steuerentstrickt. Etwas anderes gilt wiederum, wenn die Anteile an der übertragenden Gesellschaft einer Betriebsstätte in Deutschland zuzuordnen sind.

73   Bei der Gründung einer SE durch Bildung einer gemeinsamen SE-Holding – steuerlich ein Einbringungsvorgang – gelten die §§ 20 und 21 UmwStG in der Fassung des SEStEG vom 7.12.2006. Auf eine Darstellung der neuen Rechtslage muss an dieser Stelle verzichtet werden. Verwiesen wird auf die sehr detaillierten Ausführungen von Schindler,[75] sowie auf die Gesamtdarstellung der Gründungsbesteuerung von Fischer.[76]

c) Laufende Besteuerung

74   Für die laufende Besteuerung der Europäischen Aktiengesellschaft gelten ebenfalls keine speziellen steuerlichen Vorschriften. Eine Europäische Aktiengesellschaft mit Sitz und Geschäftsleitung im Inland[77] wird wie eine „normale" Aktiengesellschaft besteuert. Der Ertrag unterliegt in Deutschland der Körperschaftsteuer, dem Solidaritätszuschlag und der Gewerbeertragsteuer. Einkommensermittlungen, das Verbot der verdeckten Gewinnausschüttungen, die Einschränkungen des Verlustabzugs nach § 10 EStG sowie die Beschränkungen der §§ 8a und 8b KStG entsprechen in allen wesentlichen Punkten der deutschen Aktiengesellschaft. Das Gleiche gilt für die körperschaftsteuerlichen Organschaften.[78] Einzelheiten können in diesem Handbuch nicht dargestellt werden.

8. Akzeptanz, Vorteile, Nachteile

75   Während es in den ersten Jahren nach Inkrafttreten der SE-VO so schien, als würde die Europäische Aktiengesellschaft eine nur geringe Akzeptanz erfahren, hat sich dies seit 2007 grundlegend geän-

---

71 Insoweit ist auf die Spezialliteratur zu verweisen, z.B. Lutter/Hommelhoff/*Schön*/*Schindler*, SE Kommentar, S. 1069 ff.; Jannott/Frodermann/*Büsching*, S. 457–500. Einen detaillierten Überblick gibt MüKo-AktG/*Fischer*, Band 7, S. 745–782.

72 *Endres*, RIW 2004, 735, 736.

73 Vgl. § 49 Abs. 1 Nr. 2a EStG.

74 Art. 8 Abs. 1 FRL. Voraussetzung: Jannott/ Frodermann/*Büsching*, S. 469, Rn 43.

75 Lutter/Hommelhoff/*Schindler*, SE Kommentar, S. 1154–1169.

76 MüKo-AktG/*Fischer*, Band 7, S. 746–781.

77 Vgl. Art. 7 SE-VO.

78 Sehr gute Darstellung der Gesamtzusammenhänge Jannott/Frodermann/*Büsching*, S. 501 ff., Rn 183–346.

dert. Ende 2010 waren bereits ca. 700 SEs in die jeweils zuständigen Register eingetragen.[79] Ein erheblicher Teil davon waren allerdings kleine Gesellschaften mit weniger als 20 Angestellten, z.T. ganz ohne Mitarbeiter. Bekannt geworden sind in Deutschland vor allem die großen Holdinggesellschaften in der Rechtsform der SE, wie z.B. die Allianz, E.ON, Fresenius, Klöckner, MAN, Porsche, Schering und Tschibo. Über die wichtigsten Motive zur Gründung einer SE haben wir keine Veröffentlichung gefunden, immerhin lassen sich folgende Vor- und Nachteile plausibel machen:

Vorteile   76
- Firmierung als SE signalisiert Kunden und Investoren Größe und Internationalität.
- Es besteht ein echtes Wahlrecht zwischen monistischer und dualistischer Verfassung.
- Das monistische System scheint geeignet, die Attraktivität der SE für Investoren und Kapitalmarktteilnehmer des angloamerikanischen Rechtskreises zu erhöhen.
- Verschmelzungen und Sitzverlegungen „über die Grenze" sind möglich.

Nachteile   77
- Aufgrund der verschiedenen Regelungsebenen sehr komplexer und damit streitanfälliger Rechtsrahmen.
- Gründung kann wegen der Suche nach Verhandlungslösung über die Beteiligung der Arbeitnehmer auffällig zeitaufwendig sein.

III. Verordnungsentwurf für eine „Europäische Privatgesellschaft" (SPE)

1. Bedarf

Nach übereinstimmender Auffassung der beteiligten Wirtschaftsverbände benötigt der export- 78
orientierte Mittelstand eine einfach strukturierte, der deutschen GmbH vergleichbare europäische Gesellschaftsform, d.h. also eine kleine Schwester der Europäischen Aktiengesellschaft (SE). Um diesem Bedürfnis Rechnung zu tragen, hat die Europäische Kommission am 25.6.2008 den Entwurf einer „Verordnung des Rates über das Statut der Europäischen Privatgesellschaft" vorgelegt.[80]

Bislang sind europäische Unternehmen, die sich für ihre Auslandsaktivitäten im EG- und 79
EWR-Raum nicht mit rechtlich unselbständigen Niederlassungen begnügen wollen, gezwungen, auf die im Zielstaat verfügbare nationale kleine Kapitalgesellschaften zurückzugreifen. Für Aktivitäten im Vereinigten Königreich ist dies die Private Limited Company, für Aktivitäten in Frankreich die Société à Responsabilité Limitée. Zweifellos würde aber eine für Tochtergesellschaften in einer Vielzahl von Zielstaaten verwendbare einheitliche europäische Gesellschaftsform zu erheblichen Einsparungen bei Administrations-, Rechts- und Beratungskosten führen.[81] Dieses Ziel soll mit der Europäischen Privatgesellschaft erreicht werden.

Rechtsgrundlage für den zum Inkrafttreten der Verordnung erforderlichen Beschluss des 80
Ministerrates ist Art. 352 AEUV (ex Art. 308 EGV), der bekanntlich einstimmige Entscheidungen aller der EU angehörenden Staaten erfordert. Um den Vorschlag konsensfähig zu machen, hat es in den letzten drei Jahren mehrere vermittelnde Vorschläge gegeben. Zuletzt haben die schwedische und die ungarische Ratspräsidentschaft Kompromissvorschläge erarbeitet.[82]

---

79 Abrufbar unter http://ecdb.worker-participation.eu/
80 2008/0130 CNS, u. a. abrufbar unter www.europeanprivatecompany.eu. Das Inkrafttreten der Verordnung war ursprünglich für den 1.7.2010 geplant, Art. 48 SPE-VOKE.
81 *Hommelhoff/Teichmann*, Auf dem Weg zur Europäischen Privatgesellschaft (SPE), DStR 2008, 926.
82 Vgl. *Freudenberg*, Mindestkapital und Gründungshaftung in der SPE nach dem schwedischen Kompromissentwurf, NZG 2010, 527.

2. Wesensmerkmale

81 Die Wesensmerkmale der SPE dürften bereits feststehen. Es wird sich um eine selbständige Rechts- und Vermögensträgerin handeln,[83] die unter eigenem Namen am Wirtschaftsverkehr teilnimmt. Als Kapitalgesellschaft verfasst, haftet den Gläubigern nur das Gesellschaftsvermögen.[84] Das von den Gesellschaftern eingegangene unternehmerische Risiko beschränkt sich auf den Betrag des Gesellschaftsanteils. Die SPE verfügt über einen geschlossenen Gesellschafterkreis, ihre Geschäftsanteile können in der Öffentlichkeit – etwa auf den Kapitalmärkten – weder zum Kauf angeboten noch gehandelt werden.[85]

82   Für den Umgang mit der SPE ist das Verständnis der Regelungstechnik des Verordnungsentwurfes von entscheidender Bedeutung. Die SPE wird als europäische Gesellschaftsform eingeführt, die EG-weit denselben Regelungen unterliegt.[86] Die Verordnung regelt nur den Bereich des Gesellschaftsrechts. In den Bereichen Insolvenz-, Arbeits-, Bilanz-, Steuer- und allgemeines Zivilrecht findet das am jeweiligen Satzungssitz geltende nationalstaatliche Recht Anwendung.

83   Der Verordnungsentwurf ist mit nur 49 Artikeln außerordentlich schlank.[87] Dies wurde dadurch erreicht, dass den Gründungsgesellschaftern eine Vielzahl von Themenbereichen aufgegeben wird, die sie **zwingend** in der Satzung der SPE zu **regeln** haben, ohne dass ein bestimmter Regelungsinhalt vorgegeben wird.[88]

3. Gründungsvoraussetzungen

84 Im Gegensatz zum Gründungsstatut der SE verlangt die Gründung einer SPE keinen europäischen Sachverhalt. Eine SPE kann folglich errichtet werden, ohne dass sie in einem anderen Mitgliedsstaat tätig werden muss. Auch müssen nicht etwa mindestens zwei Gesellschafter aus verschiedenen Mitgliedsstaaten beteiligt sein. Die SPE kann ex nihilo im Wege der Bar- oder Sachgründung[89] von einer oder mehreren Personen oder Gesellschaften gegründet werden, ohne dass an die Herkunft der Gründer bestimmte Anforderungen gestellt werden.

4. Tendenz: Einschränkung der Liberalisierung des Kommissionsentwurfs

85 Während die vorgenannten Strukturmerkmale mehr oder weniger feststehen, haben sich im Anschluss an den Kommissionsentwurf in zahlreichen Details Veränderungen ergeben, die hier nur angedeutet werden können: Das Registrierungsverfahren sollte von Beginn an möglichst einfach, unaufwendig und kostengünstig gestaltet werden. Deshalb sollte nach dem Kommissionsentwurf nach Wahl der Mitgliedsstaaten nur eine einstufige Kontrolle entweder durch einen Notar oder durch ein Gericht erfolgen. Nach dem schwedischen Kompromissentwurf soll auch die Entscheidung über ein- oder mehrstufige Kontrolle den Mitgliedsstaaten überlassen blei-

---

83 Art. 3 Abs. 1 lit. c SPE-VOKE.
84 Art. 3 Abs. 1 lit. b SPE-VOKE.
85 Art. 3 Abs. 1 lit. d SPE-VOKE.
86 Die in der Verordnung enthaltenen Vorschriften sind ohne Umsetzungsakt durch nationales Recht in jedem Mitgliedsstaat unmittelbar verbindlich.
87 Dies gilt für den unter schwedischer Präsidentschaft entstandenen Kompromissentwurf vom 27.11.2009. Der Kommissionsentwurf hatte nur 48 Artikel.
88 Art. 8 Abs. 1 i.V.m. Anhang I VO-E. Dazu gehört z.B. das Gründungskapital, das nach dem Kommissionsentwurf 1 Euro betragen kann, Bestimmungen über die mit den Anteilen verbundenen Rechte (Stimmrecht, Gewinnbezugsrecht), Bestimmungen über die Organisation der SPE usw.
89 Daneben besteht die Möglichkeit der Gründung durch Umwandlung einer bestehenden Gesellschaft, durch Verschmelzung oder Spaltung bestehender Gesellschaften (Art. 5 Abs. 1 VO-E).

Brandi

ben.[90] Deutschland und Österreich brauchen deshalb nicht auf die bewährte Rechtmäßigkeits-kontrolle **durch Notar und Registergericht** zu verzichten.

Auch im Bereich des Gläubigerschutzes ist die extreme Liberalisierung des Kommissions-entwurfs eingeschränkt worden. Der Kommissionsentwurf verzichtete auf ein gesetzliches Min-deststammkapital, bei der Bargründung war vor der Registeranmeldung keine Mindesteinzah-lung erforderlich, bei der Sachgründung keine obligatorische Wertüberprüfung der Einlagen, letztlich waren Arbeits-und Dienstleistungen als Einlagen zulässig. **86**

Nach dem schwedischen Kompromissentwurf ist es den Mitgliedsstaaten überlassen, für die in ihrem Hoheitsgebiet registrierten SPEs ein Mindestkapital festzulegen, das jedoch 8.000,00 EUR nicht überschreiten darf.[91] Der schwedische Entwurf sieht eine Mindesteinzahlung von grundsätzlich 25% des Nominalwerts der Anteile vor.[92] Arbeits- und Dienstleistungen kön-nen nicht Gegenstand einer Einlage sein.[93] Letztlich können die Mitgliedsstaaten darüber be-stimmen, ob Sacheinlagen in auf ihrem Hoheitsgebiet registrierte SPEs durch unabhängige Sachverständige bewertet werden müssen.[94] **87**

5. Arbeitnehmerbeteiligung

Der Mitbestimmungsstatus der SPE richtet sich im Grundsatz nach dem Registersitz.[95] Da bei der SPE der Registersitz vom Geschäftssitz abweichend in einem beliebigen anderen EU-Staat ge-wählt werden kann,[96] bestand die Gefahr des systematischen Vermeidens jeglicher unternehme-rischen Mitbestimmung durch Wahl eines Registersitzes in einem mitbestimmungsfreien EG-Staat. Diese willkürliche Flucht aus der Mitbestimmung versucht das Europäische Parlament und ihm teilweise folgend der schwedische Kompromissvorschlag zu verhindern.[97] Es bleiben aber noch viele Einzelfragen zu lösen. Im Ergebnis wird auch bei der SPE die Verhandlungslö-sung den Vorrang vor einer Auffanglösung erhalten (vgl. oben, Rn 50–56). **88**

6. Kurzfristige Verabschiedung der Verordnung?

Leider liegt der Verordnungsentwurf zurzeit wieder einmal auf Eis. Zwar hat der Rat am 20.5.2011 das Thema aufgrund des ungarischen Kompromissvorschlages erörtert, der Vorschlag wurde dann aber 30.5.2011 aufgrund der Vetos Deutschlands und Schwedens abgelehnt. Hinsichtlich des Sitzes einer SPE, der Mindestkapitalanforderungen und insbesondere der Arbeitnehmermit-bestimmung war keine Einigkeit erzielt worden. **89**

Gleichwohl sollte die Hoffnung nicht aufgegeben werden. Übereinstimmend benötigen ano-nyme europäische Kapitalgesellschaften ebenso wie Familienunternehmen als Holding eine einfach strukturierte einheitliche Gesellschaftsform für den gesamten europäischen Raum. Durch ein solches Vehikel besteht am ehesten die Möglichkeit, eine Vielzahl von Tochtergesell-schaften in den europäischen Staaten nach möglichst einheitlichen Vorgaben zu steuern. Die-sem Bedürfnis wird sich die Politik auf Dauer kaum entziehen können. **90**

---

90 Art. 9 Abs. 4 SPE-VOSE.
91 Art. 19 Abs. 3 Unterabs. 2 SPE-VOSE.
92 Art. 20 Abs. 1 SPE-VOSE.
93 Art. 20 Abs. 2 SPE-VOSE.
94 Art. 20 Abs. 1a SPE-VOSE.
95 Art. 34 Abs. 1 SPE-VOKE.
96 Art. 7 S. 2 SPE-VOKE.
97 *Hommelhoff/Teichmann*, Die SPE vor dem Gipfelsturm, GmbHR 2010, 340, mit guter Darstellung des Diskussionsstandes.

Dr. Franz Tepper LL.M.

§ 54 Ausländische Gesellschaften im deutschen Rechtsverkehr

Literatur: *Binz/Mayer*, Die ausländische Kapitalgesellschaft & Co. KG im Aufwind?, GmbHR 2003, 249; *Bungert*, Entwicklungen im internationalen Gesellschaftsrecht Deutschlands, AG 1995, 489; *Drouven/Mödl*, US-Gesellschaften mit Hauptverwaltungssitz in Deutschland im deutschen Recht, NZG 2007, 7; *Eidenmüller*, Ausländische Kapitalgesellschaften im deutschen Recht, 2004; *Fischer*, Existenz- und Vertretungsnachweise bei US Corporations, ZNotP 1999, 352; *Franz*, Internationales Gesellschaftsrecht und deutsche Kapitalgesellschaften im In- bzw. Ausland, BB 2009, 1250; *Heinze*, Einreichungs- und Nachweispflichten bei nachträglichen Handelsregisteranmeldungen betreffend Zweigniederlassungen ausländischer Kapitalgesellschaften, RnotZ 2009, 586; *Hermanns*, Die Auslandsbeurkundung bei Abtretung von GmbH-Gesellschaftsanteilen, RnotZ 2010, 38; *Herrler/Schneider*, Von der Limited zur GmbH, 2010; *Hüffer*, Kommentar zum Aktiengesetz, 10. Aufl. 2012; *Kegel/Schurig*, Internationales Privatrecht, 9. Aufl. 2004; *Kindler*, Keine Geltung des Ortsstatuts für Geschäftsanteilsabtretungen im Ausland, BB 2010, 74; *Kleensang*, Offene Fragen zum MoMiG – Auslandsbeurkundung und „Cash-Pool", BWNotZ 2010, 71; *König/ Götte/Bormann*, Das Formstatut für die dingliche Abtretung von GmbH-Geschäftsanteilen nach geltendem und künftigem Recht, NZG 2009, 881; *Kronawitter*, Öffentliche Unternehmen mit ausländischem Verwaltungssitz – Probleme in der Rechtsaufsicht durch das MoMiG, NVwZ 2009, 936; *Kühn/Krafka*, Die Handelsregistereintragung auf die Zweigniederlassung beschränkter Prokuren bei ausländischen Kapitalgesellschaften, NZG 2011, 209; *Langhein*, Notarieller Rechtsverkehr mit englischen Gesellschaften, NZG 2001, 1123; *Leitzen*, Die GmbH mit Verwaltungssitz im Ausland, NZG 2009, 728; *Leuering*, Von Scheinauslandsgesellschaften hin zu „Gesellschaften mit Migrationshintergrund", ZRP 2008, 73; *Mankowski*, Änderungen bei der Auslandsbeurkundung von Anteilsübertragungen durch das MoMiG oder durch die Rom I-VO?, NZG 2010, 201; *Mödl*, Die ausländische Kapitalgesellschaft in der notariellen Praxis, RnotZ 2008, 1; *Münchener Kommentar zum Bürgerlichen Gesetzbuch*, Band 11 – Internationales Privatrecht, Internationales Wirtschaftsrecht, Art. 25–248 EGBGB, 5. Aufl. 2010; *Spahlinger/Wegen*, Internationales Gesellschaftsrecht in der Praxis, 2005; *Mörsdorf*, Beschränkung der Mobilität von EU-Gesellschaften im Binnenmarkt – eine Zwischenbilanz, EuZW 2009, 97; *Münchener Kommentar zum Handelsgesetzbuch*, Band 1, 3. Aufl. 2010; *Staudinger*, Kommentar zum Bürgerlichen Gesetzbuch, Band 7 – Internationales Gesellschaftsrecht, Neubearbeitung 1998; *Olk*, Beurkundungserfordernisse nach deutschem GmbH-Recht bei Verkauf und Abtretung von Anteilen an ausländischen Gesellschaften, NJW 2010, 1639; *Schanze*, Sanktionen bei Weglassen eines die Haftungsbeschränkung anzeigenden Rechtsformzusatzes im europäischen Rechtsverkehr, NZG 2007, 533; *Süß/Wachter*, Handbuch des internationalen GmbH-Rechts, 2006; *Wachter*, Existenz- und Vertretungsnachweise bei der englischen Private Limited Company, DB 2004, 2795; *Winter/Marx*, „Grenzüberschreitende" Organschaft mit zugezogenen EU/EWR-Gesellschaften – Neue Gestaltungsmöglichkeiten aufgrund des BMF-Schreibens vom 28.03.2011, DStR 2011, 1101; *Wolff*, Das internationale Wirtschaftsrecht der VR China, 2. Aufl. 2005.

Inhalt

I. Einleitung

Auch wenn das auf die ausländische Gesellschaft anwendbare materielle Recht grundsätzlich **1**
bestimmt ist, stoßen ausländische Gesellschaften in der Praxis auf viele rechtliche Probleme im
deutschen Rechtsverkehr. So erfordert bereits die Eröffnung eines deutschen Bankkontos den
Existenznachweis der ausländischen Gesellschaft, der in der Praxis ungleich schwieriger zu
führen ist wie bei einer im deutschen Handelsregister eingetragenen Gesellschaft. Desgleichen
erweist sich die Einhaltung der Formvorschriften für bestimmte gesellschaftsrechtliche Sachverhalte als nicht zu unterschätzende Hürde. Diese und weitere für die Praxis relevante Rechtsfragen sollen im Folgenden kurz erläutert werden.

II. Gesellschaften aus einem europäischen Staat

Damit eine ausländische Gesellschaft überhaupt in Deutschland eine wirtschaftliche Tätigkeit **2**
aufnehmen kann, muss sie in der Regel ein Bankkonto bei einem in Deutschland ansässigen
Kreditinstitut eröffnen und u.U. ist zusätzlich eine Eintragung ins deutsche Handelsregister erforderlich. In beiden Fällen muss die ausländische Gesellschaft hierfür zunächst ihre Existenz
nachweisen. Auch die Vertretungsmacht muss regelmäßig dokumentiert werden.

1. Existenz- und Vertretungsnachweise

Bei einer deutschen Gesellschaft können die Existenz einer Gesellschaft sowie bestehende Ver- **3**
tretungsbefugnisse durch die Vorlage eines Handelsregisterauszugs erbracht werden. Bei einer
ausländischen Gesellschaft entscheidet das **Gesellschaftsstatut** über die Frage, wie die Existenz
der Gesellschaft nachzuweisen ist.[1] In der Praxis bereitet der Existenznachweis bei ausländischen Gesellschaften, die nicht in einem amtlichen Register eingetragen sind, oft erhebliche
Schwierigkeiten, vor allem dann, wenn deutsche Vertragspartner oder Behörden einen nach
dem maßgeblichen ausländischen Vertragsstatut gültigen Existenznachweis nicht kennen oder
akzeptieren.

Bei einer englischen **private limited company** kann der **Existenznachweis** durch ein **Cer-** **4**
tificate of Incorporation,[2] einen Auszug aus dem englischen Handelsregister[3] oder durch Bescheinigung eines englischen Notars erbracht werden.[4] Das LG Berlin hat als Existenznachweis
auch die Bescheinigung des **Registrar of Companies**, dass die Gesellschaft gegründet worden
ist, für ausreichend erachtet.[5] Inwieweit Registerauszüge aus **anderen europäischen Staaten**
als Existenznachweis allgemein anerkannt werden, bleibt abzuwarten; die Vergleichbarkeit die-

---

1 *Spahlinger/Wegen*, Rn 686.
2 LG Berlin NZG 2004, 1014, 1015.
3 *Spahlinger/Wegen*, Rn 687.
4 *Langhein*, NZG 2001, 1123, 1127; *Wachter*, DB 2004, 2795, 2799.
5 LG Berlin NZG 2004, 1014, 1015.

ser Register muss von Fall zu Fall entschieden werden, da es bislang an einer europaweiten Harmonisierung fehlt.[6]

5   Der Nachweis der **Vertretungsmacht** ist ebenfalls nach Maßgabe des Gesellschaftsstatuts zu führen.[7] Dies ist – wie beim Existenznachweis – in der Praxis mit Problemen verbunden, wenn ein solches Register nach dem Gesellschaftsstatut nicht geführt wird oder darin keine Angaben zur Vertretung der Gesellschaft enthalten sind. Bei **englischen Gesellschaften** ist der Nachweis durch die Urkunde eines englischen Notars, in der dieser bestätigt, durch wen die Gesellschaft vertreten wird[8] oder durch einen Gesellschafterbeschluss möglich.[9] Bei Letzterem muss grundsätzlich eine Beschlussabschrift aus dem Protokollbuch der Gesellschaft, dem **minute book**, zusammen mit einer Bestätigung des **Company Secretary**, dass der Beschluss ordnungsgemäß gefasst wurde und unverändert gültig ist, vorgelegt werden.[10]

2. Urkunden in ausländischer Sprache

6   In manchen Situationen kann es hilfreich sein, Urkunden in ausländischer Sprache hinzuzuziehen. Gem. § 5 Abs. 2 BeurkG ist die **Beurkundung** in einer ausländischen Sprache grundsätzlich möglich. Voraussetzung ist aber, dass der Notar der anderen Sprache „hinreichend kundig" ist und die Parteien die Beurkundung in der ausländischen Sprache verlangen.[11] Streitig ist hingegen, ob auch die für eine deutsche Gesellschaft statusrelevanten Vorgänge in einer fremden Sprache beurkundet werden können. Dies ist mit der Maßgabe bejaht worden, dass der Anmeldung zur Handelsregistereintragung eine deutsche Übersetzung beizufügen ist.[12]

---

7   **Praxistipp**
Um Risiken zu vermeiden, können statusrelevante Vorgänge auch zweisprachig beurkundet werden, wobei die deutsche Fassung als offizielle Fassung und die ausländische Fassung als für die Parteien im Innenverhältnis bindende Übersetzung festgelegt wird.

---

8   Die **Bezugnahme** auf andere notarielle Urkunden erleichtert den Beurkundungsvorgang erheblich. Gem. § 13a BeurkG kann aber auf die Urkunde eines **ausländischen Notars** nicht verwiesen werden, da dieser keine Beurkundungen i.S.d. Beurkundungsgesetzes vornehmen kann. Gem. § 437 Abs. 1 ZPO wird bei einer deutschen öffentlichen Urkunde ihre Echtheit vermutet. Damit kann diese im deutschen Rechtsverkehr Verwendung finden. Für die **Verwendung ausländischer Urkunden** besteht diese Fiktion gem. § 438 Abs. 1 ZPO ausdrücklich nicht; deren Echtheit ist grundsätzlich zu beweisen. Der Beweis der Echtheit ist grundsätzlich durch Legalisation gem. § 438 Abs. 2 ZPO zu führen. In der Praxis ist dies jedoch die Ausnahme, da bilaterale Staatsverträge wie auch das **Haager Übereinkommen zur Befreiung ausländischer öffentlicher Urkunden von der Legalisation vom 5.10.1961**[13] die Legalisation in der Regel entbehrlich machen. Anstelle der Legalisation wird die Echtheit der Urkunde durch die dafür zuständige Behörde des Herkunftslands der Urkunde bestätigt (sog. Apostille); diese Bestätigung wird von den Behörden des Ziellandes als Echtheitsnachweis akzeptiert.

---

6 *Spahlinger/Wegen*, Rn 688.
7 *Spahlinger/Wegen*, Rn 291.
8 LG Berlin NZG 2004, 1014, 1015; *Wachter*, DB 2004, 2795, 2800.
9 *Spahlinger/Wegen*, Rn 292.
10 *Wachter*, DB 2004, 2795, 2800.
11 Zu den Einzelheiten *Spahlinger/Wegen*, Rn 692.
12 LG Düsseldorf NZG 1999, 730.
13 Siehe die Liste der Vertragsstaaten bei *Spahlinger/Wegen*, Rn 697 ff.

Tepper

3. Eintragung ins Handelsregister
a) Allgemeines

Grundsätzlich können ausländische Gesellschaften im Inland durch selbständige Tochtergesell- 9
schaften, durch unselbständige Betriebsstätten oder durch Zweigniederlassungen wirtschaftlich
tätig werden. Für die Errichtung einer selbständigen **Tochtergesellschaft** bietet sich in der
Regel die Gründung einer GmbH oder GmbH & Co.KG an. Für eine **unselbständige Betriebsstätte** ist nur eine Gewerbeanmeldung erforderlich; die unselbständige Betriebsstätte ist jedoch
mit Nachteilen verbunden, da diese nicht ins Handelsregister eingetragen wird und daher weder
der Vertretungsnachweis durch Handelsregisterauszug noch Prokuraerteilung möglich ist. Zudem scheidet eine separate Firmenfortführung aus. Hingegen ist die **Zweigniederlassung** (zu
den Voraussetzungen einer Zweigniederlassung siehe Rn 25 ff.) einer Auslandsgesellschaft
grundsätzlich eintragungsfähig.

b) Voraussetzungen der Eintragung

Die Voraussetzungen der Eintragung ins Handelsregister variieren je nach Gesellschaftstyp. Zu- 10
nächst ist in einem **Vergleich** zu ermitteln, welcher inländischen Gesellschaftsform die ausländische Gesellschaft am nächsten kommt. Unabhängig von der Gesellschaftsform gilt für alle ausländischen Gesellschaften, dass die Zweigniederlassung in das Handelsregister bei dem Gericht
einzutragen ist, in dessen Gerichtsbezirk die Zweigniederlassung ihren **Sitz** hat, vgl. § 13d Abs. 1
HGB.

aa) Kapitalgesellschaften

Bei **Kapitalgesellschaften** muss die Anmeldung durch ein vertretungsberechtigtes Organ, also 11
bei einer der GmbH vergleichbaren Auslandsgesellschaft durch die Geschäftsführer in vertretungsberechtigter Anzahl bzw. bei einer AG durch den Vorstand erfolgen. Die Anmeldung muss
den Existenznachweis (siehe Rn 3 ff.) der Auslandsgesellschaft, die Anschrift und den Gegenstand der Zweigniederlassung enthalten, § 13e Abs. 2 S. 3 f., bzw. § 13f Abs. 2 S. 3 f. HGB. Des Weiteren muss der Anmeldung ein Auszug aus dem Register im Gründungsstaat, sofern ein solches
ausländisches Register vorhanden ist, beigefügt sein, § 13e Abs. 2 S. 4 Nr. 1 bzw. § 13f Abs. 2 S. 4
Nr. 1 HGB. Gem. § 13d Abs. 2 S. 4 Nr. 2 bzw. § 13e Abs. 2 S. 4 Nr. 2 HGB ist außerdem die Rechtsform der Auslandsgesellschaft anzugeben. Die zur Vertretung berechtigten Personen sowie deren Befugnisse sind ebenfalls in der Anmeldung zu benennen, § 13e Abs. 2 S. 4 Nr. 3 bzw. § 13f
Abs. 2 S. 4 Nr. 3 HGB.

Für eine der deutschen **GmbH** vergleichbare Auslandsgesellschaft ist darüber hinaus eine 12
öffentlich beglaubigte Abschrift des Gesellschaftsvertrags sowie, falls dieser in einer ausländischen Sprache abgefasst ist, eine beglaubigte Übersetzung beizufügen, § 13g Abs. 2 HGB. Außerdem ist gem. § 13 Abs. 3 HGB i.V.m. § 10 Abs. 1 GmbHG die Firma und Sitz der Auslandsgesellschaft, die Höhe des Stammkapitals und der Tag des Abschlusses des Gesellschaftsvertrags anzugeben. Nach § 13 Abs. 3 HGB i.V.m § 10 Abs. 2 GmbHG sind etwaige Bestimmungen über die
Zeitdauer der Gesellschaft mitzuteilen.

Bei einer **AG** ist nach § 13f Abs. 2 HGB die Satzung in beglaubigter Abschrift und ggf. eine 13
beglaubigte Übersetzung der Satzung vorzulegen. Des Weiteren ist in der Anmeldung das
Grundkapital und der auf die Aktien eingezahlte Betrag anzugeben.

bb) Personengesellschaften

Für ausländische **Personengesellschaften** gilt gem. § 13d HGB grundsätzlich deutsches Re- 14
gisterrecht. Demzufolge wird die Zweigniederlassung registerrechtlich und kostenrechtlich wie

die Hauptniederlassung eines inländischen Unternehmens behandelt. Einschränkungen ergeben sich aber aus dem allgemeinen Vorbehalt zu Gunsten des ausländischen Rechts in § 13d Abs. 3 HGB („soweit nicht das ausländische Recht Abweichungen nötig macht"). Wenn etwa das Recht am Sitz der Auslandsgesellschaft weiterreichende Offenlegungspflichten vorsieht, so ist insoweit das ausländische Recht für das Anmeldeverfahren maßgeblich.[14]

III. Gesellschaften aus einem außereuropäischen Staat

1. Existenz- und Vertretungsnachweise

15 Ergänzend zu der Darstellung zu Auslandsgesellschaften der EU bzw. des EWR (siehe Rn 2ff.) soll an dieser Stelle nur ein kurzer Überblick über die bei Auslandsgesellschaften aus den USA, aus Indien und aus China zu berücksichtigenden Besonderheiten erfolgen.

a) USA

16 In den USA fehlt es an einem dem deutschen Handelsregister vergleichbaren Register; daher ist der **Existenznachweis** durch Vorlage eines Registerauszugs nicht möglich. Ein Notary Public, der in vielen Bereichen die Funktion eines Notars wahrnimmt, ist nach US-amerikanischem Recht weder zuständig noch geeignet, eine entsprechende Bescheinigung auszustellen.[15] Stattdessen muss der Nachweis durch die Vorlage eines vom zuständigen Secretary of State ausgestellten Certificate of Good Standing (bzw. bei einer Gesellschaft aus Kalifornien eines Certificate of Status) geführt werden.[16] Der **Vertretungsnachweis** ist durch ein Secretary's Certificate zu führen, welches mit einer Apostille (siehe Rn 8) versehen ist, ausgestellt vom Company Secretary,[17] der darin bescheinigt, dass eine bestimmte Person in den Vorstand gewählt wurde und zur Vertretung der Gesellschaft befugt ist.[18]

b) Indien

17 Das indische Rechtssystem fußt auf dem Common Law. Das indische Gesellschaftsrecht kennt im Wesentlichen drei Gesellschaftsformen: die *partnership* (Personengesellschaft), geregelt im Partnership Act von 1932, die private limited company (GmbH) sowie die public company (börsennotierte Gesellschaft), beide geregelt im Companies Act von 1956. Wegen der Ähnlichkeiten zum englischen Recht lassen sich die Aussagen zu britischen Gesellschaften im Wesentlichen übertragen.

c) China

18 Das chinesische Gesellschaftsrecht ist eine kaum überschaubare Materie, da in kurzen Abständen immer wieder neue Vorschriften verabschiedet werden, um den Regelungsbedürfnissen, die sich aus den Wirtschaftsreformen ergeben, Rechnung zu tragen.[19] Daher lassen sich keine pauschalen Aussagen zu Existenz- und Vertretungsnachweis bei chinesischen Gesellschaften treffen.

---

14 Vgl. MüKo-HGB/*Krafka*, 3. Aufl. 2010, § 13d Rn 14.
15 *Fischer*, ZNotP 1999, 352, 354.
16 *Spahlinger/Wegen*, Rn 689.
17 Dies ist der Schriftführer und eine Art Urkundsbeamter der Gesellschaft, oft auch ein die Gesellschaft beratender Rechtsanwalt, vgl. Spahlinger/*Wegen* Rn 291.
18 *Fischer*, ZNotP, 1999, 352.
19 Siehe zum chinesischen Gesellschaftsrecht *Wolff*, S. 131ff.

2. Urkunden in ausländischer Sprache

Bei Urkunden aus Ländern, die nicht der EU oder dem EWR angehören, sind keine Besonderhei- **19** ten zu beachten. Es gilt daher das oben (Rn 6 ff.) Gesagte.

3. Eintragung ins Handelsregister

Grundsätzlich sind für die Eintragung von Zweigniederlassungen von Nicht-EU-Auslandsgesell- **20** schaften **dieselben Voraussetzungen** zu erfüllen wie bei Gesellschaften der EU. Darüber hinaus ist bei Nicht-EU-Auslandsgesellschaften § 13d Abs. 3 HGB a.E. zu beachten. Demnach müssen ausländische Gesellschaften auch weitergehende Anforderung hinsichtlich der **Offen-legungspflichten** im Gründungsstaat einhalten. Diese Anforderungen gelten entgegen dem Wortlaut („ausländische Gesellschaften") nur für Gesellschaften, die ihren Sitz außerhalb der EU haben. Eine andere Auslegung würde die Niederlassungsfreiheit (siehe § 51 Rn 8 ff.) in unzuläs-siger Weise beeinträchtigen.[20] Daher müssen Nicht-EU-Auslandsgesellschaften weitergehende Publizitätspflichten ihres Heimatlandes beachten, wenn ihre deutsche Zweigniederlassung ins Handelsregister eingetragen wird.

IV. Kombinationen aus einer ausländischer Rechtsform mit inländischen Rechtsformen

1. Überblick

Nach h.M. ist seit längerem anerkannt, dass eine englische **Limited** Komplementärin einer **21** deutschen KG sein kann.[21] Durch die **Überseering**-Entscheidung des EuGH (siehe § 51 Rn 11) dürften als Komplementärin auch andere Auslandsgesellschaften prinzipiell in Betracht kom-men.[22] Voraussetzung hierfür ist aber, dass die ausländische Gesellschaft im Inland als rechts-fähig anzuerkennen ist und sie nach ihrem Gründungsstatut zu einer solchen Beteiligung be-rechtigt ist.[23] Die Zahl solcher Fälle dürfte durch die Überseering-Entscheidung des EuGH zunehmen, da es für die Rechtsfähigkeit der ausländischen Gesellschaft nun nicht mehr als erforderlich angesehen werden kann, dass die Gesellschaft ihren tatsächlichen Verwaltungssitz außerhalb Deutschlands hat.[24] Aber selbst wenn die ausländische Gesellschaft als rechtsfähig anerkannt ist und entsprechend ihres Gesellschaftsstatuts auch im Inland tätig werden darf, sind damit noch nicht alle rechtlichen Probleme einer solchen Gesellschaft gelöst. Zahlreiche Normen des deutschen Rechts sind nämlich nicht auf ausländische Gesellschaften zugeschnit-ten, so dass sich **Folgeprobleme** ergeben können. Dies gilt für die zivilrechtlichen Rechtsver-hältnisse der Auslandsgesellschaft, aber auch für ihre handelsrechtliche, insbesondere firmen-rechtliche Behandlung.

2. Rechtsformzusätze

Für nur beschränkt haftende Gesellschaften ordnen § 4 GmbHG, §§ 4, 279 AktG, § 19 Abs. 2 HGB **22** und § 3 GenG im Interesse des **Verkehrschutzes** an, dass deren Firma einen Zusatz enthalten muss, aus dem die Rechtsform sowie die Beschränkung der Haftung hervorgehen muss. Diese Pflicht zur Führung eines Rechtsformzusatzes gilt auch für ausländische Gesellschaften mit Sitz

---

20 Eidenmüller/*Rehberg*, § 5 Rn 74.
21 BayObLGZ 1986, 61, 66; OLG, Saarbrücken NJW 1999, 647; OLG Stuttgart WM 1995, 928, 930; *Bungert*, AG 1995, 489, 503; *Binz/Mayer*, GmbHR 2003, 249, 250.
22 Eidenmüller/*Rehm*, § 4 Rn 51f.
23 Eidenmüller/*Rehm*, § 4 Rn 51.
24 *Binz/Mayer*, GmbHR 2003, 249, 255; Eidenmüller/*Rehm*, § 4 Rn 52.

in Deutschland.[25] Die Auslandsgesellschaft & Co. KG hat demzufolge einen die Haftungsbeschränkung klarstellenden Zusatz zu führen. Streitig ist hingegen, ob der Rechtsformzusatz durch die Angabe des Registrierungslandes oder des Landes des Satzungssitzes oder beides zu ergänzen ist.[26]

3. Eintragung ins Handelsregister

23 Auch bei der Eintragung einer deutschen Kommanditgesellschaft mit einer ausländischen Kapitalgesellschaft als Komplementärin ist grundsätzlich die **europarechtliche Niederlassungsfreiheit** (siehe § 51 Rn 8 ff.) zu berücksichtigen. Wenn es für inländische juristische Personen als Komplementärin nach §§ 162, 106 Abs. 2 HGB ausreicht, ausschließlich mit ihrer Firma und somit auch unter Hinweis auf die entsprechenden Register eingetragen zu werden, so muss dies nach verbreiteter Ansicht auch für ausländische Gesellschaften gelten.[27]

V. Zweigniederlassungen

24 Das deutsche Handelsrecht ordnet in §§ 13d ff. HGB an, dass deutsche Zweigniederlassungen ausländischer Kaufleute und Gesellschaften im Handelsregister einzutragen sind. Zweigniederlassungen sind räumlich von einer Hauptniederlassung getrennte, **wirtschaftlich und organisatorisch verselbständigte Betriebsteile**, die aber unter einer **einheitlichen Oberleitung** am Ort der Hauptniederlassung stehen; Zweigniederlassungen stellen eine Zwischenform zwischen der Bildung eines eigenständigen Unternehmens und einer bloßen Abteilung eines Unternehmens dar. Trotz Eigenständigkeit ist die Zweigniederlassung Teil des Geschäftsbetriebs der unternehmenstragenden Gesellschaft. Aus der rechtlichen Unselbständigkeit folgt die Maßgeblichkeit des Statuts der Hauptniederlassung. Daher unterliegt die Zweigniederlassung dem ausländischen **Gesellschaftsstatut**, die die Zweigniederlassung betreffenden Rechtsfolgen sind folglich nach der für den Rechtsträger der Hauptniederlassung einschlägigen Rechtsordnung zu beurteilen.

25 Hierbei sind aber **Einschränkungen** zu beachten: Auf Grund von Sonderanknüpfungen oder fremdenrechtlichen Bestimmungen kann sich die Anwendung deutschen Rechts auf inländische Zweigniederlassungen ausländischer Gesellschaften ergeben. Solche Sonderanknüpfungen an den Ort der Zweigniederlassung bestehen für die Beurteilung der Kaufmannseigenschaft, Buchführungs- und Rechnungslegungsvorschriften und die auf die inländische Zweigniederlassung beschränkte Prokura (sog. Filialprokura). **Kaufleute** i.S.d. deutschen Rechts sind zum einen ausländische **natürliche Personen**, die ein gewerbliches Unternehmen betreiben, welches nach Art und Umfang einen in kaufmännischer Weise eingerichteten Geschäftsbetrieb erfordert (§ 1 Abs. 2 HGB) oder in ein ausländisches Register eingetragen ist, das mit dem deutschen Handelsregister vergleichbar ist. Kaufleute i.S.d. deutschen Handelsrechts sind kraft ihrer Rechtsform **ausländische Gesellschaften**, wenn diese aufgrund ihrer Struktur einer deutschen AG, KGaA oder GmbH vergleichbar sind.

26 Bei **Personengesellschaften** wird ebenfalls ein Strukturvergleich vorgenommen. Jedoch verbietet sich hier eine Gleichstellung, wenn diese Gesellschaften auch zu anderen als zu handelsrechtlichen Zwecken betrieben werden können. In diesen Fällen kann sich die Kaufmannseigenschaft **direkt** aus §§ 1 ff. HGB ergeben.

---

25 Eidenmüller/*Rehm*, § 5 Rn 52; MüKo-BGB/*Kindler*, IntGesR, Rn 237.
26 Vgl. zur Diskussion *Spahlinger/Wegen*, Rn 280; MüKo-BGB/*Kindler*, IntGesR, Rn 238.
27 Eidenmüller/*Rehm*, § 5 Rn 86; a.A. BayObLG, NJW 1986, 3029, 3032.

Tepper

Für die Frage, welche Vorschriften für Rechnungslegung und Buchführung maßgeblich **27** sind, ist die Einordnung dieser Normen als gesellschaftsrechtlich oder öffentlich-rechtlich entscheidend. Diese Streitfrage ist noch nicht abschließend entschieden. Für eine **öffentlich-rechtliche** Qualifizierung spricht einerseits die Funktion der Rechnungslegung als Schutz der Gläubiger und der öffentlichen Interessen, andererseits, dass die deutschen Rechnungslegungsvorschriften unabhängig von der Rechtsform gelten.[28]

Für Zweigniederlassungen von Kapitalgesellschaften mit Sitz in der **EU** oder in einem **EWR-** **28** **Mitgliedsstaat** gilt allerdings § 325a Abs. 1 HGB, der diese Zweigniederlassungen verpflichtet, die Unterlagen der Rechnungslegung der Hauptniederlassung, die in Übereinstimmung mit dem Recht am maßgeblichen Sitz der Gesellschaft erstellt, geprüft und offengelegt worden sind, nach den Vorschriften der §§ 325, 328, 329 Abs. 1 HGB offen zu legen. Für **EU-Auslandsgesellschaften** mit Verwaltungssitz in Deutschland gilt ebenfalls § 325a HGB, da die faktische Hauptniederlassung einer EU-Auslandsgesellschaft als Zweigniederlassung anzusehen ist.[29] Demzufolge ist auch hier die Rechnungslegung, die nach dem für die Hauptniederlassung maßgeblichen Recht erstellt, geprüft und offen gelegt worden ist, offen zu legen.

Für **Vollmachten** enthält das deutsche internationale Privatrecht keine Vorschriften. Die **29** hM knüpft selbständig an den Gebrauchsort der Vollmacht an.[30] Kaufmännische Vollmachten (Prokura, Handlungsvollmacht) für in der Geschäftsleitung des Unternehmens tätige Personen unterwirft die h.M. allerdings dem Ort des Unternehmenssitzes.[31]

VI. Öffentliche Unternehmen

Bei Geschäften mit ausländischen Unternehmen, die sich (mehrheitlich) im Staatsbesitz befin- **30** den, sind zwei **Besonderheiten** zu beachten. Zum einen genießt ein ausländisches Land **Staatsimmunität**: Das Vermögen eines ausländischen Staates ist im Inland von Zwangsvollstreckungs- und Sicherungsmaßnahmen ausgenommen. Das Prinzip der Staatsimmunität wird aber **restriktiv** gehandhabt. Zulässig sind Zwangsvollstreckungsmaßnahmen in Vermögensgegenstände, die nicht hoheitlichen Zwecken eines ausländischen Staates dienen.[32] Des Weiteren ist der **Prüfung der Vertretungsmacht** besonderes Augenmerk zu widmen. Insbesondere im Rechtsverkehr mit Unternehmen aus der **Volksrepublik China**, die im Regelfall im Staatsbesitz sind, erweist sich die Klärung der Frage, ob ein Vertrag von einer Person mit ausreichender Vertretungsmacht unterzeichnet worden ist, in der Praxis häufig als schwierig. Hinzu kommt, dass viele Transaktionen der behördlichen Genehmigung bedürfen.[33]

VII. Formfragen

1. Überblick

Nach deutschem Sachenrecht bedürfen zahlreiche gesellschaftsrechtliche Akte der notariellen **31** Beurkundung oder der notariellen Beglaubigung, z.B. die Feststellung und Änderung des Gesellschaftsvertrags, der Beschluss über die Erhöhung des Stammkapitals, die Bestellung von

---

28 MüKo-BGB/*Kindler*, IntGesR, Rn 273 ff.; *Spahlinger/Wegen*, Rn 563 f.; a.A. Staudinger/*Großfeld*, IntGesR Rn 362.
29 *Spahlinger/Wegen*, Rn 567.
30 MüKo-BGB/*Kindler*, IntGesR, Rn 265 m.w.N..
31 MüKo-BGB/*Kindler*, IntGesR, Rn 266 m.w.N.; BGH, NJW 1992, 618 (für Prokura).
32 BVerfGE 64, 1 = NJW 1983, 2766.
33 Zur Einführung in das chinesische Recht s. *Wolff*, Das internationale Wirtschaftsrecht der VR China, 2. Aufl. 2005.

Aufsichtsrat, Vorstand und Abschlussprüfer, Kauf und Übertragung von GmbH-Anteilen sowie die Übernahme neuer Stammeinlagen. Des Weiteren ist für die Bestellung von Geschäftsführern einer GmbH die Eintragung ins Handelsregister erforderlich. Bei grenzüberschreitenden Sachverhalten stellt sich nun die Frage, ob deutsche Formvorschriften zur Anwendung kommen. Nach Art. 11 Abs. 1 Rom I-VO ist ein Rechtsgeschäft formgültig, wenn es die Formerfordernisse des Rechts, das auf das seinen Gegenstand bildende Rechtsverhältnis anzuwenden ist, oder das Recht des Staates erfüllt, in dem es vorgenommen wird. Ob und auf welche gesellschaftsrechtlichen Sachverhalte Art. 11 Abs. 1 Rom I-VO anwendbar ist, ist höchst umstritten.[34] Daher soll im Folgenden nur auf einzelne, für die Praxis aber bedeutsame Aspekte eingegangen werden.

2. Zuständigkeiten deutscher Notare und Behörden für Beurkundungen und Beglaubigungen

32 Deutsche Notare sind gem. § 2 BeurkG, § 11 BNotO für Beglaubigungen und Beurkundungen örtlich auf dem Territorium der Bundesrepublik Deutschland zuständig. Die Hoheitsbefugnisse deutscher Notare sind auf das **deutsche Staatsgebiet** beschränkt. Daher sind Urkundsakte, die ein deutscher Notar außerhalb des deutschen Hoheitsgebiets vornimmt, unwirksam.[35] Diplomatische Vertretungen gehören zum Territorium des Empfangsstaates, so dass ein deutscher Notar keine wirksamen Beurkundungen in deutschen Vertretungen im Ausland vornehmen kann, sehr wohl aber **Konsularbeamte**.

3. Beurkundungen und Beglaubigungen durch ausländische Notare
a) Allgemeines

33 Wenn auf bestimmte gesellschaftsrechtliche Sachverhalte mit Auslandsbezug deutsche Formvorschriften anzuwenden sind, stellt sich als nächstes die Frage, ob die Beurkundung oder Beglaubigung auch durch einen ausländischen Notar möglich ist. Soweit deutsches Recht eine **Beglaubigung** zur Überprüfung der Identität von Personen und Dokumenten fordert, sind hierzu auch Notare im Ausland befugt, da hier sowohl die Urkundsperson als auch der Beurkundungsvorgang im Wesentlichen mit Blick auf den Beglaubigungszweck als gleichwertig angesehen wird.[36]

34 Im Hinblick auf die **öffentliche Beurkundung** im Ausland ist vieles umstritten. Die persönliche Gleichwertigkeit der Beurkundungsperson ist dann gegeben, wenn der ausländische Notar nach Vorbildung und Aufgabenstellung einen dem deutschen Notar vergleichbaren Rang hat und vergleichbaren disziplinarischen und haftungsrechtlichen Vorschriften unterliegt. Ein „**Notary Public**" aus dem US-amerikanischen Rechtskreis erfüllt diese Voraussetzungen nicht.[37] Die **Gleichwertigkeit** des Beurkundungsvorgangs setzt voraus, dass das Verfahren der Beurkundung die tragenden Grundsätze des deutschen Beurkundungsrechts einhält.[38] Da die Anforderungen für jedes einzelne Rechtsgeschäft unterschiedlich sind, sind die Erfordernisse für die Gleichwertigkeit des Beurkundungsvorgangs größtenteils ungeklärt. Konsequenz hiervon ist, dass streitig ist, bei welchen ausländischen Notaren im Hinblick auf welche Beurkundungsvorgänge die erforderliche Gleichwertigkeit gegeben ist.[39]

---

34 Vgl. die Darstellung bei *Spahlinger/Wegen*, Rn 660 ff.
35 BGHZ 138, 359.
36 BGHZ 80, 76, 78: OLG München RIW 1998, 147.
37 *Spahlinger/Wegen*, Rn 669.
38 Staudinger/*Großfeld*, Int GesR, Rn 472 m.w.N.
39 Vgl. zum Streitstand *Spahlinger/Wegen*, Rn 669; Merkt/Göthel/*Göthel*, S. 109 Rn 234.

b) Rechtsgeschäfte mit unmittelbaren Bezug zur Gesellschaftsverfassung

Die Zulässigkeit der Auslandsbeurkundung von Rechtsgeschäften, die sich unmittelbar auf die **35** Gesellschaftsverfassung beziehen, wie z.B. Gründung, Satzungsänderung, Kapitalerhöhung, Spaltung, Verschmelzung und formwechselnde Umwandlung, ist **ungeklärt.** Zwar hat der BGH die Beurkundung einer Satzungsänderung durch einen Schweizer Notar unbeanstandet gelassen,[40] aber die Lit. und andere Gerichte sind dieser Entscheidung für die grundsätzliche Zulässigkeit der Auslandsbeurkundung nicht gefolgt.[41] Auf Grund der ungeklärten Rechtslage sollten derartige Beurkundungen im Ausland unterbleiben.[42]

c) Verkauf und Übertragung von Gesellschaftsanteilen

Bei Verkauf und Übertragung von Gesellschaftsanteilen ist danach zu differenzieren, ob es sich **36** um eine deutsche oder eine ausländische GmbH handelt.[43] Bei der Übertragung von Anteilen an einer **deutschen GmbH** kommt es zunächst entscheidend darauf an, ob man gem. Art. 11 Abs. 1 Rom I-VO das Orts- und das Vertragsstatut alternativ nebeneinander gelten lässt. Das ist umstritten.[44] Die Rechtsprechung lässt diese Frage oft unentschieden, entscheidet sich praktisch in der Regel aber für die Anwendbarkeit des Gesellschaftsstatuts. Bei einer deutschen GmbH sind danach zwingend § 15 Abs. 3 und Abs. 4 GmbHG anzuwenden. Eine Beurkundung im Ausland lässt die Rechtsprechung ausreichen, wenn diese einer deutschen **Beurkundung gleichwertig** ist.[45]

Praxistipp **37**

Eine rechtssichere Übertragung von GmbH-Gesellschaftsanteilen setzt voraus, dass die Abtretung von einem deutschen Notar oder zumindest von einem Schweizer Notar in Basel oder Zürich Altstadt beurkundet wird. Durch die formwirksame Abtretung wird ein etwaig bestehender Formmangel im Verpflichtungsgeschäft geheilt, vgl. § 15 Abs. 4 S. 2 GmbHG.

Die **Übertragung** der Anteile an einer **ausländischen Gesellschaft** richtet sich grundsätzlich **38** nach dem Gesellschaftsstatut.[46] Somit ist die Einhaltung der vom **Gesellschaftsstatut** vorgeschriebenen Formerfordernisse für das Verfügungsgeschäft stets ausreichend. Hingegen ungeklärt ist, ob § 15 Abs. 4 S. 1 GmbHG auf das **Verpflichtungsgeschäft** bei einer ausländischen GmbH anzuwenden ist.[47]

Praxistipp **39**

Wenn Gesellschaftsanteile an einer ausländischen GmbH, die mit einer deutschen GmbH vergleichbar ist, durch einen Vertrag unter deutschem Recht, der in Deutschland abgeschlossen wird, verkauft werden sollen, empfiehlt es sich, den Vertrag durch einen **deutschen Notar** zu beurkunden. Als Alternative hierzu kann die Anwendung der deutschen Formvorschriften im Kaufvertrag ausgeschlossen werden. Dies wird durch eine **Teilwahlrechtsklausel** erreicht, die für alle Formfragen das ausländische Gesellschaftsstatut für maßgeblich erklärt.

---

40 BGHZ 80, 76, 78.
41 Nachw. bei *Spahlinger/Wegen,* Rn 662.
42 Zur Vertiefung s. *Spahlinger/Wegen,* Rn 670.
43 Zu den Einzelheiten *Spahlinger/Wegen,* Rn 671ff.
44 Merkt/Göthel/*Göthel,* S. 281 Rn 26 m.w.N.
45 Reithmann/Martiny/*Merkt/Göthel,* Rn 4428 m.w.N.; Merkt/Göthel/*Göthel,* S. 282ff., Rn 30–38 mit Nachweisen zu Einzelfällen.
46 Reithmann/Martiny/*Merkt/Göthel,* Rn 4431 m.w.N.
47 *Spahlinger/Wegen,* Rn 680ff. m.w.N.

d) Bestellung eines im Ausland befindlichen GmbH-Geschäftsführers

40 Gem. §§ 8, 39 GmbHG, § 12 Abs. 1 HGB, §§ 40 f. BeurkG sind die Bestellung eines GmbH-Gesellschafters und seine Vertretungsbefugnis zur Eintragung in das Handelsregister anzumelden. Im Einzelnen muss der zukünftige Geschäftsführer versichern, dass seiner Bestellung keine Ausschlussgründe entgegenstehen und dass er über seine keinen Beschränkungen unterworfene Auskunftspflicht dem Registergericht gegenüber belehrt worden ist. Gem. § 12 Abs. 1 HGB sind Anmeldung und Unterschrift dem Registergericht in öffentlich beglaubigter Form einzureichen. Sofern sich der zukünftige Geschäftsführer im Ausland aufhält, ist ausreichend, dass ein ausländischer Notar die **Beglaubigung** vornimmt. Da dem ausländischen Notar i.d.R. ausreichende Rechtskenntnisse fehlen, muss die Belehrung entweder durch einen deutschen Notar oder deutschen Konsularbeamten erfolgen; auf diese kann dann der ausländische Notar Bezug nehmen.[48]

e) Gesellschafterversammlung im Ausland

41 Ob die Abhaltung einer Gesellschafterversammlung im Ausland zulässig und im Fall der Aktiengesellschaft im Hinblick auf das Beurkundungserfordernis nach § 130 AktG durchführbar ist, ist noch ungeklärt. Es spricht Einiges dafür, wenn die Satzung dies vorsieht.[49]

---

48 *Spahlinger/Wegen*, Rn 684.
49 *Hüffer*, § 121 AktG Rn 14–16 m.w.N.

Dr. Sören Kramer

§ 55 Beschäftigung von Mitarbeitern deutscher Unternehmen im Ausland

Literatur: *Eisenbeis*, Auslandseinsatz und Kündigungsschutz, FAArbR 2011, 357; *Fuchs*, Die sozialrechtliche Stellung im EG-Ausland tätiger Arbeitnehmer und Selbständiger, NZA, Beilage 2/2005, S. 97; *Gnann/Gerauer*, Arbeitsvertrag bei Auslandsentsendung, 2. Aufl. 2002; *Heuser/Heidenreich/Fritz*, Auslandsentsendung und Beschäftigung ausländischer Mitarbeiter, 4. Aufl. 2011; *Junker*, Internationale Zuständigkeit und anwendbares Recht in Arbeitssachen, NZA 2005, 199; *Küttner*, Personalbuch 2012, 19. Aufl. 2012; *Mastmann/Stark*, Vertragsgestaltung bei Personalentsendung ins Ausland, BB 2005, 1849; *Reichel/Spieler*, Vertragsgestaltung bei internationalem Arbeitseinsatz, BB 2011, 2741; *Reiter*, Anwendbare Rechtsnormen bei der Kündigung ins Ausland entsandter Arbeitnehmer, NZA 2004, 1246; *Schlachter*, Grenzüberschreitende Arbeitsverhältnisse, NZA 2000, 57; *Schneider*, Einfluss der Rom I-VO auf die Arbeitsvertragsgestaltung mit Auslandsbezug, NZA 2010, 1380; *Thüsing*, Rechtsfragen grenzüberschreitender Arbeitsverhältnisse, NZA 2003, 1303; *Tschöpe* (Hrsg.), Anwalts-Handbuch Arbeitsrecht, 7. Aufl. 2011.

I. Einleitung

Die zunehmende Einbindung deutscher Unternehmen in europäische und internationale wirtschaftliche Beziehungen führt vermehrt dazu, dass Mitarbeiter deutscher Unternehmen dauerhaft oder vorübergehend im Ausland beschäftigt werden. Dieses Kapitel bietet einen kurzen Überblick über die sich in diesem Zusammenhang stellenden Rechtsfragen. **1**

II. Allgemeines

Neben der Personalrekrutierung unmittelbar im Ausland (d.h. der Beschäftigung sog. „Ortskräfte"[1]) sind für ein in Deutschland ansässiges Unternehmen **verschiedene Arten der Auslandsbeschäftigung** denkbar:[2] **2**
– die Neueinstellung von Personal im Inland speziell für den Einsatz in einer ausländischen Betriebsstätte. Hier rechtfertigt die absehbar begrenzte Dauer des Auslandeinsatzes in der Regel die Befristung des Arbeitsverhältnisses.[3]
– die Neubegründung eines Arbeitsverhältnisses mit einer im Ausland ansässigen (Tochter-) Gesellschaft bei gleichzeitiger Zusage der Wiedereinstellung in Deutschland.

---

1 Küttner/*Kreitner*, Kap. 82 Rn 3.
2 Vgl. auch *Heuser/Heidenreich/Fritz*, A. I. 2.2.2 (Rn 25 ff.); *Reiter*, NZA 2004, 1246, 1247 und *Thüsing*, NZA 2003, 1303 sowie die ausführliche Darstellung der grundlegenden Optionen für die Vertragsgestaltung bei *Mastmann/Stark*, BB 2005, 1849 f.
3 LAG Köln NZA-RR 1996, 202.

– die dauerhafte oder vorübergehende Entsendung eines zuvor in Deutschland tätigen Mitarbeiters in eine im Ausland gelegene Betriebsstätte. Eine solche Auslandsentsendung ist i.d.R. kraft Weisungsrechts nicht möglich, es sei denn, sie wäre ausdrücklich im Arbeitsvertrag vorgesehen.[4]

III. Anwendbares Recht – Arbeitsvertragsstatut

3 Bislang bestimmte sich das Arbeitsvertragsstatut nach den Art. 27 ff. EGBGB.[5] Mit Wirkung ab dem 18.12.2009 gilt nunmehr die Verordnung (EG) Nr. 593/2008 („Rom I-VO").[6] Diese europäische Verordnung enthält die Kollisionsregeln für vertragliche Schuldverhältnisse. Die Art. 27 ff. EGBGB sind außer Kraft getreten, gelten aber weiter für alle Verträge, die bis einschließlich 17.12.2009 abgeschlossen wurden (Art. 28 Rom I-VO).[7]

4 Nach Art. 8 Abs. 1 S. 1 i.V.m. Art. 3 Abs. 1 S. 1 Rom I-VO sind die Parteien des Arbeitsvertrages frei darin, das anwendbare Recht zu **vereinbaren.**[8] Allerdings ist die Rechtswahl nicht beliebig möglich, sondern den nachfolgend beschriebenen Einschränkungen unterworfen.

5 Ein **erste Schranke** für die Rechtswahl ergibt sich aus Art. 8 Abs. 1 S. 2 Rom I-VO: Hiernach darf die Wahl einer Rechtsordnung nicht dazu führen, dass dem Arbeitnehmer der Schutz entzogen wird, der ihm bei Anwendung des mangels Rechtwahl kraft Gesetzes anwendbaren Rechts zugutekäme.[9] Ein Verstoß gegen diese objektive Anknüpfung führte nach altem Recht nicht zur Unwirksamkeit der Rechtswahl;[10] die privatautonom gewählte Rechtsordnung wurde lediglich im Rahmen eines gesetzlich angeordneten **Günstigkeitsvergleiches** durch die nach Kollisionsrecht maßgebliche Rechtsordnung überlagert,[11] so dass ggf. eine Mischung verschiedener Rechtsordnungen die Rechtsbeziehung bestimmte.[12] Diese Rechtsfolge ist auch nach den Regeln der Rom I-VO zu erwarten.

6 Fehlt eine vertragliche Rechtswahl, gilt das **Recht des Arbeitsortes** bzw. das Recht der Niederlassung, die die Einstellung vorgenommen hat (Art. 8 Abs. 2 und Abs. 3 Rom I-VO),[13] es sei denn aus den Gesamtumständen ergäbe sich eine Nähe zu einer anderen Rechtsordnung (Art. 8 Abs. 4 Rom I-VO)[14] (vgl. auch § 56 Rn 15 f.).

7 Eine zweite Schranke für die Freiheit der Rechtswahl bildet Art. 9 Rom I-VO: Hiernach gelten nämlich die so genannten **zwingenden „Eingriffsnormen"** des nationalen deutschen Rechts ohne Rücksicht auf eine etwaige Rechtswahl, sofern das Arbeitsverhältnis irgendeinen Bezug zum (deutschen) Inland aufweist.[15] Nach Art. 9 Abs. 1 Rom I-VO sind Eingriffsnormen solche zwingenden nationalen Regelungen, die nach innerstaatlicher Auffassung entscheidende Bedeutung für die Wahrung des öffentlichen Interesses haben. Solche Eingriffsnormen setzen sich nicht nur gegenüber dem von den Parteien gewählten Recht, sondern auch gegenüber der

---

4 BAG NZA 1990, 32; Küttner/*Kreitner*, Kap. 82 Rn 5; *Schneider*, NZA 2010, 1383.
5 Vgl. hierzu die Vorauflage.
6 Verordnung (EG) Nr. 593/2008 des Europäischen Parlaments und des Rates vom 17.6.2008 über das auf vertragliche Schuldverhältnisse anzuwendende Recht (Rom I), ABl. L 177 vom 4.7.2008, S. 6 bis 16.
7 Küttner/*Kreitner*, Kap. 82 Rn 8.
8 Vgl. zur Rechtswahl nach altem Recht *Schlachter*, NZA 2000, 57, 58; *Thüsing*, NZA 2003, 1303, 1304; *Junker*, NZA 2005, 199, 204 ff.
9 EuGH ArbRB 2011, 99; *Schneider*, NZA 2010, 1380, 1381; vgl. zum alten Recht ausführlich *Thüsing*, NZA 2003, 1303, 1307.
10 *Schlachter*, NZA 2000, 57, 60 m.w.N.
11 BAG NZA 1993, 743.
12 *Mastmann/Stark*, BB 2005, 1849, 1851.
13 Zu Einzelfragen bei der Bestimmung des Arbeitsortes vgl. *Schlachter*, NZA 2000, 57, 59 f.
14 BAG NZA 1990, 841; *Thüsing*, NZA 1303, 1305.
15 Zum alten Recht vgl. *Schlachter*, NZA 2000, 57, 61.

nach Art. 8 Abs. 2 und 3 Rom I-VO objektiv anwendbaren Rechtsordnung durch. Das BAG hat unter der Geltung des alten Rechts sowohl die Regelungen des KSchG[16] als auch § 613a BGB[17] aus dem Kreis der von Art. 34 EGBGB geschützten Normen ausgenommen. Gemeinwohlschützenden Charakter hatten demgegenüber § 85 SGB IX und § 9 MuSchG.[18]

Der deutsche Arbeitgeber und der Mitarbeiter, der ins Ausland entsandt werden soll, stehen **8** also vor der Frage, ob und wenn ja **welche Rechtswahl** sie treffen sollen. Für die Vereinbarung deutschen Rechts spricht sicherlich, dass diese Rechtsordnung den Parteien bekannt und vielfach auch vertraut ist.[19] Der Arbeitnehmer wird auch inhaltlich kaum Vorbehalte haben, da er über die Vorschriften des deutschen Arbeitsrechts einen an internationalen Maßstäben gemessen hohen sozialen Schutz genießt.

Praxistipp **9**
Möchte der Arbeitgeber durch Wahl einer ihm fremden Rechtsordnung den von ihm empfundenen Zwängen des deutschen Arbeitsrechts „entfliehen", ist er gut beraten, wenn er zuvor **qualifizierte Auskünfte** über die von ihm in Betracht gezogene Rechtsordnung einholt.[20] Im Übrigen ist es in der Regel vorteilhaft, wenn die Parteien diejenige Rechtsordnung in ihrer Rechtswahl berücksichtigen, auf die auch die objektiven Kriterien der Anknüpfung (Art. 8 Abs. 2 bis 4 Rom I-VO) verweisen. Auf diese Weise gelingt es, den Günstigkeitsvergleich nach Art. 8 Abs. 1 S. 2 Rom I-VO außer Kraft zu setzen.[21]

Verweist das Arbeitsvertragsstatut auf das deutsche Recht, bedeutet dies, dass im Falle der ein- **10** seitigen Beendigung des Arbeitsverhältnisses durch den Arbeitgeber grds. das deutsche **KSchG** Anwendung findet.[22] Das Kündigungsschutzgesetz erfasst seinen betrieblichen Voraussetzungen nach (§ 23 Abs. 1 KSchG) allerdings nur solche Betriebe, die in der Bundesrepublik Deutschland belegen sind.[23] War der Arbeitnehmer – wie stets in den Entsendungsfällen – im Ausland tätig, genießt er besonderen Kündigungsschutz nur dann, wenn er trotz Entsendung ins Ausland weiterhin dem inländischen Betrieb zugerechnet werden muss; hier gelten die gleichen Maßstäbe wie für die Anwendbarkeit des BetrVG (vgl. Rn 14 f.).

Unabhängig vom Arbeitsvertragsstatut sind auf das Arbeitsverhältnis die im Beschäfti- **11** gungsbetrieb geltenden Regeln des **öffentlichen Arbeitsschutz- und Arbeitszeitrechts** als sog. „Ortsrecht" anwendbar.[24]

Die Regelungen zum **Sonderkündigungsschutz** in § 85 SGB IX und § 9 MuSchG setzen sich **12** nach Art. 9 Rom I-VO auch gegenüber einem vom deutschen Recht abweichenden Arbeitsvertragsstatut durch (vgl. Rn 6); sie sind daher auch dann auf das Arbeitsverhältnis anzuwenden, wenn die Parteien die Anwendung ausländischen Rechts vereinbart haben. Voraussetzung ist allerdings, dass der Arbeitnehmer dem inländischen Betrieb des Arbeitgebers zuzuordnen ist[25] (zu den Voraussetzungen vgl. Rn 14 f.).

---

16 BAG NZA 1990, 841.
17 BAG NZA 1993, 743.
18 BAG NZA 1990, 841; *Schlachter*, NZA 2000, 57, 62. Weitere Beispiele bei *Tschöpe/Kappelhoff*, G., Rn 24. Die Einzelheiten sind auch nach neuem Recht umstritten; vgl. hierzu ausführlich *Reichel/Spieler*, BB 2011, 2741, 2743 f.; *Schneider*, NZA 2010, 1381 ff.
19 *Reiter*, NZA 2004, 1246, 1248; *Schlachter*, NZA 2000, 57, 58.
20 Vgl. auch *Schlachter*, NZA 2000, 57, 58.
21 *Thüsing*, NZA 2003, 1303, 1312.
22 *Reiter*, NZA 2004, 1246, 1248 f.
23 BAG NJW 2008, 2665.
24 Vgl. Art. 32 Abs. 2 EGBGB a.F. und dazu *Reiter*, NZA 2004, 1246, 1253; *Schlachter*, NZA 2000, 57, 62; *Thüsing*, NZA 2003, 1303, 1309; heute dürfte sich diese Rechtsfolge aus Art. 9 Abs. 1 und 2 Rom I-VO ergeben.
25 *Reiter*, NZA 2004, 1246, 1253.

13 Praxistipp
Angesichts der weitgehend identischen Systematik der Regelungen des EGBGB einerseits und der neuen Rom I-VO andererseits und angesichts des teilweise identischen Wortlauts der Regelungen sind nach heutigem Stand allenfalls behutsame Veränderungen in der Rechtsprechung zu erwarten.[26]

IV. Betriebsverfassung

14 Ob der im Inland gewählte **Betriebsrat** in personellen oder sozialen Angelegenheiten, die im Ausland tätige Arbeitnehmer betreffen, zu beteiligen ist, hängt davon ab, ob das BetrVG überhaupt anwendbar ist. Von großer praktischer Relevanz wird die Frage nach der Anwendbarkeit des BetrVG im Falle der Kündigung: Hier muss der Arbeitgeber entscheiden, ob er den Betriebsrat nach § 102 BetrVG anhört.

15 Entscheidend für die **Anwendbarkeit des BetrVG** auf ein Auslandsarbeitsverhältnis ist der Sitz des Betriebes, dem der Arbeitnehmer zuzuordnen ist.[27] Auf den Sitz des Unternehmens, d.h. der juristischen Person der Arbeitgeberin kommt es gerade nicht an. Nicht das Arbeitsvertragsstatut ist entscheidend; es gilt vielmehr das **Territorialitätsprinzip**.[28] Ist der ins Ausland entsandte Arbeitnehmer vollständig in den im Ausland gelegenen Betrieb eingegliedert und fehlen jegliche Berührungspunkte zu seinem früheren – inländischen – Betrieb, kommt eine Anwendung des BetrVG nicht in Betracht.[29]

16 Besteht hingegen nach einer Gesamtwürdigung aller Umstände eine „materielle Beziehung" des im Ausland eingesetzten Arbeitnehmers zu einem im Inland gelegenen Betrieb des Arbeitgebers, ist das BetrVG anwendbar.[30] Nach Auffassung des BAG[31] haben bei der Würdigung der Umstände die Dauer der Entsendung und die Art der Integration des Mitarbeiters in den ausländischen Betrieb entscheidende Bedeutung. Bei nur vorübergehender Entsendung bleibt es bei der Zuordnung zum deutschen Betrieb. Gleiches gilt, wenn der Arbeitnehmer, seine Weisungen aus dem deutschen Betrieb erhält. Nach neuerer Rechtsprechung soll die Bindung an den entsendenden Betrieb auch durch eine „Rückrufklausel" deutlich werden.[32] In diesen Fällen wäre dann auch – die Anwendbarkeit deutschen Rechts unterstellt – das KSchG seinen betrieblichen Voraussetzungen nach einschlägig.

17 Praxistipp
Bestehen im Falle der Kündigung Zweifel, ob das BetrVG anwendbar und der Betriebsrat nach § 102 BetrVG anzuhören ist, wird der Arbeitgeber in jedem Falle eine **vorsorgliche** Anhörung des Betriebsrates durchführen.

18 Wird ein zuvor im inländischen Betrieb tätiger Arbeitnehmer ins Ausland entsandt, ist dies im Regelfall eine **Versetzung** bei der der Betriebsrat nach §§ 99 Abs. 1 i.V.m. 95 Abs. 3 BetrVG zu beteiligen ist.[33]

---

26 *Tschöpe/Kappelhoff*, G., Rn 2.
27 BAG NJW 1978, 1124; *Reiter*, NZA 2004, 1246, 1249 m.w.N.
28 BAG NZA 2000, 1119; 2001, 1033; Tschöpe/Kappelhoff, G., Rn 28.
29 Vgl. auch Eisenbeis, FAArbR 2011, 357, 358 ff.
30 BAG, NZA 1990, 658; weitere Nachweise zur Rechtsprechung bei *Reiter*, NZA 2004, 1246, 1250 f. und bei Küttner/*Kreitner*, Kap. 82 Rn 14 ff.
31 BAG NZA 1990, 658.
32 BAG NZA 2001, 1033.
33 *Heuser/Heidenreich/Fritz*, A. I. 10.2.2 (Rn 240 ff.).

Kramer

V. Gestaltung des Entsendungsvertrages

Wird ein zuvor im Inland tätiger Mitarbeiter (vorübergehend) ins Ausland entsandt, sollten die **19**
Parteien hierüber eine **Ergänzungsvereinbarung** zum Arbeitsvertrag schließen.[34] Bei der Vertragsgestaltung sollten die Parteien Folgendes bedenken:

– Zusätzlich zum Gehalt erhalten Arbeitnehmer während der Auslandstätigkeit in vielen Fällen einen **Ausgleich für erhöhte finanzielle Belastungen** während des Auslandsaufenthaltes (z.B. doppelte Haushaltsführung, Reisekosten) sowie ggf. eine Trennungsentschädi-
gung. Diese Beträge können zulässigerweise pauschaliert werden. Aus Arbeitgebersicht ist
eine Formulierung wünschenswert, dass mit der Zahlung der Pauschale alle regelmäßig zu
erwartenden Mehraufwendungen abgegolten sind.

– Sollte die regelmäßige **Arbeitszeit** im Auslandsbetrieb wesentlich von der bisherigen Arbeitszeit in Deutschland abweichen, empfiehlt sich eine Anpassung an die Gepflogenheiten
des ausländischen Betriebs, ggf. unter Anpassung des Gehalts.[35] Die Verteilung der Arbeitszeit hat sich an den Regelungen im Auslandsbetrieb zu orientieren.

– Empfehlenswert ist ein klarstellender Hinweis, dass sich die Freistellung von der Arbeit an
Feiertagen nach dem Feiertagskalender des Staates richtet, in dem die Tätigkeit verrichtet
wird.

– Regelmäßig wird sich der Arbeitgeber verpflichten, die **Reisekosten** des Arbeitnehmers für
Hin- und Rückreise – einschließlich der Transportkosten für das Umzugsgut bei längerer
Entsendung – zu tragen. Ob der Arbeitgeber auch Reisekosten für Heimaturlaub oder Be-
suchsreisen der Familie übernimmt, sollte vereinbart werden. Häufig findet man in Entsen-
deverträgen schließlich die Kostenübernahme des Arbeitgebers für Heimataufenthalte bei
längerer Erkrankung oder in persönlichen Notfällen (z.B. Tod eines nahen Angehörigen).

– Die Parteien sollten daran denken, dass der Abschluss einer **zusätzlichen Unfall- und/
oder Krankenversicherung** für den Arbeitnehmer je nach Einsatzort sinnvoll sein könnte.
U.U. besteht die Bereitschaft des Arbeitgebers zur – ggf. anteiligen – Kostenübernahme.

– Aus Sicht des Arbeitgebers sinnvoll ist die Vereinbarung eines jederzeitigen **Rückrufrechts**,
ggf. mit angemessener Ankündigungsfrist. Allerdings führt die Rückrufklausel wegen der
dadurch dokumentierten engen Anbindung an den entsendenden Betrieb ggf. zur weiteren
Anwendbarkeit des BetrVG und auch des KSchG auf das Arbeitsverhältnis[36] (vgl. auch
Rn 15).

– Der Arbeitnehmer ist gut beraten, wenn er sich die **Weiterbeschäftigung** auf einem adä-
quaten Arbeitsplatz nach Rückkehr ins Inland vertraglich zusichern lässt.[37] Der Arbeitgeber
wird dies nur für den Fall zusichern, dass die Auslandsentsendung nicht aus Gründen endet, die der Arbeitnehmer zu vertreten hat.

– Kommt es zur (ggf. befristeten) Begründung eines Arbeitsverhältnisses zu einer ausländischen Tochtergesellschaft des deutschen Arbeitgebers, sollte in einer Zusatzvereinbarung
mit der deutschen Muttergesellschaft klargestellt werden, dass das Arbeitsverhältnis zur
deutschen Muttergesellschaft in seinen Hauptpflichten für die Dauer der Auslandstätigkeit
ruht. Ggf. wird auch die Muttergesellschaft einige der oben genannten zusätzlichen Verpflichtungen anstelle der ausländischen Tochter gegenüber dem Arbeitnehmer übernehmen.

– Der Arbeitnehmer wird ein dringendes Interesse an der Aufrechterhaltung seiner **betrieblichen Altersversorgung** haben.

---

34 Musterverträge sind u.a. abgedruckt bei *Gnann/Gerauer* und *Heuser/Heidenreich/Fritz*, C. Anhang I;
grundlegend zur Gestaltung von Verträgen bei der Auslandsentsendung auch *Mastmann/Stark*, BB 2005, 1849 ff.
35 *Mastmann/Stark*, BB 2005, 1849, 1852.
36 *Mastmann/Stark*, BB 2005, 1849, 1852.
37 *Schneider*, NZA 2010, 1384.

VI. Hinweis zum Arbeitnehmerentsendegesetz

20 Der Begriff der „Entsendung"[38] eines Arbeitnehmers beschreibt allgemein den Einsatz von Arbeitnehmern an einem Ort außerhalb des Betriebssitzes des Arbeitgebers, so z.B. den Einsatz von Arbeitnehmern in fremden Betrieben zur Erfüllung von Dienst- oder Werkverträgen (z.B. bei Montageaufträgen), die Beschäftigung bei einer ausländischen Tochtergesellschaft (vgl. Rn 1), die Abordnung zu einer Arbeitsgemeinschaft im Baugewerbe (ARGE) etc.[39]

21   Ein besonderer Fall der Entsendung ist im **Arbeitnehmerentsendegesetz** (AEntG)[40] geregelt, nämlich der Einsatz ausländischer Arbeitnehmer durch ihre ausländischen Arbeitgeber in Deutschland. Der Gesetzgeber hat für diese Fälle aus arbeitsmarktpolitischen Erwägungen heraus für bestimmte Branchen Vorschriften erlassen, die auch dem Schutz der ausländischen Arbeitnehmer gelten, und zu diesem Zweck **Mindestarbeitsbedingungen** in Anlehnung an für allgemeinverbindlich erklärte Tarifverträge festgelegt. Die gesetzlichen Rahmenbedingungen sind Gegenstand der Darstellung in § 56 (dort Rn 39 ff.). Mit der hier beschriebenen Entsendung hat dies nichts zu tun.

VII. Steuerrecht

22 Behält der Arbeitnehmer während seiner Auslandstätigkeit seinen **Wohnsitz oder gewöhnlichen Aufenthalt in Deutschland** bei, erfolgt die Besteuerung seiner Einkünfte nach den Regeln eines etwa existieren **Doppelbesteuerungsabkommens** mit dem Tätigkeitsstaat.[41]

23   In Anlehnung an das OECD-Musterabkommen[42] (dort Art. 15 Abs. 2) erfolgt eine Besteuerung im ausländischen Tätigkeitsstaat nur dann, wenn der Arbeitnehmer mit Wohnsitz oder gewöhnlichem Aufenthalt im Inland **länger als 183 Tage im jeweiligen (Steuer-)Jahr im Ausland** tätig ist, der Arbeitnehmer von einem ausländischen Arbeitgeber bezahlt wird oder in einer ausländischen Betriebsstätte des inländischen Arbeitgebers tätig ist. In allen anderen Fällen, also insbesondere bei einer Entsendung von weniger als 183 Tagen pro Jahr, wird der Arbeitnehmer im Wohnsitzstaat besteuert (Art. 15 Abs. 2 OECD-MA 2003).

24   Existiert **kein Doppelbesteuerungsabkommen** oder enthält ein existierendes Abkommen keine Regelung zu nichtselbständigen Tätigkeiten, findet die Besteuerung für Arbeitnehmer mit Wohnsitz oder gewöhnlichem Aufenthalt in Deutschland gem. §§ 34c, 34d, 32b EStG im Inland statt.[43] Etwaige im Ausland gezahlte Steuern werden nach § 34c Abs. 1 EStG auf die deutsche Einkommensteuer, die auf die ausländischen Einkünfte erhoben wird, angerechnet oder auf Antrag nach § 34c Abs. 2 EStG von der Bemessungsgrundlage abgezogen. In seltenen Fällen sind heute darüber hinaus noch die Regelungen des Auslandstätigkeitserlasses (ATE)[44] einschlägig.

25   Unterhält der Arbeitnehmer einen Wohnsitz oder gewöhnlichen Aufenthalt ausschließlich im Ausland, erfolgt im Inland keine Besteuerung der Einkünfte aus nichtselbständiger Tätigkeit.

---

38 Zu weiterführenden Hinweisen zur Terminologie vgl. *Reiter*, NZA 2004, 1246, 1247.

39 Küttner/*Röller*, Kap. 31 Rn 2.

40 Gesetz über zwingende Arbeitsbedingungen für grenzüberschreitend entsandte und für regelmäßig im Inland beschäftigte Arbeitnehmer und Arbeitnehmerinnen – AEntG – v. 20.4.2009 (BGBl I, 799 ff.).

41 Eine vollständige Darstellung aller Doppelbesteuerungsabkommen mit Fundstellennachweis und Volltext ist auf den Internetseiten des Bundesfinanzministeriums zu finden (www.bundesfinanzministerium.de).

42 OECD-Musterabkommen 2003 zur Vermeidung der Doppelbesteuerung auf dem Gebiet der Steuern vom Einkommen und Vermögen – OECD-MA 2003 (BStBl I 2001, 72). Das Musterabkommen ist ebenfalls auf den Internetseiten des BMF hinterlegt (www.bundesfinanzministerium.de).

43 Vgl. die instruktive Übersicht bei Küttner/*Macher*, Kap. 82 Rn 36.

44 BMF-Schreiben v. 31.10.1983 (BStBl I 1983, 470) = LStR Anh 22.

Wegen etwaiger anderer inländischer Einkünfte (z.B. aus Kapitalvermögen) besteht **beschränkte Steuerpflicht** nach § 1 Abs. 4 EStG.

Bei der Antwort auf die damit entscheidende Vorfrage nach dem **Wohnsitz** oder **gewöhn-** 26 **lichen Aufenthalt** i.S.d. § 1 EStG, §§ 8, 9 AO stößt man auf zahlreiche **Problem- und Zweifelsfälle**. Für die tägliche Praxis mögen folgende Hinweise reichen:

Verbleibt die Familie des Steuerpflichtigen (Ehegatte und Kinder) im Inland, ist anzu- 27 nehmen, dass der Arbeitnehmer seinen Wohnsitz ebenfalls dort beibehält. Bei unverheirateten oder kinderlosen Arbeitnehmern wird man demzufolge eher von einer Wohnsitznahme im Ausland ausgehen können. Lässt der Arbeitnehmer seine Inlandswohnung vollständig eingerichtet zurück, verbleibt es im Regelfall beim Wohnsitz im Inland. Der nur wenige Wochen pro Jahr während Ferienaufenthalt im eigenen Haus im Inland steht indes einer Aufgabe des Inlandswohnsitzes nicht entgegen. Andererseits kann es beim inländischen Wohnsitz verbleiben, auch wenn die Wohnung – auf Zeit – (unter-)vermietet wird. Im Streit mit der Finanzverwaltung hat der Steuerpflichtige die Aufgabe des Wohnsitzes im Inland zu beweisen.[45]

Erfolgt die Besteuerung entsprechend einem Doppelbesteuerungsabkommen im ausländi- 28 schen Tätigkeitsstaat (z.B. weil eine 183 Tage überschreitende Tätigkeit im Ausland verrichtet wird), erstellt das inländische Betriebsstättenfinanzamt auf Antrag eine Bescheinigung, wonach der Lohn nicht der deutschen Einkommensteuer unterliegt. Eine solche **Freistellungsbescheinigung** gilt dann für sämtliche Bezüge des Arbeitnehmers aus dem Beschäftigungsverhältnis.

Die Regelungen der Doppelbesteuerungsabkommen gelten grundsätzlich gleichermaßen 29 auch für **Organmitglieder ausländischer Kapitalgesellschaften**. Einige Doppelbesteuerungsabkommen sehen aber Sonderregelungen vor, wonach das Recht der Besteuerung dem Staat zusteht, in dem die Gesellschaft ihren Sitz hat.[46]

VIII. Sozialversicherungsrecht

Anders als im Arbeitsvertragsrecht (vgl. Rn 2ff.) ist für das Recht der Sozialversicherung eine 30 Rechtswahl im Arbeitsvertrag ausgeschlossen.[47] Die Frage, welches nationale materielle Sozialversicherungsrecht auf das Beschäftigungsverhältnis anwendbar ist, ist vielmehr zwingend nach dem jeweils anwendbaren **Kollisionsrecht** zu beantworten.

Je nachdem, welche Staaten im Falle einer „Auslandsberührung" beteiligt sind, sind **unter-** 31 **schiedliche Kollisionsnormen** anzuwenden:
- Findet die Beschäftigung in einem **EU-Staat** oder einem Staat des Europäischen Wirtschaftsraumes statt, entscheidet das supranationale Kollisionsrecht der Europäischen Union darüber, welches nationale materielle Sozialversicherungsrecht gilt. Für die Praxis ist hier insbesondere die **VO (EG) 883/2004**[48] entscheidend.
- Außerhalb der EU hat die Bundesrepublik Deutschland mit einer Vielzahl von Staaten bilaterale (teilweise auch multilaterale) **Sozialversicherungsabkommen**[49] abgeschlossen. Auch diese völkerrechtlichen Verträge enthalten Bestimmungen darüber, welche nationalen Vorschriften im Einzelfall anzuwenden sind.

---

45 BFH BStBl II 1996, 2.
46 Nachweise bei Küttner/*Macher*, Kap. 82 Rn 52.
47 Küttner/*Schlegel*, Kap. 82 Rn 76.
48 Verordnung (EG) des Rates Nr. 883/2004 v. 29.4.2004 zur Koordinierung der Systeme der sozialen Sicherheit.
49 Eine Übersicht über die geltenden Sozialversicherungsabkommen mit Volltextdarstellung ist auf den Internetseiten der DVKA – Deutsche Verbindungsstelle Krankenversicherung – Ausland (www.dvka.de) zu finden.

– Existiert mit einem beteiligten Staat kein Sozialversicherungsabkommen oder enthält dieses keine Regelungen, ist auf das **deutsche nationale Kollisionsrecht** zurückzugreifen. Dies hält mit den **§§ 3 ff. SGB IV** Regelungen bereit, die subsidiär auf das anwendbare nationale Recht verweisen.

1. VO (EG) 883/2004

32 Nach Art. 21 Abs. 1 AEUV[50] genießen sämtliche Unionsbürger **Freizügigkeit**, d.h. freien und ungehinderten Zugang zu Beschäftigung in jedem Mitgliedsstaat. Flankierend hierzu ermächtigt Art. 21 Abs. 2 AEUV die Europäische Union, die für die Herstellung der Freizügigkeit auf dem Gebiet der sozialen Sicherheit erforderlichen Maßnahmen zu ergreifen. Die Regelungen sollen verhindern, dass die Bürger durch sozialversicherungsrechtliche Nachteile daran gehindert werden, vom Recht der Freizügigkeit Gebrauch zu machen. Der Rat hat hierzu bereits im Jahre 2004 die VO (EG) 883/2004 erlassen. Gegenstand der Verordnung ist die Koordinierung der Systeme der sozialen Sicherheit; ergänzend gilt die Durchführungsverordnung (EG) 987/2009. Beide Verordnungen sind am 1. Mai 2010 in Kraft getreten. Beide Verordnungen enthalten Regelungen über die Anwendbarkeit der jeweiligen Rechtsordnungen (sog. Kollisionsrecht) und dienen der Koordination von Leistungen auf allen Gebieten der sozialen Sicherheit.

33 Das Kollisionsrecht der VO (EG) 883/2004 gilt für **sämtliche Unionsbürger**, die als Arbeitnehmer oder Selbständige eine Tätigkeit in einem der EU angehörigen Staat oder einem Staat des Europäischen Wirtschaftsraumes[51] ausüben. Auch Angehörige von Drittstaaten, die sich rechtmäßig in der EU aufhalten, werden von den Regelungen erfasst. Neu ist, dass auch Familienangehörige und ehemalige Erwerbstätige von den Regelungen erfasst werden.

34 Vorrangiges Ziel der europäischen Kollisionsregeln ist es, Sachverhalte mit Auslandsberührung nur jeweils **einem nationalen Recht** zu unterwerfen (Art. 11 Abs. 1 S. VO (EG) 883/2004). Welche nationalen Vorschriften zur Anwendung kommen, ist in den nachfolgenden Vorschriften geregelt. Art 11 Abs. 3 lit. a VO (EG) 883/2004 enthält hierbei eine wesentliche Grundregel: Es kommt das Sozialversicherungsrecht desjenigen Staates zur Anwendung, in dem der Arbeitnehmer tatsächlich beschäftigt wird (**Beschäftigungslandprinzip**). Konkret bedeutet dies, dass der ins Ausland entsandte deutsche Mitarbeiter im Beschäftigungsland Sozialversicherungsbeiträge zu leisten hat und dort auch Leistungen beanspruchen kann, es sei denn eine der in der VO (EG) 833/2004 genannten Ausnahmen würde eingreifen.

35 Eine solche Ausnahme bildet die **befristete Entsendung** nach Art. 12 Abs. 1 VO (EG) 883/2004: Hiernach bleibt es trotz Tätigkeit im (EU-)Ausland bei der Anwendung des deutschen Sozialversicherungsrechts, wenn das Arbeitsverhältnis in Deutschland zu einem deutschen Arbeitgeber fortbesteht, die Entsendung nicht länger als zwei Jahre[52] dauert und der Arbeitnehmer am Beschäftigungsort nicht eine andere Person ablöst, deren Entsendungsdauer abgelaufen ist. (Letztere Voraussetzung dient dazu, sog. „Kettenentsendungen" zu verhindern.[53]) An die Stelle des Beschäftigungsortes tritt bei der befristeten Entsendung damit der Sitz des Arbeitgebers als sozialversicherungsrechtlicher Anknüpfungspunkt. Übt eine Person eine Beschäftigung in mehreren EU-Staaten aus, kommt es für die Anwendbarkeit der jeweiligen Rechtsordnung darauf an, wo der Schwerpunkt der Tätigkeit liegt (Art. 13 Abs. 1 lit. a und b VO (EG) 883/2004).

---

50 Vertrag über die Arbeitsweise der Europäischen Union („Lissabon"), Abl. C 306 S. 1 ff.; früher Art. 39 EG-Vertrag.
51 Zum EWR gehören neben den EU-Staaten derzeit noch Island, Lichtenstein und Norwegen. Für diese Staaten gilt weiterhin die alte VO (EWG) 1408/71.
52 Hierin liegt für die Entsendungsfälle der wesentliche Unterschied zur alten VO (EWG) 1408/71: Die längsmögliche Entsendungsfrist wurde von zwölf auf vierundzwanzig Monate ausgedehnt.
53 Küttner/*Schlegel*, Kap. 82 Rn 132 f.

Der zur Leistung verpflichtete Sozialversicherungsträger ist grundsätzlich verpflichtet, die **36** **Leistungen** der sozialen Sicherung auch dann zu erbringen, wenn der Versicherte seinen Wohnort in einem Staat hat, der nicht dem Sitzstaat des Versicherungsträgers entspricht (vgl. Art. 11 Abs. 3 lit. c und e VO (EG) 883/2004). Kehrt der Arbeitnehmer z.B. nach Eintritt in den Ruhestand in sein Heimatland zurück, ist die Rente vom Tätigkeitsstaat dorthin zu überweisen. Dieser Grundsatz ist allerdings insbesondere im Recht der Krankenversicherung von zahlreichen Ausnahmen durchbrochen.[54]

Die VO (EG) 883/2004 hat mit ihrem Inkrafttreten die alte VO (EWG) 1408/71 abgelöst.[55] **37** Letztere gilt jedoch weiter, wenn Angehörige von Drittstaaten betroffen sind, sowie für sozialversicherungsrechtliche Belange im Verhältnis zu Island, Liechtenstein, Norwegen und zur Schweiz.

2. Sozialversicherungsabkommen

Bei Anwendung der Sozialversicherungsabkommen ist zunächst zu beachten, dass die Abkom- **38** men durchaus unterschiedliche **sachliche Anwendungsbereiche** haben; während einige Abkommen sämtliche Zweige der Sozialversicherung betreffen, beschränken sich andere auf einzelne Versicherungsarten.

Die sog. „geschlossenen Abkommen" beschränken den **persönlichen Anwendungsbe- 39 reich** auf die eigenen Staatsangehörigen; bei den „offenen Abkommen" erfolgt ein Rückgriff auf die nationalen Vorschriften, die regelmäßig nicht nur die eigenen Staatsangehörigen betreffen (vgl. nachstehend Rn 40 ff. zu den deutschen nationalen Kollisionsnormen).

Auch die Sozialversicherungsabkommen dienen dazu, Doppelbelastungen zu verhindern. **40** Ähnlich den Regeln in der EU knüpfen auch die Sozialversicherungsabkommen in der Regel an den **Ort der tatsächlichen Beschäftigung** an und kennen auch die in der EU geltenden Ausnahmen für Fälle der nur vorübergehenden Entsendung.

3. §§ 3ff. SGB IV

Auch nach dem subsidiären deutschen Kollisionsrecht der §§ 3 ff. SGB IV folgt die Sozialversi- **41** cherungspflicht grundsätzlich dem **Territorialitätsprinzip.** Dies bedeutet, dass diejenigen Arbeitnehmer, bei denen der **Ort der tatsächlichen Beschäftigung** in Deutschland liegt, der deutschen Sozialversicherungspflicht unterliegen und zwar unabhängig von der Staatsangehörigkeit und unabhängig vom Wohnsitz (§§ 3 Nr. 1, 9 SGB IV). Für die in diesem Kapitel beschriebenen Fälle der Auslandsentsendung gilt umgekehrt: Liegt der Ort der Beschäftigung bei einem deutschen Arbeitnehmer nicht im Inland, unterliegt er nicht der deutschen Sozialversicherungspflicht.

Eine Ausnahme bilden die Fälle der sog. **„Ausstrahlung"** (§ 4 Abs. 1 SGB IV): Besteht das **42** Beschäftigungsverhältnis in Deutschland, d.h. zu einem deutschen Arbeitgeber, und ist die Entsendung an den ausländischen Beschäftigungsort ihrer Eigenart nach oder aber aufgrund vertraglicher Vereinbarung **zeitlich begrenzt,** kommt es trotz Beschäftigung im Ausland zur Anwendung deutschen Sozialversicherungsrechtes durch die deutschen Behörden.[56] Das deutsche Recht „strahlt" in diesen Fällen gleichsam über die Grenzen hinweg.

---

54 Zu Einzelheiten vgl. Küttner/*Schlegel*, Kap. 82 Rn 147 ff.
55 Vgl. dazu die Vorauflage.
56 BAG NZA 2005, 1411.

43 Praxistipp

Sowohl die sozialversicherungsrechtlichen Gegebenheiten als auch die steuerliche Behandlung der Auslandsein-künfte sollten von den Vertragsparteien bereits im Vorfeld der geplanten Entsendung bedacht und bei den weiteren Planungen sowie bei der **Vertragsgestaltung** berücksichtigt werden. Eine sehr sorgfältige Vertragsgestaltung ist insbesondere dann geboten, wenn der Arbeitnehmer – wie häufig – in „seiner" deutschen Sozialversicherung ver-bleiben möchte. Ggf. kann auch über eine freiwillige Weiterversicherung oder Zusatzversicherung nachgedacht werden (vgl. hierzu Art. 14 VO (EG) 883/2004).

Dr. Sören Kramer
§ 56 Beschäftigung ausländischer Mitarbeiter im Inland

Literatur: *Bayreuther*, Vollständige Arbeitnehmerfreizügigkeit zu Gunsten der MOE-Staaten, DB 2011, 706; *Charissé*, Grenzüberschreitender Arbeitnehmereinsatz in der EU: Neue sozialversicherungsrechtliche Regelungen, DB 2010, 1348; *Heuser/Heidenreich/Fritz*, Auslandsentsendung und Beschäftigung ausländischer Mitarbeiter, 4. Aufl. 2011; *Küttner*, Personalbuch 2012, 19. Aufl. 2012; *Marschner*, Das reformierte Recht der Ausländerbeschäftigung, DB 2005, 499; *Thüsing*, Rechtsfragen grenzüberschreitender Arbeitsverhältnisse, NZA 2003, 1303; *Wank*, Die Entwicklung der Dienstleistungs- und Niederlassungsfreiheit in der EU, NZA, Beilage 2/2005, S. 88.

I. Einleitung

Die Beschäftigung von Ausländern gleich welcher Herkunft in inländischen Betrieben ist täglich gelebte Praxis. Über die wesentlichen rechtlichen Zusammenhänge berichtet dieses Kapitel. **1**

II. Erfordernis eines Aufenthaltstitels

Mit In-Kraft-Treten des **Zuwanderungsgesetzes**[1] am 1.1.2005 haben sich die öffentlich-rechtlichen Voraussetzungen für die Erteilung von Aufenthaltstiteln und damit für die Beschäftigung von Ausländern wesentlich geändert.[2] Für Angehörige von EU-Staaten gelten die Regelungen des **Freizügigkeitsgesetzes/EU;**[3] alle übrigen Ausländer erhalten einen Aufenthaltstitel nach den Vorschriften des **Aufenthaltsgesetzes.**[4] **2**

In jedem Falle gilt: **Ausländer** ist jeder, der nicht Deutscher i.S.d. Art. 116 Abs. 1 GG ist (§ 2 Abs. 1 AufenthG). Auch Angehörige eines EU-Mitgliedstaates sind demnach Ausländer in diesem **3**

---

1 Gesetz zur Steuerung und Begrenzung der Zuwanderung und zur Regelung des Aufenthalts und der Integration von Unionsbürgern und Ausländern (Zuwanderungsgesetz) v. 30.7.2004 (BGBl I, 1950).
2 Küttner/*Röller*, Kap. 80 Rn 2; ausführlich zu den am 1.1.2005 in Kraft getretenen Neuerungen *Marschner*, DB 2005, 499 ff.
3 FreizügigkeitsG/EU, in Kraft getreten als Art. 2 des Zuwanderungsgesetzes.
4 AufenthG, in Kraft getreten als Art. 1 des Zuwanderungsgesetzes.

Sinne. Die Voraussetzungen für die Aufnahme einer unselbständigen Tätigkeit sind jedoch im Falle der Nicht-EU-Ausländer wesentlich strenger.

1. Beschäftigung von Mitarbeitern aus Staaten außerhalb der Europäischen Union

4   Ausländer dürfen nach § 4 Abs. 3 S. 1 AufenthG in der Bundesrepublik Deutschland nur dann eine unselbständige Tätigkeit als Arbeitnehmer aufnehmen, wenn sie eine gültige Erlaubnis (Aufenthaltstitel) hierfür besitzen. Dieses **Verbot mit Erlaubnisvorbehalt**[5] dient arbeitsmarkt-politischen Zwecken: Es soll verhindern, dass deutsche Arbeitnehmer mit gleicher Qualifikation vom Arbeitsmarkt verdrängt werden. Die Zuständigkeit für die Erteilung der Genehmigung liegt seit dem In-Kraft-Treten des neuen Zuwanderungsrechts am 1.1.2005 bei der **Ausländerbehörde**.

5   Nach § 4 Abs. 2 AufenthG berechtigt ein **Aufenthaltstitel**, der zum Zweck der Beschäftigung erteilt wird, gleichzeitig auch zur Aufnahme einer unselbständigen Tätigkeit, ohne dass es noch einer gesonderten Arbeitserlaubnis bedürfte; anders gewendet: Aus dem Aufenthaltstitel ergibt sich, ob und wenn ja in welchem Umfang Nicht-EU-Ausländer eine Beschäftigung in Deutschland ausüben dürfen.

6   Das Ausländerrecht unterscheidet zwischen der **Aufenthaltserlaubnis** nach § 7 AufenthG und der **Niederlassungserlaubnis** nach § 9 AufenthG. Während die Aufenthaltserlaubnis befristet erteilt wird und beschränkt werden kann, ist die Niederlassungserlaubnis stets unbefristet und nicht beschränkbar; sie berechtigt bereits kraft Gesetzes zur uneingeschränkten Aufnahme einer Erwerbstätigkeit (§ 9 Abs. 1 S. 2 AufenthG).

7   Auf einen **Antrag** des Ausländers hin prüft die zuständige Ausländerbehörde die allgemeinen ausländerrechtlichen Voraussetzungen für die Erteilung der Erlaubnis und bittet anschließend die Bundesagentur für Arbeit verwaltungsintern um Zustimmung zur Genehmigung.[6] Diese wird erteilt, wenn die Arbeitsstelle in Deutschland nicht mit einem deutschen Arbeitnehmer, einem EU-Bürger oder einem anderen bevorrechtigten Arbeitnehmer zu besetzen ist (sog. **„Vorrangprüfung im Einzelfall"**, § 39 Abs. 2 S. 1 Nr. 1 AufenthG). Konkret bedeutet dies, dass die Erlaubnis nur erteilt wird, wenn für den konkreten Arbeitsplatz, für den der Ausländer die Genehmigung beantragt, weder ein deutscher Arbeitnehmer noch ein Arbeitnehmer aus einem EU-Mitgliedsstaat zur Verfügung steht. Der betroffene Arbeitgeber ist zur Erteilung von Auskünften verpflichtet (§ 39 Abs. 2 S. 3 AufenthG).

8   Die Bundesagentur für Arbeit wird die Erteilung der Zustimmung zur Aufenthaltserlaubnis des Weiteren davon abhängig machen, dass sich durch die Beschäftigung des Ausländers **keine nachteiligen Folgen für den Arbeitsmarkt** ergeben. Schließlich wird die Genehmigung nur erteilt, wenn der Ausländer nicht zu schlechteren Arbeitsbedingungen beschäftigt wird als vergleichbare deutsche Arbeitnehmer. Die Erteilung der Zustimmung steht im Ermessen der Bundesagentur für Arbeit.

9   Die weiteren arbeitsmarktpolitischen Voraussetzungen für die Erteilung einer Aufenthaltsgenehmigung sind für unterschiedliche Gruppen von Anwärtern detailliert in den §§ 18, 18a, 19 und 20 AufenthG beschrieben.[7]

10   Weitere Einzelheiten ergeben sich dann aus der **Beschäftigungsverordnung** sowie aus der **Beschäftigungsverfahrensverordnung**, die beide aufgrund der Ermächtigung in § 42 AufenthG erlassen wurden. So benennen die §§ 2 bis 16 der Beschäftigungsverordnung zahlreiche Fälle, in denen die Erteilung der Aufenthaltsgenehmigung ohne Zustimmung der Bundesagentur für Ar-

---

5 Küttner/*Voelzke*, Kap. 80 Rn 54.
6 Zu Einzelheiten des Verfahrens vgl. *Heuser/Heidenreich/Fritz*, B. I. 2.2 (Rn 911ff.).
7 Vgl. hierzu ausführlich *Heuser/Heidenreich/Fritz*, B. I. 2.3 (Rn 915ff.).

Kramer

beit erfolgen kann. Erleichterungen gelten u.a. für Führungskräfte, hochqualifizierte Spezialisten und Wissenschaftler.

2. Beschäftigung von Mitarbeitern aus Mitgliedsstaaten der Europäischen Union, des EWR und der Schweiz

Während bis zum 31.12.2004 Bürger eines Mitgliedsstaates der Europäischen Union ebenfalls **11** eine Aufenthaltserlaubnis benötigten, haben sie seit Beginn des Jahres 2005 Anspruch auf Einreise und Aufenthalt nach § 2 FreizügigkeitsG/EU.[8] Sie erhalten von Amts wegen eine behördliche **Bescheinigung über ihr gemeinschaftsrechtliches Aufenthaltsrecht** (§ 5 FreizügigkeitsG/EU). Dies gilt allerdings nur für sog. „freizügigkeitsberechtigte" Unionsbürger; dies sind Angehörige eines EU-Mitgliedsstaates, die sich zu Erwerbszwecken, zur Arbeitssuche oder zur Ausbildung in Deutschland (§ 2 FreizügigkeitsG) aufhalten oder über ausreichenden Krankenversicherungsschutz und über ausreichende Existenzmittel verfügen (§ 4 FreizügigkeitsG/EU). Im Rahmen der Arbeitnehmerfreizügigkeit nach Art. 39 EGV genießen Unionsbürger das weitestgehend uneingeschränkte[9] Recht, in anderen EU-Staaten eine nichtselbständige Tätigkeit aufzunehmen und auszuüben.[10] Staatsangehörige von Island, Norwegen und Liechtenstein genießen aufgrund des Abkommens über den Europäischen Wirtschaftsraum (EWR) dieselben Rechte.[11] Bürger der Schweizerischen Eidgenossenschaft sind ebenfalls aufgrund eines zwischenstaatlichen Abkommens vom Erfordernis eines Aufenthaltstitels befreit.[12]

Angehörige der Republik Bulgarien und rumänische Staatsangehörige genießen derzeit **12** noch keine uneingeschränkte Freizügigkeit im vorgenannten Sinne und dürfen eine Beschäftigung nur aufnehmen bzw. von Arbeitgebern nur beschäftigt werden, wenn ihnen eine Genehmigung der Bundesagentur für Arbeit erteilt wurde (§ 284 Abs. 1 SGB III).[13] Diese wird auf der Grundlage des § 12a ArbGVO[14] erteilt (§ 284 Abs. 5 SGB III).

III. Arbeitsvertrag

1. Anwendbares Recht

Nach Art. 3 Abs. 1 S. 1, 8 Abs. 1 S. 1 Rom I-VO[15] haben die Parteien des Arbeitsvertrages die Mög- **13** lichkeit, eine **Rechtswahlvereinbarung** zu treffen. Dies geschieht gelegentlich zugunsten ausländischen Rechts, wenn ausländische Unternehmen leitende Angestellte in Deutschland beschäftigen. Die Rechtswahl unterliegt allerdings den Grenzen des Art. 8 Abs. 1 S. 2, Abs. 2 bis 4 Rom I-VO (vgl. hierzu auch die Darstellung in § 55 Rn 2–12 m.w.N.).

---

8 Küttner/*Röller*, Kap. 80 Rn 3.
9 Zu möglichen Einschränkungen vgl. Art. 39 Abs. 3 EGV, § 6 FreizügigkeitsG/EU.
10 Eingehend zur Arbeitnehmerfreizügigkeit z.B. *Wank*, NZA Beilage 2/2005, S. 88 f.
11 ABl Nr. L 001 v. 3.1.1994.
12 Abkommen zwischen der Schweizerischen Eidgenossenschaft einerseits und der Europäischen Gemeinschaft und ihren Mitgliedstaaten andererseits über die Freizügigkeit vom 21.6.1999.
13 Die Voraussetzungen im Einzelnen beschreibt *Wank*, NZA Beilage 2/2005, S. 88, 89. Die vormaligen Beschränkungen für Angehörige der Tschechischen Republik, der Republik Estland, der Republik Lettland, der Republik Litauen, der Republik Ungarn, der Republik Polen, der Republik Slowenien und der Slowakischen Republik sind mit Wirkung ab dem 1.5.2011 entfallen.
14 Arbeitsgenehmigungsverordnung vom 17.9.1998 (BGBl I, 2899), zuletzt geändert durch Art. 42 des Gesetzes vom 20.12.2011, 2854.
15 Verordnung (EG) Nr. 593/2008 des Europäischen Parlaments und des Rates vom 17.6.2008 über das auf vertragliche Schuldverhältnisse anzuwendende Recht (Rom I), ABl L 177 v. 4.7.2008, S. 6 bis 16. Die Regelungen der Verordnung haben mit Wirkung zum 24.7.2008 die Art. 27 ff. EGBGB abgelöst.

14   Fehlt – wie im Regelfall – eine Rechtswahlklausel, gilt nach Art. 8 Abs. 2 S. 1 Rom I-VO das Recht des Ortes, an dem der Arbeitnehmer gewöhnlich seine Arbeit verrichtet (**Recht des Arbeitsortes**). Dies ist in den hier beschriebenen Fällen der Ausländerbeschäftigung im Inland also das deutsche Recht.

15   Denkbar ist allerdings, dass sich aus den Gesamtumständen ergibt, dass auch ohne Rechtswahlklausel trotz Beschäftigung im Inland ausländisches Recht – ebenfalls in den Grenzen des Art. 8 Rom I-VO – Anwendung findet.[16]

---

16 **Beispiel**

Ein Reisebüro mit Sitz in Tokio entsendet einen japanischen Staatsangehörigen dauerhaft nach Düsseldorf, um dort eine Repräsentanz aufzubauen und Reisen von Japanern mit vorübergehendem Wohnsitz in Deutschland in ihre Heimat zu organisieren; der Vertrag ist in japanischer Sprache und Schrift verfasst; das Gehalt wird in Yen gezahlt.

---

2. Auswirkungen einer fehlenden Erlaubnis auf den Arbeitsvertrag und dessen Durchführung

17 Das Bestehen des Aufenthaltstitels (vgl. Rn 2 ff.) ist Voraussetzung dafür, dass der Arbeitgeber den Ausländer beschäftigen darf. Fehlt der Titel, greift ein **gesetzliches Beschäftigungsverbot** ein.[17]

18   Dies bedeutet allerdings nicht zugleich, dass der Arbeitsvertrag nach § 134 BGB nichtig wäre. Der Arbeitsvertrag bleibt vielmehr auch bei fehlendem Aufenthaltstitel **wirksam**.[18] Die Parteien sind allerdings daran gehindert, den Arbeitsvertrag zu vollziehen. Wegen des in der Person des ausländischen Arbeitnehmers liegenden **Leistungshindernisses** gerät der Arbeitgeber nicht in Annahmeverzug und schuldet demnach auch keine Vergütung, wenn er die Annahme der Arbeitsleistung verweigert hat. Etwas anderes kann allerdings gelten, wenn der Arbeitgeber eine ihm obliegende Mitwirkung an der Erteilung der Aufenthaltserlaubnis verletzt hat und dem Arbeitnehmer aus diesem Grund die Genehmigung verweigert wurde.

19   Verrichtet der Arbeitnehmer trotz fehlender Erlaubnis seine vertraglich geschuldete Tätigkeit, hat er nach den Grundsätzen zum faktischen Arbeitsverhältnis Anspruch auf die vertraglich vereinbarte Vergütung.

---

20 **Wichtig**

Allerdings ist die Durchführung des Arbeitsverhältnisses trotz fehlender Aufenthaltserlaubnis sowohl für den Arbeitnehmer als auch für den Arbeitgeber eine **Ordnungswidrigkeit** (§ 404 Abs. 2 SGB III). Die Bußgeldandrohung fällt für die Arbeitsvertragsparteien allerdings durchaus unterschiedlich aus: Während der Arbeitnehmer mit einem Bußgeld i.H.v. maximal 5.000 EUR bedroht ist (§ 404 Abs. 2 Nr. 4, Abs. 3 SGB III), schlagen für den Arbeitgeber im Höchstfall 500.000 EUR zu Buche (§ 404 Abs. 2 Nr. 3, Abs. 3 SGB III).

---

21 Darüber hinaus **haftet** der deutsche Arbeitgeber bei Beschäftigung eines Arbeitnehmers ohne den erforderlichen Aufenthaltstitel für die Kosten einer evtl. Abschiebung (§ 66 Abs. 4 AufenthG). Der fehlende Aufenthaltstitel und das daraus folgende Leistungshindernis berechtigen den Arbeitgeber, eine **personenbedingte Kündigung** auszusprechen.[19] Dies gilt insbesondere dann, wenn der Aufenthaltstitel rechtskräftig versagt wurde.

---

16 BAG NZA 1990, 841; *Thüsing*, NZA 2003, 1303, 1305.
17 BAG NZA 1991, 341.
18 LAG Hamm NZA-RR 1999, 240; *Heuser/Heidenreich/Fritz*, B. I. 6.2.3 (Rn 973); Küttner/*Röller*, Kap. 80 Rn 8.
19 BAG NZA 1991, 341; LAG Hamm NZA 1999, 240.

Kramer

IV. Häufige Durchführungsprobleme im Arbeitsverhältnis

1. Befristung des Arbeitsverhältnisses
Eine Befristung von Arbeitsverhältnissen ist nach den allgemeinen Regeln des TzBfG möglich. **22** Einen sachlichen Grund für die Befristung des Arbeitsvertrages wegen **Befristung der Aufenthaltserlaubnis** erkennt das BAG jedoch allenfalls dann an, wenn bei Abschluss des Arbeitsvertrages mit hinreichender Sicherheit prognostiziert werden kann, dass eine Verlängerung der Erlaubnis nicht erfolgen werde.[20]

2. Sprachprobleme
Die geringsten Schwierigkeiten bereitet hier aus Sicht des Arbeitgebers der Abschluss von **Ar- 23 beitsverträgen:** Hier ist auch bei nur unzureichenden Sprachkenntnissen des Arbeitnehmers ein Vertragsschluss in deutscher Sprache unproblematisch.[21] Etwaige Missverständnisse muss der ausländische Arbeitnehmer gegen sich gelten lassen.[22]

Problematischer ist die Aussprache einer in Deutsch verfassten **Abmahnung** gegenüber ei- **24** nem der Sprache nicht mächtigen Arbeitnehmer: Die Abmahnung kann ihre Warnfunktion nämlich nur dann entfalten, wenn der Arbeitnehmer den Text versteht, ggf. nach Übersetzung.[23] Daher geht die Rechtsprechung davon aus, dass der **Zugang** der Abmahnung erst angenommen werden könne, nachdem eine Zeitspanne vergangen ist, innerhalb derer der Arbeitnehmer bei gewöhnlichem Lauf der Dinge eine Übersetzung erlangen konnte.[24] Gleiches soll nach Auffassung des LAG Hamm auch für den Zugangszeitpunkt der **Kündigung** gelten.[25]

3. Gewissenskonflikte mit religiösem Hintergrund
Ethisch-religiöse Überzeugungen des ausländischen Arbeitnehmers können zu grundrechtsrele- **25** vanten Pflichtenkollisionen im Arbeitsverhältnis führen. Das prominenteste Beispiel hierfür ist die Frage nach der Zulässigkeit eines arbeitgeberseitig verhängten **Kopftuchverbotes** für muslimische Arbeitnehmerinnen. Das BAG[26] und ihm folgend das BVerfG[27] haben den Konflikt zwischen der Religionsausübungsfreiheit der Arbeitnehmerin nach Art. 4 Abs. 2 GG und der durch Art. 12 Abs. 1 GG geschützten Unternehmerfreiheit dahingehend gelöst, dass das Tragen eines Kopftuches nur dann verboten werden kann, wenn der Arbeitgeber nachweist, dass hierdurch betriebliche Ablaufstörungen und wirtschaftliche Einbußen hervorgerufen werden.

4. Freistellung
Der ausländische Arbeitnehmer hat für die **religiösen Feiertage** seiner Religionsgemeinschaft **26** einen Anspruch auf unbezahlte Freistellung von der Arbeitsleistung.

Angehörige eines EU-Mitgliedstaates genießen für die Dauer des im Ausland zu leistenden **27** **Wehrdienstes** denselben Schutz durch das **ArbPlSchG** wie deutsche Arbeitnehmer. Ausländer aus Staaten außerhalb der Europäischen Union sind vom Arbeitgeber für Zeiten der Ableistung des Wehrdienstes im Heimatland unbezahlt freizustellen, sofern es sich um kurzfristige Dienste

---

20 BAG NZA 2000, 722.
21 *Heuser/Heidenreich/Fritz*, B. I. 5.1 (Rn 948 f.); Küttner/*Röller*, Kap. 80 Rn 10.
22 LAG Rheinland-Pfalz Urt. v. 2.2.2012 – 11 Sa 569/11 – juris; Küttner/*Röller*, Kap. 80 Rn 11 m.w.N.
23 Küttner/*Röller*, Kap. 80 Rn 12.
24 BAG NJW 1985, 823; LAG Hamm NJW 1979, 2488.
25 LAG Hamm NJW 1979, 2488.
26 BAG NZA 2003, 483.
27 BVerfG NJW 2003, 3111.

(wenige Monate) handelt und die Einberufung dem Arbeitgeber rechtzeitig angezeigt und nachgewiesen wurde.[28]

5. Erkrankung während des Urlaubs im Heimatland

28 Derjenige Arbeitnehmer, der sich bei Beginn der **Arbeitsunfähigkeit** im Ausland aufhält, ist nach § 5 Abs. 2 EntgFG verpflichtet, dem Arbeitgeber – und seiner (gesetzlichen) Krankenversicherung – die Arbeitsunfähigkeit, deren voraussichtliche Dauer und die Anschrift am Aufenthaltsort in der schnellstmöglichen Art der Übermittlung mitzuteilen;[29] dies ist in der Regel der Telefonanruf. Einer im Ausland ausgestellten **Arbeitsunfähigkeitsbescheinigung** kommt im Übrigen der gleiche Beweiswert zu wie einer deutschen, sofern der ausländische Arzt hat erkennen lassen, dass er zwischen einer bloßen Erkrankung und einer zur Arbeitsunfähigkeit führenden Krankheit differenziert.[30]

6. Tarifvertrags- und Betriebsverfassungsrecht

29 Ausländische Arbeitnehmer sind gleichermaßen wie deutsche Arbeitnehmer den tarif- und betriebsverfassungsrechtlichen Regelungen unterworfen. Sie sind sowohl uneingeschränkt wahlberechtigt (§ 7 BetrVG) als auch wählbar (§ 8 BetrVG).[31] Die Anwendbarkeit des BetrVG ergibt sich aus dem hier geltenden **Territorialitätsprinzip** (vgl. hierzu die Darstellung in § 55 Rn 14).

30 Der Betriebsrat kann seine **Zustimmung** zur Einstellung eines Ausländers verweigern, wenn dieser nicht über den erforderlichen Aufenthaltstitel verfügt (§ 99 Abs. 2 Nr. 1 BetrVG).

31 Zu den allgemeinen Aufgaben des Betriebsrates gehört nach § 80 Abs. 1 Nr. 7 BetrVG die Förderung der **Integration** ausländischer Mitarbeiter sowie des Verständnisses zwischen Ausländern und Deutschen; dem Betriebsrat steht ein Antragsrecht zu hinsichtlich Maßnahmen zur Bekämpfung von Rassismus und Fremdenfeindlichkeit im Betrieb.

Ein unmittelbares **Verbot der Benachteiligung** des ausländischen Arbeitnehmers wegen dessen Rasse oder ethnischer Herkunft ergibt sich aus §§ 1 und 7 AGG.[32]

V. Steuerrecht

32 Im Regelfall ist der ausländische Arbeitnehmer, der in Deutschland tätig ist, mit allen seinen Einkünften,[33] insbesondere mit seinen Einkünften aus nichtselbständiger Tätigkeit, **im Inland unbeschränkt steuerpflichtig** (§ 1 Abs. 1 S. 1 EStG). Die Besteuerung knüpft unabhängig von der Staatsangehörigkeit allein an den Wohnsitz (§ 8 AO) oder den gewöhnlichen Aufenthalt (§ 9 AO) an (vgl. hierzu auch § 55 Rn 21, 25 f.). Eine nur beschränkte Steuerpflicht besteht, wenn der Arbeitnehmer im Inland weder einen Wohnsitz noch seinen gewöhnlichen Aufenthalt hat (vgl. hierzu §§ 1 Abs. 4, 39d, 49 ff. EStG).

---

28 BAG NJW 1983, 2782; 1984, 575; vgl. auch Küttner/*Röller*, Kap. 80 Rn 15 m.w.N.
29 Dieselbe Verpflichtung trifft selbstverständlich auch den deutschen Arbeitnehmer, der während eines Auslandsaufenthaltes erkrankt.
30 BAG, DB 1985, 2618; vgl. auch Küttner/*Röller*, Kap. 80 Rn 18.
31 *Heuser/Heidenreich/Fritz*, B. I. 11.3 (Rn 1016 f.); Küttner/*Röller*, Kap. 80 Rn 20.
32 Allgemeines Gleichbehandlungsgesetz – AGG – v. 14.8.2006; In-Kraft-getreten am 18.8.2006 als Art. 1 des Gesetzes zur Umsetzung europäischer Richtlinien zur Verwirklichung des Grundsatzes der Gleichbehandlung (BGBl I, 1897 ff.).
33 Für ausländische Einkünfte sind ggf. Doppelbesteuerungsabkommen zu beachten.

Kramer

VI. Sozialversicherungsrecht[34]

Die deutschen Regelungen zur Versicherungspflicht und Versicherungsberechtigung gelten **33** auch für ausländische Arbeitnehmer, die eine **Beschäftigung im Inland** ausüben (Territorialitätsprinzip, § 3 Nr. 1 SGB IV) und zwar selbst dann, wenn sich deren Wohnort im Ausland befindet. Maßgeblicher Anknüpfungspunkt ist unabhängig vom Sitz des Arbeitgebers nach § 9 Abs. 1 SGB IV der Ort, an dem die Beschäftigung tatsächlich ausgeübt wird.

Eine Ausnahme vom Territorialitätsprinzip im vorgenannten Sinne bilden die Fälle der sog. **34** **„Einstrahlung"** nach § 5 SGB IV: In diesen Fällen besteht im Ausland ein Beschäftigungsverhältnis und der Arbeitnehmer/Beschäftigte wird lediglich vorübergehend ins Inland entsandt. Wegen der **nur vorübergehenden Tätigkeit** in Deutschland soll es im allseitigen Interesse nicht zur Versicherung in der deutschen Sozialversicherung kommen. Hier lässt es der Gesetzgeber also zu, dass das ausländische Sozialversicherungsrecht nach Deutschland „einstrahlt".

Nach § 6 SGB IV gelten die §§ 3 und 5 SGB IV nicht, sofern über- und zwischenstaatliche Regelungen existieren, die entsprechende Zuständigkeitsregelungen enthalten. Für Staatsangehörige der EU-Mitgliedsstaaten enthält die VO (EG) 883/2004[35] ein solches System von Kollisionsnormen. Ziel der Regelungen ist es, Arbeitnehmer nur einem Sozialversicherungssystem eines Mitgliedsstaates zu unterwerfen. Hierbei knüpft die Verordnung in Art 11 Abs. 3 lit. a ebenfalls an den Ort der Beschäftigung an.[36]

Auch kennt die Verordnung eine Art „modifizierte Einstrahlungsregelung": Nach Art. 12 **36** Abs. 1 VO (EG) 883/2004 gelten die sozialversicherungsrechtlichen Regelungen des Entsendestaates auch für die Dauer der Beschäftigung in Deutschland, wenn die voraussichtliche Dauer der Tätigkeit in Deutschland nicht länger als zwei Jahre dauert und nicht eine andere Person abgelöst wird, deren Entsendungszeit abgelaufen ist.[37]

Mit Staaten **außerhalb der Europäischen Union** gelten verschiedene **Abkommen über** **37** **soziale Sicherheit**, die i.d.R. ebenfalls Fristen für die höchstzulässige Entsendungsdauer vorsehen, innerhalb derer es bei der Anwendung des Sozialversicherungsrechtes des Entsendestaates bleibt (zu Nachweisen vgl. § 55 Rn 37 ff.).

Im Hinblick auf die **Erbringung der Versicherungsleistungen** gelten die §§ 3 bis 6 SGB IV **38** nicht; die Versicherungsleistungen können daher grundsätzlich auch im Ausland beansprucht werden; aus den besonderen Regelungen für die einzelnen Zweige der Sozialversicherung ergeben sich allerdings zahlreiche Ausnahmen. Aufgrund des Sachleistungsprinzips der gesetzlichen Krankenversicherung ruht z.B. im Regelfall der Anspruch auf Versicherungsleistung, solange der Versicherte sich im Ausland aufhält.

VII. Arbeitnehmerentsendegesetz

Werden ausländische Arbeitnehmer von ihren **im Ausland ansässigen Arbeitgebern** zur Erfül- **39** lung von Dienst- und Werkverträgen in Deutschland eingesetzt, geschieht dies häufig zu denjenigen Bedingungen, die am Sitz des (ausländischen) Arbeitgebers maßgeblich sind. Die im Ausland teilweise deutlich niedrigeren Löhne und Gehälter haben sich negativ auf den deutschen Arbeitsmarkt insbesondere in der Baubranche ausgewirkt. Der Gesetzgeber ist dem im Jahre

---

34 Die Systematik des sozialversicherungsrechtlichen Kollisionsrechts ist bereits Gegenstand der Darstellung in § 55 Rn 29 ff.; hierauf wird eingangs dieses Abschnitts verwiesen.
35 Verordnung (EG) des Rates Nr. 883/2004 v. 29.4.2004 zur Koordinierung der Systeme der sozialen Sicherheit.
36 Ausführlich: *Charissé*, DB 2010, 1348 ff.
37 Die möglichen Auswirkungen dieser Regelung auf die grenzüberschreitende Leiharbeit beschreibt *Bayreuther*, DB 2011, 706, 708 ff.

2004 durch die Schaffung zwingender Mindestarbeitsbedingungen entgegengetreten: Das **Gesetz über zwingende Arbeitsbedingungen bei grenzüberschreitenden Dienstleistungen**[38] ordnet an, dass bestimmte in Deutschland geltende Arbeitsbedingungen unabhängig von der Anwendbarkeit deutschen Rechts im Übrigen zwingend auch für die Arbeitsverhältnisse zwischen ausländischen Arbeitgebern und ihren Mitarbeitern gelten.

40   Das AEntG galt zunächst in sachlicher Hinsicht nur für das **Bauhauptgewerbe** und das **Baunebengewerbe**. Im Jahre 2007 wurde der Geltungsbereich auf Gebäudereinigung und Briefdienstleistungen ausgeweitet. Sechs weitere Branchen wurden im Jahre 2009 aufgenommen: Sicherheitsdienstleistungen, Bergbauspezialarbeiten auf Steinkohlebergwerken, Wäschereidienstleistungen im Objektkundengeschäft, Abfallwirtschaft einschließlich Straßenreinigung und Winterdienst sowie Aus- und Weiterbildungsdienstleistungen nach dem Sozialgesetzbuch II und III (§ 4 AEntG); für den Pflegebereich gelten zahlreiche Sonderregelungen (§§ 10 bis 13 AEntG).

41   Nach §§ 2, 8 AEntG sind ausländische Arbeitgeber verpflichtet, ihre in Deutschland beschäftigten Arbeitnehmer zu denselben Bedingungen zu beschäftigen, wie sie auch für deutsche Arbeitnehmer der Branche gelten, und zwar im Hinblick auf
– die Mindestentgeltsätze einschließlich der Überstundensätze,
– den bezahlten Mindestjahresurlaub,
– die Höchstarbeitszeiten und Mindestruhezeiten,
– die Bedingungen für die Überlassung von Arbeitskräften, insbesondere durch Leiharbeitsunternehmen,
– die Sicherheit, den Gesundheitsschutz und die Hygiene am Arbeitsplatz,
– die Schutzmaßnahmen im Zusammenhang mit den Arbeits- und Beschäftigungsbedingungen von Schwangeren und Wöchnerinnen, Kindern und Jugendlichen und
– die Gleichbehandlung von Männern und Frauen sowie andere Nichtdiskriminierungsbestimmungen.

42 Rechtsgrundlage für die Geltung der zwingenden Arbeitsbedingungen kann entweder ein für allgemeinverbindlich erklärter Tarifvertrag oder eine vom Bundesarbeitsministerium erlassene Rechtsverordnung sein (vgl. §§ 3, 5 und 7 AEntG).

43   Die Einhaltung der Schutzvorschriften des AEntG obliegt den Zollbehörden (§ 16 AEntG). **Verstöße** gegen das AEntG werden nach dessen § 23 Abs. 1 als **Ordnungswidrigkeiten** mit Geldbußen geahndet. Von Geldbußen bedroht ist auch der inländische Hauptunternehmer, der weiß oder fahrlässig nicht weiß, dass der von ihm beauftragte ausländische Nachunternehmer seine Mitarbeiter unter Verstoß gegen das AEntG beschäftigt (§ 23 Abs. 2 AEntG). Hinzu kommt die zivilrechtliche (Bürgen-) Haftung des Auftraggebers für Forderungen der ausländischen Arbeitnehmer nach § 14 AEntG. Derjenige Unternehmer, gegen den als Haupt- oder Nachunternehmer wegen einer Ordnungswidrigkeit eine Geldbuße verhängt wurde, soll für eine „angemessene Zeit" **von der Erteilung öffentlicher Aufträge ausgeschlossen** werden (§ 21 AEntG).

44   Die betroffenen ausländischen Arbeitnehmer haben nach § 15 AEntG die Möglichkeit, die zwingenden Arbeitsbedingungen auch durch **Klage** vor einem deutschen Arbeitsgericht durchzusetzen.

---

38 Arbeitnehmerentsendegesetz – AEntG – v. 26.2.1996 (BGBl I, 227 ff.), zuletzt geändert durch Gesetz v. 23.4.2009 (BGBl I, 799). Ausführlich hierzu Küttner/*Röller*, Kap. 31 Rn 3 ff.

Kramer

Dr. Franz Tepper LL.M.
§ 57 Internationales Steuerrecht

Literatur: *Altenbeck/Heinrich*, Ertrag- und umsatzsteuerliche Fallstricke für Unternehmen mit Handelsvertretern im europäischen Ausland, BB 2010, 1887; *Bächle/Rupp/Ott/Knies*, Internationales Steuerrecht, 2. Aufl. 2008; *Dorfmuel-ler*, Die Qualifikation der deutschen GmbH & Co. KG aus US-amerikanischer Sicht: Risiken für die Anwendung des DBA-USA, IStR 2010, 644; *Eidenmüller*, Ausländische Kapitalgesellschaften im deutschen Recht, 2004; *Fingau/Fürstenau*, Steuerliche Praxisfragen bei grenzüberschreitenden Verschmelzungen, BB Special 1 (zu BB 2010, Heft 5), S. 12; *Flick/Wassermeyer/Baumhoff/Schönfeld*, Außensteuerrecht, Kommentar, Loseblatt, 68. Lieferung, November 2011; *Hruschka*, Das BMF-Schreiben zur Anwendung der Doppelbesteuerungsabkommen (DBA) auf Personengesell-schaften vom 16.4.2010, DStR 2010, 1357; *Jacobs*, Internationale Unternehmensbesteuerung, 7. Aufl. 2011; *Jorde/Götz*, Kapital- oder Personengesellschaft? Steuerliche Gesichtspunkte der Rechtsformwahl – national und interna-tional, BB 2008, 1032; *Maier*, Steuerliche Risiken bei Auslandstätigkeiten, SteuK 2011, 295; *Möbus/Masorsky/Freudenberg*, Steuer- und zollrechtliche Herausforderungen beim Aufbau einer Einkaufsorganisation im Ausland, BB 2012, 931; *Münch/Franz*, Die passende Rechtsform für deutsche Unternehmen im Ausland, BB 2010, 2707; *Röd-der/Schönfeld*, Abschied (auslandsbeherrschter) inländischer Kapitalgesellschaften von der deutschen Ertrag-steuerpflicht? – Erste Anmerkungen zum überraschenden Urteil des BFH vom 9.2.2011 (I R 54, 55/10, DStR 2011, 762), DStR 2011, 886; *Schiess/Keller*, Übergang auf die Anrechnungsmethode – Paradigmenwechsel in der Abkom-menspolitik?, IStR 2011, 285; *Spahlinger/Wegen*, Internationales Gesellschaftsrecht in der Praxis, 2005; *Tipke/Lang*, Steuerrecht, 20. Aufl. 2010; *Vogel/Lehner*, Doppelbesteuerungsabkommen der Bundesrepublik Deutschland auf dem Gebiet der Steuern auf Einkommen und Vermögen, 5. Aufl. 2008.

I. Einleitung

Die Frage der Besteuerung einer Gesellschaft ist ein bedeutendes Kriterium für die Entschei- **1** dung, in welchem Staat eine ausländische Gesellschaft gegründet werden soll, bzw. ob eine im Ausland gegründete Gesellschaft ihren Verwaltungssitz nach Deutschland verlegen soll. Dieses Kapitel soll einen kurzen Überblick über die Grundzüge der Besteuerung von Auslandsaktivitä-ten deutscher Unternehmen und der Inlandsaktivitäten ausländischer Unternehmen in Deutsch-land bieten.

II. Besteuerung der Auslandsaktivitäten deutscher Unternehmen

Die Besteuerung von grenzüberschreitenden Unternehmensaktivitäten ist ebenso wie im Inland **2** rechtsformabhängig. Das trifft nicht nur für Deutschland, sondern für die meisten ausländischen Staaten zu. Es ist zu unterscheiden, ob die betroffenen Staaten mit Deutschland ein Doppelbesteuerungsabkommen (DBA) abgeschlossen haben oder ob das jeweilige nationale Steuerrecht Anwendung findet.[1]

1. Kein Doppelbesteuerungsabkommen

3 Soweit Deutschland mit dem betroffen Staat **kein Doppelbesteuerungsabkommen** abgeschlossen hat, welches die grenzüberschreitende Einkünfteerzielung regelt, findet im Hinblick auf die deutsche Steuerpflicht ausschließlich nationales Recht Anwendung. Es gilt das **Welteinkommensprinzip** des § 1 Abs. 1 i.V.m. § 2 EStG und § 1 Abs. 1 und 2 KStG wonach sämtliche Einkünfte unabhängig von ihrer Quelle und in vollem Umfang der deutschen Besteuerung unterworfen sind.

4 Die Besteuerung im Ausland hängt in der Regel davon ab, ob dort eine Betriebsstätte (Art. 12 AO), d.h. eine feste Geschäftseinrichtung, besteht. Ist das der Fall und wird die Betriebsstätte im Ausland besteuert, wird ohne DBA im Bereich der Einkommensbesteuerung gem. § 34c EStG das im Ausland bereits besteuerte Einkommen nicht von der deutschen Besteuerung freigestellt (keine Freistellungsmethode). Vielmehr wird die ausländische Steuer grundsätzlich nach § 34c Abs. 1 EStG nur auf die deutsche Einkommensteuer angerechnet. Statt der Anrechnung kann die ausländische Steuer auf Antrag aber auch gem. § 34c Abs. 2 und 3 EStG unter den dort genannten Voraussetzungen bei der Ermittlung der Einkünfte abgezogen werden (Abzugsmethode). Ebenso kommt eine Pauschalierung oder ein Erlass gem. § 34c Abs. 5 EStG i.V.m. den jeweils dazu ergangenen Erlassen in Betracht.

Das gilt gem. § 26 Abs. 1 und Abs. 6 KStG grundsätzlich auch im Bereich der Körperschaftsteuer.

5 Eine Anrechnung ist dem **Grunde nach** auf Steuern beschränkt, die auf ausländische Einkünfte i.S.d. § 34d EStG entfallen. **Der Höhe** nach begrenzt ist die Anrechnung auf den Betrag, der sich ergeben würde, wenn es sich um einen reinen Inlandssachverhalt handeln würde. Insbesondere bei der Erhebung von Quellensteuern auf den Bruttobetrag kann es zu einer Übersteuerung kommen, wenn unter Berücksichtigung von Aufwendungen, die im Zusammenhang mit Einnahmen stehen, ein geringerer Gewinn oder gar ein Verlust ermittelt wird.

---

6 **Wichtig**
Wegen des Welteinkommensprinzips schafft die Errichtung einer Betriebsstätte in einem Staat mit einem niedrigen Steuerniveau, der aber kein Doppelbesteuerungsabkommen mit Deutschland abgeschlossen hat, keine Steuervorteile.

---

2. Doppelbesteuerungsabkommen

7 Hat die Bundesrepublik Deutschland mit dem Staat, in dem die Abnehmer ihren Sitz haben, ein Doppelbesteuerungsabkommen abgeschlossen, ist dieses ausschlaggebend für die Besteuerung der grenzüberschreitenden Einkünfte, denn gem. Art. 2 AO genießen diese völkerrechtlichen Abkommen Vorrang. Der Staat, dem das Besteuerungsrecht nicht zusteht, stellt die Einkünfte i.d.R. von der Besteuerung frei (sog. Freistellungsmethode).[2] In Deutschland erfolgt diese Freistellung gem. § 32b EStG unter Progressionsvorbehalt.

---

1 Tipke/Lang/*Hey*, § 18 Rn 501; ein Prüfungsschema für Steuerfälle mit Auslandsberührung findet sich in *Bächle/Rupp/Ott/Knies*, S. 34 f.
2 *Vogel*, vor Art. 6–22, Rn 4 f.

Tepper

Hier wird exemplarisch von dem **OECD-Musterabkommen** (OECD-MA)[3] ausgegangen, welches Grundlage vieler Doppelbesteuerungsabkommen ist.

Unternehmensgewinne i.S.d. Art. 7 OECD-MA entsprechen im Wesentlichen den Einkünften **8** aus Gewerbebetrieb des deutschen Einkommenssteuerrechts. Nach Art. 7 Abs. 1 können sie nur im **Wohnsitzstaat** der Gesellschaft besteuert werden, soweit die Gesellschaft nicht im Vertragsstaat eine Betriebsstätte unterhält. Die Definition der **Betriebsstätte** nach Art. 5 Abs. 1 OECD-MA geht über die deutsche Definition insoweit hinaus, als die Geschäftseinrichtung im anderen Staat nicht nur dem Unternehmen dienen muss, sondern die Tätigkeit des Unternehmens muss „hierdurch ausgeübt" werden.[4] Darüber hinaus gilt nach Art. 5 Abs. 4 OECD-MA, dass Einrichtungen, die bloße Hilfs- und Unterstützungsfunktion haben, keine Betriebsstätte darstellen.

Unterhält ein deutsches Unternehmen eine **Kapitalgesellschaft** im Ausland, stellt sich die **9** Frage der Besteuerung in Deutschland – abgesehen von der Hinzurechnungsbesteuerung gem. § 7 ff. AStG – erst bei der Ausschüttung von Dividenden. Gem. Art. 10 OECD-MA ist es dem ausländischen Staat, in dem die Kapitalgesellschaft ihren Sitz hat, auf die ausgeschütteten Dividenden Quellensteuer zu erheben. Ist Gesellschafterin der ausländischen Kapitalgesellschaft eine deutsche Kapitalgesellschaft, werden die Dividenden zu 95% gem. § 8b Abs. 1 KStG von der Körperschaftsteuer befreit. Erhebt der ausländische Staat in einem solchen Fall Quellensteuer, belastet diese die deutsche Kapitalgesellschaft definitiv. Ist Gesellschafter der ausländischen Kapitalgesellschaft ein Einzel- oder Mitunternehmer (z.B. GmbH & Co. KG), ist nach dem Teileinkünfteverfahren gem. § 3 Nr. 40 EStG 40% der Dividende steuerfrei; gem. § 34c EStG wird eventuell im Ausland einbehaltene Quellensteuer angerechnet.

Zunehmend trifft man auf Gesellschaften, die ihren Satzungssitz im Ausland haben aber in **10** Deutschland ausschließlich tätig sind (Bsp.: englische Ltd. mit Registersitz in England und tatsächlichem Sitz in Deutschland). Grundsätzlich sind bei dieser Gestaltung sowohl der ausländische Staat des Registersitzes wie auch der Staat, in dem die Gesellschaft tatsächlich tätig ist zur Besteuerung berufen. Um dies zu vermeiden, stellt Art. 4 Abs. 3 OECD-MA auf den **Ort der tatsächlichen Geschäftsleitung** ab. In diesen Fällen ist deshalb der für die Besteuerung maßgebliche Sitz allein in dem Staat, in dem die Gesellschaft tatsächlich tätig wird und nicht am Registersitz.

III. Besteuerung der Inlandsaktivitäten ausländischer Unternehmen

1. Überblick

Bei der Besteuerung von Inlandsaktivitäten ausländischer Unternehmen ist zwischen Personen- **11** und Kapitalgesellschaften zu unterscheiden. Die Besteuerung von Kapitalgesellschaften und Personengesellschaften unterscheidet sich grundlegend. Während die Kapitalgesellschaft auch steuerrechtlich als eigenständiges Rechtssubjekt angesehen wird, gilt für Personengesellschaften überwiegend das **Mitunternehmerkonzept**, d.h. die Besteuerung knüpft nicht an die Gesellschaft, sondern an die Gesellschafter (Mitunternehmer) an.[5]

2. Besteuerung von Tochterkapitalgesellschaften mit ausländischen Gesellschaftern

Ist ein Steuerausländer Gesellschafter einer Kapitalgesellschaft mit Sitz in Deutschland, ist die- **12** se in Deutschland als eigenständiges Rechtssubjekt unbeschränkt steuerpflichtig. Unterhält

---

3 Das OECD-Musterabkommen in der 2010 aktualisierten Fassung wird auf der OECD homepage zur Verfügung gestellt, und zwar hier:
http://www.oecd.org/document/50/0,3746,de_34968570_34968855_41206066_1_1_1_1,00.html
4 *Vogel*, Art. 5 Rn 19 ff.
5 Spahlinger/Wegen/*Witt*, Rn 1469

diese Kapitalgesellschaft Betriebsstätten in Drittstaaten oder dort eine Tochtergesellschaft, gelten für die Einkünfte der Betriebsstätte die bereits vorstehend zu II. (Rn 2 ff.) dargestellten Grundsätze.

13 Der ausländische Gesellschafter der deutschen Kapitalgesellschaft unterliegt mit den an ihn auszuschüttenden Dividenden in Deutschland der beschränkten Steuerpflicht gem. § 49 Abs. 1 Nr. 5a EStG, die durch den Abzug von 25% Quellensteuer gem. §§ 43 Abs. 1 Nr. 1, 43a Abs. 1 Nr. 1, 50 Abs. 5 S. 1 EStG erhoben wird. Besteht ein DBA, reduziert sich dieser Quellensteuersatz in der Regel. Der reduzierte Satz des OECD-MA beträgt 15% (Art. 10 Abs. 2 S. 1 lit. b).

3. Besteuerung von Tochterpersonengesellschaften (Betriebsstätten) mit ausländischen Gesellschaftern

14 Ist ein ausländischer Einzel- oder Mitunternehmer in Deutschland Gesellschafter einer Personengesellschaft (z.B. GmbH & Co. KG), wird aufgrund der grundsätzlichen steuerlichen Transparenz von Personengesellschaften für die Besteuerung nicht auf diese, sondern deren Gesellschafter abgestellt. Die ausländischen Gesellschafter (Einzel- oder Mitunternehmer) einer deutschen Personengesellschaft sind mit den von der Personengesellschaft erzielten Einkünften beschränkt einkommensteuerpflichtig gem. § 1 Abs. 4 EStG, weil sie damit in der Regel inländische Einkünfte i.S.v. § 49 Abs. 2 lit. a EStG erzielen.[6]

15 Dasselbe gilt, wenn ein ausländischer Einzel- oder Mitunternehmer in Deutschland nicht an einer Personengesellschaft beteiligt ist, sondern eine reine Betriebsstätte unterhält. Mit den aus der Betriebsstätte erzielten Einkünften ist er in Deutschland gem. §§ 1 Abs. 4, 49 Abs. 1 Nr. 2 lit. a) EStG beschränkt einkommen- bzw. körperschaftsteuerpflichtig.

16 Ist an der Personengesellschaft eine ausländische Kapitalgesellschaft beteiligt oder unterhält diese eine reine Betriebsstätte in Deutschland, unterliegt diese mit ihren inländischen Einkünften der beschränkten Körperschaftsteuerpflicht. Es gilt insoweit für die beschränkte Körperschaftsteuerpflicht gem. §§ 2 Nr. 1, 8 Abs. 1 S. 1 KStG dasselbe wie für die beschränkte Einkommensteuerpflicht.[7]

4. Abgrenzung von Personen- und Kapitalgesellschaften

17 Ob eine ausländische Gesellschaft steuerrechtlich als Personen- oder Kapitalgesellschaft anzusehen ist, ergibt sich aus einem Vergleich der Struktur der ausländischen Gesellschaft mit den deutschen Gesellschaftsformen (Rechtstypenvergleich).[8] Dabei werden die folgenden Kriterien herangezogen:
- Geschäftsführung und Vertretung
- Haftungsbeschränkungen
- Übertragung von Anteilen
- Gewinnaufteilung
- Kapitalaufbringung
- Unabhängigkeit der Existenz der Gesellschaft vom Wechsel der Gesellschafter
- Eintragung in einem dem deutschen Handelsregister vergleichbaren Register.

18 In diesem Zusammenhang ist auf die US-amerikanische **Limited Liability Company** (LLC) hinzuweisen, die keine Entsprechung im deutschen Gesellschaftsrecht findet. Je nach Gestaltung des Gesellschaftsvertrags können die Gestaltungsmerkmale einer GmbH oder einer KG überwie-

---

6 Blümich/*Wied*, EStG/KStG/GewStG, Loseblatt, § 49 EStG Rn 62.
7 Blümich/*Rengers*, EStG/KStG/GewStG, Loseblatt, § 8 KStG Rn 47.
8 Tz 1.2 des Schreibens betr. Anwendung der DBA auf Personengesellschaften vom 16.4.2010 (BStBl I, 354).

gen; die Gesellschafter haben die Wahl, ob die Gesellschaft nach US-amerikanischem Steuerrecht als Personen- oder Kapitalgesellschaft behandelt werden soll.[9] Die rechtliche Qualifizierung für die Besteuerung in Deutschland richtet sich allein nach innerstaatlichem **deutschen Steuerrecht** anhand der oben aufgezeigten Kriterien; die Einordnung nach dem US-amerikanischen Steuerrecht ist hierbei unerheblich.[10]

---

9 Vgl. zur LL.C. das Schreiben des BMF v. 19.3.2004, BStBl I 2004, 411 und BFH DStR 2008, 2151.
10 Tz 1.1 des Schreibens betr. Anwendung der DBA auf Personengesellschaften vom 16.4.2010 (BStBl I, 354); *Jacobs*, S. 430.

Stichwortverzeichnis

Die fetten Zahlen verweisen auf die Paragraphen, die mageren Zahlen verweisen auf die Randnummern.

Nachabwicklungsphase **41** 13
Nachtragsliquidator **41** 32
Sperrjahr **41** 26
steuerrechtliche Liquidation der Kapitalgesell-
　　schaft **41** 31
steuerrechtliche Liquidation der Personengesell-
　　schaft **41** 17
übertragende **21** 12
Überwachungspflichten **41** 36
Vertretung der Personengesellschaft **41** 19
zu versteuerndes Einkommen **41** 50
Auflösungsklage **4** 79, **4** 129
Personengesellschaft **18** 23
Aufrechnungsverbot **5** 149–151, **5** 252
Aufsichtsgremium **9** 1–2 *siehe auch* Aufsichtsrat
Abberufung **9** 39 *siehe auch dort*
Abberufung Geschäftsführer **9** 84
Amtsniederlegung **9** 40
Amtszeit **9** 35
Aufgabenkreis **9** 15
Aufsichtsratsausschuss **9** 80
Auskunftsanspruch **9** 81
Beendigung des Amtes **9** 38
Beirat **9** 12
Beirat, organschaftlicher **9** 44
Beirats, Besetzung des **9** 33
Beirats, Rechtsverhältnis des **9** 42
beratendes **9** 2
Beratungsleistungen **9** 49
Berufung Geschäftsführer **9** 84
Beschlussfassung **9** 78
Betriebsblindheit **9** 16
Bezeichnungen, mögliche **9** 2
Entlastung **9** 55
Errichtung **9** 4
Fahrlässigkeit, leichte **9** 50
fakultatives **9** 7, **9** 49, **9** 52
Gebot der Überparteilichkeit **9** 28
Geschäftsbesorgungsverhältnis **9** 42, **9** 48, **9** 50,
　　9 73, **9** 76
Geschäftsordnung **9** 71, **9** 75, **9** 77–79
Gesellschafterbeschluss **9** 35, **9** 39
Gesellschaftergruppe **9** 7
Gesellschafterversammlung **9** 57
GmbH & Co. KG **9** 9
Großunternehmen **9** 80
Grundlagengeschäft **9** 25
Haftpflichtversicherung **9** 58
Haftung **9** 50
Haftungsausschluss **9** 50
Haftungsbeschränkung **9** 52–53
Jahresabschluss **9** 19
Kompetenzabgrenzung **9** 82
Mindestzahl **9** 30
Motive für **9** 3

Nachhaftung **9** 58
Personenkreis **9** 31
Publikumsgesellschaft **9** 15
Rechtsstellung **9** 71, **9** 74
Rückwärtsversicherung **9** 58
Satzungsinhalt **9** 74
Schiedsgericht **9** 28
Schlichter **9** 26
Selbstorganschaft **9** 14
Sitzung, Teilnehmer an **9** 77
Sitzungsfrequenz **9** 79
Statut der Gesellschaft **9** 72
Treuepflicht, gesellschaftsrechtliche **9** 45–46
überwachendes **9** 2
Überwachung der Geschäftsführung **9** 17–18
Verbandssouveränität **9** 13
Vergütung **9** 48
Verschwiegenheitspflicht **9** 46
Vertragsänderung **9** 24
Vertragsfreiheit **9** 73
Wahlperiode **9** 37
Wettbewerbsverbot **9** 46
Zusammensetzung, personelle **9** 30, **9** 32
Zuständigkeit der Geschäftsführer,
　　zwingende **9** 86
Zuständigkeit der Gesellschafterversammlung,
　　zwingende **9** 83
Zuständigkeitsverlagerung **9** 87–90
Zustimmungskatalog **9** 23
Zustimmungsvorbehalt **9** 20–21
Aufsichtsrat **8** 171, **8** 179, **9** 1 *siehe auch* Auf-
sichtsgremium
Altersgrenze **9** 64
Amtszeit **9** 67
Anfechtungsbefugnis **18** 101
Anlegerschutz **9** 1
Ansprüche gegen Vorstand **19** 31, **19** 33
Anstellung des Vorstandes **10** 289
Anteilseignervertreter **9** 62
Anwaltsvertrag **1** 55–56
Beratungsgegenstände **1** 57
Berufshaftpflichtversicherung **1** 61
Nichtigkeit **1** 65
operatives Geschäft **1** 59
Vergütungsvereinbarung **1** 58
Arbeitnehmerbeteiligung **3** 43
Arbeitnehmervertreter **9** 61
Arbeitnehmerzahl **9** 60
Aufgaben **9** 68
Aufsichtsratsausschuss **9** 80
Bestellung des Vorstands **10** 70
Delegation des Kündigungsausspruches **11** 300
Deutscher Corporate Governance Kodex **9** 64
Entsendungsrecht **9** 62
Gesellschafterversammlung **9** 62